S0-AFA-525

Synoptic Concordance

A Greek Concordance to the First Three Gospels
in Synoptic Arrangement, statistically evaluated,
including occurrences in Acts

Griechische Konkordanz zu den ersten drei Evangelien
in synoptischer Darstellung, statistisch ausgewertet,
mit Berücksichtigung der Apostelgeschichte

Paul Hoffmann, Thomas Hieke, Ulrich Bauer

Volume 4
Π – Ω

Walter de Gruyter · Berlin · New York
2000

♾ Printed on acid-free paper which falls within the guidelines of the ANSI to ensure permanence and durability.

Library of Congress Cataloging-in-Publication Data

Hoffmann, Paul, 1933–
Synoptic concordance : a Greek concordance to the first three Gospels in synoptic arrangement, statistically evaluated, including occurrences in Acts : griechische Konkordanz zu den ersten drei Evangelien in synoptischer Darstellung, statistisch ausgewertet, mit Berücksichtigung der Apostelgeschichte / Paul Hoffmann, Thomas Hieke, Ulrich Bauer.
Introduction in German and English.
Includes index.
Contents: v. 1. Introduction = Einführung. A – [delta]
ISBN 3-11-016296-2 (v. 1)
1. Bible. N.T. Gospels – Concordances, Greek. 2. Synoptic problem. I. Hieke, Thomas. II. Bauer, Ulrich. III. Title.
BS2555.5.H64 1999
226'.048 – dc21 99-25796
CIP

Die Deutsche Bibliothek – Cataloging-in-Publication Data

Hoffmann, Paul:
Synoptic Concordance : griechische Konkordanz zu den ersten drei Evangelien in synoptischer Darstellung, statistisch ausgewertet, mit Berücksichtigung der Apostelgeschichte / Paul Hoffmann ; Thomas Hieke ; Ulrich Bauer. – Berlin ; New York : de Gruyter
Vol. 4. Π – Ω – 2000
ISBN 3-11-016619-4

Printed in Germany

Printing: Werner Hildebrand, Berlin
Binding: Lüderitz & Bauer-GmbH, Berlin

Preface to Volume Four

The fourth volume (Π to Ω) completes the *Synoptic Concordance*, and ends a research project that covered several years. The project was possible only because of the close and intensive cooperation of the many persons involved. For the main stage of the project between 1996 and 2000, the *Deutsche Forschungsgemeinschaft* provided research funding. We also want to mention that the *University of Bamberg* financed a preliminary phase. Without these means it would have been impossible to realize the project. For this support, we are grateful.

The fourth volume contains a list of Corrigenda for volumes 1 and 2 (pp. 1011-1021). The complexities of the concordance format has made it advisable to print the entire "line" anew, and thereby avoid having to give a complicated and potentially misleading description of the error and its rectification.

We draw attention to an additional feature of Vol. 4: The "List of Related Words" (pp. 1022-1064) collects in an index etymologically-related words sharing a common origin. This list has to do mainly with derivative and compound forms. It is designed for practical purposes, to allow the user to include etymologically-related key words in the analysis. In this way, an exegetical evaluation may obtain a broader basis.

Again, Martin Fromm, M.A., turned out to be an indispensable contributor. He checked many details of the *Synoptic Concordance* and played a decisive role in the development of the "List of Related Words". He verified every single entry with the help of etymological Greek dictionaries. Everyone familiar with such questions knows the complexity of the matter and acknowledges that in certain issues one will not find a final solution.

A word of appreciation is due to the publisher, Walter de Gruyter, for excellent cooperation during the realization of this undertaking, both to Dr. Hasko von Bassi, who included the *Synoptic Concordance* in the publisher's program, to Dr. Claus-Jürgen Thornton and Klaus Otterburig in the editorial department, and to Angelika Hermann in the production department. Our gratitude is again due to James M. Robinson, Claremont, and John S. Kloppenborg Verbin, Toronto, for their ongoing support. We also thank Irene Loch, of the Department of New Testament Exegesis of the University of Bamberg, for administrative support in carrying out this project.

Bamberg, August 2000 *Paul Hoffmann, Thomas Hieke, Ulrich Bauer*

Vorwort zum vierten Band

Mit diesem vierten Band (Π bis Ω) liegt die *Synoptische Konkordanz* vollständig vor. Damit wird ein mehrjähriges Forschungsprojekt abgeschlossen, das sich so nur durch die Bereitschaft aller Beteiligten zu einer intensiven Zusammenarbeit durchführen ließ. Die vierjährige Hauptphase von 1996 bis 2000 hat die Deutsche Forschungsgemeinschaft finanziert. Nicht unerwähnt bleiben soll die Unterstützung der Vorbereitungsphase durch die Universität Bamberg. Ohne diese Förderungen wäre die Realisierung des Projekts kaum möglich gewesen. Wir danken dafür.

Der vierte Band enthält eine Liste unvermeidlicher *Corrigenda* für die Bände 1 und 2 (S. 1011-1021). Um angesichts der Komplexität der Darstellung umständliche und missverständliche Fehlerbeschreibungen zu vermeiden, wurde jeweils die betroffene „Zeile“ komplett neu abgedruckt.

Auf ein zusätzliches Element in Band 4 sei eigens hingewiesen: In der „*List of Related Words*“ (S. 1022-1064) werden in einem Index stammverwandte bzw. etymologisch auf einander bezogene Wörter zusammengestellt. In der Hauptsache betrifft dies Derivate und Composita. Diese Liste ist unter praktischen Gesichtspunkten konzipiert und will es den Benutzenden ermöglichen, etymologisch verwandte Stichwörter in die Untersuchung mit einzubeziehen und so die exegetische Urteilsfindung auf eine breitere Basis zu stellen.

Als ein unentbehrlicher Mitarbeiter hat sich erneut Martin Fromm, Diplom-Historiker (Univ.), erwiesen. Neben den Korrekturarbeiten an der Synoptischen Konkordanz war er an der „*List of Related Words*“ maßgeblich beteiligt. Jeder einzelne Eintrag wurde von ihm anhand der griechischen etymologischen Wörterbücher überprüft. Wer mit derartigen Fragestellungen vertraut ist, kennt die Komplexität der Materie und weiß, dass es in manchen Punkten keine endgültige Lösung geben kann.

Dem Verlag Walter de Gruyter gilt besonderer Dank für die Aufnahme in das Verlagsprogramm, für die v.a. Dr. Hasko von Bassi verantwortlich zeichnete, sowie für die weitere verlegerische Umsetzung des Projekts, namentlich Dr. Claus-Jürgen Thornton und Klaus Otterburig (Lektorat und Redaktion) sowie Frau Angelika Hermann (Produktion). Unser Dank gilt nach wie vor James M. Robinson, Claremont, und John S. Kloppenborg Verbin, Toronto, für ihre Kooperation. Am Lehrstuhl für Neutestamentliche Wissenschaften der Universität Bamberg danken wir Frau Irene Loch für die verwaltungstechnische Betreuung des Projekts.

Bamberg, im August 2000 *Paul Hoffmann, Thomas Hieke, Ulrich Bauer*

Table of Contents

A Short Description of the Synoptic Concordance

Inhalt

Kurzbeschreibung der Synoptischen Konkordanz

The Synoptic Concordance – Volume 4

A Short Description of the Synoptic Concordance

1 The Synoptic Concordance At a Glance

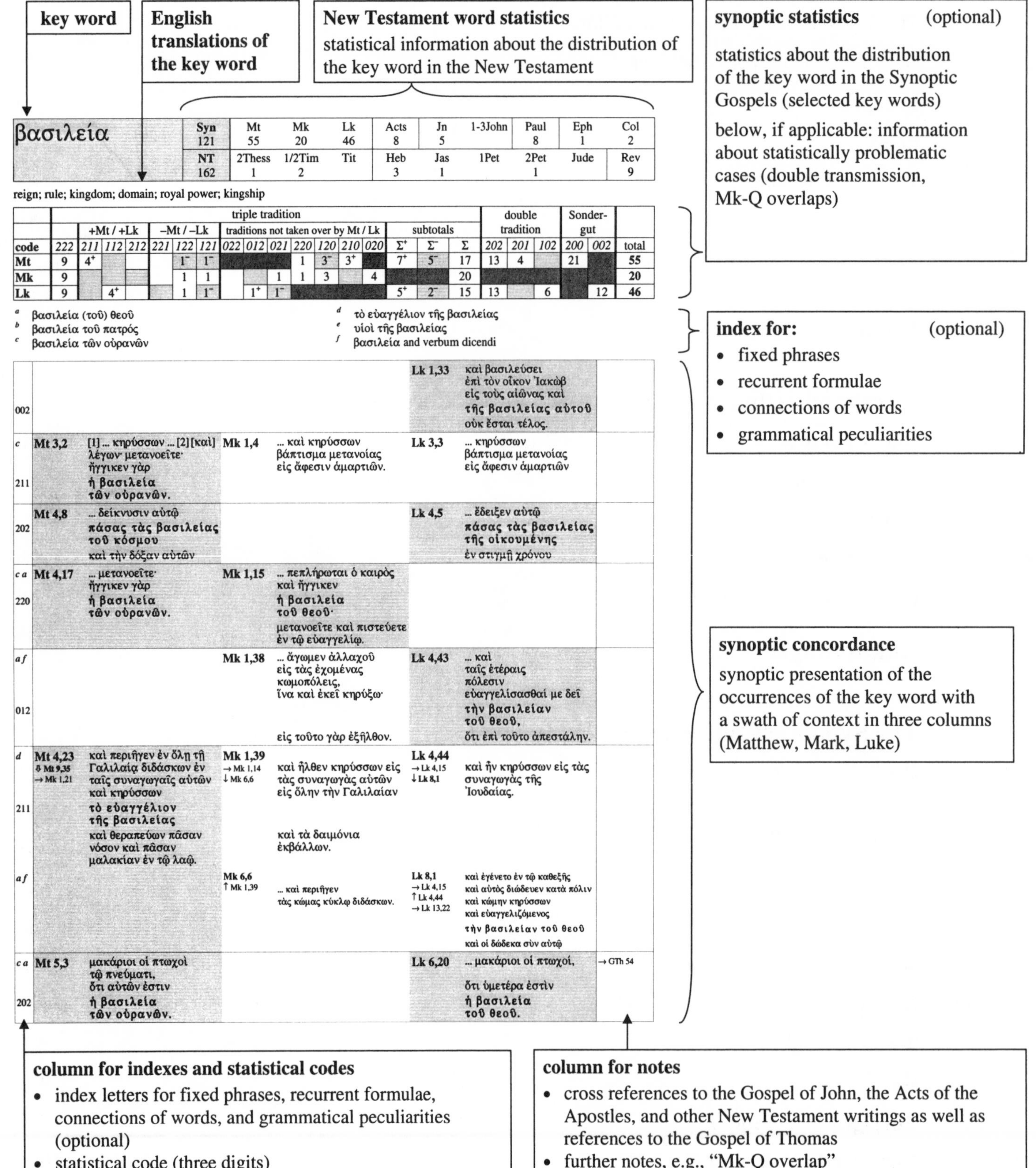

key word
English translations of the key word
New Testament word statistics
statistical information about the distribution of the key word in the New Testament
synoptic statistics (optional)
statistics about the distribution of the key word in the Synoptic Gospels (selected key words)
below, if applicable: information about statistically problematic cases (double transmission, Mk-Q overlaps)
βασιλεία
reign; rule; kingdom; domain; royal power; kingship
index for: (optional)
• fixed phrases
• recurrent formulae
• connections of words
• grammatical peculiarities
synoptic concordance
synoptic presentation of the occurrences of the key word with a swath of context in three columns (Matthew, Mark, Luke)
column for indexes and statistical codes
• index letters for fixed phrases, recurrent formulae, connections of words, and grammatical peculiarities (optional)
• statistical code (three digits)
column for notes
• cross references to the Gospel of John, the Acts of the Apostles, and other New Testament writings as well as references to the Gospel of Thomas
• further notes, e.g., "Mk-Q overlap"

2 New Testament Word Statistics

At the beginning of each entry a chart with the New Testament word statistics gives information about the distribution of the key word in the whole New Testament.

For the books of the New Testament the usual abbreviations are used (see Vol. 1, section 7, p. xxxiii). Some writings are collected in groups:

Syn — "Syn": Mt + Mk + Lk

NT — "NT": The total number of occurrences of the key word in the New Testament

Paul — "Paul": Romans, 1 and 2 Corinthians, Galatians, Philippians, 1 Thessalonians, and Philemon.

See Vol. 1, section 4, p. xx.

3 Synoptic Statistics

Mt **Mk** **Lk** **code** — The synoptic statistics give in three lines (Mt, Mk, Lk) a classified statistical overview of the number of occurrences of the key word in the Synoptic Gospels. A chart containing a three-digit statistical code classifies the synoptic situation in several columns. The first digit stands for Matthew, the second for Mark, the third for Luke.

222, 211, 112, 212 etc. — The numbers 2, 1, 0 describe the situation for the single occurrence:

2 — 2: The key word occurs in the verse.

1 — 1: There is a parallel, but it does not contain the key word.

0 — 0: There is no parallel in the gospel in question, or the text unit or pericope is missing completely.

With this statistical code the synoptic statistics (if displayed) are closely connected to the presentation of the texts in the synoptic concordance.

The code appears again at the individual occurrences in the column for indexes and statistical codes in the synoptic concordance. Thus one can verify the statistical figures with the texts.

See Vol. 1, section 5.1, p. xxi.

The statistical codes are arranged according to the following groups:

triple tradition — The term "*triple tradition*" refers to all verses of the Gospel of Mark as well as to those verses of the Gospels of Matthew and Luke that have a parallel in Mark.

If the *Synoptic Concordance* speaks of the "triple tradition", there is always a Markan verse at issue. In the statistical code the second digit is either "1" or "2". On the two-document hypothesis one can speak of the Markan tradition.

double tradition — The term "*double tradition*" refers to all verses of the Gospel of Matthew with a parallel in Luke, but not in Mark, and to all verses of the Gospel of Luke with a parallel in Matthew, but not in Mark.

If the *Synoptic Concordance* speaks of the "double tradition", a Markan verse is not at issue. In the statistical code the second digit is "0". On the two-document hypothesis one can speak of the Q tradition.

Sondergut — The term "*Sondergut*" refers to all verses in the Gospels of Matthew and Luke that have no parallels in the other two Synoptic Gospels.

The statistical code is *200* for Matthew, and *002* for Luke. On the two-document hypothesis one can speak of special traditions or editorial creations.

The term *Sondergut* used with regard to Mark refers to text units from Mark that have neither a parallel in Matthew nor in Luke. They are subsumed among the triple tradition, since a Markan tradition is at issue. The coding is *020*.

The *white boxes* indicate that the key word occurs in the gospel in question.

The boxes with *light grey shading* indicate that there is a parallel verse which, however, does not contain the key word.

The *dark grey boxes* indicate that there is no parallel in the gospel in question.

+Mt / +Lk — The key word does *not* occur in Mark, but *only in Matthew and/or Luke*. On the two-document hypothesis, Matthew or Luke (or both) have added it to the Markan source (raised "+").

–Mt / –Lk — The key word occurs *in Mark*, but *not in Matthew and/or Luke*. On the two-document hypothesis, Matthew or Luke (or both) have omitted it from the Markan source (raised "–").

traditions not taken over by Mt / Lk — In Matthew and/or Luke a parallel to Mark is missing. The box of the evangelist that has no parallel is dark grey.

On the two-document hypothesis additions to the Markan tradition are indicated by a raised "+", omissions by a raised "–".

subtotals — The subtotals (symbol: Σ) add *on the basis of the two-document hypothesis* how Matthew and Luke have edited the Gospel of Mark.

Σ^+ — Σ^+: all occurrences in which Matthew or Luke have added the key word to Mark (i.e., all figures with a raised "+"), expressed according to the codes:

Mt: *211* + *212* + *210*　　　Lk: *112* + *212* + *012*.

Σ^- — Σ^-: all occurrences in which Matthew or Luke have omitted the key word from Mark (i.e., all figures with a raised "–"), expressed according to the codes:

Mt: *122* + *121* + *120*　　　Lk: *221* + *121* + *021*.

Σ — subtotal for all cases in which a Markan verse is at issue.

total — total of all occurrences of the key word in the related gospel.

The numbers in the light grey boxes are "omissions" and therefore are not to be added or subtracted when the total of occurrences is calculated.

See Vol. 1, section 5.2, p. xxii.

Mk-Q overlap — In certain cases the synoptic situation indicates that Matthew and Luke have used a second source ("Q") besides the Markan tradition, which overlaps in some cases with the Markan tradition, but at the same time differs characteristically from it. Statistically problematic cases are noted below the chart of the synoptic statistics with the header "Mk-Q overlap".

Mk-Q overlap? — If it is doubtful whether there is an overlap between the triple and double tradition (Mark and Q), a question mark is placed after the note "Mk-Q overlap".

The same notes apply in the column for notes of the synoptic concordance at the problematic occurrences.

See Vol. 1, section 5.4, p. xxiv.

4 Index

The index lists

- fixed phrases,
- recurrent formulae,
- connections of words,
- grammatical pecularities.

a b c Small raised letters in italics are used. With these index letters one can find these phrases in the synoptic concordance by referring to the column for indexes and statistical codes.

See Vol. 1, section 3.8, p. xix.

5 The Synoptic Concordance

The synoptic concordance is arranged in three sections: at the left the column for indexes and statistical codes, in the middle the columns with the texts, at the right the column for notes.

5.1 Column For Indexes and Statistical Codes

a b c The small raised letters in italics indicate that a fixed phrase, a recurrent formula etc. occurs in the row in question. The indexes are classified in the list at the beginning of the entry.

If more than one letter occurs, the letters are arranged according to the sequence of the occurrence of the phrase in the row.

222, 211, 112, 212 etc. The statistical code indicates how the history of the tradition of the occurrence and its parallels was evaluated. For the meaning of the code see above, section 3, p. vii.

With the help of the synoptic statistics and the synoptic codes one can focus on certain situations in the tradition. For example, if one looks for instances in the Matthew-Luke tradition (on the two-document hypothesis: "Q"), only those lines must be taken into account where the code has a "0" (zero) at the second digit (Mark). If one, however, is interested in cases where, e.g., Matthew omitted a word from Mark, one has to consider those lines in which the code starts with the digits "02x" (the section in Mark has no parallel in Matthew) or "12x" (Matthew has a parallel, but not the key word). The Lukan position, indicated here by "x", can either be "0" (Luke does not have a parallel), "1" (Luke has a parallel, but not the key word in it), or "2" (Luke has the key word). The code "121" is also worth noting: Both Matthew and Luke have omitted the word from the Markan source. The counterpart is "212": Both Matthew and Luke have inserted the key word into their Markan source. On the two-document hypothesis one would call that a *minor agreement*.

5.2 The Text Columns of the Synoptic Concordance

The synoptic concordance presents the occurrences of the key word in its context together with their synoptic parallels. Matthew, Mark, and Luke are arranged in three columns next to each other.

A grey shading indicates the sequence of the occurrences of the key word for each gospel. With the help of the grey shading all occurrences of the key word can be traced in the original sequence of the gospel in question.

Since the sequence of pericopes differs between the Synoptic Gospels, in some cases a parallel verse has to be repeated outside the original sequence of the gospel. If therefore an occurrence appears as a synoptic parallel in a position differing from the gospel's original sequence, the grey shading is omitted. This occurrence will appear again with a grey shading in the original sequence of the gospel. — See Vol. 1, section 3.3, p. xiv.

καὶ ἦλθεν κηρύσσων ... Fine print is used in cases in which one has to consider a complex problem of transmission: double transmission, Mk-Q overlap, redactional doublets etc.

See Vol. 1, section 2.4, p. x, and Vol. 1, section 3.4, p. xv.

... Three dots mark the ellipsis of parts of the text.

[1] Numbers in square brackets give references of verses that are quoted in addition to the main verse (e.g., Mt 3,2 in bold type).

↔ A double-pointed arrow "↔" indicates that the text of the gospel is continued immediately and without omissions, even if there is a horizontal line (and perhaps one or more empty fields) in the column. This arrow is repeated at the beginning of the continuation.

The arrow ↔ does *not* occur, if the horizontal line separates two verses that follow each other. If there are no ellipsis (...), the successive verse numbers (e.g., Mk 4,1; Mk 4,2) indicate that the text of the gospel is printed without interruption.

See Vol. 1, section 3.1, p. xii.

→ Mk 6,6
⇨ Mt 4,23 Cross references to passages (here: Mk 6,6) which cannot be found in the list of the current key word, but which are of interest regarding the comparison of the texts.

↑ Mk 6,6
↓ Mk 6,6 Arrows pointing up or down: The text can be found in the synoptic concordance of the current key word – one must look in the related column (here the column for Mark) further up (↑) or down (↓).

⇧ Mt 4,23
⇨ Mt 4,23
⇩ Mt 4,23 Outlined arrows (⇧, ⇩, ⇨): The verse in question is a doublet from tradition or a redactional doublet by the evangelist.

↑ Mk 6,6
↓ Mk 6,6
⇧ Mt 4,23
⇩ Mt 4,23 Bold type: The verse indicated (here Mk 6,6 or Mt 4,23) contains the current key word.

See Vol. 1, section 3.5, p. xvii.

εὐλογημένος ὁ ἐρχόμενος
➢ Ps 118,26 Quotations from the Old Testament in the text of the Synoptic Gospels and the Acts of the Apostles are indicated by italics. The Old Testament verse reference follows just below the verse and is indicated by an arrow (➢).

See Vol. 1, section 3.9, p. xix.

5.3 Column For Notes

→ Jn 20,32 Cross references to a passage outside of the Synoptic Gospels which are relevant for the comparison of texts. The cross reference is in the last column at the right hand side.

→ Jn 20,32 If the cross reference is printed in bold, the verse (here: Jn 20,32) contains the key word.

→ GTh 39,3 **(POxy 655)** Cross references to the Gospel of Thomas (GTh): POxy 655 indicates that the saying also occurs in the Greek fragments. If this note is printed bold, the Greek fragment contains the current key word.

See Vol. 1, section 3.6, p. xvii.

Mk-Q overlap The note "Mk-Q overlap" is added to occurrences where Matthew and Luke follow a second source ("Q") other than the Markan tradition.

Mk-Q overlap? If it is doubtful whether there is an overlap between triple and double tradition (Mark and Q), a question mark is placed after the note "Mk-Q overlap".

See Vol. 1, section 3.4, p. xv, and Vol. 1, section 6.2, p. xxvi.

Abbreviations

Syn	The Synoptic Gospels: The figure below this abbreviation gives the number of occurrences of the key word in the three Gospels Matthew, Mark, and Luke.
NT	The New Testament: The figure below this abbreviation gives the number of occurrences of the key word in the whole New Testament.
Mt	The Gospel of Matthew
Mk	The Gospel of Mark
Lk	The Gospel of Luke
Acts	The Acts of the Apostles
Jn	The Gospel of John
1-3John	The letters of John
Paul	The letters of the Apostle Paul (Romans, 1/2 Corinthians, Galatians, Philippians, 1 Thessalonians, Philemon)
Eph	The letter to the Ephesians
Col	The letter to the Colossians
2Thess	The second letter to the Thessalonians
1/2Tim	The letters to Timothy
Tit	The letter to Titus
Heb	The letter to the Hebrews
Jas	The letter of James
1Pet	The first letter of Peter
2Pet	The second letter of Peter
Jude	The letter of Jude
Rev	The Revelation to John
GTh	The Gospel of Thomas
POxy	The Greek fragments of the Gospel of Thomas in the papyri from Oxyrhynchus

Gen	Genesis
Exod	Exodus
Lev	Leviticus
Num	Numbers
Deut	Deuteronomy
Josh	Joshua
Judg	Judges
Ruth	Ruth
1-2 Sam	1-2 Samuel
1-2 Kings	1-2 Kings
1-2 Chron	1-2 Chronicles
Ezra	Ezra
Neh	Nehemiah
Esther	Esther
Job	Job
Ps	Psalms
Prov	Proverbs
Qoh	Qoheleth, Ecclesiastes
Cant	Canticles, Song of Solomon
Isa	Isaiah
Jer	Jeremiah
Lam	Lamentations
Ezek	Ezekiel
Dan	Daniel
Hos	Hosea
Joel	Joel
Amos	Amos
Obad	Obadiah
Jonah	Jonah
Micah	Micah
Nahum	Nahum
Hab	Habakkuk
Zeph	Zephaniah
Hag	Haggai
Zech	Zechariah
Mal	Malachi
1-2 Esdras	1-2 Esdras
Tob	Tobit
Jdt	Judith
Wis	Wisdom of Solomon
Sir	Sirach, Ecclesiasticus
Bar	Baruch
1-2 Macc	1-2 Maccabees

Kurzbeschreibung der Synoptischen Konkordanz

1 Die Synoptische Konkordanz auf einem Blick

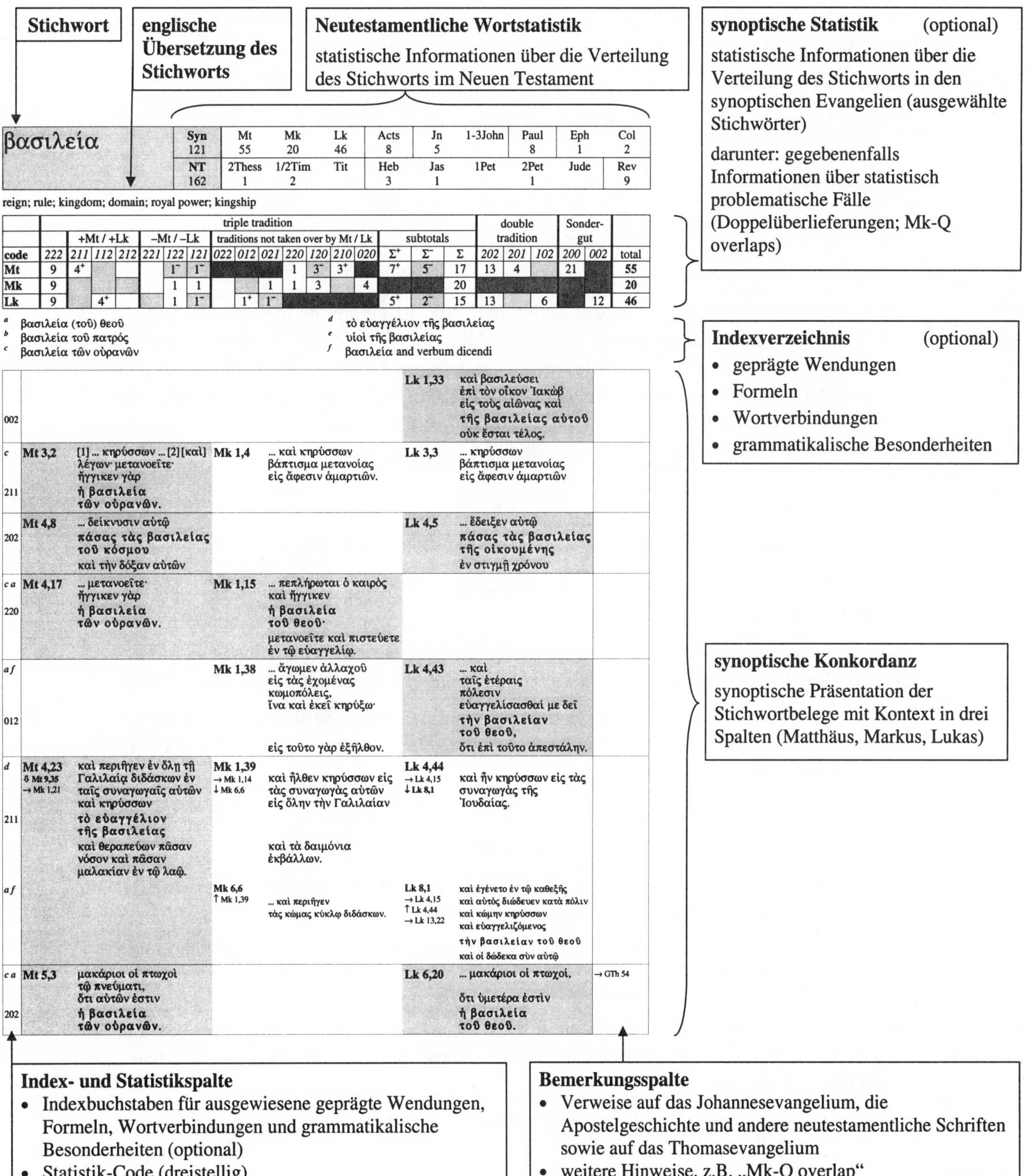

Stichwort
englische Übersetzung des Stichworts
Neutestamentliche Wortstatistik
statistische Informationen über die Verteilung des Stichworts im Neuen Testament
synoptische Statistik (optional)
statistische Informationen über die Verteilung des Stichworts in den synoptischen Evangelien (ausgewählte Stichwörter)
darunter: gegebenenfalls Informationen über statistisch problematische Fälle (Doppelüberlieferungen; Mk-Q overlaps)
Indexverzeichnis (optional)
• geprägte Wendungen
• Formeln
• Wortverbindungen
• grammatikalische Besonderheiten
synoptische Konkordanz
synoptische Präsentation der Stichwortbelege mit Kontext in drei Spalten (Matthäus, Markus, Lukas)
Index- und Statistikspalte
• Indexbuchstaben für ausgewiesene geprägte Wendungen, Formeln, Wortverbindungen und grammatikalische Besonderheiten (optional)
• Statistik-Code (dreistellig)
Bemerkungsspalte
• Verweise auf das Johannesevangelium, die Apostelgeschichte und andere neutestamentliche Schriften sowie auf das Thomasevangelium
• weitere Hinweise, z.B. „Mk-Q overlap“

2 Neutestamentliche Wortstatistik

Die neutestamentliche Wortstatistik am Anfang jedes Stichworts bietet Informationen über die Verteilung des Stichworts im gesamten Neuen Testament.

Für die Schriften des Neuen Testaments werden die gebräuchlichen Abkürzungen verwendet (siehe Vol. 1, Abschnitt 7, S. lxvii). Einige Schriften werden zu Gruppen zusammengefasst:

Syn „Syn": Mt + Mk + Lk

NT „NT:" Gesamtzahl der Belege im Neuen Testament

Paul „Paul": Römer-, 1. und 2. Korinther-, Galater-, Philipper-, 1. Thessalonicher- und Philemonbrief

Siehe Vol. 1, Abschnitt 4, S. liv.

3 Synoptische Statistik

Mt
Mk
Lk
code

Die synoptische Statistik gibt in drei Zeilen (Mt, Mk, Lk) einen differenzierten statistischen Überblick in Tabellenform über die Zahl der Belege des Stichworts in den synoptischen Evangelien. Mit Hilfe eines dreistelligen Codes wird in den einzelnen Spalten der synoptische Befund genauer klassifiziert. Dabei steht die erste Stelle des Codes für Matthäus, die zweite für Markus, die dritte für Lukas.

222, 211, 112, 212 etc. Die Ziffern beschreiben den Befund für diesen Wortbeleg:

2 2: Das Stichwort ist vorhanden.

1 1: Eine Parallele ist vorhanden, aber sie enthält nicht das Stichwort.

0 0: Der Evangelist hat an dieser Stelle keine Parallele bzw. die Texteinheit oder Perikope fehlt ganz.

Über diesen Statistik-Code ist die synoptische Statistik (sofern vorhanden) eng mit der Darstellung der Textbelege in der synoptischen Konkordanz verknüpft.

Der Code findet sich wieder in der Index- und Statistikspalte der synoptischen Konkordanz bei den Einzelbelegen, um die statistischen Zahlen an den Texten verifizieren zu können.

Siehe Vol. 1, Abschnitt 5.1, S. lv.

Die Statistik-Codes sind zu folgenden Gruppen zusammengefasst:

triple tradition „*dreifache Tradition*" („triple tradition"): Alle Markus-Verse sowie alle Matthäus- und Lukas-Verse, die bei Markus einen Parallelvers haben.

Bei der „dreifachen Tradition" ist Markus immer beteiligt. Im Statistik-Code ist demnach die mittlere Ziffer, die für Markus steht, entweder eine „1" oder eine „2". Im Sinne der Zwei-Quellen-Theorie kann auch von der Markus-Tradition gesprochen werden.

double tradition „*zweifache Tradition*" („double tradition"): alle Matthäus-Verse mit einer Parallele bei Lukas, aber nicht bei Markus, sowie alle Lukas-Verse mit einer Parallele bei Matthäus, aber nicht bei Markus.

Bei der „zweifachen Tradition" ist Markus nicht beteiligt. Im Statistik-Code ist dazu die mittlere Ziffer eine „0". Im Sinne der Zwei-Quellen-Theorie kann auch von der Q-Tradition gesprochen werden.

Sondergut „*Sondergut*": alle Matthäus- und Lukas-Texteinheiten, die in keinem der anderen synoptischen Evangelien eine Parallele haben.

Der Statistik-Code lautet *200* für Matthäus und *002* für Lukas. Im Sinne der Zwei-Quellen-Theorie handelt es sich hier um Sondertraditionen oder redaktionelle Bildungen.

Das „Sondergut" des Markus sind Texteinheiten aus Markus, die weder bei Matthäus noch bei Lukas eine Parallele haben. Sie werden unter die dreifache Tradition subsumiert, da hier Markusüberlieferung vorliegt. Die Codierung ist *020*.

Die *weißen Felder* in der Tabelle signalisieren, dass die betreffenden Evangelien das Stichwort haben.

Die *hellgrau unterlegten Felder* signalisieren, dass zwar ein Parallelvers vorhanden ist, dieser das Stichwort aber nicht enthält.

Die *dunkelgrauen Felder* signalisieren, dass sich im jeweiligen Evangelium keine Parallele findet.

+Mt / +Lk — Das Stichwort kommt *nicht bei Markus* vor, sondern *nur bei Matthäus und/oder Lukas.* Im Sinne der Zwei-Quellen-Theorie haben es Matthäus oder Lukas (oder beide) der Markus-Vorlage hinzugefügt (hochgestelltes „+").

–Mt / –Lk — Das Stichwort kommt *bei Markus* vor, aber *nicht bei Matthäus und/oder Lukas.* Im Sinne der Zwei-Quellen-Theorie haben es Matthäus oder Lukas (oder beide) aus der Markus-Vorlage weggelassen (hochgestelltes „–").

traditions not taken over by Mt / Lk — Bei Matthäus und/oder Lukas fehlt eine Parallele zu Markus. Das Feld desjenigen Evangelisten, der keine Parallele aufweist, ist dunkelgrau.

Im Sinne der Zwei-Quellen-Theorie sind Hinzufügungen zur Markus-Tradition mit einem hochgestellten „+", Auslassungen mit einem hochgestellten „–" gekennzeichnet.

subtotals — Die Zwischensummen (Symbol: Σ) fassen *im Sinne der Zwei-Quellen-Theorie* zusammen, wie Matthäus und Lukas das Markusevangelium rezipiert haben.

Σ^+ — Σ^+: alle Belege, bei denen Matthäus bzw. Lukas das Stichwort zu Markus hinzugefügt haben (alle Zahlen mit einem hochgestellten „+"), ausgedrückt in Codes:

Mt: *211 + 212 + 210* Lk: *112 + 212 + 012.*

Σ^- — Σ^-: alle Fälle, in denen Matthäus bzw. Lukas das Stichwort aus Markus weggelassen haben (alle Zahlen mit einem hochgestellten „–"), ausgedrückt in Codes:

Mt: *122 + 121 + 120* Lk: *221 + 121 + 021.*

Σ — Zwischensumme für alle Fälle, in denen Markus beteiligt ist.

total — Summe aller Belege des Stichworts im jeweiligen Evangelium

Die Zahlenwerte in den hellgrauen Feldern sind „Weglassungen" und werden bei der Errechnung der Gesamtsumme der Belege nicht berücksichtigt.

Siehe Vol. 1, Abschnitt 5.2, S. lvi.

Mk-Q overlap — An einigen Stellen ist aufgrund des Textbefundes zu vermuten, dass Matthäus und/oder Lukas neben der Markus-Tradition noch einer anderen Überlieferung („Q") folgen, die sich zwar mit der Markus-Tradition berührt, aber doch auch zugleich von ihr charakteristisch unterschieden ist. Auf statistische Problemfälle wird gegebenenfalls unterhalb der synoptischen Statistik mit der Überschrift „Mk-Q-overlap" hingewiesen.

Mk-Q overlap? — Wo es zweifelhaft ist, ob neben der Markusüberlieferung auch eine Q-Tradition vorliegt, wird hinter die Bemerkung „Mk-Q overlap" ein Fragezeichen gesetzt.

Dieselben Hinweise finden sich auch in der Bemerkungsspalte der synoptischen Konkordanz an der betreffenden Belegstelle.

Siehe Vol. 1, Abschnitt 5.4, S. lix.

4 Indexverzeichnis

Das Indexverzeichnis zeigt

- geprägte Wendungen,
- Formeln,
- Wortverbindungen,
- grammatikalische Besonderheiten.

a b c Sie sind mit einem hochgestellten, kursiv gesetzten Indexbuchstaben versehen. Anhand dieser Indexbuchstaben kann in der Index- und Statistikspalte der synoptischen Konkordanz das Vorkommen dieser Wendungen, Formeln etc. in den synoptischen Evangelien verfolgt werden.

Siehe Vol. 1, Abschnitt 3.8, S. liii.

5 Die Synoptische Konkordanz

Die synoptische Konkordanz ist in drei Bereiche gegliedert: links die Index- und Statistikspalte, in der Mitte die Textspalten und rechts die Bemerkungsspalte.

5.1 Index- und Statistikspalte

a b c Die kleinen, kursiv gesetzten Buchstaben zeigen an, dass in dieser Zeile eine Formel, eine geprägte Wendung etc. vorkommt. Die Indices werden im Indexverzeichnis am Beginn des Eintrags aufgeschlüsselt.

Stehen mehrere Buchstaben nebeneinander, sind die Buchstaben in der Reihenfolge des Auftretens der Formel oder Wendung in der Zeile angeordnet.

222, 211, 112, 212 etc. Der Statistik-Code zeigt an, wie die traditionsgeschichtliche Situation bei diesem Beleg und seinen synoptischen Parallelen bewertet wurde. Zur Bedeutung der Codierung siehe oben Abschnitt 3, S. xiv.

Mit der synoptischen Statistik und dem Statistik-Code können bestimmte Überlieferungssituationen ins Auge gefasst werden. Beispielsweise müssen für die Matthäus-Lukas-Tradition („Q“ im Sinne der Zwei-Quellen-Theorie) nur diejenigen Zeilen berücksichtigt werden, deren Code an der mittleren Stelle (Markus) eine „0“ aufweist. Ist man dagegen an den Fällen interessiert, wo beispielsweise Matthäus ein Wort aus Markus weggelassen hat, so sind die Fälle zu berücksichtigen, deren Code mit den Ziffern „02x“ (die Markus-Stelle hat bei Matthäus keine Parallele) oder „12x“ (Matthäus hat eine Parallele, aber nicht das Stichwort) beginnt. Die Lukas-Stelle, hier durch „x“ repräsentiert, kann dabei „0“ sein (Lukas hat keine Parallele), „1“ (Lukas hat eine Parallele, aber nicht das Stichwort) oder „2“ (Lukas hat das Stichwort). Beachtenswert ist z.B. auch der Code „121“: Sowohl Matthäus als auch Lukas haben das Wort aus ihrer Markus-Vorlage weggelassen. Das Gegenstück ist „212“: Sowohl Matthäus als auch Lukas haben das Wort in die Markus-Vorlage eingefügt. Im Sinne der Zwei-Quellen-Theorie würde man hier von einem *minor agreement* sprechen.

5.2 Die Textspalten der Synoptischen Konkordanz

In der synoptischen Konkordanz werden die Belege für das Stichwort in synoptischer Darstellung zusammen mit ihrem Kontext präsentiert. Matthäus, Markus und Lukas sind in drei Spalten nebeneinander angeordnet.

Mit grauer Schattierung wird die Reihenfolge der Stichwortbelege innerhalb eines Evangeliums angezeigt. Anhand der Schattierung können die Belege jedes einzelnen Evangeliums in der Reihenfolge verfolgt werden, in der sie im Evangelium stehen. — Wegen der unterschiedlichen Perikopenabfolge bei den drei Evangelien ist es nicht zu

vermeiden, dass ein Beleg außerhalb der internen Abfolge des Evangeliums als synoptische Parallele wiederholt werden muss. Erscheint ein Beleg infolgedessen nicht in der richtigen Position innerhalb seines Evangeliums, entfällt die graue Schattierung. Er findet sich aber dann ein weiteres Mal mit grauer Schattierung dort, wo es seiner Position im Evangelium entspricht.

Siehe Vol. 1, Abschnitt 3.3, S. xlviii.

καὶ ἦλθεν κηρύσσων ...

Kleindruck wird bei komplexeren Überlieferungssituationen verwendet: Doppelüberlieferungen, „Mk-Q overlap", redaktionelle Doppelungen usw.

Siehe Vol. 1, Abschnitt 2.4, S. xliv, und Vol. 1, Abschnitt 3.4, S. xlix.

...

Drei Punkte markieren die Auslassung von Textteilen.

[1]

Zahlen in Klammern bezeichnen Verse, die zusätzlich zum Hauptvers zitiert werden (z.B. Mt 3,2 in Fettdruck).

↔

Ein Pfeil mit zwei Spitzen „↔" zeigt an, dass der Evangelientext unmittelbar und ohne Auslassung fortgesetzt wird, auch wenn eine horizontale Trennlinie (und gegebenenfalls auch leere Felder) in der Spalte folgen. Am Anfang der Fortsetzung wird dieser Pfeil wiederholt.

Der Pfeil ↔ wird *nicht* gesetzt, wenn die horizontale Linie zwei aufeinander folgende Verse trennt. Fehlen zwischen den beiden Versen Auslassungspunkte („ ... "), lassen die einander folgenden Versangaben (z.B. Mk 4,1; Mk 4,2) erkennen, dass der Evangelientext ohne Unterbrechung abgedruckt ist.

Siehe Vol. 1, Abschnitt 3.1, S. xlvi.

→ Mk 6,6
⇨ Mt 4,23

Verweis auf Stellen, die nicht in der synoptischen Konkordanz zum aktuellen Stichwort auftreten, aber für die Beurteilung des Belegs von Interesse sind.

↑ Mk 6,6
↓ Mk 6,6

Pfeile nach oben oder unten: Der Text befindet sich in der synoptischen Konkordanz zum aktuellen Stichwort und kann in der entsprechenden Spalte (hier in der Markus-Spalte) weiter oben (↑) bzw. weiter unten (↓) gefunden werden.

⇧ Mt 4,23
⇨ Mt 4,23
⇩ Mt 4,23

Doppelpfeile (⇧, ⇩, ⇨): Beim Verweisziel handelt es sich um eine Doppelüberlieferung oder um eine redaktionelle Doppelung durch einen Evangelisten.

↑ Mk 6,6
↓ Mk 6,6
⇧ Mt 4,23
⇩ Mt 4,23

Fettdruck: Das Verweisziel enthält (hier Mk 6,6 bzw. Mt 4,23) das aktuelle Stichwort.

Siehe Vol. 1, Abschnitt 3.5, S. li.

εὐλογημένος ὁ ἐρχόμενος
➤ Ps 118,26

Zitate aus dem Alten Testament im Text der Synoptiker und der Apostelgeschichte werden durch Kursivdruck gekennzeichnet. Die Stellenangabe steht unmittelbar unter dem Zitat nach einem Pfeil (➤).

Siehe Vol. 1, Abschnitt 3.9, S. liii.

5.3 Bemerkungsspalte

→ Jn 20,32

Verweise auf Stellen außerhalb der Synoptiker, die für den Textvergleich relevant sind, finden sich in der Bemerkungsspalte auf der rechten Seite.

→ Jn 20,32

Ist der Verweis fett gedruckt, so enthält das Verweisziel (hier Jn 20,32) das Stichwort.

→ GTh 39,3
(POxy 655)

Verweise auf das Thomasevangelium (GTh). POxy 655 zeigt an, dass es die entsprechende Stelle auch in den griechischen Fragmenten gibt. Ist diese Angabe fett gedruckt, enthält das griechische Fragment das aktuelle Stichwort.

Siehe Vol. 1, Abschnitt 3.6, S. lii.

Mk-Q overlap Die Bemerkung „Mk-Q overlap“ steht bei den Stellen, an denen Matthäus und/oder Lukas neben der Markus-Tradition noch einer anderen Überlieferung („Q“) folgen.

Mk-Q overlap? Wo es zweifelhaft ist, ob neben der Markusüberlieferung auch eine Q-Tradition vorliegt, wird hinter die Bemerkung „Mk-Q overlap“ ein Fragezeichen gesetzt.

Siehe Vol. 1, Abschnitt 3.4, S. xlix, und Vol. 1, Abschnitt 6.2, S. lx.

Abkürzungen

Syn	Die synoptischen Evangelien: Die Zahl unter dieser Abkürzung gibt die Anzahl der Belege des Stichwortes in den drei Evangelien Matthäus, Markus und Lukas an.
NT	Das Neue Testament: Die Zahl unter dieser Abkürzung gibt die Anzahl der Belege des Stichwortes im gesamten Neuen Testament an.
Mt	Matthäusevangelium
Mk	Markusevangelium
Lk	Lukasevangelium
Acts	Apostelgeschichte
Jn	Johannesevangelium
1-3John	Erster bis dritter Johannesbrief
Paul	Die Briefe des Apostels Paulus (Römer-, 1. und 2. Korinther-, Galater-, Philipper-, 1. Thessalonicher- und Philemonbrief)
Eph	Der Brief an die Epheser
Col	Der Brief an die Kolosser
2Thess	Der zweite Brief an die Thessalonicher
1/2Tim	Der erste und zweite Brief an Timotheus
Tit	Der Brief an Titus
Heb	Der Brief an die Hebräer
Jas	Der Brief des Jakobus
1Pet	Der erste Brief des Petrus
2Pet	Der zweite Brief des Petrus
Jude	Der Brief des Judas
Rev	Die Offenbarung des Johannes
GTh	Das Thomasevangelium
POxy	Die griechischen Fragmente des Thomasevangeliums auf den Oxyrhynchus-Papyri.

Gen	Genesis	Ps	Psalmen	Micah	Micha
Exod	Exodus	Prov	Sprichwörter (Proverbien)	Nahum	Nahum
Lev	Levitikus			Hab	Habakkuk
Num	Numeri	Qoh	Kohelet	Zeph	Zefania
Deut	Deuteronomium	Cant	Das Hohelied	Hag	Haggai
Josh	Josua	Isa	Jesaja	Zech	Sacharja
Judg	Richter	Jer	Jeremia	Mal	Maleachi
Ruth	Rut	Lam	Klagelieder	1-2 Esdras	1-2 Esra
1-2 Sam	1-2 Samuel	Ezek	Ezechiel	Tob	Tobit
1-2 Kings	1-2 Könige	Dan	Daniel	Jdt	Judit
1-2 Chron	1-2 Chronik	Hos	Hosea	Wis	Das Buch der Weisheit
Ezra	Esra	Joel	Joël		
Neh	Nehemia	Amos	Amos	Sir	Jesus Sirach
Esther	Ester	Obad	Obadja	Bar	Baruch
Job	Ijob	Jonah	Jona	1-2 Macc	1-2 Makkabäer

Π

παγιδεύω

παγιδεύω	Syn	Mt	Mk	Lk	Acts	Jn	1-3John	Paul	Eph	Col
	1	1								
	NT	2Thess	1/2Tim	Tit	Heb	Jas	1Pet	2Pet	Jude	Rev
	1									

set a snare; set a trap; entrap

211	Mt 22,15 → Mt 26,4	τότε πορευθέντες οἱ Φαρισαῖοι συμβούλιον ἔλαβον ὅπως αὐτὸν **παγιδεύσωσιν** ἐν λόγῳ. [16] καὶ ἀποστέλλουσιν αὐτῷ τοὺς μαθητὰς αὐτῶν μετὰ τῶν Ἡρῳδιανῶν ...	Mk 12,13	καὶ ἀποστέλλουσιν πρὸς αὐτόν τινας τῶν Φαρισαίων καὶ τῶν Ἡρῳδιανῶν ἵνα αὐτὸν **ἀγρεύσωσιν** λόγῳ.	Lk 20,20 → Lk 6,7 → Lk 11,53-54 → Lk 16,15 → Lk 18,9 → Lk 23,2	καὶ παρατηρήσαντες ἀπέστειλαν ἐγκαθέτους ὑποκρινομένους ἑαυτοὺς δικαίους εἶναι, ἵνα **ἐπιλάβωνται** αὐτοῦ λόγου, ὥστε παραδοῦναι αὐτὸν τῇ ἀρχῇ καὶ τῇ ἐξουσίᾳ τοῦ ἡγεμόνος.	

παγίς

παγίς	Syn	Mt	Mk	Lk	Acts	Jn	1-3John	Paul	Eph	Col
	1			1				1		
	NT	2Thess	1/2Tim	Tit	Heb	Jas	1Pet	2Pet	Jude	Rev
	5		3							

trap; snare

002					Lk 21,35 → Mk 13,36	[34] προσέχετε δὲ ἑαυτοῖς μήποτε ... ἐπιστῇ ἐφ' ὑμᾶς αἰφνίδιος ἡ ἡμέρα ἐκείνη [35] ὡς **παγίς**· ἐπεισελεύσεται γὰρ ἐπὶ πάντας τοὺς καθημένους ἐπὶ πρόσωπον πάσης τῆς γῆς.	

παιδεύω

παιδεύω	Syn	Mt	Mk	Lk	Acts	Jn	1-3John	Paul	Eph	Col
	2			2	2			2		
	NT	2Thess	1/2Tim	Tit	Heb	Jas	1Pet	2Pet	Jude	Rev
	13		2	1	3					1

bring up; instruct; train; educate; practice discipline; correct; give guidance; discipline; discipline by whipping, scourging

002					Lk 23,16 ↓ Lk 23,22 → Mt 27,26 → Mk 15,15	**παιδεύσας** οὖν αὐτὸν ἀπολύσω.	Lk 23,17 is textcritically uncertain.
112	Mt 27,23	... τί γὰρ κακὸν ἐποίησεν; ...	Mk 15,14	... τί γὰρ ἐποίησεν κακόν; ...	Lk 23,22 → Lk 23,4 → Lk 23,14 ↑ Lk 23,16 → Mt 27,26 → Mk 15,15	... τί γὰρ κακὸν ἐποίησεν οὗτος; οὐδὲν αἴτιον θανάτου εὗρον ἐν αὐτῷ· **παιδεύσας** οὖν αὐτὸν ἀπολύσω.	→ Jn 19,6 → Acts 13,28

Acts 7,22 καὶ **ἐπαιδεύθη** Μωϋσῆς [ἐν] πάσῃ σοφίᾳ Αἰγυπτίων, ἦν δὲ δυνατὸς ἐν λόγοις καὶ ἔργοις αὐτοῦ.

Acts 22,3 ἐγώ εἰμι ἀνὴρ Ἰουδαῖος, ... παρὰ τοὺς πόδας Γαμαλιὴλ **πεπαιδευμένος** κατὰ ἀκρίβειαν τοῦ πατρῴου νόμου, ...

παιδιόθεν	Syn 1	Mt	Mk 1	Lk	Acts	Jn	1-3John	Paul	Eph	Col
	NT 1	2Thess	1/2Tim	Tit	Heb	Jas	1Pet	2Pet	Jude	Rev

from childhood

020		**Mk 9,21** ... πόσος χρόνος ἐστὶν ὡς τοῦτο γέγονεν αὐτῷ; ὁ δὲ εἶπεν· **ἐκ παιδιόθεν·**		

παιδίον	Syn 43	Mt 18	Mk 12	Lk 13	Acts	Jn 3	1-3John 2	Paul 1	Eph	Col
	NT 52	2Thess	1/2Tim	Tit	Heb 3	Jas	1Pet	2Pet	Jude	Rev

very young child; infant; child

	triple tradition																	double tradition			Sondergut		
		+Mt / +Lk			–Mt / –Lk			traditions not taken over by Mt / Lk							subtotals								
code	*222*	*211*	*112*	*212*	*221*	*122*	*121*	*022*	*012*	*021*	*220*	*120*	*210*	*020*	Σ⁺	Σ⁻	Σ	*202*	*201*	*102*	*200*	*002*	total
Mt	4	1⁺			1		3⁻					2⁻	1⁺		2⁺	5⁻	7	1			10		**18**
Mk	4				1		3			1		2		1			12						**12**
Lk	4				1⁻		3⁻			1⁻						5⁻	4	1				8	**13**

a παιδίον referring to a little daughter (Mark only)

b παιδίον and μήτηρ

c παιδίον and γυνή

d παιδίον and πατήρ

d 002			**Lk 1,59** καὶ ἐγένετο ἐν τῇ ἡμέρᾳ τῇ ὀγδόῃ ἦλθον περιτεμεῖν **τὸ παιδίον** καὶ ἐκάλουν αὐτὸ ἐπὶ τῷ ὀνόματι τοῦ πατρὸς αὐτοῦ Ζαχαρίαν.	
002			**Lk 1,66** καὶ ἔθεντο πάντες οἱ ἀκούσαντες ἐν τῇ καρδίᾳ αὐτῶν λέγοντες· τί ἄρα **τὸ παιδίον τοῦτο** ἔσται; καὶ γὰρ χεὶρ κυρίου ἦν μετ' αὐτοῦ.	
002			**Lk 1,76** καὶ σὺ δέ, **παιδίον,** προφήτης ὑψίστου κληθήσῃ· προπορεύσῃ γὰρ ἐνώπιον κυρίου ἑτοιμάσαι ὁδοὺς αὐτοῦ	
002			**Lk 1,80** **τὸ δὲ παιδίον** ηὔξανεν καὶ ἐκραταιοῦτο πνεύματι, ...	
002			**Lk 2,17** ἰδόντες δὲ ἐγνώρισαν περὶ τοῦ ῥήματος τοῦ λαληθέντος αὐτοῖς **περὶ τοῦ παιδίου τούτου.**	
002			**Lk 2,27** ... καὶ ἐν τῷ εἰσαγαγεῖν τοὺς γονεῖς **τὸ παιδίον Ἰησοῦν** τοῦ ποιῆσαι αὐτοὺς κατὰ τὸ εἰθισμένον τοῦ νόμου περὶ αὐτοῦ	

002					Lk 2,40	**τὸ δὲ παιδίον** ηὔξανεν καὶ ἐκραταιοῦτο πληρούμενον σοφίᾳ, καὶ χάρις θεοῦ ἦν ἐπ' αὐτό.	
200	Mt 2,8	... πορευθέντες ἐξετάσατε ἀκριβῶς **περὶ τοῦ παιδίου·** ἐπὰν δὲ εὕρητε, ἀπαγγείλατέ μοι, ὅπως κἀγὼ ἐλθὼν προσκυνήσω αὐτῷ.					
200	Mt 2,9	... καὶ ἰδοὺ ὁ ἀστὴρ, ὃν εἶδον ἐν τῇ ἀνατολῇ, προῆγεν αὐτοὺς, ἕως ἐλθὼν ἐστάθη ἐπάνω οὗ ἦν **τὸ παιδίον.**					
b 200	Mt 2,11	καὶ ἐλθόντες εἰς τὴν οἰκίαν εἶδον **τὸ παιδίον** μετὰ Μαρίας τῆς μητρὸς αὐτοῦ, ...					
b 200 200	Mt 2,13 (2)	... ἐγερθεὶς παράλαβε **τὸ παιδίον** καὶ τὴν μητέρα αὐτοῦ καὶ φεῦγε εἰς Αἴγυπτον καὶ ἴσθι ἐκεῖ ἕως ἂν εἴπω σοι· μέλλει γὰρ Ἡρῴδης ζητεῖν **τὸ παιδίον** τοῦ ἀπολέσαι αὐτό.					
b 200	Mt 2,14	ὁ δὲ ἐγερθεὶς παρέλαβεν **τὸ παιδίον** καὶ τὴν μητέρα αὐτοῦ νυκτὸς καὶ ἀνεχώρησεν εἰς Αἴγυπτον					
b 200 200	Mt 2,20 (2)	... ἐγερθεὶς παράλαβε **τὸ παιδίον** καὶ τὴν μητέρα αὐτοῦ καὶ πορεύου εἰς γῆν Ἰσραήλ· τεθνήκασιν γὰρ οἱ ζητοῦντες **τὴν ψυχὴν τοῦ παιδίου.**					
b 200	Mt 2,21	ὁ δὲ ἐγερθεὶς παρέλαβεν **τὸ παιδίον** καὶ τὴν μητέρα αὐτοῦ καὶ εἰσῆλθεν εἰς γῆν Ἰσραήλ.					
202	Mt 11,16	τίνι δὲ ὁμοιώσω τὴν γενεὰν ταύτην; ὁμοία ἐστὶν **παιδίοις** καθημένοις ἐν ταῖς ἀγοραῖς ἃ προσφωνοῦντα τοῖς ἑτέροις			Lk 7,32	[31] τίνι οὖν ὁμοιώσω τοὺς ἀνθρώπους τῆς γενεᾶς ταύτης καὶ τίνι εἰσὶν ὅμοιοι; [32] ὅμοιοί εἰσιν **παιδίοις** τοῖς ἐν ἀγορᾷ καθημένοις καὶ προσφωνοῦσιν ἀλλήλοις ...	
a 121	Mt 9,24	... ἀναχωρεῖτε, οὐ γὰρ ἀπέθανεν **τὸ κοράσιον** ἀλλὰ καθεύδει. ...	Mk 5,39	... τί θορυβεῖσθε καὶ κλαίετε; **τὸ παιδίον** οὐκ ἀπέθανεν ἀλλὰ καθεύδει.	Lk 8,52	... μὴ κλαίετε, οὐ γὰρ ἀπέθανεν ἀλλὰ καθεύδει.	

a b d 021			Mk 5,40 (2)	[37] καὶ οὐκ ἀφῆκεν οὐδένα μετ' αὐτοῦ συνακολουθῆσαι εἰ μὴ τὸν Πέτρον καὶ Ἰάκωβον καὶ Ἰωάννην τὸν ἀδελφὸν Ἰακώβου. [40] ... παραλαμβάνει τὸν πατέρα τοῦ παιδίου καὶ τὴν μητέρα καὶ τοὺς μετ' αὐτοῦ	Lk 8,51	... οὐκ ἀφῆκεν εἰσελθεῖν τινα σὺν αὐτῷ εἰ μὴ Πέτρον καὶ Ἰωάννην καὶ Ἰάκωβον καὶ τὸν πατέρα τῆς παιδὸς καὶ τὴν μητέρα.	
121	Mt 9,25	... εἰσελθὼν		καὶ εἰσπορεύεται ὅπου ἦν τὸ παιδίον.	Lk 8,54		
a 121		ἐκράτησεν τῆς χειρὸς αὐτῆς, καὶ ἠγέρθη τὸ κοράσιον.	Mk 5,41	καὶ κρατήσας τῆς χειρὸς τοῦ παιδίου λέγει αὐτῇ· ταλιθα κουμ, ὅ ἐστιν μεθερμηνευόμενον· τὸ κοράσιον, σοὶ λέγω, ἔγειρε. [42] καὶ εὐθὺς ἀνέστη τὸ κοράσιον ...		αὐτὸς δὲ κρατήσας τῆς χειρὸς αὐτῆς ἐφώνησεν λέγων· ἡ παῖς, ἔγειρε. [55] καὶ ἐπέστρεψεν τὸ πνεῦμα αὐτῆς καὶ ἀνέστη παραχρῆμα ...	
c 211	Mt 14,21 ↓ Mt 15,38	οἱ δὲ ἐσθίοντες ἦσαν ἄνδρες ὡσεὶ πεντακισχίλιοι χωρὶς γυναικῶν καὶ παιδίων.	Mk 6,44 ↓ Mk 8,9	καὶ ἦσαν οἱ φαγόντες [τοὺς ἄρτους] πεντακισχίλιοι ἄνδρες.	Lk 9,14	ἦσαν γὰρ ὡσεὶ ἄνδρες πεντακισχίλιοι. ...	→ Jn 6,10
120	Mt 15,27	... ναὶ κύριε, καὶ γὰρ τὰ κυνάρια ἐσθίει ἀπὸ τῶν ψιχίων τῶν πιπτόντων ἀπὸ τῆς τραπέζης τῶν κυρίων αὐτῶν.	Mk 7,28	... κύριε· καὶ τὰ κυνάρια ὑποκάτω τῆς τραπέζης ἐσθίουσιν ἀπὸ τῶν ψιχίων τῶν παιδίων.			
a 120	Mt 15,28 → Mt 8,13 → Mt 9,22 → Mt 17,18	... καὶ ἰάθη ἡ θυγάτηρ αὐτῆς ἀπὸ τῆς ὥρας ἐκείνης.	Mk 7,30 → Lk 7,10	καὶ ἀπελθοῦσα εἰς τὸν οἶκον αὐτῆς εὗρεν τὸ παιδίον βεβλημένον ἐπὶ τὴν κλίνην καὶ τὸ δαιμόνιον ἐξεληλυθός.			
c 210	Mt 15,38 ↑ Mt 14,21	οἱ δὲ ἐσθίοντες ἦσαν τετρακισχίλιοι ἄνδρες χωρὶς γυναικῶν καὶ παιδίων.	Mk 8,9 ↑ Mk 6,44	ἦσαν δὲ ὡς τετρακισχίλιοι. ...	↑ Lk 9,14a		
d 020			Mk 9,24	εὐθὺς κράξας ὁ πατὴρ τοῦ παιδίου ἔλεγεν· πιστεύω· βοήθει μου τῇ ἀπιστίᾳ.			
222	Mt 18,2	καὶ προσκαλεσάμενος παιδίον ἔστησεν αὐτὸ ἐν μέσῳ αὐτῶν	Mk 9,36	καὶ λαβὼν παιδίον ἔστησεν αὐτὸ ἐν μέσῳ αὐτῶν ...	Lk 9,47	... ἐπιλαβόμενος παιδίον ἔστησεν αὐτὸ παρ' ἑαυτῷ	→ GTh 22
222	Mt 18,3	... ἀμὴν λέγω ὑμῖν, ἐὰν μὴ στραφῆτε καὶ γένησθε ὡς τὰ παιδία, οὐ μὴ εἰσέλθητε εἰς τὴν βασιλείαν τῶν οὐρανῶν.	Mk 10,15	ἀμὴν λέγω ὑμῖν, ὃς ἂν μὴ δέξηται τὴν βασιλείαν τοῦ θεοῦ ὡς παιδίον, οὐ μὴ εἰσέλθῃ εἰς αὐτήν.	Lk 18,17	ἀμὴν λέγω ὑμῖν, ὃς ἂν μὴ δέξηται τὴν βασιλείαν τοῦ θεοῦ ὡς παιδίον, οὐ μὴ εἰσέλθῃ εἰς αὐτήν.	→ Jn 3,3 → GTh 22 → GTh 46

200	Mt 18,4 → Mt 23,12 → Lk 14,11 → Lk 18,14	ὅστις οὖν ταπεινώσει ·ἑαυτὸν ὡς τὸ παιδίον τοῦτο, οὗτός ἐστιν ὁ μείζων ἐν τῇ βασιλείᾳ τῶν οὐρανῶν.					
222	Mt 18,5 ⇩ Mt 10,40 → Mt 10,41	καὶ ὃς ἐὰν δέξηται ἓν παιδίον τοιοῦτο ἐπὶ τῷ ὀνόματί μου, ἐμὲ δέχεται.	Mk 9,37	ὃς ἂν ἓν τῶν τοιούτων παιδίων δέξηται ἐπὶ τῷ ὀνόματί μου, ἐμὲ δέχεται· ...	Lk 9,48 ⇩ Lk 10,16	... ὃς ἐὰν δέξηται τοῦτο τὸ παιδίον ἐπὶ τῷ ὀνόματί μου, ἐμὲ δέχεται· ...	→ Jn 5,23 → Jn 12,44-45 → Jn 13,20
	Mt 10,40 ⇧ Mt 18,5 → Mt 10,41	ὁ δεχόμενος ὑμᾶς ἐμὲ δέχεται, καὶ ὁ ἐμὲ δεχόμενος δέχεται τὸν ἀποστείλαντά με.			Lk 10,16 ⇧ Lk 9,48	ὁ ἀκούων ὑμῶν ἐμοῦ ἀκούει, καὶ ὁ ἀθετῶν ὑμᾶς ἐμὲ ἀθετεῖ· ὁ δὲ ἐμὲ ἀθετῶν ἀθετεῖ τὸν ἀποστείλαντά με.	
002					Lk 11,7	... ἤδη ἡ θύρα κέκλεισται καὶ τὰ παιδία μου μετ' ἐμοῦ εἰς τὴν κοίτην εἰσίν· ...	
221	Mt 19,13	τότε προσηνέχθησαν αὐτῷ παιδία ἵνα τὰς χεῖρας ἐπιθῇ αὐτοῖς καὶ προσεύξηται· ...	Mk 10,13	καὶ προσέφερον αὐτῷ παιδία ἵνα αὐτῶν ἅψηται· ...	Lk 18,15	προσέφερον δὲ αὐτῷ καὶ τὰ βρέφη ἵνα αὐτῶν ἅπτηται· ...	→ GTh 22
222	Mt 19,14	... ἄφετε τὰ παιδία καὶ μὴ κωλύετε αὐτὰ ἐλθεῖν πρός με, τῶν γὰρ τοιούτων ἐστὶν ἡ βασιλεία τῶν οὐρανῶν.	Mk 10,14	... ἄφετε τὰ παιδία ἔρχεσθαι πρός με, μὴ κωλύετε αὐτά, τῶν γὰρ τοιούτων ἐστὶν ἡ βασιλεία τοῦ θεοῦ.	Lk 18,16	... ἄφετε τὰ παιδία ἔρχεσθαι πρός με καὶ μὴ κωλύετε αὐτά, τῶν γὰρ τοιούτων ἐστὶν ἡ βασιλεία τοῦ θεοῦ.	→ GTh 22
222	Mt 18,3	... ἀμὴν λέγω ὑμῖν, ἐὰν μὴ στραφῆτε καὶ γένησθε ὡς τὰ παιδία, οὐ μὴ εἰσέλθητε εἰς τὴν βασιλείαν τῶν οὐρανῶν.	Mk 10,15	ἀμὴν λέγω ὑμῖν, ὃς ἂν μὴ δέξηται τὴν βασιλείαν τοῦ θεοῦ ὡς παιδίον, οὐ μὴ εἰσέλθῃ εἰς αὐτήν.	Lk 18,17	ἀμὴν λέγω ὑμῖν, ὃς ἂν μὴ δέξηται τὴν βασιλείαν τοῦ θεοῦ ὡς παιδίον, οὐ μὴ εἰσέλθῃ εἰς αὐτήν.	→ Jn 3,3 → GTh 22 → GTh 46

παιδίσκη	Syn 5	Mt 1	Mk 2	Lk 2	Acts 2	Jn 1	1-3John	Paul 5	Eph	Col
	NT 13	2Thess	1/2Tim	Tit	Heb	Jas	1Pet	2Pet	Jude	Rev

maid; servant-girl; female slave

102	Mt 24,49	[48] ἐὰν δὲ εἴπῃ ὁ κακὸς δοῦλος ἐκεῖνος ἐν τῇ καρδίᾳ αὐτοῦ· χρονίζει μου ὁ κύριος, [49] καὶ ἄρξηται τύπτειν τοὺς συνδούλους αὐτοῦ, ἐσθίῃ δὲ καὶ πίνῃ μετὰ τῶν μεθυόντων			Lk 12,45 → Lk 21,34	ἐὰν δὲ εἴπῃ ὁ δοῦλος ἐκεῖνος ἐν τῇ καρδίᾳ αὐτοῦ· χρονίζει ὁ κύριός μου ἔρχεσθαι, καὶ ἄρξηται τύπτειν τοὺς παῖδας καὶ τὰς παιδίσκας, ἐσθίειν τε καὶ πίνειν καὶ μεθύσκεσθαι	
222	Mt 26,69	... καὶ προσῆλθεν αὐτῷ μία παιδίσκη λέγουσα· καὶ σὺ ἦσθα μετὰ Ἰησοῦ τοῦ Γαλιλαίου.	Mk 14,66	... ἔρχεται μία τῶν παιδισκῶν τοῦ ἀρχιερέως [67] καὶ ἰδοῦσα τὸν Πέτρον θερμαινόμενον ἐμβλέψασα αὐτῷ λέγει· καὶ σὺ μετὰ τοῦ Ναζαρηνοῦ ἦσθα τοῦ Ἰησοῦ.	Lk 22,56	ἰδοῦσα δὲ αὐτὸν παιδίσκη τις καθήμενον πρὸς τὸ φῶς καὶ ἀτενίσασα αὐτῷ εἶπεν· καὶ οὗτος σὺν αὐτῷ ἦν.	→ Jn 18,17

121	**Mt 26,71**	... εἶδεν αὐτὸν **ἄλλη** καὶ λέγει τοῖς ἐκεῖ· οὗτος ἦν μετὰ Ἰησοῦ τοῦ Ναζωραίου.	**Mk 14,69**	καὶ **ἡ παιδίσκη** ἰδοῦσα αὐτὸν ἤρξατο πάλιν λέγειν τοῖς παρεστῶσιν ὅτι οὗτος ἐξ αὐτῶν ἐστιν.	**Lk 22,58**	καὶ μετὰ βραχὺ **ἕτερος** ἰδὼν αὐτὸν ἔφη· καὶ σὺ ἐξ αὐτῶν εἶ. ...	→ Jn 18,25

Acts 12,13 κρούσαντος δὲ αὐτοῦ τὴν θύραν τοῦ πυλῶνος προσῆλθεν **παιδίσκη** ὑπακοῦσαι ὀνόματι Ῥόδη

Acts 16,16 ἐγένετο δὲ πορευομένων ἡμῶν εἰς τὴν προσευχὴν **παιδίσκην τινὰ** ἔχουσαν πνεῦμα πύθωνα ὑπαντῆσαι ἡμῖν, ἥτις ἐργασίαν πολλὴν παρεῖχεν τοῖς κυρίοις αὐτῆς μαντευομένη.

# παῖς	Syn	Mt	Mk	Lk	Acts	Jn	1-3John	Paul	Eph	Col
	17	8		9	6	1				
	NT	2Thess	1/2Tim	Tit	Heb	Jas	1Pet	2Pet	Jude	Rev
	24									

child; boy; youth; son; servant; slave; ἡ παῖς girl

	triple tradition																	double tradition			Sondergut		
		+Mt / +Lk			–Mt / –Lk			traditions not taken over by Mt / Lk							subtotals								
code	*222*	*211*	*112*	*212*	*221*	*122*	*121*	*022*	*012*	*021*	*220*	*120*	*210*	*020*	Σ⁺	Σ⁻	Σ	*202*	*201*	*102*	*200*	*002*	total
Mt		1⁺		1⁺											2⁺		2	1	2		3		**8**
Mk																							
Lk			1⁺	1⁺					1⁺						3⁺		3	1		1		4	**9**

[a] ἡ παῖς
[b] παῖς and μήτηρ, πατήρ, γονεῖς
[c] Jesus as παῖς τοῦ θεοῦ
[d] Israel as παῖς τοῦ θεοῦ
[e] David as παῖς τοῦ θεοῦ

d 002			**Lk 1,54**	ἀντελάβετο **Ἰσραὴλ παιδὸς αὐτοῦ,** μνησθῆναι ἐλέους	
e 002			**Lk 1,69**	καὶ ἤγειρεν κέρας σωτηρίας ἡμῖν **ἐν οἴκῳ Δαυὶδ παιδὸς αὐτοῦ**	
200	**Mt 2,16**	τότε Ἡρῴδης ἰδὼν ὅτι ἐνεπαίχθη ὑπὸ τῶν μάγων ἐθυμώθη λίαν, καὶ ἀποστείλας ἀνεῖλεν **πάντας τοὺς παῖδας** τοὺς ἐν Βηθλέεμ καὶ ἐν πᾶσι τοῖς ὁρίοις αὐτῆς ...			
b 002			**Lk 2,43**	καὶ τελειωσάντων τὰς ἡμέρας, ἐν τῷ ὑποστρέφειν αὐτοὺς ὑπέμεινεν **Ἰησοῦς ὁ παῖς** ἐν Ἰερουσαλήμ, καὶ οὐκ ἔγνωσαν οἱ γονεῖς αὐτοῦ.	
201	**Mt 8,6**	[5] ... ἑκατόνταρχος ... [6] καὶ λέγων· κύριε, **ὁ παῖς μου** βέβληται ἐν τῇ οἰκίᾳ παραλυτικός, δεινῶς βασανιζόμενος.	**Lk 7,2**	ἑκατοντάρχου δέ τινος **δοῦλος** κακῶς ἔχων ἤμελλεν τελευτᾶν, ὃς ἦν αὐτῷ ἔντιμος.	→ Jn 4,46-47

202	Mt 8,8	... ἀλλὰ μόνον εἰπὲ λόγῳ, καὶ ἰαθήσεται **ὁ παῖς μου.**			Lk 7,7	διὸ οὐδὲ ἐμαυτὸν ἠξίωσα πρὸς σὲ ἐλθεῖν· ἀλλὰ εἰπὲ λόγῳ, καὶ ἰαθήτω **ὁ παῖς μου.**	→ Jn 4,49
201	Mt 8,13 → Mt 9,22 → Mt 15,28 ↓ Mt 17,18	καὶ εἶπεν ὁ Ἰησοῦς τῷ ἑκατοντάρχῃ· ὕπαγε, ὡς ἐπίστευσας γενηθήτω σοι. καὶ ἰάθη **ὁ παῖς [αὐτοῦ]** ἐν τῇ ὥρᾳ ἐκείνῃ.			Lk 7,10 → Mk 7,30	καὶ ὑποστρέψαντες εἰς τὸν οἶκον οἱ πεμφθέντες εὗρον **τὸν δοῦλον** ὑγιαίνοντα.	→ Jn 4,51
c 200	Mt 12,18 → Mt 3,17 → Mk 1,11 → Lk 3,22	*ἰδοὺ* ***ὁ παῖς μου*** *ὃν ᾑρέτισα, ὁ ἀγαπητός μου εἰς ὃν εὐδόκησεν ἡ ψυχή μου·* ... > Isa 42,1					
a b 012			Mk 5,40	[37] καὶ οὐκ ἀφῆκεν οὐδένα μετ' αὐτοῦ συνακολουθῆσαι εἰ μὴ τὸν Πέτρον καὶ Ἰάκωβον καὶ Ἰωάννην τὸν ἀδελφὸν Ἰακώβου. [40] ... παραλαμβάνει **τὸν πατέρα τοῦ παιδίου** καὶ τὴν μητέρα καὶ τοὺς μετ' αὐτοῦ ...	Lk 8,51	... οὐκ ἀφῆκεν εἰσελθεῖν τινα σὺν αὐτῷ εἰ μὴ Πέτρον καὶ Ἰωάννην καὶ Ἰάκωβον καὶ **τὸν πατέρα τῆς παιδὸς** καὶ τὴν μητέρα.	
a 112	Mt 9,25	... ἐκράτησεν τῆς χειρὸς αὐτῆς, καὶ ἠγέρθη τὸ κοράσιον.	Mk 5,41	καὶ κρατήσας τῆς χειρὸς τοῦ παιδίου λέγει αὐτῇ· ταλιθα κουμ, ὅ ἐστιν μεθερμηνευόμενον· **τὸ κοράσιον,** σοὶ λέγω, ἔγειρε. [42] καὶ εὐθὺς ἀνέστη τὸ κοράσιον ...	Lk 8,54	αὐτὸς δὲ κρατήσας τῆς χειρὸς αὐτῆς ἐφώνησεν λέγων· **ἡ παῖς,** ἔγειρε. [55] καὶ ἐπέστρεψεν τὸ πνεῦμα αὐτῆς καὶ ἀνέστη παραχρῆμα ...	
211	Mt 14,2	καὶ εἶπεν **τοῖς παισὶν αὐτοῦ·** οὗτός ἐστιν Ἰωάννης ὁ βαπτιστής· αὐτὸς ἠγέρθη ἀπὸ τῶν νεκρῶν ...	Mk 6,16 → Mk 6,27	ἀκούσας δὲ ὁ Ἡρῴδης ἔλεγεν· ὃν ἐγὼ ἀπεκεφάλισα Ἰωάννην, οὗτος ἠγέρθη.	Lk 9,9	εἶπεν δὲ Ἡρῴδης· Ἰωάννην ἐγὼ ἀπεκεφάλισα· τίς δέ ἐστιν οὗτος ...	
b 212	Mt 17,18 ↑ Mt 8,13 → Mt 9,22 → Mt 15,28	... καὶ ἐθεραπεύθη **ὁ παῖς** ἀπὸ τῆς ὥρας ἐκείνης.	Mk 9,27	ὁ δὲ Ἰησοῦς κρατήσας τῆς χειρὸς αὐτοῦ ἤγειρεν **αὐτόν,** καὶ ἀνέστη.	Lk 9,42 → Lk 7,15	... καὶ ἰάσατο **τὸν παῖδα** καὶ ἀπέδωκεν αὐτὸν τῷ πατρὶ αὐτοῦ.	
102	Mt 24,49	[48] ἐὰν δὲ εἴπῃ ὁ κακὸς δοῦλος ἐκεῖνος ἐν τῇ καρδίᾳ αὐτοῦ· χρονίζει μου ὁ κύριος, [49] καὶ ἄρξηται τύπτειν **τοὺς συνδούλους αὐτοῦ,** ἐσθίῃ δὲ καὶ πίνῃ μετὰ τῶν μεθυόντων			Lk 12,45 → Lk 21,34	ἐὰν δὲ εἴπῃ ὁ δοῦλος ἐκεῖνος ἐν τῇ καρδίᾳ αὐτοῦ· χρονίζει ὁ κύριός μου ἔρχεσθαι, καὶ ἄρξηται τύπτειν **τοὺς παῖδας καὶ τὰς παιδίσκας,** ἐσθίειν τε καὶ πίνειν καὶ μεθύσκεσθαι	
002					Lk 15,26	καὶ προσκαλεσάμενος **ἕνα τῶν παίδων** ἐπυνθάνετο τί ἂν εἴη ταῦτα.	

	Mt	Mk	Lk	
200	**Mt 21,15** → Lk 19,39-40 ἰδόντες δὲ οἱ ἀρχιερεῖς καὶ οἱ γραμματεῖς τὰ θαυμάσια ἃ ἐποίησεν καὶ **τοὺς παῖδας** τοὺς κράζοντας ἐν τῷ ἱερῷ καὶ λέγοντας· ὡσαννὰ τῷ υἱῷ Δαυίδ, ἠγανάκτησαν			

c **Acts 3,13** ... *ὁ θεὸς τῶν πατέρων ἡμῶν*, ἐδόξασεν **τὸν παῖδα αὐτοῦ Ἰησοῦν** ὃν ὑμεῖς μὲν παρεδώκατε καὶ ἠρνήσασθε κατὰ πρόσωπον Πιλάτου, ...
➤ Exod 3,6

c **Acts 3,26** ὑμῖν πρῶτον ἀναστήσας ὁ θεὸς **τὸν παῖδα αὐτοῦ** ἀπέστειλεν αὐτὸν ...

e **Acts 4,25** → Mt 22,43 → Mk 12,36 → Lk 20,42 **ὁ τοῦ πατρὸς ἡμῶν διὰ πνεύματος ἁγίου στόματος Δαυὶδ παιδός σου** εἰπών· *ἱνατί ἐφρύαξαν ἔθνη καὶ λαοὶ ἐμελέτησαν κενά;*
➤ Ps 2,1 LXX

c **Acts 4,27** → Lk 4,18 συνήχθησαν γὰρ ἐπ' ἀληθείας ἐν τῇ πόλει ταύτῃ **ἐπὶ τὸν ἅγιον παῖδά σου Ἰησοῦν** ὃν ἔχρισας, Ἡρῴδης τε καὶ Πόντιος Πιλᾶτος σὺν ἔθνεσιν καὶ λαοῖς Ἰσραήλ

c **Acts 4,30** ἐν τῷ τὴν χεῖρά [σου] ἐκτείνειν σε εἰς ἴασιν καὶ σημεῖα καὶ τέρατα γίνεσθαι **διὰ τοῦ ὀνόματος τοῦ ἁγίου παιδός σου Ἰησοῦ.**

Acts 20,12 ἤγαγον δὲ **τὸν παῖδα** ζῶντα καὶ παρεκλήθησαν οὐ μετρίως.

παίω

Syn	Mt	Mk	Lk	Acts	Jn	1-3John	Paul	Eph	Col
3	1	1	1		1				
NT	**2Thess**	**1/2Tim**	**Tit**	**Heb**	**Jas**	**1Pet**	**2Pet**	**Jude**	**Rev**
5									1

strike

	Mt	Mk	Lk	
121	**Mt 26,51** καὶ ἰδοὺ εἷς τῶν μετὰ Ἰησοῦ ἐκτείνας τὴν χεῖρα ἀπέσπασεν τὴν μάχαιραν αὐτοῦ καὶ **πατάξας** τὸν δοῦλον τοῦ ἀρχιερέως ἀφεῖλεν αὐτοῦ τὸ ὠτίον.	**Mk 14,47** εἷς δέ [τις] τῶν παρεστηκότων σπασάμενος τὴν μάχαιραν **ἔπαισεν** τὸν δοῦλον τοῦ ἀρχιερέως καὶ ἀφεῖλεν αὐτοῦ τὸ ὠτάριον.	**Lk 22,50** [49] ... κύριε, εἰ πατάξομεν ἐν μαχαίρῃ; [50] καὶ **ἐπάταξεν** εἷς τις ἐξ αὐτῶν τοῦ ἀρχιερέως τὸν δοῦλον καὶ ἀφεῖλεν τὸ οὖς αὐτοῦ τὸ δεξιόν.	→ Jn 18,10
212	**Mt 26,68** ... προφήτευσον ἡμῖν, χριστέ, τίς ἐστιν **ὁ παίσας** σε;	**Mk 14,65** ... προφήτευσον, καὶ οἱ ὑπηρέται ῥαπίσμασιν αὐτὸν ἔλαβον.	**Lk 22,64** ... προφήτευσον, τίς ἐστιν **ὁ παίσας** σε;	

πάλαι

Syn	Mt	Mk	Lk	Acts	Jn	1-3John	Paul	Eph	Col
3	1	1	1				1		
NT	**2Thess**	**1/2Tim**	**Tit**	**Heb**	**Jas**	**1Pet**	**2Pet**	**Jude**	**Rev**
7				1			1	1	

long ago; formerly; for a long time; already

	Mt	Mk	Lk	
202	**Mt 11,21** οὐαί σοι, Χοραζίν, οὐαί σοι, Βηθσαϊδά· ὅτι εἰ ἐν Τύρῳ καὶ Σιδῶνι ἐγένοντο αἱ δυνάμεις αἱ γενόμεναι ἐν ὑμῖν, **πάλαι** ἂν ἐν σάκκῳ καὶ σποδῷ μετενόησαν.		**Lk 10,13** οὐαί σοι, Χοραζίν, οὐαί σοι, Βηθσαϊδά· ὅτι εἰ ἐν Τύρῳ καὶ Σιδῶνι ἐγενήθησαν αἱ δυνάμεις αἱ γενόμεναι ἐν ὑμῖν, **πάλαι** ἂν ἐν σάκκῳ καὶ σποδῷ καθήμενοι μετενόησαν.	

020			Mk 15,44	ὁ δὲ Πιλᾶτος ἐθαύμασεν εἰ ἤδη τέθνηκεν καὶ προσκαλεσάμενος τὸν κεντυρίωνα ἐπηρώτησεν αὐτὸν εἰ **πάλαι** ἀπέθανεν·			

παλαιός	Syn 11	Mt 3	Mk 3	Lk 5	Acts	Jn	1-3John 2	Paul 4	Eph 1	Col 1
	NT 19	2Thess	1/2Tim	Tit	Heb	Jas	1Pet	2Pet	Jude	Rev

old; the old

	triple tradition																	double tradition			Sondergut		
		+Mt / +Lk			–Mt / –Lk			traditions not taken over by Mt / Lk							subtotals								
code	*222*	*211*	*112*	*212*	*221*	*122*	*121*	*022*	*012*	*021*	*220*	*120*	*210*	*020*	Σ^+	Σ^-	Σ	*202*	*201*	*102*	*200*	*002*	total
Mt	2					1^-										1^-	2				1		**3**
Mk	2					1											3						**3**
Lk	2					1											3					2	**5**

222 122	**Mt 9,16**	οὐδεὶς δὲ ἐπιβάλλει ἐπίβλημα ῥάκους ἀγνάφου **ἐπὶ ἱματίῳ παλαιῷ·** αἴρει γὰρ τὸ πλήρωμα αὐτοῦ ἀπὸ τοῦ ἱματίου καὶ χεῖρον σχίσμα γίνεται.	**Mk 2,21** **(2)**	οὐδεὶς ἐπίβλημα ῥάκους ἀγνάφου ἐπιράπτει **ἐπὶ ἱμάτιον παλαιόν·** εἰ δὲ μή, αἴρει τὸ πλήρωμα ἀπ' αὐτοῦ τὸ καινὸν **τοῦ παλαιοῦ,** καὶ χεῖρον σχίσμα γίνεται.	**Lk 5,36** **(2)**	... οὐδεὶς ἐπίβλημα ἀπὸ ἱματίου καινοῦ σχίσας ἐπιβάλλει **ἐπὶ ἱμάτιον παλαιόν·** εἰ δὲ μή γε, καὶ τὸ καινὸν σχίσει καὶ **τῷ παλαιῷ** οὐ συμφωνήσει τὸ ἐπίβλημα τὸ ἀπὸ τοῦ καινοῦ.	→ GTh 47,5
222	**Mt 9,17**	οὐδὲ βάλλουσιν οἶνον νέον **εἰς ἀσκοὺς** **παλαιούς·** εἰ δὲ μή γε, ῥήγνυνται οἱ ἀσκοὶ καὶ ὁ οἶνος ἐκχεῖται καὶ οἱ ἀσκοὶ ἀπόλλυνται· ...	**Mk 2,22**	καὶ οὐδεὶς βάλλει οἶνον νέον **εἰς ἀσκοὺς** **παλαιούς·** εἰ δὲ μή, ῥήξει ὁ οἶνος τοὺς ἀσκοὺς καὶ ὁ οἶνος ἀπόλλυται καὶ οἱ ἀσκοί· ...	**Lk 5,37**	καὶ οὐδεὶς βάλλει οἶνον νέον **εἰς ἀσκοὺς** **παλαιούς·** εἰ δὲ μή γε, ῥήξει ὁ οἶνος ὁ νέος τοὺς ἀσκοὺς καὶ αὐτὸς ἐκχυθήσεται καὶ οἱ ἀσκοὶ ἀπολοῦνται·	→ GTh 47,4
002 002					**Lk 5,39** **(2)**	[καὶ] οὐδεὶς πιὼν **παλαιὸν** θέλει νέον· λέγει γάρ· **ὁ παλαιὸς** χρηστός ἐστιν.	→ GTh 47,3
200	**Mt 13,52** → Mt 12,35 → Lk 6,45	ὁ δὲ εἶπεν αὐτοῖς· διὰ τοῦτο πᾶς γραμματεὺς μαθητευθεὶς τῇ βασιλείᾳ τῶν οὐρανῶν ὅμοιός ἐστιν ἀνθρώπῳ οἰκοδεσπότῃ, ὅστις ἐκβάλλει ἐκ τοῦ θησαυροῦ αὐτοῦ καινὰ καὶ **παλαιά.**					

παλαιόω

	Syn 1	Mt	Mk	Lk 1	Acts	Jn	1-3John	Paul	Eph	Col
	NT 4	2Thess	1/2Tim	Tit	Heb 3	Jas	1Pet	2Pet	Jude	Rev

active: make old; declare as obsolete; *passive:* become old

102	**Mt 6,20** → Mt 19,21 θησαυρίζετε δὲ ὑμῖν θησαυροὺς ἐν οὐρανῷ, ...	→ Mk 10,21	**Lk 12,33** → Mt 6,19 → Lk 14,33 → Lk 16,9 → Lk 18,22 πωλήσατε τὰ ὑπάρχοντα ὑμῶν καὶ δότε ἐλεημοσύνην· ποιήσατε ἑαυτοῖς βαλλάντια **μὴ παλαιούμενα,** θησαυρὸν ἀνέκλειπτον ἐν τοῖς οὐρανοῖς, ...	→ Acts 2,45 → GTh 76,3

παλιγγενεσία

	Syn 1	Mt 1	Mk	Lk	Acts	Jn	1-3John	Paul	Eph	Col
	NT 2	2Thess	1/2Tim	Tit 1	Heb	Jas	1Pet	2Pet	Jude	Rev

rebirth; regeneration; the new (Messianic) age, world

201	**Mt 19,28** ... ὑμεῖς οἱ ἀκολουθήσαντές μοι **ἐν τῇ παλιγγενεσίᾳ,** ὅταν καθίσῃ ὁ υἱὸς τοῦ ἀνθρώπου ἐπὶ θρόνου δόξης αὐτοῦ, καθήσεσθε καὶ ὑμεῖς ἐπὶ δώδεκα θρόνους κρίνοντες τὰς δώδεκα φυλὰς τοῦ Ἰσραήλ.		**Lk 22,30** → Lk 12,37 → Lk 14,15 [28] ὑμεῖς δέ ἐστε οἱ διαμεμενηκότες μετ᾽ ἐμοῦ ἐν τοῖς πειρασμοῖς μου· ... [30] ἵνα ἔσθητε καὶ πίνητε ἐπὶ τῆς τραπέζης μου ἐν τῇ βασιλείᾳ μου, καὶ καθήσεσθε ἐπὶ θρόνων τὰς δώδεκα φυλὰς κρίνοντες τοῦ Ἰσραήλ.

πάλιν

	Syn 48	Mt 17	Mk 28	Lk 3	Acts 5	Jn 43	1-3John 1	Paul 28	Eph	Col
	NT 139	2Thess	1/2Tim	Tit	Heb 10	Jas 1	1Pet	2Pet 1	Jude	Rev 2

back; again; once more; anew; furthermore; thereupon; on the other hand; in turn

	triple tradition																	double tradition			Sondergut		
		+Mt / +Lk			–Mt / –Lk			traditions not taken over by Mt / Lk							subtotals								
code	*222*	*211*	*112*	*212*	*221*	*122*	*121*	*022*	*012*	*021*	*220*	*120*	*210*	*020*	Σ^+	Σ^-	Σ	*202*	*201*	*102*	*200*	*002*	total
Mt		1^+			2	1^-	10^-				3	8^-	2^+		3^+	19^-	8		4		5		**17**
Mk					2	1	10			1	3	8		3			28						**28**
Lk					2^-	1	10^-			1^-						13^-	1			2			**3**

[a] πάλιν δέ [b] πάλιν ἐκ δευτέρου [c] πάλιν and temporal adverb

201	**Mt 4,7** ἔφη αὐτῷ ὁ Ἰησοῦς· **πάλιν** γέγραπται· *οὐκ ἐκπειράσεις κύριον τὸν θεόν σου.* ➤ Deut 6,16 LXX		**Lk 4,12** καὶ ἀποκριθεὶς εἶπεν αὐτῷ ὁ Ἰησοῦς ὅτι εἴρηται· *οὐκ ἐκπειράσεις κύριον τὸν θεόν σου.* ➤ Deut 6,16 LXX
201	**Mt 4,8** **πάλιν** παραλαμβάνει αὐτὸν ὁ διάβολος εἰς ὄρος ὑψηλὸν λίαν καὶ δείκνυσιν αὐτῷ πάσας τὰς βασιλείας τοῦ κόσμου ...		**Lk 4,5** καὶ ἀναγαγὼν αὐτὸν ἔδειξεν αὐτῷ πάσας τὰς βασιλείας τῆς οἰκουμένης ...

121	Mt 9,1	... καὶ ἦλθεν εἰς τὴν ἰδίαν πόλιν.	Mk 2,1	καὶ εἰσελθὼν πάλιν εἰς Καφαρναοὺμ δι' ἡμερῶν ἠκούσθη ὅτι ἐν οἴκῳ ἐστίν.	Lk 5,17	καὶ ἐγένετο ἐν μιᾷ τῶν ἡμερῶν ...	
021			Mk 2,13 ↓ Mt 13,1 ↓ Mk 4,1	καὶ ἐξῆλθεν πάλιν παρὰ τὴν θάλασσαν· ...	Lk 5,27	καὶ μετὰ ταῦτα ἐξῆλθεν ...	
121	Mt 12,9	καὶ μεταβὰς ἐκεῖθεν ἦλθεν εἰς τὴν συναγωγὴν αὐτῶν·	Mk 3,1	καὶ εἰσῆλθεν πάλιν εἰς τὴν συναγωγήν. ...	Lk 6,6 → Lk 13,10 → Lk 14,1	ἐγένετο δὲ ἐν ἑτέρῳ σαββάτῳ εἰσελθεῖν αὐτὸν εἰς τὴν συναγωγὴν καὶ διδάσκειν. ...	
200	Mt 5,33	πάλιν ἠκούσατε ὅτι ἐρρέθη τοῖς ἀρχαίοις· οὐκ ἐπιορκήσεις, ἀποδώσεις δὲ τῷ κυρίῳ τοὺς ὅρκους σου. ➤ Lev 19,12; Num 30,3; Deut 23,22 LXX					
102	Mt 7,18	οὐ δύναται δένδρον ἀγαθὸν καρποὺς πονηροὺς ποιεῖν οὐδὲ δένδρον σαπρὸν καρποὺς καλοὺς ποιεῖν.			Lk 6,43	οὐ γάρ ἐστιν δένδρον καλὸν ποιοῦν καρπὸν σαπρόν, οὐδὲ πάλιν δένδρον σαπρὸν ποιοῦν καρπὸν καλόν.	
020			Mk 3,20 → Mk 2,2	καὶ ἔρχεται εἰς οἶκον· καὶ συνέρχεται πάλιν [ὁ] ὄχλος, ὥστε μὴ δύνασθαι αὐτοὺς μηδὲ ἄρτον φαγεῖν.			
120	Mt 13,1 → Lk 5,1	ἐν τῇ ἡμέρᾳ ἐκείνῃ ἐξελθὼν ὁ Ἰησοῦς τῆς οἰκίας ἐκάθητο παρὰ τὴν θάλασσαν·	Mk 4,1 ↑ Mk 2,13 → Mk 3,9 → Lk 5,1	καὶ πάλιν ἤρξατο διδάσκειν παρὰ τὴν θάλασσαν· ...			
200	Mt 13,45	πάλιν ὁμοία ἐστὶν ἡ βασιλεία τῶν οὐρανῶν ἀνθρώπῳ ἐμπόρῳ ζητοῦντι καλοὺς μαργαρίτας·					→ GTh 76,1-2
200	Mt 13,47	πάλιν ὁμοία ἐστὶν ἡ βασιλεία τῶν οὐρανῶν σαγήνῃ βληθείσῃ εἰς τὴν θάλασσαν καὶ ἐκ παντὸς γένους συναγαγούσῃ·					→ GTh 8
121	Mt 9,1	καὶ ἐμβὰς εἰς πλοῖον διεπέρασεν ...	Mk 5,21	[18] καὶ ἐμβαίνοντος αὐτοῦ εἰς τὸ πλοῖον ... [21] καὶ διαπεράσαντος τοῦ Ἰησοῦ [ἐν τῷ πλοίῳ] πάλιν εἰς τὸ πέραν συνήχθη ὄχλος πολὺς ἐπ' αὐτόν, καὶ ἦν παρὰ τὴν θάλασσαν.	Lk 8,40	[37] ... αὐτὸς δὲ ἐμβὰς εἰς πλοῖον ... [40] ἐν δὲ τῷ ὑποστρέφειν τὸν Ἰησοῦν ἀπεδέξατο αὐτὸν ὁ ὄχλος· ...	
120	Mt 15,10	καὶ προσκαλεσάμενος τὸν ὄχλον εἶπεν αὐτοῖς· ἀκούετε καὶ συνίετε·	Mk 7,14	καὶ προσκαλεσάμενος πάλιν τὸν ὄχλον ἔλεγεν αὐτοῖς· ἀκούσατέ μου πάντες καὶ σύνετε.			

120	Mt 15,29	καὶ μεταβὰς ἐκεῖθεν ὁ Ἰησοῦς ἦλθεν παρὰ τὴν θάλασσαν τῆς Γαλιλαίας, ...	Mk 7,31	καὶ πάλιν ἐξελθὼν ἐκ τῶν ὁρίων Τύρου ἦλθεν διὰ Σιδῶνος εἰς τὴν θάλασσαν τῆς Γαλιλαίας ...			
120	Mt 15,32	 ὁ δὲ Ἰησοῦς προσκαλεσάμενος τοὺς μαθητὰς αὐτοῦ εἶπεν· ...	Mk 8,1	ἐν ἐκείναις ταῖς ἡμέραις πάλιν πολλοῦ ὄχλου ὄντος καὶ μὴ ἐχόντων τί φάγωσιν, προσκαλεσάμενος τοὺς μαθητὰς λέγει αὐτοῖς·			
120	Mt 16,4	... καὶ καταλιπὼν αὐτοὺς ἀπῆλθεν. [5] καὶ ἐλθόντες οἱ μαθηταὶ εἰς τὸ πέραν ...	Mk 8,13	καὶ ἀφεὶς αὐτοὺς πάλιν ἐμβὰς ἀπῆλθεν εἰς τὸ πέραν.			
c 020			Mk 8,25 → Mt 9,29 → Mt 20,34	εἶτα πάλιν ἐπέθηκεν τὰς χεῖρας ἐπὶ τοὺς ὀφθαλμοὺς αὐτοῦ, ...			
200	Mt 18,19	πάλιν [ἀμὴν] λέγω ὑμῖν ὅτι ἐὰν δύο συμφωνήσωσιν ἐξ ὑμῶν ἐπὶ τῆς γῆς ...					→ GTh 30 (POxy 1) → GTh 48 → GTh 106
102	Mt 13,33	 ἄλλην παραβολὴν ἐλάλησεν αὐτοῖς· ὁμοία ἐστὶν ἡ βασιλεία τῶν οὐρανῶν ζύμῃ, ...			Lk 13,20	καὶ πάλιν εἶπεν· τίνι ὁμοιώσω τὴν βασιλείαν τοῦ θεοῦ; [21] ὁμοία ἐστὶν ζύμῃ, ...	→ GTh 96
    120 120	Mt 19,2	[1] ... ἦλθεν εἰς τὰ ὅρια τῆς Ἰουδαίας πέραν τοῦ Ἰορδάνου. [2] καὶ ἠκολούθησαν αὐτῷ ὄχλοι πολλοί, καὶ ἐθεράπευσεν αὐτοὺς ἐκεῖ.	Mk 10,1 (2)	... ἔρχεται εἰς τὰ ὅρια τῆς Ἰουδαίας [καὶ] πέραν τοῦ Ἰορδάνου, καὶ συμπορεύονται πάλιν ὄχλοι πρὸς αὐτόν, καὶ ὡς εἰώθει πάλιν ἐδίδασκεν αὐτούς.			
020			Mk 10,10	καὶ εἰς τὴν οἰκίαν πάλιν οἱ μαθηταὶ περὶ τούτου ἐπηρώτων αὐτόν.			
a 220	Mt 19,24	 πάλιν δὲ λέγω ὑμῖν,	Mk 10,24	... ὁ δὲ Ἰησοῦς πάλιν ἀποκριθεὶς λέγει αὐτοῖς· τέκνα, πῶς δύσκολόν ἐστιν εἰς τὴν βασιλείαν τοῦ θεοῦ εἰσελθεῖν·			
		εὐκοπώτερόν ἐστιν κάμηλον διὰ τρυπήματος ῥαφίδος διελθεῖν ...	Mk 10,25	εὐκοπώτερόν ἐστιν κάμηλον διὰ [τῆς] τρυμαλιᾶς [τῆς] ῥαφίδος διελθεῖν ...	Lk 18,25	εὐκοπώτερον γάρ ἐστιν κάμηλον διὰ τρήματος βελόνης εἰσελθεῖν ...	
a 200	Mt 20,5	οἱ δὲ ἀπῆλθον. πάλιν [δὲ] ἐξελθὼν περὶ ἕκτην καὶ ἐνάτην ὥραν ἐποίησεν ὡσαύτως.					

121	**Mt 20,17**	... παρέλαβεν τοὺς δώδεκα [μαθητὰς] κατ' ἰδίαν καὶ ἐν τῇ ὁδῷ εἶπεν αὐτοῖς·	**Mk 10,32**	... καὶ παραλαβὼν πάλιν τοὺς δώδεκα ἤρξατο αὐτοῖς λέγειν τὰ μέλλοντα αὐτῷ συμβαίνειν	**Lk 18,31**	παραλαβὼν δὲ τοὺς δώδεκα εἶπεν πρὸς αὐτούς· ...	
c 121	**Mt 21,3**	καὶ ἐάν τις ὑμῖν εἴπῃ τι, ἐρεῖτε ὅτι ὁ κύριος αὐτῶν χρείαν ἔχει· εὐθὺς δὲ ἀποστελεῖ αὐτούς.	**Mk 11,3**	καὶ ἐάν τις ὑμῖν εἴπῃ· τί ποιεῖτε τοῦτο; εἴπατε· ὁ κύριος αὐτοῦ χρείαν ἔχει, καὶ εὐθὺς αὐτὸν ἀποστέλλει πάλιν ὧδε.	**Lk 19,31**	καὶ ἐάν τις ὑμᾶς ἐρωτᾷ· διὰ τί λύετε; οὕτως ἐρεῖτε· ὅτι ὁ κύριος αὐτοῦ χρείαν ἔχει.	
121	**Mt 21,23**	καὶ ἐλθόντος αὐτοῦ εἰς τὸ ἱερὸν προσῆλθον αὐτῷ διδάσκοντι οἱ ἀρχιερεῖς καὶ οἱ πρεσβύτεροι τοῦ λαοῦ ...	**Mk 11,27**	καὶ ἔρχονται πάλιν εἰς Ἱεροσόλυμα. καὶ ἐν τῷ ἱερῷ περιπατοῦντος αὐτοῦ ἔρχονται πρὸς αὐτὸν οἱ ἀρχιερεῖς καὶ οἱ γραμματεῖς καὶ οἱ πρεσβύτεροι	**Lk 20,1**	καὶ ἐγένετο ἐν μιᾷ τῶν ἡμερῶν διδάσκοντος αὐτοῦ τὸν λαὸν ἐν τῷ ἱερῷ καὶ εὐαγγελιζομένου ἐπέστησαν οἱ ἀρχιερεῖς καὶ οἱ γραμματεῖς σὺν τοῖς πρεσβυτέροις	→ Jn 2,18
221	**Mt 21,36**	πάλιν ἀπέστειλεν ἄλλους δούλους πλείονας τῶν πρώτων, καὶ ἐποίησαν αὐτοῖς ὡσαύτως.	**Mk 12,4**	καὶ πάλιν ἀπέστειλεν πρὸς αὐτοὺς ἄλλον δοῦλον· κἀκεῖνον ἐκεφαλίωσαν καὶ ἠτίμασαν.	**Lk 20,11**	καὶ προσέθετο ἕτερον πέμψαι δοῦλον· οἱ δὲ κἀκεῖνον δείραντες καὶ ἀτιμάσαντες ἐξαπέστειλαν κενόν.	→ GTh 65
201	**Mt 22,1**	καὶ ἀποκριθεὶς ὁ Ἰησοῦς πάλιν εἶπεν ἐν παραβολαῖς αὐτοῖς λέγων· [2] ὡμοιώθη ἡ βασιλεία τῶν οὐρανῶν ἀνθρώπῳ βασιλεῖ, ὅστις ἐποίησεν γάμους τῷ υἱῷ αὐτοῦ.			**Lk 14,16**	ὁ δὲ εἶπεν αὐτῷ· ἄνθρωπός τις ἐποίει δεῖπνον μέγα, καὶ ἐκάλεσεν πολλούς	
201	**Mt 22,4**	[3] καὶ ἀπέστειλεν τοὺς δούλους αὐτοῦ καλέσαι τοὺς κεκλημένους εἰς τοὺς γάμους, καὶ οὐκ ἤθελον ἐλθεῖν. [4] πάλιν ἀπέστειλεν ἄλλους δούλους λέγων· εἴπατε τοῖς κεκλημένοις· ἰδοὺ τὸ ἄριστόν μου ἡτοίμακα, ... πάντα ἕτοιμα· δεῦτε εἰς τοὺς γάμους.			**Lk 14,17**	καὶ ἀπέστειλεν τὸν δοῦλον αὐτοῦ τῇ ὥρᾳ τοῦ δείπνου εἰπεῖν τοῖς κεκλημένοις· ἔρχεσθε, ὅτι ἤδη ἕτοιμά ἐστιν.	→ GTh 64
b 220	**Mt 26,42**	πάλιν ἐκ δευτέρου ἀπελθὼν προσηύξατο λέγων· ...	**Mk 14,39**	καὶ πάλιν ἀπελθὼν προσηύξατο τὸν αὐτὸν λόγον εἰπών.			
220	**Mt 26,43**	καὶ ἐλθὼν πάλιν εὗρεν αὐτοὺς καθεύδοντας, ...	**Mk 14,40**	καὶ πάλιν ἐλθὼν εὗρεν αὐτοὺς καθεύδοντας, ...			

210 210	**Mt 26,44** (2)	καὶ ἀφεὶς αὐτοὺς πάλιν ἀπελθὼν προσηύξατο ἐκ τρίτου τὸν αὐτὸν λόγον εἰπὼν πάλιν. [45] τότε ἔρχεται πρὸς τοὺς μαθητὰς καὶ λέγει αὐτοῖς· ...	**Mk 14,41**	καὶ ἔρχεται τὸ τρίτον καὶ λέγει αὐτοῖς· ...			
121	**Mt 26,63** → Mt 27,42-43	ὁ δὲ Ἰησοῦς ἐσιώπα. καὶ ὁ ἀρχιερεὺς εἶπεν αὐτῷ· ἐξορκίζω σε κατὰ τοῦ θεοῦ τοῦ ζῶντος ἵνα ἡμῖν εἴπῃς εἰ σὺ εἶ ὁ χριστὸς ὁ υἱὸς τοῦ θεοῦ.	**Mk 14,61** → Mk 15,32	ὁ δὲ ἐσιώπα καὶ οὐκ ἀπεκρίνατο οὐδέν. πάλιν ὁ ἀρχιερεὺς ἐπηρώτα αὐτὸν καὶ λέγει αὐτῷ· σὺ εἶ ὁ χριστὸς ὁ υἱὸς τοῦ εὐλογητοῦ;	**Lk 22,67** ⇩ Lk 22,70 → Lk 23,35 **Lk 22,70** ⇧ Lk 22,67	λέγοντες· εἰ σὺ εἶ ὁ χριστός, εἰπὸν ἡμῖν. ... εἶπαν δὲ πάντες· σὺ οὖν εἶ ὁ υἱὸς τοῦ θεοῦ; ...	→ Jn 10,24 → Jn 10,36
121	**Mt 26,71**	... εἶδεν αὐτὸν ἄλλη καὶ λέγει τοῖς ἐκεῖ· οὗτος ἦν μετὰ Ἰησοῦ τοῦ Ναζωραίου.	**Mk 14,69**	καὶ ἡ παιδίσκη ἰδοῦσα αὐτὸν ἤρξατο πάλιν λέγειν τοῖς παρεστῶσιν ὅτι οὗτος ἐξ αὐτῶν ἐστιν.	**Lk 22,58**	καὶ μετὰ βραχὺ ἕτερος ἰδὼν αὐτὸν ἔφη· καὶ σὺ ἐξ αὐτῶν εἶ. ...	→ Jn 18,25
221	**Mt 26,72**	καὶ πάλιν ἠρνήσατο μετὰ ὅρκου ὅτι οὐκ οἶδα τὸν ἄνθρωπον.	**Mk 14,70** (2)	ὁ δὲ πάλιν ἠρνεῖτο.	**Lk 22,58**	... ὁ δὲ Πέτρος ἔφη· ἄνθρωπε, οὐκ εἰμί.	→ Jn 18,25
c 121	**Mt 26,73**	μετὰ μικρὸν δὲ προσελθόντες οἱ ἑστῶτες εἶπον τῷ Πέτρῳ· ἀληθῶς καὶ σὺ ἐξ αὐτῶν εἶ, καὶ γὰρ ἡ λαλιά σου δῆλόν σε ποιεῖ.		καὶ μετὰ μικρὸν πάλιν οἱ παρεστῶτες ἔλεγον τῷ Πέτρῳ· ἀληθῶς ἐξ αὐτῶν εἶ, καὶ γὰρ Γαλιλαῖος εἶ.	**Lk 22,59**	καὶ διαστάσης ὡσεὶ ὥρας μιᾶς ἄλλος τις διϊσχυρίζετο λέγων· ἐπ' ἀληθείας καὶ οὗτος μετ' αὐτοῦ ἦν, καὶ γὰρ Γαλιλαῖός ἐστιν.	→ Jn 18,26
120	**Mt 27,13**	τότε λέγει αὐτῷ ὁ Πιλᾶτος· οὐκ ἀκούεις πόσα σου καταμαρτυροῦσιν;	**Mk 15,4** → Mt 27,12	ὁ δὲ Πιλᾶτος πάλιν ἐπηρώτα αὐτὸν λέγων· οὐκ ἀποκρίνῃ οὐδέν; ἴδε πόσα σου κατηγοροῦσιν.	**Lk 23,9**	ἐπηρώτα δὲ αὐτὸν ἐν λόγοις ἱκανοῖς, αὐτὸς δὲ οὐδὲν ἀπεκρίνατο αὐτῷ.	**→ Jn 19,9** Mt/Mk: before Pilate; Lk: before Herod
a 122	**Mt 27,22**	λέγει αὐτοῖς ὁ Πιλᾶτος· τί οὖν ποιήσω Ἰησοῦν τὸν λεγόμενον χριστόν;	**Mk 15,12**	ὁ δὲ Πιλᾶτος πάλιν ἀποκριθεὶς ἔλεγεν αὐτοῖς· τί οὖν [θέλετε] ποιήσω [ὃν λέγετε] τὸν βασιλέα τῶν Ἰουδαίων;	**Lk 23,20**	 πάλιν δὲ ὁ Πιλᾶτος προσεφώνησεν αὐτοῖς θέλων ἀπολῦσαι τὸν Ἰησοῦν·	→ Jn 19,12
121		 λέγουσιν πάντες· σταυρωθήτω.	**Mk 15,13**	οἱ δὲ πάλιν ἔκραξαν· σταύρωσον αὐτόν.	**Lk 23,21**	οἱ δὲ ἐπεφώνουν λέγοντες· σταύρου, σταύρου αὐτόν.	→ Jn 19,6
211	**Mt 27,50**	ὁ δὲ Ἰησοῦς πάλιν κράξας φωνῇ μεγάλῃ ἀφῆκεν τὸ πνεῦμα.	**Mk 15,37**	ὁ δὲ Ἰησοῦς ἀφεὶς φωνὴν μεγάλην ἐξέπνευσεν.	**Lk 23,46**	καὶ φωνήσας φωνῇ μεγάλῃ ὁ Ἰησοῦς εἶπεν· πάτερ, *εἰς χεῖράς σου παρατίθεμαι τὸ πνεῦμά μου.* τοῦτο δὲ εἰπὼν ἐξέπνευσεν. ➤ Ps 31,6	→ Jn 19,30 → Acts 7,59

b **Acts 10,15** καὶ φωνὴ **πάλιν** ἐκ δευτέρου πρὸς αὐτόν· ἃ ὁ θεὸς ἐκαθάρισεν, σὺ μὴ κοίνου.	**Acts 17,32** ἀκούσαντες δὲ ἀνάστασιν νεκρῶν οἱ μὲν ἐχλεύαζον, οἱ δὲ εἶπαν· ἀκουσόμεθά σου περὶ τούτου καὶ **πάλιν**.	**Acts 27,28** καὶ βολίσαντες εὗρον ὀργυιὰς εἴκοσι, βραχὺ δὲ διαστήσαντες καὶ **πάλιν** βολίσαντες εὗρον ὀργυιὰς δεκαπέντε·
Acts 11,10 τοῦτο δὲ ἐγένετο ἐπὶ τρίς, καὶ ἀνεσπάσθη **πάλιν** ἅπαντα εἰς τὸν οὐρανόν.	**Acts 18,21** ἀλλὰ ἀποταξάμενος καὶ εἰπών· **πάλιν** ἀνακάμψω πρὸς ὑμᾶς τοῦ θεοῦ θέλοντος, ἀνήχθη ἀπὸ τῆς Ἐφέσου	

παμπληθεί

	Syn	Mt	Mk	Lk	Acts	Jn	1-3John	Paul	Eph	Col
	1			1						
	NT	2Thess	1/2Tim	Tit	Heb	Jas	1Pet	2Pet	Jude	Rev
	1									

all together

112	**Mt 27,20** οἱ δὲ ἀρχιερεῖς καὶ οἱ πρεσβύτεροι ἔπεισαν τοὺς ὄχλους ἵνα αἰτήσωνται τὸν Βαραββᾶν, τὸν δὲ Ἰησοῦν ἀπολέσωσιν.	**Mk 15,11** οἱ δὲ ἀρχιερεῖς ἀνέσεισαν τὸν ὄχλον ἵνα μᾶλλον τὸν Βαραββᾶν ἀπολύσῃ αὐτοῖς.	**Lk 23,18** ἀνέκραγον δὲ **παμπληθεὶ** λέγοντες· αἶρε τοῦτον, ἀπόλυσον δὲ ἡμῖν τὸν Βαραββᾶν·	→ Jn 18,40

πανδοχεῖον

	Syn	Mt	Mk	Lk	Acts	Jn	1-3John	Paul	Eph	Col
	1			1						
	NT	2Thess	1/2Tim	Tit	Heb	Jas	1Pet	2Pet	Jude	Rev
	1									

inn

002			**Lk 10,34** ... ἐπιβιβάσας δὲ αὐτὸν ἐπὶ τὸ ἴδιον κτῆνος ἤγαγεν αὐτὸν **εἰς πανδοχεῖον** καὶ ἐπεμελήθη αὐτοῦ.	

πανδοχεύς

	Syn	Mt	Mk	Lk	Acts	Jn	1-3John	Paul	Eph	Col
	1			1						
	NT	2Thess	1/2Tim	Tit	Heb	Jas	1Pet	2Pet	Jude	Rev
	1									

inn-keeper

002			**Lk 10,35** καὶ ἐπὶ τὴν αὔριον ἐκβαλὼν ἔδωκεν δύο δηνάρια **τῷ πανδοχεῖ** καὶ εἶπεν· ἐπιμελήθητι αὐτοῦ, ...	

πανοπλία	Syn 1	Mt	Mk	Lk 1	Acts	Jn	1-3John	Paul	Eph 2	Col
	NT 3	2Thess	1/2Tim	Tit	Heb	Jas	1Pet	2Pet	Jude	Rev

full armor (of a heavy armed soldier); panoply

112	Mt 12,29	... ἐὰν μὴ πρῶτον δήσῃ τὸν ἰσχυρόν; καὶ τότε τὴν οἰκίαν αὐτοῦ διαρπάσει.	Mk 3,27	... ἐὰν μὴ πρῶτον τὸν ἰσχυρὸν δήσῃ, καὶ τότε τὴν οἰκίαν αὐτοῦ διαρπάσει.	Lk 11,22	ἐπὰν δὲ ἰσχυρότερος αὐτοῦ ἐπελθὼν νικήσῃ αὐτόν, **τὴν πανοπλίαν αὐτοῦ** αἴρει ἐφ' ᾗ ἐπεποίθει, καὶ τὰ σκῦλα αὐτοῦ διαδίδωσιν.	→ GTh 21,5 → GTh 35 Mk-Q overlap?

πανουργία	Syn 1	Mt	Mk	Lk 1	Acts	Jn	1-3John	Paul 3	Eph 1	Col
	NT 5	2Thess	1/2Tim	Tit	Heb	Jas	1Pet	2Pet	Jude	Rev

cunning; craftiness; trickery

112	Mt 22,18	γνοὺς δὲ ὁ Ἰησοῦς **τὴν πονηρίαν αὐτῶν** εἶπεν· τί με πειράζετε, ὑποκριταί; [19] ἐπιδείξατέ μοι τὸ νόμισμα τοῦ κήνσου. ...	Mk 12,15	ὁ δὲ εἰδὼς **αὐτῶν τὴν ὑπόκρισιν** εἶπεν αὐτοῖς· τί με πειράζετε; φέρετέ μοι δηνάριον ἵνα ἴδω.	Lk 20,23	κατανοήσας δὲ **αὐτῶν τὴν πανουργίαν** εἶπεν πρὸς αὐτούς· [24] δείξατέ μοι δηνάριον· ...	→ GTh 100

πανταχοῦ	Syn 2	Mt	Mk 1	Lk 1	Acts 3	Jn	1-3John	Paul 1	Eph	Col
	NT 6	2Thess	1/2Tim	Tit	Heb	Jas	1Pet	2Pet	Jude	Rev

everywhere; in all directions

021	Mt 4,24 → Mt 9,26 → Mk 3,8	καὶ ἀπῆλθεν ἡ ἀκοὴ αὐτοῦ εἰς ὅλην τὴν Συρίαν· ...	Mk 1,28	καὶ ἐξῆλθεν ἡ ἀκοὴ αὐτοῦ εὐθὺς **πανταχοῦ** εἰς ὅλην τὴν περίχωρον τῆς Γαλιλαίας.	Lk 4,37 → Lk 4,14	καὶ ἐξεπορεύετο ἦχος περὶ αὐτοῦ εἰς πάντα τόπον τῆς περιχώρου.	
012			Mk 6,13	[12] καὶ ἐξελθόντες ἐκήρυξαν ἵνα μετανοῶσιν, [13] καὶ δαιμόνια πολλὰ ἐξέβαλλον, καὶ ἤλειφον ἐλαίῳ πολλοὺς ἀρρώστους καὶ ἐθεράπευον.	Lk 9,6	ἐξερχόμενοι δὲ διήρχοντο κατὰ τὰς κώμας εὐαγγελιζόμενοι καὶ θεραπεύοντες **πανταχοῦ**.	

Acts 17,30 τοὺς μὲν οὖν χρόνους τῆς ἀγνοίας ὑπεριδὼν ὁ θεὸς, τὰ νῦν παραγγέλλει τοῖς ἀνθρώποις πάντας **πανταχοῦ** μετανοεῖν

Acts 24,3 πάντῃ τε καὶ **πανταχοῦ** ἀποδεχόμεθα, κράτιστε Φῆλιξ, μετὰ πάσης εὐχαριστίας.

Acts 28,22 ἀξιοῦμεν δὲ παρὰ σοῦ ἀκοῦσαι ἃ φρονεῖς, περὶ μὲν γὰρ τῆς αἱρέσεως ταύτης γνωστὸν ἡμῖν ἐστιν ὅτι **πανταχοῦ** ἀντιλέγεται.

# παντελής	Syn 1	Mt	Mk	Lk 1	Acts	Jn	1-3John	Paul	Eph	Col
	NT 2	2Thess	1/2Tim	Tit	Heb 1	Jas	1Pet	2Pet	Jude	Rev

complete; perfect; absolute

002			**Lk 13,11** →Mt 12,10 →Mk 3,1 →Lk 6,6 →Lk 14,2 καὶ ἰδοὺ γυνὴ πνεῦμα ἔχουσα ἀσθενείας ἔτη δεκαοκτὼ καὶ ἦν συγκύπτουσα καὶ μὴ δυναμένη ἀνακύψαι **εἰς τὸ παντελές.**	

# πάντοθεν	Syn 2	Mt	Mk 1	Lk 1	Acts	Jn	1-3John	Paul	Eph	Col
	NT 3	2Thess	1/2Tim	Tit	Heb 1	Jas	1Pet	2Pet	Jude	Rev

from all directions

021		**Mk 1,45** ... καὶ ἤρχοντο πρὸς αὐτὸν **πάντοθεν.**	**Lk 5,15** →Lk 6,18 ... καὶ συνήρχοντο ὄχλοι πολλοὶ ἀκούειν καὶ θεραπεύεσθαι ἀπὸ τῶν ἀσθενειῶν αὐτῶν·	
002			**Lk 19,43** →Lk 21,20 ὅτι ἥξουσιν ἡμέραι ἐπὶ σὲ καὶ παρεμβαλοῦσιν οἱ ἐχθροί σου χάρακά σοι καὶ περικυκλώσουσίν σε καὶ συνέξουσίν σε **πάντοθεν**	

# πάντοτε	Syn 6	Mt 2	Mk 2	Lk 2	Acts	Jn 7	1-3John	Paul 19	Eph 1	Col 3
	NT 41	2Thess 3	1/2Tim 1	Tit	Heb 1	Jas	1Pet	2Pet	Jude	Rev

always; at all times

002			**Lk 15,31** ... τέκνον, σὺ **πάντοτε** μετ' ἐμοῦ εἶ, καὶ πάντα τὰ ἐμὰ σά ἐστιν·	
002			**Lk 18,1** →Lk 21,36 ἔλεγεν δὲ παραβολὴν αὐτοῖς πρὸς τὸ δεῖν **πάντοτε** προσεύχεσθαι αὐτοὺς καὶ μὴ ἐγκακεῖν	
220	**Mt 26,11 (2)** **πάντοτε** γὰρ τοὺς πτωχοὺς ἔχετε μεθ' ἑαυτῶν,	**Mk 14,7 (2)** **πάντοτε** γὰρ τοὺς πτωχοὺς ἔχετε μεθ' ἑαυτῶν καὶ ὅταν θέλητε δύνασθε αὐτοῖς εὖ ποιῆσαι,		**→Jn 12,8**
220	ἐμὲ δὲ **οὐ πάντοτε** ἔχετε·	ἐμὲ δὲ **οὐ πάντοτε** ἔχετε.		

πάντως

	Syn	Mt	Mk	Lk	Acts	Jn	1-3John	Paul	Eph	Col
πάντως	1			1	2			5		
	NT	2Thess	1/2Tim	Tit	Heb	Jas	1Pet	2Pet	Jude	Rev
	8									

by all means; certainly; probably; doubtless; altogether; above all; at least

002			**Lk 4,23** καὶ εἶπεν πρὸς αὐτούς· **πάντως** ἐρεῖτέ μοι τὴν παραβολὴν ταύτην· ἰατρέ, θεράπευσον σεαυτόν· ...

Acts 21,22 τί οὖν ἐστιν; **πάντως** ἀκούσονται ὅτι ἐλήλυθας.

Acts 28,4 ... πρὸς ἀλλήλους ἔλεγον· **πάντως** φονεύς ἐστιν ὁ ἄνθρωπος οὗτος ὃν διασωθέντα ἐκ τῆς θαλάσσης ἡ δίκη ζῆν οὐκ εἴασεν.

παρά

	Syn	Mt	Mk	Lk	Acts	Jn	1-3John	Paul	Eph	Col
παρά	63	18	16	29	29	35	3	30	2	1
	NT	2Thess	1/2Tim	Tit	Heb	Jas	1Pet	2Pet	Jude	Rev
	193	3	5		10	4	2	3		3

preposition: with genitive: from; by; with; τά παρά τινος given etc. by someone; οἱ παρ' αὐτοῦ family; *with dative:* with; before; in the judgment of; near; *with accusative:* beside; at; on; to; than; more than; above; contrary to

	triple tradition																double tradition			Sondergut		
		+Mt / +Lk			–Mt / –Lk			traditions not taken over by Mt / Lk							subtotals							
code	*222*	*211*	*112*	*212*	*221*	*122*	*121*	*022*	*012*	*021*	*220*	*120*	*210*	*020*	Σ⁺	Σ⁻	Σ	*202*	*201*	*102*	*200*	*002*	total
Mt	5	1^+					4^-				3	1^-	2^+		3^+	5^-	11		1		6		**18**
Mk	5						4			2	3	1		1			16						**16**
Lk	5		3^+				4^-		2^+	2^-					5^+	6^-	10			3		16	**29**

a παρά with genitive
aa ὁ παρά + genitive

b παρά with dative (concerning persons)

c παρά with accusative
ca παρά with reference to location
cb παρά in a comparison
cc παρά adversative (Acts 18,13)

b 002			**Lk 1,30** →Mt 1,20 ... μὴ φοβοῦ, Μαριάμ, εὗρες γὰρ χάριν **παρὰ τῷ θεῷ.**
a 002			**Lk 1,37** ὅτι οὐκ ἀδυνατήσει **παρὰ τοῦ θεοῦ** πᾶν ῥῆμα.
a 002			**Lk 1,45** →Lk 1,48 →Lk 11,28 καὶ μακαρία ἡ πιστεύσασα ὅτι ἔσται τελείωσις τοῖς λελαλημένοις αὐτῇ **παρὰ κυρίου.**
a 002			**Lk 2,1** ἐγένετο δὲ ἐν ταῖς ἡμέραις ἐκείναις ἐξῆλθεν δόγμα **παρὰ Καίσαρος Αὐγούστου** ἀπογράφεσθαι πᾶσαν τὴν οἰκουμένην.
a 200	**Mt 2,4** καὶ συναγαγὼν πάντας τοὺς ἀρχιερεῖς καὶ γραμματεῖς τοῦ λαοῦ ἐπυνθάνετο **παρ' αὐτῶν** ποῦ ὁ χριστὸς γεννᾶται.		

a 200	Mt 2,7	τότε Ἡρῴδης λάθρᾳ καλέσας τοὺς μάγους ἠκρίβωσεν **παρ' αὐτῶν** τὸν χρόνον τοῦ φαινομένου ἀστέρος					
a 200	Mt 2,16	... καὶ ἀποστείλας ἀνεῖλεν πάντας τοὺς παῖδας τοὺς ἐν Βηθλέεμ καὶ ἐν πᾶσι τοῖς ὁρίοις αὐτῆς ἀπὸ διετοῦς καὶ κατωτέρω, κατὰ τὸν χρόνον ὃν ἠκρίβωσεν **παρὰ τῶν μάγων.**					
b 002					Lk 2,52	καὶ Ἰησοῦς προέκοπτεν [ἐν τῇ] σοφίᾳ καὶ ἡλικίᾳ καὶ χάριτι **παρὰ θεῷ καὶ ἀνθρώποις.**	
cb 002					Lk 3,13 → Lk 19,8	... μηδὲν πλέον **παρὰ τὸ διατεταγμένον** ὑμῖν πράσσετε.	
ca 220	Mt 4,18	περιπατῶν δὲ **παρὰ τὴν θάλασσαν τῆς Γαλιλαίας** εἶδεν δύο ἀδελφούς, Σίμωνα τὸν λεγόμενον Πέτρον καὶ Ἀνδρέαν τὸν ἀδελφὸν αὐτοῦ, ...	Mk 1,16	καὶ παράγων **παρὰ τὴν θάλασσαν τῆς Γαλιλαίας** εἶδεν Σίμωνα καὶ Ἀνδρέαν τὸν ἀδελφὸν Σίμωνος ...	Lk 5,1 ↓ Mt 13,1 ↓ Mk 4,1	... καὶ αὐτὸς ἦν ἑστὼς **παρὰ τὴν λίμνην Γεννησαρὲτ** [2] καὶ εἶδεν δύο πλοῖα ...	→ Jn 1,40
ca 002	Mt 4,18	περιπατῶν δὲ **παρὰ τὴν θάλασσαν τῆς Γαλιλαίας**	Mk 1,16	καὶ παράγων **παρὰ τὴν θάλασσαν τῆς Γαλιλαίας**	Lk 5,1 ↓ Mt 13,1 ↓ Mk 4,1	... καὶ αὐτὸς ἦν ἑστὼς **παρὰ τὴν λίμνην Γεννησαρὲτ**	
ca 002		εἶδεν δύο ἀδελφούς, Σίμωνα τὸν λεγόμενον Πέτρον καὶ Ἀνδρέαν τὸν ἀδελφὸν αὐτοῦ, βάλλοντας ἀμφίβληστρον εἰς τὴν θάλασσαν· ἦσαν γὰρ ἁλιεῖς.		εἶδεν Σίμωνα καὶ Ἀνδρέαν τὸν ἀδελφὸν Σίμωνος ἀμφιβάλλοντας ἐν τῇ θαλάσσῃ· ἦσαν γὰρ ἁλιεῖς.	Lk 5,2 → Mt 4,21 → Mk 1,19	καὶ εἶδεν δύο πλοῖα ἑστῶτα **παρὰ τὴν λίμνην·** οἱ δὲ ἁλιεῖς ἀπ' αὐτῶν ἀποβάντες ἔπλυνον τὰ δίκτυα.	
ca 021			Mk 2,13 ↓ Mt 13,1 ↓ Mk 4,1	καὶ ἐξῆλθεν πάλιν **παρὰ τὴν θάλασσαν·** καὶ πᾶς ὁ ὄχλος ἤρχετο πρὸς αὐτόν, καὶ ἐδίδασκεν αὐτούς.	Lk 5,27	καὶ μετὰ ταῦτα ἐξῆλθεν ...	
a 012			Mk 3,10	... ὥστε ἐπιπίπτειν αὐτῷ ἵνα αὐτοῦ ἅψωνται ὅσοι εἶχον μάστιγας.	Lk 6,19 → Mk 5,30 → Lk 8,46	καὶ πᾶς ὁ ὄχλος ἐζήτουν ἅπτεσθαι αὐτοῦ, ὅτι δύναμις **παρ' αὐτοῦ** ἐξήρχετο καὶ ἰᾶτο πάντας.	
a 102	Mt 5,47	καὶ ἐὰν ἀσπάσησθε **τοὺς ἀδελφοὺς ὑμῶν** μόνον, τί περισσὸν ποιεῖτε; ...			Lk 6,34 → Mt 5,42	καὶ ἐὰν δανίσητε **παρ' ὧν ἐλπίζετε λαβεῖν,** ποία ὑμῖν χάρις [ἐστίν]; ...	→ GTh 95

b 200	**Mt 6,1** → Mt 23,5	προσέχετε [δὲ] τὴν δικαιοσύνην ὑμῶν μὴ ποιεῖν ἔμπροσθεν τῶν ἀνθρώπων πρὸς τὸ θεαθῆναι αὐτοῖς· εἰ δὲ μή γε, μισθὸν οὐκ ἔχετε **παρὰ τῷ πατρὶ ὑμῶν** τῷ ἐν τοῖς οὐρανοῖς.					
b 201	**Mt 8,10**	... ἀμὴν λέγω ὑμῖν, **παρ' οὐδενὶ** τοσαύτην πίστιν ἐν τῷ Ἰσραὴλ εὗρον.			**Lk 7,9**	... λέγω ὑμῖν, **οὐδὲ** ἐν τῷ Ἰσραὴλ τοσαύτην πίστιν εὗρον.	
ca 002	Mt 26,7	προσῆλθεν αὐτῷ γυνὴ ἔχουσα ἀλάβαστρον μύρου βαρυτίμου ...	Mk 14,3	... ἦλθεν γυνὴ ἔχουσα ἀλάβαστρον μύρου νάρδου πιστικῆς πολυτελοῦς, ...	**Lk 7,38**	[37] καὶ ἰδοὺ γυνὴ ... κομίσασα ἀλάβαστρον μύρου [38] καὶ στᾶσα ὀπίσω **παρὰ τοὺς πόδας** **αὐτοῦ** κλαίουσα τοῖς δάκρυσιν ἤρξατο βρέχειν τοὺς πόδας αὐτοῦ ...	→ Jn 12,3
aa 020			**Mk 3,21**	καὶ ἀκούσαντες **οἱ παρ' αὐτοῦ** ἐξῆλθον κρατῆσαι αὐτόν· ἔλεγον γὰρ ὅτι ἐξέστη.			
ca 220	**Mt 13,1** ↑ Lk 5,1	ἐν τῇ ἡμέρᾳ ἐκείνῃ ἐξελθὼν ὁ Ἰησοῦς τῆς οἰκίας ἐκάθητο **παρὰ τὴν θάλασσαν·**	**Mk 4,1** ↑ Mk 2,13 → Mk 3,9 ↑ Lk 5,1	καὶ πάλιν ἤρξατο διδάσκειν **παρὰ τὴν θάλασσαν·** ...			
ca 222	**Mt 13,4**	καὶ ἐν τῷ σπείρειν αὐτὸν ἃ μὲν ἔπεσεν **παρὰ τὴν ὁδόν,** καὶ ἐλθόντα τὰ πετεινὰ κατέφαγεν αὐτά.	**Mk 4,4**	καὶ ἐγένετο ἐν τῷ σπείρειν ὃ μὲν ἔπεσεν **παρὰ τὴν ὁδόν,** καὶ ἦλθεν τὰ πετεινὰ καὶ κατέφαγεν αὐτό.	**Lk 8,5**	... καὶ ἐν τῷ σπείρειν αὐτὸν ὃ μὲν ἔπεσεν **παρὰ τὴν ὁδὸν** καὶ κατεπατήθη, καὶ τὰ πετεινὰ τοῦ οὐρανοῦ κατέφαγεν αὐτό.	→ GTh 9
ca 222	**Mt 13,19**	παντὸς ἀκούοντος τὸν λόγον τῆς βασιλείας καὶ μὴ συνιέντος, ἔρχεται ὁ πονηρὸς καὶ ἁρπάζει τὸ ἐσπαρμένον ἐν τῇ καρδίᾳ αὐτοῦ, οὗτός ἐστιν **ὁ παρὰ τὴν ὁδὸν** **σπαρείς.**	**Mk 4,15**	 οὗτοι δέ εἰσιν **οἱ παρὰ τὴν ὁδόν·** ὅπου σπείρεται ὁ λόγος καὶ ὅταν ἀκούσωσιν, εὐθὺς ἔρχεται ὁ σατανᾶς καὶ αἴρει τὸν λόγον τὸν ἐσπαρμένον εἰς αὐτούς.	**Lk 8,12**	 **οἱ δὲ παρὰ τὴν ὁδόν** εἰσιν οἱ ἀκούσαντες, εἶτα ἔρχεται ὁ διάβολος καὶ αἴρει τὸν λόγον ἀπὸ τῆς καρδίας αὐτῶν, ἵνα μὴ πιστεύσαντες σωθῶσιν.	
ca 112	**Mt 8,34**	καὶ ἰδοὺ πᾶσα ἡ πόλις ἐξῆλθεν εἰς ὑπάντησιν τῷ Ἰησοῦ ...	**Mk 5,15**	[14] ... καὶ ἦλθον ἰδεῖν τί ἐστιν τὸ γεγονός [15] καὶ ἔρχονται πρὸς τὸν Ἰησοῦν, καὶ θεωροῦσιν τὸν δαιμονιζόμενον καθήμενον ἱματισμένον καὶ σωφρονοῦντα, τὸν ἐσχηκότα τὸν λεγιῶνα, καὶ ἐφοβήθησαν.	**Lk 8,35**	ἐξῆλθον δὲ ἰδεῖν τὸ γεγονὸς καὶ ἦλθον πρὸς τὸν Ἰησοῦν καὶ εὗρον καθήμενον τὸν ἄνθρωπον ἀφ' οὗ τὰ δαιμόνια ἐξῆλθεν ἱματισμένον καὶ σωφρονοῦντα **παρὰ τοὺς πόδας τοῦ** **Ἰησοῦ,** καὶ ἐφοβήθησαν.	

ca 121	Mt 9,1	καὶ ἐμβὰς εἰς πλοῖον διεπέρασεν ...	Mk 5,21	[18] καὶ ἐμβαίνοντος αὐτοῦ εἰς τὸ πλοῖον ... [21] καὶ διαπεράσαντος τοῦ Ἰησοῦ [ἐν τῷ πλοίῳ] πάλιν εἰς τὸ πέραν συνήχθη ὄχλος πολὺς ἐπ' αὐτόν, καὶ ἦν **παρὰ τὴν θάλασσαν.**	Lk 8,40	[37] ... αὐτὸς δὲ ἐμβὰς εἰς πλοῖον ὑπέστρεψεν. [38] ... [40] ἐν δὲ τῷ ὑποστρέφειν τὸν Ἰησοῦν ἀπεδέξατο αὐτὸν ὁ ὄχλος· ἦσαν γὰρ πάντες προσδοκῶντες αὐτόν.	
ca 112	Mt 9,18	ταῦτα αὐτοῦ λαλοῦντος αὐτοῖς, ἰδοὺ ἄρχων εἷς ἐλθὼν προσεκύνει **αὐτῷ** ...	Mk 5,22	καὶ ἔρχεται εἷς τῶν ἀρχισυναγώγων, ὀνόματι Ἰάϊρος, καὶ ἰδὼν αὐτὸν πίπτει **πρὸς τοὺς πόδας αὐτοῦ**	Lk 8,41	καὶ ἰδοὺ ἦλθεν ἀνὴρ ᾧ ὄνομα Ἰάϊρος καὶ οὗτος ἄρχων τῆς συναγωγῆς ὑπῆρχεν, καὶ πεσὼν **παρὰ τοὺς πόδας [τοῦ] Ἰησοῦ ...**	
a 021			Mk 5,26	καὶ πολλὰ παθοῦσα ὑπὸ πολλῶν ἰατρῶν καὶ δαπανήσασα **τὰ παρ' αὐτῆς πάντα** καὶ μηδὲν ὠφεληθεῖσα ἀλλὰ μᾶλλον εἰς τὸ χεῖρον ἐλθοῦσα	Lk 8,43	... ἥτις [ἰατροῖς προσαναλώσασα **ὅλον τὸν βίον]** οὐκ ἴσχυσεν ἀπ' οὐδενὸς θεραπευθῆναι	
a 012			Mk 5,35 → Lk 7,6	ἔτι αὐτοῦ λαλοῦντος ἔρχονται **ἀπὸ τοῦ ἀρχισυναγώγου** λέγοντες ὅτι ἡ θυγάτηρ σου ἀπέθανεν· τί ἔτι σκύλλεις τὸν διδάσκαλον;	Lk 8,49 → Lk 7,6	ἔτι αὐτοῦ λαλοῦντος ἔρχεταί **τις παρὰ τοῦ ἀρχισυναγώγου** λέγων ὅτι τέθνηκεν ἡ θυγάτηρ σου· μηκέτι σκύλλε τὸν διδάσκαλον.	
ca 210	Mt 15,29	καὶ μεταβὰς ἐκεῖθεν ὁ Ἰησοῦς ἦλθεν **παρὰ τὴν θάλασσαν τῆς Γαλιλαίας,** καὶ ἀναβὰς εἰς τὸ ὄρος ἐκάθητο ἐκεῖ.	Mk 7,31	καὶ πάλιν ἐξελθὼν ἐκ τῶν ὁρίων Τύρου ἦλθεν διὰ Σιδῶνος **εἰς τὴν θάλασσαν τῆς Γαλιλαίας** ἀνὰ μέσον τῶν ὁρίων Δεκαπόλεως.			
ca 210	Mt 15,30 → Mt 4,24b → Mt 8,16 → Mk 7,35	καὶ προσῆλθον αὐτῷ ὄχλοι πολλοὶ ἔχοντες μεθ' ἑαυτῶν χωλούς, τυφλούς, κυλλούς, κωφούς, καὶ ἑτέρους πολλοὺς καὶ ἔρριψαν αὐτοὺς **παρὰ τοὺς πόδας αὐτοῦ,** καὶ ἐθεράπευσεν αὐτούς·	Mk 7,32 → Mk 1,32	καὶ φέρουσιν **αὐτῷ** κωφὸν καὶ μογιλάλον καὶ παρακαλοῦσιν αὐτὸν ἵνα ἐπιθῇ αὐτῷ τὴν χεῖρα.			
a 120	Mt 16,1 ⇩ Mt 12,38	καὶ προσελθόντες οἱ Φαρισαῖοι καὶ Σαδδουκαῖοι πειράζοντες ἐπηρώτησαν **αὐτὸν** σημεῖον ἐκ τοῦ οὐρανοῦ ἐπιδεῖξαι αὐτοῖς.	Mk 8,11	καὶ ἐξῆλθον οἱ Φαρισαῖοι καὶ ἤρξαντο συζητεῖν αὐτῷ, ζητοῦντες **παρ' αὐτοῦ** σημεῖον ἀπὸ τοῦ οὐρανοῦ, πειράζοντες αὐτόν.			Mk-Q overlap
a	Mt 12,38 ⇧ Mt 16,1	τότε ἀπεκρίθησαν αὐτῷ τινες τῶν γραμματέων καὶ Φαρισαίων λέγοντες· διδάσκαλε, θέλομεν **ἀπὸ σοῦ** σημεῖον ἰδεῖν.			Lk 11,16	ἕτεροι δὲ πειράζοντες σημεῖον ἐξ οὐρανοῦ ἐζήτουν **παρ' αὐτοῦ.**	

b 112	Mt 18,2	καὶ προσκαλεσάμενος παιδίον ἔστησεν αὐτὸ **ἐν μέσῳ αὐτῶν** [3] καὶ εἶπεν· ...	Mk 9,36	καὶ λαβὼν παιδίον ἔστησεν αὐτὸ **ἐν μέσῳ αὐτῶν** καὶ ἐναγκαλισάμενος αὐτὸ εἶπεν αὐτοῖς·	Lk 9,47	... ἐπιλαβόμενος παιδίον ἔστησεν αὐτὸ **παρ' ἑαυτῷ** [48] καὶ εἶπεν αὐτοῖς· ...	→ GTh 22
a 200	Mt 18,19 → Mt 21,22 → Mk 11,24	... ἐὰν δύο συμφωνήσωσιν ἐξ ὑμῶν ἐπὶ τῆς γῆς περὶ παντὸς πράγματος οὗ ἐὰν αἰτήσωνται, γενήσεται αὐτοῖς **παρὰ τοῦ πατρός μου τοῦ ἐν οὐρανοῖς.**					→ GTh 30 (POxy 1) → GTh 48 → GTh 106
aa 102	Mt 10,12	εἰσερχόμενοι δὲ εἰς τὴν οἰκίαν ...			Lk 10,7 ⇩ Lk 9,4	[5] εἰς ἣν δ' ἂν εἰσέλθητε οἰκίαν, ... [7] ἐν αὐτῇ δὲ τῇ οἰκίᾳ μένετε, ἐσθίοντες καὶ πίνοντες **τὰ παρ' αὐτῶν·** ... μὴ μεταβαίνετε ἐξ οἰκίας εἰς οἰκίαν.	→ GTh 14,4 Mk-Q overlap
	Mt 10,11	εἰς ἣν δ' ἂν πόλιν ἢ κώμην εἰσέλθητε, ... κἀκεῖ μείνατε ἕως ἂν ἐξέλθητε.	Mk 6,10	... ὅπου ἐὰν εἰσέλθητε εἰς οἰκίαν, ἐκεῖ μένετε ἕως ἂν ἐξέλθητε ἐκεῖθεν.	Lk 9,4 ⇧ Lk 10,5 ⇧ Lk 10,7	καὶ εἰς ἣν ἂν οἰκίαν εἰσέλθητε, ἐκεῖ μένετε καὶ ἐκεῖθεν ἐξέρχεσθε.	
a 102	Mt 12,38 ⇧ Mt 16,1	τότε ἀπεκρίθησαν αὐτῷ τινες τῶν γραμματέων καὶ Φαρισαίων λέγοντες· διδάσκαλε, θέλομεν **ἀπὸ σοῦ** σημεῖον ἰδεῖν.	Mk 8,11	καὶ ἐξῆλθον οἱ Φαρισαῖοι καὶ ἤρξαντο συζητεῖν αὐτῷ, ζητοῦντες **παρ' αὐτοῦ** σημεῖον ἀπὸ τοῦ οὐρανοῦ, πειράζοντες αὐτόν.	Lk 11,16	ἕτεροι δὲ πειράζοντες σημεῖον ἐξ οὐρανοῦ ἐζήτουν **παρ' αὐτοῦ.**	Mk-Q overlap
b 002					Lk 11,37 → Mt 15,1 → Mk 7,1	ἐν δὲ τῷ λαλῆσαι ἐρωτᾷ αὐτὸν Φαρισαῖος ὅπως ἀριστήσῃ **παρ' αὐτῷ·** εἰσελθὼν δὲ ἀνέπεσεν.	
a 002					Lk 12,48	... παντὶ δὲ ᾧ ἐδόθη πολύ, πολὺ ζητηθήσεται **παρ' αὐτοῦ,** ...	
cb 002					Lk 13,2	... δοκεῖτε ὅτι οἱ Γαλιλαῖοι οὗτοι ἁμαρτωλοὶ **παρὰ πάντας τοὺς Γαλιλαίους** ἐγένοντο, ὅτι ταῦτα πεπόνθασιν;	
cb 002					Lk 13,4	... δοκεῖτε ὅτι αὐτοὶ ὀφειλέται ἐγένοντο **παρὰ πάντας τοὺς ἀνθρώπους** τοὺς κατοικοῦντας Ἰερουσαλήμ;	
ca 002					Lk 17,16 → Mt 8,2 → Mk 1,40 → Lk 5,12	καὶ ἔπεσεν ἐπὶ πρόσωπον **παρὰ τοὺς πόδας αὐτοῦ** εὐχαριστῶν αὐτῷ· καὶ αὐτὸς ἦν Σαμαρίτης.	
cb 002					Lk 18,14 → Mt 18,4 → Mt 23,12 → Lk 14,11 → Lk 16,15	... κατέβη οὗτος δεδικαιωμένος εἰς τὸν οἶκον αὐτοῦ **παρ' ἐκεῖνον·** ...	

b 222	Mt 19,26 (2)	ἐμβλέψας δὲ ὁ Ἰησοῦς εἶπεν αὐτοῖς· **παρὰ ἀνθρώποις** τοῦτο ἀδύνατόν ἐστιν,	Mk 10,27 (3)	ἐμβλέψας αὐτοῖς ὁ Ἰησοῦς λέγει· **παρὰ ἀνθρώποις** ἀδύνατον, ἀλλ'	Lk 18,27 (2)	ὁ δὲ εἶπεν· τὰ ἀδύνατα **παρὰ ἀνθρώποις**	
b 121				**οὐ παρὰ θεῷ·** πάντα γὰρ δυνατὰ		δυνατὰ	
b 222		**παρὰ δὲ θεῷ** πάντα δυνατά.		**παρὰ τῷ θεῷ.**		**παρὰ τῷ θεῷ** ἐστιν.	
ca 222	Mt 20,30 ⇩ Mt 9,27	καὶ ἰδοὺ δύο τυφλοὶ καθήμενοι **παρὰ τὴν ὁδόν** ...	Mk 10,46	... ὁ υἱὸς Τιμαίου Βαρτιμαῖος, τυφλὸς προσαίτης, ἐκάθητο **παρὰ τὴν ὁδόν.**	Lk 18,35	... τυφλός τις ἐκάθητο **παρὰ τὴν ὁδὸν** ἐπαιτῶν.	
	Mt 9,27 ⇧ Mt 20,30	καὶ παράγοντι ἐκεῖθεν τῷ Ἰησοῦ ἠκολούθησαν [αὐτῷ] δύο τυφλοὶ ...					
b 002					Lk 19,7 → Mt 9,11 → Mk 2,16 → Lk 5,30 → Lk 15,2	καὶ ἰδόντες πάντες διεγόγγυζον λέγοντες ὅτι **παρὰ ἁμαρτωλῷ ἀνδρὶ** εἰσῆλθεν καταλῦσαι.	
a 121	Mt 21,34 → Mk 12,5	ὅτε δὲ ἤγγισεν ὁ καιρὸς τῶν καρπῶν, ἀπέστειλεν τοὺς δούλους αὐτοῦ πρὸς τοὺς γεωργοὺς λαβεῖν τοὺς καρποὺς αὐτοῦ.	Mk 12,2	καὶ ἀπέστειλεν πρὸς τοὺς γεωργοὺς τῷ καιρῷ δοῦλον ἵνα **παρὰ τῶν γεωργῶν** λάβῃ ἀπὸ τῶν καρπῶν τοῦ ἀμπελῶνος·	Lk 20,10	καὶ καιρῷ ἀπέστειλεν πρὸς τοὺς γεωργοὺς δοῦλον ἵνα ἀπὸ τοῦ καρποῦ τοῦ ἀμπελῶνος δώσουσιν αὐτῷ· ...	→ GTh 65
a 220	Mt 21,42	... *παρὰ κυρίου* *ἐγένετο αὕτη καὶ ἔστιν* *θαυμαστὴ ἐν ὀφθαλμοῖς* *ἡμῶν;* ➤ Ps 118,23	Mk 12,11	*παρὰ κυρίου* *ἐγένετο αὕτη καὶ ἔστιν* *θαυμαστὴ ἐν ὀφθαλμοῖς* *ἡμῶν;* ➤ Ps 118,23			
b 211	Mt 22,25	ἦσαν δὲ **παρ' ἡμῖν** ἑπτὰ ἀδελφοί· ...	Mk 12,20	ἑπτὰ ἀδελφοὶ ἦσαν· ...	Lk 20,29	ἑπτὰ οὖν ἀδελφοὶ ἦσαν· ...	
a 121	Mt 26,47 ↓ Lk 22,52	καὶ ἔτι αὐτοῦ λαλοῦντος ἰδοὺ Ἰούδας εἷς τῶν δώδεκα ἦλθεν καὶ μετ' αὐτοῦ ὄχλος πολὺς μετὰ μαχαιρῶν καὶ ξύλων **ἀπὸ τῶν ἀρχιερέων** **καὶ πρεσβυτέρων τοῦ** **λαοῦ.**	Mk 14,43 ↓ Lk 22,52	καὶ εὐθὺς ἔτι αὐτοῦ λαλοῦντος παραγίνεται Ἰούδας εἷς τῶν δώδεκα καὶ μετ' αὐτοῦ ὄχλος μετὰ μαχαιρῶν καὶ ξύλων **παρὰ τῶν ἀρχιερέων** **καὶ τῶν γραμματέων** **καὶ τῶν πρεσβυτέρων.**	Lk 22,47	ἔτι αὐτοῦ λαλοῦντος ἰδοὺ ὄχλος, καὶ ὁ λεγόμενος Ἰούδας εἷς τῶν δώδεκα προήρχετο αὐτοὺς ...	→ Jn 18,3
					Lk 22,52	εἶπεν δὲ Ἰησοῦς **πρὸς τοὺς** **παραγενομένους ἐπ'** **αὐτὸν ἀρχιερεῖς καὶ** **στρατηγοὺς τοῦ ἱεροῦ** **καὶ πρεσβυτέρους·** ὡς ἐπὶ λῃστὴν ἐξήλθατε μετὰ μαχαιρῶν καὶ ξύλων;	
b 200	Mt 28,15	... καὶ διεφημίσθη ὁ λόγος οὗτος **παρὰ Ἰουδαίοις** μέχρι τῆς σήμερον [ἡμέρας].					

[a] παρά with genitive
[aa] ὁ παρά + genitive

[b] παρά with dative (concerning persons)

[c] παρά with accusative
[ca] παρά with reference to location
[cb] παρά in a comparison
[cc] παρά adversative (Acts 18,13)

[a] **Acts 2,33** → Lk 24,49 → Acts 1,8
... τήν τε ἐπαγγελίαν τοῦ πνεύματος τοῦ ἁγίου λαβὼν **παρὰ τοῦ πατρός,** ἐξέχεεν τοῦτο ὃ ὑμεῖς [καὶ] βλέπετε καὶ ἀκούετε.

[a] **Acts 3,2**
... τοῦ αἰτεῖν ἐλεημοσύνην **παρὰ τῶν εἰσπορευομένων** εἰς τὸ ἱερόν·

[a] **Acts 3,5**
ὁ δὲ ἐπεῖχεν αὐτοῖς προσδοκῶν τι **παρ᾽ αὐτῶν** λαβεῖν.

[ca] **Acts 4,35**
καὶ ἐτίθουν **παρὰ τοὺς πόδας τῶν ἀποστόλων, ...**

[ca] **Acts 5,2**
... καὶ ἐνέγκας μέρος τι **παρὰ τοὺς πόδας τῶν ἀποστόλων** ἔθηκεν.

[a] **Acts 7,16**
καὶ μετετέθησαν εἰς Συχὲμ καὶ ἐτέθησαν ἐν τῷ μνήματι ᾧ ὠνήσατο Ἀβραὰμ τιμῆς ἀργυρίου **παρὰ τῶν υἱῶν Ἑμμὼρ** ἐν Συχέμ.

[ca] **Acts 7,58**
... καὶ οἱ μάρτυρες ἀπέθεντο τὰ ἱμάτια αὐτῶν **παρὰ τοὺς πόδας νεανίου καλουμένου Σαύλου**

[a] **Acts 9,2**
ᾐτήσατο **παρ᾽ αὐτοῦ** ἐπιστολὰς εἰς Δαμασκὸν πρὸς τὰς συναγωγάς, ...

[a] **Acts 9,14**
καὶ ὧδε ἔχει ἐξουσίαν **παρὰ τῶν ἀρχιερέων** δῆσαι πάντας τοὺς ἐπικαλουμένους τὸ ὄνομά σου.

[b] **Acts 9,43**
ἐγένετο δὲ ἡμέρας ἱκανὰς μεῖναι ἐν Ἰόππῃ **παρά τινι Σίμωνι βυρσεῖ.**

[b] **Acts 10,6 (2)**
οὗτος ξενίζεται **παρά τινι Σίμωνι βυρσεῖ,**

[ca]
ᾧ ἐστιν οἰκία **παρὰ θάλασσαν.**

[a] **Acts 10,22** → Lk 7,5
... Κορνήλιος ... ἐχρηματίσθη ὑπὸ ἀγγέλου ἁγίου μεταπέμψασθαί σε εἰς τὸν οἶκον αὐτοῦ καὶ ἀκοῦσαι ῥήματα **παρὰ σοῦ.**

[ca] **Acts 10,32**
πέμψον οὖν εἰς Ἰόππην καὶ μετακάλεσαι Σίμωνα ὃς ἐπικαλεῖται Πέτρος, οὗτος ξενίζεται ἐν οἰκίᾳ Σίμωνος βυρσέως **παρὰ θάλασσαν.**

[ca] **Acts 16,13**
τῇ τε ἡμέρᾳ τῶν σαββάτων ἐξήλθομεν ἔξω τῆς πύλης **παρὰ ποταμὸν** οὗ ἐνομίζομεν προσευχὴν εἶναι, καὶ καθίσαντες ἐλαλοῦμεν ταῖς συνελθούσαις γυναιξίν.

[a] **Acts 17,9**
καὶ λαβόντες τὸ ἱκανὸν **παρὰ τοῦ Ἰάσονος καὶ τῶν λοιπῶν** ἀπέλυσαν αὐτούς.

[b] **Acts 18,3**
καὶ διὰ τὸ ὁμότεχνον εἶναι ἔμενεν **παρ᾽ αὐτοῖς,** καὶ ἠργάζετο· ἦσαν γὰρ σκηνοποιοὶ τῇ τέχνῃ.

[cc] **Acts 18,13**
λέγοντες ὅτι **παρὰ τὸν νόμον** ἀναπείθει οὗτος τοὺς ἀνθρώπους σέβεσθαι τὸν θεόν.

[a] **Acts 20,24**
ἀλλ᾽ οὐδενὸς λόγου ποιοῦμαι τὴν ψυχὴν τιμίαν ἐμαυτῷ ὡς τελειῶσαι τὸν δρόμον μου καὶ τὴν διακονίαν ἣν ἔλαβον **παρὰ τοῦ κυρίου Ἰησοῦ,** διαμαρτύρασθαι τὸ εὐαγγέλιον τῆς χάριτος τοῦ θεοῦ.

[b] **Acts 21,7**
... καὶ ἀσπασάμενοι τοὺς ἀδελφοὺς ἐμείναμεν ἡμέραν μίαν **παρ᾽ αὐτοῖς.**

[b] **Acts 21,8**
... καὶ εἰσελθόντες εἰς τὸν οἶκον Φιλίππου τοῦ εὐαγγελιστοῦ, ὄντος ἐκ τῶν ἑπτά, ἐμείναμεν **παρ᾽ αὐτῷ.**

[b] **Acts 21,16**
συνῆλθον δὲ καὶ τῶν μαθητῶν ἀπὸ Καισαρείας σὺν ἡμῖν, ἄγοντες **παρ᾽ ᾧ** ξενισθῶμεν Μνάσωνί τινι Κυπρίῳ, ἀρχαίῳ μαθητῇ.

[ca] **Acts 22,3**
... ἀνατεθραμμένος δὲ ἐν τῇ πόλει ταύτῃ, **παρὰ τοὺς πόδας Γαμαλιὴλ** πεπαιδευμένος κατὰ ἀκρίβειαν τοῦ πατρῴου νόμου, ...

[a] **Acts 22,5**
ὡς καὶ ὁ ἀρχιερεὺς μαρτυρεῖ μοι καὶ πᾶν τὸ πρεσβυτέριον, **παρ᾽ ὧν** καὶ ἐπιστολὰς δεξάμενος πρὸς τοὺς ἀδελφοὺς εἰς Δαμασκὸν ἐπορευόμην, ...

[a] **Acts 24,8**
παρ᾽ οὗ δυνήσῃ αὐτὸς ἀνακρίνας περὶ πάντων τούτων ἐπιγνῶναι ὧν ἡμεῖς κατηγοροῦμεν αὐτοῦ.

[b] **Acts 26,8**
τί ἄπιστον κρίνεται **παρ᾽ ὑμῖν** εἰ ὁ θεὸς νεκροὺς ἐγείρει;

[a] **Acts 26,10**
... πολλούς τε τῶν ἁγίων ἐγὼ ἐν φυλακαῖς κατέκλεισα **τὴν παρὰ τῶν ἀρχιερέων ἐξουσίαν** λαβὼν ἀναιρουμένων τε αὐτῶν κατήνεγκα ψῆφον

[b] **Acts 28,14**
οὗ εὑρόντες ἀδελφοὺς παρεκλήθημεν **παρ᾽ αὐτοῖς** ἐπιμεῖναι ἡμέρας ἑπτά· ...

[a] **Acts 28,22**
ἀξιοῦμεν δὲ **παρὰ σοῦ** ἀκοῦσαι ἃ φρονεῖς, περὶ μὲν γὰρ τῆς αἱρέσεως ταύτης γνωστὸν ἡμῖν ἐστιν ὅτι πανταχοῦ ἀντιλέγεται.

παραβαίνω	Syn 2	Mt 2	Mk	Lk	Acts 1	Jn	1-3John	Paul	Eph	Col
	NT 3	2Thess	1/2Tim	Tit	Heb	Jas	1Pet	2Pet	Jude	Rev

intransitive: go, turn aside; *transitive:* transgress; break

210	**Mt 15,2**	διὰ τί οἱ μαθηταί σου **παραβαίνουσιν** τὴν παράδοσιν τῶν πρεσβυτέρων; ...	**Mk 7,5**	... διὰ τί **οὐ περιπατοῦσιν** οἱ μαθηταί σου κατὰ τὴν παράδοσιν τῶν πρεσβυτέρων, ...		
210	**Mt 15,3**	... διὰ τί καὶ ὑμεῖς **παραβαίνετε** τὴν ἐντολὴν τοῦ θεοῦ διὰ τὴν παράδοσιν ὑμῶν;	**Mk 7,9**	... καλῶς **ἀθετεῖτε** τὴν ἐντολὴν τοῦ θεοῦ, ἵνα τὴν παράδοσιν ὑμῶν στήσητε.		

Acts 1,25 λαβεῖν τὸν τόπον τῆς διακονίας ταύτης καὶ ἀποστολῆς ἀφ᾽ ἧς **παρέβη** Ἰούδας πορευθῆναι εἰς τὸν τόπον τὸν ἴδιον.

παραβιάζομαι	Syn 1	Mt	Mk	Lk 1	Acts 1	Jn	1-3John	Paul	Eph	Col
	NT 2	2Thess	1/2Tim	Tit	Heb	Jas	1Pet	2Pet	Jude	Rev

urge strongly; prevail upon

002					**Lk 24,29**	καὶ **παρεβιάσαντο** αὐτὸν λέγοντες· μεῖνον μεθ᾽ ἡμῶν, ...

Acts 16,15 ... εἰ κεκρίκατέ με πιστὴν τῷ κυρίῳ εἶναι, εἰσελθόντες εἰς τὸν οἶκόν μου μένετε· καὶ **παρεβιάσατο** ἡμᾶς.

παραβολή	Syn 48	Mt 17	Mk 13	Lk 18	Acts	Jn	1-3John	Paul	Eph	Col
	NT 50	2Thess	1/2Tim	Tit	Heb 2	Jas	1Pet	2Pet	Jude	Rev

parable; illustration

	triple tradition																	double tradition			Sonder-gut		
		+Mt / +Lk			–Mt / –Lk			traditions not taken over by Mt / Lk							subtotals								
code	*222*	*211*	*112*	*212*	*221*	*122*	*121*	*022*	*012*	*021*	*220*	*120*	*210*	*020*	Σ⁺	Σ⁻	Σ	*202*	*201*	*102*	*200*	*002*	total
Mt	7						1⁻				3		1⁺		1⁺	1⁻	11		3		3		**17**
Mk	7						1				3			2			13						**13**
Lk	7		1⁺				1⁻								1⁺	1⁻	8			1		9	**18**

[a] ἐν παραβολαῖς

002					**Lk 4,23**	... πάντως ἐρεῖτέ μοι **τὴν παραβολὴν ταύτην**· ἰατρέ, θεράπευσον σεαυτόν· ...

112	Mt 9,16	οὐδεὶς δὲ ἐπιβάλλει ἐπίβλημα ῥάκους ἀγνάφου ἐπὶ ἱματίῳ παλαιῷ· ...	Mk 2,21	οὐδεὶς ἐπίβλημα ῥάκους ἀγνάφου ἐπιράπτει ἐπὶ ἱμάτιον παλαιόν· ...	Lk 5,36	ἔλεγεν δὲ καὶ παραβολὴν πρὸς αὐτοὺς ὅτι οὐδεὶς ἐπίβλημα ἀπὸ ἱματίου καινοῦ σχίσας ἐπιβάλλει ἐπὶ ἱμάτιον παλαιόν· ...	→ GTh 47,5
102	Mt 15,14	ἄφετε αὐτούς· τυφλοί εἰσιν ὁδηγοί [τυφλῶν]· τυφλὸς δὲ τυφλὸν ἐὰν ὁδηγῇ, ἀμφότεροι εἰς βόθυνον πεσοῦνται.			Lk 6,39	εἶπεν δὲ καὶ παραβολὴν αὐτοῖς· μήτι δύναται τυφλὸς τυφλὸν ὁδηγεῖν; οὐχὶ ἀμφότεροι εἰς βόθυνον ἐμπεσοῦνται;	→ GTh 34
a 020	Mt 12,25 → Mt 9,4	εἰδὼς δὲ τὰς ἐνθυμήσεις αὐτῶν εἶπεν αὐτοῖς· πᾶσα βασιλεία μερισθεῖσα καθ' ἑαυτῆς ...	Mk 3,23	καὶ προσκαλεσάμενος αὐτοὺς ἐν παραβολαῖς ἔλεγεν αὐτοῖς· πῶς δύναται σατανᾶς σατανᾶν ἐκβάλλειν; [24] καὶ ἐὰν βασιλεία ἐφ' ἑαυτὴν μερισθῇ, ...	Lk 11,17 → Lk 5,22 → Lk 6,8	αὐτὸς δὲ εἰδὼς αὐτῶν τὰ διανοήματα εἶπεν αὐτοῖς· πᾶσα βασιλεία ἐφ' ἑαυτὴν διαμερισθεῖσα ...	Mk-Q overlap
a 222	Mt 13,3	καὶ ἐλάλησεν αὐτοῖς πολλὰ ἐν παραβολαῖς λέγων· ...	Mk 4,2	καὶ ἐδίδασκεν αὐτοὺς ἐν παραβολαῖς πολλὰ καὶ ἔλεγεν αὐτοῖς ἐν τῇ διδαχῇ αὐτοῦ·	Lk 8,4 ⇩ Lk 5,3	... πρὸς αὐτὸν εἶπεν διὰ παραβολῆς·	→ GTh 9
					Lk 5,3 ⇧ Lk 8,4	... καθίσας δὲ ἐκ τοῦ πλοίου ἐδίδασκεν τοὺς ὄχλους.	
a 222	Mt 13,10	καὶ προσελθόντες οἱ μαθηταὶ εἶπαν αὐτῷ· διὰ τί ἐν παραβολαῖς λαλεῖς αὐτοῖς;	Mk 4,10 ↓ Mk 7,17	καὶ ὅτε ἐγένετο κατὰ μόνας, ἠρώτων αὐτὸν οἱ περὶ αὐτὸν σὺν τοῖς δώδεκα τὰς παραβολάς.	Lk 8,9 ↓ Mk 7,17	ἐπηρώτων δὲ αὐτὸν οἱ μαθηταὶ αὐτοῦ τίς αὕτη εἴη ἡ παραβολή.	
a 222	Mt 13,13	[11] ... ὅτι ὑμῖν δέδοται γνῶναι τὰ μυστήρια τῆς βασιλείας τῶν οὐρανῶν, ἐκείνοις δὲ οὐ δέδοται. [12] ... [13] διὰ τοῦτο ἐν παραβολαῖς αὐτοῖς λαλῶ, ὅτι βλέποντες οὐ βλέπουσιν ... ➢ Isa 6,9	Mk 4,11	... ὑμῖν τὸ μυστήριον δέδοται τῆς βασιλείας τοῦ θεοῦ· ἐκείνοις δὲ τοῖς ἔξω ἐν παραβολαῖς τὰ πάντα γίνεται, [12] ἵνα βλέποντες βλέπωσιν καὶ μὴ ἴδωσιν, ... ➢ Isa 6,9	Lk 8,10	... ὑμῖν δέδοται γνῶναι τὰ μυστήρια τῆς βασιλείας τοῦ θεοῦ, τοῖς δὲ λοιποῖς ἐν παραβολαῖς, ἵνα βλέποντες μὴ βλέπωσιν ... ➢ Isa 6,9	
222 121	Mt 13,18	ὑμεῖς οὖν ἀκούσατε τὴν παραβολὴν τοῦ σπείραντος.	Mk 4,13 (2)	καὶ λέγει αὐτοῖς· οὐκ οἴδατε τὴν παραβολὴν ταύτην, καὶ πῶς πάσας τὰς παραβολὰς γνώσεσθε; [14] ὁ σπείρων τὸν λόγον σπείρει.	Lk 8,11	ἔστιν δὲ αὕτη ἡ παραβολή· ὁ σπόρος ἐστὶν ὁ λόγος τοῦ θεοῦ.	
200	Mt 13,24	ἄλλην παραβολὴν παρέθηκεν αὐτοῖς λέγων· ὡμοιώθη ἡ βασιλεία τῶν οὐρανῶν ἀνθρώπῳ σπείραντι καλὸν σπέρμα ἐν τῷ ἀγρῷ αὐτοῦ.					→ GTh 57
020	Mt 13,31	ἄλλην παραβολὴν παρέθηκεν αὐτοῖς ...	Mk 4,30	καὶ ἔλεγεν· πῶς ὁμοιώσωμεν τὴν βασιλείαν τοῦ θεοῦ ἢ ἐν τίνι αὐτὴν παραβολῇ θῶμεν;	Lk 13,18	ἔλεγεν οὖν· τίνι ὁμοία ἐστὶν ἡ βασιλεία τοῦ θεοῦ καὶ τίνι ὁμοιώσω αὐτήν;	→ GTh 20 Mk-Q overlap

201	Mt 13,31	ἄλλην παραβολὴν παρέθηκεν αὐτοῖς λέγων· ὁμοία ἐστὶν ἡ βασιλεία τῶν οὐρανῶν κόκκῳ σινάπεως, ...	Mk 4,30	καὶ ἔλεγεν· πῶς ὁμοιώσωμεν τὴν βασιλείαν τοῦ θεοῦ ἢ ἐν τίνι αὐτὴν παραβολῇ θῶμεν; [31] ὡς κόκκῳ σινάπεως	Lk 13,18	ἔλεγεν οὖν· τίνι ὁμοία ἐστὶν ἡ βασιλεία τοῦ θεοῦ καὶ τίνι ὁμοιώσω αὐτήν; [19] ὁμοία ἐστὶν κόκκῳ σινάπεως, ...	→ GTh 20 Mk-Q overlap
201	Mt 13,33	ἄλλην παραβολὴν ἐλάλησεν αὐτοῖς· ὁμοία ἐστὶν ἡ βασιλεία τῶν οὐρανῶν ζύμῃ, ...			Lk 13,20	καὶ πάλιν εἶπεν· τίνι ὁμοιώσω τὴν βασιλείαν τοῦ θεοῦ; [21] ὁμοία ἐστὶν ζύμῃ, ...	→ GTh 96
a 220	Mt 13,34 (2)	ταῦτα πάντα ἐλάλησεν ὁ Ἰησοῦς ἐν παραβολαῖς τοῖς ὄχλοις,	Mk 4,33	καὶ τοιαύταις παραβολαῖς πολλαῖς ἐλάλει αὐτοῖς τὸν λόγον, καθὼς ἠδύναντο ἀκούειν·			
220	↓ Mt 13,36	καὶ χωρὶς παραβολῆς οὐδὲν ἐλάλει αὐτοῖς,	Mk 4,34	χωρὶς δὲ παραβολῆς οὐκ ἐλάλει αὐτοῖς, κατ' ἰδίαν δὲ τοῖς ἰδίοις μαθηταῖς ἐπέλυεν πάντα.			
a 200	Mt 13,35	ὅπως πληρωθῇ τὸ ῥηθὲν διὰ τοῦ προφήτου λέγοντος· *ἀνοίξω* *ἐν παραβολαῖς* *τὸ στόμα μου, ἐρεύξομαι* *κεκρυμμένα ἀπὸ* *καταβολῆς* [κόσμου]. ➤ Ps 78,2					
200	Mt 13,36 ↑ Mt 13,34 ↑ Mk 4,34	... καὶ προσῆλθον αὐτῷ οἱ μαθηταὶ αὐτοῦ λέγοντες· διασάφησον ἡμῖν τὴν παραβολὴν τῶν ζιζανίων τοῦ ἀγροῦ.					
210	Mt 13,53	καὶ ἐγένετο ὅτε ἐτέλεσεν ὁ Ἰησοῦς τὰς παραβολὰς ταύτας, μετῆρεν ἐκεῖθεν.	Mk 6,1	καὶ ἐξῆλθεν ἐκεῖθεν ...			
220	Mt 15,15	ἀποκριθεὶς δὲ ὁ Πέτρος εἶπεν αὐτῷ· φράσον ἡμῖν τὴν παραβολήν [ταύτην].	Mk 7,17 ↑ Mk 4,10 ↑ Lk 8,9 → Mt 15,12	... ἐπηρώτων αὐτὸν οἱ μαθηταὶ αὐτοῦ τὴν παραβολήν.			
002					Lk 12,16	εἶπεν δὲ παραβολὴν πρὸς αὐτοὺς λέγων· ἀνθρώπου τινὸς πλουσίου εὐφόρησεν ἡ χώρα.	→ GTh 63
002					Lk 12,41	εἶπεν δὲ ὁ Πέτρος· κύριε, πρὸς ἡμᾶς τὴν παραβολὴν ταύτην λέγεις ἢ καὶ πρὸς πάντας;	
002					Lk 13,6 → Mt 21,19 → Mk 11,13	ἔλεγεν δὲ ταύτην τὴν παραβολήν· συκῆν εἶχέν τις πεφυτευμένην ἐν τῷ ἀμπελῶνι αὐτοῦ, ...	

002					Lk 14,7	ἔλεγεν δὲ πρὸς τοὺς κεκλημένους **παραβολήν,** ἐπέχων πῶς τὰς πρωτοκλισίας ἐξελέγοντο, λέγων πρὸς αὐτούς·	
002	Mt 18,12	 τί ὑμῖν δοκεῖ; ἐὰν γένηταί τινι ἀνθρώπῳ ἑκατὸν πρόβατα ...			Lk 15,3	εἶπεν δὲ πρὸς αὐτοὺς **τὴν παραβολὴν ταύτην** λέγων· [4] τίς ἄνθρωπος ἐξ ὑμῶν ἔχων ἑκατὸν πρόβατα ...	→ GTh 107
002					Lk 18,1 → Lk 21,36	ἔλεγεν δὲ **παραβολὴν** αὐτοῖς πρὸς τὸ δεῖν πάντοτε προσεύχεσθαι αὐτοὺς καὶ μὴ ἐγκακεῖν	
002					Lk 18,9 → Lk 16,15 → Lk 20,20	εἶπεν δὲ καὶ πρός τινας τοὺς πεποιθότας ἐφ' ἑαυτοῖς ὅτι εἰσὶν δίκαιοι καὶ ἐξουθενοῦντας τοὺς λοιποὺς **τὴν παραβολὴν ταύτην·**	
002					Lk 19,11	ἀκουόντων δὲ αὐτῶν ταῦτα προσθεὶς εἶπεν **παραβολὴν** διὰ τὸ ἐγγὺς εἶναι Ἰερουσαλὴμ αὐτὸν ...	
a 222	Mt 21,33	 **ἄλλην παραβολὴν** ἀκούσατε. ἄνθρωπος ἦν οἰκοδεσπότης ὅστις ἐφύτευσεν ἀμπελῶνα ...	Mk 12,1	καὶ ἤρξατο αὐτοῖς **ἐν παραβολαῖς** λαλεῖν· ἀμπελῶνα ἄνθρωπος ἐφύτευσεν ...	Lk 20,9	ἤρξατο δὲ πρὸς τὸν λαὸν λέγειν **τὴν παραβολὴν ταύτην·** ἄνθρωπός [τις] ἐφύτευσεν ἀμπελῶνα ...	→ GTh 65
222	Mt 21,45 → Mk 11,18	καὶ ἀκούσαντες οἱ ἀρχιερεῖς καὶ οἱ Φαρισαῖοι **τὰς παραβολὰς αὐτοῦ** ἔγνωσαν ὅτι περὶ αὐτῶν λέγει·	Mk 12,12	... ἔγνωσαν γὰρ ὅτι πρὸς αὐτοὺς **τὴν παραβολὴν** εἶπεν. ...	Lk 20,19	... ἔγνωσαν γὰρ ὅτι πρὸς αὐτοὺς εἶπεν **τὴν παραβολὴν ταύτην.**	
a 201	Mt 22,1	καὶ ἀποκριθεὶς ὁ Ἰησοῦς πάλιν εἶπεν **ἐν παραβολαῖς** αὐτοῖς λέγων· [2] ὡμοιώθη ἡ βασιλεία τῶν οὐρανῶν ἀνθρώπῳ βασιλεῖ, ὅστις ἐποίησεν γάμους τῷ υἱῷ αὐτοῦ.			Lk 14,16	ὁ δὲ εἶπεν αὐτῷ· ἄνθρωπός τις ἐποίει δεῖπνον μέγα, καὶ ἐκάλεσεν πολλούς	
222	Mt 24,32	ἀπὸ δὲ τῆς συκῆς μάθετε **τὴν παραβολήν·** ὅταν ἤδη ὁ κλάδος αὐτῆς γένηται ἁπαλὸς καὶ τὰ φύλλα ἐκφύῃ, γινώσκετε ὅτι ἐγγὺς τὸ θέρος·	Mk 13,28	ἀπὸ δὲ τῆς συκῆς μάθετε **τὴν παραβολήν·** ὅταν ἤδη ὁ κλάδος αὐτῆς ἁπαλὸς γένηται καὶ ἐκφύῃ τὰ φύλλα, γινώσκετε ὅτι ἐγγὺς τὸ θέρος ἐστίν·	Lk 21,29	καὶ εἶπεν **παραβολὴν** αὐτοῖς· ἴδετε τὴν συκῆν καὶ πάντα τὰ δένδρα· [30] ὅταν προβάλωσιν ἤδη, βλέποντες ἀφ' ἑαυτῶν γινώσκετε ὅτι ἤδη ἐγγὺς τὸ θέρος ἐστίν·	

παραγγέλλω	Syn 8	Mt 2	Mk 2	Lk 4	Acts 11	Jn	1-3John	Paul 3	Eph	Col
	NT 31	2Thess 4	1/2Tim 5	Tit	Heb	Jas	1Pet	2Pet	Jude	Rev

give orders; command; instruct; direct

	triple tradition																	double tradition			Sondergut		
		+Mt / +Lk			–Mt / –Lk			traditions not taken over by Mt / Lk							subtotals								
code	222	211	112	212	221	122	121	022	012	021	220	120	210	020	Σ+	Σ−	Σ	202	201	102	200	002	total
Mt					1						1						2						**2**
Mk					1						1						2						**2**
Lk			2+		1−				2+						4+	1−	4						**4**

112	**Mt 8,4**	καὶ **λέγει** αὐτῷ ὁ Ἰησοῦς· ὅρα μηδενὶ εἴπῃς, ἀλλὰ ὕπαγε σεαυτὸν δεῖξον τῷ ἱερεῖ, ... ➢ Lev 13,49; 14,2-4	**Mk 1,44**	καὶ **λέγει** αὐτῷ· ὅρα μηδενὶ μηδὲν εἴπῃς, ἀλλὰ ὕπαγε σεαυτὸν δεῖξον τῷ ἱερεῖ ... ➢ Lev 13,49; 14,2-4	**Lk 5,14** → Lk 17,14	καὶ αὐτὸς **παρήγγειλεν** αὐτῷ μηδενὶ εἰπεῖν, ἀλλὰ ἀπελθὼν δεῖξον σεαυτὸν τῷ ἱερεῖ ... ➢ Lev 13,49; 14,2-4	
012			**Mk 5,8**	**ἔλεγεν** γὰρ αὐτῷ· ἔξελθε τὸ πνεῦμα τὸ ἀκάθαρτον ἐκ τοῦ ἀνθρώπου.	**Lk 8,29**	**παρήγγειλεν** γὰρ τῷ πνεύματι τῷ ἀκαθάρτῳ ἐξελθεῖν ἀπὸ τοῦ ἀνθρώπου. ...	
012			**Mk 5,43**	καὶ **διεστείλατο** αὐτοῖς πολλὰ ἵνα μηδεὶς γνοῖ τοῦτο, ...	**Lk 8,56**	... ὁ δὲ **παρήγγειλεν** αὐτοῖς μηδενὶ εἰπεῖν τὸ γεγονός.	
221	**Mt 10,5**	τούτους τοὺς δώδεκα ἀπέστειλεν ὁ Ἰησοῦς **παραγγείλας** αὐτοῖς λέγων· εἰς ὁδὸν ἐθνῶν μὴ ἀπέλθητε καὶ εἰς πόλιν Σαμαριτῶν μὴ εἰσέλθητε· [6] ... [9] μὴ κτήσησθε ... [10] ... μηδὲ ῥάβδον·	**Mk 6,8**	καὶ **παρήγγειλεν** αὐτοῖς ἵνα μηδὲν αἴρωσιν ... εἰ μὴ ῥάβδον μόνον, ...	**Lk 9,3** → Lk 10,4	καὶ **εἶπεν** πρὸς αὐτούς· μηδὲν αἴρετε ... μήτε ῥάβδον ...	
220	**Mt 15,35** → Mt 14,19	καὶ **παραγγείλας** τῷ ὄχλῳ ἀναπεσεῖν ἐπὶ τὴν γῆν	**Mk 8,6** → Mk 6,39	καὶ **παραγγέλλει** τῷ ὄχλῳ ἀναπεσεῖν ἐπὶ τῆς γῆς· ...	→ Lk 9,14		
112	**Mt 16,20**	τότε διεστείλατο τοῖς μαθηταῖς ἵνα μηδενὶ εἴπωσιν ὅτι αὐτός ἐστιν ὁ χριστός.	**Mk 8,30**	καὶ ἐπετίμησεν αὐτοῖς ἵνα μηδενὶ λέγωσιν περὶ αὐτοῦ.	**Lk 9,21**	ὁ δὲ ἐπιτιμήσας αὐτοῖς **παρήγγειλεν** μηδενὶ λέγειν τοῦτο	→ GTh 13

Acts 1,4 καὶ συναλιζόμενος
παρήγγειλεν
αὐτοῖς ἀπὸ Ἱεροσολύμων
μὴ χωρίζεσθαι ...

Acts 4,18 καὶ καλέσαντες αὐτοὺς
παρήγγειλαν
τὸ καθόλου μὴ
φθέγγεσθαι μηδὲ
διδάσκειν ἐπὶ τῷ ὀνόματι
τοῦ Ἰησοῦ.

Acts 5,28 ... [οὐ] παραγγελίᾳ
παρηγγείλαμεν
ὑμῖν μὴ διδάσκειν
ἐπὶ τῷ ὀνόματι τούτῳ, ...

Acts 5,40 καὶ προσκαλεσάμενοι
τοὺς ἀποστόλους
δείραντες
παρήγγειλαν
μὴ λαλεῖν ἐπὶ τῷ ὀνόματι
τοῦ Ἰησοῦ καὶ ἀπέλυσαν.

Acts 10,42 καὶ
παρήγγειλεν
ἡμῖν κηρύξαι τῷ λαῷ καὶ
διαμαρτύρασθαι ὅτι
οὗτός ἐστιν ὁ ὡρισμένος
ὑπὸ τοῦ θεοῦ κριτὴς
ζώντων καὶ νεκρῶν.

Acts 15,5 ἐξανέστησαν δέ τινες
τῶν ἀπὸ τῆς αἱρέσεως
τῶν Φαρισαίων
πεπιστευκότες λέγοντες
ὅτι δεῖ περιτέμνειν
αὐτοὺς
παραγγέλλειν
τε τηρεῖν τὸν νόμον
Μωϋσέως.

Acts 16,18 ... διαπονηθεὶς δὲ Παῦλος
καὶ ἐπιστρέψας τῷ
πνεύματι εἶπεν·
παραγγέλλω
σοι ἐν ὀνόματι Ἰησοῦ
Χριστοῦ ἐξελθεῖν ἀπ'
αὐτῆς· ...

Acts 16,23 πολλάς τε ἐπιθέντες
αὐτοῖς πληγὰς ἔβαλον
εἰς φυλακὴν
παραγγείλαντες
τῷ δεσμοφύλακι
ἀσφαλῶς τηρεῖν αὐτούς.

Acts 17,30 τοὺς μὲν οὖν χρόνους τῆς
ἀγνοίας ὑπεριδὼν ὁ θεός,
τὰ νῦν
παραγγέλλει
τοῖς ἀνθρώποις πάντας
πανταχοῦ μετανοεῖν

Acts 23,22 ὁ μὲν οὖν χιλίαρχος
ἀπέλυσε τὸν νεανίσκον
παραγγείλας
μηδενὶ ἐκλαλῆσαι ὅτι
ταῦτα ἐνεφάνισας πρός
με.

Acts 23,30 μηνυθείσης δέ μοι
ἐπιβουλῆς εἰς τὸν ἄνδρα
ἔσεσθαι ἐξαυτῆς ἔπεμψα
πρὸς σέ
παραγγείλας
καὶ τοῖς κατηγόροις
λέγειν [τὰ] πρὸς αὐτὸν
ἐπὶ σοῦ.

παραγίνομαι

	Syn	Mt	Mk	Lk	Acts	Jn	1-3John	Paul	Eph	Col
	12	3	1	8	20	1		1		
	NT	2Thess	1/2Tim	Tit	Heb	Jas	1Pet	2Pet	Jude	Rev
	36		1		1					

come; arrive; be present; appear; make a public appearance; stand by; come to the aid of

	triple tradition																	double tradition			Sondergut		
		+Mt / +Lk			–Mt / –Lk			traditions not taken over by Mt / Lk							subtotals								
code	*222*	*211*	*112*	*212*	*221*	*122*	*121*	*022*	*012*	*021*	*220*	*120*	*210*	*020*	Σ^+	Σ^-	Σ	*202*	*201*	*102*	*200*	*002*	total
Mt		2^+					1^-								2^+	1^-	2				1		**3**
Mk							1										1						**1**
Lk			2^+				1^-								2^+	1^-	2			3		3	**8**

200	**Mt 2,1**	... ἰδοὺ μάγοι ἀπὸ ἀνατολῶν **παρεγένοντο** εἰς Ἱεροσόλυμα				
211	**Mt 3,1**	ἐν δὲ ταῖς ἡμέραις ἐκείναις **παραγίνεται** Ἰωάννης ὁ βαπτιστὴς κηρύσσων ἐν τῇ ἐρήμῳ τῆς Ἰουδαίας	**Mk 1,4**	 **ἐγένετο** Ἰωάννης [ὁ] βαπτίζων ἐν τῇ ἐρήμῳ καὶ κηρύσσων ...	**Lk 3,3**	[2] ... ἐγένετο ῥῆμα θεοῦ ἐπὶ Ἰωάννην τὸν Ζαχαρίου υἱὸν ἐν τῇ ἐρήμῳ. [3] καὶ **ἦλθεν**
	Mt 3,5	τότε ἐξεπορεύετο πρὸς αὐτὸν Ἱεροσόλυμα καὶ πᾶσα ἡ Ἰουδαία καὶ πᾶσα ἡ περίχωρος τοῦ Ἰορδάνου	**Mk 1,5** → Lk 3,7	καὶ ἐξεπορεύετο πρὸς αὐτὸν πᾶσα ἡ Ἰουδαία χώρα καὶ οἱ Ἱεροσολυμῖται πάντες, ...		 εἰς πᾶσαν [τὴν] περίχωρον τοῦ Ἰορδάνου κηρύσσων ...
211	**Mt 3,13**	τότε **παραγίνεται** ὁ Ἰησοῦς ἀπὸ τῆς Γαλιλαίας ἐπὶ τὸν Ἰορδάνην πρὸς τὸν Ἰωάννην τοῦ βαπτισθῆναι ὑπ᾽ αὐτοῦ.	**Mk 1,9**	καὶ ἐγένετο ἐν ἐκείναις ταῖς ἡμέραις **ἦλθεν** Ἰησοῦς ἀπὸ Ναζαρὲτ τῆς Γαλιλαίας καὶ ἐβαπτίσθη εἰς τὸν Ἰορδάνην ὑπὸ Ἰωάννου.	**Lk 3,21**	ἐγένετο δὲ ἐν τῷ βαπτισθῆναι ἅπαντα τὸν λαὸν καὶ Ἰησοῦ βαπτισθέντος ...
002					**Lk 7,4**	**οἱ δὲ παραγενόμενοι** πρὸς τὸν Ἰησοῦν παρεκάλουν αὐτὸν σπουδαίως λέγοντες ὅτι ἄξιός ἐστιν ᾧ παρέξῃ τοῦτο·

002					Lk 7,20	**παραγενόμενοι** δὲ πρὸς αὐτὸν οἱ ἄνδρες εἶπαν· Ἰωάννης ὁ βαπτιστὴς ἀπέστειλεν ἡμᾶς πρὸς σὲ λέγων· σὺ εἶ ὁ ἐρχόμενος ἢ ἄλλον προσδοκῶμεν;	
112	Mt 12,46	ἔτι αὐτοῦ λαλοῦντος τοῖς ὄχλοις ἰδοὺ ἡ μήτηρ καὶ οἱ ἀδελφοὶ αὐτοῦ εἱστήκεισαν ἔξω ζητοῦντες αὐτῷ λαλῆσαι.	Mk 3,31	καὶ **ἔρχεται** ἡ μήτηρ αὐτοῦ καὶ οἱ ἀδελφοὶ αὐτοῦ καὶ ἔξω στήκοντες ἀπέστειλαν πρὸς αὐτὸν καλοῦντες αὐτόν.	Lk 8,19	 **παρεγένετο** δὲ πρὸς αὐτὸν ἡ μήτηρ καὶ οἱ ἀδελφοὶ αὐτοῦ καὶ οὐκ ἠδύναντο συντυχεῖν αὐτῷ διὰ τὸν ὄχλον.	→ GTh 99
002					Lk 11,6	ἐπειδὴ φίλος μου **παρεγένετο** ἐξ ὁδοῦ πρός με καὶ οὐκ ἔχω ὃ παραθήσω αὐτῷ·	
102	Mt 10,34	μὴ νομίσητε ὅτι **ἦλθον** βαλεῖν εἰρήνην ἐπὶ τὴν γῆν· οὐκ ἦλθον βαλεῖν εἰρήνην ἀλλὰ μάχαιραν.			Lk 12,51	δοκεῖτε ὅτι εἰρήνην **παρεγενόμην** δοῦναι ἐν τῇ γῇ; οὐχί, λέγω ὑμῖν, ἀλλ' ἢ διαμερισμόν.	→ GTh 16
102	Mt 22,7	 ὁ δὲ βασιλεὺς ὠργίσθη ...			Lk 14,21	καὶ **παραγενόμενος** ὁ δοῦλος ἀπήγγειλεν τῷ κυρίῳ αὐτοῦ ταῦτα. τότε ὀργισθεὶς ὁ οἰκοδεσπότης ...	→ GTh 64
102	Mt 25,20	καὶ **προσελθὼν** ὁ τὰ πέντε τάλαντα λαβὼν προσήνεγκεν ἄλλα πέντε τάλαντα λέγων· κύριε, πέντε τάλαντά μοι παρέδωκας· ἴδε ἄλλα πέντε τάλαντα ἐκέρδησα.			Lk 19,16	 **παρεγένετο** δὲ ὁ πρῶτος λέγων· κύριε, ἡ μνᾶ σου δέκα προσηργάσατο μνᾶς.	
121	Mt 26,47 ↓ Lk 22,52	καὶ ἔτι αὐτοῦ λαλοῦντος ἰδοὺ Ἰούδας εἷς τῶν δώδεκα **ἦλθεν** καὶ μετ' αὐτοῦ ὄχλος πολὺς μετὰ μαχαιρῶν καὶ ξύλων ἀπὸ τῶν ἀρχιερέων καὶ πρεσβυτέρων τοῦ λαοῦ.	Mk 14,43 ↓ Lk 22,52	καὶ εὐθὺς ἔτι αὐτοῦ λαλοῦντος **παραγίνεται** Ἰούδας εἷς τῶν δώδεκα καὶ μετ' αὐτοῦ ὄχλος μετὰ μαχαιρῶν καὶ ξύλων παρὰ τῶν ἀρχιερέων καὶ τῶν γραμματέων καὶ τῶν πρεσβυτέρων.	Lk 22,47	ἔτι αὐτοῦ λαλοῦντος ἰδοὺ ὄχλος, καὶ ὁ λεγόμενος Ἰούδας εἷς τῶν δώδεκα **προήρχετο** αὐτοὺς ...	→ Jn 18,3
112	Mt 26,55	ἐν ἐκείνῃ τῇ ὥρᾳ εἶπεν ὁ Ἰησοῦς **τοῖς ὄχλοις·** ὡς ἐπὶ λῃστὴν ἐξήλθατε μετὰ μαχαιρῶν καὶ ξύλων συλλαβεῖν με; ...	Mk 14,48	καὶ ἀποκριθεὶς ὁ Ἰησοῦς εἶπεν **αὐτοῖς·** ὡς ἐπὶ λῃστὴν ἐξήλθατε μετὰ μαχαιρῶν καὶ ξύλων συλλαβεῖν με;	Lk 22,52 → Lk 22,54 ↑ Mt 26,47 ↑ Mk 14,43	εἶπεν δὲ Ἰησοῦς **πρὸς τοὺς** **παραγενομένους** **ἐπ' αὐτὸν ἀρχιερεῖς** **καὶ στρατηγοὺς** **τοῦ ἱεροῦ καὶ** **πρεσβυτέρους·** ὡς ἐπὶ λῃστὴν ἐξήλθατε μετὰ μαχαιρῶν καὶ ξύλων;	

Acts 5,21 ἀκούσαντες δὲ εἰσῆλθον ὑπὸ τὸν ὄρθρον εἰς τὸ ἱερὸν καὶ ἐδίδασκον. **παραγενόμενος** δὲ ὁ ἀρχιερεὺς καὶ οἱ σὺν αὐτῷ συνεκάλεσαν τὸ συνέδριον καὶ πᾶσαν τὴν γερουσίαν τῶν υἱῶν Ἰσραὴλ ...

Acts 5,22 **οἱ δὲ παραγενόμενοι ὑπηρέται** οὐχ εὗρον αὐτοὺς ἐν τῇ φυλακῇ· ἀναστρέψαντες δὲ ἀπήγγειλαν

Acts 5,25 **παραγενόμενος δέ τις** ἀπήγγειλεν αὐτοῖς ὅτι ἰδοὺ οἱ ἄνδρες οὓς ἔθεσθε ἐν τῇ φυλακῇ εἰσὶν ἐν τῷ ἱερῷ ἑστῶτες καὶ διδάσκοντες τὸν λαόν.

Acts 9,26 **παραγενόμενος** δὲ εἰς Ἰερουσαλὴμ ἐπείραζεν κολλᾶσθαι τοῖς μαθηταῖς, ...

Acts 9,39 ἀναστὰς δὲ Πέτρος συνῆλθεν αὐτοῖς· ὃν **παραγενόμενον** ἀνήγαγον εἰς τὸ ὑπερῷον ...

Acts 10,33 ἐξαυτῆς οὖν ἔπεμψα πρὸς σέ, σύ τε καλῶς ἐποίησας **παραγενόμενος**. ...

Acts 11,23 ὃς **παραγενόμενος** καὶ ἰδὼν τὴν χάριν [τὴν] τοῦ θεοῦ, ἐχάρη ...

Acts 13,14 αὐτοὶ δὲ διελθόντες ἀπὸ τῆς Πέργης **παρεγένοντο** εἰς Ἀντιόχειαν τὴν Πισιδίαν, ...

Acts 14,27 **παραγενόμενοι** δὲ καὶ συναγαγόντες τὴν ἐκκλησίαν ἀνήγγελλον ὅσα ἐποίησεν ὁ θεὸς μετ᾽ αὐτῶν ...

Acts 15,4 **παραγενόμενοι** δὲ εἰς Ἰερουσαλὴμ παρεδέχθησαν ἀπὸ τῆς ἐκκλησίας ...

Acts 17,10 οἱ δὲ ἀδελφοὶ εὐθέως διὰ νυκτὸς ἐξέπεμψαν τόν τε Παῦλον καὶ τὸν Σιλᾶν εἰς Βέροιαν, οἵτινες **παραγενόμενοι** εἰς τὴν συναγωγὴν τῶν Ἰουδαίων ἀπῄεσαν.

Acts 18,27 ... προτρεψάμενοι οἱ ἀδελφοὶ ἔγραψαν τοῖς μαθηταῖς ἀποδέξασθαι αὐτόν, ὃς **παραγενόμενος** συνεβάλετο πολὺ τοῖς πεπιστευκόσιν διὰ τῆς χάριτος·

Acts 20,18 ὡς δὲ **παρεγένοντο** πρὸς αὐτὸν εἶπεν αὐτοῖς· ὑμεῖς ἐπίστασθε, ...

Acts 21,18 τῇ δὲ ἐπιούσῃ εἰσῄει ὁ Παῦλος σὺν ἡμῖν πρὸς Ἰάκωβον, πάντες τε **παρεγένοντο** οἱ πρεσβύτεροι.

Acts 23,16 ἀκούσας δὲ ὁ υἱὸς τῆς ἀδελφῆς Παύλου τὴν ἐνέδραν, **παραγενόμενος** καὶ εἰσελθὼν εἰς τὴν παρεμβολὴν ἀπήγγειλεν τῷ Παύλῳ.

Acts 23,35 διακούσομαί σου, ἔφη, ὅταν καὶ οἱ κατήγοροί σου **παραγένωνται**· κελεύσας ἐν τῷ πραιτωρίῳ τοῦ Ἡρῴδου φυλάσσεσθαι αὐτόν.

Acts 24,17 δι᾽ ἐτῶν δὲ πλειόνων ἐλεημοσύνας ποιήσων εἰς τὸ ἔθνος μου **παρεγενόμην** καὶ προσφοράς

Acts 24,24 μετὰ δὲ ἡμέρας τινὰς **παραγενόμενος** ὁ Φῆλιξ σὺν Δρουσίλλῃ τῇ ἰδίᾳ γυναικὶ οὔσῃ Ἰουδαίᾳ μετεπέμψατο τὸν Παῦλον ...

Acts 25,7 **παραγενομένου** δὲ αὐτοῦ περιέστησαν αὐτὸν οἱ ἀπὸ Ἱεροσολύμων καταβεβηκότες Ἰουδαῖοι ...

Acts 28,21 ... ἡμεῖς οὔτε γράμματα περὶ σοῦ ἐδεξάμεθα ἀπὸ τῆς Ἰουδαίας οὔτε **παραγενόμενός τις τῶν ἀδελφῶν** ἀπήγγειλεν ἢ ἐλάλησέν τι περὶ σοῦ πονηρόν.

παράγω	Syn 6	Mt 3	Mk 3	Lk	Acts	Jn 1	1-3John 2	Paul 1	Eph	Col
	NT 10	2Thess	1/2Tim	Tit	Heb	Jas	1Pet	2Pet	Jude	Rev

transitive: passive: pass away; disappear; *intransitive:* pass by; go away

	triple tradition																	double tradition			Sondergut		
		+Mt / +Lk			–Mt / –Lk			traditions not taken over by Mt / Lk							subtotals								
code	*222*	*211*	*112*	*212*	*221*	*122*	*121*	*022*	*012*	*021*	*220*	*120*	*210*	*020*	Σ^+	Σ^-	Σ	*202*	*201*	*102*	*200*	*002*	total
Mt		1^+			1		1^-					1^-			1^+	2^-	2				1		**3**
Mk					1		1					1					3						**3**
Lk					1^-		1^-									2^-							

120	**Mt 4,18** **περιπατῶν** δὲ παρὰ τὴν θάλασσαν τῆς Γαλιλαίας εἶδεν δύο ἀδελφούς, Σίμωνα τὸν λεγόμενον Πέτρον καὶ Ἀνδρέαν τὸν ἀδελφὸν αὐτοῦ, ...	**Mk 1,16** καὶ **παράγων** παρὰ τὴν θάλασσαν τῆς Γαλιλαίας εἶδεν Σίμωνα καὶ Ἀνδρέαν τὸν ἀδελφὸν Σίμωνος ...	**Lk 5,1** → Mt 13,1-2 → Mk 4,1 ... καὶ αὐτὸς ἦν **ἑστὼς** παρὰ τὴν λίμνην Γεννησαρέτ [2] καὶ εἶδεν δύο πλοῖα ...	→ Jn 1,40-42

221	Mt 9,9	καὶ **παράγων** ὁ Ἰησοῦς ἐκεῖθεν εἶδεν ἄνθρωπον καθήμενον ἐπὶ τὸ τελώνιον, Μαθθαῖον λεγόμενον, ...	Mk 2,14	καὶ **παράγων** εἶδεν Λευὶν τὸν τοῦ Ἁλφαίου καθήμενον ἐπὶ τὸ τελώνιον, ...	Lk 5,27	... καὶ ἐθεάσατο τελώνην ὀνόματι Λευὶν καθήμενον ἐπὶ τὸ τελώνιον, ...	
200	Mt 9,27 ⇩ Mt 20,30	καὶ **παράγοντι** ἐκεῖθεν τῷ Ἰησοῦ ἠκολούθησαν [αὐτῷ] δύο τυφλοὶ ...	Mk 10,46	καὶ ἔρχονται εἰς Ἰεριχώ. καὶ **ἐκπορευομένου** αὐτοῦ ἀπὸ Ἰεριχὼ καὶ τῶν μαθητῶν αὐτοῦ καὶ ὄχλου ἱκανοῦ ὁ υἱὸς Τιμαίου Βαρτιμαῖος, τυφλὸς προσαίτης, ἐκάθητο παρὰ τὴν ὁδόν.	Lk 18,35	ἐγένετο δὲ ἐν τῷ ἐγγίζειν αὐτὸν εἰς Ἰεριχὼ τυφλός τις ἐκάθητο παρὰ τὴν ὁδὸν ἐπαιτῶν.	
211	Mt 20,30 ⇧ Mt 9,27	... ἀκούσαντες ὅτι Ἰησοῦς **παράγει,** ἔκραξαν λέγοντες· ἐλέησον ἡμᾶς, [κύριε,] υἱὸς Δαυίδ.	Mk 10,47	καὶ ἀκούσας ὅτι Ἰησοῦς ὁ Ναζαρηνός **ἐστιν** ἤρξατο κράζειν καὶ λέγειν· υἱὲ Δαυὶδ Ἰησοῦ, ἐλέησόν με.	Lk 18,37	[36] ἀκούσας δὲ ὄχλου διαπορευομένου ἐπυνθάνετο τί εἴη τοῦτο. [37] ἀπήγγειλαν δὲ αὐτῷ ὅτι Ἰησοῦς ὁ Ναζωραῖος **παρέρχεται.** [38] καὶ ἐβόησεν λέγων· Ἰησοῦ υἱὲ Δαυίδ, ἐλέησόν με.	
121	Mt 27,32	ἐξερχόμενοι δὲ εὗρον ἄνθρωπον Κυρηναῖον ὀνόματι Σίμωνα, τοῦτον ἠγγάρευσαν ἵνα ἄρῃ τὸν σταυρὸν αὐτοῦ.	Mk 15,21	καὶ ἀγγαρεύουσιν **παράγοντά** τινα Σίμωνα Κυρηναῖον ἐρχόμενον ἀπ᾽ ἀγροῦ, τὸν πατέρα Ἀλεξάνδρου καὶ Ῥούφου, ἵνα ἄρῃ τὸν σταυρὸν αὐτοῦ.	Lk 23,26	... ἐπιλαβόμενοι Σίμωνά τινα Κυρηναῖον ἐρχόμενον ἀπ᾽ ἀγροῦ ἐπέθηκαν αὐτῷ τὸν σταυρὸν φέρειν ὄπισθεν τοῦ Ἰησοῦ.	

παράδεισος

	Syn	Mt	Mk	Lk	Acts	Jn	1-3John	Paul	Eph	Col
	1			1				1		
	NT	2Thess	1/2Tim	Tit	Heb	Jas	1Pet	2Pet	Jude	Rev
	3									1

paradise

002					Lk 23,43	... ἀμήν σοι λέγω, σήμερον μετ᾽ ἐμοῦ ἔσῃ **ἐν τῷ παραδείσῳ.**	

παραδέχομαι

	Syn	Mt	Mk	Lk	Acts	Jn	1-3John	Paul	Eph	Col
	1		1		3					
	NT	2Thess	1/2Tim	Tit	Heb	Jas	1Pet	2Pet	Jude	Rev
	6		1		1					

accept; receive

121	Mt 13,23	ὁ δὲ ἐπὶ τὴν καλὴν γῆν σπαρείς, οὗτός ἐστιν ὁ τὸν λόγον ἀκούων καὶ **συνιείς,** ὃς δὴ καρποφορεῖ καὶ ποιεῖ ὃ μὲν ἑκατόν, ὃ δὲ ἑξήκοντα, ὃ δὲ τριάκοντα.	Mk 4,20	καὶ ἐκεῖνοί εἰσιν οἱ ἐπὶ τὴν γῆν τὴν καλὴν σπαρέντες, οἵτινες ἀκούουσιν τὸν λόγον καὶ **παραδέχονται** καὶ καρποφοροῦσιν ἓν τριάκοντα καὶ ἓν ἑξήκοντα καὶ ἓν ἑκατόν.	Lk 8,15	τὸ δὲ ἐν τῇ καλῇ γῇ, οὗτοί εἰσιν οἵτινες ἐν καρδίᾳ καλῇ καὶ ἀγαθῇ ἀκούσαντες τὸν λόγον **κατέχουσιν** καὶ καρποφοροῦσιν ἐν ὑπομονῇ.	

Acts 15,4	παραγενόμενοι δὲ εἰς Ἰερουσαλὴμ **παρεδέχθησαν** ἀπὸ τῆς ἐκκλησίας καὶ τῶν ἀποστόλων καὶ τῶν πρεσβυτέρων, ...	Acts 16,21	καὶ καταγγέλλουσιν ἔθη ἃ οὐκ ἔξεστιν ἡμῖν **παραδέχεσθαι** οὐδὲ ποιεῖν Ῥωμαίοις οὖσιν.	Acts 22,18	καὶ ἰδεῖν αὐτὸν λέγοντά μοι· σπεῦσον καὶ ἔξελθε ἐν τάχει ἐξ Ἰερουσαλήμ, διότι **οὐ παραδέξονταί** σου μαρτυρίαν περὶ ἐμοῦ.

παραδίδωμι	Syn 68	Mt 31	Mk 20	Lk 17	Acts 13	Jn 15	1-3John	Paul 15	Eph 3	Col
	NT 119	2Thess	1/2Tim 1	Tit	Heb	Jas	1Pet 1	2Pet 2	Jude 1	Rev

hand over; give (over); deliver; entrust; turn over; give up; commend; commit; hand down; pass on; transmit; relate; teach; allow; permit

	triple tradition																	double tradition			Sondergut		
		+Mt / +Lk			−Mt / −Lk			traditions not taken over by Mt / Lk							subtotals								
code	*222*	*211*	*112*	*212*	*221*	*122*	*121*	*022*	*012*	*021*	*220*	*120*	*210*	*020*	Σ^{+}	Σ^{-}	Σ	*202*	*201*	*102*	*200*	*002*	total
Mt	9	1^{+}			5						4	1^{-}	1^{+}		2^{+}	1^{-}	20	2	3		6		**31**
Mk	9				5						4	1		1			20						**20**
Lk	9		2^{+}		5^{-}										2^{+}	5^{-}	11	2		1		3	**17**

[a] παραδίδωμι παράδοσιν
[b] παραδίδωμι εἰς (τὰς) χεῖρας
[c] παραδίδωμι εἴς τι(να)
[d] παραδίδωμι and (εἰς τό and) infinitive
[e] παραδίδωμι ἵνα

002					**Lk 1,2**	[1] ... ἀνατάξασθαι διήγησιν περὶ τῶν πεπληροφορημένων ἐν ἡμῖν πραγμάτων, [2] καθὼς **παρέδοσαν** ἡμῖν οἱ ἀπ' ἀρχῆς αὐτόπται καὶ ὑπηρέται γενόμενοι τοῦ λόγου	
102	**Mt 4,9**	... ταῦτά σοι πάντα δώσω, ἐὰν πεσὼν προσκυνήσῃς μοι.			**Lk 4,6**	... σοὶ δώσω τὴν ἐξουσίαν ταύτην ἅπασαν καὶ τὴν δόξαν αὐτῶν, ὅτι ἐμοὶ **παραδέδοται** καὶ ᾧ ἐὰν θέλω δίδωμι αὐτήν· [7] σὺ οὖν ἐὰν προσκυνήσῃς ἐνώπιον ἐμοῦ, ἔσται σοῦ πᾶσα.	
221	**Mt 4,12** → Lk 3,20	ἀκούσας δὲ ὅτι Ἰωάννης **παρεδόθη** ἀνεχώρησεν εἰς τὴν Γαλιλαίαν.	**Mk 1,14** → Lk 3,20	**μετὰ δὲ** **τὸ παραδοθῆναι** τὸν Ἰωάννην ἦλθεν ὁ Ἰησοῦς εἰς τὴν Γαλιλαίαν ...	**Lk 4,14**	καὶ ὑπέστρεψεν ὁ Ἰησοῦς ἐν τῇ δυνάμει τοῦ πνεύματος εἰς τὴν Γαλιλαίαν. ...	→ Jn 4,3
202	**Mt 5,25** ↓ Mt 18,34	ἴσθι εὐνοῶν τῷ ἀντιδίκῳ σου ταχὺ, ἕως ὅτου εἶ μετ' αὐτοῦ ἐν τῇ ὁδῷ, μήποτέ σε **παραδῷ** ὁ ἀντίδικος τῷ κριτῇ καὶ ὁ κριτὴς τῷ ὑπηρέτῃ, καὶ εἰς φυλακὴν βληθήσῃ·			**Lk 12,58**	ὡς γὰρ ὑπάγεις μετὰ τοῦ ἀντιδίκου σου ἐπ' ἄρχοντα, ἐν τῇ ὁδῷ δὸς ἐργασίαν ἀπηλλάχθαι ἀπ' αὐτοῦ, μήποτε κατασύρῃ σε πρὸς τὸν κριτήν, καὶ ὁ κριτής σε **παραδώσει** τῷ πράκτορι, καὶ ὁ πράκτωρ σε βαλεῖ εἰς φυλακήν.	
221	**Mt 10,4**	... καὶ Ἰούδας ὁ Ἰσκαριώτης **ὁ καὶ παραδοὺς** αὐτόν.	**Mk 3,19**	καὶ Ἰούδαν Ἰσκαριώθ, ὃς καὶ **παρέδωκεν** αὐτόν.	**Lk 6,16**	... καὶ Ἰούδαν Ἰσκαριώθ, ὃς ἐγένετο **προδότης.**	
c 222	**Mt 10,17** ⇩ Mt 24,9 → Mt 23,34	προσέχετε δὲ ἀπὸ τῶν ἀνθρώπων· **παραδώσουσιν** γὰρ ὑμᾶς εἰς συνέδρια καὶ ἐν ταῖς συναγωγαῖς αὐτῶν μαστιγώσουσιν ὑμᾶς·	**Mk 13,9**	βλέπετε δὲ ὑμεῖς ἑαυτούς· **παραδώσουσιν** ὑμᾶς εἰς συνέδρια καὶ εἰς συναγωγὰς δαρήσεσθε ...	**Lk 21,12** → Lk 11,49 → Lk 12,11	πρὸ δὲ τούτων πάντων ἐπιβαλοῦσιν ἐφ' ὑμᾶς τὰς χεῖρας αὐτῶν καὶ διώξουσιν, **παραδιδόντες** εἰς τὰς συναγωγὰς καὶ φυλακάς, ...	

221	**Mt 10,19**	ὅταν δὲ **παραδῶσιν** ὑμᾶς, μὴ μεριμνήσητε πῶς ἢ τί λαλήσητε· ...	**Mk 13,11**	καὶ ὅταν ἄγωσιν ὑμᾶς **παραδιδόντες,** μὴ προμεριμνᾶτε τί λαλήσητε, ...	**Lk 21,14** ⇩ Lk 12,11 **Lk 12,11** ⇧ Lk 21,14 ↓ **Lk 21,12**	θέτε οὖν ἐν ταῖς καρδίαις ὑμῶν μὴ προμελετᾶν ἀπολογηθῆναι· ὅταν δὲ **εἰσφέρωσιν** ὑμᾶς ἐπὶ τὰς συναγωγὰς καὶ τὰς ἀρχὰς καὶ τὰς ἐξουσίας, μὴ μεριμνήσητε πῶς ἢ τί ἀπολογήσησθε ἢ τί εἴπητε·	Mk-Q overlap
c 222	**Mt 10,21** ⇩ Mt 24,9 → Mt 10,35 ↓ Mt 24,10	**παραδώσει** δὲ ἀδελφὸς ἀδελφὸν εἰς θάνατον καὶ πατὴρ τέκνον, καὶ ἐπαναστήσονται τέκνα ἐπὶ γονεῖς καὶ θανατώσουσιν αὐτούς.	**Mk 13,12**	καὶ **παραδώσει** ἀδελφὸς ἀδελφὸν εἰς θάνατον καὶ πατὴρ τέκνον, καὶ ἐπαναστήσονται τέκνα ἐπὶ γονεῖς καὶ θανατώσουσιν αὐτούς·	**Lk 21,16** → Lk 12,53	**παραδοθήσεσθε** δὲ καὶ ὑπὸ γονέων καὶ ἀδελφῶν καὶ συγγενῶν καὶ φίλων, καὶ θανατώσουσιν ἐξ ὑμῶν	
202	**Mt 11,27** → Mt 28,18	πάντα μοι **παρεδόθη** ὑπὸ τοῦ πατρός μου, ...			**Lk 10,22** → Mt 28,18	πάντα μοι **παρεδόθη** ὑπὸ τοῦ πατρός μου, ...	→ GTh 61,3
020			**Mk 4,29**	ὅταν δὲ **παραδοῖ** ὁ καρπός, εὐθὺς ἀποστέλλει τὸ δρέπανον, ὅτι παρέστηκεν ὁ θερισμός.			→ GTh 21,10
a 120	**Mt 15,6**	... καὶ ἠκυρώσατε τὸν λόγον τοῦ θεοῦ διὰ τὴν παράδοσιν ὑμῶν.	**Mk 7,13**	ἀκυροῦντες τὸν λόγον τοῦ θεοῦ τῇ παραδόσει ὑμῶν ᾗ **παρεδώκατε·** καὶ παρόμοια τοιαῦτα πολλὰ ποιεῖτε.			
b 222	**Mt 17,22** → Mt 16,21 ↓ **Mt 20,18-19**	... μέλλει ὁ υἱὸς τοῦ ἀνθρώπου **παραδίδοσθαι** εἰς χεῖρας ἀνθρώπων	**Mk 9,31** → Mk 8,31 ↓ **Mk 10,33**	... ὁ υἱὸς τοῦ ἀνθρώπου **παραδίδοται** εἰς χεῖρας ἀνθρώπων, ...	**Lk 9,44** → Lk 9,22 → Lk 17,25 ↓ **Lk 18,32** ↓ **Lk 24,7** → Lk 24,26 → Lk 24,46	... ὁ γὰρ υἱὸς τοῦ ἀνθρώπου μέλλει **παραδίδοσθαι** εἰς χεῖρας ἀνθρώπων.	→ **Acts 21,11**
200	**Mt 18,34** ↑ **Mt 5,25** ↓ **Lk 12,58**	καὶ ὀργισθεὶς ὁ κύριος αὐτοῦ **παρέδωκεν** αὐτὸν τοῖς βασανισταῖς ἕως οὗ ἀποδῷ πᾶν τὸ ὀφειλόμενον.					
202	**Mt 11,27** → Mt 28,18	πάντα μοι **παρεδόθη** ὑπὸ τοῦ πατρός μου, ...			**Lk 10,22** → Mt 28,18	πάντα μοι **παρεδόθη** ὑπὸ τοῦ πατρός μου, ...	→ GTh 61,3
202	**Mt 5,25**	ἴσθι εὐνοῶν τῷ ἀντιδίκῳ σου ταχὺ, ἕως ὅτου εἶ μετ' αὐτοῦ ἐν τῇ ὁδῷ, μήποτέ σε **παραδῷ** ὁ ἀντίδικος τῷ κριτῇ καὶ ὁ κριτὴς τῷ ὑπηρέτῃ, καὶ εἰς φυλακὴν βληθήσῃ·			**Lk 12,58** ↑ **Mt 18,34**	ὡς γὰρ ὑπάγεις μετὰ τοῦ ἀντιδίκου σου ἐπ' ἄρχοντα, ἐν τῇ ὁδῷ δὸς ἐργασίαν ἀπηλλάχθαι ἀπ' αὐτοῦ, μήποτε κατασύρῃ σε πρὸς τὸν κριτήν, καὶ ὁ κριτής σε **παραδώσει** τῷ πράκτορι, καὶ ὁ πράκτωρ σε βαλεῖ εἰς φυλακήν.	

221	**Mt 20,18** → Mt 16,21 ↑ Mt 17,22	ἰδοὺ ἀναβαίνομεν εἰς Ἱεροσόλυμα, καὶ ὁ υἱὸς τοῦ ἀνθρώπου **παραδοθήσεται** τοῖς ἀρχιερεῦσιν καὶ γραμματεῦσιν, καὶ κατακρινοῦσιν αὐτὸν θανάτῳ	**Mk 10,33** **(2)** → Mk 8,31 ↑ Mk 9,31	ὅτι ἰδοὺ ἀναβαίνομεν εἰς Ἱεροσόλυμα, καὶ ὁ υἱὸς τοῦ ἀνθρώπου **παραδοθήσεται** τοῖς ἀρχιερεῦσιν καὶ τοῖς γραμματεῦσιν, καὶ κατακρινοῦσιν αὐτὸν θανάτῳ	**Lk 18,31**	... ἰδοὺ ἀναβαίνομεν εἰς Ἰερουσαλήμ, καὶ τελεσθήσεται πάντα τὰ γεγραμμένα διὰ τῶν προφητῶν τῷ υἱῷ τοῦ ἀνθρώπου·	
d 222	**Mt 20,19**	καὶ **παραδώσουσιν** αὐτὸν τοῖς ἔθνεσιν εἰς τὸ ἐμπαῖξαι καὶ μαστιγῶσαι καὶ σταυρῶσαι, καὶ τῇ τρίτῃ ἡμέρᾳ ἐγερθήσεται.		καὶ **παραδώσουσιν** αὐτὸν τοῖς ἔθνεσιν [34] καὶ ἐμπαίξουσιν αὐτῷ καὶ ἐμπτύσουσιν αὐτῷ καὶ μαστιγώσουσιν αὐτὸν καὶ ἀποκτενοῦσιν, καὶ μετὰ τρεῖς ἡμέρας ἀναστήσεται.	**Lk 18,32** → Lk 9,22 ↑ Lk 9,44 → Lk 17,25 ↓ Lk 24,7 → Lk 24,26 → Lk 24,46	**παραδοθήσεται** γὰρ τοῖς ἔθνεσιν καὶ ἐμπαιχθήσεται καὶ ὑβρισθήσεται καὶ ἐμπτυσθήσεται [33] καὶ μαστιγώσαντες ἀποκτενοῦσιν αὐτόν, καὶ τῇ ἡμέρᾳ τῇ τρίτῃ ἀναστήσεται.	
112	**Mt 22,15** → Mt 26,4	τότε πορευθέντες οἱ Φαρισαῖοι συμβούλιον ἔλαβον ὅπως αὐτὸν παγιδεύσωσιν ἐν λόγῳ. [16] καὶ ἀποστέλλουσιν αὐτῷ τοὺς μαθητὰς αὐτῶν μετὰ τῶν Ἡρῳδιανῶν ...	**Mk 12,13**	καὶ ἀποστέλλουσιν πρὸς αὐτόν τινας τῶν Φαρισαίων καὶ τῶν Ἡρῳδιανῶν ἵνα αὐτὸν ἀγρεύσωσιν λόγῳ.	**Lk 20,20** → Lk 6,7 → Lk 11,53-54 → Lk 16,15 → Lk 18,9 → Lk 23,2	καὶ παρατηρήσαντες ἀπέστειλαν ἐγκαθέτους ὑποκρινομένους ἑαυτοὺς δικαίους εἶναι, ἵνα ἐπιλάβωνται αὐτοῦ λόγου, ὥστε **παραδοῦναι** αὐτὸν τῇ ἀρχῇ καὶ τῇ ἐξουσίᾳ τοῦ ἡγεμόνος.	
c 222	**Mt 10,17** ⇩ Mt 24,9 → Mt 23,34	προσέχετε δὲ ἀπὸ τῶν ἀνθρώπων· **παραδώσουσιν** γὰρ ὑμᾶς εἰς συνέδρια καὶ ἐν ταῖς συναγωγαῖς αὐτῶν μαστιγώσουσιν ὑμᾶς·	**Mk 13,9**	βλέπετε δὲ ὑμεῖς ἑαυτούς· **παραδώσουσιν** ὑμᾶς εἰς συνέδρια καὶ εἰς συναγωγὰς δαρήσεσθε ...	**Lk 21,12** → Lk 11,49 → Lk 12,11	πρὸ δὲ τούτων πάντων ἐπιβαλοῦσιν ἐφ' ὑμᾶς τὰς χεῖρας αὐτῶν καὶ διώξουσιν, **παραδιδόντες** εἰς τὰς συναγωγὰς καὶ φυλακάς, ...	
221	**Mt 10,19**	ὅταν δὲ **παραδῶσιν** ὑμᾶς, μὴ μεριμνήσητε πῶς ἢ τί λαλήσητε· ...	**Mk 13,11**	καὶ ὅταν ἄγωσιν ὑμᾶς **παραδιδόντες,** μὴ προμεριμνᾶτε τί λαλήσητε, ...	**Lk 21,14** ⇧ Lk 12,11	 θέτε οὖν ἐν ταῖς καρδίαις ὑμῶν μὴ προμελετᾶν ἀπολογηθῆναι·	Mk-Q overlap
c 222	**Mt 10,21** ⇩ Mt 24,9 → Mt 10,35 ↓ Mt 24,10	**παραδώσει** δὲ ἀδελφὸς ἀδελφὸν εἰς θάνατον καὶ πατὴρ τέκνον, καὶ ἐπαναστήσονται τέκνα ἐπὶ γονεῖς καὶ θανατώσουσιν αὐτούς.	**Mk 13,12**	καὶ **παραδώσει** ἀδελφὸς ἀδελφὸν εἰς θάνατον καὶ πατὴρ τέκνον, καὶ ἐπαναστήσονται τέκνα ἐπὶ γονεῖς καὶ θανατώσουσιν αὐτούς·	**Lk 21,16** → Lk 12,53	**παραδοθήσεσθε** δὲ καὶ ὑπὸ γονέων καὶ ἀδελφῶν καὶ συγγενῶν καὶ φίλων, καὶ θανατώσουσιν ἐξ ὑμῶν	
c 200	**Mt 24,9** ⇧ Mt 10,17 ⇧ Mt 10,21	τότε **παραδώσουσιν** ὑμᾶς εἰς θλῖψιν	Mk 13,9	βλέπετε δὲ ὑμεῖς ἑαυτούς· **παραδώσουσιν** ὑμᾶς εἰς συνέδρια καὶ εἰς συναγωγὰς δαρήσεσθε ...	Lk 21,12	πρὸ δὲ τούτων πάντων ἐπιβαλοῦσιν ἐφ' ὑμᾶς τὰς χεῖρας αὐτῶν καὶ διώξουσιν, **παραδιδόντες** εἰς τὰς συναγωγὰς καὶ φυλακάς, ...	
c	⇧ Mt 10,21	 καὶ ἀποκτενοῦσιν ὑμᾶς, ...	Mk 13,12	καὶ **παραδώσει** ἀδελφὸς ἀδελφὸν εἰς θάνατον καὶ πατὴρ τέκνον, καὶ ἐπαναστήσονται τέκνα ἐπὶ γονεῖς καὶ θανατώσουσιν αὐτούς·	Lk 21,16	 **παραδοθήσεσθε** δὲ καὶ ὑπὸ γονέων καὶ ἀδελφῶν καὶ συγγενῶν καὶ φίλων, καὶ θανατώσουσιν ἐξ ὑμῶν	

200	Mt 24,10 ↑ Mt 10,21 ↑ Mk 13,12 ↑ Lk 21,16 ↑ Mt 24,9	καὶ τότε σκανδαλισθήσονται πολλοὶ καὶ ἀλλήλους **παραδώσουσιν** καὶ μισήσουσιν ἀλλήλους·					
201	Mt 25,14	ὥσπερ γὰρ ἄνθρωπος ἀποδημῶν ἐκάλεσεν τοὺς ἰδίους δούλους καὶ **παρέδωκεν** αὐτοῖς τὰ ὑπάρχοντα αὐτοῦ, [15] καὶ ᾧ μὲν ἔδωκεν πέντε τάλαντα, ᾧ δὲ δύο, ᾧ δὲ ἕν, ...	Mk 13,34	ὡς ἄνθρωπος ἀπόδημος ἀφεὶς τὴν οἰκίαν αὐτοῦ καὶ **δοὺς** τοῖς δούλοις αὐτοῦ τὴν ἐξουσίαν ἑκάστῳ τὸ ἔργον αὐτοῦ, ...	Lk 19,13	[12] ἄνθρωπός τις εὐγενὴς ἐπορεύθη εἰς χώραν μακρὰν ... [13] καλέσας δὲ δέκα δούλους ἑαυτοῦ ἔδωκεν αὐτοῖς δέκα μνᾶς ...	Mk-Q overlap
201	Mt 25,20	καὶ προσελθὼν ὁ τὰ πέντε τάλαντα λαβὼν προσήνεγκεν ἄλλα πέντε τάλαντα λέγων· κύριε, πέντε τάλαντά μοι **παρέδωκας·** ἴδε ἄλλα πέντε τάλαντα ἐκέρδησα.			Lk 19,16	παρεγένετο δὲ ὁ πρῶτος λέγων· κύριε, ἡ μνᾶ σου δέκα προσηργάσατο μνᾶς.	
201	Mt 25,22	προσελθὼν [δὲ] καὶ ὁ τὰ δύο τάλαντα εἶπεν· κύριε, δύο τάλαντά μοι **παρέδωκας·** ἴδε ἄλλα δύο τάλαντα ἐκέρδησα.			Lk 19,18	καὶ ἦλθεν ὁ δεύτερος λέγων· ἡ μνᾶ σου, κύριε, ἐποίησεν πέντε μνᾶς.	
d 211	Mt 26,2	οἴδατε ὅτι μετὰ δύο ἡμέρας τὸ πάσχα γίνεται, καὶ ὁ υἱὸς τοῦ ἀνθρώπου **παραδίδοται** εἰς τὸ σταυρωθῆναι.	Mk 14,1	ἦν δὲ τὸ πάσχα καὶ τὰ ἄζυμα μετὰ δύο ἡμέρας. ...	Lk 22,1	ἤγγιζεν δὲ ἡ ἑορτὴ τῶν ἀζύμων ἡ λεγομένη πάσχα.	
222	Mt 26,15	[14] τότε πορευθεὶς εἷς τῶν δώδεκα, ὁ λεγόμενος Ἰούδας Ἰσκαριώτης, πρὸς τοὺς ἀρχιερεῖς [15] εἶπεν· τί θέλετέ μοι δοῦναι, κἀγὼ ὑμῖν **παραδώσω** αὐτόν; οἱ δὲ ἔστησαν αὐτῷ τριάκοντα ἀργύρια.	Mk 14,10	καὶ Ἰούδας Ἰσκαριὼθ ὁ εἷς τῶν δώδεκα ἀπῆλθεν πρὸς τοὺς ἀρχιερεῖς ἵνα αὐτὸν **παραδοῖ** αὐτοῖς. [11] οἱ δὲ ἀκούσαντες ἐχάρησαν καὶ ἐπηγγείλαντο αὐτῷ ἀργύριον δοῦναι. ↔	Lk 22,4	[3] εἰσῆλθεν δὲ σατανᾶς εἰς Ἰούδαν τὸν καλούμενον Ἰσκαριώτην, ὄντα ἐκ τοῦ ἀριθμοῦ τῶν δώδεκα· [4] καὶ ἀπελθὼν συνελάλησεν τοῖς ἀρχιερεῦσιν καὶ στρατηγοῖς τὸ πῶς αὐτοῖς **παραδῷ** αὐτόν. [5] καὶ ἐχάρησαν καὶ συνέθεντο αὐτῷ ἀργύριον δοῦναι.	
222	Mt 26,16	καὶ ἀπὸ τότε ἐζήτει **εὐκαιρίαν ἵνα αὐτὸν** **παραδῷ.**	Mk 14,11	↔ καὶ ἐζήτει **πῶς αὐτὸν εὐκαίρως** **παραδοῖ.**	Lk 22,6	καὶ ἐξωμολόγησεν, καὶ ἐζήτει **εὐκαιρίαν τοῦ** **παραδοῦναι αὐτὸν** ἄτερ ὄχλου αὐτοῖς.	
222	Mt 26,21	... ἀμὴν λέγω ὑμῖν ὅτι εἷς ἐξ ὑμῶν **παραδώσει** με.	Mk 14,18	... ἀμὴν λέγω ὑμῖν ὅτι εἷς ἐξ ὑμῶν **παραδώσει** με ὁ ἐσθίων μετ' ἐμοῦ.	Lk 22,21 ↓ Mt 26,23 ↓ Mk 14,20	πλὴν ἰδοὺ **ἡ χεὶρ** **τοῦ παραδιδόντος** με μετ' ἐμοῦ ἐπὶ τῆς τραπέζης·	→ Jn 13,21
210	Mt 26,23 ↑ Lk 22,21	ὁ δὲ ἀποκριθεὶς εἶπεν· ὁ ἐμβάψας μετ' ἐμοῦ τὴν χεῖρα ἐν τῷ τρυβλίῳ οὗτός με **παραδώσει.**	Mk 14,20 ↑ Lk 22,21	ὁ δὲ εἶπεν αὐτοῖς· εἷς τῶν δώδεκα, ὁ ἐμβαπτόμενος μετ' ἐμοῦ εἰς τὸ τρύβλιον.			→ Jn 13,26

222	Mt 26,24	... οὐαὶ δὲ τῷ ἀνθρώπῳ ἐκείνῳ δι' οὗ ὁ υἱὸς τοῦ ἀνθρώπου **παραδίδοται**· καλὸν ἦν αὐτῷ εἰ οὐκ ἐγεννήθη ὁ ἄνθρωπος ἐκεῖνος.	Mk 14,21	... οὐαὶ δὲ τῷ ἀνθρώπῳ ἐκείνῳ δι' οὗ ὁ υἱὸς τοῦ ἀνθρώπου **παραδίδοται**· καλὸν αὐτῷ εἰ οὐκ ἐγεννήθη ὁ ἄνθρωπος ἐκεῖνος.	Lk 22,22	... πλὴν οὐαὶ τῷ ἀνθρώπῳ ἐκείνῳ δι' οὗ **παραδίδοται**.	
200	Mt 26,25 → Mt 26,22	ἀποκριθεὶς δὲ Ἰούδας ὁ **παραδιδοὺς** αὐτὸν εἶπεν· μήτι ἐγώ εἰμι, ῥαββί; λέγει αὐτῷ· σὺ εἶπας.					→ Jn 13,26-27
b 220	Mt 26,45 → Lk 22,53	... ἰδοὺ ἤγγικεν ἡ ὥρα καὶ ὁ υἱὸς τοῦ ἀνθρώπου **παραδίδοται** εἰς χεῖρας ἁμαρτωλῶν.	Mk 14,41 → Lk 22,53	... ἀπέχει· ἦλθεν ἡ ὥρα, ἰδοὺ **παραδίδοται** ὁ υἱὸς τοῦ ἀνθρώπου εἰς τὰς χεῖρας τῶν ἁμαρτωλῶν.			→ Jn 12,23 → Jn 12,27
220	Mt 26,46	ἐγείρεσθε ἄγωμεν· ἰδοὺ ἤγγικεν ὁ **παραδιδούς** με.	Mk 14,42	ἐγείρεσθε ἄγωμεν· ἰδοὺ ὁ **παραδιδούς** με ἤγγικεν.			→ Jn 14,30-31
220	Mt 26,48	ὁ δὲ **παραδιδοὺς** αὐτὸν ἔδωκεν αὐτοῖς σημεῖον λέγων· ὃν ἂν φιλήσω αὐτός ἐστιν, ...	Mk 14,44	δεδώκει δὲ ὁ **παραδιδοὺς** αὐτὸν σύσσημον αὐτοῖς λέγων· ὃν ἂν φιλήσω αὐτός ἐστιν, ...			
112	Mt 26,50	[49] ... εἶπεν· χαῖρε, ῥαββί, καὶ κατεφίλησεν αὐτόν. [50] ὁ δὲ Ἰησοῦς εἶπεν αὐτῷ· ἑταῖρε, ἐφ' ὃ πάρει. τότε προσελθόντες ἐπέβαλον τὰς χεῖρας ἐπὶ τὸν Ἰησοῦν καὶ ἐκράτησαν αὐτόν.	Mk 14,46	[45] ... λέγει· ῥαββί, καὶ κατεφίλησεν αὐτόν. [46] οἱ δὲ ἐπέβαλον τὰς χεῖρας αὐτῷ καὶ ἐκράτησαν αὐτόν.	Lk 22,48	[47] ... καὶ ἤγγισεν τῷ Ἰησοῦ φιλῆσαι αὐτόν. [48] Ἰησοῦς δὲ εἶπεν αὐτῷ· Ἰούδα, φιλήματι τὸν υἱὸν τοῦ ἀνθρώπου **παραδίδως**; [49] ... [54] συλλαβόντες δὲ αὐτὸν ...	→ Jn 18,12
221	Mt 27,2	καὶ δήσαντες αὐτὸν ἀπήγαγον καὶ **παρέδωκαν** Πιλάτῳ τῷ ἡγεμόνι. ...	Mk 15,1	... δήσαντες τὸν Ἰησοῦν ἀπήνεγκαν καὶ **παρέδωκαν** Πιλάτῳ.	Lk 23,1	... ἤγαγον αὐτὸν ἐπὶ τὸν Πιλᾶτον.	→ Jn 18,28
200	Mt 27,3	τότε ἰδὼν Ἰούδας ὁ **παραδιδοὺς** αὐτὸν ὅτι κατεκρίθη, μεταμεληθεὶς ἔστρεψεν τὰ τριάκοντα ἀργύρια τοῖς ἀρχιερεῦσιν καὶ πρεσβυτέροις					
200	Mt 27,4	λέγων· ἥμαρτον **παραδοὺς** αἷμα ἀθῷον. οἱ δὲ εἶπαν· τί πρὸς ἡμᾶς; σὺ ὄψῃ.					
220	Mt 27,18	ᾔδει γὰρ ὅτι διὰ φθόνον **παρέδωκαν** αὐτόν.	Mk 15,10	ἐγίνωσκεν γὰρ ὅτι διὰ φθόνον **παραδεδώκεισαν** αὐτὸν οἱ ἀρχιερεῖς.			

e 222	**Mt 27,26** → Mt 27,16	τότε ἀπέλυσεν αὐτοῖς τὸν Βαραββᾶν, τὸν δὲ Ἰησοῦν φραγελλώσας **παρέδωκεν** ἵνα σταυρωθῇ.	**Mk 15,15** → Mk 15,7	... ἀπέλυσεν αὐτοῖς τὸν Βαραββᾶν, καὶ **παρέδωκεν** τὸν Ἰησοῦν φραγελλώσας ἵνα σταυρωθῇ.	**Lk 23,25** → Lk 23,19	ἀπέλυσεν δὲ τὸν διὰ στάσιν καὶ φόνον βεβλημένον εἰς φυλακὴν ὃν ᾐτοῦντο, τὸν δὲ Ἰησοῦν **παρέδωκεν** τῷ θελήματι αὐτῶν.	→ Jn 19,16
b 002	→ Mt 16,21 ↑ **Mt 17,22** ↑ **Mt 20,18-19**		→ Mk 8,31 ↑ **Mk 9,31** ↑ **Mk 10,33**		**Lk 24,7** → Lk 9,22 ↑ **Lk 9,44** → Lk 17,25 ↑ **Lk 18,32** → Lk 24,26 → Lk 24,46	λέγων τὸν υἱὸν τοῦ ἀνθρώπου ὅτι δεῖ **παραδοθῆναι** εἰς χεῖρας ἀνθρώπων ἁμαρτωλῶν καὶ σταυρωθῆναι καὶ τῇ τρίτῃ ἡμέρᾳ ἀναστῆναι.	→ **Acts 21,11**
c 002					**Lk 24,20** → Mt 26,66 → Mk 14,64	ὅπως τε **παρέδωκαν** αὐτὸν οἱ ἀρχιερεῖς καὶ οἱ ἄρχοντες ἡμῶν εἰς κρίμα θανάτου καὶ ἐσταύρωσαν αὐτόν.	

a παραδίδωμι παράδοσιν
b παραδίδωμι εἰς (τὰς) χεῖρας
c παραδίδωμι εἴς τι(να)
d παραδίδωμι and (εἰς τό and) infinitive
e παραδίδωμι ἵνα

Acts 3,13 ... *ὁ θεὸς τῶν πατέρων ἡμῶν,* ἐδόξασεν τὸν παῖδα αὐτοῦ Ἰησοῦν ὃν ὑμεῖς μὲν **παρεδώκατε** καὶ ἠρνήσασθε κατὰ πρόσωπον Πιλάτου, κρίναντος ἐκείνου ἀπολύειν·
➤ Exod 3,6

Acts 6,14 (→ Mt 26,61; → Mk 14,58; → Mt 27,40; → Mk 15,29) ἀκηκόαμεν γὰρ αὐτοῦ λέγοντος ὅτι Ἰησοῦς ὁ Ναζωραῖος οὗτος καταλύσει τὸν τόπον τοῦτον καὶ ἀλλάξει τὰ ἔθη ἃ **παρέδωκεν** ἡμῖν Μωϋσῆς.

d **Acts 7,42** ἔστρεψεν δὲ ὁ θεὸς καὶ **παρέδωκεν** αὐτοὺς λατρεύειν τῇ στρατιᾷ τοῦ οὐρανοῦ ...

c **Acts 8,3** Σαῦλος δὲ ἐλυμαίνετο τὴν ἐκκλησίαν κατὰ τοὺς οἴκους εἰσπορευόμενος, σύρων τε ἄνδρας καὶ γυναῖκας **παρεδίδου** εἰς φυλακήν.

d **Acts 12,4** ὃν καὶ πιάσας ἔθετο εἰς φυλακήν **παραδοὺς** τέσσαρσιν τετραδίοις στρατιωτῶν φυλάσσειν αὐτόν, ...

c **Acts 14,26** κἀκεῖθεν ἀπέπλευσαν εἰς Ἀντιόχειαν, ὅθεν ἦσαν **παραδεδομένοι** τῇ χάριτι τοῦ θεοῦ εἰς τὸ ἔργον ὃ ἐπλήρωσαν.

Acts 15,26 ἀνθρώποις **παραδεδωκόσι** τὰς ψυχὰς αὐτῶν ὑπὲρ τοῦ ὀνόματος τοῦ κυρίου ἡμῶν Ἰησοῦ Χριστοῦ.

Acts 15,40 Παῦλος δὲ ἐπιλεξάμενος Σιλᾶν ἐξῆλθεν **παραδοθεὶς** τῇ χάριτι τοῦ κυρίου ὑπὸ τῶν ἀδελφῶν.

d **Acts 16,4** ὡς δὲ διεπορεύοντο τὰς πόλεις, **παρεδίδοσαν** αὐτοῖς φυλάσσειν τὰ δόγματα τὰ κεκριμένα ὑπὸ τῶν ἀποστόλων καὶ πρεσβυτέρων τῶν ἐν Ἱεροσολύμοις.

b **Acts 21,11** (→ **Mt 17,22**; → **Mk 9,31**; → **Lk 9,44**; → **Lk 24,7**) ... τάδε λέγει τὸ πνεῦμα τὸ ἅγιον· τὸν ἄνδρα οὗ ἐστιν ἡ ζώνη αὕτη, οὕτως δήσουσιν ἐν Ἰερουσαλὴμ οἱ Ἰουδαῖοι καὶ **παραδώσουσιν** εἰς χεῖρας ἐθνῶν.

c **Acts 22,4** ὃς ταύτην τὴν ὁδὸν ἐδίωξα ἄχρι θανάτου δεσμεύων καὶ **παραδιδοὺς** εἰς φυλακὰς ἄνδρας τε καὶ γυναῖκας

Acts 27,1 ὡς δὲ ἐκρίθη τοῦ ἀποπλεῖν ἡμᾶς εἰς τὴν Ἰταλίαν, **παρεδίδουν** τόν τε Παῦλον καί τινας ἑτέρους δεσμώτας ἑκατοντάρχῃ ὀνόματι Ἰουλίῳ σπείρης Σεβαστῆς.

b **Acts 28,17** ... ἐγώ, ἄνδρες ἀδελφοί, οὐδὲν ἐναντίον ποιήσας τῷ λαῷ ἢ τοῖς ἔθεσι τοῖς πατρῴοις δέσμιος ἐξ Ἱεροσολύμων **παρεδόθην** εἰς τὰς χεῖρας τῶν Ῥωμαίων

παράδοξος	Syn 1	Mt	Mk	Lk 1	Acts	Jn	1-3John	Paul	Eph	Col
	NT 1	2Thess	1/2Tim	Tit	Heb	Jas	1Pet	2Pet	Jude	Rev

strange; wonderful; remarkable

112	Mt 9,8	ἰδόντες δὲ οἱ ὄχλοι ἐφοβήθησαν καὶ ἐδόξασαν τὸν θεὸν τὸν δόντα ἐξουσίαν τοιαύτην τοῖς ἀνθρώποις.	Mk 2,12	... ὥστε ἐξίστασθαι πάντας καὶ δοξάζειν τὸν θεὸν λέγοντας ὅτι **οὕτως οὐδέποτε εἴδομεν.**	Lk 5,26	καὶ ἔκστασις ἔλαβεν ἅπαντας καὶ ἐδόξαζον τὸν θεὸν καὶ ἐπλήσθησαν φόβου λέγοντες ὅτι **εἴδομεν παράδοξα** σήμερον.	

παράδοσις	Syn 8	Mt 3	Mk 5	Lk	Acts	Jn	1-3John	Paul 2	Eph	Col 1
	NT 13	2Thess 2	1/2Tim	Tit	Heb	Jas	1Pet	2Pet	Jude	Rev

tradition

	triple tradition																	double tradition			Sondergut		
		+Mt / +Lk			−Mt / −Lk			traditions not taken over by Mt / Lk							subtotals								
code	222	211	112	212	221	122	121	022	012	021	220	120	210	020	Σ⁺	Σ⁻	Σ	202	201	102	200	002	total
Mt											3						3						3
Mk											3			2			5						5
Lk																							

020			Mk 7,3	- οἱ γὰρ Φαρισαῖοι καὶ πάντες οἱ Ἰουδαῖοι ἐὰν μὴ πυγμῇ νίψωνται τὰς χεῖρας οὐκ ἐσθίουσιν, κρατοῦντες **τὴν παράδοσιν τῶν πρεσβυτέρων**			
220	Mt 15,2 → Mt 15,20	διὰ τί οἱ μαθηταί σου παραβαίνουσιν **τὴν παράδοσιν τῶν πρεσβυτέρων;** οὐ γὰρ νίπτονται τὰς χεῖρας [αὐτῶν] ὅταν ἄρτον ἐσθίωσιν.	Mk 7,5	... διὰ τί οὐ περιπατοῦσιν οἱ μαθηταί σου **κατὰ τὴν παράδοσιν τῶν πρεσβυτέρων,** ἀλλὰ κοιναῖς χερσὶν ἐσθίουσιν τὸν ἄρτον;			
020	Mt 15,3 ↓ Mk 7,9	... διὰ τί καὶ ὑμεῖς παραβαίνετε τὴν ἐντολὴν τοῦ θεοῦ **διὰ τὴν παράδοσιν ὑμῶν;**	Mk 7,8	ἀφέντες τὴν ἐντολὴν τοῦ θεοῦ κρατεῖτε **τὴν παράδοσιν τῶν ἀνθρώπων.**			
220	Mt 15,3	ὁ δὲ ἀποκριθεὶς εἶπεν αὐτοῖς· διὰ τί καὶ ὑμεῖς παραβαίνετε τὴν ἐντολὴν τοῦ θεοῦ **διὰ τὴν παράδοσιν ὑμῶν;**	Mk 7,9	καὶ ἔλεγεν αὐτοῖς· καλῶς ἀθετεῖτε τὴν ἐντολὴν τοῦ θεοῦ, **ἵνα τὴν παράδοσιν ὑμῶν στήσητε.**			
220	Mt 15,6	... καὶ ἠκυρώσατε τὸν λόγον τοῦ θεοῦ **διὰ τὴν παράδοσιν ὑμῶν.**	Mk 7,13	ἀκυροῦντες τὸν λόγον τοῦ θεοῦ **τῇ παραδόσει ὑμῶν** ᾗ παρεδώκατε· καὶ παρόμοια τοιαῦτα πολλὰ ποιεῖτε.			

παραθαλάσσιος

	Syn	Mt	Mk	Lk	Acts	Jn	1-3John	Paul	Eph	Col
	1	1								
	NT	**2Thess**	**1/2Tim**	**Tit**	**Heb**	**Jas**	**1Pet**	**2Pet**	**Jude**	**Rev**
	1									

(located) by the sea, lake

200	**Mt 4,13** καὶ καταλιπὼν τὴν Ναζαρὰ ἐλθὼν κατῴκησεν εἰς Καφαρναοὺμ **τὴν παραθαλασσίαν** ἐν ὁρίοις Ζαβουλὼν καὶ Νεφθαλίμ·	**Mk 1,21** → Mt 4,23 καὶ εἰσπορεύονται εἰς Καφαρναούμ· ...	**Lk 4,31** καὶ κατῆλθεν εἰς Καφαρναοὺμ πόλιν τῆς Γαλιλαίας. ...	→ Jn 2,12

παραιτέομαι

	Syn	Mt	Mk	Lk	Acts	Jn	1-3John	Paul	Eph	Col
	4		1	3	1					
	NT	**2Thess**	**1/2Tim**	**Tit**	**Heb**	**Jas**	**1Pet**	**2Pet**	**Jude**	**Rev**
	12		3	1	3					

ask for; request; decline

102	**Mt 22,5**		**Lk 14,18 (2)** καὶ ἤρξαντο ἀπὸ μιᾶς πάντες **παραιτεῖσθαι.**	→ GTh 64
102	οἱ δὲ ἀμελήσαντες ἀπῆλθον, ὃς μὲν εἰς τὸν ἴδιον ἀγρόν,		ὁ πρῶτος εἶπεν αὐτῷ· ἀγρὸν ἠγόρασα καὶ ἔχω ἀνάγκην ἐξελθὼν ἰδεῖν αὐτόν· ἐρωτῶ σε, ἔχε με **παρῃτημένον.**	
102	ὃς δὲ ἐπὶ τὴν ἐμπορίαν αὐτοῦ·		**Lk 14,19** καὶ ἕτερος εἶπεν· ζεύγη βοῶν ἠγόρασα πέντε καὶ πορεύομαι δοκιμάσαι αὐτά· ἐρωτῶ σε, ἔχε με **παρῃτημένον.**	→ GTh 64
120	**Mt 27,15** κατὰ δὲ ἑορτὴν εἰώθει ὁ ἡγεμὼν ἀπολύειν ἕνα τῷ ὄχλῳ δέσμιον ὃν **ἤθελον.**	**Mk 15,6** κατὰ δὲ ἑορτὴν ἀπέλυεν αὐτοῖς ἕνα δέσμιον ὃν **παρῃτοῦντο.**		→ Jn 18,39 Lk 23,17 is textcritically uncertain.

Acts 25,11 εἰ μὲν οὖν ἀδικῶ καὶ ἄξιον θανάτου πέπραχά τι, **οὐ παραιτοῦμαι** τὸ ἀποθανεῖν· ...

παρακαθέζομαι

	Syn	Mt	Mk	Lk	Acts	Jn	1-3John	Paul	Eph	Col
	1			1						
	NT	**2Thess**	**1/2Tim**	**Tit**	**Heb**	**Jas**	**1Pet**	**2Pet**	**Jude**	**Rev**
	1									

sit beside

002			**Lk 10,39** καὶ τῇδε ἦν ἀδελφὴ καλουμένη Μαριάμ, [ἣ] καὶ **παρακαθεσθεῖσα** πρὸς τοὺς πόδας τοῦ κυρίου ἤκουεν τὸν λόγον αὐτοῦ.	

παρακαλέω	Syn 25	Mt 9	Mk 9	Lk 7	Acts 22	Jn	1-3John	Paul 40	Eph 2	Col 2
	NT 109	2Thess 2	1/2Tim 5	Tit 3	Heb 4	Jas	1Pet 3	2Pet	Jude 1	Rev

call to one's side; summon; invite; summon to one's aid; call upon for help; appeal to; urge; exhort; encourage; request; implore; appeal; entreat; comfort; cheer up; try to console

	triple tradition																	double tradition			Sondergut		
		+Mt / +Lk			−Mt / −Lk			traditions not taken over by Mt / Lk							subtotals								
code	*222*	*211*	*112*	*212*	*221*	*122*	*121*	*022*	*012*	*021*	*220*	*120*	*210*	*020*	Σ⁺	Σ⁻	Σ	*202*	*201*	*102*	*200*	*002*	total
Mt	1				1	1^-	1^-				1	1^-				3^-	3		2		4		**9**
Mk	1				1	1	1	1		1	1	1		1			9						**9**
Lk	1				1^-	1	1^-	1		1^-						3^-	3					4	**7**

[a] παρακαλέω and infinitive [b] παρακαλέω ἵνα [c] παρακαλέω ὅπως

200	**Mt 2,18**	*φωνὴ ἐν Ῥαμὰ ἠκούσθη, κλαυθμὸς καὶ ὀδυρμὸς πολύς· Ῥαχὴλ κλαίουσα τὰ τέκνα αὐτῆς, καὶ οὐκ ἤθελεν **παρακληθῆναι,** ὅτι οὐκ εἰσίν.* ➤ Jer 31,15					
002					**Lk 3,18**	πολλὰ μὲν οὖν καὶ ἕτερα **παρακαλῶν** εὐηγγελίζετο τὸν λαόν.	
121	**Mt 8,2**	καὶ ἰδοὺ λεπρὸς προσελθὼν προσεκύνει αὐτῷ λέγων· κύριε, ἐὰν θέλῃς δύνασαί με καθαρίσαι.	**Mk 1,40**	καὶ ἔρχεται πρὸς αὐτὸν λεπρὸς **παρακαλῶν** αὐτὸν [καὶ γονυπετῶν] καὶ λέγων αὐτῷ ὅτι ἐὰν θέλῃς δύνασαί με καθαρίσαι.	**Lk 5,12** → Lk 17,12-13 → Lk 17,16	... καὶ ἰδοὺ ἀνὴρ πλήρης λέπρας· ἰδὼν δὲ τὸν Ἰησοῦν, πεσὼν ἐπὶ πρόσωπον **ἐδεήθη** αὐτοῦ λέγων· κύριε, ἐὰν θέλῃς δύνασαί με καθαρίσαι.	
201	**Mt 5,4** → Lk 6,24	μακάριοι οἱ πενθοῦντες, ὅτι αὐτοὶ **παρακληθήσονται.**			**Lk 6,21**	... μακάριοι οἱ κλαίοντες νῦν, ὅτι **γελάσετε.**	
201	**Mt 8,5**	... προσῆλθεν αὐτῷ ἑκατόνταρχος **παρακαλῶν** αὐτὸν [6] καὶ λέγων· κύριε, ὁ παῖς μου βέβληται ἐν τῇ οἰκίᾳ παραλυτικός, δεινῶς βασανιζόμενος. [7] καὶ λέγει αὐτῷ· ἐγὼ ἐλθὼν θεραπεύσω αὐτόν.			**Lk 7,3**	[2] ἑκατοντάρχου δέ τινος δοῦλος κακῶς ἔχων ἤμελλεν τελευτᾶν, ὃς ἦν αὐτῷ ἔντιμος. [3] ἀκούσας δὲ περὶ τοῦ Ἰησοῦ ἀπέστειλεν πρὸς αὐτὸν πρεσβυτέρους τῶν Ἰουδαίων **ἐρωτῶν** αὐτὸν ὅπως ἐλθὼν διασώσῃ τὸν δοῦλον αὐτοῦ.	→ Jn 4,46-47
002					**Lk 7,4**	οἱ δὲ παραγενόμενοι πρὸς τὸν Ἰησοῦν **παρεκάλουν** αὐτὸν σπουδαίως λέγοντες ὅτι ἄξιός ἐστιν ᾧ παρέξῃ τοῦτο·	

b 022			Mk 5,10	καὶ παρεκάλει αὐτὸν πολλὰ ἵνα μὴ αὐτὰ ἀποστείλῃ ἔξω τῆς χώρας.	Lk 8,31	καὶ παρεκάλουν αὐτὸν ἵνα μὴ ἐπιτάξῃ αὐτοῖς εἰς τὴν ἄβυσσον ἀπελθεῖν.	
b 222	Mt 8,31	οἱ δὲ δαίμονες παρεκάλουν αὐτὸν λέγοντες· εἰ ἐκβάλλεις ἡμᾶς, ἀπόστειλον ἡμᾶς εἰς τὴν ἀγέλην τῶν χοίρων.	Mk 5,12	καὶ παρεκάλεσαν αὐτὸν λέγοντες· πέμψον ἡμᾶς εἰς τοὺς χοίρους, ἵνα εἰς αὐτοὺς εἰσέλθωμεν.	Lk 8,32	... καὶ παρεκάλεσαν αὐτὸν ἵνα ἐπιτρέψῃ αὐτοῖς εἰς ἐκείνους εἰσελθεῖν· ...	
c a 221	Mt 8,34	... καὶ ἰδόντες αὐτὸν παρεκάλεσαν ὅπως μεταβῇ ἀπὸ τῶν ὁρίων αὐτῶν.	Mk 5,17	καὶ ἤρξαντο παρακαλεῖν αὐτὸν ἀπελθεῖν ἀπὸ τῶν ὁρίων αὐτῶν.	Lk 8,37	καὶ ἠρώτησεν αὐτὸν ἅπαν τὸ πλῆθος τῆς περιχώρου τῶν Γερασηνῶν ἀπελθεῖν ἀπ' αὐτῶν, ...	
	Mt 9,1	καὶ ἐμβὰς εἰς πλοῖον ...	Mk 5,18	καὶ ἐμβαίνοντος αὐτοῦ εἰς τὸ πλοῖον	Lk 8,37	... αὐτὸς δὲ ἐμβὰς εἰς πλοῖον ὑπέστρεψεν.	
b 021				παρεκάλει αὐτὸν ὁ δαιμονισθεὶς ἵνα μετ' αὐτοῦ ᾖ.	Lk 8,38	ἐδεῖτο δὲ αὐτοῦ ὁ ἀνὴρ ἀφ' οὗ ἐξεληλύθει τὰ δαιμόνια εἶναι σὺν αὐτῷ· ...	
a 122	Mt 9,18	... ἰδοὺ ἄρχων εἷς ἐλθὼν προσεκύνει αὐτῷ λέγων ὅτι ἡ θυγάτηρ μου ἄρτι ἐτελεύτησεν· ἀλλὰ ἐλθὼν ἐπίθες τὴν χεῖρά σου ἐπ' αὐτήν, καὶ ζήσεται.	Mk 5,23	[22] καὶ ἔρχεται εἷς τῶν ἀρχισυναγώγων, ὀνόματι Ἰάϊρος, καὶ ἰδὼν αὐτὸν πίπτει πρὸς τοὺς πόδας αὐτοῦ [23] καὶ παρακαλεῖ αὐτὸν πολλὰ λέγων ὅτι τὸ θυγάτριόν μου ἐσχάτως ἔχει, ἵνα ἐλθὼν ἐπιθῇς τὰς χεῖρας αὐτῇ ἵνα σωθῇ καὶ ζήσῃ.	Lk 8,41 → Mk 5,42	καὶ ἰδοὺ ἦλθεν ἀνὴρ ᾧ ὄνομα Ἰάϊρος καὶ οὗτος ἄρχων τῆς συναγωγῆς ὑπῆρχεν, καὶ πεσὼν παρὰ τοὺς πόδας [τοῦ] Ἰησοῦ παρεκάλει αὐτὸν εἰσελθεῖν εἰς τὸν οἶκον αὐτοῦ, [42] ὅτι θυγάτηρ μονογενὴς ἦν αὐτῷ ὡς ἐτῶν δώδεκα καὶ αὐτὴ ἀπέθνῃσκεν. ...	
b 220	Mt 14,36 → Mt 9,20	καὶ παρεκάλουν αὐτὸν ἵνα μόνον ἅψωνται τοῦ κρασπέδου τοῦ ἱματίου αὐτοῦ· ...	Mk 6,56 → Mk 5,27	... καὶ παρεκάλουν αὐτὸν ἵνα κἂν τοῦ κρασπέδου τοῦ ἱματίου αὐτοῦ ἅψωνται· ...	→ Lk 8,44		
b 120	Mt 15,30 → Mt 4,24b → Mt 8,16 → Mk 7,35	καὶ προσῆλθον αὐτῷ ὄχλοι πολλοὶ ἔχοντες μεθ' ἑαυτῶν χωλούς, τυφλούς, κυλλούς, κωφούς, καὶ ἑτέρους πολλοὺς καὶ ἔρριψαν αὐτοὺς παρὰ τοὺς πόδας αὐτοῦ, καὶ ἐθεράπευσεν αὐτούς·	Mk 7,32 → Mk 1,32	καὶ φέρουσιν αὐτῷ κωφὸν καὶ μογιλάλον καὶ παρακαλοῦσιν αὐτὸν ἵνα ἐπιθῇ αὐτῷ τὴν χεῖρα.			
b 020			Mk 8,22	... καὶ φέρουσιν αὐτῷ τυφλὸν καὶ παρακαλοῦσιν αὐτὸν ἵνα αὐτοῦ ἅψηται.			
  200	Mt 18,29	πεσὼν οὖν ὁ σύνδουλος αὐτοῦ παρεκάλει αὐτὸν λέγων· μακροθύμησον ἐπ' ἐμοί, καὶ ἀποδώσω σοι.					

200	**Mt 18,32** ... δοῦλε πονηρέ, πᾶσαν τὴν ὀφειλὴν ἐκείνην ἀφῆκά σοι, ἐπεὶ **παρεκάλεσάς** με·			
002			**Lk 15,28** ὠργίσθη δὲ καὶ οὐκ ἤθελεν εἰσελθεῖν, ὁ δὲ πατὴρ αὐτοῦ ἐξελθὼν **παρεκάλει** αὐτόν.	
002			**Lk 16,25** → Lk 6,24 ... τέκνον, μνήσθητι ὅτι ἀπέλαβες τὰ ἀγαθά σου ἐν τῇ ζωῇ σου, καὶ Λάζαρος ὁμοίως τὰ κακά· νῦν δὲ ὧδε **παρακαλεῖται,** σὺ δὲ ὀδυνᾶσαι.	
200	**Mt 26,53** ἢ δοκεῖς ὅτι οὐ δύναμαι **παρακαλέσαι** τὸν πατέρα μου, καὶ παραστήσει μοι ἄρτι πλείω δώδεκα λεγιῶνας ἀγγέλων;			→ Jn 18,36

a παρακαλέω and infinitive

Acts 2,40 ἑτέροις τε λόγοις πλείοσιν διεμαρτύρατο καὶ **παρεκάλει** αὐτοὺς λέγων· σώθητε ἀπὸ τῆς γενεᾶς τῆς σκολιᾶς ταύτης.

a **Acts 8,31** ὁ δὲ εἶπεν· πῶς γὰρ ἂν δυναίμην ἐὰν μή τις ὁδηγήσει με; **παρεκάλεσέν** τε τὸν Φίλιππον ἀναβάντα καθίσαι σὺν αὐτῷ.

Acts 9,38 ... ἀπέστειλαν δύο ἄνδρας πρὸς αὐτὸν **παρακαλοῦντες·** μὴ ὀκνήσῃς διελθεῖν ἕως ἡμῶν.

a **Acts 11,23** ὃς παραγενόμενος καὶ ἰδὼν τὴν χάριν [τὴν] τοῦ θεοῦ, ἐχάρη καὶ **παρεκάλει** πάντας τῇ προθέσει τῆς καρδίας προσμένειν τῷ κυρίῳ.

a **Acts 13,42** ἐξιόντων δὲ αὐτῶν **παρεκάλουν** εἰς τὸ μεταξὺ σάββατον λαληθῆναι αὐτοῖς τὰ ῥήματα ταῦτα.

a **Acts 14,22** ἐπιστηρίζοντες τὰς ψυχὰς τῶν μαθητῶν, **παρακαλοῦντες** ἐμμένειν τῇ πίστει καὶ ὅτι διὰ πολλῶν θλίψεων δεῖ ἡμᾶς εἰσελθεῖν εἰς τὴν βασιλείαν τοῦ θεοῦ.

b παρακαλέω ἵνα

Acts 15,32 Ἰούδας τε καὶ Σιλᾶς καὶ αὐτοὶ προφῆται ὄντες διὰ λόγου πολλοῦ **παρεκάλεσαν** τοὺς ἀδελφοὺς καὶ ἐπεστήριξαν

Acts 16,9 καὶ ὅραμα διὰ [τῆς] νυκτὸς τῷ Παύλῳ ὤφθη, ἀνὴρ Μακεδών τις ἦν ἑστὼς καὶ **παρακαλῶν** αὐτὸν καὶ λέγων· διαβὰς εἰς Μακεδονίαν βοήθησον ἡμῖν.

Acts 16,15 ὡς δὲ ἐβαπτίσθη καὶ ὁ οἶκος αὐτῆς, **παρεκάλεσεν** λέγουσα· εἰ κεκρίκατέ με πιστὴν τῷ κυρίῳ εἶναι, εἰσελθόντες εἰς τὸν οἶκόν μου μένετε· ...

Acts 16,39 καὶ ἐλθόντες **παρεκάλεσαν** αὐτοὺς καὶ ἐξαγαγόντες ἠρώτων ἀπελθεῖν ἀπὸ τῆς πόλεως.

Acts 16,40 ἐξελθόντες δὲ ἀπὸ τῆς φυλακῆς εἰσῆλθον πρὸς τὴν Λυδίαν καὶ ἰδόντες **παρεκάλεσαν** τοὺς ἀδελφοὺς καὶ ἐξῆλθαν.

a **Acts 19,31** τινὲς δὲ καὶ τῶν Ἀσιαρχῶν, ὄντες αὐτῷ φίλοι, πέμψαντες πρὸς αὐτὸν **παρεκάλουν** μὴ δοῦναι ἑαυτὸν εἰς τὸ θέατρον.

c παρακαλέω ὅπως

Acts 20,1 μετὰ δὲ τὸ παύσασθαι τὸν θόρυβον μεταπεμψάμενος ὁ Παῦλος τοὺς μαθητὰς καὶ **παρακαλέσας,** ἀσπασάμενος ἐξῆλθεν πορεύεσθαι εἰς Μακεδονίαν.

Acts 20,2 διελθὼν δὲ τὰ μέρη ἐκεῖνα καὶ **παρακαλέσας** αὐτοὺς λόγῳ πολλῷ ἦλθεν εἰς τὴν Ἑλλάδα

Acts 20,12 ἤγαγον δὲ τὸν παῖδα ζῶντα καὶ **παρεκλήθησαν** οὐ μετρίως.

a **Acts 21,12** ὡς δὲ ἠκούσαμεν ταῦτα, **παρεκαλοῦμεν** ἡμεῖς τε καὶ οἱ ἐντόπιοι τοῦ μὴ ἀναβαίνειν αὐτὸν εἰς Ἰερουσαλήμ.

a **Acts 24,4** ἵνα δὲ μὴ ἐπὶ πλεῖόν σε ἐγκόπτω, **παρακαλῶ** ἀκοῦσαί σε ἡμῶν συντόμως τῇ σῇ ἐπιεικείᾳ.

c **Acts 25,2** ἐνεφάνισάν τε αὐτῷ οἱ ἀρχιερεῖς καὶ οἱ πρῶτοι τῶν Ἰουδαίων κατὰ τοῦ Παύλου καὶ **παρεκάλουν** αὐτὸν [3] αἰτούμενοι χάριν κατ᾽ αὐτοῦ ὅπως μεταπέμψηται αὐτὸν εἰς Ἰερουσαλήμ, ...

a **Acts 27,33** ἄχρι δὲ οὗ ἡμέρα ἤμελλεν γίνεσθαι **παρεκάλει** ὁ Παῦλος ἅπαντας μεταλαβεῖν τροφῆς ...

a **Acts 27,34** διὸ **παρακαλῶ** ὑμᾶς μεταλαβεῖν τροφῆς· ...

a **Acts 28,14** οὗ εὑρόντες ἀδελφοὺς **παρεκλήθημεν** παρ' αὐτοῖς ἐπιμεῖναι ἡμέρας ἑπτά· καὶ οὕτως εἰς τὴν Ῥώμην ἤλθαμεν.

a **Acts 28,20** διὰ ταύτην οὖν τὴν αἰτίαν **παρεκάλεσα** ὑμᾶς ἰδεῖν καὶ προσλαλῆσαι, ...

παρακαλύπτω	Syn 1	Mt	Mk	Lk 1	Acts	Jn	1-3John	Paul	Eph	Col
	NT 1	2Thess	1/2Tim	Tit	Heb	Jas	1Pet	2Pet	Jude	Rev

hide; conceal

	Mt	Mk	Lk
112	**Mt 17,23** ... καὶ ἐλυπήθησαν σφόδρα.	**Mk 9,32** (→ Lk 18,34) οἱ δὲ ἠγνόουν τὸ ῥῆμα, καὶ ἐφοβοῦντο αὐτὸν ἐπερωτῆσαι.	**Lk 9,45** (→ Lk 18,34) οἱ δὲ ἠγνόουν τὸ ῥῆμα τοῦτο καὶ ἦν **παρακεκαλυμμένον** ἀπ' αὐτῶν ἵνα μὴ αἴσθωνται αὐτό, καὶ ἐφοβοῦντο ἐρωτῆσαι αὐτὸν περὶ τοῦ ῥήματος τούτου.

παράκλησις	Syn 2	Mt	Mk	Lk 2	Acts 4	Jn	1-3John	Paul 18	Eph	Col
	NT 29	2Thess 1	1/2Tim 1	Tit	Heb 3	Jas	1Pet	2Pet	Jude	Rev

encouragement; exhortation; appeal; request; comfort; consolation

	Mt	Mk	Lk
002			**Lk 2,25** καὶ ἰδοὺ ἄνθρωπος ἦν ἐν Ἰερουσαλὴμ ᾧ ὄνομα Συμεὼν καὶ ὁ ἄνθρωπος οὗτος δίκαιος καὶ εὐλαβὴς προσδεχόμενος **παράκλησιν τοῦ Ἰσραήλ,** καὶ πνεῦμα ἦν ἅγιον ἐπ' αὐτόν·
002			**Lk 6,24** (→ Mt 5,4; → Lk 16,25) πλὴν οὐαὶ ὑμῖν τοῖς πλουσίοις, ὅτι ἀπέχετε **τὴν παράκλησιν ὑμῶν.**

Acts 4,36 Ἰωσὴφ δὲ ὁ ἐπικληθεὶς Βαρναβᾶς ἀπὸ τῶν ἀποστόλων, ὅ ἐστιν μεθερμηνευόμενον **υἱὸς παρακλήσεως,** Λευίτης, Κύπριος τῷ γένει

Acts 9,31 ἡ μὲν οὖν ἐκκλησία καθ' ὅλης τῆς Ἰουδαίας καὶ Γαλιλαίας καὶ Σαμαρείας εἶχεν εἰρήνην οἰκοδομουμένη καὶ πορευομένη τῷ φόβῳ τοῦ κυρίου καὶ **τῇ παρακλήσει τοῦ ἁγίου πνεύματος** ἐπληθύνετο.

Acts 13,15 ... ἄνδρες ἀδελφοί, εἴ **τίς ἐστιν ἐν ὑμῖν λόγος παρακλήσεως** πρὸς τὸν λαόν, λέγετε.

Acts 15,31 ἀναγνόντες δὲ ἐχάρησαν **ἐπὶ τῇ παρακλήσει.**

παρακολουθέω	Syn 1	Mt	Mk	Lk 1	Acts	Jn	1-3John	Paul	Eph	Col
	NT 3	2Thess	1/2Tim 2	Tit	Heb	Jas	1Pet	2Pet	Jude	Rev

follow; accompany; attend; follow with the mind; understand; make one's own; follow a thing; trace, investigate a thing

	Mt	Mk	Lk
002			**Lk 1,3** ἔδοξε κἀμοὶ **παρηκολουθηκότι** ἄνωθεν πᾶσιν ἀκριβῶς καθεξῆς σοι γράψαι, ...

παρακούω	Syn 3	Mt 2	Mk 1	Lk	Acts	Jn	1-3John	Paul	Eph	Col
	NT 3	2Thess	1/2Tim	Tit	Heb	Jas	1Pet	2Pet	Jude	Rev

hear what is not intended for one's ears; overhear; pay no attention; ignore something; refuse to listen to; disobey

021		**Mk 5,36** ὁ δὲ Ἰησοῦς **παρακούσας** τὸν λόγον λαλούμενον λέγει τῷ ἀρχισυναγώγῳ· μὴ φοβοῦ, μόνον πίστευε.	**Lk 8,50** ὁ δὲ Ἰησοῦς **ἀκούσας** ἀπεκρίθη αὐτῷ· μὴ φοβοῦ, μόνον πίστευσον, καὶ σωθήσεται.	
200 200	**Mt 18,17** (2) ἐὰν δὲ **παρακούσῃ** αὐτῶν, εἰπὲ τῇ ἐκκλησίᾳ· ἐὰν δὲ καὶ τῆς ἐκκλησίας **παρακούσῃ**, ἔστω σοι ὥσπερ ὁ ἐθνικὸς καὶ ὁ τελώνης.			

παρακύπτω	Syn 1	Mt	Mk	Lk 1	Acts	Jn 2	1-3John	Paul	Eph	Col
	NT 5	2Thess	1/2Tim	Tit	Heb	Jas 1	1Pet 1	2Pet	Jude	Rev

bend over; look into something

002			**Lk 24,12** → Lk 24,24 ὁ δὲ Πέτρος ἀναστὰς ἔδραμεν ἐπὶ τὸ μνημεῖον καὶ **παρακύψας** βλέπει τὰ ὀθόνια μόνα, καὶ ἀπῆλθεν πρὸς ἑαυτὸν θαυμάζων τὸ γεγονός.	→ Jn 20,5

παραλαμβάνω	Syn 28	Mt 16	Mk 6	Lk 6	Acts 6	Jn 3	1-3John	Paul 8	Eph	Col 2
	NT 49	2Thess 1	1/2Tim	Tit	Heb 1	Jas	1Pet	2Pet	Jude	Rev

take (to oneself); take with, along with; take over; receive

	triple tradition																	double tradition			Sondergut		
		+Mt / +Lk			–Mt / –Lk			traditions not taken over by Mt / Lk							subtotals								
code	*222*	*211*	*112*	*212*	*221*	*122*	*121*	*022*	*012*	*021*	*220*	*120*	*210*	*020*	Σ+	Σ–	Σ	*202*	*201*	*102*	*200*	*002*	total
Mt	2						1^-				1		1^+		1^+	1^-	4	3	2		7		**16**
Mk	2						1			1	1			1			6						**6**
Lk	2		1^+				1^-			1^-					1^+	2^-	3	3					**6**

200	**Mt 1,20** → Lk 1,27 → Lk 1,30 → Lk 1,35 ... Ἰωσὴφ υἱὸς Δαυίδ, μὴ φοβηθῇς **παραλαβεῖν** Μαριὰμ τὴν γυναῖκά σου, τὸ γὰρ ἐν αὐτῇ γεννηθὲν ἐκ πνεύματός ἐστιν ἁγίου·			
200	**Mt 1,24** ἐγερθεὶς δὲ ὁ Ἰωσὴφ ἀπὸ τοῦ ὕπνου ἐποίησεν ὡς προσέταξεν αὐτῷ ὁ ἄγγελος κυρίου καὶ **παρέλαβεν** τὴν γυναῖκα αὐτοῦ			

	Mt		Mk		Lk		
200	Mt 2,13	... ἐγερθεὶς **παράλαβε** τὸ παιδίον καὶ τὴν μητέρα αὐτοῦ καὶ φεῦγε εἰς Αἴγυπτον ...					
200	Mt 2,14	ὁ δὲ ἐγερθεὶς **παρέλαβεν** τὸ παιδίον καὶ τὴν μητέρα αὐτοῦ νυκτὸς καὶ ἀνεχώρησεν εἰς Αἴγυπτον					
200	Mt 2,20	... ἐγερθεὶς **παράλαβε** τὸ παιδίον καὶ τὴν μητέρα αὐτοῦ καὶ πορεύου εἰς γῆν Ἰσραήλ· ...					
200	Mt 2,21	ὁ δὲ ἐγερθεὶς **παρέλαβεν** τὸ παιδίον καὶ τὴν μητέρα αὐτοῦ καὶ εἰσῆλθεν εἰς γῆν Ἰσραήλ.					
201	Mt 4,5	τότε **παραλαμβάνει** αὐτὸν ὁ διάβολος εἰς τὴν ἁγίαν πόλιν ...			Lk 4,9	**ἤγαγεν** δὲ αὐτὸν εἰς Ἰερουσαλὴμ ...	
201	Mt 4,8	πάλιν **παραλαμβάνει** αὐτὸν ὁ διάβολος εἰς ὄρος ὑψηλὸν λίαν καὶ δείκνυσιν αὐτῷ πάσας τὰς βασιλείας τοῦ κόσμου ...			Lk 4,5	καὶ **ἀναγαγὼν** αὐτὸν ἔδειξεν αὐτῷ πάσας τὰς βασιλείας τῆς οἰκουμένης ἐν στιγμῇ χρόνου	
202	Mt 12,45 → Mk 9,25	τότε πορεύεται καὶ **παραλαμβάνει** μεθ' ἑαυτοῦ ἑπτὰ ἕτερα πνεύματα πονηρότερα ἑαυτοῦ καὶ εἰσελθόντα κατοικεῖ ἐκεῖ· ...			Lk 11,26 → Mk 9,25	τότε πορεύεται καὶ **παραλαμβάνει** ἕτερα πνεύματα πονηρότερα ἑαυτοῦ ἑπτὰ καὶ εἰσελθόντα κατοικεῖ ἐκεῖ· ...	
121	Mt 8,23	καὶ ἐμβάντι αὐτῷ εἰς τὸ πλοῖον ἠκολούθησαν αὐτῷ οἱ μαθηταὶ αὐτοῦ.	Mk 4,36	καὶ ἀφέντες τὸν ὄχλον **παραλαμβάνουσιν** αὐτὸν ὡς ἦν ἐν τῷ πλοίῳ, καὶ ἄλλα πλοῖα ἦν μετ' αὐτοῦ.	Lk 8,22	... καὶ αὐτὸς ἐνέβη εἰς πλοῖον καὶ οἱ μαθηταὶ αὐτοῦ ...	
021			Mk 5,40	[37] καὶ οὐκ ἀφῆκεν οὐδένα μετ' αὐτοῦ συνακολουθῆσαι εἰ μὴ τὸν Πέτρον καὶ Ἰάκωβον καὶ Ἰωάννην τὸν ἀδελφὸν Ἰακώβου. [40] ... **παραλαμβάνει** τὸν πατέρα τοῦ παιδίου καὶ τὴν μητέρα καὶ τοὺς μετ' αὐτοῦ ...	Lk 8,51	... οὐκ ἀφῆκεν εἰσελθεῖν τινα σὺν αὐτῷ εἰ μὴ Πέτρον καὶ Ἰωάννην καὶ Ἰάκωβον καὶ τὸν πατέρα τῆς παιδὸς καὶ τὴν μητέρα.	
112	Mt 14,13	ἀκούσας δὲ ὁ Ἰησοῦς ἀνεχώρησεν ἐκεῖθεν ἐν πλοίῳ εἰς ἔρημον τόπον κατ' ἰδίαν· ...	Mk 6,32	καὶ ἀπῆλθον ἐν τῷ πλοίῳ εἰς ἔρημον τόπον κατ' ἰδίαν.	Lk 9,10	... καὶ **παραλαβὼν** αὐτοὺς ὑπεχώρησεν κατ' ἰδίαν εἰς πόλιν καλουμένην Βηθσαϊδά.	

	Mt		Mk		Lk		
020			Mk 7,4 → Mt 23,25 → Lk 11,39	καὶ ἀπ᾽ ἀγορᾶς ἐὰν μὴ βαπτίσωνται οὐκ ἐσθίουσιν, καὶ ἄλλα πολλά ἐστιν ἃ **παρέλαβον** κρατεῖν, βαπτισμοὺς ποτηρίων καὶ ξεστῶν καὶ χαλκίων [καὶ κλινῶν] -			
222	Mt 17,1	καὶ μεθ᾽ ἡμέρας ἓξ **παραλαμβάνει** ὁ Ἰησοῦς τὸν Πέτρον καὶ Ἰάκωβον καὶ Ἰωάννην τὸν ἀδελφὸν αὐτοῦ καὶ ἀναφέρει αὐτοὺς εἰς ὄρος ὑψηλὸν κατ᾽ ἰδίαν.	Mk 9,2	καὶ μετὰ ἡμέρας ἓξ **παραλαμβάνει** ὁ Ἰησοῦς τὸν Πέτρον καὶ τὸν Ἰάκωβον καὶ τὸν Ἰωάννην καὶ ἀναφέρει αὐτοὺς εἰς ὄρος ὑψηλὸν κατ᾽ ἰδίαν μόνους. ...	Lk 9,28	ἐγένετο δὲ μετὰ τοὺς λόγους τούτους ὡσεὶ ἡμέραι ὀκτὼ [καὶ] **παραλαβὼν** Πέτρον καὶ Ἰωάννην καὶ Ἰάκωβον ἀνέβη εἰς τὸ ὄρος προσεύξασθαι.	
200	Mt 18,16	ἐὰν δὲ μὴ ἀκούσῃ, **παράλαβε** μετὰ σοῦ ἔτι ἕνα ἢ δύο, ἵνα *ἐπὶ στόματος δύο μαρτύρων ἢ τριῶν σταθῇ πᾶν ῥῆμα·* ➤ Deut 19,15					
202	Mt 12,45 → Mk 9,25	τότε πορεύεται καὶ **παραλαμβάνει** μεθ᾽ ἑαυτοῦ ἑπτὰ ἕτερα πνεύματα πονηρότερα ἑαυτοῦ καὶ εἰσελθόντα κατοικεῖ ἐκεῖ· ...			Lk 11,26 → Mk 9,25	τότε πορεύεται καὶ **παραλαμβάνει** ἕτερα πνεύματα πονηρότερα ἑαυτοῦ ἑπτὰ καὶ εἰσελθόντα κατοικεῖ ἐκεῖ· ...	
202	Mt 24,40	τότε δύο ἔσονται ἐν τῷ ἀγρῷ, εἷς **παραλαμβάνεται** καὶ εἷς ἀφίεται·			Lk 17,34	λέγω ὑμῖν, ταύτῃ τῇ νυκτὶ ἔσονται δύο ἐπὶ κλίνης μιᾶς, ὁ εἷς **παραλημφθήσεται** καὶ ὁ ἕτερος ἀφεθήσεται·	→ GTh 61,1
202	Mt 24,41	δύο ἀλήθουσαι ἐν τῷ μύλῳ, μία **παραλαμβάνεται** καὶ μία ἀφίεται.			Lk 17,35	ἔσονται δύο ἀλήθουσαι ἐπὶ τὸ αὐτό, ἡ μία **παραλημφθήσεται,** ἡ δὲ ἑτέρα ἀφεθήσεται.	→ GTh 61,1
222	Mt 20,17	... **παρέλαβεν** τοὺς δώδεκα [μαθητὰς] κατ᾽ ἰδίαν καὶ ἐν τῇ ὁδῷ εἶπεν αὐτοῖς·	Mk 10,32	... καὶ **παραλαβὼν** πάλιν τοὺς δώδεκα ἤρξατο αὐτοῖς λέγειν τὰ μέλλοντα αὐτῷ συμβαίνειν	Lk 18,31	**παραλαβὼν** δὲ τοὺς δώδεκα εἶπεν πρὸς αὐτούς· ...	
202	Mt 24,40	τότε δύο ἔσονται ἐν τῷ ἀγρῷ, εἷς **παραλαμβάνεται** καὶ εἷς ἀφίεται·			Lk 17,34	λέγω ὑμῖν, ταύτῃ τῇ νυκτὶ ἔσονται δύο ἐπὶ κλίνης μιᾶς, ὁ εἷς **παραλημφθήσεται** καὶ ὁ ἕτερος ἀφεθήσεται·	→ GTh 61,1
202	Mt 24,41	δύο ἀλήθουσαι ἐν τῷ μύλῳ, μία **παραλαμβάνεται** καὶ μία ἀφίεται.			Lk 17,35	ἔσονται δύο ἀλήθουσαι ἐπὶ τὸ αὐτό, ἡ μία **παραλημφθήσεται,** ἡ δὲ ἑτέρα ἀφεθήσεται.	→ GTh 61,1
220	Mt 26,37	καὶ **παραλαβὼν** τὸν Πέτρον καὶ τοὺς δύο υἱοὺς Ζεβεδαίου ἤρξατο λυπεῖσθαι καὶ ἀδημονεῖν.	Mk 14,33	καὶ **παραλαμβάνει** τὸν Πέτρον καὶ [τὸν] Ἰάκωβον καὶ [τὸν] Ἰωάννην μετ᾽ αὐτοῦ καὶ ἤρξατο ἐκθαμβεῖσθαι καὶ ἀδημονεῖν			

	Mt		Mk		Lk
210	**Mt 27,27** → Lk 23,11	τότε οἱ στρατιῶται τοῦ ἡγεμόνος **παραλαβόντες** τὸν Ἰησοῦν εἰς τὸ πραιτώριον συνήγαγον ἐπ' αὐτὸν ὅλην τὴν σπεῖραν.	**Mk 15,16** → Lk 23,11	οἱ δὲ στρατιῶται **ἀπήγαγον** αὐτὸν ἔσω τῆς αὐλῆς, ὅ ἐστιν πραιτώριον, καὶ συγκαλοῦσιν ὅλην τὴν σπεῖραν.	

Acts 15,39 ἐγένετο δὲ παροξυσμὸς
ὥστε ἀποχωρισθῆναι
αὐτοὺς ἀπ' ἀλλήλων,
τόν τε Βαρναβᾶν
παραλαβόντα
τὸν Μᾶρκον ἐκπλεῦσαι
εἰς Κύπρον

Acts 16,33 καὶ
παραλαβὼν
αὐτοὺς ἐν ἐκείνῃ τῇ ὥρᾳ
τῆς νυκτὸς ἔλουσεν ἀπὸ
τῶν πληγῶν, ...

Acts 21,24 τούτους
παραλαβὼν
ἁγνίσθητι σὺν αὐτοῖς
καὶ δαπάνησον ἐπ'
αὐτοῖς ἵνα ξυρήσονται
τὴν κεφαλήν, ...

Acts 21,26 τότε ὁ Παῦλος
παραλαβὼν
τοὺς ἄνδρας τῇ ἐχομένῃ
ἡμέρᾳ σὺν αὐτοῖς
ἁγνισθείς, ...

Acts 21,32 ὃς ἐξαυτῆς
παραλαβὼν
στρατιώτας καὶ
ἑκατοντάρχας
κατέδραμεν ἐπ' αὐτούς, ...

Acts 23,18 ὁ μὲν οὖν
παραλαβὼν
αὐτὸν ἤγαγεν
πρὸς τὸν χιλίαρχον ...

παράλιος

		Mt	Mk	Lk	Acts	Jn	1-3John	Paul	Eph	Col
παράλιος	Syn 1			1						
	NT 1	2Thess	1/2Tim	Tit	Heb	Jas	1Pet	2Pet	Jude	Rev

(located) by the sea; the seacoast

	Mt		Mk		Lk		
	Mt 4,24 → Mt 9,26 ↓ Mk 3,8	καὶ ἀπῆλθεν ἡ ἀκοὴ αὐτοῦ εἰς ὅλην τὴν Συρίαν· ...	**Mk 1,28**	καὶ ἐξῆλθεν ἡ ἀκοὴ αὐτοῦ εὐθὺς πανταχοῦ εἰς ὅλην τὴν περίχωρον τῆς Γαλιλαίας.	**Lk 4,37** → Lk 4,14	καὶ ἐξεπορεύετο ἦχος περὶ αὐτοῦ εἰς πάντα τόπον τῆς περιχώρου.	
112	**Mt 4,25**	καὶ ἠκολούθησαν αὐτῷ ὄχλοι πολλοὶ ἀπὸ τῆς Γαλιλαίας καὶ Δεκαπόλεως καὶ Ἱεροσολύμων καὶ Ἰουδαίας καὶ πέραν τοῦ Ἰορδάνου.	**Mk 3,8** ↑ Mt 4,24a	[7] ... καὶ πολὺ πλῆθος ἀπὸ τῆς Γαλιλαίας [ἠκολούθησεν], καὶ ἀπὸ τῆς Ἰουδαίας [8] καὶ ἀπὸ Ἱεροσολύμων καὶ ἀπὸ τῆς Ἰδουμαίας καὶ πέραν τοῦ Ἰορδάνου καὶ **περὶ Τύρον** **καὶ Σιδῶνα** ...	**Lk 6,17**	... καὶ πλῆθος πολὺ τοῦ λαοῦ ἀπὸ πάσης τῆς Ἰουδαίας καὶ Ἰερουσαλὴμ καὶ **τῆς παραλίου Τύρου** **καὶ Σιδῶνος**	

παραλυτικός	Syn 10	Mt 5	Mk 5	Lk	Acts	Jn	1-3John	Paul	Eph	Col
	NT 10	2Thess	1/2Tim	Tit	Heb	Jas	1Pet	2Pet	Jude	Rev

lame

	triple tradition																	double tradition			Sondergut		
		+Mt / +Lk			−Mt / −Lk			traditions not taken over by Mt / Lk							subtotals								
code	*222*	*211*	*112*	*212*	*221*	*122*	*121*	*022*	*012*	*021*	*220*	*120*	*210*	*020*	Σ⁺	Σ⁻	Σ	*202*	*201*	*102*	*200*	*002*	total
Mt					3		1⁻									1⁻	3		1		1		**5**
Mk					3		1			1							5						**5**
Lk					3⁻		1⁻			1⁻						5⁻							

200	**Mt 4,24** ⇨ Mt 8,16 → Mt 12,15 → Mt 15,30	... καὶ προσήνεγκαν αὐτῷ πάντας τοὺς κακῶς ἔχοντας ποικίλαις νόσοις καὶ βασάνοις συνεχομένους [καὶ] δαιμονιζομένους καὶ σεληνιαζομένους καὶ **παραλυτικούς**, καὶ ἐθεράπευσεν αὐτούς.	**Mk 1,32** → Mk 3,10 → Mk 7,32	ὀψίας δὲ γενομένης, ὅτε ἔδυ ὁ ἥλιος, ἔφερον πρὸς αὐτὸν πάντας τοὺς κακῶς ἔχοντας καὶ τοὺς δαιμονιζομένους· [33] ... [34] καὶ ἐθεράπευσεν πολλοὺς κακῶς ἔχοντας ποικίλαις νόσοις καὶ δαιμόνια πολλὰ ἐξέβαλεν	**Lk 4,40** → Lk 6,18	δύνοντος δὲ τοῦ ἡλίου ἅπαντες ὅσοι εἶχον ἀσθενοῦντας νόσοις ποικίλαις ἤγαγον αὐτοὺς πρὸς αὐτόν· ὁ δὲ ἑνὶ ἑκάστῳ αὐτῶν τὰς χεῖρας ἐπιτιθεὶς ἐθεράπευεν αὐτούς.	
201	**Mt 8,6**	[5] ... ἑκατόνταρχος ... [6] καὶ λέγων· κύριε, ὁ παῖς μου βέβληται ἐν τῇ οἰκίᾳ **παραλυτικός**, δεινῶς βασανιζόμενος.			**Lk 7,2**	ἑκατοντάρχου δέ τινος δοῦλος κακῶς ἔχων ἤμελλεν τελευτᾶν, ὃς ἦν αὐτῷ ἔντιμος.	→ Jn 4,46-47
221	**Mt 9,2** **(2)**	καὶ ἰδοὺ προσέφερον αὐτῷ **παραλυτικὸν** ἐπὶ κλίνης βεβλημένον. ↔	**Mk 2,3**	καὶ ἔρχονται φέροντες πρὸς αὐτὸν **παραλυτικὸν** αἰρόμενον ὑπὸ τεσσάρων.	**Lk 5,18**	καὶ ἰδοὺ ἄνδρες φέροντες ἐπὶ κλίνης **ἄνθρωπον ὃς ἦν παραλελυμένος** καὶ ἐζήτουν αὐτὸν εἰσενεγκεῖν καὶ θεῖναι [αὐτὸν] ἐνώπιον αὐτοῦ.	
021			**Mk 2,4**	... ἀπεστέγασαν τὴν στέγην ὅπου ἦν, καὶ ἐξορύξαντες χαλῶσι τὸν κράβαττον ὅπου **ὁ παραλυτικὸς** κατέκειτο.	**Lk 5,19**	... ἀναβάντες ἐπὶ τὸ δῶμα διὰ τῶν κεράμων καθῆκαν αὐτὸν σὺν τῷ κλινιδίῳ εἰς τὸ μέσον ἔμπροσθεν τοῦ Ἰησοῦ.	
221	**Mt 9,2** **(2)**	↔ καὶ ἰδὼν ὁ Ἰησοῦς τὴν πίστιν αὐτῶν εἶπεν **τῷ παραλυτικῷ**· θάρσει, τέκνον, ἀφίενταί σου αἱ ἁμαρτίαι.	**Mk 2,5**	καὶ ἰδὼν ὁ Ἰησοῦς τὴν πίστιν αὐτῶν λέγει **τῷ παραλυτικῷ**· τέκνον, ἀφίενταί σου αἱ ἁμαρτίαι.	**Lk 5,20** → Lk 7,48	καὶ ἰδὼν τὴν πίστιν αὐτῶν εἶπεν· ἄνθρωπε, ἀφέωνταί σοι αἱ ἁμαρτίαι σου.	
121	**Mt 9,5**	τί γάρ ἐστιν εὐκοπώτερον, εἰπεῖν· ἀφίενταί σου αἱ ἁμαρτίαι, ἢ εἰπεῖν· ἔγειρε καὶ περιπάτει;	**Mk 2,9**	τί ἐστιν εὐκοπώτερον, εἰπεῖν **τῷ παραλυτικῷ**· ἀφίενταί σου αἱ ἁμαρτίαι, ἢ εἰπεῖν· ἔγειρε καὶ ἆρον τὸν κράβαττόν σου καὶ περιπάτει;	**Lk 5,23**	τί ἐστιν εὐκοπώτερον, εἰπεῖν· ἀφέωνταί σοι αἱ ἁμαρτίαι σου, ἢ εἰπεῖν· ἔγειρε καὶ περιπάτει;	

221	**Mt 9,6**	ἵνα δὲ εἰδῆτε ὅτι ἐξουσίαν ἔχει ὁ υἱὸς τοῦ ἀνθρώπου ἐπὶ τῆς γῆς ἀφιέναι ἁμαρτίας - τότε λέγει **τῷ παραλυτικῷ·** ἐγερθεὶς ἆρόν σου τὴν κλίνην καὶ ὕπαγε εἰς τὸν οἶκόν σου.	**Mk 2,10**	ἵνα δὲ εἰδῆτε ὅτι ἐξουσίαν ἔχει ὁ υἱὸς τοῦ ἀνθρώπου ἀφιέναι ἁμαρτίας ἐπὶ τῆς γῆς - λέγει **τῷ παραλυτικῷ·** [11] σοὶ λέγω, ἔγειρε ἆρον τὸν κράβαττόν σου καὶ ὕπαγε εἰς τὸν οἶκόν σου.	**Lk 5,24**	ἵνα δὲ εἰδῆτε ὅτι ὁ υἱὸς τοῦ ἀνθρώπου ἐξουσίαν ἔχει ἐπὶ τῆς γῆς ἀφιέναι ἁμαρτίας - εἶπεν **τῷ παραλελυμένῳ·** σοὶ λέγω, ἔγειρε καὶ ἄρας τὸ κλινίδιόν σου πορεύου εἰς τὸν οἶκόν σου.	

παραλύω	Syn 2	Mt	Mk	Lk 2	Acts 2	Jn	1-3John	Paul	Eph	Col
	NT 5	2Thess	1/2Tim	Tit	Heb 1	Jas	1Pet	2Pet	Jude	Rev

undo; weaken; disable; *perfect passive participle:* be paralyzed; be lame; be weak; a paralytic

112	**Mt 9,2**	καὶ ἰδοὺ προσέφερον αὐτῷ **παραλυτικὸν** ἐπὶ κλίνης βεβλημένον. ...	**Mk 2,3**	καὶ ἔρχονται φέροντες πρὸς αὐτὸν **παραλυτικὸν** αἱρόμενον ὑπὸ τεσσάρων.	**Lk 5,18**	καὶ ἰδοὺ ἄνδρες φέροντες ἐπὶ κλίνης **ἄνθρωπον ὃς ἦν** **παραλελυμένος** καὶ ἐζήτουν αὐτὸν εἰσενεγκεῖν καὶ θεῖναι [αὐτὸν] ἐνώπιον αὐτοῦ.	
112	**Mt 9,6**	ἵνα δὲ εἰδῆτε ὅτι ἐξουσίαν ἔχει ὁ υἱὸς τοῦ ἀνθρώπου ἐπὶ τῆς γῆς ἀφιέναι ἁμαρτίας - τότε λέγει **τῷ παραλυτικῷ·** ἐγερθεὶς ἆρόν σου τὴν κλίνην καὶ ὕπαγε εἰς τὸν οἶκόν σου.	**Mk 2,10**	ἵνα δὲ εἰδῆτε ὅτι ἐξουσίαν ἔχει ὁ υἱὸς τοῦ ἀνθρώπου ἀφιέναι ἁμαρτίας ἐπὶ τῆς γῆς - λέγει **τῷ παραλυτικῷ·** [11] σοὶ λέγω, ἔγειρε ἆρον τὸν κράβαττόν σου καὶ ὕπαγε εἰς τὸν οἶκόν σου.	**Lk 5,24**	ἵνα δὲ εἰδῆτε ὅτι ὁ υἱὸς τοῦ ἀνθρώπου ἐξουσίαν ἔχει ἐπὶ τῆς γῆς ἀφιέναι ἁμαρτίας - εἶπεν **τῷ παραλελυμένῳ·** σοὶ λέγω, ἔγειρε καὶ ἄρας τὸ κλινίδιόν σου πορεύου εἰς τὸν οἶκόν σου.	

Acts 8,7	πολλοὶ γὰρ τῶν ἐχόντων πνεύματα ἀκάθαρτα βοῶντα φωνῇ μεγάλῃ ἐξήρχοντο, πολλοὶ δὲ **παραλελυμένοι** καὶ χωλοὶ ἐθεραπεύθησαν·	**Acts 9,33**	εὗρεν δὲ ἐκεῖ ἄνθρωπόν τινα ὀνόματι Αἰνέαν ἐξ ἐτῶν ὀκτὼ κατακείμενον ἐπὶ κραβάττου, ὃς ἦν **παραλελυμένος.**

παραπορεύομαι	Syn 5	Mt 1	Mk 4	Lk	Acts	Jn	1-3John	Paul	Eph	Col
	NT 5	2Thess	1/2Tim	Tit	Heb	Jas	1Pet	2Pet	Jude	Rev

go, pass by; go (through)

	triple tradition																	double tradition			Sondergut		
		+Mt / +Lk			–Mt / –Lk			traditions not taken over by Mt / Lk							subtotals								
code	*222*	*211*	*112*	*212*	*221*	*122*	*121*	*022*	*012*	*021*	*220*	*120*	*210*	*020*	Σ^+	Σ^-	Σ	*202*	*201*	*102*	*200*	*002*	total
Mt					1		1^-					2^-				3^-	1						**1**
Mk					1		1					2					4						**4**
Lk					1^-		1^-									2^-							

121	**Mt 12,1**	ἐν ἐκείνῳ τῷ καιρῷ **ἐπορεύθη** ὁ Ἰησοῦς τοῖς σάββασιν διὰ τῶν σπορίμων· ...	**Mk 2,23**	καὶ ἐγένετο αὐτὸν ἐν τοῖς σάββασιν **παραπορεύεσθαι** διὰ τῶν σπορίμων, ...	**Lk 6,1**	ἐγένετο δὲ ἐν σαββάτῳ **διαπορεύεσθαι** αὐτὸν διὰ σπορίμων, ...	

	Mt		Mk		Lk		
120	Mt 17,22	συστρεφομένων δὲ αὐτῶν ἐν τῇ Γαλιλαίᾳ ...	Mk 9,30	κἀκεῖθεν ἐξελθόντες παρεπορεύοντο διὰ τῆς Γαλιλαίας, καὶ οὐκ ἤθελεν ἵνα τις γνοῖ·			
120	Mt 21,20	[19] ... καὶ ἐξηράνθη παραχρῆμα ἡ συκῆ. [20] καὶ ἰδόντες οἱ μαθηταὶ ἐθαύμασαν λέγοντες· πῶς παραχρῆμα ἐξηράνθη ἡ συκῆ;	Mk 11,20 → Mk 11,14	καὶ παραπορευόμενοι πρωῒ εἶδον τὴν συκῆν ἐξηραμμένην ἐκ ῥιζῶν. [21] καὶ ἀναμνησθεὶς ὁ Πέτρος λέγει αὐτῷ· ῥαββί, ἴδε ἡ συκῆ ἣν κατηράσω ἐξήρανται.			
221	Mt 27,39	οἱ δὲ παραπορευόμενοι ἐβλασφήμουν αὐτὸν κινοῦντες τὰς κεφαλὰς αὐτῶν	Mk 15,29	καὶ οἱ παραπορευόμενοι ἐβλασφήμουν αὐτὸν κινοῦντες τὰς κεφαλὰς αὐτῶν ...	Lk 23,35 → Lk 23,48	καὶ εἱστήκει ὁ λαὸς θεωρῶν. ...	

παράπτωμα

	Syn	Mt	Mk	Lk	Acts	Jn	1-3John	Paul	Eph	Col
	3	2	1					11	3	2
	NT	2Thess	1/2Tim	Tit	Heb	Jas	1Pet	2Pet	Jude	Rev
	19									

false step; transgression; sin

	Mt		Mk		Lk		
210	Mt 6,14 → Mt 6,12 → Lk 11,4	ἐὰν γὰρ ἀφῆτε τοῖς ἀνθρώποις τὰ παραπτώματα αὐτῶν, ἀφήσει καὶ ὑμῖν ὁ πατὴρ ὑμῶν ὁ οὐράνιος·	Mk 11,25 → Mt 5,23-24	καὶ ὅταν στήκετε προσευχόμενοι, ἀφίετε εἴ τι ἔχετε κατά τινος, ἵνα καὶ ὁ πατὴρ ὑμῶν ὁ ἐν τοῖς οὐρανοῖς			
120				ἀφῇ ὑμῖν τὰ παραπτώματα ὑμῶν.			
200	Mt 6,15 → Mt 18,35	ἐὰν δὲ μὴ ἀφῆτε τοῖς ἀνθρώποις, οὐδὲ ὁ πατὴρ ὑμῶν ἀφήσει τὰ παραπτώματα ὑμῶν.					Mk 11,26 is textcritically uncertain.

παρασκευή

	Syn	Mt	Mk	Lk	Acts	Jn	1-3John	Paul	Eph	Col
	3	1	1	1		3				
	NT	2Thess	1/2Tim	Tit	Heb	Jas	1Pet	2Pet	Jude	Rev
	6									

preparation

	Mt		Mk		Lk		
122	Mt 27,57	ὀψίας δὲ γενομένης ...	Mk 15,42	καὶ ἤδη ὀψίας γενομένης, ἐπεὶ ἦν παρασκευή, ὅ ἐστιν προσάββατον	Lk 23,54	καὶ ἡμέρα ἦν παρασκευῆς καὶ σάββατον ἐπέφωσκεν.	→ Jn 19,42
200	Mt 27,62	τῇ δὲ ἐπαύριον, ἥτις ἐστὶν μετὰ τὴν παρασκευήν, συνήχθησαν οἱ ἀρχιερεῖς καὶ οἱ Φαρισαῖοι πρὸς Πιλᾶτον					

παρατηρέω	Syn 4	Mt	Mk 1	Lk 3	Acts 1	Jn	1-3John	Paul 1	Eph	Col
	NT 6	2Thess	1/2Tim	Tit	Heb	Jas	1Pet	2Pet	Jude	Rev

watch closely; observe carefully; watch; guard; observe

	Mt		Mk		Lk		
122	**Mt 12,10**	καὶ ἰδοὺ ἄνθρωπος χεῖρα ἔχων ξηράν. καὶ **ἐπηρώτησαν** αὐτὸν λέγοντες· εἰ ἔξεστιν τοῖς σάββασιν θεραπεῦσαι; ...	**Mk 3,2**	[1] ... καὶ ἦν ἐκεῖ ἄνθρωπος ἐξηραμμένην ἔχων τὴν χεῖρα. [2] καὶ **παρετήρουν** αὐτὸν εἰ τοῖς σάββασιν θεραπεύσει αὐτόν, ...	**Lk 6,7** → Lk 6,11 ↓ Lk 14,1 → Lk 14,3 → Lk 11,53-54 → Lk 19,48 ↓ Lk 20,20	[6] ... καὶ ἦν ἄνθρωπος ἐκεῖ καὶ ἡ χεὶρ αὐτοῦ ἡ δεξιὰ ἦν ξηρά. [7] **παρετηροῦντο** δὲ αὐτὸν οἱ γραμματεῖς καὶ οἱ Φαρισαῖοι εἰ ἐν τῷ σαββάτῳ θεραπεύει, ...	
002					**Lk 14,1** ↑ Mt 12,10 ↑ Mk 3,2 ↑ Lk 6,7 → Lk 13,10	καὶ ἐγένετο ἐν τῷ ἐλθεῖν αὐτὸν εἰς οἶκόν τινος τῶν ἀρχόντων [τῶν] Φαρισαίων σαββάτῳ φαγεῖν ἄρτον καὶ αὐτοὶ ἦσαν **παρατηρούμενοι** αὐτόν.	
112	**Mt 22,16** → Mt 26,4	[15] τότε πορευθέντες οἱ Φαρισαῖοι συμβούλιον ἔλαβον ὅπως αὐτὸν παγιδεύσωσιν ἐν λόγῳ. [16] καὶ ἀποστέλλουσιν αὐτῷ τοὺς μαθητὰς αὐτῶν μετὰ τῶν Ἡρῳδιανῶν ...	**Mk 12,13**	καὶ ἀποστέλλουσιν πρὸς αὐτόν τινας τῶν Φαρισαίων καὶ τῶν Ἡρῳδιανῶν ἵνα αὐτὸν ἀγρεύσωσιν λόγῳ.	**Lk 20,20** → Lk 16,14-15 → Lk 18,9	καὶ **παρατηρήσαντες** ἀπέστειλαν ἐγκαθέτους ὑποκρινομένους ἑαυτοὺς δικαίους εἶναι, ἵνα ἐπιλάβωνται αὐτοῦ λόγου, ...	

Acts 9,24 ἐγνώσθη δὲ τῷ Σαύλῳ
ἡ ἐπιβουλὴ αὐτῶν.
παρετηροῦντο
δὲ καὶ τὰς πύλας ἡμέρας
τε καὶ νυκτὸς ὅπως
αὐτὸν ἀνέλωσιν·

παρατήρησις	Syn 1	Mt	Mk	Lk 1	Acts	Jn	1-3John	Paul	Eph	Col
	NT 1	2Thess	1/2Tim	Tit	Heb	Jas	1Pet	2Pet	Jude	Rev

observation

	Mt	Mk	Lk		
002			**Lk 17,20**	ἐπερωτηθεὶς δὲ ὑπὸ τῶν Φαρισαίων πότε ἔρχεται ἡ βασιλεία τοῦ θεοῦ ἀπεκρίθη αὐτοῖς καὶ εἶπεν· οὐκ ἔρχεται ἡ βασιλεία τοῦ θεοῦ **μετὰ παρατηρήσεως**	→ GTh 3,3 (POxy 654) → GTh 113

παρατίθημι

	Syn	Mt	Mk	Lk	Acts	Jn	1-3John	Paul	Eph	Col
	11	2	4	5	4			1		
	NT	2Thess	1/2Tim	Tit	Heb	Jas	1Pet	2Pet	Jude	Rev
	19		2				1			

active: set before; put before; *middle:* entrust something to someone; entrust someone to the care, protection of someone; demonstrate; point out

	triple tradition																	double tradition			Sondergut		
		+Mt / +Lk			–Mt / –Lk			traditions not taken over by Mt / Lk							subtotals								
code	*222*	*211*	*112*	*212*	*221*	*122*	*121*	*022*	*012*	*021*	*220*	*120*	*210*	*020*	Σ^+	Σ^-	Σ	*202*	*201*	*102*	*200*	*002*	total
Mt						1^-						2^-				3^-			1		1		**2**
Mk						1						2		1			4						**4**
Lk			1^+			1									1^+		2			1		2	**5**

200	**Mt 13,24**	ἄλλην παραβολὴν **παρέθηκεν** αὐτοῖς λέγων· ὡμοιώθη ἡ βασιλεία τῶν οὐρανῶν ἀνθρώπῳ σπείραντι καλὸν σπέρμα ἐν τῷ ἀγρῷ αὐτοῦ.					→ GTh 57
201	**Mt 13,31**	ἄλλην παραβολὴν **παρέθηκεν** αὐτοῖς λέγων· ὁμοία ἐστὶν ἡ βασιλεία τῶν οὐρανῶν κόκκῳ σινάπεως, ...	**Mk 4,30**	καὶ ἔλεγεν· πῶς ὁμοιώσωμεν τὴν βασιλείαν τοῦ θεοῦ ἢ ἐν τίνι αὐτὴν παραβολῇ θῶμεν; [31] ὡς κόκκῳ σινάπεως, ...	**Lk 13,18**	ἔλεγεν οὖν· τίνι ὁμοία ἐστὶν ἡ βασιλεία τοῦ θεοῦ καὶ τίνι ὁμοιώσω αὐτήν; [19] ὁμοία ἐστὶν κόκκῳ σινάπεως, ...	→ GTh 20 Mk-Q overlap
122	**Mt 14,19** ↓ Mt 15,36 → Mt 26,26	... καὶ κλάσας ἔδωκεν τοῖς μαθηταῖς τοὺς ἄρτους οἱ δὲ μαθηταὶ τοῖς ὄχλοις.	**Mk 6,41** ↓ Mk 8,6-7 → Mk 14,22	... καὶ κατέκλασεν τοὺς ἄρτους καὶ ἐδίδου τοῖς μαθηταῖς [αὐτοῦ] ἵνα **παρατιθῶσιν** αὐτοῖς, καὶ τοὺς δύο ἰχθύας ἐμέρισεν πᾶσιν.	**Lk 9,16** → Lk 22,19	... καὶ κατέκλασεν καὶ ἐδίδου τοῖς μαθηταῖς **παραθεῖναι** τῷ ὄχλῳ.	→ Jn 6,11
120 120	**Mt 15,36** ↑ Mt 14,19 ↓ Mk 8,7	ἔλαβεν τοὺς ἑπτὰ ἄρτους καὶ τοὺς ἰχθύας καὶ εὐχαριστήσας ἔκλασεν καὶ ἐδίδου τοῖς μαθηταῖς, οἱ δὲ μαθηταὶ τοῖς ὄχλοις.	**Mk 8,6 (2)** ↑ Mk 6,41	... καὶ λαβὼν τοὺς ἑπτὰ ἄρτους εὐχαριστήσας ἔκλασεν καὶ ἐδίδου τοῖς μαθηταῖς αὐτοῦ ἵνα **παρατιθῶσιν**, καὶ **παρέθηκαν** τῷ ὄχλῳ.	↑ Lk 9,16		
020			**Mk 8,7** ↑ Mt 15,36	καὶ εἶχον ἰχθύδια ὀλίγα· καὶ εὐλογήσας αὐτὰ εἶπεν καὶ ταῦτα **παρατιθέναι**.			
102	**Mt 10,11**	εἰς ἣν δ' ἂν πόλιν ἢ κώμην εἰσέλθητε, ἐξετάσατε τίς ἐν αὐτῇ ἄξιός ἐστιν· ...			**Lk 10,8** → Lk 10,7 → Lk 10,10	καὶ εἰς ἣν ἂν πόλιν εἰσέρχησθε καὶ δέχωνται ὑμᾶς, ἐσθίετε **τὰ παρατιθέμενα** ὑμῖν	→ GTh 14,4
002					**Lk 11,6**	ἐπειδὴ φίλος μου παρεγένετο ἐξ ὁδοῦ πρός με καὶ οὐκ ἔχω ὃ **παραθήσω** αὐτῷ·	

002			**Lk 12,48** ... παντὶ δὲ ᾧ ἐδόθη πολύ, πολὺ ζητηθήσεται παρ᾽ αὐτοῦ, καὶ ᾧ **παρέθεντο** πολύ, περισσότερον αἰτήσουσιν αὐτόν.	
112	**Mt 27,50** ὁ δὲ Ἰησοῦς πάλιν κράξας φωνῇ μεγάλῃ ἀφῆκεν τὸ πνεῦμα.	**Mk 15,37** ὁ δὲ Ἰησοῦς ἀφεὶς φωνὴν μεγάλην ἐξέπνευσεν.	**Lk 23,46** καὶ φωνήσας φωνῇ μεγάλῃ ὁ Ἰησοῦς εἶπεν· πάτερ, *εἰς χεῖράς σου* ***παρατίθεμαι*** *τὸ πνεῦμά μου.* τοῦτο δὲ εἰπὼν ἐξέπνευσεν. ➤ Ps 31,6	→ Jn 19,30 → Acts 7,59

Acts 14,23 χειροτονήσαντες δὲ
αὐτοῖς κατ᾽ ἐκκλησίαν
πρεσβυτέρους,
προσευξάμενοι μετὰ
νηστειῶν
παρέθεντο
αὐτοὺς τῷ κυρίῳ
εἰς ὃν πεπιστεύκεισαν.

Acts 16,34 ἀναγαγών τε αὐτοὺς
εἰς τὸν οἶκον
παρέθηκεν
τράπεζαν καὶ
ἠγαλλιάσατο πανοικεὶ
πεπιστευκὼς τῷ θεῷ.

Acts 17,3 διανοίγων καὶ
παρατιθέμενος
ὅτι τὸν χριστὸν ἔδει
παθεῖν καὶ ἀναστῆναι
ἐκ νεκρῶν ...

Acts 20,32 καὶ τὰ νῦν
παρατίθεμαι
ὑμᾶς τῷ θεῷ καὶ τῷ λόγῳ
τῆς χάριτος αὐτοῦ, ...

παραφέρω

	Mt	Mk	Lk	Acts	Jn	1-3John	Paul	Eph	Col
Syn 2		1	1						
	2Thess	**1/2Tim**	**Tit**	**Heb**	**Jas**	**1Pet**	**2Pet**	**Jude**	**Rev**
NT 4				1				1	

take, carry away

122	**Mt 26,39** ... πάτερ μου, εἰ δυνατόν ἐστιν, **παρελθάτω** ἀπ᾽ ἐμοῦ τὸ ποτήριον τοῦτο· πλὴν οὐχ ὡς ἐγὼ θέλω ἀλλ᾽ ὡς σύ.	**Mk 14,36** ... αββα ὁ πατήρ, πάντα δυνατά σοι· **παρένεγκε** τὸ ποτήριον τοῦτο ἀπ᾽ ἐμοῦ· ἀλλ᾽ οὐ τί ἐγὼ θέλω ἀλλὰ τί σύ.	**Lk 22,42** ... πάτερ, → Mt 26,42 εἰ βούλει **παρένεγκε** τοῦτο τὸ ποτήριον ἀπ᾽ ἐμοῦ· πλὴν μὴ τὸ θέλημά μου ἀλλὰ τὸ σὸν γινέσθω.	→ Jn 18,11

παραχρῆμα

	Mt	Mk	Lk	Acts	Jn	1-3John	Paul	Eph	Col
Syn 12	2		10	6					
	2Thess	**1/2Tim**	**Tit**	**Heb**	**Jas**	**1Pet**	**2Pet**	**Jude**	**Rev**
NT 18									

at once; immediately

	triple tradition																	double tradition			Sondergut		
		+Mt / +Lk			–Mt / –Lk			traditions not taken over by Mt / Lk							subtotals								
code	*222*	*211*	*112*	*212*	*221*	*122*	*121*	*022*	*012*	*021*	*220*	*120*	*210*	*020*	Σ^+	Σ^-	Σ	*202*	*201*	*102*	*200*	*002*	total
Mt													2^+		2^+		2						**2**
Mk																							
Lk			6^+						1^+						7^+		7					3	**10**

002			**Lk 1,64** ἀνεῴχθη δὲ τὸ στόμα αὐτοῦ **παραχρῆμα** καὶ ἡ γλῶσσα αὐτοῦ, καὶ ἐλάλει εὐλογῶν τὸν θεόν.
112	**Mt 8,15** καὶ ἥψατο τῆς χειρὸς αὐτῆς, καὶ ἀφῆκεν αὐτὴν ὁ πυρετός, καὶ ἠγέρθη καὶ διηκόνει αὐτῷ.	**Mk 1,31** καὶ προσελθὼν ἤγειρεν αὐτὴν κρατήσας τῆς χειρός· καὶ ἀφῆκεν αὐτὴν ὁ πυρετός, καὶ διηκόνει αὐτοῖς.	**Lk 4,39** καὶ ἐπιστὰς ἐπάνω αὐτῆς ἐπετίμησεν τῷ πυρετῷ· καὶ ἀφῆκεν αὐτήν· **παραχρῆμα** δὲ ἀναστᾶσα διηκόνει αὐτοῖς.

112	Mt 9,7	καὶ ἐγερθεὶς ἀπῆλθεν εἰς τὸν οἶκον αὐτοῦ.	Mk 2,12	καὶ ἠγέρθη καὶ **εὐθὺς** ἄρας τὸν κράβαττον ἐξῆλθεν ἔμπροσθεν πάντων, ...	Lk 5,25	καὶ **παραχρῆμα** ἀναστὰς ἐνώπιον αὐτῶν, ἄρας ἐφ' ὃ κατέκειτο, ἀπῆλθεν εἰς τὸν οἶκον αὐτοῦ δοξάζων τὸν θεόν.	→ Jn 5,9
112	Mt 9,22 → Mk 5,34	... καὶ ἐσώθη ἡ γυνὴ **ἀπὸ τῆς ὥρας ἐκείνης.**	Mk 5,29 ↓ Lk 8,47	καὶ **εὐθὺς** ἐξηράνθη ἡ πηγὴ τοῦ αἵματος αὐτῆς ...	Lk 8,44	... καὶ **παραχρῆμα** ἔστη ἡ ῥύσις τοῦ αἵματος αὐτῆς.	
012			Mk 5,33	... εἶπεν αὐτῷ πᾶσαν τὴν ἀλήθειαν.	Lk 8,47 → Mt 9,21 → Mk 5,28 ↑ Mk 5,29	... δι' ἣν αἰτίαν ἥψατο αὐτοῦ ἀπήγγειλεν ἐνώπιον παντὸς τοῦ λαοῦ καὶ ὡς ἰάθη **παραχρῆμα.**	
112	Mt 9,25	... καὶ ἠγέρθη τὸ κοράσιον.	Mk 5,42	καὶ **εὐθὺς** ἀνέστη τὸ κοράσιον καὶ περιεπάτει· ... [43] ... καὶ εἶπεν δοθῆναι αὐτῇ φαγεῖν.	Lk 8,55	καὶ ἐπέστρεψεν τὸ πνεῦμα αὐτῆς καὶ ἀνέστη **παραχρῆμα** καὶ διέταξεν αὐτῇ δοθῆναι φαγεῖν.	
002					Lk 13,13 → Mt 12,13 → Mk 3,5 → Lk 6,10 → Lk 14,4	καὶ ἐπέθηκεν αὐτῇ τὰς χεῖρας· καὶ **παραχρῆμα** ἀνωρθώθη καὶ ἐδόξαζεν τὸν θεόν.	
112	Mt 20,34 ⇩ Mt 9,30 → Mk 8,23 → Mk 8,25	... καὶ **εὐθέως** ἀνέβλεψαν καὶ ἠκολούθησαν αὐτῷ.	Mk 10,52	... καὶ **εὐθὺς** ἀνέβλεψεν, καὶ ἠκολούθει αὐτῷ ἐν τῇ ὁδῷ.	Lk 18,43	καὶ **παραχρῆμα** ἀνέβλεψεν καὶ ἠκολούθει αὐτῷ δοξάζων τὸν θεόν. ...	
	Mt 9,30 ⇧ Mt 20,34	καὶ ἠνεῴχθησαν αὐτῶν οἱ ὀφθαλμοί. ...					
002					Lk 19,11	ἀκουόντων δὲ αὐτῶν ταῦτα προσθεὶς εἶπεν παραβολὴν διὰ τὸ ἐγγὺς εἶναι Ἰερουσαλὴμ αὐτὸν καὶ δοκεῖν αὐτοὺς ὅτι **παραχρῆμα** μέλλει ἡ βασιλεία τοῦ θεοῦ ἀναφαίνεσθαι.	
	Mt 21,19	... μηκέτι ἐκ σοῦ καρπὸς γένηται εἰς τὸν αἰῶνα.	Mk 11,14	... μηκέτι εἰς τὸν αἰῶνα ἐκ σοῦ μηδεὶς καρπὸν φάγοι. καὶ ἤκουον οἱ μαθηταὶ αὐτοῦ.			
210		καὶ ἐξηράνθη **παραχρῆμα** ἡ συκῆ. [20] καὶ ἰδόντες ↔	Mk 11,20	καὶ παραπορευόμενοι πρωῒ εἶδον τὴν συκῆν ἐξηραμμένην ἐκ ῥιζῶν.			
210	Mt 21,20	↔ οἱ μαθηταὶ ἐθαύμασαν λέγοντες· πῶς **παραχρῆμα** ἐξηράνθη ἡ συκῆ;	Mk 11,21 ↑ Mk 11,14	καὶ ἀναμνησθεὶς ὁ Πέτρος λέγει αὐτῷ· ῥαββί, ἴδε ἡ συκῆ ἣν κατηράσω ἐξήρανται.			
112	Mt 26,74	... καὶ **εὐθέως** ἀλέκτωρ ἐφώνησεν.	Mk 14,72	καὶ **εὐθὺς** ἐκ δευτέρου ἀλέκτωρ ἐφώνησεν. ...	Lk 22,60	... καὶ **παραχρῆμα** ἔτι λαλοῦντος αὐτοῦ ἐφώνησεν ἀλέκτωρ.	→ Jn 18,27

Acts 3,7 καὶ πιάσας αὐτὸν
τῆς δεξιᾶς χειρὸς
ἤγειρεν αὐτόν·
παραχρῆμα
δὲ ἐστερεώθησαν
αἱ βάσεις αὐτοῦ καὶ
τὰ σφυδρά

Acts 5,10 ἔπεσεν δὲ
παραχρῆμα
πρὸς τοὺς πόδας αὐτοῦ
καὶ ἐξέψυξεν· ...

Acts 12,23 **παραχρῆμα**
δὲ ἐπάταξεν αὐτὸν
ἄγγελος κυρίου
ἀνθ' ὧν οὐκ ἔδωκεν
τὴν δόξαν τῷ θεῷ, ...

Acts 13,11 καὶ νῦν ἰδοὺ χεὶρ κυρίου
ἐπὶ σὲ καὶ ἔσῃ τυφλὸς
μὴ βλέπων τὸν ἥλιον
ἄχρι καιροῦ.
παραχρῆμά
τε ἔπεσεν ἐπ' αὐτὸν ἀχλὺς
καὶ σκότος καὶ περιάγων
ἐζήτει χειραγωγούς.

Acts 16,26 ... ἠνεῴχθησαν δὲ
παραχρῆμα
αἱ θύραι πᾶσαι καὶ
πάντων τὰ δεσμὰ ἀνέθη.

Acts 16,33 ... καὶ ἐβαπτίσθη αὐτὸς
καὶ οἱ αὐτοῦ πάντες
παραχρῆμα

# πάρειμι	Syn 2	Mt 1	Mk	Lk 1	Acts 5	Jn 2	1-3John	Paul 9	Eph	Col 1
	NT 24	2Thess	1/2Tim	Tit	Heb 2	Jas	1Pet	2Pet 2	Jude	Rev 1

be present

	Mt	Mk	Lk	
002			**Lk 13,1** **παρῆσαν** δέ τινες ἐν αὐτῷ τῷ καιρῷ ἀπαγγέλλοντες αὐτῷ περὶ τῶν Γαλιλαίων ὧν τὸ αἷμα Πιλᾶτος ἔμιξεν μετὰ τῶν θυσιῶν αὐτῶν.	
211	**Mt 26,50** → Lk 22,54 [49] ... καὶ κατεφίλησεν αὐτόν. [50] ὁ δὲ Ἰησοῦς εἶπεν αὐτῷ· ἑταῖρε, ἐφ' ὃ **πάρει.** τότε προσελθόντες ἐπέβαλον τὰς χεῖρας ἐπὶ τὸν Ἰησοῦν καὶ ἐκράτησαν αὐτόν.	**Mk 14,46** → Lk 22,54 [45] ... καὶ κατεφίλησεν αὐτόν. [46] οἱ δὲ ἐπέβαλον τὰς χεῖρας αὐτῷ καὶ ἐκράτησαν αὐτόν.	**Lk 22,48** [47] ... φιλῆσαι αὐτόν. [48] Ἰησοῦς δὲ εἶπεν αὐτῷ· Ἰούδα, φιλήματι τὸν υἱὸν τοῦ ἀνθρώπου παραδίδως;	→ Jn 18,12

Acts 10,21 ... ἰδοὺ ἐγώ εἰμι ὃν
ζητεῖτε· τίς ἡ αἰτία δι' ἣν
πάρεστε;

Acts 10,33 ... νῦν οὖν πάντες ἡμεῖς
ἐνώπιον τοῦ θεοῦ
πάρεσμεν
ἀκοῦσαι πάντα τὰ
προστεταγμένα σοι
ὑπὸ τοῦ κυρίου.

Acts 12,20 ἦν δὲ θυμομαχῶν Τυρίοις
καὶ Σιδωνίοις·
ὁμοθυμαδὸν δὲ
παρῆσαν
πρὸς αὐτὸν καὶ
πείσαντες Βλάστον, ...

Acts 17,6 ... οἱ τὴν οἰκουμένην
ἀναστατώσαντες οὗτοι
καὶ ἐνθάδε
πάρεισιν

Acts 24,19 τινὲς δὲ ἀπὸ τῆς Ἀσίας
Ἰουδαῖοι, οὓς ἔδει
ἐπὶ σοῦ
παρεῖναι
καὶ κατηγορεῖν εἴ τι
ἔχοιεν πρὸς ἐμέ.

παρεκτός	Syn 1	Mt 1	Mk	Lk	Acts 1	Jn	1-3John	Paul 1	Eph	Col
	NT 3	2Thess	1/2Tim	Tit	Heb	Jas	1Pet	2Pet	Jude	Rev

besides; outside; apart from; except for

	Mt		Mk		Lk		
201	**Mt 5,32** ⇩ Mt 19,9	ἐγὼ δὲ λέγω ὑμῖν ὅτι πᾶς ὁ ἀπολύων τὴν γυναῖκα αὐτοῦ **παρεκτὸς λόγου πορνείας** ποιεῖ αὐτὴν μοιχευθῆναι, καὶ ὃς ἐὰν ἀπολελυμένην γαμήσῃ, μοιχᾶται.			**Lk 16,18**	πᾶς ὁ ἀπολύων τὴν γυναῖκα αὐτοῦ καὶ γαμῶν ἑτέραν μοιχεύει, καὶ ὁ ἀπολελυμένην ἀπὸ ἀνδρὸς γαμῶν μοιχεύει.	→ 1Cor 7,10-11 Mk-Q overlap
	Mt 19,9 ⇧ Mt 5,32	λέγω δὲ ὑμῖν ὅτι ὃς ἂν ἀπολύσῃ τὴν γυναῖκα αὐτοῦ **μὴ ἐπὶ πορνείᾳ** καὶ γαμήσῃ ἄλλην μοιχᾶται.	**Mk 10,11**	καὶ λέγει αὐτοῖς· ὃς ἂν ἀπολύσῃ τὴν γυναῖκα αὐτοῦ καὶ γαμήσῃ ἄλλην μοιχᾶται ἐπ' αὐτήν· [12] καὶ ἐὰν αὐτὴ ἀπολύσασα τὸν ἄνδρα αὐτῆς γαμήσῃ ἄλλον μοιχᾶται.			

Acts 26,29 ... εὐξαίμην ἂν τῷ θεῷ καὶ ἐν ὀλίγῳ καὶ ἐν μεγάλῳ οὐ μόνον σὲ ἀλλὰ καὶ πάντας τοὺς ἀκούοντάς μου σήμερον γενέσθαι τοιούτους ὁποῖος καὶ ἐγώ εἰμι **παρεκτὸς τῶν δεσμῶν τούτων.**

παρεμβάλλω	Syn 1	Mt	Mk	Lk 1	Acts	Jn	1-3John	Paul	Eph	Col
	NT 1	2Thess	1/2Tim	Tit	Heb	Jas	1Pet	2Pet	Jude	Rev

military technical term: throw up a palisade against

	Mt	Mk	Lk		
002			**Lk 19,43** → Lk 21,20	ὅτι ἥξουσιν ἡμέραι ἐπὶ σὲ καὶ **παρεμβαλοῦσιν** οἱ ἐχθροί σου χάρακά σοι καὶ περικυκλώσουσίν σε καὶ συνέξουσίν σε πάντοθεν	

παρέρχομαι

		Mt	Mk	Lk	Acts	Jn	1-3John	Paul	Eph	Col
παρέρχομαι	Syn 23	9	5	9	2			1		
	NT 29	2Thess	1/2Tim	Tit	Heb	Jas 1	1Pet 1	2Pet 1	Jude	Rev

go by; pass by; pass (of time); pass away; come to an end; disappear; transgress; neglect; disobey; go through; pass through

	triple tradition																	double tradition			Sondergut		
		+Mt / +Lk			−Mt / −Lk			traditions not taken over by Mt / Lk							subtotals								
code	222	211	112	212	221	122	121	022	012	021	220	120	210	020	Σ^+	Σ^-	Σ	202	201	102	200	002	total
Mt	3	3^+					1^-					1^-	1^+		4^+	2^-	7	1	1				**9**
Mk	3						1					1					5						**5**
Lk	3		1^+				1^-								1^+	1^-	4	1		1		3	**9**

202 201	**Mt 5,18 (2)** ↓Mt 24,35	ἀμὴν γὰρ λέγω ὑμῖν· ἕως ἂν **παρέλθη** ὁ οὐρανὸς καὶ ἡ γῆ, ἰῶτα ἓν ἢ μία κεραία **οὐ μὴ παρέλθη** ἀπὸ τοῦ νόμου ἕως ἂν πάντα γένηται.	↓Mk 13,31		**Lk 16,17** ↓Lk 21,33	εὐκοπώτερον δέ ἐστιν τὸν οὐρανὸν καὶ τὴν γῆν **παρελθεῖν** ἢ τοῦ νόμου μίαν κεραίαν **πεσεῖν.**	
211	**Mt 8,28**	... δύο δαιμονιζόμενοι .. χαλεποὶ λίαν, ὥστε μὴ ἰσχύειν τινὰ **παρελθεῖν** διὰ τῆς ὁδοῦ ἐκείνης.	**Mk 5,4**	[2] ... ἄνθρωπος ἐν πνεύματι ἀκαθάρτῳ, [3] ... [4] διὰ τὸ αὐτὸν πολλάκις πέδαις καὶ ἁλύσεσιν δεδέσθαι καὶ διεσπάσθαι ὑπ᾽ αὐτοῦ τὰς ἁλύσεις καὶ τὰς πέδας συντετρῖφθαι, καὶ οὐδεὶς ἴσχυεν αὐτὸν δαμάσαι·	**Lk 8,29**	[27] ... ἀνήρ τις ἐκ τῆς πόλεως ἔχων δαιμόνια ... [29] ... πολλοῖς γὰρ χρόνοις συνηρπάκει αὐτὸν καὶ ἐδεσμεύετο ἁλύσεσιν καὶ πέδαις φυλασσόμενος καὶ διαρρήσσων τὰ δεσμὰ ...	
211	**Mt 14,15**	ὀψίας δὲ γενομένης προσῆλθον αὐτῷ οἱ μαθηταὶ λέγοντες· ἔρημός ἐστιν ὁ τόπος καὶ **ἡ ὥρα ἤδη παρῆλθεν·** ἀπόλυσον τοὺς ὄχλους, ...	**Mk 6,35**	καὶ ἤδη ὥρας πολλῆς γενομένης προσελθόντες αὐτῷ οἱ μαθηταὶ αὐτοῦ ἔλεγον ὅτι ἔρημός ἐστιν ὁ τόπος καὶ **ἤδη ὥρα πολλή·** [36] ἀπόλυσον αὐτούς, ...	**Lk 9,12**	ἡ δὲ ἡμέρα ἤρξατο κλίνειν· προσελθόντες δὲ οἱ δώδεκα εἶπαν αὐτῷ· ἀπόλυσον τὸν ὄχλον, ... ὅτι ὧδε ἐν ἐρήμῳ τόπῳ ἐσμέν.	
120	**Mt 14,25**	... ἦλθεν πρὸς αὐτοὺς περιπατῶν ἐπὶ τὴν θάλασσαν.	**Mk 6,48**	... ἔρχεται πρὸς αὐτοὺς περιπατῶν ἐπὶ τῆς θαλάσσης καὶ ἤθελεν **παρελθεῖν** αὐτούς.			→ Jn 6,19
102	**Mt 23,23**	οὐαὶ ὑμῖν, γραμματεῖς καὶ Φαρισαῖοι ὑποκριταί, ὅτι ἀποδεκατοῦτε τὸ ἡδύοσμον καὶ τὸ ἄνηθον καὶ τὸ κύμινον καὶ **ἀφήκατε** τὰ βαρύτερα τοῦ νόμου, τὴν κρίσιν καὶ τὸ ἔλεος καὶ τὴν πίστιν· ...			**Lk 11,42**	ἀλλὰ οὐαὶ ὑμῖν τοῖς Φαρισαίοις, ὅτι ἀποδεκατοῦτε τὸ ἡδύοσμον καὶ τὸ πήγανον καὶ πᾶν λάχανον καὶ **παρέρχεσθε** τὴν κρίσιν καὶ τὴν ἀγάπην τοῦ θεοῦ· ...	
002					**Lk 12,37** → Lk 22,27 → Lk 22,30	... ἀμὴν λέγω ὑμῖν ὅτι περιζώσεται καὶ ἀνακλινεῖ αὐτοὺς καὶ **παρελθὼν** διακονήσει αὐτοῖς.	

002					Lk 15,29	... ἰδοὺ τοσαῦτα ἔτη δουλεύω σοι καὶ οὐδέποτε ἐντολήν σου **παρῆλθον**, καὶ ἐμοὶ οὐδέποτε ἔδωκας ἔριφον ἵνα μετὰ τῶν φίλων μου εὐφρανθῶ·	
202	Mt 5,18 (2) ↓ Mt 24,35	ἀμὴν γὰρ λέγω ὑμῖν· ἕως ἂν **παρέλθῃ** ὁ οὐρανὸς καὶ ἡ γῆ, ἰῶτα ἓν ἢ μία κεραία οὐ μὴ παρέλθῃ ἀπὸ τοῦ νόμου ἕως ἂν πάντα γένηται.	↓ Mk 13,31		Lk 16,17 ↓ Lk 21,33	εὐκοπώτερον δέ ἐστιν τὸν οὐρανὸν καὶ τὴν γῆν **παρελθεῖν** ἢ τοῦ νόμου μίαν κεραίαν πεσεῖν.	
002					Lk 17,7	τίς δὲ ἐξ ὑμῶν δοῦλον ἔχων ἀροτριῶντα ἢ ποιμαίνοντα, ὃς εἰσελθόντι ἐκ τοῦ ἀγροῦ ἐρεῖ αὐτῷ· εὐθέως **παρελθὼν** ἀνάπεσε	
112	Mt 20,30 ⇨ Mt 9,27	... ἀκούσαντες ὅτι Ἰησοῦς **παράγει**, ἔκραξαν λέγοντες· ἐλέησον ἡμᾶς, [κύριε,] υἱὸς Δαυίδ.	Mk 10,47	καὶ ἀκούσας ὅτι Ἰησοῦς ὁ Ναζαρηνός **ἐστιν** ἤρξατο κράζειν καὶ λέγειν· υἱὲ Δαυὶδ Ἰησοῦ, ἐλέησόν με.	Lk 18,37	[36] ἀκούσας δὲ ὄχλου διαπορευομένου ἐπυνθάνετο τί εἴη τοῦτο. [37] ἀπήγγειλαν δὲ αὐτῷ ὅτι Ἰησοῦς ὁ Ναζωραῖος **παρέρχεται**. [38] καὶ ἐβόησεν λέγων· Ἰησοῦ υἱὲ Δαυίδ, ἐλέησόν με.	
222	Mt 24,34 → Mt 16,28	ἀμὴν λέγω ὑμῖν ὅτι **οὐ μὴ παρέλθῃ** ἡ γενεὰ αὕτη ἕως ἂν πάντα ταῦτα γένηται.	Mk 13,30 → Mk 9,1	ἀμὴν λέγω ὑμῖν ὅτι **οὐ μὴ παρέλθῃ** ἡ γενεὰ αὕτη μέχρις οὗ ταῦτα πάντα γένηται.	Lk 21,32 → Lk 9,27	ἀμὴν λέγω ὑμῖν ὅτι **οὐ μὴ παρέλθῃ** ἡ γενεὰ αὕτη ἕως ἂν πάντα γένηται.	
222 222	Mt 24,35 (2) ↑ Mt 5,18	ὁ οὐρανὸς καὶ ἡ γῆ **παρελεύσεται**, οἱ δὲ λόγοι μου **οὐ μὴ παρέλθωσιν**.	Mk 13,31 (2)	ὁ οὐρανὸς καὶ ἡ γῆ **παρελεύσονται**, οἱ δὲ λόγοι μου **οὐ μὴ παρελεύσονται**.	Lk 21,33 (2) ↑ Lk 16,17	ὁ οὐρανὸς καὶ ἡ γῆ **παρελεύσονται**, οἱ δὲ λόγοι μου **οὐ μὴ παρελεύσονται**.	→ GTh 11,1
121	Mt 26,39	καὶ προελθὼν μικρὸν ἔπεσεν ἐπὶ πρόσωπον αὐτοῦ προσευχόμενος	Mk 14,35	καὶ προελθὼν μικρὸν ἔπιπτεν ἐπὶ τῆς γῆς καὶ προσηύχετο ἵνα εἰ δυνατόν ἐστιν **παρέλθῃ** ἀπ᾽ αὐτοῦ ἡ ὥρα,	Lk 22,41	καὶ αὐτὸς ἀπεσπάσθη ἀπ᾽ αὐτῶν ὡσεὶ λίθου βολὴν καὶ θεὶς τὰ γόνατα προσηύχετο	
211		καὶ λέγων· πάτερ μου, εἰ δυνατόν ἐστιν, **παρελθάτω** ἀπ᾽ ἐμοῦ τὸ ποτήριον τοῦτο· πλὴν οὐχ ὡς ἐγὼ θέλω ἀλλ᾽ ὡς σύ.	Mk 14,36	καὶ ἔλεγεν· αββα ὁ πατήρ, πάντα δυνατά σοι· **παρένεγκε** τὸ ποτήριον τοῦτο ἀπ᾽ ἐμοῦ· ἀλλ᾽ οὐ τί ἐγὼ θέλω ἀλλὰ τί σύ.	Lk 22,42 → Mt 26,42	λέγων· πάτερ, εἰ βούλει **παρένεγκε** τοῦτο τὸ ποτήριον ἀπ᾽ ἐμοῦ· πλὴν μὴ τὸ θέλημά μου ἀλλὰ τὸ σὸν γινέσθω.	→ Jn 18,11
210	Mt 26,42 → Mt 6,10 → Lk 22,42	πάλιν ἐκ δευτέρου ἀπελθὼν προσηύξατο λέγων· πάτερ μου, εἰ οὐ δύναται τοῦτο **παρελθεῖν** ἐὰν μὴ αὐτὸ πίω, γενηθήτω τὸ θέλημά σου.	Mk 14,39	καὶ πάλιν ἀπελθὼν προσηύξατο τὸν αὐτὸν λόγον εἰπών.			

Acts 16,8	**παρελθόντες** δὲ τὴν Μυσίαν κατέβησαν εἰς Τρῳάδα.	**Acts 27,9**	ἱκανοῦ δὲ χρόνου διαγενομένου καὶ ὄντος ἤδη ἐπισφαλοῦς τοῦ πλοὸς διὰ τὸ καὶ τὴν νηστείαν ἤδη **παρεληλυθέναι** παρῄνει ὁ Παῦλος

παρέχω

	Syn	Mt	Mk	Lk	Acts	Jn	1-3John	Paul	Eph	Col
παρέχω	6	1	1	4	5			1		1
	NT	2Thess	1/2Tim	Tit	Heb	Jas	1Pet	2Pet	Jude	Rev
	16		2	1						

give up; offer; grant; show; cause; bring about; *middle:* grant; get for oneself

	triple tradition																	double tradition			Sonder-gut		
		+Mt / +Lk			−Mt / −Lk			traditions not taken over by Mt / Lk							subtotals								
code	*222*	*211*	*112*	*212*	*221*	*122*	*121*	*022*	*012*	*021*	*220*	*120*	*210*	*020*	Σ⁺	Σ⁻	Σ	*202*	*201*	*102*	*200*	*002*	total
Mt											1						1						**1**
Mk											1						1						**1**
Lk																				1		3	**4**

102	**Mt 5,39**	ἐγὼ δὲ λέγω ὑμῖν μὴ ἀντιστῆναι τῷ πονηρῷ· ἀλλ' ὅστις σε ῥαπίζει εἰς τὴν δεξιὰν σιαγόνα [σου], **στρέψον** αὐτῷ καὶ τὴν ἄλλην·			**Lk 6,29**	τῷ τύπτοντί σε ἐπὶ τὴν σιαγόνα **πάρεχε** καὶ τὴν ἄλλην, ...	
002					**Lk 7,4**	οἱ δὲ παραγενόμενοι πρὸς τὸν Ἰησοῦν παρεκάλουν αὐτὸν σπουδαίως λέγοντες ὅτι ἄξιός ἐστιν ᾧ **παρέξῃ** τοῦτο·	
002					**Lk 11,7**	κἀκεῖνος ἔσωθεν ἀποκριθεὶς εἴπῃ· μή μοι κόπους **πάρεχε**· ἤδη ἡ θύρα κέκλεισται καὶ τὰ παιδία μου μετ' ἐμοῦ εἰς τὴν κοίτην εἰσίν· οὐ δύναμαι ἀναστὰς δοῦναί σοι.	
002					**Lk 18,5**	**διά γε τὸ παρέχειν** μοι κόπον τὴν χήραν ταύτην ἐκδικήσω αὐτήν, ...	
220	**Mt 26,10**	... τί κόπους **παρέχετε** τῇ γυναικί; ἔργον γὰρ καλὸν ἠργάσατο εἰς ἐμέ·	**Mk 14,6**	... ἄφετε αὐτήν· τί αὐτῇ κόπους **παρέχετε;** καλὸν ἔργον ἠργάσατο ἐν ἐμοί.			→ Jn 12,7

Acts 16,16	ἐγένετο δὲ πορευομένων ἡμῶν εἰς τὴν προσευχὴν παιδίσκην τινὰ ἔχουσαν πνεῦμα πύθωνα ὑπαντῆσαι ἡμῖν, ἥτις ἐργασίαν πολλὴν **παρεῖχεν** τοῖς κυρίοις αὐτῆς μαντευομένη.	**Acts 17,31**	καθότι ἔστησεν ἡμέραν ἐν ᾗ μέλλει κρίνειν τὴν οἰκουμένην ἐν δικαιοσύνῃ, ἐν ἀνδρὶ ᾧ ὥρισεν, πίστιν **παρασχὼν** πᾶσιν ἀναστήσας αὐτὸν ἐκ νεκρῶν.	**Acts 19,24**	Δημήτριος γάρ τις ὀνόματι, ἀργυροκόπος, ποιῶν ναοὺς ἀργυροῦς Ἀρτέμιδος **παρείχετο** τοῖς τεχνίταις οὐκ ὀλίγην ἐργασίαν

Acts 22,2	ἀκούσαντες δὲ ὅτι τῇ Ἑβραΐδι διαλέκτῳ προσεφώνει αὐτοῖς, μᾶλλον **παρέσχον** ἡσυχίαν. ...	**Acts 28,2**	οἵ τε βάρβαροι **παρεῖχον** οὐ τὴν τυχοῦσαν φιλανθρωπίαν ἡμῖν, ...

παρθενία

	Syn	Mt	Mk	Lk	Acts	Jn	1-3John	Paul	Eph	Col
	1			1						
	NT	2Thess	1/2Tim	Tit	Heb	Jas	1Pet	2Pet	Jude	Rev
	1									

virginity

002		**Lk 2,36** καὶ ἦν Ἅννα προφῆτις, θυγάτηρ Φανουήλ, ἐκ φυλῆς Ἀσήρ· αὕτη προβεβηκυῖα ἐν ἡμέραις πολλαῖς, ζήσασα μετὰ ἀνδρὸς ἔτη ἑπτὰ **ἀπὸ τῆς παρθενίας αὐτῆς**	

παρθένος

	Syn	Mt	Mk	Lk	Acts	Jn	1-3John	Paul	Eph	Col
	6	4		2	1			7		
	NT	2Thess	1/2Tim	Tit	Heb	Jas	1Pet	2Pet	Jude	Rev
	15									1

virgin

	triple tradition																		double tradition			Sondergut		
		+Mt / +Lk			−Mt / −Lk			traditions not taken over by Mt / Lk							subtotals								
code	222	211	112	212	221	122	121	022	012	021	220	120	210	020	Σ⁺	Σ⁻	Σ	202	201	102	200	002	total
Mt																					4		**4**
Mk																							
Lk																						2	**2**

002 002		**Lk 1,27 (2)** →Mt 1,18 →Mt 1,20 [26] ... ἀπεστάλη ὁ ἄγγελος Γαβριὴλ ... [27] **πρὸς παρθένον ἐμνηστευμένην** ἀνδρὶ ᾧ ὄνομα Ἰωσὴφ ἐξ οἴκου Δαυὶδ καὶ **τὸ ὄνομα τῆς παρθένου** Μαριάμ.	
200	**Mt 1,23** *ἰδοὺ* ***ἡ παρθένος*** *ἐν γαστρὶ ἕξει καὶ τέξεται υἱόν, καὶ καλέσουσιν τὸ ὄνομα αὐτοῦ Ἐμμανουήλ, ...* ➤ Isa 7,14 LXX; 8,8.10 LXX		
200	**Mt 25,1** τότε ὁμοιωθήσεται ἡ βασιλεία τῶν οὐρανῶν **δέκα παρθένοις,** αἵτινες λαβοῦσαι τὰς λαμπάδας ἑαυτῶν ἐξῆλθον εἰς ὑπάντησιν τοῦ νυμφίου.		
200	**Mt 25,7** τότε ἠγέρθησαν **πᾶσαι αἱ παρθένοι ἐκεῖναι** καὶ ἐκόσμησαν τὰς λαμπάδας ἑαυτῶν.		

200	**Mt 25,11** ὕστερον δὲ ἔρχονται καὶ → Mt 7,22 **αἱ λοιπαὶ παρθένοι** λέγουσαι· κύριε κύριε, ἄνοιξον ἡμῖν.		**Lk 13,25** ... καὶ ἄρξησθε ἔξω ἑστάναι καὶ κρούειν τὴν θύραν λέγοντες· κύριε, ἄνοιξον ἡμῖν, ...	

Acts 21,9 τούτῳ δὲ ἦσαν θυγατέρες
τέσσαρες
παρθένοι
προφητεύουσαι.

παρίημι

Syn	Mt	Mk	Lk	Acts	Jn	1-3John	Paul	Eph	Col
1			1						
NT	2Thess	1/2Tim	Tit	Heb	Jas	1Pet	2Pet	Jude	Rev
2				1					

leave undone; neglect

102	**Mt 23,23** ... ταῦτα [δὲ] ἔδει ποιῆσαι κἀκεῖνα **μὴ ἀφιέναι.**		**Lk 11,42** ... ταῦτα δὲ ἔδει ποιῆσαι κἀκεῖνα **μὴ παρεῖναι.**	

παρίστημι

Syn	Mt	Mk	Lk	Acts	Jn	1-3John	Paul	Eph	Col
10	1	6	3	13	2		11	1	2
NT	2Thess	1/2Tim	Tit	Heb	Jas	1Pet	2Pet	Jude	Rev
41		2							

transitive: place beside; put at someone's disposal; present; represent; bring; prove; demonstrate; *intransitive:* approach; come; help; stand by; *perfect; pluperfect:* stand; be here; have come

	triple tradition																	double tradition			Sondergut		
		+Mt / +Lk			–Mt / –Lk			traditions not taken over by Mt / Lk						subtotals								
code	*222*	*211*	*112*	*212*	*221*	*122*	*121*	*022*	*012*	*021*	*220*	*120*	*210*	*020*	Σ⁺	Σ⁻	Σ	*202*	*201*	*102*	*200*	*002*	total
Mt							4^-					1^-				5^-					1		**1**
Mk							4					1		1			6						**6**
Lk							4^-									4^-				1		2	**3**

[a] παρίστημι transitive

002			**Lk 1,19** ... ἐγώ εἰμι Γαβριὴλ **ὁ παρεστηκὼς** ἐνώπιον τοῦ θεοῦ ...	
a 002			**Lk 2,22** καὶ ὅτε ἐπλήσθησαν αἱ ἡμέραι τοῦ καθαρισμοῦ αὐτῶν κατὰ τὸν νόμον Μωϋσέως, ἀνήγαγον αὐτὸν εἰς Ἱεροσόλυμα **παραστῆσαι** τῷ κυρίῳ	
020		**Mk 4,29** ὅταν δὲ παραδοῖ ὁ καρπός, εὐθὺς ἀποστέλλει τὸ δρέπανον, ὅτι **παρέστηκεν** ὁ θερισμός.		→ GTh 21,10
102	**Mt 25,28** ἄρατε οὖν ἀπ' αὐτοῦ τὸ τάλαντον καὶ δότε τῷ ἔχοντι τὰ δέκα τάλαντα·		**Lk 19,24** καὶ **τοῖς παρεστῶσιν** εἶπεν· ἄρατε ἀπ' αὐτοῦ τὴν μνᾶν καὶ δότε τῷ τὰς δέκα μνᾶς ἔχοντι	

121	**Mt 26,51**	καὶ ἰδοὺ **εἷς** **τῶν μετὰ Ἰησοῦ** ἐκτείνας τὴν χεῖρα ἀπέσπασεν τὴν μάχαιραν αὐτοῦ καὶ πατάξας τὸν δοῦλον τοῦ ἀρχιερέως ἀφεῖλεν αὐτοῦ τὸ ὠτίον.	**Mk 14,47**	**εἷς δέ [τις]** **τῶν παρεστηκότων** σπασάμενος τὴν μάχαιραν ἔπαισεν τὸν δοῦλον τοῦ ἀρχιερέως καὶ ἀφεῖλεν αὐτοῦ τὸ ὠτάριον.	**Lk 22,50**	[49] ... κύριε, εἰ πατάξομεν ἐν μαχαίρῃ; [50] καὶ ἐπάταξεν **εἷς τις** **ἐξ αὐτῶν** τοῦ ἀρχιερέως τὸν δοῦλον καὶ ἀφεῖλεν τὸ οὖς αὐτοῦ τὸ δεξιόν.	→ Jn 18,10
a 200	**Mt 26,53**	ἢ δοκεῖς ὅτι οὐ δύναμαι παρακαλέσαι τὸν πατέρα μου, καὶ **παραστήσει** μοι ἄρτι πλείω δώδεκα λεγιῶνας ἀγγέλων;					→ Jn 18,36
121	**Mt 26,71**	... εἶδεν αὐτὸν ἄλλη καὶ λέγει **τοῖς ἐκεῖ·** οὗτος ἦν μετὰ Ἰησοῦ τοῦ Ναζωραίου.	**Mk 14,69**	καὶ ἡ παιδίσκη ἰδοῦσα αὐτὸν ἤρξατο πάλιν λέγειν **τοῖς παρεστῶσιν** ὅτι οὗτος ἐξ αὐτῶν ἐστιν.	**Lk 22,58**	καὶ μετὰ βραχὺ ἕτερος ἰδὼν αὐτὸν ἔφη· καὶ σὺ ἐξ αὐτῶν εἶ. ...	→ Jn 18,25
121	**Mt 26,73**	μετὰ μικρὸν δὲ προσελθόντες **οἱ ἑστῶτες** εἶπον τῷ Πέτρῳ· ἀληθῶς καὶ σὺ ἐξ αὐτῶν εἶ, καὶ γὰρ ἡ λαλιά σου δῆλόν σε ποιεῖ.	**Mk 14,70**	... καὶ μετὰ μικρὸν πάλιν **οἱ παρεστῶτες** ἔλεγον τῷ Πέτρῳ· ἀληθῶς ἐξ αὐτῶν εἶ, καὶ γὰρ Γαλιλαῖος εἶ.	**Lk 22,59**	καὶ διαστάσης ὡσεὶ ὥρας μιᾶς **ἄλλος τις** διϊσχυρίζετο λέγων· ἐπ' ἀληθείας καὶ οὗτος μετ' αὐτοῦ ἦν, καὶ γὰρ Γαλιλαῖός ἐστιν.	→ Jn 18,26
120	**Mt 27,47**	**τινὲς δὲ τῶν ἐκεῖ** **ἑστηκότων** ἀκούσαντες ἔλεγον ὅτι Ἠλίαν φωνεῖ οὗτος.	**Mk 15,35**	**καί τινες τῶν** **παρεστηκότων** ἀκούσαντες ἔλεγον· ἴδε Ἠλίαν φωνεῖ.			
121	**Mt 27,54**	ὁ δὲ ἑκατόνταρχος καὶ οἱ μετ' αὐτοῦ τηροῦντες τὸν Ἰησοῦν ἰδόντες τὸν σεισμὸν καὶ τὰ γενόμενα ἐφοβήθησαν σφόδρα, λέγοντες· ἀληθῶς θεοῦ υἱὸς ἦν οὗτος.	**Mk 15,39**	ἰδὼν δὲ ὁ κεντυρίων **ὁ παρεστηκὼς** ἐξ ἐναντίας αὐτοῦ ὅτι οὕτως ἐξέπνευσεν εἶπεν· ἀληθῶς οὗτος ὁ ἄνθρωπος υἱὸς θεοῦ ἦν.	**Lk 23,47**	ἰδὼν δὲ ὁ ἑκατοντάρχης τὸ γενόμενον ἐδόξαζεν τὸν θεὸν λέγων· ὄντως ὁ ἄνθρωπος οὗτος δίκαιος ἦν.	

a **Acts 1,3** οἷς καὶ
παρέστησεν
ἑαυτὸν ζῶντα μετὰ τὸ
παθεῖν αὐτὸν ἐν πολλοῖς
τεκμηρίοις, ...

Acts 1,10 καὶ ὡς ἀτενίζοντες
ἦσαν εἰς τὸν οὐρανὸν
πορευομένου αὐτοῦ,
καὶ ἰδοὺ ἄνδρες δύο
παρειστήκεισαν
αὐτοῖς ἐν ἐσθήσεσι
λευκαῖς

Acts 4,10 γνωστὸν ἔστω πᾶσιν
ὑμῖν καὶ παντὶ τῷ λαῷ
Ἰσραὴλ ὅτι ἐν τῷ ὀνόματι
Ἰησοῦ Χριστοῦ τοῦ
Ναζωραίου ὃν ὑμεῖς
ἐσταυρώσατε, ὃν ὁ θεὸς
ἤγειρεν ἐκ νεκρῶν,
ἐν τούτῳ οὗτος
παρέστηκεν
ἐνώπιον ὑμῶν ὑγιής.

Acts 4,26 ***παρέστησαν***
οἱ βασιλεῖς τῆς γῆς καὶ
οἱ ἄρχοντες συνήχθησαν
ἐπὶ τὸ αὐτὸ κατὰ τοῦ
κυρίου καὶ κατὰ τοῦ
χριστοῦ αὐτοῦ.
➤ Ps 2,2 LXX

Acts 9,39 ... ὃν παραγενόμενον
ἀνήγαγον εἰς τὸ ὑπερῷον
καὶ
παρέστησαν
αὐτῷ πᾶσαι αἱ χῆραι
κλαίουσαι καὶ
ἐπιδεικνύμεναι χιτῶνας
καὶ ἱμάτια ὅσα ἐποίει
μετ' αὐτῶν οὖσα
ἡ Δορκάς.

a **Acts 9,41** δοὺς δὲ αὐτῇ χεῖρα
ἀνέστησεν αὐτήν·
φωνήσας δὲ τοὺς ἁγίους
καὶ τὰς χήρας
παρέστησεν
αὐτὴν ζῶσαν.

Acts 23,2 ὁ δὲ ἀρχιερεὺς Ἁνανίας
ἐπέταξεν
τοῖς παρεστῶσιν
αὐτῷ τύπτειν αὐτοῦ
τὸ στόμα.

Acts 23,4 **οἱ δὲ παρεστῶτες**
εἶπαν· τὸν ἀρχιερέα
τοῦ θεοῦ λοιδορεῖς;

a **Acts 23,24** [23] ... εἶπεν· ἑτοιμάσατε
στρατιώτας ...
[24] κτήνη τε
παραστῆσαι
ἵνα ἐπιβιβάσαντες τὸν
Παῦλον διασώσωσι πρὸς
Φήλικα τὸν ἡγεμόνα

a **Acts 23,33** οἵτινες εἰσελθόντες
εἰς τὴν Καισάρειαν
καὶ ἀναδόντες τὴν
ἐπιστολὴν τῷ ἡγεμόνι
παρέστησαν
καὶ τὸν Παῦλον αὐτῷ.

a **Acts 24,13** οὐδὲ **παραστῆσαι** δύνανταί σοι περὶ ὧν νυνὶ κατηγοροῦσίν μου.	**Acts 27,23** **παρέστη** γάρ μοι ταύτῃ τῇ νυκτὶ τοῦ θεοῦ, οὗ εἰμι [ἐγώ] ᾧ καὶ λατρεύω, ἄγγελος	**Acts 27,24** λέγων· μὴ φοβοῦ, Παῦλε, Καίσαρί σε δεῖ **παραστῆναι,** καὶ ἰδοὺ κεχάρισταί σοι ὁ θεὸς πάντας τοὺς πλέοντας μετὰ σοῦ.

παροικέω

	Syn	Mt	Mk	Lk	Acts	Jn	1-3John	Paul	Eph	Col
παροικέω	1			1						
	NT	2Thess	1/2Tim	Tit	Heb	Jas	1Pet	2Pet	Jude	Rev
	2				1					

inhabit (a place) as a stranger

002			**Lk 24,18** ἀποκριθεὶς δὲ εἷς ὀνόματι Κλεοπᾶς εἶπεν πρὸς αὐτόν· σὺ **μόνος παροικεῖς Ἰερουσαλὴμ** καὶ οὐκ ἔγνως τὰ γενόμενα ἐν αὐτῇ ἐν ταῖς ἡμέραις ταύταις;	

παρομοιάζω

	Syn	Mt	Mk	Lk	Acts	Jn	1-3John	Paul	Eph	Col
παρομοιάζω	1	1								
	NT	2Thess	1/2Tim	Tit	Heb	Jas	1Pet	2Pet	Jude	Rev
	1									

be like

201	**Mt 23,27** οὐαὶ ὑμῖν, γραμματεῖς καὶ Φαρισαῖοι ὑποκριταί, ὅτι **παρομοιάζετε** τάφοις κεκονιαμένοις, οἵτινες ἔξωθεν μὲν φαίνονται ὡραῖοι, ἔσωθεν δὲ γέμουσιν ὀστέων νεκρῶν καὶ πάσης ἀκαθαρσίας.		**Lk 11,44** οὐαὶ ὑμῖν, ὅτι **ἐστὲ ὡς** τὰ μνημεῖα τὰ ἄδηλα, καὶ οἱ ἄνθρωποι [οἱ] περιπατοῦντες ἐπάνω οὐκ οἴδασιν.	

παρόμοιος

	Syn	Mt	Mk	Lk	Acts	Jn	1-3John	Paul	Eph	Col
παρόμοιος	1		1							
	NT	2Thess	1/2Tim	Tit	Heb	Jas	1Pet	2Pet	Jude	Rev
	1									

like; similar

120	**Mt 15,6** ... καὶ ἠκυρώσατε τὸν λόγον τοῦ θεοῦ διὰ τὴν παράδοσιν ὑμῶν.	**Mk 7,13** ἀκυροῦντες τὸν λόγον τοῦ θεοῦ τῇ παραδόσει ὑμῶν ᾗ παρεδώκατε· καὶ **παρόμοια τοιαῦτα πολλὰ** ποιεῖτε.		

παρουσία	Syn 4	Mt 4	Mk	Lk	Acts	Jn	1-3John 1	Paul 11	Eph	Col
	NT 24	2Thess 3	1/2Tim	Tit	Heb	Jas 2	1Pet	2Pet 3	Jude	Rev

coming; advent

211	**Mt 24,3**	... εἰπὲ ἡμῖν, πότε ταῦτα ἔσται καὶ τί τὸ σημεῖον **τῆς σῆς παρουσίας** καὶ συντελείας τοῦ αἰῶνος;	**Mk 13,4**	εἰπὸν ἡμῖν, πότε ταῦτα ἔσται καὶ τί τὸ σημεῖον ὅταν μέλλῃ ταῦτα συντελεῖσθαι πάντα;	**Lk 21,7**	... διδάσκαλε, πότε οὖν ταῦτα ἔσται καὶ τί τὸ σημεῖον ὅταν μέλλῃ ταῦτα γίνεσθαι;	
201	**Mt 24,27**	ὥσπερ γὰρ ἡ ἀστραπὴ ἐξέρχεται ἀπὸ ἀνατολῶν καὶ φαίνεται ἕως δυσμῶν, οὕτως ἔσται **ἡ παρουσία τοῦ υἱοῦ τοῦ ἀνθρώπου·**			**Lk 17,24**	ὥσπερ γὰρ ἡ ἀστραπὴ ἀστράπτουσα ἐκ τῆς ὑπὸ τὸν οὐρανὸν εἰς τὴν ὑπ' οὐρανὸν λάμπει, οὕτως ἔσται **ὁ υἱὸς τοῦ ἀνθρώπου [ἐν τῇ ἡμέρᾳ αὐτοῦ].**	
201	**Mt 24,37**	ὥσπερ γὰρ αἱ ἡμέραι τοῦ Νῶε, οὕτως ἔσται **ἡ παρουσία τοῦ υἱοῦ τοῦ ἀνθρώπου.**			**Lk 17,26**	καὶ καθὼς ἐγένετο ἐν ταῖς ἡμέραις Νῶε, οὕτως ἔσται καὶ **ἐν ταῖς ἡμέραις τοῦ υἱοῦ τοῦ ἀνθρώπου·**	
201	**Mt 24,39**	καὶ οὐκ ἔγνωσαν ἕως ἦλθεν ὁ κατακλυσμὸς καὶ ἦρεν ἅπαντας, οὕτως ἔσται [καὶ] **ἡ παρουσία τοῦ υἱοῦ τοῦ ἀνθρώπου.**			**Lk 17,30**	[27] καὶ ἦλθεν ὁ κατακλυσμὸς καὶ ἀπώλεσεν πάντας. [28] ... [30] κατὰ τὰ αὐτὰ ἔσται **ᾗ ἡμέρᾳ ὁ υἱὸς τοῦ ἀνθρώπου ἀποκαλύπτεται.**	

παροψίς	Syn 1	Mt 1	Mk	Lk	Acts	Jn	1-3John	Paul	Eph	Col
	NT 1	2Thess	1/2Tim	Tit	Heb	Jas	1Pet	2Pet	Jude	Rev

dish; vessel

201	**Mt 23,25** → Mk 7,4	οὐαὶ ὑμῖν, γραμματεῖς καὶ Φαρισαῖοι ὑποκριταί, ὅτι καθαρίζετε **τὸ ἔξωθεν τοῦ ποτηρίου καὶ τῆς παροψίδος,** ἔσωθεν δὲ γέμουσιν ἐξ ἁρπαγῆς καὶ ἀκρασίας.			**Lk 11,39** → Mk 7,4	... νῦν ὑμεῖς οἱ Φαρισαῖοι **τὸ ἔξωθεν τοῦ ποτηρίου καὶ τοῦ πίνακος** καθαρίζετε, τὸ δὲ ἔσωθεν ὑμῶν γέμει ἁρπαγῆς καὶ πονηρίας.	→ GTh 89

παρρησία	Syn 1	Mt	Mk 1	Lk	Acts 5	Jn 9	1-3John 4	Paul 4	Eph 2	Col 1
	NT 31	2Thess	1/2Tim 1	Tit	Heb 4	Jas	1Pet	2Pet	Jude	Rev

outspokenness; frankness; plainness; openness; courage; confidence; boldness; fearlessness

120	**Mt 16,22**	 καὶ προσλαβόμενος αὐτὸν ὁ Πέτρος ἤρξατο ἐπιτιμᾶν αὐτῷ ...	**Mk 8,32**	καὶ **παρρησίᾳ** τὸν λόγον ἐλάλει. καὶ προσλαβόμενος ὁ Πέτρος αὐτὸν ἤρξατο ἐπιτιμᾶν αὐτῷ.			

Acts 2,29	ἄνδρες ἀδελφοί, ἐξὸν εἰπεῖν **μετὰ παρρησίας** πρὸς ὑμᾶς περὶ τοῦ πατριάρχου Δαυίδ ...	**Acts 4,29**	καὶ τὰ νῦν, κύριε, ἔπιδε ἐπὶ τὰς ἀπειλὰς αὐτῶν καὶ δὸς τοῖς δούλοις σου **μετὰ παρρησίας πάσης** λαλεῖν τὸν λόγον σου	**Acts 28,31**	κηρύσσων τὴν βασιλείαν τοῦ θεοῦ καὶ διδάσκων τὰ περὶ τοῦ κυρίου Ἰησοῦ Χριστοῦ **μετὰ πάσης παρρησίας** ἀκωλύτως.
Acts 4,13	θεωροῦντες δὲ **τὴν τοῦ Πέτρου παρρησίαν καὶ Ἰωάννου** καὶ καταλαβόμενοι ὅτι ἄνθρωποι ἀγράμματοί εἰσιν καὶ ἰδιῶται, ...	**Acts 4,31**	... καὶ ἐπλήσθησαν ἅπαντες τοῦ ἁγίου πνεύματος καὶ ἐλάλουν τὸν λόγον τοῦ θεοῦ **μετὰ παρρησίας.**		

πᾶς	Syn	Mt	Mk	Lk	Acts	Jn	1-3John	Paul	Eph	Col
	353	129	66	158	172	64	31	302	52	39
	NT	2Thess	1/2Tim	Tit	Heb	Jas	1Pet	2Pet	Jude	Rev
	1241	16	41	14	53	12	18	7	8	59

without the article: each; every; every kind of; all; full; absolute; greatest; *with the article:* entire; whole; all; everyone; everything; διὰ παντός always; continually; forever; κατὰ πάντα in everything; in every respect

	triple tradition																	double tradition			Sondergut		
		+Mt / +Lk			–Mt / –Lk			traditions not taken over by Mt / Lk							subtotals								
code	*222*	*211*	*112*	*212*	*221*	*122*	*121*	*022*	*012*	*021*	*220*	*120*	*210*	*020*	Σ⁺	Σ⁻	Σ	*202*	*201*	*102*	*200*	*002*	total
Mt	4	20^+			6		16^-				11	10^-	11^+		31^+	26^-	52	15	14		48		**129**
Mk	4				6		16	3		7	11	10		9			66						**66**
Lk	4		30^+		6^-		16^-	3	7^+	7^-					37^+	29^-	44	15		18		81	**158**

[a] πᾶς following a noun
[b] πᾶς with demonstrative or personal pronoun
[c] πᾶς following a participle
[d] πᾶς with proper name
[e] πάντες οἱ and preposition
[f] πᾶς, πάντες, οἱ (...) πάντες (used as a noun)
[g] (τὰ) πάντα (used as a noun)
[h] πᾶς ὅς
[j] πᾶς ὅστις
[k] πάντες (...) ὅσοι
[l] οὐ πᾶς, οὐχί πᾶς
[m] διὰ παντός
[n] κατὰ πάντα

200	**Mt 1,17** **πᾶσαι οὖν αἱ γενεαὶ** ἀπὸ Ἀβραὰμ ἕως Δαυὶδ γενεαὶ δεκατέσσαρες, ...			
g 002			**Lk 1,3** ἔδοξε κἀμοὶ παρηκολουθηκότι ἄνωθεν **πᾶσιν** ἀκριβῶς καθεξῆς σοι γράψαι, ...	
002			**Lk 1,6** ἦσαν δὲ δίκαιοι ἀμφότεροι ἐναντίον τοῦ θεοῦ, πορευόμενοι **ἐν πάσαις ταῖς ἐντολαῖς καὶ δικαιώμασιν τοῦ κυρίου** ἄμεμπτοι.	
002			**Lk 1,10** καὶ **πᾶν τὸ πλῆθος ἦν τοῦ λαοῦ** προσευχόμενον ἔξω τῇ ὥρᾳ τοῦ θυμιάματος.	
002			**Lk 1,37** ὅτι οὐκ ἀδυνατήσει παρὰ τοῦ θεοῦ **πᾶν ῥῆμα.**	
002			**Lk 1,48** → Lk 1,45 → Lk 11,27 ... ἰδοὺ γὰρ ἀπὸ τοῦ νῦν μακαριοῦσίν με **πᾶσαι αἱ γενεαί**	

f 002		Lk 1,63	καὶ αἰτήσας πινακίδιον ἔγραψεν λέγων· Ἰωάννης ἐστὶν ὄνομα αὐτοῦ. καὶ ἐθαύμασαν **πάντες.**	
002 002		Lk 1,65 (2)	καὶ ἐγένετο **ἐπὶ πάντας φόβος τοὺς περιοικοῦντας** αὐτούς, καὶ ἐν ὅλῃ τῇ ὀρεινῇ τῆς Ἰουδαίας διελαλεῖτο **πάντα τὰ ῥήματα ταῦτα,**	
002		Lk 1,66	καὶ ἔθεντο **πάντες οἱ ἀκούσαντες** ἐν τῇ καρδίᾳ αὐτῶν λέγοντες· τί ἄρα τὸ παιδίον τοῦτο ἔσται; ...	
002		Lk 1,71	σωτηρίαν ἐξ ἐχθρῶν ἡμῶν καὶ **ἐκ χειρὸς πάντων τῶν μισούντων** ἡμᾶς	
002		Lk 1,75	ἐν ὁσιότητι καὶ δικαιοσύνῃ ἐνώπιον αὐτοῦ **πάσαις ταῖς ἡμέραις ἡμῶν.**	
002		Lk 2,1	ἐγένετο δὲ ἐν ταῖς ἡμέραις ἐκείναις ἐξῆλθεν δόγμα παρὰ Καίσαρος Αὐγούστου ἀπογράφεσθαι **πᾶσαν τὴν οἰκουμένην.**	
f 002		Lk 2,3	καὶ ἐπορεύοντο **πάντες** ἀπογράφεσθαι, ἕκαστος εἰς τὴν ἑαυτοῦ πόλιν.	
002		Lk 2,10	καὶ εἶπεν αὐτοῖς ὁ ἄγγελος· μὴ φοβεῖσθε, ἰδοὺ γὰρ εὐαγγελίζομαι ὑμῖν χαρὰν μεγάλην ἥτις ἔσται **παντὶ τῷ λαῷ**	
002		Lk 2,18	καὶ **πάντες οἱ ἀκούσαντες** ἐθαύμασαν περὶ τῶν λαληθέντων ὑπὸ τῶν ποιμένων πρὸς αὐτούς·	
002		Lk 2,19 ↓ Lk 2,51	ἡ δὲ Μαριὰμ **πάντα συνετήρει τὰ ῥήματα ταῦτα** συμβάλλουσα ἐν τῇ καρδίᾳ αὐτῆς.	
g h 002		Lk 2,20	καὶ ὑπέστρεψαν οἱ ποιμένες δοξάζοντες καὶ αἰνοῦντες τὸν θεὸν **ἐπὶ πᾶσιν** οἷς ἤκουσαν καὶ εἶδον καθὼς ἐλαλήθη πρὸς αὐτούς.	

002					Lk 2,23	καθὼς γέγραπται ἐν νόμῳ κυρίου ὅτι *πᾶν ἄρσεν* *διανοῖγον μήτραν ἅγιον* *τῷ κυρίῳ κληθήσεται* ➤ Exod 13,2.12.15	
002					Lk 2,31	[30] ... εἶδον οἱ ὀφθαλμοί μου τὸ σωτήριόν σου, [31] ὃ ἡτοίμασας κατὰ πρόσωπον πάντων τῶν λαῶν	
002					Lk 2,38	καὶ αὐτῇ τῇ ὥρᾳ ἐπιστᾶσα ἀνθωμολογεῖτο τῷ θεῷ καὶ ἐλάλει περὶ αὐτοῦ πᾶσιν τοῖς προσδεχομένοις λύτρωσιν Ἰερουσαλήμ.	
e 002					Lk 2,39 → Mt 2,22-23	καὶ ὡς ἐτέλεσαν πάντα τὰ κατὰ τὸν νόμον κυρίου, ἐπέστρεψαν εἰς τὴν Γαλιλαίαν εἰς πόλιν ἑαυτῶν Ναζαρέθ.	
d 200	Mt 2,3 ↓ Mt 21,10	ἀκούσας δὲ ὁ βασιλεὺς Ἡρῴδης ἐταράχθη καὶ πᾶσα Ἱεροσόλυμα μετ' αὐτοῦ,					
200	Mt 2,4	καὶ συναγαγὼν πάντας τοὺς ἀρχιερεῖς καὶ γραμματεῖς τοῦ λαοῦ ἐπυνθάνετο παρ' αὐτῶν ποῦ ὁ χριστὸς γεννᾶται.					
200 200	Mt 2,16 (2)	... καὶ ἀποστείλας ἀνεῖλεν πάντας τοὺς παῖδας τοὺς ἐν Βηθλέεμ καὶ ἐν πᾶσι τοῖς ὁρίοις αὐτῆς ἀπὸ διετοῦς καὶ κατωτέρω, ...					
002					Lk 2,47	ἐξίσταντο δὲ πάντες οἱ ἀκούοντες αὐτοῦ ἐπὶ τῇ συνέσει καὶ ταῖς ἀποκρίσεσιν αὐτοῦ.	
002					Lk 2,51 ↑ Lk 2,19	... καὶ ἡ μήτηρ αὐτοῦ διετήρει πάντα τὰ ῥήματα ἐν τῇ καρδίᾳ αὐτῆς.	
202	Mt 3,5 (2)	τότε ἐξεπορεύετο πρὸς αὐτὸν Ἱεροσόλυμα καὶ πᾶσα ἡ Ἰουδαία καὶ πᾶσα ἡ περίχωρος τοῦ Ἰορδάνου	Mk 1,5 (2) → Lk 3,7	καὶ ἐξεπορεύετο πρὸς αὐτὸν πᾶσα ἡ Ἰουδαία χώρα καὶ οἱ Ἱεροσολυμῖται πάντες, ...	Lk 3,3 ⇨ Mt 3,1 ⇨ Mk 1,4	[2] ... ἐγένετο ῥῆμα θεοῦ ἐπὶ Ἰωάννην τὸν Ζαχαρίου υἱὸν ἐν τῇ ἐρήμῳ. [3] καὶ ἦλθεν εἰς πᾶσαν [τὴν] περίχωρον τοῦ Ἰορδάνου ...	

002 002					Lk 3,5 (2)	*πᾶσα φάραγξ* *πληρωθήσεται καὶ* ***πᾶν ὄρος καὶ βουνὸς*** *ταπεινωθήσεται, καὶ ἔσται τὰ σκολιὰ εἰς εὐθεῖαν καὶ αἱ τραχεῖαι εἰς ὁδοὺς λείας·* ➢ Isa 40,4 LXX	
002					Lk 3,6	*καὶ ὄψεται* ***πᾶσα σὰρξ*** *τὸ σωτήριον τοῦ θεοῦ.* ➢ Isa 40,5 LXX	
d 220 a d 120	Mt 3,5 (2)	τότε ἐξεπορεύετο πρὸς αὐτὸν Ἱεροσόλυμα καὶ **πᾶσα ἡ Ἰουδαία**	Mk 1,5 (2) → Lk 3,7	καὶ ἐξεπορεύετο πρὸς αὐτὸν **πᾶσα ἡ Ἰουδαία χώρα** καὶ οἱ Ἱεροσολυμῖται πάντες, ... καὶ **οἱ Ἱεροσολυμῖται πάντες, ...**	Lk 3,3 ⇨ Mk 1,4	καὶ ἦλθεν ↔	
202		καὶ **πᾶσα ἡ περίχωρος τοῦ Ἰορδάνου**			Lk 3,3	**↔ εἰς πᾶσαν [τὴν] περίχωρον τοῦ Ἰορδάνου ...**	
202	Mt 3,10 ⇩ Mt 7,19	ἤδη δὲ ἡ ἀξίνη πρὸς τὴν ῥίζαν τῶν δένδρων κεῖται· **πᾶν οὖν δένδρον** μὴ ποιοῦν καρπὸν καλὸν ἐκκόπτεται καὶ εἰς πῦρ βάλλεται.			Lk 3,9	ἤδη δὲ καὶ ἡ ἀξίνη πρὸς τὴν ῥίζαν τῶν δένδρων κεῖται· **πᾶν οὖν δένδρον** μὴ ποιοῦν καρπὸν καλὸν ἐκκόπτεται καὶ εἰς πῦρ βάλλεται.	
f 002					Lk 3,15	προσδοκῶντος δὲ τοῦ λαοῦ καὶ διαλογιζομένων **πάντων** ἐν ταῖς καρδίαις αὐτῶν περὶ τοῦ Ἰωάννου, ...	
f 112	Mt 3,11	ἐγὼ μὲν ὑμᾶς βαπτίζω ἐν ὕδατι εἰς μετάνοιαν, ὁ δὲ ὀπίσω μου ἐρχόμενος ἰσχυρότερός μού ἐστιν, ...	Mk 1,7	καὶ ἐκήρυσσεν λέγων· ἔρχεται ὁ ἰσχυρότερός μου ὀπίσω μου, ... [8] ἐγὼ ἐβάπτισα ὑμᾶς ὕδατι, ...	Lk 3,16	ἀπεκρίνατο λέγων **πᾶσιν** ὁ Ἰωάννης· ἐγὼ μὲν ὕδατι βαπτίζω ὑμᾶς· ἔρχεται δὲ ὁ ἰσχυρότερός μου, ...	→ Jn 1,26-27 → Acts 1,5 → Acts 11,16 → Acts 13,25 Mk-Q overlap
112	Mt 14,3	ὁ γὰρ Ἡρῴδης κρατήσας τὸν Ἰωάννην ἔδησεν [αὐτὸν] καὶ ἐν φυλακῇ ἀπέθετο διὰ Ἡρῳδιάδα τὴν γυναῖκα Φιλίππου τοῦ ἀδελφοῦ αὐτοῦ·	Mk 6,17	αὐτὸς γὰρ ὁ Ἡρῴδης ἀποστείλας ἐκράτησεν τὸν Ἰωάννην καὶ ἔδησεν αὐτὸν ἐν φυλακῇ διὰ Ἡρῳδιάδα τὴν γυναῖκα Φιλίππου τοῦ ἀδελφοῦ αὐτοῦ, ὅτι αὐτὴν ἐγάμησεν·	Lk 3,19 → Mt 14,4 → Mk 6,18	ὁ δὲ Ἡρῴδης ὁ τετραάρχης, ἐλεγχόμενος ὑπ' αὐτοῦ περὶ Ἡρῳδιάδος τῆς γυναικὸς τοῦ ἀδελφοῦ αὐτοῦ καὶ **περὶ πάντων ὧν ἐποίησεν πονηρῶν** ὁ Ἡρῴδης,	
g 112					Lk 3,20 → Mt 4,12 → Mk 1,14	προσέθηκεν καὶ τοῦτο **ἐπὶ πᾶσιν** [καὶ] κατέκλεισεν τὸν Ἰωάννην ἐν φυλακῇ.	

200	Mt 3,15	... ἄφες ἄρτι, οὕτως γὰρ πρέπον ἐστὶν ἡμῖν πληρῶσαι **πᾶσαν δικαιοσύνην.** τότε ἀφίησιν αὐτόν.					
201	Mt 4,4	... γέγραπται· *οὐκ ἐπ' ἄρτῳ μόνῳ ζήσεται ὁ ἄνθρωπος, ἀλλ'* ***ἐπὶ παντὶ ῥήματι*** *ἐκπορευομένῳ διὰ στόματος θεοῦ.* ➤ Deut 8,3			Lk 4,4	... γέγραπται ὅτι *οὐκ ἐπ' ἄρτῳ μόνῳ ζήσεται ὁ ἄνθρωπος.* ➤ Deut 8,3	
202	Mt 4,8	... δείκνυσιν αὐτῷ **πάσας τὰς βασιλείας τοῦ κόσμου** ...			Lk 4,5	... ἔδειξεν αὐτῷ **πάσας τὰς βασιλείας τῆς οἰκουμένης** ἐν στιγμῇ χρόνου	
b 201	Mt 4,9	καὶ εἶπεν αὐτῷ· **ταῦτά σοι πάντα** δώσω,			Lk 4,6	καὶ εἶπεν αὐτῷ ὁ διάβολος· σοὶ δώσω **τὴν ἐξουσίαν ταύτην ἅπασαν** καὶ τὴν δόξαν αὐτῶν, ὅτι ἐμοὶ παραδέδοται καὶ ᾧ ἐὰν θέλω δίδωμι αὐτήν·	
102		ἐὰν πεσὼν προσκυνήσῃς μοι.			Lk 4,7	σὺ οὖν ἐὰν προσκυνήσῃς ἐνώπιον ἐμοῦ, ἔσται σοῦ **πᾶσα.**	
102	Mt 4,11	[1] ... πειρασθῆναι ὑπὸ τοῦ διαβόλου. [2] ... [11] τότε ἀφίησιν αὐτὸν ὁ διάβολος, καὶ ἰδοὺ ἄγγελοι προσῆλθον καὶ διηκόνουν αὐτῷ.	Mk 1,13	... πειραζόμενος ὑπὸ τοῦ σατανᾶ, καὶ ἦν μετὰ τῶν θηρίων, καὶ οἱ ἄγγελοι διηκόνουν αὐτῷ.	Lk 4,13	[2] ... πειραζόμενος ὑπὸ τοῦ διαβόλου. ... [13] καὶ συντελέσας **πάντα πειρασμὸν** ὁ διάβολος ἀπέστη ἀπ' αὐτοῦ ἄχρι καιροῦ.	Mk-Q overlap
f 112	Mt 4,17 ↓Mt 4,23 ↓Mt 9,35	[12] ἀκούσας δὲ ὅτι Ἰωάννης παρεδόθη ἀνεχώρησεν εἰς τὴν Γαλιλαίαν. [13] ... [17] ἀπὸ τότε ἤρξατο ὁ Ἰησοῦς κηρύσσειν ...	Mk 1,14 ↓Mk 1,39 ↓Mk 6,6	μετὰ δὲ τὸ παραδοθῆναι τὸν Ἰωάννην ἦλθεν ὁ Ἰησοῦς εἰς τὴν Γαλιλαίαν κηρύσσων τὸ εὐαγγέλιον τοῦ θεοῦ	Lk 4,15 ↓Lk 4,44 ↓Lk 8,1	[14] καὶ ὑπέστρεψεν ὁ Ἰησοῦς ἐν τῇ δυνάμει τοῦ πνεύματος εἰς τὴν Γαλιλαίαν. ... [15] καὶ αὐτὸς ἐδίδασκεν ἐν ταῖς συναγωγαῖς αὐτῶν δοξαζόμενος **ὑπὸ πάντων.**	
f 002					Lk 4,20	καὶ πτύξας τὸ βιβλίον ἀποδοὺς τῷ ὑπηρέτῃ ἐκάθισεν· καὶ **πάντων οἱ ὀφθαλμοὶ** ἐν τῇ συναγωγῇ ἦσαν ἀτενίζοντες αὐτῷ.	
f 112	Mt 13,54	... ὥστε ἐκπλήσσεσθαι **αὐτοὺς** καὶ λέγειν· ...	Mk 6,2	... καὶ **πολλοὶ** ἀκούοντες ἐξεπλήσσοντο λέγοντες· ...	Lk 4,22	καὶ **πάντες** ἐμαρτύρουν αὐτῷ καὶ ἐθαύμαζον ἐπὶ τοῖς λόγοις τῆς χάριτος τοῖς ἐκπορευομένοις ἐκ τοῦ στόματος αὐτοῦ καὶ ἔλεγον· ...	
002					Lk 4,25	... ὅτε ἐκλείσθη ὁ οὐρανὸς ἐπὶ ἔτη τρία καὶ μῆνας ἕξ, ὡς ἐγένετο λιμὸς μέγας **ἐπὶ πᾶσαν τὴν γῆν**	

f 002	Mt 13,58	καὶ οὐκ ἐποίησεν ἐκεῖ δυνάμεις πολλὰς διὰ τὴν ἀπιστίαν αὐτῶν.	Mk 6,6	[5] καὶ οὐκ ἐδύνατο ἐκεῖ ποιῆσαι οὐδεμίαν δύναμιν, εἰ μὴ ὀλίγοις ἀρρώστοις ἐπιθεὶς τὰς χεῖρας ἐθεράπευσεν· [6] καὶ ἐθαύμαζεν διὰ τὴν ἀπιστίαν αὐτῶν. ...	Lk 4,28 → Lk 6,11	καὶ ἐπλήσθησαν πάντες θυμοῦ ἐν τῇ συναγωγῇ ἀκούοντες ταῦτα	
f 012	→ Mt 7,29		Mk 1,27 → Mk 1,22	καὶ ἐθαμβήθησαν ἅπαντες, ὥστε συζητεῖν πρὸς ἑαυτοὺς λέγοντας· ...	Lk 4,36 → Lk 4,32	καὶ ἐγένετο θάμβος ἐπὶ πάντας καὶ συνελάλουν πρὸς ἀλλήλους λέγοντες· ...	
012	Mt 4,24 → Mt 9,26 → Mk 3,8	καὶ ἀπῆλθεν ἡ ἀκοὴ αὐτοῦ εἰς ὅλην τὴν Συρίαν· ...	Mk 1,28	καὶ ἐξῆλθεν ἡ ἀκοὴ αὐτοῦ εὐθὺς πανταχοῦ εἰς ὅλην τὴν περίχωρον τῆς Γαλιλαίας.	Lk 4,37 → Lk 4,14	καὶ ἐξεπορεύετο ἦχος περὶ αὐτοῦ εἰς πάντα τόπον τῆς περιχώρου.	
121	Mt 8,16 ⇩ Mt 4,24 ↓ Mt 12,15 → Mt 15,30	ὀψίας δὲ γενομένης προσήνεγκαν αὐτῷ δαιμονιζομένους πολλούς· ...	Mk 1,32 ↓ Mk 3,10 → Mk 7,32	ὀψίας δὲ γενομένης, ὅτε ἔδυ ὁ ἥλιος, ἔφερον πρὸς αὐτὸν πάντας τοὺς κακῶς ἔχοντας καὶ τοὺς δαιμονιζομένους·	Lk 4,40 ↓ Lk 6,18	δύνοντος δὲ τοῦ ἡλίου ἅπαντες ὅσοι εἶχον ἀσθενοῦντας νόσοις ποικίλαις ἤγαγον αὐτοὺς πρὸς αὐτόν· ...	
f 021			Mk 1,37	[36] καὶ κατεδίωξεν αὐτὸν Σίμων καὶ οἱ μετ᾽ αὐτοῦ, [37] καὶ εὗρον αὐτὸν καὶ λέγουσιν αὐτῷ ὅτι πάντες ζητοῦσίν σε.	Lk 4,42 → Mk 1,45	... καὶ οἱ ὄχλοι ἐπεζήτουν αὐτὸν καὶ ἦλθον ἕως αὐτοῦ καὶ κατεῖχον αὐτὸν τοῦ μὴ πορεύεσθαι ἀπ᾽ αὐτῶν.	
211 211	Mt 4,23 (2) ⇩ Mt 9,35 → Mk 1,21	καὶ περιῆγεν ἐν ὅλῃ τῇ Γαλιλαίᾳ διδάσκων ἐν ταῖς συναγωγαῖς αὐτῶν καὶ κηρύσσων τὸ εὐαγγέλιον τῆς βασιλείας καὶ θεραπεύων πᾶσαν νόσον καὶ πᾶσαν μαλακίαν ἐν τῷ λαῷ.	Mk 1,39 ↑ Mk 1,14 ↓ Mk 6,6	καὶ ἦλθεν κηρύσσων εἰς τὰς συναγωγὰς αὐτῶν εἰς ὅλην τὴν Γαλιλαίαν καὶ τὰ δαιμόνια ἐκβάλλων.	Lk 4,44 ↑ Lk 4,15 ↓ Lk 8,1	καὶ ἦν κηρύσσων εἰς τὰς συναγωγὰς τῆς Ἰουδαίας.	
e 002					Lk 5,9	θάμβος γὰρ περιέσχεν αὐτὸν καὶ πάντας τοὺς σὺν αὐτῷ ἐπὶ τῇ ἄγρᾳ τῶν ἰχθύων ὧν συνέλαβον	
g 112	Mt 4,20	οἱ δὲ εὐθέως ἀφέντες τὰ δίκτυα ἠκολούθησαν αὐτῷ.	Mk 1,18	καὶ εὐθὺς ἀφέντες τὰ δίκτυα ἠκολούθησαν αὐτῷ.	Lk 5,11 ↓ Lk 5,28	καὶ καταγαγόντες τὰ πλοῖα ἐπὶ τὴν γῆν ἀφέντες πάντα ἠκολούθησαν αὐτῷ.	
	Mt 4,22	οἱ δὲ εὐθέως ἀφέντες τὸ πλοῖον καὶ τὸν πατέρα αὐτῶν ἠκολούθησαν αὐτῷ.	Mk 1,20	... καὶ ἀφέντες τὸν πατέρα αὐτῶν Ζεβεδαῖον ἐν τῷ πλοίῳ μετὰ τῶν μισθωτῶν ἀπῆλθον ὀπίσω αὐτοῦ.			

012			Mk 2,2 → Mk 3,20	καὶ συνήχθησαν πολλοὶ ὥστε μηκέτι χωρεῖν μηδὲ τὰ πρὸς τὴν θύραν, καὶ ἐλάλει αὐτοῖς τὸν λόγον.	Lk 5,17	καὶ ἐγένετο ἐν μιᾷ τῶν ἡμερῶν καὶ αὐτὸς ἦν διδάσκων, καὶ ἦσαν καθήμενοι Φαρισαῖοι καὶ νομοδιδάσκαλοι οἳ ἦσαν ἐληλυθότες **ἐκ πάσης κώμης τῆς Γαλιλαίας καὶ Ἰουδαίας** καὶ Ἰερουσαλήμ· ...	
f 121	Mt 9,7	καὶ ἐγερθεὶς ἀπῆλθεν εἰς τὸν οἶκον αὐτοῦ.	Mk 2,12 (2)	καὶ ἠγέρθη καὶ εὐθὺς ἄρας τὸν κράβαττον ἐξῆλθεν **ἔμπροσθεν πάντων,**	Lk 5,25	καὶ παραχρῆμα ἀναστὰς **ἐνώπιον αὐτῶν,** ἄρας ἐφ' ὃ κατέκειτο, ἀπῆλθεν εἰς τὸν οἶκον αὐτοῦ δοξάζων τὸν θεόν.	→ Jn 5,9
f 121	Mt 9,8	ἰδόντες δὲ **οἱ ὄχλοι** ἐφοβήθησαν καὶ ἐδόξασαν τὸν θεὸν τὸν δόντα ἐξουσίαν τοιαύτην τοῖς ἀνθρώποις.		ὥστε ἐξίστασθαι **πάντας** καὶ δοξάζειν τὸν θεὸν λέγοντας ὅτι οὕτως οὐδέποτε εἴδομεν.	Lk 5,26	καὶ ἔκστασις ἔλαβεν **ἅπαντας** καὶ ἐδόξαζον τὸν θεὸν καὶ ἐπλήσθησαν φόβου λέγοντες ὅτι εἴδομεν παράδοξα σήμερον.	
020			Mk 2,13 ↓ Mt 13,2 ↓ Mk 4,1	... καὶ **πᾶς ὁ ὄχλος** ἤρχετο πρὸς αὐτόν, καὶ ἐδίδασκεν αὐτούς.			
g 112	Mt 9,9	... καὶ λέγει αὐτῷ· ἀκολούθει μοι. καὶ ἀναστὰς ἠκολούθησεν αὐτῷ.	Mk 2,14	... καὶ λέγει αὐτῷ· ἀκολούθει μοι. καὶ ἀναστὰς ἠκολούθησεν αὐτῷ.	Lk 5,28 ↑ Lk 5,11	[27] ... καὶ εἶπεν αὐτῷ· ἀκολούθει μοι. [28] καὶ καταλιπὼν **πάντα** ἀναστὰς ἠκολούθει αὐτῷ.	
b 112	Mt 12,13	τότε λέγει τῷ ἀνθρώπῳ· ἔκτεινόν σου τὴν χεῖρα. ...	Mk 3,5	καὶ περιβλεψάμενος **αὐτοὺς** μετ' ὀργῆς, συλλυπούμενος ἐπὶ τῇ πωρώσει τῆς καρδίας αὐτῶν λέγει τῷ ἀνθρώπῳ· ἔκτεινον τὴν χεῖρα. ...	Lk 6,10 → Lk 13,12-13	καὶ περιβλεψάμενος **πάντας αὐτοὺς** εἶπεν αὐτῷ· ἔκτεινον τὴν χεῖρά σου. ...	
200	Mt 4,24 ⇩ Mt 8,16 ↓ Mt 12,15 → Mt 15,30	... καὶ προσήνεγκαν αὐτῷ **πάντας τοὺς κακῶς ἔχοντας** ποικίλαις νόσοις καὶ βασάνοις συνεχομένους [καὶ] δαιμονιζομένους ...	Mk 1,32 ↓ Mk 3,10 → Mk 7,32	ὀψίας δὲ γενομένης, ὅτε ἔδυ ὁ ἥλιος, ἔφερον πρὸς αὐτὸν **πάντας τοὺς κακῶς ἔχοντας** καὶ τοὺς δαιμονιζομένους·	Lk 4,40 ↓ Lk 6,18	δύνοντος δὲ τοῦ ἡλίου ἅπαντες ὅσοι εἶχον **ἀσθενοῦντας** νόσοις ποικίλαις ἤγαγον αὐτοὺς πρὸς αὐτόν· ...	
d 112	Mt 4,25	καὶ ἠκολούθησαν αὐτῷ ὄχλοι πολλοὶ ἀπὸ τῆς Γαλιλαίας καὶ Δεκαπόλεως καὶ Ἱεροσολύμων καὶ **Ἰουδαίας** καὶ πέραν τοῦ Ἰορδάνου.	Mk 3,7 → Mt 4,24a	... καὶ πολὺ πλῆθος ἀπὸ τῆς Γαλιλαίας [ἠκολούθησεν], καὶ **ἀπὸ τῆς Ἰουδαίας** [8] καὶ ἀπὸ Ἱεροσολύμων καὶ ἀπὸ τῆς Ἰδουμαίας καὶ πέραν τοῦ Ἰορδάνου καὶ περὶ Τύρον καὶ Σιδῶνα πλῆθος πολύ ...	Lk 6,17	... καὶ πλῆθος πολὺ τοῦ λαοῦ **ἀπὸ πάσης τῆς Ἰουδαίας** καὶ Ἰερουσαλὴμ καὶ τῆς παραλίου Τύρου καὶ Σιδῶνος	

012 *f* 012			Mk 3,10	... ὥστε ἐπιπίπτειν αὐτῷ ἵνα αὐτοῦ ἅψωνται ὅσοι εἶχον μάστιγας.	Lk 6,19 (2) → Mk 5,30 → Lk 8,46	καὶ **πᾶς ὁ ὄχλος** ἐζήτουν ἅπτεσθαι αὐτοῦ, ὅτι δύναμις παρ' αὐτοῦ ἐξήρχετο καὶ ἰᾶτο **πάντας.**	
201	Mt 5,11	μακάριοί ἐστε ὅταν ὀνειδίσωσιν ὑμᾶς καὶ διώξωσιν καὶ **εἴπωσιν πᾶν πονηρὸν καθ' ὑμῶν** [ψευδόμενοι] ἕνεκεν ἐμοῦ.			Lk 6,22	μακάριοί ἐστε ὅταν μισήσωσιν ὑμᾶς οἱ ἄνθρωποι καὶ ὅταν ἀφορίσωσιν ὑμᾶς καὶ ὀνειδίσωσιν καὶ **ἐκβάλωσιν τὸ ὄνομα ὑμῶν ὡς πονηρὸν** ἕνεκα τοῦ υἱοῦ τοῦ ἀνθρώπου·	→ GTh 68 → GTh 69,1
002					Lk 6,26	οὐαὶ ὅταν ὑμᾶς καλῶς εἴπωσιν **πάντες οἱ ἄνθρωποι·** κατὰ τὰ αὐτὰ γὰρ ἐποίουν τοῖς ψευδοπροφήταις οἱ πατέρες αὐτῶν.	
e 201	Mt 5,15	οὐδὲ καίουσιν λύχνον καὶ τιθέασιν αὐτὸν ὑπὸ τὸν μόδιον ἀλλ' ἐπὶ τὴν λυχνίαν, καὶ λάμπει **πᾶσιν τοῖς ἐν τῇ οἰκίᾳ.**			Lk 11,33 ⇩ Lk 8,16	οὐδεὶς λύχνον ἅψας εἰς κρύπτην τίθησιν [οὐδὲ ὑπὸ τὸν μόδιον] ἀλλ' ἐπὶ τὴν λυχνίαν, ἵνα οἱ εἰσπορευόμενοι τὸ φῶς βλέπωσιν.	→ GTh 33,2-3 Mk-Q overlap
			Mk 4,21	... μήτι ἔρχεται ὁ λύχνος ἵνα ὑπὸ τὸν μόδιον τεθῇ ἢ ὑπὸ τὴν κλίνην; οὐχ ἵνα ἐπὶ τὴν λυχνίαν τεθῇ;	Lk 8,16 ⇧ Lk 11,33	οὐδεὶς δὲ λύχνον ἅψας καλύπτει αὐτὸν σκεύει ἢ ὑποκάτω κλίνης τίθησιν, ἀλλ' ἐπὶ λυχνίας τίθησιν, ἵνα οἱ εἰσπορευόμενοι βλέπωσιν τὸ φῶς.	
g 201	Mt 5,18 → Mt 24,35	... ἕως ἂν παρέλθῃ ὁ οὐρανὸς καὶ ἡ γῆ, ἰῶτα ἓν ἢ μία κεραία οὐ μὴ παρέλθῃ ἀπὸ τοῦ νόμου ἕως ἂν **πάντα** γένηται.	→ Mk 13,31		Lk 16,17 → Lk 21,33	εὐκοπώτερον δέ ἐστιν τὸν οὐρανὸν καὶ τὴν γῆν παρελθεῖν ἢ τοῦ νόμου μίαν κεραίαν πεσεῖν.	
200	Mt 5,22	ἐγὼ δὲ λέγω ὑμῖν ὅτι **πᾶς ὁ ὀργιζόμενος** τῷ ἀδελφῷ αὐτοῦ ἔνοχος ἔσται τῇ κρίσει· ...					
200	Mt 5,28	ἐγὼ δὲ λέγω ὑμῖν ὅτι **πᾶς ὁ βλέπων** γυναῖκα πρὸς τὸ ἐπιθυμῆσαι αὐτὴν ἤδη ἐμοίχευσεν αὐτὴν ἐν τῇ καρδίᾳ αὐτοῦ.					
202	Mt 5,32 ⇩ Mt 19,9	ἐγὼ δὲ λέγω ὑμῖν ὅτι **πᾶς ὁ ἀπολύων** τὴν γυναῖκα αὐτοῦ παρεκτὸς λόγου πορνείας ποιεῖ αὐτὴν μοιχευθῆναι, ...	Mk 10,11 → Mk 10,12	καὶ λέγει αὐτοῖς· **ὃς ἂν ἀπολύσῃ** τὴν γυναῖκα αὐτοῦ καὶ γαμήσῃ ἄλλην μοιχᾶται ἐπ' αὐτήν·	Lk 16,18	 **πᾶς ὁ ἀπολύων** τὴν γυναῖκα αὐτοῦ καὶ γαμῶν ἑτέραν μοιχεύει, ...	→ 1Cor 7,10-11 Mk-Q overlap

102	Mt 5,42 → Lk 6,34 → Lk 6,35	τῷ αἰτοῦντί σε δός, καὶ τὸν θέλοντα ἀπὸ σοῦ δανίσασθαι μὴ ἀποστραφῇς.	Lk 6,30	παντὶ αἰτοῦντί σε δίδου, καὶ ἀπὸ τοῦ αἴροντος τὰ σὰ μὴ ἀπαίτει.	→ GTh 95
202	Mt 6,29	λέγω δὲ ὑμῖν ὅτι οὐδὲ Σολομὼν ἐν πάσῃ τῇ δόξῃ αὐτοῦ περιεβάλετο ὡς ἓν τούτων.	Lk 12,27	... λέγω δὲ ὑμῖν, οὐδὲ Σολομὼν ἐν πάσῃ τῇ δόξῃ αὐτοῦ περιεβάλετο ὡς ἓν τούτων.	
b 202	Mt 6,32 → Mt 6,8	πάντα γὰρ ταῦτα τὰ ἔθνη ἐπιζητοῦσιν· οἶδεν γὰρ ὁ πατὴρ ὑμῶν ὁ οὐράνιος ὅτι χρῄζετε τούτων ἁπάντων.	Lk 12,30	ταῦτα γὰρ πάντα τὰ ἔθνη τοῦ κόσμου ἐπιζητοῦσιν, ὑμῶν δὲ ὁ πατὴρ οἶδεν ὅτι χρῄζετε τούτων.	
b 201	Mt 6,33	ζητεῖτε δὲ πρῶτον τὴν βασιλείαν [τοῦ θεοῦ] καὶ τὴν δικαιοσύνην αὐτοῦ, καὶ ταῦτα πάντα προστεθήσεται ὑμῖν.	Lk 12,31	πλὴν ζητεῖτε τὴν βασιλείαν αὐτοῦ, καὶ ταῦτα προστεθήσεται ὑμῖν.	
f 102	Mt 10,25	[24] οὐκ ἔστιν μαθητὴς ὑπὲρ τὸν διδάσκαλον οὐδὲ δοῦλος ὑπὲρ τὸν κύριον αὐτοῦ. [25] ἀρκετὸν τῷ μαθητῇ ἵνα γένηται ὡς ὁ διδάσκαλος αὐτοῦ καὶ ὁ δοῦλος ὡς ὁ κύριος αὐτοῦ. ...	Lk 6,40	οὐκ ἔστιν μαθητὴς ὑπὲρ τὸν διδάσκαλον· κατηρτισμένος δὲ πᾶς ἔσται ὡς ὁ διδάσκαλος αὐτοῦ.	
202	Mt 7,8 ↓ Mt 21,22 ↓ Mk 11,24	πᾶς γὰρ ὁ αἰτῶν λαμβάνει καὶ ὁ ζητῶν εὑρίσκει καὶ τῷ κρούοντι ἀνοιγήσεται.	Lk 11,10 ↓ Mt 21,22 ↓ Mk 11,24	πᾶς γὰρ ὁ αἰτῶν λαμβάνει καὶ ὁ ζητῶν εὑρίσκει καὶ τῷ κρούοντι ἀνοιγ[ήσ]εται.	→ GTh 2 (POxy 654) → GTh 94
g k 201	Mt 7,12 → Mt 22,40	πάντα οὖν ὅσα ἐὰν θέλητε ἵνα ποιῶσιν ὑμῖν οἱ ἄνθρωποι, οὕτως καὶ ὑμεῖς ποιεῖτε αὐτοῖς· ...	Lk 6,31	καὶ καθὼς θέλετε ἵνα ποιῶσιν ὑμῖν οἱ ἄνθρωποι ποιεῖτε αὐτοῖς ὁμοίως.	
200	Mt 7,17 ⇨ Mt 12,33	οὕτως πᾶν δένδρον ἀγαθὸν καρποὺς καλοὺς ποιεῖ, τὸ δὲ σαπρὸν δένδρον καρποὺς πονηροὺς ποιεῖ.			
200	Mt 7,19 ⇧ Mt 3,10	πᾶν δένδρον μὴ ποιοῦν καρπὸν καλὸν ἐκκόπτεται καὶ εἰς πῦρ βάλλεται.	Lk 3,9	... πᾶν οὖν δένδρον μὴ ποιοῦν καρπὸν καλὸν ἐκκόπτεται καὶ εἰς πῦρ βάλλεται.	
l 201	Mt 7,21	οὐ πᾶς ὁ λέγων μοι· κύριε κύριε, εἰσελεύσεται εἰς τὴν βασιλείαν τῶν οὐρανῶν, ...	Lk 6,46	τί δέ με καλεῖτε· κύριε κύριε, ...	
f j 202	Mt 7,24	πᾶς οὖν ὅστις ἀκούει μου τοὺς λόγους τούτους καὶ ποιεῖ αὐτούς, ...	Lk 6,47	πᾶς ὁ ἐρχόμενος πρός με καὶ ἀκούων μου τῶν λόγων καὶ ποιῶν αὐτούς, ...	
201	Mt 7,26	καὶ πᾶς ὁ ἀκούων μου τοὺς λόγους τούτους καὶ μὴ ποιῶν αὐτοὺς ...	Lk 6,49	ὁ δὲ ἀκούσας καὶ μὴ ποιήσας ...	

102	Mt 7,28	καὶ ἐγένετο ὅτε ἐτέλεσεν ὁ Ἰησοῦς τοὺς λόγους τούτους, ...			Lk 7,1	ἐπειδὴ ἐπλήρωσεν πάντα τὰ ῥήματα αὐτοῦ εἰς τὰς ἀκοὰς τοῦ λαοῦ, ...	
211	Mt 8,16 ⇑ Mt 4,24 ↓ Mt 12,15	... καὶ ἐξέβαλεν τὰ πνεύματα λόγῳ καὶ πάντας τοὺς κακῶς ἔχοντας ἐθεράπευσεν	Mk 1,34 ↓ Mk 3,10	καὶ ἐθεράπευσεν πολλοὺς κακῶς ἔχοντας ποικίλαις νόσοις καὶ δαιμόνια πολλὰ ἐξέβαλεν, ...	Lk 4,40 ↓ Lk 6,18	... ὁ δὲ ἑνὶ ἑκάστῳ αὐτῶν τὰς χεῖρας ἐπιτιθεὶς ἐθεράπευεν αὐτούς. [41] ἐξήρχετο δὲ καὶ δαιμόνια ἀπὸ πολλῶν ...	
211	Mt 8,32	... καὶ ἰδοὺ ὥρμησεν πᾶσα ἡ ἀγέλη κατὰ τοῦ κρημνοῦ εἰς τὴν θάλασσαν ...	Mk 5,13	... καὶ ὥρμησεν ἡ ἀγέλη κατὰ τοῦ κρημνοῦ εἰς τὴν θάλασσαν, ὡς δισχίλιοι, ...	Lk 8,33	... καὶ ὥρμησεν ἡ ἀγέλη κατὰ τοῦ κρημνοῦ εἰς τὴν λίμνην ...	
g 211	Mt 8,33	οἱ δὲ βόσκοντες ἔφυγον, καὶ ἀπελθόντες εἰς τὴν πόλιν ἀπήγγειλαν πάντα ...	Mk 5,14	καὶ οἱ βόσκοντες αὐτοὺς ἔφυγον καὶ ἀπήγγειλαν εἰς τὴν πόλιν καὶ εἰς τοὺς ἀγρούς·	Lk 8,34	ἰδόντες δὲ οἱ βόσκοντες τὸ γεγονὸς ἔφυγον καὶ ἀπήγγειλαν εἰς τὴν πόλιν καὶ εἰς τοὺς ἀγρούς.	
211	Mt 8,34	καὶ ἰδοὺ πᾶσα ἡ πόλις ἐξῆλθεν εἰς ὑπάντησιν τῷ Ἰησοῦ ...		καὶ ἦλθον ἰδεῖν τί ἐστιν τὸ γεγονός [15] καὶ ἔρχονται πρὸς τὸν Ἰησοῦν, ...	Lk 8,35	ἐξῆλθον δὲ ἰδεῖν τὸ γεγονὸς καὶ ἦλθον πρὸς τὸν Ἰησοῦν ...	
a 210 210 210	Mt 9,35 (3) ⇑ Mt 4,23 → Mk 1,21	καὶ περιῆγεν ὁ Ἰησοῦς τὰς πόλεις πάσας καὶ τὰς κώμας διδάσκων ἐν ταῖς συναγωγαῖς αὐτῶν καὶ κηρύσσων τὸ εὐαγγέλιον τῆς βασιλείας καὶ θεραπεύων πᾶσαν νόσον καὶ πᾶσαν μαλακίαν.	Mk 6,6 ↑ Mk 1,39	... καὶ περιῆγεν τὰς κώμας κύκλῳ διδάσκων.	Lk 8,1 ↑ Lk 4,15 ↑ Lk 4,44 → Lk 13,22	... καὶ αὐτὸς διώδευεν κατὰ πόλιν καὶ κώμην κηρύσσων καὶ εὐαγγελιζόμενος τὴν βασιλείαν τοῦ θεοῦ καὶ οἱ δώδεκα σὺν αὐτῷ	
211 211	Mt 10,1 (2) → Mk 3,13	καὶ προσκαλεσάμενος τοὺς δώδεκα μαθητὰς αὐτοῦ ἔδωκεν αὐτοῖς ἐξουσίαν πνευμάτων ἀκαθάρτων ὥστε ἐκβάλλειν αὐτὰ καὶ θεραπεύειν πᾶσαν νόσον καὶ πᾶσαν μαλακίαν.	Mk 6,7 → Mk 3,14-15 → Mt 10,5 → Lk 9,2	καὶ προσκαλεῖται τοὺς δώδεκα καὶ ἤρξατο αὐτοὺς ἀποστέλλειν δύο δύο καὶ ἐδίδου αὐτοῖς ἐξουσίαν τῶν πνευμάτων τῶν ἀκαθάρτων	Lk 9,1 ↓ Lk 10,1	συγκαλεσάμενος δὲ τοὺς δώδεκα ἔδωκεν αὐτοῖς δύναμιν καὶ ἐξουσίαν ἐπὶ πάντα τὰ δαιμόνια καὶ νόσους θεραπεύειν	
f 222	Mt 10,22 ⇓ Mt 24,9	καὶ ἔσεσθε μισούμενοι ὑπὸ πάντων διὰ τὸ ὄνομά μου· ...	Mk 13,13	καὶ ἔσεσθε μισούμενοι ὑπὸ πάντων διὰ τὸ ὄνομά μου. ...	Lk 21,17	καὶ ἔσεσθε μισούμενοι ὑπὸ πάντων διὰ τὸ ὄνομά μου.	
a 202	Mt 10,30	ὑμῶν δὲ καὶ αἱ τρίχες τῆς κεφαλῆς πᾶσαι ἠριθμημέναι εἰσίν.			Lk 12,7 → Lk 21,18	ἀλλὰ καὶ αἱ τρίχες τῆς κεφαλῆς ὑμῶν πᾶσαι ἠρίθμηνται. ...	→ Acts 27,34

fjh 202	**Mt 10,32**	πᾶς οὖν ὅστις ὁμολογήσει ἐν ἐμοὶ ἔμπροσθεν τῶν ἀνθρώπων, ὁμολογήσω κἀγὼ ἐν αὐτῷ ἔμπροσθεν τοῦ πατρός μου τοῦ ἐν [τοῖς] οὐρανοῖς·			**Lk 12,8**	... πᾶς ὃς ἂν ὁμολογήσῃ ἐν ἐμοὶ ἔμπροσθεν τῶν ἀνθρώπων, καὶ ὁ υἱὸς τοῦ ἀνθρώπου ὁμολογήσει ἐν αὐτῷ ἔμπροσθεν τῶν ἀγγέλων τοῦ θεοῦ·	
f 002					**Lk 7,16**	ἔλαβεν δὲ φόβος πάντας καὶ ἐδόξαζον τὸν θεὸν λέγοντες ὅτι προφήτης μέγας ἠγέρθη ἐν ἡμῖν ...	
002					**Lk 7,17** → Lk 5,15	καὶ ἐξῆλθεν ὁ λόγος οὗτος ἐν ὅλῃ τῇ Ἰουδαίᾳ περὶ αὐτοῦ καὶ πάσῃ τῇ περιχώρῳ.	
b 102	**Mt 11,2**	ὁ δὲ Ἰωάννης ἀκούσας ἐν τῷ δεσμωτηρίῳ τὰ ἔργα τοῦ Χριστοῦ πέμψας διὰ τῶν μαθητῶν αὐτοῦ			**Lk 7,18**	καὶ ἀπήγγειλαν Ἰωάννῃ οἱ μαθηταὶ αὐτοῦ περὶ πάντων τούτων. καὶ προσκαλεσάμενος δύο τινὰς τῶν μαθητῶν αὐτοῦ ὁ Ἰωάννης [19] ἔπεμψεν πρὸς τὸν κύριον ...	
201	**Mt 11,13** → Mt 5,17	πάντες γὰρ οἱ προφῆται καὶ ὁ νόμος ἕως Ἰωάννου ἐπροφήτευσαν·			**Lk 16,16**	ὁ νόμος καὶ οἱ προφῆται μέχρι Ἰωάννου· ...	
102	**Mt 21,32**	 ... οἱ δὲ τελῶναι καὶ αἱ πόρναι ἐπίστευσαν αὐτῷ· ...			**Lk 7,29**	καὶ πᾶς ὁ λαὸς ἀκούσας καὶ οἱ τελῶναι ἐδικαίωσαν τὸν θεόν βαπτισθέντες τὸ βάπτισμα Ἰωάννου·	
102	**Mt 11,19**	... καὶ ἐδικαιώθη ἡ σοφία ἀπὸ τῶν ἔργων αὐτῆς.			**Lk 7,35**	καὶ ἐδικαιώθη ἡ σοφία ἀπὸ πάντων τῶν τέκνων αὐτῆς.	
g 202	**Mt 11,27** ↓ Mt 28,18	πάντα μοι παρεδόθη ὑπὸ τοῦ πατρός μου, ...			**Lk 10,22** ↓ Mt 28,18	πάντα μοι παρεδόθη ὑπὸ τοῦ πατρός μου, ...	→ GTh 61,3
200	**Mt 11,28**	δεῦτε πρός με πάντες οἱ κοπιῶντες καὶ πεφορτισμένοι, κἀγὼ ἀναπαύσω ὑμᾶς.					→ GTh 90
b 211	**Mt 12,15** ↑ Mt 4,24 ↑ Mt 8,16	... καὶ ἠκολούθησαν αὐτῷ [ὄχλοι] πολλοί, καὶ ἐθεράπευσεν αὐτοὺς πάντας	**Mk 3,10** ↑ Mk 1,34	[7] ... πολὺ πλῆθος ... [ἠκολούθησεν], ... [10] πολλοὺς γὰρ ἐθεράπευσεν, ...	**Lk 6,18** ↑ Lk 4,40 → Lk 5,15 → Lk 7,21 → Mk 3,11	... καὶ οἱ ἐνοχλούμενοι ἀπὸ πνευμάτων ἀκαθάρτων ἐθεραπεύοντο	
200	**Mt 12,23** ⇨ Mt 9,33	καὶ ἐξίσταντο πάντες οἱ ὄχλοι καὶ ἔλεγον· μήτι οὗτός ἐστιν ὁ υἱὸς Δαυίδ;			**Lk 11,14**	... καὶ ἐθαύμασαν οἱ ὄχλοι.	

202	**Mt 12,25** (2)	... εἶπεν αὐτοῖς· **πᾶσα βασιλεία** μερισθεῖσα καθ' ἑαυτῆς ἐρημοῦται	**Mk 3,24**	[23] ... ἔλεγεν αὐτοῖς· ... [24] καὶ ἐὰν βασιλεία ἐφ' ἑαυτὴν μερισθῇ, οὐ δύναται σταθῆναι ἡ βασιλεία ἐκείνη·	**Lk 11,17**	... εἶπεν αὐτοῖς· **πᾶσα βασιλεία** ἐφ' ἑαυτὴν διαμερισθεῖσα ἐρημοῦται	Mk-Q overlap
201		καὶ **πᾶσα πόλις ἢ οἰκία** μερισθεῖσα καθ' ἑαυτῆς οὐ σταθήσεται.	**Mk 3,25**	καὶ ἐὰν οἰκία ἐφ' ἑαυτὴν μερισθῇ, οὐ δυνήσεται ἡ οἰκία ἐκείνη σταθῆναι.		καὶ οἶκος ἐπὶ οἶκον πίπτει.	Mk-Q overlap
g 220	**Mt 12,31**	διὰ τοῦτο λέγω ὑμῖν, **πᾶσα ἁμαρτία καὶ βλασφημία** ἀφεθήσεται τοῖς ἀνθρώποις, ...	**Mk 3,28** ↓ Mt 12,32 ↓ Lk 12,10	ἀμὴν λέγω ὑμῖν ὅτι **πάντα** ἀφεθήσεται τοῖς υἱοῖς τῶν ἀνθρώπων τὰ ἁμαρτήματα καὶ αἱ βλασφημίαι ὅσα ἐὰν βλασφημήσωσιν·			→ GTh 44
200	**Mt 12,36**	λέγω δὲ ὑμῖν ὅτι **πᾶν ῥῆμα ἀργὸν** ὃ λαλήσουσιν οἱ ἄνθρωποι ἀποδώσουσιν περὶ αὐτοῦ λόγον ἐν ἡμέρᾳ κρίσεως·					
221	**Mt 13,2** → Lk 5,1	καὶ συνήχθησαν πρὸς αὐτὸν ὄχλοι πολλοί, ὥστε αὐτὸν εἰς πλοῖον ἐμβάντα καθῆσθαι, καὶ **πᾶς ὁ ὄχλος** ἐπὶ τὸν αἰγιαλὸν εἱστήκει.	**Mk 4,1** → Lk 5,1 → Mk 3,9	... καὶ συνάγεται πρὸς αὐτὸν ὄχλος πλεῖστος, ὥστε αὐτὸν εἰς πλοῖον ἐμβάντα καθῆσθαι ἐν τῇ θαλάσσῃ, καὶ **πᾶς ὁ ὄχλος** πρὸς τὴν θάλασσαν ἐπὶ τῆς γῆς ἦσαν.	**Lk 8,4** ⇨ Lk 5,3	συνιόντος δὲ ὄχλου πολλοῦ καὶ τῶν κατὰ πόλιν ἐπιπορευομένων πρὸς αὐτὸν ...	
g 121	**Mt 13,11**	... ὅτι ὑμῖν δέδοται γνῶναι τὰ μυστήρια τῆς βασιλείας τῶν οὐρανῶν, ἐκείνοις δὲ οὐ δέδοται. [12] ... [13] διὰ τοῦτο ἐν παραβολαῖς αὐτοῖς λαλῶ, ...	**Mk 4,11**	... ὑμῖν τὸ μυστήριον δέδοται τῆς βασιλείας τοῦ θεοῦ· ἐκείνοις δὲ τοῖς ἔξω ἐν παραβολαῖς **τὰ πάντα** γίνεται	**Lk 8,10**	... ὑμῖν δέδοται γνῶναι τὰ μυστήρια τῆς βασιλείας τοῦ θεοῦ, τοῖς δὲ λοιποῖς ἐν παραβολαῖς, ...	→ GTh 62,1
121	**Mt 13,18**	ὑμεῖς οὖν ἀκούσατε τὴν παραβολὴν τοῦ σπείραντος.	**Mk 4,13**	... οὐκ οἴδατε τὴν παραβολὴν ταύτην, καὶ πῶς **πάσας τὰς παραβολὰς** γνώσεσθε; [14] ὁ σπείρων τὸν λόγον σπείρει.	**Lk 8,11**	ἔστιν δὲ αὕτη ἡ παραβολή· ὁ σπόρος ἐστὶν ὁ λόγος τοῦ θεοῦ.	
f 211	**Mt 13,19**	**παντὸς** ἀκούοντος τὸν λόγον τῆς βασιλείας καὶ μὴ συνιέντος, ἔρχεται ὁ πονηρὸς καὶ ἁρπάζει τὸ ἐσπαρμένον ἐν τῇ καρδίᾳ αὐτοῦ, οὗτός ἐστιν ὁ παρὰ τὴν ὁδὸν σπαρείς.	**Mk 4,15**	οὗτοι δέ εἰσιν οἱ παρὰ τὴν ὁδόν· ὅπου σπείρεται ὁ λόγος καὶ ὅταν ἀκούσωσιν, εὐθὺς ἔρχεται ὁ σατανᾶς καὶ αἴρει τὸν λόγον τὸν ἐσπαρμένον εἰς αὐτούς.	**Lk 8,12**	οἱ δὲ παρὰ τὴν ὁδόν εἰσιν οἱ ἀκούσαντες, εἶτα ἔρχεται ὁ διάβολος καὶ αἴρει τὸν λόγον ἀπὸ τῆς καρδίας αὐτῶν, ἵνα μὴ πιστεύσαντες σωθῶσιν.	

	Mt 13,31	ἄλλην παραβολὴν παρέθηκεν αὐτοῖς λέγων· ὁμοία ἐστὶν ἡ βασιλεία τῶν οὐρανῶν κόκκῳ σινάπεως, ὃν λαβὼν ἄνθρωπος ἔσπειρεν ἐν τῷ ἀγρῷ αὐτοῦ·	Mk 4,31	[30] ... πῶς ὁμοιώσωμεν τὴν βασιλείαν τοῦ θεοῦ ἢ ἐν τίνι αὐτὴν παραβολῇ θῶμεν; [31] ὡς κόκκῳ σινάπεως, ὃς ὅταν σπαρῇ ἐπὶ τῆς γῆς,	Lk 13,19	[18] ... τίνι ὁμοία ἐστὶν ἡ βασιλεία τοῦ θεοῦ καὶ τίνι ὁμοιώσω αὐτήν; [19] ὁμοία ἐστὶν κόκκῳ σινάπεως, ὃν λαβὼν ἄνθρωπος ἔβαλεν εἰς κῆπον ἑαυτοῦ, ↔	→ GTh 20 Mk-Q overlap
220	Mt 13,32	ὃ μικρότερον μέν ἐστιν **πάντων τῶν σπερμάτων**, ↔		μικρότερον ὂν **πάντων τῶν σπερμάτων** τῶν ἐπὶ τῆς γῆς,			
020	Mt 13,32	↔ ὅταν δὲ αὐξηθῇ μεῖζον **τῶν λαχάνων** ἐστὶν καὶ γίνεται δένδρον, ὥστε ἐλθεῖν *τὰ πετεινὰ τοῦ οὐρανοῦ καὶ κατασκηνοῦν ἐν τοῖς κλάδοις αὐτοῦ.* ➤ Ps 103,12 LXX	Mk 4,32	καὶ ὅταν σπαρῇ, ἀναβαίνει καὶ γίνεται μεῖζον **πάντων τῶν λαχάνων** καὶ ποιεῖ κλάδους μεγάλους, ὥστε δύνασθαι ὑπὸ τὴν σκιὰν αὐτοῦ *τὰ πετεινὰ τοῦ οὐρανοῦ κατασκηνοῦν.* ➤ Ps 103,12 LXX	Lk 13,19	↔ καὶ ηὔξησεν καὶ ἐγένετο εἰς δένδρον, καὶ *τὰ πετεινὰ τοῦ οὐρανοῦ κατεσκήνωσεν ἐν τοῖς κλάδοις αὐτοῦ.* ➤ Ps 103,12 LXX	→ GTh 20 Mk-Q overlap
b 210	Mt 13,34	 **ταῦτα πάντα** ἐλάλησεν ὁ Ἰησοῦς ἐν παραβολαῖς τοῖς ὄχλοις,	Mk 4,33	καὶ τοιαύταις παραβολαῖς πολλαῖς ἐλάλει αὐτοῖς **τὸν λόγον**, καθὼς ἠδύναντο ἀκούειν·			
g 120	→ Mt 13,36	καὶ χωρὶς παραβολῆς οὐδὲν ἐλάλει αὐτοῖς	Mk 4,34	χωρὶς δὲ παραβολῆς οὐκ ἐλάλει αὐτοῖς, κατ' ἰδίαν δὲ τοῖς ἰδίοις μαθηταῖς ἐπέλυεν **πάντα**.			
200	Mt 13,41 ↓ Mt 7,23 ↓ Lk 13,27 → Mt 24,31 → Mk 13,27	ἀποστελεῖ ὁ υἱὸς τοῦ ἀνθρώπου τοὺς ἀγγέλους αὐτοῦ, καὶ συλλέξουσιν ἐκ τῆς βασιλείας αὐτοῦ **πάντα τὰ σκάνδαλα** καὶ τοὺς ποιοῦντας τὴν ἀνομίαν					
g k 200	Mt 13,44	ὁμοία ἐστὶν ἡ βασιλεία τῶν οὐρανῶν θησαυρῷ κεκρυμμένῳ ἐν τῷ ἀγρῷ, ὃν εὑρὼν ἄνθρωπος ἔκρυψεν, καὶ ἀπὸ τῆς χαρᾶς αὐτοῦ ὑπάγει καὶ πωλεῖ **πάντα** ὅσα ἔχει καὶ ἀγοράζει τὸν ἀγρὸν ἐκεῖνον.					→ GTh 109
g k 200	Mt 13,46	εὑρὼν δὲ ἕνα πολύτιμον μαργαρίτην ἀπελθὼν πέπρακεν **πάντα** ὅσα εἶχεν καὶ ἠγόρασεν αὐτόν.					→ GTh 76,1-2
200	Mt 13,47	πάλιν ὁμοία ἐστὶν ἡ βασιλεία τῶν οὐρανῶν σαγήνῃ βληθείσῃ εἰς τὴν θάλασσαν καὶ **ἐκ παντὸς γένους** συναγαγούσῃ·					→ GTh 8

b 200	Mt 13,51	συνήκατε **ταῦτα πάντα;** λέγουσιν αὐτῷ· ναί.				
200	Mt 13,52	... διὰ τοῦτο **πᾶς γραμματεὺς μαθητευθεὶς** τῇ βασιλείᾳ τῶν οὐρανῶν ὅμοιός ἐστιν ἀνθρώπῳ οἰκοδεσπότῃ, ...				
m 021			Mk 5,5	καὶ **διὰ παντὸς** νυκτὸς καὶ ἡμέρας ἐν τοῖς μνήμασιν καὶ ἐν τοῖς ὄρεσιν ἦν κράζων καὶ κατακόπτων ἑαυτὸν λίθοις.	Lk 8,29	... ἠλαύνετο ὑπὸ τοῦ δαιμονίου εἰς τὰς ἐρήμους.
f 021			Mk 5,20	καὶ ἀπῆλθεν καὶ ἤρξατο κηρύσσειν ἐν τῇ Δεκαπόλει ὅσα ἐποίησεν αὐτῷ ὁ Ἰησοῦς, καὶ **πάντες** ἐθαύμαζον.	Lk 8,39	... καὶ ἀπῆλθεν καθ' ὅλην τὴν πόλιν κηρύσσων ὅσα ἐποίησεν αὐτῷ ὁ Ἰησοῦς.
f 112	Mt 9,1	καὶ ἐμβὰς εἰς πλοῖον διεπέρασεν ... [18] ταῦτα αὐτοῦ λαλοῦντος αὐτοῖς, ἰδοὺ ἄρχων εἷς ἐλθὼν ...	Mk 5,21	[18] καὶ ἐμβαίνοντος αὐτοῦ εἰς τὸ πλοῖον ... [21] καὶ διαπεράσαντος τοῦ Ἰησοῦ [ἐν τῷ πλοίῳ] πάλιν εἰς τὸ πέραν συνήχθη ὄχλος πολὺς ἐπ' αὐτόν, καὶ ἦν παρὰ τὴν θάλασσαν. [22] καὶ ἔρχεται εἷς τῶν ἀρχισυναγώγων, ὀνόματι Ἰάϊρος, ...	Lk 8,40	[37] ... αὐτὸς δὲ ἐμβὰς εἰς πλοῖον ὑπέστρεψεν. [38] ... [40] ἐν δὲ τῷ ὑποστρέφειν τὸν Ἰησοῦν ἀπεδέξατο αὐτὸν ὁ ὄχλος· ἦσαν γὰρ **πάντες** προσδοκῶντες αὐτόν. [41] καὶ ἰδοὺ ἦλθεν ἀνὴρ ᾧ ὄνομα Ἰάϊρος καὶ οὗτος ἄρχων τῆς συναγωγῆς ὑπῆρχεν, ...
g 021			Mk 5,26	καὶ πολλὰ παθοῦσα ὑπὸ πολλῶν ἰατρῶν καὶ δαπανήσασα **τὰ παρ' αὐτῆς πάντα** καὶ μηδὲν ὠφεληθεῖσα ἀλλὰ μᾶλλον εἰς τὸ χεῖρον ἐλθοῦσα	Lk 8,43	... ἥτις [ἰατροῖς προσαναλώσασα **ὅλον τὸν βίον]** οὐκ ἴσχυσεν ἀπ' οὐδενὸς θεραπευθῆναι
f 012			Mk 5,31	[30] ... ἔλεγεν· τίς μου ἥψατο τῶν ἱματίων; [31] καὶ ἔλεγον αὐτῷ οἱ μαθηταὶ αὐτοῦ· βλέπεις τὸν ὄχλον συνθλίβοντά σε ...	Lk 8,45	καὶ εἶπεν ὁ Ἰησοῦς· τίς ὁ ἁψάμενός μου; ἀρνουμένων δὲ **πάντων** εἶπεν ὁ Πέτρος· ἐπιστάτα, οἱ ὄχλοι συνέχουσίν σε καὶ ἀποθλίβουσιν.
021 012			Mk 5,33	ἡ δὲ γυνὴ φοβηθεῖσα καὶ τρέμουσα, εἰδυῖα ὃ γέγονεν αὐτῇ, ἦλθεν καὶ προσέπεσεν αὐτῷ καὶ εἶπεν αὐτῷ **πᾶσαν τὴν ἀλήθειαν.**	Lk 8,47 → Mt 9,21 → Mk 5,28 → Mk 5,29	ἰδοῦσα δὲ ἡ γυνὴ ὅτι οὐκ ἔλαθεν, τρέμουσα ἦλθεν καὶ προσπεσοῦσα αὐτῷ **δι' ἣν αἰτίαν** ἥψατο αὐτοῦ ἀπήγγειλεν **ἐνώπιον παντὸς τοῦ λαοῦ** καὶ ὡς ἰάθη παραχρῆμα.

f 112	Mt 9,23	... καὶ ἰδὼν τοὺς αὐλητὰς καὶ τὸν ὄχλον θορυβούμενον	Mk 5,38	... καὶ θεωρεῖ θόρυβον καὶ κλαίοντας καὶ ἀλαλάζοντας πολλά	Lk 8,52	ἔκλαιον δὲ **πάντες** καὶ ἐκόπτοντο αὐτήν. ...	
f 121	Mt 9,25	ὅτε δὲ ἐξεβλήθη **ὁ ὄχλος** εἰσελθὼν ἐκράτησεν τῆς χειρὸς αὐτῆς, ...	Mk 5,40	... αὐτὸς δὲ ἐκβαλὼν **πάντας** ... εἰσπορεύεται ὅπου ἦν τὸ παιδίον. [41] καὶ κρατήσας τῆς χειρὸς τοῦ παιδίου ...	Lk 8,54	αὐτὸς δὲ κρατήσας τῆς χειρὸς αὐτῆς ...	
a l 210	Mt 13,56 (2)	καὶ **αἱ ἀδελφαὶ αὐτοῦ** **οὐχὶ πᾶσαι** πρὸς ἡμᾶς εἰσιν;	Mk 6,3	... καὶ οὐκ εἰσὶν **αἱ ἀδελφαὶ αὐτοῦ** ὧδε πρὸς ἡμᾶς; ...			
b 200		πόθεν οὖν τούτῳ **ταῦτα πάντα;**	Mk 6,2	... πόθεν τούτῳ **ταῦτα**, ...			
112	Mt 10,1 (2) → Mk 3,13	καὶ προσκαλεσάμενος τοὺς δώδεκα μαθητὰς αὐτοῦ ἔδωκεν αὐτοῖς ἐξουσίαν **πνευμάτων** **ἀκαθάρτων** ὥστε ἐκβάλλειν αὐτὰ καὶ θεραπεύειν πᾶσαν νόσον καὶ πᾶσαν μαλακίαν.	Mk 6,7 → Mk 3,14-15 → Mt 10,5 → Lk 9,2	καὶ προσκαλεῖται τοὺς δώδεκα καὶ ἤρξατο αὐτοὺς ἀποστέλλειν δύο δύο καὶ ἐδίδου αὐτοῖς ἐξουσίαν **τῶν πνευμάτων** **τῶν ἀκαθάρτων**	Lk 9,1 → Lk 10,1	συγκαλεσάμενος δὲ τοὺς δώδεκα ἔδωκεν αὐτοῖς δύναμιν καὶ ἐξουσίαν **ἐπὶ πάντα** **τὰ δαιμόνια** καὶ νόσους θεραπεύειν	
c 112	Mt 14,1	ἐν ἐκείνῳ τῷ καιρῷ ἤκουσεν Ἡρῴδης ὁ τετραάρχης **τὴν ἀκοὴν** **Ἰησοῦ**, ...	Mk 6,14	καὶ ἤκουσεν ὁ βασιλεὺς Ἡρῴδης, **φανερὸν γὰρ ἐγένετο** **τὸ ὄνομα αὐτοῦ**, ...	Lk 9,7	ἤκουσεν δὲ Ἡρῴδης ὁ τετραάρχης **τὰ γινόμενα** **πάντα** ...	
g k 021			Mk 6,30	καὶ συνάγονται οἱ ἀπόστολοι πρὸς τὸν Ἰησοῦν καὶ ἀπήγγειλαν αὐτῷ **πάντα** ὅσα ἐποίησαν καὶ ὅσα ἐδίδαξαν.	Lk 9,10 → Lk 10,17	καὶ ὑποστρέψαντες οἱ ἀπόστολοι διηγήσαντο αὐτῷ ὅσα ἐποίησαν. ...	
121	Mt 14,13	... καὶ ἀκούσαντες οἱ ὄχλοι ἠκολούθησαν αὐτῷ πεζῇ **ἀπὸ** **τῶν πόλεων.**	Mk 6,33	καὶ εἶδον αὐτοὺς ὑπάγοντας καὶ ἐπέγνωσαν πολλοὶ καὶ πεζῇ **ἀπὸ πασῶν** **τῶν πόλεων** συνέδραμον ἐκεῖ καὶ προῆλθον αὐτούς.	Lk 9,11	οἱ δὲ ὄχλοι γνόντες ἠκολούθησαν αὐτῷ· ...	→ Jn 6,2

[a] πᾶς following a noun
[b] πᾶς with demonstrative or personal pronoun
[c] πᾶς following a participle
[d] πᾶς with proper name
[e] πάντες οἱ and preposition
[f] πᾶς, πάντες, οἱ (...) πάντες (used as a noun)
[g] (τὰ) πάντα (used as a noun)
[h] πᾶς ὅς
[j] πᾶς ὅστις
[k] πάντες (...) ὅσοι
[l] οὐ πᾶς, οὐχὶ πᾶς
[m] διὰ παντός
[n] κατὰ πάντα

112	**Mt 14,16** → Mt 14,15 → Mt 15,33-34	ὁ δὲ [Ἰησοῦς] εἶπεν αὐτοῖς· οὐ χρείαν ἔχουσιν ἀπελθεῖν, δότε αὐτοῖς ὑμεῖς φαγεῖν. [17] οἱ δὲ λέγουσιν αὐτῷ· οὐκ ἔχομεν ὧδε εἰ μὴ πέντε ἄρτους καὶ δύο ἰχθύας.	**Mk 6,37** → Mk 6,36 → Mk 8,4-5	ὁ δὲ ἀποκριθεὶς εἶπεν αὐτοῖς· δότε αὐτοῖς ὑμεῖς φαγεῖν. καὶ λέγουσιν αὐτῷ· ἀπελθόντες ἀγοράσωμεν δηναρίων διακοσίων ἄρτους καὶ δώσομεν **αὐτοῖς** φαγεῖν; [38] ὁ δὲ λέγει αὐτοῖς· πόσους ἄρτους ἔχετε; ὑπάγετε ἴδετε. καὶ γνόντες λέγουσιν· πέντε, καὶ δύο ἰχθύας.	**Lk 9,13** → Lk 9,12	εἶπεν δὲ πρὸς αὐτούς· δότε αὐτοῖς ὑμεῖς φαγεῖν. οἱ δὲ εἶπαν· οὐκ εἰσὶν ἡμῖν πλεῖον ἢ ἄρτοι πέντε καὶ ἰχθύες δύο, εἰ μήτι πορευθέντες ἡμεῖς ἀγοράσωμεν **εἰς πάντα τὸν λαὸν τοῦτον** βρώματα.	→ Jn 6,5-7 → Jn 6,9
f 121	**Mt 14,19** → Mt 15,35	καὶ κελεύσας **τοὺς ὄχλους** ἀνακλιθῆναι ἐπὶ τοῦ χόρτου, ...	**Mk 6,39** → Mk 8,6	καὶ ἐπέταξεν αὐτοῖς ἀνακλῖναι **πάντας** συμπόσια συμπόσια ἐπὶ τῷ χλωρῷ χόρτῳ.	**Lk 9,14**	... εἶπεν δὲ πρὸς τοὺς μαθητὰς αὐτοῦ· κατακλίνατε **αὐτοὺς** κλισίας ...	→ Jn 6,10
f 121	**Mt 14,19** → Mt 15,36 → Mt 26,26	... καὶ κλάσας ἔδωκεν τοῖς μαθηταῖς τοὺς ἄρτους οἱ δὲ μαθηταὶ τοῖς ὄχλοις.	**Mk 6,41** → Mk 8,6-7 → Mk 14,22	... καὶ κατέκλασεν τοὺς ἄρτους καὶ ἐδίδου τοῖς μαθηταῖς [αὐτοῦ] ἵνα παρατιθῶσιν αὐτοῖς, καὶ τοὺς δύο ἰχθύας ἐμέρισεν **πᾶσιν.**	**Lk 9,16** → Lk 22,19	... καὶ κατέκλασεν καὶ ἐδίδου τοῖς μαθηταῖς παραθεῖναι τῷ ὄχλῳ.	→ Jn 6,11
f 222	**Mt 14,20** ↓ Mt 15,37	καὶ ἔφαγον **πάντες** καὶ ἐχορτάσθησαν, ...	**Mk 6,42** ↓ Mk 8,8	καὶ ἔφαγον **πάντες** καὶ ἐχορτάσθησαν	**Lk 9,17**	καὶ ἔφαγον καὶ ἐχορτάσθησαν **πάντες, ...**	→ Jn 6,12
f 120	**Mt 14,26**	οἱ δὲ μαθηταὶ ἰδόντες αὐτὸν ἐπὶ τῆς θαλάσσης περιπατοῦντα ἐταράχθησαν λέγοντες ὅτι φάντασμά ἐστιν, καὶ ἀπὸ τοῦ φόβου ἔκραξαν.	**Mk 6,50**	[49] οἱ δὲ ἰδόντες αὐτὸν ἐπὶ τῆς θαλάσσης περιπατοῦντα ἔδοξαν ὅτι φάντασμά ἐστιν, καὶ ἀνέκραξαν· [50] **πάντες** γὰρ αὐτὸν εἶδον καὶ ἐταράχθησαν. ...			→ Jn 6,19
210	**Mt 14,35**	... καὶ προσήνεγκαν αὐτῷ **πάντας τοὺς κακῶς ἔχοντας**	**Mk 6,55**	... καὶ ἤρξαντο ἐπὶ τοῖς κραβάττοις **τοὺς κακῶς ἔχοντας** περιφέρειν ὅπου ἤκουον ὅτι ἐστίν.			
d 020			**Mk 7,3**	- οἱ γὰρ Φαρισαῖοι καὶ **πάντες οἱ Ἰουδαῖοι** ἐὰν μὴ πυγμῇ νίψωνται τὰς χεῖρας οὐκ ἐσθίουσιν, ...			
f 120	**Mt 15,10**	καὶ προσκαλεσάμενος τὸν ὄχλον εἶπεν αὐτοῖς· ἀκούετε καὶ συνίετε·	**Mk 7,14**	καὶ προσκαλεσάμενος πάλιν τὸν ὄχλον ἔλεγεν αὐτοῖς· ἀκούσατέ μου **πάντες** καὶ σύνετε.			

200	Mt 15,13	ὁ δὲ ἀποκριθεὶς εἶπεν· πᾶσα φυτεία ἣν οὐκ ἐφύτευσεν ὁ πατήρ μου ὁ οὐράνιος ἐκριζωθήσεται.					
220 120	Mt 15,17	οὐ νοεῖτε ὅτι πᾶν τὸ εἰσπορευόμενον εἰς τὸ στόμα εἰς τὴν κοιλίαν χωρεῖ καὶ εἰς ἀφεδρῶνα ἐκβάλλεται;	Mk 7,18	... οὐ νοεῖτε ὅτι πᾶν τὸ ἔξωθεν εἰσπορευόμενον εἰς τὸν ἄνθρωπον οὐ δύναται αὐτὸν κοινῶσαι, [19] ὅτι οὐκ εἰσπορεύεται αὐτοῦ εἰς τὴν καρδίαν ἀλλ' εἰς τὴν κοιλίαν, καὶ εἰς τὸν ἀφεδρῶνα ἐκπορεύεται, καθαρίζων πάντα τὰ βρώματα;			→ GTh 14,5
b 120	Mt 15,20	ταῦτά ἐστιν τὰ κοινοῦντα τὸν ἄνθρωπον, ...	Mk 7,23	πάντα ταῦτα τὰ πονηρὰ ἔσωθεν ἐκπορεύεται καὶ κοινοῖ τὸν ἄνθρωπον.			→ GTh 14,5
g 120	Mt 15,31 → Mt 11,5	ὥστε τὸν ὄχλον θαυμάσαι βλέποντας κωφοὺς λαλοῦντας, κυλλοὺς ὑγιεῖς, καὶ χωλοὺς περιπατοῦντας καὶ τυφλοὺς βλέποντας· καὶ ἐδόξασαν τὸν θεὸν Ἰσραήλ.	Mk 7,37	καὶ ὑπερπερισσῶς ἐξεπλήσσοντο λέγοντες· καλῶς πάντα πεποίηκεν, καὶ τοὺς κωφοὺς ποιεῖ ἀκούειν καὶ [τοὺς] ἀλάλους λαλεῖν.			
f 210	Mt 15,37 ↑ Mt 14,20	καὶ ἔφαγον πάντες καὶ ἐχορτάσθησαν. ...	Mk 8,8 ↑ Mk 6,42	καὶ ἔφαγον καὶ ἐχορτάσθησαν, ...	↑ Lk 9,17		
f 112	Mt 16,24 ⇨ Mt 10,38	τότε ὁ Ἰησοῦς εἶπεν τοῖς μαθηταῖς αὐτοῦ· εἴ τις θέλει ὀπίσω μου ἐλθεῖν, ἀπαρνησάσθω ἑαυτὸν καὶ ἀράτω τὸν σταυρὸν αὐτοῦ καὶ ἀκολουθείτω μοι.	Mk 8,34	καὶ προσκαλεσάμενος τὸν ὄχλον σὺν τοῖς μαθηταῖς αὐτοῦ εἶπεν αὐτοῖς· εἴ τις θέλει ὀπίσω μου ἀκολουθεῖν, ἀπαρνησάσθω ἑαυτὸν καὶ ἀράτω τὸν σταυρὸν αὐτοῦ καὶ ἀκολουθείτω μοι.	Lk 9,23 ⇨ Lk 14,27	ἔλεγεν δὲ πρὸς πάντας· εἴ τις θέλει ὀπίσω μου ἔρχεσθαι, ἀρνησάσθω ἑαυτὸν καὶ ἀράτω τὸν σταυρὸν αὐτοῦ καθ' ἡμέραν, καὶ ἀκολουθείτω μοι.	→ GTh 55 Mk-Q overlap
g 220	Mt 17,11	ὁ δὲ ἀποκριθεὶς εἶπεν· *Ἠλίας* μὲν *ἔρχεται* *καὶ ἀποκαταστήσει* πάντα· ➤ Mal 3,23-24	Mk 9,12	ὁ δὲ ἔφη αὐτοῖς· Ἠλίας μὲν ἐλθὼν πρῶτον ἀποκαθιστάνει πάντα· ...			→ Acts 3,21
021			Mk 9,15	καὶ εὐθὺς πᾶς ὁ ὄχλος ἰδόντες αὐτὸν ἐξεθαμβήθησαν καὶ προστρέχοντες ἠσπάζοντο αὐτόν.	Lk 9,37	... συνήντησεν αὐτῷ ὄχλος πολύς.	
g 020			Mk 9,23 → Mt 17,20 → Lk 17,6 → Mt 21,21 → Mk 11,23	ὁ δὲ Ἰησοῦς εἶπεν αὐτῷ· τὸ εἰ δύνῃ, πάντα δυνατὰ τῷ πιστεύοντι.			

f 002 f 002 g h 002					Lk 9,43 (3)	ἐξεπλήσσοντο δὲ **πάντες** ἐπὶ τῇ μεγαλειότητι τοῦ θεοῦ. **πάντων** δὲ θαυμαζόντων **ἐπὶ πᾶσιν** οἷς ἐποίει ...	
f 020 f 020			Mk 9,35 (2) ↓ Mt 20,26-27 ⇩ Mk 10,43 ⇩ Mk 10,44 ↓ Lk 22,26 → Mt 23,11 → Mk 10,31	καὶ καθίσας ἐφώνησεν τοὺς δώδεκα καὶ λέγει αὐτοῖς· εἴ τις θέλει πρῶτος εἶναι, ἔσται **πάντων ἔσχατος** καὶ **πάντων διάκονος.**			
112	Mt 18,5 ⇨ Mt 10,40 → Mt 10,41	καὶ ὃς ἐὰν δέξηται ἓν παιδίον τοιοῦτο ἐπὶ τῷ ὀνόματί μου, ἐμὲ δέχεται.	Mk 9,37	ὃς ἂν ἓν τῶν τοιούτων παιδίων δέξηται ἐπὶ τῷ ὀνόματί μου, ἐμὲ δέχεται· καὶ ὃς ἂν ἐμὲ δέχηται, οὐκ ἐμὲ δέχεται ἀλλὰ τὸν ἀποστείλαντά με.	Lk 9,48 ⇨ Lk 10,16	... ὃς ἐὰν δέξηται τοῦτο τὸ παιδίον ἐπὶ τῷ ὀνόματί μου, ἐμὲ δέχεται· καὶ ὃς ἂν ἐμὲ δέξηται, δέχεται τὸν ἀποστείλαντά με· ὁ γὰρ μικρότερος **ἐν πᾶσιν ὑμῖν** ὑπάρχων οὗτός ἐστιν μέγας.	→ Jn 5,23 → Jn 12,44-45 → Jn 13,20
f 020			Mk 9,49	**πᾶς** γὰρ πυρὶ ἁλισθήσεται.			
m 200	Mt 18,10 → Mt 18,6 → Mk 9,42 → Lk 17,2	... οἱ ἄγγελοι αὐτῶν ἐν οὐρανοῖς **διὰ παντὸς** βλέπουσι τὸ πρόσωπον τοῦ πατρός μου τοῦ ἐν οὐρανοῖς.					
200	Mt 18,16	ἐὰν δὲ μὴ ἀκούσῃ, παράλαβε μετὰ σοῦ ἔτι ἕνα ἢ δύο, ἵνα *ἐπὶ στόματος δύο μαρτύρων ἢ τριῶν σταθῇ* ***πᾶν ῥῆμα·*** ➤ Deut 19,15					
200	Mt 18,19 ↓ Mt 21,22 ↓ Mk 11,24	... ἐὰν δύο συμφωνήσωσιν ἐξ ὑμῶν ἐπὶ τῆς γῆς **περὶ παντὸς πράγματος** οὗ ἐὰν αἰτήσωνται, γενήσεται αὐτοῖς παρὰ τοῦ πατρός μου τοῦ ἐν οὐρανοῖς.					→ GTh 30 (POxy 1) → GTh 48 → GTh 106
g k 200	Mt 18,25	... ἐκέλευσεν αὐτὸν ὁ κύριος πραθῆναι καὶ τὴν γυναῖκα καὶ τὰ τέκνα καὶ **πάντα** ὅσα ἔχει, καὶ ἀποδοθῆναι.					
g 200	Mt 18,26	πεσὼν οὖν ὁ δοῦλος προσεκύνει αὐτῷ λέγων· μακροθύμησον ἐπ' ἐμοί, καὶ **πάντα** ἀποδώσω σοι.					

200	**Mt 18,31**	ἰδόντες οὖν οἱ σύνδουλοι αὐτοῦ τὰ γενόμενα ἐλυπήθησαν σφόδρα καὶ ἐλθόντες διεσάφησαν τῷ κυρίῳ ἑαυτῶν **πάντα τὰ γενόμενα.**					
200	**Mt 18,32**	... δοῦλε πονηρέ, **πᾶσαν τὴν ὀφειλὴν ἐκείνην** ἀφῆκά σοι, ἐπεὶ παρεκάλεσάς με·					
200	**Mt 18,34** → Mt 5,25-26 → Lk 12,58-59	καὶ ὀργισθεὶς ὁ κύριος αὐτοῦ παρέδωκεν αὐτὸν τοῖς βασανισταῖς ἕως οὗ ἀποδῷ **πᾶν τὸ ὀφειλόμενον.**					
002					**Lk 10,1** ↑ Mt 10,1 ↑ Mk 6,7 ↑ Lk 9,1	μετὰ δὲ ταῦτα ἀνέδειξεν ὁ κύριος ἑτέρους ἑβδομήκοντα [δύο] καὶ ἀπέστειλεν αὐτοὺς ἀνὰ δύο [δύο] πρὸ προσώπου αὐτοῦ **εἰς πᾶσαν πόλιν καὶ τόπον** οὗ ἤμελλεν αὐτὸς ἔρχεσθαι.	
002					**Lk 10,19**	ἰδοὺ δέδωκα ὑμῖν τὴν ἐξουσίαν τοῦ πατεῖν ἐπάνω ὄφεων καὶ σκορπίων, καὶ **ἐπὶ πᾶσαν τὴν δύναμιν τοῦ ἐχθροῦ,** καὶ οὐδὲν ὑμᾶς οὐ μὴ ἀδικήσῃ.	
g 202	**Mt 11,27** ↓ Mt 28,18	**πάντα** μοι παρεδόθη ὑπὸ τοῦ πατρός μου, ...			**Lk 10,22** ↓ Mt 28,18	**πάντα** μοι παρεδόθη ὑπὸ τοῦ πατρός μου, ...	→ GTh 61,3
102	**Mt 6,12** → Mt 6,14 → Mk 11,25 → Mt 18,33	καὶ ἄφες ἡμῖν τὰ ὀφειλήματα ἡμῶν, ὡς καὶ ἡμεῖς ἀφήκαμεν **τοῖς ὀφειλέταις ἡμῶν·**			**Lk 11,4**	καὶ ἄφες ἡμῖν τὰς ἁμαρτίας ἡμῶν, καὶ γὰρ αὐτοὶ ἀφίομεν **παντὶ ὀφείλοντι ἡμῖν·** ...	
202	**Mt 7,8** ↓ Mt 21,22 ↓ Mk 11,24	**πᾶς γὰρ ὁ αἰτῶν** λαμβάνει καὶ ὁ ζητῶν εὑρίσκει καὶ τῷ κρούοντι ἀνοιγήσεται.			**Lk 11,10** ↓ Mt 21,22 ↓ Mk 11,24	**πᾶς γὰρ ὁ αἰτῶν** λαμβάνει καὶ ὁ ζητῶν εὑρίσκει καὶ τῷ κρούοντι ἀνοιγ[ήσ]εται.	→ GTh 2 (POxy 654) → GTh 94
202	**Mt 12,25 (2)**	... εἶπεν αὐτοῖς· **πᾶσα βασιλεία** μερισθεῖσα καθ' ἑαυτῆς ἐρημοῦται καὶ πᾶσα πόλις ἢ οἰκία μερισθεῖσα καθ' ἑαυτῆς οὐ σταθήσεται.	**Mk 3,24**	[23] ... ἔλεγεν αὐτοῖς· ... [24] καὶ ἐὰν **βασιλεία** ἐφ' ἑαυτὴν μερισθῇ, οὐ δύναται σταθῆναι ἡ βασιλεία ἐκείνη· [25] καὶ ἐὰν οἰκία ἐφ' ἑαυτὴν μερισθῇ, οὐ δυνήσεται ἡ οἰκία ἐκείνη σταθῆναι.	**Lk 11,17**	... εἶπεν αὐτοῖς· **πᾶσα βασιλεία** ἐφ' ἑαυτὴν διαμερισθεῖσα ἐρημοῦται καὶ οἶκος ἐπὶ οἶκον πίπτει.	Mk-Q overlap
g 102	**Mt 23,26**	... καθάρισον πρῶτον τὸ ἐντὸς τοῦ ποτηρίου, ἵνα γένηται καὶ **τὸ ἐκτὸς αὐτοῦ** καθαρόν.			**Lk 11,41**	πλὴν τὰ ἐνόντα δότε ἐλεημοσύνην, καὶ ἰδοὺ **πάντα** καθαρὰ ὑμῖν ἐστιν.	→ GTh 89

102	Mt 23,23	οὐαὶ ὑμῖν, γραμματεῖς καὶ Φαρισαῖοι ὑποκριταί, ὅτι ἀποδεκατοῦτε τὸ ἡδύοσμον καὶ τὸ ἄνηθον καὶ τὸ κύμινον καὶ ἀφήκατε τὰ βαρύτερα τοῦ νόμου, τὴν κρίσιν καὶ τὸ ἔλεος καὶ τὴν πίστιν· ...			Lk 11,42	ἀλλὰ οὐαὶ ὑμῖν τοῖς Φαρισαίοις, ὅτι ἀποδεκατοῦτε τὸ ἡδύοσμον καὶ τὸ πήγανον καὶ πᾶν λάχανον καὶ παρέρχεσθε τὴν κρίσιν καὶ τὴν ἀγάπην τοῦ θεοῦ· ...	
202	Mt 23,35	ὅπως ἔλθῃ ἐφ' ὑμᾶς πᾶν αἷμα δίκαιον ἐκχυννόμενον ἐπὶ τῆς γῆς ...			Lk 11,50	ἵνα ἐκζητηθῇ τὸ αἷμα πάντων τῶν προφητῶν τὸ ἐκκεχυμένον ἀπὸ καταβολῆς κόσμου ἀπὸ τῆς γενεᾶς ταύτης	
a 202	Mt 10,30	ὑμῶν δὲ καὶ αἱ τρίχες τῆς κεφαλῆς πᾶσαι ἠριθμημέναι εἰσίν.			Lk 12,7 → Lk 21,18	ἀλλὰ καὶ αἱ τρίχες τῆς κεφαλῆς ὑμῶν πᾶσαι ἠρίθμηνται. ...	→ Acts 27,34
f j h 202	Mt 10,32	πᾶς οὖν ὅστις ὁμολογήσει ἐν ἐμοὶ ἔμπροσθεν τῶν ἀνθρώπων, ὁμολογήσω κἀγὼ ἐν αὐτῷ ἔμπροσθεν τοῦ πατρός μου τοῦ ἐν [τοῖς] οὐρανοῖς·			Lk 12,8	... πᾶς ὃς ἂν ὁμολογήσῃ ἐν ἐμοὶ ἔμπροσθεν τῶν ἀνθρώπων, καὶ ὁ υἱὸς τοῦ ἀνθρώπου ὁμολογήσει ἐν αὐτῷ ἔμπροσθεν τῶν ἀγγέλων τοῦ θεοῦ·	
f h 102	Mt 12,32 ↑ Mk 3,28	καὶ ὃς ἐὰν εἴπῃ λόγον κατὰ τοῦ υἱοῦ τοῦ ἀνθρώπου, ἀφεθήσεται αὐτῷ· ὃς δ' ἂν εἴπῃ κατὰ τοῦ πνεύματος τοῦ ἁγίου, οὐκ ἀφεθήσεται αὐτῷ ...	Mk 3,29	ὃς δ' ἂν βλασφημήσῃ εἰς τὸ πνεῦμα τὸ ἅγιον, οὐκ ἔχει ἄφεσιν ...	Lk 12,10 ↑ Mk 3,28	καὶ πᾶς ὃς ἐρεῖ λόγον εἰς τὸν υἱὸν τοῦ ἀνθρώπου, ἀφεθήσεται αὐτῷ· τῷ δὲ εἰς τὸ ἅγιον πνεῦμα βλασφημήσαντι οὐκ ἀφεθήσεται.	→ GTh 44 Mk-Q overlap
002					Lk 12,15	... ὁρᾶτε καὶ φυλάσσεσθε ἀπὸ πάσης πλεονεξίας, ὅτι οὐκ ἐν τῷ περισσεύειν τινὶ ἡ ζωὴ αὐτοῦ ἐστιν ἐκ τῶν ὑπαρχόντων αὐτῷ.	
002					Lk 12,18	... καθελῶ μου τὰς ἀποθήκας καὶ μείζονας οἰκοδομήσω, καὶ συνάξω ἐκεῖ πάντα τὸν σῖτον καὶ τὰ ἀγαθά μου	→ GTh 63
202	Mt 6,29	λέγω δὲ ὑμῖν ὅτι οὐδὲ Σολομὼν ἐν πάσῃ τῇ δόξῃ αὐτοῦ περιεβάλετο ὡς ἓν τούτων.			Lk 12,27	... λέγω δὲ ὑμῖν, οὐδὲ Σολομὼν ἐν πάσῃ τῇ δόξῃ αὐτοῦ περιεβάλετο ὡς ἓν τούτων.	
b 202	Mt 6,32 → Mt 6,8	πάντα γὰρ ταῦτα τὰ ἔθνη ἐπιζητοῦσιν· οἶδεν γὰρ ὁ πατὴρ ὑμῶν ὁ οὐράνιος ὅτι χρῄζετε τούτων ἁπάντων.			Lk 12,30	ταῦτα γὰρ πάντα τὰ ἔθνη τοῦ κόσμου ἐπιζητοῦσιν, ὑμῶν δὲ ὁ πατὴρ οἶδεν ὅτι χρῄζετε τούτων.	

f 002					**Lk 12,41**	... κύριε, πρὸς ἡμᾶς τὴν παραβολὴν ταύτην λέγεις ἢ καὶ **πρὸς πάντας;**	
202	**Mt 24,47** → Mt 25,21 → Mt 25,23	ἀμὴν λέγω ὑμῖν ὅτι **ἐπὶ πᾶσιν τοῖς ὑπάρχουσιν αὐτοῦ** καταστήσει αὐτόν.			**Lk 12,44**	ἀληθῶς λέγω ὑμῖν ὅτι **ἐπὶ πᾶσιν τοῖς ὑπάρχουσιν αὐτοῦ** καταστήσει αὐτόν.	
fh 002					**Lk 12,48**	ὁ δὲ μὴ γνούς, ποιήσας δὲ ἄξια πληγῶν δαρήσεται ὀλίγας. **παντὶ** δὲ ᾧ ἐδόθη πολύ, πολὺ ζητηθήσεται παρ' αὐτοῦ, ...	
d 002					**Lk 13,2**	... δοκεῖτε ὅτι οἱ Γαλιλαῖοι οὗτοι ἁμαρτωλοὶ **παρὰ πάντας τοὺς Γαλιλαίους** ἐγένοντο, ὅτι ταῦτα πεπόνθασιν;	
f 002					**Lk 13,3**	οὐχί, λέγω ὑμῖν, ἀλλ' ἐὰν μὴ μετανοῆτε **πάντες** ὁμοίως ἀπολεῖσθε.	
002					**Lk 13,4**	... δοκεῖτε ὅτι αὐτοὶ ὀφειλέται ἐγένοντο **παρὰ πάντας τοὺς ἀνθρώπους** τοὺς κατοικοῦντας Ἰερουσαλήμ;	
f 002					**Lk 13,5**	οὐχί, λέγω ὑμῖν, ἀλλ' ἐὰν μὴ μετανοῆτε **πάντες** ὡσαύτως ἀπολεῖσθε.	
002 002 002					**Lk 13,17** **(3)** → Mt 12,14 → Mk 3,6 → Lk 6,11 → Lk 14,6	καὶ ταῦτα λέγοντος αὐτοῦ κατῃσχύνοντο **πάντες οἱ ἀντικείμενοι** αὐτῷ, καὶ **πᾶς ὁ ὄχλος** ἔχαιρεν **ἐπὶ πᾶσιν τοῖς ἐνδόξοις** τοῖς γινομένοις ὑπ' αὐτοῦ.	
102	**Mt 7,23** ↑ **Mt 13,41** → Mt 25,12 → Mt 25,41	... οὐδέποτε ἔγνων ὑμᾶς· *ἀποχωρεῖτε ἀπ' ἐμοῦ* ***οἱ ἐργαζόμενοι*** *τὴν ἀνομίαν.* ➤ Ps 6,9/1Macc 3,6			**Lk 13,27** → Lk 13,25	... οὐκ οἶδα [ὑμᾶς] πόθεν ἐστέ· *ἀπόστητε ἀπ' ἐμοῦ,* ***πάντες ἐργάται*** *ἀδικίας.* ➤ Ps 6,9/1Macc 3,6	

[a] πᾶς following a noun
[b] πᾶς with demonstrative or personal pronoun
[c] πᾶς following a participle
[d] πᾶς with proper name
[e] πάντες οἱ and preposition
[f] πᾶς, πάντες, οἱ (...) πάντες (used as a noun)
[g] (τὰ) πάντα (used as a noun)
[h] πᾶς ὅς
[j] πᾶς ὅστις
[k] πάντες (...) ὅσοι
[l] οὐ πᾶς, οὐχί πᾶς
[m] διὰ παντός
[n] κατὰ πάντα

102	Mt 8,11	λέγω δὲ ὑμῖν ὅτι πολλοὶ ἀπὸ ἀνατολῶν καὶ δυσμῶν ἥξουσιν καὶ ἀνακλιθήσονται μετὰ Ἀβραὰμ καὶ Ἰσαὰκ καὶ Ἰακὼβ ἐν τῇ βασιλείᾳ τῶν οὐρανῶν, [12] οἱ δὲ υἱοὶ τῆς βασιλείας ἐκβληθήσονται εἰς τὸ σκότος τὸ ἐξώτερον· ἐκεῖ ἔσται ὁ κλαυθμὸς καὶ ὁ βρυγμὸς τῶν ὀδόντων.	Lk 13,28	ἐκεῖ ἔσται ὁ κλαυθμὸς καὶ ὁ βρυγμὸς τῶν ὀδόντων, ὅταν ὄψεσθε Ἀβραὰμ καὶ Ἰσαὰκ καὶ Ἰακὼβ καὶ **πάντας τοὺς προφήτας** ἐν τῇ βασιλείᾳ τοῦ θεοῦ, ὑμᾶς δὲ ἐκβαλλομένους ἔξω. [29] καὶ ἥξουσιν ἀπὸ ἀνατολῶν καὶ δυσμῶν καὶ ἀπὸ βορρᾶ καὶ νότου καὶ ἀνακλιθήσονται ἐν τῇ βασιλείᾳ τοῦ θεοῦ.	
002			Lk 14,10	... ἵνα ὅταν ἔλθῃ ὁ κεκληκώς σε ἐρεῖ σοι· φίλε, προσανάβηθι ἀνώτερον· τότε ἔσται σοι δόξα **ἐνώπιον πάντων τῶν συνανακειμένων** σοι.	
102	Mt 23,12 → Mt 18,4	**ὅστις δὲ ὑψώσει** ἑαυτὸν ταπεινωθήσεται καὶ ὅστις ταπεινώσει ἑαυτὸν ὑψωθήσεται.	Lk 14,11 ↓ Lk 18,14b	ὅτι **πᾶς ὁ ὑψῶν** ἑαυτὸν ταπεινωθήσεται, καὶ ὁ ταπεινῶν ἑαυτὸν ὑψωθήσεται.	
f 102	Mt 22,5	οἱ δὲ ἀμελήσαντες ἀπῆλθον, ὃς μὲν εἰς τὸν ἴδιον ἀγρόν, ...	Lk 14,18	καὶ ἤρξαντο ἀπὸ μιᾶς **πάντες** παραιτεῖσθαι. ὁ πρῶτος εἶπεν αὐτῷ· ἀγρὸν ἠγόρασα καὶ ἔχω ἀνάγκην ἐξελθὼν ἰδεῖν αὐτόν· ἐρωτῶ σε, ἔχε με παρῃτημένον.	→ GTh 64
002			Lk 14,29	ἵνα μήποτε θέντος αὐτοῦ θεμέλιον καὶ μὴ ἰσχύοντος ἐκτελέσαι **πάντες οἱ θεωροῦντες** ἄρξωνται αὐτῷ ἐμπαίζειν	
f 002 002			Lk 14,33 (2) → Lk 12,33	οὕτως οὖν **πᾶς** ἐξ ὑμῶν ὃς οὐκ ἀποτάσσεται **πᾶσιν τοῖς ἑαυτοῦ ὑπάρχουσιν** οὐ δύναταί εἶναί μου μαθητής.	
002			Lk 15,1 → Lk 5,29	ἦσαν δὲ αὐτῷ ἐγγίζοντες **πάντες οἱ τελῶναι καὶ οἱ ἁμαρτωλοὶ** ἀκούειν αὐτοῦ.	
g 002			Lk 15,13	καὶ μετ' οὐ πολλὰς ἡμέρας συναγαγὼν **πάντα** ὁ νεώτερος υἱὸς ἀπεδήμησεν εἰς χώραν μακρὰν ...	

g 002					Lk 15,14	δαπανήσαντος δὲ αὐτοῦ **πάντα** ἐγένετο λιμὸς ἰσχυρὰ κατὰ τὴν χώραν ἐκείνην, ...	
002					Lk 15,31	... τέκνον, σὺ πάντοτε μετ' ἐμοῦ εἶ, καὶ **πάντα τὰ ἐμὰ** σά ἐστιν·	
b 002					Lk 16,14	ἤκουον δὲ **ταῦτα πάντα** οἱ Φαρισαῖοι φιλάργυροι ὑπάρχοντες καὶ ἐξεμυκτήριζον αὐτόν.	
f 102	Mt 11,12	ἀπὸ δὲ τῶν ἡμερῶν Ἰωάννου τοῦ βαπτιστοῦ ἕως ἄρτι ἡ βασιλεία τῶν οὐρανῶν βιάζεται καὶ **βιασταὶ** ἁρπάζουσιν αὐτήν.			Lk 16,16 → Mt 22,9 → Lk 14,23	... ἀπὸ τότε ἡ βασιλεία τοῦ θεοῦ εὐαγγελίζεται καὶ **πᾶς** εἰς αὐτὴν βιάζεται.	
202	Mt 5,32 ⇩ Mt 19,9	ἐγὼ δὲ λέγω ὑμῖν ὅτι **πᾶς ὁ ἀπολύων** τὴν γυναῖκα αὐτοῦ παρεκτὸς λόγου πορνείας ποιεῖ αὐτὴν μοιχευθῆναι, ...			Lk 16,18	**πᾶς ὁ ἀπολύων** τὴν γυναῖκα αὐτοῦ καὶ γαμῶν ἑτέραν μοιχεύει, ...	→ 1Cor 7,10-11 Mk-Q overlap
	Mt 19,9 ⇧ Mt 5,32	λέγω δὲ ὑμῖν ὅτι **ὃς ἂν ἀπολύσῃ** τὴν γυναῖκα αὐτοῦ μὴ ἐπὶ πορνείᾳ καὶ γαμήσῃ ἄλλην μοιχᾶται.	Mk 10,11 → Mk 10,12	καὶ λέγει αὐτοῖς· **ὃς ἂν ἀπολύσῃ** τὴν γυναῖκα αὐτοῦ καὶ γαμήσῃ ἄλλην μοιχᾶται ἐπ' αὐτήν·			
b 002					Lk 16,26	καὶ **ἐν πᾶσι τούτοις** μεταξὺ ἡμῶν καὶ ὑμῶν χάσμα μέγα ἐστήρικται, ...	
002					Lk 17,10	οὕτως καὶ ὑμεῖς, ὅταν ποιήσητε **πάντα τὰ διαταχθέντα** ὑμῖν, λέγετε ὅτι δοῦλοι ἀχρεῖοί ἐσμεν, ...	
f 102	Mt 24,39	καὶ οὐκ ἔγνωσαν ἕως ἦλθεν ὁ κατακλυσμὸς καὶ ἦρεν **ἅπαντας**, ...			Lk 17,27	... καὶ ἦλθεν ὁ κατακλυσμὸς καὶ ἀπώλεσεν **πάντας**.	
f 002					Lk 17,29	ᾗ δὲ ἡμέρᾳ ἐξῆλθεν Λὼτ ἀπὸ Σοδόμων, ἔβρεξεν πῦρ καὶ θεῖον ἀπ' οὐρανοῦ καὶ ἀπώλεσεν **πάντας**.	
g k 002					Lk 18,12	νηστεύω δὶς τοῦ σαββάτου, ἀποδεκατῶ **πάντα** ὅσα κτῶμαι.	
002					Lk 18,14 → Mt 18,4 ⇧ Mt 23,12 ⇧ Lk 14,11 → Lk 16,15	... ὅτι **πᾶς ὁ ὑψῶν** ἑαυτὸν ταπεινωθήσεται, ὁ δὲ ταπεινῶν ἑαυτὸν ὑψωθήσεται.	

210	Mt 19,3	καὶ προσῆλθον αὐτῷ Φαρισαῖοι πειράζοντες αὐτὸν καὶ λέγοντες· εἰ ἔξεστιν ἀνθρώπῳ ἀπολῦσαι τὴν γυναῖκα αὐτοῦ **κατὰ πᾶσαν** αἰτίαν;	Mk 10,2	καὶ προσελθόντες Φαρισαῖοι ἐπηρώτων αὐτὸν εἰ ἔξεστιν ἀνδρὶ γυναῖκα ἀπολῦσαι, πειράζοντες αὐτόν.			
fl 200	Mt 19,11	ὁ δὲ εἶπεν αὐτοῖς· **οὐ πάντες** χωροῦσιν τὸν λόγον [τοῦτον] ἀλλ' οἷς δέδοται.					
b 222	Mt 19,20	λέγει αὐτῷ ὁ νεανίσκος· **πάντα ταῦτα** ἐφύλαξα· ...	Mk 10,20	ὁ δὲ ἔφη αὐτῷ· διδάσκαλε, **ταῦτα πάντα** ἐφυλαξάμην ἐκ νεότητός μου.	Lk 18,21	ὁ δὲ εἶπεν· **ταῦτα πάντα** ἐφύλαξα ἐκ νεότητος.	
g k 112	Mt 19,21 → Mt 6,20	... ὕπαγε πώλησόν σου τὰ ὑπάρχοντα καὶ δὸς [τοῖς] πτωχοῖς, ...	Mk 10,21	... ὕπαγε, ὅσα ἔχεις πώλησον καὶ δὸς [τοῖς] πτωχοῖς, ...	Lk 18,22 → Lk 12,33	... **πάντα** ὅσα ἔχεις πώλησον καὶ διάδος πτωχοῖς, ...	→ Acts 2,45
g 221	Mt 19,26	... παρὰ ἀνθρώποις τοῦτο ἀδύνατόν ἐστιν, παρὰ δὲ θεῷ **πάντα** δυνατά.	Mk 10,27	... παρὰ ἀνθρώποις ἀδύνατον, ἀλλ' οὐ παρὰ θεῷ· **πάντα** γὰρ δυνατὰ παρὰ τῷ θεῷ.	Lk 18,27	... τὰ ἀδύνατα παρὰ ἀνθρώποις δυνατὰ παρὰ τῷ θεῷ ἐστιν.	
g 221	Mt 19,27	... ἰδοὺ ἡμεῖς ἀφήκαμεν **πάντα** καὶ ἠκολουθήσαμέν σοι· ...	Mk 10,28	... ἰδοὺ ἡμεῖς ἀφήκαμεν **πάντα** καὶ ἠκολουθήκαμέν σοι.	Lk 18,28	... ἰδοὺ ἡμεῖς ἀφέντες **τὰ ἴδια** ἠκολουθήσαμέν σοι.	
f j 211	Mt 19,29 → Mt 10,37	καὶ **πᾶς** ὅστις ἀφῆκεν οἰκίας ἢ ἀδελφοὺς ἢ ἀδελφὰς ἢ πατέρα ἢ μητέρα ἢ τέκνα ἢ ἀγροὺς ἕνεκεν τοῦ ὀνόματός μου, ἑκατονταπλασίονα λήμψεται ...	Mk 10,29	... οὐδείς ἐστιν ὃς ἀφῆκεν οἰκίαν ἢ ἀδελφοὺς ἢ ἀδελφὰς ἢ μητέρα ἢ πατέρα ἢ τέκνα ἢ ἀγροὺς ἕνεκεν ἐμοῦ καὶ ἕνεκεν τοῦ εὐαγγελίου, [30] ἐὰν μὴ λάβῃ ἑκατονταπλασίονα ...	Lk 18,29 → Lk 14,26	... οὐδείς ἐστιν ὃς ἀφῆκεν οἰκίαν ἢ γυναῖκα ἢ ἀδελφοὺς ἢ γονεῖς ἢ τέκνα ἕνεκεν τῆς βασιλείας τοῦ θεοῦ, [30] ὃς οὐχὶ μὴ [ἀπο]λάβῃ πολλαπλασίονα ...	→ GTh 55 → GTh 101
112	Mt 20,18 → Mt 16,21 → Mt 17,22-23	ἰδοὺ ἀναβαίνομεν εἰς Ἱεροσόλυμα, καὶ ὁ υἱὸς τοῦ ἀνθρώπου παραδοθήσεται ...	Mk 10,33 → Mk 8,31 → Mk 9,31	ὅτι ἰδοὺ ἀναβαίνομεν εἰς Ἱεροσόλυμα, καὶ ὁ υἱὸς τοῦ ἀνθρώπου παραδοθήσεται ...	Lk 18,31 → Lk 9,22 → Lk 9,44 → Lk 17,25 → Lk 24,7 → Lk 24,26 → Lk 24,46	... ἰδοὺ ἀναβαίνομεν εἰς Ἰερουσαλήμ, καὶ τελεσθήσεται **πάντα τὰ** **γεγραμμένα** διὰ τῶν προφητῶν τῷ υἱῷ τοῦ ἀνθρώπου·	
f 121	Mt 20,27	[26] οὐχ οὕτως ἔσται ἐν ὑμῖν, ἀλλ' ὃς ἐὰν θέλῃ ἐν ὑμῖν μέγας γενέσθαι ἔσται ὑμῶν διάκονος, [27] καὶ ὃς ἂν θέλῃ ἐν ὑμῖν εἶναι πρῶτος ἔσται **ὑμῶν δοῦλος**·	Mk 10,44 ⇧ Mk 9,35	[43] οὐχ οὕτως δέ ἐστιν ἐν ὑμῖν, ἀλλ' ὃς ἂν θέλῃ μέγας γενέσθαι ἐν ὑμῖν ἔσται ὑμῶν διάκονος, [44] καὶ ὃς ἂν θέλῃ ἐν ὑμῖν εἶναι πρῶτος ἔσται **πάντων δοῦλος**·	Lk 22,26 → Mt 23,11	ὑμεῖς δὲ οὐχ οὕτως, ἀλλ' ὁ μείζων ἐν ὑμῖν γινέσθω ὡς ὁ νεώτερος καὶ ὁ ἡγούμενος **ὡς ὁ διακονῶν**.	

112	**Mt 20,34** ⇩ Mt 9,30 → Mk 8,23 → Mk 8,25	... καὶ εὐθέως ἀνέβλεψαν καὶ ἠκολούθησαν αὐτῷ.	**Mk 10,52**	... καὶ εὐθὺς ἀνέβλεψεν, καὶ ἠκολούθει αὐτῷ ἐν τῇ ὁδῷ.	**Lk 18,43**	καὶ παραχρῆμα ἀνέβλεψεν καὶ ἠκολούθει αὐτῷ δοξάζων τὸν θεόν. καὶ **πᾶς ὁ λαὸς** ἰδὼν ἔδωκεν αἶνον τῷ θεῷ.	
	Mt 9,30 ⇧ Mt 20,34	καὶ ἠνεῴχθησαν αὐτῶν οἱ ὀφθαλμοί. καὶ ἐνεβριμήθη αὐτοῖς ὁ Ἰησοῦς λέγων· ὁρᾶτε μηδεὶς γινωσκέτω.					
f 002					**Lk 19,7** → Mt 9,11 → Mk 2,16 → Lk 5,30 → Lk 15,2	καὶ ἰδόντες **πάντες** διεγόγγυζον λέγοντες ὅτι παρὰ ἁμαρτωλῷ ἀνδρὶ εἰσῆλθεν καταλῦσαι.	
c 202	**Mt 25,29** ⇩ Mt 13,12	**τῷ γὰρ ἔχοντι παντὶ** δοθήσεται καὶ περισσευθήσεται, τοῦ δὲ μὴ ἔχοντος καὶ ὃ ἔχει ἀρθήσεται ἀπ' αὐτοῦ.			**Lk 19,26** ⇩ Lk 8,18	λέγω ὑμῖν ὅτι **παντὶ τῷ ἔχοντι** δοθήσεται, ἀπὸ δὲ τοῦ μὴ ἔχοντος καὶ ὃ ἔχει ἀρθήσεται.	→ GTh 41 Mk-Q overlap
	Mt 13,12 ⇧ Mt 25,29	ὅστις γὰρ ἔχει, δοθήσεται αὐτῷ καὶ περισσευθήσεται· ὅστις δὲ οὐκ ἔχει, καὶ ὃ ἔχει ἀρθήσεται ἀπ' αὐτοῦ.	**Mk 4,25**	ὃς γὰρ ἔχει, δοθήσεται αὐτῷ· καὶ ὃς οὐκ ἔχει, καὶ ὃ ἔχει ἀρθήσεται ἀπ' αὐτοῦ.	**Lk 8,18** ⇧ Lk 19,26	... ὃς ἂν γὰρ ἔχῃ, δοθήσεται αὐτῷ· καὶ ὃς ἂν μὴ ἔχῃ, καὶ ὃ δοκεῖ ἔχειν ἀρθήσεται ἀπ' αὐτοῦ.	
112	**Mt 21,9**	οἱ δὲ ὄχλοι οἱ προάγοντες αὐτὸν καὶ οἱ ἀκολουθοῦντες ἔκραζον λέγοντες· *ὡσαννὰ* τῷ υἱῷ Δαυίδ· *εὐλογημένος ὁ ἐρχόμενος ἐν ὀνόματι κυρίου*· ... ➤ Ps 118,25-26	**Mk 11,9**	καὶ οἱ προάγοντες καὶ οἱ ἀκολουθοῦντες ἔκραζον· *ὡσαννά· εὐλογημένος ὁ ἐρχόμενος ἐν ὀνόματι κυρίου*· ➤ Ps 118,25-26	**Lk 19,37**	... ἤρξαντο ἅπαν τὸ πλῆθος τῶν μαθητῶν χαίροντες αἰνεῖν τὸν θεὸν φωνῇ μεγάλῃ **περὶ πασῶν ὧν εἶδον δυνάμεων,** [38] λέγοντες· *εὐλογημένος ὁ ἐρχόμενος,* ὁ βασιλεὺς *ἐν ὀνόματι κυρίου*· ... ➤ Ps 118,26	→ Jn 12,13
210	**Mt 21,10** ↑ Mt 2,3 → Lk 19,41	καὶ εἰσελθόντος αὐτοῦ εἰς Ἱεροσόλυμα ἐσείσθη **πᾶσα ἡ πόλις** λέγουσα· τίς ἐστιν οὗτος;	**Mk 11,11** ↓ Mt 21,12 ↓ Mk 11,15 → Lk 19,41	καὶ εἰσῆλθεν εἰς Ἱεροσόλυμα εἰς τὸ ἱερὸν			→ Jn 2,13
g 120				καὶ περιβλεψάμενος **πάντα,** ...			
211	**Mt 21,12**	καὶ εἰσῆλθεν Ἰησοῦς εἰς τὸ ἱερὸν καὶ ἐξέβαλεν **πάντας τοὺς πωλοῦντας** ...	**Mk 11,15** ↑ Mt 21,10 ↑ Mk 11,11	... καὶ εἰσελθὼν εἰς τὸ ἱερὸν ἤρξατο ἐκβάλλειν **τοὺς πωλοῦντας** ...	**Lk 19,45**	καὶ εἰσελθὼν εἰς τὸ ἱερὸν ἤρξατο ἐκβάλλειν **τοὺς πωλοῦντας,**	→ Jn 2,15
121	**Mt 21,13**	... γέγραπται· *ὁ οἶκός μου οἶκος προσευχῆς κληθήσεται,* ὑμεῖς δὲ αὐτὸν ποιεῖτε *σπήλαιον λῃστῶν.* ➤ Isa 56,7; Jer 7,11	**Mk 11,17**	... οὐ γέγραπται ὅτι *ὁ οἶκός μου οἶκος προσευχῆς κληθήσεται* ***πᾶσιν τοῖς ἔθνεσιν;*** ὑμεῖς δὲ πεποιήκατε αὐτὸν *σπήλαιον λῃστῶν.* ➤ Isa 56,7; Jer 7,11	**Lk 19,46**	... γέγραπται· *καὶ ἔσται ὁ οἶκός μου οἶκος προσευχῆς,* ὑμεῖς δὲ αὐτὸν ἐποιήσατε *σπήλαιον λῃστῶν.* ➤ Isa 56,7; Jer 7,11	→ Jn 2,16

121	Mt 22,33 → Mt 7,28 → Mk 1,22 → Lk 4,32	καὶ ἀκούσαντες οἱ ὄχλοι ἐξεπλήσσοντο ἐπὶ τῇ διδαχῇ αὐτοῦ.	Mk 11,18	καὶ ἤκουσαν οἱ ἀρχιερεῖς καὶ οἱ γραμματεῖς καὶ ἐζήτουν πῶς αὐτὸν ἀπολέσωσιν· ἐφοβοῦντο γὰρ αὐτόν, πᾶς γὰρ ὁ ὄχλος ἐξεπλήσσετο ἐπὶ τῇ διδαχῇ αὐτοῦ.	Lk 19,48 ↓ Lk 21,38	[47] ... οἱ δὲ ἀρχιερεῖς καὶ οἱ γραμματεῖς ἐζήτουν αὐτὸν ἀπολέσαι καὶ οἱ πρῶτοι τοῦ λαοῦ, [48] καὶ οὐχ εὕρισκον τὸ τί ποιήσωσιν, ὁ λαὸς γὰρ ἅπας ἐξεκρέματο αὐτοῦ ἀκούων.	
g k 220	Mt 21,22 ↑ Mt 7,8 ↑ Mt 18,19	καὶ πάντα ὅσα ἂν αἰτήσητε ἐν τῇ προσευχῇ πιστεύοντες λήμψεσθε.	Mk 11,24	διὰ τοῦτο λέγω ὑμῖν, πάντα ὅσα προσεύχεσθε καὶ αἰτεῖσθε, πιστεύετε ὅτι ἐλάβετε, καὶ ἔσται ὑμῖν.	↑ Lk 11,10		
f 211	Mt 21,26	ἐὰν δὲ εἴπωμεν· ἐξ ἀνθρώπων, φοβούμεθα τὸν ὄχλον, πάντες γὰρ ὡς προφήτην ἔχουσιν τὸν Ἰωάννην.	Mk 11,32	ἀλλὰ εἴπωμεν· ἐξ ἀνθρώπων; - ἐφοβοῦντο τὸν ὄχλον· ἅπαντες γὰρ εἶχον τὸν Ἰωάννην ὄντως ὅτι προφήτης ἦν.	Lk 20,6	ἐὰν δὲ εἴπωμεν· ἐξ ἀνθρώπων, ὁ λαὸς ἅπας καταλιθάσει ἡμᾶς, πεπεισμένος γάρ ἐστιν Ἰωάννην προφήτην εἶναι.	
002	Mt 21,44	[καὶ ὁ πεσὼν ἐπὶ τὸν λίθον τοῦτον συνθλασθήσεται· ἐφ᾽ ὃν δ᾽ ἂν πέσῃ λικμήσει αὐτόν.]			Lk 20,18	πᾶς ὁ πεσὼν ἐπ᾽ ἐκεῖνον τὸν λίθον συνθλασθήσεται· ἐφ᾽ ὃν δ᾽ ἂν πέσῃ, λικμήσει αὐτόν.	Mt 21,44 is textcritically uncertain.
g 201	Mt 22,4	... ἰδοὺ τὸ ἄριστόν μου ἡτοίμακα, οἱ ταῦροί μου καὶ τὰ σιτιστὰ τεθυμένα καὶ πάντα ἕτοιμα· δεῦτε εἰς τοὺς γάμους.			Lk 14,17	... ἔρχεσθε, ὅτι ἤδη ἕτοιμά ἐστιν.	→ GTh 64
f h 200	Mt 22,10 → Lk 14,23	καὶ ἐξελθόντες οἱ δοῦλοι ἐκεῖνοι εἰς τὰς ὁδοὺς συνήγαγον πάντας οὓς εὗρον, πονηρούς τε καὶ ἀγαθούς· ...					→ GTh 64
f 221	Mt 22,27	ὕστερον δὲ πάντων ἀπέθανεν ἡ γυνή.	Mk 12,22	... ἔσχατον πάντων καὶ ἡ γυνὴ ἀπέθανεν.	Lk 20,32	ὕστερον καὶ ἡ γυνὴ ἀπέθανεν.	
f 211	Mt 22,28	ἐν τῇ ἀναστάσει οὖν τίνος τῶν ἑπτὰ ἔσται γυνή; πάντες γὰρ ἔσχον αὐτήν·	Mk 12,23	ἐν τῇ ἀναστάσει [ὅταν ἀναστῶσιν] τίνος αὐτῶν ἔσται γυνή; οἱ γὰρ ἑπτὰ ἔσχον αὐτὴν γυναῖκα.	Lk 20,33	ἡ γυνὴ οὖν ἐν τῇ ἀναστάσει τίνος αὐτῶν γίνεται γυνή; οἱ γὰρ ἑπτὰ ἔσχον αὐτὴν γυναῖκα.	
f 112	Mt 22,32	... οὐκ ἔστιν [ὁ] θεὸς νεκρῶν ἀλλὰ ζώντων.	Mk 12,27	οὐκ ἔστιν θεὸς νεκρῶν ἀλλὰ ζώντων· πολὺ πλανᾶσθε.	Lk 20,38	θεὸς δὲ οὐκ ἔστιν νεκρῶν ἀλλὰ ζώντων, πάντες γὰρ αὐτῷ ζῶσιν.	
g 121	Mt 22,36 → Mt 19,16	διδάσκαλε, ποία ἐντολὴ μεγάλη ἐν τῷ νόμῳ;	Mk 12,28 → Mk 10,17	... ποία ἐστὶν ἐντολὴ πρώτη πάντων;	Lk 10,25 ⇨ Lk 18,18	... διδάσκαλε, τί ποιήσας ζωὴν αἰώνιον κληρονομήσω;	

[a] πᾶς following a noun
[b] πᾶς with demonstrative or personal pronoun
[c] πᾶς following a participle
[d] πᾶς with proper name
[e] πάντες οἱ and preposition
[f] πᾶς, πάντες, οἱ (...) πάντες (used as a noun)
[g] (τὰ) πάντα (used as a noun)
[h] πᾶς ὅς
[j] πᾶς ὅστις
[k] πάντες (...) ὅσοι
[l] οὐ πᾶς, οὐχὶ πᾶς
[m] διὰ παντός
[n] κατὰ πάντα

020			Mk 12,33	καὶ τὸ *ἀγαπᾶν αὐτὸν* *ἐξ ὅλης τῆς καρδίας καὶ* *ἐξ ὅλης τῆς συνέσεως καὶ* *ἐξ ὅλης τῆς ἰσχύος* καὶ τὸ *ἀγαπᾶν τὸν πλησίον* *ὡς ἑαυτὸν* περισσότερόν ἐστιν **πάντων τῶν** **ὁλοκαυτωμάτων** **καὶ θυσιῶν.** ➤ Deut 6,5; Josh 22,5 LXX ➤ Lev 19,18			
112	Mt 23,1	τότε ὁ Ἰησοῦς ἐλάλησεν **τοῖς ὄχλοις** καὶ τοῖς μαθηταῖς αὐτοῦ [2] λέγων· ἐπὶ τῆς Μωϋσέως καθέδρας ἐκάθισαν οἱ γραμματεῖς καὶ οἱ Φαρισαῖοι.	Mk 12,37	... καὶ [ὁ] **πολὺς ὄχλος** ἤκουεν αὐτοῦ ἡδέως. [38] καὶ ἐν τῇ διδαχῇ αὐτοῦ ἔλεγεν· βλέπετε ἀπὸ τῶν γραμματέων ...	Lk 20,45	ἀκούοντος δὲ **παντὸς τοῦ λαοῦ** εἶπεν τοῖς μαθηταῖς [αὐτοῦ], [46] προσέχετε ἀπὸ τῶν γραμματέων ...	
g k 200	Mt 23,3	**πάντα** οὖν ὅσα ἐὰν εἴπωσιν ὑμῖν ποιήσατε καὶ τηρεῖτε, κατὰ δὲ τὰ ἔργα αὐτῶν μὴ ποιεῖτε· ...					
200	Mt 23,5 → Mt 6,1	**πάντα δὲ τὰ ἔργα** **αὐτῶν** ποιοῦσιν πρὸς τὸ θεαθῆναι τοῖς ἀνθρώποις· ...					
200	Mt 23,8	ὑμεῖς δὲ μὴ κληθῆτε ῥαββί· εἷς γάρ ἐστιν ὑμῶν ὁ διδάσκαλος, **πάντες δὲ ὑμεῖς** ἀδελφοί ἐστε.					
e 200	Mt 23,20	ὁ οὖν ὀμόσας ἐν τῷ θυσιαστηρίῳ ὀμνύει ἐν αὐτῷ καὶ **ἐν πᾶσι τοῖς ἐπάνω** **αὐτοῦ·**					
201	Mt 23,27	οὐαὶ ὑμῖν, γραμματεῖς καὶ Φαρισαῖοι ὑποκριταί, ὅτι παρομοιάζετε τάφοις κεκονιαμένοις, οἵτινες ἔξωθεν μὲν φαίνονται ὡραῖοι, ἔσωθεν δὲ γέμουσιν ὀστέων νεκρῶν καὶ **πάσης ἀκαθαρσίας.**			Lk 11,44	οὐαὶ ὑμῖν, ὅτι ἐστὲ ὡς τὰ μνημεῖα τὰ ἄδηλα, καὶ οἱ ἄνθρωποι [οἱ] περιπατοῦντες ἐπάνω οὐκ οἴδασιν.	
202	Mt 23,35	ὅπως ἔλθῃ ἐφ᾽ ὑμᾶς **πᾶν αἷμα δίκαιον** ἐκχυννόμενον ἐπὶ τῆς γῆς ...			Lk 11,50	ἵνα ἐκζητηθῇ **τὸ αἷμα πάντων** **τῶν προφητῶν** τὸ ἐκκεχυμένον ἀπὸ καταβολῆς κόσμου ἀπὸ τῆς γενεᾶς ταύτης,	
b 201	Mt 23,36	ἀμὴν λέγω ὑμῖν, ἥξει **ταῦτα πάντα** ἐπὶ τὴν γενεὰν ταύτην.			Lk 11,51	... ἐκζητηθήσεται ἀπὸ τῆς γενεᾶς ταύτης.	
f 022			Mk 12,43	... ἀμὴν λέγω ὑμῖν ὅτι ἡ χήρα αὕτη ἡ πτωχὴ πλεῖον **πάντων ἔβαλεν** **τῶν βαλλόντων** εἰς τὸ γαζοφυλάκιον·	Lk 21,3	... ἀληθῶς λέγω ὑμῖν ὅτι ἡ χήρα αὕτη ἡ πτωχὴ πλεῖον **πάντων ἔβαλεν·**	

fb 022 *g k* 022			Mk 12,44 (2)	πάντες γὰρ ἐκ τοῦ περισσεύοντος αὐτοῖς ἔβαλον, αὕτη δὲ ἐκ τῆς ὑστερήσεως αὐτῆς πάντα ὅσα εἶχεν ἔβαλεν ὅλον τὸν βίον αὐτῆς.	Lk 21,4 (2)	πάντες γὰρ οὗτοι ἐκ τοῦ περισσεύοντος αὐτοῖς ἔβαλον εἰς τὰ δῶρα, αὕτη δὲ ἐκ τοῦ ὑστερήματος αὐτῆς πάντα τὸν βίον ὃν εἶχεν ἔβαλεν.
b 211	Mt 24,2	... οὐ βλέπετε ταῦτα πάντα; ἀμὴν λέγω ὑμῖν, οὐ μὴ ἀφεθῇ ὧδε λίθος ἐπὶ λίθον ὃς οὐ καταλυθήσεται.	Mk 13,2	... βλέπεις ταύτας τὰς μεγάλας οἰκοδομάς; οὐ μὴ ἀφεθῇ ὧδε λίθος ἐπὶ λίθον ὃς οὐ μὴ καταλυθῇ.	Lk 21,6 → Lk 19,44	 ταῦτα ἃ θεωρεῖτε ἐλεύσονται ἡμέραι ἐν αἷς οὐκ ἀφεθήσεται λίθος ἐπὶ λίθῳ ὃς οὐ καταλυθήσεται.
b 121	Mt 24,3	... εἰπὲ ἡμῖν, πότε ταῦτα ἔσται καὶ τί τὸ σημεῖον τῆς σῆς παρουσίας καὶ συντελείας τοῦ αἰῶνος;	Mk 13,4	εἰπὸν ἡμῖν, πότε ταῦτα ἔσται καὶ τί τὸ σημεῖον ὅταν μέλλῃ ταῦτα συντελεῖσθαι πάντα;	Lk 21,7	... διδάσκαλε, πότε οὖν ταῦτα ἔσται καὶ τί τὸ σημεῖον ὅταν μέλλῃ ταῦτα γίνεσθαι;
b 210	Mt 24,8	 πάντα δὲ ταῦτα ἀρχὴ ὠδίνων.	Mk 13,8	... ἀρχὴ ὠδίνων ταῦτα.		
b 112	Mt 10,17 ⇩ Mt 24,9 → Mt 23,34	προσέχετε δὲ ἀπὸ τῶν ἀνθρώπων· παραδώσουσιν γὰρ ὑμᾶς εἰς συνέδρια καὶ ἐν ταῖς συναγωγαῖς αὐτῶν μαστιγώσουσιν ὑμᾶς·	Mk 13,9	βλέπετε δὲ ὑμεῖς ἑαυτούς· παραδώσουσιν ὑμᾶς εἰς συνέδρια καὶ εἰς συναγωγὰς δαρήσεσθε ...	Lk 21,12 → Lk 11,49 → Lk 12,11	 πρὸ δὲ τούτων πάντων ἐπιβαλοῦσιν ἐφ' ὑμᾶς τὰς χεῖρας αὐτῶν καὶ διώξουσιν, παραδιδόντες εἰς τὰς συναγωγὰς καὶ φυλακάς, ...
f 200	Mt 24,9 ⇧ Mt 10,22 ↑ Mt 10,17 ↑ Mk 13,9 → Mt 24,10	... καὶ ἔσεσθε μισούμενοι ὑπὸ πάντων τῶν ἐθνῶν διὰ τὸ ὄνομά μου.	Mk 13,13	καὶ ἔσεσθε μισούμενοι ὑπὸ πάντων διὰ τὸ ὄνομά μου. ...	Lk 21,17	καὶ ἔσεσθε μισούμενοι ὑπὸ πάντων διὰ τὸ ὄνομά μου.
    220	Mt 24,14 → Mt 10,18 → Mk 13,9fin → Lk 21,13 ↓ Mt 28,19	καὶ κηρυχθήσεται τοῦτο τὸ εὐαγγέλιον τῆς βασιλείας ἐν ὅλῃ τῇ οἰκουμένῃ εἰς μαρτύριον πᾶσιν τοῖς ἔθνεσιν, καὶ τότε ἥξει τὸ τέλος.	Mk 13,10	καὶ εἰς πάντα τὰ ἔθνη πρῶτον δεῖ κηρυχθῆναι τὸ εὐαγγέλιον.		
f 222	Mt 10,22 ⇧ Mt 24,9	καὶ ἔσεσθε μισούμενοι ὑπὸ πάντων διὰ τὸ ὄνομά μου· ...	Mk 13,13	καὶ ἔσεσθε μισούμενοι ὑπὸ πάντων διὰ τὸ ὄνομά μου. ...	Lk 21,17	καὶ ἔσεσθε μισούμενοι ὑπὸ πάντων διὰ τὸ ὄνομά μου.
   002					Lk 21,22	ὅτι ἡμέραι ἐκδικήσεως αὗταί εἰσιν τοῦ πλησθῆναι πάντα τὰ γεγραμμένα.
a 002					Lk 21,24 → Lk 19,44	καὶ πεσοῦνται στόματι μαχαίρης καὶ αἰχμαλωτισθήσονται εἰς τὰ ἔθνη πάντα, καὶ Ἰερουσαλὴμ ἔσται πατουμένη ὑπὸ ἐθνῶν, ...

220	Mt 24,22	καὶ εἰ μὴ ἐκολοβώθησαν αἱ ἡμέραι ἐκεῖναι, οὐκ ἂν ἐσώθη **πᾶσα σάρξ·** διὰ δὲ τοὺς ἐκλεκτοὺς κολοβωθήσονται αἱ ἡμέραι ἐκεῖναι.	Mk 13,20	καὶ εἰ μὴ ἐκολόβωσεν κύριος τὰς ἡμέρας, οὐκ ἂν ἐσώθη **πᾶσα σάρξ·** ἀλλὰ διὰ τοὺς ἐκλεκτοὺς οὓς ἐξελέξατο ἐκολόβωσεν τὰς ἡμέρας.			
g 120	Mt 24,25	ἰδοὺ προείρηκα ὑμῖν.	Mk 13,23	ὑμεῖς δὲ βλέπετε· προείρηκα ὑμῖν **πάντα.**			
211	Mt 24,30 → Mt 16,27 ↓ Mt 25,31 → Lk 21,25-26	καὶ τότε φανήσεται τὸ σημεῖον τοῦ υἱοῦ τοῦ ἀνθρώπου ἐν οὐρανῷ, καὶ τότε κόψονται **πᾶσαι αἱ φυλαὶ τῆς γῆς** καὶ ὄψονται *τὸν υἱὸν τοῦ ἀνθρώπου ἐρχόμενον ἐπὶ τῶν νεφελῶν τοῦ οὐρανοῦ* μετὰ δυνάμεως καὶ δόξης πολλῆς· ➤ Dan 7,13-14	Mk 13,26 → Mk 8,38	καὶ τότε ὄψονται *τὸν υἱὸν τοῦ ἀνθρώπου ἐρχόμενον ἐν νεφέλαις* μετὰ δυνάμεως πολλῆς καὶ δόξης. ➤ Dan 7,13-14	Lk 21,27 → Lk 9,26	καὶ τότε ὄψονται *τὸν υἱὸν τοῦ ἀνθρώπου ἐρχόμενον ἐν νεφέλῃ* μετὰ δυνάμεως καὶ δόξης πολλῆς. ➤ Dan 7,13-14	
112	Mt 24,32	ἀπὸ δὲ τῆς συκῆς μάθετε τὴν παραβολήν· ...	Mk 13,28	ἀπὸ δὲ τῆς συκῆς μάθετε τὴν παραβολήν· ...	Lk 21,29	καὶ εἶπεν παραβολὴν αὐτοῖς· ἴδετε τὴν συκῆν καὶ **πάντα τὰ δένδρα·**	
b 211	Mt 24,33	οὕτως καὶ ὑμεῖς, ὅταν ἴδητε **πάντα ταῦτα,** γινώσκετε ὅτι ἐγγύς ἐστιν ἐπὶ θύραις.	Mk 13,29	οὕτως καὶ ὑμεῖς, ὅταν ἴδητε **ταῦτα** γινόμενα, γινώσκετε ὅτι ἐγγύς ἐστιν ἐπὶ θύραις.	Lk 21,31	οὕτως καὶ ὑμεῖς, ὅταν ἴδητε **ταῦτα** γινόμενα, γινώσκετε ὅτι ἐγγύς ἐστιν ἡ βασιλεία τοῦ θεοῦ.	
b g 222	Mt 24,34 → Mt 16,28	ἀμὴν λέγω ὑμῖν ὅτι οὐ μὴ παρέλθῃ ἡ γενεὰ αὕτη ἕως ἂν **πάντα ταῦτα** γένηται.	Mk 13,30 → Mk 9,1	ἀμὴν λέγω ὑμῖν ὅτι οὐ μὴ παρέλθῃ ἡ γενεὰ αὕτη μέχρις οὗ **ταῦτα πάντα** γένηται.	Lk 21,32 → Lk 9,27	ἀμὴν λέγω ὑμῖν ὅτι οὐ μὴ παρέλθῃ ἡ γενεὰ αὕτη ἕως ἂν **πάντα** γένηται.	
002 002					Lk 21,35 (2)	... ἐπεισελεύσεται γὰρ **ἐπὶ πάντας τοὺς καθημένους** **ἐπὶ πρόσωπον πάσης τῆς γῆς.**	
112 112	Mt 25,13 → Mt 24,42 → Mt 24,44 → Mt 24,50	γρηγορεῖτε οὖν, ὅτι οὐκ οἴδατε τὴν ἡμέραν οὐδὲ τὴν ὥραν.	Mk 13,33 → Lk 21,34	βλέπετε, ἀγρυπνεῖτε· οὐκ οἴδατε γὰρ πότε ὁ καιρός ἐστιν.	Lk 21,36 (2) → Lk 18,1	ἀγρυπνεῖτε δὲ **ἐν παντὶ καιρῷ** δεόμενοι ἵνα κατισχύσητε ἐκφυγεῖν **ταῦτα πάντα τὰ μέλλοντα** γίνεσθαι καὶ σταθῆναι ἔμπροσθεν τοῦ υἱοῦ τοῦ ἀνθρώπου.	
f 020			Mk 13,37	ὃ δὲ ὑμῖν λέγω **πᾶσιν** λέγω, γρηγορεῖτε.			
202	Mt 24,47 → Mt 25,21 → Mt 25,23	ἀμὴν λέγω ὑμῖν ὅτι **ἐπὶ πᾶσιν τοῖς ὑπάρχουσιν αὐτοῦ** καταστήσει αὐτόν.			Lk 12,44	ἀληθῶς λέγω ὑμῖν ὅτι **ἐπὶ πᾶσιν τοῖς ὑπάρχουσιν αὐτοῦ** καταστήσει αὐτόν.	
f 200	Mt 25,5	χρονίζοντος δὲ τοῦ νυμφίου ἐνύσταξαν **πᾶσαι** καὶ ἐκάθευδον.					

200	Mt 25,7	τότε ἠγέρθησαν **πᾶσαι αἱ παρθένοι ἐκεῖναι** καὶ ἐκόσμησαν τὰς λαμπάδας ἑαυτῶν.					
c 202	Mt 25,29 ⇑ Mt 13,12	**τῷ γὰρ ἔχοντι παντὶ** δοθήσεται καὶ περισσευθήσεται, τοῦ δὲ μὴ ἔχοντος καὶ ὃ ἔχει ἀρθήσεται ἀπ' αὐτοῦ.	Mk 4,25	ὃς γὰρ ἔχει, δοθήσεται αὐτῷ· καὶ ὃς οὐκ ἔχει, καὶ ὃ ἔχει ἀρθήσεται ἀπ' αὐτοῦ.	Lk 19,26 ⇑ Lk 8,18	λέγω ὑμῖν ὅτι **παντὶ τῷ ἔχοντι** δοθήσεται, ἀπὸ δὲ τοῦ μὴ ἔχοντος καὶ ὃ ἔχει ἀρθήσεται.	→ GTh 41 Mk-Q overlap
200	Mt 25,31 → Mt 16,27 ↑ Mt 24,30 → Mk 8,38 ↑ Mk 13,26 → Lk 9,26 ↑ Lk 21,27	ὅταν δὲ ἔλθῃ ὁ υἱὸς τοῦ ἀνθρώπου ἐν τῇ δόξῃ αὐτοῦ καὶ **πάντες οἱ ἄγγελοι** μετ' αὐτοῦ, τότε καθίσει ἐπὶ θρόνου δόξης αὐτοῦ·					
200	Mt 25,32	καὶ συναχθήσονται ἔμπροσθεν αὐτοῦ **πάντα τὰ ἔθνη,** καὶ ἀφορίσει αὐτοὺς ἀπ' ἀλλήλων, ...					
002					Lk 21,38 ↑ Lk 19,47-48	καὶ **πᾶς ὁ λαὸς** ὤρθριζεν πρὸς αὐτὸν ἐν τῷ ἱερῷ ἀκούειν αὐτοῦ.	→ [[Jn 8,2]]
200	Mt 26,1	καὶ ἐγένετο ὅτε ἐτέλεσεν ὁ Ἰησοῦς **πάντας τοὺς λόγους τούτους,** εἶπεν τοῖς μαθηταῖς αὐτοῦ·					
f 221	Mt 26,27 → Lk 22,17	καὶ λαβὼν ποτήριον καὶ εὐχαριστήσας ἔδωκεν αὐτοῖς λέγων· πίετε ἐξ αὐτοῦ **πάντες,** [28] τοῦτο γάρ ἐστιν τὸ αἷμά μου τῆς διαθήκης ...	Mk 14,23 → Lk 22,17	καὶ λαβὼν ποτήριον εὐχαριστήσας ἔδωκεν αὐτοῖς, καὶ ἔπιον ἐξ αὐτοῦ **πάντες.** [24] καὶ εἶπεν αὐτοῖς· τοῦτό ἐστιν τὸ αἷμά μου τῆς διαθήκης ...	Lk 22,20	καὶ τὸ ποτήριον ὡσαύτως μετὰ τὸ δειπνῆσαι, λέγων· τοῦτο τὸ ποτήριον ἡ καινὴ διαθήκη ἐν τῷ αἵματί μου, ...	→ 1Cor 11,25
bf 220	Mt 26,31	τότε λέγει αὐτοῖς ὁ Ἰησοῦς· **πάντες ὑμεῖς** σκανδαλισθήσεσθε ἐν ἐμοὶ ...	Mk 14,27	καὶ λέγει αὐτοῖς ὁ Ἰησοῦς ὅτι **πάντες** σκανδαλισθήσεσθε, ...			
f 221	Mt 26,33	ἀποκριθεὶς δὲ ὁ Πέτρος εἶπεν αὐτῷ· εἰ **πάντες** σκανδαλισθήσονται ἐν σοί, ἐγὼ οὐδέποτε σκανδαλισθήσομαι.	Mk 14,29	ὁ δὲ Πέτρος ἔφη αὐτῷ· εἰ καὶ **πάντες** σκανδαλισθήσονται, ἀλλ' οὐκ ἐγώ.	Lk 22,33 ↓ Mt 26,35 ↓ Mk 14,31	ὁ δὲ εἶπεν αὐτῷ· κύριε, μετὰ σοῦ ἕτοιμός εἰμι καὶ εἰς φυλακὴν καὶ εἰς θάνατον πορεύεσθαι.	→ Jn 13,37
f 220	Mt 26,35 ↑ Lk 22,33	λέγει αὐτῷ ὁ Πέτρος· κἂν δέῃ με σὺν σοὶ ἀποθανεῖν, οὐ μή σε ἀπαρνήσομαι. ὁμοίως καὶ **πάντες οἱ μαθηταὶ** εἶπαν.	Mk 14,31 ↑ Lk 22,33	ὁ δὲ ἐκπερισσῶς ἐλάλει· ἐὰν δέῃ με συναποθανεῖν σοι, οὐ μή σε ἀπαρνήσομαι. ὡσαύτως δὲ καὶ **πάντες** ἔλεγον.			→ Jn 13,37

g 121	Mt 26,39	... πάτερ μου, εἰ δυνατόν ἐστιν, παρελθάτω ἀπ' ἐμοῦ τὸ ποτήριον τοῦτο· πλὴν οὐχ ὡς ἐγὼ θέλω ἀλλ' ὡς σύ.	Mk 14,36	... αββα ὁ πατήρ, **πάντα** δυνατά σοι· παρένεγκε τὸ ποτήριον τοῦτο ἀπ' ἐμοῦ· ἀλλ' οὐ τί ἐγὼ θέλω ἀλλὰ τί σύ.	Lk 22,42 → Mt 26,42	... πάτερ, εἰ βούλει παρένεγκε τοῦτο τὸ ποτήριον ἀπ' ἐμοῦ· πλὴν μὴ τὸ θέλημά μου ἀλλὰ τὸ σὸν γινέσθω.	→ Jn 18,11
200	Mt 26,52	τότε λέγει αὐτῷ ὁ Ἰησοῦς· ἀπόστρεψον τὴν μάχαιράν σου εἰς τὸν τόπον αὐτῆς· **πάντες γὰρ** **οἱ λαβόντες** μάχαιραν ἐν μαχαίρῃ ἀπολοῦνται.			Lk 22,51	ἀποκριθεὶς δὲ ὁ Ἰησοῦς εἶπεν· ἐᾶτε ἕως τούτου· καὶ ἁψάμενος τοῦ ὠτίου ἰάσατο αὐτόν.	→ Jn 18,11
a f 220	Mt 26,56	... τότε **οἱ μαθηταὶ πάντες** ἀφέντες αὐτὸν ἔφυγον.	Mk 14,50	καὶ ἀφέντες αὐτὸν ἔφυγον **πάντες**.			
121	Mt 26,57	... ὅπου οἱ γραμματεῖς καὶ οἱ πρεσβύτεροι συνήχθησαν.	Mk 14,53	... καὶ συνέρχονται **πάντες οἱ ἀρχιερεῖς** καὶ οἱ πρεσβύτεροι καὶ οἱ γραμματεῖς.	Lk 22,66	καὶ ὡς ἐγένετο ἡμέρα, συνήχθη τὸ πρεσβυτέριον τοῦ λαοῦ, **ἀρχιερεῖς** τε καὶ γραμματεῖς, καὶ ἀπήγαγον αὐτὸν εἰς τὸ συνέδριον αὐτῶν	
f 112	Mt 26,64	[63] ... καὶ ὁ ἀρχιερεὺς εἶπεν αὐτῷ· ἐξορκίζω σε κατὰ τοῦ θεοῦ τοῦ ζῶντος ἵνα ἡμῖν εἴπῃς εἰ σὺ εἶ ὁ χριστὸς ὁ υἱὸς τοῦ θεοῦ. [64] λέγει αὐτῷ ὁ Ἰησοῦς· σὺ εἶπας· ...	Mk 14,62	[61] ... πάλιν ὁ ἀρχιερεὺς ἐπηρώτα αὐτὸν καὶ λέγει αὐτῷ· σὺ εἶ ὁ χριστὸς ὁ υἱὸς τοῦ εὐλογητοῦ; [62] ὁ δὲ Ἰησοῦς εἶπεν· ἐγώ εἰμι, ...	Lk 22,70 → Mt 27,43	[67] λέγοντες· εἰ σὺ εἶ ὁ χριστός, εἰπὸν ἡμῖν. εἶπεν δὲ αὐτοῖς· ... [70] εἶπαν δὲ **πάντες**· σὺ οὖν εἶ ὁ υἱὸς τοῦ θεοῦ; ὁ δὲ πρὸς αὐτοὺς ἔφη· ὑμεῖς λέγετε ὅτι ἐγώ εἰμι.	→ Jn 10,36
f 120	Mt 26,66 → Lk 24,20	τί ὑμῖν δοκεῖ; **οἱ δὲ** ἀποκριθέντες εἶπαν· ἔνοχος θανάτου ἐστίν.	Mk 14,64 → Lk 24,20	... τί ὑμῖν φαίνεται; **οἱ δὲ πάντες** κατέκριναν αὐτὸν ἔνοχον εἶναι θανάτου.			
f 211	Mt 26,70	ὁ δὲ ἠρνήσατο **ἔμπροσθεν πάντων** λέγων· οὐκ οἶδα τί λέγεις.	Mk 14,68	ὁ δὲ ἠρνήσατο λέγων· οὔτε οἶδα οὔτε ἐπίσταμαι σὺ τί λέγεις. ...	Lk 22,57	ὁ δὲ ἠρνήσατο λέγων· οὐκ οἶδα αὐτόν, γύναι.	→ Jn 18,17
210	Mt 27,1	πρωΐας δὲ γενομένης συμβούλιον ἔλαβον **πάντες οἱ ἀρχιερεῖς** καὶ οἱ πρεσβύτεροι τοῦ λαοῦ κατὰ τοῦ Ἰησοῦ ὥστε θανατῶσαι αὐτόν·	Mk 15,1	καὶ εὐθὺς πρωῒ συμβούλιον ποιήσαντες **οἱ ἀρχιερεῖς** μετὰ τῶν πρεσβυτέρων καὶ γραμματέων καὶ ὅλον τὸ συνέδριον, ...	Lk 22,66 ↑ Mt 26,57 ↑ Mk 14,53	καὶ ὡς ἐγένετο ἡμέρα, συνήχθη τὸ πρεσβυτέριον τοῦ λαοῦ, **ἀρχιερεῖς** τε καὶ γραμματεῖς, καὶ ἀπήγαγον αὐτὸν εἰς τὸ συνέδριον αὐτῶν	
f 211	Mt 27,22	... λέγουσιν **πάντες**· σταυρωθήτω.	Mk 15,13	οἱ δὲ πάλιν ἔκραξαν· σταύρωσον αὐτόν.	Lk 23,21	οἱ δὲ ἐπεφώνουν λέγοντες· σταύρου, σταύρου αὐτόν.	→ Jn 19,6
200	Mt 27,25	καὶ ἀποκριθεὶς **πᾶς ὁ λαὸς** εἶπεν· τὸ αἷμα αὐτοῦ ἐφ' ἡμᾶς καὶ ἐπὶ τὰ τέκνα ἡμῶν.					→ Acts 5,28 → Acts 18,6

211	Mt 27,45	ἀπὸ δὲ ἕκτης ὥρας σκότος ἐγένετο **ἐπὶ πᾶσαν τὴν γῆν** ἕως ὥρας ἐνάτης.	Mk 15,33	καὶ γενομένης ὥρας ἕκτης σκότος ἐγένετο **ἐφ' ὅλην τὴν γῆν** ἕως ὥρας ἐνάτης.	Lk 23,44 → Lk 23,45	καὶ ἦν ἤδη ὡσεὶ ὥρα ἕκτη καὶ σκότος ἐγένετο **ἐφ' ὅλην τὴν γῆν** ἕως ὥρας ἐνάτης	
002					Lk 23,48 → Lk 23,35	καὶ **πάντες οἱ** **συμπαραγενόμενοι** **ὄχλοι** ἐπὶ τὴν θεωρίαν ταύτην, θεωρήσαντες τὰ γενόμενα, τύπτοντες τὰ στήθη ὑπέστρεφον.	
112	Mt 27,55 → Mt 27,61	ἦσαν δὲ ἐκεῖ γυναῖκες πολλαὶ ἀπὸ μακρόθεν θεωροῦσαι, ...	Mk 15,40 → Mk 15,47	ἦσαν δὲ καὶ γυναῖκες ἀπὸ μακρόθεν θεωροῦσαι, ...	Lk 23,49 → Lk 8,2-3 → Lk 23,55	εἱστήκεισαν δὲ **πάντες οἱ γνωστοὶ** **αὐτῷ** ἀπὸ μακρόθεν καὶ γυναῖκες ...	→ Jn 19,25
b 112 112	Mt 28,8	καὶ ἀπελθοῦσαι ταχὺ ἀπὸ τοῦ μνημείου μετὰ φόβου καὶ χαρᾶς μεγάλης ἔδραμον ἀπαγγεῖλαι τοῖς μαθηταῖς αὐτοῦ.	Mk 16,8	καὶ ἐξελθοῦσαι ἔφυγον ἀπὸ τοῦ μνημείου, εἶχεν γὰρ αὐτὰς τρόμος καὶ ἔκστασις· καὶ οὐδενὶ **οὐδὲν** εἶπαν· ἐφοβοῦντο γάρ.	Lk 24,9 (2)	καὶ ὑποστρέψασαι ἀπὸ τοῦ μνημείου ἀπήγγειλαν **ταῦτα πάντα** τοῖς ἕνδεκα καὶ **πᾶσιν τοῖς λοιποῖς.**	→ Jn 20,2.18
002					Lk 24,14	καὶ αὐτοὶ ὡμίλουν πρὸς ἀλλήλους **περὶ πάντων τῶν** **συμβεβηκότων** **τούτων.**	
002					Lk 24,19	... τὰ περὶ Ἰησοῦ τοῦ Ναζαρηνοῦ, ὃς ἐγένετο ἀνὴρ προφήτης δυνατὸς ἐν ἔργῳ καὶ λόγῳ **ἐναντίον τοῦ θεοῦ** **καὶ παντὸς τοῦ λαοῦ**	→ Acts 2,22 → **Acts 10,38**
b 002					Lk 24,21	ἡμεῖς δὲ ἠλπίζομεν ὅτι αὐτός ἐστιν ὁ μέλλων λυτροῦσθαι τὸν Ἰσραήλ· ἀλλά γε καὶ **σὺν πᾶσιν τούτοις** τρίτην ταύτην ἡμέραν ἄγει ἀφ' οὗ ταῦτα ἐγένετο.	
g h 002					Lk 24,25	... ὦ ἀνόητοι καὶ βραδεῖς τῇ καρδίᾳ τοῦ πιστεύειν **ἐπὶ πᾶσιν** οἷς ἐλάλησαν οἱ προφῆται·	
002 002					Lk 24,27 (2) ↓ Lk 24,44	καὶ ἀρξάμενος ἀπὸ Μωϋσέως καὶ **ἀπὸ πάντων** **τῶν προφητῶν** διερμήνευσεν αὐτοῖς **ἐν πάσαις** **ταῖς γραφαῖς** τὰ περὶ ἑαυτοῦ.	

002					Lk 24,44 ↑Lk 24,27	... οὗτοι οἱ λόγοι μου οὓς ἐλάλησα πρὸς ὑμᾶς ἔτι ὢν σὺν ὑμῖν, ὅτι δεῖ πληρωθῆναι **πάντα τὰ γεγραμμένα** ἐν τῷ νόμῳ Μωϋσέως καὶ τοῖς προφήταις καὶ ψαλμοῖς περὶ ἐμοῦ.	
002					Lk 24,47 ↓Mt 28,19-20	καὶ κηρυχθῆναι ἐπὶ τῷ ὀνόματι αὐτοῦ μετάνοιαν εἰς ἄφεσιν ἁμαρτιῶν **εἰς πάντα τὰ ἔθνη**. ...	
200	Mt 28,18 ↑Mt 11,27 ↑Lk 10,22	... ἐδόθη μοι **πᾶσα ἐξουσία** ἐν οὐρανῷ καὶ ἐπὶ [τῆς] γῆς.					
200	Mt 28,19 ↑Mt 24,14 ↑Mk 13,10 ↑Lk 24,47	πορευθέντες οὖν μαθητεύσατε **πάντα τὰ ἔθνη,** βαπτίζοντες αὐτοὺς εἰς τὸ ὄνομα τοῦ πατρὸς καὶ τοῦ υἱοῦ καὶ τοῦ ἁγίου πνεύματος,					
g k 200 200	Mt 28,20 (2) ↑Lk 24,47	διδάσκοντες αὐτοὺς τηρεῖν **πάντα** ὅσα ἐνετειλάμην ὑμῖν· καὶ ἰδοὺ ἐγὼ μεθ' ὑμῶν εἰμι **πάσας τὰς ἡμέρας** ἕως τῆς συντελείας τοῦ αἰῶνος.					
m 002					Lk 24,53	καὶ ἦσαν **διὰ παντὸς** ἐν τῷ ἱερῷ εὐλογοῦντες τὸν θεόν.	→ Acts 1,14 → Acts 2,46

a πᾶς following a noun
b πᾶς with demonstrative or personal pronoun
c πᾶς following a participle
d πᾶς with proper name
e πάντες οἱ and preposition
f πᾶς, πάντες, οἱ (...) πάντες (used as a noun)
g (τὰ) πάντα (used as a noun)
h πᾶς ὅς
j πᾶς ὅστις
k πάντες (...) ὅσοι
l οὐ πᾶς, οὐχί πᾶς
m διὰ παντός
n κατὰ πάντα

g h **Acts 1,1** τὸν μὲν πρῶτον λόγον ἐποιησάμην **περὶ πάντων,** ὦ Θεόφιλε, ὧν ἤρξατο ὁ Ἰησοῦς ποιεῖν τε καὶ διδάσκειν

d **Acts 1,8** ... καὶ ἔσεσθέ μου μάρτυρες ἔν τε Ἰερουσαλὴμ καὶ **[ἐν] πάσῃ τῇ Ἰουδαίᾳ καὶ Σαμαρείᾳ** καὶ ἕως ἐσχάτου τῆς γῆς.

b **Acts 1,14** (→ Lk 8,2-3; → Lk 24,53) **οὗτοι πάντες** ἦσαν προσκαρτεροῦντες ὁμοθυμαδὸν τῇ προσευχῇ σὺν γυναιξὶν καὶ Μαριὰμ τῇ μητρὶ τοῦ Ἰησοῦ καὶ τοῖς ἀδελφοῖς αὐτοῦ.

Acts 1,18 (→ Mt 27,7) οὗτος μὲν οὖν ἐκτήσατο χωρίον ἐκ μισθοῦ τῆς ἀδικίας καὶ πρηνὴς γενόμενος ἐλάκησεν μέσος καὶ ἐξεχύθη **πάντα τὰ σπλάγχνα αὐτοῦ·**

Acts 1,19 (→ Mt 27,8) καὶ γνωστὸν ἐγένετο **πᾶσι τοῖς κατοικοῦσιν** Ἰερουσαλήμ, ὥστε κληθῆναι τὸ χωρίον ἐκεῖνο τῇ ἰδίᾳ διαλέκτῳ αὐτῶν Ἁκελδαμάχ, τοῦτ' ἔστιν χωρίον αἵματος.

Acts 1,21 δεῖ οὖν τῶν συνελθόντων ἡμῖν ἀνδρῶν **ἐν παντὶ χρόνῳ** ᾧ εἰσῆλθεν καὶ ἐξῆλθεν ἐφ' ἡμᾶς ὁ κύριος Ἰησοῦς, [22] ... μάρτυρα τῆς ἀναστάσεως αὐτοῦ σὺν ἡμῖν γενέσθαι ἕνα τούτων.

f **Acts 1,24** καὶ προσευξάμενοι εἶπαν· σὺ κύριε **καρδιογνῶστα πάντων,** ἀνάδειξον ὃν ἐξελέξω ἐκ τούτων τῶν δύο ἕνα

f **Acts 2,1** καὶ ἐν τῷ συμπληροῦσθαι τὴν ἡμέραν τῆς πεντηκοστῆς ἦσαν
πάντες
ὁμοῦ ἐπὶ τὸ αὐτό.

f **Acts 2,4** καὶ ἐπλήσθησαν
πάντες
πνεύματος ἁγίου καὶ ἤρξαντο λαλεῖν ἑτέραις γλώσσαις ...

Acts 2,5 ἦσαν δὲ εἰς Ἰερουσαλὴμ κατοικοῦντες Ἰουδαῖοι, ἄνδρες εὐλαβεῖς
ἀπὸ παντὸς ἔθνους τῶν ὑπὸ τὸν οὐρανόν.

f **Acts 2,12** ἐξίσταντο δὲ
πάντες
καὶ διηπόρουν, ...

c **Acts 2,14** ... ἄνδρες Ἰουδαῖοι καὶ
οἱ κατοικοῦντες Ἰερουσαλὴμ πάντες,
τοῦτο ὑμῖν γνωστὸν ἔστω καὶ ἐνωτίσασθε τὰ ῥήματά μου.

Acts 2,17 *καὶ ἔσται* ἐν ταῖς ἐσχάταις ἡμέραις, λέγει ὁ θεός, *ἐκχεῶ ἀπὸ τοῦ πνεύματός μου*
ἐπὶ πᾶσαν σάρκα, ...
➤ Joel 3,1 LXX

fh **Acts 2,21** *καὶ ἔσται*
πᾶς
ὃς ἂν ἐπικαλέσηται τὸ ὄνομα κυρίου σωθήσεται.
➤ Joel 3,5 LXX

m **Acts 2,25** ... *προορώμην τὸν κύριον ἐνώπιόν μου*
διὰ παντός,
ὅτι ἐκ δεξιῶν μού ἐστιν ἵνα μὴ σαλευθῶ.
➤ Ps 15,8 LXX

b **Acts 2,32** τοῦτον τὸν Ἰησοῦν ἀνέστησεν ὁ θεός, οὗ
πάντες ἡμεῖς
ἐσμεν μάρτυρες·

d **Acts 2,36** ἀσφαλῶς οὖν γινωσκέτω
πᾶς οἶκος Ἰσραὴλ
ὅτι καὶ κύριον αὐτὸν καὶ χριστὸν ἐποίησεν ὁ θεός, τοῦτον τὸν Ἰησοῦν ὃν ὑμεῖς ἐσταυρώσατε.

e k **Acts 2,39** ὑμῖν γάρ ἐστιν ἡ ἐπαγγελία καὶ τοῖς τέκνοις ὑμῶν καὶ
πᾶσιν τοῖς εἰς μακρὰν,
ὅσους ἂν προσκαλέσηται κύριος ὁ θεὸς ἡμῶν.

Acts 2,43 ἐγίνετο δὲ
πάσῃ ψυχῇ
φόβος, πολλά τε τέρατα καὶ σημεῖα διὰ τῶν ἀποστόλων ἐγίνετο.

Acts 2,44 **πάντες δὲ οἱ πιστεύοντες**
ἦσαν ἐπὶ τὸ αὐτὸ καὶ εἶχον ἅπαντα κοινά

f **Acts 2,45** (→ Lk 12,33; → **Lk 14,33**; → Mt 19,21; → Mk 10,21; → **Lk 18,22**) καὶ τὰ κτήματα καὶ τὰς ὑπάρξεις ἐπίπρασκον καὶ διεμέριζον αὐτὰ
πᾶσιν
καθότι ἄν τις χρείαν εἶχεν·

Acts 3,9 καὶ εἶδεν
πᾶς ὁ λαὸς
αὐτὸν περιπατοῦντα καὶ αἰνοῦντα τὸν θεόν·

Acts 3,11 κρατοῦντος δὲ αὐτοῦ τὸν Πέτρον καὶ τὸν Ἰωάννην συνέδραμεν
πᾶς ὁ λαὸς
πρὸς αὐτοὺς ἐπὶ τῇ στοᾷ τῇ καλουμένῃ Σολομῶντος ἔκθαμβοι.

b **Acts 3,16** ... καὶ ἡ πίστις ἡ δι' αὐτοῦ ἔδωκεν αὐτῷ τὴν ὁλοκληρίαν ταύτην
ἀπέναντι πάντων ὑμῶν.

Acts 3,18 ὁ δὲ θεὸς, ἃ προκατήγγειλεν
διὰ στόματος πάντων τῶν προφητῶν
παθεῖν τὸν χριστὸν αὐτοῦ ἐπλήρωσεν οὕτως.

g h **Acts 3,21** (→ Lk 1,70; → **Mt 17,11**; → **Mk 9,12**) [20] ... Χριστόν Ἰησοῦν, [21] ὃν δεῖ οὐρανὸν μὲν δέξασθαι
ἄχρι χρόνων ἀποκαταστάσεως πάντων
ὧν ἐλάλησεν ὁ θεὸς διὰ στόματος τῶν ἁγίων ἀπ' αἰῶνος αὐτοῦ προφητῶν.

g k n **Acts 3,22** Μωϋσῆς μὲν εἶπεν ὅτι *προφήτην ὑμῖν ἀναστήσει κύριος ὁ θεὸς ὑμῶν ἐκ τῶν ἀδελφῶν ὑμῶν ὡς ἐμέ· αὐτοῦ ἀκούσεσθε*
κατὰ πάντα
ὅσα ἂν λαλήσῃ πρὸς ὑμᾶς.
➤ Deut 18,15-20

Acts 3,23 *ἔσται δὲ*
πᾶσα ψυχὴ
ἥτις ἐὰν μὴ ἀκούσῃ τοῦ προφήτου ἐκείνου ἐξολεθρευθήσεται ἐκ τοῦ λαοῦ.
➤ Lev 23,29

k **Acts 3,24** καὶ
πάντες δὲ οἱ προφῆται
ἀπὸ Σαμουὴλ καὶ τῶν καθεξῆς ὅσοι ἐλάλησαν καὶ κατήγγειλαν τὰς ἡμέρας ταύτας.

Acts 3,25 ... *καὶ ἐν τῷ σπέρματί σου [ἐν]ευλογηθήσονται*
πᾶσαι αἱ πατριαὶ τῆς γῆς.
➤ Gen 22,18

b d **Acts 4,10 (2)** γνωστὸν ἔστω
πᾶσιν ὑμῖν
καὶ
παντὶ τῷ λαῷ Ἰσραὴλ
ὅτι ἐν τῷ ὀνόματι Ἰησοῦ Χριστοῦ τοῦ Ναζωραίου ὃν ὑμεῖς ἐσταυρώσατε, ...

Acts 4,16 ... ὅτι μὲν γὰρ γνωστὸν σημεῖον γέγονεν δι' αὐτῶν
πᾶσιν τοῖς κατοικοῦσιν
Ἰερουσαλὴμ φανερὸν καὶ οὐ δυνάμεθα ἀρνεῖσθαι·

f **Acts 4,21** ... μηδὲν εὑρίσκοντες τὸ πῶς κολάσωνται αὐτούς, διὰ τὸν λαόν, ὅτι
πάντες
ἐδόξαζον τὸν θεὸν ἐπὶ τῷ γεγονότι·

e **Acts 4,24** ... *σὺ ὁ ποιήσας τὸν οὐρανὸν καὶ τὴν γῆν καὶ τὴν θάλασσαν καὶ*
πάντα τὰ ἐν αὐτοῖς
➤ 2Kings 19,15/Isa 37,16/Neh 9,6/Exod 20,11/Ps 146,6

a **Acts 4,29** καὶ τὰ νῦν, κύριε, ἔπιδε ἐπὶ τὰς ἀπειλὰς αὐτῶν καὶ δὸς τοῖς δούλοις σου
μετὰ παρρησίας πάσης
λαλεῖν τὸν λόγον σου

b **Acts 4,33** ... χάρις τε μεγάλη ἦν
ἐπὶ πάντας αὐτούς.

Acts 5,5 ἀκούων δὲ ὁ Ἁνανίας τοὺς λόγους τούτους πεσὼν ἐξέψυξεν, καὶ ἐγένετο φόβος μέγας
ἐπὶ πάντας τοὺς ἀκούοντας.

Acts 5,11 καὶ ἐγένετο φόβος μέγας ἐφ' ὅλην τὴν ἐκκλησίαν καὶ
ἐπὶ πάντας τοὺς ἀκούοντας
ταῦτα.

e **Acts 5,17** ἀναστὰς δὲ ὁ ἀρχιερεὺς καὶ
πάντες οἱ σὺν αὐτῷ,
ἡ οὖσα αἵρεσις τῶν Σαδδουκαίων, ἐπλήσθησαν ζήλου

Acts 5,20 πορεύεσθε καὶ σταθέντες λαλεῖτε ἐν τῷ ἱερῷ τῷ λαῷ
πάντα τὰ ῥήματα τῆς ζωῆς ταύτης.

Acts 5,21 ... παραγενόμενος δὲ ὁ ἀρχιερεὺς καὶ οἱ σὺν αὐτῷ συνεκάλεσαν τὸ συνέδριον καὶ
πᾶσαν τὴν γερουσίαν τῶν υἱῶν Ἰσραὴλ
καὶ ἀπέστειλαν εἰς τὸ δεσμωτήριον ἀχθῆναι αὐτούς.

Acts 5,23 ... τὸ δεσμωτήριον εὕρομεν κεκλεισμένον
ἐν πάσῃ ἀσφαλείᾳ
καὶ τοὺς φύλακας ἑστῶτας ἐπὶ τῶν θυρῶν, ...

Acts 5,34 ἀναστὰς δέ τις ἐν τῷ συνεδρίῳ Φαρισαῖος ὀνόματι Γαμαλιήλ, νομοδιδάσκαλος τίμιος
παντὶ τῷ λαῷ,
ἐκέλευσεν ἔξω βραχὺ τοὺς ἀνθρώπους ποιῆσαι

fk Acts 5,36 ... ὃς ἀνῃρέθη, καὶ
πάντες
ὅσοι ἐπείθοντο αὐτῷ διελύθησαν καὶ ἐγένοντο εἰς οὐδέν.

fk Acts 5,37 ... κἀκεῖνος ἀπώλετο καὶ
πάντες
ὅσοι ἐπείθοντο αὐτῷ διεσκορπίσθησαν.

Acts 5,42 **πᾶσάν τε ἡμέραν**
ἐν τῷ ἱερῷ καὶ κατ' οἶκον οὐκ ἐπαύοντο διδάσκοντες καὶ εὐαγγελιζόμενοι τὸν χριστόν Ἰησοῦν.

Acts 6,5 καὶ ἤρεσεν ὁ λόγος
ἐνώπιον παντὸς τοῦ πλήθους
καὶ ἐξελέξαντο Στέφανον, ...

Acts 6,15 καὶ ἀτενίσαντες εἰς αὐτὸν
πάντες οἱ καθεζόμενοι
ἐν τῷ συνεδρίῳ εἶδον τὸ πρόσωπον αὐτοῦ ὡσεὶ πρόσωπον ἀγγέλου.

Acts 7,10 καὶ ἐξείλατο αὐτὸν
ἐκ πασῶν τῶν θλίψεων αὐτοῦ
καὶ ἔδωκεν αὐτῷ χάριν καὶ σοφίαν ...

Acts 7,14 ἀποστείλας δὲ Ἰωσὴφ μετεκαλέσατο Ἰακὼβ τὸν πατέρα αὐτοῦ καὶ
πᾶσαν τὴν συγγένειαν
ἐν ψυχαῖς ἑβδομήκοντα πέντε.

Acts 7,22 καὶ ἐπαιδεύθη Μωϋσῆς
[ἐν] πάσῃ σοφίᾳ Αἰγυπτίων,
ἦν δὲ δυνατὸς ἐν λόγοις καὶ ἔργοις αὐτοῦ.

b Acts 7,50 οὐχὶ *ἡ χείρ μου ἐποίησεν*
ταῦτα πάντα;
➤ Isa 66,2

f Acts 8,1 ... ἐγένετο δὲ ἐν ἐκείνῃ τῇ ἡμέρᾳ διωγμὸς μέγας ἐπὶ τὴν ἐκκλησίαν τὴν ἐν Ἱεροσολύμοις,
πάντες
δὲ διεσπάρησαν κατὰ τὰς χώρας τῆς Ἰουδαίας καὶ Σαμαρείας πλὴν τῶν ἀποστόλων.

f Acts 8,10 ᾧ προσεῖχον
πάντες
ἀπὸ μικροῦ ἕως μεγάλου λέγοντες· οὗτός ἐστιν ἡ δύναμις τοῦ θεοῦ ἡ καλουμένη μεγάλη.

Acts 8,27 ... καὶ ἰδοὺ ἀνὴρ Αἰθίοψ εὐνοῦχος δυνάστης Κανδάκης βασιλίσσης Αἰθιόπων, ὃς ἦν
ἐπὶ πάσης τῆς γάζης αὐτῆς,
ὃς ἐληλύθει προσκυνήσων εἰς Ἰερουσαλήμ

a Acts 8,40 Φίλιππος δὲ εὑρέθη εἰς Ἄζωτον· καὶ διερχόμενος εὐηγγελίζετο
τὰς πόλεις πάσας
ἕως τοῦ ἐλθεῖν αὐτὸν εἰς Καισάρειαν.

Acts 9,14 καὶ ὧδε ἔχει ἐξουσίαν παρὰ τῶν ἀρχιερέων δῆσαι
πάντας τοὺς ἐπικαλουμένους
τὸ ὄνομά σου.

Acts 9,21 ἐξίσταντο δὲ
πάντες οἱ ἀκούοντες
καὶ ἔλεγον· οὐχ οὗτός ἐστιν ὁ πορθήσας εἰς Ἰερουσαλὴμ τοὺς ἐπικαλουμένους τὸ ὄνομα τοῦτο, ...

f Acts 9,26 παραγενόμενος δὲ εἰς Ἰερουσαλὴμ ἐπείραζεν κολλᾶσθαι τοῖς μαθηταῖς, καὶ
πάντες
ἐφοβοῦντο αὐτόν μὴ πιστεύοντες ὅτι ἐστὶν μαθητής.

g Acts 9,32 ἐγένετο δὲ Πέτρον διερχόμενον
διὰ πάντων
κατελθεῖν καὶ πρὸς τοὺς ἁγίους τοὺς κατοικοῦντας Λύδδα.

Acts 9,35 καὶ εἶδαν αὐτὸν
πάντες οἱ κατοικοῦντες
Λύδδα καὶ τὸν Σαρῶνα, ...

Acts 9,39 ... ὃν παραγενόμενον ἀνήγαγον εἰς τὸ ὑπερῷον καὶ παρέστησαν αὐτῷ
πᾶσαι αἱ χῆραι
κλαίουσαι καὶ ἐπιδεικνύμεναι χιτῶνας καὶ ἱμάτια ὅσα ἐποίει μετ' αὐτῶν οὖσα ἡ Δορκάς.

f Acts 9,40 ἐκβαλὼν δὲ ἔξω
πάντας
ὁ Πέτρος καὶ θεὶς τὰ γόνατα προσηύξατο ...

Acts 10,2 (2) → Lk 7,5 [1] ... Κορνήλιος ...
[2] εὐσεβὴς καὶ φοβούμενος τὸν θεὸν
σὺν παντὶ τῷ οἴκῳ αὐτοῦ,
m ποιῶν ἐλεημοσύνας πολλὰς τῷ λαῷ καὶ δεόμενος τοῦ θεοῦ
διὰ παντός

Acts 10,12 ἐν ᾧ ὑπῆρχεν
πάντα τὰ τετράποδα καὶ ἑρπετὰ τῆς γῆς καὶ πετεινὰ τοῦ οὐρανοῦ.

Acts 10,14 ... μηδαμῶς, κύριε, ὅτι οὐδέποτε ἔφαγον
πᾶν κοινὸν καὶ ἀκάθαρτον.

b Acts 10,33 (2) ... νῦν οὖν
πάντες ἡμεῖς
ἐνώπιον τοῦ θεοῦ πάρεσμεν ἀκοῦσαι
πάντα τὰ προστεταγμένα
σοι ὑπὸ τοῦ κυρίου.

Acts 10,35 ἀλλ'
ἐν παντὶ ἔθνει
ὁ φοβούμενος αὐτὸν καὶ ἐργαζόμενος δικαιοσύνην δεκτὸς αὐτῷ ἐστιν.

f Acts 10,36 τὸν λόγον [ὃν] ἀπέστειλεν τοῖς υἱοῖς Ἰσραὴλ εὐαγγελιζόμενος εἰρήνην διὰ Ἰησοῦ Χριστοῦ, οὗτός ἐστιν
πάντων κύριος

Acts 10,38 → Lk 4,18 → Lk 13,16 → **Lk 24,19** Ἰησοῦν τὸν ἀπὸ Ναζαρέθ, ὡς ἔχρισεν αὐτὸν ὁ θεὸς πνεύματι ἁγίῳ καὶ δυνάμει, ὃς διῆλθεν εὐεργετῶν καὶ ἰώμενος
πάντας τοὺς καταδυναστευομένους
ὑπὸ τοῦ διαβόλου, ὅτι ὁ θεὸς ἦν μετ' αὐτοῦ.

g h **Acts 10,39** καὶ ἡμεῖς
μάρτυρες πάντων
ὧν ἐποίησεν ἔν τε τῇ χώρᾳ τῶν Ἰουδαίων καὶ [ἐν] Ἰερουσαλήμ. ...

l **Acts 10,41** [40] τοῦτον ὁ θεὸς ἤγειρεν [ἐν] τῇ τρίτῃ ἡμέρᾳ καὶ ἔδωκεν αὐτὸν ἐμφανῆ γενέσθαι,
[41] **οὐ παντὶ τῷ λαῷ,**
ἀλλὰ μάρτυσιν τοῖς προκεχειροτονημένοις ὑπὸ τοῦ θεοῦ, ...

Acts 10,43 (2) τούτῳ
πάντες οἱ προφῆται
μαρτυροῦσιν ἄφεσιν ἁμαρτιῶν λαβεῖν διὰ τοῦ ὀνόματος αὐτοῦ
πάντα τὸν πιστεύοντα
εἰς αὐτόν.

Acts 10,44 ἔτι λαλοῦντος τοῦ Πέτρου τὰ ῥήματα ταῦτα ἐπέπεσεν τὸ πνεῦμα τὸ ἅγιον
ἐπὶ πάντας τοὺς ἀκούοντας
τὸν λόγον.

Acts 11,14 ὃς λαλήσει ῥήματα πρὸς σὲ ἐν οἷς σωθήσῃ σὺ καὶ
πᾶς ὁ οἶκός σου.

f **Acts 11,23** ὃς παραγενόμενος καὶ ἰδὼν τὴν χάριν [τὴν] τοῦ θεοῦ, ἐχάρη καὶ παρεκάλει
πάντας
τῇ προθέσει τῆς καρδίας προσμένειν τῷ κυρίῳ.

Acts 12,11 ... ἐξαπέστειλεν [ὁ] κύριος τὸν ἄγγελον αὐτοῦ καὶ ἐξείλατό με
ἐκ χειρὸς Ἡρῴδου καὶ πάσης τῆς προσδοκίας τοῦ λαοῦ τῶν Ἰουδαίων.

Acts 13,10 (3) ... **ὦ πλήρης παντὸς δόλου**
καὶ
πάσης ῥᾳδιουργίας,
υἱὲ διαβόλου,
ἐχθρὲ πάσης δικαιοσύνης,
οὐ παύσῃ διαστρέφων τὰς ὁδοὺς [τοῦ] κυρίου τὰς εὐθείας;

Acts 13,22 ... εὗρον Δαυὶδ τὸν τοῦ Ἰεσσαί, ἄνδρα κατὰ τὴν καρδίαν μου, ὃς ποιήσει
πάντα τὰ θελήματά μου.
➤ Ps 89,21/1Sam 13,14/Isa 44,28

d **Acts 13,24** →Mt 3,1-2 →Mk 1,4 →**Lk 3,3** →Acts 19,4
προκηρύξαντος Ἰωάννου πρὸ προσώπου τῆς εἰσόδου αὐτοῦ βάπτισμα μετανοίας
παντὶ τῷ λαῷ Ἰσραήλ.

Acts 13,27 [[→Lk 23,34a]] οἱ γὰρ κατοικοῦντες ἐν Ἰερουσαλὴμ καὶ οἱ ἄρχοντες αὐτῶν τοῦτον ἀγνοήσαντες καὶ τὰς φωνὰς τῶν προφητῶν τὰς
κατὰ πᾶν σάββατον
ἀναγινωσκομένας κρίναντες ἐπλήρωσαν

Acts 13,29 ὡς δὲ ἐτέλεσαν
πάντα τὰ περὶ αὐτοῦ γεγραμμένα,
καθελόντες ἀπὸ τοῦ ξύλου ἔθηκαν εἰς μνημεῖον.

g h **Acts 13,38** ... διὰ τούτου ὑμῖν ἄφεσις ἁμαρτιῶν καταγγέλλεται, [καὶ]
ἀπὸ πάντων
ὧν οὐκ ἠδυνήθητε ἐν νόμῳ Μωϋσέως δικαιωθῆναι,

Acts 13,39 ἐν τούτῳ
πᾶς ὁ πιστεύων
δικαιοῦται.

Acts 13,44 τῷ δὲ ἐρχομένῳ σαββάτῳ σχεδὸν
πᾶσα ἡ πόλις
συνήχθη ἀκοῦσαι τὸν λόγον τοῦ κυρίου.

e **Acts 14,15** ... ἐπὶ θεὸν ζῶντα, *ὃς ἐποίησεν τὸν οὐρανὸν καὶ τὴν γῆν καὶ τὴν θάλασσαν καὶ*
πάντα τὰ ἐν αὐτοῖς·
➤ Exod 20,11/Ps 146,6

Acts 14,16 ὃς ἐν ταῖς παρῳχημέναις γενεαῖς εἴασεν
πάντα τὰ ἔθνη
πορεύεσθαι ταῖς ὁδοῖς αὐτῶν·

Acts 15,3 ... ἐκδιηγούμενοι τὴν ἐπιστροφὴν τῶν ἐθνῶν καὶ ἐποίουν χαρὰν μεγάλην
πᾶσιν τοῖς ἀδελφοῖς.

Acts 15,12 ἐσίγησεν δὲ
πᾶν τὸ πλῆθος
καὶ ἤκουον Βαρναβᾶ καὶ Παύλου ἐξηγουμένων ὅσα ἐποίησεν ὁ θεὸς σημεῖα καὶ τέρατα ἐν τοῖς ἔθνεσιν δι᾽ αὐτῶν.

Acts 15,17 *ὅπως ἂν ἐκζητήσωσιν οἱ κατάλοιποι τῶν ἀνθρώπων τὸν κύριον καὶ*
πάντα τὰ ἔθνη
ἐφ᾽ οὓς ἐπικέκληται τὸ ὄνομά μου ἐπ᾽ αὐτούς, ...
➤ Amos 9,12 LXX

Acts 15,21 Μωϋσῆς γὰρ ἐκ γενεῶν ἀρχαίων κατὰ πόλιν τοὺς κηρύσσοντας αὐτὸν ἔχει ἐν ταῖς συναγωγαῖς
κατὰ πᾶν σάββατον
ἀναγινωσκόμενος.

a **Acts 15,36** ... ἐπιστρέψαντες δὴ ἐπισκεψώμεθα τοὺς ἀδελφοὺς
κατὰ πόλιν πᾶσαν
ἐν αἷς κατηγγείλαμεν τὸν λόγον τοῦ κυρίου πῶς ἔχουσιν.

a f **Acts 16,26** (2) ... ἠνεῴχθησαν δὲ παραχρῆμα
αἱ θύραι πᾶσαι
καὶ
πάντων τὰ δεσμὰ
ἀνέθη.

e **Acts 16,32** καὶ ἐλάλησαν αὐτῷ τὸν λόγον τοῦ κυρίου
σὺν πᾶσιν τοῖς ἐν τῇ οἰκίᾳ αὐτοῦ.

b f **Acts 16,33** ... καὶ ἐβαπτίσθη αὐτὸς καὶ
οἱ αὐτοῦ πάντες
παραχρῆμα

b **Acts 17,7** →Lk 23,2 οὓς ὑποδέδεκται Ἰάσων· καὶ
οὗτοι πάντες
ἀπέναντι τῶν δογμάτων Καίσαρος πράσσουσι βασιλέα ἕτερον λέγοντες εἶναι Ἰησοῦν.

Acts 17,11 ... οἵτινες ἐδέξαντο τὸν λόγον
μετὰ πάσης προθυμίας
καθ᾽ ἡμέραν ἀνακρίνοντες τὰς γραφὰς εἰ ἔχοι ταῦτα οὕτως.

Acts 17,17 διελέγετο μὲν οὖν ἐν τῇ συναγωγῇ τοῖς Ἰουδαίοις καὶ τοῖς σεβομένοις καὶ ἐν τῇ ἀγορᾷ
κατὰ πᾶσαν ἡμέραν
πρὸς τοὺς παρατυγχάνοντας.

a d **Acts 17,21** **Ἀθηναῖοι δὲ πάντες**
καὶ οἱ ἐπιδημοῦντες ξένοι εἰς οὐδὲν ἕτερον ηὐκαίρουν ἢ λέγειν τι ἢ ἀκούειν τι καινότερον.

g n **Acts 17,22** ... ἄνδρες Ἀθηναῖοι,
κατὰ πάντα
ὡς δεισιδαιμονεστέρους ὑμᾶς θεωρῶ.

e **Acts 17,24** ὁ θεὸς ὁ ποιήσας τὸν κόσμον καὶ
πάντα τὰ ἐν αὐτῷ,
οὗτος οὐρανοῦ καὶ γῆς ὑπάρχων κύριος οὐκ ἐν χειροποιήτοις ναοῖς κατοικεῖ

f **Acts 17,25** οὐδὲ ὑπὸ χειρῶν
(2) ἀνθρωπίνων θεραπεύεται
προσδεόμενός τινος,
αὐτὸς διδοὺς
πᾶσι
ζωὴν καὶ πνοὴν καὶ
g **τὰ πάντα·**

Acts 17,26 ἐποίησέν τε ἐξ ἑνὸς
(2) **πᾶν ἔθνος**
ἀνθρώπων κατοικεῖν
ἐπὶ παντὸς προσώπου τῆς γῆς,
ὁρίσας προστεταγμένους
καιροὺς καὶ τὰς
ὁροθεσίας τῆς κατοικίας
αὐτῶν

f **Acts 17,30** τοὺς μὲν οὖν χρόνους
τῆς ἀγνοίας ὑπεριδὼν
ὁ θεός, τὰ νῦν
παραγγέλλει τοῖς
ἀνθρώποις
πάντας
πανταχοῦ μετανοεῖν,

f **Acts 17,31** καθότι ἔστησεν ἡμέραν
ἐν ᾗ μέλλει κρίνειν τὴν
οἰκουμένην
ἐν δικαιοσύνῃ,
ἐν ἀνδρὶ ᾧ ὥρισεν,
πίστιν παρασχὼν
πᾶσιν
ἀναστήσας αὐτὸν
ἐκ νεκρῶν.

d **Acts 18,2** ... διὰ τὸ διατεταχέναι
Κλαύδιον χωρίζεσθαι
πάντας τοὺς Ἰουδαίους
ἀπὸ τῆς Ῥώμης, ...

Acts 18,4 διελέγετο δὲ ἐν τῇ
συναγωγῇ
κατὰ πᾶν σάββατον
ἔπειθέν τε Ἰουδαίους καὶ
Ἕλληνας.

f **Acts 18,17** ἐπιλαβόμενοι δὲ
πάντες
Σωσθένην τὸν
ἀρχισυνάγωγον ἔτυπτον
ἔμπροσθεν τοῦ βήματος·
...

Acts 18,23 καὶ ποιήσας χρόνον τινὰ
ἐξῆλθεν διερχόμενος
καθεξῆς τὴν Γαλατικὴν
χώραν καὶ Φρυγίαν,
ἐπιστηρίζων
πάντας τοὺς μαθητάς.

Acts 19,7 ἦσαν δὲ
οἱ πάντες ἄνδρες
ὡσεὶ δώδεκα.

Acts 19,10 τοῦτο δὲ ἐγένετο
ἐπὶ ἔτη δύο, ὥστε
πάντας τοὺς κατοικοῦντας
τὴν Ἀσίαν ἀκοῦσαι
τὸν λόγον τοῦ κυρίου,
Ἰουδαίους τε καὶ
Ἕλληνας.

d **Acts 19,17** τοῦτο δὲ ἐγένετο γνωστὸν
(2) **πᾶσιν Ἰουδαίοις τε καὶ Ἕλλησιν τοῖς κατοικοῦσιν τὴν Ἔφεσον**
b καὶ ἐπέπεσεν φόβος
ἐπὶ πάντας αὐτοὺς
καὶ ἐμεγαλύνετο τὸ
ὄνομα τοῦ κυρίου Ἰησοῦ.

f **Acts 19,19** ἱκανοὶ δὲ τῶν τὰ
περίεργα πραξάντων
συνενέγκαντες τὰς
βίβλους κατέκαιον
ἐνώπιον πάντων, ...

d **Acts 19,26** καὶ θεωρεῖτε καὶ
ἀκούετε ὅτι οὐ μόνον
Ἐφέσου ἀλλὰ
σχεδὸν πάσης τῆς Ἀσίας
ὁ Παῦλος οὗτος πείσας
μετέστησεν ἱκανὸν ὄχλον
...

f **Acts 19,34** ... φωνὴ ἐγένετο μία
ἐκ πάντων
ὡς ἐπὶ ὥρας δύο
κραζόντων· μεγάλη
ἡ Ἄρτεμις Ἐφεσίων.

Acts 20,18 ... ὑμεῖς ἐπίστασθε, ἀπὸ
πρώτης ἡμέρας ἀφ' ἧς
ἐπέβην εἰς τὴν Ἀσίαν,
πῶς μεθ' ὑμῶν
τὸν πάντα χρόνον
ἐγενόμην,

Acts 20,19 δουλεύων τῷ κυρίῳ
μετὰ πάσης ταπεινοφροσύνης καὶ δακρύων καὶ πειρασμῶν τῶν συμβάντων
μοι ἐν ταῖς ἐπιβουλαῖς
τῶν Ἰουδαίων

b **Acts 20,25** καὶ νῦν ἰδοὺ ἐγὼ οἶδα
ὅτι οὐκέτι ὄψεσθε
τὸ πρόσωπόν μου
ὑμεῖς πάντες
ἐν οἷς διῆλθον κηρύσσων
τὴν βασιλείαν.

f **Acts 20,26** διότι μαρτύρομαι ὑμῖν
→ Mt 27,24 ἐν τῇ σήμερον ἡμέρᾳ
→ Mt 27,25 ὅτι καθαρός εἰμι
→ Acts 18,6 **ἀπὸ τοῦ αἵματος πάντων·**

Acts 20,27 οὐ γὰρ ὑπεστειλάμην
τοῦ μὴ ἀναγγεῖλαι
πᾶσαν τὴν βουλὴν τοῦ θεοῦ
ὑμῖν.

Acts 20,28 προσέχετε ἑαυτοῖς καὶ
παντὶ τῷ ποιμνίῳ,
ἐν ᾧ ὑμᾶς τὸ πνεῦμα τὸ
ἅγιον ἔθετο ἐπισκόπους
ποιμαίνειν τὴν
ἐκκλησίαν τοῦ θεοῦ, ...

c **Acts 20,32** καὶ τὰ νῦν παρατίθεμαι
ὑμᾶς τῷ θεῷ καὶ τῷ λόγῳ
τῆς χάριτος αὐτοῦ, τῷ
δυναμένῳ οἰκοδομῆσαι
καὶ δοῦναι τὴν
κληρονομίαν
ἐν τοῖς ἡγιασμένοις πᾶσιν.

g **Acts 20,35** **πάντα**
ὑπέδειξα ὑμῖν ὅτι οὕτως
κοπιῶντας δεῖ
ἀντιλαμβάνεσθαι τῶν
ἀσθενούντων, ...

b **Acts 20,36** καὶ ταῦτα εἰπὼν θεὶς
τὰ γόνατα αὐτοῦ
σὺν πᾶσιν αὐτοῖς
προσηύξατο.

f **Acts 20,37** **ἱκανὸς δὲ κλαυθμὸς ἐγένετο πάντων**
καὶ ἐπιπεσόντες ἐπὶ τὸν
τράχηλον τοῦ Παύλου
κατεφίλουν αὐτόν

f **Acts 21,5** ... ἐξελθόντες
ἐπορευόμεθα
προπεμπόντων ἡμᾶς
πάντων
σὺν γυναιξὶ καὶ τέκνοις
ἕως ἔξω τῆς πόλεως, ...

Acts 21,18 τῇ δὲ ἐπιούσῃ εἰσῄει
ὁ Παῦλος σὺν ἡμῖν
πρὸς Ἰάκωβον,
πάντες τε παρεγένοντο οἱ πρεσβύτεροι.

f **Acts 21,20** ... πόσαι μυριάδες εἰσὶν
ἐν τοῖς Ἰουδαίοις τῶν
πεπιστευκότων καὶ
πάντες
ζηλωταὶ τοῦ νόμου
ὑπάρχουσιν·

d **Acts 21,21** κατηχήθησαν δὲ περὶ σοῦ
ὅτι ἀποστασίαν
διδάσκεις ἀπὸ Μωϋσέως
τοὺς κατὰ τὰ ἔθνη πάντας Ἰουδαίους
λέγων μὴ περιτέμνειν
αὐτοὺς τὰ τέκνα μηδὲ
τοῖς ἔθεσιν περιπατεῖν.

f **Acts 21,24** ... δαπάνησον ἐπ' αὐτοῖς
ἵνα ξυρήσονται τὴν
κεφαλήν, καὶ γνώσονται
πάντες
ὅτι ὧν κατήχηνται περὶ
σοῦ οὐδέν ἐστιν ἀλλὰ
στοιχεῖς καὶ αὐτὸς
φυλάσσων τὸν νόμον.

Acts 21,27 ὡς δὲ ἔμελλον αἱ ἑπτὰ ἡμέραι συντελεῖσθαι, οἱ ἀπὸ τῆς Ἀσίας Ἰουδαῖοι θεασάμενοι αὐτὸν ἐν τῷ ἱερῷ συνέχεον
πάντα τὸν ὄχλον
καὶ ἐπέβαλον ἐπ' αὐτὸν τὰς χεῖρας

f Acts 21,28 ... οὗτός ἐστιν ὁ ἄνθρωπος ὁ κατὰ τοῦ λαοῦ καὶ τοῦ νόμου καὶ τοῦ τόπου τούτου
πάντας
πανταχῇ διδάσκων, ...

b Acts 22,3 ... ζηλωτὴς ὑπάρχων τοῦ θεοῦ καθὼς
πάντες ὑμεῖς
ἐστε σήμερον·

Acts 22,5 ὡς καὶ ὁ ἀρχιερεὺς μαρτυρεῖ μοι καὶ
πᾶν τὸ πρεσβυτέριον,
παρ' ὧν καὶ ἐπιστολὰς δεξάμενος ...

g h Acts 22,10 ... ἀναστὰς πορεύου εἰς Δαμασκόν κἀκεῖ σοι λαληθήσεται
περὶ πάντων
ὧν τέτακταί σοι ποιῆσαι.

d Acts 22,12 Ἁνανίας δέ τις, ἀνὴρ εὐλαβὴς κατὰ τὸν νόμον, μαρτυρούμενος
ὑπὸ πάντων τῶν κατοικούντων Ἰουδαίων

Acts 22,15 ὅτι ἔσῃ μάρτυς αὐτῷ
πρὸς πάντας ἀνθρώπους
ὧν ἑώρακας καὶ ἤκουσας.

Acts 22,30 ... καὶ ἐκέλευσεν συνελθεῖν τοὺς ἀρχιερεῖς καὶ
πᾶν τὸ συνέδριον, ...

Acts 23,1 ... ἄνδρες ἀδελφοί, ἐγὼ
πάσῃ συνειδήσει ἀγαθῇ
πεπολίτευμαι τῷ θεῷ ἄχρι ταύτης τῆς ἡμέρας.

Acts 24,3 πάντῃ τε καὶ πανταχοῦ ἀποδεχόμεθα, κράτιστε Φῆλιξ,
μετὰ πάσης εὐχαριστίας.

d Acts 24,5 εὑρόντες γὰρ τὸν ἄνδρα τοῦτον λοιμὸν καὶ κινοῦντα στάσεις
πᾶσιν τοῖς Ἰουδαίοις
τοῖς κατὰ τὴν οἰκουμένην πρωτοστάτην τε τῆς τῶν Ναζωραίων αἱρέσεως

b Acts 24,8 παρ' οὗ δυνήσῃ αὐτὸς ἀνακρίνας
περὶ πάντων τούτων
ἐπιγνῶναι ὧν ἡμεῖς κατηγοροῦμεν αὐτοῦ.

Acts 24,14 ... οὕτως λατρεύω τῷ πατρῴῳ θεῷ πιστεύων
πᾶσι τοῖς κατὰ τὸν νόμον καὶ τοῖς ἐν τοῖς προφήταις γεγραμμένοις

m Acts 24,16 ἐν τούτῳ καὶ αὐτὸς ἀσκῶ ἀπρόσκοπον συνείδησιν ἔχειν πρὸς τὸν θεὸν καὶ τοὺς ἀνθρώπους
διὰ παντός.

Acts 25,24 ... Ἀγρίππα βασιλεῦ καὶ
πάντες οἱ συμπαρόντες ἡμῖν ἄνδρες,
θεωρεῖτε τοῦτον ...

g h Acts 26,2 **περὶ πάντων**
ὧν ἐγκαλοῦμαι ὑπὸ Ἰουδαίων, βασιλεῦ Ἀγρίππα, ἥγημαι ἐμαυτὸν μακάριον ...

Acts 26,3 μάλιστα γνώστην ὄντα σε
πάντων τῶν κατὰ Ἰουδαίους ἐθῶν τε καὶ ζητημάτων,
διὸ δέομαι μακροθύμως ἀκοῦσαί μου.

d Acts 26,4 τὴν μὲν οὖν βίωσίν μου [τὴν] ἐκ νεότητος τὴν ἀπ' ἀρχῆς γενομένην ἐν τῷ ἔθνει μου ἔν τε Ἱεροσολύμοις ἴσασι
πάντες [οἱ] Ἰουδαῖοι

Acts 26,11 καὶ
κατὰ πάσας τὰς συναγωγὰς
πολλάκις τιμωρῶν αὐτοὺς ἠνάγκαζον βλασφημεῖν ...

Acts 26,14 **πάντων τε καταπεσόντων ἡμῶν**
εἰς τὴν γῆν ἤκουσα φωνὴν λέγουσαν πρός με τῇ Ἑβραΐδι διαλέκτῳ· ...

Acts 26,20 ἀλλὰ τοῖς ἐν Δαμασκῷ πρῶτόν τε καὶ Ἱεροσολύμοις,
πᾶσάν τε τὴν χώραν τῆς Ἰουδαίας
καὶ τοῖς ἔθνεσιν ἀπήγγελλον ...

Acts 26,29 ... εὐξαίμην ἂν τῷ θεῷ καὶ ἐν ὀλίγῳ καὶ ἐν μεγάλῳ οὐ μόνον σὲ ἀλλὰ καὶ
πάντας τοὺς ἀκούοντάς
μου σήμερον γενέσθαι τοιούτους ὁποῖος καὶ ἐγώ εἰμι ...

a Acts 27,20 ... χειμῶνός τε οὐκ ὀλίγου ἐπικειμένου, λοιπὸν περιῃρεῖτο
ἐλπὶς πᾶσα
τοῦ σῴζεσθαι ἡμᾶς.

Acts 27,24 ... μὴ φοβοῦ, Παῦλε, Καίσαρί σε δεῖ παραστῆναι, καὶ ἰδοὺ κεχάρισταί σοι ὁ θεὸς
πάντας τοὺς πλέοντας
μετὰ σοῦ.

f Acts 27,35 εἴπας δὲ ταῦτα καὶ λαβὼν ἄρτον εὐχαρίστησεν τῷ θεῷ
ἐνώπιον πάντων
καὶ κλάσας ἤρξατο ἐσθίειν.

f Acts 27,36 εὔθυμοι δὲ γενόμενοι
πάντες
καὶ αὐτοὶ προσελάβοντο τροφῆς.

Acts 27,37 ἤμεθα δὲ
αἱ πᾶσαι ψυχαὶ
ἐν τῷ πλοίῳ διακόσιαι ἑβδομήκοντα ἕξ.

f Acts 27,44 ... καὶ οὕτως ἐγένετο
πάντας
διασωθῆναι ἐπὶ τὴν γῆν.

b Acts 28,2 οἵ τε βάρβαροι παρεῖχον οὐ τὴν τυχοῦσαν φιλανθρωπίαν ἡμῖν, ἅψαντες γὰρ πυρὰν προσελάβοντο
πάντας ἡμᾶς
διὰ τὸν ὑετὸν τὸν ἐφεστῶτα καὶ διὰ τὸ ψῦχος.

Acts 28,30 ... ἀπεδέχετο
πάντας τοὺς εἰσπορευομένους
πρὸς αὐτόν,

Acts 28,31 κηρύσσων τὴν βασιλείαν τοῦ θεοῦ καὶ διδάσκων τὰ περὶ τοῦ κυρίου Ἰησοῦ Χριστοῦ
μετὰ πάσης παρρησίας
ἀκωλύτως.

πάσχα	Syn	Mt	Mk	Lk	Acts	Jn	1-3John	Paul	Eph	Col
	16	4	5	7	1	10		1		
	NT	2Thess	1/2Tim	Tit	Heb	Jas	1Pet	2Pet	Jude	Rev
	29				1					

Passover; Paschal lamb; Passover meal

	triple tradition																double tradition			Sondergut		
		+Mt / +Lk			–Mt / –Lk			traditions not taken over by Mt / Lk							subtotals							
code	222	211	112	212	221	122	121	022	012	021	220	120	210	020	Σ⁺	Σ⁻	Σ	202	201	102	200	002	total
Mt	4					1^-										1^-	4						4
Mk	4					1											5						5
Lk	4					1											5					2	7

002					Lk 2,41	καὶ ἐπορεύοντο οἱ γονεῖς αὐτοῦ κατ᾽ ἔτος εἰς Ἰερουσαλὴμ **τῇ ἑορτῇ τοῦ πάσχα.**	
222	Mt 26,2	οἴδατε ὅτι μετὰ δύο ἡμέρας **τὸ πάσχα** γίνεται, ...	Mk 14,1	ἦν δὲ **τὸ πάσχα** καὶ τὰ ἄζυμα μετὰ δύο ἡμέρας. ...	Lk 22,1	ἤγγιζεν δὲ ἡ ἑορτὴ τῶν ἀζύμων ἡ λεγομένη **πάσχα.**	
122	Mt 26,17	τῇ δὲ πρώτῃ τῶν ἀζύμων	Mk 14,12 (2)	καὶ τῇ πρώτῃ ἡμέρᾳ τῶν ἀζύμων, ὅτε **τὸ πάσχα** ἔθυον,	Lk 22,7	ἦλθεν δὲ ἡ ἡμέρα τῶν ἀζύμων, [ἐν] ᾗ ἔδει θύεσθαι **τὸ πάσχα·**	→ Jn 13,1
222		προσῆλθον οἱ μαθηταὶ τῷ Ἰησοῦ λέγοντες· ποῦ θέλεις ἑτοιμάσωμέν σοι φαγεῖν **τὸ πάσχα;**		λέγουσιν αὐτῷ οἱ μαθηταὶ αὐτοῦ· ποῦ θέλεις ἀπελθόντες ἑτοιμάσωμεν ἵνα φάγῃς **τὸ πάσχα;**	Lk 22,8	καὶ ἀπέστειλεν Πέτρον καὶ Ἰωάννην εἰπών· πορευθέντες ἑτοιμάσατε ἡμῖν **τὸ πάσχα** ἵνα φάγωμεν. [9] οἱ δὲ εἶπαν αὐτῷ· ποῦ θέλεις ἑτοιμάσωμεν;	
222	Mt 26,18	... ὁ διδάσκαλος λέγει· ὁ καιρός μου ἐγγύς ἐστιν, πρὸς σὲ ποιῶ **τὸ πάσχα** μετὰ τῶν μαθητῶν μου.	Mk 14,14	... ὁ διδάσκαλος λέγει· ποῦ ἐστιν τὸ κατάλυμά μου ὅπου **τὸ πάσχα** μετὰ τῶν μαθητῶν μου φάγω;	Lk 22,11	... λέγει σοι ὁ διδάσκαλος· ποῦ ἐστιν τὸ κατάλυμα ὅπου **τὸ πάσχα** μετὰ τῶν μαθητῶν μου φάγω;	
222	Mt 26,19	καὶ ἐποίησαν οἱ μαθηταὶ ὡς συνέταξεν αὐτοῖς ὁ Ἰησοῦς καὶ ἡτοίμασαν **τὸ πάσχα.**	Mk 14,16	καὶ ἐξῆλθον οἱ μαθηταὶ καὶ ἦλθον εἰς τὴν πόλιν καὶ εὗρον καθὼς εἶπεν αὐτοῖς καὶ ἡτοίμασαν **τὸ πάσχα.**	Lk 22,13	ἀπελθόντες δὲ εὗρον καθὼς εἰρήκει αὐτοῖς καὶ ἡτοίμασαν **τὸ πάσχα.**	
002					Lk 22,15	... ἐπιθυμίᾳ ἐπεθύμησα **τοῦτο τὸ πάσχα** φαγεῖν μεθ᾽ ὑμῶν πρὸ τοῦ με παθεῖν·	

Acts 12,4 ὃν καὶ πιάσας ἔθετο
εἰς φυλακὴν παραδοὺς
τέσσαρσιν τετραδίοις
στρατιωτῶν φυλάσσειν
αὐτόν, βουλόμενος
μετὰ τὸ πάσχα
ἀναγαγεῖν αὐτὸν τῷ λαῷ.

πάσχω

	Syn	Mt	Mk	Lk	Acts	Jn	1-3John	Paul	Eph	Col
	13	4	3	6	5			5		
	NT	2Thess	1/2Tim	Tit	Heb	Jas	1Pet	2Pet	Jude	Rev
	42	1	1		4		12			1

experience; suffer; endure

	triple tradition																	double tradition			Sondergut		
		+Mt / +Lk			−Mt / −Lk			traditions not taken over by Mt / Lk							subtotals								
code	222	211	112	212	221	122	121	022	012	021	220	120	210	020	Σ⁺	Σ⁻	Σ	202	201	102	200	002	total
Mt	1	1⁺									1				1⁺		3				1		**4**
Mk	1									1	1						3						**3**
Lk	1									1⁻						1⁻	1					5	**6**

021		**Mk 5,26** καὶ πολλὰ **παθοῦσα** ὑπὸ πολλῶν ἰατρῶν καὶ δαπανήσασα τὰ παρ' αὐτῆς πάντα καὶ μηδὲν ὠφεληθεῖσα ἀλλὰ μᾶλλον εἰς τὸ χεῖρον ἐλθοῦσα	**Lk 8,43** ... ἥτις [ἰατροῖς προσαναλώσασα ὅλον τὸν βίον] οὐκ ἴσχυσεν ἀπ' οὐδενὸς θεραπευθῆναι
222	**Mt 16,21** ... δεῖ → Mt 17,22-23 αὐτὸν εἰς Ἱεροσόλυμα → Mt 20,18-19 ἀπελθεῖν καὶ πολλὰ **παθεῖν** ἀπὸ τῶν πρεσβυτέρων καὶ ἀρχιερέων καὶ γραμματέων ...	**Mk 8,31** ... δεῖ → Mk 9,31 τὸν υἱὸν τοῦ ἀνθρώπου → Mk 10,33-34 πολλὰ **παθεῖν** καὶ ἀποδοκιμασθῆναι ὑπὸ τῶν πρεσβυτέρων καὶ τῶν ἀρχιερέων καὶ τῶν γραμματέων ...	**Lk 9,22** ... δεῖ → Lk 9,44 τὸν υἱὸν τοῦ ἀνθρώπου ↓ Lk 17,25 πολλὰ → Lk 18,31-33 → Lk 24,7 **παθεῖν** ↓ Lk 24,26 καὶ ἀποδοκιμασθῆναι ↓ Lk 24,46 ἀπὸ τῶν πρεσβυτέρων καὶ ἀρχιερέων καὶ γραμματέων ...
220	**Mt 17,12** ... οὕτως καὶ ὁ υἱὸς τοῦ ἀνθρώπου μέλλει **πάσχειν** ὑπ' αὐτῶν.	**Mk 9,12** ... καὶ πῶς γέγραπται ἐπὶ τὸν υἱὸν τοῦ ἀνθρώπου ἵνα πολλὰ **πάθῃ** καὶ ἐξουδενηθῇ;	
211	**Mt 17,15** ... κύριε, ἐλέησόν μου τὸν υἱόν, ὅτι σεληνιάζεται καὶ κακῶς **πάσχει· ...**	**Mk 9,17** ... διδάσκαλε, ἤνεγκα τὸν υἱόν μου πρὸς σέ, ἔχοντα πνεῦμα ἄλαλον·	**Lk 9,39** [38] ... διδάσκαλε, δέομαί σου ἐπιβλέψαι ἐπὶ τὸν υἱόν μου, ὅτι μονογενής μοί ἐστιν, [39] καὶ ἰδοὺ πνεῦμα λαμβάνει αὐτὸν ...
002			**Lk 13,2** ... δοκεῖτε ὅτι οἱ Γαλιλαῖοι οὗτοι ἁμαρτωλοὶ παρὰ πάντας τοὺς Γαλιλαίους ἐγένοντο, ὅτι ταῦτα **πεπόνθασιν;**
002	↑ Mt 16,21 → Mt 17,22-23 → Mt 20,18-19	↑ Mk 8,31 → Mk 9,31 → Mk 10,33-34	**Lk 17,25** πρῶτον δὲ δεῖ αὐτὸν ↑ Lk 9,22 πολλὰ → Lk 9,44 → Lk 18,31-33 **παθεῖν** → Lk 24,7 καὶ ἀποδοκιμασθῆναι ↓ Lk 24,26 ἀπὸ τῆς γενεᾶς ταύτης. ↓ Lk 24,46
002			**Lk 22,15** ... ἐπιθυμίᾳ ἐπεθύμησα τοῦτο τὸ πάσχα φαγεῖν μεθ' ὑμῶν **πρὸ τοῦ με παθεῖν·**
200	**Mt 27,19** ... μηδὲν σοὶ καὶ τῷ δικαίῳ ἐκείνῳ· πολλὰ γὰρ **ἔπαθον** σήμερον κατ' ὄναρ δι' αὐτόν.		

002	↑ Mt 16,21 → Mt 17,22-23 → Mt 20,18-19	↑ Mk 8,31 → Mk 9,31 → Mk 10,33-34	**Lk 24,26** οὐχὶ ταῦτα ἔδει ↑ Lk 9,22 **παθεῖν** → Lk 9,44 τὸν χριστὸν καὶ ↑ Lk 17,25 εἰσελθεῖν εἰς τὴν δόξαν → Lk 18,31-33 αὐτοῦ; → Lk 24,7 ↓ Lk 24,46	→ Acts 14,22
002	↑ Mt 16,21 → Mt 17,22-23 → Mt 20,18-19	↑ Mk 8,31 → Mk 9,31 → Mk 10,33-34	**Lk 24,46** καὶ εἶπεν αὐτοῖς ὅτι ↑ Lk 9,22 οὕτως γέγραπται → Lk 9,44 **παθεῖν** ↑ Lk 17,25 τὸν χριστὸν καὶ → Lk 18,31-33 ἀναστῆναι ἐκ νεκρῶν → Lk 24,7 τῇ τρίτῃ ἡμέρᾳ ↑ Lk 24,26	

Acts 1,3 οἷς καὶ παρέστησεν ἑαυτὸν ζῶντα **μετὰ τὸ παθεῖν** αὐτὸν ἐν πολλοῖς τεκμηρίοις, ...

Acts 3,18 ὁ δὲ θεὸς, ἃ προκατήγγειλεν διὰ στόματος πάντων τῶν προφητῶν **παθεῖν** τὸν χριστὸν αὐτοῦ ἐπλήρωσεν οὕτως.

Acts 9,16 ἐγὼ γὰρ ὑποδείξω αὐτῷ ὅσα δεῖ αὐτὸν ὑπὲρ τοῦ ὀνόματός μου **παθεῖν.**

Acts 17,3 διανοίγων καὶ παρατιθέμενος ὅτι τὸν χριστὸν ἔδει **παθεῖν** καὶ ἀναστῆναι ἐκ νεκρῶν καὶ ὅτι οὗτός ἐστιν ὁ χριστός [ὁ] Ἰησοῦς ὃν ἐγὼ καταγγέλλω ὑμῖν.

Acts 28,5 ὁ μὲν οὖν ἀποτινάξας τὸ θηρίον εἰς τὸ πῦρ **ἔπαθεν** οὐδὲν κακόν, [6] οἱ δὲ προσεδόκων αὐτὸν μέλλειν πίμπρασθαι ἢ καταπίπτειν ἄφνω νεκρόν.

πατάσσω

Syn	Mt	Mk	Lk	Acts	Jn	1-3John	Paul	Eph	Col
5	2	1	2	3					
NT	2Thess	1/2Tim	Tit	Heb	Jas	1Pet	2Pet	Jude	Rev
10									2

strike; hit; strike down; slay

220	**Mt 26,31** ... γέγραπται γάρ· ***πατάξω*** *τὸν ποιμένα, καὶ διασκορπισθήσονται τὰ πρόβατα τῆς ποίμνης.* ➤ Zech 13,7	**Mk 14,27** ... ὅτι γέγραπται· ***πατάξω*** *τὸν ποιμένα, καὶ τὰ πρόβατα διασκορπισθήσονται.* ➤ Zech 13,7		
002			**Lk 22,49** ἰδόντες δὲ οἱ περὶ αὐτὸν → Lk 22,38 τὸ ἐσόμενον εἶπαν· κύριε, εἰ **πατάξομεν** ἐν μαχαίρῃ;	
212	**Mt 26,51** καὶ ἰδοὺ εἷς τῶν μετὰ Ἰησοῦ ἐκτείνας τὴν χεῖρα ἀπέσπασεν τὴν μάχαιραν αὐτοῦ καὶ **πατάξας** τὸν δοῦλον τοῦ ἀρχιερέως ἀφεῖλεν αὐτοῦ τὸ ὠτίον.	**Mk 14,47** εἷς δέ [τις] τῶν παρεστηκότων σπασάμενος τὴν μάχαιραν **ἔπαισεν** τὸν δοῦλον τοῦ ἀρχιερέως καὶ ἀφεῖλεν αὐτοῦ τὸ ὠτάριον.	**Lk 22,50** καὶ **ἐπάταξεν** εἷς τις ἐξ αὐτῶν τοῦ ἀρχιερέως τὸν δοῦλον καὶ ἀφεῖλεν τὸ οὖς αὐτοῦ τὸ δεξιόν.	→ Jn 18,10

Acts 7,24 καὶ ἰδών τινα ἀδικούμενον ἠμύνατο καὶ ἐποίησεν ἐκδίκησιν τῷ καταπονουμένῳ **πατάξας** τὸν Αἰγύπτιον.

Acts 12,7 καὶ ἰδοὺ ἄγγελος κυρίου ἐπέστη καὶ φῶς ἔλαμψεν ἐν τῷ οἰκήματι· **πατάξας** δὲ τὴν πλευρὰν τοῦ Πέτρου ἤγειρεν αὐτὸν λέγων· ἀνάστα ἐν τάχει. ...

Acts 12,23 παραχρῆμα δὲ **ἐπάταξεν** αὐτὸν ἄγγελος κυρίου ἀνθ' ὧν οὐκ ἔδωκεν τὴν δόξαν τῷ θεῷ, ...

πατέω	Syn 2	Mt	Mk	Lk 2	Acts	Jn	1-3John	Paul	Eph	Col
	NT 5	2Thess	1/2Tim	Tit	Heb	Jas	1Pet	2Pet	Jude	Rev 3

tread (on); trample; walk

002		**Lk 10,19**	ἰδοὺ δέδωκα ὑμῖν τὴν ἐξουσίαν **τοῦ πατεῖν** ἐπάνω ὄφεων καὶ σκορπίων, ...
002		**Lk 21,24** → Lk 19,44	καὶ πεσοῦνται στόματι μαχαίρης καὶ αἰχμαλωτισθήσονται εἰς τὰ ἔθνη πάντα, καὶ Ἰερουσαλὴμ ἔσται **πατουμένη** ὑπὸ ἐθνῶν, ἄχρι οὗ πληρωθῶσιν καιροὶ ἐθνῶν.

πατήρ	Syn 137	Mt 63	Mk 18	Lk 56	Acts 35	Jn 136	1-3John 18	Paul 40	Eph 11	Col 5
	NT 413	2Thess 3	1/2Tim 3	Tit 1	Heb 9	Jas 4	1Pet 3	2Pet 2	Jude 1	Rev 5

father; forefather; ancestor; progenitor

	triple tradition																	double tradition			Sondergut		
		+Mt / +Lk			−Mt / −Lk			traditions not taken over by Mt / Lk							subtotals								
code	*222*	*211*	*112*	*212*	*221*	*122*	*121*	*022*	*012*	*021*	*220*	*120*	*210*	*020*	Σ^+	Σ^-	Σ	*202*	*201*	*102*	*200*	*002*	total
Mt	3	3^+			3		2^-				7		3^+		6^+	2^-	19	15	6		23		**63**
Mk	3				3		2	1			7			2			18						**18**
Lk	3		2^+		3^-		2^-	1							2^+	5^-	6	15		3		32	**56**

[a] πατήρ (...) ὁ ἐν (τοῖς) οὐρανοῖς
[b] πατήρ (...) ὁ οὐράνιος
[c] αββα ὁ πατήρ
[d] πατήρ referring to God (except a, b, c)
[e] πατήρ and μήτηρ
[f] πατήρ and υἱός
[g] πατήρ and τέκνον
[h] πατήρ and παιδίον, πατήρ and παῖς
[j] πατήρ referring to Abraham
[k] πατήρ referring to Jacob
[l] πατήρ referring to David
[m] πατέρες (plural)

g m 002		**Lk 1,17** → Mt 11,14 → Mt 17,12 → Mk 9,13	καὶ αὐτὸς προελεύσεται ἐνώπιον αὐτοῦ ἐν πνεύματι καὶ δυνάμει Ἠλίου, ἐπιστρέψαι **καρδίας πατέρων** ἐπὶ τέκνα ...
l 002		**Lk 1,32**	... καὶ δώσει αὐτῷ κύριος ὁ θεὸς **τὸν θρόνον Δαυὶδ τοῦ πατρὸς αὐτοῦ**
m 002		**Lk 1,55**	[54] ἀντελάβετο Ἰσραὴλ παιδὸς αὐτοῦ, μνησθῆναι ἐλέους, [55] καθὼς ἐλάλησεν **πρὸς τοὺς πατέρας ἡμῶν,** τῷ Ἀβραὰμ καὶ τῷ σπέρματι αὐτοῦ ...

h 002					Lk 1,59	καὶ ἐγένετο ἐν τῇ ἡμέρᾳ τῇ ὀγδόῃ ἦλθον περιτεμεῖν τὸ παιδίον καὶ ἐκάλουν αὐτὸ **ἐπὶ τῷ ὀνόματι τοῦ πατρὸς αὐτοῦ** Ζαχαρίαν.	
002					Lk 1,62	ἐνένευον δὲ **τῷ πατρὶ αὐτοῦ** τὸ τί ἂν θέλοι καλεῖσθαι αὐτό.	
002					Lk 1,67	καὶ **Ζαχαρίας ὁ πατὴρ αὐτοῦ** ἐπλήσθη πνεύματος ἁγίου καὶ ἐπροφήτευσεν λέγων·	
m 002					Lk 1,72	ποιῆσαι ἔλεος **μετὰ τῶν πατέρων ἡμῶν** καὶ μνησθῆναι διαθήκης ἁγίας αὐτοῦ,	
j 002					Lk 1,73	ὅρκον ὃν ὤμοσεν **πρὸς Ἀβραὰμ τὸν πατέρα ἡμῶν, ...**	
e 002					Lk 2,33	καὶ ἦν **ὁ πατὴρ αὐτοῦ** καὶ ἡ μήτηρ θαυμάζοντες ἐπὶ τοῖς λαλουμένοις περὶ αὐτοῦ.	
200	Mt 2,22	ἀκούσας δὲ ὅτι Ἀρχέλαος βασιλεύει τῆς Ἰουδαίας **ἀντὶ τοῦ πατρὸς αὐτοῦ Ἡρῴδου** ἐφοβήθη ἐκεῖ ἀπελθεῖν· ...					
g 002					Lk 2,48	... τέκνον, τί ἐποίησας ἡμῖν οὕτως; ἰδοὺ **ὁ πατήρ σου** κἀγὼ ὀδυνώμενοι ἐζητοῦμέν σε.	
d 002					Lk 2,49	... τί ὅτι ἐζητεῖτέ με; οὐκ ᾔδειτε ὅτι **ἐν τοῖς τοῦ πατρός μου** δεῖ εἶναί με;	
j 202	Mt 3,9	καὶ μὴ δόξητε λέγειν ἐν ἑαυτοῖς· **πατέρα** ἔχομεν τὸν Ἀβραάμ. ...			Lk 3,8	... καὶ μὴ ἄρξησθε λέγειν ἐν ἑαυτοῖς· **πατέρα** ἔχομεν τὸν Ἀβραάμ. ...	
211	Mt 4,21 → Lk 5,2	καὶ προβὰς ἐκεῖθεν εἶδεν ἄλλους δύο ἀδελφούς, Ἰάκωβον τὸν τοῦ Ζεβεδαίου καὶ Ἰωάννην τὸν ἀδελφὸν αὐτοῦ, ἐν τῷ πλοίῳ **μετὰ Ζεβεδαίου τοῦ πατρὸς αὐτῶν** καταρτίζοντας τὰ δίκτυα αὐτῶν, καὶ ἐκάλεσεν αὐτούς.	Mk 1,19 → Lk 5,2	καὶ προβὰς ὀλίγον εἶδεν Ἰάκωβον τὸν τοῦ Ζεβεδαίου καὶ Ἰωάννην τὸν ἀδελφὸν αὐτοῦ, καὶ αὐτοὺς ἐν τῷ πλοίῳ καταρτίζοντας τὰ δίκτυα, [20] καὶ εὐθὺς ἐκάλεσεν αὐτούς. ↔	Lk 5,10	ὁμοίως δὲ καὶ Ἰάκωβον καὶ Ἰωάννην υἱοὺς Ζεβεδαίου, οἳ ἦσαν κοινωνοὶ τῷ Σίμωνι. ...	

221	Mt 4,22	οἱ δὲ εὐθέως ἀφέντες **τὸ πλοῖον καὶ** **τὸν πατέρα αὐτῶν** ἠκολούθησαν αὐτῷ.	Mk 1,20	↔ καὶ ἀφέντες **τὸν πατέρα αὐτῶν** **Ζεβεδαῖον ἐν τῷ** **πλοίῳ** μετὰ τῶν μισθωτῶν ἀπῆλθον ὀπίσω αὐτοῦ.	Lk 5,11 → Mk 1,18 → Lk 5,28	καὶ καταγαγόντες τὰ πλοῖα ἐπὶ τὴν γῆν ἀφέντες **πάντα** ἠκολούθησαν αὐτῷ.	
m 102	Mt 5,12	... οὕτως γὰρ ἐδίωξαν τοὺς προφήτας τοὺς πρὸ ὑμῶν.			Lk 6,23	... κατὰ τὰ αὐτὰ γὰρ ἐποίουν τοῖς προφήταις **οἱ πατέρες αὐτῶν.**	
m 002					Lk 6,26	... κατὰ τὰ αὐτὰ γὰρ ἐποίουν τοῖς ψευδοπροφήταις **οἱ πατέρες αὐτῶν.**	
a 200	Mt 5,16	οὕτως λαμψάτω τὸ φῶς ὑμῶν ἔμπροσθεν τῶν ἀνθρώπων, ὅπως ἴδωσιν ὑμῶν τὰ καλὰ ἔργα καὶ δοξάσωσιν **τὸν πατέρα ὑμῶν** τὸν ἐν τοῖς οὐρανοῖς.					
a f 201	Mt 5,45	ὅπως γένησθε **υἱοὶ τοῦ πατρὸς ὑμῶν** **τοῦ ἐν οὐρανοῖς,** ὅτι τὸν ἥλιον αὐτοῦ ἀνατέλλει ἐπὶ πονηροὺς καὶ ἀγαθοὺς καὶ βρέχει ἐπὶ δικαίους καὶ ἀδίκους.			Lk 6,35	... καὶ ἔσεσθε **υἱοὶ ὑψίστου,** ὅτι αὐτὸς χρηστός ἐστιν ἐπὶ τοὺς ἀχαρίστους καὶ πονηρούς.	→ GTh 3 **(POxy 654)**
b d 202	Mt 5,48	ἔσεσθε οὖν ὑμεῖς τέλειοι ὡς **ὁ πατὴρ ὑμῶν** **ὁ οὐράνιος** τέλειός ἐστιν.			Lk 6,36	γίνεσθε οἰκτίρμονες καθὼς [καὶ] **ὁ πατὴρ ὑμῶν** οἰκτίρμων ἐστίν.	
a 200	Mt 6,1 → Mt 23,5	προσέχετε [δὲ] τὴν δικαιοσύνην ὑμῶν μὴ ποιεῖν ἔμπροσθεν τῶν ἀνθρώπων πρὸς τὸ θεαθῆναι αὐτοῖς· εἰ δὲ μή γε, μισθὸν οὐκ ἔχετε **παρὰ τῷ πατρὶ ὑμῶν** τῷ ἐν τοῖς οὐρανοῖς.					
d 200	Mt 6,4	ὅπως ᾖ σου ἡ ἐλεημοσύνη ἐν τῷ κρυπτῷ· καὶ **ὁ πατήρ σου** ὁ βλέπων ἐν τῷ κρυπτῷ ἀποδώσει σοι.					→ GTh 6 (POxy 654)
d 200 *d* 200	Mt 6,6 (2)	σὺ δὲ ὅταν προσεύχῃ, εἴσελθε εἰς τὸ ταμεῖόν σου καὶ κλείσας τὴν θύραν σου πρόσευξαι **τῷ πατρί σου** τῷ ἐν τῷ κρυπτῷ· καὶ **ὁ πατήρ σου** ὁ βλέπων ἐν τῷ κρυπτῷ ἀποδώσει σοι.					→ GTh 6 (POxy 654)
d 200	Mt 6,8 ↓ Mt 6,32 ↓ Lk 12,30	μὴ οὖν ὁμοιωθῆτε αὐτοῖς· οἶδεν γὰρ **ὁ πατὴρ ὑμῶν** ὧν χρείαν ἔχετε πρὸ τοῦ ὑμᾶς αἰτῆσαι αὐτόν.					

a d 202	**Mt 6,9**	οὕτως οὖν προσεύχεσθε ὑμεῖς· **Πάτερ ἡμῶν** ὁ ἐν τοῖς οὐρανοῖς· ἁγιασθήτω τὸ ὄνομά σου·			**Lk 11,2**	... ὅταν προσεύχησθε λέγετε· **Πάτερ,** ἁγιασθήτω τὸ ὄνομά σου· ...	
b a 220	**Mt 6,14** → Mt 6,12 → Lk 11,4	ἐὰν γὰρ ἀφῆτε τοῖς ἀνθρώποις τὰ παραπτώματα αὐτῶν, ἀφήσει καὶ ὑμῖν **ὁ πατὴρ ὑμῶν** **ὁ οὐράνιος·**	**Mk 11,25** → Mt 5,23-24	καὶ ὅταν στήκετε προσευχόμενοι, ἀφίετε εἴ τι ἔχετε κατά τινος, ἵνα καὶ **ὁ πατὴρ ὑμῶν** **ὁ ἐν τοῖς οὐρανοῖς** ἀφῇ ὑμῖν τὰ παραπτώματα ὑμῶν.			
d 200	**Mt 6,15** ↓ Mt 18,35	ἐὰν δὲ μὴ ἀφῆτε τοῖς ἀνθρώποις, οὐδὲ **ὁ πατὴρ ὑμῶν** ἀφήσει τὰ παραπτώματα ὑμῶν.					Mk 11,26 is textcritically uncertain.
d 200 d 200	**Mt 6,18** **(2)**	ὅπως μὴ φανῇς τοῖς ἀνθρώποις νηστεύων ἀλλὰ **τῷ πατρί σου** τῷ ἐν τῷ κρυφαίῳ· καὶ **ὁ πατήρ σου** ὁ βλέπων ἐν τῷ κρυφαίῳ ἀποδώσει σοι.					→ GTh 6 (POxy 654) → GTh 27 **(POxy 1)**
b 201	**Mt 6,26**	ἐμβλέψατε εἰς τὰ πετεινὰ τοῦ οὐρανοῦ ὅτι οὐ σπείρουσιν οὐδὲ θερίζουσιν οὐδὲ συνάγουσιν εἰς ἀποθήκας, καὶ **ὁ πατὴρ ὑμῶν** **ὁ οὐράνιος** τρέφει αὐτά· οὐχ ὑμεῖς μᾶλλον διαφέρετε αὐτῶν;			**Lk 12,24**	κατανοήσατε τοὺς κόρακας ὅτι οὐ σπείρουσιν οὐδὲ θερίζουσιν, οἷς οὐκ ἔστιν ταμεῖον οὐδὲ ἀποθήκη, καὶ **ὁ θεὸς** τρέφει αὐτούς· πόσῳ μᾶλλον ὑμεῖς διαφέρετε τῶν πετεινῶν.	
b d 202	**Mt 6,32** ↑ Mt 6,8	πάντα γὰρ ταῦτα τὰ ἔθνη ἐπιζητοῦσιν· οἶδεν γὰρ **ὁ πατὴρ ὑμῶν** **ὁ οὐράνιος** ὅτι χρῄζετε τούτων ἁπάντων.			**Lk 12,30**	ταῦτα γὰρ πάντα τὰ ἔθνη τοῦ κόσμου ἐπιζητοῦσιν, **ὑμῶν δὲ ὁ πατὴρ** οἶδεν ὅτι χρῄζετε τούτων.	
a d 202	**Mt 7,11**	εἰ οὖν ὑμεῖς πονηροὶ ὄντες οἴδατε δόματα ἀγαθὰ διδόναι τοῖς τέκνοις ὑμῶν, πόσῳ μᾶλλον **ὁ πατὴρ ὑμῶν** ὁ ἐν τοῖς οὐρανοῖς δώσει ἀγαθὰ τοῖς αἰτοῦσιν αὐτόν.			**Lk 11,13**	εἰ οὖν ὑμεῖς πονηροὶ ὑπάρχοντες οἴδατε δόματα ἀγαθὰ διδόναι τοῖς τέκνοις ὑμῶν, πόσῳ μᾶλλον **ὁ πατὴρ** [ὁ] ἐξ οὐρανοῦ δώσει πνεῦμα ἅγιον τοῖς αἰτοῦσιν αὐτόν.	
a 201	**Mt 7,21** ↓ Mt 12,50	οὐ πᾶς ὁ λέγων μοι· κύριε κύριε, εἰσελεύσεται εἰς τὴν βασιλείαν τῶν οὐρανῶν, ἀλλ' ὁ ποιῶν **τὸ θέλημα** **τοῦ πατρός μου** τοῦ ἐν τοῖς οὐρανοῖς.	↓ Mk 3,35		**Lk 6,46** ↓ Lk 8,21	τί δέ με καλεῖτε· κύριε κύριε, καὶ οὐ ποιεῖτε **ἃ λέγω;**	
202	**Mt 8,21**	... κύριε, ἐπίτρεψόν μοι πρῶτον ἀπελθεῖν καὶ θάψαι **τὸν πατέρα μου.**			**Lk 9,59** → Mt 8,22	... [κύριε,] ἐπίτρεψόν μοι ἀπελθόντι πρῶτον θάψαι **τὸν πατέρα μου.**	

d 210	**Mt 10,20** → Lk 12,12	οὐ γὰρ ὑμεῖς ἐστε οἱ λαλοῦντες ἀλλὰ **τὸ πνεῦμα** **τοῦ πατρὸς ὑμῶν** τὸ λαλοῦν ἐν ὑμῖν.	**Mk 13,11**	... οὐ γάρ ἐστε ὑμεῖς οἱ λαλοῦντες ἀλλὰ **τὸ πνεῦμα** **τὸ ἅγιον.**			
g 221	**Mt 10,21** ⇩ Mt 24,9 ↓ Mt 10,35 → Mt 24,10	παραδώσει δὲ ἀδελφὸς ἀδελφὸν εἰς θάνατον καὶ **πατὴρ** τέκνον, καὶ ἐπαναστήσονται τέκνα ἐπὶ γονεῖς καὶ θανατώσουσιν αὐτούς.	**Mk 13,12**	καὶ παραδώσει ἀδελφὸς ἀδελφὸν εἰς θάνατον καὶ **πατὴρ** τέκνον, καὶ ἐπαναστήσονται τέκνα ἐπὶ γονεῖς καὶ θανατώσουσιν αὐτούς·	**Lk 21,16** ↓ Lk 12,53	παραδοθήσεσθε δὲ καὶ ὑπὸ γονέων καὶ ἀδελφῶν καὶ συγγενῶν καὶ φίλων, καὶ θανατώσουσιν ἐξ ὑμῶν	
d 201	**Mt 10,29**	οὐχὶ δύο στρουθία ἀσσαρίου πωλεῖται; καὶ ἓν ἐξ αὐτῶν οὐ πεσεῖται ἐπὶ τὴν γῆν **ἄνευ τοῦ πατρὸς** **ὑμῶν.**			**Lk 12,6**	οὐχὶ πέντε στρουθία πωλοῦνται ἀσσαρίων δύο; καὶ ἓν ἐξ αὐτῶν οὐκ ἔστιν ἐπιλελησμένον **ἐνώπιον τοῦ θεοῦ.**	
a 201	**Mt 10,32**	... ὁμολογήσω κἀγὼ ἐν αὐτῷ **ἔμπροσθεν τοῦ** **πατρός μου** τοῦ ἐν [τοῖς] οὐρανοῖς·			**Lk 12,8**	... καὶ ὁ υἱὸς τοῦ ἀνθρώπου ὁμολογήσει ἐν αὐτῷ **ἔμπροσθεν τῶν** **ἀγγέλων τοῦ θεοῦ·**	
a 201	**Mt 10,33** ↓ Mt 16,27	... ἀρνήσομαι κἀγὼ αὐτὸν **ἔμπροσθεν τοῦ** **πατρός μου** τοῦ ἐν [τοῖς] οὐρανοῖς.	**Mk 8,38**	... καὶ ὁ υἱὸς τοῦ ἀνθρώπου ἐπαισχυνθήσεται αὐτὸν, ὅταν ἔλθῃ ἐν τῇ δόξῃ τοῦ πατρὸς αὐτοῦ **μετὰ τῶν ἀγγέλων τῶν** **ἁγίων.**	**Lk 12,9** ⇩ Lk 9,26	... ἀπαρνηθήσεται **ἐνώπιον τῶν** **ἀγγέλων τοῦ θεοῦ.**	Mk-Q overlap
ef 202	**Mt 10,35** → Lk 12,52 ↑ Mt 10,21 ↓ Mk 13,12 ↑ Lk 21,16	ἦλθον γὰρ διχάσαι ἄνθρωπον ***κατὰ τοῦ πατρὸς*** ***αὐτοῦ*** καὶ *θυγατέρα κατὰ* *τῆς μητρὸς αὐτῆς* ... ➤ Micah 7,6			**Lk 12,53** **(2)** → Lk 12,52	διαμερισθήσονται πατὴρ ἐπὶ υἱῷ καὶ *υἱὸς* **ἐπὶ *πατρί,*** μήτηρ ἐπὶ τὴν θυγατέρα καὶ *θυγάτηρ ἐπὶ* *τὴν μητέρα,* ... ➤ Micah 7,6	→ GTh 16
ef *g* 202	**Mt 10,37** ↓ Mt 19,29	ὁ φιλῶν **πατέρα** ἢ μητέρα ὑπὲρ ἐμὲ οὐκ ἔστιν μου ἄξιος, καὶ ὁ φιλῶν υἱὸν ἢ θυγατέρα ὑπὲρ ἐμὲ οὐκ ἔστιν μου ἄξιος·	↓ Mk 10,29		**Lk 14,26** ↓ Lk 18,29	εἴ τις ἔρχεται πρός με καὶ οὐ μισεῖ **τὸν πατέρα ἑαυτοῦ** καὶ τὴν μητέρα καὶ τὴν γυναῖκα καὶ τὰ τέκνα καὶ τοὺς ἀδελφοὺς καὶ τὰς ἀδελφὰς ἔτι τε καὶ τὴν ψυχὴν ἑαυτοῦ, οὐ δύναται εἶναί μου μαθητής.	→ GTh 55 → GTh 101
d 202	**Mt 11,25**	... ἐξομολογοῦμαί σοι, **πάτερ,** κύριε τοῦ οὐρανοῦ καὶ τῆς γῆς, ὅτι ἔκρυψας ταῦτα ἀπὸ σοφῶν καὶ συνετῶν καὶ ἀπεκάλυψας αὐτὰ νηπίοις·			**Lk 10,21** **(2)**	... ἐξομολογοῦμαί σοι, **πάτερ,** κύριε τοῦ οὐρανοῦ καὶ τῆς γῆς, ὅτι ἀπέκρυψας ταῦτα ἀπὸ σοφῶν καὶ συνετῶν καὶ ἀπεκάλυψας αὐτὰ νηπίοις·	→ GTh 4 (POxy 654)
d 202	**Mt 11,26**	ναὶ **ὁ πατήρ,** ὅτι οὕτως εὐδοκία ἐγένετο ἔμπροσθέν σου.				ναὶ **ὁ πατήρ,** ὅτι οὕτως εὐδοκία ἐγένετο ἔμπροσθέν σου.	

d 202 df 202 df 202	Mt 11,27 (3) → Mt 28,18	πάντα μοι παρεδόθη **ὑπὸ τοῦ πατρός μου,** καὶ οὐδεὶς ἐπιγινώσκει τὸν υἱὸν εἰ μὴ **ὁ πατήρ,** οὐδὲ **τὸν πατέρα** τις ἐπιγινώσκει εἰ μὴ ὁ υἱὸς καὶ ᾧ ἐὰν βούληται ὁ υἱὸς ἀποκαλύψαι.			Lk 10,22 (3) → Mt 28,18	πάντα μοι παρεδόθη **ὑπὸ τοῦ πατρός μου,** καὶ οὐδεὶς γινώσκει τίς ἐστιν ὁ υἱὸς εἰ μὴ **ὁ πατήρ,** καὶ τίς ἐστιν **ὁ πατὴρ** εἰ μὴ ὁ υἱὸς καὶ ᾧ ἐὰν βούληται ὁ υἱὸς ἀποκαλύψαι.	→ GTh 61,3
a 211	Mt 12,50 ↑ Mt 7,21	ὅστις γὰρ ἂν ποιήσῃ **τὸ θέλημα** **τοῦ πατρός μου** τοῦ ἐν οὐρανοῖς αὐτός μου ἀδελφὸς καὶ ἀδελφὴ καὶ μήτηρ ἐστίν.	Mk 3,35	ὃς [γὰρ] ἂν ποιήσῃ **τὸ θέλημα** **τοῦ θεοῦ,** οὗτος ἀδελφός μου καὶ ἀδελφὴ καὶ μήτηρ ἐστίν.	Lk 8,21 ↑ Lk 6,46 → Lk 11,28	... μήτηρ μου καὶ ἀδελφοί μου οὗτοί εἰσιν οἱ **τὸν λόγον** **τοῦ θεοῦ** ἀκούοντες καὶ ποιοῦντες.	→ Jn 15,14 → GTh 99
d 200	Mt 13,43 → Mt 25,46	τότε οἱ δίκαιοι ἐκλάμψουσιν ὡς ὁ ἥλιος **ἐν τῇ βασιλείᾳ** **τοῦ πατρὸς αὐτῶν.** ...					
e h 022			Mk 5,40	[37] καὶ οὐκ ἀφῆκεν οὐδένα μετ' αὐτοῦ συνακολουθῆσαι εἰ μὴ τὸν Πέτρον καὶ Ἰάκωβον καὶ Ἰωάννην τὸν ἀδελφὸν Ἰακώβου. [40] ... παραλαμβάνει **τὸν πατέρα** **τοῦ παιδίου** καὶ τὴν μητέρα καὶ τοὺς μετ' αὐτοῦ ...	Lk 8,51	... οὐκ ἀφῆκεν εἰσελθεῖν τινα σὺν αὐτῷ εἰ μὴ Πέτρον καὶ Ἰωάννην καὶ Ἰάκωβον καὶ **τὸν πατέρα** **τῆς παιδὸς** καὶ τὴν μητέρα.	
e 220 e 220	Mt 15,4 (2)	ὁ γὰρ θεὸς εἶπεν· *τίμα* ***τὸν πατέρα*** *καὶ τὴν μητέρα,* καί· *ὁ κακολογῶν* ***πατέρα*** *ἢ μητέρα* *θανάτῳ τελευτάτω·* ➢ Exod 20,12/Deut 5,16 ➢ Exod 21,17/Lev 20,9	Mk 7,10 (2)	Μωϋσῆς γὰρ εἶπεν· *τίμα* ***τὸν πατέρα σου*** *καὶ τὴν μητέρα σου,* καί· *ὁ κακολογῶν* ***πατέρα*** *ἢ μητέρα* *θανάτῳ τελευτάτω.* ➢ Exod 20,12/Deut 5,16 ➢ Exod 21,17/Lev 20,9			
e 220	Mt 15,5	ὑμεῖς δὲ λέγετε· ὃς ἂν εἴπῃ **τῷ πατρὶ** ἢ τῇ μητρί· δῶρον ὃ ἐὰν ἐξ ἐμοῦ ὠφεληθῇς,	Mk 7,11	ὑμεῖς δὲ λέγετε· ἐὰν εἴπῃ ἄνθρωπος **τῷ πατρὶ** ἢ τῇ μητρί· κορβᾶν, ὅ ἐστιν δῶρον, ὃ ἐὰν ἐξ ἐμοῦ ὠφεληθῇς,			
e 220	Mt 15,6	οὐ μὴ τιμήσει **τὸν πατέρα αὐτοῦ·** καὶ ἠκυρώσατε τὸν λόγον τοῦ θεοῦ διὰ τὴν παράδοσιν ὑμῶν.	Mk 7,12	οὐκέτι ἀφίετε αὐτὸν οὐδὲν ποιῆσαι **τῷ πατρὶ ἢ τῇ μητρί,** [13] ἀκυροῦντες τὸν λόγον τοῦ θεοῦ τῇ παραδόσει ὑμῶν ᾗ παρεδώκατε· ...			
b 200	Mt 15,13	... πᾶσα φυτεία ἣν οὐκ ἐφύτευσεν **ὁ πατήρ μου** **ὁ οὐράνιος** ἐκριζωθήσεται.					

a 200	**Mt 16,17**	... μακάριος εἶ, Σίμων Βαριωνᾶ, ὅτι σὰρξ καὶ αἷμα οὐκ ἀπεκάλυψέν σοι ἀλλ' **ὁ πατήρ μου** ὁ ἐν τοῖς οὐρανοῖς.					
df 222	**Mt 16,27** ↑ Mt 10,33 → Mt 24,30 → Mt 25,31	μέλλει γὰρ ὁ υἱὸς τοῦ ἀνθρώπου ἔρχεσθαι **ἐν τῇ δόξῃ τοῦ πατρὸς αὐτοῦ** μετὰ τῶν ἀγγέλων αὐτοῦ, καὶ τότε *ἀποδώσει ἑκάστῳ κατὰ τὴν πρᾶξιν αὐτοῦ.* ➤ Ps 62,13/Prov 24,12/Sir 35,22 LXX	**Mk 8,38** → Mk 13,26	ὃς γὰρ ἐὰν ἐπαισχυνθῇ με καὶ τοὺς ἐμοὺς λόγους ἐν τῇ γενεᾷ ταύτῃ τῇ μοιχαλίδι καὶ ἁμαρτωλῷ, καὶ ὁ υἱὸς τοῦ ἀνθρώπου ἐπαισχυνθήσεται αὐτόν, ὅταν ἔλθῃ **ἐν τῇ δόξῃ τοῦ πατρὸς αὐτοῦ** μετὰ τῶν ἀγγέλων τῶν ἁγίων.	**Lk 9,26** ⇑ Lk 12,9 → Lk 21,27	ὃς γὰρ ἂν ἐπαισχυνθῇ με καὶ τοὺς ἐμοὺς λόγους, τοῦτον ὁ υἱὸς τοῦ ἀνθρώπου ἐπαισχυνθήσεται, ὅταν ἔλθῃ **ἐν τῇ δόξῃ αὐτοῦ καὶ τοῦ πατρὸς** καὶ τῶν ἁγίων ἀγγέλων.	Mk-Q overlap
020			**Mk 9,21**	καὶ ἐπηρώτησεν **τὸν πατέρα αὐτοῦ·** πόσος χρόνος ἐστὶν ὡς τοῦτο γέγονεν αὐτῷ; ...			
h 020			**Mk 9,24**	εὐθὺς κράξας **ὁ πατὴρ τοῦ παιδίου** ἔλεγεν· πιστεύω· βοήθει μου τῇ ἀπιστίᾳ.			
h 112	**Mt 17,18**	... καὶ ἐθεραπεύθη ὁ παῖς ἀπὸ τῆς ὥρας ἐκείνης.	**Mk 9,27**	ὁ δὲ Ἰησοῦς κρατήσας τῆς χειρὸς αὐτοῦ ἤγειρεν αὐτόν, καὶ ἀνέστη.	**Lk 9,42** → Lk 7,15	... καὶ ἰάσατο τὸν παῖδα καὶ ἀπέδωκεν αὐτὸν **τῷ πατρὶ αὐτοῦ.**	
a 200	**Mt 18,10** → Mt 18,6 → Mk 9,42 → Lk 17,2	... οἱ ἄγγελοι αὐτῶν ἐν οὐρανοῖς διὰ παντὸς βλέπουσι **τὸ πρόσωπον τοῦ πατρός μου** τοῦ ἐν οὐρανοῖς.					
a 200	**Mt 18,14** → Lk 15,7	οὕτως οὐκ ἔστιν θέλημα **ἔμπροσθεν τοῦ πατρὸς ὑμῶν** τοῦ ἐν οὐρανοῖς ἵνα ἀπόληται ἓν τῶν μικρῶν τούτων.					
a 200	**Mt 18,19** → Mt 21,22 → Mk 11,24	... ἐὰν δύο συμφωνήσωσιν ἐξ ὑμῶν ἐπὶ τῆς γῆς περὶ παντὸς πράγματος οὗ ἐὰν αἰτήσωνται, γενήσεται αὐτοῖς **παρὰ τοῦ πατρός μου** τοῦ ἐν οὐρανοῖς.					→ GTh 30 (POxy 1) → GTh 48 → GTh 106
b 200	**Mt 18,35** ↑ Mt 6,15	οὕτως καὶ **ὁ πατήρ μου ὁ οὐράνιος** ποιήσει ὑμῖν, ἐὰν μὴ ἀφῆτε ἕκαστος τῷ ἀδελφῷ αὐτοῦ ἀπὸ τῶν καρδιῶν ὑμῶν.					
202	**Mt 8,21**	... κύριε, ἐπίτρεψόν μοι πρῶτον ἀπελθεῖν καὶ θάψαι **τὸν πατέρα μου.**			**Lk 9,59** → Mt 8,22	... [κύριε,] ἐπίτρεψόν μοι ἀπελθόντι πρῶτον θάψαι **τὸν πατέρα μου.**	

d 202	**Mt 11,25**	... ἐξομολογοῦμαί σοι, **πάτερ,** κύριε τοῦ οὐρανοῦ καὶ τῆς γῆς, ὅτι ἔκρυψας ταῦτα ἀπὸ σοφῶν καὶ συνετῶν καὶ ἀπεκάλυψας αὐτὰ νηπίοις·	**Lk 10,21** **(2)**	... ἐξομολογοῦμαί σοι, **πάτερ,** κύριε τοῦ οὐρανοῦ καὶ τῆς γῆς, ὅτι ἀπέκρυψας ταῦτα ἀπὸ σοφῶν καὶ συνετῶν καὶ ἀπεκάλυψας αὐτὰ νηπίοις·	→ GTh 4 (POxy 654)
d 202	**Mt 11,26**	ναὶ **ὁ πατήρ,** ὅτι οὕτως εὐδοκία ἐγένετο ἔμπροσθέν σου.		ναὶ **ὁ πατήρ,** ὅτι οὕτως εὐδοκία ἐγένετο ἔμπροσθέν σου.	
d 202 df 202 df 202	**Mt 11,27** **(3)** → Mt 28,18	πάντα μοι παρεδόθη **ὑπὸ τοῦ πατρός μου,** καὶ οὐδεὶς ἐπιγινώσκει τὸν υἱὸν εἰ μὴ **ὁ πατήρ,** οὐδὲ **τὸν πατέρα** τις ἐπιγινώσκει εἰ μὴ ὁ υἱὸς καὶ ᾧ ἐὰν βούληται ὁ υἱὸς ἀποκαλύψαι.	**Lk 10,22** **(3)** → Mt 28,18	πάντα μοι παρεδόθη **ὑπὸ τοῦ πατρός μου,** καὶ οὐδεὶς γινώσκει τίς ἐστιν ὁ υἱὸς εἰ μὴ **ὁ πατήρ,** καὶ τίς ἐστιν **ὁ πατὴρ** εἰ μὴ ὁ υἱὸς καὶ ᾧ ἐὰν βούληται ὁ υἱὸς ἀποκαλύψαι.	→ GTh 61,3
a d 202	**Mt 6,9**	οὕτως οὖν προσεύχεσθε ὑμεῖς· **Πάτερ ἡμῶν** ὁ ἐν τοῖς οὐρανοῖς· ἁγιασθήτω τὸ ὄνομά σου·	**Lk 11,2**	... ὅταν προσεύχησθε λέγετε· **Πάτερ,** ἁγιασθήτω τὸ ὄνομά σου· ...	
f 102	**Mt 7,9**	ἢ **τίς ἐστιν ἐξ ὑμῶν** **ἄνθρωπος,** ὃν αἰτήσει ὁ υἱὸς αὐτοῦ ἄρτον, μὴ λίθον ἐπιδώσει αὐτῷ; [10] ἢ καὶ ἰχθὺν αἰτήσει, μὴ ὄφιν ἐπιδώσει αὐτῷ;	**Lk 11,11**	**τίνα δὲ ἐξ ὑμῶν** **τὸν πατέρα** αἰτήσει ὁ υἱὸς ἰχθύν, καὶ ἀντὶ ἰχθύος ὄφιν αὐτῷ ἐπιδώσει; [12] ἢ καὶ αἰτήσει ᾠόν, ἐπιδώσει αὐτῷ σκορπίον;	
a d 202	**Mt 7,11**	εἰ οὖν ὑμεῖς πονηροὶ ὄντες οἴδατε δόματα ἀγαθὰ διδόναι τοῖς τέκνοις ὑμῶν, πόσῳ μᾶλλον **ὁ πατὴρ ὑμῶν** ὁ ἐν τοῖς οὐρανοῖς δώσει ἀγαθὰ τοῖς αἰτοῦσιν αὐτόν.	**Lk 11,13**	εἰ οὖν ὑμεῖς πονηροὶ ὑπάρχοντες οἴδατε δόματα ἀγαθὰ διδόναι τοῖς τέκνοις ὑμῶν, πόσῳ μᾶλλον **ὁ πατὴρ** [ὁ] ἐξ οὐρανοῦ δώσει πνεῦμα ἅγιον τοῖς αἰτοῦσιν αὐτόν.	
m 202	**Mt 23,30**	[29] ... οἰκοδομεῖτε τοὺς τάφους τῶν προφητῶν καὶ κοσμεῖτε τὰ μνημεῖα τῶν δικαίων, [30] καὶ λέγετε· εἰ ἤμεθα **ἐν ταῖς ἡμέραις** **τῶν πατέρων ἡμῶν,** οὐκ ἂν ἤμεθα αὐτῶν κοινωνοὶ ἐν τῷ αἵματι τῶν προφητῶν.	**Lk 11,47**	... οἰκοδομεῖτε τὰ μνημεῖα τῶν προφητῶν, **οἱ δὲ πατέρες ὑμῶν** ἀπέκτειναν αὐτούς.	

fm 202	**Mt 23,32**	[31] ὥστε μαρτυρεῖτε ἑαυτοῖς ὅτι υἱοί ἐστε τῶν φονευσάντων τοὺς προφήτας. [32] καὶ ὑμεῖς πληρώσατε **τὸ μέτρον τῶν πατέρων ὑμῶν.**		**Lk 11,48**	ἄρα μάρτυρές ἐστε καὶ συνευδοκεῖτε **τοῖς ἔργοις τῶν πατέρων ὑμῶν,** ὅτι αὐτοὶ μὲν ἀπέκτειναν αὐτούς, ὑμεῖς δὲ οἰκοδομεῖτε.	
bd 202	**Mt 6,32** ↑ Mt 6,8	πάντα γὰρ ταῦτα τὰ ἔθνη ἐπιζητοῦσιν· οἶδεν γὰρ **ὁ πατὴρ ὑμῶν ὁ οὐράνιος** ὅτι χρῄζετε τούτων ἁπάντων.		**Lk 12,30**	ταῦτα γὰρ πάντα τὰ ἔθνη τοῦ κόσμου ἐπιζητοῦσιν, **ὑμῶν δὲ ὁ πατὴρ** οἶδεν ὅτι χρῄζετε τούτων.	
d 002				**Lk 12,32**	μὴ φοβοῦ, τὸ μικρὸν ποίμνιον, ὅτι εὐδόκησεν **ὁ πατὴρ ὑμῶν** δοῦναι ὑμῖν τὴν βασιλείαν.	
ef 102 *ef* 202	**Mt 10,35** → Lk 12,52	ἦλθον γὰρ διχάσαι ἄνθρωπον ***κατὰ τοῦ πατρὸς αὐτοῦ*** καὶ *θυγατέρα κατὰ τῆς μητρὸς αὐτῆς* καὶ *νύμφην κατὰ τῆς πενθερᾶς αὐτῆς* ➤ Micah 7,6		**Lk 12,53** **(2)** → Lk 12,52 ↑ Mt 10,21 ↓ Mk 13,12 ↑ Lk 21,16	διαμερισθήσονται **πατὴρ** ἐπὶ υἱῷ καὶ *υἱὸς* ***ἐπὶ πατρί,*** μήτηρ ἐπὶ τὴν θυγατέρα καὶ *θυγάτηρ ἐπὶ τὴν μητέρα,* πενθερὰ ἐπὶ τὴν νύμφην αὐτῆς καὶ *νύμφη ἐπὶ τὴν πενθεράν.* ➤ Micah 7,6	→ GTh 16
ef *g* 202	**Mt 10,37** ↓ Mt 19,29	ὁ φιλῶν **πατέρα** ἢ μητέρα ὑπὲρ ἐμὲ οὐκ ἔστιν μου ἄξιος, καὶ ὁ φιλῶν υἱὸν ἢ θυγατέρα ὑπὲρ ἐμὲ οὐκ ἔστιν μου ἄξιος·	↓ Mk 10,29	**Lk 14,26** ↑ Lk 18,29	εἴ τις ἔρχεται πρός με καὶ οὐ μισεῖ **τὸν πατέρα ἑαυτοῦ** καὶ τὴν μητέρα καὶ τὴν γυναῖκα καὶ τὰ τέκνα καὶ τοὺς ἀδελφοὺς καὶ τὰς ἀδελφὰς ἔτι τε καὶ τὴν ψυχὴν ἑαυτοῦ, οὐ δύναται εἶναί μου μαθητής.	→ GTh 55 → GTh 101
f 002 002				**Lk 15,12** **(2)**	[11] εἶπεν δέ· ἄνθρωπός τις εἶχεν δύο υἱούς. [12] καὶ εἶπεν ὁ νεώτερος αὐτῶν **τῷ πατρί·** **πάτερ,** δός μοι τὸ ἐπιβάλλον μέρος τῆς οὐσίας. ...	
002				**Lk 15,17**	εἰς ἑαυτὸν δὲ ἐλθὼν ἔφη· **πόσοι μίσθιοι τοῦ πατρός μου** περισσεύονται ἄρτων, ἐγὼ δὲ λιμῷ ὧδε ἀπόλλυμαι.	
002 002				**Lk 15,18** **(2)**	ἀναστὰς πορεύσομαι **πρὸς τὸν πατέρα μου** καὶ ἐρῶ αὐτῷ· **πάτερ,** ἥμαρτον εἰς τὸν οὐρανὸν καὶ ἐνώπιόν σου	

002 002					Lk 15,20 (2)	καὶ ἀναστὰς ἦλθεν **πρὸς τὸν πατέρα ἑαυτοῦ.** ἔτι δὲ αὐτοῦ μακρὰν ἀπέχοντος εἶδεν αὐτὸν **ὁ πατὴρ αὐτοῦ** καὶ ἐσπλαγχνίσθη ...	
f 002					Lk 15,21	εἶπεν δὲ ὁ υἱὸς αὐτῷ· **πάτερ,** ἥμαρτον εἰς τὸν οὐρανὸν καὶ ἐνώπιόν σου, οὐκέτι εἰμὶ ἄξιος κληθῆναι υἱός σου.	
002					Lk 15,22	εἶπεν δὲ **ὁ πατὴρ** πρὸς τοὺς δούλους αὐτοῦ· ταχὺ ἐξενέγκατε στολὴν τὴν πρώτην καὶ ἐνδύσατε αὐτόν, ...	
002					Lk 15,27	... ὁ ἀδελφός σου ἥκει, καὶ ἔθυσεν **ὁ πατήρ σου** τὸν μόσχον τὸν σιτευτόν, ὅτι ὑγιαίνοντα αὐτὸν ἀπέλαβεν.	
002					Lk 15,28	ὠργίσθη δὲ καὶ οὐκ ἤθελεν εἰσελθεῖν, **ὁ δὲ πατὴρ αὐτοῦ** ἐξελθὼν παρεκάλει αὐτόν.	
002					Lk 15,29	ὁ δὲ ἀποκριθεὶς εἶπεν **τῷ πατρὶ αὐτοῦ·** ἰδοὺ τοσαῦτα ἔτη δουλεύω σοι ...	
j 002					Lk 16,24	καὶ αὐτὸς φωνήσας εἶπεν· **πάτερ Ἀβραάμ,** ἐλέησόν με ...	
j 002 002					Lk 16,27 (2)	εἶπεν δέ· ἐρωτῶ σε οὖν, **πάτερ,** ἵνα πέμψῃς αὐτὸν **εἰς τὸν οἶκον τοῦ πατρός μου**	
j 002					Lk 16,30	... οὐχί, **πάτερ Ἀβραάμ,** ἀλλ' ἐάν τις ἀπὸ νεκρῶν πορευθῇ πρὸς αὐτοὺς μετανοήσουσιν.	
e 220	Mt 19,5	*... ἕνεκα τούτου καταλείψει ἄνθρωπος* ***τὸν πατέρα*** *καὶ τὴν μητέρα καὶ κολληθήσεται τῇ γυναικὶ αὐτοῦ, ...* ➤ Gen 2,24 LXX	Mk 10,7	*ἕνεκεν τούτου καταλείψει ἄνθρωπος* ***τὸν πατέρα αὐτοῦ*** *καὶ τὴν μητέρα [καὶ προσκολληθήσεται πρὸς τὴν γυναῖκα αὐτοῦ]* ➤ Gen 2,24 LXX			
e 222	Mt 19,19	*τίμα* ***τὸν πατέρα*** *καὶ τὴν μητέρα, καί ἀγαπήσεις τὸν πλησίον σου ὡς σεαυτόν.* ➤ Exod 20,12/Deut 5,16; Lev 19,18	Mk 10,19	*... τίμα* ***τὸν πατέρα σου*** *καὶ τὴν μητέρα.* ➤ Exod 20,12/Deut 5,16 LXX	Lk 18,20	*... τίμα* ***τὸν πατέρα σου*** *καὶ τὴν μητέρα.* ➤ Exod 20,12/Deut 5,16 LXX	→ GTh 25

e g 221	Mt 19,29 ↑ Mt 10,37	καὶ πᾶς ὅστις ἀφῆκεν οἰκίας ἢ ἀδελφοὺς ἢ ἀδελφὰς ἢ **πατέρα ἢ μητέρα** ἢ τέκνα ἢ ἀγροὺς ἕνεκεν τοῦ ὀνόματός μου, ...	Mk 10,29	... οὐδείς ἐστιν ὃς ἀφῆκεν οἰκίαν ἢ ἀδελφοὺς ἢ ἀδελφὰς ἢ **μητέρα ἢ πατέρα** ἢ τέκνα ἢ ἀγροὺς ἕνεκεν ἐμοῦ καὶ ἕνεκεν τοῦ εὐαγγελίου	Lk 18,29 ↑ Lk 14,26	... οὐδείς ἐστιν ὃς ἀφῆκεν οἰκίαν ἢ γυναῖκα ἢ ἀδελφοὺς ἢ **γονεῖς** ἢ τέκνα ἕνεκεν τῆς βασιλείας τοῦ θεοῦ	→ GTh 55 → GTh 101
d 210	Mt 20,23	... τὸ δὲ καθίσαι ἐκ δεξιῶν μου καὶ ἐξ εὐωνύμων οὐκ ἔστιν ἐμὸν [τοῦτο] δοῦναι, ἀλλ' οἷς ἡτοίμασται **ὑπὸ τοῦ πατρός μου.**	Mk 10,40	τὸ δὲ καθίσαι ἐκ δεξιῶν μου ἢ ἐξ εὐωνύμων οὐκ ἔστιν ἐμὸν δοῦναι, ἀλλ' οἷς ἡτοίμασται.			
l 121	Mt 21,9	... *ὡσαννὰ* τῷ υἱῷ Δαυίδ· *εὐλογημένος ὁ ἐρχόμενος ἐν ὀνόματι κυρίου·* *ὡσαννὰ ἐν τοῖς ὑψίστοις.* ➤ Ps 118,25-26 ➤ Ps 148,1/Job 16,19	Mk 11,10	[9] ... *ὡσαννά·* *εὐλογημένος ὁ ἐρχόμενος ἐν ὀνόματι κυρίου·* [10] εὐλογημένη **ἡ ἐρχομένη βασιλεία τοῦ πατρὸς ἡμῶν Δαυίδ·** *ὡσαννὰ ἐν τοῖς ὑψίστοις.* ➤ Ps 118,25-26 ➤ Ps 148,1/Job 16,19	Lk 19,38 → Lk 2,14	... *εὐλογημένος ὁ ἐρχόμενος,* ὁ βασιλεὺς *ἐν ὀνόματι κυρίου·* ἐν οὐρανῷ εἰρήνη καὶ δόξα ἐν ὑψίστοις. ➤ Ps 118,26	→ Jn 12,13
b a 220	Mt 6,14 → Mt 6,12 → Lk 11,4	ἐὰν γὰρ ἀφῆτε τοῖς ἀνθρώποις τὰ παραπτώματα αὐτῶν, ἀφήσει καὶ ὑμῖν **ὁ πατὴρ ὑμῶν ὁ οὐράνιος·**	Mk 11,25 → Mt 5,23-24	καὶ ὅταν στήκετε προσευχόμενοι, ἀφίετε εἴ τι ἔχετε κατά τινος, ἵνα καὶ **ὁ πατὴρ ὑμῶν ὁ ἐν τοῖς οὐρανοῖς** ἀφῇ ὑμῖν τὰ παραπτώματα ὑμῶν.			
g 200	Mt 21,31	[28] ... ἄνθρωπος εἶχεν τέκνα δύο. ... [31] τίς ἐκ τῶν δύο ἐποίησεν **τὸ θέλημα τοῦ πατρός;** λέγουσιν· ὁ πρῶτος. ...					
200 200	Mt 23,9 (2)	καὶ **πατέρα** μὴ καλέσητε ὑμῶν ἐπὶ τῆς γῆς, εἷς γάρ ἐστιν **ὑμῶν ὁ πατὴρ** ὁ οὐράνιος.					
m 202	Mt 23,30	[29] ... οἰκοδομεῖτε τοὺς τάφους τῶν προφητῶν καὶ κοσμεῖτε τὰ μνημεῖα τῶν δικαίων, [30] καὶ λέγετε· εἰ ἤμεθα **ἐν ταῖς ἡμέραις τῶν πατέρων ἡμῶν,** οὐκ ἂν ἤμεθα αὐτῶν κοινωνοὶ ἐν τῷ αἵματι τῶν προφητῶν.			Lk 11,47	... οἰκοδομεῖτε τὰ μνημεῖα τῶν προφητῶν, **οἱ δὲ πατέρες ὑμῶν** ἀπέκτειναν αὐτούς.	

fm 202	Mt 23,32	[31] ὥστε μαρτυρεῖτε ἑαυτοῖς ὅτι υἱοί ἐστε τῶν φονευσάντων τοὺς προφήτας. [32] καὶ ὑμεῖς πληρώσατε **τὸ μέτρον τῶν πατέρων ὑμῶν.**			Lk 11,48	ἄρα μάρτυρές ἐστε καὶ συνευδοκεῖτε **τοῖς ἔργοις τῶν πατέρων ὑμῶν,** ὅτι αὐτοὶ μὲν ἀπέκτειναν αὐτούς, ὑμεῖς δὲ οἰκοδομεῖτε.	
g 221	Mt 10,21 ↑ Mt 10,35 ⇩ Mt 24,9 → Mt 24,10 Mt 24,9 ⇧ Mt 10,21	παραδώσει δὲ ἀδελφὸς ἀδελφὸν εἰς θάνατον καὶ **πατὴρ** τέκνον, καὶ ἐπαναστήσονται τέκνα ἐπὶ γονεῖς καὶ θανατώσουσιν αὐτούς. τότε παραδώσουσιν ὑμᾶς εἰς θλῖψιν καὶ ἀποκτενοῦσιν ὑμᾶς, ...	Mk 13,12	καὶ παραδώσει ἀδελφὸς ἀδελφὸν εἰς θάνατον καὶ **πατὴρ** τέκνον, καὶ ἐπαναστήσονται τέκνα ἐπὶ γονεῖς καὶ θανατώσουσιν αὐτούς·	Lk 21,16 ↑ Lk 12,53	παραδοθήσεσθε δὲ καὶ ὑπὸ γονέων καὶ ἀδελφῶν καὶ συγγενῶν καὶ φίλων, καὶ θανατώσουσιν ἐξ ὑμῶν	
df 220	Mt 24,36	περὶ δὲ τῆς ἡμέρας ἐκείνης καὶ ὥρας οὐδεὶς οἶδεν, οὐδὲ οἱ ἄγγελοι τῶν οὐρανῶν οὐδὲ ὁ υἱός, εἰ μὴ **ὁ πατὴρ μόνος.**	Mk 13,32	περὶ δὲ τῆς ἡμέρας ἐκείνης ἢ τῆς ὥρας οὐδεὶς οἶδεν, οὐδὲ οἱ ἄγγελοι ἐν οὐρανῷ οὐδὲ ὁ υἱός, εἰ μὴ **ὁ πατήρ.**			
d 200	Mt 25,34	τότε ἐρεῖ ὁ βασιλεὺς τοῖς ἐκ δεξιῶν αὐτοῦ· δεῦτε, **οἱ εὐλογημένοι τοῦ πατρός μου,** κληρονομήσατε τὴν ἡτοιμασμένην ὑμῖν βασιλείαν ἀπὸ καταβολῆς κόσμου·					
d 211	Mt 26,29	λέγω δὲ ὑμῖν, οὐ μὴ πίω ἀπ' ἄρτι ἐκ τούτου τοῦ γενήματος τῆς ἀμπέλου ἕως τῆς ἡμέρας ἐκείνης ὅταν αὐτὸ πίνω μεθ' ὑμῶν καινὸν **ἐν τῇ βασιλείᾳ τοῦ πατρός μου.**	Mk 14,25	ἀμὴν λέγω ὑμῖν ὅτι οὐκέτι οὐ μὴ πίω ἐκ τοῦ γενήματος τῆς ἀμπέλου ἕως τῆς ἡμέρας ἐκείνης ὅταν αὐτὸ πίνω καινὸν **ἐν τῇ βασιλείᾳ τοῦ θεοῦ.**	Lk 22,18 → Lk 22,16	λέγω γὰρ ὑμῖν, [ὅτι] οὐ μὴ πίω ἀπὸ τοῦ νῦν ἀπὸ τοῦ γενήματος τῆς ἀμπέλου ἕως οὗ **ἡ βασιλεία τοῦ θεοῦ** ἔλθῃ.	
d 002					Lk 22,29 → Lk 1,33	κἀγὼ διατίθεμαι ὑμῖν καθὼς διέθετό μοι **ὁ πατήρ μου** βασιλείαν	
dc 222	Mt 26,39	... **πάτερ μου,** εἰ δυνατόν ἐστιν, παρελθάτω ἀπ' ἐμοῦ τὸ ποτήριον τοῦτο· πλὴν οὐχ ὡς ἐγὼ θέλω ἀλλ' ὡς σύ.	Mk 14,36	... **αββα ὁ πατήρ,** πάντα δυνατά σοι· παρένεγκε τὸ ποτήριον τοῦτο ἀπ' ἐμοῦ· ἀλλ' οὐ τί ἐγὼ θέλω ἀλλὰ τί σύ.	Lk 22,42 ↓ Mt 26,42	... **πάτερ,** εἰ βούλει παρένεγκε τοῦτο τὸ ποτήριον ἀπ' ἐμοῦ· πλὴν μὴ τὸ θέλημά μου ἀλλὰ τὸ σὸν γινέσθω.	→ Jn 18,11
d 210	Mt 26,42 → Mt 6,10 ↑ Lk 22,42	πάλιν ἐκ δευτέρου ἀπελθὼν προσηύξατο λέγων· **πάτερ μου,** εἰ οὐ δύναται τοῦτο παρελθεῖν ἐὰν μὴ αὐτὸ πίω, γενηθήτω τὸ θέλημά σου.	Mk 14,39	καὶ πάλιν ἀπελθὼν προσηύξατο τὸν αὐτὸν λόγον εἰπών.			

	Mt	Mk	Lk	
d 200	**Mt 26,53** ἢ δοκεῖς ὅτι οὐ δύναμαι παρακαλέσαι **τὸν πατέρα μου,** καὶ παραστήσει μοι ἄρτι πλείω δώδεκα λεγιῶνας ἀγγέλων;			→ Jn 18,36
121	**Mt 27,32** ἐξερχόμενοι δὲ εὗρον ἄνθρωπον Κυρηναῖον ὀνόματι Σίμωνα, τοῦτον ἠγγάρευσαν ἵνα ἄρῃ τὸν σταυρὸν αὐτοῦ.	**Mk 15,21** καὶ ἀγγαρεύουσιν παράγοντά τινα Σίμωνα Κυρηναῖον ἐρχόμενον ἀπ' ἀγροῦ, **τὸν πατέρα Ἀλεξάνδρου καὶ Ῥούφου,** ἵνα ἄρῃ τὸν σταυρὸν αὐτοῦ.	**Lk 23,26** ... ἐπιλαβόμενοι Σίμωνά τινα Κυρηναῖον ἐρχόμενον ἀπ' ἀγροῦ ἐπέθηκαν αὐτῷ τὸν σταυρὸν φέρειν ὄπισθεν τοῦ Ἰησοῦ.	
d 002			**Lk 23,34** [[ὁ δὲ Ἰησοῦς ἔλεγεν· **πάτερ,** ἄφες αὐτοῖς, οὐ γὰρ οἴδασιν τί ποιοῦσιν.]] ...	→ Acts 3,17 → Acts 7,60 → Acts 13,27 Lk 23,34a is textcritically uncertain.
d 112	**Mt 27,50** ὁ δὲ Ἰησοῦς πάλιν κράξας φωνῇ μεγάλῃ ἀφῆκεν τὸ πνεῦμα.	**Mk 15,37** ὁ δὲ Ἰησοῦς ἀφεὶς φωνὴν μεγάλην ἐξέπνευσεν.	**Lk 23,46** καὶ φωνήσας φωνῇ μεγάλῃ ὁ Ἰησοῦς εἶπεν· **πάτερ,** *εἰς χεῖράς σου παρατίθεμαι τὸ πνεῦμά μου.* τοῦτο δὲ εἰπὼν ἐξέπνευσεν. ➤ Ps 31,6	→ Jn 19,30 → Acts 7,59
d 002			**Lk 24,49** καὶ [ἰδοὺ] ἐγὼ ἀποστέλλω **τὴν ἐπαγγελίαν τοῦ πατρός μου** ἐφ' ὑμᾶς· ...	→ Acts 1,8 → **Acts 2,33**
df 200	**Mt 28,19** → Mt 24,14 → Mk 13,10 → Lk 24,47 πορευθέντες οὖν μαθητεύσατε πάντα τὰ ἔθνη, βαπτίζοντες αὐτοὺς **εἰς τὸ ὄνομα τοῦ πατρὸς καὶ τοῦ υἱοῦ καὶ τοῦ ἁγίου πνεύματος**			

a πατήρ (...) ὁ ἐν (τοῖς) οὐρανοῖς
b πατήρ (...) ὁ οὐράνιος
c αββα ὁ πατήρ
d πατήρ referring to God (except a, b, c)
e πατήρ and μήτηρ
f πατήρ and υἱός
g πατήρ and τέκνον
h πατήρ and παιδίον, πατήρ and παῖς
j πατήρ referring to Abraham
k πατήρ referring to Jacob
l πατήρ referring to David
m πατέρες (plural)

d **Acts 1,4** ... ἀπὸ Ἱεροσολύμων μὴ χωρίζεσθαι ἀλλὰ περιμένειν
τὴν ἐπαγγελίαν τοῦ πατρὸς
ἣν ἠκούσατέ μου

d **Acts 1,7** ... οὐχ ὑμῶν ἐστιν γνῶναι χρόνους ἢ καιροὺς οὓς
ὁ πατὴρ
ἔθετο ἐν τῇ ἰδίᾳ ἐξουσίᾳ

d **Acts 2,33** → Lk 24,49 → Acts 1,8
... τήν τε ἐπαγγελίαν τοῦ πνεύματος τοῦ ἁγίου λαβὼν
παρὰ τοῦ πατρός,
ἐξέχεεν τοῦτο ὃ ὑμεῖς [καὶ] βλέπετε καὶ ἀκούετε.

m **Acts 3,13** *ὁ θεὸς Ἀβραὰμ καὶ [ὁ θεὸς] Ἰσαὰκ καὶ [ὁ θεὸς] Ἰακώβ,*
ὁ θεὸς τῶν πατέρων ἡμῶν, ...
➤ Exod 3,6

f m **Acts 3,25** ὑμεῖς ἐστε οἱ υἱοὶ τῶν προφητῶν καὶ τῆς διαθήκης ἧς διέθετο ὁ θεὸς
πρὸς τοὺς πατέρας ὑμῶν
λέγων πρὸς Ἀβραάμ· *καὶ ἐν τῷ σπέρματί σου [ἐν]ευλογηθήσονται πᾶσαι αἱ πατριαὶ τῆς γῆς.*
➤ Gen 22,18

h l **Acts 4,25** → Mt 22,43 → Mk 12,36 → Lk 20,42
ὁ τοῦ πατρὸς ἡμῶν διὰ πνεύματος ἁγίου στόματος Δαυὶδ παιδός σου
εἰπών· *ἱνατί ἐφρύαξαν ἔθνη καὶ λαοὶ ἐμελέτησαν κενά;*
➤ Ps 2,1 LXX

m **Acts 5,30** **ὁ θεὸς τῶν πατέρων ἡμῶν**
ἤγειρεν Ἰησοῦν ὃν ὑμεῖς διεχειρίσασθε κρεμάσαντες ἐπὶ ξύλου·

m **Acts 7,2 (2)** ὁ δὲ ἔφη· ἄνδρες ἀδελφοὶ καὶ
πατέρες,
ἀκούσατε.

j ὁ θεὸς τῆς δόξης ὤφθη
τῷ πατρὶ ἡμῶν Ἀβραὰμ
ὄντι ἐν τῇ Μεσοποταμίᾳ ...

Acts 7,4 ... κἀκεῖθεν μετὰ τὸ ἀποθανεῖν
τὸν πατέρα αὐτοῦ
μετῴκισεν αὐτὸν εἰς τὴν γῆν ταύτην εἰς ἣν ὑμεῖς νῦν κατοικεῖτε

m **Acts 7,11** ... καὶ οὐχ ηὕρισκον χορτάσματα
οἱ πατέρες ἡμῶν.

m **Acts 7,12** ἀκούσας δὲ Ἰακὼβ ὄντα σιτία εἰς Αἴγυπτον ἐξαπέστειλεν
τοὺς πατέρας ἡμῶν
πρῶτον.

k **Acts 7,14** ἀποστείλας δὲ Ἰωσὴφ μετεκαλέσατο Ἰακὼβ
τὸν πατέρα αὐτοῦ
καὶ πᾶσαν τὴν συγγένειαν ἐν ψυχαῖς ἑβδομήκοντα πέντε.

m **Acts 7,15** καὶ κατέβη Ἰακὼβ εἰς Αἴγυπτον καὶ ἐτελεύτησεν αὐτὸς καὶ
οἱ πατέρες ἡμῶν

m **Acts 7,19** οὗτος κατασοφισάμενος τὸ γένος ἡμῶν ἐκάκωσεν
τοὺς πατέρας [ἡμῶν]
τοῦ ποιεῖν τὰ βρέφη ἔκθετα αὐτῶν εἰς τὸ μὴ ζῳογονεῖσθαι.

Acts 7,20 ἐν ᾧ καιρῷ ἐγεννήθη Μωϋσῆς καὶ ἦν ἀστεῖος τῷ θεῷ· ὃς ἀνετράφη μῆνας τρεῖς
ἐν τῷ οἴκῳ τοῦ πατρός

m **Acts 7,32** *ἐγὼ*
ὁ θεὸς τῶν πατέρων σου,
ὁ θεὸς Ἀβραὰμ καὶ Ἰσαὰκ καὶ Ἰακώβ.
ἔντρομος δὲ γενόμενος Μωϋσῆς οὐκ ἐτόλμα κατανοῆσαι.
➤ Exod 3,6

m **Acts 7,38** οὗτός ἐστιν ὁ γενόμενος ἐν τῇ ἐκκλησίᾳ ἐν τῇ ἐρήμῳ μετὰ τοῦ ἀγγέλου τοῦ λαλοῦντος αὐτῷ ἐν τῷ ὄρει Σινᾶ καὶ
τῶν πατέρων ἡμῶν,
ὃς ἐδέξατο λόγια ζῶντα δοῦναι ἡμῖν,

m **Acts 7,39** ᾧ οὐκ ἠθέλησαν ὑπήκοοι γενέσθαι
οἱ πατέρες ἡμῶν,
ἀλλὰ ἀπώσαντο ...

m **Acts 7,44** ἡ σκηνὴ τοῦ μαρτυρίου ἦν
τοῖς πατράσιν ἡμῶν
ἐν τῇ ἐρήμῳ ...

m **Acts 7,45 (2)** ἣν καὶ εἰσήγαγον διαδεξάμενοι
οἱ πατέρες ἡμῶν
μετὰ Ἰησοῦ ἐν τῇ κατασχέσει τῶν ἐθνῶν,

m ὧν ἐξῶσεν ὁ θεὸς
ἀπὸ προσώπου τῶν πατέρων ἡμῶν
ἕως τῶν ἡμερῶν Δαυίδ

m **Acts 7,51** ... ὑμεῖς ἀεὶ τῷ πνεύματι τῷ ἁγίῳ ἀντιπίπτετε
ὡς οἱ πατέρες ὑμῶν
καὶ ὑμεῖς.

m **Acts 7,52** τίνα τῶν προφητῶν οὐκ ἐδίωξαν
οἱ πατέρες ὑμῶν;
καὶ ἀπέκτειναν τοὺς προκαταγγείλαντας περὶ τῆς ἐλεύσεως τοῦ δικαίου, ...

m **Acts 13,17** ὁ θεὸς τοῦ λαοῦ τούτου Ἰσραὴλ ἐξελέξατο
τοὺς πατέρας ἡμῶν
καὶ τὸν λαὸν ὕψωσεν ἐν τῇ παροικίᾳ ἐν γῇ Αἰγύπτου ...

g m **Acts 13,32** καὶ ἡμεῖς ὑμᾶς εὐαγγελιζόμεθα τὴν
πρὸς τοὺς πατέρας
ἐπαγγελίαν γενομένην, [33] ὅτι ταύτην ὁ θεὸς ἐκπεπλήρωκεν τοῖς τέκνοις [αὐτῶν] ἡμῖν ἀναστήσας Ἰησοῦν ...

m **Acts 13,36** Δαυὶδ μὲν γὰρ ἰδίᾳ γενεᾷ ὑπηρετήσας τῇ τοῦ θεοῦ βουλῇ ἐκοιμήθη καὶ προσετέθη
πρὸς τοὺς πατέρας αὐτοῦ
καὶ εἶδεν διαφθοράν·

m **Acts 15,10** νῦν οὖν τί πειράζετε τὸν θεόν ἐπιθεῖναι ζυγὸν ἐπὶ τὸν τράχηλον τῶν μαθητῶν ὃν οὔτε
οἱ πατέρες ἡμῶν
οὔτε ἡμεῖς ἰσχύσαμεν βαστάσαι;

f **Acts 16,1** ... Τιμόθεος, υἱὸς γυναικὸς Ἰουδαίας πιστῆς,
πατρὸς
δὲ Ἕλληνος

Acts 16,3 ... ᾔδεισαν γὰρ ἅπαντες ὅτι Ἕλλην
ὁ πατὴρ αὐτοῦ
ὑπῆρχεν.

m **Acts 22,1** ἄνδρες ἀδελφοὶ καὶ
πατέρες,
ἀκούσατέ μου τῆς πρὸς ὑμᾶς νυνὶ ἀπολογίας.

m **Acts 22,14** ὁ δὲ εἶπεν·
ὁ θεὸς τῶν πατέρων ἡμῶν
προεχειρίσατό σε γνῶναι τὸ θέλημα αὐτοῦ ...

m **Acts 26,6** καὶ νῦν ἐπ' ἐλπίδι τῆς
εἰς τοὺς πατέρας ἡμῶν
ἐπαγγελίας γενομένης ὑπὸ τοῦ θεοῦ ἕστηκα κρινόμενος

Acts 28,8 ἐγένετο δὲ
τὸν πατέρα τοῦ Ποπλίου
πυρετοῖς καὶ δυσεντερίῳ συνεχόμενον κατακεῖσθαι, ...

m **Acts 28,25** ... καλῶς τὸ πνεῦμα τὸ ἅγιον ἐλάλησεν διὰ Ἠσαΐου τοῦ προφήτου
πρὸς τοὺς πατέρας ὑμῶν

πατριά	Syn 1	Mt	Mk	Lk 1	Acts 1	Jn	1-3John	Paul	Eph 1	Col
	NT 3	2Thess	1/2Tim	Tit	Heb	Jas	1Pet	2Pet	Jude	Rev

family; clan; relationship; people; nation

002					Lk 2,4	ἀνέβη δὲ καὶ Ἰωσὴφ ἀπὸ τῆς Γαλιλαίας ἐκ πόλεως Ναζαρὲθ εἰς τὴν Ἰουδαίαν εἰς πόλιν Δαυὶδ ἥτις καλεῖται Βηθλέεμ, διὰ τὸ εἶναι αὐτὸν **ἐξ οἴκου καὶ πατριᾶς Δαυίδ**	

Acts 3,25 ... *καὶ ἐν τῷ σπέρματί σου [ἐν]ευλογηθήσονται* ***πᾶσαι αἱ πατριαὶ τῆς γῆς.***
➤ Gen 22,18

πατρίς	Syn 6	Mt 2	Mk 2	Lk 2	Acts	Jn 1	1-3John	Paul	Eph	Col
	NT 8	2Thess	1/2Tim	Tit	Heb 1	Jas	1Pet	2Pet	Jude	Rev

fatherland; homeland; home town; one's own part of the country

002					Lk 4,23	... ὅσα ἠκούσαμεν γενόμενα εἰς τὴν Καφαρναοὺμ ποίησον καὶ ὧδε **ἐν τῇ πατρίδι σου.**	
221	Mt 13,54	καὶ ἐλθὼν **εἰς τὴν πατρίδα αὐτοῦ** ἐδίδασκεν αὐτοὺς ἐν τῇ συναγωγῇ αὐτῶν, ...	Mk 6,1	καὶ ἐξῆλθεν ἐκεῖθεν καὶ ἔρχεται **εἰς τὴν πατρίδα αὐτοῦ,** καὶ ἀκολουθοῦσιν αὐτῷ οἱ μαθηταὶ αὐτοῦ. [2] καὶ γενομένου σαββάτου ἤρξατο διδάσκειν ἐν τῇ συναγωγῇ, ...	Lk 4,16	καὶ ἦλθεν **εἰς Ναζαρά, οὗ ἦν τεθραμμένος** καὶ εἰσῆλθεν κατὰ τὸ εἰωθὸς αὐτῷ ἐν τῇ ἡμέρᾳ τῶν σαββάτων εἰς τὴν συναγωγὴν καὶ ἀνέστη ἀναγνῶναι.	
222	Mt 13,57	... οὐκ ἔστιν προφήτης ἄτιμος εἰ μὴ **ἐν τῇ πατρίδι** καὶ ἐν τῇ οἰκίᾳ αὐτοῦ.	Mk 6,4	... οὐκ ἔστιν προφήτης ἄτιμος εἰ μὴ **ἐν τῇ πατρίδι αὐτοῦ** καὶ ἐν τοῖς συγγενεῦσιν αὐτοῦ καὶ ἐν τῇ οἰκίᾳ αὐτοῦ.	Lk 4,24	... οὐδεὶς προφήτης δεκτός ἐστιν **ἐν τῇ πατρίδι αὐτοῦ.**	→ **Jn 4,44** → GTh 31 **(POxy 1)**

παύω	Syn 3	Mt	Mk	Lk 3	Acts 6	Jn	1-3John	Paul 1	Eph 1	Col 1
	NT 15	2Thess	1/2Tim	Tit	Heb 1	Jas	1Pet 2	2Pet	Jude	Rev

active: stop; cause to stop; quiet; relief; *passive:* stop (oneself); cease

002					Lk 5,4	ὡς δὲ **ἐπαύσατο** λαλῶν, εἶπεν πρὸς τὸν Σίμωνα· ἐπανάγαγε εἰς τὸ βάθος καὶ χαλάσατε τὰ δίκτυα ὑμῶν εἰς ἄγραν.	→ Jn 21,6

	Mt		Mk		Lk		
112	Mt 8,26	... τότε ἐγερθεὶς ἐπετίμησεν τοῖς ἀνέμοις καὶ τῇ θαλάσσῃ, καὶ ἐγένετο γαλήνη μεγάλη.	Mk 4,39	καὶ διεγερθεὶς ἐπετίμησεν τῷ ἀνέμῳ καὶ εἶπεν τῇ θαλάσσῃ· σιώπα, πεφίμωσο. καὶ **ἐκόπασεν** ὁ ἄνεμος καὶ ἐγένετο γαλήνη μεγάλη.	Lk 8,24	... ὁ δὲ διεγερθεὶς ἐπετίμησεν τῷ ἀνέμῳ καὶ τῷ κλύδωνι τοῦ ὕδατος· καὶ **ἐπαύσαντο** καὶ ἐγένετο γαλήνη.	
002					Lk 11,1	καὶ ἐγένετο ἐν τῷ εἶναι αὐτὸν ἐν τόπῳ τινὶ προσευχόμενον, ὡς **ἐπαύσατο,** εἶπέν τις τῶν μαθητῶν αὐτοῦ πρὸς αὐτόν· κύριε, δίδαξον ἡμᾶς προσεύχεσθαι, ...	

Acts 5,42 πᾶσάν τε ἡμέραν ἐν τῷ ἱερῷ καὶ κατ᾽ οἶκον **οὐκ ἐπαύοντο** διδάσκοντες καὶ εὐαγγελιζόμενοι τὸν χριστόν Ἰησοῦν.

Acts 6,13 ... ὁ ἄνθρωπος οὗτος **οὐ παύεται** λαλῶν ῥήματα κατὰ τοῦ τόπου τοῦ ἁγίου [τούτου] καὶ τοῦ νόμου·

Acts 13,10 ... ὦ πλήρης παντὸς δόλου καὶ πάσης ῥᾳδιουργίας, υἱὲ διαβόλου, ἐχθρὲ πάσης δικαιοσύνης, **οὐ παύσῃ** διαστρέφων τὰς ὁδοὺς [τοῦ] κυρίου τὰς εὐθείας;

Acts 20,1 **μετὰ δὲ τὸ παύσασθαι** τὸν θόρυβον μεταπεμψάμενος ὁ Παῦλος τοὺς μαθητὰς καὶ παρακαλέσας, ...

Acts 20,31 διὸ γρηγορεῖτε μνημονεύοντες ὅτι τριετίαν νύκτα καὶ ἡμέραν **οὐκ ἐπαυσάμην** μετὰ δακρύων νουθετῶν ἕνα ἕκαστον.

Acts 21,32 ... οἱ δὲ ἰδόντες τὸν χιλίαρχον καὶ τοὺς στρατιώτας **ἐπαύσαντο** τύπτοντες τὸν Παῦλον.

παχύνω	Syn	Mt	Mk	Lk	Acts	Jn	1-3John	Paul	Eph	Col
	1	1			1					
	NT	2Thess	1/2Tim	Tit	Heb	Jas	1Pet	2Pet	Jude	Rev
	2									

passive: become dull

200	Mt 13,15 → Mk 4,12	*ἐπαχύνθη* *γὰρ ἡ καρδία τοῦ λαοῦ τούτου, καὶ τοῖς ὠσὶν βαρέως ἤκουσαν καὶ τοὺς ὀφθαλμοὺς αὐτῶν ἐκάμμυσαν, ...* ➤ Isa 6,10 LXX	→ Jn 12,40 **→ Acts 28,27**

Acts 28,27 *ἐπαχύνθη* *γὰρ ἡ καρδία τοῦ λαοῦ τούτου καὶ τοῖς ὠσὶν βαρέως ἤκουσαν καὶ τοὺς ὀφθαλμοὺς αὐτῶν ἐκάμμυσαν· ...*
→ Mt 13,15
➤ Isa 6,10 LXX

πέδη	Syn 3	Mt	Mk 2	Lk 1	Acts	Jn	1-3John	Paul	Eph	Col
	NT 3	2Thess	1/2Tim	Tit	Heb	Jas	1Pet	2Pet	Jude	Rev

fetter; shackle

	Mt		Mk		Lk		
	Mt 8,28	... δύο δαιμονιζόμενοι ...	**Mk 5,4** **(2)**	[2] ... ἄνθρωπος ἐν πνεύματι ἀκαθάρτῳ, [3] ... [4] διὰ τὸ αὐτὸν πολλάκις	**Lk 8,29**	[27] ... ἀνήρ τις ἐκ τῆς πόλεως ἔχων δαιμόνια ... [29] ... πολλοῖς γὰρ χρόνοις συνηρπάκει αὐτὸν καὶ ἐδεσμεύετο ἁλύσεσιν καὶ	
122				**πέδαις** καὶ ἁλύσεσιν δεδέσθαι		**πέδαις** φυλασσόμενος	
		χαλεποὶ λίαν,		καὶ διεσπάσθαι ὑπ' αὐτοῦ τὰς ἁλύσεις καὶ		καὶ διαρρήσσων	
121				**τὰς πέδας**		**τὰ δεσμὰ** ...	
		ὥστε μὴ ἰσχύειν τινὰ παρελθεῖν διὰ τῆς ὁδοῦ ἐκείνης.		συντετρῖφθαι, καὶ οὐδεὶς ἴσχυεν αὐτὸν δαμάσαι·			

πεδινός	Syn 1	Mt	Mk	Lk 1	Acts	Jn	1-3John	Paul	Eph	Col
	NT 1	2Thess	1/2Tim	Tit	Heb	Jas	1Pet	2Pet	Jude	Rev

flat; level

	Mt		Mk		Lk		
	Mt 12,15 ⇩ Mt 4,25	ὁ δὲ Ἰησοῦς γνοὺς ἀνεχώρησεν	**Mk 3,7**	καὶ ὁ Ἰησοῦς μετὰ τῶν μαθητῶν αὐτοῦ ἀνεχώρησεν	**Lk 6,17**	καὶ καταβὰς μετ' αὐτῶν ἔστη	
112		**ἐκεῖθεν.**		**πρὸς τὴν θάλασσαν,**		**ἐπὶ τόπου πεδινοῦ,**	
		καὶ ἠκολούθησαν αὐτῷ [ὄχλοι] πολλοί, ...		καὶ πολὺ πλῆθος ἀπὸ τῆς Γαλιλαίας [ἠκολούθησεν], ...		καὶ ὄχλος πολὺς μαθητῶν αὐτοῦ, καὶ πλῆθος πολὺ τοῦ λαοῦ ...	
	Mt 4,25 ⇧ Mt 12,15	καὶ ἠκολούθησαν αὐτῷ ὄχλοι πολλοὶ ἀπὸ τῆς Γαλιλαίας ...					

πεζῇ	Syn 2	Mt 1	Mk 1	Lk	Acts	Jn	1-3John	Paul	Eph	Col
	NT 2	2Thess	1/2Tim	Tit	Heb	Jas	1Pet	2Pet	Jude	Rev

by land

	Mt		Mk		Lk		
	Mt 14,13	... καὶ ἀκούσαντες οἱ ὄχλοι ἠκολούθησαν αὐτῷ	**Mk 6,33**	καὶ εἶδον αὐτοὺς ὑπάγοντας καὶ ἐπέγνωσαν πολλοὶ καὶ	**Lk 9,11**	οἱ δὲ ὄχλοι γνόντες ἠκολούθησαν αὐτῷ· ...	→ Jn 6,2
221		**πεζῇ** ἀπὸ τῶν πόλεων.		**πεζῇ** ἀπὸ πασῶν τῶν πόλεων συνέδραμον ἐκεῖ καὶ προῆλθον αὐτούς.			

πείθω	Syn 7	Mt 3	Mk	Lk 4	Acts 17	Jn	1-3John 1	Paul 19	Eph	Col
	NT 52	2Thess 1	1/2Tim 2	Tit	Heb 4	Jas 1	1Pet	2Pet	Jude	Rev

persuade; appeal to; conciliate; satisfy; *passive:* be persuaded; come to believe; obey; follow; *perfect: active/passive:* depend on; trust in; be convinced; be sure

	triple tradition																	double tradition			Sondergut		
		+Mt / +Lk			–Mt / –Lk			traditions not taken over by Mt / Lk							subtotals								
code	*222*	*211*	*112*	*212*	*221*	*122*	*121*	*022*	*012*	*021*	*220*	*120*	*210*	*020*	Σ^+	Σ^-	Σ	*202*	*201*	*102*	*200*	*002*	total
Mt		1⁺													1⁺		1				2		**3**
Mk																							
Lk			2⁺												2⁺		2					2	**4**

Mk-Q overlap: 112: Mt 12,29 / Mk 3,27 / Lk 11,22 (?)

112	**Mt 12,29**	... ἐὰν μὴ πρῶτον δήσῃ τὸν ἰσχυρόν; καὶ τότε τὴν οἰκίαν αὐτοῦ διαρπάσει.	**Mk 3,27**	... ἐὰν μὴ πρῶτον τὸν ἰσχυρὸν δήσῃ, καὶ τότε τὴν οἰκίαν αὐτοῦ διαρπάσει.	**Lk 11,22**	ἐπὰν δὲ ἰσχυρότερος αὐτοῦ ἐπελθὼν νικήσῃ αὐτόν, τὴν πανοπλίαν αὐτοῦ αἴρει ἐφ' ᾗ **ἐπεποίθει,** καὶ τὰ σκῦλα αὐτοῦ διαδίδωσιν.	→ GTh 21,5 → GTh 35 Mk-Q overlap?
002					**Lk 16,31**	... εἰ Μωϋσέως καὶ τῶν προφητῶν οὐκ ἀκούουσιν, οὐδ' ἐάν τις ἐκ νεκρῶν ἀναστῇ **πεισθήσονται.**	
002					**Lk 18,9** → Lk 16,15 → Lk 20,20	εἶπεν δὲ καὶ **πρός τινας τοὺς** **πεποιθότας** ἐφ' ἑαυτοῖς ὅτι εἰσὶν δίκαιοι καὶ ἐξουθενοῦντας τοὺς λοιποὺς τὴν παραβολὴν ταύτην·	
112	**Mt 21,26** → Mt 21,46	ἐὰν δὲ εἴπωμεν· ἐξ ἀνθρώπων, φοβούμεθα τὸν ὄχλον, πάντες γὰρ ὡς προφήτην **ἔχουσιν** τὸν Ἰωάννην.	**Mk 11,32**	ἀλλὰ εἴπωμεν· ἐξ ἀνθρώπων; - ἐφοβοῦντο τὸν ὄχλον· ἅπαντες γὰρ **εἶχον** τὸν Ἰωάννην ὄντως ὅτι προφήτης ἦν.	**Lk 20,6**	ἐὰν δὲ εἴπωμεν· ἐξ ἀνθρώπων, ὁ λαὸς ἅπας καταλιθάσει ἡμᾶς, **πεπεισμένος** γάρ ἐστιν Ἰωάννην προφήτην εἶναι.	
211	**Mt 27,20**	οἱ δὲ ἀρχιερεῖς καὶ οἱ πρεσβύτεροι **ἔπεισαν** τοὺς ὄχλους ἵνα αἰτήσωνται τὸν Βαραββᾶν, τὸν δὲ Ἰησοῦν ἀπολέσωσιν.	**Mk 15,11**	οἱ δὲ ἀρχιερεῖς **ἀνέσεισαν** τὸν ὄχλον ἵνα μᾶλλον τὸν Βαραββᾶν ἀπολύσῃ αὐτοῖς.	**Lk 23,18**	 ἀνέκραγον δὲ παμπληθεὶ λέγοντες· αἶρε τοῦτον, ἀπόλυσον δὲ ἡμῖν τὸν Βαραββᾶν·	→ Jn 18,40
200	**Mt 27,43** → Mt 26,63-64 → Mk 14,61-62 → Lk 22,70	***πέποιθεν*** *ἐπὶ τὸν θεόν, ῥυσάσθω* *νῦν εἰ θέλει αὐτόν·* εἶπεν γὰρ ὅτι θεοῦ εἰμι υἱός. ➤ Ps 22,9					
200	**Mt 28,14**	καὶ ἐὰν ἀκουσθῇ τοῦτο ἐπὶ τοῦ ἡγεμόνος, ἡμεῖς **πείσομεν** [αὐτὸν] καὶ ὑμᾶς ἀμερίμνους ποιήσομεν.					

Acts 5,36 ... Θευδᾶς ... ὃς ἀνῃρέθη, καὶ πάντες ὅσοι **ἐπείθοντο** αὐτῷ διελύθησαν καὶ ἐγένοντο εἰς οὐδέν.

Acts 5,37 ... Ἰούδας ὁ Γαλιλαῖος ... κἀκεῖνος ἀπώλετο καὶ πάντες ὅσοι **ἐπείθοντο** αὐτῷ διεσκορπίσθησαν.

Acts 5,39 εἰ δὲ ἐκ θεοῦ ἐστιν, οὐ δυνήσεσθε καταλῦσαι αὐτούς, μήποτε καὶ θεομάχοι εὑρεθῆτε. **ἐπείσθησαν** δὲ αὐτῷ

Acts 12,20 ... ὁμοθυμαδὸν δὲ παρῆσαν πρὸς αὐτὸν καὶ **πείσαντες** Βλάστον, τὸν ἐπὶ τοῦ κοιτῶνος τοῦ βασιλέως, ᾐτοῦντο εἰρήνην ...

Acts 13,43 ... ἠκολούθησαν ... τῷ Παύλῳ καὶ τῷ Βαρναβᾷ, οἵτινες προσλαλοῦντες αὐτοῖς **ἔπειθον** αὐτοὺς προσμένειν τῇ χάριτι τοῦ θεοῦ.

Acts 14,19 ἐπῆλθαν δὲ ἀπὸ Ἀντιοχείας καὶ Ἰκονίου Ἰουδαῖοι καὶ **πείσαντες** τοὺς ὄχλους καὶ λιθάσαντες τὸν Παῦλον ...

Acts 17,4 καί τινες ἐξ αὐτῶν **ἐπείσθησαν** καὶ προσεκληρώθησαν τῷ Παύλῳ καὶ τῷ Σιλᾷ, ...

Acts 18,4 διελέγετο δὲ ἐν τῇ συναγωγῇ κατὰ πᾶν σάββατον **ἔπειθέν** τε Ἰουδαίους καὶ Ἕλληνας.

Acts 19,8 εἰσελθὼν δὲ εἰς τὴν συναγωγὴν ἐπαρρησιάζετο ἐπὶ μῆνας τρεῖς διαλεγόμενος καὶ **πείθων** [τὰ] περὶ τῆς βασιλείας τοῦ θεοῦ.

Acts 19,26 καὶ θεωρεῖτε καὶ ἀκούετε ὅτι οὐ μόνον Ἐφέσου ἀλλὰ σχεδὸν πάσης τῆς Ἀσίας ὁ Παῦλος οὗτος **πείσας** μετέστησεν ἱκανὸν ὄχλον ...

Acts 21,14 **μὴ πειθομένου** δὲ αὐτοῦ ἡσυχάσαμεν εἰπόντες· τοῦ κυρίου τὸ θέλημα γινέσθω.

Acts 23,21 σὺ οὖν **μὴ πεισθῇς** αὐτοῖς· ἐνεδρεύουσιν γὰρ αὐτὸν ἐξ αὐτῶν ἄνδρες πλείους τεσσεράκοντα, ...

Acts 26,26 ἐπίσταται γὰρ περὶ τούτων ὁ βασιλεὺς πρὸς ὃν καὶ παρρησιαζόμενος λαλῶ, λανθάνειν γὰρ αὐτὸν [τι] τούτων **οὐ πείθομαι** οὐθέν· ...

Acts 26,28 ὁ δὲ Ἀγρίππας πρὸς τὸν Παῦλον· ἐν ὀλίγῳ με **πείθεις** Χριστιανὸν ποιῆσαι.

Acts 27,11 ὁ δὲ ἑκατοντάρχης τῷ κυβερνήτῃ καὶ τῷ ναυκλήρῳ μᾶλλον **ἐπείθετο** ἢ τοῖς ὑπὸ Παύλου λεγομένοις.

Acts 28,23 ... ἦλθον πρὸς αὐτὸν εἰς τὴν ξενίαν πλείονες οἷς ἐξετίθετο διαμαρτυρόμενος τὴν βασιλείαν τοῦ θεοῦ, **πείθων** τε αὐτοὺς περὶ τοῦ Ἰησοῦ ἀπό τε τοῦ νόμου Μωϋσέως καὶ τῶν προφητῶν, ...

Acts 28,24 καὶ οἱ μὲν **ἐπείθοντο** τοῖς λεγομένοις, οἱ δὲ ἠπίστουν·

# πεινάω	Syn 16	Mt 9	Mk 2	Lk 5	Acts	Jn 1	1-3John	Paul 5	Eph	Col
	NT 23	2Thess	1/2Tim	Tit	Heb	Jas	1Pet	2Pet	Jude	Rev 1

hunger; be hungry; desire something strongly

	triple tradition																	double tradition			Sondergut		
		+Mt / +Lk			–Mt / –Lk			traditions not taken over by Mt / Lk								subtotals							
code	*222*	*211*	*112*	*212*	*221*	*122*	*121*	*022*	*012*	*021*	*220*	*120*	*210*	*020*	Σ⁺	Σ⁻	Σ	*202*	*201*	*102*	*200*	*002*	total
Mt	1	1⁺									1				1⁺		3	2			4		**9**
Mk	1										1						2						**2**
Lk	1																1	2				2	**5**

[a] πεινάω and διψάω

002					**Lk 1,53**	**πεινῶντας** ἐνέπλησεν ἀγαθῶν καὶ πλουτοῦντας ἐξαπέστειλεν κενούς.	
202	**Mt 4,2**	[1] ... πειρασθῆναι ὑπὸ τοῦ διαβόλου. [2] καὶ νηστεύσας ἡμέρας τεσσεράκοντα καὶ νύκτας τεσσεράκοντα ὕστερον **ἐπείνασεν.**	**Mk 1,13**	καὶ ἦν ἐν τῇ ἐρήμῳ τεσσεράκοντα ἡμέρας πειραζόμενος ὑπὸ τοῦ σατανᾶ, ...	**Lk 4,2**	ἡμέρας τεσσεράκοντα πειραζόμενος ὑπὸ τοῦ διαβόλου. καὶ οὐκ ἔφαγεν οὐδὲν ἐν ταῖς ἡμέραις ἐκείναις καὶ συντελεσθεισῶν αὐτῶν **ἐπείνασεν.**	Mk-Q overlap

	Mt		Mk		Lk		
222	Mt 12,3	... οὐκ ἀνέγνωτε τί ἐποίησεν Δαυὶδ ὅτε **ἐπείνασεν** καὶ οἱ μετ' αὐτοῦ	Mk 2,25	... οὐδέποτε ἀνέγνωτε τί ἐποίησεν Δαυίδ, ὅτε χρείαν ἔσχεν καὶ **ἐπείνασεν** αὐτὸς καὶ οἱ μετ' αὐτοῦ	Lk 6,3	... οὐδὲ τοῦτο ἀνέγνωτε ὃ ἐποίησεν Δαυὶδ ὅτε **ἐπείνασεν** αὐτὸς καὶ οἱ μετ' αὐτοῦ [ὄντες]	
a 202	Mt 5,6	μακάριοι **οἱ πεινῶντες** καὶ διψῶντες τὴν δικαιοσύνην, ὅτι αὐτοὶ χορτασθήσονται.			Lk 6,21	μακάριοι **οἱ πεινῶντες** νῦν, ὅτι χορτασθήσεσθε. ...	→ GTh 69,2
002					Lk 6,25	οὐαὶ ὑμῖν, οἱ ἐμπεπλησμένοι νῦν, ὅτι **πεινάσετε**. ...	
211	Mt 12,1	ἐν ἐκείνῳ τῷ καιρῷ ἐπορεύθη ὁ Ἰησοῦς τοῖς σάββασιν διὰ τῶν σπορίμων· οἱ δὲ μαθηταὶ αὐτοῦ **ἐπείνασαν** καὶ ἤρξαντο τίλλειν στάχυας καὶ ἐσθίειν.	Mk 2,23	καὶ ἐγένετο αὐτὸν ἐν τοῖς σάββασιν παραπορεύεσθαι διὰ τῶν σπορίμων, καὶ οἱ μαθηταὶ αὐτοῦ ἤρξαντο ὁδὸν ποιεῖν τίλλοντες τοὺς στάχυας.	Lk 6,1	ἐγένετο δὲ ἐν σαββάτῳ διαπορεύεσθαι αὐτὸν διὰ σπορίμων, καὶ ἔτιλλον οἱ μαθηταὶ αὐτοῦ καὶ ἤσθιον τοὺς στάχυας ψώχοντες ταῖς χερσίν.	
222	Mt 12,3	... οὐκ ἀνέγνωτε τί ἐποίησεν Δαυὶδ ὅτε **ἐπείνασεν** καὶ οἱ μετ' αὐτοῦ	Mk 2,25	... οὐδέποτε ἀνέγνωτε τί ἐποίησεν Δαυίδ, ὅτε χρείαν ἔσχεν καὶ **ἐπείνασεν** αὐτὸς καὶ οἱ μετ' αὐτοῦ	Lk 6,3	... οὐδὲ τοῦτο ἀνέγνωτε ὃ ἐποίησεν Δαυὶδ ὅτε **ἐπείνασεν** αὐτὸς καὶ οἱ μετ' αὐτοῦ [ὄντες]	
220	Mt 21,18	πρωῒ δὲ ἐπανάγων εἰς τὴν πόλιν **ἐπείνασεν**.	Mk 11,12	καὶ τῇ ἐπαύριον ἐξελθόντων αὐτῶν ἀπὸ Βηθανίας **ἐπείνασεν**.			
a 200	Mt 25,35	**ἐπείνασα** γὰρ καὶ ἐδώκατέ μοι φαγεῖν, ἐδίψησα καὶ ἐποτίσατέ με, ...					
a 200	Mt 25,37	... κύριε, πότε σε εἴδομεν **πεινῶντα** καὶ ἐθρέψαμεν, ἢ διψῶντα καὶ ἐποτίσαμεν;					
a 200	Mt 25,42	**ἐπείνασα** γὰρ καὶ οὐκ ἐδώκατέ μοι φαγεῖν, ἐδίψησα καὶ οὐκ ἐποτίσατέ με					
a 200	Mt 25,44	... κύριε, πότε σε εἴδομεν **πεινῶντα** ἢ διψῶντα ἢ ξένον ἢ γυμνὸν ἢ ἀσθενῆ ἢ ἐν φυλακῇ καὶ οὐ διηκονήσαμέν σοι;					

πειράζω	Syn 12	Mt 6	Mk 4	Lk 2	Acts 5	Jn 1	1-3John	Paul 7	Eph	Col
	NT 37	2Thess	1/2Tim	Tit	Heb 5	Jas 4	1Pet	2Pet	Jude	Rev 3

try; attempt; make trial of; put to the test

	triple tradition																	double tradition			Sondergut		
		+Mt / +Lk			–Mt / –Lk			traditions not taken over by Mt / Lk							subtotals								
code	222	211	112	212	221	122	121	022	012	021	220	120	210	020	Σ^+	Σ^-	Σ	202	201	102	200	002	total
Mt		1^+			1						2				1^+		4	1	1				**6**
Mk					1						2			1			4						**4**
Lk					1^-											1^-		1		1			**2**

020	Mt 4,1	τότε ὁ Ἰησοῦς ἀνήχθη εἰς τὴν ἔρημον ὑπὸ τοῦ πνεύματος **πειρασθῆναι** ὑπὸ τοῦ διαβόλου. [2] καὶ νηστεύσας ἡμέρας τεσσεράκοντα καὶ νύκτας τεσσεράκοντα ...	**Mk 1,13**	καὶ ἦν ἐν τῇ ἐρήμῳ τεσσεράκοντα ἡμέρας **πειραζόμενος** ὑπὸ τοῦ σατανᾶ, ...	Lk 4,2	[1] Ἰησοῦς ... ἤγετο ἐν τῷ πνεύματι ἐν τῇ ἐρήμῳ [2] ἡμέρας τεσσεράκοντα **πειραζόμενος** ὑπὸ τοῦ διαβόλου. καὶ οὐκ ἔφαγεν οὐδὲν ἐν ταῖς ἡμέραις ἐκείναις ...	Mk-Q overlap
202	**Mt 4,1**	τότε ὁ Ἰησοῦς ἀνήχθη εἰς τὴν ἔρημον ὑπὸ τοῦ πνεύματος **πειρασθῆναι** ὑπὸ τοῦ διαβόλου. [2] καὶ νηστεύσας ἡμέρας τεσσεράκοντα καὶ νύκτας τεσσεράκοντα ...	Mk 1,13	καὶ ἦν ἐν τῇ ἐρήμῳ τεσσεράκοντα ἡμέρας **πειραζόμενος** ὑπὸ τοῦ σατανᾶ, ...	**Lk 4,2**	[1] Ἰησοῦς ... ἤγετο ἐν τῷ πνεύματι ἐν τῇ ἐρήμῳ [2] ἡμέρας τεσσεράκοντα **πειραζόμενος** ὑπὸ τοῦ διαβόλου. καὶ οὐκ ἔφαγεν οὐδὲν ἐν ταῖς ἡμέραις ἐκείναις ...	Mk-Q overlap
201	**Mt 4,3** → Mt 27,40	καὶ προσελθὼν **ὁ πειράζων** εἶπεν αὐτῷ· εἰ υἱὸς εἶ τοῦ θεοῦ, εἰπὲ ἵνα οἱ λίθοι οὗτοι ἄρτοι γένωνται.			**Lk 4,3**	εἶπεν δὲ αὐτῷ **ὁ διάβολος·** εἰ υἱὸς εἶ τοῦ θεοῦ, εἰπὲ τῷ λίθῳ τούτῳ ἵνα γένηται ἄρτος.	
220	**Mt 16,1** ⇩ Mt 12,38	καὶ προσελθόντες οἱ Φαρισαῖοι καὶ Σαδδουκαῖοι **πειράζοντες** ἐπηρώτησαν αὐτὸν σημεῖον ἐκ τοῦ οὐρανοῦ ἐπιδεῖξαι αὐτοῖς.	**Mk 8,11**	καὶ ἐξῆλθον οἱ Φαρισαῖοι καὶ ἤρξαντο συζητεῖν αὐτῷ, ζητοῦντες παρ' αὐτοῦ σημεῖον ἀπὸ τοῦ οὐρανοῦ, **πειράζοντες** αὐτόν.	Lk 11,16	ἕτεροι δὲ **πειράζοντες** σημεῖον ἐξ οὐρανοῦ ἐζήτουν παρ' αὐτοῦ.	Mk-Q overlap
102	**Mt 12,38** ⇧ Mt 16,1	τότε ἀπεκρίθησαν αὐτῷ τινες τῶν γραμματέων καὶ Φαρισαίων λέγοντες· διδάσκαλε, θέλομεν ἀπὸ σοῦ σημεῖον ἰδεῖν.	Mk 8,11	καὶ ἐξῆλθον οἱ Φαρισαῖοι καὶ ἤρξαντο συζητεῖν αὐτῷ, ζητοῦντες παρ' αὐτοῦ σημεῖον ἀπὸ τοῦ οὐρανοῦ, **πειράζοντες** αὐτόν.	**Lk 11,16**	ἕτεροι δὲ **πειράζοντες** σημεῖον ἐξ οὐρανοῦ ἐζήτουν παρ' αὐτοῦ.	Mk-Q overlap
220	**Mt 19,3**	καὶ προσῆλθον αὐτῷ Φαρισαῖοι **πειράζοντες** αὐτὸν καὶ λέγοντες· εἰ ἔξεστιν ἀνθρώπῳ ἀπολῦσαι τὴν γυναῖκα αὐτοῦ κατὰ πᾶσαν αἰτίαν;	**Mk 10,2**	καὶ προσελθόντες Φαρισαῖοι ἐπηρώτων αὐτὸν εἰ ἔξεστιν ἀνδρὶ γυναῖκα ἀπολῦσαι, **πειράζοντες** αὐτόν.			

221	Mt 22,18	γνοὺς δὲ ὁ Ἰησοῦς τὴν πονηρίαν αὐτῶν εἶπεν· τί με **πειράζετε,** ὑποκριταί; [19] ἐπιδείξατέ μοι τὸ νόμισμα τοῦ κήνσου. οἱ δὲ προσήνεγκαν αὐτῷ δηνάριον.	Mk 12,15	ὁ δὲ εἰδὼς αὐτῶν τὴν ὑπόκρισιν εἶπεν αὐτοῖς· τί με **πειράζετε;** φέρετέ μοι δηνάριον ἵνα ἴδω.	Lk 20,23	κατανοήσας δὲ αὐτῶν τὴν πανουργίαν εἶπεν πρὸς αὐτούς· [24] δείξατέ μοι δηνάριον· ...	→ GTh 100
211	Mt 22,35 → Mt 19,16	[34] οἱ δὲ Φαρισαῖοι ἀκούσαντες ὅτι ἐφίμωσεν τοὺς Σαδδουκαίους συνήχθησαν ἐπὶ τὸ αὐτό, [35] καὶ ἐπηρώτησεν εἷς ἐξ αὐτῶν [νομικὸς] **πειράζων** αὐτόν· [36] διδάσκαλε, ποία ἐντολὴ μεγάλη ἐν τῷ νόμῳ;	Mk 12,28 → Mk 10,17 → Lk 20,39	καὶ προσελθὼν εἷς τῶν γραμματέων ἀκούσας αὐτῶν συζητούντων, ἰδὼν ὅτι καλῶς ἀπεκρίθη αὐτοῖς ἐπηρώτησεν αὐτόν· ποία ἐστὶν ἐντολὴ πρώτη πάντων;	Lk 10,25 ⇨ Lk 18,18	καὶ ἰδοὺ νομικός τις ἀνέστη **ἐκπειράζων** αὐτὸν λέγων· διδάσκαλε, τί ποιήσας ζωὴν αἰώνιον κληρονομήσω;	

Acts 5,9 ὁ δὲ Πέτρος πρὸς αὐτήν· τί ὅτι συνεφωνήθη ὑμῖν **πειράσαι** τὸ πνεῦμα κυρίου; ...

Acts 9,26 παραγενόμενος δὲ εἰς Ἰερουσαλὴμ **ἐπείραζεν** κολλᾶσθαι τοῖς μαθηταῖς, ...

Acts 15,10 νῦν οὖν τί **πειράζετε** τὸν θεόν ἐπιθεῖναι ζυγὸν ἐπὶ τὸν τράχηλον τῶν μαθητῶν ὃν οὔτε οἱ πατέρες ἡμῶν οὔτε ἡμεῖς ἰσχύσαμεν βαστάσαι;

Acts 16,7 ἐλθόντες δὲ κατὰ τὴν Μυσίαν **ἐπείραζον** εἰς τὴν Βιθυνίαν πορευθῆναι, καὶ οὐκ εἴασεν αὐτοὺς τὸ πνεῦμα Ἰησοῦ·

Acts 24,6 ὃς καὶ τὸ ἱερὸν **ἐπείρασεν** βεβηλῶσαι ὃν καὶ ἐκρατήσαμεν

πειρασμός

	Syn	Mt	Mk	Lk	Acts	Jn	1-3John	Paul	Eph	Col
	9	2	1	6	1			3		
	NT	2Thess	1/2Tim	Tit	Heb	Jas	1Pet	2Pet	Jude	Rev
	21		1		1	2	2	1		1

test; trial; temptation; enticement

	triple tradition																	double tradition			Sondergut		
		+Mt / +Lk			–Mt / –Lk			traditions not taken over by Mt / Lk							subtotals								
code	222	211	112	212	221	122	121	022	012	021	220	120	210	020	Σ⁺	Σ⁻	Σ	202	201	102	200	002	total
Mt	1																1	1					2
Mk	1																1						1
Lk	1		2⁺												2⁺		3	1		2			6

102	Mt 4,11	[1] ... πειρασθῆναι ὑπὸ τοῦ διαβόλου. [2] ... [11] τότε ἀφίησιν αὐτὸν ὁ διάβολος, καὶ ἰδοὺ ἄγγελοι προσῆλθον καὶ διηκόνουν αὐτῷ.	Mk 1,13	... πειραζόμενος ὑπὸ τοῦ σατανᾶ, καὶ ἦν μετὰ τῶν θηρίων, καὶ οἱ ἄγγελοι διηκόνουν αὐτῷ.	Lk 4,13	[2] ... πειραζόμενος ὑπὸ τοῦ διαβόλου. ... [13] καὶ συντελέσας **πάντα πειρασμὸν** ὁ διάβολος ἀπέστη ἀπ᾽ αὐτοῦ ἄχρι καιροῦ.	Mk-Q overlap
112	Mt 13,21	οὐκ ἔχει δὲ ῥίζαν ἐν ἑαυτῷ ἀλλὰ πρόσκαιρός ἐστιν, **γενομένης δὲ θλίψεως ἢ διωγμοῦ** διὰ τὸν λόγον εὐθὺς σκανδαλίζεται.	Mk 4,17	καὶ οὐκ ἔχουσιν ῥίζαν ἐν ἑαυτοῖς ἀλλὰ πρόσκαιροί εἰσιν, εἶτα **γενομένης θλίψεως ἢ διωγμοῦ** διὰ τὸν λόγον εὐθὺς σκανδαλίζονται.	Lk 8,13	... καὶ οὗτοι ῥίζαν οὐκ ἔχουσιν, οἳ πρὸς καιρὸν πιστεύουσιν **καὶ ἐν καιρῷ πειρασμοῦ** ἀφίστανται.	

202	Mt 6,13	καὶ μὴ εἰσενέγκῃς ἡμᾶς **εἰς πειρασμόν,** ἀλλὰ ῥῦσαι ἡμᾶς ἀπὸ τοῦ πονηροῦ.			Lk 11,4	... καὶ μὴ εἰσενέγκῃς ἡμᾶς **εἰς πειρασμόν.**	
102	Mt 19,28	... ἀμὴν λέγω ὑμῖν ὅτι ὑμεῖς οἱ ἀκολουθήσαντές μοι ...			Lk 22,28	ὑμεῖς δέ ἐστε οἱ διαμεμενηκότες μετ' ἐμοῦ **ἐν τοῖς πειρασμοῖς μου·**	
112	Mt 26,36 → Lk 22,39	τότε ἔρχεται μετ' αὐτῶν ὁ Ἰησοῦς εἰς χωρίον λεγόμενον Γεθσημανὶ καὶ λέγει τοῖς μαθηταῖς· καθίσατε αὐτοῦ ἕως [οὗ] ἀπελθὼν ἐκεῖ προσεύξωμαι.	Mk 14,32 → Lk 22,39	καὶ ἔρχονται εἰς χωρίον οὗ τὸ ὄνομα Γεθσημανὶ καὶ λέγει τοῖς μαθηταῖς αὐτοῦ· καθίσατε ὧδε ἕως προσεύξωμαι.	Lk 22,40 ↓ Mt 26,41 ↓ Mk 14,38 ↓ Lk 22,46	γενόμενος δὲ ἐπὶ τοῦ τόπου εἶπεν αὐτοῖς· προσεύχεσθε μὴ εἰσελθεῖν **εἰς πειρασμόν.**	
222	Mt 26,41	γρηγορεῖτε καὶ προσεύχεσθε, ἵνα μὴ εἰσέλθητε **εἰς πειρασμόν·** τὸ μὲν πνεῦμα πρόθυμον ἡ δὲ σὰρξ ἀσθενής.	Mk 14,38	γρηγορεῖτε καὶ προσεύχεσθε, ἵνα μὴ ἔλθητε **εἰς πειρασμόν·** τὸ μὲν πνεῦμα πρόθυμον ἡ δὲ σὰρξ ἀσθενής.	Lk 22,46 ↑ Lk 22,40	... ἀναστάντες προσεύχεσθε, ἵνα μὴ εἰσέλθητε **εἰς πειρασμόν.**	

Acts 20,19 δουλεύων τῷ κυρίῳ
μετὰ πάσης ταπεινοφροσύνης καὶ δακρύων καὶ πειρασμῶν τῶν συμβάντων
μοι ἐν ταῖς ἐπιβουλαῖς τῶν Ἰουδαίων

πέλαγος	Syn	Mt	Mk	Lk	Acts	Jn	1-3John	Paul	Eph	Col
	1	1			1					
	NT	2Thess	1/2Tim	Tit	Heb	Jas	1Pet	2Pet	Jude	Rev
	2									

the open sea; the depth (of the sea); sea

211	Mt 18,6 → Mt 18,10	ὃς δ' ἂν σκανδαλίσῃ ἕνα τῶν μικρῶν τούτων τῶν πιστευόντων εἰς ἐμέ, συμφέρει αὐτῷ ἵνα κρεμασθῇ μύλος ὀνικὸς περὶ τὸν τράχηλον αὐτοῦ καὶ καταποντισθῇ **ἐν τῷ πελάγει τῆς θαλάσσης.**	Mk 9,42	καὶ ὃς ἂν σκανδαλίσῃ ἕνα τῶν μικρῶν τούτων τῶν πιστευόντων [εἰς ἐμέ], καλόν ἐστιν αὐτῷ μᾶλλον εἰ περίκειται μύλος ὀνικὸς περὶ τὸν τράχηλον αὐτοῦ καὶ βέβληται **εἰς τὴν θάλασσαν.**	Lk 17,2	λυσιτελεῖ αὐτῷ εἰ λίθος μυλικὸς περίκειται περὶ τὸν τράχηλον αὐτοῦ καὶ ἔρριπται **εἰς τὴν θάλασσαν** ἢ ἵνα σκανδαλίσῃ τῶν μικρῶν τούτων ἕνα.	Mk-Q overlap?

Acts 27,5 **τό τε πέλαγος**
τὸ κατὰ τὴν Κιλικίαν καὶ Παμφυλίαν διαπλεύσαντες κατήλθομεν εἰς Μύρα τῆς Λυκίας.

πέμπω	Syn 15	Mt 4	Mk 1	Lk 10	Acts 11	Jn 32	1-3John	Paul 11	Eph 1	Col 1
	NT 79	2Thess 1	1/2Tim	Tit 1	Heb	Jas	1Pet 1	2Pet	Jude	Rev 5

send

	triple tradition																	double tradition			Sondergut		
		+Mt / +Lk			–Mt / –Lk			traditions not taken over by Mt / Lk							subtotals								
code	222	211	112	212	221	122	121	022	012	021	220	120	210	020	Σ^+	Σ^-	Σ	202	201	102	200	002	total
Mt							1^-						1^+		1^+	1^-	1	1	1		1		**4**
Mk							1										1						**1**
Lk			3^+				1^-								3^+	1^-	3	1		1		5	**10**

200	**Mt 2,8**	καὶ **πέμψας** αὐτοὺς εἰς Βηθλέεμ εἶπεν· πορευθέντες ἐξετάσατε ἀκριβῶς περὶ τοῦ παιδίου· ...					
002					**Lk 4,26**	καὶ πρὸς οὐδεμίαν αὐτῶν **ἐπέμφθη** Ἠλίας εἰ μὴ εἰς Σάρεπτα τῆς Σιδωνίας πρὸς γυναῖκα χήραν.	
002					**Lk 7,6** → Mt 8,7	... ἤδη δὲ αὐτοῦ οὐ μακρὰν ἀπέχοντος ἀπὸ τῆς οἰκίας **ἔπεμψεν** φίλους ὁ ἑκατοντάρχης ...	
102	**Mt 8,13**	... ὕπαγε, ὡς ἐπίστευσας γενηθήτω σοι. καὶ ἰάθη ὁ παῖς [αὐτοῦ] ἐν τῇ ὥρᾳ ἐκείνῃ.			**Lk 7,10** → Mk 7,30	καὶ ὑποστρέψαντες εἰς τὸν οἶκον **οἱ πεμφθέντες** εὗρον τὸν δοῦλον ὑγιαίνοντα.	→ Jn 4,50-51
202	**Mt 11,2**	ὁ δὲ Ἰωάννης ἀκούσας ἐν τῷ δεσμωτηρίῳ τὰ ἔργα τοῦ Χριστοῦ **πέμψας** διὰ τῶν μαθητῶν αὐτοῦ [3] εἶπεν αὐτῷ· σὺ εἶ ὁ ἐρχόμενος ἢ ἕτερον προσδοκῶμεν;			**Lk 7,19**	[18] καὶ ἀπήγγειλαν Ἰωάννῃ οἱ μαθηταὶ αὐτοῦ περὶ πάντων τούτων. καὶ προσκαλεσάμενος δύο τινὰς τῶν μαθητῶν αὐτοῦ ὁ Ἰωάννης [19] **ἔπεμψεν** πρὸς τὸν κύριον λέγων· σὺ εἶ ὁ ἐρχόμενος ἢ ἄλλον προσδοκῶμεν;	
121	**Mt 8,31**	οἱ δὲ δαίμονες παρεκάλουν αὐτὸν λέγοντες· εἰ ἐκβάλλεις ἡμᾶς, **ἀπόστειλον** ἡμᾶς εἰς τὴν ἀγέλην τῶν χοίρων.	**Mk 5,12**	καὶ παρεκάλεσαν αὐτὸν λέγοντες· **πέμψον** ἡμᾶς εἰς τοὺς χοίρους, ἵνα εἰς αὐτοὺς εἰσέλθωμεν.	**Lk 8,32**	... καὶ παρεκάλεσαν αὐτὸν ἵνα **ἐπιτρέψῃ** αὐτοῖς εἰς ἐκείνους εἰσελθεῖν· ...	
210	**Mt 14,10**	καὶ **πέμψας** ἀπεκεφάλισεν [τὸν] Ἰωάννην ἐν τῇ φυλακῇ.	**Mk 6,27** → Mk 6,16 → Lk 9,9	καὶ εὐθὺς **ἀποστείλας** ὁ βασιλεὺς σπεκουλάτορα ἐπέταξεν ἐνέγκαι τὴν κεφαλὴν αὐτοῦ. καὶ ἀπελθὼν ἀπεκεφάλισεν αὐτὸν ἐν τῇ φυλακῇ			

		Mt		Mk		Lk	
002					Lk 15,15	καὶ πορευθεὶς ἐκολλήθη ἑνὶ τῶν πολιτῶν τῆς χώρας ἐκείνης, καὶ **ἔπεμψεν** αὐτὸν εἰς τοὺς ἀγροὺς αὐτοῦ βόσκειν χοίρους	
002					Lk 16,24	... πάτερ Ἀβραάμ, ἐλέησόν με καὶ **πέμψον** Λάζαρον ἵνα βάψῃ τὸ ἄκρον τοῦ δακτύλου αὐτοῦ ὕδατος καὶ καταψύξῃ τὴν γλῶσσάν μου, ...	
002					Lk 16,27	... ἐρωτῶ σε οὖν, πάτερ, ἵνα **πέμψῃς** αὐτὸν εἰς τὸν οἶκον τοῦ πατρός μου	
112	Mt 21,36	πάλιν **ἀπέστειλεν** ἄλλους δούλους πλείονας τῶν πρώτων, καὶ ἐποίησαν αὐτοῖς ὡσαύτως.	Mk 12,4	καὶ πάλιν **ἀπέστειλεν** πρὸς αὐτοὺς ἄλλον δοῦλον· κἀκεῖνον ἐκεφαλίωσαν καὶ ἠτίμασαν.	Lk 20,11	καὶ προσέθετο ἕτερον **πέμψαι** δοῦλον· οἱ δὲ κἀκεῖνον δείραντες καὶ ἀτιμάσαντες ἐξαπέστειλαν κενόν.	→ GTh 65
112	Mt 21,35 → Mt 22,6	... ὃν δὲ ἀπέκτειναν, ὃν δὲ ἐλιθοβόλησαν.	Mk 12,5 → Mt 21,34	καὶ ἄλλον **ἀπέστειλεν**· κἀκεῖνον ἀπέκτειναν, καὶ πολλοὺς ἄλλους, οὓς μὲν δέροντες, οὓς δὲ ἀποκτέννοντες.	Lk 20,12	καὶ προσέθετο τρίτον **πέμψαι**· οἱ δὲ καὶ τοῦτον τραυματίσαντες ἐξέβαλον.	→ GTh 65
112	Mt 21,37	ὕστερον δὲ **ἀπέστειλεν** πρὸς αὐτοὺς τὸν υἱὸν αὐτοῦ λέγων· ἐντραπήσονται τὸν υἱόν μου.	Mk 12,6	ἔτι ἕνα εἶχεν, υἱὸν ἀγαπητόν· **ἀπέστειλεν** αὐτὸν ἔσχατον πρὸς αὐτοὺς λέγων ὅτι ἐντραπήσονται τὸν υἱόν μου.	Lk 20,13	εἶπεν δὲ ὁ κύριος τοῦ ἀμπελῶνος· τί ποιήσω; **πέμψω** τὸν υἱόν μου τὸν ἀγαπητόν· ἴσως τοῦτον ἐντραπήσονται.	→ GTh 65
201	Mt 22,7	ὁ δὲ βασιλεὺς ὠργίσθη καὶ **πέμψας** τὰ στρατεύματα αὐτοῦ ἀπώλεσεν τοὺς φονεῖς ἐκείνους καὶ τὴν πόλιν αὐτῶν ἐνέπρησεν. [8] τότε λέγει τοῖς δούλοις αὐτοῦ· ...			Lk 14,21	... τότε ὀργισθεὶς ὁ οἰκοδεσπότης ... εἶπεν τῷ δούλῳ αὐτοῦ· ...	→ GTh 64

Acts 10,5 καὶ νῦν **πέμψον** ἄνδρας εἰς Ἰόππην καὶ μετάπεμψαι Σίμωνά τινα ὃς ἐπικαλεῖται Πέτρος·

Acts 10,32 **πέμψον** οὖν εἰς Ἰόππην καὶ μετακάλεσαι Σίμωνα ὃς ἐπικαλεῖται Πέτρος, ...

Acts 10,33 ἐξαυτῆς οὖν **ἔπεμψα** πρὸς σέ, σύ τε καλῶς ἐποίησας παραγενόμενος. ...

Acts 11,29 τῶν δὲ μαθητῶν, καθὼς εὐπορεῖτό τις, ὥρισαν ἕκαστος αὐτῶν εἰς διακονίαν **πέμψαι** τοῖς κατοικοῦσιν ἐν τῇ Ἰουδαίᾳ ἀδελφοῖς·

Acts 15,22 τότε ἔδοξε τοῖς ἀποστόλοις καὶ τοῖς πρεσβυτέροις σὺν ὅλῃ τῇ ἐκκλησίᾳ ἐκλεξαμένους ἄνδρας ἐξ αὐτῶν **πέμψαι** εἰς Ἀντιόχειαν σὺν τῷ Παύλῳ καὶ Βαρναβᾷ, ...

Acts 15,25 ἔδοξεν ἡμῖν γενομένοις ὁμοθυμαδὸν ἐκλεξαμένοις ἄνδρας **πέμψαι** πρὸς ὑμᾶς σὺν τοῖς ἀγαπητοῖς ἡμῶν Βαρναβᾷ καὶ Παύλῳ

Acts 19,31 τινὲς δὲ καὶ τῶν Ἀσιαρχῶν, ὄντες αὐτῷ φίλοι, **πέμψαντες** πρὸς αὐτὸν παρεκάλουν μὴ δοῦναι ἑαυτὸν εἰς τὸ θέατρον.

Acts 20,17	ἀπὸ δὲ τῆς Μιλήτου **πέμψας** εἰς Ἔφεσον μετεκαλέσατο τοὺς πρεσβυτέρους τῆς ἐκκλησίας.	Acts 23,30	μηνυθείσης δέ μοι ἐπιβουλῆς εἰς τὸν ἄνδρα ἔσεσθαι ἐξαυτῆς **ἔπεμψα** πρὸς σέ παραγγείλας καὶ τοῖς κατηγόροις λέγειν [τὰ] πρὸς αὐτὸν ἐπὶ σοῦ.	Acts 25,25	ἐγὼ δὲ κατελαβόμην μηδὲν ἄξιον αὐτὸν θανάτου πεπραχέναι, αὐτοῦ δὲ τούτου ἐπικαλεσαμένου τὸν Σεβαστὸν ἔκρινα **πέμπειν**.
				Acts 25,27	ἄλογον γάρ μοι δοκεῖ **πέμποντα** δέσμιον μὴ καὶ τὰς κατ' αὐτοῦ αἰτίας σημᾶναι.

πενθερά

	Syn	Mt	Mk	Lk	Acts	Jn	1-3John	Paul	Eph	Col
	6	2	1	3						
	NT	2Thess	1/2Tim	Tit	Heb	Jas	1Pet	2Pet	Jude	Rev
	6									

mother-in-law

222	Mt 8,14	καὶ ἐλθὼν ὁ Ἰησοῦς εἰς τὴν οἰκίαν Πέτρου εἶδεν **τὴν πενθερὰν αὐτοῦ** βεβλημένην καὶ πυρέσσουσαν·	Mk 1,30	[29] ... ἦλθον εἰς τὴν οἰκίαν Σίμωνος καὶ Ἀνδρέου μετὰ Ἰακώβου καὶ Ἰωάννου. [30] **ἡ δὲ πενθερὰ Σίμωνος** κατέκειτο πυρέσσουσα, καὶ εὐθὺς λέγουσιν αὐτῷ περὶ αὐτῆς.	Lk 4,38	... εἰσῆλθεν εἰς τὴν οἰκίαν Σίμωνος. **πενθερὰ δὲ τοῦ Σίμωνος** ἦν συνεχομένη πυρετῷ μεγάλῳ καὶ ἠρώτησαν αὐτὸν περὶ αὐτῆς.	
102 202	Mt 10,35 → Lk 12,52	ἦλθον γὰρ διχάσαι ἄνθρωπον *κατὰ τοῦ πατρὸς αὐτοῦ* καὶ *θυγατέρα κατὰ τῆς μητρὸς αὐτῆς* καὶ *νύμφην* ***κατὰ τῆς πενθερᾶς αὐτῆς*** ➤ Micah 7,6			Lk 12,53 (2) → Lk 12,52 → Mt 10,21 → Mk 13,12 → Lk 21,16	διαμερισθήσονται πατὴρ ἐπὶ υἱῷ καὶ *υἱὸς* ἐπὶ *πατρί*, μήτηρ ἐπὶ τὴν θυγατέρα καὶ *θυγάτηρ ἐπὶ τὴν μητέρα*, **πενθερὰ** ἐπὶ τὴν νύμφην αὐτῆς καὶ *νύμφη* ***ἐπὶ τὴν πενθεράν***. ➤ Micah 7,6	→ GTh 16

πενθέω

	Syn	Mt	Mk	Lk	Acts	Jn	1-3John	Paul	Eph	Col
	3	2		1				2		
	NT	2Thess	1/2Tim	Tit	Heb	Jas	1Pet	2Pet	Jude	Rev
	9					1				3

be sad; grieve; mourn

201	Mt 5,4	μακάριοι **οἱ πενθοῦντες**, ὅτι αὐτοὶ παρακληθήσονται.			Lk 6,21	... μακάριοι **οἱ κλαίοντες** νῦν, ὅτι γελάσετε.	
002					Lk 6,25	... οὐαί, οἱ γελῶντες νῦν, ὅτι **πενθήσετε** καὶ κλαύσετε.	
211	Mt 9,15	καὶ εἶπεν αὐτοῖς ὁ Ἰησοῦς· μὴ δύνανται οἱ υἱοὶ τοῦ νυμφῶνος **πενθεῖν** ἐφ' ὅσον μετ' αὐτῶν ἐστιν ὁ νυμφίος; ...	Mk 2,19	καὶ εἶπεν αὐτοῖς ὁ Ἰησοῦς· μὴ δύνανται οἱ υἱοὶ τοῦ νυμφῶνος ἐν ᾧ ὁ νυμφίος μετ' αὐτῶν ἐστιν **νηστεύειν**; ...	Lk 5,34	ὁ δὲ Ἰησοῦς εἶπεν πρὸς αὐτούς· μὴ δύνασθε τοὺς υἱοὺς τοῦ νυμφῶνος ἐν ᾧ ὁ νυμφίος μετ' αὐτῶν ἐστιν **ποιῆσαι νηστεῦσαι**;	→ GTh 104

πενιχρός

πενιχρός	Syn 1	Mt	Mk	Lk 1	Acts	Jn	1-3John	Paul	Eph	Col
	NT 1	2Thess	1/2Tim	Tit	Heb	Jas	1Pet	2Pet	Jude	Rev

poor; needy

012		**Mk 12,42** καὶ ἐλθοῦσα **μία χήρα πτωχὴ** ἔβαλεν λεπτὰ δύο, ὅ ἐστιν κοδράντης.	**Lk 21,2** εἶδεν δέ **τινα χήραν πενιχρὰν** βάλλουσαν ἐκεῖ λεπτὰ δύο	

πεντακισχίλιοι

πεντακισχίλιοι	Syn 5	Mt 2	Mk 2	Lk 1	Acts	Jn 1	1-3John	Paul	Eph	Col
	NT 6	2Thess	1/2Tim	Tit	Heb	Jas	1Pet	2Pet	Jude	Rev

five thousand

222	**Mt 14,21** οἱ δὲ ἐσθίοντες ἦσαν → Mt 15,38 **ἄνδρες ὡσεὶ** **πεντακισχίλιοι** χωρὶς γυναικῶν καὶ παιδίων.	**Mk 6,44** καὶ ἦσαν οἱ φαγόντες → Mk 8,9 [τοὺς ἄρτους] **πεντακισχίλιοι** **ἄνδρες.**	**Lk 9,14** ἦσαν γὰρ **ὡσεὶ ἄνδρες** **πεντακισχίλιοι.** ...	→ Jn 6,10
220	**Mt 16,9** οὔπω νοεῖτε, οὐδὲ μνημονεύετε τοὺς πέντε ἄρτους **τῶν** **πεντακισχιλίων** καὶ πόσους κοφίνους ἐλάβετε;	**Mk 8,19** [17] ... οὔπω νοεῖτε ... [18] ... οὐ μνημονεύετε, [19] ὅτε τοὺς πέντε ἄρτους ἔκλασα **εἰς τοὺς** **πεντακισχιλίους,** πόσους κοφίνους κλασ- μάτων πλήρεις ἤρατε; λέγουσιν αὐτῷ· δώδεκα.		

πεντακόσιοι

πεντακόσιοι	Syn 1	Mt	Mk	Lk 1	Acts	Jn	1-3John	Paul 1	Eph	Col
	NT 2	2Thess	1/2Tim	Tit	Heb	Jas	1Pet	2Pet	Jude	Rev

five hundred

002			**Lk 7,41** δύο χρεοφειλέται ἦσαν δανιστῇ τινι· ὁ εἷς ὤφειλεν **δηνάρια πεντακόσια,** ὁ δὲ ἕτερος πεντήκοντα.	

πέντε

πέντε	Syn 24	Mt 12	Mk 3	Lk 9	Acts 4	Jn 4	1-3John	Paul 1	Eph	Col
	NT 36	2Thess	1/2Tim	Tit	Heb	Jas	1Pet	2Pet	Jude	Rev 3

five

	triple tradition																	double tradition			Sondergut		
		+Mt / +Lk			−Mt / −Lk			traditions not taken over by Mt / Lk							subtotals								
code	*222*	*211*	*112*	*212*	*221*	*122*	*121*	*022*	*012*	*021*	*220*	*120*	*210*	*020*	Σ⁺	Σ⁻	Σ	*202*	*201*	*102*	*200*	*002*	total
Mt	2										1						3		5		4		**12**
Mk	2										1						3						**3**
Lk	2																2			4		3	**9**

002			**Lk 1,24** μετὰ δὲ ταύτας τὰς ἡμέρας συνέλαβεν Ἐλισάβετ ἡ γυνὴ αὐτοῦ καὶ περιέκρυβεν ἑαυτὴν **μῆνας πέντε ...**	

	Mt		Mk		Lk		
222	Mt 14,17 → Mt 15,34	οἱ δὲ λέγουσιν αὐτῷ· οὐκ ἔχομεν ὧδε εἰ μὴ **πέντε ἄρτους** καὶ δύο ἰχθύας.	Mk 6,38 → Mk 8,5	ὁ δὲ λέγει αὐτοῖς· πόσους ἄρτους ἔχετε; ὑπάγετε ἴδετε. καὶ γνόντες λέγουσιν· **πέντε,** καὶ δύο ἰχθύας.	Lk 9,13	... οὐκ εἰσὶν ἡμῖν πλεῖον ἢ **ἄρτοι πέντε** καὶ ἰχθύες δύο, ...	→ Jn 6,9
222	Mt 14,19 → Mt 15,36 → Mt 26,26	... λαβὼν **τοὺς πέντε ἄρτους** καὶ τοὺς δύο ἰχθύας, ἀναβλέψας εἰς τὸν οὐρανὸν εὐλόγησεν ...	Mk 6,41 → Mk 8,6-7 → Mk 14,22	καὶ λαβὼν **τοὺς πέντε ἄρτους** καὶ τοὺς δύο ἰχθύας ἀναβλέψας εἰς τὸν οὐρανὸν εὐλόγησεν ...	Lk 9,16 → Lk 22,19	λαβὼν δὲ **τοὺς πέντε ἄρτους** καὶ τοὺς δύο ἰχθύας ἀναβλέψας εἰς τὸν οὐρανὸν εὐλόγησεν αὐτοὺς ...	→ Jn 6,11
220	Mt 16,9	... οὐδὲ μνημονεύετε **τοὺς πέντε ἄρτους** τῶν πεντακισχιλίων καὶ πόσους κοφίνους ἐλάβετε;	Mk 8,19	[18] ... οὐ μνημονεύετε, [19] ὅτε **τοὺς πέντε ἄρτους** ἔκλασα εἰς τοὺς πεντακισχιλίους, πόσους κοφίνους κλασμάτων πλήρεις ἤρατε; ...			
102	Mt 10,29	οὐχὶ **δύο στρουθία** ἀσσαρίου πωλεῖται; ...			Lk 12,6	οὐχὶ **πέντε στρουθία** πωλοῦνται ἀσσαρίων δύο; ...	
002					Lk 12,52 → Mt 10,35 → Lk 12,53	ἔσονται γὰρ ἀπὸ τοῦ νῦν **πέντε** ἐν ἑνὶ οἴκῳ διαμεμερισ- μένοι, τρεῖς ἐπὶ δυσὶν καὶ δύο ἐπὶ τρισίν	→ GTh 16
102	Mt 22,5	οἱ δὲ ἀμελήσαντες ἀπῆλθον, ὃς μὲν εἰς τὸν ἴδιον ἀγρόν, ὃς δὲ ἐπὶ τὴν ἐμπορίαν αὐτοῦ·			Lk 14,19	[18] καὶ ἤρξαντο ἀπὸ μιᾶς πάντες παραιτεῖσθαι. ὁ πρῶτος εἶπεν αὐτῷ· ἀγρὸν ἠγόρασα ... [19] καὶ ἕτερος εἶπεν· **ζεύγη βοῶν ἠγόρασα** **πέντε** καὶ πορεύομαι δοκιμάσαι αὐτά· ...	→ GTh 64
002					Lk 16,28	ἔχω γὰρ **πέντε ἀδελφούς,** ὅπως διαμαρτύρηται αὐτοῖς, ...	
200 200	Mt 25,2 (2)	**πέντε** δὲ ἐξ αὐτῶν ἦσαν μωραὶ καὶ **πέντε** φρόνιμοι.					
201	Mt 25,15	[14] ὥσπερ γὰρ ἄνθρωπος ἀποδημῶν ἐκάλεσεν τοὺς ἰδίους δούλους καὶ παρέδωκεν αὐτοῖς τὰ ὑπάρχοντα αὐτοῦ, [15] καὶ ᾧ μὲν ἔδωκεν **πέντε τάλαντα,** **ᾧ δὲ δύο, ᾧ δὲ ἕν,** ἑκάστῳ κατὰ τὴν ἰδίαν δύναμιν, καὶ ἀπεδήμησεν. ...	Mk 13,34	ὡς ἄνθρωπος ἀπόδημος ἀφεὶς τὴν οἰκίαν αὐτοῦ καὶ δοὺς τοῖς δούλοις αὐτοῦ τὴν ἐξουσίαν ἑκάστῳ **τὸ ἔργον αὐτοῦ,** καὶ τῷ θυρωρῷ ἐνετείλατο ἵνα γρηγορῇ.	Lk 19,13	[12] ἄνθρωπός τις εὐγενὴς ἐπορεύθη εἰς χώραν μακρὰν ... [13] καλέσας δὲ δέκα δούλους ἑαυτοῦ ἔδωκεν αὐτοῖς **δέκα μνᾶς** καὶ εἶπεν πρὸς αὐτούς· πραγματεύσασθε ἐν ᾧ ἔρχομαι.	Mk-Q overlap
200 200	Mt 25,16 (2)	πορευθεὶς ὁ **τὰ πέντε τάλαντα** λαβὼν ἠργάσατο ἐν αὐτοῖς καὶ ἐκέρδησεν **ἄλλα πέντε·**					

201	Mt 25,20 (4)	καὶ προσελθὼν ὁ τὰ πέντε τάλαντα λαβὼν προσήνεγκεν	Lk 19,16	παρεγένετο δὲ ὁ πρῶτος	
201		ἄλλα πέντε τάλαντα λέγων·κύριε,		λέγων·κύριε,	
201		πέντε τάλαντά μοι παρέδωκας· ἴδε		ἡ μνᾶ σου	
201		ἄλλα πέντε τάλαντα ἐκέρδησα.		δέκα προσηργάσατο μνᾶς.	
102	Mt 25,22	προσελθὼν [δὲ] καὶ ὁ τὰ δύο τάλαντα εἶπεν· κύριε, δύο τάλαντά μοι παρέδωκας· ἴδε ἄλλα δύο τάλαντα ἐκέρδησα.	Lk 19,18	καὶ ἦλθεν ὁ δεύτερος λέγων· ἡ μνᾶ σου, κύριε, ἐποίησεν πέντε μνᾶς.	
102	Mt 25,23 → Mt 24,47	... εὖ, δοῦλε ἀγαθὲ καὶ πιστέ, ἐπὶ ὀλίγα ἦς πιστός, ἐπὶ πολλῶν σε καταστήσω· ...	Lk 19,19	... καὶ σὺ ἐπάνω γίνου πέντε πόλεων.	

Acts 4,4 πολλοὶ δὲ τῶν ἀκουσάντων τὸν λόγον ἐπίστευσαν καὶ ἐγενήθη [ὁ] ἀριθμὸς τῶν ἀνδρῶν [ὡς] χιλιάδες πέντε.

Acts 7,14 ἀποστείλας δὲ Ἰωσὴφ μετεκαλέσατο Ἰακὼβ τὸν πατέρα αὐτοῦ καὶ πᾶσαν τὴν συγγένειαν ἐν ψυχαῖς ἑβδομήκοντα πέντε.

Acts 19,19 ἱκανοὶ δὲ τῶν τὰ περίεργα πραξάντων συνενέγκαντες τὰς βίβλους κατέκαιον ἐνώπιον πάντων, καὶ συνεψήφισαν τὰς τιμὰς αὐτῶν καὶ εὗρον ἀργυρίου μυριάδας πέντε.

Acts 20,6 ... ἤλθομεν πρὸς αὐτοὺς εἰς τὴν Τρῳάδα ἄχρι ἡμερῶν πέντε, ὅπου διετρίψαμεν ἡμέρας ἑπτά.

Acts 24,1 μετὰ δὲ πέντε ἡμέρας κατέβη ὁ ἀρχιερεὺς Ἁνανίας ...

πεντεκαιδέκατος	Syn 1	Mt	Mk	Lk 1	Acts	Jn	1-3John	Paul	Eph	Col
	NT 1	2Thess	1/2Tim	Tit	Heb	Jas	1Pet	2Pet	Jude	Rev

fifteenth

002		Lk 3,1	ἐν ἔτει δὲ πεντεκαιδεκάτῳ τῆς ἡγεμονίας Τιβερίου Καίσαρος, ἡγεμονεύοντος Ποντίου Πιλάτου τῆς Ἰουδαίας, ...	

πεντήκοντα	Syn 4	Mt	Mk 1	Lk 3	Acts	Jn 1	1-3John	Paul	Eph	Col
	NT 5	2Thess	1/2Tim	Tit	Heb	Jas	1Pet	2Pet	Jude	Rev

fifty

002		Lk 7,41	δύο χρεοφειλέται ἦσαν δανιστῇ τινι· ὁ εἷς ὤφειλεν δηνάρια πεντακόσια, ὁ δὲ ἕτερος πεντήκοντα.	

122	**Mt 14,19** → Mt 15,35	καὶ κελεύσας τοὺς ὄχλους ἀνακλιθῆναι ἐπὶ τοῦ χόρτου, ...	**Mk 6,40** → Mk 8,6	[39] καὶ ἐπέταξεν αὐτοῖς ἀνακλῖναι πάντας συμπόσια συμπόσια ἐπὶ τῷ χλωρῷ χόρτῳ. [40] καὶ ἀνέπεσαν πρασιαὶ πρασιαὶ κατὰ ἑκατὸν καὶ **κατὰ** **πεντήκοντα.**	**Lk 9,14**	... εἶπεν δὲ πρὸς τοὺς μαθητὰς αὐτοῦ· κατακλίνατε αὐτοὺς κλισίας [ὡσεὶ] **ἀνὰ** **πεντήκοντα.** [15] καὶ ἐποίησαν οὕτως καὶ κατέκλιναν ἅπαντας.	→ Jn 6,10
002					**Lk 16,6**	ὁ δὲ εἶπεν· ἑκατὸν βάτους ἐλαίου. ὁ δὲ εἶπεν αὐτῷ· δέξαι σου τὰ γράμματα καὶ καθίσας ταχέως γράψον **πεντήκοντα.**	

πέραν	Syn 15	Mt 7	Mk 7	Lk 1	Acts	Jn 8	1-3John	Paul	Eph	Col
	NT 23	2Thess	1/2Tim	Tit	Heb	Jas	1Pet	2Pet	Jude	Rev

on the other side

	triple tradition																	double tradition			Sondergut		
		+Mt / +Lk			−Mt / −Lk			traditions not taken over by Mt / Lk							subtotals								
code	*222*	*211*	*112*	*212*	*221*	*122*	*121*	*022*	*012*	*021*	*220*	*120*	*210*	*020*	Σ⁺	Σ⁻	Σ	*202*	*201*	*102*	*200*	*002*	total
Mt	1				2		1^-				3					1^-	6				1		**7**
Mk	1				2		1				3						7						**7**
Lk	1				2^-		1^-									3^-	1						**1**

[a] εἰς τὸ πέραν   [b] πέραν τοῦ Ἰορδάνου

b 200	**Mt 4,15**	*γῆ Ζαβουλὼν* καὶ *γῆ Νεφθαλίμ,* *ὁδὸν θαλάσσης,* ***πέραν τοῦ Ἰορδάνου,*** *Γαλιλαία τῶν ἐθνῶν* ➤ Isa 8,23					
b 221	**Mt 4,25**	καὶ ἠκολούθησαν αὐτῷ ὄχλοι πολλοὶ ἀπὸ τῆς Γαλιλαίας καὶ Δεκαπόλεως καὶ Ἱεροσολύμων καὶ Ἰουδαίας καὶ **πέραν τοῦ Ἰορδάνου.**	**Mk 3,8** → Mt 4,24a	[7] ... καὶ πολὺ πλῆθος ἀπὸ τῆς Γαλιλαίας [ἠκολούθησεν], καὶ ἀπὸ τῆς Ἰουδαίας [8] καὶ ἀπὸ Ἱεροσολύμων καὶ ἀπὸ τῆς Ἰδουμαίας καὶ **πέραν τοῦ Ἰορδάνου** καὶ περὶ Τύρον καὶ Σιδῶνα ...	**Lk 6,17**	... καὶ πλῆθος πολὺ τοῦ λαοῦ ἀπὸ πάσης τῆς Ἰουδαίας καὶ Ἰερουσαλὴμ καὶ τῆς παραλίου Τύρου καὶ Σιδῶνος	
a 222	**Mt 8,18**	ἰδὼν δὲ ὁ Ἰησοῦς ὄχλον περὶ αὐτὸν ἐκέλευσεν ἀπελθεῖν **εἰς τὸ πέραν.**	**Mk 4,35**	καὶ λέγει αὐτοῖς ἐν ἐκείνῃ τῇ ἡμέρᾳ ὀψίας γενομένης· διέλθωμεν **εἰς τὸ πέραν.**	**Lk 8,22** → Mt 8,23 → Mk 4,36	ἐγένετο δὲ ἐν μιᾷ τῶν ἡμερῶν καὶ αὐτὸς ἐνέβη εἰς πλοῖον καὶ οἱ μαθηταὶ αὐτοῦ καὶ εἶπεν πρὸς αὐτούς· διέλθωμεν **εἰς τὸ πέραν** **τῆς λίμνης,** καὶ ἀνήχθησαν.	
a 221	**Mt 8,28**	καὶ ἐλθόντος αὐτοῦ **εἰς τὸ πέραν** εἰς τὴν χώραν τῶν Γαδαρηνῶν ...	**Mk 5,1**	καὶ ἦλθον **εἰς τὸ πέραν** **τῆς θαλάσσης** εἰς τὴν χώραν τῶν Γερασηνῶν.	**Lk 8,26**	καὶ κατέπλευσαν εἰς τὴν χώραν τῶν Γερασηνῶν, ἥτις ἐστὶν ἀντιπέρα τῆς Γαλιλαίας.	

a 121	**Mt 9,1**	καὶ ἐμβὰς εἰς πλοῖον διεπέρασεν ...	**Mk 5,21**	[18] καὶ ἐμβαίνοντος αὐτοῦ εἰς τὸ πλοῖον ... [21] καὶ διαπεράσαντος τοῦ Ἰησοῦ [ἐν τῷ πλοίῳ] πάλιν **εἰς τὸ πέραν** συνήχθη ὄχλος πολὺς ἐπ' αὐτόν, καὶ ἦν παρὰ τὴν θάλασσαν.	**Lk 8,40**	[37] ... αὐτὸς δὲ ἐμβὰς εἰς πλοῖον ... [40] ἐν δὲ τῷ ὑποστρέφειν τὸν Ἰησοῦν ἀπεδέξατο αὐτὸν ὁ ὄχλος· ἦσαν γὰρ πάντες προσδοκῶντες αὐτόν.	
    220	**Mt 14,22** → Mt 15,39	καὶ εὐθέως ἠνάγκασεν τοὺς μαθητὰς ἐμβῆναι εἰς τὸ πλοῖον καὶ προάγειν αὐτὸν **εἰς τὸ πέραν,** ἕως οὗ ἀπολύσῃ τοὺς ὄχλους.	**Mk 6,45** → Mk 8,9 → Lk 9,10	καὶ εὐθὺς ἠνάγκασεν τοὺς μαθητὰς αὐτοῦ ἐμβῆναι εἰς τὸ πλοῖον καὶ προάγειν **εἰς τὸ πέραν** πρὸς Βηθσαϊδάν, ἕως αὐτὸς ἀπολύει τὸν ὄχλον.			→ Jn 6,17
   220	**Mt 16,5**	[4] ... καὶ καταλιπὼν αὐτοὺς ἀπῆλθεν. [5] καὶ ἐλθόντες οἱ μαθηταὶ **εἰς τὸ πέραν** ἐπελάθοντο ἄρτους λαβεῖν.	**Mk 8,13**	καὶ ἀφεὶς αὐτοὺς πάλιν ἐμβὰς ἀπῆλθεν **εἰς τὸ πέραν.** [14] καὶ ἐπελάθοντο λαβεῖν ἄρτους ...			
b 220	**Mt 19,1** → Lk 9,51	... μετῆρεν ἀπὸ τῆς Γαλιλαίας καὶ ἦλθεν εἰς τὰ ὅρια τῆς Ἰουδαίας **πέραν τοῦ Ἰορδάνου.**	**Mk 10,1** → Lk 9,51	καὶ ἐκεῖθεν ἀναστὰς ἔρχεται εἰς τὰ ὅρια τῆς Ἰουδαίας [καὶ] **πέραν τοῦ Ἰορδάνου,** ...			

πέρας	Syn	Mt	Mk	Lk	Acts	Jn	1-3John	Paul	Eph	Col
	2	1		1				1		
	NT	2Thess	1/2Tim	Tit	Heb	Jas	1Pet	2Pet	Jude	Rev
	4				1					

end; limit; boundary

 202	**Mt 12,42**	βασίλισσα νότου ... ἦλθεν **ἐκ τῶν περάτων** **τῆς γῆς** ἀκοῦσαι τὴν σοφίαν Σολομῶνος, ...			**Lk 11,31**	βασίλισσα νότου ... ἦλθεν **ἐκ τῶν περάτων** **τῆς γῆς** ἀκοῦσαι τὴν σοφίαν Σολομῶνος, ...	

περί	Syn	Mt	Mk	Lk	Acts	Jn	1-3John	Paul	Eph	Col
	95	28	22	45	72	67	11	31	2	4
	NT	2Thess	1/2Tim	Tit	Heb	Jas	1Pet	2Pet	Jude	Rev
	332	4	7	3	23		5	2	5	1

preposition: with genitive: about; concerning; of; with reference to; for; on; on account of; *with accusative:* around; about; near; of; with reference to; regarding; with; in company with

	triple tradition																	double tradition			Sondergut		
		+Mt / +Lk			–Mt / –Lk			traditions not taken over by Mt / Lk							subtotals								
code	*222*	*211*	*112*	*212*	*221*	*122*	*121*	*022*	*012*	*021*	*220*	*120*	*210*	*020*	Σ^+	Σ^-	Σ	*202*	*201*	*102*	*200*	*002*	total
Mt	1	5^+			3	2^-	8^-				4	3^-	2^+		7^+	13^-	15	4			9		**28**
Mk	1				3	2	8				4	3		1			22						**22**
Lk	1		8^+		3^-	2	8^-		3^+						11^+	11^-	14	4		2		25	**45**

Mk-Q overlap: 222: Mt 18,6 / Mk 9,42 / Lk 17,2 (?)

a περί with genitive
aa περὶ οὗ, ~ ἧς, ~ ὧν
ab περί with proper name
ac τὰ περί τινος

b περί with accusative
ba περί with reference to location
bb περί with reference to time
bc τὰ περί τι(να), οἱ περί τινα

	Mt		Mk		Lk		
a 002					Lk 1,1	ἐπειδήπερ πολλοὶ ἐπεχείρησαν ἀνατάξασθαι διήγησιν **περὶ τῶν** **πεπληροφορημένων** **ἐν ἡμῖν πραγμάτων**	
aa 002					Lk 1,4	ἵνα ἐπιγνῷς **περὶ ὧν** κατηχήθης λόγων τὴν ἀσφάλειαν.	
a 002 *a* 002					Lk 2,17 (2)	ἰδόντες δὲ ἐγνώρισαν **περὶ τοῦ ῥήματος** τοῦ λαληθέντος αὐτοῖς **περὶ τοῦ παιδίου** **τούτου.**	
a 002					Lk 2,18	καὶ πάντες οἱ ἀκούσαντες ἐθαύμασαν **περὶ τῶν λαληθέντων** ὑπὸ τῶν ποιμένων πρὸς αὐτούς·	
a 002					Lk 2,27	... καὶ ἐν τῷ εἰσαγαγεῖν τοὺς γονεῖς τὸ παιδίον Ἰησοῦν τοῦ ποιῆσαι αὐτοὺς κατὰ τὸ εἰθισμένον τοῦ νόμου **περὶ αὐτοῦ**	
a 002					Lk 2,33	καὶ ἦν ὁ πατὴρ αὐτοῦ καὶ ἡ μήτηρ θαυμάζοντες ἐπὶ τοῖς λαλουμένοις **περὶ αὐτοῦ.**	
a 002					Lk 2,38	καὶ αὐτῇ τῇ ὥρᾳ ἐπιστᾶσα ἀνθωμολογεῖτο τῷ θεῷ καὶ ἐλάλει **περὶ αὐτοῦ** πᾶσιν τοῖς προσδεχομένοις λύτρωσιν Ἰερουσαλήμ.	
a 200	Mt 2,8	... πορευθέντες ἐξετάσατε ἀκριβῶς **περὶ τοῦ παιδίου·** ἐπὰν δὲ εὕρητε, ἀπαγγείλατέ μοι, ὅπως κἀγὼ ἐλθὼν προσκυνήσω αὐτῷ.					
b 220	Mt 3,4 → Lk 7,33	αὐτὸς δὲ ὁ Ἰωάννης εἶχεν τὸ ἔνδυμα αὐτοῦ ἀπὸ τριχῶν καμήλου καὶ ζώνην δερματίνην **περὶ τὴν ὀσφὺν** **αὐτοῦ,** ἡ δὲ τροφὴ ἦν αὐτοῦ ἀκρίδες καὶ μέλι ἄγριον.	Mk 1,6 → Lk 7,33	καὶ ἦν ὁ Ἰωάννης ἐνδεδυμένος τρίχας καμήλου καὶ ζώνην δερματίνην **περὶ τὴν ὀσφὺν** **αὐτοῦ,** καὶ ἐσθίων ἀκρίδας καὶ μέλι ἄγριον.			
ab 002					Lk 3,15	προσδοκῶντος δὲ τοῦ λαοῦ καὶ διαλογιζομένων πάντων ἐν ταῖς καρδίαις αὐτῶν **περὶ τοῦ Ἰωάννου,** μήποτε αὐτὸς εἴη ὁ χριστός	

ab 112 *a* 112	Mt 14,3	ὁ γὰρ Ἡρῴδης κρατήσας τὸν Ἰωάννην ἔδησεν [αὐτὸν] καὶ ἐν φυλακῇ ἀπέθετο **διὰ Ἡρῳδιάδα** τὴν γυναῖκα Φιλίππου τοῦ ἀδελφοῦ αὐτοῦ·	Mk 6,17	αὐτὸς γὰρ ὁ Ἡρῴδης ἀποστείλας ἐκράτησεν τὸν Ἰωάννην καὶ ἔδησεν αὐτὸν ἐν φυλακῇ **διὰ Ἡρῳδιάδα** τὴν γυναῖκα Φιλίππου τοῦ ἀδελφοῦ αὐτοῦ, ὅτι αὐτὴν ἐγάμησεν·	Lk 3,19 (2) → Mt 14,4 → Mk 6,18	ὁ δὲ Ἡρῴδης ὁ τετραάρχης, ἐλεγχόμενος ὑπ᾽ αὐτοῦ **περὶ Ἡρῳδιάδος** τῆς γυναικὸς τοῦ ἀδελφοῦ αὐτοῦ καὶ **περὶ πάντων ὧν** **ἐποίησεν πονηρῶν** ὁ Ἡρῴδης, [20] προσέθηκεν καὶ τοῦτο ἐπὶ πᾶσιν [καὶ] κατέκλεισεν τὸν Ἰωάννην ἐν φυλακῇ.	
a 202	Mt 4,6	... γέγραπται γὰρ ὅτι *τοῖς ἀγγέλοις αὐτοῦ* *ἐντελεῖται* ***περὶ σοῦ*** *καὶ ἐπὶ χειρῶν* *ἀροῦσίν σε, μήποτε* *προσκόψῃς πρὸς λίθον* *τὸν πόδα σου.* ➤ Ps 91,11-12			Lk 4,10	γέγραπται γὰρ ὅτι *τοῖς ἀγγέλοις αὐτοῦ* *ἐντελεῖται* ***περὶ σοῦ*** *τοῦ διαφυλάξαι σε* [11] καὶ ὅτι *ἐπὶ χειρῶν* *ἀροῦσίν σε, μήποτε* *προσκόψῃς πρὸς λίθον* *τὸν πόδα σου.* ➤ Ps 91,11-12	
a 112	Mt 4,12 → Lk 3,20	ἀκούσας δὲ ὅτι Ἰωάννης παρεδόθη ἀνεχώρησεν εἰς τὴν Γαλιλαίαν.	Mk 1,14 → Mk 1,39 → Lk 3,20	μετὰ δὲ τὸ παραδοθῆναι τὸν Ἰωάννην ἦλθεν ὁ Ἰησοῦς εἰς τὴν Γαλιλαίαν ...	Lk 4,14 ↓ Mt 4,24a → Mt 9,26 ↓ Mk 1,28 ↓ Lk 4,37	καὶ ὑπέστρεψεν ὁ Ἰησοῦς ἐν τῇ δυνάμει τοῦ πνεύματος εἰς τὴν Γαλιλαίαν. καὶ φήμη ἐξῆλθεν καθ᾽ ὅλης τῆς περιχώρου **περὶ αὐτοῦ.**	→ Jn 4,3
a 012	Mt 4,24 → Mt 9,26	καὶ ἀπῆλθεν **ἡ ἀκοὴ αὐτοῦ** εἰς ὅλην τὴν Συρίαν· ...	Mk 1,28	καὶ ἐξῆλθεν **ἡ ἀκοὴ αὐτοῦ** εὐθὺς πανταχοῦ εἰς ὅλην τὴν περίχωρον τῆς Γαλιλαίας.	Lk 4,37 ↑ Lk 4,14	καὶ ἐξεπορεύετο **ἦχος περὶ αὐτοῦ** εἰς πάντα τόπον τῆς περιχώρου.	
a 122	Mt 8,14	... εἶδεν τὴν πενθερὰν αὐτοῦ βεβλημένην καὶ πυρέσσουσαν·	Mk 1,30	ἡ δὲ πενθερὰ Σίμωνος κατέκειτο πυρέσσουσα, καὶ εὐθὺς λέγουσιν αὐτῷ **περὶ αὐτῆς.**	Lk 4,38	... πενθερὰ δὲ τοῦ Σίμωνος ἦν συνεχομένη πυρετῷ μεγάλῳ καὶ ἠρώτησαν αὐτὸν **περὶ αὐτῆς.**	
a 122	Mt 8,4	... ὕπαγε σεαυτὸν δεῖξον τῷ ἱερεῖ, καὶ προσένεγκον τὸ δῶρον ὃ προσέταξεν Μωϋσῆς, εἰς μαρτύριον αὐτοῖς. ➤ Lev 13,49; 14,2-4	Mk 1,44	... ὕπαγε σεαυτὸν δεῖξον τῷ ἱερεῖ καὶ προσένεγκε **περὶ τοῦ καθαρισμοῦ** **σου** ἃ προσέταξεν Μωϋσῆς, εἰς μαρτύριον αὐτοῖς. ➤ Lev 13,49; 14,2-4	Lk 5,14 → Lk 17,14	... ἀπελθὼν δεῖξον σεαυτὸν τῷ ἱερεῖ καὶ προσένεγκε **περὶ τοῦ καθαρισμοῦ** **σου** καθὼς προσέταξεν Μωϋσῆς, εἰς μαρτύριον αὐτοῖς. ➤ Lev 13,49; 14,2-4	
a 012			Mk 1,45 → Mt 9,31	ὁ δὲ ἐξελθὼν ἤρξατο κηρύσσειν πολλὰ καὶ διαφημίζειν τὸν λόγον, ...	Lk 5,15 ↓ Lk 7,17	 διήρχετο δὲ μᾶλλον ὁ λόγος **περὶ αὐτοῦ, ...**	
ba 121	Mt 4,25	καὶ ἠκολούθησαν αὐτῷ ὄχλοι πολλοὶ ἀπὸ τῆς Γαλιλαίας καὶ Δεκαπόλεως καὶ Ἱεροσολύμων καὶ Ἰουδαίας καὶ πέραν τοῦ Ἰορδάνου.	Mk 3,8 ↑ Mt 4,24a	[7] ... καὶ πολὺ πλῆθος ἀπὸ τῆς Γαλιλαίας [ἠκολούθησεν], καὶ ἀπὸ τῆς Ἰουδαίας [8] καὶ ἀπὸ Ἱεροσολύμων καὶ ἀπὸ τῆς Ἰδουμαίας καὶ πέραν τοῦ Ἰορδάνου καὶ **περὶ Τύρον** **καὶ Σιδῶνα ...**	Lk 6,17	... καὶ πλῆθος πολὺ τοῦ λαοῦ ἀπὸ πάσης τῆς Ἰουδαίας καὶ Ἰερουσαλὴμ καὶ **τῆς παραλίου Τύρου** **καὶ Σιδῶνος**	

	Mt		Mk		Lk		
a 102	Mt 5,44	... ἀγαπᾶτε τοὺς ἐχθροὺς ὑμῶν καὶ προσεύχεσθε **ὑπὲρ τῶν διωκόντων** ὑμᾶς			Lk 6,28 ⇨ Lk 6,35	[27] ... ἀγαπᾶτε τοὺς ἐχθροὺς ὑμῶν, καλῶς ποιεῖτε τοῖς μισοῦσιν ὑμᾶς, [28] εὐλογεῖτε τοὺς καταρωμένους ὑμᾶς, προσεύχεσθε **περὶ τῶν ἐπηρεαζόντων** ὑμᾶς.	
a 202	Mt 6,28	καὶ **περὶ ἐνδύματος** τί μεριμνᾶτε; καταμάθετε τὰ κρίνα τοῦ ἀγροῦ πῶς αὐξάνουσιν· ...			Lk 12,26	εἰ οὖν οὐδὲ ἐλάχιστον δύνασθε, τί **περὶ τῶν λοιπῶν** μεριμνᾶτε; [27] κατανοήσατε τὰ κρίνα πῶς αὐξάνει· ...	→ GTh 36,2-3 (only POxy 655)
ab 002					Lk 7,3	ἀκούσας δὲ **περὶ τοῦ Ἰησοῦ** ἀπέστειλεν πρὸς αὐτὸν πρεσβυτέρους τῶν Ἰουδαίων ...	→ Jn 4,47
ba 211	Mt 8,18	ἰδὼν δὲ ὁ Ἰησοῦς ὄχλον **περὶ αὐτὸν** ἐκέλευσεν ἀπελθεῖν εἰς τὸ πέραν.	Mk 4,35	καὶ λέγει αὐτοῖς ... διέλθωμεν εἰς τὸ πέραν.	Lk 8,22	... καὶ εἶπεν πρὸς αὐτούς· διέλθωμεν εἰς τὸ πέραν τῆς λίμνης, καὶ ἀνήχθησαν.	
a 200	Mt 9,36 ⇩ Mt 14,14	ἰδὼν δὲ τοὺς ὄχλους ἐσπλαγχνίσθη **περὶ αὐτῶν**, ...	Mk 6,34	καὶ ἐξελθὼν εἶδεν πολὺν ὄχλον, καὶ ἐσπλαγχνίσθη **ἐπ' αὐτοὺς**, ...			
a 002					Lk 7,17 ↑ Lk 5,15	καὶ ἐξῆλθεν ὁ λόγος οὗτος ἐν ὅλῃ τῇ Ἰουδαίᾳ **περὶ αὐτοῦ** καὶ πάσῃ τῇ περιχώρῳ.	
a 102	Mt 11,2	ὁ δὲ Ἰωάννης ἀκούσας ἐν τῷ δεσμωτηρίῳ **τὰ ἔργα τοῦ Χριστοῦ** πέμψας διὰ τῶν μαθητῶν αὐτοῦ			Lk 7,18	καὶ ἀπήγγειλαν Ἰωάννῃ οἱ μαθηταὶ αὐτοῦ **περὶ πάντων τούτων**. καὶ προσκαλεσάμενος δύο τινὰς τῶν μαθητῶν αὐτοῦ ὁ Ἰωάννης [19] ἔπεμψεν πρὸς τὸν κύριον ...	
ab 202	Mt 11,7	τούτων δὲ πορευομένων ἤρξατο ὁ Ἰησοῦς λέγειν τοῖς ὄχλοις **περὶ Ἰωάννου**· τί ἐξήλθατε εἰς τὴν ἔρημον θεάσασθαι; ...			Lk 7,24	ἀπελθόντων δὲ τῶν ἀγγέλων Ἰωάννου ἤρξατο λέγειν πρὸς τοὺς ὄχλους **περὶ Ἰωάννου**· τί ἐξήλθατε εἰς τὴν ἔρημον θεάσασθαι; ...	→ GTh 78
aa 202	Mt 11,10	οὗτός ἐστιν **περὶ οὗ** γέγραπται· *ἰδοὺ ἐγὼ ἀποστέλλω τὸν ἄγγελόν μου πρὸ προσώπου* σου, *ὃς κατασκευάσει τὴν ὁδόν σου ἔμπροσθέν* σου. ➤ Exod 23,20/Mal 3,1	Mk 1,2 → Mt 3,3 → Lk 3,4	καθὼς γέγραπται ἐν τῷ Ἠσαΐᾳ τῷ προφήτῃ· *ἰδοὺ ἀποστέλλω τὸν ἄγγελόν μου πρὸ προσώπου* σου, *ὃς κατασκευάσει τὴν ὁδόν* σου· ➤ Exod 23,20/Mal 3,1	Lk 7,27	οὗτός ἐστιν **περὶ οὗ** γέγραπται· *ἰδοὺ ἀποστέλλω τὸν ἄγγελόν μου πρὸ προσώπου* σου, *ὃς κατασκευάσει τὴν ὁδόν σου ἔμπροσθέν* σου. ➤ Exod 23,20/Mal 3,1	Mk-Q overlap
a 200	Mt 12,36	λέγω δὲ ὑμῖν ὅτι πᾶν ῥῆμα ἀργὸν ὃ λαλήσουσιν οἱ ἄνθρωποι ἀποδώσουσιν **περὶ αὐτοῦ** λόγον ἐν ἡμέρᾳ κρίσεως·					

ba 121	Mt 12,47	[εἶπεν δέ τις αὐτῷ· ἰδοὺ ἡ μήτηρ σου καὶ οἱ ἀδελφοί σου ἔξω ἑστήκασιν ζητοῦντές σοι λαλῆσαι.]	Mk 3,32	καὶ ἐκάθητο **περὶ αὐτὸν** ὄχλος, καὶ λέγουσιν αὐτῷ· ἰδοὺ ἡ μήτηρ σου καὶ οἱ ἀδελφοί σου [καὶ αἱ ἀδελφαί σου] ἔξω ζητοῦσίν σε.	Lk 8,20	ἀπηγγέλη δὲ αὐτῷ· ἡ μήτηρ σου καὶ οἱ ἀδελφοί σου ἑστήκασιν ἔξω ἰδεῖν θέλοντές σε.	→ GTh 99 Mt 12,47 is textcritically uncertain.
ba 120	Mt 12,49	καὶ ἐκτείνας τὴν χεῖρα αὐτοῦ **ἐπὶ τοὺς μαθητὰς αὐτοῦ** εἶπεν· ἰδοὺ ἡ μήτηρ μου καὶ οἱ ἀδελφοί μου·	Mk 3,34	καὶ περιβλεψάμενος **τοὺς περὶ αὐτὸν κύκλῳ καθημένους** λέγει· ἴδε ἡ μήτηρ μου καὶ οἱ ἀδελφοί μου.			→ GTh 99
bc 121	Mt 13,10	καὶ προσελθόντες **οἱ μαθηταὶ** εἶπαν αὐτῷ· διὰ τί ἐν παραβολαῖς λαλεῖς αὐτοῖς;	Mk 4,10 → Mk 7,17	... ἠρώτων αὐτὸν **οἱ περὶ αὐτὸν σὺν τοῖς δώδεκα** τὰς παραβολάς.	Lk 8,9 → Mk 7,17	ἐπηρώτων δὲ αὐτὸν **οἱ μαθηταὶ αὐτοῦ** τίς αὕτη εἴη ἡ παραβολή.	
b 121	Mt 13,22	ὁ δὲ εἰς τὰς ἀκάνθας σπαρείς, οὗτός ἐστιν ὁ τὸν λόγον ἀκούων, καὶ ἡ μέριμνα τοῦ αἰῶνος καὶ ἡ ἀπάτη τοῦ πλούτου συμπνίγει τὸν λόγον καὶ ἄκαρπος γίνεται.	Mk 4,19	[18] καὶ ἄλλοι εἰσὶν οἱ εἰς τὰς ἀκάνθας σπειρόμενοι· οὗτοί εἰσιν οἱ τὸν λόγον ἀκούσαντες, [19] καὶ αἱ μέριμναι τοῦ αἰῶνος καὶ ἡ ἀπάτη τοῦ πλούτου καὶ **αἱ περὶ τὰ λοιπὰ ἐπιθυμίαι** εἰσπορευόμεναι συμπνίγουσιν τὸν λόγον καὶ ἄκαρπος γίνεται.	Lk 8,14	τὸ δὲ εἰς τὰς ἀκάνθας πεσόν, οὗτοί εἰσιν οἱ ἀκούσαντες, καὶ ὑπὸ μεριμνῶν καὶ πλούτου καὶ **ἡδονῶν τοῦ βίου** πορευόμενοι συμπνίγονται καὶ οὐ τελεσφοροῦσιν.	
a 121	Mt 8,33	... καὶ τὰ τῶν δαιμονιζομένων.	Mk 5,16	καὶ διηγήσαντο αὐτοῖς οἱ ἰδόντες πῶς ἐγένετο τῷ δαιμονιζομένῳ καὶ **περὶ τῶν χοίρων.**	Lk 8,36	ἀπήγγειλαν δὲ αὐτοῖς οἱ ἰδόντες πῶς ἐσώθη ὁ δαιμονισθείς.	
ab 121	Mt 9,20 → Mt 14,36	... προσελθοῦσα ὄπισθεν ἥψατο τοῦ κρασπέδου τοῦ ἱματίου αὐτοῦ·	Mk 5,27 → Mk 6,56	ἀκούσασα **περὶ τοῦ Ἰησοῦ,** ἐλθοῦσα ἐν τῷ ὄχλῳ ὄπισθεν ἥψατο τοῦ ἱματίου αὐτοῦ·	Lk 8,44	προσελθοῦσα ὄπισθεν ἥψατο τοῦ κρασπέδου τοῦ ἱματίου αὐτοῦ ...	
aa 112	Mt 14,2 → Mk 6,14 → Lk 9,7	καὶ εἶπεν τοῖς παισὶν αὐτοῦ· οὗτός ἐστιν Ἰωάννης ὁ βαπτιστής· αὐτὸς ἠγέρθη ἀπὸ τῶν νεκρῶν καὶ διὰ τοῦτο αἱ δυνάμεις ἐνεργοῦσιν ἐν αὐτῷ.	Mk 6,16 → Mk 6,27	ἀκούσας δὲ ὁ Ἡρῴδης ἔλεγεν· ὃν ἐγὼ ἀπεκεφάλισα Ἰωάννην, οὗτος ἠγέρθη.	Lk 9,9 ↓ Lk 23,8	εἶπεν δὲ Ἡρῴδης· Ἰωάννην ἐγὼ ἀπεκεφάλισα· τίς δέ ἐστιν οὗτος **περὶ οὗ** ἀκούω τοιαῦτα; καὶ ἐζήτει ἰδεῖν αὐτόν.	
a 112	Mt 14,14 ⇑ Mt 9,36 → Mt 15,32	καὶ ἐξελθὼν εἶδεν πολὺν ὄχλον, καὶ ἐσπλαγχνίσθη ἐπ' αὐτοῖς καὶ ἐθεράπευσεν τοὺς ἀρρώστους αὐτῶν.	Mk 6,34 → Mk 8,2	καὶ ἐξελθὼν εἶδεν πολὺν ὄχλον, καὶ ἐσπλαγχνίσθη ἐπ' αὐτούς, ὅτι ἦσαν *ὡς πρόβατα μὴ ἔχοντα ποιμένα,* καὶ ἤρξατο διδάσκειν αὐτοὺς **πολλά.** ➤ Num 27,17/Jdt 11,19/2Chron 18,16	Lk 9,11	... καὶ ἀποδεξάμενος αὐτοὺς ἐλάλει αὐτοῖς **περὶ τῆς βασιλείας τοῦ θεοῦ,** καὶ τοὺς χρείαν ἔχοντας θεραπείας ἰᾶτο.	
bb 120	Mt 14,25	**τετάρτῃ δὲ φυλακῇ τῆς νυκτὸς** ἦλθεν πρὸς αὐτοὺς περιπατῶν ἐπὶ τὴν θάλασσαν.	Mk 6,48	... **περὶ τετάρτην φυλακὴν τῆς νυκτὸς** ἔρχεται πρὸς αὐτοὺς περιπατῶν ἐπὶ τῆς θαλάσσης καὶ ἤθελεν παρελθεῖν αὐτούς.			→ Jn 6,19

a 220	**Mt 15,7**	ὑποκριταί, καλῶς ἐπροφήτευσεν **περὶ ὑμῶν** Ἠσαΐας λέγων· [8] *ὁ λαὸς οὗτος τοῖς χείλεσίν με τιμᾷ, ἡ δὲ καρδία αὐτῶν πόρρω ἀπέχει ἀπ᾽ ἐμοῦ·* ➤ Isa 29,13 LXX	**Mk 7,6**	... καλῶς ἐπροφήτευσεν Ἠσαΐας **περὶ ὑμῶν** τῶν ὑποκριτῶν, ὡς γέγραπται [ὅτι] *οὗτος ὁ λαὸς τοῖς χείλεσίν με τιμᾷ, ἡ δὲ καρδία αὐτῶν πόρρω ἀπέχει ἀπ᾽ ἐμοῦ·* ➤ Isa 29,13 LXX			
a 120	**Mt 15,22** → Mk 7,24 → Mk 7,26	καὶ ἰδοὺ γυνὴ Χαναναία ἀπὸ τῶν ὁρίων ἐκείνων ἐξελθοῦσα ἔκραζεν λέγουσα· ἐλέησόν με, κύριε υἱὸς Δαυίδ· ἡ θυγάτηρ μου κακῶς δαιμονίζεται.	**Mk 7,25**	ἀλλ᾽ εὐθὺς ἀκούσασα γυνὴ **περὶ αὐτοῦ,** ἧς εἶχεν τὸ θυγάτριον αὐτῆς πνεῦμα ἀκάθαρτον, ...			
a 210	**Mt 16,11** ⇨ Mt 16,6 ⇨ Mk 8,15 ⇨ Lk 12,1	πῶς οὐ νοεῖτε ὅτι οὐ **περὶ ἄρτων** εἶπον ὑμῖν; προσέχετε δὲ ἀπὸ τῆς ζύμης τῶν Φαρισαίων καὶ Σαδδουκαίων.	**Mk 8,21**	... οὔπω συνίετε;			
a 121	**Mt 16,20**	τότε διεστείλατο τοῖς μαθηταῖς ἵνα μηδενὶ εἴπωσιν **ὅτι αὐτός ἐστιν ὁ χριστός.**	**Mk 8,30**	καὶ ἐπετίμησεν αὐτοῖς ἵνα μηδενὶ λέγωσιν **περὶ αὐτοῦ.**	**Lk 9,21**	ὁ δὲ ἐπιτιμήσας αὐτοῖς παρήγγειλεν μηδενὶ λέγειν **τοῦτο**	→ GTh 13
ab 200	**Mt 17,13**	τότε συνῆκαν οἱ μαθηταὶ ὅτι **περὶ Ἰωάννου τοῦ βαπτιστοῦ** εἶπεν αὐτοῖς.					
ba 121	**Mt 17,14**	[9] καὶ καταβαινόντων αὐτῶν ἐκ τοῦ ὄρους ... [14] καὶ ἐλθόντων πρὸς τὸν ὄχλον ...	**Mk 9,14**	[9] καὶ καταβαινόντων αὐτῶν ἐκ τοῦ ὄρους ... [14] καὶ ἐλθόντες πρὸς τοὺς μαθητὰς εἶδον ὄχλον πολὺν **περὶ αὐτοὺς** καὶ γραμματεῖς συζητοῦντας πρὸς αὐτούς.	**Lk 9,37**	ἐγένετο δὲ τῇ ἑξῆς ἡμέρᾳ κατελθόντων αὐτῶν ἀπὸ τοῦ ὄρους ...	
a 112	**Mt 17,23**	... καὶ ἐλυπήθησαν σφόδρα.	**Mk 9,32** → Lk 18,34	οἱ δὲ ἠγνόουν τὸ ῥῆμα, ... καὶ ἐφοβοῦντο αὐτὸν ἐπερωτῆσαι.	**Lk 9,45** → Lk 18,34	οἱ δὲ ἠγνόουν τὸ ῥῆμα τοῦτο καὶ ἦν παρακεκαλυμμένον ἀπ᾽ αὐτῶν ἵνα μὴ αἴσθωνται αὐτό, καὶ ἐφοβοῦντο ἐρωτῆσαι αὐτὸν **περὶ τοῦ ῥήματος τούτου.**	
b 002					**Lk 10,40**	ἡ δὲ Μάρθα περιεσπᾶτο **περὶ πολλὴν διακονίαν·** ἐπιστᾶσα δὲ εἶπεν· κύριε, οὐ μέλει σοι ...	
b 002					**Lk 10,41**	... Μάρθα Μάρθα, μεριμνᾷς καὶ θορυβάζῃ **περὶ πολλά**	
a 002					**Lk 11,53**	κἀκεῖθεν ἐξελθόντος αὐτοῦ ἤρξαντο οἱ γραμματεῖς καὶ οἱ Φαρισαῖοι δεινῶς ἐνέχειν καὶ ἀποστοματίζειν αὐτὸν **περὶ πλειόνων**	

a 202	Mt 6,28	καὶ **περὶ ἐνδύματος** τί μεριμνᾶτε; καταμάθετε τὰ κρίνα τοῦ ἀγροῦ πῶς αὐξάνουσιν· ...			Lk 12,26	εἰ οὖν οὐδὲ ἐλάχιστον δύνασθε, τί **περὶ τῶν λοιπῶν** μεριμνᾶτε; [27] κατανοήσατε τὰ κρίνα πῶς αὐξάνει· ...	→ GTh 36,2-3 (only POxy 655)
a 002					Lk 13,1	παρῆσαν δέ τινες ἐν αὐτῷ τῷ καιρῷ ἀπαγγέλλοντες αὐτῷ **περὶ τῶν Γαλιλαίων** ὧν τὸ αἷμα Πιλᾶτος ἔμιξεν μετὰ τῶν θυσιῶν αὐτῶν.	
ba 002					Lk 13,8	... κύριε, ἄφες αὐτὴν καὶ τοῦτο τὸ ἔτος, ἕως ὅτου σκάψω **περὶ αὐτὴν** καὶ βάλω κόπρια	
a 002					Lk 16,2	... τί τοῦτο ἀκούω **περὶ σοῦ;** ἀπόδος τὸν λόγον τῆς οἰκονομίας σου, ...	
b 222	Mt 18,6 → Mt 18,10	ὃς δ' ἂν σκανδαλίσῃ ἕνα τῶν μικρῶν τούτων τῶν πιστευόντων εἰς ἐμέ, συμφέρει αὐτῷ ἵνα κρεμασθῇ μύλος ὀνικὸς **περὶ τὸν τράχηλον αὐτοῦ** καὶ καταποντισθῇ ἐν τῷ πελάγει τῆς θαλάσσης.	Mk 9,42	καὶ ὃς ἂν σκανδαλίσῃ ἕνα τῶν μικρῶν τούτων τῶν πιστευόντων [εἰς ἐμέ], καλόν ἐστιν αὐτῷ μᾶλλον εἰ περίκειται μύλος ὀνικὸς **περὶ τὸν τράχηλον αὐτοῦ** καὶ βέβληται εἰς τὴν θάλασσαν.	Lk 17,2	λυσιτελεῖ αὐτῷ εἰ λίθος μυλικὸς περίκειται **περὶ τὸν τράχηλον αὐτοῦ** καὶ ἔρριπται εἰς τὴν θάλασσαν ἢ ἵνα σκανδαλίσῃ τῶν μικρῶν τούτων ἕνα.	Mk-Q overlap?
a 200	Mt 18,19 → Mt 21,22 → Mk 11,24	... ἐὰν δύο συμφωνήσωσιν ἐξ ὑμῶν ἐπὶ τῆς γῆς **περὶ παντὸς πράγματος** οὗ ἐὰν αἰτήσωνται, γενήσεται αὐτοῖς παρὰ τοῦ πατρός μου τοῦ ἐν οὐρανοῖς.					→ GTh 30 (POxy 1) → GTh 48 → GTh 106
a 020			Mk 10,10	καὶ εἰς τὴν οἰκίαν πάλιν οἱ μαθηταὶ **περὶ τούτου** ἐπηρώτων αὐτόν.			
a 211	Mt 19,17	ὁ δὲ εἶπεν αὐτῷ· τί με ἐρωτᾷς **περὶ τοῦ ἀγαθοῦ;** εἷς ἐστιν ὁ ἀγαθός· ...	Mk 10,18	ὁ δὲ Ἰησοῦς εἶπεν αὐτῷ· τί με λέγεις **ἀγαθόν;** οὐδεὶς ἀγαθὸς εἰ μὴ εἷς ὁ θεός.	Lk 18,19	εἶπεν δὲ αὐτῷ ὁ Ἰησοῦς· τί με λέγεις **ἀγαθόν;** οὐδεὶς ἀγαθὸς εἰ μὴ εἷς ὁ θεός.	
bb 200	Mt 20,3	καὶ ἐξελθὼν **περὶ τρίτην ὥραν** εἶδεν ἄλλους ἑστῶτας ἐν τῇ ἀγορᾷ ἀργούς					
bb 200	Mt 20,5	... πάλιν [δὲ] ἐξελθὼν **περὶ ἕκτην καὶ ἐνάτην ὥραν** ἐποίησεν ὡσαύτως.					

bb 200	Mt 20,6	**περὶ δὲ τὴν ἑνδεκάτην** ἐξελθὼν εὗρεν ἄλλους ἑστῶτας καὶ λέγει αὐτοῖς· τί ὧδε ἑστήκατε ὅλην τὴν ἡμέραν ἀργοί;					
bb 200	Mt 20,9	καὶ ἐλθόντες **οἱ περὶ τὴν ἑνδεκάτην ὥραν** ἔλαβον ἀνὰ δηνάριον.					
a 220	Mt 20,24	καὶ ἀκούσαντες οἱ δέκα ἠγανάκτησαν **περὶ τῶν δύο ἀδελφῶν.**	Mk 10,41	καὶ ἀκούσαντες οἱ δέκα ἤρξαντο ἀγανακτεῖν **περὶ Ἰακώβου καὶ Ἰωάννου.**			
a 112	Mt 21,9	οἱ δὲ ὄχλοι οἱ προάγοντες αὐτὸν καὶ οἱ ἀκολουθοῦντες ἔκραζον λέγοντες· *ὡσαννὰ* τῷ υἱῷ Δαυίδ· *εὐλογημένος ὁ ἐρχόμενος ἐν ὀνόματι κυρίου*· ... ➤ Ps 118,25-26	Mk 11,9	καὶ οἱ προάγοντες καὶ οἱ ἀκολουθοῦντες ἔκραζον· *ὡσαννά*· *εὐλογημένος ὁ ἐρχόμενος ἐν ὀνόματι κυρίου*· ➤ Ps 118,25-26	Lk 19,37	... ἤρξαντο ἅπαν τὸ πλῆθος τῶν μαθητῶν χαίροντες αἰνεῖν τὸν θεὸν φωνῇ μεγάλῃ **περὶ πασῶν ὧν εἶδον δυνάμεων,** [38] λέγοντες· *εὐλογημένος ὁ ἐρχόμενος*, ὁ βασιλεὺς *ἐν ὀνόματι κυρίου*· ... ➤ Ps 118,26	→ Jn 12,13
a 211	Mt 21,45 → Mk 11,18	καὶ ἀκούσαντες οἱ ἀρχιερεῖς καὶ οἱ Φαρισαῖοι τὰς παραβολὰς αὐτοῦ ἔγνωσαν ὅτι **περὶ αὐτῶν** λέγει·	Mk 12,12	... ἔγνωσαν γὰρ ὅτι **πρὸς αὐτοὺς** τὴν παραβολὴν εἶπεν. ...	Lk 20,19	... ἔγνωσαν γὰρ ὅτι **πρὸς αὐτοὺς** εἶπεν τὴν παραβολὴν ταύτην.	
a 221	Mt 22,16	... διδάσκαλε, οἴδαμεν ὅτι ἀληθὴς εἶ καὶ τὴν ὁδὸν τοῦ θεοῦ ἐν ἀληθείᾳ διδάσκεις καὶ οὐ μέλει σοι **περὶ οὐδενός.** οὐ γὰρ βλέπεις εἰς πρόσωπον ἀνθρώπων	Mk 12,14	... διδάσκαλε, οἴδαμεν ὅτι ἀληθὴς εἶ καὶ οὐ μέλει σοι **περὶ οὐδενός·** οὐ γὰρ βλέπεις εἰς πρόσωπον ἀνθρώπων, ἀλλ' ἐπ' ἀληθείας τὴν ὁδὸν τοῦ θεοῦ διδάσκεις· ...	Lk 20,21	... διδάσκαλε, οἴδαμεν ὅτι ὀρθῶς λέγεις καὶ διδάσκεις καὶ οὐ λαμβάνεις πρόσωπον, ἀλλ' ἐπ' ἀληθείας τὴν ὁδὸν τοῦ θεοῦ διδάσκεις·	→ Jn 3,2
a 221	Mt 22,31	**περὶ δὲ τῆς ἀναστάσεως τῶν νεκρῶν** οὐκ ἀνέγνωτε τὸ ῥηθὲν ὑμῖν ὑπὸ τοῦ θεοῦ λέγοντος·	Mk 12,26	**περὶ δὲ τῶν νεκρῶν ὅτι ἐγείρονται** οὐκ ἀνέγνωτε ἐν τῇ βίβλῳ Μωϋσέως ἐπὶ τοῦ βάτου πῶς εἶπεν αὐτῷ ὁ θεὸς λέγων· ...	Lk 20,37	**ὅτι δὲ ἐγείρονται οἱ νεκροί,** καὶ Μωϋσῆς ἐμήνυσεν ἐπὶ τῆς βάτου, ὡς λέγει ...	
a 211	Mt 22,42	... τί ὑμῖν δοκεῖ **περὶ τοῦ χριστοῦ;** τίνος υἱός ἐστιν; λέγουσιν αὐτῷ· τοῦ Δαυίδ.	Mk 12,35	... πῶς λέγουσιν οἱ γραμματεῖς ὅτι **ὁ χριστὸς** υἱὸς Δαυίδ ἐστιν;	Lk 20,41	... πῶς λέγουσιν **τὸν χριστὸν** εἶναι Δαυὶδ υἱόν;	
a 112	Mt 24,1	καὶ ἐξελθὼν ὁ Ἰησοῦς ἀπὸ τοῦ ἱεροῦ ἐπορεύετο, καὶ προσῆλθον οἱ μαθηταὶ αὐτοῦ ἐπιδεῖξαι αὐτῷ **τὰς οἰκοδομὰς τοῦ ἱεροῦ.**	Mk 13,1	καὶ ἐκπορευομένου αὐτοῦ ἐκ τοῦ ἱεροῦ λέγει αὐτῷ εἷς τῶν μαθητῶν αὐτοῦ· διδάσκαλε, ἴδε ποταποὶ λίθοι καὶ **ποταπαὶ οἰκοδομαί.**	Lk 21,5	καί τινων λεγόντων **περὶ τοῦ ἱεροῦ** ὅτι λίθοις καλοῖς καὶ ἀναθήμασιν κεκόσμηται ...	

	Mt		Mk		Lk		
a 220	Mt 24,36	**περὶ δὲ τῆς ἡμέρας ἐκείνης καὶ ὥρας** οὐδεὶς οἶδεν, οὐδὲ οἱ ἄγγελοι τῶν οὐρανῶν οὐδὲ ὁ υἱός, εἰ μὴ ὁ πατὴρ μόνος.	Mk 13,32	**περὶ δὲ τῆς ἡμέρας ἐκείνης ἢ τῆς ὥρας** οὐδεὶς οἶδεν, οὐδὲ οἱ ἄγγελοι ἐν οὐρανῷ οὐδὲ ὁ υἱός, εἰ μὴ ὁ πατήρ.			
a 221	Mt 26,24	ὁ μὲν υἱὸς τοῦ ἀνθρώπου ὑπάγει καθὼς γέγραπται **περὶ αὐτοῦ,** οὐαὶ δὲ τῷ ἀνθρώπῳ ἐκείνῳ δι' οὗ ὁ υἱὸς τοῦ ἀνθρώπου παραδίδοται· ...	Mk 14,21	ὅτι ὁ μὲν υἱὸς τοῦ ἀνθρώπου ὑπάγει καθὼς γέγραπται **περὶ αὐτοῦ,** οὐαὶ δὲ τῷ ἀνθρώπῳ ἐκείνῳ δι' οὗ ὁ υἱὸς τοῦ ἀνθρώπου παραδίδοται· ...	Lk 22,22	ὅτι ὁ υἱὸς μὲν τοῦ ἀνθρώπου κατὰ τὸ ὡρισμένον πορεύεται, πλὴν οὐαὶ τῷ ἀνθρώπῳ ἐκείνῳ δι' οὗ παραδίδοται.	
a 211	Mt 26,28	τοῦτο γάρ ἐστιν τὸ αἷμά μου τῆς διαθήκης τὸ **περὶ πολλῶν** ἐκχυννόμενον εἰς ἄφεσιν ἁμαρτιῶν.	Mk 14,24	... τοῦτό ἐστιν τὸ αἷμά μου τῆς διαθήκης τὸ ἐκχυννόμενον **ὑπὲρ πολλῶν.**	Lk 22,20	... τοῦτο τὸ ποτήριον ἡ καινὴ διαθήκη ἐν τῷ αἵματί μου, τὸ **ὑπὲρ ὑμῶν** ἐκχυννόμενον.	→ 1Cor 11,25
a 002					Lk 22,32	ἐγὼ δὲ ἐδεήθην **περὶ σοῦ** ἵνα μὴ ἐκλίπῃ ἡ πίστις σου· ...	
ac 002					Lk 22,37 → Mt 27,38 → Mk 15,27 → Lk 23,33	... τοῦτο τὸ γεγραμμένον δεῖ τελεσθῆναι ἐν ἐμοί, τό· *καὶ μετὰ ἀνόμων* *ἐλογίσθη*· καὶ γὰρ **τὸ περὶ ἐμοῦ** τέλος ἔχει. ➤ Isa 53,12	→ Jn 19,18
bc 002	→ Mt 26,51		→ Mk 14,47		Lk 22,49 → Lk 22,38 → Lk 22,50	ἰδόντες δὲ **οἱ περὶ αὐτὸν** τὸ ἐσόμενον εἶπαν· κύριε, εἰ πατάξομεν ἐν μαχαίρῃ;	
a 002					Lk 23,8 ↑ Lk 9,9	ὁ δὲ Ἡρῴδης ἰδὼν τὸν Ἰησοῦν ἐχάρη λίαν, ἦν γὰρ ἐξ ἱκανῶν χρόνων θέλων ἰδεῖν αὐτὸν διὰ τὸ ἀκούειν **περὶ αὐτοῦ,** καὶ ἤλπιζέν τι σημεῖον ἰδεῖν ὑπ' αὐτοῦ γινόμενον.	
bb 210	Mt 27,46	**περὶ δὲ τὴν ἐνάτην ὥραν** ἀνεβόησεν ὁ Ἰησοῦς φωνῇ μεγάλῃ λέγων· *ηλι* *ηλι λεμα σαβαχθανι;* ... ➤ Ps 22,2	Mk 15,34	**καὶ τῇ ἐνάτῃ ὥρᾳ** ἐβόησεν ὁ Ἰησοῦς φωνῇ μεγάλῃ· *ελωι* *ελωι λεμα σαβαχθανι;* ... ➤ Ps 22,2			
a 012	Mt 28,3	[2] ... ἄγγελος γὰρ κυρίου καταβὰς ἐξ οὐρανοῦ ... [3] ἦν δὲ ἡ εἰδέα αὐτοῦ ὡς ἀστραπὴ καὶ τὸ ἔνδυμα αὐτοῦ λευκὸν ὡς χιών.	Mk 16,5	καὶ εἰσελθοῦσαι εἰς τὸ μνημεῖον εἶδον νεανίσκον καθήμενον ἐν τοῖς δεξιοῖς περιβεβλημένον στολὴν λευκήν, ...	Lk 24,4 → Lk 24,23	καὶ ἐγένετο ἐν τῷ ἀπορεῖσθαι αὐτὰς **περὶ τούτου** καὶ ἰδοὺ ἄνδρες δύο ἐπέστησαν αὐταῖς ἐν ἐσθῆτι ἀστραπτούσῃ.	→ Jn 20,12
a 002					Lk 24,14	καὶ αὐτοὶ ὡμίλουν πρὸς ἀλλήλους **περὶ πάντων τῶν συμβεβηκότων τούτων.**	

ab ac 002	Lk 24,19	καὶ εἶπεν αὐτοῖς· ποῖα; οἱ δὲ εἶπαν αὐτῷ· **τὰ περὶ Ἰησοῦ τοῦ Ναζαρηνοῦ,** ὃς ἐγένετο ἀνὴρ προφήτης δυνατὸς ἐν ἔργῳ καὶ λόγῳ ...	→ Acts 2,22 → Acts 10,38
ac 002	Lk 24,27 ↓ Lk 24,44	καὶ ἀρξάμενος ἀπὸ Μωϋσέως καὶ ἀπὸ πάντων τῶν προφητῶν διερμήνευσεν αὐτοῖς ἐν πάσαις ταῖς γραφαῖς **τὰ περὶ ἑαυτοῦ.**	
a 002	Lk 24,44 ↑ Lk 24,27	... δεῖ πληρωθῆναι πάντα τὰ γεγραμμένα ἐν τῷ νόμῳ Μωϋσέως καὶ τοῖς προφήταις καὶ ψαλμοῖς **περὶ ἐμοῦ.**	

a περί with genitive
aa περὶ οὗ, ~ ἧς, ~ ὧν
ab περί with proper name
ac τὰ περί τινος

b περί with accusative
ba περί with reference to location
bb περί with reference to time
bc τὰ περί τι(να), οἱ περί τινα

a **Acts 1,1** τὸν μὲν πρῶτον λόγον ἐποιησάμην **περὶ πάντων,** ὦ Θεόφιλε, ὧν ἤρξατο ὁ Ἰησοῦς ποιεῖν τε καὶ διδάσκειν

ac **Acts 1,3** ... δι' ἡμερῶν τεσσεράκοντα ὀπτανόμενος αὐτοῖς καὶ λέγων **τὰ περὶ τῆς βασιλείας τοῦ θεοῦ·**

ab **Acts 1,16** ἄνδρες ἀδελφοί, ἔδει πληρωθῆναι τὴν γραφὴν ἣν προεῖπεν τὸ πνεῦμα τὸ ἅγιον διὰ στόματος Δαυὶδ **περὶ Ἰούδα** τοῦ γενομένου ὁδηγοῦ τοῖς συλλαβοῦσιν Ἰησοῦν

ab **Acts 2,29** ἄνδρες ἀδελφοί, ἐξὸν εἰπεῖν μετὰ παρρησίας πρὸς ὑμᾶς **περὶ τοῦ πατριάρχου Δαυίδ** ὅτι καὶ ἐτελεύτησεν καὶ ἐτάφη, ...

a **Acts 2,31** προϊδὼν ἐλάλησεν **περὶ τῆς ἀναστάσεως τοῦ Χριστοῦ** ὅτι οὔτε ἐγκατελείφθη εἰς ᾅδην οὔτε ἡ σὰρξ αὐτοῦ εἶδεν διαφθοράν.
➤ Ps 16,10

a **Acts 5,24** ὡς δὲ ἤκουσαν τοὺς λόγους τούτους ὅ τε στρατηγὸς τοῦ ἱεροῦ καὶ οἱ ἀρχιερεῖς, διηπόρουν **περὶ αὐτῶν** τί ἂν γένοιτο τοῦτο.

a **Acts 7,52** ... καὶ ἀπέκτειναν τοὺς προκαταγγείλαντας **περὶ τῆς ἐλεύσεως τοῦ δικαίου,** οὗ νῦν ὑμεῖς προδόται καὶ φονεῖς ἐγένεσθε

a **Acts 8,12** ὅτε δὲ ἐπίστευσαν τῷ Φιλίππῳ εὐαγγελιζομένῳ **περὶ τῆς βασιλείας τοῦ θεοῦ καὶ τοῦ ὀνόματος Ἰησοῦ Χριστοῦ,** ἐβαπτίζοντο ἄνδρες τε καὶ γυναῖκες.

a **Acts 8,15** οἵτινες καταβάντες προσηύξαντο **περὶ αὐτῶν** ὅπως λάβωσιν πνεῦμα ἅγιον·

a **Acts 8,34 (3)** ἀποκριθεὶς δὲ ὁ εὐνοῦχος τῷ Φιλίππῳ εἶπεν· δέομαί σου, **περὶ τίνος** ὁ προφήτης λέγει τοῦτο;
a **περὶ ἑαυτοῦ**
a ἢ **περὶ ἑτέρου τινός;**

a **Acts 9,13** ... κύριε, ἤκουσα ἀπὸ πολλῶν **περὶ τοῦ ἀνδρὸς τούτου** ὅσα κακὰ τοῖς ἁγίοις σου ἐποίησεν ἐν Ἰερουσαλήμ·

bb **Acts 10,3** εἶδεν ἐν ὁράματι φανερῶς **ὡσεὶ περὶ ὥραν ἐνάτην τῆς ἡμέρας** ἄγγελον τοῦ θεοῦ εἰσελθόντα πρὸς αὐτὸν καὶ εἰπόντα αὐτῷ· Κορνήλιε.

bb **Acts 10,9** ... ἀνέβη Πέτρος ἐπὶ τὸ δῶμα προσεύξασθαι **περὶ ὥραν ἕκτην.**

a **Acts 10,19** τοῦ δὲ Πέτρου διενθυμουμένου **περὶ τοῦ ὁράματος** εἶπεν [αὐτῷ] τὸ πνεῦμα· ἰδοὺ ἄνδρες τρεῖς ζητοῦντές σε

a **Acts 11,22** ἠκούσθη δὲ ὁ λόγος εἰς τὰ ὦτα τῆς ἐκκλησίας τῆς οὔσης ἐν Ἰερουσαλὴμ **περὶ αὐτῶν** καὶ ἐξαπέστειλαν Βαρναβᾶν [διελθεῖν] ἕως Ἀντιοχείας.

a **Acts 12,5** ... προσευχὴ δὲ ἦν ἐκτενῶς γινομένη ὑπὸ τῆς ἐκκλησίας πρὸς τὸν θεὸν **περὶ αὐτοῦ.**

bc **Acts 13,13** ἀναχθέντες δὲ ἀπὸ τῆς Πάφου **οἱ περὶ Παῦλον** ἦλθον εἰς Πέργην τῆς Παμφυλίας, Ἰωάννης δὲ ἀποχωρήσας ἀπ' αὐτῶν ὑπέστρεψεν εἰς Ἱεροσόλυμα.

a **Acts 13,29** ὡς δὲ ἐτέλεσαν πάντα τὰ **περὶ αὐτοῦ** γεγραμμένα, καθελόντες ἀπὸ τοῦ ξύλου ἔθηκαν εἰς μνημεῖον.

a Acts 15,2 ... ἔταξαν ἀναβαίνειν Παῦλον καὶ Βαρναβᾶν καί τινας ἄλλους ἐξ αὐτῶν πρὸς τοὺς ἀποστόλους καὶ πρεσβυτέρους εἰς Ἰερουσαλὴμ
περὶ τοῦ ζητήματος τούτου.

a Acts 15,6 συνήχθησάν τε οἱ ἀπόστολοι καὶ οἱ πρεσβύτεροι ἰδεῖν
περὶ τοῦ λόγου τούτου.

a Acts 17,32 ἀκούσαντες δὲ ἀνάστασιν νεκρῶν οἱ μὲν ἐχλεύαζον, οἱ δὲ εἶπαν· ἀκουσόμεθά σου
περὶ τούτου
καὶ πάλιν.

a Acts 18,15 εἰ δὲ ζητήματά ἐστιν
περὶ λόγου καὶ ὀνομάτων καὶ νόμου τοῦ καθ' ὑμᾶς,
ὄψεσθε αὐτοί· κριτὴς ἐγὼ τούτων οὐ βούλομαι εἶναι.

ab ac Acts 18,25 [24] Ἰουδαῖος δέ τις Ἀπολλῶς ὀνόματι, ... [25] ... ἐδίδασκεν ἀκριβῶς
τὰ περὶ τοῦ Ἰησοῦ,
ἐπιστάμενος μόνον τὸ βάπτισμα Ἰωάννου·

ac Acts 19,8 ... ἐπαρρησιάζετο ἐπὶ μῆνας τρεῖς διαλεγόμενος καὶ πείθων
[τὰ] περὶ τῆς βασιλείας τοῦ θεοῦ.

a Acts 19,23 ἐγένετο δὲ κατὰ τὸν καιρὸν ἐκεῖνον τάραχος οὐκ ὀλίγος
περὶ τῆς ὁδοῦ.

b Acts 19,25 οὓς συναθροίσας καὶ τοὺς
περὶ τὰ τοιαῦτα
ἐργάτας εἶπεν· ...

a Acts 19,40 (3) καὶ γὰρ κινδυνεύομεν ἐγκαλεῖσθαι στάσεως
περὶ τῆς σήμερον,
μηδενὸς αἰτίου ὑπάρχοντος

aa
περὶ οὗ
[οὐ] δυνησόμεθα ἀποδοῦναι λόγον

a
περὶ τῆς συστροφῆς ταύτης.
καὶ ταῦτα εἰπὼν ἀπέλυσεν τὴν ἐκκλησίαν.

a Acts 21,21 κατηχήθησαν δὲ
περὶ σοῦ
ὅτι ἀποστασίαν διδάσκεις ἀπὸ Μωϋσέως τοὺς κατὰ τὰ ἔθνη πάντας Ἰουδαίους ...

a Acts 21,24 ... καὶ γνώσονται πάντες ὅτι ὧν κατήχηνται
περὶ σοῦ
οὐδέν ἐστιν ἀλλὰ στοιχεῖς καὶ αὐτὸς φυλάσσων τὸν νόμον.

a Acts 21,25 **περὶ δὲ τῶν πεπιστευκότων ἐθνῶν**
ἡμεῖς ἐπεστείλαμεν κρίναντες φυλάσσεσθαι αὐτοὺς τό τε εἰδωλόθυτον καὶ αἷμα καὶ πνικτὸν καὶ πορνείαν.

bb Acts 22,6 (2) ἐγένετο δέ μοι πορευομένῳ καὶ ἐγγίζοντι τῇ Δαμασκῷ
περὶ μεσημβρίαν
ἐξαίφνης ἐκ τοῦ οὐρανοῦ περιαστράψαι φῶς ἱκανὸν

b
περὶ ἐμέ

a Acts 22,10 ... ἀναστὰς πορεύου εἰς Δαμασκόν κἀκεῖ σοι λαληθήσεται
περὶ πάντων
ὧν τέτακταί σοι ποιῆσαι.

a Acts 22,18 ... σπεῦσον καὶ ἔξελθε ἐν τάχει ἐξ Ἰερουσαλήμ, διότι οὐ παραδέξονταί σου μαρτυρίαν
περὶ ἐμοῦ.

a Acts 23,6 .... ἐγὼ Φαρισαῖός εἰμι, υἱὸς Φαρισαίων,
περὶ ἐλπίδος καὶ ἀναστάσεως νεκρῶν
[ἐγὼ] κρίνομαι.

ac Acts 23,11 ... θάρσει· ὡς γὰρ διεμαρτύρω
τὰ περὶ ἐμοῦ
εἰς Ἰερουσαλὴμ, οὕτω σε δεῖ καὶ εἰς Ῥώμην μαρτυρῆσαι.

ac Acts 23,15 νῦν οὖν ὑμεῖς ἐμφανίσατε τῷ χιλιάρχῳ σὺν τῷ συνεδρίῳ ὅπως καταγάγῃ αὐτὸν εἰς ὑμᾶς ὡς μέλλοντας διαγινώσκειν ἀκριβέστερον
τὰ περὶ αὐτοῦ· ...

a Acts 23,20 ... οἱ Ἰουδαῖοι συνέθεντο τοῦ ἐρωτῆσαί σε ὅπως αὔριον τὸν Παῦλον καταγάγῃς εἰς τὸ συνέδριον ὡς μέλλον τι ἀκριβέστερον πυνθάνεσθαι
περὶ αὐτοῦ.

a Acts 23,29 ὃν εὗρον ἐγκαλούμενον
περὶ ζητημάτων τοῦ νόμου αὐτῶν,
μηδὲν δὲ ἄξιον θανάτου ἢ δεσμῶν ἔχοντα ἔγκλημα.

a Acts 24,8 παρ' οὗ δυνήσῃ αὐτὸς ἀνακρίνας
περὶ πάντων τούτων
ἐπιγνῶναι ὧν ἡμεῖς κατηγοροῦμεν αὐτοῦ.

ac Acts 24,10 ... ἐκ πολλῶν ἐτῶν ὄντα σε κριτὴν τῷ ἔθνει τούτῳ ἐπιστάμενος εὐθύμως
τὰ περὶ ἐμαυτοῦ
ἀπολογοῦμαι

aa Acts 24,13 οὐδὲ παραστῆσαι δύνανταί σοι
περὶ ὧν
νυνὶ κατηγοροῦσίν μου.

a Acts 24,21 (2) [20] ... τί εὗρον ἀδίκημα στάντος μου ἐπὶ τοῦ συνεδρίου, [21] ἢ
περὶ μιᾶς ταύτης φωνῆς
ἧς ἐκέκραξα ἐν αὐτοῖς ἑστὼς ὅτι

a
περὶ ἀναστάσεως νεκρῶν
ἐγὼ κρίνομαι σήμερον ἐφ' ὑμῶν.

ac Acts 24,22 ἀνεβάλετο δὲ αὐτοὺς ὁ Φῆλιξ, ἀκριβέστερον εἰδὼς
τὰ περὶ τῆς ὁδοῦ
εἴπας· ὅταν Λυσίας ὁ χιλίαρχος καταβῇ, διαγνώσομαι τὰ καθ' ὑμᾶς·

a Acts 24,24 μετὰ δὲ ἡμέρας τινὰς παραγενόμενος ὁ Φῆλιξ σὺν Δρουσίλλῃ τῇ ἰδίᾳ γυναικὶ οὔσῃ Ἰουδαίᾳ μετεπέμψατο τὸν Παῦλον καὶ ἤκουσεν αὐτοῦ
περὶ τῆς εἰς Χριστὸν Ἰησοῦν πίστεως.

a Acts 24,25 διαλεγομένου δὲ αὐτοῦ
περὶ δικαιοσύνης καὶ ἐγκρατείας καὶ τοῦ κρίματος τοῦ μέλλοντος,
ἔμφοβος γενόμενος ὁ Φῆλιξ ἀπεκρίθη· ...

a Acts 25,9 ... θέλεις εἰς Ἱεροσόλυμα ἀναβὰς ἐκεῖ
περὶ τούτων
κριθῆναι ἐπ' ἐμοῦ;

aa **Acts 25,15** [14] ... ἀνήρ τίς ἐστιν καταλελειμμένος ὑπὸ Φήλικος δέσμιος,
[15] **περὶ οὗ**
γενομένου μου εἰς Ἱεροσόλυμα ἐνεφάνισαν οἱ ἀρχιερεῖς καὶ οἱ πρεσβύτεροι τῶν Ἰουδαίων αἰτούμενοι κατ᾽ αὐτοῦ καταδίκην.

a **Acts 25,16** ... πρὶν ἢ ὁ κατηγορούμενος κατὰ πρόσωπον ἔχοι τοὺς κατηγόρους τόπον τε ἀπολογίας λάβοι
περὶ τοῦ ἐγκλήματος.

aa **Acts 25,18** [17] ... τὸν ἄνδρα·
[18] **περὶ οὗ**
σταθέντες οἱ κατήγοροι οὐδεμίαν αἰτίαν ἔφερον ὧν ἐγὼ ὑπενόουν πονηρῶν,

a **Acts 25,19 (2)** ζητήματα δέ τινα
περὶ τῆς ἰδίας δεισιδαιμονίας
εἶχον πρὸς αὐτὸν καὶ
ab **περί τινος Ἰησοῦ τεθνηκότος**
ὃν ἔφασκεν ὁ Παῦλος ζῆν.

a **Acts 25,20 (2)** ἀπορούμενος δὲ ἐγὼ τὴν
περὶ τούτων
ζήτησιν ἔλεγον εἰ βούλοιτο πορεύεσθαι εἰς Ἱεροσόλυμα
a κἀκεῖ κρίνεσθαι
περὶ τούτων.

aa **Acts 25,24** ... θεωρεῖτε τοῦτον
περὶ οὗ
ἅπαν τὸ πλῆθος τῶν Ἰουδαίων ἐνέτυχόν μοι ...

aa **Acts 25,26** **περὶ οὗ**
ἀσφαλές τι γράψαι τῷ κυρίῳ οὐκ ἔχω, ...

a **Acts 26,1** Ἀγρίππας δὲ πρὸς τὸν Παῦλον ἔφη· ἐπιτρέπεταί σοι
περὶ σεαυτοῦ
λέγειν. τότε ὁ Παῦλος ἐκτείνας τὴν χεῖρα ἀπελογεῖτο·

a **Acts 26,2** **περὶ πάντων**
ὧν ἐγκαλοῦμαι ὑπὸ Ἰουδαίων, βασιλεῦ Ἀγρίππα, ἥγημαι ἐμαυτὸν μακάριον ...

aa **Acts 26,7** [6] ... ἐπαγγελίας ... [7] εἰς ἣν τὸ δωδεκάφυλον ἡμῶν ἐν ἐκτενείᾳ νύκτα καὶ ἡμέραν λατρεῦον ἐλπίζει καταντῆσαι,
περὶ ἧς ἐλπίδος
ἐγκαλοῦμαι ὑπὸ Ἰουδαίων, βασιλεῦ.

a **Acts 26,26** ἐπίσταται γὰρ
περὶ τούτων
ὁ βασιλεὺς πρὸς ὃν καὶ παρρησιαζόμενος λαλῶ, ...

ba bc **Acts 28,7** **ἐν δὲ τοῖς περὶ τὸν τόπον ἐκεῖνον**
ὑπῆρχεν χωρία τῷ πρώτῳ τῆς νήσου ὀνόματι Ποπλίῳ, ...

ac **Acts 28,15** κἀκεῖθεν οἱ ἀδελφοὶ ἀκούσαντες
τὰ περὶ ἡμῶν
ἦλθαν εἰς ἀπάντησιν ἡμῖν ἄχρι Ἀππίου φόρου καὶ Τριῶν ταβερνῶν, ...

a **Acts 28,21 (2)** ... ἡμεῖς οὔτε γράμματα
περὶ σοῦ
ἐδεξάμεθα ἀπὸ τῆς Ἰουδαίας οὔτε παραγενόμενός τις τῶν ἀδελφῶν ἀπήγγειλεν ἢ ἐλάλησέν τι
a **περὶ σοῦ**
πονηρόν.

a **Acts 28,22** ἀξιοῦμεν δὲ παρὰ σοῦ ἀκοῦσαι ἃ φρονεῖς,
περὶ μὲν γὰρ τῆς αἱρέσεως ταύτης
γνωστὸν ἡμῖν ἐστιν ὅτι πανταχοῦ ἀντιλέγεται.

ab **Acts 28,23** ... πείθων τε αὐτοὺς
περὶ τοῦ Ἰησοῦ
ἀπό τε τοῦ νόμου Μωϋσέως καὶ τῶν προφητῶν, ἀπὸ πρωῒ ἕως ἑσπέρας.

ab ac **Acts 28,31** κηρύσσων τὴν βασιλείαν τοῦ θεοῦ καὶ διδάσκων
τὰ περὶ τοῦ κυρίου Ἰησοῦ Χριστοῦ
μετὰ πάσης παρρησίας ἀκωλύτως.

περιάγω

	Syn	Mt	Mk	Lk	Acts	Jn	1-3John	Paul	Eph	Col
	4	3	1		1			1		
	NT	2Thess	1/2Tim	Tit	Heb	Jas	1Pet	2Pet	Jude	Rev
	6									

transitive: lead around; *intransitive:* go around; go about

	Mt		Mk		Lk		
211	**Mt 4,23** ⇩ Mt 9,35 → Mk 1,21	καὶ **περιῆγεν** ἐν ὅλῃ τῇ Γαλιλαίᾳ διδάσκων ἐν ταῖς συναγωγαῖς αὐτῶν καὶ κηρύσσων τὸ εὐαγγέλιον τῆς βασιλείας ...	**Mk 1,39** → Mk 1,14 ↓ Mk 6,6	καὶ **ἦλθεν** κηρύσσων εἰς τὰς συναγωγὰς αὐτῶν εἰς ὅλην τὴν Γαλιλαίαν ...	**Lk 4,44** → Lk 4,15 ↓ Lk 8,1	καὶ **ἦν** κηρύσσων εἰς τὰς συναγωγὰς τῆς Ἰουδαίας.	
220	**Mt 9,35** ⇧ Mt 4,23 → Mk 1,21	καὶ **περιῆγεν** ὁ Ἰησοῦς τὰς πόλεις πάσας καὶ τὰς κώμας διδάσκων ἐν ταῖς συναγωγαῖς αὐτῶν καὶ κηρύσσων τὸ εὐαγγέλιον τῆς βασιλείας ...	**Mk 6,6** ↑ Mk 1,39	... καὶ **περιῆγεν** τὰς κώμας κύκλῳ διδάσκων.	**Lk 8,1** → Lk 4,15 ↑ Lk 4,44 → Lk 13,22	... καὶ αὐτὸς **διώδευεν** κατὰ πόλιν καὶ κώμην κηρύσσων καὶ εὐαγγελιζόμενος τὴν βασιλείαν τοῦ θεοῦ καὶ οἱ δώδεκα σὺν αὐτῷ	

200	**Mt 23,15** οὐαὶ ὑμῖν, γραμματεῖς καὶ Φαρισαῖοι ὑποκριταί, ὅτι **περιάγετε** τὴν θάλασσαν καὶ τὴν ξηρὰν ποιῆσαι ἕνα προσήλυτον, καὶ ὅταν γένηται ποιεῖτε αὐτὸν υἱὸν γεέννης διπλότερον ὑμῶν.			

Acts 13,11 ... παραχρῆμά τε ἔπεσεν
ἐπ' αὐτὸν ἀχλὺς καὶ
σκότος καὶ
περιάγων
ἐζήτει χειραγωγούς.

περιάπτω	Syn	Mt	Mk	Lk	Acts	Jn	1-3John	Paul	Eph	Col
	1			1						
	NT	2Thess	1/2Tim	Tit	Heb	Jas	1Pet	2Pet	Jude	Rev
	1									

kindle

112	**Mt 26,58** ὁ δὲ Πέτρος ἠκολούθει αὐτῷ ἀπὸ μακρόθεν ἕως τῆς αὐλῆς τοῦ ἀρχιερέως καὶ εἰσελθὼν ἔσω ἐκάθητο μετὰ τῶν ὑπηρετῶν ἰδεῖν τὸ τέλος.	**Mk 14,54** καὶ ὁ Πέτρος ἀπὸ μακρό- θεν ἠκολούθησεν αὐτῷ ἕως ἔσω εἰς τὴν αὐλὴν τοῦ ἀρχιερέως καὶ ἦν συγκαθήμενος μετὰ τῶν ὑπηρετῶν καὶ θερμαινόμενος πρὸς τὸ φῶς.	**Lk 22,55** [54] ... ὁ δὲ Πέτρος ἠκολούθει μακρόθεν. [55] **περιαψάντων** δὲ πῦρ ἐν μέσῳ τῆς αὐλῆς καὶ συγκαθισάντων ἐκάθητο ὁ Πέτρος μέσος αὐτῶν.	→ Jn 18,18

περιβάλλω	Syn	Mt	Mk	Lk	Acts	Jn	1-3John	Paul	Eph	Col
	9	5	2	2	1	1				
	NT	2Thess	1/2Tim	Tit	Heb	Jas	1Pet	2Pet	Jude	Rev
	23									12

throw, lay, put around; put on

	triple tradition																	double tradition			Sondergut		
		+Mt / +Lk			–Mt / –Lk			traditions not taken over by Mt / Lk							subtotals								
code	222	211	112	212	221	122	121	022	012	021	220	120	210	020	Σ⁺	Σ⁻	Σ	202	201	102	200	002	total
Mt																		1	1		3		**5**
Mk										1				1			2						**2**
Lk			1⁺							1⁻					1⁺	1⁻	1	1					**2**

202	**Mt 6,29** λέγω δὲ ὑμῖν ὅτι οὐδὲ Σολομὼν ἐν πάσῃ τῇ δόξῃ αὐτοῦ **περιεβάλετο** ὡς ἓν τούτων.		**Lk 12,27** ... λέγω δὲ ὑμῖν, οὐδὲ Σολομὼν ἐν πάσῃ τῇ δόξῃ αὐτοῦ **περιεβάλετο** ὡς ἓν τούτων.	
201	**Mt 6,31** μὴ οὖν μεριμνήσητε λέγοντες· τί φάγωμεν; ἤ· τί πίωμεν; ἤ· τί **περιβαλώμεθα;**		**Lk 12,29** καὶ ὑμεῖς μὴ ζητεῖτε τί φάγητε καὶ τί πίητε, καὶ μὴ μετεωρίζεσθε·	
200	**Mt 25,36** [35] ... ξένος ἤμην καὶ συνηγάγετέ με, [36] γυμνὸς καὶ **περιεβάλετέ** με, ...			

200	**Mt 25,38**	πότε δέ σε εἴδομεν ξένον καὶ συνηγάγομεν, ἢ γυμνὸν καὶ **περιεβάλομεν;**					
200	**Mt 25,43**	ξένος ἤμην καὶ οὐ συνηγάγετέ με, γυμνὸς καὶ **οὐ περιεβάλετέ** με, ...					
020			**Mk 14,51**	καὶ νεανίσκος τις συνηκολούθει αὐτῷ **περιβεβλημένος** σινδόνα ἐπὶ γυμνοῦ, καὶ κρατοῦσιν αὐτόν·			
112	**Mt 27,28**	καὶ ἐκδύσαντες αὐτὸν χλαμύδα κοκκίνην **περιέθηκαν** αὐτῷ	**Mk 15,17**	καὶ **ἐνδιδύσκουσιν** αὐτὸν πορφύραν ...	**Lk 23,11**	... καὶ ἐμπαίξας **περιβαλὼν** ἐσθῆτα λαμπρὰν ἀνέπεμψεν αὐτὸν τῷ Πιλάτῳ.	→ Jn 19,2
021	**Mt 28,3**	ἦν δὲ ἡ εἰδέα αὐτοῦ ὡς ἀστραπὴ καὶ τὸ ἔνδυμα αὐτοῦ λευκὸν ὡς χιών.	**Mk 16,5**	... εἶδον νεανίσκον καθήμενον ἐν τοῖς δεξιοῖς **περιβεβλημένον** στολὴν λευκήν, ...	**Lk 24,4** → Lk 24,23	... ἰδοὺ ἄνδρες δύο ἐπέστησαν αὐταῖς ἐν ἐσθῆτι ἀστραπτούσῃ.	→ Jn 20,12

Acts 12,8 ... καὶ λέγει αὐτῷ· **περιβαλοῦ** τὸ ἱμάτιόν σου καὶ ἀκολούθει μοι.

περιβλέπομαι	Syn 7	Mt	Mk 6	Lk 1	Acts	Jn	1-3John	Paul	Eph	Col
	NT 7	2Thess	1/2Tim	Tit	Heb	Jas	1Pet	2Pet	Jude	Rev

look around

	triple tradition																	double tradition			Sonder-gut		
		+Mt / +Lk			–Mt / –Lk			traditions not taken over by Mt / Lk							subtotals								
code	222	211	112	212	221	122	121	022	012	021	220	120	210	020	Σ⁺	Σ⁻	Σ	202	201	102	200	002	total
Mt						1^-	3^-					2^-				6^-							
Mk						1	3					2					6						6
Lk						1	3^-									3^-	1						1

122	**Mt 12,13**	τότε λέγει τῷ ἀνθρώπῳ· ἔκτεινόν σου τὴν χεῖρα. ...	**Mk 3,5**	καὶ **περιβλεψάμενος** αὐτοὺς μετ᾽ ὀργῆς, συλλυπούμενος ἐπὶ τῇ πωρώσει τῆς καρδίας αὐτῶν λέγει τῷ ἀνθρώπῳ· ἔκτεινον τὴν χεῖρα. ...	**Lk 6,10** → Lk 13,12-13	καὶ **περιβλεψάμενος** πάντας αὐτοὺς εἶπεν αὐτῷ· ἔκτεινον τὴν χεῖρά σου. ...	
120	**Mt 12,49**	καὶ **ἐκτείνας** τὴν χεῖρα αὐτοῦ ἐπὶ τοὺς μαθητὰς αὐτοῦ εἶπεν· ἰδοὺ ἡ μήτηρ μου καὶ οἱ ἀδελφοί μου·	**Mk 3,34**	καὶ **περιβλεψάμενος** τοὺς περὶ αὐτὸν κύκλῳ καθημένους λέγει· ἴδε ἡ μήτηρ μου καὶ οἱ ἀδελφοί μου.			→ GTh 99

	Mt		Mk		Lk		
121	**Mt 9,22**	ὁ δὲ Ἰησοῦς στραφεὶς καὶ ἰδὼν αὐτὴν ...	**Mk 5,32**	[30] καὶ εὐθὺς ὁ Ἰησοῦς ... ἐπιστραφεὶς ἐν τῷ ὄχλῳ ἔλεγεν· τίς μου ἥψατο τῶν ἱματίων; [31] ... [32] καὶ **περιεβλέπετο** ἰδεῖν τὴν τοῦτο ποιήσασαν.	**Lk 8,45**	καὶ εἶπεν ὁ Ἰησοῦς· τίς ὁ ἁψάμενός μου; ...	
121	**Mt 17,8**	**ἐπάραντες δὲ τοὺς ὀφθαλμοὺς αὐτῶν** οὐδένα εἶδον εἰ μὴ αὐτὸν Ἰησοῦν μόνον.	**Mk 9,8**	καὶ ἐξάπινα **περιβλεψάμενοι** οὐκέτι οὐδένα εἶδον ἀλλὰ τὸν Ἰησοῦν μόνον μεθ' ἑαυτῶν.	**Lk 9,36**	καὶ ἐν τῷ γενέσθαι τὴν φωνὴν εὑρέθη Ἰησοῦς μόνος. ...	
121	**Mt 19,23**	ὁ δὲ Ἰησοῦς εἶπεν τοῖς μαθηταῖς αὐτοῦ· ἀμὴν λέγω ὑμῖν ὅτι πλούσιος δυσκόλως εἰσελεύσεται εἰς τὴν βασιλείαν τῶν οὐρανῶν.	**Mk 10,23**	καὶ **περιβλεψάμενος** ὁ Ἰησοῦς λέγει τοῖς μαθηταῖς αὐτοῦ· πῶς δυσκόλως οἱ τὰ χρήματα ἔχοντες εἰς τὴν βασιλείαν τοῦ θεοῦ εἰσελεύσονται.	**Lk 18,24**	**ἰδὼν** δὲ αὐτὸν ὁ Ἰησοῦς [περίλυπον γενόμενον] εἶπεν· πῶς δυσκόλως οἱ τὰ χρήματα ἔχοντες εἰς τὴν βασιλείαν τοῦ θεοῦ εἰσπορεύονται·	
120	**Mt 21,10** → Mt 2,3 → Lk 19,41	καὶ εἰσελθόντος αὐτοῦ εἰς Ἱεροσόλυμα ἐσείσθη πᾶσα ἡ πόλις λέγουσα· τίς ἐστιν οὗτος;	**Mk 11,11** → Mt 21,12 → Mk 11,15 → Lk 19,41	καὶ εἰσῆλθεν εἰς Ἱεροσόλυμα εἰς τὸ ἱερὸν καὶ **περιβλεψάμενος** πάντα, ...			→ Jn 2,13

περιέχω

Syn	Mt	Mk	Lk	Acts	Jn	1-3John	Paul	Eph	Col
1			1						
NT	2Thess	1/2Tim	Tit	Heb	Jas	1Pet	2Pet	Jude	Rev
2						1			

seize, come upon, befall someone (of emotions)

002	**Lk 5,9**	θάμβος γὰρ **περιέσχεν** αὐτὸν καὶ πάντας τοὺς σὺν αὐτῷ ἐπὶ τῇ ἄγρᾳ τῶν ἰχθύων ὧν συνέλαβον	

περιζώννυμι, περιζωννύω

Syn	Mt	Mk	Lk	Acts	Jn	1-3John	Paul	Eph	Col
3			3					1	
NT	2Thess	1/2Tim	Tit	Heb	Jas	1Pet	2Pet	Jude	Rev
6									2

gird about

002	**Lk 12,35** → Lk 21,36	ἔστωσαν *ὑμῶν* *αἱ ὀσφύες* ***περιεζωσμέναι*** καὶ οἱ λύχνοι καιόμενοι· ➤ Exod 12,11	→ GTh 21,7 → GTh 103
002	**Lk 12,37** → Lk 22,27 → Lk 22,30	... ἀμὴν λέγω ὑμῖν ὅτι **περιζώσεται** καὶ ἀνακλινεῖ αὐτοὺς καὶ παρελθὼν διακονήσει αὐτοῖς.	

002			Lk 17,8	... ἑτοίμασον τί δειπνήσω καὶ **περιζωσάμενος** διακόνει μοι ἕως φάγω καὶ πίω, καὶ μετὰ ταῦτα φάγεσαι καὶ πίεσαι σύ;	

περικαλύπτω	Syn	Mt	Mk	Lk	Acts	Jn	1-3John	Paul	Eph	Col
	2		1	1						
	NT	2Thess	1/2Tim	Tit	Heb	Jas	1Pet	2Pet	Jude	Rev
	3				1					

cover; conceal

122	Mt 26,67 → Mt 27,30 τότε ἐνέπτυσαν εἰς τὸ πρόσωπον αὐτοῦ καὶ ἐκολάφισαν αὐτόν, οἱ δὲ ἐράπισαν [68] λέγοντες· προφήτευσον ἡμῖν, χριστέ, τίς ἐστιν ὁ παίσας σε;	Mk 14,65 → Mk 15,19 καὶ ἤρξαντό τινες ἐμπτύειν αὐτῷ καὶ **περικαλύπτειν** αὐτοῦ τὸ πρόσωπον καὶ κολαφίζειν αὐτὸν καὶ λέγειν αὐτῷ· προφήτευσον, ...	Lk 22,64 [63] καὶ οἱ ἄνδρες οἱ συνέχοντες αὐτὸν ἐνέπαιζον αὐτῷ δέροντες, [64] καὶ **περικαλύψαντες** αὐτὸν ἐπηρώτων λέγοντες· προφήτευσον, τίς ἐστιν ὁ παίσας σε;	

περίκειμαι	Syn	Mt	Mk	Lk	Acts	Jn	1-3John	Paul	Eph	Col
	2		1	1	1					
	NT	2Thess	1/2Tim	Tit	Heb	Jas	1Pet	2Pet	Jude	Rev
	5				2					

lie, be placed around; wear something; have something on

122	Mt 18,6 → Mt 18,10 ὃς δ' ἂν σκανδαλίσῃ ἕνα τῶν μικρῶν τούτων τῶν πιστευόντων εἰς ἐμέ, συμφέρει αὐτῷ ἵνα **κρεμασθῇ** μύλος ὀνικὸς περὶ τὸν τράχηλον αὐτοῦ καὶ καταποντισθῇ ἐν τῷ πελάγει τῆς θαλάσσης.	Mk 9,42 καὶ ὃς ἂν σκανδαλίσῃ ἕνα τῶν μικρῶν τούτων τῶν πιστευόντων [εἰς ἐμέ], καλόν ἐστιν αὐτῷ μᾶλλον εἰ **περίκειται** μύλος ὀνικὸς περὶ τὸν τράχηλον αὐτοῦ καὶ βέβληται εἰς τὴν θάλασσαν.	Lk 17,2 λυσιτελεῖ αὐτῷ εἰ λίθος μυλικὸς **περίκειται** περὶ τὸν τράχηλον αὐτοῦ καὶ ἔρριπται εἰς τὴν θάλασσαν ἢ ἵνα σκανδαλίσῃ τῶν μικρῶν τούτων ἕνα.	Mk-Q overlap?

Acts 28,20 διὰ ταύτην οὖν τὴν αἰτίαν παρεκάλεσα ὑμᾶς ἰδεῖν καὶ προσλαλῆσαι, ἕνεκεν γὰρ τῆς ἐλπίδος τοῦ Ἰσραὴλ τὴν ἅλυσιν ταύτην **περίκειμαι**.

περικρύβω	Syn	Mt	Mk	Lk	Acts	Jn	1-3John	Paul	Eph	Col
	1			1						
	NT	2Thess	1/2Tim	Tit	Heb	Jas	1Pet	2Pet	Jude	Rev
	1									

hide; conceal (entirely)

002			Lk 1,24	μετὰ δὲ ταύτας τὰς ἡμέρας συνέλαβεν Ἐλισάβετ ἡ γυνὴ αὐτοῦ καὶ **περιέκρυβεν** ἑαυτὴν μῆνας πέντε ...	

περικυκλόω

Syn 1	Mt	Mk	Lk 1	Acts	Jn	1-3John	Paul	Eph	Col
NT 1	2Thess	1/2Tim	Tit	Heb	Jas	1Pet	2Pet	Jude	Rev

surround; encircle

002			**Lk 19,43** (→ Lk 21,20) ὅτι ἥξουσιν ἡμέραι ἐπὶ σὲ καὶ παρεμβαλοῦσιν οἱ ἐχθροί σου χάρακά σοι καὶ **περικυκλώσουσίν** σε καὶ συνέξουσίν σε πάντοθεν

περιλάμπω

Syn 1	Mt	Mk	Lk 1	Acts 1	Jn	1-3John	Paul	Eph	Col
NT 2	2Thess	1/2Tim	Tit	Heb	Jas	1Pet	2Pet	Jude	Rev

shine around

002			**Lk 2,9** καὶ ἄγγελος κυρίου ἐπέστη αὐτοῖς καὶ δόξα κυρίου **περιέλαμψεν** αὐτούς, καὶ ἐφοβήθησαν φόβον μέγαν.

Acts 26,13 ἡμέρας μέσης κατὰ τὴν ὁδὸν εἶδον, βασιλεῦ, οὐρανόθεν ὑπὲρ τὴν λαμπρότητα τοῦ ἡλίου **περιλάμψαν** με φῶς καὶ τοὺς σὺν ἐμοὶ πορευομένους.

περίλυπος

Syn 5	Mt 1	Mk 2	Lk 2	Acts	Jn	1-3John	Paul	Eph	Col
NT 5	2Thess	1/2Tim	Tit	Heb	Jas	1Pet	2Pet	Jude	Rev

very sad; deeply grieved

	triple tradition																	double tradition			Sondergut		
		+Mt / +Lk			−Mt / −Lk			traditions not taken over by Mt / Lk							subtotals								
code	222	211	112	212	221	122	121	022	012	021	220	120	210	020	Σ⁺	Σ⁻	Σ	202	201	102	200	002	total
Mt											1	1^-				1^-	1						**1**
Mk											1	1					2						**2**
Lk			2^+												2^+		2						**2**

120	**Mt 14,9** καὶ **λυπηθεὶς** ὁ βασιλεὺς διὰ τοὺς ὅρκους καὶ τοὺς συνανακειμένους ἐκέλευσεν δοθῆναι	**Mk 6,26** καὶ **περίλυπος γενόμενος** ὁ βασιλεὺς διὰ τοὺς ὅρκους καὶ τοὺς ἀνακειμένους οὐκ ἠθέλησεν ἀθετῆσαι αὐτήν·	
112	**Mt 19,22** ἀκούσας δὲ ὁ νεανίσκος τὸν λόγον ἀπῆλθεν **λυπούμενος**· ἦν γὰρ ἔχων κτήματα πολλά.	**Mk 10,22** ὁ δὲ στυγνάσας ἐπὶ τῷ λόγῳ ἀπῆλθεν **λυπούμενος**· ἦν γὰρ ἔχων κτήματα πολλά.	**Lk 18,23** ὁ δὲ ἀκούσας ταῦτα **περίλυπος ἐγενήθη**· ἦν γὰρ πλούσιος σφόδρα.

	Mt		Mk		Lk		
112	Mt 19,23	ὁ δὲ Ἰησοῦς εἶπεν τοῖς μαθηταῖς αὐτοῦ· ἀμὴν λέγω ὑμῖν ὅτι πλούσιος δυσκόλως εἰσελεύσεται εἰς τὴν βασιλείαν τῶν οὐρανῶν.	Mk 10,23	καὶ περιβλεψάμενος ὁ Ἰησοῦς λέγει τοῖς μαθηταῖς αὐτοῦ· πῶς δυσκόλως οἱ τὰ χρήματα ἔχοντες εἰς τὴν βασιλείαν τοῦ θεοῦ εἰσελεύσονται.	Lk 18,24	ἰδὼν δὲ αὐτὸν ὁ Ἰησοῦς **[περίλυπον** γενόμενον] εἶπεν· πῶς δυσκόλως οἱ τὰ χρήματα ἔχοντες εἰς τὴν βασιλείαν τοῦ θεοῦ εἰσπορεύονται·	
220	Mt 26,38	τότε λέγει αὐτοῖς· ***περίλυπός*** *ἐστιν ἡ ψυχή μου* ἕως θανάτου· ... ➤ Ps 42,6.12/43,5	Mk 14,34	καὶ λέγει αὐτοῖς· ***περίλυπός*** *ἐστιν ἡ ψυχή μου* ἕως θανάτου· ... ➤ Ps 42,6.12/43,5			→ Jn 12,27

περιοικέω

Syn	Mt	Mk	Lk	Acts	Jn	1-3John	Paul	Eph	Col
1			1						
NT	**2Thess**	**1/2Tim**	**Tit**	**Heb**	**Jas**	**1Pet**	**2Pet**	**Jude**	**Rev**
1									

live around; live in the neighborhood

		Lk		
002		Lk 1,65	καὶ ἐγένετο ἐπὶ πάντας φόβος **τοὺς περιοικοῦντας** αὐτούς, καὶ ἐν ὅλῃ τῇ ὀρεινῇ τῆς Ἰουδαίας διελαλεῖτο πάντα τὰ ῥήματα ταῦτα	

περίοικος

Syn	Mt	Mk	Lk	Acts	Jn	1-3John	Paul	Eph	Col
1			1						
NT	**2Thess**	**1/2Tim**	**Tit**	**Heb**	**Jas**	**1Pet**	**2Pet**	**Jude**	**Rev**
1									

living around; living in the neighborhood; neighbor

		Lk		
002		Lk 1,58	καὶ ἤκουσαν **οἱ περίοικοι** καὶ οἱ συγγενεῖς αὐτῆς ὅτι ἐμεγάλυνεν κύριος τὸ ἔλεος αὐτοῦ μετ' αὐτῆς καὶ συνέχαιρον αὐτῇ.	

περιπατέω

Syn	Mt	Mk	Lk	Acts	Jn	1-3John	Paul	Eph	Col
20	7	8	5	8	17	10	18	8	4
NT	**2Thess**	**1/2Tim**	**Tit**	**Heb**	**Jas**	**1Pet**	**2Pet**	**Jude**	**Rev**
94	2			1		1			5

go about; walk around; walk; go

	triple tradition																	double tradition			Sondergut		
		+Mt / +Lk			−Mt / −Lk			traditions not taken over by Mt / Lk							subtotals								
code	*222*	*211*	*112*	*212*	*221*	*122*	*121*	*022*	*012*	*021*	*220*	*120*	*210*	*020*	Σ^+	Σ^-	Σ	*202*	*201*	*102*	*200*	*002*	total
Mt	1					1^-	2^-				2	1^-	2^+		2^+	4^-	5	1			1		**7**
Mk	1					1	2				2	1		1			8						**8**
Lk	1					1	2^-									2^-	2	1		1		1	**5**

	Mt		Mk		Lk		
210	Mt 4,18	**περιπατῶν** δὲ παρὰ τὴν θάλασσαν τῆς Γαλιλαίας εἶδεν δύο ἀδελφούς, Σίμωνα τὸν λεγόμενον Πέτρον καὶ Ἀνδρέαν τὸν ἀδελφὸν αὐτοῦ, ...	Mk 1,16	καὶ **παράγων** παρὰ τὴν θάλασσαν τῆς Γαλιλαίας εἶδεν Σίμωνα καὶ Ἀνδρέαν τὸν ἀδελφὸν Σίμωνος ...	Lk 5,1 → Mt 13,1-2 → Mk 4,1	... καὶ αὐτὸς ἦν **ἑστὼς** παρὰ τὴν λίμνην Γεννησαρέτ [2] καὶ εἶδεν δύο πλοῖα ...	→ Jn 1,40-42

	Mt		Mk		Lk		
222	Mt 9,5	τί γάρ ἐστιν εὐκοπώτερον, εἰπεῖν· ἀφίενταί σου αἱ ἁμαρτίαι, ἢ εἰπεῖν· ἔγειρε καὶ **περιπάτει;**	Mk 2,9	τί ἐστιν εὐκοπώτερον, εἰπεῖν τῷ παραλυτικῷ· ἀφίενταί σου αἱ ἁμαρτίαι, ἢ εἰπεῖν· ἔγειρε καὶ ἆρον τὸν κράβαττόν σου καὶ **περιπάτει;**	Lk 5,23	τί ἐστιν εὐκοπώτερον, εἰπεῖν· ἀφέωνταί σοι αἱ ἁμαρτίαι σου, ἢ εἰπεῖν· ἔγειρε καὶ **περιπάτει;**	
202	Mt 11,5 ↓ Mt 15,31	*τυφλοὶ ἀναβλέπουσιν* καὶ χωλοὶ **περιπατοῦσιν,** λεπροὶ καθαρίζονται καὶ *κωφοὶ ἀκούουσιν,* καὶ *νεκροὶ ἐγείρονται* καὶ πτωχοὶ εὐαγγελίζονται· ➤ Isa 29,18; 35,5-6; 42,18; 26,19			Lk 7,22 → Lk 4,18	... *τυφλοὶ ἀναβλέπουσιν,* χωλοὶ **περιπατοῦσιν,** λεπροὶ καθαρίζονται καὶ *κωφοὶ ἀκούουσιν,* *νεκροὶ ἐγείρονται,* πτωχοὶ εὐαγγελίζονται· ➤ Isa 29,18; 35,5-6; 42,18; 26,19	
121	Mt 9,25	... καὶ ἠγέρθη τὸ κοράσιον.	Mk 5,42	καὶ εὐθὺς ἀνέστη τὸ κοράσιον καὶ **περιεπάτει·** ...	Lk 8,55	καὶ ἐπέστρεψεν τὸ πνεῦμα αὐτῆς καὶ ἀνέστη παραχρῆμα ...	
220	Mt 14,25	τετάρτῃ δὲ φυλακῇ τῆς νυκτὸς ἦλθεν πρὸς αὐτοὺς **περιπατῶν** ἐπὶ τὴν θάλασσαν.	Mk 6,48	... περὶ τετάρτην φυλακὴν τῆς νυκτὸς ἔρχεται πρὸς αὐτοὺς **περιπατῶν** ἐπὶ τῆς θαλάσσης καὶ ἤθελεν παρελθεῖν αὐτούς.			→ Jn 6,19
220	Mt 14,26	οἱ δὲ μαθηταὶ ἰδόντες αὐτὸν ἐπὶ τῆς θαλάσσης **περιπατοῦντα** ἐταράχθησαν λέγοντες ὅτι φάντασμά ἐστιν, καὶ ἀπὸ τοῦ φόβου ἔκραξαν.	Mk 6,49	οἱ δὲ ἰδόντες αὐτὸν ἐπὶ τῆς θαλάσσης **περιπατοῦντα** ἔδοξαν ὅτι φάντασμά ἐστιν, καὶ ἀνέκραξαν·			→ Jn 6,19
200	Mt 14,29	ὁ δὲ εἶπεν· ἐλθέ. καὶ καταβὰς ἀπὸ τοῦ πλοίου [ὁ] Πέτρος **περιεπάτησεν** ἐπὶ τὰ ὕδατα καὶ ἦλθεν πρὸς τὸν Ἰησοῦν.					
120	Mt 15,2	διὰ τί οἱ μαθηταί σου **παραβαίνουσιν** τὴν παράδοσιν τῶν πρεσβυτέρων; ...	Mk 7,5	... διὰ τί **οὐ περιπατοῦσιν** οἱ μαθηταί σου κατὰ τὴν παράδοσιν τῶν πρεσβυτέρων, ...			
210	Mt 15,31 ↑ Mt 11,5	ὥστε τὸν ὄχλον θαυμάσαι βλέποντας κωφοὺς λαλοῦντας, κυλλοὺς ὑγιεῖς, καὶ χωλοὺς **περιπατοῦντας** καὶ τυφλοὺς βλέποντας· ...	Mk 7,37	καὶ ὑπερπερισσῶς ἐξεπλήσσοντο λέγοντες· καλῶς πάντα πεποίηκεν, καὶ τοὺς κωφοὺς ποιεῖ ἀκούειν καὶ [τοὺς] ἀλάλους λαλεῖν.			
020			Mk 8,24	... βλέπω τοὺς ἀνθρώπους ὅτι ὡς δένδρα ὁρῶ **περιπατοῦντας.**			
102	Mt 23,27	οὐαὶ ὑμῖν, γραμματεῖς καὶ Φαρισαῖοι ὑποκριταί, ὅτι παρομοιάζετε τάφοις κεκονιαμένοις, οἵτινες ἔξωθεν μὲν φαίνονται ὡραῖοι, ἔσωθεν δὲ γέμουσιν ὀστέων νεκρῶν καὶ πάσης ἀκαθαρσίας.			Lk 11,44	οὐαὶ ὑμῖν, ὅτι ἐστὲ ὡς τὰ μνημεῖα τὰ ἄδηλα, καὶ οἱ ἄνθρωποι **[οἱ] περιπατοῦντες** ἐπάνω οὐκ οἴδασιν.	

	Mt		Mk		Lk		
121	Mt 21,23	καὶ **ἐλθόντος** αὐτοῦ εἰς τὸ ἱερὸν προσῆλθον αὐτῷ διδάσκοντι οἱ ἀρχιερεῖς καὶ οἱ πρεσβύτεροι τοῦ λαοῦ ...	Mk 11,27	... καὶ ἐν τῷ ἱερῷ **περιπατοῦντος** αὐτοῦ ἔρχονται πρὸς αὐτὸν οἱ ἀρχιερεῖς καὶ οἱ γραμματεῖς καὶ οἱ πρεσβύτεροι	Lk 20,1	καὶ ἐγένετο ἐν μιᾷ τῶν ἡμερῶν διδάσκοντος αὐτοῦ τὸν λαὸν ἐν τῷ ἱερῷ καὶ εὐαγγελιζομένου ἐπέστησαν οἱ ἀρχιερεῖς καὶ οἱ γραμματεῖς σὺν τοῖς πρεσβυτέροις	→ Jn 2,18
122	Mt 23,6	[5] ... πλατύνουσιν γὰρ τὰ φυλακτήρια αὐτῶν καὶ μεγαλύνουσιν τὰ κράσπεδα, [6] φιλοῦσιν δὲ τὴν πρωτοκλισίαν ἐν τοῖς δείπνοις καὶ τὰς πρωτοκαθεδρίας ἐν ταῖς συναγωγαῖς [7] καὶ τοὺς ἀσπασμοὺς ἐν ταῖς ἀγοραῖς ...	Mk 12,38 → Mt 23,2	... βλέπετε ἀπὸ τῶν γραμματέων τῶν θελόντων ἐν στολαῖς **περιπατεῖν** καὶ ἀσπασμοὺς ἐν ταῖς ἀγοραῖς [39] καὶ πρωτοκαθεδρίας ἐν ταῖς συναγωγαῖς καὶ πρωτοκλισίας ἐν τοῖς δείπνοις	Lk 20,46 → Mt 23,2 ⇩ Lk 11,43	προσέχετε ἀπὸ τῶν γραμματέων τῶν θελόντων **περιπατεῖν** ἐν στολαῖς καὶ φιλούντων ἀσπασμοὺς ἐν ταῖς ἀγοραῖς καὶ πρωτοκαθεδρίας ἐν ταῖς συναγωγαῖς καὶ πρωτοκλισίας ἐν τοῖς δείπνοις	Mk-Q overlap
					Lk 11,43 ⇧ Lk 20,46	οὐαὶ ὑμῖν τοῖς Φαρισαίοις, ὅτι ἀγαπᾶτε τὴν πρωτοκαθεδρίαν ἐν ταῖς συναγωγαῖς καὶ τοὺς ἀσπασμοὺς ἐν ταῖς ἀγοραῖς.	
002					Lk 24,17	... τίνες οἱ λόγοι οὗτοι οὓς ἀντιβάλλετε πρὸς ἀλλήλους **περιπατοῦντες;** καὶ ἐστάθησαν σκυθρωποί.	

Acts 3,6 ... ἐν τῷ ὀνόματι Ἰησοῦ Χριστοῦ τοῦ Ναζωραίου [ἔγειρε καὶ] **περιπάτει.**

Acts 3,8 (2) καὶ ἐξαλλόμενος ἔστη καὶ **περιεπάτει** καὶ εἰσῆλθεν σὺν αὐτοῖς εἰς τὸ ἱερὸν **περιπατῶν** καὶ ἁλλόμενος καὶ αἰνῶν τὸν θεόν.

Acts 3,9 καὶ εἶδεν πᾶς ὁ λαὸς αὐτὸν **περιπατοῦντα** καὶ αἰνοῦντα τὸν θεόν·

Acts 3,12 ... ἄνδρες Ἰσραηλῖται, τί θαυμάζετε ἐπὶ τούτῳ ἢ ἡμῖν τί ἀτενίζετε ὡς ἰδίᾳ δυνάμει ἢ εὐσεβείᾳ πεποιηκόσιν **τοῦ περιπατεῖν** αὐτόν;

Acts 14,8 καί τις ἀνὴρ ἀδύνατος ἐν Λύστροις τοῖς ποσὶν ἐκάθητο, χωλὸς ἐκ κοιλίας μητρὸς αὐτοῦ ὃς **οὐδέποτε περιεπάτησεν.**

Acts 14,10 εἶπεν μεγάλῃ φωνῇ· ἀνάστηθι ἐπὶ τοὺς πόδας σου ὀρθός. καὶ ἥλατο καὶ **περιεπάτει.**

Acts 21,21 κατηχήθησαν δὲ περὶ σοῦ ὅτι ἀποστασίαν διδάσκεις ἀπὸ Μωϋσέως τοὺς κατὰ τὰ ἔθνη πάντας Ἰουδαίους λέγων μὴ περιτέμνειν αὐτοὺς τὰ τέκνα μηδὲ τοῖς ἔθεσιν **περιπατεῖν.**

περιπίπτω	Syn 1	Mt	Mk	Lk 1	Acts 1	Jn	1-3John	Paul	Eph	Col
	NT 3	2Thess	1/2Tim	Tit	Heb	Jas 1	1Pet	2Pet	Jude	Rev

fall among; fall into the hands of; become involved

	Mt	Mk	Lk	
002			**Lk 10,30** ... ἄνθρωπός τις κατέβαινεν ἀπὸ Ἰερουσαλὴμ εἰς Ἰεριχὼ καὶ λῃσταῖς **περιέπεσεν,** οἳ καὶ ἐκδύσαντες αὐτὸν καὶ πληγὰς ἐπιθέντες ἀπῆλθον ἀφέντες ἡμιθανῆ.	

Acts 27,41 **περιπεσόντες**
δὲ εἰς τόπον διθάλασσον
ἐπέκειλαν τὴν ναῦν ...

περιποιέομαι	Syn 1	Mt	Mk	Lk 1	Acts 1	Jn	1-3John	Paul	Eph	Col
	NT 3	2Thess	1/2Tim 1	Tit	Heb	Jas	1Pet	2Pet	Jude	Rev

save, preserve for oneself; acquire, obtain, gain for oneself

	Mt	Mk	Lk	
102	**Mt 10,39** ⇩ Mt 16,25 **ὁ εὑρὼν** τὴν ψυχὴν αὐτοῦ ἀπολέσει αὐτήν, καὶ ὁ ἀπολέσας τὴν ψυχὴν αὐτοῦ ἕνεκεν ἐμοῦ εὑρήσει αὐτήν.		**Lk 17,33** ⇩ Lk 9,24 ὃς ἐὰν ζητήσῃ τὴν ψυχὴν αὐτοῦ **περιποιήσασθαι** ἀπολέσει αὐτήν, ὃς δ᾽ ἂν ἀπολέσῃ ζῳογονήσει αὐτήν.	→ Jn 12,25 Mk-Q overlap
	Mt 16,25 ⇧ Mt 10,39 ὃς γὰρ ἐὰν θέλῃ τὴν ψυχὴν αὐτοῦ **σῶσαι** ἀπολέσει αὐτήν· ὃς δ᾽ ἂν ἀπολέσῃ τὴν ψυχὴν αὐτοῦ ἕνεκεν ἐμοῦ εὑρήσει αὐτήν.	**Mk 8,35** ὃς γὰρ ἐὰν θέλῃ τὴν ψυχὴν αὐτοῦ **σῶσαι** ἀπολέσει αὐτήν· ὃς δ᾽ ἂν ἀπολέσει τὴν ψυχὴν αὐτοῦ ἕνεκεν ἐμοῦ καὶ τοῦ εὐαγγελίου σώσει αὐτήν.	**Lk 9,24** ⇧ **Lk 17,33** ὃς γὰρ ἂν θέλῃ τὴν ψυχὴν αὐτοῦ **σῶσαι** ἀπολέσει αὐτήν· ὃς δ᾽ ἂν ἀπολέσῃ τὴν ψυχὴν αὐτοῦ ἕνεκεν ἐμοῦ, οὗτος σώσει αὐτήν.	→ Jn 12,25 → GTh 55

Acts 20,28 προσέχετε ἑαυτοῖς καὶ
παντὶ τῷ ποιμνίῳ,
ἐν ᾧ ὑμᾶς τὸ πνεῦμα τὸ
ἅγιον ἔθετο ἐπισκόπους
ποιμαίνειν τὴν
ἐκκλησίαν τοῦ θεοῦ, ἣν
περιεποιήσατο
διὰ τοῦ αἵματος τοῦ ἰδίου.

περισπάομαι	Syn 1	Mt	Mk	Lk 1	Acts	Jn	1-3John	Paul	Eph	Col
	NT 1	2Thess	1/2Tim	Tit	Heb	Jas	1Pet	2Pet	Jude	Rev

become/be distracted; become/be quite busy/overburdened

	Mt	Mk	Lk	
002			**Lk 10,40** ἡ δὲ Μάρθα **περιεσπᾶτο** περὶ πολλὴν διακονίαν· ...	

περίσσευμα	Syn 3	Mt 1	Mk 1	Lk 1	Acts	Jn	1-3John	Paul 2	Eph	Col
	NT 5	2Thess	1/2Tim	Tit	Heb	Jas	1Pet	2Pet	Jude	Rev

abundance; fullness; scraps; what remains

202	**Mt 12,34**	... **ἐκ γὰρ τοῦ περισσεύματος τῆς καρδίας** τὸ στόμα λαλεῖ.			**Lk 6,45**	... **ἐκ γὰρ περισσεύματος καρδίας** λαλεῖ τὸ στόμα αὐτοῦ.	→ GTh 45,4
120	**Mt 15,37** → Mt 14,20	καὶ ἔφαγον πάντες καὶ ἐχορτάσθησαν. καὶ **τὸ περισσεῦον τῶν κλασμάτων** ἦραν ἑπτὰ σπυρίδας πλήρεις.	**Mk 8,8** → Mk 6,42-43	καὶ ἔφαγον καὶ ἐχορτάσθησαν, καὶ ἦραν **περισσεύματα κλασμάτων** ἑπτὰ σπυρίδας.	→ Lk 9,17		

περισσεύω	Syn 10	Mt 5	Mk 1	Lk 4	Acts 1	Jn 2	1-3John	Paul 24	Eph 1	Col 1
	NT 39	2Thess	1/2Tim	Tit	Heb	Jas	1Pet	2Pet	Jude	Rev

intransitive: be more than enough; be left over; be present in abundance; overflow; grow; have an abundance; *transitive:* cause to abound; make extremely rich

	triple tradition																	double tradition			Sondergut		
		+Mt / +Lk			–Mt / –Lk			traditions not taken over by Mt / Lk							subtotals								
code	*222*	*211*	*112*	*212*	*221*	*122*	*121*	*022*	*012*	*021*	*220*	*120*	*210*	*020*	Σ^+	Σ^-	Σ	*202*	*201*	*102*	*200*	*002*	total
Mt		1^+		1^+									1^+		3^+		3		1		1		**5**
Mk								1									1						**1**
Lk				1^+				1							1^+		2					2	**4**

200	**Mt 5,20**	λέγω γὰρ ὑμῖν ὅτι **ἐὰν μὴ περισσεύσῃ** ὑμῶν ἡ δικαιοσύνη πλεῖον τῶν γραμματέων καὶ Φαρισαίων, οὐ μὴ εἰσέλθητε εἰς τὴν βασιλείαν τῶν οὐρανῶν.					→ GTh 27 (POxy 1)
211	**Mt 13,12** ⇩ Mt 25,29	ὅστις γὰρ ἔχει, δοθήσεται αὐτῷ καὶ **περισσευθήσεται·** ὅστις δὲ οὐκ ἔχει, καὶ ὃ ἔχει ἀρθήσεται ἀπ' αὐτοῦ.	**Mk 4,25**	ὃς γὰρ ἔχει, δοθήσεται αὐτῷ· καὶ ὃς οὐκ ἔχει, καὶ ὃ ἔχει ἀρθήσεται ἀπ' αὐτοῦ.	**Lk 8,18** ⇩ Lk 19,26	... ὃς ἂν γὰρ ἔχῃ, δοθήσεται αὐτῷ· καὶ ὃς ἂν μὴ ἔχῃ, καὶ ὃ δοκεῖ ἔχειν ἀρθήσεται ἀπ' αὐτοῦ.	→ GTh 41 Mk-Q overlap
212	**Mt 14,20** ↓ Mt 15,37	... καὶ ἦραν **τὸ περισσεῦον τῶν κλασμάτων** δώδεκα κοφίνους πλήρεις.	**Mk 6,43** ↓ Mk 8,8	καὶ ἦραν **κλάσματα** δώδεκα κοφίνων πληρώματα καὶ ἀπὸ τῶν ἰχθύων.	**Lk 9,17**	... καὶ ἤρθη **τὸ περισσεῦσαν αὐτοῖς κλασμάτων** κόφινοι δώδεκα.	**→ Jn 6,12-13**
210	**Mt 15,37** ↑ Mt 14,20	... καὶ **τὸ περισσεῦον τῶν κλασμάτων** ἦραν ἑπτὰ σπυρίδας πλήρεις.	**Mk 8,8** ↑ Mk 6,43	... καὶ ἦραν **περισσεύματα κλασμάτων** ἑπτὰ σπυρίδας.	↑ **Lk 9,17**		
002					**Lk 12,15**	... ὁρᾶτε καὶ φυλάσσεσθε ἀπὸ πάσης πλεονεξίας, ὅτι οὐκ **ἐν τῷ περισσεύειν** τινὶ ἡ ζωὴ αὐτοῦ ἐστιν ἐκ τῶν ὑπαρχόντων αὐτῷ.	

002					Lk 15,17	... πόσοι μίσθιοι τοῦ πατρός μου **περισσεύονται** ἄρτων, ἐγὼ δὲ λιμῷ ὧδε ἀπόλλυμαι.	
022			Mk 12,44	πάντες γὰρ **ἐκ τοῦ περισσεύοντος** αὐτοῖς ἔβαλον, αὕτη δὲ ἐκ τῆς ὑστερήσεως αὐτῆς πάντα ὅσα εἶχεν ἔβαλεν ὅλον τὸν βίον αὐτῆς.	Lk 21,4	πάντες γὰρ οὗτοι **ἐκ τοῦ περισσεύοντος** αὐτοῖς ἔβαλον εἰς τὰ δῶρα, αὕτη δὲ ἐκ τοῦ ὑστερήματος αὐτῆς πάντα τὸν βίον ὃν εἶχεν ἔβαλεν.	
201	Mt 25,29 ⇑ Mt 13,12	τῷ γὰρ ἔχοντι παντὶ δοθήσεται καὶ **περισσευθήσεται,** τοῦ δὲ μὴ ἔχοντος καὶ ὃ ἔχει ἀρθήσεται ἀπ' αὐτοῦ.	Mk 4,25	ὃς γὰρ ἔχει, δοθήσεται αὐτῷ· καὶ ὃς οὐκ ἔχει, καὶ ὃ ἔχει ἀρθήσεται ἀπ' αὐτοῦ.	Lk 19,26 ⇑ Lk 8,18	... παντὶ τῷ ἔχοντι δοθήσεται, ἀπὸ δὲ τοῦ μὴ ἔχοντος καὶ ὃ ἔχει ἀρθήσεται.	→ GTh 41 Mk-Q overlap

Acts 16,5 αἱ μὲν οὖν ἐκκλησίαι ἐστερεοῦντο τῇ πίστει καὶ **ἐπερίσσευον** τῷ ἀριθμῷ καθ' ἡμέραν.

περισσός	Syn 11	Mt 3	Mk 4	Lk 4	Acts	Jn 1	1-3John	Paul 8	Eph	Col
	NT 22	2Thess	1/2Tim	Tit	Heb 2	Jas	1Pet	2Pet	Jude	Rev

extraordinary; remarkable; abundant; profuse; superfluous; unnecessary

	triple tradition																	double tradition			Sondergut		
		+Mt / +Lk			−Mt / −Lk			traditions not taken over by Mt / Lk							subtotals								
code	222	211	112	212	221	122	121	022	012	021	220	120	210	020	Σ⁺	Σ⁻	Σ	202	201	102	200	002	total
Mt												1⁻				1⁻		1	1		1		3
Mk								1				1		2			4						4
Lk								1									1	1		1		1	4

a περισσότερον (comparative)

200	Mt 5,37	ἔστω δὲ ὁ λόγος ὑμῶν ναὶ ναί, οὒ οὔ· **τὸ δὲ περισσὸν τούτων** ἐκ τοῦ πονηροῦ ἐστιν.					
201	Mt 5,47 → Mt 5,20	καὶ ἐὰν ἀσπάσησθε τοὺς ἀδελφοὺς ὑμῶν μόνον, **τί περισσὸν ποιεῖτε;** οὐχὶ καὶ οἱ ἐθνικοὶ τὸ αὐτὸ ποιοῦσιν;			Lk 6,34 → Mt 5,42	καὶ ἐὰν δανίσητε παρ' ὧν ἐλπίζετε λαβεῖν, **ποία ὑμῖν χάρις [ἐστίν];** καὶ ἁμαρτωλοὶ ἁμαρτωλοῖς δανίζουσιν ἵνα ἀπολάβωσιν τὰ ἴσα.	→ GTh 95
a 202	Mt 11,9	ἀλλὰ τί ἐξήλθατε ἰδεῖν; προφήτην; ναὶ λέγω ὑμῖν, καὶ **περισσότερον** προφήτου.			Lk 7,26	ἀλλὰ τί ἐξήλθατε ἰδεῖν; προφήτην; ναὶ λέγω ὑμῖν, καὶ **περισσότερον** προφήτου.	
120	Mt 14,33 → Mt 16,16	οἱ δὲ ἐν τῷ πλοίῳ προσεκύνησαν αὐτῷ λέγοντες· ἀληθῶς θεοῦ υἱὸς εἶ.	Mk 6,51	... καὶ λίαν **[ἐκ περισσοῦ]** ἐν ἑαυτοῖς ἐξίσταντο·			

a 020			Mk 7,36	καὶ διεστείλατο αὐτοῖς ἵνα μηδενὶ λέγωσιν· ὅσον δὲ αὐτοῖς διεστέλλετο, αὐτοὶ μᾶλλον **περισσότερον** ἐκήρυσσον.			
a 102	Mt 10,28	καὶ μὴ φοβεῖσθε ἀπὸ τῶν ἀποκτεννόντων τὸ σῶμα, τὴν δὲ ψυχὴν μὴ δυναμένων ἀποκτεῖναι· ...			Lk 12,4	... μὴ φοβηθῆτε ἀπὸ τῶν ἀποκτεινόντων τὸ σῶμα καὶ μετὰ ταῦτα μὴ ἐχόντων **περισσότερόν τι** ποιῆσαι.	
a 002					Lk 12,48	... παντὶ δὲ ᾧ ἐδόθη πολύ, πολὺ ζητηθήσεται παρ' αὐτοῦ, καὶ ᾧ παρέθεντο πολύ, **περισσότερον** αἰτήσουσιν αὐτόν.	
a 020			Mk 12,33	καὶ τὸ *ἀγαπᾶν αὐτὸν ἐξ ὅλης τῆς καρδίας καὶ ἐξ ὅλης τῆς συνέσεως καὶ ἐξ ὅλης τῆς ἰσχύος* καὶ τὸ *ἀγαπᾶν τὸν πλησίον ὡς ἑαυτὸν* **περισσότερόν** ἐστιν πάντων τῶν ὁλοκαυτωμάτων καὶ θυσιῶν. ➤ Deut 6,5; Josh 22,5 LXX ➤ Lev 19,18			
a 022			Mk 12,40	οἱ κατεσθίοντες τὰς οἰκίας τῶν χηρῶν καὶ προφάσει μακρὰ προσευχόμενοι· οὗτοι λήμψονται **περισσότερον** κρίμα.	Lk 20,47	οἳ κατεσθίουσιν τὰς οἰκίας τῶν χηρῶν καὶ προφάσει μακρὰ προσεύχονται· οὗτοι λήμψονται **περισσότερον** κρίμα.	Mt 23,14 is textcritically uncertain.

περισσῶς	Syn 3	Mt 1	Mk 2	Lk	Acts 1	Jn	1-3John	Paul	Eph	Col
	NT 4	2Thess	1/2Tim	Tit	Heb	Jas	1Pet	2Pet	Jude	Rev

exceedingly; beyond measure; very

121	Mt 19,25	ἀκούσαντες δὲ οἱ μαθηταὶ ἐξεπλήσσοντο **σφόδρα** λέγοντες· τίς ἄρα δύναται σωθῆναι;	Mk 10,26	οἱ δὲ **περισσῶς** ἐξεπλήσσοντο λέγοντες πρὸς ἑαυτούς· καὶ τίς δύναται σωθῆναι;	Lk 18,26	εἶπαν δὲ οἱ ἀκούσαντες· καὶ τίς δύναται σωθῆναι;	
221	Mt 27,23	ὁ δὲ ἔφη· τί γὰρ κακὸν ἐποίησεν; οἱ δὲ **περισσῶς** ἔκραζον λέγοντες· σταυρωθήτω.	Mk 15,14	... τί γὰρ ἐποίησεν κακόν; οἱ δὲ **περισσῶς** ἔκραξαν· σταύρωσον αὐτόν.	Lk 23,23	[22] ... τί γὰρ κακὸν ἐποίησεν οὗτος; ... [23] οἱ δὲ ἐπέκειντο φωναῖς μεγάλαις αἰτούμενοι αὐτὸν σταυρωθῆναι, ...	→ Jn 19,15

Acts 26,11 καὶ κατὰ πάσας τὰς συναγωγὰς πολλάκις τιμωρῶν αὐτοὺς ἠνάγκαζον βλασφημεῖν **περισσῶς** τε ἐμμαινόμενος αὐτοῖς ἐδίωκον ἕως καὶ εἰς τὰς ἔξω πόλεις.

περιστερά	Syn 7	Mt 3	Mk 2	Lk 2	Acts	Jn 3	1-3John	Paul	Eph	Col
	NT 10	2Thess	1/2Tim	Tit	Heb	Jas	1Pet	2Pet	Jude	Rev

pigeon; dove

	triple tradition																	double tradition			Sonder-gut		
		+Mt / +Lk			–Mt / –Lk			traditions not taken over by Mt / Lk							subtotals								
code	*222*	*211*	*112*	*212*	*221*	*122*	*121*	*022*	*012*	*021*	*220*	*120*	*210*	*020*	Σ⁺	Σ⁻	Σ	*202*	*201*	*102*	*200*	*002*	total
Mt	1				1												2				1		**3**
Mk	1				1												2						**2**
Lk	1				1⁻											1⁻	1					1	**2**

Mk-Q overlap: 222: Mt 3,16 / Mk 1,10 / Lk 3,22 (?)

002					**Lk 2,24**	καὶ τοῦ δοῦναι θυσίαν κατὰ τὸ εἰρημένον ἐν τῷ νόμῳ κυρίου, *ζεῦγος τρυγόνων ἢ* *δύο νοσσοὺς* ***περιστερῶν.*** ➤ Lev 5,11; 12,8	
222	**Mt 3,16** → Mt 12,18	... καὶ εἶδεν [τὸ] πνεῦμα [τοῦ] θεοῦ καταβαῖνον **ὡσεὶ περιστερὰν** [καὶ] ἐρχόμενον ἐπ᾽ αὐτόν·	**Mk 1,10**	... καὶ τὸ πνεῦμα **ὡς περιστερὰν** καταβαῖνον εἰς αὐτόν·	**Lk 3,22** → Lk 4,18	καὶ καταβῆναι τὸ πνεῦμα τὸ ἅγιον σωματικῷ εἴδει **ὡς περιστερὰν** ἐπ᾽ αὐτόν, ...	→ **Jn 1,32** Mk-Q overlap?
200	**Mt 10,16**	... γίνεσθε οὖν φρόνιμοι ὡς οἱ ὄφεις καὶ ἀκέραιοι **ὡς αἱ περιστεραί.**					→ GTh 39,3 **(POxy 655)**
221	**Mt 21,12**	καὶ εἰσῆλθεν Ἰησοῦς εἰς τὸ ἱερὸν καὶ ἐξέβαλεν πάντας τοὺς πωλοῦντας καὶ ἀγοράζοντας ἐν τῷ ἱερῷ, καὶ τὰς τραπέζας τῶν κολλυβιστῶν κατέστρεψεν καὶ τὰς καθέδρας τῶν πωλούντων **τὰς περιστεράς**	**Mk 11,15**	... καὶ εἰσελθὼν εἰς τὸ ἱερὸν ἤρξατο ἐκβάλλειν τοὺς πωλοῦντας καὶ τοὺς ἀγοράζοντας ἐν τῷ ἱερῷ, καὶ τὰς τραπέζας τῶν κολλυβιστῶν καὶ τὰς καθέδρας τῶν πωλούντων **τὰς περιστερὰς** κατέστρεψεν	**Lk 19,45**	καὶ εἰσελθὼν εἰς τὸ ἱερὸν ἤρξατο ἐκβάλλειν τοὺς πωλοῦντας	→ **Jn 2,14.16**

περιτέμνω	Syn 2	Mt	Mk	Lk 2	Acts 5	Jn 1	1-3John	Paul 8	Eph	Col 1
	NT 17	2Thess	1/2Tim	Tit	Heb	Jas	1Pet	2Pet	Jude	Rev

circumcise

002					**Lk 1,59**	καὶ ἐγένετο ἐν τῇ ἡμέρᾳ τῇ ὀγδόῃ ἦλθον **περιτεμεῖν** τὸ παιδίον καὶ ἐκάλουν αὐτὸ ἐπὶ τῷ ὀνόματι τοῦ πατρὸς αὐτοῦ Ζαχαρίαν.	
002					**Lk 2,21** → Mt 1,25 → Lk 1,31	καὶ ὅτε ἐπλήσθησαν ἡμέραι ὀκτὼ **τοῦ περιτεμεῖν** αὐτὸν καὶ ἐκλήθη τὸ ὄνομα αὐτοῦ Ἰησοῦς, ...	

Acts 7,8	καὶ ἔδωκεν αὐτῷ διαθήκην περιτομῆς· καὶ οὕτως ἐγέννησεν τὸν Ἰσαὰκ καὶ **περιέτεμεν** αὐτὸν τῇ ἡμέρᾳ τῇ ὀγδόῃ, καὶ Ἰσαὰκ τὸν Ἰακώβ, καὶ Ἰακὼβ τοὺς δώδεκα πατριάρχας.	**Acts 15,5**	ἐξανέστησαν δέ τινες τῶν ἀπὸ τῆς αἱρέσεως τῶν Φαρισαίων πεπιστευκότες λέγοντες ὅτι δεῖ **περιτέμνειν** αὐτοὺς παραγγέλλειν τε τηρεῖν τὸν νόμον Μωϋσέως.	**Acts 21,21**	κατηχήθησαν δὲ περὶ σοῦ ὅτι ἀποστασίαν διδάσκεις ἀπὸ Μωϋσέως τοὺς κατὰ τὰ ἔθνη πάντας Ἰουδαίους λέγων **μὴ περιτέμνειν** αὐτοὺς τὰ τέκνα μηδὲ τοῖς ἔθεσιν περιπατεῖν.
Acts 15,1	καί τινες κατελθόντες ἀπὸ τῆς Ἰουδαίας ἐδίδασκον τοὺς ἀδελφοὺς ὅτι, ἐὰν μὴ **περιτμηθῆτε** τῷ ἔθει τῷ Μωϋσέως, οὐ δύνασθε σωθῆναι.	**Acts 16,3**	τοῦτον ἠθέλησεν ὁ Παῦλος σὺν αὐτῷ ἐξελθεῖν, καὶ λαβὼν **περιέτεμεν** αὐτὸν διὰ τοὺς Ἰουδαίους τοὺς ὄντας ἐν τοῖς τόποις ἐκείνοις· ...		

περιτίθημι	Syn 6	Mt 3	Mk 3	Lk	Acts	Jn 1	1-3John	Paul 1	Eph	Col
	NT 8	2Thess	1/2Tim	Tit	Heb	Jas	1Pet	2Pet	Jude	Rev

put, place around; put on

	triple tradition																	double tradition			Sondergut		
		+Mt / +Lk			−Mt / −Lk			traditions not taken over by Mt / Lk							subtotals								
code	*222*	*211*	*112*	*212*	*221*	*122*	*121*	*022*	*012*	*021*	*220*	*120*	*210*	*020*	Σ^+	Σ^-	Σ	*202*	*201*	*102*	*200*	*002*	total
Mt					1						1	1^-	1^+		1^+	1^-	3						**3**
Mk					1						1	1					3						**3**
Lk					1^-											1^-							

221	**Mt 21,33** ... ἄνθρωπος ἦν οἰκοδεσπότης ὅστις ἐφύτευσεν ἀμπελῶνα καὶ φραγμὸν αὐτῷ **περιέθηκεν** καὶ ὤρυξεν ἐν αὐτῷ ληνὸν καὶ ᾠκοδόμησεν πύργον καὶ ἐξέδετο αὐτὸν γεωργοῖς καὶ ἀπεδήμησεν.	**Mk 12,1** ... ἀμπελῶνα ἄνθρωπος ἐφύτευσεν καὶ **περιέθηκεν** φραγμὸν καὶ ὤρυξεν ὑπολήνιον καὶ ᾠκοδόμησεν πύργον καὶ ἐξέδετο αὐτὸν γεωργοῖς καὶ ἀπεδήμησεν.	**Lk 20,9** ... ἄνθρωπός [τις] ἐφύτευσεν ἀμπελῶνα καὶ ἐξέδετο αὐτὸν γεωργοῖς καὶ ἀπεδήμησεν χρόνους ἱκανούς.	→ GTh 65
210	**Mt 27,28** καὶ ἐκδύσαντες αὐτὸν χλαμύδα κοκκίνην **περιέθηκαν** αὐτῷ,	**Mk 15,17** καὶ **ἐνδιδύσκουσιν** αὐτὸν πορφύραν	**Lk 23,11** ... καὶ ἐμπαίξας **περιβαλὼν** ἐσθῆτα λαμπρὰν ...	→ Jn 19,2
120	**Mt 27,29** καὶ πλέξαντες στέφανον ἐξ ἀκανθῶν **ἐπέθηκαν** ἐπὶ τῆς κεφαλῆς αὐτοῦ ...	καὶ **περιτιθέασιν** αὐτῷ πλέξαντες ἀκάνθινον στέφανον·		→ Jn 19,2
220	**Mt 27,48** καὶ εὐθέως δραμὼν εἷς ἐξ αὐτῶν καὶ λαβὼν σπόγγον πλήσας τε ὄξους καὶ **περιθεὶς** καλάμῳ ἐπότιζεν αὐτόν.	**Mk 15,36** δραμὼν δέ τις [καὶ] γεμίσας σπόγγον ὄξους **περιθεὶς** καλάμῳ ἐπότιζεν αὐτὸν ...	**Lk 23,36** → Lk 23,39 ἐνέπαιξαν δὲ αὐτῷ καὶ οἱ στρατιῶται προσερχόμενοι, ὄξος προσφέροντες αὐτῷ	**→ Jn 19,29**

περιτρέχω	Syn 1	Mt	Mk 1	Lk	Acts	Jn	1-3John	Paul	Eph	Col
	NT 1	2Thess	1/2Tim	Tit	Heb	Jas	1Pet	2Pet	Jude	Rev

run, move around; run about; go about in

	Mt 14,35 → Mt 8,16 → Mt 15,30	καὶ ἐπιγνόντες αὐτὸν οἱ ἄνδρες τοῦ τόπου ἐκείνου	Mk 6,55 → Mk 1,32 → Mk 7,32	[54] καὶ ἐξελθόντων αὐτῶν ἐκ τοῦ πλοίου εὐθὺς ἐπιγνόντες αὐτὸν	→ Lk 4,40	
120		**ἀπέστειλαν**		[55] **περιέδραμον**		
		εἰς ὅλην τὴν περίχωρον ἐκείνην καὶ προσήνεγκαν αὐτῷ πάντας τοὺς κακῶς ἔχοντας		ὅλην τὴν χώραν ἐκείνην καὶ ἤρξαντο ἐπὶ τοῖς κραβάττοις τοὺς κακῶς ἔχοντας περιφέρειν ὅπου ἤκουον ὅτι ἐστίν.		

περιφέρω	Syn 1	Mt	Mk 1	Lk	Acts	Jn	1-3John	Paul 1	Eph 1	Col
	NT 3	2Thess	1/2Tim	Tit	Heb	Jas	1Pet	2Pet	Jude	Rev

carry about; carry here and there

	Mt 14,35 → Mt 8,16 → Mt 15,30	καὶ ἐπιγνόντες αὐτὸν οἱ ἄνδρες τοῦ τόπου ἐκείνου ἀπέστειλαν εἰς ὅλην τὴν περίχωρον ἐκείνην καὶ	Mk 6,55 → Mk 1,32 → Mk 7,32	[54] καὶ ἐξελθόντων αὐτῶν ἐκ τοῦ πλοίου εὐθὺς ἐπιγνόντες αὐτὸν [55] περιέδραμον ὅλην τὴν χώραν ἐκείνην καὶ ἤρξαντο ἐπὶ τοῖς κραβάττοις τοὺς κακῶς ἔχοντας	→ Lk 4,40	
120		**προσήνεγκαν**		**περιφέρειν**		
		αὐτῷ πάντας τοὺς κακῶς ἔχοντας		ὅπου ἤκουον ὅτι ἐστίν.		

περίχωρος	Syn 8	Mt 2	Mk 1	Lk 5	Acts 1	Jn	1-3John	Paul	Eph	Col
	NT 9	2Thess	1/2Tim	Tit	Heb	Jas	1Pet	2Pet	Jude	Rev

neighboring; region around; neighborhood

	triple tradition																	double tradition			Sondergut		
		+Mt / +Lk			–Mt / –Lk			traditions not taken over by Mt / Lk							subtotals								
code	222	211	112	212	221	122	121	022	012	021	220	120	210	020	Σ⁺	Σ⁻	Σ	202	201	102	200	002	total
Mt													1^+		1^+		1	1					**2**
Mk								1									1						**1**
Lk			2^+					1							2^+		3	1				1	**5**

	Mt 3,5		Mk 1,5 → Lk 3,7		Lk 3,3	[2] ... ἐγένετο ῥῆμα θεοῦ ἐπὶ Ἰωάννην τὸν Ζαχαρίου υἱὸν ἐν τῇ ἐρήμῳ.
		τότε ἐξεπορεύετο πρὸς αὐτὸν Ἱεροσόλυμα καὶ πᾶσα ἡ Ἰουδαία		καὶ ἐξεπορεύετο πρὸς αὐτὸν πᾶσα ἡ Ἰουδαία χώρα καὶ οἱ Ἱεροσολυμῖται πάντες, ...		
202		καὶ **πᾶσα** **ἡ περίχωρος** **τοῦ Ἰορδάνου**			⇨ Mk 1,4	[3] καὶ ἦλθεν **εἰς πᾶσαν** **[τὴν] περίχωρον** **τοῦ Ἰορδάνου ...**

112	**Mt 4,12** → Lk 3,20	ἀκούσας δὲ ὅτι Ἰωάννης παρεδόθη ἀνεχώρησεν εἰς τὴν Γαλιλαίαν.	**Mk 1,14** → Lk 3,20	μετὰ δὲ τὸ παραδοθῆναι τὸν Ἰωάννην ἦλθεν ὁ Ἰησοῦς εἰς τὴν Γαλιλαίαν κηρύσσων τὸ εὐαγγέλιον τοῦ θεοῦ	**Lk 4,14** ↓ Mt 4,24 → Mt 9,26 ↓ Mk 1,28 ↓ Lk 4,37	καὶ ὑπέστρεψεν ὁ Ἰησοῦς ἐν τῇ δυνάμει τοῦ πνεύματος εἰς τὴν Γαλιλαίαν. καὶ φήμη ἐξῆλθεν **καθ' ὅλης τῆς περιχώρου** περὶ αὐτοῦ.	→ Jn 4,3
022	Mt 4,24 → Mt 9,26 → Mk 3,8	καὶ ἀπῆλθεν ἡ ἀκοὴ αὐτοῦ **εἰς ὅλην τὴν Συρίαν· ...**	**Mk 1,28**	καὶ ἐξῆλθεν ἡ ἀκοὴ αὐτοῦ εὐθὺς πανταχοῦ **εἰς ὅλην τὴν περίχωρον τῆς Γαλιλαίας.**	**Lk 4,37** ↑ Lk 4,14	καὶ ἐξεπορεύετο ἦχος περὶ αὐτοῦ **εἰς πάντα τόπον τῆς περιχώρου.**	
002					**Lk 7,17** → Lk 5,15	καὶ ἐξῆλθεν ὁ λόγος οὗτος ἐν ὅλῃ τῇ Ἰουδαίᾳ περὶ αὐτοῦ καὶ **πάσῃ τῇ περιχώρῳ.**	
112	**Mt 8,34**	... καὶ ἰδόντες αὐτὸν παρεκάλεσαν ὅπως μεταβῇ ἀπὸ τῶν ὁρίων αὐτῶν.	**Mk 5,17**	καὶ ἤρξαντο παρακαλεῖν αὐτὸν ἀπελθεῖν ἀπὸ τῶν ὁρίων αὐτῶν.	**Lk 8,37**	καὶ ἠρώτησεν αὐτὸν **ἅπαν τὸ πλῆθος τῆς περιχώρου τῶν Γερασηνῶν** ἀπελθεῖν ἀπ' αὐτῶν, ...	
210	**Mt 14,35**	... ἀπέστειλαν **εἰς ὅλην τὴν περίχωρον ἐκείνην** καὶ προσήνεγκαν αὐτῷ πάντας τοὺς κακῶς ἔχοντας	**Mk 6,55**	περιέδραμον **ὅλην τὴν χώραν ἐκείνην** καὶ ἤρξαντο ἐπὶ τοῖς κραβάττοις τοὺς κακῶς ἔχοντας περιφέρειν ὅπου ἤκουον ὅτι ἐστίν.			

Acts 14,6 συνιδόντες κατέφυγον
εἰς τὰς πόλεις τῆς
Λυκαονίας Λύστραν
καὶ Δέρβην καὶ
τὴν περίχωρον

πετεινόν	Syn	Mt	Mk	Lk	Acts	Jn	1-3John	Paul	Eph	Col
	10	4	2	4	2			1		
	NT	2Thess	1/2Tim	Tit	Heb	Jas	1Pet	2Pet	Jude	Rev
	14					1				

bird

	triple tradition																	double tradition			Sondergut		
		+Mt / +Lk			–Mt / –Lk			traditions not taken over by Mt / Lk							subtotals								
code	*222*	*211*	*112*	*212*	*221*	*122*	*121*	*022*	*012*	*021*	*220*	*120*	*210*	*020*	Σ⁺	Σ⁻	Σ	*202*	*201*	*102*	*200*	*002*	total
Mt	1																1	2	1				**4**
Mk	1													1			2						**2**
Lk	1																1	2		1			**4**

a τὰ πετεινὰ τοῦ οὐρανοῦ

a 201	**Mt 6,26**	ἐμβλέψατε **εἰς τὰ πετεινὰ τοῦ οὐρανοῦ** ὅτι οὐ σπείρουσιν οὐδὲ θερίζουσιν οὐδὲ συνάγουσιν εἰς ἀποθήκας, ...	**Lk 12,24**	κατανοήσατε **τοὺς κόρακας** ὅτι οὐ σπείρουσιν οὐδὲ θερίζουσιν, οἷς οὐκ ἔστιν ταμεῖον οὐδὲ ἀποθήκη, ...	

a 202	Mt 8,20	... αἱ ἀλώπεκες φωλεοὺς ἔχουσιν καὶ τὰ πετεινὰ τοῦ οὐρανοῦ κατασκηνώσεις, ὁ δὲ υἱὸς τοῦ ἀνθρώπου οὐκ ἔχει ποῦ τὴν κεφαλὴν κλίνῃ.			Lk 9,58	... αἱ ἀλώπεκες φωλεοὺς ἔχουσιν καὶ τὰ πετεινὰ τοῦ οὐρανοῦ κατασκηνώσεις, ὁ δὲ υἱὸς τοῦ ἀνθρώπου οὐκ ἔχει ποῦ τὴν κεφαλὴν κλίνῃ.	→ GTh 86
a 222	Mt 13,4	καὶ ἐν τῷ σπείρειν αὐτὸν ἃ μὲν ἔπεσεν παρὰ τὴν ὁδόν, καὶ ἐλθόντα τὰ πετεινὰ κατέφαγεν αὐτά.	Mk 4,4	καὶ ἐγένετο ἐν τῷ σπείρειν ὃ μὲν ἔπεσεν παρὰ τὴν ὁδόν, καὶ ἦλθεν τὰ πετεινὰ καὶ κατέφαγεν αὐτό.	Lk 8,5	... καὶ ἐν τῷ σπείρειν αὐτὸν ὃ μὲν ἔπεσεν παρὰ τὴν ὁδὸν καὶ κατεπατήθη, καὶ τὰ πετεινὰ τοῦ οὐρανοῦ κατέφαγεν αὐτό.	→ GTh 9
a 202	Mt 8,20	... αἱ ἀλώπεκες φωλεοὺς ἔχουσιν καὶ τὰ πετεινὰ τοῦ οὐρανοῦ κατασκηνώσεις, ὁ δὲ υἱὸς τοῦ ἀνθρώπου οὐκ ἔχει ποῦ τὴν κεφαλὴν κλίνῃ.			Lk 9,58	... αἱ ἀλώπεκες φωλεοὺς ἔχουσιν καὶ τὰ πετεινὰ τοῦ οὐρανοῦ κατασκηνώσεις, ὁ δὲ υἱὸς τοῦ ἀνθρώπου οὐκ ἔχει ποῦ τὴν κεφαλὴν κλίνῃ.	→ GTh 86
102	Mt 6,26	ἐμβλέψατε εἰς τὰ πετεινὰ τοῦ οὐρανοῦ ὅτι οὐ σπείρουσιν οὐδὲ θερίζουσιν οὐδὲ συνάγουσιν εἰς ἀποθήκας, καὶ ὁ πατὴρ ὑμῶν ὁ οὐράνιος τρέφει αὐτά· οὐχ ὑμεῖς μᾶλλον διαφέρετε αὐτῶν;			Lk 12,24	κατανοήσατε τοὺς κόρακας ὅτι οὐ σπείρουσιν οὐδὲ θερίζουσιν, οἷς οὐκ ἔστιν ταμεῖον οὐδὲ ἀποθήκη, καὶ ὁ θεὸς τρέφει αὐτούς· πόσῳ μᾶλλον ὑμεῖς διαφέρετε τῶν πετεινῶν.	
a 020	Mt 13,32	... καὶ γίνεται δένδρον, ὥστε ἐλθεῖν *τὰ πετεινὰ* *τοῦ οὐρανοῦ* *καὶ κατασκηνοῦν ἐν τοῖς κλάδοις αὐτοῦ.* ➤ Ps 103,12 LXX	Mk 4,32	... καὶ ποιεῖ κλάδους μεγάλους, ὥστε δύνασθαι ὑπὸ τὴν σκιὰν αὐτοῦ *τὰ πετεινὰ* *τοῦ οὐρανοῦ* *κατασκηνοῦν.* ➤ Ps 103,12 LXX	Lk 13,19	... καὶ ἐγένετο εἰς δένδρον, καὶ *τὰ πετεινὰ* *τοῦ οὐρανοῦ* *κατεσκήνωσεν ἐν τοῖς κλάδοις αὐτοῦ.* ➤ Ps 103,12 LXX	→ GTh 20 Mk-Q overlap
a 202	Mt 13,32	... καὶ γίνεται δένδρον, ὥστε ἐλθεῖν *τὰ πετεινὰ* *τοῦ οὐρανοῦ* *καὶ κατασκηνοῦν ἐν τοῖς κλάδοις αὐτοῦ.* ➤ Ps 103,12 LXX	Mk 4,32	... καὶ ποιεῖ κλάδους μεγάλους, ὥστε δύνασθαι ὑπὸ τὴν σκιὰν αὐτοῦ *τὰ πετεινὰ* *τοῦ οὐρανοῦ* *κατασκηνοῦν.* ➤ Ps 103,12 LXX	Lk 13,19	... καὶ ἐγένετο εἰς δένδρον, καὶ *τὰ πετεινὰ* *τοῦ οὐρανοῦ* *κατεσκήνωσεν ἐν τοῖς κλάδοις αὐτοῦ.* ➤ Ps 103,12 LXX	→ GTh 20 Mk-Q overlap

a **Acts 10,12** ἐν ᾧ ὑπῆρχεν πάντα τὰ τετράποδα καὶ ἑρπετὰ τῆς γῆς καὶ
πετεινὰ
τοῦ οὐρανοῦ.

a **Acts 11,6** εἰς ἣν ἀτενίσας κατενόουν καὶ εἶδον τὰ τετράποδα τῆς γῆς καὶ τὰ θηρία καὶ τὰ ἑρπετὰ καὶ
τὰ πετεινὰ
τοῦ οὐρανοῦ.

πέτρα	Syn 9	Mt 5	Mk 1	Lk 3	Acts	Jn	1-3John	Paul 3	Eph	Col
	NT 15	2Thess	1/2Tim	Tit	Heb	Jas	1Pet 1	2Pet	Jude	Rev 2

rock; stone

	triple tradition																	double tradition			Sondergut		
		+Mt / +Lk			−Mt / −Lk			traditions not taken over by Mt / Lk							subtotals								
code	222	211	112	212	221	122	121	022	012	021	220	120	210	020	Σ⁺	Σ⁻	Σ	202	201	102	200	002	total
Mt					1												1	1	1		2		**5**
Mk					1												1						**1**
Lk			2⁺		1⁻										2⁺	1⁻	2	1					**3**

202	**Mt 7,24** ↓ Mt 16,18	... ὁμοιωθήσεται ἀνδρὶ φρονίμῳ, ὅστις ᾠκοδόμησεν αὐτοῦ τὴν οἰκίαν **ἐπὶ τὴν πέτραν·**			**Lk 6,48**	ὅμοιός ἐστιν ἀνθρώπῳ οἰκοδομοῦντι οἰκίαν ὃς ἔσκαψεν καὶ ἐβάθυνεν καὶ ἔθηκεν θεμέλιον **ἐπὶ τὴν πέτραν·**	
201	**Mt 7,25**	καὶ κατέβη ἡ βροχὴ καὶ ἦλθον οἱ ποταμοὶ καὶ ἔπνευσαν οἱ ἄνεμοι καὶ προσέπεσαν τῇ οἰκίᾳ ἐκείνῃ, καὶ οὐκ ἔπεσεν, **τεθεμελίωτο γὰρ ἐπὶ τὴν πέτραν.**				πλημμύρης δὲ γενομένης προσέρηξεν ὁ ποταμὸς τῇ οἰκίᾳ ἐκείνῃ, καὶ οὐκ ἴσχυσεν σαλεῦσαι αὐτὴν **διὰ τὸ καλῶς οἰκοδομῆσθαι αὐτήν.**	
112	**Mt 13,5**	ἄλλα δὲ ἔπεσεν **ἐπὶ τὰ πετρώδη** ὅπου οὐκ εἶχεν γῆν πολλήν, ...	**Mk 4,5**	καὶ ἄλλο ἔπεσεν **ἐπὶ τὸ πετρῶδες** ὅπου οὐκ εἶχεν γῆν πολλήν, ...	**Lk 8,6**	καὶ ἕτερον κατέπεσεν **ἐπὶ τὴν πέτραν, ...**	→ GTh 9
112	**Mt 13,20**	ὁ δὲ **ἐπὶ τὰ πετρώδη** σπαρείς, οὗτός ἐστιν ὁ τὸν λόγον ἀκούων καὶ εὐθὺς μετὰ χαρᾶς λαμβάνων αὐτόν	**Mk 4,16**	καὶ οὗτοί εἰσιν οἱ **ἐπὶ τὰ πετρώδη** σπειρόμενοι, οἳ ὅταν ἀκούσωσιν τὸν λόγον εὐθὺς μετὰ χαρᾶς λαμβάνουσιν αὐτόν	**Lk 8,13**	οἱ δὲ **ἐπὶ τῆς πέτρας** οἳ ὅταν ἀκούσωσιν μετὰ χαρᾶς δέχονται τὸν λόγον, ...	
200	**Mt 16,18** ↑ Mt 7,24	... σὺ εἶ Πέτρος, καὶ **ἐπὶ ταύτῃ τῇ πέτρᾳ** οἰκοδομήσω μου τὴν ἐκκλησίαν ...					
200	**Mt 27,51**	... καὶ ἡ γῆ ἐσείσθη καὶ **αἱ πέτραι** ἐσχίσθησαν					
221	**Mt 27,60**	καὶ ἔθηκεν αὐτὸ ἐν τῷ καινῷ αὐτοῦ μνημείῳ **ὃ ἐλατόμησεν ἐν τῇ πέτρᾳ** καὶ προσκυλίσας λίθον μέγαν τῇ θύρᾳ τοῦ μνημείου ἀπῆλθεν.	**Mk 15,46**	... καὶ ἔθηκεν αὐτὸν ἐν μνημείῳ **ὃ ἦν λελατομημένον ἐκ πέτρας** καὶ προσεκύλισεν λίθον ἐπὶ τὴν θύραν τοῦ μνημείου.	**Lk 23,53**	... καὶ ἔθηκεν αὐτὸν ἐν μνήματι **λαξευτῷ** οὗ οὐκ ἦν οὐδεὶς οὔπω κείμενος.	→ Jn 19,41

Πέτρος

	Syn	Mt	Mk	Lk	Acts	Jn	1-3John	Paul	Eph	Col
	61	23	19	19	56	34		2		
	NT	2Thess	1/2Tim	Tit	Heb	Jas	1Pet	2Pet	Jude	Rev
	155						1	1		

Peter

	triple tradition																	double tradition			Sondergut		
		+Mt / +Lk			–Mt / –Lk			traditions not taken over by Mt / Lk							subtotals								
code	*222*	*211*	*112*	*212*	*221*	*122*	*121*	*022*	*012*	*021*	*220*	*120*	*210*	*020*	Σ^+	Σ^-	Σ	*202*	*201*	*102*	*200*	*002*	total
Mt	7	1^+			3		2^-				4	2^-	3^+		4^+	4^-	18		1		4		**23**
Mk	7				3		2	1			4	2					19						**19**
Lk	7		6^+		3^-		2^-	1	1^+						7^+	5^-	15					4	**19**

[a] Σίμων (and) Πέτρος
[b] (Σίμων and) Πέτρος and Ἀνδρέας
[c] Πέτρος and Ἰάκωβος and Ἰωάννης
[d] Πέτρος and Ἰωάννης
[e] Πέτρος without the article (except a, b, c, d)
[f] Πέτρος καὶ οἱ ἀπόστολοι and similar phrases

b 210	**Mt 4,18**	... εἶδεν δύο ἀδελφούς, Σίμωνα τὸν λεγόμενον **Πέτρον** καὶ Ἀνδρέαν τὸν ἀδελφὸν αὐτοῦ, βάλλοντας ἀμφίβληστρον εἰς τὴν θάλασσαν· ἦσαν γὰρ ἁλιεῖς.	**Mk 1,16**	... εἶδεν Σίμωνα καὶ Ἀνδρέαν τὸν ἀδελφὸν Σίμωνος ἀμφιβάλλοντας ἐν τῇ θαλάσσῃ· ἦσαν γὰρ ἁλιεῖς.	**Lk 5,2** → Mt 4,21 → Mk 1,19	καὶ εἶδεν δύο πλοῖα ἑστῶτα παρὰ τὴν λίμνην· οἱ δὲ ἁλιεῖς ἀπ' αὐτῶν ἀποβάντες ἔπλυνον τὰ δίκτυα. [3] ἐμβὰς δὲ εἰς ἓν τῶν πλοίων, ὃ ἦν Σίμωνος, ...	→ Jn 1,40.42
a 002					**Lk 5,8**	ἰδὼν δὲ **Σίμων Πέτρος** προσέπεσεν τοῖς γόνασιν Ἰησοῦ λέγων· ἔξελθε ἀπ' ἐμοῦ, ὅτι ἀνὴρ ἁμαρτωλός εἰμι, κύριε.	
e 211	**Mt 8,14**	καὶ ἐλθὼν ὁ Ἰησοῦς **εἰς τὴν οἰκίαν** **Πέτρου** εἶδεν τὴν πενθερὰν αὐτοῦ βεβλημένην καὶ πυρέσσουσαν·	**Mk 1,29**	καὶ εὐθὺς ἐκ τῆς συναγωγῆς ἐξελθόντες ἦλθον **εἰς τὴν οἰκίαν** **Σίμωνος καὶ** **Ἀνδρέου** μετὰ Ἰακώβου καὶ Ἰωάννου. [30] ἡ δὲ πενθερὰ Σίμωνος κατέκειτο πυρέσσουσα, ...	**Lk 4,38**	ἀναστὰς δὲ ἀπὸ τῆς συναγωγῆς εἰσῆλθεν **εἰς τὴν οἰκίαν** **Σίμωνος.** πενθερὰ δὲ τοῦ Σίμωνος ἦν συνεχομένη πυρετῷ μεγάλῳ ...	
c b *a* 222	**Mt 10,2**	τῶν δὲ δώδεκα ἀποστόλων τὰ ὀνόματά ἐστιν ταῦτα· πρῶτος Σίμων ὁ λεγόμενος **Πέτρος** καὶ Ἀνδρέας ὁ ἀδελφὸς αὐτοῦ, καὶ Ἰάκωβος ὁ τοῦ Ζεβεδαίου καὶ Ἰωάννης ὁ ἀδελφὸς αὐτοῦ	**Mk 3,16**	... καὶ ἐπέθηκεν ὄνομα τῷ Σίμωνι **Πέτρον,** [17] καὶ Ἰάκωβον τὸν τοῦ Ζεβεδαίου καὶ Ἰωάννην τὸν ἀδελφὸν τοῦ Ἰακώβου ... [18] καὶ Ἀνδρέαν ...	**Lk 6,14**	Σίμωνα, ὃν καὶ ὠνόμασεν **Πέτρον,** καὶ Ἀνδρέαν τὸν ἀδελφὸν αὐτοῦ, καὶ Ἰάκωβον καὶ Ἰωάννην ...	→ Jn 1,40.42
  012			**Mk 5,31**	καὶ ἔλεγον αὐτῷ **οἱ μαθηταὶ αὐτοῦ·** βλέπεις τὸν ὄχλον συνθλίβοντά σε ...	**Lk 8,45**	... ἀρνουμένων δὲ πάντων εἶπεν **ὁ Πέτρος·** ἐπιστάτα, οἱ ὄχλοι συνέχουσίν σε καὶ ἀποθλίβουσιν.	

c 022			Mk 5,37	καὶ οὐκ ἀφῆκεν οὐδένα μετ' αὐτοῦ συνακολουθῆσαι εἰ μὴ τὸν Πέτρον καὶ Ἰάκωβον καὶ Ἰωάννην τὸν ἀδελφὸν Ἰακώβου.	Lk 8,51	... οὐκ ἀφῆκεν εἰσελθεῖν τινα σὺν αὐτῷ εἰ μὴ Πέτρον καὶ Ἰωάννην καὶ Ἰάκωβον ...	
200	Mt 14,28	ἀποκριθεὶς δὲ αὐτῷ ὁ Πέτρος εἶπεν· κύριε, εἰ σὺ εἶ, κέλευσόν με ἐλθεῖν πρὸς σὲ ἐπὶ τὰ ὕδατα.					
200	Mt 14,29	ὁ δὲ εἶπεν· ἐλθέ. καὶ καταβὰς ἀπὸ τοῦ πλοίου [ὁ] Πέτρος περιεπάτησεν ἐπὶ τὰ ὕδατα καὶ ἦλθεν πρὸς τὸν Ἰησοῦν.					
210	Mt 15,15	ἀποκριθεὶς δὲ ὁ Πέτρος εἶπεν αὐτῷ· φράσον ἡμῖν τὴν παραβολὴν [ταύτην].	Mk 7,17 → Mk 4,10 → Lk 8,9 → Mt 15,12	... ἐπηρώτων αὐτὸν οἱ μαθηταὶ αὐτοῦ τὴν παραβολήν.			
a e 222	Mt 16,16 → Mt 14,33	[15] λέγει αὐτοῖς· ὑμεῖς δὲ τίνα με λέγετε εἶναι; [16] ἀποκριθεὶς δὲ Σίμων Πέτρος εἶπεν· σὺ εἶ ὁ χριστὸς ὁ υἱὸς τοῦ θεοῦ τοῦ ζῶντος.	Mk 8,29	καὶ αὐτὸς ἐπηρώτα αὐτούς· ὑμεῖς δὲ τίνα με λέγετε εἶναι; ἀποκριθεὶς ὁ Πέτρος λέγει αὐτῷ· σὺ εἶ ὁ χριστός.	Lk 9,20	εἶπεν δὲ αὐτοῖς· ὑμεῖς δὲ τίνα με λέγετε εἶναι; Πέτρος δὲ ἀποκριθεὶς εἶπεν· τὸν χριστὸν τοῦ θεοῦ.	→ **Jn 6,68** → Jn 6,69 → GTh 13
e 200	Mt 16,18	κἀγὼ δέ σοι λέγω ὅτι σὺ εἶ Πέτρος, καὶ ἐπὶ ταύτῃ τῇ πέτρᾳ οἰκοδομήσω μου τὴν ἐκκλησίαν καὶ πύλαι ᾅδου οὐ κατισχύσουσιν αὐτῆς.					
220	Mt 16,22	καὶ προσλαβόμενος αὐτὸν ὁ Πέτρος ἤρξατο ἐπιτιμᾶν αὐτῷ λέγων· ἵλεώς σοι, κύριε· οὐ μὴ ἔσται σοι τοῦτο.	Mk 8,32	... καὶ προσλαβόμενος ὁ Πέτρος αὐτὸν ἤρξατο ἐπιτιμᾶν αὐτῷ.			
e 220	Mt 16,23 → Mt 4,10	ὁ δὲ στραφεὶς εἶπεν τῷ Πέτρῳ· ὕπαγε ὀπίσω μου, σατανᾶ· σκάνδαλον εἶ ἐμοῦ, ὅτι οὐ φρονεῖς τὰ τοῦ θεοῦ ἀλλὰ τὰ τῶν ἀνθρώπων.	Mk 8,33 → Mt 4,10	ὁ δὲ ἐπιστραφεὶς καὶ ἰδὼν τοὺς μαθητὰς αὐτοῦ ἐπετίμησεν Πέτρῳ καὶ λέγει· ὕπαγε ὀπίσω μου, σατανᾶ, ὅτι οὐ φρονεῖς τὰ τοῦ θεοῦ ἀλλὰ τὰ τῶν ἀνθρώπων.			
c 222	Mt 17,1	καὶ μεθ' ἡμέρας ἓξ παραλαμβάνει ὁ Ἰησοῦς τὸν Πέτρον καὶ Ἰάκωβον καὶ Ἰωάννην τὸν ἀδελφὸν αὐτοῦ καὶ ἀναφέρει αὐτοὺς εἰς ὄρος ὑψηλὸν κατ' ἰδίαν.	Mk 9,2	καὶ μετὰ ἡμέρας ἓξ παραλαμβάνει ὁ Ἰησοῦς τὸν Πέτρον καὶ τὸν Ἰάκωβον καὶ τὸν Ἰωάννην καὶ ἀναφέρει αὐτοὺς εἰς ὄρος ὑψηλὸν κατ' ἰδίαν μόνους. ...	Lk 9,28	ἐγένετο δὲ μετὰ τοὺς λόγους τούτους ὡσεὶ ἡμέραι ὀκτὼ [καὶ] παραλαβὼν Πέτρον καὶ Ἰωάννην καὶ Ἰάκωβον ἀνέβη εἰς τὸ ὄρος προσεύξασθαι.	

f 002					Lk 9,32	ὁ δὲ **Πέτρος** καὶ οἱ σὺν αὐτῷ ἦσαν βεβαρημένοι ὕπνῳ· ...
222	Mt 17,4	ἀποκριθεὶς δὲ ὁ **Πέτρος** εἶπεν τῷ Ἰησοῦ· κύριε, καλόν ἐστιν ἡμᾶς ὧδε εἶναι· ...	Mk 9,5	καὶ ἀποκριθεὶς ὁ **Πέτρος** λέγει τῷ Ἰησοῦ· ῥαββί, καλόν ἐστιν ἡμᾶς ὧδε εἶναι, ...	Lk 9,33	... εἶπεν ὁ **Πέτρος** πρὸς τὸν Ἰησοῦν· ἐπιστάτα, καλόν ἐστιν ἡμᾶς ὧδε εἶναι, ...
200	Mt 17,24	... προσῆλθον οἱ τὰ δίδραχμα λαμβάνοντες τῷ **Πέτρῳ** καὶ εἶπαν· ὁ διδάσκαλος ὑμῶν οὐ τελεῖ [τὰ] δίδραχμα;				
201	Mt 18,21 → Mt 18,15	τότε προσελθὼν ὁ **Πέτρος** εἶπεν αὐτῷ· κύριε, ποσάκις ἁμαρτήσει εἰς ἐμὲ ὁ ἀδελφός μου καὶ ἀφήσω αὐτῷ; ἕως ἑπτάκις; [22] λέγει αὐτῷ ὁ Ἰησοῦς· οὐ λέγω σοι ἕως ἑπτάκις ἀλλὰ ἕως ἑβδομηκοντάκις ἑπτά.			Lk 17,4 → Lk 17,3	καὶ ἐὰν ἑπτάκις τῆς ἡμέρας ἁμαρτήσῃ εἰς σὲ καὶ ἑπτάκις ἐπιστρέψῃ πρὸς σὲ λέγων· μετανοῶ, ἀφήσεις αὐτῷ.
002					Lk 12,41	εἶπεν δὲ ὁ **Πέτρος**· κύριε, πρὸς ἡμᾶς τὴν παραβολὴν ταύτην λέγεις ἢ καὶ πρὸς πάντας;
222	Mt 19,27	τότε ἀποκριθεὶς ὁ **Πέτρος** εἶπεν αὐτῷ· ἰδοὺ ἡμεῖς ἀφήκαμεν πάντα καὶ ἠκολουθήσαμέν σοι· τί ἄρα ἔσται ἡμῖν;	Mk 10,28	ἤρξατο λέγειν ὁ **Πέτρος** αὐτῷ· ἰδοὺ ἡμεῖς ἀφήκαμεν πάντα καὶ ἠκολουθήκαμέν σοι.	Lk 18,28	εἶπεν δὲ ὁ **Πέτρος**· ἰδοὺ ἡμεῖς ἀφέντες τὰ ἴδια ἠκολουθήσαμέν σοι.
120	Mt 21,20	[19] ... καὶ ἐξηράνθη παραχρῆμα ἡ συκῆ. [20] καὶ ἰδόντες οἱ **μαθηταὶ** ἐθαύμασαν λέγοντες· πῶς παραχρῆμα ἐξηράνθη ἡ συκῆ;	Mk 11,21	[20] καὶ παραπορευόμενοι πρωῒ εἶδον τὴν συκῆν ἐξηραμμένην ἐκ ῥιζῶν. [21] καὶ ἀναμνησθεὶς ὁ **Πέτρος** λέγει αὐτῷ· ῥαββί, ἴδε ἡ συκῆ ἣν κατηράσω ἐξήρανται.		
b c 121	Mt 24,3	... προσῆλθον αὐτῷ οἱ μαθηταὶ κατ' ἰδίαν λέγοντες· εἰπὲ ἡμῖν, πότε ταῦτα ἔσται καὶ τί τὸ σημεῖον τῆς σῆς παρουσίας καὶ συντελείας τοῦ αἰῶνος;	Mk 13,3	... ἐπηρώτα αὐτὸν κατ' ἰδίαν **Πέτρος** καὶ Ἰάκωβος καὶ Ἰωάννης καὶ Ἀνδρέας· [4] εἰπὸν ἡμῖν, πότε ταῦτα ἔσται καὶ τί τὸ σημεῖον ὅταν μέλλῃ ταῦτα συντελεῖσθαι πάντα;	Lk 21,7	ἐπηρώτησαν δὲ αὐτὸν λέγοντες· διδάσκαλε, πότε οὖν ταῦτα ἔσται καὶ τί τὸ σημεῖον ὅταν μέλλῃ ταῦτα γίνεσθαι;

[a] Σίμων (and) Πέτρος
[b] (Σίμων and) Πέτρος and Ἀνδρέας
[c] Πέτρος and Ἰάκωβος and Ἰωάννης
[d] Πέτρος and Ἰωάννης
[e] Πέτρος without the article (except a, b, c, d)
[f] Πέτρος καὶ οἱ ἀπόστολοι and similar phrases

d 112	Mt 26,17	... προσῆλθον οἱ μαθηταὶ τῷ Ἰησοῦ λέγοντες· ποῦ θέλεις ἑτοιμάσωμέν σοι φαγεῖν τὸ πάσχα; [18] ὁ δὲ εἶπεν· ὑπάγετε εἰς τὴν πόλιν ...	Mk 14,13	[12] ... λέγουσιν αὐτῷ οἱ μαθηταὶ αὐτοῦ· ποῦ θέλεις ἀπελθόντες ἑτοιμάσωμεν ἵνα φάγῃς τὸ πάσχα; [13] καὶ ἀποστέλλει **δύο τῶν μαθητῶν αὐτοῦ** καὶ λέγει αὐτοῖς· ὑπάγετε εἰς τὴν πόλιν, ...	Lk 22,8	καὶ ἀπέστειλεν **Πέτρον καὶ Ἰωάννην** εἰπών· πορευθέντες ἑτοιμάσατε ἡμῖν τὸ πάσχα ἵνα φάγωμεν. [9] οἱ δὲ εἶπαν αὐτῷ· ποῦ θέλεις ἑτοιμάσωμεν; [10] ὁ δὲ εἶπεν αὐτοῖς· ἰδοὺ εἰσελθόντων ὑμῶν εἰς τὴν πόλιν ...	
e 112	Mt 26,34	... ἀμὴν λέγω σοι ὅτι ἐν ταύτῃ τῇ νυκτὶ πρὶν ἀλέκτορα φωνῆσαι τρὶς ἀπαρνήσῃ με.	Mk 14,30	... ἀμὴν λέγω σοι ὅτι σὺ σήμερον ταύτῃ τῇ νυκτὶ πρὶν ἢ δὶς ἀλέκτορα φωνῆσαι τρίς με ἀπαρνήσῃ.	Lk 22,34	... λέγω σοι, **Πέτρε,** οὐ φωνήσει σήμερον ἀλέκτωρ ἕως τρίς με ἀπαρνήσῃ εἰδέναι.	→ Jn 13,38
221	Mt 26,33	ἀποκριθεὶς **δὲ ὁ Πέτρος** εἶπεν αὐτῷ· εἰ πάντες σκανδαλισθήσονται ἐν σοί, ἐγὼ οὐδέποτε σκανδαλισθήσομαι.	Mk 14,29	 **ὁ δὲ Πέτρος** ἔφη αὐτῷ· εἰ καὶ πάντες σκανδαλισθήσονται, ἀλλ' οὐκ ἐγώ.	Lk 22,33 ↓ Mt 26,35 ↓ Mk 14,31	 **ὁ δὲ** εἶπεν αὐτῷ· κύριε, μετὰ σοῦ ἕτοιμός εἰμι καὶ εἰς φυλακὴν καὶ εἰς θάνατον πορεύεσθαι.	→ Jn 13,37
210	Mt 26,35 ↑ Lk 22,33	λέγει αὐτῷ **ὁ Πέτρος·** κἂν δέῃ με σὺν σοὶ ἀποθανεῖν, οὐ μή σε ἀπαρνήσομαι. ὁμοίως καὶ πάντες οἱ μαθηταὶ εἶπαν.	Mk 14,31 ↑ Lk 22,33	ὁ δὲ ἐκπερισσῶς ἐλάλει· ἐὰν δέῃ με συναποθανεῖν σοι, οὐ μή σε ἀπαρνήσομαι. ὡσαύτως δὲ καὶ πάντες ἔλεγον.			→ Jn 13,37
c 220	Mt 26,37	καὶ παραλαβὼν **τὸν Πέτρον** καὶ τοὺς δύο υἱοὺς Ζεβεδαίου ἤρξατο λυπεῖσθαι καὶ ἀδημονεῖν.	Mk 14,33	καὶ παραλαμβάνει **τὸν Πέτρον** καὶ [τὸν] Ἰάκωβον καὶ [τὸν] Ἰωάννην μετ' αὐτοῦ καὶ ἤρξατο ἐκθαμβεῖσθαι καὶ ἀδημονεῖν			
a 221	Mt 26,40	... καὶ λέγει **τῷ Πέτρῳ·** οὕτως οὐκ ἰσχύσατε μίαν ὥραν γρηγορῆσαι μετ' ἐμοῦ;	Mk 14,37	... καὶ λέγει **τῷ Πέτρῳ·** Σίμων, καθεύδεις; οὐκ ἴσχυσας μίαν ὥραν γρηγορῆσαι;	Lk 22,46	καὶ εἶπεν **αὐτοῖς·** τί καθεύδετε; ...	
222	Mt 26,58	**ὁ δὲ Πέτρος** ἠκολούθει αὐτῷ ἀπὸ μακρόθεν	Mk 14,54	**καὶ ὁ Πέτρος** ἀπὸ μακρόθεν ἠκολούθησεν αὐτῷ	Lk 22,54	... **ὁ δὲ Πέτρος** ἠκολούθει μακρόθεν.	→ Jn 18,15
112		ἕως τῆς αὐλῆς τοῦ ἀρχιερέως καὶ εἰσελθὼν ἔσω ἐκάθητο μετὰ τῶν ὑπηρετῶν ἰδεῖν τὸ τέλος.		ἕως ἔσω εἰς τὴν αὐλὴν τοῦ ἀρχιερέως καὶ ἦν συγκαθήμενος μετὰ τῶν ὑπηρετῶν καὶ θερμαινόμενος πρὸς τὸ φῶς.	Lk 22,55	περιαψάντων δὲ πῦρ ἐν μέσῳ τῆς αὐλῆς καὶ συγκαθισάντων ἐκάθητο **ὁ Πέτρος** μέσος αὐτῶν.	→ Jn 18,18

220	Mt 26,69	ὁ δὲ Πέτρος ἐκάθητο ἔξω ἐν τῇ αὐλῇ· καὶ προσῆλθεν αὐτῷ μία παιδίσκη	Mk 14,66	καὶ ὄντος τοῦ Πέτρου κάτω ἐν τῇ αὐλῇ ἔρχεται μία τῶν παιδισκῶν τοῦ ἀρχιερέως			→ Jn 18,17
121		λέγουσα· καὶ σὺ ἦσθα μετὰ Ἰησοῦ τοῦ Γαλιλαίου.	Mk 14,67	καὶ ἰδοῦσα τὸν Πέτρον θερμαινόμενον ἐμβλέψασα αὐτῷ λέγει· καὶ σὺ μετὰ τοῦ Ναζαρηνοῦ ἦσθα τοῦ Ἰησοῦ.	Lk 22,56	ἰδοῦσα δὲ αὐτὸν παιδίσκη τις καθήμενον πρὸς τὸ φῶς καὶ ἀτενίσασα αὐτῷ εἶπεν· καὶ οὗτος σὺν αὐτῷ ἦν.	→ Jn 18,17
112	Mt 26,72	[70] ὁ δὲ ἠρνήσατο ἔμπροσθεν πάντων λέγων· οὐκ οἶδα τί λέγεις. [71] ... εἶδεν αὐτὸν ἄλλη καὶ λέγει τοῖς ἐκεῖ· οὗτος ἦν μετὰ Ἰησοῦ τοῦ Ναζωραίου. [72] καὶ πάλιν ἠρνήσατο μετὰ ὅρκου ὅτι οὐκ οἶδα τὸν ἄνθρωπον.	Mk 14,70	[68] ὁ δὲ ἠρνήσατο λέγων· οὔτε οἶδα οὔτε ἐπίσταμαι σὺ τί λέγεις. ... [69] καὶ ἡ παιδίσκη ἰδοῦσα αὐτὸν ἤρξατο πάλιν λέγειν τοῖς παρεστῶσιν ὅτι οὗτος ἐξ αὐτῶν ἐστιν. [70] ὁ δὲ πάλιν ἠρνεῖτο. ↔	Lk 22,58	[57] ὁ δὲ ἠρνήσατο λέγων· οὐκ οἶδα αὐτόν, γύναι. [58] καὶ μετὰ βραχὺ ἕτερος ἰδὼν αὐτὸν ἔφη· καὶ σὺ ἐξ αὐτῶν εἶ. ὁ δὲ Πέτρος ἔφη· ἄνθρωπε, οὐκ εἰμί.	→ Jn 18,25
221	Mt 26,73	μετὰ μικρὸν δὲ προσελθόντες οἱ ἑστῶτες εἶπον τῷ Πέτρῳ· ἀληθῶς καὶ σὺ ἐξ αὐτῶν εἶ, καὶ γὰρ ἡ λαλιά σου δῆλόν σε ποιεῖ.	Mk 14,70	↔ καὶ μετὰ μικρὸν πάλιν οἱ παρεστῶτες ἔλεγον τῷ Πέτρῳ· ἀληθῶς ἐξ αὐτῶν εἶ, καὶ γὰρ Γαλιλαῖος εἶ.	Lk 22,59	καὶ διαστάσης ὡσεὶ ὥρας μιᾶς ἄλλος τις διϊσχυρίζετο λέγων· ἐπ᾽ ἀληθείας καὶ οὗτος μετ᾽ αὐτοῦ ἦν, καὶ γὰρ Γαλιλαῖός ἐστιν.	→ Jn 18,26
112	Mt 26,74	τότε ἤρξατο καταθεματίζειν καὶ ὀμνύειν ὅτι οὐκ οἶδα τὸν ἄνθρωπον. καὶ εὐθέως ἀλέκτωρ ἐφώνησεν.	Mk 14,71	ὁ δὲ ἤρξατο ἀναθεματίζειν καὶ ὀμνύναι ὅτι οὐκ οἶδα τὸν ἄνθρωπον τοῦτον ὃν λέγετε. [72] καὶ εὐθὺς ἐκ δευτέρου ἀλέκτωρ ἐφώνησεν. ↔	Lk 22,60	εἶπεν δὲ ὁ Πέτρος· ἄνθρωπε, οὐκ οἶδα ὃ λέγεις. καὶ παραχρῆμα ἔτι λαλοῦντος αὐτοῦ ἐφώνησεν ἀλέκτωρ.	→ Jn 18,27
112 222	Mt 26,75	καὶ ἐμνήσθη ὁ Πέτρος τοῦ ῥήματος Ἰησοῦ εἰρηκότος ὅτι πρὶν ἀλέκτορα φωνῆσαι τρὶς ἀπαρνήσῃ με· καὶ ἐξελθὼν ἔξω ἔκλαυσεν πικρῶς.	Mk 14,72	↔ καὶ ἀνεμνήσθη ὁ Πέτρος τὸ ῥῆμα ὡς εἶπεν αὐτῷ ὁ Ἰησοῦς ὅτι πρὶν ἀλέκτορα φωνῆσαι δὶς τρίς με ἀπαρνήσῃ· καὶ ἐπιβαλὼν ἔκλαιεν.	Lk 22,61 (2)	καὶ στραφεὶς ὁ κύριος ἐνέβλεψεν τῷ Πέτρῳ, καὶ ὑπεμνήσθη ὁ Πέτρος τοῦ ῥήματος τοῦ κυρίου ὡς εἶπεν αὐτῷ ὅτι πρὶν ἀλέκτορα φωνῆσαι σήμερον ἀπαρνήσῃ με τρίς. [62] καὶ ἐξελθὼν ἔξω ἔκλαυσεν πικρῶς.	
f 120	Mt 28,7 → Mt 26,32 → Mt 27,64 → Mt 28,10.16	καὶ ταχὺ πορευθεῖσαι εἴπατε τοῖς μαθηταῖς αὐτοῦ ὅτι ἠγέρθη ἀπὸ τῶν νεκρῶν, καὶ ἰδοὺ προάγει ὑμᾶς εἰς τὴν Γαλιλαίαν, ...	Mk 16,7 → Mk 14,28	ἀλλὰ ὑπάγετε εἴπατε τοῖς μαθηταῖς αὐτοῦ καὶ τῷ Πέτρῳ ὅτι προάγει ὑμᾶς εἰς τὴν Γαλιλαίαν· ...			→ Jn 20,17
002					Lk 24,12 → Lk 24,24	ὁ δὲ Πέτρος ἀναστὰς ἔδραμεν ἐπὶ τὸ μνημεῖον ...	→ Jn 20,3.4.6

[a] Σίμων (and) Πέτρος
[b] (Σίμων and) Πέτρος and Ἀνδρέας
[c] Πέτρος and Ἰάκωβος and Ἰωάννης
[d] Πέτρος and Ἰωάννης
[e] Πέτρος without the article (except a, b, c, d)
[f] Πέτρος καὶ οἱ ἀπόστολοι and similar phrases

b c **Acts 1,13** καὶ ὅτε εἰσῆλθον, εἰς τὸ ὑπερῷον ἀνέβησαν οὗ ἦσαν καταμένοντες, **ὅ τε Πέτρος** καὶ Ἰωάννης καὶ Ἰάκωβος καὶ Ἀνδρέας, ...

e **Acts 1,15** καὶ ἐν ταῖς ἡμέραις ταύταις ἀναστὰς **Πέτρος** ἐν μέσῳ τῶν ἀδελφῶν εἶπεν· ἦν τε ὄχλος ὀνομάτων ἐπὶ τὸ αὐτὸ ὡσεὶ ἑκατὸν εἴκοσι·

f **Acts 2,14** σταθεὶς δὲ **ὁ Πέτρος** σὺν τοῖς ἕνδεκα ἐπῆρεν τὴν φωνὴν αὐτοῦ καὶ ἀπεφθέγξατο αὐτοῖς· ...

f **Acts 2,37** ἀκούσαντες δὲ κατενύγησαν τὴν καρδίαν εἶπόν τε **πρὸς τὸν Πέτρον** καὶ τοὺς λοιποὺς ἀποστόλους· τί ποιήσωμεν, ἄνδρες ἀδελφοί;

e **Acts 2,38** **Πέτρος** δὲ πρὸς αὐτούς· μετανοήσατε, [φησίν,] καὶ βαπτισθήτω ἕκαστος ὑμῶν ἐπὶ τῷ ὀνόματι Ἰησοῦ Χριστοῦ ...

d **Acts 3,1** **Πέτρος** δὲ καὶ Ἰωάννης ἀνέβαινον εἰς τὸ ἱερὸν ἐπὶ τὴν ὥραν τῆς προσευχῆς τὴν ἐνάτην.

d **Acts 3,3** ὃς ἰδὼν **Πέτρον** καὶ Ἰωάννην μέλλοντας εἰσιέναι εἰς τὸ ἱερόν, ἠρώτα ἐλεημοσύνην λαβεῖν.

d **Acts 3,4** ἀτενίσας δὲ **Πέτρος** εἰς αὐτὸν σὺν τῷ Ἰωάννῃ εἶπεν· βλέψον εἰς ἡμᾶς.

e **Acts 3,6** εἶπεν δὲ **Πέτρος·** ἀργύριον καὶ χρυσίον οὐχ ὑπάρχει μοι, ...

d **Acts 3,11** κρατοῦντος δὲ αὐτοῦ **τὸν Πέτρον** καὶ τὸν Ἰωάννην συνέδραμεν πᾶς ὁ λαὸς πρὸς αὐτοὺς ἐπὶ τῇ στοᾷ τῇ καλουμένῃ Σολομῶντος ἔκθαμβοι.

Acts 3,12 ἰδὼν δὲ **ὁ Πέτρος** ἀπεκρίνατο πρὸς τὸν λαόν· ἄνδρες Ἰσραηλῖται, τί θαυμάζετε ἐπὶ τούτῳ ἢ ἡμῖν τί ἀτενίζετε ὡς ἰδίᾳ δυνάμει ἢ εὐσεβείᾳ πεποιηκόσιν τοῦ περιπατεῖν αὐτόν;

e **Acts 4,8** τότε **Πέτρος** πλησθεὶς πνεύματος ἁγίου εἶπεν πρὸς αὐτούς· ἄρχοντες τοῦ λαοῦ καὶ πρεσβύτεροι

d **Acts 4,13** θεωροῦντες δὲ **τὴν τοῦ Πέτρου παρρησίαν καὶ Ἰωάννου** καὶ καταλαβόμενοι ὅτι ἄνθρωποι ἀγράμματοί εἰσιν καὶ ἰδιῶται, ...

d **Acts 4,19** **ὁ δὲ Πέτρος** καὶ Ἰωάννης ἀποκριθέντες εἶπον πρὸς αὐτούς· εἰ δίκαιόν ἐστιν ἐνώπιον τοῦ θεοῦ ὑμῶν ἀκούειν μᾶλλον ἢ τοῦ θεοῦ, κρίνατε·

Acts 5,3 εἶπεν δὲ **ὁ Πέτρος·** Ἁνανία, διὰ τί ἐπλήρωσεν ὁ σατανᾶς τὴν καρδίαν σου, ...

e **Acts 5,8** ἀπεκρίθη δὲ πρὸς αὐτὴν **Πέτρος·** εἰπέ μοι, εἰ τοσούτου τὸ χωρίον ἀπέδοσθε; ἡ δὲ εἶπεν· ναί, τοσούτου.

Acts 5,9 **ὁ δὲ Πέτρος** πρὸς αὐτήν· τί ὅτι συνεφωνήθη ὑμῖν πειράσαι τὸ πνεῦμα κυρίου; ...

e **Acts 5,15** ὥστε καὶ εἰς τὰς πλατείας ἐκφέρειν τοὺς ἀσθενεῖς καὶ τιθέναι ἐπὶ κλιναρίων καὶ κραβάττων, ἵνα ἐρχομένου **Πέτρου** κἂν ἡ σκιὰ ἐπισκιάσῃ τινὶ αὐτῶν.

e f **Acts 5,29** ἀποκριθεὶς δὲ **Πέτρος** καὶ οἱ ἀπόστολοι εἶπαν· πειθαρχεῖν δεῖ θεῷ μᾶλλον ἢ ἀνθρώποις.

d **Acts 8,14** ἀκούσαντες δὲ οἱ ἐν Ἱεροσολύμοις ἀπόστολοι ὅτι δέδεκται ἡ Σαμάρεια τὸν λόγον τοῦ θεοῦ, ἀπέστειλαν πρὸς αὐτοὺς **Πέτρον** καὶ Ἰωάννην

e **Acts 8,20** **Πέτρος** δὲ εἶπεν πρὸς αὐτόν· τὸ ἀργύριόν σου σὺν σοὶ εἴη εἰς ἀπώλειαν ...

e **Acts 9,32** ἐγένετο δὲ **Πέτρον** διερχόμενον διὰ πάντων κατελθεῖν καὶ πρὸς τοὺς ἁγίους τοὺς κατοικοῦντας Λύδδα.

Acts 9,34 καὶ εἶπεν αὐτῷ **ὁ Πέτρος·** Αἰνέα, ἰᾶταί σε Ἰησοῦς Χριστός· ...

e **Acts 9,38** ἐγγὺς δὲ οὔσης Λύδδας τῇ Ἰόππῃ οἱ μαθηταὶ ἀκούσαντες ὅτι **Πέτρος** ἐστὶν ἐν αὐτῇ ἀπέστειλαν δύο ἄνδρας πρὸς αὐτὸν παρακαλοῦντες· ...

e **Acts 9,39** ἀναστὰς δὲ **Πέτρος** συνῆλθεν αὐτοῖς· ...

Acts 9,40 (2) ἐκβαλὼν δὲ ἔξω πάντας **ὁ Πέτρος** καὶ θεὶς τὰ γόνατα προσηύξατο καὶ ἐπιστρέψας πρὸς τὸ σῶμα εἶπεν· Ταβιθά, ἀνάστηθι. ἡ δὲ ἤνοιξεν τοὺς ὀφθαλμοὺς αὐτῆς, καὶ ἰδοῦσα **τὸν Πέτρον** ἀνεκάθισεν.

a **Acts 10,5** καὶ νῦν πέμψον ἄνδρας εἰς Ἰόππην καὶ μετάπεμψαι Σίμωνά τινα ὃς ἐπικαλεῖται **Πέτρος·**

e **Acts 10,9** τῇ δὲ ἐπαύριον, ὁδοιπορούντων ἐκείνων καὶ τῇ πόλει ἐγγιζόντων, ἀνέβη **Πέτρος** ἐπὶ τὸ δῶμα προσεύξασθαι περὶ ὥραν ἕκτην.

e **Acts 10,13** καὶ ἐγένετο φωνὴ πρὸς αὐτόν· ἀναστάς, **Πέτρε,** θῦσον καὶ φάγε.

Acts 10,14 ὁ δὲ **Πέτρος**
εἶπεν· μηδαμῶς, κύριε,
ὅτι οὐδέποτε ἔφαγον πᾶν
κοινὸν καὶ ἀκάθαρτον.

Acts 10,17 ὡς δὲ ἐν ἑαυτῷ διηπόρει
ὁ **Πέτρος**
τί ἂν εἴη τὸ ὅραμα
ὃ εἶδεν, ...

a Acts 10,18 καὶ φωνήσαντες
ἐπυνθάνοντο εἰ Σίμων
ὁ ἐπικαλούμενος
Πέτρος
ἐνθάδε ξενίζεται.

Acts 10,19 **τοῦ** δὲ **Πέτρου**
διενθυμουμένου περὶ τοῦ
ὁράματος εἶπεν [αὐτῷ] τὸ
πνεῦμα· ...

e Acts 10,21 καταβὰς δὲ
Πέτρος
πρὸς τοὺς ἄνδρας εἶπεν·
ἰδοὺ ἐγώ εἰμι ὃν ζητεῖτε·
τίς ἡ αἰτία δι᾿ ἣν πάρεστε;

Acts 10,25 ὡς δὲ ἐγένετο τοῦ
εἰσελθεῖν
τὸν Πέτρον,
συναντήσας αὐτῷ
ὁ Κορνήλιος πεσὼν ἐπὶ
τοὺς πόδας προσεκύνησεν.

Acts 10,26 ὁ δὲ **Πέτρος**
ἤγειρεν αὐτὸν λέγων·
ἀνάστηθι· καὶ ἐγὼ αὐτὸς
ἄνθρωπός εἰμι.

a Acts 10,32 πέμψον οὖν εἰς Ἰόππην
καὶ μετακάλεσαι Σίμωνα
ὃς ἐπικαλεῖται
Πέτρος,
οὗτος ξενίζεται ἐν οἰκίᾳ
Σίμωνος βυρσέως παρὰ
θάλασσαν.

e Acts 10,34 ἀνοίξας δὲ
Πέτρος
τὸ στόμα εἶπεν·
ἐπ᾿ ἀληθείας καταλαμ-
βάνομαι ὅτι οὐκ ἔστιν
προσωπολήμπτης ὁ θεός

Acts 10,44 ἔτι λαλοῦντος
τοῦ Πέτρου
τὰ ῥήματα ταῦτα
ἐπέπεσεν τὸ πνεῦμα τὸ
ἅγιον ἐπὶ πάντας τοὺς
ἀκούοντας τὸν λόγον.

Acts 10,45 καὶ ἐξέστησαν
οἱ ἐκ περιτομῆς πιστοὶ
ὅσοι συνῆλθαν
τῷ Πέτρῳ,
ὅτι καὶ ἐπὶ τὰ ἔθνη
ἡ δωρεὰ τοῦ ἁγίου
πνεύματος ἐκκέχυται·

e Acts 10,46 ἤκουον γὰρ αὐτῶν
λαλούντων γλώσσαις
καὶ μεγαλυνόντων τὸν
θεόν. τότε ἀπεκρίθη
Πέτρος·
[47] μήτι τὸ ὕδωρ δύναται
κωλῦσαί τις τοῦ μὴ
βαπτισθῆναι τούτους,
οἵτινες τὸ πνεῦμα τὸ
ἅγιον ἔλαβον ὡς καὶ
ἡμεῖς;

e Acts 11,2 ὅτε δὲ ἀνέβη
Πέτρος
εἰς Ἰερουσαλήμ,
διεκρίνοντο πρὸς αὐτὸν
οἱ ἐκ περιτομῆς

e Acts 11,4 ἀρξάμενος δὲ
Πέτρος
ἐξετίθετο αὐτοῖς καθεξῆς
λέγων·

e Acts 11,7 ἤκουσα δὲ καὶ φωνῆς
λεγούσης μοι· ἀναστάς,
Πέτρε,
θῦσον καὶ φάγε.

a Acts 11,13 ... ἀπόστειλον εἰς Ἰόππην
καὶ μετάπεμψαι Σίμωνα
τὸν ἐπικαλούμενον
Πέτρον

e Acts 12,3 ἰδὼν δὲ ὅτι ἀρεστόν ἐστιν
τοῖς Ἰουδαίοις,
προσέθετο συλλαβεῖν καὶ
Πέτρον,
- ἦσαν δὲ [αἱ] ἡμέραι τῶν
ἀζύμων -

Acts 12,5 ὁ **μὲν οὖν Πέτρος**
ἐτηρεῖτο ἐν τῇ φυλακῇ·
προσευχὴ δὲ ἦν ἐκτενῶς
γινομένη ὑπὸ τῆς
ἐκκλησίας πρὸς τὸν θεὸν
περὶ αὐτοῦ.

Acts 12,6 ὅτε δὲ ἤμελλεν
προαγαγεῖν αὐτὸν
ὁ Ἡρῴδης, τῇ νυκτὶ
ἐκείνῃ ἦν
ὁ **Πέτρος**
κοιμώμενος μεταξὺ δύο
στρατιωτῶν δεδεμένος ...

Acts 12,7 ... πατάξας δὲ
τὴν πλευρὰν
τοῦ Πέτρου
ἤγειρεν αὐτὸν λέγων·
ἀνάστα ἐν τάχει. ...

Acts 12,11 καὶ
ὁ **Πέτρος**
ἐν ἑαυτῷ γενόμενος
εἶπεν· νῦν οἶδα ἀληθῶς
ὅτι ἐξαπέστειλεν
[ὁ] κύριος τὸν ἄγγελον
αὐτοῦ καὶ ἐξείλατό με
ἐκ χειρὸς Ἡρῴδου ...

Acts 12,14 (2) καὶ ἐπιγνοῦσα
τὴν φωνὴν τοῦ
Πέτρου
ἀπὸ τῆς χαρᾶς οὐκ
ἤνοιξεν τὸν πυλῶνα,
εἰσδραμοῦσα δὲ
ἀπήγγειλεν ἑστάναι
τὸν Πέτρον
πρὸ τοῦ πυλῶνος.

Acts 12,16 ὁ **δὲ Πέτρος**
ἐπέμενεν κρούων·
ἀνοίξαντες δὲ εἶδαν
αὐτὸν καὶ ἐξέστησαν.

Acts 12,18 γενομένης δὲ ἡμέρας ἦν
τάραχος οὐκ ὀλίγος ἐν
τοῖς στρατιώταις τί ἄρα
ὁ **Πέτρος**
ἐγένετο.

e Acts 15,7 πολλῆς δὲ ζητήσεως
γενομένης ἀναστὰς
Πέτρος
εἶπεν πρὸς αὐτούς·
ἄνδρες ἀδελφοί, ὑμεῖς
ἐπίστασθε ὅτι
ἀφ᾿ ἡμερῶν ἀρχαίων ἐν
ὑμῖν ἐξελέξατο ὁ θεὸς
διὰ τοῦ στόματός μου
ἀκοῦσαι τὰ ἔθνη τὸν
λόγον τοῦ εὐαγγελίου
καὶ πιστεῦσαι.

# πετρώδης	Syn 4	Mt 2	Mk 2	Lk	Acts	Jn	1-3John	Paul	Eph	Col
	NT 4	2Thess	1/2Tim	Tit	Heb	Jas	1Pet	2Pet	Jude	Rev

rocky; stony

	Mt 13,5		Mk 4,5		Lk 8,6		
221		ἄλλα δὲ ἔπεσεν **ἐπὶ τὰ πετρώδη** ὅπου οὐκ εἶχεν γῆν πολλήν, ...		καὶ ἄλλο ἔπεσεν **ἐπὶ τὸ πετρῶδες** ὅπου οὐκ εἶχεν γῆν πολλήν, ...		καὶ ἕτερον κατέπεσεν **ἐπὶ τὴν πέτραν,** ...	→ GTh 9

221	Mt 13,20	ὁ δὲ **ἐπὶ τὰ πετρώδη** σπαρείς, οὗτός ἐστιν ὁ τὸν λόγον ἀκούων καὶ εὐθὺς μετὰ χαρᾶς λαμβάνων αὐτόν	Mk 4,16	καὶ οὗτοί εἰσιν οἱ **ἐπὶ τὰ πετρώδη** σπειρόμενοι, οἳ ὅταν ἀκούσωσιν τὸν λόγον εὐθὺς μετὰ χαρᾶς λαμβάνουσιν αὐτόν	Lk 8,13	οἱ δὲ **ἐπὶ τῆς πέτρας** οἳ ὅταν ἀκούσωσιν μετὰ χαρᾶς δέχονται τὸν λόγον, ...	

πήγανον

	Syn	Mt	Mk	Lk	Acts	Jn	1-3John	Paul	Eph	Col
πήγανον	1			1						
	NT	2Thess	1/2Tim	Tit	Heb	Jas	1Pet	2Pet	Jude	Rev
	1									

rue

102	Mt 23,23	οὐαὶ ὑμῖν, γραμματεῖς καὶ Φαρισαῖοι ὑποκριταί, ὅτι ἀποδεκατοῦτε τὸ ἡδύοσμον καὶ **τὸ ἄνηθον** καὶ τὸ κύμινον καὶ ἀφήκατε τὰ βαρύτερα τοῦ νόμου, τὴν κρίσιν καὶ τὸ ἔλεος καὶ τὴν πίστιν· ...			Lk 11,42	ἀλλὰ οὐαὶ ὑμῖν τοῖς Φαρισαίοις, ὅτι ἀποδεκατοῦτε τὸ ἡδύοσμον καὶ **τὸ πήγανον** καὶ πᾶν λάχανον καὶ παρέρχεσθε τὴν κρίσιν καὶ τὴν ἀγάπην τοῦ θεοῦ· ...	

πηγή

	Syn	Mt	Mk	Lk	Acts	Jn	1-3John	Paul	Eph	Col
πηγή	1		1			3				
	NT	2Thess	1/2Tim	Tit	Heb	Jas	1Pet	2Pet	Jude	Rev
	11					1		1		5

spring; fountain

121	Mt 9,22 → Mk 5,34	... καὶ ἐσώθη ἡ γυνὴ ἀπὸ τῆς ὥρας ἐκείνης.	Mk 5,29 → Lk 8,47	καὶ εὐθὺς ἐξηράνθη **ἡ πηγὴ τοῦ αἵματος αὐτῆς** καὶ ἔγνω τῷ σώματι ὅτι ἴαται ἀπὸ τῆς μάστιγος.	Lk 8,44	... καὶ παραχρῆμα ἔστη **ἡ ῥύσις τοῦ αἵματος αὐτῆς.**	

πήρα

	Syn	Mt	Mk	Lk	Acts	Jn	1-3John	Paul	Eph	Col
πήρα	6	1	1	4						
	NT	2Thess	1/2Tim	Tit	Heb	Jas	1Pet	2Pet	Jude	Rev
	6									

knapsack; traveler's bag

	triple tradition																double tradition			Sondergut		
		+Mt / +Lk			–Mt / –Lk			traditions not taken over by Mt / Lk							subtotals							
code	222	211	112	212	221	122	121	022	012	021	220	120	210	020	Σ⁺	Σ⁻	Σ	202	201	102	200	002	total
Mt	1																1						**1**
Mk	1																1						**1**
Lk	1																1			1		2	**4**

Mk-Q overlap: 222: Mt 10,10 / Mk 6,8 / Lk 9,3 102: Mt 10,10 / Mk 6,8 / Lk 10,4

222	Mt 10,10	[9] μὴ κτήσησθε χρυσὸν μηδὲ ἄργυρον μηδὲ χαλκὸν εἰς τὰς ζώνας ὑμῶν, **[10] μὴ πήραν** εἰς ὁδὸν μηδὲ δύο χιτῶνας μηδὲ ὑποδήματα μηδὲ ῥάβδον· ...	Mk 6,8	... ἵνα μηδὲν αἴρωσιν εἰς ὁδὸν εἰ μὴ ῥάβδον μόνον, μὴ ἄρτον, **μὴ πήραν,** μὴ εἰς τὴν ζώνην χαλκόν, [9] ἀλλὰ ὑποδεδεμένους σανδάλια, καὶ μὴ ἐνδύσησθε δύο χιτῶνας.	Lk 9,3 ⇩ Lk 10,4 ↓ Lk 22,35-36	... μηδὲν αἴρετε εἰς τὴν ὁδόν, μήτε ῥάβδον **μήτε πήραν** μήτε ἄρτον μήτε ἀργύριον μήτε [ἀνὰ] δύο χιτῶνας ἔχειν.	Mk-Q overlap

102	Mt 10,10	[9] μὴ κτήσησθε χρυσὸν μηδὲ ἄργυρον μηδὲ χαλκὸν εἰς τὰς ζώνας ὑμῶν, [10] **μὴ πήραν** εἰς ὁδὸν μηδὲ δύο χιτῶνας μηδὲ ὑποδήματα μηδὲ ῥάβδον· ...			Lk 10,4 ⇧ Lk 9,3 ↓ Lk 22,35-36	μὴ βαστάζετε βαλλάντιον, **μὴ πήραν,** μὴ ὑποδήματα, καὶ μηδένα κατὰ τὴν ὁδὸν ἀσπάσησθε.	Mk-Q overlap. Mt 10,10 counted as Markan tradition.
002					Lk 22,35 ↑ Mt 10,9 ↑ Mt 10,10 ↑ Mk 6,8 ↑ Mk 6,9 ↑ Lk 9,3 ↑ Lk 10,4	καὶ εἶπεν αὐτοῖς· ὅτε ἀπέστειλα ὑμᾶς **ἄτερ βαλλαντίου καὶ πήρας** καὶ ὑποδημάτων, μή τινος ὑστερήσατε; οἱ δὲ εἶπαν· οὐθενός.	
002					Lk 22,36 ↑ Lk 9,3 ↑ Lk 10,4	εἶπεν δὲ αὐτοῖς· ἀλλὰ νῦν ὁ ἔχων βαλλάντιον ἀράτω, ὁμοίως καὶ **πήραν,** καὶ ὁ μὴ ἔχων πωλησάτω τὸ ἱμάτιον αὐτοῦ καὶ ἀγορασάτω μάχαιραν.	

πῆχυς	Syn	Mt	Mk	Lk	Acts	Jn	1-3John	Paul	Eph	Col
	2	1		1		1				
	NT	2Thess	1/2Tim	Tit	Heb	Jas	1Pet	2Pet	Jude	Rev
	4									1

cubit; ell

202	Mt 6,27	τίς δὲ ἐξ ὑμῶν μεριμνῶν δύναται προσθεῖναι ἐπὶ τὴν ἡλικίαν αὐτοῦ **πῆχυν ἕνα;**			Lk 12,25	τίς δὲ ἐξ ὑμῶν μεριμνῶν δύναται ἐπὶ τὴν ἡλικίαν αὐτοῦ προσθεῖναι **πῆχυν;**	→ GTh 36,4 (only POxy 655)

πιέζω	Syn	Mt	Mk	Lk	Acts	Jn	1-3John	Paul	Eph	Col
	1			1						
	NT	2Thess	1/2Tim	Tit	Heb	Jas	1Pet	2Pet	Jude	Rev
	1									

press

002					Lk 6,38	δίδοτε, καὶ δοθήσεται ὑμῖν· **μέτρον καλὸν πεπιεσμένον σεσαλευμένον ὑπερεκχυννόμενον** δώσουσιν εἰς τὸν κόλπον ὑμῶν· ...	

πικρῶς	Syn	Mt	Mk	Lk	Acts	Jn	1-3John	Paul	Eph	Col
	2	1		1						
	NT	2Thess	1/2Tim	Tit	Heb	Jas	1Pet	2Pet	Jude	Rev
	2									

bitterly

212	Mt 26,75	... καὶ ἐξελθὼν ἔξω ἔκλαυσεν **πικρῶς.**	Mk 14,72	... καὶ ἐπιβαλὼν ἔκλαιεν.	Lk 22,62	καὶ ἐξελθὼν ἔξω ἔκλαυσεν **πικρῶς.**	

Πιλᾶτος	Syn 31	Mt 9	Mk 10	Lk 12	Acts 3	Jn 20	1-3John	Paul	Eph	Col
	NT 55	2Thess	1/2Tim 1	Tit	Heb	Jas	1Pet	2Pet	Jude	Rev

Pilate

	triple tradition																	double tradition			Sondergut		
		+Mt / +Lk			–Mt / –Lk			traditions not taken over by Mt / Lk							subtotals								
code	*222*	*211*	*112*	*212*	*221*	*122*	*121*	*022*	*012*	*021*	*220*	*120*	*210*	*020*	Σ⁺	Σ⁻	Σ	*202*	*201*	*102*	*200*	*002*	total
Mt	4					1^-	1^-				3	1^-				3^-	7				2		**9**
Mk	4					1	1				3	1					10						**10**
Lk	4					1	1^-									1^-	5					7	**12**

[a] Πόντιος Πιλᾶτος

[b] Πιλᾶτος without the article (except a)

a 002					**Lk 3,1**	ἐν ἔτει δὲ πεντεκαι- δεκάτῳ τῆς ἡγεμονίας Τιβερίου Καίσαρος, ἡγεμονεύοντος **Ποντίου Πιλάτου** τῆς Ἰουδαίας, καὶ τετρααρχοῦντος τῆς Γαλιλαίας Ἡρῴδου, ...	
b 002					**Lk 13,1**	παρῆσαν δέ τινες ἐν αὐτῷ τῷ καιρῷ ἀπαγγέλ- λοντες αὐτῷ περὶ τῶν Γαλιλαίων ὧν τὸ αἷμα **Πιλᾶτος** ἔμιξεν μετὰ τῶν θυσιῶν αὐτῶν.	
b 222	**Mt 27,2**	καὶ δήσαντες αὐτὸν ἀπήγαγον καὶ παρέδωκαν **Πιλάτῳ** τῷ ἡγεμόνι.	**Mk 15,1**	... δήσαντες τὸν Ἰησοῦν ἀπήνεγκαν καὶ παρέδωκαν **Πιλάτῳ.**	**Lk 23,1**	... ἤγαγον αὐτὸν **ἐπὶ τὸν Πιλᾶτον.**	→ Jn 18,28
122	**Mt 27,11**	ὁ δὲ Ἰησοῦς ἐστάθη ἔμπροσθεν τοῦ ἡγεμόνος· καὶ ἐπηρώτησεν αὐτὸν **ὁ ἡγεμὼν** λέγων· σὺ εἶ ὁ βασιλεὺς τῶν Ἰουδαίων; ὁ δὲ Ἰησοῦς ἔφη· σὺ λέγεις.	**Mk 15,2**	καὶ ἐπηρώτησεν αὐτὸν **ὁ Πιλᾶτος·** σὺ εἶ ὁ βασιλεὺς τῶν Ἰουδαίων; ὁ δὲ ἀποκριθεὶς αὐτῷ λέγει· σὺ λέγεις.	**Lk 23,3**	**ὁ δὲ Πιλᾶτος** ἠρώτησεν αὐτὸν λέγων· σὺ εἶ ὁ βασιλεὺς τῶν Ἰουδαίων; ὁ δὲ ἀποκριθεὶς αὐτῷ ἔφη· σὺ λέγεις.	**→ Jn 18,33** **→ Jn 18,37**
220	**Mt 27,13**	τότε λέγει αὐτῷ **ὁ Πιλᾶτος·** οὐκ ἀκούεις πόσα σου καταμαρτυροῦσιν;	**Mk 15,4** → Mt 27,12	**ὁ δὲ Πιλᾶτος** πάλιν ἐπηρώτα αὐτὸν λέγων· οὐκ ἀποκρίνῃ οὐδέν; ἴδε πόσα σου κατηγοροῦσιν.	**Lk 23,9**	ἐπηρώτα δὲ αὐτὸν ἐν λόγοις ἱκανοῖς,	**→ Jn 19,10** Mt/Mk: before Pilate; Lk: before Herod
120	**Mt 27,14**	καὶ οὐκ ἀπεκρίθη αὐτῷ πρὸς οὐδὲ ἓν ῥῆμα, ὥστε θαυμάζειν **τὸν ἡγεμόνα** λίαν.	**Mk 15,5**	ὁ δὲ Ἰησοῦς οὐκέτι οὐδὲν ἀπεκρίθη, ὥστε θαυμάζειν **τὸν Πιλᾶτον.**		αὐτὸς δὲ οὐδὲν ἀπεκρίνατο αὐτῷ.	Mt/Mk: before Pilate; Lk: before Herod
002					**Lk 23,4** → Lk 23,14 ↓ Mt 27,23 ↓ **Mk 15,14** ↓ Lk 23,22	**ὁ δὲ Πιλᾶτος** εἶπεν πρὸς τοὺς ἀρχιερεῖς καὶ τοὺς ὄχλους· οὐδὲν εὑρίσκω αἴτιον ἐν τῷ ἀνθρώπῳ τούτῳ.	**→ Jn 18,38** **→ Acts 13,28**
b 002					**Lk 23,6**	**Πιλᾶτος** δὲ ἀκούσας ἐπηρώτησεν εἰ ὁ ἄνθρωπος Γαλιλαῖός ἐστιν	

002	Mt 27,28	[27] τότε οἱ στρατιῶται τοῦ ἡγεμόνος ... καὶ ἐκδύσαντες αὐτὸν χλαμύδα κοκκίνην περιέθηκαν αὐτῷ	Mk 15,17	[16] οἱ δὲ στρατιῶται ... [17] καὶ ἐνδιδύσκουσιν αὐτὸν πορφύραν ...	Lk 23,11	ἐξουθενήσας δὲ αὐτὸν [καὶ] ὁ Ἡρῴδης σὺν τοῖς στρατεύμασιν αὐτοῦ καὶ ἐμπαίξας περιβαλὼν ἐσθῆτα λαμπρὰν ἀνέπεμψεν αὐτὸν **τῷ Πιλάτῳ.**	→ Jn 19,2
002					Lk 23,12	ἐγένοντο δὲ φίλοι ὅ τε Ἡρῴδης καὶ **ὁ Πιλᾶτος** ἐν αὐτῇ τῇ ἡμέρᾳ μετ' ἀλλήλων· ...	→ Acts 4,27
b 002					Lk 23,13	**Πιλᾶτος** δὲ συγκαλεσάμενος τοὺς ἀρχιερεῖς καὶ τοὺς ἄρχοντας καὶ τὸν λαὸν [14] εἶπεν πρὸς αὐτούς· ...	→ Jn 19,4
220	Mt 27,17 → Mt 27,21	... εἶπεν αὐτοῖς **ὁ Πιλᾶτος·** τίνα θέλετε ἀπολύσω ὑμῖν, [Ἰησοῦν τὸν] Βαραββᾶν ἢ Ἰησοῦν τὸν λεγόμενον χριστόν;	Mk 15,9	**ὁ δὲ Πιλᾶτος** ἀπεκρίθη αὐτοῖς λέγων· θέλετε ἀπολύσω ὑμῖν τὸν βασιλέα τῶν Ἰουδαίων;			→ Jn 18,39
222	Mt 27,22	[21] ἀποκριθεὶς δὲ ὁ ἡγεμὼν εἶπεν αὐτοῖς· τίνα θέλετε ἀπὸ τῶν δύο ἀπολύσω ὑμῖν; οἱ δὲ εἶπαν· τὸν Βαραββᾶν. [22] λέγει αὐτοῖς **ὁ Πιλᾶτος·** τί οὖν ποιήσω Ἰησοῦν τὸν λεγόμενον χριστόν; ...	Mk 15,12	**ὁ δὲ Πιλᾶτος** πάλιν ἀποκριθεὶς ἔλεγεν αὐτοῖς· τί οὖν [θέλετε] ποιήσω [ὃν λέγετε] τὸν βασιλέα τῶν Ἰουδαίων;	Lk 23,20	πάλιν δὲ **ὁ Πιλᾶτος** προσεφώνησεν αὐτοῖς θέλων ἀπολῦσαι τὸν Ἰησοῦν·	→ Jn 19,12
121	Mt 27,23	ὁ δὲ ἔφη· τί γὰρ κακὸν ἐποίησεν; ...	Mk 15,14	**ὁ δὲ Πιλᾶτος** ἔλεγεν αὐτοῖς· τί γὰρ ἐποίησεν κακόν; ...	Lk 23,22 ↑ Lk 23,4 → Lk 23,14 → Lk 23,16	ὁ δὲ τρίτον εἶπεν πρὸς αὐτούς· τί γὰρ κακὸν ἐποίησεν οὗτος; οὐδὲν αἴτιον θανάτου εὗρον ἐν αὐτῷ· παιδεύσας οὖν αὐτὸν ἀπολύσω.	→ Jn 19,6 → Acts 13,28
b 222	Mt 27,24	ἰδὼν **δὲ ὁ Πιλᾶτος** ὅτι οὐδὲν ὠφελεῖ ἀλλὰ μᾶλλον θόρυβος γίνεται, λαβὼν ὕδωρ ἀπενίψατο τὰς χεῖρας ἀπέναντι τοῦ ὄχλου λέγων· ἀθῷός εἰμι ἀπὸ τοῦ αἵματος τούτου· ὑμεῖς ὄψεσθε.	Mk 15,15	**ὁ δὲ Πιλᾶτος** βουλόμενος τῷ ὄχλῳ τὸ ἱκανὸν ποιῆσαι ...	Lk 23,24	**καὶ Πιλᾶτος** ἐπέκρινεν γενέσθαι τὸ αἴτημα αὐτῶν·	
222	Mt 27,58 (2)	οὗτος προσελθὼν **τῷ Πιλάτῳ** ᾐτήσατο τὸ σῶμα τοῦ Ἰησοῦ.	Mk 15,43	... εἰσῆλθεν **πρὸς τὸν Πιλᾶτον** καὶ ᾐτήσατο τὸ σῶμα τοῦ Ἰησοῦ.	Lk 23,52	οὗτος προσελθὼν **τῷ Πιλάτῳ** ᾐτήσατο τὸ σῶμα τοῦ Ἰησοῦ	→ Jn 19,38
220		τότε **ὁ Πιλᾶτος** ἐκέλευσεν ἀποδοθῆναι.	Mk 15,44	**ὁ δὲ Πιλᾶτος** ἐθαύμασεν εἰ ἤδη τέθνηκεν καὶ προσκαλεσάμενος τὸν κεντυρίωνα ἐπηρώτησεν αὐτὸν εἰ πάλαι ἀπέθανεν· [45] καὶ γνοὺς ἀπὸ τοῦ κεντυρίωνος ἐδωρήσατο τὸ πτῶμα τῷ Ἰωσήφ.			

	Mt	Mk	Lk	
b 200	**Mt 27,62** τῇ δὲ ἐπαύριον, ἥτις ἐστὶν μετὰ τὴν παρασκευήν, συνήχθησαν οἱ ἀρχιερεῖς καὶ οἱ Φαρισαῖοι **πρὸς Πιλᾶτον**			
200	**Mt 27,65** ἔφη αὐτοῖς **ὁ Πιλᾶτος·** ἔχετε κουστωδίαν· ὑπάγετε ἀσφαλίσασθε ὡς οἴδατε.			

b **Acts 3,13** *ὁ θεὸς Ἀβραὰμ καὶ [ὁ θεὸς] Ἰσαὰκ καὶ [ὁ θεὸς] Ἰακώβ, ὁ θεὸς τῶν πατέρων ἡμῶν,* ἐδόξασεν τὸν παῖδα αὐτοῦ Ἰησοῦν ὃν ὑμεῖς μὲν παρεδώκατε καὶ ἠρνήσασθε **κατὰ πρόσωπον Πιλάτου,** κρίναντος ἐκείνου ἀπολύειν·
➤ Exod 3,6

a **Acts 4,27** →Lk 4,18 →Lk 23,12 συνήχθησαν γὰρ ἐπ' ἀληθείας ἐν τῇ πόλει ταύτῃ ἐπὶ τὸν ἅγιον παῖδά σου Ἰησοῦν ὃν ἔχρισας, Ἡρῴδης τε καὶ **Πόντιος Πιλᾶτος** σὺν ἔθνεσιν καὶ λαοῖς Ἰσραήλ

b **Acts 13,28** →Lk 23,4 →Lk 23,14 →Lk 23,22 [27] οἱ γὰρ κατοικοῦντες ἐν Ἰερουσαλὴμ καὶ οἱ ἄρχοντες αὐτῶν ... [28] καὶ μηδεμίαν αἰτίαν θανάτου εὑρόντες ᾐτήσαντο **Πιλᾶτον** ἀναιρεθῆναι αὐτόν.

πίμπλημι	Syn 15	Mt 2	Mk	Lk 13	Acts 9	Jn	1-3John	Paul	Eph	Col
	NT 24	2Thess	1/2Tim	Tit	Heb	Jas	1Pet	2Pet	Jude	Rev

fill; fulfill

	triple tradition																	double tradition			Sondergut		
		+Mt / +Lk			–Mt / –Lk			traditions not taken over by Mt / Lk							subtotals								
code	*222*	*211*	*112*	*212*	*221*	*122*	*121*	*022*	*012*	*021*	*220*	*120*	*210*	*020*	Σ⁺	Σ⁻	Σ	*202*	*201*	*102*	*200*	*002*	total
Mt													1^+		1^+		1		1				**2**
Mk																							
Lk			2^+												2^+		2					11	**13**

a ἐπλήσθη πνεύματος ἁγίου and similar phrases

b ἐπλήσθη/ἐπλήσθησαν with reference to time

	Mt	Mk	Lk	
a 002			**Lk 1,15** ἔσται γὰρ μέγας ἐνώπιον [τοῦ] κυρίου, *καὶ οἶνον καὶ σίκερα οὐ μὴ πίῃ,* καὶ πνεύματος ἁγίου **πλησθήσεται** ἔτι ἐκ κοιλίας μητρὸς αὐτοῦ ➤ Num 6,3; Lev 10,9	
b 002			**Lk 1,23** καὶ ἐγένετο ὡς **ἐπλήσθησαν** αἱ ἡμέραι τῆς λειτουργίας αὐτοῦ, ἀπῆλθεν εἰς τὸν οἶκον αὐτοῦ.	
a 002			**Lk 1,41** ... ἐσκίρτησεν τὸ βρέφος ἐν τῇ κοιλίᾳ αὐτῆς, καὶ **ἐπλήσθη** πνεύματος ἁγίου ἡ Ἐλισάβετ	

b 002					Lk 1,57	τῇ δὲ Ἐλισάβετ **ἐπλήσθη** ὁ χρόνος τοῦ τεκεῖν αὐτὴν καὶ ἐγέννησεν υἱόν.	
a 002					Lk 1,67	καὶ Ζαχαρίας ὁ πατὴρ αὐτοῦ **ἐπλήσθη** πνεύματος ἁγίου καὶ ἐπροφήτευσεν λέγων·	
b 002					Lk 2,6	ἐγένετο δὲ ἐν τῷ εἶναι αὐτοὺς ἐκεῖ **ἐπλήσθησαν** αἱ ἡμέραι τοῦ τεκεῖν αὐτήν	
b 002					Lk 2,21 → Mt 1,25 → Lk 1,31	καὶ ὅτε **ἐπλήσθησαν** ἡμέραι ὀκτὼ τοῦ περιτεμεῖν αὐτὸν καὶ ἐκλήθη τὸ ὄνομα αὐτοῦ Ἰησοῦς, ...	
b 002					Lk 2,22	καὶ ὅτε **ἐπλήσθησαν** αἱ ἡμέραι τοῦ καθαρισμοῦ αὐτῶν κατὰ τὸν νόμον Μωϋσέως, ἀνήγαγον αὐτὸν εἰς Ἱεροσόλυμα παραστῆσαι τῷ κυρίῳ	
002	Mt 13,58	καὶ οὐκ ἐποίησεν ἐκεῖ δυνάμεις πολλὰς διὰ τὴν ἀπιστίαν αὐτῶν.	Mk 6,6	[5] καὶ οὐκ ἐδύνατο ἐκεῖ ποιῆσαι οὐδεμίαν δύναμιν, ... [6] καὶ ἐθαύμαζεν διὰ τὴν ἀπιστίαν αὐτῶν. ...	Lk 4,28 ↓ Lk 6,11	καὶ **ἐπλήσθησαν** πάντες θυμοῦ ἐν τῇ συναγωγῇ ἀκούοντες ταῦτα	
002					Lk 5,7	καὶ κατένευσαν τοῖς μετόχοις ἐν τῷ ἑτέρῳ πλοίῳ τοῦ ἐλθόντας συλλαβέσθαι αὐτοῖς· καὶ ἦλθον καὶ **ἔπλησαν** ἀμφότερα τὰ πλοῖα ὥστε βυθίζεσθαι αὐτά.	
112	Mt 9,8	ἰδόντες δὲ οἱ ὄχλοι ἐφοβήθησαν καὶ ἐδόξασαν τὸν θεὸν τὸν δόντα ἐξουσίαν τοιαύτην τοῖς ἀνθρώποις.	Mk 2,12	... ὥστε ἐξίστασθαι πάντας καὶ δοξάζειν τὸν θεὸν λέγοντας ὅτι οὕτως οὐδέποτε εἴδομεν.	Lk 5,26	καὶ ἔκστασις ἔλαβεν ἅπαντας καὶ ἐδόξαζον τὸν θεὸν καὶ **ἐπλήσθησαν** φόβου λέγοντες ὅτι εἴδομεν παράδοξα σήμερον.	
112	Mt 12,14 → Mt 26,4	ἐξελθόντες δὲ οἱ Φαρισαῖοι συμβούλιον ἔλαβον κατ' αὐτοῦ ὅπως αὐτὸν ἀπολέσωσιν.	Mk 3,6 → Mk 14,1	καὶ ἐξελθόντες οἱ Φαρισαῖοι εὐθὺς μετὰ τῶν Ἡρῳδιανῶν συμβούλιον ἐδίδουν κατ' αὐτοῦ ὅπως αὐτὸν ἀπολέσωσιν.	Lk 6,11 ↑ Lk 4,28 → Lk 13,17 → Lk 14,6 → Lk 22,2	αὐτοὶ δὲ **ἐπλήσθησαν** ἀνοίας καὶ διελάλουν πρὸς ἀλλήλους τί ἂν ποιήσαιεν τῷ Ἰησοῦ.	

	Mt		Mk		Lk		
201	Mt 22,10	[9] πορεύεσθε οὖν ἐπὶ τὰς διεξόδους τῶν ὁδῶν καὶ ὅσους ἐὰν εὕρητε καλέσατε εἰς τοὺς γάμους. [10] καὶ ἐξελθόντες οἱ δοῦλοι ἐκεῖνοι εἰς τὰς ὁδοὺς συνήγαγον πάντας οὓς εὗρον, πονηρούς τε καὶ ἀγαθούς· καὶ **ἐπλήσθη** ὁ γάμος ἀνακειμένων.			Lk 14,23	... ἔξελθε εἰς τὰς ὁδοὺς καὶ φραγμοὺς καὶ ἀνάγκασον εἰσελθεῖν, ἵνα **γεμισθῇ** μου ὁ οἶκος·	→ GTh 64
002					Lk 21,22	ὅτι ἡμέραι ἐκδικήσεως αὗταί εἰσιν **τοῦ πλησθῆναι** πάντα τὰ γεγραμμένα.	
210	Mt 27,48	καὶ εὐθέως δραμὼν εἷς ἐξ αὐτῶν καὶ λαβὼν σπόγγον **πλήσας** τε ὄξους καὶ περιθεὶς καλάμῳ ἐπότιζεν αὐτόν.	Mk 15,36	δραμὼν δέ τις [καὶ] **γεμίσας** σπόγγον ὄξους περιθεὶς καλάμῳ ἐπότιζεν αὐτὸν λέγων· ...	Lk 23,36 → Lk 23,39	ἐνέπαιξαν δὲ αὐτῷ καὶ οἱ στρατιῶται προσερχόμενοι, ὄξος προσφέροντες αὐτῷ	→ Jn 19,29

a **Acts 2,4** καὶ **ἐπλήσθησαν** πάντες πνεύματος ἁγίου καὶ ἤρξαντο λαλεῖν ἑτέραις γλώσσαις ...

Acts 3,10 ἐπεγίνωσκον δὲ αὐτὸν ὅτι αὐτὸς ἦν ὁ πρὸς τὴν ἐλεημοσύνην καθήμενος ἐπὶ τῇ ὡραίᾳ πύλῃ τοῦ ἱεροῦ καὶ **ἐπλήσθησαν** θάμβους καὶ ἐκστάσεως ἐπὶ τῷ συμβεβηκότι αὐτῷ.

a **Acts 4,8** τότε Πέτρος **πλησθεὶς** πνεύματος ἁγίου εἶπεν πρὸς αὐτούς· ἄρχοντες τοῦ λαοῦ καὶ πρεσβύτεροι

a **Acts 4,31** καὶ δεηθέντων αὐτῶν ἐσαλεύθη ὁ τόπος ἐν ᾧ ἦσαν συνηγμένοι, καὶ **ἐπλήσθησαν** ἅπαντες τοῦ ἁγίου πνεύματος καὶ ἐλάλουν τὸν λόγον τοῦ θεοῦ μετὰ παρρησίας.

Acts 5,17 ἀναστὰς δὲ ὁ ἀρχιερεὺς καὶ πάντες οἱ σὺν αὐτῷ, ἡ οὖσα αἵρεσις τῶν Σαδδουκαίων, **ἐπλήσθησαν** ζήλου

a **Acts 9,17** ... Σαοὺλ ἀδελφέ, ὁ κύριος ἀπέσταλκέν με, Ἰησοῦς ὁ ὀφθείς σοι ἐν τῇ ὁδῷ ᾗ ἤρχου, ὅπως ἀναβλέψῃς καὶ **πλησθῇς** πνεύματος ἁγίου.

a **Acts 13,9** Σαῦλος δέ, ὁ καὶ Παῦλος, **πλησθεὶς** πνεύματος ἁγίου ἀτενίσας εἰς αὐτὸν [11] εἶπεν· ὦ πλήρης παντὸς δόλου καὶ πάσης ῥᾳδιουργίας, υἱὲ διαβόλου, ...

Acts 13,45 ἰδόντες δὲ οἱ Ἰουδαῖοι τοὺς ὄχλους **ἐπλήσθησαν** ζήλου καὶ ἀντέλεγον τοῖς ὑπὸ Παύλου λαλουμένοις βλασφημοῦντες.

Acts 19,29 καὶ **ἐπλήσθη** ἡ πόλις τῆς συγχύσεως, ὥρμησάν τε ὁμοθυμαδὸν εἰς τὸ θέατρον συναρπάσαντες Γάϊον καὶ Ἀρίσταρχον Μακεδόνας, συνεκδήμους Παύλου.

πινακίδιον

Syn	Mt	Mk	Lk	Acts	Jn	1-3John	Paul	Eph	Col
1			1						
NT	**2Thess**	**1/2Tim**	**Tit**	**Heb**	**Jas**	**1Pet**	**2Pet**	**Jude**	**Rev**
1									

little (wooden) tablet

	Mt		Mk		Lk		
002					Lk 1,63	καὶ αἰτήσας **πινακίδιον** ἔγραψεν λέγων· Ἰωάννης ἐστὶν ὄνομα αὐτοῦ. καὶ ἐθαύμασαν πάντες.	

πίναξ	Syn 5	Mt 2	Mk 2	Lk 1	Acts	Jn	1-3John	Paul	Eph	Col
	NT 5	2Thess	1/2Tim	Tit	Heb	Jas	1Pet	2Pet	Jude	Rev

platter; dish

220	**Mt 14,8**	... δός μοι, φησίν, ὧδε **ἐπὶ πίνακι** τὴν κεφαλὴν Ἰωάννου τοῦ βαπτιστοῦ.	**Mk 6,25**	... θέλω ἵνα ἐξαυτῆς δῷς μοι **ἐπὶ πίνακι** τὴν κεφαλὴν Ἰωάννου τοῦ βαπτιστοῦ.			
220	**Mt 14,11**	καὶ ἠνέχθη ἡ κεφαλὴ αὐτοῦ **ἐπὶ πίνακι** καὶ ἐδόθη τῷ κορασίῳ, ...	**Mk 6,28**	καὶ ἤνεγκεν τὴν κεφαλὴν αὐτοῦ **ἐπὶ πίνακι** καὶ ἔδωκεν αὐτὴν τῷ κορασίῳ, ...			
102	**Mt 23,25** → Mk 7,4	οὐαὶ ὑμῖν, γραμματεῖς καὶ Φαρισαῖοι ὑποκριταί, ὅτι καθαρίζετε **τὸ ἔξωθεν** **τοῦ ποτηρίου** **καὶ τῆς παροψίδος,** ἔσωθεν δὲ γέμουσιν ἐξ ἁρπαγῆς καὶ ἀκρασίας.			**Lk 11,39** → Mk 7,4	... νῦν ὑμεῖς οἱ Φαρισαῖοι **τὸ ἔξωθεν** **τοῦ ποτηρίου** **καὶ τοῦ πίνακος** καθαρίζετε, τὸ δὲ ἔσωθεν ὑμῶν γέμει ἁρπαγῆς καὶ πονηρίας.	→ GTh 89

πίνω	Syn 39	Mt 15	Mk 7	Lk 17	Acts 3	Jn 11	1-3John	Paul 15	Eph	Col
	NT 72	2Thess	1/2Tim	Tit	Heb 1	Jas	1Pet	2Pet	Jude	Rev 3

drink

	triple tradition																	double tradition			Sondergut		
		+Mt / +Lk			−Mt / −Lk			traditions not taken over by Mt / Lk							subtotals								
code	222	211	112	212	221	122	121	022	012	021	220	120	210	020	Σ⁺	Σ⁻	Σ	202	201	102	200	002	total
Mt	1				2						3	1^-	3^+		3^+	1^-	9	5	1				**15**
Mk	1				2						3	1					7						**7**
Lk	1		2^+		2^-										2^+	2^-	3	5		3		6	**17**

a πίνω and ἐσθίω, ἔσθω   *b* πίνω and τρώγω

002					**Lk 1,15**	ἔσται γὰρ μέγας ἐνώπιον [τοῦ] κυρίου, *καὶ οἶνον καὶ σίκερα* ***οὐ μὴ πίῃ,*** καὶ πνεύματος ἁγίου πλησθήσεται ἔτι ἐκ κοιλίας μητρὸς αὐτοῦ ➤ Num 6,3; Lev 10,9	
a 112	**Mt 9,11**	καὶ ἰδόντες οἱ Φαρισαῖοι ἔλεγον τοῖς μαθηταῖς αὐτοῦ· διὰ τί μετὰ τῶν τελωνῶν καὶ ἁμαρτωλῶν ἐσθίει ὁ διδάσκαλος ὑμῶν;	**Mk 2,16**	καὶ οἱ γραμματεῖς τῶν Φαρισαίων ἰδόντες ὅτι ἐσθίει μετὰ τῶν ἁμαρτωλῶν καὶ τελωνῶν ἔλεγον τοῖς μαθηταῖς αὐτοῦ· ὅτι μετὰ τῶν τελωνῶν καὶ ἁμαρτωλῶν ἐσθίει;	**Lk 5,30** → Lk 15,2 → Lk 19,7	καὶ ἐγόγγυζον οἱ Φαρισαῖοι καὶ οἱ γραμματεῖς αὐτῶν πρὸς τοὺς μαθητὰς αὐτοῦ λέγοντες· διὰ τί μετὰ τῶν τελωνῶν καὶ ἁμαρτωλῶν ἐσθίετε καὶ **πίνετε;**	

	Mt		Mk		Lk		
a 112	Mt 9,14	... διὰ τί ἡμεῖς καὶ οἱ Φαρισαῖοι νηστεύομεν [πολλά], οἱ δὲ μαθηταί σου οὐ νηστεύουσιν;	Mk 2,18	... διὰ τί οἱ μαθηταὶ Ἰωάννου καὶ οἱ μαθηταὶ τῶν Φαρισαίων νηστεύουσιν, οἱ δὲ σοὶ μαθηταὶ οὐ νηστεύουσιν;	Lk 5,33	... οἱ μαθηταὶ Ἰωάννου νηστεύουσιν πυκνὰ καὶ δεήσεις ποιοῦνται ὁμοίως καὶ οἱ τῶν Φαρισαίων, οἱ δὲ σοὶ ἐσθίουσιν καὶ πίνουσιν.	→ GTh 104
002					Lk 5,39	[καὶ] οὐδεὶς πιὼν παλαιὸν θέλει νέον· λέγει γάρ· ὁ παλαιὸς χρηστός ἐστιν.	→ GTh 47,3
a 201	Mt 6,25	διὰ τοῦτο λέγω ὑμῖν· μὴ μεριμνᾶτε τῇ ψυχῇ ὑμῶν τί φάγητε [ἢ τί πίητε], μηδὲ τῷ σώματι ὑμῶν τί ἐνδύσησθε. ...			Lk 12,22	... διὰ τοῦτο λέγω ὑμῖν· μὴ μεριμνᾶτε τῇ ψυχῇ τί φάγητε, μηδὲ τῷ σώματι τί ἐνδύσησθε.	→ GTh 36 (POxy 655)
a 202	Mt 6,31	μὴ οὖν μεριμνήσητε λέγοντες· τί φάγωμεν; ἤ· τί πίωμεν; ἤ· τί περιβαλώμεθα;			Lk 12,29	καὶ ὑμεῖς μὴ ζητεῖτε τί φάγητε καὶ τί πίητε, καὶ μὴ μετεωρίζεσθε·	
a 202	Mt 11,18	ἦλθεν γὰρ Ἰωάννης μήτε ἐσθίων μήτε πίνων, καὶ λέγουσιν· δαιμόνιον ἔχει·			Lk 7,33 → Mt 3,4 → Mk 1,6	ἐλήλυθεν γὰρ Ἰωάννης ὁ βαπτιστὴς μὴ ἐσθίων ἄρτον μήτε πίνων οἶνον, καὶ λέγετε· δαιμόνιον ἔχει.	
a 202	Mt 11,19	ἦλθεν ὁ υἱὸς τοῦ ἀνθρώπου ἐσθίων καὶ πίνων, καὶ λέγουσιν· ἰδοὺ ἄνθρωπος φάγος καὶ οἰνοπότης, τελωνῶν φίλος καὶ ἁμαρτωλῶν. ...			Lk 7,34	ἐλήλυθεν ὁ υἱὸς τοῦ ἀνθρώπου ἐσθίων καὶ πίνων, καὶ λέγετε· ἰδοὺ ἄνθρωπος φάγος καὶ οἰνοπότης, φίλος τελωνῶν καὶ ἁμαρτωλῶν.	
a 102	Mt 10,12	εἰσερχόμενοι δὲ εἰς τὴν οἰκίαν ...			Lk 10,7 ⇩ Lk 9,4	[5] εἰς ἣν δ' ἂν εἰσέλθητε οἰκίαν, ... [7] ἐν αὐτῇ δὲ τῇ οἰκίᾳ μένετε, ἐσθίοντες καὶ πίνοντες τὰ παρ' αὐτῶν· ... μὴ μεταβαίνετε ἐξ οἰκίας εἰς οἰκίαν.	→ GTh 14,4 Mk-Q overlap
	Mt 10,11	εἰς ἣν δ' ἂν πόλιν ἢ κώμην εἰσέλθητε, ... κἀκεῖ μείνατε ἕως ἂν ἐξέλθητε.	Mk 6,10	... ὅπου ἐὰν εἰσέλθητε εἰς οἰκίαν, ἐκεῖ μένετε ἕως ἂν ἐξέλθητε ἐκεῖθεν.	Lk 9,4 ⇧ Lk 10,5 ⇧ Lk 10,7	καὶ εἰς ἣν ἂν οἰκίαν εἰσέλθητε, ἐκεῖ μένετε καὶ ἐκεῖθεν ἐξέρχεσθε.	
a 002					Lk 12,19	καὶ ἐρῶ τῇ ψυχῇ μου· ψυχή, ἔχεις πολλὰ ἀγαθὰ κείμενα εἰς ἔτη πολλά· ἀναπαύου, φάγε, πίε, εὐφραίνου.	→ GTh 63
a 202	Mt 6,31	μὴ οὖν μεριμνήσητε λέγοντες· τί φάγωμεν; ἤ· τί πίωμεν; ἤ· τί περιβαλώμεθα;			Lk 12,29	καὶ ὑμεῖς μὴ ζητεῖτε τί φάγητε καὶ τί πίητε, καὶ μὴ μετεωρίζεσθε·	
a 202	Mt 24,49	καὶ ἄρξηται τύπτειν τοὺς συνδούλους αὐτοῦ, ἐσθίῃ δὲ καὶ πίνῃ μετὰ τῶν μεθυόντων			Lk 12,45 → Lk 21,34	... καὶ ἄρξηται τύπτειν τοὺς παῖδας καὶ τὰς παιδίσκας, ἐσθίειν τε καὶ πίνειν καὶ μεθύσκεσθαι	

a 102	Mt 7,22 → Mt 25,11	πολλοὶ ἐροῦσίν μοι ἐν ἐκείνῃ τῇ ἡμέρᾳ· κύριε κύριε, οὐ τῷ σῷ ὀνόματι ἐπροφητεύσαμεν, καὶ τῷ σῷ ὀνόματι δαιμόνια ἐξεβάλομεν, καὶ τῷ σῷ ὀνόματι δυνάμεις πολλὰς ἐποιήσαμεν;			Lk 13,26	τότε ἄρξεσθε λέγειν· ἐφάγομεν ἐνώπιόν σου καὶ ἐπίομεν καὶ ἐν ταῖς πλατείαις ἡμῶν ἐδίδαξας·	
a 002 a 002					Lk 17,8 (2)	... ἑτοίμασον τί δειπνήσω καὶ περιζωσάμενος διακόνει μοι ἕως φάγω καὶ πίω, καὶ μετὰ ταῦτα φάγεσαι καὶ πίεσαι σύ;	
220 220	Mt 20,22 (2)	ἀποκριθεὶς δὲ ὁ Ἰησοῦς εἶπεν· οὐκ οἴδατε τί αἰτεῖσθε. δύνασθε πιεῖν τὸ ποτήριον ὃ ἐγὼ μέλλω πίνειν; λέγουσιν αὐτῷ· δυνάμεθα.	Mk 10,38 (2)	ὁ δὲ Ἰησοῦς εἶπεν αὐτοῖς· οὐκ οἴδατε τί αἰτεῖσθε. δύνασθε πιεῖν τὸ ποτήριον ὃ ἐγὼ πίνω ἢ τὸ βάπτισμα ὃ ἐγὼ βαπτίζομαι βαπτισθῆναι; [38] οἱ δὲ εἶπαν αὐτῷ· δυνάμεθα. ↔	Lk 12,50	βάπτισμα δὲ ἔχω βαπτισθῆναι, καὶ πῶς συνέχομαι ἕως ὅτου τελεσθῇ.	
120 220	Mt 20,23	λέγει αὐτοῖς· τὸ μὲν ποτήριόν μου πίεσθε, τὸ δὲ καθίσαι ἐκ δεξιῶν μου καὶ ἐξ εὐωνύμων οὐκ ἔστιν ἐμὸν [τοῦτο] δοῦναι, ἀλλ' οἷς ἡτοίμασται ὑπὸ τοῦ πατρός μου.	Mk 10,39 (2)	↔ ὁ δὲ Ἰησοῦς εἶπεν αὐτοῖς· τὸ ποτήριον ὃ ἐγὼ πίνω πίεσθε καὶ τὸ βάπτισμα ὃ ἐγὼ βαπτίζομαι βαπτισθήσεσθε, [40] τὸ δὲ καθίσαι ἐκ δεξιῶν μου ἢ ἐξ εὐωνύμων οὐκ ἔστιν ἐμὸν δοῦναι, ἀλλ' οἷς ἡτοίμασται.			
b a 202	Mt 24,38	ὡς γὰρ ἦσαν ἐν ταῖς ἡμέραις [ἐκείναις] ταῖς πρὸ τοῦ κατακλυσμοῦ τρώγοντες καὶ πίνοντες, γαμοῦντες καὶ γαμίζοντες, ἄχρι ἧς ἡμέρας εἰσῆλθεν Νῶε εἰς τὴν κιβωτόν			Lk 17,27	ἤσθιον, ἔπινον, ἐγάμουν, ἐγαμίζοντο, ἄχρι ἧς ἡμέρας εἰσῆλθεν Νῶε εἰς τὴν κιβωτόν, ...	
a 002					Lk 17,28	ὁμοίως καθὼς ἐγένετο ἐν ταῖς ἡμέραις Λώτ· ἤσθιον, ἔπινον, ἠγόραζον, ἐπώλουν, ἐφύτευον, ᾠκοδόμουν·	
a 202	Mt 24,49	καὶ ἄρξηται τύπτειν τοὺς συνδούλους αὐτοῦ, ἐσθίῃ δὲ καὶ πίνῃ μετὰ τῶν μεθυόντων			Lk 12,45 → Lk 21,34	... καὶ ἄρξηται τύπτειν τοὺς παῖδας καὶ τὰς παιδίσκας, ἐσθίειν τε καὶ πίνειν καὶ μεθύσκεσθαι	

	Mt		Mk		Lk		
222	Mt 26,29 (2)	λέγω δὲ ὑμῖν, **οὐ μὴ πίω** ἀπ' ἄρτι ἐκ τούτου τοῦ γενήματος τῆς ἀμπέλου ἕως τῆς ἡμέρας ἐκείνης ὅταν αὐτὸ πίνω μεθ' ὑμῶν καινὸν ἐν τῇ βασιλείᾳ τοῦ πατρός μου.	Mk 14,25 (2)	ἀμὴν λέγω ὑμῖν ὅτι **οὐκέτι οὐ μὴ πίω** ἐκ τοῦ γενήματος τῆς ἀμπέλου ἕως τῆς ἡμέρας ἐκείνης ὅταν αὐτὸ πίνω καινὸν ἐν τῇ βασιλείᾳ τοῦ θεοῦ.	Lk 22,18 → Lk 22,16	λέγω γὰρ ὑμῖν, [ὅτι] **οὐ μὴ πίω** ἀπὸ τοῦ νῦν ἀπὸ τοῦ γενήματος τῆς ἀμπέλου ἕως οὗ ἡ βασιλεία τοῦ θεοῦ ἔλθῃ.	
221	Mt 26,27 → Lk 22,17 → Mt 26,26	καὶ λαβὼν ποτήριον καὶ εὐχαριστήσας ἔδωκεν αὐτοῖς λέγων· **πίετε** ἐξ αὐτοῦ πάντες, [28] τοῦτο γάρ ἐστιν τὸ αἷμά μου τῆς διαθήκης τὸ περὶ πολλῶν ἐκχυννόμενον εἰς ἄφεσιν ἁμαρτιῶν.	Mk 14,23 → Lk 22,17	καὶ λαβὼν ποτήριον εὐχαριστήσας ἔδωκεν αὐτοῖς, καὶ **ἔπιον** ἐξ αὐτοῦ πάντες. [24] καὶ εἶπεν αὐτοῖς· τοῦτό ἐστιν τὸ αἷμά μου τῆς διαθήκης τὸ ἐκχυννόμενον ὑπὲρ πολλῶν.	Lk 22,20	καὶ τὸ ποτήριον ὡσαύτως μετὰ τὸ δειπνῆσαι, λέγων· τοῦτο τὸ ποτήριον ἡ καινὴ διαθήκη ἐν τῷ αἵματί μου, τὸ ὑπὲρ ὑμῶν ἐκχυννόμενον.	→ 1Cor 11,25
222 221	Mt 26,29 (2)	λέγω δὲ ὑμῖν, **οὐ μὴ πίω** ἀπ' ἄρτι ἐκ τούτου τοῦ γενήματος τῆς ἀμπέλου ἕως τῆς ἡμέρας ἐκείνης ὅταν αὐτὸ **πίνω** μεθ' ὑμῶν καινὸν ἐν τῇ βασιλείᾳ τοῦ πατρός μου.	Mk 14,25 (2)	ἀμὴν λέγω ὑμῖν ὅτι **οὐκέτι οὐ μὴ πίω** ἐκ τοῦ γενήματος τῆς ἀμπέλου ἕως τῆς ἡμέρας ἐκείνης ὅταν αὐτὸ **πίνω** καινὸν ἐν τῇ βασιλείᾳ τοῦ θεοῦ.	Lk 22,18 → Lk 22,16	λέγω γὰρ ὑμῖν, [ὅτι] **οὐ μὴ πίω** ἀπὸ τοῦ νῦν ἀπὸ τοῦ γενήματος τῆς ἀμπέλου ἕως οὗ ἡ βασιλεία τοῦ θεοῦ ἔλθῃ.	
a 102	Mt 19,28	... ἐν τῇ παλιγγενεσίᾳ, ὅταν καθίσῃ ὁ υἱὸς τοῦ ἀνθρώπου ἐπὶ θρόνου δόξης αὐτοῦ, καθήσεσθε καὶ ὑμεῖς ἐπὶ δώδεκα θρόνους κρίνοντες τὰς δώδεκα φυλὰς τοῦ Ἰσραήλ.			Lk 22,30 → Lk 12,37 → Lk 14,15	ἵνα ἔσθητε καὶ **πίνητε** ἐπὶ τῆς τραπέζης μου ἐν τῇ βασιλείᾳ μου, καὶ καθήσεσθε ἐπὶ θρόνων τὰς δώδεκα φυλὰς κρίνοντες τοῦ Ἰσραήλ.	
210	Mt 26,42 → Mt 6,10 → Lk 22,42	πάλιν ἐκ δευτέρου ἀπελθὼν προσηύξατο λέγων· πάτερ μου, εἰ οὐ δύναται τοῦτο παρελθεῖν ἐὰν μὴ αὐτὸ **πίω,** γενηθήτω τὸ θέλημά σου.	Mk 14,39	καὶ πάλιν ἀπελθὼν προσηύξατο τὸν αὐτὸν λόγον εἰπών.			
210 210	Mt 27,34 (2)	ἔδωκαν αὐτῷ **πιεῖν** οἶνον μετὰ χολῆς μεμιγμένον· καὶ γευσάμενος **οὐκ ἠθέλησεν πιεῖν.**	Mk 15,23	καὶ ἐδίδουν αὐτῷ ἐσμυρνισμένον οἶνον· ὃς δὲ **οὐκ ἔλαβεν.**			

a **Acts 9,9** καὶ ἦν ἡμέρας τρεῖς μὴ βλέπων καὶ οὐκ ἔφαγεν **οὐδὲ ἔπιεν.**

a **Acts 23,12** γενομένης δὲ ἡμέρας ποιήσαντες συστροφὴν οἱ Ἰουδαῖοι ἀνεθεμάτισαν ἑαυτοὺς λέγοντες μήτε φαγεῖν **μήτε πίειν** ἕως οὗ ἀποκτείνωσιν τὸν Παῦλον.

a **Acts 23,21** ... ἐνεδρεύουσιν γὰρ αὐτὸν ἐξ αὐτῶν ἄνδρες πλείους τεσσεράκοντα, οἵτινες ἀνεθεμάτισαν ἑαυτοὺς μήτε φαγεῖν **μήτε πιεῖν** ἕως οὗ ἀνέλωσιν αὐτόν, ...

πιπράσκω

	Syn	Mt	Mk	Lk	Acts	Jn	1-3John	Paul	Eph	Col
	4	3	1		3	1		1		
	NT	2Thess	1/2Tim	Tit	Heb	Jas	1Pet	2Pet	Jude	Rev
	9									

sell

200	**Mt 13,46** εὑρὼν δὲ ἕνα πολύτιμον μαργαρίτην ἀπελθὼν **πέπρακεν** πάντα ὅσα εἶχεν καὶ ἠγόρασεν αὐτόν.			→ GTh 76,1-2
200	**Mt 18,25** μὴ ἔχοντος δὲ αὐτοῦ ἀποδοῦναι ἐκέλευσεν αὐτὸν ὁ κύριος **πραθῆναι** καὶ τὴν γυναῖκα καὶ τὰ τέκνα καὶ πάντα ὅσα ἔχει, καὶ ἀποδοθῆναι.			
220	**Mt 26,9** ἐδύνατο γὰρ τοῦτο **πραθῆναι** πολλοῦ καὶ δοθῆναι πτωχοῖς.	**Mk 14,5** ἠδύνατο γὰρ τοῦτο τὸ μύρον **πραθῆναι** ἐπάνω δηναρίων τριακοσίων καὶ δοθῆναι τοῖς πτωχοῖς· ...		→ Jn 12,5

Acts 2,45 → Lk 12,33 → Lk 14,33 → Mt 19,21 → Mk 10,21 → Lk 18,22
καὶ τὰ κτήματα καὶ τὰς ὑπάρξεις **ἐπίπρασκον** καὶ διεμέριζον αὐτὰ πᾶσιν καθότι ἄν τις χρείαν εἶχεν·

Acts 4,34 ... ὅσοι γὰρ κτήτορες χωρίων ἢ οἰκιῶν ὑπῆρχον, πωλοῦντες ἔφερον **τὰς τιμὰς τῶν πιπρασκομένων**

Acts 5,4 οὐχὶ μένον σοὶ ἔμενεν καὶ **πραθὲν** ἐν τῇ σῇ ἐξουσίᾳ ὑπῆρχεν; ...

πίπτω

	Syn	Mt	Mk	Lk	Acts	Jn	1-3John	Paul	Eph	Col
	44	19	8	17	9	3		7		
	NT	2Thess	1/2Tim	Tit	Heb	Jas	1Pet	2Pet	Jude	Rev
	90				3	1				23

fall; fall down; fall to pieces; collapse; go down

	triple tradition																	double tradition			Sondergut		
		+Mt / +Lk			–Mt / –Lk			traditions not taken over by Mt / Lk							subtotals								
code	222	211	112	212	221	122	121	022	012	021	220	120	210	020	Σ⁺	Σ⁻	Σ	202	201	102	200	002	total
Mt	3				3	1^-							2^+		2^+	1^-	8		5		6		**19**
Mk	3				3	1				1							8						**8**
Lk	3		2^+		3^-	1				1^-					2^+	4^-	6			3		8	**17**

[a] πίπτω ἀπό τινος
[b] πίπτω εἴς τι(να)
[c] πίπτω ἔκ τινος
[d] πίπτω ἐπί τινος
[e] πίπτω ἐπί τι(να)
[f] πίπτω: fall down as a sign of devotion
[g] πίπτω παρά τινα

f 200	**Mt 2,11** ... εἶδον τὸ παιδίον μετὰ Μαρίας τῆς μητρὸς αὐτοῦ, καὶ **πεσόντες** προσεκύνησαν αὐτῷ ...			
f 201	**Mt 4,9** ... ταῦτά σοι πάντα δώσω, ἐὰν **πεσὼν** προσκυνήσῃς μοι.		**Lk 4,7** [6] ... σοὶ δώσω τὴν ἐξουσίαν ταύτην ἅπασαν ... [7] σὺ οὖν ἐὰν προσκυνήσῃς ἐνώπιον ἐμοῦ, ἔσται σοῦ πᾶσα.	

	Mt		Mk		Lk		
f 112	Mt 8,2	καὶ ἰδοὺ λεπρὸς προσελθὼν **προσεκύνει** αὐτῷ λέγων· κύριε, ἐὰν θέλῃς δύνασαί με καθαρίσαι.	Mk 1,40	καὶ ἔρχεται πρὸς αὐτὸν λεπρὸς παρακαλῶν αὐτὸν [καὶ **γονυπετῶν**] καὶ λέγων αὐτῷ ὅτι ἐὰν θέλῃς δύνασαί με καθαρίσαι.	Lk 5,12 ↓Lk 17,16	... ἰδοὺ ἀνὴρ πλήρης λέπρας· ἰδὼν δὲ τὸν Ἰησοῦν, **πεσὼν ἐπὶ πρόσωπον** ἐδεήθη αὐτοῦ λέγων· κύριε, ἐὰν θέλῃς δύνασαί με καθαρίσαι.	
201	Mt 7,25	καὶ κατέβη ἡ βροχὴ καὶ ἦλθον οἱ ποταμοὶ καὶ ἔπνευσαν οἱ ἄνεμοι καὶ προσέπεσαν τῇ οἰκίᾳ ἐκείνῃ, καὶ **οὐκ ἔπεσεν,** τεθεμελίωτο γὰρ ἐπὶ τὴν πέτραν.			Lk 6,48	... πλημμύρης δὲ γενομένης προσέρηξεν ὁ ποταμὸς τῇ οἰκίᾳ ἐκείνῃ, καὶ **οὐκ ἴσχυσεν** **σαλεῦσαι αὐτὴν** διὰ τὸ καλῶς οἰκοδομῆσθαι αὐτήν.	
201	Mt 7,27	καὶ κατέβη ἡ βροχὴ καὶ ἦλθον οἱ ποταμοὶ καὶ ἔπνευσαν οἱ ἄνεμοι καὶ προσέκοψαν τῇ οἰκίᾳ ἐκείνῃ, καὶ **ἔπεσεν,** καὶ ἦν ἡ πτῶσις αὐτῆς μεγάλη.			Lk 6,49	... ᾗ προσέρηξεν ὁ ποταμός, καὶ εὐθὺς **συνέπεσεν** καὶ ἐγένετο τὸ ῥῆγμα τῆς οἰκίας ἐκείνης μέγα.	
e 201	Mt 10,29	οὐχὶ δύο στρουθία ἀσσαρίου πωλεῖται; καὶ ἓν ἐξ αὐτῶν **οὐ πεσεῖται** **ἐπὶ τὴν γῆν** ἄνευ τοῦ πατρὸς ὑμῶν.			Lk 12,6	οὐχὶ πέντε στρουθία πωλοῦνται ἀσσαρίων δύο; καὶ ἓν ἐξ αὐτῶν **οὐκ ἔστιν** **ἐπιλελησμένον** ἐνώπιον τοῦ θεοῦ.	
g 222	Mt 13,4	καὶ ἐν τῷ σπείρειν αὐτὸν ἃ μὲν **ἔπεσεν** παρὰ τὴν ὁδόν, ...	Mk 4,4	καὶ ἐγένετο ἐν τῷ σπείρειν ὃ μὲν **ἔπεσεν** παρὰ τὴν ὁδόν, ...	Lk 8,5	... καὶ ἐν τῷ σπείρειν αὐτὸν ὃ μὲν **ἔπεσεν** παρὰ τὴν ὁδὸν ...	→ GTh 9
e 221	Mt 13,5	ἄλλα δὲ **ἔπεσεν** ἐπὶ τὰ πετρώδη ...	Mk 4,5	καὶ ἄλλο **ἔπεσεν** ἐπὶ τὸ πετρῶδες ...	Lk 8,6	καὶ ἕτερον **κατέπεσεν** ἐπὶ τὴν πέτραν, ...	→ GTh 9
e b 222	Mt 13,7	ἄλλα δὲ **ἔπεσεν** ἐπὶ τὰς ἀκάνθας, ...	Mk 4,7	καὶ ἄλλο **ἔπεσεν** εἰς τὰς ἀκάνθας, ...	Lk 8,7	καὶ ἕτερον **ἔπεσεν** ἐν μέσῳ τῶν ἀκανθῶν, ...	→ GTh 9
e b 222	Mt 13,8	ἄλλα δὲ **ἔπεσεν** ἐπὶ τὴν γῆν τὴν καλὴν ...	Mk 4,8	καὶ ἄλλα **ἔπεσεν** εἰς τὴν γῆν τὴν καλὴν ...	Lk 8,8	καὶ ἕτερον **ἔπεσεν** εἰς τὴν γῆν τὴν ἀγαθὴν ...	→ GTh 9
b 112	Mt 13,22	**ὁ δὲ εἰς τὰς ἀκάνθας** **σπαρείς,** οὗτός ἐστιν ὁ τὸν λόγον ἀκούων, ...	Mk 4,18	καὶ ἄλλοι εἰσὶν **οἱ εἰς τὰς ἀκάνθας** **σπειρόμενοι·** οὗτοί εἰσιν οἱ τὸν λόγον ἀκούσαντες	Lk 8,14	**τὸ δὲ εἰς τὰς** **ἀκάνθας πεσόν,** οὗτοί εἰσιν οἱ ἀκούσαντες, ...	
f g 122	Mt 9,18	ταῦτα αὐτοῦ λαλοῦντος αὐτοῖς, ἰδοὺ ἄρχων εἷς ἐλθὼν **προσεκύνει** αὐτῷ ...	Mk 5,22	καὶ ἔρχεται εἷς τῶν ἀρχισυναγώγων, ὀνόματι Ἰάϊρος, καὶ ἰδὼν αὐτὸν **πίπτει** πρὸς τοὺς πόδας αὐτοῦ	Lk 8,41	καὶ ἰδοὺ ἦλθεν ἀνὴρ ᾧ ὄνομα Ἰάϊρος καὶ οὗτος ἄρχων τῆς συναγωγῆς ὑπῆρχεν, καὶ **πεσὼν** παρὰ τοὺς πόδας [τοῦ] Ἰησοῦ ...	
b 201	Mt 15,14	... τυφλοί εἰσιν ὁδηγοί [τυφλῶν]· τυφλὸς δὲ τυφλὸν ἐὰν ὁδηγῇ, ἀμφότεροι εἰς βόθυνον **πεσοῦνται.**			Lk 6,39	... μήτι δύναται τυφλὸς τυφλὸν ὁδηγεῖν; οὐχὶ ἀμφότεροι εἰς βόθυνον **ἐμπεσοῦνται;**	→ GTh 34

	Mt		Mk		Lk		
a 210	**Mt 15,27**	... ναὶ κύριε, καὶ γὰρ τὰ κυνάρια ἐσθίει ἀπὸ τῶν ψιχίων **τῶν πιπτόντων** ἀπὸ τῆς τραπέζης τῶν κυρίων αὐτῶν.	**Mk 7,28**	... κύριε· καὶ τὰ κυνάρια ὑποκάτω τῆς τραπέζης ἐσθίουσιν ἀπὸ τῶν ψιχίων τῶν παιδίων.			
ef 200	**Mt 17,6** → Mk 9,6	καὶ ἀκούσαντες οἱ μαθηταὶ **ἔπεσαν** ἐπὶ πρόσωπον αὐτῶν καὶ ἐφοβήθησαν σφόδρα.					
b 210	**Mt 17,15**	... πολλάκις γὰρ **πίπτει** εἰς τὸ πῦρ καὶ πολλάκις εἰς τὸ ὕδωρ.	**Mk 9,22**	καὶ πολλάκις καὶ εἰς πῦρ αὐτὸν **ἔβαλεν** καὶ εἰς ὕδατα ἵνα ἀπολέσῃ αὐτόν· ...			
d 021			**Mk 9,20**	καὶ ἤνεγκαν αὐτὸν πρὸς αὐτόν. καὶ ἰδὼν αὐτὸν τὸ πνεῦμα εὐθὺς συνεσπάραξεν αὐτόν, καὶ **πεσὼν** ἐπὶ τῆς γῆς ἐκυλίετο ἀφρίζων.	**Lk 9,42**	ἔτι δὲ προσερχομένου αὐτοῦ ἔρρηξεν αὐτὸν τὸ δαιμόνιον καὶ συνεσπάραξεν· ...	
f 200	**Mt 18,26**	**πεσὼν** οὖν ὁ δοῦλος προσεκύνει αὐτῷ λέγων· μακροθύμησον ἐπ' ἐμοί, καὶ πάντα ἀποδώσω σοι.					
f 200	**Mt 18,29**	**πεσὼν** οὖν ὁ σύνδουλος αὐτοῦ παρεκάλει αὐτὸν λέγων· μακροθύμησον ἐπ' ἐμοί, καὶ ἀποδώσω σοι.					
c 002					**Lk 10,18**	... ἐθεώρουν τὸν σατανᾶν ὡς ἀστραπὴν ἐκ τοῦ οὐρανοῦ **πεσόντα.**	
e 102	**Mt 12,25**	... πᾶσα βασιλεία μερισθεῖσα καθ' ἑαυτῆς ἐρημοῦται καὶ πᾶσα πόλις ἢ οἰκία μερισθεῖσα καθ' ἑαυτῆς **οὐ σταθήσεται.**	Mk 3,25	[24] καὶ ἐὰν βασιλεία ἐφ' ἑαυτὴν μερισθῇ, οὐ δύναται σταθῆναι ἡ βασιλεία ἐκείνη· [25] καὶ ἐὰν οἰκία ἐφ' ἑαυτὴν μερισθῇ, οὐ δυνήσεται ἡ οἰκία ἐκείνη **σταθῆναι.**	**Lk 11,17**	... πᾶσα βασιλεία ἐφ' ἑαυτὴν διαμερισθεῖσα ἐρημοῦται καὶ οἶκος ἐπὶ οἶκον **πίπτει.**	Mk-Q overlap
e 002					**Lk 13,4**	ἢ ἐκεῖνοι οἱ δεκαοκτὼ ἐφ' οὓς **ἔπεσεν** ὁ πύργος ἐν τῷ Σιλωὰμ καὶ ἀπέκτεινεν αὐτούς, ...	
b 102	**Mt 12,11**	... τίς ἔσται ἐξ ὑμῶν ἄνθρωπος ὃς ἕξει πρόβατον ἓν καὶ ἐὰν **ἐμπέσῃ** τοῦτο τοῖς σάββασιν εἰς βόθυνον, οὐχὶ κρατήσει αὐτὸ καὶ ἐγερεῖ;			**Lk 14,5** → Lk 13,15	... τίνος ὑμῶν υἱὸς ἢ βοῦς εἰς φρέαρ **πεσεῖται,** καὶ οὐκ εὐθέως ἀνασπάσει αὐτὸν ἐν ἡμέρᾳ τοῦ σαββάτου;	
102	**Mt 5,18** → Mt 24,35	... ἕως ἂν παρέλθῃ ὁ οὐρανὸς καὶ ἡ γῆ, ἰῶτα ἓν ἢ μία κεραία **οὐ μὴ παρέλθῃ** ἀπὸ τοῦ νόμου ἕως ἂν πάντα γένηται.	→ Mk 13,31		**Lk 16,17** → Lk 21,33	εὐκοπώτερον δέ ἐστιν τὸν οὐρανὸν καὶ τὴν γῆν παρελθεῖν ἢ τοῦ νόμου μίαν κεραίαν **πεσεῖν.**	

	Mt		Mk		Lk		
a 002					Lk 16,21	καὶ ἐπιθυμῶν χορτασθῆναι **ἀπὸ τῶν πιπτόντων** ἀπὸ τῆς τραπέζης τοῦ πλουσίου· ...	
f g 002					Lk 17,16 ↑ Mt 8,2 ↑ Mk 1,40 ↑ Lk 5,12	καὶ **ἔπεσεν** ἐπὶ πρόσωπον παρὰ τοὺς πόδας αὐτοῦ εὐχαριστῶν αὐτῷ· καὶ αὐτὸς ἦν Σαμαρίτης.	
e 200 *e* 200	Mt 21,44 (2) ↓ Lk 20,18	[καὶ ὁ **πεσὼν** ἐπὶ τὸν λίθον τοῦτον συνθλασθήσεται· ἐφ' ὃν δ' ἂν **πέσῃ** λικμήσει αὐτόν.]					Mt 21,44 is textcritically uncertain.
e 002 *e* 002					Lk 20,18 (2) ↑ [Mt 21,44]	πᾶς ὁ **πεσὼν** ἐπ' ἐκεῖνον τὸν λίθον συνθλασθήσεται· ἐφ' ὃν δ' ἂν **πέσῃ**, λικμήσει αὐτόν.	
002					Lk 21,24 → Lk 19,44	καὶ **πεσοῦνται** στόματι μαχαίρης καὶ αἰχμαλωτισθήσονται εἰς τὰ ἔθνη πάντα, ...	
a c 221	Mt 24,29	εὐθέως δὲ μετὰ τὴν θλῖψιν τῶν ἡμερῶν ἐκείνων *ὁ ἥλιος* *σκοτισθήσεται, καὶ* *ἡ σελήνη οὐ δώσει* *τὸ φέγγος αὐτῆς,* *καὶ οἱ ἀστέρες* ***πεσοῦνται*** ἀπὸ τοῦ οὐρανοῦ, *καὶ αἱ δυνάμεις* *τῶν οὐρανῶν* σαλευθήσονται. ➢ Isa 13,10; 34,4	Mk 13,25	[24] ἀλλὰ ἐν ἐκείναις ταῖς ἡμέραις μετὰ τὴν θλῖψιν ἐκείνην *ὁ ἥλιος* *σκοτισθήσεται, καὶ* *ἡ σελήνη οὐ δώσει* *τὸ φέγγος αὐτῆς,* [25] *καὶ οἱ ἀστέρες* *ἔσονται* ἐκ τοῦ οὐρανοῦ ***πίπτοντες,*** *καὶ αἱ δυνάμεις* *αἱ ἐν τοῖς οὐρανοῖς* σαλευθήσονται. ➢ Isa 13,10; 34,4	Lk 21,25 → Lk 21,11	καὶ ἔσονται σημεῖα ἐν ἡλίῳ καὶ σελήνῃ καὶ ἄστροις, ... [26] ... *αἱ* γὰρ *δυνάμεις* *τῶν οὐρανῶν* σαλευθήσονται. ➢ Isa 34,4	→ Acts 2,19
f d 221	Mt 26,39	καὶ προελθὼν μικρὸν **ἔπεσεν** **ἐπὶ πρόσωπον αὐτοῦ** προσευχόμενος ...	Mk 14,35	καὶ προελθὼν μικρὸν **ἔπιπτεν** **ἐπὶ τῆς γῆς** καὶ προσηύχετο ...	Lk 22,41	καὶ αὐτὸς ἀπεσπάσθη ἀπ' αὐτῶν ὡσεὶ λίθου βολὴν καὶ **θεὶς τὰ γόνατα** προσηύχετο	
e 002					Lk 23,30	τότε ἄρξονται *λέγειν τοῖς ὄρεσιν·* ***πέσετε*** *ἐφ' ἡμᾶς, καὶ τοῖς* *βουνοῖς· καλύψατε ἡμᾶς·* ➢ Hos 10,8	

e **Acts 1,26** καὶ ἔδωκαν κλήρους αὐτοῖς καὶ **ἔπεσεν** ὁ κλῆρος ἐπὶ Μαθθίαν καὶ συγκατεψηφίσθη μετὰ τῶν ἕνδεκα ἀποστόλων.

Acts 5,5 ἀκούων δὲ ὁ Ἁνανίας τοὺς λόγους τούτους **πεσὼν** ἐξέψυξεν, καὶ ἐγένετο φόβος μέγας ἐπὶ πάντας τοὺς ἀκούοντας.

Acts 5,10 **ἔπεσεν** δὲ παραχρῆμα πρὸς τοὺς πόδας αὐτοῦ καὶ ἐξέψυξεν· ...

e **Acts 9,4** καὶ **πεσὼν** ἐπὶ τὴν γῆν ἤκουσεν φωνὴν λέγουσαν αὐτῷ· Σαοὺλ Σαούλ, τί με διώκεις;

ef **Acts 10,25**	ὡς δὲ ἐγένετο τοῦ εἰσελθεῖν τὸν Πέτρον, συναντήσας αὐτῷ ὁ Κορνήλιος **πεσὼν** ἐπὶ τοὺς πόδας προσεκύνησεν.	
e **Acts 13,11**	... παραχρῆμά τε **ἔπεσεν** ἐπ' αὐτὸν ἀχλὺς καὶ σκότος καὶ περιάγων ἐζήτει χειραγωγούς.	
Acts 15,16	*μετὰ ταῦτα ἀναστρέψω καὶ ἀνοικοδομήσω* ***τὴν σκηνὴν Δαυὶδ τὴν πεπτωκυῖαν*** *καὶ τὰ κατεσκαμμένα αὐτῆς ἀνοικοδομήσω καὶ ἀνορθώσω αὐτήν*	➤ Jer 12,15; Amos 9,11 LXX
a **Acts 20,9**	... τις νεανίας ὀνόματι Εὔτυχος ... κατενεχθεὶς ἀπὸ τοῦ ὕπνου **ἔπεσεν** ἀπὸ τοῦ τριστέγου κάτω καὶ ἤρθη νεκρός.	
b **Acts 22,7**	**ἔπεσά** τε εἰς τὸ ἔδαφος καὶ ἤκουσα φωνῆς λεγούσης μοι· Σαοὺλ Σαούλ, τί με διώκεις;	

πιστεύω

	Syn	Mt	Mk	Lk	Acts	Jn	1-3John	Paul	Eph	Col
	30	11	10	9	37	98	9	42	2	
	NT	2Thess	1/2Tim	Tit	Heb	Jas	1Pet	2Pet	Jude	Rev
	237	4	4	2	2	3	3		1	

believe (in) something; be convinced of something; trust

	triple tradition																	double tradition			Sondergut		
		+Mt / +Lk			–Mt / –Lk			traditions not taken over by Mt / Lk							subtotals								
code	*222*	*211*	*112*	*212*	*221*	*122*	*121*	*022*	*012*	*021*	*220*	*120*	*210*	*020*	Σ⁺	Σ⁻	Σ	*202*	*201*	*102*	*200*	*002*	total
Mt	1				2						2	2^-				2^-	5		5		1		**11**
Mk	1				2			1			2	2		2			10						**10**
Lk	1		2^+		2^-			1							2^+	2^-	4					5	**9**

Mk-Q overlap: 221: Mt 18,6 / Mk 9,42 / Lk 17,2 (?)

a πιστεύω τινί
b πιστεύω εἴς τινα
c πιστεύω ἐπί τινα, ~ ἐπί τινι
d πιστεύω and ἀπιστία or similar phrases
e πιστεύω ὅτι

a 002					**Lk 1,20**	καὶ ἰδοὺ ἔσῃ σιωπῶν καὶ μὴ δυνάμενος λαλῆσαι ἄχρι ἧς ἡμέρας γένηται ταῦτα, ἀνθ' ὧν **οὐκ ἐπίστευσας** τοῖς λόγοις μου, οἵτινες πληρωθήσονται εἰς τὸν καιρὸν αὐτῶν.	
e 002					**Lk 1,45** → Lk 1,48 → Lk 11,28	καὶ μακαρία **ἡ πιστεύσασα** ὅτι ἔσται τελείωσις τοῖς λελαλημένοις αὐτῇ παρὰ κυρίου.	
120	**Mt 4,17**	... μετανοεῖτε· ἤγγικεν γὰρ ἡ βασιλεία τῶν οὐρανῶν.	**Mk 1,15**	... πεπλήρωται ὁ καιρὸς καὶ ἤγγικεν ἡ βασιλεία τοῦ θεοῦ· μετανοεῖτε καὶ **πιστεύετε** ἐν τῷ εὐαγγελίῳ.			
201	**Mt 8,13**	καὶ εἶπεν ὁ Ἰησοῦς τῷ ἑκατοντάρχῃ· ὕπαγε, ὡς **ἐπίστευσας** γενηθήτω σοι. καὶ ἰάθη ὁ παῖς [αὐτοῦ] ἐν τῇ ὥρᾳ ἐκείνῃ.			**Lk 7,10** → Mk 7,30	καὶ ὑποστρέψαντες εἰς τὸν οἶκον οἱ πεμφθέντες εὗρον τὸν δοῦλον ὑγιαίνοντα.	→ Jn 4,50 → Jn 4,51

		Mt		Mk		Lk	
e 200	Mt 9,28 ⇩ Mt 20,32	... καὶ λέγει αὐτοῖς ὁ Ἰησοῦς· **πιστεύετε** ὅτι δύναμαι τοῦτο ποιῆσαι; λέγουσιν αὐτῷ· ναὶ κύριε. [29] τότε ἥψατο τῶν ὀφθαλμῶν αὐτῶν λέγων· κατὰ τὴν πίστιν ὑμῶν γενηθήτω ὑμῖν.	Mk 10,51	καὶ ἀποκριθεὶς αὐτῷ ὁ Ἰησοῦς εἶπεν· τί σοι θέλεις ποιήσω; ὁ δὲ τυφλὸς εἶπεν αὐτῷ· ῥαββουνι, ἵνα ἀναβλέψω. [52] καὶ ὁ Ἰησοῦς εἶπεν αὐτῷ· ὕπαγε, ἡ πίστις σου σέσωκέν σε. ...	Lk 18,41	[40] ... ἐγγίσαντος δὲ αὐτοῦ ἐπηρώτησεν αὐτόν· [41] τί σοι θέλεις ποιήσω; ὁ δὲ εἶπεν· κύριε, ἵνα ἀναβλέψω. [42] καὶ ὁ Ἰησοῦς εἶπεν αὐτῷ· ἀνάβλεψον· ἡ πίστις σου σέσωκέν σε.	
	Mt 20,32 ⇧ Mt 9,28	καὶ στὰς ὁ Ἰησοῦς ἐφώνησεν αὐτοὺς καὶ εἶπεν· τί θέλετε ποιήσω ὑμῖν; [33] λέγουσιν αὐτῷ· κύριε, ἵνα ἀνοιγῶσιν οἱ ὀφθαλμοὶ ἡμῶν. [34] σπλαγχνισθεὶς δὲ ὁ Ἰησοῦς ἥψατο τῶν ὀμμάτων αὐτῶν, ...					
112	Mt 13,19	παντὸς ἀκούοντος τὸν λόγον τῆς βασιλείας καὶ μὴ συνιέντος, ἔρχεται ὁ πονηρὸς καὶ ἁρπάζει τὸ ἐσπαρμένον ἐν τῇ καρδίᾳ αὐτοῦ, ...	Mk 4,15	... ὅταν ἀκούσωσιν, εὐθὺς ἔρχεται ὁ σατανᾶς καὶ αἴρει τὸν λόγον τὸν ἐσπαρμένον εἰς αὐτούς.	Lk 8,12	... οἱ ἀκούσαντες, εἶτα ἔρχεται ὁ διάβολος καὶ αἴρει τὸν λόγον ἀπὸ τῆς καρδίας αὐτῶν, ἵνα μὴ **πιστεύσαντες** σωθῶσιν.	
112	Mt 13,21	οὐκ ἔχει δὲ ῥίζαν ἐν ἑαυτῷ ἀλλὰ πρόσκαιρός **ἐστιν,** γενομένης δὲ θλίψεως ἢ διωγμοῦ διὰ τὸν λόγον εὐθὺς σκανδαλίζεται.	Mk 4,17	καὶ οὐκ ἔχουσιν ῥίζαν ἐν ἑαυτοῖς ἀλλὰ πρόσκαιροί **εἰσιν,** εἶτα γενομένης θλίψεως ἢ διωγμοῦ διὰ τὸν λόγον εὐθὺς σκανδαλίζονται.	Lk 8,13	... καὶ οὗτοι ῥίζαν οὐκ ἔχουσιν, οἳ πρὸς καιρὸν **πιστεύουσιν** καὶ ἐν καιρῷ πειρασμοῦ ἀφίστανται.	
022			Mk 5,36	ὁ δὲ Ἰησοῦς παρακούσας τὸν λόγον λαλούμενον λέγει τῷ ἀρχισυναγώγῳ· μὴ φοβοῦ, μόνον **πίστευε.**	Lk 8,50	ὁ δὲ Ἰησοῦς ἀκούσας ἀπεκρίθη αὐτῷ· μὴ φοβοῦ, μόνον **πίστευσον,** καὶ σωθήσεται.	
020			Mk 9,23 ↓ Mt 17,20 ↓ Lk 17,6 ↓ Mt 21,21 ↓ Mk 11,23	ὁ δὲ Ἰησοῦς εἶπεν αὐτῷ· τὸ εἰ δύνῃ, πάντα δυνατὰ **τῷ πιστεύοντι.**			
d 020			Mk 9,24	εὐθὺς κράξας ὁ πατὴρ τοῦ παιδίου ἔλεγεν· **πιστεύω·** βοήθει μου τῇ ἀπιστίᾳ.			
b 221	Mt 18,6 → Mt 18,10	ὃς δ' ἂν σκανδαλίσῃ ἕνα τῶν μικρῶν τούτων **τῶν πιστευόντων** εἰς ἐμέ, συμφέρει αὐτῷ ἵνα κρεμασθῇ μύλος ὀνικὸς περὶ τὸν τράχηλον αὐτοῦ καὶ καταποντισθῇ ἐν τῷ πελάγει τῆς θαλάσσης.	Mk 9,42	καὶ ὃς ἂν σκανδαλίσῃ ἕνα τῶν μικρῶν τούτων **τῶν πιστευόντων** [εἰς ἐμέ], καλόν ἐστιν αὐτῷ μᾶλλον εἰ περίκειται μύλος ὀνικὸς περὶ τὸν τράχηλον αὐτοῦ καὶ βέβληται εἰς τὴν θάλασσαν.	Lk 17,2	λυσιτελεῖ αὐτῷ εἰ λίθος μυλικὸς περίκειται περὶ τὸν τράχηλον αὐτοῦ καὶ ἔρριπται εἰς τὴν θάλασσαν ἢ ἵνα σκανδαλίσῃ τῶν μικρῶν τούτων ἕνα.	Mk-Q overlap?
002					Lk 16,11	εἰ οὖν ἐν τῷ ἀδίκῳ μαμωνᾷ πιστοὶ οὐκ ἐγένεσθε, τὸ ἀληθινὸν τίς ὑμῖν **πιστεύσει;**	

	Mt		Mk		Lk		
d e 120	**Mt 21,21** ↓ Mt 17,20 ↓ Lk 17,6	... ἀμὴν λέγω ὑμῖν, ἐὰν ἔχητε πίστιν καὶ μὴ διακριθῆτε, οὐ μόνον τὸ τῆς συκῆς ποιήσετε, ἀλλὰ κἂν τῷ ὄρει τούτῳ εἴπητε· ἄρθητι καὶ βλήθητι εἰς τὴν θάλασσαν, γενήσεται·	**Mk 11,23** ↓ Mt 17,20 ↓ Lk 17,6 ↑ **Mk 9,23**	ἀμὴν λέγω ὑμῖν ὅτι ὃς ἂν εἴπῃ τῷ ὄρει τούτῳ· ἄρθητι καὶ βλήθητι εἰς τὴν θάλασσαν, καὶ μὴ διακριθῇ ἐν τῇ καρδίᾳ αὐτοῦ ἀλλὰ **πιστεύῃ** ὅτι ὃ λαλεῖ γίνεται, ἔσται αὐτῷ.			→ GTh 48 → GTh 106
	Mt 17,20 ↑ Mt 21,21	... ἀμὴν γὰρ λέγω ὑμῖν, ἐὰν ἔχητε πίστιν ὡς κόκκον σινάπεως, ἐρεῖτε τῷ ὄρει τούτῳ, μετάβα ἔνθεν ἐκεῖ, καὶ μεταβήσεται· καὶ οὐδὲν ἀδυνατήσει ὑμῖν.			**Lk 17,6**	... εἰ ἔχετε πίστιν ὡς κόκκον σινάπεως, ἐλέγετε ἂν τῇ συκαμίνῳ [ταύτῃ]· ἐκριζώθητι καὶ φυτεύθητι ἐν τῇ θαλάσσῃ· καὶ ὑπήκουσεν ἂν ὑμῖν.	
e 220	**Mt 21,22** → Mt 7,8 → Mt 18,19	καὶ πάντα ὅσα ἂν αἰτήσητε ἐν τῇ προσευχῇ **πιστεύοντες** λήμψεσθε.	**Mk 11,24**	... πάντα ὅσα προσεύχεσθε καὶ αἰτεῖσθε, **πιστεύετε** ὅτι ἐλάβετε, καὶ ἔσται ὑμῖν.	→ Lk 11,10		
a 222	**Mt 21,25**	... οἱ δὲ διελογίζοντο ἐν ἑαυτοῖς λέγοντες· ἐὰν εἴπωμεν· ἐξ οὐρανοῦ, ἐρεῖ ἡμῖν· διὰ τί οὖν **οὐκ ἐπιστεύσατε** αὐτῷ;	**Mk 11,31**	καὶ διελογίζοντο πρὸς ἑαυτοὺς λέγοντες· ἐὰν εἴπωμεν· ἐξ οὐρανοῦ, ἐρεῖ· διὰ τί [οὖν] **οὐκ ἐπιστεύσατε** αὐτῷ;	**Lk 20,5**	οἱ δὲ συνελογίσαντο πρὸς ἑαυτοὺς λέγοντες ὅτι ἐὰν εἴπωμεν· ἐξ οὐρανοῦ, ἐρεῖ· διὰ τί **οὐκ ἐπιστεύσατε** αὐτῷ;	
a 201	**Mt 21,32** (3)	ἦλθεν γὰρ Ἰωάννης πρὸς ὑμᾶς ἐν ὁδῷ δικαιοσύνης, καὶ **οὐκ ἐπιστεύσατε** αὐτῷ,			**Lk 7,30**	οἱ δὲ Φαρισαῖοι καὶ οἱ νομικοὶ τὴν βουλὴν τοῦ θεοῦ **ἠθέτησαν** εἰς ἑαυτούς μὴ βαπτισθέντες ὑπ' αὐτοῦ.	
a 201		οἱ δὲ τελῶναι καὶ αἱ πόρναι **ἐπίστευσαν** αὐτῷ·			**Lk 7,29**	καὶ πᾶς ὁ λαὸς ἀκούσας καὶ οἱ τελῶναι **ἐδικαίωσαν** τὸν θεόν βαπτισθέντες τὸ βάπτισμα Ἰωάννου·	
a 201		ὑμεῖς δὲ ἰδόντες οὐδὲ μετεμελήθητε ὕστερον **τοῦ πιστεῦσαι** αὐτῷ.					
220	**Mt 24,23** ⇩ Mt 24,26	τότε ἐάν τις ὑμῖν εἴπῃ· ἰδοὺ ὧδε ὁ χριστός, ἤ· ὧδε, **μὴ πιστεύσητε·**	**Mk 13,21** → Mt 24,5 → Mk 13,6 → Lk 21,8	καὶ τότε ἐάν τις ὑμῖν εἴπῃ· ἴδε ὧδε ὁ χριστός, ἴδε ἐκεῖ, **μὴ πιστεύετε·**	→ Lk 17,21 ↓ Lk 17,23		→ GTh 113
201	**Mt 24,26** ⇧ Mt 24,23	ἐὰν οὖν εἴπωσιν ὑμῖν· ἰδοὺ ἐν τῇ ἐρήμῳ ἐστίν, μὴ ἐξέλθητε· ἰδοὺ ἐν τοῖς ταμείοις, **μὴ πιστεύσητε·**	Mk 13,21 → Mt 24,5 → Mk 13,6 → Lk 21,8	καὶ τότε ἐάν τις ὑμῖν εἴπῃ· ἴδε ὧδε ὁ χριστός, ἴδε ἐκεῖ, μὴ πιστεύετε·	**Lk 17,23** → Lk 17,21	καὶ ἐροῦσιν ὑμῖν· ἰδοὺ ἐκεῖ, [ἤ·] ἰδοὺ ὧδε· μὴ ἀπέλθητε **μηδὲ διώξητε.**	→ GTh 113

002	**Mt 26,64**	[63] ... καὶ ὁ ἀρχιερεὺς εἶπεν αὐτῷ· ἐξορκίζω σε κατὰ τοῦ θεοῦ τοῦ ζῶντος ἵνα ἡμῖν εἴπῃς εἰ σὺ εἶ ὁ χριστὸς ὁ υἱὸς τοῦ θεοῦ. [64] λέγει αὐτῷ ὁ Ἰησοῦς· ↔	**Mk 14,62**	[61] ... πάλιν ὁ ἀρχιερεὺς ἐπηρώτα αὐτὸν καὶ λέγει αὐτῷ· σὺ εἶ ὁ χριστὸς ὁ υἱὸς τοῦ εὐλογητοῦ; [62] ὁ δὲ Ἰησοῦς εἶπεν· ↔	**Lk 22,67** ⇩ Lk 22,70	λέγοντες· εἰ σὺ εἶ ὁ χριστός, εἰπὸν ἡμῖν. εἶπεν δὲ αὐτοῖς· ἐὰν ὑμῖν εἴπω **οὐ μὴ πιστεύσητε·**	→ Jn 10,25
	Mt 26,64	↔ σὺ εἶπας· ...	**Mk 14,62**	↔ ἐγώ εἰμι, ...	**Lk 22,70** ⇧ Lk 22,67	εἶπαν δὲ πάντες· σὺ οὖν εἶ ὁ υἱὸς τοῦ θεοῦ; ὁ δὲ πρὸς αὐτοὺς ἔφη· ὑμεῖς λέγετε ὅτι ἐγώ εἰμι.	→ Jn 10,36
c 221	**Mt 27,42** → Mt 26,63-64	... βασιλεὺς Ἰσραήλ ἐστιν, καταβάτω νῦν ἀπὸ τοῦ σταυροῦ καὶ **πιστεύσομεν** ἐπ' αὐτόν.	**Mk 15,32** → Mk 14,61-62	ὁ χριστὸς ὁ βασιλεὺς Ἰσραὴλ καταβάτω νῦν ἀπὸ τοῦ σταυροῦ, ἵνα ἴδωμεν καὶ **πιστεύσωμεν.** ...	**Lk 23,35** → Lk 22,67 → Lk 23,39 **Lk 23,37** → Lk 23,35c → Lk 23,39	... εἰ οὗτός ἐστιν ὁ χριστὸς τοῦ θεοῦ ὁ ἐκλεκτός. ... εἰ σὺ εἶ ὁ βασιλεὺς τῶν Ἰουδαίων, σῶσον σεαυτόν.	
c 002					**Lk 24,25**	... ὦ ἀνόητοι καὶ βραδεῖς τῇ καρδίᾳ **τοῦ πιστεύειν** ἐπὶ πᾶσιν οἷς ἐλάλησαν οἱ προφῆται·	

a πιστεύω τινί
b πιστεύω εἴς τινα
c πιστεύω ἐπί τινα, ~ ἐπί τινι
d πιστεύω and ἀπιστία or similar phrases
e πιστεύω ὅτι

Acts 2,44 **πάντες δὲ οἱ πιστεύοντες** ἦσαν ἐπὶ τὸ αὐτὸ καὶ εἶχον ἅπαντα κοινά

Acts 4,4 πολλοὶ δὲ τῶν ἀκουσάντων τὸν λόγον **ἐπίστευσαν** καὶ ἐγενήθη [ὁ] ἀριθμὸς τῶν ἀνδρῶν [ὡς] χιλιάδες πέντε.

Acts 4,32 **τοῦ δὲ πλήθους τῶν πιστευσάντων** ἦν καρδία καὶ ψυχὴ μία, καὶ οὐδὲ εἷς τι τῶν ὑπαρχόντων αὐτῷ ἔλεγεν ἴδιον εἶναι ἀλλ' ἦν αὐτοῖς ἅπαντα κοινά.

a **Acts 5,14** μᾶλλον δὲ προσετίθεντο **πιστεύοντες** τῷ κυρίῳ, πλήθη ἀνδρῶν τε καὶ γυναικῶν

a **Acts 8,12** ὅτε δὲ **ἐπίστευσαν** τῷ Φιλίππῳ εὐαγγελιζομένῳ περὶ τῆς βασιλείας τοῦ θεοῦ καὶ τοῦ ὀνόματος Ἰησοῦ Χριστοῦ, ἐβαπτίζοντο ...

Acts 8,13 ὁ δὲ Σίμων καὶ αὐτὸς **ἐπίστευσεν** καὶ βαπτισθεὶς ἦν προσκαρτερῶν τῷ Φιλίππῳ, ...

e **Acts 9,26** παραγενόμενος δὲ εἰς Ἰερουσαλὴμ ἐπείραζεν κολλᾶσθαι τοῖς μαθηταῖς, καὶ πάντες ἐφοβοῦντο αὐτόν **μὴ πιστεύοντες** ὅτι ἐστὶν μαθητής.

c **Acts 9,42** γνωστὸν δὲ ἐγένετο καθ' ὅλης τῆς Ἰόππης καὶ **ἐπίστευσαν** πολλοὶ ἐπὶ τὸν κύριον.

b **Acts 10,43** τούτῳ πάντες οἱ προφῆται μαρτυροῦσιν ἄφεσιν ἁμαρτιῶν λαβεῖν διὰ τοῦ ὀνόματος αὐτοῦ **πάντα τὸν πιστεύοντα** εἰς αὐτόν.

c **Acts 11,17** εἰ οὖν τὴν ἴσην δωρεὰν ἔδωκεν αὐτοῖς ὁ θεὸς ὡς καὶ ἡμῖν **πιστεύσασιν** ἐπὶ τὸν κύριον Ἰησοῦν Χριστόν, ἐγὼ τίς ἤμην δυνατὸς κωλῦσαι τὸν θεόν;

Acts 11,21 καὶ ἦν χεὶρ κυρίου μετ' αὐτῶν, **πολύς τε ἀριθμὸς ὁ πιστεύσας** ἐπέστρεψεν ἐπὶ τὸν κύριον.

Acts 13,12 τότε ἰδὼν ὁ ἀνθύπατος τὸ γεγονὸς **ἐπίστευσεν** ἐκπλησσόμενος ἐπὶ τῇ διδαχῇ τοῦ κυρίου.

Acts 13,39 ἐν τούτῳ **πᾶς ὁ πιστεύων** δικαιοῦται.

Acts 13,41 *ἴδετε, οἱ καταφρονηταί, καὶ θαυμάσατε καὶ ἀφανίσθητε, ὅτι ἔργον ἐργάζομαι ἐγὼ ἐν ταῖς ἡμέραις ὑμῶν, ἔργον ὃ* ***οὐ μὴ πιστεύσητε*** *ἐάν τις ἐκδιηγῆται ὑμῖν.*
➤ Hab 1,5 LXX

Acts 13,48 ἀκούοντα δὲ τὰ ἔθνη ἔχαιρον καὶ ἐδόξαζον τὸν λόγον τοῦ κυρίου καὶ **ἐπίστευσαν** ὅσοι ἦσαν τεταγμένοι εἰς ζωὴν αἰώνιον·

d **Acts 14,1** ἐγένετο δὲ ἐν Ἰκονίῳ κατὰ τὸ αὐτὸ εἰσελθεῖν αὐτοὺς εἰς τὴν συναγωγὴν τῶν Ἰουδαίων καὶ λαλῆσαι οὕτως ὥστε **πιστεῦσαι** Ἰουδαίων τε καὶ Ἑλλήνων πολὺ πλῆθος. [2] οἱ δὲ ἀπειθήσαντες Ἰουδαῖοι ἐπήγειραν καὶ ἐκάκωσαν τὰς ψυχὰς τῶν ἐθνῶν κατὰ τῶν ἀδελφῶν.

b **Acts 14,23** χειροτονήσαντες δὲ αὐτοῖς κατ' ἐκκλησίαν πρεσβυτέρους, προσευξάμενοι μετὰ νηστειῶν παρέθεντο αὐτοὺς τῷ κυρίῳ εἰς ὃν **πεπιστεύκεισαν.**

Acts 15,5 ἐξανέστησαν δέ **τινες τῶν ἀπὸ τῆς αἱρέσεως τῶν Φαρισαίων πεπιστευκότες** λέγοντες ὅτι δεῖ περιτέμνειν αὐτοὺς παραγγέλλειν τε τηρεῖν τὸν νόμον Μωϋσέως.

Acts 15,7 ... ὑμεῖς ἐπίστασθε ὅτι ἀφ' ἡμερῶν ἀρχαίων ἐν ὑμῖν ἐξελέξατο ὁ θεὸς διὰ τοῦ στόματός μου ἀκοῦσαι τὰ ἔθνη τὸν λόγον τοῦ εὐαγγελίου καὶ **πιστεῦσαι.**

Acts 15,11 ἀλλὰ διὰ τῆς χάριτος τοῦ κυρίου Ἰησοῦ **πιστεύομεν** σωθῆναι καθ' ὃν τρόπον κἀκεῖνοι.

c **Acts 16,31** οἱ δὲ εἶπαν· **πίστευσον** ἐπὶ τὸν κύριον Ἰησοῦν καὶ σωθήσῃ σὺ καὶ ὁ οἶκός σου.

a **Acts 16,34** ἀναγαγών τε αὐτοὺς εἰς τὸν οἶκον παρέθηκεν τράπεζαν καὶ ἠγαλλιάσατο πανοικεὶ **πεπιστευκὼς** τῷ θεῷ.

Acts 17,12 πολλοὶ μὲν οὖν ἐξ αὐτῶν **ἐπίστευσαν** καὶ τῶν Ἑλληνίδων γυναικῶν τῶν εὐσχημόνων καὶ ἀνδρῶν οὐκ ὀλίγοι.

Acts 17,34 τινὲς δὲ ἄνδρες κολληθέντες αὐτῷ **ἐπίστευσαν,** ἐν οἷς καὶ Διονύσιος ὁ Ἀρεοπαγίτης καὶ γυνὴ ὀνόματι Δάμαρις καὶ ἕτεροι σὺν αὐτοῖς.

a **Acts 18,8** (2) Κρίσπος δὲ ὁ ἀρχισυνάγωγος **ἐπίστευσεν** τῷ κυρίῳ σὺν ὅλῳ τῷ οἴκῳ αὐτοῦ, καὶ πολλοὶ τῶν Κορινθίων ἀκούοντες **ἐπίστευον** καὶ ἐβαπτίζοντο.

Acts 18,27 ... προτρεψάμενοι οἱ ἀδελφοὶ ἔγραψαν τοῖς μαθηταῖς ἀποδέξασθαι αὐτόν, ὃς παραγενόμενος συνεβάλετο πολὺ **τοῖς πεπιστευκόσιν** διὰ τῆς χάριτος·

Acts 19,2 ... εἰ πνεῦμα ἅγιον ἐλάβετε **πιστεύσαντες;** οἱ δὲ πρὸς αὐτόν· ἀλλ' οὐδ' εἰ πνεῦμα ἅγιον ἔστιν ἠκούσαμεν.

b **Acts 19,4** → Mt 3,1-2 → Mk 1,4 → Lk 3,3 → Acts 13,24 → Mt 3,11 → Mk 1,8 → Lk 3,16 ... Ἰωάννης ἐβάπτισεν βάπτισμα μετανοίας τῷ λαῷ λέγων εἰς τὸν ἐρχόμενον μετ' αὐτὸν ἵνα **πιστεύσωσιν,** τοῦτ' ἔστιν εἰς τὸν Ἰησοῦν.

Acts 19,18 πολλοί τε **τῶν πεπιστευκότων** ἤρχοντο ἐξομολογούμενοι καὶ ἀναγγέλλοντες τὰς πράξεις αὐτῶν.

Acts 21,20 ... θεωρεῖς, ἀδελφέ, πόσαι μυριάδες εἰσὶν ἐν τοῖς Ἰουδαίοις **τῶν πεπιστευκότων** καὶ πάντες ζηλωταὶ τοῦ νόμου ὑπάρχουσιν·

Acts 21,25 → Acts 15,20 → Acts 15,29 **περὶ δὲ τῶν πεπιστευκότων ἐθνῶν** ἡμεῖς ἐπεστείλαμεν κρίναντες φυλάσσεσθαι αὐτοὺς τό τε εἰδωλόθυτον καὶ αἷμα καὶ πνικτὸν καὶ πορνείαν.

c **Acts 22,19** ... κύριε, αὐτοὶ ἐπίστανται ὅτι ἐγὼ ἤμην φυλακίζων καὶ δέρων κατὰ τὰς συναγωγὰς **τοὺς πιστεύοντας** ἐπὶ σέ

a **Acts 24,14** ὁμολογῶ δὲ τοῦτό σοι ὅτι κατὰ τὴν ὁδὸν ἣν λέγουσιν αἵρεσιν, οὕτως λατρεύω τῷ πατρῴῳ θεῷ **πιστεύων** πᾶσι τοῖς κατὰ τὸν νόμον καὶ τοῖς ἐν τοῖς προφήταις γεγραμμένοις

a **Acts 26,27** (2) **πιστεύεις,** βασιλεῦ Ἀγρίππα, τοῖς προφήταις; οἶδα ὅτι **πιστεύεις.**

a e **Acts 27,25** διὸ εὐθυμεῖτε, ἄνδρες· **πιστεύω** γὰρ τῷ θεῷ ὅτι οὕτως ἔσται καθ' ὃν τρόπον λελάληταί μοι.

πιστικός	Syn 1	Mt	Mk 1	Lk	Acts	Jn 1	1-3John	Paul	Eph	Col
	NT 2	2Thess	1/2Tim	Tit	Heb	Jas	1Pet	2Pet	Jude	Rev

perhaps: pure, genuine

	Mt		Mk		Lk		
120	**Mt 26,7**	προσῆλθεν αὐτῷ γυνὴ ἔχουσα **ἀλάβαστρον μύρου βαρυτίμου ...**	**Mk 14,3**	... ἦλθεν γυνὴ ἔχουσα **ἀλάβαστρον μύρου νάρδου πιστικῆς πολυτελοῦς, ...**	**Lk 7,37**	καὶ ἰδοὺ γυνὴ ἥτις ἦν ἐν τῇ πόλει ἁμαρτωλός, ... κομίσασα **ἀλάβαστρον μύρου**	**→ Jn 12,3**

πίστις	Syn 24	Mt 8	Mk 5	Lk 11	Acts 15	Jn	1-3John 1	Paul 91	Eph 8	Col 5
	NT 243	2Thess 5	1/2Tim 27	Tit 6	Heb 32	Jas 16	1Pet 5	2Pet 2	Jude 2	Rev 4

faith; trust; faithfulness; reliability; solemn promise; oath; troth; proof; pledge; confidence

	triple tradition																	double tradition			Sondergut		
		+Mt / +Lk			–Mt / –Lk			traditions not taken over by Mt / Lk							subtotals								
code	*222*	*211*	*112*	*212*	*221*	*122*	*121*	*022*	*012*	*021*	*220*	*120*	*210*	*020*	Σ⁺	Σ⁻	Σ	*202*	*201*	*102*	*200*	*002*	total
Mt	2					2^-					1		1^+		1^+	2^-	4	2	1		1		**8**
Mk	2					2					1						5						**5**
Lk	2					2											4	2				5	**11**

[a] πίστιν ἔχω
[b] πίστιν προστίθημι, ~ παρέχω
[c] πίστις (ἡ) εἴς τινα
[d] πίστις and σῴζω

222	**Mt 9,2**	... καὶ ἰδὼν ὁ Ἰησοῦς **τὴν πίστιν αὐτῶν** εἶπεν τῷ παραλυτικῷ· θάρσει, τέκνον, ἀφίενταί σου αἱ ἁμαρτίαι.	**Mk 2,5**	καὶ ἰδὼν ὁ Ἰησοῦς **τὴν πίστιν αὐτῶν** λέγει τῷ παραλυτικῷ· τέκνον, ἀφίενταί σου αἱ ἁμαρτίαι.	**Lk 5,20** → Lk 7,48	καὶ ἰδὼν **τὴν πίστιν αὐτῶν** εἶπεν· ἄνθρωπε, ἀφέωνταί σοι αἱ ἁμαρτίαι σου.	
202	**Mt 8,10**	ἀκούσας δὲ ὁ Ἰησοῦς ἐθαύμασεν καὶ εἶπεν τοῖς ἀκολουθοῦσιν· ἀμὴν λέγω ὑμῖν, παρ' οὐδενὶ **τοσαύτην πίστιν** ἐν τῷ Ἰσραὴλ εὗρον.			**Lk 7,9**	ἀκούσας δὲ ταῦτα ὁ Ἰησοῦς ἐθαύμασεν αὐτὸν καὶ στραφεὶς τῷ ἀκολουθοῦντι αὐτῷ ὄχλῳ εἶπεν· λέγω ὑμῖν, οὐδὲ ἐν τῷ Ἰσραὴλ **τοσαύτην πίστιν** εὗρον.	
222	**Mt 9,2**	... καὶ ἰδὼν ὁ Ἰησοῦς **τὴν πίστιν αὐτῶν** εἶπεν τῷ παραλυτικῷ· θάρσει, τέκνον, ἀφίενταί σου αἱ ἁμαρτίαι.	**Mk 2,5**	καὶ ἰδὼν ὁ Ἰησοῦς **τὴν πίστιν αὐτῶν** λέγει τῷ παραλυτικῷ· τέκνον, ἀφίενταί σου αἱ ἁμαρτίαι.	**Lk 5,20** → Lk 7,48	καὶ ἰδὼν **τὴν πίστιν αὐτῶν** εἶπεν· ἄνθρωπε, ἀφέωνταί σοι αἱ ἁμαρτίαι σου.	
d 002					**Lk 7,50**	εἶπεν δὲ πρὸς τὴν γυναῖκα· **ἡ πίστις σου** σέσωκέν σε· πορεύου εἰς εἰρήνην.	
a 122	**Mt 8,26**	καὶ λέγει αὐτοῖς· τί δειλοί ἐστε, ὀλιγόπιστοι; ...	**Mk 4,40**	καὶ εἶπεν αὐτοῖς· τί δειλοί ἐστε; οὔπω ἔχετε **πίστιν;**	**Lk 8,25**	εἶπεν δὲ αὐτοῖς· ποῦ **ἡ πίστις ὑμῶν;** ...	
d 222	**Mt 9,22**	... θάρσει, θύγατερ· **ἡ πίστις σου** σέσωκέν σε. ...	**Mk 5,34**	... θυγάτηρ, **ἡ πίστις σου** σέσωκέν σε· ὕπαγε εἰς εἰρήνην καὶ ἴσθι ὑγιὴς ἀπὸ τῆς μάστιγός σου.	**Lk 8,48**	... θυγάτηρ, **ἡ πίστις σου** σέσωκέν σε· πορεύου εἰς εἰρήνην.	
d 200	**Mt 9,29** ⇩ Mt 20,34 → Mk 8,23.25	[28] ... καὶ λέγει αὐτοῖς ὁ Ἰησοῦς· πιστεύετε ὅτι δύναμαι τοῦτο ποιῆσαι; λέγουσιν αὐτῷ· ναὶ κύριε. [29] τότε ἥψατο τῶν ὀφθαλμῶν αὐτῶν λέγων· **κατὰ τὴν πίστιν ὑμῶν** γενηθήτω ὑμῖν.	**Mk 10,52**	[51] καὶ ἀποκριθεὶς αὐτῷ ὁ Ἰησοῦς εἶπεν· τί σοι θέλεις ποιήσω; ὁ δὲ τυφλὸς εἶπεν αὐτῷ· ῥαββουνι, ἵνα ἀναβλέψω. [52] καὶ ὁ Ἰησοῦς εἶπεν αὐτῷ· ὕπαγε, **ἡ πίστις σου** σέσωκέν σε. ...	**Lk 18,42**	[40] ... ἐπηρώτησεν αὐτόν· [41] τί σοι θέλεις ποιήσω; ὁ δὲ εἶπεν· κύριε, ἵνα ἀναβλέψω. [42] καὶ ὁ Ἰησοῦς εἶπεν αὐτῷ· ἀνάβλεψον· **ἡ πίστις σου** σέσωκέν σε.	
210	**Mt 15,28**	τότε ἀποκριθεὶς ὁ Ἰησοῦς εἶπεν αὐτῇ· ὦ γύναι, μεγάλη **σου ἡ πίστις·** γενηθήτω σοι ὡς θέλεις. ...	**Mk 7,29**	καὶ εἶπεν αὐτῇ· διὰ τοῦτον τὸν λόγον ὕπαγε, ἐξελήλυθεν ἐκ τῆς θυγατρός σου τὸ δαιμόνιον.			

	Mt		Mk		Lk		
b 002					Lk 17,5	καὶ εἶπαν οἱ ἀπόστολοι τῷ κυρίῳ· πρόσθες ἡμῖν **πίστιν.**	
a 202	Mt 17,20 ↓Mt 21,21	... ἀμὴν γὰρ λέγω ὑμῖν, ἐὰν ἔχητε **πίστιν** ὡς κόκκον σινάπεως, ἐρεῖτε τῷ ὄρει τούτῳ, μετάβα ἔνθεν ἐκεῖ, καὶ μεταβήσεται· καὶ οὐδὲν ἀδυνατήσει ὑμῖν.	Mk 11,22	καὶ ἀποκριθεὶς ὁ Ἰησοῦς λέγει αὐτοῖς· ἔχετε **πίστιν θεοῦ.** [23] ἀμὴν λέγω ὑμῖν ὅτι ὃς ἂν εἴπῃ τῷ ὄρει τούτῳ· ἄρθητι καὶ βλήθητι εἰς τὴν θάλασσαν, καὶ μὴ διακριθῇ ἐν τῇ καρδίᾳ αὐτοῦ ἀλλὰ πιστεύῃ ὅτι ὃ λαλεῖ γίνεται, ἔσται αὐτῷ.	Lk 17,6	εἶπεν δὲ ὁ κύριος· εἰ ἔχετε **πίστιν** ὡς κόκκον σινάπεως, ἐλέγετε ἂν τῇ συκαμίνῳ [ταύτῃ]· ἐκριζώθητι καὶ φυτεύθητι ἐν τῇ θαλάσσῃ· καὶ ὑπήκουσεν ἂν ὑμῖν.	→ GTh 48 → GTh 106
d 002					Lk 17,19	καὶ εἶπεν αὐτῷ· ἀναστὰς πορεύου· **ἡ πίστις σου** σέσωκέν σε.	
002					Lk 18,8	λέγω ὑμῖν ὅτι ποιήσει τὴν ἐκδίκησιν αὐτῶν ἐν τάχει. πλὴν ὁ υἱὸς τοῦ ἀνθρώπου ἐλθὼν ἆρα εὑρήσει **τὴν πίστιν** ἐπὶ τῆς γῆς;	
d 122	Mt 20,34 ⇑ Mt 9,29 → Mk 8,23 → Mk 8,25	σπλαγχνισθεὶς δὲ ὁ Ἰησοῦς ἥψατο τῶν ὀμμάτων αὐτῶν, καὶ εὐθέως ἀνέβλεψαν ...	Mk 10,52	καὶ ὁ Ἰησοῦς εἶπεν αὐτῷ· ὕπαγε, **ἡ πίστις σου** σέσωκέν σε. καὶ εὐθὺς ἀνέβλεψεν, ...	Lk 18,42	καὶ ὁ Ἰησοῦς εἶπεν αὐτῷ· ἀνάβλεψον· **ἡ πίστις σου** σέσωκέν σε. [43] καὶ παραχρῆμα ἀνέβλεψεν ...	
a 220	Mt 21,21 ↑Mt 17,20 ↑Lk 17,6	... ἐὰν ἔχητε **πίστιν** καὶ μὴ διακριθῆτε, οὐ μόνον τὸ τῆς συκῆς ποιήσετε, ἀλλὰ κἂν τῷ ὄρει τούτῳ εἴπητε· ἄρθητι καὶ βλήθητι εἰς τὴν θάλασσαν, γενήσεται·	Mk 11,22 ↑Mt 17,20 ↑Lk 17,6	... ἔχετε **πίστιν θεοῦ.** [23] ἀμὴν λέγω ὑμῖν ὅτι ὃς ἂν εἴπῃ τῷ ὄρει τούτῳ· ἄρθητι καὶ βλήθητι εἰς τὴν θάλασσαν, καὶ μὴ διακριθῇ ἐν τῇ καρδίᾳ αὐτοῦ ἀλλὰ πιστεύῃ ὅτι ὃ λαλεῖ γίνεται, ἔσται αὐτῷ.			
201	Mt 23,23	... καὶ ἀφήκατε τὰ βαρύτερα τοῦ νόμου, τὴν κρίσιν καὶ **τὸ ἔλεος καὶ τὴν πίστιν·** ...			Lk 11,42	... καὶ παρέρχεσθε τὴν κρίσιν καὶ **τὴν ἀγάπην τοῦ θεοῦ·** ...	
002					Lk 22,32	ἐγὼ δὲ ἐδεήθην περὶ σοῦ ἵνα μὴ ἐκλίπῃ **ἡ πίστις σου·** καὶ σύ ποτε ἐπιστρέψας στήρισον τοὺς ἀδελφούς σου.	

Acts 3,16 (2) καὶ **ἐπὶ τῇ πίστει τοῦ ὀνόματος αὐτοῦ** τοῦτον ὃν θεωρεῖτε καὶ οἴδατε, ἐστερέωσεν τὸ ὄνομα αὐτοῦ, καὶ **ἡ πίστις** ἡ δι᾽ αὐτοῦ ἔδωκεν αὐτῷ τὴν ὁλοκληρίαν ταύτην ἀπέναντι πάντων ὑμῶν.

Acts 6,5 ... καὶ ἐξελέξαντο Στέφανον, **ἄνδρα πλήρης πίστεως καὶ πνεύματος ἁγίου,** καὶ Φίλιππον καὶ Πρόχορον καὶ Νικάνορα ...

Acts 6,7 καὶ ὁ λόγος τοῦ θεοῦ ηὔξανεν καὶ ἐπληθύνετο ὁ ἀριθμὸς τῶν μαθητῶν ἐν Ἰερουσαλὴμ σφόδρα, πολύς τε ὄχλος τῶν ἱερέων ὑπήκουον **τῇ πίστει.**

Acts 11,24 ὅτι ἦν ἀνὴρ ἀγαθὸς καὶ **πλήρης πνεύματος ἁγίου καὶ πίστεως.** καὶ προσετέθη ὄχλος ἱκανὸς τῷ κυρίῳ.

Acts 13,8 ἀνθίστατο δὲ αὐτοῖς Ἐλύμας ὁ μάγος ... ζητῶν διαστρέψαι τὸν ἀνθύπατον
ἀπὸ τῆς πίστεως.

a *d* **Acts 14,9** οὗτος ἤκουσεν τοῦ Παύλου λαλοῦντος· ὃς ἀτενίσας αὐτῷ καὶ ἰδὼν ὅτι ἔχει
πίστιν
τοῦ σωθῆναι

Acts 14,22 ἐπιστηρίζοντες τὰς ψυχὰς τῶν μαθητῶν, παρακαλοῦντες ἐμμένειν
τῇ πίστει
καὶ ὅτι διὰ πολλῶν θλίψεων δεῖ ἡμᾶς εἰσελθεῖν εἰς τὴν βασιλείαν τοῦ θεοῦ.

Acts 14,27 ... ἀνήγγελλον ὅσα ἐποίησεν ὁ θεὸς μετ᾽ αὐτῶν καὶ ὅτι ἤνοιξεν τοῖς ἔθνεσιν
θύραν πίστεως.

Acts 15,9 [8] καὶ ὁ καρδιογνώστης θεὸς ἐμαρτύρησεν αὐτοῖς δοὺς τὸ πνεῦμα τὸ ἅγιον καθὼς καὶ ἡμῖν [9] καὶ οὐθὲν διέκρινεν μεταξὺ ἡμῶν τε καὶ αὐτῶν
τῇ πίστει
καθαρίσας τὰς καρδίας αὐτῶν.

Acts 16,5 αἱ μὲν οὖν ἐκκλησίαι ἐστερεοῦντο
τῇ πίστει
καὶ ἐπερίσσευον τῷ ἀριθμῷ καθ᾽ ἡμέραν.

b **Acts 17,31** καθότι ἔστησεν ἡμέραν ἐν ᾗ μέλλει κρίνειν τὴν οἰκουμένην ἐν δικαιοσύνῃ, ἐν ἀνδρὶ ᾧ ὥρισεν,
πίστιν
παρασχὼν πᾶσιν ἀναστήσας αὐτὸν ἐκ νεκρῶν.

c **Acts 20,21** διαμαρτυρόμενος Ἰουδαίοις τε καὶ Ἕλλησιν τὴν εἰς θεὸν μετάνοιαν καὶ
πίστιν
εἰς τὸν κύριον ἡμῶν Ἰησοῦν.

c **Acts 24,24** μετὰ δὲ ἡμέρας τινὰς παραγενόμενος ὁ Φῆλιξ σὺν Δρουσίλλῃ τῇ ἰδίᾳ γυναικὶ οὔσῃ Ἰουδαίᾳ μετεπέμψατο τὸν Παῦλον καὶ ἤκουσεν αὐτοῦ
περὶ τῆς εἰς Χριστὸν Ἰησοῦν πίστεως.

c **Acts 26,18** ... τοῦ ἐπιστρέψαι ἀπὸ σκότους εἰς φῶς καὶ τῆς ἐξουσίας τοῦ σατανᾶ ἐπὶ τὸν θεόν, τοῦ λαβεῖν αὐτοὺς ἄφεσιν ἁμαρτιῶν καὶ κλῆρον ἐν τοῖς ἡγιασμένοις
πίστει τῇ εἰς ἐμέ.

πιστός

Syn 11	Mt 5	Mk	Lk 6	Acts 4	Jn 1	1-3John 2	Paul 9	Eph 2	Col 4
NT 67	2Thess 1	1/2Tim 14	Tit 3	Heb 5	Jas	1Pet 3	2Pet	Jude	Rev 8

trustworthy; faithful; dependable; inspiring trust, faith; trusting; cherishing faith, trust; believing; full of faith; faithful

	triple tradition																	double tradition			Sonder-gut		
		+Mt / +Lk			–Mt / –Lk			traditions not taken over by Mt / Lk							subtotals								
code	222	211	112	212	221	122	121	022	012	021	220	120	210	020	Σ⁺	Σ⁻	Σ	202	201	102	200	002	total
Mt																		2	3				5
Mk																							
Lk																		2				4	6

a πιστὸς ἔν τινι

b πιστὸς ἐπί τι

202	**Mt 24,45** τίς ἄρα ἐστὶν **ὁ πιστὸς δοῦλος καὶ φρόνιμος** ὃν κατέστησεν ὁ κύριος ἐπὶ τῆς οἰκετείας αὐτοῦ τοῦ δοῦναι αὐτοῖς τὴν τροφὴν ἐν καιρῷ;		**Lk 12,42** ... τίς ἄρα ἐστὶν **ὁ πιστὸς οἰκονόμος ὁ φρόνιμος,** ὃν καταστήσει ὁ κύριος ἐπὶ τῆς θεραπείας αὐτοῦ τοῦ διδόναι ἐν καιρῷ [τὸ] σιτομέτριον;
a 002 *a* 002			**Lk 16,10 (2)** ↓Mt 25,21 ↓Lk 19,17 **ὁ πιστὸς** ἐν ἐλαχίστῳ καὶ ἐν πολλῷ **πιστός** ἐστιν, καὶ ὁ ἐν ἐλαχίστῳ ἄδικος καὶ ἐν πολλῷ ἄδικός ἐστιν.
a 002			**Lk 16,11** εἰ οὖν ἐν τῷ ἀδίκῳ μαμωνᾷ **πιστοὶ** οὐκ ἐγένεσθε, τὸ ἀληθινὸν τίς ὑμῖν πιστεύσει;
a 002			**Lk 16,12** καὶ εἰ ἐν τῷ ἀλλοτρίῳ **πιστοὶ** οὐκ ἐγένεσθε, τὸ ὑμέτερον τίς ὑμῖν δώσει;

201 *b a* 202	**Mt 25,21** **(2)** → Mt 24,47	... εὖ, δοῦλε ἀγαθὲ καὶ πιστέ, ἐπὶ ὀλίγα ἦς **πιστός,** ἐπὶ πολλῶν σε καταστήσω· εἴσελθε εἰς τὴν χαρὰν τοῦ κυρίου σου.			**Lk 19,17** ↑ Lk 16,10	... εὖγε, ἀγαθὲ δοῦλε, ὅτι ἐν ἐλαχίστῳ **πιστὸς** ἐγένου, ἴσθι ἐξουσίαν ἔχων ἐπάνω δέκα πόλεων.	
201 *b* 201	**Mt 25,23** **(2)** → Mt 24,47	... εὖ, δοῦλε ἀγαθὲ καὶ πιστέ, ἐπὶ ὀλίγα ἦς **πιστός,** ἐπὶ πολλῶν σε καταστήσω· εἴσελθε εἰς τὴν χαρὰν τοῦ κυρίου σου.			**Lk 19,19**	... καὶ σὺ ἐπάνω γίνου πέντε πόλεων.	

Acts 10,45 καὶ ἐξέστησαν
οἱ ἐκ περιτομῆς
πιστοὶ
ὅσοι συνῆλθαν τῷ Πέτρῳ,
ὅτι καὶ ἐπὶ τὰ ἔθνη
ἡ δωρεὰ τοῦ ἁγίου
πνεύματος ἐκκέχυται·

Acts 13,34 ὅτι δὲ ἀνέστησεν αὐτὸν
ἐκ νεκρῶν μηκέτι
μέλλοντα ὑποστρέφειν
εἰς διαφθοράν, οὕτως
εἴρηκεν ὅτι δώσω *ὑμῖν*
τὰ ὅσια Δαυὶδ
τὰ πιστά.
➤ Isa 55,3 LXX

Acts 16,1 ... καὶ ἰδοὺ μαθητής τις
ἦν ἐκεῖ ὀνόματι
Τιμόθεος,
υἱὸς γυναικὸς
Ἰουδαίας **πιστῆς,**
πατρὸς δὲ Ἕλληνος

Acts 16,15 ... εἰ κεκρίκατέ με
πιστὴν
τῷ κυρίῳ εἶναι,
εἰσελθόντες εἰς τὸν οἶκόν
μου μένετε· ...

πλανάω	Syn	Mt	Mk	Lk	Acts	Jn	1-3John	Paul	Eph	Col
	13	8	4	1		2	3	3		
	NT	2Thess	1/2Tim	Tit	Heb	Jas	1Pet	2Pet	Jude	Rev
	39		2	1	3	2	1	1		8

active: mislead; deceive; *passive:* go astray; be misled; wander about; be deluded

	triple tradition																	double tradition			Sondergut		
		+Mt / +Lk			–Mt / –Lk			traditions not taken over by Mt / Lk							subtotals								
code	*222*	*211*	*112*	*212*	*221*	*122*	*121*	*022*	*012*	*021*	*220*	*120*	*210*	*020*	Σ^+	Σ^-	Σ	*202*	*201*	*102*	*200*	*002*	total
Mt	1				2		1^-						1^+		1^+	1^-	4		3		1		**8**
Mk	1				2		1										4						**4**
Lk	1				2^-		1^-									3^-	1						**1**

   201 201	**Mt 18,12** **(2)**	... ἐὰν γένηταί τινι ἀνθρώπῳ ἑκατὸν πρόβατα καὶ **πλανηθῇ** ἓν ἐξ αὐτῶν, οὐχὶ ἀφήσει τὰ ἐνενήκοντα ἐννέα ἐπὶ τὰ ὄρη καὶ πορευθεὶς ζητεῖ **τὸ πλανώμενον;** [13] καὶ ἐὰν γένηται εὑρεῖν αὐτό, ...			**Lk 15,4**	τίς ἄνθρωπος ἐξ ὑμῶν ἔχων ἑκατὸν πρόβατα καὶ **ἀπολέσας** ἐξ αὐτῶν ἓν οὐ καταλείπει τὰ ἐνενήκοντα ἐννέα ἐν τῇ ἐρήμῳ καὶ πορεύεται **ἐπὶ τὸ ἀπολωλὸς** ἕως εὕρῃ αὐτό; [5] καὶ εὑρὼν ...	→ GTh 107
  201	**Mt 18,13**	... ἢ ἐπὶ τοῖς ἐνενήκοντα ἐννέα τοῖς **μὴ πεπλανημένοις.**			**Lk 15,7** → Lk 15,10	... ἢ ἐπὶ ἐνενήκοντα ἐννέα δικαίοις οἵτινες **οὐ χρείαν ἔχουσιν** **μετανοίας.**	→ GTh 107

221	Mt 22,29	ἀποκριθεὶς δὲ ὁ Ἰησοῦς εἶπεν αὐτοῖς· **πλανᾶσθε** μὴ εἰδότες τὰς γραφὰς μηδὲ τὴν δύναμιν τοῦ θεοῦ·	Mk 12,24	ἔφη αὐτοῖς ὁ Ἰησοῦς· οὐ διὰ τοῦτο **πλανᾶσθε** μὴ εἰδότες τὰς γραφὰς μηδὲ τὴν δύναμιν τοῦ θεοῦ;	Lk 20,34	καὶ εἶπεν αὐτοῖς ὁ Ἰησοῦς· οἱ υἱοὶ τοῦ αἰῶνος τούτου γαμοῦσιν καὶ γαμίσκονται	
121	Mt 22,32	... οὐκ ἔστιν [ὁ] θεὸς νεκρῶν ἀλλὰ ζώντων.	Mk 12,27	οὐκ ἔστιν θεὸς νεκρῶν ἀλλὰ ζώντων· πολὺ **πλανᾶσθε.**	Lk 20,38	θεὸς δὲ οὐκ ἔστιν νεκρῶν ἀλλὰ ζώντων, πάντες γὰρ αὐτῷ ζῶσιν.	
222	Mt 24,4	... βλέπετε μή τις ὑμᾶς **πλανήσῃ·**	Mk 13,5	... βλέπετε μή τις ὑμᾶς **πλανήσῃ·**	Lk 21,8	... βλέπετε μὴ **πλανηθῆτε·**	
221	Mt 24,5 → Mt 24,23 ↓ Mt 24,24 → Mt 24,26 ↓ Mt 24,11	πολλοὶ γὰρ ἐλεύσονται ἐπὶ τῷ ὀνόματί μου λέγοντες· ἐγώ εἰμι ὁ χριστός, καὶ πολλοὺς **πλανήσουσιν.**	Mk 13,6 → Mk 13,21 ↓ Mk 13,22	πολλοὶ ἐλεύσονται ἐπὶ τῷ ὀνόματί μου λέγοντες ὅτι ἐγώ εἰμι, καὶ πολλοὺς **πλανήσουσιν.**	→ Lk 17,23	πολλοὶ γὰρ ἐλεύσονται ἐπὶ τῷ ὀνόματί μου λέγοντες· ἐγώ εἰμι, καί· ὁ καιρὸς ἤγγικεν. μὴ πορευθῆτε ὀπίσω αὐτῶν.	
200	Mt 24,11 ↓ Mt 24,24 ↓ Mk 13,22 ↑ Mt 24,5	καὶ πολλοὶ ψευδοπροφῆται ἐγερθήσονται καὶ **πλανήσουσιν** πολλούς·					
210	Mt 24,24 ↑ Mt 24,11 ↑ Mt 24,5	ἐγερθήσονται γὰρ ψευδόχριστοι καὶ ψευδοπροφῆται καὶ δώσουσιν σημεῖα μεγάλα καὶ τέρατα **ὥστε πλανῆσαι,** εἰ δυνατόν, καὶ τοὺς ἐκλεκτούς·	Mk 13,22 ↑ Mk 13,6	ἐγερθήσονται γὰρ ψευδόχριστοι καὶ ψευδοπροφῆται καὶ δώσουσιν σημεῖα καὶ τέρατα **πρὸς τὸ ἀποπλανᾶν,** εἰ δυνατόν, τοὺς ἐκλεκτούς.	↑ Lk 21,8		

πλάνη	Syn	Mt	Mk	Lk	Acts	Jn	1-3John	Paul	Eph	Col
	1	1					1	2	1	
	NT	2Thess	1/2Tim	Tit	Heb	Jas	1Pet	2Pet	Jude	Rev
	10	1				1		2	1	

error; delusion; deceit; deception

200	Mt 27,64 → Mt 12,45 → Mt 28,7	... μήποτε ἐλθόντες οἱ μαθηταὶ αὐτοῦ κλέψωσιν αὐτὸν καὶ εἴπωσιν τῷ λαῷ· ἠγέρθη ἀπὸ τῶν νεκρῶν, καὶ ἔσται **ἡ ἐσχάτη πλάνη** χείρων τῆς πρώτης.		

πλάνος	Syn	Mt	Mk	Lk	Acts	Jn	1-3John	Paul	Eph	Col
	1	1					2	1		
	NT	2Thess	1/2Tim	Tit	Heb	Jas	1Pet	2Pet	Jude	Rev
	5		1							

adjective: leading astray; deceitful; *substantive:* deceiver; impostor

200	Mt 27,63 → Mt 12,40	... κύριε, ἐμνήσθημεν ὅτι **ἐκεῖνος ὁ πλάνος** εἶπεν ἔτι ζῶν· μετὰ τρεῖς ἡμέρας ἐγείρομαι.		

πλατεῖα	Syn 5	Mt 2	Mk	Lk 3	Acts 1	Jn	1-3John	Paul	Eph	Col
	NT 9	2Thess	1/2Tim	Tit	Heb	Jas	1Pet	2Pet	Jude	Rev 3

wide road; street

	triple tradition																	double tradition			Sondergut		
		+Mt / +Lk			−Mt / −Lk			traditions not taken over by Mt / Lk							subtotals								
code	222	211	112	212	221	122	121	022	012	021	220	120	210	020	Σ⁺	Σ⁻	Σ	202	201	102	200	002	total
Mt																					2		2
Mk																							
Lk																				2		1	3

200	**Mt 6,5**	καὶ ὅταν προσεύχησθε, οὐκ ἔσεσθε ὡς οἱ ὑποκριταί, ὅτι φιλοῦσιν ἐν ταῖς συναγωγαῖς καὶ **ἐν ταῖς γωνίαις τῶν πλατειῶν** ἑστῶτες προσεύχεσθαι, ὅπως φανῶσιν τοῖς ἀνθρώποις· ...					→ GTh 6 (POxy 654)
200	**Mt 12,19**	*οὐκ ἐρίσει οὐδὲ κραυγάσει, οὐδὲ ἀκούσει τις* ***ἐν ταῖς πλατείαις*** *τὴν φωνὴν αὐτοῦ.* ➢ Isa 42,2					
102	**Mt 10,14**	καὶ ὃς ἂν μὴ δέξηται ὑμᾶς μηδὲ ἀκούσῃ τοὺς λόγους ὑμῶν, ἐξερχόμενοι **ἔξω τῆς οἰκίας ἢ τῆς πόλεως ἐκείνης** ἐκτινάξατε τὸν κονιορτὸν τῶν ποδῶν ὑμῶν.			**Lk 10,10** ⇩ Lk 9,5 → Lk 10,8	εἰς ἣν δ' ἂν πόλιν εἰσέλθητε καὶ μὴ δέχωνται ὑμᾶς, ἐξελθόντες **εἰς τὰς πλατείας αὐτῆς** εἴπατε· [11] καὶ τὸν κονιορτὸν τὸν κολληθέντα ἡμῖν ἐκ τῆς πόλεως ὑμῶν εἰς τοὺς πόδας ἀπομασσόμεθα ὑμῖν· ...	Mk-Q overlap
			Mk 6,11	καὶ ὃς ἂν τόπος μὴ δέξηται ὑμᾶς μηδὲ ἀκούσωσιν ὑμῶν, ἐκπορευόμενοι **ἐκεῖθεν** ἐκτινάξατε τὸν χοῦν τὸν ὑποκάτω τῶν ποδῶν ὑμῶν εἰς μαρτύριον αὐτοῖς.	**Lk 9,5** ⇧ **Lk 10,10** ⇧ Lk 10,11	καὶ ὅσοι ἂν μὴ δέχωνται ὑμᾶς, ἐξερχόμενοι **ἀπὸ τῆς πόλεως ἐκείνης** τὸν κονιορτὸν ἀπὸ τῶν ποδῶν ὑμῶν ἀποτινάσσετε εἰς μαρτύριον ἐπ' αὐτούς.	→ Acts 13,51 → Acts 18,6
102	**Mt 7,22** → Mt 25,11	πολλοὶ ἐροῦσίν μοι ἐν ἐκείνῃ τῇ ἡμέρᾳ· κύριε κύριε, οὐ τῷ σῷ ὀνόματι ἐπροφητεύσαμεν, καὶ τῷ σῷ ὀνόματι δαιμόνια ἐξεβάλομεν, καὶ τῷ σῷ ὀνόματι δυνάμεις πολλὰς ἐποιήσαμεν;			**Lk 13,26**	τότε ἄρξεσθε λέγειν· ἐφάγομεν ἐνώπιόν σου καὶ ἐπίομεν καὶ **ἐν ταῖς πλατείαις ἡμῶν** ἐδίδαξας·	

	Mt		Mk		Lk		
002					Lk 14,21 → Mt 22,9 ⇨ Lk 14,23 → Lk 14,13	... ἔξελθε ταχέως **εἰς τὰς πλατείας καὶ ῥύμας τῆς πόλεως,** καὶ τοὺς πτωχοὺς καὶ ἀναπείρους καὶ τυφλοὺς καὶ χωλοὺς εἰσάγαγε ὧδε.	→ GTh 64

Acts 5,15 ὥστε καὶ
→ Mk 6,56 **εἰς τὰς πλατείας**
ἐκφέρειν τοὺς ἀσθενεῖς
καὶ τιθέναι ἐπὶ
κλιναρίων καὶ
κραβάττων, ...

πλατύνω

	Syn	Mt	Mk	Lk	Acts	Jn	1-3John	Paul	Eph	Col
πλατύνω	1	1						2		
	NT	2Thess	1/2Tim	Tit	Heb	Jas	1Pet	2Pet	Jude	Rev
	3									

make broad; enlarge

	Mt		Mk		Lk		
200	**Mt 23,5** → Mt 6,1	πάντα δὲ τὰ ἔργα αὐτῶν ποιοῦσιν πρὸς τὸ θεαθῆναι τοῖς ἀνθρώποις· **πλατύνουσιν** γὰρ τὰ φυλακτήρια αὐτῶν καὶ μεγαλύνουσιν τὰ κράσπεδα					

πλατύς

	Syn	Mt	Mk	Lk	Acts	Jn	1-3John	Paul	Eph	Col
πλατύς	1	1								
	NT	2Thess	1/2Tim	Tit	Heb	Jas	1Pet	2Pet	Jude	Rev
	1									

broad; wide

	Mt		Mk		Lk		
201	**Mt 7,13**	εἰσέλθατε διὰ τῆς στενῆς πύλης· ὅτι **πλατεῖα** ἡ πύλη καὶ εὐρύχωρος ἡ ὁδὸς ἡ ἀπάγουσα εἰς τὴν ἀπώλειαν, ...			**Lk 13,24**	ἀγωνίζεσθε εἰσελθεῖν διὰ τῆς στενῆς θύρας, ...	

πλεῖστος

	Syn	Mt	Mk	Lk	Acts	Jn	1-3John	Paul	Eph	Col
πλεῖστος	3	2	1					1		
	NT	2Thess	1/2Tim	Tit	Heb	Jas	1Pet	2Pet	Jude	Rev
	4									

superlative of πολύς

	Mt		Mk		Lk		
200	**Mt 11,20**	τότε ἤρξατο ὀνειδίζειν τὰς πόλεις ἐν αἷς ἐγένοντο **αἱ πλεῖσται δυνάμεις αὐτοῦ,** ὅτι οὐ μετενόησαν·					
121	**Mt 13,2** → Lk 5,1	καὶ συνήχθησαν πρὸς αὐτὸν **ὄχλοι πολλοί,** ὥστε αὐτὸν εἰς πλοῖον ἐμβάντα καθῆσθαι, ...	**Mk 4,1** → Lk 5,1 → Mk 3,9	... καὶ συνάγεται πρὸς αὐτὸν **ὄχλος πλεῖστος,** ὥστε αὐτὸν εἰς πλοῖον ἐμβάντα καθῆσθαι ἐν τῇ θαλάσσῃ, ...	**Lk 8,4** ⇨ Lk 5,3	συνιόντος δὲ **ὄχλου πολλοῦ** καὶ τῶν κατὰ πόλιν ἐπιπορευομένων πρὸς αὐτὸν ...	

	Mt		Mk		Lk		
211	Mt 21,8	ὁ δὲ **πλεῖστος** ὄχλος ἔστρωσαν ἑαυτῶν τὰ ἱμάτια ἐν τῇ ὁδῷ, ἄλλοι δὲ ἔκοπτον κλάδους ἀπὸ τῶν δένδρων καὶ ἐστρώννυον ἐν τῇ ὁδῷ.	Mk 11,8	καὶ **πολλοὶ** τὰ ἱμάτια αὐτῶν ἔστρωσαν εἰς τὴν ὁδόν, ἄλλοι δὲ στιβάδας κόψαντες ἐκ τῶν ἀγρῶν.	Lk 19,36	πορευομένου δὲ αὐτοῦ ὑπεστρώννυον τὰ ἱμάτια αὐτῶν ἐν τῇ ὁδῷ.	→ Jn 12,13

πλείων	Syn	Mt	Mk	Lk	Acts	Jn	1-3John	Paul	Eph	Col
	17	7	1	9	19	5		7		
	NT	2Thess	1/2Tim	Tit	Heb	Jas	1Pet	2Pet	Jude	Rev
	55		2		4					1

comparative of πολύς

	triple tradition																	double tradition			Sonder-gut		
		+Mt / +Lk			–Mt / –Lk			traditions not taken over by Mt / Lk							subtotals								
code	*222*	*211*	*112*	*212*	*221*	*122*	*121*	*022*	*012*	*021*	*220*	*120*	*210*	*020*	Σ^+	Σ^-	Σ	*202*	*201*	*102*	*200*	*002*	total
Mt		1^+													1^+		1	3			3		**7**
Mk								1									1						**1**
Lk			1^+					1							1^+		2	3				4	**9**

a μηδὲν πλέον
b πλείων ἤ
c ἐπὶ πλεῖον
d πλείων without comparative value (except c)

	Mt		Mk		Lk		
a 002					Lk 3,13 → Lk 19,8	ὁ δὲ εἶπεν πρὸς αὐτούς· **μηδὲν πλέον** παρὰ τὸ διατεταγμένον ὑμῖν πράσσετε.	
200	Mt 5,20	λέγω γὰρ ὑμῖν ὅτι ἐὰν μὴ περισσεύσῃ ὑμῶν ἡ δικαιοσύνη **πλεῖον** τῶν γραμματέων καὶ Φαρισαίων, οὐ μὴ εἰσέλθητε εἰς τὴν βασιλείαν τῶν οὐρανῶν.					→ GTh 27 (POxy 1)
202	Mt 6,25	... οὐχὶ ἡ ψυχὴ **πλεῖόν** ἐστιν τῆς τροφῆς καὶ τὸ σῶμα τοῦ ἐνδύματος;			Lk 12,23	ἡ γὰρ ψυχὴ **πλεῖόν** ἐστιν τῆς τροφῆς καὶ τὸ σῶμα τοῦ ἐνδύματος.	
d 002					Lk 7,42	μὴ ἐχόντων αὐτῶν ἀποδοῦναι ἀμφοτέροις ἐχαρίσατο. τίς οὖν αὐτῶν **πλεῖον** ἀγαπήσει αὐτόν;	
d 002					Lk 7,43	ἀποκριθεὶς Σίμων εἶπεν· ὑπολαμβάνω ὅτι ᾧ **τὸ πλεῖον** ἐχαρίσατο. ὁ δὲ εἶπεν αὐτῷ· ὀρθῶς ἔκρινας.	
b 112	Mt 14,17 → Mt 15,34	οἱ δὲ λέγουσιν αὐτῷ· οὐκ ἔχομεν ὧδε εἰ μὴ πέντε ἄρτους καὶ δύο ἰχθύας.	Mk 6,38 → Mk 8,5	... ὁ δὲ λέγει αὐτοῖς· πόσους ἄρτους ἔχετε; ὑπάγετε ἴδετε. καὶ γνόντες λέγουσιν· πέντε, καὶ δύο ἰχθύας.	Lk 9,13	... οὐκ εἰσὶν ἡμῖν **πλεῖον** ἢ ἄρτοι πέντε καὶ ἰχθύες δύο, ...	→ Jn 6,7.9

	Mt		Mk		Lk		
202	**Mt 12,41** → Mt 12,6	ἄνδρες Νινευῖται ἀναστήσονται ἐν τῇ κρίσει μετὰ τῆς γενεᾶς ταύτης καὶ κατακρινοῦσιν αὐτήν, ὅτι μετενόησαν εἰς τὸ κήρυγμα Ἰωνᾶ, καὶ ἰδοὺ **πλεῖον** Ἰωνᾶ ὧδε.			**Lk 11,32**	ἄνδρες Νινευῖται ἀναστήσονται ἐν τῇ κρίσει μετὰ τῆς γενεᾶς ταύτης καὶ κατακρινοῦσιν αὐτήν· ὅτι μετενόησαν εἰς τὸ κήρυγμα Ἰωνᾶ, καὶ ἰδοὺ **πλεῖον** Ἰωνᾶ ὧδε.	
202	**Mt 12,42** → Mt 12,6	βασίλισσα νότου ἐγερθήσεται ἐν τῇ κρίσει μετὰ τῆς γενεᾶς ταύτης καὶ κατακρινεῖ αὐτήν, ὅτι ἦλθεν ἐκ τῶν περάτων τῆς γῆς ἀκοῦσαι τὴν σοφίαν Σολομῶνος, καὶ ἰδοὺ **πλεῖον** Σολομῶνος ὧδε.			**Lk 11,31**	βασίλισσα νότου ἐγερθήσεται ἐν τῇ κρίσει μετὰ τῶν ἀνδρῶν τῆς γενεᾶς ταύτης καὶ κατακρινεῖ αὐτούς, ὅτι ἦλθεν ἐκ τῶν περάτων τῆς γῆς ἀκοῦσαι τὴν σοφίαν Σολομῶνος, καὶ ἰδοὺ **πλεῖον** Σολομῶνος ὧδε.	
202	**Mt 12,41** → Mt 12,6	ἄνδρες Νινευῖται ἀναστήσονται ἐν τῇ κρίσει μετὰ τῆς γενεᾶς ταύτης καὶ κατακρινοῦσιν αὐτήν, ὅτι μετενόησαν εἰς τὸ κήρυγμα Ἰωνᾶ, καὶ ἰδοὺ **πλεῖον** Ἰωνᾶ ὧδε.			**Lk 11,32**	ἄνδρες Νινευῖται ἀναστήσονται ἐν τῇ κρίσει μετὰ τῆς γενεᾶς ταύτης καὶ κατακρινοῦσιν αὐτήν· ὅτι μετενόησαν εἰς τὸ κήρυγμα Ἰωνᾶ, καὶ ἰδοὺ **πλεῖον** Ἰωνᾶ ὧδε.	
d 002					**Lk 11,53**	κἀκεῖθεν ἐξελθόντος αὐτοῦ ἤρξαντο οἱ γραμματεῖς καὶ οἱ Φαρισαῖοι δεινῶς ἐνέχειν καὶ ἀποστοματίζειν αὐτὸν **περὶ πλειόνων**	
202	**Mt 6,25**	... οὐχὶ ἡ ψυχὴ **πλεῖόν** ἐστιν τῆς τροφῆς καὶ τὸ σῶμα τοῦ ἐνδύματος;			**Lk 12,23**	ἡ γὰρ ψυχὴ **πλεῖόν** ἐστιν τῆς τροφῆς καὶ τὸ σῶμα τοῦ ἐνδύματος.	
d 200	**Mt 20,10**	καὶ ἐλθόντες οἱ πρῶτοι ἐνόμισαν ὅτι **πλεῖον** λήμψονται· καὶ ἔλαβον [τὸ] ἀνὰ δηνάριον καὶ αὐτοί.					
211	**Mt 21,36**	πάλιν ἀπέστειλεν ἄλλους δούλους **πλείονας** τῶν πρώτων, καὶ ἐποίησαν αὐτοῖς ὡσαύτως.	**Mk 12,4**	καὶ πάλιν ἀπέστειλεν πρὸς αὐτοὺς ἄλλον δοῦλον· κἀκεῖνον ἐκεφαλίωσαν καὶ ἠτίμασαν.	**Lk 20,11**	καὶ προσέθετο ἕτερον πέμψαι δοῦλον· οἱ δὲ κἀκεῖνον δείραντες καὶ ἀτιμάσαντες ἐξαπέστειλαν κενόν.	→ GTh 65
022			**Mk 12,43**	... ἀμὴν λέγω ὑμῖν ὅτι ἡ χήρα αὕτη ἡ πτωχὴ **πλεῖον** πάντων ἔβαλεν τῶν βαλλόντων εἰς τὸ γαζοφυλάκιον·	**Lk 21,3**	... ἀληθῶς λέγω ὑμῖν ὅτι ἡ χήρα αὕτη ἡ πτωχὴ **πλεῖον** πάντων ἔβαλεν·	
200	**Mt 26,53**	ἢ δοκεῖς ὅτι οὐ δύναμαι παρακαλέσαι τὸν πατέρα μου, καὶ παραστήσει μοι ἄρτι **πλείω** δώδεκα λεγιῶνας ἀγγέλων;					→ Jn 18,36

d **Acts 2,40** **ἑτέροις τε λόγοις πλείοσιν** διεμαρτύρατο καὶ παρεκάλει αὐτοὺς λέγων· σώθητε ἀπὸ τῆς γενεᾶς τῆς σκολιᾶς ταύτης.

c **Acts 4,17** ἀλλ' ἵνα **μὴ ἐπὶ πλεῖον** διανεμηθῇ εἰς τὸν λαόν ἀπειλησώμεθα αὐτοῖς μηκέτι λαλεῖν ἐπὶ τῷ ὀνόματι τούτῳ μηδενὶ ἀνθρώπων.

Acts 4,22 ἐτῶν γὰρ ἦν **πλειόνων** τεσσεράκοντα ὁ ἄνθρωπος ἐφ' ὃν γεγόνει τὸ σημεῖον τοῦτο τῆς ἰάσεως.

d **Acts 13,31** ὃς ὤφθη **ἐπὶ ἡμέρας πλείους** τοῖς συναναβᾶσιν αὐτῷ ἀπὸ τῆς Γαλιλαίας εἰς Ἰερουσαλήμ, ...

a **Acts 15,28** ἔδοξεν γὰρ τῷ πνεύματι τῷ ἁγίῳ καὶ ἡμῖν **μηδὲν πλέον** ἐπιτίθεσθαι ὑμῖν βάρος πλὴν τούτων τῶν ἐπάναγκες

d **Acts 18,20** ἐρωτώντων δὲ αὐτῶν **ἐπὶ πλείονα χρόνον** μεῖναι οὐκ ἐπένευσεν

d **Acts 19,32** ἄλλοι μὲν οὖν ἄλλο τι ἔκραζον· ἦν γὰρ ἡ ἐκκλησία συγκεχυμένη καὶ **οἱ πλείους** οὐκ ᾔδεισαν τίνος ἕνεκα συνεληλύθεισαν.

c **Acts 20,9** καθεζόμενος δέ τις νεανίας ὀνόματι Εὔτυχος ἐπὶ τῆς θυρίδος, καταφερόμενος ὕπνῳ βαθεῖ διαλεγομένου τοῦ Παύλου **ἐπὶ πλεῖον,** κατενεχθεὶς ἀπὸ τοῦ ὕπνου ἔπεσεν ἀπὸ τοῦ τριστέγου κάτω καὶ ἤρθη νεκρός.

d **Acts 21,10** ἐπιμενόντων δὲ **ἡμέρας πλείους** κατῆλθέν τις ἀπὸ τῆς Ἰουδαίας προφήτης ὀνόματι Ἅγαβος

Acts 23,13 ἦσαν δὲ **πλείους** τεσσεράκοντα οἱ ταύτην τὴν συνωμοσίαν ποιησάμενοι

Acts 23,21 ... ἐνεδρεύουσιν γὰρ αὐτὸν ἐξ αὐτῶν ἄνδρες **πλείους** τεσσεράκοντα, οἵτινες ἀνεθεμάτισαν ἑαυτοὺς μήτε φαγεῖν μήτε πιεῖν ...

c **Acts 24,4** ἵνα δὲ μὴ **ἐπὶ πλεῖόν** σε ἐγκόπτω, παρακαλῶ ἀκοῦσαί σε ἡμῶν συντόμως τῇ σῇ ἐπιεικείᾳ.

Acts 24,11 δυναμένου σου ἐπιγνῶναι ὅτι **οὐ πλείους** εἰσίν μοι ἡμέραι δώδεκα ἀφ' ἧς ἀνέβην προσκυνήσων εἰς Ἰερουσαλήμ.

d **Acts 24,17** **δι' ἐτῶν δὲ πλειόνων** ἐλεημοσύνας ποιήσων εἰς τὸ ἔθνος μου παρεγενόμην καὶ προσφοράς

Acts 25,6 διατρίψας δὲ ἐν αὐτοῖς ἡμέρας **οὐ πλείους** ὀκτὼ ἢ δέκα καταβὰς εἰς Καισάρειαν, ...

d **Acts 25,14** **ὡς δὲ πλείους ἡμέρας** διέτριβον ἐκεῖ, ὁ Φῆστος τῷ βασιλεῖ ἀνέθετο τὰ κατὰ τὸν Παῦλον ...

d **Acts 27,12** ἀνευθέτου δὲ τοῦ λιμένος ὑπάρχοντος πρὸς παραχειμασίαν **οἱ πλείονες** ἔθεντο βουλὴν ἀναχθῆναι ἐκεῖθεν, ...

d **Acts 27,20** μήτε δὲ ἡλίου μήτε ἄστρων ἐπιφαινόντων **ἐπὶ πλείονας ἡμέρας,** χειμῶνός τε οὐκ ὀλίγου ἐπικειμένου, ...

d **Acts 28,23** ταξάμενοι δὲ αὐτῷ ἡμέραν ἦλθον πρὸς αὐτὸν εἰς τὴν ξενίαν **πλείονες** οἷς ἐξετίθετο διαμαρτυρόμενος τὴν βασιλείαν τοῦ θεοῦ, ...

πλέκω	Syn	Mt	Mk	Lk	Acts	Jn	1-3John	Paul	Eph	Col
	2	1	1			1				
	NT	2Thess	1/2Tim	Tit	Heb	Jas	1Pet	2Pet	Jude	Rev
	3									

weave; plait

	Mt 27,29	Mk 15,17	Lk 23,11		
220	[28] καὶ ἐκδύσαντες αὐτὸν χλαμύδα κοκκίνην περιέθηκαν αὐτῷ, [29] καὶ **πλέξαντες** στέφανον ἐξ ἀκανθῶν ἐπέθηκαν ἐπὶ τῆς κεφαλῆς αὐτοῦ ...	καὶ ἐνδιδύσκουσιν αὐτὸν πορφύραν καὶ περιτιθέασιν αὐτῷ **πλέξαντες** ἀκάνθινον στέφανον·	→ Mt 27,27 → Mk 15,16	ἐξουθενήσας δὲ αὐτὸν [καὶ] ὁ Ἡρῴδης σὺν τοῖς στρατεύμασιν αὐτοῦ καὶ ἐμπαίξας περιβαλὼν ἐσθῆτα λαμπρὰν ...	→ Jn 19,2

πλεονεξία

Syn 2	Mt	Mk 1	Lk 1	Acts	Jn	1-3John	Paul 3	Eph 2	Col 1
NT 10	2Thess	1/2Tim	Tit	Heb	Jas	1Pet	2Pet 2	Jude	Rev

greediness; insatiableness; avarice; covetousness

	Mt	Mk	Lk	
120	**Mt 15,19** ἐκ γὰρ τῆς καρδίας ἐξέρχονται διαλογισμοὶ πονηροί, φόνοι, μοιχεῖαι, πορνεῖαι, κλοπαί, ψευδομαρτυρίαι, βλασφημίαι.	**Mk 7,22** [21] ἔσωθεν γὰρ ἐκ τῆς καρδίας τῶν ἀνθρώπων οἱ διαλογισμοὶ οἱ κακοὶ ἐκπορεύονται, πορνεῖαι, κλοπαί, φόνοι, [22] μοιχεῖαι, **πλεονεξίαι,** πονηρίαι, δόλος, ἀσέλγεια, ὀφθαλμὸς πονηρός, βλασφημία, ὑπερηφανία, ἀφροσύνη·		→ GTh 14,5
002			**Lk 12,15** ... ὁρᾶτε καὶ φυλάσσεσθε **ἀπὸ πάσης** **πλεονεξίας,** ὅτι οὐκ ἐν τῷ περισσεύειν τινὶ ἡ ζωὴ αὐτοῦ ἐστιν ἐκ τῶν ὑπαρχόντων αὐτῷ.	

πλέω

Syn 1	Mt	Mk	Lk 1	Acts 4	Jn	1-3John	Paul	Eph	Col
NT 6	2Thess	1/2Tim	Tit	Heb	Jas	1Pet	2Pet	Jude	Rev 1

travel by sea; sail

	Mt	Mk	Lk	
112	**Mt 8,24** ... αὐτὸς δὲ ἐκάθευδεν.	**Mk 4,38** καὶ αὐτὸς ἦν ἐν τῇ πρύμνῃ ἐπὶ τὸ προσκεφάλαιον καθεύδων. ...	**Lk 8,23** **πλεόντων** δὲ αὐτῶν ἀφύπνωσεν. ...	

Acts 21,3 ἀναφάναντες δὲ τὴν Κύπρον καὶ καταλιπόντες αὐτὴν εὐώνυμον **ἐπλέομεν** εἰς Συρίαν καὶ κατήλθομεν εἰς Τύρον· ...

Acts 27,2 ἐπιβάντες δὲ πλοίῳ Ἀδραμυττηνῷ μέλλοντι **πλεῖν** εἰς τοὺς κατὰ τὴν Ἀσίαν τόπους ἀνήχθημεν ὄντος σὺν ἡμῖν Ἀριστάρχου Μακεδόνος Θεσσαλονικέως.

Acts 27,6 κἀκεῖ εὑρὼν ὁ ἑκατοντάρχης πλοῖον Ἀλεξανδρῖνον **πλέον** εἰς τὴν Ἰταλίαν ἐνεβίβασεν ἡμᾶς εἰς αὐτό.

Acts 27,24 ... μὴ φοβοῦ, Παῦλε, Καίσαρί σε δεῖ παραστῆναι, καὶ ἰδοὺ κεχάρισταί σοι ὁ θεὸς **πάντας τοὺς πλέοντας** μετὰ σοῦ.

πληγή

	Syn	Mt	Mk	Lk	Acts	Jn	1-3John	Paul	Eph	Col
	2			2	2			2		
	NT	2Thess	1/2Tim	Tit	Heb	Jas	1Pet	2Pet	Jude	Rev
	22									16

blow; stroke; wound; bruise

002			**Lk 10,30** ... ἄνθρωπός τις κατέβαινεν ἀπὸ Ἰερουσαλὴμ εἰς Ἰεριχὼ καὶ λῃσταῖς περιέπεσεν, οἳ καὶ ἐκδύσαντες αὐτὸν καὶ **πληγὰς** ἐπιθέντες ἀπῆλθον ἀφέντες ἡμιθανῆ.	
002			**Lk 12,48** ὁ δὲ μὴ γνούς, ποιήσας δὲ ἄξια **πληγῶν** δαρήσεται ὀλίγας. ...	

Acts 16,23 **πολλάς τε ἐπιθέντες αὐτοῖς πληγὰς** ἔβαλον εἰς φυλακὴν παραγγείλαντες τῷ δεσμοφύλακι ἀσφαλῶς τηρεῖν αὐτούς.

Acts 16,33 καὶ παραλαβὼν αὐτοὺς ἐν ἐκείνῃ τῇ ὥρᾳ τῆς νυκτὸς ἔλουσεν **ἀπὸ τῶν πληγῶν,** καὶ ἐβαπτίσθη αὐτὸς καὶ οἱ αὐτοῦ πάντες παραχρῆμα

πλῆθος

	Syn	Mt	Mk	Lk	Acts	Jn	1-3John	Paul	Eph	Col
	10		2	8	16	2				
	NT	2Thess	1/2Tim	Tit	Heb	Jas	1Pet	2Pet	Jude	Rev
	31				1	1	1			

quantity; number; large number; multitude; crowd; throng; host; meeting; assembly; people; populace; population; fellowship; community; church

	triple tradition																	double tradition			Sondergut		
		+Mt / +Lk			−Mt / −Lk			traditions not taken over by Mt / Lk							subtotals								
code	*222*	*211*	*112*	*212*	*221*	*122*	*121*	*022*	*012*	*021*	*220*	*120*	*210*	*020*	Σ^+	Σ^-	Σ	*202*	*201*	*102*	*200*	*002*	total
Mt						1^-										1^-							
Mk						1				1							2						**2**
Lk			3^+			1				1^-					3^+	1^-	4					4	**8**

a πᾶν τὸ πλῆθος, ἅπαν τὸ πλῆθος

b πλῆθος πολύ

a 002			**Lk 1,10** καὶ **πᾶν τὸ πλῆθος ἦν τοῦ λαοῦ** προσευχόμενον ἔξω τῇ ὥρᾳ τοῦ θυμιάματος.	
002			**Lk 2,13** καὶ ἐξαίφνης ἐγένετο σὺν τῷ ἀγγέλῳ **πλῆθος στρατιᾶς οὐρανίου** αἰνούντων τὸν θεὸν ...	
b 002			**Lk 5,6** καὶ τοῦτο ποιήσαντες συνέκλεισαν **πλῆθος ἰχθύων πολύ,** διερρήσσετο δὲ τὰ δίκτυα αὐτῶν.	→ **Jn 21,6** → Jn 21,11

		Mt		Mk		Lk	
	Mt 12,15	ὁ δὲ Ἰησοῦς γνοὺς ἀνεχώρησεν ἐκεῖθεν. καὶ ἠκολούθησαν αὐτῷ [ὄχλοι] πολλοί, ...	Mk 3,7	καὶ ὁ Ἰησοῦς μετὰ τῶν μαθητῶν αὐτοῦ ἀνεχώρησεν πρὸς τὴν θάλασσαν,	Lk 6,17	καὶ καταβὰς μετ' αὐτῶν ἔστη ἐπὶ τόπου πεδινοῦ, καὶ ὄχλος πολὺς μαθητῶν αὐτοῦ,	
b 122	Mt 4,25	καὶ ἠκολούθησαν αὐτῷ **ὄχλοι πολλοὶ** ἀπὸ τῆς Γαλιλαίας καὶ Δεκαπόλεως καὶ Ἱεροσολύμων καὶ Ἰουδαίας καὶ πέραν τοῦ Ἰορδάνου.	→ Mt 4,24a	καὶ **πολὺ πλῆθος** ἀπὸ τῆς Γαλιλαίας [ἠκολούθησεν], καὶ ἀπὸ τῆς Ἰουδαίας [8] καὶ ἀπὸ Ἱεροσολύμων καὶ ἀπὸ τῆς Ἰδουμαίας καὶ πέραν τοῦ Ἰορδάνου καὶ περὶ Τύρον καὶ Σιδῶνα ↔		καὶ **πλῆθος πολὺ** **τοῦ λαοῦ** ἀπὸ πάσης τῆς Ἰουδαίας καὶ Ἰερουσαλὴμ καὶ τῆς παραλίου Τύρου καὶ Σιδῶνος,	
b 021			Mk 3,8	↔ **πλῆθος πολὺ** ἀκούοντες ὅσα ἐποίει ἦλθον πρὸς αὐτόν.	Lk 6,18 → Lk 5,15 → Lk 7,21	οἳ ἦλθον ἀκοῦσαι αὐτοῦ καὶ ἰαθῆναι ἀπὸ τῶν νόσων αὐτῶν· ...	
a 112	Mt 8,34	... καὶ ἰδόντες αὐτὸν παρεκάλεσαν ὅπως μεταβῇ ἀπὸ τῶν ὁρίων αὐτῶν.	Mk 5,17	καὶ ἤρξαντο παρακαλεῖν αὐτὸν ἀπελθεῖν ἀπὸ τῶν ὁρίων αὐτῶν.	Lk 8,37	καὶ ἠρώτησεν αὐτὸν **ἅπαν τὸ πλῆθος τῆς** **περιχώρου τῶν** **Γερασηνῶν** ἀπελθεῖν ἀπ' αὐτῶν, ...	
a 112	Mt 21,9	**οἱ δὲ ὄχλοι** **οἱ προάγοντες αὐτὸν** **καὶ οἱ ἀκολουθοῦντες** ἔκραζον λέγοντες· ...	Mk 11,9	**καὶ** **οἱ προάγοντες** **καὶ οἱ ἀκολουθοῦντες** ἔκραζον· ...	Lk 19,37	... ἤρξαντο **ἅπαν τὸ πλῆθος** **τῶν μαθητῶν** χαίροντες αἰνεῖν τὸν θεὸν φωνῇ μεγάλῃ περὶ πασῶν ὧν εἶδον δυνάμεων, [38] λέγοντες· ...	→ Jn 12,13
a 112	Mt 27,2	καὶ δήσαντες αὐτὸν ἀπήγαγον καὶ παρέδωκαν Πιλάτῳ τῷ ἡγεμόνι.	Mk 15,1	... δήσαντες τὸν Ἰησοῦν ἀπήνεγκαν καὶ παρέδωκαν Πιλάτῳ.	Lk 23,1	καὶ ἀναστὰν **ἅπαν τὸ πλῆθος** **αὐτῶν** ἤγαγον αὐτὸν ἐπὶ τὸν Πιλᾶτον.	→ Jn 18,28
b 002					Lk 23,27	ἠκολούθει δὲ αὐτῷ **πολὺ πλῆθος** **τοῦ λαοῦ** καὶ γυναικῶν αἳ ἐκόπτοντο καὶ ἐθρήνουν αὐτόν.	

Acts 2,6 γενομένης δὲ τῆς φωνῆς ταύτης συνῆλθεν **τὸ πλῆθος** καὶ συνεχύθη, ὅτι ἤκουον εἷς ἕκαστος τῇ ἰδίᾳ διαλέκτῳ λαλούντων αὐτῶν.

Acts 4,32 **τοῦ δὲ πλήθους τῶν πιστευσάντων** ἦν καρδία καὶ ψυχὴ μία, καὶ οὐδὲ εἷς τι τῶν ὑπαρχόντων αὐτῷ ἔλεγεν ἴδιον εἶναι ἀλλ' ἦν αὐτοῖς ἅπαντα κοινά.

Acts 5,14 μᾶλλον δὲ προσετίθεντο πιστεύοντες τῷ κυρίῳ, **πλήθη ἀνδρῶν τε καὶ γυναικῶν**

Acts 5,16 συνήρχετο δὲ καὶ **τὸ πλῆθος τῶν πέριξ πόλεων Ἰερουσαλήμ,** φέροντες ἀσθενεῖς καὶ ὀχλουμένους ὑπὸ πνευμάτων ἀκαθάρτων, ...

Acts 6,2 προσκαλεσάμενοι δὲ οἱ δώδεκα **τὸ πλῆθος τῶν μαθητῶν** εἶπαν· οὐκ ἀρεστόν ἐστιν ἡμᾶς καταλείψαντας τὸν λόγον τοῦ θεοῦ διακονεῖν τραπέζαις.

a **Acts 6,5** καὶ ἤρεσεν ὁ λόγος **ἐνώπιον παντὸς τοῦ πλήθους** καὶ ἐξελέξαντο Στέφανον, ...

[b] **Acts 14,1** ... καὶ λαλῆσαι οὕτως ὥστε πιστεῦσαι
Ἰουδαίων τε καὶ Ἑλλήνων πολὺ πλῆθος.

Acts 14,4 ἐσχίσθη δὲ
τὸ πλῆθος τῆς πόλεως,
καὶ οἱ μὲν ἦσαν σὺν τοῖς Ἰουδαίοις, οἱ δὲ σὺν τοῖς ἀποστόλοις.

[a] **Acts 15,12** ἐσίγησεν δὲ
πᾶν τὸ πλῆθος
καὶ ἤκουον Βαρναβᾶ καὶ Παύλου ἐξηγουμένων ὅσα ἐποίησεν ὁ θεὸς σημεῖα καὶ τέρατα ἐν τοῖς ἔθνεσιν δι' αὐτῶν.

Acts 15,30 οἱ μὲν οὖν ἀπολυθέντες κατῆλθον εἰς Ἀντιόχειαν, καὶ συναγαγόντες
τὸ πλῆθος
ἐπέδωκαν τὴν ἐπιστολήν.

[b] **Acts 17,4** καί τινες ἐξ αὐτῶν ἐπείσθησαν καὶ προσεκληρώθησαν τῷ Παύλῳ καὶ τῷ Σιλᾷ,
τῶν τε σεβομένων Ἑλλήνων πλῆθος πολύ,
γυναικῶν τε τῶν πρώτων οὐκ ὀλίγαι.

Acts 19,9 ὡς δέ τινες ἐσκληρύνοντο καὶ ἠπείθουν κακολογοῦντες τὴν ὁδὸν
ἐνώπιον τοῦ πλήθους,
ἀποστὰς ἀπ' αὐτῶν ...

Acts 21,36 ἠκολούθει γὰρ
→ Lk 23,18
τὸ πλῆθος τοῦ λαοῦ
κράζοντες· αἶρε αὐτόν.

Acts 23,7 τοῦτο δὲ αὐτοῦ εἰπόντος ἐγένετο στάσις τῶν Φαρισαίων καὶ Σαδδουκαίων καὶ ἐσχίσθη
τὸ πλῆθος.

[a] **Acts 25,24** ... θεωρεῖτε τοῦτον περὶ οὗ
ἅπαν τὸ πλῆθος τῶν Ἰουδαίων
ἐνέτυχόν μοι ἔν τε Ἱεροσολύμοις ...

Acts 28,3 συστρέψαντος δὲ τοῦ Παύλου
φρυγάνων τι πλῆθος
καὶ ἐπιθέντος ἐπὶ τὴν πυρὰν ἔχιδνα ἀπὸ τῆς θέρμης ἐξελθοῦσα καθῆψεν τῆς χειρὸς αὐτοῦ.

πληθύνω	Syn	Mt	Mk	Lk	Acts	Jn	1-3John	Paul	Eph	Col
	1	1			5			1		
	NT	2Thess	1/2Tim	Tit	Heb	Jas	1Pet	2Pet	Jude	Rev
	12				2		1	1	1	

transitive active: increase; multiply; *passive:* be multiplied; grow; increase; *intransitive:* grow; increase

[a] πληθύνω intransitive

200	**Mt 24,12** καὶ διὰ τὸ πληθυνθῆναι τὴν ἀνομίαν ψυγήσεται ἡ ἀγάπη τῶν πολλῶν.		

[a] **Acts 6,1** ἐν δὲ ταῖς ἡμέραις ταύταις
πληθυνόντων
τῶν μαθητῶν ἐγένετο γογγυσμὸς τῶν Ἑλληνιστῶν πρὸς τοὺς Ἑβραίους, ...

Acts 6,7 καὶ ὁ λόγος τοῦ θεοῦ ηὔξανεν καὶ
ἐπληθύνετο
ὁ ἀριθμὸς τῶν μαθητῶν ἐν Ἰερουσαλὴμ σφόδρα, πολύς τε ὄχλος τῶν ἱερέων ὑπήκουον τῇ πίστει.

Acts 7,17 καθὼς δὲ ἤγγιζεν ὁ χρόνος τῆς ἐπαγγελίας ἧς ὡμολόγησεν ὁ θεὸς τῷ Ἀβραάμ, ηὔξησεν ὁ λαὸς καὶ
ἐπληθύνθη
ἐν Αἰγύπτῳ

Acts 9,31 ἡ μὲν οὖν ἐκκλησία καθ' ὅλης τῆς Ἰουδαίας καὶ Γαλιλαίας καὶ Σαμαρείας εἶχεν εἰρήνην οἰκοδομουμένη καὶ πορευομένη τῷ φόβῳ τοῦ κυρίου καὶ τῇ παρακλήσει τοῦ ἁγίου πνεύματος
ἐπληθύνετο.

Acts 12,24 ὁ δὲ λόγος τοῦ θεοῦ ηὔξανεν καὶ
ἐπληθύνετο.

πλήμμυρα

	Syn	Mt	Mk	Lk	Acts	Jn	1-3John	Paul	Eph	Col
	1			1						
	NT	2Thess	1/2Tim	Tit	Heb	Jas	1Pet	2Pet	Jude	Rev
	1									

high water; flood

102	**Mt 7,25**	καὶ κατέβη ἡ **βροχὴ** καὶ ἦλθον οἱ ποταμοὶ καὶ ἔπνευσαν οἱ ἄνεμοι καὶ προσέπεσαν τῇ οἰκίᾳ ἐκείνῃ, καὶ οὐκ ἔπεσεν, τεθεμελίωτο γὰρ ἐπὶ τὴν πέτραν.	**Lk 6,48**	... **πλημμύρης** δὲ γενομένης προσέρηξεν ὁ ποταμὸς τῇ οἰκίᾳ ἐκείνῃ, καὶ οὐκ ἴσχυσεν σαλεῦσαι αὐτὴν διὰ τὸ καλῶς οἰκοδομῆσθαι αὐτήν.	

πλήν

	Syn	Mt	Mk	Lk	Acts	Jn	1-3John	Paul	Eph	Col
	21	5	1	15	4			4	1	
	NT	2Thess	1/2Tim	Tit	Heb	Jas	1Pet	2Pet	Jude	Rev
	31									1

but; only; nevertheless; however; only; in any case; except

	triple tradition																	double tradition			Sondergut		
		+Mt / +Lk			–Mt / –Lk			traditions not taken over by Mt / Lk							subtotals								
code	222	211	112	212	221	122	121	022	012	021	220	120	210	020	Σ+	Σ−	Σ	202	201	102	200	002	total
Mt		1^+		1^+											2^+		2	2			1		**5**
Mk										1							1						**1**
Lk			2^+	1^+						1^-					3^+	1^-	3	2		3		7	**15**

a πλήν τινος

002					**Lk 6,24**	**πλὴν** οὐαὶ ὑμῖν τοῖς πλουσίοις, ὅτι ἀπέχετε τὴν παράκλησιν ὑμῶν.	
002	**Mt 5,44**	ἐγὼ δὲ λέγω ὑμῖν· ἀγαπᾶτε τοὺς ἐχθροὺς ὑμῶν ...			**Lk 6,35** ⇨ Lk 6,27	**πλὴν** ἀγαπᾶτε τοὺς ἐχθροὺς ὑμῶν ...	
102	**Mt 10,14**	... ἐξερχόμενοι ἔξω τῆς οἰκίας ἢ τῆς πόλεως ἐκείνης ἐκτινάξατε τὸν κονιορτὸν τῶν ποδῶν ὑμῶν.			**Lk 10,11** ⇩ Lk 9,5 ⇩ Lk 10,9	[10] ... ἐξελθόντες εἰς τὰς πλατείας αὐτῆς εἴπατε· [11] καὶ τὸν κονιορτὸν τὸν κολληθέντα ἡμῖν ἐκ τῆς πόλεως ὑμῶν εἰς τοὺς πόδας ἀπομασσόμεθα ὑμῖν· **πλὴν** τοῦτο γινώσκετε ὅτι ἤγγικεν ἡ βασιλεία τοῦ θεοῦ.	→ Acts 13,51 → Acts 18,6 Mk-Q overlap
			Mk 6,11	καὶ ὃς ἂν τόπος μὴ δέξηται ὑμᾶς μηδὲ ἀκούσωσιν ὑμῶν, ἐκπορευόμενοι ἐκεῖθεν ἐκτινάξατε τὸν χοῦν τὸν ὑποκάτω τῶν ποδῶν ὑμῶν εἰς μαρτύριον αὐτοῖς.	**Lk 9,5** ⇧ Lk 10,10 ⇧ **Lk 10,11**	καὶ ὅσοι ἂν μὴ δέχωνται ὑμᾶς, ἐξερχόμενοι ἀπὸ τῆς πόλεως ἐκείνης τὸν κονιορτὸν ἀπὸ τῶν ποδῶν ὑμῶν ἀποτινάσσετε εἰς μαρτύριον ἐπ' αὐτούς.	
	Mt 10,7	πορευόμενοι δὲ κηρύσσετε λέγοντες ὅτι ἤγγικεν ἡ βασιλεία τῶν οὐρανῶν. [8] ἀσθενοῦντας θεραπεύετε, ...			**Lk 10,9** → Lk 9,2 ⇧ **Lk 10,11**	καὶ θεραπεύετε τοὺς ἐν αὐτῇ ἀσθενεῖς καὶ λέγετε αὐτοῖς· ἤγγικεν ἐφ' ὑμᾶς ἡ βασιλεία τοῦ θεοῦ.	

202	Mt 11,22	πλὴν λέγω ὑμῖν, Τύρῳ καὶ Σιδῶνι ἀνεκτότερον ἔσται ἐν ἡμέρᾳ κρίσεως ἢ ὑμῖν.	Lk 10,14	πλὴν Τύρῳ καὶ Σιδῶνι ἀνεκτότερον ἔσται ἐν τῇ κρίσει ἢ ὑμῖν.	
200	Mt 11,24 ⇩ Mt 10,15	πλὴν λέγω ὑμῖν ὅτι γῇ Σοδόμων ἀνεκτότερον ἔσται ἐν ἡμέρᾳ κρίσεως ἢ σοί.			
	Mt 10,15 ⇧ Mt 11,24	ἀμὴν λέγω ὑμῖν, ἀνεκτότερον ἔσται γῇ Σοδόμων καὶ Γομόρρων ἐν ἡμέρᾳ κρίσεως ἢ τῇ πόλει ἐκείνῃ.	Lk 10,12	λέγω ὑμῖν ὅτι Σοδόμοις ἐν τῇ ἡμέρᾳ ἐκείνῃ ἀνεκτότερον ἔσται ἢ τῇ πόλει ἐκείνῃ.	
002			Lk 10,20	πλὴν ἐν τούτῳ μὴ χαίρετε ὅτι τὰ πνεύματα ὑμῖν ὑποτάσσεται, χαίρετε δὲ ὅτι τὰ ὀνόματα ὑμῶν ἐγγέγραπται ἐν τοῖς οὐρανοῖς.	
102	Mt 23,26	... καθάρισον πρῶτον τὸ ἐντὸς τοῦ ποτηρίου, ἵνα γένηται καὶ τὸ ἐκτὸς αὐτοῦ καθαρόν.	Lk 11,41	πλὴν τὰ ἐνόντα δότε ἐλεημοσύνην, καὶ ἰδοὺ πάντα καθαρὰ ὑμῖν ἐστιν.	→ GTh 89
102	Mt 6,33	ζητεῖτε δὲ πρῶτον τὴν βασιλείαν [τοῦ θεοῦ] καὶ τὴν δικαιοσύνην αὐτοῦ, καὶ ταῦτα πάντα προστεθήσεται ὑμῖν.	Lk 12,31	πλὴν ζητεῖτε τὴν βασιλείαν αὐτοῦ, καὶ ταῦτα προστεθήσεται ὑμῖν.	
002			Lk 13,33	πλὴν δεῖ με σήμερον καὶ αὔριον καὶ τῇ ἐχομένῃ πορεύεσθαι, ὅτι οὐκ ἐνδέχεται προφήτην ἀπολέσθαι ἔξω Ἰερουσαλήμ.	
202	Mt 18,7	οὐαὶ τῷ κόσμῳ ἀπὸ τῶν σκανδάλων· ἀνάγκη γὰρ ἐλθεῖν τὰ σκάνδαλα, πλὴν οὐαὶ τῷ ἀνθρώπῳ δι' οὗ τὸ σκάνδαλον ἔρχεται.	Lk 17,1	... ἀνένδεκτόν ἐστιν τοῦ τὰ σκάνδαλα μὴ ἐλθεῖν, πλὴν οὐαὶ δι' οὗ ἔρχεται·	
002			Lk 18,8	... ποιήσει τὴν ἐκδίκησιν αὐτῶν ἐν τάχει. πλὴν ὁ υἱὸς τοῦ ἀνθρώπου ἐλθὼν ἆρα εὑρήσει τὴν πίστιν ἐπὶ τῆς γῆς;	
002			Lk 19,27	πλὴν τοὺς ἐχθρούς μου τούτους τοὺς μὴ θελήσαντάς με βασιλεῦσαι ἐπ' αὐτοὺς ἀγάγετε ὧδε καὶ κατασφάξατε αὐτοὺς ἔμπροσθέν μου.	

	Mt		Mk		Lk		
a 021			**Mk 12,32**	... καλῶς, διδάσκαλε, ἐπ' ἀληθείας εἶπες ὅτι *εἷς ἐστιν καὶ οὐκ ἔστιν* *ἄλλος* ***πλὴν αὐτοῦ·*** ➤ Deut 6,4	**Lk 20,39** → Mk 12,28	... διδάσκαλε, καλῶς εἶπας.	
112	**Mt 26,21**	... ἀμὴν λέγω ὑμῖν ὅτι εἷς ἐξ ὑμῶν παραδώσει με.	**Mk 14,18**	... ἀμὴν λέγω ὑμῖν ὅτι εἷς ἐξ ὑμῶν παραδώσει με ὁ ἐσθίων μετ' ἐμοῦ.	**Lk 22,21** → Mt 26,23 → Mk 14,20	**πλὴν** ἰδοὺ ἡ χεὶρ τοῦ παραδιδόντος με μετ' ἐμοῦ ἐπὶ τῆς τραπέζης·	→ Jn 13,21
112	**Mt 26,24**	ὁ μὲν υἱὸς τοῦ ἀνθρώπου ὑπάγει καθὼς γέγραπται περὶ αὐτοῦ, οὐαὶ **δὲ** τῷ ἀνθρώπῳ ἐκείνῳ δι' οὗ ὁ υἱὸς τοῦ ἀνθρώπου παραδίδοται· ...	**Mk 14,21**	ὅτι ὁ μὲν υἱὸς τοῦ ἀνθρώπου ὑπάγει καθὼς γέγραπται περὶ αὐτοῦ, οὐαὶ **δὲ** τῷ ἀνθρώπῳ ἐκείνῳ δι' οὗ ὁ υἱὸς τοῦ ἀνθρώπου παραδίδοται· ...	**Lk 22,22**	ὅτι ὁ υἱὸς μὲν τοῦ ἀνθρώπου κατὰ τὸ ὡρισμένον πορεύεται, **πλὴν** οὐαὶ τῷ ἀνθρώπῳ ἐκείνῳ δι' οὗ παραδίδοται.	
212	**Mt 26,39**	... παρελθάτω ἀπ' ἐμοῦ τὸ ποτήριον τοῦτο· **πλὴν οὐχ** ὡς ἐγὼ θέλω ἀλλ' ὡς σύ.	**Mk 14,36**	... παρένεγκε τὸ ποτήριον τοῦτο ἀπ' ἐμοῦ· **ἀλλ' οὐ** τί ἐγὼ θέλω ἀλλὰ τί σύ.	**Lk 22,42** → Mt 26,42	... παρένεγκε τοῦτο τὸ ποτήριον ἀπ' ἐμοῦ· **πλὴν μὴ** τὸ θέλημά μου ἀλλὰ τὸ σὸν γινέσθω.	→ Jn 18,11
211	**Mt 26,64** → Mt 22,44 → Mt 27,42-43	λέγει αὐτῷ ὁ Ἰησοῦς· σὺ εἶπας· **πλὴν** λέγω ὑμῖν· ἀπ' ἄρτι ὄψεσθε *τὸν υἱὸν τοῦ* *ἀνθρώπου* καθήμενον ἐκ δεξιῶν τῆς δυνάμεως καὶ *ἐρχόμενον ἐπὶ τῶν* *νεφελῶν τοῦ οὐρανοῦ.* ➤ Dan 7,13	**Mk 14,62** → Mk 12,36 → Mk 15,32	ὁ δὲ Ἰησοῦς εἶπεν· ἐγώ εἰμι, καὶ ὄψεσθε *τὸν υἱὸν τοῦ* *ἀνθρώπου* ἐκ δεξιῶν καθήμενον τῆς δυνάμεως καὶ *ἐρχόμενον μετὰ τῶν* *νεφελῶν τοῦ οὐρανοῦ.* ➤ Dan 7,13	**Lk 22,69** → Lk 20,42 → Lk 23,35	ἀπὸ τοῦ νῦν δὲ ἔσται ὁ υἱὸς τοῦ ἀνθρώπου καθήμενος ἐκ δεξιῶν τῆς δυνάμεως τοῦ θεοῦ. [70] εἶπαν δὲ πάντες· σὺ οὖν εἶ ὁ υἱὸς τοῦ θεοῦ; ὁ δὲ πρὸς αὐτοὺς ἔφη· ὑμεῖς λέγετε ὅτι ἐγώ εἰμι.	→ Acts 7,56
002					**Lk 23,28**	... θυγατέρες Ἰερουσαλήμ, μὴ κλαίετε ἐπ' ἐμέ· **πλὴν** ἐφ' ἑαυτὰς κλαίετε καὶ ἐπὶ τὰ τέκνα ὑμῶν	

a **Acts 8,1** ... πάντες δὲ διεσπάρησαν κατὰ τὰς χώρας τῆς Ἰουδαίας καὶ Σαμαρείας **πλὴν τῶν ἀποστόλων.**

a **Acts 15,28** ἔδοξεν γὰρ τῷ πνεύματι τῷ ἁγίῳ καὶ ἡμῖν μηδὲν πλέον ἐπιτίθεσθαι ὑμῖν βάρος **πλὴν τούτων τῶν ἐπάναγκες**

Acts 20,23 [22] καὶ νῦν ἰδοὺ δεδεμένος ἐγὼ τῷ πνεύματι πορεύομαι εἰς Ἰερουσαλὴμ τὰ ἐν αὐτῇ συναντήσοντά μοι μὴ εἰδώς, [23] **πλὴν** ὅτι τὸ πνεῦμα τὸ ἅγιον κατὰ πόλιν διαμαρτύρεταί μοι λέγον ὅτι δεσμὰ καὶ θλίψεις με μένουσιν.

a **Acts 27,22** καὶ τὰ νῦν παραινῶ ὑμᾶς εὐθυμεῖν· ἀποβολὴ γὰρ ψυχῆς οὐδεμία ἔσται ἐξ ὑμῶν **πλὴν τοῦ πλοίου.**

πλήρης	Syn 6	Mt 2	Mk 2	Lk 2	Acts 8	Jn 1	1-3John 1	Paul	Eph	Col
	NT 16	2Thess	1/2Tim	Tit	Heb	Jas	1Pet	2Pet	Jude	Rev

filled; full; complete

	triple tradition																	double tradition			Sondergut		
		+Mt / +Lk			−Mt / −Lk			traditions not taken over by Mt / Lk							subtotals								
code	222	211	112	212	221	122	121	022	012	021	220	120	210	020	Σ+	Σ−	Σ	202	201	102	200	002	total
Mt		1+										1−	1+		2+	1−	2						2
Mk												1		1			2						2
Lk			1+												1+		1			1			2

102	Mt 4,1	τότε ὁ Ἰησοῦς ἀνήχθη εἰς τὴν ἔρημον ὑπὸ τοῦ πνεύματος ...	Mk 1,12	καὶ εὐθὺς τὸ πνεῦμα αὐτὸν ἐκβάλλει εἰς τὴν ἔρημον.	Lk 4,1	Ἰησοῦς δὲ **πλήρης πνεύματος ἁγίου** ὑπέστρεψεν ἀπὸ τοῦ Ἰορδάνου καὶ ἤγετο ἐν τῷ πνεύματι ἐν τῇ ἐρήμῳ	Mk-Q overlap
112	Mt 8,2	καὶ ἰδοὺ **λεπρὸς** προσελθὼν προσεκύνει αὐτῷ ...	Mk 1,40	καὶ ἔρχεται πρὸς αὐτὸν **λεπρὸς** παρακαλῶν αὐτὸν [καὶ γονυπετῶν] ...	Lk 5,12 → Lk 17,12.16	... καὶ ἰδοὺ **ἀνὴρ πλήρης λέπρας·** ἰδὼν δὲ τὸν Ἰησοῦν, πεσὼν ἐπὶ πρόσωπον ἐδεήθη αὐτοῦ ...	
020			Mk 4,28	αὐτομάτη ἡ γῆ καρποφορεῖ, πρῶτον χόρτον εἶτα στάχυν εἶτα **πλήρη[ς] σῖτον** ἐν τῷ στάχυϊ.			
211	Mt 14,20 ↓ Mt 15,37	... καὶ ἦραν τὸ περισσεῦον τῶν κλασμάτων **δώδεκα κοφίνους** **πλήρεις.**	Mk 6,43 ↓ Mk 8,8	καὶ ἦραν κλάσματα **δώδεκα κοφίνων** **πληρώματα** καὶ ἀπὸ τῶν ἰχθύων.	Lk 9,17	... καὶ ἤρθη τὸ περισσεῦσαν αὐτοῖς κλασμάτων **κόφινοι δώδεκα.**	→ Jn 6,12-13
210	Mt 15,37 ↑ Mt 14,20	... καὶ τὸ περισσεῦον τῶν κλασμάτων ἦραν **ἑπτὰ σπυρίδας** **πλήρεις.**	Mk 8,8 ↑ Mk 6,43	... καὶ ἦραν περισσεύματα κλασμάτων **ἑπτὰ σπυρίδας.**	↑ Lk 9,17		
120	Mt 16,9	... οὐδὲ μνημονεύετε τοὺς πέντε ἄρτους τῶν πεντακισχιλίων καὶ **πόσους κοφίνους** ἐλάβετε;	Mk 8,19	[18] ... οὐ μνημονεύετε, [19] ὅτε τοὺς πέντε ἄρτους ἔκλασα εἰς τοὺς πεντακισχιλίους, **πόσους κοφίνους** **κλασμάτων πλήρεις** ἤρατε; λέγουσιν αὐτῷ· δώδεκα.			

Acts 6,3 ἐπισκέψασθε δέ, ἀδελφοί, ἄνδρας ἐξ ὑμῶν μαρτυρουμένους ἑπτά, **πλήρεις πνεύματος καὶ σοφίας,** οὓς καταστήσομεν ἐπὶ τῆς χρείας ταύτης

Acts 6,5 ... καὶ ἐξελέξαντο Στέφανον, **ἄνδρα πλήρης πίστεως καὶ πνεύματος ἁγίου,** καὶ Φίλιππον καὶ Πρόχορον καὶ Νικάνορα ...

Acts 6,8 **Στέφανος δὲ πλήρης χάριτος καὶ δυνάμεως** ἐποίει τέρατα καὶ σημεῖα μεγάλα ἐν τῷ λαῷ.

Acts 7,55 ὑπάρχων δὲ **πλήρης πνεύματος ἁγίου** ἀτενίσας εἰς τὸν οὐρανὸν εἶδεν δόξαν θεοῦ καὶ Ἰησοῦν ἑστῶτα ἐκ δεξιῶν τοῦ θεοῦ

Acts 9,36 ... ἣ διερμηνευομένη λέγεται Δορκάς· αὕτη ἦν **πλήρης ἔργων ἀγαθῶν καὶ ἐλεημοσυνῶν** ὧν ἐποίει.

Acts 11,24 ὅτι ἦν **ἀνὴρ ἀγαθὸς καὶ πλήρης πνεύματος ἁγίου καὶ πίστεως.** καὶ προσετέθη ὄχλος ἱκανὸς τῷ κυρίῳ.

Acts 13,10 εἶπεν·
ὦ πλήρης παντὸς δόλου καὶ πάσης ῥᾳδιουργίας,
υἱὲ διαβόλου, ἐχθρὲ πάσης δικαιοσύνης, οὐ παύσῃ διαστρέφων τὰς ὁδοὺς [τοῦ] κυρίου τὰς εὐθείας;

Acts 19,28 ἀκούσαντες δὲ καὶ γενόμενοι
πλήρεις θυμοῦ
ἔκραζον λέγοντες· μεγάλη ἡ Ἄρτεμις Ἐφεσίων.

πληροφορέω

	Syn	Mt	Mk	Lk	Acts	Jn	1-3John	Paul	Eph	Col
	1			1				2		1
	NT	2Thess	1/2Tim	Tit	Heb	Jas	1Pet	2Pet	Jude	Rev
	6		2							

fill (completely); fulfill; *passive:* be fully convinced

	Mt	Mk	Lk
002			**Lk 1,1** ἐπειδήπερ πολλοὶ ἐπεχείρησαν ἀνατάξασθαι διήγησιν **περὶ τῶν πεπληροφορημένων ἐν ἡμῖν πραγμάτων**

πληρόω

	Syn	Mt	Mk	Lk	Acts	Jn	1-3John	Paul	Eph	Col
	27	16	2	9	16	15	2	13	4	4
	NT	2Thess	1/2Tim	Tit	Heb	Jas	1Pet	2Pet	Jude	Rev
	86	1	1			1				2

make full; fill; complete; fulfill; bring to completion; finish; bring to an end

	triple tradition																	double tradition			Sondergut		
		+Mt / +Lk			–Mt / –Lk			traditions not taken over by Mt / Lk							subtotals								
code	*222*	*211*	*112*	*212*	*221*	*122*	*121*	*022*	*012*	*021*	*220*	*120*	*210*	*020*	Σ^+	Σ^-	Σ	*202*	*201*	*102*	*200*	*002*	total
Mt											1	1^-				1^-	1		1		14		**16**
Mk											1	1					2						**2**
Lk			1^+												1^+		1			1		7	**9**

[a] πληρόω active
[b] πληρόω with reference to scripture
[c] πληρόω with reference to a sermon
[d] πληρόω with reference to time

	Mt	Mk	Lk
c 002			**Lk 1,20** καὶ ἰδοὺ ἔσῃ σιωπῶν καὶ μὴ δυνάμενος λαλῆσαι ἄχρι ἧς ἡμέρας γένηται ταῦτα, ἀνθ' ὧν οὐκ ἐπίστευσας τοῖς λόγοις μου, οἵτινες **πληρωθήσονται** εἰς τὸν καιρὸν αὐτῶν.
b 200	**Mt 1,22** τοῦτο δὲ ὅλον γέγονεν ἵνα **πληρωθῇ** τὸ ῥηθὲν ὑπὸ κυρίου διὰ τοῦ προφήτου λέγοντος· [23] *ἰδοὺ ἡ παρθένος ἐν γαστρὶ ἕξει καὶ τέξεται υἱόν, ...* ➤ Isa 7,14 LXX		
002			**Lk 2,40** τὸ δὲ παιδίον ηὔξανεν καὶ ἐκραταιοῦτο **πληρούμενον** σοφίᾳ, καὶ χάρις θεοῦ ἦν ἐπ' αὐτό.

b 200	**Mt 2,15**	καὶ ἦν ἐκεῖ ἕως τῆς τελευτῆς Ἡρῴδου· ἵνα **πληρωθῇ** τὸ ῥηθὲν ὑπὸ κυρίου διὰ τοῦ προφήτου λέγοντος· *ἐξ Αἰγύπτου ἐκάλεσα τὸν υἱόν μου.* ➤ Hos 11,1					
b 200	**Mt 2,17**	τότε **ἐπληρώθη** τὸ ῥηθὲν διὰ Ἰερεμίου τοῦ προφήτου λέγοντος· [18] *φωνὴ ἐν Ῥαμὰ ἠκούσθη, κλαυθμὸς καὶ ὀδυρμὸς* πολύς· ... ➤ Jer 31,15					
b 200	**Mt 2,23** → Lk 2,39	καὶ ἐλθὼν κατῴκησεν εἰς πόλιν λεγομένην Ναζαρέτ· ὅπως **πληρωθῇ** τὸ ῥηθὲν διὰ τῶν προφητῶν ὅτι Ναζωραῖος κληθήσεται.					
002					**Lk 3,5**	*πᾶσα φάραγξ* ***πληρωθήσεται*** *καὶ πᾶν ὄρος καὶ βουνὸς ταπεινωθήσεται, καὶ ἔσται τὰ σκολιὰ εἰς εὐθείαν καὶ αἱ τραχεῖαι εἰς ὁδοὺς λείας·* ➤ Isa 40,4 LXX	
a 200	**Mt 3,15**	... ἄφες ἄρτι, οὕτως γὰρ πρέπον ἐστὶν ἡμῖν **πληρῶσαι** πᾶσαν δικαιοσύνην. ...					
b 200	**Mt 4,14**	ἵνα **πληρωθῇ** τὸ ῥηθὲν διὰ Ἠσαΐου τοῦ προφήτου λέγοντος· [15] *γῆ Ζαβουλὼν* καὶ *γῆ Νεφθαλίμ, ὁδὸν θαλάσσης, πέραν τοῦ Ἰορδάνου, Γαλιλαία τῶν ἐθνῶν* ➤ Isa 8,23					
d 120	**Mt 4,17**	ἀπὸ τότε ἤρξατο ὁ Ἰησοῦς κηρύσσειν καὶ λέγειν· μετανοεῖτε· ἤγγικεν γὰρ ἡ βασιλεία τῶν οὐρανῶν.	**Mk 1,15**	καὶ λέγων ὅτι **πεπλήρωται** ὁ καιρὸς καὶ ἤγγικεν ἡ βασιλεία τοῦ θεοῦ· μετανοεῖτε καὶ πιστεύετε ἐν τῷ εὐαγγελίῳ.			
b d 002					**Lk 4,21**	ἤρξατο δὲ λέγειν πρὸς αὐτοὺς ὅτι σήμερον **πεπλήρωται** ἡ γραφὴ αὕτη ἐν τοῖς ὠσὶν ὑμῶν.	
a b 200	**Mt 5,17** → Mt 11,13 → Lk 16,16	μὴ νομίσητε ὅτι ἦλθον καταλῦσαι τὸν νόμον ἢ τοὺς προφήτας· οὐκ ἦλθον καταλῦσαι ἀλλὰ **πληρῶσαι.**					
a c 102	**Mt 7,28**	καὶ ἐγένετο ὅτε **ἐτέλεσεν** ὁ Ἰησοῦς τοὺς λόγους τούτους, ...			**Lk 7,1**	ἐπειδὴ **ἐπλήρωσεν** πάντα τὰ ῥήματα αὐτοῦ εἰς τὰς ἀκοὰς τοῦ λαοῦ, ...	

b 200	Mt 8,17	ὅπως **πληρωθῇ** τὸ ῥηθὲν διὰ Ἠσαΐου τοῦ προφήτου λέγοντος· *αὐτὸς τὰς ἀσθενείας* *ἡμῶν ἔλαβεν καὶ τὰς* *νόσους ἐβάστασεν.* ➤ Isa 53,4					
b 200	Mt 12,17	ἵνα **πληρωθῇ** τὸ ῥηθὲν διὰ Ἠσαΐου τοῦ προφήτου λέγοντος· [18] *ἰδοὺ ὁ παῖς μου ὃν* *ᾑρέτισα, ὁ ἀγαπητός μου* *εἰς ὃν εὐδόκησεν ἡ ψυχή* *μου·* ... ➤ Isa 42,1					
b 200	Mt 13,35	ὅπως **πληρωθῇ** τὸ ῥηθὲν διὰ τοῦ προφήτου λέγοντος· *ἀνοίξω ἐν παραβολαῖς* *τὸ στόμα μου, ἐρεύξομαι* *κεκρυμμένα ἀπὸ* *καταβολῆς* [κόσμου]. ➤ Ps 78,2					
   200	Mt 13,48	[47] πάλιν ὁμοία ἐστὶν ἡ βασιλεία τῶν οὐρανῶν σαγήνῃ ... [48] ἣν ὅτε **ἐπληρώθη** ἀναβιβάσαντες ἐπὶ τὸν αἰγιαλὸν καὶ καθίσαντες συνέλεξαν τὰ καλὰ εἰς ἄγγη, τὰ δὲ σαπρὰ ἔξω ἔβαλον.					→ GTh 8
a 112	Mt 17,3	καὶ ἰδοὺ ὤφθη αὐτοῖς Μωϋσῆς καὶ Ἠλίας συλλαλοῦντες μετ᾽ αὐτοῦ.	Mk 9,4	καὶ ὤφθη αὐτοῖς Ἠλίας σὺν Μωϋσεῖ καὶ ἦσαν συλλαλοῦντες τῷ Ἰησοῦ.	Lk 9,31	[30] καὶ ἰδοὺ ἄνδρες δύο συνελάλουν αὐτῷ, οἵτινες ἦσαν Μωϋσῆς καὶ Ἠλίας, [31] οἳ ὀφθέντες ἐν δόξῃ ἔλεγον τὴν ἔξοδον αὐτοῦ, ἣν ἤμελλεν **πληροῦν** ἐν Ἰερουσαλήμ.	
b 200	Mt 21,4	τοῦτο δὲ γέγονεν ἵνα **πληρωθῇ** τὸ ῥηθὲν διὰ τοῦ προφήτου λέγοντος· [5] *εἴπατε τῇ θυγατρὶ* *Σιών· ἰδοὺ ὁ βασιλεύς* *σου ἔρχεταί σοι πραΰς* *καὶ ἐπιβεβηκὼς ἐπὶ ὄνον* *καὶ ἐπὶ πῶλον υἱὸν* *ὑποζυγίου.* ➤ Isa 62,11; Zech 9,9					→ Jn 12,14-15
a 201	Mt 23,32	[31] ὥστε μαρτυρεῖτε ἑαυτοῖς ὅτι υἱοί ἐστε τῶν φονευσάντων τοὺς προφήτας. [32] καὶ ὑμεῖς **πληρώσατε** τὸ μέτρον τῶν πατέρων ὑμῶν.			Lk 11,48	ἄρα μάρτυρές ἐστε καὶ **συνευδοκεῖτε** τοῖς ἔργοις τῶν πατέρων ὑμῶν, ὅτι αὐτοὶ μὲν ἀπέκτειναν αὐτούς, ὑμεῖς δὲ οἰκοδομεῖτε.	

	Mt		Mk		Lk		
d 002					**Lk 21,24** → Lk 19,44	καὶ πεσοῦνται στόματι μαχαίρης καὶ αἰχμαλωτισθήσονται εἰς τὰ ἔθνη πάντα, καὶ Ἰερουσαλὴμ ἔσται πατουμένη ὑπὸ ἐθνῶν, ἄχρι οὗ **πληρωθῶσιν** καιροὶ ἐθνῶν.	
002					**Lk 22,16** → Mt 26,29 → Mk 14,25 → Lk 22,18	λέγω γὰρ ὑμῖν ὅτι οὐ μὴ φάγω αὐτὸ ἕως ὅτου **πληρωθῇ** ἐν τῇ βασιλείᾳ τοῦ θεοῦ.	
b 200	**Mt 26,54**	πῶς οὖν **πληρωθῶσιν** αἱ γραφαὶ ὅτι οὕτως δεῖ γενέσθαι;					
b 220	**Mt 26,56**	τοῦτο δὲ ὅλον γέγονεν ἵνα **πληρωθῶσιν** αἱ γραφαὶ τῶν προφητῶν. τότε οἱ μαθηταὶ πάντες ἀφέντες αὐτὸν ἔφυγον.	**Mk 14,49**	... ἀλλ' ἵνα **πληρωθῶσιν** αἱ γραφαί. [50] καὶ ἀφέντες αὐτὸν ἔφυγον πάντες.			
b 200	**Mt 27,9**	τότε **ἐπληρώθη** τὸ ῥηθὲν διὰ Ἰερεμίου τοῦ προφήτου λέγοντος· *καὶ ἔλαβον τὰ τριάκοντα ἀργύρια, τὴν τιμὴν τοῦ τετιμημένου ὃν ἐτιμήσαντο* ἀπὸ υἱῶν Ἰσραήλ ➤ Zech 11,13					
b 002					**Lk 24,44** → Lk 24,27	... οὗτοι οἱ λόγοι μου οὓς ἐλάλησα πρὸς ὑμᾶς ἔτι ὢν σὺν ὑμῖν, ὅτι δεῖ **πληρωθῆναι** πάντα τὰ γεγραμμένα ἐν τῷ νόμῳ Μωϋσέως καὶ τοῖς προφήταις καὶ ψαλμοῖς περὶ ἐμοῦ.	

b **Acts 1,16** ἄνδρες ἀδελφοί, ἔδει **πληρωθῆναι** τὴν γραφὴν ἣν προεῖπεν τὸ πνεῦμα τὸ ἅγιον διὰ στόματος Δαυὶδ περὶ Ἰούδα τοῦ γενομένου ὁδηγοῦ τοῖς συλλαβοῦσιν Ἰησοῦν

a **Acts 2,2** καὶ ἐγένετο ἄφνω ἐκ τοῦ οὐρανοῦ ἦχος ὥσπερ φερομένης πνοῆς βιαίας καὶ **ἐπλήρωσεν** ὅλον τὸν οἶκον οὗ ἦσαν καθήμενοι

a **Acts 2,28** *ἐγνώρισάς μοι ὁδοὺς ζωῆς,* ***πληρώσεις*** *με εὐφροσύνης μετὰ τοῦ προσώπου σου.*
➤ Ps 15,11 LXX

a **Acts 3,18** ὁ δὲ θεός, ἃ προκατήγγειλεν διὰ στόματος πάντων τῶν προφητῶν παθεῖν τὸν χριστὸν αὐτοῦ **ἐπλήρωσεν** οὕτως.

a **Acts 5,3** εἶπεν δὲ ὁ Πέτρος· Ἁνανία, διὰ τί **ἐπλήρωσεν** ὁ σατανᾶς τὴν καρδίαν σου, ψεύσασθαί σε τὸ πνεῦμα τὸ ἅγιον καὶ νοσφίσασθαι ἀπὸ τῆς τιμῆς τοῦ χωρίου;

a **Acts 5,28** ... [οὐ] παραγγελίᾳ παρηγγείλαμεν ὑμῖν μὴ διδάσκειν ἐπὶ τῷ ὀνόματι τούτῳ, καὶ ἰδοὺ **πεπληρώκατε** τὴν Ἰερουσαλὴμ τῆς διδαχῆς ὑμῶν ...

d **Acts 7,23** ὡς δὲ **ἐπληροῦτο** αὐτῷ τεσσερακονταετὴς χρόνος, ἀνέβη ἐπὶ τὴν καρδίαν αὐτοῦ ἐπισκέψασθαι τοὺς ἀδελφοὺς αὐτοῦ τοὺς υἱοὺς Ἰσραήλ.

d **Acts 7,30** καὶ **πληρωθέντων** ἐτῶν τεσσεράκοντα ὤφθη αὐτῷ ἐν τῇ ἐρήμῳ τοῦ ὄρους Σινᾶ ἄγγελος ἐν φλογὶ πυρὸς βάτου.
➤ Exod 3,2

d **Acts 9,23** ὡς δὲ **ἐπληροῦντο** ἡμέραι ἱκαναί, συνεβουλεύσαντο οἱ Ἰουδαῖοι ἀνελεῖν αὐτόν·

a **Acts 12,25** Βαρναβᾶς δὲ καὶ Σαῦλος ὑπέστρεψαν εἰς Ἰερουσαλὴμ **πληρώσαντες** τὴν διακονίαν, συμπαραλαβόντες Ἰωάννην τὸν ἐπικληθέντα Μᾶρκον.

a **Acts 13,25** ὡς δὲ **ἐπλήρου** Ἰωάννης τὸν δρόμον, ἔλεγεν· τί ἐμὲ ὑπονοεῖτε εἶναι; οὐκ εἰμὶ ἐγώ· ἀλλ' ἰδοὺ ἔρχεται μετ' ἐμὲ οὗ οὐκ εἰμὶ ἄξιος τὸ ὑπόδημα τῶν ποδῶν λῦσαι.
→ Mt 3,11
→ Mk 1,7
→ Lk 3,16
→ Jn 1,27

a **Acts 13,27** οἱ γὰρ κατοικοῦντες
b [[→ Lk 23,34a]] ἐν Ἰερουσαλὴμ καὶ οἱ ἄρχοντες αὐτῶν τοῦτον ἀγνοήσαντες καὶ τὰς φωνὰς τῶν προφητῶν τὰς κατὰ πᾶν σάββατον ἀναγινωσκομένας κρίναντες **ἐπλήρωσαν**

Acts 13,52 οἵ τε μαθηταὶ **ἐπληροῦντο** χαρᾶς καὶ πνεύματος ἁγίου.

a **Acts 14,26** κἀκεῖθεν ἀπέπλευσαν εἰς Ἀντιόχειαν, ὅθεν ἦσαν παραδεδομένοι τῇ χάριτι τοῦ θεοῦ εἰς τὸ ἔργον ὃ **ἐπλήρωσαν**.

Acts 19,21 ὡς δὲ **ἐπληρώθη** ταῦτα, ἔθετο ὁ Παῦλος ἐν τῷ πνεύματι διελθὼν τὴν Μακεδονίαν καὶ Ἀχαΐαν πορεύεσθαι εἰς Ἱεροσόλυμα ...

d **Acts 24,27** διετίας δὲ **πληρωθείσης** ἔλαβεν διάδοχον ὁ Φῆλιξ Πόρκιον Φῆστον, ...

πλήρωμα	Syn 4	Mt 1	Mk 3	Lk	Acts	Jn 1	1-3John	Paul 6	Eph 4	Col 2
	NT 17	2Thess	1/2Tim	Tit	Heb	Jas	1Pet	2Pet	Jude	Rev

that which fills; that which makes something full, complete; supplement; complement; that which is full of something; full number; sum total; fullness; fulfilling; fulfillment; state of being full

	Mt		Mk		Lk		
221	**Mt 9,16**	οὐδεὶς δὲ ἐπιβάλλει ἐπίβλημα ῥάκους ἀγνάφου ἐπὶ ἱματίῳ παλαιῷ· αἴρει γὰρ **τὸ πλήρωμα αὐτοῦ** ἀπὸ τοῦ ἱματίου καὶ χεῖρον σχίσμα γίνεται.	**Mk 2,21**	οὐδεὶς ἐπίβλημα ῥάκους ἀγνάφου ἐπιράπτει ἐπὶ ἱμάτιον παλαιόν· εἰ δὲ μή, αἴρει **τὸ πλήρωμα** ἀπ' αὐτοῦ τὸ καινὸν τοῦ παλαιοῦ, καὶ χεῖρον σχίσμα γίνεται.	**Lk 5,36**	... οὐδεὶς ἐπίβλημα ἀπὸ ἱματίου καινοῦ σχίσας ἐπιβάλλει ἐπὶ ἱμάτιον παλαιόν· εἰ δὲ μή γε, καὶ τὸ καινὸν σχίσει καὶ τῷ παλαιῷ οὐ συμφωνήσει τὸ ἐπίβλημα τὸ ἀπὸ τοῦ καινοῦ.	→ GTh 47,5
121	**Mt 14,20** → Mt 15,37	... καὶ ἦραν τὸ περισσεῦον τῶν κλασμάτων **δώδεκα κοφίνους πλήρεις.**	**Mk 6,43** → Mk 8,8	καὶ ἦραν κλάσματα **δώδεκα κοφίνων πληρώματα** καὶ ἀπὸ τῶν ἰχθύων.	**Lk 9,17**	... καὶ ἤρθη τὸ περισσεῦσαν αὐτοῖς κλασμάτων **κόφινοι δώδεκα.**	→ Jn 6,12-13
120	**Mt 16,10**	οὐδὲ τοὺς ἑπτὰ ἄρτους τῶν τετρακισχιλίων καὶ **πόσας σπυρίδας** ἐλάβετε;	**Mk 8,20**	ὅτε τοὺς ἑπτὰ εἰς τοὺς τετρακισχιλίους, **πόσων σπυρίδων πληρώματα κλασμάτων** ἤρατε; καὶ λέγουσιν [αὐτῷ]· ἑπτά.			

# πλησίον	Syn 8	Mt 3	Mk 2	Lk 3	Acts 1	Jn 1	1-3John	Paul 4	Eph 1	Col
	NT 17	2Thess	1/2Tim	Tit	Heb	Jas 2	1Pet	2Pet	Jude	Rev

adjective: near; close by; *substantive:* the neighbor; fellow man

	triple tradition																	double tradition			Sondergut		
		+Mt / +Lk			−Mt / −Lk			traditions not taken over by Mt / Lk							subtotals								
code	*222*	*211*	*112*	*212*	*221*	*122*	*121*	*022*	*012*	*021*	*220*	*120*	*210*	*020*	Σ^+	Σ^-	Σ	*202*	*201*	*102*	*200*	*002*	total
Mt	1	1^+													1^+		2				1		**3**
Mk	1													1			2						**2**
Lk	1																1					2	**3**

200	**Mt 5,43** ἠκούσατε ὅτι ἐρρέθη· *ἀγαπήσεις* ***τὸν πλησίον σου*** καὶ μισήσεις τὸν ἐχθρόν σου. ➤ Lev 19,18			
222	**Mt 22,39** δευτέρα δὲ ὁμοία αὐτῇ· *ἀγαπήσεις* ***τὸν πλησίον σου*** *ὡς σεαυτόν.* ➤ Lev 19,18	**Mk 12,31** δευτέρα αὕτη· *ἀγαπήσεις* ***τὸν πλησίον σου*** *ὡς σεαυτόν. ...* ➤ Lev 19,18	**Lk 10,27** *... καὶ* ***τὸν πλησίον σου*** *ὡς σεαυτόν.* ➤ Lev 19,18	→ GTh 25
002			**Lk 10,29** ὁ δὲ θέλων δικαιῶσαι ἑαυτὸν εἶπεν πρὸς τὸν Ἰησοῦν· καὶ τίς ἐστίν **μου πλησίον;**	
002			**Lk 10,36** τίς τούτων τῶν τριῶν **πλησίον** δοκεῖ σοι γεγονέναι τοῦ ἐμπεσόντος εἰς τοὺς λῃστάς;	
211	**Mt 19,19** *τίμα τὸν πατέρα καὶ τὴν μητέρα,* καί *ἀγαπήσεις* ***τὸν πλησίον σου*** *ὡς σεαυτόν.* ➤ Exod 20,12/Deut 5,16; Lev 19,18	**Mk 10,19** ... *τίμα τὸν πατέρα σου καὶ τὴν μητέρα.* ➤ Exod 20,12/Deut 5,16	**Lk 18,20** ... *τίμα τὸν πατέρα σου καὶ τὴν μητέρα.* ➤ Exod 20,12/Deut 5,16	→ GTh 25
222	**Mt 22,39** δευτέρα δὲ ὁμοία αὐτῇ· *ἀγαπήσεις* ***τὸν πλησίον σου*** *ὡς σεαυτόν.* ➤ Lev 19,18	**Mk 12,31** δευτέρα αὕτη· *ἀγαπήσεις* ***τὸν πλησίον σου*** *ὡς σεαυτόν. ...* ➤ Lev 19,18	**Lk 10,27** *... καὶ* ***τὸν πλησίον σου*** *ὡς σεαυτόν.* ➤ Lev 19,18	→ GTh 25
020		**Mk 12,33** ... καὶ τὸ *ἀγαπᾶν* ***τὸν πλησίον*** *ὡς ἑαυτὸν* περισσότερόν ἐστιν πάντων τῶν ὁλοκαυτωμάτων καὶ θυσιῶν. ➤ Lev 19,18		

Acts 7,27 ὁ δὲ ἀδικῶν
τὸν πλησίον
ἀπώσατο αὐτὸν εἰπών·
τίς σε κατέστησεν ἄρχοντα καὶ δικαστὴν ἐφ' ἡμῶν;
➤ Exod 2,14

πλοιάριον	Syn 1	Mt	Mk 1	Lk	Acts	Jn 4	1-3John	Paul	Eph	Col
	NT 5	2Thess	1/2Tim	Tit	Heb	Jas	1Pet	2Pet	Jude	Rev

small ship; boat; skiff

020		**Mk 3,9** →Mt 13,2 →Mk 4,1 →Lk 5,1.3 καὶ εἶπεν τοῖς μαθηταῖς αὐτοῦ ἵνα **πλοιάριον** προσκαρτερῇ αὐτῷ διὰ τὸν ὄχλον ἵνα μὴ θλίβωσιν αὐτόν·		

πλοῖον	Syn 38	Mt 13	Mk 17	Lk 8	Acts 19	Jn 8	1-3John	Paul	Eph	Col
	NT 68	2Thess	1/2Tim	Tit	Heb	Jas 1	1Pet	2Pet	Jude	Rev 2

ship

	triple tradition																	double tradition			Sonder-gut		
		+Mt / +Lk			−Mt / −Lk			traditions not taken over by Mt / Lk							subtotals								
code	*222*	*211*	*112*	*212*	*221*	*122*	*121*	*022*	*012*	*021*	*220*	*120*	*210*	*020*	Σ⁺	Σ⁻	Σ	*202*	*201*	*102*	*200*	*002*	total
Mt	2				4		4⁻				5	2⁻	1⁺		1⁺	6⁻	12				1		**13**
Mk	2				4		4				5	2					17						**17**
Lk	2		1⁺		4⁻		4⁻								1⁺	8⁻	3					5	**8**

[a] ἀναβαίνω εἰς τὸ πλοῖον   [b] ἐμβαίνω εἰς (τὸ) πλοῖον   [c] ἐξέρχομαι ἐκ τοῦ πλοῖον

221	**Mt 4,21** ↓Lk 5,2 καὶ προβὰς ἐκεῖθεν εἶδεν ἄλλους δύο ἀδελφούς, Ἰάκωβον τὸν τοῦ Ζεβεδαίου καὶ Ἰωάννην τὸν ἀδελφὸν αὐτοῦ, **ἐν τῷ πλοίῳ** μετὰ Ζεβεδαίου τοῦ πατρὸς αὐτῶν καταρτίζοντας τὰ δίκτυα αὐτῶν, ...	**Mk 1,19** ↓Lk 5,2 καὶ προβὰς ὀλίγον εἶδεν Ἰάκωβον τὸν τοῦ Ζεβεδαίου καὶ Ἰωάννην τὸν ἀδελφὸν αὐτοῦ, καὶ αὐτοὺς **ἐν τῷ πλοίῳ** καταρτίζοντας τὰ δίκτυα,	**Lk 5,10** ὁμοίως δὲ καὶ Ἰάκωβον καὶ Ἰωάννην υἱοὺς Ζεβεδαίου, οἳ ἦσαν κοινωνοὶ τῷ Σίμωνι. ... [2] ... οἱ δὲ ἁλιεῖς ἀπ᾽ αὐτῶν ἀποβάντες ἔπλυνον τὰ δίκτυα.	
220	**Mt 4,22** οἱ δὲ εὐθέως ἀφέντες **τὸ πλοῖον** καὶ τὸν πατέρα αὐτῶν ἠκολούθησαν αὐτῷ.	**Mk 1,20** ... καὶ ἀφέντες τὸν πατέρα αὐτῶν Ζεβεδαῖον **ἐν τῷ πλοίῳ** μετὰ τῶν μισθωτῶν ἀπῆλθον ὀπίσω αὐτοῦ.	**Lk 5,11** ↓Mk 1,18 →Lk 5,28 καὶ καταγαγόντες **τὰ πλοῖα** ἐπὶ τὴν γῆν ἀφέντες πάντα ἠκολούθησαν αὐτῷ.	
002	**Mt 4,18** περιπατῶν δὲ παρὰ τὴν θάλασσαν τῆς Γαλιλαίας εἶδεν δύο ἀδελφούς, Σίμωνα τὸν λεγόμενον Πέτρον καὶ Ἀνδρέαν τὸν ἀδελφὸν αὐτοῦ, ...	**Mk 1,16** καὶ παράγων παρὰ τὴν θάλασσαν τῆς Γαλιλαίας εἶδεν Σίμωνα καὶ Ἀνδρέαν τὸν ἀδελφὸν Σίμωνος ...	**Lk 5,2** ↑Mt 4,21 ↑Mk 1,19 [1] ... καὶ αὐτὸς ἦν ἑστὼς παρὰ τὴν λίμνην Γεννησαρέτ [2] καὶ εἶδεν **δύο πλοῖα** ἑστῶτα παρὰ τὴν λίμνην· ... [3] ἐμβὰς δὲ εἰς ἓν τῶν πλοίων, ὃ ἦν Σίμωνος, ...	→Jn 1,40-42
b 002	**Mt 13,2** καὶ συνήχθησαν πρὸς αὐτὸν ὄχλοι πολλοί, ὥστε αὐτὸν **εἰς πλοῖον** ἐμβάντα	**Mk 4,1** →Mk 3,9 ... καὶ συνάγεται πρὸς αὐτὸν ὄχλος πλεῖστος, ὥστε αὐτὸν **εἰς πλοῖον** ἐμβάντα	**Lk 5,3 (2)** ⇩Lk 8,4 [1] ἐγένετο δὲ ἐν τῷ τὸν ὄχλον ἐπικεῖσθαι αὐτῷ ... [3] ἐμβὰς δὲ **εἰς ἓν τῶν πλοίων,** ὃ ἦν Σίμωνος, ἠρώτησεν αὐτὸν ἀπὸ τῆς γῆς ἐπαναγαγεῖν ὀλίγον·	
002	... καθῆσθαι, καὶ πᾶς ὁ ὄχλος ἐπὶ τὸν αἰγιαλὸν εἱστήκει. [3] καὶ ἐλάλησεν αὐτοῖς ...	καθῆσθαι ἐν τῇ θαλάσσῃ, καὶ πᾶς ὁ ὄχλος πρὸς τὴν θάλασσαν ἐπὶ τῆς γῆς ἦσαν. [2] καὶ ἐδίδασκεν αὐτοὺς ...	καθίσας δὲ **ἐκ τοῦ πλοίου** ἐδίδασκεν τοὺς ὄχλους.	

	Mt		Mk		Lk		
002 002					Lk 5,7 (2)	καὶ κατένευσαν τοῖς μετόχοις ἐν τῷ ἑτέρῳ πλοίῳ τοῦ ἐλθόντας συλλαβέσθαι αὐτοῖς· καὶ ἦλθον καὶ ἔπλησαν ἀμφότερα τὰ πλοῖα ὥστε βυθίζεσθαι αὐτά.	
112	Mt 4,20	οἱ δὲ εὐθέως ἀφέντες τὰ δίκτυα ἠκολούθησαν αὐτῷ.	Mk 1,18	καὶ εὐθὺς ἀφέντες τὰ δίκτυα ἠκολούθησαν αὐτῷ.	Lk 5,11 ↑ Mk 1,20 → Lk 5,28	καὶ καταγαγόντες τὰ πλοῖα ἐπὶ τὴν γῆν ἀφέντες πάντα ἠκολούθησαν αὐτῷ.	
b 221	Mt 13,2 → Lk 5,1	καὶ συνήχθησαν πρὸς αὐτὸν ὄχλοι πολλοί, ὥστε αὐτὸν εἰς πλοῖον ἐμβάντα καθῆσθαι, ...	Mk 4,1 → Lk 5,1 → Mk 3,9 ↓ Mk 4,36	... καὶ συνάγεται πρὸς αὐτὸν ὄχλος πλεῖστος, ὥστε αὐτὸν εἰς πλοῖον ἐμβάντα καθῆσθαι ἐν τῇ θαλάσσῃ, ...	Lk 8,4 ⇧ Lk 5,3	συνιόντος δὲ ὄχλου πολλοῦ καὶ τῶν κατὰ πόλιν ἐπιπορευομένων πρὸς αὐτὸν ...	
b 222 121	Mt 8,23	καὶ ἐμβάντι αὐτῷ εἰς τὸ πλοῖον ἠκολούθησαν αὐτῷ οἱ μαθηταὶ αὐτοῦ.	Mk 4,36 (2) ↑ Mk 4,1	καὶ ἀφέντες τὸν ὄχλον παραλαμβάνουσιν αὐτὸν ὡς ἦν ἐν τῷ πλοίῳ, καὶ ἄλλα πλοῖα ἦν μετ᾽ αὐτοῦ.	Lk 8,22	ἐγένετο δὲ ἐν μιᾷ τῶν ἡμερῶν καὶ αὐτὸς ἐνέβη εἰς πλοῖον καὶ οἱ μαθηταὶ αὐτοῦ ...	
   221 121	Mt 8,24	καὶ ἰδοὺ σεισμὸς μέγας ἐγένετο ἐν τῇ θαλάσσῃ, ὥστε τὸ πλοῖον καλύπτεσθαι ὑπὸ τῶν κυμάτων, ...	Mk 4,37 (2)	καὶ γίνεται λαῖλαψ μεγάλη ἀνέμου, καὶ τὰ κύματα ἐπέβαλλεν εἰς τὸ πλοῖον, ὥστε ἤδη γεμίζεσθαι τὸ πλοῖον.	Lk 8,23	... καὶ κατέβη λαῖλαψ ἀνέμου εἰς τὴν λίμνην, καὶ συνεπληροῦντο καὶ ἐκινδύνευον.	
c 121	Mt 8,28	 ... ὑπήντησαν αὐτῷ δύο δαιμονιζόμενοι ἐκ τῶν μνημείων ἐξερχόμενοι, ...	Mk 5,2	καὶ ἐξελθόντος αὐτοῦ ἐκ τοῦ πλοίου εὐθὺς ὑπήντησεν αὐτῷ ἐκ τῶν μνημείων ἄνθρωπος ἐν πνεύματι ἀκαθάρτῳ	Lk 8,27	ἐξελθόντι δὲ αὐτῷ ἐπὶ τὴν γῆν ὑπήντησεν ἀνήρ τις ἐκ τῆς πόλεως ἔχων δαιμόνια ...	
b 222	Mt 9,1 ↓ Mk 5,21	καὶ ἐμβὰς εἰς πλοῖον	Mk 5,18	καὶ ἐμβαίνοντος αὐτοῦ εἰς τὸ πλοῖον ...	Lk 8,37	... αὐτὸς δὲ ἐμβὰς εἰς πλοῖον ὑπέστρεψεν.	
  121		διεπέρασεν ...	Mk 5,21	καὶ διαπεράσαντος τοῦ Ἰησοῦ [ἐν τῷ πλοίῳ] πάλιν εἰς τὸ πέραν συνήχθη ὄχλος πολὺς ἐπ᾽ αὐτόν, καὶ ἦν παρὰ τὴν θάλασσαν.	Lk 8,40	ἐν δὲ τῷ ὑποστρέφειν τὸν Ἰησοῦν ἀπεδέξατο αὐτὸν ὁ ὄχλος· ἦσαν γὰρ πάντες προσδοκῶντες αὐτόν.	
b 221	Mt 13,2 → Lk 5,1	καὶ συνήχθησαν πρὸς αὐτὸν ὄχλοι πολλοί, ὥστε αὐτὸν εἰς πλοῖον ἐμβάντα καθῆσθαι, ...	Mk 4,1 → Lk 5,1 → Mk 3,9 ↑ Mk 4,36	... καὶ συνάγεται πρὸς αὐτὸν ὄχλος πλεῖστος, ὥστε αὐτὸν εἰς πλοῖον ἐμβάντα καθῆσθαι ἐν τῇ θαλάσσῃ, ...	Lk 8,4 ⇧ Lk 5,3	συνιόντος δὲ ὄχλου πολλοῦ καὶ τῶν κατὰ πόλιν ἐπιπορευομένων πρὸς αὐτὸν ...	

221	Mt 14,13	ἀκούσας δὲ ὁ Ἰησοῦς ἀνεχώρησεν ἐκεῖθεν ἐν πλοίῳ εἰς ἔρημον τόπον κατ᾽ ἰδίαν· ...	Mk 6,32	καὶ ἀπῆλθον ἐν τῷ πλοίῳ εἰς ἔρημον τόπον κατ᾽ ἰδίαν.	Lk 9,10	... καὶ παραλαβὼν αὐτοὺς ὑπεχώρησεν κατ᾽ ἰδίαν εἰς πόλιν καλουμένην Βηθσαϊδά.	
b 220	Mt 14,22 ↓ Mt 15,39	καὶ εὐθέως ἠνάγκασεν τοὺς μαθητὰς ἐμβῆναι εἰς τὸ πλοῖον καὶ προάγειν αὐτὸν εἰς τὸ πέραν, ἕως οὗ ἀπολύσῃ τοὺς ὄχλους.	Mk 6,45 ↓ Mk 8,9	καὶ εὐθὺς ἠνάγκασεν τοὺς μαθητὰς αὐτοῦ ἐμβῆναι εἰς τὸ πλοῖον καὶ προάγειν εἰς τὸ πέραν πρὸς Βηθσαϊδάν, ἕως αὐτὸς ἀπολύει τὸν ὄχλον.			→ Jn 6,17
220	Mt 14,24	[23] ... ὀψίας δὲ γενομένης μόνος ἦν ἐκεῖ. τὸ δὲ πλοῖον ἤδη σταδίους πολλοὺς ἀπὸ τῆς γῆς ἀπεῖχεν ...	Mk 6,47	καὶ ὀψίας γενομένης ἦν τὸ πλοῖον ἐν μέσῳ τῆς θαλάσσης, καὶ αὐτὸς μόνος ἐπὶ τῆς γῆς.			
200	Mt 14,29	ὁ δὲ εἶπεν· ἐλθέ. καὶ καταβὰς ἀπὸ τοῦ πλοίου [ὁ] Πέτρος περιεπάτησεν ἐπὶ τὰ ὕδατα καὶ ἦλθεν πρὸς τὸν Ἰησοῦν.					
a 220	Mt 14,32	καὶ ἀναβάντων αὐτῶν εἰς τὸ πλοῖον ἐκόπασεν ὁ ἄνεμος.	Mk 6,51	καὶ ἀνέβη πρὸς αὐτοὺς εἰς τὸ πλοῖον καὶ ἐκόπασεν ὁ ἄνεμος,			→ Jn 6,21
210	Mt 14,33 → Mt 16,16	οἱ δὲ ἐν τῷ πλοίῳ προσεκύνησαν αὐτῷ λέγοντες· ἀληθῶς θεοῦ υἱὸς εἶ.		καὶ λίαν [ἐκ περισσοῦ] ἐν ἑαυτοῖς ἐξίσταντο·			
c 120	Mt 14,35	 καὶ ἐπιγνόντες αὐτὸν οἱ ἄνδρες τοῦ τόπου ἐκείνου ...	Mk 6,54	καὶ ἐξελθόντων αὐτῶν ἐκ τοῦ πλοίου εὐθὺς ἐπιγνόντες αὐτὸν			
b 220	Mt 15,39 ↑ Mt 14,22	καὶ ἀπολύσας τοὺς ὄχλους ἐνέβη εἰς τὸ πλοῖον, καὶ ἦλθεν εἰς τὰ ὅρια Μαγαδάν.	Mk 8,10 ↑ Mk 6,45	[9] ... καὶ ἀπέλυσεν αὐτούς. [10] καὶ εὐθὺς ἐμβὰς εἰς τὸ πλοῖον μετὰ τῶν μαθητῶν αὐτοῦ ἦλθεν εἰς τὰ μέρη Δαλμανουθά.			
120	Mt 16,5	καὶ ἐλθόντες οἱ μαθηταὶ εἰς τὸ πέραν ἐπελάθοντο ἄρτους λαβεῖν.	Mk 8,14	καὶ ἐπελάθοντο λαβεῖν ἄρτους καὶ εἰ μὴ ἕνα ἄρτον οὐκ εἶχον μεθ᾽ ἑαυτῶν ἐν τῷ πλοίῳ.			

Acts 20,13 ἡμεῖς δὲ προελθόντες
ἐπὶ τὸ πλοῖον
ἀνήχθημεν ἐπὶ τὴν
Ἆσσον ἐκεῖθεν
μέλλοντες ἀναλαμβάνειν
τὸν Παῦλον· ...

Acts 20,38 ὀδυνώμενοι μάλιστα ἐπὶ
τῷ λόγῳ ᾧ εἰρήκει, ὅτι
οὐκέτι μέλλουσιν τὸ
πρόσωπον αὐτοῦ θεωρεῖν.
προέπεμπον δὲ αὐτὸν
εἰς τὸ πλοῖον.

Acts 21,2 καὶ εὑρόντες
πλοῖον
διαπερῶν εἰς Φοινίκην
ἐπιβάντες ἀνήχθημεν.

Acts 21,3 ... κατήλθομεν εἰς Τύρον·
ἐκεῖσε γὰρ
τὸ πλοῖον
ἦν ἀποφορτιζόμενον
τὸν γόμον.

a **Acts 21,6** ἀπησπασάμεθα
ἀλλήλους καὶ ἀνέβημεν
εἰς τὸ πλοῖον,
ἐκεῖνοι δὲ ὑπέστρεψαν
εἰς τὰ ἴδια.

Acts 27,2 ἐπιβάντες δὲ
πλοίῳ Ἀδραμυττηνῷ
μέλλοντι πλεῖν εἰς τοὺς
κατὰ τὴν Ἀσίαν τόπους
ἀνήχθημεν ...

Acts 27,6 κἀκεῖ εὑρὼν ὁ ἑκατοντάρχης **πλοῖον Ἀλεξανδρῖνον** πλέον εἰς τὴν Ἰταλίαν ἐνεβίβασεν ἡμᾶς εἰς αὐτό.

Acts 27,10 ... θεωρῶ ὅτι μετὰ ὕβρεως καὶ πολλῆς ζημίας οὐ μόνον τοῦ φορτίου καὶ **τοῦ πλοίου** ἀλλὰ καὶ τῶν ψυχῶν ἡμῶν μέλλειν ἔσεσθαι τὸν πλοῦν.

Acts 27,15 συναρπασθέντος δὲ **τοῦ πλοίου** καὶ μὴ δυναμένου ἀντοφθαλμεῖν τῷ ἀνέμῳ ἐπιδόντες ἐφερόμεθα.

Acts 27,17 ἣν ἄραντες βοηθείαις ἐχρῶντο ὑποζωννύντες **τὸ πλοῖον,** φοβούμενοί τε μὴ εἰς τὴν Σύρτιν ἐκπέσωσιν, χαλάσαντες τὸ σκεῦος οὕτως ἐφέροντο.

Acts 27,19 καὶ τῇ τρίτῃ αὐτόχειρες **τὴν σκευὴν τοῦ πλοίου** ἔρριψαν.

Acts 27,22 καὶ τὰ νῦν παραινῶ ὑμᾶς εὐθυμεῖν· ἀποβολὴ γὰρ ψυχῆς οὐδεμία ἔσται ἐξ ὑμῶν **πλὴν τοῦ πλοίου.**

Acts 27,30 τῶν δὲ ναυτῶν ζητούντων φυγεῖν **ἐκ τοῦ πλοίου** καὶ χαλασάντων τὴν σκάφην εἰς τὴν θάλασσαν προφάσει ὡς ἐκ πρῴρης ἀγκύρας μελλόντων ἐκτείνειν,

Acts 27,31 ... ἐὰν μὴ οὗτοι μείνωσιν **ἐν τῷ πλοίῳ,** ὑμεῖς σωθῆναι οὐ δύνασθε.

Acts 27,37 ἤμεθα δὲ αἱ πᾶσαι ψυχαὶ **ἐν τῷ πλοίῳ** διακόσιαι ἑβδομήκοντα ἕξ.

Acts 27,38 κορεσθέντες δὲ τροφῆς ἐκούφιζον **τὸ πλοῖον** ἐκβαλλόμενοι τὸν σῖτον εἰς τὴν θάλασσαν.

Acts 27,39 ... κόλπον δέ τινα κατενόουν ἔχοντα αἰγιαλὸν εἰς ὃν ἐβουλεύοντο εἰ δύναιντο ἐξῶσαι **τὸ πλοῖον.**

Acts 27,44 καὶ τοὺς λοιποὺς οὓς μὲν ἐπὶ σανίσιν, οὓς δὲ **ἐπί τινων τῶν ἀπὸ τοῦ πλοίου.** καὶ οὕτως ἐγένετο πάντας διασωθῆναι ἐπὶ τὴν γῆν.

Acts 28,11 μετὰ δὲ τρεῖς μῆνας ἀνήχθημεν **ἐν πλοίῳ παρακεχειμακότι ἐν τῇ νήσῳ, Ἀλεξανδρίνῳ,** παρασήμῳ Διοσκούροις.

πλούσιος	Syn	Mt	Mk	Lk	Acts	Jn	1-3John	Paul	Eph	Col
	16	3	2	11				1	1	
	NT	2Thess	1/2Tim	Tit	Heb	Jas	1Pet	2Pet	Jude	Rev
	28		1			5				4

rich; wealthy; rich man

	triple tradition																	double tradition			Sondergut		
		+Mt / +Lk			–Mt / –Lk			traditions not taken over by Mt / Lk							subtotals								
code	222	211	112	212	221	122	121	022	012	021	220	120	210	020	Σ⁺	Σ⁻	Σ	202	201	102	200	002	total
Mt	1	2⁺													2⁺		3						3
Mk	1							1									2						2
Lk	1		1⁺					1							1⁺		3					8	11

002	**Lk 6,24**	πλὴν οὐαὶ ὑμῖν **τοῖς πλουσίοις,** ὅτι ἀπέχετε τὴν παράκλησιν ὑμῶν.	
002	**Lk 12,16**	εἶπεν δὲ παραβολὴν πρὸς αὐτοὺς λέγων· **ἀνθρώπου τινὸς πλουσίου εὐφόρησεν ἡ χώρα.**	→ GTh 63
002	**Lk 14,12**	... ὅταν ποιῇς ἄριστον ἢ δεῖπνον, μὴ φώνει τοὺς φίλους σου μηδὲ τοὺς ἀδελφούς σου μηδὲ τοὺς συγγενεῖς σου **μηδὲ γείτονας πλουσίους,** μήποτε καὶ αὐτοὶ ἀντικαλέσωσίν σε καὶ γένηται ἀνταπόδομά σοι.	

002					Lk 16,1	... ἄνθρωπός τις ἦν **πλούσιος** ὃς εἶχεν οἰκονόμον, καὶ οὗτος διεβλήθη αὐτῷ ὡς διασκορπίζων τὰ ὑπάρχοντα αὐτοῦ.	
002					Lk 16,19	ἄνθρωπος δέ τις ἦν **πλούσιος,** καὶ ἐνεδιδύσκετο πορφύραν καὶ βύσσον εὐφραινόμενος καθ' ἡμέραν λαμπρῶς.	
002					Lk 16,21	καὶ ἐπιθυμῶν χορτασθῆναι ἀπὸ τῶν πιπτόντων **ἀπὸ τῆς τραπέζης τοῦ πλουσίου·** ἀλλὰ καὶ οἱ κύνες ἐρχόμενοι ἐπέλειχον τὰ ἕλκη αὐτοῦ.	
002					Lk 16,22	ἐγένετο δὲ ἀποθανεῖν τὸν πτωχὸν καὶ ἀπενεχθῆναι αὐτὸν ὑπὸ τῶν ἀγγέλων εἰς τὸν κόλπον Ἀβραάμ· ἀπέθανεν δὲ καὶ **ὁ πλούσιος** καὶ ἐτάφη.	
112	Mt 19,22	ἀκούσας δὲ ὁ νεανίσκος τὸν λόγον ἀπῆλθεν λυπούμενος· ἦν γὰρ **ἔχων κτήματα πολλά.**	Mk 10,22	ὁ δὲ στυγνάσας ἐπὶ τῷ λόγῳ ἀπῆλθεν λυπούμενος· ἦν γὰρ **ἔχων κτήματα πολλά.**	Lk 18,23	ὁ δὲ ἀκούσας ταῦτα περίλυπος ἐγενήθη· ἦν γὰρ **πλούσιος σφόδρα.**	
211	Mt 19,23	ὁ δὲ Ἰησοῦς εἶπεν τοῖς μαθηταῖς αὐτοῦ· ἀμὴν λέγω ὑμῖν ὅτι **πλούσιος** δυσκόλως εἰσελεύσεται εἰς τὴν βασιλείαν τῶν οὐρανῶν.	Mk 10,23	καὶ περιβλεψάμενος ὁ Ἰησοῦς λέγει τοῖς μαθηταῖς αὐτοῦ· πῶς δυσκόλως **οἱ τὰ χρήματα ἔχοντες** εἰς τὴν βασιλείαν τοῦ θεοῦ εἰσελεύσονται.	Lk 18,24	ἰδὼν δὲ αὐτὸν ὁ Ἰησοῦς [περίλυπον γενόμενον] εἶπεν· πῶς δυσκόλως **οἱ τὰ χρήματα ἔχοντες** εἰς τὴν βασιλείαν τοῦ θεοῦ εἰσπορεύονται·	
222	Mt 19,24	... εὐκοπώτερόν ἐστιν κάμηλον διὰ τρυπήματος ῥαφίδος διελθεῖν ἢ **πλούσιον** εἰσελθεῖν εἰς τὴν βασιλείαν τοῦ θεοῦ.	Mk 10,25	εὐκοπώτερόν ἐστιν κάμηλον διὰ [τῆς] τρυμαλιᾶς [τῆς] ῥαφίδος διελθεῖν ἢ **πλούσιον** εἰς τὴν βασιλείαν τοῦ θεοῦ εἰσελθεῖν.	Lk 18,25	εὐκοπώτερον γάρ ἐστιν κάμηλον διὰ τρήματος βελόνης εἰσελθεῖν ἢ **πλούσιον** εἰς τὴν βασιλείαν τοῦ θεοῦ εἰσελθεῖν.	
002					Lk 19,2	καὶ ἰδοὺ ἀνὴρ ὀνόματι καλούμενος Ζακχαῖος, καὶ αὐτὸς ἦν ἀρχιτελώνης καὶ αὐτὸς **πλούσιος·**	
022			Mk 12,41	... ἐθεώρει πῶς ὁ ὄχλος βάλλει χαλκὸν εἰς τὸ γαζοφυλάκιον. καὶ **πολλοὶ πλούσιοι** ἔβαλλον πολλά·	Lk 21,1	ἀναβλέψας δὲ εἶδεν τοὺς βάλλοντας εἰς τὸ γαζοφυλάκιον τὰ δῶρα αὐτῶν **πλουσίους.**	

	Mt		Mk		Lk		
211	Mt 27,57	... ἦλθεν ἄνθρωπος πλούσιος ἀπὸ Ἁριμαθαίας, τοὔνομα Ἰωσήφ, ὃς καὶ αὐτὸς ἐμαθητεύθη τῷ Ἰησοῦ·	Mk 15,43	ἐλθὼν Ἰωσὴφ [ὁ] ἀπὸ Ἁριμαθαίας εὐσχήμων βουλευτής, ὃς καὶ αὐτὸς ἦν προσδεχόμενος τὴν βασιλείαν τοῦ θεοῦ, ...	Lk 23,50	καὶ ἰδοὺ ἀνὴρ ὀνόματι Ἰωσὴφ βουλευτὴς ὑπάρχων [καὶ] ἀνὴρ ἀγαθὸς καὶ δίκαιος [51] ... ἀπὸ Ἁριμαθαίας πόλεως τῶν Ἰουδαίων, ὃς προσεδέχετο τὴν βασιλείαν τοῦ θεοῦ	→ Jn 19,38

πλουτέω

Syn	Mt	Mk	Lk	Acts	Jn	1-3John	Paul	Eph	Col
2			2				3		
NT	2Thess	1/2Tim	Tit	Heb	Jas	1Pet	2Pet	Jude	Rev
12		2							5

be rich; *aorist:* become rich; *perfect:* have become rich

	Mt	Mk	Lk		
002			Lk 1,53	πεινῶντας ἐνέπλησεν ἀγαθῶν καὶ πλουτοῦντας ἐξαπέστειλεν κενούς.	
002			Lk 12,21 → Mt 6,19	οὕτως ὁ θησαυρίζων ἑαυτῷ καὶ μὴ εἰς θεὸν πλουτῶν.	→ GTh 63

πλοῦτος

Syn	Mt	Mk	Lk	Acts	Jn	1-3John	Paul	Eph	Col
3	1	1	1				7	5	2
NT	2Thess	1/2Tim	Tit	Heb	Jas	1Pet	2Pet	Jude	Rev
22		1		1	1				2

wealth; riches; abundance

	Mt		Mk		Lk		
222	Mt 13,22	... καὶ ἡ μέριμνα τοῦ αἰῶνος καὶ ἡ ἀπάτη τοῦ πλούτου συμπνίγει τὸν λόγον καὶ ἄκαρπος γίνεται.	Mk 4,19	καὶ αἱ μέριμναι τοῦ αἰῶνος καὶ ἡ ἀπάτη τοῦ πλούτου καὶ αἱ περὶ τὰ λοιπὰ ἐπιθυμίαι εἰσπορευόμεναι συμπνίγουσιν τὸν λόγον καὶ ἄκαρπος γίνεται.	Lk 8,14	... καὶ ὑπὸ μεριμνῶν καὶ πλούτου καὶ ἡδονῶν τοῦ βίου πορευόμενοι συμπνίγονται καὶ οὐ τελεσφοροῦσιν.	

πλύνω

Syn	Mt	Mk	Lk	Acts	Jn	1-3John	Paul	Eph	Col
1			1						
NT	2Thess	1/2Tim	Tit	Heb	Jas	1Pet	2Pet	Jude	Rev
3									2

wash

	Mt		Mk		Lk		
002	Mt 4,18	... εἶδεν δύο ἀδελφούς, Σίμωνα τὸν λεγόμενον Πέτρον καὶ Ἀνδρέαν τὸν ἀδελφὸν αὐτοῦ, βάλλοντας ἀμφίβληστρον εἰς τὴν θάλασσαν· ἦσαν γὰρ ἁλιεῖς.	Mk 1,16	... εἶδεν Σίμωνα καὶ Ἀνδρέαν τὸν ἀδελφὸν Σίμωνος ἀμφιβάλλοντας ἐν τῇ θαλάσσῃ· ἦσαν γὰρ ἁλιεῖς.	Lk 5,2 → Mt 4,21 → Mk 1,19	καὶ εἶδεν δύο πλοῖα ἑστῶτα παρὰ τὴν λίμνην· οἱ δὲ ἁλιεῖς ἀπ᾽ αὐτῶν ἀποβάντες ἔπλυνον τὰ δίκτυα.	→ Jn 1,40-42

πνεῦμα	Syn 78	Mt 19	Mk 23	Lk 36	Acts 70	Jn 24	1-3John 12	Paul 120	Eph 14	Col 2
	NT 379	2Thess 3	1/2Tim 6	Tit 1	Heb 12	Jas 2	1Pet 8	2Pet 1	Jude 2	Rev 24

wind; the breathing out of air; blowing; breath; life-spirit; soul; the spirit; spiritual state; state of mind; disposition; spirit-being; ghost; apparition; inner life; self

	triple tradition																	double tradition			Sondergut		
		+Mt / +Lk			–Mt / –Lk			traditions not taken over by Mt / Lk							subtotals								
code	*222*	*211*	*112*	*212*	*221*	*122*	*121*	*022*	*012*	*021*	*220*	*120*	*210*	*020*	Σ^+	Σ^-	Σ	*202*	*201*	*102*	*200*	*002*	total
Mt	1	2^+			3	2^-	4^-				2	2^-			2^+	8^-	8	5	2		4		**19**
Mk	1				3	2	4	3		3	2	2		3			23						**23**
Lk	1		4^+		3^-	2	4^-	3		3^-					4^+	10^-	10	5		4		17	**36**

Mk-Q overlap: 222: Mt 3,16 / Mk 1,10 / Lk 3,22 (?)

a πνεῦμα and ἅγιον
b πνεῦμα = τὸ πνεῦμα τὸ ἅγιον
c πνεῦμα (τοῦ) θεοῦ, πνεῦμα τοῦ πατρός, πνεῦμά μου (= θεοῦ)
d πνεῦμα κυρίου
e πνεῦμα: evil spirit, demon
f πνεύματα (plural)

a 002					**Lk 1,15**	ἔσται γὰρ μέγας ἐνώπιον [τοῦ] κυρίου, *καὶ οἶνον καὶ σίκερα οὐ μὴ πίῃ*, καὶ **πνεύματος ἁγίου** πλησθήσεται ἔτι ἐκ κοιλίας μητρὸς αὐτοῦ ➤ Num 6,3; Lev 10,9
002					**Lk 1,17** → Mt 11,14 → Mt 17,12 → Mk 9,13 → Lk 3,4	καὶ αὐτὸς προελεύσεται ἐνώπιον αὐτοῦ **ἐν πνεύματι καὶ δυνάμει Ἠλίου**, ἐπιστρέψαι καρδίας πατέρων ἐπὶ τέκνα ...
a 002					**Lk 1,35** ↓ Mt 1,18 ↓ Mt 1,20	καὶ ἀποκριθεὶς ὁ ἄγγελος εἶπεν αὐτῇ· **πνεῦμα ἅγιον** ἐπελεύσεται ἐπὶ σὲ καὶ δύναμις ὑψίστου ἐπισκιάσει σοι· ...
a 002					**Lk 1,41**	... ἐσκίρτησεν τὸ βρέφος ἐν τῇ κοιλίᾳ αὐτῆς, καὶ ἐπλήσθη **πνεύματος ἁγίου** ἡ Ἐλισάβετ
002					**Lk 1,47**	καὶ ἠγαλλίασεν **τὸ πνεῦμά μου** ἐπὶ τῷ θεῷ τῷ σωτῆρί μου
a 002					**Lk 1,67**	καὶ Ζαχαρίας ὁ πατὴρ αὐτοῦ ἐπλήσθη **πνεύματος ἁγίου** καὶ ἐπροφήτευσεν λέγων·
002					**Lk 1,80** → Lk 3,2	τὸ δὲ παιδίον ηὔξανεν καὶ ἐκραταιοῦτο **πνεύματι**, καὶ ἦν ἐν ταῖς ἐρήμοις ἕως ἡμέρας ἀναδείξεως αὐτοῦ πρὸς τὸν Ἰσραήλ.
a 200	**Mt 1,18** → Lk 1,27 ↑ Lk 1,35	... μνηστευθείσης τῆς μητρὸς αὐτοῦ Μαρίας τῷ Ἰωσήφ, πρὶν ἢ συνελθεῖν αὐτοὺς εὑρέθη ἐν γαστρὶ ἔχουσα **ἐκ πνεύματος ἁγίου.**				

	Mt		Mk		Lk		
a 200	**Mt 1,20** → Lk 1,27 → Lk 1,30 ↑ **Lk 1,35**	... Ἰωσὴφ υἱὸς Δαυίδ, μὴ φοβηθῇς παραλαβεῖν Μαριὰμ τὴν γυναῖκά σου, τὸ γὰρ ἐν αὐτῇ γεννηθὲν ἐκ πνεύματός ἐστιν ἁγίου·					
a 002					**Lk 2,25**	καὶ ἰδοὺ ἄνθρωπος ἦν ἐν Ἰερουσαλὴμ ᾧ ὄνομα Συμεὼν ... καὶ πνεῦμα ἦν ἅγιον ἐπ' αὐτόν·	
a 002					**Lk 2,26**	καὶ ἦν αὐτῷ κεχρηματισμένον ὑπὸ τοῦ πνεύματος τοῦ ἁγίου μὴ ἰδεῖν θάνατον πρὶν [ἢ] ἂν ἴδῃ τὸν χριστὸν κυρίου.	
b 002					**Lk 2,27**	καὶ ἦλθεν ἐν τῷ πνεύματι εἰς τὸ ἱερόν· ...	
a 020	Mt 3,11	ἐγὼ μὲν ὑμᾶς βαπτίζω ἐν ὕδατι εἰς μετάνοιαν, ὁ δὲ ὀπίσω μου ἐρχόμενος ἰσχυρότερός μού ἐστιν, οὗ οὐκ εἰμὶ ἱκανὸς τὰ ὑποδήματα βαστάσαι· αὐτὸς ὑμᾶς βαπτίσει· ἐν πνεύματι ἁγίῳ καὶ πυρί	**Mk 1,8**	[7] ἔρχεται ὁ ἰσχυρότερός μου ὀπίσω μου, οὗ οὐκ εἰμὶ ἱκανὸς κύψας λῦσαι τὸν ἱμάντα τῶν ὑποδημάτων αὐτοῦ. [8] ἐγὼ ἐβάπτισα ὑμᾶς ὕδατι, αὐτὸς δὲ βαπτίσει ὑμᾶς ἐν πνεύματι ἁγίῳ.	Lk 3,16 → Lk 12,49	... ἐγὼ μὲν ὕδατι βαπτίζω ὑμᾶς· ἔρχεται δὲ ὁ ἰσχυρότερός μου, οὗ οὐκ εἰμὶ ἱκανὸς λῦσαι τὸν ἱμάντα τῶν ὑποδημάτων αὐτοῦ· αὐτὸς ὑμᾶς βαπτίσει ἐν πνεύματι ἁγίῳ καὶ πυρί·	→ Jn 1,26-27 → **Jn 1,33** → **Acts 1,5** → **Acts 11,16** → Acts 19,4 Mk-Q overlap
a 202	**Mt 3,11**	ἐγὼ μὲν ὑμᾶς βαπτίζω ἐν ὕδατι εἰς μετάνοιαν, ὁ δὲ ὀπίσω μου ἐρχόμενος ἰσχυρότερός μού ἐστιν, οὗ οὐκ εἰμὶ ἱκανὸς τὰ ὑποδήματα βαστάσαι· αὐτὸς ὑμᾶς βαπτίσει ἐν πνεύματι ἁγίῳ καὶ πυρί·	Mk 1,8	[7] ἔρχεται ὁ ἰσχυρότερός μου ὀπίσω μου, οὗ οὐκ εἰμὶ ἱκανὸς κύψας λῦσαι τὸν ἱμάντα τῶν ὑποδημάτων αὐτοῦ. [8] ἐγὼ ἐβάπτισα ὑμᾶς ὕδατι, αὐτὸς δὲ βαπτίσει ὑμᾶς ἐν πνεύματι ἁγίῳ.	**Lk 3,16** → Lk 12,49	... ἐγὼ μὲν ὕδατι βαπτίζω ὑμᾶς· ἔρχεται δὲ ὁ ἰσχυρότερός μου, οὗ οὐκ εἰμὶ ἱκανὸς λῦσαι τὸν ἱμάντα τῶν ὑποδημάτων αὐτοῦ· αὐτὸς ὑμᾶς βαπτίσει ἐν πνεύματι ἁγίῳ καὶ πυρί·	→ Jn 1,26-27 → **Jn 1,33** → **Acts 1,5** → **Acts 11,16** → Acts 19,4 Mk-Q overlap
c b a 222	**Mt 3,16** ↓ **Mt 12,18**	... εὐθὺς ἀνέβη ἀπὸ τοῦ ὕδατος· καὶ ἰδοὺ ἠνεῴχθησαν [αὐτῷ] οἱ οὐρανοί, καὶ εἶδεν [τὸ] πνεῦμα [τοῦ] θεοῦ καταβαῖνον ὡσεὶ περιστερὰν [καὶ] ἐρχόμενον ἐπ' αὐτόν·	**Mk 1,10**	καὶ εὐθὺς ἀναβαίνων ἐκ τοῦ ὕδατος εἶδεν σχιζομένους τοὺς οὐρανοὺς καὶ τὸ πνεῦμα ὡς περιστερὰν καταβαῖνον εἰς αὐτόν·	**Lk 3,22** ↓ **Lk 4,18**	[21] ... καὶ προσευχομένου ἀνεῳχθῆναι τὸν οὐρανὸν [22] καὶ καταβῆναι τὸ πνεῦμα τὸ ἅγιον σωματικῷ εἴδει ὡς περιστερὰν ἐπ' αὐτόν, ...	→ **Jn 1,32** → **Acts 10,38** Mk-Q overlap?
b 020	Mt 4,1	τότε ὁ Ἰησοῦς ἀνήχθη εἰς τὴν ἔρημον ὑπὸ τοῦ πνεύματος ...	**Mk 1,12**	καὶ εὐθὺς τὸ πνεῦμα αὐτὸν ἐκβάλλει εἰς τὴν ἔρημον.	Lk 4,1 (2)	Ἰησοῦς δὲ πλήρης πνεύματος ἁγίου ὑπέστρεψεν ἀπὸ τοῦ Ἰορδάνου καὶ ἤγετο ἐν τῷ πνεύματι ἐν τῇ ἐρήμῳ	Mk-Q overlap
a 102 b 202	**Mt 4,1**	τότε ὁ Ἰησοῦς ἀνήχθη εἰς τὴν ἔρημον ὑπὸ τοῦ πνεύματος ...	Mk 1,12	 καὶ εὐθὺς τὸ πνεῦμα αὐτὸν ἐκβάλλει εἰς τὴν ἔρημον.	**Lk 4,1** (2)	Ἰησοῦς δὲ πλήρης πνεύματος ἁγίου ὑπέστρεψεν ἀπὸ τοῦ Ἰορδάνου καὶ ἤγετο ἐν τῷ πνεύματι ἐν τῇ ἐρήμῳ	 Mk-Q overlap

b 112	**Mt 4,12**	... ἀνεχώρησεν εἰς τὴν Γαλιλαίαν.	**Mk 1,14**	... ἦλθεν ὁ Ἰησοῦς εἰς τὴν Γαλιλαίαν ...	**Lk 4,14**	καὶ ὑπέστρεψεν ὁ Ἰησοῦς ἐν τῇ δυνάμει τοῦ πνεύματος εἰς τὴν Γαλιλαίαν. ...	→ Jn 4,3
d 002					**Lk 4,18** → Mt 11,5 → Lk 7,22 **↑ Lk 3,22** **↓ Mt 12,18**	*πνεῦμα κυρίου* *ἐπ' ἐμὲ οὗ εἵνεκεν* *ἔχρισέν με* *εὐαγγελίσασθαι* *πτωχοῖς, ...* ➤ Isa 61,1 LXX; 58,6	→ Acts 4,27 **→ Acts 10,38**
e 022	→ Mt 8,29		**Mk 1,23** → Mk 5,7	καὶ εὐθὺς ἦν ἐν τῇ συναγωγῇ αὐτῶν ἄνθρωπος ἐν πνεύματι ἀκαθάρτῳ, καὶ ἀνέκραξεν	**Lk 4,33** → Lk 8,28	καὶ ἐν τῇ συναγωγῇ ἦν ἄνθρωπος ἔχων πνεῦμα δαιμονίου ἀκαθάρτου καὶ ἀνέκραξεν φωνῇ μεγάλῃ·	
e 021			**Mk 1,26**	καὶ σπαράξαν αὐτὸν τὸ πνεῦμα τὸ ἀκάθαρτον καὶ φωνῆσαν φωνῇ μεγάλῃ ἐξῆλθεν ἐξ αὐτοῦ.	**Lk 4,35**	... καὶ ῥίψαν αὐτὸν τὸ δαιμόνιον εἰς τὸ μέσον ἐξῆλθεν ἀπ' αὐτοῦ μηδὲν βλάψαν αὐτόν.	
ef 022	→ Mt 7,29		**Mk 1,27** → Mk 1,22	... τί ἐστιν τοῦτο; διδαχὴ καινὴ κατ' ἐξουσίαν· καὶ τοῖς πνεύμασι τοῖς ἀκαθάρτοις ἐπιτάσσει, καὶ ὑπακούουσιν αὐτῷ.	**Lk 4,36** → Lk 4,32	... τίς ὁ λόγος οὗτος ὅτι ἐν ἐξουσίᾳ καὶ δυνάμει ἐπιτάσσει τοῖς ἀκαθάρτοις πνεύμασιν καὶ ἐξέρχονται;	
121	**Mt 9,4** → Mt 12,25	καὶ ἰδὼν ὁ Ἰησοῦς τὰς ἐνθυμήσεις αὐτῶν ...	**Mk 2,8**	καὶ εὐθὺς ἐπιγνοὺς ὁ Ἰησοῦς τῷ πνεύματι αὐτοῦ ὅτι οὕτως διαλογίζονται ἐν ἑαυτοῖς ...	**Lk 5,22** → Lk 11,17 → Lk 6,8	ἐπιγνοὺς δὲ ὁ Ἰησοῦς τοὺς διαλογισμοὺς αὐτῶν ...	
ef 112	**Mt 12,15** → Mt 4,24 **↓ Mt 8,16**	... καὶ ἠκολούθησαν αὐτῷ [ὄχλοι] πολλοί, καὶ ἐθεράπευσεν αὐτοὺς πάντας	**Mk 3,10** → Mk 1,32 ↓ Mk 1,34	πολλοὺς γὰρ ἐθεράπευσεν, ὥστε ἐπιπίπτειν αὐτῷ ἵνα αὐτοῦ ἅψωνται ὅσοι εἶχον μάστιγας.	**Lk 6,18** ↓ Lk 4,40 → Lk 5,15 **↓ Lk 7,21** **↓ Mk 3,11**	... καὶ οἱ ἐνοχλούμενοι ἀπὸ πνευμάτων ἀκαθάρτων ἐθεραπεύοντο, [19] καὶ πᾶς ὁ ὄχλος ἐζήτουν ἅπτεσθαι αὐτοῦ, ὅτι δύναμις παρ' αὐτοῦ ἐξήρχετο καὶ ἰᾶτο πάντας.	
e 021			**Mk 3,11** **↑ Lk 6,18** ↓ Mk 1,34	καὶ τὰ πνεύματα τὰ ἀκάθαρτα, ὅταν αὐτὸν ἐθεώρουν, προσέπιπτον αὐτῷ καὶ ἔκραζον λέγοντες ὅτι σὺ εἶ ὁ υἱὸς τοῦ θεοῦ.	**Lk 4,41**	ἐξήρχετο δὲ καὶ δαιμόνια ἀπὸ πολλῶν κρ[αυγ]άζοντα καὶ λέγοντα ὅτι σὺ εἶ ὁ υἱὸς τοῦ θεοῦ. ...	
201	**Mt 5,3**	μακάριοι οἱ πτωχοὶ τῷ πνεύματι, ὅτι αὐτῶν ἐστιν ἡ βασιλεία τῶν οὐρανῶν.			**Lk 6,20**	... μακάριοι οἱ πτωχοί, ὅτι ὑμετέρα ἐστὶν ἡ βασιλεία τοῦ θεοῦ.	→ GTh 54

	Mt		Mk		Lk		
ef 211	**Mt 8,16** → Mt 4,24	... καὶ ἐξέβαλεν **τὰ πνεύματα** λόγῳ καὶ πάντας τοὺς κακῶς ἔχοντας ἐθεράπευσεν	**Mk 1,34** ↑ Mk 3,11	καὶ ἐθεράπευσεν πολλοὺς κακῶς ἔχοντας ποικίλαις νόσοις καὶ **δαιμόνια πολλὰ** ἐξέβαλεν, ...	**Lk 4,41** ↑ Lk 6,18	[40] ... ὁ δὲ ἑνὶ ἑκάστῳ αὐτῶν τὰς χεῖρας ἐπιτιθεὶς ἐθεράπευεν αὐτούς. [41] ἐξήρχετο δὲ καὶ **δαιμόνια** ἀπὸ πολλῶν ...	
ef 221	**Mt 10,1** → Mk 3,13	καὶ προσκαλεσάμενος τοὺς δώδεκα μαθητὰς αὐτοῦ ἔδωκεν αὐτοῖς ἐξουσίαν **πνευμάτων** **ἀκαθάρτων**	**Mk 6,7** ↓ Mk 3,15 → Mt 10,5 → Mk 3,14	καὶ προσκαλεῖται τοὺς δώδεκα καὶ ἤρξατο αὐτοὺς ἀποστέλλειν δύο δύο καὶ ἐδίδου αὐτοῖς ἐξουσίαν **τῶν πνευμάτων** **τῶν ἀκαθάρτων**	**Lk 9,1** → Lk 10,1	συγκαλεσάμενος δὲ τοὺς δώδεκα ἔδωκεν αὐτοῖς δύναμιν καὶ ἐξουσίαν **ἐπὶ πάντα** **τὰ δαιμόνια** καὶ νόσους θεραπεύειν [2] καὶ ἀπέστειλεν αὐτοὺς ...	
		ὥστε ἐκβάλλειν αὐτὰ καὶ θεραπεύειν πᾶσαν νόσον καὶ πᾶσαν μαλακίαν.	**Mk 3,15** ↑ Lk 9,1 ↓ Mk 6,7	καὶ ἔχειν ἐξουσίαν ἐκβάλλειν τὰ δαιμόνια·			
ca 220	**Mt 10,20** ↓ Lk 12,12	οὐ γὰρ ὑμεῖς ἐστε οἱ λαλοῦντες ἀλλὰ **τὸ πνεῦμα** **τοῦ πατρὸς ὑμῶν** τὸ λαλοῦν ἐν ὑμῖν.	**Mk 13,11**	... οὐ γάρ ἐστε ὑμεῖς οἱ λαλοῦντες ἀλλὰ **τὸ πνεῦμα** **τὸ ἅγιον.**			
ef 002					**Lk 7,21** ↑ Lk 6,18	ἐν ἐκείνῃ τῇ ὥρᾳ ἐθεράπευσεν πολλοὺς **ἀπὸ νόσων καὶ** **μαστίγων καὶ** **πνευμάτων πονηρῶν** καὶ τυφλοῖς πολλοῖς ἐχαρίσατο βλέπειν.	
ef 002					**Lk 8,2** → Mt 27,55-56 → Mk 15,40-41 → Lk 23,49.55 → Lk 24,10	καὶ γυναῖκές τινες αἳ ἦσαν τεθεραπευμέναι **ἀπὸ πνευμάτων** **πονηρῶν** καὶ ἀσθενειῶν, Μαρία ἡ καλουμένη Μαγδαληνή, ἀφ᾽ ἧς δαιμόνια ἑπτὰ ἐξεληλύθει	
c 200	**Mt 12,18** ↑ Mt 3,16 ↑ Mk 1,10 ↑ Lk 3,22 ↑ Lk 4,18	*ἰδοὺ ὁ παῖς μου ὃν* *ᾑρέτισα, ὁ ἀγαπητός* *μου εἰς ὃν εὐδόκησεν* *ἡ ψυχή μου· θήσω* ***τὸ πνεῦμά μου*** *ἐπ᾽ αὐτόν, καὶ κρίσιν* *τοῖς ἔθνεσιν ἀπαγγελεῖ.* ➤ Isa 42,1					
c 201	**Mt 12,28**	εἰ δὲ **ἐν πνεύματι θεοῦ** ἐγὼ ἐκβάλλω τὰ δαιμόνια, ἄρα ἔφθασεν ἐφ᾽ ὑμᾶς ἡ βασιλεία τοῦ θεοῦ.			**Lk 11,20**	εἰ δὲ **ἐν δακτύλῳ θεοῦ** [ἐγὼ] ἐκβάλλω τὰ δαιμόνια, ἄρα ἔφθασεν ἐφ᾽ ὑμᾶς ἡ βασιλεία τοῦ θεοῦ.	

	Mt		Mk		Lk		
b a 220	Mt 12,31	... πᾶσα ἁμαρτία καὶ βλασφημία ἀφεθήσεται τοῖς ἀνθρώποις, **ἡ δὲ τοῦ πνεύματος βλασφημία** οὐκ ἀφεθήσεται. [32] ... οὔτε ἐν τούτῳ τῷ αἰῶνι οὔτε ἐν τῷ μέλλοντι.	Mk 3,29 ↓ Mt 12,32 ↓ Lk 12,10	[28] ... πάντα ἀφεθήσεται τοῖς υἱοῖς τῶν ἀνθρώπων τὰ ἁμαρτήματα καὶ αἱ βλασφημίαι ὅσα ἐὰν βλασφημήσωσιν· [29] ὃς δ' ἂν **βλασφημήσῃ εἰς τὸ πνεῦμα τὸ ἅγιον,** οὐκ ἔχει ἄφεσιν εἰς τὸν αἰῶνα, ἀλλὰ ἔνοχός ἐστιν αἰωνίου ἁμαρτήματος.			→ GTh 44
a 202	Mt 12,32 ↑ Mk 3,28	καὶ ὃς ἐὰν εἴπῃ λόγον κατὰ τοῦ υἱοῦ τοῦ ἀνθρώπου, ἀφεθήσεται αὐτῷ· ὃς δ' ἂν εἴπῃ **κατὰ τοῦ πνεύματος τοῦ ἁγίου,** οὐκ ἀφεθήσεται αὐτῷ ...	Mk 3,29	ὃς δ' ἂν βλασφημήσῃ **εἰς τὸ πνεῦμα τὸ ἅγιον,** οὐκ ἔχει ἄφεσιν ...	Lk 12,10 ↑ Mk 3,28	καὶ πᾶς ὃς ἐρεῖ λόγον εἰς τὸν υἱὸν τοῦ ἀνθρώπου, ἀφεθήσεται αὐτῷ· τῷ δὲ **εἰς τὸ ἅγιον πνεῦμα** βλασφημήσαντι οὐκ ἀφεθήσεται.	→ GTh 44 Mk-Q overlap
e 020			Mk 3,30	ὅτι ἔλεγον· **πνεῦμα ἀκάθαρτον** ἔχει.			
e 202	Mt 12,43 ↓ Mk 9,25	ὅταν δὲ **τὸ ἀκάθαρτον πνεῦμα** ἐξέλθῃ ἀπὸ τοῦ ἀνθρώπου, ...			Lk 11,24 ↓ Mk 9,25	ὅταν **τὸ ἀκάθαρτον πνεῦμα** ἐξέλθῃ ἀπὸ τοῦ ἀνθρώπου, ...	
ef 202	Mt 12,45 ↓ Mk 9,25	τότε πορεύεται καὶ παραλαμβάνει μεθ' ἑαυτοῦ **ἑπτὰ ἕτερα πνεύματα πονηρότερα ἑαυτοῦ** καὶ εἰσελθόντα κατοικεῖ ἐκεῖ· ...			Lk 11,26 ↓ Mk 9,25	τότε πορεύεται καὶ παραλαμβάνει **ἕτερα πνεύματα πονηρότερα ἑαυτοῦ ἑπτὰ** καὶ εἰσελθόντα κατοικεῖ ἐκεῖ· ...	
e 121	Mt 8,28	καὶ ἐλθόντος αὐτοῦ εἰς τὸ πέραν εἰς τὴν χώραν τῶν Γαδαρηνῶν ὑπήντησαν αὐτῷ **δύο δαιμονιζόμενοι** ἐκ τῶν μνημείων ἐξερχόμενοι, ...	Mk 5,2	[1] καὶ ἦλθον εἰς τὸ πέραν τῆς θαλάσσης εἰς τὴν χώραν τῶν Γερασηνῶν. [2] καὶ ἐξελθόντος αὐτοῦ ἐκ τοῦ πλοίου εὐθὺς ὑπήντησεν αὐτῷ ἐκ τῶν μνημείων **ἄνθρωπος ἐν πνεύματι ἀκαθάρτῳ**	Lk 8,27	[26] καὶ κατέπλευσαν εἰς τὴν χώραν τῶν Γερασηνῶν, ἥτις ἐστὶν ἀντιπέρα τῆς Γαλιλαίας. [27] ἐξελθόντι δὲ αὐτῷ ἐπὶ τὴν γῆν ὑπήντησεν **ἀνήρ τις ἐκ τῆς πόλεως ἔχων δαιμόνια ...**	
e 022			Mk 5,8	ἔλεγεν γὰρ αὐτῷ· ἔξελθε **τὸ πνεῦμα τὸ ἀκάθαρτον** ἐκ τοῦ ἀνθρώπου.	Lk 8,29	παρήγγειλεν γὰρ **τῷ πνεύματι τῷ ἀκαθάρτῳ** ἐξελθεῖν ἀπὸ τοῦ ἀνθρώπου. ...	
ef 121	Mt 8,32	... οἱ δὲ ἐξελθόντες ἀπῆλθον εἰς τοὺς χοίρους· ...	Mk 5,13	... καὶ ἐξελθόντα **τὰ πνεύματα τὰ ἀκάθαρτα** εἰσῆλθον εἰς τοὺς χοίρους, ...	Lk 8,33	ἐξελθόντα δὲ **τὰ δαιμόνια** ἀπὸ τοῦ ἀνθρώπου εἰσῆλθον εἰς τοὺς χοίρους, ...	
112	Mt 9,25	... καὶ ἠγέρθη τὸ κοράσιον.	Mk 5,42	καὶ εὐθὺς ἀνέστη τὸ κοράσιον καὶ περιεπάτει· ...	Lk 8,55	καὶ ἐπέστρεψεν **τὸ πνεῦμα αὐτῆς** καὶ ἀνέστη παραχρῆμα ...	

		Mt		Mk		Lk	
ef 221	**Mt 10,1** → Mk 3,13	καὶ προσκαλεσάμενος τοὺς δώδεκα μαθητὰς αὐτοῦ ἔδωκεν αὐτοῖς ἐξουσίαν **πνευμάτων ἀκαθάρτων** ὥστε ἐκβάλλειν αὐτὰ καὶ θεραπεύειν πᾶσαν νόσον καὶ πᾶσαν μαλακίαν.	**Mk 6,7** ↑ Mk 3,15 → Mt 10,5 → Lk 9,2	καὶ προσκαλεῖται τοὺς δώδεκα καὶ ἤρξατο αὐτοὺς ἀποστέλλειν δύο δύο καὶ ἐδίδου αὐτοῖς ἐξουσίαν **τῶν πνευμάτων τῶν ἀκαθάρτων**	**Lk 9,1** → Lk 10,1	συγκαλεσάμενος δὲ τοὺς δώδεκα ἔδωκεν αὐτοῖς δύναμιν καὶ ἐξουσίαν **ἐπὶ πάντα τὰ δαιμόνια** καὶ νόσους θεραπεύειν	
e 120	**Mt 15,22** → Mk 7,24	καὶ ἰδοὺ γυνὴ Χαναναία ἀπὸ τῶν ὁρίων ἐκείνων ἐξελθοῦσα ἔκραζεν λέγουσα· ἐλέησόν με, κύριε υἱὸς Δαυίδ· ἡ θυγάτηρ μου κακῶς **δαιμονίζεται.** [23] ... [25] ἡ δὲ ἐλθοῦσα προσεκύνει αὐτῷ λέγουσα· κύριε, βοήθει μοι.	**Mk 7,25**	ἀλλ᾽ εὐθὺς ἀκούσασα γυνὴ περὶ αὐτοῦ, ἧς εἶχεν τὸ θυγάτριον αὐτῆς **πνεῦμα ἀκάθαρτον,** ἐλθοῦσα προσέπεσεν πρὸς τοὺς πόδας αὐτοῦ· [26] ἡ δὲ γυνὴ ἦν Ἑλληνίς, Συροφοινίκισσα τῷ γένει· καὶ ἠρώτα αὐτὸν ἵνα τὸ δαιμόνιον ἐκβάλῃ ἐκ τῆς θυγατρὸς αὐτῆς.			
120	**Mt 16,2** ⇩ Mt 12,39	ὁ δὲ ἀποκριθεὶς εἶπεν αὐτοῖς· ...	**Mk 8,12**	καὶ ἀναστενάξας **τῷ πνεύματι αὐτοῦ** λέγει·			
	Mt 16,4	γενεὰ πονηρὰ καὶ μοιχαλὶς σημεῖον ἐπιζητεῖ, ...		τί ἡ γενεὰ αὕτη ζητεῖ σημεῖον; ...			Mk-Q overlap
	Mt 12,39 ⇧ Mt 16,2.4	ὁ δὲ ἀποκριθεὶς εἶπεν αὐτοῖς· γενεὰ πονηρὰ καὶ μοιχαλὶς σημεῖον ἐπιζητεῖ, ...			**Lk 11,29**	τῶν δὲ ὄχλων ἐπαθροιζομένων ἤρξατο λέγειν· ἡ γενεὰ αὕτη γενεὰ πονηρά ἐστιν· σημεῖον ζητεῖ, ...	
e 122	**Mt 17,15**	... κύριε, ἐλέησόν μου τὸν υἱόν, ὅτι σεληνιάζεται καὶ κακῶς πάσχει· ...	**Mk 9,17**	... διδάσκαλε, ἤνεγκα τὸν υἱόν μου πρὸς σέ, ἔχοντα **πνεῦμα ἄλαλον·**	**Lk 9,39**	[38] ... διδάσκαλε, δέομαί σου ἐπιβλέψαι ἐπὶ τὸν υἱόν μου, ὅτι μονογενής μοί ἐστιν, [39] καὶ ἰδοὺ **πνεῦμα** λαμβάνει αὐτὸν ...	
e 021			**Mk 9,20**	καὶ ἤνεγκαν αὐτὸν πρὸς αὐτόν. καὶ ἰδὼν αὐτὸν **τὸ πνεῦμα** εὐθὺς συνεσπάραξεν αὐτόν, καὶ πεσὼν ἐπὶ τῆς γῆς ἐκυλίετο ἀφρίζων.	**Lk 9,42**	ἔτι δὲ προσερχομένου αὐτοῦ ἔρρηξεν αὐτὸν **τὸ δαιμόνιον** καὶ συνεσπάραξεν·	
e 122 *e* 121	**Mt 17,18**	καὶ ἐπετίμησεν αὐτῷ ὁ Ἰησοῦς καὶ ἐξῆλθεν ἀπ᾽ αὐτοῦ τὸ δαιμόνιον καὶ ἐθεραπεύθη ὁ παῖς ἀπὸ τῆς ὥρας ἐκείνης.	**Mk 9,25 (2)** ↑ Mt 12,43.45 ↓ Lk 11,24.26	ἰδὼν δὲ ὁ Ἰησοῦς ὅτι ἐπισυντρέχει ὄχλος, ἐπετίμησεν **τῷ πνεύματι τῷ ἀκαθάρτῳ** λέγων αὐτῷ· **τὸ ἄλαλον καὶ κωφὸν πνεῦμα,** ἐγὼ ἐπιτάσσω σοι, ἔξελθε ἐξ αὐτοῦ καὶ μηκέτι εἰσέλθῃς εἰς αὐτόν. [26] καὶ κράξας καὶ πολλὰ σπαράξας ἐξῆλθεν· ... [27] ὁ δὲ Ἰησοῦς κρατήσας τῆς χειρὸς αὐτοῦ ἤγειρεν αὐτόν, καὶ ἀνέστη.		ἐπετίμησεν δὲ ὁ Ἰησοῦς **τῷ πνεύματι τῷ ἀκαθάρτῳ** καὶ ἰάσατο τὸν παῖδα ...	

	Mt		Mk		Lk		
ef 002					Lk 10,20	πλὴν ἐν τούτῳ μὴ χαίρετε ὅτι **τὰ πνεύματα** ὑμῖν ὑποτάσσεται, χαίρετε δὲ ὅτι τὰ ὀνόματα ὑμῶν ἐγγέγραπται ἐν τοῖς οὐρανοῖς.	
a 102	Mt 11,25	ἐν ἐκείνῳ τῷ καιρῷ ἀποκριθεὶς ὁ Ἰησοῦς εἶπεν· ἐξομολογοῦμαί σοι, πάτερ, ...			Lk 10,21	ἐν αὐτῇ τῇ ὥρᾳ ἠγαλλιάσατο **[ἐν] τῷ πνεύματι τῷ ἁγίῳ** καὶ εἶπεν· ἐξομολογοῦμαί σοι, πάτερ, ...	
a 102	Mt 7,11	... πόσῳ μᾶλλον ὁ πατὴρ ὑμῶν ὁ ἐν τοῖς οὐρανοῖς δώσει **ἀγαθὰ** τοῖς αἰτοῦσιν αὐτόν.			Lk 11,13	... πόσῳ μᾶλλον ὁ πατὴρ [ὁ] ἐξ οὐρανοῦ δώσει **πνεῦμα ἅγιον** τοῖς αἰτοῦσιν αὐτόν.	
e 202	Mt 12,43 ↑ Mk 9,25	ὅταν δὲ **τὸ ἀκάθαρτον πνεῦμα** ἐξέλθῃ ἀπὸ τοῦ ἀνθρώπου, ...			Lk 11,24 ↑ Mk 9,25	ὅταν **τὸ ἀκάθαρτον πνεῦμα** ἐξέλθῃ ἀπὸ τοῦ ἀνθρώπου, ...	
ef 202	Mt 12,45 ↑ Mk 9,25	τότε πορεύεται καὶ παραλαμβάνει μεθ᾽ ἑαυτοῦ **ἑπτὰ ἕτερα πνεύματα πονηρότερα ἑαυτοῦ** καὶ εἰσελθόντα κατοικεῖ ἐκεῖ· ...			Lk 11,26 ↑ Mk 9,25	τότε πορεύεται καὶ παραλαμβάνει **ἕτερα πνεύματα πονηρότερα ἑαυτοῦ ἑπτὰ** καὶ εἰσελθόντα κατοικεῖ ἐκεῖ· ...	
a 202	Mt 12,32 ↑ Mk 3,28	καὶ ὃς ἐὰν εἴπῃ λόγον κατὰ τοῦ υἱοῦ τοῦ ἀνθρώπου, ἀφεθήσεται αὐτῷ· ὃς δ᾽ ἂν εἴπῃ **κατὰ τοῦ πνεύματος τοῦ ἁγίου,** οὐκ ἀφεθήσεται αὐτῷ ...	Mk 3,29	ὃς δ᾽ ἂν βλασφημήσῃ **εἰς τὸ πνεῦμα τὸ ἅγιον,** οὐκ ἔχει ἄφεσιν ...	Lk 12,10 ↑ Mk 3,28	καὶ πᾶς ὃς ἐρεῖ λόγον εἰς τὸν υἱὸν τοῦ ἀνθρώπου, ἀφεθήσεται αὐτῷ· τῷ δὲ **εἰς τὸ ἅγιον πνεῦμα** βλασφημήσαντι οὐκ ἀφεθήσεται.	→ GTh 44 Mk-Q overlap
a 102	Mt 10,19	ὅταν δὲ παραδῶσιν ὑμᾶς, μὴ μεριμνήσητε πῶς ἢ τί λαλήσητε· δοθήσεται γὰρ ὑμῖν ἐν ἐκείνῃ τῇ ὥρᾳ τί λαλήσητε·	Mk 13,11	καὶ ὅταν ἄγωσιν ὑμᾶς παραδιδόντες, μὴ προμεριμνᾶτε τί λαλήσητε, ἀλλ᾽ ὃ ἐὰν δοθῇ ὑμῖν ἐν ἐκείνῃ τῇ ὥρᾳ τοῦτο λαλεῖτε·	Lk 12,12 ⇩ Lk 21,15	[11] ὅταν δὲ εἰσφέρωσιν ὑμᾶς ἐπὶ τὰς συναγωγὰς καὶ τὰς ἀρχὰς καὶ τὰς ἐξουσίας, μὴ μεριμνήσητε πῶς ἢ τί ἀπολογήσησθε ἢ τί εἴπητε· **[12] τὸ γὰρ ἅγιον πνεῦμα** διδάξει ὑμᾶς ἐν αὐτῇ τῇ ὥρᾳ ἃ δεῖ εἰπεῖν.	→ Jn 14,26 Mk-Q overlap
	Mt 10,20	οὐ γὰρ ὑμεῖς ἐστε οἱ λαλοῦντες ἀλλὰ **τὸ πνεῦμα τοῦ πατρὸς ὑμῶν** τὸ λαλοῦν ἐν ὑμῖν.		οὐ γάρ ἐστε ὑμεῖς οἱ λαλοῦντες ἀλλὰ **τὸ πνεῦμα τὸ ἅγιον.**			
e 002					Lk 13,11 → Mt 12,10 → Mk 3,1 → Lk 6,6 → Lk 14,2	καὶ ἰδοὺ γυνὴ **πνεῦμα ἔχουσα ἀσθενείας** ἔτη δεκαοκτὼ καὶ ἦν συγκύπτουσα καὶ μὴ δυναμένη ἀνακύψαι εἰς τὸ παντελές.	

	Mt		Mk		Lk		
b a 221	**Mt 22,43**	... πῶς οὖν Δαυὶδ **ἐν πνεύματι** καλεῖ αὐτὸν κύριον λέγων· [44] *εἶπεν κύριος τῷ κυρίῳ μου· κάθου ἐκ δεξιῶν μου* ... ➤ Ps 110,1	**Mk 12,36**	αὐτὸς Δαυὶδ εἶπεν **ἐν τῷ πνεύματι τῷ ἁγίῳ·** *εἶπεν κύριος τῷ κυρίῳ μου· κάθου ἐκ δεξιῶν μου,* ... ➤ Ps 110,1	**Lk 20,42**	αὐτὸς γὰρ Δαυὶδ λέγει **ἐν βίβλῳ ψαλμῶν·** *εἶπεν κύριος τῷ κυρίῳ μου· κάθου ἐκ δεξιῶν μου* ➤ Ps 110,1	→ **Acts 4,25**
	Mt 10,19	ὅταν δὲ παραδῶσιν ὑμᾶς, μὴ μεριμνήσητε πῶς ἢ τί λαλήσητε· δοθήσεται γὰρ ὑμῖν ἐν ἐκείνῃ τῇ ὥρᾳ τί λαλήσητε·	**Mk 13,11**	καὶ ὅταν ἄγωσιν ὑμᾶς παραδιδόντες, μὴ προμεριμνᾶτε τί λαλήσητε, ἀλλ' ὃ ἐὰν δοθῇ ὑμῖν ἐν ἐκείνῃ τῇ ὥρᾳ τοῦτο λαλεῖτε·	**Lk 21,15** ⇧ **Lk 12,12**	ἐγὼ γὰρ δώσω ὑμῖν στόμα καὶ σοφίαν ᾗ οὐ δυνήσονται ἀντιστῆναι ἢ ἀντειπεῖν ἅπαντες οἱ ἀντικείμενοι ὑμῖν.	→ **Acts 6,10** Mk-Q overlap
c a 220	**Mt 10,20**	οὐ γὰρ ὑμεῖς ἐστε οἱ λαλοῦντες ἀλλὰ **τὸ πνεῦμα τοῦ πατρὸς ὑμῶν** τὸ λαλοῦν ἐν ὑμῖν.	↑ **Lk 12,12**	οὐ γάρ ἐστε ὑμεῖς οἱ λαλοῦντες ἀλλὰ **τὸ πνεῦμα τὸ ἅγιον.**			
221	**Mt 26,41**	γρηγορεῖτε καὶ προσεύχεσθε, ἵνα μὴ εἰσέλθητε εἰς πειρασμόν· **τὸ μὲν πνεῦμα** πρόθυμον ἡ δὲ σὰρξ ἀσθενής.	**Mk 14,38**	γρηγορεῖτε καὶ προσεύχεσθε, ἵνα μὴ ἔλθητε εἰς πειρασμόν· **τὸ μὲν πνεῦμα** πρόθυμον ἡ δὲ σὰρξ ἀσθενής.	**Lk 22,46** → Lk 22,40	... ἀναστάντες προσεύχεσθε, ἵνα μὴ εἰσέλθητε εἰς πειρασμόν.	
112	**Mt 27,50**	ὁ δὲ Ἰησοῦς πάλιν κράξας φωνῇ μεγάλῃ	**Mk 15,37**	ὁ δὲ Ἰησοῦς ἀφεὶς φωνὴν μεγάλην	**Lk 23,46**	καὶ φωνήσας φωνῇ μεγάλῃ ὁ Ἰησοῦς εἶπεν· πάτερ, *εἰς χεῖράς σου παρατίθεμαι* ***τὸ πνεῦμά μου.***	→ **Acts 7,59**
211		**ἀφῆκεν τὸ πνεῦμα.**		**ἐξέπνευσεν.**		τοῦτο δὲ εἰπὼν **ἐξέπνευσεν.** ➤ Ps 31,6	→ **Jn 19,30**
002					**Lk 24,37**	πτοηθέντες δὲ καὶ ἔμφοβοι γενόμενοι ἐδόκουν **πνεῦμα** θεωρεῖν.	
002					**Lk 24,39**	... ψηλαφήσατέ με καὶ ἴδετε, ὅτι **πνεῦμα** σάρκα καὶ ὀστέα οὐκ ἔχει καθὼς ἐμὲ θεωρεῖτε ἔχοντα.	→ Jn 20,20.27
a 200	**Mt 28,19** → Mt 24,14 → Mk 13,10 → Lk 24,47	πορευθέντες οὖν μαθητεύσατε πάντα τὰ ἔθνη, βαπτίζοντες αὐτοὺς εἰς τὸ ὄνομα τοῦ πατρὸς καὶ τοῦ υἱοῦ καὶ **τοῦ ἁγίου πνεύματος**					→ **Acts 1,5** → **Acts 1,8** → **Acts 11,16**

a πνεῦμα and ἅγιον
b πνεῦμα = τὸ πνεῦμα τὸ ἅγιον
c πνεῦμα (τοῦ) θεοῦ, πνεῦμα τοῦ πατρός, πνεῦμά μου (= θεοῦ)
d πνεῦμα κυρίου
e πνεῦμα: evil spirit, demon
f πνεύματα (plural)

a	**Acts 1,2** → Lk 9,51 → Lk 24,51	ἄχρι ἧς ἡμέρας ἐντειλά-μενος τοῖς ἀποστόλοις **διὰ πνεύματος ἁγίου** οὓς ἐξελέξατο ἀνελήμφθη.
a	**Acts 1,5** → **Mt 3,11** → **Mk 1,8** → **Lk 3,16** → **Acts 11,16** → Acts 19,4	ὅτι Ἰωάννης μὲν ἐβάπτισεν ὕδατι, ὑμεῖς δὲ **ἐν πνεύματι βαπτισθήσεσθε ἁγίῳ** οὐ μετὰ πολλὰς ταύτας ἡμέρας.
a	**Acts 1,8** → Lk 24,49 → **Acts 2,33**	ἀλλὰ λήμψεσθε δύναμιν ἐπελθόντος **τοῦ ἁγίου πνεύματος** ἐφ' ὑμᾶς ...
a	**Acts 1,16**	ἄνδρες ἀδελφοί, ἔδει πληρωθῆναι τὴν γραφὴν ἣν προεῖπεν **τὸ πνεῦμα τὸ ἅγιον** διὰ στόματος Δαυὶδ περὶ Ἰούδα ...
a	**Acts 2,4** (2)	καὶ ἐπλήσθησαν πάντες **πνεύματος ἁγίου** καὶ ἤρξαντο λαλεῖν ἑτέραις γλώσσαις καθὼς
b		**τὸ πνεῦμα** ἐδίδου ἀποφθέγγεσθαι αὐτοῖς.

c **Acts 2,17** ... *ἐκχεῶ*
ἀπὸ τοῦ πνεύματός μου
ἐπὶ πᾶσαν σάρκα, ...
➤ Joel 3,1 LXX

c **Acts 2,18** ... *ἐκχεῶ*
ἀπὸ τοῦ πνεύματός μου,
καὶ προφητεύσουσιν.
➤ Joel 3,2 LXX

a **Acts 2,33** → Lk 24,49 → **Acts 1,8**
τῇ δεξιᾷ οὖν τοῦ θεοῦ ὑψωθείς, τήν τε
ἐπαγγελίαν τοῦ πνεύματος τοῦ ἁγίου
λαβὼν παρὰ τοῦ πατρός, ἐξέχεεν τοῦτο ὃ ὑμεῖς [καὶ] βλέπετε καὶ ἀκούετε.

a **Acts 2,38** ... μετανοήσατε, [φησίν,] καὶ βαπτισθήτω ἕκαστος ὑμῶν ἐπὶ τῷ ὀνόματι Ἰησοῦ Χριστοῦ εἰς ἄφεσιν τῶν ἁμαρτιῶν ὑμῶν καὶ λήμψεσθε
τὴν δωρεὰν τοῦ ἁγίου πνεύματος.

a **Acts 4,8** τότε Πέτρος
πλησθεὶς πνεύματος ἁγίου
εἶπεν πρὸς αὐτούς· ἄρχοντες τοῦ λαοῦ καὶ πρεσβύτεροι

a **Acts 4,25** → **Mt 22,43** → **Mk 12,36** → Lk 20,42
ὁ τοῦ πατρὸς ἡμῶν
διὰ πνεύματος ἁγίου
στόματος Δαυὶδ παιδός σου εἰπών· *ἱνατί ἐφρύαξαν ἔθνη καὶ λαοὶ ἐμελέτησαν κενά;*
➤ Ps 2,1 LXX

a **Acts 4,31** ... καὶ ἐπλήσθησαν ἅπαντες
τοῦ ἁγίου πνεύματος
καὶ ἐλάλουν τὸν λόγον τοῦ θεοῦ μετὰ παρρησίας.

a **Acts 5,3** ... Ἁνανία, διὰ τί ἐπλήρωσεν ὁ σατανᾶς τὴν καρδίαν σου, ψεύσασθαί σε
τὸ πνεῦμα τὸ ἅγιον
καὶ νοσφίσασθαι ἀπὸ τῆς τιμῆς τοῦ χωρίου;

d **Acts 5,9** ... τί ὅτι συνεφωνήθη ὑμῖν πειράσαι
τὸ πνεῦμα κυρίου;
ἰδοὺ οἱ πόδες τῶν θαψάντων τὸν ἄνδρα σου ἐπὶ τῇ θύρᾳ καὶ ἐξοίσουσίν σε.

e^ f **Acts 5,16** συνήρχετο δὲ καὶ τὸ πλῆθος τῶν πέριξ πόλεων Ἰερουσαλήμ, φέροντες ἀσθενεῖς καὶ ὀχλουμένους
ὑπὸ πνευμάτων ἀκαθάρτων,
οἵτινες ἐθεραπεύοντο ἅπαντες.

a **Acts 5,32** καὶ ἡμεῖς ἐσμεν μάρτυρες τῶν ῥημάτων τούτων καὶ
τὸ πνεῦμα τὸ ἅγιον
ὃ ἔδωκεν ὁ θεὸς τοῖς πειθαρχοῦσιν αὐτῷ.

b **Acts 6,3** ἐπισκέψασθε δέ, ἀδελφοί, ἄνδρας ἐξ ὑμῶν μαρτυρουμένους ἑπτά,
πλήρεις πνεύματος καὶ σοφίας,
οὓς καταστήσομεν ἐπὶ τῆς χρείας ταύτης

a **Acts 6,5** καὶ ἤρεσεν ὁ λόγος ἐνώπιον παντὸς τοῦ πλήθους καὶ ἐξελέξαντο Στέφανον,
ἄνδρα πλήρης πίστεως καὶ πνεύματος ἁγίου,
καὶ Φίλιππον ...

b **Acts 6,10** καὶ οὐκ ἴσχυον ἀντιστῆναι τῇ σοφίᾳ καὶ
τῷ πνεύματι
ᾧ ἐλάλει.

a **Acts 7,51** ... ὑμεῖς ἀεὶ
τῷ πνεύματι τῷ ἁγίῳ
ἀντιπίπτετε ὡς οἱ πατέρες ὑμῶν καὶ ὑμεῖς.

a **Acts 7,55** ὑπάρχων δὲ
πλήρης πνεύματος ἁγίου
ἀτενίσας εἰς τὸν οὐρανὸν εἶδεν δόξαν θεοῦ καὶ Ἰησοῦν ἑστῶτα ἐκ δεξιῶν τοῦ θεοῦ

Acts 7,59 → **Mt 27,50** → Mk 15,37 → **Lk 23,46**
καὶ ἐλιθοβόλουν τὸν Στέφανον ἐπικαλούμενον καὶ λέγοντα· κύριε Ἰησοῦ, δέξαι
τὸ πνεῦμά μου.

e f **Acts 8,7** πολλοὶ γὰρ τῶν ἐχόντων
πνεύματα ἀκάθαρτα
βοῶντα φωνῇ μεγάλῃ ἐξήρχοντο, ...

a **Acts 8,15** οἵτινες καταβάντες προσηύξαντο περὶ αὐτῶν ὅπως λάβωσιν
πνεῦμα ἅγιον·

a **Acts 8,17** τότε ἐπετίθεσαν τὰς χεῖρας ἐπ᾿ αὐτοὺς καὶ ἐλάμβανον
πνεῦμα ἅγιον.

b **Acts 8,18** ἰδὼν δὲ ὁ Σίμων ὅτι διὰ τῆς ἐπιθέσεως τῶν χειρῶν τῶν ἀποστόλων δίδοται
τὸ πνεῦμα,
προσήνεγκεν αὐτοῖς χρήματα

a **Acts 8,19** ... δότε κἀμοὶ τὴν ἐξουσίαν ταύτην ἵνα ᾧ ἐὰν ἐπιθῶ τὰς χεῖρας λαμβάνῃ
πνεῦμα ἅγιον.

b **Acts 8,29** εἶπεν δὲ
τὸ πνεῦμα
τῷ Φιλίππῳ· πρόσελθε καὶ κολλήθητι τῷ ἅρματι τούτῳ.

d **Acts 8,39** ὅτε δὲ ἀνέβησαν ἐκ τοῦ ὕδατος,
πνεῦμα κυρίου
ἥρπασεν τὸν Φίλιππον, ...

a **Acts 9,17** ... Σαοὺλ ἀδελφέ, ὁ κύριος ἀπέσταλκέν με, Ἰησοῦς ὁ ὀφθείς σοι ἐν τῇ ὁδῷ ᾗ ἤρχου, ὅπως ἀναβλέψῃς καὶ πλησθῇς
πνεύματος ἁγίου.

a **Acts 9,31** ἡ μὲν οὖν ἐκκλησία ... πορευομένη τῷ φόβῳ τοῦ κυρίου καὶ
τῇ παρακλήσει τοῦ ἁγίου πνεύματος
ἐπληθύνετο.

b **Acts 10,19** τοῦ δὲ Πέτρου διενθυμουμένου περὶ τοῦ ὁράματος εἶπεν [αὐτῷ]
τὸ πνεῦμα·
ἰδοὺ ἄνδρες τρεῖς ζητοῦντές σε

a **Acts 10,38** → **Lk 3,22** → **Lk 4,18** → Lk 24,19
Ἰησοῦν τὸν ἀπὸ Ναζαρέθ, ὡς ἔχρισεν αὐτὸν ὁ θεὸς
πνεύματι ἁγίῳ
καὶ δυνάμει, ...

a **Acts 10,44** ἔτι λαλοῦντος τοῦ Πέτρου τὰ ῥήματα ταῦτα ἐπέπεσεν
τὸ πνεῦμα τὸ ἅγιον
ἐπὶ πάντας τοὺς ἀκούοντας τὸν λόγον.

a **Acts 10,45** καὶ ἐξέστησαν οἱ ἐκ περιτομῆς πιστοὶ ὅσοι συνῆλθαν τῷ Πέτρῳ, ὅτι καὶ ἐπὶ τὰ ἔθνη
ἡ δωρεὰ τοῦ ἁγίου πνεύματος
ἐκκέχυται·

a **Acts 10,47** μήτι τὸ ὕδωρ δύναται κωλῦσαί τις τοῦ μὴ βαπτισθῆναι τούτους, οἵτινες
τὸ πνεῦμα τὸ ἅγιον
ἔλαβον ὡς καὶ ἡμεῖς;

b **Acts 11,12** εἶπεν δὲ
τὸ πνεῦμά
μοι συνελθεῖν αὐτοῖς μηδὲν διακρίναντα. ...

a **Acts 11,15** ἐν δὲ τῷ ἄρξασθαί με λαλεῖν ἐπέπεσεν
τὸ πνεῦμα τὸ ἅγιον
ἐπ᾿ αὐτοὺς ὥσπερ καὶ ἐφ᾿ ἡμᾶς ἐν ἀρχῇ.

a **Acts 11,16** → **Mt 3,11** → **Mk 1,8** → **Lk 3,16** → **Acts 1,5** → Acts 19,4
... Ἰωάννης μὲν ἐβάπτισεν ὕδατι, ὑμεῖς δὲ βαπτισθήσεσθε
ἐν πνεύματι ἁγίῳ.

a **Acts 11,24** ὅτι ἦν ἀνὴρ ἀγαθὸς καὶ
πλήρης πνεύματος ἁγίου καὶ πίστεως.
καὶ προσετέθη ὄχλος ἱκανὸς τῷ κυρίῳ.

b **Acts 11,28** ἀναστὰς δὲ εἷς ἐξ αὐτῶν ὀνόματι Ἅγαβος ἐσήμανεν
διὰ τοῦ πνεύματος
λιμὸν μεγάλην μέλλειν ἔσεσθαι ἐφ' ὅλην τὴν οἰκουμένην, ...

a **Acts 13,2** ... καὶ νηστευόντων εἶπεν
τὸ πνεῦμα τὸ ἅγιον·
ἀφορίσατε δή μοι τὸν Βαρναβᾶν καὶ Σαῦλον ...

a **Acts 13,4** αὐτοὶ μὲν οὖν ἐκπεμφθέντες
ὑπὸ τοῦ ἁγίου πνεύματος
κατῆλθον εἰς Σελεύκειαν, ...

a **Acts 13,9** Σαῦλος δέ, ὁ καὶ Παῦλος, πλησθεὶς
πνεύματος ἁγίου
ἀτενίσας εἰς αὐτὸν

a **Acts 13,52** οἵ τε μαθηταὶ ἐπληροῦντο χαρᾶς καὶ
πνεύματος ἁγίου.

a **Acts 15,8** καὶ ὁ καρδιογνώστης θεὸς ἐμαρτύρησεν αὐτοῖς δοὺς
τὸ πνεῦμα τὸ ἅγιον
καθὼς καὶ ἡμῖν

a **Acts 15,28** ἔδοξεν γὰρ
τῷ πνεύματι τῷ ἁγίῳ
καὶ ἡμῖν μηδὲν πλέον ἐπιτίθεσθαι ὑμῖν βάρος πλὴν τούτων τῶν ἐπάναγκες

a **Acts 16,6** διῆλθον δὲ τὴν Φρυγίαν καὶ Γαλατικὴν χώραν κωλυθέντες
ὑπὸ τοῦ ἁγίου πνεύματος
λαλῆσαι τὸν λόγον ἐν τῇ Ἀσίᾳ·

Acts 16,7 ἐλθόντες δὲ κατὰ τὴν Μυσίαν ἐπείραζον εἰς τὴν Βιθυνίαν πορευθῆναι, καὶ οὐκ εἴασεν αὐτοὺς
τὸ πνεῦμα Ἰησοῦ·

b **Acts 16,16** ἐγένετο δὲ πορευομένων ἡμῶν εἰς τὴν προσευχὴν παιδίσκην τινὰ ἔχουσαν
πνεῦμα πύθωνα
ὑπαντῆσαι ἡμῖν, ἥτις ἐργασίαν πολλὴν παρεῖχεν τοῖς κυρίοις αὐτῆς μαντευομένη.

b **Acts 16,18** ... διαπονηθεὶς δὲ Παῦλος καὶ ἐπιστρέψας
τῷ πνεύματι
εἶπεν· παραγγέλλω σοι ἐν ὀνόματι Ἰησοῦ Χριστοῦ ἐξελθεῖν ἀπ' αὐτῆς· καὶ ἐξῆλθεν αὐτῇ τῇ ὥρᾳ.

Acts 17,16 ἐν δὲ ταῖς Ἀθήναις ἐκδεχομένου αὐτοὺς τοῦ Παύλου παρωξύνετο
τὸ πνεῦμα αὐτοῦ
ἐν αὐτῷ θεωροῦντος κατείδωλον οὖσαν τὴν πόλιν.

Acts 18,25 [24] ... Ἰουδαῖος δέ τις Ἀπολλῶς ὀνόματι, [25] οὗτος ἦν κατηχημένος τὴν ὁδὸν τοῦ κυρίου καὶ ζέων
τῷ πνεύματι
ἐλάλει καὶ ἐδίδασκεν ἀκριβῶς τὰ περὶ τοῦ Ἰησοῦ, ἐπιστάμενος μόνον τὸ βάπτισμα Ἰωάννου·

a **Acts 19,2 (2)** εἶπέν τε πρὸς αὐτούς· εἰ
πνεῦμα ἅγιον
ἐλάβετε πιστεύσαντες;

a οἱ δὲ πρὸς αὐτόν· ἀλλ' οὐδ' εἰ
πνεῦμα ἅγιον
ἔστιν ἠκούσαμεν.

a **Acts 19,6** καὶ ἐπιθέντος αὐτοῖς τοῦ Παύλου [τὰς] χεῖρας ἦλθε
τὸ πνεῦμα τὸ ἅγιον
ἐπ' αὐτούς, ...

ef **Acts 19,12** ὥστε καὶ ἐπὶ τοὺς ἀσθενοῦντας ἀποφέρεσθαι ἀπὸ τοῦ χρωτὸς αὐτοῦ σουδάρια ἢ σιμικίνθια καὶ ἀπαλλάσσεσθαι ἀπ' αὐτῶν τὰς νόσους,
τά τε πνεύματα τὰ πονηρὰ
ἐκπορεύεσθαι.

ef **Acts 19,13** ἐπεχείρησαν δέ τινες καὶ τῶν περιερχομένων Ἰουδαίων ἐξορκιστῶν ὀνομάζειν ἐπὶ τοὺς ἔχοντας
τὰ πνεύματα τὰ πονηρὰ
τὸ ὄνομα τοῦ κυρίου Ἰησοῦ λέγοντες· ...

e **Acts 19,15** ἀποκριθὲν δὲ
τὸ πνεῦμα τὸ πονηρὸν
εἶπεν αὐτοῖς· τὸν [μὲν] Ἰησοῦν γινώσκω καὶ τὸν Παῦλον ἐπίσταμαι, ὑμεῖς δὲ τίνες ἐστέ;

e **Acts 19,16** καὶ ἐφαλόμενος ὁ ἄνθρωπος ἐπ' αὐτοὺς ἐν ᾧ ἦν
τὸ πνεῦμα τὸ πονηρὸν
κατακυριεύσας ἀμφοτέρων ἴσχυσεν κατ' αὐτῶν ὥστε γυμνοὺς καὶ τετραυματισμένους ἐκφυγεῖν ἐκ τοῦ οἴκου ἐκείνου.

Acts 19,21 ὡς δὲ ἐπληρώθη ταῦτα, ἔθετο ὁ Παῦλος
ἐν τῷ πνεύματι
διελθὼν τὴν Μακεδονίαν καὶ Ἀχαΐαν πορεύεσθαι εἰς Ἱεροσόλυμα ...

b **Acts 20,22** καὶ νῦν ἰδοὺ δεδεμένος ἐγὼ
τῷ πνεύματι
πορεύομαι εἰς Ἰερουσαλὴμ τὰ ἐν αὐτῇ συναντήσοντά μοι μὴ εἰδώς,

a **Acts 20,23** πλὴν ὅτι
τὸ πνεῦμα τὸ ἅγιον
κατὰ πόλιν διαμαρτύρεταί μοι λέγον ὅτι δεσμὰ καὶ θλίψεις με μένουσιν.

a **Acts 20,28** προσέχετε ἑαυτοῖς καὶ παντὶ τῷ ποιμνίῳ, ἐν ᾧ ὑμᾶς
τὸ πνεῦμα τὸ ἅγιον
ἔθετο ἐπισκόπους ποιμαίνειν τὴν ἐκκλησίαν τοῦ θεοῦ, ...

b **Acts 21,4** ... οἵτινες τῷ Παύλῳ ἔλεγον
διὰ τοῦ πνεύματος
μὴ ἐπιβαίνειν εἰς Ἱεροσόλυμα.

a **Acts 21,11** ... τάδε λέγει
τὸ πνεῦμα τὸ ἅγιον·
τὸν ἄνδρα οὗ ἐστιν ἡ ζώνη αὕτη, οὕτως δήσουσιν ἐν Ἰερουσαλὴμ οἱ Ἰουδαῖοι καὶ παραδώσουσιν εἰς χεῖρας ἐθνῶν.

Acts 23,8 Σαδδουκαῖοι μὲν γὰρ λέγουσιν μὴ εἶναι ἀνάστασιν μήτε ἄγγελον
μήτε πνεῦμα,
Φαρισαῖοι δὲ ὁμολογοῦσιν τὰ ἀμφότερα.

Acts 23,9 ... οὐδὲν κακὸν εὑρίσκομεν ἐν τῷ ἀνθρώπῳ τούτῳ· εἰ δὲ
πνεῦμα
ἐλάλησεν αὐτῷ ἢ ἄγγελος;

a **Acts 28,25** ... καλῶς
τὸ πνεῦμα τὸ ἅγιον
ἐλάλησεν διὰ Ἠσαΐου τοῦ προφήτου πρὸς τοὺς πατέρας ὑμῶν

πνέω

	Syn	Mt	Mk	Lk	Acts	Jn	1-3John	Paul	Eph	Col
	3	2		1	1	2				
	NT	2Thess	1/2Tim	Tit	Heb	Jas	1Pet	2Pet	Jude	Rev
	7									1

blow; breathe

201	**Mt 7,25**	καὶ κατέβη ἡ βροχὴ καὶ ἦλθον οἱ ποταμοὶ καὶ **ἔπνευσαν** οἱ ἄνεμοι καὶ προσέπεσαν τῇ οἰκίᾳ ἐκείνῃ, καὶ οὐκ ἔπεσεν, τεθεμελίωτο γὰρ ἐπὶ τὴν πέτραν.			**Lk 6,48**	... πλημμύρης δὲ γενομένης προσέρηξεν ὁ ποταμὸς τῇ οἰκίᾳ ἐκείνῃ, καὶ οὐκ ἴσχυσεν σαλεῦσαι αὐτὴν διὰ τὸ καλῶς οἰκοδομῆσθαι αὐτήν.	
201	**Mt 7,27**	καὶ κατέβη ἡ βροχὴ καὶ ἦλθον οἱ ποταμοὶ καὶ **ἔπνευσαν** οἱ ἄνεμοι καὶ προσέκοψαν τῇ οἰκίᾳ ἐκείνῃ, καὶ ἔπεσεν, καὶ ἦν ἡ πτῶσις αὐτῆς μεγάλη.			**Lk 6,49**	... ᾗ προσέρηξεν ὁ ποταμός, καὶ εὐθὺς συνέπεσεν καὶ ἐγένετο τὸ ῥῆγμα τῆς οἰκίας ἐκείνης μέγα.	
102	**Mt 16,3**	[καὶ πρωΐ· σήμερον χειμών, πυρράζει γὰρ στυγνάζων ὁ οὐρανός. ...]			**Lk 12,55**	καὶ ὅταν νότον **πνέοντα**, λέγετε ὅτι καύσων ἔσται, καὶ γίνεται.	→ GTh 91 Mt 16,3 is textcritically uncertain.

Acts 27,40 καὶ τὰς ἀγκύρας περιελόντες εἴων εἰς τὴν θάλασσαν, ἅμα ἀνέντες τὰς ζευκτηρίας τῶν πηδαλίων καὶ ἐπάραντες τὸν ἀρτέμωνα **τῇ πνεούσῃ** κατεῖχον εἰς τὸν αἰγιαλόν.

πνίγω

	Syn	Mt	Mk	Lk	Acts	Jn	1-3John	Paul	Eph	Col
	3	2	1							
	NT	2Thess	1/2Tim	Tit	Heb	Jas	1Pet	2Pet	Jude	Rev
	3									

choke; strangle; *passive:* be choked

211	**Mt 13,7**	ἄλλα δὲ ἔπεσεν ἐπὶ τὰς ἀκάνθας, καὶ ἀνέβησαν αἱ ἄκανθαι καὶ **ἔπνιξαν** αὐτά.	**Mk 4,7**	καὶ ἄλλο ἔπεσεν εἰς τὰς ἀκάνθας, καὶ ἀνέβησαν αἱ ἄκανθαι καὶ **συνέπνιξαν** αὐτό, καὶ καρπὸν οὐκ ἔδωκεν.	**Lk 8,7**	καὶ ἕτερον ἔπεσεν ἐν μέσῳ τῶν ἀκανθῶν, καὶ συμφυεῖσαι αἱ ἄκανθαι **ἀπέπνιξαν** αὐτό.	→ GTh 9
121	**Mt 8,32**	... καὶ ἰδοὺ ὥρμησεν πᾶσα ἡ ἀγέλη κατὰ τοῦ κρημνοῦ εἰς τὴν θάλασσαν καὶ **ἀπέθανον** ἐν τοῖς ὕδασιν.	**Mk 5,13**	... καὶ ὥρμησεν ἡ ἀγέλη κατὰ τοῦ κρημνοῦ εἰς τὴν θάλασσαν, ὡς δισχίλιοι, καὶ **ἐπνίγοντο** ἐν τῇ θαλάσσῃ.	**Lk 8,33**	... καὶ ὥρμησεν ἡ ἀγέλη κατὰ τοῦ κρημνοῦ εἰς τὴν λίμνην καὶ **ἀπεπνίγη**.	
200	**Mt 18,28**	ἐξελθὼν δὲ ὁ δοῦλος ἐκεῖνος εὗρεν ἕνα τῶν συνδούλων αὐτοῦ, ὃς ὤφειλεν αὐτῷ ἑκατὸν δηνάρια, καὶ κρατήσας αὐτὸν **ἔπνιγεν** λέγων· ἀπόδος εἴ τι ὀφείλεις.					

πόθεν	Syn 12	Mt 5	Mk 3	Lk 4	Acts	Jn 13	1-3John	Paul	Eph	Col
	NT 29	2Thess	1/2Tim	Tit	Heb	Jas 2	1Pet	2Pet	Jude	Rev 2

interrogative adverb: from where?; from which?; whence?; from what source?; how?; why?; in what way?

	triple tradition																	double tradition			Sondergut		
		+Mt / +Lk			−Mt / −Lk			traditions not taken over by Mt / Lk							subtotals								
code	*222*	*211*	*112*	*212*	*221*	*122*	*121*	*022*	*012*	*021*	*220*	*120*	*210*	*020*	Σ⁺	Σ⁻	Σ	*202*	*201*	*102*	*200*	*002*	total
Mt		1⁺			1		1⁻				1		1⁺		2⁺	1⁻	4				1		**5**
Mk					1		1				1						3						**3**
Lk			1⁺		1⁻		1⁻								1⁺	2⁻	1			1		2	**4**

002			**Lk 1,43** καὶ **πόθεν** μοι τοῦτο ἵνα ἔλθῃ ἡ μήτηρ τοῦ κυρίου μου πρὸς ἐμέ;	
200	**Mt 13,27** ... κύριε, οὐχὶ καλὸν σπέρμα ἔσπειρας ἐν τῷ σῷ ἀγρῷ; **πόθεν** οὖν ἔχει ζιζάνια;			→ GTh 57
221	**Mt 13,54** ... ὥστε ἐκπλήσσεσθαι αὐτοὺς καὶ λέγειν· **πόθεν** τούτῳ ἡ σοφία αὕτη καὶ αἱ δυνάμεις;	**Mk 6,2** ↓ Mt 13,56 ... καὶ πολλοὶ ἀκούοντες ἐξεπλήσσοντο λέγοντες· **πόθεν** τούτῳ ταῦτα, καὶ τίς ἡ σοφία ἡ δοθεῖσα τούτῳ, καὶ αἱ δυνάμεις τοιαῦται διὰ τῶν χειρῶν αὐτοῦ γινόμεναι;	**Lk 4,22** καὶ πάντες ἐμαρτύρουν αὐτῷ καὶ ἐθαύμαζον ἐπὶ τοῖς λόγοις τῆς χάριτος τοῖς ἐκπορευομένοις ἐκ τοῦ στόματος αὐτοῦ καὶ ἔλεγον· ...	
210	**Mt 13,56** ↑ Mk 6,2 καὶ αἱ ἀδελφαὶ αὐτοῦ οὐχὶ πᾶσαι πρὸς ἡμᾶς εἰσιν; **πόθεν** οὖν τούτῳ ταῦτα πάντα;	**Mk 6,3** ... καὶ οὐκ εἰσὶν αἱ ἀδελφαὶ αὐτοῦ ὧδε πρὸς ἡμᾶς; ...		
220	**Mt 15,33** → Mt 14,16 καὶ λέγουσιν αὐτῷ οἱ μαθηταί· **πόθεν** ἡμῖν ἐν ἐρημίᾳ ἄρτοι τοσοῦτοι ὥστε χορτάσαι ὄχλον τοσοῦτον;	**Mk 8,4** → Mk 6,37 καὶ ἀπεκρίθησαν αὐτῷ οἱ μαθηταὶ αὐτοῦ ὅτι **πόθεν** τούτους δυνήσεταί τις ὧδε χορτάσαι ἄρτων ἐπ᾽ ἐρημίας;	→ Lk 9,13	
002	**Mt 25,12** ↓ Mt 7,23 ὁ δὲ ἀποκριθεὶς εἶπεν· ἀμὴν λέγω ὑμῖν, οὐκ οἶδα ὑμᾶς.		**Lk 13,25** ↓ Lk 13,27 ... καὶ ἀποκριθεὶς ἐρεῖ ὑμῖν· οὐκ οἶδα ὑμᾶς **πόθεν** ἐστέ.	
102	**Mt 7,23** → Mt 13,41 ↑ Mt 25,12 → Mt 25,41 καὶ τότε ὁμολογήσω αὐτοῖς ὅτι οὐδέποτε ἔγνων ὑμᾶς· *ἀποχωρεῖτε ἀπ᾽ ἐμοῦ οἱ* *ἐργαζόμενοι τὴν ἀνομίαν.* ➤ Ps 6,9/1Macc 3,6		**Lk 13,27** ↑ Lk 13,25 καὶ ἐρεῖ λέγων ὑμῖν· οὐκ οἶδα [ὑμᾶς] **πόθεν** ἐστέ· *ἀπόστητε ἀπ᾽ ἐμοῦ,* *πάντες ἐργάται ἀδικίας.* ➤ Ps 6,9/1Macc 3,6	
211	**Mt 21,25** τὸ βάπτισμα τὸ Ἰωάννου **πόθεν** ἦν; ἐξ οὐρανοῦ ἢ ἐξ ἀνθρώπων; ...	**Mk 11,30** τὸ βάπτισμα τὸ Ἰωάννου ἐξ οὐρανοῦ ἦν ἢ ἐξ ἀνθρώπων; ἀποκρίθητέ μοι.	**Lk 20,4** τὸ βάπτισμα Ἰωάννου ἐξ οὐρανοῦ ἦν ἢ ἐξ ἀνθρώπων;	

	Mt		Mk		Lk		
112	Mt 21,27	καὶ ἀποκριθέντες τῷ Ἰησοῦ εἶπαν· οὐκ οἴδαμεν. ...	Mk 11,33	καὶ ἀποκριθέντες τῷ Ἰησοῦ λέγουσιν· οὐκ οἴδαμεν. ...	Lk 20,7	καὶ ἀπεκρίθησαν μὴ εἰδέναι **πόθεν.**	
121	Mt 22,45	εἰ οὖν Δαυὶδ καλεῖ αὐτὸν κύριον, **πῶς** υἱὸς αὐτοῦ ἐστιν;	Mk 12,37	αὐτὸς Δαυὶδ λέγει αὐτὸν κύριον, καὶ **πόθεν** αὐτοῦ ἐστιν υἱός; ...	Lk 20,44	Δαυὶδ οὖν κύριον αὐτὸν καλεῖ, καὶ **πῶς** αὐτοῦ υἱός ἐστιν;	

ποιέω	Syn 221	Mt 86	Mk 47	Lk 88	Acts 68	Jn 110	1-3John 16	Paul 62	Eph 10	Col 3
	NT 568	2Thess 2	1/2Tim 5	Tit 1	Heb 19	Jas 12	1Pet 3	2Pet 4	Jude 2	Rev 30

make; do; cause; bring about; perform; create; produce; bear; keep; claim; show; work; act; appoint

	triple tradition																	double tradition			Sonder-gut		
		+Mt / +Lk			–Mt / –Lk			traditions not taken over by Mt / Lk							subtotals								
code	*222*	*211*	*112*	*212*	*221*	*122*	*121*	*022*	*012*	*021*	*220*	*120*	*210*	*020*	Σ^+	Σ^-	Σ	*202*	*201*	*102*	*200*	*002*	total
Mt	12	7^+			4		8^-				6	10^-	1^+		8^+	18^-	30	15	4		37		**86**
Mk	12				4		8	3		2	6	10		2			47						**47**
Lk	12		12^+		4^-		8^-	3	1^+	2^-					13^+	14^-	28	15		7		38	**88**

a ποιοῦμαι (middle voice)
b ποιέω with reference to time
c ποιέω with adverb of mood
d ποιέω with double accusative
e ποιέω and accusative with infinitive
f ποιέω (τοῦ, εἰς τὸ, πρὸς τό, ὡς) and infinitive
g ποιέω (...), ἵνα / ποιέω ..., ὅπως
h ποιέω ὡς, ~ καθώς, ~ ὥσπερ
j ποιέω (τί, τινα) τινι
k ποιέω τί τινα
l ποιέω τι εἴς τι(να)
m ποιέω τι ἔν τινι (instrumental ἐν)
n ποιέω (τι) κατά τι
p ποιέω τι μετά τινος

	Mt		Mk		Lk		
c j 002					Lk 1,25	ὅτι οὕτως μοι **πεποίηκεν** κύριος ἐν ἡμέραις αἷς ἐπεῖδεν ἀφελεῖν ὄνειδός μου ἐν ἀνθρώποις.	
j 002					Lk 1,49	[48] ... ἰδοὺ γὰρ ἀπὸ τοῦ νῦν μακαριοῦσίν με πᾶσαι αἱ γενεαί, [49] ὅτι **ἐποίησέν** μοι μεγάλα ὁ δυνατός. ...	
m 002					Lk 1,51	**ἐποίησεν** κράτος ἐν βραχίονι αὐτοῦ, διεσκόρπισεν ὑπερηφάνους διανοίᾳ καρδίας αὐτῶν·	
j 002					Lk 1,68	εὐλογητὸς κύριος ὁ θεὸς τοῦ Ἰσραήλ, ὅτι ἐπεσκέψατο καὶ **ἐποίησεν** λύτρωσιν τῷ λαῷ αὐτοῦ	
p 002					Lk 1,72	**ποιῆσαι** ἔλεος μετὰ τῶν πατέρων ἡμῶν καὶ μνησθῆναι διαθήκης ἁγίας αὐτοῦ	
h 200	Mt 1,24	ἐγερθεὶς δὲ ὁ Ἰωσὴφ ἀπὸ τοῦ ὕπνου **ἐποίησεν** ὡς προσέταξεν αὐτῷ ὁ ἄγγελος κυρίου ...					

n 002					Lk 2,27	... καὶ ἐν τῷ εἰσαγαγεῖν τοὺς γονεῖς τὸ παιδίον Ἰησοῦν **τοῦ ποιῆσαι** αὐτοὺς κατὰ τὸ εἰθισμένον τοῦ νόμου περὶ αὐτοῦ	
j 002					Lk 2,48	... τέκνον, τί **ἐποίησας** ἡμῖν οὕτως; ἰδοὺ ὁ πατήρ σου κἀγὼ ὀδυνώμενοι ἐζητοῦμέν σε.	
d 222	Mt 3,3	... *φωνὴ βοῶντος ἐν τῇ ἐρήμῳ· ἑτοιμάσατε τὴν ὁδὸν κυρίου, εὐθείας* ***ποιεῖτε*** *τὰς τρίβους* αὐτοῦ. ➤ Isa 40,3 LXX	Mk 1,3	*φωνὴ βοῶντος ἐν τῇ ἐρήμῳ· ἑτοιμάσατε τὴν ὁδὸν κυρίου, εὐθείας* ***ποιεῖτε*** *τὰς τρίβους* αὐτοῦ ➤ Isa 40,3 LXX	Lk 3,4 → Lk 1,17	... *φωνὴ βοῶντος ἐν τῇ ἐρήμῳ· ἑτοιμάσατε τὴν ὁδὸν κυρίου, εὐθείας* ***ποιεῖτε*** *τὰς τρίβους* αὐτοῦ· ➤ Isa 40,3 LXX	→ Jn 1,23
202	Mt 3,8	**ποιήσατε** οὖν καρπὸν ἄξιον τῆς μετανοίας			Lk 3,8	**ποιήσατε** οὖν καρποὺς ἀξίους τῆς μετανοίας ...	→ Acts 26,20
202	Mt 3,10 ⇩ Mt 7,19	ἤδη δὲ ἡ ἀξίνη πρὸς τὴν ῥίζαν τῶν δένδρων κεῖται· πᾶν οὖν δένδρον **μὴ ποιοῦν** καρπὸν καλὸν ἐκκόπτεται καὶ εἰς πῦρ βάλλεται.			Lk 3,9	ἤδη δὲ καὶ ἡ ἀξίνη πρὸς τὴν ῥίζαν τῶν δένδρων κεῖται· πᾶν οὖν δένδρον **μὴ ποιοῦν** καρπὸν καλὸν ἐκκόπτεται καὶ εἰς πῦρ βάλλεται.	
002					Lk 3,10	καὶ ἐπηρώτων αὐτὸν οἱ ὄχλοι λέγοντες· τί οὖν **ποιήσωμεν;**	
c 002					Lk 3,11	ἀποκριθεὶς δὲ ἔλεγεν αὐτοῖς· ὁ ἔχων δύο χιτῶνας μεταδότω τῷ μὴ ἔχοντι, καὶ ὁ ἔχων βρώματα ὁμοίως **ποιείτω.**	
002					Lk 3,12	ἦλθον δὲ καὶ τελῶναι βαπτισθῆναι καὶ εἶπαν πρὸς αὐτόν· διδάσκαλε, τί **ποιήσωμεν;**	
002					Lk 3,14	ἐπηρώτων δὲ αὐτὸν καὶ στρατευόμενοι λέγοντες· τί **ποιήσωμεν** καὶ ἡμεῖς; ...	
112	Mt 14,3	ὁ γὰρ Ἡρῴδης κρατήσας τὸν Ἰωάννην ἔδησεν [αὐτὸν] καὶ ἐν φυλακῇ ἀπέθετο διὰ Ἡρῳδιάδα τὴν γυναῖκα Φιλίππου τοῦ ἀδελφοῦ αὐτοῦ·	Mk 6,17	αὐτὸς γὰρ ὁ Ἡρῴδης ἀποστείλας ἐκράτησεν τὸν Ἰωάννην καὶ ἔδησεν αὐτὸν ἐν φυλακῇ διὰ Ἡρῳδιάδα τὴν γυναῖκα Φιλίππου τοῦ ἀδελφοῦ αὐτοῦ, ὅτι αὐτὴν ἐγάμησεν·	Lk 3,19 → Mt 14,4 → Mk 6,18	ὁ δὲ Ἡρῴδης ὁ τετραάρχης, ἐλεγχόμενος ὑπ' αὐτοῦ περὶ Ἡρῳδιάδος τῆς γυναικὸς τοῦ ἀδελφοῦ αὐτοῦ καὶ περὶ πάντων ὧν **ἐποίησεν** πονηρῶν ὁ Ἡρῴδης, [20] προσέθηκεν καὶ τοῦτο ἐπὶ πᾶσιν [καὶ] κατέκλεισεν τὸν Ἰωάννην ἐν φυλακῇ.	

	Mt		Mk		Lk		
002					Lk 4,23	... ὅσα ἠκούσαμεν γενόμενα εἰς τὴν Καφαρναοὺμ **ποίησον** καὶ ὧδε ἐν τῇ πατρίδι σου.	
d e 221	Mt 4,19	καὶ λέγει αὐτοῖς· δεῦτε ὀπίσω μου, καὶ **ποιήσω** ὑμᾶς ἁλιεῖς ἀνθρώπων.	Mk 1,17	καὶ εἶπεν αὐτοῖς ὁ Ἰησοῦς· δεῦτε ὀπίσω μου, καὶ **ποιήσω** ὑμᾶς γενέσθαι ἁλιεῖς ἀνθρώπων.	Lk 5,10	... καὶ εἶπεν πρὸς τὸν Σίμωνα ὁ Ἰησοῦς· μὴ φοβοῦ· ἀπὸ τοῦ νῦν ἀνθρώπους ἔσῃ ζωγρῶν.	
002					Lk 5,6	καὶ τοῦτο **ποιήσαντες** συνέκλεισαν πλῆθος ἰχθύων πολύ, διερρήσσετο δὲ τὰ δίκτυα αὐτῶν.	→ Jn 21,6 → Jn 21,11
j 112	Mt 9,10	καὶ ἐγένετο αὐτοῦ ἀνακειμένου ἐν τῇ οἰκίᾳ, ...	Mk 2,15	καὶ γίνεται κατακεῖσθαι αὐτὸν ἐν τῇ οἰκίᾳ αὐτοῦ, ...	Lk 5,29 → Lk 15,1	καὶ **ἐποίησεν** δοχὴν μεγάλην Λευὶς αὐτῷ ἐν τῇ οἰκίᾳ αὐτοῦ, ...	
a 112	Mt 9,14	... διὰ τί ἡμεῖς καὶ οἱ Φαρισαῖοι νηστεύομεν [πολλά], οἱ δὲ μαθηταί σου οὐ νηστεύουσιν;	Mk 2,18	... διὰ τί οἱ μαθηταὶ Ἰωάννου καὶ οἱ μαθηταὶ τῶν Φαρισαίων νηστεύουσιν, οἱ δὲ σοὶ μαθηταὶ οὐ νηστεύουσιν;	Lk 5,33	... οἱ μαθηταὶ Ἰωάννου νηστεύουσιν πυκνὰ καὶ δεήσεις **ποιοῦνται** ὁμοίως καὶ οἱ τῶν Φαρισαίων, οἱ δὲ σοὶ ἐσθίουσιν καὶ πίνουσιν.	→ GTh 104
e 112	Mt 9,15	καὶ εἶπεν αὐτοῖς ὁ Ἰησοῦς· μὴ δύνανται οἱ υἱοὶ τοῦ νυμφῶνος πενθεῖν ἐφ᾽ ὅσον μετ᾽ αὐτῶν ἐστιν ὁ νυμφίος; ...	Mk 2,19	καὶ εἶπεν αὐτοῖς ὁ Ἰησοῦς· μὴ δύνανται οἱ υἱοὶ τοῦ νυμφῶνος ἐν ᾧ ὁ νυμφίος μετ᾽ αὐτῶν ἐστιν νηστεύειν; ...	Lk 5,34	ὁ δὲ Ἰησοῦς εἶπεν πρὸς αὐτούς· μὴ δύνασθε τοὺς υἱοὺς τοῦ νυμφῶνος ἐν ᾧ ὁ νυμφίος μετ᾽ αὐτῶν ἐστιν **ποιῆσαι** νηστεῦσαι;	→ GTh 104
121	Mt 12,1	... οἱ δὲ μαθηταὶ αὐτοῦ ἐπείνασαν καὶ ἤρξαντο τίλλειν στάχυας καὶ ἐσθίειν.	Mk 2,23	... καὶ οἱ μαθηταὶ αὐτοῦ ἤρξαντο ὁδὸν **ποιεῖν** τίλλοντες τοὺς στάχυας.	Lk 6,1	 ... καὶ ἔτιλλον οἱ μαθηταὶ αὐτοῦ καὶ ἤσθιον τοὺς στάχυας ψώχοντες ταῖς χερσίν.	
222	Mt 12,2 (2)	οἱ δὲ Φαρισαῖοι ἰδόντες εἶπαν αὐτῷ· ἰδοὺ οἱ μαθηταί σου **ποιοῦσιν** ὃ οὐκ ἔξεστιν ποιεῖν ἐν σαββάτῳ.	Mk 2,24	καὶ οἱ Φαρισαῖοι ἔλεγον αὐτῷ· ἴδε τί **ποιοῦσιν** τοῖς σάββασιν ὃ οὐκ ἔξεστιν;	Lk 6,2	τινὲς δὲ τῶν Φαρισαίων εἶπαν· τί **ποιεῖτε** ὃ οὐκ ἔξεστιν τοῖς σάββασιν;	
222	Mt 12,3	ὁ δὲ εἶπεν αὐτοῖς· οὐκ ἀνέγνωτε τί **ἐποίησεν** Δαυὶδ ὅτε ἐπείνασεν καὶ οἱ μετ᾽ αὐτοῦ	Mk 2,25	καὶ λέγει αὐτοῖς· οὐδέποτε ἀνέγνωτε τί **ἐποίησεν** Δαυίδ, ὅτε χρείαν ἔσχεν καὶ ἐπείνασεν αὐτὸς καὶ οἱ μετ᾽ αὐτοῦ	Lk 6,3	καὶ ἀποκριθεὶς πρὸς αὐτοὺς εἶπεν ὁ Ἰησοῦς· οὐδὲ τοῦτο ἀνέγνωτε ὃ **ἐποίησεν** Δαυὶδ ὅτε ἐπείνασεν αὐτὸς καὶ οἱ μετ᾽ αὐτοῦ [ὄντες]	

	Mt		Mk		Lk		
c 221	Mt 12,12	... ὥστε ἔξεστιν τοῖς σάββασιν **καλῶς ποιεῖν.**	Mk 3,4	... ἔξεστιν τοῖς σάββασιν **ἀγαθὸν ποιῆσαι** ἢ κακοποιῆσαι, ψυχὴν σῶσαι ἢ ἀποκτεῖναι; ...	Lk 6,9 → Lk 13,14 → Lk 14,3	... ἐπερωτῶ ὑμᾶς εἰ ἔξεστιν τῷ σαββάτῳ **ἀγαθοποιῆσαι** ἢ κακοποιῆσαι, ψυχὴν σῶσαι ἢ ἀπολέσαι;	
   112	Mt 12,13	τότε λέγει τῷ ἀνθρώπῳ· ἔκτεινόν σου τὴν χεῖρα. καὶ **ἐξέτεινεν** καὶ ἀπεκατεστάθη ὑγιὴς ὡς ἡ ἄλλη.	Mk 3,5	... λέγει τῷ ἀνθρώπῳ· ἔκτεινον τὴν χεῖρα. καὶ **ἐξέτεινεν** καὶ ἀπεκατεστάθη ἡ χεὶρ αὐτοῦ.	Lk 6,10 → Lk 13,12-13	... εἶπεν αὐτῷ· ἔκτεινον τὴν χεῖρά σου. ὁ δὲ **ἐποίησεν** καὶ ἀπεκατεστάθη ἡ χεὶρ αὐτοῦ.	
j 112	Mt 12,14 → Mt 26,4	ἐξελθόντες δὲ οἱ Φαρισαῖοι συμβούλιον ἔλαβον κατ᾽ αὐτοῦ ὅπως αὐτὸν **ἀπολέσωσιν.**	Mk 3,6 → Mk 14,1	καὶ ἐξελθόντες οἱ Φαρισαῖοι εὐθὺς μετὰ τῶν Ἡρῳδιανῶν συμβούλιον ἐδίδουν κατ᾽ αὐτοῦ ὅπως αὐτὸν **ἀπολέσωσιν.**	Lk 6,11 → Lk 4,28 → Lk 13,17 → Lk 14,6 → Lk 22,2	 αὐτοὶ δὲ ἐπλήσθησαν ἀνοίας καὶ διελάλουν πρὸς ἀλλήλους τί ἂν **ποιήσαιεν** τῷ Ἰησοῦ.	
  021			Mk 3,8	... πλῆθος πολὺ ἀκούοντες ὅσα **ἐποίει** ἦλθον πρὸς αὐτόν.	Lk 6,18 → Lk 5,15 → Lk 7,21	οἳ ἦλθον ἀκοῦσαι αὐτοῦ καὶ ἰαθῆναι ἀπὸ τῶν νόσων αὐτῶν· ...	
d 220	Mt 12,16	καὶ ἐπετίμησεν αὐτοῖς ἵνα μὴ φανερὸν αὐτὸν **ποιήσωσιν**	Mk 3,12 → Mk 1,34	καὶ πολλὰ ἐπετίμα αὐτοῖς ἵνα μὴ αὐτὸν φανερὸν **ποιήσωσιν.**	Lk 4,41	... καὶ ἐπιτιμῶν οὐκ εἴα αὐτὰ λαλεῖν, ὅτι ᾔδεισαν τὸν χριστὸν αὐτὸν εἶναι.	
j n 102	Mt 5,12 → Mt 23,34	χαίρετε καὶ ἀγαλλιᾶσθε, ὅτι ὁ μισθὸς ὑμῶν πολὺς ἐν τοῖς οὐρανοῖς· οὕτως γὰρ **ἐδίωξαν** τοὺς προφήτας τοὺς πρὸ ὑμῶν.			Lk 6,23 → Lk 11,49	χάρητε ἐν ἐκείνῃ τῇ ἡμέρᾳ καὶ σκιρτήσατε, ἰδοὺ γὰρ ὁ μισθὸς ὑμῶν πολὺς ἐν τῷ οὐρανῷ· κατὰ τὰ αὐτὰ γὰρ **ἐποίουν** τοῖς προφήταις οἱ πατέρες αὐτῶν.	→ GTh 69,1 → GTh 68
j n 002					Lk 6,26	οὐαὶ ὅταν ὑμᾶς καλῶς εἴπωσιν πάντες οἱ ἄνθρωποι· κατὰ τὰ αὐτὰ γὰρ **ἐποίουν** τοῖς ψευδοπροφήταις οἱ πατέρες αὐτῶν.	
       200	Mt 5,19	ὃς ἐὰν οὖν λύσῃ μίαν τῶν ἐντολῶν τούτων τῶν ἐλαχίστων καὶ διδάξῃ οὕτως τοὺς ἀνθρώπους, ἐλάχιστος κληθήσεται ἐν τῇ βασιλείᾳ τῶν οὐρανῶν· ὃς δ᾽ ἂν **ποιήσῃ** καὶ διδάξῃ, οὗτος μέγας κληθήσεται ἐν τῇ βασιλείᾳ τῶν οὐρανῶν.					

[a] ποιοῦμαι (middle voice)
[b] ποιέω with reference to time
[c] ποιέω with adverb of mood
[d] ποιέω with double accusative
[e] ποιέω and accusative with infinitive
[f] ποιέω (τοῦ, εἰς τό, πρὸς τό, ὡς) and infinitive
[g] ποιέω (...), ἵνα / ποιέω ..., ὅπως
[h] ποιέω ὡς, ~ καθώς, ~ ὥσπερ
[j] ποιέω (τί, τινα) τινι
[k] ποιέω τί τινα
[l] ποιέω τι εἴς τι(να)
[m] ποιέω τι ἔν τινι (instrumental ἐν)
[n] ποιέω (τι) κατά τι
[p] ποιέω τι μετά τινος

	Mt		Mk		Lk		
e 201	**Mt 5,32** ⇩ Mt 19,9	... πᾶς ὁ ἀπολύων τὴν γυναῖκα αὐτοῦ παρεκτὸς λόγου πορνείας **ποιεῖ αὐτὴν μοιχευθῆναι,** καὶ ὃς ἐὰν ἀπολελυμένην γαμήσῃ, μοιχᾶται.			**Lk 16,18**	πᾶς ὁ ἀπολύων τὴν γυναῖκα αὐτοῦ καὶ γαμῶν ἑτέραν **μοιχεύει,** καὶ ὁ ἀπολελυμένην ἀπὸ ἀνδρὸς γαμῶν μοιχεύει.	→ 1Cor 7,10-11 Mk-Q overlap
	Mt 19,9 ⇧ Mt 5,32	... ὃς ἂν ἀπολύσῃ τὴν γυναῖκα αὐτοῦ μὴ ἐπὶ πορνείᾳ καὶ γαμήσῃ ἄλλην **μοιχᾶται.**	**Mk 10,11**	... ὃς ἂν ἀπολύσῃ τὴν γυναῖκα αὐτοῦ καὶ γαμήσῃ ἄλλην **μοιχᾶται** ἐπ' αὐτήν·			
			Mk 10,12	καὶ ἐὰν αὐτὴ ἀπολύσασα τὸν ἄνδρα αὐτῆς γαμήσῃ ἄλλον **μοιχᾶται.**			
d 200	**Mt 5,36**	μήτε ἐν τῇ κεφαλῇ σου ὀμόσῃς, ὅτι οὐ δύνασαι μίαν τρίχα λευκὴν **ποιῆσαι** ἢ μέλαιναν.					
c j 102	**Mt 5,44**	... ἀγαπᾶτε τοὺς ἐχθροὺς ὑμῶν καὶ προσεύχεσθε ὑπὲρ τῶν διωκόντων ὑμᾶς			**Lk 6,27** ⇨ Lk 6,35	... ἀγαπᾶτε τοὺς ἐχθροὺς ὑμῶν, καλῶς **ποιεῖτε** τοῖς μισοῦσιν ὑμᾶς, [28] εὐλογεῖτε τοὺς καταρωμένους ὑμᾶς, προσεύχεσθε περὶ τῶν ἐπηρεαζόντων ὑμᾶς.	
j 202 c j 202	**Mt 7,12** (2)	πάντα οὖν ὅσα ἐὰν θέλητε ἵνα **ποιῶσιν** ὑμῖν οἱ ἄνθρωποι, οὕτως καὶ ὑμεῖς **ποιεῖτε** αὐτοῖς· ...			**Lk 6,31** (2)	καὶ καθὼς θέλετε ἵνα **ποιῶσιν** ὑμῖν οἱ ἄνθρωποι **ποιεῖτε** αὐτοῖς ὁμοίως.	
202	**Mt 5,46**	ἐὰν γὰρ ἀγαπήσητε τοὺς ἀγαπῶντας ὑμᾶς, τίνα μισθὸν ἔχετε; οὐχὶ καὶ οἱ τελῶναι τὸ αὐτὸ **ποιοῦσιν;**			**Lk 6,33**	[32] καὶ εἰ ἀγαπᾶτε τοὺς ἀγαπῶντας ὑμᾶς, ποία ὑμῖν χάρις ἐστίν; καὶ γὰρ οἱ ἁμαρτωλοὶ τοὺς ἀγαπῶντας αὐτοὺς ἀγαπῶσιν. [33] καὶ [γὰρ] ἐὰν ἀγαθοποιῆτε τοὺς ἀγαθοποιοῦντας ὑμᾶς, ποία ὑμῖν χάρις ἐστίν; καὶ οἱ ἁμαρτωλοὶ τὸ αὐτὸ **ποιοῦσιν.**	
201 201	**Mt 5,47** (2)	καὶ ἐὰν ἀσπάσησθε τοὺς ἀδελφοὺς ὑμῶν μόνον, τί περισσὸν **ποιεῖτε;** οὐχὶ καὶ οἱ ἐθνικοὶ τὸ αὐτὸ **ποιοῦσιν;**			**Lk 6,34** → Mt 5,42	καὶ ἐὰν δανίσητε παρ' ὧν ἐλπίζετε λαβεῖν, ποία ὑμῖν χάρις **[ἐστίν];** καὶ ἁμαρτωλοὶ ἁμαρτωλοῖς **δανίζουσιν** ἵνα ἀπολάβωσιν τὰ ἴσα.	→ GTh 95
f 200	**Mt 6,1** ↓ Mt 23,5	προσέχετε [δὲ] τὴν δικαιοσύνην ὑμῶν **μὴ ποιεῖν** ἔμπροσθεν τῶν ἀνθρώπων πρὸς τὸ θεαθῆναι αὐτοῖς· ...					

 200 g 200	Mt 6,2 (2)	ὅταν οὖν **ποιῇς** ἐλεημοσύνην, μὴ σαλπίσῃς ἔμπροσθέν σου, ὥσπερ οἱ ὑποκριταὶ **ποιοῦσιν** ἐν ταῖς συναγωγαῖς καὶ ἐν ταῖς ῥύμαις, ὅπως δοξασθῶσιν ὑπὸ τῶν ἀνθρώπων· ...					→ GTh 6 (POxy 654)
 200 200	Mt 6,3 (2)	σοῦ δὲ **ποιοῦντος** ἐλεημοσύνην μὴ γνώτω ἡ ἀριστερά σου τί **ποιεῖ** ἡ δεξιά σου					→ GTh 6 (POxy 654) → GTh 62,2
j 202 c j 202	Mt 7,12 (2)	πάντα οὖν ὅσα ἐὰν θέλητε ἵνα **ποιῶσιν** ὑμῖν οἱ ἄνθρωποι, οὕτως καὶ ὑμεῖς **ποιεῖτε** αὐτοῖς· ...			Lk 6,31 (2)	καὶ καθὼς θέλετε ἵνα **ποιῶσιν** ὑμῖν οἱ ἄνθρωποι **ποιεῖτε** αὐτοῖς ὁμοίως.	
  200 200	Mt 7,17 (2) ⇓ Mt 12,33	οὕτως πᾶν δένδρον ἀγαθὸν καρποὺς καλοὺς **ποιεῖ,** τὸ δὲ σαπρὸν δένδρον καρποὺς πονηροὺς **ποιεῖ.**					
   202 202	Mt 7,18 (2)	οὐ δύναται δένδρον ἀγαθὸν καρποὺς πονηροὺς **ποιεῖν** οὐδὲ δένδρον σαπρὸν καρποὺς καλοὺς **ποιεῖν.**			Lk 6,43 (2)	οὐ γάρ ἐστιν δένδρον καλὸν **ποιοῦν** καρπὸν σαπρόν, οὐδὲ πάλιν δένδρον σαπρὸν **ποιοῦν** καρπὸν καλόν.	
 200	Mt 7,19 ⇑ Mt 3,10	πᾶν δένδρον **μὴ ποιοῦν** καρπὸν καλὸν ἐκκόπτεται καὶ εἰς πῦρ βάλλεται.			Lk 3,9	... πᾶν οὖν δένδρον **μὴ ποιοῦν** καρπὸν καλὸν ἐκκόπτεται καὶ εἰς πῦρ βάλλεται.	
    202	Mt 7,21 ↓ Mt 12,50	οὐ πᾶς ὁ λέγων μοι· κύριε κύριε, εἰσελεύσεται εἰς τὴν βασιλείαν τῶν οὐρανῶν, ἀλλ' **ὁ ποιῶν** τὸ θέλημα τοῦ πατρός μου τοῦ ἐν τοῖς οὐρανοῖς.	↓ Mk 3,35		Lk 6,46 ↓ Lk 8,21	τί δέ με καλεῖτε· κύριε κύριε, καὶ **οὐ ποιεῖτε** ἃ λέγω;	
        201	Mt 7,22 → Mt 25,11	πολλοὶ ἐροῦσίν μοι ἐν ἐκείνῃ τῇ ἡμέρᾳ· κύριε κύριε, οὐ τῷ σῷ ὀνόματι ἐπροφητεύσαμεν, καὶ τῷ σῷ ὀνόματι δαιμόνια ἐξεβάλομεν, καὶ τῷ σῷ ὀνόματι δυνάμεις πολλὰς **ἐποιήσαμεν;**			Lk 13,26	τότε ἄρξεσθε λέγειν· ἐφάγομεν ἐνώπιόν σου καὶ ἐπίομεν καὶ ἐν ταῖς πλατείαις ἡμῶν ἐδίδαξας·	

	Mt		Mk		Lk		
	Mt 7,24	πᾶς οὖν ὅστις ἀκούει μου τοὺς λόγους τούτους καὶ			Lk 6,47	πᾶς ὁ ἐρχόμενος πρός με καὶ ἀκούων μου τῶν λόγων καὶ	
202		**ποιεῖ**				**ποιῶν**	
		αὐτούς, ὁμοιωθήσεται ἀνδρὶ φρονίμῳ, ὅστις ᾠκοδόμησεν αὐτοῦ τὴν οἰκίαν ἐπὶ τὴν πέτραν·				αὐτούς, ὑποδείξω ὑμῖν τίνι ἐστὶν ὅμοιος· [48] ὅμοιός ἐστιν ἀνθρώπῳ οἰκοδομοῦντι οἰκίαν ὃς ἔσκαψεν καὶ ἐβάθυνεν καὶ ἔθηκεν θεμέλιον ἐπὶ τὴν πέτραν·	
	Mt 7,26	καὶ πᾶς ὁ ἀκούων μου τοὺς λόγους τούτους καὶ			Lk 6,49	ὁ δὲ ἀκούσας καὶ	
202		**μὴ ποιῶν**				**μὴ ποιήσας**	
		αὐτοὺς ὁμοιωθήσεται ἀνδρὶ μωρῷ, ὅστις ᾠκοδόμησεν αὐτοῦ τὴν οἰκίαν ἐπὶ τὴν ἄμμον.				ὅμοιός ἐστιν ἀνθρώπῳ οἰκοδομήσαντι οἰκίαν ἐπὶ τὴν γῆν χωρὶς θεμελίου, ...	
	Mt 8,9 (2)	καὶ γὰρ ἐγὼ ἄνθρωπός εἰμι ὑπὸ ἐξουσίαν, ἔχων ὑπ' ἐμαυτὸν στρατιώτας, καὶ λέγω τούτῳ· πορεύθητι, καὶ πορεύεται, καὶ ἄλλῳ· ἔρχου, καὶ ἔρχεται, καὶ τῷ δούλῳ μου·			Lk 7,8 (2)	καὶ γὰρ ἐγὼ ἄνθρωπός εἰμι ὑπὸ ἐξουσίαν τασσόμενος ἔχων ὑπ' ἐμαυτὸν στρατιώτας, καὶ λέγω τούτῳ· πορεύθητι, καὶ πορεύεται, καὶ ἄλλῳ· ἔρχου, καὶ ἔρχεται, καὶ τῷ δούλῳ μου·	
202		**ποίησον**				**ποίησον**	
		τοῦτο, καὶ				τοῦτο, καὶ	
202		**ποιεῖ.**				**ποιεῖ.**	
	Mt 9,28 ⇩ Mt 20,32	ἐλθόντι δὲ εἰς τὴν οἰκίαν προσῆλθον αὐτῷ οἱ τυφλοί, καὶ λέγει αὐτοῖς ὁ Ἰησοῦς· πιστεύετε ὅτι δύναμαι τοῦτο	Mk 10,51	[50] ... ἦλθεν πρὸς τὸν Ἰησοῦν. [51] καὶ ἀποκριθεὶς αὐτῷ ὁ Ἰησοῦς εἶπεν· τί σοι θέλεις	Lk 18,41	[40] σταθεὶς δὲ ὁ Ἰησοῦς ἐκέλευσεν αὐτὸν ἀχθῆναι πρὸς αὐτόν. ἐγγίσαντος δὲ αὐτοῦ ἐπηρώτησεν αὐτόν· [41] τί σοι θέλεις	
200		**ποιῆσαι;**		**ποιήσω;**		**ποιήσω;**	
		λέγουσιν αὐτῷ· ναὶ κύριε.		ὁ δὲ τυφλὸς εἶπεν αὐτῷ· ῥαββουνι, ἵνα ἀναβλέψω.		ὁ δὲ εἶπεν· κύριε, ἵνα ἀναβλέψω.	
	Mt 10,1 → Mk 6,7	καὶ προσκαλεσάμενος	Mk 3,14 → Mk 6,7 → Mt 10,5	[13] ... καὶ προσκαλεῖται οὓς ἤθελεν αὐτός, καὶ ἀπῆλθον πρὸς αὐτόν. [14] καὶ	Lk 6,13	καὶ ὅτε ἐγένετο ἡμέρα, προσεφώνησεν τοὺς μαθητὰς αὐτοῦ, καὶ	
121				**ἐποίησεν**		**ἐκλεξάμενος**	
		τοὺς δώδεκα μαθητὰς αὐτοῦ ...		δώδεκα, [οὓς καὶ ἀποστόλους ὠνόμασεν] ...		ἀπ' αὐτῶν δώδεκα, οὓς καὶ ἀποστόλους ὠνόμασεν·	
	Mt 10,2		Mk 3,16	[καὶ	Lk 6,14		→ Jn 1,40-42
121				**ἐποίησεν**			
		τῶν δὲ δώδεκα ἀποστόλων τὰ ὀνόματά ἐστιν ταῦτα· πρῶτος Σίμων ὁ λεγόμενος Πέτρος ...		τοὺς δώδεκα,] καὶ ἐπέθηκεν ὄνομα τῷ Σίμωνι Πέτρον		 Σίμωνα, ὃν καὶ ὠνόμασεν Πέτρον, ...	
	Mt 12,2 (2)	οἱ δὲ Φαρισαῖοι ἰδόντες εἶπαν αὐτῷ· ἰδοὺ οἱ μαθηταί σου	Mk 2,24	καὶ οἱ Φαρισαῖοι ἔλεγον αὐτῷ· ἴδε τί	Lk 6,2	τινὲς δὲ τῶν Φαρισαίων εἶπαν· τί	
222		**ποιοῦσιν**		**ποιοῦσιν**		**ποιεῖτε**	
		ὃ οὐκ ἔξεστιν		τοῖς σάββασιν		ὃ οὐκ ἔξεστιν	
211		**ποιεῖν**					
		ἐν σαββάτῳ.		ὃ οὐκ ἔξεστιν;		τοῖς σάββασιν;	

	Mt		Mk		Lk		
222	**Mt 12,3**	ὁ δὲ εἶπεν αὐτοῖς· οὐκ ἀνέγνωτε τί **ἐποίησεν** Δαυὶδ ὅτε ἐπείνασεν καὶ οἱ μετ' αὐτοῦ	**Mk 2,25**	καὶ λέγει αὐτοῖς· οὐδέποτε ἀνέγνωτε τί **ἐποίησεν** Δαυίδ, ὅτε χρείαν ἔσχεν καὶ ἐπείνασεν αὐτὸς καὶ οἱ μετ' αὐτοῦ	**Lk 6,3**	καὶ ἀποκριθεὶς πρὸς αὐτοὺς εἶπεν ὁ Ἰησοῦς· οὐδὲ τοῦτο ἀνέγνωτε ὃ **ἐποίησεν** Δαυὶδ ὅτε ἐπείνασεν αὐτὸς καὶ οἱ μετ' αὐτοῦ [ὄντες]	
c 221	**Mt 12,12**	... ὥστε ἔξεστιν τοῖς σάββασιν **καλῶς ποιεῖν.**	**Mk 3,4**	... ἔξεστιν τοῖς σάββασιν **ἀγαθὸν ποιῆσαι** ἢ κακοποιῆσαι, ψυχὴν σῶσαι ἢ ἀποκτεῖναι; ...	**Lk 6,9** → Lk 13,14 → Lk 14,3	... ἐπερωτῶ ὑμᾶς εἰ ἔξεστιν τῷ σαββάτῳ **ἀγαθοποιῆσαι** ἢ κακοποιῆσαι, ψυχὴν σῶσαι ἢ ἀπολέσαι;	
d 220	**Mt 12,16**	καὶ ἐπετίμησεν αὐτοῖς ἵνα μὴ φανερὸν αὐτὸν **ποιήσωσιν**	**Mk 3,12** → Mk 1,34	καὶ πολλὰ ἐπετίμα αὐτοῖς ἵνα μὴ αὐτὸν φανερὸν **ποιήσωσιν.**	**Lk 4,41**	... καὶ ἐπιτιμῶν οὐκ εἴα αὐτὰ λαλεῖν, ὅτι ᾔδεισαν τὸν χριστὸν αὐτὸν εἶναι.	
d 200 *d* 200	**Mt 12,33** **(2)** ⇧ Mt 7,17	ἢ **ποιήσατε** τὸ δένδρον καλὸν καὶ τὸν καρπὸν αὐτοῦ καλόν, ἢ **ποιήσατε** τὸ δένδρον σαπρὸν καὶ τὸν καρπὸν αὐτοῦ σαπρόν· ...					
222	**Mt 12,50** ↑ Mt 7,21	ὅστις γὰρ ἂν **ποιήσῃ** τὸ θέλημα τοῦ πατρός μου τοῦ ἐν οὐρανοῖς αὐτός μου ἀδελφὸς καὶ ἀδελφὴ καὶ μήτηρ ἐστίν.	**Mk 3,35**	ὃς [γὰρ] ἂν **ποιήσῃ** τὸ θέλημα τοῦ θεοῦ, οὗτος ἀδελφός μου καὶ ἀδελφὴ καὶ μήτηρ ἐστίν.	**Lk 8,21** ↑ Lk 6,46 → Lk 11,28	... μήτηρ μου καὶ ἀδελφοί μου οὗτοί εἰσιν οἱ τὸν λόγον τοῦ θεοῦ ἀκούοντες καὶ **ποιοῦντες.**	→ Jn 15,14 → GTh 99
112	**Mt 13,8**	ἄλλα δὲ ἔπεσεν ἐπὶ τὴν γῆν τὴν καλὴν καὶ **ἐδίδου** καρπόν, ὃ μὲν ἑκατόν, ὃ δὲ ἑξήκοντα, ὃ δὲ τριάκοντα.	**Mk 4,8**	καὶ ἄλλα ἔπεσεν εἰς τὴν γῆν τὴν καλὴν καὶ **ἐδίδου** καρπὸν ἀναβαίνοντα καὶ αὐξανόμενα καὶ ἔφερεν ἓν τριάκοντα καὶ ἓν ἑξήκοντα καὶ ἓν ἑκατόν.	**Lk 8,8**	καὶ ἕτερον ἔπεσεν εἰς τὴν γῆν τὴν ἀγαθὴν καὶ φυὲν **ἐποίησεν** καρπὸν ἑκατονταπλασίονα. ...	→ GTh 9
211	**Mt 13,23**	ὁ δὲ ἐπὶ τὴν καλὴν γῆν σπαρείς, οὗτός ἐστιν ὁ τὸν λόγον ἀκούων καὶ συνιείς, ὃς δὴ καρποφορεῖ καὶ **ποιεῖ** ὃ μὲν ἑκατόν, ὃ δὲ ἑξήκοντα, ὃ δὲ τριάκοντα.	**Mk 4,20**	καὶ ἐκεῖνοί εἰσιν οἱ ἐπὶ τὴν γῆν τὴν καλὴν σπαρέντες, οἵτινες ἀκούουσιν τὸν λόγον καὶ παραδέχονται καὶ καρποφοροῦσιν ἓν τριάκοντα καὶ ἓν ἑξήκοντα καὶ ἓν ἑκατόν.	**Lk 8,15**	τὸ δὲ ἐν τῇ καλῇ γῇ, οὗτοί εἰσιν οἵτινες ἐν καρδίᾳ καλῇ καὶ ἀγαθῇ ἀκούσαντες τὸν λόγον κατέχουσιν καὶ καρποφοροῦσιν ἐν ὑπομονῇ.	
200	**Mt 13,26**	ὅτε δὲ ἐβλάστησεν ὁ χόρτος καὶ καρπὸν **ἐποίησεν,** τότε ἐφάνη καὶ τὰ ζιζάνια.					→ GTh 57
200	**Mt 13,28**	ὁ δὲ ἔφη αὐτοῖς· ἐχθρὸς ἄνθρωπος τοῦτο **ἐποίησεν.** ...					→ GTh 57

	Mt		Mk		Lk		
020	Mt 13,32	... ὅταν δὲ αὐξηθῇ μεῖζον τῶν λαχάνων ἐστὶν καὶ γίνεται δένδρον, ὥστε ἐλθεῖν *τὰ πετεινὰ τοῦ οὐρανοῦ καὶ κατασκηνοῦν ἐν τοῖς κλάδοις αὐτοῦ.* ➤ Ps 103,12 LXX	Mk 4,32	... ἀναβαίνει καὶ γίνεται μεῖζον πάντων τῶν λαχάνων καὶ **ποιεῖ** κλάδους μεγάλους, ὥστε δύνασθαι ὑπὸ τὴν σκιὰν αὐτοῦ *τὰ πετεινὰ τοῦ οὐρανοῦ κατασκηνοῦν.* ➤ Ps 103,12 LXX	Lk 13,19	... καὶ ηὔξησεν καὶ ἐγένετο εἰς δένδρον, καὶ *τὰ πετεινὰ τοῦ οὐρανοῦ κατεσκήνωσεν ἐν τοῖς κλάδοις αὐτοῦ.* ➤ Ps 103,12 LXX	→ GTh 20 Mk-Q overlap
200	Mt 13,41 → Mt 7,23 → Lk 13,27 → Mt 24,31 → Mk 13,27	ἀποστελεῖ ὁ υἱὸς τοῦ ἀνθρώπου τοὺς ἀγγέλους αὐτοῦ, καὶ συλλέξουσιν ἐκ τῆς βασιλείας αὐτοῦ πάντα τὰ σκάνδαλα καὶ **τοὺς ποιοῦντας** τὴν ἀνομίαν					
222	Mt 12,50 ↑ Mt 7,21	ὅστις γὰρ ἂν **ποιήσῃ** τὸ θέλημα τοῦ πατρός μου τοῦ ἐν οὐρανοῖς αὐτός μου ἀδελφὸς καὶ ἀδελφὴ καὶ μήτηρ ἐστίν.	Mk 3,35	ὃς [γὰρ] ἂν **ποιήσῃ** τὸ θέλημα τοῦ θεοῦ, οὗτος ἀδελφός μου καὶ ἀδελφὴ καὶ μήτηρ ἐστίν.	Lk 8,21 ↑ Lk 6,46 → Lk 11,28	... μήτηρ μου καὶ ἀδελφοί μου οὗτοί εἰσιν οἱ τὸν λόγον τοῦ θεοῦ ἀκούοντες καὶ **ποιοῦντες.**	→ Jn 15,14 → GTh 99
j 022			Mk 5,19	... ὕπαγε εἰς τὸν οἶκόν σου πρὸς τοὺς σοὺς καὶ ἀπάγγειλον αὐτοῖς ὅσα ὁ κύριός σοι **πεποίηκεν** καὶ ἠλέησέν σε.	Lk 8,39 (2)	ὑπόστρεφε εἰς τὸν οἶκόν σου, καὶ διηγοῦ ὅσα σοι **ἐποίησεν** ὁ θεός.	
j 022			Mk 5,20	καὶ ἀπῆλθεν καὶ ἤρξατο κηρύσσειν ἐν τῇ Δεκαπόλει ὅσα **ἐποίησεν** αὐτῷ ὁ Ἰησοῦς, καὶ πάντες ἐθαύμαζον.		καὶ ἀπῆλθεν καθ᾽ ὅλην τὴν πόλιν κηρύσσων ὅσα **ἐποίησεν** αὐτῷ ὁ Ἰησοῦς.	
121	Mt 9,22	ὁ δὲ Ἰησοῦς στραφεὶς καὶ ἰδὼν **αὐτὴν** εἶπεν· θάρσει, θύγατερ· ἡ πίστις σου σέσωκέν σε. ...	Mk 5,32	[30] καὶ εὐθὺς ὁ Ἰησοῦς ... ἐπιστραφεὶς ἐν τῷ ὄχλῳ ἔλεγεν· τίς μου ἥψατο τῶν ἱματίων; [31] ... [32] καὶ περιεβλέπετο ἰδεῖν **τὴν τοῦτο ποιήσασαν.** [33] ... [34] ὁ δὲ εἶπεν αὐτῇ· θυγάτηρ, ἡ πίστις σου σέσωκέν σε· ...	Lk 8,45	καὶ εἶπεν ὁ Ἰησοῦς· τίς ὁ ἁψάμενός μου; ... [48] ὁ δὲ εἶπεν αὐτῇ· θυγάτηρ, ἡ πίστις σου σέσωκέν σε· ...	
220	Mt 13,58	καὶ **οὐκ ἐποίησεν ἐκεῖ** δυνάμεις πολλὰς διὰ τὴν ἀπιστίαν αὐτῶν.	Mk 6,5	καὶ **οὐκ ἐδύνατο ἐκεῖ ποιῆσαι** οὐδεμίαν δύναμιν, εἰ μὴ ὀλίγοις ἀρρώστοις ἐπιθεὶς τὰς χεῖρας ἐθεράπευσεν· [6] καὶ ἐθαύμαζεν διὰ τὴν ἀπιστίαν αὐτῶν. ...			
j 120	Mt 14,6	γενεσίοις δὲ γενομένοις τοῦ Ἡρῴδου ...	Mk 6,21	καὶ γενομένης ἡμέρας εὐκαίρου ὅτε Ἡρῴδης τοῖς γενεσίοις αὐτοῦ δεῖπνον **ἐποίησεν** τοῖς μεγιστᾶσιν αὐτοῦ καὶ τοῖς χιλιάρχοις καὶ τοῖς πρώτοις τῆς Γαλιλαίας			

022			Mk 6,30	καὶ συνάγονται οἱ ἀπόστολοι πρὸς τὸν Ἰησοῦν καὶ ἀπήγγειλαν αὐτῷ πάντα ὅσα **ἐποίησαν** καὶ ὅσα ἐδίδαξαν.	Lk 9,10 → Lk 10,17	καὶ ὑποστρέψαντες οἱ ἀπόστολοι διηγήσαντο αὐτῷ ὅσα **ἐποίησαν**. ...	
c 112	Mt 14,19 → Mt 15,35	καὶ κελεύσας τοὺς ὄχλους ἀνακλιθῆναι ἐπὶ τοῦ χόρτου, ...	Mk 6,40 → Mk 8,6	[39] καὶ ἐπέταξεν αὐτοῖς ἀνακλῖναι πάντας συμπόσια συμπόσια ἐπὶ τῷ χλωρῷ χόρτῳ. [40] καὶ ἀνέπεσαν πρασιαὶ πρασιαὶ κατὰ ἑκατὸν καὶ κατὰ πεντήκοντα.	Lk 9,15	[14] ... εἶπεν δὲ πρὸς τοὺς μαθητὰς αὐτοῦ· κατακλίνατε αὐτοὺς κλισίας [ὡσεὶ] ἀνὰ πεντήκοντα. [15] καὶ **ἐποίησαν** οὕτως καὶ κατέκλιναν ἅπαντας.	→ Jn 6,10
j 120	Mt 15,6	οὐ μὴ τιμήσει τὸν πατέρα αὐτοῦ·	Mk 7,12	οὐκέτι ἀφίετε αὐτὸν οὐδὲν **ποιῆσαι** τῷ πατρὶ ἢ τῇ μητρί,			
120		καὶ ἠκυρώσατε τὸν λόγον τοῦ θεοῦ διὰ τὴν παράδοσιν ὑμῶν.	Mk 7,13	ἀκυροῦντες τὸν λόγον τοῦ θεοῦ τῇ παραδόσει ὑμῶν ᾗ παρεδώκατε· καὶ παρόμοια τοιαῦτα πολλὰ **ποιεῖτε**.			
c 120 e 120	Mt 15,31 → Mt 11,5	ὥστε τὸν ὄχλον θαυμάσαι βλέποντας κωφοὺς λαλοῦντας, κυλλοὺς ὑγιεῖς, καὶ χωλοὺς περιπατοῦντας καὶ τυφλοὺς βλέποντας· ...	Mk 7,37 (2)	καὶ ὑπερπερισσῶς ἐξεπλήσσοντο λέγοντες· καλῶς πάντα **πεποίηκεν**, καὶ τοὺς κωφοὺς **ποιεῖ** ἀκούειν καὶ [τοὺς] ἀλάλους λαλεῖν.			
j 222	Mt 17,4	... κύριε, καλόν ἐστιν ἡμᾶς ὧδε εἶναι· εἰ θέλεις, **ποιήσω** ὧδε τρεῖς σκηνάς, σοὶ μίαν καὶ Μωϋσεῖ μίαν καὶ Ἠλίᾳ μίαν.	Mk 9,5	... ῥαββί, καλόν ἐστιν ἡμᾶς ὧδε εἶναι, καὶ **ποιήσωμεν** τρεῖς σκηνάς, σοὶ μίαν καὶ Μωϋσεῖ μίαν καὶ Ἠλίᾳ μίαν.	Lk 9,33	... ἐπιστάτα, καλόν ἐστιν ἡμᾶς ὧδε εἶναι, καὶ **ποιήσωμεν** σκηνὰς τρεῖς, μίαν σοὶ καὶ μίαν Μωϋσεῖ καὶ μίαν Ἠλίᾳ, ...	
j 220	Mt 17,12 → Mt 11,14 → Lk 1,17	... Ἠλίας ἤδη ἦλθεν, καὶ οὐκ ἐπέγνωσαν αὐτὸν ἀλλὰ **ἐποίησαν** ἐν αὐτῷ ὅσα ἠθέλησαν· ...	Mk 9,13 → Lk 1,17	... καὶ Ἠλίας ἐλήλυθεν, καὶ **ἐποίησαν** αὐτῷ ὅσα ἤθελον, καθὼς γέγραπται ἐπ' αὐτόν.			
002					Lk 9,43	ἐξεπλήσσοντο δὲ πάντες ἐπὶ τῇ μεγαλειότητι τοῦ θεοῦ. πάντων δὲ θαυμαζόντων ἐπὶ πᾶσιν οἷς **ἐποίει** εἶπεν πρὸς τοὺς μαθητὰς αὐτοῦ·	
020			Mk 9,39	... οὐδεὶς γάρ ἐστιν ὃς **ποιήσει** δύναμιν ἐπὶ τῷ ὀνόματί μου καὶ δυνήσεται ταχὺ κακολογῆσαί με·			

	Mt		Mk		Lk		
cj 200	**Mt 18,35** → Mt 6,15	οὕτως καὶ ὁ πατήρ μου ὁ οὐράνιος **ποιήσει** ὑμῖν, ἐὰν μὴ ἀφῆτε ἕκαστος τῷ ἀδελφῷ αὐτοῦ ἀπὸ τῶν καρδιῶν ὑμῶν.					
112	**Mt 22,36** ↓ Mt 19,16	[34] οἱ δὲ Φαρισαῖοι ἀκούσαντες ὅτι ἐφίμωσεν τοὺς Σαδδουκαίους συνήχθησαν ἐπὶ τὸ αὐτό, [35] καὶ ἐπηρώτησεν εἷς ἐξ αὐτῶν [νομικὸς] πειράζων αὐτόν· [36] διδάσκαλε, ποία ἐντολὴ μεγάλη ἐν τῷ νόμῳ;	**Mk 12,28** ↓ Mk 10,17 → Lk 20,39	καὶ προσελθὼν εἷς τῶν γραμματέων ἀκούσας αὐτῶν συζητούντων, ἰδὼν ὅτι καλῶς ἀπεκρίθη αὐτοῖς ἐπηρώτησεν αὐτόν· ποία ἐστὶν ἐντολὴ πρώτη πάντων;	**Lk 10,25** ⇩ Lk 18,18	καὶ ἰδοὺ νομικός τις ἀνέστη ἐκπειράζων αὐτὸν λέγων· διδάσκαλε, τί **ποιήσας** ζωὴν αἰώνιον κληρονομήσω;	
012			**Mk 12,34**	καὶ ὁ Ἰησοῦς ἰδὼν [αὐτὸν] ὅτι νουνεχῶς ἀπεκρίθη εἶπεν αὐτῷ· οὐ μακρὰν εἶ ἀπὸ τῆς βασιλείας τοῦ θεοῦ. ...	**Lk 10,28**	εἶπεν δὲ αὐτῷ· ὀρθῶς ἀπεκρίθης· τοῦτο **ποίει** καὶ ζήσῃ.	
p 002 *c* 002					**Lk 10,37** (2)	ὁ δὲ εἶπεν· ὁ **ποιήσας** τὸ ἔλεος μετ' αὐτοῦ. εἶπεν δὲ αὐτῷ ὁ Ἰησοῦς· πορεύου καὶ σὺ **ποίει** ὁμοίως.	
102 102	**Mt 23,26**	Φαρισαῖε τυφλέ, καθάρισον πρῶτον τὸ ἐντὸς τοῦ ποτηρίου, ἵνα γένηται καὶ τὸ ἐκτὸς αὐτοῦ καθαρόν.			**Lk 11,40** (2)	ἄφρονες, οὐχ ὁ **ποιήσας** τὸ ἔξωθεν καὶ τὸ ἔσωθεν **ἐποίησεν**; [41] πλὴν τὰ ἐνόντα δότε ἐλεημοσύνην, καὶ ἰδοὺ πάντα καθαρὰ ὑμῖν ἐστιν.	→ GTh 89
202	**Mt 23,23**	... ταῦτα [δὲ] ἔδει **ποιῆσαι** κἀκεῖνα μὴ ἀφιέναι.			**Lk 11,42**	... ταῦτα δὲ ἔδει **ποιῆσαι** κἀκεῖνα μὴ παρεῖναι.	
102	**Mt 10,28**	καὶ μὴ φοβεῖσθε ἀπὸ τῶν ἀποκτεννόντων τὸ σῶμα, τὴν δὲ ψυχὴν μὴ δυναμένων **ἀποκτεῖναι**· ...			**Lk 12,4**	... μὴ φοβηθῆτε ἀπὸ τῶν ἀποκτεινόντων τὸ σῶμα καὶ μετὰ ταῦτα μὴ ἐχόντων περισσότερόν τι **ποιῆσαι**.	
002					**Lk 12,17**	καὶ διελογίζετο ἐν ἑαυτῷ λέγων· τί **ποιήσω**, ὅτι οὐκ ἔχω ποῦ συνάξω τοὺς καρπούς μου;	→ GTh 63
002					**Lk 12,18**	καὶ εἶπεν· τοῦτο **ποιήσω**, καθελῶ μου τὰς ἀποθήκας καὶ μείζονας οἰκοδομήσω, ...	→ GTh 63

	Mt		Mk	Lk		
j 102	**Mt 6,20** → Mt 19,21	**θησαυρίζετε** δὲ ὑμῖν θησαυροὺς ἐν οὐρανῷ, ...	→ Mk 10,21	**Lk 12,33** → Mt 6,19 → Lk 14,33 ↓ Lk 16,9 → Lk 18,22	πωλήσατε τὰ ὑπάρχοντα ὑμῶν καὶ δότε ἐλεημοσύνην· **ποιήσατε** ἑαυτοῖς βαλλάντια μὴ παλαιούμενα, θησαυρὸν ἀνέκλειπτον ἐν τοῖς οὐρανοῖς, ...	→ Acts 2,45 → GTh 76,3
c 202	**Mt 24,46**	μακάριος ὁ δοῦλος ἐκεῖνος ὃν ἐλθὼν ὁ κύριος αὐτοῦ εὑρήσει οὕτως **ποιοῦντα·**		**Lk 12,43**	μακάριος ὁ δοῦλος ἐκεῖνος, ὃν ἐλθὼν ὁ κύριος αὐτοῦ εὑρήσει **ποιοῦντα** οὕτως·	
002				**Lk 12,47**	ἐκεῖνος δὲ ὁ δοῦλος ὁ γνοὺς τὸ θέλημα τοῦ κυρίου αὐτοῦ καὶ μὴ ἑτοιμάσας ἢ **ποιήσας** πρὸς τὸ θέλημα αὐτοῦ δαρήσεται πολλάς·	
002				**Lk 12,48**	ὁ δὲ μὴ γνούς, **ποιήσας** δὲ ἄξια πληγῶν δαρήσεται ὀλίγας. ...	
002				**Lk 13,9**	κἂν μὲν **ποιήσῃ** καρπὸν εἰς τὸ μέλλον· εἰ δὲ μή γε, ἐκκόψεις αὐτήν.	
a 002				**Lk 13,22** → Lk 8,1	καὶ διεπορεύετο κατὰ πόλεις καὶ κώμας διδάσκων καὶ πορείαν **ποιούμενος** εἰς Ἱεροσόλυμα.	
002				**Lk 14,12**	... ὅταν **ποιῇς** ἄριστον ἢ δεῖπνον, μὴ φώνει τοὺς φίλους σου ...	
002				**Lk 14,13** → Lk 14,21	ἀλλ᾽ ὅταν δοχὴν **ποιῇς,** κάλει πτωχούς, ἀναπείρους, χωλούς, τυφλούς·	
j 202	**Mt 22,2** → Lk 14,15	ὡμοιώθη ἡ βασιλεία τῶν οὐρανῶν ἀνθρώπῳ βασιλεῖ, ὅστις **ἐποίησεν** γάμους τῷ υἱῷ αὐτοῦ.		**Lk 14,16**	ὁ δὲ εἶπεν αὐτῷ· ἄνθρωπός τις **ἐποίει** δεῖπνον μέγα, ...	→ GTh 64
d h 002				**Lk 15,19**	οὐκέτι εἰμὶ ἄξιος κληθῆναι υἱός σου· **ποίησόν** με ὡς ἕνα τῶν μισθίων σου.	
002				**Lk 16,3**	εἶπεν δὲ ἐν ἑαυτῷ ὁ οἰκονόμος· τί **ποιήσω,** ὅτι ὁ κύριός μου ἀφαιρεῖται τὴν οἰκονομίαν ἀπ᾽ ἐμοῦ; ...	

	Mt		Mk		Lk		
g 002					Lk 16,4	ἔγνων τί **ποιήσω,** ἵνα ὅταν μετασταθῶ ἐκ τῆς οἰκονομίας δέξωνταί με εἰς τοὺς οἴκους αὐτῶν.	
c 002					Lk 16,8	καὶ ἐπῄνεσεν ὁ κύριος τὸν οἰκονόμον τῆς ἀδικίας ὅτι φρονίμως **ἐποίησεν·** ὅτι οἱ υἱοὶ τοῦ αἰῶνος τούτου φρονιμώτεροι ὑπὲρ τοὺς υἱοὺς τοῦ φωτὸς εἰς τὴν γενεὰν τὴν ἑαυτῶν εἰσιν.	
j 002					Lk 16,9 ↑ Lk 12,33	καὶ ἐγὼ ὑμῖν λέγω, ἑαυτοῖς **ποιήσατε** φίλους ἐκ τοῦ μαμωνᾶ τῆς ἀδικίας, ...	
002					Lk 17,9	μὴ ἔχει χάριν τῷ δούλῳ ὅτι **ἐποίησεν** τὰ διαταχθέντα;	
002 002 002					Lk 17,10 (3)	οὕτως καὶ ὑμεῖς, ὅταν **ποιήσητε** πάντα τὰ διαταχθέντα ὑμῖν, λέγετε ὅτι δοῦλοι ἀχρεῖοί ἐσμεν, ὃ ὠφείλομεν **ποιῆσαι** **πεποιήκαμεν.**	
002					Lk 18,7	ὁ δὲ θεὸς **οὐ μὴ ποιήσῃ** τὴν ἐκδίκησιν τῶν ἐκλεκτῶν αὐτοῦ τῶν βοώντων αὐτῷ ἡμέρας καὶ νυκτός, καὶ μακροθυμεῖ ἐπ᾽ αὐτοῖς;	
002					Lk 18,8	λέγω ὑμῖν ὅτι **ποιήσει** τὴν ἐκδίκησιν αὐτῶν ἐν τάχει. ...	
d 220	Mt 19,4	... οὐκ ἀνέγνωτε ὅτι ὁ κτίσας ἀπ᾽ ἀρχῆς *ἄρσεν καὶ θῆλυ* ***ἐποίησεν*** *αὐτούς;* ➤ Gen 1,27	Mk 10,6	ἀπὸ δὲ ἀρχῆς κτίσεως *ἄρσεν καὶ θῆλυ* ***ἐποίησεν*** *αὐτούς·* ➤ Gen 1,27			
g 222	Mt 19,16 ↑ Mt 22,35-36	... διδάσκαλε, τί ἀγαθὸν **ποιήσω** ἵνα σχῶ ζωὴν αἰώνιον;	Mk 10,17 ↑ Mk 12,28	... διδάσκαλε ἀγαθέ, τί **ποιήσω** ἵνα ζωὴν αἰώνιον κληρονομήσω;	Lk 18,18 ⇧ Lk 10,25	... διδάσκαλε ἀγαθέ, τί **ποιήσας** ζωὴν αἰώνιον κληρονομήσω;	
c 200	Mt 20,5	... πάλιν [δὲ] ἐξελθὼν περὶ ἕκτην καὶ ἐνάτην ὥραν **ἐποίησεν** ὡσαύτως.					

b 200 dj 200	Mt 20,12 (2)	λέγοντες· οὗτοι οἱ ἔσχατοι μίαν ὥραν **ἐποίησαν,** καὶ ἴσους ἡμῖν αὐτοὺς **ἐποίησας** τοῖς βαστάσασι τὸ βάρος τῆς ἡμέρας καὶ τὸν καύσωνα.					
m 200	Mt 20,15	[ἢ] οὐκ ἔξεστίν μοι ὃ θέλω **ποιῆσαι** ἐν τοῖς ἐμοῖς; ...					
j 120	Mt 20,20	τότε προσῆλθεν αὐτῷ ἡ μήτηρ τῶν υἱῶν Ζεβεδαίου μετὰ τῶν υἱῶν αὐτῆς προσκυνοῦσα καὶ αἰτοῦσά τι ἀπ᾽ αὐτοῦ.	Mk 10,35	καὶ προσπορεύονται αὐτῷ Ἰάκωβος καὶ Ἰωάννης οἱ υἱοὶ Ζεβεδαίου λέγοντες αὐτῷ· διδάσκαλε, θέλομεν ἵνα ὃ ἐὰν αἰτήσωμέν σε **ποιήσῃς** ἡμῖν.			
j 120	Mt 20,21	ὁ δὲ εἶπεν αὐτῇ· τί θέλεις; ...	Mk 10,36	ὁ δὲ εἶπεν αὐτοῖς· τί θέλετέ [με] **ποιήσω** ὑμῖν;			
j 222	Mt 20,32 ⇧ Mt 9,28	... καὶ εἶπεν· τί θέλετε **ποιήσω** ὑμῖν; [33] λέγουσιν αὐτῷ· κύριε, ἵνα ἀνοιγῶσιν οἱ ὀφθαλμοὶ ἡμῶν.	Mk 10,51	... εἶπεν· τί σοι θέλεις **ποιήσω;** ὁ δὲ τυφλὸς εἶπεν αὐτῷ· ῥαββουνι, ἵνα ἀναβλέψω.	Lk 18,41	[40] ... ἐπηρώτησεν αὐτόν· [41] τί σοι θέλεις **ποιήσω;** ὁ δὲ εἶπεν· κύριε, ἵνα ἀναβλέψω.	
102	Mt 25,22	προσελθὼν [δὲ] καὶ ὁ τὰ δύο τάλαντα εἶπεν· κύριε, δύο τάλαντά μοι παρέδωκας· ἴδε ἄλλα δύο τάλαντα **ἐκέρδησα.**			Lk 19,18	καὶ ἦλθεν ὁ δεύτερος λέγων· ἡ μνᾶ σου, κύριε, **ἐποίησεν** πέντε μνᾶς.	
121	Mt 21,3	καὶ ἐάν τις ὑμῖν εἴπῃ τι, ἐρεῖτε ὅτι ὁ κύριος αὐτῶν χρείαν ἔχει· ...	Mk 11,3	καὶ ἐάν τις ὑμῖν εἴπῃ· τί **ποιεῖτε** τοῦτο; εἴπατε· ὁ κύριος αὐτοῦ χρείαν ἔχει, ...	Lk 19,31	καὶ ἐάν τις ὑμᾶς ἐρωτᾷ· διὰ τί λύετε; οὕτως ἐρεῖτε· ὅτι ὁ κύριος αὐτοῦ χρείαν ἔχει.	
h 211	Mt 21,6 → Mk 11,6	πορευθέντες δὲ οἱ μαθηταὶ καὶ **ποιήσαντες** καθὼς συνέταξεν αὐτοῖς ὁ Ἰησοῦς	Mk 11,4	καὶ ἀπῆλθον καὶ **εὗρον** πῶλον δεδεμένον πρὸς θύραν ἔξω ἐπὶ τοῦ ἀμφόδου καὶ λύουσιν αὐτόν.	Lk 19,32 → Mk 11,6	ἀπελθόντες δὲ οἱ ἀπεσταλμένοι **εὗρον** καθὼς εἶπεν αὐτοῖς. [33] λυόντων δὲ αὐτῶν τὸν πῶλον ↔	
021			Mk 11,5	καί τινες τῶν ἐκεῖ ἑστηκότων ἔλεγον αὐτοῖς· τί **ποιεῖτε** λύοντες τὸν πῶλον;	Lk 19,33	↔ εἶπαν οἱ κύριοι αὐτοῦ πρὸς αὐτούς· τί λύετε τὸν πῶλον;	
d 222	Mt 21,13	... γέγραπται· *ὁ οἶκός μου οἶκος* *προσευχῆς κληθήσεται,* ὑμεῖς δὲ αὐτὸν **ποιεῖτε** *σπήλαιον λῃστῶν.* ➤ Isa 56,7; Jer 7,11	Mk 11,17	... οὐ γέγραπται ὅτι *ὁ οἶκός μου οἶκος* *προσευχῆς κληθήσεται* *πᾶσιν τοῖς ἔθνεσιν;* ὑμεῖς δὲ **πεποιήκατε** αὐτὸν *σπήλαιον λῃστῶν.* ➤ Isa 56,7; Jer 7,11	Lk 19,46	... γέγραπται· *καὶ ἔσται* *ὁ οἶκός μου οἶκος* *προσευχῆς,* ὑμεῖς δὲ αὐτὸν **ἐποιήσατε** *σπήλαιον λῃστῶν.* ➤ Isa 56,7; Jer 7,11	→ Jn 2,16

	Mt		Mk		Lk		
200	Mt 21,15	ἰδόντες δὲ οἱ ἀρχιερεῖς καὶ οἱ γραμματεῖς τὰ θαυμάσια ἃ **ἐποίησεν** καὶ τοὺς παῖδας τοὺς κράζοντας ἐν τῷ ἱερῷ ...					
112	Mt 22,33 → Mt 7,28 → Mk 1,22 → Lk 4,32	καὶ ἀκούσαντες οἱ ὄχλοι ἐξεπλήσσοντο ἐπὶ τῇ διδαχῇ αὐτοῦ.	Mk 11,18	... πᾶς γὰρ ὁ ὄχλος ἐξεπλήσσετο ἐπὶ τῇ διδαχῇ αὐτοῦ.	Lk 19,48 → Lk 21,38	καὶ οὐχ εὕρισκον τὸ τί **ποιήσωσιν,** ὁ λαὸς γὰρ ἅπας ἐξεκρέματο αὐτοῦ ἀκούων.	
210	Mt 21,21 → Mt 17,20 → Lk 17,6	... ἀμὴν λέγω ὑμῖν, ἐὰν ἔχητε πίστιν καὶ μὴ διακριθῆτε, οὐ μόνον τὸ τῆς συκῆς **ποιήσετε,** ἀλλὰ κἂν τῷ ὄρει τούτῳ εἴπητε· ἄρθητι καὶ βλήθητι εἰς τὴν θάλασσαν, γενήσεται·	Mk 11,23 → Mt 17,20 → Lk 17,6 → Mk 9,23	[22] ... ἔχετε πίστιν θεοῦ. [23] ἀμὴν λέγω ὑμῖν ὅτι ὃς ἂν εἴπῃ τῷ ὄρει τούτῳ· ἄρθητι καὶ βλήθητι εἰς τὴν θάλασσαν, καὶ μὴ διακριθῇ ἐν τῇ καρδίᾳ αὐτοῦ ἀλλὰ πιστεύῃ ὅτι ὃ λαλεῖ γίνεται, ἔσται αὐτῷ.			→ GTh 48 → GTh 106
m 222 121	Mt 21,23	... λέγοντες· ἐν ποίᾳ ἐξουσίᾳ ταῦτα **ποιεῖς;** καὶ τίς σοι ἔδωκεν τὴν ἐξουσίαν ταύτην;	Mk 11,28 (2)	καὶ ἔλεγον αὐτῷ· ἐν ποίᾳ ἐξουσίᾳ ταῦτα **ποιεῖς;** ἢ τίς σοι ἔδωκεν τὴν ἐξουσίαν ταύτην ἵνα ταῦτα **ποιῇς;**	Lk 20,2	καὶ εἶπαν λέγοντες πρὸς αὐτόν· εἰπὸν ἡμῖν ἐν ποίᾳ ἐξουσίᾳ ταῦτα **ποιεῖς,** ἢ τίς ἐστιν ὁ δούς σοι τὴν ἐξουσίαν ταύτην;	→ Jn 2,18
m 221	Mt 21,24	... ἐρωτήσω ὑμᾶς κἀγὼ λόγον ἕνα, ὃν ἐὰν εἴπητέ μοι κἀγὼ ὑμῖν ἐρῶ ἐν ποίᾳ ἐξουσίᾳ ταῦτα **ποιῶ·**	Mk 11,29	... ἐπερωτήσω ὑμᾶς ἕνα λόγον, καὶ ἀποκρίθητέ μοι καὶ ἐρῶ ὑμῖν ἐν ποίᾳ ἐξουσίᾳ ταῦτα **ποιῶ·**	Lk 20,3	... ἐρωτήσω ὑμᾶς κἀγὼ λόγον, καὶ εἴπατέ μοι·	
m 222	Mt 21,27	... ἔφη αὐτοῖς καὶ αὐτός· οὐδὲ ἐγὼ λέγω ὑμῖν ἐν ποίᾳ ἐξουσίᾳ ταῦτα **ποιῶ.**	Mk 11,33	... καὶ ὁ Ἰησοῦς λέγει αὐτοῖς· οὐδὲ ἐγὼ λέγω ὑμῖν ἐν ποίᾳ ἐξουσίᾳ ταῦτα **ποιῶ.**	Lk 20,8	καὶ ὁ Ἰησοῦς εἶπεν αὐτοῖς· οὐδὲ ἐγὼ λέγω ὑμῖν ἐν ποίᾳ ἐξουσίᾳ ταῦτα **ποιῶ.**	
200	Mt 21,31	τίς ἐκ τῶν δύο **ἐποίησεν** τὸ θέλημα τοῦ πατρός; λέγουσιν· ὁ πρῶτος. ...					
c j 211	Mt 21,36	πάλιν ἀπέστειλεν ἄλλους δούλους πλείονας τῶν πρώτων, καὶ **ἐποίησαν** αὐτοῖς ὡσαύτως.	Mk 12,4	καὶ πάλιν ἀπέστειλεν πρὸς αὐτοὺς ἄλλον δοῦλον· κἀκεῖνον ἐκεφαλίωσαν καὶ ἠτίμασαν.	Lk 20,11	καὶ προσέθετο ἕτερον πέμψαι δοῦλον· οἱ δὲ κἀκεῖνον δείραντες καὶ ἀτιμάσαντες ...	→ GTh 65
112	Mt 21,37	ὕστερον δὲ ἀπέστειλεν πρὸς αὐτοὺς τὸν υἱὸν αὐτοῦ λέγων· ἐντραπήσονται τὸν υἱόν μου.	Mk 12,6	ἔτι ἕνα εἶχεν, υἱὸν ἀγαπητόν· ἀπέστειλεν αὐτὸν ἔσχατον πρὸς αὐτοὺς λέγων ὅτι ἐντραπήσονται τὸν υἱόν μου.	Lk 20,13	εἶπεν δὲ ὁ κύριος τοῦ ἀμπελῶνος· τί **ποιήσω;** πέμψω τὸν υἱόν μου τὸν ἀγαπητόν· ἴσως τοῦτον ἐντραπήσονται.	→ GTh 65
j 222	Mt 21,40	ὅταν οὖν ἔλθῃ ὁ κύριος τοῦ ἀμπελῶνος, τί **ποιήσει** τοῖς γεωργοῖς ἐκείνοις;	Mk 12,9	τί [οὖν] **ποιήσει** ὁ κύριος τοῦ ἀμπελῶνος; ...	Lk 20,15	... τί οὖν **ποιήσει** αὐτοῖς ὁ κύριος τοῦ ἀμπελῶνος;	→ GTh 65

	Mt		Mk		Lk		
   200	**Mt 21,43** → Mt 21,41	... ἀρθήσεται ἀφ᾽ ὑμῶν ἡ βασιλεία τοῦ θεοῦ καὶ δοθήσεται ἔθνει **ποιοῦντι** τοὺς καρποὺς αὐτῆς.					
j 202	**Mt 22,2** → Lk 14,15	ὡμοιώθη ἡ βασιλεία τῶν οὐρανῶν ἀνθρώπῳ βασιλεῖ, ὅστις **ἐποίησεν** γάμους τῷ υἱῷ αὐτοῦ.			**Lk 14,16**	ὁ δὲ εἶπεν αὐτῷ· ἄνθρωπός τις **ἐποίει** δεῖπνον μέγα, ...	→ GTh 64
  200 *n* 200 200	**Mt 23,3** (3)	πάντα οὖν ὅσα ἐὰν εἴπωσιν ὑμῖν **ποιήσατε** καὶ τηρεῖτε, κατὰ δὲ τὰ ἔργα αὐτῶν **μὴ ποιεῖτε·** λέγουσιν γὰρ καὶ **οὐ ποιοῦσιν.**					
f 200	**Mt 23,5** ↑ Mt 6,1	πάντα δὲ τὰ ἔργα αὐτῶν **ποιοῦσιν** πρὸς τὸ θεαθῆναι τοῖς ἀνθρώποις· ...					
d 200 *d* 200	**Mt 23,15** (2)	οὐαὶ ὑμῖν, γραμματεῖς καὶ Φαρισαῖοι ὑποκριταί, ὅτι περιάγετε τὴν θάλασσαν καὶ τὴν ξηρὰν **ποιῆσαι** ἕνα προσήλυτον, καὶ ὅταν γένηται **ποιεῖτε** αὐτὸν υἱὸν γεέννης διπλότερον ὑμῶν.					
 202	**Mt 23,23**	... ταῦτα [δὲ] ἔδει **ποιῆσαι** κἀκεῖνα μὴ ἀφιέναι.			**Lk 11,42**	... ταῦτα δὲ ἔδει **ποιῆσαι** κἀκεῖνα μὴ παρεῖναι.	
c 202	**Mt 24,46**	μακάριος ὁ δοῦλος ἐκεῖνος ὃν ἐλθὼν ὁ κύριος αὐτοῦ εὑρήσει οὕτως **ποιοῦντα·**			**Lk 12,43**	μακάριος ὁ δοῦλος ἐκεῖνος, ὃν ἐλθὼν ὁ κύριος αὐτοῦ εὑρήσει **ποιοῦντα** οὕτως·	
j 200 *j* 200	**Mt 25,40** (2)	καὶ ἀποκριθεὶς ὁ βασιλεὺς ἐρεῖ αὐτοῖς· ἀμὴν λέγω ὑμῖν, ἐφ᾽ ὅσον **ἐποιήσατε** ἑνὶ τούτων τῶν ἀδελφῶν μου τῶν ἐλαχίστων, ἐμοὶ **ἐποιήσατε.**					
j 200 *j* 200	**Mt 25,45** (2)	τότε ἀποκριθήσεται αὐτοῖς λέγων· ἀμὴν λέγω ὑμῖν, ἐφ᾽ ὅσον **οὐκ ἐποιήσατε** ἑνὶ τούτων τῶν ἐλαχίστων, **οὐδὲ ἐμοὶ ἐποιήσατε.**					

	Mt		Mk		Lk		
c j 120	Mt 26,11	πάντοτε γὰρ τοὺς πτωχοὺς ἔχετε μεθ' ἑαυτῶν, ἐμὲ δὲ οὐ πάντοτε ἔχετε·	Mk 14,7	πάντοτε γὰρ τοὺς πτωχοὺς ἔχετε μεθ' ἑαυτῶν καὶ ὅταν θέλητε δύνασθε αὐτοῖς εὖ **ποιῆσαι,** ἐμὲ δὲ οὐ πάντοτε ἔχετε.			→ Jn 12,8
f 220	Mt 26,12	βαλοῦσα γὰρ αὕτη τὸ μύρον τοῦτο ἐπὶ τοῦ σώματός μου πρὸς τὸ ἐνταφιάσαι με **ἐποίησεν.**	Mk 14,8	ὃ ἔσχεν **ἐποίησεν·** προέλαβεν μυρίσαι τὸ σῶμά μου εἰς τὸν ἐνταφιασμόν.			→ Jn 12,7
220	Mt 26,13	ἀμὴν λέγω ὑμῖν, ὅπου ἐὰν κηρυχθῇ τὸ εὐαγγέλιον τοῦτο ἐν ὅλῳ τῷ κόσμῳ, λαληθήσεται καὶ ὃ **ἐποίησεν** αὕτη εἰς μνημόσυνον αὐτῆς.	Mk 14,9	ἀμὴν δὲ λέγω ὑμῖν, ὅπου ἐὰν κηρυχθῇ τὸ εὐαγγέλιον εἰς ὅλον τὸν κόσμον, καὶ ὃ **ἐποίησεν** αὕτη λαληθήσεται εἰς μνημόσυνον αὐτῆς.			
211	Mt 26,18	... ὁ διδάσκαλος λέγει· ὁ καιρός μου ἐγγύς ἐστιν, πρὸς σὲ **ποιῶ** τὸ πάσχα μετὰ τῶν μαθητῶν μου.	Mk 14,14	... ὁ διδάσκαλος λέγει· ποῦ ἐστιν τὸ κατάλυμά μου ὅπου τὸ πάσχα μετὰ τῶν μαθητῶν μου **φάγω;**	Lk 22,11	... λέγει σοι ὁ διδάσκαλος· ποῦ ἐστιν τὸ κατάλυμα ὅπου τὸ πάσχα μετὰ τῶν μαθητῶν μου **φάγω;**	
h 211	Mt 26,19	καὶ **ἐποίησαν** οἱ μαθηταὶ ὡς συνέταξεν αὐτοῖς ὁ Ἰησοῦς καὶ ἡτοίμασαν τὸ πάσχα.	Mk 14,16	καὶ **ἐξῆλθον** οἱ μαθηταὶ καὶ ἦλθον εἰς τὴν πόλιν καὶ εὗρον καθὼς εἶπεν αὐτοῖς καὶ ἡτοίμασαν τὸ πάσχα.	Lk 22,13	 **ἀπελθόντες** δὲ εὗρον καθὼς εἰρήκει αὐτοῖς καὶ ἡτοίμασαν τὸ πάσχα.	
l 112	Mt 26,26 → Mt 14,19	... λαβὼν ὁ Ἰησοῦς ἄρτον καὶ εὐλογήσας ἔκλασεν καὶ δοὺς τοῖς μαθηταῖς εἶπεν· λάβετε φάγετε, τοῦτό ἐστιν τὸ σῶμά μου.	Mk 14,22 → Mk 6,41	... λαβὼν ἄρτον εὐλογήσας ἔκλασεν καὶ ἔδωκεν αὐτοῖς καὶ εἶπεν· λάβετε, τοῦτό ἐστιν τὸ σῶμά μου.	Lk 22,19 → Lk 9,16	καὶ λαβὼν ἄρτον εὐχαριστήσας ἔκλασεν καὶ ἔδωκεν αὐτοῖς λέγων· τοῦτό ἐστιν τὸ σῶμά μου τὸ ὑπὲρ ὑμῶν διδόμενον· τοῦτο **ποιεῖτε** εἰς τὴν ἐμὴν ἀνάμνησιν.	→ 1Cor 11,23 **→ 1Cor 11,24**
d 211	Mt 26,73	... ἀληθῶς καὶ σὺ ἐξ αὐτῶν εἶ, καὶ γὰρ ἡ λαλιά σου δῆλόν σε **ποιεῖ.**	Mk 14,70	... ἀληθῶς ἐξ αὐτῶν εἶ, καὶ γὰρ Γαλιλαῖος εἶ.	Lk 22,59	... ἐπ' ἀληθείας καὶ οὗτος μετ' αὐτοῦ ἦν, καὶ γὰρ Γαλιλαῖός ἐστιν.	→ Jn 18,26
120	Mt 27,1	πρωΐας δὲ γενομένης συμβούλιον **ἔλαβον** πάντες οἱ ἀρχιερεῖς καὶ οἱ πρεσβύτεροι τοῦ λαοῦ κατὰ τοῦ Ἰησοῦ ὥστε θανατῶσαι αὐτόν·	Mk 15,1	καὶ εὐθὺς πρωῒ συμβούλιον **ποιήσαντες** οἱ ἀρχιερεῖς μετὰ τῶν πρεσβυτέρων καὶ γραμματέων καὶ ὅλον τὸ συνέδριον, ...	Lk 22,66 → Mt 26,57 → Mk 14,53	καὶ ὡς ἐγένετο ἡμέρα, συνήχθη τὸ πρεσβυτέριον τοῦ λαοῦ, ἀρχιερεῖς τε καὶ γραμματεῖς, καὶ ἀπήγαγον αὐτὸν εἰς τὸ συνέδριον αὐτῶν	
121	Mt 27,16 ↓ Mt 27,26	εἶχον δὲ τότε δέσμιον ἐπίσημον λεγόμενον [Ἰησοῦν] Βαραββᾶν.	Mk 15,7 ↓ Mk 15,15	ἦν δὲ ὁ λεγόμενος Βαραββᾶς μετὰ τῶν στασιαστῶν δεδεμένος οἵτινες ἐν τῇ στάσει φόνον **πεποιήκεισαν.**	Lk 23,19 ↓ Lk 23,25	ὅστις ἦν διὰ στάσιν τινὰ γενομένην ἐν τῇ πόλει καὶ φόνον βληθεὶς ἐν τῇ φυλακῇ.	→ Jn 18,40

	Mt		Mk		Lk		
c j 120	Mt 27,17	συνηγμένων οὖν αὐτῶν ...	Mk 15,8	καὶ ἀναβὰς ὁ ὄχλος ἤρξατο αἰτεῖσθαι καθὼς **ἐποίει** αὐτοῖς.			
k 221	Mt 27,22	λέγει αὐτοῖς ὁ Πιλᾶτος· τί οὖν **ποιήσω** Ἰησοῦν τὸν λεγόμενον χριστόν; ...	Mk 15,12	ὁ δὲ Πιλᾶτος πάλιν ἀποκριθεὶς ἔλεγεν αὐτοῖς· τί οὖν [θέλετε] **ποιήσω** [ὃν λέγετε] τὸν βασιλέα τῶν Ἰουδαίων;	Lk 23,20	πάλιν δὲ ὁ Πιλᾶτος προσεφώνησεν αὐτοῖς θέλων ἀπολῦσαι τὸν Ἰησοῦν·	→ Jn 19,12
d 222	Mt 27,23	... τί γὰρ κακὸν **ἐποίησεν**; ...	Mk 15,14	... τί γὰρ **ἐποίησεν** κακόν; ...	Lk 23,22 → Lk 23,4 → Lk 23,14 → Lk 23,16	... τί γὰρ κακὸν **ἐποίησεν** οὗτος; οὐδὲν αἴτιον θανάτου εὗρον ἐν αὐτῷ· παιδεύσας οὖν αὐτὸν ἀπολύσω.	→ Jn 19,6 → Acts 13,28
j 121	Mt 27,24	ἰδὼν δὲ ὁ Πιλᾶτος ὅτι οὐδὲν ὠφελεῖ ἀλλὰ μᾶλλον θόρυβος γίνεται, λαβὼν ὕδωρ ... [26] τότε ἀπέλυσεν αὐτοῖς τὸν Βαραββᾶν, τὸν δὲ Ἰησοῦν φραγελλώσας παρέδωκεν ἵνα σταυρωθῇ.	Mk 15,15	ὁ δὲ Πιλᾶτος βουλόμενος τῷ ὄχλῳ τὸ ἱκανὸν **ποιῆσαι** ἀπέλυσεν αὐτοῖς τὸν Βαραββᾶν, καὶ παρέδωκεν τὸν Ἰησοῦν φραγελλώσας ἵνα σταυρωθῇ.	Lk 23,24	καὶ Πιλᾶτος ἐπέκρινεν **γενέσθαι** τὸ αἴτημα αὐτῶν· [25] ἀπέλυσεν δὲ τὸν διὰ στάσιν καὶ φόνον βεβλημένον εἰς φυλακὴν ὃν ᾐτοῦντο, τὸν δὲ Ἰησοῦν παρέδωκεν τῷ θελήματι αὐτῶν.	
002					Lk 23,31	ὅτι εἰ ἐν τῷ ὑγρῷ ξύλῳ ταῦτα **ποιοῦσιν**, ἐν τῷ ξηρῷ τί γένηται;	
002					Lk 23,34	[[ὁ δὲ Ἰησοῦς ἔλεγεν· πάτερ, ἄφες αὐτοῖς, οὐ γὰρ οἴδασιν τί **ποιοῦσιν**.]] ...	→ Acts 3,17 → Acts 7,60 → Acts 13,27 Lk 23,34a is textcritically uncertain.
d 200	Mt 28,14	καὶ ἐὰν ἀκουσθῇ τοῦτο ἐπὶ τοῦ ἡγεμόνος, ἡμεῖς πείσομεν [αὐτὸν] καὶ ὑμᾶς ἀμερίμνους **ποιήσομεν**.					
h 200	Mt 28,15	οἱ δὲ λαβόντες τὰ ἀργύρια **ἐποίησαν** ὡς ἐδιδάχθησαν. ...					

[a] ποιοῦμαι (middle voice)
[b] ποιέω with reference to time
[c] ποιέω with adverb of mood
[d] ποιέω with double accusative
[e] ποιέω and accusative with infinitive
[f] ποιέω (τοῦ, εἰς τὸ, πρὸς τό, ὡς) and infinitive
[g] ποιέω (...), ἵνα / ποιέω ..., ὅπως
[h] ποιέω ὡς, ~ καθώς, ~ ὥσπερ
[j] ποιέω (τί, τινα) τινι
[k] ποιέω τί τινα
[l] ποιέω τι εἴς τι(να)
[m] ποιέω τι ἔν τινι (instrumental ἐν)
[n] ποιέω (τι) κατά τι
[p] ποιέω τι μετά τινος

a	Acts 1,1 (2)	τὸν μὲν πρῶτον λόγον **ἐποιησάμην** περὶ πάντων, ὦ Θεόφιλε, ὧν ἤρξατο ὁ Ἰησοῦς **ποιεῖν** τε καὶ διδάσκειν
h	Acts 2,22 → Lk 24,19	... Ἰησοῦν τὸν Ναζωραῖον, ἄνδρα ἀποδεδειγμένον ἀπὸ τοῦ θεοῦ εἰς ὑμᾶς δυνάμεσι καὶ τέρασι καὶ σημείοις οἷς **ἐποίησεν** δι' αὐτοῦ ὁ θεὸς ἐν μέσῳ ὑμῶν καθὼς αὐτοὶ οἴδατε
d	Acts 2,36	ἀσφαλῶς οὖν γινωσκέτω πᾶς οἶκος Ἰσραὴλ ὅτι καὶ κύριον αὐτὸν καὶ χριστὸν **ἐποίησεν** ὁ θεός, τοῦτον τὸν Ἰησοῦν ὃν ὑμεῖς ἐσταυρώσατε.

Acts 2,37 ἀκούσαντες δὲ κατενύγησαν τὴν καρδίαν εἶπόν τε πρὸς τὸν Πέτρον καὶ τοὺς λοιποὺς ἀποστόλους· τί
ποιήσωμεν,
ἄνδρες ἀδελφοί;

f **Acts 3,12** ... ἄνδρες Ἰσραηλῖται, τί θαυμάζετε ἐπὶ τούτῳ ἢ ἡμῖν τί ἀτενίζετε ὡς ἰδίᾳ δυνάμει ἢ εὐσεβείᾳ
πεποιηκόσιν
τοῦ περιπατεῖν αὐτόν;

m **Acts 4,7** ... ἐν ποίᾳ δυνάμει ἢ ἐν ποίῳ ὀνόματι
ἐποιήσατε
τοῦτο ὑμεῖς;

j **Acts 4,16** λέγοντες· τί
ποιήσωμεν
τοῖς ἀνθρώποις τούτοις; ...

Acts 4,24 ... δέσποτα, *σὺ*
ὁ ποιήσας
τὸν οὐρανὸν καὶ τὴν γῆν καὶ τὴν θάλασσαν καὶ πάντα τὰ ἐν αὐτοῖς
➤ 2Kings 19,15/Isa 37,16/Neh 9,6/Exod 20,11/Ps 146,6

Acts 4,28 [27] συνήχθησαν γὰρ ... Ἡρῴδης τε καὶ Πόντιος Πιλᾶτος σὺν ἔθνεσιν καὶ λαοῖς Ἰσραήλ,
[28] **ποιῆσαι**
ὅσα ἡ χείρ σου καὶ ἡ βουλὴ [σου] προώρισεν γενέσθαι.

c **Acts 5,34** ἀναστὰς δέ τις ἐν τῷ συνεδρίῳ Φαρισαῖος ὀνόματι Γαμαλιήλ, νομοδιδάσκαλος τίμιος παντὶ τῷ λαῷ, ἐκέλευσεν ἔξω βραχὺ τοὺς ἀνθρώπους
ποιῆσαι

Acts 6,8 Στέφανος δὲ πλήρης χάριτος καὶ δυνάμεως
ἐποίει
τέρατα καὶ σημεῖα μεγάλα ἐν τῷ λαῷ.

df **Acts 7,19** οὗτος κατασοφισάμενος τὸ γένος ἡμῶν ἐκάκωσεν τοὺς πατέρας [ἡμῶν]
τοῦ ποιεῖν
τὰ βρέφη ἔκθετα αὐτῶν εἰς τὸ μὴ ζῳογονεῖσθαι.

j **Acts 7,24** καὶ ἰδών τινα ἀδικούμενον ἠμύνατο καὶ
ἐποίησεν
ἐκδίκησιν τῷ καταπονουμένῳ πατάξας τὸν Αἰγύπτιον.

Acts 7,36 οὗτος ἐξήγαγεν αὐτοὺς
ποιήσας
τέρατα καὶ σημεῖα ἐν γῇ Αἰγύπτῳ ...

j **Acts 7,40** εἰπόντες τῷ Ἀαρών·
ποίησον
ἡμῖν θεοὺς οἳ προπορεύσονται ἡμῶν· ...
➤ Exod 32,1

f **Acts 7,43** *καὶ ἀνελάβετε τὴν σκηνὴν τοῦ Μολὸχ καὶ τὸ ἄστρον τοῦ θεοῦ [ὑμῶν] Ῥαιφάν, τοὺς τύπους οὓς*
ἐποιήσατε
προσκυνεῖν αὐτοῖς, *καὶ μετοικιῶ ὑμᾶς ἐπέκεινα* Βαβυλῶνος.
➤ Amos 5,26-27 LXX

n **Acts 7,44** ἡ σκηνὴ τοῦ μαρτυρίου ἦν τοῖς πατράσιν ἡμῶν ἐν τῇ ἐρήμῳ καθὼς διετάξατο ὁ λαλῶν τῷ Μωϋσῇ
ποιῆσαι
αὐτὴν κατὰ τὸν τύπον ὃν ἑωράκει·

Acts 7,50 οὐχὶ *ἡ χείρ μου*
ἐποίησεν
ταῦτα πάντα;
➤ Isa 66,2

Acts 8,2 συνεκόμισαν δὲ τὸν Στέφανον ἄνδρες εὐλαβεῖς καὶ
ἐποίησαν
κοπετὸν μέγαν ἐπ' αὐτῷ.

Acts 8,6 προσεῖχον δὲ οἱ ὄχλοι τοῖς λεγομένοις ὑπὸ τοῦ Φιλίππου ὁμοθυμαδὸν ἐν τῷ ἀκούειν αὐτοὺς καὶ βλέπειν τὰ σημεῖα ἃ
ἐποίει.

Acts 9,6 ἀλλὰ ἀνάστηθι καὶ εἴσελθε εἰς τὴν πόλιν καὶ λαληθήσεταί σοι ὅ τί σε δεῖ
ποιεῖν.

j **Acts 9,13** ... κύριε, ἤκουσα ἀπὸ πολλῶν περὶ τοῦ ἀνδρὸς τούτου ὅσα κακὰ τοῖς ἁγίοις σου
ἐποίησεν
ἐν Ἰερουσαλήμ·

Acts 9,36 ... λέγεται Δορκάς· αὕτη ἦν πλήρης ἔργων ἀγαθῶν καὶ ἐλεημοσυνῶν ὧν
ἐποίει.

Acts 9,39 ... καὶ ἐπιδεικνύμεναι χιτῶνας καὶ ἱμάτια ὅσα
ἐποίει
μετ' αὐτῶν οὖσα ἡ Δορκάς.

j **Acts 10,2** [1] ... Κορνήλιος ...
→ Lk 7,5
[2] εὐσεβὴς καὶ φοβούμενος τὸν θεὸν σὺν παντὶ τῷ οἴκῳ αὐτοῦ,
ποιῶν
ἐλεημοσύνας πολλὰς τῷ λαῷ καὶ δεόμενος τοῦ θεοῦ διὰ παντός

c **Acts 10,33** ἐξαυτῆς οὖν ἔπεμψα πρὸς σέ, σύ τε καλῶς
ἐποίησας
παραγενόμενος. ...

Acts 10,39 καὶ ἡμεῖς μάρτυρες πάντων ὧν
ἐποίησεν
ἔν τε τῇ χώρᾳ τῶν Ἰουδαίων καὶ [ἐν] Ἰερουσαλήμ. ...

Acts 11,30 ὃ καὶ
ἐποίησαν
ἀποστείλαντες πρὸς τοὺς πρεσβυτέρους διὰ χειρὸς Βαρναβᾶ καὶ Σαύλου.

c **Acts 12,8** ... ζῶσαι καὶ ὑπόδησαι τὰ σανδάλιά σου.
ἐποίησεν
δὲ οὕτως. ...

Acts 13,22 ... εὗρον Δαυὶδ τὸν τοῦ Ἰεσσαί, ἄνδρα κατὰ τὴν καρδίαν μου, ὃς
ποιήσει
πάντα τὰ θελήματά μου.
➤ Ps 89,21/1Sam 13,14/Isa 44,28

Acts 14,11 οἵ τε ὄχλοι ἰδόντες ὃ
ἐποίησεν
Παῦλος ἐπῆραν τὴν φωνὴν αὐτῶν Λυκαονιστὶ λέγοντες· οἱ θεοὶ ὁμοιωθέντες ἀνθρώποις κατέβησαν πρὸς ἡμᾶς

Acts 14,15 (2) καὶ λέγοντες· ἄνδρες, τί ταῦτα
ποιεῖτε;
καὶ ἡμεῖς ὁμοιοπαθεῖς ἐσμεν ὑμῖν ἄνθρωποι εὐαγγελιζόμενοι ὑμᾶς ἀπὸ τούτων τῶν ματαίων ἐπιστρέφειν ἐπὶ θεὸν ζῶντα, *ὃς*
ἐποίησεν
τὸν οὐρανὸν καὶ τὴν γῆν καὶ τὴν θάλασσαν καὶ πάντα τὰ ἐν αὐτοῖς·
➤ Exod 20,11/Ps 146,6

p **Acts 14,27** παραγενόμενοι δὲ καὶ συναγαγόντες τὴν ἐκκλησίαν ἀνήγγελλον ὅσα
ἐποίησεν
ὁ θεὸς μετ' αὐτῶν καὶ ὅτι ἤνοιξεν τοῖς ἔθνεσιν θύραν πίστεως.

j **Acts 15,3** ... ἐκδιηγούμενοι τὴν ἐπιστροφὴν τῶν ἐθνῶν καὶ
ἐποίουν
χαρὰν μεγάλην πᾶσιν τοῖς ἀδελφοῖς.

p **Acts 15,4** ... ἀνήγγειλάν τε ὅσα ὁ θεὸς
ἐποίησεν
μετ᾽ αὐτῶν.

Acts 15,12 ἐσίγησεν δὲ πᾶν τὸ πλῆθος καὶ ἤκουον Βαρναβᾶ καὶ Παύλου ἐξηγουμένων ὅσα
ἐποίησεν
ὁ θεὸς σημεῖα καὶ τέρατα ἐν τοῖς ἔθνεσιν δι᾽ αὐτῶν.

Acts 15,17 *ὅπως ἂν ἐκζητήσωσιν οἱ κατάλοιποι τῶν ἀνθρώπων τὸν κύριον καὶ πάντα τὰ ἔθνη ἐφ᾽ οὓς ἐπικέκληται τὸ ὄνομά μου ἐπ᾽ αὐτούς, λέγει κύριος*
ποιῶν
ταῦτα[18] *γνωστὰ ἀπ᾽ αἰῶνος.*
➢ Amos 9,12 LXX
➢ Isa 45,21

b **Acts 15,33** **ποιήσαντες**
δὲ χρόνον ἀπελύθησαν μετ᾽ εἰρήνης ἀπὸ τῶν ἀδελφῶν πρὸς τοὺς ἀποστείλαντας αὐτούς.

b **Acts 16,18** τοῦτο δὲ
ἐποίει
ἐπὶ πολλὰς ἡμέρας. ...

Acts 16,21 καὶ καταγγέλλουσιν ἔθη ἃ οὐκ ἔξεστιν ἡμῖν παραδέχεσθαι
οὐδὲ ποιεῖν
Ῥωμαίοις οὖσιν.

g **Acts 16,30** καὶ προαγαγὼν αὐτοὺς ἔξω ἔφη· κύριοι, τί με δεῖ
ποιεῖν
ἵνα σωθῶ;

Acts 17,24 ὁ θεὸς
ὁ ποιήσας
τὸν κόσμον καὶ πάντα τὰ ἐν αὐτῷ, οὗτος οὐρανοῦ καὶ γῆς ὑπάρχων κύριος οὐκ ἐν χειροποιήτοις ναοῖς κατοικεῖ

f **Acts 17,26** **ἐποίησέν**
τε ἐξ ἑνὸς πᾶν ἔθνος ἀνθρώπων κατοικεῖν ἐπὶ παντὸς προσώπου τῆς γῆς, ...

b **Acts 18,23** καὶ
ποιήσας
χρόνον τινὰ ἐξῆλθεν διερχόμενος καθεξῆς τὴν Γαλατικὴν χώραν καὶ Φρυγίαν, ...

Acts 19,11 δυνάμεις τε οὐ τὰς τυχούσας ὁ θεὸς
ἐποίει
διὰ τῶν χειρῶν Παύλου

Acts 19,14 ἦσαν δέ τινος Σκευᾶ Ἰουδαίου ἀρχιερέως ἑπτὰ υἱοὶ τοῦτο
ποιοῦντες.

Acts 19,24 Δημήτριος γάρ τις ὀνόματι, ἀργυροκόπος,
ποιῶν
ναοὺς ἀργυροῦς Ἀρτέμιδος παρείχετο τοῖς τεχνίταις οὐκ ὀλίγην ἐργασίαν

b **Acts 20,3** [2] ... ἦλθεν εἰς τὴν Ἑλλάδα
[3] **ποιήσας**
τε μῆνας τρεῖς· ...

a d f **Acts 20,24** ἀλλ᾽ οὐδενὸς λόγου
ποιοῦμαι
τὴν ψυχὴν τιμίαν ἐμαυτῷ ὡς τελειῶσαι τὸν δρόμον μου ...

Acts 21,13 τότε ἀπεκρίθη ὁ Παῦλος· τί
ποιεῖτε
κλαίοντες καὶ συνθρύπτοντές μου τὴν καρδίαν; ...

Acts 21,19 καὶ ἀσπασάμενος αὐτοὺς ἐξηγεῖτο καθ᾽ ἓν ἕκαστον, ὧν
ἐποίησεν
ὁ θεὸς ἐν τοῖς ἔθνεσιν διὰ τῆς διακονίας αὐτοῦ.

Acts 21,23 τοῦτο οὖν
ποίησον
ὅ σοι λέγομεν· εἰσὶν ἡμῖν ἄνδρες τέσσαρες εὐχὴν ἔχοντες ἐφ᾽ ἑαυτῶν.

Acts 21,33 τότε ἐγγίσας ὁ χιλίαρχος ... ἐπυνθάνετο τίς εἴη καὶ τί ἐστιν
πεποιηκώς.

Acts 22,10 (2) εἶπον δέ· τί
ποιήσω,
κύριε; ὁ δὲ κύριος εἶπεν πρός με· ἀναστὰς πορεύου εἰς Δαμασκὸν κἀκεῖ σοι λαληθήσεται περὶ πάντων ὧν τέτακταί σοι
ποιῆσαι.

Acts 22,26 ἀκούσας δὲ ὁ ἑκατοντάρχης προσελθὼν τῷ χιλιάρχῳ ἀπήγγειλεν λέγων· τί μέλλεις
ποιεῖν;
ὁ γὰρ ἄνθρωπος οὗτος Ῥωμαῖός ἐστιν.

Acts 23,12 γενομένης δὲ ἡμέρας
ποιήσαντες
συστροφὴν οἱ Ἰουδαῖοι ἀνεθεμάτισαν ἑαυτοὺς ...

a **Acts 23,13** ἦσαν δὲ πλείους τεσσεράκοντα οἱ ταύτην τὴν συνωμοσίαν
ποιησάμενοι

Acts 24,12 καὶ οὔτε ἐν τῷ ἱερῷ εὗρόν με πρός τινα διαλεγόμενον ἢ ἐπίστασιν
ποιοῦντα
ὄχλου οὔτε ἐν ταῖς συναγωγαῖς οὔτε κατὰ τὴν πόλιν

l **Acts 24,17** δι᾽ ἐτῶν δὲ πλειόνων ἐλεημοσύνας
ποιήσων
εἰς τὸ ἔθνος μου παρεγενόμην καὶ προσφοράς

f **Acts 25,3** αἰτούμενοι χάριν κατ᾽ αὐτοῦ ὅπως μεταπέμψηται αὐτὸν εἰς Ἰερουσαλήμ, ἐνέδραν
ποιοῦντες
ἀνελεῖν αὐτὸν κατὰ τὴν ὁδόν.

a **Acts 25,17** συνελθόντων οὖν [αὐτῶν] ἐνθάδε ἀναβολὴν μηδεμίαν
ποιησάμενος
τῇ ἑξῆς καθίσας ἐπὶ τοῦ βήματος ἐκέλευσα ἀχθῆναι τὸν ἄνδρα·

Acts 26,10 [9] ἐγὼ μὲν οὖν ἔδοξα ἐμαυτῷ πρὸς τὸ ὄνομα Ἰησοῦ τοῦ Ναζωραίου δεῖν πολλὰ ἐναντία πρᾶξαι, [10] ὃ καὶ
ἐποίησα
ἐν Ἱεροσολύμοις, ...

Acts 26,28 ὁ δὲ Ἀγρίππας πρὸς τὸν Παῦλον· ἐν ὀλίγῳ με πείθεις Χριστιανὸν
ποιῆσαι.

a **Acts 27,18** σφοδρῶς δὲ χειμαζομένων ἡμῶν τῇ ἑξῆς ἐκβολὴν
ἐποιοῦντο

j **Acts 28,17** ... ἐγώ, ἄνδρες ἀδελφοί, οὐδὲν ἐναντίον
ποιήσας
τῷ λαῷ ἢ τοῖς ἔθεσι τοῖς πατρῴοις δέσμιος ἐξ Ἱεροσολύμων παρεδόθην εἰς τὰς χεῖρας τῶν Ῥωμαίων

ποικίλος

ποικίλος	Syn 3	Mt 1	Mk 1	Lk 1	Acts	Jn	1-3John	Paul	Eph	Col
	NT 10	2Thess	1/2Tim 1	Tit 1	Heb 2	Jas 1	1Pet 2	2Pet	Jude	Rev

of various kinds; diversified; manifold; ambiguous; crafty; sly; deceitful

	Mt		Mk		Lk		
112	**Mt 8,16** ⇩ Mt 4,24 → Mt 12,15 → Mt 15,30	ὀψίας δὲ γενομένης προσήνεγκαν αὐτῷ δαιμονιζομένους πολλούς·	**Mk 1,32** → Mk 3,10 → Mk 7,32	ὀψίας δὲ γενομένης, ὅτε ἔδυ ὁ ἥλιος, ἔφερον πρὸς αὐτὸν πάντας τοὺς κακῶς ἔχοντας καὶ τοὺς δαιμονιζομένους·	**Lk 4,40** → Lk 6,18	δύνοντος δὲ τοῦ ἡλίου ἅπαντες ὅσοι εἶχον ἀσθενοῦντας **νόσοις ποικίλαις** ἤγαγον αὐτοὺς πρὸς αὐτόν·	
121		καὶ ἐξέβαλεν τὰ πνεύματα λόγῳ καὶ πάντας τοὺς κακῶς ἔχοντας ἐθεράπευσεν	**Mk 1,34**	καὶ ἐθεράπευσεν πολλοὺς κακῶς ἔχοντας **ποικίλαις νόσοις** καὶ δαιμόνια πολλὰ ἐξέβαλεν, ...		ὁ δὲ ἑνὶ ἑκάστῳ αὐτῶν τὰς χεῖρας ἐπιτιθεὶς ἐθεράπευεν αὐτούς. [41] ἐξήρχετο δὲ καὶ δαιμόνια ἀπὸ πολλῶν ...	
200	**Mt 4,24** ⇧ Mt 8,16 → Mt 12,15 → Mt 15,30	... καὶ προσήνεγκαν αὐτῷ πάντας τοὺς κακῶς ἔχοντας **ποικίλαις νόσοις** καὶ βασάνοις συνεχομένους [καὶ] δαιμονιζομένους καὶ σεληνιαζομένους καὶ παραλυτικούς, ...	**Mk 1,32** → Mk 3,10 → Mk 7,32	ὀψίας δὲ γενομένης, ὅτε ἔδυ ὁ ἥλιος, ἔφερον πρὸς αὐτὸν πάντας τοὺς κακῶς ἔχοντας καὶ τοὺς δαιμονιζομένους·	**Lk 4,40** → Lk 6,18	δύνοντος δὲ τοῦ ἡλίου ἅπαντες ὅσοι εἶχον ἀσθενοῦντας **νόσοις ποικίλαις** ἤγαγον αὐτοὺς πρὸς αὐτόν· ...	

ποιμαίνω

ποιμαίνω	Syn 2	Mt 1	Mk	Lk 1	Acts 1	Jn 1	1-3John	Paul 1	Eph	Col
	NT 11	2Thess	1/2Tim	Tit	Heb	Jas	1Pet 1	2Pet	Jude 1	Rev 4

herd; tend; (lead to) pasture; protect; care for; nurture

	Mt		Mk		Lk		
200	**Mt 2,6**	*καὶ σύ, Βηθλέεμ,* γῆ Ἰούδα, οὐδαμῶς *ἐλαχίστη εἶ ἐν τοῖς ἡγεμόσιν Ἰούδα· ἐκ σοῦ γὰρ ἐξελεύσεται ἡγούμενος, ὅστις* ***ποιμανεῖ*** *τὸν λαόν μου τὸν Ἰσραήλ.* ➤ Micah 5,1.3; 2Sam 5,2/1Chron 11,2					
002					**Lk 17,7**	τίς δὲ ἐξ ὑμῶν δοῦλον ἔχων ἀροτριῶντα ἢ **ποιμαίνοντα,** ὃς εἰσελθόντι ἐκ τοῦ ἀγροῦ ἐρεῖ αὐτῷ· εὐθέως παρελθὼν ἀνάπεσε	

Acts 20,28 προσέχετε ἑαυτοῖς καὶ παντὶ τῷ ποιμνίῳ, ἐν ᾧ ὑμᾶς τὸ πνεῦμα τὸ ἅγιον ἔθετο ἐπισκόπους **ποιμαίνειν** τὴν ἐκκλησίαν τοῦ θεοῦ, ἣν περιεποιήσατο διὰ τοῦ αἵματος τοῦ ἰδίου.

ποιμήν	Syn 9	Mt 3	Mk 2	Lk 4	Acts	Jn 6	1-3John	Paul	Eph 1	Col
	NT 18	2Thess	1/2Tim	Tit	Heb 1	Jas	1Pet 1	2Pet	Jude	Rev

shepherd; sheep-herder

	triple tradition																	double tradition			Sondergut		
		+Mt / +Lk			–Mt / –Lk			traditions not taken over by Mt / Lk							subtotals								
code	*222*	*211*	*112*	*212*	*221*	*122*	*121*	*022*	*012*	*021*	*220*	*120*	*210*	*020*	Σ+	Σ–	Σ	*202*	*201*	*102*	*200*	*002*	total
Mt											2						2				1		**3**
Mk											2						2						**2**
Lk																						4	**4**

002			**Lk 2,8** καὶ **ποιμένες** ἦσαν ἐν τῇ χώρᾳ τῇ αὐτῇ ἀγραυλοῦντες καὶ φυλάσσοντες φυλακὰς τῆς νυκτὸς ἐπὶ τὴν ποίμνην αὐτῶν.	
002			**Lk 2,15** καὶ ἐγένετο ὡς ἀπῆλθον ἀπ᾽ αὐτῶν εἰς τὸν οὐρανὸν οἱ ἄγγελοι, **οἱ ποιμένες** ἐλάλουν πρὸς ἀλλήλους· διέλθωμεν δὴ ἕως Βηθλέεμ ...	
002			**Lk 2,18** καὶ πάντες οἱ ἀκούσαντες ἐθαύμασαν περὶ τῶν λαληθέντων **ὑπὸ τῶν ποιμένων** πρὸς αὐτούς·	
002			**Lk 2,20** καὶ ὑπέστρεψαν **οἱ ποιμένες** δοξάζοντες καὶ αἰνοῦντες τὸν θεὸν ...	
220	**Mt 9,36** → Mt 14,14 ... ὅτι ἦσαν ἐσκυλμένοι καὶ ἐρριμμένοι *ὡσεὶ πρόβατα μὴ ἔχοντα* ***ποιμένα.*** ➤ Num 27,17/Jdt 11,19/2Chron 18,16	**Mk 6,34** ... ὅτι ἦσαν *ὡς πρόβατα μὴ ἔχοντα* ***ποιμένα,*** ... ➤ Num 27,17/Jdt 11,19/2Chron 18,16		
200	**Mt 25,32** καὶ συναχθήσονται ἔμπροσθεν αὐτοῦ πάντα τὰ ἔθνη, καὶ ἀφορίσει αὐτοὺς ἀπ᾽ ἀλλήλων, ὥσπερ **ὁ ποιμὴν** ἀφορίζει τὰ πρόβατα ἀπὸ τῶν ἐρίφων			
220	**Mt 26,31** ... πάντες ὑμεῖς σκανδαλισθήσεσθε ἐν ἐμοὶ ἐν τῇ νυκτὶ ταύτῃ, γέγραπται γάρ· *πατάξω* ***τὸν ποιμένα,*** *καὶ διασκορπισθήσονται τὰ πρόβατα τῆς ποίμνης.* ➤ Zech 13,7	**Mk 14,27** ... πάντες σκανδαλισθήσεσθε, ὅτι γέγραπται· *πατάξω* ***τὸν ποιμένα,*** *καὶ τὰ πρόβατα διασκορπισθήσονται.* ➤ Zech 13,7		

ποίμνη	Syn 2	Mt 1	Mk	Lk 1	Acts	Jn 1	1-3John	Paul 2	Eph	Col
	NT 5	2Thess	1/2Tim	Tit	Heb	Jas	1Pet	2Pet	Jude	Rev

flock

002			**Lk 2,8** καὶ ποιμένες ἦσαν ἐν τῇ χώρᾳ τῇ αὐτῇ ἀγραυλοῦντες καὶ φυλάσσοντες φυλακὰς τῆς νυκτὸς **ἐπὶ τὴν ποίμνην αὐτῶν.**
210	**Mt 26,31** ... πάντες ὑμεῖς σκανδαλισθήσεσθε ἐν ἐμοὶ ἐν τῇ νυκτὶ ταύτῃ, γέγραπται γάρ· *πατάξω τὸν ποιμένα, καὶ διασκορπισθήσονται* ***τὰ πρόβατα τῆς ποίμνης.*** ➤ Zech 13,7	**Mk 14,27** ... πάντες σκανδαλισθήσεσθε, ὅτι γέγραπται· *πατάξω τὸν ποιμένα, καὶ* ***τὰ πρόβατα*** *διασκορπισθήσονται.* ➤ Zech 13,7	

ποίμνιον	Syn 1	Mt	Mk	Lk 1	Acts 2	Jn	1-3John	Paul	Eph	Col
	NT 5	2Thess	1/2Tim	Tit	Heb	Jas	1Pet 2	2Pet	Jude	Rev

flock

002			**Lk 12,32** μὴ φοβοῦ, **τὸ μικρὸν ποίμνιον,** ὅτι εὐδόκησεν ὁ πατὴρ ὑμῶν δοῦναι ὑμῖν τὴν βασιλείαν.

Acts 20,28 προσέχετε ἑαυτοῖς καὶ **παντὶ τῷ ποιμνίῳ,** ἐν ᾧ ὑμᾶς τὸ πνεῦμα τὸ ἅγιον ἔθετο ἐπισκόπους ποιμαίνειν τὴν ἐκκλησίαν τοῦ θεοῦ, ...

Acts 20,29 ἐγὼ οἶδα ὅτι εἰσελεύσονται μετὰ τὴν ἄφιξίν μου λύκοι βαρεῖς εἰς ὑμᾶς μὴ φειδόμενοι **τοῦ ποιμνίου**

ποῖος	Syn 19	Mt 7	Mk 4	Lk 8	Acts 4	Jn 4	1-3John	Paul 2	Eph	Col
	NT 33	2Thess	1/2Tim	Tit	Heb	Jas 1	1Pet 2	2Pet	Jude	Rev 1

of what kind?

	triple tradition																	double tradition			Sondergut		
		+Mt / +Lk			–Mt / –Lk			traditions not taken over by Mt / Lk							subtotals								
code	222	211	112	212	221	122	121	022	012	021	220	120	210	020	Σ^{+}	Σ^{-}	Σ	202	201	102	200	002	total
Mt	2	1^{+}			2								1^{+}		2^{+}		6	1					**7**
Mk	2				2												4						**4**
Lk	2				2^{-}				1^{+}						1^{+}	2^{-}	3	1		3		1	**8**

012		**Mk 2,4** καὶ μὴ δυνάμενοι προσενέγκαι αὐτῷ διὰ τὸν ὄχλον ...	**Lk 5,19** καὶ μὴ εὑρόντες **ποίας** εἰσενέγκωσιν αὐτὸν διὰ τὸν ὄχλον, ...

	Mt		Mk		Lk		
102	Mt 5,46	ἐὰν γὰρ ἀγαπήσητε τοὺς ἀγαπῶντας ὑμᾶς, **τίνα μισθὸν** ἔχετε;			Lk 6,32 ⇩ Lk 6,33	καὶ εἰ ἀγαπᾶτε τοὺς ἀγαπῶντας ὑμᾶς, **ποία ὑμῖν χάρις** ἐστίν; καὶ γὰρ οἱ ἁμαρτωλοὶ τοὺς ἀγαπῶντας αὐτοὺς ἀγαπῶσιν.	
102		οὐχὶ καὶ οἱ τελῶναι τὸ αὐτὸ ποιοῦσιν;			Lk 6,33 ⇧ Lk 6,32	καὶ [γὰρ] ἐὰν ἀγαθοποιῆτε τοὺς ἀγαθοποιοῦντας ὑμᾶς, **ποία ὑμῖν χάρις** ἐστίν; καὶ οἱ ἁμαρτωλοὶ τὸ αὐτὸ ποιοῦσιν.	
102	Mt 5,47	καὶ ἐὰν ἀσπάσησθε τοὺς ἀδελφοὺς ὑμῶν μόνον, **τί περισσὸν ποιεῖτε;** οὐχὶ καὶ οἱ ἐθνικοὶ τὸ αὐτὸ ποιοῦσιν;			Lk 6,34 → Mt 5,42	καὶ ἐὰν δανίσητε παρ' ὧν ἐλπίζετε λαβεῖν, **ποία ὑμῖν χάρις** **[ἐστίν]**; καὶ ἁμαρτωλοὶ ἁμαρτωλοῖς δανίζουσιν ἵνα ἀπολάβωσιν τὰ ἴσα.	→ GTh 95
202	Mt 24,43	ἐκεῖνο δὲ γινώσκετε ὅτι εἰ ᾔδει ὁ οἰκοδεσπότης **ποίᾳ φυλακῇ** ὁ κλέπτης ἔρχεται, ἐγρηγόρησεν ἂν καὶ οὐκ ἂν εἴασεν διορυχθῆναι τὴν οἰκίαν αὐτοῦ.			Lk 12,39	τοῦτο δὲ γινώσκετε ὅτι εἰ ᾔδει ὁ οἰκοδεσπότης **ποίᾳ ὥρᾳ** ὁ κλέπτης ἔρχεται, οὐκ ἂν ἀφῆκεν διορυχθῆναι τὸν οἶκον αὐτοῦ.	→ GTh 21,5 → GTh 103
211	Mt 19,18	[17] ... τήρησον τὰς ἐντολάς. [18] λέγει αὐτῷ· **ποίας;** ὁ δὲ Ἰησοῦς εἶπεν· τὸ *οὐ φονεύσεις,* *οὐ μοιχεύσεις,* *οὐ κλέψεις,* *οὐ ψευδομαρτυρήσεις* ➤ Exod 20,13-16/Deut 5,17-20	Mk 10,19	τὰς ἐντολὰς οἶδας· *μὴ φονεύσῃς,* *μὴ μοιχεύσῃς,* *μὴ κλέψῃς,* *μὴ ψευδομαρτυρήσῃς, ...* ➤ Exod 20,13-16/Deut 5,17-20	Lk 18,20	τὰς ἐντολὰς οἶδας· *μὴ μοιχεύσῃς,* *μὴ φονεύσῃς,* *μὴ κλέψῃς,* *μὴ ψευδομαρτυρήσῃς, ...* ➤ Exod 20,13-16/Deut 5,17-20 LXX	
222	Mt 21,23	... **ἐν ποίᾳ ἐξουσίᾳ** ταῦτα ποιεῖς; καὶ τίς σοι ἔδωκεν τὴν ἐξουσίαν ταύτην;	Mk 11,28	... **ἐν ποίᾳ ἐξουσίᾳ** ταῦτα ποιεῖς; ἢ τίς σοι ἔδωκεν τὴν ἐξουσίαν ταύτην ἵνα ταῦτα ποιῇς;	Lk 20,2	... εἰπὸν ἡμῖν **ἐν ποίᾳ ἐξουσίᾳ** ταῦτα ποιεῖς, ἢ τίς ἐστιν ὁ δούς σοι τὴν ἐξουσίαν ταύτην;	→ Jn 2,18
221	Mt 21,24	... ἐρωτήσω ὑμᾶς κἀγὼ λόγον ἕνα, ὃν ἐὰν εἴπητέ μοι κἀγὼ ὑμῖν ἐρῶ **ἐν ποίᾳ ἐξουσίᾳ** ταῦτα ποιῶ·	Mk 11,29	... ἐπερωτήσω ὑμᾶς ἕνα λόγον, καὶ ἀποκρίθητέ μοι καὶ ἐρῶ ὑμῖν **ἐν ποίᾳ ἐξουσίᾳ** ταῦτα ποιῶ·	Lk 20,3	... ἐρωτήσω ὑμᾶς κἀγὼ λόγον, καὶ εἴπατέ μοι·	
222	Mt 21,27	... οὐδὲ ἐγὼ λέγω ὑμῖν **ἐν ποίᾳ ἐξουσίᾳ** ταῦτα ποιῶ.	Mk 11,33	... οὐδὲ ἐγὼ λέγω ὑμῖν **ἐν ποίᾳ ἐξουσίᾳ** ταῦτα ποιῶ.	Lk 20,8	... οὐδὲ ἐγὼ λέγω ὑμῖν **ἐν ποίᾳ ἐξουσίᾳ** ταῦτα ποιῶ.	
221	Mt 22,36 → Mt 19,16	διδάσκαλε, **ποία ἐντολὴ** μεγάλη ἐν τῷ νόμῳ;	Mk 12,28 → Mk 10,17	... **ποία ἐστὶν ἐντολὴ** πρώτη πάντων;	Lk 10,25 ⇨ Lk 18,18	... διδάσκαλε, τί ποιήσας ζωὴν αἰώνιον κληρονομήσω;	
210	Mt 24,42 → Mt 24,44 → Mt 24,50 → Mt 25,13	γρηγορεῖτε οὖν, ὅτι οὐκ οἴδατε **ποίᾳ ἡμέρᾳ** ὁ κύριος ὑμῶν ἔρχεται.	Mk 13,35 → Lk 12,38	γρηγορεῖτε οὖν· οὐκ οἴδατε γὰρ **πότε** ὁ κύριος τῆς οἰκίας ἔρχεται, ἢ ὀψὲ ἢ μεσονύκτιον ἢ ἀλεκτοροφωνίας ἢ πρωΐ			

202	**Mt 24,43** ἐκεῖνο δὲ γινώσκετε ὅτι εἰ ᾔδει ὁ οἰκοδεσπότης **ποίᾳ φυλακῇ** ὁ κλέπτης ἔρχεται, ἐγρηγόρησεν ἂν καὶ οὐκ ἂν εἴασεν διορυχθῆναι τὴν οἰκίαν αὐτοῦ.		**Lk 12,39** τοῦτο δὲ γινώσκετε ὅτι εἰ ᾔδει ὁ οἰκοδεσπότης **ποίᾳ ὥρᾳ** ὁ κλέπτης ἔρχεται, οὐκ ἂν ἀφῆκεν διορυχθῆναι τὸν οἶκον αὐτοῦ.	→ GTh 21,5 → GTh 103
002			**Lk 24,19** καὶ εἶπεν αὐτοῖς· **ποῖα;** οἱ δὲ εἶπαν αὐτῷ· τὰ περὶ Ἰησοῦ τοῦ Ναζαρηνοῦ, ...	→ Acts 2,22 → Acts 10,38

Acts 4,7 (2) καὶ στήσαντες αὐτοὺς
ἐν τῷ μέσῳ ἐπυνθάνοντο·
ἐν ποίᾳ δυνάμει
ἢ
ἐν ποίῳ ὀνόματι
ἐποιήσατε τοῦτο ὑμεῖς;

Acts 7,49 (→ Mt 5,34-35) *ὁ οὐρανός μοι θρόνος,*
ἡ δὲ γῆ ὑποπόδιον
τῶν ποδῶν μου·
ποῖον οἶκον
οἰκοδομήσετέ μοι, λέγει
κύριος, ἢ τίς τόπος τῆς
καταπαύσεώς μου;
➤ Isa 66,1

Acts 23,34 ἀναγνοὺς δὲ καὶ
ἐπερωτήσας
ἐκ ποίας ἐπαρχείας
ἐστίν, ...

πόλεμος

Syn	Mt	Mk	Lk	Acts	Jn	1-3John	Paul	Eph	Col
6	2	2	2				1		
NT	2Thess	1/2Tim	Tit	Heb	Jas	1Pet	2Pet	Jude	Rev
18				1	1				9

armed conflict; war; battle; fight

002			**Lk 14,31** ἢ τίς βασιλεὺς πορευόμενος ἑτέρῳ βασιλεῖ συμβαλεῖν **εἰς πόλεμον** οὐχὶ καθίσας πρῶτον βουλεύσεται εἰ δυνατός ἐστιν ...
222 221	**Mt 24,6 (2)** μελλήσετε δὲ ἀκούειν **πολέμους** καὶ **ἀκοὰς πολέμων·** ὁρᾶτε μὴ θροεῖσθε· ...	**Mk 13,7 (2)** ὅταν δὲ ἀκούσητε **πολέμους** καὶ **ἀκοὰς πολέμων,** μὴ θροεῖσθε· ...	**Lk 21,9** ὅταν δὲ ἀκούσητε **πολέμους** καὶ **ἀκαταστασίας,** μὴ πτοηθῆτε· ...

πόλις

Syn	Mt	Mk	Lk	Acts	Jn	1-3John	Paul	Eph	Col
74	27	8	39	43	8		3		1
NT	2Thess	1/2Tim	Tit	Heb	Jas	1Pet	2Pet	Jude	Rev
164			1	4	1		1	1	27

city; city-state

	triple tradition																	double tradition			Sondergut		
		+Mt / +Lk			–Mt / –Lk			traditions not taken over by Mt / Lk							subtotals								
code	222	211	112	212	221	122	121	022	012	021	220	120	210	020	Σ⁺	Σ⁻	Σ	202	201	102	200	002	total
Mt	2	2^+		1^+	1		1^-					1^-	4^+		7^+	2^-	10	2	5		10		**27**
Mk	2				1		1			1		1		2			8						**8**
Lk	2		6^+	1^+	1^-		1^-		3^+	1^-					10^+	3^-	12	2		4		21	**39**

a πόλις with proper name
b πόλεις (plural)
c ἡ ἁγία πόλις
d πόλις and κώμη
e πόλις and ἀγρός
f κατὰ πόλιν, κατὰ πόλεις
g πᾶσα ἡ πόλις
h ὅλη ἡ πόλις

a 002			**Lk 1,26** ... ἀπεστάλη ὁ ἄγγελος Γαβριὴλ ἀπὸ τοῦ θεοῦ **εἰς πόλιν** **τῆς Γαλιλαίας** ᾗ ὄνομα Ναζαρὲθ

a 002					Lk 1,39	ἀναστᾶσα δὲ Μαριὰμ ἐν ταῖς ἡμέραις ταύταις ἐπορεύθη εἰς τὴν ὀρεινὴν μετὰ σπουδῆς **εἰς πόλιν Ἰούδα**	
002					Lk 2,3	καὶ ἐπορεύοντο πάντες ἀπογράφεσθαι, ἕκαστος **εἰς τὴν ἑαυτοῦ πόλιν.**	
a 002 a 002					Lk 2,4 (2)	ἀνέβη δὲ καὶ Ἰωσὴφ ἀπὸ τῆς Γαλιλαίας **ἐκ πόλεως Ναζαρὲθ** εἰς τὴν Ἰουδαίαν **εἰς πόλιν Δαυὶδ** ἥτις καλεῖται Βηθλέεμ, διὰ τὸ εἶναι αὐτὸν ἐξ οἴκου καὶ πατριᾶς Δαυίδ	
a 002					Lk 2,11	ὅτι ἐτέχθη ὑμῖν σήμερον σωτὴρ ὅς ἐστιν χριστὸς κύριος **ἐν πόλει Δαυίδ.**	
a 002					Lk 2,39 ↓ Mt 2,23	... ἐπέστρεψαν εἰς τὴν Γαλιλαίαν **εἰς πόλιν ἑαυτῶν Ναζαρέθ.**	
a 200	Mt 2,23 ↑ Lk 2,39	καὶ ἐλθὼν κατῴκησεν **εἰς πόλιν λεγομένην Ναζαρέτ·** ...					
c 201	Mt 4,5	τότε παραλαμβάνει αὐτὸν ὁ διάβολος **εἰς τὴν ἁγίαν πόλιν** καὶ ἔστησεν αὐτὸν ἐπὶ τὸ πτερύγιον τοῦ ἱεροῦ			Lk 4,9	ἤγαγεν δὲ αὐτὸν **εἰς Ἰερουσαλὴμ** καὶ ἔστησεν ἐπὶ τὸ πτερύγιον τοῦ ἱεροῦ ...	
002 002					Lk 4,29 (2)	καὶ ἀναστάντες ἐξέβαλον αὐτὸν **ἔξω τῆς πόλεως** καὶ ἤγαγον αὐτὸν ἕως ὀφρύος τοῦ ὄρους ἐφ᾽ οὗ **ἡ πόλις ᾠκοδόμητο αὐτῶν,** ὥστε κατακρημνίσαι αὐτόν·	→ Acts 7,58 → Acts 14,19
a 012	Mt 4,13	καὶ καταλιπὼν τὴν Ναζαρὰ ἐλθὼν κατῴκησεν εἰς Καφαρναοὺμ τὴν παραθαλασσίαν ἐν ὁρίοις Ζαβουλὼν καὶ Νεφθαλίμ·	Mk 1,21 → Mt 4,23	καὶ εἰσπορεύονται εἰς Καφαρναούμ· καὶ εὐθὺς τοῖς σάββασιν εἰσελθὼν εἰς τὴν συναγωγὴν ἐδίδασκεν.	Lk 4,31	καὶ κατῆλθεν εἰς Καφαρναοὺμ **πόλιν τῆς Γαλιλαίας.** καὶ ἦν διδάσκων αὐτοὺς ἐν τοῖς σάββασιν·	→ Jn 2,12
h 020			Mk 1,33	καὶ ἦν **ὅλη ἡ πόλις** ἐπισυνηγμένη πρὸς τὴν θύραν.			
b 012			Mk 1,38	... ἄγωμεν ἀλλαχοῦ **εἰς τὰς ἐχομένας κωμοπόλεις,** ἵνα καὶ ἐκεῖ κηρύξω· ...	Lk 4,43	... καὶ **ταῖς ἑτέραις πόλεσιν** εὐαγγελίσασθαί με δεῖ τὴν βασιλείαν τοῦ θεοῦ, ...	

	Mt		Mk		Lk		
b 112	**Mt 8,2**	καὶ ἰδοὺ λεπρὸς προσελθὼν προσεκύνει αὐτῷ ...	**Mk 1,40**	καὶ ἔρχεται πρὸς αὐτὸν λεπρὸς παρακαλῶν αὐτὸν [καὶ γονυπετῶν] ...	**Lk 5,12** → Lk 17,12.16	καὶ ἐγένετο ἐν τῷ εἶναι αὐτὸν **ἐν μιᾷ τῶν πόλεων** καὶ ἰδοὺ ἀνὴρ πλήρης λέπρας· ἰδὼν δὲ τὸν Ἰησοῦν, πεσὼν ἐπὶ πρόσωπον ἐδεήθη αὐτοῦ ...	
021			**Mk 1,45** → Mt 9,31	ὁ δὲ ἐξελθὼν ἤρξατο κηρύσσειν πολλὰ καὶ διαφημίζειν τὸν λόγον, ὥστε μηκέτι αὐτὸν δύνασθαι φανερῶς **εἰς πόλιν** εἰσελθεῖν, ἀλλ' ἔξω ἐπ' ἐρήμοις τόποις ἦν· καὶ ἤρχοντο πρὸς αὐτὸν πάντοθεν.	**Lk 5,15** → Lk 6,18 → Lk 7,17	διήρχετο δὲ μᾶλλον ὁ λόγος περὶ αὐτοῦ, καὶ συνήρχοντο ὄχλοι πολλοὶ ... [16] αὐτὸς δὲ ἦν ὑποχωρῶν ἐν ταῖς ἐρήμοις καὶ προσευχόμενος.	
200	**Mt 5,14**	ὑμεῖς ἐστε τὸ φῶς τοῦ κόσμου. οὐ δύναται **πόλις** κρυβῆναι ἐπάνω ὄρους κειμένη·					→ Jn 8,12 → GTh 32 **(POxy 1)**
200	**Mt 5,35**	μήτε ἐν τῇ γῇ, ὅτι ὑποπόδιόν ἐστιν τῶν ποδῶν αὐτοῦ, μήτε εἰς Ἱεροσόλυμα, ὅτι **πόλις** ἐστὶν τοῦ μεγάλου βασιλέως					→ Acts 7,49
e 222	**Mt 8,33**	οἱ δὲ βόσκοντες ἔφυγον, καὶ ἀπελθόντες **εἰς τὴν πόλιν** ἀπήγγειλαν πάντα ...	**Mk 5,14**	καὶ οἱ βόσκοντες αὐτοὺς ἔφυγον καὶ ἀπήγγειλαν **εἰς τὴν πόλιν** καὶ εἰς τοὺς ἀγρούς·	**Lk 8,34**	ἰδόντες δὲ οἱ βόσκοντες τὸ γεγονὸς ἔφυγον καὶ ἀπήγγειλαν **εἰς τὴν πόλιν** καὶ εἰς τοὺς ἀγρούς.	
g 211	**Mt 8,34**	καὶ ἰδοὺ **πᾶσα ἡ πόλις** ἐξῆλθεν εἰς ὑπάντησιν τῷ Ἰησοῦ ...		καὶ ἦλθον ἰδεῖν τί ἐστιν τὸ γεγονός [15] καὶ ἔρχονται πρὸς τὸν Ἰησοῦν, ...	**Lk 8,35**	ἐξῆλθον δὲ ἰδεῖν τὸ γεγονὸς καὶ ἦλθον πρὸς τὸν Ἰησοῦν ...	
211	**Mt 9,1**	... καὶ ἦλθεν **εἰς τὴν ἰδίαν πόλιν.**	**Mk 2,1**	καὶ εἰσελθὼν πάλιν **εἰς Καφαρναοὺμ** δι' ἡμερῶν ἠκούσθη ὅτι ἐν οἴκῳ ἐστίν.	**Lk 5,17**	καὶ ἐγένετο ἐν μιᾷ τῶν ἡμερῶν ...	
b d *f* 210	**Mt 9,35** ⇩ Mt 4,23 → Mk 1,21	καὶ περιῆγεν ὁ Ἰησοῦς **τὰς πόλεις πάσας** **καὶ τὰς κώμας** διδάσκων ἐν ταῖς συναγωγαῖς αὐτῶν καὶ κηρύσσων τὸ εὐαγγέλιον τῆς βασιλείας ...	**Mk 6,6** ↓ Mk 1,39	... καὶ περιῆγεν **τὰς κώμας** κύκλῳ διδάσκων.	**Lk 8,1** → Lk 4,15 ↓ Lk 4,44 ↓ Lk 13,22	... καὶ αὐτὸς διώδευεν **κατὰ πόλιν** **καὶ κώμην** κηρύσσων καὶ εὐαγγελιζόμενος τὴν βασιλείαν τοῦ θεοῦ καὶ οἱ δώδεκα σὺν αὐτῷ	
	Mt 4,23 ⇧ Mt 9,35 → Mk 1,21	καὶ περιῆγεν **ἐν ὅλῃ τῇ Γαλιλαίᾳ** διδάσκων ἐν ταῖς συναγωγαῖς αὐτῶν καὶ κηρύσσων τὸ εὐαγγέλιον τῆς βασιλείας ...	**Mk 1,39** → Mk 1,14 ↑ Mk 6,6	καὶ ἦλθεν κηρύσσων εἰς τὰς συναγωγὰς αὐτῶν **εἰς ὅλην τὴν Γαλιλαίαν** ...	**Lk 4,44** ↓ Lk 8,1	καὶ ἦν κηρύσσων εἰς τὰς συναγωγὰς **τῆς Ἰουδαίας.**	
a 200	**Mt 10,5**	... εἰς ὁδὸν ἐθνῶν μὴ ἀπέλθητε καὶ **εἰς πόλιν Σαμαριτῶν** μὴ εἰσέλθητε·					

	Mt		Mk		Lk		
d 202	Mt 10,11	εἰς ἣν δ' ἂν πόλιν ἢ κώμην εἰσέλθητε, ἐξετάσατε τίς ἐν αὐτῇ ἄξιός ἐστιν· ...			Lk 10,8 ⇨ Lk 10,7 ↓ Lk 10,10	καὶ εἰς ἣν ἂν πόλιν εἰσέρχησθε καὶ δέχωνται ὑμᾶς, ἐσθίετε τὰ παρατιθέμενα ὑμῖν	→ GTh 14,4
	Mt 10,11	↔ κἀκεῖ μείνατε ἕως ἂν ἐξέλθητε. [12] εἰσερχόμενοι δὲ εἰς τὴν οἰκίαν ἀσπάσασθε αὐτήν·	Mk 6,10	... ὅπου ἐὰν εἰσέλθητε εἰς οἰκίαν, ἐκεῖ μένετε ἕως ἂν ἐξέλθητε ἐκεῖθεν.	Lk 9,4 ⇧ Lk 10,5.7	καὶ εἰς ἣν ἂν οἰκίαν εἰσέλθητε, ἐκεῖ μένετε καὶ ἐκεῖθεν ἐξέρχεσθε.	Mk-Q overlap
212	Mt 10,14	καὶ ὃς ἂν μὴ δέξηται ὑμᾶς μηδὲ ἀκούσῃ τοὺς λόγους ὑμῶν, ἐξερχόμενοι ἔξω τῆς οἰκίας ἢ τῆς πόλεως ἐκείνης ἐκτινάξατε τὸν κονιορτὸν τῶν ποδῶν ὑμῶν.	Mk 6,11	καὶ ὃς ἂν τόπος μὴ δέξηται ὑμᾶς μηδὲ ἀκούσωσιν ὑμῶν, ἐκπορευόμενοι ἐκεῖθεν ἐκτινάξατε τὸν χοῦν τὸν ὑποκάτω τῶν ποδῶν ὑμῶν εἰς μαρτύριον αὐτοῖς.	Lk 9,5 ⇩ Lk 10,10-11	καὶ ὅσοι ἂν μὴ δέχωνται ὑμᾶς, ἐξερχόμενοι ἀπὸ τῆς πόλεως ἐκείνης τὸν κονιορτὸν ἀπὸ τῶν ποδῶν ὑμῶν ἀποτινάσσετε εἰς μαρτύριον ἐπ' αὐτούς.	→ Acts 13,51 → Acts 18,6 Mk-Q overlap
202	Mt 10,15 ⇩ Mt 11,24	ἀμὴν λέγω ὑμῖν, ἀνεκτότερον ἔσται γῇ Σοδόμων καὶ Γομόρρων ἐν ἡμέρᾳ κρίσεως ἢ τῇ πόλει ἐκείνῃ.			Lk 10,12	λέγω ὑμῖν ὅτι Σοδόμοις ἐν τῇ ἡμέρᾳ ἐκείνῃ ἀνεκτότερον ἔσται ἢ τῇ πόλει ἐκείνῃ.	
200 a b 200	Mt 10,23 (2) ↓ Mt 23,34 ↓ Lk 11,49	ὅταν δὲ διώκωσιν ὑμᾶς ἐν τῇ πόλει ταύτῃ, φεύγετε εἰς τὴν ἑτέραν· ἀμὴν γὰρ λέγω ὑμῖν, οὐ μὴ τελέσητε τὰς πόλεις τοῦ Ἰσραὴλ ἕως ἂν ἔλθῃ ὁ υἱὸς τοῦ ἀνθρώπου.					
a 002					Lk 7,11	καὶ ἐγένετο ἐν τῷ ἑξῆς ἐπορεύθη εἰς πόλιν καλουμένην Ναΐν καὶ συνεπορεύοντο αὐτῷ οἱ μαθηταὶ αὐτοῦ καὶ ὄχλος πολύς.	
002 002					Lk 7,12 (2)	ὡς δὲ ἤγγισεν τῇ πύλῃ τῆς πόλεως, καὶ ἰδοὺ ἐξεκομίζετο τεθνηκὼς μονογενὴς υἱὸς τῇ μητρὶ αὐτοῦ καὶ αὐτὴ ἦν χήρα, καὶ ὄχλος τῆς πόλεως ἱκανὸς ἦν σὺν αὐτῇ.	
b 200	Mt 11,1	καὶ ἐγένετο ὅτε ἐτέλεσεν ὁ Ἰησοῦς διατάσσων τοῖς δώδεκα μαθηταῖς αὐτοῦ, μετέβη ἐκεῖθεν τοῦ διδάσκειν καὶ κηρύσσειν ἐν ταῖς πόλεσιν αὐτῶν.					
002	Mt 26,7	προσῆλθεν αὐτῷ γυνὴ ἔχουσα ἀλάβαστρον μύρου βαρυτίμου ...	Mk 14,3	... ἦλθεν γυνὴ ἔχουσα ἀλάβαστρον μύρου νάρδου πιστικῆς πολυτελοῦς, ...	Lk 7,37	καὶ ἰδοὺ γυνὴ ἥτις ἦν ἐν τῇ πόλει ἁμαρτωλός, ... κομίσασα ἀλάβαστρον μύρου	→ Jn 12,3

b 200	**Mt 11,20**	τότε ἤρξατο ὀνειδίζειν τὰς πόλεις ἐν αἷς ἐγένοντο αἱ πλεῖσται δυνάμεις αὐτοῦ, ὅτι οὐ μετενόησαν·					
b d *f* 002	**Mt 9,35** ⇧ Mt 4,23 → Mk 1,21	καὶ περιῆγεν ὁ Ἰησοῦς τὰς πόλεις πάσας καὶ τὰς κώμας διδάσκων ἐν ταῖς συναγωγαῖς αὐτῶν καὶ κηρύσσων τὸ εὐαγγέλιον τῆς βασιλείας ...	**Mk 6,6** ↑ Mk 1,39	... καὶ περιῆγεν τὰς κώμας κύκλῳ διδάσκων.	**Lk 8,1** → Lk 4,15 ↑ Lk 4,44 ↓ Lk 13,22	καὶ ἐγένετο ἐν τῷ καθεξῆς καὶ αὐτὸς διώδευεν κατὰ πόλιν καὶ κώμην κηρύσσων καὶ εὐαγγελιζόμενος τὴν βασιλείαν τοῦ θεοῦ καὶ οἱ δώδεκα σὺν αὐτῷ	
201	**Mt 12,25**	... πᾶσα βασιλεία μερισθεῖσα καθ' ἑαυτῆς ἐρημοῦται καὶ πᾶσα πόλις ἢ οἰκία μερισθεῖσα καθ' ἑαυτῆς οὐ σταθήσεται.	**Mk 3,25**	[24] καὶ ἐὰν βασιλεία ἐφ' ἑαυτὴν μερισθῇ, οὐ δύναται σταθῆναι ἡ βασιλεία ἐκείνη· [25] καὶ ἐὰν οἰκία ἐφ' ἑαυτὴν μερισθῇ, οὐ δυνήσεται ἡ οἰκία ἐκείνη σταθῆναι.	**Lk 11,17**	... πᾶσα βασιλεία ἐφ' ἑαυτὴν διαμερισθεῖσα ἐρημοῦται καὶ οἶκος ἐπὶ οἶκον πίπτει.	Mk-Q overlap
f 112	**Mt 13,2** → Lk 5,1	καὶ συνήχθησαν πρὸς αὐτὸν ὄχλοι πολλοί, ... [3] καὶ ἐλάλησεν αὐτοῖς πολλὰ ἐν παραβολαῖς ...	**Mk 4,1** → Mk 3,9 → Lk 5,1	... καὶ συνάγεται πρὸς αὐτὸν ὄχλος πλεῖστος, ... [2] καὶ ἐδίδασκεν αὐτοὺς ἐν παραβολαῖς πολλὰ ...	**Lk 8,4** ⇨ Lk 5,3	συνιόντος δὲ ὄχλου πολλοῦ καὶ τῶν κατὰ πόλιν ἐπιπορευομένων πρὸς αὐτὸν εἶπεν διὰ παραβολῆς·	
112	**Mt 8,28**	καὶ ἐλθόντος αὐτοῦ εἰς τὸ πέραν εἰς τὴν χώραν τῶν Γαδαρηνῶν ὑπήντησαν αὐτῷ δύο δαιμονιζόμενοι ἐκ τῶν μνημείων ἐξερχόμενοι, ...	**Mk 5,2**	[1] καὶ ἦλθον εἰς τὸ πέραν τῆς θαλάσσης εἰς τὴν χώραν τῶν Γερασηνῶν. [2] καὶ ἐξελθόντος αὐτοῦ ἐκ τοῦ πλοίου εὐθὺς ὑπήντησεν αὐτῷ ἐκ τῶν μνημείων ἄνθρωπος ἐν πνεύματι ἀκαθάρτῳ	**Lk 8,27**	[26] καὶ κατέπλευσαν εἰς τὴν χώραν τῶν Γερασηνῶν, ἥτις ἐστὶν ἀντιπέρα τῆς Γαλιλαίας. [27] ἐξελθόντι δὲ αὐτῷ ἐπὶ τὴν γῆν ὑπήντησεν ἀνήρ τις ἐκ τῆς πόλεως ἔχων δαιμόνια ...	
e 222	**Mt 8,33**	οἱ δὲ βόσκοντες ἔφυγον, καὶ ἀπελθόντες εἰς τὴν πόλιν ἀπήγγειλαν πάντα ...	**Mk 5,14**	καὶ οἱ βόσκοντες αὐτοὺς ἔφυγον καὶ ἀπήγγειλαν εἰς τὴν πόλιν καὶ εἰς τοὺς ἀγρούς· ...	**Lk 8,34**	ἰδόντες δὲ οἱ βόσκοντες τὸ γεγονὸς ἔφυγον καὶ ἀπήγγειλαν εἰς τὴν πόλιν καὶ εἰς τοὺς ἀγρούς.	
h 012			**Mk 5,20**	καὶ ἀπῆλθεν καὶ ἤρξατο κηρύσσειν ἐν τῇ Δεκαπόλει ὅσα ἐποίησεν αὐτῷ ὁ Ἰησοῦς, ...	**Lk 8,39**	... καὶ ἀπῆλθεν καθ' ὅλην τὴν πόλιν κηρύσσων ὅσα ἐποίησεν αὐτῷ ὁ Ἰησοῦς.	
212	**Mt 10,14**	καὶ ὃς ἂν μὴ δέξηται ὑμᾶς μηδὲ ἀκούσῃ τοὺς λόγους ὑμῶν, ἐξερχόμενοι ἔξω τῆς οἰκίας ἢ τῆς πόλεως ἐκείνης ἐκτινάξατε τὸν κονιορτὸν τῶν ποδῶν ὑμῶν.	**Mk 6,11**	καὶ ὃς ἂν τόπος μὴ δέξηται ὑμᾶς μηδὲ ἀκούσωσιν ὑμῶν, ἐκπορευόμενοι ἐκεῖθεν ἐκτινάξατε τὸν χοῦν τὸν ὑποκάτω τῶν ποδῶν ὑμῶν εἰς μαρτύριον αὐτοῖς.	**Lk 9,5** ⇩ Lk 10,10-11	καὶ ὅσοι ἂν μὴ δέχωνται ὑμᾶς, ἐξερχόμενοι ἀπὸ τῆς πόλεως ἐκείνης τὸν κονιορτὸν ἀπὸ τῶν ποδῶν ὑμῶν ἀποτινάσσετε εἰς μαρτύριον ἐπ' αὐτούς.	→ Acts 13,51 → Acts 18,6 Mk-Q overlap

	Mt		Mk		Lk		
a 112	**Mt 14,13**	ἀκούσας δὲ ὁ Ἰησοῦς ἀνεχώρησεν ἐκεῖθεν ἐν πλοίῳ **εἰς ἔρημον τόπον** κατ᾽ ἰδίαν·	**Mk 6,32**	καὶ ἀπῆλθον ἐν τῷ πλοίῳ **εἰς ἔρημον τόπον** κατ᾽ ἰδίαν.	**Lk 9,10** → Mk 6,45	... καὶ παραλαβὼν αὐτοὺς ὑπεχώρησεν κατ᾽ ἰδίαν **εἰς πόλιν καλουμένην Βηθσαϊδά.**	
b 221		καὶ ἀκούσαντες οἱ ὄχλοι ἠκολούθησαν αὐτῷ πεζῇ **ἀπὸ τῶν πόλεων.**	**Mk 6,33**	καὶ εἶδον αὐτοὺς ὑπάγοντας καὶ ἐπέγνωσαν πολλοὶ καὶ πεζῇ **ἀπὸ πασῶν τῶν πόλεων** συνέδραμον ἐκεῖ καὶ προῆλθον αὐτούς.	**Lk 9,11**	οἱ δὲ ὄχλοι γνόντες ἠκολούθησαν αὐτῷ· ...	→ Jn 6,2
b d e 120	**Mt 14,36** → Mt 9,20	καὶ παρεκάλουν αὐτὸν ἵνα μόνον ἅψωνται τοῦ κρασπέδου τοῦ ἱματίου αὐτοῦ· ...	**Mk 6,56** → Mk 5,27	καὶ ὅπου ἂν εἰσεπορεύετο εἰς κώμας ἢ **εἰς πόλεις** ἢ εἰς ἀγρούς, ἐν ταῖς ἀγοραῖς ἐτίθεσαν τοὺς ἀσθενοῦντας, καὶ παρεκάλουν αὐτὸν ἵνα κἂν τοῦ κρασπέδου τοῦ ἱματίου αὐτοῦ ἅψωνται· ...	→ Lk 8,44		
002					**Lk 10,1** → Mt 10,1 → Mk 6,7 → Lk 9,1	μετὰ δὲ ταῦτα ἀνέδειξεν ὁ κύριος ἑτέρους ἑβδομήκοντα [δύο] καὶ ἀπέστειλεν αὐτοὺς ἀνὰ δύο [δύο] πρὸ προσώπου αὐτοῦ **εἰς πᾶσαν πόλιν καὶ τόπον** οὗ ἤμελλεν αὐτὸς ἔρχεσθαι.	
d 202	**Mt 10,11**	**εἰς ἣν δ᾽ ἂν πόλιν ἢ κώμην** εἰσέλθητε, ἐξετάσατε τίς ἐν αὐτῇ ἄξιός ἐστιν· ...			**Lk 10,8** ⇨ Lk 10,7 ↓ Lk 10,10	**καὶ εἰς ἣν ἂν πόλιν** εἰσέρχησθε καὶ δέχωνται ὑμᾶς, ἐσθίετε τὰ παρατιθέμενα ὑμῖν	→ GTh 14,4
102	**Mt 10,14**	**καὶ ὃς ἂν** μὴ δέξηται ὑμᾶς μηδὲ ἀκούσῃ τοὺς λόγους ὑμῶν, ἐξερχόμενοι ἔξω τῆς οἰκίας ἢ τῆς πόλεως ἐκείνης	Mk 6,11	καὶ ὃς ἂν τόπος μὴ δέξηται ὑμᾶς μηδὲ ἀκούσωσιν ὑμῶν, ἐκπορευόμενοι ἐκεῖθεν	**Lk 10,10** ⇧ Lk 9,5 ↑ Lk 10,8	**εἰς ἣν δ᾽ ἂν πόλιν** εἰσέλθητε καὶ μὴ δέχωνται ὑμᾶς, ἐξελθόντες εἰς τὰς πλατείας αὐτῆς εἴπατε·	Mk-Q overlap
102		ἐκτινάξατε τὸν κονιορτὸν τῶν ποδῶν ὑμῶν.		ἐκτινάξατε τὸν χοῦν τὸν ὑποκάτω τῶν ποδῶν ὑμῶν εἰς μαρτύριον αὐτοῖς.	**Lk 10,11** ⇧ Lk 9,5	καὶ τὸν κονιορτὸν τὸν κολληθέντα ἡμῖν **ἐκ τῆς πόλεως ὑμῶν** εἰς τοὺς πόδας ἀπομασσόμεθα ὑμῖν· ...	→ Acts 13,51 → Acts 18,6 Mk-Q overlap
202	**Mt 10,15** ⇩ Mt 11,24 **Mt 11,24** ⇧ Mt 10,15	ἀμὴν λέγω ὑμῖν, ἀνεκτότερον ἔσται γῇ Σοδόμων καὶ Γομόρρων ἐν ἡμέρᾳ κρίσεως ἢ **τῇ πόλει ἐκείνῃ.** πλὴν λέγω ὑμῖν ὅτι γῇ Σοδόμων ἀνεκτότερον ἔσται ἐν ἡμέρᾳ κρίσεως ἢ σοί.			**Lk 10,12**	λέγω ὑμῖν ὅτι Σοδόμοις ἐν τῇ ἡμέρᾳ ἐκείνῃ ἀνεκτότερον ἔσται ἢ **τῇ πόλει ἐκείνῃ.**	
b d f 002					**Lk 13,22** ↑ Lk 8,1	καὶ διεπορεύετο **κατὰ πόλεις καὶ κώμας** διδάσκων καὶ πορείαν ποιούμενος εἰς Ἱεροσόλυμα.	

	Mt		Mk		Lk		
002					Lk 14,21 → Mt 22,9 ⇨ Lk 14,23 → Lk 14,13	... ἔξελθε ταχέως εἰς τὰς πλατείας καὶ ῥύμας τῆς πόλεως, καὶ τοὺς πτωχοὺς καὶ ἀναπείρους καὶ τυφλοὺς καὶ χωλοὺς εἰσάγαγε ὧδε.	→ GTh 64
002					Lk 18,2	... κριτής τις ἦν ἔν τινι πόλει τὸν θεὸν μὴ φοβούμενος καὶ ἄνθρωπον μὴ ἐντρεπόμενος.	
002					Lk 18,3	χήρα δὲ ἦν ἐν τῇ πόλει ἐκείνῃ καὶ ἤρχετο πρὸς αὐτὸν λέγουσα· ἐκδίκησόν με ἀπὸ τοῦ ἀντιδίκου μου.	
b 102	Mt 25,21 → Mt 24,47	... εὖ, δοῦλε ἀγαθὲ καὶ πιστέ, ἐπὶ ὀλίγα ἦς πιστός, ἐπὶ πολλῶν σε καταστήσω· ...			Lk 19,17 → Lk 16,10	... εὖγε, ἀγαθὲ δοῦλε, ὅτι ἐν ἐλαχίστῳ πιστὸς ἐγένου, ἴσθι ἐξουσίαν ἔχων ἐπάνω δέκα πόλεων.	
b 102	Mt 25,23 → Mt 24,47	... εὖ, δοῦλε ἀγαθὲ καὶ πιστέ, ἐπὶ ὀλίγα ἦς πιστός, ἐπὶ πολλῶν σε καταστήσω· ...			Lk 19,19	... καὶ σὺ ἐπάνω γίνου πέντε πόλεων.	
002					Lk 19,41 ↓ Mt 21,10 ↓ Mk 11,11	καὶ ὡς ἤγγισεν ἰδὼν τὴν πόλιν ἔκλαυσεν ἐπ' αὐτήν	
g 210	Mt 21,10 → Mt 2,3 ↑ Lk 19,41	καὶ εἰσελθόντος αὐτοῦ εἰς Ἱεροσόλυμα ἐσείσθη πᾶσα ἡ πόλις λέγουσα· τίς ἐστιν οὗτος;	Mk 11,11 → Mt 21,12 → Mk 11,15 ↑ Lk 19,41	καὶ εἰσῆλθεν εἰς Ἱεροσόλυμα εἰς τὸ ἱερὸν ...			→ Jn 2,13
210	Mt 21,17	καὶ καταλιπὼν αὐτοὺς ἐξῆλθεν ἔξω τῆς πόλεως εἰς Βηθανίαν, καὶ ηὐλίσθη ἐκεῖ.	Mk 11,11	... ὀψίας ἤδη οὔσης τῆς ὥρας, ἐξῆλθεν εἰς Βηθανίαν μετὰ τῶν δώδεκα.	Lk 21,37 ↓ Mk 11,19	... τὰς δὲ νύκτας ἐξερχόμενος ηὐλίζετο εἰς τὸ ὄρος τὸ καλούμενον Ἐλαιῶν·	→ [[Jn 8,1]]
020			Mk 11,19 ↑ Mt 21,17 ↑ Lk 21,37	καὶ ὅταν ὀψὲ ἐγένετο, ἐξεπορεύοντο ἔξω τῆς πόλεως.			
210	Mt 21,18	πρωῒ δὲ ἐπανάγων εἰς τὴν πόλιν ἐπείνασεν.	Mk 11,12	καὶ τῇ ἐπαύριον ἐξελθόντων αὐτῶν ἀπὸ Βηθανίας ἐπείνασεν.			
201	Mt 22,7	ὁ δὲ βασιλεὺς ὠργίσθη καὶ πέμψας τὰ στρατεύματα αὐτοῦ ἀπώλεσεν τοὺς φονεῖς ἐκείνους καὶ τὴν πόλιν αὐτῶν ἐνέπρησεν. [8] τότε λέγει τοῖς δούλοις αὐτοῦ· ...			Lk 14,21	... τότε ὀργισθεὶς ὁ οἰκοδεσπότης εἶπεν τῷ δούλῳ αὐτοῦ· ...	→ GTh 64

		Mt		Mk		Lk	
          201 201	Mt 23,34 (2) → Mt 5,12 → Mt 10,17 ↑ Mt 10,23	διὰ τοῦτο ἰδοὺ ἐγὼ ἀποστέλλω πρὸς ὑμᾶς προφήτας καὶ σοφοὺς καὶ γραμματεῖς· ἐξ αὐτῶν ἀποκτενεῖτε καὶ σταυρώσετε καὶ ἐξ αὐτῶν μαστιγώσετε ἐν ταῖς συναγωγαῖς ὑμῶν καὶ διώξετε **ἀπὸ πόλεως** **εἰς πόλιν·**			Lk 11,49 → Lk 6,23	διὰ τοῦτο καὶ ἡ σοφία τοῦ θεοῦ εἶπεν· ἀποστελῶ εἰς αὐτοὺς προφήτας καὶ ἀποστόλους, καὶ ἐξ αὐτῶν ἀποκτενοῦσιν καὶ διώξουσιν	
 222	Mt 26,18	... ὑπάγετε **εἰς τὴν πόλιν** πρὸς τὸν δεῖνα ...	Mk 14,13	... ὑπάγετε **εἰς τὴν πόλιν,** καὶ ἀπαντήσει ὑμῖν ἄνθρωπος κεράμιον ὕδατος βαστάζων· ...	Lk 22,10	... ἰδοὺ εἰσελθόντων ὑμῶν **εἰς τὴν πόλιν** συναντήσει ὑμῖν ἄνθρωπος κεράμιον ὕδατος βαστάζων· ...	
  121	Mt 26,19	καὶ ἐποίησαν οἱ μαθηταὶ ὡς συνέταξεν αὐτοῖς ὁ Ἰησοῦς καὶ ἡτοίμασαν τὸ πάσχα.	Mk 14,16	καὶ ἐξῆλθον οἱ μαθηταὶ καὶ ἦλθον **εἰς τὴν πόλιν** καὶ εὗρον καθὼς εἶπεν αὐτοῖς καὶ ἡτοίμασαν τὸ πάσχα.	Lk 22,13	ἀπελθόντες δὲ εὗρον καθὼς εἰρήκει αὐτοῖς καὶ ἡτοίμασαν τὸ πάσχα.	
    112	Mt 27,16 → Mt 27,26	εἶχον δὲ τότε δέσμιον ἐπίσημον λεγόμενον [Ἰησοῦν] Βαραββᾶν.	Mk 15,7 → Mk 15,15	ἦν δὲ ὁ λεγόμενος Βαραββᾶς μετὰ τῶν στασιαστῶν δεδεμένος οἵτινες ἐν τῇ στάσει φόνον πεποιήκεισαν.	Lk 23,19 → Lk 23,25	ὅστις ἦν διὰ στάσιν τινὰ γενομένην **ἐν τῇ πόλει** καὶ φόνον βληθεὶς ἐν τῇ φυλακῇ.	→ Jn 18,40
c 200	Mt 27,53	καὶ ἐξελθόντες ἐκ τῶν μνημείων μετὰ τὴν ἔγερσιν αὐτοῦ εἰσῆλθον **εἰς τὴν ἁγίαν πόλιν** καὶ ἐνεφανίσθησαν πολλοῖς.					
a 112	Mt 27,57	... ἦλθεν ἄνθρωπος πλούσιος ἀπὸ Ἁριμαθαίας, τοὔνομα Ἰωσήφ, ὃς καὶ αὐτὸς ἐμαθητεύθη τῷ Ἰησοῦ·	Mk 15,43	ἐλθὼν Ἰωσὴφ [ὁ] ἀπὸ Ἁριμαθαίας εὐσχήμων βουλευτής, ὃς καὶ αὐτὸς ἦν προσδεχόμενος τὴν βασιλείαν τοῦ θεοῦ, ...	Lk 23,51	[50] καὶ ἰδοὺ ἀνὴρ ὀνόματι Ἰωσὴφ βουλευτὴς ὑπάρχων ... [51] ... ἀπὸ Ἁριμαθαίας **πόλεως** **τῶν Ἰουδαίων,** ὃς προσεδέχετο τὴν βασιλείαν τοῦ θεοῦ	→ Jn 19,38
   200	Mt 28,11	πορευομένων δὲ αὐτῶν ἰδού τινες τῆς κουστωδίας ἐλθόντες **εἰς τὴν πόλιν** ἀπήγγειλαν τοῖς ἀρχιερεῦσιν ἅπαντα τὰ γενόμενα.					
 002					Lk 24,49	... ὑμεῖς δὲ καθίσατε **ἐν τῇ πόλει** ἕως οὗ ἐνδύσησθε ἐξ ὕψους δύναμιν.	→ Acts 1,8 → Acts 2,33

[a] πόλις with proper name
[b] πόλεις (plural)
[c] ἡ ἁγία πόλις
[d] πόλις and κώμη
[e] πόλις and ἀγρός
[f] κατὰ πόλιν, κατὰ πόλεις
[g] πᾶσα ἡ πόλις
[h] ὅλη ἡ πόλις

Acts 4,27 →Lk 4,18 συνήχθησαν γὰρ ἐπ' ἀληθείας
ἐν τῇ πόλει ταύτῃ
ἐπὶ τὸν ἅγιον παῖδά σου Ἰησοῦν ὃν ἔχρισας, Ἡρῴδης τε καὶ Πόντιος Πιλᾶτος σὺν ἔθνεσιν καὶ λαοῖς Ἰσραήλ

a b Acts 5,16 συνήρχετο δὲ καὶ
τὸ πλῆθος τῶν πέριξ πόλεων Ἰερουσαλήμ,
φέροντες ἀσθενεῖς καὶ ὀχλουμένους ὑπὸ πνευμάτων ἀκαθάρτων, ...

Acts 7,58 →Lk 4,29 καὶ ἐκβαλόντες
ἔξω τῆς πόλεως
ἐλιθοβόλουν. ...

a Acts 8,5 Φίλιππος δὲ κατελθὼν
εἰς [τὴν] πόλιν τῆς Σαμαρείας
ἐκήρυσσεν αὐτοῖς τὸν Χριστόν.

Acts 8,8 ἐγένετο δὲ πολλὴ χαρὰ
ἐν τῇ πόλει ἐκείνῃ.

Acts 8,9 ἀνὴρ δέ τις ὀνόματι Σίμων προϋπῆρχεν
ἐν τῇ πόλει
μαγεύων καὶ ἐξιστάνων τὸ ἔθνος τῆς Σαμαρείας, λέγων εἶναί τινα ἑαυτὸν μέγαν

b Acts 8,40 Φίλιππος δὲ εὑρέθη εἰς Ἄζωτον· καὶ διερχόμενος εὐηγγελίζετο
τὰς πόλεις πάσας
ἕως τοῦ ἐλθεῖν αὐτὸν εἰς Καισάρειαν.

Acts 9,6 ἀλλὰ ἀνάστηθι καὶ εἴσελθε
εἰς τὴν πόλιν
καὶ λαληθήσεταί σοι ὅ τί σε δεῖ ποιεῖν.

Acts 10,9 τῇ δὲ ἐπαύριον, ὁδοιπορούντων ἐκείνων καὶ
τῇ πόλει
ἐγγιζόντων, ἀνέβη Πέτρος ἐπὶ τὸ δῶμα προσεύξασθαι περὶ ὥραν ἕκτην.

a Acts 11,5 ἐγὼ ἤμην
ἐν πόλει Ἰόππῃ
προσευχόμενος καὶ εἶδον ἐν ἐκστάσει ὅραμα, ...

Acts 12,10 διελθόντες δὲ πρώτην φυλακὴν καὶ δευτέραν ἦλθαν ἐπὶ τὴν πύλην τὴν σιδηρᾶν τὴν φέρουσαν
εἰς τὴν πόλιν,
ἥτις αὐτομάτη ἠνοίγη αὐτοῖς, ...

g Acts 13,44 τῷ δὲ ἐρχομένῳ σαββάτῳ σχεδὸν
πᾶσα ἡ πόλις
συνήχθη ἀκοῦσαι τὸν λόγον τοῦ κυρίου.

Acts 13,50 οἱ δὲ Ἰουδαῖοι παρώτρυναν τὰς σεβομένας γυναῖκας τὰς εὐσχήμονας καὶ
τοὺς πρώτους τῆς πόλεως
καὶ ἐπήγειραν διωγμὸν ἐπὶ τὸν Παῦλον καὶ Βαρναβᾶν ...

Acts 14,4 ἐσχίσθη δὲ
τὸ πλῆθος τῆς πόλεως,
καὶ οἱ μὲν ἦσαν σὺν τοῖς Ἰουδαίοις, οἱ δὲ σὺν τοῖς ἀποστόλοις.

a b Acts 14,6 συνιδόντες κατέφυγον
εἰς τὰς πόλεις τῆς Λυκαονίας
Λύστραν καὶ Δέρβην καὶ τὴν περίχωρον

Acts 14,13 ὅ τε ἱερεὺς τοῦ Διὸς τοῦ ὄντος
πρὸ τῆς πόλεως
ταύρους καὶ στέμματα ἐπὶ τοὺς πυλῶνας ἐνέγκας σὺν τοῖς ὄχλοις ἤθελεν θύειν.

Acts 14,19 →Lk 4,29 ... καὶ λιθάσαντες τὸν Παῦλον ἔσυρον
ἔξω τῆς πόλεως
νομίζοντες αὐτὸν τεθνηκέναι.

Acts 14,20 κυκλωσάντων δὲ τῶν μαθητῶν αὐτὸν ἀναστὰς εἰσῆλθεν
εἰς τὴν πόλιν.
καὶ τῇ ἐπαύριον ἐξῆλθεν σὺν τῷ Βαρναβᾷ εἰς Δέρβην.

Acts 14,21 εὐαγγελισάμενοί τε
τὴν πόλιν ἐκείνην
καὶ μαθητεύσαντες ἱκανοὺς ὑπέστρεψαν εἰς τὴν Λύστραν καὶ εἰς Ἰκόνιον καὶ εἰς Ἀντιόχειαν

f Acts 15,21 Μωϋσῆς γὰρ ἐκ γενεῶν ἀρχαίων
κατὰ πόλιν
τοὺς κηρύσσοντας αὐτὸν ἔχει ἐν ταῖς συναγωγαῖς κατὰ πᾶν σάββατον ἀναγινωσκόμενος.

f Acts 15,36 ... ἐπιστρέψαντες δὴ ἐπισκεψώμεθα τοὺς ἀδελφοὺς
κατὰ πόλιν πᾶσαν
ἐν αἷς κατηγγείλαμεν τὸν λόγον τοῦ κυρίου πῶς ἔχουσιν.

b Acts 16,4 ὡς δὲ διεπορεύοντο
τὰς πόλεις,
παρεδίδοσαν αὐτοῖς φυλάσσειν τὰ δόγματα τὰ κεκριμένα ὑπὸ τῶν ἀποστόλων καὶ πρεσβυτέρων τῶν ἐν Ἱεροσολύμοις.

a Acts 16,11 ἀναχθέντες δὲ ἀπὸ Τρῳάδος εὐθυδρομήσαμεν εἰς Σαμοθρᾴκην, τῇ δὲ ἐπιούσῃ
εἰς Νέαν πόλιν

a Acts 16,12 (2) κἀκεῖθεν εἰς Φιλίππους, ἥτις ἐστὶν
πρώτη[ς] μερίδος τῆς Μακεδονίας πόλις,
κολωνία. ἦμεν δὲ
ἐν ταύτῃ τῇ πόλει
διατρίβοντες ἡμέρας τινάς.

a Acts 16,14 καί τις γυνὴ ὀνόματι Λυδία,
πορφυρόπωλις πόλεως Θυατείρων
σεβομένη τὸν θεόν, ἤκουεν, ἧς ὁ κύριος διήνοιξεν τὴν καρδίαν ...

Acts 16,20 ... οὗτοι οἱ ἄνθρωποι ἐκταράσσουσιν
ἡμῶν τὴν πόλιν,
Ἰουδαῖοι ὑπάρχοντες

Acts 16,39 ... ἐξαγαγόντες ἠρώτων ἀπελθεῖν
ἀπὸ τῆς πόλεως.

Acts 17,5 ζηλώσαντες δὲ οἱ Ἰουδαῖοι καὶ προσλαβόμενοι τῶν ἀγοραίων ἄνδρας τινὰς πονηροὺς καὶ ὀχλοποιήσαντες ἐθορύβουν
τὴν πόλιν ...

Acts 17,16 ἐν δὲ ταῖς Ἀθήναις ἐκδεχομένου αὐτοὺς τοῦ Παύλου παρωξύνετο τὸ πνεῦμα αὐτοῦ ἐν αὐτῷ θεωροῦντος κατείδωλον οὖσαν
τὴν πόλιν.

Acts 18,10 διότι ἐγώ εἰμι μετὰ σοῦ καὶ οὐδεὶς ἐπιθήσεταί σοι τοῦ κακῶσαί σε, διότι λαός ἐστί μοι πολὺς
ἐν τῇ πόλει ταύτῃ.

Acts 19,29 καὶ ἐπλήσθη
ἡ πόλις
τῆς συγχύσεως, ὥρμησάν τε ὁμοθυμαδὸν εἰς τὸ θέατρον ...

[a] **Acts 19,35** ... ἄνδρες Ἐφέσιοι, τίς γάρ ἐστιν ἀνθρώπων ὃς οὐ γινώσκει **τὴν Ἐφεσίων πόλιν** νεωκόρον οὖσαν τῆς μεγάλης Ἀρτέμιδος καὶ τοῦ διοπετοῦς;

[f] **Acts 20,23** πλὴν ὅτι τὸ πνεῦμα τὸ ἅγιον **κατὰ πόλιν** διαμαρτύρεταί μοι λέγον ὅτι δεσμὰ καὶ θλίψεις με μένουσιν.

Acts 21,5 ... ἐξελθόντες ἐπορευόμεθα προπεμπόντων ἡμᾶς πάντων σὺν γυναιξὶ καὶ τέκνοις ἕως **ἔξω τῆς πόλεως,** καὶ θέντες τὰ γόνατα ἐπὶ τὸν αἰγιαλὸν προσευξάμενοι

Acts 21,29 ἦσαν γὰρ προεωρακότες Τρόφιμον τὸν Ἐφέσιον **ἐν τῇ πόλει** σὺν αὐτῷ, ὃν ἐνόμιζον ὅτι εἰς τὸ ἱερὸν εἰσήγαγεν ὁ Παῦλος.

[h] **Acts 21,30** ἐκινήθη τε **ἡ πόλις ὅλη** καὶ ἐγένετο συνδρομὴ τοῦ λαοῦ, ...

Acts 21,39 ... ἐγὼ ἄνθρωπος μέν εἰμι Ἰουδαῖος, Ταρσεὺς τῆς Κιλικίας, **οὐκ ἀσήμου πόλεως πολίτης·** δέομαι δέ σου, ἐπίτρεψόν μοι λαλῆσαι πρὸς τὸν λαόν.

Acts 22,3 ἐγώ εἰμι ἀνὴρ Ἰουδαῖος, γεγεννημένος ἐν Ταρσῷ τῆς Κιλικίας, ἀνατεθραμμένος δὲ **ἐν τῇ πόλει ταύτῃ,** παρὰ τοὺς πόδας Γαμαλιὴλ πεπαιδευμένος κατὰ ἀκρίβειαν τοῦ πατρῴου νόμου, ...

Acts 24,12 καὶ οὔτε ἐν τῷ ἱερῷ εὗρόν με πρός τινα διαλεγόμενον ἢ ἐπίστασιν ποιοῦντα ὄχλου οὔτε ἐν ταῖς συναγωγαῖς οὔτε **κατὰ τὴν πόλιν**

Acts 25,23 ... καὶ εἰσελθόντων εἰς τὸ ἀκροατήριον σύν τε χιλιάρχοις καὶ **ἀνδράσιν τοῖς κατ᾽ ἐξοχὴν τῆς πόλεως** καὶ κελεύσαντος τοῦ Φήστου ἤχθη ὁ Παῦλος.

[b] **Acts 26,11** καὶ κατὰ πάσας τὰς συναγωγὰς πολλάκις τιμωρῶν αὐτοὺς ἠνάγκαζον βλασφημεῖν περισσῶς τε ἐμμαινόμενος αὐτοῖς ἐδίωκον **ἕως καὶ εἰς τὰς ἔξω πόλεις.**

[a] **Acts 27,8** μόλις τε παραλεγόμενοι αὐτὴν ἤλθομεν εἰς τόπον τινὰ καλούμενον Καλοὺς λιμένας ᾧ ἐγγὺς **πόλις** ἦν Λασαία.

πολίτης	Syn	Mt	Mk	Lk	Acts	Jn	1-3John	Paul	Eph	Col
	2			2	1					
	NT	2Thess	1/2Tim	Tit	Heb	Jas	1Pet	2Pet	Jude	Rev
	4				1					

citizen; fellow-citizen; fellow-townsman

002			**Lk 15,15** καὶ πορευθεὶς ἐκολλήθη **ἑνὶ τῶν πολιτῶν τῆς χώρας ἐκείνης,** καὶ ἔπεμψεν αὐτὸν εἰς τοὺς ἀγροὺς αὐτοῦ βόσκειν χοίρους	
002			**Lk 19,14** **οἱ δὲ πολῖται αὐτοῦ** ἐμίσουν αὐτὸν καὶ ἀπέστειλαν πρεσβείαν ὀπίσω αὐτοῦ λέγοντες· οὐ θέλομεν τοῦτον βασιλεῦσαι ἐφ᾽ ἡμᾶς.	

Acts 21,39 ... ἐγὼ ἄνθρωπος μέν εἰμι Ἰουδαῖος, Ταρσεὺς τῆς Κιλικίας, **οὐκ ἀσήμου πόλεως πολίτης·** δέομαι δέ σου, ἐπίτρεψόν μοι λαλῆσαι πρὸς τὸν λαόν.

πολλάκις	Syn 4	Mt 2	Mk 2	Lk	Acts 1	Jn 1	1-3John	Paul 7	Eph	Col
	NT 18	2Thess	1/2Tim 1	Tit	Heb 4	Jas	1Pet	2Pet	Jude	Rev

many times; often; frequently

	Mt		Mk		Lk		
121	Mt 8,28	... ὑπήντησαν αὐτῷ δύο δαιμονιζόμενοι ἐκ τῶν μνημείων ἐξερχόμενοι, χαλεποὶ λίαν, ...	Mk 5,4	[2] ... ὑπήντησεν αὐτῷ ἐκ τῶν μνημείων ἄνθρωπος ἐν πνεύματι ἀκαθάρτῳ, [3] ... καὶ οὐδὲ ἁλύσει οὐκέτι οὐδεὶς ἐδύνατο αὐτὸν δῆσαι [4] διὰ τὸ αὐτὸν **πολλάκις** πέδαις καὶ ἁλύσεσιν δεδέσθαι καὶ διεσπάσθαι ὑπ᾽ αὐτοῦ τὰς ἁλύσεις καὶ τὰς πέδας συντετρῖφθαι, ...	Lk 8,29	[27] ... ὑπήντησεν ἀνήρ τις ἐκ τῆς πόλεως ἔχων δαιμόνια ... [29] ... πολλοῖς γὰρ χρόνοις συνηρπάκει αὐτὸν καὶ ἐδεσμεύετο ἁλύσεσιν καὶ πέδαις φυλασσόμενος καὶ διαρρήσσων τὰ δεσμὰ ...	
220 210	Mt 17,15 (2)	... **πολλάκις** γὰρ πίπτει εἰς τὸ πῦρ καὶ **πολλάκις** εἰς τὸ ὕδωρ.	Mk 9,22	καὶ **πολλάκις** καὶ εἰς πῦρ αὐτὸν ἔβαλεν καὶ εἰς ὕδατα ἵνα ἀπολέσῃ αὐτόν· ...			

Acts 26,11 καὶ κατὰ πάσας τὰς συναγωγὰς **πολλάκις** τιμωρῶν αὐτοὺς ἠνάγκαζον βλασφημεῖν περισσῶς τε ἐμμαινόμενος αὐτοῖς ἐδίωκον ἕως καὶ εἰς τὰς ἔξω πόλεις.

πολλαπλασίων	Syn 1	Mt	Mk	Lk 1	Acts	Jn	1-3John	Paul	Eph	Col
	NT 1	2Thess	1/2Tim	Tit	Heb	Jas	1Pet	2Pet	Jude	Rev

many times as much; manifold

	Mt		Mk		Lk		
112	Mt 19,29 → Mt 10,37	... **ἑκατονταπλασίονα** λήμψεται καὶ ζωὴν αἰώνιον κληρονομήσει.	Mk 10,30	ἐὰν μὴ λάβῃ **ἑκατονταπλασίονα** νῦν ἐν τῷ καιρῷ τούτῳ οἰκίας καὶ ἀδελφοὺς καὶ ἀδελφὰς καὶ μητέρας καὶ τέκνα καὶ ἀγροὺς μετὰ διωγμῶν, καὶ ἐν τῷ αἰῶνι τῷ ἐρχομένῳ ζωὴν αἰώνιον.	Lk 18,30 → Lk 14,26	ὃς οὐχὶ μὴ [ἀπο]λάβῃ **πολλαπλασίονα** ἐν τῷ καιρῷ τούτῳ καὶ ἐν τῷ αἰῶνι τῷ ἐρχομένῳ ζωὴν αἰώνιον.	→ GTh 55 → GTh 101

πολυλογία	Syn 1	Mt 1	Mk	Lk	Acts	Jn	1-3John	Paul	Eph	Col
	NT 1	2Thess	1/2Tim	Tit	Heb	Jas	1Pet	2Pet	Jude	Rev

much speaking; wordiness

	Mt		Mk		Lk		
200	Mt 6,7	προσευχόμενοι δὲ μὴ βατταλογήσητε ὥσπερ οἱ ἐθνικοί, δοκοῦσιν γὰρ ὅτι **ἐν τῇ πολυλογίᾳ αὐτῶν** εἰσακουσθήσονται.					

πολύς	Syn 161	Mt 51	Mk 59	Lk 51	Acts 46	Jn 36	1-3John 5	Paul 72	Eph 1	Col 1
	NT 357	2Thess	1/2Tim 7	Tit 2	Heb 7	Jas 3	1Pet 1	2Pet 1	Jude	Rev 14

much; many; great; loud; late; long; πολλά many things; *adverb:* often; strictly; insistently; strongly; πολύ much; greatly; πολλῷ μᾶλλον much more; all the more; πολλῷ πλείους many more; πολλοῦ for a large sum

	triple tradition																	double tradition			Sondergut		
		+Mt / +Lk			−Mt / −Lk			traditions not taken over by Mt / Lk							subtotals								
code	*222*	*211*	*112*	*212*	*221*	*122*	*121*	*022*	*012*	*021*	*220*	*120*	*210*	*020*	Σ^+	Σ^-	Σ	*202*	*201*	*102*	*200*	*002*	total
Mt	5	7^+		1^+	7	1^-	24^-				2	6^-	6^+		14^+	31^-	28	4	9		10		**51**
Mk	5				7	1	24	1		11	2	6		2			59						**59**
Lk	5		3^+	1^+	7^-	1	24^-	1	2^+	11^-					6^+	42^-	13	4		3		31	**51**

a (οἱ) πολλοί (used as a noun; except b)
b πολλοὶ τῶν / πολλοί ἐκ
c πολλά (used as a noun or adverb)
d πολύ (used as a noun or adverb)
e ἐν πολλῷ
f πολλῷ μᾶλλον and similar phrases
g πολλοὶ ἄλλοι / ἄλλοι πολλοί
h πολλοὶ (...) ἕτεροι / ἕτεροι πολλοί
j πολύς with demonstrative pronoun
k πολύς and ὀλίγος / ἐλάχιστος / ἄλλος / εἷς
l οὐ (...) πολύς
m πολύς with reference to time
n ὄχλος πολύς / ὄχλοι πολλοί / πολὺ πλῆθος

a 002			**Lk 1,1** ἐπειδήπερ **πολλοὶ** ἐπεχείρησαν ἀνατάξασθαι διήγησιν περὶ τῶν πεπληροφορημένων ἐν ἡμῖν πραγμάτων	
a 002			**Lk 1,14** καὶ ἔσται χαρά σοι καὶ ἀγαλλίασις καὶ **πολλοὶ** ἐπὶ τῇ γενέσει αὐτοῦ χαρήσονται.	
b 002			**Lk 1,16** καὶ **πολλοὺς τῶν υἱῶν Ἰσραὴλ** ἐπιστρέψει ἐπὶ κύριον τὸν θεὸν αὐτῶν.	
a 002			**Lk 2,34** ... ἰδοὺ οὗτος κεῖται εἰς πτῶσιν καὶ **ἀνάστασιν πολλῶν** ἐν τῷ Ἰσραὴλ ...	
002			**Lk 2,35** καὶ σοῦ [δὲ] αὐτῆς τὴν ψυχὴν διελεύσεται ῥομφαία - ὅπως ἂν ἀποκαλυφθῶσιν **ἐκ πολλῶν καρδιῶν** διαλογισμοί.	
m 002			**Lk 2,36** καὶ ἦν Ἅννα προφῆτις, ... αὕτη προβεβηκυῖα **ἐν ἡμέραις πολλαῖς,** ζήσασα μετὰ ἀνδρὸς ἔτη ἑπτὰ ἀπὸ τῆς παρθενίας αὐτῆς	
200	**Mt 2,18** *φωνὴ ἐν Ῥαμὰ ἠκούσθη, κλαυθμὸς καὶ* ***ὀδυρμὸς πολύς·*** *Ῥαχὴλ κλαίουσα τὰ τέκνα αὐτῆς, καὶ οὐκ ἤθελεν παρακληθῆναι, ὅτι οὐκ εἰσίν.* ➤ Jer 31,15			

b 201	**Mt 3,7** → Mt 12,34 → Mt 23,33	ἰδὼν δὲ πολλοὺς τῶν Φαρισαίων καὶ Σαδδουκαίων ἐρχομένους ἐπὶ τὸ βάπτισμα αὐτοῦ εἶπεν αὐτοῖς· γεννήματα ἐχιδνῶν, ...			**Lk 3,7** → Mk 1,5	ἔλεγεν οὖν τοῖς ἐκπορευομένοις ὄχλοις βαπτισθῆναι ὑπ' αὐτοῦ· γεννήματα ἐχιδνῶν, ...	
c h 002					**Lk 3,18**	πολλὰ μὲν οὖν καὶ ἕτερα παρακαλῶν εὐηγγελίζετο τὸν λαόν.	
002					**Lk 4,25**	ἐπ' ἀληθείας δὲ λέγω ὑμῖν, πολλαὶ χῆραι ἦσαν ἐν ταῖς ἡμέραις Ἠλίου ἐν τῷ Ἰσραήλ, ...	
002					**Lk 4,27**	καὶ πολλοὶ λεπροὶ ἦσαν ἐν τῷ Ἰσραὴλ ἐπὶ Ἐλισαίου τοῦ προφήτου, ...	
121	**Mt 8,16** ⇩ Mt 4,24 ↓ Mt 12,15	... προσήνεγκαν αὐτῷ δαιμονιζομένους πολλούς· καὶ ἐξέβαλεν τὰ πνεύματα λόγῳ καὶ πάντας τοὺς κακῶς ἔχοντας ἐθεράπευσεν	**Mk 1,34** (2)	[32] ... ἔφερον πρὸς αὐτὸν πάντας τοὺς κακῶς ἔχοντας καὶ τοὺς δαιμονιζομένους· [33] ... [34] καὶ ἐθεράπευσεν πολλοὺς κακῶς ἔχοντας ποικίλαις νόσοις	**Lk 4,40** ↓ Lk 6,18	... ἅπαντες ὅσοι εἶχον ἀσθενοῦντας νόσοις ποικίλαις ἤγαγον αὐτοὺς πρὸς αὐτόν· ὁ δὲ ἑνὶ ἑκάστῳ αὐτῶν τὰς χεῖρας ἐπιτιθεὶς ἐθεράπευεν αὐτούς.	
121 *a* 112	**Mt 8,16**	... καὶ ἐξέβαλεν τὰ πνεύματα λόγῳ ...		καὶ δαιμόνια πολλὰ ἐξέβαλεν, ...	**Lk 4,41**	ἐξήρχετο δὲ καὶ δαιμόνια ἀπὸ πολλῶν κρ[αυγ]άζοντα ...	
	Mt 4,24 ⇩ Mt 8,16 ↓ Mt 12,15	... καὶ προσήνεγκαν αὐτῷ πάντας τοὺς κακῶς ἔχοντας ποικίλαις νόσοις καὶ βασάνοις συνεχομένους [καὶ] δαιμονιζομένους καὶ σεληνιαζομένους καὶ παραλυτικούς, καὶ ἐθεράπευσεν αὐτούς.					
n 002					**Lk 5,6**	καὶ τοῦτο ποιήσαντες συνέκλεισαν πλῆθος ἰχθύων πολύ, διερρήσσετο δὲ τὰ δίκτυα αὐτῶν.	→ Jn 21,6 → Jn 21,11
c 021 *n* 012			**Mk 1,45** → Mt 9,31	ὁ δὲ ἐξελθὼν ἤρξατο κηρύσσειν πολλὰ καὶ διαφημίζειν τὸν λόγον, ... καὶ ἤρχοντο πρὸς αὐτὸν πάντοθεν.	**Lk 5,15** → Lk 7,17 ↓ Lk 6,18	διήρχετο δὲ μᾶλλον ὁ λόγος περὶ αὐτοῦ, καὶ συνήρχοντο ὄχλοι πολλοὶ ἀκούειν καὶ θεραπεύεσθαι ἀπὸ τῶν ἀσθενειῶν αὐτῶν·	

	Mt		Mk		Lk		
a 021			Mk 2,2 → Mk 3,20	καὶ συνήχθησαν **πολλοὶ** ὥστε μηκέτι χωρεῖν μηδὲ τὰ πρὸς τὴν θύραν, καὶ ἐλάλει αὐτοῖς τὸν λόγον.	Lk 5,17	καὶ ἐγένετο ἐν μιᾷ τῶν ἡμερῶν καὶ αὐτὸς ἦν διδάσκων, ...	
n 222	Mt 9,10	καὶ ἐγένετο αὐτοῦ ἀνακειμένου ἐν τῇ οἰκίᾳ, καὶ ἰδοὺ **πολλοὶ τελῶναι καὶ ἁμαρτωλοὶ** ἐλθόντες συνανέκειντο τῷ Ἰησοῦ καὶ τοῖς μαθηταῖς αὐτοῦ.	Mk 2,15 (2)	καὶ γίνεται κατακεῖσθαι αὐτὸν ἐν τῇ οἰκίᾳ αὐτοῦ, καὶ **πολλοὶ τελῶναι καὶ ἁμαρτωλοὶ** συνανέκειντο τῷ Ἰησοῦ καὶ τοῖς μαθηταῖς αὐτοῦ·	Lk 5,29 → Lk 15,1	καὶ ἐποίησεν δοχὴν μεγάλην Λευὶς αὐτῷ ἐν τῇ οἰκίᾳ αὐτοῦ, καὶ ἦν **ὄχλος πολὺς τελωνῶν καὶ ἄλλων** οἳ ἦσαν μετ' αὐτῶν κατακείμενοι.	
a 121				ἦσαν γὰρ **πολλοὶ** καὶ ἠκολούθουν αὐτῷ.			
n 112	Mt 12,15 ⇩ Mt 4,25	ὁ δὲ Ἰησοῦς γνοὺς ἀνεχώρησεν ἐκεῖθεν. καὶ ἠκολούθησαν αὐτῷ [ὄχλοι] πολλοί, ...	Mk 3,7	καὶ ὁ Ἰησοῦς **μετὰ τῶν μαθητῶν αὐτοῦ** ἀνεχώρησεν πρὸς τὴν θάλασσαν,	Lk 6,17 (2)	καὶ καταβὰς μετ' αὐτῶν ἔστη ἐπὶ τόπου πεδινοῦ, **καὶ ὄχλος πολὺς μαθητῶν αὐτοῦ,**	
n 222	Mt 4,25 ⇩ Mt 12,15	καὶ ἠκολούθησαν αὐτῷ **ὄχλοι πολλοὶ** ἀπὸ τῆς Γαλιλαίας καὶ Δεκαπόλεως καὶ Ἱεροσολύμων καὶ Ἰουδαίας καὶ πέραν τοῦ Ἰορδάνου.	→ Mt 4,24a	καὶ **πολὺ πλῆθος** ἀπὸ τῆς Γαλιλαίας [ἠκολούθησεν], καὶ ἀπὸ τῆς Ἰουδαίας [8] καὶ ἀπὸ Ἱεροσολύμων καὶ ἀπὸ τῆς Ἰδουμαίας καὶ πέραν τοῦ Ἰορδάνου καὶ περὶ Τύρον καὶ Σιδῶνα ↔		καὶ **πλῆθος πολὺ τοῦ λαοῦ** ἀπὸ πάσης τῆς Ἰουδαίας καὶ Ἰερουσαλὴμ καὶ τῆς παραλίου Τύρου καὶ Σιδῶνος,	
n 021			Mk 3,8	↔ **πλῆθος πολὺ** ἀκούοντες ὅσα ἐποίει ἦλθον πρὸς αὐτόν.	Lk 6,18 ↑ Lk 5,15 ↓ Lk 7,21	οἳ ἦλθον ἀκοῦσαι αὐτοῦ καὶ ἰαθῆναι ἀπὸ τῶν νόσων αὐτῶν·	
a 121	Mt 12,15 ↑ Mt 4,24 ↓ Mt 8,16	... καὶ ἐθεράπευσεν **αὐτοὺς πάντας**	Mk 3,10 ↑ Mk 1,32 ↑ Mk 1,34	**πολλοὺς** γὰρ ἐθεράπευσεν, ὥστε ἐπιπίπτειν αὐτῷ ἵνα αὐτοῦ ἅψωνται ὅσοι εἶχον μάστιγας.	↑ Lk 4,40 ↑ Lk 5,15 ↓ Lk 7,21 → Mk 3,11	καὶ **οἱ ἐνοχλούμενοι ἀπὸ πνευμάτων ἀκαθάρτων** ἐθεραπεύοντο, [19] καὶ πᾶς ὁ ὄχλος ἐζήτουν ἅπτεσθαι αὐτοῦ, ὅτι δύναμις παρ' αὐτοῦ ἐξήρχετο καὶ ἰᾶτο πάντας.	
c 121	Mt 12,16	καὶ ἐπετίμησεν αὐτοῖς ἵνα μὴ φανερὸν αὐτὸν ποιήσωσιν	Mk 3,12	καὶ **πολλὰ** ἐπετίμα αὐτοῖς ἵνα μὴ αὐτὸν φανερὸν ποιήσωσιν.	Lk 4,41	... καὶ ἐπιτιμῶν οὐκ εἴα αὐτὰ λαλεῖν, ὅτι ᾔδεισαν τὸν χριστὸν αὐτὸν εἶναι.	
   202	Mt 5,12	χαίρετε καὶ ἀγαλλιᾶσθε, ὅτι ὁ μισθὸς ὑμῶν **πολὺς** ἐν τοῖς οὐρανοῖς· ...			Lk 6,23	χάρητε ἐν ἐκείνῃ τῇ ἡμέρᾳ καὶ σκιρτήσατε, ἰδοὺ γὰρ ὁ μισθὸς ὑμῶν **πολὺς** ἐν τῷ οὐρανῷ· ...	→ GTh 69,1 → GTh 68

	Mt		Mk		Lk		
102	Mt 5,45	ὅπως γένησθε υἱοὶ τοῦ πατρὸς ὑμῶν τοῦ ἐν οὐρανοῖς, ὅτι τὸν ἥλιον αὐτοῦ ἀνατέλλει ἐπὶ πονηροὺς καὶ ἀγαθοὺς καὶ βρέχει ἐπὶ δικαίους καὶ ἀδίκους.			Lk 6,35	... καὶ ἔσται ὁ μισθὸς ὑμῶν **πολύς,** καὶ ἔσεσθε υἱοὶ ὑψίστου, ὅτι αὐτὸς χρηστός ἐστιν ἐπὶ τοὺς ἀχαρίστους καὶ πονηρούς.	→ GTh 3 (POxy 654)
f 201	Mt 6,30	εἰ δὲ τὸν χόρτον τοῦ ἀγροῦ σήμερον ὄντα καὶ αὔριον εἰς κλίβανον βαλλόμενον ὁ θεὸς οὕτως ἀμφιέννυσιν, **οὐ πολλῷ μᾶλλον** ὑμᾶς, ὀλιγόπιστοι;			Lk 12,28	εἰ δὲ ἐν ἀγρῷ τὸν χόρτον ὄντα σήμερον καὶ αὔριον εἰς κλίβανον βαλλόμενον ὁ θεὸς οὕτως ἀμφιέζει, **πόσῳ μᾶλλον** ὑμᾶς, ὀλιγόπιστοι.	→ GTh 36,2 **(only POxy 655)**
a k 201	Mt 7,13	εἰσέλθατε διὰ τῆς στενῆς πύλης· ὅτι πλατεῖα ἡ πύλη καὶ εὐρύχωρος ἡ ὁδὸς ἡ ἀπάγουσα εἰς τὴν ἀπώλειαν, καὶ **πολλοί** εἰσιν οἱ εἰσερχόμενοι δι' αὐτῆς· [14] τί στενὴ ἡ πύλη καὶ τεθλιμμένη ἡ ὁδὸς ἡ ἀπάγουσα εἰς τὴν ζωὴν καὶ ὀλίγοι εἰσὶν οἱ εὑρίσκοντες αὐτήν.			Lk 13,24	ἀγωνίζεσθε εἰσελθεῖν διὰ τῆς στενῆς θύρας, ὅτι πολλοί, λέγω ὑμῖν, ζητήσουσιν εἰσελθεῖν καὶ οὐκ ἰσχύσουσιν.	
a 201 201	Mt 7,22 (2) → Mt 25,11	**πολλοὶ** ἐροῦσίν μοι ἐν ἐκείνῃ τῇ ἡμέρᾳ· κύριε κύριε, οὐ τῷ σῷ ὀνόματι ἐπροφητεύσαμεν, καὶ τῷ σῷ ὀνόματι δαιμόνια ἐξεβάλομεν, καὶ τῷ σῷ ὀνόματι **δυνάμεις πολλὰς** ἐποιήσαμεν;			Lk 13,26	τότε ἄρξεσθε λέγειν· ἐφάγομεν ἐνώπιόν σου καὶ ἐπίομεν καὶ ἐν ταῖς πλατείαις ἡμῶν ἐδίδαξας·	
n 200	Mt 8,1	καταβάντος δὲ αὐτοῦ ἀπὸ τοῦ ὄρους ἠκολούθησαν αὐτῷ **ὄχλοι πολλοί.**					
a 201	Mt 8,11	λέγω δὲ ὑμῖν ὅτι **πολλοὶ** ἀπὸ ἀνατολῶν καὶ δυσμῶν ἥξουσιν ...			Lk 13,29	καὶ ἥξουσιν ἀπὸ ἀνατολῶν καὶ δυσμῶν καὶ ἀπὸ βορρᾶ καὶ νότου ...	
211	Mt 8,16 ⇑ Mt 4,24 ↓ Mt 12,15 ↓ Mt 15,30	ὀψίας δὲ γενομένης προσήνεγκαν αὐτῷ **δαιμονιζομένους** **πολλούς· ...**	Mk 1,32 ↑ Mk 3,10 ↓ Mk 7,32	ὀψίας δὲ γενομένης, ὅτε ἔδυ ὁ ἥλιος, ἔφερον πρὸς αὐτὸν πάντας τοὺς κακῶς ἔχοντας καὶ **τοὺς** **δαιμονιζομένους·**	Lk 4,40 ↑ Lk 6,18	δύνοντος δὲ τοῦ ἡλίου ἅπαντες ὅσοι εἶχον ἀσθενοῦντας νόσοις ποικίλαις ἤγαγον αὐτοὺς πρὸς αὐτόν· ...	
211	Mt 8,30	ἦν δὲ μακρὰν ἀπ' αὐτῶν **ἀγέλη χοίρων** **πολλῶν** βοσκομένη.	Mk 5,11	ἦν δὲ ἐκεῖ πρὸς τῷ ὄρει **ἀγέλη χοίρων** **μεγάλη** βοσκομένη·	Lk 8,32	ἦν δὲ ἐκεῖ **ἀγέλη χοίρων** **ἱκανῶν** βοσκομένη ἐν τῷ ὄρει· ...	

		Mt		Mk		Lk	
n 222	Mt 9,10	καὶ ἐγένετο αὐτοῦ ἀνακειμένου ἐν τῇ οἰκίᾳ, καὶ ἰδοὺ **πολλοὶ τελῶναι καὶ ἁμαρτωλοὶ** ἐλθόντες συνανέκειντο τῷ Ἰησοῦ καὶ τοῖς μαθηταῖς αὐτοῦ.	Mk 2,15 (2)	καὶ γίνεται κατακεῖσθαι αὐτὸν ἐν τῇ οἰκίᾳ αὐτοῦ, καὶ **πολλοὶ τελῶναι καὶ ἁμαρτωλοὶ** συνανέκειντο τῷ Ἰησοῦ καὶ τοῖς μαθηταῖς αὐτοῦ· ἦσαν γὰρ πολλοὶ καὶ ἠκολούθουν αὐτῷ.	Lk 5,29 → Lk 15,1	καὶ ἐποίησεν δοχὴν μεγάλην Λευὶς αὐτῷ ἐν τῇ οἰκίᾳ αὐτοῦ, καὶ ἦν **ὄχλος πολὺς τελωνῶν καὶ ἄλλων** οἳ ἦσαν μετ' αὐτῶν κατακείμενοι.	
c 211	Mt 9,14	... διὰ τί ἡμεῖς καὶ οἱ Φαρισαῖοι νηστεύομεν **[πολλά]**, οἱ δὲ μαθηταί σου οὐ νηστεύουσιν;	Mk 2,18	... διὰ τί οἱ μαθηταὶ Ἰωάννου καὶ οἱ μαθηταὶ τῶν Φαρισαίων νηστεύουσιν, οἱ δὲ σοὶ μαθηταὶ οὐ νηστεύουσιν;	Lk 5,33	... οἱ μαθηταὶ Ἰωάννου νηστεύουσιν **πυκνὰ** καὶ δεήσεις ποιοῦνται ὁμοίως καὶ οἱ τῶν Φαρισαίων, οἱ δὲ σοὶ ἐσθίουσιν καὶ πίνουσιν.	→ GTh 104
k 202	Mt 9,37	τότε λέγει τοῖς μαθηταῖς αὐτοῦ· ὁ μὲν θερισμὸς **πολύς**, οἱ δὲ ἐργάται ὀλίγοι·			Lk 10,2	ἔλεγεν δὲ πρὸς αὐτούς· ὁ μὲν θερισμὸς **πολύς**, οἱ δὲ ἐργάται ὀλίγοι· ...	→ GTh 73
202	Mt 10,31	μὴ οὖν φοβεῖσθε· **πολλῶν στρουθίων** διαφέρετε ὑμεῖς.			Lk 12,7	... μὴ φοβεῖσθε· **πολλῶν στρουθίων** διαφέρετε.	
n 002					Lk 7,11	... καὶ συνεπορεύοντο αὐτῷ οἱ μαθηταὶ αὐτοῦ καὶ **ὄχλος πολύς**.	
a 002 002					Lk 7,21 (2) ↑ Lk 6,18	ἐν ἐκείνῃ τῇ ὥρᾳ ἐθεράπευσεν **πολλοὺς** ἀπὸ νόσων καὶ μαστίγων καὶ πνευμάτων πονηρῶν καὶ **τυφλοῖς πολλοῖς** ἐχαρίσατο βλέπειν.	
k 002 dk 002					Lk 7,47 (2)	οὗ χάριν λέγω σοι, ἀφέωνται **αἱ ἁμαρτίαι αὐτῆς αἱ πολλαί**, ὅτι ἠγάπησεν **πολύ**· ᾧ δὲ ὀλίγον ἀφίεται, ὀλίγον ἀγαπᾷ.	
h 002					Lk 8,3 ↓ Mt 27,55 ↓ Mk 15,41 ↓ Lk 23,49 → Lk 23,55 → Lk 24,10	καὶ Ἰωάννα γυνὴ Χουζᾶ ἐπιτρόπου Ἡρῴδου καὶ Σουσάννα καὶ **ἕτεραι πολλαί**, αἵτινες διηκόνουν αὐταῖς ἐκ τῶν ὑπαρχόντων αὐταῖς.	→ Acts 1,14

[a] (οἱ) πολλοί (used as a noun; except b)
[b] πολλοὶ τῶν / πολλοί ἐκ
[c] πολλά (used as a noun or adverb)
[d] πολύ (used as a noun or adverb)
[e] ἐν πολλῷ
[f] πολλῷ μᾶλλον and similar phrases
[g] πολλοὶ ἄλλοι / ἄλλοι πολλοί
[h] πολλοὶ (...) ἕτεροι / ἕτεροι πολλοί
[j] πολύς with demonstrative pronoun
[k] πολύς and ὀλίγος / ἐλάχιστος / ἄλλος / εἷς
[l] οὐ (...) πολύς
[m] πολύς with reference to time
[n] ὄχλος πολύς / ὄχλοι πολλοί / πολὺ πλῆθος

n 211	**Mt 12,15** ⇧ Mt 4,25	ὁ δὲ Ἰησοῦς γνοὺς ἀνεχώρησεν ἐκεῖθεν. καὶ ἠκολούθησαν αὐτῷ **[ὄχλοι] πολλοί,** καὶ ἐθεράπευσεν αὐτοὺς πάντας	**Mk 3,7**	καὶ ὁ Ἰησοῦς μετὰ τῶν μαθητῶν αὐτοῦ ἀνεχώρησεν πρὸς τὴν θάλασσαν, καὶ πολὺ πλῆθος ... [ἠκολούθησεν],... [10] πολλοὺς γὰρ ἐθεράπευσεν, ...	**Lk 6,17** (2)	καὶ καταβὰς μετ' αὐτῶν ἔστη ἐπὶ τόπου πεδινοῦ, καὶ ὄχλος πολὺς μαθητῶν αὐτοῦ, καὶ πλῆθος πολὺ τοῦ λαοῦ ... [18] ... καὶ οἱ ἐνοχλούμενοι ἀπὸ πνευμάτων ἀκαθάρτων ἐθεραπεύοντο	
n	**Mt 4,25**	καὶ ἠκολούθησαν αὐτῷ **ὄχλοι πολλοὶ** ἀπὸ τῆς Γαλιλαίας ...					
n 212	**Mt 13,2** → Lk 5,1	καὶ συνήχθησαν πρὸς αὐτὸν **ὄχλοι πολλοί,** ὥστε αὐτὸν εἰς πλοῖον ἐμβάντα καθῆσθαι, ...	**Mk 4,1** → Lk 5,1 → Mk 3,9	... καὶ συνάγεται πρὸς αὐτὸν **ὄχλος πλεῖστος,** ὥστε αὐτὸν εἰς πλοῖον ἐμβάντα καθῆσθαι ἐν τῇ θαλάσσῃ, ...	**Lk 8,4**	συνιόντος δὲ **ὄχλου πολλοῦ** καὶ τῶν κατὰ πόλιν ἐπιπορευομένων πρὸς αὐτὸν	
c 221	**Mt 13,3**	καὶ ἐλάλησεν αὐτοῖς **πολλὰ** ἐν παραβολαῖς λέγων· ...	**Mk 4,2**	καὶ ἐδίδασκεν αὐτοὺς ἐν παραβολαῖς **πολλὰ** καὶ ἔλεγεν αὐτοῖς ἐν τῇ διδαχῇ αὐτοῦ·	⇩ Lk 5,3	εἶπεν διὰ παραβολῆς·	
					Lk 5,3 ⇧ Lk 8,4	ἐμβὰς δὲ εἰς ἓν τῶν πλοίων, ὃ ἦν Σίμωνος, ἠρώτησεν αὐτὸν ἀπὸ τῆς γῆς ἐπαναγαγεῖν ὀλίγον· καθίσας δὲ ἐκ τοῦ πλοίου ἐδίδασκεν τοὺς ὄχλους.	
l 221	**Mt 13,5**	ἄλλα δὲ ἔπεσεν ἐπὶ τὰ πετρώδη ὅπου οὐκ εἶχεν **γῆν πολλήν,** καὶ εὐθέως ἐξανέτειλεν διὰ τὸ μὴ ἔχειν βάθος γῆς·	**Mk 4,5**	καὶ ἄλλο ἔπεσεν ἐπὶ τὸ πετρῶδες ὅπου οὐκ εἶχεν **γῆν πολλήν,** καὶ εὐθὺς ἐξανέτειλεν διὰ τὸ μὴ ἔχειν βάθος γῆς·	**Lk 8,6**	καὶ ἕτερον κατέπεσεν ἐπὶ τὴν πέτραν, καὶ φυὲν ...	→ GTh 9
202	**Mt 13,17**	ἀμὴν γὰρ λέγω ὑμῖν ὅτι **πολλοὶ προφῆται** καὶ δίκαιοι ἐπεθύμησαν ἰδεῖν ἃ βλέπετε καὶ οὐκ εἶδαν, καὶ ἀκοῦσαι ἃ ἀκούετε καὶ οὐκ ἤκουσαν.			**Lk 10,24**	λέγω γὰρ ὑμῖν ὅτι **πολλοὶ προφῆται** καὶ βασιλεῖς ἠθέλησαν ἰδεῖν ἃ ὑμεῖς βλέπετε καὶ οὐκ εἶδαν, καὶ ἀκοῦσαι ἃ ἀκούετε καὶ οὐκ ἤκουσαν.	→ GTh 38 (POxy 655 - restoration)
j 120	**Mt 13,34**	ταῦτα πάντα ἐλάλησεν ὁ Ἰησοῦς **ἐν παραβολαῖς** τοῖς ὄχλοις, ...	**Mk 4,33**	καὶ **τοιαύταις παραβολαῖς πολλαῖς** ἐλάλει αὐτοῖς τὸν λόγον, καθὼς ἠδύναντο ἀκούειν·			
m 112	**Mt 8,28**	... ὑπήντησαν αὐτῷ δύο δαιμονιζόμενοι ἐκ τῶν μνημείων ἐξερχόμενοι, χαλεποὶ λίαν, ...	**Mk 5,4**	[2] ... ὑπήντησεν αὐτῷ ἐκ τῶν μνημείων ἄνθρωπος ἐν πνεύματι ἀκαθάρτῳ, [3] ... καὶ οὐδὲ ἁλύσει οὐκέτι οὐδεὶς ἐδύνατο αὐτὸν δῆσαι [4] διὰ τὸ αὐτὸν πολλάκις πέδαις καὶ ἁλύσεσιν δεδέσθαι καὶ διεσπάσθαι ὑπ' αὐτοῦ τὰς ἁλύσεις καὶ τὰς πέδας συντετρῖφθαι, ...	**Lk 8,29**	[27] ... ὑπήντησεν ἀνήρ τις ἐκ τῆς πόλεως ἔχων δαιμόνια ... **[29] ... πολλοῖς γὰρ χρόνοις** συνηρπάκει αὐτὸν καὶ ἐδεσμεύετο ἁλύσεσιν καὶ πέδαις φυλασσόμενος καὶ διαρρήσσων τὰ δεσμὰ ...	

a 022			Mk 5,9	καὶ ἐπηρώτα αὐτόν· τί ὄνομά σοι; καὶ λέγει αὐτῷ· λεγιὼν ὄνομά μοι, ὅτι **πολλοί** ἐσμεν.	Lk 8,30	ἐπηρώτησεν δὲ αὐτὸν ὁ Ἰησοῦς· τί σοι ὄνομά ἐστιν; ὁ δὲ εἶπεν· λεγιών, ὅτι εἰσῆλθεν **δαιμόνια πολλὰ** εἰς αὐτόν.	
c 021			Mk 5,10	καὶ παρεκάλει αὐτὸν **πολλὰ** ἵνα μὴ αὐτὰ ἀποστείλῃ ἔξω τῆς χώρας.	Lk 8,31	καὶ παρεκάλουν αὐτὸν ἵνα μὴ ἐπιτάξῃ αὐτοῖς εἰς τὴν ἄβυσσον ἀπελθεῖν.	
n 121	Mt 9,1	καὶ ἐμβὰς εἰς πλοῖον διεπέρασεν ...	Mk 5,21	καὶ διαπεράσαντος τοῦ Ἰησοῦ [ἐν τῷ πλοίῳ] πάλιν εἰς τὸ πέραν συνήχθη **ὄχλος πολὺς** ἐπ' αὐτόν, καὶ ἦν παρὰ τὴν θάλασσαν.	Lk 8,40	ἐν δὲ τῷ ὑποστρέφειν τὸν Ἰησοῦν ἀπεδέξατο αὐτὸν ὁ **ὄχλος**· ἦσαν γὰρ πάντες προσδοκῶντες αὐτόν.	
c 121	Mt 9,18	 ... λέγων ὅτι ἡ θυγάτηρ μου ἄρτι ἐτελεύτησεν· ἀλλὰ ἐλθὼν ἐπίθες τὴν χεῖρά σου ἐπ' αὐτήν, καὶ ζήσεται.	Mk 5,23	καὶ παρακαλεῖ αὐτὸν **πολλὰ** λέγων ὅτι τὸ θυγάτριόν μου ἐσχάτως ἔχει, ἵνα ἐλθὼν ἐπιθῇς τὰς χεῖρας αὐτῇ ἵνα σωθῇ καὶ ζήσῃ.	Lk 8,41 → Mk 5,42	... παρεκάλει αὐτὸν εἰσελθεῖν εἰς τὸν οἶκον αὐτοῦ, [42] ὅτι θυγάτηρ μονογενὴς ἦν αὐτῷ ὡς ἐτῶν δώδεκα καὶ αὐτὴ ἀπέθνῃσκεν. ↔	
n 121	Mt 9,19	καὶ ἐγερθεὶς ὁ Ἰησοῦς ἠκολούθησεν αὐτῷ καὶ οἱ μαθηταὶ αὐτοῦ.	Mk 5,24	καὶ ἀπῆλθεν μετ' αὐτοῦ. καὶ ἠκολούθει αὐτῷ **ὄχλος πολὺς** καὶ συνέθλιβον αὐτόν.	Lk 8,42	↔ ἐν δὲ τῷ ὑπάγειν αὐτὸν οἱ **ὄχλοι** συνέπνιγον αὐτόν.	
c 021 021			Mk 5,26 (2) → Mt 9,20	[25] καὶ γυνὴ οὖσα ἐν ῥύσει αἵματος δώδεκα ἔτη [26] καὶ **πολλὰ** παθοῦσα ὑπὸ **πολλῶν** ἰατρῶν καὶ δαπανήσασα τὰ παρ' αὐτῆς πάντα ...	Lk 8,43 → Mt 9,20	καὶ γυνὴ οὖσα ἐν ῥύσει αἵματος ἀπὸ ἐτῶν δώδεκα, ἥτις [ἰατροῖς προσαναλώσασα ὅλον τὸν βίον] ...	
c 121	Mt 9,23	... καὶ ἰδὼν τοὺς αὐλητὰς καὶ τὸν ὄχλον θορυβούμενον	Mk 5,38	... καὶ θεωρεῖ θόρυβον καὶ κλαίοντας καὶ ἀλαλάζοντας **πολλά**	Lk 8,52	 ἔκλαιον δὲ πάντες καὶ ἐκόπτοντο αὐτήν. ...	
c 021			Mk 5,43	καὶ διεστείλατο αὐτοῖς **πολλὰ** ἵνα μηδεὶς γνοῖ τοῦτο, ...	Lk 8,56	... ὁ δὲ παρήγγειλεν αὐτοῖς μηδενὶ εἰπεῖν τὸ γεγονός.	
a 121	Mt 13,54	 ... ἐδίδασκεν αὐτοὺς ἐν τῇ συναγωγῇ αὐτῶν, ὥστε ἐκπλήσσεσθαι αὐτοὺς ...	Mk 6,2	 καὶ γενομένου σαββάτου ἤρξατο διδάσκειν ἐν τῇ συναγωγῇ, καὶ **πολλοὶ** ἀκούοντες ἐξεπλήσσοντο ...	Lk 4,16	... καὶ εἰσῆλθεν κατὰ τὸ εἰωθὸς αὐτῷ ἐν τῇ ἡμέρᾳ τῶν σαββάτων εἰς τὴν συναγωγὴν καὶ ἀνέστη ἀναγνῶναι. ... [22] καὶ πάντες ἐμαρτύρουν αὐτῷ καὶ ἐθαύμαζον ἐπὶ τοῖς λόγοις τῆς χάριτος τοῖς ἐκπορευομένοις ἐκ τοῦ στόματος αὐτοῦ ...	

		Mt		Mk		Lk	
l 210	**Mt 13,58**	καὶ οὐκ ἐποίησεν ἐκεῖ **δυνάμεις πολλὰς** διὰ τὴν ἀπιστίαν αὐτῶν.	**Mk 6,5**	καὶ οὐκ ἐδύνατο ἐκεῖ ποιῆσαι **οὐδεμίαν δύναμιν,** εἰ μὴ ὀλίγοις ἀρρώστοις ἐπιθεὶς τὰς χεῖρας ἐθεράπευσεν· [6] καὶ ἐθαύμαζεν διὰ τὴν ἀπιστίαν αὐτῶν. ...			
021 021			**Mk 6,13** (2)	[12] καὶ ἐξελθόντες ἐκήρυξαν ἵνα μετανοῶσιν, [13] καὶ **δαιμόνια πολλὰ** ἐξέβαλλον, καὶ ἤλειφον ἐλαίῳ **πολλοὺς ἀρρώστους** καὶ ἐθεράπευον.	**Lk 9,6**	ἐξερχόμενοι δὲ διήρχοντο κατὰ τὰς κώμας εὐαγγελιζόμενοι καὶ θεραπεύοντες πανταχοῦ.	
c 120	**Mt 14,5**	[3] ὁ γὰρ Ἡρῴδης ... [5] καὶ θέλων αὐτὸν ἀποκτεῖναι ἐφοβήθη τὸν ὄχλον, ὅτι ὡς προφήτην αὐτὸν εἶχον.	**Mk 6,20**	[19] ἡ δὲ Ἡρῳδιὰς ἐνεῖχεν αὐτῷ καὶ ἤθελεν αὐτὸν ἀποκτεῖναι, καὶ οὐκ ἠδύνατο· [20] ὁ γὰρ Ἡρῴδης ἐφοβεῖτο τὸν Ἰωάννην, εἰδὼς αὐτὸν ἄνδρα δίκαιον καὶ ἅγιον, καὶ συνετήρει αὐτόν, καὶ ἀκούσας αὐτοῦ **πολλὰ** ἠπόρει, καὶ ἡδέως αὐτοῦ ἤκουεν.			
c 120	**Mt 14,7**	ὅθεν μεθ᾽ ὅρκου ὡμολόγησεν αὐτῇ δοῦναι ὃ ἐὰν αἰτήσηται.	**Mk 6,23**	καὶ ὤμοσεν αὐτῇ **[πολλά],** ὅ τι ἐάν με αἰτήσῃς δώσω σοι ἕως ἡμίσους τῆς βασιλείας μου.			
a 020			**Mk 6,31**	... ἦσαν γὰρ οἱ ἐρχόμενοι καὶ οἱ ὑπάγοντες **πολλοί,** καὶ οὐδὲ φαγεῖν εὐκαίρουν.			
a 121	**Mt 14,13**	... καὶ ἀκούσαντες **οἱ ὄχλοι** ἠκολούθησαν αὐτῷ πεζῇ ἀπὸ τῶν πόλεων.	**Mk 6,33**	καὶ εἶδον αὐτοὺς ὑπάγοντας καὶ ἐπέγνωσαν **πολλοὶ** καὶ πεζῇ ἀπὸ πασῶν τῶν πόλεων συνέδραμον ἐκεῖ καὶ προῆλθον αὐτούς.	**Lk 9,11**	**οἱ δὲ ὄχλοι** γνόντες ἠκολούθησαν αὐτῷ·	→ Jn 6,2
n 221	**Mt 14,14** ⇩ Mt 9,36 → Mt 15,32	καὶ ἐξελθὼν εἶδεν **πολὺν ὄχλον,** καὶ ἐσπλαγχνίσθη ἐπ᾽ αὐτοῖς ...	**Mk 6,34** (2) → Mk 8,2	καὶ ἐξελθὼν εἶδεν **πολὺν ὄχλον,** καὶ ἐσπλαγχνίσθη ἐπ᾽ αὐτούς,		καὶ ἀποδεξάμενος αὐτοὺς ↔	
	Mt 9,36 ⇧ Mt 14,14	ἰδὼν δὲ τοὺς ὄχλους ἐσπλαγχνίσθη περὶ αὐτῶν, ὅτι ἦσαν ἐσκυλμένοι καὶ ἐρριμμένοι *ὡσεὶ* *πρόβατα μὴ ἔχοντα* *ποιμένα.* ➤ Num 27,17/Jdt 11,19/2Chron 18,16		ὅτι ἦσαν *ὡς* *πρόβατα μὴ ἔχοντα* *ποιμένα,*			
c 121	**Mt 14,14**	... καὶ ἐθεράπευσεν τοὺς ἀρρώστους αὐτῶν.		καὶ ἤρξατο διδάσκειν αὐτοὺς **πολλά.** ➤ Num 27,17/Jdt 11,19/2Chron 18,16	**Lk 9,11**	↔ ἐλάλει αὐτοῖς **περὶ τῆς βασιλείας τοῦ θεοῦ,** καὶ τοὺς χρείαν ἔχοντας θεραπείας ἰᾶτο.	

m 121 m 121	Mt 14,15	ὀψίας δὲ γενομένης προσῆλθον αὐτῷ οἱ μαθηταὶ λέγοντες· ἔρημός ἐστιν ὁ τόπος καὶ ἡ ὥρα ἤδη παρῆλθεν· ἀπόλυσον τοὺς ὄχλους, ...	Mk 6,35 (2)	καὶ ἤδη ὥρας πολλῆς γενομένης προσελθόντες αὐτῷ οἱ μαθηταὶ αὐτοῦ ἔλεγον ὅτι ἔρημός ἐστιν ὁ τόπος καὶ ἤδη ὥρα πολλή· [36] ἀπόλυσον αὐτούς, ...	Lk 9,12 → Lk 24,29	ἡ δὲ ἡμέρα ἤρξατο κλίνειν· προσελθόντες δὲ οἱ δώδεκα εἶπαν αὐτῷ· ἀπόλυσον τὸν ὄχλον, ... ὅτι ὧδε ἐν ἐρήμῳ τόπῳ ἐσμέν.	
   210	Mt 14,24	[23] ... ὀψίας δὲ γενομένης μόνος ἦν ἐκεῖ. [24] τὸ δὲ πλοῖον ἤδη σταδίους πολλοὺς ἀπὸ τῆς γῆς ἀπεῖχεν βασανιζόμενον ὑπὸ τῶν κυμάτων, ...	Mk 6,47	καὶ ὀψίας γενομένης ἦν τὸ πλοῖον ἐν μέσῳ τῆς θαλάσσης, καὶ αὐτὸς μόνος ἐπὶ τῆς γῆς. [48] καὶ ἰδὼν αὐτοὺς βασανιζομένους ἐν τῷ ἐλαύνειν, ...			
c g 020			Mk 7,4 → Mt 23,25 → Lk 11,39	καὶ ἀπ' ἀγορᾶς ἐὰν μὴ βαπτίσωνται οὐκ ἐσθίουσιν, καὶ ἄλλα πολλά ἐστιν ἃ παρέλαβον κρατεῖν, βαπτισμοὺς ποτηρίων καὶ ξεστῶν καὶ χαλκίων [καὶ κλινῶν] -			
j 120	Mt 15,6	... καὶ ἠκυρώσατε τὸν λόγον τοῦ θεοῦ διὰ τὴν παράδοσιν ὑμῶν.	Mk 7,13	ἀκυροῦντες τὸν λόγον τοῦ θεοῦ τῇ παραδόσει ὑμῶν ᾗ παρεδώκατε· καὶ παρόμοια τοιαῦτα πολλὰ ποιεῖτε.			
n 210 h 210	Mt 15,30 (2) ↑ Mt 4,24b ↑ Mt 8,16	καὶ προσῆλθον αὐτῷ ὄχλοι πολλοὶ ἔχοντες μεθ' ἑαυτῶν χωλούς, τυφλούς, κυλλούς, κωφούς, καὶ ἑτέρους πολλοὺς καὶ ἔρριψαν αὐτοὺς παρὰ τοὺς πόδας αὐτοῦ, ...	Mk 7,32 ↑ Mk 1,32	 καὶ φέρουσιν αὐτῷ κωφὸν καὶ μογιλάλον καὶ παρακαλοῦσιν αὐτὸν ἵνα ἐπιθῇ αὐτῷ τὴν χεῖρα.			
n 120	Mt 15,32	 ὁ δὲ Ἰησοῦς προσκαλεσάμενος τοὺς μαθητὰς αὐτοῦ εἶπεν· ...	Mk 8,1	ἐν ἐκείναις ταῖς ἡμέραις πάλιν πολλοῦ ὄχλου ὄντος καὶ μὴ ἐχόντων τί φάγωσιν, προσκαλεσάμενος τοὺς μαθητὰς λέγει αὐτοῖς·			
c 222	Mt 16,21 → Mt 17,22-23 → Mt 20,18-19	... δεῖ αὐτὸν εἰς Ἱεροσόλυμα ἀπελθεῖν καὶ πολλὰ παθεῖν ἀπὸ τῶν πρεσβυτέρων καὶ ἀρχιερέων καὶ γραμματέων ...	Mk 8,31 → Mk 9,31 → Mk 10,33-34	... δεῖ τὸν υἱὸν τοῦ ἀνθρώπου πολλὰ παθεῖν καὶ ἀποδοκιμασθῆναι ὑπὸ τῶν πρεσβυτέρων καὶ τῶν ἀρχιερέων καὶ τῶν γραμματέων ...	Lk 9,22 → Lk 9,44 ↓ Lk 17,25 → Lk 18,31-33 → Lk 24,7 → Lk 24,26 → Lk 24,46	... δεῖ τὸν υἱὸν τοῦ ἀνθρώπου πολλὰ παθεῖν καὶ ἀποδοκιμασθῆναι ἀπὸ τῶν πρεσβυτέρων καὶ ἀρχιερέων καὶ γραμματέων ...	
c 120	Mt 17,12	... οὕτως καὶ ὁ υἱὸς τοῦ ἀνθρώπου μέλλει πάσχειν ὑπ' αὐτῶν.	Mk 9,12	... καὶ πῶς γέγραπται ἐπὶ τὸν υἱὸν τοῦ ἀνθρώπου ἵνα πολλὰ πάθη καὶ ἐξουδενηθῇ;			

n 121	Mt 17,14	[9] καὶ καταβαινόντων αὐτῶν ἐκ τοῦ ὄρους ... [14] καὶ ἐλθόντων **πρὸς** **τὸν ὄχλον** ...	Mk 9,14	[9] καὶ καταβαινόντων αὐτῶν ἐκ τοῦ ὄρους ... [14] καὶ ἐλθόντες **πρὸς τοὺς μαθητὰς** **εἶδον ὄχλον πολὺν** περὶ αὐτοὺς καὶ γραμματεῖς συζητοῦντας πρὸς αὐτούς.	Lk 9,37	ἐγένετο δὲ τῇ ἑξῆς ἡμέρᾳ κατελθόντων αὐτῶν ἀπὸ τοῦ ὄρους	
n 012			Mk 9,15	καὶ εὐθὺς **πᾶς ὁ ὄχλος** ἰδόντες αὐτὸν ἐξεθαμβήθησαν καὶ προστρέχοντες ἠσπάζοντο αὐτόν.		συνήντησεν αὐτῷ **ὄχλος πολύς.**	
c 121 a 121	Mt 17,18	καὶ ἐπετίμησεν αὐτῷ ὁ Ἰησοῦς καὶ ἐξῆλθεν ἀπ᾽ αὐτοῦ τὸ δαιμόνιον καὶ ἐθεραπεύθη ὁ παῖς ἀπὸ τῆς ὥρας ἐκείνης.	Mk 9,26 (2)	[25] ... ἐπετίμησεν τῷ πνεύματι τῷ ἀκαθάρτῳ ... [26] καὶ κράξας καὶ **πολλὰ** σπαράξας ἐξῆλθεν· καὶ ἐγένετο ὡσεὶ νεκρός, ὥστε **τοὺς πολλοὺς** λέγειν ὅτι ἀπέθανεν. [27] ὁ δὲ Ἰησοῦς κρατήσας τῆς χειρὸς αὐτοῦ ἤγειρεν αὐτόν, καὶ ἀνέστη.	Lk 9,42	... ἐπετίμησεν δὲ ὁ Ἰησοῦς τῷ πνεύματι τῷ ἀκαθάρτῳ καὶ ἰάσατο τὸν παῖδα καὶ ἀπέδωκεν αὐτὸν τῷ πατρὶ αὐτοῦ.	
k 202	Mt 9,37	τότε λέγει τοῖς μαθηταῖς αὐτοῦ· ὁ μὲν θερισμὸς **πολύς,** οἱ δὲ ἐργάται ὀλίγοι·			Lk 10,2	ἔλεγεν δὲ πρὸς αὐτούς· ὁ μὲν θερισμὸς **πολύς,** οἱ δὲ ἐργάται ὀλίγοι· ...	→ GTh 73
 202	Mt 13,17	ἀμὴν γὰρ λέγω ὑμῖν ὅτι **πολλοὶ προφῆται** καὶ δίκαιοι ἐπεθύμησαν ἰδεῖν ἃ βλέπετε καὶ οὐκ εἶδαν, καὶ ἀκοῦσαι ἃ ἀκούετε καὶ οὐκ ἤκουσαν.			Lk 10,24	λέγω γὰρ ὑμῖν ὅτι **πολλοὶ προφῆται** καὶ βασιλεῖς ἠθέλησαν ἰδεῖν ἃ ὑμεῖς βλέπετε καὶ οὐκ εἶδαν, καὶ ἀκοῦσαι ἃ ἀκούετε καὶ οὐκ ἤκουσαν.	→ GTh 38 (POxy 655 - restoration)
 002					Lk 10,40	ἡ δὲ Μάρθα περιεσπᾶτο **περὶ πολλὴν** **διακονίαν·** ἐπιστᾶσα δὲ εἶπεν· κύριε, οὐ μέλει σοι ...	
c k 002					Lk 10,41	... Μάρθα Μάρθα, μεριμνᾷς καὶ θορυβάζῃ **περὶ πολλά,** [42] ἑνὸς δέ ἐστιν χρεία· ...	
 202	Mt 10,31	μὴ οὖν φοβεῖσθε· **πολλῶν στρουθίων** διαφέρετε ὑμεῖς.			Lk 12,7	... μὴ φοβεῖσθε· **πολλῶν στρουθίων** διαφέρετε.	
  002 m 002					Lk 12,19 (2)	καὶ ἐρῶ τῇ ψυχῇ μου· ψυχή, ἔχεις **πολλὰ ἀγαθὰ** κείμενα **εἰς ἔτη πολλά·** ἀναπαύου, φάγε, πίε, εὐφραίνου.	→ GTh 63

	Mt		Mk		Lk		
k 002					**Lk 12,47**	ἐκεῖνος δὲ ὁ δοῦλος ὁ γνοὺς τὸ θέλημα τοῦ κυρίου αὐτοῦ καὶ μὴ ἑτοιμάσας ἢ ποιήσας πρὸς τὸ θέλημα αὐτοῦ δαρήσεται **πολλάς·**	
d 002 *d* 002 *d* 002					**Lk 12,48** (3)	ὁ δὲ μὴ γνούς, ποιήσας δὲ ἄξια πληγῶν δαρήσεται ὀλίγας. παντὶ δὲ ᾧ ἐδόθη **πολύ,** **πολὺ** ζητηθήσεται παρ᾽ αὐτοῦ, καὶ ᾧ παρέθεντο **πολύ,** περισσότερον αἰτήσουσιν αὐτόν.	
a 102	**Mt 7,14**	[13] εἰσέλθατε διὰ τῆς στενῆς πύλης· ὅτι πλατεῖα ἡ πύλη καὶ εὐρύχωρος ἡ ὁδὸς ἡ ἀπάγουσα εἰς τὴν ἀπώλειαν, καὶ πολλοί εἰσιν οἱ εἰσερχόμενοι δι᾽ αὐτῆς· [14] τί στενὴ ἡ πύλη καὶ τεθλιμμένη ἡ ὁδὸς ἡ ἀπάγουσα εἰς τὴν ζωὴν καὶ ὀλίγοι εἰσὶν οἱ εὑρίσκοντες αὐτήν.			**Lk 13,24**	ἀγωνίζεσθε εἰσελθεῖν διὰ τῆς στενῆς θύρας, ὅτι **πολλοί,** λέγω ὑμῖν, ζητήσουσιν εἰσελθεῖν καὶ οὐκ ἰσχύσουσιν.	
a 102	**Mt 22,2** → Lk 14,15	ὡμοιώθη ἡ βασιλεία τῶν οὐρανῶν ἀνθρώπῳ βασιλεῖ, ὅστις ἐποίησεν γάμους τῷ υἱῷ αὐτοῦ.			**Lk 14,16**	... ἄνθρωπός τις ἐποίει δεῖπνον μέγα, καὶ ἐκάλεσεν **πολλοὺς**	→ GTh 64
n 002					**Lk 14,25**	συνεπορεύοντο δὲ αὐτῷ **ὄχλοι πολλοί,** καὶ στραφεὶς εἶπεν πρὸς αὐτούς·	
l m 002					**Lk 15,13**	καὶ **μετ᾽ οὐ πολλὰς** **ἡμέρας** συναγαγὼν πάντα ὁ νεώτερος υἱὸς ἀπεδήμησεν εἰς χώραν μακρὰν ...	
e k 002 *e k* 002					**Lk 16,10** (2) ↓ Mt 25,21 ↓ Lk 19,17	ὁ πιστὸς ἐν ἐλαχίστῳ καὶ **ἐν πολλῷ** πιστός ἐστιν, καὶ ὁ ἐν ἐλαχίστῳ ἄδικος καὶ **ἐν πολλῷ** ἄδικός ἐστιν.	
c 002	↑ **Mt 16,21** → Mt 17,22-23 → Mt 20,18-19		↑ **Mk 8,31** → Mk 9,31 → Mk 10,33-34		**Lk 17,25** ↑ **Lk 9,22** → Lk 9,44 → Lk 18,31-33 → Lk 24,7 → Lk 24,26 → Lk 24,46	πρῶτον δὲ δεῖ αὐτὸν **πολλὰ** παθεῖν καὶ ἀποδοκιμασθῆναι ἀπὸ τῆς γενεᾶς ταύτης.	

		Mt		Mk		Lk	
n 210	**Mt 19,2**	καὶ ἠκολούθησαν αὐτῷ ὄχλοι πολλοί, καὶ ἐθεράπευσεν αὐτοὺς ἐκεῖ.	**Mk 10,1**	... καὶ συμπορεύονται πάλιν ὄχλοι πρὸς αὐτόν, καὶ ὡς εἰώθει πάλιν ἐδίδασκεν αὐτούς.			
221	**Mt 19,22**	ἀκούσας δὲ ὁ νεανίσκος τὸν λόγον ἀπῆλθεν λυπούμενος· ἦν γὰρ ἔχων κτήματα πολλά.	**Mk 10,22**	ὁ δὲ στυγνάσας ἐπὶ τῷ λόγῳ ἀπῆλθεν λυπούμενος· ἦν γὰρ ἔχων κτήματα πολλά.	**Lk 18,23**	ὁ δὲ ἀκούσας ταῦτα περίλυπος ἐγενήθη· ἦν γὰρ πλούσιος σφόδρα.	
220	**Mt 19,30** ⇩ Mt 20,16	πολλοὶ δὲ ἔσονται πρῶτοι ἔσχατοι καὶ ἔσχατοι πρῶτοι.	**Mk 10,31** → Mk 9,35	πολλοὶ δὲ ἔσονται πρῶτοι ἔσχατοι καὶ [οἱ] ἔσχατοι πρῶτοι.			→ GTh 4,2 **(POxy 654)** Mk-Q overlap
	Mt 20,16 ⇧ **Mt 19,30**	οὕτως ἔσονται οἱ ἔσχατοι πρῶτοι καὶ οἱ πρῶτοι ἔσχατοι.			**Lk 13,30**	καὶ ἰδοὺ εἰσὶν ἔσχατοι οἳ ἔσονται πρῶτοι, καὶ εἰσὶν πρῶτοι οἳ ἔσονται ἔσχατοι.	
a 221	**Mt 20,28** ↓ Mt 26,28	ὥσπερ ὁ υἱὸς τοῦ ἀνθρώπου οὐκ ἦλθεν διακονηθῆναι ἀλλὰ διακονῆσαι καὶ δοῦναι τὴν ψυχὴν αὐτοῦ λύτρον ἀντὶ πολλῶν.	**Mk 10,45** ↓ Mk 14,24	καὶ γὰρ ὁ υἱὸς τοῦ ἀνθρώπου οὐκ ἦλθεν διακονηθῆναι ἀλλὰ διακονῆσαι καὶ δοῦναι τὴν ψυχὴν αὐτοῦ λύτρον ἀντὶ πολλῶν.	**Lk 22,27** → Lk 12,37	τίς γὰρ μείζων, ὁ ἀνακείμενος ἢ ὁ διακονῶν; οὐχὶ ὁ ἀνακείμενος; ἐγὼ δὲ ἐν μέσῳ ὑμῶν εἰμι ὡς ὁ διακονῶν.	→ Jn 13,13-14
n 211	**Mt 20,29** ⇨ Mt 9,27	καὶ ἐκπορευομένων αὐτῶν ἀπὸ Ἰεριχὼ ἠκολούθησεν αὐτῷ ὄχλος πολύς. [30] καὶ ἰδοὺ δύο τυφλοὶ καθήμενοι παρὰ τὴν ὁδόν ...	**Mk 10,46**	καὶ ἔρχονται εἰς Ἰεριχώ. καὶ ἐκπορευομένου αὐτοῦ ἀπὸ Ἰεριχὼ καὶ τῶν μαθητῶν αὐτοῦ καὶ ὄχλου ἱκανοῦ ὁ υἱὸς Τιμαίου Βαρτιμαῖος, τυφλὸς προσαίτης, ἐκάθητο παρὰ τὴν ὁδόν.	**Lk 18,35**	ἐγένετο δὲ ἐν τῷ ἐγγίζειν αὐτὸν εἰς Ἰεριχὼ τυφλός τις ἐκάθητο παρὰ τὴν ὁδὸν ἐπαιτῶν.	
a 121 *f* 122	**Mt 20,31**	ὁ δὲ ὄχλος ἐπετίμησεν αὐτοῖς ἵνα σιωπήσωσιν· οἱ δὲ μεῖζον ἔκραξαν λέγοντες· ἐλέησον ἡμᾶς, κύριε, υἱὸς Δαυίδ.	**Mk 10,48** (2)	καὶ ἐπετίμων αὐτῷ πολλοὶ ἵνα σιωπήσῃ· ὁ δὲ πολλῷ μᾶλλον ἔκραζεν· υἱὲ Δαυίδ, ἐλέησόν με.	**Lk 18,39**	καὶ οἱ προάγοντες ἐπετίμων αὐτῷ ἵνα σιγήσῃ, αὐτὸς δὲ πολλῷ μᾶλλον ἔκραζεν· υἱὲ Δαυίδ, ἐλέησόν με.	
a k 121	**Mt 21,8**	ὁ δὲ πλεῖστος ὄχλος ἔστρωσαν ἑαυτῶν τὰ ἱμάτια ἐν τῇ ὁδῷ, ἄλλοι δὲ ἔκοπτον κλάδους ἀπὸ τῶν δένδρων καὶ ἐστρώννυον ἐν τῇ ὁδῷ.	**Mk 11,8**	καὶ πολλοὶ τὰ ἱμάτια αὐτῶν ἔστρωσαν εἰς τὴν ὁδόν, ἄλλοι δὲ στιβάδας κόψαντες ἐκ τῶν ἀγρῶν.	**Lk 19,36**	πορευομένου δὲ αὐτοῦ ὑπεστρώννυον τὰ ἱμάτια αὐτῶν ἐν τῇ ὁδῷ.	→ Jn 12,13
g 121	**Mt 21,35** → Mt 22,6	καὶ λαβόντες οἱ γεωργοὶ τοὺς δούλους αὐτοῦ ὃν μὲν ἔδειραν, ὃν δὲ ἀπέκτειναν, ὃν δὲ ἐλιθοβόλησαν.	**Mk 12,5** → Mt 21,34	[3] καὶ λαβόντες αὐτὸν ἔδειραν καὶ ἀπέστειλαν κενόν. [4] ... [5] καὶ ἄλλον ἀπέστειλεν· κἀκεῖνον ἀπέκτειναν, καὶ πολλοὺς ἄλλους, οὓς μὲν δέροντες, οὓς δὲ ἀποκτέννοντες.	**Lk 20,12**	[10] ... οἱ δὲ γεωργοὶ ἐξαπέστειλαν αὐτὸν δείραντες κενόν. [11] ... [12] καὶ προσέθετο τρίτον πέμψαι· οἱ δὲ καὶ τοῦτον τραυματίσαντες ἐξέβαλον.	→ GTh 65
a k 200	**Mt 22,14**	πολλοὶ γάρ εἰσιν κλητοί, ὀλίγοι δὲ ἐκλεκτοί.					→ GTh 23

d 121	Mt 22,32	... οὐκ ἔστιν [ὁ] θεὸς νεκρῶν ἀλλὰ ζώντων.	Mk 12,27	οὐκ ἔστιν θεὸς νεκρῶν ἀλλὰ ζώντων· πολὺ πλανᾶσθε.	Lk 20,38	θεὸς δὲ οὐκ ἔστιν νεκρῶν ἀλλὰ ζώντων, πάντες γὰρ αὐτῷ ζῶσιν.	
n 121	Mt 23,1	τότε ὁ Ἰησοῦς ἐλάλησεν τοῖς ὄχλοις καὶ τοῖς μαθηταῖς αὐτοῦ [2] λέγων· ἐπὶ τῆς Μωϋσέως καθέδρας ἐκάθισαν οἱ γραμματεῖς καὶ οἱ Φαρισαῖοι.	Mk 12,37	... καὶ [ὁ] πολὺς ὄχλος ἤκουεν αὐτοῦ ἡδέως. [38] καὶ ἐν τῇ διδαχῇ αὐτοῦ ἔλεγεν· βλέπετε ἀπὸ τῶν γραμματέων ...	Lk 20,45	ἀκούοντος δὲ παντὸς τοῦ λαοῦ εἶπεν τοῖς μαθηταῖς [αὐτοῦ], [46] προσέχετε ἀπὸ τῶν γραμματέων ...	
021 c 021			Mk 12,41 (2)	... ἐθεώρει πῶς ὁ ὄχλος βάλλει χαλκὸν εἰς τὸ γαζοφυλάκιον. καὶ πολλοὶ πλούσιοι ἔβαλλον πολλά·	Lk 21,1	ἀναβλέψας δὲ εἶδεν τοὺς βάλλοντας εἰς τὸ γαζοφυλάκιον τὰ δῶρα αὐτῶν πλουσίους.	
a 222 a 221	Mt 24,5 (2) →Mt 24,23-24 →Mt 24,26 ↓Mt 24,11	[4] ... βλέπετε μή τις ὑμᾶς πλανήσῃ· [5] πολλοὶ γὰρ ἐλεύσονται ἐπὶ τῷ ὀνόματί μου λέγοντες· ἐγώ εἰμι ὁ χριστός, καὶ πολλοὺς πλανήσουσιν.	Mk 13,6 (2) →Mk 13,21-22	[5] ... βλέπετε μή τις ὑμᾶς πλανήσῃ· [6] πολλοὶ ἐλεύσονται ἐπὶ τῷ ὀνόματί μου λέγοντες ὅτι ἐγώ εἰμι, καὶ πολλοὺς πλανήσουσιν.	Lk 21,8 →Lk 17,23	... βλέπετε μὴ πλανηθῆτε· πολλοὶ γὰρ ἐλεύσονται ἐπὶ τῷ ὀνόματί μου λέγοντες· ἐγώ εἰμι, καί· ὁ καιρὸς ἤγγικεν. μὴ πορευθῆτε ὀπίσω αὐτῶν.	
a 200	Mt 24,10 →Mt 10,21 →Mk 13,12 →Lk 21,16 →Mt 24,9	καὶ τότε σκανδαλισθήσονται πολλοὶ καὶ ἀλλήλους παραδώσουσιν καὶ μισήσουσιν ἀλλήλους·					
200 a 200	Mt 24,11 (2) →Mt 24,24 →Mk 13,22 ↑Mt 24,5	καὶ πολλοὶ ψευδοπροφῆται ἐγερθήσονται καὶ πλανήσουσιν πολλούς·					
a 200	Mt 24,12	καὶ διὰ τὸ πληθυνθῆναι τὴν ἀνομίαν ψυγήσεται ἡ ἀγάπη τῶν πολλῶν.					
222	Mt 24,30 →Mt 16,27 →Mt 25,31	... καὶ ὄψονται *τὸν υἱὸν τοῦ ἀνθρώπου ἐρχόμενον ἐπὶ τῶν νεφελῶν τοῦ οὐρανοῦ* μετὰ δυνάμεως καὶ δόξης πολλῆς· ➤ Dan 7,13-14	Mk 13,26 →Mk 8,38	καὶ τότε ὄψονται *τὸν υἱὸν τοῦ ἀνθρώπου ἐρχόμενον ἐν νεφέλαις* μετὰ δυνάμεως πολλῆς καὶ δόξης. ➤ Dan 7,13-14	Lk 21,27 →Lk 9,26	καὶ τότε ὄψονται *τὸν υἱὸν τοῦ ἀνθρώπου ἐρχόμενον ἐν νεφέλῃ* μετὰ δυνάμεως καὶ δόξης πολλῆς. ➤ Dan 7,13-14	
m 201	Mt 25,19	μετὰ δὲ πολὺν χρόνον ἔρχεται ὁ κύριος τῶν δούλων ἐκείνων καὶ συναίρει λόγον μετ' αὐτῶν.			Lk 19,15	καὶ ἐγένετο ἐν τῷ ἐπανελθεῖν αὐτὸν λαβόντα τὴν βασιλείαν καὶ εἶπεν φωνηθῆναι αὐτῷ τοὺς δούλους τούτους οἷς δεδώκει τὸ ἀργύριον, ἵνα γνοῖ τί διεπραγματεύσαντο.	

a k 201	Mt 25,21 → Mt 24,47	... εὖ, δοῦλε ἀγαθὲ καὶ πιστέ, ἐπὶ ὀλίγα ἦς πιστός, **ἐπὶ πολλῶν σε καταστήσω**· ...			Lk 19,17 ↑ Lk 16,10	... εὖγε, ἀγαθὲ δοῦλε, ὅτι ἐν ἐλαχίστῳ πιστὸς ἐγένου, **ἴσθι ἐξουσίαν ἔχων ἐπάνω δέκα πόλεων.**	
a k 201	Mt 25,23 → Mt 24,47	... εὖ, δοῦλε ἀγαθὲ καὶ πιστέ, ἐπὶ ὀλίγα ἦς πιστός, **ἐπὶ πολλῶν σε καταστήσω**· ...			Lk 19,19	... καὶ **σὺ ἐπάνω γίνου πέντε πόλεων.**	
d 210	Mt 26,9	ἐδύνατο γὰρ τοῦτο πραθῆναι **πολλοῦ** καὶ δοθῆναι πτωχοῖς.	Mk 14,5	ἠδύνατο γὰρ τοῦτο τὸ μύρον πραθῆναι **ἐπάνω δηναρίων τριακοσίων** καὶ δοθῆναι τοῖς πτωχοῖς· ...			→ Jn 12,5
a 221	Mt 26,28 ↑ Mt 20,28	τοῦτο γάρ ἐστιν τὸ αἷμά μου τῆς διαθήκης τὸ **περὶ πολλῶν** ἐκχυννόμενον εἰς ἄφεσιν ἁμαρτιῶν.	Mk 14,24 ↑ Mk 10,45	... τοῦτό ἐστιν τὸ αἷμά μου τῆς διαθήκης τὸ ἐκχυννόμενον **ὑπὲρ πολλῶν.**	Lk 22,20	... τοῦτο τὸ ποτήριον ἡ καινὴ διαθήκη ἐν τῷ αἵματί μου, τὸ **ὑπὲρ ὑμῶν** ἐκχυννόμενον.	→ 1Cor 11,25
n 211	Mt 26,47 ↓ Lk 22,52	καὶ ἔτι αὐτοῦ λαλοῦντος ἰδοὺ Ἰούδας εἷς τῶν δώδεκα ἦλθεν καὶ μετ' αὐτοῦ **ὄχλος πολὺς** μετὰ μαχαιρῶν καὶ ξύλων ἀπὸ τῶν ἀρχιερέων καὶ πρεσβυτέρων τοῦ λαοῦ.	Mk 14,43 ↓ Lk 22,52	καὶ εὐθὺς ἔτι αὐτοῦ λαλοῦντος παραγίνεται Ἰούδας εἷς τῶν δώδεκα καὶ μετ' αὐτοῦ **ὄχλος** μετὰ μαχαιρῶν καὶ ξύλων παρὰ τῶν ἀρχιερέων καὶ τῶν γραμματέων καὶ τῶν πρεσβυτέρων.	Lk 22,47 Lk 22,52	ἔτι αὐτοῦ λαλοῦντος ἰδοὺ **ὄχλος,** καὶ ὁ λεγόμενος Ἰούδας εἷς τῶν δώδεκα προήρχετο αὐτοὺς καὶ ἤγγισεν τῷ Ἰησοῦ ... εἶπεν δὲ Ἰησοῦς πρὸς τοὺς παραγενομένους ἐπ' αὐτὸν ἀρχιερεῖς καὶ στρατηγοὺς τοῦ ἱεροῦ καὶ πρεσβυτέρους· ὡς ἐπὶ λῃστὴν ἐξήλθατε μετὰ μαχαιρῶν καὶ ξύλων;	→ Jn 18,3
h 002					Lk 22,65	καὶ **ἕτερα πολλὰ** βλασφημοῦντες ἔλεγον εἰς αὐτόν.	
a 220	Mt 26,60	[59] οἱ δὲ ἀρχιερεῖς καὶ τὸ συνέδριον ὅλον ἐζήτουν ψευδομαρτυρίαν κατὰ τοῦ Ἰησοῦ ὅπως αὐτὸν θανατώσωσιν, [60] καὶ οὐχ εὗρον **πολλῶν** προσελθόντων ψευδομαρτύρων. ...	Mk 14,56	[55] οἱ δὲ ἀρχιερεῖς καὶ ὅλον τὸ συνέδριον ἐζήτουν κατὰ τοῦ Ἰησοῦ μαρτυρίαν εἰς τὸ θανατῶσαι αὐτόν, καὶ οὐχ ηὕρισκον· [56] **πολλοὶ** γὰρ ἐψευδομαρτύρουν κατ' αὐτοῦ, ...			
c 121	Mt 27,12 → Mk 15,4	καὶ ἐν τῷ κατηγορεῖσθαι αὐτὸν ὑπὸ τῶν ἀρχιερέων καὶ πρεσβυτέρων ...	Mk 15,3	καὶ κατηγόρουν αὐτοῦ οἱ ἀρχιερεῖς **πολλά.**	Lk 23,2 → Lk 20,20 → Lk 20,25 ⇩ Lk 23,10 → Lk 23,14 Lk 23,10 ⇧ Lk 23,2	ἤρξαντο δὲ κατηγορεῖν αὐτοῦ λέγοντες· τοῦτον εὕραμεν διαστρέφοντα τὸ ἔθνος ἡμῶν καὶ κωλύοντα φόρους Καίσαρι διδόναι καὶ λέγοντα ἑαυτὸν χριστὸν βασιλέα εἶναι. εἱστήκεισαν δὲ οἱ ἀρχιερεῖς καὶ οἱ γραμματεῖς εὐτόνως κατηγοροῦντες αὐτοῦ.	→ Jn 19,12 → Acts 17,7 Mt/Mk: before Pilate; Lk: before Herod

	Mt		Mk		Lk		
c 200	Mt 27,19	... μηδὲν σοὶ καὶ τῷ δικαίῳ ἐκείνῳ· **πολλὰ** γὰρ ἔπαθον σήμερον κατ' ὄναρ δι' αὐτόν.					
n 002					Lk 23,27	ἠκολούθει δὲ αὐτῷ **πολὺ πλῆθος τοῦ λαοῦ** καὶ γυναικῶν αἳ ἐκόπτοντο καὶ ἐθρήνουν αὐτόν.	
200	Mt 27,52	καὶ τὰ μνημεῖα ἀνεῴχθησαν καὶ **πολλὰ σώματα τῶν κεκοιμημένων ἁγίων** ἠγέρθησαν,					
a 200	Mt 27,53	καὶ ἐξελθόντες ἐκ τῶν μνημείων μετὰ τὴν ἔγερσιν αὐτοῦ εἰσῆλθον εἰς τὴν ἁγίαν πόλιν καὶ ἐνεφανίσθησαν **πολλοῖς**.					
211	Mt 27,55 → Mt 27,61	ἦσαν δὲ ἐκεῖ **γυναῖκες πολλαὶ** ἀπὸ μακρόθεν θεωροῦσαι,	Mk 15,40 → Mk 15,47	ἦσαν δὲ καὶ **γυναῖκες** ἀπὸ μακρόθεν θεωροῦσαι, ...	Lk 23,49	εἱστήκεισαν δὲ πάντες οἱ γνωστοὶ αὐτῷ ἀπὸ μακρόθεν καὶ **γυναῖκες**	→ Jn 19,25
g 121		αἵτινες ἠκολούθησαν τῷ Ἰησοῦ ἀπὸ τῆς Γαλιλαίας διακονοῦσαι αὐτῷ·	Mk 15,41	αἳ ὅτε ἦν ἐν τῇ Γαλιλαίᾳ ἠκολούθουν αὐτῷ καὶ διηκόνουν αὐτῷ, καὶ **ἄλλαι πολλαὶ** αἱ συναναβᾶσαι αὐτῷ εἰς Ἱεροσόλυμα.	↑ Lk 8,3 → Lk 23,55	αἱ συνακολουθοῦσαι αὐτῷ ἀπὸ τῆς Γαλιλαίας ὁρῶσαι ταῦτα.	

a (οἱ) πολλοί (used as a noun; except b)
b πολλοὶ τῶν / πολλοί ἐκ
c πολλά (used as a noun or adverb)
d πολύ (used as a noun or adverb)
e ἐν πολλῷ
f πολλῷ μᾶλλον and similar phrases
g πολλοὶ ἄλλοι / ἄλλοι πολλοί
h πολλοὶ (...) ἕτεροι / ἕτεροι πολλοί
j πολύς with demonstrative pronoun
k πολύς and ὀλίγος / ἐλάχιστος / ἄλλος / εἷς
l οὐ (...) πολύς
m πολύς with reference to time
n ὄχλος πολύς / ὄχλοι πολλοί / πολὺ πλῆθος

	Acts 1,3	οἷς καὶ παρέστησεν ἑαυτὸν ζῶντα μετὰ τὸ παθεῖν αὐτὸν **ἐν πολλοῖς τεκμηρίοις,** δι' ἡμερῶν τεσσεράκοντα ὀπτανόμενος αὐτοῖς ...
j *l* *m*	Acts 1,5 → Mt 3,11 → Mk 1,8 → Lk 3,16 → Acts 11,16 → Acts 19,4	ὅτι Ἰωάννης μὲν ἐβάπτισεν ὕδατι, ὑμεῖς δὲ ἐν πνεύματι βαπτισθήσεσθε ἁγίῳ **οὐ μετὰ πολλὰς ταύτας ἡμέρας.**
	Acts 2,43	ἐγίνετο δὲ πάσῃ ψυχῇ φόβος, **πολλά τε τέρατα καὶ σημεῖα** διὰ τῶν ἀποστόλων ἐγίνετο.
b	Acts 4,4	**πολλοὶ** δὲ τῶν ἀκουσάντων τὸν λόγον ἐπίστευσαν καὶ ἐγενήθη [ὁ] ἀριθμὸς τῶν ἀνδρῶν [ὡς] χιλιάδες πέντε.
	Acts 5,12	διὰ δὲ τῶν χειρῶν τῶν ἀποστόλων ἐγίνετο **σημεῖα καὶ τέρατα πολλὰ** ἐν τῷ λαῷ. καὶ ἦσαν ὁμοθυμαδὸν ἅπαντες ἐν τῇ στοᾷ Σολομῶντος
n	Acts 6,7	καὶ ὁ λόγος τοῦ θεοῦ ηὔξανεν καὶ ἐπληθύνετο ὁ ἀριθμὸς τῶν μαθητῶν ἐν Ἰερουσαλὴμ σφόδρα, **πολύς τε ὄχλος τῶν ἱερέων** ὑπήκουον τῇ πίστει.
b	Acts 8,7 (2)	**πολλοὶ** γὰρ τῶν ἐχόντων πνεύματα ἀκάθαρτα βοῶντα φωνῇ μεγάλῃ ἐξήρχοντο,
a		**πολλοὶ** δὲ παραλελυμένοι καὶ χωλοὶ ἐθεραπεύθησαν·
	Acts 8,8	ἐγένετο δὲ **πολλὴ χαρὰ** ἐν τῇ πόλει ἐκείνῃ.
	Acts 8,25	οἱ μὲν οὖν διαμαρτυράμενοι καὶ λαλήσαντες τὸν λόγον τοῦ κυρίου ὑπέστρεφον εἰς Ἱεροσόλυμα, **πολλάς τε κώμας τῶν Σαμαριτῶν** εὐηγγελίζοντο.

a **Acts 9,13** ... κύριε, ἤκουσα
ἀπὸ πολλῶν
περὶ τοῦ ἀνδρὸς τούτου ...

a **Acts 9,42** γνωστὸν δὲ ἐγένετο καθ᾽ ὅλης τῆς Ἰόππης καὶ ἐπίστευσαν
πολλοὶ
ἐπὶ τὸν κύριον.

Acts 10,2 [1] ... Κορνήλιος ... [2]
→ Lk 7,5 εὐσεβὴς καὶ φοβούμενος τὸν θεὸν σὺν παντὶ τῷ οἴκῳ αὐτοῦ, ποιῶν
ἐλεημοσύνας πολλὰς
τῷ λαῷ ...

a **Acts 10,27** καὶ συνομιλῶν αὐτῷ εἰσῆλθεν καὶ εὑρίσκει
συνεληλυθότας πολλούς

Acts 11,21 καὶ ἦν χεὶρ κυρίου μετ᾽ αὐτῶν,
πολύς τε ἀριθμὸς ὁ πιστεύσας
ἐπέστρεψεν ἐπὶ τὸν κύριον.

b **Acts 13,43** λυθείσης δὲ τῆς συναγωγῆς ἠκολούθησαν
πολλοὶ τῶν Ἰουδαίων καὶ τῶν σεβομένων προσηλύτων
τῷ Παύλῳ καὶ τῷ Βαρναβᾷ, ...

n **Acts 14,1** ... καὶ λαλῆσαι οὕτως ὥστε πιστεῦσαι
Ἰουδαίων τε καὶ Ἑλλήνων πολὺ πλῆθος.

Acts 14,22 ... παρακαλοῦντες ἐμμένειν τῇ πίστει καὶ ὅτι
διὰ πολλῶν θλίψεων
δεῖ ἡμᾶς εἰσελθεῖν εἰς τὴν βασιλείαν τοῦ θεοῦ.

Acts 15,7 **πολλῆς δὲ ζητήσεως**
γενομένης ἀναστὰς Πέτρος εἶπεν πρὸς αὐτούς· ἄνδρες ἀδελφοί, ...

Acts 15,32 Ἰούδας τε καὶ Σιλᾶς καὶ αὐτοὶ προφῆται ὄντες
διὰ λόγου πολλοῦ
παρεκάλεσαν τοὺς ἀδελφοὺς καὶ ἐπεστήριξαν

h **Acts 15,35** Παῦλος δὲ καὶ Βαρναβᾶς διέτριβον ἐν Ἀντιοχείᾳ διδάσκοντες καὶ εὐαγγελιζόμενοι
μετὰ καὶ ἑτέρων πολλῶν
τὸν λόγον τοῦ κυρίου.

Acts 16,16 ... παιδίσκην τινὰ ἔχουσαν πνεῦμα πύθωνα ὑπαντῆσαι ἡμῖν, ἥτις
ἐργασίαν πολλὴν
παρεῖχεν τοῖς κυρίοις αὐτῆς μαντευομένη.

m **Acts 16,18** τοῦτο δὲ ἐποίει
ἐπὶ πολλὰς ἡμέρας.
...

Acts 16,23 **πολλάς τε ἐπιθέντες αὐτοῖς πληγὰς**
ἔβαλον εἰς φυλακὴν παραγγείλαντες τῷ δεσμοφύλακι ἀσφαλῶς τηρεῖν αὐτούς.

k n **Acts 17,4** καί τινες ἐξ αὐτῶν ἐπείσθησαν καὶ προσεκληρώθησαν τῷ Παύλῳ καὶ τῷ Σιλᾷ,
τῶν τε σεβομένων Ἑλλήνων πλῆθος πολύ,
γυναικῶν τε τῶν πρώτων οὐκ ὀλίγαι.

b k **Acts 17,12** **πολλοὶ**
μὲν οὖν ἐξ αὐτῶν ἐπίστευσαν καὶ τῶν Ἑλληνίδων γυναικῶν τῶν εὐσχημόνων καὶ ἀνδρῶν οὐκ ὀλίγοι.

b **Acts 18,8** Κρίσπος δὲ ὁ ἀρχισυνάγωγος ἐπίστευσεν τῷ κυρίῳ σὺν ὅλῳ τῷ οἴκῳ αὐτοῦ, καὶ
πολλοὶ τῶν Κορινθίων
ἀκούοντες ἐπίστευον καὶ ἐβαπτίζοντο.

Acts 18,10 διότι ἐγώ εἰμι μετὰ σοῦ καὶ οὐδεὶς ἐπιθήσεταί σοι τοῦ κακῶσαί σε, διότι
λαός ἐστί μοι πολὺς
ἐν τῇ πόλει ταύτῃ.

d **Acts 18,27** ... προτρεψάμενοι οἱ ἀδελφοὶ ἔγραψαν τοῖς μαθηταῖς ἀποδέξασθαι αὐτόν, ὃς παραγενόμενος συνεβάλετο
πολὺ
τοῖς πεπιστευκόσιν διὰ τῆς χάριτος·

b **Acts 19,18** **πολλοί**
τε τῶν πεπιστευκότων ἤρχοντο ἐξομολογούμενοι καὶ ἀναγγέλλοντες τὰς πράξεις αὐτῶν.

Acts 20,2 διελθὼν δὲ τὰ μέρη ἐκεῖνα καὶ παρακαλέσας αὐτοὺς
λόγῳ πολλῷ
ἦλθεν εἰς τὴν Ἑλλάδα

Acts 21,40 ἐπιτρέψαντος δὲ αὐτοῦ ὁ Παῦλος ἑστὼς ἐπὶ τῶν ἀναβαθμῶν κατέσεισεν τῇ χειρὶ τῷ λαῷ.
πολλῆς δὲ σιγῆς
γενομένης προσεφώνησεν τῇ Ἑβραΐδι διαλέκτῳ ...

Acts 22,28 ἀπεκρίθη δὲ ὁ χιλίαρχος· ἐγὼ
πολλοῦ κεφαλαίου
τὴν πολιτείαν ταύτην ἐκτησάμην. ὁ δὲ Παῦλος ἔφη· ἐγὼ δὲ καὶ γεγέννημαι.

Acts 23,10 **πολλῆς δὲ γινομένης στάσεως**
φοβηθεὶς ὁ χιλίαρχος μὴ διασπασθῇ ὁ Παῦλος ὑπ᾽ αὐτῶν ἐκέλευσεν τὸ στράτευμα καταβὰν ...

Acts 24,2 κληθέντος δὲ αὐτοῦ ἤρξατο κατηγορεῖν ὁ Τέρτυλλος λέγων·
πολλῆς εἰρήνης
τυγχάνοντες διὰ σοῦ καὶ διορθωμάτων γινομένων τῷ ἔθνει τούτῳ διὰ τῆς σῆς προνοίας, [3] πάντῃ τε καὶ πανταχοῦ ἀποδεχόμεθα, κράτιστε Φῆλιξ, μετὰ πάσης εὐχαριστίας.

m **Acts 24,10** ... **ἐκ πολλῶν ἐτῶν**
ὄντα σε κριτὴν τῷ ἔθνει τούτῳ ἐπιστάμενος εὐθύμως τὰ περὶ ἐμαυτοῦ ἀπολογοῦμαι

Acts 25,7 ... **πολλὰ καὶ βαρέα αἰτιώματα**
καταφέροντες ἃ οὐκ ἴσχυον ἀποδεῖξαι

Acts 25,23 τῇ οὖν ἐπαύριον ἐλθόντος τοῦ Ἀγρίππα καὶ τῆς Βερνίκης
μετὰ πολλῆς φαντασίας
καὶ εἰσελθόντων εἰς τὸ ἀκροατήριον ...

Acts 26,9 ἐγὼ μὲν οὖν ἔδοξα ἐμαυτῷ πρὸς τὸ ὄνομα Ἰησοῦ τοῦ Ναζωραίου δεῖν
πολλὰ ἐναντία
πρᾶξαι,

b **Acts 26,10** ὃ καὶ ἐποίησα ἐν Ἱεροσολύμοις, καὶ
πολλούς τε τῶν ἁγίων
ἐγὼ ἐν φυλακαῖς κατέκλεισα τὴν παρὰ τῶν ἀρχιερέων ἐξουσίαν λαβὼν ἀναιρουμένων τε αὐτῶν κατήνεγκα ψῆφον

Acts 26,24 ... μαίνη, Παῦλε· **τὰ πολλά σε γράμματα** εἰς μανίαν περιτρέπει.	*d l m* **Acts 27,14** **μετ' οὐ πολὺ** δὲ ἔβαλεν κατ' αὐτῆς ἄνεμος τυφωνικὸς ὁ καλούμενος εὐρακύλων·	*d m* **Acts 28,6** οἱ δὲ προσεδόκων αὐτὸν μέλλειν πίμπρασθαι ἢ καταπίπτειν ἄφνω νεκρόν. **ἐπὶ πολὺ** δὲ αὐτῶν προσδοκώντων ...
Acts 27,10 ... ἄνδρες, θεωρῶ ὅτι **μετὰ ὕβρεως καὶ πολλῆς ζημίας** οὐ μόνον τοῦ φορτίου καὶ τοῦ πλοίου ἀλλὰ καὶ τῶν ψυχῶν ἡμῶν μέλλειν ἔσεσθαι τὸν πλοῦν.	**Acts 27,21** **πολλῆς τε ἀσιτίας** ὑπαρχούσης τότε σταθεὶς ὁ Παῦλος ἐν μέσῳ αὐτῶν εἶπεν· ...	**Acts 28,10** οἳ καὶ **πολλαῖς τιμαῖς** ἐτίμησαν ἡμᾶς καὶ ἀναγομένοις ἐπέθεντο τὰ πρὸς τὰς χρείας.

πολυτελής

	Syn	Mt	Mk	Lk	Acts	Jn	1-3John	Paul	Eph	Col
	1		1							
	NT	2Thess	1/2Tim	Tit	Heb	Jas	1Pet	2Pet	Jude	Rev
	3		1				1			

(very) expensive; costly

120	**Mt 26,7** προσῆλθεν αὐτῷ γυνὴ ἔχουσα **ἀλάβαστρον μύρου βαρυτίμου** ...	**Mk 14,3** ... ἦλθεν γυνὴ ἔχουσα **ἀλάβαστρον μύρου νάρδου πιστικῆς πολυτελοῦς**, ...	**Lk 7,37** καὶ ἰδοὺ γυνὴ ἥτις ἦν ἐν τῇ πόλει ἁμαρτωλός, ... κομίσασα **ἀλάβαστρον μύρου**	→ Jn 12,3

πολύτιμος

	Syn	Mt	Mk	Lk	Acts	Jn	1-3John	Paul	Eph	Col
	1	1				1				
	NT	2Thess	1/2Tim	Tit	Heb	Jas	1Pet	2Pet	Jude	Rev
	3						1			

very precious; valuable

200	**Mt 13,46** εὑρὼν δὲ **ἕνα πολύτιμον μαργαρίτην** ἀπελθὼν πέπρακεν πάντα ὅσα εἶχεν καὶ ἠγόρασεν αὐτόν.			→ GTh 76,1-2

πονηρία

	Syn	Mt	Mk	Lk	Acts	Jn	1-3John	Paul	Eph	Col
	3	1	1	1	1			2	1	
	NT	2Thess	1/2Tim	Tit	Heb	Jas	1Pet	2Pet	Jude	Rev
	7									

wickedness; baseness; maliciousness; sinfulness

120	**Mt 15,19** ἐκ γὰρ τῆς καρδίας ἐξέρχονται διαλογισμοὶ πονηροί, φόνοι, μοιχεῖαι, πορνεῖαι, κλοπαί, ψευδομαρτυρίαι, βλασφημίαι.	**Mk 7,22** [21] ἔσωθεν γὰρ ἐκ τῆς καρδίας τῶν ἀνθρώπων οἱ διαλογισμοὶ οἱ κακοὶ ἐκπορεύονται, πορνεῖαι, κλοπαί, φόνοι, [22] μοιχεῖαι, πλεονεξίαι, **πονηρίαι**, δόλος, ἀσέλγεια, ὀφθαλμὸς πονηρός, βλασφημία, ὑπερηφανία, ἀφροσύνη·		→ GTh 14,5
102	**Mt 23,25** → Mk 7,4 ... καθαρίζετε τὸ ἔξωθεν τοῦ ποτηρίου καὶ τῆς παροψίδος, ἔσωθεν δὲ γέμουσιν ἐξ ἁρπαγῆς καὶ **ἀκρασίας**.		**Lk 11,39** → Mk 7,4 ... τὸ ἔξωθεν τοῦ ποτηρίου καὶ τοῦ πίνακος καθαρίζετε, τὸ δὲ ἔσωθεν ὑμῶν γέμει ἁρπαγῆς καὶ **πονηρίας**.	→ GTh 89

211	**Mt 22,18**	γνοὺς δὲ ὁ Ἰησοῦς **τὴν πονηρίαν αὐτῶν** εἶπεν· τί με πειράζετε, ὑποκριταί; [19] ἐπιδείξατέ μοι τὸ νόμισμα τοῦ κήνσου. ...	**Mk 12,15**	ὁ δὲ εἰδὼς **αὐτῶν τὴν ὑπόκρισιν** εἶπεν αὐτοῖς· τί με πειράζετε; φέρετέ μοι δηνάριον ἵνα ἴδω.	**Lk 20,23**	κατανοήσας δὲ **αὐτῶν τὴν πανουργίαν** εἶπεν πρὸς αὐτούς· [24] δείξατέ μοι δηνάριον· ...	→ GTh 100

Acts 3,26 ὑμῖν πρῶτον ἀναστήσας ὁ θεὸς τὸν παῖδα αὐτοῦ ἀπέστειλεν αὐτὸν εὐλογοῦντα ὑμᾶς ἐν τῷ ἀποστρέφειν ἕκαστον **ἀπὸ τῶν πονηριῶν ὑμῶν.**

# πονηρός	Syn	Mt	Mk	Lk	Acts	Jn	1-3John	Paul	Eph	Col
	41	26	2	13	8	3	8	4	3	1
	NT	2Thess	1/2Tim	Tit	Heb	Jas	1Pet	2Pet	Jude	Rev
	78	2	3		2	2				1

in poor condition; sick; painful; virulent; serious; bad; spoiled; worthless; wicked; evil; bad; base; vicious; degenerate; *substantive:* wicked person; evil-intentioned person; evil-doer; ὁ πονηρός the devil

	triple tradition																	double tradition			Sondergut		
		+Mt / +Lk			−Mt / −Lk			traditions not taken over by Mt / Lk							subtotals								
code	*222*	*211*	*112*	*212*	*221*	*122*	*121*	*022*	*012*	*021*	*220*	*120*	*210*	*020*	Σ^+	Σ^-	Σ	*202*	*201*	*102*	*200*	*002*	total
Mt		2^+										2^-	2^+		4^+	2^-	4	10	4		8		**26**
Mk												2					2						**2**
Lk			1^+												1^+		1	10				2	**13**

a πονηρότερα (comparative)
b (ὁ) πονηρός, (τὸ) πονηρόν
c (οἱ) πονηροί (used as a noun)
d (τὰ) πονηρά
e τὸ πνεῦμα τὸ πονηρόν, (τὰ) πνεύματα (τὰ) πονηρά

d 112	**Mt 14,3**	ὁ γὰρ Ἡρῴδης κρατήσας τὸν Ἰωάννην ἔδησεν [αὐτὸν] καὶ ἐν φυλακῇ ἀπέθετο διὰ Ἡρῳδιάδα τὴν γυναῖκα Φιλίππου τοῦ ἀδελφοῦ αὐτοῦ·	**Mk 6,17**	αὐτὸς γὰρ ὁ Ἡρῴδης ἀποστείλας ἐκράτησεν τὸν Ἰωάννην καὶ ἔδησεν αὐτὸν ἐν φυλακῇ διὰ Ἡρῳδιάδα τὴν γυναῖκα Φιλίππου τοῦ ἀδελφοῦ αὐτοῦ, ὅτι αὐτὴν ἐγάμησεν·	**Lk 3,19** → Mt 14,4 → Mk 6,18	ὁ δὲ Ἡρῴδης ὁ τετραάρχης, ἐλεγχόμενος ὑπ᾽ αὐτοῦ περὶ Ἡρῳδιάδος τῆς γυναικὸς τοῦ ἀδελφοῦ αὐτοῦ καὶ **περὶ πάντων ὧν ἐποίησεν πονηρῶν** ὁ Ἡρῴδης, [20] προσέθηκεν καὶ τοῦτο ἐπὶ πᾶσιν [καὶ] κατέκλεισεν τὸν Ἰωάννην ἐν φυλακῇ.	
b 202	**Mt 5,11**	μακάριοί ἐστε ὅταν ὀνειδίσωσιν ὑμᾶς καὶ διώξωσιν καὶ **εἴπωσιν πᾶν πονηρὸν καθ᾽ ὑμῶν** [ψευδόμενοι] ἕνεκεν ἐμοῦ.			**Lk 6,22**	μακάριοί ἐστε ὅταν μισήσωσιν ὑμᾶς οἱ ἄνθρωποι καὶ ὅταν ἀφορίσωσιν ὑμᾶς καὶ ὀνειδίσωσιν καὶ **ἐκβάλωσιν τὸ ὄνομα ὑμῶν ὡς πονηρὸν** ἕνεκα τοῦ υἱοῦ τοῦ ἀνθρώπου·	→ GTh 68 → GTh 69,1
b 200	**Mt 5,37**	ἔστω δὲ ὁ λόγος ὑμῶν ναὶ ναί, οὒ οὔ· τὸ δὲ περισσὸν τούτων **ἐκ τοῦ πονηροῦ** ἐστιν.					

	Mt		Mk		Lk		
b 201	**Mt 5,39**	ἐγὼ δὲ λέγω ὑμῖν μὴ ἀντιστῆναι **τῷ πονηρῷ·** ἀλλ᾽ ὅστις σε ῥαπίζει εἰς τὴν δεξιὰν σιαγόνα [σου], στρέψον αὐτῷ καὶ τὴν ἄλλην·			**Lk 6,29**	τῷ τύπτοντί σε ἐπὶ τὴν σιαγόνα πάρεχε καὶ τὴν ἄλλην, ...	
c 202	**Mt 5,45**	ὅπως γένησθε υἱοὶ τοῦ πατρὸς ὑμῶν τοῦ ἐν οὐρανοῖς, ὅτι τὸν ἥλιον αὐτοῦ ἀνατέλλει **ἐπὶ πονηροὺς καὶ ἀγαθοὺς** καὶ βρέχει ἐπὶ δικαίους καὶ ἀδίκους.			**Lk 6,35**	... καὶ ἔσεσθε υἱοὶ ὑψίστου, ὅτι αὐτὸς χρηστός ἐστιν **ἐπὶ τοὺς ἀχαρίστους καὶ πονηρούς.**	→ GTh 3 (POxy 654)
b 201	**Mt 6,13**	καὶ μὴ εἰσενέγκῃς ἡμᾶς εἰς πειρασμόν, ἀλλὰ ῥῦσαι ἡμᾶς **ἀπὸ τοῦ πονηροῦ.**			**Lk 11,4**	... καὶ μὴ εἰσενέγκῃς ἡμᾶς εἰς πειρασμόν.	
202	**Mt 6,23**	ἐὰν δὲ ὁ ὀφθαλμός σου **πονηρὸς** ᾖ, ὅλον τὸ σῶμά σου σκοτεινὸν ἔσται. ...			**Lk 11,34**	... ἐπὰν δὲ **πονηρὸς** ᾖ, καὶ τὸ σῶμά σου σκοτεινόν.	→ GTh 24 (POxy 655 - restoration)
202	**Mt 7,11**	εἰ οὖν ὑμεῖς **πονηροὶ** ὄντες οἴδατε δόματα ἀγαθὰ διδόναι τοῖς τέκνοις ὑμῶν, πόσῳ μᾶλλον ὁ πατὴρ ὑμῶν ὁ ἐν τοῖς οὐρανοῖς δώσει ἀγαθὰ τοῖς αἰτοῦσιν αὐτόν.			**Lk 11,13**	εἰ οὖν ὑμεῖς **πονηροὶ** ὑπάρχοντες οἴδατε δόματα ἀγαθὰ διδόναι τοῖς τέκνοις ὑμῶν, πόσῳ μᾶλλον ὁ πατὴρ [ὁ] ἐξ οὐρανοῦ δώσει πνεῦμα ἅγιον τοῖς αἰτοῦσιν αὐτόν.	
200	**Mt 7,17** ⇨ Mt 12,33	οὕτως πᾶν δένδρον ἀγαθὸν καρποὺς καλοὺς ποιεῖ, τὸ δὲ σαπρὸν δένδρον **καρποὺς πονηροὺς** ποιεῖ.					
201	**Mt 7,18**	οὐ δύναται δένδρον ἀγαθὸν **καρποὺς πονηροὺς** ποιεῖν οὐδὲ δένδρον σαπρὸν καρποὺς καλοὺς ποιεῖν.			**Lk 6,43**	οὐ γάρ ἐστιν δένδρον καλὸν ποιοῦν **καρπὸν σαπρόν,** οὐδὲ πάλιν δένδρον σαπρὸν ποιοῦν καρπὸν καλόν.	
d 211	**Mt 9,4** → Mt 12,25	καὶ ἰδὼν ὁ Ἰησοῦς τὰς ἐνθυμήσεις αὐτῶν εἶπεν· ἱνατί ἐνθυμεῖσθε **πονηρὰ** ἐν ταῖς καρδίαις ὑμῶν;	**Mk 2,8**	καὶ εὐθὺς ἐπιγνοὺς ὁ Ἰησοῦς τῷ πνεύματι αὐτοῦ ὅτι οὕτως διαλογίζονται ἐν ἑαυτοῖς λέγει αὐτοῖς· τί **ταῦτα** διαλογίζεσθε ἐν ταῖς καρδίαις ὑμῶν;	**Lk 5,22** → Lk 11,17 → Lk 6,8	ἐπιγνοὺς δὲ ὁ Ἰησοῦς τοὺς διαλογισμοὺς αὐτῶν ἀποκριθεὶς εἶπεν πρὸς αὐτούς· **τί** διαλογίζεσθε ἐν ταῖς καρδίαις ὑμῶν;	
200	**Mt 12,34** → Mt 3,7 → Lk 3,7 → Mt 23,33	γεννήματα ἐχιδνῶν, πῶς δύνασθε ἀγαθὰ λαλεῖν **πονηροὶ** ὄντες; ...					

	Mt		Mk		Lk		
b 202 b 202 d b 202	Mt 12,35 (3) → Mt 13,52	ὁ ἀγαθὸς ἄνθρωπος ἐκ τοῦ ἀγαθοῦ θησαυροῦ ἐκβάλλει ἀγαθά, καὶ ὁ πονηρὸς ἄνθρωπος ἐκ τοῦ πονηροῦ θησαυροῦ ἐκβάλλει πονηρά.			Lk 6,45 (3)	ὁ ἀγαθὸς ἄνθρωπος ἐκ τοῦ ἀγαθοῦ θησαυροῦ τῆς καρδίας προφέρει τὸ ἀγαθόν, καὶ ὁ πονηρὸς ἐκ τοῦ πονηροῦ προφέρει τὸ πονηρόν· ...	→ GTh 45,2-3
e 002					Lk 7,21 → Lk 6,18	ἐν ἐκείνῃ τῇ ὥρᾳ ἐθεράπευσεν πολλοὺς ἀπὸ νόσων καὶ μαστίγων καὶ πνευμάτων πονηρῶν καὶ τυφλοῖς πολλοῖς ἐχαρίσατο βλέπειν.	
e 002					Lk 8,2 → Mt 27,55-56 → Mk 15,40-41 → Lk 23,49.55 → Lk 24,10	καὶ γυναῖκές τινες αἳ ἦσαν τεθεραπευμέναι ἀπὸ πνευμάτων πονηρῶν καὶ ἀσθενειῶν, Μαρία ἡ καλουμένη Μαγδαληνή, ἀφ᾽ ἧς δαιμόνια ἑπτὰ ἐξεληλύθει	
 202	Mt 7,11	εἰ οὖν ὑμεῖς πονηροὶ ὄντες οἴδατε δόματα ἀγαθὰ διδόναι τοῖς τέκνοις ὑμῶν, πόσῳ μᾶλλον ὁ πατὴρ ὑμῶν ὁ ἐν τοῖς οὐρανοῖς δώσει ἀγαθὰ τοῖς αἰτοῦσιν αὐτόν.			Lk 11,13	εἰ οὖν ὑμεῖς πονηροὶ ὑπάρχοντες οἴδατε δόματα ἀγαθὰ διδόναι τοῖς τέκνοις ὑμῶν, πόσῳ μᾶλλον ὁ πατὴρ [ὁ] ἐξ οὐρανοῦ δώσει πνεῦμα ἅγιον τοῖς αἰτοῦσιν αὐτόν.	
   202	Mt 12,39 ⇩ Mt 16,4	ὁ δὲ ἀποκριθεὶς εἶπεν αὐτοῖς· γενεὰ πονηρὰ καὶ μοιχαλὶς σημεῖον ἐπιζητεῖ, καὶ σημεῖον οὐ δοθήσεται αὐτῇ εἰ μὴ τὸ σημεῖον Ἰωνᾶ τοῦ προφήτου.	Mk 8,12	καὶ ἀναστενάξας τῷ πνεύματι αὐτοῦ λέγει· τί ἡ γενεὰ αὕτη ζητεῖ σημεῖον; ἀμὴν λέγω ὑμῖν, εἰ δοθήσεται τῇ γενεᾷ ταύτῃ σημεῖον.	Lk 11,29	τῶν δὲ ὄχλων ἐπαθροιζομένων ἤρξατο λέγειν· ἡ γενεὰ αὕτη γενεὰ πονηρά ἐστιν· σημεῖον ζητεῖ, καὶ σημεῖον οὐ δοθήσεται αὐτῇ εἰ μὴ τὸ σημεῖον Ἰωνᾶ.	Mk-Q overlap
a e 202 201	Mt 12,45 (2) → Mk 9,25	τότε πορεύεται καὶ παραλαμβάνει μεθ᾽ ἑαυτοῦ ἑπτὰ ἕτερα πνεύματα πονηρότερα ἑαυτοῦ καὶ εἰσελθόντα κατοικεῖ ἐκεῖ· καὶ γίνεται τὰ ἔσχατα τοῦ ἀνθρώπου ἐκείνου χείρονα τῶν πρώτων. οὕτως ἔσται καὶ τῇ γενεᾷ ταύτῃ τῇ πονηρᾷ.			Lk 11,26 → Mk 9,25	τότε πορεύεται καὶ παραλαμβάνει ἕτερα πνεύματα πονηρότερα ἑαυτοῦ ἑπτὰ καὶ εἰσελθόντα κατοικεῖ ἐκεῖ· καὶ γίνεται τὰ ἔσχατα τοῦ ἀνθρώπου ἐκείνου χείρονα τῶν πρώτων.	
b 211	Mt 13,19	 παντὸς ἀκούοντος τὸν λόγον τῆς βασιλείας καὶ μὴ συνιέντος, ἔρχεται ὁ πονηρὸς καὶ ἁρπάζει τὸ ἐσπαρμένον ἐν τῇ καρδίᾳ αὐτοῦ, οὗτός ἐστιν ὁ παρὰ τὴν ὁδὸν σπαρείς.	Mk 4,15	οὗτοι δέ εἰσιν οἱ παρὰ τὴν ὁδόν· ὅπου σπείρεται ὁ λόγος καὶ ὅταν ἀκούσωσιν, εὐθὺς ἔρχεται ὁ σατανᾶς καὶ αἴρει τὸν λόγον τὸν ἐσπαρμένον εἰς αὐτούς.	Lk 8,12	οἱ δὲ παρὰ τὴν ὁδόν εἰσιν οἱ ἀκούσαντες, εἶτα ἔρχεται ὁ διάβολος καὶ αἴρει τὸν λόγον ἀπὸ τῆς καρδίας αὐτῶν, ἵνα μὴ πιστεύσαντες σωθῶσιν.	

	Mt		Mk		Lk		
b 200	Mt 13,38	... τὸ δὲ καλὸν σπέρμα, οὗτοί εἰσιν οἱ υἱοὶ τῆς βασιλείας· τὰ δὲ ζιζάνιά εἰσιν **οἱ υἱοὶ τοῦ πονηροῦ**					
c 200	Mt 13,49	... ἐξελεύσονται οἱ ἄγγελοι καὶ ἀφοριοῦσιν **τοὺς πονηροὺς** ἐκ μέσου τῶν δικαίων					
210	Mt 15,19	ἐκ γὰρ τῆς καρδίας ἐξέρχονται **διαλογισμοὶ πονηροί,** φόνοι, μοιχεῖαι, πορνεῖαι, κλοπαί,	Mk 7,21	ἔσωθεν γὰρ ἐκ τῆς καρδίας τῶν ἀνθρώπων **οἱ διαλογισμοὶ οἱ κακοὶ** ἐκπορεύονται, πορνεῖαι, κλοπαί, φόνοι,			→ GTh 14,5
120		ψευδομαρτυρίαι, βλασφημίαι.	Mk 7,22	μοιχεῖαι, πλεονεξίαι, πονηρίαι, δόλος, ἀσέλγεια, **ὀφθαλμὸς πονηρός,** βλασφημία, ὑπερηφανία, ἀφροσύνη·			→ GTh 14,5
d 120	Mt 15,20	**ταῦτά** ἐστιν τὰ κοινοῦντα τὸν ἄνθρωπον, ...	Mk 7,23	**πάντα ταῦτα τὰ πονηρὰ** ἔσωθεν ἐκπορεύεται καὶ κοινοῖ τὸν ἄνθρωπον.			→ GTh 14,5
210	Mt 16,4 ⇑ Mt 12,39	**γενεὰ πονηρὰ καὶ μοιχαλὶς** σημεῖον ἐπιζητεῖ, καὶ σημεῖον οὐ δοθήσεται αὐτῇ εἰ μὴ τὸ σημεῖον Ἰωνᾶ. ...	Mk 8,12	... τί **ἡ γενεὰ αὕτη** ζητεῖ σημεῖον; ἀμὴν λέγω ὑμῖν, εἰ δοθήσεται τῇ γενεᾷ ταύτῃ σημεῖον.	Lk 11,29	... **ἡ γενεὰ αὕτη γενεὰ πονηρά ἐστιν·** σημεῖον ζητεῖ, καὶ σημεῖον οὐ δοθήσεται αὐτῇ εἰ μὴ τὸ σημεῖον Ἰωνᾶ.	Mk-Q overlap
200	Mt 18,32	τότε προσκαλεσάμενος αὐτὸν ὁ κύριος αὐτοῦ λέγει αὐτῷ· **δοῦλε πονηρέ,** πᾶσαν τὴν ὀφειλὴν ἐκείνην ἀφῆκά σοι, ἐπεὶ παρεκάλεσάς με·					
202	Mt 12,39 ⇑ Mt 16,4	ὁ δὲ ἀποκριθεὶς εἶπεν αὐτοῖς· **γενεὰ πονηρὰ καὶ μοιχαλὶς** σημεῖον ἐπιζητεῖ, καὶ σημεῖον οὐ δοθήσεται αὐτῇ εἰ μὴ τὸ σημεῖον Ἰωνᾶ τοῦ προφήτου.	Mk 8,12	καὶ ἀναστενάξας τῷ πνεύματι αὐτοῦ λέγει· τί **ἡ γενεὰ αὕτη** ζητεῖ σημεῖον; ἀμὴν λέγω ὑμῖν, εἰ δοθήσεται τῇ γενεᾷ ταύτῃ σημεῖον.	Lk 11,29	τῶν δὲ ὄχλων ἐπαθροιζομένων ἤρξατο λέγειν· **ἡ γενεὰ αὕτη γενεὰ πονηρά ἐστιν·** σημεῖον ζητεῖ, καὶ σημεῖον οὐ δοθήσεται αὐτῇ εἰ μὴ τὸ σημεῖον Ἰωνᾶ.	Mk-Q overlap
202	Mt 6,23	ἐὰν δὲ ὁ ὀφθαλμός σου **πονηρὸς** ᾖ, ὅλον τὸ σῶμά σου σκοτεινὸν ἔσται. ...			Lk 11,34	... ἐπὰν δὲ **πονηρὸς** ᾖ, καὶ τὸ σῶμά σου σκοτεινόν.	→ GTh 24 (POxy 655 - restoration)
200	Mt 20,15	[ἢ] οὐκ ἔξεστίν μοι ὃ θέλω ποιῆσαι ἐν τοῖς ἐμοῖς; ἢ ὁ ὀφθαλμός σου **πονηρός** ἐστιν ὅτι ἐγὼ ἀγαθός εἰμι;					
c 200	Mt 22,10 → Lk 14,23	καὶ ἐξελθόντες οἱ δοῦλοι ἐκεῖνοι εἰς τὰς ὁδοὺς συνήγαγον πάντας οὓς εὗρον, **πονηρούς** τε καὶ ἀγαθούς· ...					→ GTh 64

	Mt		Lk	
202	**Mt 25,26** ἀποκριθεὶς δὲ ὁ κύριος αὐτοῦ εἶπεν αὐτῷ· **πονηρὲ δοῦλε καὶ ὀκνηρέ,** ᾔδεις ὅτι θερίζω ὅπου οὐκ ἔσπειρα καὶ συνάγω ὅθεν οὐ διεσκόρπισα;		**Lk 19,22** λέγει αὐτῷ· ἐκ τοῦ στόματός σου κρίνω σε, **πονηρὲ δοῦλε.** ᾔδεις ὅτι ἐγὼ ἄνθρωπος αὐστηρός εἰμι, αἴρων ὃ οὐκ ἔθηκα καὶ θερίζων ὃ οὐκ ἔσπειρα;	

Acts 17,5 ζηλώσαντες δὲ οἱ Ἰουδαῖοι καὶ προσλαβόμενοι τῶν ἀγοραίων **ἄνδρας τινὰς πονηροὺς** καὶ ὀχλοποιήσαντες ἐθορύβουν τὴν πόλιν ...

Acts 18,14 ... εἶπεν ὁ Γαλλίων πρὸς τοὺς Ἰουδαίους· εἰ μὲν ἦν ἀδίκημά τι ἢ **ῥᾳδιούργημα πονηρόν,** ὦ Ἰουδαῖοι, κατὰ λόγον ἂν ἀνεσχόμην ὑμῶν

e **Acts 19,12** ὥστε καὶ ἐπὶ τοὺς ἀσθενοῦντας ἀποφέρεσθαι ἀπὸ τοῦ χρωτὸς αὐτοῦ σουδάρια ἢ σιμικίνθια καὶ ἀπαλλάσσεσθαι ἀπ' αὐτῶν τὰς νόσους, **τά τε πνεύματα τὰ πονηρὰ** ἐκπορεύεσθαι.

e **Acts 19,13** ἐπεχείρησαν δέ τινες καὶ τῶν περιερχομένων Ἰουδαίων ἐξορκιστῶν ὀνομάζειν ἐπὶ τοὺς ἔχοντας **τὰ πνεύματα τὰ πονηρὰ** τὸ ὄνομα τοῦ κυρίου Ἰησοῦ λέγοντες· ...

e **Acts 19,15** ἀποκριθὲν δὲ **τὸ πνεῦμα τὸ πονηρὸν** εἶπεν αὐτοῖς· τὸν [μὲν] Ἰησοῦν γινώσκω καὶ τὸν Παῦλον ἐπίσταμαι, ὑμεῖς δὲ τίνες ἐστέ;

e **Acts 19,16** καὶ ἐφαλόμενος ὁ ἄνθρωπος ἐπ' αὐτοὺς ἐν ᾧ ἦν **τὸ πνεῦμα τὸ πονηρὸν** κατακυριεύσας ἀμφοτέρων ἴσχυσεν κατ' αὐτῶν ὥστε γυμνοὺς καὶ τετραυματισμένους ἐκφυγεῖν ἐκ τοῦ οἴκου ἐκείνου.

d **Acts 25,18** περὶ οὗ σταθέντες οἱ κατήγοροι **οὐδεμίαν αἰτίαν ἔφερον ὧν ἐγὼ ὑπενόουν πονηρῶν**

b **Acts 28,21** ... ἡμεῖς οὔτε γράμματα περὶ σοῦ ἐδεξάμεθα ἀπὸ τῆς Ἰουδαίας οὔτε παραγενόμενός τις τῶν ἀδελφῶν ἀπήγγειλεν ἢ ἐλάλησέν **τι περὶ σοῦ πονηρόν.**

Πόντιος

	Syn	Mt	Mk	Lk	Acts	Jn	1-3John	Paul	Eph	Col
Πόντιος	1			1	1					
	NT	2Thess	1/2Tim	Tit	Heb	Jas	1Pet	2Pet	Jude	Rev
	3		1							

Pontius

	Mt	Lk
002		**Lk 3,1** ἐν ἔτει δὲ πεντεκαιδεκάτῳ τῆς ἡγεμονίας Τιβερίου Καίσαρος, ἡγεμονεύοντος **Ποντίου Πιλάτου** τῆς Ἰουδαίας, καὶ τετρααρχοῦντος τῆς Γαλιλαίας Ἡρῴδου, ...

Acts 4,27 συνήχθησαν γὰρ ἐπ' ἀληθείας ἐν τῇ πόλει ταύτῃ ἐπὶ τὸν ἅγιον παῖδά σου Ἰησοῦν ὃν ἔχρισας, Ἡρῴδης τε καὶ **Πόντιος Πιλᾶτος** σὺν ἔθνεσιν καὶ λαοῖς Ἰσραήλ
→ Lk 4,18
→ Lk 23,12

πορεία	Syn	Mt	Mk	Lk	Acts	Jn	1-3John	Paul	Eph	Col
	1			1						
	NT	2Thess	1/2Tim	Tit	Heb	Jas	1Pet	2Pet	Jude	Rev
	2					1				

journey; trip

002			**Lk 13,22** →Lk 8,1 →Lk 9,51 →Lk 17,11 καὶ διεπορεύετο κατὰ πόλεις καὶ κώμας διδάσκων καὶ **πορείαν** ποιούμενος εἰς Ἱεροσόλυμα.	

πορεύομαι	Syn	Mt	Mk	Lk	Acts	Jn	1-3John	Paul	Eph	Col
	80	29		51	37	16		6		
	NT	2Thess	1/2Tim	Tit	Heb	Jas	1Pet	2Pet	Jude	Rev
	150		2			1	3	2	3	

go; proceed; travel; die; conduct oneself; live; walk

	triple tradition																	double tradition			Sondergut		
		+Mt / +Lk			−Mt / −Lk			traditions not taken over by Mt / Lk							subtotals								
code	*222*	*211*	*112*	*212*	*221*	*122*	*121*	*022*	*012*	*021*	*220*	*120*	*210*	*020*	Σ⁺	Σ⁻	Σ	*202*	*201*	*102*	*200*	*002*	total
Mt		7⁺											2⁺		9⁺		9	5	3		12		**29**
Mk																							
Lk			12⁺						2⁺						14⁺		14	5		3		29	**51**

a πορεύομαι (...) ὁδόν
b πορεύομαι ἀπό τινος
c πορεύομαι εἴς τι(να) (see also n)
d πορεύομαι ἔμπροσθεν
e πορεύομαι ἔν τινι (except for phrases referring to time; see also n)
f πορεύομαι ἐπί τι(να)
g πορεύομαι ἕως (τινός)
h πορεύομαι κατά τι (except for phrases referring to time)
j πορεύομαι οὗ, πορεύομαι and local adverb
k πορεύομαι πρός τι(να)
l πορεύομαι with dative of mood
m πορεύομαι and infinitive
n πορεύομαι εἰς εἰρήνην, ~ ἐν εἰρήνῃ (see also c, e)

e 002			**Lk 1,6** ἦσαν δὲ δίκαιοι ἀμφότεροι ἐναντίον τοῦ θεοῦ, **πορευόμενοι** ἐν πάσαις ταῖς ἐντολαῖς καὶ δικαιώμασιν τοῦ κυρίου ἄμεμπτοι.	
c 002			**Lk 1,39** ἀναστᾶσα δὲ Μαριὰμ ἐν ταῖς ἡμέραις ταύταις **ἐπορεύθη** εἰς τὴν ὀρεινὴν μετὰ σπουδῆς εἰς πόλιν Ἰούδα	
c m 002			**Lk 2,3** καὶ **ἐπορεύοντο** πάντες ἀπογράφεσθαι, ἕκαστος εἰς τὴν ἑαυτοῦ πόλιν.	
200	**Mt 2,8** καὶ πέμψας αὐτοὺς εἰς Βηθλέεμ εἶπεν· **πορευθέντες** ἐξετάσατε ἀκριβῶς περὶ τοῦ παιδίου· ...			
200	**Mt 2,9** οἱ δὲ ἀκούσαντες τοῦ βασιλέως **ἐπορεύθησαν** καὶ ἰδοὺ ὁ ἀστήρ, ὃν εἶδον ἐν τῇ ἀνατολῇ, προῆγεν αὐτούς, ...			

c 200	Mt 2,20	... ἐγερθεὶς παράλαβε τὸ παιδίον καὶ τὴν μητέρα αὐτοῦ καὶ **πορεύου** εἰς γῆν Ἰσραήλ· ...					
c 002					Lk 2,41	καὶ **ἐπορεύοντο** οἱ γονεῖς αὐτοῦ κατ᾽ ἔτος εἰς Ἰερουσαλὴμ τῇ ἑορτῇ τοῦ πάσχα.	
002					Lk 4,30	αὐτὸς δὲ διελθὼν διὰ μέσου αὐτῶν **ἐπορεύετο.**	
c 012			Mk 1,35 → Mk 1,45	καὶ πρωῒ ἔννυχα λίαν ἀναστὰς ἐξῆλθεν καὶ **ἀπῆλθεν** εἰς ἔρημον τόπον κἀκεῖ προσηύχετο.	Lk 4,42 (2) → Lk 5,16	γενομένης δὲ ἡμέρας ἐξελθὼν **ἐπορεύθη** εἰς ἔρημον τόπον·	
b 012			Mk 1,37	[36] καὶ κατεδίωξεν αὐτὸν Σίμων καὶ οἱ μετ᾽ αὐτοῦ, [37] καὶ εὗρον αὐτὸν καὶ λέγουσιν αὐτῷ ὅτι πάντες ζητοῦσίν σε.	→ Mk 1,45	καὶ οἱ ὄχλοι ἐπεζήτουν αὐτὸν καὶ ἦλθον ἕως αὐτοῦ καὶ κατεῖχον αὐτὸν **τοῦ μὴ πορεύεσθαι** ἀπ᾽ αὐτῶν.	
c 112	Mt 9,6	... ἐγερθεὶς ἆρόν σου τὴν κλίνην καὶ **ὕπαγε** εἰς τὸν οἶκόν σου.	Mk 2,11	σοὶ λέγω, ἔγειρε ἆρον τὸν κράβαττόν σου καὶ **ὕπαγε** εἰς τὸν οἶκόν σου.	Lk 5,24	... σοὶ λέγω, ἔγειρε καὶ ἄρας τὸ κλινίδιόν σου **πορεύου** εἰς τὸν οἶκόν σου.	→ Jn 5,8
002					Lk 7,6	ὁ δὲ Ἰησοῦς **ἐπορεύετο** σὺν αὐτοῖς. ...	
202 202	Mt 8,9 (2)	καὶ γὰρ ἐγὼ ἄνθρωπός εἰμι ὑπὸ ἐξουσίαν, ἔχων ὑπ᾽ ἐμαυτὸν στρατιώτας, καὶ λέγω τούτῳ· **πορεύθητι,** καὶ **πορεύεται,** καὶ ἄλλῳ· ἔρχου, καὶ ἔρχεται, καὶ τῷ δούλῳ μου· ποίησον τοῦτο, καὶ ποιεῖ.			Lk 7,8 (2)	καὶ γὰρ ἐγὼ ἄνθρωπός εἰμι ὑπὸ ἐξουσίαν τασσόμενος ἔχων ὑπ᾽ ἐμαυτὸν στρατιώτας, καὶ λέγω τούτῳ· **πορεύθητι,** καὶ **πορεύεται,** καὶ ἄλλῳ· ἔρχου, καὶ ἔρχεται, καὶ τῷ δούλῳ μου· ποίησον τοῦτο, καὶ ποιεῖ.	
211	Mt 9,13 ⇨ Mt 12,7	**πορευθέντες** δὲ μάθετε τί ἐστιν· *ἔλεος θέλω καὶ οὐ θυσίαν·* οὐ γὰρ ἦλθον καλέσαι δικαίους ἀλλὰ ἁμαρτωλούς. ➤ Hos 6,6	Mk 2,17	... οὐκ ἦλθον καλέσαι δικαίους ἀλλὰ ἁμαρτωλούς.	Lk 5,32	οὐκ ἐλήλυθα καλέσαι δικαίους ἀλλὰ ἁμαρτωλοὺς εἰς μετάνοιαν.	
k 200	Mt 10,6 → Mt 15,24	**πορεύεσθε** δὲ μᾶλλον πρὸς τὰ πρόβατα τὰ ἀπολωλότα οἴκου Ἰσραήλ.					

	Mt		Mk		Lk		
201	Mt 10,7	πορευόμενοι δὲ κηρύσσετε λέγοντες ὅτι ἤγγικεν ἡ βασιλεία τῶν οὐρανῶν. [8] ἀσθενοῦντας θεραπεύετε, ...			Lk 10,9 → Lk 9,2 ⇩ Lk 10,11	καὶ θεραπεύετε τοὺς ἐν αὐτῇ ἀσθενεῖς καὶ λέγετε αὐτοῖς· ἤγγικεν ἐφ' ὑμᾶς ἡ βασιλεία τοῦ θεοῦ.	
					Lk 10,11 ⇧ Lk 10,9	... πλὴν τοῦτο γινώσκετε ὅτι ἤγγικεν ἡ βασιλεία τοῦ θεοῦ.	
c 002					Lk 7,11	καὶ ἐγένετο ἐν τῷ ἑξῆς **ἐπορεύθη** εἰς πόλιν καλουμένην Ναΐν καὶ συνεπορεύοντο αὐτῷ οἱ μαθηταὶ αὐτοῦ καὶ ὄχλος πολύς.	
202	Mt 11,4	καὶ ἀποκριθεὶς ὁ Ἰησοῦς εἶπεν αὐτοῖς· **πορευθέντες** ἀπαγγείλατε Ἰωάννῃ ἃ ἀκούετε καὶ βλέπετε·			Lk 7,22	καὶ ἀποκριθεὶς εἶπεν αὐτοῖς· **πορευθέντες** ἀπαγγείλατε Ἰωάννῃ ἃ εἴδετε καὶ ἠκούσατε· ...	
201	Mt 11,7	τούτων δὲ **πορευομένων** ἤρξατο ὁ Ἰησοῦς λέγειν τοῖς ὄχλοις περὶ Ἰωάννου· ...			Lk 7,24	**ἀπελθόντων** δὲ τῶν ἀγγέλων Ἰωάννου ἤρξατο λέγειν πρὸς τοὺς ὄχλους περὶ Ἰωάννου· ...	→ GTh 78
c n 002					Lk 7,50	εἶπεν δὲ πρὸς τὴν γυναῖκα· ἡ πίστις σου σέσωκέν σε· **πορεύου** εἰς εἰρήνην.	
211	Mt 12,1	ἐν ἐκείνῳ τῷ καιρῷ **ἐπορεύθη** ὁ Ἰησοῦς τοῖς σάββασιν διὰ τῶν σπορίμων· ...	Mk 2,23	καὶ ἐγένετο αὐτὸν ἐν τοῖς σάββασιν **παραπορεύεσθαι** διὰ τῶν σπορίμων, ...	Lk 6,1	ἐγένετο δὲ ἐν σαββάτῳ **διαπορεύεσθαι** αὐτὸν διὰ σπορίμων, ...	
202	Mt 12,45	τότε **πορεύεται** καὶ παραλαμβάνει μεθ' ἑαυτοῦ ἑπτὰ ἕτερα πνεύματα πονηρότερα ἑαυτοῦ ...			Lk 11,26	τότε **πορεύεται** καὶ παραλαμβάνει ἕτερα πνεύματα πονηρότερα ἑαυτοῦ ἑπτὰ ...	
112	Mt 13,22	... καὶ ἡ μέριμνα τοῦ αἰῶνος καὶ ἡ ἀπάτη τοῦ πλούτου συμπνίγει τὸν λόγον καὶ ἄκαρπος γίνεται.	Mk 4,19	καὶ αἱ μέριμναι τοῦ αἰῶνος καὶ ἡ ἀπάτη τοῦ πλούτου καὶ αἱ περὶ τὰ λοιπὰ ἐπιθυμίαι **εἰσπορευόμεναι** συμπνίγουσιν τὸν λόγον καὶ ἄκαρπος γίνεται.	Lk 8,14	... καὶ ὑπὸ μεριμνῶν καὶ πλούτου καὶ ἡδονῶν τοῦ βίου **πορευόμενοι** συμπνίγονται καὶ οὐ τελεσφοροῦσιν.	
c n 112	Mt 9,22	... θάρσει, θύγατερ· ἡ πίστις σου σέσωκέν σε.	Mk 5,34	... θυγάτηρ, ἡ πίστις σου σέσωκέν σε· **ὕπαγε** εἰς εἰρήνην καὶ ἴσθι ὑγιὴς ἀπὸ τῆς μάστιγός σου.	Lk 8,48	... θυγάτηρ, ἡ πίστις σου σέσωκέν σε· **πορεύου** εἰς εἰρήνην.	
		καὶ ἐσώθη ἡ γυνὴ ἀπὸ τῆς ὥρας ἐκείνης.	Mk 5,29 → Lk 8,47	καὶ εὐθὺς ἐξηράνθη ἡ πηγὴ τοῦ αἵματος αὐτῆς καὶ ἔγνω τῷ σώματι ὅτι ἴαται ἀπὸ τῆς μάστιγος.	Lk 8,44	... καὶ παραχρῆμα ἔστη ἡ ῥύσις τοῦ αἵματος αὐτῆς.	
c 112	Mt 14,15 ↓ Mt 14,16 → Mt 15,32	... ἀπόλυσον τοὺς ὄχλους, ἵνα **ἀπελθόντες** εἰς τὰς κώμας ἀγοράσωσιν ἑαυτοῖς βρώματα.	Mk 6,36 ↓ Mk 6,37 → Mk 8,3	ἀπόλυσον αὐτούς, ἵνα **ἀπελθόντες** εἰς τοὺς κύκλῳ ἀγροὺς καὶ κώμας ἀγοράσωσιν ἑαυτοῖς τί φάγωσιν.	Lk 9,12 ↓ Lk 9,13	... ἀπόλυσον τὸν ὄχλον, ἵνα **πορευθέντες** εἰς τὰς κύκλῳ κώμας καὶ ἀγροὺς καταλύσωσιν καὶ εὕρωσιν ἐπισιτισμόν, ...	

	Mt		Mk		Lk		
112	**Mt 14,16** ↑ Mt 14,15 → Mt 15,33	ὁ δὲ [Ἰησοῦς] εἶπεν αὐτοῖς· οὐ χρείαν ἔχουσιν ἀπελθεῖν, δότε αὐτοῖς ὑμεῖς φαγεῖν. [17] οἱ δὲ λέγουσιν αὐτῷ· οὐκ ἔχομεν ὧδε εἰ μὴ πέντε ἄρτους καὶ δύο ἰχθύας.	**Mk 6,37** ↑ Mk 6,36 → Mk 8,4	ὁ δὲ ἀποκριθεὶς εἶπεν αὐτοῖς· δότε αὐτοῖς ὑμεῖς φαγεῖν. καὶ λέγουσιν αὐτῷ· **ἀπελθόντες** **ἀγοράσωμεν** δηναρίων διακοσίων ἄρτους καὶ δώσομεν αὐτοῖς φαγεῖν; [38] ὁ δὲ λέγει αὐτοῖς· πόσους ἄρτους ἔχετε; ὑπάγετε ἴδετε. καὶ γνόντες λέγουσιν· πέντε, καὶ δύο ἰχθύας.	**Lk 9,13** ↑ **Lk 9,12**	εἶπεν δὲ πρὸς αὐτούς· δότε αὐτοῖς ὑμεῖς φαγεῖν. οἱ δὲ εἶπαν· οὐκ εἰσὶν ἡμῖν πλεῖον ἢ ἄρτοι πέντε καὶ ἰχθύες δύο, **εἰ μήτι πορευθέντες** **ἡμεῖς ἀγοράσωμεν** εἰς πάντα τὸν λαὸν τοῦτον βρώματα.	→ Jn 6,5 → Jn 6,7
c 200	**Mt 17,27**	ἵνα δὲ μὴ σκανδαλίσωμεν αὐτούς, **πορευθεὶς** εἰς θάλασσαν βάλε ἄγκιστρον καὶ τὸν ἀναβάντα πρῶτον ἰχθὺν ἆρον, ...					
f 202	**Mt 18,12**	... οὐχὶ ἀφήσει τὰ ἐνενήκοντα ἐννέα ἐπὶ τὰ ὄρη καὶ **πορευθεὶς** ζητεῖ τὸ πλανώμενον;			**Lk 15,4**	... οὐ καταλείπει τὰ ἐνενήκοντα ἐννέα ἐν τῇ ἐρήμῳ καὶ **πορεύεται** ἐπὶ τὸ ἀπολωλὸς ἕως εὕρῃ αὐτό;	→ GTh 107
c 002					**Lk 9,51** → Mt 19,1 → Mk 10,1 → Lk 24,51	ἐγένετο δὲ ἐν τῷ συμπληροῦσθαι τὰς ἡμέρας τῆς ἀναλήμψεως αὐτοῦ καὶ αὐτὸς τὸ πρόσωπον ἐστήρισεν **τοῦ πορεύεσθαι** εἰς Ἰερουσαλήμ.	→ Acts 1,2.9 → **Acts 1,11** → Acts 1,22
002					**Lk 9,52**	... καὶ **πορευθέντες** εἰσῆλθον εἰς κώμην Σαμαριτῶν, ὡς ἑτοιμάσαι αὐτῷ·	
c 002					**Lk 9,53**	καὶ οὐκ ἐδέξαντο αὐτόν, ὅτι τὸ πρόσωπον αὐτοῦ ἦν **πορευόμενον** εἰς Ἰερουσαλήμ.	
c 002					**Lk 9,56**	καὶ **ἐπορεύθησαν** εἰς ἑτέραν κώμην.	
e 102	**Mt 8,19**	καὶ προσελθὼν εἷς γραμματεὺς εἶπεν αὐτῷ· διδάσκαλε, ἀκολουθήσω σοι ὅπου ἐὰν ἀπέρχῃ.			**Lk 9,57**	καὶ **πορευομένων** αὐτῶν ἐν τῇ ὁδῷ εἶπέν τις πρὸς αὐτόν· ἀκολουθήσω σοι ὅπου ἐὰν ἀπέρχῃ.	
002					**Lk 10,37**	ὁ δὲ εἶπεν· ὁ ποιήσας τὸ ἔλεος μετ' αὐτοῦ. εἶπεν δὲ αὐτῷ ὁ Ἰησοῦς· **πορεύου** καὶ σὺ ποίει ὁμοίως.	

002					Lk 10,38	ἐν δὲ τῷ **πορεύεσθαι** αὐτοὺς αὐτὸς εἰσῆλθεν εἰς κώμην τινά· γυνὴ δέ τις ὀνόματι Μάρθα ὑπεδέξατο αὐτόν.	
k 002					Lk 11,5	... τίς ἐξ ὑμῶν ἕξει φίλον καὶ **πορεύσεται** πρὸς αὐτὸν μεσονυκτίου καὶ εἴπῃ αὐτῷ· φίλε, χρῆσόν μοι τρεῖς ἄρτους	
202	Mt 12,45	τότε **πορεύεται** καὶ παραλαμβάνει μεθ' ἑαυτοῦ ἑπτὰ ἕτερα πνεύματα πονηρότερα ἑαυτοῦ ...			Lk 11,26	τότε **πορεύεται** καὶ παραλαμβάνει ἕτερα πνεύματα πονηρότερα ἑαυτοῦ ἑπτὰ ...	
j 002					Lk 13,31	ἐν αὐτῇ τῇ ὥρᾳ προσῆλθάν τινες Φαρισαῖοι λέγοντες αὐτῷ· ἔξελθε καὶ **πορεύου** ἐντεῦθεν, ὅτι Ἡρῴδης θέλει σε ἀποκτεῖναι.	
002					Lk 13,32	καὶ εἶπεν αὐτοῖς· **πορευθέντες** εἴπατε τῇ ἀλώπεκι ταύτῃ· ἰδοὺ ἐκβάλλω δαιμόνια καὶ ἰάσεις ἀποτελῶ σήμερον καὶ αὔριον καὶ τῇ τρίτῃ τελειοῦμαι.	
002					Lk 13,33	πλὴν δεῖ με σήμερον καὶ αὔριον καὶ τῇ ἐχομένῃ **πορεύεσθαι,** ὅτι οὐκ ἐνδέχεται προφήτην ἀπολέσθαι ἔξω Ἰερουσαλήμ.	
002					Lk 14,10	ἀλλ' ὅταν κληθῇς, **πορευθεὶς** ἀνάπεσε εἰς τὸν ἔσχατον τόπον, ...	
m 102	Mt 22,5	... ὃς δὲ ἐπὶ τὴν ἐμπορίαν αὐτοῦ·			Lk 14,19	καὶ ἕτερος εἶπεν· ζεύγη βοῶν ἠγόρασα πέντε καὶ **πορεύομαι** δοκιμάσαι αὐτά· ἐρωτῶ σε, ἔχε με παρῃτημένον.	→ GTh 64
m 002					Lk 14,31	ἢ τίς βασιλεὺς **πορευόμενος** ἑτέρῳ βασιλεῖ συμβαλεῖν εἰς πόλεμον οὐχὶ καθίσας πρῶτον βουλεύσεται εἰ δυνατός ἐστιν ...	
f 202	Mt 18,12	... οὐχὶ ἀφήσει τὰ ἐνενήκοντα ἐννέα ἐπὶ τὰ ὄρη καὶ **πορευθεὶς** ζητεῖ τὸ πλανώμενον;			Lk 15,4	... οὐ καταλείπει τὰ ἐνενήκοντα ἐννέα ἐν τῇ ἐρήμῳ καὶ **πορεύεται** ἐπὶ τὸ ἀπολωλὸς ἕως εὕρῃ αὐτό;	→ GTh 107
002					Lk 15,15	καὶ **πορευθεὶς** ἐκολλήθη ἑνὶ τῶν πολιτῶν τῆς χώρας ἐκείνης, ...	

	Mt		Mk		Lk		
k 002					Lk 15,18	ἀναστὰς **πορεύσομαι** πρὸς τὸν πατέρα μου ...	
b k 002					Lk 16,30	... οὐχί, πάτερ Ἀβραάμ, ἀλλ᾽ ἐάν τις ἀπὸ νεκρῶν **πορευθῇ** πρὸς αὐτοὺς μετανοήσουσιν.	
c 002					Lk 17,11	καὶ ἐγένετο **ἐν τῷ πορεύεσθαι** εἰς Ἰερουσαλὴμ καὶ αὐτὸς διήρχετο διὰ μέσον Σαμαρείας καὶ Γαλιλαίας.	
002					Lk 17,14 → Mt 8,4 → Mk 1,44 → Lk 5,14	καὶ ἰδὼν εἶπεν αὐτοῖς· **πορευθέντες** ἐπιδείξατε ἑαυτοὺς τοῖς ἱερεῦσιν. ... ➤ Lev 13,49; 14,2-4	
002					Lk 17,19	καὶ εἶπεν αὐτῷ· ἀναστὰς **πορεύου·** ἡ πίστις σου σέσωκέν σε.	
j 210	Mt 19,15 → Mk 10,17	καὶ ἐπιθεὶς τὰς χεῖρας αὐτοῖς **ἐπορεύθη** ἐκεῖθεν.	Mk 10,16	καὶ ἐναγκαλισάμενος αὐτὰ κατευλόγει τιθεὶς τὰς χεῖρας ἐπ᾽ αὐτά.			→ GTh 22
c m 102	Mt 25,14	ὥσπερ γὰρ ἄνθρωπος **ἀποδημῶν** ἐκάλεσεν τοὺς ἰδίους δούλους καὶ παρέδωκεν αὐτοῖς τὰ ὑπάρχοντα αὐτοῦ	Mk 13,34	ὡς ἄνθρωπος **ἀπόδημος** ἀφεὶς τὴν οἰκίαν αὐτοῦ καὶ δοὺς τοῖς δούλοις αὐτοῦ τὴν ἐξουσίαν ...	Lk 19,12	... ἄνθρωπός τις εὐγενὴς **ἐπορεύθη** εἰς χώραν μακρὰν λαβεῖν ἑαυτῷ βασιλείαν καὶ ὑποστρέψαι. [13] καλέσας δὲ δέκα δούλους ἑαυτοῦ ...	Mk-Q overlap
d 112	Mt 21,1	καὶ ὅτε ἤγγισαν εἰς Ἱεροσόλυμα καὶ ἦλθον εἰς Βηθφαγὴ ...	Mk 11,1	καὶ ὅτε ἐγγίζουσιν εἰς Ἱεροσόλυμα εἰς Βηθφαγὴ καὶ Βηθανίαν ...	Lk 19,28	καὶ εἰπὼν ταῦτα **ἐπορεύετο** ἔμπροσθεν ἀναβαίνων εἰς Ἱεροσόλυμα. [29] καὶ ἐγένετο ὡς ἤγγισεν εἰς Βηθφαγὴ καὶ Βηθανία[ν] ...	→ Jn 12,12
c 211	Mt 21,2	λέγων αὐτοῖς· **πορεύεσθε** εἰς τὴν κώμην τὴν κατέναντι ὑμῶν, ...	Mk 11,2	καὶ λέγει αὐτοῖς· **ὑπάγετε** εἰς τὴν κώμην τὴν κατέναντι ὑμῶν, ...	Lk 19,30	λέγων· **ὑπάγετε** εἰς τὴν κατέναντι κώμην, ...	
211	Mt 21,6 → Mk 11,6	**πορευθέντες** δὲ οἱ μαθηταὶ καὶ ποιήσαντες καθὼς συνέταξεν αὐτοῖς ὁ Ἰησοῦς	Mk 11,4	καὶ **ἀπῆλθον** καὶ εὗρον πῶλον δεδεμένον πρὸς θύραν ἔξω ἐπὶ τοῦ ἀμφόδου καὶ λύουσιν αὐτόν.	Lk 19,32 → Mk 11,6	**ἀπελθόντες** δὲ οἱ ἀπεσταλμένοι εὗρον καθὼς εἶπεν αὐτοῖς. [33] λυόντων δὲ αὐτῶν τὸν πῶλον ...	
112	Mt 21,8	ὁ δὲ πλεῖστος ὄχλος ἔστρωσαν ἑαυτῶν τὰ ἱμάτια ἐν τῇ ὁδῷ, ...	Mk 11,8	καὶ πολλοὶ τὰ ἱμάτια αὐτῶν ἔστρωσαν εἰς τὴν ὁδόν, ...	Lk 19,36	**πορευομένου** δὲ αὐτοῦ ὑπεστρώννυον τὰ ἱμάτια αὐτῶν ἐν τῇ ὁδῷ.	→ Jn 12,13
f 201	Mt 22,9	**πορεύεσθε** οὖν ἐπὶ τὰς διεξόδους τῶν ὁδῶν καὶ ὅσους ἐὰν εὕρητε καλέσατε εἰς τοὺς γάμους.			Lk 14,23 → Mt 22,10 ⇨ Lk 14,21 → Lk 16,16	καὶ εἶπεν ὁ κύριος πρὸς τὸν δοῦλον· **ἔξελθε** εἰς τὰς ὁδοὺς καὶ φραγμοὺς καὶ ἀνάγκασον εἰσελθεῖν, ...	→ GTh 64

<table>
<tr><td>211</td><td>Mt 22,15
→ Mt 26,4</td><td>τότε
πορευθέντες
οἱ Φαρισαῖοι συμβούλιον ἔλαβον ὅπως αὐτὸν παγιδεύσωσιν ἐν λόγῳ.
[16] καὶ ἀποστέλλουσιν αὐτῷ τοὺς μαθητὰς αὐτῶν μετὰ τῶν Ἡρῳδιανῶν ...</td><td>Mk 12,13</td><td>καὶ ἀποστέλλουσιν πρὸς αὐτόν τινας τῶν Φαρισαίων καὶ τῶν Ἡρῳδιανῶν ἵνα αὐτὸν ἀγρεύσωσιν λόγῳ.</td><td>Lk 20,20
→ Lk 16,15
→ Lk 18,9
→ Lk 23,2</td><td>καὶ παρατηρήσαντες ἀπέστειλαν ἐγκαθέτους ὑποκρινομένους ἑαυτοὺς δικαίους εἶναι, ἵνα ἐπιλάβωνται αὐτοῦ λόγου, ...</td><td></td></tr>
<tr><td>211</td><td>Mt 24,1</td><td>καὶ ἐξελθὼν ὁ Ἰησοῦς ἀπὸ τοῦ ἱεροῦ
ἐπορεύετο,
καὶ προσῆλθον οἱ μαθηταὶ αὐτοῦ ἐπιδεῖξαι αὐτῷ τὰς οἰκοδομὰς τοῦ ἱεροῦ.</td><td>Mk 13,1</td><td>καὶ ἐκπορευομένου αὐτοῦ ἐκ τοῦ ἱεροῦ
λέγει αὐτῷ εἷς τῶν μαθητῶν αὐτοῦ· διδάσκαλε, ἴδε ποταποὶ λίθοι καὶ ποταπαὶ οἰκοδομαί.</td><td>Lk 21,5</td><td>καί τινων λεγόντων περὶ τοῦ ἱεροῦ ὅτι λίθοις καλοῖς καὶ ἀναθήμασιν κεκόσμηται ...</td><td></td></tr>
<tr><td>112</td><td>Mt 24,5
→ Mt 24,23-24
→ Mt 24,26
→ Mt 24,11</td><td>πολλοὶ γὰρ ἐλεύσονται ἐπὶ τῷ ὀνόματί μου λέγοντες· ἐγώ εἰμι ὁ χριστός,
καὶ πολλοὺς πλανήσουσιν.</td><td>Mk 13,6
→ Mk 13,21-22</td><td>πολλοὶ ἐλεύσονται ἐπὶ τῷ ὀνόματί μου λέγοντες ὅτι ἐγώ εἰμι,
καὶ πολλοὺς πλανήσουσιν.</td><td>Lk 21,8
→ Lk 17,23</td><td>... πολλοὶ γὰρ ἐλεύσονται ἐπὶ τῷ ὀνόματί μου λέγοντες· ἐγώ εἰμι, καί· ὁ καιρὸς ἤγγικεν.
μὴ πορευθῆτε
ὀπίσω αὐτῶν.</td><td></td></tr>
<tr><td>k
200</td><td>Mt 25,9</td><td>... μήποτε οὐ μὴ ἀρκέσῃ ἡμῖν καὶ ὑμῖν·
πορεύεσθε
μᾶλλον πρὸς τοὺς πωλοῦντας καὶ ἀγοράσατε ἑαυταῖς.</td><td></td><td></td><td></td><td></td><td></td></tr>
<tr><td>200</td><td>Mt 25,16</td><td>πορευθεὶς
ὁ τὰ πέντε τάλαντα λαβὼν ἠργάσατο ἐν αὐτοῖς καὶ ἐκέρδησεν ἄλλα πέντε·</td><td></td><td></td><td></td><td></td><td></td></tr>
<tr><td>b c
200</td><td>Mt 25,41
→ Mt 7,23
→ Lk 13,27</td><td>τότε ἐρεῖ καὶ τοῖς ἐξ εὐωνύμων·
πορεύεσθε
ἀπ' ἐμοῦ [οἱ] κατηραμένοι εἰς τὸ πῦρ τὸ αἰώνιον τὸ ἡτοιμασμένον τῷ διαβόλῳ καὶ τοῖς ἀγγέλοις αὐτοῦ.</td><td></td><td></td><td></td><td></td><td></td></tr>
<tr><td>k
211</td><td>Mt 26,14</td><td>τότε
πορευθεὶς
εἷς τῶν δώδεκα, ὁ λεγόμενος Ἰούδας Ἰσκαριώτης,
πρὸς τοὺς ἀρχιερεῖς [15] εἶπεν· ...</td><td>Mk 14,10</td><td>καὶ Ἰούδας Ἰσκαριὼθ ὁ εἷς τῶν δώδεκα
ἀπῆλθεν
πρὸς τοὺς ἀρχιερεῖς ...</td><td>Lk 22,4</td><td>[3] εἰσῆλθεν δὲ σατανᾶς εἰς Ἰούδαν τὸν καλούμενον Ἰσκαριώτην, ὄντα ἐκ τοῦ ἀριθμοῦ τῶν δώδεκα· [4] καὶ
ἀπελθὼν
συνελάλησεν
τοῖς ἀρχιερεῦσιν καὶ στρατηγοῖς ...</td><td></td></tr>
</table>

[a] πορεύομαι (...) ὁδόν
[b] πορεύομαι ἀπό τινος
[c] πορεύομαι εἴς τι(να) (see also n)
[d] πορεύομαι ἔμπροσθεν
[e] πορεύομαι ἔν τινι (except for phrases referring to time; see also n)
[f] πορεύομαι ἐπί τι(να)
[g] πορεύομαι ἕως (τινός)
[h] πορεύομαι κατά τι (except for phrases referring to time)
[j] πορεύομαι οὗ, πορεύομαι and local adverb
[k] πορεύομαι πρός τι(να)
[l] πορεύομαι with dative of mood
[m] πορεύομαι and infinitive
[n] πορεύομαι εἰς εἰρήνην, ~ ἐν εἰρήνῃ (see also c, e)

112	Mt 26,17	... προσῆλθον οἱ μαθηταὶ τῷ Ἰησοῦ λέγοντες· ποῦ θέλεις ἑτοιμάσωμέν σοι φαγεῖν τὸ πάσχα; [18] ὁ δὲ εἶπεν· ὑπάγετε εἰς τὴν πόλιν ...	Mk 14,13	[12] ... λέγουσιν αὐτῷ οἱ μαθηταὶ αὐτοῦ· ποῦ θέλεις ἀπελθόντες ἑτοιμάσωμεν ἵνα φάγῃς τὸ πάσχα; [13] καὶ ἀποστέλλει δύο τῶν μαθητῶν αὐτοῦ καὶ λέγει αὐτοῖς· ὑπάγετε εἰς τὴν πόλιν, ...	Lk 22,8	καὶ ἀπέστειλεν Πέτρον καὶ Ἰωάννην εἰπών· **πορευθέντες** ἑτοιμάσατε ἡμῖν τὸ πάσχα ἵνα φάγωμεν. [9] οἱ δὲ εἶπαν αὐτῷ· ποῦ θέλεις ἑτοιμάσωμεν; [10] ὁ δὲ εἶπεν αὐτοῖς· ἰδοὺ εἰσελθόντων ὑμῶν εἰς τὴν πόλιν ...	
h 112	Mt 26,24	ὁ μὲν υἱὸς τοῦ ἀνθρώπου **ὑπάγει** καθὼς γέγραπται περὶ αὐτοῦ, οὐαὶ δὲ τῷ ἀνθρώπῳ ἐκείνῳ δι᾽ οὗ ὁ υἱὸς τοῦ ἀνθρώπου παραδίδοται· ...	Mk 14,21	ὅτι ὁ μὲν υἱὸς τοῦ ἀνθρώπου **ὑπάγει** καθὼς γέγραπται περὶ αὐτοῦ, οὐαὶ δὲ τῷ ἀνθρώπῳ ἐκείνῳ δι᾽ οὗ ὁ υἱὸς τοῦ ἀνθρώπου παραδίδοται· ...	Lk 22,22	ὅτι ὁ υἱὸς μὲν τοῦ ἀνθρώπου κατὰ τὸ ὡρισμένον **πορεύεται,** πλὴν οὐαὶ τῷ ἀνθρώπῳ ἐκείνῳ δι᾽ οὗ παραδίδοται.	
c 112	Mt 26,33	ἀποκριθεὶς δὲ ὁ Πέτρος εἶπεν αὐτῷ· εἰ πάντες σκανδαλισθήσονται ἐν σοί, ἐγὼ οὐδέποτε σκανδαλισθήσομαι.	Mk 14,29	ὁ δὲ Πέτρος ἔφη αὐτῷ· εἰ καὶ πάντες σκανδαλισθήσονται, ἀλλ᾽ οὐκ ἐγώ.	Lk 22,33 → Mt 26,35 → Mk 14,31	ὁ δὲ εἶπεν αὐτῷ· κύριε, μετὰ σοῦ ἕτοιμός εἰμι καὶ εἰς φυλακὴν καὶ εἰς θάνατον **πορεύεσθαι.**	→ Jn 13,37
c h 112	Mt 26,30	καὶ ὑμνήσαντες ἐξῆλθον εἰς τὸ ὄρος τῶν ἐλαιῶν.	Mk 14,26	καὶ ὑμνήσαντες ἐξῆλθον εἰς τὸ ὄρος τῶν ἐλαιῶν.	Lk 22,39	καὶ ἐξελθὼν **ἐπορεύθη** κατὰ τὸ ἔθος εἰς τὸ ὄρος τῶν ἐλαιῶν, ...	→ Jn 18,1
200	Mt 27,66	οἱ δὲ **πορευθέντες** ἠσφαλίσαντο τὸν τάφον σφραγίσαντες τὸν λίθον μετὰ τῆς κουστωδίας.					
210	Mt 28,7 → Mt 26,32 → Mt 27,64 → Mt 28,10 ↓ Mt 28,16	καὶ ταχὺ **πορευθεῖσαι** εἴπατε τοῖς μαθηταῖς αὐτοῦ ὅτι ἠγέρθη ἀπὸ τῶν νεκρῶν, καὶ ἰδοὺ προάγει ὑμᾶς εἰς τὴν Γαλιλαίαν, ...	Mk 16,7 → Mk 14,28	ἀλλὰ **ὑπάγετε** εἴπατε τοῖς μαθηταῖς αὐτοῦ καὶ τῷ Πέτρῳ ὅτι προάγει ὑμᾶς εἰς τὴν Γαλιλαίαν·...			→ Jn 20,17 → Jn 21,1
200	Mt 28,11	**πορευομένων** δὲ αὐτῶν ἰδού τινες τῆς κουστωδίας ἐλθόντες εἰς τὴν πόλιν ἀπήγγειλαν τοῖς ἀρχιερεῦσιν ἅπαντα τὰ γενόμενα.					
c 002					Lk 24,13	καὶ ἰδοὺ δύο ἐξ αὐτῶν ἐν αὐτῇ τῇ ἡμέρᾳ ἦσαν **πορευόμενοι** εἰς κώμην ἀπέχουσαν σταδίους ἑξήκοντα ἀπὸ Ἰερουσαλήμ, ᾗ ὄνομα Ἐμμαοῦς	
j 002 j 002					Lk 24,28 (2)	καὶ ἤγγισαν εἰς τὴν κώμην οὗ **ἐπορεύοντο,** καὶ αὐτὸς προσεποιήσατο πορρώτερον **πορεύεσθαι.**	

c 200	**Mt 28,16** ↑ Mt 28,7 ↑ Mk 16,7 → Mt 28,10	οἱ δὲ ἕνδεκα μαθηταὶ **ἐπορεύθησαν** εἰς τὴν Γαλιλαίαν εἰς τὸ ὄρος οὗ ἐτάξατο αὐτοῖς ὁ Ἰησοῦς		
200	**Mt 28,19** → Mt 24,14 → Mk 13,10 → Lk 24,47	**πορευθέντες** οὖν μαθητεύσατε πάντα τὰ ἔθνη, ...		

a πορεύομαι (...) ὁδόν
b πορεύομαι ἀπό τινος
c πορεύομαι εἴς τι(να) (see also n)
d πορεύομαι ἔμπροσθεν
e πορεύομαι ἔν τινι (except for phrases referring to time; see also n)
f πορεύομαι ἐπί τι(να)
g πορεύομαι ἕως (τινός)
h πορεύομαι κατά τι (except for phrases referring to time)
j πορεύομαι οὗ, πορεύομαι and local adverb
k πορεύομαι πρός τι(να)
l πορεύομαι with dative of mood
m πορεύομαι and infinitive
n πορεύομαι εἰς εἰρήνην, ~ ἐν εἰρήνῃ (see also c, e)

Acts 1,10 καὶ ὡς ἀτενίζοντες ἦσαν εἰς τὸν οὐρανὸν **πορευομένου** αὐτοῦ, καὶ ἰδοὺ ἄνδρες δύο παρειστήκεισαν αὐτοῖς ἐν ἐσθήσεσι λευκαῖς,

c **Acts 1,11** (→ **Lk 9,51**, → Lk 24,51) ... οὗτος ὁ Ἰησοῦς ὁ ἀναλημφθεὶς ἀφ᾽ ὑμῶν εἰς τὸν οὐρανὸν οὕτως ἐλεύσεται ὃν τρόπον ἐθεάσασθε αὐτὸν **πορευόμενον** εἰς τὸν οὐρανόν.

c **Acts 1,25** λαβεῖν τὸν τόπον τῆς διακονίας ταύτης καὶ ἀποστολῆς ἀφ᾽ ἧς παρέβη Ἰούδας **πορευθῆναι** εἰς τὸν τόπον τὸν ἴδιον.

Acts 5,20 **πορεύεσθε** καὶ σταθέντες λαλεῖτε ἐν τῷ ἱερῷ τῷ λαῷ πάντα τὰ ῥήματα τῆς ζωῆς ταύτης.

b **Acts 5,41** οἱ μὲν οὖν **ἐπορεύοντο** χαίροντες ἀπὸ προσώπου τοῦ συνεδρίου, ...

f **Acts 8,26** ... ἀνάστηθι καὶ **πορεύου** κατὰ μεσημβρίαν ἐπὶ τὴν ὁδὸν τὴν καταβαίνουσαν ἀπὸ Ἰερουσαλὴμ εἰς Γάζαν, αὕτη ἐστὶν ἔρημος.

Acts 8,27 καὶ ἀναστὰς **ἐπορεύθη.** καὶ ἰδοὺ ἀνὴρ Αἰθίοψ εὐνοῦχος δυνάστης Κανδάκης βασιλίσσης Αἰθιόπων, ...

h **Acts 8,36** ὡς δὲ **ἐπορεύοντο** κατὰ τὴν ὁδόν, ἦλθον ἐπί τι ὕδωρ, ...

a **Acts 8,39** ... καὶ οὐκ εἶδεν αὐτὸν οὐκέτι ὁ εὐνοῦχος, **ἐπορεύετο** γὰρ τὴν ὁδὸν αὐτοῦ χαίρων.

Acts 9,3 **ἐν δὲ τῷ πορεύεσθαι** ἐγένετο αὐτὸν ἐγγίζειν τῇ Δαμασκῷ, ...

f **Acts 9,11** ὁ δὲ κύριος πρὸς αὐτόν· ἀναστὰς **πορεύθητι** ἐπὶ τὴν ῥύμην τὴν καλουμένην Εὐθεῖαν ...

Acts 9,15 εἶπεν δὲ πρὸς αὐτὸν ὁ κύριος· **πορεύου,** ὅτι σκεῦος ἐκλογῆς ἐστίν μοι οὗτος ...

l **Acts 9,31** ἡ μὲν οὖν ἐκκλησία καθ᾽ ὅλης τῆς Ἰουδαίας καὶ Γαλιλαίας καὶ Σαμαρείας εἶχεν εἰρήνην οἰκοδομουμένη καὶ **πορευομένη** τῷ φόβῳ τοῦ κυρίου καὶ τῇ παρακλήσει τοῦ ἁγίου πνεύματος ἐπληθύνετο.

Acts 10,20 ἀλλὰ ἀναστὰς κατάβηθι καὶ **πορεύου** σὺν αὐτοῖς μηδὲν διακρινόμενος ὅτι ἐγὼ ἀπέσταλκα αὐτούς.

c **Acts 12,17** ... καὶ ἐξελθὼν **ἐπορεύθη** εἰς ἕτερον τόπον.

l **Acts 14,16** ὃς ἐν ταῖς παρῳχημέναις γενεαῖς εἴασεν πάντα τὰ ἔθνη **πορεύεσθαι** ταῖς ὁδοῖς αὐτῶν·

c **Acts 16,7** ἐλθόντες δὲ κατὰ τὴν Μυσίαν ἐπείραζον εἰς τὴν Βιθυνίαν **πορευθῆναι,** καὶ οὐκ εἴασεν αὐτοὺς τὸ πνεῦμα Ἰησοῦ·

c **Acts 16,16** ἐγένετο δὲ **πορευομένων** ἡμῶν εἰς τὴν προσευχὴν παιδίσκην τινὰ ἔχουσαν πνεῦμα πύθωνα ὑπαντῆσαι ἡμῖν, ...

e n **Acts 16,36** ... νῦν οὖν ἐξελθόντες **πορεύεσθε** ἐν εἰρήνῃ.

f g **Acts 17,14** εὐθέως δὲ τότε τὸν Παῦλον ἐξαπέστειλαν οἱ ἀδελφοὶ **πορεύεσθαι** ἕως ἐπὶ τὴν θάλασσαν, ...

c **Acts 18,6** ... καθαρὸς ἐγὼ ἀπὸ τοῦ νῦν εἰς τὰ ἔθνη **πορεύσομαι.**

c **Acts 19,21** ... ἔθετο ὁ Παῦλος ἐν τῷ πνεύματι διελθὼν τὴν Μακεδονίαν καὶ Ἀχαΐαν **πορεύεσθαι** εἰς Ἱεροσόλυμα ...

c **Acts 20,1** ... ἀσπασάμενος ἐξῆλθεν **πορεύεσθαι** εἰς Μακεδονίαν.

c **Acts 20,22** καὶ νῦν ἰδοὺ δεδεμένος ἐγὼ τῷ πνεύματι **πορεύομαι** εἰς Ἰερουσαλὴμ τὰ ἐν αὐτῇ συναντήσοντά μοι μὴ εἰδώς

Acts 21,5 ὅτε δὲ ἐγένετο ἡμᾶς ἐξαρτίσαι τὰς ἡμέρας, ἐξελθόντες **ἐπορευόμεθα** προπεμπόντων ἡμᾶς πάντων σὺν γυναιξὶ καὶ τέκνοις ἕως ἔξω τῆς πόλεως, ...

c **Acts 22,5** ... παρ᾽ ὧν καὶ ἐπιστολὰς δεξάμενος πρὸς τοὺς ἀδελφοὺς εἰς Δαμασκὸν
ἐπορευόμην,
ἄξων καὶ τοὺς ἐκεῖσε ὄντας δεδεμένους εἰς Ἰερουσαλὴμ ἵνα τιμωρηθῶσιν.

Acts 22,6 ἐγένετο δέ μοι
πορευομένῳ
καὶ ἐγγίζοντι τῇ Δαμασκῷ περὶ μεσημβρίαν ...

c **Acts 22,10** ... ὁ δὲ κύριος εἶπεν πρός με· ἀναστὰς
πορεύου
εἰς Δαμασκόν ...

Acts 22,21 καὶ εἶπεν πρός με·
πορεύου,
ὅτι ἐγὼ εἰς ἔθνη μακρὰν ἐξαποστελῶ σε.

g **Acts 23,23** ... ἑτοιμάσατε στρατιώτας διακοσίους, ὅπως
πορευθῶσιν
ἕως Καισαρείας, ...

Acts 24,25 ... ὁ Φῆλιξ ἀπεκρίθη· τὸ νῦν ἔχον
πορεύου,
καιρὸν δὲ μεταλαβὼν μετακαλέσομαί σε

f **Acts 25,12** ... Καίσαρα ἐπικέκλησαι, ἐπὶ Καίσαρα
πορεύσῃ.

c **Acts 25,20** ἀπορούμενος δὲ ἐγὼ τὴν περὶ τούτων ζήτησιν ἔλεγον εἰ βούλοιτο
πορεύεσθαι
εἰς Ἱεροσόλυμα κἀκεῖ κρίνεσθαι περὶ τούτων.

c **Acts 26,12** ἐν οἷς
πορευόμενος
εἰς τὴν Δαμασκὸν μετ᾽ ἐξουσίας καὶ ἐπιτροπῆς τῆς τῶν ἀρχιερέων

Acts 26,13 ἡμέρας μέσης κατὰ τὴν ὁδὸν εἶδον, βασιλεῦ, οὐρανόθεν ὑπὲρ τὴν λαμπρότητα τοῦ ἡλίου περιλάμψαν με φῶς καὶ τοὺς σὺν ἐμοὶ
πορευομένους.

k **Acts 27,3** ... φιλανθρώπως τε ὁ Ἰούλιος τῷ Παύλῳ χρησάμενος ἐπέτρεψεν πρὸς τοὺς φίλους
πορευθέντι
ἐπιμελείας τυχεῖν.

k **Acts 28,26** λέγων·
→ Mt 13,13-14
→ Mk 4,12
→ Lk 8,10
πορεύθητι
πρὸς τὸν λαὸν τοῦτον καὶ εἰπόν· ἀκοῇ ἀκούσετε καὶ οὐ μὴ συνῆτε καὶ βλέποντες βλέψετε καὶ οὐ μὴ ἴδητε·
➢ Isa 6,9 LXX

πορνεία	Syn 4	Mt 3	Mk 1	Lk	Acts 3	Jn 1	1-3John	Paul 8	Eph 1	Col 1
	NT 25	2Thess	1/2Tim	Tit	Heb	Jas	1Pet	2Pet	Jude	Rev 7

prostitution; unchastity; fornication

	Mt		Mk		Lk		
201	**Mt 5,32** ⇩ Mt 19,9	ἐγὼ δὲ λέγω ὑμῖν ὅτι πᾶς ὁ ἀπολύων τὴν γυναῖκα αὐτοῦ **παρεκτὸς λόγου πορνείας** ποιεῖ αὐτὴν μοιχευθῆναι, καὶ ὃς ἐὰν ἀπολελυμένην γαμήσῃ, μοιχᾶται.	**Mk 10,11**	καὶ λέγει αὐτοῖς· ὃς ἂν ἀπολύσῃ τὴν γυναῖκα αὐτοῦ καὶ γαμήσῃ ἄλλην μοιχᾶται ἐπ᾽ αὐτήν· [12] καὶ ἐὰν αὐτὴ ἀπολύσασα τὸν ἄνδρα αὐτῆς γαμήσῃ ἄλλον μοιχᾶται.	**Lk 16,18**	πᾶς ὁ ἀπολύων τὴν γυναῖκα αὐτοῦ καὶ γαμῶν ἑτέραν μοιχεύει, καὶ ὁ ἀπολελυμένην ἀπὸ ἀνδρὸς γαμῶν μοιχεύει.	→ 1Cor 7,10-11 Mk-Q overlap
220	**Mt 15,19**	ἐκ γὰρ τῆς καρδίας ἐξέρχονται διαλογισμοὶ πονηροί, φόνοι, μοιχεῖαι, **πορνεῖαι,** κλοπαί, ψευδομαρτυρίαι, βλασφημίαι.	**Mk 7,21**	ἔσωθεν γὰρ ἐκ τῆς καρδίας τῶν ἀνθρώπων οἱ διαλογισμοὶ οἱ κακοὶ ἐκπορεύονται, **πορνεῖαι,** κλοπαί, φόνοι, [22] μοιχεῖαι, πλεονεξίαι, πονηρίαι, δόλος, ἀσέλγεια, ὀφθαλμὸς πονηρός, βλασφημία, ὑπερηφανία, ἀφροσύνη·			→ GTh 14,5
211	**Mt 19,9** ⇧ Mt 5,32	λέγω δὲ ὑμῖν ὅτι ὃς ἂν ἀπολύσῃ τὴν γυναῖκα αὐτοῦ **μὴ ἐπὶ πορνείᾳ** καὶ γαμήσῃ ἄλλην μοιχᾶται.	**Mk 10,11**	καὶ λέγει αὐτοῖς· ὃς ἂν ἀπολύσῃ τὴν γυναῖκα αὐτοῦ καὶ γαμήσῃ ἄλλην μοιχᾶται ἐπ᾽ αὐτήν· [12] καὶ ἐὰν αὐτὴ ἀπολύσασα τὸν ἄνδρα αὐτῆς γαμήσῃ ἄλλον μοιχᾶται.	**Lk 16,18**	πᾶς ὁ ἀπολύων τὴν γυναῖκα αὐτοῦ καὶ γαμῶν ἑτέραν μοιχεύει, καὶ ὁ ἀπολελυμένην ἀπὸ ἀνδρὸς γαμῶν μοιχεύει.	→ 1Cor 7,10-11 Mk-Q overlap

Acts 15,20 ἀλλὰ ἐπιστεῖλαι αὐτοῖς τοῦ ἀπέχεσθαι τῶν ἀλισγημάτων τῶν εἰδώλων καὶ **τῆς πορνείας** καὶ τοῦ πνικτοῦ καὶ τοῦ αἵματος.	**Acts 15,29** ἀπέχεσθαι εἰδωλοθύτων καὶ αἵματος καὶ πνικτῶν **καὶ πορνείας,** ἐξ ὧν διατηροῦντες ἑαυτοὺς εὖ πράξετε. ...	**Acts 21,25** περὶ δὲ τῶν πεπιστευ- κότων ἐθνῶν ἡμεῖς ἐπεστείλαμεν κρίναντες φυλάσσεσθαι αὐτοὺς τό τε εἰδωλόθυτον καὶ αἷμα καὶ πνικτὸν καὶ **πορνείαν.**

πόρνη	Syn	Mt	Mk	Lk	Acts	Jn	1-3John	Paul	Eph	Col
	3	2		1				2		
	NT	2Thess	1/2Tim	Tit	Heb	Jas	1Pet	2Pet	Jude	Rev
	12				1	1				5

prostitute; harlot

	Mt	Mk	Lk	
002			**Lk 15,30** ὅτε δὲ ὁ υἱός σου οὗτος ὁ καταφαγών σου τὸν βίον **μετὰ πορνῶν** ἦλθεν, ἔθυσας αὐτῷ τὸν σιτευτὸν μόσχον.	
200	**Mt 21,31** ... ἀμὴν λέγω ὑμῖν ὅτι οἱ τελῶναι καὶ **αἱ πόρναι** προάγουσιν ὑμᾶς εἰς τὴν βασιλείαν τοῦ θεοῦ.			
201	**Mt 21,32** ἦλθεν γὰρ Ἰωάννης πρὸς ὑμᾶς ἐν ὁδῷ δικαιοσύνης, καὶ οὐκ ἐπιστεύσατε αὐτῷ, οἱ δὲ τελῶναι καὶ **αἱ πόρναι** ἐπίστευσαν αὐτῷ· ...		**Lk 7,29** καὶ πᾶς ὁ λαὸς ἀκούσας καὶ οἱ τελῶναι ἐδικαίωσαν τὸν θεόν βαπτισθέντες τὸ βάπτισμα Ἰωάννου· [30] οἱ δὲ Φαρισαῖοι καὶ οἱ νομικοὶ τὴν βουλὴν τοῦ θεοῦ ἠθέτησαν εἰς ἑαυτούς μὴ βαπτισθέντες ὑπ' αὐτοῦ.	

πόρρω	Syn	Mt	Mk	Lk	Acts	Jn	1-3John	Paul	Eph	Col
	4	1	1	2						
	NT	2Thess	1/2Tim	Tit	Heb	Jas	1Pet	2Pet	Jude	Rev
	4									

far (away)

a πορρώτερον (comparative)

	Mt	Mk	Lk	
220	**Mt 15,8** *ὁ λαὸς οὗτος τοῖς χείλεσίν με τιμᾷ, ἡ δὲ καρδία αὐτῶν **πόρρω** ἀπέχει ἀπ' ἐμοῦ·* ➤ Isa 29,13 LXX	**Mk 7,6** ... *οὗτος ὁ λαὸς τοῖς χείλεσίν με τιμᾷ, ἡ δὲ καρδία αὐτῶν **πόρρω** ἀπέχει ἀπ' ἐμοῦ·* ➤ Isa 29,13 LXX		
002			**Lk 14,32** εἰ δὲ μή γε, ἔτι αὐτοῦ **πόρρω** ὄντος πρεσβείαν ἀποστείλας ἐρωτᾷ τὰ πρὸς εἰρήνην.	
a 002			**Lk 24,28** καὶ ἤγγισαν εἰς τὴν κώμην οὗ ἐπορεύοντο, καὶ αὐτὸς προσεποιήσατο **πορρώτερον** πορεύεσθαι.	

πόρρωθεν	Syn 1	Mt	Mk	Lk 1	Acts	Jn	1-3John	Paul	Eph	Col
	NT 2	2Thess	1/2Tim	Tit	Heb 1	Jas	1Pet	2Pet	Jude	Rev

from a distance

	Mt		Mk		Lk		
002					Lk 17,12 → Mt 8,2 → Mk 1,40 → Lk 5,12	καὶ εἰσερχομένου αὐτοῦ εἴς τινα κώμην ἀπήντησαν [αὐτῷ] δέκα λεπροὶ ἄνδρες, οἳ ἔστησαν **πόρρωθεν**	

πορφύρα	Syn 3	Mt	Mk 2	Lk 1	Acts	Jn	1-3John	Paul	Eph	Col
	NT 4	2Thess	1/2Tim	Tit	Heb	Jas	1Pet	2Pet	Jude	Rev 1

purple; purple garment

	Mt		Mk		Lk		
002					Lk 16,19	ἄνθρωπος δέ τις ἦν πλούσιος, καὶ ἐνεδιδύσκετο **πορφύραν** καὶ βύσσον εὐφραινόμενος καθ' ἡμέραν λαμπρῶς.	
120	Mt 27,28	καὶ ἐκδύσαντες αὐτὸν **χλαμύδα κοκκίνην** περιέθηκαν αὐτῷ	Mk 15,17	καὶ ἐνδιδύσκουσιν αὐτὸν **πορφύραν** ...	Lk 23,11	... καὶ ἐμπαίξας περιβαλὼν **ἐσθῆτα λαμπρὰν** ἀνέπεμψεν αὐτὸν τῷ Πιλάτῳ.	→ Jn 19,2
120	Mt 27,31	καὶ ὅτε ἐνέπαιξαν αὐτῷ, ἐξέδυσαν αὐτὸν **τὴν χλαμύδα** καὶ ἐνέδυσαν αὐτὸν τὰ ἱμάτια αὐτοῦ ...	Mk 15,20	καὶ ὅτε ἐνέπαιξαν αὐτῷ, ἐξέδυσαν αὐτὸν **τὴν πορφύραν** καὶ ἐνέδυσαν αὐτὸν τὰ ἱμάτια αὐτοῦ. ...			

ποσάκις	Syn 3	Mt 2	Mk	Lk 1	Acts	Jn	1-3John	Paul	Eph	Col
	NT 3	2Thess	1/2Tim	Tit	Heb	Jas	1Pet	2Pet	Jude	Rev

interrogative adverb: how many times?; how often?

	Mt		Mk		Lk		
201	Mt 18,21 → Mt 18,15	τότε προσελθὼν ὁ Πέτρος εἶπεν αὐτῷ· κύριε, **ποσάκις** ἁμαρτήσει εἰς ἐμὲ ὁ ἀδελφός μου καὶ ἀφήσω αὐτῷ; ἕως ἑπτάκις; [22] λέγει αὐτῷ ὁ Ἰησοῦς· οὐ λέγω σοι ἕως ἑπτάκις ἀλλὰ ἕως ἑβδομηκοντάκις ἑπτά.			Lk 17,4 → Lk 17,3	καὶ ἐὰν ἑπτάκις τῆς ἡμέρας ἁμαρτήσῃ εἰς σὲ καὶ ἑπτάκις ἐπιστρέψῃ πρὸς σὲ λέγων· μετανοῶ, ἀφήσεις αὐτῷ.	
202	Mt 23,37	Ἰερουσαλὴμ Ἰερουσαλήμ, ἡ ἀποκτείνουσα τοὺς προφήτας καὶ λιθοβολοῦσα τοὺς ἀπεσταλμένους πρὸς αὐτήν, **ποσάκις** ἠθέλησα ἐπισυναγαγεῖν τὰ τέκνα σου, ὃν τρόπον ὄρνις ἐπισυνάγει τὰ νοσσία αὐτῆς ὑπὸ τὰς πτέρυγας, καὶ οὐκ ἠθελήσατε.			Lk 13,34	Ἰερουσαλὴμ Ἰερουσαλήμ, ἡ ἀποκτείνουσα τοὺς προφήτας καὶ λιθοβολοῦσα τοὺς ἀπεσταλμένους πρὸς αὐτήν, **ποσάκις** ἠθέλησα ἐπισυνάξαι τὰ τέκνα σου ὃν τρόπον ὄρνις τὴν ἑαυτῆς νοσσιὰν ὑπὸ τὰς πτέρυγας, καὶ οὐκ ἠθελήσατε.	

πόσος	Syn 20	Mt 8	Mk 6	Lk 6	Acts 1	Jn	1-3John	Paul 4	Eph	Col
	NT 27	2Thess	1/2Tim	Tit	Heb 2	Jas	1Pet	2Pet	Jude	Rev

correlative adverb: how great; how much; how many

	triple tradition																	double tradition			Sonder-gut		
		+Mt / +Lk			−Mt / −Lk			traditions not taken over by Mt / Lk							subtotals								
code	*222*	*211*	*112*	*212*	*221*	*122*	*121*	*022*	*012*	*021*	*220*	*120*	*210*	*020*	Σ⁺	Σ⁻	Σ	*202*	*201*	*102*	*200*	*002*	total
Mt							1⁻				4					1⁻	4	1	1		2		**8**
Mk							1				4			1			6						**6**
Lk							1⁻									1⁻		1		2		3	**6**

a πόσῳ μᾶλλον

201	**Mt 6,23** ἐὰν δὲ ὁ ὀφθαλμός σου πονηρὸς ᾖ, ὅλον τὸ σῶμά σου σκοτεινὸν ἔσται. εἰ οὖν τὸ φῶς τὸ ἐν σοὶ σκότος ἐστίν, τὸ σκότος **πόσον**.		**Lk 11,35** → Lk 11,36 [34] ... ἐὰν δὲ πονηρὸς ᾖ, καὶ τὸ σῶμά σου σκοτεινόν. [35] σκόπει οὖν μὴ τὸ φῶς τὸ ἐν σοὶ σκότος ἐστίν.	→ GTh 24 (POxy 655 - restoration)
a 202	**Mt 7,11** εἰ οὖν ὑμεῖς πονηροὶ ὄντες οἴδατε δόματα ἀγαθὰ διδόναι τοῖς τέκνοις ὑμῶν, **πόσῳ μᾶλλον** ὁ πατὴρ ὑμῶν ὁ ἐν τοῖς οὐρανοῖς δώσει ἀγαθὰ τοῖς αἰτοῦσιν αὐτόν.		**Lk 11,13** εἰ οὖν ὑμεῖς πονηροὶ ὑπάρχοντες οἴδατε δόματα ἀγαθὰ διδόναι τοῖς τέκνοις ὑμῶν, **πόσῳ μᾶλλον** ὁ πατὴρ [ὁ] ἐξ οὐρανοῦ δώσει πνεῦμα ἅγιον τοῖς αἰτοῦσιν αὐτόν.	
a 200	**Mt 10,25** ... εἰ τὸν οἰκοδεσπότην Βεελζεβοὺλ ἐπεκάλεσαν, **πόσῳ μᾶλλον** τοὺς οἰκιακοὺς αὐτοῦ.			
200	**Mt 12,12** **πόσῳ** οὖν διαφέρει ἄνθρωπος προβάτου. ...			
121	**Mt 14,17** ↓ Mt 15,34 οἱ δὲ λέγουσιν αὐτῷ· οὐκ ἔχομεν ὧδε εἰ μὴ πέντε ἄρτους καὶ δύο ἰχθύας.	**Mk 6,38** ↓ Mk 8,5 ὁ δὲ λέγει αὐτοῖς· **πόσους ἄρτους** ἔχετε; ὑπάγετε ἴδετε. καὶ γνόντες λέγουσιν· πέντε, καὶ δύο ἰχθύας.	**Lk 9,13** ... οὐκ εἰσὶν ἡμῖν πλεῖον ἢ ἄρτοι πέντε καὶ ἰχθύες δύο, ...	→ Jn 6,7.9
220	**Mt 15,34** ↑ Mt 14,17 → Mk 8,7 καὶ λέγει αὐτοῖς ὁ Ἰησοῦς· **πόσους ἄρτους ἔχετε;** οἱ δὲ εἶπαν· ἑπτὰ καὶ ὀλίγα ἰχθύδια.	**Mk 8,5** ↑ Mk 6,38 καὶ ἠρώτα αὐτούς· **πόσους ἔχετε ἄρτους;** οἱ δὲ εἶπαν· ἑπτά.	↑ Lk 9,13	
220	**Mt 16,9** ... οὐδὲ μνημονεύετε τοὺς πέντε ἄρτους τῶν πεντακισχιλίων καὶ **πόσους κοφίνους** ἐλάβετε;	**Mk 8,19** [18] ... οὐ μνημονεύετε, [19] ὅτε τοὺς πέντε ἄρτους ἔκλασα εἰς τοὺς πεντακισχιλίους, **πόσους κοφίνους κλασμάτων πλήρεις** ἤρατε; λέγουσιν αὐτῷ· δώδεκα.		
220	**Mt 16,10** οὐδὲ τοὺς ἑπτὰ ἄρτους τῶν τετρακισχιλίων καὶ **πόσας σπυρίδας** ἐλάβετε;	**Mk 8,20** ὅτε τοὺς ἑπτὰ εἰς τοὺς τετρακισχιλίους, **πόσων σπυρίδων πληρώματα κλασμάτων** ἤρατε; καὶ λέγουσιν [αὐτῷ]· ἑπτά.		

	Mt		Mk		Lk		
020			Mk 9,21	καὶ ἐπηρώτησεν τὸν πατέρα αὐτοῦ· **πόσος χρόνος** ἐστὶν ὡς τοῦτο γέγονεν αὐτῷ; ὁ δὲ εἶπεν· ἐκ παιδιόθεν·			
a 202	Mt 7,11	εἰ οὖν ὑμεῖς πονηροὶ ὄντες οἴδατε δόματα ἀγαθὰ διδόναι τοῖς τέκνοις ὑμῶν, **πόσῳ μᾶλλον** ὁ πατὴρ ὑμῶν ὁ ἐν τοῖς οὐρανοῖς δώσει ἀγαθὰ τοῖς αἰτοῦσιν αὐτόν.			Lk 11,13	εἰ οὖν ὑμεῖς πονηροὶ ὑπάρχοντες οἴδατε δόματα ἀγαθὰ διδόναι τοῖς τέκνοις ὑμῶν, **πόσῳ μᾶλλον** ὁ πατὴρ [ὁ] ἐξ οὐρανοῦ δώσει πνεῦμα ἅγιον τοῖς αἰτοῦσιν αὐτόν.	
a 102	Mt 6,26	... καὶ ὁ πατὴρ ὑμῶν ὁ οὐράνιος τρέφει αὐτά· οὐχ ὑμεῖς **μᾶλλον** διαφέρετε αὐτῶν;			Lk 12,24	... καὶ ὁ θεὸς τρέφει αὐτούς· **πόσῳ μᾶλλον** ὑμεῖς διαφέρετε τῶν πετεινῶν.	
a 102	Mt 6,30	εἰ δὲ τὸν χόρτον τοῦ ἀγροῦ σήμερον ὄντα καὶ αὔριον εἰς κλίβανον βαλλόμενον ὁ θεὸς οὕτως ἀμφιέννυσιν, **οὐ πολλῷ μᾶλλον** ὑμᾶς, ὀλιγόπιστοι;			Lk 12,28	εἰ δὲ ἐν ἀγρῷ τὸν χόρτον ὄντα σήμερον καὶ αὔριον εἰς κλίβανον βαλλόμενον ὁ θεὸς οὕτως ἀμφιέζει, **πόσῳ μᾶλλον** ὑμᾶς, ὀλιγόπιστοι.	→ GTh 36,2 (only POxy 655)
002					Lk 15,17	εἰς ἑαυτὸν δὲ ἐλθὼν ἔφη· **πόσοι μίσθιοι** **τοῦ πατρός μου** περισσεύονται ἄρτων, ἐγὼ δὲ λιμῷ ὧδε ἀπόλλυμαι.	
002					Lk 16,5	καὶ προσκαλεσάμενος ἕνα ἕκαστον τῶν χρεοφειλετῶν τοῦ κυρίου ἑαυτοῦ ἔλεγεν τῷ πρώτῳ· **πόσον** ὀφείλεις τῷ κυρίῳ μου;	
002					Lk 16,7	ἔπειτα ἑτέρῳ εἶπεν· σὺ δὲ **πόσον** ὀφείλεις; ...	
220	Mt 27,13	τότε λέγει αὐτῷ ὁ Πιλᾶτος· οὐκ ἀκούεις **πόσα** σου καταμαρτυροῦσιν;	Mk 15,4 → Mt 27,12	ὁ δὲ Πιλᾶτος πάλιν ἐπηρώτα αὐτὸν λέγων· οὐκ ἀποκρίνῃ οὐδέν; ἴδε **πόσα** σου κατηγοροῦσιν.	Lk 23,9	ἐπηρώτα δὲ αὐτὸν ἐν λόγοις ἱκανοῖς, αὐτὸς δὲ οὐδὲν ἀπεκρίνατο αὐτῷ.	→ Jn 19,9-10 Mt/Mk: before Pilate; Lk: before Herod

Acts 21,20 οἱ δὲ ἀκούσαντες
ἐδόξαζον τὸν θεόν εἶπόν
τε αὐτῷ· θεωρεῖς, ἀδελφέ,
πόσαι μυριάδες
εἰσὶν ἐν τοῖς Ἰουδαίοις
τῶν πεπιστευκότων καὶ
πάντες ζηλωταὶ τοῦ
νόμου ὑπάρχουσιν·

ποταμός	Syn 6	Mt 3	Mk 1	Lk 2	Acts 1	Jn 1	1-3John	Paul 1	Eph	Col
	NT 17	2Thess	1/2Tim	Tit	Heb	Jas	1Pet	2Pet	Jude	Rev 8

river; stream

	triple tradition																	double tradition			Sondergut		
		+Mt / +Lk			–Mt / –Lk			traditions not taken over by Mt / Lk							subtotals								
code	*222*	*211*	*112*	*212*	*221*	*122*	*121*	*022*	*012*	*021*	*220*	*120*	*210*	*020*	Σ^+	Σ^-	Σ	*202*	*201*	*102*	*200*	*002*	total
Mt											1						1	2					**3**
Mk											1						1						**1**
Lk																		2					**2**

220	**Mt 3,6**	καὶ ἐβαπτίζοντο **ἐν τῷ Ἰορδάνῃ ποταμῷ** ὑπ᾽ αὐτοῦ ἐξομολογούμενοι τὰς ἁμαρτίας αὐτῶν.	**Mk 1,5** → Lk 3,7	... καὶ ἐβαπτίζοντο ὑπ᾽ αὐτοῦ **ἐν τῷ Ἰορδάνῃ ποταμῷ** ἐξομολογούμενοι τὰς ἁμαρτίας αὐτῶν.		
202	**Mt 7,25**	καὶ κατέβη ἡ βροχὴ καὶ ἦλθον **οἱ ποταμοὶ** καὶ ἔπνευσαν οἱ ἄνεμοι καὶ προσέπεσαν τῇ οἰκίᾳ ἐκείνῃ, καὶ οὐκ ἔπεσεν, τεθεμελίωτο γὰρ ἐπὶ τὴν πέτραν.			**Lk 6,48**	... πλημμύρης δὲ γενομένης προσέρηξεν **ὁ ποταμὸς** τῇ οἰκίᾳ ἐκείνῃ, καὶ οὐκ ἴσχυσεν σαλεῦσαι αὐτὴν διὰ τὸ καλῶς οἰκοδομῆσθαι αὐτήν.
202	**Mt 7,27**	καὶ κατέβη ἡ βροχὴ καὶ ἦλθον **οἱ ποταμοὶ** καὶ ἔπνευσαν οἱ ἄνεμοι καὶ προσέκοψαν τῇ οἰκίᾳ ἐκείνῃ, καὶ ἔπεσεν, καὶ ἦν ἡ πτῶσις αὐτῆς μεγάλη.			**Lk 6,49**	... ᾗ προσέρηξεν **ὁ ποταμός,** καὶ εὐθὺς συνέπεσεν καὶ ἐγένετο τὸ ῥῆγμα τῆς οἰκίας ἐκείνης μέγα.

Acts 16,13 τῇ τε ἡμέρᾳ τῶν σαββάτων ἐξήλθομεν ἔξω τῆς πύλης **παρὰ ποταμὸν** οὗ ἐνομίζομεν προσευχὴν εἶναι, καὶ καθίσαντες ἐλαλοῦμεν ταῖς συνελθούσαις γυναιξίν.

ποταπός	Syn 5	Mt 1	Mk 2	Lk 2	Acts	Jn	1-3John 1	Paul	Eph	Col
	NT 7	2Thess	1/2Tim	Tit	Heb	Jas	1Pet	2Pet 1	Jude	Rev

of what sort; of what kind

	triple tradition																	double tradition			Sondergut		
		+Mt / +Lk			–Mt / –Lk			traditions not taken over by Mt / Lk							subtotals								
code	*222*	*211*	*112*	*212*	*221*	*122*	*121*	*022*	*012*	*021*	*220*	*120*	*210*	*020*	Σ^+	Σ^-	Σ	*202*	*201*	*102*	*200*	*002*	total
Mt		1^+					2^-								1^+	2^-	1						**1**
Mk							2										2						**2**
Lk							2^-									2^-						2	**2**

002					**Lk 1,29**	ἡ δὲ ἐπὶ τῷ λόγῳ διετα- ράχθη καὶ διελογίζετο **ποταπὸς** εἴη ὁ ἀσπασμὸς οὗτος.

211	**Mt 8,27**	οἱ δὲ ἄνθρωποι ἐθαύμασαν λέγοντες· **ποταπός** ἐστιν οὗτος ὅτι καὶ οἱ ἄνεμοι καὶ ἡ θάλασσα αὐτῷ ὑπακούουσιν;	**Mk 4,41**	καὶ ἐφοβήθησαν φόβον μέγαν καὶ ἔλεγον πρὸς ἀλλήλους· **τίς** ἄρα οὗτός ἐστιν ὅτι καὶ ὁ ἄνεμος καὶ ἡ θάλασσα ὑπακούει αὐτῷ;	**Lk 8,25**	... φοβηθέντες δὲ ἐθαύμασαν, λέγοντες πρὸς ἀλλήλους· **τίς** ἄρα οὗτός ἐστιν ὅτι καὶ τοῖς ἀνέμοις ἐπιτάσσει καὶ τῷ ὕδατι, καὶ ὑπακούουσιν αὐτῷ;	
002					**Lk 7,39**	... οὗτος εἰ ἦν προφήτης, ἐγίνωσκεν ἂν τίς καὶ **ποταπὴ** ἡ γυνὴ ἥτις ἅπτεται αὐτοῦ, ὅτι ἁμαρτωλός ἐστιν.	
121 121	**Mt 24,1**	... καὶ προσῆλθον οἱ μαθηταὶ αὐτοῦ ἐπιδεῖξαι αὐτῷ **τὰς οἰκοδομὰς τοῦ ἱεροῦ.**	**Mk 13,1** (2)	... λέγει αὐτῷ εἷς τῶν μαθητῶν αὐτοῦ· διδάσκαλε, ἴδε **ποταποὶ λίθοι** καὶ **ποταπαὶ οἰκοδομαί.**	**Lk 21,5**	καί τινων λεγόντων περὶ τοῦ ἱεροῦ ὅτι **λίθοις καλοῖς** καὶ ἀναθήμασιν κεκόσμηται ...	

πότε

	Syn	Mt	Mk	Lk	Acts	Jn	1-3John	Paul	Eph	Col
	16	7	5	4		2				
	NT	2Thess	1/2Tim	Tit	Heb	Jas	1Pet	2Pet	Jude	Rev
	19									1

interrogative adverb: when (?)

	triple tradition																	double tradition			Sondergut		
		+Mt / +Lk			–Mt / –Lk			traditions not taken over by Mt / Lk							subtotals								
code	222	211	112	212	221	122	121	022	012	021	220	120	210	020	Σ⁺	Σ⁻	Σ	202	201	102	200	002	total
Mt	2				1		1⁻					1⁻				2⁻	3				4		7
Mk	2				1		1					1					5						5
Lk	2				1⁻		1⁻									2⁻	2					2	4

a ἕως πότε

a 222 *a* 221	**Mt 17,17** (2)	... ὦ γενεὰ ἄπιστος καὶ διεστραμμένη, **ἕως πότε** μεθ' ὑμῶν ἔσομαι; **ἕως πότε** ἀνέξομαι ὑμῶν; φέρετέ μοι αὐτὸν ὧδε.	**Mk 9,19** (2)	... ὦ γενεὰ ἄπιστος, **ἕως πότε** πρὸς ὑμᾶς ἔσομαι; **ἕως πότε** ἀνέξομαι ὑμῶν; φέρετε αὐτὸν πρός με.	**Lk 9,41**	... ὦ γενεὰ ἄπιστος καὶ διεστραμμένη, **ἕως πότε** ἔσομαι πρὸς ὑμᾶς **καὶ** ἀνέξομαι ὑμῶν; προσάγαγε ὧδε τὸν υἱόν σου.	
002					**Lk 12,36** → Lk 21,36	καὶ ὑμεῖς ὅμοιοι ἀνθρώποις προσδεχομένοις τὸν κύριον ἑαυτῶν **πότε** ἀναλύσῃ ἐκ τῶν γάμων, ...	
002					**Lk 17,20**	ἐπερωτηθεὶς δὲ ὑπὸ τῶν Φαρισαίων **πότε** ἔρχεται ἡ βασιλεία τοῦ θεοῦ ἀπεκρίθη αὐτοῖς καὶ εἶπεν· οὐκ ἔρχεται ἡ βασιλεία τοῦ θεοῦ μετὰ παρατηρήσεως	→ GTh 3,3 (POxy 654) → GTh 113

	Mt		Mk		Lk		
222	Mt 24,3	... εἰπὲ ἡμῖν, πότε ταῦτα ἔσται καὶ τί τὸ σημεῖον τῆς σῆς παρουσίας καὶ συντελείας τοῦ αἰῶνος;	Mk 13,4	εἰπὸν ἡμῖν, πότε ταῦτα ἔσται καὶ τί τὸ σημεῖον ὅταν μέλλῃ ταῦτα συντελεῖσθαι πάντα;	Lk 21,7	... διδάσκαλε, πότε οὖν ταῦτα ἔσται καὶ τί τὸ σημεῖον ὅταν μέλλῃ ταῦτα γίνεσθαι;	
121	Mt 25,13 ↓ Mt 24,42 → Mt 24,44 → Mt 24,50	γρηγορεῖτε οὖν, ὅτι οὐκ οἴδατε τὴν ἡμέραν οὐδὲ τὴν ὥραν.	Mk 13,33 → Lk 21,34	βλέπετε, ἀγρυπνεῖτε· οὐκ οἴδατε γὰρ πότε ὁ καιρός ἐστιν.	Lk 21,36 → Lk 18,1	ἀγρυπνεῖτε δὲ ἐν παντὶ καιρῷ δεόμενοι ἵνα κατισχύσητε ἐκφυγεῖν ταῦτα πάντα τὰ μέλλοντα γίνεσθαι ...	
120	Mt 24,42 → Mt 24,44 → Mt 24,50 ↑ Mt 25,13	γρηγορεῖτε οὖν, ὅτι οὐκ οἴδατε ποίᾳ ἡμέρᾳ ὁ κύριος ὑμῶν ἔρχεται.	Mk 13,35 → Lk 12,38	γρηγορεῖτε οὖν· οὐκ οἴδατε γὰρ πότε ὁ κύριος τῆς οἰκίας ἔρχεται, ἢ ὀψὲ ἢ μεσονύκτιον ἢ ἀλεκτοροφωνίας ἢ πρωΐ			
200	Mt 25,37	τότε ἀποκριθήσονται αὐτῷ οἱ δίκαιοι λέγοντες· κύριε, πότε σε εἴδομεν πεινῶντα καὶ ἐθρέψαμεν, ἢ διψῶντα καὶ ἐποτίσαμεν;					
200	Mt 25,38	πότε δέ σε εἴδομεν ξένον καὶ συνηγάγομεν, ἢ γυμνὸν καὶ περιεβάλομεν;					
200	Mt 25,39	πότε δέ σε εἴδομεν ἀσθενοῦντα ἢ ἐν φυλακῇ καὶ ἤλθομεν πρός σε;					
200	Mt 25,44	τότε ἀποκριθήσονται καὶ αὐτοὶ λέγοντες· κύριε, πότε σε εἴδομεν πεινῶντα ἢ διψῶντα ἢ ξένον ἢ γυμνὸν ἢ ἀσθενῆ ἢ ἐν φυλακῇ καὶ οὐ διηκονήσαμέν σοι;					

ποτέ

Syn	Mt	Mk	Lk	Acts	Jn	1-3John	Paul	Eph	Col
1			1		1		11	6	2
NT	**2Thess**	**1/2Tim**	**Tit**	**Heb**	**Jas**	**1Pet**	**2Pet**	**Jude**	**Rev**
29			1	2		3	2		

enclitic particle: at some time or other; once; formerly

			Lk		
002			Lk 22,32	ἐγὼ δὲ ἐδεήθην περὶ σοῦ ἵνα μὴ ἐκλίπῃ ἡ πίστις σου· καὶ σύ ποτε ἐπιστρέψας στήρισον τοὺς ἀδελφούς σου.	

ποτήριον	Syn 18	Mt 7	Mk 6	Lk 5	Acts	Jn 1	1-3John	Paul 8	Eph	Col
	NT 31	2Thess	1/2Tim	Tit	Heb	Jas	1Pet	2Pet	Jude	Rev 4

cup; drinking-vessel

	triple tradition																	double tradition			Sondergut		
		+Mt / +Lk			–Mt / –Lk			traditions not taken over by Mt / Lk							subtotals								
code	222	211	112	212	221	122	121	022	012	021	220	120	210	020	Σ^{+}	Σ^{-}	Σ	202	201	102	200	002	total
Mt	2										3						5	1	1				7
Mk	2										3			1			6						6
Lk	2		1^{+}												1^{+}		3	1				1	5

020			Mk 7,4 ↓ Mt 23,25 ↓ Lk 11,39	καὶ ἀπ' ἀγορᾶς ἐὰν μὴ βαπτίσωνται οὐκ ἐσθίουσιν, καὶ ἄλλα πολλά ἐστιν ἃ παρέλαβον κρατεῖν, **βαπτισμοὺς** **ποτηρίων** καὶ ξεστῶν καὶ χαλκίων [καὶ κλινῶν] -			
220	Mt 10,42	καὶ ὃς ἂν ποτίσῃ ἕνα τῶν μικρῶν τούτων **ποτήριον ψυχροῦ** μόνον εἰς ὄνομα μαθητοῦ, ἀμὴν λέγω ὑμῖν, οὐ μὴ ἀπολέσῃ τὸν μισθὸν αὐτοῦ.	Mk 9,41	ὃς γὰρ ἂν ποτίσῃ ὑμᾶς **ποτήριον ὕδατος** ἐν ὀνόματι ὅτι Χριστοῦ ἐστε, ἀμὴν λέγω ὑμῖν ὅτι οὐ μὴ ἀπολέσῃ τὸν μισθὸν αὐτοῦ.			
220	Mt 20,22	... οὐκ οἴδατε τί αἰτεῖσθε. δύνασθε πιεῖν **τὸ ποτήριον** ὃ ἐγὼ μέλλω πίνειν; ...	Mk 10,38	... οὐκ οἴδατε τί αἰτεῖσθε. δύνασθε πιεῖν **τὸ ποτήριον** ὃ ἐγὼ πίνω ἢ τὸ βάπτισμα ὃ ἐγὼ βαπτίζομαι βαπτισθῆναι;	Lk 12,50	βάπτισμα δὲ ἔχω βαπτισθῆναι, καὶ πῶς συνέχομαι ἕως ὅτου τελεσθῇ.	
220	Mt 20,23	λέγει αὐτοῖς· **τὸ μὲν ποτήριόν μου** πίεσθε, ...	Mk 10,39	... ὁ δὲ Ἰησοῦς εἶπεν αὐτοῖς· **τὸ ποτήριον ὃ ἐγὼ** **πίνω** πίεσθε καὶ τὸ βάπτισμα ὃ ἐγὼ βαπτίζομαι βαπτισθήσεσθε			
202	Mt 23,25 ↑ Mk 7,4	οὐαὶ ὑμῖν, γραμματεῖς καὶ Φαρισαῖοι ὑποκριταί, ὅτι καθαρίζετε **τὸ ἔξωθεν** **τοῦ ποτηρίου** **καὶ τῆς παροψίδος,** ἔσωθεν δὲ γέμουσιν ἐξ ἁρπαγῆς καὶ ἀκρασίας.			Lk 11,39 ↑ Mk 7,4	... νῦν ὑμεῖς οἱ Φαρισαῖοι **τὸ ἔξωθεν** **τοῦ ποτηρίου** **καὶ τοῦ πίνακος** καθαρίζετε, τὸ δὲ ἔσωθεν ὑμῶν γέμει ἁρπαγῆς καὶ πονηρίας.	→ GTh 89
201	Mt 23,26	... καθάρισον πρῶτον **τὸ ἐντὸς** **τοῦ ποτηρίου,** ἵνα γένηται καὶ τὸ ἐκτὸς αὐτοῦ καθαρόν.			Lk 11,41	πλὴν **τὰ ἐνόντα** δότε ἐλεημοσύνην, καὶ ἰδοὺ πάντα καθαρὰ ὑμῖν ἐστιν.	→ GTh 89
002					Lk 22,17 ↓ Mt 26,27 ↓ Mk 14,23	καὶ δεξάμενος **ποτήριον** εὐχαριστήσας εἶπεν· λάβετε τοῦτο καὶ διαμερίσατε εἰς ἑαυτούς·	

222	**Mt 26,27** ↑ Lk 22,17 καὶ λαβὼν **ποτήριον** καὶ εὐχαριστήσας ἔδωκεν αὐτοῖς λέγων· πίετε ἐξ αὐτοῦ πάντες,	**Mk 14,23** ↑ Lk 22,17 καὶ λαβὼν **ποτήριον** εὐχαριστήσας ἔδωκεν αὐτοῖς, καὶ ἔπιον ἐξ αὐτοῦ πάντες.	**Lk 22,20** (2) καὶ **τὸ ποτήριον** ὡσαύτως μετὰ τὸ δειπνῆσαι, λέγων·	→ 1Cor 11,25
112	**Mt 26,28** **τοῦτο** γάρ ἐστιν τὸ αἷμά μου τῆς διαθήκης τὸ περὶ πολλῶν ἐκχυννόμενον εἰς ἄφεσιν ἁμαρτιῶν.	**Mk 14,24** καὶ εἶπεν αὐτοῖς· **τοῦτό** ἐστιν τὸ αἷμά μου τῆς διαθήκης τὸ ἐκχυννόμενον ὑπὲρ πολλῶν.	**τοῦτο τὸ ποτήριον** ἡ καινὴ διαθήκη ἐν τῷ αἵματί μου, τὸ ὑπὲρ ὑμῶν ἐκχυννόμενον.	→ 1Cor 11,25
222	**Mt 26,39** ... πάτερ μου, εἰ δυνατόν ἐστιν, παρελθάτω ἀπ' ἐμοῦ **τὸ ποτήριον τοῦτο·** πλὴν οὐχ ὡς ἐγὼ θέλω ἀλλ' ὡς σύ.	**Mk 14,36** ... αββα ὁ πατήρ, πάντα δυνατά σοι· παρένεγκε **τὸ ποτήριον τοῦτο** ἀπ' ἐμοῦ· ἀλλ' οὐ τί ἐγὼ θέλω ἀλλὰ τί σύ.	**Lk 22,42** → Mt 26,42 ... πάτερ, εἰ βούλει παρένεγκε **τοῦτο τὸ ποτήριον** ἀπ' ἐμοῦ· πλὴν μὴ τὸ θέλημά μου ἀλλὰ τὸ σὸν γινέσθω.	→ Jn 18,11

ποτίζω

	Syn	Mt	Mk	Lk	Acts	Jn	1-3John	Paul	Eph	Col
	8	5	2	1				6		
	NT	2Thess	1/2Tim	Tit	Heb	Jas	1Pet	2Pet	Jude	Rev
	15									1

give to drink to someone; water

	triple tradition																	double tradition			Sonder-gut		
		+Mt / +Lk			–Mt / –Lk			traditions not taken over by Mt / Lk							subtotals								
code	*222*	*211*	*112*	*212*	*221*	*122*	*121*	*022*	*012*	*021*	*220*	*120*	*210*	*020*	Σ⁺	Σ⁻	Σ	*202*	*201*	*102*	*200*	*002*	total
Mt											2						2				3		**5**
Mk											2						2						**2**
Lk																						1	**1**

220	**Mt 10,42** καὶ ὃς ἂν **ποτίσῃ** ἕνα τῶν μικρῶν τούτων ποτήριον ψυχροῦ μόνον εἰς ὄνομα μαθητοῦ, ἀμὴν λέγω ὑμῖν, οὐ μὴ ἀπολέσῃ τὸν μισθὸν αὐτοῦ.	**Mk 9,41** ὃς γὰρ ἂν **ποτίσῃ** ὑμᾶς ποτήριον ὕδατος ἐν ὀνόματι ὅτι Χριστοῦ ἐστε, ἀμὴν λέγω ὑμῖν ὅτι οὐ μὴ ἀπολέσῃ τὸν μισθὸν αὐτοῦ.		
002			**Lk 13,15** → Mt 12,11 → Lk 14,5 ... ὑποκριταί, ἕκαστος ὑμῶν τῷ σαββάτῳ οὐ λύει τὸν βοῦν αὐτοῦ ἢ τὸν ὄνον ἀπὸ τῆς φάτνης καὶ ἀπαγαγὼν **ποτίζει;**	
200	**Mt 25,35** ἐπείνασα γὰρ καὶ ἐδώκατέ μοι φαγεῖν, ἐδίψησα καὶ **ἐποτίσατέ** με, ...			
200	**Mt 25,37** ... κύριε, πότε σε εἴδομεν πεινῶντα καὶ ἐθρέψαμεν, ἢ διψῶντα καὶ **ἐποτίσαμεν;**			
200	**Mt 25,42** ἐπείνασα γὰρ καὶ οὐκ ἐδώκατέ μοι φαγεῖν, ἐδίψησα καὶ **οὐκ ἐποτίσατέ** με			

220	**Mt 27,48**	καὶ εὐθέως δραμὼν εἷς ἐξ αὐτῶν καὶ λαβὼν σπόγγον πλήσας τε ὄξους καὶ περιθεὶς καλάμῳ **ἐπότιζεν** αὐτόν.	**Mk 15,36**	δραμὼν δέ τις [καὶ] γεμίσας σπόγγον ὄξους περιθεὶς καλάμῳ **ἐπότιζεν** αὐτὸν ...	**Lk 23,36** → Lk 23,39	ἐνέπαιξαν δὲ αὐτῷ καὶ οἱ στρατιῶται προσερχόμενοι, ὄξος προσφέροντες αὐτῷ	→ Jn 19,29

# ποῦ	Syn 14	Mt 4	Mk 3	Lk 7	Acts	Jn 18	1-3John 1	Paul 10	Eph	Col
	NT 47	2Thess	1/2Tim	Tit	Heb 1	Jas	1Pet 1	2Pet 1	Jude	Rev 1

interrogative adverb: where (?); at which place (?)

	triple tradition																double tradition			Sondergut		
		+Mt / +Lk			–Mt / –Lk			traditions not taken over by Mt / Lk							subtotals							
code	*222*	*211*	*112*	*212*	*221*	*122*	*121*	*022*	*012*	*021*	*220*	*120*	*210*	*020*	Σ⁺	Σ⁻	Σ	*202*	*201*	*102*	*200*	*002*	total
Mt	1					1⁻	1⁻									2⁻	1	1			2		**4**
Mk	1					1	1										3						**3**
Lk	1		1⁺			1	1⁻								1⁺	1⁻	3	1		1		2	**7**

a ποῦ in an indirect question with the indicative

b ποῦ in an indirect question with the subjunctive

200	**Mt 2,2**	λέγοντες· **ποῦ** ἐστιν ὁ τεχθεὶς βασιλεὺς τῶν Ἰουδαίων; ...					
a 200	**Mt 2,4**	καὶ συναγαγὼν πάντας τοὺς ἀρχιερεῖς καὶ γραμματεῖς τοῦ λαοῦ ἐπυνθάνετο παρ' αὐτῶν **ποῦ** ὁ χριστὸς γεννᾶται.					
112	**Mt 8,26**	... τί δειλοί ἐστε, ὀλιγόπιστοι; ...	**Mk 4,40**	... τί δειλοί ἐστε; **οὔπω ἔχετε** πίστιν;	**Lk 8,25**	εἶπεν δὲ αὐτοῖς· **ποῦ** ἡ πίστις ὑμῶν; ...	
b 202	**Mt 8,20**	... αἱ ἀλώπεκες φωλεοὺς ἔχουσιν καὶ τὰ πετεινὰ τοῦ οὐρανοῦ κατα- σκηνώσεις, ὁ δὲ υἱὸς τοῦ ἀνθρώπου οὐκ ἔχει **ποῦ** τὴν κεφαλὴν κλίνῃ.			**Lk 9,58**	... αἱ ἀλώπεκες φωλεοὺς ἔχουσιν καὶ τὰ πετεινὰ τοῦ οὐρανοῦ κατα- σκηνώσεις, ὁ δὲ υἱὸς τοῦ ἀνθρώπου οὐκ ἔχει **ποῦ** τὴν κεφαλὴν κλίνῃ.	→ GTh 86
b 002					**Lk 12,17**	... τί ποιήσω, ὅτι οὐκ ἔχω **ποῦ** συνάξω τοὺς καρπούς μου;	→ GTh 63
002					**Lk 17,17**	... οὐχὶ οἱ δέκα ἐκαθαρίσ- θησαν; οἱ δὲ ἐννέα **ποῦ;**	
102	**Mt 24,28**	 ὅπου ἐὰν ᾖ τὸ πτῶμα, ἐκεῖ συναχθήσονται οἱ ἀετοί.			**Lk 17,37**	καὶ ἀποκριθέντες λέγουσιν αὐτῷ· **ποῦ,** κύριε; ὁ δὲ εἶπεν αὐτοῖς· ὅπου τὸ σῶμα, ἐκεῖ καὶ οἱ ἀετοὶ ἐπισυναχθήσονται.	
222	**Mt 26,17**	 ... προσῆλθον οἱ μαθηταὶ τῷ Ἰησοῦ λέγοντες· **ποῦ** θέλεις ἑτοιμάσωμέν σοι φαγεῖν τὸ πάσχα;	**Mk 14,12**	 ... λέγουσιν αὐτῷ οἱ μαθηταὶ αὐτοῦ· **ποῦ** θέλεις ἀπελθόντες ἑτοιμάσωμεν ἵνα φάγῃς τὸ πάσχα;	**Lk 22,9**	[8] ... πορευθέντες ἑτοιμάσατε ἡμῖν τὸ πάσχα ἵνα φάγωμεν. [9] οἱ δὲ εἶπαν αὐτῷ· **ποῦ** θέλεις ἑτοιμάσωμεν;	

	Mt		Mk		Lk		
122	**Mt 26,18**	... ὁ διδάσκαλος λέγει· ὁ καιρός μου ἐγγύς ἐστιν, πρὸς σὲ ποιῶ τὸ πάσχα μετὰ τῶν μαθητῶν μου.	**Mk 14,14**	... ὁ διδάσκαλος λέγει· **ποῦ** ἐστιν τὸ κατάλυμά μου ὅπου τὸ πάσχα μετὰ τῶν μαθητῶν μου φάγω;	**Lk 22,11**	... λέγει σοι ὁ διδάσκαλος· **ποῦ** ἐστιν τὸ κατάλυμα ὅπου τὸ πάσχα μετὰ τῶν μαθητῶν μου φάγω;	
a 121	**Mt 27,61** → Mt 27,55-56 → Mt 28,1 → Lk 24,10	ἦν δὲ ἐκεῖ Μαριὰμ ἡ Μαγδαληνὴ καὶ ἡ ἄλλη Μαρία καθήμεναι ἀπέναντι τοῦ τάφου.	**Mk 15,47** → Mk 15,40-41 → Mk 16,1 → Lk 24,10	ἡ δὲ Μαρία ἡ Μαγδαληνὴ καὶ Μαρία ἡ Ἰωσῆτος ἐθεώρουν **ποῦ** τέθειται.	**Lk 23,55** → Lk 8,2-3 → Lk 23,49	κατακολουθήσασαι δὲ αἱ γυναῖκες, ... ἐθεάσαντο τὸ μνημεῖον καὶ **ὡς** ἐτέθη τὸ σῶμα αὐτοῦ	

πούς	Syn 35	Mt 10	Mk 6	Lk 19	Acts 19	Jn 14	1-3John	Paul 7	Eph 2	Col
	NT 93	2Thess	1/2Tim 1	Tit	Heb 4	Jas	1Pet	2Pet	Jude	Rev 11

foot

	triple tradition																	double tradition			Sondergut		
		+Mt / +Lk			–Mt / –Lk			traditions not taken over by Mt / Lk							subtotals								
code	*222*	*211*	*112*	*212*	*221*	*122*	*121*	*022*	*012*	*021*	*220*	*120*	*210*	*020*	Σ^+	Σ^-	Σ	*202*	*201*	*102*	*200*	*002*	total
Mt	2					1^-					2	1^-	1^+		1^+	2^-	5	1			4		**10**
Mk	2					1					2	1					6						**6**
Lk	2		1^+			1									1^+		4	1		1		13	**19**

Mk-Q overlap: 222: Mt 10,14 / Mk 6,11 / Lk 9,5 102: Mt 10,14 / Mk 6,11 / Lk 10,11

a παρὰ τοὺς πόδας *b* πρὸς τοὺς πόδας *c* πούς and χείρ

	Mt		Mk		Lk		
002					**Lk 1,79**	ἐπιφᾶναι τοῖς ἐν σκότει καὶ σκιᾷ θανάτου καθη- μένοις, τοῦ κατευθῦναι **τοὺς πόδας ἡμῶν** εἰς ὁδὸν εἰρήνης.	
202	**Mt 4,6**	... γέγραπται γὰρ ὅτι *τοῖς* *ἀγγέλοις αὐτοῦ* *ἐντελεῖται περὶ σοῦ* *καὶ ἐπὶ χειρῶν* *ἀροῦσίν σε, μήποτε* *προσκόψῃς πρὸς λίθον* ***τὸν πόδα σου.*** ➤ Ps 91,11-12			**Lk 4,11**	[10] γέγραπται γὰρ ὅτι *τοῖς ἀγγέλοις αὐτοῦ* *ἐντελεῖται περὶ σοῦ* *τοῦ διαφυλάξαι σε* [11] καὶ ὅτι *ἐπὶ χειρῶν* *ἀροῦσίν σε, μήποτε* *προσκόψῃς πρὸς λίθον* ***τὸν πόδα σου.*** ➤ Ps 91,11-12	
200	**Mt 5,35**	[34] ... μὴ ὀμόσαι ὅλως· ... [35] μήτε ἐν τῇ γῇ, ὅτι **ὑποπόδιόν ἐστιν** **τῶν ποδῶν αὐτοῦ**, ...					→ **Acts 7,49**
200	**Mt 7,6**	... μηδὲ βάλητε τοὺς μαργαρίτας ὑμῶν ἔμπροσθεν τῶν χοίρων, μήποτε καταπατήσουσιν αὐτοὺς **ἐν τοῖς ποσὶν αὐτῶν** καὶ στραφέντες ῥήξωσιν ὑμᾶς.					→ GTh 93

a 002 002 002	Mt 26,7	προσῆλθεν αὐτῷ γυνὴ ἔχουσα ἀλάβαστρον μύρου βαρυτίμου καὶ κατέχεεν ἐπὶ τῆς κεφαλῆς ...	Mk 14,3	... ἦλθεν γυνὴ ἔχουσα ἀλάβαστρον μύρου νάρδου πιστικῆς πολυτελοῦς, συντρίψασα τὴν ἀλάβαστρον κατέχεεν αὐτοῦ τῆς κεφαλῆς.	Lk 7,38 (3)	[37] καὶ ἰδοὺ γυνὴ ... κομίσασα ἀλάβαστρον μύρου [38] καὶ στᾶσα ὀπίσω **παρὰ τοὺς πόδας αὐτοῦ** κλαίουσα τοῖς δάκρυσιν ἤρξατο βρέχειν **τοὺς πόδας αὐτοῦ** καὶ ταῖς θριξὶν τῆς κεφαλῆς αὐτῆς ἐξέμασσεν καὶ κατεφίλει **τοὺς πόδας αὐτοῦ** καὶ ἤλειφεν τῷ μύρῳ.	→ Jn 12,3
  002 002					Lk 7,44 (2)	... εἰσῆλθόν σου εἰς τὴν οἰκίαν, ὕδωρ μοι **ἐπὶ πόδας** οὐκ ἔδωκας·αὕτη δὲ τοῖς δάκρυσιν ἔβρεξέν **μου τοὺς πόδας** καὶ ταῖς θριξὶν αὐτῆς ἐξέμαξεν.	
   002					Lk 7,45	φίλημά μοι οὐκ ἔδωκας· αὕτη δὲ ἀφ' ἧς εἰσῆλθον οὐ διέλιπεν καταφιλοῦσά **μου τοὺς πόδας.**	
   002					Lk 7,46	ἐλαίῳ τὴν κεφαλήν μου οὐκ ἤλειψας· αὕτη δὲ μύρῳ ἤλειψεν **τοὺς πόδας μου.**	
a 112	Mt 8,34	καὶ ἰδοὺ πᾶσα ἡ πόλις ἐξῆλθεν εἰς ὑπάντησιν τῷ Ἰησοῦ ...	Mk 5,15	[14] ... καὶ ἦλθον ἰδεῖν τί ἐστιν τὸ γεγονός [15] καὶ ἔρχονται πρὸς τὸν Ἰησοῦν, καὶ θεωροῦσιν τὸν δαιμονιζόμενον καθήμενον ἱματισμένον καὶ σωφρονοῦντα, τὸν ἐσχηκότα τὸν λεγιῶνα, καὶ ἐφοβήθησαν.	Lk 8,35	ἐξῆλθον δὲ ἰδεῖν τὸ γεγονὸς καὶ ἦλθον πρὸς τὸν Ἰησοῦν καὶ εὗρον καθήμενον τὸν ἄνθρωπον ἀφ' οὗ τὰ δαιμόνια ἐξῆλθεν ἱματισμένον καὶ σωφρονοῦντα **παρὰ τοὺς πόδας τοῦ Ἰησοῦ,** καὶ ἐφοβήθησαν.	
b a 122	Mt 9,18	ταῦτα αὐτοῦ λαλοῦντος αὐτοῖς, ἰδοὺ ἄρχων εἷς ἐλθὼν προσεκύνει **αὐτῷ** ...	Mk 5,22	καὶ ἔρχεται εἷς τῶν ἀρχισυναγώγων, ὀνόματι Ἰάϊρος, καὶ ἰδὼν αὐτὸν πίπτει **πρὸς τοὺς πόδας αὐτοῦ**	Lk 8,41	καὶ ἰδοὺ ἦλθεν ἀνὴρ ᾧ ὄνομα Ἰάϊρος καὶ οὗτος ἄρχων τῆς συναγωγῆς ὑπῆρχεν, καὶ πεσὼν **παρὰ τοὺς πόδας [τοῦ] Ἰησοῦ** ...	
       222	Mt 10,14	καὶ ὃς ἂν μὴ δέξηται ὑμᾶς μηδὲ ἀκούσῃ τοὺς λόγους ὑμῶν, ἐξερχόμενοι ἔξω τῆς οἰκίας ἢ τῆς πόλεως ἐκείνης ἐκτινάξατε τὸν κονιορτὸν **τῶν ποδῶν ὑμῶν.**	Mk 6,11	καὶ ὃς ἂν τόπος μὴ δέξηται ὑμᾶς μηδὲ ἀκούσωσιν ὑμῶν, ἐκπορευόμενοι ἐκεῖθεν ἐκτινάξατε τὸν χοῦν τὸν **ὑποκάτω τῶν ποδῶν ὑμῶν** εἰς μαρτύριον αὐτοῖς.	Lk 9,5 ⇩ Lk 10,10 ⇩ Lk 10,11	καὶ ὅσοι ἂν μὴ δέχωνται ὑμᾶς, ἐξερχόμενοι ἀπὸ τῆς πόλεως ἐκείνης τὸν κονιορτὸν **ἀπὸ τῶν ποδῶν ὑμῶν** ἀποτινάσσετε εἰς μαρτύριον ἐπ' αὐτούς.	→ Acts 13,51 → Acts 18,6 Mk-Q overlap

		Mt		Mk		Lk	
b 120	Mt 15,25	ἡ δὲ ἐλθοῦσα προσεκύνει αὐτῷ λέγουσα· κύριε, βοήθει μοι.	Mk 7,25	... ἐλθοῦσα προσέπεσεν πρὸς τοὺς πόδας αὐτοῦ· [26] ... καὶ ἠρώτα αὐτὸν ἵνα τὸ δαιμόνιον ἐκβάλῃ ἐκ τῆς θυγατρὸς αὐτῆς.			
a 210	Mt 15,30 → Mt 4,24b → Mt 8,16 → Mk 7,35	καὶ προσῆλθον αὐτῷ ὄχλοι πολλοὶ ἔχοντες μεθ' ἑαυτῶν χωλούς, τυφλούς, κυλλούς, κωφούς, καὶ ἑτέρους πολλοὺς καὶ ἔρριψαν αὐτοὺς παρὰ τοὺς πόδας αὐτοῦ, καὶ ἐθεράπευσεν αὐτούς·	Mk 7,32 → Mk 1,32	 καὶ φέρουσιν αὐτῷ κωφὸν καὶ μογιλάλον καὶ παρακαλοῦσιν αὐτὸν ἵνα ἐπιθῇ αὐτῷ τὴν χεῖρα.			
	Mt 18,8 (2)	εἰ δὲ ἡ χείρ σου	Mk 9,43	καὶ ἐὰν σκανδαλίζῃ σε ἡ χείρ σου, ἀπόκοψον αὐτήν· καλόν ἐστίν σε κυλλὸν εἰσελθεῖν εἰς τὴν ζωὴν ἢ τὰς δύο χεῖρας ἔχοντα ἀπελθεῖν εἰς τὴν γέενναν, εἰς τὸ πῦρ τὸ ἄσβεστον.			
c 220 *c* 220	⇩ Mt 5,30	ἢ ὁ πούς σου σκανδαλίζει σε, ἔκκοψον αὐτὸν καὶ βάλε ἀπὸ σοῦ· καλόν σοί ἐστιν εἰσελθεῖν εἰς τὴν ζωὴν κυλλὸν ἢ χωλόν ἢ δύο χεῖρας ἢ δύο πόδας ἔχοντα βληθῆναι εἰς τὸ πῦρ τὸ αἰώνιον.	Mk 9,45 (2)	καὶ ἐὰν ὁ πούς σου σκανδαλίζῃ σε, ἀπόκοψον αὐτόν· καλόν ἐστίν σε εἰσελθεῖν εἰς τὴν ζωὴν χωλὸν ἢ τοὺς δύο πόδας ἔχοντα βληθῆναι εἰς τὴν γέενναν.			
	Mt 5,30 ⇧ Mt 18,8	καὶ εἰ ἡ δεξιά σου χεὶρ σκανδαλίζει σε, ἔκκοψον αὐτὴν καὶ βάλε ἀπὸ σοῦ· συμφέρει γάρ σοι ἵνα ἀπόληται ἓν τῶν μελῶν σου καὶ μὴ ὅλον τὸ σῶμά σου εἰς γέενναν ἀπέλθῃ.					
       102	Mt 10,14	καὶ ὃς ἂν μὴ δέξηται ὑμᾶς μηδὲ ἀκούσῃ τοὺς λόγους ὑμῶν, ἐξερχόμενοι ἔξω τῆς οἰκίας ἢ τῆς πόλεως ἐκείνης ἐκτινάξατε τὸν κονιορτὸν τῶν ποδῶν ὑμῶν.	Mk 6,11	καὶ ὃς ἂν τόπος μὴ δέξηται ὑμᾶς μηδὲ ἀκούσωσιν ὑμῶν, ἐκπορευόμενοι ἐκεῖθεν ἐκτινάξατε τὸν χοῦν τὸν ὑποκάτω τῶν ποδῶν ὑμῶν εἰς μαρτύριον αὐτοῖς.	Lk 10,11 ⇧ Lk 9,5	[10] ... καὶ μὴ δέχωνται ὑμᾶς, ἐξελθόντες εἰς τὰς πλατείας αὐτῆς εἴπατε· [11] καὶ τὸν κονιορτὸν τὸν κολληθέντα ἡμῖν ἐκ τῆς πόλεως ὑμῶν εἰς τοὺς πόδας ἀπομασσόμεθα ὑμῖν· ...	→ Acts 13,51 → Acts 18,6 Mk-Q overlap. Mt 10,14 counted as Markan tradition.
b 002					Lk 10,39	καὶ τῇδε ἦν ἀδελφὴ καλουμένη Μαριάμ, [ἣ] καὶ παρακαθεσθεῖσα πρὸς τοὺς πόδας τοῦ κυρίου ἤκουεν τὸν λόγον αὐτοῦ.	

	Mt		Mk		Lk		
c 002					Lk 15,22	... καὶ δότε δακτύλιον εἰς τὴν χεῖρα αὐτοῦ καὶ ὑποδήματα **εἰς τοὺς πόδας**	
a 002					Lk 17,16 → Mt 8,2 → Mk 1,40 → Lk 5,12	καὶ ἔπεσεν ἐπὶ πρόσωπον **παρὰ τοὺς πόδας αὐτοῦ** εὐχαριστῶν αὐτῷ· καὶ αὐτὸς ἦν Σαμαρίτης.	
c 200	Mt 22,13	... δήσαντες **αὐτοῦ πόδας καὶ χεῖρας** ἐκβάλετε αὐτὸν εἰς τὸ σκότος τὸ ἐξώτερον· ...					
222	Mt 22,44	*εἶπεν κύριος* *τῷ κυρίῳ μου· κάθου* *ἐκ δεξιῶν μου* *ἕως ἂν θῶ* *τοὺς ἐχθρούς σου* ***ὑποκάτω τῶν ποδῶν σου;*** ➤ Ps 110,1	Mk 12,36	... *εἶπεν κύριος* *τῷ κυρίῳ μου· κάθου* *ἐκ δεξιῶν μου,* *ἕως ἂν θῶ* *τοὺς ἐχθρούς σου* ***ὑποκάτω τῶν ποδῶν σου.*** ➤ Ps 110,1	Lk 20,43	[42] ... *εἶπεν κύριος* *τῷ κυρίῳ μου· κάθου* *ἐκ δεξιῶν μου,* [43] *ἕως ἂν θῶ* *τοὺς ἐχθρούς σου* ***ὑποπόδιον τῶν ποδῶν σου.*** ➤ Ps 110,1 (Ps 109,1 LXX)	→ Acts 2,35
200	Mt 28,9	... αἱ δὲ προσελθοῦσαι ἐκράτησαν **αὐτοῦ τοὺς πόδας** καὶ προσεκύνησαν αὐτῷ.					→ Jn 20,14-17
c 002					Lk 24,39	ἴδετε τὰς χεῖράς μου καὶ **τοὺς πόδας μου** ὅτι ἐγώ εἰμι αὐτός· ...	→ Jn 20,20.27
c 002					Lk 24,40	καὶ τοῦτο εἰπὼν ἔδειξεν αὐτοῖς τὰς χεῖρας καὶ **τοὺς πόδας.**	→ Jn 20,20.27

[a] παρὰ τοὺς πόδας

[b] πρὸς τοὺς πόδας

[c] πούς and χείρ

Acts 2,35 (→ Lk 20,43) [34] ... *εἶπεν [ὁ] κύριος τῷ κυρίῳ μου· κάθου ἐκ δεξιῶν μου,* [35] *ἕως ἂν θῶ τοὺς ἐχθρούς σου* ***ὑποπόδιον τῶν ποδῶν σου.*** ➤ Ps 109,1 LXX

a **Acts 4,35** [34] ... ὅσοι γὰρ κτήτορες χωρίων ἢ οἰκιῶν ὑπῆρχον, πωλοῦντες ἔφερον τὰς τιμὰς τῶν πιπρασκομένων [35] καὶ ἐτίθουν **παρὰ τοὺς πόδας τῶν ἀποστόλων**, ...

b **Acts 4,37** ὑπάρχοντος αὐτῷ ἀγροῦ πωλήσας ἤνεγκεν τὸ χρῆμα καὶ ἔθηκεν **πρὸς τοὺς πόδας τῶν ἀποστόλων.**

a **Acts 5,2** ... καὶ ἐνέγκας μέρος τι **παρὰ τοὺς πόδας τῶν ἀποστόλων** ἔθηκεν.

Acts 5,9 ... τί ὅτι συνεφωνήθη ὑμῖν πειράσαι τὸ πνεῦμα κυρίου; ἰδοὺ **οἱ πόδες** τῶν θαψάντων τὸν ἄνδρα σου ἐπὶ τῇ θύρᾳ καὶ ἐξοίσουσίν σε.

b **Acts 5,10** ἔπεσεν δὲ παραχρῆμα **πρὸς τοὺς πόδας αὐτοῦ** καὶ ἐξέψυξεν· ...

Acts 7,5 καὶ οὐκ ἔδωκεν αὐτῷ κληρονομίαν ἐν αὐτῇ **οὐδὲ βῆμα ποδὸς** ... ➤ Gen 48,4

Acts 7,33 εἶπεν δὲ αὐτῷ ὁ κύριος· *λῦσον* ***τὸ ὑπόδημα τῶν ποδῶν σου,*** *ὁ γὰρ τόπος ἐφ' ᾧ ἕστηκας γῆ ἁγία ἐστίν.* ➤ Exod 3,5

Acts 7,49 (→ Mt 5,35) *ὁ οὐρανός μοι θρόνος, ἡ δὲ γῆ* ***ὑποπόδιον τῶν ποδῶν μου·*** *ποῖον οἶκον οἰκοδομήσετέ μοι, λέγει κύριος, ἢ τίς τόπος τῆς καταπαύσεώς μου;* ➤ Isa 66,1

a **Acts 7,58** ... καὶ οἱ μάρτυρες ἀπέθεντο τὰ ἱμάτια αὐτῶν **παρὰ τοὺς πόδας νεανίου καλουμένου Σαύλου**

Acts 10,25 ... συναντήσας αὐτῷ ὁ Κορνήλιος πεσὼν **ἐπὶ τοὺς πόδας** προσεκύνησεν.

Acts 13,25 (→ Mt 3,11; → Mk 1,7; → Lk 3,16; → Jn 1,27) ... οὐκ εἰμὶ ἐγώ· ἀλλ' ἰδοὺ ἔρχεται μετ' ἐμὲ οὗ οὐκ εἰμὶ ἄξιος **τὸ ὑπόδημα τῶν ποδῶν** λῦσαι.

Acts 13,51 οἱ δὲ ἐκτιναξάμενοι
→ Mt 10,14 τὸν κονιορτὸν
→ Mk 6,11 τῶν ποδῶν
→ Lk 9,5 ἐπ' αὐτοὺς ἦλθον
→ Lk 10,11 εἰς Ἰκόνιον

Acts 14,8 καί τις ἀνὴρ ἀδύνατος ἐν Λύστροις **τοῖς ποσὶν** ἐκάθητο, χωλὸς ἐκ κοιλίας μητρὸς αὐτοῦ ὃς οὐδέποτε περιεπάτησεν.

Acts 14,10 εἶπεν μεγάλῃ φωνῇ· ἀνάστηθι **ἐπὶ τοὺς πόδας σου** ὀρθός. καὶ ἥλατο καὶ περιεπάτει.

Acts 16,24 ... καὶ **τοὺς πόδας ἠσφαλίσατο αὐτῶν** εἰς τὸ ξύλον.

c **Acts 21,11** καὶ ἐλθὼν πρὸς ἡμᾶς καὶ ἄρας τὴν ζώνην τοῦ Παύλου, δήσας **ἑαυτοῦ τοὺς πόδας καὶ τὰς χεῖρας** εἶπεν· ...

a **Acts 22,3** ... ἀνατεθραμμένος δὲ ἐν τῇ πόλει ταύτῃ, **παρὰ τοὺς πόδας Γαμαλιὴλ** πεπαιδευμένος κατὰ ἀκρίβειαν τοῦ πατρῴου νόμου, ...

Acts 26,16 ἀλλὰ ἀνάστηθι καὶ στῆθι **ἐπὶ τοὺς πόδας σου**· ...

πρᾶγμα	Syn 2	Mt 1	Mk	Lk 1	Acts 1	Jn	1-3John	Paul 4	Eph	Col
	NT 11	2Thess	1/2Tim	Tit	Heb 3	Jas 1	1Pet	2Pet	Jude	Rev

deed; thing; event; occurrence; undertaking; occupation; task; thing; matter; affair

002		**Lk 1,1** ἐπειδήπερ πολλοὶ ἐπεχείρησαν ἀνατάξασθαι διήγησιν **περὶ τῶν πεπληροφορημένων ἐν ἡμῖν πραγμάτων**	
200	**Mt 18,19** (→ Mt 21,22 → Mk 11,24) ... ἐὰν δύο συμφωνήσωσιν ἐξ ὑμῶν ἐπὶ τῆς γῆς **περὶ παντὸς πράγματος** οὗ ἐὰν αἰτήσωνται, γενήσεται αὐτοῖς παρὰ τοῦ πατρός μου τοῦ ἐν οὐρανοῖς.		→ GTh 30 (POxy 1) → GTh 48 → GTh 106

Acts 5,4 ... τί ὅτι ἔθου ἐν τῇ καρδίᾳ σου **τὸ πρᾶγμα τοῦτο;** οὐκ ἐψεύσω ἀνθρώποις ἀλλὰ τῷ θεῷ.

πραγματεύομαι	Syn 1	Mt	Mk	Lk 1	Acts	Jn	1-3John	Paul	Eph	Col
	NT 1	2Thess	1/2Tim	Tit	Heb	Jas	1Pet	2Pet	Jude	Rev

conduct a business; be engaged in a business

	Mt	Mk	Lk	
102	**Mt 25,15** [14] ... ἐκάλεσεν τοὺς ἰδίους δούλους καὶ παρέδωκεν αὐτοῖς τὰ ὑπάρχοντα αὐτοῦ, [15] καὶ ᾧ μὲν ἔδωκεν πέντε τάλαντα, ᾧ δὲ δύο, ᾧ δὲ ἕν, ἑκάστῳ κατὰ τὴν ἰδίαν δύναμιν, καὶ ἀπεδήμησεν. ...	**Mk 13,34** ... καὶ δοὺς τοῖς δούλοις αὐτοῦ τὴν ἐξουσίαν ἑκάστῳ τὸ ἔργον αὐτοῦ, καὶ τῷ θυρωρῷ ἐνετείλατο ἵνα γρηγορῇ.	**Lk 19,13** καλέσας δὲ δέκα δούλους ἑαυτοῦ ἔδωκεν αὐτοῖς δέκα μνᾶς καὶ εἶπεν πρὸς αὐτούς· **πραγματεύσασθε** ἐν ᾧ ἔρχομαι.	Mk-Q overlap

πραιτώριον	Syn 2	Mt 1	Mk 1	Lk	Acts 1	Jn 4	1-3John	Paul 1	Eph	Col
	NT 8	2Thess	1/2Tim	Tit	Heb	Jas	1Pet	2Pet	Jude	Rev

the praetorium

	Mt		Mk		Lk		
220	**Mt 27,27** → Lk 23,11	τότε οἱ στρατιῶται τοῦ ἡγεμόνος παραλαβόντες τὸν Ἰησοῦν **εἰς τὸ πραιτώριον** συνήγαγον ἐπ' αὐτὸν ὅλην τὴν σπεῖραν.	**Mk 15,16** → Lk 23,11	οἱ δὲ στρατιῶται ἀπήγαγον αὐτὸν **ἔσω τῆς αὐλῆς, ὅ ἐστιν πραιτώριον,** καὶ συγκαλοῦσιν ὅλην τὴν σπεῖραν.			

Acts 23,35 διακούσομαί σου, ἔφη, ὅταν καὶ οἱ κατήγοροί σου παραγένωνται· κελεύσας **ἐν τῷ πραιτωρίῳ τοῦ Ἡρῴδου** φυλάσσεσθαι αὐτόν.

πράκτωρ	Syn 2	Mt	Mk	Lk 2	Acts	Jn	1-3John	Paul	Eph	Col
	NT 2	2Thess	1/2Tim	Tit	Heb	Jas	1Pet	2Pet	Jude	Rev

bailiff; constable

	Mt		Mk		Lk		
	Mt 5,25	ἴσθι εὐνοῶν τῷ ἀντιδίκῳ σου ταχύ, ἕως ὅτου εἶ μετ' αὐτοῦ ἐν τῇ ὁδῷ, μήποτέ σε παραδῷ ὁ ἀντίδικος τῷ κριτῇ καὶ ὁ κριτὴς			**Lk 12,58 (2)**	ὡς γὰρ ὑπάγεις μετὰ τοῦ ἀντιδίκου σου ἐπ' ἄρχοντα, ἐν τῇ ὁδῷ δὸς ἐργασίαν ἀπηλλάχθαι ἀπ' αὐτοῦ, μήποτε κατασύρῃ σε πρὸς τὸν κριτήν, καὶ ὁ κριτής σε παραδώσει	
102		**τῷ ὑπηρέτῃ,**				**τῷ πράκτορι,**	
		καὶ				καὶ	
102						**ὁ πράκτωρ**	
		εἰς φυλακὴν βληθήσῃ·				σε βαλεῖ εἰς φυλακήν.	

πρᾶξις	Syn 2	Mt 1	Mk	Lk 1	Acts 1	Jn	1-3John	Paul 2	Eph	Col 1
	NT 6	2Thess	1/2Tim	Tit	Heb	Jas	1Pet	2Pet	Jude	Rev

acting; activity; function; evil, disgraceful deed

	Mt		Mk		Lk		
211	**Mt 16,27** → Mt 10,33 → Mt 24,30 → Mt 25,31	μέλλει γὰρ ὁ υἱὸς τοῦ ἀνθρώπου ἔρχεσθαι ἐν τῇ δόξῃ τοῦ πατρὸς αὐτοῦ μετὰ τῶν ἀγγέλων αὐτοῦ, καὶ τότε *ἀποδώσει ἑκάστῳ* ***κατὰ τὴν πρᾶξιν αὐτοῦ.*** ➤ Ps 62,13/Prov 24,12/Sir 35,22 LXX	**Mk 8,38** → Mk 13,26	... καὶ ὁ υἱὸς τοῦ ἀνθρώπου ἐπαισχυνθήσεται αὐτόν, ὅταν ἔλθῃ ἐν τῇ δόξῃ τοῦ πατρὸς αὐτοῦ μετὰ τῶν ἀγγέλων τῶν ἁγίων.	**Lk 9,26** ⇨ Lk 12,9 → Lk 21,27	... τοῦτον ὁ υἱὸς τοῦ ἀνθρώπου ἐπαισχυνθήσεται, ὅταν ἔλθῃ ἐν τῇ δόξῃ αὐτοῦ καὶ τοῦ πατρὸς καὶ τῶν ἁγίων ἀγγέλων.	Mk-Q overlap

112	**Mt 27,57**	... ἦλθεν ἄνθρωπος πλούσιος ἀπὸ Ἁριμαθαίας, τοὔνομα Ἰωσήφ, ὃς καὶ αὐτὸς ἐμαθητεύθη τῷ Ἰησοῦ·	**Mk 15,43**	ἐλθὼν Ἰωσὴφ [ὁ] ἀπὸ Ἁριμαθαίας εὐσχήμων βουλευτής, ὃς καὶ αὐτὸς ἦν προσδεχόμενος τὴν βασιλείαν τοῦ θεοῦ, ...	**Lk 23,51**	[50] καὶ ἰδοὺ ἀνὴρ ὀνόματι Ἰωσὴφ βουλευτὴς ὑπάρχων [καὶ] ἀνὴρ ἀγαθὸς καὶ δίκαιος [51] - οὗτος οὐκ ἦν συγκατατεθειμένος τῇ βουλῇ καὶ **τῇ πράξει αὐτῶν** - ἀπὸ Ἁριμαθαίας πόλεως τῶν Ἰουδαίων, ὃς προσεδέχετο τὴν βασιλείαν τοῦ θεοῦ	→ Jn 19,38

Acts 19,18 πολλοί τε τῶν πεπιστευκότων ἤρχοντο ἐξομολογούμενοι καὶ ἀναγγέλλοντες **τὰς πράξεις αὐτῶν.**

πρασιά	Syn	Mt	Mk	Lk	Acts	Jn	1-3John	Paul	Eph	Col
	2		2							
	NT	2Thess	1/2Tim	Tit	Heb	Jas	1Pet	2Pet	Jude	Rev
	2									

group

121 121	**Mt 14,19** → Mt 15,35	καὶ κελεύσας τοὺς ὄχλους ἀνακλιθῆναι ἐπὶ τοῦ χόρτου, ...	**Mk 6,40 (2)** → Mk 8,6	[39] καὶ ἐπέταξεν αὐτοῖς ἀνακλῖναι πάντας συμπόσια συμπόσια ἐπὶ τῷ χλωρῷ χόρτῳ. [40] καὶ ἀνέπεσαν **πρασιαὶ** **πρασιαὶ** κατὰ ἑκατὸν καὶ κατὰ πεντήκοντα.	**Lk 9,15**	[14] ... εἶπεν δὲ πρὸς τοὺς μαθητὰς αὐτοῦ· κατακλίνατε αὐτοὺς κλισίας [ὡσεὶ] ἀνὰ πεντήκοντα. [15] καὶ ἐποίησαν οὕτως καὶ κατέκλιναν ἅπαντας.	→ Jn 6,10

πράσσω	Syn	Mt	Mk	Lk	Acts	Jn	1-3John	Paul	Eph	Col
	6			6	13	2		17	1	
	NT	2Thess	1/2Tim	Tit	Heb	Jas	1Pet	2Pet	Jude	Rev
	39									

do; accomplish; collect; *intransitive:* act, be, be situated

	triple tradition																	double tradition			Sondergut		
		+Mt / +Lk			–Mt / –Lk			traditions not taken over by Mt / Lk							subtotals								
code	*222*	*211*	*112*	*212*	*221*	*122*	*121*	*022*	*012*	*021*	*220*	*120*	*210*	*020*	Σ⁺	Σ⁻	Σ	*202*	*201*	*102*	*200*	*002*	total
Mt																							
Mk																							
Lk			1⁺												1⁺		1			1		4	**6**

[a] πράσσω: collect taxes, duties, interest [b] πράσσω intransitive

a 002					**Lk 3,13** → Lk 19,8	... μηδὲν πλέον παρὰ τὸ διατεταγμένον ὑμῖν **πράσσετε.**	
a 102	**Mt 25,27**	ἔδει σε οὖν βαλεῖν τὰ ἀργύριά μου τοῖς τραπεζίταις, καὶ ἐλθὼν ἐγὼ ἐκομισάμην ἂν τὸ ἐμὸν σὺν τόκῳ.			**Lk 19,23**	καὶ διὰ τί οὐκ ἔδωκάς μου τὸ ἀργύριον ἐπὶ τράπεζαν; κἀγὼ ἐλθὼν σὺν τόκῳ ἂν αὐτὸ **ἔπραξα.**	

	Mt		Mk		Lk		
112	Mt 26,22 → Mt 26,25	καὶ λυπούμενοι σφόδρα ἤρξαντο λέγειν αὐτῷ εἷς ἕκαστος· μήτι ἐγώ εἰμι, κύριε;	Mk 14,19	ἤρξαντο λυπεῖσθαι καὶ λέγειν αὐτῷ εἷς κατὰ εἷς· μήτι ἐγώ;	Lk 22,23	καὶ αὐτοὶ ἤρξαντο συζητεῖν πρὸς ἑαυτοὺς τὸ τίς ἄρα εἴη ἐξ αὐτῶν ὁ τοῦτο μέλλων **πράσσειν.**	→ Jn 13,22.25
002					Lk 23,15 → Lk 23,4.22	ἀλλ᾽ οὐδὲ Ἡρῴδης, ἀνέπεμψεν γὰρ αὐτὸν πρὸς ἡμᾶς, καὶ ἰδοὺ οὐδὲν ἄξιον θανάτου ἐστὶν **πεπραγμένον** αὐτῷ·	→ Jn 18,38
002 002					Lk 23,41 (2)	καὶ ἡμεῖς μὲν δικαίως, ἄξια γὰρ ὧν **ἐπράξαμεν** ἀπολαμβάνομεν· οὗτος δὲ οὐδὲν ἄτοπον **ἔπραξεν.**	

b **Acts 3,17** [[→ Lk 23,34a]] καὶ νῦν, ἀδελφοί, οἶδα ὅτι κατὰ ἄγνοιαν **ἐπράξατε** ὥσπερ καὶ οἱ ἄρχοντες ὑμῶν·

Acts 5,35 ... ἄνδρες Ἰσραηλῖται, προσέχετε ἑαυτοῖς ἐπὶ τοῖς ἀνθρώποις τούτοις τί μέλλετε **πράσσειν.**

b **Acts 15,29** ἀπέχεσθαι εἰδωλοθύτων καὶ αἵματος καὶ πνικτῶν καὶ πορνείας, ἐξ ὧν διατηροῦντες ἑαυτοὺς εὖ **πράξετε.** ἔρρωσθε.

Acts 16,28 ἐφώνησεν δὲ μεγάλῃ φωνῇ [ὁ] Παῦλος λέγων· μηδὲν **πράξῃς** σεαυτῷ κακόν, ἅπαντες γάρ ἐσμεν ἐνθάδε.

b **Acts 17,7** → Lk 23,2 οὓς ὑποδέδεκται Ἰάσων· καὶ οὗτοι πάντες ἀπέναντι τῶν δογμάτων Καίσαρος **πράσσουσι** βασιλέα ἕτερον λέγοντες εἶναι Ἰησοῦν.

Acts 19,19 **ἱκανοὶ δὲ τῶν τὰ περίεργα πραξάντων** συνενέγκαντες τὰς βίβλους κατέκαιον ἐνώπιον πάντων, ...

Acts 19,36 ἀναντιρρήτων οὖν ὄντων τούτων δέον ἐστὶν ὑμᾶς κατεσταλμένους ὑπάρχειν καὶ μηδὲν προπετὲς **πράσσειν.**

Acts 25,11 εἰ μὲν οὖν ἀδικῶ καὶ ἄξιον θανάτου **πέπραχά** τι, οὐ παραιτοῦμαι τὸ ἀποθανεῖν· ...

Acts 25,25 ἐγὼ δὲ κατελαβόμην μηδὲν ἄξιον αὐτὸν θανάτου **πεπραχέναι,** αὐτοῦ δὲ τούτου ἐπικαλεσαμένου τὸν Σεβαστὸν ἔκρινα πέμπειν.

Acts 26,9 ἐγὼ μὲν οὖν ἔδοξα ἐμαυτῷ πρὸς τὸ ὄνομα Ἰησοῦ τοῦ Ναζωραίου δεῖν πολλὰ ἐναντία **πρᾶξαι**

Acts 26,20 → Lk 3,8 ... ἀπήγγελλον μετανοεῖν καὶ ἐπιστρέφειν ἐπὶ τὸν θεόν, ἄξια τῆς μετανοίας ἔργα **πράσσοντας.**

Acts 26,26 ... λανθάνειν γὰρ αὐτὸν [τι] τούτων οὐ πείθομαι οὐθέν· οὐ γάρ ἐστιν ἐν γωνίᾳ **πεπραγμένον** τοῦτο.

Acts 26,31 καὶ ἀναχωρήσαντες ἐλάλουν πρὸς ἀλλήλους λέγοντες ὅτι οὐδὲν θανάτου ἢ δεσμῶν ἄξιον [τι] **πράσσει** ὁ ἄνθρωπος οὗτος.

πραΰς

	Syn	Mt	Mk	Lk	Acts	Jn	1-3John	Paul	Eph	Col
	3	3								
	NT	2Thess	1/2Tim	Tit	Heb	Jas	1Pet	2Pet	Jude	Rev
	4						1			

gentle; humble; considerate; meek

	Mt		
200	Mt 5,5	μακάριοι **οἱ πραεῖς,** ὅτι αὐτοὶ κληρονομήσουσιν τὴν γῆν.	
200	Mt 11,29	ἄρατε τὸν ζυγόν μου ἐφ᾽ ὑμᾶς καὶ μάθετε ἀπ᾽ ἐμοῦ, ὅτι **πραΰς** εἰμι καὶ ταπεινὸς τῇ καρδίᾳ, ...	→ GTh 90

	Mt 21,5	εἴπατε τῇ θυγατρὶ Σιών· ἰδοὺ ὁ βασιλεύς σου ἔρχεταί σοι **πραῢς** καὶ ἐπιβεβηκὼς ἐπὶ ὄνον καὶ ἐπὶ πῶλον υἱὸν ὑποζυγίου. ➤ Isa 62,11; Zech 9,9	→ Jn 12,15
200			

πρέπω

Syn 1	Mt 1	Mk	Lk	Acts	Jn	1-3John	Paul 1	Eph 1	Col
NT 7	2Thess	1/2Tim 1	Tit 1	Heb 2	Jas	1Pet	2Pet	Jude	Rev

be fitting; be seemly; be suitable

200	Mt 3,15	... ἄφες ἄρτι, οὕτως γὰρ **πρέπον** ἐστὶν ἡμῖν πληρῶσαι πᾶσαν δικαιοσύνην. ...	

πρεσβεία

Syn 2	Mt	Mk	Lk 2	Acts	Jn	1-3John	Paul	Eph	Col
NT 2	2Thess	1/2Tim	Tit	Heb	Jas	1Pet	2Pet	Jude	Rev

embassy

002		Lk 14,32	εἰ δὲ μή γε, ἔτι αὐτοῦ πόρρω ὄντος **πρεσβείαν** ἀποστείλας ἐρωτᾷ τὰ πρὸς εἰρήνην.	
002		Lk 19,14	οἱ δὲ πολῖται αὐτοῦ ἐμίσουν αὐτὸν καὶ ἀπέστειλαν **πρεσβείαν** ὀπίσω αὐτοῦ λέγοντες· οὐ θέλομεν τοῦτον βασιλεῦσαι ἐφ' ἡμᾶς.	

πρεσβυτέριον

Syn 1	Mt	Mk	Lk 1	Acts 1	Jn	1-3John	Paul	Eph	Col
NT 3	2Thess	1/2Tim 1	Tit	Heb	Jas	1Pet	2Pet	Jude	Rev

council of elders, Sanhedrin

112	Mt 26,57	... ὅπου **οἱ γραμματεῖς καὶ οἱ πρεσβύτεροι** συνήχθησαν.	Mk 14,53	... καὶ συνέρχονται **πάντες οἱ ἀρχιερεῖς καὶ οἱ πρεσβύτεροι καὶ οἱ γραμματεῖς.**	Lk 22,66	... συνήχθη **τὸ πρεσβυτέριον τοῦ λαοῦ, ἀρχιερεῖς τε καὶ γραμματεῖς,** καὶ ἀπήγαγον αὐτὸν εἰς τὸ συνέδριον αὐτῶν	
	Mt 27,1	πρωΐας δὲ γενομένης συμβούλιον ἔλαβον **πάντες οἱ ἀρχιερεῖς καὶ οἱ πρεσβύτεροι τοῦ λαοῦ** κατὰ τοῦ Ἰησοῦ ὥστε θανατῶσαι αὐτόν·	Mk 15,1	καὶ εὐθὺς πρωῒ συμβούλιον ποιήσαντες **οἱ ἀρχιερεῖς μετὰ τῶν πρεσβυτέρων καὶ γραμματέων καὶ ὅλον τὸ συνέδριον, ...**			

Acts 22,5 ὡς καὶ ὁ ἀρχιερεὺς μαρτυρεῖ μοι καὶ **πᾶν τὸ πρεσβυτέριον,** παρ' ὧν καὶ ἐπιστολὰς δεξάμενος ...

πρεσβύτερος	Syn 24	Mt 12	Mk 7	Lk 5	Acts 18	Jn	1-3John 2	Paul	Eph	Col
	NT 65	2Thess	1/2Tim 4	Tit 1	Heb 1	Jas 1	1Pet 2	2Pet	Jude	Rev 12

older; elder; presbyter

	triple tradition																	double tradition			Sondergut		
		+Mt / +Lk			–Mt / –Lk			traditions not taken over by Mt / Lk							subtotals								
code	*222*	*211*	*112*	*212*	*221*	*122*	*121*	*022*	*012*	*021*	*220*	*120*	*210*	*020*	Σ^+	Σ^-	Σ	*202*	*201*	*102*	*200*	*002*	total
Mt	2	4^+			2						2				4^+		10				2		**12**
Mk	2				2						2			1			7						**7**
Lk	2		1^+		2^-										1^+	2^-	3					2	**5**

a πρεσβύτερος (adjective: comparative)
b ἡ παράδοσις τῶν πρεσβυτέρων
c πρεσβύτεροι and ἀρχιερεῖς, πρεσβύτεροι and γραμματεῖς
d οἱ πρεσβύτεροι τοῦ λαοῦ
e πρεσβύτεροι τῶν Ἰουδαίων
f (οἱ) πρεσβύτεροι among the Christians (Acts only)

e 002					**Lk 7,3**	ἀκούσας δὲ περὶ τοῦ Ἰησοῦ ἀπέστειλεν πρὸς αὐτὸν **πρεσβυτέρους τῶν Ἰουδαίων** ...	→ Jn 4,47
b 020			**Mk 7,3**	- οἱ γὰρ Φαρισαῖοι καὶ πάντες οἱ Ἰουδαῖοι ἐὰν μὴ πυγμῇ νίψωνται τὰς χεῖρας οὐκ ἐσθίουσιν, κρατοῦντες **τὴν παράδοσιν τῶν πρεσβυτέρων**			
b 220	**Mt 15,2** → Mt 15,20	διὰ τί οἱ μαθηταί σου παραβαίνουσιν **τὴν παράδοσιν τῶν πρεσβυτέρων;** οὐ γὰρ νίπτονται τὰς χεῖρας [αὐτῶν] ὅταν ἄρτον ἐσθίωσιν.	**Mk 7,5**	... διὰ τί οὐ περιπατοῦσιν οἱ μαθηταί σου **κατὰ τὴν παράδοσιν τῶν πρεσβυτέρων,** ἀλλὰ κοιναῖς χερσὶν ἐσθίουσιν τὸν ἄρτον;			
c 222	**Mt 16,21** → Mt 17,22-23 → Mt 20,18-19	ἀπὸ τότε ἤρξατο ὁ Ἰησοῦς δεικνύειν τοῖς μαθηταῖς αὐτοῦ ὅτι δεῖ αὐτὸν εἰς Ἱεροσόλυμα ἀπελθεῖν καὶ πολλὰ παθεῖν **ἀπὸ τῶν πρεσβυτέρων καὶ ἀρχιερέων καὶ γραμματέων** καὶ ἀποκτανθῆναι καὶ τῇ τρίτῃ ἡμέρᾳ ἐγερθῆναι.	**Mk 8,31** → Mk 9,31 → Mk 10,33-34	καὶ ἤρξατο διδάσκειν αὐτοὺς ὅτι δεῖ τὸν υἱὸν τοῦ ἀνθρώπου πολλὰ παθεῖν καὶ ἀποδοκιμασθῆναι **ὑπὸ τῶν πρεσβυτέρων καὶ τῶν ἀρχιερέων καὶ τῶν γραμματέων** καὶ ἀποκτανθῆναι καὶ μετὰ τρεῖς ἡμέρας ἀναστῆναι·	**Lk 9,22** → Lk 9,44 → Lk 17,25 → Lk 18,31-33 → Lk 24,7 → Lk 24,26 → Lk 24,46	εἰπὼν ὅτι δεῖ τὸν υἱὸν τοῦ ἀνθρώπου πολλὰ παθεῖν καὶ ἀποδοκιμασθῆναι **ἀπὸ τῶν πρεσβυτέρων καὶ ἀρχιερέων καὶ γραμματέων** καὶ ἀποκτανθῆναι καὶ τῇ τρίτῃ ἡμέρᾳ ἐγερθῆναι.	
a 002					**Lk 15,25**	ἦν δὲ **ὁ υἱὸς αὐτοῦ ὁ πρεσβύτερος** ἐν ἀγρῷ· καὶ ὡς ἐρχόμενος ἤγγισεν τῇ οἰκίᾳ, ἤκουσεν συμφωνίας καὶ χορῶν	
c d 222	**Mt 21,23**	... προσῆλθον αὐτῷ διδάσκοντι οἱ ἀρχιερεῖς καὶ **οἱ πρεσβύτεροι τοῦ λαοῦ** λέγοντες· ἐν ποίᾳ ἐξουσίᾳ ταῦτα ποιεῖς; ...	**Mk 11,27**	... ἔρχονται πρὸς αὐτὸν οἱ ἀρχιερεῖς καὶ οἱ γραμματεῖς καὶ **οἱ πρεσβύτεροι** [28] καὶ ἔλεγον αὐτῷ· ἐν ποίᾳ ἐξουσίᾳ ταῦτα ποιεῖς; ...	**Lk 20,1**	... ἐπέστησαν οἱ ἀρχιερεῖς καὶ οἱ γραμματεῖς **σὺν τοῖς πρεσβυτέροις** [2] καὶ εἶπαν λέγοντες πρὸς αὐτόν· εἰπὸν ἡμῖν ἐν ποίᾳ ἐξουσίᾳ ταῦτα ποιεῖς, ...	→ Jn 2,18

	Mt		Mk		Lk		
c d 211	**Mt 26,3**	τότε συνήχθησαν οἱ ἀρχιερεῖς καὶ **οἱ πρεσβύτεροι τοῦ λαοῦ** εἰς τὴν αὐλὴν τοῦ ἀρχιερέως τοῦ λεγομένου Καϊάφα [4] καὶ συνεβουλεύσαντο ἵνα τὸν Ἰησοῦν δόλῳ κρατήσωσιν καὶ ἀποκτείνωσιν·	**Mk 14,1**	... καὶ ἐζήτουν οἱ ἀρχιερεῖς καὶ **οἱ γραμματεῖς** πῶς αὐτὸν ἐν δόλῳ κρατήσαντες ἀποκτείνωσιν·	**Lk 22,2**	καὶ ἐζήτουν οἱ ἀρχιερεῖς καὶ **οἱ γραμματεῖς** τὸ πῶς ἀνέλωσιν αὐτόν, ...	
c d 221	**Mt 26,47** ↓ Lk 22,52	καὶ ἔτι αὐτοῦ λαλοῦντος ἰδοὺ Ἰούδας εἷς τῶν δώδεκα ἦλθεν καὶ μετ᾽ αὐτοῦ ὄχλος πολὺς μετὰ μαχαιρῶν καὶ ξύλων **ἀπὸ τῶν ἀρχιερέων καὶ πρεσβυτέρων τοῦ λαοῦ.**	**Mk 14,43** ↓ Lk 22,52	καὶ εὐθὺς ἔτι αὐτοῦ λαλοῦντος παραγίνεται Ἰούδας εἷς τῶν δώδεκα καὶ μετ᾽ αὐτοῦ ὄχλος μετὰ μαχαιρῶν καὶ ξύλων **παρὰ τῶν ἀρχιερέων καὶ τῶν γραμματέων καὶ τῶν πρεσβυτέρων.**	**Lk 22,47**	ἔτι αὐτοῦ λαλοῦντος ἰδοὺ ὄχλος, καὶ ὁ λεγόμενος Ἰούδας εἷς τῶν δώδεκα προήρχετο αὐτοὺς ...	→ Jn 18,3
c 112	**Mt 26,55**	ἐν ἐκείνῃ τῇ ὥρᾳ εἶπεν ὁ Ἰησοῦς **τοῖς ὄχλοις·** ὡς ἐπὶ λῃστὴν ἐξήλθατε μετὰ μαχαιρῶν καὶ ξύλων συλλαβεῖν με; ...	**Mk 14,48**	καὶ ἀποκριθεὶς ὁ Ἰησοῦς εἶπεν **αὐτοῖς·** ὡς ἐπὶ λῃστὴν ἐξήλθατε μετὰ μαχαιρῶν καὶ ξύλων συλλαβεῖν με;	**Lk 22,52** → Lk 22,54 ↑ Mt 26,47 ↑ Mk 14,43	εἶπεν δὲ Ἰησοῦς **πρὸς τοὺς παραγενομένους ἐπ᾽ αὐτὸν ἀρχιερεῖς καὶ στρατηγοὺς τοῦ ἱεροῦ καὶ πρεσβυτέρους·** ὡς ἐπὶ λῃστὴν ἐξήλθατε μετὰ μαχαιρῶν καὶ ξύλων;	
c 221	**Mt 26,57**	... ὅπου **οἱ γραμματεῖς καὶ οἱ πρεσβύτεροι** συνήχθησαν.	**Mk 14,53**	... καὶ συνέρχονται **πάντες οἱ ἀρχιερεῖς καὶ οἱ πρεσβύτεροι καὶ οἱ γραμματεῖς.**	**Lk 22,66**	... συνήχθη **τὸ πρεσβυτέριον τοῦ λαοῦ, ἀρχιερεῖς τε καὶ γραμματεῖς,** καὶ ἀπήγαγον αὐτὸν εἰς τὸ συνέδριον αὐτῶν	
c d 220	**Mt 27,1**	πρωΐας δὲ γενομένης συμβούλιον ἔλαβον **πάντες οἱ ἀρχιερεῖς καὶ οἱ πρεσβύτεροι τοῦ λαοῦ** κατὰ τοῦ Ἰησοῦ ὥστε θανατῶσαι αὐτόν·	**Mk 15,1**	καὶ εὐθὺς πρωῒ συμβούλιον ποιήσαντες **οἱ ἀρχιερεῖς μετὰ τῶν πρεσβυτέρων καὶ γραμματέων καὶ ὅλον τὸ συνέδριον,** ...	Lk 22,66	καὶ ὡς ἐγένετο ἡμέρα, συνήχθη **τὸ πρεσβυτέριον τοῦ λαοῦ, ἀρχιερεῖς τε καὶ γραμματεῖς,** καὶ ἀπήγαγον αὐτὸν εἰς τὸ συνέδριον αὐτῶν	
c 200	**Mt 27,3**	τότε ἰδὼν Ἰούδας ὁ παραδιδοὺς αὐτὸν ὅτι κατεκρίθη, μεταμεληθεὶς ἔστρεψεν τὰ τριάκοντα ἀργύρια τοῖς ἀρχιερεῦσιν καὶ **πρεσβυτέροις**					
c 211	**Mt 27,12** → Mk 15,4	καὶ ἐν τῷ κατηγορεῖσθαι αὐτὸν ὑπὸ τῶν ἀρχιερέων καὶ **πρεσβυτέρων** οὐδὲν ἀπεκρίνατο.	**Mk 15,3**	καὶ κατηγόρουν αὐτοῦ οἱ ἀρχιερεῖς πολλά.	**Lk 23,2** → Lk 20,20 → Lk 20,25 ⇩ Lk 23,10 → Lk 23,14	ἤρξαντο δὲ κατηγορεῖν αὐτοῦ λέγοντες· ...	
					Lk 23,10 ⇧ Lk 23,2	[9] ... αὐτὸς δὲ οὐδὲν ἀπεκρίνατο αὐτῷ. [10] εἱστήκεισαν δὲ οἱ ἀρχιερεῖς καὶ οἱ γραμματεῖς εὐτόνως κατηγοροῦντες αὐτοῦ.	Mt/Mk: before Pilate; Lk: before Herod

c 211	**Mt 27,20**	οἱ δὲ ἀρχιερεῖς καὶ **οἱ πρεσβύτεροι** ἔπεισαν τοὺς ὄχλους ἵνα αἰτήσωνται τὸν Βαραββᾶν, τὸν δὲ Ἰησοῦν ἀπολέσωσιν.	**Mk 15,11**	οἱ δὲ ἀρχιερεῖς ἀνέσεισαν τὸν ὄχλον ἵνα μᾶλλον τὸν Βαραββᾶν ἀπολύσῃ αὐτοῖς.	**Lk 23,18**	ἀνέκραγον δὲ παμπληθεὶ λέγοντες· αἶρε τοῦτον, ἀπόλυσον δὲ ἡμῖν τὸν Βαραββᾶν·	→ Jn 18,40
c 211	**Mt 27,41** → Mt 27,40	ὁμοίως καὶ οἱ ἀρχιερεῖς ἐμπαίζοντες **μετὰ τῶν γραμματέων καὶ πρεσβυτέρων** ἔλεγον· [42] ἄλλους ἔσωσεν, ἑαυτὸν οὐ δύναται σῶσαι· βασιλεὺς Ἰσραήλ ἐστιν, καταβάτω νῦν ἀπὸ τοῦ σταυροῦ	**Mk 15,31** → Mk 15,30	ὁμοίως καὶ οἱ ἀρχιερεῖς ἐμπαίζοντες πρὸς ἀλλήλους **μετὰ τῶν γραμματέων** ἔλεγον· ἄλλους ἔσωσεν, ἑαυτὸν οὐ δύναται σῶσαι· [32] ὁ χριστὸς ὁ βασιλεὺς Ἰσραὴλ καταβάτω νῦν ἀπὸ τοῦ σταυροῦ, ...	**Lk 23,35** → Lk 23,37 → Lk 23,39	... ἐξεμυκτήριζον δὲ καὶ οἱ ἄρχοντες λέγοντες· ἄλλους ἔσωσεν, σωσάτω ἑαυτόν, εἰ οὗτός ἐστιν ὁ χριστὸς τοῦ θεοῦ ὁ ἐκλεκτός.	
c 200	**Mt 28,12**	[11] ... τινες τῆς κουστωδίας ἐλθόντες εἰς τὴν πόλιν ἀπήγγειλαν τοῖς ἀρχιερεῦσιν ἅπαντα τὰ γενόμενα. [12] καὶ συναχθέντες **μετὰ τῶν πρεσβυτέρων** συμβούλιόν τε λαβόντες ἀργύρια ἱκανὰ ἔδωκαν τοῖς στρατιώταις					

[a] πρεσβύτερος (adjective: comparative)
[b] ἡ παράδοσις τῶν πρεσβυτέρων
[c] πρεσβύτεροι and ἀρχιερεῖς, πρεσβύτεροι and γραμματεῖς
[d] οἱ πρεσβύτεροι τοῦ λαοῦ
[e] πρεσβύτεροι τῶν Ἰουδαίων
[f] (οἱ) πρεσβύτεροι among the Christians (Acts only)

Acts 2,17 *καὶ ἔσται* ἐν ταῖς ἐσχάταις ἡμέραις, λέγει ὁ θεός, *ἐκχεῶ ἀπὸ τοῦ πνεύματός μου ἐπὶ πᾶσαν σάρκα, καὶ προφητεύσουσιν οἱ υἱοὶ ὑμῶν καὶ αἱ θυγατέρες ὑμῶν καὶ οἱ νεανίσκοι ὑμῶν ὁράσεις ὄψονται καὶ* ***οἱ πρεσβύτεροι ὑμῶν*** *ἐνυπνίοις ἐνυπνιασθήσονται·*
➤ Joel 3,1 LXX

c **Acts 4,5** ἐγένετο δὲ ἐπὶ τὴν αὔριον συναχθῆναι αὐτῶν τοὺς ἄρχοντας καὶ **τοὺς πρεσβυτέρους** καὶ τοὺς γραμματεῖς ἐν Ἰερουσαλήμ

Acts 4,8 τότε Πέτρος πλησθεὶς πνεύματος ἁγίου εἶπεν πρὸς αὐτούς· ἄρχοντες τοῦ λαοῦ καὶ **πρεσβύτεροι**

c **Acts 4,23** ἀπολυθέντες δὲ ἦλθον πρὸς τοὺς ἰδίους καὶ ἀπήγγειλαν ὅσα πρὸς αὐτοὺς οἱ ἀρχιερεῖς καὶ **οἱ πρεσβύτεροι** εἶπαν.

c **Acts 6,12** συνεκίνησάν τε τὸν λαὸν καὶ **τοὺς πρεσβυτέρους** καὶ τοὺς γραμματεῖς καὶ ἐπιστάντες συνήρπασαν αὐτὸν καὶ ἤγαγον εἰς τὸ συνέδριον

f **Acts 11,30** ὃ καὶ ἐποίησαν ἀποστείλαντες **πρὸς τοὺς πρεσβυτέρους** διὰ χειρὸς Βαρναβᾶ καὶ Σαύλου.

f **Acts 14,23** χειροτονήσαντες δὲ αὐτοῖς κατ' ἐκκλησίαν **πρεσβυτέρους,** προσευξάμενοι μετὰ νηστειῶν παρέθεντο αὐτοὺς τῷ κυρίῳ εἰς ὃν πεπιστεύκεισαν.

f **Acts 15,2** ... ἔταξαν ἀναβαίνειν Παῦλον καὶ Βαρναβᾶν καί τινας ἄλλους ἐξ αὐτῶν πρὸς τοὺς ἀποστόλους καὶ **πρεσβυτέρους** εἰς Ἰερουσαλὴμ περὶ τοῦ ζητήματος τούτου.

f **Acts 15,4** παραγενόμενοι δὲ εἰς Ἰερουσαλὴμ παρεδέχθησαν ἀπὸ τῆς ἐκκλησίας καὶ τῶν ἀποστόλων καὶ **τῶν πρεσβυτέρων,** ἀνήγγειλάν τε ὅσα ὁ θεὸς ἐποίησεν μετ' αὐτῶν.

f **Acts 15,6** συνήχθησάν τε οἱ ἀπόστολοι καὶ **οἱ πρεσβύτεροι** ἰδεῖν περὶ τοῦ λόγου τούτου.

f **Acts 15,22** τότε ἔδοξε τοῖς ἀποστόλοις καὶ **τοῖς πρεσβυτέροις** σὺν ὅλῃ τῇ ἐκκλησίᾳ ἐκλεξαμένους ἄνδρας ἐξ αὐτῶν πέμψαι εἰς Ἀντιόχειαν σὺν τῷ Παύλῳ καὶ Βαρναβᾷ, ...

f **Acts 15,23** γράψαντες διὰ χειρὸς αὐτῶν· οἱ ἀπόστολοι καὶ **οἱ πρεσβύτεροι** ἀδελφοὶ τοῖς κατὰ τὴν Ἀντιόχειαν καὶ Συρίαν καὶ Κιλικίαν ἀδελφοῖς τοῖς ἐξ ἐθνῶν χαίρειν.

f **Acts 16,4** ὡς δὲ διεπορεύοντο τὰς πόλεις, παρεδίδοσαν αὐτοῖς φυλάσσειν τὰ δόγματα τὰ κεκριμένα ὑπὸ τῶν ἀποστόλων καὶ **πρεσβυτέρων** τῶν ἐν Ἱεροσολύμοις.

f **Acts 20,17** ἀπὸ δὲ τῆς Μιλήτου πέμψας εἰς Ἔφεσον μετεκαλέσατο **τοὺς πρεσβυτέρους τῆς ἐκκλησίας.**

f **Acts 21,18** τῇ δὲ ἐπιούσῃ εἰσῄει ὁ Παῦλος σὺν ἡμῖν πρὸς Ἰάκωβον, **πάντες τε παρεγένοντο οἱ πρεσβύτεροι.**

c **Acts 23,14** οἵτινες προσελθόντες τοῖς ἀρχιερεῦσιν καὶ **τοῖς πρεσβυτέροις** εἶπαν· ἀναθέματι ἀνεθεματίσαμεν ἑαυτοὺς μηδενὸς γεύσασθαι ἕως οὗ ἀποκτείνωμεν τὸν Παῦλον.

c **Acts 24,1** μετὰ δὲ πέντε ἡμέρας κατέβη ὁ ἀρχιερεὺς Ἁνανίας **μετὰ πρεσβυτέρων τινῶν καὶ ῥήτορος Τερτύλλου τινός,** οἵτινες ἐνεφάνισαν τῷ ἡγεμόνι κατὰ τοῦ Παύλου.

c e **Acts 25,15** περὶ οὗ γενομένου μου εἰς Ἱεροσόλυμα ἐνεφάνισαν οἱ ἀρχιερεῖς καὶ **οἱ πρεσβύτεροι τῶν Ἰουδαίων** αἰτούμενοι κατ᾽ αὐτοῦ καταδίκην.

πρεσβύτης

Syn 1	Mt	Mk	Lk 1	Acts	Jn	1-3John	Paul 1	Eph	Col
NT 3	2Thess	1/2Tim	Tit 1	Heb	Jas	1Pet	2Pet	Jude	Rev

old man; aged man

002		**Lk 1,18**	... κατὰ τί γνώσομαι τοῦτο; ἐγὼ γάρ εἰμι **πρεσβύτης** καὶ ἡ γυνή μου προβεβηκυῖα ἐν ταῖς ἡμέραις αὐτῆς.

πρίν

Syn 7	Mt 3	Mk 2	Lk 2	Acts 3	Jn 3	1-3John	Paul	Eph	Col
NT 13	2Thess	1/2Tim	Tit	Heb	Jas	1Pet	2Pet	Jude	Rev

before; formerly

	triple tradition																	double tradition			Sondergut		
		+Mt / +Lk			–Mt / –Lk			traditions not taken over by Mt / Lk							subtotals								
code	*222*	*211*	*112*	*212*	*221*	*122*	*121*	*022*	*012*	*021*	*220*	*120*	*210*	*020*	Σ^+	Σ^-	Σ	*202*	*201*	*102*	*200*	*002*	total
Mt	1				1												2				1		**3**
Mk	1				1												2						**2**
Lk	1				1^-											1^-	1					1	**2**

a πρὶν ἤ

a 200	**Mt 1,18** → Lk 1,27 → Lk 1,35	τοῦ δὲ Ἰησοῦ Χριστοῦ ἡ γένεσις οὕτως ἦν. μνηστευθείσης τῆς μητρὸς αὐτοῦ Μαρίας τῷ Ἰωσήφ, **πρὶν ἢ** συνελθεῖν αὐτοὺς εὑρέθη ἐν γαστρὶ ἔχουσα ἐκ πνεύματος ἁγίου.	
a 002		**Lk 2,26**	καὶ ἦν αὐτῷ κεχρηματισμένον ὑπὸ τοῦ πνεύματος τοῦ ἁγίου μὴ ἰδεῖν θάνατον **πρὶν [ἢ]** ἂν ἴδῃ τὸν χριστὸν κυρίου.

	Mt	Mk	Lk	
a 221	**Mt 26,34** ... ἐν ταύτῃ τῇ νυκτὶ **πρὶν** ἀλέκτορα φωνῆσαι τρὶς ἀπαρνήσῃ με.	**Mk 14,30** ... σὺ σήμερον ταύτῃ τῇ νυκτὶ **πρὶν ἢ** δὶς ἀλέκτορα φωνῆσαι τρίς με ἀπαρνήσῃ.	**Lk 22,34** ... Πέτρε, οὐ φωνήσει σήμερον ἀλέκτωρ ἕως τρίς με ἀπαρνήσῃ εἰδέναι.	→ Jn 13,38
222	**Mt 26,75** καὶ ἐμνήσθη ὁ Πέτρος τοῦ ῥήματος Ἰησοῦ εἰρηκότος ὅτι **πρὶν** ἀλέκτορα φωνῆσαι τρὶς ἀπαρνήσῃ με· ...	**Mk 14,72** ... καὶ ἀνεμνήσθη ὁ Πέτρος τὸ ῥῆμα ὡς εἶπεν αὐτῷ ὁ Ἰησοῦς ὅτι **πρὶν** ἀλέκτορα φωνῆσαι δὶς τρίς με ἀπαρνήσῃ· ...	**Lk 22,61** καὶ στραφεὶς ὁ κύριος ἐνέβλεψεν τῷ Πέτρῳ, καὶ ὑπεμνήσθη ὁ Πέτρος τοῦ ῥήματος τοῦ κυρίου ὡς εἶπεν αὐτῷ ὅτι **πρὶν** ἀλέκτορα φωνῆσαι σήμερον ἀπαρνήσῃ με τρίς.	

Acts 2,20 *ὁ ἥλιος μεταστραφήσεται*
εἰς σκότος καὶ ἡ σελήνη
εἰς αἷμα
πρὶν
ἐλθεῖν ἡμέραν κυρίου τὴν
μεγάλην καὶ ἐπιφανῆ.
➤ Joel 3,4 LXX

a **Acts 7,2** ... ὁ θεὸς τῆς δόξης ὤφθη
τῷ πατρὶ ἡμῶν Ἀβραὰμ
ὄντι ἐν τῇ Μεσοποταμίᾳ
πρὶν ἢ
κατοικῆσαι αὐτὸν
ἐν Χαρράν

a **Acts 25,16** ... οὐκ ἔστιν ἔθος
Ῥωμαίοις χαρίζεσθαί
τινα ἄνθρωπον
πρὶν ἢ
ὁ κατηγορούμενος
κατὰ πρόσωπον ἔχοι
τοὺς κατηγόρους τόπον
τε ἀπολογίας λάβοι
περὶ τοῦ ἐγκλήματος.

πρό

	Syn	Mt	Mk	Lk	Acts	Jn	1-3John	Paul	Eph	Col
	13	5	1	7	7	9		7	1	1
	NT	2Thess	1/2Tim	Tit	Heb	Jas	1Pet	2Pet	Jude	Rev
	47		2	1	1	2	2		1	

before; in front of; at

	triple tradition																	double tradition			Sondergut		
		+Mt / +Lk			–Mt / –Lk			traditions not taken over by Mt / Lk							subtotals								
code	*222*	*211*	*112*	*212*	*221*	*122*	*121*	*022*	*012*	*021*	*220*	*120*	*210*	*020*	Σ^+	Σ^-	Σ	*202*	*201*	*102*	*200*	*002*	total
Mt		1^+													1^+		1	1	2		1		**5**
Mk														1			1						**1**
Lk			1^+												1^+		1	1				5	**7**

a πρὸ τοῦ and infinitive *b* πρό with reference to location *c* πρὸ προσώπου

	Mt	Mk	Lk	
a 002			**Lk 2,21** καὶ ὅτε ἐπλήσθησαν → Mt 1,25 ἡμέραι ὀκτὼ τοῦ → Lk 1,31 περιτεμεῖν αὐτὸν καὶ ἐκλήθη τὸ ὄνομα αὐτοῦ Ἰησοῦς, τὸ κληθὲν ὑπὸ τοῦ ἀγγέλου **πρὸ τοῦ** **συλλημφθῆναι** αὐτὸν ἐν τῇ κοιλίᾳ.	
c 020	**Mt 11,10** οὗτός ἐστιν περὶ οὗ γέγραπται· *ἰδοὺ ἐγὼ ἀποστέλλω* *τὸν ἄγγελόν μου* ***πρὸ προσώπου** σου,* *ὃς κατασκευάσει* *τὴν ὁδόν σου ἔμπροσθέν* σου. ➤ Exod 23,20/Mal 3,1	**Mk 1,2** καθὼς γέγραπται ἐν → Mt 3,3 τῷ Ἠσαΐᾳ τῷ προφήτῃ· → Lk 3,4 *ἰδοὺ ἀποστέλλω* *τὸν ἄγγελόν μου* ***πρὸ προσώπου** σου,* *ὃς κατασκευάσει* *τὴν ὁδόν σου·* ➤ Exod 23,20/Mal 3,1	**Lk 7,27** οὗτός ἐστιν περὶ οὗ γέγραπται· *ἰδοὺ ἀποστέλλω* *τὸν ἄγγελόν μου* ***πρὸ προσώπου** σου,* *ὃς κατασκευάσει* *τὴν ὁδόν σου ἔμπροσθέν* σου. ➤ Exod 23,20/Mal 3,1	Mk-Q overlap
201	**Mt 5,12** ... οὕτως γὰρ → Mt 23,34 ἐδίωξαν τοὺς προφήτας **τοὺς πρὸ ὑμῶν.**		**Lk 6,23** ... κατὰ τὰ αὐτὰ γὰρ → Lk 11,49 ἐποίουν τοῖς προφήταις οἱ πατέρες αὐτῶν.	→ GTh 69,1 → GTh 68

a 200	**Mt 6,8** → Mt 6,32 → Lk 12,30	μὴ οὖν ὁμοιωθῆτε αὐτοῖς· οἶδεν γὰρ ὁ πατὴρ ὑμῶν ὧν χρείαν ἔχετε **πρὸ τοῦ ὑμᾶς αἰτῆσαι** αὐτόν.					
211	**Mt 8,29**	... τί ἡμῖν καὶ σοί, υἱὲ τοῦ θεοῦ; ἦλθες ὧδε **πρὸ καιροῦ** βασανίσαι ἡμᾶς;	**Mk 5,7** → Mk 1,23-24	... τί ἐμοὶ καὶ σοί, Ἰησοῦ υἱὲ τοῦ θεοῦ τοῦ ὑψίστου; ὁρκίζω σε τὸν θεόν, μή με βασανίσῃς.	**Lk 8,28** → Lk 4,33-34	... τί ἐμοὶ καὶ σοί, Ἰησοῦ υἱὲ τοῦ θεοῦ τοῦ ὑψίστου; δέομαί σου, μή με βασανίσῃς.	
c 202	**Mt 11,10**	οὗτός ἐστιν περὶ οὗ γέγραπται· *ἰδοὺ ἐγὼ ἀποστέλλω τὸν ἄγγελόν μου* ***πρὸ προσώπου σου,*** *ὃς κατασκευάσει τὴν ὁδόν σου ἔμπροσθέν* σου. ➤ Exod 23,20/Mal 3,1	**Mk 1,2** → Mt 3,3 → Lk 3,4	καθὼς γέγραπται ἐν τῷ Ἠσαΐᾳ τῷ προφήτῃ· *ἰδοὺ ἀποστέλλω τὸν ἄγγελόν μου* ***πρὸ προσώπου*** σου, *ὃς κατασκευάσει τὴν ὁδόν* σου· ➤ Exod 23,20/Mal 3,1	**Lk 7,27**	οὗτός ἐστιν περὶ οὗ γέγραπται· *ἰδοὺ ἀποστέλλω τὸν ἄγγελόν μου* ***πρὸ προσώπου σου,*** *ὃς κατασκευάσει τὴν ὁδόν σου ἔμπροσθέν* σου. ➤ Exod 23,20/Mal 3,1	Mk-Q overlap
c 002					**Lk 9,52**	καὶ ἀπέστειλεν ἀγγέλους **πρὸ προσώπου αὐτοῦ.** καὶ πορευθέντες εἰσῆλθον εἰς κώμην Σαμαριτῶν, ὡς ἑτοιμάσαι αὐτῷ·	
c 002					**Lk 10,1** → Mt 10,1 → Mk 6,7 → Lk 9,1	μετὰ δὲ ταῦτα ἀνέδειξεν ὁ κύριος ἑτέρους ἑβδομήκοντα [δύο] καὶ ἀπέστειλεν αὐτοὺς ἀνὰ δύο [δύο] **πρὸ προσώπου αὐτοῦ** εἰς πᾶσαν πόλιν καὶ τόπον οὗ ἤμελλεν αὐτὸς ἔρχεσθαι.	
002					**Lk 11,38** → Mk 7,2	ὁ δὲ Φαρισαῖος ἰδὼν ἐθαύμασεν ὅτι οὐ πρῶτον ἐβαπτίσθη **πρὸ τοῦ ἀρίστου.**	
112	**Mt 10,17** ⇩ Mt 24,9 → Mt 23,34 **Mt 24,9** ⇧ Mt 10,17	προσέχετε δὲ ἀπὸ τῶν ἀνθρώπων· παραδώσουσιν γὰρ ὑμᾶς εἰς συνέδρια καὶ ἐν ταῖς συναγωγαῖς αὐτῶν μαστιγώσουσιν ὑμᾶς· τότε παραδώσουσιν ὑμᾶς εἰς θλῖψιν καὶ ἀποκτενοῦσιν ὑμᾶς, καὶ ἔσεσθε μισούμενοι ὑπὸ πάντων τῶν ἐθνῶν διὰ τὸ ὄνομά μου.	**Mk 13,9**	βλέπετε δὲ ὑμεῖς ἑαυτούς· παραδώσουσιν ὑμᾶς εἰς συνέδρια καὶ εἰς συναγωγὰς δαρήσεσθε ...	**Lk 21,12** → Lk 11,49 → Lk 12,11	**πρὸ δὲ τούτων πάντων** ἐπιβαλοῦσιν ἐφ᾽ ὑμᾶς τὰς χεῖρας αὐτῶν καὶ διώξουσιν, παραδιδόντες εἰς τὰς συναγωγὰς καὶ φυλακάς, ...	
201	**Mt 24,38**	ὡς γὰρ ἦσαν ἐν ταῖς ἡμέραις [ἐκείναις] ταῖς **πρὸ τοῦ κατακλυσμοῦ** τρώγοντες καὶ πίνοντες, γαμοῦντες καὶ γαμίζοντες, ἄχρι ἧς ἡμέρας εἰσῆλθεν Νῶε εἰς τὴν κιβωτόν			**Lk 17,27**	ἤσθιον, ἔπινον, ἐγάμουν, ἐγαμίζοντο, ἄχρι ἧς ἡμέρας εἰσῆλθεν Νῶε εἰς τὴν κιβωτόν, ...	

a 002			**Lk 22,15** ... ἐπιθυμίᾳ ἐπεθύμησα τοῦτο τὸ πάσχα φαγεῖν μεθ' ὑμῶν **πρὸ τοῦ με παθεῖν·**	

Acts 5,36 **πρὸ γὰρ τούτων τῶν ἡμερῶν** ἀνέστη Θευδᾶς λέγων εἶναί τινα ἑαυτόν, ...

b **Acts 12,6** ... τῇ νυκτὶ ἐκείνῃ ἦν ὁ Πέτρος κοιμώμενος μεταξὺ δύο στρατιωτῶν δεδεμένος ἁλύσεσιν δυσίν φύλακές τε **πρὸ τῆς θύρας** ἐτήρουν τὴν φυλακήν.

b **Acts 12,14** καὶ ἐπιγνοῦσα τὴν φωνὴν τοῦ Πέτρου ἀπὸ τῆς χαρᾶς οὐκ ἤνοιξεν τὸν πυλῶνα, εἰσδραμοῦσα δὲ ἀπήγγειλεν ἑστάναι τὸν Πέτρον **πρὸ τοῦ πυλῶνος.**

c **Acts 13,24** (→ Mt 3,1-2; → Mk 1,4; → Lk 3,3; → Acts 19,4) προκηρύξαντος Ἰωάννου **πρὸ προσώπου τῆς εἰσόδου αὐτοῦ** βάπτισμα μετανοίας παντὶ τῷ λαῷ Ἰσραήλ.

b **Acts 14,13** ὅ τε ἱερεὺς τοῦ Διὸς τοῦ ὄντος **πρὸ τῆς πόλεως** ταύρους καὶ στέμματα ἐπὶ τοὺς πυλῶνας ἐνέγκας σὺν τοῖς ὄχλοις ἤθελεν θύειν.

Acts 21,38 οὐκ ἄρα σὺ εἶ ὁ Αἰγύπτιος ὁ **πρὸ τούτων τῶν ἡμερῶν** ἀναστατώσας καὶ ἐξαγαγὼν εἰς τὴν ἔρημον τοὺς τετρακισχιλίους ἄνδρας τῶν σικαρίων;

a **Acts 23,15** ... ἡμεῖς δὲ **πρὸ τοῦ ἐγγίσαι** αὐτὸν ἕτοιμοί ἐσμεν τοῦ ἀνελεῖν αὐτόν.

προάγω

	Syn	Mt	Mk	Lk	Acts	Jn	1-3John	Paul	Eph	Col
	12	6	5	1	4		1			
	NT	2Thess	1/2Tim	Tit	Heb	Jas	1Pet	2Pet	Jude	Rev
	20		2		1					

lead forward; lead out; bring out; go before; lead the way; precede

	triple tradition																	double tradition			Sondergut		
		+Mt / +Lk			–Mt / –Lk			traditions not taken over by Mt / Lk							subtotals								
code	222	211	112	212	221	122	121	022	012	021	220	120	210	020	Σ⁺	Σ⁻	Σ	202	201	102	200	002	total
Mt					1		1^-				3					1^-	4				2		**6**
Mk					1		1				3						5						**5**
Lk			1^+		1^-		1^-								1^+	2^-	1						**1**

200	**Mt 2,9** οἱ δὲ ἀκούσαντες τοῦ βασιλέως ἐπορεύθησαν καὶ ἰδοὺ ὁ ἀστὴρ, ὃν εἶδον ἐν τῇ ἀνατολῇ, **προῆγεν** αὐτοὺς, ἕως ἐλθὼν ἐστάθη ἐπάνω οὗ ἦν τὸ παιδίον.			
220	**Mt 14,22** (→ Mt 15,39) καὶ εὐθέως ἠνάγκασεν τοὺς μαθητὰς ἐμβῆναι εἰς τὸ πλοῖον καὶ **προάγειν** αὐτὸν εἰς τὸ πέραν, ἕως οὗ ἀπολύσῃ τοὺς ὄχλους.	**Mk 6,45** (→ Mk 8,9; → Lk 9,10) καὶ εὐθὺς ἠνάγκασεν τοὺς μαθητὰς αὐτοῦ ἐμβῆναι εἰς τὸ πλοῖον καὶ **προάγειν** εἰς τὸ πέραν πρὸς Βηθσαϊδάν, ἕως αὐτὸς ἀπολύει τὸν ὄχλον.		→ Jn 6,16-17
121	**Mt 20,17** καὶ ἀναβαίνων ὁ Ἰησοῦς εἰς Ἱεροσόλυμα	**Mk 10,32** ἦσαν δὲ ἐν τῇ ὁδῷ ἀναβαίνοντες εἰς Ἱεροσόλυμα, καὶ ἦν **προάγων** αὐτοὺς ὁ Ἰησοῦς, καὶ ἐθαμβοῦντο, οἱ δὲ ἀκολουθοῦντες ἐφοβοῦντο.	**Lk 18,31**	
	παρέλαβεν τοὺς δώδεκα [μαθητὰς] κατ' ἰδίαν καὶ ἐν τῇ ὁδῷ εἶπεν αὐτοῖς·	καὶ παραλαβὼν πάλιν τοὺς δώδεκα ἤρξατο αὐτοῖς λέγειν τὰ μέλλοντα αὐτῷ συμβαίνειν	παραλαβὼν δὲ τοὺς δώδεκα εἶπεν πρὸς αὐτούς· ...	

	Mt	Mk	Lk	
112	**Mt 20,31** ὁ δὲ ὄχλος ἐπετίμησεν αὐτοῖς ἵνα σιωπήσωσιν· ...	**Mk 10,48** καὶ ἐπετίμων αὐτῷ πολλοὶ ἵνα σιωπήσῃ· ...	**Lk 18,39** καὶ οἱ προάγοντες ἐπετίμων αὐτῷ ἵνα σιγήσῃ, ...	
221	**Mt 21,9** οἱ δὲ ὄχλοι οἱ προάγοντες αὐτὸν καὶ οἱ ἀκολουθοῦντες ἔκραζον λέγοντες· ...	**Mk 11,9** καὶ οἱ προάγοντες καὶ οἱ ἀκολουθοῦντες ἔκραζον· ...	**Lk 19,37** ... ἤρξαντο ἅπαν τὸ πλῆθος τῶν μαθητῶν χαίροντες αἰνεῖν τὸν θεὸν φωνῇ μεγάλῃ περὶ πασῶν ὧν εἶδον δυνάμεων, [38] λέγοντες· ...	→ Jn 12,13
200	**Mt 21,31** ... ἀμὴν λέγω ὑμῖν ὅτι οἱ τελῶναι καὶ αἱ πόρναι προάγουσιν ὑμᾶς εἰς τὴν βασιλείαν τοῦ θεοῦ.			
220	**Mt 26,32** ↓ Mt 28,7 μετὰ δὲ τὸ ἐγερθῆναί με προάξω ὑμᾶς εἰς τὴν Γαλιλαίαν.	**Mk 14,28** ↓ Mk 16,7 ἀλλὰ μετὰ τὸ ἐγερθῆναί με προάξω ὑμᾶς εἰς τὴν Γαλιλαίαν.		
220	**Mt 28,7** ↑ Mt 26,32 → Mt 27,64 → Mt 28,10.16 καὶ ταχὺ πορευθεῖσαι εἴπατε τοῖς μαθηταῖς αὐτοῦ ὅτι ἠγέρθη ἀπὸ τῶν νεκρῶν, καὶ ἰδοὺ προάγει ὑμᾶς εἰς τὴν Γαλιλαίαν, ...	**Mk 16,7** ↑ Mk 14,28 ἀλλὰ ὑπάγετε εἴπατε τοῖς μαθηταῖς αὐτοῦ καὶ τῷ Πέτρῳ ὅτι προάγει ὑμᾶς εἰς τὴν Γαλιλαίαν· ...		→ Jn 20,17 → Jn 21,1

Acts 12,6 ὅτε δὲ ἤμελλεν προαγαγεῖν αὐτὸν ὁ Ἡρῴδης, τῇ νυκτὶ ἐκείνῃ ἦν ὁ Πέτρος κοιμώμενος μεταξὺ δύο στρατιωτῶν ...

Acts 16,30 καὶ προαγαγὼν αὐτοὺς ἔξω ἔφη· κύριοι, τί με δεῖ ποιεῖν ἵνα σωθῶ;

Acts 17,5 ... καὶ ἐπιστάντες τῇ οἰκίᾳ Ἰάσονος ἐζήτουν αὐτοὺς προαγαγεῖν εἰς τὸν δῆμον·

Acts 25,26 περὶ οὗ ἀσφαλές τι γράψαι τῷ κυρίῳ οὐκ ἔχω, διὸ προήγαγον αὐτὸν ἐφ' ὑμῶν καὶ μάλιστα ἐπὶ σοῦ, βασιλεῦ Ἀγρίππα, ...

προαύλιον

Syn 1	Mt	Mk 1	Lk	Acts	Jn	1-3John	Paul	Eph	Col
NT 1	2Thess	1/2Tim	Tit	Heb	Jas	1Pet	2Pet	Jude	Rev

forecourt; gateway

	Mt	Mk	Lk	
120	**Mt 26,71** ἐξελθόντα δὲ εἰς τὸν πυλῶνα ...	**Mk 14,68** ... καὶ ἐξῆλθεν ἔξω εἰς τὸ προαύλιον [καὶ ἀλέκτωρ ἐφώνησεν].		.

προβαίνω

Syn 5	Mt 1	Mk 1	Lk 3	Acts	Jn	1-3John	Paul	Eph	Col
NT 5	2Thess	1/2Tim	Tit	Heb	Jas	1Pet	2Pet	Jude	Rev

go ahead; go on; advance

	Mt	Mk	Lk	
002			**Lk 1,7** καὶ οὐκ ἦν αὐτοῖς τέκνον, καθότι ἦν ἡ Ἐλισάβετ στεῖρα, καὶ ἀμφότεροι προβεβηκότες ἐν ταῖς ἡμέραις αὐτῶν ἦσαν.	

002					**Lk 1,18**	... κατὰ τί γνώσομαι τοῦτο; ἐγὼ γάρ εἰμι πρεσβύτης καὶ ἡ γυνή μου **προβεβηκυῖα** ἐν ταῖς ἡμέραις αὐτῆς.	
002					**Lk 2,36**	καὶ ἦν Ἅννα προφῆτις, θυγάτηρ Φανουήλ, ἐκ φυλῆς Ἀσήρ· αὕτη **προβεβηκυῖα** ἐν ἡμέραις πολλαῖς, ...	
221	**Mt 4,21** → Lk 5,2	καὶ **προβὰς** ἐκεῖθεν εἶδεν ἄλλους δύο ἀδελφούς, Ἰάκωβον τὸν τοῦ Ζεβεδαίου καὶ Ἰωάννην τὸν ἀδελφὸν αὐτοῦ, ...	**Mk 1,19** → Lk 5,2	καὶ **προβὰς** ὀλίγον εἶδεν Ἰάκωβον τὸν τοῦ Ζεβεδαίου καὶ Ἰωάννην τὸν ἀδελφὸν αὐτοῦ, ...	**Lk 5,10**	ὁμοίως δὲ καὶ Ἰάκωβον καὶ Ἰωάννην υἱοὺς Ζεβεδαίου, ...	

# προβάλλω	Syn	Mt	Mk	Lk	Acts	Jn	1-3John	Paul	Eph	Col
	1			1	1					
	NT	2Thess	1/2Tim	Tit	Heb	Jas	1Pet	2Pet	Jude	Rev
	2									

throw before; put before; put forward; cause to come forward; put out

112	**Mt 24,32**	ἀπὸ δὲ τῆς συκῆς μάθετε τὴν παραβολήν· ὅταν ἤδη ὁ κλάδος αὐτῆς γένηται ἁπαλὸς καὶ **τὰ φύλλα ἐκφύῃ,** γινώσκετε ὅτι ἐγγὺς τὸ θέρος·	**Mk 13,28**	ἀπὸ δὲ τῆς συκῆς μάθετε τὴν παραβολήν· ὅταν ἤδη ὁ κλάδος αὐτῆς ἁπαλὸς γένηται καὶ **ἐκφύῃ τὰ φύλλα,** γινώσκετε ὅτι ἐγγὺς τὸ θέρος ἐστίν·	**Lk 21,30**	[29] καὶ εἶπεν παραβολὴν αὐτοῖς· ἴδετε τὴν συκῆν καὶ πάντα τὰ δένδρα· [30] ὅταν **προβάλωσιν** ἤδη, βλέποντες ἀφ᾽ ἑαυτῶν γινώσκετε ὅτι ἤδη ἐγγὺς τὸ θέρος ἐστίν·	

Acts 19,33 ἐκ δὲ τοῦ ὄχλου
συνεβίβασαν Ἀλέξανδρον,
προβαλόντων
αὐτὸν τῶν Ἰουδαίων·
ὁ δὲ Ἀλέξανδρος κατα-
σείσας τὴν χεῖρα ἤθελεν
ἀπολογεῖσθαι τῷ δήμῳ.

# πρόβατον	Syn	Mt	Mk	Lk	Acts	Jn	1-3John	Paul	Eph	Col
	15	11	2	2	1	19		1		
	NT	2Thess	1/2Tim	Tit	Heb	Jas	1Pet	2Pet	Jude	Rev
	39				1		1			1

sheep

	triple tradition																	double tradition			Sondergut		
		+Mt / +Lk			–Mt / –Lk			traditions not taken over by Mt / Lk							subtotals								
code	*222*	*211*	*112*	*212*	*221*	*122*	*121*	*022*	*012*	*021*	*220*	*120*	*210*	*020*	Σ^+	Σ^-	Σ	*202*	*201*	*102*	*200*	*002*	total
Mt											2						2	1	2		6		**11**
Mk											2						2						**2**
Lk																		1				1	**2**

200	**Mt 7,15**	προσέχετε ἀπὸ τῶν ψευδοπροφητῶν, οἵτινες ἔρχονται πρὸς ὑμᾶς **ἐν ἐνδύμασιν** **προβάτων,** ἔσωθεν δέ εἰσιν λύκοι ἅρπαγες.	

	Mt		Mk		Lk		
220	**Mt 9,36** ↓Mt 14,14	ἰδὼν δὲ τοὺς ὄχλους ἐσπλαγχνίσθη περὶ αὐτῶν, ὅτι ἦσαν ἐσκυλμένοι καὶ ἐρριμμένοι *ὡσεὶ πρόβατα* *μὴ ἔχοντα ποιμένα.* ➤ Num 27,17/Jdt 11,19/2Chron 18,16	**Mk 6,34**	καὶ ἐξελθὼν εἶδεν πολὺν ὄχλον, καὶ ἐσπλαγχνίσθη ἐπ' αὐτούς, ὅτι ἦσαν *ὡς πρόβατα* *μὴ ἔχοντα ποιμένα, ...* ➤ Num 27,17/Jdt 11,19/2Chron 18,16			
200	**Mt 10,6** ↓Mt 15,24	πορεύεσθε δὲ μᾶλλον πρὸς τὰ πρόβατα τὰ ἀπολωλότα οἴκου Ἰσραήλ.					
201	**Mt 10,16**	ἰδοὺ ἐγὼ ἀποστέλλω ὑμᾶς ὡς πρόβατα ἐν μέσῳ λύκων· ...			**Lk 10,3**	... ἰδοὺ ἀποστέλλω ὑμᾶς ὡς ἄρνας ἐν μέσῳ λύκων.	
201	**Mt 12,11**	... τίς ἔσται ἐξ ὑμῶν ἄνθρωπος ὃς ἕξει πρόβατον ἕν καὶ ἐὰν ἐμπέσῃ τοῦτο τοῖς σάββασιν εἰς βόθυνον, οὐχὶ κρατήσει αὐτὸ καὶ ἐγερεῖ;			**Lk 14,5** →Lk 13,15	... τίνος ὑμῶν υἱὸς ἢ βοῦς εἰς φρέαρ πεσεῖται, καὶ οὐκ εὐθέως ἀνασπάσει αὐτὸν ἐν ἡμέρᾳ τοῦ σαββάτου;	
200	**Mt 12,12**	πόσῳ οὖν διαφέρει ἄνθρωπος προβάτου. ...					
	Mt 14,14 ↑Mt 9,36 →Mt 15,32	καὶ ἐξελθὼν εἶδεν πολὺν ὄχλον, καὶ ἐσπλαγχνίσθη ἐπ' αὐτοῖς ...	**Mk 6,34** →Mk 8,2	καὶ ἐξελθὼν εἶδεν πολὺν ὄχλον, καὶ ἐσπλαγχνίσθη ἐπ' αὐτούς,	**Lk 9,11**	... καὶ ἀποδεξάμενος αὐτοὺς ...	
220	**Mt 9,36**	ἰδὼν δὲ τοὺς ὄχλους ἐσπλαγχνίσθη περὶ αὐτῶν, ὅτι ἦσαν ἐσκυλμένοι καὶ ἐρριμμένοι *ὡσεὶ πρόβατα* *μὴ ἔχοντα ποιμένα.* ➤ Num 27,17/Jdt 11,19/2Chron 18,16		ὅτι ἦσαν *ὡς πρόβατα* *μὴ ἔχοντα ποιμένα, ...* ➤ Num 27,17/Jdt 11,19/2Chron 18,16			
200	**Mt 15,24** ↑Mt 10,6	ὁ δὲ ἀποκριθεὶς εἶπεν· οὐκ ἀπεστάλην εἰ μὴ εἰς τὰ πρόβατα τὰ ἀπολωλότα οἴκου Ἰσραήλ.					
202	**Mt 18,12**	τί ὑμῖν δοκεῖ; ἐὰν γένηταί τινι ἀνθρώπῳ ἑκατὸν πρόβατα καὶ πλανηθῇ ἓν ἐξ αὐτῶν, ...			**Lk 15,4**	τίς ἄνθρωπος ἐξ ὑμῶν ἔχων ἑκατὸν πρόβατα καὶ ἀπολέσας ἐξ αὐτῶν ἓν ...	→GTh 107
002					**Lk 15,6**	... συγχάρητέ μοι, ὅτι εὗρον τὸ πρόβατόν μου τὸ ἀπολωλός.	
200	**Mt 25,32**	... καὶ ἀφορίσει αὐτοὺς ἀπ' ἀλλήλων, ὥσπερ ὁ ποιμὴν ἀφορίζει τὰ πρόβατα ἀπὸ τῶν ἐρίφων,					
200	**Mt 25,33**	καὶ στήσει τὰ μὲν πρόβατα ἐκ δεξιῶν αὐτοῦ, τὰ δὲ ἐρίφια ἐξ εὐωνύμων.					

	Mt		Mk		Lk		
220	Mt 26,31	... γέγραπται γάρ· *πατάξω τὸν ποιμένα,* *καὶ διασκορπισθήσονται* *τὰ πρόβατα* *τῆς ποίμνης.* ➤ Zech 13,7	Mk 14,27	... ὅτι γέγραπται· *πατάξω τὸν ποιμένα,* *καὶ* *τὰ πρόβατα* *διασκορπισθήσονται.* ➤ Zech 13,7			

Acts 8,32 ἡ δὲ περιοχὴ τῆς γραφῆς
ἣν ἀνεγίνωσκεν ἦν αὕτη·
ὡς πρόβατον
ἐπὶ σφαγὴν ἤχθη καὶ
ὡς ἀμνὸς ἐναντίον τοῦ
κείραντος αὐτὸν ἄφωνος,
οὕτως οὐκ ἀνοίγει
τὸ στόμα αὐτοῦ.
➤ Isa 53,7

προβιβάζω

Syn	Mt	Mk	Lk	Acts	Jn	1-3John	Paul	Eph	Col
1	1								
NT	**2Thess**	**1/2Tim**	**Tit**	**Heb**	**Jas**	**1Pet**	**2Pet**	**Jude**	**Rev**
1									

bring forward; cause to come forward

	Mt		Mk		Lk		
210	Mt 14,8	 ἡ δὲ προβιβασθεῖσα ὑπὸ τῆς μητρὸς αὐτῆς· δός μοι, φησίν, ὧδε ἐπὶ πίνακι τὴν κεφαλὴν Ἰωάννου τοῦ βαπτιστοῦ.	Mk 6,24	καὶ ἐξελθοῦσα εἶπεν τῇ μητρὶ αὐτῆς· τί αἰτήσωμαι; ἡ δὲ εἶπεν· τὴν κεφαλὴν Ἰωάννου τοῦ βαπτίζοντος. [25] καὶ εἰσελθοῦσα εὐθὺς μετὰ σπουδῆς πρὸς τὸν βασιλέα ᾐτήσατο λέγουσα· θέλω ἵνα ἐξαυτῆς δῷς μοι ἐπὶ πίνακι τὴν κεφαλὴν Ἰωάννου τοῦ βαπτιστοῦ.			

προδότης

Syn	Mt	Mk	Lk	Acts	Jn	1-3John	Paul	Eph	Col
1			1	1					
NT	**2Thess**	**1/2Tim**	**Tit**	**Heb**	**Jas**	**1Pet**	**2Pet**	**Jude**	**Rev**
3		1							

traitor; betrayer

	Mt		Mk		Lk		
112	Mt 10,4	... καὶ Ἰούδας ὁ Ἰσκαριώτης ὁ καὶ παραδοὺς αὐτόν.	Mk 3,19	καὶ Ἰούδαν Ἰσκαριώθ, ὃς καὶ παρέδωκεν αὐτόν.	Lk 6,16	... καὶ Ἰούδαν Ἰσκαριώθ, ὃς ἐγένετο προδότης.	

Acts 7,52 τίνα τῶν προφητῶν οὐκ
ἐδίωξαν οἱ πατέρες ὑμῶν;
καὶ ἀπέκτειναν τοὺς
προκαταγγείλαντας
περὶ τῆς ἐλεύσεως τοῦ
δικαίου, οὗ νῦν ὑμεῖς
προδόται
καὶ φονεῖς ἐγένεσθε

προέρχομαι	Syn 5	Mt 1	Mk 2	Lk 2	Acts 3	Jn	1-3John	Paul 1	Eph	Col
	NT 9	2Thess	1/2Tim	Tit	Heb	Jas	1Pet	2Pet	Jude	Rev

go forward; advance; proceed; go before

	triple tradition																	double tradition			Sondergut		
		+Mt / +Lk			−Mt / −Lk			traditions not taken over by Mt / Lk							subtotals								
code	222	211	112	212	221	122	121	022	012	021	220	120	210	020	Σ⁺	Σ⁻	Σ	202	201	102	200	002	total
Mt					1		1⁻									1⁻	1						1
Mk					1		1										2						2
Lk			1⁺		1⁻		1⁻								1⁺	2⁻	1					1	2

002			**Lk 1,17** → Mt 11,14 → Mt 17,12 → Mk 9,13 → Lk 3,4 καὶ αὐτὸς **προελεύσεται** ἐνώπιον αὐτοῦ ἐν πνεύματι καὶ δυνάμει Ἠλίου, ...	
121	**Mt 14,13** ... καὶ ἀκούσαντες οἱ ὄχλοι ἠκολούθησαν αὐτῷ πεζῇ ἀπὸ τῶν πόλεων.	**Mk 6,33** καὶ εἶδον αὐτοὺς ὑπάγοντας καὶ ἐπέγνωσαν πολλοὶ καὶ πεζῇ ἀπὸ πασῶν τῶν πόλεων συνέδραμον ἐκεῖ καὶ **προῆλθον** αὐτούς.	**Lk 9,11** οἱ δὲ ὄχλοι γνόντες ἠκολούθησαν αὐτῷ· ...	→ Jn 6,2
221	**Mt 26,39** καὶ **προελθὼν** μικρὸν ἔπεσεν ἐπὶ πρόσωπον αὐτοῦ προσευχόμενος ...	**Mk 14,35** καὶ **προελθὼν** μικρὸν ἔπιπτεν ἐπὶ τῆς γῆς καὶ προσηύχετο ...	**Lk 22,41** καὶ αὐτὸς **ἀπεσπάσθη** ἀπ' αὐτῶν ὡσεὶ λίθου βολὴν καὶ θεὶς τὰ γόνατα προσηύχετο	
112	**Mt 26,47** → Lk 22,52 καὶ ἔτι αὐτοῦ λαλοῦντος ἰδοὺ Ἰούδας εἷς τῶν δώδεκα **ἦλθεν** καὶ μετ' αὐτοῦ ὄχλος πολὺς μετὰ μαχαιρῶν καὶ ξύλων ἀπὸ τῶν ἀρχιερέων καὶ πρεσβυτέρων τοῦ λαοῦ.	**Mk 14,43** → Lk 22,52 καὶ εὐθὺς ἔτι αὐτοῦ λαλοῦντος **παραγίνεται** Ἰούδας εἷς τῶν δώδεκα καὶ μετ' αὐτοῦ ὄχλος μετὰ μαχαιρῶν καὶ ξύλων παρὰ τῶν ἀρχιερέων καὶ τῶν γραμματέων καὶ τῶν πρεσβυτέρων.	**Lk 22,47** ἔτι αὐτοῦ λαλοῦντος ἰδοὺ ὄχλος, καὶ ὁ λεγόμενος Ἰούδας εἷς τῶν δώδεκα **προήρχετο** αὐτοὺς ...	→ Jn 18,3

Acts 12,10 ... καὶ ἐξελθόντες
προῆλθον
ῥύμην μίαν, καὶ εὐθέως
ἀπέστη ὁ ἄγγελος
ἀπ' αὐτοῦ.

Acts 20,5 οὗτοι δὲ
προελθόντες
ἔμενον ἡμᾶς ἐν Τρῳάδι

Acts 20,13 ἡμεῖς δὲ
προελθόντες
ἐπὶ τὸ πλοῖον ἀνήχθημεν
ἐπὶ τὴν ῎Ασσον ἐκεῖθεν
μέλλοντες ἀναλαμβάνειν
τὸν Παῦλον· ...

πρόθεσις	Syn 3	Mt 1	Mk 1	Lk 1	Acts 2	Jn	1-3John	Paul 2	Eph 2	Col
	NT 12	2Thess	1/2Tim 2	Tit	Heb 1	Jas	1Pet	2Pet	Jude	Rev

plan; purpose; resolve; οἱ ἄρτοι τῆς προθέσεως loaves of presentation; sacred bread

222	**Mt 12,4** πῶς εἰσῆλθεν εἰς τὸν οἶκον τοῦ θεοῦ καὶ **τοὺς ἄρτους** **τῆς προθέσεως** ἔφαγον, ...	**Mk 2,26** πῶς εἰσῆλθεν εἰς τὸν οἶκον τοῦ θεοῦ ἐπὶ Ἀβιαθὰρ ἀρχιερέως καὶ **τοὺς ἄρτους** **τῆς προθέσεως** ἔφαγεν, ...	**Lk 6,4** [ὡς] εἰσῆλθεν εἰς τὸν οἶκον τοῦ θεοῦ καὶ **τοὺς ἄρτους** **τῆς προθέσεως** λαβὼν ἔφαγεν ...

Acts 11,23	Acts 27,13
... ἐχάρη καὶ παρεκάλει πάντας **τῇ προθέσει τῆς καρδίας** προσμένειν τῷ κυρίῳ.	ὑποπνευσάντος δὲ νότου δόξαντες **τῆς προθέσεως** κεκρατηκέναι, ἄραντες ἆσσον παρελέγοντο τὴν Κρήτην.

πρόθυμος

	Syn	Mt	Mk	Lk	Acts	Jn	1-3John	Paul	Eph	Col
	2	1	1					1		
	NT	2Thess	1/2Tim	Tit	Heb	Jas	1Pet	2Pet	Jude	Rev
	3									

ready; willing; eager

	Mt	Mk	Lk	
221	**Mt 26,41** γρηγορεῖτε καὶ προσεύχεσθε, ἵνα μὴ εἰσέλθητε εἰς πειρασμόν· τὸ μὲν πνεῦμα **πρόθυμον** ἡ δὲ σὰρξ ἀσθενής.	**Mk 14,38** γρηγορεῖτε καὶ προσεύχεσθε, ἵνα μὴ ἔλθητε εἰς πειρασμόν· τὸ μὲν πνεῦμα **πρόθυμον** ἡ δὲ σὰρξ ἀσθενής.	**Lk 22,46** → Lk 22,40 ... ἀναστάντες προσεύχεσθε, ἵνα μὴ εἰσέλθητε εἰς πειρασμόν.	

προκόπτω

	Syn	Mt	Mk	Lk	Acts	Jn	1-3John	Paul	Eph	Col
	1			1				2		
	NT	2Thess	1/2Tim	Tit	Heb	Jas	1Pet	2Pet	Jude	Rev
	6		3							

go forward; make progress; prosper

	Mt	Mk	Lk	
002			**Lk 2,52** καὶ Ἰησοῦς **προέκοπτεν** [ἐν τῇ] σοφίᾳ καὶ ἡλικίᾳ καὶ χάριτι παρὰ θεῷ καὶ ἀνθρώποις.	

προλαμβάνω

	Syn	Mt	Mk	Lk	Acts	Jn	1-3John	Paul	Eph	Col
	1		1					2		
	NT	2Thess	1/2Tim	Tit	Heb	Jas	1Pet	2Pet	Jude	Rev
	3									

take before(hand); detect; overtake; surprise

	Mt	Mk	Lk	
120	**Mt 26,12** βαλοῦσα γὰρ αὕτη τὸ μύρον τοῦτο ἐπὶ τοῦ σώματός μου πρὸς τὸ ἐνταφιάσαι με ἐποίησεν.	**Mk 14,8** ὃ ἔσχεν ἐποίησεν· **προέλαβεν** μυρίσαι τὸ σῶμά μου εἰς τὸν ἐνταφιασμόν.		→ Jn 12,7

προλέγω

	Syn	Mt	Mk	Lk	Acts	Jn	1-3John	Paul	Eph	Col
	2	1	1		1			9		
	NT	2Thess	1/2Tim	Tit	Heb	Jas	1Pet	2Pet	Jude	Rev
	15				1			1	1	

tell beforehand; tell in advance

	Mt	Mk	Lk	
220	**Mt 24,25** ἰδοὺ **προείρηκα** ὑμῖν.	**Mk 13,23** ὑμεῖς δὲ βλέπετε· **προείρηκα** ὑμῖν πάντα.		

Acts 1,16 ἄνδρες ἀδελφοί, ἔδει πληρωθῆναι τὴν γραφὴν ἣν **προεῖπεν** τὸ πνεῦμα τὸ ἅγιον διὰ στόματος Δαυὶδ περὶ Ἰούδα τοῦ γενομένου ὁδηγοῦ τοῖς συλλαβοῦσιν Ἰησοῦν

προμελετάω	Syn 1	Mt	Mk	Lk 1	Acts	Jn	1-3John	Paul	Eph	Col
	NT 1	2Thess	1/2Tim	Tit	Heb	Jas	1Pet	2Pet	Jude	Rev

practice beforehand; prepare

112	**Mt 10,19**	ὅταν δὲ παραδῶσιν ὑμᾶς, μὴ μεριμνήσητε πῶς ἢ τί λαλήσητε· ...	**Mk 13,11**	καὶ ὅταν ἄγωσιν ὑμᾶς παραδιδόντες, μὴ προμεριμνᾶτε τί λαλήσητε, ...	**Lk 21,14** ⇩ Lk 12,11	θέτε οὖν ἐν ταῖς καρδίαις ὑμῶν μὴ προμελετᾶν ἀπολογηθῆναι·	Mk-Q overlap
					Lk 12,11 ⇧ Lk 21,14 → Lk 21,12	ὅταν δὲ εἰσφέρωσιν ὑμᾶς ἐπὶ τὰς συναγωγὰς καὶ τὰς ἀρχὰς καὶ τὰς ἐξουσίας, μὴ μεριμνήσητε πῶς ἢ τί ἀπολογήσησθε ἢ τί εἴπητε·	

προμεριμνάω	Syn 1	Mt	Mk 1	Lk	Acts	Jn	1-3John	Paul	Eph	Col
	NT 1	2Thess	1/2Tim	Tit	Heb	Jas	1Pet	2Pet	Jude	Rev

concern oneself

121	**Mt 10,19**	ὅταν δὲ παραδῶσιν ὑμᾶς, μὴ μεριμνήσητε πῶς ἢ τί λαλήσητε· ...	**Mk 13,11**	καὶ ὅταν ἄγωσιν ὑμᾶς παραδιδόντες, μὴ προμεριμνᾶτε τί λαλήσητε, ...	**Lk 21,14** ⇩ Lk 12,11	θέτε οὖν ἐν ταῖς καρδίαις ὑμῶν μὴ προμελετᾶν ἀπολογηθῆναι·	Mk-Q overlap
					Lk 12,11 ⇧ Lk 21,14 → Lk 21,12	ὅταν δὲ εἰσφέρωσιν ὑμᾶς ἐπὶ τὰς συναγωγὰς καὶ τὰς ἀρχὰς καὶ τὰς ἐξουσίας, μὴ μεριμνήσητε πῶς ἢ τί ἀπολογήσησθε ἢ τί εἴπητε·	

προπορεύομαι	Syn 1	Mt	Mk	Lk 1	Acts 1	Jn	1-3John	Paul	Eph	Col
	NT 2	2Thess	1/2Tim	Tit	Heb	Jas	1Pet	2Pet	Jude	Rev

go on before

002		**Lk 1,76**	καὶ σὺ δέ, παιδίον, προφήτης ὑψίστου κληθήσῃ· προπορεύσῃ γὰρ ἐνώπιον κυρίου ἑτοιμάσαι ὁδοὺς αὐτοῦ	

Acts 7,40 εἰπόντες τῷ Ἀαρών· *ποίησον ἡμῖν θεοὺς οἳ προπορεύσονται ἡμῶν· ὁ γὰρ Μωϋσῆς οὗτος, ὃς ἐξήγαγεν ἡμᾶς ἐκ γῆς Αἰγύπτου, οὐκ οἴδαμεν τί ἐγένετο αὐτῷ.*
➤ Exod 32,1.23

πρός	Syn	Mt	Mk	Lk	Acts	Jn	1-3John	Paul	Eph	Col
	273	42	65	166	133	101	12	103	16	6
	NT	2Thess	1/2Tim	Tit	Heb	Jas	1Pet	2Pet	Jude	Rev
	699	4	12	5	19	2	3	2		8

preposition: with genitive: for; for the sake of; *with dative:* at; on; near; *with accusative:* toward; for the sake of; in order to; for; against; with; at; near; beside; with reference to; before; in comparison with

	triple tradition																	double tradition			Sondergut		
		+Mt / +Lk			−Mt / −Lk			traditions not taken over by Mt / Lk							subtotals								
code	*222*	*211*	*112*	*212*	*221*	*122*	*121*	*022*	*012*	*021*	*220*	*120*	*210*	*020*	Σ^+	Σ^-	Σ	*202*	*201*	*102*	*200*	*002*	total
Mt	2	3^+		1^+	5	10^-	22^-				4	10^-	3^+		7^+	42^-	18	3	3		18		**42**
Mk	2				5	10	22	1		6	4	10		5			65						**65**
Lk	2		36^+	1^+	5^-	10	22^-	1	3^+	6^-					40^+	33^-	53	3		19		91	**166**

a πρός with genitive (Acts only)
b πρός with dative
c πρός with accusative:
ca verbum dicendi and πρός τι(να)
cb πρός with composite verb προσ-
cc πρὸς τό and infinitive
cd substantive or adjective with πρός τι(να)
ce τὰ πρός τι(να)
cf πρός in an elliptical construction
cg πρός with reference to time

ca 002			**Lk 1,13**	εἶπεν δὲ **πρὸς αὐτὸν** ὁ ἄγγελος· μὴ φοβοῦ, Ζαχαρία, ...
ca 002			**Lk 1,18**	καὶ εἶπεν Ζαχαρίας **πρὸς τὸν ἄγγελον·** κατὰ τί γνώσομαι τοῦτο; ...
ca 002			**Lk 1,19**	... ἐγώ εἰμι Γαβριὴλ ὁ παρεστηκὼς ἐνώπιον τοῦ θεοῦ καὶ ἀπεστάλην λαλῆσαι **πρὸς σὲ** καὶ εὐαγγελίσασθαί σοι ταῦτα·
c 002			**Lk 1,27** →Mt 1,18 →Mt 1,20	[26] ... ἀπεστάλη ὁ ἄγγελος Γαβριὴλ ... **[27] πρὸς παρθένον ἐμνηστευμένην** ἀνδρὶ ᾧ ὄνομα Ἰωσὴφ ἐξ οἴκου Δαυὶδ ...
c 002			**Lk 1,28**	καὶ εἰσελθὼν **πρὸς αὐτὴν** εἶπεν· χαῖρε, κεχαριτωμένη, ὁ κύριος μετὰ σοῦ.
ca 002			**Lk 1,34**	εἶπεν δὲ Μαριὰμ **πρὸς τὸν ἄγγελον·** πῶς ἔσται τοῦτο, ἐπεὶ ἄνδρα οὐ γινώσκω;
c 002			**Lk 1,43**	καὶ πόθεν μοι τοῦτο ἵνα ἔλθῃ ἡ μήτηρ τοῦ κυρίου μου **πρὸς ἐμέ;**
ca 002			**Lk 1,55**	[54] ἀντελάβετο Ἰσραὴλ παιδὸς αὐτοῦ, μνησθῆναι ἐλέους, [55] καθὼς ἐλάλησεν **πρὸς τοὺς πατέρας ἡμῶν,** τῷ Ἀβραὰμ καὶ τῷ σπέρματι αὐτοῦ ...

	Mt		Mk		Lk		
ca 002					Lk 1,61	καὶ εἶπαν πρὸς αὐτὴν ὅτι οὐδείς ἐστιν ἐκ τῆς συγγενείας σου ὃς καλεῖται τῷ ὀνόματι τούτῳ.	
ca 002					Lk 1,73	ὅρκον ὃν ὤμοσεν πρὸς Ἀβραὰμ τὸν πατέρα ἡμῶν, ...	
cd 002					Lk 1,80 → Lk 3,2	... καὶ ἦν ἐν ταῖς ἐρήμοις ἕως ἡμέρας ἀναδείξεως αὐτοῦ πρὸς τὸν Ἰσραήλ.	
ca 002					Lk 2,15	... οἱ ποιμένες ἐλάλουν πρὸς ἀλλήλους· διέλθωμεν δὴ ἕως Βηθλέεμ ...	
ca 002					Lk 2,18	καὶ πάντες οἱ ἀκούσαντες ἐθαύμασαν περὶ τῶν λαληθέντων ὑπὸ τῶν ποιμένων πρὸς αὐτούς·	
ca 002					Lk 2,20	καὶ ὑπέστρεψαν οἱ ποιμένες δοξάζοντες καὶ αἰνοῦντες τὸν θεὸν ἐπὶ πᾶσιν οἷς ἤκουσαν καὶ εἶδον καθὼς ἐλαλήθη πρὸς αὐτούς.	
ca 002					Lk 2,34	καὶ εὐλόγησεν αὐτοὺς Συμεὼν καὶ εἶπεν πρὸς Μαριὰμ τὴν μητέρα αὐτοῦ· ἰδοὺ οὗτος κεῖται εἰς πτῶσιν καὶ ἀνάστασιν πολλῶν ἐν τῷ Ἰσραὴλ καὶ εἰς σημεῖον ἀντιλεγόμενον -	
c 200	Mt 2,12	καὶ χρηματισθέντες κατ᾽ ὄναρ μὴ ἀνακάμψαι πρὸς Ἡρῴδην, δι᾽ ἄλλης ὁδοῦ ἀνεχώρησαν εἰς τὴν χώραν αὐτῶν.					
ca 002					Lk 2,48	καὶ ἰδόντες αὐτὸν ἐξεπλάγησαν, καὶ εἶπεν πρὸς αὐτὸν ἡ μήτηρ αὐτοῦ· τέκνον, τί ἐποίησας ἡμῖν οὕτως; ...	
ca 002					Lk 2,49	καὶ εἶπεν πρὸς αὐτούς· τί ὅτι ἐζητεῖτέ με; ...	
c 220	Mt 3,5	τότε ἐξεπορεύετο πρὸς αὐτὸν Ἱεροσόλυμα καὶ πᾶσα ἡ Ἰουδαία καὶ πᾶσα ἡ περίχωρος τοῦ Ἰορδάνου	Mk 1,5 → Lk 3,7	καὶ ἐξεπορεύετο πρὸς αὐτὸν πᾶσα ἡ Ἰουδαία χώρα καὶ οἱ Ἱεροσολυμῖται πάντες, ...	Lk 3,3 ⇨ Mt 3,1 ⇨ Mk 1,4	καὶ ἦλθεν εἰς πᾶσαν [τὴν] περίχωρον τοῦ Ἰορδάνου κηρύσσων βάπτισμα μετανοίας εἰς ἄφεσιν ἁμαρτιῶν	
c 202	Mt 3,10 ⇨ Mt 7,19	ἤδη δὲ ἡ ἀξίνη πρὸς τὴν ῥίζαν τῶν δένδρων κεῖται· ...			Lk 3,9	ἤδη δὲ καὶ ἡ ἀξίνη πρὸς τὴν ῥίζαν τῶν δένδρων κεῖται· ...	

ca 002					Lk 3,12	ἦλθον δὲ καὶ τελῶναι βαπτισθῆναι καὶ εἶπαν **πρὸς αὐτόν·** διδάσκαλε, τί ποιήσωμεν;	
ca 002					Lk 3,13 ↓ Lk 19,8	ὁ δὲ εἶπεν **πρὸς αὐτούς·** μηδὲν πλέον παρὰ τὸ διατεταγμένον ὑμῖν πράσσετε.	
c 211	Mt 3,13	τότε παραγίνεται ὁ Ἰησοῦς ἀπὸ τῆς Γαλιλαίας ἐπὶ τὸν Ἰορδάνην **πρὸς τὸν Ἰωάννην** τοῦ βαπτισθῆναι ὑπ' αὐτοῦ.	Mk 1,9	καὶ ἐγένετο ἐν ἐκείναις ταῖς ἡμέραις ἦλθεν Ἰησοῦς ἀπὸ Ναζαρὲτ τῆς Γαλιλαίας καὶ ἐβαπτίσθη εἰς τὸν Ἰορδάνην ὑπὸ Ἰωάννου.	Lk 3,21	ἐγένετο δὲ ἐν τῷ βαπτισθῆναι ἅπαντα τὸν λαὸν καὶ Ἰησοῦ βαπτισθέντος ...	
c 200	Mt 3,14	... ἐγὼ χρείαν ἔχω ὑπὸ σοῦ βαπτισθῆναι, καὶ σὺ ἔρχῃ **πρός με;**					
ca 200	Mt 3,15	ἀποκριθεὶς δὲ ὁ Ἰησοῦς εἶπεν **πρὸς αὐτόν·** ἄφες ἄρτι, οὕτως γὰρ πρέπον ἐστὶν ἡμῖν πληρῶσαι πᾶσαν δικαιοσύνην. ...					
ca 102	Mt 4,4	ὁ δὲ ἀποκριθεὶς εἶπεν· γέγραπται· *οὐκ ἐπ' ἄρτῳ μόνῳ* *ζήσεται ὁ ἄνθρωπος,* *ἀλλ' ἐπὶ παντὶ ῥήματι* *ἐκπορευομένῳ διὰ* *στόματος θεοῦ.* ➤ Deut 8,3			Lk 4,4	καὶ ἀπεκρίθη **πρὸς αὐτὸν** ὁ Ἰησοῦς· γέγραπται ὅτι *οὐκ ἐπ' ἄρτῳ μόνῳ* *ζήσεται ὁ ἄνθρωπος.* ➤ Deut 8,3	
cb 202	Mt 4,6	... *ἐπὶ χειρῶν ἀροῦσίν* *σε, μήποτε προσκόψῃς* ***πρὸς λίθον*** *τὸν πόδα σου.* ➤ Ps 91,12			Lk 4,11	... *ἐπὶ χειρῶν ἀροῦσίν* *σε, μήποτε προσκόψῃς* ***πρὸς λίθον*** *τὸν πόδα σου.* ➤ Ps 91,12	
ca 002					Lk 4,21	ἤρξατο δὲ λέγειν **πρὸς αὐτοὺς** ὅτι σήμερον πεπλήρωται ἡ γραφὴ αὕτη ἐν τοῖς ὠσὶν ὑμῶν.	
ca 002					Lk 4,23	καὶ εἶπεν **πρὸς αὐτούς·** πάντως ἐρεῖτέ μοι τὴν παραβολὴν ταύτην· ἰατρέ, θεράπευσον σεαυτόν· ...	
c 002 c 002					Lk 4,26 (2)	καὶ **πρὸς οὐδεμίαν αὐτῶν** ἐπέμφθη Ἠλίας εἰ μὴ εἰς Σάρεπτα τῆς Σιδωνίας **πρὸς γυναῖκα χήραν.**	
ca 022	→ Mt 7,29		Mk 1,27 → Mk 1,22	καὶ ἐθαμβήθησαν ἅπαντες, ὥστε συζητεῖν **πρὸς ἑαυτοὺς** λέγοντας· τί ἐστιν τοῦτο; ...	Lk 4,36 → Lk 4,32	καὶ ἐγένετο θάμβος ἐπὶ πάντας καὶ συνελάλουν **πρὸς ἀλλήλους** λέγοντες· τίς ὁ λόγος οὗτος ...	

	Mt		Mk		Lk		
c 122	Mt 8,16 ⇩ Mt 4,24 → Mt 12,15 → Mt 15,30 Mt 4,24 ⇧ Mt 8,16	ὀψίας δὲ γενομένης προσήνεγκαν αὐτῷ δαιμονιζομένους πολλούς· ... ... καὶ προσήνεγκαν αὐτῷ πάντας τοὺς κακῶς ἔχοντας ποικίλαις νόσοις καὶ βασάνοις συνεχομένους ...	Mk 1,32 → Mk 3,10 → Mk 7,32	ὀψίας δὲ γενομένης, ὅτε ἔδυ ὁ ἥλιος, ἔφερον πρὸς αὐτὸν πάντας τοὺς κακῶς ἔχοντας καὶ τοὺς δαιμονιζομένους·	Lk 4,40 → Lk 6,18	δύνοντος δὲ τοῦ ἡλίου ἅπαντες ὅσοι εἶχον ἀσθενοῦντας νόσοις ποικίλαις ἤγαγον αὐτοὺς πρὸς αὐτόν· ...	
c 020			Mk 1,33	καὶ ἦν ὅλη ἡ πόλις ἐπισυνηγμένη πρὸς τὴν θύραν.			
ca 012			Mk 1,38	καὶ λέγει αὐτοῖς· ἄγωμεν ἀλλαχοῦ εἰς τὰς ἐχομένας κωμοπόλεις, ἵνα καὶ ἐκεῖ κηρύξω· ...	Lk 4,43	ὁ δὲ εἶπεν πρὸς αὐτοὺς ὅτι καὶ ταῖς ἑτέραις πόλεσιν εὐαγγελίσασθαί με δεῖ τὴν βασιλείαν τοῦ θεοῦ, ...	
ca 002					Lk 5,4	ὡς δὲ ἐπαύσατο λαλῶν, εἶπεν πρὸς τὸν Σίμωνα· ἐπανάγαγε εἰς τὸ βάθος καὶ χαλάσατε τὰ δίκτυα ὑμῶν εἰς ἄγραν.	→ Jn 21,6
ca 112	Mt 4,19	καὶ λέγει αὐτοῖς· δεῦτε ὀπίσω μου, καὶ ποιήσω ὑμᾶς ἁλιεῖς ἀνθρώπων.	Mk 1,17	καὶ εἶπεν αὐτοῖς ὁ Ἰησοῦς· δεῦτε ὀπίσω μου, καὶ ποιήσω ὑμᾶς γενέσθαι ἁλιεῖς ἀνθρώπων.	Lk 5,10	... καὶ εἶπεν πρὸς τὸν Σίμωνα ὁ Ἰησοῦς· μὴ φοβοῦ· ἀπὸ τοῦ νῦν ἀνθρώπους ἔσῃ ζωγρῶν.	
c 121	Mt 8,2	καὶ ἰδοὺ λεπρὸς προσελθὼν προσεκύνει αὐτῷ λέγων· κύριε, ἐὰν θέλῃς δύνασαί με καθαρίσαι.	Mk 1,40	καὶ ἔρχεται πρὸς αὐτὸν λεπρὸς παρακαλῶν αὐτὸν [καὶ γονυπετῶν] καὶ λέγων αὐτῷ ὅτι ἐὰν θέλῃς δύνασαί με καθαρίσαι.	Lk 5,12 → Lk 17,12-13 → Lk 17,16	... καὶ ἰδοὺ ἀνὴρ πλήρης λέπρας· ἰδὼν δὲ τὸν Ἰησοῦν, πεσὼν ἐπὶ πρόσωπον ἐδεήθη αὐτοῦ λέγων· κύριε, ἐὰν θέλῃς δύνασαί με καθαρίσαι.	
c 021			Mk 1,45 → Mt 9,31	ὁ δὲ ἐξελθὼν ἤρξατο κηρύσσειν πολλὰ καὶ διαφημίζειν τὸν λόγον, ὥστε μηκέτι αὐτὸν δύνασθαι φανερῶς εἰς πόλιν εἰσελθεῖν, ἀλλ᾽ ἔξω ἐπ᾽ ἐρήμοις τόποις ἦν· καὶ ἤρχοντο πρὸς αὐτὸν πάντοθεν.	Lk 5,15 → Lk 6,18 → Lk 7,17	διήρχετο δὲ μᾶλλον ὁ λόγος περὶ αὐτοῦ, καὶ συνήρχοντο ὄχλοι πολλοὶ ἀκούειν καὶ θεραπεύεσθαι ἀπὸ τῶν ἀσθενειῶν αὐτῶν· [16] αὐτὸς δὲ ἦν ὑποχωρῶν ἐν ταῖς ἐρήμοις καὶ προσευχόμενος.	
ce 021			Mk 2,2 → Mk 3,20	καὶ συνήχθησαν πολλοὶ ὥστε μηκέτι χωρεῖν μηδὲ τὰ πρὸς τὴν θύραν, καὶ ἐλάλει αὐτοῖς τὸν λόγον.	Lk 5,17	καὶ ἐγένετο ἐν μιᾷ τῶν ἡμερῶν καὶ αὐτὸς ἦν διδάσκων, ...	

c	Mt 9,2	καὶ ἰδοὺ προσέφερον	Mk 2,3	καὶ ἔρχονται φέροντες	Lk 5,18	καὶ ἰδοὺ ἄνδρες φέροντες ἐπὶ κλίνης ἄνθρωπον ὃς ἦν παραλελυμένος καὶ ἐζήτουν αὐτὸν εἰσενεγκεῖν καὶ θεῖναι [αὐτὸν]	
121		**αὐτῷ**		**πρὸς αὐτὸν**		**ἐνώπιον αὐτοῦ.**	
		παραλυτικὸν ἐπὶ κλίνης βεβλημένον. ...		παραλυτικὸν αἰρόμενον ὑπὸ τεσσάρων.			
ca	Mt 9,4 → Mt 12,25	καὶ ἰδὼν ὁ Ἰησοῦς τὰς ἐνθυμήσεις αὐτῶν εἶπεν·	Mk 2,8	καὶ εὐθὺς ἐπιγνοὺς ὁ Ἰησοῦς τῷ πνεύματι αὐτοῦ ὅτι οὕτως διαλογίζονται ἐν ἑαυτοῖς λέγει	Lk 5,22 → Lk 11,17 → Lk 6,8	ἐπιγνοὺς δὲ ὁ Ἰησοῦς τοὺς διαλογισμοὺς αὐτῶν ἀποκριθεὶς εἶπεν	
112				**αὐτοῖς·**		**πρὸς αὐτούς·**	
		ἱνατί ἐνθυμεῖσθε πονηρὰ ἐν ταῖς καρδίαις ὑμῶν;		τί ταῦτα διαλογίζεσθε ἐν ταῖς καρδίαις ὑμῶν;		τί διαλογίζεσθε ἐν ταῖς καρδίαις ὑμῶν;	
c			Mk 2,13 ↓ Mt 13,2 ↓ Mk 4,1	... καὶ πᾶς ὁ ὄχλος ἤρχετο			
020				**πρὸς αὐτόν,** καὶ ἐδίδασκεν αὐτούς.			
ca	Mt 9,11	καὶ ἰδόντες οἱ Φαρισαῖοι ἔλεγον	Mk 2,16	καὶ οἱ γραμματεῖς τῶν Φαρισαίων ἰδόντες ὅτι ἐσθίει μετὰ τῶν ἁμαρτω- λῶν καὶ τελωνῶν ἔλεγον	Lk 5,30 → Lk 15,2 → Lk 19,7	καὶ ἐγόγγυζον οἱ Φαρισαῖοι καὶ οἱ γραμματεῖς αὐτῶν	
112		**τοῖς μαθηταῖς αὐτοῦ·**		**τοῖς μαθηταῖς αὐτοῦ·**		**πρὸς τοὺς μαθητὰς αὐτοῦ**	
		διὰ τί μετὰ τῶν τελωνῶν καὶ ἁμαρτωλῶν ἐσθίει ὁ διδάσκαλος ὑμῶν;		ὅτι μετὰ τῶν τελωνῶν καὶ ἁμαρτωλῶν ἐσθίει;		λέγοντες· διὰ τί μετὰ τῶν τελωνῶν καὶ ἁμαρτωλῶν ἐσθίετε καὶ πίνετε;	
ca	Mt 9,12	ὁ δὲ ἀκούσας εἶπεν·	Mk 2,17	καὶ ἀκούσας ὁ Ἰησοῦς λέγει	Lk 5,31	καὶ ἀποκριθεὶς ὁ Ἰησοῦς εἶπεν	
112				**αὐτοῖς**		**πρὸς αὐτούς·**	
		οὐ χρείαν ἔχουσιν οἱ ἰσχύοντες ἰατροῦ ἀλλ' οἱ κακῶς ἔχοντες.		[ὅτι] οὐ χρείαν ἔχουσιν οἱ ἰσχύοντες ἰατροῦ ἀλλ' οἱ κακῶς ἔχοντες· ...		οὐ χρείαν ἔχουσιν οἱ ὑγιαίνοντες ἰατροῦ ἀλλὰ οἱ κακῶς ἔχοντες·	
ca	Mt 9,14	 τότε προσέρχονται	Mk 2,18	καὶ ἦσαν οἱ μαθηταὶ Ἰωάννου καὶ οἱ Φαρισαῖοι νηστεύοντες. καὶ ἔρχονται καὶ λέγουσιν	Lk 5,33	 οἱ δὲ εἶπαν	→ GTh 104
112		**αὐτῷ**		**αὐτῷ·**		**πρὸς αὐτόν·**	
		οἱ μαθηταὶ Ἰωάννου λέγοντες· διὰ τί ἡμεῖς καὶ οἱ Φαρισαῖοι νηστεύομεν [πολλά], οἱ δὲ μαθηταί σου οὐ νηστεύουσιν;		διὰ τί οἱ μαθηταὶ Ἰωάννου καὶ οἱ μαθηταὶ τῶν Φαρισαίων νηστεύουσιν, οἱ δὲ σοὶ μαθηταὶ οὐ νηστεύουσιν;		οἱ μαθηταὶ Ἰωάννου νηστεύουσιν πυκνὰ καὶ δεήσεις ποιοῦνται ὁμοίως καὶ οἱ τῶν Φαρισαίων, οἱ δὲ σοὶ ἐσθίουσιν καὶ πίνουσιν.	
ca	Mt 9,15	καὶ εἶπεν	Mk 2,19	καὶ εἶπεν	Lk 5,34	ὁ δὲ Ἰησοῦς εἶπεν	→ GTh 104
112		**αὐτοῖς**		**αὐτοῖς**		**πρὸς αὐτούς·**	
		ὁ Ἰησοῦς· μὴ δύνανται οἱ υἱοὶ τοῦ νυμφῶνος πενθεῖν ἐφ' ὅσον μετ' αὐτῶν ἐστιν ὁ νυμφίος; ...		ὁ Ἰησοῦς· μὴ δύνανται οἱ υἱοὶ τοῦ νυμφῶνος ἐν ᾧ ὁ νυμφίος μετ' αὐτῶν ἐστιν νηστεύειν; ...		μὴ δύνασθε τοὺς υἱοὺς τοῦ νυμφῶνος ἐν ᾧ ὁ νυμφίος μετ' αὐτῶν ἐστιν ποιῆσαι νηστεῦσαι;	
ca	Mt 9,16		Mk 2,21		Lk 5,36	ἔλεγεν δὲ καὶ παραβολὴν	→ GTh 47,5
112						**πρὸς αὐτοὺς**	
		οὐδεὶς δὲ ἐπιβάλλει ἐπίβλημα ῥάκους ἀγνάφου ἐπὶ ἱματίῳ παλαιῷ· ...		οὐδεὶς ἐπίβλημα ῥάκους ἀγνάφου ἐπιράπτει ἐπὶ ἱμάτιον παλαιόν· ...		ὅτι οὐδεὶς ἐπίβλημα ἀπὸ ἱματίου καινοῦ σχίσας ἐπιβάλλει ἐπὶ ἱμάτιον παλαιόν· ...	
ca	Mt 12,3	ὁ δὲ εἶπεν	Mk 2,25	καὶ λέγει	Lk 6,3	καὶ ἀποκριθεὶς	
112		**αὐτοῖς·**		**αὐτοῖς·**		**πρὸς αὐτοὺς**	
		οὐκ ἀνέγνωτε τί ἐποίησεν Δαυὶδ ὅτε ἐπείνασεν καὶ οἱ μετ' αὐτοῦ		οὐδέποτε ἀνέγνωτε τί ἐποίησεν Δαυίδ, ὅτε χρείαν ἔσχεν καὶ ἐπείνασεν αὐτὸς καὶ οἱ μετ' αὐτοῦ		εἶπεν ὁ Ἰησοῦς· οὐδὲ τοῦτο ἀνέγνωτε ὃ ἐποίησεν Δαυὶδ ὅτε ἐπείνασεν αὐτὸς καὶ οἱ μετ' αὐτοῦ [ὄντες]	

ca 112	**Mt 12,12**	... ὥστε ἔξεστιν τοῖς σάββασιν καλῶς ποιεῖν.	**Mk 3,4**	καὶ λέγει **αὐτοῖς·** ἔξεστιν τοῖς σάββασιν ἀγαθὸν ποιῆσαι ἢ κακοποιῆσαι, ψυχὴν σῶσαι ἢ ἀποκτεῖναι; ...	**Lk 6,9** → Lk 13,14 ↓ Lk 14,3	εἶπεν δὲ ὁ Ἰησοῦς **πρὸς αὐτούς·** ἐπερωτῶ ὑμᾶς εἰ ἔξεστιν τῷ σαββάτῳ ἀγαθοποιῆσαι ἢ κακοποιῆσαι, ψυχὴν σῶσαι ἢ ἀπολέσαι;	
ca 112	**Mt 12,14** → Mt 26,4	ἐξελθόντες δὲ οἱ Φαρισαῖοι **συμβούλιον ἔλαβον** κατ' αὐτοῦ ὅπως αὐτὸν ἀπολέσωσιν.	**Mk 3,6** → Mk 14,1	καὶ ἐξελθόντες οἱ Φαρισαῖοι εὐθὺς μετὰ τῶν Ἡρῳδιανῶν **συμβούλιον ἐδίδουν** κατ' αὐτοῦ ὅπως αὐτὸν ἀπολέσωσιν.	**Lk 6,11** → Lk 4,28 → Lk 13,17 ↓ Lk 14,6 → Lk 22,2	αὐτοὶ δὲ ἐπλήσθησαν ἀνοίας καὶ **διελάλουν** **πρὸς ἀλλήλους** τί ἂν ποιήσαιεν τῷ Ἰησοῦ.	
c 121	**Mt 12,15** Mt 4,25	ὁ δὲ Ἰησοῦς γνοὺς ἀνεχώρησεν **ἐκεῖθεν.** καὶ ἠκολούθησαν αὐτῷ [ὄχλοι] πολλοί, ... καὶ ἠκολούθησαν αὐτῷ ὄχλοι πολλοὶ ἀπὸ τῆς Γαλιλαίας ...	**Mk 3,7**	καὶ ὁ Ἰησοῦς μετὰ τῶν μαθητῶν αὐτοῦ ἀνεχώρησεν **πρὸς τὴν θάλασσαν,** καὶ πολὺ πλῆθος ἀπὸ τῆς Γαλιλαίας [ἠκολούθησεν], ...	**Lk 6,17**	καὶ καταβὰς μετ' αὐτῶν ἔστη **ἐπὶ τόπου πεδινοῦ,** καὶ ὄχλος πολὺς μαθητῶν αὐτοῦ, καὶ πλῆθος πολὺ τοῦ λαοῦ ...	
c 021			**Mk 3,8**	... πλῆθος πολὺ ἀκούοντες ὅσα ἐποίει ἦλθον **πρὸς αὐτόν.**	**Lk 6,18** → Lk 5,15 → Lk 7,21	οἳ ἦλθον ἀκοῦσαι **αὐτοῦ** καὶ ἰαθῆναι ἀπὸ τῶν νόσων αὐτῶν· ...	
cc 200	**Mt 5,28**	ἐγὼ δὲ λέγω ὑμῖν ὅτι πᾶς ὁ βλέπων γυναῖκα **πρὸς τὸ ἐπιθυμῆσαι** αὐτὴν ἤδη ἐμοίχευσεν αὐτὴν ἐν τῇ καρδίᾳ αὐτοῦ.					
cc 200	**Mt 6,1** ↓ Mt 23,5	προσέχετε [δὲ] τὴν δικαιοσύνην ὑμῶν μὴ ποιεῖν ἔμπροσθεν τῶν ἀνθρώπων **πρὸς τὸ θεαθῆναι** αὐτοῖς· ...					
c 200	**Mt 7,15**	προσέχετε ἀπὸ τῶν ψευδοπροφητῶν, οἵτινες ἔρχονται **πρὸς ὑμᾶς** ἐν ἐνδύμασιν προβάτων, ἔσωθεν δέ εἰσιν λύκοι ἅρπαγες.					
c 102	**Mt 7,24**	πᾶς οὖν ὅστις ἀκούει μου τοὺς λόγους τούτους καὶ ποιεῖ αὐτούς, ...			**Lk 6,47**	πᾶς ὁ ἐρχόμενος **πρός με** καὶ ἀκούων μου τῶν λόγων καὶ ποιῶν αὐτούς, ...	
c 002					**Lk 7,3**	ἀκούσας δὲ περὶ τοῦ Ἰησοῦ ἀπέστειλεν **πρὸς αὐτὸν** πρεσβυτέρους τῶν Ἰουδαίων ...	→ Jn 4,47
c 002					**Lk 7,4**	οἱ δὲ παραγενόμενοι **πρὸς τὸν Ἰησοῦν** παρεκάλουν αὐτὸν σπουδαίως λέγοντες ὅτι ἄξιός ἐστιν ᾧ παρέξῃ τοῦτο·	

		Mt		Mk		Lk	
c 102	Mt 8,8	... κύριε, οὐκ εἰμὶ ἱκανὸς ἵνα μου ὑπὸ τὴν στέγην εἰσέλθῃς, ἀλλὰ μόνον εἰπὲ λόγῳ, καὶ ἰαθήσεται ὁ παῖς μου.			Lk 7,7	[6] ... κύριε, μὴ σκύλλου, οὐ γὰρ ἱκανός εἰμι ἵνα ὑπὸ τὴν στέγην μου εἰσέλθῃς· [7] διὸ οὐδὲ ἐμαυτὸν ἠξίωσα **πρὸς σὲ** ἐλθεῖν· ἀλλὰ εἰπὲ λόγῳ, καὶ ἰαθήτω ὁ παῖς μου.	→ Jn 4,49
c 121	Mt 10,1 → Mk 6,7	καὶ προσκαλεσάμενος τοὺς δώδεκα μαθητὰς αὐτοῦ ...	Mk 3,13	... καὶ προσκαλεῖται οὓς ἤθελεν αὐτός, καὶ ἀπῆλθον **πρὸς αὐτόν.** [14] καὶ ἐποίησεν δώδεκα, [οὓς καὶ ἀποστόλους ὠνόμασεν] ...	Lk 6,13	καὶ ὅτε ἐγένετο ἡμέρα, προσεφώνησεν τοὺς μαθητὰς αὐτοῦ, καὶ ἐκλεξάμενος ἀπ᾽ αὐτῶν δώδεκα, οὓς καὶ ἀποστόλους ὠνόμασεν·	
c 200	Mt 10,6 → Mt 15,24	πορεύεσθε δὲ μᾶλλον **πρὸς τὰ πρόβατα** τὰ ἀπολωλότα οἴκου Ἰσραήλ.					
c 201	Mt 10,13	καὶ ἐὰν μὲν ᾖ ἡ οἰκία ἀξία, ἐλθάτω ἡ εἰρήνη ὑμῶν ἐπ᾽ αὐτήν, ἐὰν δὲ μὴ ᾖ ἀξία, ἡ εἰρήνη ὑμῶν **πρὸς ὑμᾶς** ἐπιστραφήτω.			Lk 10,6	καὶ ἐὰν ἐκεῖ ᾖ υἱὸς εἰρήνης, ἐπαναπαήσεται ἐπ᾽ αὐτὸν ἡ εἰρήνη ὑμῶν· εἰ δὲ μή γε, **ἐφ᾽ ὑμᾶς** ἀνακάμψει.	
c 102	Mt 11,3	[2] ὁ δὲ Ἰωάννης ... πέμψας διὰ τῶν μαθητῶν αὐτοῦ [3] εἶπεν **αὐτῷ·** σὺ εἶ ὁ ἐρχόμενος ἢ ἕτερον προσδοκῶμεν;			Lk 7,19	[18] ... καὶ προσκαλεσάμενος δύο τινὰς τῶν μαθητῶν αὐτοῦ ὁ Ἰωάννης [19] ἔπεμψεν **πρὸς τὸν κύριον** λέγων· σὺ εἶ ὁ ἐρχόμενος ἢ ἄλλον προσδοκῶμεν;	
c 002 c 002					Lk 7,20 (2)	παραγενόμενοι δὲ **πρὸς αὐτὸν** οἱ ἄνδρες εἶπαν· Ἰωάννης ὁ βαπτιστὴς ἀπέστειλεν ἡμᾶς **πρὸς σὲ** λέγων· σὺ εἶ ὁ ἐρχόμενος ἢ ἄλλον προσδοκῶμεν;	
ca 102	Mt 11,7	τούτων δὲ πορευομένων ἤρξατο ὁ Ἰησοῦς λέγειν **τοῖς ὄχλοις** περὶ Ἰωάννου· ...			Lk 7,24	ἀπελθόντων δὲ τῶν ἀγγέλων Ἰωάννου ἤρξατο λέγειν **πρὸς τοὺς ὄχλους** περὶ Ἰωάννου· ...	→ GTh 78
ca 002					Lk 7,40 → Mt 26,6 → Mk 14,3	καὶ ἀποκριθεὶς ὁ Ἰησοῦς εἶπεν **πρὸς αὐτόν·** Σίμων, ἔχω σοί τι εἰπεῖν. ...	
c 002					Lk 7,44	καὶ στραφεὶς **πρὸς τὴν γυναῖκα** τῷ Σίμωνι ἔφη· βλέπεις ταύτην τὴν γυναῖκα; ...	
ca 002					Lk 7,50	εἶπεν δὲ **πρὸς τὴν γυναῖκα·** ἡ πίστις σου σέσωκέν σε· πορεύου εἰς εἰρήνην.	
c 200	Mt 11,28	δεῦτε **πρός με** πάντες οἱ κοπιῶντες καὶ πεφορτισμένοι, ...					→ GTh 90

		Mt		Mk		Lk	
c 122	Mt 12,46	ἔτι αὐτοῦ λαλοῦντος τοῖς ὄχλοις ἰδοὺ ἡ μήτηρ καὶ οἱ ἀδελφοὶ αὐτοῦ εἱστήκεισαν ἔξω ζητοῦντες αὐτῷ λαλῆσαι.	Mk 3,31	καὶ ἔρχεται ἡ μήτηρ αὐτοῦ καὶ οἱ ἀδελφοὶ αὐτοῦ καὶ ἔξω στήκοντες ἀπέστειλαν **πρὸς αὐτὸν** καλοῦντες αὐτόν. [32] καὶ ἐκάθητο περὶ αὐτὸν ὄχλος, ...	Lk 8,19	παρεγένετο δὲ **πρὸς αὐτὸν** ἡ μήτηρ καὶ οἱ ἀδελφοὶ αὐτοῦ καὶ οὐκ ἠδύναντο συντυχεῖν αὐτῷ διὰ τὸν ὄχλον.	→ GTh 99
c 221 c 112 c 121	Mt 13,2 → Lk 5,1	καὶ συνήχθησαν **πρὸς αὐτὸν** ὄχλοι πολλοί, ὥστε αὐτὸν εἰς πλοῖον ἐμβάντα καθῆσθαι, καὶ πᾶς ὁ ὄχλος ἐπὶ τὸν αἰγιαλὸν εἱστήκει.	Mk 4,1 (2) → Lk 5,1 → Mk 3,9	... καὶ συνάγεται **πρὸς αὐτὸν** ὄχλος πλεῖστος, ὥστε αὐτὸν εἰς πλοῖον ἐμβάντα καθῆσθαι ἐν τῇ θαλάσσῃ, καὶ πᾶς ὁ ὄχλος **πρὸς τὴν θάλασσαν** ἐπὶ τῆς γῆς ἦσαν.	Lk 8,4 ⇩ Lk 5,3	συνιόντος δὲ ὄχλου πολλοῦ καὶ τῶν κατὰ πόλιν ἐπιπορευομένων **πρὸς αὐτὸν ...**	
					Lk 5,3 ⇧ Lk 8,4	ἐμβὰς δὲ εἰς ἓν τῶν πλοίων, ὃ ἦν Σίμωνος, ἠρώτησεν αὐτὸν ἀπὸ τῆς γῆς ἐπαναγαγεῖν ὀλίγον· καθίσας δὲ ἐκ τοῦ πλοίου ...	
cg 112	Mt 13,21	οὐκ ἔχει δὲ ῥίζαν ἐν ἑαυτῷ ἀλλὰ **πρόσκαιρός** ἐστιν, γενομένης δὲ θλίψεως ἢ διωγμοῦ διὰ τὸν λόγον εὐθὺς σκανδαλίζεται.	Mk 4,17	καὶ οὐκ ἔχουσιν ῥίζαν ἐν ἑαυτοῖς ἀλλὰ **πρόσκαιροί** εἰσιν, εἶτα γενομένης θλίψεως ἢ διωγμοῦ διὰ τὸν λόγον εὐθὺς σκανδαλίζονται.	Lk 8,13	... καὶ οὗτοι ῥίζαν οὐκ ἔχουσιν, οἳ **πρὸς καιρὸν** πιστεύουσιν καὶ ἐν καιρῷ πειρασμοῦ ἀφίστανται.	
cc 200	Mt 13,30 → Mt 3,12 → Lk 3,17	... συλλέξατε πρῶτον τὰ ζιζάνια καὶ δήσατε αὐτὰ εἰς δέσμας **πρὸς τὸ κατακαῦσαι** αὐτά, τὸν δὲ σῖτον συναγάγετε εἰς τὴν ἀποθήκην μου.					→ GTh 57
c 122	Mt 12,46	ἔτι αὐτοῦ λαλοῦντος τοῖς ὄχλοις ἰδοὺ ἡ μήτηρ καὶ οἱ ἀδελφοὶ αὐτοῦ εἱστήκεισαν ἔξω ζητοῦντες αὐτῷ λαλῆσαι.	Mk 3,31	καὶ ἔρχεται ἡ μήτηρ αὐτοῦ καὶ οἱ ἀδελφοὶ αὐτοῦ καὶ ἔξω στήκοντες ἀπέστειλαν **πρὸς αὐτὸν** καλοῦντες αὐτόν. [32] καὶ ἐκάθητο περὶ αὐτὸν ὄχλος, ...	Lk 8,19	παρεγένετο δὲ **πρὸς αὐτὸν** ἡ μήτηρ καὶ οἱ ἀδελφοὶ αὐτοῦ καὶ οὐκ ἠδύναντο συντυχεῖν αὐτῷ διὰ τὸν ὄχλον.	→ GTh 99
ca 112	Mt 12,48	ὁ δὲ ἀποκριθεὶς εἶπεν **τῷ λέγοντι αὐτῷ·** τίς ἐστιν ἡ μήτηρ μου καὶ τίνες εἰσὶν οἱ ἀδελφοί μου; [50] ὅστις γὰρ ἂν ποιήσῃ τὸ θέλημα τοῦ πατρός μου τοῦ ἐν οὐρανοῖς αὐτός μου ἀδελφὸς καὶ ἀδελφὴ καὶ μήτηρ ἐστίν.	Mk 3,33	καὶ ἀποκριθεὶς **αὐτοῖς** λέγει· τίς ἐστιν ἡ μήτηρ μου καὶ οἱ ἀδελφοί [μου]; [35] ὃς [γὰρ] ἂν ποιήσῃ τὸ θέλημα τοῦ θεοῦ, οὗτος ἀδελφός μου καὶ ἀδελφὴ καὶ μήτηρ ἐστίν.	Lk 8,21	ὁ δὲ ἀποκριθεὶς εἶπεν **πρὸς αὐτούς·** μήτηρ μου καὶ ἀδελφοί μου οὗτοί εἰσιν οἱ τὸν λόγον τοῦ θεοῦ ἀκούοντες καὶ ποιοῦντες.	→ GTh 99

ca 112	**Mt 8,18**	ἰδὼν δὲ ὁ Ἰησοῦς ὄχλον περὶ αὐτὸν ἐκέλευσεν ἀπελθεῖν εἰς τὸ πέραν.	**Mk 4,35**	καὶ λέγει **αὐτοῖς** ἐν ἐκείνῃ τῇ ἡμέρᾳ ὀψίας γενομένης· διέλθωμεν εἰς τὸ πέραν.	**Lk 8,22**	ἐγένετο δὲ ἐν μιᾷ τῶν ἡμερῶν ... καὶ εἶπεν **πρὸς αὐτούς·** διέλθωμεν εἰς τὸ πέραν τῆς λίμνης, καὶ ἀνήχθησαν.	
ca 122	**Mt 8,27**	οἱ δὲ ἄνθρωποι ἐθαύμασαν λέγοντες· ποταπός ἐστιν οὗτος ὅτι καὶ οἱ ἄνεμοι καὶ ἡ θάλασσα αὐτῷ ὑπακούουσιν;	**Mk 4,41**	καὶ ἐφοβήθησαν φόβον μέγαν καὶ ἔλεγον **πρὸς ἀλλήλους·** τίς ἄρα οὗτός ἐστιν ὅτι καὶ ὁ ἄνεμος καὶ ἡ θάλασσα ὑπακούει αὐτῷ;	**Lk 8,25**	... φοβηθέντες δὲ ἐθαύμασαν, λέγοντες **πρὸς ἀλλήλους·** τίς ἄρα οὗτός ἐστιν ὅτι καὶ τοῖς ἀνέμοις ἐπιτάσσει καὶ τῷ ὕδατι, καὶ ὑπακούουσιν αὐτῷ;	
b 121	**Mt 8,30**	ἦν δὲ μακρὰν ἀπ' αὐτῶν ἀγέλη χοίρων πολλῶν βοσκομένη.	**Mk 5,11**	ἦν δὲ ἐκεῖ **πρὸς τῷ ὄρει** ἀγέλη χοίρων μεγάλη βοσκομένη·	**Lk 8,32**	ἦν δὲ ἐκεῖ ἀγέλη χοίρων ἱκανῶν βοσκομένη **ἐν τῷ ὄρει· ...**	
c 122	**Mt 8,34**	καὶ ἰδοὺ πᾶσα ἡ πόλις ἐξῆλθεν εἰς ὑπάντησιν **τῷ Ἰησοῦ ...**	**Mk 5,15**	[14] ... καὶ ἦλθον ἰδεῖν τί ἐστιν τὸ γεγονός [15] καὶ ἔρχονται **πρὸς τὸν Ἰησοῦν,** καὶ θεωροῦσιν τὸν δαιμονιζόμενον καθήμενον ἱματισμένον καὶ σωφρονοῦντα, ...	**Lk 8,35**	ἐξῆλθον δὲ ἰδεῖν τὸ γεγονὸς καὶ ἦλθον **πρὸς τὸν Ἰησοῦν** καὶ εὗρον καθήμενον τὸν ἄνθρωπον ἀφ' οὗ τὰ δαιμόνια ἐξῆλθεν ἱματισμένον καὶ σωφρονοῦντα παρὰ τοὺς πόδας τοῦ Ἰησοῦ, ...	
c 021			**Mk 5,19**	... ὕπαγε εἰς τὸν οἶκόν σου **πρὸς τοὺς σοὺς** καὶ ἀπάγγειλον αὐτοῖς ὅσα ὁ κύριός σοι πεποίηκεν ...	**Lk 8,39**	ὑπόστρεφε εἰς τὸν οἶκόν σου, καὶ διηγοῦ ὅσα σοι ἐποίησεν ὁ θεός. ...	
c 121	**Mt 9,18**	ταῦτα αὐτοῦ λαλοῦντος αὐτοῖς, ἰδοὺ ἄρχων εἷς ἐλθὼν προσεκύνει **αὐτῷ ...**	**Mk 5,22**	καὶ ἔρχεται εἷς τῶν ἀρχισυναγώγων, ὀνόματι Ἰάϊρος, καὶ ἰδὼν αὐτὸν πίπτει **πρὸς τοὺς πόδας** **αὐτοῦ**	**Lk 8,41**	καὶ ἰδοὺ ἦλθεν ἀνὴρ ᾧ ὄνομα Ἰάϊρος καὶ οὗτος ἄρχων τῆς συναγωγῆς ὑπῆρχεν, καὶ πεσὼν **παρὰ τοὺς πόδας** **[τοῦ] Ἰησοῦ ...**	
c 220	**Mt 13,56**	καὶ αἱ ἀδελφαὶ αὐτοῦ οὐχὶ πᾶσαι **πρὸς ἡμᾶς** εἰσιν; ...	**Mk 6,3**	... καὶ οὐκ εἰσὶν αἱ ἀδελφαὶ αὐτοῦ ὧδε **πρὸς ἡμᾶς; ...**			
ca 112	**Mt 10,5**	... παραγγείλας **αὐτοῖς** λέγων· ...	**Mk 6,8**	καὶ παρήγγειλεν **αὐτοῖς ...**	**Lk 9,3** → Lk 10,4	καὶ εἶπεν **πρὸς αὐτούς· ...**	
c 120	**Mt 14,8**	 ... δός μοι, φησίν, ὧδε ἐπὶ πίνακι τὴν κεφαλὴν Ἰωάννου τοῦ βαπτιστοῦ.	**Mk 6,25**	καὶ εἰσελθοῦσα εὐθὺς μετὰ σπουδῆς **πρὸς τὸν βασιλέα** ᾐτήσατο λέγουσα· θέλω ἵνα ἐξαυτῆς δῷς μοι ἐπὶ πίνακι τὴν κεφαλὴν Ἰωάννου τοῦ βαπτιστοῦ.			
c 021			**Mk 6,30**	καὶ συνάγονται οἱ ἀπόστολοι **πρὸς τὸν Ἰησοῦν** καὶ ἀπήγγειλαν αὐτῷ πάντα ὅσα ἐποίησαν καὶ ὅσα ἐδίδαξαν.	**Lk 9,10** → Lk 10,17	καὶ ὑποστρέψαντες οἱ ἀπόστολοι διηγήσαντο αὐτῷ ὅσα ἐποίησαν. ...	

	Mt		Mk		Lk		
ca 112	**Mt 14,16** → Mt 14,15 → Mt 15,33	ὁ δὲ [Ἰησοῦς] εἶπεν **αὐτοῖς·** οὐ χρείαν ἔχουσιν ἀπελθεῖν, δότε αὐτοῖς ὑμεῖς φαγεῖν.	**Mk 6,37** → Mk 6,36 → Mk 8,4	ὁ δὲ ἀποκριθεὶς εἶπεν **αὐτοῖς·** δότε αὐτοῖς ὑμεῖς φαγεῖν. ...	**Lk 9,13** → Lk 9,12	εἶπεν δὲ **πρὸς αὐτούς·** δότε αὐτοῖς ὑμεῖς φαγεῖν. ...	**→ Jn 6,5** → Jn 6,7
ca 112	**Mt 14,19** → Mt 15,35	καὶ κελεύσας τοὺς ὄχλους ἀνακλιθῆναι ἐπὶ τοῦ χόρτου, ...	**Mk 6,39** → Mk 8,6	καὶ ἐπέταξεν **αὐτοῖς** ἀνακλῖναι πάντας συμπόσια συμπόσια ἐπὶ τῷ χλωρῷ χόρτῳ.	**Lk 9,14**	... εἶπεν δὲ **πρὸς τοὺς μαθητὰς αὐτοῦ·** κατακλίνατε αὐτοὺς κλισίας ...	→ Jn 6,10
c 120	**Mt 14,22** → Mt 15,39	καὶ εὐθέως ἠνάγκασεν τοὺς μαθητὰς ἐμβῆναι εἰς τὸ πλοῖον καὶ προάγειν αὐτὸν εἰς τὸ πέραν, ἕως οὗ ἀπολύσῃ τοὺς ὄχλους.	**Mk 6,45** → Mk 8,9-10 → Lk 9,10b	καὶ εὐθὺς ἠνάγκασεν τοὺς μαθητὰς αὐτοῦ ἐμβῆναι εἰς τὸ πλοῖον καὶ προάγειν εἰς τὸ πέραν **πρὸς Βηθσαϊδάν,** ἕως αὐτὸς ἀπολύει τὸν ὄχλον.			→ Jn 6,16 **→ Jn 6,17**
c 220	**Mt 14,25**	τετάρτῃ δὲ φυλακῇ τῆς νυκτὸς ἦλθεν **πρὸς αὐτοὺς** περιπατῶν ἐπὶ τὴν θάλασσαν.	**Mk 6,48**	... περὶ τετάρτην φυλακὴν τῆς νυκτὸς ἔρχεται **πρὸς αὐτοὺς** περιπατῶν ἐπὶ τῆς θαλάσσης ...			→ Jn 6,19
c 200	**Mt 14,28**	... κύριε, εἰ σὺ εἶ, κέλευσόν με ἐλθεῖν **πρὸς σὲ** ἐπὶ τὰ ὕδατα.					
c 200	**Mt 14,29**	... καὶ καταβὰς ἀπὸ τοῦ πλοίου [ὁ] Πέτρος περιεπάτησεν ἐπὶ τὰ ὕδατα καὶ ἦλθεν **πρὸς τὸν Ἰησοῦν.**					
c 120	**Mt 14,32**	καὶ ἀναβάντων αὐτῶν εἰς τὸ πλοῖον ἐκόπασεν ὁ ἄνεμος.	**Mk 6,51**	καὶ ἀνέβη **πρὸς αὐτοὺς** εἰς τὸ πλοῖον καὶ ἐκόπασεν ὁ ἄνεμος, ...			→ Jn 6,21
c 120	**Mt 15,1** → Lk 11,37	τότε προσέρχονται **τῷ Ἰησοῦ** ἀπὸ Ἱεροσολύμων Φαρισαῖοι καὶ γραμματεῖς ...	**Mk 7,1** → Lk 11,37	καὶ συνάγονται **πρὸς αὐτὸν** οἱ Φαρισαῖοι καί τινες τῶν γραμματέων ἐλθόντες ἀπὸ Ἱεροσολύμων.			
cb 120	**Mt 15,25**	ἡ δὲ ἐλθοῦσα προσεκύνει **αὐτῷ** λέγουσα· κύριε, βοήθει μοι.	**Mk 7,25**	... ἐλθοῦσα προσέπεσεν **πρὸς τοὺς πόδας αὐτοῦ·** [26] ... καὶ ἠρώτα αὐτὸν ἵνα τὸ δαιμόνιον ἐκβάλῃ ἐκ τῆς θυγατρὸς αὐτῆς.			
ca 120	**Mt 16,7**	οἱ δὲ διελογίζοντο **ἐν ἑαυτοῖς** λέγοντες ὅτι ἄρτους οὐκ ἐλάβομεν.	**Mk 8,16**	καὶ διελογίζοντο **πρὸς ἀλλήλους** ὅτι ἄρτους οὐκ ἔχουσιν.			
ca 112	**Mt 16,24** ⇨ Mt 10,38	τότε ὁ Ἰησοῦς εἶπεν **τοῖς μαθηταῖς αὐτοῦ·** εἴ τις θέλει ὀπίσω μου ἐλθεῖν, ἀπαρνησάσθω ἑαυτὸν καὶ ἀράτω τὸν σταυρὸν αὐτοῦ καὶ ἀκολουθείτω μοι.	**Mk 8,34**	καὶ προσκαλεσάμενος **τὸν ὄχλον σὺν τοῖς μαθηταῖς αὐτοῦ** εἶπεν αὐτοῖς· εἴ τις θέλει ὀπίσω μου ἀκολουθεῖν, ἀπαρνησάσθω ἑαυτὸν καὶ ἀράτω τὸν σταυρὸν αὐτοῦ καὶ ἀκολουθείτω μοι.	**Lk 9,23** ⇨ Lk 14,27	ἔλεγεν δὲ **πρὸς πάντας·** εἴ τις θέλει ὀπίσω μου ἔρχεσθαι, ἀρνησάσθω ἑαυτὸν καὶ ἀράτω τὸν σταυρὸν αὐτοῦ καθ' ἡμέραν, καὶ ἀκολουθείτω μοι.	→ GTh 55 Mk-Q overlap

	Mt		Mk		Lk		
ca 112	Mt 17,4	ἀποκριθεὶς δὲ ὁ Πέτρος εἶπεν τῷ Ἰησοῦ· κύριε, καλόν ἐστιν ἡμᾶς ὧδε εἶναι· ...	Mk 9,5	καὶ ἀποκριθεὶς ὁ Πέτρος λέγει τῷ Ἰησοῦ· ῥαββί, καλόν ἐστιν ἡμᾶς ὧδε εἶναι, ...	Lk 9,33	... εἶπεν ὁ Πέτρος πρὸς τὸν Ἰησοῦν· ἐπιστάτα, καλόν ἐστιν ἡμᾶς ὧδε εἶναι, ...	
ca 020			Mk 9,10	καὶ τὸν λόγον ἐκράτησαν πρὸς ἑαυτοὺς συζητοῦντες τί ἐστιν τὸ ἐκ νεκρῶν ἀναστῆναι.			
c 221 ca 121	Mt 17,14	[9] καὶ καταβαινόντων αὐτῶν ἐκ τοῦ ὄρους ... [14] καὶ ἐλθόντων πρὸς τὸν ὄχλον ...	Mk 9,14 (2)	[9] καὶ καταβαινόντων αὐτῶν ἐκ τοῦ ὄρους ... [14] καὶ ἐλθόντες πρὸς τοὺς μαθητὰς εἶδον ὄχλον πολὺν περὶ αὐτοὺς καὶ γραμματεῖς συζητοῦντας πρὸς αὐτούς. [15] καὶ εὐθὺς πᾶς ὁ ὄχλος ἰδόντες αὐτὸν ἐξεθαμβήθησαν καὶ προστρέχοντες ἠσπάζοντο αὐτόν.	Lk 9,37	ἐγένετο δὲ τῇ ἑξῆς ἡμέρᾳ κατελθόντων αὐτῶν ἀπὸ τοῦ ὄρους συνήντησεν αὐτῷ ὄχλος πολύς.	
ca 020			Mk 9,16	καὶ ἐπηρώτησεν αὐτούς· τί συζητεῖτε πρὸς αὐτούς;			
c 121	Mt 17,15	... κύριε, ἐλέησόν μου τὸν υἱόν, ὅτι σεληνιάζεται καὶ κακῶς πάσχει· ...	Mk 9,17	... διδάσκαλε, ἤνεγκα τὸν υἱόν μου πρὸς σέ, ἔχοντα πνεῦμα ἄλαλον· [18] καὶ ὅπου ἐὰν αὐτὸν καταλάβῃ ...	Lk 9,38	... διδάσκαλε, δέομαί σου ἐπιβλέψαι ἐπὶ τὸν υἱόν μου, ὅτι μονογενής μοί ἐστιν, [39] καὶ ἰδοὺ πνεῦμα λαμβάνει αὐτὸν ...	
c 122 c 121	Mt 17,17	... ὦ γενεὰ ἄπιστος καὶ διεστραμμένη, ἕως πότε μεθ' ὑμῶν ἔσομαι; ἕως πότε ἀνέξομαι ὑμῶν; φέρετέ μοι αὐτὸν ὧδε.	Mk 9,19 (2)	... ὦ γενεὰ ἄπιστος, ἕως πότε πρὸς ὑμᾶς ἔσομαι; ἕως πότε ἀνέξομαι ὑμῶν; φέρετε αὐτὸν πρός με.	Lk 9,41	... ὦ γενεὰ ἄπιστος καὶ διεστραμμένη, ἕως πότε ἔσομαι πρὸς ὑμᾶς καὶ ἀνέξομαι ὑμῶν; προσάγαγε ὧδε τὸν υἱόν σου.	
c 021			Mk 9,20	καὶ ἤνεγκαν αὐτὸν πρὸς αὐτόν. καὶ ἰδὼν αὐτὸν τὸ πνεῦμα εὐθὺς συνεσπάραξεν αὐτόν, ...	Lk 9,42	ἔτι δὲ προσερχομένου αὐτοῦ ἔρρηξεν αὐτὸν τὸ δαιμόνιον καὶ συνεσπάραξεν· ...	
ca 112	Mt 17,22 → Mt 16,21 ↓ Mt 20,17-18	 ... εἶπεν αὐτοῖς ὁ Ἰησοῦς· μέλλει ὁ υἱὸς τοῦ ἀνθρώπου παραδίδοσθαι εἰς χεῖρας ἀνθρώπων	Mk 9,31 → Mk 8,31 ↓ Mk 10,33	ἐδίδασκεν γὰρ τοὺς μαθητὰς αὐτοῦ καὶ ἔλεγεν αὐτοῖς ὅτι ὁ υἱὸς τοῦ ἀνθρώπου παραδίδοται εἰς χεῖρας ἀνθρώπων, ...	Lk 9,43 → Lk 9,22 → Lk 17,25 ↓ Lk 18,31 → Lk 24,7 → Lk 24,26 → Lk 24,46	 ... εἶπεν πρὸς τοὺς μαθητὰς αὐτοῦ· [44] θέσθε ὑμεῖς εἰς τὰ ὦτα ὑμῶν τοὺς λόγους τούτους· ὁ γὰρ υἱὸς τοῦ ἀνθρώπου μέλλει παραδίδοσθαι εἰς χεῖρας ἀνθρώπων.	

ca 121	**Mt 18,1**	ἐν ἐκείνῃ τῇ ὥρᾳ προσῆλθον **οἱ μαθηταὶ** τῷ Ἰησοῦ λέγοντες· τίς ἄρα μείζων ἐστὶν ἐν τῇ βασιλείᾳ τῶν οὐρανῶν;	**Mk 9,34**	[33] ... ἐπηρώτα αὐτούς· τί ἐν τῇ ὁδῷ διελογίζεσθε; [34] οἱ δὲ ἐσιώπων· **πρὸς ἀλλήλους** γὰρ διελέχθησαν ἐν τῇ ὁδῷ τίς μείζων.	**Lk 9,46** → Lk 22,24	εἰσῆλθεν δὲ διαλογισμὸς **ἐν αὐτοῖς,** τὸ τίς ἂν εἴη μείζων αὐτῶν.	→ GTh 12
ca 012			**Mk 9,39**	ὁ δὲ Ἰησοῦς εἶπεν· μὴ κωλύετε αὐτόν. ...	**Lk 9,50**	εἶπεν δὲ **πρὸς αὐτὸν** ὁ Ἰησοῦς· μὴ κωλύετε· ...	
ca 102	**Mt 8,19**	καὶ προσελθὼν εἷς γραμματεὺς εἶπεν **αὐτῷ·** διδάσκαλε, ἀκολουθήσω σοι ὅπου ἐὰν ἀπέρχῃ.			**Lk 9,57**	καὶ πορευομένων αὐτῶν ἐν τῇ ὁδῷ εἶπέν τις **πρὸς αὐτόν·** ἀκολουθήσω σοι ὅπου ἐὰν ἀπέρχῃ.	
ca 102	**Mt 8,21**	**ἕτερος** δὲ τῶν μαθητῶν [αὐτοῦ] εἶπεν αὐτῷ· κύριε, ἐπίτρεψόν μοι πρῶτον ἀπελθεῖν καὶ θάψαι τὸν πατέρα μου.			**Lk 9,59** → Mt 8,22	εἶπεν δὲ **πρὸς ἕτερον·** ἀκολούθει μοι. ὁ δὲ εἶπεν· [κύριε,] ἐπίτρεψόν μοι ἀπελθόντι πρῶτον θάψαι τὸν πατέρα μου.	
ca 002					**Lk 9,62**	εἶπεν δὲ **[πρὸς αὐτὸν]** ὁ Ἰησοῦς· οὐδεὶς ἐπιβαλὼν τὴν χεῖρα ἐπ᾽ ἄροτρον καὶ βλέπων εἰς τὰ ὀπίσω εὔθετός ἐστιν τῇ βασιλείᾳ τοῦ θεοῦ.	
ca 102	**Mt 9,37**	τότε λέγει **τοῖς μαθηταῖς αὐτοῦ·** ὁ μὲν θερισμὸς πολύς, οἱ δὲ ἐργάται ὀλίγοι·			**Lk 10,2**	ἔλεγεν δὲ **πρὸς αὐτούς·** ὁ μὲν θερισμὸς πολύς, οἱ δὲ ἐργάται ὀλίγοι· ...	→ GTh 73
c 102	**Mt 13,16**	ὑμῶν δὲ μακάριοι οἱ ὀφθαλμοὶ ὅτι βλέπουσιν καὶ τὰ ὦτα ὑμῶν ὅτι ἀκούουσιν.			**Lk 10,23**	καὶ στραφεὶς **πρὸς τοὺς μαθητὰς** κατ᾽ ἰδίαν εἶπεν· μακάριοι οἱ ὀφθαλμοὶ οἱ βλέποντες ἃ βλέπετε.	→ GTh 38 (POxy 655 - restoration)
ca 112	**Mt 22,37**	ὁ δὲ ἔφη **αὐτῷ·** *ἀγαπήσεις* *κύριον τὸν θεόν σου* ... ➤ Deut 6,5	**Mk 12,29**	ἀπεκρίθη ὁ Ἰησοῦς ὅτι πρώτη ἐστίν· *ἄκουε,* *Ἰσραήλ, κύριος ὁ θεὸς* *ἡμῶν κύριος εἷς ἐστιν,* [30] *καὶ ἀγαπήσεις* *κύριον τὸν θεόν σου* ... ➤ Deut 6,4-5	**Lk 10,26**	ὁ δὲ εἶπεν **πρὸς αὐτόν·** ἐν τῷ νόμῳ τί γέγραπται; πῶς ἀναγινώσκεις; ὁ δὲ ἀποκριθεὶς εἶπεν· *ἀγαπήσεις* *κύριον τὸν θεόν σου* ... ➤ Deut 6,5	
ca 002					**Lk 10,29**	ὁ δὲ θέλων δικαιῶσαι ἑαυτὸν εἶπεν **πρὸς τὸν Ἰησοῦν·** καὶ τίς ἐστίν μου πλησίον;	
c 002					**Lk 10,39**	καὶ τῇδε ἦν ἀδελφὴ καλουμένη Μαριάμ, [ἣ] καὶ παρακαθεσθεῖσα **πρὸς τοὺς πόδας** **τοῦ κυρίου** ἤκουεν τὸν λόγον αὐτοῦ.	

ca 002					**Lk 11,1**	... εἶπέν τις τῶν μαθητῶν αὐτοῦ **πρὸς αὐτόν·** κύριε, δίδαξον ἡμᾶς προσεύχεσθαι, ...	
ca 002 *c* 002					**Lk 11,5** (2)	καὶ εἶπεν **πρὸς αὐτούς·** τίς ἐξ ὑμῶν ἕξει φίλον καὶ πορεύσεται **πρὸς αὐτὸν** μεσονυκτίου καὶ εἴπῃ αὐτῷ· φίλε, χρῆσόν μοι τρεῖς ἄρτους,	
c 002					**Lk 11,6**	ἐπειδὴ φίλος μου παρεγένετο ἐξ ὁδοῦ **πρός με** καὶ οὐκ ἔχω ὃ παραθήσω αὐτῷ·	
ca 102	**Mt 23,25** → Mk 7,4	οὐαὶ ὑμῖν, γραμματεῖς καὶ Φαρισαῖοι ὑποκριταί, ὅτι καθαρίζετε τὸ ἔξωθεν τοῦ ποτηρίου καὶ τῆς παροψίδος, ...			**Lk 11,39** → Mk 7,4	εἶπεν δὲ ὁ κύριος **πρὸς αὐτόν·** νῦν ὑμεῖς οἱ Φαρισαῖοι τὸ ἔξωθεν τοῦ ποτηρίου καὶ τοῦ πίνακος καθαρίζετε, ...	→ GTh 89
ca 112	**Mt 16,6** ⇨ Mt 16,11	ὁ δὲ Ἰησοῦς εἶπεν **αὐτοῖς·** ὁρᾶτε καὶ προσέχετε ἀπὸ τῆς ζύμης τῶν Φαρισαίων καὶ Σαδδουκαίων.	**Mk 8,15**	καὶ διεστέλλετο **αὐτοῖς** λέγων· ὁρᾶτε, βλέπετε ἀπὸ τῆς ζύμης τῶν Φαρισαίων καὶ τῆς ζύμης Ἡρῴδου.	**Lk 12,1** → Mt 16,12	ἐν οἷς ἐπισυναχθεισῶν τῶν μυριάδων τοῦ ὄχλου, ὥστε καταπατεῖν ἀλλήλους, ἤρξατο λέγειν **πρὸς τοὺς μαθητὰς αὐτοῦ** πρῶτον· προσέχετε ἑαυτοῖς ἀπὸ τῆς ζύμης, ἥτις ἐστὶν ὑπόκρισις, τῶν Φαρισαίων.	
ca 102	**Mt 10,27**	ὃ λέγω ὑμῖν ἐν τῇ σκοτίᾳ εἴπατε ἐν τῷ φωτί, καὶ ὃ **εἰς τὸ οὖς** ἀκούετε κηρύξατε ἐπὶ τῶν δωμάτων.			**Lk 12,3**	ἀνθ' ὧν ὅσα ἐν τῇ σκοτίᾳ εἴπατε ἐν τῷ φωτὶ ἀκουσθήσεται, καὶ ὃ **πρὸς τὸ οὖς** ἐλαλήσατε ἐν τοῖς ταμείοις κηρυχθήσεται ἐπὶ τῶν δωμάτων.	→ GTh 33,1 (POxy 1)
ca 002					**Lk 12,15**	εἶπεν δὲ **πρὸς αὐτούς·** ὁρᾶτε καὶ φυλάσσεσθε ἀπὸ πάσης πλεονεξίας, ...	
ca 002					**Lk 12,16**	εἶπεν δὲ παραβολὴν **πρὸς αὐτοὺς** λέγων· ἀνθρώπου τινὸς πλουσίου εὐφόρησεν ἡ χώρα.	→ GTh 63
ca 102	**Mt 6,25**	διὰ τοῦτο λέγω ὑμῖν· μὴ μεριμνᾶτε τῇ ψυχῇ ὑμῶν τί φάγητε [ἢ τί πίητε], ...			**Lk 12,22**	εἶπεν δὲ **πρὸς τοὺς μαθητάς [αὐτοῦ]·** διὰ τοῦτο λέγω ὑμῖν· μὴ μεριμνᾶτε τῇ ψυχῇ τί φάγητε, ...	→ GTh 36 (POxy 655)
ca 002 *ca* 002					**Lk 12,41** (2)	εἶπεν δὲ ὁ Πέτρος· κύριε, **πρὸς ἡμᾶς** τὴν παραβολὴν ταύτην λέγεις ἢ καὶ **πρὸς πάντας;**	

c 002			**Lk 12,47**	ἐκεῖνος δὲ ὁ δοῦλος ὁ γνοὺς τὸ θέλημα τοῦ κυρίου αὐτοῦ καὶ μὴ ἑτοιμάσας ἢ ποιήσας **πρὸς τὸ θέλημα αὐτοῦ** δαρήσεται πολλάς·	
c 102	**Mt 5,25**	ἴσθι εὐνοῶν τῷ ἀντιδίκῳ σου ταχὺ, ἕως ὅτου εἶ μετ' αὐτοῦ ἐν τῇ ὁδῷ, μήποτέ σε παραδῷ ὁ ἀντίδικος **τῷ κριτῇ** καὶ ὁ κριτὴς τῷ ὑπηρέτῃ, καὶ εἰς φυλακὴν βληθήσῃ·	**Lk 12,58**	ὡς γὰρ ὑπάγεις μετὰ τοῦ ἀντιδίκου σου ἐπ' ἄρχοντα, ἐν τῇ ὁδῷ δὸς ἐργασίαν ἀπηλλάχθαι ἀπ' αὐτοῦ, μήποτε κατασύρῃ σε **πρὸς τὸν κριτήν,** καὶ ὁ κριτής σε παραδώσει τῷ πράκτορι, καὶ ὁ πράκτωρ σε βαλεῖ εἰς φυλακήν.	
ca 002			**Lk 13,7**	εἶπεν δὲ **πρὸς τὸν ἀμπελουργόν·** ἰδοὺ τρία ἔτη ἀφ' οὗ ἔρχομαι ζητῶν καρπὸν ἐν τῇ συκῇ ταύτῃ ...	
ca 002			**Lk 13,23** → Mt 7,14	εἶπεν δέ τις αὐτῷ· κύριε, εἰ ὀλίγοι οἱ σῳζόμενοι; ὁ δὲ εἶπεν **πρὸς αὐτούς·**	
c 202	**Mt 23,37**	Ἰερουσαλὴμ Ἰερουσαλήμ, ἡ ἀποκτείνουσα τοὺς προφήτας καὶ λιθοβολοῦσα τοὺς ἀπεσταλμένους **πρὸς αὐτήν, ...**	**Lk 13,34**	Ἰερουσαλὴμ Ἰερουσαλήμ, ἡ ἀποκτείνουσα τοὺς προφήτας καὶ λιθοβολοῦσα τοὺς ἀπεσταλμένους **πρὸς αὐτήν, ...**	
ca 002			**Lk 14,3** ↑ Mt 12,12 ↑ Mk 3,4 → Lk 6,7 ↑ **Lk 6,9** → Lk 13,14	καὶ ἀποκριθεὶς ὁ Ἰησοῦς εἶπεν **πρὸς τοὺς νομικοὺς καὶ Φαρισαίους** λέγων· ἔξεστιν τῷ σαββάτῳ θεραπεῦσαι ἢ οὔ;	
ca 102	**Mt 12,11**	ὁ δὲ εἶπεν **αὐτοῖς·** τίς ἔσται ἐξ ὑμῶν ἄνθρωπος ὃς ἕξει πρόβατον ἕν καὶ ἐὰν ἐμπέσῃ τοῦτο τοῖς σάββασιν εἰς βόθυνον, οὐχὶ κρατήσει αὐτὸ καὶ ἐγερεῖ;	**Lk 14,5** → Lk 13,15	καὶ **πρὸς αὐτοὺς** εἶπεν· τίνος ὑμῶν υἱὸς ἢ βοῦς εἰς φρέαρ πεσεῖται, καὶ οὐκ εὐθέως ἀνασπάσει αὐτὸν ἐν ἡμέρᾳ τοῦ σαββάτου;	
c 002			**Lk 14,6** ↑ Mt 12,14 ↑ Mk 3,6 ↑ **Lk 6,11** → Lk 13,17	καὶ οὐκ ἴσχυσαν ἀνταποκριθῆναι **πρὸς ταῦτα.**	
ca 002 *ca* 002			**Lk 14,7** (2)	ἔλεγεν δὲ **πρὸς τοὺς κεκλημένους** παραβολήν, ἐπέχων πῶς τὰς πρωτοκλισίας ἐξελέγοντο, λέγων **πρὸς αὐτούς·**	

ca 102	**Mt 22,9** πορεύεσθε οὖν ἐπὶ τὰς διεξόδους τῶν ὁδῶν καὶ ὅσους ἐὰν εὕρητε καλέσατε εἰς τοὺς γάμους.		**Lk 14,23** → Mt 22,10 ⇨ Lk 14,21 → Lk 16,16	καὶ εἶπεν ὁ κύριος πρὸς τὸν δοῦλον· ἔξελθε εἰς τὰς ὁδοὺς καὶ φραγμοὺς καὶ ἀνάγκασον εἰσελθεῖν, ...	→ GTh 64
ca 002			**Lk 14,25**	συνεπορεύοντο δὲ αὐτῷ ὄχλοι πολλοί, καὶ στραφεὶς εἶπεν πρὸς αὐτούς·	
c 102	**Mt 10,37** → Mt 19,29 ὁ φιλῶν πατέρα ἢ μητέρα ὑπὲρ ἐμὲ ...	→ Mk 10,29	**Lk 14,26** → Lk 18,29	εἴ τις ἔρχεται πρός με καὶ οὐ μισεῖ τὸν πατέρα ἑαυτοῦ καὶ τὴν μητέρα ...	→ GTh 55 → GTh 101
ce 002			**Lk 14,32**	εἰ δὲ μή γε, ἔτι αὐτοῦ πόρρω ὄντος πρεσβείαν ἀποστείλας ἐρωτᾷ τὰ πρὸς εἰρήνην.	
ca 002			**Lk 15,3**	εἶπεν δὲ πρὸς αὐτοὺς τὴν παραβολὴν ταύτην λέγων·	
c 002			**Lk 15,18**	ἀναστὰς πορεύσομαι πρὸς τὸν πατέρα μου καὶ ἐρῶ αὐτῷ· πάτερ, ἥμαρτον εἰς τὸν οὐρανὸν καὶ ἐνώπιόν σου	
c 002			**Lk 15,20**	καὶ ἀναστὰς ἦλθεν πρὸς τὸν πατέρα ἑαυτοῦ. ...	
ca 002			**Lk 15,22**	εἶπεν δὲ ὁ πατὴρ πρὸς τοὺς δούλους αὐτοῦ· ταχὺ ἐξενέγκατε στολὴν τὴν πρώτην καὶ ἐνδύσατε αὐτόν, ...	
ca 002			**Lk 16,1**	ἔλεγεν δὲ καὶ πρὸς τοὺς μαθητάς· ἄνθρωπός τις ἦν πλούσιος ὃς εἶχεν οἰκονόμον, καὶ οὗτος διεβλήθη αὐτῷ ὡς διασκορπίζων τὰ ὑπάρχοντα αὐτοῦ.	
c 002			**Lk 16,20**	πτωχὸς δέ τις ὀνόματι Λάζαρος ἐβέβλητο πρὸς τὸν πυλῶνα αὐτοῦ εἱλκωμένος	
c 002			**Lk 16,26 (2)**	καὶ ἐν πᾶσι τούτοις μεταξὺ ἡμῶν καὶ ὑμῶν χάσμα μέγα ἐστήρικται, ὅπως οἱ θέλοντες διαβῆναι ἔνθεν πρὸς ὑμᾶς μὴ δύνωνται,	
c 002				μηδὲ ἐκεῖθεν πρὸς ἡμᾶς διαπερῶσιν.	

c 002					Lk 16,30	... οὐχί, πάτερ Ἀβραάμ, ἀλλ' ἐάν τις ἀπὸ νεκρῶν πορευθῇ **πρὸς αὐτοὺς** μετανοήσουσιν.	
ca 102	Mt 18,7	οὐαὶ τῷ κόσμῳ ἀπὸ τῶν σκανδάλων· ἀνάγκη γὰρ ἐλθεῖν τὰ σκάνδαλα, πλὴν οὐαὶ τῷ ἀνθρώπῳ δι' οὗ τὸ σκάνδαλον ἔρχεται.			Lk 17,1	εἶπεν δὲ **πρὸς τοὺς μαθητὰς αὐτοῦ·** ἀνένδεκτόν ἐστιν τοῦ τὰ σκάνδαλα μὴ ἐλθεῖν, πλὴν οὐαὶ δι' οὗ ἔρχεται·	
c 102	Mt 18,21 → Mt 18,15	τότε προσελθὼν ὁ Πέτρος εἶπεν αὐτῷ· κύριε, ποσάκις ἁμαρτήσει εἰς ἐμὲ ὁ ἀδελφός μου καὶ ἀφήσω αὐτῷ; ἕως ἑπτάκις; [22] λέγει αὐτῷ ὁ Ἰησοῦς· οὐ λέγω σοι ἕως ἑπτάκις ἀλλὰ ἕως ἑβδομηκοντάκις ἑπτά.			Lk 17,4 → Lk 17,3	καὶ ἐὰν ἑπτάκις τῆς ἡμέρας ἁμαρτήσῃ εἰς σὲ καὶ ἑπτάκις ἐπιστρέψῃ **πρὸς σὲ** λέγων· μετανοῶ, ἀφήσεις αὐτῷ.	
ca 002					Lk 17,22	εἶπεν δὲ **πρὸς τοὺς μαθητάς·** ἐλεύσονται ἡμέραι ὅτε ἐπιθυμήσετε μίαν τῶν ἡμερῶν τοῦ υἱοῦ τοῦ ἀνθρώπου ἰδεῖν καὶ οὐκ ὄψεσθε.	
cc 002					Lk 18,1 → Lk 21,36	ἔλεγεν δὲ παραβολὴν αὐτοῖς **πρὸς τὸ δεῖν** πάντοτε προσεύχεσθαι αὐτοὺς καὶ μὴ ἐγκακεῖν	
c 002					Lk 18,3	χήρα δὲ ἦν ἐν τῇ πόλει ἐκείνῃ καὶ ἤρχετο **πρὸς αὐτὸν** λέγουσα· ἐκδίκησόν με ἀπὸ τοῦ ἀντιδίκου μου.	
ca 002					Lk 18,9 → Lk 16,15 ↓ Lk 20,20	εἶπεν δὲ καὶ **πρός τινας τοὺς πεποιθότας** ἐφ' ἑαυτοῖς ὅτι εἰσὶν δίκαιοι ...	
ca 002					Lk 18,11	ὁ Φαρισαῖος σταθεὶς **πρὸς ἑαυτὸν** ταῦτα προσηύχετο· ὁ θεός, εὐχαριστῶ σοι ὅτι οὐκ εἰμὶ ὥσπερ οἱ λοιποὶ τῶν ἀνθρώπων, ...	
c 120	Mt 19,2	καὶ ἠκολούθησαν **αὐτῷ** ὄχλοι πολλοί, καὶ ἐθεράπευσεν αὐτοὺς ἐκεῖ.	Mk 10,1	... καὶ συμπορεύονται πάλιν ὄχλοι **πρὸς αὐτόν,** καὶ ὡς εἰώθει πάλιν ἐδίδασκεν αὐτούς.			
c 220	Mt 19,8	λέγει αὐτοῖς ὅτι Μωϋσῆς **πρὸς τὴν σκληροκαρδίαν ὑμῶν** ἐπέτρεψεν ὑμῖν ἀπολῦσαι τὰς γυναῖκας ὑμῶν, ...	Mk 10,5	ὁ δὲ Ἰησοῦς εἶπεν αὐτοῖς· **πρὸς τὴν σκληροκαρδίαν ὑμῶν** ἔγραψεν ὑμῖν τὴν ἐντολὴν ταύτην.			

cb 120	**Mt 19,5**	*... καὶ κολληθήσεται* ***τῇ γυναικὶ*** ***αὐτοῦ,*** *καὶ ἔσονται οἱ δύο* *εἰς σάρκα μίαν.* ➤ Gen 2,24 LXX	**Mk 10,7**	*... [καὶ προσκολληθήσεται* ***πρὸς τὴν γυναῖκα*** ***αὐτοῦ],*** *[8] καὶ ἔσονται οἱ δύο* *εἰς σάρκα μίαν· ...* ➤ Gen 2,24 LXX			
c 222	**Mt 19,14**	... ἄφετε τὰ παιδία καὶ μὴ κωλύετε αὐτὰ ἐλθεῖν **πρός με, ...**	**Mk 10,14**	... ἄφετε τὰ παιδία ἔρχεσθαι **πρός με,** μὴ κωλύετε αὐτά, ...	**Lk 18,16**	... ἄφετε τὰ παιδία ἔρχεσθαι **πρός με** καὶ μὴ κωλύετε αὐτά, ...	→ GTh 22
ca 121	**Mt 19,25**	ἀκούσαντες δὲ οἱ μαθηταὶ ἐξεπλήσσοντο σφόδρα λέγοντες· τίς ἄρα δύναται σωθῆναι;	**Mk 10,26**	οἱ δὲ περισσῶς ἐξεπλήσσοντο λέγοντες **πρὸς ἑαυτούς·** καὶ τίς δύναται σωθῆναι;	**Lk 18,26**	εἶπαν δὲ οἱ ἀκούσαντες· καὶ τίς δύναται σωθῆναι;	
ca 112	**Mt 20,17** → Mt 16,21 ↑ Mt 17,22	... παρέλαβεν τοὺς δώδεκα [μαθητὰς] κατ' ἰδίαν καὶ ἐν τῇ ὁδῷ εἶπεν **αὐτοῖς·** [18] ἰδοὺ ἀναβαίνομεν εἰς Ἱεροσόλυμα, ...	**Mk 10,32** → Mk 8,31 ↑ Mk 9,31	... καὶ παραλαβὼν πάλιν τοὺς δώδεκα ἤρξατο **αὐτοῖς** λέγειν τὰ μέλλοντα αὐτῷ συμβαίνειν, [33] ὅτι ἰδοὺ ἀναβαίνομεν εἰς Ἱεροσόλυμα, ...	**Lk 18,31** → Lk 9,22 ↑ Lk 9,44 → Lk 17,25 → Lk 24,7 → Lk 24,46	παραλαβὼν δὲ τοὺς δώδεκα εἶπεν **πρὸς αὐτούς·** ἰδοὺ ἀναβαίνομεν εἰς Ἰερουσαλήμ, ...	
112	**Mt 20,32**	καὶ στὰς ὁ Ἰησοῦς ἐφώνησεν αὐτοὺς	**Mk 10,49**	καὶ στὰς ὁ Ἰησοῦς εἶπεν· Φωνήσατε αὐτόν. καὶ φωνοῦσιν τὸν τυφλὸν λέγοντες αὐτῷ· θάρσει, ἔγειρε, φωνεῖ σε.	**Lk 18,40**	σταθεὶς δὲ ὁ Ἰησοῦς ἐκέλευσεν αὐτὸν ἀχθῆναι **πρὸς αὐτόν.**	
c 121	**Mt 20,32** ⇩ Mt 9,28	καὶ εἶπεν· τί θέλετε ποιήσω ὑμῖν;	**Mk 10,50**	ὁ δὲ ἀποβαλὼν τὸ ἱμάτιον αὐτοῦ ἀναπηδήσας **ἦλθεν πρὸς τὸν** **Ἰησοῦν.** [51] καὶ ἀποκριθεὶς αὐτῷ ὁ Ἰησοῦς εἶπεν· τί σοι θέλεις ποιήσω;		**ἐγγίσαντος δὲ αὐτοῦ** ἐπηρώτησεν αὐτόν· [41] τί σοι θέλεις ποιήσω; ...	
	Mt 9,28 ↑ Mt 20,32	ἐλθόντι δὲ εἰς τὴν οἰκίαν προσῆλθον **αὐτῷ** οἱ τυφλοί, καὶ λέγει αὐτοῖς ὁ Ἰησοῦς· πιστεύετε ὅτι δύναμαι τοῦτο ποιῆσαι; ...					
ca 002					**Lk 19,5**	καὶ ὡς ἦλθεν ἐπὶ τὸν τόπον, ἀναβλέψας ὁ Ἰησοῦς εἶπεν **πρὸς αὐτόν·** Ζακχαῖε, σπεύσας κατάβηθι, ...	
ca 002					**Lk 19,8** ↑ Lk 3,13	σταθεὶς δὲ Ζακχαῖος εἶπεν **πρὸς τὸν κύριον·** ἰδοὺ τὰ ἡμίσιά μου τῶν ὑπαρχόντων, κύριε, τοῖς πτωχοῖς δίδωμι, καὶ εἴ τινός τι ἐσυκοφάντησα ἀποδίδωμι τετραπλοῦν.	
ca 002					**Lk 19,9** → Lk 13,16	εἶπεν δὲ **πρὸς αὐτὸν** ὁ Ἰησοῦς ὅτι σήμερον σωτηρία τῷ οἴκῳ τούτῳ ἐγένετο, καθότι καὶ αὐτὸς υἱὸς Ἀβραάμ ἐστιν·	

ca 102	Mt 25,15	[14] ... ἐκάλεσεν τοὺς ἰδίους δούλους καὶ παρέδωκεν αὐτοῖς τὰ ὑπάρχοντα αὐτοῦ, [15] καὶ ᾧ μὲν ἔδωκεν πέντε τάλαντα, ᾧ δὲ δύο, ᾧ δὲ ἕν, ἑκάστῳ κατὰ τὴν ἰδίαν δύναμιν, καὶ ἀπεδήμησεν. ...	Mk 13,34	... καὶ δοὺς τοῖς δούλοις αὐτοῦ τὴν ἐξουσίαν ἑκάστῳ τὸ ἔργον αὐτοῦ, καὶ τῷ θυρωρῷ ἐνετείλατο ἵνα γρηγορῇ.	Lk 19,13	καλέσας δὲ δέκα δούλους ἑαυτοῦ ἔδωκεν αὐτοῖς δέκα μνᾶς καὶ εἶπεν **πρὸς αὐτούς·** πραγματεύσασθε ἐν ᾧ ἔρχομαι.	Mk-Q overlap
c 122	Mt 21,1	καὶ ὅτε ἤγγισαν εἰς Ἱεροσόλυμα καὶ ἦλθον εἰς Βηθφαγὴ **εἰς τὸ ὄρος** **τῶν ἐλαιῶν,** τότε Ἰησοῦς ἀπέστειλεν δύο μαθητὰς	Mk 11,1	καὶ ὅτε ἐγγίζουσιν εἰς Ἱεροσόλυμα εἰς Βηθφαγὴ καὶ Βηθανίαν **πρὸς τὸ ὄρος** **τῶν ἐλαιῶν,** ἀποστέλλει δύο τῶν μαθητῶν αὐτοῦ	Lk 19,29	καὶ ἐγένετο ὡς ἤγγισεν εἰς Βηθφαγὴ καὶ Βηθανία[ν] **πρὸς τὸ ὄρος τὸ** **καλούμενον Ἐλαιῶν,** ἀπέστειλεν δύο τῶν μαθητῶν	
c 121	Mt 21,6 → Mk 11,6	πορευθέντες δὲ οἱ μαθηταὶ καὶ ποιήσαντες καθὼς συνέταξεν αὐτοῖς ὁ Ἰησοῦς	Mk 11,4	καὶ ἀπῆλθον καὶ εὗρον πῶλον δεδεμένον **πρὸς θύραν** ἔξω ἐπὶ τοῦ ἀμφόδου καὶ λύουσιν αὐτόν.	Lk 19,32 → Mk 11,6	ἀπελθόντες δὲ οἱ ἀπεσταλμένοι εὗρον καθὼς εἶπεν αὐτοῖς. [33] λυόντων δὲ αὐτῶν τὸν πῶλον ↔	
ca 012			Mk 11,5	καί τινες τῶν ἐκεῖ ἑστηκότων ἔλεγον **αὐτοῖς·** τί ποιεῖτε λύοντες τὸν πῶλον;	Lk 19,33	↔ εἶπαν οἱ κύριοι αὐτοῦ **πρὸς αὐτούς·** τί λύετε τὸν πῶλον;	
c 122	Mt 21,7	ἤγαγον τὴν ὄνον καὶ τὸν πῶλον καὶ ἐπέθηκαν ἐπ' αὐτῶν τὰ ἱμάτια, καὶ ἐπεκάθισεν ἐπάνω αὐτῶν.	Mk 11,7	καὶ φέρουσιν τὸν πῶλον **πρὸς τὸν Ἰησοῦν** καὶ ἐπιβάλλουσιν αὐτῷ τὰ ἱμάτια αὐτῶν, καὶ ἐκάθισεν ἐπ' αὐτόν.	Lk 19,35	καὶ ἤγαγον αὐτὸν **πρὸς τὸν Ἰησοῦν** καὶ ἐπιρίψαντες αὐτῶν τὰ ἱμάτια ἐπὶ τὸν πῶλον ἐπεβίβασαν τὸν Ἰησοῦν.	
b 112	Mt 21,9	 οἱ δὲ ὄχλοι οἱ προάγοντες αὐτὸν καὶ οἱ ἀκολουθοῦντες ἔκραζον ...	Mk 11,9	 καὶ οἱ προάγοντες καὶ οἱ ἀκολουθοῦντες ἔκραζον· ...	Lk 19,37	ἐγγίζοντος δὲ αὐτοῦ ἤδη **πρὸς τῇ καταβάσει** **τοῦ ὄρους τῶν ἐλαιῶν** ἤρξαντο ἅπαν τὸ πλῆθος τῶν μαθητῶν χαίροντες αἰνεῖν τὸν θεὸν φωνῇ μεγάλῃ περὶ πασῶν ὧν εἶδον δυνάμεων	→ Jn 12,13
ca 002					Lk 19,39 → Mt 21,15-16	καί τινες τῶν Φαρισαίων ἀπὸ τοῦ ὄχλου εἶπαν **πρὸς αὐτόν·** διδάσκαλε, ἐπιτίμησον τοῖς μαθηταῖς σου.	→ Jn 12,19
ce 002					Lk 19,42	... εἰ ἔγνως ἐν τῇ ἡμέρᾳ ταύτῃ καὶ σὺ **τὰ πρὸς εἰρήνην·** νῦν δὲ ἐκρύβη ἀπὸ ὀφθαλμῶν σου.	

[a] πρός with genitive (Acts only)
[b] πρός with dative
[c] πρός with accusative:
[ca] verbum dicendi and πρός τι(να)
[cb] πρός with composite verb προσ-
[cc] πρὸς τό and infinitive
[cd] substantive or adjective with πρός τι(να)
[ce] τὰ πρός τι(να)
[cf] πρός in an elliptical construction
[cg] πρός with reference to time

c 121	Mt 21,23	 καὶ ἐλθόντος αὐτοῦ εἰς τὸ ἱερὸν προσῆλθον **αὐτῷ** διδάσκοντι οἱ ἀρχιερεῖς καὶ οἱ πρεσβύτεροι τοῦ λαοῦ	Mk 11,27	καὶ ἔρχονται πάλιν εἰς Ἱεροσόλυμα. καὶ ἐν τῷ ἱερῷ περιπατοῦντος αὐτοῦ ἔρχονται **πρὸς αὐτὸν** οἱ ἀρχιερεῖς καὶ οἱ γραμματεῖς καὶ οἱ πρεσβύτεροι	Lk 20,1	καὶ ἐγένετο ἐν μιᾷ τῶν ἡμερῶν διδάσκοντος αὐτοῦ τὸν λαὸν ἐν τῷ ἱερῷ καὶ εὐαγγελιζομένου ἐπέστησαν οἱ ἀρχιερεῖς καὶ οἱ γραμματεῖς σὺν τοῖς πρεσβυτέροις	→ Jn 2,18
ca 112		λέγοντες· ἐν ποίᾳ ἐξουσίᾳ ταῦτα ποιεῖς; ...	Mk 11,28	καὶ ἔλεγον **αὐτῷ·** ἐν ποίᾳ ἐξουσίᾳ ταῦτα ποιεῖς; ...	Lk 20,2	καὶ εἶπαν λέγοντες **πρὸς αὐτόν·** εἰπὸν ἡμῖν ἐν ποίᾳ ἐξουσίᾳ ταῦτα ποιεῖς, ...	
ca 112	Mt 21,24	ἀποκριθεὶς δὲ ὁ Ἰησοῦς εἶπεν **αὐτοῖς·** ἐρωτήσω ὑμᾶς κἀγὼ λόγον ἕνα, ὃν ἐὰν εἴπητέ μοι ...	Mk 11,29	ὁ δὲ Ἰησοῦς εἶπεν **αὐτοῖς·** ἐπερωτήσω ὑμᾶς ἕνα λόγον, καὶ ἀποκρίθητέ μοι ...	Lk 20,3	ἀποκριθεὶς δὲ εἶπεν **πρὸς αὐτούς·** ἐρωτήσω ὑμᾶς κἀγὼ λόγον, καὶ εἴπατέ μοι·	
ca 122	Mt 21,25	... οἱ δὲ διελογίζοντο **ἐν ἑαυτοῖς** λέγοντες· ἐὰν εἴπωμεν· ἐξ οὐρανοῦ, ἐρεῖ ἡμῖν· διὰ τί οὖν οὐκ ἐπιστεύσατε αὐτῷ;	Mk 11,31	καὶ διελογίζοντο **πρὸς ἑαυτοὺς** λέγοντες· ἐὰν εἴπωμεν· ἐξ οὐρανοῦ, ἐρεῖ· διὰ τί [οὖν] οὐκ ἐπιστεύσατε αὐτῷ;	Lk 20,5	οἱ δὲ συνελογίσαντο **πρὸς ἑαυτοὺς** λέγοντες ὅτι ἐὰν εἴπωμεν· ἐξ οὐρανοῦ, ἐρεῖ· διὰ τί οὐκ ἐπιστεύσατε αὐτῷ;	
c 201	Mt 21,32	ἦλθεν γὰρ Ἰωάννης **πρὸς ὑμᾶς** ἐν ὁδῷ δικαιοσύνης, καὶ οὐκ ἐπιστεύσατε αὐτῷ, ...			Lk 7,30	 οἱ δὲ Φαρισαῖοι καὶ οἱ νομικοὶ τὴν βουλὴν τοῦ θεοῦ ἠθέτησαν εἰς ἑαυτούς μὴ βαπτισθέντες ὑπ' αὐτοῦ.	
ca 112	Mt 21,33	 ἄλλην παραβολὴν ἀκούσατε. ἄνθρωπος ἦν οἰκοδεσπότης ὅστις ἐφύτευσεν ἀμπελῶνα ...	Mk 12,1	καὶ ἤρξατο **αὐτοῖς** ἐν παραβολαῖς λαλεῖν· ἀμπελῶνα ἄνθρωπος ἐφύτευσεν ...	Lk 20,9	ἤρξατο δὲ **πρὸς τὸν λαὸν** λέγειν τὴν παραβολὴν ταύτην· ἄνθρωπός [τις] ἐφύτευσεν ἀμπελῶνα ...	→ GTh 65
c 222	Mt 21,34 → Mk 12,5	ὅτε δὲ ἤγγισεν ὁ καιρὸς τῶν καρπῶν, ἀπέστειλεν τοὺς δούλους αὐτοῦ **πρὸς τοὺς γεωργοὺς** λαβεῖν τοὺς καρποὺς αὐτοῦ.	Mk 12,2	καὶ ἀπέστειλεν **πρὸς τοὺς γεωργοὺς** τῷ καιρῷ δοῦλον ἵνα παρὰ τῶν γεωργῶν λάβῃ ἀπὸ τῶν καρπῶν τοῦ ἀμπελῶνος·	Lk 20,10	καὶ καιρῷ ἀπέστειλεν **πρὸς τοὺς γεωργοὺς** δοῦλον ἵνα ἀπὸ τοῦ καρποῦ τοῦ ἀμπελῶνος δώσουσιν αὐτῷ· ...	→ GTh 65
c 121	Mt 21,36	πάλιν ἀπέστειλεν ἄλλους δούλους πλείονας τῶν πρώτων, καὶ ἐποίησαν αὐτοῖς ὡσαύτως.	Mk 12,4	καὶ πάλιν ἀπέστειλεν **πρὸς αὐτοὺς** ἄλλον δοῦλον· κἀκεῖνον ἐκεφαλίωσαν καὶ ἠτίμασαν.	Lk 20,11	καὶ προσέθετο ἕτερον πέμψαι δοῦλον· οἱ δὲ κἀκεῖνον δείραντες καὶ ἀτιμάσαντες ἐξαπέστειλαν κενόν.	→ GTh 65
c 221	Mt 21,37	 ὕστερον δὲ ἀπέστειλεν **πρὸς αὐτοὺς** τὸν υἱὸν αὐτοῦ λέγων· ἐντραπήσονται τὸν υἱόν μου.	Mk 12,6	 ἔτι ἕνα εἶχεν, υἱὸν ἀγαπητόν· ἀπέστειλεν αὐτὸν ἔσχατον **πρὸς αὐτοὺς** λέγων ὅτι ἐντραπήσονται τὸν υἱόν μου.	Lk 20,13	εἶπεν δὲ ὁ κύριος τοῦ ἀμπελῶνος· τί ποιήσω; πέμψω τὸν υἱόν μου τὸν ἀγαπητόν· ἴσως τοῦτον ἐντραπήσονται.	→ GTh 65

ca 122	**Mt 21,38**	οἱ δὲ γεωργοὶ ἰδόντες τὸν υἱὸν εἶπον **ἐν ἑαυτοῖς·** οὗτός ἐστιν ὁ κληρονόμος· ...	**Mk 12,7**	ἐκεῖνοι δὲ οἱ γεωργοὶ **πρὸς ἑαυτοὺς** εἶπαν ὅτι οὗτός ἐστιν ὁ κληρονόμος· ...	**Lk 20,14**	ἰδόντες δὲ αὐτὸν οἱ γεωργοὶ διελογίζοντο **πρὸς ἀλλήλους** λέγοντες· οὗτός ἐστιν ὁ κληρονόμος· ...	→ GTh 65
ca 122	**Mt 21,45** → Mk 11,18	καὶ ἀκούσαντες οἱ ἀρχιερεῖς καὶ οἱ Φαρισαῖοι τὰς παραβολὰς αὐτοῦ ἔγνωσαν ὅτι **περὶ αὐτῶν** λέγει·	**Mk 12,12**	 ... ἔγνωσαν γὰρ ὅτι **πρὸς αὐτοὺς** τὴν παραβολὴν εἶπεν. ...	**Lk 20,19**	 ... ἔγνωσαν γὰρ ὅτι **πρὸς αὐτοὺς** εἶπεν τὴν παραβολὴν ταύτην.	
c 121	**Mt 22,16**	[15] τότε πορευθέντες οἱ Φαρισαῖοι συμβούλιον ἔλαβον ὅπως αὐτὸν παγιδεύσωσιν ἐν λόγῳ. [16] καὶ ἀποστέλλουσιν **αὐτῷ** τοὺς μαθητὰς αὐτῶν μετὰ τῶν Ἡρῳδιανῶν	**Mk 12,13**	 καὶ ἀποστέλλουσιν **πρὸς αὐτόν** τινας τῶν Φαρισαίων καὶ τῶν Ἡρῳδιανῶν ἵνα αὐτὸν ἀγρεύσωσιν λόγῳ.	**Lk 20,20** → Lk 16,14 ↑ Lk 18,9	καὶ παρατηρήσαντες ἀπέστειλαν ἐγκαθέτους ὑποκρινομένους ἑαυτοὺς δικαίους εἶναι, ἵνα ἐπιλάβωνται αὐτοῦ λόγου, ...	
ca 112	**Mt 22,18**	γνοὺς δὲ ὁ Ἰησοῦς τὴν πονηρίαν αὐτῶν εἶπεν· τί με πειράζετε, ὑποκριταί; [19] ἐπιδείξατέ μοι τὸ νόμισμα τοῦ κήνσου. ...	**Mk 12,15**	ὁ δὲ εἰδὼς αὐτῶν τὴν ὑπόκρισιν εἶπεν **αὐτοῖς·** τί με πειράζετε; φέρετέ μοι δηνάριον ἵνα ἴδω.	**Lk 20,23**	κατανοήσας δὲ αὐτῶν τὴν πανουργίαν εἶπεν **πρὸς αὐτούς·** [24] δείξατέ μοι δηνάριον· ...	→ GTh 100
ca 112	**Mt 22,21**	... τότε λέγει **αὐτοῖς·** ἀπόδοτε οὖν τὰ Καίσαρος Καίσαρι καὶ τὰ τοῦ θεοῦ τῷ θεῷ.	**Mk 12,17**	ὁ δὲ Ἰησοῦς εἶπεν **αὐτοῖς·** τὰ Καίσαρος ἀπόδοτε Καίσαρι καὶ τὰ τοῦ θεοῦ τῷ θεῷ. ...	**Lk 20,25** → Lk 23,2	ὁ δὲ εἶπεν **πρὸς αὐτούς·** τοίνυν ἀπόδοτε τὰ Καίσαρος Καίσαρι καὶ τὰ τοῦ θεοῦ τῷ θεῷ.	→ GTh 100
c 121	**Mt 22,23**	ἐν ἐκείνῃ τῇ ἡμέρᾳ προσῆλθον **αὐτῷ** Σαδδουκαῖοι, λέγοντες μὴ εἶναι ἀνάστασιν, ...	**Mk 12,18**	καὶ ἔρχονται Σαδδουκαῖοι **πρὸς αὐτόν,** οἵτινες λέγουσιν ἀνάστασιν μὴ εἶναι, ...	**Lk 20,27**	προσελθόντες δέ τινες τῶν Σαδδουκαίων, οἱ [ἀντι]λέγοντες ἀνάστασιν μὴ εἶναι, ...	
ca 112	**Mt 22,41**	συνηγμένων δὲ τῶν Φαρισαίων ἐπηρώτησεν **αὐτοὺς** ὁ Ἰησοῦς [42] λέγων· τί ὑμῖν δοκεῖ περὶ τοῦ χριστοῦ; τίνος υἱός ἐστιν; λέγουσιν αὐτῷ· τοῦ Δαυίδ.	**Mk 12,35**	καὶ ἀποκριθεὶς ὁ Ἰησοῦς ἔλεγεν διδάσκων ἐν τῷ ἱερῷ· πῶς λέγουσιν οἱ γραμματεῖς ὅτι ὁ χριστὸς υἱὸς Δαυίδ ἐστιν;	**Lk 20,41**	 εἶπεν δὲ **πρὸς αὐτούς·** πῶς λέγουσιν τὸν χριστὸν εἶναι Δαυὶδ υἱόν;	
cc 200	**Mt 23,5** ↑ Mt 6,1	πάντα δὲ τὰ ἔργα αὐτῶν ποιοῦσιν **πρὸς τὸ θεαθῆναι** τοῖς ἀνθρώποις· ...					
c 201	**Mt 23,34**	διὰ τοῦτο ἰδοὺ ἐγὼ ἀποστέλλω **πρὸς ὑμᾶς** προφήτας καὶ σοφοὺς καὶ γραμματεῖς· ...			**Lk 11,49**	διὰ τοῦτο καὶ ἡ σοφία τοῦ θεοῦ εἶπεν· ἀποστελῶ **εἰς αὐτοὺς** προφήτας καὶ ἀποστόλους, ...	
c 202	**Mt 23,37**	Ἰερουσαλὴμ Ἰερουσαλήμ, ἡ ἀποκτείνουσα τοὺς προφήτας καὶ λιθοβολοῦσα τοὺς ἀπεσταλμένους **πρὸς αὐτήν, ...**			**Lk 13,34**	Ἰερουσαλὴμ Ἰερουσαλήμ, ἡ ἀποκτείνουσα τοὺς προφήτας καὶ λιθοβολοῦσα τοὺς ἀπεσταλμένους **πρὸς αὐτήν, ...**	

cc 120	**Mt 24,24** → Mt 24,5 → Mt 24,11	ἐγερθήσονται γὰρ ψευδόχριστοι καὶ ψευδοπροφῆται καὶ δώσουσιν σημεῖα μεγάλα καὶ τέρατα **ὥστε πλανῆσαι,** εἰ δυνατόν, καὶ τοὺς ἐκλεκτούς·	**Mk 13,22** → Mk 13,6	ἐγερθήσονται γὰρ ψευδόχριστοι καὶ ψευδοπροφῆται καὶ δώσουσιν σημεῖα καὶ τέρατα **πρὸς τὸ ἀποπλανᾶν,** εἰ δυνατόν, τοὺς ἐκλεκτούς.	→ Lk 21,8		
c 200	**Mt 25,9**	... πορεύεσθε μᾶλλον **πρὸς τοὺς πωλοῦντας** καὶ ἀγοράσατε ἑαυταῖς.					
c 200	**Mt 25,36**	... ἐν φυλακῇ ἤμην καὶ ἤλθατε **πρός με.**					
c 200	**Mt 25,39**	... ἢ ἐν φυλακῇ καὶ ἤλθομεν **πρός σε;**					
c 002					**Lk 21,38** → Lk 19,47-48	καὶ πᾶς ὁ λαὸς ὤρθριζεν **πρὸς αὐτὸν** ἐν τῷ ἱερῷ ἀκούειν αὐτοῦ.	→ [[Jn 8,2]]
ca 120	**Mt 26,8**	ἰδόντες δὲ οἱ μαθηταὶ ἠγανάκτησαν λέγοντες· εἰς τί ἡ ἀπώλεια αὕτη;	**Mk 14,4**	ἦσαν δέ τινες ἀγανακτοῦντες **πρὸς ἑαυτούς·** εἰς τί ἡ ἀπώλεια αὕτη τοῦ μύρου γέγονεν;			→ Jn 12,4
cc 210	**Mt 26,12**	βαλοῦσα γὰρ αὕτη τὸ μύρον τοῦτο ἐπὶ τοῦ σώματός μου **πρὸς τὸ ἐνταφιάσαι** με ἐποίησεν.	**Mk 14,8**	... προέλαβεν μυρίσαι τὸ σῶμά μου **εἰς τὸν ἐνταφιασμόν.**			→ Jn 12,7
c 221	**Mt 26,14**	τότε πορευθεὶς εἷς τῶν δώδεκα, ὁ λεγόμενος Ἰούδας Ἰσκαριώτης, **πρὸς τοὺς ἀρχιερεῖς**	**Mk 14,10**	καὶ Ἰούδας Ἰσκαριὼθ ὁ εἷς τῶν δώδεκα ἀπῆλθεν **πρὸς τοὺς ἀρχιερεῖς** ...	**Lk 22,4**	[3] εἰσῆλθεν δὲ σατανᾶς εἰς Ἰούδαν τὸν καλούμενον Ἰσκαριώτην, ὄντα ἐκ τοῦ ἀριθμοῦ τῶν δώδεκα· [4] καὶ ἀπελθὼν συνελάλησεν **τοῖς ἀρχιερεῦσιν** καὶ στρατηγοῖς ...	
c 211	**Mt 26,18** **(2)**	... ὑπάγετε εἰς τὴν πόλιν **πρὸς τὸν δεῖνα** καὶ εἴπατε αὐτῷ·	**Mk 14,13**	... ὑπάγετε εἰς τὴν πόλιν, καὶ ἀπαντήσει ὑμῖν **ἄνθρωπος** κεράμιον ὕδατος βαστάζων· ἀκολουθήσατε αὐτῷ [14] καὶ ὅπου ἐὰν εἰσέλθῃ εἴπατε τῷ οἰκοδεσπότῃ ↔	**Lk 22,10**	... ἰδοὺ εἰσελθόντων ὑμῶν εἰς τὴν πόλιν συναντήσει ὑμῖν **ἄνθρωπος** κεράμιον ὕδατος βαστάζων· ἀκολουθήσατε αὐτῷ εἰς τὴν οἰκίαν εἰς ἣν εἰσπορεύεται. [11] καὶ ἐρεῖτε τῷ οἰκοδεσπότῃ τῆς οἰκίας· ↔	
c 211		ὁ διδάσκαλος λέγει· ὁ καιρός μου ἐγγύς ἐστιν, **πρὸς σὲ** ποιῶ τὸ πάσχα μετὰ τῶν μαθητῶν μου.	**Mk 14,14**	↔ ὅτι ὁ διδάσκαλος λέγει· ποῦ ἐστιν τὸ κατάλυμά μου ὅπου τὸ πάσχα μετὰ τῶν μαθητῶν μου φάγω;	**Lk 22,11**	↔ λέγει σοι ὁ διδάσκαλος· ποῦ ἐστιν τὸ κατάλυμα ὅπου τὸ πάσχα μετὰ τῶν μαθητῶν μου φάγω;	
ca 002					**Lk 22,15**	καὶ εἶπεν **πρὸς αὐτούς·** ἐπιθυμίᾳ ἐπεθύμησα τοῦτο τὸ πάσχα φαγεῖν μεθ' ὑμῶν πρὸ τοῦ με παθεῖν·	

ca 112	Mt 26,22 → Mt 26,25	καὶ λυπούμενοι σφόδρα ἤρξαντο λέγειν **αὐτῷ** εἷς ἕκαστος· μήτι ἐγώ εἰμι, κύριε;	Mk 14,19	ἤρξαντο λυπεῖσθαι καὶ λέγειν **αὐτῷ** εἷς κατὰ εἷς· μήτι ἐγώ;	Lk 22,23	καὶ αὐτοὶ ἤρξαντο συζητεῖν **πρὸς ἑαυτοὺς** τὸ τίς ἄρα εἴη ἐξ αὐτῶν ὁ τοῦτο μέλλων πράσσειν.	→ Jn 13,22.25
c 212	Mt 26,40	καὶ ἔρχεται **πρὸς τοὺς μαθητὰς** καὶ εὑρίσκει αὐτοὺς καθεύδοντας, ...	Mk 14,37	καὶ ἔρχεται καὶ εὑρίσκει αὐτοὺς καθεύδοντας, ...	Lk 22,45	καὶ ἀναστὰς ἀπὸ τῆς προσευχῆς ἐλθὼν **πρὸς τοὺς μαθητὰς** εὗρεν κοιμωμένους αὐτοὺς ἀπὸ τῆς λύπης	
c 210	Mt 26,45	τότε ἔρχεται **πρὸς τοὺς μαθητὰς** καὶ λέγει αὐτοῖς· καθεύδετε [τὸ] λοιπὸν καὶ ἀναπαύεσθε· ...	Mk 14,41	καὶ ἔρχεται τὸ τρίτον καὶ λέγει αὐτοῖς· καθεύδετε τὸ λοιπὸν καὶ ἀναπαύεσθε· ...			
ca 112	Mt 26,55	ἐν ἐκείνῃ τῇ ὥρᾳ εἶπεν ὁ Ἰησοῦς **τοῖς ὄχλοις·** ὡς ἐπὶ λῃστὴν ἐξήλθατε μετὰ μαχαιρῶν καὶ ξύλων συλλαβεῖν με; ...	Mk 14,48	καὶ ἀποκριθεὶς ὁ Ἰησοῦς εἶπεν **αὐτοῖς·** ὡς ἐπὶ λῃστὴν ἐξήλθατε μετὰ μαχαιρῶν καὶ ξύλων συλλαβεῖν με;	Lk 22,52 ↓ Lk 22,54 → Mt 26,47 → Mk 14,43	εἶπεν δὲ Ἰησοῦς **πρὸς τοὺς παραγενομένους ἐπ' αὐτὸν ἀρχιερεῖς καὶ στρατηγοὺς τοῦ ἱεροῦ καὶ πρεσβυτέρους·** ὡς ἐπὶ λῃστὴν ἐξήλθατε μετὰ μαχαιρῶν καὶ ξύλων;	
c 121	Mt 26,55	... καθ' ἡμέραν ἐν τῷ ἱερῷ ἐκαθεζόμην διδάσκων καὶ οὐκ ἐκρατήσατέ με.	Mk 14,49	καθ' ἡμέραν ἤμην **πρὸς ὑμᾶς** ἐν τῷ ἱερῷ διδάσκων καὶ οὐκ ἐκρατήσατέ με· ...	Lk 22,53	καθ' ἡμέραν ὄντος μου **μεθ' ὑμῶν** ἐν τῷ ἱερῷ οὐκ ἐξετείνατε τὰς χεῖρας ἐπ' ἐμέ, ...	→ Jn 18,20
c 221	Mt 26,57	οἱ δὲ κρατήσαντες τὸν Ἰησοῦν ἀπήγαγον **πρὸς Καϊάφαν τὸν ἀρχιερέα, ...**	Mk 14,53	καὶ ἀπήγαγον τὸν Ἰησοῦν **πρὸς τὸν ἀρχιερέα, ...**	Lk 22,54 → Mt 26,50 → Mk 14,46 ↑ Lk 22,52	συλλαβόντες δὲ αὐτὸν ἤγαγον καὶ εἰσήγαγον **εἰς τὴν οἰκίαν τοῦ ἀρχιερέως· ...**	→ Jn 18,13
c 121	Mt 26,58	ὁ δὲ Πέτρος ἠκολούθει αὐτῷ ἀπὸ μακρόθεν ἕως τῆς αὐλῆς τοῦ ἀρχιερέως καὶ εἰσελθὼν ἔσω ἐκάθητο μετὰ τῶν ὑπηρετῶν ἰδεῖν τὸ τέλος.	Mk 14,54 ↓ Lk 22,56	καὶ ὁ Πέτρος ἀπὸ μακρόθεν ἠκολούθησεν αὐτῷ ἕως ἔσω εἰς τὴν αὐλὴν τοῦ ἀρχιερέως καὶ ἦν συγκαθήμενος μετὰ τῶν ὑπηρετῶν καὶ θερμαινόμενος **πρὸς τὸ φῶς.**	Lk 22,55	[54] ... ὁ δὲ Πέτρος ἠκολούθει μακρόθεν. [55] περιαψάντων δὲ πῦρ ἐν μέσῳ τῆς αὐλῆς καὶ συγκαθισάντων ἐκάθητο ὁ Πέτρος μέσος αὐτῶν.	→ Jn 18,18
c 112	Mt 26,69	... καὶ προσῆλθεν αὐτῷ μία παιδίσκη λέγουσα· καὶ σὺ ἦσθα μετὰ Ἰησοῦ τοῦ Γαλιλαίου.	Mk 14,67	καὶ ἰδοῦσα τὸν Πέτρον θερμαινόμενον ἐμβλέψασα αὐτῷ λέγει· καὶ σὺ μετὰ τοῦ Ναζαρηνοῦ ἦσθα τοῦ Ἰησοῦ.	Lk 22,56 ↑ Mk 14,54	ἰδοῦσα δὲ αὐτὸν παιδίσκη τις καθήμενον **πρὸς τὸ φῶς** καὶ ἀτενίσασα αὐτῷ εἶπεν· καὶ οὗτος σὺν αὐτῷ ἦν.	→ Jn 18,17
ca 002	Mt 26,64	[63] ... καὶ ὁ ἀρχιερεὺς εἶπεν αὐτῷ· ἐξορκίζω σε κατὰ τοῦ θεοῦ τοῦ ζῶντος ἵνα ἡμῖν εἴπῃς εἰ σὺ εἶ ὁ χριστὸς ὁ υἱὸς τοῦ θεοῦ. [64] λέγει **αὐτῷ** ὁ Ἰησοῦς· σὺ εἶπας· ...	Mk 14,62	[61] ... πάλιν ὁ ἀρχιερεὺς ἐπηρώτα αὐτὸν καὶ λέγει αὐτῷ· σὺ εἶ ὁ χριστὸς ὁ υἱὸς τοῦ εὐλογητοῦ; [62] ὁ δὲ Ἰησοῦς εἶπεν· ἐγώ εἰμι, ...	Lk 22,70 ⇨ Lk 22,67 → Mt 27,43	εἶπαν δὲ πάντες· σὺ οὖν εἶ ὁ υἱὸς τοῦ θεοῦ; ὁ δὲ **πρὸς αὐτοὺς** ἔφη· ὑμεῖς λέγετε ὅτι ἐγώ εἰμι.	→ Jn 10,36
cf 200	Mt 27,4	λέγων· ἥμαρτον παραδοὺς αἷμα ἀθῷον. οἱ δὲ εἶπαν· τί **πρὸς ἡμᾶς;** σὺ ὄψῃ.					

c 210	Mt 27,14	καὶ οὐκ ἀπεκρίθη αὐτῷ **πρὸς οὐδὲ ἓν ῥῆμα,** ὥστε θαυμάζειν τὸν ἡγεμόνα λίαν.	Mk 15,5	ὁ δὲ Ἰησοῦς οὐκέτι **οὐδὲν** ἀπεκρίθη, ὥστε θαυμάζειν τὸν Πιλᾶτον.	Lk 23,9	... αὐτὸς δὲ **οὐδὲν** ἀπεκρίνατο αὐτῷ.	Mt/Mk: before Pilate; Lk: before Herod
ca 002					Lk 23,4 ↓ Lk 23,14 ↓ Mt 27,23 ↓ Mk 15,14 ↓ Lk 23,22	ὁ δὲ Πιλᾶτος εἶπεν **πρὸς τοὺς ἀρχιερεῖς** καὶ τοὺς ὄχλους· οὐδὲν εὑρίσκω αἴτιον ἐν τῷ ἀνθρώπῳ τούτῳ.	→ Jn 18,38 → Acts 13,28
c 002					Lk 23,7	καὶ ἐπιγνοὺς ὅτι ἐκ τῆς ἐξουσίας Ἡρῴδου ἐστὶν ἀνέπεμψεν αὐτὸν **πρὸς Ἡρῴδην,** ὄντα καὶ αὐτὸν ἐν Ἱεροσολύμοις ἐν ταύταις ταῖς ἡμέραις.	
cd 002					Lk 23,12	ἐγένοντο δὲ φίλοι ὅ τε Ἡρῴδης καὶ ὁ Πιλᾶτος ἐν αὐτῇ τῇ ἡμέρᾳ μετ' ἀλλήλων· προϋπῆρχον γὰρ ἐν ἔχθρᾳ ὄντες **πρὸς αὐτούς.**	
ca 002					Lk 23,14 → Lk 23,2 ↑ Lk 23,4 ↓ Mt 27,23 ↓ Mk 15,14 ↓ Lk 23,22	εἶπεν **πρὸς αὐτούς·** προσηνέγκατέ μοι τὸν ἄνθρωπον τοῦτον ὡς ἀποστρέφοντα τὸν λαόν, καὶ ἰδοὺ ἐγὼ ἐνώπιον ὑμῶν ἀνακρίνας οὐθὲν εὗρον ἐν τῷ ἀνθρώπῳ τούτῳ αἴτιον ὧν κατηγορεῖτε κατ' αὐτοῦ.	→ Jn 18,38 → Jn 19,4 → Acts 13,28
c 002					Lk 23,15	ἀλλ' οὐδὲ Ἡρῴδης, ἀνέπεμψεν γὰρ αὐτὸν **πρὸς ἡμᾶς,** καὶ ἰδοὺ οὐδὲν ἄξιον θανάτου ἐστὶν πεπραγμένον αὐτῷ·	→ Jn 18,38
c 200	Mt 27,19	καθημένου δὲ αὐτοῦ ἐπὶ τοῦ βήματος ἀπέστειλεν **πρὸς αὐτὸν** ἡ γυνὴ αὐτοῦ ...					
ca 112	Mt 27,23	ὁ δὲ ἔφη· τί γὰρ κακὸν ἐποίησεν; ...	Mk 15,14	ὁ δὲ Πιλᾶτος ἔλεγεν **αὐτοῖς·** τί γὰρ ἐποίησεν κακόν; ...	Lk 23,22 ↑ Lk 23,4 ↑ Lk 23,14	ὁ δὲ τρίτον εἶπεν **πρὸς αὐτούς·** τί γὰρ κακὸν ἐποίησεν οὗτος; ...	→ Jn 19,6 → Acts 13,28
c 002					Lk 23,28	στραφεὶς δὲ **πρὸς αὐτὰς** [ὁ] Ἰησοῦς εἶπεν· θυγατέρες Ἰερουσαλήμ, μὴ κλαίετε ἐπ' ἐμέ· ...	
ca 121	Mt 27,41 → Mt 27,40	ὁμοίως καὶ οἱ ἀρχιερεῖς ἐμπαίζοντες μετὰ τῶν γραμματέων καὶ πρεσβυτέρων ἔλεγον· [42] ἄλλους ἔσωσεν, ἑαυτὸν οὐ δύναται σῶσαι· βασιλεὺς Ἰσραήλ ἐστιν, καταβάτω νῦν ἀπὸ τοῦ σταυροῦ	Mk 15,31 → Mk 15,30	ὁμοίως καὶ οἱ ἀρχιερεῖς ἐμπαίζοντες **πρὸς ἀλλήλους** μετὰ τῶν γραμματέων ἔλεγον· ἄλλους ἔσωσεν, ἑαυτὸν οὐ δύναται σῶσαι· [32] ὁ χριστὸς ὁ βασιλεὺς Ἰσραὴλ καταβάτω νῦν ἀπὸ τοῦ σταυροῦ, ...	Lk 23,35 → Lk 23,37 → Lk 23,39	... ἐξεμυκτήριζον δὲ καὶ οἱ ἄρχοντες λέγοντες· ἄλλους ἔσωσεν, σωσάτω ἑαυτόν, εἰ οὗτός ἐστιν ὁ χριστὸς τοῦ θεοῦ ὁ ἐκλεκτός.	

c 121	Mt 27,58	οὗτος προσελθὼν **τῷ Πιλάτῳ** ᾐτήσατο τὸ σῶμα τοῦ Ἰησοῦ. ...	Mk 15,43	... εἰσῆλθεν **πρὸς τὸν Πιλᾶτον** καὶ ᾐτήσατο τὸ σῶμα τοῦ Ἰησοῦ.	Lk 23,52	οὗτος προσελθὼν **τῷ Πιλάτῳ** ᾐτήσατο τὸ σῶμα τοῦ Ἰησοῦ	→ Jn 19,38
c 200	Mt 27,62	τῇ δὲ ἐπαύριον, ἥτις ἐστὶν μετὰ τὴν παρασκευήν, συνήχθησαν οἱ ἀρχιερεῖς καὶ οἱ Φαρισαῖοι **πρὸς Πιλᾶτον**					
ca 020			Mk 16,3	καὶ ἔλεγον **πρὸς ἑαυτάς·** τίς ἀποκυλίσει ἡμῖν τὸν λίθον ἐκ τῆς θύρας τοῦ μνημείου;			
ca 112	Mt 28,5	ἀποκριθεὶς δὲ ὁ ἄγγελος εἶπεν **ταῖς γυναιξίν·** μὴ φοβεῖσθε ὑμεῖς, οἶδα γὰρ ὅτι Ἰησοῦν τὸν ἐσταυρωμένον ζητεῖτε·	Mk 16,6	ὁ δὲ λέγει **αὐταῖς·** μὴ ἐκθαμβεῖσθε· Ἰησοῦν ζητεῖτε τὸν Ναζαρηνὸν τὸν ἐσταυρωμένον· ...	Lk 24,5 → Lk 24,23	... εἶπαν **πρὸς αὐτάς·** τί ζητεῖτε τὸν ζῶντα μετὰ τῶν νεκρῶν·	
ca 002	Mt 28,1 → Mt 27,56 → Mt 27,61	... ἦλθεν Μαριὰμ ἡ Μαγδαληνὴ καὶ ἡ ἄλλη Μαρία θεωρῆσαι τὸν τάφον.	Mk 16,1 → Mk 15,40 → Mk 15,47	... Μαρία ἡ Μαγδαληνὴ καὶ Μαρία ἡ [τοῦ] Ἰακώβου καὶ Σαλώμη ἠγόρασαν ἀρώματα ...	Lk 24,10 → Lk 24,1 → Lk 8,2-3	ἦσαν δὲ ἡ Μαγδαληνὴ Μαρία καὶ Ἰωάννα καὶ Μαρία ἡ Ἰακώβου καὶ αἱ λοιπαὶ σὺν αὐταῖς. ἔλεγον **πρὸς τοὺς ἀποστόλους** ταῦτα, [11] καὶ ἐφάνησαν ἐνώπιον αὐτῶν ὡσεὶ λῆρος τὰ ῥήματα ταῦτα, καὶ ἠπίστουν αὐταῖς.	→ Jn 20,18
c 002					Lk 24,12	... καὶ ἀπῆλθεν **πρὸς ἑαυτὸν** θαυμάζων τὸ γεγονός.	→ Jn 20,10
ca 002					Lk 24,14	καὶ αὐτοὶ ὡμίλουν **πρὸς ἀλλήλους** περὶ πάντων τῶν συμβεβηκότων τούτων.	
ca 002 ca 002					Lk 24,17 (2)	εἶπεν δὲ **πρὸς αὐτούς·** τίνες οἱ λόγοι οὗτοι οὓς ἀντιβάλλετε **πρὸς ἀλλήλους** περιπατοῦντες; καὶ ἐστάθησαν σκυθρωποί.	
ca 002					Lk 24,18	ἀποκριθεὶς δὲ εἷς ὀνόματι Κλεοπᾶς εἶπεν **πρὸς αὐτόν·** σὺ μόνος παροικεῖς Ἰερουσαλὴμ ...	
ca 002					Lk 24,25	καὶ αὐτὸς εἶπεν **πρὸς αὐτούς·** ὦ ἀνόητοι καὶ βραδεῖς τῇ καρδίᾳ τοῦ πιστεύειν ἐπὶ πᾶσιν οἷς ἐλάλησαν οἱ προφῆται·	
cg 002					Lk 24,29 → Lk 9,12	... μεῖνον μεθ' ἡμῶν, ὅτι **πρὸς ἑσπέραν** ἐστὶν καὶ κέκλικεν ἤδη ἡ ἡμέρα. ...	

ca 002		Lk 24,32	καὶ εἶπαν **πρὸς ἀλλήλους·** οὐχὶ ἡ καρδία ἡμῶν καιομένη ἦν [ἐν ἡμῖν] ...
ca 002 *ca* 002		Lk 24,44 (2) → Lk 24,27	εἶπεν δὲ **πρὸς αὐτούς·** οὗτοι οἱ λόγοι μου οὓς ἐλάλησα **πρὸς ὑμᾶς** ἔτι ὢν σὺν ὑμῖν, ὅτι δεῖ πληρωθῆναι πάντα τὰ γεγραμμένα ἐν τῷ νόμῳ Μωϋσέως καὶ τοῖς προφήταις καὶ ψαλμοῖς περὶ ἐμοῦ.
c 002		Lk 24,50	ἐξήγαγεν δὲ αὐτοὺς [ἔξω] **ἕως πρὸς Βηθανίαν,** καὶ ἐπάρας τὰς χεῖρας αὐτοῦ εὐλόγησεν αὐτούς.

a πρός with genitive (Acts only)
b πρός with dative
c πρός with accusative:
ca verbum dicendi and πρός τι(να)
cb πρός with composite verb προσ-
cc πρὸς τό and infinitive
cd substantive or adjective with πρός τι(να)
ce τὰ πρός τι(να)
cf πρός in an elliptical construction
cg πρός with reference to time

ca **Acts 1,7** εἶπεν δὲ **πρὸς αὐτούς·** οὐχ ὑμῶν ἐστιν γνῶναι χρόνους ἢ καιροὺς οὓς ὁ πατὴρ ἔθετο ἐν τῇ ἰδίᾳ ἐξουσίᾳ

ca **Acts 2,12** ἐξίσταντο δὲ πάντες καὶ διηπόρουν, ἄλλος **πρὸς ἄλλον** λέγοντες· τί θέλει τοῦτο εἶναι;

ca **Acts 2,29** ἄνδρες ἀδελφοί, ἐξὸν εἰπεῖν μετὰ παρρησίας **πρὸς ὑμᾶς** περὶ τοῦ πατριάρχου Δαυὶδ ὅτι καὶ ἐτελεύτησεν καὶ ἐτάφη, ...

ca **Acts 2,37** ἀκούσαντες δὲ κατενύγησαν τὴν καρδίαν εἶπόν τε **πρὸς τὸν Πέτρον** καὶ τοὺς λοιποὺς ἀποστόλους· τί ποιήσωμεν, ἄνδρες ἀδελφοί;

ca **Acts 2,38** Πέτρος δὲ **πρὸς αὐτούς·** μετανοήσατε, [φησίν,] καὶ βαπτισθήτω ἕκαστος ὑμῶν ἐπὶ τῷ ὀνόματι Ἰησοῦ Χριστοῦ ...

cd **Acts 2,47** αἰνοῦντες τὸν θεὸν καὶ ἔχοντες χάριν **πρὸς ὅλον τὸν λαόν.** ὁ δὲ κύριος προσετίθει τοὺς σῳζομένους καθ' ἡμέραν ἐπὶ τὸ αὐτό.

c **Acts 3,2** καί τις ἀνὴρ χωλὸς ἐκ κοιλίας μητρὸς αὐτοῦ ὑπάρχων ἐβαστάζετο, ὃν ἐτίθουν καθ' ἡμέραν **πρὸς τὴν θύραν τοῦ ἱεροῦ** τὴν λεγομένην Ὡραίαν ...

c **Acts 3,10** ἐπεγίνωσκον δὲ αὐτὸν ὅτι αὐτὸς ἦν ὁ **πρὸς τὴν ἐλεημοσύνην** καθήμενος ἐπὶ τῇ ὡραίᾳ πύλῃ τοῦ ἱεροῦ ...

c **Acts 3,11** κρατοῦντος δὲ αὐτοῦ τὸν Πέτρον καὶ τὸν Ἰωάννην συνέδραμεν πᾶς ὁ λαὸς **πρὸς αὐτοὺς** ἐπὶ τῇ στοᾷ τῇ καλουμένῃ Σολομῶντος ἔκθαμβοι.

ca **Acts 3,12** ἰδὼν δὲ ὁ Πέτρος ἀπεκρίνατο **πρὸς τὸν λαόν·** ἄνδρες Ἰσραηλῖται, τί θαυμάζετε ἐπὶ τούτῳ ἢ ἡμῖν τί ἀτενίζετε ὡς ἰδίᾳ δυνάμει ἢ εὐσεβείᾳ πεποιηκόσιν τοῦ περιπατεῖν αὐτόν;

ca **Acts 3,22** Μωϋσῆς μὲν εἶπεν ὅτι *προφήτην ὑμῖν ἀναστήσει κύριος ὁ θεὸς ὑμῶν ἐκ τῶν ἀδελφῶν ὑμῶν ὡς ἐμέ· αὐτοῦ ἀκούσεσθε κατὰ πάντα ὅσα ἂν λαλήσῃ* **πρὸς ὑμᾶς.**
➢ Deut 18,15-20

c **Acts 3,25 (2)** ὑμεῖς ἐστε οἱ υἱοὶ τῶν προφητῶν καὶ τῆς διαθήκης ἧς διέθετο ὁ θεὸς **πρὸς τοὺς πατέρας ὑμῶν** λέγων
ca **πρὸς Ἀβραάμ·** *καὶ ἐν τῷ σπέρματί σου [ἐν]ευλογηθήσονται πᾶσαι αἱ πατριαὶ τῆς γῆς.*
➢ Gen 22,18

ca **Acts 4,1** λαλούντων δὲ αὐτῶν **πρὸς τὸν λαὸν** ἐπέστησαν αὐτοῖς οἱ ἱερεῖς καὶ ὁ στρατηγὸς τοῦ ἱεροῦ καὶ οἱ Σαδδουκαῖοι

ca **Acts 4,8** τότε Πέτρος πλησθεὶς πνεύματος ἁγίου εἶπεν **πρὸς αὐτούς·** ἄρχοντες τοῦ λαοῦ καὶ πρεσβύτεροι

ca **Acts 4,15** κελεύσαντες δὲ αὐτοὺς ἔξω τοῦ συνεδρίου ἀπελθεῖν συνέβαλλον **πρὸς ἀλλήλους** [16] λέγοντες· τί ποιήσωμεν τοῖς ἀνθρώποις τούτοις; ...

ca **Acts 4,19** ὁ δὲ Πέτρος καὶ Ἰωάννης ἀποκριθέντες εἶπον **πρὸς αὐτούς·** εἰ δίκαιόν ἐστιν ἐνώπιον τοῦ θεοῦ ὑμῶν ἀκούειν μᾶλλον ἢ τοῦ θεοῦ, κρίνατε·

c **Acts 4,23** (2) ἀπολυθέντες δὲ ἦλθον
πρὸς τοὺς ἰδίους
ca καὶ ἀπήγγειλαν ὅσα
πρὸς αὐτοὺς
οἱ ἀρχιερεῖς καὶ οἱ πρεσβύτεροι εἶπαν.

ca **Acts 4,24** οἱ δὲ ἀκούσαντες ὁμοθυμαδὸν ἦραν φωνὴν
πρὸς τὸν θεὸν
καὶ εἶπαν· ...

c **Acts 4,37** ὑπάρχοντος αὐτῷ ἀγροῦ πωλήσας ἤνεγκεν τὸ χρῆμα καὶ ἔθηκεν
πρὸς τοὺς πόδας τῶν ἀποστόλων.

ca **Acts 5,8** ἀπεκρίθη δὲ
πρὸς αὐτὴν
Πέτρος· εἰπέ μοι, εἰ τοσούτου τὸ χωρίον ἀπέδοσθε; ...

cf **Acts 5,9** verbum dicendi omitted. ὁ δὲ Πέτρος
πρὸς αὐτήν·
τί ὅτι συνεφωνήθη ὑμῖν πειράσαι τὸ πνεῦμα κυρίου; ...

c **Acts 5,10** (2) ἔπεσεν δὲ παραχρῆμα
πρὸς τοὺς πόδας αὐτοῦ
καὶ ἐξέψυξεν·
c εἰσελθόντες δὲ οἱ νεανίσκοι εὗρον αὐτὴν νεκρὰν καὶ ἐξενέγκαντες ἔθαψαν
πρὸς τὸν ἄνδρα αὐτῆς

ca **Acts 5,35** εἶπέν τε
πρὸς αὐτούς·
ἄνδρες Ἰσραηλῖται, προσέχετε ἑαυτοῖς ἐπὶ τοῖς ἀνθρώποις τούτοις τί μέλλετε πράσσειν.

cd **Acts 6,1** ... ἐγένετο γογγυσμὸς τῶν Ἑλληνιστῶν
πρὸς τοὺς Ἑβραίους,
ὅτι παρεθεωροῦντο ἐν τῇ διακονίᾳ τῇ καθημερινῇ αἱ χῆραι αὐτῶν.

ca **Acts 7,3** καὶ εἶπεν
πρὸς αὐτόν·
ἔξελθε ἐκ τῆς γῆς σου ...
➢ Gen 12,1

c **Acts 8,14** ἀκούσαντες δὲ οἱ ἐν Ἱεροσολύμοις ἀπόστολοι ὅτι δέδεκται ἡ Σαμάρεια τὸν λόγον τοῦ θεοῦ, ἀπέστειλαν
πρὸς αὐτοὺς
Πέτρον καὶ Ἰωάννην

ca **Acts 8,20** Πέτρος δὲ εἶπεν
πρὸς αὐτόν·
τὸ ἀργύριόν σου σὺν σοὶ εἴη εἰς ἀπώλειαν ...

ca **Acts 8,24** ἀποκριθεὶς δὲ ὁ Σίμων εἶπεν· δεήθητε ὑμεῖς ὑπὲρ ἐμοῦ
πρὸς τὸν κύριον
ὅπως μηδὲν ἐπέλθῃ ἐπ' ἐμὲ ὧν εἰρήκατε.

ca **Acts 8,26** ἄγγελος δὲ κυρίου ἐλάλησεν
πρὸς Φίλιππον
λέγων· ἀνάστηθι καὶ πορεύου κατὰ μεσημβρίαν ἐπὶ τὴν ὁδὸν ...

cd **Acts 9,2** ᾐτήσατο παρ' αὐτοῦ ἐπιστολὰς εἰς Δαμασκὸν
πρὸς τὰς συναγωγάς,
ὅπως ἐάν τινας εὕρῃ τῆς ὁδοῦ ὄντας, ἄνδρας τε καὶ γυναῖκας, δεδεμένους ἀγάγῃ εἰς Ἰερουσαλήμ.

ca **Acts 9,10** ... καὶ εἶπεν
πρὸς αὐτὸν
ἐν ὁράματι ὁ κύριος· Ἁνανία. ὁ δὲ εἶπεν· ἰδοὺ ἐγώ, κύριε.

cf **Acts 9,11** verbum dicendi omitted. ὁ δὲ κύριος
πρὸς αὐτόν·
ἀναστὰς πορεύθητι ἐπὶ τὴν ῥύμην τὴν καλουμένην Εὐθεῖαν ...

ca **Acts 9,15** εἶπεν δὲ
πρὸς αὐτὸν
ὁ κύριος· πορεύου, ὅτι σκεῦος ἐκλογῆς ἐστίν μοι οὗτος ...

c **Acts 9,27** Βαρναβᾶς δὲ ἐπιλαβόμενος αὐτὸν ἤγαγεν
πρὸς τοὺς ἀποστόλους ...

ca **Acts 9,29** ἐλάλει τε καὶ συνεζήτει
πρὸς τοὺς Ἑλληνιστάς,
οἱ δὲ ἐπεχείρουν ἀνελεῖν αὐτόν.

c **Acts 9,32** ἐγένετο δὲ Πέτρον διερχόμενον διὰ πάντων κατελθεῖν καὶ
πρὸς τοὺς ἁγίους τοὺς κατοικοῦντας
Λύδδα.

c **Acts 9,38** ... οἱ μαθηταὶ ἀκούσαντες ὅτι Πέτρος ἐστὶν ἐν αὐτῇ ἀπέστειλαν δύο ἄνδρας
πρὸς αὐτὸν
παρακαλοῦντες· μὴ ὀκνήσῃς διελθεῖν ἕως ἡμῶν.

c **Acts 9,40** ἐκβαλὼν δὲ ἔξω πάντας ὁ Πέτρος καὶ θεὶς τὰ γόνατα προσηύξατο καὶ ἐπιστρέψας
πρὸς τὸ σῶμα
εἶπεν· Ταβιθά, ἀνάστηθι. ...

c **Acts 10,3** εἶδεν ἐν ὁράματι φανερῶς ὡσεὶ περὶ ὥραν ἐνάτην τῆς ἡμέρας ἄγγελον τοῦ θεοῦ εἰσελθόντα
πρὸς αὐτὸν
καὶ εἰπόντα αὐτῷ· Κορνήλιε.

cd **Acts 10,13** καὶ ἐγένετο φωνὴ
πρὸς αὐτόν·
ἀναστάς, Πέτρε, θῦσον καὶ φάγε.

cd **Acts 10,15** καὶ φωνὴ πάλιν ἐκ δευτέρου
πρὸς αὐτόν·
ἃ ὁ θεὸς ἐκαθάρισεν, σὺ μὴ κοίνου.

ca **Acts 10,21** καταβὰς δὲ Πέτρος
πρὸς τοὺς ἄνδρας
εἶπεν· ἰδοὺ ἐγώ εἰμι ὃν ζητεῖτε· ...

ca **Acts 10,28** ἔφη τε
πρὸς αὐτούς·
ὑμεῖς ἐπίστασθε ὡς ἀθέμιτόν ἐστιν ἀνδρὶ Ἰουδαίῳ κολλᾶσθαι ἢ προσέρχεσθαι ἀλλοφύλῳ· ...

c **Acts 10,33** ἐξαυτῆς οὖν ἔπεμψα
πρὸς σέ,
σύ τε καλῶς ἐποίησας παραγενόμενος. ...

ca **Acts 11,2** ὅτε δὲ ἀνέβη Πέτρος εἰς Ἰερουσαλήμ, διεκρίνοντο
πρὸς αὐτὸν
οἱ ἐκ περιτομῆς

c **Acts 11,3** λέγοντες ὅτι εἰσῆλθες
πρὸς ἄνδρας
ἀκροβυστίαν ἔχοντας καὶ συνέφαγες αὐτοῖς.

c **Acts 11,11** ... ἀπεσταλμένοι ἀπὸ Καισαρείας
πρός με.

ca **Acts 11,14** ὃς λαλήσει ῥήματα
πρὸς σὲ
ἐν οἷς σωθήσῃ σὺ καὶ πᾶς ὁ οἶκός σου.

ca **Acts 11,20** ἦσαν δέ τινες ἐξ αὐτῶν ἄνδρες Κύπριοι καὶ Κυρηναῖοι, οἵτινες ἐλθόντες εἰς Ἀντιόχειαν ἐλάλουν καὶ
πρὸς τοὺς Ἑλληνιστάς
εὐαγγελιζόμενοι τὸν κύριον Ἰησοῦν.

c **Acts 11,30** ὃ καὶ ἐποίησαν ἀποστείλαντες
πρὸς τοὺς πρεσβυτέρους
διὰ χειρὸς Βαρναβᾶ καὶ Σαύλου.

cd **Acts 12,5** ... προσευχὴ δὲ ἦν ἐκτενῶς γινομένη ὑπὸ τῆς ἐκκλησίας **πρὸς τὸν θεὸν** περὶ αὐτοῦ.

ca **Acts 12,8** εἶπεν δὲ ὁ ἄγγελος **πρὸς αὐτόν**· ζῶσαι καὶ ὑπόδησαι τὰ σανδάλιά σου. ...

ca **Acts 12,15** οἱ δὲ **πρὸς αὐτὴν** εἶπαν· μαίνῃ. ἡ δὲ διϊσχυρίζετο οὕτως ἔχειν. ...

c **Acts 12,20** ... ὁμοθυμαδὸν δὲ παρῆσαν **πρὸς αὐτὸν** ...

ca **Acts 12,21** τακτῇ δὲ ἡμέρᾳ ὁ Ἡρῴδης ἐνδυσάμενος ἐσθῆτα βασιλικὴν [καὶ] καθίσας ἐπὶ τοῦ βήματος ἐδημηγόρει **πρὸς αὐτούς**

c **Acts 13,15** **(2)** μετὰ δὲ τὴν ἀνάγνωσιν τοῦ νόμου καὶ τῶν προφητῶν ἀπέστειλαν οἱ ἀρχισυνάγωγοι **πρὸς αὐτοὺς** λέγοντες·
cd ἄνδρες ἀδελφοί, εἴ τίς ἐστιν ἐν ὑμῖν λόγος παρακλήσεως **πρὸς τὸν λαόν**, λέγετε.

cd **Acts 13,31** ὃς ὤφθη ἐπὶ ἡμέρας πλείους τοῖς συναναβᾶσιν αὐτῷ ἀπὸ τῆς Γαλιλαίας εἰς Ἰερουσαλήμ, οἵτινες [νῦν] εἰσιν μάρτυρες αὐτοῦ **πρὸς τὸν λαόν**.

cd **Acts 13,32** καὶ ἡμεῖς ὑμᾶς εὐαγγελιζόμεθα τὴν **πρὸς τοὺς πατέρας** ἐπαγγελίαν γενομένην

cb **Acts 13,36** Δαυὶδ μὲν γὰρ ἰδίᾳ γενεᾷ ὑπηρετήσας τῇ τοῦ θεοῦ βουλῇ ἐκοιμήθη καὶ προσετέθη **πρὸς τοὺς πατέρας αὐτοῦ** καὶ εἶδεν διαφθοράν·

c **Acts 14,11** ... οἱ θεοὶ ὁμοιωθέντες ἀνθρώποις κατέβησαν **πρὸς ἡμᾶς**

cd **Acts 15,2** **(2)** γενομένης δὲ στάσεως καὶ ζητήσεως οὐκ ὀλίγης τῷ Παύλῳ καὶ τῷ Βαρναβᾷ **πρὸς αὐτούς**,
c ἔταξαν ἀναβαίνειν Παῦλον καὶ Βαρναβᾶν καί τινας ἄλλους ἐξ αὐτῶν **πρὸς τοὺς ἀποστόλους** καὶ πρεσβυτέρους ...

ca **Acts 15,7** πολλῆς δὲ ζητήσεως γενομένης ἀναστὰς Πέτρος εἶπεν **πρὸς αὐτούς**· ἄνδρες ἀδελφοί, ...

c **Acts 15,25** ἔδοξεν ἡμῖν γενομένοις ὁμοθυμαδὸν ἐκλεξαμένοις ἄνδρας πέμψαι **πρὸς ὑμᾶς** σὺν τοῖς ἀγαπητοῖς ἡμῶν Βαρναβᾷ καὶ Παύλῳ

c **Acts 15,33** ποιήσαντες δὲ χρόνον ἀπελύθησαν μετ' εἰρήνης ἀπὸ τῶν ἀδελφῶν **πρὸς τοὺς ἀποστείλαντας αὐτούς**.

ca **Acts 15,36** μετὰ δέ τινας ἡμέρας εἶπεν **πρὸς Βαρναβᾶν** Παῦλος· ἐπιστρέψαντες δὴ ἐπισκεψώμεθα τοὺς ἀδελφοὺς κατὰ πόλιν πᾶσαν ...

ca **Acts 16,36** ἀπήγγειλεν δὲ ὁ δεσμοφύλαξ τοὺς λόγους [τούτους] **πρὸς τὸν Παῦλον** ὅτι ἀπέσταλκαν οἱ στρατηγοὶ ἵνα ἀπολυθῆτε· νῦν οὖν ἐξελθόντες πορεύεσθε ἐν εἰρήνῃ.

ca **Acts 16,37** ὁ δὲ Παῦλος ἔφη **πρὸς αὐτούς**· δείραντες ἡμᾶς δημοσίᾳ ἀκατακρίτους, ἀνθρώπους Ῥωμαίους ὑπάρχοντας, ἔβαλαν εἰς φυλακήν, ...

c **Acts 16,40** ἐξελθόντες δὲ ἀπὸ τῆς φυλακῆς εἰσῆλθον **πρὸς τὴν Λυδίαν** καὶ ἰδόντες παρεκάλεσαν τοὺς ἀδελφοὺς καὶ ἐξῆλθαν.

c **Acts 17,2** κατὰ δὲ τὸ εἰωθὸς τῷ Παύλῳ εἰσῆλθεν **πρὸς αὐτοὺς** καὶ ἐπὶ σάββατα τρία διελέξατο αὐτοῖς ἀπὸ τῶν γραφῶν

cd **Acts 17,15** **(2)** οἱ δὲ καθιστάνοντες τὸν Παῦλον ἤγαγον ἕως Ἀθηνῶν, καὶ λαβόντες ἐντολὴν **πρὸς τὸν Σιλᾶν καὶ τὸν Τιμόθεον**
c ἵνα ὡς τάχιστα ἔλθωσιν **πρὸς αὐτὸν** ἐξῄεσαν.

ca **Acts 17,17** διελέγετο μὲν οὖν ἐν τῇ συναγωγῇ τοῖς Ἰουδαίοις καὶ τοῖς σεβομένοις καὶ ἐν τῇ ἀγορᾷ κατὰ πᾶσαν ἡμέραν **πρὸς τοὺς παρατυγχάνοντας**.

ca **Acts 18,6** → Mt 10,14 → Mk 6,11 → Lk 9,5 → Lk 10,11 → Mt 27,24-25 ... ἐκτιναξάμενος τὰ ἱμάτια εἶπεν **πρὸς αὐτούς**· τὸ αἷμα ὑμῶν ἐπὶ τὴν κεφαλὴν ὑμῶν· ...

ca **Acts 18,14** μέλλοντος δὲ τοῦ Παύλου ἀνοίγειν τὸ στόμα εἶπεν ὁ Γαλλίων **πρὸς τοὺς Ἰουδαίους**· εἰ μὲν ἦν ἀδίκημά τι ἢ ῥᾳδιούργημα πονηρόν, ὦ Ἰουδαῖοι, κατὰ λόγον ἂν ἀνεσχόμην ὑμῶν

c **Acts 18,21** ... πάλιν ἀνακάμψω **πρὸς ὑμᾶς** τοῦ θεοῦ θέλοντος, ἀνήχθη ἀπὸ τῆς Ἐφέσου

ca **Acts 19,2** **(2)** εἶπέν τε **πρὸς αὐτούς**· εἰ πνεῦμα ἅγιον ἐλάβετε πιστεύσαντες;
cf verbum dicendi omitted. οἱ δὲ **πρὸς αὐτόν**· ἀλλ' οὐδ' εἰ πνεῦμα ἅγιον ἔστιν ἠκούσαμεν.

c **Acts 19,31** τινὲς δὲ καὶ τῶν Ἀσιαρχῶν, ὄντες αὐτῷ φίλοι, πέμψαντες **πρὸς αὐτὸν** παρεκάλουν μὴ δοῦναι ἑαυτὸν εἰς τὸ θέατρον.

cd **Acts 19,38** εἰ μὲν οὖν Δημήτριος καὶ οἱ σὺν αὐτῷ τεχνῖται ἔχουσι **πρός τινα** λόγον, ἀγοραῖοι ἄγονται καὶ ἀνθύπατοί εἰσιν, ἐγκαλείτωσαν ἀλλήλοις.

c **Acts 20,6** ... καὶ ἤλθομεν **πρὸς αὐτοὺς** εἰς τὴν Τρῳάδα ἄχρι ἡμερῶν πέντε, ...

c **Acts 20,18** ὡς δὲ παρεγένοντο **πρὸς αὐτὸν** εἶπεν αὐτοῖς· ...

c **Acts 21,11** καὶ ἐλθὼν
πρὸς ἡμᾶς
καὶ ἄρας τὴν ζώνην τοῦ Παύλου, ...

c **Acts 21,18** τῇ δὲ ἐπιούσῃ εἰσῄει ὁ Παῦλος σὺν ἡμῖν
πρὸς Ἰάκωβον,
πάντες τε παρεγένοντο οἱ πρεσβύτεροι.

ca **Acts 21,37** ... ὁ Παῦλος λέγει τῷ χιλιάρχῳ· εἰ ἔξεστίν μοι εἰπεῖν τι
πρὸς σέ;
ὁ δὲ ἔφη· Ἑλληνιστὶ γινώσκεις;

ca **Acts 21,39** ... δέομαι δέ σου, ἐπίτρεψόν μοι λαλῆσαι
πρὸς τὸν λαόν.

cd **Acts 22,1** ἄνδρες ἀδελφοὶ καὶ πατέρες, ἀκούσατέ μου τῆς
πρὸς ὑμᾶς
νυνὶ ἀπολογίας.

cd **Acts 22,5** ... παρ᾽ ὧν καὶ ἐπιστολὰς δεξάμενος
πρὸς τοὺς ἀδελφοὺς
εἰς Δαμασκὸν ἐπορευόμην, ἄξων καὶ τοὺς ἐκεῖσε ὄντας δεδεμένους εἰς Ἰερουσαλὴμ ἵνα τιμωρηθῶσιν.

ca **Acts 22,8** ἐγὼ δὲ ἀπεκρίθην· τίς εἶ, κύριε; εἶπέν τε
πρός με·
ἐγώ εἰμι Ἰησοῦς ὁ Ναζωραῖος, ὃν σὺ διώκεις.

ca **Acts 22,10** εἶπον δέ· τί ποιήσω, κύριε; ὁ δὲ κύριος εἶπεν
πρός με·
ἀναστὰς πορεύου εἰς Δαμασκόν ...

c **Acts 22,13** ἐλθὼν
πρός με
καὶ ἐπιστὰς εἶπέν μοι· Σαοὺλ ἀδελφέ, ἀνάβλεψον. ...

cd **Acts 22,15** ὅτι ἔσῃ μάρτυς αὐτῷ
πρὸς πάντας ἀνθρώπους
ὧν ἑώρακας καὶ ἤκουσας.

ca **Acts 22,21** καὶ εἶπεν
πρός με·
πορεύου, ὅτι ἐγὼ εἰς ἔθνη μακρὰν ἐξαποστελῶ σε.

ca **Acts 22,25** ... εἶπεν
πρὸς τὸν ἑστῶτα ἑκατόνταρχον
ὁ Παῦλος· εἰ ἄνθρωπον Ῥωμαῖον καὶ ἀκατάκριτον ἔξεστιν ὑμῖν μαστίζειν;

ca **Acts 23,3** τότε ὁ Παῦλος
πρὸς αὐτὸν
εἶπεν· τύπτειν σε μέλλει ὁ θεός, τοῖχε κεκονιαμένε· ...

c **Acts 23,17** προσκαλεσάμενος δὲ ὁ Παῦλος ἕνα τῶν ἑκατονταρχῶν ἔφη· τὸν νεανίαν τοῦτον ἀπάγαγε
πρὸς τὸν χιλίαρχον,
ἔχει γὰρ ἀπαγγεῖλαί τι αὐτῷ.

c **Acts 23,18** (2) ὁ μὲν οὖν παραλαβὼν αὐτὸν ἤγαγεν
πρὸς τὸν χιλίαρχον
καὶ φησίν·

c ὁ δέσμιος Παῦλος προσκαλεσάμενός με ἠρώτησεν τοῦτον τὸν νεανίσκον ἀγαγεῖν
πρὸς σέ
ἔχοντά τι λαλῆσαί σοι.

ca **Acts 23,22** ὁ μὲν οὖν χιλίαρχος ἀπέλυσε τὸν νεανίσκον παραγγείλας μηδενὶ ἐκλαλῆσαι ὅτι ταῦτα ἐνεφάνισας
πρός με.

c **Acts 23,24** κτήνη τε παραστῆσαι ἵνα ἐπιβιβάσαντες τὸν Παῦλον διασώσωσι
πρὸς Φήλικα
τὸν ἡγεμόνα

c **Acts 23,30** (2) μηνυθείσης δέ μοι ἐπιβουλῆς εἰς τὸν ἄνδρα ἔσεσθαι ἐξαυτῆς ἔπεμψα
πρὸς σέ

ce παραγγείλας καὶ τοῖς κατηγόροις λέγειν
[τὰ] πρὸς αὐτὸν
ἐπὶ σοῦ.

ca **Acts 24,12** καὶ οὔτε ἐν τῷ ἱερῷ εὗρόν με
πρός τινα
διαλεγόμενον ἢ ἐπίστασιν ποιοῦντα ὄχλου οὔτε ἐν ταῖς συναγωγαῖς οὔτε κατὰ τὴν πόλιν

cd **Acts 24,16** ἐν τούτῳ καὶ αὐτὸς ἀσκῶ ἀπρόσκοπον συνείδησιν ἔχειν
πρὸς τὸν θεὸν
καὶ τοὺς ἀνθρώπους διὰ παντός.

c **Acts 24,19** τινὲς δὲ ἀπὸ τῆς Ἀσίας Ἰουδαῖοι, οὓς ἔδει ἐπὶ σοῦ παρεῖναι καὶ κατηγορεῖν εἴ τι ἔχοιεν
πρὸς ἐμέ.

ca **Acts 25,16** [15] ... οἱ ἀρχιερεῖς καὶ οἱ πρεσβύτεροι τῶν Ἰουδαίων ...
[16] πρὸς οὓς
ἀπεκρίθην ὅτι οὐκ ἔστιν ἔθος Ῥωμαίοις χαρίζεσθαί τινα ἄνθρωπον ...

cd **Acts 25,19** ζητήματα δέ τινα περὶ τῆς ἰδίας δεισιδαιμονίας εἶχον
πρὸς αὐτὸν ...

c **Acts 25,21** ... ἐκέλευσα τηρεῖσθαι αὐτὸν ἕως οὗ ἀναπέμψω αὐτὸν
πρὸς Καίσαρα.

cf **Acts 25,22** verbum dicendi omitted. Ἀγρίππας δὲ
πρὸς τὸν Φῆστον·
ἐβουλόμην καὶ αὐτὸς τοῦ ἀνθρώπου ἀκοῦσαι. αὔριον, φησίν, ἀκούσῃ αὐτοῦ.

ca **Acts 26,1** Ἀγρίππας δὲ
πρὸς τὸν Παῦλον
ἔφη· ἐπιτρέπεταί σοι περὶ σεαυτοῦ λέγειν. ...

c **Acts 26,9** ἐγὼ μὲν οὖν ἔδοξα ἐμαυτῷ
πρὸς τὸ ὄνομα Ἰησοῦ τοῦ Ναζωραίου
δεῖν πολλὰ ἐναντία πρᾶξαι

ca **Acts 26,14** (2) πάντων τε καταπεσόντων ἡμῶν εἰς τὴν γῆν ἤκουσα φωνὴν λέγουσαν
πρός με
τῇ Ἑβραΐδι διαλέκτῳ·

c Σαοὺλ Σαούλ, τί με διώκεις; σκληρόν σοι
πρὸς κέντρα
λακτίζειν.

ca **Acts 26,26** ἐπίσταται γὰρ περὶ τούτων ὁ βασιλεύς
πρὸς ὃν
καὶ παρρησιαζόμενος λαλῶ, ...

cf **Acts 26,28** verbum dicendi omitted. ὁ δὲ Ἀγρίππας
πρὸς τὸν Παῦλον·
ἐν ὀλίγῳ με πείθεις Χριστιανὸν ποιῆσαι.

ca **Acts 26,31** καὶ ἀναχωρήσαντες ἐλάλουν
πρὸς ἀλλήλους
λέγοντες ...

c **Acts 27,3** τῇ τε ἑτέρᾳ κατήχθημεν εἰς Σιδῶνα, φιλανθρώπως τε ὁ Ἰούλιος τῷ Παύλῳ χρησάμενος ἐπέτρεψεν
πρὸς τοὺς φίλους
πορευθέντι ἐπιμελείας τυχεῖν.

cd **Acts 27,12** ἀνευθέτου δὲ τοῦ λιμένος ὑπάρχοντος
πρὸς παραχειμασίαν
οἱ πλείονες ἔθεντο βουλὴν ἀναχθῆναι ἐκεῖθεν, ...

a **Acts 27,34** διὸ παρακαλῶ ὑμᾶς μεταλαβεῖν τροφῆς· τοῦτο γὰρ
→ Lk 12,7
→ Lk 21,18
πρὸς τῆς ὑμετέρας σωτηρίας
ὑπάρχει, οὐδενὸς γὰρ ὑμῶν θρὶξ ἀπὸ τῆς κεφαλῆς ἀπολεῖται.

ca **Acts 28,4** ὡς δὲ εἶδον οἱ βάρβαροι κρεμάμενον τὸ θηρίον ἐκ τῆς χειρὸς αὐτοῦ,
πρὸς ἀλλήλους
ἔλεγον· ...

c **Acts 28,8** ἐγένετο δὲ τὸν πατέρα τοῦ Ποπλίου πυρετοῖς καὶ δυσεντερίῳ συνεχόμενον κατακεῖσθαι,
πρὸς ὃν
ὁ Παῦλος εἰσελθὼν καὶ προσευξάμενος ἐπιθεὶς τὰς χεῖρας αὐτῷ ἰάσατο αὐτόν.

ce **Acts 28,10** οἳ καὶ πολλαῖς τιμαῖς ἐτίμησαν ἡμᾶς καὶ ἀναγομένοις ἐπέθεντο
τὰ πρὸς τὰς χρείας.

ca **Acts 28,17** ... συνελθόντων δὲ αὐτῶν ἔλεγεν
πρὸς αὐτούς·
ἐγώ, ἄνδρες ἀδελφοί, οὐδὲν ἐναντίον ποιήσας τῷ λαῷ ἢ τοῖς ἔθεσι τοῖς πατρῴοις ...

ca **Acts 28,21** οἱ δὲ
πρὸς αὐτὸν
εἶπαν· ἡμεῖς οὔτε γράμματα περὶ σοῦ ἐδεξάμεθα ἀπὸ τῆς Ἰουδαίας ...

c **Acts 28,23** ταξάμενοι δὲ αὐτῷ ἡμέραν ἦλθον
πρὸς αὐτὸν
εἰς τὴν ξενίαν πλείονες ...

cd **Acts 28,25 (2)** ἀσύμφωνοι δὲ ὄντες
πρὸς ἀλλήλους
ἀπελύοντο εἰπόντος τοῦ Παύλου ῥῆμα ἕν,
ca ὅτι καλῶς τὸ πνεῦμα τὸ ἅγιον ἐλάλησεν διὰ Ἠσαΐου τοῦ προφήτου
πρὸς τοὺς πατέρας ὑμῶν

c **Acts 28,26** λέγων· *πορεύθητι*
→ Mt 13,13-14
→ Mk 4,12
→ Lk 8,10
πρὸς τὸν λαὸν τοῦτον
καὶ εἰπόν· ἀκοῇ ἀκούσετε καὶ οὐ μὴ συνῆτε καὶ βλέποντες βλέψετε καὶ οὐ μὴ ἴδητε·
➤ Isa 6,9 LXX

c **Acts 28,30** ... καὶ ἀπεδέχετο πάντας τοὺς εἰσπορευομένους
πρὸς αὐτόν

προσάββατον

	Syn	Mt	Mk	Lk	Acts	Jn	1-3John	Paul	Eph	Col
	1		1							
	NT	2Thess	1/2Tim	Tit	Heb	Jas	1Pet	2Pet	Jude	Rev
	1									

the day before the Sabbath; Friday

121	**Mt 27,57**	ὀψίας δὲ γενομένης ...	**Mk 15,42**	καὶ ἤδη ὀψίας γενομένης, ἐπεὶ ἦν παρασκευή, ὅ ἐστιν **προσάββατον**	**Lk 23,54**	καὶ ἡμέρα ἦν παρασκευῆς καὶ σάββατον ἐπέφωσκεν.	→ Jn 19,42

προσάγω

	Syn	Mt	Mk	Lk	Acts	Jn	1-3John	Paul	Eph	Col
	1			1	2					
	NT	2Thess	1/2Tim	Tit	Heb	Jas	1Pet	2Pet	Jude	Rev
	4						1			

bring (forward); approach

112	**Mt 17,17**	... ὦ γενεὰ ἄπιστος καὶ διεστραμμένη, ἕως πότε μεθ' ὑμῶν ἔσομαι; ἕως πότε ἀνέξομαι ὑμῶν; **φέρετέ** μοι αὐτὸν ὧδε.	**Mk 9,19**	... ὦ γενεὰ ἄπιστος, ἕως πότε πρὸς ὑμᾶς ἔσομαι; ἕως πότε ἀνέξομαι ὑμῶν; **φέρετε** αὐτὸν πρός με.	**Lk 9,41**	... ὦ γενεὰ ἄπιστος καὶ διεστραμμένη, ἕως πότε ἔσομαι πρὸς ὑμᾶς καὶ ἀνέξομαι ὑμῶν; **προσάγαγε** ὧδε τὸν υἱόν σου.

Acts 16,20 καὶ
προσαγαγόντες
αὐτοὺς τοῖς στρατηγοῖς εἶπαν· οὗτοι οἱ ἄνθρωποι ἐκταράσσουσιν ἡμῶν τὴν πόλιν, ...

Acts 27,27 ... κατὰ μέσον τῆς νυκτὸς ὑπενόουν οἱ ναῦται
προσάγειν
τινὰ αὐτοῖς χώραν.

προσαίτης	Syn 1	Mt	Mk 1	Lk	Acts	Jn 1	1-3John	Paul	Eph	Col
	NT 2	2Thess	1/2Tim	Tit	Heb	Jas	1Pet	2Pet	Jude	Rev

beggar

121	Mt 20,30 ⇩ Mt 9,27	καὶ ἰδοὺ δύο τυφλοὶ καθήμενοι παρὰ τὴν ὁδόν ...	Mk 10,46	... ὁ υἱὸς Τιμαίου Βαρτιμαῖος, τυφλὸς **προσαίτης**, ἐκάθητο παρὰ τὴν ὁδόν.	Lk 18,35	... τυφλός τις ἐκάθητο παρὰ τὴν ὁδὸν **ἐπαιτῶν**.	
	Mt 9,27 ⇧ Mt 20,30	καὶ παράγοντι ἐκεῖθεν τῷ Ἰησοῦ ἠκολούθησαν [αὐτῷ] δύο τυφλοὶ ...					

προσαναβαίνω	Syn 1	Mt	Mk	Lk 1	Acts	Jn	1-3John	Paul	Eph	Col
	NT 1	2Thess	1/2Tim	Tit	Heb	Jas	1Pet	2Pet	Jude	Rev

go up; move up

002		Lk 14,10	ἀλλ᾽ ὅταν κληθῇς, πορευθεὶς ἀνάπεσε εἰς τὸν ἔσχατον τόπον, ἵνα ὅταν ἔλθῃ ὁ κεκληκώς σε ἐρεῖ σοι· φίλε, **προσανάβηθι** ἀνώτερον· ...	

προσαναλίσκω, προσαναλόω	Syn 1	Mt	Mk	Lk 1	Acts	Jn	1-3John	Paul	Eph	Col
	NT 1	2Thess	1/2Tim	Tit	Heb	Jas	1Pet	2Pet	Jude	Rev

spend lavishly (in addition)

	Mt 9,20	καὶ ἰδοὺ γυνὴ αἱμορροοῦσα δώδεκα ἔτη ...	Mk 5,25	καὶ γυνὴ οὖσα ἐν ῥύσει αἵματος δώδεκα ἔτη	Lk 8,43	καὶ γυνὴ οὖσα ἐν ῥύσει αἵματος ἀπὸ ἐτῶν δώδεκα, ἥτις [ἰατροῖς **προσαναλώσασα** ὅλον τὸν βίον] οὐκ ἴσχυσεν ἀπ᾽ οὐδενὸς θεραπευθῆναι	
012			Mk 5,26	καὶ πολλὰ παθοῦσα ὑπὸ πολλῶν ἰατρῶν καὶ **δαπανήσασα** τὰ παρ᾽ αὐτῆς πάντα καὶ μηδὲν ὠφεληθεῖσα ἀλλὰ μᾶλλον εἰς τὸ χεῖρον ἐλθοῦσα			

προσδαπανάω	Syn 1	Mt	Mk	Lk 1	Acts	Jn	1-3John	Paul	Eph	Col
	NT 1	2Thess	1/2Tim	Tit	Heb	Jas	1Pet	2Pet	Jude	Rev

spend in addition

002		Lk 10,35	... ἐπιμελήθητι αὐτοῦ, καὶ ὅ τι ἂν **προσδαπανήσῃς** ἐγὼ ἐν τῷ ἐπανέρχεσθαί με ἀποδώσω σοι.	

προσδέχομαι	Syn 6	Mt	Mk 1	Lk 5	Acts 2	Jn	1-3John	Paul 2	Eph	Col
	NT 14	2Thess	1/2Tim	Tit 1	Heb 2	Jas	1Pet	2Pet	Jude 1	Rev

take up; receive; welcome; wait for; expect

	triple tradition																	double tradition			Sondergut		
		+Mt / +Lk			−Mt / −Lk			traditions not taken over by Mt / Lk							subtotals								
code	222	211	112	212	221	122	121	022	012	021	220	120	210	020	Σ⁺	Σ⁻	Σ	202	201	102	200	002	total
Mt						1⁻										1⁻							
Mk						1											1						1
Lk						1											1					4	5

002					Lk 2,25	... Συμεὼν καὶ ὁ ἄνθρωπος οὗτος δίκαιος καὶ εὐλαβής **προσδεχόμενος** παράκλησιν τοῦ Ἰσραήλ, καὶ πνεῦμα ἦν ἅγιον ἐπ᾿ αὐτόν·	
002					Lk 2,38	καὶ αὐτῇ τῇ ὥρᾳ ἐπιστᾶσα ἀνθωμολογεῖτο τῷ θεῷ καὶ ἐλάλει περὶ αὐτοῦ **πᾶσιν τοῖς** **προσδεχομένοις** λύτρωσιν Ἰερουσαλήμ.	
002					Lk 12,36 → Lk 21,36	καὶ ὑμεῖς ὅμοιοι ἀνθρώποις **προσδεχομένοις** τὸν κύριον ἑαυτῶν πότε ἀναλύσῃ ἐκ τῶν γάμων, ...	
002					Lk 15,2 → Mt 9,11 → Mk 2,16 → Lk 5,30 → Lk 19,7	καὶ διεγόγγυζον οἵ τε Φαρισαῖοι καὶ οἱ γραμματεῖς λέγοντες ὅτι οὗτος ἁμαρτωλοὺς **προσδέχεται** καὶ συνεσθίει αὐτοῖς.	
122	Mt 27,57	... ἦλθεν ἄνθρωπος πλούσιος ἀπὸ Ἁριμαθαίας, τοὔνομα Ἰωσήφ, ὃς καὶ αὐτὸς **ἐμαθητεύθη** **τῷ Ἰησοῦ·**	Mk 15,43	ἐλθὼν Ἰωσὴφ [ὁ] ἀπὸ Ἁριμαθαίας εὐσχήμων βουλευτής, ὃς καὶ αὐτὸς **ἦν προσδεχόμενος** **τὴν βασιλείαν** **τοῦ θεοῦ, ...**	Lk 23,51	[50] καὶ ἰδοὺ ἀνὴρ ὀνόματι Ἰωσὴφ βουλευτὴς ὑπάρχων [καὶ] ἀνὴρ ἀγαθὸς καὶ δίκαιος [51] ... ἀπὸ Ἁριμαθαίας πόλεως τῶν Ἰουδαίων, ὃς **προσεδέχετο** **τὴν βασιλείαν** **τοῦ θεοῦ**	→ Jn 19,38

Acts 23,21 ... καὶ νῦν εἰσιν ἕτοιμοι
προσδεχόμενοι
τὴν ἀπὸ σοῦ ἐπαγγελίαν.

Acts 24,15 ἐλπίδα ἔχων εἰς τὸν θεόν
ἣν καὶ αὐτοὶ οὗτοι
προσδέχονται,
ἀνάστασιν μέλλειν
ἔσεσθαι δικαίων τε καὶ
ἀδίκων.

προσδοκάω	Syn 8	Mt 2	Mk	Lk 6	Acts 5	Jn	1-3John	Paul	Eph	Col
	NT 16	2Thess	1/2Tim	Tit	Heb	Jas	1Pet	2Pet 3	Jude	Rev

wait for; look for

	triple tradition																	double tradition			Sondergut		
		+Mt / +Lk			−Mt / −Lk			traditions not taken over by Mt / Lk							subtotals								
code	*222*	*211*	*112*	*212*	*221*	*122*	*121*	*022*	*012*	*021*	*220*	*120*	*210*	*020*	Σ⁺	Σ⁻	Σ	*202*	*201*	*102*	*200*	*002*	total
Mt																		2					2
Mk																							
Lk			1⁺												1⁺		1	2				3	6

002					**Lk 1,21**	καὶ ἦν ὁ λαὸς **προσδοκῶν** τὸν Ζαχαρίαν καὶ ἐθαύμαζον ἐν τῷ χρονίζειν ἐν τῷ ναῷ αὐτόν.
002					**Lk 3,15**	**προσδοκῶντος** δὲ τοῦ λαοῦ καὶ διαλογιζομένων πάντων ἐν ταῖς καρδίαις αὐτῶν περὶ τοῦ Ἰωάννου, μήποτε αὐτὸς εἴη ὁ χριστός
202	**Mt 11,3**	... σὺ εἶ ὁ ἐρχόμενος ἢ ἕτερον **προσδοκῶμεν;**			**Lk 7,19**	... σὺ εἶ ὁ ἐρχόμενος ἢ ἄλλον **προσδοκῶμεν;**
002					**Lk 7,20**	... Ἰωάννης ὁ βαπτιστὴς ἀπέστειλεν ἡμᾶς πρὸς σὲ λέγων· σὺ εἶ ὁ ἐρχόμενος ἢ ἄλλον **προσδοκῶμεν;**
112	**Mt 9,1**	καὶ ἐμβὰς εἰς πλοῖον διεπέρασεν ... [18] ταῦτα αὐτοῦ λαλοῦντος αὐτοῖς, ἰδοὺ ἄρχων εἷς ἐλθὼν ...	**Mk 5,21**	[18] καὶ ἐμβαίνοντος αὐτοῦ εἰς τὸ πλοῖον ... [21] καὶ διαπεράσαντος τοῦ Ἰησοῦ [ἐν τῷ πλοίῳ] πάλιν εἰς τὸ πέραν συνήχθη ὄχλος πολὺς ἐπ' αὐτόν, καὶ ἦν παρὰ τὴν θάλασσαν. [22] καὶ ἔρχεται εἷς τῶν ἀρχισυναγώγων, ὀνόματι Ἰάϊρος, ...	**Lk 8,40**	[37] ... αὐτὸς δὲ ἐμβὰς εἰς πλοῖον ὑπέστρεψεν. [38] ... [40] ἐν δὲ τῷ ὑποστρέφειν τὸν Ἰησοῦν ἀπεδέξατο αὐτὸν ὁ ὄχλος· ἦσαν γὰρ πάντες **προσδοκῶντες** αὐτόν. [41] καὶ ἰδοὺ ἦλθεν ἀνὴρ ᾧ ὄνομα Ἰάϊρος καὶ οὗτος ἄρχων τῆς συναγωγῆς ὑπῆρχεν, ...
202	**Mt 24,50** → Mt 24,42 → Mt 24,44 → Mt 25,13	ἥξει ὁ κύριος τοῦ δούλου ἐκείνου ἐν ἡμέρᾳ ᾗ **οὐ προσδοκᾷ** καὶ ἐν ὥρᾳ ᾗ οὐ γινώσκει			**Lk 12,46**	ἥξει ὁ κύριος τοῦ δούλου ἐκείνου ἐν ἡμέρᾳ ᾗ **οὐ προσδοκᾷ** καὶ ἐν ὥρᾳ ᾗ οὐ γινώσκει, ...

Acts 3,5 ὁ δὲ ἐπεῖχεν αὐτοῖς **προσδοκῶν** τι παρ' αὐτῶν λαβεῖν.

Acts 10,24 ... ὁ δὲ Κορνήλιος ἦν **προσδοκῶν** αὐτοὺς συγκαλεσάμενος τοὺς συγγενεῖς αὐτοῦ καὶ τοὺς ἀναγκαίους φίλους.

Acts 27,33 ... τεσσαρεσκαιδεκάτην σήμερον ἡμέραν **προσδοκῶντες** ἄσιτοι διατελεῖτε μηθὲν προσλαβόμενοι·

Acts 28,6 (2) οἱ δὲ **προσεδόκων** αὐτὸν μέλλειν πίμπρασθαι ἢ καταπίπτειν ἄφνω νεκρόν. ἐπὶ πολὺ δὲ αὐτῶν **προσδοκώντων** καὶ θεωρούντων μηδὲν ἄτοπον εἰς αὐτὸν γινόμενον μεταβαλόμενοι ἔλεγον αὐτὸν εἶναι θεόν.

προσδοκία

	Syn	Mt	Mk	Lk	Acts	Jn	1-3John	Paul	Eph	Col
προσδοκία	1			1	1					
	NT	2Thess	1/2Tim	Tit	Heb	Jas	1Pet	2Pet	Jude	Rev
	2									

expectation

	Mt 24,29	Mk 13,25	Lk 21,26
112	... *καὶ αἱ δυνάμεις τῶν οὐρανῶν* σαλευθήσονται. ➤ Isa 34,4	... *καὶ αἱ δυνάμεις αἱ ἐν τοῖς οὐρανοῖς* σαλευθήσονται. ➤ Isa 34,4	ἀποψυχόντων ἀνθρώπων ἀπὸ φόβου καὶ **προσδοκίας τῶν ἐπερχομένων** τῇ οἰκουμένῃ, *αἱ γὰρ δυνάμεις τῶν οὐρανῶν* σαλευθήσονται. ➤ Isa 34,4

Acts 12,11 ... ἐξαπέστειλεν [ὁ] κύριος τὸν ἄγγελον αὐτοῦ καὶ ἐξείλατό με **ἐκ χειρὸς Ἡρῴδου καὶ πάσης τῆς προσδοκίας τοῦ λαοῦ τῶν Ἰουδαίων.**

προσεργάζομαι

	Syn	Mt	Mk	Lk	Acts	Jn	1-3John	Paul	Eph	Col
προσεργάζομαι	1			1						
	NT	2Thess	1/2Tim	Tit	Heb	Jas	1Pet	2Pet	Jude	Rev
	1									

make more; earn in addition

	Mt 25,20	Lk 19,16
102	καὶ προσελθὼν ὁ τὰ πέντε τάλαντα λαβὼν προσήνεγκεν ἄλλα πέντε τάλαντα λέγων· κύριε, πέντε τάλαντά μοι παρέδωκας· ἴδε ἄλλα πέντε τάλαντα **ἐκέρδησα.**	παρεγένετο δὲ ὁ πρῶτος λέγων· κύριε, ἡ μνᾶ σου δέκα **προσηργάσατο** μνᾶς.

προσέρχομαι

	Syn	Mt	Mk	Lk	Acts	Jn	1-3John	Paul	Eph	Col
προσέρχομαι	66	51	5	10	10	1				
	NT	2Thess	1/2Tim	Tit	Heb	Jas	1Pet	2Pet	Jude	Rev
	86		1		7		1			

come to; go to; approach; agree with; accede to

	triple tradition																	double tradition			Sonder-gut		
		+Mt / +Lk			–Mt / –Lk			traditions not taken over by Mt / Lk							subtotals								
code	*222*	*211*	*112*	*212*	*221*	*122*	*121*	*022*	*012*	*021*	*220*	*120*	*210*	*020*	Σ^+	Σ^-	Σ	*202*	*201*	*102*	*200*	*002*	total
Mt	1	13^+		4^+	1		2^-				1		10^+		27^+	2^-	30		8		13		**51**
Mk	1				1		2				1						5						**5**
Lk	1			4^+	1^-		2^-		1^+						5^+	3^-	6					4	**10**

a προσέρχομαι and verbum dicendi

b προσέρχομαι and infinitive

	Mt 4,3	Lk 4,3
a 201	→Mt 27,40 καὶ **προσελθὼν** ὁ πειράζων εἶπεν αὐτῷ· εἰ υἱὸς εἶ τοῦ θεοῦ, εἰπὲ ἵνα οἱ λίθοι οὗτοι ἄρτοι γένωνται.	εἶπεν δὲ αὐτῷ ὁ διάβολος· εἰ υἱὸς εἶ τοῦ θεοῦ, εἰπὲ τῷ λίθῳ τούτῳ ἵνα γένηται ἄρτος.

210	Mt 4,11	τότε ἀφίησιν αὐτὸν ὁ διάβολος, καὶ ἰδοὺ ἄγγελοι **προσῆλθον** καὶ διηκόνουν αὐτῷ.	Mk 1,13	... πειραζόμενος ὑπὸ τοῦ σατανᾶ, καὶ ἦν μετὰ τῶν θηρίων, καὶ οἱ ἄγγελοι διηκόνουν αὐτῷ.	Lk 4,13	καὶ συντελέσας πάντα πειρασμὸν ὁ διάβολος ἀπέστη ἀπ' αὐτοῦ ἄχρι καιροῦ.	
121	Mt 8,15	καὶ ἥψατο τῆς χειρὸς αὐτῆς, καὶ ἀφῆκεν αὐτὴν ὁ πυρετός, καὶ ἠγέρθη καὶ διηκόνει αὐτῷ.	Mk 1,31	καὶ **προσελθὼν** ἤγειρεν αὐτὴν κρατήσας τῆς χειρός· καὶ ἀφῆκεν αὐτὴν ὁ πυρετός, καὶ διηκόνει αὐτοῖς.	Lk 4,39	καὶ ἐπιστὰς ἐπάνω αὐτῆς ἐπετίμησεν τῷ πυρετῷ· καὶ ἀφῆκεν αὐτήν· παραχρῆμα δὲ ἀναστᾶσα διηκόνει αὐτοῖς.	
201	Mt 5,1	... καὶ καθίσαντος αὐτοῦ **προσῆλθαν** αὐτῷ οἱ μαθηταὶ αὐτοῦ· [2] καὶ ἀνοίξας τὸ στόμα αὐτοῦ ἐδίδασκεν αὐτοὺς λέγων· [3] μακάριοι οἱ πτωχοὶ τῷ πνεύματι, ὅτι αὐτῶν ἐστιν ἡ βασιλεία τῶν οὐρανῶν.			Lk 6,20	καὶ αὐτὸς ἐπάρας τοὺς ὀφθαλμοὺς αὐτοῦ εἰς τοὺς μαθητὰς αὐτοῦ ἔλεγεν· μακάριοι οἱ πτωχοί, ὅτι ὑμετέρα ἐστὶν ἡ βασιλεία τοῦ θεοῦ.	
211	Mt 8,2	καὶ ἰδοὺ λεπρὸς **προσελθὼν** προσεκύνει αὐτῷ ...	Mk 1,40	καὶ **ἔρχεται** πρὸς αὐτὸν λεπρὸς παρακαλῶν αὐτὸν [καὶ γονυπετῶν] ...	Lk 5,12 → Lk 17,12-13 → Lk 17,16	... καὶ ἰδοὺ ἀνὴρ πλήρης λέπρας· ἰδὼν δὲ τὸν Ἰησοῦν, πεσὼν ἐπὶ πρόσωπον ...	
a 201	Mt 8,5	εἰσελθόντος δὲ αὐτοῦ εἰς Καφαρναοὺμ **προσῆλθεν** αὐτῷ ἑκατόνταρχος παρακαλῶν αὐτὸν [6] καὶ λέγων· κύριε, ὁ παῖς μου βέβληται ἐν τῇ οἰκίᾳ παραλυτικός, δεινῶς βασανιζόμενος.			Lk 7,2	[1] ... εἰσῆλθεν εἰς Καφαρναούμ. [2] ἑκατοντάρχου δέ τινος δοῦλος κακῶς ἔχων ἤμελλεν τελευτᾶν, ...	→ Jn 4,46
002					Lk 7,14	καὶ **προσελθὼν** ἥψατο τῆς σοροῦ, οἱ δὲ βαστάζοντες ἔστησαν, καὶ εἶπεν· νεανίσκε, σοὶ λέγω, ἐγέρθητι.	
a 201	Mt 8,19	καὶ **προσελθὼν** εἷς γραμματεὺς εἶπεν αὐτῷ· διδάσκαλε, ἀκολουθήσω σοι ὅπου ἐὰν ἀπέρχῃ.			Lk 9,57	καὶ πορευομένων αὐτῶν ἐν τῇ ὁδῷ εἶπέν τις πρὸς αὐτόν· ἀκολουθήσω σοι ὅπου ἐὰν ἀπέρχῃ.	
a 212	Mt 8,25	καὶ **προσελθόντες** ἤγειραν αὐτὸν λέγοντες· κύριε, σῶσον, ἀπολλύμεθα.	Mk 4,38	... καὶ ἐγείρουσιν αὐτὸν καὶ λέγουσιν αὐτῷ· διδάσκαλε, οὐ μέλει σοι ὅτι ἀπολλύμεθα;	Lk 8,24	**προσελθόντες** δὲ διήγειραν αὐτὸν λέγοντες· ἐπιστάτα ἐπιστάτα, ἀπολλύμεθα. ...	

a 211	**Mt 9,14**	τότε **προσέρχονται** αὐτῷ οἱ μαθηταὶ Ἰωάννου λέγοντες· διὰ τί ἡμεῖς καὶ οἱ Φαρισαῖοι νηστεύομεν [πολλά], οἱ δὲ μαθηταί σου οὐ νηστεύουσιν;	**Mk 2,18**	καὶ ἦσαν οἱ μαθηταὶ Ἰωάννου καὶ οἱ Φαρισαῖοι νηστεύοντες. καὶ **ἔρχονται** καὶ λέγουσιν αὐτῷ· διὰ τί οἱ μαθηταὶ Ἰωάννου καὶ οἱ μαθηταὶ τῶν Φαρισαίων νηστεύουσιν, οἱ δὲ σοὶ μαθηταὶ οὐ νηστεύουσιν;	**Lk 5,33**	οἱ δὲ εἶπαν πρὸς αὐτόν· οἱ μαθηταὶ Ἰωάννου νηστεύουσιν πυκνὰ καὶ δεήσεις ποιοῦνται ὁμοίως καὶ οἱ τῶν Φαρισαίων, οἱ δὲ σοὶ ἐσθίουσιν καὶ πίνουσιν.	→ GTh 104
212	**Mt 9,20** → Mt 14,36	... **προσελθοῦσα** ὄπισθεν ἥψατο τοῦ κρασπέδου τοῦ ἱματίου αὐτοῦ·	**Mk 5,27** → Mk 6,56	ἀκούσασα περὶ τοῦ Ἰησοῦ, **ἐλθοῦσα** ἐν τῷ ὄχλῳ ὄπισθεν ἥψατο τοῦ ἱματίου αὐτοῦ·	**Lk 8,44**	 **προσελθοῦσα** ὄπισθεν ἥψατο τοῦ κρασπέδου τοῦ ἱματίου αὐτοῦ ...	
200	**Mt 9,28**	ἐλθόντι δὲ εἰς τὴν οἰκίαν **προσῆλθον** αὐτῷ οἱ τυφλοί, καὶ λέγει αὐτοῖς ὁ Ἰησοῦς· πιστεύετε ὅτι δύναμαι τοῦτο ποιῆσαι; ...	**Mk 10,50**	[49] καὶ στὰς ὁ Ἰησοῦς εἶπεν· φωνήσατε αὐτόν. ... [50] ὁ δὲ ... **ἦλθεν** πρὸς τὸν Ἰησοῦν. [51] καὶ ἀποκριθεὶς αὐτῷ ὁ Ἰησοῦς εἶπεν· τί σοι θέλεις ποιήσω; ...	**Lk 18,40**	σταθεὶς δὲ ὁ Ἰησοῦς ἐκέλευσεν αὐτὸν ἀχθῆναι πρὸς αὐτόν. **ἐγγίσαντος** δὲ αὐτοῦ ἐπηρώτησεν αὐτόν· [41] τί σοι θέλεις ποιήσω; ...	
a 211	**Mt 13,10**	καὶ **προσελθόντες** οἱ μαθηταὶ εἶπαν αὐτῷ· διὰ τί ἐν παραβολαῖς λαλεῖς αὐτοῖς;	**Mk 4,10** → Mk 7,17	καὶ ὅτε ἐγένετο κατὰ μόνας, ἠρώτων αὐτὸν οἱ περὶ αὐτὸν σὺν τοῖς δώδεκα τὰς παραβολάς.	**Lk 8,9** → Mk 7,17	 ἐπηρώτων δὲ αὐτὸν οἱ μαθηταὶ αὐτοῦ τίς αὕτη εἴη ἡ παραβολή.	
a 200	**Mt 13,27**	**προσελθόντες** δὲ οἱ δοῦλοι τοῦ οἰκοδεσπότου εἶπον αὐτῷ· κύριε, οὐχὶ καλὸν σπέρμα ἔσπειρας ἐν τῷ σῷ ἀγρῷ; ...					→ GTh 57
a 200	**Mt 13,36** → Mt 13,34 → Mk 4,34	... καὶ **προσῆλθον** αὐτῷ οἱ μαθηταὶ αὐτοῦ λέγοντες· διασάφησον ἡμῖν τὴν παραβολὴν τῶν ζιζανίων τοῦ ἀγροῦ.					
210	**Mt 14,12**	καὶ **προσελθόντες** οἱ μαθηταὶ αὐτοῦ ἦραν τὸ πτῶμα καὶ ἔθαψαν αὐτό[ν] ...	**Mk 6,29**	καὶ ἀκούσαντες οἱ μαθηταὶ αὐτοῦ **ἦλθον** καὶ ἦραν τὸ πτῶμα αὐτοῦ καὶ ἔθηκαν αὐτὸ ἐν μνημείῳ.			
a 222	**Mt 14,15**	ὀψίας δὲ γενομένης **προσῆλθον** αὐτῷ οἱ μαθηταὶ λέγοντες· ἔρημός ἐστιν ὁ τόπος καὶ ἡ ὥρα ἤδη παρῆλθεν· ἀπόλυσον τοὺς ὄχλους, ἵνα ἀπελθόντες εἰς τὰς κώμας ἀγοράσωσιν ἑαυτοῖς βρώματα.	**Mk 6,35**	καὶ ἤδη ὥρας πολλῆς γενομένης **προσελθόντες** αὐτῷ οἱ μαθηταὶ αὐτοῦ ἔλεγον ὅτι ἔρημός ἐστιν ὁ τόπος καὶ ἤδη ὥρα πολλή· [36] ἀπόλυσον αὐτούς, ἵνα ἀπελθόντες εἰς τοὺς κύκλῳ ἀγροὺς καὶ κώμας ἀγοράσωσιν ἑαυτοῖς τί φάγωσιν.	**Lk 9,12** → Lk 24,29	ἡ δὲ ἡμέρα ἤρξατο κλίνειν· **προσελθόντες** δὲ οἱ δώδεκα εἶπαν αὐτῷ· ἀπόλυσον τὸν ὄχλον, ἵνα πορευθέντες εἰς τὰς κύκλῳ κώμας καὶ ἀγροὺς καταλύσωσιν καὶ εὕρωσιν ἐπισιτισμόν, ὅτι ὧδε ἐν ἐρήμῳ τόπῳ ἐσμέν.	

a 210	Mt 15,1 → Lk 11,37	τότε προσέρχονται τῷ Ἰησοῦ ἀπὸ Ἱεροσολύμων Φαρισαῖοι καὶ γραμματεῖς λέγοντες·	Mk 7,1 → Lk 11,37	καὶ συνάγονται πρὸς αὐτὸν οἱ Φαρισαῖοι καί τινες τῶν γραμματέων ἐλθόντες ἀπὸ Ἱεροσολύμων. [2] ... [5] καὶ ἐπερωτῶσιν αὐτὸν οἱ Φαρισαῖοι καὶ οἱ γραμματεῖς· ...			
a 200	Mt 15,12 → Mk 7,17	τότε προσελθόντες οἱ μαθηταὶ λέγουσιν αὐτῷ· οἶδας ὅτι οἱ Φαρισαῖοι ἀκούσαντες τὸν λόγον ἐσκανδαλίσθησαν;					
a 200	Mt 15,23	... καὶ προσελθόντες οἱ μαθηταὶ αὐτοῦ ἠρώτουν αὐτὸν ...					
210	Mt 15,30 → Mt 4,24b → Mt 8,16	καὶ προσῆλθον αὐτῷ ὄχλοι πολλοὶ ἔχοντες μεθ' ἑαυτῶν χωλούς, τυφλούς, κυλλούς, κωφούς, καὶ ἑτέρους πολλοὺς καὶ ἔρριψαν αὐτοὺς παρὰ τοὺς πόδας αὐτοῦ, ...	Mk 7,32 → Mk 1,32	 καὶ φέρουσιν αὐτῷ κωφὸν καὶ μογιλάλον καὶ παρακαλοῦσιν αὐτὸν ἵνα ἐπιθῇ αὐτῷ τὴν χεῖρα.			
a 210	Mt 16,1 ⇩ Mt 12,38	καὶ προσελθόντες οἱ Φαρισαῖοι καὶ Σαδδουκαῖοι πειράζοντες ἐπηρώτησαν αὐτὸν σημεῖον ἐκ τοῦ οὐρανοῦ ἐπιδεῖξαι αὐτοῖς.	Mk 8,11	καὶ ἐξῆλθον οἱ Φαρισαῖοι καὶ ἤρξαντο συζητεῖν αὐτῷ, ζητοῦντες παρ' αὐτοῦ σημεῖον ἀπὸ τοῦ οὐρανοῦ, πειράζοντες αὐτόν.			Mk-Q overlap
	Mt 12,38 ⇧ Mt 16,1	τότε ἀπεκρίθησαν αὐτῷ τινες τῶν γραμματέων καὶ Φαρισαίων λέγοντες· διδάσκαλε, θέλομεν ἀπὸ σοῦ σημεῖον ἰδεῖν.			Lk 11,16	ἕτεροι δὲ πειράζοντες σημεῖον ἐξ οὐρανοῦ ἐζήτουν παρ' αὐτοῦ.	
a 200	Mt 17,7	καὶ προσῆλθεν ὁ Ἰησοῦς καὶ ἁψάμενος αὐτῶν εἶπεν· ἐγέρθητε καὶ μὴ φοβεῖσθε.					
a 211	Mt 17,14	καὶ ἐλθόντων πρὸς τὸν ὄχλον προσῆλθεν αὐτῷ ἄνθρωπος γονυπετῶν αὐτὸν [15] καὶ λέγων· ...	Mk 9,17	[14] καὶ ἐλθόντες πρὸς τοὺς μαθητὰς εἶδον ὄχλον πολὺν ... [17] καὶ ἀπεκρίθη αὐτῷ εἷς ἐκ τοῦ ὄχλου· ...	Lk 9,38	 καὶ ἰδοὺ ἀνὴρ ἀπὸ τοῦ ὄχλου ἐβόησεν λέγων· ...	
012			Mk 9,20	καὶ ἤνεγκαν αὐτὸν πρὸς αὐτόν. καὶ ἰδὼν αὐτὸν τὸ πνεῦμα εὐθὺς συνεσπάραξεν αὐτόν, καὶ πεσὼν ἐπὶ τῆς γῆς ἐκυλίετο ἀφρίζων.	Lk 9,42	ἔτι δὲ προσερχομένου αὐτοῦ ἔρρηξεν αὐτὸν τὸ δαιμόνιον καὶ συνεσπάραξεν· ...	

a 210	**Mt 17,19**	τότε **προσελθόντες** οἱ μαθηταὶ τῷ Ἰησοῦ κατ᾽ ἰδίαν εἶπον· διὰ τί ἡμεῖς οὐκ ἠδυνήθημεν ἐκβαλεῖν αὐτό;	**Mk 9,28**	καὶ **εἰσελθόντος** αὐτοῦ εἰς οἶκον οἱ μαθηταὶ αὐτοῦ κατ᾽ ἰδίαν ἐπηρώτων αὐτόν· ὅτι ἡμεῖς οὐκ ἠδυνήθημεν ἐκβαλεῖν αὐτό;			
a 200	**Mt 17,24**	... **προσῆλθον** οἱ τὰ δίδραχμα λαμβάνοντες τῷ Πέτρῳ καὶ εἶπαν· ὁ διδάσκαλος ὑμῶν οὐ τελεῖ [τὰ] δίδραχμα;					
a 211	**Mt 18,1**	ἐν ἐκείνῃ τῇ ὥρᾳ **προσῆλθον** οἱ μαθηταὶ τῷ Ἰησοῦ λέγοντες· τίς ἄρα μείζων ἐστὶν ἐν τῇ βασιλείᾳ τῶν οὐρανῶν;	**Mk 9,34**	[33] ... ἐπηρώτα αὐτούς· τί ἐν τῇ ὁδῷ διελογίζεσθε; [34] οἱ δὲ ἐσιώπων· πρὸς ἀλλήλους γὰρ διελέχθησαν ἐν τῇ ὁδῷ τίς μείζων.	**Lk 9,46** → Lk 22,24	εἰσῆλθεν δὲ διαλογισμὸς ἐν αὐτοῖς, τὸ τίς ἂν εἴη μείζων αὐτῶν.	→ GTh 12
a 201	**Mt 18,21** → Mt 18,15	τότε **προσελθὼν** ὁ Πέτρος εἶπεν αὐτῷ· κύριε, ποσάκις ἁμαρτήσει εἰς ἐμὲ ὁ ἀδελφός μου καὶ ἀφήσω αὐτῷ; ἕως ἑπτάκις; [22] λέγει αὐτῷ ὁ Ἰησοῦς· οὐ λέγω σοι ἕως ἑπτάκις ἀλλὰ ἕως ἑβδομηκοντάκις ἑπτά.			**Lk 17,4** → Lk 17,3	 καὶ ἐὰν ἑπτάκις τῆς ἡμέρας ἁμαρτήσῃ εἰς σὲ καὶ ἑπτάκις ἐπιστρέψῃ πρὸς σὲ λέγων· μετανοῶ, ἀφήσεις αὐτῷ.	
002					**Lk 10,34**	καὶ **προσελθὼν** κατέδησεν τὰ τραύματα αὐτοῦ ἐπιχέων ἔλαιον καὶ οἶνον, ...	
a 002					**Lk 13,31**	ἐν αὐτῇ τῇ ὥρᾳ **προσῆλθάν** τινες Φαρισαῖοι λέγοντες αὐτῷ· ἔξελθε καὶ πορεύου ἐντεῦθεν, ὅτι Ἡρῴδης θέλει σε ἀποκτεῖναι.	
a 220	**Mt 19,3**	καὶ **προσῆλθον** αὐτῷ Φαρισαῖοι πειράζοντες αὐτὸν καὶ λέγοντες· εἰ ἔξεστιν ἀνθρώπῳ ἀπολῦσαι τὴν γυναῖκα αὐτοῦ κατὰ πᾶσαν αἰτίαν;	**Mk 10,2**	καὶ **προσελθόντες** Φαρισαῖοι ἐπηρώτων αὐτὸν εἰ ἔξεστιν ἀνδρὶ γυναῖκα ἀπολῦσαι, πειράζοντες αὐτόν.			
a 211	**Mt 19,16** ↓ Mt 22,35-36	καὶ ἰδοὺ εἷς **προσελθὼν** αὐτῷ εἶπεν· διδάσκαλε, τί ἀγαθὸν ποιήσω ἵνα σχῶ ζωὴν αἰώνιον;	**Mk 10,17** ↓ Mk 12,28	καὶ ἐκπορευομένου αὐτοῦ εἰς ὁδὸν **προσδραμὼν** εἷς καὶ γονυπετήσας αὐτὸν ἐπηρώτα αὐτόν· διδάσκαλε ἀγαθέ, τί ποιήσω ἵνα ζωὴν αἰώνιον κληρονομήσω;	**Lk 18,18** ⇩ Lk 10,25	 καὶ ἐπηρώτησέν τις αὐτὸν ἄρχων λέγων· διδάσκαλε ἀγαθέ, τί ποιήσας ζωὴν αἰώνιον κληρονομήσω;	

a 210	**Mt 20,20**	τότε **προσῆλθεν** αὐτῷ ἡ μήτηρ τῶν υἱῶν Ζεβεδαίου μετὰ τῶν υἱῶν αὐτῆς προσκυνοῦσα καὶ αἰτοῦσά τι ἀπ' αὐτοῦ.	**Mk 10,35**	καὶ **προσπορεύονται** αὐτῷ Ἰάκωβος καὶ Ἰωάννης οἱ υἱοὶ Ζεβεδαίου λέγοντες αὐτῷ· διδάσκαλε, θέλομεν ἵνα ὃ ἐὰν αἰτήσωμέν σε ποιήσῃς ἡμῖν.			
200	**Mt 21,14**	καὶ **προσῆλθον** αὐτῷ τυφλοὶ καὶ χωλοὶ ἐν τῷ ἱερῷ, καὶ ἐθεράπευσεν αὐτούς.					
a 211	**Mt 21,23**	καὶ ἐλθόντος αὐτοῦ εἰς τὸ ἱερὸν **προσῆλθον** αὐτῷ διδάσκοντι οἱ ἀρχιερεῖς καὶ οἱ πρεσβύτεροι τοῦ λαοῦ λέγοντες· ...	**Mk 11,27**	... καὶ ἐν τῷ ἱερῷ περιπατοῦντος αὐτοῦ **ἔρχονται** πρὸς αὐτὸν οἱ ἀρχιερεῖς καὶ οἱ γραμματεῖς καὶ οἱ πρεσβύτεροι [28] καὶ ἔλεγον αὐτῷ· ...	**Lk 20,1**	καὶ ἐγένετο ἐν μιᾷ τῶν ἡμερῶν διδάσκοντος αὐτοῦ τὸν λαὸν ἐν τῷ ἱερῷ καὶ εὐαγγελιζομένου **ἐπέστησαν** οἱ ἀρχιερεῖς καὶ οἱ γραμματεῖς σὺν τοῖς πρεσβυτέροις [2] καὶ εἶπαν λέγοντες πρὸς αὐτόν·	→ Jn 2,18
a 200	**Mt 21,28** → Lk 15,11	... ἄνθρωπος εἶχεν τέκνα δύο. καὶ **προσελθὼν** τῷ πρώτῳ εἶπεν· τέκνον, ὕπαγε σήμερον ἐργάζου ἐν τῷ ἀμπελῶνι.					
a 200	**Mt 21,30**	**προσελθὼν** δὲ τῷ ἑτέρῳ εἶπεν ὡσαύτως. ...					
a 212	**Mt 22,23**	ἐν ἐκείνῃ τῇ ἡμέρᾳ **προσῆλθον** αὐτῷ Σαδδουκαῖοι, λέγοντες μὴ εἶναι ἀνάστασιν, ...	**Mk 12,18**	καὶ **ἔρχονται** Σαδδουκαῖοι πρὸς αὐτόν, οἵτινες λέγουσιν ἀνάστασιν μὴ εἶναι, ...	**Lk 20,27**	**προσελθόντες** δέ τινες τῶν Σαδδουκαίων, οἱ [ἀντι]λέγοντες ἀνάστασιν μὴ εἶναι, ...	
a 121	**Mt 22,34** ↑ Mt 19,16	οἱ δὲ Φαρισαῖοι ἀκούσαντες ὅτι ἐφίμωσεν τοὺς Σαδδουκαίους συνήχθησαν ἐπὶ τὸ αὐτό, [35] καὶ ἐπηρώτησεν εἷς ἐξ αὐτῶν [νομικὸς] πειράζων αὐτόν· [36] διδάσκαλε, ποία ἐντολὴ μεγάλη ἐν τῷ νόμῳ;	**Mk 12,28** ↑ Mk 10,17 → Lk 20,39	καὶ **προσελθὼν** εἷς τῶν γραμματέων ἀκούσας αὐτῶν συζητούντων, ἰδὼν ὅτι καλῶς ἀπεκρίθη αὐτοῖς ἐπηρώτησεν αὐτόν· ποία ἐστὶν ἐντολὴ πρώτη πάντων;	**Lk 10,25** ⇧ Lk 18,18	καὶ ἰδοὺ νομικός τις ἀνέστη ἐκπειράζων αὐτὸν λέγων· διδάσκαλε, τί ποιήσας ζωὴν αἰώνιον κληρονομήσω;	
b 211	**Mt 24,1**	καὶ ἐξελθὼν ὁ Ἰησοῦς ἀπὸ τοῦ ἱεροῦ ἐπορεύετο, καὶ **προσῆλθον** οἱ μαθηταὶ αὐτοῦ ἐπιδεῖξαι αὐτῷ τὰς οἰκοδομὰς τοῦ ἱεροῦ.	**Mk 13,1**	καὶ ἐκπορευομένου αὐτοῦ ἐκ τοῦ ἱεροῦ λέγει αὐτῷ εἷς τῶν μαθητῶν αὐτοῦ· διδάσκαλε, ἴδε ποταποὶ λίθοι καὶ ποταπαὶ οἰκοδομαί.	**Lk 21,5**	καί τινων λεγόντων περὶ τοῦ ἱεροῦ ὅτι λίθοις καλοῖς καὶ ἀναθήμασιν κεκόσμηται ...	
a 211	**Mt 24,3**	καθημένου δὲ αὐτοῦ ἐπὶ τοῦ ὄρους τῶν ἐλαιῶν **προσῆλθον** αὐτῷ οἱ μαθηταὶ κατ' ἰδίαν λέγοντες· ...	**Mk 13,3**	καὶ καθημένου αὐτοῦ εἰς τὸ ὄρος τῶν ἐλαιῶν κατέναντι τοῦ ἱεροῦ ἐπηρώτα αὐτὸν κατ' ἰδίαν Πέτρος καὶ Ἰάκωβος καὶ Ἰωάννης καὶ Ἀνδρέας·	**Lk 21,7**	ἐπηρώτησαν δὲ αὐτὸν λέγοντες· ...	

a 201	Mt 25,20	καὶ **προσελθὼν** ὁ τὰ πέντε τάλαντα λαβὼν προσήνεγκεν ἄλλα πέντε τάλαντα λέγων· κύριε, πέντε τάλαντά μοι παρέδωκας· ἴδε ἄλλα πέντε τάλαντα ἐκέρδησα.			Lk 19,16	**παρεγένετο** δὲ ὁ πρῶτος λέγων· κύριε, ἡ μνᾶ σου δέκα προσηργάσατο μνᾶς.	
a 201	Mt 25,22	**προσελθὼν** [δὲ] καὶ ὁ τὰ δύο τάλαντα εἶπεν· κύριε, δύο τάλαντά μοι παρέδωκας· ἴδε ἄλλα δύο τάλαντα ἐκέρδησα.			Lk 19,18	καὶ **ἦλθεν** ὁ δεύτερος λέγων· ἡ μνᾶ σου, κύριε, ἐποίησεν πέντε μνᾶς.	
a 201	Mt 25,24	**προσελθὼν** δὲ καὶ ὁ τὸ ἓν τάλαντον εἰληφὼς εἶπεν· κύριε, ... [25] ... ἀπελθὼν ἔκρυψα τὸ τάλαντόν σου ἐν τῇ γῇ·			Lk 19,20	καὶ ὁ ἕτερος **ἦλθεν** λέγων· κύριε, ἰδοὺ ἡ μνᾶ σου ἣν εἶχον ἀποκειμένην ἐν σουδαρίῳ·	
210	Mt 26,7	**προσῆλθεν** αὐτῷ γυνὴ ἔχουσα ἀλάβαστρον μύρου βαρυτίμου ...	Mk 14,3	... **ἦλθεν** γυνὴ ἔχουσα ἀλάβαστρον μύρου νάρδου πιστικῆς πολυτελοῦς, ...	Lk 7,37	καὶ ἰδοὺ γυνὴ ἥτις ἦν ἐν τῇ πόλει ἁμαρτωλός, ... κομίσασα ἀλάβαστρον μύρου	→ Jn 12,3
a 211	Mt 26,17	τῇ δὲ πρώτῃ τῶν ἀζύμων **προσῆλθον** οἱ μαθηταὶ τῷ Ἰησοῦ λέγοντες· ποῦ θέλεις ἑτοιμάσωμέν σοι φαγεῖν τὸ πάσχα;	Mk 14,12	καὶ τῇ πρώτῃ ἡμέρᾳ τῶν ἀζύμων, ὅτε τὸ πάσχα ἔθυον, λέγουσιν αὐτῷ οἱ μαθηταὶ αὐτοῦ· ποῦ θέλεις ἀπελθόντες ἑτοιμάσωμεν ἵνα φάγῃς τὸ πάσχα;	Lk 22,9	[7] ἦλθεν δὲ ἡ ἡμέρα τῶν ἀζύμων, [ἐν] ᾗ ἔδει θύεσθαι τὸ πάσχα· [8] ... πορευθέντες ἑτοιμάσατε ἡμῖν τὸ πάσχα ἵνα φάγωμεν. [9] οἱ δὲ εἶπαν αὐτῷ· ποῦ θέλεις ἑτοιμάσωμεν;	
a 221	Mt 26,49	καὶ εὐθέως **προσελθὼν** τῷ Ἰησοῦ εἶπεν· χαῖρε, ῥαββί, καὶ κατεφίλησεν αὐτόν.	Mk 14,45	καὶ ἐλθὼν εὐθὺς **προσελθὼν** αὐτῷ λέγει· ῥαββί, καὶ κατεφίλησεν αὐτόν.	Lk 22,47	... καὶ **ἤγγισεν** τῷ Ἰησοῦ φιλῆσαι αὐτόν.	→ Jn 18,5
   211	Mt 26,50 → Lk 22,54	ὁ δὲ Ἰησοῦς εἶπεν αὐτῷ· ἑταῖρε, ἐφ' ὃ πάρει. τότε **προσελθόντες** ἐπέβαλον τὰς χεῖρας ἐπὶ τὸν Ἰησοῦν καὶ ἐκράτησαν αὐτόν.	Mk 14,46 → Lk 22,54	οἱ δὲ ἐπέβαλον τὰς χεῖρας αὐτῷ καὶ ἐκράτησαν αὐτόν.	Lk 22,48	Ἰησοῦς δὲ εἶπεν αὐτῷ· Ἰούδα, φιλήματι τὸν υἱὸν τοῦ ἀνθρώπου παραδίδως;	→ Jn 18,12
  210	Mt 26,60 (2)	καὶ οὐχ εὗρον πολλῶν **προσελθόντων** ψευδομαρτύρων.	Mk 14,56	[55] ... καὶ οὐχ ηὕρισκον· [56] πολλοὶ γὰρ ἐψευδομαρτύρουν κατ' αὐτοῦ, καὶ ἴσαι αἱ μαρτυρίαι οὐκ ἦσαν.			
a 210		ὕστερον δὲ **προσελθόντες** δύο [61] εἶπαν· ...	Mk 14,57	καί τινες **ἀναστάντες** ἐψευδομαρτύρουν κατ' αὐτοῦ λέγοντες			

a 211	Mt 26,69	ὁ δὲ Πέτρος ἐκάθητο ἔξω ἐν τῇ αὐλῇ· καὶ **προσῆλθεν** αὐτῷ μία παιδίσκη λέγουσα· καὶ σὺ ἦσθα μετὰ Ἰησοῦ τοῦ Γαλιλαίου.	Mk 14,66	καὶ ὄντος τοῦ Πέτρου κάτω ἐν τῇ αὐλῇ **ἔρχεται** μία τῶν παιδισκῶν τοῦ ἀρχιερέως [67] καὶ ἰδοῦσα τὸν Πέτρον θερμαινόμενον ἐμβλέψασα αὐτῷ λέγει· καὶ σὺ μετὰ τοῦ Ναζαρηνοῦ ἦσθα τοῦ Ἰησοῦ.	Lk 22,56	ἰδοῦσα δὲ αὐτὸν παιδίσκη τις καθήμενον πρὸς τὸ φῶς καὶ ἀτενίσασα αὐτῷ εἶπεν· καὶ οὗτος σὺν αὐτῷ ἦν.	→ Jn 18,17
a 211	Mt 26,73	μετὰ μικρὸν δὲ **προσελθόντες** οἱ ἑστῶτες εἶπον τῷ Πέτρῳ· ἀληθῶς καὶ σὺ ἐξ αὐτῶν εἶ, καὶ γὰρ ἡ λαλιά σου δῆλόν σε ποιεῖ.	Mk 14,70	... καὶ μετὰ μικρὸν πάλιν οἱ παρεστῶτες ἔλεγον τῷ Πέτρῳ· ἀληθῶς ἐξ αὐτῶν εἶ, καὶ γὰρ Γαλιλαῖος εἶ.	Lk 22,59	καὶ διαστάσης ὡσεὶ ὥρας μιᾶς ἄλλος τις διϊσχυρίζετο λέγων· ἐπ' ἀληθείας καὶ οὗτος μετ' αὐτοῦ ἦν, καὶ γὰρ Γαλιλαῖός ἐστιν.	→ Jn 18,26
002	Mt 27,48	καὶ εὐθέως **δραμὼν** εἷς ἐξ αὐτῶν καὶ λαβὼν σπόγγον πλήσας τε ὄξους καὶ περιθεὶς καλάμῳ ἐπότιζεν αὐτόν.	Mk 15,36	 **δραμὼν** δέ τις [καὶ] γεμίσας σπόγγον ὄξους περιθεὶς καλάμῳ ἐπότιζεν αὐτὸν ...	Lk 23,36 → Lk 23,39	ἐνέπαιξαν δὲ αὐτῷ καὶ οἱ στρατιῶται **προσερχόμενοι,** ὄξος προσφέροντες αὐτῷ	→ Jn 19,29
a 212	Mt 27,58	οὗτος **προσελθὼν** τῷ Πιλάτῳ ᾐτήσατο τὸ σῶμα τοῦ Ἰησοῦ. ...	Mk 15,43	... τολμήσας **εἰσῆλθεν** πρὸς τὸν Πιλᾶτον καὶ ᾐτήσατο τὸ σῶμα τοῦ Ἰησοῦ.	Lk 23,52	οὗτος **προσελθὼν** τῷ Πιλάτῳ ᾐτήσατο τὸ σῶμα τοῦ Ἰησοῦ	→ Jn 19,38
200	Mt 28,2	... ἄγγελος γὰρ κυρίου καταβὰς ἐξ οὐρανοῦ καὶ **προσελθὼν** ἀπεκύλισεν τὸν λίθον καὶ ἐκάθητο ἐπάνω αὐτοῦ.	Mk 16,4	καὶ ἀναβλέψασαι θεωροῦσιν ὅτι ἀποκεκύλισται ὁ λίθος· ἦν γὰρ μέγας σφόδρα.	Lk 24,2	εὗρον δὲ τὸν λίθον ἀποκεκυλισμένον ἀπὸ τοῦ μνημείου	→ Jn 20,1
200	Mt 28,9	καὶ ἰδοὺ Ἰησοῦς ὑπήντησεν αὐταῖς λέγων· χαίρετε. αἱ δὲ **προσελθοῦσαι** ἐκράτησαν αὐτοῦ τοὺς πόδας καὶ προσεκύνησαν αὐτῷ.					→ Jn 20,14-17
a 200	Mt 28,18 → Mt 11,27 → Lk 10,22	καὶ **προσελθὼν** ὁ Ἰησοῦς ἐλάλησεν αὐτοῖς λέγων· ἐδόθη μοι πᾶσα ἐξουσία ἐν οὐρανῷ καὶ ἐπὶ [τῆς] γῆς.					

[a] προσέρχομαι and verbum dicendi

[b] προσέρχομαι and infinitive

b **Acts 7,31** ὁ δὲ Μωϋσῆς ἰδὼν ἐθαύμαζεν τὸ ὅραμα, **προσερχομένου** δὲ αὐτοῦ κατανοῆσαι ἐγένετο φωνὴ κυρίου·	*a* **Acts 9,1** ὁ δὲ Σαῦλος ἔτι ἐμπνέων ἀπειλῆς καὶ φόνου εἰς τοὺς μαθητὰς τοῦ κυρίου, **προσελθὼν** τῷ ἀρχιερεῖ [2] ᾐτήσατο παρ' αὐτοῦ ἐπιστολὰς εἰς Δαμασκὸν πρὸς τὰς συναγωγάς, ...	*b* **Acts 12,13** κρούσαντος δὲ αὐτοῦ τὴν θύραν τοῦ πυλῶνος **προσῆλθεν** παιδίσκη ὑπακοῦσαι ὀνόματι Ῥόδη
Acts 8,29 εἶπεν δὲ τὸ πνεῦμα τῷ Φιλίππῳ· **πρόσελθε** καὶ κολλήθητι τῷ ἅρματι τούτῳ.	**Acts 10,28** ... ὑμεῖς ἐπίστασθε ὡς ἀθέμιτόν ἐστιν ἀνδρὶ Ἰουδαίῳ κολλᾶσθαι ἢ **προσέρχεσθαι** ἀλλοφύλῳ· ...	**Acts 18,2** καὶ εὑρών τινα Ἰουδαῖον ὀνόματι Ἀκύλαν, ... καὶ Πρίσκιλλαν ..., **προσῆλθεν** αὐτοῖς

[a] **Acts 22,26** ἀκούσας δὲ
ὁ ἑκατοντάρχης
προσελθὼν
τῷ χιλιάρχῳ ἀπήγγειλεν
λέγων· τί μέλλεις ποιεῖν;
ὁ γὰρ ἄνθρωπος οὗτος
Ῥωμαῖός ἐστιν.

[a] **Acts 22,27** **προσελθὼν**
δὲ ὁ χιλίαρχος εἶπεν
αὐτῷ· λέγε μοι, σὺ
Ῥωμαῖος εἶ; ὁ δὲ ἔφη· ναί.

[a] **Acts 23,14** οἵτινες
προσελθόντες
τοῖς ἀρχιερεῦσιν καὶ
τοῖς πρεσβυτέροις εἶπαν·
ἀναθέματι ἀνεθεματίσα-
μεν ἑαυτοὺς μηδενὸς
γεύσασθαι ἕως οὗ
ἀποκτείνωμεν τὸν
Παῦλον.

Acts 28,9 τούτου δὲ γενομένου καὶ
οἱ λοιποὶ οἱ ἐν τῇ νήσῳ
ἔχοντες ἀσθενείας
προσήρχοντο
καὶ ἐθεραπεύοντο

προσευχή	Syn	Mt	Mk	Lk	Acts	Jn	1-3John	Paul	Eph	Col
	7	2	2	3	9			8	2	2
	NT	2Thess	1/2Tim	Tit	Heb	Jas	1Pet	2Pet	Jude	Rev
	36		2			1	2			3

prayer; place of prayer

	triple tradition																double tradition			Sondergut		
		+Mt / +Lk			–Mt / –Lk			traditions not taken over by Mt / Lk							subtotals							
code	*222*	*211*	*112*	*212*	*221*	*122*	*121*	*022*	*012*	*021*	*220*	*120*	*210*	*020*	Σ^+	Σ^-	Σ	*202*	*201*	*102*	*200*	*002*	total
Mt	1											1^-	1^+		1^+	1^-	2						**2**
Mk	1											1					2						**2**
Lk	1		2^+												2^+		3						**3**

[a] προσευχή: place of prayer

112	**Mt 5,1**	ἰδὼν δὲ τοὺς ὄχλους ἀνέβη εἰς τὸ ὄρος, ...	**Mk 3,13**	καὶ ἀναβαίνει εἰς τὸ ὄρος ...	**Lk 6,12**	ἐγένετο δὲ ἐν ταῖς ἡμέραις ταύταις ἐξελθεῖν αὐτὸν εἰς τὸ ὄρος προσεύξασθαι, καὶ ἦν διανυκτερεύων **ἐν τῇ προσευχῇ τοῦ θεοῦ.**	
120	**Mt 17,20**	ὁ δὲ λέγει αὐτοῖς· διὰ τὴν ὀλιγοπιστίαν ὑμῶν· ...	**Mk 9,29**	καὶ εἶπεν αὐτοῖς· τοῦτο τὸ γένος ἐν οὐδενὶ δύναται ἐξελθεῖν εἰ μὴ **ἐν προσευχῇ.**			
222	**Mt 21,13**	... γέγραπται· *ὁ οἶκός μου* ***οἶκος προσευχῆς κληθήσεται,*** ὑμεῖς δὲ αὐτὸν ποιεῖτε *σπήλαιον λῃστῶν.* ➤ Isa 56,7; Jer 7,11	**Mk 11,17**	... οὐ γέγραπται ὅτι *ὁ οἶκός μου* ***οἶκος προσευχῆς κληθήσεται*** *πᾶσιν τοῖς ἔθνεσιν;* ὑμεῖς δὲ πεποιήκατε αὐτὸν *σπήλαιον λῃστῶν.* ➤ Isa 56,7; Jer 7,11	**Lk 19,46**	... γέγραπται· *καὶ ἔσται ὁ οἶκός μου* ***οἶκος προσευχῆς,*** ὑμεῖς δὲ αὐτὸν ἐποιήσατε *σπήλαιον λῃστῶν.* ➤ Isa 56,7; Jer 7,11	→ Jn 2,16
210	**Mt 21,22** → Mt 7,8 → Mt 18,19	καὶ πάντα ὅσα ἂν αἰτήσητε **ἐν τῇ προσευχῇ** πιστεύοντες λήμψεσθε.	**Mk 11,24**	διὰ τοῦτο λέγω ὑμῖν, πάντα ὅσα **προσεύχεσθε** καὶ αἰτεῖσθε, πιστεύετε ὅτι ἐλάβετε, καὶ ἔσται ὑμῖν.	→ Lk 11,10		
112	**Mt 26,40**	καὶ ἔρχεται πρὸς τοὺς μαθητὰς καὶ εὑρίσκει αὐτοὺς καθεύδοντας, ...	**Mk 14,37**	καὶ ἔρχεται καὶ εὑρίσκει αὐτοὺς καθεύδοντας, ...	**Lk 22,45**	καὶ ἀναστὰς **ἀπὸ τῆς προσευχῆς** ἐλθὼν πρὸς τοὺς μαθητὰς εὗρεν κοιμωμένους αὐτοὺς ἀπὸ τῆς λύπης	

Acts 1,14 →Lk 8,2-3 →Lk 24,53
οὗτοι πάντες ἦσαν προσκαρτεροῦντες ὁμοθυμαδὸν **τῇ προσευχῇ** σὺν γυναιξὶν καὶ Μαριὰμ τῇ μητρὶ τοῦ Ἰησοῦ καὶ τοῖς ἀδελφοῖς αὐτοῦ.

Acts 2,42
ἦσαν δὲ προσκαρτεροῦν-τες τῇ διδαχῇ τῶν ἀποστόλων καὶ τῇ κοινωνίᾳ, τῇ κλάσει τοῦ ἄρτου καὶ **ταῖς προσευχαῖς.**

Acts 3,1
Πέτρος δὲ καὶ Ἰωάννης ἀνέβαινον εἰς τὸ ἱερὸν **ἐπὶ τὴν ὥραν τῆς προσευχῆς τὴν ἐνάτην.**

Acts 6,4
ἡμεῖς δὲ **τῇ προσευχῇ** καὶ τῇ διακονίᾳ τοῦ λόγου προσκαρτερήσομεν.

Acts 10,4 →Lk 1,13
... εἶπεν δὲ αὐτῷ· **αἱ προσευχαί σου** καὶ αἱ ἐλεημοσύναι σου ἀνέβησαν εἰς μνημόσυνον ἔμπροσθεν τοῦ θεοῦ.

Acts 10,31
... Κορνήλιε, εἰσηκούσθη **σου ἡ προσευχὴ** καὶ αἱ ἐλεημοσύναι σου ἐμνήσθησαν ἐνώπιον τοῦ θεοῦ.

Acts 12,5
ὁ μὲν οὖν Πέτρος ἐτηρεῖτο ἐν τῇ φυλακῇ· **προσευχὴ** δὲ ἦν ἐκτενῶς γινομένη ὑπὸ τῆς ἐκκλησίας πρὸς τὸν θεὸν περὶ αὐτοῦ.

a **Acts 16,13**
τῇ τε ἡμέρᾳ τῶν σαββάτων ἐξήλθομεν ἔξω τῆς πύλης παρὰ ποταμὸν οὗ ἐνομίζομεν **προσευχὴν** εἶναι, καὶ καθίσαντες ἐλαλοῦμεν ταῖς συνελθούσαις γυναιξίν.

a **Acts 16,16**
ἐγένετο δὲ πορευομένων ἡμῶν **εἰς τὴν προσευχὴν** παιδίσκην τινὰ ἔχουσαν πνεῦμα πύθωνα ὑπαντῆσαι ἡμῖν, ...

προσεύχομαι	**Syn** 44	Mt 15	Mk 10	Lk 19	Acts 16	Jn	1-3John	Paul 12	Eph 1	Col 3
	NT 85	2Thess 2	1/2Tim 1	Tit	Heb 1	Jas 4	1Pet	2Pet	Jude 1	Rev

pray

	triple tradition																	double tradition			Sondergut		
		+Mt / +Lk			–Mt / –Lk			traditions not taken over by Mt / Lk							subtotals								
code	*222*	*211*	*112*	*212*	*221*	*122*	*121*	*022*	*012*	*021*	*220*	*120*	*210*	*020*	Σ⁺	Σ⁻	Σ	*202*	*201*	*102*	*200*	*002*	total
Mt	3	1⁺									3	2⁻	1⁺		2⁺	2⁻	8	2			5		**15**
Mk	3							1		1	3	2					10						**10**
Lk	3		5⁺					1	1⁺	1⁻					6⁺	1⁻	10	2				7	**19**

Mk-Q overlap: 112: Mt 3,16 / Mk 1,10 / Lk 3,21 (?)

a προσεύχομαι with Jesus as subject
b προσεύχομαι τι
c προσεύχομαι ἵνα, ~ ὅπως, ~ with a final infinitive

002					**Lk 1,10**	καὶ πᾶν τὸ πλῆθος ἦν τοῦ λαοῦ **προσευχόμενον** ἔξω τῇ ὥρᾳ τοῦ θυμιάματος.	
a 112	**Mt 3,16**	[13] τότε παραγίνεται ὁ Ἰησοῦς ἀπὸ τῆς Γαλιλαίας ἐπὶ τὸν Ἰορδάνην πρὸς τὸν Ἰωάννην τοῦ βαπτισθῆναι ὑπ᾽ αὐτοῦ. [14] ... [16] βαπτισθεὶς δὲ ὁ Ἰησοῦς εὐθὺς ἀνέβη ἀπὸ τοῦ ὕδατος· καὶ ἰδοὺ ἠνεῴχθησαν [αὐτῷ] οἱ οὐρανοί, ...	**Mk 1,10**	[9] ... ἦλθεν Ἰησοῦς ἀπὸ Ναζαρὲτ τῆς Γαλιλαίας καὶ ἐβαπτίσθη εἰς τὸν Ἰορδάνην ὑπὸ Ἰωάννου. [10] καὶ εὐθὺς ἀναβαίνων ἐκ τοῦ ὕδατος εἶδεν σχιζομένους τοὺς οὐρανοὺς ...	**Lk 3,21**	ἐγένετο δὲ ἐν τῷ βαπτισθῆναι ἅπαντα τὸν λαὸν καὶ Ἰησοῦ βαπτισθέντος καὶ **προσευχομένου** ἀνεῳχθῆναι τὸν οὐρανὸν	Mk-Q overlap?
a 021			**Mk 1,35** ↓Mk 1,45	καὶ πρωῒ ἔννυχα λίαν ἀναστὰς ἐξῆλθεν καὶ ἀπῆλθεν εἰς ἔρημον τόπον κἀκεῖ **προσηύχετο.**	**Lk 4,42** ↓Lk 5,16	γενομένης δὲ ἡμέρας ἐξελθὼν ἐπορεύθη εἰς ἔρημον τόπον· ...	
a 012			**Mk 1,45** ↑Mk 1,35	... ἀλλ᾽ ἔξω ἐπ᾽ ἐρήμοις τόποις ἦν· ...	**Lk 5,16** ↑Lk 4,42	αὐτὸς δὲ ἦν ὑποχωρῶν ἐν ταῖς ἐρήμοις καὶ **προσευχόμενος.**	

a 112	**Mt 5,1**	ἰδὼν δὲ τοὺς ὄχλους ἀνέβη εἰς τὸ ὄρος, ...	**Mk 3,13**	καὶ ἀναβαίνει εἰς τὸ ὄρος ...	**Lk 6,12**	ἐγένετο δὲ ἐν ταῖς ἡμέραις ταύταις ἐξελθεῖν αὐτὸν εἰς τὸ ὄρος **προσεύξασθαι,** καὶ ἦν διανυκτερεύων ἐν τῇ προσευχῇ τοῦ θεοῦ.	
202	**Mt 5,44**	... ἀγαπᾶτε τοὺς ἐχθροὺς ὑμῶν καὶ **προσεύχεσθε** ὑπὲρ τῶν διωκόντων ὑμᾶς			**Lk 6,28** ⇩ Lk 6,35	[27] ... ἀγαπᾶτε τοὺς ἐχθροὺς ὑμῶν, καλῶς ποιεῖτε τοῖς μισοῦσιν ὑμᾶς, [28] εὐλογεῖτε τοὺς καταρωμένους ὑμᾶς, **προσεύχεσθε** περὶ τῶν ἐπηρεαζόντων ὑμᾶς.	
					Lk 6,35 ⇧ **Lk 6,28**	πλὴν ἀγαπᾶτε τοὺς ἐχθροὺς ὑμῶν ...	→ GTh 95
200 200	**Mt 6,5** (2)	καὶ ὅταν **προσεύχησθε,** οὐκ ἔσεσθε ὡς οἱ ὑποκριταί, ὅτι φιλοῦσιν ἐν ταῖς συναγωγαῖς καὶ ἐν ταῖς γωνίαις τῶν πλατειῶν ἑστῶτες **προσεύχεσθαι,** ὅπως φανῶσιν τοῖς ἀνθρώποις· ...					→ GTh 6 **(POxy 654)**
200 200	**Mt 6,6** (2)	σὺ δὲ ὅταν **προσεύχῃ,** εἴσελθε εἰς τὸ ταμεῖόν σου καὶ κλείσας τὴν θύραν σου **πρόσευξαι** τῷ πατρί σου τῷ ἐν τῷ κρυπτῷ· ...					→ GTh 6 **(POxy 654)**
200	**Mt 6,7**	**προσευχόμενοι** δὲ μὴ βατταλογήσητε ὥσπερ οἱ ἐθνικοί, δοκοῦσιν γὰρ ὅτι ἐν τῇ πολυλογίᾳ αὐτῶν εἰσακουσθήσονται.					
202	**Mt 6,9**	οὕτως οὖν **προσεύχεσθε** ὑμεῖς· Πάτερ ἡμῶν ὁ ἐν τοῖς οὐρανοῖς· ἁγιασθήτω τὸ ὄνομά σου·			**Lk 11,2**	εἶπεν δὲ αὐτοῖς· ὅταν **προσεύχησθε** λέγετε· Πάτερ, ἁγιασθήτω τὸ ὄνομά σου· ...	
a 220	**Mt 14,23** → Mt 15,39 ↓ **Lk 9,18**	καὶ ἀπολύσας τοὺς ὄχλους ἀνέβη εἰς τὸ ὄρος κατ' ἰδίαν **προσεύξασθαι.** ...	**Mk 6,46** → Mk 8,9 ↓ **Lk 9,18**	καὶ ἀποταξάμενος αὐτοῖς ἀπῆλθεν εἰς τὸ ὄρος **προσεύξασθαι.**			→ Jn 6,15
a 112	**Mt 16,13**	ἐλθὼν δὲ ὁ Ἰησοῦς εἰς τὰ μέρη Καισαρείας τῆς Φιλίππου ἠρώτα τοὺς μαθητὰς αὐτοῦ λέγων· τίνα λέγουσιν οἱ ἄνθρωποι εἶναι τὸν υἱὸν τοῦ ἀνθρώπου;	**Mk 8,27**	καὶ ἐξῆλθεν ὁ Ἰησοῦς καὶ οἱ μαθηταὶ αὐτοῦ εἰς τὰς κώμας Καισαρείας τῆς Φιλίππου· καὶ ἐν τῇ ὁδῷ ἐπηρώτα τοὺς μαθητὰς αὐτοῦ λέγων αὐτοῖς· τίνα με λέγουσιν οἱ ἄνθρωποι εἶναι;	**Lk 9,18** ↑ Mt 14,23 ↑ Mk 6,46	καὶ ἐγένετο ἐν τῷ εἶναι αὐτὸν **προσευχόμενον** κατὰ μόνας συνῆσαν αὐτῷ οἱ μαθηταί, καὶ ἐπηρώτησεν αὐτοὺς λέγων· τίνα με λέγουσιν οἱ ὄχλοι εἶναι;	→ GTh 13

a 112	Mt 17,1	... παραλαμβάνει ὁ Ἰησοῦς τὸν Πέτρον καὶ Ἰάκωβον καὶ Ἰωάννην ... καὶ ἀναφέρει αὐτοὺς εἰς ὄρος ὑψηλὸν κατ' ἰδίαν.	Mk 9,2	... παραλαμβάνει ὁ Ἰησοῦς τὸν Πέτρον καὶ τὸν Ἰάκωβον καὶ τὸν Ἰωάννην καὶ ἀναφέρει αὐτοὺς εἰς ὄρος ὑψηλὸν κατ' ἰδίαν μόνους.	Lk 9,28	... παραλαβὼν Πέτρον καὶ Ἰωάννην καὶ Ἰάκωβον ἀνέβη εἰς τὸ ὄρος **προσεύξασθαι.**	
a 112	Mt 17,2	καὶ μετεμορφώθη ἔμπροσθεν αὐτῶν, καὶ ἔλαμψεν τὸ πρόσωπον αὐτοῦ ὡς ὁ ἥλιος, ...		καὶ μετεμορφώθη ἔμπροσθεν αὐτῶν	Lk 9,29	καὶ ἐγένετο **ἐν τῷ προσεύχεσθαι** αὐτὸν τὸ εἶδος τοῦ προσώπου αὐτοῦ ἕτερον ...	
a 002 002					Lk 11,1 (2)	καὶ ἐγένετο ἐν τῷ εἶναι αὐτὸν ἐν τόπῳ τινὶ **προσευχόμενον,** ὡς ἐπαύσατο, εἶπέν τις τῶν μαθητῶν αὐτοῦ πρὸς αὐτόν· κύριε, δίδαξον ἡμᾶς **προσεύχεσθαι,** καθὼς καὶ Ἰωάννης ἐδίδαξεν τοὺς μαθητὰς αὐτοῦ.	
202	Mt 6,9	οὕτως οὖν **προσεύχεσθε** ὑμεῖς· Πάτερ ἡμῶν ὁ ἐν τοῖς οὐρανοῖς· ἁγιασθήτω τὸ ὄνομά σου·			Lk 11,2	εἶπεν δὲ αὐτοῖς· ὅταν **προσεύχησθε** λέγετε· Πάτερ, ἁγιασθήτω τὸ ὄνομά σου· ...	
002					Lk 18,1 → Lk 21,36	ἔλεγεν δὲ παραβολὴν αὐτοῖς πρὸς τὸ δεῖν πάντοτε **προσεύχεσθαι** αὐτοὺς καὶ μὴ ἐγκακεῖν	
002					Lk 18,10	ἄνθρωποι δύο ἀνέβησαν εἰς τὸ ἱερὸν **προσεύξασθαι,** ὁ εἷς Φαρισαῖος καὶ ὁ ἕτερος τελώνης.	
b 002					Lk 18,11	ὁ Φαρισαῖος σταθεὶς πρὸς ἑαυτὸν ταῦτα **προσηύχετο·** ὁ θεός, εὐχαριστῶ σοι ὅτι οὐκ εἰμὶ ὥσπερ οἱ λοιποὶ τῶν ἀνθρώπων, ...	
211	Mt 19,13	τότε προσηνέχθησαν αὐτῷ παιδία ἵνα τὰς χεῖρας ἐπιθῇ αὐτοῖς καὶ **προσεύξηται·** οἱ δὲ μαθηταὶ ἐπετίμησαν αὐτοῖς.	Mk 10,13	καὶ προσέφερον αὐτῷ παιδία ἵνα αὐτῶν ἅψηται· οἱ δὲ μαθηταὶ ἐπετίμησαν αὐτοῖς.	Lk 18,15	προσέφερον δὲ αὐτῷ καὶ τὰ βρέφη ἵνα αὐτῶν ἅπτηται· ἰδόντες δὲ οἱ μαθηταὶ ἐπετίμων αὐτοῖς.	→ GTh 22
b 120	Mt 21,22 → Mt 7,8 → Mt 18,19	καὶ πάντα ὅσα ἂν αἰτήσητε **ἐν τῇ προσευχῇ** πιστεύοντες λήμψεσθε.	Mk 11,24	διὰ τοῦτο λέγω ὑμῖν, πάντα ὅσα **προσεύχεσθε** καὶ αἰτεῖσθε, πιστεύετε ὅτι ἐλάβετε, καὶ ἔσται ὑμῖν.	→ Lk 11,10		

120	Mt 6,14 → Mt 6,12 → Lk 11,4	ἐὰν γὰρ ἀφῆτε τοῖς ἀνθρώποις τὰ παραπτώματα αὐτῶν, ἀφήσει καὶ ὑμῖν ὁ πατὴρ ὑμῶν ὁ οὐράνιος·	Mk 11,25 → Mt 5,23-24	καὶ ὅταν στήκετε **προσευχόμενοι**, ἀφίετε εἴ τι ἔχετε κατά τινος, ἵνα καὶ ὁ πατὴρ ὑμῶν ὁ ἐν τοῖς οὐρανοῖς ἀφῇ ὑμῖν τὰ παραπτώματα ὑμῶν.			
022			Mk 12,40	οἱ κατεσθίοντες τὰς οἰκίας τῶν χηρῶν καὶ προφάσει μακρὰ **προσευχόμενοι**· οὗτοι λήμψονται περισσότερον κρίμα.	Lk 20,47	οἳ κατεσθίουσιν τὰς οἰκίας τῶν χηρῶν καὶ προφάσει μακρὰ **προσεύχονται**· οὗτοι λήμψονται περισσότερον κρίμα.	Mt 23,14 is textcritically uncertain.
c 220	Mt 24,20	**προσεύχεσθε** δὲ ἵνα μὴ γένηται ἡ φυγὴ ὑμῶν χειμῶνος μηδὲ σαββάτῳ.	Mk 13,18	**προσεύχεσθε** δὲ ἵνα μὴ γένηται χειμῶνος·			
a c 222	Mt 26,36 → Lk 22,39	... λέγει τοῖς μαθηταῖς· καθίσατε αὐτοῦ ἕως [οὗ] ἀπελθὼν ἐκεῖ **προσεύξωμαι**.	Mk 14,32 → Lk 22,39	... λέγει τοῖς μαθηταῖς αὐτοῦ· καθίσατε ὧδε ἕως **προσεύξωμαι**.	Lk 22,40 ↓ Mt 26,41 ↓ Mk 14,38 ↓ Lk 22,46	... εἶπεν αὐτοῖς· **προσεύχεσθε** μὴ εἰσελθεῖν εἰς πειρασμόν.	
a c 222	Mt 26,39	καὶ προελθὼν μικρὸν ἔπεσεν ἐπὶ πρόσωπον αὐτοῦ **προσευχόμενος** ...	Mk 14,35	καὶ προελθὼν μικρὸν ἔπιπτεν ἐπὶ τῆς γῆς καὶ **προσηύχετο** ἵνα εἰ δυνατόν ἐστιν παρέλθῃ ἀπ' αὐτοῦ ἡ ὥρα	Lk 22,41	καὶ αὐτὸς ἀπεσπάσθη ἀπ' αὐτῶν ὡσεὶ λίθου βολὴν καὶ θεὶς τὰ γόνατα **προσηύχετο**	
a 002					Lk 22,44	[[καὶ γενόμενος ἐν ἀγωνίᾳ ἐκτενέστερον **προσηύχετο**· καὶ ἐγένετο ὁ ἱδρὼς αὐτοῦ ὡσεὶ θρόμβοι αἵματος καταβαίνοντος ἐπὶ τὴν γῆν.]]	Lk 22,44 is textcritically uncertain.
c 222	Mt 26,41	γρηγορεῖτε καὶ **προσεύχεσθε**, ἵνα μὴ εἰσέλθητε εἰς πειρασμόν· ...	Mk 14,38	γρηγορεῖτε καὶ **προσεύχεσθε**, ἵνα μὴ ἔλθητε εἰς πειρασμόν· ...	Lk 22,46 ↑ Lk 22,40	... ἀναστάντες **προσεύχεσθε**, ἵνα μὴ εἰσέλθητε εἰς πειρασμόν.	
a 220	Mt 26,42 → Mt 6,10 → Lk 22,42	πάλιν ἐκ δευτέρου ἀπελθὼν **προσηύξατο** λέγων· πάτερ μου, εἰ οὐ δύναται τοῦτο παρελθεῖν ἐὰν μὴ αὐτὸ πίω, γενηθήτω τὸ θέλημά σου.	Mk 14,39	καὶ πάλιν ἀπελθὼν **προσηύξατο** τὸν αὐτὸν λόγον εἰπών.			
a 210	Mt 26,44	καὶ ἀφεὶς αὐτοὺς πάλιν ἀπελθὼν **προσηύξατο** ἐκ τρίτου τὸν αὐτὸν λόγον εἰπὼν πάλιν. [45] τότε ἔρχεται πρὸς τοὺς μαθητὰς καὶ λέγει αὐτοῖς· ...	Mk 14,41	καὶ ἔρχεται τὸ τρίτον καὶ λέγει αὐτοῖς· ...			

Acts 1,24 καὶ **προσευξάμενοι** εἶπαν· σὺ κύριε καρδιογνῶστα πάντων, ἀνάδειξον ὃν ἐξελέξω ἐκ τούτων τῶν δύο ἕνα

Acts 6,6 οὓς ἔστησαν ἐνώπιον τῶν ἀποστόλων, καὶ **προσευξάμενοι** ἐπέθηκαν αὐτοῖς τὰς χεῖρας.

c **Acts 8,15** οἵτινες καταβάντες **προσηύξαντο** περὶ αὐτῶν ὅπως λάβωσιν πνεῦμα ἅγιον·

Acts 9,11 ... καὶ ζήτησον ἐν οἰκίᾳ Ἰούδα Σαῦλον ὀνόματι Ταρσέα· ἰδοὺ γὰρ **προσεύχεται**

Acts 9,40	ἐκβαλὼν δὲ ἔξω πάντας ὁ Πέτρος καὶ θεὶς τὰ γόνατα **προσηύξατο** καὶ ἐπιστρέψας πρὸς τὸ σῶμα εἶπεν· Ταβιθά, ἀνάστηθι. ...		
Acts 10,9	... ἀνέβη Πέτρος ἐπὶ τὸ δῶμα **προσεύξασθαι** περὶ ὥραν ἕκτην.		
Acts 10,30	... ἀπὸ τετάρτης ἡμέρας μέχρι ταύτης τῆς ὥρας ἤμην τὴν ἐνάτην **προσευχόμενος** ἐν τῷ οἴκῳ μου, ...		
Acts 11,5	ἐγὼ ἤμην ἐν πόλει Ἰόππῃ **προσευχόμενος** καὶ εἶδον ἐν ἐκστάσει ὅραμα, ...		
Acts 12,12	... οὗ ἦσαν ἱκανοὶ συνηθροισμένοι καὶ **προσευχόμενοι.**		

Acts 13,3 τότε νηστεύσαντες καὶ **προσευξάμενοι** καὶ ἐπιθέντες τὰς χεῖρας αὐτοῖς ἀπέλυσαν.

Acts 14,23 χειροτονήσαντες δὲ αὐτοῖς κατ' ἐκκλησίαν πρεσβυτέρους, **προσευξάμενοι** μετὰ νηστειῶν παρέθεντο αὐτοὺς τῷ κυρίῳ εἰς ὃν πεπιστεύκεισαν.

Acts 16,25 κατὰ δὲ τὸ μεσονύκτιον Παῦλος καὶ Σιλᾶς **προσευχόμενοι** ὕμνουν τὸν θεόν, ἐπηκροῶντο δὲ αὐτῶν οἱ δέσμιοι.

Acts 20,36 καὶ ταῦτα εἰπὼν θεὶς τὰ γόνατα αὐτοῦ σὺν πᾶσιν αὐτοῖς **προσηύξατο.**

Acts 21,5 ... καὶ θέντες τὰ γόνατα ἐπὶ τὸν αἰγιαλὸν **προσευξάμενοι** [6] ἀπησπασάμεθα ἀλλήλους καὶ ἀνέβημεν εἰς τὸ πλοῖον, ...

Acts 22,17 ἐγένετο δέ μοι ὑποστρέψαντι εἰς Ἰερουσαλὴμ καὶ **προσευχομένου** μου ἐν τῷ ἱερῷ γενέσθαι με ἐν ἐκστάσει

Acts 28,8 ἐγένετο δὲ τὸν πατέρα τοῦ Ποπλίου πυρετοῖς καὶ δυσεντερίῳ συνεχόμενον κατακεῖσθαι, πρὸς ὃν ὁ Παῦλος εἰσελθὼν καὶ **προσευξάμενος** ἐπιθεὶς τὰς χεῖρας αὐτῷ ἰάσατο αὐτόν.

προσέχω

Syn 10	Mt 6	Mk	Lk 4	Acts 6	Jn	1-3John	Paul	Eph	Col
NT 24	2Thess	1/2Tim 4	Tit 1	Heb 2	Jas	1Pet	2Pet 1	Jude	Rev

pay attention to; give heed to; follow; be alert; notice; be concerned about; care for; occupy oneself with; *middle:* cling to something

	triple tradition																	double tradition			Sondergut		
		+Mt / +Lk			–Mt / –Lk			traditions not taken over by Mt / Lk							subtotals								
code	*222*	*211*	*112*	*212*	*221*	*122*	*121*	*022*	*012*	*021*	*220*	*120*	*210*	*020*	Σ⁺	Σ⁻	Σ	*202*	*201*	*102*	*200*	*002*	total
Mt		1⁺		1⁺									1⁺		3⁺		3				3		**6**
Mk																							
Lk			1⁺	1⁺											2⁺		2			1		1	**4**

a προσέχω ἀπό τινος, ~ ἐπί τινι

200	**Mt 6,1** → Mt 23,5 **προσέχετε** [δὲ] τὴν δικαιοσύνην ὑμῶν μὴ ποιεῖν ἔμπροσθεν τῶν ἀνθρώπων πρὸς τὸ θεαθῆναι αὐτοῖς· ...		
a 200	**Mt 7,15** **προσέχετε** ἀπὸ τῶν ψευδοπροφητῶν, οἵτινες ἔρχονται πρὸς ὑμᾶς ἐν ἐνδύμασιν προβάτων, ἔσωθεν δέ εἰσιν λύκοι ἅρπαγες.		
a 211	**Mt 10,17** ⇨ Mt 24,9 → Mt 23,34 **προσέχετε** δὲ ἀπὸ τῶν ἀνθρώπων· παραδώσουσιν γὰρ ὑμᾶς εἰς συνέδρια καὶ ἐν ταῖς συναγωγαῖς αὐτῶν μαστιγώσουσιν ὑμᾶς·	**Mk 13,9** **βλέπετε** δὲ ὑμεῖς ἑαυτούς· παραδώσουσιν ὑμᾶς εἰς συνέδρια καὶ εἰς συναγωγὰς δαρήσεσθε ...	**Lk 21,12** → Lk 11,49 → Lk 12,11 πρὸ δὲ τούτων πάντων ἐπιβαλοῦσιν ἐφ' ὑμᾶς τὰς χεῖρας αὐτῶν καὶ διώξουσιν, παραδιδόντες εἰς τὰς συναγωγὰς καὶ φυλακάς, ...

a 212	**Mt 16,6** ⇩ Mt 16,11	ὁ δὲ Ἰησοῦς εἶπεν αὐτοῖς· ὁρᾶτε καὶ **προσέχετε** ἀπὸ τῆς ζύμης τῶν Φαρισαίων καὶ Σαδδουκαίων.	**Mk 8,15**	καὶ διεστέλλετο αὐτοῖς λέγων· ὁρᾶτε, **βλέπετε** ἀπὸ τῆς ζύμης τῶν Φαρισαίων καὶ τῆς ζύμης Ἡρῴδου.	**Lk 12,1** ↓ Mt 16,12	... ἤρξατο λέγειν πρὸς τοὺς μαθητὰς αὐτοῦ πρῶτον· **προσέχετε** ἑαυτοῖς ἀπὸ τῆς ζύμης, ἥτις ἐστὶν ὑπόκρισις, τῶν Φαρισαίων.	
a 210	**Mt 16,11** ⇧ Mt 16,6 ⇧ Mk 8,15 ⇧ Lk 12,1	πῶς οὐ νοεῖτε ὅτι οὐ περὶ ἄρτων εἶπον ὑμῖν; **προσέχετε** δὲ ἀπὸ τῆς ζύμης τῶν Φαρισαίων καὶ Σαδδουκαίων.	**Mk 8,21**	... οὔπω συνίετε;			
a 200	**Mt 16,12** ↑ Lk 12,1	τότε συνῆκαν ὅτι οὐκ εἶπεν **προσέχειν** ἀπὸ τῆς ζύμης τῶν ἄρτων ἀλλὰ ἀπὸ τῆς διδαχῆς τῶν Φαρισαίων καὶ Σαδδουκαίων.					
102	**Mt 18,15** → Mt 18,21-22	ἐὰν δὲ ἁμαρτήσῃ [εἰς σὲ] ὁ ἀδελφός σου, ὕπαγε ἔλεγξον αὐτὸν μεταξὺ σοῦ καὶ αὐτοῦ μόνου. ...			**Lk 17,3** → Lk 17,4	**προσέχετε** ἑαυτοῖς. ἐὰν ἁμάρτῃ ὁ ἀδελφός σου ἐπιτίμησον αὐτῷ, ...	
a 112	**Mt 23,6**	[5] ... πλατύνουσιν γὰρ τὰ φυλακτήρια αὐτῶν καὶ μεγαλύνουσιν τὰ κράσπεδα, [6] φιλοῦσιν δὲ ... τὰς πρωτοκαθεδρίας ἐν ταῖς συναγωγαῖς [7] καὶ τοὺς ἀσπασμοὺς ἐν ταῖς ἀγοραῖς ...	**Mk 12,38** → Mt 23,2	... **βλέπετε** ἀπὸ τῶν γραμματέων τῶν θελόντων ἐν στολαῖς περιπατεῖν καὶ ἀσπασμοὺς ἐν ταῖς ἀγοραῖς [39] καὶ πρωτοκαθεδρίας ἐν ταῖς συναγωγαῖς ...	**Lk 20,46** → Mt 23,2 ⇩ Lk 11,43	**προσέχετε** ἀπὸ τῶν γραμματέων τῶν θελόντων περιπατεῖν ἐν στολαῖς καὶ φιλούντων ἀσπασμοὺς ἐν ταῖς ἀγοραῖς καὶ πρωτοκαθεδρίας ἐν ταῖς συναγωγαῖς ...	Mk-Q overlap
					Lk 11,43 ⇧ Lk 20,46	οὐαὶ ὑμῖν τοῖς Φαρισαίοις, ὅτι ἀγαπᾶτε τὴν πρωτοκαθεδρίαν ἐν ταῖς συναγωγαῖς καὶ τοὺς ἀσπασμοὺς ἐν ταῖς ἀγοραῖς.	
002					**Lk 21,34** → Mt 24,49 → Lk 12,45 → Mk 13,33 → Mk 13,36	**προσέχετε** δὲ ἑαυτοῖς μήποτε βαρηθῶσιν ὑμῶν αἱ καρδίαι ἐν κραιπάλῃ καὶ μέθῃ καὶ μερίμναις βιωτικαῖς καὶ ἐπιστῇ ἐφ' ὑμᾶς αἰφνίδιος ἡ ἡμέρα ἐκείνη	

a **Acts 5,35** ... ἄνδρες Ἰσραηλῖται, **προσέχετε** ἑαυτοῖς ἐπὶ τοῖς ἀνθρώποις τούτοις τί μέλλετε πράσσειν.

Acts 8,6 **προσεῖχον** δὲ οἱ ὄχλοι τοῖς λεγομένοις ὑπὸ τοῦ Φιλίππου ὁμοθυμαδὸν ἐν τῷ ἀκούειν αὐτοὺς καὶ βλέπειν τὰ σημεῖα ἃ ἐποίει.

Acts 8,10 [9] ἀνὴρ δέ τις ὀνόματι Σίμων ... [10] ᾧ **προσεῖχον** πάντες ἀπὸ μικροῦ ἕως μεγάλου λέγοντες· οὗτός ἐστιν ἡ δύναμις τοῦ θεοῦ ἡ καλουμένη μεγάλη.

Acts 8,11 **προσεῖχον** δὲ αὐτῷ διὰ τὸ ἱκανῷ χρόνῳ ταῖς μαγείαις ἐξεστακέναι αὐτούς.

Acts 16,14 καί τις γυνὴ ὀνόματι Λυδία, ... ἤκουεν, ἧς ὁ κύριος διήνοιξεν τὴν καρδίαν **προσέχειν** τοῖς λαλουμένοις ὑπὸ τοῦ Παύλου.

Acts 20,28 **προσέχετε** ἑαυτοῖς καὶ παντὶ τῷ ποιμνίῳ, ἐν ᾧ ὑμᾶς τὸ πνεῦμα τὸ ἅγιον ἔθετο ἐπισκόπους ποιμαίνειν τὴν ἐκκλησίαν τοῦ θεοῦ ...

προσήλυτος	Syn 1	Mt 1	Mk	Lk	Acts 3	Jn	1-3John	Paul	Eph	Col
	NT 4	2Thess	1/2Tim	Tit	Heb	Jas	1Pet	2Pet	Jude	Rev

proselyte

200	**Mt 23,15** οὐαὶ ὑμῖν, γραμματεῖς καὶ Φαρισαῖοι ὑποκριταί, ὅτι περιάγετε τὴν θάλασσαν καὶ τὴν ξηρὰν ποιῆσαι **ἕνα προσήλυτον,** καὶ ὅταν γένηται ποιεῖτε αὐτὸν υἱὸν γεέννης διπλότερον ὑμῶν.		

Acts 2,11 Ἰουδαῖοί τε καὶ **προσήλυτοι,** Κρῆτες καὶ Ἄραβες, ἀκούομεν λαλούντων αὐτῶν ταῖς ἡμετέραις γλώσσαις τὰ μεγαλεῖα τοῦ θεοῦ.

Acts 6,5 ... καὶ ἐξελέξαντο Στέφανον, ... καὶ Παρμενᾶν καὶ Νικόλαον **προσήλυτον** Ἀντιοχέα

Acts 13,43 λυθείσης δὲ τῆς συναγωγῆς ἠκολούθησαν **πολλοὶ τῶν Ἰουδαίων καὶ τῶν σεβομένων προσηλύτων** τῷ Παύλῳ καὶ τῷ Βαρναβᾷ, ...

πρόσκαιρος	Syn 2	Mt 1	Mk 1	Lk	Acts	Jn	1-3John	Paul 1	Eph	Col
	NT 4	2Thess	1/2Tim	Tit	Heb 1	Jas	1Pet	2Pet	Jude	Rev

lasting only for time; temporary; transitory

221	**Mt 13,21** οὐκ ἔχει δὲ ῥίζαν ἐν ἑαυτῷ ἀλλὰ **πρόσκαιρός** ἐστιν, γενομένης δὲ θλίψεως ἢ διωγμοῦ διὰ τὸν λόγον εὐθὺς σκανδαλίζεται.	**Mk 4,17** καὶ οὐκ ἔχουσιν ῥίζαν ἐν ἑαυτοῖς ἀλλὰ **πρόσκαιροί** εἰσιν, εἶτα γενομένης θλίψεως ἢ διωγμοῦ διὰ τὸν λόγον εὐθὺς σκανδαλίζονται.	**Lk 8,13** ... καὶ οὗτοι ῥίζαν οὐκ ἔχουσιν, οἳ **πρὸς καιρὸν** πιστεύουσιν καὶ ἐν καιρῷ πειρασμοῦ ἀφίστανται.	

προσκαλέομαι	Syn 19	Mt 6	Mk 9	Lk 4	Acts 9	Jn	1-3John	Paul	Eph	Col
	NT 29	2Thess	1/2Tim	Tit	Heb	Jas 1	1Pet	2Pet	Jude	Rev

summon; call on; call to oneself; call in; invite

	triple tradition																	double tradition			Sondergut		
		+Mt / +Lk			–Mt / –Lk			traditions not taken over by Mt / Lk							subtotals								
code	*222*	*211*	*112*	*212*	*221*	*122*	*121*	*022*	*012*	*021*	*220*	*120*	*210*	*020*	Σ⁺	Σ⁻	Σ	*202*	*201*	*102*	*200*	*002*	total
Mt		1^+			2		1^-				2				1^+	1^-	5				1		**6**
Mk					2		1			2	2			2			9						**9**
Lk			1^+		2^-		1^-			2^-					1^+	5^-	1			1		2	**4**

[a] προσκαλέομαι and μαθηταί / δώδεκα

[b] προσκαλέομαι of a divine call

a 021	**Mt 10,1** ↓ **Mk 6,7** καὶ **προσκαλεσάμενος** τοὺς δώδεκα μαθητὰς αὐτοῦ ...	**Mk 3,13** ... καὶ **προσκαλεῖται** οὓς ἤθελεν αὐτός, καὶ ἀπῆλθον πρὸς αὐτόν.	**Lk 6,13** καὶ ὅτε ἐγένετο ἡμέρα, **προσεφώνησεν** τοὺς μαθητὰς αὐτοῦ, ...	

020	Mt 12,25 → Mt 9,4	εἰδὼς δὲ τὰς ἐνθυμήσεις αὐτῶν εἶπεν αὐτοῖς· πᾶσα βασιλεία μερισθεῖσα καθ' ἑαυτῆς ἐρημοῦται ...	Mk 3,23	καὶ προσκαλεσάμενος αὐτοὺς ἐν παραβολαῖς ἔλεγεν αὐτοῖς· πῶς δύναται σατανᾶς σατανᾶν ἐκβάλλειν; [24] καὶ ἐὰν βασιλεία ἐφ' ἑαυτὴν μερισθῇ, οὐ δύναται σταθῆναι ἡ βασιλεία ἐκείνη·	Lk 11,17 → Lk 5,22 → Lk 6,8	αὐτὸς δὲ εἰδὼς αὐτῶν τὰ διανοήματα εἶπεν αὐτοῖς· πᾶσα βασιλεία ἐφ' ἑαυτὴν διαμερισθεῖσα ἐρημοῦται ...	Mk-Q overlap
a 221	Mt 10,1 ↑ Mk 3,13	καὶ προσκαλεσάμενος τοὺς δώδεκα μαθητὰς αὐτοῦ ἔδωκεν αὐτοῖς ἐξουσίαν πνευμάτων ἀκαθάρτων ὥστε ἐκβάλλειν αὐτὰ καὶ θεραπεύειν πᾶσαν νόσον καὶ πᾶσαν μαλακίαν.	Mk 6,7 → Mk 3,14-15 → Mt 10,5 → Lk 9,2	καὶ προσκαλεῖται τοὺς δώδεκα καὶ ἤρξατο αὐτοὺς ἀποστέλλειν δύο δύο καὶ ἐδίδου αὐτοῖς ἐξουσίαν τῶν πνευμάτων τῶν ἀκαθάρτων	Lk 9,1 → Lk 10,1	συγκαλεσάμενος δὲ τοὺς δώδεκα ἔδωκεν αὐτοῖς δύναμιν καὶ ἐξουσίαν ἐπὶ πάντα τὰ δαιμόνια καὶ νόσους θεραπεύειν	
a 102	Mt 11,2	ὁ δὲ Ἰωάννης ἀκούσας ἐν τῷ δεσμωτηρίῳ τὰ ἔργα τοῦ Χριστοῦ πέμψας διὰ τῶν μαθητῶν αὐτοῦ [3] εἶπεν αὐτῷ· ...			Lk 7,18	καὶ ἀπήγγειλαν Ἰωάννῃ οἱ μαθηταὶ αὐτοῦ περὶ πάντων τούτων. καὶ προσκαλεσάμενος δύο τινὰς τῶν μαθητῶν αὐτοῦ ὁ Ἰωάννης [19] ἔπεμψεν πρὸς τὸν κύριον λέγων· ...	
220	Mt 15,10	καὶ προσκαλεσάμενος τὸν ὄχλον εἶπεν αὐτοῖς· ἀκούετε καὶ συνίετε·	Mk 7,14	καὶ προσκαλεσάμενος πάλιν τὸν ὄχλον ἔλεγεν αὐτοῖς· ἀκούσατέ μου πάντες καὶ σύνετε.			
a 220	Mt 15,32	ὁ δὲ Ἰησοῦς προσκαλεσάμενος τοὺς μαθητὰς αὐτοῦ εἶπεν· σπλαγχνίζομαι ἐπὶ τὸν ὄχλον, ...	Mk 8,1	... προσκαλεσάμενος τοὺς μαθητὰς λέγει αὐτοῖς· [2] σπλαγχνίζομαι ἐπὶ τὸν ὄχλον, ...			
a 121	Mt 16,24 ⇩ Mt 10,38	τότε ὁ Ἰησοῦς εἶπεν τοῖς μαθηταῖς αὐτοῦ· εἴ τις θέλει ὀπίσω μου ἐλθεῖν, ἀπαρνησάσθω ἑαυτὸν καὶ ἀράτω τὸν σταυρὸν αὐτοῦ καὶ ἀκολουθείτω μοι.	Mk 8,34	καὶ προσκαλεσάμενος τὸν ὄχλον σὺν τοῖς μαθηταῖς αὐτοῦ εἶπεν αὐτοῖς· εἴ τις θέλει ὀπίσω μου ἀκολουθεῖν, ἀπαρνησάσθω ἑαυτὸν καὶ ἀράτω τὸν σταυρὸν αὐτοῦ καὶ ἀκολουθείτω μοι.	Lk 9,23 ⇩ Lk 14,27	ἔλεγεν δὲ πρὸς πάντας· εἴ τις θέλει ὀπίσω μου ἔρχεσθαι, ἀρνησάσθω ἑαυτὸν καὶ ἀράτω τὸν σταυρὸν αὐτοῦ καθ' ἡμέραν, καὶ ἀκολουθείτω μοι.	→ GTh 55 Mk-Q overlap
	Mt 10,38 ⇧ Mt 16,24	καὶ ὃς οὐ λαμβάνει τὸν σταυρὸν αὐτοῦ καὶ ἀκολουθεῖ ὀπίσω μου, οὐκ ἔστιν μου ἄξιος.			Lk 14,27 ⇧ Lk 9,23	ὅστις οὐ βαστάζει τὸν σταυρὸν ἑαυτοῦ καὶ ἔρχεται ὀπίσω μου οὐ δύναται εἶναί μου μαθητής.	→ GTh 101
211	Mt 18,2	καὶ προσκαλεσάμενος παιδίον ἔστησεν αὐτὸ ἐν μέσῳ αὐτῶν	Mk 9,36	καὶ λαβὼν παιδίον ἔστησεν αὐτὸ ἐν μέσῳ αὐτῶν ...	Lk 9,47	ὁ δὲ Ἰησοῦς εἰδὼς τὸν διαλογισμὸν τῆς καρδίας αὐτῶν, ἐπιλαβόμενος παιδίον ἔστησεν αὐτὸ παρ' ἑαυτῷ	→ GTh 22
200	Mt 18,32	τότε προσκαλεσάμενος αὐτὸν ὁ κύριος αὐτοῦ λέγει αὐτῷ· δοῦλε πονηρέ, πᾶσαν τὴν ὀφειλὴν ἐκείνην ἀφῆκά σοι, ἐπεὶ παρεκάλεσάς με·					

002					Lk 15,26	καὶ **προσκαλεσάμενος** ἕνα τῶν παίδων ἐπυνθάνετο τί ἂν εἴη ταῦτα.	
002					Lk 16,5	καὶ **προσκαλεσάμενος** ἕνα ἕκαστον τῶν χρεοφειλετῶν τοῦ κυρίου ἑαυτοῦ ἔλεγεν τῷ πρώτῳ· πόσον ὀφείλεις τῷ κυρίῳ μου;	
112	Mt 19,14	ὁ δὲ Ἰησοῦς εἶπεν· ἄφετε τὰ παιδία καὶ μὴ κωλύετε αὐτὰ ἐλθεῖν πρός με, ...	Mk 10,14	ἰδὼν δὲ ὁ Ἰησοῦς ἠγανάκτησεν καὶ εἶπεν αὐτοῖς· ἄφετε τὰ παιδία ἔρχεσθαι πρός με, μὴ κωλύετε αὐτά, ...	Lk 18,16	ὁ δὲ Ἰησοῦς **προσεκαλέσατο** αὐτὰ λέγων· ἄφετε τὰ παιδία ἔρχεσθαι πρός με καὶ μὴ κωλύετε αὐτά, ...	→ GTh 22
221	Mt 20,25	ὁ δὲ Ἰησοῦς **προσκαλεσάμενος** αὐτοὺς εἶπεν· οἴδατε ὅτι οἱ ἄρχοντες τῶν ἐθνῶν κατακυριεύουσιν αὐτῶν καὶ οἱ μεγάλοι κατεξουσιάζουσιν αὐτῶν.	Mk 10,42	καὶ **προσκαλεσάμενος** αὐτοὺς ὁ Ἰησοῦς λέγει αὐτοῖς· οἴδατε ὅτι οἱ δοκοῦντες ἄρχειν τῶν ἐθνῶν κατακυριεύουσιν αὐτῶν καὶ οἱ μεγάλοι αὐτῶν κατεξουσιάζουσιν αὐτῶν.	Lk 22,25	ὁ δὲ εἶπεν αὐτοῖς· οἱ βασιλεῖς τῶν ἐθνῶν κυριεύουσιν αὐτῶν καὶ οἱ ἐξουσιάζοντες αὐτῶν εὐεργέται καλοῦνται.	
a 021			Mk 12,43	καὶ **προσκαλεσάμενος** τοὺς μαθητὰς αὐτοῦ εἶπεν αὐτοῖς· ἀμὴν λέγω ὑμῖν ὅτι ἡ χήρα αὕτη ἡ πτωχὴ πλεῖον πάντων ἔβαλεν τῶν βαλλόντων εἰς τὸ γαζοφυλάκιον·	Lk 21,3	καὶ εἶπεν· ἀληθῶς λέγω ὑμῖν ὅτι ἡ χήρα αὕτη ἡ πτωχὴ πλεῖον πάντων ἔβαλεν·	
020			Mk 15,44	ὁ δὲ Πιλᾶτος ἐθαύμασεν εἰ ἤδη τέθνηκεν καὶ **προσκαλεσάμενος** τὸν κεντυρίωνα ἐπηρώτησεν αὐτὸν εἰ πάλαι ἀπέθανεν·			

b **Acts 2,39** ὑμῖν γάρ ἐστιν ἡ ἐπαγγελία καὶ τοῖς τέκνοις ὑμῶν καὶ πᾶσιν τοῖς εἰς μακράν, ὅσους ἂν **προσκαλέσηται** κύριος ὁ θεὸς ἡμῶν.

Acts 5,40 καὶ **προσκαλεσάμενοι** τοὺς ἀποστόλους δείραντες παρήγγειλαν μὴ λαλεῖν ἐπὶ τῷ ὀνόματι τοῦ Ἰησοῦ καὶ ἀπέλυσαν.

a **Acts 6,2** **προσκαλεσάμενοι** δὲ οἱ δώδεκα τὸ πλῆθος τῶν μαθητῶν εἶπαν· οὐκ ἀρεστόν ἐστιν ἡμᾶς καταλείψαντας τὸν λόγον τοῦ θεοῦ διακονεῖν τραπέζαις.

b **Acts 13,2** ... εἶπεν τὸ πνεῦμα τὸ ἅγιον· ἀφορίσατε δή μοι τὸν Βαρναβᾶν καὶ Σαῦλον εἰς τὸ ἔργον ὃ **προσκέκλημαι** αὐτούς.

Acts 13,7 ὃς ἦν σὺν τῷ ἀνθυπάτῳ Σεργίῳ Παύλῳ, ἀνδρὶ συνετῷ. οὗτος **προσκαλεσάμενος** Βαρναβᾶν καὶ Σαῦλον ἐπεζήτησεν ἀκοῦσαι τὸν λόγον τοῦ θεοῦ.

b **Acts 16,10** ὡς δὲ τὸ ὅραμα εἶδεν, εὐθέως ἐζητήσαμεν ἐξελθεῖν εἰς Μακεδονίαν συμβιβάζοντες ὅτι **προσκέκληται** ἡμᾶς ὁ θεὸς εὐαγγελίσασθαι αὐτούς.

Acts 23,17 **προσκαλεσάμενος** δὲ ὁ Παῦλος ἕνα τῶν ἑκατονταρχῶν ἔφη· τὸν νεανίαν τοῦτον ἀπάγαγε πρὸς τὸν χιλίαρχον, ἔχει γὰρ ἀπαγγεῖλαί τι αὐτῷ.

Acts 23,18 ... ὁ δέσμιος Παῦλος **προσκαλεσάμενός** με ἠρώτησεν τοῦτον τὸν νεανίσκον ἀγαγεῖν πρὸς σέ ἔχοντά τι λαλῆσαί σοι.

Acts 23,23 καὶ **προσκαλεσάμενος** δύο [τινὰς] τῶν ἑκατονταρχῶν εἶπεν· ἑτοιμάσατε στρατιώτας διακοσίους, ...

προσκαρτερέω	Syn 1	Mt	Mk 1	Lk	Acts 6	Jn	1-3John	Paul 2	Eph	Col 1
	NT 10	2Thess	1/2Tim	Tit	Heb	Jas	1Pet	2Pet	Jude	Rev

attach oneself to; wait on; be faithful to someone; busy oneself with; be busily engaged with; be devoted to; hold fast to something; continue in something; preserve in something; spend much time in

020		**Mk 3,9** →Mt 13,2 →Mk 4,1 →Lk 5,1.3 καὶ εἶπεν τοῖς μαθηταῖς αὐτοῦ ἵνα πλοιάριον **προσκαρτερῇ** αὐτῷ διὰ τὸν ὄχλον ἵνα μὴ θλίβωσιν αὐτόν·		

Acts 1,14 →Lk 8,2-3 →Lk 24,53 οὗτοι πάντες ἦσαν **προσκαρτεροῦντες** ὁμοθυμαδὸν τῇ προσευχῇ σὺν γυναιξὶν καὶ Μαριὰμ τῇ μητρὶ τοῦ Ἰησοῦ καὶ τοῖς ἀδελφοῖς αὐτοῦ.

Acts 2,42 ἦσαν δὲ **προσκαρτεροῦντες** τῇ διδαχῇ τῶν ἀποστόλων καὶ τῇ κοινωνίᾳ, τῇ κλάσει τοῦ ἄρτου καὶ ταῖς προσευχαῖς.

Acts 2,46 →Lk 24,53 καθ' ἡμέραν τε **προσκαρτεροῦντες** ὁμοθυμαδὸν ἐν τῷ ἱερῷ, κλῶντές τε κατ' οἶκον ἄρτον, ...

Acts 6,4 ἡμεῖς δὲ τῇ προσευχῇ καὶ τῇ διακονίᾳ τοῦ λόγου **προσκαρτερήσομεν.**

Acts 8,13 ὁ δὲ Σίμων καὶ αὐτὸς ἐπίστευσεν καὶ βαπτισθεὶς ἦν **προσκαρτερῶν** τῷ Φιλίππῳ, θεωρῶν τε σημεῖα καὶ δυνάμεις μεγάλας γινομένας ἐξίστατο.

Acts 10,7 ὡς δὲ ἀπῆλθεν ὁ ἄγγελος ὁ λαλῶν αὐτῷ, φωνήσας δύο τῶν οἰκετῶν καὶ **στρατιώτην εὐσεβῆ τῶν προσκαρτερούντων** αὐτῷ

προσκεφάλαιον	Syn 1	Mt	Mk 1	Lk	Acts	Jn	1-3John	Paul	Eph	Col
	NT 1	2Thess	1/2Tim	Tit	Heb	Jas	1Pet	2Pet	Jude	Rev

pillow

121	**Mt 8,24** ... αὐτὸς δὲ ἐκάθευδεν.	**Mk 4,38** καὶ αὐτὸς ἦν ἐν τῇ πρύμνῃ **ἐπὶ τὸ προσκεφάλαιον** καθεύδων. ...	**Lk 8,23** πλεόντων δὲ αὐτῶν ἀφύπνωσεν. ...	

προσκολλάω	Syn 1	Mt	Mk 1	Lk	Acts	Jn	1-3John	Paul	Eph 1	Col
	NT 2	2Thess	1/2Tim	Tit	Heb	Jas	1Pet	2Pet	Jude	Rev

adhere closely to; be faithfully devoted to; join someone

120	**Mt 19,5** ... *ἕνεκα τούτου καταλείψει ἄνθρωπος τὸν πατέρα καὶ τὴν μητέρα καὶ* ***κολληθήσεται*** *τῇ γυναικὶ αὐτοῦ, καὶ ἔσονται οἱ δύο εἰς σάρκα μίαν.* ➤ Gen 2,24 LXX	**Mk 10,7** *ἕνεκεν τούτου καταλείψει ἄνθρωπος τὸν πατέρα αὐτοῦ καὶ τὴν μητέρα [καὶ* ***προσκολληθήσεται*** *πρὸς τὴν γυναῖκα αὐτοῦ],* [8] *καὶ ἔσονται οἱ δύο εἰς σάρκα μίαν·* ... ➤ Gen 2,24 LXX		

προσκόπτω

	Syn	Mt	Mk	Lk	Acts	Jn	1-3John	Paul	Eph	Col
	3	2		1		2		2		
	NT	2Thess	1/2Tim	Tit	Heb	Jas	1Pet	2Pet	Jude	Rev
	8						1			

transitive: strike something (against); *intransitive:* beat against; stumble; take offense at; feel repugnance for; reject

202	**Mt 4,6** ... *ἐπὶ χειρῶν ἀροῦσίν σε, μήποτε* **προσκόψης** *πρὸς λίθον τὸν πόδα σου.* ➤ Ps 91,12		**Lk 4,11** ... *ἐπὶ χειρῶν ἀροῦσίν σε, μήποτε* **προσκόψης** *πρὸς λίθον τὸν πόδα σου.* ➤ Ps 91,12	
201	**Mt 7,27** καὶ κατέβη ἡ βροχὴ καὶ ἦλθον οἱ ποταμοὶ καὶ ἔπνευσαν οἱ ἄνεμοι καὶ **προσέκοψαν** τῇ οἰκίᾳ ἐκείνῃ, καὶ ἔπεσεν, καὶ ἦν ἡ πτῶσις αὐτῆς μεγάλη.		**Lk 6,49** ... ᾗ προσέρηξεν ὁ ποταμός, καὶ εὐθὺς συνέπεσεν καὶ ἐγένετο τὸ ῥῆγμα τῆς οἰκίας ἐκείνης μέγα.	

προσκυλίω

	Syn	Mt	Mk	Lk	Acts	Jn	1-3John	Paul	Eph	Col
	2	1	1							
	NT	2Thess	1/2Tim	Tit	Heb	Jas	1Pet	2Pet	Jude	Rev
	2									

roll (up to)

221	**Mt 27,60** καὶ ἔθηκεν αὐτὸ ἐν τῷ καινῷ αὐτοῦ μνημείῳ ὃ ἐλατόμησεν ἐν τῇ πέτρᾳ καὶ **προσκυλίσας** λίθον μέγαν τῇ θύρᾳ τοῦ μνημείου ἀπῆλθεν.	**Mk 15,46** ... καὶ ἔθηκεν αὐτὸν ἐν μνημείῳ ὃ ἦν λελατομημένον ἐκ πέτρας καὶ **προσεκύλισεν** λίθον ἐπὶ τὴν θύραν τοῦ μνημείου.	**Lk 23,53** ... καὶ ἔθηκεν αὐτὸν ἐν μνήματι λαξευτῷ οὗ οὐκ ἦν οὐδεὶς οὔπω κείμενος.	→ Jn 19,41

προσκυνέω

	Syn	Mt	Mk	Lk	Acts	Jn	1-3John	Paul	Eph	Col
	18	13	2	3	4	11		1		
	NT	2Thess	1/2Tim	Tit	Heb	Jas	1Pet	2Pet	Jude	Rev
	60				2					24

(fall down and) worship; do obeisance to; prostrate oneself before; do reverence to; welcome respectfully

	triple tradition																	double tradition			Sondergut		
		+Mt / +Lk			–Mt / –Lk			traditions not taken over by Mt / Lk							subtotals								
code	*222*	*211*	*112*	*212*	*221*	*122*	*121*	*022*	*012*	*021*	*220*	*120*	*210*	*020*	Σ⁺	Σ⁻	Σ	*202*	*201*	*102*	*200*	*002*	total
Mt		2⁺					1⁻					1⁻	3⁺		5⁺	2⁻	5	2			6		**13**
Mk							1					1					2						**2**
Lk							1⁻									1⁻		2				1	**3**

[a] προσκυνέω to God
[b] προσκυνέω to Jesus
[c] προσκυνέω to the devil
[d] προσκυνέω to human beings

b 200	**Mt 2,2** ... εἴδομεν γὰρ αὐτοῦ τὸν ἀστέρα ἐν τῇ ἀνατολῇ καὶ ἤλθομεν **προσκυνῆσαι** αὐτῷ.			
b 200	**Mt 2,8** ... ἐπὰν δὲ εὕρητε, ἀπαγγείλατέ μοι, ὅπως κἀγὼ ἐλθὼν **προσκυνήσω** αὐτῷ.			

b 200	**Mt 2,11**	... εἶδον τὸ παιδίον μετὰ Μαρίας τῆς μητρὸς αὐτοῦ, καὶ πεσόντες **προσεκύνησαν** αὐτῷ καὶ ἀνοίξαντες τοὺς θησαυροὺς αὐτῶν ...					
c 202	**Mt 4,9**	... ταῦτά σοι πάντα δώσω, ἐὰν πεσὼν **προσκυνήσῃς** μοι.			**Lk 4,7**	[6] ... σοὶ δώσω τὴν ἐξουσίαν ταύτην ἅπασαν ... [7] σὺ οὖν ἐὰν **προσκυνήσῃς** ἐνώπιον ἐμοῦ, ἔσται σοῦ πᾶσα.	
a 202	**Mt 4,10** → Mt 16,23 → Mk 8,33	... ὕπαγε, σατανᾶ· γέγραπται γάρ· *κύριον* *τὸν θεόν σου* ***προσκυνήσεις*** *καὶ αὐτῷ* μόνῳ *λατρεύσεις.* ➤ Deut 6,13 LXX/10,20			**Lk 4,8**	... γέγραπται· *κύριον* *τὸν θεόν σου* ***προσκυνήσεις*** *καὶ αὐτῷ* μόνῳ *λατρεύσεις.* ➤ Deut 6,13 LXX/10,20	
b 211	**Mt 8,2**	καὶ ἰδοὺ λεπρὸς προσελθὼν **προσεκύνει** αὐτῷ λέγων· κύριε, ἐὰν θέλῃς δύνασαί με καθαρίσαι.	**Mk 1,40**	καὶ ἔρχεται πρὸς αὐτὸν λεπρὸς παρακαλῶν αὐτὸν [καὶ **γονυπετῶν**] καὶ λέγων αὐτῷ ὅτι ἐὰν θέλῃς δύνασαί με καθαρίσαι.	**Lk 5,12** → Lk 17,12-13 → Lk 17,16	... ἰδοὺ ἀνὴρ πλήρης λέπρας· ἰδὼν δὲ τὸν Ἰησοῦν, **πεσὼν ἐπὶ πρόσωπον** ἐδεήθη αὐτοῦ λέγων· κύριε, ἐὰν θέλῃς δύνασαί με καθαρίσαι.	
b 211	**Mt 9,18**	ταῦτα αὐτοῦ λαλοῦντος αὐτοῖς, ἰδοὺ ἄρχων εἷς ἐλθὼν **προσεκύνει** αὐτῷ ...	**Mk 5,22**	καὶ ἔρχεται εἷς τῶν ἀρχισυναγώγων, ὀνόματι Ἰάϊρος, καὶ ἰδὼν αὐτὸν **πίπτει** πρὸς τοὺς πόδας αὐτοῦ	**Lk 8,41**	καὶ ἰδοὺ ἦλθεν ἀνὴρ ᾧ ὄνομα Ἰάϊρος καὶ οὗτος ἄρχων τῆς συναγωγῆς ὑπῆρχεν, καὶ **πεσὼν** παρὰ τοὺς πόδας [τοῦ] Ἰησοῦ ...	
b 121	**Mt 8,29**	καὶ ἰδοὺ ἔκραξαν λέγοντες· τί ἡμῖν καὶ σοί, ...	**Mk 5,6**	καὶ ἰδὼν τὸν Ἰησοῦν ἀπὸ μακρόθεν ἔδραμεν καὶ **προσεκύνησεν** αὐτῷ [7] καὶ κράξας φωνῇ μεγάλῃ λέγει· τί ἐμοὶ καὶ σοί, ...	**Lk 8,28**	ἰδὼν δὲ τὸν Ἰησοῦν ἀνακράξας **προσέπεσεν** αὐτῷ καὶ φωνῇ μεγάλῃ εἶπεν· τί ἐμοὶ καὶ σοί, ...	
b 210	**Mt 14,33** → Mt 16,16	[32] ... ἐκόπασεν ὁ ἄνεμος. [33] οἱ δὲ ἐν τῷ πλοίῳ **προσεκύνησαν** αὐτῷ λέγοντες· ἀληθῶς θεοῦ υἱὸς εἶ.	**Mk 6,51**	... καὶ ἐκόπασεν ὁ ἄνεμος, καὶ λίαν [ἐκ περισσοῦ] ἐν ἑαυτοῖς ἐξίσταντο·			
b 210	**Mt 15,25**	ἡ δὲ ἐλθοῦσα **προσεκύνει** αὐτῷ λέγουσα· κύριε, βοήθει μοι.	**Mk 7,25**	... ἐλθοῦσα **προσέπεσεν** πρὸς τοὺς πόδας αὐτοῦ· [26] ... καὶ ἠρώτα αὐτὸν ἵνα τὸ δαιμόνιον ἐκβάλῃ ἐκ τῆς θυγατρὸς αὐτῆς.			
d 200	**Mt 18,26**	πεσὼν οὖν ὁ δοῦλος **προσεκύνει** αὐτῷ λέγων· μακροθύμησον ἐπ' ἐμοί, καὶ πάντα ἀποδώσω σοι.					
b 210	**Mt 20,20**	τότε προσῆλθεν αὐτῷ ἡ μήτηρ τῶν υἱῶν Ζεβεδαίου μετὰ τῶν υἱῶν αὐτῆς **προσκυνοῦσα** καὶ αἰτοῦσά τι ἀπ' αὐτοῦ.	**Mk 10,35**	καὶ προσπορεύονται αὐτῷ Ἰάκωβος καὶ Ἰωάννης οἱ υἱοὶ Ζεβεδαίου λέγοντες αὐτῷ· διδάσκαλε, θέλομεν ἵνα ὃ ἐὰν αἰτήσωμέν σε ποιήσῃς ἡμῖν.			

	Mt	Mk	Lk	
b 120	**Mt 27,30** → Mt 26,67 καὶ ἐμπτύσαντες εἰς αὐτὸν ἔλαβον τὸν κάλαμον καὶ ἔτυπτον εἰς τὴν κεφαλὴν αὐτοῦ.	**Mk 15,19** → Mk 14,65 καὶ ἔτυπτον αὐτοῦ τὴν κεφαλὴν καλάμῳ καὶ ἐνέπτυον αὐτῷ καὶ τιθέντες τὰ γόνατα **προσεκύνουν** αὐτῷ.		
b 200	**Mt 28,9** ... αἱ δὲ προσελθοῦσαι ἐκράτησαν αὐτοῦ τοὺς πόδας καὶ **προσεκύνησαν** αὐτῷ.			→ Jn 20,14-17
b 200	**Mt 28,17** καὶ ἰδόντες αὐτὸν **προσεκύνησαν**, οἱ δὲ ἐδίστασαν.			
b 002			**Lk 24,52** καὶ αὐτοὶ **προσκυνήσαντες** αὐτὸν ὑπέστρεψαν εἰς Ἰερουσαλὴμ μετὰ χαρᾶς μεγάλης	→ Acts 1,12

Acts 7,43 *καὶ ἀνελάβετε τὴν σκηνὴν τοῦ Μολὸχ καὶ τὸ ἄστρον τοῦ θεοῦ [ὑμῶν] Ῥαιφάν, τοὺς τύπους οὓς ἐποιήσατε* **προσκυνεῖν** αὐτοῖς, *καὶ μετοικιῶ ὑμᾶς ἐπέκεινα* Βαβυλῶνος.
➤ Amos 5,26-27 LXX

a **Acts 8,27** ... καὶ ἰδοὺ ἀνὴρ Αἰθίοψ εὐνοῦχος δυνάστης Κανδάκης βασιλίσσης Αἰθιόπων, ... ὃς ἐληλύθει **προσκυνήσων** εἰς Ἰερουσαλήμ

d **Acts 10,25** ὡς δὲ ἐγένετο τοῦ εἰσελθεῖν τὸν Πέτρον, συναντήσας αὐτῷ ὁ Κορνήλιος πεσὼν ἐπὶ τοὺς πόδας **προσεκύνησεν**.

a **Acts 24,11** δυναμένου σου ἐπιγνῶναι ὅτι οὐ πλείους εἰσίν μοι ἡμέραι δώδεκα ἀφ᾽ ἧς ἀνέβην **προσκυνήσων** εἰς Ἰερουσαλήμ.

προσλαμβάνω	Syn 2	Mt 1	Mk 1	Lk	Acts 5	Jn	1-3John	Paul 5	Eph	Col
	NT 12	2Thess	1/2Tim	Tit	Heb	Jas	1Pet	2Pet	Jude	Rev

middle: take aside; receive, accept in one's society

	Mt	Mk	Lk	
220	**Mt 16,22** καὶ **προσλαβόμενος** αὐτὸν ὁ Πέτρος ἤρξατο ἐπιτιμᾶν αὐτῷ λέγων· ἵλεώς σοι, κύριε· οὐ μὴ ἔσται σοι τοῦτο.	**Mk 8,32** ... καὶ **προσλαβόμενος** ὁ Πέτρος αὐτὸν ἤρξατο ἐπιτιμᾶν αὐτῷ.		

Acts 17,5 ζηλώσαντες δὲ οἱ Ἰουδαῖοι καὶ **προσλαβόμενοι** τῶν ἀγοραίων ἄνδρας τινὰς πονηροὺς ...

Acts 18,26 ... ἀκούσαντες δὲ αὐτοῦ Πρίσκιλλα καὶ Ἀκύλας **προσελάβοντο** αὐτὸν καὶ ἀκριβέστερον αὐτῷ ἐξέθεντο τὴν ὁδὸν [τοῦ θεοῦ].

Acts 27,33 ... τεσσαρεσκαιδεκάτην σήμερον ἡμέραν προσδοκῶντες ἄσιτοι διατελεῖτε μηθὲν **προσλαβόμενοι**·

Acts 27,36 εὔθυμοι δὲ γενόμενοι πάντες καὶ αὐτοὶ **προσελάβοντο** τροφῆς.

Acts 28,2 ... ἅψαντες γὰρ πυρὰν **προσελάβοντο** πάντας ἡμᾶς διὰ τὸν ὑετὸν τὸν ἐφεστῶτα καὶ διὰ τὸ ψῦχος.

προσμένω	Syn 2	Mt 1	Mk 1	Lk	Acts 3	Jn	1-3John	Paul	Eph	Col
	NT 7	2Thess	1/2Tim 2	Tit	Heb	Jas	1Pet	2Pet	Jude	Rev

stay with; remain with; remain longer; remain further

220	**Mt 15,32** → Mt 14,14 ... σπλαγχνίζομαι ἐπὶ τὸν ὄχλον, ὅτι ἤδη ἡμέραι τρεῖς **προσμένουσίν** μοι καὶ οὐκ ἔχουσιν τί φάγωσιν· ...	**Mk 8,2** → Mk 6,34 σπλαγχνίζομαι ἐπὶ τὸν ὄχλον, ὅτι ἤδη ἡμέραι τρεῖς **προσμένουσίν** μοι καὶ οὐκ ἔχουσιν τί φάγωσιν·	

Acts 11,23 ὃς παραγενόμενος καὶ ἰδὼν τὴν χάριν [τὴν] τοῦ θεοῦ, ἐχάρη καὶ παρεκάλει πάντας τῇ προθέσει τῆς καρδίας **προσμένειν** τῷ κυρίῳ.

Acts 13,43 ... οἵτινες προσλαλοῦντες αὐτοῖς ἔπειθον αὐτοὺς **προσμένειν** τῇ χάριτι τοῦ θεοῦ.

Acts 18,18 ὁ δὲ Παῦλος ἔτι **προσμείνας** ἡμέρας ἱκανὰς τοῖς ἀδελφοῖς ἀποταξάμενος ἐξέπλει εἰς τὴν Συρίαν, ...

προσορμίζω	Syn 1	Mt	Mk 1	Lk	Acts	Jn	1-3John	Paul	Eph	Col
	NT 1	2Thess	1/2Tim	Tit	Heb	Jas	1Pet	2Pet	Jude	Rev

middle: come into (the) harbor; come to anchor

120	**Mt 14,34** καὶ διαπεράσαντες ἦλθον ἐπὶ τὴν γῆν εἰς Γεννησαρέτ.	**Mk 6,53** καὶ διαπεράσαντες ἐπὶ τὴν γῆν ἦλθον εἰς Γεννησαρὲτ καὶ **προσωρμίσθησαν.**	

προσπίπτω	Syn 7	Mt 1	Mk 3	Lk 3	Acts 1	Jn	1-3John	Paul	Eph	Col
	NT 8	2Thess	1/2Tim	Tit	Heb	Jas	1Pet	2Pet	Jude	Rev

fall down before; fall at the feet of; fall upon; strike against

	triple tradition																	double tradition			Sondergut		
		+Mt / +Lk			–Mt / –Lk			traditions not taken over by Mt / Lk							subtotals								
code	*222*	*211*	*112*	*212*	*221*	*122*	*121*	*022*	*012*	*021*	*220*	*120*	*210*	*020*	Σ⁺	Σ⁻	Σ	*202*	*201*	*102*	*200*	*002*	total
Mt												1^-				1^-			1				**1**
Mk								1		1		1					3						**3**
Lk			1^+					1		1^-					1^+	1^-	2					1	**3**

002			**Lk 5,8** ἰδὼν δὲ Σίμων Πέτρος **προσέπεσεν** τοῖς γόνασιν Ἰησοῦ λέγων· ἔξελθε ἀπ᾽ ἐμοῦ, ὅτι ἀνὴρ ἁμαρτωλός εἰμι, κύριε.
021		**Mk 3,11** → Mk 1,34 → Lk 6,18 καὶ τὰ πνεύματα τὰ ἀκάθαρτα, ὅταν αὐτὸν ἐθεώρουν, **προσέπιπτον** αὐτῷ καὶ ἔκραζον λέγοντες ὅτι σὺ εἶ ὁ υἱὸς τοῦ θεοῦ.	**Lk 4,41** ἐξήρχετο δὲ καὶ δαιμόνια ἀπὸ πολλῶν κρ[αυγ]άζοντα καὶ λέγοντα ὅτι σὺ εἶ ὁ υἱὸς τοῦ θεοῦ. ...

	Mt		Mk		Lk		
201	Mt 7,25	καὶ κατέβη ἡ βροχὴ καὶ ἦλθον οἱ ποταμοὶ καὶ ἔπνευσαν οἱ ἄνεμοι καὶ **προσέπεσαν** τῇ οἰκίᾳ ἐκείνῃ, καὶ οὐκ ἔπεσεν, τεθεμελίωτο γὰρ ἐπὶ τὴν πέτραν.			Lk 6,48	... πλημμύρης δὲ γενομένης προσέρηξεν ὁ ποταμὸς τῇ οἰκίᾳ ἐκείνῃ, καὶ οὐκ ἴσχυσεν σαλεῦσαι αὐτὴν διὰ τὸ καλῶς οἰκοδομῆσθαι αὐτήν.	
112	Mt 8,29	καὶ ἰδοὺ ἔκραξαν λέγοντες· τί ἡμῖν καὶ σοί, ...	Mk 5,6	καὶ ἰδὼν τὸν Ἰησοῦν ἀπὸ μακρόθεν ἔδραμεν καὶ **προσεκύνησεν** αὐτῷ [7] καὶ κράξας φωνῇ μεγάλῃ λέγει· τί ἐμοὶ καὶ σοί, ...	Lk 8,28	ἰδὼν δὲ τὸν Ἰησοῦν ἀνακράξας **προσέπεσεν** αὐτῷ καὶ φωνῇ μεγάλῃ εἶπεν· τί ἐμοὶ καὶ σοί, ...	
022			Mk 5,33	ἡ δὲ γυνὴ φοβηθεῖσα καὶ τρέμουσα, εἰδυῖα ὃ γέγονεν αὐτῇ, ἦλθεν καὶ **προσέπεσεν** αὐτῷ καὶ εἶπεν αὐτῷ πᾶσαν τὴν ἀλήθειαν.	Lk 8,47 → Mt 9,21 → Mk 5,28 → Mk 5,29	ἰδοῦσα δὲ ἡ γυνὴ ὅτι οὐκ ἔλαθεν, τρέμουσα ἦλθεν καὶ **προσπεσοῦσα** αὐτῷ δι' ἣν αἰτίαν ἥψατο αὐτοῦ ἀπήγγειλεν ἐνώπιον παντὸς τοῦ λαοῦ καὶ ὡς ἰάθη παραχρῆμα.	
120	Mt 15,25	ἡ δὲ ἐλθοῦσα **προσεκύνει** αὐτῷ λέγουσα· κύριε, βοήθει μοι.	Mk 7,25	... ἐλθοῦσα **προσέπεσεν** πρὸς τοὺς πόδας αὐτοῦ· [26] ... καὶ ἠρώτα αὐτὸν ἵνα τὸ δαιμόνιον ἐκβάλῃ ἐκ τῆς θυγατρὸς αὐτῆς.			

Acts 16,29 αἰτήσας δὲ φῶτα
εἰσεπήδησεν καὶ
ἔντρομος γενόμενος
προσέπεσεν
τῷ Παύλῳ καὶ [τῷ] Σιλᾷ

προσποιέομαι	Syn 1	Mt	Mk	Lk 1	Acts	Jn	1-3John	Paul	Eph	Col
	NT 1	2Thess	1/2Tim	Tit	Heb	Jas	1Pet	2Pet	Jude	Rev

make as though; act as though; pretend

	Mt		Mk		Lk		
002					Lk 24,28	καὶ ἤγγισαν εἰς τὴν κώμην οὗ ἐπορεύοντο, καὶ αὐτὸς **προσεποιήσατο** πορρώτερον πορεύεσθαι.	

προσπορεύομαι	Syn 1	Mt	Mk 1	Lk	Acts	Jn	1-3John	Paul	Eph	Col
	NT 1	2Thess	1/2Tim	Tit	Heb	Jas	1Pet	2Pet	Jude	Rev

come up to; approach

	Mt		Mk		Lk		
120	Mt 20,20	τότε **προσῆλθεν** αὐτῷ ἡ μήτηρ τῶν υἱῶν Ζεβεδαίου μετὰ τῶν υἱῶν αὐτῆς προσκυνοῦσα καὶ αἰτοῦσά τι ἀπ' αὐτοῦ.	Mk 10,35	καὶ **προσπορεύονται** αὐτῷ Ἰάκωβος καὶ Ἰωάννης οἱ υἱοὶ Ζεβεδαίου λέγοντες αὐτῷ· διδάσκαλε, θέλομεν ἵνα ὃ ἐὰν αἰτήσωμέν σε ποιήσῃς ἡμῖν.			

προσρήγνυμι	Syn 2	Mt	Mk	Lk 2	Acts	Jn	1-3John	Paul	Eph	Col
	NT 2	2Thess	1/2Tim	Tit	Heb	Jas	1Pet	2Pet	Jude	Rev

intransitive: burst upon something

102	**Mt 7,25** καὶ κατέβη ἡ βροχὴ καὶ **ἦλθον** οἱ ποταμοὶ καὶ ἔπνευσαν οἱ ἄνεμοι καὶ προσέπεσαν τῇ οἰκίᾳ ἐκείνῃ, καὶ οὐκ ἔπεσεν, τεθεμελίωτο γὰρ ἐπὶ τὴν πέτραν.		**Lk 6,48** ... πλημμύρης δὲ γενομένης **προσέρηξεν** ὁ ποταμὸς τῇ οἰκίᾳ ἐκείνῃ, καὶ οὐκ ἴσχυσεν σαλεῦσαι αὐτὴν διὰ τὸ καλῶς οἰκοδομῆσθαι αὐτήν.	
102	**Mt 7,27** καὶ κατέβη ἡ βροχὴ καὶ **ἦλθον** οἱ ποταμοὶ καὶ ἔπνευσαν οἱ ἄνεμοι καὶ προσέκοψαν τῇ οἰκίᾳ ἐκείνῃ, καὶ ἔπεσεν, καὶ ἦν ἡ πτῶσις αὐτῆς μεγάλη.		**Lk 6,49** ... ᾗ **προσέρηξεν** ὁ ποταμός, καὶ εὐθὺς συνέπεσεν καὶ ἐγένετο τὸ ῥῆγμα τῆς οἰκίας ἐκείνης μέγα.	

προστάσσω	Syn 4	Mt 2	Mk 1	Lk 1	Acts 3	Jn	1-3John	Paul	Eph	Col
	NT 7	2Thess	1/2Tim	Tit	Heb	Jas	1Pet	2Pet	Jude	Rev

command; order; prescribe

200	**Mt 1,24** ἐγερθεὶς δὲ ὁ Ἰωσὴφ ἀπὸ τοῦ ὕπνου ἐποίησεν ὡς **προσέταξεν** αὐτῷ ὁ ἄγγελος κυρίου καὶ παρέλαβεν τὴν γυναῖκα αὐτοῦ			
222	**Mt 8,4** ... ἀλλὰ ὕπαγε σεαυτὸν δεῖξον τῷ ἱερεῖ, καὶ προσένεγκον τὸ δῶρον ὃ **προσέταξεν** Μωϋσῆς, εἰς μαρτύριον αὐτοῖς. ➤ Lev 13,49; 14,2-4	**Mk 1,44** ... ἀλλὰ ὕπαγε σεαυτὸν δεῖξον τῷ ἱερεῖ καὶ προσένεγκε περὶ τοῦ καθαρισμοῦ σου ἃ **προσέταξεν** Μωϋσῆς, εἰς μαρτύριον αὐτοῖς. ➤ Lev 13,49; 14,2-4	**Lk 5,14** →Lk 17,14 ... ἀλλὰ ἀπελθὼν δεῖξον σεαυτὸν τῷ ἱερεῖ καὶ προσένεγκε περὶ τοῦ καθαρισμοῦ σου καθὼς **προσέταξεν** Μωϋσῆς, εἰς μαρτύριον αὐτοῖς. ➤ Lev 13,49; 14,2-4	

Acts 10,33 ... νῦν οὖν πάντες ἡμεῖς ἐνώπιον τοῦ θεοῦ πάρεσμεν ἀκοῦσαι **πάντα τὰ προστεταγμένα** σοι ὑπὸ τοῦ κυρίου.

Acts 10,48 **προσέταξεν** δὲ αὐτοὺς ἐν τῷ ὀνόματι Ἰησοῦ Χριστοῦ βαπτισθῆναι. ...

Acts 17,26 ἐποίησέν τε ἐξ ἑνὸς πᾶν ἔθνος ἀνθρώπων κατοικεῖν ἐπὶ παντὸς προσώπου τῆς γῆς, ὁρίσας **προστεταγμένους καιροὺς** καὶ τὰς ὁροθεσίας τῆς κατοικίας αὐτῶν

προστίθημι	Syn 10	Mt 2	Mk 1	Lk 7	Acts 6	Jn	1-3John	Paul 1	Eph	Col
	NT 18	2Thess	1/2Tim	Tit	Heb 1	Jas	1Pet	2Pet	Jude	Rev

add to; put to; provide; give; grant; do

	triple tradition																	double tradition			Sondergut		
		+Mt / +Lk			–Mt / –Lk			traditions not taken over by Mt / Lk							subtotals								
code	222	211	112	212	221	122	121	022	012	021	220	120	210	020	Σ⁺	Σ⁻	Σ	202	201	102	200	002	total
Mt																		2					2
Mk														1			1						1
Lk			3⁺												3⁺		3	2				2	7

112	Mt 14,3	ὁ γὰρ Ἡρῴδης κρατήσας τὸν Ἰωάννην ἔδησεν [αὐτὸν] καὶ ἐν φυλακῇ ἀπέθετο ...	Mk 6,17	αὐτὸς γὰρ ὁ Ἡρῴδης ἀποστείλας ἐκράτησεν τὸν Ἰωάννην καὶ ἔδησεν αὐτὸν ἐν φυλακῇ ...	Lk 3,20 → Mt 4,12 → Mk 1,14	[19] ὁ δὲ Ἡρῴδης ὁ τετραάρχης, ... [20] **προσέθηκεν** καὶ τοῦτο ἐπὶ πᾶσιν [καὶ] κατέκλεισεν τὸν Ἰωάννην ἐν φυλακῇ.	
202	Mt 6,27	τίς δὲ ἐξ ὑμῶν μεριμνῶν δύναται **προσθεῖναι** ἐπὶ τὴν ἡλικίαν αὐτοῦ πῆχυν ἕνα;			Lk 12,25	τίς δὲ ἐξ ὑμῶν μεριμνῶν δύναται ἐπὶ τὴν ἡλικίαν αὐτοῦ **προσθεῖναι** πῆχυν;	→ GTh 36,4 (only POxy 655)
202	Mt 6,33	ζητεῖτε δὲ πρῶτον τὴν βασιλείαν [τοῦ θεοῦ] καὶ τὴν δικαιοσύνην αὐτοῦ, καὶ ταῦτα πάντα **προστεθήσεται** ὑμῖν.			Lk 12,31	πλὴν ζητεῖτε τὴν βασιλείαν αὐτοῦ, καὶ ταῦτα **προστεθήσεται** ὑμῖν.	
020	Mt 7,2	... καὶ ἐν ᾧ μέτρῳ μετρεῖτε μετρηθήσεται ὑμῖν.	Mk 4,24	... ἐν ᾧ μέτρῳ μετρεῖτε μετρηθήσεται ὑμῖν καὶ **προστεθήσεται** ὑμῖν.	Lk 6,38	... ᾧ γὰρ μέτρῳ μετρεῖτε ἀντιμετρηθήσεται ὑμῖν.	Mk-Q overlap
002					Lk 17,5	καὶ εἶπαν οἱ ἀπόστολοι τῷ κυρίῳ· **πρόσθες** ἡμῖν πίστιν.	
002					Lk 19,11	ἀκουόντων δὲ αὐτῶν ταῦτα **προσθεὶς** εἶπεν παραβολὴν διὰ τὸ ἐγγὺς εἶναι Ἰερουσαλὴμ αὐτὸν καὶ δοκεῖν αὐτοὺς ὅτι παραχρῆμα μέλλει ἡ βασιλεία τοῦ θεοῦ ἀναφαίνεσθαι.	
112	Mt 21,36	πάλιν ἀπέστειλεν ἄλλους δούλους πλείονας τῶν πρώτων, καὶ ἐποίησαν αὐτοῖς ὡσαύτως.	Mk 12,4	καὶ πάλιν ἀπέστειλεν πρὸς αὐτοὺς ἄλλον δοῦλον· κἀκεῖνον ἐκεφαλίωσαν καὶ ἠτίμασαν.	Lk 20,11	καὶ **προσέθετο** ἕτερον πέμψαι δοῦλον· οἱ δὲ κἀκεῖνον δείραντες καὶ ἀτιμάσαντες ἐξαπέστειλαν κενόν.	→ GTh 65
112	Mt 21,35 → Mt 22,6	... ὃν δὲ ἀπέκτειναν, ὃν δὲ ἐλιθοβόλησαν.	Mk 12,5 → Mt 21,34	καὶ ἄλλον ἀπέστειλεν· κἀκεῖνον ἀπέκτειναν, καὶ πολλοὺς ἄλλους, οὓς μὲν δέροντες, οὓς δὲ ἀποκτέννοντες.	Lk 20,12	καὶ **προσέθετο** τρίτον πέμψαι· οἱ δὲ καὶ τοῦτον τραυματίσαντες ἐξέβαλον.	→ GTh 65

Acts 2,41 οἱ μὲν οὖν ἀποδεξάμενοι τὸν λόγον αὐτοῦ ἐβαπτίσθησαν καὶ **προσετέθησαν** ἐν τῇ ἡμέρᾳ ἐκείνῃ ψυχαὶ ὡσεὶ τρισχίλιαι.

Acts 2,47 ... ὁ δὲ κύριος **προσετίθει** τοὺς σῳζομένους καθ' ἡμέραν ἐπὶ τὸ αὐτό.

Acts 5,14 μᾶλλον δὲ **προσετίθεντο** πιστεύοντες τῷ κυρίῳ, πλήθη ἀνδρῶν τε καὶ γυναικῶν

Acts 11,24 ὅτι ἦν ἀνὴρ ἀγαθὸς καὶ πλήρης πνεύματος ἁγίου καὶ πίστεως. καὶ **προσετέθη** ὄχλος ἱκανὸς τῷ κυρίῳ.

Acts 12,3 [1] ... Ἡρῴδης ... [3] ἰδὼν δὲ ὅτι ἀρεστόν ἐστιν τοῖς Ἰουδαίοις, **προσέθετο** συλλαβεῖν καὶ Πέτρον, ...

Acts 13,36 Δαυὶδ μὲν γὰρ ἰδίᾳ γενεᾷ ὑπηρετήσας τῇ τοῦ θεοῦ βουλῇ ἐκοιμήθη καὶ **προσετέθη** πρὸς τοὺς πατέρας αὐτοῦ καὶ εἶδεν διαφθοράν·

προστρέχω

	Syn	Mt	Mk	Lk	Acts	Jn	1-3John	Paul	Eph	Col
	2		2		1					
	NT	2Thess	1/2Tim	Tit	Heb	Jas	1Pet	2Pet	Jude	Rev
	3									

run up (to)

021		**Mk 9,15** καὶ εὐθὺς πᾶς ὁ ὄχλος ἰδόντες αὐτὸν ἐξεθαμβήθησαν καὶ **προστρέχοντες ἠσπάζοντο** αὐτόν.	**Lk 9,37** ... **συνήντησεν** αὐτῷ ὄχλος πολύς.	
121	**Mt 19,16** → Mt 22,35-36 καὶ ἰδοὺ εἷς **προσελθὼν** αὐτῷ εἶπεν· διδάσκαλε, τί ἀγαθὸν ποιήσω ἵνα σχῶ ζωὴν αἰώνιον;	**Mk 10,17** → Mk 12,28 καὶ ἐκπορευομένου αὐτοῦ εἰς ὁδὸν **προσδραμὼν** εἷς καὶ γονυπετήσας αὐτὸν ἐπηρώτα αὐτόν· διδάσκαλε ἀγαθέ, τί ποιήσω ἵνα ζωὴν αἰώνιον κληρονομήσω;	**Lk 18,18** ⇨ Lk 10,25 καὶ ἐπηρώτησέν τις αὐτὸν ἄρχων λέγων· διδάσκαλε ἀγαθέ, τί ποιήσας ζωὴν αἰώνιον κληρονομήσω;	

Acts 8,30 **προσδραμὼν** δὲ ὁ Φίλιππος ἤκουσεν αὐτοῦ ἀναγινώσκοντος Ἠσαΐαν τὸν προφήτην ...

προσφέρω

	Syn	Mt	Mk	Lk	Acts	Jn	1-3John	Paul	Eph	Col
	22	15	3	4	3	2				
	NT	2Thess	1/2Tim	Tit	Heb	Jas	1Pet	2Pet	Jude	Rev
	47				20					

bring (to); offer; present; *passive:* meet; deal with

	triple tradition																	double tradition			Sondergut		
		+Mt / +Lk			–Mt / –Lk			traditions not taken over by Mt / Lk							subtotals								
code	*222*	*211*	*112*	*212*	*221*	*122*	*121*	*022*	*012*	*021*	*220*	*120*	*210*	*020*	Σ⁺	Σ⁻	Σ	*202*	*201*	*102*	*200*	*002*	total
Mt	2	4⁺											1⁺		5⁺		7		2		6		**15**
Mk	2									1							3						**3**
Lk	2									1⁻						1⁻	2					2	**4**

a προσφέρω (sacrificial) gifts

b προσφέρω sick people to Jesus or his disciples

a 200	**Mt 2,11** ... καὶ πεσόντες προσεκύνησαν αὐτῷ καὶ ἀνοίξαντες τοὺς θησαυροὺς αὐτῶν **προσήνεγκαν** αὐτῷ δῶρα, χρυσὸν καὶ λίβανον καὶ σμύρναν.			

b 200	**Mt 4,24** ⇩ Mt 8,16 → Mt 12,15 → Mt 15,30	... καὶ **προσήνεγκαν** αὐτῷ πάντας τοὺς κακῶς ἔχοντας ...	**Mk 1,32** → Mk 3,10	ὀψίας δὲ γενομένης, ὅτε ἔδυ ὁ ἥλιος, **ἔφερον** πρὸς αὐτὸν πάντας τοὺς κακῶς ἔχοντας ...	**Lk 4,40** → Lk 6,18	δύνοντος δὲ τοῦ ἡλίου ἅπαντες ὅσοι εἶχον ἀσθενοῦντας νόσοις ποικίλαις **ἤγαγον** αὐτοὺς πρὸς αὐτόν· ...
a 200	**Mt 5,23** → Mk 11,25	ἐὰν οὖν **προσφέρῃς** τὸ δῶρόν σου ἐπὶ τὸ θυσιαστήριον κἀκεῖ μνησθῇς ὅτι ὁ ἀδελφός σου ἔχει τι κατὰ σοῦ,				
a 200	**Mt 5,24** → Mt 6,14 → Mk 11,25	ἄφες ἐκεῖ τὸ δῶρόν σου ἔμπροσθεν τοῦ θυσιαστηρίου καὶ ὕπαγε πρῶτον διαλλάγηθι τῷ ἀδελφῷ σου, καὶ τότε ἐλθὼν **πρόσφερε** τὸ δῶρόν σου.				
a 222	**Mt 8,4**	καὶ λέγει αὐτῷ ὁ Ἰησοῦς· ὅρα μηδενὶ εἴπῃς, ἀλλὰ ὕπαγε σεαυτὸν δεῖξον τῷ ἱερεῖ, καὶ **προσένεγκον** τὸ δῶρον ὃ προσέταξεν Μωϋσῆς, εἰς μαρτύριον αὐτοῖς. ➤ Lev 13,49; 14,2-4	**Mk 1,44**	καὶ λέγει αὐτῷ· ὅρα μηδενὶ μηδὲν εἴπῃς, ἀλλὰ ὕπαγε σεαυτὸν δεῖξον τῷ ἱερεῖ καὶ **προσένεγκε** περὶ τοῦ καθαρισμοῦ σου ἃ προσέταξεν Μωϋσῆς, εἰς μαρτύριον αὐτοῖς. ➤ Lev 13,49; 14,2-4	**Lk 5,14** → Lk 17,14	καὶ αὐτὸς παρήγγειλεν αὐτῷ μηδενὶ εἰπεῖν, ἀλλὰ ἀπελθὼν δεῖξον σεαυτὸν τῷ ἱερεῖ καὶ **προσένεγκε** περὶ τοῦ καθαρισμοῦ σου καθὼς προσέταξεν Μωϋσῆς, εἰς μαρτύριον αὐτοῖς. ➤ Lev 13,49; 14,2-4
b 211	**Mt 8,16** ⇧ Mt 4,24 → Mt 12,15 ↓ Mt 14,35 → Mt 15,30	ὀψίας δὲ γενομένης **προσήνεγκαν** αὐτῷ δαιμονιζομένους πολλούς· ...	**Mk 1,32** → Mk 3,10 ↓ Mk 6,55 → Mk 7,32	ὀψίας δὲ γενομένης, ὅτε ἔδυ ὁ ἥλιος, **ἔφερον** πρὸς αὐτὸν πάντας τοὺς κακῶς ἔχοντας καὶ τοὺς δαιμονιζομένους·	**Lk 4,40** → Lk 6,18	δύνοντος δὲ τοῦ ἡλίου ἅπαντες ὅσοι εἶχον ἀσθενοῦντας νόσοις ποικίλαις **ἤγαγον** αὐτοὺς πρὸς αὐτόν· ...
b 211	**Mt 9,2**	καὶ ἰδοὺ **προσέφερον** αὐτῷ παραλυτικὸν ἐπὶ κλίνης βεβλημένον. ...	**Mk 2,3**	καὶ ἔρχονται **φέροντες** πρὸς αὐτὸν παραλυτικὸν αἰρόμενον ὑπὸ τεσσάρων.	**Lk 5,18**	καὶ ἰδοὺ ἄνδρες **φέροντες** ἐπὶ κλίνης ἄνθρωπον ὃς ἦν παραλελυμένος ...
b 021			**Mk 2,4**	καὶ μὴ δυνάμενοι **προσενέγκαι** αὐτῷ διὰ τὸν ὄχλον ...	**Lk 5,19**	καὶ μὴ εὑρόντες ποίας **εἰσενέγκωσιν** αὐτὸν διὰ τὸν ὄχλον, ...
b 201	**Mt 9,32** ⇩ Mt 12,22	αὐτῶν δὲ ἐξερχομένων ἰδοὺ **προσήνεγκαν** αὐτῷ ἄνθρωπον κωφὸν δαιμονιζόμενον.			**Lk 11,14**	καὶ ἦν ἐκβάλλων δαιμόνιον [καὶ αὐτὸ ἦν] κωφόν· ...
b 200	**Mt 12,22** ⇧ Mt 9,32	τότε **προσηνέχθη** αὐτῷ δαιμονιζόμενος τυφλὸς καὶ κωφός, καὶ ἐθεράπευσεν αὐτόν, ὥστε τὸν κωφὸν λαλεῖν καὶ βλέπειν.			**Lk 11,14**	καὶ ἦν ἐκβάλλων δαιμόνιον [καὶ αὐτὸ ἦν] κωφόν· ἐγένετο δὲ τοῦ δαιμονίου ἐξελθόντος ἐλάλησεν ὁ κωφὸς ...

	Mt		Mk		Lk		
b 210	**Mt 14,35** ↑ Mt 8,16 → Mt 15,30	καὶ ἐπιγνόντες αὐτὸν οἱ ἄνδρες τοῦ τόπου ἐκείνου ἀπέστειλαν εἰς ὅλην τὴν περίχωρον ἐκείνην καὶ **προσήνεγκαν** αὐτῷ πάντας τοὺς κακῶς ἔχοντας	**Mk 6,55** ↑ Mk 1,32 → Mk 7,32	[54] ... εὐθὺς ἐπιγνόντες αὐτὸν [55] περιέδραμον ὅλην τὴν χώραν ἐκείνην καὶ ἤρξαντο ἐπὶ τοῖς κραβάττοις τοὺς κακῶς ἔχοντας **περιφέρειν** ὅπου ἤκουον ὅτι ἐστίν.	↑ Lk 4,40		
b 211	**Mt 17,16**	καὶ **προσήνεγκα** αὐτὸν τοῖς μαθηταῖς σου, καὶ οὐκ ἠδυνήθησαν αὐτὸν θεραπεῦσαι.	**Mk 9,18**	... καὶ εἶπα τοῖς μαθηταῖς σου ἵνα αὐτὸ ἐκβάλωσιν, καὶ οὐκ ἴσχυσαν.	**Lk 9,40**	καὶ ἐδεήθην τῶν μαθητῶν σου ἵνα ἐκβάλωσιν αὐτό, καὶ οὐκ ἠδυνήθησαν.	
200	**Mt 18,24**	ἀρξαμένου δὲ αὐτοῦ συναίρειν **προσηνέχθη** αὐτῷ εἷς ὀφειλέτης μυρίων ταλάντων.					
222	**Mt 19,13**	τότε **προσηνέχθησαν** αὐτῷ παιδία ἵνα τὰς χεῖρας ἐπιθῇ αὐτοῖς καὶ προσεύξηται· ...	**Mk 10,13**	καὶ **προσέφερον** αὐτῷ παιδία ἵνα αὐτῶν ἅψηται· ...	**Lk 18,15**	**προσέφερον** δὲ αὐτῷ καὶ τὰ βρέφη ἵνα αὐτῶν ἅπτηται· ...	→ GTh 22
211	**Mt 22,19**	ἐπιδείξατέ μοι τὸ νόμισμα τοῦ κήνσου. οἱ δὲ **προσήνεγκαν** αὐτῷ δηνάριον. [20] καὶ λέγει αὐτοῖς· τίνος ἡ εἰκὼν αὕτη καὶ ἡ ἐπιγραφή;	**Mk 12,16**	[15] ... φέρετέ μοι δηνάριον ἵνα ἴδω. [16] οἱ δὲ **ἤνεγκαν**. καὶ λέγει αὐτοῖς· τίνος ἡ εἰκὼν αὕτη καὶ ἡ ἐπιγραφή; ...	**Lk 20,24**	δείξατέ μοι δηνάριον· τίνος ἔχει εἰκόνα καὶ ἐπιγραφήν; ...	→ GTh 100
201	**Mt 25,20**	καὶ προσελθὼν ὁ τὰ πέντε τάλαντα λαβὼν **προσήνεγκεν** ἄλλα πέντε τάλαντα λέγων· κύριε, πέντε τάλαντά μοι παρέδωκας· ἴδε ἄλλα πέντε τάλαντα ἐκέρδησα.			**Lk 19,16**	παρεγένετο δὲ ὁ πρῶτος λέγων· κύριε, ἡ μνᾶ σου δέκα προσηργάσατο μνᾶς.	
002					**Lk 23,14** → Lk 23,2 → Lk 23,4 → Mt 27,23 → Mk 15,14 → Lk 23,22	εἶπεν πρὸς αὐτούς· **προσηνέγκατέ** μοι τὸν ἄνθρωπον τοῦτον ὡς ἀποστρέφοντα τὸν λαόν, καὶ ἰδοὺ ἐγὼ ἐνώπιον ὑμῶν ἀνακρίνας οὐθὲν εὗρον ἐν τῷ ἀνθρώπῳ τούτῳ αἴτιον ὧν κατηγορεῖτε κατ' αὐτοῦ.	→ Jn 18,38b → Jn 19,4 → Acts 13,28
002	**Mt 27,48**	καὶ εὐθέως δραμὼν εἷς ἐξ αὐτῶν καὶ λαβὼν σπόγγον πλήσας τε ὄξους καὶ περιθεὶς καλάμῳ ἐπότιζεν αὐτόν.	**Mk 15,36**	δραμὼν δέ τις [καὶ] γεμίσας σπόγγον ὄξους περιθεὶς καλάμῳ ἐπότιζεν αὐτὸν ...	**Lk 23,36** → Lk 23,39	ἐνέπαιξαν δὲ αὐτῷ καὶ οἱ στρατιῶται προσερχόμενοι, ὄξος **προσφέροντες** αὐτῷ	**→ Jn 19,29**

a	**Acts 7,42**	... *μὴ σφάγια καὶ θυσίας **προσηνέγκατέ** μοι ἔτη τεσσεράκοντα ἐν τῇ ἐρήμῳ, οἶκος Ἰσραήλ;* ➤ Amos 5,25 LXX	
	Acts 8,18	ἰδὼν δὲ ὁ Σίμων ὅτι διὰ τῆς ἐπιθέσεως τῶν χειρῶν τῶν ἀποστόλων δίδοται τὸ πνεῦμα, **προσήνεγκεν** αὐτοῖς χρήματα	
a	**Acts 21,26**	τότε ὁ Παῦλος παραλαβὼν τοὺς ἄνδρας τῇ ἐχομένῃ ἡμέρᾳ σὺν αὐτοῖς ἁγνισθείς, εἰσῄει εἰς τὸ ἱερὸν διαγγέλλων τὴν ἐκπλήρωσιν τῶν ἡμερῶν τοῦ ἁγνισμοῦ ἕως οὗ **προσηνέχθη** ὑπὲρ ἑνὸς ἑκάστου αὐτῶν ἡ προσφορά.	

προσφωνέω	Syn 5	Mt 1	Mk	Lk 4	Acts 2	Jn	1-3John	Paul	Eph	Col
	NT 7	2Thess	1/2Tim	Tit	Heb	Jas	1Pet	2Pet	Jude	Rev

call out; address; call to oneself

	triple tradition																	double tradition			Sondergut		
		+Mt / +Lk			–Mt / –Lk			traditions not taken over by Mt / Lk								subtotals							
code	*222*	*211*	*112*	*212*	*221*	*122*	*121*	*022*	*012*	*021*	*220*	*120*	*210*	*020*	Σ⁺	Σ⁻	Σ	*202*	*201*	*102*	*200*	*002*	total
Mt																		1					**1**
Mk																							
Lk			1⁺						1⁺						2⁺		2	1				1	**4**

012	**Mt 10,1** → Mk 6,7	καὶ **προσκαλεσάμενος** τοὺς δώδεκα μαθητὰς αὐτοῦ ...	**Mk 3,13**	... καὶ **προσκαλεῖται** οὓς ἤθελεν αὐτός, καὶ ἀπῆλθον πρὸς αὐτόν.	**Lk 6,13**	καὶ ὅτε ἐγένετο ἡμέρα, **προσεφώνησεν** τοὺς μαθητὰς αὐτοῦ, ...	
202	**Mt 11,16**	... ὁμοία ἐστὶν παιδίοις καθημένοις ἐν ταῖς ἀγοραῖς ἃ **προσφωνοῦντα** τοῖς ἑτέροις [17] λέγουσιν· ηὐλήσαμεν ὑμῖν ...			**Lk 7,32**	ὅμοιοί εἰσιν παιδίοις τοῖς ἐν ἀγορᾷ καθημένοις καὶ **προσφωνοῦσιν** ἀλλήλοις ἃ λέγει· ηὐλήσαμεν ὑμῖν ...	
002					**Lk 13,12** → Mt 12,13 → Mk 3,5 → Lk 6,10	ἰδὼν δὲ αὐτὴν ὁ Ἰησοῦς **προσεφώνησεν** καὶ εἶπεν αὐτῇ· γύναι, ἀπολέλυσαι τῆς ἀσθενείας σου	
112	**Mt 27,22**	**λέγει** αὐτοῖς ὁ Πιλᾶτος· τί οὖν ποιήσω Ἰησοῦν τὸν λεγόμενον χριστόν; ...	**Mk 15,12**	ὁ δὲ Πιλᾶτος πάλιν ἀποκριθεὶς **ἔλεγεν** αὐτοῖς· τί οὖν [θέλετε] ποιήσω [ὃν λέγετε] τὸν βασιλέα τῶν Ἰουδαίων;	**Lk 23,20**	πάλιν δὲ ὁ Πιλᾶτος **προσεφώνησεν** αὐτοῖς θέλων ἀπολῦσαι τὸν Ἰησοῦν·	→ Jn 19,12

Acts 21,40 ... πολλῆς δὲ σιγῆς γενομένης **προσεφώνησεν** τῇ Ἑβραΐδι διαλέκτῳ λέγων·

Acts 22,2 ἀκούσαντες δὲ ὅτι τῇ Ἑβραΐδι διαλέκτῳ **προσεφώνει** αὐτοῖς, μᾶλλον παρέσχον ἡσυχίαν. ...

προσψαύω	Syn 1	Mt	Mk	Lk 1	Acts	Jn	1-3John	Paul	Eph	Col
	NT 1	2Thess	1/2Tim	Tit	Heb	Jas	1Pet	2Pet	Jude	Rev

touch something

102	**Mt 23,4**	δεσμεύουσιν δὲ φορτία βαρέα [καὶ δυσβάστακτα] καὶ ἐπιτιθέασιν ἐπὶ τοὺς ὤμους τῶν ἀνθρώπων, αὐτοὶ δὲ τῷ δακτύλῳ αὐτῶν **οὐ θέλουσιν κινῆσαι** αὐτά.			**Lk 11,46**	... φορτίζετε τοὺς ἀνθρώπους φορτία δυσβάστακτα, καὶ αὐτοὶ ἑνὶ τῶν δακτύλων ὑμῶν **οὐ προσψαύετε** τοῖς φορτίοις.	

πρόσωπον	Syn 26	Mt 10	Mk 3	Lk 13	Acts 12	Jn	1-3John	Paul 21	Eph	Col 1
	NT 76	2Thess 1	1/2Tim	Tit	Heb 1	Jas 2	1Pet 1	2Pet	Jude 1	Rev 10

face; countenance; external things; appearance; surface; person

	triple tradition																	double tradition			Sondergut		
		+Mt / +Lk			–Mt / –Lk			traditions not taken over by Mt / Lk							subtotals								
code	*222*	*211*	*112*	*212*	*221*	*122*	*121*	*022*	*012*	*021*	*220*	*120*	*210*	*020*	Σ^+	Σ^-	Σ	*202*	*201*	*102*	*200*	*002*	total
Mt	1	2^+		1^+			1^-								3^+	1^-	4	2			4		**10**
Mk	1						1							1			3						**3**
Lk	1		1^+	1^+			1^-		1^+						3^+	1^-	4	2				7	**13**

[a] ἐπὶ πρόσωπον

[b] κατὰ πρόσωπον

[c] πρὸ προσώπου

[d] ἀπὸ προσώπου

	Mt		Mk		Lk		
b 002					**Lk 2,31**	[30] ὅτι εἶδον οἱ ὀφθαλμοί μου τὸ σωτήριόν σου, [31] ὃ ἡτοίμασας **κατὰ πρόσωπον πάντων τῶν λαῶν**	
c 020	**Mt 11,10**	οὗτός ἐστιν περὶ οὗ γέγραπται· *ἰδοὺ ἐγὼ ἀποστέλλω τὸν ἄγγελόν μου* ***πρὸ προσώπου*** **σου,** *ὃς κατασκευάσει τὴν ὁδόν σου ἔμπροσθέν* σου. ➤ Exod 23,20/Mal 3,1	**Mk 1,2** → Mt 3,3 → Lk 3,4	καθὼς γέγραπται ἐν τῷ Ἠσαΐᾳ τῷ προφήτῃ· *ἰδοὺ ἀποστέλλω τὸν ἄγγελόν μου* ***πρὸ προσώπου σου,*** *ὃς κατασκευάσει τὴν ὁδόν σου*· ➤ Exod 23,20/Mal 3,1	**Lk 7,27**	οὗτός ἐστιν περὶ οὗ γέγραπται· *ἰδοὺ ἀποστέλλω τὸν ἄγγελόν μου* ***πρὸ προσώπου*** **σου,** *ὃς κατασκευάσει τὴν ὁδόν σου ἔμπροσθέν* σου. ➤ Exod 23,20/Mal 3,1	Mk-Q overlap
a 112	**Mt 8,2**	καὶ ἰδοὺ λεπρὸς προσελθὼν προσεκύνει αὐτῷ λέγων· κύριε, ἐὰν θέλῃς δύνασαί με καθαρίσαι.	**Mk 1,40**	καὶ ἔρχεται πρὸς αὐτὸν λεπρὸς παρακαλῶν αὐτὸν [καὶ γονυπετῶν] καὶ λέγων αὐτῷ ὅτι ἐὰν θέλῃς δύνασαί με καθαρίσαι.	**Lk 5,12** ↓ Lk 17,16	... καὶ ἰδοὺ ἀνὴρ πλήρης λέπρας· ἰδὼν δὲ τὸν Ἰησοῦν, πεσὼν **ἐπὶ πρόσωπον** ἐδεήθη αὐτοῦ λέγων· κύριε, ἐὰν θέλῃς δύνασαί με καθαρίσαι.	
200	**Mt 6,16**	ὅταν δὲ νηστεύητε, μὴ γίνεσθε ὡς οἱ ὑποκριταὶ σκυθρωποί, ἀφανίζουσιν γὰρ **τὰ πρόσωπα αὐτῶν** ὅπως φανῶσιν τοῖς ἀνθρώποις νηστεύοντες· ...					→ GTh 6 (POxy 654) → GTh 27 (POxy 1)
200	**Mt 6,17**	σὺ δὲ νηστεύων ἄλειψαί σου τὴν κεφαλὴν καὶ **τὸ πρόσωπόν σου** νίψαι					→ GTh 6 (POxy 654) → GTh 27 (POxy 1)
c 202	**Mt 11,10**	οὗτός ἐστιν περὶ οὗ γέγραπται· *ἰδοὺ ἐγὼ ἀποστέλλω τὸν ἄγγελόν μου* ***πρὸ προσώπου σου,*** *ὃς κατασκευάσει τὴν ὁδόν σου ἔμπροσθέν* σου. ➤ Exod 23,20/Mal 3,1	**Mk 1,2** → Mt 3,3 → Lk 3,4	καθὼς γέγραπται ἐν τῷ Ἠσαΐᾳ τῷ προφήτῃ· *ἰδοὺ ἀποστέλλω τὸν ἄγγελόν μου* ***πρὸ προσώπου*** σου, *ὃς κατασκευάσει τὴν ὁδόν* σου· ➤ Exod 23,20/Mal 3,1	**Lk 7,27**	οὗτός ἐστιν περὶ οὗ γέγραπται· *ἰδοὺ ἀποστέλλω τὸν ἄγγελόν μου* ***πρὸ προσώπου σου,*** *ὃς κατασκευάσει τὴν ὁδόν σου ἔμπροσθέν* σου. ➤ Exod 23,20/Mal 3,1	Mk-Q overlap
202	**Mt 16,3**	[... τὸ μὲν **πρόσωπον τοῦ οὐρανοῦ** γινώσκετε διακρίνειν, τὰ δὲ σημεῖα τῶν καιρῶν οὐ δύνασθε;]			**Lk 12,56**	ὑποκριταί, **τὸ πρόσωπον τῆς γῆς καὶ τοῦ οὐρανοῦ** οἴδατε δοκιμάζειν, τὸν καιρὸν δὲ τοῦτον πῶς οὐκ οἴδατε δοκιμάζειν;	→ GTh 91 Mt 16,3 is textcritically uncertain.

	Mt		Mk		Lk		
212	Mt 17,2	καὶ μετεμορφώθη ἔμπροσθεν αὐτῶν, καὶ ἔλαμψεν τὸ πρόσωπον αὐτοῦ ὡς ὁ ἥλιος, ...	Mk 9,2	... καὶ μετεμορφώθη ἔμπροσθεν αὐτῶν	Lk 9,29	καὶ ἐγένετο ἐν τῷ προσεύχεσθαι αὐτὸν τὸ εἶδος τοῦ προσώπου αὐτοῦ ἕτερον ...	
a 200	Mt 17,6 → Mk 9,6	καὶ ἀκούσαντες οἱ μαθηταὶ ἔπεσαν ἐπὶ πρόσωπον αὐτῶν καὶ ἐφοβήθησαν σφόδρα.					
200	Mt 18,10 → Mt 18,6 → Mk 9,42 → Lk 17,2	... οἱ ἄγγελοι αὐτῶν ἐν οὐρανοῖς διὰ παντὸς βλέπουσι τὸ πρόσωπον τοῦ πατρός μου τοῦ ἐν οὐρανοῖς.					
002					Lk 9,51 → Mt 19,1 → Mk 10,1 → Lk 24,51	ἐγένετο δὲ ἐν τῷ συμπληροῦσθαι τὰς ἡμέρας τῆς ἀναλήμψεως αὐτοῦ καὶ αὐτὸς τὸ πρόσωπον ἐστήρισεν τοῦ πορεύεσθαι εἰς Ἰερουσαλήμ.	→ Acts 1,2.9 → Acts 1,11.22
c 002					Lk 9,52	καὶ ἀπέστειλεν ἀγγέλους πρὸ προσώπου αὐτοῦ. καὶ πορευθέντες εἰσῆλθον εἰς κώμην Σαμαριτῶν, ὡς ἑτοιμάσαι αὐτῷ·	
002					Lk 9,53	καὶ οὐκ ἐδέξαντο αὐτόν, ὅτι τὸ πρόσωπον αὐτοῦ ἦν πορευόμενον εἰς Ἰερουσαλήμ.	
c 002					Lk 10,1 → Mt 10,1 → Mk 6,7 → Lk 9,1	μετὰ δὲ ταῦτα ἀνέδειξεν ὁ κύριος ἑτέρους ἑβδομήκοντα [δύο] καὶ ἀπέστειλεν αὐτοὺς ἀνὰ δύο [δύο] πρὸ προσώπου αὐτοῦ εἰς πᾶσαν πόλιν καὶ τόπον οὗ ἤμελλεν αὐτὸς ἔρχεσθαι.	
202	Mt 16,3	[... τὸ μὲν πρόσωπον τοῦ οὐρανοῦ γινώσκετε διακρίνειν, τὰ δὲ σημεῖα τῶν καιρῶν οὐ δύνασθε;]			Lk 12,56	ὑποκριταί, τὸ πρόσωπον τῆς γῆς καὶ τοῦ οὐρανοῦ οἴδατε δοκιμάζειν, τὸν καιρὸν δὲ τοῦτον πῶς οὐκ οἴδατε δοκιμάζειν;	→ GTh 91 Mt 16,3 is textcritically uncertain.
a 002					Lk 17,16 ↑ Mt 8,2 ↑ Mk 1,40 ↑ Lk 5,12	καὶ ἔπεσεν ἐπὶ πρόσωπον παρὰ τοὺς πόδας αὐτοῦ εὐχαριστῶν αὐτῷ· καὶ αὐτὸς ἦν Σαμαρίτης.	
222	Mt 22,16	... διδάσκαλε, οἴδαμεν ὅτι ἀληθὴς εἶ καὶ τὴν ὁδὸν τοῦ θεοῦ ἐν ἀληθείᾳ διδάσκεις καὶ οὐ μέλει σοι περὶ οὐδενός. οὐ γὰρ βλέπεις εἰς πρόσωπον ἀνθρώπων	Mk 12,14	... διδάσκαλε, οἴδαμεν ὅτι ἀληθὴς εἶ καὶ οὐ μέλει σοι περὶ οὐδενός· οὐ γὰρ βλέπεις εἰς πρόσωπον ἀνθρώπων, ἀλλ' ἐπ' ἀληθείας τὴν ὁδὸν τοῦ θεοῦ διδάσκεις· ...	Lk 20,21	... διδάσκαλε, οἴδαμεν ὅτι ὀρθῶς λέγεις καὶ διδάσκεις καὶ οὐ λαμβάνεις πρόσωπον, ἀλλ' ἐπ' ἀληθείας τὴν ὁδὸν τοῦ θεοῦ διδάσκεις·	→ Jn 3,2

a 002					Lk 21,35	... ἐπεισελεύσεται γὰρ ἐπὶ πάντας τοὺς καθημένους ἐπὶ πρόσωπον πάσης τῆς γῆς.	
a 211	Mt 26,39	καὶ προελθὼν μικρὸν ἔπεσεν ἐπὶ πρόσωπον αὐτοῦ προσευχόμενος ...	Mk 14,35	καὶ προελθὼν μικρὸν ἔπιπτεν ἐπὶ τῆς γῆς καὶ προσηύχετο ...	Lk 22,41	καὶ αὐτὸς ἀπεσπάσθη ἀπ' αὐτῶν ὡσεὶ λίθου βολὴν καὶ θεὶς τὰ γόνατα προσηύχετο	
211	Mt 26,67 → Mt 27,30	τότε ἐνέπτυσαν εἰς τὸ πρόσωπον αὐτοῦ	Mk 14,65 → Mk 15,19	καὶ ἤρξαντό τινες ἐμπτύειν αὐτῷ	Lk 22,63	καὶ οἱ ἄνδρες οἱ συνέχοντες αὐτὸν ἐνέπαιζον αὐτῷ δέροντες,	
121		καὶ ἐκολάφισαν αὐτόν, οἱ δὲ ἐράπισαν [68] λέγοντες· προφήτευσον ἡμῖν, χριστέ, τίς ἐστιν ὁ παίσας σε;		καὶ περικαλύπτειν αὐτοῦ τὸ πρόσωπον καὶ κολαφίζειν αὐτὸν καὶ λέγειν αὐτῷ· προφήτευσον, καὶ οἱ ὑπηρέται ῥαπίσμασιν αὐτὸν ἔλαβον.	Lk 22,64	καὶ περικαλύψαντες αὐτὸν ἐπηρώτων λέγοντες· προφήτευσον, τίς ἐστιν ὁ παίσας σε;	
012	Mt 28,4	ἀπὸ δὲ τοῦ φόβου αὐτοῦ ἐσείσθησαν οἱ τηροῦντες καὶ ἐγενήθησαν ὡς νεκροί. [5] ἀποκριθεὶς δὲ ὁ ἄγγελος εἶπεν ταῖς γυναιξίν· μὴ φοβεῖσθε ὑμεῖς, οἶδα γὰρ ὅτι Ἰησοῦν τὸν ἐσταυρωμένον ζητεῖτε·	Mk 16,5	... καὶ ἐξεθαμβήθησαν. [5] ὁ δὲ λέγει αὐταῖς· μὴ ἐκθαμβεῖσθε· Ἰησοῦν ζητεῖτε ...	Lk 24,5 → Lk 24,23	ἐμφόβων δὲ γενομένων αὐτῶν καὶ κλινουσῶν τὰ πρόσωπα εἰς τὴν γῆν εἶπαν πρὸς αὐτάς· τί ζητεῖτε τὸν ζῶντα μετὰ τῶν νεκρῶν·	

Acts 2,28 *ἐγνώρισάς μοι ὁδοὺς ζωῆς, πληρώσεις με εὐφροσύνης*
μετὰ τοῦ προσώπου σου.
➤ Ps 15,11 LXX

b Acts 3,13 *ὁ θεὸς Ἀβραὰμ καὶ [ὁ θεὸς] Ἰσαὰκ καὶ [ὁ θεὸς] Ἰακώβ, ὁ θεὸς τῶν πατέρων ἡμῶν,* ἐδόξασεν τὸν παῖδα αὐτοῦ Ἰησοῦν ὃν ὑμεῖς μὲν παρεδώκατε καὶ ἠρνήσασθε
κατὰ πρόσωπον Πιλάτου,
κρίναντος ἐκείνου ἀπολύειν·
➤ Exod 3,6

d Acts 3,20 ὅπως ἂν ἔλθωσιν καιροὶ ἀναψύξεως
ἀπὸ προσώπου τοῦ κυρίου
καὶ ἀποστείλῃ τὸν προκεχειρισμένον ὑμῖν χριστὸν Ἰησοῦν

d Acts 5,41 οἱ μὲν οὖν ἐπορεύοντο χαίροντες
ἀπὸ προσώπου τοῦ συνεδρίου,
ὅτι κατηξιώθησαν ὑπὲρ τοῦ ὀνόματος ἀτιμασθῆναι

Acts 6,15 (2) καὶ ἀτενίσαντες εἰς αὐτὸν πάντες οἱ καθεζόμενοι ἐν τῷ συνεδρίῳ εἶδον
τὸ πρόσωπον αὐτοῦ
ὡσεὶ πρόσωπον ἀγγέλου.

d Acts 7,45 ἣν καὶ εἰσήγαγον διαδεξάμενοι οἱ πατέρες ἡμῶν μετὰ Ἰησοῦ ἐν τῇ κατασχέσει τῶν ἐθνῶν, ὧν ἐξῶσεν ὁ θεὸς
ἀπὸ προσώπου τῶν πατέρων ἡμῶν
ἕως τῶν ἡμερῶν Δαυίδ

c Acts 13,24 → Mt 3,1-2 → Mk 1,4 → Lk 3,3 → Acts 19,4 προκηρύξαντος Ἰωάννου
πρὸ προσώπου τῆς εἰσόδου αὐτοῦ
βάπτισμα μετανοίας παντὶ τῷ λαῷ Ἰσραήλ.

a Acts 17,26 ἐποίησέν τε ἐξ ἑνὸς πᾶν ἔθνος ἀνθρώπων κατοικεῖν
ἐπὶ παντὸς προσώπου τῆς γῆς,
ὁρίσας προστεταγμένους καιροὺς καὶ τὰς ὁροθεσίας τῆς κατοικίας αὐτῶν

Acts 20,25 καὶ νῦν ἰδοὺ ἐγὼ οἶδα ὅτι οὐκέτι ὄψεσθε
τὸ πρόσωπόν μου
ὑμεῖς πάντες ἐν οἷς διῆλθον κηρύσσων τὴν βασιλείαν.

Acts 20,38 ὀδυνώμενοι μάλιστα ἐπὶ τῷ λόγῳ ᾧ εἰρήκει, ὅτι οὐκέτι μέλλουσιν
τὸ πρόσωπον αὐτοῦ
θεωρεῖν. ...

b Acts 25,16 πρὸς οὓς ἀπεκρίθην ὅτι οὐκ ἔστιν ἔθος Ῥωμαίοις χαρίζεσθαί τινα ἄνθρωπον πρὶν ἢ ὁ κατηγορούμενος
κατὰ πρόσωπον
ἔχοι τοὺς κατηγόρους τόπον τε ἀπολογίας λάβοι περὶ τοῦ ἐγκλήματος.

προτρέχω	Syn	Mt	Mk	Lk	Acts	Jn	1-3John	Paul	Eph	Col
	1			1		1				
	NT	2Thess	1/2Tim	Tit	Heb	Jas	1Pet	2Pet	Jude	Rev
	2									

run ahead

	Mt	Mk	Lk	
002			**Lk 19,4** καὶ **προδραμὼν** εἰς τὸ ἔμπροσθεν ἀνέβη ἐπὶ συκομορέαν ἵνα ἴδῃ αὐτὸν ὅτι ἐκείνης ἤμελλεν διέρχεσθαι.	

προϋπάρχω	Syn	Mt	Mk	Lk	Acts	Jn	1-3John	Paul	Eph	Col
	1			1	1					
	NT	2Thess	1/2Tim	Tit	Heb	Jas	1Pet	2Pet	Jude	Rev
	2									

exist before

	Mt	Mk	Lk	
002			**Lk 23,12** ἐγένοντο δὲ φίλοι ὅ τε Ἡρῴδης καὶ ὁ Πιλᾶτος ἐν αὐτῇ τῇ ἡμέρᾳ μετ' ἀλλήλων· **προϋπῆρχον** γὰρ ἐν ἔχθρᾳ ὄντες πρὸς αὐτούς.	

Acts 8,9 ἀνὴρ δέ τις ὀνόματι Σίμων **προϋπῆρχεν** ἐν τῇ πόλει μαγεύων καὶ ἐξιστάνων τὸ ἔθνος τῆς Σαμαρείας, λέγων εἶναί τινα ἑαυτὸν μέγαν

πρόφασις	Syn	Mt	Mk	Lk	Acts	Jn	1-3John	Paul	Eph	Col
	2		1	1	1	1		2		
	NT	2Thess	1/2Tim	Tit	Heb	Jas	1Pet	2Pet	Jude	Rev
	6									

actual motive; actual reason; valid excuse; falsely alleged motive; pretext; ostensible reason; excuse

	Mt	Mk	Lk	
022		**Mk 12,40** οἱ κατεσθίοντες τὰς οἰκίας τῶν χηρῶν καὶ **προφάσει** μακρὰ προσευχόμενοι· οὗτοι λήμψονται περισσότερον κρίμα.	**Lk 20,47** οἳ κατεσθίουσιν τὰς οἰκίας τῶν χηρῶν καὶ **προφάσει** μακρὰ προσεύχονται· οὗτοι λήμψονται περισσότερον κρίμα.	Mt 23,14 is textcritically uncertain.

Acts 27,30 τῶν δὲ ναυτῶν ζητούντων φυγεῖν ἐκ τοῦ πλοίου καὶ χαλασάντων τὴν σκάφην εἰς τὴν θάλασσαν **προφάσει** ὡς ἐκ πρῴρης ἀγκύρας μελλόντων ἐκτείνειν

προφέρω

		Mt	Mk	Lk	Acts	Jn	1-3John	Paul	Eph	Col
	Syn 2			2						
	NT 2	2Thess	1/2Tim	Tit	Heb	Jas	1Pet	2Pet	Jude	Rev

bring out; produce

   102 102	**Mt 12,35** → Mt 13,52	ὁ ἀγαθὸς ἄνθρωπος ἐκ τοῦ ἀγαθοῦ θησαυροῦ **ἐκβάλλει** ἀγαθά, καὶ ὁ πονηρὸς ἄνθρωπος ἐκ τοῦ πονηροῦ θησαυροῦ **ἐκβάλλει** πονηρά.	**Lk 6,45** **(2)**	ὁ ἀγαθὸς ἄνθρωπος ἐκ τοῦ ἀγαθοῦ θησαυροῦ τῆς καρδίας **προφέρει** τὸ ἀγαθόν, καὶ ὁ πονηρὸς ἐκ τοῦ πονηροῦ **προφέρει** τὸ πονηρόν· ...	→ GTh 45,2-3

προφητεία

		Mt	Mk	Lk	Acts	Jn	1-3John	Paul	Eph	Col
	Syn 1	1						7		
	NT 19	2Thess	1/2Tim 2	Tit	Heb	Jas	1Pet	2Pet 2	Jude	Rev 7

prophecy; gift of prophecy; gift of prophesying; utterance of the prophet; prophetic word

200	**Mt 13,14** → Mt 13,13 → Mk 4,12 → Lk 8,10	καὶ ἀναπληροῦται αὐτοῖς **ἡ προφητεία Ἠσαΐου** ἡ λέγουσα· *ἀκοῇ ἀκούσετε καὶ οὐ μὴ συνῆτε, καὶ βλέποντες βλέψετε καὶ οὐ μὴ ἴδητε.* ➤ Isa 6,9 LXX	→ Jn 12,40 → Acts 28,26

προφητεύω

		Mt	Mk	Lk	Acts	Jn	1-3John	Paul	Eph	Col
	Syn 8	4	2	2	4	1		11		
	NT 28	2Thess	1/2Tim	Tit	Heb	Jas	1Pet 1	2Pet	Jude 1	Rev 2

prophesy; proclaim a divine revelation; prophetically reveal; foretell the future

	triple tradition																	double tradition			Sondergut		
		+Mt / +Lk			–Mt / –Lk			traditions not taken over by Mt / Lk							subtotals								
code	222	211	112	212	221	122	121	022	012	021	220	120	210	020	Σ⁺	Σ⁻	Σ	202	201	102	200	002	total
Mt	1										1						2		2				**4**
Mk	1										1						2						**2**
Lk	1																1					1	**2**

002			**Lk 1,67**	καὶ Ζαχαρίας ὁ πατὴρ αὐτοῦ ἐπλήσθη πνεύματος ἁγίου καὶ **ἐπροφήτευσεν** λέγων· [68] εὐλογητὸς κύριος ὁ θεὸς τοῦ Ἰσραήλ, ...	
201	**Mt 7,22** → Mt 25,11	πολλοὶ ἐροῦσίν μοι ἐν ἐκείνῃ τῇ ἡμέρᾳ· κύριε κύριε, οὐ τῷ σῷ ὀνόματι **ἐπροφητεύσαμεν,** καὶ τῷ σῷ ὀνόματι δαιμόνια ἐξεβάλομεν, καὶ τῷ σῷ ὀνόματι δυνάμεις πολλὰς ἐποιήσαμεν;	**Lk 13,26**	τότε ἄρξεσθε λέγειν· ἐφάγομεν ἐνώπιόν σου καὶ ἐπίομεν καὶ ἐν ταῖς πλατείαις ἡμῶν ἐδίδαξας·	

201	**Mt 11,13** → Mt 5,17 πάντες γὰρ οἱ προφῆται καὶ ὁ νόμος ἕως Ἰωάννου **ἐπροφήτευσαν**·		**Lk 16,16** ὁ νόμος καὶ οἱ προφῆται μέχρι Ἰωάννου· ...	
220	**Mt 15,7** ὑποκριταί, καλῶς **ἐπροφήτευσεν** περὶ ὑμῶν Ἠσαΐας λέγων· [8] *ὁ λαὸς οὗτος τοῖς χείλεσίν με τιμᾷ, ἡ δὲ καρδία αὐτῶν πόρρω ἀπέχει ἀπ᾽ ἐμοῦ·* ➤ Isa 29,13 LXX	**Mk 7,6** ... καλῶς **ἐπροφήτευσεν** Ἠσαΐας περὶ ὑμῶν τῶν ὑποκριτῶν, ὡς γέγραπται [ὅτι] *οὗτος ὁ λαὸς τοῖς χείλεσίν με τιμᾷ, ἡ δὲ καρδία αὐτῶν πόρρω ἀπέχει ἀπ᾽ ἐμοῦ·* ➤ Isa 29,13 LXX		
222	**Mt 26,68** λέγοντες· **προφήτευσον** ἡμῖν, χριστέ, τίς ἐστιν ὁ παίσας σε;	**Mk 14,65** ... καὶ λέγειν αὐτῷ· **προφήτευσον,** καὶ οἱ ὑπηρέται ῥαπίσμασιν αὐτὸν ἔλαβον.	**Lk 22,64** καὶ ... ἐπηρώτων λέγοντες· **προφήτευσον,** τίς ἐστιν ὁ παίσας σε;	

Acts 2,17 *καὶ ἔσται* ἐν ταῖς ἐσχάταις ἡμέραις, λέγει ὁ θεός, *ἐκχεῶ ἀπὸ τοῦ πνεύματός μου ἐπὶ πᾶσαν σάρκα, καὶ* **προφητεύσουσιν** *οἱ υἱοὶ ὑμῶν καὶ αἱ θυγατέρες ὑμῶν καὶ οἱ νεανίσκοι ὑμῶν ὁράσεις ὄψονται καὶ οἱ πρεσβύτεροι ὑμῶν ἐνυπνίοις ἐνυπνιασθήσονται·*
➤ Joel 3,1 LXX

Acts 2,18 *καί γε ἐπὶ τοὺς δούλους μου καὶ ἐπὶ τὰς δούλας μου ἐν ταῖς ἡμέραις ἐκείναις ἐκχεῶ ἀπὸ τοῦ πνεύματός μου,* καὶ **προφητεύσουσιν.**
➤ Joel 3,2 LXX

Acts 19,6 καὶ ἐπιθέντος αὐτοῖς τοῦ Παύλου [τὰς] χεῖρας ἦλθε τὸ πνεῦμα τὸ ἅγιον ἐπ᾽ αὐτούς, ἐλάλουν τε γλώσσαις καὶ **ἐπροφήτευον.**

Acts 21,9 τούτῳ δὲ ἦσαν θυγατέρες τέσσαρες παρθένοι **προφητεύουσαι.**

προφήτης

Syn 72	Mt 37	Mk 6	Lk 29	Acts 30	Jn 14	1-3John	Paul 10	Eph 3	Col
NT 144	2Thess	1/2Tim	Tit 1	Heb 2	Jas 1	1Pet 1	2Pet 2	Jude	Rev 8

prophet

	triple tradition																	double tradition			Sondergut		
		+Mt / +Lk			−Mt / −Lk			traditions not taken over by Mt / Lk							subtotals								
code	*222*	*211*	*112*	*212*	*221*	*122*	*121*	*022*	*012*	*021*	*220*	*120*	*210*	*020*	Σ⁺	Σ⁻	Σ	*202*	*201*	*102*	*200*	*002*	total
Mt	4	2⁺											2⁺		4⁺		8	8	4		17		**37**
Mk	4							1		1							6						**6**
Lk	4		1⁺					1		1⁻					1⁺	1⁻	6	8		2		13	**29**

[a] προφήτης (Hebrew Bible; except b)
[b] προφήτης and νόμος or Μωϋσῆς
[c] προφήτης referring to John the Baptist
[d] προφήτης referring to Jesus
[e] προφήτης (Christian prophets)

a 002			**Lk 1,70** καθὼς ἐλάλησεν **διὰ στόματος τῶν ἁγίων ἀπ᾽ αἰῶνος προφητῶν αὐτοῦ**	→ Acts 3,21
c 002			**Lk 1,76** καὶ σὺ δέ, παιδίον, **προφήτης ὑψίστου** κληθήσῃ· προπορεύσῃ γὰρ ἐνώπιον κυρίου ἑτοιμάσαι ὁδοὺς αὐτοῦ	
a 200	**Mt 1,22** τοῦτο δὲ ὅλον γέγονεν ἵνα πληρωθῇ τὸ ῥηθὲν ὑπὸ κυρίου **διὰ τοῦ προφήτου** λέγοντος· [23] *ἰδοὺ ἡ παρθένος ἐν γαστρὶ ἕξει ...*			

	Mt		Mk		Lk		
a 200	**Mt 2,5**	... ἐν Βηθλέεμ τῆς Ἰουδαίας· οὕτως γὰρ γέγραπται **διὰ τοῦ προφήτου·** [6] *καὶ σύ, Βηθλέεμ,* γῆ Ἰούδα, οὐδαμῶς *ἐλαχίστη εἶ ἐν τοῖς ἡγεμόσιν Ἰούδα·* ...					
a 200	**Mt 2,15**	... ἵνα πληρωθῇ τὸ ῥηθὲν ὑπὸ κυρίου **διὰ τοῦ προφήτου** λέγοντος· *ἐξ Αἰγύπτου ἐκάλεσα τὸν υἱόν μου.* ➤ Hos 11,1					
a 200	**Mt 2,17**	τότε ἐπληρώθη τὸ ῥηθὲν **διὰ Ἰερεμίου τοῦ προφήτου** λέγοντος· [18] *φωνὴ ἐν Ῥαμὰ ἠκούσθη,* ...					
a 200	**Mt 2,23** → Lk 2,39	... ὅπως πληρωθῇ τὸ ῥηθὲν **διὰ τῶν προφητῶν** ὅτι Ναζωραῖος κληθήσεται.					
a 222	**Mt 3,3**	οὗτος γάρ ἐστιν ὁ ῥηθεὶς **διὰ Ἠσαΐου τοῦ προφήτου λέγοντος·** ↔	**Mk 1,2**	καθὼς γέγραπται **ἐν τῷ Ἠσαΐᾳ τῷ προφήτῃ·**	**Lk 3,4**	ὡς γέγραπται **ἐν βίβλῳ λόγων Ἠσαΐου τοῦ προφήτου·** ↔	
	Mt 11,10	... *ἰδοὺ ἐγὼ ἀποστέλλω τὸν ἄγγελόν μου πρὸ προσώπου* σου, *ὃς κατασκευάσει τὴν ὁδόν σου ἔμπροσθέν* σου. ➤ Exod 23,20/Mal 3,1		*ἰδοὺ ἀποστέλλω τὸν ἄγγελόν μου πρὸ προσώπου* σου, *ὃς κατασκευάσει τὴν ὁδόν* σου· ➤ Exod 23,20/Mal 3,1	**Lk 7,27**	... *ἰδοὺ ἀποστέλλω τὸν ἄγγελόν μου πρὸ προσώπου* σου, *ὃς κατασκευάσει τὴν ὁδόν σου ἔμπροσθέν* σου. ➤ Exod 23,20/Mal 3,1	Mk-Q overlap
	Mt 3,3	↔ *φωνὴ βοῶντος ἐν τῇ ἐρήμῳ· ἑτοιμάσατε τὴν ὁδὸν κυρίου, εὐθείας ποιεῖτε τὰς τρίβους* αὐτοῦ. ➤ Isa 40,3 LXX		[3] *φωνὴ βοῶντος ἐν τῇ ἐρήμῳ· ἑτοιμάσατε τὴν ὁδὸν κυρίου, εὐθείας ποιεῖτε τὰς τρίβους* αὐτοῦ ➤ Isa 40,3 LXX	**Lk 3,4**	↔ *φωνὴ βοῶντος ἐν τῇ ἐρήμῳ· ἑτοιμάσατε τὴν ὁδὸν κυρίου, εὐθείας ποιεῖτε τὰς τρίβους* αὐτοῦ· ➤ Isa 40,3 LXX	
a 200	**Mt 4,14**	ἵνα πληρωθῇ τὸ ῥηθὲν **διὰ Ἠσαΐου τοῦ προφήτου** λέγοντος· [15] *γῆ Ζαβουλὼν* καὶ *γῆ Νεφθαλίμ, ὁδὸν θαλάσσης,* ...					
a 002					**Lk 4,17**	καὶ ἐπεδόθη αὐτῷ **βιβλίον τοῦ προφήτου Ἠσαΐου** καὶ ἀναπτύξας τὸ βιβλίον εὗρεν τὸν τόπον οὗ ἦν γεγραμμένον·	
222	**Mt 13,57**	... ὁ δὲ Ἰησοῦς εἶπεν αὐτοῖς· **οὐκ ἔστιν προφήτης ἄτιμος** εἰ μὴ ἐν τῇ πατρίδι καὶ ἐν τῇ οἰκίᾳ αὐτοῦ.	**Mk 6,4**	καὶ ἔλεγεν αὐτοῖς ὁ Ἰησοῦς ὅτι **οὐκ ἔστιν προφήτης ἄτιμος** εἰ μὴ ἐν τῇ πατρίδι αὐτοῦ καὶ ἐν τοῖς συγγενεῦσιν αὐτοῦ καὶ ἐν τῇ οἰκίᾳ αὐτοῦ.	**Lk 4,24**	εἶπεν δέ· ἀμὴν λέγω ὑμῖν ὅτι **οὐδεὶς προφήτης δεκτός ἐστιν** ἐν τῇ πατρίδι αὐτοῦ.	→ Jn 4,44 → GTh 31 (POxy 1)

	Mt		Mk		Lk		
a 002					Lk 4,27	καὶ πολλοὶ λεπροὶ ἦσαν ἐν τῷ Ἰσραὴλ ἐπὶ Ἐλισαίου τοῦ προφήτου, καὶ οὐδεὶς αὐτῶν ἐκαθαρίσθη εἰ μὴ Ναιμὰν ὁ Σύρος.	
a 202	Mt 5,12 ↓ Mt 23,34	χαίρετε καὶ ἀγαλλιᾶσθε, ὅτι ὁ μισθὸς ὑμῶν πολὺς ἐν τοῖς οὐρανοῖς· οὕτως γὰρ ἐδίωξαν τοὺς προφήτας τοὺς πρὸ ὑμῶν.			Lk 6,23 ↓ Lk 11,49	χάρητε ἐν ἐκείνῃ τῇ ἡμέρᾳ καὶ σκιρτήσατε, ἰδοὺ γὰρ ὁ μισθὸς ὑμῶν πολὺς ἐν τῷ οὐρανῷ· κατὰ τὰ αὐτὰ γὰρ ἐποίουν τοῖς προφήταις οἱ πατέρες αὐτῶν.	→ GTh 69,1 → GTh 68
b 200	Mt 5,17 ↓ Mt 11,13 ↓ Lk 16,16	μὴ νομίσητε ὅτι ἦλθον καταλῦσαι τὸν νόμον ἢ τοὺς προφήτας· οὐκ ἦλθον καταλῦσαι ἀλλὰ πληρῶσαι.					
b 201	Mt 7,12 ↓ Mt 22,40	πάντα οὖν ὅσα ἐὰν θέλητε ἵνα ποιῶσιν ὑμῖν οἱ ἄνθρωποι, οὕτως καὶ ὑμεῖς ποιεῖτε αὐτοῖς· οὗτος γάρ ἐστιν ὁ νόμος καὶ οἱ προφῆται.			Lk 6,31	καὶ καθὼς θέλετε ἵνα ποιῶσιν ὑμῖν οἱ ἄνθρωποι ποιεῖτε αὐτοῖς ὁμοίως.	
a 200	Mt 8,17	ὅπως πληρωθῇ τὸ ῥηθὲν διὰ Ἠσαΐου τοῦ προφήτου λέγοντος· *αὐτὸς τὰς* *ἀσθενείας ἡμῶν ἔλαβεν* *καὶ τὰς νόσους* *ἐβάστασεν.* ➤ Isa 53,4					
e 200 *e* 200 *e* 200	Mt 10,41 (3) → Mt 10,40 → Mt 18,5 → Mk 9,37 → Lk 9,48	ὁ δεχόμενος προφήτην εἰς ὄνομα προφήτου μισθὸν προφήτου λήμψεται, καὶ ὁ δεχόμενος δίκαιον εἰς ὄνομα δικαίου μισθὸν δικαίου λήμψεται.					
d 002					Lk 7,16	ἔλαβεν δὲ φόβος πάντας καὶ ἐδόξαζον τὸν θεὸν λέγοντες ὅτι προφήτης μέγας ἠγέρθη ἐν ἡμῖν καὶ ὅτι ἐπεσκέψατο ὁ θεὸς τὸν λαὸν αὐτοῦ.	
202 202	Mt 11,9 (2)	ἀλλὰ τί ἐξήλθατε ἰδεῖν; προφήτην; ναὶ λέγω ὑμῖν, καὶ περισσότερον προφήτου.			Lk 7,26 (2)	ἀλλὰ τί ἐξήλθατε ἰδεῖν; προφήτην; ναὶ λέγω ὑμῖν, καὶ περισσότερον προφήτου.	
b 202	Mt 11,13 ↑ Mt 5,17	πάντες γὰρ οἱ προφῆται καὶ ὁ νόμος ἕως Ἰωάννου ἐπροφήτευσαν·			Lk 16,16	ὁ νόμος καὶ οἱ προφῆται μέχρι Ἰωάννου· ...	

	Mt		Mk		Lk		
d 002					Lk 7,39	... οὗτος εἰ ἦν **προφήτης**, ἐγίνωσκεν ἂν τίς καὶ ποταπὴ ἡ γυνὴ ἥτις ἅπτεται αὐτοῦ, ὅτι ἁμαρτωλός ἐστιν.	
a 200	Mt 12,17	ἵνα πληρωθῇ τὸ ῥηθὲν **διὰ Ἠσαΐου τοῦ προφήτου** λέγοντος· [18] *ἰδοὺ ὁ παῖς μου ὃν ᾑρέτισα, ...*					
a 201	Mt 12,39 ⇩ Mt 16,4	... καὶ σημεῖον οὐ δοθήσεται αὐτῇ εἰ μὴ **τὸ σημεῖον Ἰωνᾶ τοῦ προφήτου.**			Lk 11,29	... καὶ σημεῖον οὐ δοθήσεται αὐτῇ εἰ μὴ **τὸ σημεῖον Ἰωνᾶ.**	Mk-Q overlap
	Mt 16,4 ⇧ Mt 12,39	... καὶ σημεῖον οὐ δοθήσεται αὐτῇ εἰ μὴ τὸ σημεῖον Ἰωνᾶ. ...	Mk 8,12	... εἰ δοθήσεται τῇ γενεᾷ ταύτῃ σημεῖον.			
a 202	Mt 13,17	ἀμὴν γὰρ λέγω ὑμῖν ὅτι **πολλοὶ προφῆται** καὶ δίκαιοι ἐπεθύμησαν ἰδεῖν ἃ βλέπετε καὶ οὐκ εἶδαν, καὶ ἀκοῦσαι ἃ ἀκούετε καὶ οὐκ ἤκουσαν.			Lk 10,24	λέγω γὰρ ὑμῖν ὅτι **πολλοὶ προφῆται** καὶ βασιλεῖς ἠθέλησαν ἰδεῖν ἃ ὑμεῖς βλέπετε καὶ οὐκ εἶδαν, καὶ ἀκοῦσαι ἃ ἀκούετε καὶ οὐκ ἤκουσαν.	→ GTh 38 (POxy 655 - restoration)
a 200	Mt 13,35	ὅπως πληρωθῇ τὸ ῥηθὲν **διὰ τοῦ προφήτου** λέγοντος· *ἀνοίξω ἐν παραβολαῖς τὸ στόμα μου, ...* ➤ Ps 78,2					
222	Mt 13,57	... ὁ δὲ Ἰησοῦς εἶπεν αὐτοῖς· **οὐκ ἔστιν προφήτης ἄτιμος** εἰ μὴ ἐν τῇ πατρίδι καὶ ἐν τῇ οἰκίᾳ αὐτοῦ.	Mk 6,4	καὶ ἔλεγεν αὐτοῖς ὁ Ἰησοῦς ὅτι **οὐκ ἔστιν προφήτης ἄτιμος** εἰ μὴ ἐν τῇ πατρίδι αὐτοῦ καὶ ἐν τοῖς συγγενεῦσιν αὐτοῦ καὶ ἐν τῇ οἰκίᾳ αὐτοῦ.	Lk 4,24	εἶπεν δέ· ἀμὴν λέγω ὑμῖν ὅτι **οὐδεὶς προφήτης δεκτός ἐστιν** ἐν τῇ πατρίδι αὐτοῦ.	→ Jn 4,44 → GTh 31 (POxy 1)
d a 022 *a* 021	↓ Mt 16,14		Mk 6,15 (2) ↓ Mk 8,28	ἄλλοι δὲ ἔλεγον ὅτι Ἠλίας ἐστίν· ἄλλοι δὲ ἔλεγον ὅτι **προφήτης ὡς εἷς τῶν προφητῶν.**	Lk 9,8 ↓ Lk 9,19	ὑπό τινων δὲ ὅτι Ἠλίας ἐφάνη, ἄλλων δὲ ὅτι **προφήτης τις τῶν ἀρχαίων** ἀνέστη.	
c 210	Mt 14,5	[3] ὁ γὰρ Ἡρῴδης ... [5] ... θέλων αὐτὸν ἀποκτεῖναι ἐφοβήθη τὸν ὄχλον, ὅτι **ὡς προφήτην** αὐτὸν εἶχον.	Mk 6,20	[19] ἡ δὲ Ἡρῳδιὰς ἐνεῖχεν αὐτῷ καὶ ἤθελεν αὐτὸν ἀποκτεῖναι, καὶ οὐκ ἠδύνατο· [20] ὁ γὰρ Ἡρῴδης ἐφοβεῖτο τὸν Ἰωάννην, εἰδὼς αὐτὸν **ἄνδρα δίκαιον καὶ ἅγιον, ...**			
a 222	Mt 16,14 → Mt 14,2	οἱ δὲ εἶπαν· οἱ μὲν Ἰωάννην τὸν βαπτιστήν, ἄλλοι δὲ Ἠλίαν, ἕτεροι δὲ Ἰερεμίαν ἢ **ἕνα τῶν προφητῶν.**	Mk 8,28 ↑ Mk 6,15	οἱ δὲ εἶπαν αὐτῷ λέγοντες [ὅτι] Ἰωάννην τὸν βαπτιστήν, καὶ ἄλλοι Ἠλίαν, ἄλλοι δὲ ὅτι **εἷς τῶν προφητῶν.**	Lk 9,19 ↑ Lk 9,8	οἱ δὲ ἀποκριθέντες εἶπαν· Ἰωάννην τὸν βαπτιστήν, ἄλλοι δὲ Ἠλίαν, ἄλλοι δὲ ὅτι **προφήτης τις τῶν ἀρχαίων** ἀνέστη.	→ GTh 13

a 202	**Mt 13,17**	ἀμὴν γὰρ λέγω ὑμῖν ὅτι **πολλοὶ προφῆται** καὶ δίκαιοι ἐπεθύμησαν ἰδεῖν ἃ βλέπετε καὶ οὐκ εἶδαν, καὶ ἀκοῦσαι ἃ ἀκούετε καὶ οὐκ ἤκουσαν.	**Lk 10,24**	λέγω γὰρ ὑμῖν ὅτι **πολλοὶ προφῆται** καὶ βασιλεῖς ἠθέλησαν ἰδεῖν ἃ ὑμεῖς βλέπετε καὶ οὐκ εἶδαν, καὶ ἀκοῦσαι ἃ ἀκούετε καὶ οὐκ ἤκουσαν.	→ GTh 38 (POxy 655 - restoration)
a 202	**Mt 23,29**	οὐαὶ ὑμῖν, γραμματεῖς καὶ Φαρισαῖοι ὑποκριταί, ὅτι οἰκοδομεῖτε **τοὺς τάφους** **τῶν προφητῶν** καὶ κοσμεῖτε τὰ μνημεῖα τῶν δικαίων, [30] καὶ λέγετε· εἰ ἤμεθα ἐν ταῖς ἡμέραις τῶν πατέρων ἡμῶν, οὐκ ἂν ἤμεθα αὐτῶν κοινωνοὶ ἐν τῷ αἵματι τῶν προφητῶν.	**Lk 11,47**	οὐαὶ ὑμῖν, ὅτι οἰκοδομεῖτε **τὰ μνημεῖα** **τῶν προφητῶν,** οἱ δὲ πατέρες ὑμῶν ἀπέκτειναν αὐτούς.	
e 202	**Mt 23,34**	διὰ τοῦτο ἰδοὺ ἐγὼ ἀποστέλλω πρὸς ὑμᾶς **προφήτας** καὶ σοφοὺς καὶ γραμματεῖς· ...	**Lk 11,49**	διὰ τοῦτο καὶ ἡ σοφία τοῦ θεοῦ εἶπεν· ἀποστελῶ εἰς αὐτοὺς **προφήτας** καὶ ἀποστόλους, ...	
a 102	**Mt 23,35**	ὅπως ἔλθῃ ἐφ᾽ ὑμᾶς **πᾶν αἷμα δίκαιον** ἐκχυννόμενον ἐπὶ τῆς γῆς ...	**Lk 11,50**	ἵνα ἐκζητηθῇ **τὸ αἷμα πάντων** **τῶν προφητῶν** τὸ ἐκκεχυμένον ἀπὸ καταβολῆς κόσμου ἀπὸ τῆς γενεᾶς ταύτης	
a 102	**Mt 8,11**	λέγω δὲ ὑμῖν ὅτι πολλοὶ ἀπὸ ἀνατολῶν καὶ δυσμῶν ἥξουσιν καὶ ἀνακλιθήσονται μετὰ Ἀβραὰμ καὶ Ἰσαὰκ καὶ Ἰακὼβ ἐν τῇ βασιλείᾳ τῶν οὐρανῶν, [12] οἱ δὲ υἱοὶ τῆς βασιλείας ἐκβληθήσονται εἰς τὸ σκότος τὸ ἐξώτερον· ἐκεῖ ἔσται ὁ κλαυθμὸς καὶ ὁ βρυγμὸς τῶν ὀδόντων.	**Lk 13,28**	ἐκεῖ ἔσται ὁ κλαυθμὸς καὶ ὁ βρυγμὸς τῶν ὀδόντων, ὅταν ὄψεσθε Ἀβραὰμ καὶ Ἰσαὰκ καὶ Ἰακὼβ καὶ **πάντας τοὺς** **προφήτας** ἐν τῇ βασιλείᾳ τοῦ θεοῦ, ὑμᾶς δὲ ἐκβαλλομένους ἔξω. [29] καὶ ἥξουσιν ἀπὸ ἀνατολῶν καὶ δυσμῶν καὶ ἀπὸ βορρᾶ καὶ νότου καὶ ἀνακλιθήσονται ἐν τῇ βασιλείᾳ τοῦ θεοῦ.	
002			**Lk 13,33**	πλὴν δεῖ με σήμερον καὶ αὔριον καὶ τῇ ἐχομένῃ πορεύεσθαι, ὅτι οὐκ ἐνδέχεται **προφήτην** ἀπολέσθαι ἔξω Ἰερουσαλήμ.	
202	**Mt 23,37**	Ἰερουσαλὴμ Ἰερουσαλήμ, ἡ ἀποκτείνουσα **τοὺς προφήτας** καὶ λιθοβολοῦσα τοὺς ἀπεσταλμένους πρὸς αὐτήν, ...	**Lk 13,34**	Ἰερουσαλὴμ Ἰερουσαλήμ, ἡ ἀποκτείνουσα **τοὺς προφήτας** καὶ λιθοβολοῦσα τοὺς ἀπεσταλμένους πρὸς αὐτήν, ...	
b 202	**Mt 11,13** ↑ Mt 5,17	**πάντες γὰρ** **οἱ προφῆται** καὶ ὁ νόμος ἕως Ἰωάννου ἐπροφήτευσαν·	**Lk 16,16**	ὁ νόμος καὶ **οἱ προφῆται** μέχρι Ἰωάννου· ...	

b 002					Lk 16,29	λέγει δὲ Ἀβραάμ· ἔχουσι Μωϋσέα καὶ **τοὺς προφήτας**· ἀκουσάτωσαν αὐτῶν.	
b 002					Lk 16,31	εἶπεν δὲ αὐτῷ· εἰ Μωϋσέως καὶ **τῶν προφητῶν** οὐκ ἀκούουσιν, οὐδ᾽ ἐάν τις ἐκ νεκρῶν ἀναστῇ πεισθήσονται.	
a 112	Mt 20,18	ἰδοὺ ἀναβαίνομεν εἰς Ἱεροσόλυμα, καὶ ὁ υἱὸς τοῦ ἀνθρώπου παραδοθήσεται τοῖς ἀρχιερεῦσιν ...	Mk 10,33	ὅτι ἰδοὺ ἀναβαίνομεν εἰς Ἱεροσόλυμα, καὶ ὁ υἱὸς τοῦ ἀνθρώπου παραδοθήσεται τοῖς ἀρχιερεῦσιν ...	Lk 18,31	... ἰδοὺ ἀναβαίνομεν εἰς Ἰερουσαλήμ, καὶ τελεσθήσεται πάντα τὰ γεγραμμένα **διὰ τῶν προφητῶν** τῷ υἱῷ τοῦ ἀνθρώπου·	
a 200	Mt 21,4	τοῦτο δὲ γέγονεν ἵνα πληρωθῇ τὸ ῥηθὲν **διὰ τοῦ προφήτου** λέγοντος· [5] *εἴπατε τῇ θυγατρὶ Σιών· ἰδοὺ ὁ βασιλεύς σου ἔρχεταί σοι* ... ➤ Isa 62,11; Zech 9,9					→ Jn 12,14
d 200	Mt 21,11	οἱ δὲ ὄχλοι ἔλεγον· οὗτός ἐστιν **ὁ προφήτης Ἰησοῦς** ὁ ἀπὸ Ναζαρὲθ τῆς Γαλιλαίας.					
c 222	Mt 21,26 ↓ Mt 21,46	ἐὰν δὲ εἴπωμεν· ἐξ ἀνθρώπων, φοβούμεθα τὸν ὄχλον, πάντες γὰρ **ὡς προφήτην** ἔχουσιν τὸν Ἰωάννην.	Mk 11,32	ἀλλὰ εἴπωμεν· ἐξ ἀνθρώπων; - ἐφοβοῦντο τὸν ὄχλον· ἅπαντες γὰρ εἶχον τὸν Ἰωάννην ὄντως ὅτι **προφήτης** ἦν.	Lk 20,6	ἐὰν δὲ εἴπωμεν· ἐξ ἀνθρώπων, ὁ λαὸς ἅπας καταλιθάσει ἡμᾶς, πεπεισμένος γάρ ἐστιν Ἰωάννην **προφήτην** εἶναι.	
c 211	Mt 21,46 ↑ Mt 21,26	... ἐφοβήθησαν τοὺς ὄχλους, ἐπεὶ **εἰς προφήτην** αὐτὸν εἶχον.	Mk 12,12 → Mt 22,22	... καὶ ἐφοβήθησαν τὸν ὄχλον, ...	Lk 20,19	... καὶ ἐφοβήθησαν τὸν λαόν, ...	
b 200	Mt 22,40 ↑ Mt 7,12 → Mt 22,38 → Mk 12,31b	ἐν ταύταις ταῖς δυσὶν ἐντολαῖς ὅλος ὁ νόμος κρέμαται καὶ **οἱ προφῆται**.					
a 202	Mt 23,29	οὐαὶ ὑμῖν, γραμματεῖς καὶ Φαρισαῖοι ὑποκριταί, ὅτι οἰκοδομεῖτε **τοὺς τάφους τῶν προφητῶν** καὶ κοσμεῖτε τὰ μνημεῖα τῶν δικαίων,			Lk 11,47	οὐαὶ ὑμῖν, ὅτι οἰκοδομεῖτε **τὰ μνημεῖα τῶν προφητῶν**,	
a 201	Mt 23,30	καὶ λέγετε· εἰ ἤμεθα ἐν ταῖς ἡμέραις τῶν πατέρων ἡμῶν, οὐκ ἂν ἤμεθα αὐτῶν κοινωνοὶ **ἐν τῷ αἵματι τῶν προφητῶν**.				οἱ δὲ πατέρες ὑμῶν ἀπέκτειναν **αὐτούς**.	

a 201	**Mt 23,31**	ὥστε μαρτυρεῖτε ἑαυτοῖς ὅτι υἱοί ἐστε τῶν φονευσάντων **τοὺς προφήτας.** [32] καὶ ὑμεῖς πληρώσατε τὸ μέτρον τῶν πατέρων ὑμῶν.			**Lk 11,48**	ἄρα μάρτυρές ἐστε καὶ συνευδοκεῖτε τοῖς ἔργοις τῶν πατέρων ὑμῶν, ὅτι αὐτοὶ μὲν ἀπέκτειναν **αὐτούς,** ὑμεῖς δὲ οἰκοδομεῖτε.	
e 202	**Mt 23,34**	διὰ τοῦτο ἰδοὺ ἐγὼ ἀποστέλλω πρὸς ὑμᾶς **προφήτας** καὶ σοφοὺς καὶ γραμματεῖς· ...			**Lk 11,49**	διὰ τοῦτο καὶ ἡ σοφία τοῦ θεοῦ εἶπεν· ἀποστελῶ εἰς αὐτοὺς **προφήτας** καὶ ἀποστόλους, ...	
202	**Mt 23,37**	Ἰερουσαλὴμ Ἰερουσαλήμ, ἡ ἀποκτείνουσα **τοὺς προφήτας** καὶ λιθοβολοῦσα τοὺς ἀπεσταλμένους πρὸς αὐτήν, ...			**Lk 13,34**	Ἰερουσαλὴμ Ἰερουσαλήμ, ἡ ἀποκτείνουσα **τοὺς προφήτας** καὶ λιθοβολοῦσα τοὺς ἀπεσταλμένους πρὸς αὐτήν, ...	
a 211	**Mt 24,15**	ὅταν οὖν ἴδητε *τὸ* *βδέλυγμα τῆς ἐρημώσεως* τὸ ῥηθὲν **διὰ Δανιὴλ** **τοῦ προφήτου** ἑστὸς ἐν τόπῳ ἁγίῳ, ὁ ἀναγινώσκων νοείτω ➤ Dan 9,27/11,31/12,11	**Mk 13,14**	ὅταν δὲ ἴδητε *τὸ* *βδέλυγμα τῆς ἐρημώσεως* ἑστηκότα ὅπου οὐ δεῖ, ὁ ἀναγινώσκων νοείτω, ... ➤ Dan 9,27/11,31/12,11	**Lk 21,20** → Lk 19,43	ὅταν δὲ ἴδητε κυκλουμένην ὑπὸ στρατοπέδων Ἰερουσαλήμ, τότε γνῶτε ὅτι ἤγγικεν ἡ ἐρήμωσις αὐτῆς.	
a 210	**Mt 26,56**	τοῦτο δὲ ὅλον γέγονεν ἵνα πληρωθῶσιν **αἱ γραφαὶ** **τῶν προφητῶν.** τότε οἱ μαθηταὶ πάντες ἀφέντες αὐτὸν ἔφυγον.	**Mk 14,49**	... ἀλλ’ ἵνα πληρωθῶσιν **αἱ γραφαί.** [50] καὶ ἀφέντες αὐτὸν ἔφυγον πάντες.			
a 200	**Mt 27,9**	τότε ἐπληρώθη τὸ ῥηθὲν **διὰ Ἰερεμίου** **τοῦ προφήτου** λέγοντος· *καὶ ἔλαβον τὰ* *τριάκοντα ἀργύρια, τὴν* *τιμὴν τοῦ τετιμημένου ὃν* *ἐτιμήσαντο* ἀπὸ υἱῶν Ἰσραήλ ➤ Zech 11,13					
d 002					**Lk 24,19**	... τὰ περὶ Ἰησοῦ τοῦ Ναζαρηνοῦ, ὃς ἐγένετο **ἀνὴρ προφήτης** δυνατὸς ἐν ἔργῳ καὶ λόγῳ ἐναντίον τοῦ θεοῦ καὶ παντὸς τοῦ λαοῦ	→ Acts 2,22 → Acts 10,38
a 002					**Lk 24,25**	... ὦ ἀνόητοι καὶ βραδεῖς τῇ καρδίᾳ τοῦ πιστεύειν ἐπὶ πᾶσιν οἷς ἐλάλησαν **οἱ προφῆται·**	
b 002					**Lk 24,27** ↓ Lk 24,44	καὶ ἀρξάμενος ἀπὸ Μωϋσέως καὶ **ἀπὸ πάντων** **τῶν προφητῶν** διερμήνευσεν αὐτοῖς ἐν πάσαις ταῖς γραφαῖς τὰ περὶ ἑαυτοῦ.	

b 002		**Lk 24,44** ↑ Lk 24,27	... ὅτι δεῖ πληρωθῆναι πάντα τὰ γεγραμμένα **ἐν τῷ νόμῳ Μωϋσέως καὶ τοῖς προφήταις καὶ ψαλμοῖς** περὶ ἐμοῦ.

a προφήτης (Hebrew Bible; except b)
b προφήτης and νόμος or Μωϋσῆς
c προφήτης referring to John the Baptist
d προφήτης referring to Jesus
e προφήτης (Christian prophets)

a **Acts 2,16** ἀλλὰ τοῦτό ἐστιν τὸ εἰρημένον **διὰ τοῦ προφήτου Ἰωήλ·** [17] *καὶ ἔσται* ἐν ταῖς ἐσχάταις ἡμέραις, λέγει ὁ θεός, *ἐκχεῶ ἀπὸ τοῦ πνεύματός μου ἐπὶ πᾶσαν σάρκα, ...*
➢ Joel 3,1 LXX

a **Acts 2,30** **προφήτης** οὖν ὑπάρχων καὶ εἰδὼς ὅτι ὅρκῳ ὤμοσεν αὐτῷ ὁ θεὸς ἐκ καρποῦ τῆς ὀσφύος αὐτοῦ καθίσαι ἐπὶ τὸν θρόνον αὐτοῦ
➢ Ps 132,11

a **Acts 3,18** ὁ δὲ θεός, ἃ προκατήγγειλεν **διὰ στόματος πάντων τῶν προφητῶν** παθεῖν τὸν χριστὸν αὐτοῦ ἐπλήρωσεν οὕτως.

a **Acts 3,21** (→ Lk 1,70; → Mt 17,11; → Mk 9,12) [20] ... Χριστόν Ἰησοῦν, [21] ὃν δεῖ οὐρανὸν μὲν δέξασθαι ἄχρι χρόνων ἀποκαταστάσεως πάντων ὧν ἐλάλησεν ὁ θεὸς **διὰ στόματος τῶν ἁγίων ἀπ᾽ αἰῶνος αὐτοῦ προφητῶν.**

d **Acts 3,22** Μωϋσῆς μὲν εἶπεν ὅτι ***προφήτην*** *ὑμῖν ἀναστήσει κύριος ὁ θεὸς ὑμῶν ἐκ τῶν ἀδελφῶν ὑμῶν ὡς ἐμέ· ...*
➢ Deut 18,15

d **Acts 3,23** *ἔσται δὲ πᾶσα ψυχὴ ἥτις ἐὰν μὴ ἀκούσῃ* ***τοῦ προφήτου ἐκείνου*** *ἐξολεθρευθήσεται ἐκ τοῦ λαοῦ.*
➢ Lev 23,29

a **Acts 3,24** καὶ **πάντες δὲ οἱ προφῆται** ἀπὸ Σαμουὴλ καὶ τῶν καθεξῆς ὅσοι ἐλάλησαν καὶ κατήγγειλαν τὰς ἡμέρας ταύτας.

a **Acts 3,25** ὑμεῖς ἐστε **οἱ υἱοὶ τῶν προφητῶν** καὶ τῆς διαθήκης ἧς διέθετο ὁ θεὸς πρὸς τοὺς πατέρας ὑμῶν λέγων πρὸς Ἀβραάμ· ...

d **Acts 7,37** οὗτός ἐστιν ὁ Μωϋσῆς ὁ εἴπας τοῖς υἱοῖς Ἰσραήλ· ***προφήτην*** *ὑμῖν ἀναστήσει ὁ θεὸς ἐκ τῶν ἀδελφῶν ὑμῶν ὡς ἐμέ.*
➢ Deut 18,15

a **Acts 7,42** ... καθὼς γέγραπται **ἐν βίβλῳ τῶν προφητῶν·** *μὴ σφάγια καὶ θυσίας προσηνέγκατέ μοι ἔτη τεσσεράκοντα ἐν τῇ ἐρήμῳ, οἶκος Ἰσραήλ;*
➢ Amos 5,25 LXX

a **Acts 7,48** ἀλλ᾽ οὐχ ὁ ὕψιστος ἐν χειροποιήτοις κατοικεῖ, καθὼς **ὁ προφήτης** λέγει· [49] *ὁ οὐρανός μοι θρόνος, ἡ δὲ γῆ ὑποπόδιον τῶν ποδῶν μου· ...*
➢ Isa 66,1

a **Acts 7,52** **τίνα τῶν προφητῶν** οὐκ ἐδίωξαν οἱ πατέρες ὑμῶν; καὶ ἀπέκτειναν τοὺς προκαταγγείλαντας περὶ τῆς ἐλεύσεως τοῦ δικαίου, οὗ νῦν ὑμεῖς προδόται καὶ φονεῖς ἐγένεσθε

a **Acts 8,28** ἦν τε ὑποστρέφων καὶ καθήμενος ἐπὶ τοῦ ἅρματος αὐτοῦ καὶ ἀνεγίνωσκεν **τὸν προφήτην Ἠσαΐαν.**

a **Acts 8,30** προσδραμὼν δὲ ὁ Φίλιππος ἤκουσεν αὐτοῦ ἀναγινώσκοντος **Ἠσαΐαν τὸν προφήτην** καὶ εἶπεν· ἆρά γε γινώσκεις ἃ ἀναγινώσκεις;

a **Acts 8,34** ἀποκριθεὶς δὲ ὁ εὐνοῦχος τῷ Φιλίππῳ εἶπεν· δέομαί σου, περὶ τίνος **ὁ προφήτης** λέγει τοῦτο; περὶ ἑαυτοῦ ἢ περὶ ἑτέρου τινός;

a **Acts 10,43** τούτῳ **πάντες οἱ προφῆται** μαρτυροῦσιν ἄφεσιν ἁμαρτιῶν λαβεῖν διὰ τοῦ ὀνόματος αὐτοῦ ...

e **Acts 11,27** ἐν ταύταις δὲ ταῖς ἡμέραις κατῆλθον ἀπὸ Ἱεροσολύμων **προφῆται** εἰς Ἀντιόχειαν.

e **Acts 13,1** ἦσαν δὲ ἐν Ἀντιοχείᾳ κατὰ τὴν οὖσαν ἐκκλησίαν **προφῆται** καὶ διδάσκαλοι ὅ τε Βαρναβᾶς καὶ Συμεὼν ὁ καλούμενος Νίγερ ...

b **Acts 13,15** **μετὰ δὲ τὴν ἀνάγνωσιν τοῦ νόμου καὶ τῶν προφητῶν** ἀπέστειλαν οἱ ἀρχισυνάγωγοι πρὸς αὐτοὺς ...

a **Acts 13,20** ... καὶ μετὰ ταῦτα ἔδωκεν κριτὰς **ἕως Σαμουὴλ [τοῦ] προφήτου.**

a **Acts 13,27** ([[→ Lk 23,34a]]) οἱ γὰρ κατοικοῦντες ἐν Ἰερουσαλὴμ καὶ οἱ ἄρχοντες αὐτῶν τοῦτον ἀγνοήσαντες καὶ **τὰς φωνὰς τῶν προφητῶν** τὰς κατὰ πᾶν σάββατον ἀναγινωσκομένας κρίναντες ἐπλήρωσαν

a **Acts 13,40** βλέπετε οὖν μὴ ἐπέλθῃ τὸ εἰρημένον **ἐν τοῖς προφήταις·**

a **Acts 15,15** καὶ τούτῳ συμφωνοῦσιν **οἱ λόγοι τῶν προφητῶν** καθὼς γέγραπται·

[e] **Acts 15,32** Ἰούδας τε καὶ Σιλᾶς
καὶ αὐτοὶ
προφῆται
ὄντες διὰ λόγου πολλοῦ
παρεκάλεσαν τοὺς
ἀδελφοὺς καὶ
ἐπεστήριξαν

[e] **Acts 21,10** ἐπιμενόντων δὲ ἡμέρας
πλείους κατῆλθέν
τις ἀπὸ τῆς
Ἰουδαίας προφήτης
ὀνόματι Ἅγαβος

[b] **Acts 24,14** ὁμολογῶ δὲ τοῦτό σοι
ὅτι κατὰ τὴν ὁδὸν ἣν
λέγουσιν αἵρεσιν, οὕτως
λατρεύω τῷ πατρῴῳ θεῷ
πιστεύων πᾶσι τοῖς κατὰ
τὸν νόμον καὶ τοῖς
ἐν τοῖς προφήταις
γεγραμμένοις

[b] **Acts 26,22** ἐπικουρίας οὖν τυχὼν
τῆς ἀπὸ τοῦ θεοῦ ἄχρι
τῆς ἡμέρας ταύτης
ἕστηκα μαρτυρόμενος
μικρῷ τε καὶ μεγάλῳ
οὐδὲν ἐκτὸς λέγων ὧν τε
οἱ προφῆται
ἐλάλησαν μελλόντων
γίνεσθαι καὶ Μωϋσῆς

[a] **Acts 26,27** πιστεύεις, βασιλεῦ
Ἀγρίππα,
τοῖς προφήταις;
οἶδα ὅτι πιστεύεις.

[b] **Acts 28,23** ταξάμενοι δὲ αὐτῷ
ἡμέραν ἦλθον πρὸς αὐτὸν
εἰς τὴν ξενίαν πλείονες
οἷς ἐξετίθετο
διαμαρτυρόμενος τὴν
βασιλείαν τοῦ θεοῦ,
πείθων τε αὐτοὺς περὶ
τοῦ Ἰησοῦ ἀπό τε τοῦ
νόμου Μωϋσέως καὶ
τῶν προφητῶν,
ἀπὸ πρωῒ ἕως ἑσπέρας.

[a] **Acts 28,25** ... ὅτι καλῶς τὸ πνεῦμα
τὸ ἅγιον ἐλάλησεν
διὰ Ἠσαΐου
τοῦ προφήτου
πρὸς τοὺς πατέρας ὑμῶν

προφῆτις

	Syn	Mt	Mk	Lk	Acts	Jn	1-3John	Paul	Eph	Col
	1			1						
	NT	2Thess	1/2Tim	Tit	Heb	Jas	1Pet	2Pet	Jude	Rev
	2									1

prophetess

	Mt	Mk	Lk	
002			**Lk 2,36** καὶ ἦν Ἅννα **προφῆτις,** θυγάτηρ Φανουήλ, ἐκ φυλῆς Ἀσήρ· ...	

προφθάνω

	Syn	Mt	Mk	Lk	Acts	Jn	1-3John	Paul	Eph	Col
	1	1								
	NT	2Thess	1/2Tim	Tit	Heb	Jas	1Pet	2Pet	Jude	Rev
	1									

come before; anticipate

	Mt	Mk	Lk	
200	**Mt 17,25** ... καὶ ἐλθόντα εἰς τὴν οἰκίαν **προέφθασεν** αὐτὸν ὁ Ἰησοῦς λέγων· τί σοι δοκεῖ, Σίμων; ...			

πρύμνα

	Syn	Mt	Mk	Lk	Acts	Jn	1-3John	Paul	Eph	Col
	1		1		2					
	NT	2Thess	1/2Tim	Tit	Heb	Jas	1Pet	2Pet	Jude	Rev
	3									

the stern (of a ship)

	Mt	Mk	Lk	
121	**Mt 8,24** καὶ ἰδοὺ σεισμὸς μέγας ἐγένετο ἐν τῇ θαλάσσῃ, ὥστε τὸ πλοῖον καλύπτεσθαι ὑπὸ τῶν κυμάτων, αὐτὸς δὲ ἐκάθευδεν.	**Mk 4,38** [37] καὶ γίνεται λαῖλαψ μεγάλη ἀνέμου, καὶ τὰ κύματα ἐπέβαλλεν εἰς τὸ πλοῖον, ὥστε ἤδη γεμίζεσθαι τὸ πλοῖον. [38] καὶ αὐτὸς ἦν **ἐν τῇ πρύμνῃ** ἐπὶ τὸ προσκεφάλαιον καθεύδων. ...	**Lk 8,23** πλεόντων δὲ αὐτῶν ἀφύπνωσεν. καὶ κατέβη λαῖλαψ ἀνέμου εἰς τὴν λίμνην, καὶ συνεπληροῦντο καὶ ἐκινδύνευον.	

Acts 27,29 φοβούμενοί τε μή που κατὰ τραχεῖς τόπους ἐκπέσωμεν, **ἐκ πρύμνης** ῥίψαντες ἀγκύρας τέσσαρας ηὔχοντο ἡμέραν γενέσθαι.	**Acts 27,41** περιπεσόντες δὲ εἰς τόπον διθάλασσον ἐπέκειλαν τὴν ναῦν καὶ ἡ μὲν πρῷρα ἐρείσασα ἔμεινεν ἀσάλευτος, **ἡ δὲ πρύμνα** ἐλύετο ὑπὸ τῆς βίας [τῶν κυμάτων].

πρωΐ	Syn 8	Mt 3	Mk 5	Lk	Acts 1	Jn 2	1-3John	Paul	Eph	Col
	NT 11	2Thess	1/2Tim	Tit	Heb	Jas	1Pet	2Pet	Jude	Rev

early; early in the morning

	triple tradition																	double tradition			Sondergut		
		+Mt / +Lk			–Mt / –Lk			traditions not taken over by Mt / Lk							subtotals								
code	222	211	112	212	221	122	121	022	012	021	220	120	210	020	Σ^+	Σ^-	Σ	202	201	102	200	002	total
Mt							1^-					3^-	1^+		1^+	4^-	1		1		1		**3**
Mk							1			1		3					5						**5**
Lk							1^-			1^-						2^-							

[a] ἅμα πρωΐ, λίαν πρωΐ

021		**Mk 1,35** → Mk 1,45 **καὶ πρωΐ ἔννυχα λίαν** ἀναστὰς ἐξῆλθεν καὶ ἀπῆλθεν εἰς ἔρημον τόπον κἀκεῖ προσηύχετο.	**Lk 4,42** → Lk 5,16 **γενομένης δὲ ἡμέρας** ἐξελθὼν ἐπορεύθη εἰς ἔρημον τόπον· ...	
201	**Mt 16,3** [2] ... [ὀψίας γενομένης λέγετε· εὐδία, πυρράζει γὰρ ὁ οὐρανός· [3] καὶ **πρωΐ·** σήμερον χειμών, πυρράζει γὰρ στυγνάζων ὁ οὐρανός. ...]		**Lk 12,55** [54] ὅταν ἴδητε [τὴν] νεφέλην ἀνατέλλουσαν ἐπὶ δυσμῶν, εὐθέως λέγετε ὅτι ὄμβρος ἔρχεται, καὶ γίνεται οὕτως· [55] καὶ ὅταν νότον πνέοντα, λέγετε ὅτι καύσων ἔσται, καὶ γίνεται.	→ GTh 91 Mt 16,2b-3 is textcritically uncertain.
a 200	**Mt 20,1** ὁμοία γάρ ἐστιν ἡ βασιλεία τῶν οὐρανῶν ἀνθρώπῳ οἰκοδεσπότῃ, ὅστις ἐξῆλθεν **ἅμα πρωΐ** μισθώσασθαι ἐργάτας εἰς τὸν ἀμπελῶνα αὐτοῦ.			
210	**Mt 21,18** **πρωΐ** δὲ ἐπανάγων εἰς τὴν πόλιν ἐπείνασεν.	**Mk 11,12** καὶ **τῇ ἐπαύριον** ἐξελθόντων αὐτῶν ἀπὸ Βηθανίας ἐπείνασεν.		
120	**Mt 21,20** [19] ... καὶ ἐξηράνθη πα- ραχρῆμα ἡ συκῆ. [20] καὶ ἰδόντες οἱ μαθηταὶ ἐθαύμασαν λέγοντες· πῶς παραχρῆμα ἐξηράνθη ἡ συκῆ;	**Mk 11,20** → Mk 11,14 καὶ παραπορευόμενοι **πρωΐ** εἶδον τὴν συκῆν ἐξηραμμένην ἐκ ῥιζῶν. [21] καὶ ἀναμνησθεὶς ὁ Πέτρος λέγει αὐτῷ· ῥαββί, ἴδε ἡ συκῆ ἣν κατηράσω ἐξήρανται.		
120	**Mt 24,42** → Mt 24,44 → Mt 24,50 → Mt 25,13 γρηγορεῖτε οὖν, ὅτι οὐκ οἴδατε ποίᾳ ἡμέρᾳ ὁ κύριος ὑμῶν ἔρχεται.	**Mk 13,35** → Lk 12,38 γρηγορεῖτε οὖν· οὐκ οἴδατε γὰρ πότε ὁ κύριος τῆς οἰκίας ἔρχεται, ἢ ὀψὲ ἢ μεσονύκτιον ἢ ἀλεκτοροφωνίας ἢ **πρωΐ**		

	Mt		Mk		Lk		
120	**Mt 27,1**	**πρωΐας** δὲ γενομένης συμβούλιον ἔλαβον πάντες οἱ ἀρχιερεῖς καὶ οἱ πρεσβύτεροι τοῦ λαοῦ κατὰ τοῦ Ἰησοῦ ὥστε θανατῶσαι αὐτόν·	**Mk 15,1**	καὶ εὐθὺς **πρωῒ** συμβούλιον ποιήσαντες οἱ ἀρχιερεῖς μετὰ τῶν πρεσβυτέρων καὶ γραμματέων καὶ ὅλον τὸ συνέδριον, ...	**Lk 22,66** → Mt 26,57 → Mk 14,53	καὶ ὡς ἐγένετο **ἡμέρα**, συνήχθη τὸ πρεσβυτέριον τοῦ λαοῦ, ἀρχιερεῖς τε καὶ γραμματεῖς, καὶ ἀπήγαγον αὐτὸν εἰς τὸ συνέδριον αὐτῶν	
a 121	**Mt 28,1**	... **τῇ ἐπιφωσκούσῃ** εἰς μίαν σαββάτων ἦλθεν Μαριὰμ ἡ Μαγδαληνὴ καὶ ἡ ἄλλη Μαρία θεωρῆσαι τὸν τάφον.	**Mk 16,2**	καὶ **λίαν πρωῒ** τῇ μιᾷ τῶν σαββάτων ἔρχονται ἐπὶ τὸ μνημεῖον ἀνατείλαντος τοῦ ἡλίου.	**Lk 24,1** → Lk 24,22	τῇ δὲ μιᾷ τῶν σαββάτων **ὄρθρου βαθέως** ἐπὶ τὸ μνῆμα ἦλθον φέρουσαι ἃ ἡτοίμασαν ἀρώματα.	→ Jn 20,1

Acts 28,23 ... πείθων τε αὐτοὺς
περὶ τοῦ Ἰησοῦ ἀπό
τε τοῦ νόμου Μωϋσέως
καὶ τῶν προφητῶν,
ἀπὸ πρωῒ
ἕως ἑσπέρας.

πρωΐα

	Syn	Mt	Mk	Lk	Acts	Jn	1-3John	Paul	Eph	Col
	1	1				1				
	NT	2Thess	1/2Tim	Tit	Heb	Jas	1Pet	2Pet	Jude	Rev
	2									

early (morning)

	Mt		Mk		Lk		
210	**Mt 27,1**	**πρωΐας** δὲ γενομένης συμβούλιον ἔλαβον πάντες οἱ ἀρχιερεῖς καὶ οἱ πρεσβύτεροι τοῦ λαοῦ κατὰ τοῦ Ἰησοῦ ὥστε θανατῶσαι αὐτόν·	**Mk 15,1**	καὶ εὐθὺς **πρωῒ** συμβούλιον ποιήσαντες οἱ ἀρχιερεῖς μετὰ τῶν πρεσβυτέρων καὶ γραμματέων καὶ ὅλον τὸ συνέδριον, ...	**Lk 22,66** → Mt 26,57 → Mk 14,53	καὶ ὡς ἐγένετο **ἡμέρα**, συνήχθη τὸ πρεσβυτέριον τοῦ λαοῦ, ἀρχιερεῖς τε καὶ γραμματεῖς, καὶ ἀπήγαγον αὐτὸν εἰς τὸ συνέδριον αὐτῶν	

πρωτοκαθεδρία

	Syn	Mt	Mk	Lk	Acts	Jn	1-3John	Paul	Eph	Col
	4	1	1	2						
	NT	2Thess	1/2Tim	Tit	Heb	Jas	1Pet	2Pet	Jude	Rev
	4									

place of honor; best seat

	triple tradition																	double tradition			Sonder-gut		
		+Mt / +Lk			−Mt / −Lk			traditions not taken over by Mt / Lk							subtotals								
code	*222*	*211*	*112*	*212*	*221*	*122*	*121*	*022*	*012*	*021*	*220*	*120*	*210*	*020*	Σ⁺	Σ⁻	Σ	*202*	*201*	*102*	*200*	*002*	total
Mt						1⁻										1⁻		1					**1**
Mk						1											1						**1**
Lk						1											1	1					**2**

Mk-Q overlap: 202: Mt 23,6 / Mk 12,39 / Lk 11,43 122: Mt 23,6 / Mk 12,39 / Lk 20,46

	Mt		Mk		Lk		
202	**Mt 23,6**	φιλοῦσιν δὲ τὴν πρωτοκλισίαν ἐν τοῖς δείπνοις καὶ **τὰς πρωτοκαθεδρίας** ἐν ταῖς συναγωγαῖς [7] καὶ τοὺς ἀσπασμοὺς ἐν ταῖς ἀγοραῖς καὶ καλεῖσθαι ὑπὸ τῶν ἀνθρώπων ῥαββί.	**Mk 12,39**	[38] ... βλέπετε ἀπὸ τῶν γραμματέων τῶν θελόντων ἐν στολαῖς περιπατεῖν καὶ ἀσπασμοὺς ἐν ταῖς ἀγοραῖς [39] καὶ **πρωτοκαθεδρίας** ἐν ταῖς συναγωγαῖς καὶ πρωτοκλισίας ἐν τοῖς δείπνοις	**Lk 11,43** ⇩ Lk 20,46	οὐαὶ ὑμῖν τοῖς Φαρισαίοις, ὅτι ἀγαπᾶτε **τὴν πρωτοκαθεδρίαν** ἐν ταῖς συναγωγαῖς καὶ τοὺς ἀσπασμοὺς ἐν ταῖς ἀγοραῖς.	Mk-Q overlap

122	**Mt 23,6**	φιλοῦσιν δὲ τὴν πρωτοκλισίαν ἐν τοῖς δείπνοις καὶ **τὰς πρωτοκαθεδρίας** ἐν ταῖς συναγωγαῖς [7] καὶ τοὺς ἀσπασμοὺς ἐν ταῖς ἀγοραῖς καὶ καλεῖσθαι ὑπὸ τῶν ἀνθρώπων ῥαββί.	**Mk 12,39** → Mt 23,2 → Mt 23,5	[38] ... βλέπετε ἀπὸ τῶν γραμματέων τῶν θελόντων ἐν στολαῖς περιπατεῖν καὶ ἀσπασμοὺς ἐν ταῖς ἀγοραῖς [39] καὶ **πρωτοκαθεδρίας** ἐν ταῖς συναγωγαῖς καὶ πρωτοκλισίας ἐν τοῖς δείπνοις	**Lk 20,46** ⇧ Lk 11,43 → Mt 23,2 → Mt 23,5	προσέχετε ἀπὸ τῶν γραμματέων τῶν θελόντων περιπατεῖν ἐν στολαῖς καὶ φιλούντων ἀσπασμοὺς ἐν ταῖς ἀγοραῖς καὶ **πρωτοκαθεδρίας** ἐν ταῖς συναγωγαῖς καὶ πρωτοκλισίας ἐν τοῖς δείπνοις	Mk-Q overlap. Mt 23,6 counted as Q tradition.

πρωτοκλισία	Syn 5	Mt 1	Mk 1	Lk 3	Acts	Jn	1-3John	Paul	Eph	Col
	NT 5	2Thess	1/2Tim	Tit	Heb	Jas	1Pet	2Pet	Jude	Rev

place of honor

	triple tradition																	double tradition			Sondergut		
		+Mt / +Lk			−Mt / −Lk			traditions not taken over by Mt / Lk							subtotals								
code	*222*	*211*	*112*	*212*	*221*	*122*	*121*	*022*	*012*	*021*	*220*	*120*	*210*	*020*	Σ⁺	Σ⁻	Σ	*202*	*201*	*102*	*200*	*002*	total
Mt	1																1						**1**
Mk	1																1						**1**
Lk	1																1					2	**3**

002					**Lk 14,7**	ἔλεγεν δὲ πρὸς τοὺς κεκλημένους παραβολήν, ἐπέχων πῶς **τὰς πρωτοκλισίας** ἐξελέγοντο, λέγων πρὸς αὐτούς·	
002					**Lk 14,8**	ὅταν κληθῇς ὑπό τινος εἰς γάμους, μὴ κατακλιθῇς **εἰς τὴν πρωτοκλισίαν,** μήποτε ἐντιμότερός σου ᾖ κεκλημένος ὑπ' αὐτοῦ	
222	**Mt 23,6**	φιλοῦσιν δὲ **τὴν πρωτοκλισίαν** ἐν τοῖς δείπνοις καὶ τὰς πρωτοκαθεδρίας ἐν ταῖς συναγωγαῖς [7] καὶ τοὺς ἀσπασμοὺς ἐν ταῖς ἀγοραῖς καὶ καλεῖσθαι ὑπὸ τῶν ἀνθρώπων ῥαββί.	**Mk 12,39** → Mt 23,2 → Mt 23,5	[38] βλέπετε ἀπὸ τῶν γραμματέων τῶν θελόντων ἐν στολαῖς περιπατεῖν καὶ ἀσπασμοὺς ἐν ταῖς ἀγοραῖς [39] καὶ πρωτοκαθεδρίας ἐν ταῖς συναγωγαῖς καὶ **πρωτοκλισίας** ἐν τοῖς δείπνοις	**Lk 20,46** ⇩ Lk 11,43 → Mt 23,2 → Mt 23,5	προσέχετε ἀπὸ τῶν γραμματέων τῶν θελόντων περιπατεῖν ἐν στολαῖς καὶ φιλούντων ἀσπασμοὺς ἐν ταῖς ἀγοραῖς καὶ πρωτοκαθεδρίας ἐν ταῖς συναγωγαῖς καὶ **πρωτοκλισίας** ἐν τοῖς δείπνοις	Mk-Q overlap
					Lk 11,43 ⇧ **Lk 20,46**	οὐαὶ ὑμῖν τοῖς Φαρισαίοις, ὅτι ἀγαπᾶτε τὴν πρωτοκαθεδρίαν ἐν ταῖς συναγωγαῖς καὶ τοὺς ἀσπασμοὺς ἐν ταῖς ἀγοραῖς.	

πρῶτον	Syn 24	Mt 8	Mk 6	Lk 10	Acts 5	Jn 8	1-3John	Paul 11	Eph	Col
	NT 59	2Thess 1	1/2Tim 5	Tit	Heb 1	Jas 1	1Pet 1	2Pet 2	Jude	Rev

adverb: first; in the first place; before; earlier; to begin with; above all; especially

	triple tradition																	double tradition			Sondergut		
		+Mt / +Lk			−Mt / −Lk			traditions not taken over by Mt / Lk							subtotals								
code	*222*	*211*	*112*	*212*	*221*	*122*	*121*	*022*	*012*	*021*	*220*	*120*	*210*	*020*	Σ⁺	Σ⁻	Σ	*202*	*201*	*102*	*200*	*002*	total
Mt					1						1	3⁻				3⁻	2	2	2		2		**8**
Mk					1						1	3		1			6						**6**
Lk			2⁺		1⁻										2⁺	1⁻	2	2		1		5	**10**

Mk-Q overlap: 221: Mt 12,29 / Mk 3,27 / Lk 11,22 (?)

a πρῶτον and τότε

	Mt		Mk		Lk		
a 200	**Mt 5,24** → Mt 6,14 → Mk 11,25	ἄφες ἐκεῖ τὸ δῶρόν σου ἔμπροσθεν τοῦ θυσιαστηρίου καὶ ὕπαγε **πρῶτον** διαλλάγηθι τῷ ἀδελφῷ σου, καὶ τότε ἐλθὼν πρόσφερε τὸ δῶρόν σου.					
201	**Mt 6,33**	ζητεῖτε δὲ **πρῶτον** τὴν βασιλείαν [τοῦ θεοῦ] καὶ τὴν δικαιοσύνην αὐτοῦ, καὶ ταῦτα πάντα προστεθήσεται ὑμῖν.			**Lk 12,31**	πλὴν ζητεῖτε τὴν βασιλείαν αὐτοῦ, καὶ ταῦτα προστεθήσεται ὑμῖν.	
a 202	**Mt 7,5**	ὑποκριτά, ἔκβαλε **πρῶτον** ἐκ τοῦ ὀφθαλμοῦ σοῦ τὴν δοκόν, καὶ τότε διαβλέψεις ἐκβαλεῖν τὸ κάρφος ἐκ τοῦ ὀφθαλμοῦ τοῦ ἀδελφοῦ σου.			**Lk 6,42**	... ὑποκριτά, ἔκβαλε **πρῶτον** τὴν δοκὸν ἐκ τοῦ ὀφθαλμοῦ σοῦ, καὶ τότε διαβλέψεις τὸ κάρφος τὸ ἐν τῷ ὀφθαλμῷ τοῦ ἀδελφοῦ σου ἐκβαλεῖν.	→ GTh 26 (POxy 1)
202	**Mt 8,21**	ἕτερος δὲ τῶν μαθητῶν [αὐτοῦ] εἶπεν αὐτῷ· κύριε, ἐπίτρεψόν μοι **πρῶτον** ἀπελθεῖν καὶ θάψαι τὸν πατέρα μου.			**Lk 9,59** → Mt 8,22	εἶπεν δὲ πρὸς ἕτερον· ἀκολούθει μοι. ὁ δὲ εἶπεν· [κύριε,] ἐπίτρεψόν μοι ἀπελθόντι **πρῶτον** θάψαι τὸν πατέρα μου.	
002					**Lk 9,61**	εἶπεν δὲ καὶ ἕτερος· ἀκολουθήσω σοι, κύριε· **πρῶτον** δὲ ἐπίτρεψόν μοι ἀποτάξασθαι τοῖς εἰς τὸν οἶκόν μου.	
a 221	**Mt 12,29**	ἢ πῶς δύναταί τις εἰσελθεῖν εἰς τὴν οἰκίαν τοῦ ἰσχυροῦ καὶ τὰ σκεύη αὐτοῦ ἁρπάσαι, ἐὰν μὴ **πρῶτον** δήσῃ τὸν ἰσχυρόν; καὶ τότε τὴν οἰκίαν αὐτοῦ διαρπάσει.	**Mk 3,27**	ἀλλ' οὐ δύναται οὐδεὶς εἰς τὴν οἰκίαν τοῦ ἰσχυροῦ εἰσελθὼν τὰ σκεύη αὐτοῦ διαρπάσαι, ἐὰν μὴ **πρῶτον** τὸν ἰσχυρὸν δήσῃ, καὶ τότε τὴν οἰκίαν αὐτοῦ διαρπάσει.	**Lk 11,22**	[21] ὅταν ὁ ἰσχυρὸς καθωπλισμένος φυλάσσῃ τὴν ἑαυτοῦ αὐλήν, ἐν εἰρήνῃ ἐστὶν τὰ ὑπάρχοντα αὐτοῦ· [22] ἐπὰν δὲ ἰσχυρότερος αὐτοῦ ἐπελθὼν νικήσῃ αὐτόν, τὴν πανοπλίαν αὐτοῦ αἴρει ἐφ' ᾗ ἐπεποίθει, καὶ τὰ σκῦλα αὐτοῦ διαδίδωσιν.	→ GTh 21,5 → GTh 35 Mk-Q overlap?

020			**Mk 4,28**	αὐτομάτη ἡ γῆ καρποφορεῖ, **πρῶτον** χόρτον εἶτα στάχυν εἶτα πλήρη[ς] σῖτον ἐν τῷ στάχυϊ.			
200	**Mt 13,30** → Mt 3,12 → Lk 3,17	... συλλέξατε **πρῶτον** τὰ ζιζάνια καὶ δήσατε αὐτὰ εἰς δέσμας πρὸς τὸ κατακαῦσαι αὐτά, τὸν δὲ σῖτον συναγάγετε εἰς τὴν ἀποθήκην μου.					→ GTh 57
120	**Mt 15,26**	ὁ δὲ ἀποκριθεὶς εἶπεν· οὐκ ἔστιν καλὸν λαβεῖν τὸν ἄρτον τῶν τέκνων καὶ βαλεῖν τοῖς κυναρίοις.	**Mk 7,27**	καὶ ἔλεγεν αὐτῇ· ἄφες **πρῶτον** χορτασθῆναι τὰ τέκνα, οὐ γάρ ἐστιν καλὸν λαβεῖν τὸν ἄρτον τῶν τέκνων καὶ τοῖς κυναρίοις βαλεῖν.			
220	**Mt 17,10**	καὶ ἐπηρώτησαν αὐτὸν οἱ μαθηταὶ λέγοντες· τί οὖν οἱ γραμματεῖς λέγουσιν ὅτι *Ἠλίαν δεῖ ἐλθεῖν* ***πρῶτον;*** ➤ Mal 3,23-24	**Mk 9,11**	καὶ ἐπηρώτων αὐτὸν λέγοντες· ὅτι λέγουσιν οἱ γραμματεῖς ὅτι *Ἠλίαν δεῖ ἐλθεῖν* ***πρῶτον;*** ➤ Mal 3,23-24			
120	**Mt 17,11**	ὁ δὲ ἀποκριθεὶς εἶπεν· *Ἠλίας* μὲν *ἔρχεται* *καὶ ἀποκαταστήσει* *πάντα*· ➤ Mal 3,23-24	**Mk 9,12**	ὁ δὲ ἔφη αὐτοῖς· Ἠλίας μὲν ἐλθὼν **πρῶτον** ἀποκαθιστάνει πάντα· ...			→ Acts 3,21
102	**Mt 10,12**	εἰσερχόμενοι δὲ εἰς τὴν οἰκίαν ἀσπάσασθε αὐτήν·			**Lk 10,5** ⇩ Lk 9,4	εἰς ἣν δ' ἂν εἰσέλθητε οἰκίαν, **πρῶτον** λέγετε· εἰρήνη τῷ οἴκῳ τούτῳ. [6] ... [7] ἐν αὐτῇ δὲ τῇ οἰκίᾳ μένετε, ...	Mk-Q overlap
	Mt 10,11	εἰς ἣν δ' ἂν πόλιν ἢ κώμην εἰσέλθητε, ἐξετάσατε τίς ἐν αὐτῇ ἄξιός ἐστιν· κἀκεῖ μείνατε ἕως ἂν ἐξέλθητε.	**Mk 6,10**	... ὅπου ἐὰν εἰσέλθητε εἰς οἰκίαν, ἐκεῖ μένετε ἕως ἂν ἐξέλθητε ἐκεῖθεν.	**Lk 9,4** ⇧ **Lk 10,5** ⇧ Lk 10,7	καὶ εἰς ἣν ἂν οἰκίαν εἰσέλθητε, ἐκεῖ μένετε καὶ ἐκεῖθεν ἐξέρχεσθε.	→ GTh 14,4
002					**Lk 11,38** → Mk 7,2	ὁ δὲ Φαρισαῖος ἰδὼν ἐθαύμασεν ὅτι **οὐ πρῶτον ἐβαπτίσθη** πρὸ τοῦ ἀρίστου.	
112	**Mt 16,6** ⇨ Mt 16,11	ὁ δὲ Ἰησοῦς εἶπεν αὐτοῖς· ὁρᾶτε καὶ προσέχετε ἀπὸ τῆς ζύμης τῶν Φαρισαίων καὶ Σαδδουκαίων.	**Mk 8,15**	καὶ διεστέλλετο αὐτοῖς λέγων· ὁρᾶτε, βλέπετε ἀπὸ τῆς ζύμης τῶν Φαρισαίων καὶ τῆς ζύμης Ἡρῴδου.	**Lk 12,1** → Mt 16,12	... ἤρξατο λέγειν πρὸς τοὺς μαθητὰς αὐτοῦ **πρῶτον**· προσέχετε ἑαυτοῖς ἀπὸ τῆς ζύμης, ἥτις ἐστὶν ὑπόκρισις, τῶν Φαρισαίων.	
002					**Lk 14,28**	τίς γὰρ ἐξ ὑμῶν θέλων πύργον οἰκοδομῆσαι **οὐχὶ πρῶτον καθίσας** ψηφίζει τὴν δαπάνην, εἰ ἔχει εἰς ἀπαρτισμόν;	

002					**Lk 14,31**	ἢ τίς βασιλεὺς πορευόμενος ἑτέρῳ βασιλεῖ συμβαλεῖν εἰς πόλεμον **οὐχὶ καθίσας πρῶτον** βουλεύσεται εἰ δυνατός ἐστιν ἐν δέκα χιλιάσιν ὑπαντῆσαι τῷ μετὰ εἴκοσι χιλιάδων ἐρχομένῳ ἐπ' αὐτόν;	
002	→ Mt 16,21 → Mt 17,22-23 → Mt 20,18-19		→ Mk 8,31 → Mk 9,31 → Mk 10,33-34		**Lk 17,25** → Lk 9,22 → Lk 9,44 → Lk 18,31-33 → Lk 24,7 → Lk 24,26 → Lk 24,46	**πρῶτον** δὲ δεῖ αὐτὸν πολλὰ παθεῖν καὶ ἀποδοκιμασθῆναι ἀπὸ τῆς γενεᾶς ταύτης.	
201	**Mt 23,26**	... καθάρισον **πρῶτον** τὸ ἐντὸς τοῦ ποτηρίου, ἵνα γένηται καὶ τὸ ἐκτὸς αὐτοῦ καθαρόν.			**Lk 11,41**	πλὴν τὰ ἐνόντα δότε ἐλεημοσύνην, καὶ ἰδοὺ πάντα καθαρὰ ὑμῖν ἐστιν.	→ GTh 89
112	**Mt 24,6**	... δεῖ γὰρ γενέσθαι, ἀλλ' οὔπω ἐστὶν τὸ τέλος.	**Mk 13,7**	... δεῖ γενέσθαι, ἀλλ' οὔπω τὸ τέλος.	**Lk 21,9**	... δεῖ γὰρ ταῦτα γενέσθαι **πρῶτον**, ἀλλ' οὐκ εὐθέως τὸ τέλος.	
120	**Mt 24,14** → Mt 10,18 → Mk 13,9 → Lk 21,13 → Mt 28,19	καὶ κηρυχθήσεται τοῦτο τὸ εὐαγγέλιον τῆς βασιλείας ἐν ὅλῃ τῇ οἰκουμένῃ εἰς μαρτύριον πᾶσιν τοῖς ἔθνεσιν, καὶ τότε ἥξει τὸ τέλος.	**Mk 13,10**	καὶ εἰς πάντα τὰ ἔθνη **πρῶτον** δεῖ κηρυχθῆναι τὸ εὐαγγέλιον.			

Acts 3,26 ὑμῖν **πρῶτον** ἀναστήσας ὁ θεὸς τὸν παῖδα αὐτοῦ ἀπέστειλεν αὐτὸν ...

Acts 7,12 ἀκούσας δὲ Ἰακὼβ ὄντα σιτία εἰς Αἴγυπτον ἐξαπέστειλεν τοὺς πατέρας ἡμῶν **πρῶτον**.

Acts 13,46 παρρησιασάμενοί τε ὁ Παῦλος καὶ ὁ Βαρναβᾶς εἶπαν· ὑμῖν ἦν ἀναγκαῖον **πρῶτον** λαληθῆναι τὸν λόγον τοῦ θεοῦ· ...

Acts 15,14 Συμεὼν ἐξηγήσατο καθὼς **πρῶτον** ὁ θεὸς ἐπεσκέψατο λαβεῖν ἐξ ἐθνῶν λαὸν τῷ ὀνόματι αὐτοῦ.

Acts 26,20 ἀλλὰ τοῖς ἐν Δαμασκῷ **πρῶτόν** τε καὶ Ἱεροσολύμοις, πᾶσάν τε τὴν χώραν τῆς Ἰουδαίας καὶ τοῖς ἔθνεσιν ἀπήγγελλον μετανοεῖν ...

# πρῶτος	Syn 36	Mt 17	Mk 9	Lk 10	Acts 11	Jn 5	1-3John 1	Paul 6	Eph 1	Col
	NT 93	2Thess	1/2Tim 5	Tit	Heb 9	Jas	1Pet	2Pet 1	Jude	Rev 18

first; earliest; earlier; foremost; most important; most prominent

	triple tradition																	double tradition			Sondergut		
		+Mt / +Lk			−Mt / −Lk			traditions not taken over by Mt / Lk							subtotals								
code	222	211	112	212	221	122	121	022	012	021	220	120	210	020	Σ+	Σ−	Σ	202	201	102	200	002	total
Mt	1	2^+			2		2^-				2	1^-	1^+		3^+	3^-	8	3			6		17
Mk	1				2		2				2	1		1			9						9
Lk	1				2^-		2^-		1^+						1^+	4^-	2	3		2		3	10

[a] (ἡ) πρώτη (ἡμέρα)

[b] πρῶτος and δεύτερος / ἕτερος

[c] πρῶτος and ἔσχατος

[d] ὁ πρῶτος, οἱ πρῶτοι: the most prominent men

002			**Lk 2,2**	αὕτη ἀπογραφὴ **πρώτη** ἐγένετο ἡγεμονεύοντος τῆς Συρίας Κυρηνίου.

	Mt		Mk		Lk		
211	**Mt 10,2**	τῶν δὲ δώδεκα ἀποστόλων τὰ ὀνόματά ἐστιν ταῦτα· **πρῶτος** Σίμων ὁ λεγόμενος Πέτρος ...	**Mk 3,16**	... καὶ ἐπέθηκεν ὄνομα τῷ Σίμωνι Πέτρον	**Lk 6,14**	Σίμωνα, ὃν καὶ ὠνόμασεν Πέτρον, ...	→ Jn 1,40-42
c 202	**Mt 12,45** → Mk 9,25 ↓ Mt 27,64	... καὶ γίνεται τὰ ἔσχατα τοῦ ἀνθρώπου ἐκείνου χείρονα **τῶν πρώτων.** οὕτως ἔσται καὶ τῇ γενεᾷ ταύτῃ τῇ πονηρᾷ.			**Lk 11,26** → Mk 9,25	... καὶ γίνεται τὰ ἔσχατα τοῦ ἀνθρώπου ἐκείνου χείρονα **τῶν πρώτων.**	
d 120	**Mt 14,6**	γενεσίοις δὲ γενομένοις τοῦ Ἡρῴδου ὠρχήσατο ἡ θυγάτηρ τῆς Ἡρῳδιάδος ἐν τῷ μέσῳ καὶ ἤρεσεν τῷ Ἡρῴδῃ	**Mk 6,21**	καὶ γενομένης ἡμέρας εὐκαίρου ὅτε Ἡρῴδης τοῖς γενεσίοις αὐτοῦ δεῖπνον ἐποίησεν τοῖς μεγιστᾶσιν αὐτοῦ καὶ τοῖς χιλιάρχοις καὶ **τοῖς πρώτοις τῆς Γαλιλαίας,** [22] καὶ εἰσελθούσης τῆς θυγατρὸς αὐτοῦ Ἡρῳδιάδος καὶ ὀρχησαμένης ἤρεσεν τῷ Ἡρῴδῃ ...			
200	**Mt 17,27**	... πορευθεὶς εἰς θάλασσαν βάλε ἄγκιστρον καὶ **τὸν ἀναβάντα πρῶτον ἰχθὺν** ἆρον, καὶ ἀνοίξας τὸ στόμα αὐτοῦ εὑρήσεις στατῆρα· ...					
c 020			**Mk 9,35** ↓ Mt 20,27 ⇩ Mk 10,44 ↓ Lk 22,26 → Mt 23,11 → Mk 10,31	καὶ καθίσας ἐφώνησεν τοὺς δώδεκα καὶ λέγει αὐτοῖς· εἴ τις θέλει **πρῶτος** εἶναι, ἔσται πάντων ἔσχατος καὶ πάντων διάκονος.			
c 220 c 220	**Mt 19,30** (2) ⇩ Mt 20,16	**πολλοὶ δὲ ἔσονται πρῶτοι** ἔσχατοι καὶ ἔσχατοι **πρῶτοι.**	**Mk 10,31** (2) ⇧ Mk 9,35	**πολλοὶ δὲ ἔσονται πρῶτοι** ἔσχατοι καὶ [οἱ] ἔσχατοι **πρῶτοι.**	**Lk 13,30** (2)	καὶ ἰδοὺ εἰσὶν ἔσχατοι οἳ **ἔσονται πρῶτοι,** καὶ εἰσὶν **πρῶτοι** οἳ ἔσονται ἔσχατοι.	→ GTh 4,2 **(POxy 654)** Mk-Q overlap
c 200	**Mt 20,8**	... κάλεσον τοὺς ἐργάτας καὶ ἀπόδος αὐτοῖς τὸν μισθὸν ἀρξάμενος ἀπὸ τῶν ἐσχάτων **ἕως τῶν πρώτων.**					
c 200	**Mt 20,10**	καὶ ἐλθόντες **οἱ πρῶτοι** ἐνόμισαν ὅτι πλεῖον λήμψονται· καὶ ἔλαβον [τὸ] ἀνὰ δηνάριον καὶ αὐτοί. [11] λαβόντες δὲ ἐγόγγυζον κατὰ τοῦ οἰκοδεσπότου [12] λέγοντες· οὗτοι οἱ ἔσχατοι μίαν ὥραν ἐποίησαν, ...					

	Mt		Mk		Lk		
c 202 c 202	**Mt 20,16** **(2)** ⇧ Mt 19,30	οὕτως ἔσονται οἱ ἔσχατοι **πρῶτοι** καὶ **οἱ πρῶτοι** ἔσχατοι.	**Mk 10,31** **(2)** ↑ Mk 9,35	πολλοὶ δὲ ἔσονται **πρῶτοι** ἔσχατοι καὶ [οἱ] ἔσχατοι **πρῶτοι.**	**Lk 13,30** **(2)**	καὶ ἰδοὺ εἰσὶν ἔσχατοι οἳ ἔσονται **πρῶτοι,** καὶ εἰσὶν **πρῶτοι** οἳ ἔσονται ἔσχατοι.	→ GTh 4,2 **(POxy 654)** Mk-Q overlap
b 102	**Mt 22,5**	οἱ δὲ ἀμελήσαντες ἀπῆλθον, **ὃς μὲν** εἰς τὸν ἴδιον ἀγρόν, ὃς δὲ ἐπὶ τὴν ἐμπορίαν αὐτοῦ·			**Lk 14,18**	καὶ ἤρξαντο ἀπὸ μιᾶς πάντες παραιτεῖσθαι. **ὁ πρῶτος** εἶπεν αὐτῷ· ἀγρὸν ἠγόρασα καὶ ἔχω ἀνάγκην ἐξελθὼν ἰδεῖν αὐτόν· ἐρωτῶ σε, ἔχε με παρῃτημένον. [19] καὶ ἕτερος εἶπεν· ζεύγη βοῶν ἠγόρασα πέντε ...	→ GTh 64
002					**Lk 15,22**	... ταχὺ ἐξενέγκατε **στολὴν τὴν πρώτην** καὶ ἐνδύσατε αὐτόν, ...	
002					**Lk 16,5**	καὶ προσκαλεσάμενος ἕνα ἕκαστον τῶν χρεοφειλετῶν τοῦ κυρίου ἑαυτοῦ ἔλεγεν **τῷ πρώτῳ·** πόσον ὀφείλεις τῷ κυρίῳ μου;	
     221	**Mt 20,27**	[26] οὐχ οὕτως ἔσται ἐν ὑμῖν, ἀλλ᾽ ὃς ἐὰν θέλῃ ἐν ὑμῖν μέγας γενέσθαι ἔσται ὑμῶν διάκονος, [27] καὶ ὃς ἂν θέλῃ ἐν ὑμῖν εἶναι **πρῶτος** ἔσται ὑμῶν δοῦλος·	**Mk 10,44** ⇧ Mk 9,35	[43] οὐχ οὕτως δέ ἐστιν ἐν ὑμῖν, ἀλλ᾽ ὃς ἂν θέλῃ μέγας γενέσθαι ἐν ὑμῖν ἔσται ὑμῶν διάκονος, [44] καὶ ὃς ἂν θέλῃ ἐν ὑμῖν εἶναι **πρῶτος** ἔσται πάντων δοῦλος·	**Lk 22,26** → Mt 23,11	ὑμεῖς δὲ οὐχ οὕτως, ἀλλ᾽ ὁ μείζων ἐν ὑμῖν γινέσθω ὡς ὁ νεώτερος καὶ **ὁ ἡγούμενος** ὡς ὁ διακονῶν.	
b 102	**Mt 25,20**	καὶ προσελθὼν **ὁ τὰ πέντε τάλαντα λαβὼν** προσήνεγκεν ἄλλα πέντε τάλαντα λέγων· κύριε, πέντε τάλαντά μοι παρέδωκας· ἴδε ἄλλα πέντε τάλαντα ἐκέρδησα. [21] ... [22] προσελθὼν [δὲ] καὶ ὁ τὰ δύο τάλαντα ...			**Lk 19,16**	παρεγένετο δὲ **ὁ πρῶτος** λέγων· κύριε, ἡ μνᾶ σου δέκα προσηργάσατο μνᾶς. [17] ... [18] καὶ ἦλθεν ὁ δεύτερος ...	
d 012			**Mk 11,18** → Mt 21,45-46	καὶ ἤκουσαν οἱ ἀρχιερεῖς καὶ οἱ γραμματεῖς καὶ ἐζήτουν πῶς αὐτὸν ἀπολέσωσιν· ...	**Lk 19,47** → Lk 21,38	... οἱ δὲ ἀρχιερεῖς καὶ οἱ γραμματεῖς ἐζήτουν αὐτὸν ἀπολέσαι καὶ **οἱ πρῶτοι τοῦ λαοῦ**	
b 200	**Mt 21,28** → Lk 15,11	... ἄνθρωπος εἶχεν τέκνα δύο. καὶ προσελθὼν **τῷ πρώτῳ** εἶπεν· τέκνον, ὕπαγε σήμερον ἐργάζου ἐν τῷ ἀμπελῶνι. [29] ... [30] προσελθὼν δὲ τῷ ἑτέρῳ ...					
   200	**Mt 21,31**	τίς ἐκ τῶν δύο ἐποίησεν τὸ θέλημα τοῦ πατρός; λέγουσιν· **ὁ πρῶτος.** ...					

	Mt		Mk		Lk		
211	Mt 21,36	πάλιν ἀπέστειλεν ἄλλους δούλους πλείονας **τῶν πρώτων**, καὶ ἐποίησαν αὐτοῖς ὡσαύτως.	Mk 12,4	καὶ πάλιν ἀπέστειλεν πρὸς αὐτοὺς ἄλλον δοῦλον· κἀκεῖνον ἐκεφαλίωσαν καὶ ἠτίμασαν.	Lk 20,11	καὶ προσέθετο ἕτερον πέμψαι δοῦλον· οἱ δὲ κἀκεῖνον δείραντες καὶ ἀτιμάσαντες ἐξαπέστειλαν κενόν.	→ GTh 65
b 222	Mt 22,25	ἦσαν δὲ παρ' ἡμῖν ἑπτὰ ἀδελφοί· καὶ **ὁ πρῶτος** γήμας ἐτελεύτησεν, καὶ μὴ ἔχων σπέρμα ἀφῆκεν τὴν γυναῖκα αὐτοῦ τῷ ἀδελφῷ αὐτοῦ· [26] ὁμοίως καὶ ὁ δεύτερος ...	Mk 12,20	ἑπτὰ ἀδελφοὶ ἦσαν· καὶ **ὁ πρῶτος** ἔλαβεν γυναῖκα καὶ ἀποθνῄσκων οὐκ ἀφῆκεν σπέρμα· [21] καὶ ὁ δεύτερος ἔλαβεν αὐτὴν ...	Lk 20,29	ἑπτὰ οὖν ἀδελφοὶ ἦσαν· καὶ **ὁ πρῶτος** λαβὼν γυναῖκα ἀπέθανεν ἄτεκνος· [30] καὶ ὁ δεύτερος	
121	Mt 22,36 → Mt 19,16	διδάσκαλε, ποία ἐντολὴ **μεγάλη ἐν τῷ νόμῳ;**	Mk 12,28 → Mk 10,17	... ποία ἐστὶν ἐντολὴ **πρώτη πάντων;**	Lk 10,25 ⇨ Lk 18,18	... διδάσκαλε, τί ποιήσας ζωὴν αἰώνιον κληρονομήσω;	
b 121	Mt 22,37	ὁ δὲ ἔφη αὐτῷ· *ἀγαπήσεις κύριον τὸν θεόν σου ...* ➤ Deut 6,5	Mk 12,29	ἀπεκρίθη ὁ Ἰησοῦς ὅτι **πρώτη** ἐστίν· *ἄκουε, Ἰσραήλ, κύριος ὁ θεὸς ἡμῶν κύριος εἷς ἐστιν,* [30] *καὶ ἀγαπήσεις κύριον τὸν θεόν σου ...* [31] δευτέρα αὕτη· *ἀγαπήσεις τὸν πλησίον σου ὡς σεαυτόν.* ↔ ➤ Deut 6,4-5 ➤ Lev 19,18	Lk 10,26	ὁ δὲ εἶπεν πρὸς αὐτόν· ἐν τῷ νόμῳ τί γέγραπται; πῶς ἀναγινώσκεις; [27] ὁ δὲ ἀποκριθεὶς εἶπεν· *ἀγαπήσεις κύριον τὸν θεόν σου ... καὶ τὸν πλησίον σου ὡς σεαυτόν.* ➤ Deut 6,5 ➤ Lev 19,18	
b 210	Mt 22,38	αὕτη ἐστὶν **ἡ μεγάλη καὶ πρώτη ἐντολή.** [39] δευτέρα δὲ ὁμοία αὐτῇ· *ἀγαπήσεις τὸν πλησίον σου ὡς σεαυτόν.* ➤ Lev 19,18	Mk 12,31 → Mt 22,40	↔ μείζων τούτων ἄλλη ἐντολὴ οὐκ ἔστιν.			
a 221	Mt 26,17	**τῇ δὲ πρώτῃ τῶν ἀζύμων** προσῆλθον οἱ μαθηταὶ τῷ Ἰησοῦ λέγοντες· ποῦ θέλεις ἑτοιμάσωμέν σοι φαγεῖν τὸ πάσχα;	Mk 14,12	καὶ **τῇ πρώτῃ ἡμέρᾳ τῶν ἀζύμων,** ὅτε τὸ πάσχα ἔθυον, λέγουσιν αὐτῷ οἱ μαθηταὶ αὐτοῦ· ποῦ θέλεις ἀπελθόντες ἑτοιμάσωμεν ἵνα φάγῃς τὸ πάσχα;	Lk 22,7	ἦλθεν δὲ **ἡ ἡμέρα τῶν ἀζύμων,** [ἐν] ᾗ ἔδει θύεσθαι τὸ πάσχα· [8] ... [9] οἱ δὲ εἶπαν αὐτῷ· ποῦ θέλεις ἑτοιμάσωμεν;	→ Jn 13,1
200	Mt 27,64 ↑ Mt 12,45	... καὶ ἔσται ἡ ἐσχάτη πλάνη χείρων **τῆς πρώτης.**					

Acts 1,1 **τὸν μὲν πρῶτον λόγον** ἐποιησάμην περὶ πάντων, ὦ Θεόφιλε, ὧν ἤρξατο ὁ Ἰησοῦς ποιεῖν τε καὶ διδάσκειν

b **Acts 12,10** διελθόντες δὲ **πρώτην φυλακὴν** καὶ δευτέραν ἦλθαν ἐπὶ τὴν πύλην τὴν σιδηρᾶν τὴν φέρουσαν εἰς τὴν πόλιν, ...

d **Acts 13,50** οἱ δὲ Ἰουδαῖοι παρώτρυναν τὰς σεβομένας γυναῖκας τὰς εὐσχήμονας καὶ **τοὺς πρώτους τῆς πόλεως** καὶ ἐπήγειραν διωγμὸν ἐπὶ τὸν Παῦλον καὶ Βαρναβᾶν ...

Acts 16,12 κἀκεῖθεν εἰς Φιλίππους, ἥτις ἐστὶν **πρώτη[ς] μερίδος τῆς Μακεδονίας πόλις,** κολωνία. ἦμεν δὲ ἐν ταύτῃ τῇ πόλει διατρίβοντες ἡμέρας τινάς.

d	**Acts 17,4**	καί τινες ἐξ αὐτῶν ἐπείσθησαν καὶ προσεκληρώθησαν τῷ Παύλῳ καὶ τῷ Σιλᾷ, τῶν τε σεβομένων Ἑλλήνων πλῆθος πολύ, **γυναικῶν τε τῶν πρώτων οὐκ ὀλίγαι.**
a	**Acts 20,18**	... ὑμεῖς ἐπίστασθε, **ἀπὸ πρώτης ἡμέρας** ἀφ' ἧς ἐπέβην εἰς τὴν Ἀσίαν, πῶς μεθ' ὑμῶν τὸν πάντα χρόνον ἐγενόμην
d	**Acts 25,2**	ἐνεφάνισάν τε αὐτῷ οἱ ἀρχιερεῖς καὶ **οἱ πρῶτοι τῶν Ἰουδαίων** κατὰ τοῦ Παύλου καὶ παρεκάλουν αὐτὸν
	Acts 26,23	εἰ παθητὸς ὁ χριστός, εἰ **πρῶτος** ἐξ ἀναστάσεως νεκρῶν φῶς μέλλει καταγγέλλειν τῷ τε λαῷ καὶ τοῖς ἔθνεσιν.
	Acts 27,43	... ἐκέλευσέν τε τοὺς δυναμένους κολυμβᾶν ἀπορίψαντας **πρώτους** ἐπὶ τὴν γῆν ἐξιέναι
d	**Acts 28,7**	ἐν δὲ τοῖς περὶ τὸν τόπον ἐκεῖνον ὑπῆρχεν χωρία **τῷ πρώτῳ τῆς νήσου** ὀνόματι Ποπλίῳ, ὃς ἀναδεξάμενος ἡμᾶς τρεῖς ἡμέρας φιλοφρόνως ἐξένισεν.
d	**Acts 28,17**	ἐγένετο δὲ μετὰ ἡμέρας τρεῖς συγκαλέσασθαι αὐτὸν **τοὺς ὄντας τῶν Ἰουδαίων πρώτους·** συνελθόντων δὲ αὐτῶν ἔλεγεν πρὸς αὐτούς· ...

πρωτότοκος

	Mt	Mk	Lk	Acts	Jn	1-3John	Paul	Eph	Col
Syn 1			1				1		2
	2Thess	**1/2Tim**	**Tit**	**Heb**	**Jas**	**1Pet**	**2Pet**	**Jude**	**Rev**
NT 8				3					1

first-born

	Mt	Mk	Lk
002			**Lk 2,7** καὶ ἔτεκεν τὸν υἱὸν αὐτῆς **τὸν πρωτότοκον,** καὶ ἐσπαργάνωσεν αὐτὸν καὶ ἀνέκλινεν αὐτὸν ἐν φάτνῃ, ...

πτερύγιον

	Mt	Mk	Lk	Acts	Jn	1-3John	Paul	Eph	Col
Syn 2	1		1						
	2Thess	**1/2Tim**	**Tit**	**Heb**	**Jas**	**1Pet**	**2Pet**	**Jude**	**Rev**
NT 2									

end; edge; pinnacle, summit (of the temple)

	Mt	Mk	Lk
202	**Mt 4,5** τότε παραλαμβάνει αὐτὸν ὁ διάβολος εἰς τὴν ἁγίαν πόλιν καὶ ἔστησεν αὐτὸν **ἐπὶ τὸ πτερύγιον τοῦ ἱεροῦ**		**Lk 4,9** ἤγαγεν δὲ αὐτὸν εἰς Ἰερουσαλὴμ καὶ ἔστησεν **ἐπὶ τὸ πτερύγιον τοῦ ἱεροῦ** ...

πτέρυξ

	Mt	Mk	Lk	Acts	Jn	1-3John	Paul	Eph	Col
Syn 2	1		1						
	2Thess	**1/2Tim**	**Tit**	**Heb**	**Jas**	**1Pet**	**2Pet**	**Jude**	**Rev**
NT 5									3

wing

	Mt	Mk	Lk
202	**Mt 23,37** ... ποσάκις ἠθέλησα ἐπισυναγαγεῖν τὰ τέκνα σου, ὃν τρόπον ὄρνις ἐπισυνάγει τὰ νοσσία αὐτῆς **ὑπὸ τὰς πτέρυγας,** καὶ οὐκ ἠθελήσατε.		**Lk 13,34** ... ποσάκις ἠθέλησα ἐπισυνάξαι τὰ τέκνα σου ὃν τρόπον ὄρνις τὴν ἑαυτῆς νοσσιὰν **ὑπὸ τὰς πτέρυγας,** καὶ οὐκ ἠθελήσατε.

πτοέω	Syn 2	Mt	Mk	Lk 2	Acts	Jn	1-3John	Paul	Eph	Col
	NT 2	2Thess	1/2Tim	Tit	Heb	Jas	1Pet	2Pet	Jude	Rev

passive: be terrified; be alarmed; frightened; startled

	Mt		Mk		Lk		
112	Mt 24,6	μελλήσετε δὲ ἀκούειν πολέμους καὶ ἀκοὰς πολέμων· ὁρᾶτε **μὴ θροεῖσθε·** δεῖ γὰρ γενέσθαι, ἀλλ' οὔπω ἐστὶν τὸ τέλος.	Mk 13,7	ὅταν δὲ ἀκούσητε πολέμους καὶ ἀκοὰς πολέμων, **μὴ θροεῖσθε·** δεῖ γενέσθαι, ἀλλ' οὔπω τὸ τέλος.	Lk 21,9	ὅταν δὲ ἀκούσητε πολέμους καὶ ἀκαταστασίας, **μὴ πτοηθῆτε·** δεῖ γὰρ ταῦτα γενέσθαι πρῶτον, ἀλλ' οὐκ εὐθέως τὸ τέλος.	
002					Lk 24,37	**πτοηθέντες** δὲ καὶ ἔμφοβοι γενόμενοι ἐδόκουν πνεῦμα θεωρεῖν.	

πτύον	Syn 2	Mt 1	Mk	Lk 1	Acts	Jn	1-3John	Paul	Eph	Col
	NT 2	2Thess	1/2Tim	Tit	Heb	Jas	1Pet	2Pet	Jude	Rev

winnowing shovel

	Mt		Mk		Lk		
202	Mt 3,12	οὗ **τὸ πτύον** ἐν τῇ χειρὶ αὐτοῦ καὶ διακαθαριεῖ τὴν ἅλωνα αὐτοῦ, ...			Lk 3,17	οὗ **τὸ πτύον** ἐν τῇ χειρὶ αὐτοῦ διακαθᾶραι τὴν ἅλωνα αὐτοῦ ...	

πτύσσω	Syn 1	Mt	Mk	Lk 1	Acts	Jn	1-3John	Paul	Eph	Col
	NT 1	2Thess	1/2Tim	Tit	Heb	Jas	1Pet	2Pet	Jude	Rev

fold up

	Mt		Mk		Lk		
002					Lk 4,20	καὶ **πτύξας** τὸ βιβλίον ἀποδοὺς τῷ ὑπηρέτῃ ἐκάθισεν· ...	

πτύω	Syn 2	Mt	Mk 2	Lk	Acts	Jn 1	1-3John	Paul	Eph	Col
	NT 3	2Thess	1/2Tim	Tit	Heb	Jas	1Pet	2Pet	Jude	Rev

spit; spit out

	Mt		Mk		Lk		
020			Mk 7,33 ↓ Mk 8,23	καὶ ἀπολαβόμενος αὐτὸν ἀπὸ τοῦ ὄχλου κατ' ἰδίαν ἔβαλεν τοὺς δακτύλους αὐτοῦ εἰς τὰ ὦτα αὐτοῦ καὶ **πτύσας** ἥψατο τῆς γλώσσης αὐτοῦ			
020			Mk 8,23 → Mt 9,29 → Mt 20,34 ↑ Mk 7,33	καὶ ἐπιλαβόμενος τῆς χειρὸς τοῦ τυφλοῦ ἐξήνεγκεν αὐτὸν ἔξω τῆς κώμης καὶ **πτύσας** εἰς τὰ ὄμματα αὐτοῦ, ...			→ Jn 9,6

πτῶμα	Syn 4	Mt 2	Mk 2	Lk	Acts	Jn	1-3John	Paul	Eph	Col
	NT 7	2Thess	1/2Tim	Tit	Heb	Jas	1Pet	2Pet	Jude	Rev 3

(dead) body; corpse

	Mt		Mk		Lk		
220	Mt 14,12	καὶ προσελθόντες οἱ μαθηταὶ αὐτοῦ ἦραν **τὸ πτῶμα** καὶ ἔθαψαν αὐτό[ν] ...	Mk 6,29	καὶ ἀκούσαντες οἱ μαθηταὶ αὐτοῦ ἦλθον καὶ ἦραν **τὸ πτῶμα αὐτοῦ** καὶ ἔθηκαν αὐτὸ ἐν μνημείῳ.			
201	Mt 24,28	ὅπου ἐὰν ᾖ **τὸ πτῶμα,** ἐκεῖ συναχθήσονται οἱ ἀετοί.			Lk 17,37	... ὅπου **τὸ σῶμα,** ἐκεῖ καὶ οἱ ἀετοὶ ἐπισυναχθήσονται.	
120	Mt 27,58	οὗτος προσελθὼν τῷ Πιλάτῳ ᾐτήσατο τὸ σῶμα τοῦ Ἰησοῦ. τότε ὁ Πιλᾶτος ἐκέλευσεν ἀποδοθῆναι.	Mk 15,45	[43] ... εἰσῆλθεν πρὸς τὸν Πιλᾶτον καὶ ᾐτήσατο τὸ σῶμα τοῦ Ἰησοῦ. [44] ... [45] καὶ γνοὺς ἀπὸ τοῦ κεντυρίωνος ἐδωρήσατο **τὸ πτῶμα** τῷ Ἰωσήφ.			→ Jn 19,38

πτῶσις	Syn 2	Mt 1	Mk	Lk 1	Acts	Jn	1-3John	Paul	Eph	Col
	NT 2	2Thess	1/2Tim	Tit	Heb	Jas	1Pet	2Pet	Jude	Rev

falling; fall

	Mt		Mk		Lk		
002					Lk 2,34	... ἰδοὺ οὗτος κεῖται **εἰς πτῶσιν** καὶ ἀνάστασιν πολλῶν ἐν τῷ Ἰσραὴλ ...	
201	Mt 7,27	καὶ κατέβη ἡ βροχὴ καὶ ἦλθον οἱ ποταμοὶ καὶ ἔπνευσαν οἱ ἄνεμοι καὶ προσέκοψαν τῇ οἰκίᾳ ἐκείνῃ, καὶ ἔπεσεν, καὶ ἦν **ἡ πτῶσις αὐτῆς** μεγάλη.			Lk 6,49	... ᾗ προσέρηξεν ὁ ποταμός, καὶ εὐθὺς συνέπεσεν καὶ ἐγένετο **τὸ ῥῆγμα τῆς οἰκίας ἐκείνης** μέγα.	

πτωχός	Syn 20	Mt 5	Mk 5	Lk 10	Acts	Jn 4	1-3John	Paul 4	Eph	Col
	NT 34	2Thess	1/2Tim	Tit	Heb	Jas 4	1Pet	2Pet	Jude	Rev 2

begging; dependent on others for support; poor; miserable; impotent

	triple tradition																	double tradition			Sondergut		
		+Mt / +Lk			−Mt / −Lk			traditions not taken over by Mt / Lk							subtotals								
code	*222*	*211*	*112*	*212*	*221*	*122*	*121*	*022*	*012*	*021*	*220*	*120*	*210*	*020*	Σ⁺	Σ⁻	Σ	*202*	*201*	*102*	*200*	*002*	total
Mt	1										2						3	2					**5**
Mk	1							1		1	2						5						**5**
Lk	1							1		1⁻						1⁻	2	2				6	**10**

[a] (οἱ) πτωχοί (used as a noun)

[b] πτωχός and πλούσιος

	Mt		Mk		Lk		
a 002					**Lk 4,18** ↓Mt 11,5 ↓Lk 7,22 →Lk 3,22 →Lk 13,16	*πνεῦμα κυρίου ἐπ᾽ ἐμὲ οὗ εἵνεκεν ἔχρισέν με εὐαγγελίσασθαι* **πτωχοῖς,** *ἀπέσταλκέν με, κηρύξαι αἰχμαλώτοις ἄφεσιν καὶ τυφλοῖς ἀνάβλεψιν, ἀποστεῖλαι τεθραυσμένους ἐν ἀφέσει* ➤ Isa 61,1 LXX; 58,6	→ Acts 4,27 → Acts 10,38
a b 202	**Mt 5,3**	μακάριοι **οἱ πτωχοὶ** τῷ πνεύματι, ὅτι αὐτῶν ἐστιν ἡ βασιλεία τῶν οὐρανῶν.			**Lk 6,20**	... μακάριοι **οἱ πτωχοί,** ὅτι ὑμετέρα ἐστὶν ἡ βασιλεία τοῦ θεοῦ. [24] πλὴν οὐαὶ ὑμῖν τοῖς πλουσίοις, ...	→ GTh 54
a 202	**Mt 11,5** →Mt 15,31	*τυφλοὶ ἀναβλέπουσιν* καὶ χωλοὶ περιπατοῦσιν, λεπροὶ καθαρίζονται καὶ *κωφοὶ ἀκούουσιν,* καὶ *νεκροὶ ἐγείρονται* καὶ **πτωχοὶ** εὐαγγελίζονται· ➤ Isa 29,18; 35,5-6; 42,18; 26,19			**Lk 7,22** ↑Lk 4,18	... *τυφλοὶ ἀναβλέπουσιν,* χωλοὶ περιπατοῦσιν, λεπροὶ καθαρίζονται καὶ *κωφοὶ ἀκούουσιν, νεκροὶ ἐγείρονται,* **πτωχοὶ** εὐαγγελίζονται· ➤ Isa 29,18; 35,5-6; 42,18; 26,19	
a b 002					**Lk 14,13** ↓Lk 14,21	[12] ... μὴ φώνει τοὺς φίλους σου ... μηδὲ γείτονας πλουσίους, ... [13] ἀλλ᾽ ὅταν δοχὴν ποιῇς, κάλει **πτωχούς,** ἀναπείρους, χωλούς, τυφλούς·	
a 002					**Lk 14,21** →Mt 22,9 ⇨ Lk 14,23 ↑Lk 14,13	... ἔξελθε ταχέως εἰς τὰς πλατείας καὶ ῥύμας τῆς πόλεως, καὶ **τοὺς πτωχοὺς** καὶ ἀναπείρους καὶ τυφλοὺς καὶ χωλοὺς εἰσάγαγε ὧδε.	→ GTh 64
b 002					**Lk 16,20**	[19] ἄνθρωπος δέ τις ἦν πλούσιος, ... [20] **πτωχὸς δέ τις** ὀνόματι Λάζαρος ἐβέβλητο πρὸς τὸν πυλῶνα αὐτοῦ εἱλκωμένος	

	Mt		Mk		Lk		
b 002					Lk 16,22	ἐγένετο δὲ ἀποθανεῖν **τὸν πτωχὸν** καὶ ἀπενεχθῆναι αὐτὸν ὑπὸ τῶν ἀγγέλων εἰς τὸν κόλπον Ἀβραάμ· ἀπέθανεν δὲ καὶ ὁ πλούσιος καὶ ἐτάφη.	
a 222	Mt 19,21 → Mt 6,20	... εἰ θέλεις τέλειος εἶναι, ὕπαγε πώλησόν σου τὰ ὑπάρχοντα καὶ δὸς **[τοῖς] πτωχοῖς,** καὶ ἕξεις θησαυρὸν ἐν οὐρανοῖς, ...	Mk 10,21	... ἕν σε ὑστερεῖ· ὕπαγε, ὅσα ἔχεις πώλησον καὶ δὸς **[τοῖς] πτωχοῖς,** καὶ ἕξεις θησαυρὸν ἐν οὐρανῷ, ...	Lk 18,22 → Lk 12,33	... ἔτι ἕν σοι λείπει· πάντα ὅσα ἔχεις πώλησον καὶ διάδος **πτωχοῖς,** καὶ ἕξεις θησαυρὸν ἐν [τοῖς] οὐρανοῖς, ...	→ Acts 2,45
a 002					Lk 19,8 → Lk 3,13	... ἰδοὺ τὰ ἡμίσιά μου τῶν ὑπαρχόντων, κύριε, **τοῖς πτωχοῖς** δίδωμι, καὶ εἴ τινός τι ἐσυκοφάντησα ἀποδίδωμι τετραπλοῦν.	
b 021			Mk 12,42	[41] ... καὶ πολλοὶ πλούσιοι ἔβαλλον πολλά· [42] καὶ ἐλθοῦσα **μία χήρα πτωχὴ** ἔβαλεν λεπτὰ δύο, ὅ ἐστιν κοδράντης.	Lk 21,2	[1] ... πλουσίους. [2] εἶδεν δέ **τινα χήραν πενιχρὰν** βάλλουσαν ἐκεῖ λεπτὰ δύο,	
022			Mk 12,43	... ἀμὴν λέγω ὑμῖν ὅτι **ἡ χήρα αὕτη ἡ πτωχὴ** πλεῖον πάντων ἔβαλεν τῶν βαλλόντων εἰς τὸ γαζοφυλάκιον·	Lk 21,3	... ἀληθῶς λέγω ὑμῖν ὅτι **ἡ χήρα αὕτη ἡ πτωχὴ** πλεῖον πάντων ἔβαλεν·	
a 220	Mt 26,9	ἐδύνατο γὰρ τοῦτο πραθῆναι πολλοῦ καὶ δοθῆναι **πτωχοῖς.**	Mk 14,5	ἠδύνατο γὰρ τοῦτο τὸ μύρον πραθῆναι ἐπάνω δηναρίων τριακοσίων καὶ δοθῆναι **τοῖς πτωχοῖς·** καὶ ἐνεβριμῶντο αὐτῇ.			→ Jn 12,5
a 220	Mt 26,11	πάντοτε γὰρ **τοὺς πτωχοὺς** ἔχετε μεθ᾽ ἑαυτῶν, ἐμὲ δὲ οὐ πάντοτε ἔχετε·	Mk 14,7	πάντοτε γὰρ **τοὺς πτωχοὺς** ἔχετε μεθ᾽ ἑαυτῶν καὶ ὅταν θέλητε δύνασθε αὐτοῖς εὖ ποιῆσαι, ἐμὲ δὲ οὐ πάντοτε ἔχετε.			→ Jn 12,8

πυγμή	Syn 1	Mt	Mk 1	Lk	Acts	Jn	1-3John	Paul	Eph	Col
	NT 1	2Thess	1/2Tim	Tit	Heb	Jas	1Pet	2Pet	Jude	Rev

fist

	Mt		Mk		Lk		
020			Mk 7,3	- οἱ γὰρ Φαρισαῖοι καὶ πάντες οἱ Ἰουδαῖοι ἐὰν μὴ **πυγμῇ** νίψωνται τὰς χεῖρας οὐκ ἐσθίουσιν, κρατοῦντες τὴν παράδοσιν τῶν πρεσβυτέρων			

πυκνός	Syn 1	Mt	Mk	Lk 1	Acts 1	Jn	1-3John	Paul	Eph	Col
	NT 3	2Thess	1/2Tim 1	Tit	Heb	Jas	1Pet	2Pet	Jude	Rev

frequent; numerous

	Mt		Mk		Lk		
112	Mt 9,14	... διὰ τί ἡμεῖς καὶ οἱ Φαρισαῖοι νηστεύομεν [πολλά], οἱ δὲ μαθηταί σου οὐ νηστεύουσιν;	Mk 2,18	... διὰ τί οἱ μαθηταὶ Ἰωάννου καὶ οἱ μαθηταὶ τῶν Φαρισαίων νηστεύουσιν, οἱ δὲ σοὶ μαθηταὶ οὐ νηστεύουσιν;	Lk 5,33	... οἱ μαθηταὶ Ἰωάννου νηστεύουσιν **πυκνὰ** καὶ δεήσεις ποιοῦνται ὁμοίως καὶ οἱ τῶν Φαρισαίων, οἱ δὲ σοὶ ἐσθίουσιν καὶ πίνουσιν.	→ GTh 104

Acts 24,26 ἅμα καὶ ἐλπίζων ὅτι χρήματα δοθήσεται αὐτῷ ὑπὸ τοῦ Παύλου· διὸ καὶ **πυκνότερον** αὐτὸν μεταπεμπόμενος ὡμίλει αὐτῷ.

πύλη	Syn 5	Mt 4	Mk	Lk 1	Acts 4	Jn	1-3John	Paul	Eph	Col
	NT 10	2Thess	1/2Tim	Tit	Heb 1	Jas	1Pet	2Pet	Jude	Rev

gate; door

	triple tradition																	double tradition			Sondergut		
		+Mt / +Lk			–Mt / –Lk			traditions not taken over by Mt / Lk							subtotals								
code	222	211	112	212	221	122	121	022	012	021	220	120	210	020	Σ⁺	Σ⁻	Σ	202	201	102	200	002	total
Mt																			3		1		4
Mk																							
Lk																						1	1

201 201	Mt 7,13 (2)	εἰσέλθατε **διὰ τῆς στενῆς πύλης**· ὅτι πλατεῖα **ἡ πύλη** καὶ εὐρύχωρος ἡ ὁδὸς ἡ ἀπάγουσα εἰς τὴν ἀπώλειαν, καὶ πολλοὶ εἰσιν οἱ εἰσερχόμενοι δι' αὐτῆς·	Lk 13,24	ἀγωνίζεσθε εἰσελθεῖν **διὰ τῆς στενῆς θύρας,**	
201	Mt 7,14 → Lk 13,23	τί στενὴ **ἡ πύλη** καὶ τεθλιμμένη ἡ ὁδὸς ἡ ἀπάγουσα εἰς τὴν ζωὴν καὶ ὀλίγοι εἰσὶν οἱ εὑρίσκοντες αὐτήν.		ὅτι πολλοί, λέγω ὑμῖν, ζητήσουσιν εἰσελθεῖν καὶ οὐκ ἰσχύσουσιν.	
002			Lk 7,12	ὡς δὲ ἤγγισεν **τῇ πύλῃ τῆς πόλεως,** καὶ ἰδοὺ ἐξεκομίζετο τεθνηκὼς μονογενὴς υἱὸς τῇ μητρὶ αὐτοῦ καὶ αὐτὴ ἦν χήρα, ...	
200	Mt 16,18	... ἐπὶ ταύτῃ τῇ πέτρᾳ οἰκοδομήσω μου τὴν ἐκκλησίαν καὶ **πύλαι ᾅδου** οὐ κατισχύσουσιν αὐτῆς.			

Acts 3,10 ἐπεγίνωσκον δὲ αὐτὸν ὅτι αὐτὸς ἦν ὁ πρὸς τὴν ἐλεημοσύνην καθήμενος **ἐπὶ τῇ ὡραίᾳ πύλῃ τοῦ ἱεροῦ** καὶ ἐπλήσθησαν θάμβους καὶ ἐκστάσεως ἐπὶ τῷ συμβεβηκότι αὐτῷ.

Acts 9,24 ... παρετηροῦντο δὲ καὶ **τὰς πύλας** ἡμέρας τε καὶ νυκτὸς ὅπως αὐτὸν ἀνέλωσιν·

Acts 12,10 διελθόντες δὲ πρώτην φυλακὴν καὶ δευτέραν ἦλθαν **ἐπὶ τὴν πύλην τὴν σιδηρᾶν** ...

Acts 16,13 τῇ τε ἡμέρᾳ τῶν σαββάτων ἐξήλθομεν **ἔξω τῆς πύλης** παρὰ ποταμὸν οὗ ἐνομίζομεν προσευχὴν εἶναι, ...

πυλών	Syn 2	Mt 1	Mk	Lk 1	Acts 5	Jn	1-3John	Paul	Eph	Col
	NT 18	2Thess	1/2Tim	Tit	Heb	Jas	1Pet	2Pet	Jude	Rev 11

gate; gateway; portal; vestibule; entrance

	Mt		Mk		Lk		
002					Lk 16,20	πτωχὸς δέ τις ὀνόματι Λάζαρος ἐβέβλητο **πρὸς τὸν πυλῶνα αὐτοῦ** εἱλκωμένος	
210	Mt 26,71	ἐξελθόντα δὲ **εἰς τὸν πυλῶνα** ...	Mk 14,68	... καὶ ἐξῆλθεν ἔξω **εἰς τὸ προαύλιον** [καὶ ἀλέκτωρ ἐφώνησεν].			

Acts 10,17 ... ἰδοὺ οἱ ἄνδρες οἱ ἀπεσταλμένοι ὑπὸ τοῦ Κορνηλίου διερωτήσαντες τὴν οἰκίαν τοῦ Σίμωνος ἐπέστησαν **ἐπὶ τὸν πυλῶνα**

Acts 12,13 κρούσαντος δὲ αὐτοῦ **τὴν θύραν τοῦ πυλῶνος** προσῆλθεν παιδίσκη ὑπακοῦσαι ὀνόματι Ῥόδη,

Acts 12,14 (2) καὶ ἐπιγνοῦσα τὴν φωνὴν τοῦ Πέτρου ἀπὸ τῆς χαρᾶς οὐκ ἤνοιξεν **τὸν πυλῶνα,** εἰσδραμοῦσα δὲ ἀπήγγειλεν ἑστάναι τὸν Πέτρον **πρὸ τοῦ πυλῶνος.**

Acts 14,13 ὅ τε ἱερεὺς τοῦ Διὸς τοῦ ὄντος πρὸ τῆς πόλεως ταύρους καὶ στέμματα **ἐπὶ τοὺς πυλῶνας** ἐνέγκας σὺν τοῖς ὄχλοις ἤθελεν θύειν.

πυνθάνομαι	Syn 3	Mt 1	Mk	Lk 2	Acts 7	Jn 2	1-3John	Paul	Eph	Col
	NT 12	2Thess	1/2Tim	Tit	Heb	Jas	1Pet	2Pet	Jude	Rev

inquire; ask; seek to learn

	Mt		Mk		Lk		
200	Mt 2,4	καὶ συναγαγὼν πάντας τοὺς ἀρχιερεῖς καὶ γραμματεῖς τοῦ λαοῦ **ἐπυνθάνετο** παρ' αὐτῶν ποῦ ὁ χριστὸς γεννᾶται.					
002					Lk 15,26	καὶ προσκαλεσάμενος ἕνα τῶν παίδων **ἐπυνθάνετο** τί ἂν εἴη ταῦτα.	
112	Mt 20,30 ⇨ Mt 9,27	καὶ ἰδοὺ δύο τυφλοὶ καθήμενοι παρὰ τὴν ὁδὸν ἀκούσαντες ὅτι Ἰησοῦς παράγει, ...	Mk 10,47	[46] ... ὁ υἱὸς Τιμαίου Βαρτιμαῖος, τυφλὸς προσαίτης ἐκάθητο παρὰ τὴν ὁδόν. [47] καὶ ἀκούσας ὅτι Ἰησοῦς ὁ Ναζαρηνός ἐστιν ...	Lk 18,36	[35] ...τυφλός τις ἐκάθητο παρὰ τὴν ὁδὸν ἐπαιτῶν. [36] ἀκούσας δὲ ὄχλου διαπορευομένου **ἐπυνθάνετο** τί εἴη τοῦτο. [37] ἀπήγγειλαν δὲ αὐτῷ ὅτι Ἰησοῦς ὁ Ναζωραῖος παρέρχεται.	

Acts 4,7 καὶ στήσαντες αὐτοὺς
ἐν τῷ μέσῳ
ἐπυνθάνοντο·
ἐν ποίᾳ δυνάμει
ἢ ἐν ποίῳ ὀνόματι
ἐποιήσατε τοῦτο ὑμεῖς;

Acts 10,18 καὶ φωνήσαντες
ἐπυνθάνοντο
εἰ Σίμων ὁ ἐπικαλούμενος
Πέτρος ἐνθάδε ξενίζεται.

Acts 10,29 διὸ καὶ ἀναντιρρήτως
ἦλθον μεταπεμφθείς.
πυνθάνομαι
οὖν τίνι λόγῳ
μετεπέμψασθέ με;

Acts 21,33 τότε ἐγγίσας ὁ χιλίαρχος
ἐπελάβετο αὐτοῦ καὶ
ἐκέλευσεν δεθῆναι
ἁλύσεσι δυσί, καὶ
ἐπυνθάνετο
τίς εἴη καὶ τί ἐστιν
πεποιηκώς.

Acts 23,19 ἐπιλαβόμενος δὲ
τῆς χειρὸς αὐτοῦ
ὁ χιλίαρχος καὶ
ἀναχωρήσας κατ᾿ ἰδίαν
ἐπυνθάνετο,
τί ἐστιν ὃ ἔχεις
ἀπαγγεῖλαί μοι;

Acts 23,20 εἶπεν δὲ ὅτι οἱ Ἰουδαῖοι
συνέθεντο τοῦ ἐρωτῆσαί
σε ὅπως αὔριον τὸν
Παῦλον καταγάγῃς
εἰς τὸ συνέδριον ὡς
μέλλον τι ἀκριβέστερον
πυνθάνεσθαι
περὶ αὐτοῦ.

Acts 23,34 ἀναγνοὺς δὲ καὶ
ἐπερωτήσας ἐκ ποίας
ἐπαρχείας ἐστὶν, καὶ
πυθόμενος
ὅτι ἀπὸ Κιλικίας

πῦρ	Syn	Mt	Mk	Lk	Acts	Jn	1-3John	Paul	Eph	Col
	23	12	4	7	4	1		4		
	NT	2Thess	1/2Tim	Tit	Heb	Jas	1Pet	2Pet	Jude	Rev
	71	1			5	3	1	1	2	26

fire

	triple tradition																	double tradition			Sondergut		
		+Mt / +Lk			–Mt / –Lk			traditions not taken over by Mt / Lk							subtotals								
code	222	211	112	212	221	122	121	022	012	021	220	120	210	020	Σ⁺	Σ⁻	Σ	202	201	102	200	002	total
Mt											2		1⁺		1⁺		3	3			6		12
Mk											2			2			4						4
Lk			1⁺												1⁺		1	3				3	7

[a] εἰς (τὸ) πῦρ βάλλω
[b] πῦρ and κατακαίω
[c] τὸ πῦρ τὸ αἰώνιον
[d] (τὸ) πῦρ (τὸ) ἄσβεστον, τὸ πῦρ οὐ σβέννυται
[e] ἡ γέεννα τοῦ πυρός
[f] ἡ κάμινος τοῦ πυρός

	Mt		Mk		Lk		
a 202	**Mt 3,10** ⇩ Mt 7,19	ἤδη δὲ ἡ ἀξίνη πρὸς τὴν ῥίζαν τῶν δένδρων κεῖται· πᾶν οὖν δένδρον μὴ ποιοῦν καρπὸν καλὸν ἐκκόπτεται καὶ **εἰς πῦρ** βάλλεται.			**Lk 3,9**	ἤδη δὲ καὶ ἡ ἀξίνη πρὸς τὴν ῥίζαν τῶν δένδρων κεῖται· πᾶν οὖν δένδρον μὴ ποιοῦν καρπὸν καλὸν ἐκκόπτεται καὶ **εἰς πῦρ** βάλλεται.	
202	**Mt 3,11**	... αὐτὸς ὑμᾶς βαπτίσει ἐν πνεύματι ἁγίῳ καὶ **πυρί·**	**Mk 1,8**	... αὐτὸς δὲ βαπτίσει ὑμᾶς ἐν πνεύματι ἁγίῳ.	**Lk 3,16** ↓ Lk 12,49	... αὐτὸς ὑμᾶς βαπτίσει ἐν πνεύματι ἁγίῳ καὶ **πυρί·**	→ Acts 1,5 → Acts 11,16 → Acts 19,4 Mk-Q overlap
b d 202	**Mt 3,12** → Mt 13,30	... καὶ συνάξει τὸν σῖτον αὐτοῦ εἰς τὴν ἀποθήκην, τὸ δὲ ἄχυρον κατακαύσει **πυρὶ ἀσβέστῳ.**			**Lk 3,17**	... καὶ συναγαγεῖν τὸν σῖτον εἰς τὴν ἀποθήκην αὐτοῦ, τὸ δὲ ἄχυρον κατακαύσει **πυρὶ ἀσβέστῳ.**	
e 200	**Mt 5,22**	ἐγὼ δὲ λέγω ὑμῖν ὅτι πᾶς ὁ ὀργιζόμενος τῷ ἀδελφῷ αὐτοῦ ἔνοχος ἔσται τῇ κρίσει· ὃς δ᾿ ἂν εἴπῃ τῷ ἀδελφῷ αὐτοῦ· ῥακά, ἔνοχος ἔσται τῷ συνεδρίῳ· ὃς δ᾿ ἂν εἴπῃ· μωρέ, ἔνοχος ἔσται **εἰς τὴν γέενναν τοῦ πυρός.**					
a 200	**Mt 7,19** ⇧ Mt 3,10	πᾶν δένδρον μὴ ποιοῦν καρπὸν καλὸν ἐκκόπτεται καὶ **εἰς πῦρ** βάλλεται.			Lk 3,9	... πᾶν οὖν δένδρον μὴ ποιοῦν καρπὸν καλὸν ἐκκόπτεται καὶ **εἰς πῦρ** βάλλεται.	

b 200	**Mt 13,40**	ὥσπερ οὖν συλλέγεται τὰ ζιζάνια καὶ **πυρὶ** [κατα]καίεται, οὕτως ἔσται ἐν τῇ συντελείᾳ τοῦ αἰῶνος·					
f 200	**Mt 13,42** → Mt 25,46	καὶ *βαλοῦσιν αὐτοὺς* ***εἰς τὴν κάμινον*** ***τοῦ πυρός·*** ἐκεῖ ἔσται ὁ κλαυθμὸς καὶ ὁ βρυγμὸς τῶν ὀδόντων. ➤ Dan 3,6					
f 200	**Mt 13,50** → Mt 25,46	καὶ *βαλοῦσιν αὐτοὺς* ***εἰς τὴν κάμινον*** ***τοῦ πυρός·*** ἐκεῖ ἔσται ὁ κλαυθμὸς καὶ ὁ βρυγμὸς τῶν ὀδόντων. ➤ Dan 3,6					
a 220	**Mt 17,15**	... πολλάκις γὰρ πίπτει **εἰς τὸ πῦρ** καὶ πολλάκις εἰς τὸ ὕδωρ.	**Mk 9,22**	καὶ πολλάκις καὶ **εἰς πῦρ** αὐτὸν ἔβαλεν καὶ εἰς ὕδατα ἵνα ἀπολέσῃ αὐτόν· ...			
a c d 220	**Mt 18,8** ⇩ Mt 5,30 → Mk 9,45	... καλόν σοί ἐστιν εἰσελθεῖν εἰς τὴν ζωὴν κυλλὸν ἢ χωλόν ἢ δύο χεῖρας ἢ δύο πόδας ἔχοντα βληθῆναι **εἰς τὸ πῦρ** **τὸ αἰώνιον.**	**Mk 9,43**	... καλόν ἐστίν σε κυλλὸν εἰσελθεῖν εἰς τὴν ζωὴν ἢ τὰς δύο χεῖρας ἔχοντα ἀπελθεῖν εἰς τὴν γέενναν, **εἰς τὸ πῦρ** **τὸ ἄσβεστον.**			
	Mt 5,30 ⇧ Mt 18,8	... συμφέρει γάρ σοι ἵνα ἀπόληται ἓν τῶν μελῶν σου καὶ μὴ ὅλον τὸ σῶμά σου **εἰς γέενναν** ἀπέλθῃ.					
e 210	**Mt 18,9** ⇩ Mt 5,29 ↓ Mk 9,48	... καλόν σοί ἐστιν μονόφθαλμον εἰς τὴν ζωὴν εἰσελθεῖν ἢ δύο ὀφθαλμοὺς ἔχοντα βληθῆναι **εἰς τὴν γέενναν** **τοῦ πυρός.**	**Mk 9,47**	... καλόν σέ ἐστιν μονόφθαλμον εἰσελθεῖν εἰς τὴν βασιλείαν τοῦ θεοῦ ἢ δύο ὀφθαλμοὺς ἔχοντα βληθῆναι **εἰς τὴν γέενναν**			
	Mt 5,29 ⇧ Mt 18,9	... συμφέρει γάρ σοι ἵνα ἀπόληται ἓν τῶν μελῶν σου καὶ μὴ ὅλον τὸ σῶμά σου βληθῇ **εἰς γέενναν.**					
d 020			**Mk 9,48** ↑ Mt 18,9	ὅπου *ὁ σκώληξ αὐτῶν* *οὐ τελευτᾷ καὶ* ***τὸ πῦρ*** *οὐ σβέννυται.* ➤ Isa 66,24			
020			**Mk 9,49**	πᾶς γὰρ **πυρὶ** ἁλισθήσεται.			
002					**Lk 9,54**	ἰδόντες δὲ οἱ μαθηταὶ Ἰάκωβος καὶ Ἰωάννης εἶπαν· κύριε, θέλεις εἴπωμεν ***πῦρ*** *καταβῆναι ἀπὸ τοῦ* *οὐρανοῦ καὶ ἀναλῶσαι* *αὐτούς;* ➤ 2Kings 1,10.12	

002					**Lk 12,49** ↑ Mt 3,11 ↑ Lk 3,16	**πῦρ** ἦλθον βαλεῖν ἐπὶ τὴν γῆν, καὶ τί θέλω εἰ ἤδη ἀνήφθη.	→ GTh 10
002					**Lk 17,29**	ᾗ δὲ ἡμέρᾳ ἐξῆλθεν Λὼτ ἀπὸ Σοδόμων, ἔβρεξεν **πῦρ** καὶ θεῖον ἀπ᾽ οὐρανοῦ καὶ ἀπώλεσεν πάντας.	
c 200	**Mt 25,41** → Mt 7,23 → Lk 13,27	... πορεύεσθε ἀπ᾽ ἐμοῦ [οἱ] κατηραμένοι **εἰς τὸ πῦρ** **τὸ αἰώνιον** τὸ ἡτοιμασμένον τῷ διαβόλῳ καὶ τοῖς ἀγγέλοις αὐτοῦ.					
112	**Mt 26,58**	ὁ δὲ Πέτρος ἠκολούθει αὐτῷ ἀπὸ μακρόθεν ἕως τῆς αὐλῆς τοῦ ἀρχιερέως καὶ εἰσελθὼν ἔσω ἐκάθητο μετὰ τῶν ὑπηρετῶν ἰδεῖν τὸ τέλος.	**Mk 14,54** → Lk 22,56	καὶ ὁ Πέτρος ἀπὸ μακρόθεν ἠκολούθησεν αὐτῷ ἕως ἔσω εἰς τὴν αὐλὴν τοῦ ἀρχιερέως καὶ ἦν συγκαθήμενος μετὰ τῶν ὑπηρετῶν καὶ θερμαινόμενος πρὸς τὸ φῶς.	**Lk 22,55**	[54] ... ὁ δὲ Πέτρος ἠκολούθει μακρόθεν. [55] περιαψάντων δὲ **πῦρ** ἐν μέσῳ τῆς αὐλῆς καὶ συγκαθισάντων ἐκάθητο ὁ Πέτρος μέσος αὐτῶν.	→ Jn 18,18

Acts 2,3	καὶ ὤφθησαν αὐτοῖς διαμεριζόμεναι γλῶσσαι **ὡσεὶ πυρὸς** καὶ ἐκάθισεν ἐφ᾽ ἕνα ἕκαστον αὐτῶν	**Acts 2,19** → Lk 21,11 → Lk 21,25	*καὶ δώσω τέρατα ἐν τῷ* *οὐρανῷ* ἄνω *καὶ* σημεῖα *ἐπὶ τῆς γῆς* κάτω, *αἷμα* *καὶ* ***πῦρ*** *καὶ ἀτμίδα καπνοῦ.* ➢ Joel 3,3 LXX	**Acts 7,30** **Acts 28,5**	... ὤφθη αὐτῷ ἐν τῇ ἐρήμῳ τοῦ ὄρους Σινᾶ ἄγγελος **ἐν φλογὶ πυρὸς** **βάτου.** ➢ Exod 3,2 ὁ μὲν οὖν ἀποτινάξας τὸ θηρίον **εἰς τὸ πῦρ** ἔπαθεν οὐδὲν κακόν

πύργος	Syn 4	Mt 1	Mk 1	Lk 2	Acts	Jn	1-3John	Paul	Eph	Col
	NT 4	2Thess	1/2Tim	Tit	Heb	Jas	1Pet	2Pet	Jude	Rev

tower; farm building

002					**Lk 13,4**	ἢ ἐκεῖνοι οἱ δεκαοκτὼ ἐφ᾽ οὓς ἔπεσεν **ὁ πύργος** ἐν τῷ Σιλωὰμ καὶ ἀπέκτεινεν αὐτούς, ...	
002					**Lk 14,28**	τίς γὰρ ἐξ ὑμῶν θέλων **πύργον** οἰκοδομῆσαι οὐχὶ πρῶτον καθίσας ψηφίζει τὴν δαπάνην, εἰ ἔχει εἰς ἀπαρτισμόν;	
221	**Mt 21,33**	... ἄνθρωπος ἦν οἰκοδεσπότης ὅστις ἐφύτευσεν ἀμπελῶνα καὶ φραγμὸν αὐτῷ περιέθηκεν καὶ ὤρυξεν ἐν αὐτῷ ληνὸν καὶ ᾠκοδόμησεν **πύργον** καὶ ἐξέδετο αὐτὸν γεωργοῖς καὶ ἀπεδήμησεν.	**Mk 12,1**	... ἀμπελῶνα ἄνθρωπος ἐφύτευσεν καὶ περιέθηκεν φραγμὸν καὶ ὤρυξεν ὑπολήνιον καὶ ᾠκοδόμησεν **πύργον** καὶ ἐξέδετο αὐτὸν γεωργοῖς καὶ ἀπεδήμησεν.	**Lk 20,9**	... ἄνθρωπός [τις] ἐφύτευσεν ἀμπελῶνα καὶ ἐξέδετο αὐτὸν γεωργοῖς καὶ ἀπεδήμησεν χρόνους ἱκανούς.	→ GTh 65

πυρέσσω	Syn 2	Mt 1	Mk 1	Lk	Acts	Jn	1-3John	Paul	Eph	Col
	NT 2	2Thess	1/2Tim	Tit	Heb	Jas	1Pet	2Pet	Jude	Rev

suffer with a fever

221	Mt 8,14	... εἶδεν τὴν πενθερὰν αὐτοῦ βεβλημένην καὶ **πυρέσσουσαν·**	Mk 1,30	ἡ δὲ πενθερὰ Σίμωνος κατέκειτο **πυρέσσουσα,** καὶ εὐθὺς λέγουσιν αὐτῷ περὶ αὐτῆς.	Lk 4,38	... πενθερὰ δὲ τοῦ Σίμωνος ἦν **συνεχομένη πυρετῷ μεγάλῳ** καὶ ἠρώτησαν αὐτὸν περὶ αὐτῆς.	

πυρετός	Syn 4	Mt 1	Mk 1	Lk 2	Acts 1	Jn 1	1-3John	Paul	Eph	Col
	NT 6	2Thess	1/2Tim	Tit	Heb	Jas	1Pet	2Pet	Jude	Rev

fever

112	Mt 8,14	... εἶδεν τὴν πενθερὰν αὐτοῦ βεβλημένην καὶ **πυρέσσουσαν·**	Mk 1,30	ἡ δὲ πενθερὰ Σίμωνος κατέκειτο **πυρέσσουσα,** καὶ εὐθὺς λέγουσιν αὐτῷ περὶ αὐτῆς.	Lk 4,38	... πενθερὰ δὲ τοῦ Σίμωνος ἦν **συνεχομένη πυρετῷ μεγάλῳ** καὶ ἠρώτησαν αὐτὸν περὶ αὐτῆς.	
222	Mt 8,15	καὶ ἥψατο τῆς χειρὸς αὐτῆς, καὶ ἀφῆκεν αὐτὴν **ὁ πυρετός,** καὶ ἠγέρθη καὶ διηκόνει αὐτῷ.	Mk 1,31	καὶ προσελθὼν ἤγειρεν αὐτὴν κρατήσας τῆς χειρός· καὶ ἀφῆκεν αὐτὴν **ὁ πυρετός,** καὶ διηκόνει αὐτοῖς.	Lk 4,39	καὶ ἐπιστὰς ἐπάνω αὐτῆς ἐπετίμησεν **τῷ πυρετῷ·** καὶ ἀφῆκεν αὐτήν· παραχρῆμα δὲ ἀναστᾶσα διηκόνει αὐτοῖς.	

Acts 28,8 ἐγένετο δὲ τὸν πατέρα τοῦ Ποπλίου **πυρετοῖς** καὶ δυσεντερίῳ συνεχόμενον κατακεῖσθαι, ...

πυρράζω	Syn 2	Mt 2	Mk	Lk	Acts	Jn	1-3John	Paul	Eph	Col
	NT 2	2Thess	1/2Tim	Tit	Heb	Jas	1Pet	2Pet	Jude	Rev

be (fiery) red

201	Mt 16,2	... [ὀψίας γενομένης λέγετε· εὐδία, **πυρράζει** γὰρ ὁ οὐρανός·]			Lk 12,54	... ὅταν ἴδητε [τὴν] νεφέλην ἀνατέλλουσαν ἐπὶ δυσμῶν, εὐθέως λέγετε ὅτι ὄμβρος ἔρχεται, καὶ γίνεται οὕτως·	→ GTh 91 Mt 16,2b is textcritically uncertain.
201	Mt 16,3	[καὶ πρωΐ· σήμερον χειμών, **πυρράζει** γὰρ στυγνάζων ὁ οὐρανός. ...]			Lk 12,55	καὶ ὅταν νότον πνέοντα, λέγετε ὅτι καύσων ἔσται, καὶ γίνεται.	→ GTh 91 Mt 16,3 is textcritically uncertain.

πωλέω	Syn 15	Mt 6	Mk 3	Lk 6	Acts 3	Jn 2	1-3John	Paul 1	Eph	Col
	NT 22	2Thess	1/2Tim	Tit	Heb	Jas	1Pet	2Pet	Jude	Rev 1

sell something

	triple tradition																	double tradition			Sonder-gut		
		+Mt / +Lk			–Mt / –Lk			traditions not taken over by Mt / Lk							subtotals								
code	*222*	*211*	*112*	*212*	*221*	*122*	*121*	*022*	*012*	*021*	*220*	*120*	*210*	*020*	Σ^+	Σ^-	Σ	*202*	*201*	*102*	*200*	*002*	total
Mt	2				1												3	1			2		**6**
Mk	2				1												3						**3**
Lk	2				1^-											1^-	2	1				3	**6**

a πωλέω and ἀγωράζω

	Mt	Mk	Lk	
202	**Mt 10,29** οὐχὶ δύο στρουθία ἀσσαρίου **πωλεῖται**; ...		**Lk 12,6** οὐχὶ πέντε στρουθία **πωλοῦνται** ἀσσαρίων δύο; ...	
a 200	**Mt 13,44** ... καὶ ἀπὸ τῆς χαρᾶς αὐτοῦ ὑπάγει καὶ **πωλεῖ** πάντα ὅσα ἔχει καὶ ἀγοράζει τὸν ἀγρὸν ἐκεῖνον.			→ GTh 109
002			**Lk 12,33** **πωλήσατε** → Lk 14,33 → Lk 16,9 ↓ Lk 18,22 τὰ ὑπάρχοντα ὑμῶν καὶ δότε ἐλεημοσύνην· ...	→ Acts 2,45
a 002			**Lk 17,28** ὁμοίως καθὼς ἐγένετο ἐν ταῖς ἡμέραις Λώτ· ἤσθιον, ἔπινον, ἠγόραζον, **ἐπώλουν**, ἐφύτευον, ᾠκοδόμουν·	
222	**Mt 19,21** ἔφη αὐτῷ ὁ Ἰησοῦς· → Mt 6,20 εἰ θέλεις τέλειος εἶναι, ὕπαγε **πώλησόν** σου τὰ ὑπάρχοντα καὶ δὸς [τοῖς] πτωχοῖς, ...	**Mk 10,21** ὁ δὲ Ἰησοῦς ἐμβλέψας αὐτῷ ἠγάπησεν αὐτὸν καὶ εἶπεν αὐτῷ· ἕν σε ὑστερεῖ· ὕπαγε, ὅσα ἔχεις **πώλησον** καὶ δὸς [τοῖς] πτωχοῖς, ...	**Lk 18,22** ἀκούσας δὲ ὁ Ἰησοῦς ↑ Lk 12,33 εἶπεν αὐτῷ· ἔτι ἕν σοι λείπει· πάντα ὅσα ἔχεις **πώλησον** καὶ διάδος πτωχοῖς, ...	→ Acts 2,45
a 222 221	**Mt 21,12 (2)** καὶ εἰσῆλθεν Ἰησοῦς εἰς τὸ ἱερὸν καὶ ἐξέβαλεν **πάντας τοὺς** **πωλοῦντας** καὶ ἀγοράζοντας ἐν τῷ ἱερῷ, καὶ τὰς τραπέζας τῶν κολλυβιστῶν κατέστρεψεν καὶ **τὰς καθέδρας** **τῶν πωλούντων** τὰς περιστεράς	**Mk 11,15 (2)** ... καὶ εἰσελθὼν εἰς τὸ ἱερὸν ἤρξατο ἐκβάλλειν **τοὺς πωλοῦντας** καὶ τοὺς ἀγοράζοντας ἐν τῷ ἱερῷ, καὶ τὰς τραπέζας τῶν κολλυβιστῶν καὶ **τὰς καθέδρας** **τῶν πωλούντων** τὰς περιστερὰς κατέστρεψεν	**Lk 19,45** καὶ εἰσελθὼν εἰς τὸ ἱερὸν ἤρξατο ἐκβάλλειν **τοὺς πωλοῦντας**	**→ Jn 2,14** **→ Jn 2,16**
a 200	**Mt 25,9** ... μήποτε οὐ μὴ ἀρκέσῃ ἡμῖν καὶ ὑμῖν· πορεύεσθε μᾶλλον **πρὸς τοὺς** **πωλοῦντας** καὶ ἀγοράσατε ἑαυταῖς.			

a 002					**Lk 22,36** → Lk 9,3 → Lk 10,4	... ἀλλὰ νῦν ὁ ἔχων βαλλάντιον ἀράτω, ὁμοίως καὶ πήραν, καὶ ὁ μὴ ἔχων **πωλησάτω** τὸ ἱμάτιον αὐτοῦ καὶ ἀγορασάτω μάχαιραν.	

Acts 4,34	... ὅσοι γὰρ κτήτορες χωρίων ἢ οἰκιῶν ὑπῆρχον, **πωλοῦντες** ἔφερον τὰς τιμὰς τῶν πιπρασκομένων	**Acts 4,37**	ὑπάρχοντος αὐτῷ ἀγροῦ **πωλήσας** ἤνεγκεν τὸ χρῆμα καὶ ἔθηκεν πρὸς τοὺς πόδας τῶν ἀποστόλων.	**Acts 5,1**	ἀνὴρ δέ τις Ἁνανίας ὀνόματι σὺν Σαπφίρῃ τῇ γυναικὶ αὐτοῦ **ἐπώλησεν** κτῆμα

πῶλος	Syn 11	Mt 3	Mk 4	Lk 4	Acts	Jn 1	1-3John	Paul	Eph	Col
	NT 12	2Thess	1/2Tim	Tit	Heb	Jas	1Pet	2Pet	Jude	Rev

ass's foal; young donkey

	triple tradition																	double tradition			Sondergut		
		+Mt / +Lk			–Mt / –Lk			traditions not taken over by Mt / Lk							subtotals								
code	*222*	*211*	*112*	*212*	*221*	*122*	*121*	*022*	*012*	*021*	*220*	*120*	*210*	*020*	Σ⁺	Σ⁻	Σ	*202*	*201*	*102*	*200*	*002*	total
Mt	2						1^-									1^-	2				1		**3**
Mk	2						1	1									4						**4**
Lk	2						1^-	1	1^+						1^+	1^-	4						**4**

222	**Mt 21,2**	... καὶ εὐθέως εὑρήσετε ὄνον δεδεμένην καὶ **πῶλον** μετ᾽ αὐτῆς· λύσαντες ἀγάγετέ μοι.	**Mk 11,2**	... εὑρήσετε **πῶλον** δεδεμένον ἐφ᾽ ὃν οὐδεὶς οὔπω ἀνθρώπων ἐκάθισεν· λύσατε αὐτὸν καὶ φέρετε.	**Lk 19,30**	... εὑρήσετε **πῶλον** δεδεμένον, ἐφ᾽ ὃν οὐδεὶς πώποτε ἀνθρώπων ἐκάθισεν, καὶ λύσαντες αὐτὸν ἀγάγετε.	
200	**Mt 21,5**	*εἴπατε τῇ θυγατρὶ Σιών· ἰδοὺ ὁ βασιλεύς σου ἔρχεταί σοι πραῢς καὶ ἐπιβεβηκὼς ἐπὶ ὄνον καὶ* ***ἐπὶ πῶλον υἱὸν ὑποζυγίου.*** ➤ Isa 62,11; Zech 9,9					→ Jn 12,15
121	**Mt 21,6** → Mk 11,6	πορευθέντες δὲ οἱ μαθηταὶ καὶ ποιήσαντες καθὼς συνέταξεν αὐτοῖς ὁ Ἰησοῦς	**Mk 11,4**	καὶ ἀπῆλθον καὶ εὗρον **πῶλον δεδεμένον** πρὸς θύραν ἔξω ἐπὶ τοῦ ἀμφόδου	**Lk 19,32** → Mk 11,6	ἀπελθόντες δὲ οἱ ἀπεσταλμένοι εὗρον καθὼς εἶπεν αὐτοῖς.	
012				καὶ λύουσιν **αὐτόν.**	**Lk 19,33 (2)**	λυόντων δὲ αὐτῶν **τὸν πῶλον**	
022			**Mk 11,5**	καί τινες τῶν ἐκεῖ ἑστηκότων ἔλεγον αὐτοῖς· τί ποιεῖτε λύοντες **τὸν πῶλον;**		εἶπαν οἱ κύριοι αὐτοῦ πρὸς αὐτούς· τί λύετε **τὸν πῶλον;**	

222	Mt 21,7	ἤγαγον τὴν ὄνον καὶ **τὸν πῶλον** καὶ ἐπέθηκαν ἐπ' αὐτῶν τὰ ἱμάτια, καὶ ἐπεκάθισεν ἐπάνω αὐτῶν.	Mk 11,7	καὶ φέρουσιν **τὸν πῶλον** πρὸς τὸν Ἰησοῦν καὶ ἐπιβάλλουσιν αὐτῷ τὰ ἱμάτια αὐτῶν, καὶ ἐκάθισεν ἐπ' αὐτόν.	Lk 19,35	καὶ ἤγαγον αὐτὸν πρὸς τὸν Ἰησοῦν καὶ ἐπιρίψαντες αὐτῶν τὰ ἱμάτια **ἐπὶ τὸν πῶλον** ἐπεβίβασαν τὸν Ἰησοῦν.	

πῶποτε

	Syn	Mt	Mk	Lk	Acts	Jn	1-3John	Paul	Eph	Col
	1			1		4	1			
	NT	2Thess	1/2Tim	Tit	Heb	Jas	1Pet	2Pet	Jude	Rev
	6									

never; not ever

112	Mt 21,2	... καὶ εὐθέως εὑρήσετε ὄνον δεδεμένην καὶ πῶλον μετ' αὐτῆς· λύσαντες ἀγάγετέ μοι.	Mk 11,2	... καὶ εὐθὺς εἰσπορευόμενοι εἰς αὐτὴν εὑρήσετε πῶλον δεδεμένον ἐφ' ὃν **οὐδεὶς οὔπω** **ἀνθρώπων** ἐκάθισεν· λύσατε αὐτὸν καὶ φέρετε.	Lk 19,30	 ... εὑρήσετε πῶλον δεδεμένον, ἐφ' ὃν **οὐδεὶς πώποτε** **ἀνθρώπων** ἐκάθισεν, καὶ λύσαντες αὐτὸν ἀγάγετε.	

πωρόω

	Syn	Mt	Mk	Lk	Acts	Jn	1-3John	Paul	Eph	Col
	2		2			1		2		
	NT	2Thess	1/2Tim	Tit	Heb	Jas	1Pet	2Pet	Jude	Rev
	5									

harden; petrify

020			Mk 6,52 ↓ Mt 16,9 ↓ Mk 8,17	οὐ γὰρ συνῆκαν ἐπὶ τοῖς ἄρτοις, ἀλλ' ἦν αὐτῶν ἡ καρδία **πεπωρωμένη.**			
120	Mt 16,9	[8] γνοὺς δὲ ὁ Ἰησοῦς εἶπεν· τί διαλογίζεσθε ἐν ἑαυτοῖς, ὀλιγόπιστοι, ὅτι ἄρτους οὐκ ἔχετε; [9] οὔπω νοεῖτε, οὐδὲ μνημονεύετε ...	Mk 8,17 ↑ Mk 6,52 → Mk 4,12	καὶ γνοὺς λέγει αὐτοῖς· τί διαλογίζεσθε ὅτι ἄρτους οὐκ ἔχετε; οὔπω νοεῖτε οὐδὲ συνίετε; **πεπωρωμένην** ἔχετε τὴν καρδίαν ὑμῶν; [18] *ὀφθαλμοὺς ἔχοντες* *οὐ βλέπετε καὶ* *ὦτα ἔχοντες οὐκ ἀκούετε;* καὶ οὐ μνημονεύετε ➤ Jer 5,21			

πώρωσις

	Syn	Mt	Mk	Lk	Acts	Jn	1-3John	Paul	Eph	Col
	1		1					1	1	
	NT	2Thess	1/2Tim	Tit	Heb	Jas	1Pet	2Pet	Jude	Rev
	3									

hardening; dulling; dullness; insensibility; obstinacy

121	Mt 12,13	 τότε λέγει τῷ ἀνθρώπῳ· ἔκτεινόν σου τὴν χεῖρα. ...	Mk 3,5	καὶ περιβλεψάμενος αὐτοὺς μετ' ὀργῆς, συλλυπούμενος **ἐπὶ τῇ πωρώσει** **τῆς καρδίας αὐτῶν** λέγει τῷ ἀνθρώπῳ· ἔκτεινον τὴν χεῖρα. ...	Lk 6,10 → Lk 13,12-13	καὶ περιβλεψάμενος πάντας αὐτοὺς εἶπεν αὐτῷ· ἔκτεινον τὴν χεῖρά σου. ...	

πῶς	Syn 44	Mt 14	Mk 14	Lk 16	Acts 9	Jn 20	1-3John 1	Paul 22	Eph 1	Col 1
	NT 103	2Thess 1	1/2Tim 2	Tit	Heb 1	Jas	1Pet	2Pet	Jude	Rev 1

interrogative particle: how?; in what way?; how is it (possible) that?; I do not understand how; with what right?; how dare you?

	triple tradition																	double tradition			Sondergut		
		+Mt / +Lk			–Mt / –Lk			traditions not taken over by Mt / Lk							subtotals								
code	*222*	*211*	*112*	*212*	*221*	*122*	*121*	*022*	*012*	*021*	*220*	*120*	*210*	*020*	Σ⁺	Σ⁻	Σ	*202*	*201*	*102*	*200*	*002*	total
Mt		2⁺		1⁺	1	4⁻	3⁻					2⁻	2⁺		5⁺	9⁻	6	4			4		**14**
Mk					1	4	3			2		2		2			14						**14**
Lk			2⁺	1⁺	1⁻	4	3⁻		1⁺	2⁻					4⁺	6⁻	8	4		1		3	**16**

Mk-Q overlap: 211: Mt 12,29 / Mk 3,27 / Lk 11,21 (?)

- *a* πῶς and subjunctive
- *b* πῶς and optative (Acts only)
- *c* τὸ πῶς
- *d* πῶς οὐ
- *e* πῶς οὖν
- *f* πῶς and adjective or adverb
- *g* πῶς in exclamations
- *h* πῶς in indirect questions

002					**Lk 1,34**	εἶπεν δὲ Μαριὰμ πρὸς τὸν ἄγγελον· πῶς ἔσται τοῦτο, ἐπεὶ ἄνδρα οὐ γινώσκω;	
h 202	**Mt 6,28**	... καταμάθετε τὰ κρίνα τοῦ ἀγροῦ πῶς αὐξάνουσιν· ...			**Lk 12,27**	κατανοήσατε τὰ κρίνα πῶς αὐξάνει· ...	→ GTh 36,2-3 (only POxy 655)
202	**Mt 7,4**	ἢ πῶς ἐρεῖς τῷ ἀδελφῷ σου· ἄφες ἐκβάλω τὸ κάρφος ἐκ τοῦ ὀφθαλμοῦ σου, ...			**Lk 6,42**	πῶς δύνασαι λέγειν τῷ ἀδελφῷ σου· ἀδελφέ, ἄφες ἐκβάλω τὸ κάρφος τὸ ἐν τῷ ὀφθαλμῷ σου, ...	→ GTh 26
a h 202	**Mt 10,19**	ὅταν δὲ παραδῶσιν ὑμᾶς, μὴ μεριμνήσητε πῶς ἢ τί λαλήσητε· ...			**Lk 12,11** ⇩ Lk 21,14 → Lk 21,12	ὅταν δὲ εἰσφέρωσιν ὑμᾶς ἐπὶ τὰς συναγωγὰς καὶ τὰς ἀρχὰς καὶ τὰς ἐξουσίας, μὴ μεριμνήσητε πῶς ἢ τί ἀπολογήσησθε ἢ τί εἴπητε·	Mk-Q overlap
			Mk 13,11	καὶ ὅταν ἄγωσιν ὑμᾶς παραδιδόντες, μὴ προμεριμνᾶτε τί λαλήσητε, ...	**Lk 21,14** ⇧ Lk 12,11	θέτε οὖν ἐν ταῖς καρδίαις ὑμῶν μὴ προμελετᾶν ἀπολογηθῆναι·	
h 221	**Mt 12,4**	[3] ... οὐκ ἀνέγνωτε τί ἐποίησεν Δαυὶδ ... [4] πῶς εἰσῆλθεν εἰς τὸν οἶκον τοῦ θεοῦ ...	**Mk 2,26**	[25] ... οὐδέποτε ἀνέγνωτε τί ἐποίησεν Δαυίδ, ... [26] πῶς εἰσῆλθεν εἰς τὸν οἶκον τοῦ θεοῦ ...	**Lk 6,4**	[3] ... οὐδὲ τοῦτο ἀνέγνωτε ὃ ἐποίησεν Δαυὶδ ... [4] [ὡς] εἰσῆλθεν εἰς τὸν οἶκον τοῦ θεοῦ ...	
020	**Mt 12,25** → Mt 9,4	εἰδὼς δὲ τὰς ἐνθυμήσεις αὐτῶν εἶπεν αὐτοῖς· ...	**Mk 3,23**	καὶ προσκαλεσάμενος αὐτοὺς ἐν παραβολαῖς ἔλεγεν αὐτοῖς· πῶς δύναται σατανᾶς σατανᾶν ἐκβάλλειν;	**Lk 11,17** → Lk 5,22 → Lk 6,8	αὐτὸς δὲ εἰδὼς αὐτῶν τὰ διανοήματα εἶπεν αὐτοῖς· ...	Mk-Q overlap
e 202	**Mt 12,26**	καὶ εἰ ὁ σατανᾶς τὸν σατανᾶν ἐκβάλλει, ἐφ' ἑαυτὸν ἐμερίσθη· πῶς οὖν σταθήσεται ἡ βασιλεία αὐτοῦ;	**Mk 3,26**	καὶ εἰ ὁ σατανᾶς ἀνέστη ἐφ' ἑαυτὸν καὶ ἐμερίσθη, οὐ δύναται στῆναι ἀλλὰ τέλος ἔχει.	**Lk 11,18**	εἰ δὲ καὶ ὁ σατανᾶς ἐφ' ἑαυτὸν διεμερίσθη, πῶς σταθήσεται ἡ βασιλεία αὐτοῦ; ...	Mk-Q overlap

	Mt		Mk		Lk		
211	Mt 12,29	ἢ πῶς δύναταί τις εἰσελθεῖν εἰς τὴν οἰκίαν τοῦ ἰσχυροῦ καὶ τὰ σκεύη αὐτοῦ ἁρπάσαι, ...	Mk 3,27	ἀλλ' οὐ δύναται οὐδεὶς εἰς τὴν οἰκίαν τοῦ ἰσχυροῦ εἰσελθὼν τὰ σκεύη αὐτοῦ διαρπάσαι, ...	Lk 11,21	ὅταν ὁ ἰσχυρὸς καθωπλισμένος φυλάσσῃ τὴν ἑαυτοῦ αὐλήν, ἐν εἰρήνῃ ἐστὶν τὰ ὑπάρχοντα αὐτοῦ·	→ GTh 21,5 → GTh 35 Mk-Q overlap?
200	Mt 12,34 → Mt 3,7 → Lk 3,7 ↓ Mt 23,33	γεννήματα ἐχιδνῶν, πῶς δύνασθε ἀγαθὰ λαλεῖν πονηροὶ ὄντες; ...					
121	Mt 13,18	ὑμεῖς οὖν ἀκούσατε τὴν παραβολὴν τοῦ σπείραντος.	Mk 4,13	... οὐκ οἴδατε τὴν παραβολὴν ταύτην, καὶ πῶς πάσας τὰς παραβολὰς γνώσεσθε; [14] ὁ σπείρων τὸν λόγον σπείρει.	Lk 8,11	ἔστιν δὲ αὕτη ἡ παραβολή· ὁ σπόρος ἐστὶν ὁ λόγος τοῦ θεοῦ.	
012			Mk 4,24	καὶ ἔλεγεν αὐτοῖς· βλέπετε τί ἀκούετε. ...	Lk 8,18	βλέπετε οὖν πῶς ἀκούετε· ...	
a 020	Mt 13,31	ἄλλην παραβολὴν παρέθηκεν αὐτοῖς λέγων· ὁμοία ἐστὶν ἡ βασιλεία τῶν οὐρανῶν κόκκῳ σινάπεως, ...	Mk 4,30	καὶ ἔλεγεν· πῶς ὁμοιώσωμεν τὴν βασιλείαν τοῦ θεοῦ ἢ ἐν τίνι αὐτὴν παραβολῇ θῶμεν; [31] ὡς κόκκῳ σινάπεως, ...	Lk 13,18	ἔλεγεν οὖν· τίνι ὁμοία ἐστὶν ἡ βασιλεία τοῦ θεοῦ καὶ τίνι ὁμοιώσω αὐτήν; [19] ὁμοία ἐστὶν κόκκῳ σινάπεως, ...	→ GTh 20 Mk-Q overlap
h 122	Mt 8,33	... καὶ τὰ τῶν δαιμονιζομένων.	Mk 5,16	καὶ διηγήσαντο αὐτοῖς οἱ ἰδόντες πῶς ἐγένετο τῷ δαιμονιζομένῳ καὶ περὶ τῶν χοίρων.	Lk 8,36	ἀπήγγειλαν δὲ αὐτοῖς οἱ ἰδόντες πῶς ἐσώθη ὁ δαιμονισθείς.	
d 210	Mt 16,11	πῶς οὐ νοεῖτε ὅτι οὐ περὶ ἄρτων εἶπον ὑμῖν; ...	Mk 8,21	καὶ ἔλεγεν αὐτοῖς· οὔπω συνίετε;			
120	Mt 17,12	[11] ὁ δὲ ἀποκριθεὶς εἶπεν· *Ἠλίας* μὲν *ἔρχεται καὶ ἀποκαταστήσει* πάντα· [12] ... οὕτως καὶ ὁ υἱὸς τοῦ ἀνθρώπου μέλλει πάσχειν ὑπ' αὐτῶν. ➢ Mal 3,23-24	Mk 9,12	ὁ δὲ ἔφη αὐτοῖς· Ἠλίας μὲν ἐλθὼν πρῶτον ἀποκαθιστάνει πάντα· καὶ πῶς γέγραπται ἐπὶ τὸν υἱὸν τοῦ ἀνθρώπου ἵνα πολλὰ πάθῃ καὶ ἐξουδενηθῇ;			
112	Mt 22,37	ὁ δὲ ἔφη αὐτῷ· *ἀγαπήσεις κύριον τὸν θεόν σου* ... ➢ Deut 6,5	Mk 12,29	ἀπεκρίθη ὁ Ἰησοῦς ὅτι πρώτη ἐστίν· *ἄκουε, Ἰσραήλ, κύριος ὁ θεὸς ἡμῶν κύριος εἷς ἐστιν,* [30] *καὶ ἀγαπήσεις κύριον τὸν θεόν σου* ... ➢ Deut 6,4-5	Lk 10,26	ὁ δὲ εἶπεν πρὸς αὐτόν· ἐν τῷ νόμῳ τί γέγραπται; πῶς ἀναγινώσκεις; [27] ὁ δὲ ἀποκριθεὶς εἶπεν· *ἀγαπήσεις κύριον τὸν θεόν σου* ... ➢ Deut 6,5	
e 202	Mt 12,26	καὶ εἰ ὁ σατανᾶς τὸν σατανᾶν ἐκβάλλει, ἐφ' ἑαυτὸν ἐμερίσθη· πῶς οὖν σταθήσεται ἡ βασιλεία αὐτοῦ;	Mk 3,26	καὶ εἰ ὁ σατανᾶς ἀνέστη ἐφ' ἑαυτὸν καὶ ἐμερίσθη, οὐ δύναται στῆναι ἀλλὰ τέλος ἔχει.	Lk 11,18	εἰ δὲ καὶ ὁ σατανᾶς ἐφ' ἑαυτὸν διεμερίσθη, πῶς σταθήσεται ἡ βασιλεία αὐτοῦ; ...	Mk-Q overlap

a h 202	Mt 10,19	ὅταν δὲ παραδῶσιν ὑμᾶς, μὴ μεριμνήσητε **πῶς** ἢ τί λαλήσητε· ...	Mk 13,11	καὶ ὅταν ἄγωσιν ὑμᾶς παραδιδόντες, μὴ προμεριμνᾶτε τί λαλήσητε, ...	Lk 12,11 ⇧ Lk 21,14 → Lk 21,12	ὅταν δὲ εἰσφέρωσιν ὑμᾶς ἐπὶ τὰς συναγωγὰς καὶ τὰς ἀρχὰς καὶ τὰς ἐξουσίας, μὴ μεριμνήσητε **πῶς** ἢ τί ἀπολογήσησθε ἢ τί εἴπητε·	Mk-Q overlap
h 202	Mt 6,28	... καταμάθετε τὰ κρίνα τοῦ ἀγροῦ **πῶς** αὐξάνουσιν· ...			Lk 12,27	κατανοήσατε τὰ κρίνα **πῶς** αὐξάνει· ...	→ GTh 36,2-3 (only POxy 655)
g 002	Mt 20,22	... δύνασθε πιεῖν τὸ ποτήριον ὃ ἐγὼ μέλλω πίνειν; ...	Mk 10,38	... δύνασθε πιεῖν τὸ ποτήριον ὃ ἐγὼ πίνω ἢ τὸ βάπτισμα ὃ ἐγὼ βαπτίζομαι βαπτισθῆναι;	Lk 12,50	βάπτισμα δὲ ἔχω βαπτισθῆναι, καὶ **πῶς** συνέχομαι ἕως ὅτου τελεσθῇ.	
d 102	Mt 16,3	[... τὸ μὲν πρόσωπον τοῦ οὐρανοῦ γινώσκετε διακρίνειν, τὰ δὲ σημεῖα τῶν καιρῶν οὐ δύνασθε;]			Lk 12,56	ὑποκριταί, τὸ πρόσωπον τῆς γῆς καὶ τοῦ οὐρανοῦ οἴδατε δοκιμάζειν, τὸν καιρὸν δὲ τοῦτον **πῶς** οὐκ οἴδατε δοκιμάζειν;	→ GTh 91 Mt 16,3 is textcritically uncertain.
h 002					Lk 14,7	ἔλεγεν δὲ πρὸς τοὺς κεκλημένους παραβολήν, ἐπέχων **πῶς** τὰς πρωτοκλισίας ἐξελέγοντο, ...	
f g 122	Mt 19,23	ὁ δὲ Ἰησοῦς εἶπεν τοῖς μαθηταῖς αὐτοῦ· ἀμὴν λέγω ὑμῖν ὅτι πλούσιος δυσκόλως εἰσελεύσεται εἰς τὴν βασιλείαν τῶν οὐρανῶν.	Mk 10,23	καὶ περιβλεψάμενος ὁ Ἰησοῦς λέγει τοῖς μαθηταῖς αὐτοῦ· **πῶς** δυσκόλως οἱ τὰ χρήματα ἔχοντες εἰς τὴν βασιλείαν τοῦ θεοῦ εἰσελεύσονται.	Lk 18,24	ἰδὼν δὲ αὐτὸν ὁ Ἰησοῦς [περίλυπον γενόμενον] εἶπεν· **πῶς** δυσκόλως οἱ τὰ χρήματα ἔχοντες εἰς τὴν βασιλείαν τοῦ θεοῦ εἰσπορεύονται·	
f g 120	Mt 19,24	πάλιν δὲ λέγω ὑμῖν, ...	Mk 10,24	... ὁ δὲ Ἰησοῦς πάλιν ἀποκριθεὶς λέγει αὐτοῖς· τέκνα, **πῶς** δύσκολόν ἐστιν εἰς τὴν βασιλείαν τοῦ θεοῦ εἰσελθεῖν·			
a h 021			Mk 11,18 → Mt 21,45-46	καὶ ἤκουσαν οἱ ἀρχιερεῖς καὶ οἱ γραμματεῖς καὶ ἐζήτουν **πῶς** αὐτὸν ἀπολέσωσιν· ἐφοβοῦντο γὰρ αὐτόν, ...	Lk 19,47 → Lk 21,37-38	καὶ ἦν διδάσκων τὸ καθ' ἡμέραν ἐν τῷ ἱερῷ. οἱ δὲ ἀρχιερεῖς καὶ οἱ γραμματεῖς ἐζήτουν αὐτὸν ἀπολέσαι καὶ οἱ πρῶτοι τοῦ λαοῦ	
210	Mt 21,20	[19] ... καὶ ἐξηράνθη παραχρῆμα ἡ συκῆ. [20] καὶ ἰδόντες οἱ μαθηταὶ ἐθαύμασαν λέγοντες· **πῶς** παραχρῆμα ἐξηράνθη ἡ συκῆ;	Mk 11,21	[20] καὶ παραπορευόμενοι πρωῒ εἶδον τὴν συκῆν ἐξηραμμένην ἐκ ῥιζῶν. [21] καὶ ἀναμνησθεὶς ὁ Πέτρος λέγει αὐτῷ· ῥαββί, ἴδε ἡ συκῆ ἣν κατηράσω ἐξήρανται.			

200	Mt 22,12	καὶ λέγει αὐτῷ· ἑταῖρε, **πῶς** εἰσῆλθες ὧδε μὴ ἔχων ἔνδυμα γάμου; ...					
h 121	Mt 22,31	περὶ δὲ τῆς ἀναστάσεως τῶν νεκρῶν οὐκ ἀνέγνωτε τὸ ῥηθὲν ὑμῖν ὑπὸ τοῦ θεοῦ λέγοντος· [32] *ἐγώ εἰμι* *ὁ θεὸς Ἀβραὰμ καὶ* *ὁ θεὸς Ἰσαὰκ καὶ* *ὁ θεὸς Ἰακώβ*; ... ➤ Exod 3,6	Mk 12,26	περὶ δὲ τῶν νεκρῶν ὅτι ἐγείρονται οὐκ ἀνέγνωτε ἐν τῇ βίβλῳ Μωϋσέως ἐπὶ τοῦ βάτου **πῶς** εἶπεν αὐτῷ ὁ θεὸς λέγων· *ἐγὼ* *ὁ θεὸς Ἀβραὰμ καὶ* *[ὁ] θεὸς Ἰσαὰκ καὶ* *[ὁ] θεὸς Ἰακώβ*; ➤ Exod 3,6	Lk 20,37	ὅτι δὲ ἐγείρονται οἱ νεκροί, καὶ Μωϋσῆς ἐμήνυσεν ἐπὶ τῆς βάτου, **ὡς** λέγει *κύριον* *τὸν θεὸν Ἀβραὰμ καὶ* *θεὸν Ἰσαὰκ καὶ* *θεὸν Ἰακώβ*· ➤ Exod 3,6	
122	Mt 22,42	[41] ... ἐπηρώτησεν αὐτοὺς ὁ Ἰησοῦς [42] λέγων· **τί** ὑμῖν δοκεῖ περὶ τοῦ χριστοῦ; τίνος υἱός ἐστιν; λέγουσιν αὐτῷ· τοῦ Δαυίδ.	Mk 12,35	καὶ ἀποκριθεὶς ὁ Ἰησοῦς ἔλεγεν διδάσκων ἐν τῷ ἱερῷ· **πῶς** λέγουσιν οἱ γραμματεῖς ὅτι ὁ χριστὸς υἱὸς Δαυίδ ἐστιν;	Lk 20,41	εἶπεν δὲ πρὸς αὐτούς· **πῶς** λέγουσιν τὸν χριστὸν εἶναι Δαυὶδ υἱόν;	
e 211	Mt 22,43	... **πῶς** οὖν Δαυὶδ ἐν πνεύματι καλεῖ αὐτὸν κύριον λέγων· [44] *εἶπεν κύριος* *τῷ κυρίῳ μου· κάθου* *ἐκ δεξιῶν μου* ...; ➤ Ps 110,1	Mk 12,36	αὐτὸς Δαυὶδ εἶπεν ἐν τῷ πνεύματι τῷ ἁγίῳ· *εἶπεν κύριος* *τῷ κυρίῳ μου· κάθου* *ἐκ δεξιῶν μου*, ... ➤ Ps 110,1	Lk 20,42	αὐτὸς γὰρ Δαυὶδ λέγει ἐν βίβλῳ ψαλμῶν· *εἶπεν κύριος* *τῷ κυρίῳ μου· κάθου* *ἐκ δεξιῶν μου* ➤ Ps 110,1	→ Acts 4,25
212	Mt 22,45	εἰ οὖν Δαυὶδ καλεῖ αὐτὸν κύριον, **πῶς** υἱὸς αὐτοῦ ἐστιν;	Mk 12,37	αὐτὸς Δαυὶδ λέγει αὐτὸν κύριον, καὶ **πόθεν** αὐτοῦ ἐστιν υἱός; ...	Lk 20,44	Δαυὶδ οὖν κύριον αὐτὸν καλεῖ, καὶ **πῶς** αὐτοῦ υἱός ἐστιν;	
a 200	Mt 23,33 → Mt 3,7 → Lk 3,7 ↑ Mt 12,34	ὄφεις, γεννήματα ἐχιδνῶν, **πῶς** φύγητε ἀπὸ τῆς κρίσεως τῆς γεέννης;					
h 021			Mk 12,41	καὶ καθίσας κατέναντι τοῦ γαζοφυλακίου ἐθεώρει **πῶς** ὁ ὄχλος βάλλει χαλκὸν εἰς τὸ γαζοφυλάκιον. καὶ πολλοὶ πλούσιοι ἔβαλλον πολλά·	Lk 21,1	ἀναβλέψας δὲ εἶδεν τοὺς βάλλοντας εἰς τὸ γαζοφυλάκιον τὰ δῶρα αὐτῶν πλουσίους.	
a c h 122	Mt 26,4 → Mt 12,14 → Mt 22,15	[3] τότε συνήχθησαν οἱ ἀρχιερεῖς καὶ οἱ πρεσβύτεροι τοῦ λαοῦ ... [4] καὶ συνεβουλεύσαντο **ἵνα** τὸν Ἰησοῦν δόλῳ κρατήσωσιν καὶ ἀποκτείνωσιν·	Mk 14,1 → Mk 3,6	... καὶ ἐζήτουν οἱ ἀρχιερεῖς καὶ οἱ γραμματεῖς **πῶς** αὐτὸν ἐν δόλῳ κρατήσαντες ἀποκτείνωσιν·	Lk 22,2 → Lk 6,11	καὶ ἐζήτουν οἱ ἀρχιερεῖς καὶ οἱ γραμματεῖς **τὸ πῶς** ἀνέλωσιν αὐτόν, ...	
c h 112	Mt 26,15	[14] τότε πορευθεὶς εἷς τῶν δώδεκα, ὁ λεγόμενος Ἰούδας Ἰσκαριώτης, πρὸς τοὺς ἀρχιερεῖς [15] εἶπεν· τί θέλετέ μοι δοῦναι, κἀγὼ ὑμῖν παραδώσω αὐτόν; ...	Mk 14,10	καὶ Ἰούδας Ἰσκαριὼθ ὁ εἷς τῶν δώδεκα ἀπῆλθεν πρὸς τοὺς ἀρχιερεῖς **ἵνα** αὐτὸν παραδοῖ αὐτοῖς.	Lk 22,4	[3] εἰσῆλθεν δὲ σατανᾶς εἰς Ἰούδαν τὸν καλούμενον Ἰσκαριώτην, ὄντα ἐκ τοῦ ἀριθμοῦ τῶν δώδεκα· [4] καὶ ἀπελθὼν συνελάλησεν τοῖς ἀρχιερεῦσιν καὶ στρατηγοῖς **τὸ πῶς** αὐτοῖς παραδῷ αὐτόν.	

a h 121	Mt 26,16	καὶ ἀπὸ τότε ἐζήτει **εὐκαιρίαν ἵνα αὐτὸν παραδῷ.**	Mk 14,11	... καὶ ἐζήτει **πῶς αὐτὸν εὐκαίρως παραδοῖ.**	Lk 22,6	... καὶ ἐζήτει **εὐκαιρίαν τοῦ παραδοῦναι αὐτὸν** ἄτερ ὄχλου αὐτοῖς.
a e 200	Mt 26,54	**πῶς** οὖν πληρωθῶσιν αἱ γραφαὶ ὅτι οὕτως δεῖ γενέσθαι;				

a πῶς and subjunctive
b πῶς and optative (Acts only)
c τὸ πῶς
d πῶς οὐ
e πῶς οὖν
f πῶς and adjective or adverb
g πῶς in exclamations
h πῶς in indirect questions

Acts 2,8 καὶ
πῶς
ἡμεῖς ἀκούομεν ἕκαστος τῇ ἰδίᾳ διαλέκτῳ ἡμῶν ἐν ᾗ ἐγεννήθημεν;

c h **Acts 4,21** οἱ δὲ προσαπειλησάμενοι ἀπέλυσαν αὐτούς, μηδὲν εὑρίσκοντες
τὸ πῶς
κολάσωνται αὐτούς, διὰ τὸν λαόν, ὅτι πάντες ἐδόξαζον τὸν θεὸν ἐπὶ τῷ γεγονότι·

b **Acts 8,31** ὁ δὲ εἶπεν·
πῶς
γὰρ ἂν δυναίμην ἐὰν μή τις ὁδηγήσει με; ...

h **Acts 9,27 (2)** Βαρναβᾶς δὲ ἐπιλαβόμενος αὐτὸν ἤγαγεν πρὸς τοὺς ἀποστόλους καὶ διηγήσατο αὐτοῖς
πῶς
ἐν τῇ ὁδῷ εἶδεν τὸν κύριον
h καὶ ὅτι ἐλάλησεν αὐτῷ καὶ
πῶς
ἐν Δαμασκῷ ἐπαρρησιάσατο ἐν τῷ ὀνόματι τοῦ Ἰησοῦ.

h **Acts 11,13** ἀπήγγειλεν δὲ ἡμῖν
πῶς
εἶδεν [τὸν] ἄγγελον ἐν τῷ οἴκῳ αὐτοῦ σταθέντα ...

h **Acts 12,17** κατασείσας δὲ αὐτοῖς τῇ χειρὶ σιγᾶν διηγήσατο [αὐτοῖς]
πῶς
ὁ κύριος αὐτὸν ἐξήγαγεν ἐκ τῆς φυλακῆς ...

h **Acts 15,36** ... ἐπιστρέψαντες δὴ ἐπισκεψώμεθα τοὺς ἀδελφοὺς κατὰ πόλιν πᾶσαν ἐν αἷς κατηγγείλαμεν τὸν λόγον τοῦ κυρίου
πῶς
ἔχουσιν.

h **Acts 20,18** ... ὑμεῖς ἐπίστασθε, ἀπὸ πρώτης ἡμέρας ἀφ' ἧς ἐπέβην εἰς τὴν Ἀσίαν,
πῶς
μεθ' ὑμῶν τὸν πάντα χρόνον ἐγενόμην

P

ῥαββί	Syn 7	Mt 4	Mk 3	Lk	Acts	Jn 8	1-3John	Paul	Eph	Col
	NT 15	2Thess	1/2Tim	Tit	Heb	Jas	1Pet	2Pet	Jude	Rev

rabbi

	triple tradition																	double tradition			Sondergut		
		+Mt / +Lk			–Mt / –Lk			traditions not taken over by Mt / Lk							subtotals								
code	222	211	112	212	221	122	121	022	012	021	220	120	210	020	Σ+	Σ–	Σ	202	201	102	200	002	total
Mt		1+			1		1–					1–			1+	2–	2				2		**4**
Mk					1		1					1					3						**3**
Lk					1–		1–									2–							

121	**Mt 17,4**	ἀποκριθεὶς δὲ ὁ Πέτρος εἶπεν τῷ Ἰησοῦ· **κύριε,** καλόν ἐστιν ἡμᾶς ὧδε εἶναι· ...	**Mk 9,5**	καὶ ἀποκριθεὶς ὁ Πέτρος λέγει τῷ Ἰησοῦ· **ῥαββί,** καλόν ἐστιν ἡμᾶς ὧδε εἶναι, ...	**Lk 9,33**	καὶ ἐγένετο ἐν τῷ διαχωρίζεσθαι αὐτοὺς ἀπ' αὐτοῦ εἶπεν ὁ Πέτρος πρὸς τὸν Ἰησοῦν· **ἐπιστάτα,** καλόν ἐστιν ἡμᾶς ὧδε εἶναι, ...	
120	**Mt 21,20**	[19] ... καὶ ἐξηράνθη παραχρῆμα ἡ συκῆ. [20] καὶ ἰδόντες οἱ μαθηταὶ ἐθαύμασαν λέγοντες· πῶς παραχρῆμα ἐξηράνθη ἡ συκῆ;	**Mk 11,21**	[20] ... εἶδον τὴν συκῆν ἐξηραμμένην ἐκ ῥιζῶν. [21] καὶ ἀναμνησθεὶς ὁ Πέτρος λέγει αὐτῷ· **ῥαββί,** ἴδε ἡ συκῆ ἣν κατηράσω ἐξήρανται.			
211	**Mt 23,7**	καὶ τοὺς ἀσπασμοὺς ἐν ταῖς ἀγοραῖς καὶ καλεῖσθαι ὑπὸ τῶν ἀνθρώπων **ῥαββί.**	**Mk 12,38**	... καὶ ἀσπασμοὺς ἐν ταῖς ἀγοραῖς	**Lk 20,46** ⇩ Lk 11,43 **Lk 11,43** ⇧ Lk 20,46	... καὶ φιλούντων ἀσπασμοὺς ἐν ταῖς ἀγοραῖς ... ... ὅτι ἀγαπᾶτε ... τοὺς ἀσπασμοὺς ἐν ταῖς ἀγοραῖς.	Mk-Q overlap
200	**Mt 23,8**	ὑμεῖς δὲ μὴ κληθῆτε **ῥαββί·** εἷς γάρ ἐστιν ὑμῶν ὁ διδάσκαλος, πάντες δὲ ὑμεῖς ἀδελφοί ἐστε.					
200	**Mt 26,25** → Mt 26,22	ἀποκριθεὶς δὲ Ἰούδας ὁ παραδιδοὺς αὐτὸν εἶπεν· μήτι ἐγώ εἰμι, **ῥαββί;** λέγει αὐτῷ· σὺ εἶπας.					→ Jn 13,26-27
221	**Mt 26,49**	καὶ εὐθέως προσελθὼν τῷ Ἰησοῦ εἶπεν· χαῖρε, **ῥαββί,** καὶ κατεφίλησεν αὐτόν.	**Mk 14,45**	καὶ ἐλθὼν εὐθὺς προσελθὼν αὐτῷ λέγει· **ῥαββί,** καὶ κατεφίλησεν αὐτόν.	**Lk 22,47**	... προήρχετο αὐτοὺς καὶ ἤγγισεν τῷ Ἰησοῦ φιλῆσαι αὐτόν.	→ Jn 18,5

ῥαββουνί	Syn 1	Mt	Mk 1	Lk	Acts	Jn 1	1-3John	Paul	Eph	Col
	NT 2	2Thess	1/2Tim	Tit	Heb	Jas	1Pet	2Pet	Jude	Rev

my Lord; my Master

	Mt		Mk		Lk		
121	**Mt 20,33** ⇩ Mt 9,28	λέγουσιν αὐτῷ· **κύριε,** ἵνα ἀνοιγῶσιν οἱ ὀφθαλμοὶ ἡμῶν.	**Mk 10,51**	... ὁ δὲ τυφλὸς εἶπεν αὐτῷ· **ῥαββουνι,** ἵνα ἀναβλέψω.	**Lk 18,41**	... ὁ δὲ εἶπεν· **κύριε,** ἵνα ἀναβλέψω.	
	Mt 9,28 ⇧ Mt 20,33	... λέγουσιν αὐτῷ· ναὶ **κύριε.**					

ῥάβδος	Syn 3	Mt 1	Mk 1	Lk 1	Acts	Jn	1-3John	Paul 1	Eph	Col
	NT 12	2Thess	1/2Tim	Tit	Heb 4	Jas	1Pet	2Pet	Jude	Rev 4

rod; staff; stick

	Mt		Mk		Lk		
222	**Mt 10,10**	[9] μὴ κτήσησθε χρυσὸν μηδὲ ἄργυρον μηδὲ χαλκὸν εἰς τὰς ζώνας ὑμῶν, [10] μὴ πήραν εἰς ὁδὸν μηδὲ δύο χιτῶνας μηδὲ ὑποδήματα **μηδὲ ῥάβδον·** ...	**Mk 6,8**	... μηδὲν αἴρωσιν εἰς ὁδὸν **εἰ μὴ ῥάβδον μόνον,** μὴ ἄρτον, μὴ πήραν, μὴ εἰς τὴν ζώνην χαλκόν, [9] ἀλλὰ ὑποδεδεμένους σανδάλια, καὶ μὴ ἐνδύσησθε δύο χιτῶνας.	**Lk 9,3** ⇩ Lk 10,4 → Lk 22,35-36	... μηδὲν αἴρετε εἰς τὴν ὁδόν, **μήτε ῥάβδον** μήτε πήραν μήτε ἄρτον μήτε ἀργύριον μήτε [ἀνὰ] δύο χιτῶνας ἔχειν.	Mk-Q overlap
					Lk 10,4 ⇧ **Lk 9,3** → Lk 22,35-26	μὴ βαστάζετε βαλλάντιον, μὴ πήραν, μὴ ὑποδήματα, καὶ μηδένα κατὰ τὴν ὁδὸν ἀσπάσησθε.	

Ῥαγαύ	Syn 1	Mt	Mk	Lk 1	Acts	Jn	1-3John	Paul	Eph	Col
	NT 1	2Thess	1/2Tim	Tit	Heb	Jas	1Pet	2Pet	Jude	Rev

Reu

	Mt		Mk		Lk		
002					**Lk 3,35**	τοῦ Σεροὺχ **τοῦ Ῥαγαὺ** τοῦ Φάλεκ ...	

ῥακά	Syn 1	Mt 1	Mk	Lk	Acts	Jn	1-3John	Paul	Eph	Col
	NT 1	2Thess	1/2Tim	Tit	Heb	Jas	1Pet	2Pet	Jude	Rev

fool; empty-head

	Mt		Mk		Lk		
200	**Mt 5,22**	ἐγὼ δὲ λέγω ὑμῖν ὅτι πᾶς ὁ ὀργιζόμενος τῷ ἀδελφῷ αὐτοῦ ἔνοχος ἔσται τῇ κρίσει· ὃς δ' ἂν εἴπῃ τῷ ἀδελφῷ αὐτοῦ· **ῥακά,** ἔνοχος ἔσται τῷ συνεδρίῳ· ὃς δ' ἂν εἴπῃ· μωρέ, ἔνοχος ἔσται εἰς τὴν γέενναν τοῦ πυρός.					

ῥάκος

	Syn 2	Mt 1	Mk 1	Lk	Acts	Jn	1-3John	Paul	Eph	Col
	NT 2	2Thess	1/2Tim	Tit	Heb	Jas	1Pet	2Pet	Jude	Rev

tattered garment; rag; piece of cloth; patch

	Mt		Mk		Lk		
221	Mt 9,16	οὐδεὶς δὲ ἐπιβάλλει **ἐπίβλημα ῥάκους ἀγνάφου** ἐπὶ ἱματίῳ παλαιῷ· ...	Mk 2,21	οὐδεὶς **ἐπίβλημα ῥάκους ἀγνάφου** ἐπιράπτει ἐπὶ ἱμάτιον παλαιόν· ...	Lk 5,36	... οὐδεὶς **ἐπίβλημα ἀπὸ ἱματίου καινοῦ** σχίσας ἐπιβάλλει ἐπὶ ἱμάτιον παλαιόν· ...	→ GTh 47,5

Ῥαμά

	Syn 1	Mt 1	Mk	Lk	Acts	Jn	1-3John	Paul	Eph	Col
	NT 1	2Thess	1/2Tim	Tit	Heb	Jas	1Pet	2Pet	Jude	Rev

Ramah

	Mt		
200	Mt 2,18	*φωνὴ* ***ἐν Ῥαμὰ*** *ἠκούσθη, κλαυθμὸς καὶ ὀδυρμὸς* πολύς· *Ῥαχὴλ κλαίουσα τὰ τέκνα αὐτῆς, ...* ➤ Jer 31,15	

ῥαπίζω

	Syn 2	Mt 2	Mk	Lk	Acts	Jn	1-3John	Paul	Eph	Col
	NT 2	2Thess	1/2Tim	Tit	Heb	Jas	1Pet	2Pet	Jude	Rev

strike with a club; strike with a rod

	Mt		Mk		Lk		
201	Mt 5,39	ἐγὼ δὲ λέγω ὑμῖν μὴ ἀντιστῆναι τῷ πονηρῷ· ἀλλ' ὅστις σε **ῥαπίζει** εἰς τὴν δεξιὰν σιαγόνα [σου], στρέψον αὐτῷ καὶ τὴν ἄλλην·			Lk 6,29	**τῷ τύπτοντί** σε ἐπὶ τὴν σιαγόνα πάρεχε καὶ τὴν ἄλλην, ...	
211	Mt 26,67	τότε ἐνέπτυσαν εἰς τὸ πρόσωπον αὐτοῦ καὶ ἐκολάφισαν αὐτόν, οἱ δὲ **ἐράπισαν** [68] λέγοντες· προφήτευσον ἡμῖν, χριστέ, τίς ἐστιν ὁ παίσας σε;	Mk 14,65	καὶ ἤρξαντό τινες ἐμπτύειν αὐτῷ καὶ περικαλύπτειν αὐτοῦ τὸ πρόσωπον καὶ κολαφίζειν αὐτὸν καὶ λέγειν αὐτῷ· προφήτευσον, καὶ οἱ ὑπηρέται **ῥαπίσμασιν αὐτὸν ἔλαβον.**	Lk 22,64	[63] καὶ οἱ ἄνδρες οἱ συνέχοντες αὐτὸν ἐνέπαιζον αὐτῷ δέροντες, [64] καὶ περικαλύψαντες αὐτὸν ἐπηρώτων λέγοντες· προφήτευσον, τίς ἐστιν ὁ παίσας σε;	

ῥάπισμα	Syn 1	Mt	Mk 1	Lk	Acts	Jn 2	1-3John	Paul	Eph	Col
	NT 3	2Thess	1/2Tim	Tit	Heb	Jas	1Pet	2Pet	Jude	Rev

a blow with a club; a blow with a rod, whip; *perhaps:* a slap in the face

	Mt		Mk		Lk		
121	**Mt 26,67**	τότε ἐνέπτυσαν εἰς τὸ πρόσωπον αὐτοῦ καὶ ἐκολάφισαν αὐτόν, οἱ δὲ **ἐράπισαν** [68] λέγοντες· προφήτευσον ἡμῖν, χριστέ, τίς ἐστιν ὁ παίσας σε;	**Mk 14,65**	καὶ ἤρξαντό τινες ἐμπτύειν αὐτῷ καὶ περικαλύπτειν αὐτοῦ τὸ πρόσωπον καὶ κολαφίζειν αὐτὸν καὶ λέγειν αὐτῷ· προφήτευσον, καὶ οἱ ὑπηρέται **ῥαπίσμασιν αὐτὸν ἔλαβον.**	**Lk 22,64**	[63] καὶ οἱ ἄνδρες οἱ συνέχοντες αὐτὸν ἐνέπαιζον αὐτῷ δέροντες, [64] καὶ περικαλύψαντες αὐτὸν ἐπηρώτων λέγοντες· προφήτευσον, τίς ἐστιν ὁ παίσας σε;	

ῥαφίς	Syn 2	Mt 1	Mk 1	Lk	Acts	Jn	1-3John	Paul	Eph	Col
	NT 2	2Thess	1/2Tim	Tit	Heb	Jas	1Pet	2Pet	Jude	Rev

needle

	Mt		Mk		Lk		
221	**Mt 19,24**	... εὐκοπώτερόν ἐστιν κάμηλον **διὰ τρυπήματος ῥαφίδος** διελθεῖν ἢ πλούσιον εἰσελθεῖν εἰς τὴν βασιλείαν τοῦ θεοῦ.	**Mk 10,25**	εὐκοπώτερόν ἐστιν κάμηλον **διὰ [τῆς] τρυμαλιᾶς [τῆς] ῥαφίδος** διελθεῖν ἢ πλούσιον εἰς τὴν βασιλείαν τοῦ θεοῦ εἰσελθεῖν.	**Lk 18,25**	εὐκοπώτερον γάρ ἐστιν κάμηλον **διὰ τρήματος βελόνης** εἰσελθεῖν ἢ πλούσιον εἰς τὴν βασιλείαν τοῦ θεοῦ εἰσελθεῖν.	

Ῥαχάβ	Syn 1	Mt 1	Mk	Lk	Acts	Jn	1-3John	Paul	Eph	Col
	NT 1	2Thess	1/2Tim	Tit	Heb	Jas	1Pet	2Pet	Jude	Rev

Rahab

	Mt		Mk		Lk		
200	**Mt 1,5**	Σαλμὼν δὲ ἐγέννησεν τὸν Βόες **ἐκ τῆς Ῥαχάβ,** Βόες δὲ ἐγέννησεν τὸν Ἰωβὴδ ἐκ τῆς Ῥούθ, Ἰωβὴδ δὲ ἐγέννησεν τὸν Ἰεσσαί			**Lk 3,32**	τοῦ Ἰεσσαὶ τοῦ Ἰωβὴδ τοῦ Βόος τοῦ Σαλὰ ...	

Ῥαχήλ	Syn 1	Mt 1	Mk	Lk	Acts	Jn	1-3John	Paul	Eph	Col
	NT 1	2Thess	1/2Tim	Tit	Heb	Jas	1Pet	2Pet	Jude	Rev

Rachel

	Mt		Mk		Lk		
200	**Mt 2,18**	*φωνὴ ἐν Ῥαμὰ ἠκούσθη, κλαυθμὸς καὶ ὀδυρμὸς πολύς·* ***Ῥαχὴλ*** *κλαίουσα τὰ τέκνα αὐτῆς, καὶ οὐκ ἤθελεν παρακληθῆναι, ὅτι οὐκ εἰσίν.* ➤ Jer 31,15					

ῥῆγμα	Syn 1	Mt	Mk	Lk 1	Acts	Jn	1-3John	Paul	Eph	Col
	NT 1	2Thess	1/2Tim	Tit	Heb	Jas	1Pet	2Pet	Jude	Rev

wreck; ruin; collapse

102	Mt 7,27	καὶ κατέβη ἡ βροχὴ καὶ ἦλθον οἱ ποταμοὶ καὶ ἔπνευσαν οἱ ἄνεμοι καὶ προσέκοψαν τῇ οἰκίᾳ ἐκείνῃ, καὶ ἔπεσεν, καὶ ἦν **ἡ πτῶσις αὐτῆς** μεγάλη.			Lk 6,49	... ᾗ προσέρηξεν ὁ ποταμός, καὶ εὐθὺς συνέπεσεν καὶ ἐγένετο **τὸ ῥῆγμα τῆς οἰκίας ἐκείνης** μέγα.	

ῥήγνυμι, ῥήσσω	Syn 6	Mt 2	Mk 2	Lk 2	Acts	Jn	1-3John	Paul 1	Eph	Col
	NT 7	2Thess	1/2Tim	Tit	Heb	Jas	1Pet	2Pet	Jude	Rev

tear in pieces; break; burst; tear loose; break loose; let loose; break out in

	triple tradition																	double tradition			Sondergut		
		+Mt / +Lk			−Mt / −Lk			traditions not taken over by Mt / Lk							subtotals								
code	222	211	112	212	221	122	121	022	012	021	220	120	210	020	Σ⁺	Σ⁻	Σ	202	201	102	200	002	total
Mt	1						1^-									1^-	1				1		**2**
Mk	1						1										2						**2**
Lk	1						1^-		1^+						1^+	1^-	2						**2**

a ῥήσσω

200	Mt 7,6	μὴ δῶτε τὸ ἅγιον τοῖς κυσὶν μηδὲ βάλητε τοὺς μαργαρίτας ὑμῶν ἔμπροσθεν τῶν χοίρων, μήποτε καταπατήσουσιν αὐτοὺς ἐν τοῖς ποσὶν αὐτῶν καὶ στραφέντες **ῥήξωσιν** ὑμᾶς.					→ GTh 93
222	Mt 9,17	οὐδὲ βάλλουσιν οἶνον νέον εἰς ἀσκοὺς παλαιούς· εἰ δὲ μή γε, **ῥήγνυνται** οἱ ἀσκοὶ καὶ ὁ οἶνος ἐκχεῖται καὶ οἱ ἀσκοὶ ἀπόλλυνται· ...	Mk 2,22	καὶ οὐδεὶς βάλλει οἶνον νέον εἰς ἀσκοὺς παλαιούς· εἰ δὲ μή, **ῥήξει** ὁ οἶνος τοὺς ἀσκοὺς καὶ ὁ οἶνος ἀπόλλυται καὶ οἱ ἀσκοί· ...	Lk 5,37	καὶ οὐδεὶς βάλλει οἶνον νέον εἰς ἀσκοὺς παλαιούς· εἰ δὲ μή γε, **ῥήξει** ὁ οἶνος ὁ νέος τοὺς ἀσκοὺς καὶ αὐτὸς ἐκχυθήσεται καὶ οἱ ἀσκοὶ ἀπολοῦνται·	→ GTh 47,4
a 121	Mt 17,15	... σεληνιάζεται καὶ κακῶς πάσχει· ...	Mk 9,18	[17] ... ἔχοντα πνεῦμα ἄλαλον· [18] καὶ ὅπου ἐὰν αὐτὸν καταλάβῃ **ῥήσσει** αὐτόν, καὶ ἀφρίζει καὶ τρίζει τοὺς ὀδόντας καὶ ξηραίνεται· ...	Lk 9,39	καὶ ἰδοὺ πνεῦμα λαμβάνει αὐτὸν καὶ ἐξαίφνης κράζει καὶ **σπαράσσει** αὐτὸν μετὰ ἀφροῦ καὶ μόγις ἀποχωρεῖ ἀπ' αὐτοῦ συντρῖβον αὐτόν·	
012			Mk 9,20	καὶ ἤνεγκαν αὐτὸν πρὸς αὐτόν. καὶ ἰδὼν αὐτὸν τὸ πνεῦμα εὐθὺς συνεσπάραξεν αὐτόν, καὶ πεσὼν ἐπὶ τῆς γῆς ἐκυλίετο ἀφρίζων.	Lk 9,42	ἔτι δὲ προσερχομένου αὐτοῦ **ἔρρηξεν** αὐτὸν τὸ δαιμόνιον καὶ συνεσπάραξεν· ...	

ῥῆμα	Syn 26	Mt 5	Mk 2	Lk 19	Acts 14	Jn 12	1-3John	Paul 6	Eph 2	Col
	NT 68	2Thess	1/2Tim	Tit	Heb 4	Jas	1Pet 2	2Pet 1	Jude 1	Rev

that which is said; word; saying; expression; thing; object; matter; event

	triple tradition																	double tradition			Sondergut		
		+Mt / +Lk			–Mt / –Lk			traditions not taken over by Mt / Lk							subtotals								
code	222	211	112	212	221	122	121	022	012	021	220	120	210	020	Σ⁺	Σ⁻	Σ	202	201	102	200	002	total
Mt	1					1^-							1^+		1^+	1^-	2		1		2		**5**
Mk	1					1											2						**2**
Lk	1		2^+			1									2^+		4			1		14	**19**

[a] ῥῆμα (δια)λαλέω
[b] ῥῆμα λέγω
[c] ῥήματα ἀποφθέγγομαι (Acts only)
[d] ῥῆμα θεοῦ / ῥῆμα: the word of God
[e] ῥῆμα τοῦ κυρίου
[f] ῥῆμα Ἰησοῦ / ῥῆμα: the word of Jesus
[g] πᾶν ῥῆμα, πάντα τὰ ῥήματα
[h] κατὰ τὸ ῥῆμα

		Lk		
g 002		**Lk 1,37**	ὅτι οὐκ ἀδυνατήσει παρὰ τοῦ θεοῦ **πᾶν ῥῆμα.**	
d h 002		**Lk 1,38**	... ἰδοὺ ἡ δούλη κυρίου· γένοιτό μοι **κατὰ τὸ ῥῆμά σου.** καὶ ἀπῆλθεν ἀπ' αὐτῆς ὁ ἄγγελος.	
a g 002		**Lk 1,65**	καὶ ἐγένετο ἐπὶ πάντας φόβος τοὺς περιοικοῦντας αὐτούς, καὶ ἐν ὅλῃ τῇ ὀρεινῇ τῆς Ἰουδαίας διελαλεῖτο **πάντα τὰ ῥήματα ταῦτα**	
002		**Lk 2,15**	... διέλθωμεν δὴ ἕως Βηθλέεμ καὶ ἴδωμεν **τὸ ῥῆμα τοῦτο τὸ γεγονὸς** ὃ ὁ κύριος ἐγνώρισεν ἡμῖν.	
a 002		**Lk 2,17**	ἰδόντες δὲ ἐγνώρισαν **περὶ τοῦ ῥήματος** τοῦ λαληθέντος αὐτοῖς περὶ τοῦ παιδίου τούτου.	
g 002		**Lk 2,19** ↓ Lk 2,51	ἡ δὲ Μαριὰμ **πάντα συνετήρει τὰ ῥήματα ταῦτα** συμβάλλουσα ἐν τῇ καρδίᾳ αὐτῆς.	
d h 002		**Lk 2,29**	νῦν ἀπολύεις τὸν δοῦλόν σου, δέσποτα, **κατὰ τὸ ῥῆμά σου** ἐν εἰρήνῃ·	
a 002		**Lk 2,50**	καὶ αὐτοὶ οὐ συνῆκαν **τὸ ῥῆμα** ὃ ἐλάλησεν αὐτοῖς.	
g 002		**Lk 2,51** ↑ Lk 2,19	... καὶ ἡ μήτηρ αὐτοῦ διετήρει **πάντα τὰ ῥήματα** ἐν τῇ καρδίᾳ αὐτῆς.	

d 002	Mt 3,1	ἐν δὲ ταῖς ἡμέραις ἐκείναις παραγίνεται Ἰωάννης ὁ βαπτιστὴς κηρύσσων ἐν τῇ ἐρήμῳ τῆς Ἰουδαίας	Mk 1,4	ἐγένετο Ἰωάννης [ὁ] βαπτίζων ἐν τῇ ἐρήμῳ καὶ κηρύσσων ...	Lk 3,2 → Lk 1,80 → Lk 3,3	ἐπὶ ἀρχιερέως Ἅννα καὶ Καϊάφα, ἐγένετο **ῥῆμα θεοῦ** ἐπὶ Ἰωάννην τὸν Ζαχαρίου υἱὸν ἐν τῇ ἐρήμῳ.	→ Jn 3,23
d g 201	Mt 4,4	... γέγραπται· *οὐκ ἐπ' ἄρτῳ μόνῳ ζήσεται ὁ ἄνθρωπος, ἀλλ'* ***ἐπὶ παντὶ ῥήματι*** *ἐκπορευομένῳ διὰ στόματος θεοῦ.* ➤ Deut 8,3			Lk 4,4	... γέγραπται ὅτι *οὐκ ἐπ' ἄρτῳ μόνῳ ζήσεται ὁ ἄνθρωπος.* ➤ Deut 8,3	
f 002					Lk 5,5	... ἐπιστάτα, δι' ὅλης νυκτὸς κοπιάσαντες οὐδὲν ἐλάβομεν· **ἐπὶ δὲ τῷ ῥήματί σου** χαλάσω τὰ δίκτυα.	→ Jn 21,3
f g 102	Mt 7,28	καὶ ἐγένετο ὅτε ἐτέλεσεν ὁ Ἰησοῦς **τοὺς λόγους τούτους**, ...			Lk 7,1	ἐπειδὴ ἐπλήρωσεν **πάντα τὰ ῥήματα αὐτοῦ** εἰς τὰς ἀκοὰς τοῦ λαοῦ, ...	
a g 200	Mt 12,36	λέγω δὲ ὑμῖν ὅτι **πᾶν ῥῆμα ἀργὸν** ὃ λαλήσουσιν οἱ ἄνθρωποι ἀποδώσουσιν περὶ αὐτοῦ λόγον ἐν ἡμέρᾳ κρίσεως·					
f 122	Mt 17,23		Mk 9,32 ↓ Lk 18,34	οἱ δὲ ἠγνόουν **τὸ ῥῆμα,**	Lk 9,45 (2) ↓ Lk 18,34	οἱ δὲ ἠγνόουν **τὸ ῥῆμα τοῦτο** καὶ ἦν παρακεκαλυμμένον ἀπ' αὐτῶν ἵνα μὴ αἴσθωνται αὐτό,	
f 112		... καὶ ἐλυπήθησαν σφόδρα.		καὶ ἐφοβοῦντο αὐτὸν ἐπερωτῆσαι.		καὶ ἐφοβοῦντο ἐρωτῆσαι αὐτὸν **περὶ τοῦ ῥήματος τούτου.**	
g 200	Mt 18,16	ἐὰν δὲ μὴ ἀκούσῃ, παράλαβε μετὰ σοῦ ἔτι ἕνα ἢ δύο, ἵνα *ἐπὶ στόματος δύο μαρτύρων ἢ τριῶν σταθῇ* ***πᾶν ῥῆμα·*** ➤ Deut 19,15					
f 002					Lk 18,34 ↑ Mk 9,32 ↑ Lk 9,45	καὶ αὐτοὶ οὐδὲν τούτων συνῆκαν καὶ ἦν **τὸ ῥῆμα τοῦτο** κεκρυμμένον ἀπ' αὐτῶν καὶ οὐκ ἐγίνωσκον τὰ λεγόμενα.	
112	Mt 22,22 → Mk 12,12	καὶ ἀκούσαντες ἐθαύμασαν, καὶ ἀφέντες αὐτὸν ἀπῆλθαν.	Mk 12,17	... καὶ ἐξεθαύμαζον ἐπ' αὐτῷ.	Lk 20,26	καὶ οὐκ ἴσχυσαν ἐπιλαβέσθαι αὐτοῦ **ῥήματος** ἐναντίον τοῦ λαοῦ καὶ θαυμάσαντες ἐπὶ τῇ ἀποκρίσει αὐτοῦ ἐσίγησαν.	
f e 222	Mt 26,75	καὶ ἐμνήσθη ὁ Πέτρος **τοῦ ῥήματος Ἰησοῦ εἰρηκότος** ὅτι πρὶν ἀλέκτορα φωνῆσαι τρὶς ἀπαρνήσῃ με· ...	Mk 14,72	... καὶ ἀνεμνήσθη ὁ Πέτρος **τὸ ῥῆμα ὡς εἶπεν αὐτῷ ὁ Ἰησοῦς** ὅτι πρὶν ἀλέκτορα φωνῆσαι δὶς τρίς με ἀπαρνήσῃ· ...	Lk 22,61	... καὶ ὑπεμνήσθη ὁ Πέτρος **τοῦ ῥήματος τοῦ κυρίου ὡς εἶπεν αὐτῷ** ὅτι πρὶν ἀλέκτορα φωνῆσαι σήμερον ἀπαρνήσῃ με τρίς.	

210	Mt 27,14	καὶ οὐκ ἀπεκρίθη αὐτῷ **πρὸς οὐδὲ ἓν ῥῆμα,** ὥστε θαυμάζειν τὸν ἡγεμόνα λίαν.	Mk 15,5	ὁ δὲ Ἰησοῦς οὐκέτι **οὐδὲν** ἀπεκρίθη, ὥστε θαυμάζειν τὸν Πιλᾶτον.	Lk 23,9	... αὐτὸς δὲ **οὐδὲν** ἀπεκρίνατο αὐτῷ.	Mt/Mk: before Pilate; Lk: before Herod
f 002					Lk 24,8	καὶ ἐμνήσθησαν **τῶν ῥημάτων αὐτοῦ.**	
002					Lk 24,11	καὶ ἐφάνησαν ἐνώπιον αὐτῶν ὡσεὶ λῆρος **τὰ ῥήματα ταῦτα,** καὶ ἠπίστουν αὐταῖς.	

a ῥῆμα (δια)λαλέω
b ῥῆμα λέγω
c ῥήματα ἀποφθέγγομαι (Acts only)
d ῥῆμα θεοῦ / ῥῆμα: the word of God
e ῥῆμα τοῦ κυρίου
f ῥῆμα Ἰησοῦ / ῥῆμα: the word of Jesus
g πᾶν ῥῆμα, πάντα τὰ ῥήματα
h κατὰ τὸ ῥῆμα

Acts 2,14 ... ἄνδρες Ἰουδαῖοι καὶ οἱ κατοικοῦντες Ἰερουσαλὴμ πάντες, τοῦτο ὑμῖν γνωστὸν ἔστω καὶ ἐνωτίσασθε **τὰ ῥήματά μου.**

a g **Acts 5,20** πορεύεσθε καὶ σταθέντες λαλεῖτε ἐν τῷ ἱερῷ τῷ λαῷ **πάντα τὰ ῥήματα τῆς ζωῆς ταύτης.**

Acts 5,32 καὶ ἡμεῖς ἐσμεν **μάρτυρες τῶν ῥημάτων τούτων** καὶ τὸ πνεῦμα τὸ ἅγιον ὃ ἔδωκεν ὁ θεὸς τοῖς πειθαρχοῦσιν αὐτῷ.

a **Acts 6,11** τότε ὑπέβαλον ἄνδρας λέγοντας ὅτι ἀκηκόαμεν αὐτοῦ λαλοῦντος **ῥήματα βλάσφημα** εἰς Μωϋσῆν καὶ τὸν θεόν.

a **Acts 6,13** ... ὁ ἄνθρωπος οὗτος οὐ παύεται λαλῶν **ῥήματα** κατὰ τοῦ τόπου τοῦ ἁγίου [τούτου] καὶ τοῦ νόμου·

Acts 10,22 ... Κορνήλιος ... ἐχρηματίσθη ὑπὸ ἀγγέλου ἁγίου μεταπέμψασθαί σε εἰς τὸν οἶκον αὐτοῦ καὶ ἀκοῦσαι **ῥήματα** παρὰ σοῦ.

Acts 10,37 ὑμεῖς οἴδατε τὸ γενόμενον **ῥῆμα** καθ᾽ ὅλης τῆς Ἰουδαίας, ...

a **Acts 10,44** ἔτι λαλοῦντος τοῦ Πέτρου **τὰ ῥήματα ταῦτα** ἐπέπεσεν τὸ πνεῦμα τὸ ἅγιον ἐπὶ πάντας τοὺς ἀκούοντας τὸν λόγον.

a **Acts 11,14** [13] ... μετάπεμψαι Σίμωνα τὸν ἐπικαλούμενον Πέτρον, [14] ὃς λαλήσει **ῥήματα** πρὸς σὲ ἐν οἷς σωθήσῃ σὺ καὶ πᾶς ὁ οἶκός σου.

e **Acts 11,16** ἐμνήσθην δὲ **τοῦ ῥήματος τοῦ κυρίου** ὡς ἔλεγεν· Ἰωάννης μὲν ἐβάπτισεν ὕδατι, ...
→ Mt 3,11
→ Mk 1,8
→ Lk 3,16
→ Acts 1,5
→ Acts 19,4

a **Acts 13,42** ἐξιόντων δὲ αὐτῶν παρεκάλουν εἰς τὸ μεταξὺ σάββατον λαληθῆναι αὐτοῖς **τὰ ῥήματα ταῦτα.**

Acts 16,38 ἀπήγγειλαν δὲ τοῖς στρατηγοῖς οἱ ῥαβδοῦχοι **τὰ ῥήματα ταῦτα.** ...

c **Acts 26,25** ... οὐ μαίνομαι, φησίν, κράτιστε Φῆστε, ἀλλὰ **ἀληθείας καὶ σωφροσύνης ῥήματα** ἀποφθέγγομαι.

b **Acts 28,25** ... εἰπόντος τοῦ Παύλου **ῥῆμα ἕν,** ὅτι καλῶς τὸ πνεῦμα τὸ ἅγιον ἐλάλησεν ...

Ῥησά	Syn	Mt	Mk	Lk	Acts	Jn	1-3John	Paul	Eph	Col
	1			1						
	NT	2Thess	1/2Tim	Tit	Heb	Jas	1Pet	2Pet	Jude	Rev
	1									

Rhesa

002	Mt 1,13	Ζοροβαβὲλ δὲ ἐγέννησεν τὸν Ἀβιούδ, Ἀβιοὺδ δὲ ἐγέννησεν τὸν Ἐλιακίμ, ...	Lk 3,27	τοῦ Ἰωανὰν **τοῦ Ῥησὰ** τοῦ Ζοροβαβὲλ ...

ῥίζα

	Syn	Mt	Mk	Lk	Acts	Jn	1-3John	Paul	Eph	Col
	8	3	3	2				5		
	NT	2Thess	1/2Tim	Tit	Heb	Jas	1Pet	2Pet	Jude	Rev
	17		1		1					2

root; shoot; scion; descendant

	triple tradition																	double tradition			Sondergut		
		+Mt / +Lk			–Mt / –Lk			traditions not taken over by Mt / Lk							subtotals								
code	222	211	112	212	221	122	121	022	012	021	220	120	210	020	Σ$^+$	Σ$^-$	Σ	202	201	102	200	002	total
Mt	1				1							1^-				1^-	2	1					**3**
Mk	1				1							1					3						**3**
Lk	1				1^-											1^-	1	1					**2**

202	**Mt 3,10** ⇩ Mt 7,19	ἤδη δὲ ἡ ἀξίνη **πρὸς τὴν ῥίζαν** **τῶν δένδρων** κεῖται· πᾶν οὖν δένδρον μὴ ποιοῦν καρπὸν καλὸν ἐκκόπτεται καὶ εἰς πῦρ βάλλεται.			**Lk 3,9**	ἤδη δὲ καὶ ἡ ἀξίνη **πρὸς τὴν ῥίζαν** **τῶν δένδρων** κεῖται· πᾶν οὖν δένδρον μὴ ποιοῦν καρπὸν καλὸν ἐκκόπτεται καὶ εἰς πῦρ βάλλεται.	
	Mt 7,19 ⇧ Mt 3,10	πᾶν δένδρον μὴ ποιοῦν καρπὸν καλὸν ἐκκόπτεται καὶ εἰς πῦρ βάλλεται.					
221	**Mt 13,6**	ἡλίου δὲ ἀνατείλαντος ἐκαυματίσθη καὶ διὰ τὸ μὴ ἔχειν **ῥίζαν** ἐξηράνθη.	**Mk 4,6**	καὶ ὅτε ἀνέτειλεν ὁ ἥλιος ἐκαυματίσθη καὶ διὰ τὸ μὴ ἔχειν **ῥίζαν** ἐξηράνθη.	**Lk 8,6**	... ἐξηράνθη διὰ τὸ μὴ ἔχειν ἰκμάδα.	→ GTh 9
222	**Mt 13,21**	οὐκ ἔχει δὲ **ῥίζαν** ἐν ἑαυτῷ ἀλλὰ πρόσκαιρός ἐστιν, γενομένης δὲ θλίψεως ἢ διωγμοῦ διὰ τὸν λόγον εὐθὺς σκανδαλίζεται.	**Mk 4,17**	καὶ οὐκ ἔχουσιν **ῥίζαν** ἐν ἑαυτοῖς ἀλλὰ πρόσκαιροί εἰσιν, εἶτα γενομένης θλίψεως ἢ διωγμοῦ διὰ τὸν λόγον εὐθὺς σκανδαλίζονται.	**Lk 8,13**	... καὶ οὗτοι **ῥίζαν** οὐκ ἔχουσιν, οἳ πρὸς καιρὸν πιστεύουσιν καὶ ἐν καιρῷ πειρασμοῦ ἀφίστανται.	
120	**Mt 21,20**	[19] ... καὶ ἐξηράνθη παραχρῆμα ἡ συκῆ. [20] καὶ ἰδόντες οἱ μαθηταὶ ἐθαύμασαν λέγοντες· πῶς παραχρῆμα ἐξηράνθη ἡ συκῆ;	**Mk 11,20**	καὶ παραπορευόμενοι πρωῒ εἶδον τὴν συκῆν ἐξηραμμένην **ἐκ ῥιζῶν.** [21] καὶ ἀναμνησθεὶς ὁ Πέτρος λέγει αὐτῷ· ῥαββί, ἴδε ἡ συκῆ ἣν κατηράσω ἐξήρανται.			

ῥίπτω

	Syn	Mt	Mk	Lk	Acts	Jn	1-3John	Paul	Eph	Col
	5	3		2	2					
	NT	2Thess	1/2Tim	Tit	Heb	Jas	1Pet	2Pet	Jude	Rev
	7									

throw; put down; lay down

	triple tradition																	double tradition			Sondergut		
		+Mt / +Lk			–Mt / –Lk			traditions not taken over by Mt / Lk							subtotals								
code	222	211	112	212	221	122	121	022	012	021	220	120	210	020	Σ$^+$	Σ$^-$	Σ	202	201	102	200	002	total
Mt													2^+		2^+		2				1		**3**
Mk																							
Lk			1^+						1^+						2^+		2						**2**

Mk-Q overlap: 112: Mt 18,6 / Mk 9,42 / Lk 17,2 (?)

012			**Mk 1,26**	καὶ **σπαράξαν** αὐτὸν τὸ πνεῦμα τὸ ἀκάθαρτον καὶ φωνῆσαν φωνῇ μεγάλῃ ἐξῆλθεν ἐξ αὐτοῦ.	**Lk 4,35**	... καὶ **ῥίψαν** αὐτὸν τὸ δαιμόνιον εἰς τὸ μέσον ἐξῆλθεν ἀπ' αὐτοῦ μηδὲν βλάψαν αὐτόν.	

	Mt		Mk		Lk		
    210	**Mt 9,36** → Mt 14,14	ἰδὼν δὲ τοὺς ὄχλους ἐσπλαγχνίσθη περὶ αὐτῶν, ὅτι ἦσαν ἐσκυλμένοι καὶ **ἐρριμμένοι** *ὡσεὶ πρόβατα μὴ ἔχοντα ποιμένα.* ➤ Num 27,17/Jdt 11,19/2Chron 18,16	**Mk 6,34**	καὶ ἐξελθὼν εἶδεν πολὺν ὄχλον, καὶ ἐσπλαγχνίσθη ἐπ' αὐτούς, ὅτι ἦσαν *ὡς πρόβατα μὴ ἔχοντα ποιμένα, ...* ➤ Num 27,17/Jdt 11,19/2Chron 18,16			
      210	**Mt 15,30** → Mt 4,24b → Mt 8,16	καὶ προσῆλθον αὐτῷ ὄχλοι πολλοὶ ἔχοντες μεθ' ἑαυτῶν χωλούς, τυφλούς, κυλλούς, κωφούς, καὶ ἑτέρους πολλοὺς καὶ **ἔρριψαν** αὐτοὺς παρὰ τοὺς πόδας αὐτοῦ, ...	**Mk 7,32** → Mk 1,32	καὶ φέρουσιν αὐτῷ κωφὸν καὶ μογιλάλον καὶ παρακαλοῦσιν αὐτὸν ἵνα ἐπιθῇ αὐτῷ τὴν χεῖρα.			
        112	**Mt 18,6** → Mt 18,10	ὃς δ' ἂν σκανδαλίσῃ ἕνα τῶν μικρῶν τούτων τῶν πιστευόντων εἰς ἐμέ, συμφέρει αὐτῷ ἵνα κρεμασθῇ μύλος ὀνικὸς περὶ τὸν τράχηλον αὐτοῦ καὶ **καταποντισθῇ** ἐν τῷ πελάγει τῆς θαλάσσης.	**Mk 9,42**	καὶ ὃς ἂν σκανδαλίσῃ ἕνα τῶν μικρῶν τούτων τῶν πιστευόντων [εἰς ἐμέ], καλόν ἐστιν αὐτῷ μᾶλλον εἰ περίκειται μύλος ὀνικὸς περὶ τὸν τράχηλον αὐτοῦ καὶ **βέβληται** εἰς τὴν θάλασσαν.	**Lk 17,2**	 λυσιτελεῖ αὐτῷ εἰ λίθος μυλικὸς περίκειται περὶ τὸν τράχηλον αὐτοῦ καὶ **ἔρριπται** εἰς τὴν θάλασσαν ἢ ἵνα σκανδαλίσῃ τῶν μικρῶν τούτων ἕνα.	Mk-Q overlap?
 200	**Mt 27,5**	καὶ **ῥίψας** τὰ ἀργύρια εἰς τὸν ναὸν ἀνεχώρησεν, καὶ ἀπελθὼν ἀπήγξατο.					

Acts 27,19 καὶ τῇ τρίτῃ αὐτόχειρες
τὴν σκευὴν τοῦ πλοίου
ἔρριψαν.

Acts 27,29 φοβούμενοί τε μή που
κατὰ τραχεῖς τόπους
ἐκπέσωμεν, ἐκ πρύμνης
ῥίψαντες
ἀγκύρας τέσσαρας
ηὔχοντο ἡμέραν
γενέσθαι.

Ῥοβοάμ	Syn 2	Mt 2	Mk	Lk	Acts	Jn	1-3John	Paul	Eph	Col
	NT 2	2Thess	1/2Tim	Tit	Heb	Jas	1Pet	2Pet	Jude	Rev

Rehoboam

	Mt		
 200 200	**Mt 1,7** **(2)**	Σολομὼν δὲ ἐγέννησεν **τὸν Ῥοβοάμ,** **Ῥοβοὰμ** δὲ ἐγέννησεν τὸν Ἀβιά, ...	

ῥομφαία	Syn 1	Mt	Mk	Lk 1	Acts	Jn	1-3John	Paul	Eph	Col
	NT 7	2Thess	1/2Tim	Tit	Heb	Jas	1Pet	2Pet	Jude	Rev 6

sword

002			Lk 2,35 καὶ σοῦ [δὲ] αὐτῆς τὴν ψυχὴν διελεύσεται **ῥομφαία** - ὅπως ἂν ἀποκαλυφθῶσιν ἐκ πολλῶν καρδιῶν διαλογισμοί.	

Ῥούθ	Syn 1	Mt 1	Mk	Lk	Acts	Jn	1-3John	Paul	Eph	Col
	NT 1	2Thess	1/2Tim	Tit	Heb	Jas	1Pet	2Pet	Jude	Rev

Ruth

200	Mt 1,5 Σαλμὼν δὲ ἐγέννησεν τὸν Βόες ἐκ τῆς Ῥαχάβ, Βόες δὲ ἐγέννησεν τὸν Ἰωβὴδ **ἐκ τῆς Ῥούθ,** Ἰωβὴδ δὲ ἐγέννησεν τὸν Ἰεσσαί		Lk 3,32 τοῦ Ἰεσσαὶ τοῦ Ἰωβὴδ τοῦ Βόος τοῦ Σαλὰ ...	

Ῥοῦφος	Syn 1	Mt	Mk 1	Lk	Acts	Jn	1-3John	Paul 1	Eph	Col
	NT 2	2Thess	1/2Tim	Tit	Heb	Jas	1Pet	2Pet	Jude	Rev

Rufus

121	Mt 27,32 ἐξερχόμενοι δὲ εὗρον ἄνθρωπον Κυρηναῖον ὀνόματι Σίμωνα, τοῦτον ἠγγάρευσαν ἵνα ἄρῃ τὸν σταυρὸν αὐτοῦ.	Mk 15,21 καὶ ἀγγαρεύουσιν παράγοντά τινα Σίμωνα Κυρηναῖον ἐρχόμενον ἀπ᾽ ἀγροῦ, **τὸν πατέρα Ἀλεξάνδρου καὶ Ῥούφου,** ἵνα ἄρῃ τὸν σταυρὸν αὐτοῦ.	Lk 23,26 ... ἐπιλαβόμενοι Σίμωνά τινα Κυρηναῖον ἐρχόμενον ἀπ᾽ ἀγροῦ ἐπέθηκαν αὐτῷ τὸν σταυρὸν φέρειν ὄπισθεν τοῦ Ἰησοῦ.	

ῥύμη	Syn 2	Mt 1	Mk	Lk 1	Acts 2	Jn	1-3John	Paul	Eph	Col
	NT 4	2Thess	1/2Tim	Tit	Heb	Jas	1Pet	2Pet	Jude	Rev

narrow street; lane; alley

200	Mt 6,2 ὅταν οὖν ποιῇς ἐλεημοσύνην, μὴ σαλπίσῃς ἔμπροσθέν σου, ὥσπερ οἱ ὑποκριταὶ ποιοῦσιν ἐν ταῖς συναγωγαῖς καὶ **ἐν ταῖς ῥύμαις,** ὅπως δοξασθῶσιν ὑπὸ τῶν ἀνθρώπων· ...			→ GTh 6 (POxy 654)

	Mt	Mk	Lk	
002			**Lk 14,21** → Mt 22,9 ⇨ Lk 14,23 → Lk 14,13 ... ἔξελθε ταχέως **εἰς τὰς πλατείας καὶ ῥύμας τῆς πόλεως,** καὶ τοὺς πτωχοὺς καὶ ἀναπείρους καὶ τυφλοὺς καὶ χωλοὺς εἰσάγαγε ὧδε.	→ GTh 64

Acts 9,11 ... ἀναστὰς πορεύθητι **ἐπὶ τὴν ῥύμην** τὴν καλουμένην Εὐθεῖαν καὶ ζήτησον ἐν οἰκίᾳ Ἰούδα Σαῦλον ὀνόματι Ταρσέα· ...	**Acts 12,10** ... καὶ ἐξελθόντες προῆλθον **ῥύμην μίαν,** καὶ εὐθέως ἀπέστη ὁ ἄγγελος ἀπ' αὐτοῦ.

ῥύομαι

	Syn	Mt	Mk	Lk	Acts	Jn	1-3John	Paul	Eph	Col
	3	2		1				7		1
	NT	2Thess	1/2Tim	Tit	Heb	Jas	1Pet	2Pet	Jude	Rev
	17	1	3					2		

rescue; save; deliver; preserve someone

	Mt	Mk	Lk	
002			**Lk 1,74** [73] ... τοῦ δοῦναι ἡμῖν [74] ἀφόβως ἐκ χειρὸς ἐχθρῶν **ῥυσθέντας** λατρεύειν αὐτῷ	
201	**Mt 6,13** καὶ μὴ εἰσενέγκῃς ἡμᾶς εἰς πειρασμόν, ἀλλὰ **ῥῦσαι** ἡμᾶς ἀπὸ τοῦ πονηροῦ.		**Lk 11,4** ... καὶ μὴ εἰσενέγκῃς ἡμᾶς εἰς πειρασμόν.	
200	**Mt 27,43** → Mt 26,63-64 → Mk 14,61-62 → Lk 22,70 *πέποιθεν ἐπὶ τὸν θεόν,* ***ῥυσάσθω*** *νῦν εἰ θέλει αὐτόν·* εἶπεν γὰρ ὅτι θεοῦ εἰμι υἱός. ➤ Ps 22,9			

ῥύσις

	Syn	Mt	Mk	Lk	Acts	Jn	1-3John	Paul	Eph	Col
	3		1	2						
	NT	2Thess	1/2Tim	Tit	Heb	Jas	1Pet	2Pet	Jude	Rev
	3									

flowing; flow

	Mt	Mk	Lk	
122	**Mt 9,20** καὶ ἰδοὺ **γυνὴ** **αἱμορροοῦσα** δώδεκα ἔτη ...	**Mk 5,25** καὶ **γυνὴ οὖσα** **ἐν ῥύσει αἵματος** δώδεκα ἔτη	**Lk 8,43** καὶ **γυνὴ οὖσα** **ἐν ῥύσει αἵματος** ἀπὸ ἐτῶν δώδεκα, ...	
112	**Mt 9,22** → Mk 5,34 ... καὶ ἐσώθη ἡ γυνὴ ἀπὸ τῆς ὥρας ἐκείνης.	**Mk 5,29** → Lk 8,47 καὶ εὐθὺς ἐξηράνθη **ἡ πηγὴ** **τοῦ αἵματος αὐτῆς** καὶ ἔγνω τῷ σώματι ὅτι ἴαται ἀπὸ τῆς μάστιγος.	**Lk 8,44** ... καὶ παραχρῆμα ἔστη **ἡ ῥύσις** **τοῦ αἵματος αὐτῆς.**	

Σ

σαβαχθανι	Syn 2	Mt 1	Mk 1	Lk	Acts	Jn	1-3John	Paul	Eph	Col
	NT 2	2Thess	1/2Tim	Tit	Heb	Jas	1Pet	2Pet	Jude	Rev

Aramaic: forsake

220	**Mt 27,46**	περὶ δὲ τὴν ἐνάτην ὥραν ἀνεβόησεν ὁ Ἰησοῦς φωνῇ μεγάλῃ λέγων· *ηλι ηλι λεμα* ***σαβαχθανι;*** τοῦτ᾽ ἔστιν· *θεέ μου θεέ μου,* *ἱνατί με ἐγκατέλιπες;* ➤ Ps 22,2	**Mk 15,34**	καὶ τῇ ἐνάτῃ ὥρᾳ ἐβόησεν ὁ Ἰησοῦς φωνῇ μεγάλῃ· *ελωι ελωι λεμα* ***σαβαχθανι;*** ὅ ἐστιν μεθερμηνευόμενον *ὁ θεός μου ὁ θεός μου,* *εἰς τί ἐγκατέλιπές με;* ➤ Ps 22,2		

σάββατον	Syn 42	Mt 11	Mk 11	Lk 20	Acts 10	Jn 13	1-3John	Paul 1	Eph	Col 1
	NT 67	2Thess	1/2Tim	Tit	Heb	Jas	1Pet	2Pet	Jude	Rev

Sabbath; week

	triple tradition																double tradition			Sondergut		
		+Mt / +Lk			–Mt / –Lk			traditions not taken over by Mt / Lk							subtotals							
code	*222*	*211*	*112*	*212*	*221*	*122*	*121*	*022*	*012*	*021*	*220*	*120*	*210*	*020*	Σ⁺	Σ⁻	Σ	*202*	*201*	*102*	*200*	*002*	total
Mt	6				1	1^-							1^+		1^+	1^-	8	1			2		**11**
Mk	6				1	1		1						2			11						**11**
Lk	6		2^+		1^-	1		1							2^+	1^-	10	1				9	**20**

a (τῷ) (...) σαββάτῳ
b ἐν (τῷ) σαββάτῳ, ἐν ἑτέρῳ σαββάτῳ
c τοῖς σάββασιν
d ἐν τοῖς σάββασιν
e τῇ ἡμέρᾳ τοῦ σαββάτου, τῇ (...) ἡμέρᾳ τῶν σαββάτων
f ἐν ἡμέρᾳ τοῦ σαββάτου, ἐν τῇ ἡμέρᾳ τῶν σαββάτων
g (ἡ) (...) μία τῶν σαββάτων
h κατὰ πᾶν σάββατον

	Mt		Mk		Lk		
f 122	**Mt 13,54**	 ... ἐδίδασκεν αὐτοὺς ἐν τῇ συναγωγῇ αὐτῶν, ...	**Mk 6,2**	καὶ **γενομένου** **σαββάτου** ἤρξατο διδάσκειν ἐν τῇ συναγωγῇ, ...	**Lk 4,16**	... καὶ εἰσῆλθεν κατὰ τὸ εἰωθὸς αὐτῷ **ἐν τῇ ἡμέρᾳ** **τῶν σαββάτων** εἰς τὴν συναγωγὴν καὶ ἀνέστη ἀναγνῶναι.	
c d 022	Mt 4,13	καὶ καταλιπὼν τὴν Ναζαρὰ ἐλθὼν κατῴκησεν εἰς Καφαρναοὺμ ...	**Mk 1,21** → Mt 4,23	καὶ εἰσπορεύονται εἰς Καφαρναούμ· καὶ εὐθὺς **τοῖς σάββασιν** εἰσελθὼν εἰς τὴν συναγωγὴν ἐδίδασκεν.	**Lk 4,31**	καὶ κατῆλθεν εἰς Καφαρναοὺμ πόλιν τῆς Γαλιλαίας. καὶ ἦν διδάσκων αὐτοὺς **ἐν τοῖς σάββασιν·**	→ Jn 2,12
c d *b* 222	**Mt 12,1**	ἐν ἐκείνῳ τῷ καιρῷ ἐπορεύθη ὁ Ἰησοῦς **τοῖς σάββασιν** διὰ τῶν σπορίμων· ...	**Mk 2,23**	καὶ ἐγένετο αὐτὸν **ἐν τοῖς σάββασιν** παραπορεύεσθαι διὰ τῶν σπορίμων, ...	**Lk 6,1**	ἐγένετο δὲ **ἐν σαββάτῳ** διαπορεύεσθαι αὐτὸν διὰ σπορίμων, ...	

b c 222	**Mt 12,2**	οἱ δὲ Φαρισαῖοι ἰδόντες εἶπαν αὐτῷ· ἰδοὺ οἱ μαθηταί σου ποιοῦσιν ὃ οὐκ ἔξεστιν ποιεῖν **ἐν σαββάτῳ.**	**Mk 2,24**	καὶ οἱ Φαρισαῖοι ἔλεγον αὐτῷ· ἴδε τί ποιοῦσιν **τοῖς σάββασιν** ὃ οὐκ ἔξεστιν;	**Lk 6,2**	τινὲς δὲ τῶν Φαρισαίων εἶπαν· τί ποιεῖτε ὃ οὐκ ἔξεστιν **τοῖς σάββασιν;**	
c 200 200	**Mt 12,5** **(2)**	ἢ οὐκ ἀνέγνωτε ἐν τῷ νόμῳ ὅτι **τοῖς σάββασιν** οἱ ἱερεῖς ἐν τῷ ἱερῷ **τὸ σάββατον** βεβηλοῦσιν καὶ ἀναίτιοί εἰσιν;					
020 020			**Mk 2,27** **(2)**	... **τὸ σάββατον** διὰ τὸν ἄνθρωπον ἐγένετο καὶ οὐχ ὁ ἄνθρωπος **διὰ τὸ σάββατον·**			
222	**Mt 12,8**	κύριος γάρ ἐστιν **τοῦ σαββάτου** ὁ υἱὸς τοῦ ἀνθρώπου.	**Mk 2,28**	ὥστε κύριός ἐστιν ὁ υἱὸς τοῦ ἀνθρώπου καὶ **τοῦ σαββάτου.**	**Lk 6,5**	... κύριός ἐστιν **τοῦ σαββάτου** ὁ υἱὸς τοῦ ἀνθρώπου.	
b 112	**Mt 12,9**	καὶ μεταβὰς ἐκεῖθεν ἦλθεν εἰς τὴν συναγωγὴν αὐτῶν·	**Mk 3,1**	καὶ εἰσῆλθεν πάλιν εἰς τὴν συναγωγήν. ...	**Lk 6,6** ↓ Lk 13,10 ↓ Lk 14,1	ἐγένετο δὲ **ἐν ἑτέρῳ σαββάτῳ** εἰσελθεῖν αὐτὸν εἰς τὴν συναγωγὴν καὶ διδάσκειν. ...	
c b 222	**Mt 12,10**	... καὶ ἐπηρώτησαν αὐτὸν λέγοντες· εἰ ἔξεστιν **τοῖς σάββασιν** θεραπεῦσαι; ἵνα κατηγορήσωσιν αὐτοῦ.	**Mk 3,2**	καὶ παρετήρουν αὐτὸν εἰ **τοῖς σάββασιν** θεραπεύσει αὐτόν, ἵνα κατηγορήσωσιν αὐτοῦ.	**Lk 6,7** ↓ Lk 14,3	παρετηροῦντο δὲ αὐτὸν οἱ γραμματεῖς καὶ οἱ Φαρισαῖοι εἰ **ἐν τῷ σαββάτῳ** θεραπεύει, ἵνα εὕρωσιν κατηγορεῖν αὐτοῦ.	
c f 202	**Mt 12,11**	... τίς ἔσται ἐξ ὑμῶν ἄνθρωπος ὃς ἕξει πρόβατον ἓν καὶ ἐὰν ἐμπέσῃ τοῦτο **τοῖς σάββασιν** εἰς βόθυνον, οὐχὶ κρατήσει αὐτὸ καὶ ἐγερεῖ;			**Lk 14,5** ↓ Lk 13,15	... τίνος ὑμῶν υἱὸς ἢ βοῦς εἰς φρέαρ πεσεῖται, καὶ οὐκ εὐθέως ἀνασπάσει αὐτὸν **ἐν ἡμέρᾳ τοῦ σαββάτου;**	
c a 222	**Mt 12,12**	... ὥστε ἔξεστιν **τοῖς σάββασιν** καλῶς ποιεῖν.	**Mk 3,4**	... ἔξεστιν **τοῖς σάββασιν** ἀγαθὸν ποιῆσαι ἢ κακοποιῆσαι, ψυχὴν σῶσαι ἢ ἀποκτεῖναι; ...	**Lk 6,9** ↓ Lk 13,14 ↓ Lk 14,3	... ἐπερωτῶ ὑμᾶς εἰ ἔξεστιν **τῷ σαββάτῳ** ἀγαθοποιῆσαι ἢ κακοποιῆσαι, ψυχὴν σῶσαι ἢ ἀπολέσαι;	
f 122	**Mt 13,54**	... ἐδίδασκεν αὐτοὺς ἐν τῇ συναγωγῇ αὐτῶν, ...	**Mk 6,2**	καὶ **γενομένου σαββάτου** ἤρξατο διδάσκειν ἐν τῇ συναγωγῇ, ...	**Lk 4,16**	... καὶ εἰσῆλθεν κατὰ τὸ εἰωθὸς αὐτῷ **ἐν τῇ ἡμέρᾳ τῶν σαββάτων** εἰς τὴν συναγωγὴν καὶ ἀνέστη ἀναγνῶναι.	
d 002					**Lk 13,10** ↑ Mt 12,9 ↑ Mk 3,1 ↑ Lk 6,6 ↓ Lk 14,1	ἦν δὲ διδάσκων ἐν μιᾷ τῶν συναγωγῶν **ἐν τοῖς σάββασιν.**	

a 002 *e* 002					**Lk 13,14 (2)** ↑ Mt 12,12 ↑ Mk 3,4 ↑ Lk 6,9 ↓ Lk 14,3	ἀποκριθεὶς δὲ ὁ ἀρχισυνάγωγος, ἀγανακτῶν ὅτι **τῷ σαββάτῳ** ἐθεράπευσεν ὁ Ἰησοῦς, ἔλεγεν τῷ ὄχλῳ ὅτι ἓξ ἡμέραι εἰσὶν ἐν αἷς δεῖ ἐργάζεσθαι· ἐν αὐταῖς οὖν ἐρχόμενοι θεραπεύεσθε καὶ **μὴ τῇ ἡμέρᾳ τοῦ σαββάτου.**	
a 002					**Lk 13,15** ↑ Mt 12,11 ↓ Lk 14,5	ἀπεκρίθη δὲ αὐτῷ ὁ κύριος καὶ εἶπεν· ὑποκριταί, ἕκαστος ὑμῶν **τῷ σαββάτῳ** οὐ λύει τὸν βοῦν αὐτοῦ ἢ τὸν ὄνον ἀπὸ τῆς φάτνης καὶ ἀπαγαγὼν ποτίζει;	
e 002					**Lk 13,16** → Lk 4,18	... οὐκ ἔδει λυθῆναι ἀπὸ τοῦ δεσμοῦ τούτου **τῇ ἡμέρᾳ τοῦ σαββάτου;**	→ Acts 10,38
a 002					**Lk 14,1** ↑ Mt 12,10 ↑ Mk 3,2 ↑ Lk 6,6-7 ↑ Lk 13,10	καὶ ἐγένετο ἐν τῷ ἐλθεῖν αὐτὸν εἰς οἶκόν τινος τῶν ἀρχόντων [τῶν] Φαρισαίων **σαββάτῳ** φαγεῖν ἄρτον καὶ αὐτοὶ ἦσαν παρατηρούμενοι αὐτόν.	
a 002					**Lk 14,3** ↑ Mt 12,12 ↑ Mk 3,4 ↑ Lk 6,7.9 ↑ Lk 13,14	καὶ ἀποκριθεὶς ὁ Ἰησοῦς εἶπεν πρὸς τοὺς νομικοὺς καὶ Φαρισαίους λέγων· ἔξεστιν **τῷ σαββάτῳ** θεραπεῦσαι ἢ οὔ;	
cf 202	**Mt 12,11**	... τίς ἔσται ἐξ ὑμῶν ἄνθρωπος ὃς ἕξει πρόβατον ἓν καὶ ἐὰν ἐμπέσῃ τοῦτο **τοῖς σάββασιν** εἰς βόθυνον, οὐχὶ κρατήσει αὐτὸ καὶ ἐγερεῖ;			**Lk 14,5** ↑ Lk 13,15	... τίνος ὑμῶν υἱὸς ἢ βοῦς εἰς φρέαρ πεσεῖται, καὶ οὐκ εὐθέως ἀνασπάσει αὐτὸν **ἐν ἡμέρᾳ τοῦ σαββάτου;**	
002					**Lk 18,12**	νηστεύω δὶς **τοῦ σαββάτου,** ἀποδεκατῶ πάντα ὅσα κτῶμαι.	
a 210	**Mt 24,20**	προσεύχεσθε δὲ ἵνα μὴ γένηται ἡ φυγὴ ὑμῶν χειμῶνος **μηδὲ σαββάτῳ.**	**Mk 13,18**	προσεύχεσθε δὲ ἵνα μὴ γένηται χειμῶνος·			
112	**Mt 27,57**	ὀψίας δὲ γενομένης ...	**Mk 15,42**	καὶ ἤδη ὀψίας γενομένης, ἐπεὶ ἦν παρασκευή, ὅ ἐστιν προσάββατον	**Lk 23,54**	καὶ ἡμέρα ἦν παρασκευῆς καὶ **σάββατον** ἐπέφωσκεν.	→ Jn 19,42

	Mt	Mk	Lk	
002			Lk 23,56 ... καὶ **τὸ μὲν σάββατον** ἡσύχασαν κατὰ τὴν ἐντολήν.	
221	Mt 28,1 (2) ὀψὲ δὲ **σαββάτων**,	Mk 16,1 → Mk 15,40 → Mk 15,47 καὶ διαγενομένου **τοῦ σαββάτου** Μαρία ἡ Μαγδαληνὴ καὶ Μαρία ἡ [τοῦ] Ἰακώβου καὶ Σαλώμη ἠγόρασαν ἀρώματα ἵνα ἐλθοῦσαι ἀλείψωσιν αὐτόν.		→ Jn 20,1
g 222	→ Mt 27,56 → Mt 27,61 τῇ ἐπιφωσκούσῃ **εἰς μίαν σαββάτων** ἦλθεν Μαριὰμ ἡ Μαγδαληνὴ καὶ ἡ ἄλλη Μαρία θεωρῆσαι τὸν τάφον.	Mk 16,2 καὶ λίαν πρωῒ **τῇ μιᾷ τῶν σαββάτων** ἔρχονται ἐπὶ τὸ μνημεῖον ἀνατείλαντος τοῦ ἡλίου.	Lk 24,1 → Lk 24,22 **τῇ δὲ μιᾷ τῶν σαββάτων** ὄρθρου βαθέως ἐπὶ τὸ μνῆμα ἦλθον φέρουσαι ἃ ἡτοίμασαν ἀρώματα.	→ Jn 20,1
			Lk 24,10 ↑ Lk 24,1 → Lk 8,2-3 ἦσαν δὲ ἡ Μαγδαληνὴ Μαρία καὶ Ἰωάννα καὶ Μαρία ἡ Ἰακώβου καὶ αἱ λοιπαὶ σὺν αὐταῖς. ...	→ Jn 20,18

[a] (τῷ) (...) σαββάτῳ
[b] ἐν (τῷ) σαββάτῳ, ἐν ἑτέρῳ σαββάτῳ
[c] τοῖς σάββασιν
[d] ἐν τοῖς σάββασιν
[e] τῇ ἡμέρᾳ τοῦ σαββάτου, τῇ (...) ἡμέρᾳ τῶν σαββάτων
[f] ἐν ἡμέρᾳ τοῦ σαββάτου, ἐν τῇ ἡμέρᾳ τῶν σαββάτων
[g] (ἡ) (...) μία τῶν σαββάτων
[h] κατὰ πᾶν σάββατον

Acts 1,12 → Lk 24,52 τότε ὑπέστρεψαν εἰς Ἰερουσαλὴμ ἀπὸ ὄρους τοῦ καλουμένου Ἐλαιῶνος, ὅ ἐστιν ἐγγὺς Ἰερουσαλὴμ **σαββάτου ἔχον ὁδόν.**

e **Acts 13,14** ... καὶ [εἰσ]ελθόντες εἰς τὴν συναγωγὴν **τῇ ἡμέρᾳ τῶν σαββάτων** ἐκάθισαν.

h **Acts 13,27** [[→ Lk 23,34a]] οἱ γὰρ κατοικοῦντες ἐν Ἰερουσαλὴμ καὶ οἱ ἄρχοντες αὐτῶν τοῦτον ἀγνοήσαντες καὶ τὰς φωνὰς τῶν προφητῶν τὰς **κατὰ πᾶν σάββατον** ἀναγινωσκομένας κρίναντες ἐπλήρωσαν

Acts 13,42 ἐξιόντων δὲ αὐτῶν παρεκάλουν **εἰς τὸ μεταξὺ σάββατον** λαληθῆναι αὐτοῖς τὰ ῥήματα ταῦτα.

a **Acts 13,44** **τῷ δὲ ἐρχομένῳ σαββάτῳ** σχεδὸν πᾶσα ἡ πόλις συνήχθη ἀκοῦσαι τὸν λόγον τοῦ κυρίου.

h **Acts 15,21** Μωϋσῆς γὰρ ἐκ γενεῶν ἀρχαίων κατὰ πόλιν τοὺς κηρύσσοντας αὐτὸν ἔχει ἐν ταῖς συναγωγαῖς **κατὰ πᾶν σάββατον** ἀναγινωσκόμενος.

e **Acts 16,13** **τῇ τε ἡμέρᾳ τῶν σαββάτων** ἐξήλθομεν ἔξω τῆς πύλης παρὰ ποταμὸν ...

Acts 17,2 κατὰ δὲ τὸ εἰωθὸς τῷ Παύλῳ εἰσῆλθεν πρὸς αὐτοὺς καὶ **ἐπὶ σάββατα τρία** διελέξατο αὐτοῖς ἀπὸ τῶν γραφῶν

h **Acts 18,4** διελέγετο δὲ ἐν τῇ συναγωγῇ **κατὰ πᾶν σάββατον** ἔπειθέν τε Ἰουδαίους καὶ Ἕλληνας.

g **Acts 20,7** **ἐν δὲ τῇ μιᾷ τῶν σαββάτων** συνηγμένων ἡμῶν κλάσαι ἄρτον, ...

σαγήνη

Syn	Mt	Mk	Lk	Acts	Jn	1-3John	Paul	Eph	Col
1	1								
NT	**2Thess**	**1/2Tim**	**Tit**	**Heb**	**Jas**	**1Pet**	**2Pet**	**Jude**	**Rev**
1									

dragnet

	Mt	Mk	Lk	
200	Mt 13,47 πάλιν ὁμοία ἐστὶν ἡ βασιλεία τῶν οὐρανῶν **σαγήνῃ** βληθείσῃ εἰς τὴν θάλασσαν καὶ ἐκ παντὸς γένους συναγαγούσῃ·			→ GTh 8

Σαδδουκαῖος	Syn 9	Mt 7	Mk 1	Lk 1	Acts 5	Jn	1-3John	Paul	Eph	Col
	NT 14	2Thess	1/2Tim	Tit	Heb	Jas	1Pet	2Pet	Jude	Rev

Sadducee

	triple tradition																	double tradition			Sondergut		
		+Mt / +Lk			−Mt / −Lk			traditions not taken over by Mt / Lk							subtotals								
code	222	211	112	212	221	122	121	022	012	021	220	120	210	020	Σ⁺	Σ⁻	Σ	202	201	102	200	002	total
Mt	1	2^+											2^+		4^+		5		1		1		7
Mk	1																1						1
Lk	1																1						1

a Φαρισαῖοι καὶ Σαδδουκαῖοι

	Mt		Mk		Lk		
a 201	**Mt 3,7** → Mt 12,34 → Mt 23,33	ἰδὼν δὲ **πολλοὺς τῶν Φαρισαίων καὶ Σαδδουκαίων ἐρχομένους** ἐπὶ τὸ βάπτισμα αὐτοῦ εἶπεν αὐτοῖς· γεννήματα ἐχιδνῶν, ...			**Lk 3,7** → Mk 1,5	ἔλεγεν οὖν **τοῖς ἐκπορευομένοις ὄχλοις** βαπτισθῆναι ὑπ᾽ αὐτοῦ· γεννήματα ἐχιδνῶν, ...	
a 210	**Mt 16,1** ⇩ Mt 12,38	καὶ προσελθόντες **οἱ Φαρισαῖοι καὶ Σαδδουκαῖοι** πειράζοντες ἐπηρώτησαν αὐτὸν σημεῖον ἐκ τοῦ οὐρανοῦ ἐπιδεῖξαι αὐτοῖς.	**Mk 8,11**	καὶ ἐξῆλθον **οἱ Φαρισαῖοι** καὶ ἤρξαντο συζητεῖν αὐτῷ, ζητοῦντες παρ᾽ αὐτοῦ σημεῖον ἀπὸ τοῦ οὐρανοῦ, πειράζοντες αὐτόν.			Mk-Q overlap
	Mt 12,38 ⇧ Mt 16,1	τότε ἀπεκρίθησαν αὐτῷ **τινες τῶν γραμματέων καὶ Φαρισαίων** λέγοντες· διδάσκαλε, θέλομεν ἀπὸ σοῦ σημεῖον ἰδεῖν.			**Lk 11,16**	**ἕτεροι δὲ πειράζοντες** σημεῖον ἐξ οὐρανοῦ ἐζήτουν παρ᾽ αὐτοῦ.	
a 211	**Mt 16,6** ⇩ Mt 16,11	... ὁρᾶτε καὶ προσέχετε **ἀπὸ τῆς ζύμης τῶν Φαρισαίων καὶ Σαδδουκαίων.**	**Mk 8,15**	... ὁρᾶτε, βλέπετε **ἀπὸ τῆς ζύμης τῶν Φαρισαίων καὶ τῆς ζύμης Ἡρῴδου.**	**Lk 12,1** ↓ Mt 16,12	... προσέχετε ἑαυτοῖς **ἀπὸ τῆς ζύμης, ἥτις ἐστὶν ὑπόκρισις, τῶν Φαρισαίων.**	
a 210	**Mt 16,11** ⇧ Mt 16,6 ⇧ Mk 8,15 ⇧ Lk 12,1	πῶς οὐ νοεῖτε ὅτι οὐ περὶ ἄρτων εἶπον ὑμῖν; προσέχετε δὲ **ἀπὸ τῆς ζύμης τῶν Φαρισαίων καὶ Σαδδουκαίων.**	**Mk 8,21**	καὶ ἔλεγεν αὐτοῖς· οὔπω συνίετε;			
a 200	**Mt 16,12** ↑ Lk 12,1	τότε συνῆκαν ὅτι οὐκ εἶπεν προσέχειν ἀπὸ τῆς ζύμης τῶν ἄρτων ἀλλὰ **ἀπὸ τῆς διδαχῆς τῶν Φαρισαίων καὶ Σαδδουκαίων.**					
222	**Mt 22,23**	... προσῆλθον αὐτῷ **Σαδδουκαῖοι,** λέγοντες μὴ εἶναι ἀνάστασιν, ...	**Mk 12,18**	καὶ ἔρχονται **Σαδδουκαῖοι** πρὸς αὐτόν, οἵτινες λέγουσιν ἀνάστασιν μὴ εἶναι, ...	**Lk 20,27**	προσελθόντες δέ **τινες τῶν Σαδδουκαίων,** οἱ [ἀντι]λέγοντες ἀνάστασιν μὴ εἶναι, ...	

211	Mt 22,34	οἱ δὲ Φαρισαῖοι ἀκούσαντες ὅτι ἐφίμωσεν **τοὺς Σαδδουκαίους** συνήχθησαν ἐπὶ τὸ αὐτό, [35] καὶ ἐπηρώτησεν εἷς ἐξ αὐτῶν [νομικὸς] πειράζων αὐτόν·	Mk 12,28 → Lk 20,39	καὶ προσελθὼν εἷς τῶν γραμματέων ἀκούσας αὐτῶν συζητούντων, ἰδὼν ὅτι καλῶς ἀπεκρίθη **αὐτοῖς** ἐπηρώτησεν αὐτόν· ...	Lk 10,25	καὶ ἰδοὺ νομικός τις ἀνέστη ἐκπειράζων αὐτὸν λέγων· ...	

Acts 4,1 λαλούντων δὲ αὐτῶν πρὸς τὸν λαὸν ἐπέστησαν αὐτοῖς οἱ ἱερεῖς καὶ ὁ στρατηγὸς τοῦ ἱεροῦ καὶ **οἱ Σαδδουκαῖοι**

Acts 5,17 ἀναστὰς δὲ ὁ ἀρχιερεὺς καὶ πάντες οἱ σὺν αὐτῷ, **ἡ οὖσα αἵρεσις τῶν Σαδδουκαίων,** ἐπλήσθησαν ζήλου

Acts 23,6 γνοὺς δὲ ὁ Παῦλος ὅτι τὸ ἓν μέρος ἐστὶν **Σαδδουκαίων** τὸ δὲ ἕτερον Φαρισαίων ἔκραζεν ἐν τῷ συνεδρίῳ· ...

a **Acts 23,7** τοῦτο δὲ αὐτοῦ εἰπόντος ἐγένετο **στάσις τῶν Φαρισαίων καὶ Σαδδουκαίων** καὶ ἐσχίσθη τὸ πλῆθος.

Acts 23,8 **Σαδδουκαῖοι** μὲν γὰρ λέγουσιν μὴ εἶναι ἀνάστασιν μήτε ἄγγελον μήτε πνεῦμα, Φαρισαῖοι δὲ ὁμολογοῦσιν τὰ ἀμφότερα.

Σαδώκ

Syn	Mt	Mk	Lk	Acts	Jn	1-3John	Paul	Eph	Col
2	2								
NT	2Thess	1/2Tim	Tit	Heb	Jas	1Pet	2Pet	Jude	Rev
2									

Zadok

200 200	Mt 1,14 (2)	Ἀζὼρ δὲ ἐγέννησεν **τὸν Σαδώκ, Σαδὼκ** δὲ ἐγέννησεν τὸν Ἀχίμ, ...	

σάκκος

Syn	Mt	Mk	Lk	Acts	Jn	1-3John	Paul	Eph	Col
2	1		1						
NT	2Thess	1/2Tim	Tit	Heb	Jas	1Pet	2Pet	Jude	Rev
4									2

sack; sackcloth

202	Mt 11,21	οὐαί σοι, Χοραζίν, οὐαί σοι, Βηθσαϊδά· ὅτι εἰ ἐν Τύρῳ καὶ Σιδῶνι ἐγένοντο αἱ δυνάμεις αἱ γενόμεναι ἐν ὑμῖν, πάλαι ἂν **ἐν σάκκῳ** καὶ σποδῷ μετενόησαν.	Lk 10,13	οὐαί σοι, Χοραζίν, οὐαί σοι, Βηθσαϊδά· ὅτι εἰ ἐν Τύρῳ καὶ Σιδῶνι ἐγενήθησαν αἱ δυνάμεις αἱ γενόμεναι ἐν ὑμῖν, πάλαι ἂν **ἐν σάκκῳ** καὶ σποδῷ καθήμενοι μετενόησαν.	

Σαλά

Syn	Mt	Mk	Lk	Acts	Jn	1-3John	Paul	Eph	Col
2			2						
NT	2Thess	1/2Tim	Tit	Heb	Jas	1Pet	2Pet	Jude	Rev
2									

Sala; Shelah

002	Mt 1,5	[4] ... Ναασσὼν δὲ ἐγέννησεν τὸν Σαλμών, [5] **Σαλμὼν** δὲ ἐγέννησεν τὸν Βόες ἐκ τῆς Ῥαχάβ, Βόες δὲ ἐγέννησεν τὸν Ἰωβὴδ ἐκ τῆς Ῥούθ, Ἰωβὴδ δὲ ἐγέννησεν τὸν Ἰεσσαί	Lk 3,32	τοῦ Ἰεσσαὶ τοῦ Ἰωβὴδ τοῦ Βόος **τοῦ Σαλὰ** τοῦ Ναασσὼν	

002			**Lk 3,35** ... τοῦ Ἔβερ **τοῦ Σαλὰ** [36] τοῦ Καϊνὰμ ...	

Σαλαθιήλ

	Syn	Mt	Mk	Lk	Acts	Jn	1-3John	Paul	Eph	Col
	3	2		1						
	NT	2Thess	1/2Tim	Tit	Heb	Jas	1Pet	2Pet	Jude	Rev
	3									

Salathiel; Shealtiel

200	**Mt 1,12 (2)** μετὰ δὲ τὴν μετοικεσίαν Βαβυλῶνος Ἰεχονίας ἐγέννησεν **τὸν Σαλαθιήλ,**		Lk 3,27 ... τοῦ Ζοροβαβὲλ	
200	**Σαλαθιὴλ** δὲ ἐγέννησεν τὸν Ζοροβαβέλ		Lk 3,27 **τοῦ Σαλαθιὴλ** τοῦ Νηρὶ	
002	Mt 1,12 (2) μετὰ δὲ τὴν μετοικεσίαν Βαβυλῶνος Ἰεχονίας ἐγέννησεν τὸν Σαλαθιήλ, **Σαλαθιὴλ** δὲ ἐγέννησεν τὸν Ζοροβαβέλ		**Lk 3,27** ... τοῦ Ζοροβαβὲλ **τοῦ Σαλαθιὴλ** τοῦ Νηρὶ	

σαλεύω

	Syn	Mt	Mk	Lk	Acts	Jn	1-3John	Paul	Eph	Col
	7	2	1	4	4					
	NT	2Thess	1/2Tim	Tit	Heb	Jas	1Pet	2Pet	Jude	Rev
	15	1			3					

shake; cause to move to and fro; cause to waver, totter; *passive:* be shaken; be made to waver, totter

	triple tradition																	double tradition			Sondergut		
		+Mt / +Lk			–Mt / –Lk			traditions not taken over by Mt / Lk							subtotals								
code	*222*	*211*	*112*	*212*	*221*	*122*	*121*	*022*	*012*	*021*	*220*	*120*	*210*	*020*	Σ⁺	Σ⁻	Σ	*202*	*201*	*102*	*200*	*002*	total
Mt	1																1	1					**2**
Mk	1																1						**1**
Lk	1																1	1		1		1	**4**

002			**Lk 6,38** δίδοτε, καὶ δοθήσεται ὑμῖν· **μέτρον καλὸν πεπιεσμένον σεσαλευμένον ὑπερεκχυννόμενον** δώσουσιν εἰς τὸν κόλπον ὑμῶν· ...	
102	**Mt 7,25** καὶ κατέβη ἡ βροχὴ καὶ ἦλθον οἱ ποταμοὶ καὶ ἔπνευσαν οἱ ἄνεμοι καὶ προσέπεσαν τῇ οἰκίᾳ ἐκείνῃ, καὶ **οὐκ ἔπεσεν,** τεθεμελίωτο γὰρ ἐπὶ τὴν πέτραν.		**Lk 6,48** ... πλημμύρης δὲ γενομένης προσέρηξεν ὁ ποταμὸς τῇ οἰκίᾳ ἐκείνῃ, καὶ **οὐκ ἴσχυσεν σαλεῦσαι αὐτὴν** διὰ τὸ καλῶς οἰκοδομῆσθαι αὐτήν.	
202	**Mt 11,7** ... τί ἐξήλθατε εἰς τὴν ἔρημον θεάσασθαι; κάλαμον ὑπὸ ἀνέμου **σαλευόμενον;**		**Lk 7,24** ... τί ἐξήλθατε εἰς τὴν ἔρημον θεάσασθαι; κάλαμον ὑπὸ ἀνέμου **σαλευόμενον;**	→ GTh 78

	Mt 24,29		Mk 13,25		Lk 21,26		
222		... *καὶ οἱ ἀστέρες πεσοῦνται* ἀπὸ τοῦ οὐρανοῦ, *καὶ αἱ δυνάμεις τῶν οὐρανῶν* **σαλευθήσονται.** ➤ Isa 34,4		*καὶ οἱ ἀστέρες ἔσονται* ἐκ τοῦ οὐρανοῦ *πίπτοντες, καὶ αἱ δυνάμεις αἱ ἐν τοῖς οὐρανοῖς* **σαλευθήσονται.** ➤ Isa 34,4		[25] ... καὶ ἄστροις, ... [26] ... *αἱ* γὰρ *δυνάμεις τῶν οὐρανῶν* **σαλευθήσονται.** ➤ Isa 34,4	

Acts 2,25 Δαυὶδ γὰρ λέγει εἰς αὐτόν· *προορώμην τὸν κύριον ἐνώπιόν μου διὰ παντός, ὅτι ἐκ δεξιῶν μού ἐστιν ἵνα* ***μὴ σαλευθῶ.*** ➤ Ps 15,8 LXX

Acts 4,31 καὶ δεηθέντων αὐτῶν **ἐσαλεύθη** ὁ τόπος ἐν ᾧ ἦσαν συνηγμένοι, ...

Acts 16,26 ἄφνω δὲ σεισμὸς ἐγένετο μέγας ὥστε **σαλευθῆναι** τὰ θεμέλια τοῦ δεσμωτηρίου· ...

Acts 17,13 ὡς δὲ ἔγνωσαν οἱ ἀπὸ τῆς Θεσσαλονίκης Ἰουδαῖοι ὅτι καὶ ἐν τῇ Βεροίᾳ κατηγγέλη ὑπὸ τοῦ Παύλου ὁ λόγος τοῦ θεοῦ, ἦλθον κἀκεῖ **σαλεύοντες** καὶ ταράσσοντες τοὺς ὄχλους.

Σαλμών	Syn 2	Mt 2	Mk	Lk	Acts	Jn	1-3John	Paul	Eph	Col
	NT 2	2Thess	1/2Tim	Tit	Heb	Jas	1Pet	2Pet	Jude	Rev

Salmon

200	Mt 1,4	... Ναασσὼν δὲ ἐγέννησεν **τὸν Σαλμών,**	Lk 3,32	... τοῦ Βόος	
200	Mt 1,5	**Σαλμὼν** δὲ ἐγέννησεν τὸν Βόες ἐκ τῆς Ῥαχάβ, ...		**τοῦ Σαλὰ** τοῦ Ναασσὼν	

σάλος	Syn 1	Mt	Mk	Lk 1	Acts	Jn	1-3John	Paul	Eph	Col
	NT 1	2Thess	1/2Tim	Tit	Heb	Jas	1Pet	2Pet	Jude	Rev

rolling motion; tossing motion; surge

	Mt 24,29		Mk 13,25		Lk 21,25 → Lk 21,11		
112		... *ὁ ἥλιος σκοτισθήσεται, καὶ ἡ σελήνη οὐ δώσει τὸ φέγγος αὐτῆς, καὶ οἱ ἀστέρες πεσοῦνται* ἀπὸ τοῦ οὐρανοῦ, ... ➤ Isa 13,10; 34,4		[24] ... *ὁ ἥλιος σκοτισθήσεται, καὶ ἡ σελήνη οὐ δώσει τὸ φέγγος αὐτῆς,* [25] *καὶ οἱ ἀστέρες ἔσονται* ἐκ τοῦ οὐρανοῦ *πίπτοντες,* ... ➤ Isa 13,10; 34,4		καὶ ἔσονται σημεῖα ἐν ἡλίῳ καὶ σελήνῃ καὶ ἄστροις, καὶ ἐπὶ τῆς γῆς συνοχὴ ἐθνῶν ἐν ἀπορίᾳ **ἤχους θαλάσσης καὶ σάλου**	→ Acts 2,19

σάλπιγξ

σάλπιγξ	Syn 1	Mt 1	Mk	Lk	Acts	Jn	1-3John	Paul 3	Eph	Col
	NT 11	2Thess	1/2Tim	Tit	Heb 1	Jas	1Pet	2Pet	Jude	Rev 6

trumpet; trumpet-call; (sound of the) trumpet

	Mt		Mk		Lk		
210	**Mt 24,31** → Mt 13,41	καὶ ἀποστελεῖ τοὺς ἀγγέλους αὐτοῦ **μετὰ σάλπιγγος μεγάλης,** καὶ ἐπισυνάξουσιν τοὺς ἐκλεκτοὺς αὐτοῦ ἐκ τῶν τεσσάρων ἀνέμων ἀπ᾽ ἄκρων οὐρανῶν ἕως [τῶν] ἄκρων αὐτῶν.	**Mk 13,27**	καὶ τότε ἀποστελεῖ τοὺς ἀγγέλους καὶ ἐπισυνάξει τοὺς ἐκλεκτοὺς [αὐτοῦ] ἐκ τῶν τεσσάρων ἀνέμων ἀπ᾽ ἄκρου γῆς ἕως ἄκρου οὐρανοῦ.			

σαλπίζω

σαλπίζω	Syn 1	Mt 1	Mk	Lk	Acts	Jn	1-3John	Paul 1	Eph	Col
	NT 12	2Thess	1/2Tim	Tit	Heb	Jas	1Pet	2Pet	Jude	Rev 10

sound the trumpet; trumpet

	Mt		Mk		Lk		
200	**Mt 6,2**	ὅταν οὖν ποιῇς ἐλεημοσύνην, **μὴ σαλπίσῃς** ἔμπροσθέν σου, ὥσπερ οἱ ὑποκριταὶ ποιοῦσιν ἐν ταῖς συναγωγαῖς καὶ ἐν ταῖς ῥύμαις, ...					→ GTh 6 (POxy 654)

Σαλώμη

Σαλώμη	Syn 2	Mt	Mk 2	Lk	Acts	Jn	1-3John	Paul	Eph	Col
	NT 2	2Thess	1/2Tim	Tit	Heb	Jas	1Pet	2Pet	Jude	Rev

Salome

	Mt		Mk		Lk		
120	**Mt 27,56** → Mt 27,61 ↓ Mt 28,1	ἐν αἷς ἦν Μαρία ἡ Μαγδαληνὴ καὶ Μαρία ἡ τοῦ Ἰακώβου καὶ Ἰωσὴφ μήτηρ καὶ ἡ μήτηρ τῶν υἱῶν Ζεβεδαίου.	**Mk 15,40** → Mk 15,47 ↓ Mk 16,1	... ἐν αἷς καὶ Μαρία ἡ Μαγδαληνὴ καὶ Μαρία ἡ Ἰακώβου τοῦ μικροῦ καὶ Ἰωσῆτος μήτηρ καὶ **Σαλώμη**			→ Jn 19,25
121	**Mt 28,1** ↑ Mt 27,56 → Mt 27,61	ὀψὲ δὲ σαββάτων, τῇ ἐπιφωσκούσῃ εἰς μίαν σαββάτων ἦλθεν Μαριὰμ ἡ Μαγδαληνὴ καὶ ἡ ἄλλη Μαρία θεωρῆσαι τὸν τάφον.	**Mk 16,1** ↑ Mk 15,40 → Mk 15,47	καὶ διαγενομένου τοῦ σαββάτου Μαρία ἡ Μαγδαληνὴ καὶ Μαρία ἡ [τοῦ] Ἰακώβου καὶ **Σαλώμη** ἠγόρασαν ἀρώματα ἵνα ἐλθοῦσαι ἀλείψωσιν αὐτόν. [2] καὶ λίαν πρωῒ τῇ μιᾷ τῶν σαββάτων ἔρχονται ἐπὶ τὸ μνημεῖον ἀνατείλαντος τοῦ ἡλίου.	**Lk 24,10**	[23,56] ὑποστρέψασαι δὲ ἡτοίμασαν ἀρώματα καὶ μύρα. ... [24,1] τῇ δὲ μιᾷ τῶν σαββάτων ὄρθρου βαθέως ἐπὶ τὸ μνῆμα ἦλθον φέρουσαι ἃ ἡτοίμασαν ἀρώματα. [2] ... [10] ἦσαν δὲ ἡ Μαγδαληνὴ Μαρία καὶ Ἰωάννα καὶ Μαρία ἡ Ἰακώβου καὶ αἱ λοιπαὶ σὺν αὐταῖς. ...	→ Jn 20,18

Σαμάρεια	Syn 1	Mt	Mk	Lk 1	Acts 7	Jn 3	1-3John	Paul	Eph	Col
	NT 11	2Thess	1/2Tim	Tit	Heb	Jas	1Pet	2Pet	Jude	Rev

Samaria

002			**Lk 17,11** → Mt 19,1 → Mk 10,1 καὶ ἐγένετο ἐν τῷ πορεύεσθαι εἰς Ἰερουσαλὴμ καὶ αὐτὸς διήρχετο **διὰ μέσον Σαμαρείας καὶ Γαλιλαίας.**

Acts 1,8 → Lk 24,49 → Acts 2,33 ἀλλὰ λήμψεσθε δύναμιν ἐπελθόντος τοῦ ἁγίου πνεύματος ἐφ᾽ ὑμᾶς καὶ ἔσεσθέ μου μάρτυρες ἔν τε Ἰερουσαλὴμ καὶ **[ἐν] πάσῃ τῇ Ἰουδαίᾳ καὶ Σαμαρείᾳ** καὶ ἕως ἐσχάτου τῆς γῆς.

Acts 8,1 ... πάντες δὲ διεσπάρησαν κατὰ τὰς χώρας τῆς Ἰουδαίας καὶ **Σαμαρείας** πλὴν τῶν ἀποστόλων.

Acts 8,5 Φίλιππος δὲ κατελθὼν **εἰς [τὴν] πόλιν τῆς Σαμαρείας** ἐκήρυσσεν αὐτοῖς τὸν Χριστόν.

Acts 8,9 ἀνὴρ δέ τις ὀνόματι Σίμων προϋπῆρχεν ἐν τῇ πόλει μαγεύων καὶ ἐξιστάνων **τὸ ἔθνος τῆς Σαμαρείας,** λέγων εἶναί τινα ἑαυτὸν μέγαν

Acts 8,14 ἀκούσαντες δὲ οἱ ἐν Ἱεροσολύμοις ἀπόστολοι ὅτι δέδεκται **ἡ Σαμάρεια** τὸν λόγον τοῦ θεοῦ, ἀπέστειλαν πρὸς αὐτοὺς Πέτρον καὶ Ἰωάννην

Acts 9,31 ἡ μὲν οὖν ἐκκλησία **καθ᾽ ὅλης τῆς Ἰουδαίας καὶ Γαλιλαίας καὶ Σαμαρείας** εἶχεν εἰρήνην ...

Acts 15,3 οἱ μὲν οὖν προπεμφθέντες ὑπὸ τῆς ἐκκλησίας διήρχοντο τήν τε Φοινίκην καὶ **Σαμάρειαν** ἐκδιηγούμενοι τὴν ἐπιστροφὴν τῶν ἐθνῶν καὶ ἐποίουν χαρὰν μεγάλην πᾶσιν τοῖς ἀδελφοῖς.

Σαμαρίτης	Syn 4	Mt 1	Mk	Lk 3	Acts 1	Jn 4	1-3John	Paul	Eph	Col
	NT 9	2Thess	1/2Tim	Tit	Heb	Jas	1Pet	2Pet	Jude	Rev

Samaritan

200	**Mt 10,5** → Mt 15,24 ... εἰς ὁδὸν ἐθνῶν μὴ ἀπέλθητε καὶ **εἰς πόλιν Σαμαριτῶν** μὴ εἰσέλθητε·		
002			**Lk 9,52** ... καὶ πορευθέντες εἰσῆλθον **εἰς κώμην Σαμαριτῶν,** ὡς ἑτοιμάσαι αὐτῷ·
002			**Lk 10,33** **Σαμαρίτης δέ τις** ὁδεύων ἦλθεν κατ᾽ αὐτὸν καὶ ἰδὼν ἐσπλαγχνίσθη
002			**Lk 17,16** → Mt 8,2 → Mk 1,40 → Lk 5,12 καὶ ἔπεσεν ἐπὶ πρόσωπον παρὰ τοὺς πόδας αὐτοῦ εὐχαριστῶν αὐτῷ· καὶ αὐτὸς ἦν **Σαμαρίτης.**

Acts 8,25 οἱ μὲν οὖν διαμαρτυράμενοι καὶ λαλήσαντες τὸν λόγον τοῦ κυρίου ὑπέστρεφον εἰς Ἱεροσόλυμα, **πολλάς τε κώμας τῶν Σαμαριτῶν** εὐηγγελίζοντο.

σανδάλιον	Syn 1	Mt	Mk 1	Lk	Acts 1	Jn	1-3John	Paul	Eph	Col
	NT 2	2Thess	1/2Tim	Tit	Heb	Jas	1Pet	2Pet	Jude	Rev

sandal

	Mt		Mk		Lk		
121	**Mt 10,10**	[9] μὴ κτήσησθε χρυσὸν μηδὲ ἄργυρον μηδὲ χαλκὸν εἰς τὰς ζώνας ὑμῶν, [10] μὴ πήραν εἰς ὁδὸν μηδὲ δύο χιτῶνας ↔	**Mk 6,9**	[8] ... ἵνα μηδὲν αἴρωσιν εἰς ὁδὸν εἰ μὴ ῥάβδον μόνον, μὴ ἄρτον, μὴ πήραν, μὴ εἰς τὴν ζώνην χαλκόν, [9] ἀλλὰ **ὑποδεδεμένους σανδάλια,** καὶ μὴ ἐνδύσησθε δύο χιτῶνας.	**Lk 9,3** ⇩ Lk 10,4 → Lk 22,35-36	... μηδὲν αἴρετε εἰς τὴν ὁδόν, μήτε ῥάβδον μήτε πήραν μήτε ἄρτον μήτε ἀργύριον μήτε [ἀνὰ] δύο χιτῶνας ἔχειν.	Mk-Q overlap
	Mt 10,10	↔ **μηδὲ ὑποδήματα** μηδὲ ῥάβδον· ...			**Lk 10,4** ⇧ Lk 9,3 → Lk 22,35-36	μὴ βαστάζετε βαλλάντιον, μὴ πήραν, **μὴ ὑποδήματα,** καὶ μηδένα κατὰ τὴν ὁδὸν ἀσπάσησθε.	

Acts 12,8 εἶπεν δὲ ὁ ἄγγελος πρὸς αὐτόν· ζῶσαι καὶ ὑπόδησαι **τὰ σανδάλιά σου.** ἐποίησεν δὲ οὕτως. ...

σαπρός	Syn 7	Mt 5	Mk	Lk 2	Acts	Jn	1-3John	Paul	Eph 1	Col
	NT 8	2Thess	1/2Tim	Tit	Heb	Jas	1Pet	2Pet	Jude	Rev

decayed; rotten; bad; evil; unwholesome

	triple tradition																	double tradition			Sonder-gut		
		+Mt / +Lk			−Mt / −Lk			traditions not taken over by Mt / Lk							subtotals								
code	222	211	112	212	221	122	121	022	012	021	220	120	210	020	Σ⁺	Σ⁻	Σ	202	201	102	200	002	total
Mt																		1			4		5
Mk																							
Lk																		1		1			2

200	**Mt 7,17** ⇩ Mt 12,33	οὕτως πᾶν δένδρον ἀγαθὸν καρποὺς καλοὺς ποιεῖ, τὸ δὲ **σαπρὸν δένδρον** καρποὺς πονηροὺς ποιεῖ.			
102 202	**Mt 7,18**	οὐ δύναται δένδρον ἀγαθὸν **καρποὺς πονηροὺς** ποιεῖν **οὐδὲ δένδρον σαπρὸν** καρποὺς καλοὺς ποιεῖν.	**Lk 6,43** **(2)**	οὐ γάρ ἐστιν δένδρον καλὸν ποιοῦν **καρπὸν σαπρόν,** **οὐδὲ πάλιν δένδρον σαπρὸν** ποιοῦν καρπὸν καλόν.	
200 200	**Mt 12,33** **(2)** ⇧ Mt 7,17	ἢ ποιήσατε τὸ δένδρον καλὸν καὶ τὸν καρπὸν αὐτοῦ καλόν, ἢ ποιήσατε **τὸ δένδρον σαπρὸν** καὶ τὸν καρπὸν αὐτοῦ **σαπρόν·** ...			

200	**Mt 13,48**	ἣν ὅτε ἐπληρώθη ἀναβιβάσαντες ἐπὶ τὸν αἰγιαλὸν καὶ καθίσαντες συνέλεξαν τὰ καλὰ εἰς ἄγγη, **τὰ δὲ σαπρὰ** ἔξω ἔβαλον.					→ GTh 8

Σάρεπτα

Syn	Mt	Mk	Lk	Acts	Jn	1-3John	Paul	Eph	Col
1			1						
NT	**2Thess**	**1/2Tim**	**Tit**	**Heb**	**Jas**	**1Pet**	**2Pet**	**Jude**	**Rev**
1									

Zarephath

002					**Lk 4,26**	καὶ πρὸς οὐδεμίαν αὐτῶν ἐπέμφθη Ἠλίας εἰ μὴ **εἰς Σάρεπτα τῆς Σιδωνίας** πρὸς γυναῖκα χήραν.	

σάρξ

Syn	Mt	Mk	Lk	Acts	Jn	1-3John	Paul	Eph	Col
11	5	4	2	3	13	3	72	9	9
NT	**2Thess**	**1/2Tim**	**Tit**	**Heb**	**Jas**	**1Pet**	**2Pet**	**Jude**	**Rev**
147		1		6	1	7	2	3	7

flesh; the body; a man of flesh and blood; human nature; mortal nature; earthly descent; corporeality; physical limitation(s); life here on earth; the external, outward side of life

	triple tradition																	double tradition			Sondergut		
		+Mt / +Lk			–Mt / –Lk			traditions not taken over by Mt / Lk							subtotals								
code	*222*	*211*	*112*	*212*	*221*	*122*	*121*	*022*	*012*	*021*	*220*	*120*	*210*	*020*	Σ⁺	Σ⁻	Σ	*202*	*201*	*102*	*200*	*002*	total
Mt					1						3						4				1		**5**
Mk					1						3						4						**4**
Lk					1⁻											1⁻						2	**2**

a πᾶσα σάρξ

a 002					**Lk 3,6**	*καὶ ὄψεται* ***πᾶσα σὰρξ*** *τὸ σωτήριον τοῦ θεοῦ.* ➤ Isa 40,5 LXX	
200	**Mt 16,17**	... μακάριος εἶ, Σίμων Βαριωνᾶ, ὅτι **σὰρξ** καὶ αἷμα οὐκ ἀπεκάλυψέν σοι ἀλλ' ὁ πατήρ μου ὁ ἐν τοῖς οὐρανοῖς.					
220	**Mt 19,5**	... *καὶ ἔσονται οἱ δύο* ***εἰς σάρκα μίαν.*** ➤ Gen 2,24 LXX	**Mk 10,8 (2)**	*καὶ ἔσονται οἱ δύο* ***εἰς σάρκα μίαν·***			
220	**Mt 19,6**	ὥστε οὐκέτι εἰσὶν δύο ἀλλὰ **σὰρξ μία.** ὃ οὖν ὁ θεὸς συνέζευξεν ἄνθρωπος μὴ χωριζέτω.		ὥστε οὐκέτι εἰσὶν δύο ἀλλὰ **μία σάρξ.** [9] ὃ οὖν ὁ θεὸς συνέζευξεν ἄνθρωπος μὴ χωριζέτω. ➤ Gen 2,24 LXX			
a 220	**Mt 24,22**	καὶ εἰ μὴ ἐκολοβώθησαν αἱ ἡμέραι ἐκεῖναι, οὐκ ἂν ἐσώθη **πᾶσα σάρξ·** διὰ δὲ τοὺς ἐκλεκτοὺς κολοβωθήσονται αἱ ἡμέραι ἐκεῖναι.	**Mk 13,20**	καὶ εἰ μὴ ἐκολόβωσεν κύριος τὰς ἡμέρας, οὐκ ἂν ἐσώθη **πᾶσα σάρξ·** ἀλλὰ διὰ τοὺς ἐκλεκτοὺς οὓς ἐξελέξατο ἐκολόβωσεν τὰς ἡμέρας.			

221	**Mt 26,41** γρηγορεῖτε καὶ προσεύχεσθε, ἵνα μὴ εἰσέλθητε εἰς πειρασμόν· τὸ μὲν πνεῦμα πρόθυμον ἡ δὲ **σὰρξ** ἀσθενής.	**Mk 14,38** γρηγορεῖτε καὶ προσεύχεσθε, ἵνα μὴ ἔλθητε εἰς πειρασμόν· τὸ μὲν πνεῦμα πρόθυμον ἡ δὲ **σὰρξ** ἀσθενής.	**Lk 22,46** → Lk 22,40 ... ἀναστάντες προσεύχεσθε, ἵνα μὴ εἰσέλθητε εἰς πειρασμόν.	
002			**Lk 24,39** ... ψηλαφήσατέ με καὶ ἴδετε, ὅτι πνεῦμα **σάρκα** καὶ ὀστέα οὐκ ἔχει καθὼς ἐμὲ θεωρεῖτε ἔχοντα.	→ Jn 20,20.27

a **Acts 2,17** *καὶ ἔσται* ἐν ταῖς ἐσχάταις ἡμέραις, λέγει ὁ θεός, *ἐκχεῶ ἀπὸ τοῦ πνεύματός μου* ***ἐπὶ πᾶσαν σάρκα***, *...*
➤ Joel 3,1 LXX

Acts 2,26 *διὰ τοῦτο ηὐφράνθη ἡ καρδία μου καὶ ἠγαλλιάσατο ἡ γλῶσσά μου, ἔτι δὲ καὶ* ***ἡ σάρξ μου*** *κατασκηνώσει ἐπ᾽ ἐλπίδι*
➤ Ps 15,9 LXX

Acts 2,31 προϊδὼν ἐλάλησεν περὶ τῆς ἀναστάσεως τοῦ Χριστοῦ ὅτι οὔτε ἐγκατελείφθη εἰς ᾅδην οὔτε **ἡ σὰρξ αὐτοῦ** εἶδεν διαφθοράν.
➤ Ps 16,10

σαρόω

	Syn	Mt	Mk	Lk	Acts	Jn	1-3John	Paul	Eph	Col
	3	1		2						
	NT	2Thess	1/2Tim	Tit	Heb	Jas	1Pet	2Pet	Jude	Rev
	3									

sweep (clean)

202	**Mt 12,44** ... καὶ ἐλθὸν εὑρίσκει σχολάζοντα **σεσαρωμένον** καὶ κεκοσμημένον.		**Lk 11,25** καὶ ἐλθὸν εὑρίσκει **σεσαρωμένον** καὶ κεκοσμημένον.	
002			**Lk 15,8** ἢ τίς γυνὴ δραχμὰς ἔχουσα δέκα ἐὰν ἀπολέσῃ δραχμὴν μίαν, οὐχὶ ἅπτει λύχνον καὶ **σαροῖ** τὴν οἰκίαν καὶ ζητεῖ ἐπιμελῶς ἕως οὗ εὕρῃ;	

σατανᾶς

	Syn	Mt	Mk	Lk	Acts	Jn	1-3John	Paul	Eph	Col
	15	4	6	5	2	1		7		
	NT	2Thess	1/2Tim	Tit	Heb	Jas	1Pet	2Pet	Jude	Rev
	36	1	2							8

Satan

	triple tradition																	double tradition			Sondergut		
		+Mt / +Lk			−Mt / −Lk			traditions not taken over by Mt / Lk							subtotals								
code	*222*	*211*	*112*	*212*	*221*	*122*	*121*	*022*	*012*	*021*	*220*	*120*	*210*	*020*	Σ⁺	Σ⁻	Σ	*202*	*201*	*102*	*200*	*002*	total
Mt							1^-				1					1^-	1	1	2				**4**
Mk							1				1			4			6						**6**
Lk			1^+				1^-								1^+	1^-	1	1				3	**5**

020	**Mt 4,1** τότε ὁ Ἰησοῦς ἀνήχθη εἰς τὴν ἔρημον ὑπὸ τοῦ πνεύματος πειρασθῆναι ὑπὸ τοῦ διαβόλου. [2] καὶ νηστεύσας ἡμέρας τεσσεράκοντα καὶ νύκτας τεσσεράκοντα ὕστερον ἐπείνασεν.	**Mk 1,13** [12] καὶ εὐθὺς τὸ πνεῦμα αὐτὸν ἐκβάλλει εἰς τὴν ἔρημον. [13] καὶ ἦν ἐν τῇ ἐρήμῳ τεσσεράκοντα ἡμέρας πειραζόμενος ὑπὸ τοῦ **σατανᾶ**, καὶ ἦν μετὰ τῶν θηρίων, ...	**Lk 4,2** [1] Ἰησοῦς δὲ ... ἤγετο ἐν τῷ πνεύματι ἐν τῇ ἐρήμῳ [2] ἡμέρας τεσσεράκοντα πειραζόμενος ὑπὸ τοῦ διαβόλου. καὶ οὐκ ἔφαγεν οὐδὲν ἐν ταῖς ἡμέραις ἐκείναις καὶ συντελεσθεισῶν αὐτῶν ἐπείνασεν.	Mk-Q overlap

	Mt		Mk		Lk		
201	**Mt 4,10** ↓Mt 16,23 ↓Mk 8,33	τότε λέγει αὐτῷ ὁ Ἰησοῦς· ὕπαγε, **σατανᾶ·** γέγραπται γάρ· *κύριον τὸν θεόν σου προσκυνήσεις καὶ αὐτῷ* μόνῳ *λατρεύσεις.* ➤ Deut 6,13 LXX/10,20			**Lk 4,8**	καὶ ἀποκριθεὶς ὁ Ἰησοῦς εἶπεν αὐτῷ· γέγραπται· *κύριον τὸν θεόν σου προσκυνήσεις καὶ αὐτῷ* μόνῳ *λατρεύσεις.* ➤ Deut 6,13 LXX/10,20	
002					**Lk 10,18**	... ἐθεώρουν **τὸν σατανᾶν** ὡς ἀστραπὴν ἐκ τοῦ οὐρανοῦ πεσόντα.	
020 020	Mt 12,25 →Mt 9,4	εἰδὼς δὲ τὰς ἐνθυμήσεις αὐτῶν εἶπεν αὐτοῖς· πᾶσα βασιλεία μερισθεῖσα καθ' ἑαυτῆς ...	**Mk 3,23** **(2)** ↓Mt 12,26	καὶ προσκαλεσάμενος αὐτοὺς ἐν παραβολαῖς ἔλεγεν αὐτοῖς· πῶς δύναται **σατανᾶς** **σατανᾶν** ἐκβάλλειν; [24] καὶ ἐὰν βασιλεία ἐφ' ἑαυτὴν μερισθῇ, ...	Lk 11,17 →Lk 5,22 →Lk 6,8	αὐτὸς δὲ εἰδὼς αὐτῶν τὰ διανοήματα εἶπεν αὐτοῖς· πᾶσα βασιλεία ἐφ' ἑαυτὴν διαμερισθεῖσα ...	Mk-Q overlap
020	Mt 12,26 (2)	καὶ εἰ ὁ σατανᾶς τὸν σατανᾶν ἐκβάλλει, ἐφ' ἑαυτὸν ἐμερίσθη· πῶς οὖν σταθήσεται ἡ βασιλεία αὐτοῦ;	**Mk 3,26**	καὶ εἰ **ὁ σατανᾶς** ἀνέστη ἐφ' ἑαυτὸν καὶ ἐμερίσθη, οὐ δύναται στῆναι ἀλλὰ τέλος ἔχει.	Lk 11,18	εἰ δὲ καὶ ὁ σατανᾶς ἐφ' ἑαυτὸν διεμερίσθη, πῶς σταθήσεται ἡ βασιλεία αὐτοῦ; ...	Mk-Q overlap
202 201	**Mt 12,26** **(2)** ↑Mk 3,23	καὶ εἰ **ὁ σατανᾶς** **τὸν σατανᾶν** ἐκβάλλει, ἐφ' ἑαυτὸν ἐμερίσθη· πῶς οὖν σταθήσεται ἡ βασιλεία αὐτοῦ;	Mk 3,26	καὶ εἰ ὁ σατανᾶς ἀνέστη ἐφ' ἑαυτὸν καὶ ἐμερίσθη, οὐ δύναται στῆναι ἀλλὰ τέλος ἔχει.	**Lk 11,18**	εἰ δὲ καὶ **ὁ σατανᾶς** ἐφ' ἑαυτὸν διεμερίσθη, πῶς σταθήσεται ἡ βασιλεία αὐτοῦ; ...	Mk-Q overlap
121	**Mt 13,19**	παντὸς ἀκούοντος τὸν λόγον τῆς βασιλείας καὶ μὴ συνιέντος, ἔρχεται **ὁ πονηρὸς** καὶ ἁρπάζει τὸ ἐσπαρμένον ἐν τῇ καρδίᾳ αὐτοῦ, οὗτός ἐστιν ὁ παρὰ τὴν ὁδὸν σπαρείς.	**Mk 4,15**	οὗτοι δέ εἰσιν οἱ παρὰ τὴν ὁδόν· ὅπου σπείρεται ὁ λόγος καὶ ὅταν ἀκούσωσιν, εὐθὺς ἔρχεται **ὁ σατανᾶς** καὶ αἴρει τὸν λόγον τὸν ἐσπαρμένον εἰς αὐτούς.	**Lk 8,12**	οἱ δὲ παρὰ τὴν ὁδόν εἰσιν οἱ ἀκούσαντες, εἶτα ἔρχεται **ὁ διάβολος** καὶ αἴρει τὸν λόγον ἀπὸ τῆς καρδίας αὐτῶν, ἵνα μὴ πιστεύσαντες σωθῶσιν.	
220	**Mt 16,23** ↑Mt 4,10	ὁ δὲ στραφεὶς εἶπεν τῷ Πέτρῳ· ὕπαγε ὀπίσω μου, **σατανᾶ·** σκάνδαλον εἶ ἐμοῦ, ὅτι οὐ φρονεῖς τὰ τοῦ θεοῦ ἀλλὰ τὰ τῶν ἀνθρώπων.	**Mk 8,33** ↑Mt 4,10	ὁ δὲ ἐπιστραφεὶς καὶ ἰδὼν τοὺς μαθητὰς αὐτοῦ ἐπετίμησεν Πέτρῳ καὶ λέγει· ὕπαγε ὀπίσω μου, **σατανᾶ,** ὅτι οὐ φρονεῖς τὰ τοῦ θεοῦ ἀλλὰ τὰ τῶν ἀνθρώπων.			
002					**Lk 13,16** →Lk 4,18 →Lk 19,9	ταύτην δὲ θυγατέρα Ἀβραὰμ οὖσαν, ἣν ἔδησεν **ὁ σατανᾶς** ἰδοὺ δέκα καὶ ὀκτὼ ἔτη, οὐκ ἔδει λυθῆναι ἀπὸ τοῦ δεσμοῦ τούτου τῇ ἡμέρᾳ τοῦ σαββάτου;	→ Acts 10,38

	Mt	Mk	Lk	
112	**Mt 26,14** τότε πορευθεὶς εἷς τῶν δώδεκα, ὁ λεγόμενος Ἰούδας Ἰσκαριώτης, πρὸς τοὺς ἀρχιερεῖς	**Mk 14,10** καὶ Ἰούδας Ἰσκαριὼθ ὁ εἷς τῶν δώδεκα ἀπῆλθεν πρὸς τοὺς ἀρχιερεῖς ...	**Lk 22,3** → Lk 4,13 εἰσῆλθεν δὲ **σατανᾶς** εἰς Ἰούδαν τὸν καλούμενον Ἰσκαριώτην, ὄντα ἐκ τοῦ ἀριθμοῦ τῶν δώδεκα· [4] καὶ ἀπελθὼν συνελάλησεν τοῖς ἀρχιερεῦσιν καὶ στρατηγοῖς ...	
002			**Lk 22,31** Σίμων Σίμων, ἰδοὺ ὁ **σατανᾶς** ἐξῃτήσατο ὑμᾶς τοῦ σινιάσαι ὡς τὸν σῖτον·	

Acts 5,3 εἶπεν δὲ ὁ Πέτρος· Ἁνανία, διὰ τί ἐπλήρωσεν ὁ **σατανᾶς** τὴν καρδίαν σου, ψεύσασθαί σε τὸ πνεῦμα τὸ ἅγιον καὶ νοσφίσασθαι ἀπὸ τῆς τιμῆς τοῦ χωρίου;

Acts 26,18 ... τοῦ ἐπιστρέψαι ἀπὸ σκότους εἰς φῶς καὶ **τῆς ἐξουσίας τοῦ σατανᾶ** ἐπὶ τὸν θεόν, ...

σάτον

	Mt	Mk	Lk	Acts	Jn	1-3John	Paul	Eph	Col
Syn 2	1		1						
NT 2	2Thess	1/2Tim	Tit	Heb	Jas	1Pet	2Pet	Jude	Rev

seah (Hebrew measure for grain)

	Mt	Mk	Lk	
202	**Mt 13,33** ... ὁμοία ἐστὶν ἡ βασιλεία τῶν οὐρανῶν ζύμῃ, ἣν λαβοῦσα γυνὴ ἐνέκρυψεν **εἰς ἀλεύρου σάτα τρία** ἕως οὗ ἐζυμώθη ὅλον.		**Lk 13,21** [20] ... τίνι ὁμοιώσω τὴν βασιλείαν τοῦ θεοῦ; [21] ὁμοία ἐστὶν ζύμῃ, ἣν λαβοῦσα γυνὴ [ἐν]έκρυψεν **εἰς ἀλεύρου σάτα τρία** ἕως οὗ ἐζυμώθη ὅλον.	→ GTh 96

σβέννυμι

	Mt	Mk	Lk	Acts	Jn	1-3John	Paul	Eph	Col
Syn 3	2	1					1	1	
NT 6	2Thess	1/2Tim	Tit	Heb 1	Jas	1Pet	2Pet	Jude	Rev

extinguish; put out something

	Mt	Mk	Lk	
200	**Mt 12,20** *κάλαμον συντετριμμένον οὐ κατεάξει καὶ λίνον τυφόμενον* ***οὐ σβέσει,*** *ἕως ἂν ἐκβάλῃ* εἰς νῖκος τὴν *κρίσιν.* ➤ Isa 42,3-4			
020		**Mk 9,48** → Mt 18,9 ὅπου *ὁ σκώληξ αὐτῶν οὐ τελευτᾷ καὶ τὸ πῦρ* ***οὐ σβέννυται.*** ➤ Isa 66,24		
200	**Mt 25,8** ... δότε ἡμῖν ἐκ τοῦ ἐλαίου ὑμῶν, ὅτι αἱ λαμπάδες ἡμῶν **σβέννυνται.**			

σέ, σε → σύ

σεαυτοῦ	Syn	Mt	Mk	Lk	Acts	Jn	1-3John	Paul	Eph	Col
	14	5	3	6	3	9		9		
	NT	2Thess	1/2Tim	Tit	Heb	Jas	1Pet	2Pet	Jude	Rev
	43		6	1		1				

yourself

	triple tradition																	double tradition			Sondergut		
		+Mt / +Lk			–Mt / –Lk			traditions not taken over by Mt / Lk							subtotals								
code	*222*	*211*	*112*	*212*	*221*	*122*	*121*	*022*	*012*	*021*	*220*	*120*	*210*	*020*	Σ⁺	Σ⁻	Σ	*202*	*201*	*102*	*200*	*002*	total
Mt	2	1^+									1				1^+		4	1					**5**
Mk	2										1						3						**3**
Lk	2		1^+												1^+		3	1				2	**6**

202	**Mt 4,6** ↓ Mt 27,40	καὶ λέγει αὐτῷ· εἰ υἱὸς εἶ τοῦ θεοῦ, βάλε **σεαυτὸν** κάτω· ...			**Lk 4,9**	... καὶ εἶπεν αὐτῷ· εἰ υἱὸς εἶ τοῦ θεοῦ, βάλε **σεαυτὸν** ἐντεῦθεν κάτω·	
002					**Lk 4,23**	... πάντως ἐρεῖτέ μοι τὴν παραβολὴν ταύτην· ἰατρέ, θεράπευσον **σεαυτόν**· ὅσα ἠκούσαμεν γενόμενα εἰς τὴν Καφαρναοὺμ ποίησον καὶ ὧδε ἐν τῇ πατρίδι σου.	
222	**Mt 8,4**	καὶ λέγει αὐτῷ ὁ Ἰησοῦς· ὅρα μηδενὶ εἴπῃς, ἀλλὰ ὕπαγε **σεαυτὸν** δεῖξον τῷ ἱερεῖ, ... ➤ Lev 13,49; 14,2-4	**Mk 1,44**	καὶ λέγει αὐτῷ· ὅρα μηδενὶ μηδὲν εἴπῃς, ἀλλὰ ὕπαγε **σεαυτὸν** δεῖξον τῷ ἱερεῖ ... ➤ Lev 13,49; 14,2-4	**Lk 5,14** → Lk 17,14	καὶ αὐτὸς παρήγγειλεν αὐτῷ μηδενὶ εἰπεῖν, ἀλλὰ ἀπελθὼν δεῖξον **σεαυτὸν** τῷ ἱερεῖ ... ➤ Lev 13,49; 14,2-4	
211	**Mt 19,19**	*τίμα τὸν πατέρα* *καὶ τὴν μητέρα,* καί *ἀγαπήσεις τὸν πλησίον σου* *ὡς* ***σεαυτόν.*** ➤ Exod 20,12/Deut 5,16 ➤ Lev 19,18	**Mk 10,19**	... *τίμα τὸν πατέρα σου* *καὶ τὴν μητέρα.* ➤ Exod 20,12/Deut 5,16	**Lk 18,20**	... *τίμα τὸν πατέρα σου* *καὶ τὴν μητέρα.* ➤ Exod 20,12/Deut 5,16 LXX	→ GTh 25
222	**Mt 22,39**	[37] ... *ἀγαπήσεις* *κύριον τὸν θεόν σου* ... [39] ... *ἀγαπήσεις* *τὸν πλησίον σου* *ὡς* ***σεαυτόν.*** ➤ Deut 6,5; Lev 19,18	**Mk 12,31**	[30] *καὶ ἀγαπήσεις* *κύριον τὸν θεόν σου* ... [31] ... *ἀγαπήσεις* *τὸν πλησίον σου* *ὡς* ***σεαυτόν.*** ... ➤ Deut 6,5; Lev 19,18	**Lk 10,27**	... *ἀγαπήσεις* *κύριον τὸν θεόν σου* ... *καὶ τὸν πλησίον σου* *ὡς* ***σεαυτόν.*** ➤ Deut 6,5; Lev 19,18	→ GTh 25
220	**Mt 27,40** → Mt 4,3 ↑ Mt 4,6 → Mt 27,42a → Lk 23,35 ↓ Lk 23,37	... ὁ καταλύων τὸν ναὸν καὶ ἐν τρισὶν ἡμέραις οἰκοδομῶν, σῶσον **σεαυτόν,** εἰ υἱὸς εἶ τοῦ θεοῦ, [καὶ] κατάβηθι ἀπὸ τοῦ σταυροῦ.	**Mk 15,30** → Mk 15,31 → Lk 23,35 ↓ Lk 23,37	[29] ... οὐὰ ὁ καταλύων τὸν ναὸν καὶ οἰκοδομῶν ἐν τρισὶν ἡμέραις, [30] σῶσον **σεαυτὸν** καταβὰς ἀπὸ τοῦ σταυροῦ.			
	Mt 27,42	... βασιλεὺς Ἰσραήλ ἐστιν, καταβάτω νῦν ἀπὸ τοῦ σταυροῦ ...	**Mk 15,32**	ὁ χριστὸς ὁ βασιλεὺς Ἰσραὴλ καταβάτω νῦν ἀπὸ τοῦ σταυροῦ, ...	**Lk 23,37**	... εἰ σὺ εἶ ὁ βασιλεὺς τῶν Ἰουδαίων,	
002	**Mt 27,40**	... σῶσον **σεαυτόν,** εἰ υἱὸς εἶ τοῦ θεοῦ, [καὶ] κατάβηθι ἀπὸ τοῦ σταυροῦ.	**Mk 15,30**	σῶσον **σεαυτὸν** καταβὰς ἀπὸ τοῦ σταυροῦ.	→ Lk 23,35 ↓ Lk 23,39	σῶσον **σεαυτόν.**	

112	Mt 27,44	τὸ δ' αὐτὸ καὶ οἱ λῃσταὶ οἱ συσταυρωθέντες σὺν αὐτῷ ὠνείδιζον αὐτόν.	Mk 15,32	... καὶ οἱ συνεσταυρωμένοι σὺν αὐτῷ ὠνείδιζον αὐτόν.	Lk 23,39 → Lk 23,35 → Lk 23,36 ↑ Lk 23,37	εἷς δὲ τῶν κρεμασθέντων κακούργων ἐβλασφήμει αὐτὸν λέγων· οὐχὶ σὺ εἶ ὁ χριστός; σῶσον **σεαυτὸν** καὶ ἡμᾶς.	

Acts 9,34 καὶ εἶπεν αὐτῷ ὁ Πέτρος· Αἰνέα, ἰᾶταί σε Ἰησοῦς Χριστός· ἀνάστηθι καὶ στρῶσον **σεαυτῷ.** καὶ εὐθέως ἀνέστη.

Acts 16,28 ἐφώνησεν δὲ μεγάλῃ φωνῇ [ὁ] Παῦλος λέγων· μηδὲν πράξῃς **σεαυτῷ** κακόν, ἅπαντες γάρ ἐσμεν ἐνθάδε.

Acts 26,1 Ἀγρίππας δὲ πρὸς τὸν Παῦλον ἔφη· ἐπιτρέπεταί σοι **περὶ σεαυτοῦ** λέγειν. ...

σέβομαι

	Syn	Mt	Mk	Lk	Acts	Jn	1-3John	Paul	Eph	Col
	2	1	1		8					
	NT	2Thess	1/2Tim	Tit	Heb	Jas	1Pet	2Pet	Jude	Rev
	10									

worship

220	Mt 15,9	*μάτην δὲ **σέβονταί** με διδάσκοντες διδασκαλίας ἐντάλματα ἀνθρώπων.* ➤ Isa 29,13 LXX	Mk 7,7	*μάτην δὲ **σέβονταί** με διδάσκοντες διδασκαλίας ἐντάλματα ἀνθρώπων.* ➤ Isa 29,13 LXX	

Acts 13,43 λυθείσης δὲ τῆς συναγωγῆς ἠκολούθησαν **πολλοὶ τῶν Ἰουδαίων καὶ τῶν σεβομένων προσηλύτων** τῷ Παύλῳ καὶ τῷ Βαρναβᾷ, ...

Acts 13,50 οἱ δὲ Ἰουδαῖοι παρώτρυναν **τὰς σεβομένας γυναῖκας τὰς εὐσχήμονας** καὶ τοὺς πρώτους τῆς πόλεως ...

Acts 16,14 καί **τις γυνὴ ὀνόματι Λυδία, πορφυρόπωλις πόλεως Θυατείρων σεβομένη** τὸν θεόν, ἤκουεν, ἧς ὁ κύριος διήνοιξεν τὴν καρδίαν προσέχειν τοῖς λαλουμένοις ὑπὸ τοῦ Παύλου.

Acts 17,4 καί τινες ἐξ αὐτῶν ἐπείσθησαν καὶ προσεκληρώθησαν τῷ Παύλῳ καὶ τῷ Σιλᾷ, **τῶν τε σεβομένων Ἑλλήνων πλῆθος πολύ,** γυναικῶν τε τῶν πρώτων οὐκ ὀλίγαι.

Acts 17,17 διελέγετο μὲν οὖν ἐν τῇ συναγωγῇ τοῖς Ἰουδαίοις καὶ **τοῖς σεβομένοις** καὶ ἐν τῇ ἀγορᾷ κατὰ πᾶσαν ἡμέραν πρὸς τοὺς παρατυγχάνοντας.

Acts 18,7 καὶ μεταβὰς ἐκεῖθεν εἰσῆλθεν **εἰς οἰκίαν τινὸς ὀνόματι Τιτίου Ἰούστου σεβομένου** τὸν θεόν, ...

Acts 18,13 λέγοντες ὅτι παρὰ τὸν νόμον ἀναπείθει οὗτος τοὺς ἀνθρώπους **σέβεσθαι** τὸν θεόν.

Acts 19,27 ... μέλλειν τε καὶ καθαιρεῖσθαι τῆς μεγαλειότητος αὐτῆς ἣν ὅλη ἡ Ἀσία καὶ ἡ οἰκουμένη **σέβεται.**

σεισμός	Syn 6	Mt 4	Mk 1	Lk 1	Acts 1	Jn	1-3John	Paul	Eph	-Col
	NT 14	2Thess	1/2Tim	Tit	Heb	Jas	1Pet	2Pet	Jude	Rev 7

shaking

	triple tradition																double tradition			Sondergut		
		+Mt / +Lk			–Mt / –Lk			traditions not taken over by Mt / Lk							subtotals							
code	*222*	*211*	*112*	*212*	*221*	*122*	*121*	*022*	*012*	*021*	*220*	*120*	*210*	*020*	Σ^+	Σ^-	Σ	*202*	*201*	*102*	*200*	*002*	total
Mt	1	2^+													2^+		3				1		**4**
Mk	1																1						**1**
Lk	1																1						**1**

211	**Mt 8,24** καὶ ἰδοὺ **σεισμὸς μέγας** ἐγένετο ἐν τῇ θαλάσσῃ, ὥστε τὸ πλοῖον καλύπτεσθαι ὑπὸ τῶν κυμάτων, ...	**Mk 4,37** καὶ γίνεται **λαῖλαψ μεγάλη ἀνέμου,** καὶ τὰ κύματα ἐπέβαλλεν εἰς τὸ πλοῖον, ὥστε ἤδη γεμίζεσθαι τὸ πλοῖον.	**Lk 8,23** ... καὶ κατέβη **λαῖλαψ ἀνέμου** εἰς τὴν λίμνην, καὶ συνεπληροῦντο καὶ ἐκινδύνευον.	
222	**Mt 24,7** ἐγερθήσεται γὰρ ἔθνος ἐπὶ ἔθνος καὶ βασιλεία ἐπὶ βασιλείαν καὶ ἔσονται λιμοὶ καὶ **σεισμοὶ** κατὰ τόπους·	**Mk 13,8** ἐγερθήσεται γὰρ ἔθνος ἐπ' ἔθνος καὶ βασιλεία ἐπὶ βασιλείαν, ἔσονται **σεισμοὶ** κατὰ τόπους, ἔσονται λιμοί· ...	**Lk 21,11** → Lk 21,25 **σεισμοί τε μεγάλοι** καὶ κατὰ τόπους λιμοὶ καὶ λοιμοὶ ἔσονται, ...	→ Acts 2,19
211	**Mt 27,54** ὁ δὲ ἑκατόνταρχος καὶ οἱ μετ' αὐτοῦ τηροῦντες τὸν Ἰησοῦν ἰδόντες **τὸν σεισμὸν** καὶ τὰ γενόμενα ἐφοβήθησαν σφόδρα, λέγοντες· ἀληθῶς θεοῦ υἱὸς ἦν οὗτος.	**Mk 15,39** ἰδὼν δὲ ὁ κεντυρίων ὁ παρεστηκὼς ἐξ ἐναντίας αὐτοῦ ὅτι οὕτως ἐξέπνευσεν εἶπεν· ἀληθῶς οὗτος ὁ ἄνθρωπος υἱὸς θεοῦ ἦν.	**Lk 23,47** ἰδὼν δὲ ὁ ἑκατοντάρχης τὸ γενόμενον ἐδόξαζεν τὸν θεὸν λέγων· ὄντως ὁ ἄνθρωπος οὗτος δίκαιος ἦν.	
200	**Mt 28,2** καὶ ἰδοὺ **σεισμὸς ἐγένετο μέγας·** ἄγγελος γὰρ κυρίου καταβὰς ἐξ οὐρανοῦ καὶ προσελθὼν ἀπεκύλισεν τὸν λίθον καὶ ἐκάθητο ἐπάνω αὐτοῦ.	**Mk 16,4** καὶ ἀναβλέψασαι θεωροῦσιν ὅτι ἀποκεκύλισται ὁ λίθος· ἦν γὰρ μέγας σφόδρα.	**Lk 24,2** εὗρον δὲ τὸν λίθον ἀποκεκυλισμένον ἀπὸ τοῦ μνημείου	→ Jn 20,1

Acts 16,26 ἄφνω δὲ
σεισμὸς ἐγένετο μέγας
ὥστε σαλευθῆναι τὰ θεμέλια
τοῦ δεσμωτηρίου· ἠνεῴχθησαν
δὲ παραχρῆμα αἱ θύραι πᾶσαι
καὶ πάντων τὰ δεσμὰ ἀνέθη.

σείω	Syn 3	Mt 3	Mk	Lk	Acts	Jn	1-3John	Paul	Eph	Col
	NT 5	2Thess	1/2Tim	Tit	Heb 1	Jas	1Pet	2Pet	Jude	Rev 1

cause to quake; agitate

210	**Mt 21,10** καὶ εἰσελθόντος αὐτοῦ → Mt 2,3 → Lk 19,41 εἰς Ἱεροσόλυμα **ἐσείσθη** πᾶσα ἡ πόλις λέγουσα· τίς ἐστιν οὗτος;	**Mk 11,11** καὶ εἰσῆλθεν εἰς → Mt 21,12 → Mk 11,15 → Lk 19,41 Ἱεροσόλυμα εἰς τὸ ἱερὸν καὶ περιβλεψάμενος πάντα, ...		→ Jn 2,13

200	**Mt 27,51**	... καὶ ἡ γῆ **ἐσείσθη** καὶ αἱ πέτραι ἐσχίσθησαν					
200	**Mt 28,4**	[3] ἦν δὲ ἡ εἰδέα αὐτοῦ ὡς ἀστραπὴ καὶ τὸ ἔνδυμα αὐτοῦ λευκὸν ὡς χιών. [4] ἀπὸ δὲ τοῦ φόβου **αὐτοῦ ἐσείσθησαν** οἱ τηροῦντες καὶ ἐγενήθησαν ὡς νεκροί.	**Mk 16,5**	... εἶδον νεανίσκον καθήμενον ἐν τοῖς δεξιοῖς περιβεβλημένον στολὴν λευκήν, καὶ **ἐξεθαμβήθησαν.**	**Lk 24,5** → Lk 24,23	[4] ... καὶ ἰδοὺ ἄνδρες δύο ἐπέστησαν αὐταῖς ἐν ἐσθῆτι ἀστραπτούσῃ. [5] **ἐμφόβων δὲ γενομένων αὐτῶν** καὶ κλινουσῶν τὰ πρόσωπα εἰς τὴν γῆν ...	

σελήνη	Syn	Mt	Mk	Lk	Acts	Jn	1-3John	Paul	Eph	Col
	3	1	1	1	1			1		
	NT	2Thess	1/2Tim	Tit	Heb	Jas	1Pet	2Pet	Jude	Rev
	9									4

moon

222	**Mt 24,29**	εὐθέως δὲ μετὰ τὴν θλῖψιν τῶν ἡμερῶν ἐκείνων *ὁ ἥλιος σκοτισθήσεται, καὶ* ***ἡ σελήνη*** *οὐ δώσει τὸ φέγγος αὐτῆς, καὶ* *οἱ ἀστέρες πεσοῦνται* ἀπὸ τοῦ οὐρανοῦ, ... ➤ Isa 13,10	**Mk 13,24**	ἀλλὰ ἐν ἐκείναις ταῖς ἡμέραις μετὰ τὴν θλῖψιν ἐκείνην *ὁ ἥλιος σκοτισθήσεται, καὶ* ***ἡ σελήνη*** *οὐ δώσει τὸ φέγγος αὐτῆς,* [25] *καὶ* *οἱ ἀστέρες ἔσονται* ἐκ τοῦ οὐρανοῦ *πίπτοντες, ...* ➤ Isa 13,10	**Lk 21,25** → Lk 21,11	καὶ ἔσονται σημεῖα ἐν ἡλίῳ καὶ **σελήνῃ** καὶ ἄστροις, καὶ ἐπὶ τῆς γῆς συνοχὴ ἐθνῶν ἐν ἀπορίᾳ ἤχους θαλάσσης καὶ σάλου	→ Acts 2,19 → **Acts 2,20**

Acts 2,20
→ **Lk 21,25**

ὁ ἥλιος μεταστραφήσεται εἰς σκότος καὶ
ἡ σελήνη
εἰς αἷμα πρὶν ἐλθεῖν ἡμέραν κυρίου τὴν μεγάλην καὶ ἐπιφανῆ.
➤ Joel 3,4 LXX

σεληνιάζομαι	Syn	Mt	Mk	Lk	Acts	Jn	1-3John	Paul	Eph	Col
	2	2								
	NT	2Thess	1/2Tim	Tit	Heb	Jas	1Pet	2Pet	Jude	Rev
	2									

be moon-struck

200	**Mt 4,24** ⇨ Mt 8,16 → Mt 12,15 → Mt 15,30	... καὶ προσήνεγκαν αὐτῷ πάντας τοὺς κακῶς ἔχοντας ποικίλαις νόσοις καὶ βασάνοις συνεχομένους [καὶ] δαιμονιζομένους καὶ **σεληνιαζομένους** καὶ παραλυτικούς, καὶ ἐθεράπευσεν αὐτούς.	**Mk 1,32** → Mk 3,10 → Mk 7,32	ὀψίας δὲ γενομένης, ὅτε ἔδυ ὁ ἥλιος, ἔφερον πρὸς αὐτὸν πάντας τοὺς κακῶς ἔχοντας καὶ τοὺς δαιμονιζομένους· [33] ... [34] καὶ ἐθεράπευσεν πολλοὺς κακῶς ἔχοντας ποικίλαις νόσοις καὶ δαιμόνια πολλὰ ἐξέβαλεν	**Lk 4,40** → Lk 6,18	δύνοντος δὲ τοῦ ἡλίου ἅπαντες ὅσοι εἶχον ἀσθενοῦντας νόσοις ποικίλαις ἤγαγον αὐτοὺς πρὸς αὐτόν· ὁ δὲ ἑνὶ ἑκάστῳ αὐτῶν τὰς χεῖρας ἐπιτιθεὶς ἐθεράπευεν αὐτούς.	
211	**Mt 17,15**	... κύριε, ἐλέησόν μου τὸν υἱόν, ὅτι **σεληνιάζεται** καὶ κακῶς πάσχει· ...	**Mk 9,17**	... διδάσκαλε, ἤνεγκα τὸν υἱόν μου πρὸς σέ, ἔχοντα πνεῦμα ἄλαλον·	**Lk 9,39**	[38] ... διδάσκαλε, δέομαί σου ἐπιβλέψαι ἐπὶ τὸν υἱόν μου, ὅτι μονογενής μοί ἐστιν, [39] καὶ ἰδοὺ πνεῦμα λαμβάνει αὐτὸν ...	

Σεμεΐν	Syn 1	Mt	Mk	Lk 1	Acts	Jn	1-3John	Paul	Eph	Col
	NT 1	2Thess	1/2Tim	Tit	Heb	Jas	1Pet	2Pet	Jude	Rev

Semein

002		Lk 3,26	... τοῦ Ματταθίου **τοῦ Σεμεΐν** τοῦ Ἰωσὴχ ...

Σερούχ	Syn 1	Mt	Mk	Lk 1	Acts	Jn	1-3John	Paul	Eph	Col
	NT 1	2Thess	1/2Tim	Tit	Heb	Jas	1Pet	2Pet	Jude	Rev

Serug

002		Lk 3,35	[34] ... τοῦ Ναχὼρ [35] **τοῦ Σεροὺχ** τοῦ Ῥαγαὺ ...

Σήθ	Syn 1	Mt	Mk	Lk 1	Acts	Jn	1-3John	Paul	Eph	Col
	NT 1	2Thess	1/2Tim	Tit	Heb	Jas	1Pet	2Pet	Jude	Rev

Seth

002		Lk 3,38	τοῦ Ἐνὼς **τοῦ Σὴθ** τοῦ Ἀδὰμ τοῦ θεοῦ.

Σήμ	Syn 1	Mt	Mk	Lk 1	Acts	Jn	1-3John	Paul	Eph	Col
	NT 1	2Thess	1/2Tim	Tit	Heb	Jas	1Pet	2Pet	Jude	Rev

Shem

002		Lk 3,36	... τοῦ Ἀρφαξὰδ **τοῦ Σὴμ** τοῦ Νῶε ...

σημεῖον	Syn 29	Mt 13	Mk 5	Lk 11	Acts 13	Jn 17	1-3John	Paul 6	Eph	Col
	NT 75	2Thess 2	1/2Tim	Tit	Heb 1	Jas	1Pet	2Pet	Jude	Rev 7

sign; distinguishing mark; miracle; portent

	triple tradition																	double tradition			Sondergut		
		+Mt / +Lk			–Mt / –Lk			traditions not taken over by Mt / Lk							subtotals								
code	*222*	*211*	*112*	*212*	*221*	*122*	*121*	*022*	*012*	*021*	*220*	*120*	*210*	*020*	Σ⁺	Σ⁻	Σ	*202*	*201*	*102*	*200*	*002*	total
Mt	1	1⁺									4		2⁺		3⁺		8	4	1				**13**
Mk	1										4						5						**5**
Lk	1		2⁺												2⁺		3	4		1		3	**11**

[a] σημεῖον Ἰωνᾶ, σημεῖον and Ἰωνᾶς

[b] σημεῖα and τέρατα

002		Lk 2,12	καὶ τοῦτο ὑμῖν **τὸ σημεῖον,** εὑρήσετε βρέφος ἐσπαργανωμένον καὶ κείμενον ἐν φάτνῃ.

	Mt		Mk		Lk		
002					Lk 2,34	... ἰδοὺ οὗτος κεῖται εἰς πτῶσιν καὶ ἀνάστασιν πολλῶν ἐν τῷ Ἰσραὴλ καὶ **εἰς σημεῖον** ἀντιλεγόμενον -	
202	Mt 12,38 ⇩ Mt 16,1	τότε ἀπεκρίθησαν αὐτῷ τινες τῶν γραμματέων καὶ Φαρισαίων λέγοντες· διδάσκαλε, θέλομεν ἀπὸ σοῦ **σημεῖον** ἰδεῖν.	Mk 8,11	καὶ ἐξῆλθον οἱ Φαρισαῖοι καὶ ἤρξαντο συζητεῖν αὐτῷ, ζητοῦντες παρ' αὐτοῦ **σημεῖον** ἀπὸ τοῦ οὐρανοῦ, πειράζοντες αὐτόν.	Lk 11,16	ἕτεροι δὲ πειράζοντες **σημεῖον** ἐξ οὐρανοῦ ἐζήτουν παρ' αὐτοῦ.	Mk-Q overlap
202	Mt 12,39 (3) ⇩ Mt 16,4	ὁ δὲ ἀποκριθεὶς εἶπεν αὐτοῖς· γενεὰ πονηρὰ καὶ μοιχαλὶς **σημεῖον** ἐπιζητεῖ, καὶ	Mk 8,12 (2)	καὶ ἀναστενάξας τῷ πνεύματι αὐτοῦ λέγει· τί ἡ γενεὰ αὕτη ζητεῖ **σημεῖον;** ἀμὴν λέγω ὑμῖν, εἰ δοθήσεται τῇ γενεᾷ ταύτῃ	Lk 11,29 (3)	... ἤρξατο λέγειν· ἡ γενεὰ αὕτη γενεὰ πονηρά ἐστιν· **σημεῖον** ζητεῖ, καὶ	Mk-Q overlap
202		**σημεῖον** οὐ δοθήσεται αὐτῇ		**σημεῖον.**		**σημεῖον** οὐ δοθήσεται αὐτῇ	
a 202		εἰ μὴ **τὸ σημεῖον Ἰωνᾶ τοῦ προφήτου.**				εἰ μὴ **τὸ σημεῖον Ἰωνᾶ.**	
a 102	Mt 12,40 → Mt 27,63	ὥσπερ γὰρ *ἦν Ἰωνᾶς ἐν τῇ κοιλίᾳ τοῦ κήτους τρεῖς ἡμέρας καὶ τρεῖς νύκτας,* οὕτως ἔσται ὁ υἱὸς τοῦ ἀνθρώπου ἐν τῇ καρδίᾳ τῆς γῆς τρεῖς ἡμέρας καὶ τρεῖς νύκτας. ➤ Jonah 2,1			Lk 11,30	καθὼς γὰρ ἐγένετο Ἰωνᾶς τοῖς Νινευίταις **σημεῖον,** οὕτως ἔσται καὶ ὁ υἱὸς τοῦ ἀνθρώπου τῇ γενεᾷ ταύτῃ.	
220	Mt 16,1 ⇧ Mt 12,38	καὶ προσελθόντες οἱ Φαρισαῖοι καὶ Σαδδουκαῖοι πειράζοντες ἐπηρώτησαν αὐτὸν **σημεῖον** ἐκ τοῦ οὐρανοῦ ἐπιδεῖξαι αὐτοῖς.	Mk 8,11	καὶ ἐξῆλθον οἱ Φαρισαῖοι καὶ ἤρξαντο συζητεῖν αὐτῷ, ζητοῦντες παρ' αὐτοῦ **σημεῖον** ἀπὸ τοῦ οὐρανοῦ, πειράζοντες αὐτόν.	Lk 11,16	ἕτεροι δὲ πειράζοντες **σημεῖον** ἐξ οὐρανοῦ ἐζήτουν παρ' αὐτοῦ.	Mk-Q overlap
201	Mt 16,3	[... τὸ μὲν πρόσωπον τοῦ οὐρανοῦ γινώσκετε διακρίνειν, **τὰ δὲ σημεῖα τῶν καιρῶν** οὐ δύνασθε;]			Lk 12,56	ὑποκριταί, τὸ πρόσωπον τῆς γῆς καὶ τοῦ οὐρανοῦ οἴδατε δοκιμάζειν, **τὸν καιρὸν δὲ τοῦτον** πῶς οὐκ οἴδατε δοκιμάζειν;	→ GTh 91 Mt 16,3 is textcritically uncertain.
220	Mt 16,4 (3) ⇧ Mt 12,39	γενεὰ πονηρὰ καὶ μοιχαλὶς **σημεῖον** ἐπιζητεῖ, καὶ	Mk 8,12 (2)	... τί ἡ γενεὰ αὕτη ζητεῖ **σημεῖον;** ἀμὴν λέγω ὑμῖν, εἰ δοθήσεται τῇ γενεᾷ ταύτῃ	Lk 11,29 (3)	... ἡ γενεὰ αὕτη γενεὰ πονηρά ἐστιν· **σημεῖον** ζητεῖ, καὶ	Mk-Q overlap
220		**σημεῖον** οὐ δοθήσεται αὐτῇ		**σημεῖον.**		**σημεῖον** οὐ δοθήσεται αὐτῇ	
a 210		εἰ μὴ **τὸ σημεῖον Ἰωνᾶ.** ...				εἰ μὴ **τὸ σημεῖον Ἰωνᾶ.**	

222	**Mt 24,3**	... εἰπὲ ἡμῖν, πότε ταῦτα ἔσται καὶ τί **τὸ σημεῖον** τῆς σῆς παρουσίας καὶ συντελείας τοῦ αἰῶνος;	**Mk 13,4**	εἰπὸν ἡμῖν, πότε ταῦτα ἔσται καὶ τί **τὸ σημεῖον** ὅταν μέλλῃ ταῦτα συντελεῖσθαι πάντα;	**Lk 21,7**	... διδάσκαλε, πότε οὖν ταῦτα ἔσται καὶ τί **τὸ σημεῖον** ὅταν μέλλῃ ταῦτα γίνεσθαι;	
112	**Mt 24,7**	... καὶ ἔσονται λιμοὶ καὶ σεισμοὶ κατὰ τόπους·	**Mk 13,8**	... ἔσονται σεισμοὶ κατὰ τόπους, ἔσονται λιμοί· ...	**Lk 21,11** ↓ Lk 21,25	σεισμοί τε μεγάλοι καὶ κατὰ τόπους λιμοὶ καὶ λοιμοὶ ἔσονται, φόβητρά τε καὶ ἀπ᾽ οὐρανοῦ **σημεῖα μεγάλα** ἔσται.	→ Acts 2,19
b 220	**Mt 24,24** → Mt 24,5 → Mt 24,11	ἐγερθήσονται γὰρ ψευδόχριστοι καὶ ψευδοπροφῆται καὶ δώσουσιν **σημεῖα μεγάλα** καὶ τέρατα ὥστε πλανῆσαι, εἰ δυνατόν, καὶ τοὺς ἐκλεκτούς·	**Mk 13,22** → Mk 13,6	ἐγερθήσονται γὰρ ψευδόχριστοι καὶ ψευδοπροφῆται καὶ δώσουσιν **σημεῖα** καὶ τέρατα πρὸς τὸ ἀποπλανᾶν, εἰ δυνατόν, τοὺς ἐκλεκτούς.	→ Lk 21,8		
112	**Mt 24,29**	εὐθέως δὲ μετὰ τὴν θλῖψιν τῶν ἡμερῶν ἐκείνων *ὁ ἥλιος σκοτισθήσεται, καὶ ἡ σελήνη οὐ δώσει τὸ φέγγος αὐτῆς, καὶ οἱ ἀστέρες πεσοῦνται* ἀπὸ τοῦ οὐρανοῦ, ... ➢ Isa 13,10	**Mk 13,24**	ἀλλὰ ἐν ἐκείναις ταῖς ἡμέραις μετὰ τὴν θλῖψιν ἐκείνην *ὁ ἥλιος σκοτισθήσεται, καὶ ἡ σελήνη οὐ δώσει τὸ φέγγος αὐτῆς,* [25] *καὶ οἱ ἀστέρες ἔσονται* ἐκ τοῦ οὐρανοῦ *πίπτοντες*, ... ➢ Isa 13,10	**Lk 21,25** ↑ Lk 21,11	καὶ ἔσονται **σημεῖα** ἐν ἡλίῳ καὶ σελήνῃ καὶ ἄστροις, ...	→ Acts 2,19
211	**Mt 24,30** → Mt 16,27 → Mt 25,31	καὶ τότε φανήσεται **τὸ σημεῖον τοῦ υἱοῦ τοῦ ἀνθρώπου** ἐν οὐρανῷ, καὶ τότε κόψονται πᾶσαι αἱ φυλαὶ τῆς γῆς καὶ ὄψονται *τὸν υἱὸν τοῦ ἀνθρώπου ἐρχόμενον ἐπὶ τῶν νεφελῶν τοῦ οὐρανοῦ* μετὰ δυνάμεως καὶ δόξης πολλῆς· ➢ Dan 7,13-14	**Mk 13,26** → Mk 8,38	καὶ τότε ὄψονται *τὸν υἱὸν τοῦ ἀνθρώπου ἐρχόμενον ἐν νεφέλαις* μετὰ δυνάμεως πολλῆς καὶ δόξης. ➢ Dan 7,13-14	**Lk 21,27** → Lk 9,26	καὶ τότε ὄψονται *τὸν υἱὸν τοῦ ἀνθρώπου ἐρχόμενον ἐν νεφέλῃ* μετὰ δυνάμεως καὶ δόξης πολλῆς. ➢ Dan 7,13-14	
210	**Mt 26,48**	ὁ δὲ παραδιδοὺς αὐτὸν ἔδωκεν αὐτοῖς **σημεῖον** λέγων· ὃν ἂν φιλήσω αὐτός ἐστιν, κρατήσατε αὐτόν.	**Mk 14,44**	δεδώκει δὲ ὁ παραδιδοὺς αὐτὸν **σύσσημον** αὐτοῖς λέγων· ὃν ἂν φιλήσω αὐτός ἐστιν, κρατήσατε αὐτὸν καὶ ἀπάγετε ἀσφαλῶς.			
002					**Lk 23,8** → Lk 9,9	ὁ δὲ Ἡρῴδης ... ἤλπιζέν **τι σημεῖον** ἰδεῖν ὑπ᾽ αὐτοῦ γινόμενον.	

b	**Acts 2,19** → Lk 21,11 → Lk 21,25	*καὶ δώσω τέρατα ἐν τῷ οὐρανῷ ἄνω καὶ* **σημεῖα** *ἐπὶ τῆς γῆς* κάτω, *αἷμα καὶ πῦρ καὶ ἀτμίδα καπνοῦ.* ➢ Joel 3,3 LXX	*b*	**Acts 2,22** → Lk 24,19	... Ἰησοῦν τὸν Ναζωραῖον, ἄνδρα ἀποδεδειγμένον ἀπὸ τοῦ θεοῦ εἰς ὑμᾶς δυνάμεσι καὶ τέρασι καὶ **σημείοις** οἷς ἐποίησεν δι᾽ αὐτοῦ ὁ θεὸς ἐν μέσῳ ὑμῶν καθὼς αὐτοὶ οἴδατε	*b*	**Acts 2,43** ἐγίνετο δὲ πάσῃ ψυχῇ φόβος, πολλά τε τέρατα καὶ **σημεῖα** διὰ τῶν ἀποστόλων ἐγίνετο. **Acts 4,16** ... ὅτι μὲν γὰρ **γνωστὸν σημεῖον** γέγονεν δι᾽ αὐτῶν πᾶσιν τοῖς κατοικοῦσιν Ἰερουσαλὴμ φανερὸν καὶ οὐ δυνάμεθα ἀρνεῖσθαι·

Acts 4,22 ἐτῶν γὰρ ἦν πλειόνων τεσσεράκοντα ὁ ἄνθρωπος ἐφ᾽ ὃν γεγόνει **τὸ σημεῖον τοῦτο τῆς ἰάσεως.**

b **Acts 4,30** ἐν τῷ τὴν χεῖρά [σου] ἐκτείνειν σε εἰς ἴασιν καὶ **σημεῖα** καὶ τέρατα γίνεσθαι διὰ τοῦ ὀνόματος τοῦ ἁγίου παιδός σου Ἰησοῦ.

b **Acts 5,12** διὰ δὲ τῶν χειρῶν τῶν ἀποστόλων ἐγίνετο **σημεῖα** καὶ τέρατα πολλὰ ἐν τῷ λαῷ. ...

b **Acts 6,8** Στέφανος δὲ πλήρης χάριτος καὶ δυνάμεως ἐποίει τέρατα καὶ **σημεῖα μεγάλα** ἐν τῷ λαῷ.

b **Acts 7,36** οὗτος ἐξήγαγεν αὐτοὺς ποιήσας τέρατα καὶ **σημεῖα** ἐν γῇ Αἰγύπτῳ καὶ ἐν ἐρυθρᾷ θαλάσσῃ καὶ ἐν τῇ ἐρήμῳ ἔτη τεσσεράκοντα.

Acts 8,6 προσεῖχον δὲ οἱ ὄχλοι τοῖς λεγομένοις ὑπὸ τοῦ Φιλίππου ὁμοθυμαδὸν ἐν τῷ ἀκούειν αὐτοὺς καὶ βλέπειν **τὰ σημεῖα** ἃ ἐποίει.

Acts 8,13 ὁ δὲ Σίμων καὶ αὐτὸς ἐπίστευσεν καὶ βαπτισθεὶς ἦν προσκαρτερῶν τῷ Φιλίππῳ, θεωρῶν τε **σημεῖα καὶ δυνάμεις μεγάλας γινομένας** ἐξίστατο.

b **Acts 14,3** ἱκανὸν μὲν οὖν χρόνον διέτριψαν παρρησιαζόμενοι ἐπὶ τῷ κυρίῳ τῷ μαρτυροῦντι [ἐπὶ] τῷ λόγῳ τῆς χάριτος αὐτοῦ, διδόντι **σημεῖα** καὶ τέρατα γίνεσθαι διὰ τῶν χειρῶν αὐτῶν.

b **Acts 15,12** ἐσίγησεν δὲ πᾶν τὸ πλῆθος καὶ ἤκουον Βαρναβᾶ καὶ Παύλου ἐξηγουμένων **ὅσα ἐποίησεν ὁ θεὸς σημεῖα καὶ τέρατα** ἐν τοῖς ἔθνεσιν δι᾽ αὐτῶν.

σήμερον	**Syn** 20	Mt 8	Mk 1	Lk 11	Acts 9	Jn	1-3John	Paul 3	Eph	Col
	NT 41	2Thess	1/2Tim	Tit	Heb 8	Jas 1	1Pet	2Pet	Jude	Rev

today

	triple tradition																	double tradition			Sondergut		
		+Mt / +Lk			–Mt / –Lk			traditions not taken over by Mt / Lk							subtotals								
code	*222*	*211*	*112*	*212*	*221*	*122*	*121*	*022*	*012*	*021*	*220*	*120*	*210*	*020*	Σ^+	Σ^-	Σ	*202*	*201*	*102*	*200*	*002*	total
Mt						1^-										1^-		1	3		4		**8**
Mk						1											1						**1**
Lk			2^+			1									2^+		3	1				7	**11**

a σήμερον and αὔριον

b ἡ σήμερον (ἡμέρα)

002					**Lk 2,11**	ὅτι ἐτέχθη ὑμῖν **σήμερον** σωτὴρ ὅς ἐστιν χριστὸς κύριος ἐν πόλει Δαυίδ.
002					**Lk 4,21**	ἤρξατο δὲ λέγειν πρὸς αὐτοὺς ὅτι **σήμερον** πεπλήρωται ἡ γραφὴ αὕτη ἐν τοῖς ὠσὶν ὑμῶν.
112	**Mt 9,8**	ἰδόντες δὲ οἱ ὄχλοι ἐφοβήθησαν καὶ ἐδόξασαν τὸν θεὸν τὸν δόντα ἐξουσίαν τοιαύτην τοῖς ἀνθρώποις.	**Mk 2,12**	... ὥστε ἐξίστασθαι πάντας καὶ δοξάζειν τὸν θεὸν λέγοντας ὅτι οὕτως οὐδέποτε εἴδομεν.	**Lk 5,26**	καὶ ἔκστασις ἔλαβεν ἅπαντας καὶ ἐδόξαζον τὸν θεὸν καὶ ἐπλήσθησαν φόβου λέγοντες ὅτι εἴδομεν παράδοξα **σήμερον.**
201	**Mt 6,11**	τὸν ἄρτον ἡμῶν τὸν ἐπιούσιον δὸς ἡμῖν **σήμερον·**			**Lk 11,3**	τὸν ἄρτον ἡμῶν τὸν ἐπιούσιον δίδου ἡμῖν **τὸ καθ᾽ ἡμέραν·**

a 202	**Mt 6,30**	εἰ δὲ τὸν χόρτον τοῦ ἀγροῦ **σήμερον** ὄντα καὶ αὔριον εἰς κλίβανον βαλλόμενον ὁ θεὸς οὕτως ἀμφιέννυσιν, οὐ πολλῷ μᾶλλον ὑμᾶς, ὀλιγόπιστοι;			**Lk 12,28**	εἰ δὲ ἐν ἀγρῷ τὸν χόρτον ὄντα **σήμερον** καὶ αὔριον εἰς κλίβανον βαλλόμενον ὁ θεὸς οὕτως ἀμφιέζει, πόσῳ μᾶλλον ὑμᾶς, ὀλιγόπιστοι.	→ GTh 36,2 (only POxy 655)
b 201	**Mt 11,23**	καὶ σύ, Καφαρναούμ, μὴ ἕως οὐρανοῦ ὑψωθήσῃ; *ἕως ᾅδου καταβήσῃ·* ὅτι εἰ ἐν Σοδόμοις ἐγενήθησαν αἱ δυνάμεις αἱ γενόμεναι ἐν σοί, ἔμεινεν ἂν **μέχρι τῆς σήμερον.** ➤ Isa 14,13.15			**Lk 10,15**	καὶ σύ, Καφαρναούμ, μὴ ἕως οὐρανοῦ ὑψωθήσῃ; *ἕως τοῦ ᾅδου καταβήσῃ.* ➤ Isa 14,13.15	
201	**Mt 16,3**	[καὶ πρωΐ· **σήμερον** χειμών, πυρράζει γὰρ στυγνάζων ὁ οὐρανός. ...]			**Lk 12,55**	καὶ ὅταν νότον πνέοντα, λέγετε ὅτι καύσων ἔσται, καὶ γίνεται.	→ GTh 91 Mt 16,3 is textcritically uncertain.
a 002					**Lk 13,32**	... ἰδοὺ ἐκβάλλω δαιμόνια καὶ ἰάσεις ἀποτελῶ **σήμερον** καὶ αὔριον καὶ τῇ τρίτῃ τελειοῦμαι.	
a 002					**Lk 13,33**	πλὴν δεῖ με **σήμερον** καὶ αὔριον καὶ τῇ ἐχομένῃ πορεύεσθαι, ὅτι οὐκ ἐνδέχεται προφήτην ἀπολέσθαι ἔξω Ἰερουσαλήμ.	
002					**Lk 19,5**	... Ζακχαῖε, σπεύσας κατάβηθι, **σήμερον** γὰρ ἐν τῷ οἴκῳ σου δεῖ με μεῖναι.	
002					**Lk 19,9** → Lk 13,16	εἶπεν δὲ πρὸς αὐτὸν ὁ Ἰησοῦς ὅτι **σήμερον** σωτηρία τῷ οἴκῳ τούτῳ ἐγένετο, καθότι καὶ αὐτὸς υἱὸς Ἀβραάμ ἐστιν·	
200	**Mt 21,28** → Lk 15,11	... ἄνθρωπος εἶχεν τέκνα δύο. καὶ προσελθὼν τῷ πρώτῳ εἶπεν· τέκνον, ὕπαγε **σήμερον** ἐργάζου ἐν τῷ ἀμπελῶνι.					
122	**Mt 26,34**	ἔφη αὐτῷ ὁ Ἰησοῦς· ἀμὴν λέγω σοι ὅτι ἐν ταύτῃ τῇ νυκτὶ πρὶν ἀλέκτορα φωνῆσαι τρὶς ἀπαρνήσῃ με.	**Mk 14,30**	καὶ λέγει αὐτῷ ὁ Ἰησοῦς· ἀμὴν λέγω σοι ὅτι σὺ **σήμερον** ταύτῃ τῇ νυκτὶ πρὶν ἢ δὶς ἀλέκτορα φωνῆσαι τρίς με ἀπαρνήσῃ.	**Lk 22,34**	ὁ δὲ εἶπεν· λέγω σοι, Πέτρε, οὐ φωνήσει **σήμερον** ἀλέκτωρ ἕως τρίς με ἀπαρνήσῃ εἰδέναι.	→ Jn 13,38

	Mt		Mk		Lk		
112	Mt 26,75	καὶ ἐμνήσθη ὁ Πέτρος τοῦ ῥήματος Ἰησοῦ εἰρηκότος ὅτι πρὶν ἀλέκτορα φωνῆσαι τρὶς ἀπαρνήσῃ με· καὶ ἐξελθὼν ἔξω ἔκλαυσεν πικρῶς.	Mk 14,72	... καὶ ἀνεμνήσθη ὁ Πέτρος τὸ ῥῆμα ὡς εἶπεν αὐτῷ ὁ Ἰησοῦς ὅτι πρὶν ἀλέκτορα φωνῆσαι δὶς τρίς με ἀπαρνήσῃ· καὶ ἐπιβαλὼν ἔκλαιεν.	Lk 22,61	... καὶ ὑπεμνήσθη ὁ Πέτρος τοῦ ῥήματος τοῦ κυρίου ὡς εἶπεν αὐτῷ ὅτι πρὶν ἀλέκτορα φωνῆσαι **σήμερον** ἀπαρνήσῃ με τρίς. [62] καὶ ἐξελθὼν ἔξω ἔκλαυσεν πικρῶς.	
b 200	Mt 27,8	διὸ ἐκλήθη ὁ ἀγρὸς ἐκεῖνος ἀγρὸς αἵματος **ἕως τῆς σήμερον.**					→ Acts 1,19
200	Mt 27,19	... ἀπέστειλεν πρὸς αὐτὸν ἡ γυνὴ αὐτοῦ λέγουσα· μηδὲν σοὶ καὶ τῷ δικαίῳ ἐκείνῳ· πολλὰ γὰρ ἔπαθον **σήμερον** κατ᾽ ὄναρ δι᾽ αὐτόν.					
002					Lk 23,43	... ἀμήν σοι λέγω, **σήμερον** μετ᾽ ἐμοῦ ἔσῃ ἐν τῷ παραδείσῳ.	
b 200	Mt 28,15	... καὶ διεφημίσθη ὁ λόγος οὗτος παρὰ Ἰουδαίοις **μέχρι τῆς σήμερον [ἡμέρας].**					

Acts 4,9 εἰ ἡμεῖς **σήμερον** ἀνακρινόμεθα ἐπὶ εὐεργεσίᾳ ἀνθρώπου ἀσθενοῦς ἐν τίνι οὗτος σέσωται

Acts 13,33 ... ὡς καὶ ἐν τῷ ψαλμῷ γέγραπται τῷ δευτέρῳ, *υἱός μου εἶ σύ, ἐγὼ* ***σήμερον*** *γεγέννηκά σε.* ➤ Ps 2,7

b **Acts 19,40** καὶ γὰρ κινδυνεύομεν ἐγκαλεῖσθαι στάσεως **περὶ τῆς σήμερον,** μηδενὸς αἰτίου ὑπάρχοντος περὶ οὗ [οὐ] δυνησόμεθα ἀποδοῦναι λόγον περὶ τῆς συστροφῆς ταύτης. ...

b **Acts 20,26** (→ Mt 27,24-25; → Acts 18,6) διότι μαρτύρομαι ὑμῖν **ἐν τῇ σήμερον ἡμέρᾳ** ὅτι καθαρός εἰμι ἀπὸ τοῦ αἵματος πάντων·

Acts 22,3 ... ζηλωτὴς ὑπάρχων τοῦ θεοῦ καθὼς πάντες ὑμεῖς ἐστε **σήμερον·**

Acts 24,21 ... περὶ ἀναστάσεως νεκρῶν ἐγὼ κρίνομαι **σήμερον** ἐφ᾽ ὑμῶν.

Acts 26,2 περὶ πάντων ὧν ἐγκαλοῦμαι ὑπὸ Ἰουδαίων, βασιλεῦ Ἀγρίππα, ἥγημαι ἐμαυτὸν μακάριον ἐπὶ σοῦ μέλλων **σήμερον** ἀπολογεῖσθαι

Acts 26,29 ... καὶ πάντας τοὺς ἀκούοντάς μου **σήμερον** γενέσθαι τοιούτους ὁποῖος καὶ ἐγώ εἰμι ...

Acts 27,33 ... **τεσσαρεσκαιδεκάτην σήμερον ἡμέραν** προσδοκῶντες ἄσιτοι διατελεῖτε μηθὲν προσλαβόμενοι·

σής	Syn	Mt	Mk	Lk	Acts	Jn	1-3John	Paul	Eph	Col
	3	2		1						
	NT	2Thess	1/2Tim	Tit	Heb	Jas	1Pet	2Pet	Jude	Rev
	3									

the moth

	Mt		
200	Mt 6,19 (→ Lk 12,21; ↓ Lk 12,33)	μὴ θησαυρίζετε ὑμῖν θησαυροὺς ἐπὶ τῆς γῆς, ὅπου **σὴς** καὶ βρῶσις ἀφανίζει καὶ ὅπου κλέπται διορύσσουσιν καὶ κλέπτουσιν·	

	Mt 6,20 → Mt 19,21		→ Mk 10,21		Lk 12,33 ↑ Mt 6,19 → Lk 14,33 → Lk 16,9 → Lk 18,22		
202		θησαυρίζετε δὲ ὑμῖν θησαυροὺς ἐν οὐρανῷ, ὅπου **οὔτε σὴς** οὔτε βρῶσις ἀφανίζει, καὶ ὅπου κλέπται οὐ διορύσσουσιν οὐδὲ κλέπτουσιν·				πωλήσατε τὰ ὑπάρχοντα ὑμῶν καὶ δότε ἐλεημοσύνην· ποιήσατε ἑαυτοῖς βαλλάντια μὴ παλαιούμενα, θησαυρὸν ἀνέκλειπτον ἐν τοῖς οὐρανοῖς, ὅπου κλέπτης οὐκ ἐγγίζει **οὐδὲ σὴς** διαφθείρει·	→ Acts 2,45 → GTh 76,3

σιαγών	Syn	Mt	Mk	Lk	Acts	Jn	1-3John	Paul	Eph	Col
	2	1		1						
	NT	2Thess	1/2Tim	Tit	Heb	Jas	1Pet	2Pet	Jude	Rev
	2									

cheek

	Mt 5,39				Lk 6,29		
202		ἐγὼ δὲ λέγω ὑμῖν μὴ ἀντιστῆναι τῷ πονηρῷ· ἀλλ' ὅστις σε ῥαπίζει **εἰς τὴν δεξιὰν σιαγόνα [σου],** στρέψον αὐτῷ καὶ τὴν ἄλλην·				τῷ τύπτοντί σε **ἐπὶ τὴν σιαγόνα** πάρεχε καὶ τὴν ἄλλην, ...	

σιγάω	Syn	Mt	Mk	Lk	Acts	Jn	1-3John	Paul	Eph	Col
	3			3	3			4		
	NT	2Thess	1/2Tim	Tit	Heb	Jas	1Pet	2Pet	Jude	Rev
	10									

be silent; keep still; say nothing; stop speaking; become silent; keep secret; conceal something

	Mt		Mk		Lk	
112	Mt 17,9	καὶ καταβαινόντων αὐτῶν ἐκ τοῦ ὄρους ἐνετείλατο αὐτοῖς ὁ Ἰησοῦς λέγων· μηδενὶ εἴπητε τὸ ὅραμα ἕως οὗ ὁ υἱὸς τοῦ ἀνθρώπου ἐκ νεκρῶν ἐγερθῇ.	Mk 9,9	καὶ καταβαινόντων αὐτῶν ἐκ τοῦ ὄρους διεστείλατο αὐτοῖς ἵνα μηδενὶ ἃ εἶδον διηγήσωνται, εἰ μὴ ὅταν ὁ υἱὸς τοῦ ἀνθρώπου ἐκ νεκρῶν ἀναστῇ.	Lk 9,36	... καὶ αὐτοὶ **ἐσίγησαν** καὶ οὐδενὶ ἀπήγγειλαν ἐν ἐκείναις ταῖς ἡμέραις οὐδὲν ὧν ἑώρακαν.
112	Mt 20,31	ὁ δὲ ὄχλος ἐπετίμησεν αὐτοῖς ἵνα **σιωπήσωσιν·** οἱ δὲ μεῖζον ἔκραξαν λέγοντες· ἐλέησον ἡμᾶς, κύριε, υἱὸς Δαυίδ.	Mk 10,48	καὶ ἐπετίμων αὐτῷ πολλοὶ ἵνα **σιωπήσῃ·** ὁ δὲ πολλῷ μᾶλλον ἔκραζεν· υἱὲ Δαυίδ, ἐλέησόν με.	Lk 18,39	καὶ οἱ προάγοντες ἐπετίμων αὐτῷ ἵνα **σιγήσῃ,** αὐτὸς δὲ πολλῷ μᾶλλον ἔκραζεν· υἱὲ Δαυίδ, ἐλέησόν με.
112	Mt 22,22 → Mk 12,12	καὶ ἀκούσαντες ἐθαύμασαν, καὶ ἀφέντες αὐτὸν ἀπῆλθαν.	Mk 12,17	... καὶ ἐξεθαύμαζον ἐπ' αὐτῷ.	Lk 20,26	καὶ οὐκ ἴσχυσαν ἐπιλαβέσθαι αὐτοῦ ῥήματος ἐναντίον τοῦ λαοῦ καὶ θαυμάσαντες ἐπὶ τῇ ἀποκρίσει αὐτοῦ **ἐσίγησαν.**

Acts 12,17	Acts 15,12	Acts 15,13
κατασείσας δὲ αὐτοῖς τῇ χειρὶ **σιγᾶν** διηγήσατο [αὐτοῖς] ...	**ἐσίγησεν** δὲ πᾶν τὸ πλῆθος καὶ ἤκουον Βαρναβᾶ καὶ Παύλου ἐξηγουμένων ...	**μετὰ δὲ τὸ σιγῆσαι** αὐτοὺς ἀπεκρίθη Ἰάκωβος λέγων· ἄνδρες ἀδελφοί, ἀκούσατέ μου.

Σιδών	Syn 8	Mt 3	Mk 2	Lk 3	Acts 1	Jn	1-3John	Paul	Eph	Col
	NT 9	2Thess	1/2Tim	Tit	Heb	Jas	1Pet	2Pet	Jude	Rev

Sidon

	triple tradition																	double tradition			Sondergut		
		+Mt / +Lk			–Mt / –Lk			traditions not taken over by Mt / Lk							subtotals								
code	*222*	*211*	*112*	*212*	*221*	*122*	*121*	*022*	*012*	*021*	*220*	*120*	*210*	*020*	Σ^+	Σ^-	Σ	*202*	*201*	*102*	*200*	*002*	total
Mt						1^-						1^-	1^+		1^+	2^-	1	2					**3**
Mk						1						1					2						**2**
Lk						1											1	2					**3**

	Mt 4,24 → Mt 9,26 ↓ Mk 3,8	καὶ ἀπῆλθεν ἡ ἀκοὴ αὐτοῦ **εἰς ὅλην τὴν Συρίαν· ...**	**Mk 1,28**	καὶ ἐξῆλθεν ἡ ἀκοὴ αὐτοῦ εὐθὺς πανταχοῦ **εἰς ὅλην τὴν περίχωρον τῆς Γαλιλαίας.**	**Lk 4,37** → Lk 4,14	καὶ ἐξεπορεύετο ἦχος περὶ αὐτοῦ **εἰς πάντα τόπον τῆς περιχώρου.**
122	**Mt 4,25** ↑ Mk 1,28 ↑ Lk 4,37	καὶ ἠκολούθησαν αὐτῷ ὄχλοι πολλοὶ ἀπὸ τῆς Γαλιλαίας καὶ Δεκαπόλεως καὶ Ἱεροσολύμων καὶ Ἰουδαίας καὶ πέραν τοῦ Ἰορδάνου.	**Mk 3,8** ↑ Mt 4,24a	[7] ... καὶ πολὺ πλῆθος ἀπὸ τῆς Γαλιλαίας [ἠκολούθησεν], καὶ ἀπὸ τῆς Ἰουδαίας [8] καὶ ἀπὸ Ἱεροσολύμων καὶ ἀπὸ τῆς Ἰδουμαίας καὶ πέραν τοῦ Ἰορδάνου καὶ **περὶ Τύρον καὶ Σιδῶνα ...**	**Lk 6,17**	... καὶ πλῆθος πολὺ τοῦ λαοῦ ἀπὸ πάσης τῆς Ἰουδαίας καὶ Ἰερουσαλὴμ καὶ **τῆς παραλίου Τύρου καὶ Σιδῶνος**
202	**Mt 11,21**	οὐαί σοι, Χοραζίν, οὐαί σοι, Βηθσαϊδά· ὅτι εἰ **ἐν Τύρῳ καὶ Σιδῶνι** ἐγένοντο αἱ δυνάμεις αἱ γενόμεναι ἐν ὑμῖν, πάλαι ἂν ἐν σάκκῳ καὶ σποδῷ μετενόησαν.			**Lk 10,13**	οὐαί σοι, Χοραζίν, οὐαί σοι, Βηθσαϊδά· ὅτι εἰ **ἐν Τύρῳ καὶ Σιδῶνι** ἐγενήθησαν αἱ δυνάμεις αἱ γενόμεναι ἐν ὑμῖν, πάλαι ἂν ἐν σάκκῳ καὶ σποδῷ καθήμενοι μετενόησαν.
202	**Mt 11,22**	πλὴν λέγω ὑμῖν, **Τύρῳ καὶ Σιδῶνι** ἀνεκτότερον ἔσται ἐν ἡμέρᾳ κρίσεως ἢ ὑμῖν.			**Lk 10,14**	πλὴν **Τύρῳ καὶ Σιδῶνι** ἀνεκτότερον ἔσται ἐν τῇ κρίσει ἢ ὑμῖν.
210	**Mt 15,21**	καὶ ἐξελθὼν ἐκεῖθεν ὁ Ἰησοῦς ἀνεχώρησεν **εἰς τὰ μέρη Τύρου καὶ Σιδῶνος.**	**Mk 7,24** → Mt 15,22	ἐκεῖθεν δὲ ἀναστὰς ἀπῆλθεν **εἰς τὰ ὅρια Τύρου. ...**		
120	**Mt 15,29**	καὶ μεταβὰς ἐκεῖθεν ὁ Ἰησοῦς ἦλθεν παρὰ τὴν θάλασσαν τῆς Γαλιλαίας, καὶ ἀναβὰς εἰς τὸ ὄρος ἐκάθητο ἐκεῖ.	**Mk 7,31**	καὶ πάλιν ἐξελθὼν ἐκ τῶν ὁρίων Τύρου ἦλθεν **διὰ Σιδῶνος** εἰς τὴν θάλασσαν τῆς Γαλιλαίας ἀνὰ μέσον τῶν ὁρίων Δεκαπόλεως.		

Acts 27,3 τῇ τε ἑτέρᾳ κατήχθημεν
εἰς Σιδῶνα, ...

Σιδώνιος	Syn 1	Mt	Mk	Lk 1	Acts 1	Jn	1-3John	Paul	Eph	Col
	NT 2	2Thess	1/2Tim	Tit	Heb	Jas	1Pet	2Pet	Jude	Rev

Sidonian; from Sidon

	Mt	Mk	Lk	
002			Lk 4,26 καὶ πρὸς οὐδεμίαν αὐτῶν ἐπέμφθη Ἠλίας εἰ μὴ **εἰς Σάρεπτα τῆς Σιδωνίας** πρὸς γυναῖκα χήραν.	

Acts 12,20 ἦν δὲ θυμομαχῶν **Τυρίοις καὶ Σιδωνίοις**· ...

σίκερα	Syn 1	Mt	Mk	Lk 1	Acts	Jn	1-3John	Paul	Eph	Col
	NT 1	2Thess	1/2Tim	Tit	Heb	Jas	1Pet	2Pet	Jude	Rev

strong drink

	Mt	Mk	Lk	
002			Lk 1,15 ἔσται γὰρ μέγας ἐνώπιον [τοῦ] κυρίου, *καὶ οἶνον καὶ* ***σίκερα*** *οὐ μὴ πίῃ*, καὶ πνεύματος ἁγίου πλησθήσεται ἔτι ἐκ κοιλίας μητρὸς αὐτοῦ ➤ Num 6,3; Lev 10,9	

Σιλωάμ	Syn 1	Mt	Mk	Lk 1	Acts	Jn 2	1-3John	Paul	Eph	Col
	NT 3	2Thess	1/2Tim	Tit	Heb	Jas	1Pet	2Pet	Jude	Rev

Siloam

	Mt	Mk	Lk	
002			Lk 13,4 ἢ ἐκεῖνοι οἱ δεκαοκτὼ ἐφ' οὓς ἔπεσεν ὁ πύργος **ἐν τῷ Σιλωὰμ** καὶ ἀπέκτεινεν αὐτούς, δοκεῖτε ὅτι αὐτοὶ ὀφειλέται ἐγένοντο παρὰ πάντας τοὺς ἀνθρώπους τοὺς κατοικοῦντας Ἰερουσαλήμ;	

Σίμων	Syn 37	Mt 9	Mk 11	Lk 17	Acts 13	Jn 25	1-3John	Paul	Eph	Col
	NT 75	2Thess	1/2Tim	Tit	Heb	Jas	1Pet	2Pet	Jude	Rev

Simon

	triple tradition																	double tradition			Sondergut		
		+Mt / +Lk			−Mt / −Lk			traditions not taken over by Mt / Lk							subtotals								
code	222	211	112	212	221	122	121	022	012	021	220	120	210	020	Σ⁺	Σ⁻	Σ	202	201	102	200	002	total
Mt	3	1⁺			1	2⁻	1⁻				2	1⁻			1⁺	4⁻	7				2		**9**
Mk	3				1	2	1			1	2	1					11						**11**
Lk	3		2⁺		1⁻	2	1⁻			1⁻					2⁺	3⁻	7					10	**17**

[a] Simon Peter, brother of Andrew (see also b)
[b] Σίμων Πέτρος (see also a)
[c] Σίμων ὁ Καναναῖος, ~ ὁ (καλούμενος) ζηλωτής
[d] Σίμων, brother of Jesus
[e] Σίμων of Cyrene
[f] Σίμων the leper
[g] Σίμων the Pharisee
[h] Σίμων βυρσεύς
[j] Σίμων μαγεύων

a	**Mt 4,18**	περιπατῶν δὲ παρὰ τὴν θάλασσαν τῆς Γαλιλαίας εἶδεν δύο ἀδελφούς,	**Mk 1,16** (2)	καὶ παράγων παρὰ τὴν θάλασσαν τῆς Γαλιλαίας εἶδεν	**Lk 5,3** → Mt 13,2 → Mk 4,1	[1] ... καὶ αὐτὸς ἦν ἑστὼς παρὰ τὴν λίμνην Γεννησαρέτ [2] καὶ εἶδεν δύο πλοῖα ἑστῶτα παρὰ τὴν λίμνην· οἱ δὲ ἁλιεῖς ἀπ' αὐτῶν ἀποβάντες ἔπλυνον τὰ δίκτυα. [3] ἐμβὰς δὲ εἰς ἓν τῶν πλοίων, ὃ ἦν	→ Jn 1,40-42
220		Σίμωνα τὸν λεγόμενον Πέτρον		Σίμωνα		Σίμωνος,	
a 120		καὶ Ἀνδρέαν τὸν ἀδελφὸν αὐτοῦ, βάλλοντας ἀμφίβληστρον εἰς τὴν θάλασσαν· ἦσαν γὰρ ἁλιεῖς.		καὶ Ἀνδρέαν τὸν ἀδελφὸν Σίμωνος ἀμφιβάλλοντας ἐν τῇ θαλάσσῃ· ἦσαν γὰρ ἁλιεῖς.		ἠρώτησεν αὐτὸν ἀπὸ τῆς γῆς ἐπαναγαγεῖν ὀλίγον· ...	
a 122	**Mt 8,14**	καὶ ἐλθὼν ὁ Ἰησοῦς εἰς τὴν οἰκίαν Πέτρου	**Mk 1,29**	καὶ εὐθὺς ἐκ τῆς συναγωγῆς ἐξελθόντες ἦλθον εἰς τὴν οἰκίαν Σίμωνος καὶ Ἀνδρέου μετὰ Ἰακώβου καὶ Ἰωάννου.	**Lk 4,38** (2)	ἀναστὰς δὲ ἀπὸ τῆς συναγωγῆς εἰσῆλθεν εἰς τὴν οἰκίαν Σίμωνος.	
a 122		εἶδεν τὴν πενθερὰν αὐτοῦ βεβλημένην καὶ πυρέσσουσαν·	**Mk 1,30**	ἡ δὲ πενθερὰ Σίμωνος κατέκειτο πυρέσσουσα, καὶ εὐθὺς λέγουσιν αὐτῷ περὶ αὐτῆς.		πενθερὰ δὲ τοῦ Σίμωνος ἦν συνεχομένη πυρετῷ μεγάλῳ καὶ ἠρώτησαν αὐτὸν περὶ αὐτῆς.	
a 021			**Mk 1,36**	καὶ κατεδίωξεν αὐτὸν Σίμων καὶ οἱ μετ' αὐτοῦ, [37] καὶ εὗρον αὐτὸν καὶ λέγουσιν αὐτῷ ὅτι πάντες ζητοῦσίν σε.	**Lk 4,42**	... καὶ οἱ ὄχλοι ἐπεζήτουν αὐτὸν καὶ ἦλθον ἕως αὐτοῦ καὶ κατεῖχον αὐτὸν τοῦ μὴ πορεύεσθαι ἀπ' αὐτῶν.	
a 002	**Mt 4,18**	... εἶδεν δύο ἀδελφούς, Σίμωνα τὸν λεγόμενον Πέτρον καὶ Ἀνδρέαν τὸν ἀδελφὸν αὐτοῦ, ...	**Mk 1,16** (2)	... εἶδεν Σίμωνα καὶ Ἀνδρέαν τὸν ἀδελφὸν Σίμωνος ...	**Lk 5,3** → Mt 13,2 → Mk 4,1	ἐμβὰς δὲ εἰς ἓν τῶν πλοίων, ὃ ἦν Σίμωνος, ἠρώτησεν αὐτὸν ἀπὸ τῆς γῆς ἐπαναγαγεῖν ὀλίγον· ...	→ Jn 1,40-42
a 002					**Lk 5,4**	ὡς δὲ ἐπαύσατο λαλῶν, εἶπεν πρὸς τὸν Σίμωνα· ἐπανάγαγε εἰς τὸ βάθος καὶ χαλάσατε τὰ δίκτυα ὑμῶν εἰς ἄγραν.	→ Jn 21,6

a 002					Lk 5,5	καὶ ἀποκριθεὶς **Σίμων** εἶπεν· ἐπιστάτα, δι᾽ ὅλης νυκτὸς κοπιάσαντες οὐδὲν ἐλάβομεν· ...	→ Jn 21,3
b 002					Lk 5,8	ἰδὼν δὲ **Σίμων Πέτρος** προσέπεσεν τοῖς γόνασιν Ἰησοῦ λέγων· ἔξελθε ἀπ᾽ ἐμοῦ, ...	
a 112	Mt 4,21	καὶ προβὰς ἐκεῖθεν εἶδεν ἄλλους δύο ἀδελφούς, Ἰάκωβον τὸν τοῦ Ζεβεδαίου καὶ Ἰωάννην τὸν ἀδελφὸν αὐτοῦ, ...	Mk 1,19	καὶ προβὰς ὀλίγον εἶδεν Ἰάκωβον τὸν τοῦ Ζεβεδαίου καὶ Ἰωάννην τὸν ἀδελφὸν αὐτοῦ, ...	Lk 5,10 (2)	ὁμοίως δὲ καὶ Ἰάκωβον καὶ Ἰωάννην υἱοὺς Ζεβεδαίου, οἳ ἦσαν κοινωνοὶ **τῷ Σίμωνι.**	
a 112	Mt 4,19	καὶ λέγει **αὐτοῖς·** δεῦτε ὀπίσω μου, καὶ ποιήσω ὑμᾶς ἁλιεῖς ἀνθρώπων.	Mk 1,17	καὶ εἶπεν **αὐτοῖς** ὁ Ἰησοῦς· δεῦτε ὀπίσω μου, καὶ ποιήσω ὑμᾶς γενέσθαι ἁλιεῖς ἀνθρώπων.		καὶ εἶπεν **πρὸς τὸν Σίμωνα** ὁ Ἰησοῦς· μὴ φοβοῦ· ἀπὸ τοῦ νῦν ἀνθρώπους ἔσῃ ζωγρῶν.	
a 222	Mt 10,2 ↓ Mk 3,18	τῶν δὲ δώδεκα ἀποστόλων τὰ ὀνόματά ἐστιν ταῦτα· πρῶτος **Σίμων** ὁ λεγόμενος Πέτρος καὶ Ἀνδρέας ὁ ἀδελφὸς αὐτοῦ, ...	Mk 3,16	... καὶ ἐπέθηκεν ὄνομα **τῷ Σίμωνι** Πέτρον	Lk 6,14 ↓ Mk 3,18	**Σίμωνα,** ὃν καὶ ὠνόμασεν Πέτρον, καὶ Ἀνδρέαν τὸν ἀδελφὸν αὐτοῦ, ...	→ Jn 1,40-42
c 222	Mt 10,4	[3] Φίλιππος καὶ Βαρθολομαῖος, Θωμᾶς καὶ Μαθθαῖος ὁ τελώνης, Ἰάκωβος ὁ τοῦ Ἁλφαίου καὶ Θαδδαῖος, [4] **Σίμων** **ὁ Καναναῖος** καὶ Ἰούδας ὁ Ἰσκαριώτης ὁ καὶ παραδοὺς αὐτόν.	Mk 3,18 ↑ Mt 10,2 ↑ Lk 6,14	... καὶ Φίλιππον καὶ Βαρθολομαῖον καὶ Μαθθαῖον καὶ Θωμᾶν καὶ Ἰάκωβον τὸν τοῦ Ἁλφαίου καὶ Θαδδαῖον καὶ **Σίμωνα** **τὸν Καναναῖον** [19] καὶ Ἰούδαν Ἰσκαριώθ, ὃς καὶ παρέδωκεν αὐτόν.	Lk 6,15	[14] ... καὶ Φίλιππον καὶ Βαρθολομαῖον [15] καὶ Μαθθαῖον καὶ Θωμᾶν καὶ Ἰάκωβον Ἁλφαίου καὶ **Σίμωνα τὸν** **καλούμενον ζηλωτὴν** [16] καὶ Ἰούδαν Ἰακώβου καὶ Ἰούδαν Ἰσκαριώθ, ὃς ἐγένετο προδότης.	
g 002					Lk 7,40 ↓ Mt 26,6 ↓ Mk 14,3	καὶ ἀποκριθεὶς ὁ Ἰησοῦς εἶπεν πρὸς αὐτόν· **Σίμων,** ἔχω σοί τι εἰπεῖν. ...	
g 002					Lk 7,43	ἀποκριθεὶς **Σίμων** εἶπεν· ὑπολαμβάνω ὅτι ᾧ τὸ πλεῖον ἐχαρίσατο. ...	
g 002					Lk 7,44	καὶ στραφεὶς πρὸς τὴν γυναῖκα **τῷ Σίμωνι** ἔφη· βλέπεις ταύτην τὴν γυναῖκα; ...	
d 221	Mt 13,55 → Mt 1,16	οὐχ οὗτός ἐστιν ὁ τοῦ τέκτονος υἱός; οὐχ ἡ μήτηρ αὐτοῦ λέγεται Μαριὰμ καὶ οἱ ἀδελφοὶ αὐτοῦ Ἰάκωβος καὶ Ἰωσὴφ καὶ **Σίμων** καὶ Ἰούδας;	Mk 6,3 → Mt 1,16	οὐχ οὗτός ἐστιν ὁ τέκτων, ὁ υἱὸς τῆς Μαρίας καὶ ἀδελφὸς Ἰακώβου καὶ Ἰωσῆτος καὶ Ἰούδα καὶ **Σίμωνος; ...**	Lk 4,22 → Lk 3,23	... οὐχὶ υἱός ἐστιν Ἰωσὴφ οὗτος;	→ Jn 6,42

	Mt		Mk		Lk		
b 211	**Mt 16,16** → Mt 14,33	[15] λέγει αὐτοῖς· ὑμεῖς δὲ τίνα με λέγετε εἶναι; [16] ἀποκριθεὶς δὲ **Σίμων Πέτρος** εἶπεν· σὺ εἶ ὁ χριστὸς ὁ υἱὸς τοῦ θεοῦ τοῦ ζῶντος.	**Mk 8,29**	καὶ αὐτὸς ἐπηρώτα αὐτούς· ὑμεῖς δὲ τίνα με λέγετε εἶναι; ἀποκριθεὶς **ὁ Πέτρος** λέγει αὐτῷ· σὺ εἶ ὁ χριστός.	**Lk 9,20**	εἶπεν δὲ αὐτοῖς· ὑμεῖς δὲ τίνα με λέγετε εἶναι; **Πέτρος** δὲ ἀποκριθεὶς εἶπεν· τὸν χριστὸν τοῦ θεοῦ.	→ **Jn 6,68** → Jn 6,69 → GTh 13
a 200	**Mt 16,17**	... μακάριος εἶ, **Σίμων Βαριωνᾶ,** ὅτι σὰρξ καὶ αἷμα οὐκ ἀπεκάλυψέν σοι ἀλλ' ὁ πατήρ μου ὁ ἐν τοῖς οὐρανοῖς.					
a 200	**Mt 17,25**	... ὁ Ἰησοῦς λέγων· τί σοι δοκεῖ, **Σίμων;** οἱ βασιλεῖς τῆς γῆς ἀπὸ τίνων λαμβάνουσιν τέλη ἢ κῆνσον; ...					
f 220	**Mt 26,6** ↑ Lk 7,40	τοῦ δὲ Ἰησοῦ γενομένου ἐν Βηθανίᾳ **ἐν οἰκίᾳ Σίμωνος** **τοῦ λεπροῦ,** [7] ... αὐτοῦ ἀνακειμένου.	**Mk 14,3** ↑ Lk 7,40	καὶ ὄντος αὐτοῦ ἐν Βηθανίᾳ **ἐν τῇ οἰκίᾳ Σίμωνος** **τοῦ λεπροῦ,** κατακειμένου αὐτοῦ ...	Lk 7,36	ἠρώτα δέ τις αὐτὸν τῶν Φαρισαίων ἵνα φάγῃ μετ' αὐτοῦ, καὶ εἰσελθὼν **εἰς τὸν οἶκον** **τοῦ Φαρισαίου** κατεκλίθη.	→ Jn 12,1-2
a 002 *a* 002					**Lk 22,31** (2)	**Σίμων** **Σίμων,** ἰδοὺ ὁ σατανᾶς ἐξῃτήσατο ὑμᾶς τοῦ σινιάσαι ὡς τὸν σῖτον·	
a 121	**Mt 26,40**	... καὶ λέγει τῷ Πέτρῳ· οὕτως οὐκ ἰσχύσατε μίαν ὥραν γρηγορῆσαι μετ' ἐμοῦ;	**Mk 14,37**	... καὶ λέγει τῷ Πέτρῳ· **Σίμων,** καθεύδεις; οὐκ ἴσχυσας μίαν ὥραν γρηγορῆσαι;	**Lk 22,46**	καὶ εἶπεν αὐτοῖς· τί καθεύδετε; ...	
e 222	**Mt 27,32** → Mt 10,38 → Mt 16,24	ἐξερχόμενοι δὲ εὗρον ἄνθρωπον Κυρηναῖον ὀνόματι **Σίμωνα,** τοῦτον ἠγγάρευσαν ἵνα ἄρῃ τὸν σταυρὸν αὐτοῦ.	**Mk 15,21** → Mk 8,34	καὶ ἀγγαρεύουσιν παράγοντά τινα **Σίμωνα** Κυρηναῖον ἐρχόμενον ἀπ' ἀγροῦ, τὸν πατέρα Ἀλεξάνδρου καὶ Ῥούφου, ἵνα ἄρῃ τὸν σταυρὸν αὐτοῦ.	**Lk 23,26** → Lk 9,23 → Lk 14,27	... ἐπιλαβόμενοι **Σίμωνά** τινα Κυρηναῖον ἐρχόμενον ἀπ' ἀγροῦ ἐπέθηκαν αὐτῷ τὸν σταυρὸν φέρειν ὄπισθεν τοῦ Ἰησοῦ.	
a 002					**Lk 24,34**	λέγοντας ὅτι ὄντως ἠγέρθη ὁ κύριος καὶ ὤφθη **Σίμωνι.**	→ 1Cor 15,4-5

c **Acts 1,13** ... Φίλιππος καὶ Θωμᾶς, Βαρθολομαῖος καὶ Μαθθαῖος, Ἰάκωβος Ἁλφαίου καὶ **Σίμων ὁ ζηλωτὴς** καὶ Ἰούδας Ἰακώβου.

j **Acts 8,9** ἀνὴρ δέ τις ὀνόματι **Σίμων** προϋπῆρχεν ἐν τῇ πόλει μαγεύων ...

j **Acts 8,13** **ὁ δὲ Σίμων καὶ αὐτὸς** ἐπίστευσεν καὶ βαπτισθεὶς ἦν προσκαρτερῶν τῷ Φιλίππῳ, ...

j **Acts 8,18** ἰδὼν δὲ **ὁ Σίμων** ὅτι διὰ τῆς ἐπιθέσεως τῶν χειρῶν τῶν ἀποστόλων δίδοται τὸ πνεῦμα, ...

j **Acts 8,24** ἀποκριθεὶς δὲ **ὁ Σίμων** εἶπεν· δεήθητε ὑμεῖς ὑπὲρ ἐμοῦ πρὸς τὸν κύριον ὅπως μηδὲν ἐπέλθῃ ἐπ' ἐμὲ ὧν εἰρήκατε.

h **Acts 9,43** ἐγένετο δὲ ἡμέρας ἱκανὰς μεῖναι ἐν Ἰόππῃ **παρά τινι Σίμωνι βυρσεῖ.**

a Acts 10,5	καὶ νῦν πέμψον ἄνδρας εἰς Ἰόππην καὶ μετάπεμψαι **Σίμωνά τινα** ὃς ἐπικαλεῖται Πέτρος·	*h* Acts 10,17	... ἰδοὺ οἱ ἄνδρες οἱ ἀπεσταλμένοι ὑπὸ τοῦ Κορνηλίου διερωτήσαντες **τὴν οἰκίαν τοῦ Σίμωνος** ἐπέστησαν ἐπὶ τὸν πυλῶνα,	*a* Acts 10,32 (2)	πέμψον οὖν εἰς Ἰόππην καὶ μετακάλεσαι **Σίμωνα** ὃς ἐπικαλεῖται Πέτρος,
h Acts 10,6	οὗτος ξενίζεται **παρά τινι Σίμωνι βυρσεῖ,** ᾧ ἐστιν οἰκία παρὰ θάλασσαν.	*a* Acts 10,18	καὶ φωνήσαντες ἐπυνθάνοντο εἰ **Σίμων** ὁ ἐπικαλούμενος Πέτρος ἐνθάδε ξενίζεται.	*h*	οὗτος ξενίζεται **ἐν οἰκίᾳ Σίμωνος βυρσέως** παρὰ θάλασσαν.
				a Acts 11,13	... ἀπόστειλον εἰς Ἰόππην καὶ μετάπεμψαι **Σίμωνα** τὸν ἐπικαλούμενον Πέτρον

# σίναπι	Syn 5	Mt 2	Mk 1	Lk 2	Acts	Jn	1-3John	Paul	Eph	Col
	NT 5	2Thess	1/2Tim	Tit	Heb	Jas	1Pet	2Pet	Jude	Rev

mustard

020	Mt 13,31	ἄλλην παραβολὴν παρέθηκεν αὐτοῖς λέγων· ὁμοία ἐστὶν ἡ βασιλεία τῶν οὐρανῶν **κόκκῳ σινάπεως,** ὃν λαβὼν ἄνθρωπος ἔσπειρεν ἐν τῷ ἀγρῷ αὐτοῦ·	**Mk 4,31**	[30] καὶ ἔλεγεν· πῶς ὁμοιώσωμεν τὴν βασιλείαν τοῦ θεοῦ ἢ ἐν τίνι αὐτὴν παραβολῇ θῶμεν; [31] ὡς **κόκκῳ σινάπεως,** ὃς ὅταν σπαρῇ ἐπὶ τῆς γῆς, ...	Lk 13,19	[18] ἔλεγεν οὖν· τίνι ὁμοία ἐστὶν ἡ βασιλεία τοῦ θεοῦ καὶ τίνι ὁμοιώσω αὐτήν; [19] ὁμοία ἐστὶν **κόκκῳ σινάπεως,** ὃν λαβὼν ἄνθρωπος ἔβαλεν εἰς κῆπον ἑαυτοῦ, ...	→ GTh 20 Mk-Q overlap
202	**Mt 13,31**	ἄλλην παραβολὴν παρέθηκεν αὐτοῖς λέγων· ὁμοία ἐστὶν ἡ βασιλεία τῶν οὐρανῶν **κόκκῳ σινάπεως,** ὃν λαβὼν ἄνθρωπος ἔσπειρεν ἐν τῷ ἀγρῷ αὐτοῦ·	Mk 4,31	[30] καὶ ἔλεγεν· πῶς ὁμοιώσωμεν τὴν βασιλείαν τοῦ θεοῦ ἢ ἐν τίνι αὐτὴν παραβολῇ θῶμεν; [31] ὡς **κόκκῳ σινάπεως,** ὃς ὅταν σπαρῇ ἐπὶ τῆς γῆς, ...	**Lk 13,19**	[18] ἔλεγεν οὖν· τίνι ὁμοία ἐστὶν ἡ βασιλεία τοῦ θεοῦ καὶ τίνι ὁμοιώσω αὐτήν; [19] ὁμοία ἐστὶν **κόκκῳ σινάπεως,** ὃν λαβὼν ἄνθρωπος ἔβαλεν εἰς κῆπον ἑαυτοῦ, ...	→ GTh 20 Mk-Q overlap
202	**Mt 17,20** → Mt 21,21	... ἐὰν ἔχητε πίστιν **ὡς κόκκον σινάπεως,** ἐρεῖτε τῷ ὄρει τούτῳ, μετάβα ἔνθεν ἐκεῖ, καὶ μεταβήσεται· καὶ οὐδὲν ἀδυνατήσει ὑμῖν.	Mk 11,22	... ἔχετε πίστιν θεοῦ. [23] ... ὃς ἂν εἴπῃ τῷ ὄρει τούτῳ· ἄρθητι καὶ βλήθητι εἰς τὴν θάλασσαν, καὶ μὴ διακριθῇ ἐν τῇ καρδίᾳ αὐτοῦ ἀλλὰ πιστεύῃ ὅτι ὃ λαλεῖ γίνεται, ἔσται αὐτῷ.	**Lk 17,6**	... εἰ ἔχετε πίστιν **ὡς κόκκον σινάπεως,** ἐλέγετε ἂν τῇ συκαμίνῳ [ταύτῃ]· ἐκριζώθητι καὶ φυτεύθητι ἐν τῇ θαλάσσῃ· καὶ ὑπήκουσεν ἂν ὑμῖν.	→ GTh 48 → GTh 106

# σινδών	Syn 6	Mt 1	Mk 4	Lk 1	Acts	Jn	1-3John	Paul	Eph	Col
	NT 6	2Thess	1/2Tim	Tit	Heb	Jas	1Pet	2Pet	Jude	Rev

linen; tunic; shirt

020			**Mk 14,51**	καὶ νεανίσκος τις συνηκολούθει αὐτῷ περιβεβλημένος **σινδόνα** ἐπὶ γυμνοῦ, καὶ κρατοῦσιν αὐτόν·			

	Mt	Mk	Lk	
020		**Mk 14,52** ὁ δὲ καταλιπὼν **τὴν σινδόνα** γυμνὸς ἔφυγεν.		
121 222	**Mt 27,59** καὶ λαβὼν τὸ σῶμα ὁ Ἰωσὴφ ἐνετύλιξεν αὐτὸ **[ἐν] σινδόνι καθαρᾷ**	**Mk 15,46** (2) καὶ ἀγοράσας **σινδόνα** καθελὼν αὐτὸν ἐνείλησεν **τῇ σινδόνι ...**	**Lk 23,53** καὶ καθελὼν ἐνετύλιξεν αὐτὸ **σινδόνι ...**	→ Jn 19,40

σινιάζω	Syn	Mt	Mk	Lk	Acts	Jn	1-3John	Paul	Eph	Col
	1			1						
	NT	2Thess	1/2Tim	Tit	Heb	Jas	1Pet	2Pet	Jude	Rev
	1									

shake in a sieve; sift

	Mt	Mk	Lk	
002			**Lk 22,31** Σίμων Σίμων, ἰδοὺ ὁ σατανᾶς ἐξῃτήσατο ὑμᾶς **τοῦ σινιάσαι** ὡς τὸν σῖτον·	

σιτευτός	Syn	Mt	Mk	Lk	Acts	Jn	1-3John	Paul	Eph	Col
	3			3						
	NT	2Thess	1/2Tim	Tit	Heb	Jas	1Pet	2Pet	Jude	Rev
	3									

fattened

	Mt	Mk	Lk	
002			**Lk 15,23** καὶ φέρετε **τὸν μόσχον τὸν σιτευτόν,** θύσατε, καὶ φαγόντες εὐφρανθῶμεν	
002			**Lk 15,27** ὁ δὲ εἶπεν αὐτῷ ὅτι ὁ ἀδελφός σου ἥκει, καὶ ἔθυσεν ὁ πατήρ σου **τὸν μόσχον τὸν σιτευτόν,** ὅτι ὑγιαίνοντα αὐτὸν ἀπέλαβεν.	
002			**Lk 15,30** ὅτε δὲ ὁ υἱός σου οὗτος ὁ καταφαγών σου τὸν βίον μετὰ πορνῶν ἦλθεν, ἔθυσας αὐτῷ **τὸν σιτευτὸν μόσχον.**	

σιτιστός	Syn	Mt	Mk	Lk	Acts	Jn	1-3John	Paul	Eph	Col
	1	1								
	NT	2Thess	1/2Tim	Tit	Heb	Jas	1Pet	2Pet	Jude	Rev
	1									

fattened

	Mt	Mk	Lk	
201	**Mt 22,4** ... εἴπατε τοῖς κεκλημένοις· ἰδοὺ τὸ ἄριστόν μου ἡτοίμακα, οἱ ταῦροί μου καὶ **τὰ σιτιστὰ** τεθυμένα καὶ πάντα ἕτοιμα· δεῦτε εἰς τοὺς γάμους.		**Lk 14,17** ... εἰπεῖν τοῖς κεκλημένοις· ἔρχεσθε, ὅτι ἤδη ἕτοιμά ἐστιν.	→ GTh 64

σιτομέτριον

σιτομέτριον	Syn 1	Mt	Mk	Lk 1	Acts	Jn	1-3John	Paul	Eph	Col
	NT 1	2Thess	1/2Tim	Tit	Heb	Jas	1Pet	2Pet	Jude	Rev

measured allowance of grain, food; ration

	Mt		Mk		Lk		
102	**Mt 24,45**	τίς ἄρα ἐστὶν ὁ πιστὸς δοῦλος καὶ φρόνιμος ὃν κατέστησεν ὁ κύριος ἐπὶ τῆς οἰκετείας αὐτοῦ τοῦ δοῦναι αὐτοῖς **τὴν τροφὴν** ἐν καιρῷ;			**Lk 12,42**	... τίς ἄρα ἐστὶν ὁ πιστὸς οἰκονόμος ὁ φρόνιμος, ὃν καταστήσει ὁ κύριος ἐπὶ τῆς θεραπείας αὐτοῦ τοῦ διδόναι ἐν καιρῷ **[τὸ] σιτομέτριον;**	

σῖτος

σῖτος	Syn 9	Mt 4	Mk 1	Lk 4	Acts 1	Jn 1	1-3John	Paul 1	Eph	Col
	NT 14	2Thess	1/2Tim	Tit	Heb	Jas	1Pet	2Pet	Jude	Rev 2

wheat; grain

	triple tradition																	double tradition			Sondergut		
		+Mt / +Lk			−Mt / −Lk			traditions not taken over by Mt / Lk							subtotals								
code	*222*	*211*	*112*	*212*	*221*	*122*	*121*	*022*	*012*	*021*	*220*	*120*	*210*	*020*	Σ⁺	Σ⁻	Σ	*202*	*201*	*102*	*200*	*002*	total
Mt																		1			3		**4**
Mk														1			1						**1**
Lk																		1				3	**4**

	Mt		Mk		Lk		
202	**Mt 3,12** ↓ Mt 13,30	οὗ τὸ πτύον ἐν τῇ χειρὶ αὐτοῦ καὶ διακαθαριεῖ τὴν ἅλωνα αὐτοῦ, καὶ συνάξει **τὸν σῖτον αὐτοῦ** εἰς τὴν ἀποθήκην, τὸ δὲ ἄχυρον κατακαύσει πυρὶ ἀσβέστῳ.			**Lk 3,17**	οὗ τὸ πτύον ἐν τῇ χειρὶ αὐτοῦ διακαθᾶραι τὴν ἅλωνα αὐτοῦ καὶ συναγαγεῖν **τὸν σῖτον** εἰς τὴν ἀποθήκην αὐτοῦ, τὸ δὲ ἄχυρον κατακαύσει πυρὶ ἀσβέστῳ.	
020			**Mk 4,28**	αὐτομάτη ἡ γῆ καρποφορεῖ, πρῶτον χόρτον εἶτα στάχυν εἶτα **πλήρη[ς] σῖτον** ἐν τῷ στάχυϊ.			
200	**Mt 13,25**	ἐν δὲ τῷ καθεύδειν τοὺς ἀνθρώπους ἦλθεν αὐτοῦ ὁ ἐχθρὸς καὶ ἐπέσπειρεν ζιζάνια **ἀνὰ μέσον τοῦ σίτου** καὶ ἀπῆλθεν.					→ GTh 57
200	**Mt 13,29**	ὁ δέ φησιν· οὔ, μήποτε συλλέγοντες τὰ ζιζάνια ἐκριζώσητε ἅμα αὐτοῖς **τὸν σῖτον.**					→ GTh 57
200	**Mt 13,30** ↑ Mt 3,12 ↑ Lk 3,17	... συλλέξατε πρῶτον τὰ ζιζάνια καὶ δήσατε αὐτὰ εἰς δέσμας πρὸς τὸ κατακαῦσαι αὐτά, **τὸν δὲ σῖτον** συναγάγετε εἰς τὴν ἀποθήκην μου.					→ GTh 57

002			**Lk 12,18** ... καθελῶ μου τὰς ἀποθήκας καὶ μείζονας οἰκοδομήσω, καὶ συνάξω ἐκεῖ **πάντα τὸν σῖτον** καὶ τὰ ἀγαθά μου	→ GTh 63
002			**Lk 16,7** ... ὁ δὲ εἶπεν· **ἑκατὸν κόρους σίτου.** λέγει αὐτῷ· δέξαι σου τὰ γράμματα καὶ γράψον ὀγδοήκοντα.	
002			**Lk 22,31** Σίμων Σίμων, ἰδοὺ ὁ σατανᾶς ἐξῃτήσατο ὑμᾶς τοῦ σινιάσαι **ὡς τὸν σῖτον·**	

Acts 27,38 κορεσθέντες δὲ τροφῆς ἐκούφιζον τὸ πλοῖον ἐκβαλλόμενοι **τὸν σῖτον** εἰς τὴν θάλασσαν.

Σιών

	Syn 1	Mt 1	Mk	Lk	Acts	Jn 1	1-3John	Paul 2	Eph	Col
	NT 7	2Thess	1/2Tim	Tit	Heb 1	Jas	1Pet 1	2Pet	Jude	Rev 1

Zion

200	**Mt 21,5** *εἴπατε* ***τῇ θυγατρὶ Σιών·*** *ἰδοὺ ὁ βασιλεύς σου ἔρχεταί σοι πραῢς καὶ ἐπιβεβηκὼς ἐπὶ ὄνον καὶ ἐπὶ πῶλον υἱὸν ὑποζυγίου.* ➢ Isa 62,11; Zech 9,9			→ Jn 12,15

σιωπάω

	Syn 9	Mt 2	Mk 5	Lk 2	Acts 1	Jn	1-3John	Paul	Eph	Col
	NT 10	2Thess	1/2Tim	Tit	Heb	Jas	1Pet	2Pet	Jude	Rev

be silent; keep silent; say nothing; make no sound; stop speaking; be, become quiet

	triple tradition																	double tradition			Sondergut		
		+Mt / +Lk			–Mt / –Lk			traditions not taken over by Mt / Lk							subtotals								
code	222	211	112	212	221	122	121	022	012	021	220	120	210	020	Σ⁺	Σ⁻	Σ	202	201	102	200	002	total
Mt					1		3⁻				1					3⁻	2						**2**
Mk					1		3				1						5						**5**
Lk					1⁻		3⁻									4⁻						2	**2**

002			**Lk 1,20** καὶ ἰδοὺ ἔσῃ **σιωπῶν** καὶ μὴ δυνάμενος λαλῆσαι ἄχρι ἧς ἡμέρας γένηται ταῦτα, ...	
121	**Mt 12,12** ... ὥστε ἔξεστιν τοῖς σάββασιν καλῶς ποιεῖν.	**Mk 3,4** ... ἔξεστιν τοῖς σάββασιν ἀγαθὸν ποιῆσαι ἢ κακοποιῆσαι, ψυχὴν σῶσαι ἢ ἀποκτεῖναι; οἱ δὲ **ἐσιώπων.**	**Lk 6,9** → Lk 13,14 → Lk 14,3 ... ἐπερωτῶ ὑμᾶς εἰ ἔξεστιν τῷ σαββάτῳ ἀγαθοποιῆσαι ἢ κακοποιῆσαι, ψυχὴν σῶσαι ἢ ἀπολέσαι;	

121	**Mt 8,26**	... τότε ἐγερθεὶς ἐπετίμησεν τοῖς ἀνέμοις καὶ τῇ θαλάσσῃ, καὶ ἐγένετο γαλήνη μεγάλη.	**Mk 4,39**	καὶ διεγερθεὶς ἐπετίμησεν τῷ ἀνέμῳ καὶ εἶπεν τῇ θαλάσσῃ· **σιώπα,** πεφίμωσο. καὶ ἐκόπασεν ὁ ἄνεμος καὶ ἐγένετο γαλήνη μεγάλη.	**Lk 8,24**	... ὁ δὲ διεγερθεὶς ἐπετίμησεν τῷ ἀνέμῳ καὶ τῷ κλύδωνι τοῦ ὕδατος· καὶ ἐπαύσαντο καὶ ἐγένετο γαλήνη.	
121	**Mt 18,1**	ἐν ἐκείνῃ τῇ ὥρᾳ προσῆλθον οἱ μαθηταὶ τῷ Ἰησοῦ λέγοντες· τίς ἄρα μείζων ἐστὶν ἐν τῇ βασιλείᾳ τῶν οὐρανῶν;	**Mk 9,34**	[33] ... τί ἐν τῇ ὁδῷ διελογίζεσθε; [34] οἱ δὲ **ἐσιώπων·** πρὸς ἀλλήλους γὰρ διελέχθησαν ἐν τῇ ὁδῷ τίς μείζων.	**Lk 9,46** → Lk 22,24	εἰσῆλθεν δὲ διαλογισμὸς ἐν αὐτοῖς, τὸ τίς ἂν εἴη μείζων αὐτῶν.	→ GTh 12
221	**Mt 20,31**	ὁ δὲ ὄχλος ἐπετίμησεν αὐτοῖς ἵνα **σιωπήσωσιν·** οἱ δὲ μεῖζον ἔκραξαν λέγοντες· ἐλέησον ἡμᾶς, κύριε, υἱὸς Δαυίδ.	**Mk 10,48**	καὶ ἐπετίμων αὐτῷ πολλοὶ ἵνα **σιωπήσῃ·** ὁ δὲ πολλῷ μᾶλλον ἔκραζεν· υἱὲ Δαυίδ, ἐλέησόν με.	**Lk 18,39**	καὶ οἱ προάγοντες ἐπετίμων αὐτῷ ἵνα **σιγήσῃ,** αὐτὸς δὲ πολλῷ μᾶλλον ἔκραζεν· υἱὲ Δαυίδ, ἐλέησόν με.	
002					**Lk 19,40** → Mt 21,15-16	καὶ ἀποκριθεὶς εἶπεν· λέγω ὑμῖν, ἐὰν οὗτοι **σιωπήσουσιν,** οἱ λίθοι κράξουσιν.	
220	**Mt 26,63**	ὁ δὲ Ἰησοῦς **ἐσιώπα.** ...	**Mk 14,61**	ὁ δὲ **ἐσιώπα** καὶ οὐκ ἀπεκρίνατο οὐδέν. ...			

Acts 18,9 εἶπεν δὲ ὁ κύριος
ἐν νυκτὶ δι' ὁράματος
τῷ Παύλῳ· μὴ φοβοῦ,
ἀλλὰ λάλει καὶ
μὴ σιωπήσῃς

σκανδαλίζω	Syn	Mt	Mk	Lk	Acts	Jn	1-3John	Paul	Eph	Col
	24	14	8	2		2		3		
	NT	2Thess	1/2Tim	Tit	Heb	Jas	1Pet	2Pet	Jude	Rev
	29									

cause to sin; give offense to; anger; shock; *passive:* let oneself be led into sin; fall away; be led into sin; be repelled by someone; take offense at someone

	triple tradition																	double tradition			Sondergut		
		+Mt / +Lk			–Mt / –Lk			traditions not taken over by Mt / Lk							subtotals								
code	*222*	*211*	*112*	*212*	*221*	*122*	*121*	*022*	*012*	*021*	*220*	*120*	*210*	*020*	Σ^+	Σ^-	Σ	*202*	*201*	*102*	*200*	*002*	total
Mt	1	1^+			2						4				1^+		8	1			5		**14**
Mk	1				2						4			1			8						**8**
Lk	1				2^-											2^-	1	1					**2**

Mk-Q overlap: 222 Mt 18,6 / Mk 9,42 / Lk 17,2 (?)

a σκανδαλίζομαι ἔν τινι

b σκανδαλίζομαι passive (except a)

200	**Mt 5,29** ⇩ Mt 18,9	εἰ δὲ ὁ ὀφθαλμός σου ὁ δεξιὸς **σκανδαλίζει** σε, ἔξελε αὐτὸν καὶ βάλε ἀπὸ σοῦ· ...	**Mk 9,47**	καὶ ἐὰν ὁ ὀφθαλμός σου **σκανδαλίζῃ** σε, ἔκβαλε αὐτόν· ...	
200	**Mt 5,30** ⇩ Mt 18,8	καὶ εἰ ἡ δεξιά σου χεὶρ **σκανδαλίζει** σε, ἔκκοψον αὐτὴν καὶ βάλε ἀπὸ σοῦ· ...	**Mk 9,43**	καὶ ἐὰν **σκανδαλίζῃ** σε ἡ χείρ σου, ἀπόκοψον αὐτήν· ...	

	Mt		Mk		Lk		
a 202	**Mt 11,6**	καὶ μακάριός ἐστιν ὃς ἐὰν μὴ σκανδαλισθῇ ἐν ἐμοί.			**Lk 7,23**	καὶ μακάριός ἐστιν ὃς ἐὰν μὴ σκανδαλισθῇ ἐν ἐμοί.	
b 221	**Mt 13,21**	οὐκ ἔχει δὲ ῥίζαν ἐν ἑαυτῷ ἀλλὰ πρόσκαιρός ἐστιν, γενομένης δὲ θλίψεως ἢ διωγμοῦ διὰ τὸν λόγον εὐθὺς σκανδαλίζεται.	**Mk 4,17**	καὶ οὐκ ἔχουσιν ῥίζαν ἐν ἑαυτοῖς ἀλλὰ πρόσκαιροί εἰσιν, εἶτα γενομένης θλίψεως ἢ διωγμοῦ διὰ τὸν λόγον εὐθὺς σκανδαλίζονται.	**Lk 8,13**	... καὶ οὗτοι ῥίζαν οὐκ ἔχουσιν, οἳ πρὸς καιρὸν πιστεύουσιν καὶ ἐν καιρῷ πειρασμοῦ ἀφίστανται.	
a 220	**Mt 13,57**	καὶ ἐσκανδαλίζοντο ἐν αὐτῷ. ...	**Mk 6,3**	... καὶ ἐσκανδαλίζοντο ἐν αὐτῷ.			
b 200	**Mt 15,12** → Mk 7,17	... οἶδας ὅτι οἱ Φαρισαῖοι ἀκούσαντες τὸν λόγον ἐσκανδαλίσθησαν;					
200	**Mt 17,27**	ἵνα δὲ μὴ σκανδαλίσωμεν αὐτούς, πορευθεὶς εἰς θάλασσαν βάλε ἄγκιστρον ...					
222	**Mt 18,6** → Mt 18,10	ὃς δ᾽ ἂν σκανδαλίσῃ ἕνα τῶν μικρῶν τούτων τῶν πιστευόντων εἰς ἐμέ, συμφέρει αὐτῷ ἵνα κρεμασθῇ μύλος ὀνικὸς περὶ τὸν τράχηλον αὐτοῦ καὶ καταποντισθῇ ἐν τῷ πελάγει τῆς θαλάσσης.	**Mk 9,42**	καὶ ὃς ἂν σκανδαλίσῃ ἕνα τῶν μικρῶν τούτων τῶν πιστευόντων [εἰς ἐμέ], καλόν ἐστιν αὐτῷ μᾶλλον εἰ περίκειται μύλος ὀνικὸς περὶ τὸν τράχηλον αὐτοῦ καὶ βέβληται εἰς τὴν θάλασσαν.	**Lk 17,2**	λυσιτελεῖ αὐτῷ εἰ λίθος μυλικὸς περίκειται περὶ τὸν τράχηλον αὐτοῦ καὶ ἔρριπται εἰς τὴν θάλασσαν ἢ ἵνα σκανδαλίσῃ τῶν μικρῶν τούτων ἕνα.	Mk-Q overlap?
220	**Mt 18,8** ⇧ Mt 5,30 ↓ Mk 9,45	εἰ δὲ ἡ χείρ σου ἢ ὁ πούς σου σκανδαλίζει σε, ἔκκοψον αὐτὸν καὶ βάλε ἀπὸ σοῦ· ...	**Mk 9,43**	καὶ ἐὰν σκανδαλίζῃ σε ἡ χείρ σου, ἀπόκοψον αὐτήν· ...			
020			**Mk 9,45** ↑ Mt 18,8	καὶ ἐὰν ὁ πούς σου σκανδαλίζῃ σε, ἀπόκοψον αὐτόν· ...			
220	**Mt 18,9** ⇧ Mt 5,29	καὶ εἰ ὁ ὀφθαλμός σου σκανδαλίζει σε, ἔξελε αὐτὸν καὶ βάλε ἀπὸ σοῦ· ...	**Mk 9,47**	καὶ ἐὰν ὁ ὀφθαλμός σου σκανδαλίζῃ σε, ἔκβαλε αὐτόν· ...			
b 200	**Mt 24,10** → Mt 10,21 → Mk 13,12 → Lk 21,16 → Mt 24,9	καὶ τότε σκανδαλισθήσονται πολλοὶ καὶ ἀλλήλους παραδώσουσιν καὶ μισήσουσιν ἀλλήλους·					
a b 220	**Mt 26,31**	τότε λέγει αὐτοῖς ὁ Ἰησοῦς· πάντες ὑμεῖς σκανδαλισθήσεσθε ἐν ἐμοὶ ἐν τῇ νυκτὶ ταύτῃ, γέγραπται γάρ· *πατάξω* *τὸν ποιμένα, καὶ* *διασκορπισθήσονται τὰ* *πρόβατα τῆς ποίμνης.* ➤ Zech 13,7	**Mk 14,27**	καὶ λέγει αὐτοῖς ὁ Ἰησοῦς ὅτι πάντες σκανδαλισθήσεσθε, ὅτι γέγραπται· *πατάξω* *τὸν ποιμένα, καὶ* *τὰ πρόβατα* *διασκορπισθήσονται.* ➤ Zech 13,7			

a b	**Mt 26,33** (2)	ἀποκριθεὶς δὲ ὁ Πέτρος εἶπεν αὐτῷ· εἰ πάντες	**Mk 14,29**	ὁ δὲ Πέτρος ἔφη αὐτῷ· εἰ καὶ πάντες	**Lk 22,33**	ὁ δὲ εἶπεν αὐτῷ· κύριε,	→ Jn 13,37
221		**σκανδαλισθήσονται** ἐν σοί,		**σκανδαλισθήσονται,**			
b		ἐγὼ οὐδέποτε		ἀλλ᾽ οὐκ ἐγώ.	→ Mt 26,35	μετὰ σοῦ ἕτοιμός εἰμι	
211		**σκανδαλισθήσομαι.**			→ Mk 14,31	καὶ εἰς φυλακὴν καὶ εἰς θάνατον πορεύεσθαι.	

σκάνδαλον

	Mt	Mk	Lk	Acts	Jn	1-3John	Paul	Eph	Col
Syn 6	5		1			1	6		
	2Thess	**1/2Tim**	**Tit**	**Heb**	**Jas**	**1Pet**	**2Pet**	**Jude**	**Rev**
NT 15						1			1

trap; temptation to sin; enticement; that which gives offense, that which causes revulsion; that which arouses opposition; an object of anger, disapproval, stain

	triple tradition																	double tradition			Sondergut		
		+Mt / +Lk			–Mt / –Lk			traditions not taken over by Mt / Lk							subtotals								
code	*222*	*211*	*112*	*212*	*221*	*122*	*121*	*022*	*012*	*021*	*220*	*120*	*210*	*020*	Σ⁺	Σ⁻	Σ	*202*	*201*	*102*	*200*	*002*	total
Mt													1^+		1^+		1	1	2		1		**5**
Mk																							
Lk																		1					**1**

200	**Mt 13,41** → Mt 7,23 → Lk 13,27 → Mt 24,31 → Mk 13,27	ἀποστελεῖ ὁ υἱὸς τοῦ ἀνθρώπου τοὺς ἀγγέλους αὐτοῦ, καὶ συλλέξουσιν ἐκ τῆς βασιλείας αὐτοῦ **πάντα τὰ σκάνδαλα** καὶ τοὺς ποιοῦντας τὴν ἀνομίαν					
210	**Mt 16,23** → Mt 4,10	... εἶπεν τῷ Πέτρῳ· ὕπαγε ὀπίσω μου, σατανᾶ· **σκάνδαλον** εἶ ἐμοῦ, ὅτι οὐ φρονεῖς τὰ τοῦ θεοῦ ἀλλὰ τὰ τῶν ἀνθρώπων.	**Mk 8,33** → Mt 4,10	... ἐπετίμησεν Πέτρῳ καὶ λέγει· ὕπαγε ὀπίσω μου, σατανᾶ, ὅτι οὐ φρονεῖς τὰ τοῦ θεοῦ ἀλλὰ τὰ τῶν ἀνθρώπων.			
201	**Mt 18,7** (3)	οὐαὶ τῷ κόσμῳ **ἀπὸ τῶν σκανδάλων·**			**Lk 17,1**		
202		ἀνάγκη γὰρ ἐλθεῖν **τὰ σκάνδαλα,**				... ἀνένδεκτόν ἐστιν τοῦ **τὰ σκάνδαλα** μὴ ἐλθεῖν,	
201		πλὴν οὐαὶ τῷ ἀνθρώπῳ δι᾽ οὗ **τὸ σκάνδαλον** ἔρχεται.				πλὴν οὐαὶ δι᾽ οὗ ἔρχεται·	

σκάπτω

	Mt	Mk	Lk	Acts	Jn	1-3John	Paul	Eph	Col
Syn 3			3						
	2Thess	**1/2Tim**	**Tit**	**Heb**	**Jas**	**1Pet**	**2Pet**	**Jude**	**Rev**
NT 3									

dig

102	**Mt 7,24**	... ὁμοιωθήσεται ἀνδρὶ φρονίμῳ, ὅστις ᾠκοδόμησεν αὐτοῦ τὴν οἰκίαν ἐπὶ τὴν πέτραν·			**Lk 6,48**	ὅμοιός ἐστιν ἀνθρώπῳ οἰκοδομοῦντι οἰκίαν ὃς **ἔσκαψεν** καὶ ἐβάθυνεν καὶ ἔθηκεν θεμέλιον ἐπὶ τὴν πέτραν· ...	

002			**Lk 13,8** ... κύριε, ἄφες αὐτὴν καὶ τοῦτο τὸ ἔτος, ἕως ὅτου **σκάψω** περὶ αὐτὴν καὶ βάλω κόπρια	
002			**Lk 16,3** εἶπεν δὲ ἐν ἑαυτῷ ὁ οἰκονόμος· τί ποιήσω, ὅτι ὁ κύριός μου ἀφαιρεῖται τὴν οἰκονομίαν ἀπ᾽ ἐμοῦ; **σκάπτειν** οὐκ ἰσχύω, ἐπαιτεῖν αἰσχύνομαι.	

σκεῦος

	Syn	Mt	Mk	Lk	Acts	Jn	1-3John	Paul	Eph	Col
	5	1	2	2	5	1		5		
	NT	2Thess	1/2Tim	Tit	Heb	Jas	1Pet	2Pet	Jude	Rev
	23		2		1		1			3

thing; object; vessel; jar; dish

	triple tradition																	double tradition			Sondergut		
		+Mt / +Lk			−Mt / −Lk			traditions not taken over by Mt / Lk							subtotals								
code	222	211	112	212	221	122	121	022	012	021	220	120	210	020	Σ⁺	Σ⁻	Σ	202	201	102	200	002	total
Mt					1												1						1
Mk					1									1			2						2
Lk			1⁺		1⁻				1⁺						2⁺	1⁻	2						2

Mk-Q overlap: 221: Mt 12,29 / Mk 3,27 / Lk 11,21 (?)

221	**Mt 12,29** ἢ πῶς δύναταί τις εἰσελθεῖν εἰς τὴν οἰκίαν τοῦ ἰσχυροῦ καὶ **τὰ σκεύη αὐτοῦ** ἁρπάσαι, ἐὰν μὴ πρῶτον δήσῃ τὸν ἰσχυρόν; καὶ τότε τὴν οἰκίαν αὐτοῦ διαρπάσει.	**Mk 3,27** ἀλλ᾽ οὐ δύναται οὐδεὶς εἰς τὴν οἰκίαν τοῦ ἰσχυροῦ εἰσελθὼν **τὰ σκεύη αὐτοῦ** διαρπάσαι, ἐὰν μὴ πρῶτον τὸν ἰσχυρὸν δήσῃ, καὶ τότε τὴν οἰκίαν αὐτοῦ διαρπάσει.	**Lk 11,21** ὅταν ὁ ἰσχυρὸς καθωπλισμένος φυλάσσῃ τὴν ἑαυτοῦ αὐλήν, ἐν εἰρήνῃ ἐστὶν **τὰ ὑπάρχοντα αὐτοῦ·** [22] ἐπὰν δὲ ἰσχυρότερος αὐτοῦ ἐπελθὼν νικήσῃ αὐτόν, τὴν πανοπλίαν αὐτοῦ αἴρει ἐφ᾽ ᾗ ἐπεποίθει, καὶ τὰ σκῦλα αὐτοῦ διαδίδωσιν.	→ GTh 21,5 → GTh 35 Mk-Q overlap?
012		**Mk 4,21** ... μήτι ἔρχεται ὁ λύχνος ἵνα **ὑπὸ τὸν μόδιον** τεθῇ ἢ ὑπὸ τὴν κλίνην; οὐχ ἵνα ἐπὶ τὴν λυχνίαν τεθῇ;	**Lk 8,16** ⇩ Lk 11,33 οὐδεὶς δὲ λύχνον ἅψας καλύπτει αὐτὸν **σκεύει** ἢ ὑποκάτω κλίνης τίθησιν, ἀλλ᾽ ἐπὶ λυχνίας τίθησιν, ἵνα οἱ εἰσπορευόμενοι βλέπωσιν τὸ φῶς.	→ GTh 33,2-3 Mk-Q overlap
	Mt 5,15 οὐδὲ καίουσιν λύχνον καὶ τιθέασιν αὐτὸν **ὑπὸ τὸν μόδιον** ἀλλ᾽ ἐπὶ τὴν λυχνίαν, καὶ λάμπει πᾶσιν τοῖς ἐν τῇ οἰκίᾳ.		**Lk 11,33** ⇧ Lk 8,16 οὐδεὶς λύχνον ἅψας εἰς κρύπτην τίθησιν [οὐδὲ **ὑπὸ τὸν μόδιον]** ἀλλ᾽ ἐπὶ τὴν λυχνίαν, ἵνα οἱ εἰσπορευόμενοι τὸ φῶς βλέπωσιν.	
112	**Mt 24,17** ὁ ἐπὶ τοῦ δώματος μὴ καταβάτω ἆραι **τὰ ἐκ τῆς οἰκίας αὐτοῦ,** [18] καὶ ὁ ἐν τῷ ἀγρῷ μὴ ἐπιστρεψάτω ὀπίσω ἆραι τὸ ἱμάτιον αὐτοῦ.	**Mk 13,15** ὁ [δὲ] ἐπὶ τοῦ δώματος μὴ καταβάτω μηδὲ εἰσελθάτω ἆραί **τι ἐκ τῆς οἰκίας αὐτοῦ,** [16] καὶ ὁ εἰς τὸν ἀγρὸν μὴ ἐπιστρεψάτω εἰς τὰ ὀπίσω ἆραι τὸ ἱμάτιον αὐτοῦ.	**Lk 17,31** ἐν ἐκείνῃ τῇ ἡμέρᾳ ὃς ἔσται ἐπὶ τοῦ δώματος καὶ **τὰ σκεύη αὐτοῦ ἐν τῇ οἰκίᾳ,** μὴ καταβάτω ἆραι αὐτά, καὶ ὁ ἐν ἀγρῷ ὁμοίως μὴ ἐπιστρεψάτω εἰς τὰ ὀπίσω.	

020		**Mk 11,16** καὶ οὐκ ἤφιεν ἵνα τις διενέγκῃ **σκεῦος** διὰ τοῦ ἱεροῦ.	

Acts 9,15 ... πορεύου, ὅτι **σκεῦος ἐκλογῆς** ἐστίν μοι οὗτος τοῦ βαστάσαι τὸ ὄνομά μου ἐνώπιον ἐθνῶν τε καὶ βασιλέων υἱῶν τε Ἰσραήλ·

Acts 10,11 καὶ θεωρεῖ τὸν οὐρανὸν ἀνεῳγμένον καὶ καταβαῖνον **σκεῦός τι** ὡς ὀθόνην μεγάλην τέσσαρσιν ἀρχαῖς καθιέμενον ἐπὶ τῆς γῆς

Acts 10,16 τοῦτο δὲ ἐγένετο ἐπὶ τρὶς καὶ εὐθὺς ἀνελήμφθη **τὸ σκεῦος** εἰς τὸν οὐρανόν.

Acts 11,5 ... εἶδον ἐν ἐκστάσει ὅραμα, καταβαῖνον **σκεῦός τι** ὡς ὀθόνην μεγάλην τέσσαρσιν ἀρχαῖς καθιεμένην ἐκ τοῦ οὐρανοῦ, ...

Acts 27,17 ... φοβούμενοί τε μὴ εἰς τὴν Σύρτιν ἐκπέσωσιν, χαλάσαντες **τὸ σκεῦος** οὕτως ἐφέροντο.

σκηνή	Syn	Mt	Mk	Lk	Acts	Jn	1-3John	Paul	Eph	Col
	4	1	1	2	3					
	NT	2Thess	1/2Tim	Tit	Heb	Jas	1Pet	2Pet	Jude	Rev
	20				10					3

tent; booth; lodging; dwelling

[a] ἡ σκηνὴ τοῦ μαρτυρίου (Acts only)

222	**Mt 17,4** ... κύριε, καλόν ἐστιν ἡμᾶς ὧδε εἶναι· εἰ θέλεις, ποιήσω ὧδε **τρεῖς σκηνάς,** σοὶ μίαν καὶ Μωϋσεῖ μίαν καὶ Ἠλίᾳ μίαν.	**Mk 9,5** ... ῥαββί, καλόν ἐστιν ἡμᾶς ὧδε εἶναι, καὶ ποιήσωμεν **τρεῖς σκηνάς,** σοὶ μίαν καὶ Μωϋσεῖ μίαν καὶ Ἠλίᾳ μίαν.	**Lk 9,33** ... ἐπιστάτα, καλόν ἐστιν ἡμᾶς ὧδε εἶναι, καὶ ποιήσωμεν **σκηνὰς τρεῖς,** μίαν σοὶ καὶ μίαν Μωϋσεῖ καὶ μίαν Ἠλίᾳ, ...
002			**Lk 16,9** → Lk 12,33 ... ἑαυτοῖς ποιήσατε φίλους ἐκ τοῦ μαμωνᾶ τῆς ἀδικίας, ἵνα ὅταν ἐκλίπῃ δέξωνται ὑμᾶς **εἰς τὰς αἰωνίους σκηνάς.**

Acts 7,43 *καὶ ἀνελάβετε* ***τὴν σκηνὴν τοῦ Μολὸχ*** *καὶ τὸ ἄστρον τοῦ θεοῦ [ὑμῶν] Ῥαιφάν, τοὺς τύπους οὓς ἐποιήσατε* προσκυνεῖν αὐτοῖς, *καὶ μετοικιῶ ὑμᾶς ἐπέκεινα* Βαβυλῶνος.
➤ Amos 5,26-27 LXX

[a] **Acts 7,44** **ἡ σκηνὴ τοῦ μαρτυρίου** ἦν τοῖς πατράσιν ἡμῶν ἐν τῇ ἐρήμῳ καθὼς διετάξατο ὁ λαλῶν τῷ Μωϋσῇ ποιῆσαι αὐτὴν κατὰ τὸν τύπον ὃν ἑωράκει·

Acts 15,16 *μετὰ ταῦτα ἀναστρέψω καὶ ἀνοικοδομήσω* ***τὴν σκηνὴν Δαυὶδ*** *τὴν πεπτωκυῖαν ...*
➤ Jer 12,15; Amos 9,11 LXX

σκιά	Syn	Mt	Mk	Lk	Acts	Jn	1-3John	Paul	Eph	Col
	3	1	1	1	1					1
	NT	2Thess	1/2Tim	Tit	Heb	Jas	1Pet	2Pet	Jude	Rev
	7				2					

shade; shadow; foreshadowing

[a] σκιᾷ θανάτου

a 002		**Lk 1,79** ↓Mt 4,16 ἐπιφᾶναι τοῖς **ἐν σκότει καὶ σκιᾷ θανάτου** καθημένοις, τοῦ κατευθῦναι τοὺς πόδας ἡμῶν εἰς ὁδὸν εἰρήνης.

a 200	**Mt 4,16** ↑ Lk 1,79	*ὁ λαὸς ὁ καθήμενος ἐν σκότει φῶς εἶδεν μέγα, καὶ τοῖς καθημένοις* ***ἐν χώρᾳ καὶ σκιᾷ θανάτου*** *φῶς ἀνέτειλεν* αὐτοῖς. ➤ Isa 9,1					
020	**Mt 13,32**	... καὶ γίνεται δένδρον, ὥστε ἐλθεῖν *τὰ πετεινὰ τοῦ οὐρανοῦ καὶ κατασκηνοῦν* ***ἐν τοῖς κλάδοις αὐτοῦ.*** ➤ Ps 103,12 LXX	**Mk 4,32**	... καὶ ποιεῖ κλάδους μεγάλους, ὥστε δύνασθαι **ὑπὸ τὴν σκιὰν αὐτοῦ** *τὰ πετεινὰ τοῦ οὐρανοῦ κατασκηνοῦν.* ➤ Ps 103,12 LXX	**Lk 13,19**	... καὶ ἐγένετο εἰς δένδρον, καὶ *τὰ πετεινὰ τοῦ οὐρανοῦ κατεσκήνωσεν* ***ἐν τοῖς κλάδοις αὐτοῦ.*** ➤ Ps 103,12 LXX	→ GTh 20 Mk-Q overlap

Acts 5,15 ὥστε καὶ εἰς τὰς πλατείας ἐκφέρειν τοὺς ἀσθενεῖς καὶ τιθέναι ἐπὶ κλιναρίων καὶ κραβάττων, ἵνα ἐρχομένου Πέτρου κἂν **ἡ σκιὰ** ἐπισκιάσῃ τινὶ αὐτῶν.

σκιρτάω	Syn 3	Mt	Mk	Lk 3	Acts	Jn	1-3John	Paul	Eph	Col
	NT 3	2Thess	1/2Tim	Tit	Heb	Jas	1Pet	2Pet	Jude	Rev

leap; spring about

002					**Lk 1,41**	καὶ ἐγένετο ὡς ἤκουσεν τὸν ἀσπασμὸν τῆς Μαρίας ἡ Ἐλισάβετ, **ἐσκίρτησεν** τὸ βρέφος ἐν τῇ κοιλίᾳ αὐτῆς, ...	
002					**Lk 1,44**	ἰδοὺ γὰρ ὡς ἐγένετο ἡ φωνὴ τοῦ ἀσπασμοῦ σου εἰς τὰ ὦτά μου, **ἐσκίρτησεν** ἐν ἀγαλλιάσει τὸ βρέφος ἐν τῇ κοιλίᾳ μου.	
102	**Mt 5,12**	χαίρετε καὶ **ἀγαλλιᾶσθε,** ὅτι ὁ μισθὸς ὑμῶν πολὺς ἐν τοῖς οὐρανοῖς· ...			**Lk 6,23**	χάρητε ἐν ἐκείνῃ τῇ ἡμέρᾳ καὶ **σκιρτήσατε,** ἰδοὺ γὰρ ὁ μισθὸς ὑμῶν πολὺς ἐν τῷ οὐρανῷ· ...	→ GTh 69,1 → GTh 68

σκληροκαρδία	Syn 2	Mt 1	Mk 1	Lk	Acts	Jn	1-3John	Paul	Eph	Col
	NT 2	2Thess	1/2Tim	Tit	Heb	Jas	1Pet	2Pet	Jude	Rev

hardness of heart; coldness; obstinacy; stubbornness

220	**Mt 19,8**	λέγει αὐτοῖς ὅτι Μωϋσῆς **πρὸς τὴν σκληροκαρδίαν ὑμῶν** ἐπέτρεψεν ὑμῖν ἀπολῦσαι τὰς γυναῖκας ὑμῶν, ...	**Mk 10,5**	ὁ δὲ Ἰησοῦς εἶπεν αὐτοῖς· **πρὸς τὴν σκληροκαρδίαν ὑμῶν** ἔγραψεν ὑμῖν τὴν ἐντολὴν ταύτην.			

σκληρός	Syn 1	Mt 1	Mk	Lk	Acts 1	Jn 1	1-3John	Paul	Eph	Col
	NT 5	2Thess	1/2Tim	Tit	Heb	Jas 1	1Pet	2Pet	Jude 1	Rev

hard; rough; harsh; unpleasant; strict; cruel; merciless

	Mt	Mk	Lk	
201	**Mt 25,24** ... ἔγνων σε ὅτι **σκληρὸς εἶ ἄνθρωπος,** θερίζων ὅπου οὐκ ἔσπειρας καὶ συνάγων ὅθεν οὐ διεσκόρπισας		**Lk 19,21** → Mt 25,25 ἐφοβούμην γάρ σε, ὅτι **ἄνθρωπος αὐστηρὸς εἶ,** αἴρεις ὃ οὐκ ἔθηκας καὶ θερίζεις ὃ οὐκ ἔσπειρας.	

Acts 26,14 ... Σαοὺλ Σαούλ, τί με διώκεις; **σκληρόν** σοι πρὸς κέντρα λακτίζειν.

σκολιός	Syn 1	Mt	Mk	Lk 1	Acts 1	Jn	1-3John	Paul 1	Eph	Col
	NT 4	2Thess	1/2Tim	Tit	Heb	Jas	1Pet 1	2Pet	Jude	Rev

crooked; unscrupulous; dishonest

	Mt	Mk	Lk	
002			**Lk 3,5** *πᾶσα φάραγξ πληρωθήσεται καὶ πᾶν ὄρος καὶ βουνὸς ταπεινωθήσεται, καὶ ἔσται* ***τὰ σκολιὰ*** *εἰς εὐθείαν καὶ αἱ τραχεῖαι εἰς ὁδοὺς λείας·* ➤ Isa 40,4 LXX	

Acts 2,40 ἑτέροις τε λόγοις πλείοσιν διεμαρτύρατο καὶ παρεκάλει αὐτοὺς λέγων· σώθητε **ἀπὸ τῆς γενεᾶς τῆς σκολιᾶς ταύτης.**

σκοπέω	Syn 1	Mt	Mk	Lk 1	Acts	Jn	1-3John	Paul 5	Eph	Col
	NT 6	2Thess	1/2Tim	Tit	Heb	Jas	1Pet	2Pet	Jude	Rev

look (out) for; keep one's eyes on

	Mt	Mk	Lk	
102	**Mt 6,23** ... εἰ οὖν τὸ φῶς τὸ ἐν σοὶ σκότος ἐστίν, τὸ σκότος πόσον.		**Lk 11,35** → Lk 11,36 **σκόπει** οὖν μὴ τὸ φῶς τὸ ἐν σοὶ σκότος ἐστίν.	→ GTh 24 (POxy 655 - restoration)

σκορπίζω	Syn 2	Mt 1	Mk	Lk 1	Acts	Jn 2	1-3John	Paul 1	Eph	Col
	NT 5	2Thess	1/2Tim	Tit	Heb	Jas	1Pet	2Pet	Jude	Rev

scatter; disperse; scatter abroad; distribute

	Mt	Mk	Lk	
202	**Mt 12,30** ὁ μὴ ὢν μετ' ἐμοῦ κατ' ἐμοῦ ἐστιν, καὶ ὁ μὴ συνάγων μετ' ἐμοῦ **σκορπίζει.**	→ Mk 9,40	**Lk 11,23** → Lk 9,50 ὁ μὴ ὢν μετ' ἐμοῦ κατ' ἐμοῦ ἐστιν, καὶ ὁ μὴ συνάγων μετ' ἐμοῦ **σκορπίζει.**	

σκορπίος	Syn 2	Mt	Mk	Lk 2	Acts	Jn	1-3John	Paul	Eph	Col
	NT 5	2Thess	1/2Tim	Tit	Heb	Jas	1Pet	2Pet	Jude	Rev 3

scorpion

002			Lk 10,19	ἰδοὺ δέδωκα ὑμῖν τὴν ἐξουσίαν τοῦ πατεῖν **ἐπάνω ὄφεων καὶ σκορπίων,** καὶ ἐπὶ πᾶσαν τὴν δύναμιν τοῦ ἐχθροῦ, καὶ οὐδὲν ὑμᾶς οὐ μὴ ἀδικήσῃ.	
102	Mt 7,9	ἢ τίς ἐστιν ἐξ ὑμῶν ἄνθρωπος, ὃν αἰτήσει ὁ υἱὸς αὐτοῦ ἄρτον, μὴ **λίθον** ἐπιδώσει αὐτῷ; [10] ἢ καὶ ἰχθὺν αἰτήσει, μὴ ὄφιν ἐπιδώσει αὐτῷ;	Lk 11,12	[11] τίνα δὲ ἐξ ὑμῶν τὸν πατέρα αἰτήσει ὁ υἱὸς ἰχθύν, καὶ ἀντὶ ἰχθύος ὄφιν αὐτῷ ἐπιδώσει; [12] ἢ καὶ αἰτήσει ᾠόν, ἐπιδώσει αὐτῷ **σκορπίον;**	

σκοτεινός	Syn 3	Mt 1	Mk	Lk 2	Acts	Jn	1-3John	Paul	Eph	Col
	NT 3	2Thess	1/2Tim	Tit	Heb	Jas	1Pet	2Pet	Jude	Rev

dark

202	Mt 6,23	ἐὰν δὲ ὁ ὀφθαλμός σου πονηρὸς ᾖ, ὅλον τὸ σῶμά σου **σκοτεινὸν** ἔσται. ...	Lk 11,34	... ἐπὰν δὲ πονηρὸς ᾖ, καὶ τὸ σῶμά σου **σκοτεινόν.**	→ GTh 24 (POxy 655 - restoration)
002			Lk 11,36 → Lk 11,35	εἰ οὖν τὸ σῶμά σου ὅλον φωτεινόν, μὴ ἔχον **μέρος τι σκοτεινόν,** ἔσται φωτεινὸν ὅλον ὡς ὅταν ὁ λύχνος τῇ ἀστραπῇ φωτίζῃ σε.	→ GTh 24 (POxy 655 - restoration)

σκοτία	Syn 2	Mt 1	Mk	Lk 1	Acts	Jn 8	1-3John 6	Paul	Eph	Col
	NT 16	2Thess	1/2Tim	Tit	Heb	Jas	1Pet	2Pet	Jude	Rev

darkness; gloom

202	Mt 10,27	ὃ λέγω ὑμῖν **ἐν τῇ σκοτίᾳ** εἴπατε ἐν τῷ φωτί, καὶ ὃ εἰς τὸ οὖς ἀκούετε κηρύξατε ἐπὶ τῶν δωμάτων.	Lk 12,3	ἀνθ᾽ ὧν ὅσα **ἐν τῇ σκοτίᾳ** εἴπατε ἐν τῷ φωτὶ ἀκουσθήσεται, καὶ ὃ πρὸς τὸ οὖς ἐλαλήσατε ἐν τοῖς ταμείοις κηρυχθήσεται ἐπὶ τῶν δωμάτων.	→ GTh 33,1 (POxy 1)

σκοτίζομαι	Syn 2	Mt 1	Mk 1	Lk	Acts	Jn	1-3John	Paul 2	Eph	Col
	NT 5	2Thess	1/2Tim	Tit	Heb	Jas	1Pet	2Pet	Jude	Rev 1

be, become dark; be darkened

221	**Mt 24,29** εὐθέως δὲ μετὰ τὴν θλῖψιν τῶν ἡμερῶν ἐκείνων *ὁ ἥλιος* ***σκοτισθήσεται,*** *καὶ ἡ σελήνη οὐ δώσει τὸ φέγγος αὐτῆς, καὶ οἱ ἀστέρες πεσοῦνται* ἀπὸ τοῦ οὐρανοῦ, ... ➤ Isa 13,10	**Mk 13,24** ἀλλὰ ἐν ἐκείναις ταῖς ἡμέραις μετὰ τὴν θλῖψιν ἐκείνην *ὁ ἥλιος* ***σκοτισθήσεται,*** *καὶ ἡ σελήνη οὐ δώσει τὸ φέγγος αὐτῆς,* [25] *καὶ οἱ ἀστέρες ἔσονται* ἐκ τοῦ οὐρανοῦ *πίπτοντες,* ... ➤ Isa 13,10	**Lk 21,25** καὶ ἔσονται σημεῖα ἐν ἡλίῳ → Lk 21,11 καὶ σελήνῃ καὶ ἄστροις, καὶ ἐπὶ τῆς γῆς συνοχὴ ἐθνῶν ἐν ἀπορίᾳ ἤχους θαλάσσης καὶ σάλου	→ Acts 2,19

σκότος	Syn 12	Mt 7	Mk 1	Lk 4	Acts 3	Jn 1	1-3John 1	Paul 7	Eph 3	Col 1
	NT 31	2Thess	1/2Tim	Tit	Heb	Jas	1Pet 1	2Pet 1	Jude 1	Rev

darkness; gloom

	triple tradition																	double tradition			Sondergut		
		+Mt / +Lk			–Mt / –Lk			traditions not taken over by Mt / Lk							subtotals								
code	*222*	*211*	*112*	*212*	*221*	*122*	*121*	*022*	*012*	*021*	*220*	*120*	*210*	*020*	Σ⁺	Σ⁻	Σ	*202*	*201*	*102*	*200*	*002*	total
Mt	1																1	1	2		3		**7**
Mk	1																1						**1**
Lk	1		1⁺												1⁺		2	1				1	**4**

a σκότος and φῶς

b τὸ σκότος τὸ ἐξώτερον

002			**Lk 1,79** ἐπιφᾶναι τοῖς **ἐν σκότει καὶ σκιᾷ θανάτου** καθημένοις, τοῦ κατευθῦναι τοὺς πόδας ἡμῶν εἰς ὁδὸν εἰρήνης. ↓ Mt 4,16	
a 200	**Mt 4,16** *ὁ λαὸς ὁ καθήμενος* ***ἐν σκότει*** *φῶς εἶδεν μέγα, καὶ τοῖς καθημένοις ἐν χώρᾳ καὶ σκιᾷ θανάτου φῶς ἀνέτειλεν* αὐτοῖς. ↑ Lk 1,79 ➤ Isa 9,1			
a 202 201	**Mt 6,23 (2)** ... εἰ οὖν τὸ φῶς τὸ ἐν σοὶ **σκότος** ἐστίν, **τὸ σκότος** πόσον.		**Lk 11,35** σκόπει οὖν μὴ τὸ φῶς τὸ ἐν σοὶ **σκότος** ἐστίν. → Lk 11,36	→ GTh 24 (POxy 655 - restoration)
b 201	**Mt 8,12** οἱ δὲ υἱοὶ τῆς βασιλείας ἐκβληθήσονται **εἰς τὸ σκότος τὸ ἐξώτερον·** ...		**Lk 13,28** ... ὑμᾶς δὲ ἐκβαλλομένους **ἔξω.**	
b 200	**Mt 22,13** ... δήσαντες αὐτοῦ πόδας καὶ χεῖρας ἐκβάλετε αὐτὸν **εἰς τὸ σκότος τὸ ἐξώτερον·** ἐκεῖ ἔσται ὁ κλαυθμὸς καὶ ὁ βρυγμὸς τῶν ὀδόντων.			

	Mt	Mk	Lk	
b 200	**Mt 25,30** καὶ τὸν ἀχρεῖον δοῦλον ἐκβάλετε **εἰς τὸ σκότος τὸ ἐξώτερον·** ἐκεῖ ἔσται ὁ κλαυθμὸς καὶ ὁ βρυγμὸς τῶν ὀδόντων.			
112	**Mt 26,55** ... καθ' ἡμέραν ἐν τῷ ἱερῷ ἐκαθεζόμην διδάσκων καὶ οὐκ ἐκρατήσατέ με. [56] τοῦτο δὲ ὅλον γέγονεν ἵνα πληρωθῶσιν αἱ γραφαὶ τῶν προφητῶν. ...	**Mk 14,49** καθ' ἡμέραν ἤμην πρὸς ὑμᾶς ἐν τῷ ἱερῷ διδάσκων καὶ οὐκ ἐκρατήσατέ με· ἀλλ' ἵνα πληρωθῶσιν αἱ γραφαί.	**Lk 22,53** →Mt 26,45 →Mk 14,41 καθ' ἡμέραν ὄντος μου μεθ' ὑμῶν ἐν τῷ ἱερῷ οὐκ ἐξετείνατε τὰς χεῖρας ἐπ' ἐμέ, ἀλλ' αὕτη ἐστὶν ὑμῶν ἡ ὥρα καὶ **ἡ ἐξουσία τοῦ σκότους.**	→Jn 14,30 →Jn 18,20
222	**Mt 27,45** ἀπὸ δὲ ἕκτης ὥρας **σκότος** ἐγένετο ἐπὶ πᾶσαν τὴν γῆν ἕως ὥρας ἐνάτης.	**Mk 15,33** καὶ γενομένης ὥρας ἕκτης **σκότος** ἐγένετο ἐφ' ὅλην τὴν γῆν ἕως ὥρας ἐνάτης.	**Lk 23,44** →Lk 23,45 καὶ ἦν ἤδη ὡσεὶ ὥρα ἕκτη καὶ **σκότος** ἐγένετο ἐφ' ὅλην τὴν γῆν ἕως ὥρας ἐνάτης	

Acts 2,20 *ὁ ἥλιος μεταστραφήσεται* ***εἰς σκότος*** *καὶ ἡ σελήνη εἰς αἷμα πρὶν ἐλθεῖν ἡμέραν κυρίου τὴν μεγάλην καὶ ἐπιφανῆ.*
➤ Joel 3,4 LXX

Acts 13,11 ... παραχρῆμά τε ἔπεσεν ἐπ' αὐτὸν ἀχλὺς καὶ **σκότος** καὶ περιάγων ἐζήτει χειραγωγούς.

a **Acts 26,18** ἀνοῖξαι ὀφθαλμοὺς αὐτῶν, τοῦ ἐπιστρέψαι **ἀπὸ σκότους** εἰς φῶς καὶ τῆς ἐξουσίας τοῦ σατανᾶ ἐπὶ τὸν θεόν, ...

σκυθρωπός	Syn	Mt	Mk	Lk	Acts	Jn	1-3John	Paul	Eph	Col
	2	1		1						
	NT	2Thess	1/2Tim	Tit	Heb	Jas	1Pet	2Pet	Jude	Rev
	2									

with a sad, gloomy, sullen look

	Mt	Mk	Lk	
200	**Mt 6,16** ὅταν δὲ νηστεύητε, μὴ γίνεσθε **ὡς οἱ ὑποκριταὶ σκυθρωποί,** ἀφανίζουσιν γὰρ τὰ πρόσωπα αὐτῶν ὅπως φανῶσιν τοῖς ἀνθρώποις νηστεύοντες· ...			→GTh 6 (POxy 654) →GTh 27 (POxy 1)
002			**Lk 24,17** ... τίνες οἱ λόγοι οὗτοι οὓς ἀντιβάλλετε πρὸς ἀλλήλους περιπατοῦντες; καὶ ἐστάθησαν **σκυθρωποί.**	

σκύλλω	Syn 4	Mt 1	Mk 1	Lk 2	Acts	Jn	1-3John	Paul	Eph	Col
	NT 4	2Thess	1/2Tim	Tit	Heb	Jas	1Pet	2Pet	Jude	Rev

weary; harass; trouble; bother; annoy

	Mt		Mk		Lk		
102	Mt 8,8	καὶ ἀποκριθεὶς ὁ ἑκατόνταρχος ἔφη· κύριε, οὐκ εἰμὶ ἱκανὸς ἵνα μου ὑπὸ τὴν στέγην εἰσέλθῃς, ...			Lk 7,6 ↓ Mk 5,35 ↓ Lk 8,49	... ἔπεμψεν φίλους ὁ ἑκατοντάρχης λέγων αὐτῷ· κύριε, **μὴ σκύλλου,** οὐ γὰρ ἱκανός εἰμι ἵνα ὑπὸ τὴν στέγην μου εἰσέλθῃς·	→ Jn 4,49
210	Mt 9,36 → Mt 14,14	ἰδὼν δὲ τοὺς ὄχλους ἐσπλαγχνίσθη περὶ αὐτῶν, ὅτι ἦσαν **ἐσκυλμένοι** καὶ ἐρριμμένοι *ὡσεὶ* *πρόβατα μὴ ἔχοντα* *ποιμένα.* ➤ Num 27,17/Jdt 11,19/2Chron 18,16	Mk 6,34	... εἶδεν πολὺν ὄχλον, καὶ ἐσπλαγχνίσθη ἐπ' αὐτοὺς, ὅτι ἦσαν *ὡς* *πρόβατα μὴ ἔχοντα* *ποιμένα,* ... ➤ Num 27,17/Jdt 11,19/2Chron 18,16			
022			Mk 5,35 ↑ Lk 7,6	ἔτι αὐτοῦ λαλοῦντος ἔρχονται ἀπὸ τοῦ ἀρχισυναγώγου λέγοντες ὅτι ἡ θυγάτηρ σου ἀπέθανεν· τί ἔτι **σκύλλεις** τὸν διδάσκαλον;	Lk 8,49 ↑ Lk 7,6	ἔτι αὐτοῦ λαλοῦντος ἔρχεταί τις παρὰ τοῦ ἀρχισυναγώγου λέγων ὅτι τέθνηκεν ἡ θυγάτηρ σου· μηκέτι **σκύλλε** τὸν διδάσκαλον.	

σκῦλον	Syn 1	Mt	Mk	Lk 1	Acts	Jn	1-3John	Paul	Eph	Col
	NT 1	2Thess	1/2Tim	Tit	Heb	Jas	1Pet	2Pet	Jude	Rev

booty; spoils

	Mt		Mk		Lk		
112	Mt 12,29	... ἐὰν μὴ πρῶτον δήσῃ τὸν ἰσχυρόν; καὶ τότε **τὴν οἰκίαν αὐτοῦ** διαρπάσει.	Mk 3,27	... ἐὰν μὴ πρῶτον τὸν ἰσχυρὸν δήσῃ, καὶ τότε **τὴν οἰκίαν αὐτοῦ** διαρπάσει.	Lk 11,22	ἐπὰν δὲ ἰσχυρότερος αὐτοῦ ἐπελθὼν νικήσῃ αὐτόν, τὴν πανοπλίαν αὐτοῦ αἴρει ἐφ' ᾗ ἐπεποίθει, καὶ **τὰ σκῦλα αὐτοῦ** διαδίδωσιν.	→ GTh 21,5 → GTh 35 Mk-Q overlap?

σκώληξ	Syn 1	Mt	Mk 1	Lk	Acts	Jn	1-3John	Paul	Eph	Col
	NT 1	2Thess	1/2Tim	Tit	Heb	Jas	1Pet	2Pet	Jude	Rev

worm

	Mt		Mk		Lk		
020			Mk 9,48	ὅπου ***ὁ σκώληξ αὐτῶν*** *οὐ τελευτᾷ καὶ τὸ πῦρ οὐ* *σβέννυται.* ➤ Isa 66,24			

# σμύρνα	Syn 1	Mt 1	Mk	Lk	Acts	Jn 1	1-3John	Paul	Eph	Col
	NT 2	2Thess	1/2Tim	Tit	Heb	Jas	1Pet	2Pet	Jude	Rev

myrrh

200	**Mt 2,11** ... καὶ ἀνοίξαντες τοὺς θησαυροὺς αὐτῶν προσήνεγκαν αὐτῷ δῶρα, χρυσὸν καὶ λίβανον καὶ **σμύρναν**.		

# σμυρνίζω	Syn 1	Mt	Mk 1	Lk	Acts	Jn	1-3John	Paul	Eph	Col
	NT 1	2Thess	1/2Tim	Tit	Heb	Jas	1Pet	2Pet	Jude	Rev

treat with myrrh

120	**Mt 27,34** ἔδωκαν αὐτῷ πιεῖν **οἶνον μετὰ χολῆς μεμιγμένον**· καὶ γευσάμενος οὐκ ἠθέλησεν πιεῖν.	**Mk 15,23** καὶ ἐδίδουν αὐτῷ **ἐσμυρνισμένον οἶνον**· ὃς δὲ οὐκ ἔλαβεν.	

# Σόδομα	Syn 5	Mt 3	Mk	Lk 2	Acts	Jn	1-3John	Paul 1	Eph	Col
	NT 9	2Thess	1/2Tim	Tit	Heb	Jas	1Pet	2Pet 1	Jude 1	Rev 1

Sodom

	triple tradition																	double tradition			Sonder-gut		
		+Mt / +Lk			–Mt / –Lk			traditions not taken over by Mt / Lk							subtotals								
code	222	211	112	212	221	122	121	022	012	021	220	120	210	020	Σ+	Σ−	Σ	202	201	102	200	002	total
Mt																		1	1		1		3
Mk																							
Lk																		1				1	2

202	**Mt 10,15** ⇩ Mt 11,24 ἀμὴν λέγω ὑμῖν, ἀνεκτότερον ἔσται **γῇ Σοδόμων καὶ Γομόρρων** ἐν ἡμέρᾳ κρίσεως ἢ τῇ πόλει ἐκείνῃ.		**Lk 10,12** λέγω ὑμῖν ὅτι **Σοδόμοις** ἐν τῇ ἡμέρᾳ ἐκείνῃ ἀνεκτότερον ἔσται ἢ τῇ πόλει ἐκείνῃ.
201	**Mt 11,23** καὶ σύ, Καφαρναούμ, μὴ ἕως οὐρανοῦ ὑψωθήσῃ; *ἕως ᾅδου καταβήσῃ·* ὅτι εἰ **ἐν Σοδόμοις** ἐγενήθησαν αἱ δυνάμεις αἱ γενόμεναι ἐν σοί, ἔμεινεν ἂν μέχρι τῆς σήμερον. ➤ Isa 14,13.15		**Lk 10,15** καὶ σύ, Καφαρναούμ, μὴ ἕως οὐρανοῦ ὑψωθήσῃ; *ἕως τοῦ ᾅδου καταβήσῃ.* ➤ Isa 14,13.15
200	**Mt 11,24** ⇧ Mt 10,15 πλὴν λέγω ὑμῖν ὅτι **γῇ Σοδόμων** ἀνεκτότερον ἔσται ἐν ἡμέρᾳ κρίσεως ἢ σοί.		**Lk 10,12** λέγω ὑμῖν ὅτι **Σοδόμοις** ἐν τῇ ἡμέρᾳ ἐκείνῃ ἀνεκτότερον ἔσται ἢ τῇ πόλει ἐκείνῃ.

002		**Lk 17,29**	ᾗ δὲ ἡμέρᾳ ἐξῆλθεν Λὼτ **ἀπὸ Σοδόμων,** ἔβρεξεν πῦρ καὶ θεῖον ἀπ' οὐρανοῦ καὶ ἀπώλεσεν πάντας.	

σοί, σοι → σύ

Σολομών	Syn 8	Mt 5	Mk	Lk 3	Acts 3	Jn 1	1-3John	Paul	Eph	Col
	NT 12	2Thess	1/2Tim	Tit	Heb	Jas	1Pet	2Pet	Jude	Rev

Solomon

	triple tradition																		double tradition			Sondergut		
		+Mt / +Lk			−Mt / −Lk			traditions not taken over by Mt / Lk							subtotals								
code	222	211	112	212	221	122	121	022	012	021	220	120	210	020	Σ⁺	Σ⁻	Σ	202	201	102	200	002	total
Mt																		3			2		5
Mk																							
Lk																		3					3

200	**Mt 1,6**	Ἰεσσαὶ δὲ ἐγέννησεν τὸν Δαυὶδ τὸν βασιλέα. Δαυὶδ δὲ ἐγέννησεν **τὸν Σολομῶνα** ἐκ τῆς τοῦ Οὐρίου,	**Lk 3,31**	... τοῦ Ματταθὰ τοῦ Ναθὰμ τοῦ Δαυὶδ [32] τοῦ Ἰεσσαὶ	
200	**Mt 1,7**	**Σολομὼν** δὲ ἐγέννησεν τὸν Ῥοβοάμ, ...			
202	**Mt 6,29**	λέγω δὲ ὑμῖν ὅτι **οὐδὲ Σολομὼν** ἐν πάσῃ τῇ δόξῃ αὐτοῦ περιεβάλετο ὡς ἓν τούτων.	**Lk 12,27**	... λέγω δὲ ὑμῖν, **οὐδὲ Σολομὼν** ἐν πάσῃ τῇ δόξῃ αὐτοῦ περιεβάλετο ὡς ἓν τούτων.	
202 → Mt 12,6 202	**Mt 12,42 (2)**	βασίλισσα νότου ἐγερθήσεται ἐν τῇ κρίσει μετὰ τῆς γενεᾶς ταύτης καὶ κατακρινεῖ αὐτήν, ὅτι ἦλθεν ἐκ τῶν περάτων τῆς γῆς ἀκοῦσαι **τὴν σοφίαν Σολομῶνος,** καὶ ἰδοὺ **πλεῖον Σολομῶνος** ὧδε.	**Lk 11,31 (2)**	βασίλισσα νότου ἐγερθήσεται ἐν τῇ κρίσει μετὰ τῶν ἀνδρῶν τῆς γενεᾶς ταύτης καὶ κατακρινεῖ αὐτούς, ὅτι ἦλθεν ἐκ τῶν περάτων τῆς γῆς ἀκοῦσαι **τὴν σοφίαν Σολομῶνος,** καὶ ἰδοὺ **πλεῖον Σολομῶνος** ὧδε.	
202	**Mt 6,29**	λέγω δὲ ὑμῖν ὅτι **οὐδὲ Σολομὼν** ἐν πάσῃ τῇ δόξῃ αὐτοῦ περιεβάλετο ὡς ἓν τούτων.	**Lk 12,27**	... λέγω δὲ ὑμῖν, **οὐδὲ Σολομὼν** ἐν πάσῃ τῇ δόξῃ αὐτοῦ περιεβάλετο ὡς ἓν τούτων.	

Acts 3,11 κρατοῦντος δὲ αὐτοῦ
τὸν Πέτρον καὶ τὸν
Ἰωάννην συνέδραμεν
πᾶς ὁ λαὸς πρὸς αὐτοὺς
**ἐπὶ τῇ στοᾷ τῇ
καλουμένῃ
Σολομῶντος**
ἔκθαμβοι.

Acts 5,12 ... καὶ ἦσαν ὁμοθυμαδὸν
ἅπαντες
**ἐν τῇ στοᾷ
Σολομῶντος**

Acts 7,47 **Σολομῶν**
δὲ οἰκοδόμησεν αὐτῷ
οἶκον.

σορός	Syn 1	Mt	Mk	Lk 1	Acts	Jn	1-3John	Paul	Eph	Col
	NT 1	2Thess	1/2Tim	Tit	Heb	Jas	1Pet	2Pet	Jude	Rev

coffin; bier

002		Lk 7,14	καὶ προσελθὼν ἥψατο **τῆς σοροῦ**, οἱ δὲ βαστάζοντες ἔστησαν, ...

σός	Syn 14	Mt 8	Mk 2	Lk 4	Acts 3	Jn 7	1-3John	Paul 3	Eph	Col
	NT 27	2Thess	1/2Tim	Tit	Heb	Jas	1Pet	2Pet	Jude	Rev

possessive adjective: thy; thine

	triple tradition																	double tradition			Sondergut		
		+Mt / +Lk			−Mt / −Lk			traditions not taken over by Mt / Lk							subtotals								
code	*222*	*211*	*112*	*212*	*221*	*122*	*121*	*022*	*012*	*021*	*220*	*120*	*210*	*020*	Σ⁺	Σ⁻	Σ	*202*	*201*	*102*	*200*	*002*	total
Mt		1⁺				1⁻									1⁺	1⁻	1		5		2		**8**
Mk						1				1							2						**2**
Lk			1⁺			1				1⁻					1⁺	1⁻	2			1		1	**4**

a τὸ σόν *b* (τὰ) σά *c* οἱ (...) σοί

		Mt		Mk		Lk		
c 122	Mt 9,14	τότε προσέρχονται αὐτῷ οἱ μαθηταὶ Ἰωάννου λέγοντες· διὰ τί ἡμεῖς καὶ οἱ Φαρισαῖοι νηστεύομεν [πολλά], **οἱ δὲ μαθηταί σου** οὐ νηστεύουσιν;	Mk 2,18	καὶ ἦσαν οἱ μαθηταὶ Ἰωάννου καὶ οἱ Φαρισαῖοι νηστεύοντες. καὶ ἔρχονται καὶ λέγουσιν αὐτῷ· διὰ τί οἱ μαθηταὶ Ἰωάννου καὶ οἱ μαθηταὶ τῶν Φαρισαίων νηστεύουσιν, **οἱ δὲ σοὶ μαθηταὶ** οὐ νηστεύουσιν;	Lk 5,33	οἱ δὲ εἶπαν πρὸς αὐτόν· οἱ μαθηταὶ Ἰωάννου νηστεύουσιν πυκνὰ καὶ δεήσεις ποιοῦνται ὁμοίως καὶ οἱ τῶν Φαρισαίων, **οἱ δὲ σοὶ** ἐσθίουσιν καὶ πίνουσιν.	→ GTh 104
b 102	Mt 5,42 → Lk 6,34 → Lk 6,35	τῷ αἰτοῦντί σε δός, καὶ τὸν θέλοντα **ἀπὸ σοῦ** δανίσασθαι μὴ ἀποστραφῇς.			Lk 6,30	παντὶ αἰτοῦντί σε δίδου, καὶ ἀπὸ τοῦ αἴροντος **τὰ σὰ** μὴ ἀπαίτει.	→ GTh 95
201	Mt 7,3	τί δὲ βλέπεις τὸ κάρφος τὸ ἐν τῷ ὀφθαλμῷ τοῦ ἀδελφοῦ σου, τὴν δὲ **ἐν τῷ σῷ ὀφθαλμῷ** δοκὸν οὐ κατανοεῖς;			Lk 6,41	τί δὲ βλέπεις τὸ κάρφος τὸ ἐν τῷ ὀφθαλμῷ τοῦ ἀδελφοῦ σου, τὴν δὲ δοκὸν τὴν **ἐν τῷ ἰδίῳ ὀφθαλμῷ** οὐ κατανοεῖς;	→ GTh 26
201 201 201	Mt 7,22 (3) → Mt 25,11	πολλοὶ ἐροῦσίν μοι ἐν ἐκείνῃ τῇ ἡμέρᾳ· κύριε κύριε, οὐ **τῷ σῷ ὀνόματι** ἐπροφητεύσαμεν, καὶ **τῷ σῷ ὀνόματι** δαιμόνια ἐξεβάλομεν, καὶ **τῷ σῷ ὀνόματι** δυνάμεις πολλὰς ἐποιήσαμεν;			Lk 13,26	τότε ἄρξεσθε λέγειν· ἐφάγομεν **ἐνώπιόν σου** καὶ ἐπίομεν καὶ ἐν ταῖς πλατείαις ἡμῶν ἐδίδαξας·	
200	Mt 13,27	... εἶπον αὐτῷ· κύριε, οὐχὶ καλὸν σπέρμα ἔσπειρας **ἐν τῷ σῷ ἀγρῷ;** πόθεν οὖν ἔχει ζιζάνια;					→ GTh 57

	Mt		Mk		Lk		
c 021			Mk 5,19	... ὕπαγε εἰς τὸν οἶκόν σου **πρὸς τοὺς σοὺς** καὶ ἀπάγγειλον αὐτοῖς ὅσα ὁ κύριός σοι πεποίηκεν ...	Lk 8,39	ὑπόστρεφε εἰς τὸν οἶκόν σου, καὶ διηγοῦ ὅσα σοι ἐποίησεν ὁ θεός. ...	
b 002					Lk 15,31	... τέκνον, σὺ πάντοτε μετ᾽ ἐμοῦ εἶ, καὶ πάντα τὰ ἐμὰ **σά** ἐστιν·	
a 200	Mt 20,14	ἆρον **τὸ σὸν** καὶ ὕπαγε. θέλω δὲ τούτῳ τῷ ἐσχάτῳ δοῦναι ὡς καὶ σοί·					
211	Mt 24,3	... εἰπὲ ἡμῖν, πότε ταῦτα ἔσται καὶ τί τὸ σημεῖον **τῆς σῆς παρουσίας** καὶ συντελείας τοῦ αἰῶνος;	Mk 13,4	εἰπὸν ἡμῖν, πότε ταῦτα ἔσται καὶ τί τὸ σημεῖον ὅταν μέλλῃ ταῦτα συντελεῖσθαι πάντα;	Lk 21,7	... διδάσκαλε, πότε οὖν ταῦτα ἔσται καὶ τί τὸ σημεῖον ὅταν μέλλῃ ταῦτα γίνεσθαι;	
a 201	Mt 25,25	[24] προσελθὼν δὲ καὶ ὁ τὸ ἓν τάλαντον εἰληφὼς εἶπεν· κύριε, ἔγνων σε ὅτι σκληρὸς εἶ ἄνθρωπος, ... [25] καὶ φοβηθεὶς ἀπελθὼν ἔκρυψα τὸ τάλαντόν σου ἐν τῇ γῇ· ἴδε ἔχεις **τὸ σόν.**			Lk 19,20	καὶ ὁ ἕτερος ἦλθεν λέγων· κύριε, ἰδοὺ **ἡ μνᾶ σου** ἣν εἶχον ἀποκειμένην ἐν σουδαρίῳ· [21] ἐφοβούμην γάρ σε, ὅτι ἄνθρωπος αὐστηρὸς εἶ, ...	
112	Mt 26,39	... πάτερ μου, εἰ δυνατόν ἐστιν, παρελθάτω ἀπ᾽ ἐμοῦ τὸ ποτήριον τοῦτο· πλὴν οὐχ ὡς ἐγὼ θέλω ἀλλ᾽ **ὡς σύ.**	Mk 14,36	... αββα ὁ πατήρ, πάντα δυνατά σοι· παρένεγκε τὸ ποτήριον τοῦτο ἀπ᾽ ἐμοῦ· ἀλλ᾽ οὐ τί ἐγὼ θέλω ἀλλὰ **τί σύ.**	Lk 22,42 → Mt 26,42	... πάτερ, εἰ βούλει παρένεγκε τοῦτο τὸ ποτήριον ἀπ᾽ ἐμοῦ· πλὴν μὴ τὸ θέλημά μου ἀλλὰ **τὸ σὸν** γινέσθω.	→ Jn 18,11 → Acts 21,14

Acts 5,4		Acts 24,2		Acts 24,4	
	οὐχὶ μένον σοὶ ἔμενεν καὶ πραθὲν **ἐν τῇ σῇ ἐξουσίᾳ** ὑπῆρχεν; ...		... πολλῆς εἰρήνης τυγχάνοντες διὰ σοῦ καὶ διορθωμάτων γινομένων τῷ ἔθνει τούτῳ **διὰ τῆς σῆς προνοίας**		ἵνα δὲ μὴ ἐπὶ πλεῖόν σε ἐγκόπτω, παρακαλῶ ἀκοῦσαί σε ἡμῶν συντόμως **τῇ σῇ ἐπιεικείᾳ.**

σοῦ, σου → σύ

σουδάριον

σουδάριον	Syn 1	Mt	Mk	Lk 1	Acts 1	Jn 2	1-3John	Paul	Eph	Col
	NT 4	2Thess	1/2Tim	Tit	Heb	Jas	1Pet	2Pet	Jude	Rev

face-cloth; handkerchief

102	**Mt 25,25** → Lk 19,21 καὶ φοβηθεὶς ἀπελθὼν ἔκρυψα τὸ τάλαντόν σου **ἐν τῇ γῇ·** ἴδε ἔχεις τὸ σόν.		**Lk 19,20** ... ἰδοὺ ἡ μνᾶ σου ἣν εἶχον ἀποκειμένην **ἐν σουδαρίῳ·**	

Acts 19,12 ὥστε καὶ ἐπὶ τοὺς ἀσθενοῦντας ἀποφέρεσθαι ἀπὸ τοῦ χρωτὸς αὐτοῦ **σουδάρια** ἢ σιμικίνθια καὶ ἀπαλλάσσεσθαι ἀπ᾽ αὐτῶν τὰς νόσους, τά τε πνεύματα τὰ πονηρὰ ἐκπορεύεσθαι.

Σουσάννα

Σουσάννα	Syn 1	Mt	Mk	Lk 1	Acts	Jn	1-3John	Paul	Eph	Col
	NT 1	2Thess	1/2Tim	Tit	Heb	Jas	1Pet	2Pet	Jude	Rev

Susanna

002			**Lk 8,3** → Mt 27,55-56 → Mk 15,40-41 → Lk 23,49.55 → Lk 24,10 καὶ Ἰωάννα γυνὴ Χουζᾶ ἐπιτρόπου Ἡρῴδου καὶ **Σουσάννα** καὶ ἕτεραι πολλαί, αἵτινες διηκόνουν αὐτοῖς ἐκ τῶν ὑπαρχόντων αὐταῖς.	→ Acts 1,14

σοφία

σοφία	Syn 10	Mt 3	Mk 1	Lk 6	Acts 4	Jn	1-3John	Paul 19	Eph 3	Col 6
	NT 51	2Thess	1/2Tim	Tit	Heb	Jas 4	1Pet	2Pet 1	Jude	Rev 4

wisdom

	triple tradition																	double tradition			Sondergut		
		+Mt / +Lk			–Mt / –Lk			traditions not taken over by Mt / Lk							subtotals								
code	*222*	*211*	*112*	*212*	*221*	*122*	*121*	*022*	*012*	*021*	*220*	*120*	*210*	*020*	Σ⁺	Σ⁻	Σ	*202*	*201*	*102*	*200*	*002*	total
Mt					1												1	2					**3**
Mk					1												1						**1**
Lk			1^+		1^-										1^+	1^-	1	2		1		2	**6**

002			**Lk 2,40** τὸ δὲ παιδίον ηὔξανεν καὶ ἐκραταιοῦτο πληρούμενον **σοφίᾳ,** καὶ χάρις θεοῦ ἦν ἐπ᾽ αὐτό.	
002			**Lk 2,52** καὶ Ἰησοῦς προέκοπτεν **[ἐν τῇ] σοφίᾳ** καὶ ἡλικίᾳ καὶ χάριτι παρὰ θεῷ καὶ ἀνθρώποις.	
202	**Mt 11,19** ... καὶ ἐδικαιώθη **ἡ σοφία** ἀπὸ τῶν ἔργων αὐτῆς.		**Lk 7,35** καὶ ἐδικαιώθη **ἡ σοφία** ἀπὸ πάντων τῶν τέκνων αὐτῆς.	

	Mt		Mk		Lk		
202	Mt 12,42 → Mt 12,6	βασίλισσα νότου ἐγερθήσεται ἐν τῇ κρίσει μετὰ τῆς γενεᾶς ταύτης καὶ κατακρινεῖ αὐτήν, ὅτι ἦλθεν ἐκ τῶν περάτων τῆς γῆς ἀκοῦσαι **τὴν σοφίαν Σολομῶνος,** καὶ ἰδοὺ πλεῖον Σολομῶνος ὧδε.			Lk 11,31	βασίλισσα νότου ἐγερθήσεται ἐν τῇ κρίσει μετὰ τῶν ἀνδρῶν τῆς γενεᾶς ταύτης καὶ κατακρινεῖ αὐτούς, ὅτι ἦλθεν ἐκ τῶν περάτων τῆς γῆς ἀκοῦσαι **τὴν σοφίαν Σολομῶνος,** καὶ ἰδοὺ πλεῖον Σολομῶνος ὧδε.	
221	Mt 13,54	... ὥστε ἐκπλήσσεσθαι αὐτοὺς καὶ λέγειν· πόθεν τούτῳ **ἡ σοφία αὕτη** καὶ αἱ δυνάμεις;	Mk 6,2	... καὶ πολλοὶ ἀκούοντες ἐξεπλήσσοντο λέγοντες· πόθεν τούτῳ ταῦτα, καὶ τίς **ἡ σοφία** ἡ δοθεῖσα τούτῳ, καὶ αἱ δυνάμεις τοιαῦται διὰ τῶν χειρῶν αὐτοῦ γινόμεναι;	Lk 4,22	καὶ πάντες ἐμαρτύρουν αὐτῷ καὶ ἐθαύμαζον ἐπὶ τοῖς λόγοις τῆς χάριτος τοῖς ἐκπορευομένοις ἐκ τοῦ στόματος αὐτοῦ ...	
102	Mt 23,34	διὰ τοῦτο ἰδοὺ **ἐγὼ** ἀποστέλλω πρὸς ὑμᾶς προφήτας καὶ σοφοὺς καὶ γραμματεῖς· ...			Lk 11,49	διὰ τοῦτο καὶ **ἡ σοφία τοῦ θεοῦ** εἶπεν· ἀποστελῶ εἰς αὐτοὺς προφήτας καὶ ἀποστόλους, ...	
112	Mt 10,19	... δοθήσεται γὰρ ὑμῖν ἐν ἐκείνῃ τῇ ὥρᾳ τί λαλήσητε· [20] οὐ γὰρ ὑμεῖς ἐστε οἱ λαλοῦντες ἀλλὰ τὸ πνεῦμα τοῦ πατρὸς ὑμῶν τὸ λαλοῦν ἐν ὑμῖν.	Mk 13,11	... ἀλλ' ὃ ἐὰν δοθῇ ὑμῖν ἐν ἐκείνῃ τῇ ὥρᾳ τοῦτο λαλεῖτε· οὐ γάρ ἐστε ὑμεῖς οἱ λαλοῦντες ἀλλὰ τὸ πνεῦμα τὸ ἅγιον.	Lk 21,15 ⇩ Lk 12,12	ἐγὼ γὰρ δώσω ὑμῖν στόμα καὶ **σοφίαν** ᾗ οὐ δυνήσονται ἀντιστῆναι ἢ ἀντειπεῖν ἅπαντες οἱ ἀντικείμενοι ὑμῖν.	→ Acts 6,10 Mk-Q overlap
					Lk 12,12 ⇧ Lk 21,15	τὸ γὰρ ἅγιον πνεῦμα διδάξει ὑμᾶς ἐν αὐτῇ τῇ ὥρᾳ ἃ δεῖ εἰπεῖν.	→ Jn 14,26

Acts 6,3 ἐπισκέψασθε δέ,
ἀδελφοί, ἄνδρας ἐξ ὑμῶν
μαρτυρουμένους ἑπτά,
πλήρεις πνεύματος καὶ σοφίας,
οὓς καταστήσομεν
ἐπὶ τῆς χρείας ταύτης

Acts 6,10 (→ Lk 21,15) καὶ οὐκ ἴσχυον
ἀντιστῆναι
τῇ σοφίᾳ
καὶ τῷ πνεύματι ᾧ
ἐλάλει.

Acts 7,10 καὶ ἐξείλατο αὐτὸν ἐκ
πασῶν τῶν θλίψεων
αὐτοῦ καὶ ἔδωκεν αὐτῷ
χάριν καὶ
σοφίαν
ἐναντίον Φαραὼ
βασιλέως Αἰγύπτου ...

Acts 7,22 καὶ ἐπαιδεύθη Μωϋσῆς
[ἐν] πάσῃ σοφίᾳ Αἰγυπτίων,
ἦν δὲ δυνατὸς ἐν λόγοις
καὶ ἔργοις αὐτοῦ.

σοφός

Syn 3	Mt 2	Mk	Lk 1	Acts	Jn	1-3John	Paul 15	Eph 1	Col
NT 20	2Thess	1/2Tim	Tit	Heb	Jas 1	1Pet	2Pet	Jude	Rev

clever; skilful; experienced; wise; learned

	Mt		Mk		Lk		
202	Mt 11,25	... ἐξομολογοῦμαί σοι, πάτερ, κύριε τοῦ οὐρανοῦ καὶ τῆς γῆς, ὅτι ἔκρυψας ταῦτα **ἀπὸ σοφῶν καὶ συνετῶν** καὶ ἀπεκάλυψας αὐτὰ νηπίοις·			Lk 10,21	... ἐξομολογοῦμαί σοι, πάτερ, κύριε τοῦ οὐρανοῦ καὶ τῆς γῆς, ὅτι ἀπέκρυψας ταῦτα **ἀπὸ σοφῶν καὶ συνετῶν** καὶ ἀπεκάλυψας αὐτὰ νηπίοις· ...	→ GTh 4 (POxy 654)

	Mt		Mk		Lk		
201	Mt 23,34	διὰ τοῦτο ἰδοὺ ἐγὼ ἀποστέλλω πρὸς ὑμᾶς προφήτας καὶ **σοφοὺς καὶ γραμματεῖς·** ἐξ αὐτῶν ἀποκτενεῖτε ...			Lk 11,49	διὰ τοῦτο καὶ ἡ σοφία τοῦ θεοῦ εἶπεν· ἀποστελῶ εἰς αὐτοὺς προφήτας καὶ **ἀποστόλους,** καὶ ἐξ αὐτῶν ἀποκτενοῦσιν ...	

σπάομαι	Syn 1	Mt	Mk 1	Lk	Acts 1	Jn	1-3John	Paul	Eph	Col
	NT 2	2Thess	1/2Tim	Tit	Heb	Jas	1Pet	2Pet	Jude	Rev

draw; pull

	Mt		Mk		Lk		
121	Mt 26,51	καὶ ἰδοὺ εἷς τῶν μετὰ Ἰησοῦ ἐκτείνας τὴν χεῖρα **ἀπέσπασεν** τὴν μάχαιραν αὐτοῦ καὶ πατάξας τὸν δοῦλον τοῦ ἀρχιερέως ἀφεῖλεν αὐτοῦ τὸ ὠτίον.	Mk 14,47	εἷς δέ [τις] τῶν παρεστηκότων **σπασάμενος** τὴν μάχαιραν ἔπαισεν τὸν δοῦλον τοῦ ἀρχιερέως καὶ ἀφεῖλεν αὐτοῦ τὸ ὠτάριον.	Lk 22,50	[49] ... κύριε, εἰ πατάξομεν ἐν μαχαίρῃ; [50] καὶ ἐπάταξεν εἷς τις ἐξ αὐτῶν τοῦ ἀρχιερέως τὸν δοῦλον καὶ ἀφεῖλεν τὸ οὖς αὐτοῦ τὸ δεξιόν.	→ Jn 18,10

Acts 16,27 ἔξυπνος δὲ γενόμενος
ὁ δεσμοφύλαξ καὶ ἰδὼν
ἀνεῳγμένας τὰς θύρας
τῆς φυλακῆς,
σπασάμενος
[τὴν] μάχαιραν ἤμελλεν
ἑαυτὸν ἀναιρεῖν νομίζων
ἐκπεφευγέναι τοὺς
δεσμίους.

σπαράσσω	Syn 3	Mt	Mk 2	Lk 1	Acts	Jn	1-3John	Paul	Eph	Col
	NT 3	2Thess	1/2Tim	Tit	Heb	Jas	1Pet	2Pet	Jude	Rev

tear; pull to and fro; convulse

	Mt		Mk		Lk		
021			Mk 1,26	καὶ **σπαράξαν** αὐτὸν τὸ πνεῦμα τὸ ἀκάθαρτον καὶ φωνῆσαν φωνῇ μεγάλῃ ἐξῆλθεν ἐξ αὐτοῦ.	Lk 4,35	... καὶ **ῥίψαν** αὐτὸν τὸ δαιμόνιον εἰς τὸ μέσον ἐξῆλθεν ἀπ' αὐτοῦ μηδὲν βλάψαν αὐτόν.	
112	Mt 17,15	... σεληνιάζεται καὶ κακῶς πάσχει· ...	Mk 9,18	[17] ... ἔχοντα πνεῦμα ἄλαλον· [18] καὶ ὅπου ἐὰν αὐτὸν καταλάβῃ **ῥήσσει** αὐτόν, καὶ ἀφρίζει καὶ τρίζει τοὺς ὀδόντας καὶ ξηραίνεται· ...	Lk 9,39	καὶ ἰδοὺ πνεῦμα λαμβάνει αὐτὸν καὶ ἐξαίφνης κράζει καὶ **σπαράσσει** αὐτὸν μετὰ ἀφροῦ καὶ μόγις ἀποχωρεῖ ἀπ' αὐτοῦ συντρῖβον αὐτόν·	

	Mt 17,18		Mk 9,26		Lk 9,42		
121		καὶ ἐπετίμησεν αὐτῷ ὁ Ἰησοῦς καὶ ἐξῆλθεν ἀπ' αὐτοῦ τὸ δαιμόνιον καὶ ἐθεραπεύθη ὁ παῖς ἀπὸ τῆς ὥρας ἐκείνης.		[20] ... καὶ ἰδὼν αὐτὸν τὸ πνεῦμα εὐθὺς συνεσπάραξεν αὐτόν, ... [25] ... ἐπετίμησεν τῷ πνεύματι τῷ ἀκαθάρτῳ ... [26] καὶ κράξας καὶ πολλὰ **σπαράξας** ἐξῆλθεν· καὶ ἐγένετο ὡσεὶ νεκρός, ὥστε τοὺς πολλοὺς λέγειν ὅτι ἀπέθανεν. [27] ὁ δὲ Ἰησοῦς κρατήσας τῆς χειρὸς αὐτοῦ ἤγειρεν αὐτόν, καὶ ἀνέστη.	→ Lk 7,15	... ἔρρηξεν αὐτὸν τὸ δαιμόνιον καὶ συνεσπάραξεν· ἐπετίμησεν δὲ ὁ Ἰησοῦς τῷ πνεύματι τῷ ἀκαθάρτῳ καὶ ἰάσατο τὸν παῖδα καὶ ἀπέδωκεν αὐτὸν τῷ πατρὶ αὐτοῦ.	

σπαργανόω	Syn 2	Mt	Mk	Lk 2	Acts	Jn	1-3John	Paul	Eph	Col
	NT 2	2Thess	1/2Tim	Tit	Heb	Jas	1Pet	2Pet	Jude	Rev

wrap (up) in (swaddling-)cloths

002			Lk 2,7	καὶ ἔτεκεν τὸν υἱὸν αὐτῆς τὸν πρωτότοκον, καὶ **ἐσπαργάνωσεν** αὐτὸν καὶ ἀνέκλινεν αὐτὸν ἐν φάτνῃ, ...
002			Lk 2,12	καὶ τοῦτο ὑμῖν τὸ σημεῖον, εὑρήσετε **βρέφος ἐσπαργανωμένον** καὶ κείμενον ἐν φάτνῃ.

σπεῖρα	Syn 2	Mt 1	Mk 1	Lk	Acts 3	Jn 2	1-3John	Paul	Eph	Col
	NT 7	2Thess	1/2Tim	Tit	Heb	Jas	1Pet	2Pet	Jude	Rev

cohort

	Mt 27,27 → Lk 23,11		Mk 15,16 → Lk 23,11		
220		τότε οἱ στρατιῶται τοῦ ἡγεμόνος παραλαβόντες τὸν Ἰησοῦν εἰς τὸ πραιτώριον συνήγαγον ἐπ' αὐτὸν **ὅλην τὴν σπεῖραν.**		οἱ δὲ στρατιῶται ἀπήγαγον αὐτὸν ἔσω τῆς αὐλῆς, ὅ ἐστιν πραιτώριον, καὶ συγκαλοῦσιν **ὅλην τὴν σπεῖραν.**	

Acts 10,1 ἀνὴρ δέ τις ἐν Καισαρείᾳ ὀνόματι Κορνήλιος, ἑκατοντάρχης **ἐκ σπείρης τῆς καλουμένης Ἰταλικῆς**

Acts 21,31 ζητούντων τε αὐτὸν ἀποκτεῖναι ἀνέβη φάσις **τῷ χιλιάρχῳ τῆς σπείρης** ὅτι ὅλη συγχύννεται Ἰερουσαλήμ.

Acts 27,1 ὡς δὲ ἐκρίθη τοῦ ἀποπλεῖν ἡμᾶς εἰς τὴν Ἰταλίαν, παρεδίδουν τόν τε Παῦλον καί τινας ἑτέρους δεσμώτας **ἑκατοντάρχῃ ὀνόματι Ἰουλίῳ σπείρης Σεβαστῆς.**

σπείρω	Syn 35	Mt 17	Mk 12	Lk 6	Acts	Jn 2	1-3John	Paul 14	Eph	Col
	NT 52	2Thess	1/2Tim	Tit	Heb	Jas 1	1Pet	2Pet	Jude	Rev

sow

	triple tradition																	double tradition			Sondergut		
		+Mt / +Lk			−Mt / −Lk			traditions not taken over by Mt / Lk							subtotals								
code	*222*	*211*	*112*	*212*	*221*	*122*	*121*	*022*	*012*	*021*	*220*	*120*	*210*	*020*	Σ⁺	Σ⁻	Σ	*202*	*201*	*102*	*200*	*002*	total
Mt	3	1⁺			5		2⁻								1⁺	2⁻	9	3	1		4		**17**
Mk	3				5		2							2			12						**12**
Lk	3				5⁻		2⁻									7⁻	3	3					**6**

[a] ὁ σπείρων (used as a noun without object)
[b] σπείρω εἴς τινα
[c] σπείρω ἔν τινι
[d] σπείρω ἐπί τι(να)
[e] σπείρω ἐπί τινος
[f] σπείρω and σπέρμα / σπόρος

	Mt		Mk		Lk		
202	**Mt 6,26**	ἐμβλέψατε εἰς τὰ πετεινὰ τοῦ οὐρανοῦ ὅτι **οὐ σπείρουσιν** οὐδὲ θερίζουσιν οὐδὲ συνάγουσιν εἰς ἀποθήκας, καὶ ὁ πατὴρ ὑμῶν ὁ οὐράνιος τρέφει αὐτά· ...			**Lk 12,24**	κατανοήσατε τοὺς κόρακας ὅτι **οὐ σπείρουσιν** οὐδὲ θερίζουσιν, οἷς οὐκ ἔστιν ταμεῖον οὐδὲ ἀποθήκη, καὶ ὁ θεὸς τρέφει αὐτούς· ...	
a 222 f 222	**Mt 13,3** (2)	... ἰδοὺ ἐξῆλθεν **ὁ σπείρων** **τοῦ σπείρειν.**	**Mk 4,3** (2)	... ἰδοὺ ἐξῆλθεν **ὁ σπείρων** **σπεῖραι.**	**Lk 8,5** (3)	ἐξῆλθεν **ὁ σπείρων** **τοῦ σπεῖραι** τὸν σπόρον αὐτοῦ.	→ GTh 9
222	**Mt 13,4**	καὶ **ἐν τῷ σπείρειν** αὐτὸν ἃ μὲν ἔπεσεν παρὰ τὴν ὁδόν, καὶ ἐλθόντα τὰ πετεινὰ κατέφαγεν αὐτά.	**Mk 4,4**	καὶ ἐγένετο **ἐν τῷ σπείρειν** ὃ μὲν ἔπεσεν παρὰ τὴν ὁδόν, καὶ ἦλθεν τὰ πετεινὰ καὶ κατέφαγεν αὐτό.		καὶ **ἐν τῷ σπείρειν** αὐτὸν ὃ μὲν ἔπεσεν παρὰ τὴν ὁδὸν καὶ κατεπατήθη, καὶ τὰ πετεινὰ τοῦ οὐρανοῦ κατέφαγεν αὐτό.	
a 221 121	**Mt 13,18**	ὑμεῖς οὖν ἀκούσατε τὴν παραβολὴν **τοῦ σπείραντος.**	**Mk 4,14** (2)	[13] ... οὐκ οἴδατε τὴν παραβολὴν ταύτην, καὶ πῶς πάσας τὰς παραβολὰς γνώσεσθε; [14] **ὁ σπείρων** τὸν λόγον **σπείρει.**	**Lk 8,11**	ἔστιν δὲ αὕτη ἡ παραβολή· ὁ σπόρος ἐστὶν ὁ λόγος τοῦ θεοῦ.	
121 c b 221 211	**Mt 13,19** (2)	παντὸς ἀκούοντος τὸν λόγον τῆς βασιλείας καὶ μὴ συνιέντος, ἔρχεται ὁ πονηρὸς καὶ ἁρπάζει **τὸ ἐσπαρμένον** ἐν τῇ καρδίᾳ αὐτοῦ, οὗτός ἐστιν **ὁ παρὰ τὴν ὁδὸν σπαρείς.**	**Mk 4,15** (2)	οὗτοι δέ εἰσιν οἱ παρὰ τὴν ὁδόν· ὅπου **σπείρεται** ὁ λόγος καὶ ὅταν ἀκούσωσιν, εὐθὺς ἔρχεται ὁ σατανᾶς καὶ αἴρει **τὸν λόγον** **τὸν ἐσπαρμένον** εἰς αὐτούς.	**Lk 8,12**	οἱ δὲ παρὰ τὴν ὁδόν εἰσιν οἱ ἀκούσαντες, εἶτα ἔρχεται ὁ διάβολος καὶ αἴρει **τὸν λόγον** ἀπὸ τῆς καρδίας αὐτῶν, ἵνα μὴ πιστεύσαντες σωθῶσιν.	

		Mt		Mk		Lk	
d 221	Mt 13,20	ὁ δὲ ἐπὶ τὰ πετρώδη σπαρείς, οὗτός ἐστιν ὁ τὸν λόγον ἀκούων καὶ εὐθὺς μετὰ χαρᾶς λαμβάνων αὐτόν	Mk 4,16	καὶ οὗτοί εἰσιν οἱ ἐπὶ τὰ πετρώδη σπειρόμενοι, οἳ ὅταν ἀκούσωσιν τὸν λόγον εὐθὺς μετὰ χαρᾶς λαμβάνουσιν αὐτόν	Lk 8,13	οἱ δὲ ἐπὶ τῆς πέτρας οἳ ὅταν ἀκούσωσιν μετὰ χαρᾶς δέχονται τὸν λόγον, ...	
b 221	Mt 13,22	ὁ δὲ εἰς τὰς ἀκάνθας σπαρείς, οὗτός ἐστιν ὁ τὸν λόγον ἀκούων, ...	Mk 4,18	καὶ ἄλλοι εἰσὶν οἱ εἰς τὰς ἀκάνθας σπειρόμενοι· οὗτοί εἰσιν οἱ τὸν λόγον ἀκούσαντες	Lk 8,14	τὸ δὲ εἰς τὰς ἀκάνθας πεσόν, οὗτοί εἰσιν οἱ ἀκούσαντες, ...	
d 221	Mt 13,23	ὁ δὲ ἐπὶ τὴν καλὴν γῆν σπαρείς, οὗτός ἐστιν ὁ τὸν λόγον ἀκούων καὶ συνιείς, ὃς δὴ καρποφορεῖ ...	Mk 4,20	καὶ ἐκεῖνοί εἰσιν οἱ ἐπὶ τὴν γῆν τὴν καλὴν σπαρέντες, οἵτινες ἀκούουσιν τὸν λόγον καὶ παραδέχονται καὶ καρποφοροῦσιν ...	Lk 8,15	τὸ δὲ ἐν τῇ καλῇ γῇ, οὗτοί εἰσιν οἵτινες ἐν καρδίᾳ καλῇ καὶ ἀγαθῇ ἀκούσαντες τὸν λόγον κατέχουσιν καὶ καρποφοροῦσιν ...	
cf 200	Mt 13,24	... ὡμοιώθη ἡ βασιλεία τῶν οὐρανῶν ἀνθρώπῳ σπείραντι καλὸν σπέρμα ἐν τῷ ἀγρῷ αὐτοῦ.					→ GTh 57
cf 200	Mt 13,27	... οὐχὶ καλὸν σπέρμα ἔσπειρας ἐν τῷ σῷ ἀγρῷ; πόθεν οὖν ἔχει ζιζάνια;					→ GTh 57
cf e 020	Mt 13,31	... κόκκῳ σινάπεως, ὃν λαβὼν ἄνθρωπος ἔσπειρεν ἐν τῷ ἀγρῷ αὐτοῦ·	Mk 4,31	... κόκκῳ σινάπεως, ὃς ὅταν σπαρῇ ἐπὶ τῆς γῆς,	Lk 13,19	... κόκκῳ σινάπεως, ὃν λαβὼν ἄνθρωπος ἔβαλεν εἰς κῆπον ἑαυτοῦ,	→ GTh 20 Mk-Q overlap
	Mt 13,32	ὃ μικρότερον μέν ἐστιν πάντων τῶν σπερμάτων, ↔		μικρότερον ὂν πάντων τῶν σπερμάτων τῶν ἐπὶ τῆς γῆς,			
020	Mt 13,32	↔ ὅταν δὲ αὐξηθῇ μεῖζον τῶν λαχάνων ἐστὶν καὶ γίνεται δένδρον, ...	Mk 4,32	καὶ ὅταν σπαρῇ, ἀναβαίνει καὶ γίνεται μεῖζον πάντων τῶν λαχάνων καὶ ποιεῖ κλάδους μεγάλους, ...		καὶ ηὔξησεν καὶ ἐγένετο εἰς δένδρον, ...	→ GTh 20 Mk-Q overlap
cf 201	Mt 13,31	... κόκκῳ σινάπεως, ὃν λαβὼν ἄνθρωπος ἔσπειρεν ἐν τῷ ἀγρῷ αὐτοῦ·	Mk 4,31	... κόκκῳ σινάπεως, ὃς ὅταν σπαρῇ ἐπὶ τῆς γῆς, ...	Lk 13,19	... κόκκῳ σινάπεως, ὃν λαβὼν ἄνθρωπος ἔβαλεν εἰς κῆπον ἑαυτοῦ, ...	→ GTh 20 Mk-Q overlap
f 200	Mt 13,37	ὁ δὲ ἀποκριθεὶς εἶπεν· ὁ σπείρων τὸ καλὸν σπέρμα ἐστὶν ὁ υἱὸς τοῦ ἀνθρώπου					
200	Mt 13,39	ὁ δὲ ἐχθρὸς ὁ σπείρας αὐτά ἐστιν ὁ διάβολος, ...					
202	Mt 6,26	ἐμβλέψατε εἰς τὰ πετεινὰ τοῦ οὐρανοῦ ὅτι οὐ σπείρουσιν οὐδὲ θερίζουσιν οὐδὲ συνάγουσιν εἰς ἀποθήκας, καὶ ὁ πατὴρ ὑμῶν ὁ οὐράνιος τρέφει αὐτά· ...			Lk 12,24	κατανοήσατε τοὺς κόρακας ὅτι οὐ σπείρουσιν οὐδὲ θερίζουσιν, οἷς οὐκ ἔστιν ταμεῖον οὐδὲ ἀποθήκη, καὶ ὁ θεὸς τρέφει αὐτούς· ...	

202	**Mt 25,24** ... ἔγνων σε ὅτι σκληρὸς εἶ ἄνθρωπος, θερίζων ὅπου **οὐκ ἔσπειρας** καὶ συνάγων ὅθεν οὐ διεσκόρπισας		**Lk 19,21** → Mt 25,25 ἐφοβούμην γάρ σε, ὅτι ἄνθρωπος αὐστηρὸς εἶ, αἴρεις ὃ οὐκ ἔθηκας καὶ θερίζεις ὃ **οὐκ ἔσπειρας.**	
202	**Mt 25,26** ... πονηρὲ δοῦλε καὶ ὀκνηρέ, ᾔδεις ὅτι θερίζω ὅπου **οὐκ ἔσπειρα** καὶ συνάγω ὅθεν οὐ διεσκόρπισα;		**Lk 19,22** ... πονηρὲ δοῦλε. ᾔδεις ὅτι ἐγὼ ἄνθρωπος αὐστηρός εἰμι, αἴρων ὃ οὐκ ἔθηκα καὶ θερίζων ὃ **οὐκ ἔσπειρα;**	

σπεκουλάτωρ

	Syn	Mt	Mk	Lk	Acts	Jn	1-3John	Paul	Eph	Col
	1		1							
	NT	2Thess	1/2Tim	Tit	Heb	Jas	1Pet	2Pet	Jude	Rev
	1									

executioner

120	**Mt 14,10** καὶ πέμψας ἀπεκεφάλισεν [τὸν] Ἰωάννην ἐν τῇ φυλακῇ.	**Mk 6,27** → Mk 6,16 → Lk 9,9 καὶ εὐθὺς ἀποστείλας ὁ βασιλεὺς **σπεκουλάτορα** ἐπέταξεν ἐνέγκαι τὴν κεφαλὴν αὐτοῦ. καὶ ἀπελθὼν ἀπεκεφάλισεν αὐτὸν ἐν τῇ φυλακῇ		

σπέρμα

	Syn	Mt	Mk	Lk	Acts	Jn	1-3John	Paul	Eph	Col
	14	7	5	2	4	3	1	16		
	NT	2Thess	1/2Tim	Tit	Heb	Jas	1Pet	2Pet	Jude	Rev
	43		1		3					1

seed; descendants; children; posterity

	triple tradition																	double tradition			Sonder-gut		
		+Mt / +Lk			–Mt / –Lk			traditions not taken over by Mt / Lk							subtotals								
code	222	211	112	212	221	122	121	022	012	021	220	120	210	020	Σ⁺	Σ⁻	Σ	202	201	102	200	002	total
Mt	1				1		2⁻				1					2⁻	3				4		7
Mk	1				1		2				1						5						5
Lk	1				1⁻		2⁻									3⁻	1					1	2

[a] σπέρμα and Ἀβραάμ

[b] σπέρμα σπείρω

a 002			**Lk 1,55** [54] ἀντελάβετο Ἰσραὴλ παιδὸς αὐτοῦ, μνησθῆναι ἐλέους, [55] καθὼς ἐλάλησεν πρὸς τοὺς πατέρας ἡμῶν, τῷ Ἀβραὰμ καὶ **τῷ σπέρματι αὐτοῦ** εἰς τὸν αἰῶνα.	
b 200	**Mt 13,24** ... ὡμοιώθη ἡ βασιλεία τῶν οὐρανῶν ἀνθρώπῳ σπείραντι **καλὸν σπέρμα** ἐν τῷ ἀγρῷ αὐτοῦ.			→ GTh 57
b 200	**Mt 13,27** ... κύριε, οὐχὶ **καλὸν σπέρμα** ἔσπειρας ἐν τῷ σῷ ἀγρῷ; πόθεν οὖν ἔχει ζιζάνια;			→ GTh 57

		Mt		Mk		Lk	
	Mt 13,31	ἄλλην παραβολὴν παρέθηκεν αὐτοῖς λέγων· ὁμοία ἐστὶν ἡ βασιλεία τῶν οὐρανῶν κόκκῳ σινάπεως, ὃν λαβὼν ἄνθρωπος ἔσπει- ρεν ἐν τῷ ἀγρῷ αὐτοῦ·	Mk 4,31	[30] ... πῶς ὁμοιώσωμεν τὴν βασιλείαν τοῦ θεοῦ ἢ ἐν τίνι αὐτὴν παραβολῇ θῶμεν; [31] ὡς κόκκῳ σινάπεως, ὃς ὅταν σπαρῇ ἐπὶ τῆς γῆς, ↔	Lk 13,19	[18] ... τίνι ὁμοία ἐστὶν ἡ βασιλεία τοῦ θεοῦ καὶ τίνι ὁμοιώσω αὐτήν; [19] ὁμοία ἐστὶν κόκκῳ σινάπεως, ὃν λαβὼν ἄνθρωπος ἔβαλεν εἰς κῆπον ἑαυτοῦ, ...	→ GTh 20 Mk-Q overlap
b 220	Mt 13,32	ὃ μικρότερον μέν ἐστιν **πάντων τῶν σπερμάτων**, ...	Mk 4,31	↔ μικρότερον ὂν **πάντων τῶν σπερμάτων** τῶν ἐπὶ τῆς γῆς			→ GTh 20
b 200	Mt 13,37	... ὁ σπείρων **τὸ καλὸν σπέρμα** ἐστὶν ὁ υἱὸς τοῦ ἀνθρώπου,					
200	Mt 13,38	ὁ δὲ ἀγρός ἐστιν ὁ κόσμος, **τὸ δὲ καλὸν σπέρμα,** οὗτοί εἰσιν οἱ υἱοὶ τῆς βασιλείας· τὰ δὲ ζιζάνιά εἰσιν οἱ υἱοὶ τοῦ πονηροῦ					
222	Mt 22,24	... διδάσκαλε, Μωϋσῆς εἶπεν· *ἐάν τις ἀποθάνῃ* *μὴ ἔχων τέκνα, ἐπιγαμβρεύσει ὁ ἀδελφὸς αὐτοῦ τὴν γυναῖκα αὐτοῦ καὶ ἀναστήσει* ***σπέρμα*** *τῷ ἀδελφῷ αὐτοῦ·* ➢ Deut 25,5; Gen 38,8	Mk 12,19	διδάσκαλε, Μωϋσῆς ἔγραψεν ἡμῖν ὅτι *ἐάν τινος ἀδελφὸς ἀποθάνῃ* καὶ καταλίπῃ γυναῖκα *καὶ μὴ ἀφῇ τέκνον,* ἵνα *λάβῃ ὁ ἀδελφὸς αὐτοῦ τὴν γυναῖκα καὶ ἐξαναστήσῃ* ***σπέρμα*** *τῷ ἀδελφῷ αὐτοῦ.* ➢ Deut 25,5; Gen 38,8	Lk 20,28	... διδάσκαλε, Μωϋσῆς ἔγραψεν ἡμῖν, *ἐάν τινος ἀδελφὸς ἀποθάνῃ* ἔχων γυναῖκα, καὶ οὗτος *ἄτεκνος ᾖ,* ἵνα *λάβῃ ὁ ἀδελφὸς αὐτοῦ τὴν γυναῖκα καὶ ἐξαναστήσῃ* ***σπέρμα*** *τῷ ἀδελφῷ αὐτοῦ.* ➢ Deut 25,5; Gen 38,8	
221	Mt 22,25	ἦσαν δὲ παρ' ἡμῖν ἑπτὰ ἀδελφοί· καὶ ὁ πρῶτος γήμας ἐτελεύτησεν, καὶ **μὴ ἔχων σπέρμα** ἀφῆκεν τὴν γυναῖκα αὐτοῦ τῷ ἀδελφῷ αὐτοῦ·	Mk 12,20	ἑπτὰ ἀδελφοὶ ἦσαν· καὶ ὁ πρῶτος ἔλαβεν γυναῖκα καὶ ἀποθνῄσκων **οὐκ ἀφῆκεν σπέρμα·**	Lk 20,29	ἑπτὰ οὖν ἀδελφοὶ ἦσαν· καὶ ὁ πρῶτος λαβὼν γυναῖκα ἀπέθανεν **ἄτεκνος·**	
121	Mt 22,26	ὁμοίως καὶ ὁ δεύτερος καὶ ὁ τρίτος	Mk 12,21	καὶ ὁ δεύτερος ἔλαβεν αὐτὴν καὶ ἀπέθανεν μὴ καταλιπὼν **σπέρμα·** καὶ ὁ τρίτος ὡσαύτως·	Lk 20,30	καὶ ὁ δεύτερος [30] καὶ ὁ τρίτος ἔλαβεν αὐτήν, ↔	
121		 ἕως τῶν ἑπτά. [27] ὕστερον δὲ πάντων ἀπέθανεν ἡ γυνή.	Mk 12,22	καὶ οἱ ἑπτὰ οὐκ ἀφῆκαν **σπέρμα.** ἔσχατον πάντων καὶ ἡ γυνὴ ἀπέθανεν.	Lk 20,31	↔ ὡσαύτως δὲ καὶ οἱ ἑπτὰ οὐ κατέλιπον **τέκνα** καὶ ἀπέθανον. [32] ὕστερον καὶ ἡ γυνὴ ἀπέθανεν.	

a **Acts 3,25** ὑμεῖς ἐστε οἱ υἱοὶ τῶν προφητῶν καὶ τῆς διαθήκης ἧς διέθετο ὁ θεὸς πρὸς τοὺς πατέρας ὑμῶν λέγων πρὸς Ἀβραάμ· *καὶ*
ἐν τῷ σπέρματί σου
[ἐν]ευλογηθήσονται πᾶσαι αἱ πατριαὶ τῆς γῆς.
➢ Gen 22,18

a **Acts 7,5** καὶ οὐκ ἔδωκεν αὐτῷ κληρονομίαν ἐν αὐτῇ οὐδὲ βῆμα ποδὸς καὶ ἐπηγγείλατο *δοῦναι αὐτῷ εἰς κατάσχεσιν αὐτὴν καὶ*
τῷ σπέρματι αὐτοῦ
μετ' αὐτόν, οὐκ ὄντος αὐτῷ τέκνου.
➢ Gen 48,4

a **Acts 7,6** ἐλάλησεν δὲ οὕτως ὁ θεὸς ὅτι *ἔσται*
τὸ σπέρμα αὐτοῦ
πάροικον ἐν γῇ ἀλλοτρίᾳ καὶ δουλώσουσιν αὐτὸ καὶ κακώσουσιν ἔτη τετρακόσια·
➢ Gen 15,13; Exod 2,22

Acts 13,23 [22] ... εὗρον Δαυὶδ ... ἄνδρα κατὰ τὴν καρδίαν μου, ...
[23] τούτου ὁ θεὸς ἀπὸ τοῦ σπέρματος
κατ' ἐπαγγελίαν ἤγαγεν τῷ Ἰσραὴλ σωτῆρα Ἰησοῦν

σπεύδω

	Syn	Mt	Mk	Lk	Acts	Jn	1-3John	Paul	Eph	Col
σπεύδω	3			3	2					
	NT	**2Thess**	**1/2Tim**	**Tit**	**Heb**	**Jas**	**1Pet**	**2Pet**	**Jude**	**Rev**
	6							1		

hurry; make haste; *transitive:* hasten

	Mt	Mk	Lk	
002			**Lk 2,16** καὶ ἦλθαν **σπεύσαντες** καὶ ἀνεῦραν τήν τε Μαριὰμ καὶ τὸν Ἰωσὴφ καὶ τὸ βρέφος κείμενον ἐν τῇ φάτνῃ·	
002			**Lk 19,5** ... Ζακχαῖε, **σπεύσας** κατάβηθι, σήμερον γὰρ ἐν τῷ οἴκῳ σου δεῖ με μεῖναι.	
002			**Lk 19,6** καὶ **σπεύσας** κατέβη καὶ ὑπεδέξατο αὐτὸν χαίρων.	

Acts 20,16 κεκρίκει γὰρ ὁ Παῦλος παραπλεῦσαι τὴν Ἔφεσον, ὅπως μὴ γένηται αὐτῷ χρονοτριβῆσαι ἐν τῇ Ἀσίᾳ· **ἔσπευδεν** γὰρ εἰ δυνατὸν εἴη αὐτῷ τὴν ἡμέραν τῆς πεντηκοστῆς γενέσθαι εἰς Ἱεροσόλυμα.

Acts 22,18 καὶ ἰδεῖν αὐτὸν λέγοντά μοι· **σπεῦσον** καὶ ἔξελθε ἐν τάχει ἐξ Ἰερουσαλήμ, διότι οὐ παραδέξονταί σου μαρτυρίαν περὶ ἐμοῦ.

σπήλαιον

	Syn	Mt	Mk	Lk	Acts	Jn	1-3John	Paul	Eph	Col
σπήλαιον	3	1	1	1		1				
	NT	**2Thess**	**1/2Tim**	**Tit**	**Heb**	**Jas**	**1Pet**	**2Pet**	**Jude**	**Rev**
	6				1					1

cave; den

	Mt	Mk	Lk	
222	**Mt 21,13** ... γέγραπται· *ὁ οἶκός μου οἶκος προσευχῆς κληθήσεται,* ὑμεῖς δὲ αὐτὸν ποιεῖτε ***σπήλαιον λῃστῶν.*** ➤ Isa 56,7; Jer 7,11	**Mk 11,17** ... οὐ γέγραπται ὅτι *ὁ οἶκός μου οἶκος προσευχῆς κληθήσεται πᾶσιν τοῖς ἔθνεσιν;* ὑμεῖς δὲ πεποιήκατε αὐτὸν ***σπήλαιον λῃστῶν.*** ➤ Isa 56,7; Jer 7,11	**Lk 19,46** ... γέγραπται· *καὶ ἔσται ὁ οἶκός μου οἶκος προσευχῆς,* ὑμεῖς δὲ αὐτὸν ἐποιήσατε ***σπήλαιον λῃστῶν.*** ➤ Isa 56,7; Jer 7,11	→ Jn 2,16

σπλαγχνίζομαι	Syn 12	Mt 5	Mk 4	Lk 3	Acts	Jn	1-3John	Paul	Eph	Col
	NT 12	2Thess	1/2Tim	Tit	Heb	Jas	1Pet	2Pet	Jude	Rev

have pity; feel sympathy

	triple tradition																	double tradition			Sondergut		
		+Mt / +Lk			–Mt / –Lk			traditions not taken over by Mt / Lk							subtotals								
code	222	211	112	212	221	122	121	022	012	021	220	120	210	020	Σ^+	Σ^-	Σ	202	201	102	200	002	total
Mt		1^+			1		1^-				1				1^+	1^-	3				2		**5**
Mk					1		1				1			1			4						**4**
Lk					1^-		1^-									2^-						3	**3**

121	**Mt 8,3**	καὶ ἐκτείνας τὴν χεῖρα ἥψατο αὐτοῦ λέγων· θέλω, καθαρίσθητι· ...	**Mk 1,41**	καὶ **σπλαγχνισθεὶς** ἐκτείνας τὴν χεῖρα αὐτοῦ ἥψατο καὶ λέγει αὐτῷ· θέλω, καθαρίσθητι·	**Lk 5,13**	καὶ ἐκτείνας τὴν χεῖρα ἥψατο αὐτοῦ λέγων· θέλω, καθαρίσθητι· ...	
002					**Lk 7,13**	καὶ ἰδὼν αὐτὴν ὁ κύριος **ἐσπλαγχνίσθη** ἐπ' αὐτῇ καὶ εἶπεν αὐτῇ· μὴ κλαῖε.	
200	**Mt 9,36** ⇩ Mt 14,14	ἰδὼν δὲ τοὺς ὄχλους **ἐσπλαγχνίσθη** περὶ αὐτῶν,	Mk 6,34	καὶ ἐξελθὼν εἶδεν πολὺν ὄχλον, καὶ **ἐσπλαγχνίσθη** ἐπ' αὐτούς, ↔			
		ὅτι ἦσαν ἐσκυλμένοι καὶ ἐρριμμένοι *ὡσεὶ πρόβατα* *μὴ ἔχοντα ποιμένα.* ➤ Num 27,17/Jdt 11,19/2Chron 18,16	**Mk 6,34**	↔ ὅτι ἦσαν *ὡς πρόβατα* *μὴ ἔχοντα ποιμένα*, ... ➤ Num 27,17/Jdt 11,19/2Chron 18,16			
221	**Mt 14,14** ⇧ Mt 9,36 ↓ Mt 15,32	[13] ... καὶ ἀκούσαντες οἱ ὄχλοι ἠκολούθησαν αὐτῷ πεζῇ ἀπὸ τῶν πόλεων. [14] καὶ ἐξελθὼν εἶδεν πολὺν ὄχλον, καὶ **ἐσπλαγχνίσθη** ἐπ' αὐτοῖς καὶ ἐθεράπευσεν τοὺς ἀρρώστους αὐτῶν.	**Mk 6,34** ↓ Mk 8,2	[33] ... καὶ ἐπέγνωσαν πολλοὶ καὶ πεζῇ ἀπὸ πασῶν τῶν πόλεων συνέδραμον ἐκεῖ καὶ προῆλθον αὐτούς. [34] καὶ ἐξελθὼν εἶδεν πολὺν ὄχλον, καὶ **ἐσπλαγχνίσθη** ἐπ' αὐτούς, ὅτι ἦσαν *ὡς πρόβατα μὴ ἔχοντα* *ποιμένα,* καὶ ἤρξατο διδάσκειν αὐτοὺς πολλά. ➤ Num 27,17/Jdt 11,19/2Chron 18,16	**Lk 9,11**	οἱ δὲ ὄχλοι γνόντες ἠκολούθησαν αὐτῷ· καὶ **ἀποδεξάμενος** αὐτοὺς ἐλάλει αὐτοῖς περὶ τῆς βασιλείας τοῦ θεοῦ, καὶ τοὺς χρείαν ἔχοντας θεραπείας ἰᾶτο.	
220	**Mt 15,32** ↑ Mt 14,14	ὁ δὲ Ἰησοῦς προσκαλεσάμενος τοὺς μαθητὰς αὐτοῦ εἶπεν· **σπλαγχνίζομαι** ἐπὶ τὸν ὄχλον, ὅτι ἤδη ἡμέραι τρεῖς προσμένουσίν μοι καὶ οὐκ ἔχουσιν τί φάγωσιν· ...	**Mk 8,2** ↑ Mk 6,34	[1] ... προσκαλεσάμενος τοὺς μαθητὰς λέγει αὐτοῖς· [2] **σπλαγχνίζομαι** ἐπὶ τὸν ὄχλον, ὅτι ἤδη ἡμέραι τρεῖς προσμένουσίν μοι καὶ οὐκ ἔχουσιν τί φάγωσιν·			
020			**Mk 9,22** → Mt 17,15	... ἀλλ' εἴ τι δύνῃ, βοήθησον ἡμῖν **σπλαγχνισθεὶς** ἐφ' ἡμᾶς.			
200	**Mt 18,27**	**σπλαγχνισθεὶς** δὲ ὁ κύριος τοῦ δούλου ἐκείνου ἀπέλυσεν αὐτὸν καὶ τὸ δάνειον ἀφῆκεν αὐτῷ.					

	Mt		Mk		Lk		
002					Lk 10,33	Σαμαρίτης δέ τις ὁδεύων ἦλθεν κατ᾽ αὐτὸν καὶ ἰδὼν **ἐσπλαγχνίσθη**	
002					Lk 15,20	... ἔτι δὲ αὐτοῦ μακρὰν ἀπέχοντος εἶδεν αὐτὸν ὁ πατὴρ αὐτοῦ καὶ **ἐσπλαγχνίσθη** καὶ δραμὼν ἐπέπεσεν ἐπὶ τὸν τράχηλον αὐτοῦ καὶ κατεφίλησεν αὐτόν.	
211	Mt 20,34 ⇨ Mt 9,29 → Mk 8,23 → Mk 8,25	**σπλαγχνισθεὶς** δὲ ὁ Ἰησοῦς ἥψατο τῶν ὀμμάτων αὐτῶν, καὶ εὐθέως ἀνέβλεψαν καὶ ἠκολούθησαν αὐτῷ.	Mk 10,52	καὶ ὁ Ἰησοῦς εἶπεν αὐτῷ· ὕπαγε, ἡ πίστις σου σέσωκέν σε. καὶ εὐθὺς ἀνέβλεψεν, καὶ ἠκολούθει αὐτῷ ἐν τῇ ὁδῷ.	Lk 18,42	καὶ ὁ Ἰησοῦς εἶπεν αὐτῷ· ἀνάβλεψον· ἡ πίστις σου σέσωκέν σε. [43] καὶ παραχρῆμα ἀνέβλεψεν καὶ ἠκολούθει αὐτῷ δοξάζων τὸν θεόν. ...	

σπλάγχνον	Syn	Mt	Mk	Lk	Acts	Jn	1-3John	Paul	Eph	Col
	1			1	1		1	7		1
	NT	2Thess	1/2Tim	Tit	Heb	Jas	1Pet	2Pet	Jude	Rev
	11									

inward parts; entrails; love; affection

	Mt		Mk		Lk		
002					Lk 1,78	**διὰ σπλάγχνα ἐλέους θεοῦ ἡμῶν,** ἐν οἷς ἐπισκέψεται ἡμᾶς ἀνατολὴ ἐξ ὕψους	

Acts 1,18 → Mt 27,7

οὗτος μὲν οὖν ἐκτήσατο
χωρίον ἐκ μισθοῦ τῆς
ἀδικίας καὶ πρηνὴς
γενόμενος ἐλάκησεν
μέσος καὶ ἐξεχύθη
**πάντα τὰ σπλάγχνα
αὐτοῦ·**

σπόγγος	Syn	Mt	Mk	Lk	Acts	Jn	1-3John	Paul	Eph	Col
	2	1	1			1				
	NT	2Thess	1/2Tim	Tit	Heb	Jas	1Pet	2Pet	Jude	Rev
	3									

sponge

	Mt		Mk		Lk		
220	Mt 27,48	καὶ εὐθέως δραμὼν εἷς ἐξ αὐτῶν καὶ λαβὼν **σπόγγον** πλήσας τε ὄξους καὶ περιθεὶς καλάμῳ ἐπότιζεν αὐτόν.	Mk 15,36	δραμὼν δέ τις [καὶ] γεμίσας **σπόγγον** ὄξους περιθεὶς καλάμῳ ἐπότιζεν αὐτὸν ...	Lk 23,36 → Lk 23,39	ἐνέπαιξαν δὲ αὐτῷ καὶ οἱ στρατιῶται προσερχόμενοι, ὄξος προσφέροντες αὐτῷ	→ Jn 19,29

σποδός	Syn	Mt	Mk	Lk	Acts	Jn	1-3John	Paul	Eph	Col
	2	1		1						
	NT	2Thess	1/2Tim	Tit	Heb	Jas	1Pet	2Pet	Jude	Rev
	3				1					

ashes

	Mt		Mk		Lk		
202	Mt 11,21	οὐαί σοι, Χοραζίν, οὐαί σοι, Βηθσαϊδά· ὅτι εἰ ἐν Τύρῳ καὶ Σιδῶνι ἐγένοντο αἱ δυνάμεις αἱ γενόμεναι ἐν ὑμῖν, πάλαι ἂν **ἐν σάκκῳ** **καὶ σποδῷ** μετενόησαν.			Lk 10,13	οὐαί σοι, Χοραζίν, οὐαί σοι, Βηθσαϊδά· ὅτι εἰ ἐν Τύρῳ καὶ Σιδῶνι ἐγενήθησαν αἱ δυνάμεις αἱ γενόμεναι ἐν ὑμῖν, πάλαι ἂν **ἐν σάκκῳ** **καὶ σποδῷ** καθήμενοι μετενόησαν.	

σπόριμος	Syn	Mt	Mk	Lk	Acts	Jn	1-3John	Paul	Eph	Col
	3	1	1	1						
	NT	2Thess	1/2Tim	Tit	Heb	Jas	1Pet	2Pet	Jude	Rev
	3									

sown; τὰ σπόριμα standing grain; grain fields

	Mt		Mk		Lk		
222	Mt 12,1	ἐν ἐκείνῳ τῷ καιρῷ ἐπορεύθη ὁ Ἰησοῦς τοῖς σάββασιν **διὰ τῶν σπορίμων·** οἱ δὲ μαθηταὶ αὐτοῦ ἐπείνασαν καὶ ἤρξαντο τίλλειν στάχυας καὶ ἐσθίειν.	Mk 2,23	καὶ ἐγένετο αὐτὸν ἐν τοῖς σάββασιν παραπορεύεσθαι **διὰ τῶν σπορίμων,** καὶ οἱ μαθηταὶ αὐτοῦ ἤρξαντο ὁδὸν ποιεῖν τίλλοντες τοὺς στάχυας.	Lk 6,1	ἐγένετο δὲ ἐν σαββάτῳ διαπορεύεσθαι αὐτὸν **διὰ σπορίμων,** καὶ ἔτιλλον οἱ μαθηταὶ αὐτοῦ καὶ ἤσθιον τοὺς στάχυας ψώχοντες ταῖς χερσίν.	

σπόρος	Syn	Mt	Mk	Lk	Acts	Jn	1-3John	Paul	Eph	Col
	4		2	2				2		
	NT	2Thess	1/2Tim	Tit	Heb	Jas	1Pet	2Pet	Jude	Rev
	6									

seed

	Mt		Mk		Lk		
112	Mt 13,3	... ἰδοὺ ἐξῆλθεν ὁ σπείρων τοῦ σπείρειν.	Mk 4,3	... ἰδοὺ ἐξῆλθεν ὁ σπείρων σπεῖραι.	Lk 8,5	ἐξῆλθεν ὁ σπείρων τοῦ σπεῖραι **τὸν σπόρον αὐτοῦ.** ...	→ GTh 9
112	Mt 13,18	ὑμεῖς οὖν ἀκούσατε τὴν παραβολὴν τοῦ σπείραντος.	Mk 4,14	[13] ... οὐκ οἴδατε τὴν παραβολὴν ταύτην, καὶ πῶς πάσας τὰς παραβολὰς γνώσεσθε; [14] ὁ σπείρων τὸν λόγον σπείρει.	Lk 8,11	ἔστιν δὲ αὕτη ἡ παραβολή· **ὁ σπόρος** ἐστὶν ὁ λόγος τοῦ θεοῦ.	
020			Mk 4,26	... οὕτως ἐστὶν ἡ βασιλεία τοῦ θεοῦ ὡς ἄνθρωπος βάλῃ **τὸν σπόρον** ἐπὶ τῆς γῆς			
020			Mk 4,27	καὶ καθεύδῃ καὶ ἐγείρηται νύκτα καὶ ἡμέραν, καὶ **ὁ σπόρος** βλαστᾷ καὶ μηκύνηται ὡς οὐκ οἶδεν αὐτός.			

σπουδαίως	Syn 1	Mt	Mk	Lk 1	Acts	Jn	1-3John	Paul 1	Eph	Col
	NT 4	2Thess	1/2Tim 1	Tit 1	Heb	Jas	1Pet	2Pet	Jude	Rev

with haste; diligently; earnestly; zealously

	Mt	Mk	Lk	
002			**Lk 7,4** οἱ δὲ παραγενόμενοι πρὸς τὸν Ἰησοῦν παρεκάλουν αὐτὸν **σπουδαίως** λέγοντες ὅτι ἄξιός ἐστιν ᾧ παρέξῃ τοῦτο·	

σπουδή	Syn 2	Mt	Mk 1	Lk 1	Acts	Jn	1-3John	Paul 7	Eph	Col
	NT 12	2Thess	1/2Tim	Tit	Heb 1	Jas	1Pet	2Pet 1	Jude 1	Rev

haste; speed; eagerness; earnestness; diligence; zeal

	Mt	Mk	Lk	
002			**Lk 1,39** ἀναστᾶσα δὲ Μαριὰμ ἐν ταῖς ἡμέραις ταύταις ἐπορεύθη εἰς τὴν ὀρεινὴν **μετὰ σπουδῆς** εἰς πόλιν Ἰούδα	
120	**Mt 14,8** ... δός μοι, φησίν, ὧδε ἐπὶ πίνακι τὴν κεφαλὴν Ἰωάννου τοῦ βαπτιστοῦ.	**Mk 6,25** καὶ εἰσελθοῦσα εὐθὺς **μετὰ σπουδῆς** πρὸς τὸν βασιλέα ᾐτήσατο λέγουσα· θέλω ἵνα ἐξαυτῆς δῷς μοι ἐπὶ πίνακι τὴν κεφαλὴν Ἰωάννου τοῦ βαπτιστοῦ.		

σπυρίς	Syn 4	Mt 2	Mk 2	Lk	Acts 1	Jn	1-3John	Paul	Eph	Col
	NT 5	2Thess	1/2Tim	Tit	Heb	Jas	1Pet	2Pet	Jude	Rev

basket; hamper

	Mt	Mk	Lk	
220	**Mt 15,37** →Mt 14,20 ... καὶ τὸ περισσεῦον τῶν κλασμάτων ἦραν **ἑπτὰ σπυρίδας πλήρεις.**	**Mk 8,8** →Mk 6,42-43 ... καὶ ἦραν περισσεύματα κλασμάτων **ἑπτὰ σπυρίδας.**	→Lk 9,17	
220	**Mt 16,10** οὐδὲ τοὺς ἑπτὰ ἄρτους τῶν τετρακισχιλίων καὶ **πόσας σπυρίδας** ἐλάβετε;	**Mk 8,20** ὅτε τοὺς ἑπτὰ εἰς τοὺς τετρακισχιλίους, **πόσων σπυρίδων πληρώματα κλασμάτων** ἤρατε; καὶ λέγουσιν [αὐτῷ]· ἑπτά.		

Acts 9,25 λαβόντες δὲ οἱ μαθηταὶ
αὐτοῦ νυκτὸς διὰ τοῦ
τείχους καθῆκαν αὐτὸν
χαλάσαντες
ἐν σπυρίδι.

στάδιον

	Syn	Mt	Mk	Lk	Acts	Jn	1-3John	Paul	Eph	Col
	2	1		1		2		1		
	NT	2Thess	1/2Tim	Tit	Heb	Jas	1Pet	2Pet	Jude	Rev
	7									2

stade; stadium; arena; *measure:* stadium

	Mt		Mk		Lk		
210	**Mt 14,24**	[23] ... ὀψίας δὲ γενομένης μόνος ἦν ἐκεῖ. [24] τὸ δὲ πλοῖον ἤδη **σταδίους πολλοὺς ἀπὸ τῆς γῆς** ἀπεῖχεν βασανιζόμενον ὑπὸ τῶν κυμάτων, ...	**Mk 6,47**	καὶ ὀψίας γενομένης ἦν τὸ πλοῖον **ἐν μέσῳ τῆς θαλάσσης,** καὶ αὐτὸς μόνος ἐπὶ τῆς γῆς. [48] καὶ ἰδὼν αὐτοὺς βασανιζομένους ἐν τῷ ἐλαύνειν, ...			
002					**Lk 24,13**	καὶ ἰδοὺ δύο ἐξ αὐτῶν ἐν αὐτῇ τῇ ἡμέρᾳ ἦσαν πορευόμενοι εἰς κώμην ἀπέχουσαν **σταδίους ἑξήκοντα** ἀπὸ Ἰερουσαλήμ, ᾗ ὄνομα Ἐμμαοῦς	

στασιαστής

	Syn	Mt	Mk	Lk	Acts	Jn	1-3John	Paul	Eph	Col
	1		1							
	NT	2Thess	1/2Tim	Tit	Heb	Jas	1Pet	2Pet	Jude	Rev
	1									

rebel; revolutionary

	Mt		Mk		Lk		
121	**Mt 27,16** → Mt 27,26	εἶχον δὲ τότε δέσμιον ἐπίσημον λεγόμενον [Ἰησοῦν] Βαραββᾶν.	**Mk 15,7** → Mk 15,15	ἦν δὲ ὁ λεγόμενος Βαραββᾶς **μετὰ τῶν στασιαστῶν** δεδεμένος οἵτινες ἐν τῇ στάσει φόνον πεποιήκεισαν.	**Lk 23,19** → Lk 23,25	ὅστις ἦν διὰ στάσιν τινὰ γενομένηνἐν τῇ πόλει καὶ φόνον βληθεὶς ἐν τῇ φυλακῇ.	→ Jn 18,40

στάσις

	Syn	Mt	Mk	Lk	Acts	Jn	1-3John	Paul	Eph	Col
	3		1	2	5					
	NT	2Thess	1/2Tim	Tit	Heb	Jas	1Pet	2Pet	Jude	Rev
	9				1					

existence; continuance; uprising; riot; revolt; rebellion; strife; discord; disunion

	Mt		Mk		Lk		
122	**Mt 27,16** ↓ Mt 27,26	εἶχον δὲ τότε δέσμιον ἐπίσημον λεγόμενον [Ἰησοῦν] Βαραββᾶν.	**Mk 15,7** ↓ Mk 15,15	ἦν δὲ ὁ λεγόμενος Βαραββᾶς μετὰ τῶν στασιαστῶν δεδεμένος οἵτινες **ἐν τῇ στάσει** **φόνον πεποιήκεισαν.**	**Lk 23,19** ↓ Lk 23,25	ὅστις ἦν **διὰ στάσιν τινὰ γενομένην ἐν τῇ πόλει καὶ φόνον** βληθεὶς ἐν τῇ φυλακῇ.	→ Jn 18,40
112	**Mt 27,26** ↑ Mt 27,16	τότε ἀπέλυσεν αὐτοῖς τὸν Βαραββᾶν, τὸν δὲ Ἰησοῦν φραγελλώσας παρέδωκεν ἵνα σταυρωθῇ.	**Mk 15,15** ↑ Mk 15,7	... ἀπέλυσεν αὐτοῖς τὸν Βαραββᾶν, καὶ παρέδωκεν τὸν Ἰησοῦν φραγελλώσας ἵνα σταυρωθῇ.	**Lk 23,25** ↑ Lk 23,19	ἀπέλυσεν δὲ τὸν **διὰ στάσιν καὶ φόνον** βεβλημένον εἰς φυλακὴν ὃν ᾐτοῦντο, τὸν δὲ Ἰησοῦν παρέδωκεν τῷ θελήματι αὐτῶν.	→ Jn 19,16

Acts 15,2 γενομένης δὲ **στάσεως καὶ ζητήσεως οὐκ ὀλίγης** τῷ Παύλῳ καὶ τῷ Βαρναβᾷ πρὸς αὐτοὺς, ...

Acts 19,40 καὶ γὰρ κινδυνεύομεν ἐγκαλεῖσθαι **στάσεως** περὶ τῆς σήμερον, ...

Acts 23,7 τοῦτο δὲ αὐτοῦ εἰπόντος ἐγένετο **στάσις τῶν Φαρισαίων καὶ Σαδδουκαίων** καὶ ἐσχίσθη τὸ πλῆθος.

Acts 23,10 **πολλῆς δὲ γινομένης στάσεως** φοβηθεὶς ὁ χιλίαρχος μὴ διασπασθῇ ὁ Παῦλος ὑπ' αὐτῶν ...

Acts 24,5 εὑρόντες γὰρ τὸν ἄνδρα τοῦτον λοιμὸν καὶ κινοῦντα **στάσεις** πᾶσιν τοῖς Ἰουδαίοις τοῖς κατὰ τὴν οἰκουμένην πρωτοστάτην τε τῆς τῶν Ναζωραίων αἱρέσεως

στατήρ

	Syn	Mt	Mk	Lk	Acts	Jn	1-3John	Paul	Eph	Col
	1	1								
	NT	2Thess	1/2Tim	Tit	Heb	Jas	1Pet	2Pet	Jude	Rev
	1									

stater (silver coin)

200	**Mt 17,27** ... καὶ ἀνοίξας τὸ στόμα αὐτοῦ εὑρήσεις **στατῆρα·** ἐκεῖνον λαβὼν δὸς αὐτοῖς ἀντὶ ἐμοῦ καὶ σοῦ.			

σταυρός

	Syn	Mt	Mk	Lk	Acts	Jn	1-3John	Paul	Eph	Col
	12	5	4	3		4		7	1	2
	NT	2Thess	1/2Tim	Tit	Heb	Jas	1Pet	2Pet	Jude	Rev
	27				1					

cross

	triple tradition																	double tradition			Sondergut		
		+Mt / +Lk			–Mt / –Lk			traditions not taken over by Mt / Lk							subtotals								
code	222	211	112	212	221	122	121	022	012	021	220	120	210	020	Σ+	Σ−	Σ	202	201	102	200	002	total
Mt	2				1						1						4	1					**5**
Mk	2				1						1						4						**4**
Lk	2				1−											1−	2	1					**3**

202	**Mt 10,38** ⇩ Mt 16,24 ↓ Mt 27,32 καὶ ὃς οὐ λαμβάνει **τὸν σταυρὸν αὐτοῦ** καὶ ἀκολουθεῖ ὀπίσω μου, οὐκ ἔστιν μου ἄξιος.	**Mk 8,34** ↓ Mk 15,21 ... εἴ τις θέλει ὀπίσω μου ἀκολουθεῖν, ἀπαρνησάσθω ἑαυτὸν καὶ ἀράτω **τὸν σταυρὸν αὐτοῦ** καὶ ἀκολουθείτω μοι.	**Lk 14,27** ⇩ Lk 9,23 ↓ Lk 23,26 ὅστις οὐ βαστάζει **τὸν σταυρὸν ἑαυτοῦ** καὶ ἔρχεται ὀπίσω μου οὐ δύναται εἶναί μου μαθητής.	→ GTh 55 → GTh 101 Mk-Q overlap
222	**Mt 16,24** ⇧ Mt 10,38 ↓ Mt 27,32 ... εἴ τις θέλει ὀπίσω μου ἐλθεῖν, ἀπαρνησάσθω ἑαυτὸν καὶ ἀράτω **τὸν σταυρὸν αὐτοῦ** καὶ ἀκολουθείτω μοι.	**Mk 8,34** ↓ Mk 15,21 ... εἴ τις θέλει ὀπίσω μου ἀκολουθεῖν, ἀπαρνησάσθω ἑαυτὸν καὶ ἀράτω **τὸν σταυρὸν αὐτοῦ** καὶ ἀκολουθείτω μοι.	**Lk 9,23** ⇩ Lk 14,27 ↓ Lk 23,26 ... εἴ τις θέλει ὀπίσω μου ἔρχεσθαι, ἀρνησάσθω ἑαυτὸν καὶ ἀράτω **τὸν σταυρὸν αὐτοῦ** καθ' ἡμέραν, καὶ ἀκολουθείτω μοι.	→ GTh 55 Mk-Q overlap
202	**Mt 10,38** ⇧ Mt 16,24 ↓ Mt 27,32 καὶ ὃς οὐ λαμβάνει **τὸν σταυρὸν αὐτοῦ** καὶ ἀκολουθεῖ ὀπίσω μου, οὐκ ἔστιν μου ἄξιος.	**Mk 8,34** ↓ Mk 15,21 ... εἴ τις θέλει ὀπίσω μου ἀκολουθεῖν, ἀπαρνησάσθω ἑαυτὸν καὶ ἀράτω **τὸν σταυρὸν αὐτοῦ** καὶ ἀκολουθείτω μοι.	**Lk 14,27** ⇧ Lk 9,23 ↓ Lk 23,26 ὅστις οὐ βαστάζει **τὸν σταυρὸν ἑαυτοῦ** καὶ ἔρχεται ὀπίσω μου οὐ δύναται εἶναί μου μαθητής.	→ GTh 55 → GTh 101 Mk-Q overlap

	Mt		Mk		Lk		
222	**Mt 27,32** ↑ Mt 10,38 ↑ Mt 16,24	ἐξερχόμενοι δὲ εὗρον ἄνθρωπον Κυρηναῖον ὀνόματι Σίμωνα, τοῦτον ἠγγάρευσαν ἵνα ἄρῃ **τὸν σταυρὸν αὐτοῦ.**	**Mk 15,21** ↑ Mk 8,34	καὶ ἀγγαρεύουσιν παράγοντά τινα Σίμωνα Κυρηναῖον ἐρχόμενον ἀπ᾿ ἀγροῦ, ... ἵνα ἄρῃ **τὸν σταυρὸν αὐτοῦ.**	**Lk 23,26** ↑ Lk 9,23 ↑ Lk 14,27	... ἐπιλαβόμενοι Σίμωνά τινα Κυρηναῖον ἐρχόμενον ἀπ᾿ ἀγροῦ ἐπέθηκαν αὐτῷ **τὸν σταυρὸν** φέρειν ὄπισθεν τοῦ Ἰησοῦ.	
220	**Mt 27,40** → Mt 4,3.6 ↓ Mt 27,42	[39] οἱ δὲ παραπορευόμενοι ... [40] καὶ λέγοντες· ... σῶσον σεαυτόν, εἰ υἱὸς εἶ τοῦ θεοῦ, [καὶ] κατάβηθι **ἀπὸ τοῦ σταυροῦ.**	**Mk 15,30** ↓ Mk 15,31 ↓ Mk 15,32	[29] καὶ οἱ παραπορευόμενοι ... καὶ λέγοντες· ... [30] σῶσον σεαυτὸν καταβὰς **ἀπὸ τοῦ σταυροῦ.**	**Lk 23,37** ↓ Lk 23,35 → Lk 23,39	[36] ... οἱ στρατιῶται προσερχόμενοι, ... [37] καὶ λέγοντες· εἰ σὺ εἶ ὁ βασιλεὺς τῶν Ἰουδαίων, σῶσον σεαυτόν.	
221	**Mt 27,42** → Mt 26,63-64 ↑ Mt 27,40 ↑ Lk 23,37	[41] ὁμοίως καὶ οἱ ἀρχιερεῖς ἐμπαίζοντες μετὰ τῶν γραμματέων καὶ πρεσβυτέρων ἔλεγον· [42] ἄλλους ἔσωσεν, ἑαυτὸν οὐ δύναται σῶσαι· βασιλεὺς Ἰσραήλ ἐστιν, καταβάτω νῦν **ἀπὸ τοῦ σταυροῦ** καὶ πιστεύσομεν ἐπ᾿ αὐτόν.	**Mk 15,32** → Mk 14,61-62 ↑ Mk 15,30 ↑ Lk 23,37	[31] ὁμοίως καὶ οἱ ἀρχιερεῖς ἐμπαίζοντες πρὸς ἀλλήλους μετὰ τῶν γραμματέων ἔλεγον· ἄλλους ἔσωσεν, ἑαυτὸν οὐ δύναται σῶσαι· [32] ὁ χριστὸς ὁ βασιλεὺς Ἰσραὴλ καταβάτω νῦν **ἀπὸ τοῦ σταυροῦ,** ἵνα ἴδωμεν καὶ πιστεύσωμεν. ...	**Lk 23,35** → Lk 22,67 → Lk 23,39	... ἐξεμυκτήριζον δὲ καὶ οἱ ἄρχοντες λέγοντες· ἄλλους ἔσωσεν, σωσάτω ἑαυτόν, εἰ οὗτός ἐστιν ὁ χριστὸς τοῦ θεοῦ ὁ ἐκλεκτός.	

σταυρόω

	Syn	Mt	Mk	Lk	Acts	Jn	1-3John	Paul	Eph	Col
	24	10	8	6	2	11		8		
	NT	2Thess	1/2Tim	Tit	Heb	Jas	1Pet	2Pet	Jude	Rev
	46									1

nail to the cross; crucify

	triple tradition																	double tradition			Sondergut		
		+Mt / +Lk			−Mt / −Lk			traditions not taken over by Mt / Lk							subtotals								
code	222	211	112	212	221	122	121	022	012	021	220	120	210	020	Σ⁺	Σ⁻	Σ	202	201	102	200	002	total
Mt	3	2^+			4										2^+		9		1				**10**
Mk	3				4									1			8						**8**
Lk	3		1^+		4^-										1^+	4^-	4					2	**6**

	Mt		Mk		Lk		
211	**Mt 20,19** → Mt 16,21 → Mt 17,22-23	[18] ... ὁ υἱὸς τοῦ ἀνθρώπου παραδοθήσεται τοῖς ἀρχιερεῦσιν καὶ γραμματεῦσιν, καὶ κατακρινοῦσιν αὐτὸν θανάτῳ [19] καὶ παραδώσουσιν αὐτὸν τοῖς ἔθνεσιν εἰς τὸ ἐμπαῖξαι καὶ μαστιγῶσαι καὶ **σταυρῶσαι,** καὶ τῇ τρίτῃ ἡμέρᾳ ἐγερθήσεται.	**Mk 10,34** → Mk 8,31 → Mk 9,31	[33] ... ὁ υἱὸς τοῦ ἀνθρώπου παραδοθήσεται τοῖς ἀρχιερεῦσιν καὶ τοῖς γραμματεῦσιν, καὶ κατακρινοῦσιν αὐτὸν θανάτῳ καὶ παραδώσουσιν αὐτὸν τοῖς ἔθνεσιν [34] καὶ ἐμπαίξουσιν αὐτῷ καὶ ἐμπτύσουσιν αὐτῷ καὶ μαστιγώσουσιν αὐτὸν καὶ **ἀποκτενοῦσιν,** καὶ μετὰ τρεῖς ἡμέρας ἀναστήσεται.	**Lk 18,33** → Lk 9,22 → Lk 9,44 → Lk 17,25 ↓ **Lk 24,7** → Lk 24,26 → Lk 24,46	[31] ... τελεσθήσεται πάντα τὰ γεγραμμένα διὰ τῶν προφητῶν τῷ υἱῷ τοῦ ἀνθρώπου· [32] παραδοθήσεται γὰρ τοῖς ἔθνεσιν καὶ ἐμπαιχθήσεται καὶ ὑβρισθήσεται καὶ ἐμπτυσθήσεται [33] καὶ μαστιγώσαντες **ἀποκτενοῦσιν** αὐτόν, καὶ τῇ ἡμέρᾳ τῇ τρίτῃ ἀναστήσεται.	
201	**Mt 23,34** → Mt 10,17 → Mt 10,23	διὰ τοῦτο ἰδοὺ ἐγὼ ἀποστέλλω πρὸς ὑμᾶς προφήτας καὶ σοφοὺς καὶ γραμματεῖς· ἐξ αὐτῶν ἀποκτενεῖτε καὶ **σταυρώσετε** καὶ ἐξ αὐτῶν μαστιγώσετε ἐν ταῖς συναγωγαῖς ὑμῶν καὶ διώξετε ἀπὸ πόλεως εἰς πόλιν·			**Lk 11,49**	διὰ τοῦτο καὶ ἡ σοφία τοῦ θεοῦ εἶπεν· ἀποστελῶ εἰς αὐτοὺς προφήτας καὶ ἀποστόλους, καὶ ἐξ αὐτῶν ἀποκτενοῦσιν καὶ διώξουσιν	

211	Mt 26,2	οἴδατε ὅτι μετὰ δύο ἡμέρας τὸ πάσχα γίνεται, καὶ ὁ υἱὸς τοῦ ἀνθρώπου παραδίδοται **εἰς τὸ σταυρωθῆναι.**	Mk 14,1	ἦν δὲ τὸ πάσχα καὶ τὰ ἄζυμα μετὰ δύο ἡμέρας. ...	Lk 22,1	ἤγγιζεν δὲ ἡ ἑορτὴ τῶν ἀζύμων ἡ λεγομένη πάσχα.	
222 112	Mt 27,22	... λέγουσιν πάντες· **σταυρωθήτω.**	Mk 15,13	οἱ δὲ πάλιν ἔκραξαν· **σταύρωσον** αὐτόν.	Lk 23,21 (2)	οἱ δὲ ἐπεφώνουν λέγοντες· **σταύρου,** **σταύρου** αὐτόν.	→ Jn 19,6
222	Mt 27,23	... οἱ δὲ περισσῶς ἔκραζον λέγοντες· **σταυρωθήτω.**	Mk 15,14	... οἱ δὲ περισσῶς ἔκραξαν· **σταύρωσον** αὐτόν.	Lk 23,23	οἱ δὲ ἐπέκειντο φωναῖς μεγάλαις αἰτούμενοι αὐτὸν **σταυρωθῆναι,** καὶ κατίσχυον αἱ φωναὶ αὐτῶν.	→ Jn 19,15
221	Mt 27,26	... τὸν δὲ Ἰησοῦν φραγελλώσας παρέδωκεν ἵνα **σταυρωθῇ.**	Mk 15,15	... καὶ παρέδωκεν τὸν Ἰησοῦν φραγελλώσας ἵνα **σταυρωθῇ.**	Lk 23,25	... τὸν δὲ Ἰησοῦν παρέδωκεν τῷ θελήματι αὐτῶν.	→ Jn 19,16
221	Mt 27,31	... καὶ ἀπήγαγον αὐτὸν **εἰς τὸ σταυρῶσαι.**	Mk 15,20	... καὶ ἐξάγουσιν αὐτὸν **ἵνα σταυρώσωσιν** αὐτόν.	Lk 23,26	καὶ ὡς ἀπήγαγον αὐτόν, ...	
222	Mt 27,35 ↓ Lk 23,34	**σταυρώσαντες** δὲ αὐτὸν *διεμερίσαντο τὰ ἱμάτια αὐτοῦ βάλλοντες κλῆρον* ➤ Ps 22,19	Mk 15,24 ↓ Lk 23,34	καὶ **σταυροῦσιν** αὐτὸν καὶ *διαμερίζονται τὰ ἱμάτια αὐτοῦ βάλλοντες κλῆρον ἐπ᾽ αὐτὰ* τίς τί ἄρῃ. ➤ Ps 22,19	Lk 23,33 ↓ Mt 27,38 ↓ Mk 15,27	... ἐκεῖ **ἐσταύρωσαν** αὐτὸν ↔	→ Jn 19,18
020			Mk 15,25	ἦν δὲ ὥρα τρίτη καὶ **ἐσταύρωσαν** αὐτόν.			
221	Mt 27,38 → Lk 23,32	τότε **σταυροῦνται** σὺν αὐτῷ δύο λῃσταί, εἷς ἐκ δεξιῶν καὶ εἷς ἐξ εὐωνύμων.	Mk 15,27 → Lk 23,32	καὶ σὺν αὐτῷ **σταυροῦσιν** δύο λῃστάς, ἕνα ἐκ δεξιῶν καὶ ἕνα ἐξ εὐωνύμων αὐτοῦ.	Lk 23,33 → Lk 22,37 ↑ Mt 27,35 ↑ Mk 15,24	↔ καὶ τοὺς κακούργους, ὃν μὲν ἐκ δεξιῶν ὃν δὲ ἐξ ἀριστερῶν. [34] ... *διαμεριζόμενοι δὲ τὰ ἱμάτια αὐτοῦ ἔβαλον κλήρους.* ➤ Ps 22,19	→ Jn 19,18
221	Mt 28,5	... μὴ φοβεῖσθε ὑμεῖς, οἶδα γὰρ ὅτι Ἰησοῦν **τὸν ἐσταυρωμένον** ζητεῖτε· [6] οὐκ ἔστιν ὧδε, ἠγέρθη ...	Mk 16,6	... μὴ ἐκθαμβεῖσθε· Ἰησοῦν ζητεῖτε τὸν Ναζαρηνὸν **τὸν ἐσταυρωμένον·** ἠγέρθη, οὐκ ἔστιν ὧδε· ...	Lk 24,5 → Lk 24,23	... τί ζητεῖτε τὸν ζῶντα μετὰ τῶν νεκρῶν·	
002	→ Mt 16,21 → Mt 17,22-23 ↑ Mt 20,18 ↑ **Mt 20,19**		→ Mk 8,31 → Mk 9,31 ↑ Mk 10,33-34		Lk 24,7 → Lk 9,22 → Lk 9,44 → Lk 17,25 ↑ Lk 18,31-33 → Lk 24,26 → Lk 24,46	λέγων τὸν υἱὸν τοῦ ἀνθρώπου ὅτι δεῖ παραδοθῆναι εἰς χεῖρας ἀνθρώπων ἁμαρτωλῶν καὶ **σταυρωθῆναι** καὶ τῇ τρίτῃ ἡμέρᾳ ἀναστῆναι.	
002					Lk 24,20 → Mt 26,66 → Mk 14,64	ὅπως τε παρέδωκαν αὐτὸν οἱ ἀρχιερεῖς καὶ οἱ ἄρχοντες ἡμῶν εἰς κρίμα θανάτου καὶ **ἐσταύρωσαν** αὐτόν.	

Acts 2,36	ἀσφαλῶς οὖν γινωσκέτω πᾶς οἶκος Ἰσραὴλ ὅτι καὶ κύριον αὐτὸν καὶ χριστὸν ἐποίησεν ὁ θεός, τοῦτον τὸν Ἰησοῦν ὃν ὑμεῖς **ἐσταυρώσατε.**	**Acts 4,10**	... ἐν τῷ ὀνόματι Ἰησοῦ Χριστοῦ τοῦ Ναζωραίου ὃν ὑμεῖς **ἐσταυρώσατε,** ὃν ὁ θεὸς ἤγειρεν ἐκ νεκρῶν, ἐν τούτῳ οὗτος παρέστηκεν ἐνώπιον ὑμῶν ὑγιής.

σταφυλή

	Syn	Mt	Mk	Lk	Acts	Jn	1-3John	Paul	Eph	Col
σταφυλή	2	1		1						
	NT	2Thess	1/2Tim	Tit	Heb	Jas	1Pet	2Pet	Jude	Rev
	3									1

(a bunch of) grapes

202	**Mt 7,16**	... μήτι συλλέγουσιν ἀπὸ ἀκανθῶν **σταφυλὰς** ἢ ἀπὸ τριβόλων σῦκα;			**Lk 6,44**	... οὐ γὰρ ἐξ ἀκανθῶν συλλέγουσιν σῦκα οὐδὲ ἐκ βάτου **σταφυλὴν** τρυγῶσιν.	→ GTh 45,1

στάχυς

	Syn	Mt	Mk	Lk	Acts	Jn	1-3John	Paul	Eph	Col
στάχυς	5	1	3	1						
	NT	2Thess	1/2Tim	Tit	Heb	Jas	1Pet	2Pet	Jude	Rev
	5									

head, ear of grain

222	**Mt 12,1**	... ἐπορεύθη ὁ Ἰησοῦς τοῖς σάββασιν διὰ τῶν σπορίμων· οἱ δὲ μαθηταὶ αὐτοῦ ἐπείνασαν καὶ ἤρξαντο τίλλειν **στάχυας** καὶ ἐσθίειν.	**Mk 2,23**	καὶ ἐγένετο αὐτὸν ἐν τοῖς σάββασιν παραπορεύεσθαι διὰ τῶν σπορίμων, καὶ οἱ μαθηταὶ αὐτοῦ ἤρξαντο ὁδὸν ποιεῖν τίλλοντες **τοὺς στάχυας.**	**Lk 6,1**	ἐγένετο δὲ ἐν σαββάτῳ διαπορεύεσθαι αὐτὸν διὰ σπορίμων, καὶ ἔτιλλον οἱ μαθηταὶ αὐτοῦ καὶ ἤσθιον **τοὺς στάχυας** ψώχοντες ταῖς χερσίν.	
020 020			**Mk 4,28 (2)**	αὐτομάτη ἡ γῆ καρποφορεῖ, πρῶτον χόρτον εἶτα **στάχυν** εἶτα πλήρη[ς] σῖτον **ἐν τῷ στάχυϊ.**			

στέγη

	Syn	Mt	Mk	Lk	Acts	Jn	1-3John	Paul	Eph	Col
στέγη	3	1	1	1						
	NT	2Thess	1/2Tim	Tit	Heb	Jas	1Pet	2Pet	Jude	Rev
	3									

roof

021			**Mk 2,4**	καὶ μὴ δυνάμενοι προσενέγκαι αὐτῷ διὰ τὸν ὄχλον ἀπεστέγασαν **τὴν στέγην** ὅπου ἦν, καὶ ἐξορύξαντες χαλῶσι τὸν κράβαττον ὅπου ὁ παραλυτικὸς κατέκειτο.	**Lk 5,19**	καὶ μὴ εὑρόντες ποίας εἰσενέγκωσιν αὐτὸν διὰ τὸν ὄχλον, ἀναβάντες **ἐπὶ τὸ δῶμα** διὰ τῶν κεράμων καθῆκαν αὐτὸν σὺν τῷ κλινιδίῳ εἰς τὸ μέσον ἔμπροσθεν τοῦ Ἰησοῦ.	
202	**Mt 8,8**	... κύριε, οὐκ εἰμὶ ἱκανὸς ἵνα **μου ὑπὸ τὴν στέγην** εἰσέλθῃς, ...			**Lk 7,6**	... κύριε, μὴ σκύλλου, οὐ γὰρ ἱκανός εἰμι ἵνα **ὑπὸ τὴν στέγην μου** εἰσέλθῃς·	→ Jn 4,49

στεῖρα	Syn 3	Mt	Mk	Lk 3	Acts	Jn	1-3John	Paul 1	Eph	Col
	NT 5	2Thess	1/2Tim	Tit	Heb 1	Jas	1Pet	2Pet	Jude	Rev

barren; incapable of bearing children

	Mt	Mk	Lk	
002			**Lk 1,7** καὶ οὐκ ἦν αὐτοῖς τέκνον, καθότι ἦν ἡ Ἐλισάβετ **στεῖρα,** καὶ ἀμφότεροι προβεβηκότες ἐν ταῖς ἡμέραις αὐτῶν ἦσαν.	
002			**Lk 1,36** καὶ ἰδοὺ Ἐλισάβετ ἡ συγγενίς σου καὶ αὐτὴ συνείληφεν υἱὸν ἐν γήρει αὐτῆς καὶ οὗτος μὴν ἕκτος ἐστὶν αὐτῇ τῇ καλουμένῃ **στείρᾳ·**	
002			**Lk 23,29** → Mt 24,19 → Mk 13,17 → Lk 21,23 ὅτι ἰδοὺ ἔρχονται ἡμέραι ἐν αἷς ἐροῦσιν· μακάριαι **αἱ στεῖραι** καὶ αἱ κοιλίαι αἳ οὐκ ἐγέννησαν καὶ μαστοὶ οἳ οὐκ ἔθρεψαν.	

στενάζω	Syn 1	Mt	Mk 1	Lk	Acts	Jn	1-3John	Paul 3	Eph	Col
	NT 6	2Thess	1/2Tim	Tit	Heb 1	Jas 1	1Pet	2Pet	Jude	Rev

sigh; groan

	Mt	Mk	Lk	
020		**Mk 7,34** καὶ ἀναβλέψας εἰς τὸν οὐρανὸν **ἐστέναξεν,** καὶ λέγει αὐτῷ· εφφαθα, ὅ ἐστιν διανοίχθητι.		

στενός	Syn 3	Mt 2	Mk	Lk 1	Acts	Jn	1-3John	Paul	Eph	Col
	NT 3	2Thess	1/2Tim	Tit	Heb	Jas	1Pet	2Pet	Jude	Rev

narrow

	Mt	Mk	Lk	
202	**Mt 7,13** εἰσέλθατε **διὰ τῆς στενῆς πύλης·** ...		**Lk 13,24** ἀγωνίζεσθε εἰσελθεῖν **διὰ τῆς στενῆς θύρας,**	
201	**Mt 7,14** → Lk 13,23 τί **στενὴ** ἡ πύλη καὶ τεθλιμμένη ἡ ὁδὸς ἡ ἀπάγουσα εἰς τὴν ζωὴν καὶ ὀλίγοι εἰσὶν οἱ εὑρίσκοντες αὐτήν.		ὅτι πολλοί, λέγω ὑμῖν, ζητήσουσιν εἰσελθεῖν καὶ οὐκ ἰσχύσουσιν.	

στέφανος	Syn 2	Mt 1	Mk 1	Lk	Acts	Jn 2	1-3John	Paul 3	Eph	Col
	NT 18	2Thess	1/2Tim 1	Tit	Heb	Jas 1	1Pet 1	2Pet	Jude	Rev 8

wreath; crown

	Mt		Mk		Lk		
220	Mt 27,29	καὶ πλέξαντες **στέφανον ἐξ ἀκανθῶν** ἐπέθηκαν ἐπὶ τῆς κεφαλῆς αὐτοῦ ...	Mk 15,17	... πλέξαντες **ἀκάνθινον στέφανον·**	Lk 23,11 → Mt 27,27 → Mk 15,16	ἐξουθενήσας δὲ αὐτὸν [καὶ] ὁ Ἡρῴδης σὺν τοῖς στρατεύμασιν αὐτοῦ ...	→ Jn 19,2 → Jn 19,5

στῆθος	Syn 2	Mt	Mk	Lk 2	Acts	Jn 2	1-3John	Paul	Eph	Col
	NT 5	2Thess	1/2Tim	Tit	Heb	Jas	1Pet	2Pet	Jude	Rev 1

breast

	Mt		Mk		Lk		
002					Lk 18,13	... ἀλλ' ἔτυπτεν **τὸ στῆθος αὐτοῦ** λέγων· ὁ θεός, ἱλάσθητί μοι τῷ ἁμαρτωλῷ.	
002					Lk 23,48 → Lk 23,35	καὶ πάντες οἱ συμπαραγενόμενοι ὄχλοι ἐπὶ τὴν θεωρίαν ταύτην, θεωρήσαντες τὰ γενόμενα, τύπτοντες **τὰ στήθη** ὑπέστρεφον.	

στήκω	Syn 2	Mt	Mk 2	Lk	Acts	Jn 1	1-3John	Paul 6	Eph	Col
	NT 10	2Thess 1	1/2Tim	Tit	Heb	Jas	1Pet	2Pet	Jude	Rev

stand; stand firm; be steadfast. - see also ἵστημι

	Mt		Mk		Lk		
121	Mt 12,46	ἔτι αὐτοῦ λαλοῦντος τοῖς ὄχλοις ἰδοὺ ἡ μήτηρ καὶ οἱ ἀδελφοὶ αὐτοῦ **εἱστήκεισαν** ἔξω ζητοῦντες αὐτῷ λαλῆσαι.	Mk 3,31	καὶ ἔρχεται ἡ μήτηρ αὐτοῦ καὶ οἱ ἀδελφοὶ αὐτοῦ καὶ ἔξω **στήκοντες** ἀπέστειλαν πρὸς αὐτὸν καλοῦντες αὐτόν.	Lk 8,19	παρεγένετο δὲ πρὸς αὐτὸν ἡ μήτηρ καὶ οἱ ἀδελφοὶ αὐτοῦ καὶ οὐκ ἠδύναντο συντυχεῖν αὐτῷ διὰ τὸν ὄχλον.	→ GTh 99
120	Mt 6,14 → Mt 6,12 → Lk 11,4	ἐὰν γὰρ ἀφῆτε τοῖς ἀνθρώποις τὰ παραπτώματα αὐτῶν, ἀφήσει καὶ ὑμῖν ὁ πατὴρ ὑμῶν ὁ οὐράνιος·	Mk 11,25 → Mt 5,23-24	καὶ ὅταν **στήκετε** προσευχόμενοι, ἀφίετε εἴ τι ἔχετε κατά τινος, ἵνα καὶ ὁ πατὴρ ὑμῶν ὁ ἐν τοῖς οὐρανοῖς ἀφῇ ὑμῖν τὰ παραπτώματα ὑμῶν.			

στηρίζω

	Syn	Mt	Mk	Lk	Acts	Jn	1-3John	Paul	Eph	Col
	3			3				4		
	NT	2Thess	1/2Tim	Tit	Heb	Jas	1Pet	2Pet	Jude	Rev
	13	2				1	1	1		1

set up; fix (firmly); establish; support; confirm; strengthen

	Mt	Mk	Lk	
002			**Lk 9,51** → Mt 19,1 → Mk 10,1 → Lk 24,51 ἐγένετο δὲ ἐν τῷ συμπληροῦσθαι τὰς ἡμέρας τῆς ἀναλήμψεως αὐτοῦ καὶ αὐτὸς τὸ πρόσωπον **ἐστήρισεν** τοῦ πορεύεσθαι εἰς Ἰερουσαλήμ.	→ Acts 1,2.9 → Acts 1,11.22
002			**Lk 16,26** καὶ ἐν πᾶσι τούτοις μεταξὺ ἡμῶν καὶ ὑμῶν χάσμα μέγα **ἐστήρικται,** ὅπως οἱ θέλοντες διαβῆναι ἔνθεν πρὸς ὑμᾶς μὴ δύνωνται, μηδὲ ἐκεῖθεν πρὸς ἡμᾶς διαπερῶσιν.	
002			**Lk 22,32** ... καὶ σύ ποτε ἐπιστρέψας **στήρισον** τοὺς ἀδελφούς σου.	

στιβάς

	Syn	Mt	Mk	Lk	Acts	Jn	1-3John	Paul	Eph	Col
	1		1							
	NT	2Thess	1/2Tim	Tit	Heb	Jas	1Pet	2Pet	Jude	Rev
	1									

leaves; leafy branches

	Mt	Mk	Lk	
121	**Mt 21,8** ὁ δὲ πλεῖστος ὄχλος ἔστρωσαν ἑαυτῶν τὰ ἱμάτια ἐν τῇ ὁδῷ, ἄλλοι δὲ ἔκοπτον **κλάδους** ἀπὸ τῶν δένδρων καὶ ἐστρώννυον ἐν τῇ ὁδῷ.	**Mk 11,8** καὶ πολλοὶ τὰ ἱμάτια αὐτῶν ἔστρωσαν εἰς τὴν ὁδόν, ἄλλοι δὲ **στιβάδας** κόψαντες ἐκ τῶν ἀγρῶν.	**Lk 19,36** πορευομένου δὲ αὐτοῦ ὑπεστρώννυον τὰ ἱμάτια αὐτῶν ἐν τῇ ὁδῷ.	→ Jn 12,13

στιγμή

	Syn	Mt	Mk	Lk	Acts	Jn	1-3John	Paul	Eph	Col
	1			1						
	NT	2Thess	1/2Tim	Tit	Heb	Jas	1Pet	2Pet	Jude	Rev
	1									

point

	Mt	Mk	Lk	
102	**Mt 4,8** → Lk 4,6 ... δείκνυσιν αὐτῷ πάσας τὰς βασιλείας τοῦ κόσμου καὶ τὴν δόξαν αὐτῶν		**Lk 4,5** ... ἔδειξεν αὐτῷ πάσας τὰς βασιλείας τῆς οἰκουμένης **ἐν στιγμῇ χρόνου**	

στίλβω	Syn 1	Mt	Mk 1	Lk	Acts	Jn	1-3John	Paul	Eph	Col
	NT 1	2Thess	1/2Tim	Tit	Heb	Jas	1Pet	2Pet	Jude	Rev

shine; be radiant

	Mt		Mk		Lk		
121	Mt 17,2	... τὰ δὲ ἱμάτια αὐτοῦ ἐγένετο λευκὰ ὡς τὸ φῶς.	Mk 9,3	καὶ τὰ ἱμάτια αὐτοῦ ἐγένετο **στίλβοντα** λευκὰ λίαν, οἷα γναφεὺς ἐπὶ τῆς γῆς οὐ δύναται οὕτως λευκᾶναι.	Lk 9,29	... καὶ ὁ ἱματισμὸς αὐτοῦ λευκὸς **ἐξαστράπτων.**	

στολή	Syn 4	Mt	Mk 2	Lk 2	Acts	Jn	1-3John	Paul	Eph	Col
	NT 9	2Thess	1/2Tim	Tit	Heb	Jas	1Pet	2Pet	Jude	Rev 5

(long, flowing) robe

	Mt		Mk		Lk		
002					Lk 15,22	... ταχὺ ἐξενέγκατε **στολὴν τὴν πρώτην** καὶ ἐνδύσατε αὐτόν, ...	
122	Mt 23,6	[5] ... πλατύνουσιν γὰρ τὰ φυλακτήρια αὐτῶν καὶ μεγαλύνουσιν τὰ κράσπεδα, [6] φιλοῦσιν δὲ τὴν πρωτοκλισίαν ἐν τοῖς δείπνοις καὶ τὰς πρωτοκαθεδρίας ἐν ταῖς συναγωγαῖς [7] καὶ τοὺς ἀσπασμοὺς ἐν ταῖς ἀγοραῖς ...	Mk 12,38 → Mt 23,2	... βλέπετε ἀπὸ τῶν γραμματέων τῶν θελόντων **ἐν στολαῖς** περιπατεῖν καὶ ἀσπασμοὺς ἐν ταῖς ἀγοραῖς [39] καὶ πρωτοκαθεδρίας ἐν ταῖς συναγωγαῖς καὶ πρωτοκλισίας ἐν τοῖς δείπνοις	Lk 20,46 ⇩ Lk 11,43 → Mt 23,2	προσέχετε ἀπὸ τῶν γραμματέων τῶν θελόντων περιπατεῖν **ἐν στολαῖς** καὶ φιλούντων ἀσπασμοὺς ἐν ταῖς ἀγοραῖς καὶ πρωτοκαθεδρίας ἐν ταῖς συναγωγαῖς καὶ πρωτοκλισίας ἐν τοῖς δείπνοις	Mk-Q overlap
					Lk 11,43 ⇧ Lk 20,46	οὐαὶ ὑμῖν τοῖς Φαρισαίοις, ὅτι ἀγαπᾶτε τὴν πρωτοκαθεδρίαν ἐν ταῖς συναγωγαῖς καὶ τοὺς ἀσπασμοὺς ἐν ταῖς ἀγοραῖς.	
021	Mt 28,3	ἦν δὲ ἡ εἰδέα αὐτοῦ ὡς ἀστραπὴ καὶ τὸ ἔνδυμα αὐτοῦ λευκὸν ὡς χιών.	Mk 16,5	... εἶδον νεανίσκον καθήμενον ἐν τοῖς δεξιοῖς περιβεβλημένον **στολὴν λευκήν, ...**	Lk 24,4 → Lk 24,23	... ἰδοὺ ἄνδρες δύο ἐπέστησαν αὐταῖς **ἐν ἐσθῆτι ἀστραπτούσῃ.**	→ Jn 20,12

στόμα	Syn 20	Mt 11	Mk	Lk 9	Acts 12	Jn 1	1-3John 4	Paul 8	Eph 2	Col 1
	NT 78	2Thess 1	1/2Tim 1	Tit	Heb 2	Jas 2	1Pet 1	2Pet	Jude 1	Rev 22

mouth

	triple tradition																	double tradition			Sondergut		
		+Mt / +Lk			–Mt / –Lk			traditions not taken over by Mt / Lk							subtotals								
code	*222*	*211*	*112*	*212*	*221*	*122*	*121*	*022*	*012*	*021*	*220*	*120*	*210*	*020*	Σ⁺	Σ⁻	Σ	*202*	*201*	*102*	*200*	*002*	total
Mt													4⁺		4⁺		4	1	2		4		**11**
Mk																							
Lk			3⁺												3⁺		3	1		1		4	**9**

[a] διὰ στόματός τινος
[b] ἐκ (τοῦ) στόματός (τινος)
[c] ἐπὶ στόματός τινος
[d] στόμα and καρδία
[e] στόμα and ἀνοίγω
[f] στόμα and λαλέω

ef 002					**Lk 1,64**	ἀνεῴχθη δὲ **τὸ στόμα αὐτοῦ** παραχρῆμα καὶ ἡ γλῶσσα αὐτοῦ, καὶ ἐλάλει εὐλογῶν τὸν θεόν.	
af 002					**Lk 1,70**	καθὼς ἐλάλησεν **διὰ στόματος τῶν ἁγίων ἀπ' αἰῶνος προφητῶν αὐτοῦ**	→ Acts 3,21
a 201	**Mt 4,4**	... γέγραπται· *οὐκ ἐπ' ἄρτῳ μόνῳ ζήσεται ὁ ἄνθρωπος, ἀλλ' ἐπὶ παντὶ ῥήματι ἐκπορευομένῳ* ***διὰ στόματος θεοῦ.*** ➢ Deut 8,3			**Lk 4,4**	... γέγραπται ὅτι *οὐκ ἐπ' ἄρτῳ μόνῳ ζήσεται ὁ ἄνθρωπος.* ➢ Deut 8,3	
b 112	**Mt 13,54**	καὶ ἐλθὼν εἰς τὴν πατρίδα αὐτοῦ ἐδίδασκεν αὐτοὺς ἐν τῇ συναγωγῇ αὐτῶν, ὥστε ἐκπλήσσεσθαι αὐτοὺς ...	**Mk 6,2**	καὶ γενομένου σαββάτου ἤρξατο διδάσκειν ἐν τῇ συναγωγῇ, καὶ πολλοὶ ἀκούοντες ἐξεπλήσσοντο ...	**Lk 4,22**	καὶ πάντες ἐμαρτύρουν αὐτῷ καὶ ἐθαύμαζον ἐπὶ τοῖς λόγοις τῆς χάριτος τοῖς ἐκπορευομένοις **ἐκ τοῦ στόματος αὐτοῦ** ...	
e 201	**Mt 5,2**	[1] ... προσῆλθαν αὐτῷ οἱ μαθηταὶ αὐτοῦ· [2] καὶ ἀνοίξας **τὸ στόμα αὐτοῦ** ἐδίδασκεν αὐτοὺς λέγων· [3] μακάριοι οἱ πτωχοὶ τῷ πνεύματι, ...			**Lk 6,20**	καὶ αὐτὸς ἐπάρας **τοὺς ὀφθαλμοὺς αὐτοῦ** εἰς τοὺς μαθητὰς αὐτοῦ ἔλεγεν· μακάριοι οἱ πτωχοί, ...	
df 202	**Mt 12,34**	... ἐκ γὰρ τοῦ περισσεύματος τῆς καρδίας **τὸ στόμα** λαλεῖ.			**Lk 6,45**	... ἐκ γὰρ περισσεύματος καρδίας λαλεῖ **τὸ στόμα αὐτοῦ.**	→ GTh 45,4
e 200	**Mt 13,35**	ὅπως πληρωθῇ τὸ ῥηθὲν διὰ τοῦ προφήτου λέγοντος· *ἀνοίξω ἐν παραβολαῖς* ***τὸ στόμα μου,*** *ἐρεύξομαι κεκρυμμένα ἀπὸ καταβολῆς* [κόσμου]. ➢ Ps 78,2					

	Mt		Mk		Lk		
210 b 210	Mt 15,11 (2)	οὐ τὸ εἰσερχόμενον **εἰς τὸ στόμα** κοινοῖ τὸν ἄνθρωπον, ἀλλὰ τὸ ἐκπορευόμενον **ἐκ τοῦ στόματος** τοῦτο κοινοῖ τὸν ἄνθρωπον.	Mk 7,15	οὐδέν ἐστιν ἔξωθεν τοῦ ἀνθρώπου εἰσπορευόμενον **εἰς αὐτὸν** ὃ δύναται κοινῶσαι αὐτόν, ἀλλὰ τὰ **ἐκ τοῦ ἀνθρώπου** ἐκπορευόμενά ἐστιν τὰ κοινοῦντα τὸν ἄνθρωπον.			→ GTh 14,5
210	Mt 15,17	οὐ νοεῖτε ὅτι πᾶν τὸ εἰσπορευόμενον **εἰς τὸ στόμα** εἰς τὴν κοιλίαν χωρεῖ καὶ εἰς ἀφεδρῶνα ἐκβάλλεται;	Mk 7,18	... οὐ νοεῖτε ὅτι πᾶν τὸ ἔξωθεν εἰσπορευόμενον **εἰς τὸν ἄνθρωπον** οὐ δύναται αὐτὸν κοινῶσαι, [19] ὅτι οὐκ εἰσπορεύεται αὐτοῦ εἰς τὴν καρδίαν ἀλλ' εἰς τὴν κοιλίαν, καὶ εἰς τὸν ἀφεδρῶνα ἐκπορεύεται			→ GTh 14,5
b d 210	Mt 15,18	τὰ δὲ ἐκπορευόμενα **ἐκ τοῦ στόματος** ἐκ τῆς καρδίας ἐξέρχεται, κἀκεῖνα κοινοῖ τὸν ἄνθρωπον.	Mk 7,20	ἔλεγεν δὲ ὅτι τὸ **ἐκ τοῦ ἀνθρώπου** ἐκπορευόμενον, ἐκεῖνο κοινοῖ τὸν ἄνθρωπον.			→ GTh 14,5
e 200	Mt 17,27	... βάλε ἄγκιστρον καὶ τὸν ἀναβάντα πρῶτον ἰχθὺν ἆρον, καὶ ἀνοίξας **τὸ στόμα αὐτοῦ** εὑρήσεις στατῆρα· ...					
c 200	Mt 18,16	ἐὰν δὲ μὴ ἀκούσῃ, παράλαβε μετὰ σοῦ ἔτι ἕνα ἢ δύο, ἵνα ***ἐπὶ στόματος δύο*** ***μαρτύρων ἢ τριῶν*** *σταθῇ πᾶν ῥῆμα·* ➤ Deut 19,15					
b 002					Lk 11,54 → Lk 6,7 → Lk 20,20	ἐνεδρεύοντες αὐτὸν θηρεῦσαί **τι ἐκ τοῦ στόματος** **αὐτοῦ.**	
b 102	Mt 25,26	... εἶπεν αὐτῷ· πονηρὲ δοῦλε καὶ ὀκνηρέ, ᾔδεις ὅτι θερίζω ὅπου οὐκ ἔσπειρα καὶ συνάγω ὅθεν οὐ διεσκόρπισα;			Lk 19,22	λέγει αὐτῷ· **ἐκ τοῦ στόματός σου** κρίνω σε, πονηρὲ δοῦλε. ᾔδεις ὅτι ἐγὼ ἄνθρωπος αὐστηρός εἰμι, αἴρων ὃ οὐκ ἔθηκα καὶ θερίζων ὃ οὐκ ἔσπειρα;	
b 200	Mt 21,16 → Lk 19,39-40	καὶ εἶπαν αὐτῷ· ἀκούεις τί οὗτοι λέγουσιν; ὁ δὲ Ἰησοῦς λέγει αὐτοῖς· ναί· οὐδέποτε ἀνέγνωτε ὅτι ***ἐκ στόματος νηπίων*** *καὶ θηλαζόντων* *κατηρτίσω αἶνον;* ➤ Ps 8,3 LXX					

	Mt		Mk		Lk		
112	**Mt 10,19**	... δοθήσεται γὰρ ὑμῖν ἐν ἐκείνῃ τῇ ὥρᾳ τί λαλήσητε· [20] οὐ γὰρ ὑμεῖς ἐστε οἱ λαλοῦντες ἀλλὰ τὸ πνεῦμα τοῦ πατρὸς ὑμῶν τὸ λαλοῦν ἐν ὑμῖν.	**Mk 13,11**	... ἀλλ' ὃ ἐὰν δοθῇ ὑμῖν ἐν ἐκείνῃ τῇ ὥρᾳ τοῦτο λαλεῖτε· οὐ γάρ ἐστε ὑμεῖς οἱ λαλοῦντες ἀλλὰ τὸ πνεῦμα τὸ ἅγιον.	**Lk 21,15** ⇩ Lk 12,12	ἐγὼ γὰρ δώσω ὑμῖν **στόμα** καὶ σοφίαν ᾗ οὐ δυνήσονται ἀντιστῆναι ἢ ἀντειπεῖν ἅπαντες οἱ ἀντικείμενοι ὑμῖν.	→ Acts 6,10 Mk-Q overlap
					Lk 12,12 ⇧ Lk 21,15	τὸ γὰρ ἅγιον πνεῦμα διδάξει ὑμᾶς ἐν αὐτῇ τῇ ὥρᾳ ἃ δεῖ εἰπεῖν.	→ Jn 14,26
002					**Lk 21,24** → Lk 19,44	καὶ πεσοῦνται **στόματι μαχαίρης** καὶ αἰχμαλωτισθήσονται εἰς τὰ ἔθνη πάντα, ...	
112	**Mt 26,65**	... ἐβλασφήμησεν· τί ἔτι χρείαν ἔχομεν μαρτύρων; ἴδε νῦν ἠκούσατε τὴν βλασφημίαν·	**Mk 14,64**	[63] ... τί ἔτι χρείαν ἔχομεν μαρτύρων; [64] ἠκούσατε τῆς βλασφημίας· ...	**Lk 22,71**	... τί ἔτι ἔχομεν μαρτυρίας χρείαν; αὐτοὶ γὰρ ἠκούσαμεν **ἀπὸ τοῦ στόματος** **αὐτοῦ.**	

a **Acts 1,16** ἄνδρες ἀδελφοί, ἔδει πληρωθῆναι τὴν γραφὴν ἣν προεῖπεν τὸ πνεῦμα τὸ ἅγιον **διὰ στόματος Δαυὶδ** περὶ Ἰούδα ...

a **Acts 3,18** ὁ δὲ θεός, ἃ προκατήγγειλεν **διὰ στόματος πάντων τῶν προφητῶν** παθεῖν τὸν χριστὸν αὐτοῦ ἐπλήρωσεν οὕτως.

af **Acts 3,21** → Lk 1,70 → Mt 17,11 → Mk 9,12 [20] ... Χριστόν Ἰησοῦν, [21] ὃν δεῖ οὐρανὸν μὲν δέξασθαι ἄχρι χρόνων ἀποκαταστάσεως πάντων ὧν ἐλάλησεν ὁ θεὸς **διὰ στόματος τῶν ἁγίων ἀπ' αἰῶνος αὐτοῦ προφητῶν.**

a **Acts 4,25** → Mt 22,43 → Mk 12,36 → Lk 20,42 **ὁ τοῦ πατρὸς ἡμῶν διὰ πνεύματος ἁγίου στόματος Δαυὶδ παιδός σου** εἰπών· *ἱνατί ἐφρύαξαν ἔθνη καὶ λαοὶ ἐμελέτησαν κενά;* ➤ Ps 2,1 LXX

e **Acts 8,32** ἡ δὲ περιοχὴ τῆς γραφῆς ἣν ἀνεγίνωσκεν ἦν αὕτη· *ὡς πρόβατον ἐπὶ σφαγὴν ἤχθη καὶ ὡς ἀμνὸς ἐναντίον τοῦ κείραντος αὐτὸν ἄφωνος, οὕτως οὐκ ἀνοίγει* ***τὸ στόμα αὐτοῦ.*** ➤ Isa 53,7

e **Acts 8,35** ἀνοίξας δὲ ὁ Φίλιππος **τὸ στόμα αὐτοῦ** καὶ ἀρξάμενος ἀπὸ τῆς γραφῆς ταύτης εὐηγγελίσατο αὐτῷ τὸν Ἰησοῦν.

e **Acts 10,34** ἀνοίξας δὲ Πέτρος **τὸ στόμα** εἶπεν· ἐπ' ἀληθείας καταλαμβάνομαι ὅτι οὐκ ἔστιν προσωπολήμπτης ὁ θεός

Acts 11,8 εἶπον δέ· μηδαμῶς, κύριε, ὅτι κοινὸν ἢ ἀκάθαρτον οὐδέποτε εἰσῆλθεν **εἰς τὸ στόμα μου.**

a **Acts 15,7** ... ἄνδρες ἀδελφοί, ὑμεῖς ἐπίστασθε ὅτι ἀφ' ἡμερῶν ἀρχαίων ἐν ὑμῖν ἐξελέξατο ὁ θεὸς **διὰ τοῦ στόματός μου** ἀκοῦσαι τὰ ἔθνη τὸν λόγον τοῦ εὐαγγελίου καὶ πιστεῦσαι.

e **Acts 18,14** μέλλοντος δὲ τοῦ Παύλου ἀνοίγειν **τὸ στόμα** εἶπεν ὁ Γαλλίων πρὸς τοὺς Ἰουδαίους· ...

b **Acts 22,14** ... καὶ ἰδεῖν τὸν δίκαιον καὶ ἀκοῦσαι φωνὴν **ἐκ τοῦ στόματος αὐτοῦ**

Acts 23,2 ὁ δὲ ἀρχιερεὺς Ἁνανίας ἐπέταξεν τοῖς παρεστῶσιν αὐτῷ τύπτειν **αὐτοῦ τὸ στόμα.**

στράτευμα	Syn 2	Mt 1	Mk	Lk 1	Acts 2	Jn	1-3John	Paul	Eph	Col
	NT 8	2Thess	1/2Tim	Tit	Heb	Jas	1Pet	2Pet	Jude	Rev 4

army

	Mt	Mk	Lk	
201	**Mt 22,7** ὁ δὲ βασιλεὺς ὠργίσθη καὶ πέμψας **τὰ στρατεύματα αὐτοῦ** ἀπώλεσεν τοὺς φονεῖς ἐκείνους καὶ τὴν πόλιν αὐτῶν ἐνέπρησεν.		**Lk 14,21** ... τότε ὀργισθεὶς ὁ οἰκοδεσπότης ...	→ GTh 64
002	**Mt 27,28** καὶ ἐκδύσαντες αὐτὸν χλαμύδα κοκκίνην περιέθηκαν αὐτῷ	**Mk 15,17** καὶ ἐνδιδύσκουσιν αὐτὸν πορφύραν ...	**Lk 23,11** → Mt 27,27 → Mk 15,16 ἐξουθενήσας δὲ αὐτὸν [καὶ] ὁ Ἡρῴδης **σὺν τοῖς στρατεύμασιν αὐτοῦ** καὶ ἐμπαίξας περιβαλὼν ἐσθῆτα λαμπρὰν ἀνέπεμψεν αὐτὸν τῷ Πιλάτῳ.	→ Jn 19,2

Acts 23,10 ... φοβηθεὶς ὁ χιλίαρχος μὴ διασπασθῇ ὁ Παῦλος ὑπ᾽ αὐτῶν ἐκέλευσεν **τὸ στράτευμα** καταβὰν ἁρπάσαι αὐτὸν ἐκ μέσου αὐτῶν ἄγειν τε εἰς τὴν παρεμβολήν.

Acts 23,27 τὸν ἄνδρα τοῦτον συλλημφθέντα ὑπὸ τῶν Ἰουδαίων καὶ μέλλοντα ἀναιρεῖσθαι ὑπ᾽ αὐτῶν ἐπιστὰς **σὺν τῷ στρατεύματι** ἐξειλάμην, μαθὼν ὅτι Ῥωμαῖός ἐστιν·

στρατεύομαι	Syn 1	Mt	Mk	Lk 1	Acts	Jn	1-3John	Paul 2	Eph	Col
	NT 7	2Thess	1/2Tim 2	Tit	Heb	Jas 1	1Pet 1	2Pet	Jude	Rev

do military service; serve in the army

	Mt	Mk	Lk
002			**Lk 3,14** ἐπηρώτων δὲ αὐτὸν καὶ **στρατευόμενοι** λέγοντες· τί ποιήσωμεν καὶ ἡμεῖς; ...

στρατηγός	Syn 2	Mt	Mk	Lk 2	Acts 8	Jn	1-3John	Paul	Eph	Col
	NT 10	2Thess	1/2Tim	Tit	Heb	Jas	1Pet	2Pet	Jude	Rev

praetor; chief magistrate; captain

a στρατηγός τοῦ ἱεροῦ

	Mt	Mk	Lk
112	**Mt 26,14** τότε πορευθεὶς εἷς τῶν δώδεκα, ὁ λεγόμενος Ἰούδας Ἰσκαριώτης, **πρὸς τοὺς ἀρχιερεῖς**	**Mk 14,10** καὶ Ἰούδας Ἰσκαριὼθ ὁ εἷς τῶν δώδεκα ἀπῆλθεν **πρὸς τοὺς ἀρχιερεῖς** ...	**Lk 22,4** [3] εἰσῆλθεν δὲ σατανᾶς εἰς Ἰούδαν τὸν καλούμενον Ἰσκαριώτην, ὄντα ἐκ τοῦ ἀριθμοῦ τῶν δώδεκα· [4] καὶ ἀπελθὼν συνελάλησεν **τοῖς ἀρχιερεῦσιν καὶ στρατηγοῖς** ...

		Mt		Mk		Lk		
a 112	Mt 26,55	ἐν ἐκείνῃ τῇ ὥρᾳ εἶπεν ὁ Ἰησοῦς **τοῖς ὄχλοις·**	Mk 14,48	καὶ ἀποκριθεὶς ὁ Ἰησοῦς εἶπεν **αὐτοῖς·**	Lk 22,52 → Lk 22,54 ↓ Mt 26,47 ↓ Mk 14,43	εἶπεν δὲ Ἰησοῦς **πρὸς τοὺς παραγενομένους ἐπ' αὐτὸν ἀρχιερεῖς καὶ στρατηγοὺς τοῦ ἱεροῦ καὶ πρεσβυτέρους·**		
		ὡς ἐπὶ λῃστὴν ἐξήλθατε μετὰ μαχαιρῶν καὶ ξύλων συλλαβεῖν με; ...		ὡς ἐπὶ λῃστὴν ἐξήλθατε μετὰ μαχαιρῶν καὶ ξύλων συλλαβεῖν με;		ὡς ἐπὶ λῃστὴν ἐξήλθατε μετὰ μαχαιρῶν καὶ ξύλων;		
	Mt 26,47	καὶ ἔτι αὐτοῦ λαλοῦντος ἰδοὺ Ἰούδας εἷς τῶν δώδεκα ἦλθεν καὶ μετ' αὐτοῦ ὄχλος πολὺς μετὰ μαχαιρῶν καὶ ξύλων ἀπὸ τῶν ἀρχιερέων καὶ πρεσβυτέρων τοῦ λαοῦ.	Mk 14,43	καὶ εὐθὺς ἔτι αὐτοῦ λαλοῦντος παραγίνεται Ἰούδας εἷς τῶν δώδεκα καὶ μετ' αὐτοῦ ὄχλος μετὰ μαχαιρῶν καὶ ξύλων παρὰ τῶν ἀρχιερέων καὶ τῶν γραμματέων καὶ τῶν πρεσβυτέρων.				

a **Acts 4,1** λαλούντων δὲ αὐτῶν πρὸς τὸν λαὸν ἐπέστησαν αὐτοῖς οἱ ἱερεῖς καὶ **ὁ στρατηγὸς τοῦ ἱεροῦ** καὶ οἱ Σαδδουκαῖοι

a **Acts 5,24** ὡς δὲ ἤκουσαν τοὺς λόγους τούτους ὅ τε **στρατηγὸς τοῦ ἱεροῦ** καὶ οἱ ἀρχιερεῖς, διηπόρουν περὶ αὐτῶν τί ἂν γένοιτο τοῦτο.

Acts 5,26 τότε ἀπελθὼν **ὁ στρατηγὸς** σὺν τοῖς ὑπηρέταις ἦγεν αὐτούς οὐ μετὰ βίας, ἐφοβοῦντο γὰρ τὸν λαόν μὴ λιθασθῶσιν.

Acts 16,20 καὶ προσαγαγόντες αὐτοὺς **τοῖς στρατηγοῖς** εἶπαν· οὗτοι οἱ ἄνθρωποι ἐκταράσσουσιν ἡμῶν τὴν πόλιν, Ἰουδαῖοι ὑπάρχοντες

Acts 16,22 καὶ συνεπέστη ὁ ὄχλος κατ' αὐτῶν καὶ **οἱ στρατηγοὶ** περιρήξαντες αὐτῶν τὰ ἱμάτια ἐκέλευον ῥαβδίζειν

Acts 16,35 ἡμέρας δὲ γενομένης ἀπέστειλαν **οἱ στρατηγοὶ** τοὺς ῥαβδούχους λέγοντες· ἀπόλυσον τοὺς ἀνθρώπους ἐκείνους.

Acts 16,36 ἀπήγγειλεν δὲ ὁ δεσμοφύλαξ τοὺς λόγους [τούτους] πρὸς τὸν Παῦλον ὅτι ἀπέσταλκαν **οἱ στρατηγοὶ** ἵνα ἀπολυθῆτε· νῦν οὖν ἐξελθόντες πορεύεσθε ἐν εἰρήνῃ.

Acts 16,38 ἀπήγγειλαν δὲ **τοῖς στρατηγοῖς** οἱ ῥαβδοῦχοι τὰ ῥήματα ταῦτα. ἐφοβήθησαν δὲ ἀκούσαντες ὅτι Ῥωμαῖοί εἰσιν

στρατιά

	Syn 1	Mt	Mk	Lk 1	Acts 1	Jn	1-3John	Paul	Eph	Col
	NT 2	2Thess	1/2Tim	Tit	Heb	Jas	1Pet	2Pet	Jude	Rev

army

002				Lk 2,13	καὶ ἐξαίφνης ἐγένετο σὺν τῷ ἀγγέλῳ **πλῆθος στρατιᾶς οὐρανίου** αἰνούντων τὸν θεὸν ...	

Acts 7,42 ἔστρεψεν δὲ ὁ θεὸς καὶ παρέδωκεν αὐτοὺς λατρεύειν **τῇ στρατιᾷ τοῦ οὐρανοῦ** ...

στρατιώτης	Syn 6	Mt 3	Mk 1	Lk 2	Acts 13	Jn 6	1-3John	Paul	Eph	Col
	NT 26	2Thess	1/2Tim 1	Tit	Heb	Jas	1Pet	2Pet	Jude	Rev

soldier

	triple tradition																	double tradition			Sondergut		
		+Mt / +Lk			−Mt / −Lk			traditions not taken over by Mt / Lk							subtotals								
code	*222*	*211*	*112*	*212*	*221*	*122*	*121*	*022*	*012*	*021*	*220*	*120*	*210*	*020*	Σ⁺	Σ⁻	Σ	*202*	*201*	*102*	*200*	*002*	total
Mt											1						1	1			1		3
Mk											1						1						1
Lk																		1				1	2

202	**Mt 8,9** καὶ γὰρ ἐγὼ ἄνθρωπός εἰμι ὑπὸ ἐξουσίαν, ἔχων ὑπ᾿ ἐμαυτὸν **στρατιώτας,** καὶ λέγω τούτῳ· πορεύθητι, καὶ πορεύεται, ...		**Lk 7,8** καὶ γὰρ ἐγὼ ἄνθρωπός εἰμι ὑπὸ ἐξουσίαν τασσόμενος ἔχων ὑπ᾿ ἐμαυτὸν **στρατιώτας,** καὶ λέγω τούτῳ· πορεύθητι, καὶ πορεύεται, ...	
220	**Mt 27,27** τότε οἱ **στρατιῶται** ↓ Lk 23,36 τοῦ ἡγεμόνος → Lk 23,11 παραλαβόντες τὸν Ἰησοῦν εἰς τὸ πραιτώριον συνήγαγον ἐπ᾿ αὐτὸν ὅλην τὴν σπεῖραν.	**Mk 15,16** οἱ δὲ **στρατιῶται** ↓ Lk 23,36 → Lk 23,11 ἀπήγαγον αὐτὸν ἔσω τῆς αὐλῆς, ὅ ἐστιν πραιτώριον, καὶ συγκαλοῦσιν ὅλην τὴν σπεῖραν.		
002	Mt 27,48 καὶ εὐθέως δραμὼν εἷς ἐξ αὐτῶν καὶ λαβὼν σπόγγον πλήσας τε ὄξους καὶ περιθεὶς καλάμῳ ἐπότιζεν αὐτόν.	Mk 15,36 δραμὼν δέ τις [καὶ] γεμίσας σπόγγον ὄξους περιθεὶς καλάμῳ ἐπότιζεν αὐτὸν ...	**Lk 23,36** ἐνέπαιξαν δὲ αὐτῷ καὶ ↑ Mt 27,27 οἱ **στρατιῶται** → Mt 27,28-31 ↑ Mk 15,16 προσερχόμενοι, → Mk 15,17-20 → Lk 23,39 ὄξος προσφέροντες αὐτῷ	→ Jn 19,29
200	**Mt 28,12** καὶ συναχθέντες μετὰ τῶν πρεσβυτέρων συμβούλιόν τε λαβόντες ἀργύρια ἱκανὰ ἔδωκαν τοῖς **στρατιώταις**			

Acts 10,7 ὡς δὲ ἀπῆλθεν ὁ ἄγγελος ὁ λαλῶν αὐτῷ, φωνήσας δύο τῶν οἰκετῶν καὶ **στρατιώτην εὐσεβῆ τῶν προσκαρτερούντων** αὐτῷ

Acts 12,4 ὃν καὶ πιάσας ἔθετο εἰς φυλακὴν παραδοὺς **τέσσαρσιν τετραδίοις στρατιωτῶν** φυλάσσειν αὐτόν, ...

Acts 12,6 ... τῇ νυκτὶ ἐκείνῃ ἦν ὁ Πέτρος κοιμώμενος **μεταξὺ δύο στρατιωτῶν** δεδεμένος ἁλύσεσιν δυσίν φύλακές τε πρὸ τῆς θύρας ἐτήρουν τὴν φυλακήν.

Acts 12,18 γενομένης δὲ ἡμέρας ἦν τάραχος οὐκ ὀλίγος **ἐν τοῖς στρατιώταις** τί ἄρα ὁ Πέτρος ἐγένετο.

Acts 21,32 (2) ὃς ἐξαυτῆς παραλαβὼν **στρατιώτας** καὶ ἑκατοντάρχας κατέδραμεν ἐπ᾿ αὐτούς, οἱ δὲ ἰδόντες τὸν χιλίαρχον καὶ **τοὺς στρατιώτας** ἐπαύσαντο τύπτοντες τὸν Παῦλον.

Acts 21,35 ὅτε δὲ ἐγένετο ἐπὶ τοὺς ἀναβαθμούς, συνέβη βαστάζεσθαι αὐτὸν **ὑπὸ τῶν στρατιωτῶν** διὰ τὴν βίαν τοῦ ὄχλου

Acts 23,23 ... ἑτοιμάσατε **στρατιώτας διακοσίους,** ὅπως πορευθῶσιν ἕως Καισαρείας, ...

Acts 23,31 **οἱ μὲν οὖν στρατιῶται** κατὰ τὸ διατεταγμένον αὐτοῖς ἀναλαβόντες τὸν Παῦλον ἤγαγον διὰ νυκτὸς εἰς τὴν Ἀντιπατρίδα

Acts 27,31 εἶπεν ὁ Παῦλος τῷ ἑκατοντάρχῃ καὶ **τοῖς στρατιώταις·** ἐὰν μὴ οὗτοι μείνωσιν ἐν τῷ πλοίῳ, ὑμεῖς σωθῆναι οὐ δύνασθε.

Acts 27,32 τότε ἀπέκοψαν **οἱ στρατιῶται** τὰ σχοινία τῆς σκάφης καὶ εἴασαν αὐτὴν ἐκπεσεῖν.

Acts 27,42 **τῶν δὲ στρατιωτῶν βουλὴ** ἐγένετο ἵνα τοὺς δεσμώτας ἀποκτείνωσιν, μή τις ἐκκολυμβήσας διαφύγῃ.

Acts 28,16 ὅτε δὲ εἰσήλθομεν εἰς Ῥώμην, ἐπετράπη τῷ Παύλῳ μένειν καθ᾿ ἑαυτὸν **σὺν τῷ φυλάσσοντι αὐτὸν στρατιώτῃ.**

στρατόπεδον	Syn 1	Mt	Mk	Lk 1	Acts	Jn	1-3John	Paul	Eph	Col
	NT 1	2Thess	1/2Tim	Tit	Heb	Jas	1Pet	2Pet	Jude	Rev

body of troops; army

112	**Mt 24,15** ὅταν οὖν ἴδητε *τὸ βδέλυγμα* *τῆς ἐρημώσεως* τὸ ῥηθὲν διὰ Δανιὴλ τοῦ προφήτου ἑστὸς ἐν τόπῳ ἁγίῳ, ὁ ἀναγινώσκων νοείτω ➤ Dan 9,27/11,31/12,11	**Mk 13,14** ὅταν δὲ ἴδητε *τὸ βδέλυγμα* *τῆς ἐρημώσεως* ἑστηκότα ὅπου οὐ δεῖ, ὁ ἀναγινώσκων νοείτω, ... ➤ Dan 9,27/11,31/12,11	**Lk 21,20** ὅταν δὲ ἴδητε → Lk 19,43 κυκλουμένην **ὑπὸ στρατοπέδων** Ἰερουσαλήμ, τότε γνῶτε ὅτι ἤγγικεν ἡ ἐρήμωσις αὐτῆς.	

στρέφω	Syn 13	Mt 6	Mk	Lk 7	Acts 3	Jn 4	1-3John	Paul	Eph	Col
	NT 21	2Thess	1/2Tim	Tit	Heb	Jas	1Pet	2Pet	Jude	Rev 1

transitive: turn; change; bring back; return; *intransitive:* turn (away);
passive with reflexive meaning: turn around; turn toward; change; be converted

	triple tradition																	double tradition			Sonder-gut		
		+Mt / +Lk			–Mt / –Lk			traditions not taken over by Mt / Lk							subtotals								
code	*222*	*211*	*112*	*212*	*221*	*122*	*121*	*022*	*012*	*021*	*220*	*120*	*210*	*020*	Σ⁺	Σ⁻	Σ	*202*	*201*	*102*	*200*	*002*	total
Mt		2^+											1^+		3^+		3		1		2		**6**
Mk																							
Lk			1^+												1^+		1			2		4	**7**

201	**Mt 5,39** ἐγὼ δὲ λέγω ὑμῖν μὴ ἀντιστῆναι τῷ πονηρῷ· ἀλλ' ὅστις σε ῥαπίζει εἰς τὴν δεξιὰν σιαγόνα [σου], **στρέψον** αὐτῷ καὶ τὴν ἄλλην·		**Lk 6,29** τῷ τύπτοντί σε ἐπὶ τὴν σιαγόνα **πάρεχε** καὶ τὴν ἄλλην, ...	
200	**Mt 7,6** μὴ δῶτε τὸ ἅγιον τοῖς κυσὶν μηδὲ βάλητε τοὺς μαργαρίτας ὑμῶν ἔμπροσθεν τῶν χοίρων, μήποτε καταπατήσουσιν αὐτοὺς ἐν τοῖς ποσὶν αὐτῶν καὶ **στραφέντες** ῥήξωσιν ὑμᾶς.			→ GTh 93
102	**Mt 8,10** ἀκούσας δὲ ὁ Ἰησοῦς ἐθαύμασεν καὶ εἶπεν τοῖς ἀκολουθοῦσιν· ἀμὴν λέγω ὑμῖν, παρ' οὐδενὶ τοσαύτην πίστιν ἐν τῷ Ἰσραὴλ εὗρον.		**Lk 7,9** ἀκούσας δὲ ταῦτα ὁ Ἰησοῦς ἐθαύμασεν αὐτὸν καὶ **στραφεὶς** τῷ ἀκολουθοῦντι αὐτῷ ὄχλῳ εἶπεν· λέγω ὑμῖν, οὐδὲ ἐν τῷ Ἰσραὴλ τοσαύτην πίστιν εὗρον.	

	Mt		Mk		Lk		
211	Mt 9,22	ὁ δὲ Ἰησοῦς **στραφεὶς** καὶ ἰδὼν αὐτὴν εἶπεν· θάρσει, θύγατερ· ἡ πίστις σου σέσωκέν σε.	Mk 5,30	καὶ εὐθὺς ὁ Ἰησοῦς ἐπιγνοὺς ἐν ἑαυτῷ τὴν ἐξ αὐτοῦ δύναμιν ἐξελθοῦσαν **ἐπιστραφεὶς** ἐν τῷ ὄχλῳ ἔλεγεν· τίς μου ἥψατο τῶν ἱματίων; [31] ... [32] καὶ περιεβλέπετο ἰδεῖν τὴν τοῦτο ποιήσασαν. [33] ... [34] ... θυγάτηρ, ἡ πίστις σου σέσωκέν σε· ...	Lk 8,45	 καὶ εἶπεν ὁ Ἰησοῦς· τίς ὁ ἁψάμενός μου; ... [46] ... ἐγὼ γὰρ ἔγνων δύναμιν ἐξεληλυθυῖαν ἀπ' ἐμοῦ. [47] ... [48] ... θυγάτηρ, ἡ πίστις σου σέσωκέν σε· ...	
002					Lk 7,44	καὶ **στραφεὶς** πρὸς τὴν γυναῖκα τῷ Σίμωνι ἔφη· βλέπεις ταύτην τὴν γυναῖκα; ...	
210	Mt 16,23 → Mt 4,10	ὁ δὲ **στραφεὶς** εἶπεν τῷ Πέτρῳ· ὕπαγε ὀπίσω μου, σατανᾶ· ...	Mk 8,33 → Mt 4,10	ὁ δὲ **ἐπιστραφεὶς** καὶ ἰδὼν τοὺς μαθητὰς αὐτοῦ ἐπετίμησεν Πέτρῳ καὶ λέγει· ὕπαγε ὀπίσω μου, σατανᾶ, ...			
211	Mt 18,3	... ἐὰν μὴ **στραφῆτε** καὶ γένησθε ὡς τὰ παιδία, οὐ μὴ εἰσέλθητε εἰς τὴν βασιλείαν τῶν οὐρανῶν.	Mk 10,15	... ὃς ἂν μὴ δέξηται τὴν βασιλείαν τοῦ θεοῦ ὡς παιδίον, οὐ μὴ εἰσέλθῃ εἰς αὐτήν.	Lk 18,17	... ὃς ἂν μὴ δέξηται τὴν βασιλείαν τοῦ θεοῦ ὡς παιδίον, οὐ μὴ εἰσέλθῃ εἰς αὐτήν.	→ Jn 3,3 → GTh 22 → GTh 46
002					Lk 9,55	**στραφεὶς** δὲ ἐπετίμησεν αὐτοῖς.	
102	Mt 13,16	 ὑμῶν δὲ μακάριοι οἱ ὀφθαλμοὶ ὅτι βλέπουσιν καὶ τὰ ὦτα ὑμῶν ὅτι ἀκούουσιν.			Lk 10,23	καὶ **στραφεὶς** πρὸς τοὺς μαθητὰς κατ' ἰδίαν εἶπεν· μακάριοι οἱ ὀφθαλμοὶ οἱ βλέποντες ἃ βλέπετε.	→ GTh 38 (POxy 655 - restoration)
002					Lk 14,25	συνεπορεύοντο δὲ αὐτῷ ὄχλοι πολλοί, καὶ **στραφεὶς** εἶπεν πρὸς αὐτούς·	
112	Mt 26,75	 καὶ ἐμνήσθη ὁ Πέτρος τοῦ ῥήματος Ἰησοῦ εἰρηκότος ὅτι πρὶν ἀλέκτορα φωνῆσαι τρὶς ἀπαρνήσῃ με· ...	Mk 14,72	 ... καὶ ἀνεμνήσθη ὁ Πέτρος τὸ ῥῆμα ὡς εἶπεν αὐτῷ ὁ Ἰησοῦς ὅτι πρὶν ἀλέκτορα φωνῆσαι δὶς τρίς με ἀπαρνήσῃ· ...	Lk 22,61	καὶ **στραφεὶς** ὁ κύριος ἐνέβλεψεν τῷ Πέτρῳ, καὶ ὑπεμνήσθη ὁ Πέτρος τοῦ ῥήματος τοῦ κυρίου ὡς εἶπεν αὐτῷ ὅτι πρὶν ἀλέκτορα φωνῆσαι σήμερον ἀπαρνήσῃ με τρίς.	
200	Mt 27,3	τότε ἰδὼν Ἰούδας ὁ παραδιδοὺς αὐτὸν ὅτι κατεκρίθη, μεταμεληθεὶς **ἔστρεψεν** τὰ τριάκοντα ἀργύρια τοῖς ἀρχιερεῦσιν καὶ πρεσβυτέροις					
002					Lk 23,28	**στραφεὶς** δὲ πρὸς αὐτὰς [ὁ] Ἰησοῦς εἶπεν· θυγατέρες Ἰερουσαλήμ, ...	

Acts 7,39	Acts 7,42	Acts 13,46
ᾧ οὐκ ἠθέλησαν ὑπήκοοι γενέσθαι οἱ πατέρες ἡμῶν, ἀλλὰ ἀπώσαντο καὶ **ἐστράφησαν** ἐν ταῖς καρδίαις αὐτῶν εἰς Αἴγυπτον	**ἔστρεψεν** δὲ ὁ θεὸς καὶ παρέδωκεν αὐτοὺς λατρεύειν τῇ στρατιᾷ τοῦ οὐρανοῦ ...	... ἐπειδὴ ἀπωθεῖσθε αὐτὸν καὶ οὐκ ἀξίους κρίνετε ἑαυτοὺς τῆς αἰωνίου ζωῆς, ἰδοὺ **στρεφόμεθα** εἰς τὰ ἔθνη.

στρουθίον

	Syn	Mt	Mk	Lk	Acts	Jn	1-3John	Paul	Eph	Col
	4	2		2						
	NT	2Thess	1/2Tim	Tit	Heb	Jas	1Pet	2Pet	Jude	Rev
	4									

sparrow

202	**Mt 10,29** οὐχὶ **δύο στρουθία** ἀσσαρίου πωλεῖται; ...		**Lk 12,6** οὐχὶ **πέντε στρουθία** πωλοῦνται ἀσσαρίων δύο; ...	
202	**Mt 10,31** μὴ οὖν φοβεῖσθε· **πολλῶν στρουθίων** διαφέρετε ὑμεῖς.		**Lk 12,7** ... μὴ φοβεῖσθε· **πολλῶν στρουθίων** διαφέρετε.	

στρώννυμι, στρωννύω

	Syn	Mt	Mk	Lk	Acts	Jn	1-3John	Paul	Eph	Col
	5	2	2	1	1					
	NT	2Thess	1/2Tim	Tit	Heb	Jas	1Pet	2Pet	Jude	Rev
	6									

spread (out) something

	triple tradition																	double tradition			Sondergut		
		+Mt / +Lk			−Mt / −Lk			traditions not taken over by Mt / Lk							subtotals								
code	*222*	*211*	*112*	*212*	*221*	*122*	*121*	*022*	*012*	*021*	*220*	*120*	*210*	*020*	Σ^+	Σ^-	Σ	*202*	*201*	*102*	*200*	*002*	total
Mt		1^+			1										1^+		2						**2**
Mk					1			1									2						**2**
Lk					1^-			1								1^-	1						**1**

221 211	**Mt 21,8 (2)** ὁ δὲ πλεῖστος ὄχλος **ἔστρωσαν** ἑαυτῶν τὰ ἱμάτια ἐν τῇ ὁδῷ, ἄλλοι δὲ ἔκοπτον κλάδους ἀπὸ τῶν δένδρων καὶ **ἐστρώννυον** ἐν τῇ ὁδῷ.	**Mk 11,8** καὶ πολλοὶ τὰ ἱμάτια αὐτῶν **ἔστρωσαν** εἰς τὴν ὁδόν, ἄλλοι δὲ στιβάδας κόψαντες ἐκ τῶν ἀγρῶν.	**Lk 19,36** πορευομένου δὲ αὐτοῦ **ὑπεστρώννυον** τὰ ἱμάτια αὐτῶν ἐν τῇ ὁδῷ.	→ Jn 12,13
022		**Mk 14,15** καὶ αὐτὸς ὑμῖν δείξει **ἀνάγαιον μέγα** **ἐστρωμένον ἕτοιμον·** καὶ ἐκεῖ ἑτοιμάσατε ἡμῖν.	**Lk 22,12** κἀκεῖνος ὑμῖν δείξει **ἀνάγαιον μέγα** **ἐστρωμένον·** ἐκεῖ ἑτοιμάσατε.	

Acts 9,34	
	καὶ εἶπεν αὐτῷ ὁ Πέτρος· Αἰνέα, ἰᾶταί σε Ἰησοῦς Χριστός· ἀνάστηθι καὶ **στρῶσον** σεαυτῷ. καὶ εὐθέως ἀνέστη.

στυγνάζω	Syn 2	Mt 1	Mk 1	Lk	Acts	Jn	1-3John	Paul	Eph	Col
	NT 2	2Thess	1/2Tim	Tit	Heb	Jas	1Pet	2Pet	Jude	Rev

be shocked; be appalled; be, become gloomy, dark

201	**Mt 16,3**	[καὶ πρωΐ· σήμερον χειμών, πυρράζει γὰρ **στυγνάζων** ὁ οὐρανός. ...]			**Lk 12,55**	καὶ ὅταν νότον πνέοντα, λέγετε ὅτι καύσων ἔσται, καὶ γίνεται.	→ GTh 91 Mt 16,3 is textcritically uncertain.
121	**Mt 19,22**	ἀκούσας δὲ ὁ νεανίσκος τὸν λόγον ἀπῆλθεν λυπούμενος· ἦν γὰρ ἔχων κτήματα πολλά.	**Mk 10,22**	ὁ δὲ **στυγνάσας** ἐπὶ τῷ λόγῳ ἀπῆλθεν λυπούμενος· ἦν γὰρ ἔχων κτήματα πολλά.	**Lk 18,23**	ὁ δὲ ἀκούσας ταῦτα περίλυπος ἐγενήθη· ἦν γὰρ πλούσιος σφόδρα.	

σύ (all cases)	Syn 523	Mt 209	Mk 89	Lk 225	Acts 139	Jn 150	1-3John 15	Paul 84	Eph 3	Col
	NT 1062	2Thess	1/2Tim 34	Tit 7	Heb 29	Jas 8	1Pet	2Pet	Jude 1	Rev 69

personal pronoun of the second person singular

σοῦ, σου p. 539 σοί, σοι p. 558 σέ, σε p. 568

σύ	Syn 54	Mt 18	Mk 10	Lk 26	Acts 17	Jn 60	1-3John 1	Paul 16	Eph	Col
	NT 173	2Thess	1/2Tim 7	Tit 1	Heb 8	Jas 5	1Pet	2Pet	Jude	Rev 4

personal pronoun of the second person singular nominative: thou

	triple tradition																	double tradition			Sondergut		
		+Mt / +Lk			−Mt / −Lk			traditions not taken over by Mt / Lk							subtotals								
code	*222*	*211*	*112*	*212*	*221*	*122*	*121*	*022*	*012*	*021*	*220*	*120*	*210*	*020*	Σ^+	Σ^-	Σ	*202*	*201*	*102*	*200*	*002*	total
Mt	3	2^+			3	1^-	2^-								2^+	3^-	8	2			8		**18**
Mk	3				3	1	2	1									10						**10**
Lk	3		2^+		3^-	1	2^-	1							2^+	5^-	7	2		3		14	**26**

Mk-Q overlap: 122: Mt 3,17 / Mk 1,11 / Lk 3,22 (?)

a σὺ εἶ
b σὺ δέ, σὺ οὖν, σύ τε
c καὶ σύ
d σύ and vocative
e σύ and ἐγώ

002					**Lk 1,42**	... εὐλογημένη **σὺ** ἐν γυναιξὶν καὶ εὐλογημένος ὁ καρπὸς τῆς κοιλίας σου.	
b c d 002					**Lk 1,76**	καὶ **σὺ** δέ, παιδίον, προφήτης ὑψίστου κληθήσῃ· ...	
c d 200	**Mt 2,6**	*καὶ* ***σύ,*** *Βηθλέεμ,* γῆ Ἰούδα, οὐδαμῶς *ἐλαχίστη εἶ* *ἐν τοῖς ἡγεμόσιν Ἰούδα·* ... ➤ Micah 5,1					

	Mt		Mk		Lk		
c e 200	**Mt 3,14**	ὁ δὲ Ἰωάννης διεκώλυεν αὐτὸν λέγων· ἐγὼ χρείαν ἔχω ὑπὸ σοῦ βαπτισθῆναι, καὶ **σὺ** ἔρχῃ πρός με;					
a 122	**Mt 3,17** → Mt 17,5 → Mt 12,18	καὶ ἰδοὺ φωνὴ ἐκ τῶν οὐρανῶν λέγουσα· **οὗτός** ἐστιν ὁ υἱός μου ὁ ἀγαπητός, ἐν ᾧ εὐδόκησα.	**Mk 1,11** → Mk 9,7	καὶ φωνὴ ἐγένετο ἐκ τῶν οὐρανῶν· **σὺ** εἶ ὁ υἱός μου ὁ ἀγαπητός, ἐν σοὶ εὐδόκησα.	**Lk 3,22** → Lk 9,35	... καὶ φωνὴν ἐξ οὐρανοῦ γενέσθαι· **σὺ** εἶ ὁ υἱός μου ὁ ἀγαπητός, ἐν σοὶ εὐδόκησα.	→ Jn 1,34 → Jn 12,28 Mk-Q overlap?
b 102	**Mt 4,9**	... ταῦτά σοι πάντα δώσω, ἐὰν πεσὼν προσκυνήσῃς μοι.			**Lk 4,7**	[6] ... σοὶ δώσω τὴν ἐξουσίαν ταύτην ἅπασαν ... [7] **σὺ** οὖν ἐὰν προσκυνήσῃς ἐνώπιον ἐμοῦ, ἔσται σοῦ πᾶσα.	
a 022			**Mk 3,11**	... καὶ ἔκραζον λέγοντες ὅτι **σὺ** εἶ ὁ υἱὸς τοῦ θεοῦ.	**Lk 4,41**	... κρ[αυγ]άζοντα καὶ λέγοντα ὅτι **σὺ** εἶ ὁ υἱὸς τοῦ θεοῦ. ...	
b 200	**Mt 6,6**	**σὺ** δὲ ὅταν προσεύχῃ, εἴσελθε εἰς τὸ ταμεῖόν σου ...					→ GTh 6 (POxy 654)
b 200	**Mt 6,17**	**σὺ** δὲ νηστεύων ἄλειψαί σου τὴν κεφαλὴν καὶ τὸ πρόσωπόν σου νίψαι					→ GTh 6 (POxy 654) → GTh 27 (POxy 1)
a 202	**Mt 11,3**	εἶπεν αὐτῷ· **σὺ** εἶ ὁ ἐρχόμενος ἢ ἕτερον προσδοκῶμεν;			**Lk 7,19**	... πρὸς τὸν κύριον λέγων· **σὺ** εἶ ὁ ἐρχόμενος ἢ ἄλλον προσδοκῶμεν;	
a 002					**Lk 7,20**	... Ἰωάννης ὁ βαπτιστὴς ἀπέστειλεν ἡμᾶς πρὸς σὲ λέγων· **σὺ** εἶ ὁ ἐρχόμενος ἢ ἄλλον προσδοκῶμεν;	
b 102	**Mt 8,22**	... ἄφες τοὺς νεκροὺς θάψαι τοὺς ἑαυτῶν νεκρούς.			**Lk 9,60**	... ἄφες τοὺς νεκροὺς θάψαι τοὺς ἑαυτῶν νεκρούς, **σὺ** δὲ ἀπελθὼν διάγγελλε τὴν βασιλείαν τοῦ θεοῦ.	
c d 202	**Mt 11,23**	καὶ **σύ,** Καφαρναούμ, μὴ ἕως οὐρανοῦ ὑψωθήσῃ; *ἕως* *ᾅδου καταβήσῃ·* ... ➤ Isa 14,13.15			**Lk 10,15**	καὶ **σύ,** Καφαρναούμ, μὴ ἕως οὐρανοῦ ὑψωθήσῃ; *ἕως* *τοῦ ᾅδου καταβήσῃ.* ➤ Isa 14,13.15	
a 200	**Mt 14,28**	ἀποκριθεὶς δὲ αὐτῷ ὁ Πέτρος εἶπεν· κύριε, εἰ **σὺ** εἶ, κέλευσόν με ἐλθεῖν πρὸς σὲ ἐπὶ τὰ ὕδατα.					
a 221	**Mt 16,16** → Mt 14,33	ἀποκριθεὶς δὲ Σίμων Πέτρος εἶπεν· **σὺ** εἶ ὁ χριστὸς ὁ υἱὸς τοῦ θεοῦ τοῦ ζῶντος.	**Mk 8,29**	... ἀποκριθεὶς ὁ Πέτρος λέγει αὐτῷ· **σὺ** εἶ ὁ χριστός.	**Lk 9,20**	... Πέτρος δὲ ἀποκριθεὶς εἶπεν· τὸν χριστὸν τοῦ θεοῦ.	→ Jn 6,68 → **Jn 6,69** → GTh 13

	Mt		Mk		Lk		
a 200	**Mt 16,18**	κἀγὼ δέ σοι λέγω ὅτι **σὺ** εἶ Πέτρος, καὶ ἐπὶ ταύτῃ τῇ πέτρᾳ οἰκοδομήσω μου τὴν ἐκκλησίαν ...					
c 002					**Lk 10,37**	... εἶπεν δὲ αὐτῷ ὁ Ἰησοῦς· πορεύου καὶ **σὺ** ποίει ὁμοίως.	
d 002					**Lk 15,31**	ὁ δὲ εἶπεν αὐτῷ· τέκνον, **σὺ** πάντοτε μετ' ἐμοῦ εἶ, καὶ πάντα τὰ ἐμὰ σά ἐστιν·	
b 002					**Lk 16,7**	ἔπειτα ἑτέρῳ εἶπεν· **σὺ** δὲ πόσον ὀφείλεις; ὁ δὲ εἶπεν· ἑκατὸν κόρους σίτου. ...	
b 002					**Lk 16,25**	... νῦν δὲ ὧδε παρακαλεῖται, **σὺ** δὲ ὀδυνᾶσαι.	
002					**Lk 17,8**	... καὶ μετὰ ταῦτα φάγεσαι καὶ πίεσαι **σύ;**	
c 102	**Mt 25,23** → Mt 24,47	ἔφη αὐτῷ ὁ κύριος αὐτοῦ· εὖ, δοῦλε ἀγαθὲ καὶ πιστέ, ἐπὶ ὀλίγα ἦς πιστός, ἐπὶ πολλῶν **σε** καταστήσω· ...			**Lk 19,19**	εἶπεν δὲ καὶ τούτῳ· καὶ **σὺ** ἐπάνω γίνου πέντε πόλεων.	
c 002					**Lk 19,42**	λέγων ὅτι εἰ ἔγνως ἐν τῇ ἡμέρᾳ ταύτῃ καὶ **σὺ** τὰ πρὸς εἰρήνην· νῦν δὲ ἐκρύβη ἀπὸ ὀφθαλμῶν σου.	
200	**Mt 26,25** → Mt 26,22	ἀποκριθεὶς δὲ Ἰούδας ὁ παραδιδοὺς αὐτὸν εἶπεν· μήτι ἐγώ εἰμι, ῥαββί; λέγει αὐτῷ· **σὺ** εἶπας.					→ Jn 13,26-27
c e 002					**Lk 22,32**	ἐγὼ δὲ ἐδεήθην περὶ σοῦ ἵνα μὴ ἐκλίπῃ ἡ πίστις σου· καὶ **σύ** ποτε ἐπιστρέψας στήρισον τοὺς ἀδελφούς σου.	
121	**Mt 26,34**	... ἀμὴν λέγω σοι ὅτι ἐν ταύτῃ τῇ νυκτὶ πρὶν ἀλέκτορα φωνῆσαι τρὶς ἀπαρνήσῃ με.	**Mk 14,30**	... ἀμὴν λέγω σοι ὅτι **σὺ** σήμερον ταύτῃ τῇ νυκτὶ πρὶν ἢ δὶς ἀλέκτορα φωνῆσαι τρίς με ἀπαρνήσῃ.	**Lk 22,34**	... λέγω σοι, Πέτρε, οὐ φωνήσει σήμερον ἀλέκτωρ ἕως τρίς με ἀπαρνήσῃ εἰδέναι.	→ Jn 13,38
e 221	**Mt 26,39**	... πάτερ μου, εἰ δυνατόν ἐστιν, παρελθάτω ἀπ' ἐμοῦ τὸ ποτήριον τοῦτο· πλὴν οὐχ ὡς ἐγὼ θέλω ἀλλ' **ὡς σύ.**	**Mk 14,36**	... αββα ὁ πατήρ, πάντα δυνατά σοι· παρένεγκε τὸ ποτήριον τοῦτο ἀπ' ἐμοῦ· ἀλλ' οὐ τί ἐγὼ θέλω ἀλλὰ **τί σύ.**	**Lk 22,42** → Mt 26,42	... πάτερ, εἰ βούλει παρένεγκε τοῦτο τὸ ποτήριον ἀπ' ἐμοῦ· πλὴν μὴ τὸ θέλημά μου ἀλλὰ **τὸ σὸν** γινέσθω.	→ Jn 18,11 → Acts 21,14

c 112	**Mt 26,71**	... εἶδεν αὐτὸν ἄλλη καὶ λέγει τοῖς ἐκεῖ· οὗτος ἦν μετὰ Ἰησοῦ τοῦ Ναζωραίου.	**Mk 14,69**	καὶ ἡ παιδίσκη ἰδοῦσα αὐτὸν ἤρξατο πάλιν λέγειν τοῖς παρεστῶσιν ὅτι οὗτος ἐξ αὐτῶν ἐστιν.	**Lk 22,58**	καὶ μετὰ βραχὺ ἕτερος ἰδὼν αὐτὸν ἔφη· καὶ σὺ ἐξ αὐτῶν εἶ. ...	→ **Jn 18,25**
a 222	**Mt 26,63** → Mt 27,42-43	... καὶ ὁ ἀρχιερεὺς εἶπεν αὐτῷ· ἐξορκίζω σε κατὰ τοῦ θεοῦ τοῦ ζῶντος ἵνα ἡμῖν εἴπῃς εἰ σὺ εἶ ὁ χριστὸς ὁ υἱὸς τοῦ θεοῦ. [64] λέγει αὐτῷ ὁ Ἰησοῦς· ↔	**Mk 14,61** → Mk 15,32	... πάλιν ὁ ἀρχιερεὺς ἐπηρώτα αὐτὸν καὶ λέγει αὐτῷ· σὺ εἶ ὁ χριστὸς ὁ υἱὸς τοῦ εὐλογητοῦ; [62] ὁ δὲ Ἰησοῦς εἶπεν· ↔	**Lk 22,67** ⇩ **Lk 22,70** → Lk 23,35	λέγοντες· εἰ σὺ εἶ ὁ χριστός, εἰπὸν ἡμῖν. εἶπεν δὲ αὐτοῖς· ἐὰν ὑμῖν εἴπω οὐ μὴ πιστεύσητε·	→ **Jn 10,24**
a b 002					**Lk 22,70** ⇧ **Lk 22,67**	εἶπαν δὲ πάντες· σὺ οὖν εἶ ὁ υἱὸς τοῦ θεοῦ;	→ Jn 10,36
211	**Mt 26,64**	↔ σὺ εἶπας· ...	**Mk 14,62**	↔ ἐγώ εἰμι, ...	→ Mt 27,43	ὁ δὲ πρὸς αὐτοὺς ἔφη· ὑμεῖς λέγετε ὅτι ἐγώ εἰμι.	
c 221	**Mt 26,69** → Mk 14,66	... καὶ προσῆλθεν αὐτῷ μία παιδίσκη λέγουσα· καὶ σὺ ἦσθα μετὰ Ἰησοῦ τοῦ Γαλιλαίου.	**Mk 14,67**	καὶ ἰδοῦσα τὸν Πέτρον θερμαινόμενον ἐμβλέψασα αὐτῷ λέγει· καὶ σὺ μετὰ τοῦ Ναζαρηνοῦ ἦσθα τοῦ Ἰησοῦ.	**Lk 22,56** → Mk 14,66	ἰδοῦσα δὲ αὐτὸν παιδίσκη τις καθήμενον πρὸς τὸ φῶς καὶ ἀτενίσασα αὐτῷ εἶπεν· καὶ οὗτος σὺν αὐτῷ ἦν.	→ **Jn 18,17**
121	**Mt 26,70**	ὁ δὲ ἠρνήσατο ἔμπροσθεν πάντων λέγων· οὐκ οἶδα τί λέγεις.	**Mk 14,68**	ὁ δὲ ἠρνήσατο λέγων· οὔτε οἶδα οὔτε ἐπίσταμαι σὺ τί λέγεις. ...	**Lk 22,57**	ὁ δὲ ἠρνήσατο λέγων· οὐκ οἶδα αὐτόν, γύναι.	→ **Jn 18,17**
c 211	**Mt 26,73**	μετὰ μικρὸν δὲ προσελθόντες οἱ ἑστῶτες εἶπον τῷ Πέτρῳ· ἀληθῶς καὶ σὺ ἐξ αὐτῶν εἶ, καὶ γὰρ ἡ λαλιά σου δῆλόν σε ποιεῖ.	**Mk 14,70**	... καὶ μετὰ μικρὸν πάλιν οἱ παρεστῶτες ἔλεγον τῷ Πέτρῳ· ἀληθῶς ἐξ αὐτῶν εἶ, καὶ γὰρ Γαλιλαῖος εἶ.	**Lk 22,59**	καὶ διαστάσης ὡσεὶ ὥρας μιᾶς ἄλλος τις διϊσχυρίζετο λέγων· ἐπ' ἀληθείας καὶ οὗτος μετ' αὐτοῦ ἦν, καὶ γὰρ Γαλιλαῖός ἐστιν.	→ Jn 18,26
200	**Mt 27,4**	λέγων· ἥμαρτον παραδοὺς αἷμα ἀθῷον. οἱ δὲ εἶπαν· τί πρὸς ἡμᾶς; σὺ ὄψῃ.					
a 222 222	**Mt 27,11** (2)	... καὶ ἐπηρώτησεν αὐτὸν ὁ ἡγεμὼν λέγων· σὺ εἶ ὁ βασιλεὺς τῶν Ἰουδαίων; ὁ δὲ Ἰησοῦς ἔφη· σὺ λέγεις.	**Mk 15,2** (2)	καὶ ἐπηρώτησεν αὐτὸν ὁ Πιλᾶτος· σὺ εἶ ὁ βασιλεὺς τῶν Ἰουδαίων; ὁ δὲ ἀποκριθεὶς αὐτῷ λέγει· σὺ λέγεις.	**Lk 23,3** (2)	ὁ δὲ Πιλᾶτος ἠρώτησεν αὐτὸν λέγων· σὺ εἶ ὁ βασιλεὺς τῶν Ἰουδαίων; ὁ δὲ ἀποκριθεὶς αὐτῷ ἔφη· σὺ λέγεις.	→ **Jn 18,33** → **Jn 18,37**

a 002	Mt 27,40 → Mt 4,3.6	... σῶσον σεαυτόν, εἰ υἱὸς εἶ τοῦ θεοῦ, [καὶ] κατάβηθι ἀπὸ τοῦ σταυροῦ. [41] ... [42] ... βασιλεὺς Ἰσραήλ ἐστιν, καταβάτω νῦν ἀπὸ τοῦ σταυροῦ ...	Mk 15,30	σῶσον σεαυτὸν καταβὰς ἀπὸ τοῦ σταυροῦ. [31] ... [32] ὁ χριστὸς ὁ βασιλεὺς Ἰσραὴλ καταβάτω νῦν ἀπὸ τοῦ σταυροῦ, ...	**Lk 23,37** ↓ Lk 23,39	καὶ λέγοντες· εἰ **σὺ** εἶ ὁ βασιλεὺς τῶν Ἰουδαίων, σῶσον σεαυτόν.	
a 112	**Mt 27,44**	τὸ δ' αὐτὸ καὶ οἱ λῃσταὶ οἱ συσταυρωθέντες σὺν αὐτῷ ὠνείδιζον αὐτόν.	**Mk 15,32**	... καὶ οἱ συνεσταυρωμένοι σὺν αὐτῷ ὠνείδιζον αὐτόν.	**Lk 23,39** → Lk 23,35 → Lk 23,36 ↑ Lk 23,37	εἷς δὲ τῶν κρεμασθέντων κακούργων ἐβλασφήμει αὐτὸν λέγων· οὐχὶ **σὺ** εἶ ὁ χριστός; σῶσον σεαυτὸν καὶ ἡμᾶς.	
002					**Lk 23,40**	ἀποκριθεὶς δὲ ὁ ἕτερος ἐπιτιμῶν αὐτῷ ἔφη· οὐδὲ φοβῇ **σὺ** τὸν θεόν, ὅτι ἐν τῷ αὐτῷ κρίματι εἶ;	
002					**Lk 24,18**	ἀποκριθεὶς δὲ εἷς ὀνόματι Κλεοπᾶς εἶπεν πρὸς αὐτόν· **σὺ** μόνος παροικεῖς Ἰερουσαλὴμ καὶ οὐκ ἔγνως τὰ γενόμενα ἐν αὐτῇ ἐν ταῖς ἡμέραις ταύταις;	

d **Acts 1,24** καὶ προσευξάμενοι εἶπαν·
σὺ
κύριε καρδιογνῶστα πάντων, ἀνάδειξον ὃν ἐξελέξω ἐκ τούτων τῶν δύο ἕνα

d **Acts 4,24** ... δέσποτα,
σὺ
ὁ ποιήσας τὸν οὐρανὸν καὶ τὴν γῆν καὶ τὴν θάλασσαν καὶ πάντα τὰ ἐν αὐτοῖς
➤ 2Kings 19,15/Isa 37,16/Neh 9,6/Exod 20,11/Ps 146,6

Acts 7,28 *μὴ ἀνελεῖν με*
σὺ
θέλεις ὃν τρόπον ἀνεῖλες ἐχθὲς τὸν Αἰγύπτιον;
➤ Exod 2,14

e **Acts 9,5** εἶπεν δέ· τίς εἶ, κύριε; ὁ δέ· ἐγώ εἰμι Ἰησοῦς ὃν
σὺ
διώκεις·

Acts 10,15 καὶ φωνὴ πάλιν ἐκ δευτέρου πρὸς αὐτόν· ἃ ὁ θεὸς ἐκαθάρισεν,
σὺ
μὴ κοίνου.

b **Acts 10,33** ἐξαυτῆς οὖν ἔπεμψα πρὸς σέ,
σύ
τε καλῶς ἐποίησας παραγενόμενος. ...

Acts 11,9 ἀπεκρίθη δὲ φωνὴ ἐκ δευτέρου ἐκ τοῦ οὐρανοῦ· ἃ ὁ θεὸς ἐκαθάρισεν,
σὺ
μὴ κοίνου.

Acts 11,14 ὃς λαλήσει ῥήματα πρὸς σὲ ἐν οἷς σωθήσῃ
σὺ
καὶ πᾶς ὁ οἶκός σου.

Acts 13,33 ... ὡς καὶ ἐν τῷ ψαλμῷ γέγραπται τῷ δευτέρῳ, *υἱός μου εἶ*
σύ,
ἐγὼ σήμερον γεγέννηκά σε.
➤ Ps 2,7

Acts 16,31 ... πίστευσον ἐπὶ τὸν κύριον Ἰησοῦν καὶ σωθήσῃ
σὺ
καὶ ὁ οἶκός σου.

a **Acts 21,38** οὐκ ἄρα
σὺ
εἶ ὁ Αἰγύπτιος ὁ πρὸ τούτων τῶν ἡμερῶν ἀναστατώσας ...

e **Acts 22,8** ἐγὼ δὲ ἀπεκρίθην· τίς εἶ, κύριε; εἶπέν τε πρός με· ἐγώ εἰμι Ἰησοῦς ὁ Ναζωραῖος, ὃν
σὺ
διώκεις.

Acts 22,27 προσελθὼν δὲ ὁ χιλίαρχος εἶπεν αὐτῷ· λέγε μοι,
σὺ
Ῥωμαῖος εἶ; ὁ δὲ ἔφη· ναί.

c **Acts 23,3** ... τύπτειν σε μέλλει ὁ θεός, τοῖχε κεκονιαμένε· καὶ
σὺ
κάθῃ κρίνων με κατὰ τὸν νόμον καὶ παρανομῶν κελεύεις με τύπτεσθαι;

b **Acts 23,21** **σὺ**
οὖν μὴ πεισθῇς αὐτοῖς· ἐνεδρεύουσιν γὰρ αὐτὸν ἐξ αὐτῶν ἄνδρες πλείους τεσσεράκοντα, ...

c **Acts 25,10** ... Ἰουδαίους οὐδὲν ἠδίκησα ὡς καὶ
σὺ
κάλλιον ἐπιγινώσκεις.

Acts 26,15 ἐγὼ δὲ εἶπα· τίς εἶ, κύριε; ὁ δὲ κύριος εἶπεν· ἐγώ εἰμι Ἰησοῦς ὃν
σὺ
διώκεις.

σοῦ, σου	Syn 269	Mt 115	Mk 40	Lk 114	Acts 62	Jn 36	1-3John 5	Paul 38	Eph 1	Col
	NT 481	2Thess	1/2Tim 10	Tit 1	Heb 11	Jas 2	1Pet	2Pet	Jude	Rev 46

personal pronoun of the second person singular genitive

	triple tradition																	double tradition			Sondergut		
		+Mt / +Lk			–Mt / –Lk			traditions not taken over by Mt / Lk							subtotals								
code	*222*	*211*	*112*	*212*	*221*	*122*	*121*	*022*	*012*	*021*	*220*	*120*	*210*	*020*	Σ^+	Σ^-	Σ	*202*	*201*	*102*	*200*	*002*	total
Mt	15	6^+		1^+		4^-	3^-				9	4^-	5^+		12^+	11^-	36	23	13		43		**115**
Mk	15					4	3	3			9	4		2			40						**40**
Lk	15		5^+	1^+		4	3^-	3							6^+	3^-	28	23		7		56	**114**

a σοῦ after preposition
b σοῦ governed by a verb
c σοῦ preceding a noun
d σοῦ in the genitive absolute
e σοῦ ἐστιν

002 002			**Lk 1,13 (2)** ... μὴ φοβοῦ, Ζαχαρία, διότι εἰσηκούσθη **ἡ δέησίς σου,** καὶ **ἡ γυνή σου Ἐλισάβετ** γεννήσει υἱόν σοι καὶ καλέσεις τὸ ὄνομα αὐτοῦ Ἰωάννην.	→ Acts 10,4
a 002			**Lk 1,28** καὶ εἰσελθὼν πρὸς αὐτὴν εἶπεν· χαῖρε, κεχαριτωμένη, ὁ κύριος **μετὰ σοῦ.**	
002			**Lk 1,36** καὶ ἰδοὺ Ἐλισάβετ **ἡ συγγενίς σου** καὶ αὐτὴ συνείληφεν υἱὸν ἐν γήρει αὐτῆς ...	
002			**Lk 1,38** ... ἰδοὺ ἡ δούλη κυρίου· γένοιτό μοι **κατὰ τὸ ῥῆμά σου.** καὶ ἀπῆλθεν ἀπ᾽ αὐτῆς ὁ ἄγγελος.	
002			**Lk 1,42** ... εὐλογημένη σὺ ἐν γυναιξὶν καὶ εὐλογημένος **ὁ καρπὸς τῆς κοιλίας σου.**	
002			**Lk 1,44** ἰδοὺ γὰρ ὡς ἐγένετο **ἡ φωνὴ τοῦ ἀσπασμοῦ σου** εἰς τὰ ὦτά μου, ἐσκίρτησεν ἐν ἀγαλλιάσει τὸ βρέφος ἐν τῇ κοιλίᾳ μου.	
002			**Lk 1,61** καὶ εἶπαν πρὸς αὐτὴν ὅτι οὐδείς ἐστιν **ἐκ τῆς συγγενείας σου** ὃς καλεῖται τῷ ὀνόματι τούτῳ.	
200	**Mt 1,20** → Lk 1,27 → Lk 1,30 → Lk 1,35 ... Ἰωσὴφ υἱὸς Δαυίδ, μὴ φοβηθῇς παραλαβεῖν Μαριὰμ **τὴν γυναῖκά σου,** τὸ γὰρ ἐν αὐτῇ γεννηθὲν ἐκ πνεύματός ἐστιν ἁγίου·			

	Mt		Mk		Lk		
002 002					Lk 2,29 (2)	νῦν ἀπολύεις τὸν δοῦλόν σου, δέσποτα, κατὰ τὸ ῥῆμά σου ἐν εἰρήνῃ·	
002					Lk 2,30	ὅτι εἶδον οἱ ὀφθαλμοί μου τὸ σωτήριόν σου	
002					Lk 2,32	φῶς εἰς ἀποκάλυψιν ἐθνῶν καὶ δόξαν λαοῦ σου Ἰσραήλ.	
c 002					Lk 2,35	καὶ σοῦ [δὲ] αὐτῆς τὴν ψυχὴν διελεύσεται ῥομφαία - ὅπως ἂν ἀποκαλυφθῶσιν ἐκ πολλῶν καρδιῶν διαλογισμοί.	
a 200	Mt 2,6	*καὶ σύ, Βηθλέεμ,* γῆ Ἰούδα, οὐδαμῶς *ἐλαχίστη εἶ ἐν τοῖς* *ἡγεμόσιν Ἰούδα·* *ἐκ σοῦ* *γὰρ ἐξελεύσεται* *ἡγούμενος, ὅστις* *ποιμανεῖ τὸν λαόν μου* *τὸν Ἰσραήλ.* ➤ Micah 5,1.3; 2Sam 5,2/1Chron 11,2					
002					Lk 2,48	... τέκνον, τί ἐποίησας ἡμῖν οὕτως; ἰδοὺ ὁ πατήρ σου κἀγὼ ὀδυνώμενοι ἐζητοῦμέν σε.	
020 020	Mt 11,10 (3)	οὗτός ἐστιν περὶ οὗ γέγραπται· *ἰδοὺ ἐγὼ ἀποστέλλω* *τὸν ἄγγελόν μου* *πρὸ προσώπου σου,* *ὃς κατασκευάσει* *τὴν ὁδόν σου* *ἔμπροσθέν* σου. ➤ Exod 23,20/Mal 3,1	Mk 1,2 (2) → Mt 3,3 → Lk 3,4	καθὼς γέγραπται ἐν τῷ Ἠσαΐᾳ τῷ προφήτῃ· *ἰδοὺ ἀποστέλλω* *τὸν ἄγγελόν μου* *πρὸ προσώπου σου,* *ὃς κατασκευάσει* *τὴν ὁδόν σου·* ➤ Exod 23,20/Mal 3,1	Lk 7,27 (3)	οὗτός ἐστιν περὶ οὗ γέγραπται· *ἰδοὺ ἀποστέλλω* *τὸν ἄγγελόν μου* *πρὸ προσώπου σου,* *ὃς κατασκευάσει* *τὴν ὁδόν σου* *ἔμπροσθέν* σου. ➤ Exod 23,20/Mal 3,1	Mk-Q overlap
a 200	Mt 3,14	ὁ δὲ Ἰωάννης διεκώλυεν αὐτὸν λέγων· ἐγὼ χρείαν ἔχω ὑπὸ σοῦ βαπτισθῆναι, καὶ σὺ ἔρχῃ πρός με;					
e 102	Mt 4,9	... ταῦτά σοι πάντα δώσω, ἐὰν πεσὼν προσκυνήσῃς μοι.			Lk 4,7	[6] ... σοὶ δώσω τὴν ἐξουσίαν ταύτην ἅπασαν ... [7] σὺ οὖν ἐὰν προσκυνήσῃς ἐνώπιον ἐμοῦ, ἔσται σοῦ πᾶσα.	

	Mt		Mk		Lk		
a 202	Mt 4,6 (2)	... γέγραπται γὰρ ὅτι τοῖς ἀγγέλοις αὐτοῦ ἐντελεῖται περὶ σοῦ			Lk 4,10	γέγραπται γὰρ ὅτι τοῖς ἀγγέλοις αὐτοῦ ἐντελεῖται περὶ σοῦ τοῦ διαφυλάξαι σε	
202		καὶ ἐπὶ χειρῶν ἀροῦσίν σε, μήποτε προσκόψῃς πρὸς λίθον τὸν πόδα σου. ➤ Ps 91,11-12			Lk 4,11	καὶ ὅτι ἐπὶ χειρῶν ἀροῦσίν σε, μήποτε προσκόψῃς πρὸς λίθον τὸν πόδα σου. ➤ Ps 91,11-12	
202	Mt 4,7	... πάλιν γέγραπται· οὐκ ἐκπειράσεις κύριον τὸν θεόν σου. ➤ Deut 6,16 LXX			Lk 4,12	... εἴρηται· οὐκ ἐκπειράσεις κύριον τὸν θεόν σου. ➤ Deut 6,16 LXX	
202	Mt 4,10 → Mt 16,23 → Mk 8,33	... ὕπαγε, σατανᾶ· γέγραπται γάρ· κύριον τὸν θεόν σου προσκυνήσεις καὶ αὐτῷ μόνῳ λατρεύσεις. ➤ Deut 6,13 LXX/10,20			Lk 4,8	... γέγραπται· κύριον τὸν θεόν σου προσκυνήσεις καὶ αὐτῷ μόνῳ λατρεύσεις. ➤ Deut 6,13 LXX/10,20	
a 202	Mt 4,6 (2)	... γέγραπται γὰρ ὅτι τοῖς ἀγγέλοις αὐτοῦ ἐντελεῖται περὶ σοῦ			Lk 4,10	γέγραπται γὰρ ὅτι τοῖς ἀγγέλοις αὐτοῦ ἐντελεῖται περὶ σοῦ τοῦ διαφυλάξαι σε	
202		καὶ ἐπὶ χειρῶν ἀροῦσίν σε, μήποτε προσκόψῃς πρὸς λίθον τὸν πόδα σου. ➤ Ps 91,11-12			Lk 4,11	καὶ ὅτι ἐπὶ χειρῶν ἀροῦσίν σε, μήποτε προσκόψῃς πρὸς λίθον τὸν πόδα σου. ➤ Ps 91,11-12	
202	Mt 4,7	... πάλιν γέγραπται· οὐκ ἐκπειράσεις κύριον τὸν θεόν σου. ➤ Deut 6,16 LXX			Lk 4,12	... εἴρηται· οὐκ ἐκπειράσεις κύριον τὸν θεόν σου. ➤ Deut 6,16 LXX	
002					Lk 4,23	... ὅσα ἠκούσαμεν γενόμενα εἰς τὴν Καφαρναοὺμ ποίησον καὶ ὧδε ἐν τῇ πατρίδι σου.	
002					Lk 5,5	... ἐπιστάτα, δι' ὅλης νυκτὸς κοπιάσαντες οὐδὲν ἐλάβομεν· ἐπὶ δὲ τῷ ῥήματί σου χαλάσω τὰ δίκτυα.	→ Jn 21,3
122	Mt 8,4	... ὕπαγε σεαυτὸν δεῖξον τῷ ἱερεῖ, καὶ προσένεγκον τὸ δῶρον ὃ προσέταξεν Μωϋσῆς, εἰς μαρτύριον αὐτοῖς. ➤ Lev 13,49; 14,2-4	Mk 1,44	... ὕπαγε σεαυτὸν δεῖξον τῷ ἱερεῖ καὶ προσένεγκε περὶ τοῦ καθαρισμοῦ σου ἃ προσέταξεν Μωϋσῆς, εἰς μαρτύριον αὐτοῖς. ➤ Lev 13,49; 14,2-4	Lk 5,14 → Lk 17,14	... ἀπελθὼν δεῖξον σεαυτὸν τῷ ἱερεῖ καὶ προσένεγκε περὶ τοῦ καθαρισμοῦ σου καθὼς προσέταξεν Μωϋσῆς, εἰς μαρτύριον αὐτοῖς. ➤ Lev 13,49; 14,2-4	
c 222	Mt 9,2	... καὶ ἰδὼν ὁ Ἰησοῦς τὴν πίστιν αὐτῶν εἶπεν τῷ παραλυτικῷ· θάρσει, τέκνον, ἀφίενταί σου αἱ ἁμαρτίαι.	Mk 2,5	καὶ ἰδὼν ὁ Ἰησοῦς τὴν πίστιν αὐτῶν λέγει τῷ παραλυτικῷ· τέκνον, ἀφίενταί σου αἱ ἁμαρτίαι.	Lk 5,20 ↓ Lk 7,48	καὶ ἰδὼν τὴν πίστιν αὐτῶν εἶπεν· ἄνθρωπε, ἀφέωνταί σοι αἱ ἁμαρτίαι σου.	

	Mt		Mk		Lk		
c 222 121	**Mt 9,5**	τί γάρ ἐστιν εὐκοπώτερον, εἰπεῖν· ἀφίενταί **σου αἱ ἁμαρτίαι,** ἢ εἰπεῖν· ἔγειρε καὶ περιπάτει;	**Mk 2,9** **(2)**	τί ἐστιν εὐκοπώτερον, εἰπεῖν τῷ παραλυτικῷ· ἀφίενταί **σου αἱ ἁμαρτίαι,** ἢ εἰπεῖν· ἔγειρε καὶ ἆρον **τὸν κράβαττόν σου** καὶ περιπάτει;	**Lk 5,23**	τί ἐστιν εὐκοπώτερον, εἰπεῖν· ἀφέωνταί σοι **αἱ ἁμαρτίαι σου,** ἢ εἰπεῖν· ἔγειρε καὶ περιπάτει;	
c 222 222	**Mt 9,6** **(2)**	... ἐγερθεὶς ἆρόν **σου τὴν κλίνην** καὶ ὕπαγε **εἰς τὸν οἶκόν σου.**	**Mk 2,11** **(2)**	σοὶ λέγω, ἔγειρε ἆρον **τὸν κράβαττόν σου** καὶ ὕπαγε **εἰς τὸν οἶκόν σου.**	**Lk 5,24** **(2)**	... σοὶ λέγω, ἔγειρε καὶ ἄρας **τὸ κλινίδιόν σου** πορεύου **εἰς τὸν οἶκόν σου.**	→ Jn 5,8
c 212	**Mt 12,13**	τότε λέγει τῷ ἀνθρώπῳ· ἔκτεινόν **σου τὴν χεῖρα.** καὶ ἐξέτεινεν καὶ ἀπεκατεστάθη ὑγιὴς ὡς ἡ ἄλλη.	**Mk 3,5**	καὶ περιβλεψάμενος αὐτοὺς μετ᾽ ὀργῆς, συλλυπούμενος ἐπὶ τῇ πωρώσει τῆς καρδίας αὐτῶν λέγει τῷ ἀνθρώπῳ· ἔκτεινον **τὴν χεῖρα.** καὶ ἐξέτεινεν καὶ ἀπεκατεστάθη ἡ χεὶρ αὐτοῦ.	**Lk 6,10** ↓ Lk 13,12 → Lk 13,13	καὶ περιβλεψάμενος πάντας αὐτοὺς εἶπεν αὐτῷ· ἔκτεινον **τὴν χεῖρά σου.** ὁ δὲ ἐποίησεν καὶ ἀπεκατεστάθη ἡ χεὶρ αὐτοῦ.	
200 200 *a* 200	**Mt 5,23** **(3)** → Mk 11,25	ἐὰν οὖν προσφέρῃς **τὸ δῶρόν σου** ἐπὶ τὸ θυσιαστήριον κἀκεῖ μνησθῇς ὅτι **ὁ ἀδελφός σου** ἔχει τι **κατὰ σοῦ,**					
200 200 200	**Mt 5,24** **(3)** → Mt 6,14 → Mk 11,25	ἄφες ἐκεῖ **τὸ δῶρόν σου** ἔμπροσθεν τοῦ θυσιαστηρίου καὶ ὕπαγε πρῶτον διαλλάγηθι **τῷ ἀδελφῷ σου,** καὶ τότε ἐλθὼν πρόσφερε **τὸ δῶρόν σου.**					
202	**Mt 5,25**	ἴσθι εὐνοῶν **τῷ ἀντιδίκῳ** **σου** ταχὺ, ἕως ὅτου εἶ μετ᾽ αὐτοῦ ἐν τῇ ὁδῷ, ...			**Lk 12,58**	ὡς γὰρ ὑπάγεις **μετὰ τοῦ ἀντιδίκου** **σου** ἐπ᾽ ἄρχοντα, ἐν τῇ ὁδῷ δὸς ἐργασίαν ἀπηλλάχθαι ἀπ᾽ αὐτοῦ, ...	
200 *a* 200 200 200	**Mt 5,29** **(4)** ⇩ Mt 18,9	εἰ δὲ **ὁ ὀφθαλμός σου** **ὁ δεξιὸς** σκανδαλίζει σε, ἔξελε αὐτὸν καὶ βάλε **ἀπὸ σοῦ·** συμφέρει γάρ σοι ἵνα ἀπόληται **ἓν τῶν μελῶν σου** καὶ μὴ **ὅλον τὸ σῶμά σου** βληθῇ εἰς γέενναν.	**Mk 9,47**	καὶ ἐὰν ὁ ὀφθαλμός σου σκανδαλίζῃ σε, ἔκβαλε αὐτόν· καλόν σέ ἐστιν μονόφθαλμον εἰσελθεῖν εἰς τὴν βασιλείαν τοῦ θεοῦ ἢ δύο ὀφθαλμοὺς ἔχοντα βληθῆναι εἰς τὴν γέενναν			

	Mt		Mk		Lk		
c 200 a 200 200 200	Mt 5,30 (4) ⇩ Mt 18,8	καὶ εἰ **ἡ δεξιά σου χεὶρ** σκανδαλίζει σε, ἔκκοψον αὐτὴν καὶ βάλε **ἀπὸ σοῦ·** συμφέρει γάρ σοι ἵνα ἀπόληται **ἓν τῶν μελῶν σου** καὶ μὴ **ὅλον τὸ σῶμά σου** εἰς γέενναν ἀπέλθῃ.	Mk 9,43	καὶ ἐὰν σκανδαλίζῃ σε **ἡ χείρ σου,** ἀπόκοψον αὐτήν· καλόν ἐστίν σε κυλλὸν εἰσελθεῖν εἰς τὴν ζωὴν ἢ τὰς δύο χεῖρας ἔχοντα ἀπελθεῖν εἰς τὴν γέενναν, εἰς τὸ πῦρ τὸ ἄσβεστον.			
200	Mt 5,33	πάλιν ἠκούσατε ὅτι ἐρρέθη τοῖς ἀρχαίοις· οὐκ ἐπιορκήσεις, ἀποδώσεις δὲ τῷ κυρίῳ **τοὺς ὅρκους σου.** ➤ Lev 19,12; Num 30,3; Deut 23,22 LXX					
200	Mt 5,36	[34] ... μὴ ὀμόσαι ὅλως· ... [36] μήτε **ἐν τῇ κεφαλῇ σου** ὀμόσῃς, ὅτι οὐ δύνασαι μίαν τρίχα λευκὴν ποιῆσαι ἢ μέλαιναν.					
201	Mt 5,39	ἐγὼ δὲ λέγω ὑμῖν μὴ ἀντιστῆναι τῷ πονηρῷ· ἀλλ' ὅστις σε ῥαπίζει **εἰς τὴν δεξιὰν** **σιαγόνα [σου],** στρέψον αὐτῷ καὶ τὴν ἄλλην·			Lk 6,29	τῷ τύπτοντί σε **ἐπὶ τὴν** **σιαγόνα** πάρεχε καὶ τὴν ἄλλην,	
c 202	Mt 5,40	καὶ τῷ θέλοντί σοι κριθῆναι καὶ **τὸν χιτῶνά σου** λαβεῖν, ἄφες αὐτῷ καὶ τὸ ἱμάτιον·				καὶ ἀπὸ τοῦ αἴροντός **σου τὸ ἱμάτιον** καὶ τὸν χιτῶνα μὴ κωλύσῃς.	
a 201	Mt 5,42 → Lk 6,34 → Lk 6,35	τῷ αἰτοῦντί σε δός, καὶ τὸν θέλοντα **ἀπὸ σοῦ** δανίσασθαι μὴ ἀποστραφῇς.			Lk 6,30	παντὶ αἰτοῦντί σε δίδου, καὶ ἀπὸ τοῦ αἴροντος **τὰ σὰ** μὴ ἀπαίτει.	→ GTh 95
200 200	Mt 5,43 (2)	ἠκούσατε ὅτι ἐρρέθη· *ἀγαπήσεις* ***τὸν πλησίον σου*** καὶ μισήσεις **τὸν ἐχθρόν σου.** ➤ Lev 19,18					
a 200	Mt 6,2	ὅταν οὖν ποιῇς ἐλεημοσύνην, μὴ σαλπίσῃς **ἔμπροσθέν σου,** ὥσπερ οἱ ὑποκριταὶ ποιοῦσιν ἐν ταῖς συναγωγαῖς καὶ ἐν ταῖς ῥύμαις, ...					→ GTh 6 (POxy 654)
d 200 200 200	Mt 6,3 (3)	**σοῦ δὲ ποιοῦντος** ἐλεημοσύνην μὴ γνώτω **ἡ ἀριστερά σου** τί ποιεῖ **ἡ δεξιά σου,**					→ GTh 6 (POxy 654) → GTh 62,2

c 200 200	Mt 6,4 (2)	ὅπως ᾖ σου ἡ ἐλεημοσύνη ἐν τῷ κρυπτῷ· καὶ ὁ πατήρ σου ὁ βλέπων ἐν τῷ κρυπτῷ ἀποδώσει σοι.			→ GTh 6 (POxy 654)
200 200 200 200	Mt 6,6 (4)	σὺ δὲ ὅταν προσεύχῃ, εἴσελθε εἰς τὸ ταμεῖόν σου καὶ κλείσας τὴν θύραν σου πρόσευξαι τῷ πατρί σου τῷ ἐν τῷ κρυπτῷ· καὶ ὁ πατήρ σου ὁ βλέπων ἐν τῷ κρυπτῷ ἀποδώσει σοι.			→ GTh 6 (POxy 654)
202	Mt 6,9	... Πάτερ ἡμῶν ὁ ἐν τοῖς οὐρανοῖς· ἁγιασθήτω τὸ ὄνομά σου·	Lk 11,2 (2)	... Πάτερ, ἁγιασθήτω τὸ ὄνομά σου·	
202 201	Mt 6,10 (2) ↓ Mt 26,42	ἐλθέτω ἡ βασιλεία σου· γενηθήτω τὸ θέλημά σου, ὡς ἐν οὐρανῷ καὶ ἐπὶ γῆς·		ἐλθέτω ἡ βασιλεία σου·	
c 200 200	Mt 6,17 (2)	σὺ δὲ νηστεύων ἄλειψαί σου τὴν κεφαλὴν καὶ τὸ πρόσωπόν σου νίψαι,			→ GTh 6 (POxy 654) → GTh 27 (POxy 1)
200 200	Mt 6,18 (2)	ὅπως μὴ φανῇς τοῖς ἀνθρώποις νηστεύων ἀλλὰ τῷ πατρί σου τῷ ἐν τῷ κρυφαίῳ· καὶ ὁ πατήρ σου ὁ βλέπων ἐν τῷ κρυφαίῳ ἀποδώσει σοι.			→ GTh 6 (POxy 654) → GTh 27 (POxy 1)
201 201	Mt 6,21 (2)	ὅπου γάρ ἐστιν ὁ θησαυρός σου, ἐκεῖ ἔσται καὶ ἡ καρδία σου.	Lk 12,34	ὅπου γάρ ἐστιν ὁ θησαυρὸς ὑμῶν, ἐκεῖ καὶ ἡ καρδία ὑμῶν ἔσται.	
202 202	Mt 6,22 (2)	ὁ λύχνος τοῦ σώματός ἐστιν ὁ ὀφθαλμός. ἐὰν οὖν ᾖ ὁ ὀφθαλμός σου ἁπλοῦς, ὅλον τὸ σῶμά σου φωτεινὸν ἔσται·	Lk 11,34 (4)	ὁ λύχνος τοῦ σώματός ἐστιν ὁ ὀφθαλμός σου. ὅταν ὁ ὀφθαλμός σου ἁπλοῦς ᾖ, καὶ ὅλον τὸ σῶμά σου φωτεινόν ἐστιν·	→ GTh 24 (POxy 655 - restoration)
201 202	Mt 6,23 (2)	ἐὰν δὲ ὁ ὀφθαλμός σου πονηρὸς ᾖ, ὅλον τὸ σῶμά σου σκοτεινὸν ἔσται. ...		ἐπὰν δὲ πονηρὸς ᾖ, καὶ τὸ σῶμά σου σκοτεινόν.	→ GTh 24 (POxy 655 - restoration)

	Mt		Mk		Lk		
202	Mt 7,3	τί δὲ βλέπεις τὸ κάρφος τὸ ἐν τῷ ὀφθαλμῷ **τοῦ ἀδελφοῦ σου,** τὴν δὲ ἐν τῷ σῷ ὀφθαλμῷ δοκὸν οὐ κατανοεῖς;			Lk 6,41	τί δὲ βλέπεις τὸ κάρφος τὸ ἐν τῷ ὀφθαλμῷ **τοῦ ἀδελφοῦ σου,** τὴν δὲ δοκὸν τὴν ἐν τῷ ἰδίῳ ὀφθαλμῷ οὐ κατανοεῖς;	→ GTh 26
202 202 202	Mt 7,4 (3)	ἢ πῶς ἐρεῖς **τῷ ἀδελφῷ σου·** ἄφες ἐκβάλω τὸ κάρφος **ἐκ τοῦ ὀφθαλμοῦ σου,** καὶ ἰδοὺ ἡ δοκὸς **ἐν τῷ ὀφθαλμῷ σοῦ;**			Lk 6,42 (5)	πῶς δύνασαι λέγειν **τῷ ἀδελφῷ σου·** ἀδελφέ, ἄφες ἐκβάλω τὸ κάρφος τὸ **ἐν τῷ ὀφθαλμῷ σου,** αὐτὸς τὴν **ἐν τῷ ὀφθαλμῷ σοῦ** δοκὸν οὐ βλέπων;	→ GTh 26
202 202	Mt 7,5 (2)	ὑποκριτά, ἔκβαλε πρῶτον **ἐκ τοῦ ὀφθαλμοῦ σοῦ** τὴν δοκόν, καὶ τότε διαβλέψεις ἐκβαλεῖν τὸ κάρφος **ἐκ τοῦ ὀφθαλμοῦ** **τοῦ ἀδελφοῦ σου.**				ὑποκριτά, ἔκβαλε πρῶτον τὴν δοκὸν **ἐκ τοῦ ὀφθαλμοῦ σοῦ,** καὶ τότε διαβλέψεις τὸ κάρφος **τὸ ἐν τῷ ὀφθαλμῷ** **τοῦ ἀδελφοῦ σου** ἐκβαλεῖν.	→ GTh 26 **(POxy 1)**
c 222	Mt 9,2	... καὶ ἰδὼν ὁ Ἰησοῦς τὴν πίστιν αὐτῶν εἶπεν τῷ παραλυτικῷ· θάρσει, τέκνον, ἀφίενταί **σου αἱ ἁμαρτίαι.**	Mk 2,5	καὶ ἰδὼν ὁ Ἰησοῦς τὴν πίστιν αὐτῶν λέγει τῷ παραλυτικῷ· τέκνον, ἀφίενταί **σου αἱ ἁμαρτίαι.**	Lk 5,20 ↓ Lk 7,48	καὶ ἰδὼν τὴν πίστιν αὐτῶν εἶπεν· ἄνθρωπε, ἀφέωνταί σοι **αἱ ἁμαρτίαι σου.**	
c 222	Mt 9,5	τί γάρ ἐστιν εὐκοπώτερον, εἰπεῖν· ἀφίενταί **σου αἱ ἁμαρτίαι,** ἢ εἰπεῖν· ἔγειρε καὶ περιπάτει;	Mk 2,9 (2)	τί ἐστιν εὐκοπώτερον, εἰπεῖν τῷ παραλυτικῷ· ἀφίενταί **σου αἱ ἁμαρτίαι,** ἢ εἰπεῖν· ἔγειρε καὶ ἆρον τὸν κράβαττόν σου καὶ περιπάτει;	Lk 5,23	τί ἐστιν εὐκοπώτερον, εἰπεῖν· ἀφέωνταί σοι **αἱ ἁμαρτίαι σου,** ἢ εἰπεῖν· ἔγειρε καὶ περιπάτει;	
c 222 222	Mt 9,6 (2)	... ἐγερθεὶς ἆρόν **σου τὴν κλίνην** καὶ ὕπαγε **εἰς τὸν οἶκόν σου.**	Mk 2,11 (2)	σοὶ λέγω, ἔγειρε ἆρον **τὸν κράβαττόν σου** καὶ ὕπαγε **εἰς τὸν οἶκόν σου.**	Lk 5,24 (2)	... σοὶ λέγω, ἔγειρε καὶ ἄρας **τὸ κλινίδιόν σου** πορεύου **εἰς τὸν οἶκόν σου.**	→ **Jn 5,8**
211	Mt 9,14	τότε προσέρχονται αὐτῷ οἱ μαθηταὶ Ἰωάννου λέγοντες· διὰ τί ἡμεῖς καὶ οἱ Φαρισαῖοι νηστεύομεν [πολλά], **οἱ δὲ μαθηταί σου** οὐ νηστεύουσιν;	Mk 2,18	καὶ ἦσαν οἱ μαθηταὶ Ἰωάννου καὶ οἱ Φαρισαῖοι νηστεύοντες. καὶ ἔρχονται καὶ λέγουσιν αὐτῷ· διὰ τί οἱ μαθηταὶ Ἰωάννου καὶ οἱ μαθηταὶ τῶν Φαρισαίων νηστεύουσιν, **οἱ δὲ σοὶ μαθηταὶ** οὐ νηστεύουσιν;	Lk 5,33	οἱ δὲ εἶπαν πρὸς αὐτόν· οἱ μαθηταὶ Ἰωάννου νηστεύουσιν πυκνὰ καὶ δεήσεις ποιοῦνται ὁμοίως καὶ οἱ τῶν Φαρισαίων, **οἱ δὲ σοὶ** ἐσθίουσιν καὶ πίνουσιν.	→ GTh 104
211	Mt 9,18	... λέγων ὅτι ἡ θυγάτηρ μου ἄρτι ἐτελεύτησεν· ἀλλὰ ἐλθὼν ἐπίθες **τὴν χεῖρά σου** ἐπ' αὐτήν, καὶ ζήσεται.	Mk 5,23	καὶ παρακαλεῖ αὐτὸν πολλὰ λέγων ὅτι τὸ θυγάτριόν μου ἐσχάτως ἔχει, ἵνα ἐλθὼν ἐπιθῇς **τὰς χεῖρας** αὐτῇ ἵνα σωθῇ καὶ ζήσῃ.	Lk 8,42 → Mk 5,42	[41] ... παρεκάλει αὐτὸν εἰσελθεῖν εἰς τὸν οἶκον αὐτοῦ, [42] ὅτι θυγάτηρ μονογενὴς ἦν αὐτῷ ὡς ἐτῶν δώδεκα καὶ αὐτὴ ἀπέθνῃσκεν. ...	

	Mt		Mk		Lk		
222	Mt 9,22	... θάρσει, θύγατερ· ἡ πίστις σου σέσωκέν σε. ...	Mk 5,34 (2)	... θυγάτηρ, ἡ πίστις σου σέσωκέν σε· ὕπαγε εἰς εἰρήνην καὶ ἴσθι ὑγιὴς ἀπὸ τῆς μάστιγός σου.	Lk 8,48	... θυγάτηρ, ἡ πίστις σου σέσωκέν σε· πορεύου εἰς εἰρήνην.	
202 202 a 202	Mt 11,10 (3)	οὗτός ἐστιν περὶ οὗ γέγραπται· ἰδοὺ ἐγὼ ἀποστέλλω τὸν ἄγγελόν μου πρὸ προσώπου σου, ὃς κατασκευάσει τὴν ὁδόν σου ἔμπροσθέν σου. ➤ Exod 23,20/Mal 3,1	Mk 1,2 (2) → Mt 3,3 → Lk 3,4	καθὼς γέγραπται ἐν τῷ Ἠσαΐᾳ τῷ προφήτῃ· ἰδοὺ ἀποστέλλω τὸν ἄγγελόν μου πρὸ προσώπου σου, ὃς κατασκευάσει τὴν ὁδόν σου· ➤ Exod 23,20/Mal 3,1	Lk 7,27 (3)	οὗτός ἐστιν περὶ οὗ γέγραπται· ἰδοὺ ἀποστέλλω τὸν ἄγγελόν μου πρὸ προσώπου σου, ὃς κατασκευάσει τὴν ὁδόν σου ἔμπροσθέν σου. ➤ Exod 23,20/Mal 3,1	Mk-Q overlap
c 002					Lk 7,44	... εἰσῆλθόν σου εἰς τὴν οἰκίαν, ὕδωρ μοι ἐπὶ πόδας οὐκ ἔδωκας· ...	
c 002					Lk 7,48 ↑ Mt 9,2 ↑ Mk 2,5 ↑ Lk 5,20	εἶπεν δὲ αὐτῇ· ἀφέωνταί σου αἱ ἁμαρτίαι.	
002					Lk 7,50	εἶπεν δὲ πρὸς τὴν γυναῖκα· ἡ πίστις σου σέσωκέν σε· πορεύου εἰς εἰρήνην.	
a 202	Mt 11,26	ναὶ ὁ πατήρ, ὅτι οὕτως εὐδοκία ἐγένετο ἔμπροσθέν σου.			Lk 10,21	... ναὶ ὁ πατήρ, ὅτι οὕτως εὐδοκία ἐγένετο ἔμπροσθέν σου.	
211	Mt 12,2	οἱ δὲ Φαρισαῖοι ἰδόντες εἶπαν αὐτῷ· ἰδοὺ οἱ μαθηταί σου ποιοῦσιν ὃ οὐκ ἔξεστιν ποιεῖν ἐν σαββάτῳ.	Mk 2,24	καὶ οἱ Φαρισαῖοι ἔλεγον αὐτῷ· ἴδε τί ποιοῦσιν τοῖς σάββασιν ὃ οὐκ ἔξεστιν;	Lk 6,2	τινὲς δὲ τῶν Φαρισαίων εἶπαν· τί ποιεῖτε ὃ οὐκ ἔξεστιν τοῖς σάββασιν;	
c 212	Mt 12,13	τότε λέγει τῷ ἀνθρώπῳ· ἔκτεινόν σου τὴν χεῖρα. καὶ ἐξέτεινεν καὶ ἀπεκατεστάθη ὑγιὴς ὡς ἡ ἄλλη.	Mk 3,5	καὶ περιβλεψάμενος αὐτοὺς μετ᾽ ὀργῆς, συλλυπούμενος ἐπὶ τῇ πωρώσει τῆς καρδίας αὐτῶν λέγει τῷ ἀνθρώπῳ· ἔκτεινον τὴν χεῖρα. καὶ ἐξέτεινεν καὶ ἀπεκατεστάθη ἡ χεὶρ αὐτοῦ.	Lk 6,10 ↓ Lk 13,12 → Lk 13,13	καὶ περιβλεψάμενος πάντας αὐτοὺς εἶπεν αὐτῷ· ἔκτεινον τὴν χεῖρά σου. ὁ δὲ ἐποίησεν καὶ ἀπεκατεστάθη ἡ χεὶρ αὐτοῦ.	
200 200	Mt 12,37 (2)	ἐκ γὰρ τῶν λόγων σου δικαιωθήσῃ, καὶ ἐκ τῶν λόγων σου καταδικασθήσῃ.					
a 201	Mt 12,38 ⇩ Mt 16,1	τότε ἀπεκρίθησαν αὐτῷ τινες τῶν γραμματέων καὶ Φαρισαίων λέγοντες· διδάσκαλε, θέλομεν ἀπὸ σοῦ σημεῖον ἰδεῖν.			Lk 11,16	ἕτεροι δὲ πειράζοντες σημεῖον ἐξ οὐρανοῦ ἐζήτουν παρ᾽ αὐτοῦ.	Mk-Q overlap
	Mt 16,1 ⇧ Mt 12,38	καὶ προσελθόντες οἱ Φαρισαῖοι καὶ Σαδδουκαῖοι πειράζοντες ἐπηρώτησαν αὐτὸν σημεῖον ἐκ τοῦ οὐρανοῦ ἐπιδεῖξαι αὐτοῖς.	Mk 8,11	καὶ ἐξῆλθον οἱ Φαρισαῖοι καὶ ἤρξαντο συζητεῖν αὐτῷ, ζητοῦντες παρ᾽ αὐτοῦ σημεῖον ἀπὸ τοῦ οὐρανοῦ, πειράζοντες αὐτόν.			

	Mt		Mk		Lk		
	Mt 12,47 (2)	[εἶπεν δέ τις αὐτῷ· ἰδοὺ	Mk 3,32 (3)	καὶ ἐκάθητο περὶ αὐτὸν ὄχλος, καὶ λέγουσιν αὐτῷ· ἰδοὺ	Lk 8,20 (2)	ἀπηγγέλη δὲ αὐτῷ·	→ GTh 99 Mt 12,47 is textcritically uncertain.
222		ἡ μήτηρ σου		ἡ μήτηρ σου		ἡ μήτηρ σου	
		καὶ		καὶ		καὶ	
222		οἱ ἀδελφοί σου		οἱ ἀδελφοί σου		οἱ ἀδελφοί σου	
				[καὶ			
121				αἱ ἀδελφαί σου]			
		ἔξω ἑστήκασιν ζητοῦντές σοι λαλῆσαι.]		ἔξω ζητοῦσίν σε.		ἑστήκασιν ἔξω ἰδεῖν θέλοντές σε.	
b	Mt 8,29	... τί ἡμῖν καὶ σοί, υἱὲ τοῦ θεοῦ;	Mk 5,7 → Mk 1,23-24	... τί ἐμοὶ καὶ σοί, Ἰησοῦ υἱὲ τοῦ θεοῦ τοῦ ὑψίστου; ὁρκίζω	Lk 8,28 → Lk 4,33-34	... τί ἐμοὶ καὶ σοί, Ἰησοῦ υἱὲ τοῦ θεοῦ τοῦ ὑψίστου; δέομαί	
112				σε		σου,	
		ἦλθες ὧδε πρὸ καιροῦ βασανίσαι ἡμᾶς;		τὸν θεόν, μή με βασανίσῃς.		μή με βασανίσῃς.	
			Mk 5,19	... ὕπαγε	Lk 8,39	ὑπόστρεφε	
022				εἰς τὸν οἶκόν σου		εἰς τὸν οἶκόν σου,	
				πρὸς τοὺς σοὺς καὶ ἀπάγγειλον αὐτοῖς ὅσα ὁ κύριός σοι πεποίηκεν καὶ ἠλέησέν σε.		καὶ διηγοῦ ὅσα σοι ἐποίησεν ὁ θεός. ...	
	Mt 9,22	... θάρσει, θύγατερ·	Mk 5,34 (2)	... θυγάτηρ,	Lk 8,48	... θυγάτηρ,	
222		ἡ πίστις σου		ἡ πίστις σου		ἡ πίστις σου	
		σέσωκέν σε. ...		σέσωκέν σε·		σέσωκέν σε·	
				ὕπαγε εἰς εἰρήνην καὶ ἴσθι ὑγιὴς		πορεύου εἰς εἰρήνην.	
121				ἀπὸ τῆς μάστιγός σου.			
			Mk 5,35 → Lk 7,6	ἔτι αὐτοῦ λαλοῦντος ἔρχονται ἀπὸ τοῦ ἀρχισυναγώγου λέγοντες ὅτι	Lk 8,49 → Lk 7,6	ἔτι αὐτοῦ λαλοῦντος ἔρχεταί τις παρὰ τοῦ ἀρχισυναγώγου λέγων ὅτι τέθνηκεν	
022				ἡ θυγάτηρ σου		ἡ θυγάτηρ σου·	
				ἀπέθανεν· τί ἔτι σκύλλεις τὸν διδάσκαλον;		μηκέτι σκύλλε τὸν διδάσκαλον.	
	Mt 14,4 → Lk 3,19	ἔλεγεν γὰρ ὁ Ἰωάννης αὐτῷ· οὐκ ἔξεστίν σοι ἔχειν	Mk 6,18 → Lk 3,19	ἔλεγεν γὰρ ὁ Ἰωάννης τῷ Ἡρῴδῃ ὅτι οὐκ ἔξεστίν σοι ἔχειν			
120		αὐτήν.		τὴν γυναῖκα τοῦ ἀδελφοῦ σου.			
	Mt 15,2	διὰ τί	Mk 7,5	... διὰ τί οὐ περιπατοῦσιν			
220		οἱ μαθηταί σου		οἱ μαθηταί σου			
		παραβαίνουσιν τὴν παράδοσιν τῶν πρεσβυτέρων; ...		κατὰ τὴν παράδοσιν τῶν πρεσβυτέρων, ...			
	Mt 15,4	ὁ γὰρ θεὸς εἶπεν· *τίμα*	Mk 7,10 (2)	Μωϋσῆς γὰρ εἶπεν· *τίμα*			
120		*τὸν πατέρα*		*τὸν πατέρα σου*			
		καὶ		*καὶ*			
120		*τὴν μητέρα,*		*τὴν μητέρα σου,*			
		καί· *ὁ κακολογῶν πατέρα ἢ μητέρα θανάτῳ τελευτάτω·* ➤ Exod 20,12/Deut 5,16 ➤ Exod 21,17/Lev 20,9		καί· *ὁ κακολογῶν πατέρα ἢ μητέρα θανάτῳ τελευτάτω.* ➤ Exod 20,12/Deut 5,16 ➤ Exod 21,17/Lev 20,9			

[a] σοῦ after preposition
[b] σοῦ governed by a verb
[c] σοῦ preceding a noun
[d] σοῦ in the genitive absolute
[e] σοῦ ἐστιν

		Mt		Mk		Lk	
c 210 120	Mt 15,28	τότε ἀποκριθεὶς ὁ Ἰησοῦς εἶπεν αὐτῇ· ὦ γύναι, μεγάλη **σου ἡ πίστις·** γενηθήτω σοι ὡς θέλεις. ...	Mk 7,29	καὶ εἶπεν αὐτῇ· διὰ τοῦτον τὸν λόγον ὕπαγε, ἐξελήλυθεν **ἐκ τῆς θυγατρός σου** τὸ δαιμόνιον.			
b 112	Mt 17,15	... κύριε, ἐλέησόν μου τὸν υἱόν, ὅτι σεληνιάζεται καὶ κακῶς πάσχει· ...	Mk 9,17	... διδάσκαλε, ἤνεγκα τὸν υἱόν μου πρὸς σέ, ἔχοντα πνεῦμα ἄλαλον· [18] καὶ ὅπου ἐὰν αὐτὸν καταλάβῃ ...	Lk 9,38	... διδάσκαλε, δέομαί **σου** ἐπιβλέψαι ἐπὶ τὸν υἱόν μου, ὅτι μονογενής μοί ἐστιν, [39] καὶ ἰδοὺ πνεῦμα λαμβάνει αὐτὸν ...	
 222	Mt 17,16	καὶ προσήνεγκα αὐτὸν **τοῖς μαθηταῖς σου,** καὶ οὐκ ἠδυνήθησαν αὐτὸν θεραπεῦσαι.	Mk 9,18	... καὶ εἶπα **τοῖς μαθηταῖς σου** ἵνα αὐτὸ ἐκβάλωσιν, καὶ οὐκ ἴσχυσαν.	Lk 9,40	καὶ ἐδεήθην **τῶν μαθητῶν σου** ἵνα ἐκβάλωσιν αὐτό, καὶ οὐκ ἠδυνήθησαν.	
     112	Mt 17,17	... ὦ γενεὰ ἄπιστος καὶ διεστραμμένη, ἕως πότε μεθ᾽ ὑμῶν ἔσομαι; ἕως πότε ἀνέξομαι ὑμῶν; φέρετέ μοι **αὐτὸν** ὧδε.	Mk 9,19	... ὦ γενεὰ ἄπιστος, ἕως πότε πρὸς ὑμᾶς ἔσομαι; ἕως πότε ἀνέξομαι ὑμῶν; φέρετε **αὐτὸν** πρός με.	Lk 9,41	... ὦ γενεὰ ἄπιστος καὶ διεστραμμένη, ἕως πότε ἔσομαι πρὸς ὑμᾶς καὶ ἀνέξομαι ὑμῶν; προσάγαγε ὧδε **τὸν υἱόν σου.**	
a 200	Mt 17,27	... καὶ ἀνοίξας τὸ στόμα αὐτοῦ εὑρήσεις στατῆρα· ἐκεῖνον λαβὼν δὸς αὐτοῖς **ἀντὶ ἐμοῦ καὶ σοῦ.**					
  022			Mk 9,38	... διδάσκαλε, εἴδομέν τινα **ἐν τῷ ὀνόματί σου** ἐκβάλλοντα δαιμόνια καὶ ἐκωλύομεν αὐτόν, ὅτι οὐκ ἠκολούθει ἡμῖν.	Lk 9,49	... ἐπιστάτα, εἴδομέν τινα **ἐν τῷ ὀνόματί σου** ἐκβάλλοντα δαιμόνια καὶ ἐκωλύομεν αὐτόν, ὅτι οὐκ ἀκολουθεῖ μεθ᾽ ἡμῶν.	→ Acts 19,13
 220	Mt 18,8 (3) ⇑ Mt 5,30	εἰ δὲ **ἡ χείρ σου**	Mk 9,43	καὶ ἐὰν σκανδαλίζῃ σε **ἡ χείρ σου,** ἀπόκοψον αὐτήν· καλόν ἐστίν σε κυλλὸν εἰσελθεῖν εἰς τὴν ζωὴν ἢ τὰς δύο χεῖρας ἔχοντα ἀπελθεῖν εἰς τὴν γέενναν, εἰς τὸ πῦρ τὸ ἄσβεστον.			
 220 a 210		ἢ **ὁ πούς σου** σκανδαλίζει σε, ἔκκοψον αὐτὸν καὶ βάλε **ἀπὸ σοῦ·** καλόν σοί ἐστιν εἰσελθεῖν εἰς τὴν ζωὴν κυλλὸν ἢ χωλόν ἢ δύο χεῖρας ἢ δύο πόδας ἔχοντα βληθῆναι εἰς τὸ πῦρ τὸ αἰώνιον.	Mk 9,45	καὶ ἐὰν **ὁ πούς σου** σκανδαλίζῃ σε, ἀπόκοψον αὐτόν· καλόν ἐστίν σε εἰσελθεῖν εἰς τὴν ζωὴν χωλὸν ἢ τοὺς δύο πόδας ἔχοντα βληθῆναι εἰς τὴν γέενναν.			

	Mt		Mk		Lk		
220 a 210	**Mt 18,9** (2) ⇑ Mt 5,29	καὶ εἰ ὁ ὀφθαλμός σου σκανδαλίζει σε, ἔξελε αὐτὸν καὶ βάλε ἀπὸ σοῦ· καλόν σοί ἐστιν μονόφθαλμον εἰς τὴν ζωὴν εἰσελθεῖν ἢ δύο ὀφθαλμοὺς ἔχοντα βληθῆναι εἰς τὴν γέενναν τοῦ πυρός.	**Mk 9,47**	καὶ ἐὰν ὁ ὀφθαλμός σου σκανδαλίζῃ σε, ἔκβαλε αὐτόν· καλόν σέ ἐστιν μονόφθαλμον εἰσελθεῖν εἰς τὴν βασιλείαν τοῦ θεοῦ ἢ δύο ὀφθαλμοὺς ἔχοντα βληθῆναι εἰς τὴν γέενναν			
202 a 201 b 201 201	**Mt 18,15** (4) → Mt 18,21-22	ἐὰν δὲ ἁμαρτήσῃ [εἰς σὲ] ὁ ἀδελφός σου, ὕπαγε ἔλεγξον αὐτὸν μεταξὺ σοῦ καὶ αὐτοῦ μόνου. ἐάν σου ἀκούσῃ, ἐκέρδησας τὸν ἀδελφόν σου·			**Lk 17,3** → Lk 17,4	... ἐὰν ἁμάρτῃ ὁ ἀδελφός σου ἐπιτίμησον αὐτῷ, καὶ ἐὰν μετανοήσῃ ἄφες αὐτῷ.	
a 200	**Mt 18,16**	ἐὰν δὲ μὴ ἀκούσῃ, παράλαβε μετὰ σοῦ ἔτι ἕνα ἢ δύο, ἵνα *ἐπὶ στόματος δύο μαρτύρων ἢ τριῶν σταθῇ πᾶν ῥῆμα·* ➤ Deut 19,15					
200	**Mt 18,33** → Mt 6,12 → Lk 11,4	οὐκ ἔδει καὶ σὲ ἐλεῆσαι τὸν σύνδουλόν σου, ὡς κἀγὼ σὲ ἠλέησα;					
002					**Lk 10,17**	... κύριε, καὶ τὰ δαιμόνια ὑποτάσσεται ἡμῖν ἐν τῷ ὀνόματί σου.	
a 202	**Mt 11,26**	ναὶ ὁ πατήρ, ὅτι οὕτως εὐδοκία ἐγένετο ἔμπροσθέν σου.			**Lk 10,21**	... ναὶ ὁ πατήρ, ὅτι οὕτως εὐδοκία ἐγένετο ἔμπροσθέν σου.	
222 222 222 222 122	**Mt 22,37** (4)	... *ἀγαπήσεις* *κύριον τὸν θεόν σου* *ἐν ὅλῃ* *τῇ καρδίᾳ σου* *καὶ* *ἐν ὅλῃ* *τῇ ψυχῇ σου* *καὶ* *ἐν ὅλῃ* *τῇ διανοίᾳ σου·* ➤ Deut 6,5; Josh 22,5 LXX	**Mk 12,30** (5)	*καὶ ἀγαπήσεις* *κύριον τὸν θεόν σου* *ἐξ ὅλης* *τῆς καρδίας σου* *καὶ* *ἐξ ὅλης* *τῆς ψυχῆς σου* *καὶ* *ἐξ ὅλης* *τῆς διανοίας σου* *καὶ* *ἐξ ὅλης* *τῆς ἰσχύος σου.* ➤ Deut 6,5; Josh 22,5 LXX	**Lk 10,27** (6)	... *ἀγαπήσεις* *κύριον τὸν θεόν σου* *ἐξ ὅλης* *[τῆς] καρδίας σου* *καὶ* *ἐν ὅλῃ* *τῇ ψυχῇ σου* *καὶ* *ἐν ὅλῃ* *τῇ ἰσχύϊ σου* *καὶ* *ἐν ὅλῃ* *τῇ διανοίᾳ σου,*	
222	**Mt 22,39**	δευτέρα δὲ ὁμοία αὐτῇ· *ἀγαπήσεις* *τὸν πλησίον σου* *ὡς σεαυτόν.* ➤ Lev 19,18	**Mk 12,31**	δευτέρα αὕτη· *ἀγαπήσεις* *τὸν πλησίον σου* *ὡς σεαυτόν.* ... ➤ Lev 19,18		*καὶ* *τὸν πλησίον σου* *ὡς σεαυτόν.* ➤ Deut 6,5; Josh 22,5 LXX; Lev 19,18	→ GTh 25

  202	**Mt 6,9**	... Πάτερ ἡμῶν ὁ ἐν τοῖς οὐρανοῖς· ἁγιασθήτω τὸ ὄνομά σου·	**Lk 11,2** **(2)**	... Πάτερ, ἁγιασθήτω τὸ ὄνομά σου·	
 202	**Mt 6,10** **(2)** ↓ Mt 26,42	ἐλθέτω ἡ βασιλεία σου· γενηθήτω τὸ θέλημά σου, ὡς ἐν οὐρανῷ καὶ ἐπὶ γῆς·		ἐλθέτω ἡ βασιλεία σου·	
  102 202 202	**Mt 6,22** **(2)**	ὁ λύχνος τοῦ σώματός ἐστιν ὁ ὀφθαλμός. ἐὰν οὖν ᾖ ὁ ὀφθαλμός σου ἁπλοῦς, ὅλον τὸ σῶμά σου φωτεινὸν ἔσται·	**Lk 11,34** **(4)**	ὁ λύχνος τοῦ σώματός ἐστιν ὁ ὀφθαλμός σου. ὅταν ὁ ὀφθαλμός σου ἁπλοῦς ᾖ, καὶ ὅλον τὸ σῶμά σου φωτεινόν ἐστιν·	→ GTh 24 (POxy 655 - restoration)
  202	**Mt 6,23** **(2)**	ἐὰν δὲ ὁ ὀφθαλμός σου πονηρὸς ᾖ, ὅλον τὸ σῶμά σου σκοτεινὸν ἔσται. ...		ἐπὰν δὲ πονηρὸς ᾖ, καὶ τὸ σῶμά σου σκοτεινόν.	
 002			**Lk 11,36** → Lk 11,35	εἰ οὖν τὸ σῶμά σου ὅλον φωτεινόν, μὴ ἔχον μέρος τι σκοτεινόν, ἔσται φωτεινὸν ὅλον ὡς ὅταν ὁ λύχνος τῇ ἀστραπῇ φωτίζῃ σε.	→ GTh 24 (POxy 655 - restoration)
  002 *a* 002			**Lk 12,20** **(2)**	εἶπεν δὲ αὐτῷ ὁ θεός· ἄφρων, ταύτῃ τῇ νυκτὶ τὴν ψυχήν σου ἀπαιτοῦσιν ἀπὸ σοῦ· ἃ δὲ ἡτοίμασας, τίνι ἔσται;	→ GTh 63
 202	**Mt 5,25**	ἴσθι εὐνοῶν τῷ ἀντιδίκῳ σου ταχὺ, ἕως ὅτου εἶ μετ' αὐτοῦ ἐν τῇ ὁδῷ, ...	**Lk 12,58**	ὡς γὰρ ὑπάγεις μετὰ τοῦ ἀντιδίκου σου ἐπ' ἄρχοντα, ἐν τῇ ὁδῷ δὸς ἐργασίαν ἀπηλλάχθαι ἀπ' αὐτοῦ, ...	
   002			**Lk 13,12** ↑ Mt 12,13 ↑ Mk 3,5 ↑ Lk 6,10	ἰδὼν δὲ αὐτὴν ὁ Ἰησοῦς προσεφώνησεν καὶ εἶπεν αὐτῇ· γύναι, ἀπολέλυσαι τῆς ἀσθενείας σου	
a 102	**Mt 7,22** → Mt 25,11	... κύριε κύριε, οὐ τῷ σῷ ὀνόματι ἐπροφητεύσαμεν, καὶ τῷ σῷ ὀνόματι δαιμόνια ἐξεβάλομεν, καὶ τῷ σῷ ὀνόματι δυνάμεις πολλὰς ἐποιήσαμεν;	**Lk 13,26**	... ἐφάγομεν ἐνώπιόν σου καὶ ἐπίομεν καὶ ἐν ταῖς πλατείαις ἡμῶν ἐδίδαξας·	
  202	**Mt 23,37**	... ποσάκις ἠθέλησα ἐπισυναγαγεῖν τὰ τέκνα σου, ὃν τρόπον ὄρνις ἐπισυνάγει τὰ νοσσία αὐτῆς ὑπὸ τὰς πτέρυγας, καὶ οὐκ ἠθελήσατε.	**Lk 13,34**	... ποσάκις ἠθέλησα ἐπισυνάξαι τὰ τέκνα σου ὃν τρόπον ὄρνις τὴν ἑαυτῆς νοσσιὰν ὑπὸ τὰς πτέρυγας, καὶ οὐκ ἠθελήσατε.	

    002		Lk 14,8	ὅταν κληθῇς ὑπό τινος εἰς γάμους, μὴ κατακλιθῇς εἰς τὴν πρωτοκλισίαν, μήποτε **ἐντιμότερός σου** ᾖ κεκλημένος ὑπ᾽ αὐτοῦ	
  002 002 002		Lk 14,12 (3)	... ὅταν ποιῇς ἄριστον ἢ δεῖπνον, μὴ φώνει **τοὺς φίλους σου** **μηδὲ τοὺς ἀδελφούς** **σου** **μηδὲ τοὺς συγγενεῖς** **σου** μηδὲ γείτονας πλουσίους, μήποτε καὶ αὐτοὶ ἀντικαλέσωσίν σε καὶ γένηται ἀνταπόδομά σοι.	
a 002		Lk 15,18	... πάτερ, ἥμαρτον εἰς τὸν οὐρανὸν καὶ **ἐνώπιόν σου,**	
  002 002		Lk 15,19 (2)	οὐκέτι εἰμὶ ἄξιος κληθῆναι **υἱός σου·** ποίησόν με ὡς **ἕνα τῶν μισθίων** **σου.**	
a 002 002		Lk 15,21 (2)	εἶπεν δὲ ὁ υἱὸς αὐτῷ· πάτερ, ἥμαρτον εἰς τὸν οὐρανὸν καὶ **ἐνώπιόν σου,** οὐκέτι εἰμὶ ἄξιος κληθῆναι **υἱός σου.**	
 002 002		Lk 15,27 (2)	ὁ δὲ εἶπεν αὐτῷ ὅτι **ὁ ἀδελφός σου** ἥκει, καὶ ἔθυσεν **ὁ πατήρ σου** τὸν μόσχον τὸν σιτευτόν, ὅτι ὑγιαίνοντα αὐτὸν ἀπέλαβεν.	
  002		Lk 15,29	... ἰδοὺ τοσαῦτα ἔτη δουλεύω σοι καὶ **οὐδέποτε ἐντολήν** **σου** παρῆλθον, ...	
 002 *c* 002		Lk 15,30 (2)	ὅτε δὲ **ὁ υἱός σου οὗτος** ὁ καταφαγών **σου τὸν βίον** μετὰ πορνῶν ἦλθεν, ἔθυσας αὐτῷ τὸν σιτευτὸν μόσχον.	
  002		Lk 15,32 → Lk 15,24	εὐφρανθῆναι δὲ καὶ χαρῆναι ἔδει, ὅτι **ὁ ἀδελφός σου** οὗτος νεκρὸς ἦν καὶ ἔζησεν, καὶ ἀπολωλὼς καὶ εὑρέθη.	

	Mt		Mk		Lk		
a 002 002					Lk 16,2 (2)	καὶ φωνήσας αὐτὸν εἶπεν αὐτῷ· τί τοῦτο ἀκούω **περὶ σοῦ;** ἀπόδος **τὸν λόγον** **τῆς οἰκονομίας σου,** οὐ γὰρ δύνῃ ἔτι οἰκονομεῖν.	
c 002					Lk 16,6	ὁ δὲ εἶπεν· ἑκατὸν βάτους ἐλαίου. ὁ δὲ εἶπεν αὐτῷ· δέξαι **σου τὰ γράμματα** καὶ καθίσας ταχέως γράψον πεντήκοντα.	
c 002					Lk 16,7	... ὁ δὲ εἶπεν· ἑκατὸν κόρους σίτου. λέγει αὐτῷ· δέξαι **σου τὰ γράμματα** καὶ γράψον ὀγδοήκοντα.	
002 002					Lk 16,25 (2)	... τέκνον, μνήσθητι ὅτι ἀπέλαβες **τὰ ἀγαθά σου** **ἐν τῇ ζωῇ σου,** καὶ Λάζαρος ὁμοίως τὰ κακά· ...	
202	Mt 18,15 (4) → Mt 18,21-22	ἐὰν δὲ ἁμαρτήσῃ [εἰς σὲ] **ὁ ἀδελφός σου,** ὕπαγε ἔλεγξον αὐτὸν μεταξὺ σοῦ καὶ αὐτοῦ μόνου. ἐάν σου ἀκούσῃ, ἐκέρδησας τὸν ἀδελφόν σου·			Lk 17,3 → Lk 17,4	προσέχετε ἑαυτοῖς. ἐὰν ἁμάρτῃ **ὁ ἀδελφός σου** ἐπιτίμησον αὐτῷ, καὶ ἐὰν μετανοήσῃ ἄφες αὐτῷ.	
002					Lk 17,19	καὶ εἶπεν αὐτῷ· ἀναστὰς πορεύου· **ἡ πίστις σου** σέσωκέν σε.	
122 211	Mt 19,19	*τίμα* ***τὸν πατέρα*** *καὶ τὴν μητέρα,* καὶ *ἀγαπήσεις* ***τὸν πλησίον σου*** *ὡς σεαυτόν.* ➤ Exod 20,12/Deut 5,16; Lev 19,18	Mk 10,19	... *τίμα* ***τὸν πατέρα σου*** *καὶ τὴν μητέρα.* ➤ Exod 20,12/Deut 5,16 LXX	Lk 18,20	... *τίμα* ***τὸν πατέρα σου*** *καὶ τὴν μητέρα.* ➤ Exod 20,12/Deut 5,16 LXX	→ GTh 25
c 211	Mt 19,21 → Mt 6,20	... ὕπαγε πώλησόν **σου τὰ ὑπάρχοντα** καὶ δὸς [τοῖς] πτωχοῖς, ...	Mk 10,21	... ὕπαγε, **ὅσα ἔχεις** πώλησον καὶ δὸς [τοῖς] πτωχοῖς, ..	Lk 18,22 → Lk 12,33	... πάντα **ὅσα ἔχεις** πώλησον καὶ διάδος πτωχοῖς, ...	→ Acts 2,45
200	Mt 20,15	[ἢ] οὐκ ἔξεστίν μοι ὃ θέλω ποιῆσαι ἐν τοῖς ἐμοῖς; ἢ **ὁ ὀφθαλμός σου** πονηρός ἐστιν ὅτι ἐγὼ ἀγαθός εἰμι;					
c 220 210 220	Mt 20,21 (3)	... εἰπὲ ἵνα καθίσωσιν οὗτοι οἱ δύο υἱοί μου εἷς **ἐκ δεξιῶν σου** καὶ εἷς **ἐξ εὐωνύμων σου** **ἐν τῇ βασιλείᾳ σου.**	Mk 10,37 (2)	... δὸς ἡμῖν ἵνα εἷς **σου ἐκ δεξιῶν** καὶ εἷς **ἐξ ἀριστερῶν** καθίσωμεν **ἐν τῇ δόξῃ σου.**			

122	**Mt 20,34** ⇩ Mt 9,29 → Mk 8,23 → Mk 8,25 σπλαγχνισθεὶς δὲ ὁ Ἰησοῦς ἥψατο τῶν ὀμμάτων αὐτῶν, καὶ εὐθέως ἀνέβλεψαν ... **Mt 9,29** ⇧ Mt 20,34 τότε ἥψατο τῶν ὀφθαλμῶν αὐτῶν λέγων· **κατὰ τὴν πίστιν ὑμῶν** γενηθήτω ὑμῖν. [30] καὶ ἠνεῴχθησαν αὐτῶν οἱ ὀφθαλμοί. ...	**Mk 10,52** καὶ ὁ Ἰησοῦς εἶπεν αὐτῷ· ὕπαγε, **ἡ πίστις σου** σέσωκέν σε. καὶ εὐθὺς ἀνέβλεψεν, ...	**Lk 18,42** καὶ ὁ Ἰησοῦς εἶπεν αὐτῷ· ἀνάβλεψον· **ἡ πίστις σου** σέσωκέν σε. [43] καὶ παραχρῆμα ἀνέβλεψεν ...	
002			**Lk 19,5** ... Ζακχαῖε, σπεύσας κατάβηθι, σήμερον γὰρ **ἐν τῷ οἴκῳ σου** δεῖ με μεῖναι.	
102	**Mt 25,20** καὶ προσελθὼν ὁ τὰ πέντε τάλαντα λαβὼν προσήνεγκεν ἄλλα πέντε τάλαντα λέγων· κύριε, **πέντε τάλαντά** μοι παρέδωκας· ἴδε ἄλλα πέντε τάλαντα ἐκέρδησα.		**Lk 19,16** παρεγένετο δὲ ὁ πρῶτος λέγων· κύριε, **ἡ μνᾶ σου** δέκα προσηργάσατο μνᾶς.	
102	**Mt 25,22** προσελθὼν [δὲ] καὶ ὁ τὰ δύο τάλαντα εἶπεν· κύριε, **δύο τάλαντά** μοι παρέδωκας· ἴδε ἄλλα δύο τάλαντα ἐκέρδησα.		**Lk 19,18** καὶ ἦλθεν ὁ δεύτερος λέγων· **ἡ μνᾶ σου,** κύριε, ἐποίησεν πέντε μνᾶς.	
102	**Mt 25,25** [24] προσελθὼν δὲ καὶ ὁ τὸ ἓν τάλαντον εἰληφὼς εἶπεν· κύριε, ἔγνων σε ὅτι σκληρὸς εἶ ἄνθρωπος, ... [25] καὶ φοβηθεὶς ἀπελθὼν ἔκρυψα τὸ τάλαντόν σου ἐν τῇ γῇ· ἴδε ἔχεις **τὸ σόν.**		**Lk 19,20** καὶ ὁ ἕτερος ἦλθεν λέγων· κύριε, ἰδοὺ **ἡ μνᾶ σου** ἣν εἶχον ἀποκειμένην ἐν σουδαρίῳ· [21] ἐφοβούμην γάρ σε, ὅτι ἄνθρωπος αὐστηρὸς εἶ, ...	
102	**Mt 25,26** ... εἶπεν αὐτῷ· πονηρὲ δοῦλε καὶ ὀκνηρέ, ᾔδεις ὅτι θερίζω ὅπου οὐκ ἔσπειρα καὶ συνάγω ὅθεν οὐ διεσκόρπισα;		**Lk 19,22** λέγει αὐτῷ· **ἐκ τοῦ στόματός σου** κρίνω σε, πονηρὲ δοῦλε. ᾔδεις ὅτι ἐγὼ ἄνθρωπος αὐστηρός εἰμι, αἴρων ὃ οὐκ ἔθηκα καὶ θερίζων ὃ οὐκ ἔσπειρα;	
200	**Mt 21,5** *εἴπατε τῇ θυγατρὶ Σιών·* *ἰδοὺ* ***ὁ βασιλεύς σου*** *ἔρχεταί σοι πραῢς καὶ* *ἐπιβεβηκὼς ἐπὶ ὄνον καὶ* *ἐπὶ πῶλον υἱὸν* *ὑποζυγίου.* ➤ Isa 62,11; Zech 9,9			→ Jn 12,15
002			**Lk 19,39** → Mt 21,15-16 καί τινες τῶν Φαρισαίων ἀπὸ τοῦ ὄχλου εἶπαν πρὸς αὐτόν· διδάσκαλε, ἐπιτίμησον **τοῖς μαθηταῖς σου.**	→ Jn 12,19

	Mt		Mk		Lk		
    002					Lk 19,42	λέγων ὅτι εἰ ἔγνως ἐν τῇ ἡμέρᾳ ταύτῃ καὶ σὺ τὰ πρὸς εἰρήνην· νῦν δὲ ἐκρύβη ἀπὸ ὀφθαλμῶν σου.	
  002					Lk 19,43 → Lk 21,20	ὅτι ἥξουσιν ἡμέραι ἐπὶ σὲ καὶ παρεμβαλοῦσιν οἱ ἐχθροί σου χάρακά σοι καὶ περικυκλώσουσίν σε ...	
 002 002					Lk 19,44 (2) → Mt 24,2 → Mk 13,2 → Lk 21,6 → Lk 21,24	καὶ ἐδαφιοῦσίν σε καὶ τὰ τέκνα σου ἐν σοί, καὶ οὐκ ἀφήσουσιν λίθον ἐπὶ λίθον ἐν σοί, ἀνθ᾽ ὧν οὐκ ἔγνως τὸν καιρὸν τῆς ἐπισκοπῆς σου.	
a 220	Mt 21,19 → Mk 11,20	... μηκέτι ἐκ σοῦ καρπὸς γένηται εἰς τὸν αἰῶνα. ...	Mk 11,14	... μηκέτι εἰς τὸν αἰῶνα ἐκ σοῦ μηδεὶς καρπὸν φάγοι. ...			
 222 222 222 222 122	Mt 22,37 (4)	... ἀγαπήσεις κύριον τὸν θεόν σου ἐν ὅλῃ τῇ καρδίᾳ σου καὶ ἐν ὅλῃ τῇ ψυχῇ σου καὶ ἐν ὅλῃ τῇ διανοίᾳ σου· ➤ Deut 6,5; Josh 22,5 LXX	Mk 12,30 (5)	καὶ ἀγαπήσεις κύριον τὸν θεόν σου ἐξ ὅλης τῆς καρδίας σου καὶ ἐξ ὅλης τῆς ψυχῆς σου καὶ ἐξ ὅλης τῆς διανοίας σου καὶ ἐξ ὅλης τῆς ἰσχύος σου. ➤ Deut 6,5; Josh 22,5 LXX	Lk 10,27 (6)	... ἀγαπήσεις κύριον τὸν θεόν σου ἐξ ὅλης [τῆς] καρδίας σου καὶ ἐν ὅλῃ τῇ ψυχῇ σου καὶ ἐν ὅλῃ τῇ ἰσχύϊ σου καὶ ἐν ὅλῃ τῇ διανοίᾳ σου, ➤ Deut 6,5; Josh 22,5 LXX	
  222	Mt 22,39	δευτέρα δὲ ὁμοία αὐτῇ· ἀγαπήσεις τὸν πλησίον σου ὡς σεαυτόν. ➤ Lev 19,18	Mk 12,31	δευτέρα αὕτη· ἀγαπήσεις τὸν πλησίον σου ὡς σεαυτόν. ... ➤ Lev 19,18		καὶ τὸν πλησίον σου ὡς σεαυτόν. ➤ Lev 19,18	→ GTh 25
    222 222	Mt 22,44 (2)	εἶπεν κύριος τῷ κυρίῳ μου· κάθου ἐκ δεξιῶν μου ἕως ἂν θῶ τοὺς ἐχθρούς σου ὑποκάτω τῶν ποδῶν σου; ➤ Ps 110,1	Mk 12,36 (2)	... εἶπεν κύριος τῷ κυρίῳ μου· κάθου ἐκ δεξιῶν μου, ἕως ἂν θῶ τοὺς ἐχθρούς σου ὑποκάτω τῶν ποδῶν σου. ➤ Ps 110,1	Lk 20,43 (2)	[42] ... εἶπεν κύριος τῷ κυρίῳ μου· κάθου ἐκ δεξιῶν μου, [43] ἕως ἂν θῶ τοὺς ἐχθρούς σου ὑποπόδιον τῶν ποδῶν σου. ➤ Ps 110,1 (Ps 109,1 LXX)	
  202	Mt 23,37	... ποσάκις ἠθέλησα ἐπισυναγαγεῖν τὰ τέκνα σου, ὃν τρόπον ὄρνις ἐπισυνάγει τὰ νοσσία αὐτῆς ὑπὸ τὰς πτέρυγας, καὶ οὐκ ἠθελήσατε.			Lk 13,34	... ποσάκις ἠθέλησα ἐπισυνάξαι τὰ τέκνα σου ὃν τρόπον ὄρνις τὴν ἑαυτῆς νοσσιὰν ὑπὸ τὰς πτέρυγας, καὶ οὐκ ἠθελήσατε.	
    201	Mt 25,21 → Mt 24,47	... ἐπὶ ὀλίγα ἧς πιστός, ἐπὶ πολλῶν σε καταστήσω· εἴσελθε εἰς τὴν χαρὰν τοῦ κυρίου σου.			Lk 19,17 → Lk 16,10	... ἐν ἐλαχίστῳ πιστὸς ἐγένου, ἴσθι ἐξουσίαν ἔχων ἐπάνω δέκα πόλεων.	

	Mt		Mk		Lk		
201	Mt 25,23 → Mt 24,47	... ἐπὶ ὀλίγα ἦς πιστός, ἐπὶ πολλῶν σε καταστήσω· εἴσελθε εἰς τὴν χαρὰν τοῦ κυρίου σου.			Lk 19,19	... καὶ σὺ ἐπάνω γίνου πέντε πόλεων.	
201	Mt 25,25 → Lk 19,21	καὶ φοβηθεὶς ἀπελθὼν ἔκρυψα τὸ τάλαντόν σου ἐν τῇ γῇ· ἴδε ἔχεις τὸ σόν.			Lk 19,20	... ἰδοὺ ἡ μνᾶ σου ἣν εἶχον ἀποκειμένην ἐν σουδαρίῳ·	
a 002 002 002					Lk 22,32 (3)	ἐγὼ δὲ ἐδεήθην περὶ σοῦ ἵνα μὴ ἐκλίπῃ ἡ πίστις σου· καὶ σύ ποτε ἐπιστρέψας στήρισον τοὺς ἀδελφούς σου.	
a 112	Mt 26,33	ἀποκριθεὶς δὲ ὁ Πέτρος εἶπεν αὐτῷ· εἰ πάντες σκανδαλισθήσονται ἐν σοί, ἐγὼ οὐδέποτε σκανδαλισθήσομαι.	Mk 14,29	ὁ δὲ Πέτρος ἔφη αὐτῷ· εἰ καὶ πάντες σκανδαλισθήσονται, ἀλλ' οὐκ ἐγώ.	Lk 22,33 → Mt 26,35 → Mk 14,31	ὁ δὲ εἶπεν αὐτῷ· κύριε, μετὰ σοῦ ἕτοιμός εἰμι καὶ εἰς φυλακὴν καὶ εἰς θάνατον πορεύεσθαι.	→ Jn 13,37
210	Mt 26,42 ↑ Mt 6,10 → Lk 22,42	πάλιν ἐκ δευτέρου ἀπελθὼν προσηύξατο λέγων· πάτερ μου, εἰ οὐ δύναται τοῦτο παρελθεῖν ἐὰν μὴ αὐτὸ πίω, γενηθήτω τὸ θέλημά σου.	Mk 14,39	καὶ πάλιν ἀπελθὼν προσηύξατο τὸν αὐτὸν λόγον εἰπών.			
200	Mt 26,52	τότε λέγει αὐτῷ ὁ Ἰησοῦς· ἀπόστρεψον τὴν μάχαιράν σου εἰς τὸν τόπον αὐτῆς· ...			Lk 22,51	ἀποκριθεὶς δὲ ὁ Ἰησοῦς εἶπεν· ἐᾶτε ἕως τούτου· ...	→ Jn 18,11
b 220	Mt 26,62	καὶ ἀναστὰς ὁ ἀρχιερεὺς εἶπεν αὐτῷ· οὐδὲν ἀποκρίνῃ τί οὗτοί σου καταμαρτυροῦσιν;	Mk 14,60	καὶ ἀναστὰς ὁ ἀρχιερεὺς εἰς μέσον ἐπηρώτησεν τὸν Ἰησοῦν λέγων· οὐκ ἀποκρίνῃ οὐδέν τί οὗτοί σου καταμαρτυροῦσιν;			
211	Mt 26,73	μετὰ μικρὸν δὲ προσελθόντες οἱ ἑστῶτες εἶπον τῷ Πέτρῳ· ἀληθῶς καὶ σὺ ἐξ αὐτῶν εἶ, καὶ γὰρ ἡ λαλιά σου δῆλόν σε ποιεῖ.	Mk 14,70	... καὶ μετὰ μικρὸν πάλιν οἱ παρεστῶτες ἔλεγον τῷ Πέτρῳ· ἀληθῶς ἐξ αὐτῶν εἶ, καὶ γὰρ Γαλιλαῖος εἶ.	Lk 22,59	καὶ διαστάσης ὡσεὶ ὥρας μιᾶς ἄλλος τις διϊσχυρίζετο λέγων· ἐπ' ἀληθείας καὶ οὗτος μετ' αὐτοῦ ἦν, καὶ γὰρ Γαλιλαῖός ἐστιν.	→ Jn 18,26
b 220	Mt 27,13	τότε λέγει αὐτῷ ὁ Πιλᾶτος· οὐκ ἀκούεις πόσα σου καταμαρτυροῦσιν;	Mk 15,4 → Mt 27,12	ὁ δὲ Πιλᾶτος πάλιν ἐπηρώτα αὐτὸν λέγων· οὐκ ἀποκρίνῃ οὐδέν; ἴδε πόσα σου κατηγοροῦσιν.	Lk 23,9	ἐπηρώτα δὲ αὐτὸν ἐν λόγοις ἱκανοῖς, αὐτὸς δὲ οὐδὲν ἀπεκρίνατο αὐτῷ.	→ Jn 19,9-10 Mt/Mk: before Pilate; Lk: before Herod
002					Lk 23,42	... Ἰησοῦ, μνήσθητί μου ὅταν ἔλθῃς εἰς τὴν βασιλείαν σου.	

	Mt 27,50		Mk 15,37		Lk 23,46		
112		ὁ δὲ Ἰησοῦς πάλιν κράξας φωνῇ μεγάλῃ ἀφῆκεν τὸ πνεῦμα.		ὁ δὲ Ἰησοῦς ἀφεὶς φωνὴν μεγάλην ἐξέπνευσεν.		καὶ φωνήσας φωνῇ μεγάλῃ ὁ Ἰησοῦς εἶπεν· πάτερ, **εἰς χεῖράς σου** *παρατίθεμαι τὸ πνεῦμά μου.* τοῦτο δὲ εἰπὼν ἐξέπνευσεν. ➤ Ps 31,6	→ Jn 19,30 → Acts 7,59

[a] σοῦ after preposition
[b] σοῦ governed by a verb
[c] σοῦ preceding a noun
[d] σοῦ in the genitive absolute
[e] σοῦ ἐστιν

Acts 2,27 *ὅτι οὐκ ἐγκαταλείψεις τὴν ψυχήν μου εἰς ᾅδην οὐδὲ δώσεις* ***τὸν ὅσιόν σου*** *ἰδεῖν διαφθοράν.* ➤ Ps 15,10 LXX

Acts 2,28 *ἐγνώρισάς μοι ὁδοὺς ζωῆς, πληρώσεις με εὐφροσύνης* ***μετὰ τοῦ προσώπου σου.*** ➤ Ps 15,11 LXX

Acts 2,35 (2) *ἕως ἂν θῶ* ***τοὺς ἐχθρούς σου*** ***ὑποπόδιον τῶν ποδῶν σου.*** ➤ Ps 109,1 LXX

Acts 3,25 ὑμεῖς ἐστε οἱ υἱοὶ τῶν προφητῶν καὶ τῆς διαθήκης ἧς διέθετο ὁ θεὸς πρὸς τοὺς πατέρας ὑμῶν λέγων πρὸς Ἀβραάμ· *καὶ* ***ἐν τῷ σπέρματί σου*** *[ἐν]ευλογηθήσονται πᾶσαι αἱ πατριαὶ τῆς γῆς.* ➤ Gen 22,18

Acts 4,25 → Mt 22,43 → **Mk 12,36** → Lk 20,42 **ὁ τοῦ πατρὸς ἡμῶν διὰ πνεύματος ἁγίου στόματος Δαυὶδ παιδός σου** εἰπών· *ἱνατί ἐφρύαξαν ἔθνη καὶ λαοὶ ἐμελέτησαν κενά;* ➤ Ps 2,1 LXX

Acts 4,27 → Lk 4,18 συνήχθησαν γὰρ ἐπ' ἀληθείας ἐν τῇ πόλει ταύτῃ **ἐπὶ τὸν ἅγιον παῖδά σου Ἰησοῦν** ὃν ἔχρισας, Ἡρῴδης τε καὶ Πόντιος Πιλᾶτος σὺν ἔθνεσιν καὶ λαοῖς Ἰσραήλ,

Acts 4,28 (2) ποιῆσαι ὅσα **ἡ χείρ σου** καὶ **ἡ βουλὴ [σου]** προώρισεν γενέσθαι.

Acts 4,29 (2) καὶ τὰ νῦν, κύριε, ἔπιδε ἐπὶ τὰς ἀπειλὰς αὐτῶν καὶ δὸς **τοῖς δούλοις σου** μετὰ παρρησίας πάσης λαλεῖν **τὸν λόγον σου,**

Acts 4,30 (2) ἐν τῷ **τὴν χεῖρά [σου]** ἐκτείνειν σε εἰς ἴασιν καὶ σημεῖα καὶ τέρατα γίνεσθαι **διὰ τοῦ ὀνόματος τοῦ ἁγίου παιδός σου Ἰησοῦ.**

Acts 5,3 ... Ἁνανία, διὰ τί ἐπλήρωσεν ὁ σατανᾶς **τὴν καρδίαν σου,** ψεύσασθαί σε τὸ πνεῦμα τὸ ἅγιον καὶ νοσφίσασθαι ἀπὸ τῆς τιμῆς τοῦ χωρίου;

Acts 5,4 οὐχὶ μένον σοὶ ἔμενεν καὶ πραθὲν ἐν τῇ σῇ ἐξουσίᾳ ὑπῆρχεν; τί ὅτι ἔθου **ἐν τῇ καρδίᾳ σου** τὸ πρᾶγμα τοῦτο; οὐκ ἐψεύσω ἀνθρώποις ἀλλὰ τῷ θεῷ.

Acts 5,9 ... ἰδοὺ οἱ πόδες τῶν θαψάντων **τὸν ἄνδρα σου** ἐπὶ τῇ θύρᾳ καὶ ἐξοίσουσίν σε.

Acts 7,3 (2) καὶ εἶπεν πρὸς αὐτόν· *ἔξελθε* ***ἐκ τῆς γῆς σου*** *καὶ* ***[ἐκ] τῆς συγγενείας σου*** *καὶ δεῦρο εἰς τὴν γῆν ἥν ἄν σοι δείξω.* ➤ Gen 12,1

Acts 7,32 *ἐγὼ* ***ὁ θεὸς τῶν πατέρων σου,*** *ὁ θεὸς Ἀβραὰμ καὶ Ἰσαὰκ καὶ Ἰακώβ.* ἔντρομος δὲ γενόμενος Μωϋσῆς οὐκ ἐτόλμα κατανοῆσαι. ➤ Exod 3,6

Acts 7,33 εἶπεν δὲ αὐτῷ ὁ κύριος· *λῦσον* ***τὸ ὑπόδημα τῶν ποδῶν σου,*** *ὁ γὰρ τόπος ἐφ' ᾧ ἕστηκας γῆ ἁγία ἐστίν.* ➤ Exod 3,5

Acts 8,20 Πέτρος δὲ εἶπεν πρὸς αὐτόν· **τὸ ἀργύριόν σου** σὺν σοὶ εἴη εἰς ἀπώλειαν ...

Acts 8,21 οὐκ ἔστιν σοι μερὶς οὐδὲ κλῆρος ἐν τῷ λόγῳ τούτῳ, **ἡ γὰρ καρδία σου** οὐκ ἔστιν εὐθεῖα ἔναντι τοῦ θεοῦ.

Acts 8,22 (2) μετανόησον οὖν **ἀπὸ τῆς κακίας σου ταύτης** καὶ δεήθητι τοῦ κυρίου, εἰ ἄρα ἀφεθήσεταί σοι **ἡ ἐπίνοια τῆς καρδίας σου**

[b] **Acts 8,34** ἀποκριθεὶς δὲ ὁ εὐνοῦχος τῷ Φιλίππῳ εἶπεν· δέομαί **σου,** περὶ τίνος ὁ προφήτης λέγει τοῦτο; ...

Acts 9,13 ... κύριε, ἤκουσα ἀπὸ πολλῶν περὶ τοῦ ἀνδρὸς τούτου ὅσα κακὰ **τοῖς ἁγίοις σου** ἐποίησεν ἐν Ἰερουσαλήμ·

Acts 9,14 καὶ ὧδε ἔχει ἐξουσίαν παρὰ τῶν ἀρχιερέων δῆσαι πάντας τοὺς ἐπικαλουμένους **τὸ ὄνομά σου.**

Acts 10,4 (2) → **Lk 1,13** ... εἶπεν δὲ αὐτῷ· **αἱ προσευχαί σου** καὶ **αἱ ἐλεημοσύναι σου** ἀνέβησαν εἰς μνημόσυνον ἔμπροσθεν τοῦ θεοῦ.

a **Acts 10,22** ... Κορνήλιος ... ἐχρηματίσθη ὑπὸ ἀγγέλου ἁγίου μεταπέμψασθαί σε εἰς τὸν οἶκον αὐτοῦ καὶ ἀκοῦσαι ῥήματα **παρὰ σοῦ.**
→ Lk 7,5

c **Acts 10,31** (2) ... Κορνήλιε, εἰσηκούσθη **σου ἡ προσευχὴ** καὶ **αἱ ἐλεημοσύναι σου** ἐμνήσθησαν ἐνώπιον τοῦ θεοῦ.

Acts 11,14 ὃς λαλήσει ῥήματα πρὸς σὲ ἐν οἷς σωθήσῃ σὺ καὶ **πᾶς ὁ οἶκός σου.**

Acts 12,8 (2) εἶπεν δὲ ὁ ἄγγελος πρὸς αὐτόν· ζῶσαι καὶ ὑπόδησαι **τὰ σανδάλιά σου.** ἐποίησεν δὲ οὕτως. καὶ λέγει αὐτῷ· περιβαλοῦ **τὸ ἱμάτιόν σου** καὶ ἀκολούθει μοι.

Acts 13,35 διότι καὶ ἐν ἑτέρῳ λέγει· *οὐ δώσεις* ***τὸν ὅσιόν σου*** *ἰδεῖν διαφθοράν.*
➤ Ps 16,10

Acts 14,10 εἶπεν μεγάλῃ φωνῇ· ἀνάστηθι **ἐπὶ τοὺς πόδας σου** ὀρθός. καὶ ἥλατο καὶ περιεπάτει.

Acts 16,31 ... πίστευσον ἐπὶ τὸν κύριον Ἰησοῦν καὶ σωθήσῃ σὺ καὶ **ὁ οἶκός σου.**

a **Acts 17,19** ἐπιλαβόμενοί τε αὐτοῦ ἐπὶ τὸν Ἄρειον πάγον ἤγαγον λέγοντες· δυνάμεθα γνῶναι τίς ἡ καινὴ αὕτη ἡ **ὑπὸ σοῦ** λαλουμένη διδαχή;

b **Acts 17,32** ἀκούσαντες δὲ ἀνάστασιν νεκρῶν οἱ μὲν ἐχλεύαζον, οἱ δὲ εἶπαν· ἀκουσόμεθά **σου** περὶ τούτου καὶ πάλιν.

a **Acts 18,10** διότι ἐγώ εἰμι **μετὰ σοῦ** καὶ οὐδεὶς ἐπιθήσεταί σοι τοῦ κακῶσαί σε, διότι λαός ἐστί μοι πολὺς ἐν τῇ πόλει ταύτῃ.

a **Acts 21,21** κατηχήθησαν δὲ **περὶ σοῦ** ὅτι ἀποστασίαν διδάσκεις ἀπὸ Μωϋσέως τοὺς κατὰ τὰ ἔθνη πάντας Ἰουδαίους ...

a **Acts 21,24** ... καὶ γνώσονται πάντες ὅτι ὧν κατήχηνται **περὶ σοῦ** οὐδέν ἐστιν ἀλλὰ στοιχεῖς καὶ αὐτὸς φυλάσσων τὸν νόμον.

b **Acts 21,39** ... δέομαι δέ **σου,** ἐπίτρεψόν μοι λαλῆσαι πρὸς τὸν λαόν.

Acts 22,16 ... ἀναστὰς βάπτισαι καὶ ἀπόλουσαι **τὰς ἁμαρτίας σου** ἐπικαλεσάμενος τὸ ὄνομα αὐτοῦ.

c **Acts 22,18** καὶ ἰδεῖν αὐτὸν λέγοντά μοι· σπεῦσον καὶ ἔξελθε ἐν τάχει ἐξ Ἰερουσαλήμ, διότι οὐ παραδέξονταί **σου μαρτυρίαν** περὶ ἐμοῦ.

Acts 22,20 καὶ ὅτε ἐξεχύννετο **τὸ αἷμα Στεφάνου τοῦ μάρτυρός σου,** καὶ αὐτὸς ἤμην ἐφεστὼς καὶ συνευδοκῶν καὶ φυλάσσων τὰ ἱμάτια τῶν ἀναιρούντων αὐτόν.

Acts 23,5 ... οὐκ ᾔδειν, ἀδελφοί, ὅτι ἐστὶν ἀρχιερεύς· γέγραπται γὰρ ὅτι ***ἄρχοντα τοῦ λαοῦ σου*** *οὐκ ἐρεῖς κακῶς.*
➤ Exod 22,27

a **Acts 23,21** ... καὶ νῦν εἰσιν ἕτοιμοι προσδεχόμενοι τὴν **ἀπὸ σοῦ** ἐπαγγελίαν.

a **Acts 23,30** ... ἔπεμψα πρὸς σέ παραγγείλας καὶ τοῖς κατηγόροις λέγειν [τὰ] πρὸς αὐτὸν **ἐπὶ σοῦ.**

b **Acts 23,35** (2) διακούσομαί **σου,** ἔφη, ὅταν καὶ **οἱ κατήγοροί σου** παραγένωνται· ...

a **Acts 24,2** ... πολλῆς εἰρήνης τυγχάνοντες **διὰ σοῦ** καὶ διορθωμάτων γινομένων τῷ ἔθνει τούτῳ διὰ τῆς σῆς προνοίας

d **Acts 24,11** **δυναμένου σου** ἐπιγνῶναι ὅτι οὐ πλείους εἰσίν μοι ἡμέραι δώδεκα ἀφ᾽ ἧς ἀνέβην προσκυνήσων εἰς Ἰερουσαλήμ.

a **Acts 24,19** τινὲς δὲ ἀπὸ τῆς Ἀσίας Ἰουδαῖοι, οὓς ἔδει **ἐπὶ σοῦ** παρεῖναι καὶ κατηγορεῖν εἴ τι ἔχοιεν πρὸς ἐμέ.

a **Acts 25,26** περὶ οὗ ἀσφαλές τι γράψαι τῷ κυρίῳ οὐκ ἔχω, διὸ προήγαγον αὐτὸν ἐφ᾽ ὑμῶν καὶ μάλιστα **ἐπὶ σοῦ,** βασιλεῦ Ἀγρίππα, ὅπως τῆς ἀνακρίσεως γενομένης σχῶ τί γράψω·

a **Acts 26,2** περὶ πάντων ὧν ἐγκαλοῦμαι ὑπὸ Ἰουδαίων, βασιλεῦ Ἀγρίππα, ἥγημαι ἐμαυτὸν μακάριον **ἐπὶ σοῦ** μέλλων σήμερον ἀπολογεῖσθαι

Acts 26,16 ἀλλὰ ἀνάστηθι καὶ στῆθι **ἐπὶ τοὺς πόδας σου·** ...

a **Acts 27,24** λέγων· μὴ φοβοῦ, Παῦλε, Καίσαρί σε δεῖ παραστῆναι, καὶ ἰδοὺ κεχάρισταί σοι ὁ θεὸς πάντας τοὺς πλέοντας **μετὰ σοῦ.**

a **Acts 28,21** (2) ... ἡμεῖς οὔτε γράμματα **περὶ σοῦ** ἐδεξάμεθα ἀπὸ τῆς Ἰουδαίας οὔτε παραγενόμενός τις τῶν ἀδελφῶν ἀπήγγειλεν ἢ ἐλάλησέν τι

a **περὶ σοῦ** πονηρόν.

a **Acts 28,22** ἀξιοῦμεν δὲ **παρὰ σοῦ** ἀκοῦσαι ἃ φρονεῖς, περὶ μὲν γὰρ τῆς αἱρέσεως ταύτης γνωστὸν ἡμῖν ἐστιν ὅτι πανταχοῦ ἀντιλέγεται.

σοί, σοι	Syn 115	Mt 47	Mk 20	Lk 48	Acts 22	Jn 27	1-3John 4	Paul 15	Eph 2	Col
	NT 213	2Thess	1/2Tim 9	Tit 1	Heb 2	Jas 1	1Pet	2Pet	Jude 1	Rev 14

personal pronoun of the second person singular dative

	triple tradition																	double tradition			Sondergut		
		+Mt / +Lk			–Mt / –Lk			traditions not taken over by Mt / Lk							subtotals								
code	*222*	*211*	*112*	*212*	*221*	*122*	*121*	*022*	*012*	*021*	*220*	*120*	*210*	*020*	Σ^+	Σ^-	Σ	*202*	*201*	*102*	*200*	*002*	total
Mt	5	4^+			1	3^-	4^-				2	1^-	5^+		9^+	8^-	17	7	4		19		**47**
Mk	5				1	3	4	3			2	1		1			20						**20**
Lk	5		4^+		1^-	3	4^-	3							4^+	5^-	15	7				26	**48**

Mk-Q overlap: 122: Mt 3,17 / Mk 1,11 / Lk 3,22 (?)

a σοί after preposition

b τί ἐμοὶ (ἡμῖν) καὶ σοί, μηδὲν σοὶ καί ...

c οὐαί σοι

d σοὶ λέγω, λέγω σοι

002					**Lk 1,3**	ἔδοξε κἀμοὶ παρηκολουθηκότι ἄνωθεν πᾶσιν ἀκριβῶς καθεξῆς **σοι** γράψαι, κράτιστε Θεόφιλε	
002					**Lk 1,13**	... καὶ ἡ γυνή σου Ἐλισάβετ γεννήσει υἱόν **σοι** καὶ καλέσεις τὸ ὄνομα αὐτοῦ Ἰωάννην.	
002					**Lk 1,14**	καὶ ἔσται χαρά **σοι** καὶ ἀγαλλίασις καὶ πολλοὶ ἐπὶ τῇ γενέσει αὐτοῦ χαρήσονται.	
002					**Lk 1,19**	... καὶ ἀπεστάλην λαλῆσαι πρὸς σὲ καὶ εὐαγγελίσασθαί **σοι** ταῦτα·	
002					**Lk 1,35** → Mt 1,18 → Mt 1,20	... πνεῦμα ἅγιον ἐπελεύσεται ἐπὶ σὲ καὶ δύναμις ὑψίστου ἐπισκιάσει **σοι**· διὸ καὶ τὸ γεννώμενον ἅγιον κληθήσεται υἱὸς θεοῦ.	
200	**Mt 2,13**	... φεῦγε εἰς Αἴγυπτον καὶ ἴσθι ἐκεῖ ἕως ἂν εἴπω **σοι**· μέλλει γὰρ Ἡρῴδης ζητεῖν τὸ παιδίον τοῦ ἀπολέσαι αὐτό.					
a 122	**Mt 3,17** → Mt 17,5 → Mt 12,18	... οὗτός ἐστιν ὁ υἱός μου ὁ ἀγαπητός, **ἐν ᾧ** εὐδόκησα.	**Mk 1,11** → Mk 9,7	... σὺ εἶ ὁ υἱός μου ὁ ἀγαπητός, **ἐν σοὶ** εὐδόκησα.	**Lk 3,22** → Lk 9,35	... σὺ εἶ ὁ υἱός μου ὁ ἀγαπητός, **ἐν σοὶ** εὐδόκησα.	→ Jn 1,34 → Jn 12,28 Mk-Q overlap?
202	**Mt 4,9**	καὶ εἶπεν αὐτῷ· ταῦτά **σοι** πάντα δώσω, ἐὰν πεσὼν προσκυνήσῃς μοι.			**Lk 4,6**	καὶ εἶπεν αὐτῷ ὁ διάβολος· **σοὶ** δώσω τὴν ἐξουσίαν ταύτην ἅπασαν ... [7] σὺ οὖν ἐὰν προσκυνήσῃς ἐνώπιον ἐμοῦ, ἔσται σοῦ πᾶσα.	

	Mt		Mk		Lk		
b 022	↓ Mt 8,29		Mk 1,24 ↓ Mk 5,7	... τί ἡμῖν καὶ **σοί,** Ἰησοῦ Ναζαρηνέ; ἦλθες ἀπολέσαι ἡμᾶς; οἶδά σε τίς εἶ, ὁ ἅγιος τοῦ θεοῦ.	Lk 4,34 ↓ Lk 8,28	ἔα, τί ἡμῖν καὶ **σοί,** Ἰησοῦ Ναζαρηνέ; ἦλθες ἀπολέσαι ἡμᾶς; οἶδά σε τίς εἶ, ὁ ἅγιος τοῦ θεοῦ.	
112	Mt 9,2	... καὶ ἰδὼν ὁ Ἰησοῦς τὴν πίστιν αὐτῶν εἶπεν τῷ παραλυτικῷ· θάρσει, τέκνον, ἀφίενταί σου αἱ ἁμαρτίαι.	Mk 2,5	καὶ ἰδὼν ὁ Ἰησοῦς τὴν πίστιν αὐτῶν λέγει τῷ παραλυτικῷ· τέκνον, ἀφίενταί σου αἱ ἁμαρτίαι.	Lk 5,20 → Lk 7,48	καὶ ἰδὼν τὴν πίστιν αὐτῶν εἶπεν· ἄνθρωπε, ἀφέωνταί **σοι** αἱ ἁμαρτίαι σου.	
112	Mt 9,5	τί γάρ ἐστιν εὐκοπώτερον, εἰπεῖν· ἀφίενταί σου αἱ ἁμαρτίαι, ἢ εἰπεῖν· ἔγειρε καὶ περιπάτει;	Mk 2,9	τί ἐστιν εὐκοπώτερον, εἰπεῖν τῷ παραλυτικῷ· ἀφίενταί σου αἱ ἁμαρτίαι, ἢ εἰπεῖν· ἔγειρε καὶ ἆρον τὸν κράβαττόν σου καὶ περιπάτει;	Lk 5,23	τί ἐστιν εὐκοπώτερον, εἰπεῖν· ἀφέωνταί **σοι** αἱ ἁμαρτίαι σου, ἢ εἰπεῖν· ἔγειρε καὶ περιπάτει;	
d 122	Mt 9,6	... τότε λέγει τῷ παραλυτικῷ· ἐγερθεὶς ἆρόν σου τὴν κλίνην καὶ ὕπαγε εἰς τὸν οἶκόν σου.	Mk 2,11	[10] ... λέγει τῷ παραλυτικῷ· [11] **σοὶ** λέγω, ἔγειρε ἆρον τὸν κράβαττόν σου καὶ ὕπαγε εἰς τὸν οἶκόν σου.	Lk 5,24	... εἶπεν τῷ παραλελυμένῳ· **σοὶ** λέγω, ἔγειρε καὶ ἄρας τὸ κλινίδιόν σου πορεύου εἰς τὸν οἶκόν σου.	→ Jn 5,8
d 202	Mt 5,26 → Mt 18,34	ἀμὴν λέγω **σοι,** οὐ μὴ ἐξέλθῃς ἐκεῖθεν, ἕως ἂν ἀποδῷς τὸν ἔσχατον κοδράντην.			Lk 12,59	λέγω **σοι,** οὐ μὴ ἐξέλθῃς ἐκεῖθεν, ἕως καὶ τὸ ἔσχατον λεπτὸν ἀποδῷς.	
200	Mt 5,29 ⇩ Mt 18,9	... συμφέρει γάρ **σοι** ἵνα ἀπόληται ἓν τῶν μελῶν σου καὶ μὴ ὅλον τὸ σῶμά σου βληθῇ εἰς γέενναν.	Mk 9,47	... καλόν **σέ** ἐστιν μονόφθαλμον εἰσελθεῖν εἰς τὴν βασιλείαν τοῦ θεοῦ ἢ δύο ὀφθαλμοὺς ἔχοντα βληθῆναι εἰς τὴν γέενναν			
200	Mt 5,30 ⇩ Mt 18,8	... συμφέρει γάρ **σοι** ἵνα ἀπόληται ἓν τῶν μελῶν σου καὶ μὴ ὅλον τὸ σῶμά σου εἰς γέενναν ἀπέλθῃ.	Mk 9,43	... καλόν ἐστίν **σε** κυλλὸν εἰσελθεῖν εἰς τὴν ζωὴν ἢ τὰς δύο χεῖρας ἔχοντα ἀπελθεῖν εἰς τὴν γέενναν, εἰς τὸ πῦρ τὸ ἄσβεστον.			
201	Mt 5,40	καὶ τῷ θέλοντί **σοι** κριθῆναι καὶ τὸν χιτῶνά σου λαβεῖν, ἄφες αὐτῷ καὶ τὸ ἱμάτιον·			Lk 6,29	... καὶ ἀπὸ τοῦ αἴροντός σου τὸ ἱμάτιον καὶ τὸν χιτῶνα μὴ κωλύσῃς.	
200	Mt 6,4	... καὶ ὁ πατήρ σου ὁ βλέπων ἐν τῷ κρυπτῷ ἀποδώσει **σοι.**					
200	Mt 6,6	... καὶ ὁ πατήρ σου ὁ βλέπων ἐν τῷ κρυπτῷ ἀποδώσει **σοι.**					
200	Mt 6,18	... καὶ ὁ πατήρ σου ὁ βλέπων ἐν τῷ κρυφαίῳ ἀποδώσει **σοι.**					

	Mt		Mk		Lk		
a 202	Mt 6,23	ἐὰν δὲ ὁ ὀφθαλμός σου πονηρὸς ᾖ, ὅλον τὸ σῶμά σου σκοτεινὸν ἔσται. εἰ οὖν τὸ φῶς **τὸ ἐν σοὶ** σκότος ἐστίν, τὸ σκότος πόσον.			Lk 11,35 → Lk 11,36	[34] ... ἐπὰν δὲ πονηρὸς ᾖ, καὶ τὸ σῶμά σου σκοτεινόν. [35] σκόπει οὖν μὴ τὸ φῶς **τὸ ἐν σοὶ** σκότος ἐστίν.	→ GTh 24 (POxy 655 - restoration)
201	Mt 8,13	καὶ εἶπεν ὁ Ἰησοῦς τῷ ἑκατοντάρχῃ· ὕπαγε, ὡς ἐπίστευσας γενηθήτω **σοι.** καὶ ἰάθη ὁ παῖς [αὐτοῦ] ἐν τῇ ὥρᾳ ἐκείνῃ.			Lk 7,10 → Mk 7,30	καὶ ὑποστρέψαντες εἰς τὸν οἶκον οἱ πεμφθέντες εὗρον τὸν δοῦλον ὑγιαίνοντα.	→ Jn 4,50-51
202	Mt 8,19	... διδάσκαλε, ἀκολουθήσω **σοι** ὅπου ἐὰν ἀπέρχῃ.			Lk 9,57	... ἀκολουθήσω **σοι** ὅπου ἐὰν ἀπέρχῃ.	
b 222	Mt 8,29	... τί ἡμῖν καὶ **σοί,** υἱὲ τοῦ θεοῦ; ἦλθες ὧδε πρὸ καιροῦ βασανίσαι ἡμᾶς;	Mk 5,7 ↑ Mk 1,24	... τί ἐμοὶ καὶ **σοί,** Ἰησοῦ υἱὲ τοῦ θεοῦ τοῦ ὑψίστου; ὁρκίζω σε τὸν θεόν, μή με βασανίσῃς.	Lk 8,28 ↑ Lk 4,34	... τί ἐμοὶ καὶ **σοί,** Ἰησοῦ υἱὲ τοῦ θεοῦ τοῦ ὑψίστου; δέομαί σου, μή με βασανίσῃς.	
002					Lk 7,14	... καὶ εἶπεν· νεανίσκε, **σοὶ** λέγω, ἐγέρθητι.	
002					Lk 7,40 → Mt 26,6 → Mk 14,3	... Σίμων, ἔχω **σοί** τι εἰπεῖν. ...	
d 002					Lk 7,47	οὗ χάριν λέγω **σοι,** ἀφέωνται αἱ ἁμαρτίαι αὐτῆς αἱ πολλαί, ὅτι ἠγάπησεν πολύ· ...	
c 202 c 202	Mt 11,21 (2)	**οὐαί σοι,** Χοραζίν, **οὐαί σοι,** Βηθσαϊδά· ὅτι εἰ ἐν Τύρῳ καὶ Σιδῶνι ἐγένοντο αἱ δυνάμεις αἱ γενόμεναι ἐν ὑμῖν, πάλαι ἂν ἐν σάκκῳ καὶ σποδῷ μετενόησαν.			Lk 10,13 (2)	**οὐαί σοι,** Χοραζίν, **οὐαί σοι,** Βηθσαϊδά· ὅτι εἰ ἐν Τύρῳ καὶ Σιδῶνι ἐγενήθησαν αἱ δυνάμεις αἱ γενόμεναι ἐν ὑμῖν, πάλαι ἂν ἐν σάκκῳ καὶ σποδῷ καθήμενοι μετενόησαν.	
a 201	Mt 11,23	καὶ σύ, Καφαρναούμ, μὴ ἕως οὐρανοῦ ὑψωθήσῃ; *ἕως ᾅδου καταβήσῃ·* ὅτι εἰ ἐν Σοδόμοις ἐγενήθησαν αἱ δυνάμεις αἱ γενόμεναι **ἐν σοί,** ἔμεινεν ἂν μέχρι τῆς σήμερον. ➢ Isa 14,13.15			Lk 10,15	καὶ σύ, Καφαρναούμ, μὴ ἕως οὐρανοῦ ὑψωθήσῃ; *ἕως τοῦ ᾅδου καταβήσῃ.* ➢ Isa 14,13.15	
200	Mt 11,24 ⇨ Mt 10,15	πλὴν λέγω ὑμῖν ὅτι γῇ Σοδόμων ἀνεκτότερον ἔσται ἐν ἡμέρᾳ κρίσεως ἢ **σοί.**			Lk 10,12	λέγω ὑμῖν ὅτι Σοδόμοις ἐν τῇ ἡμέρᾳ ἐκείνῃ ἀνεκτότερον ἔσται ἢ τῇ πόλει ἐκείνῃ.	
202	Mt 11,25	... ἐξομολογοῦμαί **σοι,** πάτερ, κύριε τοῦ οὐρανοῦ καὶ τῆς γῆς, ὅτι ἔκρυψας ταῦτα ἀπὸ σοφῶν καὶ συνετῶν καὶ ἀπεκάλυψας αὐτὰ νηπίοις·			Lk 10,21	... ἐξομολογοῦμαί **σοι,** πάτερ, κύριε τοῦ οὐρανοῦ καὶ τῆς γῆς, ὅτι ἀπέκρυψας ταῦτα ἀπὸ σοφῶν καὶ συνετῶν καὶ ἀπεκάλυψας αὐτὰ νηπίοις· ...	→ GTh 4 (POxy 654)

211		οἱ ἀδελφοί σου ἔξω ἑστήκασιν ζητοῦντές **σοι** λαλῆσαι.]		οἱ ἀδελφοί σου [καὶ αἱ ἀδελφαί σου] ἔξω ζητοῦσίν **σε.**		οἱ ἀδελφοί σου ἑστήκασιν ἔξω ἰδεῖν θέλοντές **σε.**	Mt 12,47 is textcritically uncertain.
121	**Mt 8,25**	... κύριε, σῶσον, ἀπολλύμεθα.	**Mk 4,38**	... διδάσκαλε, οὐ μέλει **σοι** ὅτι ἀπολλύμεθα;	**Lk 8,24**	... ἐπιστάτα ἐπιστάτα, ἀπολλύμεθα. ...	
b 222	**Mt 8,29**	... τί ἡμῖν καὶ **σοί,** υἱὲ τοῦ θεοῦ; ἦλθες ὧδε πρὸ καιροῦ βασανίσαι ἡμᾶς;	**Mk 5,7** ↑ Mk 1,24	... τί ἐμοὶ καὶ **σοί,** Ἰησοῦ υἱὲ τοῦ θεοῦ τοῦ ὑψίστου; ὁρκίζω σε τὸν θεόν, μή με βασανίσῃς.	**Lk 8,28** ↑ Lk 4,34	... τί ἐμοὶ καὶ **σοί,** Ἰησοῦ υἱὲ τοῦ θεοῦ τοῦ ὑψίστου; δέομαί σου, μή με βασανίσῃς.	
022			**Mk 5,9**	καὶ ἐπηρώτα αὐτόν· τί ὄνομά **σοι;** καὶ λέγει αὐτῷ· λεγιὼν ὄνομά μοι, ὅτι πολλοί ἐσμεν.	**Lk 8,30**	ἐπηρώτησεν δὲ αὐτὸν ὁ Ἰησοῦς· τί **σοι** ὄνομά ἐστιν; ὁ δὲ εἶπεν· λεγιών, ὅτι εἰσῆλθεν δαιμόνια πολλὰ εἰς αὐτόν.	
022			**Mk 5,19**	... ὕπαγε εἰς τὸν οἶκόν σου πρὸς τοὺς σοὺς καὶ ἀπάγγειλον αὐτοῖς ὅσα ὁ κύριός **σοι** πεποίηκεν καὶ ἠλέησέν σε.	**Lk 8,39**	ὑπόστρεφε εἰς τὸν οἶκόν σου, καὶ διηγοῦ ὅσα **σοι** ἐποίησεν ὁ θεός. ...	
d 121	**Mt 9,25**	... ἐκράτησεν τῆς χειρὸς αὐτῆς, καὶ ἠγέρθη τὸ κοράσιον.	**Mk 5,41**	καὶ κρατήσας τῆς χειρὸς τοῦ παιδίου λέγει αὐτῇ· ταλιθα κουμ, ὅ ἐστιν μεθερμηνευόμενον· τὸ κοράσιον, **σοὶ** λέγω, ἔγειρε. [42] καὶ εὐθὺς ἀνέστη τὸ κοράσιον καὶ περιεπάτει· ...	**Lk 8,54**	αὐτὸς δὲ κρατήσας τῆς χειρὸς αὐτῆς ἐφώνησεν λέγων· ἡ παῖς, ἔγειρε. [55] καὶ ἐπέστρεψεν τὸ πνεῦμα αὐτῆς καὶ ἀνέστη παραχρῆμα ...	
220	**Mt 14,4** → Lk 3,19	ἔλεγεν γὰρ ὁ Ἰωάννης αὐτῷ· οὐκ ἔξεστίν **σοι** ἔχειν αὐτήν.	**Mk 6,18** → Lk 3,19	ἔλεγεν γὰρ ὁ Ἰωάννης τῷ Ἡρῴδῃ ὅτι οὐκ ἔξεστίν **σοι** ἔχειν τὴν γυναῖκα τοῦ ἀδελφοῦ σου.			
020			**Mk 6,22**	... εἶπεν ὁ βασιλεὺς τῷ κορασίῳ· αἴτησόν με ὃ ἐὰν θέλῃς, καὶ δώσω **σοι·**			
120	**Mt 14,7**	ὅθεν μεθ᾽ ὅρκου ὡμολόγησεν αὐτῇ δοῦναι ὃ ἐὰν αἰτήσηται.	**Mk 6,23**	καὶ ὤμοσεν αὐτῇ [πολλά], ὅ τι ἐάν με αἰτήσῃς δώσω **σοι** ἕως ἡμίσους τῆς βασιλείας μου.			
210	**Mt 15,28**	τότε ἀποκριθεὶς ὁ Ἰησοῦς εἶπεν αὐτῇ· ὦ γύναι, μεγάλη σου ἡ πίστις· γενηθήτω **σοι** ὡς θέλεις. ...	**Mk 7,29**	καὶ εἶπεν αὐτῇ· διὰ τοῦτον τὸν λόγον ὕπαγε, ἐξελήλυθεν ἐκ τῆς θυγατρός σου τὸ δαιμόνιον.			

200		Βαριωνᾶ, ὅτι σὰρξ καὶ αἷμα οὐκ ἀπεκάλυψέν **σοι** ἀλλ' ὁ πατήρ μου ὁ ἐν τοῖς οὐρανοῖς.					
d 200	**Mt 16,18**	κἀγὼ δέ **σοι** λέγω ὅτι σὺ εἶ Πέτρος, καὶ ἐπὶ ταύτῃ τῇ πέτρᾳ οἰκοδομήσω μου τὴν ἐκκλησίαν ...					
200	**Mt 16,19** → Mt 23,13 → Lk 11,52	δώσω **σοι** τὰς κλεῖδας τῆς βασιλείας τῶν οὐρανῶν, ...					
210 210	**Mt 16,22** **(2)**	καὶ προσλαβόμενος αὐτὸν ὁ Πέτρος ἤρξατο ἐπιτιμᾶν αὐτῷ λέγων· ἵλεώς **σοι,** κύριε· οὐ μὴ ἔσται **σοι** τοῦτο.	**Mk 8,32**	... καὶ προσλαβόμενος ὁ Πέτρος αὐτὸν ἤρξατο ἐπιτιμᾶν αὐτῷ.			
222	**Mt 17,4**	... κύριε, καλόν ἐστιν ἡμᾶς ὧδε εἶναι· εἰ θέλεις, ποιήσω ὧδε τρεῖς σκηνάς, **σοὶ** μίαν καὶ Μωϋσεῖ μίαν καὶ Ἠλίᾳ μίαν.	**Mk 9,5**	... ῥαββί, καλόν ἐστιν ἡμᾶς ὧδε εἶναι, καὶ ποιήσωμεν τρεῖς σκηνάς, **σοὶ** μίαν καὶ Μωϋσεῖ μίαν καὶ Ἠλίᾳ μίαν.	**Lk 9,33**	... ἐπιστάτα, καλόν ἐστιν ἡμᾶς ὧδε εἶναι, καὶ ποιήσωμεν σκηνὰς τρεῖς, μίαν **σοὶ** καὶ μίαν Μωϋσεῖ καὶ μίαν Ἠλίᾳ, ...	
121	**Mt 17,18**	καὶ ἐπετίμησεν αὐτῷ ὁ Ἰησοῦς ...	**Mk 9,25**	... ἐπετίμησεν τῷ πνεύματι τῷ ἀκαθάρτῳ λέγων αὐτῷ· τὸ ἄλαλον καὶ κωφὸν πνεῦμα, ἐγὼ ἐπιτάσσω **σοι,** ἔξελθε ἐξ αὐτοῦ ...	**Lk 9,42**	... ἐπετίμησεν δὲ ὁ Ἰησοῦς τῷ πνεύματι τῷ ἀκαθάρτῳ ...	
200	**Mt 17,25**	... καὶ ἐλθόντα εἰς τὴν οἰκίαν προέφθασεν αὐτὸν ὁ Ἰησοῦς λέγων· τί **σοι** δοκεῖ, Σίμων; ...					
210	**Mt 18,8** ⇑ Mt 5,30 ↓ Mk 9,45	... καλόν **σοί** ἐστιν εἰσελθεῖν εἰς τὴν ζωὴν κυλλὸν ἢ χωλόν ἢ δύο χεῖρας ἢ δύο πόδας ἔχοντα βληθῆναι εἰς τὸ πῦρ τὸ αἰώνιον.	**Mk 9,43** Mk 9,45	... καλόν ἐστίν **σε** κυλλὸν εἰσελθεῖν εἰς τὴν ζωὴν ἢ τὰς δύο χεῖρας ἔχοντα ἀπελθεῖν εἰς τὴν γέενναν, εἰς τὸ πῦρ τὸ ἄσβεστον. ... καλόν ἐστίν **σε** εἰσελθεῖν εἰς τὴν ζωὴν χωλὸν ἢ τοὺς δύο πόδας ἔχοντα βληθῆναι εἰς τὴν γέενναν.			
210	**Mt 18,9** ⇑ Mt 5,29	... καλόν **σοί** ἐστιν μονόφθαλμον εἰς τὴν ζωὴν εἰσελθεῖν ἢ δύο ὀφθαλμοὺς ἔχοντα βληθῆναι εἰς τὴν γέενναν τοῦ πυρός.	**Mk 9,47**	... καλόν **σέ** ἐστιν μονόφθαλμον εἰσελθεῖν εἰς τὴν βασιλείαν τοῦ θεοῦ ἢ δύο ὀφθαλμοὺς ἔχοντα βληθῆναι εἰς τὴν γέενναν			

	Mt		Mk		Lk		
200	**Mt 18,17**	... ἐὰν δὲ καὶ τῆς ἐκκλησίας παρακούσῃ, ἔστω **σοι** ὥσπερ ὁ ἐθνικὸς καὶ ὁ τελώνης.					
d 201	**Mt 18,22** → Mt 18,15	[21] ... ὁ Πέτρος εἶπεν αὐτῷ· κύριε, ποσάκις ἁμαρτήσει εἰς ἐμὲ ὁ ἀδελφός μου καὶ ἀφήσω αὐτῷ; ἕως ἑπτάκις; [22] λέγει αὐτῷ ὁ Ἰησοῦς· οὐ λέγω **σοι** ἕως ἑπτάκις ἀλλὰ ἕως ἑβδομηκοντάκις ἑπτά.			**Lk 17,4** → Lk 17,3	καὶ ἐὰν ἑπτάκις τῆς ἡμέρας ἁμαρτήσῃ εἰς σὲ καὶ ἑπτάκις ἐπιστρέψῃ πρὸς σὲ λέγων· μετανοῶ, ἀφήσεις αὐτῷ.	
200	**Mt 18,26**	πεσὼν οὖν ὁ δοῦλος προσεκύνει αὐτῷ λέγων· μακροθύμησον ἐπ' ἐμοί, καὶ πάντα ἀποδώσω **σοι.**					
200	**Mt 18,29**	πεσὼν οὖν ὁ σύνδουλος αὐτοῦ παρεκάλει αὐτὸν λέγων· μακροθύμησον ἐπ' ἐμοί, καὶ ἀποδώσω **σοι.**					
200	**Mt 18,32**	... δοῦλε πονηρέ, πᾶσαν τὴν ὀφειλὴν ἐκείνην ἀφῆκά **σοι,** ἐπεὶ παρεκάλεσάς με·					
202	**Mt 8,19**	... διδάσκαλε, ἀκολουθήσω **σοι** ὅπου ἐὰν ἀπέρχῃ.			**Lk 9,57**	... ἀκολουθήσω **σοι** ὅπου ἐὰν ἀπέρχῃ.	
002					**Lk 9,61**	εἶπεν δὲ καὶ ἕτερος· ἀκολουθήσω **σοι,** κύριε· πρῶτον δὲ ἐπίτρεψόν μοι ἀποτάξασθαι τοῖς εἰς τὸν οἶκόν μου.	
c 202 *c* 202	**Mt 11,21** (2)	**οὐαί σοι,** Χοραζίν, **οὐαί σοι,** Βηθσαϊδά· ὅτι εἰ ἐν Τύρῳ καὶ Σιδῶνι ἐγένοντο αἱ δυνάμεις αἱ γενόμεναι ἐν ὑμῖν, πάλαι ἂν ἐν σάκκῳ καὶ σποδῷ μετενόησαν.			**Lk 10,13** (2)	**οὐαί σοι,** Χοραζίν, **οὐαί σοι,** Βηθσαϊδά· ὅτι εἰ ἐν Τύρῳ καὶ Σιδῶνι ἐγενήθησαν αἱ δυνάμεις αἱ γενόμεναι ἐν ὑμῖν, πάλαι ἂν ἐν σάκκῳ καὶ σποδῷ καθήμενοι μετενόησαν.	
202	**Mt 11,25**	... ἐξομολογοῦμαί **σοι,** πάτερ, κύριε τοῦ οὐρανοῦ καὶ τῆς γῆς, ὅτι ἔκρυψας ταῦτα ἀπὸ σοφῶν καὶ συνετῶν καὶ ἀπεκάλυψας αὐτὰ νηπίοις·			**Lk 10,21**	... ἐξομολογοῦμαί **σοι,** πάτερ, κύριε τοῦ οὐρανοῦ καὶ τῆς γῆς, ὅτι ἀπέκρυψας ταῦτα ἀπὸ σοφῶν καὶ συνετῶν καὶ ἀπεκάλυψας αὐτὰ νηπίοις· ...	→ GTh 4 (POxy 654)
002					**Lk 10,35**	... ἐπιμελήθητι αὐτοῦ, καὶ ὅ τι ἂν προσδαπανήσῃς ἐγὼ ἐν τῷ ἐπανέρχεσθαί με ἀποδώσω **σοι.**	

002			Lk 10,36	τίς τούτων τῶν τριῶν πλησίον δοκεῖ **σοι** γεγονέναι τοῦ ἐμπεσόντος εἰς τοὺς λῃστάς;	
002			Lk 10,40	... κύριε, οὐ μέλει **σοι** ὅτι ἡ ἀδελφή μου μόνην με κατέλιπεν διακονεῖν; ...	
002			Lk 11,7	... οὐ δύναμαι ἀναστὰς δοῦναί **σοι**.	
a 202	Mt 6,23	ἐὰν δὲ ὁ ὀφθαλμός σου πονηρὸς ᾖ, ὅλον τὸ σῶμά σου σκοτεινὸν ἔσται. εἰ οὖν τὸ φῶς **τὸ ἐν σοὶ** σκότος ἐστίν, τὸ σκότος πόσον.	Lk 11,35 → Lk 11,36	[34] ... ἐπὰν δὲ πονηρὸς ᾖ, καὶ τὸ σῶμά σου σκοτεινόν. [35] σκόπει οὖν μὴ τὸ φῶς **τὸ ἐν σοὶ** σκότος ἐστίν.	→ GTh 24 (POxy 655 - restoration)
d 202	Mt 5,26	ἀμὴν λέγω **σοι**, οὐ μὴ ἐξέλθῃς ἐκεῖθεν, ἕως ἂν ἀποδῷς τὸν ἔσχατον κοδράντην.	Lk 12,59	λέγω **σοι**, οὐ μὴ ἐξέλθῃς ἐκεῖθεν, ἕως καὶ τὸ ἔσχατον λεπτὸν ἀποδῷς.	
002			Lk 14,9	καὶ ἐλθὼν ὁ σὲ καὶ αὐτὸν καλέσας ἐρεῖ **σοι**· δὸς τούτῳ τόπον, ...	
002 002 002			Lk 14,10 (3)	ἀλλ' ὅταν κληθῇς, πορευθεὶς ἀνάπεσε εἰς τὸν ἔσχατον τόπον, ἵνα ὅταν ἔλθῃ ὁ κεκληκώς σε ἐρεῖ **σοι**· φίλε, προσανάβηθι ἀνώτερον· τότε ἔσται **σοι** δόξα ἐνώπιον πάντων τῶν συνανακειμένων **σοι**.	
002			Lk 14,12	... μήποτε καὶ αὐτοὶ ἀντικαλέσωσίν σε καὶ γένηται ἀνταπόδομά **σοι**.	
002 002			Lk 14,14 (2)	καὶ μακάριος ἔσῃ, ὅτι οὐκ ἔχουσιν ἀνταποδοῦναί **σοι**, ἀνταποδοθήσεται γάρ **σοι** ἐν τῇ ἀναστάσει τῶν δικαίων.	
002			Lk 15,29	... ἰδοὺ τοσαῦτα ἔτη δουλεύω **σοι** καὶ οὐδέποτε ἐντολήν σου παρῆλθον, ...	

002					Lk 18,11	ὁ Φαρισαῖος σταθεὶς πρὸς ἑαυτὸν ταῦτα προσηύχετο· ὁ θεός, εὐχαριστῶ **σοι** ὅτι οὐκ εἰμὶ ὥσπερ οἱ λοιποὶ τῶν ἀνθρώπων, ...	
112	Mt 19,21 → Mt 6,20	... εἰ θέλεις τέλειος εἶναι, ὕπαγε πώλησόν σου τὰ ὑπάρχοντα καὶ δὸς [τοῖς] πτωχοῖς, ...	Mk 10,21	... ἕν **σε** ὑστερεῖ· ὕπαγε, ὅσα ἔχεις πώλησον καὶ δὸς [τοῖς] πτωχοῖς, ...	Lk 18,22 → Lk 12,33	... ἔτι ἕν **σοι** λείπει· πάντα ὅσα ἔχεις πώλησον καὶ διάδος πτωχοῖς, ...	→ Acts 2,45
222	Mt 19,27	... ἰδοὺ ἡμεῖς ἀφήκαμεν πάντα καὶ ἠκολουθήσαμέν **σοι·** τί ἄρα ἔσται ἡμῖν;	Mk 10,28	... ἰδοὺ ἡμεῖς ἀφήκαμεν πάντα καὶ ἠκολουθήκαμέν **σοι.**	Lk 18,28	... ἰδοὺ ἡμεῖς ἀφέντες τὰ ἴδια ἠκολουθήσαμέν **σοι.**	
200	Mt 20,14	ἆρον τὸ σὸν καὶ ὕπαγε. θέλω δὲ τούτῳ τῷ ἐσχάτῳ δοῦναι **ὡς καὶ σοί·**					
122	Mt 20,32 ⇩ Mt 9,28 Mt 9,28 ⇧ Mt 20,32-33	... τί θέλετε ποιήσω **ὑμῖν;** [33] λέγουσιν αὐτῷ· κύριε, ἵνα ἀνοιγῶσιν οἱ ὀφθαλμοὶ ἡμῶν. ... πιστεύετε ὅτι δύναμαι τοῦτο ποιῆσαι; λέγουσιν αὐτῷ· ναὶ κύριε.	Mk 10,51	... τί **σοι** θέλεις ποιήσω; ὁ δὲ τυφλὸς εἶπεν αὐτῷ· ραββουνι, ἵνα ἀναβλέψω.	Lk 18,41	τί **σοι** θέλεις ποιήσω; ὁ δὲ εἶπεν· κύριε, ἵνα ἀναβλέψω.	
200	Mt 21,5	*εἴπατε τῇ θυγατρὶ Σιών· ἰδοὺ ὁ βασιλεύς σου ἔρχεταί* ***σοι*** *πραῢς καὶ ἐπιβεβηκὼς ἐπὶ ὄνον καὶ ἐπὶ πῶλον υἱὸν ὑποζυγίου.* ➤ Isa 62,11; Zech 9,9					→ Jn 12,15
002					Lk 19,43 → Lk 21,20	ὅτι ἥξουσιν ἡμέραι ἐπὶ σὲ καὶ παρεμβαλοῦσιν οἱ ἐχθροί σου χάρακά **σοι** καὶ περικυκλώσουσίν σε καὶ συνέξουσίν σε πάντοθεν,	
a 002 a 002					Lk 19,44 (2) → Mt 24,2 → Mk 13,2 → Lk 21,6 → Lk 21,24	καὶ ἐδαφιοῦσίν σε καὶ τὰ τέκνα σου **ἐν σοί,** καὶ οὐκ ἀφήσουσιν λίθον ἐπὶ λίθον **ἐν σοί,** ἀνθ' ὧν οὐκ ἔγνως τὸν καιρὸν τῆς ἐπισκοπῆς σου.	
222	Mt 21,23	... ἐν ποίᾳ ἐξουσίᾳ ταῦτα ποιεῖς; καὶ τίς **σοι** ἔδωκεν τὴν ἐξουσίαν ταύτην;	Mk 11,28	... ἐν ποίᾳ ἐξουσίᾳ ταῦτα ποιεῖς; ἢ τίς **σοι** ἔδωκεν τὴν ἐξουσίαν ταύτην ἵνα ταῦτα ποιῇς;	Lk 20,2	... εἰπὸν ἡμῖν ἐν ποίᾳ ἐξουσίᾳ ταῦτα ποιεῖς, ἢ τίς ἐστιν ὁ δούς **σοι** τὴν ἐξουσίαν ταύτην;	→ Jn 2,18

221	Mt 22,16	... διδάσκαλε, οἴδαμεν ὅτι ἀληθὴς εἶ καὶ τὴν ὁδὸν τοῦ θεοῦ ἐν ἀληθείᾳ διδάσκεις καὶ οὐ μέλει **σοι** περὶ οὐδενός. οὐ γὰρ βλέπεις εἰς πρόσωπον ἀνθρώπων,	Mk 12,14	... διδάσκαλε, οἴδαμεν ὅτι ἀληθὴς εἶ καὶ οὐ μέλει **σοι** περὶ οὐδενός· οὐ γὰρ βλέπεις εἰς πρόσωπον ἀνθρώπων, ἀλλ' ἐπ' ἀληθείας τὴν ὁδὸν τοῦ θεοῦ διδάσκεις·	Lk 20,21	... διδάσκαλε, οἴδαμεν ὅτι ὀρθῶς λέγεις καὶ διδάσκεις καὶ οὐ λαμβάνεις πρόσωπον, ἀλλ' ἐπ' ἀληθείας τὴν ὁδὸν τοῦ θεοῦ διδάσκεις·	→ Jn 3,2
211	Mt 22,17	εἰπὲ οὖν ἡμῖν τί **σοι** δοκεῖ· ἔξεστιν δοῦναι κῆνσον Καίσαρι ἢ οὔ;		ἔξεστιν δοῦναι κῆνσον Καίσαρι ἢ οὔ; δῶμεν ἢ μὴ δῶμεν;	Lk 20,22	ἔξεστιν ἡμᾶς Καίσαρι φόρον δοῦναι ἢ οὔ;	→ GTh 100
200	Mt 25,44	... κύριε, πότε σε εἴδομεν πεινῶντα ἢ διψῶντα ἢ ξένον ἢ γυμνὸν ἢ ἀσθενῆ ἢ ἐν φυλακῇ καὶ οὐ διηκονήσαμέν **σοι;**					
211	Mt 26,17	... προσῆλθον οἱ μαθηταὶ τῷ Ἰησοῦ λέγοντες· ποῦ θέλεις ἑτοιμάσωμέν **σοι** φαγεῖν τὸ πάσχα;	Mk 14,12	... λέγουσιν αὐτῷ οἱ μαθηταὶ αὐτοῦ· ποῦ θέλεις ἀπελθόντες ἑτοιμάσωμεν ἵνα φάγῃς τὸ πάσχα;	Lk 22,9	[8] ... ἑτοιμάσατε ἡμῖν τὸ πάσχα ἵνα φάγωμεν. [9] οἱ δὲ εἶπαν αὐτῷ· ποῦ θέλεις ἑτοιμάσωμεν;	
d 112	Mt 26,18	... εἴπατε αὐτῷ· ὁ διδάσκαλος λέγει· ὁ καιρός μου ἐγγύς ἐστιν, πρὸς σὲ ποιῶ τὸ πάσχα μετὰ τῶν μαθητῶν μου.	Mk 14,14	... εἴπατε τῷ οἰκοδεσπότῃ ὅτι ὁ διδάσκαλος λέγει· ποῦ ἐστιν τὸ κατάλυμά μου ὅπου τὸ πάσχα μετὰ τῶν μαθητῶν μου φάγω;	Lk 22,11	... ἐρεῖτε τῷ οἰκοδεσπότῃ τῆς οἰκίας· λέγει **σοι** ὁ διδάσκαλος· ποῦ ἐστιν τὸ κατάλυμα ὅπου τὸ πάσχα μετὰ τῶν μαθητῶν μου φάγω;	
a 211	Mt 26,33	... εἰ πάντες σκανδαλισθήσονται **ἐν σοί,** ἐγὼ οὐδέποτε σκανδαλισθήσομαι.	Mk 14,29	... εἰ καὶ πάντες σκανδαλισθήσονται, ἀλλ' οὐκ ἐγώ.	Lk 22,33 ↓ Mt 26,35 ↓ Mk 14,31	... κύριε, μετὰ σοῦ ἕτοιμός εἰμι καὶ εἰς φυλακὴν καὶ εἰς θάνατον πορεύεσθαι.	→ Jn 13,37
d 222	Mt 26,34	... ἀμὴν λέγω **σοι** ὅτι ἐν ταύτῃ τῇ νυκτὶ πρὶν ἀλέκτορα φωνῆσαι τρὶς ἀπαρνήσῃ με.	Mk 14,30	... ἀμὴν λέγω **σοι** ὅτι σὺ σήμερον ταύτῃ τῇ νυκτὶ πρὶν ἢ δὶς ἀλέκτορα φωνῆσαι τρίς με ἀπαρνήσῃ.	Lk 22,34	... λέγω **σοι,** Πέτρε, οὐ φωνήσει σήμερον ἀλέκτωρ ἕως τρίς με ἀπαρνήσῃ εἰδέναι.	→ Jn 13,38
a 220	Mt 26,35 ↑ Lk 22,33	λέγει αὐτῷ ὁ Πέτρος· κἂν δέῃ με **σὺν σοὶ** ἀποθανεῖν, οὐ μή σε ἀπαρνήσομαι. ...	Mk 14,31 ↑ Lk 22,33	ὁ δὲ ἐκπερισσῶς ἐλάλει· ἐὰν δέῃ με συναποθανεῖν **σοι,** οὐ μή σε ἀπαρνήσομαι. ...			→ Jn 13,37
121	Mt 26,39	... καὶ λέγων· πάτερ μου, εἰ δυνατόν ἐστιν, παρελθάτω ἀπ' ἐμοῦ τὸ ποτήριον τοῦτο· ...	Mk 14,36	καὶ ἔλεγεν· αββα ὁ πατήρ, πάντα δυνατά **σοι·** παρένεγκε τὸ ποτήριον τοῦτο ἀπ' ἐμοῦ· ...	Lk 22,42 → Mt 26,42	λέγων· πάτερ, εἰ βούλει παρένεγκε τοῦτο τὸ ποτήριον ἀπ' ἐμοῦ· ...	→ Jn 18,11

	Mt	Mk	Lk	
b 200	**Mt 27,19** καθημένου δὲ αὐτοῦ ἐπὶ τοῦ βήματος ἀπέστειλεν πρὸς αὐτὸν ἡ γυνὴ αὐτοῦ λέγουσα· μηδὲν **σοὶ** καὶ τῷ δικαίῳ ἐκείνῳ· πολλὰ γὰρ ἔπαθον σήμερον κατ' ὄναρ δι' αὐτόν.			
d 002			**Lk 23,43** καὶ εἶπεν αὐτῷ· ἀμήν **σοι** λέγω, σήμερον μετ' ἐμοῦ ἔσῃ ἐν τῷ παραδείσῳ.	

a σοί after preposition
b τί ἐμοὶ (ἡμῖν) καὶ σοί, μηδὲν σοὶ καί ...
c οὐαί σοι
d σοὶ λέγω, λέγω σοι

Acts 3,6 εἶπεν δὲ Πέτρος· ἀργύριον καὶ χρυσίον οὐχ ὑπάρχει μοι, ὃ δὲ ἔχω τοῦτό
σοι
δίδωμι· ...

Acts 5,4 οὐχὶ μένον
σοὶ
ἔμενεν καὶ πραθὲν ἐν τῇ σῇ ἐξουσίᾳ ὑπῆρχεν; ...

Acts 7,3 ... *ἔξελθε ἐκ τῆς γῆς σου καὶ [ἐκ] τῆς συγγενείας σου καὶ δεῦρο εἰς τὴν γῆν ἣν ἄν*
σοι
δείξω.
➤ Gen 12,1

a **Acts 8,20** Πέτρος δὲ εἶπεν πρὸς αὐτόν· τὸ ἀργύριόν σου
σὺν σοὶ
εἴη εἰς ἀπώλειαν ...

Acts 8,21 οὐκ ἔστιν
σοι
μερὶς οὐδὲ κλῆρος ἐν τῷ λόγῳ τούτῳ, ...

Acts 8,22 μετανόησον οὖν ἀπὸ τῆς κακίας σου ταύτης καὶ δεήθητι τοῦ κυρίου, εἰ ἄρα ἀφεθήσεταί
σοι
ἡ ἐπίνοια τῆς καρδίας σου

Acts 9,6 ἀλλὰ ἀνάστηθι καὶ εἴσελθε εἰς τὴν πόλιν καὶ λαληθήσεταί
σοι
ὅ τί σε δεῖ ποιεῖν.

Acts 9,17 ... Σαοὺλ ἀδελφέ, ὁ κύριος ἀπέσταλκέν με, Ἰησοῦς ὁ ὀφθείς
σοι
ἐν τῇ ὁδῷ ᾗ ἤρχου, ὅπως ἀναβλέψῃς καὶ πλησθῇς πνεύματος ἁγίου.

Acts 10,33 ... νῦν οὖν πάντες ἡμεῖς ἐνώπιον τοῦ θεοῦ πάρεσμεν ἀκοῦσαι πάντα τὰ προστεταγμένα
σοι
ὑπὸ τοῦ κυρίου.

Acts 16,18 ... παραγγέλλω
σοι
ἐν ὀνόματι Ἰησοῦ Χριστοῦ ἐξελθεῖν ἀπ' αὐτῆς· ...

Acts 18,10 διότι ἐγώ εἰμι μετὰ σοῦ καὶ οὐδεὶς ἐπιθήσεταί
σοι
τοῦ κακῶσαί σε, διότι λαός ἐστί μοι πολὺς ἐν τῇ πόλει ταύτῃ.

Acts 21,23 τοῦτο οὖν ποίησον ὅ
σοι
λέγομεν· εἰσὶν ἡμῖν ἄνδρες τέσσαρες εὐχὴν ἔχοντες ἐφ' ἑαυτῶν.

Acts 22,10 (2) ... ἀναστὰς πορεύου εἰς Δαμασκὸν κἀκεῖ
σοι
λαληθήσεται περὶ πάντων
ὧν τέτακταί
σοι
ποιῆσαι.

Acts 23,18 ... ὁ δέσμιος Παῦλος προσκαλεσάμενός με ἠρώτησεν τοῦτον τὸν νεανίσκον ἀγαγεῖν πρὸς σέ ἔχοντά τι λαλῆσαί
σοι.

Acts 24,13 οὐδὲ παραστῆσαι δύνανταί
σοι
περὶ ὧν νυνὶ κατηγοροῦσίν μου.

Acts 24,14 ὁμολογῶ δὲ τοῦτό
σοι
ὅτι κατὰ τὴν ὁδὸν ἣν λέγουσιν αἵρεσιν, οὕτως λατρεύω τῷ πατρῴῳ θεῷ ...

Acts 26,1 Ἀγρίππας δὲ πρὸς τὸν Παῦλον ἔφη· ἐπιτρέπεταί
σοι
περὶ σεαυτοῦ λέγειν. ...

Acts 26,14 ... Σαοὺλ Σαούλ, τί με διώκεις; σκληρόν
σοι
πρὸς κέντρα λακτίζειν.

Acts 26,16 (2) ἀλλὰ ἀνάστηθι καὶ στῆθι ἐπὶ τοὺς πόδας σου· εἰς τοῦτο γὰρ ὤφθην
σοι,
προχειρίσασθαί σε ὑπηρέτην καὶ μάρτυρα ὧν τε εἶδές [με] ὧν τε ὀφθήσομαί
σοι

Acts 27,24 λέγων· μὴ φοβοῦ, Παῦλε, Καίσαρί σε δεῖ παραστῆναι, καὶ ἰδοὺ κεχάρισταί
σοι
ὁ θεὸς πάντας τοὺς πλέοντας μετὰ σοῦ.

# σέ, σε	Syn 85	Mt 29	Mk 19	Lk 37	Acts 38	Jn 27	1-3John 5	Paul 15	Eph	Col
	NT 195	2Thess	1/2Tim 8	Tit 4	Heb 8	Jas	1Pet	2Pet	Jude	Rev 5

personal pronoun of the second person singular accusative

	triple tradition																	double tradition			Sondergut		
		+Mt / +Lk			–Mt / –Lk			traditions not taken over by Mt / Lk							subtotals								
code	*222*	*211*	*112*	*212*	*221*	*122*	*121*	*022*	*012*	*021*	*220*	*120*	*210*	*020*	Σ⁺	Σ⁻	Σ	*202*	*201*	*102*	*200*	*002*	total
Mt	1	3^+		1^+		2^-	4^-				3	3^-			4^+	9^-	8	5	4		12		**29**
Mk	1					2	4	2		2	3	3		2			19						**19**
Lk	1			1^+		2	4^-	2		2^-					1^+	6^-	6	5		9		17	**37**

a σέ after preposition

a 002					**Lk 1,19**	... ἐγώ εἰμι Γαβριὴλ ὁ παρεστηκὼς ἐνώπιον τοῦ θεοῦ καὶ ἀπεστάλην λαλῆσαι **πρὸς σὲ** καὶ εὐαγγελίσασθαί σοι ταῦτα·	
a 002					**Lk 1,35** → Mt 1,18	... πνεῦμα ἅγιον ἐπελεύσεται **ἐπὶ σὲ** καὶ δύναμις ὑψίστου ἐπισκιάσει σοι· ...	
002					**Lk 2,48**	... τέκνον, τί ἐποίησας ἡμῖν οὕτως; ἰδοὺ ὁ πατήρ σου κἀγὼ ὀδυνώμενοι ἐζητοῦμέν **σε.**	
102	**Mt 4,6**	... γέγραπται γὰρ ὅτι *τοῖς ἀγγέλοις αὐτοῦ* *ἐντελεῖται περὶ σοῦ*			**Lk 4,10**	γέγραπται γὰρ ὅτι *τοῖς ἀγγέλοις αὐτοῦ* *ἐντελεῖται περὶ σοῦ* *τοῦ διαφυλάξαι* ***σε***	
202		*καὶ ἐπὶ χειρῶν* *ἀροῦσίν* ***σε,*** *μήποτε προσκόψῃς πρὸς* *λίθον τὸν πόδα σου.* ➤ Ps 91,11-12			**Lk 4,11**	καὶ ὅτι *ἐπὶ χειρῶν* *ἀροῦσίν* ***σε,*** *μήποτε προσκόψῃς πρὸς* *λίθον τὸν πόδα σου.* ➤ Ps 91,11-12	
022	↓ Mt 8,29		**Mk 1,24** ↓ Mk 5,7	... τί ἡμῖν καὶ σοί, Ἰησοῦ Ναζαρηνέ; ἦλθες ἀπολέσαι ἡμᾶς; οἶδά **σε** τίς εἶ, ὁ ἅγιος τοῦ θεοῦ.	**Lk 4,34** ↓ Lk 8,28	ἔα, τί ἡμῖν καὶ σοί, Ἰησοῦ Ναζαρηνέ; ἦλθες ἀπολέσαι ἡμᾶς; οἶδά **σε** τίς εἶ, ὁ ἅγιος τοῦ θεοῦ.	
021			**Mk 1,37**	[36] καὶ κατεδίωξεν αὐτὸν Σίμων καὶ οἱ μετ' αὐτοῦ, [37] καὶ εὗρον αὐτὸν καὶ λέγουσιν αὐτῷ ὅτι πάντες ζητοῦσίν **σε.**	**Lk 4,42** → Mk 1,45	... καὶ οἱ ὄχλοι ἐπεζήτουν αὐτὸν καὶ ἦλθον ἕως αὐτοῦ καὶ κατεῖχον αὐτὸν τοῦ μὴ πορεύεσθαι ἀπ' αὐτῶν.	

	Mt		Mk		Lk		
202	**Mt 5,25** → Mt 18,34	ἴσθι εὐνοῶν τῷ ἀντιδίκῳ σου ταχὺ, ἕως ὅτου εἶ μετ᾽ αὐτοῦ ἐν τῇ ὁδῷ, μήποτέ **σε** παραδῷ ὁ ἀντίδικος τῷ κριτῇ καὶ ὁ κριτὴς τῷ ὑπηρέτῃ, καὶ εἰς φυλακὴν βληθήσῃ·			**Lk 12,58** **(3)**	ὡς γὰρ ὑπάγεις μετὰ τοῦ ἀντιδίκου σου ἐπ᾽ ἄρχοντα, ἐν τῇ ὁδῷ δὸς ἐργασίαν ἀπηλλάχθαι ἀπ᾽ αὐτοῦ, μήποτε κατασύρῃ **σε** πρὸς τὸν κριτήν, καὶ ὁ κριτής σε παραδώσει τῷ πράκτορι, καὶ ὁ πράκτωρ σε βαλεῖ εἰς φυλακήν.	
200	**Mt 5,29** ⇩ Mt 18,9	εἰ δὲ ὁ ὀφθαλμός σου ὁ δεξιὸς σκανδαλίζει **σε,** ἔξελε αὐτὸν καὶ βάλε ἀπὸ σοῦ· ...	**Mk 9,47** **(2)**	καὶ ἐὰν ὁ ὀφθαλμός σου σκανδαλίζῃ **σε,** ἔκβαλε αὐτόν· ...			
200	**Mt 5,30** ⇩ Mt 18,8	καὶ εἰ ἡ δεξιά σου χεὶρ σκανδαλίζει **σε,** ἔκκοψον αὐτὴν καὶ βάλε ἀπὸ σοῦ· ...	**Mk 9,43** **(2)**	καὶ ἐὰν σκανδαλίζῃ **σε** ἡ χείρ σου, ἀπόκοψον αὐτήν· ...			
202	**Mt 5,39**	ἐγὼ δὲ λέγω ὑμῖν μὴ ἀντιστῆναι τῷ πονηρῷ· ἀλλ᾽ ὅστις **σε** ῥαπίζει εἰς τὴν δεξιὰν σιαγόνα [σου], στρέψον αὐτῷ καὶ τὴν ἄλλην·			**Lk 6,29**	τῷ τύπτοντί **σε** ἐπὶ τὴν σιαγόνα πάρεχε καὶ τὴν ἄλλην, ...	
200	**Mt 5,41**	καὶ ὅστις **σε** ἀγγαρεύσει μίλιον ἕν, ὕπαγε μετ᾽ αὐτοῦ δύο.					
202	**Mt 5,42** → Lk 6,34 → Lk 6,35	τῷ αἰτοῦντί **σε** δός, καὶ τὸν θέλοντα ἀπὸ σοῦ δανίσασθαι μὴ ἀποστραφῇς.			**Lk 6,30**	παντὶ αἰτοῦντί **σε** δίδου, καὶ ἀπὸ τοῦ αἴροντος τὰ σὰ μὴ ἀπαίτει.	→ GTh 95
a 102	**Mt 8,8**	... κύριε, οὐκ εἰμὶ ἱκανὸς ἵνα μου ὑπὸ τὴν στέγην εἰσέλθῃς, ἀλλὰ μόνον εἰπὲ λόγῳ, καὶ ἰαθήσεται ὁ παῖς μου.			**Lk 7,7**	[6] ... κύριε, μὴ σκύλλου, οὐ γὰρ ἱκανός εἰμι ἵνα ὑπὸ τὴν στέγην μου εἰσέλθῃς· [7] διὸ οὐδὲ ἐμαυτὸν ἠξίωσα **πρὸς σὲ** ἐλθεῖν· ἀλλὰ εἰπὲ λόγῳ, καὶ ἰαθήτω ὁ παῖς μου.	→ Jn 4,49
222	**Mt 9,22**	... θάρσει, θύγατερ· ἡ πίστις σου σέσωκέν **σε.** ...	**Mk 5,34**	... θυγάτηρ, ἡ πίστις σου σέσωκέν **σε·** ὕπαγε εἰς εἰρήνην καὶ ἴσθι ὑγιὴς ἀπὸ τῆς μάστιγός σου.	**Lk 8,48**	... θυγάτηρ, ἡ πίστις σου σέσωκέν **σε·** πορεύου εἰς εἰρήνην.	
a 002					**Lk 7,20**	... Ἰωάννης ὁ βαπτιστὴς ἀπέστειλεν ἡμᾶς **πρὸς σὲ** λέγων· σὺ εἶ ὁ ἐρχόμενος ἢ ἄλλον προσδοκῶμεν;	
002					**Lk 7,50**	εἶπεν δὲ πρὸς τὴν γυναῖκα· ἡ πίστις σου σέσωκέν **σε·** πορεύου εἰς εἰρήνην.	

122	**Mt 12,47**	[... ἰδοὺ ἡ μήτηρ σου καὶ οἱ ἀδελφοί σου ἔξω ἑστήκασιν ζητοῦντές **σοι** λαλῆσαι.]	**Mk 3,32**	... ἰδοὺ ἡ μήτηρ σου καὶ οἱ ἀδελφοί σου [καὶ αἱ ἀδελφαί σου] ἔξω ζητοῦσίν **σε.**	**Lk 8,20**	... ἡ μήτηρ σου καὶ οἱ ἀδελφοί σου ἑστήκασιν ἔξω ἰδεῖν θέλοντές **σε.**	→ GTh 99 Mt 12,47 is textcritically uncertain.
121	**Mt 8,29**	... τί ἡμῖν καὶ σοί, υἱὲ τοῦ θεοῦ; ἦλθες ὧδε πρὸ καιροῦ βασανίσαι ἡμᾶς;	**Mk 5,7** ↑ Mk 1,24	... τί ἐμοὶ καὶ σοί, Ἰησοῦ υἱὲ τοῦ θεοῦ τοῦ ὑψίστου; ὁρκίζω **σε** τὸν θεόν, μή με βασανίσῃς.	**Lk 8,28** ↑ Lk 4,34	... τί ἐμοὶ καὶ σοί, Ἰησοῦ υἱὲ τοῦ θεοῦ τοῦ ὑψίστου; δέομαί **σου,** μή με βασανίσῃς.	
021			**Mk 5,19**	... ὕπαγε εἰς τὸν οἶκόν σου πρὸς τοὺς σοὺς καὶ ἀπάγγειλον αὐτοῖς ὅσα ὁ κύριός σοι πεποίηκεν καὶ ἠλέησέν **σε.**	**Lk 8,39**	ὑπόστρεφε εἰς τὸν οἶκόν σου, καὶ διηγοῦ ὅσα σοι ἐποίησεν ὁ θεός. ...	
022			**Mk 5,31**	καὶ ἔλεγον αὐτῷ οἱ μαθηταὶ αὐτοῦ· βλέπεις τὸν ὄχλον συνθλίβοντά **σε** καὶ λέγεις· τίς μου ἥψατο;	**Lk 8,45**	... εἶπεν ὁ Πέτρος· ἐπιστάτα, οἱ ὄχλοι συνέχουσίν **σε** καὶ ἀποθλίβουσιν. [46] ὁ δὲ Ἰησοῦς εἶπεν· ἥψατό μού τις, ...	
222	**Mt 9,22**	... θάρσει, θύγατερ· ἡ πίστις σου σέσωκέν **σε.** ...	**Mk 5,34**	... θυγάτηρ, ἡ πίστις σου σέσωκέν **σε·** ὕπαγε εἰς εἰρήνην καὶ ἴσθι ὑγιὴς ἀπὸ τῆς μάστιγός σου.	**Lk 8,48**	... θυγάτηρ, ἡ πίστις σου σέσωκέν **σε·** πορεύου εἰς εἰρήνην.	
a 200	**Mt 14,28**	... κύριε, εἰ σὺ εἶ, κέλευσόν με ἐλθεῖν **πρὸς σὲ** ἐπὶ τὰ ὕδατα.					
a 121	**Mt 17,15**	... κύριε, ἐλέησόν μου τὸν υἱόν, ὅτι σεληνιάζεται καὶ κακῶς πάσχει· ...	**Mk 9,17**	... διδάσκαλε, ἤνεγκα τὸν υἱόν μου **πρὸς σέ,** ἔχοντα πνεῦμα ἄλαλον· [18] καὶ ὅπου ἐὰν αὐτὸν καταλάβῃ ...	**Lk 9,38**	... διδάσκαλε, δέομαί σου ἐπιβλέψαι ἐπὶ τὸν υἱόν μου, ὅτι μονογενής μοί ἐστιν, [39] καὶ ἰδοὺ πνεῦμα λαμβάνει αὐτὸν ...	
220 120	**Mt 18,8** ⇧ Mt 5,30 ↓ Mk 9,45	εἰ δὲ ἡ χείρ σου ἢ ὁ πούς σου σκανδαλίζει **σε,** ἔκκοψον αὐτὸν καὶ βάλε ἀπὸ σοῦ· καλόν **σοί** ἐστιν εἰσελθεῖν εἰς τὴν ζωὴν κυλλὸν ἢ χωλὸν ἢ δύο χεῖρας ἢ δύο πόδας ἔχοντα βληθῆναι εἰς τὸ πῦρ τὸ αἰώνιον.	**Mk 9,43** (2)	καὶ ἐὰν σκανδαλίζῃ **σε** ἡ χείρ σου, ἀπόκοψον αὐτήν· καλόν ἐστίν **σε** κυλλὸν εἰσελθεῖν εἰς τὴν ζωὴν ἢ τὰς δύο χεῖρας ἔχοντα ἀπελθεῖν εἰς τὴν γέενναν, εἰς τὸ πῦρ τὸ ἄσβεστον.			

020 020	Mt 18,8	εἰ δὲ ἡ χείρ σου ἢ ὁ πούς σου σκανδαλίζει **σε,** ἔκκοψον αὐτὸν καὶ βάλε ἀπὸ σοῦ· καλόν **σοί** ἐστιν εἰσελθεῖν εἰς τὴν ζωὴν κυλλὸν ἢ χωλόν ἢ δύο χεῖρας ἢ δύο πόδας ἔχοντα βληθῆναι εἰς τὸ πῦρ τὸ αἰώνιον.	Mk 9,45 (2)	καὶ ἐὰν ὁ πούς σου σκανδαλίζῃ **σε,** ἀπόκοψον αὐτόν· καλόν ἐστίν **σε** εἰσελθεῖν εἰς τὴν ζωὴν χωλὸν ἢ τοὺς δύο πόδας ἔχοντα βληθῆναι εἰς τὴν γέενναν.			
220 120	Mt 18,9 ⇧ Mt 5,29	καὶ εἰ ὁ ὀφθαλμός σου σκανδαλίζει **σε,** ἔξελε αὐτὸν καὶ βάλε ἀπὸ σοῦ· καλόν **σοί** ἐστιν μονόφθαλμον εἰς τὴν ζωὴν εἰσελθεῖν ἢ δύο ὀφθαλμοὺς ἔχοντα βληθῆναι εἰς τὴν γέενναν τοῦ πυρός.	Mk 9,47 (2)	καὶ ἐὰν ὁ ὀφθαλμός σου σκανδαλίζῃ **σε,** ἔκβαλε αὐτόν· καλόν **σέ** ἐστιν μονόφθαλμον εἰσελθεῖν εἰς τὴν βασιλείαν τοῦ θεοῦ ἢ δύο ὀφθαλμοὺς ἔχοντα βληθῆναι εἰς τὴν γέενναν			
a 201	Mt 18,15 ↓ Mt 18,21-22	ἐὰν δὲ ἁμαρτήσῃ **[εἰς σὲ]** ὁ ἀδελφός σου, ὕπαγε ἔλεγξον αὐτὸν μεταξὺ σοῦ καὶ αὐτοῦ μόνου. ἐάν σου ἀκούσῃ, ἐκέρδησας τὸν ἀδελφόν σου·			Lk 17,3 ↓ Lk 17,4	... ἐὰν ἁμάρτῃ ὁ ἀδελφός σου ἐπιτίμησον αὐτῷ, καὶ ἐὰν μετανοήσῃ ἄφες αὐτῷ.	
200 200	Mt 18,33 (2) → Mt 6,12 → Lk 11,4	οὐκ ἔδει καὶ **σὲ** ἐλεῆσαι τὸν σύνδουλόν σου, ὡς κἀγὼ **σὲ** ἠλέησα;					
002					Lk 11,27 → Lk 1,48	... μακαρία ἡ κοιλία ἡ βαστάσασά **σε** καὶ μαστοὶ οὓς ἐθήλασας.	→ GTh 79
002					Lk 11,36 → Lk 11,35	εἰ οὖν τὸ σῶμά σου ὅλον φωτεινόν, μὴ ἔχον μέρος τι σκοτεινόν, ἔσται φωτεινὸν ὅλον ὡς ὅταν ὁ λύχνος τῇ ἀστραπῇ φωτίζῃ **σε.**	→ GTh 24 (POxy 655 - restoration)

	Mt 5,25	ἴσθι εὐνοῶν τῷ ἀντιδίκῳ σου ταχὺ, ἕως ὅτου εἶ μετ' αὐτοῦ ἐν τῇ ὁδῷ, μήποτέ	Lk 12,58 (3)	ὡς γὰρ ὑπάγεις μετὰ τοῦ ἀντιδίκου σου ἐπ' ἄρχοντα, ἐν τῇ ὁδῷ δὸς ἐργασίαν ἀπηλλάχθαι ἀπ' αὐτοῦ, μήποτε κατασύρῃ	
202		**σε**		**σε**	
		παραδῷ ὁ ἀντίδικος τῷ κριτῇ καὶ ὁ κριτὴς		πρὸς τὸν κριτήν, καὶ ὁ κριτής	
102				**σε**	
		τῷ ὑπηρέτῃ,		παραδώσει τῷ πράκτορι, καὶ ὁ πράκτωρ	
102				**σε**	
		καὶ εἰς φυλακὴν βληθήσῃ·		βαλεῖ εἰς φυλακήν.	
			Lk 13,31	... ἔξελθε καὶ πορεύου ἐντεῦθεν, ὅτι Ἡρῴδης θέλει	
002				**σε**	
				ἀποκτεῖναι.	
			Lk 14,9	καὶ ἐλθὼν ὁ	
002				**σὲ**	
				καὶ αὐτὸν καλέσας ἐρεῖ σοι· δὸς τούτῳ τόπον, ...	
			Lk 14,10	ἀλλ' ὅταν κληθῇς, πορευθεὶς ἀνάπεσε εἰς τὸν ἔσχατον τόπον, ἵνα ὅταν ἔλθῃ ὁ κεκληκώς	
002				**σε**	
				ἐρεῖ σοι· φίλε, προσανάβηθι ἀνώτερον· ...	
			Lk 14,12	... καὶ αὐτοὶ ἀντικαλέσωσίν	
002				**σε**	
				καὶ γένηται ἀνταπόδομά σοι.	
	Mt 22,5	οἱ δὲ ἀμελήσαντες ἀπῆλθον, ὃς μὲν εἰς τὸν ἴδιον ἀγρόν,	Lk 14,18	καὶ ἤρξαντο ἀπὸ μιᾶς πάντες παραιτεῖσθαι. ὁ πρῶτος εἶπεν αὐτῷ· ἀγρὸν ἠγόρασα καὶ ἔχω ἀνάγκην ἐξελθὼν ἰδεῖν αὐτόν· ἐρωτῶ	→ GTh 64
102				**σε,**	
				ἔχε με παρῃτημένον.	
		ὃς δὲ ἐπὶ τὴν ἐμπορίαν αὐτοῦ·	Lk 14,19	καὶ ἕτερος εἶπεν· ζεύγη βοῶν ἠγόρασα πέντε καὶ πορεύομαι δοκιμάσαι αὐτά· ἐρωτῶ	→ GTh 64
102				**σε,**	
				ἔχε με παρῃτημένον.	
			Lk 16,27	εἶπεν δέ· ἐρωτῶ	
002				**σε**	
				οὖν, πάτερ, ἵνα πέμψῃς αὐτὸν εἰς τὸν οἶκον τοῦ πατρός μου	

	Mt		Mk		Lk		
a 102 *a* 102	**Mt 18,21** ↑ Mt 18,15	τότε προσελθὼν ὁ Πέτρος εἶπεν αὐτῷ· κύριε, ποσάκις ἁμαρτήσει **εἰς ἐμὲ** ὁ ἀδελφός μου καὶ ἀφήσω αὐτῷ; ἕως ἑπτάκις; [22] λέγει αὐτῷ ὁ Ἰησοῦς· οὐ λέγω σοι ἕως ἑπτάκις ἀλλὰ ἕως ἑβδομηκοντάκις ἑπτά.			**Lk 17,4** **(2)** ↑ Lk 17,3	καὶ ἐὰν ἑπτάκις τῆς ἡμέρας ἁμαρτήσῃ **εἰς σὲ** καὶ ἑπτάκις ἐπιστρέψῃ **πρὸς σὲ** λέγων· μετανοῶ, ἀφήσεις αὐτῷ.	
002					**Lk 17,19**	... ἀναστὰς πορεύου· ἡ πίστις σου σέσωκέν **σε.**	
121	**Mt 19,21** → Mt 6,20	... εἰ θέλεις τέλειος εἶναι, ὕπαγε πώλησόν σου τὰ ὑπάρχοντα καὶ δὸς [τοῖς] πτωχοῖς, ...	**Mk 10,21**	... ἕν **σε** ὑστερεῖ· ὕπαγε, ὅσα ἔχεις πώλησον καὶ δὸς [τοῖς] πτωχοῖς, ...	**Lk 18,22** → Lk 12,33	... ἔτι ἕν **σοι** λείπει· πάντα ὅσα ἔχεις πώλησον καὶ διάδος πτωχοῖς, ...	→ Acts 2,45
200	**Mt 20,13**	ὁ δὲ ἀποκριθεὶς ἑνὶ αὐτῶν εἶπεν· ἑταῖρε, οὐκ ἀδικῶ **σε·** οὐχὶ δηναρίου συνεφώνησάς μοι;					
120	**Mt 20,20**	τότε προσῆλθεν αὐτῷ ἡ μήτηρ τῶν υἱῶν Ζεβεδαίου μετὰ τῶν υἱῶν αὐτῆς προσκυνοῦσα καὶ αἰτοῦσά τι **ἀπ᾿ αὐτοῦ.**	**Mk 10,35**	καὶ προσπορεύονται αὐτῷ Ἰάκωβος καὶ Ἰωάννης οἱ υἱοὶ Ζεβεδαίου λέγοντες αὐτῷ· διδάσκαλε, θέλομεν ἵνα ὃ ἐὰν αἰτήσωμέν **σε** ποιήσῃς ἡμῖν.			
121	**Mt 20,32**	καὶ στὰς ὁ Ἰησοῦς ἐφώνησεν αὐτοὺς ...	**Mk 10,49**	καὶ στὰς ὁ Ἰησοῦς εἶπεν· φωνήσατε αὐτόν. καὶ φωνοῦσιν τὸν τυφλὸν λέγοντες αὐτῷ· θάρσει, ἔγειρε, φωνεῖ **σε.**	**Lk 18,40**	σταθεὶς δὲ ὁ Ἰησοῦς ἐκέλευσεν αὐτὸν ἀχθῆναι πρὸς αὐτόν. ...	
122	**Mt 20,34** ⇩ Mt 9,29 → Mk 8,23 → Mk 8,25 **Mt 9,29** ⇧ Mt 20,34	σπλαγχνισθεὶς δὲ ὁ Ἰησοῦς ἥψατο τῶν ὀμμάτων αὐτῶν, καὶ εὐθέως ἀνέβλεψαν ... τότε ἥψατο τῶν ὀφθαλμῶν αὐτῶν λέγων· κατὰ τὴν πίστιν ὑμῶν γενηθήτω **ὑμῖν.** [30] καὶ ἠνεῴχθησαν αὐτῶν οἱ ὀφθαλμοί. ...	**Mk 10,52**	καὶ ὁ Ἰησοῦς εἶπεν αὐτῷ· ὕπαγε, ἡ πίστις σου σέσωκέν **σε.** καὶ εὐθὺς ἀνέβλεψεν, ...	**Lk 18,42**	καὶ ὁ Ἰησοῦς εἶπεν αὐτῷ· ἀνάβλεψον· ἡ πίστις σου σέσωκέν **σε.** [43] καὶ παραχρῆμα ἀνέβλεψεν ...	
202	**Mt 25,24**	... ἔγνων **σε** ὅτι σκληρὸς εἶ ἄνθρωπος, θερίζων ὅπου οὐκ ἔσπειρας καὶ συνάγων ὅθεν οὐ διεσκόρπισας			**Lk 19,21** → Mt 25,25	ἐφοβούμην γάρ **σε,** ὅτι ἄνθρωπος αὐστηρὸς εἶ, αἴρεις ὃ οὐκ ἔθηκας καὶ θερίζεις ὃ οὐκ ἔσπειρας.	

	Mt		Mk		Lk		
102	**Mt 25,26**	... εἶπεν αὐτῷ· πονηρὲ δοῦλε καὶ ὀκνηρέ, ᾔδεις ὅτι θερίζω ὅπου οὐκ ἔσπειρα καὶ συνάγω ὅθεν οὐ διεσκόρπισα;			**Lk 19,22**	λέγει αὐτῷ· ἐκ τοῦ στόματός σου κρίνω **σε,** πονηρὲ δοῦλε. ᾔδεις ὅτι ἐγὼ ἄνθρωπος αὐστηρός εἰμι, αἴρων ὃ οὐκ ἔθηκα καὶ θερίζων ὃ οὐκ ἔσπειρα;	
a 002 002 002					**Lk 19,43** **(3)** → Lk 21,20	ὅτι ἥξουσιν ἡμέραι **ἐπὶ σὲ** καὶ παρεμβαλοῦσιν οἱ ἐχθροί σου χάρακά σοι καὶ περικυκλώσουσίν **σε** καὶ συνέξουσίν **σε** πάντοθεν,	
002					**Lk 19,44** → Mt 24,2 → Mk 13,2 → Lk 21,6 → Lk 21,24	καὶ ἐδαφιοῦσίν **σε** καὶ τὰ τέκνα σου ἐν σοί, καὶ οὐκ ἀφήσουσιν λίθον ἐπὶ λίθον ἐν σοί, ἀνθ᾽ ὧν οὐκ ἔγνως τὸν καιρὸν τῆς ἐπισκοπῆς σου.	
201	**Mt 25,21** → Mt 24,47	... εὖ, δοῦλε ἀγαθὲ καὶ πιστέ, ἐπὶ ὀλίγα ἦς πιστός, ἐπὶ πολλῶν **σε καταστήσω· ...**			**Lk 19,17** → Lk 16,10	... εὖγε, ἀγαθὲ δοῦλε, ὅτι ἐν ἐλαχίστῳ πιστὸς ἐγένου, **ἴσθι ἐξουσίαν ἔχων** ἐπάνω δέκα πόλεων.	
201	**Mt 25,23** → Mt 24,47	ἔφη αὐτῷ ὁ κύριος αὐτοῦ· εὖ, δοῦλε ἀγαθὲ καὶ πιστέ, ἐπὶ ὀλίγα ἦς πιστός, ἐπὶ πολλῶν **σε** καταστήσω· ...			**Lk 19,19**	εἶπεν δὲ καὶ τούτῳ· καὶ σὺ ἐπάνω γίνου πέντε πόλεων.	
202	**Mt 25,24**	... ἔγνων **σε** ὅτι σκληρὸς εἶ ἄνθρωπος, θερίζων ὅπου οὐκ ἔσπειρας καὶ συνάγων ὅθεν οὐ διεσκόρπισας			**Lk 19,21** → Mt 25,25	ἐφοβούμην γάρ **σε,** ὅτι ἄνθρωπος αὐστηρὸς εἶ, αἴρεις ὃ οὐκ ἔθηκας καὶ θερίζεις ὃ οὐκ ἔσπειρας.	
201	**Mt 25,27**	ἔδει **σε** οὖν βαλεῖν τὰ ἀργύριά μου τοῖς τραπεζίταις, ...			**Lk 19,23**	 καὶ διὰ τί οὐκ ἔδωκάς μου τὸ ἀργύριον ἐπὶ τράπεζαν; ...	
200	**Mt 25,37**	... κύριε, πότε **σε** εἴδομεν πεινῶντα καὶ ἐθρέψαμεν, ἢ διψῶντα καὶ ἐποτίσαμεν;					
200	**Mt 25,38**	πότε δέ **σε** εἴδομεν ξένον καὶ συνηγάγομεν, ἢ γυμνὸν καὶ περιεβάλομεν;					

200 a 200	Mt 25,39 (2)	πότε δέ σε εἴδομεν ἀσθενοῦντα ἢ ἐν φυλακῇ καὶ ἤλθομεν πρός σε;					
200	Mt 25,44	... κύριε, πότε σε εἴδομεν πεινῶντα ἢ διψῶντα ἢ ξένον ἢ γυμνὸν ἢ ἀσθενῆ ἢ ἐν φυλακῇ καὶ οὐ διηκονήσαμέν σοι;					
a 211	Mt 26,18	... ὁ διδάσκαλος λέγει· ὁ καιρός μου ἐγγύς ἐστιν, πρὸς σὲ ποιῶ τὸ πάσχα μετὰ τῶν μαθητῶν μου.	Mk 14,14	... ὅτι ὁ διδάσκαλος λέγει· ποῦ ἐστιν τὸ κατάλυμά μου ὅπου τὸ πάσχα μετὰ τῶν μαθητῶν μου φάγω;	Lk 22,11	... λέγει σοι ὁ διδάσκαλος· ποῦ ἐστιν τὸ κατάλυμα ὅπου τὸ πάσχα μετὰ τῶν μαθητῶν μου φάγω;	
220	Mt 26,35 → Lk 22,33	... κἂν δέῃ με σὺν σοὶ ἀποθανεῖν, οὐ μή σε ἀπαρνήσομαι. ...	Mk 14,31 → Lk 22,33	... ἐὰν δέῃ με συναποθανεῖν σοι, οὐ μή σε ἀπαρνήσομαι. ...			→ Jn 13,37
211	Mt 26,63 → Mt 27,42-43	... καὶ ὁ ἀρχιερεὺς εἶπεν αὐτῷ· ἐξορκίζω σε κατὰ τοῦ θεοῦ τοῦ ζῶντος ἵνα ἡμῖν εἴπῃς εἰ σὺ εἶ ὁ χριστὸς ὁ υἱὸς τοῦ θεοῦ.	Mk 14,61 → Mk 15,32	... πάλιν ὁ ἀρχιερεὺς ἐπηρώτα αὐτὸν καὶ λέγει αὐτῷ· σὺ εἶ ὁ χριστὸς ὁ υἱὸς τοῦ εὐλογητοῦ;	Lk 22,67 ⇩ Lk 22,70 → Lk 23,35	λέγοντες· εἰ σὺ εἶ ὁ χριστός, εἰπὸν ἡμῖν. ...	→ Jn 10,24
					Lk 22,70 ⇧ Lk 22,67	εἶπαν δὲ πάντες· σὺ οὖν εἶ ὁ υἱὸς τοῦ θεοῦ; ...	→ Jn 10,36
212	Mt 26,68	λέγοντες· προφήτευσον ἡμῖν, χριστέ, τίς ἐστιν ὁ παίσας σε;	Mk 14,65	... καὶ λέγειν αὐτῷ· προφήτευσον, καὶ οἱ ὑπηρέται ῥαπίσμασιν αὐτὸν ἔλαβον.	Lk 22,64	... ἐπηρώτων λέγοντες· προφήτευσον, τίς ἐστιν ὁ παίσας σε;	
211	Mt 26,73	... ἀληθῶς καὶ σὺ ἐξ αὐτῶν εἶ, καὶ γὰρ ἡ λαλιά σου δῆλόν σε ποιεῖ.	Mk 14,70	... ἀληθῶς ἐξ αὐτῶν εἶ, καὶ γὰρ Γαλιλαῖος εἶ.	Lk 22,59	... ἐπ' ἀληθείας καὶ οὗτος μετ' αὐτοῦ ἦν, καὶ γὰρ Γαλιλαῖός ἐστιν.	**→ Jn 18,26**

Acts 4,30 ἐν τῷ τὴν χεῖρά [σου] ἐκτείνειν
σε
εἰς ἴασιν καὶ σημεῖα καὶ τέρατα γίνεσθαι διὰ τοῦ ὀνόματος τοῦ ἁγίου παιδός σου Ἰησοῦ.

Acts 5,3 ... Ἁνανία, διὰ τί ἐπλήρωσεν ὁ σατανᾶς τὴν καρδίαν σου, ψεύσασθαί
σε
τὸ πνεῦμα τὸ ἅγιον καὶ νοσφίσασθαι ἀπὸ τῆς τιμῆς τοῦ χωρίου;

Acts 5,9 ... ἰδοὺ οἱ πόδες τῶν θαψάντων τὸν ἄνδρα σου ἐπὶ τῇ θύρᾳ καὶ ἐξοίσουσίν
σε.

Acts 7,27 ὁ δὲ ἀδικῶν τὸν πλησίον ἀπώσατο αὐτὸν εἰπών· *τίς*
σε
κατέστησεν ἄρχοντα καὶ δικαστὴν ἐφ' ἡμῶν;
➢ Exod 2,14

Acts 7,34 ... *καὶ νῦν δεῦρο ἀποστείλω*
σε
εἰς Αἴγυπτον.
➢ Exod 3,10

Acts 7,35 τοῦτον τὸν Μωϋσῆν ὃν ἠρνήσαντο εἰπόντες· *τίς*
σε
κατέστησεν ἄρχοντα καὶ δικαστήν; τοῦτον ὁ θεὸς [καὶ] ἄρχοντα καὶ λυτρωτὴν ἀπέσταλκεν ...
➢ Exod 2,14

Acts 8,23 εἰς γὰρ χολὴν πικρίας καὶ σύνδεσμον ἀδικίας ὁρῶ
σε
ὄντα.

Acts 9,6 ἀλλὰ ἀνάστηθι καὶ εἴσελθε εἰς τὴν πόλιν καὶ λαληθήσεταί σοι ὅ τί
σε
δεῖ ποιεῖν.

Acts 9,34 καὶ εἶπεν αὐτῷ ὁ Πέτρος· Αἰνέα, ἰᾶταί
σε
Ἰησοῦς Χριστός· ...

Acts 10,19 ... ἰδοὺ ἄνδρες τρεῖς ζητοῦντές
σε

a **Acts 10,22** ... ἐχρηματίσθη ὑπὸ ἀγγέλου ἁγίου μεταπέμψασθαί **σε** εἰς τὸν οἶκον αὐτοῦ καὶ ἀκοῦσαι ῥήματα παρὰ σοῦ.

a **Acts 10,33** ἐξαυτῆς οὖν ἔπεμψα **πρὸς σέ,** σύ τε καλῶς ἐποίησας παραγενόμενος. ...

a **Acts 11,14** ὃς λαλήσει ῥήματα **πρὸς σὲ** ἐν οἷς σωθήσῃ σὺ καὶ πᾶς ὁ οἶκός σου.

a **Acts 13,11** καὶ νῦν ἰδοὺ χεὶρ κυρίου **ἐπὶ σὲ** καὶ ἔσῃ τυφλὸς μὴ βλέπων τὸν ἥλιον ἄχρι καιροῦ. ...

Acts 13,33 ... ὡς καὶ ἐν τῷ ψαλμῷ γέγραπται τῷ δευτέρῳ, *υἱός μου εἶ σύ, ἐγὼ σήμερον γεγέννηκά* ***σε.***
➤ Ps 2,7

Acts 13,47 (2) οὕτως γὰρ ἐντέταλται ἡμῖν ὁ κύριος· *τέθεικά* ***σε*** *εἰς φῶς ἐθνῶν τοῦ εἶναί* ***σε*** *εἰς σωτηρίαν ἕως ἐσχάτου τῆς γῆς.*
➤ Isa 49,6

Acts 18,10 διότι ἐγώ εἰμι μετὰ σοῦ καὶ οὐδεὶς ἐπιθήσεταί σοι τοῦ κακῶσαί **σε,** διότι λαός ἐστί μοι πολὺς ἐν τῇ πόλει ταύτῃ.

a **Acts 21,37** ... ὁ Παῦλος λέγει τῷ χιλιάρχῳ· εἰ ἔξεστίν μοι εἰπεῖν τι **πρὸς σέ;** ὁ δὲ ἔφη· Ἑλληνιστὶ γινώσκεις;

Acts 22,14 ... ὁ θεὸς τῶν πατέρων ἡμῶν προεχειρίσατό **σε** γνῶναι τὸ θέλημα αὐτοῦ ...

a **Acts 22,19** ... κύριε, αὐτοὶ ἐπίστανται ὅτι ἐγὼ ἤμην φυλακίζων καὶ δέρων κατὰ τὰς συναγωγὰς τοὺς πιστεύοντας **ἐπὶ σέ**

Acts 22,21 καὶ εἶπεν πρός με· πορεύου, ὅτι ἐγὼ εἰς ἔθνη μακρὰν ἐξαποστελῶ **σε.**

Acts 23,3 τότε ὁ Παῦλος πρὸς αὐτὸν εἶπεν· τύπτειν **σε** μέλλει ὁ θεός, τοῖχε κεκονιαμένε· ...

Acts 23,11 ... ὡς γὰρ διεμαρτύρω τὰ περὶ ἐμοῦ εἰς Ἰερουσαλὴμ, οὕτω **σε** δεῖ καὶ εἰς Ῥώμην μαρτυρῆσαι.

a **Acts 23,18** ... ὁ δέσμιος Παῦλος προσκαλεσάμενός με ἠρώτησεν τοῦτον τὸν νεανίσκον ἀγαγεῖν **πρὸς σέ** ἔχοντά τι λαλῆσαί σοι.

Acts 23,20 εἶπεν δὲ ὅτι οἱ Ἰουδαῖοι συνέθεντο τοῦ ἐρωτῆσαί **σε** ὅπως αὔριον τὸν Παῦλον καταγάγῃς εἰς τὸ συνέδριον ...

a **Acts 23,30** μηνυθείσης δέ μοι ἐπιβουλῆς εἰς τὸν ἄνδρα ἔσεσθαι ἐξαυτῆς ἔπεμψα **πρὸς σέ** παραγγείλας καὶ τοῖς κατηγόροις λέγειν [τὰ] πρὸς αὐτὸν ἐπὶ σοῦ.

Acts 24,4 (2) ἵνα δὲ μὴ ἐπὶ πλεῖόν **σε** ἐγκόπτω, παρακαλῶ ἀκοῦσαί **σε** ἡμῶν συντόμως τῇ σῇ ἐπιεικείᾳ.

Acts 24,10 ... ἐκ πολλῶν ἐτῶν ὄντα **σε** κριτὴν τῷ ἔθνει τούτῳ ἐπιστάμενος εὐθύμως τὰ περὶ ἐμαυτοῦ ἀπολογοῦμαι

Acts 24,25 ... τὸ νῦν ἔχον πορεύου, καιρὸν δὲ μεταλαβὼν μετακαλέσομαί **σε**

Acts 26,3 μάλιστα γνώστην ὄντα **σε** πάντων τῶν κατὰ Ἰουδαίους ἐθῶν τε καὶ ζητημάτων, διὸ δέομαι μακροθύμως ἀκοῦσαί μου.

Acts 26,16 ... εἰς τοῦτο γὰρ ὤφθην σοι, προχειρίσασθαί **σε** ὑπηρέτην καὶ μάρτυρα ὧν τε εἶδές [με] ὧν τε ὀφθήσομαί σοι,

Acts 26,17 (2) ἐξαιρούμενός **σε** ἐκ τοῦ λαοῦ καὶ ἐκ τῶν ἐθνῶν εἰς οὓς ἐγὼ ἀποστέλλω **σε**

Acts 26,24 ... μαίνῃ, Παῦλε· τὰ πολλά **σε** γράμματα εἰς μανίαν περιτρέπει.

Acts 26,29 ὁ δὲ Παῦλος· εὐξαίμην ἂν τῷ θεῷ καὶ ἐν ὀλίγῳ καὶ ἐν μεγάλῳ οὐ μόνον **σὲ** ἀλλὰ καὶ πάντας τοὺς ἀκούοντάς μου σήμερον γενέσθαι τοιούτους ὁποῖος καὶ ἐγώ εἰμι ...

Acts 27,24 ... μὴ φοβοῦ, Παῦλε, Καίσαρί **σε** δεῖ παραστῆναι, ...

συγγένεια

Syn	Mt	Mk	Lk	Acts	Jn	1-3John	Paul	Eph	Col
1			1	2					
NT	2Thess	1/2Tim	Tit	Heb	Jas	1Pet	2Pet	Jude	Rev
3									

relationship; kinship; the relatives

002			**Lk 1,61** καὶ εἶπαν πρὸς αὐτὴν ὅτι οὐδείς ἐστιν **ἐκ τῆς συγγενείας σου** ὃς καλεῖται τῷ ὀνόματι τούτῳ.	

Acts 7,3 καὶ εἶπεν πρὸς αὐτόν·
ἔξελθε ἐκ τῆς γῆς σου καὶ
[ἐκ] τῆς συγγενείας σου
καὶ δεῦρο εἰς τὴν γῆν ἥν ἄν σοι δείξω.
➤ Gen 12,1

Acts 7,14 ἀποστείλας δὲ Ἰωσὴφ
μετεκαλέσατο Ἰακὼβ
τὸν πατέρα αὐτοῦ καὶ
πᾶσαν τὴν συγγένειαν
ἐν ψυχαῖς ἑβδομήκοντα πέντε.

συγγενεύς, συγγενής

Syn	Mt	Mk	Lk	Acts	Jn	1-3John	Paul	Eph	Col
5		1	4	1	1		4		
NT	2Thess	1/2Tim	Tit	Heb	Jas	1Pet	2Pet	Jude	Rev
11									

related to; akin to

	triple tradition																	double tradition			Sondergut		
		+Mt / +Lk			–Mt / –Lk			traditions not taken over by Mt / Lk							subtotals								
code	*222*	*211*	*112*	*212*	*221*	*122*	*121*	*022*	*012*	*021*	*220*	*120*	*210*	*020*	Σ⁺	Σ⁻	Σ	*202*	*201*	*102*	*200*	*002*	total
Mt							1⁻									1⁻							
Mk							1										1						**1**
Lk			1⁺				1⁻								1⁺	1⁻	1					3	**4**

a συγγενεύς

002			**Lk 1,58** καὶ ἤκουσαν οἱ περίοικοι καὶ **οἱ συγγενεῖς αὐτῆς** ὅτι ἐμεγάλυνεν κύριος τὸ ἔλεος αὐτοῦ μετ᾽ αὐτῆς καὶ συνέχαιρον αὐτῇ.	
a 002			**Lk 2,44** νομίσαντες δὲ αὐτὸν εἶναι ἐν τῇ συνοδίᾳ ἦλθον ἡμέρας ὁδὸν καὶ ἀνεζήτουν αὐτὸν **ἐν τοῖς συγγενεῦσιν** καὶ τοῖς γνωστοῖς	
a 121	**Mt 13,57** ... οὐκ ἔστιν προφήτης ἄτιμος εἰ μὴ ἐν τῇ πατρίδι καὶ ἐν τῇ οἰκίᾳ αὐτοῦ.	**Mk 6,4** ... οὐκ ἔστιν προφήτης ἄτιμος εἰ μὴ ἐν τῇ πατρίδι αὐτοῦ καὶ **ἐν τοῖς συγγενεῦσιν αὐτοῦ** καὶ ἐν τῇ οἰκίᾳ αὐτοῦ.	**Lk 4,24** ... οὐδεὶς προφήτης δεκτός ἐστιν ἐν τῇ πατρίδι αὐτοῦ.	→ Jn 4,44 → GTh 31 (POxy 1)
002			**Lk 14,12** ... ὅταν ποιῇς ἄριστον ἢ δεῖπνον, μὴ φώνει τοὺς φίλους σου μηδὲ τοὺς ἀδελφούς σου **μηδὲ τοὺς συγγενεῖς σου** μηδὲ γείτονας πλουσίους, μήποτε καὶ αὐτοὶ ἀντικαλέσωσίν σε καὶ γένηται ἀνταπόδομά σοι.	

112	**Mt 10,21** ⇩ Mt 24,9 → Mt 10,35 → Mt 24,10	παραδώσει δὲ ἀδελφὸς ἀδελφὸν εἰς θάνατον καὶ πατὴρ τέκνον, καὶ ἐπαναστήσονται τέκνα ἐπὶ γονεῖς καὶ θανατώσουσιν αὐτούς.	**Mk 13,12**	καὶ παραδώσει ἀδελφὸς ἀδελφὸν εἰς θάνατον καὶ πατὴρ τέκνον, καὶ ἐπαναστήσονται τέκνα ἐπὶ γονεῖς καὶ θανατώσουσιν αὐτούς·	**Lk 21,16** → Lk 12,53	παραδοθήσεσθε δὲ καὶ ὑπὸ γονέων καὶ ἀδελφῶν καὶ **συγγενῶν** καὶ φίλων, καὶ θανατώσουσιν ἐξ ὑμῶν	
	Mt 24,9 ⇧ Mt 10,21	τότε παραδώσουσιν ὑμᾶς εἰς θλῖψιν καὶ ἀποκτενοῦσιν ὑμᾶς, ...					

Acts 10,24 ... ὁ δὲ Κορνήλιος ἦν προσδοκῶν αὐτούς συγκαλεσάμενος **τοὺς συγγενεῖς αὐτοῦ** καὶ τοὺς ἀναγκαίους φίλους.

συγγενίς	Syn 1	Mt	Mk	Lk 1	Acts	Jn	1-3John	Paul	Eph	Col
	NT 1	2Thess	1/2Tim	Tit	Heb	Jas	1Pet	2Pet	Jude	Rev

the (female) relative; kinswoman

002		**Lk 1,36**	καὶ ἰδοὺ Ἐλισάβετ **ἡ συγγενίς σου** καὶ αὐτὴ συνείληφεν υἱὸν ἐν γήρει αὐτῆς καὶ οὗτος μὴν ἕκτος ἐστὶν αὐτῇ τῇ καλουμένῃ στείρᾳ·	

συγκάθημαι	Syn 1	Mt	Mk 1	Lk	Acts 1	Jn	1-3John	Paul	Eph	Col
	NT 2	2Thess	1/2Tim	Tit	Heb	Jas	1Pet	2Pet	Jude	Rev

sit with someone

121	**Mt 26,58**	ὁ δὲ Πέτρος ἠκολούθει αὐτῷ ἀπὸ μακρόθεν ἕως τῆς αὐλῆς τοῦ ἀρχιερέως καὶ εἰσελθὼν ἔσω **ἐκάθητο** μετὰ τῶν ὑπηρετῶν ἰδεῖν τὸ τέλος.	**Mk 14,54**	καὶ ὁ Πέτρος ἀπὸ μακρόθεν ἠκολούθησεν αὐτῷ ἕως ἔσω εἰς τὴν αὐλὴν τοῦ ἀρχιερέως καὶ ἦν **συγκαθήμενος** μετὰ τῶν ὑπηρετῶν καὶ θερμαινόμενος πρὸς τὸ φῶς.	**Lk 22,55**	[54] ... ὁ δὲ Πέτρος ἠκολούθει μακρόθεν. [55] περιαψάντων δὲ πῦρ ἐν μέσῳ τῆς αὐλῆς καὶ συγκαθισάντων **ἐκάθητο** ὁ Πέτρος μέσος αὐτῶν.	→ Jn 18,18

Acts 26,30 ἀνέστη τε ὁ βασιλεὺς καὶ ὁ ἡγεμὼν ἥ τε Βερνίκη καὶ **οἱ συγκαθήμενοι** αὐτοῖς

συγκαθίζω	Syn 1	Mt	Mk	Lk 1	Acts	Jn	1-3John	Paul	Eph 1	Col
	NT 2	2Thess	1/2Tim	Tit	Heb	Jas	1Pet	2Pet	Jude	Rev

transitive: cause to sit down; *intransitive:* sit down with others

112	**Mt 26,58**	ὁ δὲ Πέτρος ... εἰσελθὼν ἔσω ἐκάθητο μετὰ τῶν ὑπηρετῶν ἰδεῖν τὸ τέλος.	**Mk 14,54**	καὶ ὁ Πέτρος ... ἦν συγκαθήμενος μετὰ τῶν ὑπηρετῶν καὶ θερμαινόμενος πρὸς τὸ φῶς.	**Lk 22,55**	περιαψάντων δὲ πῦρ ἐν μέσῳ τῆς αὐλῆς καὶ **συγκαθισάντων** ἐκάθητο ὁ Πέτρος μέσος αὐτῶν.	→ Jn 18,18

συγκαλέω	Syn 5	Mt	Mk 1	Lk 4	Acts 3	Jn	1-3John	Paul	Eph	Col
	NT 8	2Thess	1/2Tim	Tit	Heb	Jas	1Pet	2Pet	Jude	Rev

active: call together; *passive:* call to one's side; summon

	triple tradition																	double tradition			Sondergut		
		+Mt / +Lk			–Mt / –Lk			traditions not taken over by Mt / Lk							subtotals								
code	*222*	*211*	*112*	*212*	*221*	*122*	*121*	*022*	*012*	*021*	*220*	*120*	*210*	*020*	Σ^+	Σ^-	Σ	*202*	*201*	*102*	*200*	*002*	total
Mt												1⁻				1⁻							
Mk												1					1						**1**
Lk			1⁺												1⁺		1					3	**4**

112	**Mt 10,1** → Mk 3,13	καὶ **προσκαλεσάμενος** τοὺς δώδεκα μαθητὰς αὐτοῦ ἔδωκεν αὐτοῖς ἐξουσίαν πνευμάτων ἀκαθάρτων ὥστε ἐκβάλλειν αὐτὰ καὶ θεραπεύειν πᾶσαν νόσον καὶ πᾶσαν μαλακίαν.	**Mk 6,7** → Mk 3,14-15 → Mt 10,5 → Lk 9,2	καὶ **προσκαλεῖται** τοὺς δώδεκα καὶ ἤρξατο αὐτοὺς ἀποστέλλειν δύο δύο καὶ ἐδίδου αὐτοῖς ἐξουσίαν τῶν πνευμάτων τῶν ἀκαθάρτων	**Lk 9,1** → Lk 10,1	**συγκαλεσάμενος** δὲ τοὺς δώδεκα ἔδωκεν αὐτοῖς δύναμιν καὶ ἐξουσίαν ἐπὶ πάντα τὰ δαιμόνια καὶ νόσους θεραπεύειν	
002					**Lk 15,6**	καὶ ἐλθὼν εἰς τὸν οἶκον **συγκαλεῖ** τοὺς φίλους καὶ τοὺς γείτονας λέγων αὐτοῖς· συγχάρητέ μοι, ὅτι εὗρον τὸ πρόβατόν μου τὸ ἀπολωλός.	
002					**Lk 15,9**	καὶ εὑροῦσα **συγκαλεῖ** τὰς φίλας καὶ γείτονας λέγουσα· συγχάρητέ μοι, ὅτι εὗρον τὴν δραχμὴν ἣν ἀπώλεσα.	
002					**Lk 23,13**	Πιλᾶτος δὲ **συγκαλεσάμενος** τοὺς ἀρχιερεῖς καὶ τοὺς ἄρχοντας καὶ τὸν λαὸν [14] εἶπεν πρὸς αὐτούς· ...	→ Jn 19,4
120	**Mt 27,27** → Lk 23,11	τότε οἱ στρατιῶται τοῦ ἡγεμόνος παραλαβόντες τὸν Ἰησοῦν εἰς τὸ πραιτώριον **συνήγαγον** ἐπ' αὐτὸν ὅλην τὴν σπεῖραν.	**Mk 15,16** → Lk 23,11	οἱ δὲ στρατιῶται ἀπήγαγον αὐτὸν ἔσω τῆς αὐλῆς, ὅ ἐστιν πραιτώριον, καὶ **συγκαλοῦσιν** ὅλην τὴν σπεῖραν.			

Acts 5,21	Acts 10,24	Acts 28,17
... παραγενόμενος δὲ ὁ ἀρχιερεὺς καὶ οἱ σὺν αὐτῷ **συνεκάλεσαν** τὸ συνέδριον καὶ πᾶσαν τὴν γερουσίαν ...	... ὁ δὲ Κορνήλιος ἦν προσδοκῶν αὐτούς **συγκαλεσάμενος** τοὺς συγγενεῖς αὐτοῦ καὶ τοὺς ἀναγκαίους φίλους.	ἐγένετο δὲ μετὰ ἡμέρας τρεῖς **συγκαλέσασθαι** αὐτὸν τοὺς ὄντας τῶν Ἰουδαίων πρώτους· ...

συγκαλύπτω

Syn	Mt	Mk	Lk	Acts	Jn	1-3John	Paul	Eph	Col
1			1						
NT	2Thess	1/2Tim	Tit	Heb	Jas	1Pet	2Pet	Jude	Rev
1									

cover (completely); conceal

	Mt		Mk		Lk		
102	**Mt 10,26**	... οὐδὲν γάρ ἐστιν **κεκαλυμμένον** ὃ οὐκ ἀποκαλυφθήσεται καὶ κρυπτὸν ὃ οὐ γνωσθήσεται.			**Lk 12,2** ⇩ Lk 8,17	οὐδὲν δὲ **συγκεκαλυμμένον** ἐστὶν ὃ οὐκ ἀποκαλυφθήσεται καὶ κρυπτὸν ὃ οὐ γνωσθήσεται.	→ GTh 5 → GTh 6,5-6 (POxy 654) Mk-Q overlap
			Mk 4,22	οὐ γάρ ἐστιν **κρυπτὸν** ἐὰν μὴ ἵνα φανερωθῇ, οὐδὲ ἐγένετο ἀπόκρυφον ἀλλ' ἵνα ἔλθῃ εἰς φανερόν.	**Lk 8,17** ⇧ Lk 12,2	οὐ γάρ ἐστιν **κρυπτὸν** ὃ οὐ φανερὸν γενήσεται οὐδὲ ἀπόκρυφον ὃ οὐ μὴ γνωσθῇ καὶ εἰς φανερὸν ἔλθῃ.	

συγκατατίθεμαι

Syn	Mt	Mk	Lk	Acts	Jn	1-3John	Paul	Eph	Col
1			1						
NT	2Thess	1/2Tim	Tit	Heb	Jas	1Pet	2Pet	Jude	Rev
1									

agree with; consent to

	Mt		Mk		Lk		
112	**Mt 27,57**	ὀψίας δὲ γενομένης ἦλθεν ἄνθρωπος πλούσιος ἀπὸ Ἁριμαθαίας, τοὔνομα Ἰωσήφ, ὃς καὶ αὐτὸς ἐμαθητεύθη τῷ Ἰησοῦ·	**Mk 15,43**	ἐλθὼν Ἰωσὴφ [ὁ] ἀπὸ Ἁριμαθαίας εὐσχήμων βουλευτής, ὃς καὶ αὐτὸς ἦν προσδεχόμενος τὴν βασιλείαν τοῦ θεοῦ, ...	**Lk 23,51**	[50] καὶ ἰδοὺ ἀνὴρ ὀνόματι Ἰωσὴφ βουλευτὴς ὑπάρχων [καὶ] ἀνὴρ ἀγαθὸς καὶ δίκαιος [51] - οὗτος οὐκ ἦν **συγκατατεθειμένος** τῇ βουλῇ καὶ τῇ πράξει αὐτῶν - ἀπὸ Ἁριμαθαίας πόλεως τῶν Ἰουδαίων, ὃς προσεδέχετο τὴν βασιλείαν τοῦ θεοῦ	→ Jn 19,38

συγκλείω

Syn	Mt	Mk	Lk	Acts	Jn	1-3John	Paul	Eph	Col
1			1				3		
NT	2Thess	1/2Tim	Tit	Heb	Jas	1Pet	2Pet	Jude	Rev
4									

close up together; hem in; enclose; confine; imprison

	Mt		Mk		Lk		
002					**Lk 5,6**	καὶ τοῦτο ποιήσαντες **συνέκλεισαν** πλῆθος ἰχθύων πολύ, διερρήσσετο δὲ τὰ δίκτυα αὐτῶν.	→ Jn 21,6 → Jn 21,11

συγκύπτω	Syn 1	Mt	Mk	Lk 1	Acts	Jn	1-3John	Paul	Eph	Col
	NT 1	2Thess	1/2Tim	Tit	Heb	Jas	1Pet	2Pet	Jude	Rev

be bent over

002		**Lk 13,11** →Mt 12,10 →Mk 3,1 →Lk 6,6 →Lk 14,2	καὶ ἰδοὺ γυνὴ πνεῦμα ἔχουσα ἀσθενείας ἔτη δεκαοκτὼ καὶ ἦν **συγκύπτουσα** καὶ μὴ δυναμένη ἀνακύψαι εἰς τὸ παντελές.	

συγκυρία	Syn 1	Mt	Mk	Lk 1	Acts	Jn	1-3John	Paul	Eph	Col
	NT 1	2Thess	1/2Tim	Tit	Heb	Jas	1Pet	2Pet	Jude	Rev

coincidence; chance

002		**Lk 10,31**	κατὰ **συγκυρίαν** δὲ ἱερεύς τις κατέβαινεν ἐν τῇ ὁδῷ ἐκείνῃ καὶ ἰδὼν αὐτὸν ἀντιπαρῆλθεν·	

συγχαίρω	Syn 3	Mt	Mk	Lk 3	Acts	Jn	1-3John	Paul 4	Eph	Col
	NT 7	2Thess	1/2Tim	Tit	Heb	Jas	1Pet	2Pet	Jude	Rev

rejoice with; feel joy with someone

002		**Lk 1,58**	καὶ ἤκουσαν οἱ περίοικοι καὶ οἱ συγγενεῖς αὐτῆς ὅτι ἐμεγάλυνεν κύριος τὸ ἔλεος αὐτοῦ μετ' αὐτῆς καὶ **συνέχαιρον** αὐτῇ.	
002		**Lk 15,6**	καὶ ἐλθὼν εἰς τὸν οἶκον συγκαλεῖ τοὺς φίλους καὶ τοὺς γείτονας λέγων αὐτοῖς· **συγχάρητέ** μοι, ὅτι εὗρον τὸ πρόβατόν μου τὸ ἀπολωλός.	
002		**Lk 15,9**	καὶ εὑροῦσα συγκαλεῖ τὰς φίλας καὶ γείτονας λέγουσα· **συγχάρητέ** μοι, ὅτι εὗρον τὴν δραχμὴν ἣν ἀπώλεσα.	

συζεύγνυμι	Syn 2	Mt 1	Mk 1	Lk	Acts	Jn	1-3John	Paul	Eph	Col
	NT 2	2Thess	1/2Tim	Tit	Heb	Jas	1Pet	2Pet	Jude	Rev

yoke together; join together; pair

220	**Mt 19,6**	... ὃ οὖν ὁ θεὸς **συνέζευξεν** ἄνθρωπος μὴ χωριζέτω.	**Mk 10,9**	ὃ οὖν ὁ θεὸς **συνέζευξεν** ἄνθρωπος μὴ χωριζέτω.		

συζητέω	Syn 8	Mt	Mk 6	Lk 2	Acts 2	Jn	1-3John	Paul	Eph	Col
	NT 10	2Thess	1/2Tim	Tit	Heb	Jas	1Pet	2Pet	Jude	Rev

discuss; carry on a discussion; dispute; debate; argue

	triple tradition																	double tradition			Sondergut		
		+Mt / +Lk			–Mt / –Lk			traditions not taken over by Mt / Lk							subtotals								
code	222	211	112	212	221	122	121	022	012	021	220	120	210	020	Σ⁺	Σ⁻	Σ	202	201	102	200	002	total
Mt							2⁻					1⁻				3⁻							
Mk							2			1		1		2			6						6
Lk			1⁺				2⁻			1⁻					1⁺	3⁻	1					1	2

021	→ Mt 7,29		Mk 1,27 → Mk 1,22	καὶ ἐθαμβήθησαν ἅπαντες, ὥστε **συζητεῖν** πρὸς ἑαυτοὺς λέγοντας· τί ἐστιν τοῦτο; διδαχὴ καινὴ κατ' ἐξουσίαν· καὶ τοῖς πνεύμασι τοῖς ἀκαθάρτοις ἐπιτάσσει, καὶ ὑπακούουσιν αὐτῷ.	Lk 4,36 → Lk 4,32	καὶ ἐγένετο θάμβος ἐπὶ πάντας καὶ **συνελάλουν** πρὸς ἀλλήλους λέγοντες· τίς ὁ λόγος οὗτος ὅτι ἐν ἐξουσίᾳ καὶ δυνάμει ἐπιτάσσει τοῖς ἀκαθάρτοις πνεύμασιν καὶ ἐξέρχονται;	
120	Mt 16,1 ⇩ Mt 12,38	καὶ προσελθόντες οἱ Φαρισαῖοι καὶ Σαδδουκαῖοι πειράζοντες ἐπηρώτησαν αὐτὸν σημεῖον ἐκ τοῦ οὐρανοῦ ἐπιδεῖξαι αὐτοῖς.	Mk 8,11	καὶ ἐξῆλθον οἱ Φαρισαῖοι καὶ ἤρξαντο **συζητεῖν** αὐτῷ, ζητοῦντες παρ' αὐτοῦ σημεῖον ἀπὸ τοῦ οὐρανοῦ, πειράζοντες αὐτόν.			Mk-Q overlap
	Mt 12,38 ⇧ Mt 16,1	τότε ἀπεκρίθησαν αὐτῷ τινες τῶν γραμματέων καὶ Φαρισαίων λέγοντες· διδάσκαλε, θέλομεν ἀπὸ σοῦ σημεῖον ἰδεῖν.			Lk 11,16	ἕτεροι δὲ πειράζοντες σημεῖον ἐξ οὐρανοῦ ἐζήτουν παρ' αὐτοῦ.	
020			Mk 9,10	καὶ τὸν λόγον ἐκράτησαν πρὸς ἑαυτοὺς **συζητοῦντες** τί ἐστιν τὸ ἐκ νεκρῶν ἀναστῆναι.			
121	Mt 17,14	[9] καὶ καταβαινόντων αὐτῶν ἐκ τοῦ ὄρους ... [14] καὶ ἐλθόντων πρὸς τὸν ὄχλον ...	Mk 9,14	[9] καὶ καταβαινόντων αὐτῶν ἐκ τοῦ ὄρους ... [14] καὶ ἐλθόντες πρὸς τοὺς μαθητὰς εἶδον ὄχλον πολὺν περὶ αὐτοὺς καὶ γραμματεῖς **συζητοῦντας** πρὸς αὐτούς. [15] καὶ εὐθὺς πᾶς ὁ ὄχλος ἰδόντες αὐτὸν ἐξεθαμβήθησαν καὶ προστρέχοντες ἠσπάζοντο αὐτόν.	Lk 9,37	ἐγένετο δὲ τῇ ἑξῆς ἡμέρᾳ κατελθόντων αὐτῶν ἀπὸ τοῦ ὄρους συνήντησεν αὐτῷ ὄχλος πολύς.	
020			Mk 9,16	καὶ ἐπηρώτησεν αὐτούς· τί **συζητεῖτε** πρὸς αὐτούς;			

	Mt	Mk	Lk	
121	**Mt 22,34** οἱ δὲ Φαρισαῖοι ἀκούσαντες ὅτι ἐφίμωσεν τοὺς Σαδδουκαίους συνήχθησαν ἐπὶ τὸ αὐτό, [35] καὶ ἐπηρώτησεν εἷς ἐξ αὐτῶν [νομικὸς] πειράζων αὐτόν·	**Mk 12,28** → Lk 20,39 καὶ προσελθὼν εἷς τῶν γραμματέων ἀκούσας αὐτῶν **συζητούντων,** ἰδὼν ὅτι καλῶς ἀπεκρίθη αὐτοῖς ἐπηρώτησεν αὐτόν· ...	**Lk 10,25** καὶ ἰδοὺ νομικός τις ἀνέστη ἐκπειράζων αὐτὸν λέγων· ...	
112	**Mt 26,22** → Mt 26,25 καὶ λυπούμενοι σφόδρα ἤρξαντο **λέγειν** αὐτῷ εἷς ἕκαστος· μήτι ἐγώ εἰμι, κύριε;	**Mk 14,19** ἤρξαντο λυπεῖσθαι καὶ **λέγειν** αὐτῷ εἷς κατὰ εἷς· μήτι ἐγώ;	**Lk 22,23** καὶ αὐτοὶ ἤρξαντο **συζητεῖν** πρὸς ἑαυτοὺς τὸ τίς ἄρα εἴη ἐξ αὐτῶν ὁ τοῦτο μέλλων πράσσειν.	→ Jn 13,22.25
002			**Lk 24,15** καὶ ἐγένετο ἐν τῷ ὁμιλεῖν αὐτοὺς καὶ **συζητεῖν** καὶ αὐτὸς Ἰησοῦς ἐγγίσας συνεπορεύετο αὐτοῖς	

Acts 6,9 ἀνέστησαν δέ τινες τῶν ἐκ τῆς συναγωγῆς τῆς λεγομένης Λιβερτίνων καὶ Κυρηναίων καὶ Ἀλεξανδρέων καὶ τῶν ἀπὸ Κιλικίας καὶ Ἀσίας **συζητοῦντες** τῷ Στεφάνῳ	**Acts 9,29** ἐλάλει τε καὶ **συνεζήτει** πρὸς τοὺς Ἑλληνιστάς, οἱ δὲ ἐπεχείρουν ἀνελεῖν αὐτόν.

συκάμινος

	Syn	Mt	Mk	Lk	Acts	Jn	1-3John	Paul	Eph	Col
	1			1						
	NT	2Thess	1/2Tim	Tit	Heb	Jas	1Pet	2Pet	Jude	Rev
	1									

mulberry tree

	Mt	Mk	Lk	
102	**Mt 17,20** → Mt 21,21 ... ἐὰν ἔχητε πίστιν ὡς κόκκον σινάπεως, ἐρεῖτε **τῷ ὄρει τούτῳ,** μετάβα ἔνθεν ἐκεῖ, καὶ μεταβήσεται· καὶ οὐδὲν ἀδυνατήσει ὑμῖν.	**Mk 11,23** → Mk 9,23 [22] ... ἔχετε πίστιν θεοῦ. [23] ἀμὴν λέγω ὑμῖν ὅτι ὃς ἂν εἴπῃ **τῷ ὄρει τούτῳ·** ἄρθητι καὶ βλήθητι εἰς τὴν θάλασσαν, καὶ μὴ διακριθῇ ἐν τῇ καρδίᾳ αὐτοῦ ἀλλὰ πιστεύῃ ὅτι ὃ λαλεῖ γίνεται, ἔσται αὐτῷ.	**Lk 17,6** ... εἰ ἔχετε πίστιν ὡς κόκκον σινάπεως, ἐλέγετε ἂν **τῇ συκαμίνῳ [ταύτῃ]·** ἐκριζώθητι καὶ φυτεύθητι ἐν τῇ θαλάσσῃ· καὶ ὑπήκουσεν ἂν ὑμῖν.	→ GTh 48 → GTh 106

συκῆ

	Syn	Mt	Mk	Lk	Acts	Jn	1-3John	Paul	Eph	Col
	12	5	4	3		2				
	NT	2Thess	1/2Tim	Tit	Heb	Jas	1Pet	2Pet	Jude	Rev
	16					1				1

fig tree

	triple tradition																	double tradition			Sondergut		
		+Mt / +Lk			−Mt / −Lk			traditions not taken over by Mt / Lk							subtotals								
code	*222*	*211*	*112*	*212*	*221*	*122*	*121*	*022*	*012*	*021*	*220*	*120*	*210*	*020*	Σ^+	Σ^-	Σ	*202*	*201*	*102*	*200*	*002*	total
Mt	1										3		1^+		1^+		5						**5**
Mk	1										3						4						**4**
Lk	1																1					2	**3**

	Mt	Mk	Lk	
002			**Lk 13,6** ↓ Mt 21,19 ↓ Mk 11,13 ἔλεγεν δὲ ταύτην τὴν παραβολήν· **συκῆν** εἶχέν τις πεφυτευμένην ἐν τῷ ἀμπελῶνι αὐτοῦ, ...	

002					Lk 13,7	... ἰδοὺ τρία ἔτη ἀφ' οὗ ἔρχομαι ζητῶν καρπὸν **ἐν τῇ συκῇ ταύτῃ** καὶ οὐχ εὑρίσκω· ...	
220	Mt 21,19 (2) ↑ Lk 13,6	καὶ ἰδὼν **συκῆν μίαν** ἐπὶ τῆς ὁδοῦ ἦλθεν ἐπ' αὐτὴν καὶ οὐδὲν εὗρεν ἐν αὐτῇ εἰ μὴ φύλλα μόνον,	Mk 11,13 ↑ Lk 13,6	καὶ ἰδὼν **συκῆν** ἀπὸ μακρόθεν ἔχουσαν φύλλα ἦλθεν, εἰ ἄρα τι εὑρήσει ἐν αὐτῇ, καὶ ἐλθὼν ἐπ' αὐτὴν οὐδὲν εὗρεν εἰ μὴ φύλλα· ὁ γὰρ καιρὸς οὐκ ἦν σύκων.			
		καὶ λέγει αὐτῇ· μηκέτι ἐκ σοῦ καρπὸς γένηται εἰς τὸν αἰῶνα.	Mk 11,14	καὶ ἀποκριθεὶς εἶπεν αὐτῇ· μηκέτι εἰς τὸν αἰῶνα ἐκ σοῦ μηδεὶς καρπὸν φάγοι. καὶ ἤκουον οἱ μαθηταὶ αὐτοῦ.			
220		καὶ ἐξηράνθη παραχρῆμα **ἡ συκῆ.** [20] καὶ ἰδόντες ↔	Mk 11,20	καὶ παραπορευόμενοι πρωῒ εἶδον **τὴν συκῆν** ἐξηραμμένην ἐκ ῥιζῶν.			
220	Mt 21,20	↔ οἱ μαθηταὶ ἐθαύμασαν λέγοντες· πῶς παραχρῆμα ἐξηράνθη **ἡ συκῆ;**	Mk 11,21	καὶ ἀναμνησθεὶς ὁ Πέτρος λέγει αὐτῷ· ῥαββί, ἴδε **ἡ συκῆ** ἣν κατηράσω ἐξήρανται.			
210	Mt 21,21 → Mt 17,20 → Lk 17,6	... ἀμὴν λέγω ὑμῖν, ἐὰν ἔχητε πίστιν καὶ μὴ διακριθῆτε, οὐ μόνον τὸ **τῆς συκῆς** ποιήσετε, ἀλλὰ κἂν τῷ ὄρει τούτῳ εἴπητε· ἄρθητι καὶ βλήθητι εἰς τὴν θάλασσαν, γενήσεται·	Mk 11,23 → Mt 17,20 → Lk 17,6 → Mk 9,23	[22] ... ἔχετε πίστιν θεοῦ. [23] ἀμὴν λέγω ὑμῖν ὅτι ὃς ἂν εἴπῃ τῷ ὄρει τούτῳ· ἄρθητι καὶ βλήθητι εἰς τὴν θάλασσαν, καὶ μὴ διακριθῇ ἐν τῇ καρδίᾳ αὐτοῦ ἀλλὰ πιστεύῃ ὅτι ὃ λαλεῖ γίνεται, ἔσται αὐτῷ.			→ GTh 48 → GTh 106
222	Mt 24,32	**ἀπὸ δὲ τῆς συκῆς** μάθετε τὴν παραβολήν· ...	Mk 13,28	**ἀπὸ δὲ τῆς συκῆς** μάθετε τὴν παραβολήν· ...	Lk 21,29	καὶ εἶπεν παραβολὴν αὐτοῖς· ἴδετε **τὴν συκῆν** καὶ πάντα τὰ δένδρα·	

συκομορέα	Syn 1	Mt	Mk	Lk 1	Acts	Jn	1-3John	Paul	Eph	Col
	NT 1	2Thess	1/2Tim	Tit	Heb	Jas	1Pet	2Pet	Jude	Rev

fig-mulberry tree

002					Lk 19,4	καὶ προδραμὼν εἰς τὸ ἔμπροσθεν ἀνέβη **ἐπὶ συκομορέαν** ἵνα ἴδῃ αὐτὸν ὅτι ἐκείνης ἤμελλεν διέρχεσθαι.	

σῦκον	Syn 3	Mt 1	Mk 1	Lk 1	Acts	Jn	1-3John	Paul	Eph	Col
	NT 4	2Thess	1/2Tim	Tit	Heb	Jas 1	1Pet	2Pet	Jude	Rev

fig

202	**Mt 7,16** ... μήτι συλλέγουσιν ἀπὸ ἀκανθῶν σταφυλὰς ἢ ἀπὸ τριβόλων **σῦκα;**		**Lk 6,44** ... οὐ γὰρ ἐξ ἀκανθῶν συλλέγουσιν **σῦκα** οὐδὲ ἐκ βάτου σταφυλὴν τρυγῶσιν.	→ GTh 45,1
120	**Mt 21,19** ... οὐδὲν εὗρεν ἐν αὐτῇ εἰ μὴ φύλλα μόνον, ...	**Mk 11,13** ... οὐδὲν εὗρεν εἰ μὴ φύλλα· ὁ γὰρ καιρὸς οὐκ ἦν **σύκων.**		

συκοφαντέω	Syn 2	Mt	Mk	Lk 2	Acts	Jn	1-3John	Paul	Eph	Col
	NT 2	2Thess	1/2Tim	Tit	Heb	Jas	1Pet	2Pet	Jude	Rev

annoy; harass; oppress; blackmail; extort

002			**Lk 3,14** ἐπηρώτων δὲ αὐτὸν καὶ στρατευόμενοι λέγοντες· τί ποιήσωμεν καὶ ἡμεῖς; καὶ εἶπεν αὐτοῖς· μηδένα διασείσητε **μηδὲ συκοφαντήσητε** καὶ ἀρκεῖσθε τοῖς ὀψωνίοις ὑμῶν.	
002			**Lk 19,8** → Lk 3,13 σταθεὶς δὲ Ζακχαῖος εἶπεν πρὸς τὸν κύριον· ἰδοὺ τὰ ἡμίσιά μου τῶν ὑπαρχόντων, κύριε, τοῖς πτωχοῖς δίδωμι, καὶ εἴ τινός τι **ἐσυκοφάντησα** ἀποδίδωμι τετραπλοῦν.	

συλλαλέω	Syn 5	Mt 1	Mk 1	Lk 3	Acts 1	Jn	1-3John	Paul	Eph	Col
	NT 6	2Thess	1/2Tim	Tit	Heb	Jas	1Pet	2Pet	Jude	Rev

talk, converse with; discuss with someone

	triple tradition																	double tradition			Sonder-gut		
		+Mt / +Lk			−Mt / −Lk			traditions not taken over by Mt / Lk							subtotals								
code	222	211	112	212	221	122	121	022	012	021	220	120	210	020	Σ^+	Σ^-	Σ	202	201	102	200	002	total
Mt	1																1						1
Mk	1																1						1
Lk	1		1^+						1^+						2^+		3						3

012	→ Mt 7,29	**Mk 1,27** → Mk 1,22 καὶ ἐθαμβήθησαν ἅπαντες, ὥστε **συζητεῖν** πρὸς ἑαυτοὺς λέγοντας· τί ἐστιν τοῦτο; διδαχὴ καινὴ κατ' ἐξουσίαν· καὶ τοῖς πνεύμασι τοῖς ἀκαθάρτοις ἐπιτάσσει, καὶ ὑπακούουσιν αὐτῷ.	**Lk 4,36** → Lk 4,32 καὶ ἐγένετο θάμβος ἐπὶ πάντας καὶ **συνελάλουν** πρὸς ἀλλήλους λέγοντες· τίς ὁ λόγος οὗτος ὅτι ἐν ἐξουσίᾳ καὶ δυνάμει ἐπιτάσσει τοῖς ἀκαθάρτοις πνεύμασιν καὶ ἐξέρχονται;	

222	**Mt 17,3** → Lk 9,31	καὶ ἰδοὺ ὤφθη αὐτοῖς Μωϋσῆς καὶ Ἠλίας **συλλαλοῦντες** μετ' αὐτοῦ.	**Mk 9,4** → Lk 9,31	καὶ ὤφθη αὐτοῖς Ἠλίας σὺν Μωϋσεῖ καὶ **ἦσαν συλλαλοῦντες** τῷ Ἰησοῦ.	**Lk 9,30**	καὶ ἰδοὺ ἄνδρες δύο **συνελάλουν** αὐτῷ, οἵτινες ἦσαν Μωϋσῆς καὶ Ἠλίας
112	**Mt 26,15**	[14] τότε πορευθεὶς εἷς τῶν δώδεκα, ὁ λεγόμενος Ἰούδας Ἰσκαριώτης, πρὸς τοὺς ἀρχιερεῖς [15] **εἶπεν·** τί θέλετέ μοι δοῦναι, κἀγὼ ὑμῖν παραδώσω αὐτόν; ...	**Mk 14,10**	καὶ Ἰούδας Ἰσκαριὼθ ὁ εἷς τῶν δώδεκα ἀπῆλθεν πρὸς τοὺς ἀρχιερεῖς ἵνα αὐτὸν παραδοῖ αὐτοῖς.	**Lk 22,4**	[3] εἰσῆλθεν δὲ σατανᾶς εἰς Ἰούδαν τὸν καλούμενον Ἰσκαριώτην, ὄντα ἐκ τοῦ ἀριθμοῦ τῶν δώδεκα· [4] καὶ ἀπελθὼν **συνελάλησεν** τοῖς ἀρχιερεῦσιν καὶ στρατηγοῖς τὸ πῶς αὐτοῖς παραδῷ αὐτόν.

Acts 25,12 τότε ὁ Φῆστος **συλλαλήσας** μετὰ τοῦ συμβουλίου ἀπεκρίθη· Καίσαρα ἐπικέκλησαι, ἐπὶ Καίσαρα πορεύσῃ.

# συλλαμβάνω	Syn	Mt	Mk	Lk	Acts	Jn	1-3John	Paul	Eph	Col
	9	1	1	7	4	1		1		
	NT	2Thess	1/2Tim	Tit	Heb	Jas	1Pet	2Pet	Jude	Rev
	16					1				

active: seize; grasp; apprehend; catch; conceive; *middle:* seize; arrest

	triple tradition																	double tradition			Sondergut		
		+Mt / +Lk			–Mt / –Lk			traditions not taken over by Mt / Lk							subtotals								
code	*222*	*211*	*112*	*212*	*221*	*122*	*121*	*022*	*012*	*021*	*220*	*120*	*210*	*020*	Σ^+	Σ^-	Σ	*202*	*201*	*102*	*200*	*002*	total
Mt					1												1						**1**
Mk					1												1						**1**
Lk			1^+		1^-										1^+	1^-	1					6	**7**

002			**Lk 1,24**	μετὰ δὲ ταύτας τὰς ἡμέρας **συνέλαβεν** Ἐλισάβετ ἡ γυνὴ αὐτοῦ καὶ περιέκρυβεν ἑαυτὴν μῆνας πέντε ...
002			**Lk 1,31** → Mt 1,21 → Mt 1,25 ↓ Lk 2,21	καὶ ἰδοὺ **συλλήμψῃ** ἐν γαστρὶ καὶ τέξῃ υἱὸν καὶ καλέσεις τὸ ὄνομα αὐτοῦ Ἰησοῦν.
002			**Lk 1,36**	καὶ ἰδοὺ Ἐλισάβετ ἡ συγγενίς σου καὶ αὐτὴ **συνείληφεν** υἱὸν ἐν γήρει αὐτῆς καὶ οὗτος μὴν ἕκτος ἐστὶν αὐτῇ τῇ καλουμένῃ στείρᾳ·
002			**Lk 2,21** → Mt 1,25 ↑ Lk 1,31	καὶ ὅτε ἐπλήσθησαν ἡμέραι ὀκτὼ τοῦ περιτεμεῖν αὐτὸν καὶ ἐκλήθη τὸ ὄνομα αὐτοῦ Ἰησοῦς, τὸ κληθὲν ὑπὸ τοῦ ἀγγέλου **πρὸ τοῦ συλλημφθῆναι** αὐτὸν ἐν τῇ κοιλίᾳ.

002					Lk 5,7	καὶ κατένευσαν τοῖς μετόχοις ἐν τῷ ἑτέρῳ πλοίῳ τοῦ ἐλθόντας **συλλαβέσθαι** αὐτοῖς· ...	
002					Lk 5,9	θάμβος γὰρ περιέσχεν αὐτὸν καὶ πάντας τοὺς σὺν αὐτῷ ἐπὶ τῇ ἄγρᾳ τῶν ἰχθύων ὧν **συνέλαβον**	
221	Mt 26,55 ↓Lk 22,54	... ὡς ἐπὶ λῃστὴν ἐξήλθατε μετὰ μαχαιρῶν καὶ ξύλων **συλλαβεῖν** με; ...	Mk 14,48 ↓Lk 22,54	... ὡς ἐπὶ λῃστὴν ἐξήλθατε μετὰ μαχαιρῶν καὶ ξύλων **συλλαβεῖν** με;	Lk 22,52 → Mt 26,47 → Mk 14,43	... ὡς ἐπὶ λῃστὴν ἐξήλθατε μετὰ μαχαιρῶν καὶ ξύλων;	
112	Mt 26,57	οἱ δὲ **κρατήσαντες** τὸν Ἰησοῦν ἀπήγαγον πρὸς Καϊάφαν τὸν ἀρχιερέα, ...	Mk 14,53	καὶ ἀπήγαγον τὸν Ἰησοῦν πρὸς τὸν ἀρχιερέα, ...	Lk 22,54 → Mt 26,50 → Mk 14,46 ↑Mt 26,55 ↑Mk 14,48	**συλλαβόντες** δὲ αὐτὸν ἤγαγον καὶ εἰσήγαγον εἰς τὴν οἰκίαν τοῦ ἀρχιερέως· ...	→ Jn 18,12

Acts 1,16 ἄνδρες ἀδελφοί, ἔδει πληρωθῆναι τὴν γραφὴν ἣν προεῖπεν τὸ πνεῦμα τὸ ἅγιον διὰ στόματος Δαυὶδ περὶ Ἰούδα τοῦ γενομένου ὁδηγοῦ **τοῖς συλλαβοῦσιν** Ἰησοῦν

Acts 12,3 ἰδὼν δὲ ὅτι ἀρεστόν ἐστιν τοῖς Ἰουδαίοις, προσέθετο **συλλαβεῖν** καὶ Πέτρον, ...

Acts 23,27 τὸν ἄνδρα τοῦτον **συλλημφθέντα** ὑπὸ τῶν Ἰουδαίων καὶ μέλλοντα ἀναιρεῖσθαι ὑπ' αὐτῶν ...

Acts 26,21 ἕνεκα τούτων με Ἰουδαῖοι **συλλαβόμενοι** [ὄντα] ἐν τῷ ἱερῷ ἐπειρῶντο διαχειρίσασθαι.

συλλέγω

	Syn	Mt	Mk	Lk	Acts	Jn	1-3John	Paul	Eph	Col
	8	7		1						
	NT	2Thess	1/2Tim	Tit	Heb	Jas	1Pet	2Pet	Jude	Rev
	8									

collect; gather in

	triple tradition																	double tradition			Sondergut		
		+Mt / +Lk			–Mt / –Lk			traditions not taken over by Mt / Lk							subtotals								
code	222	211	112	212	221	122	121	022	012	021	220	120	210	020	Σ^+	Σ^-	Σ	202	201	102	200	002	total
Mt																		1			6		7
Mk																							
Lk																		1					1

202	Mt 7,16 ⇨ Mt 7,20 ⇨ Mt 12,33	ἀπὸ τῶν καρπῶν αὐτῶν ἐπιγνώσεσθε αὐτούς. **μήτι συλλέγουσιν ἀπὸ ἀκανθῶν** σταφυλὰς ἢ ἀπὸ τριβόλων σῦκα;	Lk 6,44	ἕκαστον γὰρ δένδρον ἐκ τοῦ ἰδίου καρποῦ γινώσκεται· **οὐ γὰρ ἐξ ἀκανθῶν συλλέγουσιν** σῦκα οὐδὲ ἐκ βάτου σταφυλὴν τρυγῶσιν.	→ GTh 45,1
200	Mt 13,28	... οἱ δὲ δοῦλοι λέγουσιν αὐτῷ· θέλεις οὖν ἀπελθόντες **συλλέξωμεν** αὐτά;			→ GTh 57
200	Mt 13,29	ὁ δέ φησιν· οὔ, μήποτε **συλλέγοντες** τὰ ζιζάνια ἐκριζώσητε ἅμα αὐτοῖς τὸν σῖτον.			→ GTh 57

	Mt		Mk		Lk		
200	Mt 13,30	... καὶ ἐν καιρῷ τοῦ θερισμοῦ ἐρῶ τοῖς θερισταῖς· **συλλέξατε** πρῶτον τὰ ζιζάνια καὶ δήσατε αὐτὰ εἰς δέσμας πρὸς τὸ κατακαῦσαι αὐτά, ...					→ GTh 57
200	Mt 13,40	ὥσπερ οὖν **συλλέγεται** τὰ ζιζάνια καὶ πυρὶ [κατα]καίεται, οὕτως ἔσται ἐν τῇ συντελείᾳ τοῦ αἰῶνος·					
200	Mt 13,41 → Mt 7,23 → Lk 13,27 → Mt 24,31 → Mk 13,27	ἀποστελεῖ ὁ υἱὸς τοῦ ἀνθρώπου τοὺς ἀγγέλους αὐτοῦ, καὶ **συλλέξουσιν** ἐκ τῆς βασιλείας αὐτοῦ πάντα τὰ σκάνδαλα καὶ τοὺς ποιοῦντας τὴν ἀνομίαν					
200	Mt 13,48	ἣν ὅτε ἐπληρώθη ἀναβιβάσαντες ἐπὶ τὸν αἰγιαλὸν καὶ καθίσαντες **συνέλεξαν** τὰ καλὰ εἰς ἄγγη, τὰ δὲ σαπρὰ ἔξω ἔβαλον.					→ GTh 8

συλλογίζομαι

Syn	Mt	Mk	Lk	Acts	Jn	1-3John	Paul	Eph	Col
1			1						
NT	2Thess	1/2Tim	Tit	Heb	Jas	1Pet	2Pet	Jude	Rev
1									

reason ; discuss; debate

	Mt		Mk		Lk		
112	Mt 21,25	... οἱ δὲ **διελογίζοντο** ἐν ἑαυτοῖς λέγοντες· ἐὰν εἴπωμεν· ἐξ οὐρανοῦ, ἐρεῖ ἡμῖν· διὰ τί οὖν οὐκ ἐπιστεύσατε αὐτῷ;	Mk 11,31	καὶ **διελογίζοντο** πρὸς ἑαυτοὺς λέγοντες· ἐὰν εἴπωμεν· ἐξ οὐρανοῦ, ἐρεῖ· διὰ τί [οὖν] οὐκ ἐπιστεύσατε αὐτῷ;	Lk 20,5	οἱ δὲ **συνελογίσαντο** πρὸς ἑαυτοὺς λέγοντες ὅτι ἐὰν εἴπωμεν· ἐξ οὐρανοῦ, ἐρεῖ· διὰ τί οὐκ ἐπιστεύσατε αὐτῷ;	

συλλυπέομαι

Syn	Mt	Mk	Lk	Acts	Jn	1-3John	Paul	Eph	Col
1		1							
NT	2Thess	1/2Tim	Tit	Heb	Jas	1Pet	2Pet	Jude	Rev
1									

be grieved with; feel sympathy with

	Mt		Mk		Lk		
121	Mt 12,13	τότε λέγει τῷ ἀνθρώπῳ· ἔκτεινόν σου τὴν χεῖρα. ...	Mk 3,5	καὶ περιβλεψάμενος αὐτοὺς μετ' ὀργῆς, **συλλυπούμενος** ἐπὶ τῇ πωρώσει τῆς καρδίας αὐτῶν λέγει τῷ ἀνθρώπῳ· ἔκτεινον τὴν χεῖρα. ...	Lk 6,10 → Lk 13,12	καὶ περιβλεψάμενος πάντας αὐτοὺς εἶπεν αὐτῷ· ἔκτεινον τὴν χεῖρά σου. ...	

συμβαίνω	Syn 2	Mt	Mk 1	Lk 1	Acts 3	Jn	1-3John	Paul 1	Eph	Col
	NT 8	2Thess	1/2Tim	Tit	Heb	Jas	1Pet 1	2Pet 1	Jude	Rev

meet; happen; come about

121	**Mt 20,17** ... παρέλαβεν τοὺς δώδεκα [μαθητὰς] κατ' ἰδίαν καὶ ἐν τῇ ὁδῷ εἶπεν αὐτοῖς·	**Mk 10,32** ... καὶ παραλαβὼν πάλιν τοὺς δώδεκα ἤρξατο αὐτοῖς λέγειν τὰ μέλλοντα αὐτῷ **συμβαίνειν**	**Lk 18,31** παραλαβὼν δὲ τοὺς δώδεκα εἶπεν πρὸς αὐτούς· ...	
002			**Lk 24,14** καὶ αὐτοὶ ὡμίλουν πρὸς ἀλλήλους **περὶ πάντων τῶν συμβεβηκότων τούτων.**	

Acts 3,10 ἐπεγίνωσκον δὲ αὐτὸν ὅτι αὐτὸς ἦν ὁ πρὸς τὴν ἐλεημοσύνην καθήμενος ἐπὶ τῇ ὡραίᾳ πύλῃ τοῦ ἱεροῦ καὶ ἐπλήσθησαν θάμβους καὶ ἐκστάσεως **ἐπὶ τῷ συμβεβηκότι** αὐτῷ.

Acts 20,19 δουλεύων τῷ κυρίῳ **μετὰ πάσης ταπεινοφροσύνης καὶ δακρύων καὶ πειρασμῶν τῶν συμβάντων** μοι ἐν ταῖς ἐπιβουλαῖς τῶν Ἰουδαίων

Acts 21,35 ὅτε δὲ ἐγένετο ἐπὶ τοὺς ἀναβαθμούς, **συνέβη** βαστάζεσθαι αὐτὸν ὑπὸ τῶν στρατιωτῶν διὰ τὴν βίαν τοῦ ὄχλου

συμβάλλω	Syn 2	Mt	Mk	Lk 2	Acts 4	Jn	1-3John	Paul	Eph	Col
	NT 6	2Thess	1/2Tim	Tit	Heb	Jas	1Pet	2Pet	Jude	Rev

active: transitive: converse; confer; consider; ponder; draw conclusions about; *intransitive:* fall in with; *middle:* help; be of assistance

002			**Lk 2,19** →Lk 2,51 ἡ δὲ Μαριὰμ πάντα συνετήρει τὰ ῥήματα ταῦτα **συμβάλλουσα** ἐν τῇ καρδίᾳ αὐτῆς.	
002			**Lk 14,31** ἢ τίς βασιλεὺς πορευόμενος ἑτέρῳ βασιλεῖ **συμβαλεῖν** εἰς πόλεμον οὐχὶ καθίσας πρῶτον βουλεύσεται εἰ δυνατός ἐστιν ἐν δέκα χιλιάσιν ὑπαντῆσαι τῷ μετὰ εἴκοσι χιλιάδων ἐρχομένῳ ἐπ' αὐτόν;	

Acts 4,15 κελεύσαντες δὲ αὐτοὺς ἔξω τοῦ συνεδρίου ἀπελθεῖν **συνέβαλλον** πρὸς ἀλλήλους

Acts 17,18 τινὲς δὲ καὶ τῶν Ἐπικουρείων καὶ Στοϊκῶν φιλοσόφων **συνέβαλλον** αὐτῷ, ...

Acts 18,27 ... προτρεψάμενοι οἱ ἀδελφοὶ ἔγραψαν τοῖς μαθηταῖς ἀποδέξασθαι αὐτόν, ὃς παραγενόμενος **συνεβάλετο** πολὺ τοῖς πεπιστευκόσιν διὰ τῆς χάριτος·

Acts 20,14 ὡς δὲ **συνέβαλλεν** ἡμῖν εἰς τὴν ˀἌσσον, ἀναλαβόντες αὐτὸν ἤλθομεν εἰς Μιτυλήνην

συμβουλεύω	Syn 1	Mt 1	Mk	Lk	Acts 1	Jn 1	1-3John	Paul	Eph	Col
	NT 4	2Thess	1/2Tim	Tit	Heb	Jas	1Pet	2Pet	Jude	Rev 1

active: advise; give advice; *middle:* consult; plot

211	**Mt 26,4** → Mt 12,14 → Mt 22,15	[3] τότε συνήχθησαν οἱ ἀρχιερεῖς καὶ οἱ πρεσβύτεροι τοῦ λαοῦ ... [4] καὶ **συνεβουλεύσαντο** ἵνα τὸν Ἰησοῦν δόλῳ κρατήσωσιν καὶ ἀποκτείνωσιν·	**Mk 14,1** → Mk 3,6	... καὶ ἐζήτουν οἱ ἀρχιερεῖς καὶ οἱ γραμματεῖς πῶς αὐτὸν ἐν δόλῳ κρατήσαντες ἀποκτείνωσιν·	**Lk 22,2** → Lk 6,11	καὶ ἐζήτουν οἱ ἀρχιερεῖς καὶ οἱ γραμματεῖς τὸ πῶς ἀνέλωσιν αὐτόν, ...	

Acts 9,23 ὡς δὲ ἐπληροῦντο ἡμέραι ἱκαναί, **συνεβουλεύσαντο** οἱ Ἰουδαῖοι ἀνελεῖν αὐτόν·

συμβούλιον	Syn 7	Mt 5	Mk 2	Lk	Acts 1	Jn	1-3John	Paul	Eph	Col
	NT 8	2Thess	1/2Tim	Tit	Heb	Jas	1Pet	2Pet	Jude	Rev

plan; purpose; council

	triple tradition																	double tradition			Sondergut		
		+Mt / +Lk			–Mt / –Lk			traditions not taken over by Mt / Lk							subtotals								
code	222	211	112	212	221	122	121	022	012	021	220	120	210	020	Σ⁺	Σ⁻	Σ	202	201	102	200	002	total
Mt		1⁺			1						1				1⁺		3				2		5
Mk					1						1						2						2
Lk					1⁻											1⁻							

221	**Mt 12,14** → Mt 26,4	ἐξελθόντες δὲ οἱ Φαρισαῖοι **συμβούλιον ἔλαβον** κατ' αὐτοῦ ὅπως αὐτὸν ἀπολέσωσιν.	**Mk 3,6** → Mk 14,1	καὶ ἐξελθόντες οἱ Φαρισαῖοι εὐθὺς μετὰ τῶν Ἡρῳδιανῶν **συμβούλιον ἐδίδουν** κατ' αὐτοῦ ὅπως αὐτὸν ἀπολέσωσιν.	**Lk 6,11** → Lk 4,28 → Lk 13,17 → Lk 14,6 → Lk 22,2	αὐτοὶ δὲ ἐπλήσθησαν ἀνοίας καὶ **διελάλουν** **πρὸς ἀλλήλους** τί ἂν ποιήσαιεν τῷ Ἰησοῦ.	
211	**Mt 22,15** → Mt 26,4	τότε πορευθέντες οἱ Φαρισαῖοι **συμβούλιον** ἔλαβον ὅπως αὐτὸν παγιδεύσωσιν ἐν λόγῳ. [16] καὶ ἀποστέλλουσιν αὐτῷ τοὺς μαθητὰς αὐτῶν μετὰ τῶν Ἡρῳδιανῶν ...	**Mk 12,13**	καὶ ἀποστέλλουσιν πρὸς αὐτόν τινας τῶν Φαρισαίων καὶ τῶν Ἡρῳδιανῶν ἵνα αὐτὸν ἀγρεύσωσιν λόγῳ.	**Lk 20,20** → Lk 6,7 → Lk 11,53-54 → Lk 16,15 → Lk 18,9 → Lk 23,2	καὶ παρατηρήσαντες ἀπέστειλαν ἐγκαθέτους ὑποκρινομένους ἑαυτοὺς δικαίους εἶναι, ἵνα ἐπιλάβωνται αὐτοῦ λόγου, ὥστε παραδοῦναι αὐτὸν τῇ ἀρχῇ καὶ τῇ ἐξουσίᾳ τοῦ ἡγεμόνος.	
220	**Mt 27,1**	πρωΐας δὲ γενομένης **συμβούλιον** ἔλαβον πάντες οἱ ἀρχιερεῖς καὶ οἱ πρεσβύτεροι τοῦ λαοῦ κατὰ τοῦ Ἰησοῦ ὥστε θανατῶσαι αὐτόν·	**Mk 15,1**	καὶ εὐθὺς πρωῒ **συμβούλιον** ποιήσαντες οἱ ἀρχιερεῖς μετὰ τῶν πρεσβυτέρων καὶ γραμματέων καὶ ὅλον τὸ συνέδριον, ...	**Lk 22,66** → Mt 26,57 → Mk 14,53	καὶ ὡς ἐγένετο ἡμέρα, συνήχθη τὸ πρεσβυτέριον τοῦ λαοῦ, ἀρχιερεῖς τε καὶ γραμματεῖς, καὶ ἀπήγαγον αὐτὸν εἰς τὸ συνέδριον αὐτῶν	

	Mt			
200	**Mt 27,7** συμβούλιον δὲ λαβόντες ἠγόρασαν ἐξ αὐτῶν τὸν ἀγρὸν τοῦ κεραμέως εἰς ταφὴν τοῖς ξένοις.			→ Acts 1,18
200	**Mt 28,12** καὶ συναχθέντες μετὰ τῶν πρεσβυτέρων συμβούλιόν τε λαβόντες ἀργύρια ἱκανὰ ἔδωκαν τοῖς στρατιώταις			

Acts 25,12 τότε ὁ Φῆστος
συλλαλήσας
μετὰ τοῦ συμβουλίου
ἀπεκρίθη· Καίσαρα
ἐπικέκλησαι, ἐπὶ
Καίσαρα πορεύσῃ.

Συμεών	Syn 3	Mt	Mk	Lk 3	Acts 2	Jn	1-3John	Paul	Eph	Col
	NT 7	2Thess	1/2Tim	Tit	Heb	Jas	1Pet	2Pet 1	Jude	Rev 1

Simeon

a Συμεών, son of Judah
b Συμεών, ἄνθρωπος δίκαιος καὶ εὐλαβής
c Συμεὼν ὁ καλούμενος Νίγερ
d Συμεὼν Πέτρος

			Lk	
b 002			**Lk 2,25** καὶ ἰδοὺ ἄνθρωπος ἦν ἐν Ἰερουσαλὴμ ᾧ ὄνομα **Συμεὼν** καὶ ὁ ἄνθρωπος οὗτος δίκαιος καὶ εὐλαβής προσδεχόμενος παράκλησιν τοῦ Ἰσραήλ, ...	
b 002			**Lk 2,34** καὶ εὐλόγησεν αὐτοὺς **Συμεὼν** καὶ εἶπεν πρὸς Μαριὰμ τὴν μητέρα αὐτοῦ· ...	
a 002			**Lk 3,30** [29] ... τοῦ Λευὶ **[30] τοῦ Συμεὼν** τοῦ Ἰούδα ...	

c **Acts 13,1** ἦσαν δὲ ἐν Ἀντιοχείᾳ
κατὰ τὴν οὖσαν
ἐκκλησίαν προφῆται
καὶ διδάσκαλοι
ὅ τε Βαρναβᾶς καὶ
Συμεὼν
ὁ καλούμενος Νίγερ
καὶ Λούκιος
ὁ Κυρηναῖος, ...

d **Acts 15,14** **Συμεὼν**
ἐξηγήσατο καθὼς πρῶτον
ὁ θεὸς ἐπεσκέψατο
λαβεῖν ἐξ ἐθνῶν λαὸν τῷ
ὀνόματι αὐτοῦ.

συμπαραγίνομαι	Syn 1	Mt	Mk	Lk 1	Acts	Jn	1-3John	Paul	Eph	Col
	NT 1	2Thess	1/2Tim	Tit	Heb	Jas	1Pet	2Pet	Jude	Rev

come together

	Mt		Mk		Lk		
002					Lk 23,48 → Lk 23,35	καὶ πάντες οἱ **συμπαραγενόμενοι** ὄχλοι ἐπὶ τὴν θεωρίαν ταύτην, θεωρήσαντες τὰ γενόμενα, τύπτοντες τὰ στήθη ὑπέστρεφον.	

συμπίπτω	Syn 1	Mt	Mk	Lk 1	Acts	Jn	1-3John	Paul	Eph	Col
	NT 1	2Thess	1/2Tim	Tit	Heb	Jas	1Pet	2Pet	Jude	Rev

fall in; collapse

	Mt		Mk		Lk		
102	Mt 7,27	καὶ κατέβη ἡ βροχὴ καὶ ἦλθον οἱ ποταμοὶ καὶ ἔπνευσαν οἱ ἄνεμοι καὶ προσέκοψαν τῇ οἰκίᾳ ἐκείνῃ, καὶ **ἔπεσεν,** καὶ ἦν ἡ πτῶσις αὐτῆς μεγάλη.			Lk 6,49	... ᾗ προσέρηξεν ὁ ποταμός, καὶ εὐθὺς **συνέπεσεν** καὶ ἐγένετο τὸ ῥῆγμα τῆς οἰκίας ἐκείνης μέγα.	

συμπληρόω	Syn 2	Mt	Mk	Lk 2	Acts 1	Jn	1-3John	Paul	Eph	Col
	NT 3	2Thess	1/2Tim	Tit	Heb	Jas	1Pet	2Pet	Jude	Rev

fill completely; *passive:* become quite full

	Mt		Mk		Lk		
112	Mt 8,24	καὶ ἰδοὺ σεισμὸς μέγας ἐγένετο ἐν τῇ θαλάσσῃ, ὥστε τὸ πλοῖον καλύπτεσθαι ὑπὸ τῶν κυμάτων, ...	Mk 4,37	καὶ γίνεται λαῖλαψ μεγάλη ἀνέμου, καὶ τὰ κύματα ἐπέβαλλεν εἰς τὸ πλοῖον, ὥστε ἤδη **γεμίζεσθαι** τὸ πλοῖον.	Lk 8,23	... καὶ κατέβη λαῖλαψ ἀνέμου εἰς τὴν λίμνην, καὶ **συνεπληροῦντο** καὶ ἐκινδύνευον.	
002					Lk 9,51 → Mt 19,1 → Mk 10,1 → Lk 24,51	ἐγένετο δὲ **ἐν τῷ συμπληροῦσθαι** τὰς ἡμέρας τῆς ἀναλήμψεως αὐτοῦ καὶ αὐτὸς τὸ πρόσωπον ἐστήρισεν τοῦ πορεύεσθαι εἰς Ἰερουσαλήμ.	→ Acts 1,2.9 → Acts 1,11.22

Acts 2,1 καὶ **ἐν τῷ συμπληροῦσθαι** τὴν ἡμέραν τῆς πεντηκοστῆς ἦσαν πάντες ὁμοῦ ἐπὶ τὸ αὐτό.

συμπνίγω

συμπνίγω	Syn 5	Mt 1	Mk 2	Lk 2	Acts	Jn	1-3John	Paul	Eph	Col
	NT 5	2Thess	1/2Tim	Tit	Heb	Jas	1Pet	2Pet	Jude	Rev

(crowd together and) choke; crowd around; press upon

	triple tradition																	double tradition			Sondergut		
		+Mt / +Lk			–Mt / –Lk			traditions not taken over by Mt / Lk							subtotals								
code	222	211	112	212	221	122	121	022	012	021	220	120	210	020	Σ⁺	Σ⁻	Σ	202	201	102	200	002	total
Mt	1						1^-									1^-	1						1
Mk	1						1										2						2
Lk	1		1^+				1^-								1^+	1^-	2						2

121	Mt 13,7	ἄλλα δὲ ἔπεσεν ἐπὶ τὰς ἀκάνθας, καὶ ἀνέβησαν αἱ ἄκανθαι καὶ **ἔπνιξαν** αὐτά.	Mk 4,7	καὶ ἄλλο ἔπεσεν εἰς τὰς ἀκάνθας, καὶ ἀνέβησαν αἱ ἄκανθαι καὶ **συνέπνιξαν** αὐτό, καὶ καρπὸν οὐκ ἔδωκεν.	Lk 8,7	καὶ ἕτερον ἔπεσεν ἐν μέσῳ τῶν ἀκανθῶν, καὶ συμφυεῖσαι αἱ ἄκανθαι **ἀπέπνιξαν** αὐτό.	→ GTh 9
222	Mt 13,22	... καὶ ἡ μέριμνα τοῦ αἰῶνος καὶ ἡ ἀπάτη τοῦ πλούτου **συμπνίγει** τὸν λόγον καὶ ἄκαρπος γίνεται.	Mk 4,19	καὶ αἱ μέριμναι τοῦ αἰῶνος καὶ ἡ ἀπάτη τοῦ πλούτου καὶ αἱ περὶ τὰ λοιπὰ ἐπιθυμίαι εἰσπορευόμεναι **συμπνίγουσιν** τὸν λόγον καὶ ἄκαρπος γίνεται.	Lk 8,14	... καὶ ὑπὸ μεριμνῶν καὶ πλούτου καὶ ἡδονῶν τοῦ βίου πορευόμενοι **συμπνίγονται** καὶ οὐ τελεσφοροῦσιν.	
112	Mt 9,19	καὶ ἐγερθεὶς ὁ Ἰησοῦς ἠκολούθησεν αὐτῷ καὶ οἱ μαθηταὶ αὐτοῦ.	Mk 5,24	καὶ ἀπῆλθεν μετ' αὐτοῦ. καὶ ἠκολούθει αὐτῷ ὄχλος πολὺς καὶ **συνέθλιβον** αὐτόν.	Lk 8,42	... ἐν δὲ τῷ ὑπάγειν αὐτὸν οἱ ὄχλοι **συνέπνιγον** αὐτόν.	

συμπορεύομαι

συμπορεύομαι	Syn 4	Mt	Mk 1	Lk 3	Acts	Jn	1-3John	Paul	Eph	Col
	NT 4	2Thess	1/2Tim	Tit	Heb	Jas	1Pet	2Pet	Jude	Rev

go (along) with someone; come together; flock

002					Lk 7,11	καὶ ἐγένετο ἐν τῷ ἑξῆς ἐπορεύθη εἰς πόλιν καλουμένην Ναΐν καὶ **συνεπορεύοντο** αὐτῷ οἱ μαθηταὶ αὐτοῦ καὶ ὄχλος πολύς.	
002					Lk 14,25	**συνεπορεύοντο** δὲ αὐτῷ ὄχλοι πολλοί, καὶ στραφεὶς εἶπεν πρὸς αὐτούς·	
120	Mt 19,2	καὶ **ἠκολούθησαν** αὐτῷ ὄχλοι πολλοί, καὶ ἐθεράπευσεν αὐτοὺς ἐκεῖ.	Mk 10,1	... καὶ **συμπορεύονται** πάλιν ὄχλοι πρὸς αὐτόν, καὶ ὡς εἰώθει πάλιν ἐδίδασκεν αὐτούς.			
002					Lk 24,15	καὶ ἐγένετο ἐν τῷ ὁμιλεῖν αὐτοὺς καὶ συζητεῖν καὶ αὐτὸς Ἰησοῦς ἐγγίσας **συνεπορεύετο** αὐτοῖς	

συμπόσιον	Syn 2	Mt	Mk 2	Lk	Acts	Jn	1-3John	Paul	Eph	Col
	NT 2	2Thess	1/2Tim	Tit	Heb	Jas	1Pet	2Pet	Jude	Rev

a party, group of people eating together

	Mt		Mk		Lk		
	Mt 14,19 → Mt 15,35	καὶ κελεύσας τοὺς ὄχλους ἀνακλιθῆναι	**Mk 6,39** **(2)** → Mk 8,6	καὶ ἐπέταξεν αὐτοῖς ἀνακλῖναι πάντας	**Lk 9,14**	... εἶπεν δὲ πρὸς τοὺς μαθητὰς αὐτοῦ· κατακλίνατε αὐτοὺς	→ Jn 6,10
121				**συμπόσια**		**κλισίας**	
121				**συμπόσια**			
		ἐπὶ τοῦ χόρτου, ...		ἐπὶ τῷ χλωρῷ χόρτῳ. [40] καὶ ἀνέπεσαν πρασιαὶ πρασιαὶ κατὰ ἑκατὸν καὶ κατὰ πεντήκοντα.		[ὡσεὶ] ἀνὰ πεντήκοντα. [15] καὶ ἐποίησαν οὕτως καὶ κατέκλιναν ἅπαντας.	

συμφέρω	Syn 4	Mt 4	Mk	Lk	Acts 2	Jn 3	1-3John	Paul 5	Eph	Col
	NT 15	2Thess	1/2Tim	Tit	Heb 1	Jas	1Pet	2Pet	Jude	Rev

bring together something; help; confer a benefit; be advantageous, profitable, useful;
τὰ συμφέροντα what is good for you; τὸ συμφέρον profit; advantage

	Mt		Mk		Lk		
	Mt 5,29 ⇩ Mt 18,9	εἰ δὲ ὁ ὀφθαλμός σου ὁ δεξιὸς σκανδαλίζει σε, ἔξελε αὐτὸν καὶ βάλε ἀπὸ σοῦ·					
200		**συμφέρει γάρ σοι**					
		ἵνα ἀπόληται ἓν τῶν μελῶν σου καὶ μὴ ὅλον τὸ σῶμά σου βληθῇ εἰς γέενναν.					
	Mt 18,9 ⇧ **Mt 5,29**	καὶ εἰ ὁ ὀφθαλμός σου σκανδαλίζει σε, ἔξελε αὐτὸν καὶ βάλε ἀπὸ σοῦ·	**Mk 9,47**	καὶ ἐὰν ὁ ὀφθαλμός σου σκανδαλίζῃ σε, ἔκβαλε αὐτόν·			
		καλόν σοί ἐστιν		**καλόν σέ ἐστιν**			
		μονόφθαλμον εἰς τὴν ζωὴν εἰσελθεῖν ἢ δύο ὀφθαλμοὺς ἔχοντα βληθῆναι εἰς τὴν γέενναν τοῦ πυρός.		μονόφθαλμον εἰσελθεῖν εἰς τὴν βασιλείαν τοῦ θεοῦ ἢ δύο ὀφθαλμοὺς ἔχοντα βληθῆναι εἰς τὴν γέενναν			
	Mt 5,30 ⇩ Mt 18,8	καὶ εἰ ἡ δεξιά σου χεὶρ σκανδαλίζει σε, ἔκκοψον αὐτὴν καὶ βάλε ἀπὸ σοῦ·					
200		**συμφέρει γάρ σοι**					
		ἵνα ἀπόληται ἓν τῶν μελῶν σου καὶ μὴ ὅλον τὸ σῶμά σου εἰς γέενναν ἀπέλθῃ.					
	Mt 18,8 ⇧ **Mt 5,30** → Mk 9,45	εἰ δὲ ἡ χείρ σου ἢ ὁ πούς σου σκανδαλίζει σε, ἔκκοψον αὐτὸν καὶ βάλε ἀπὸ σοῦ·	**Mk 9,43**	καὶ ἐὰν σκανδαλίζῃ σε ἡ χείρ σου, ἀπόκοψον αὐτήν·			
		καλόν σοί ἐστιν		**καλόν ἐστίν σε**			
		εἰσελθεῖν εἰς τὴν ζωὴν κυλλὸν ἢ χωλὸν ἢ δύο χεῖρας ἢ δύο πόδας ἔχοντα βληθῆναι εἰς τὸ πῦρ τὸ αἰώνιον.		κυλλὸν εἰσελθεῖν εἰς τὴν ζωὴν ἢ τὰς δύο χεῖρας ἔχοντα ἀπελθεῖν εἰς τὴν γέενναν, εἰς τὸ πῦρ τὸ ἄσβεστον.			

	Mt		Mk		Lk		
211	Mt 18,6 → Mt 18,10	ὃς δ' ἂν σκανδαλίσῃ ἕνα τῶν μικρῶν τούτων τῶν πιστευόντων εἰς ἐμέ, **συμφέρει** αὐτῷ ἵνα κρεμασθῇ μύλος ὀνικὸς περὶ τὸν τράχηλον αὐτοῦ καὶ καταποντισθῇ ἐν τῷ πελάγει τῆς θαλάσσης.	Mk 9,42	καὶ ὃς ἂν σκανδαλίσῃ ἕνα τῶν μικρῶν τούτων τῶν πιστευόντων [εἰς ἐμέ], **καλόν ἐστιν** αὐτῷ μᾶλλον εἰ περίκειται μύλος ὀνικὸς περὶ τὸν τράχηλον αὐτοῦ καὶ βέβληται εἰς τὴν θάλασσαν.	Lk 17,2	**λυσιτελεῖ** αὐτῷ εἰ λίθος μυλικὸς περίκειται περὶ τὸν τράχηλον αὐτοῦ καὶ ἔρριπται εἰς τὴν θάλασσαν ἢ ἵνα σκανδαλίσῃ τῶν μικρῶν τούτων ἕνα.	Mk-Q overlap?
200	Mt 19,10	λέγουσιν αὐτῷ οἱ μαθηταὶ [αὐτοῦ]· εἰ οὕτως ἐστὶν ἡ αἰτία τοῦ ἀνθρώπου μετὰ τῆς γυναικός, **οὐ συμφέρει** γαμῆσαι.					

Acts 19,19 ἱκανοὶ δὲ τῶν τὰ περίεργα πραξάντων **συνενέγκαντες** τὰς βίβλους κατέκαιον ἐνώπιον πάντων, ...

Acts 20,20 ὡς **οὐδὲν ὑπεστειλάμην τῶν συμφερόντων** τοῦ μὴ ἀναγγεῖλαι ὑμῖν καὶ διδάξαι ὑμᾶς δημοσίᾳ καὶ κατ' οἴκους

συμφύομαι

Syn	Mt	Mk	Lk	Acts	Jn	1-3John	Paul	Eph	Col
1			1						
NT	2Thess	1/2Tim	Tit	Heb	Jas	1Pet	2Pet	Jude	Rev
1									

grown up with something

	Mt		Mk		Lk		
112	Mt 13,7	ἄλλα δὲ ἔπεσεν ἐπὶ τὰς ἀκάνθας, καὶ **ἀνέβησαν** αἱ ἄκανθαι καὶ ἔπνιξαν αὐτά.	Mk 4,7	καὶ ἄλλο ἔπεσεν εἰς τὰς ἀκάνθας, καὶ **ἀνέβησαν** αἱ ἄκανθαι καὶ συνέπνιξαν αὐτό, ...	Lk 8,7	καὶ ἕτερον ἔπεσεν ἐν μέσῳ τῶν ἀκανθῶν, καὶ **συμφυεῖσαι** αἱ ἄκανθαι ἀπέπνιξαν αὐτό.	→ GTh 9

συμφωνέω

Syn	Mt	Mk	Lk	Acts	Jn	1-3John	Paul	Eph	Col
4	3		1	2					
NT	2Thess	1/2Tim	Tit	Heb	Jas	1Pet	2Pet	Jude	Rev
6									

fit (in) with; match (with); agree with; be in agreement; be in harmony

	Mt		Mk		Lk		
112	Mt 9,16	οὐδεὶς δὲ ἐπιβάλλει ἐπίβλημα ῥάκους ἀγνάφου ἐπὶ ἱματίῳ παλαιῷ· αἴρει γὰρ τὸ πλήρωμα αὐτοῦ ἀπὸ τοῦ ἱματίου καὶ χεῖρον σχίσμα γίνεται.	Mk 2,21	οὐδεὶς ἐπίβλημα ῥάκους ἀγνάφου ἐπιράπτει ἐπὶ ἱμάτιον παλαιόν· εἰ δὲ μή, αἴρει τὸ πλήρωμα ἀπ' αὐτοῦ τὸ καινὸν τοῦ παλαιοῦ, καὶ χεῖρον σχίσμα γίνεται.	Lk 5,36	... οὐδεὶς ἐπίβλημα ἀπὸ ἱματίου καινοῦ σχίσας ἐπιβάλλει ἐπὶ ἱμάτιον παλαιόν· εἰ δὲ μή γε, καὶ τὸ καινὸν σχίσει καὶ τῷ παλαιῷ **οὐ συμφωνήσει** τὸ ἐπίβλημα τὸ ἀπὸ τοῦ καινοῦ.	→ GTh 47,5
200	Mt 18,19 → Mt 21,22 → Mk 11,24	πάλιν [ἀμὴν] λέγω ὑμῖν ὅτι ἐὰν δύο **συμφωνήσωσιν** ἐξ ὑμῶν ἐπὶ τῆς γῆς περὶ παντὸς πράγματος οὗ ἐὰν αἰτήσωνται, γενήσεται αὐτοῖς παρὰ τοῦ πατρός μου τοῦ ἐν οὐρανοῖς.					→ GTh 30 (POxy 1) → GTh 48 → GTh 106

200	**Mt 20,2** **συμφωνήσας** δὲ μετὰ τῶν ἐργατῶν ἐκ δηναρίου τὴν ἡμέραν ἀπέστειλεν αὐτοὺς εἰς τὸν ἀμπελῶνα αὐτοῦ.		
200	**Mt 20,13** ὁ δὲ ἀποκριθεὶς ἑνὶ αὐτῶν εἶπεν· ἑταῖρε, οὐκ ἀδικῶ σε· οὐχὶ δηναρίου **συνεφώνησάς** μοι;		

Acts 5,9 ὁ δὲ Πέτρος πρὸς αὐτήν· τί ὅτι **συνεφωνήθη** ὑμῖν πειράσαι τὸ πνεῦμα κυρίου; ...

Acts 15,15 καὶ τούτῳ **συμφωνοῦσιν** οἱ λόγοι τῶν προφητῶν καθὼς γέγραπται·

συμφωνία

Syn	Mt	Mk	Lk	Acts	Jn	1-3John	Paul	Eph	Col
1			1						
NT	**2Thess**	**1/2Tim**	**Tit**	**Heb**	**Jas**	**1Pet**	**2Pet**	**Jude**	**Rev**
1									

uncertain: music; band; orchestra; bagpipe

002			**Lk 15,25** ... καὶ ὡς ἐρχόμενος ἤγγισεν τῇ οἰκίᾳ, ἤκουσεν **συμφωνίας** καὶ χορῶν

σύν

Syn	Mt	Mk	Lk	Acts	Jn	1-3John	Paul	Eph	Col
33	4	6	23	51	3		30	2	7
NT	**2Thess**	**1/2Tim**	**Tit**	**Heb**	**Jas**	**1Pet**	**2Pet**	**Jude**	**Rev**
128					1		1		

preposition: with dative: with; in company with; along with; together with; by; through

	triple tradition																	double tradition			Sondergut		
		+Mt / +Lk			–Mt / –Lk			traditions not taken over by Mt / Lk							subtotals								
code	*222*	*211*	*112*	*212*	*221*	*122*	*121*	*022*	*012*	*021*	*220*	*120*	*210*	*020*	Σ^{+}	Σ^{-}	Σ	*202*	*201*	*102*	*200*	*002*	total
Mt					2		4^{-}						1^{+}		1^{+}	4^{-}	3	1					**4**
Mk					2		4										6						**6**
Lk			4^{+}		2^{-}		4^{-}		3^{+}						7^{+}	6^{-}	7	1				15	**23**

[a] οἱ σύν τινι (absolute)

[b] σύν with composite verb συν-

002			**Lk 1,56** ἔμεινεν δὲ Μαριὰμ **σὺν αὐτῇ** ὡς μῆνας τρεῖς, ...
002			**Lk 2,5** ἀπογράψασθαι **σὺν Μαριὰμ τῇ ἐμνηστευμένῃ** αὐτῷ, οὔσῃ ἐγκύῳ.
002			**Lk 2,13** καὶ ἐξαίφνης ἐγένετο **σὺν τῷ ἀγγέλῳ** πλῆθος στρατιᾶς οὐρανίου αἰνούντων τὸν θεὸν ...

a 002					Lk 5,9	θάμβος γὰρ περιέσχεν αὐτὸν καὶ **πάντας τοὺς σὺν αὐτῷ** ἐπὶ τῇ ἄγρᾳ τῶν ἰχθύων ὧν συνέλαβον	
012			Mk 2,4	καὶ μὴ δυνάμενοι προσενέγκαι αὐτῷ διὰ τὸν ὄχλον ἀπεστέγασαν τὴν στέγην ὅπου ἦν, καὶ ἐξορύξαντες χαλῶσι **τὸν κράβαττον** ὅπου ὁ παραλυτικὸς κατέκειτο.	Lk 5,19	καὶ μὴ εὑρόντες ποίας εἰσενέγκωσιν αὐτὸν διὰ τὸν ὄχλον, ἀναβάντες ἐπὶ τὸ δῶμα διὰ τῶν κεράμων καθῆκαν αὐτὸν **σὺν τῷ κλινιδίῳ** εἰς τὸ μέσον ἔμπροσθεν τοῦ Ἰησοῦ.	
121	Mt 12,4	... καὶ τοὺς ἄρτους τῆς προθέσεως ἔφαγον, ὃ οὐκ ἐξὸν ἦν αὐτῷ φαγεῖν **οὐδὲ τοῖς μετ' αὐτοῦ** εἰ μὴ τοῖς ἱερεῦσιν μόνοις;	Mk 2,26	... καὶ τοὺς ἄρτους τῆς προθέσεως ἔφαγεν, οὓς οὐκ ἔξεστιν φαγεῖν εἰ μὴ τοὺς ἱερεῖς, καὶ ἔδωκεν καὶ **τοῖς σὺν αὐτῷ οὖσιν;**	Lk 6,4	... καὶ τοὺς ἄρτους τῆς προθέσεως λαβὼν ἔφαγεν καὶ ἔδωκεν **τοῖς μετ' αὐτοῦ,** οὓς οὐκ ἔξεστιν φαγεῖν εἰ μὴ μόνους τοὺς ἱερεῖς;	
002					Lk 7,6 → Mt 8,7	ὁ δὲ Ἰησοῦς ἐπορεύετο **σὺν αὐτοῖς.** ἤδη δὲ αὐτοῦ οὐ μακρὰν ἀπέχοντος ἀπὸ τῆς οἰκίας ἔπεμψεν φίλους ὁ ἑκατοντάρχης ...	
002					Lk 7,12	... ἐξεκομίζετο τεθνηκὼς μονογενὴς υἱὸς τῇ μητρὶ αὐτοῦ καὶ αὐτὴ ἦν χήρα, καὶ ὄχλος τῆς πόλεως ἱκανὸς ἦν **σὺν αὐτῇ.**	
002	Mt 9,35 ⇨ Mt 4,23 → Mk 1,21	καὶ περιῆγεν ὁ Ἰησοῦς τὰς πόλεις πάσας καὶ τὰς κώμας διδάσκων ἐν ταῖς συναγωγαῖς αὐτῶν καὶ κηρύσσων τὸ εὐαγγέλιον τῆς βασιλείας ...	Mk 6,6 → Mk 1,39	... καὶ περιῆγεν τὰς κώμας κύκλῳ διδάσκων.	Lk 8,1 → Lk 4,15 → Lk 4,44 → Lk 13,22	καὶ ἐγένετο ἐν τῷ καθεξῆς καὶ αὐτὸς διώδευεν κατὰ πόλιν καὶ κώμην κηρύσσων καὶ εὐαγγελιζόμενος τὴν βασιλείαν τοῦ θεοῦ καὶ οἱ δώδεκα **σὺν αὐτῷ**	
121	Mt 13,10	καὶ προσελθόντες **οἱ μαθηταὶ** εἶπαν αὐτῷ· διὰ τί ἐν παραβολαῖς λαλεῖς αὐτοῖς;	Mk 4,10 → Mk 7,17	καὶ ὅτε ἐγένετο κατὰ μόνας, ἠρώτων αὐτὸν **οἱ περὶ αὐτὸν σὺν τοῖς δώδεκα** τὰς παραβολάς.	Lk 8,9 → Mk 7,17	ἐπηρώτων δὲ αὐτὸν **οἱ μαθηταὶ αὐτοῦ** τίς αὕτη εἴη ἡ παραβολή.	
012			Mk 5,18	... παρεκάλει αὐτὸν ὁ δαιμονισθεὶς ἵνα **μετ' αὐτοῦ** ᾖ.	Lk 8,38	ἐδεῖτο δὲ αὐτοῦ ὁ ἀνὴρ ἀφ' οὗ ἐξεληλύθει τὰ δαιμόνια εἶναι **σὺν αὐτῷ·** ...	
012			Mk 5,37	καὶ οὐκ ἀφῆκεν οὐδένα **μετ' αὐτοῦ** συνακολουθῆσαι εἰ μὴ τὸν Πέτρον καὶ Ἰάκωβον καὶ Ἰωάννην τὸν ἀδελφὸν Ἰακώβου.	Lk 8,51	... οὐκ ἀφῆκεν εἰσελθεῖν τινα **σὺν αὐτῷ** εἰ μὴ Πέτρον καὶ Ἰωάννην καὶ Ἰάκωβον ...	

	Mt		Mk		Lk		
121	Mt 16,24 ⇩ Mt 10,38	τότε ὁ Ἰησοῦς εἶπεν τοῖς μαθηταῖς αὐτοῦ· εἴ τις θέλει ὀπίσω μου ἐλθεῖν, ἀπαρνησάσθω ἑαυτὸν καὶ ἀράτω τὸν σταυρὸν αὐτοῦ καὶ ἀκολουθείτω μοι.	Mk 8,34	καὶ προσκαλεσάμενος τὸν ὄχλον σὺν τοῖς μαθηταῖς αὐτοῦ εἶπεν αὐτοῖς· εἴ τις θέλει ὀπίσω μου ἀκολουθεῖν, ἀπαρνησάσθω ἑαυτὸν καὶ ἀράτω τὸν σταυρὸν αὐτοῦ καὶ ἀκολουθείτω μοι.	Lk 9,23 ⇩ Lk 14,27	ἔλεγεν δὲ πρὸς πάντας· εἴ τις θέλει ὀπίσω μου ἔρχεσθαι, ἀρνησάσθω ἑαυτὸν καὶ ἀράτω τὸν σταυρὸν αὐτοῦ καθ’ ἡμέραν, καὶ ἀκολουθείτω μοι.	→ GTh 55 Mk-Q overlap
	Mt 10,38 ⇧ Mt 16,24	καὶ ὃς οὐ λαμβάνει τὸν σταυρὸν αὐτοῦ καὶ ἀκολουθεῖ ὀπίσω μου, οὐκ ἔστιν μου ἄξιος.			Lk 14,27 ⇧ Lk 9,23	ὅστις οὐ βαστάζει τὸν σταυρὸν ἑαυτοῦ καὶ ἔρχεται ὀπίσω μου οὐ δύναται εἶναί μου μαθητής.	→ GTh 101
121	Mt 17,3 → Lk 9,31	καὶ ἰδοὺ ὤφθη αὐτοῖς Μωϋσῆς καὶ Ἠλίας συλλαλοῦντες μετ’ αὐτοῦ.	Mk 9,4 → Lk 9,31	καὶ ὤφθη αὐτοῖς Ἠλίας σὺν Μωϋσεῖ καὶ ἦσαν συλλαλοῦντες τῷ Ἰησοῦ.	Lk 9,30	καὶ ἰδοὺ ἄνδρες δύο συνελάλουν αὐτῷ, οἵτινες ἦσαν Μωϋσῆς καὶ Ἠλίας	
a 002					Lk 9,32	ὁ δὲ Πέτρος καὶ οἱ σὺν αὐτῷ ἦσαν βεβαρημένοι ὕπνῳ· ...	
202	Mt 25,27	ἔδει σε οὖν βαλεῖν τὰ ἀργύριά μου τοῖς τραπεζίταις, καὶ ἐλθὼν ἐγὼ ἐκομισάμην ἂν τὸ ἐμὸν σὺν τόκῳ.			Lk 19,23	καὶ διὰ τί οὐκ ἔδωκάς μου τὸ ἀργύριον ἐπὶ τράπεζαν; κἀγὼ ἐλθὼν σὺν τόκῳ ἂν αὐτὸ ἔπραξα.	
112	Mt 21,23	... προσῆλθον αὐτῷ διδάσκοντι οἱ ἀρχιερεῖς καὶ οἱ πρεσβύτεροι τοῦ λαοῦ λέγοντες· ἐν ποίᾳ ἐξουσίᾳ ταῦτα ποιεῖς; ...	Mk 11,27	... ἔρχονται πρὸς αὐτὸν οἱ ἀρχιερεῖς καὶ οἱ γραμματεῖς καὶ οἱ πρεσβύτεροι [28] καὶ ἔλεγον αὐτῷ· ἐν ποίᾳ ἐξουσίᾳ ταῦτα ποιεῖς; ...	Lk 20,1	... ἐπέστησαν οἱ ἀρχιερεῖς καὶ οἱ γραμματεῖς σὺν τοῖς πρεσβυτέροις [2] καὶ εἶπαν λέγοντες πρὸς αὐτόν· εἰπὸν ἡμῖν ἐν ποίᾳ ἐξουσίᾳ ταῦτα ποιεῖς, ...	→ Jn 2,18
112	Mt 26,20	ὀψίας δὲ γενομένης ἀνέκειτο μετὰ τῶν δώδεκα.	Mk 14,17	καὶ ὀψίας γενομένης ἔρχεται μετὰ τῶν δώδεκα. [18] καὶ ἀνακειμένων αὐτῶν ...	Lk 22,14	καὶ ὅτε ἐγένετο ἡ ὥρα, ἀνέπεσεν καὶ οἱ ἀπόστολοι σὺν αὐτῷ.	
210	Mt 26,35 → Lk 22,33	λέγει αὐτῷ ὁ Πέτρος· κἂν δέῃ με σὺν σοὶ ἀποθανεῖν, οὐ μή σε ἀπαρνήσομαι. ...	Mk 14,31 → Lk 22,33	ὁ δὲ ἐκπερισσῶς ἐλάλει· ἐὰν δέῃ με συναποθανεῖν σοι, οὐ μή σε ἀπαρνήσομαι. ...			→ Jn 13,37
112	Mt 26,69	... καὶ προσῆλθεν αὐτῷ μία παιδίσκη λέγουσα· καὶ σὺ ἦσθα μετὰ Ἰησοῦ τοῦ Γαλιλαίου.	Mk 14,67	[66] ... ἔρχεται μία τῶν παιδισκῶν τοῦ ἀρχιερέως [67] καὶ ἰδοῦσα τὸν Πέτρον θερμαινόμενον ἐμβλέψασα αὐτῷ λέγει· καὶ σὺ μετὰ τοῦ Ναζαρηνοῦ ἦσθα τοῦ Ἰησοῦ.	Lk 22,56	ἰδοῦσα δὲ αὐτὸν παιδίσκη τις καθήμενον πρὸς τὸ φῶς καὶ ἀτενίσασα αὐτῷ εἶπεν· καὶ οὗτος σὺν αὐτῷ ἦν.	→ Jn 18,17
002	Mt 27,28	καὶ ἐκδύσαντες αὐτὸν χλαμύδα κοκκίνην περιέθηκαν αὐτῷ	Mk 15,17	καὶ ἐνδιδύσκουσιν αὐτὸν πορφύραν ...	Lk 23,11 → Mt 27,27 → Mk 15,16	ἐξουθενήσας δὲ αὐτὸν [καὶ] ὁ Ἡρῴδης σὺν τοῖς στρατεύμασιν αὐτοῦ καὶ ἐμπαίξας περιβαλὼν ἐσθῆτα λαμπρὰν ἀνέπεμψεν αὐτὸν τῷ Πιλάτῳ.	→ Jn 19,2

002					Lk 23,32 ↓ Mt 27,38 ↓ Mk 15,27 ↓ Lk 23,33	ἤγοντο δὲ καὶ ἕτεροι κακοῦργοι δύο **σὺν αὐτῷ** ἀναιρεθῆναι.	→ Jn 19,18
221	Mt 27,38 ↑ Lk 23,32	τότε σταυροῦνται **σὺν αὐτῷ** δύο λῃσταί, εἷς ἐκ δεξιῶν καὶ εἷς ἐξ εὐωνύμων.	Mk 15,27 ↑ Lk 23,32	καὶ **σὺν αὐτῷ** σταυροῦσιν δύο λῃστάς, ἕνα ἐκ δεξιῶν καὶ ἕνα ἐξ εὐωνύμων αὐτοῦ.	Lk 23,33 → Lk 22,37	... ἐκεῖ ἐσταύρωσαν αὐτὸν καὶ τοὺς κακούργους, ὃν μὲν ἐκ δεξιῶν ὃν δὲ ἐξ ἀριστερῶν.	→ Jn 19,18
b 221	Mt 27,44	τὸ δ' αὐτὸ καὶ οἱ λῃσταὶ οἱ συσταυρωθέντες **σὺν αὐτῷ** ὠνείδιζον αὐτόν.	Mk 15,32	... καὶ οἱ συνεσταυρωμένοι **σὺν αὐτῷ** ὠνείδιζον αὐτόν.	Lk 23,39 → Lk 23,35 → Lk 23,36 → Lk 23,37	εἷς δὲ τῶν κρεμασθέντων κακούργων ἐβλασφήμει αὐτὸν λέγων· οὐχὶ σὺ εἶ ὁ χριστός; σῶσον σεαυτὸν καὶ ἡμᾶς.	
112	Mt 28,1 → Mt 27,56 → Mt 27,61	... ἦλθεν Μαριὰμ ἡ Μαγδαληνὴ καὶ ἡ ἄλλη Μαρία ...	Mk 16,1 → Mk 15,40 → Mk 15,47	... Μαρία ἡ Μαγδαληνὴ καὶ Μαρία ἡ [τοῦ] Ἰακώβου καὶ Σαλώμη ...	Lk 24,10 → Lk 24,1 → Lk 8,2-3	ἦσαν δὲ ἡ Μαγδαληνὴ Μαρία καὶ Ἰωάννα καὶ Μαρία ἡ Ἰακώβου καὶ αἱ λοιπαὶ **σὺν αὐταῖς**. ...	→ Jn 20,18
002					Lk 24,21	ἡμεῖς δὲ ἠλπίζομεν ὅτι αὐτός ἐστιν ὁ μέλλων λυτροῦσθαι τὸν Ἰσραήλ· ἀλλά γε καὶ **σὺν πᾶσιν τούτοις** τρίτην ταύτην ἡμέραν ἄγει ἀφ' οὗ ταῦτα ἐγένετο.	
a 002					Lk 24,24 → Lk 24,12	καὶ ἀπῆλθόν **τινες τῶν σὺν ἡμῖν** ἐπὶ τὸ μνημεῖον, ...	
002					Lk 24,29 → Lk 9,12	... μεῖνον μεθ' ἡμῶν, ὅτι πρὸς ἑσπέραν ἐστὶν καὶ κέκλικεν ἤδη ἡ ἡμέρα. καὶ εἰσῆλθεν τοῦ μεῖναι **σὺν αὐτοῖς**.	
a 002					Lk 24,33	... καὶ εὗρον ἠθροισμένους τοὺς ἕνδεκα καὶ **τοὺς σὺν αὐτοῖς**	
002					Lk 24,44 → Lk 24,27	... οὗτοι οἱ λόγοι μου οὓς ἐλάλησα πρὸς ὑμᾶς ἔτι ὢν **σὺν ὑμῖν**, ὅτι δεῖ πληρωθῆναι πάντα τὰ γεγραμμένα ἐν τῷ νόμῳ Μωϋσέως καὶ τοῖς προφήταις καὶ ψαλμοῖς περὶ ἐμοῦ.	

Acts 1,14 → Lk 8,2-3 → Lk 24,53 — οὗτοι πάντες ἦσαν προσκαρτεροῦντες ὁμοθυμαδὸν τῇ προσευχῇ **σὺν γυναιξὶν καὶ Μαριὰμ τῇ μητρὶ τοῦ Ἰησοῦ καὶ τοῖς ἀδελφοῖς αὐτοῦ**.

Acts 1,22 — ... μάρτυρα τῆς ἀναστάσεως αὐτοῦ **σὺν ἡμῖν** γενέσθαι ἕνα τούτων.

Acts 2,14 — σταθεὶς δὲ ὁ Πέτρος **σὺν τοῖς ἕνδεκα** ἐπῆρεν τὴν φωνὴν αὐτοῦ καὶ ἀπεφθέγξατο αὐτοῖς· ...

Acts 3,4 — ἀτενίσας δὲ Πέτρος εἰς αὐτὸν **σὺν τῷ Ἰωάννῃ** εἶπεν· βλέψον εἰς ἡμᾶς.

Acts 3,8 — ... καὶ εἰσῆλθεν **σὺν αὐτοῖς** εἰς τὸ ἱερὸν περιπατῶν καὶ ἁλλόμενος καὶ αἰνῶν τὸν θεόν.

Acts 4,13 — ... ἐθαύμαζον ἐπεγίνωσκόν τε αὐτοὺς ὅτι **σὺν τῷ Ἰησοῦ** ἦσαν,

Acts 4,14 — τόν τε ἄνθρωπον βλέποντες **σὺν αὐτοῖς** ἑστῶτα τὸν τεθεραπευμένον οὐδὲν εἶχον ἀντειπεῖν.

b **Acts 4,27** → Lk 4,18 — συνήχθησαν γὰρ ἐπ' ἀληθείας ἐν τῇ πόλει ταύτῃ ἐπὶ τὸν ἅγιον παῖδά σου Ἰησοῦν ὃν ἔχρισας, Ἡρῴδης τε καὶ Πόντιος Πιλᾶτος **σὺν ἔθνεσιν καὶ λαοῖς Ἰσραήλ**

Acts 5,1 ἀνὴρ δέ τις Ἁνανίας ὀνόματι
σὺν Σαπφίρῃ
τῇ γυναικὶ αὐτοῦ ἐπώλησεν κτῆμα

a **Acts 5,17** ἀναστὰς δὲ ὁ ἀρχιερεὺς καὶ
πάντες οἱ σὺν αὐτῷ,
ἡ οὖσα αἵρεσις τῶν Σαδδουκαίων, ἐπλήσθησαν ζήλου

a *b* **Acts 5,21** ... παραγενόμενος δὲ ὁ ἀρχιερεὺς καὶ
οἱ σὺν αὐτῷ
συνεκάλεσαν τὸ συνέδριον καὶ πᾶσαν τὴν γερουσίαν τῶν υἱῶν Ἰσραὴλ ...

Acts 5,26 τότε ἀπελθὼν ὁ στρατηγὸς
σὺν τοῖς ὑπηρέταις
ἦγεν αὐτούς οὐ μετὰ βίας, ἐφοβοῦντο γὰρ τὸν λαόν μὴ λιθασθῶσιν.

Acts 7,35 τοῦτον τὸν Μωϋσῆν ... τοῦτον ὁ θεὸς [καὶ] ἄρχοντα καὶ λυτρωτὴν ἀπέσταλκεν
σὺν χειρὶ ἀγγέλου
τοῦ ὀφθέντος αὐτῷ ἐν τῇ βάτῳ.

Acts 8,20 Πέτρος δὲ εἶπεν πρὸς αὐτόν· τὸ ἀργύριόν σου
σὺν σοὶ
εἴη εἰς ἀπώλειαν ...

Acts 8,31 ... παρεκάλεσέν τε τὸν Φίλιππον ἀναβάντα καθίσαι
σὺν αὐτῷ.

Acts 10,2 → Lk 7,5 [1] ... Κορνήλιος ... [2] εὐσεβὴς καὶ φοβούμενος τὸν θεὸν
σὺν παντὶ τῷ οἴκῳ αὐτοῦ,
ποιῶν ἐλεημοσύνας πολλὰς τῷ λαῷ καὶ δεόμενος τοῦ θεοῦ διὰ παντός

Acts 10,20 ... πορεύου
σὺν αὐτοῖς
μηδὲν διακρινόμενος ὅτι ἐγὼ ἀπέσταλκα αὐτούς.

Acts 10,23 ... τῇ δὲ ἐπαύριον ἀναστὰς ἐξῆλθεν
σὺν αὐτοῖς
καί τινες τῶν ἀδελφῶν τῶν ἀπὸ Ἰόππης συνῆλθον αὐτῷ.

Acts 11,12 ... ἦλθον δὲ
σὺν ἐμοὶ
καὶ οἱ ἓξ ἀδελφοὶ οὗτοι ...

Acts 13,7 ὃς ἦν
σὺν τῷ ἀνθυπάτῳ Σεργίῳ Παύλῳ,
ἀνδρὶ συνετῷ. ...

Acts 14,4 (2) ἐσχίσθη δὲ τὸ πλῆθος τῆς πόλεως, καὶ οἱ μὲν ἦσαν
σὺν τοῖς Ἰουδαίοις,
οἱ δὲ
σὺν τοῖς ἀποστόλοις.

Acts 14,5 ὡς δὲ ἐγένετο ὁρμὴ τῶν ἐθνῶν τε καὶ Ἰουδαίων
σὺν τοῖς ἄρχουσιν αὐτῶν
ὑβρίσαι καὶ λιθοβολῆσαι αὐτούς

Acts 14,13 ὅ τε ἱερεὺς τοῦ Διὸς τοῦ ὄντος πρὸ τῆς πόλεως ταύρους καὶ στέμματα ἐπὶ τοὺς πυλῶνας ἐνέγκας
σὺν τοῖς ὄχλοις
ἤθελεν θύειν.

Acts 14,20 ... καὶ τῇ ἐπαύριον ἐξῆλθεν
σὺν τῷ Βαρναβᾷ
εἰς Δέρβην.

Acts 14,28 διέτριβον δὲ χρόνον οὐκ ὀλίγον
σὺν τοῖς μαθηταῖς.

Acts 15,22 (2) τότε ἔδοξε τοῖς ἀποστόλοις καὶ τοῖς πρεσβυτέροις
σὺν ὅλῃ τῇ ἐκκλησίᾳ
ἐκλεξαμένους ἄνδρας ἐξ αὐτῶν πέμψαι εἰς Ἀντιόχειαν
σὺν τῷ Παύλῳ καὶ Βαρναβᾷ,
Ἰούδαν τὸν καλούμενον Βαρσαββᾶν καὶ Σιλᾶν, ἄνδρας ἡγουμένους ἐν τοῖς ἀδελφοῖς

Acts 15,25 ἔδοξεν ἡμῖν γενομένοις ὁμοθυμαδὸν ἐκλεξαμένοις ἄνδρας πέμψαι πρὸς ὑμᾶς
σὺν τοῖς ἀγαπητοῖς ἡμῶν Βαρναβᾷ καὶ Παύλῳ

Acts 16,3 τοῦτον ἠθέλησεν ὁ Παῦλος
σὺν αὐτῷ
ἐξελθεῖν, καὶ λαβὼν περιέτεμεν αὐτὸν διὰ τοὺς Ἰουδαίους τοὺς ὄντας ἐν τοῖς τόποις ἐκείνοις· ...

Acts 16,32 καὶ ἐλάλησαν αὐτῷ τὸν λόγον τοῦ κυρίου
σὺν πᾶσιν τοῖς ἐν τῇ οἰκίᾳ αὐτοῦ.

Acts 17,34 ... ἐν οἷς καὶ Διονύσιος ὁ Ἀρεοπαγίτης καὶ γυνὴ ὀνόματι Δάμαρις καὶ ἕτεροι
σὺν αὐτοῖς.

Acts 18,8 Κρίσπος δὲ ὁ ἀρχισυνάγωγος ἐπίστευσεν τῷ κυρίῳ
σὺν ὅλῳ τῷ οἴκῳ αὐτοῦ,
καὶ πολλοὶ τῶν Κορινθίων ἀκούοντες ἐπίστευον καὶ ἐβαπτίζοντο.

Acts 18,18 ... ἐξέπλει εἰς τὴν Συρίαν, καὶ
σὺν αὐτῷ
Πρίσκιλλα καὶ Ἀκύλας, ...

Acts 19,38 εἰ μὲν οὖν Δημήτριος καὶ οἱ
σὺν αὐτῷ
τεχνῖται ἔχουσι πρός τινα λόγον, ... ἐγκαλείτωσαν ἀλλήλοις.

Acts 20,36 καὶ ταῦτα εἰπὼν θεὶς τὰ γόνατα αὐτοῦ
σὺν πᾶσιν αὐτοῖς
προσηύξατο.

Acts 21,5 ... ἐξελθόντες ἐπορευόμεθα προπεμπόντων ἡμᾶς πάντων
σὺν γυναιξὶ καὶ τέκνοις
ἕως ἔξω τῆς πόλεως, ...

b **Acts 21,16** συνῆλθον δὲ καὶ τῶν μαθητῶν ἀπὸ Καισαρείας
σὺν ἡμῖν,
ἄγοντες παρ' ᾧ ξενισθῶμεν Μνάσωνί τινι Κυπρίῳ, ...

Acts 21,18 τῇ δὲ ἐπιούσῃ εἰσῄει ὁ Παῦλος
σὺν ἡμῖν
πρὸς Ἰάκωβον, πάντες τε παρεγένοντο οἱ πρεσβύτεροι.

Acts 21,24 τούτους παραλαβὼν ἁγνίσθητι
σὺν αὐτοῖς
καὶ δαπάνησον ἐπ' αὐτοῖς ἵνα ξυρήσονται τὴν κεφαλήν, ...

Acts 21,26 τότε ὁ Παῦλος παραλαβὼν τοὺς ἄνδρας τῇ ἐχομένῃ ἡμέρᾳ
σὺν αὐτοῖς
ἁγνισθείς, εἰσῄει εἰς τὸ ἱερόν ...

Acts 21,29 ἦσαν γὰρ προεωρακότες Τρόφιμον τὸν Ἐφέσιον ἐν τῇ πόλει
σὺν αὐτῷ,
ὃν ἐνόμιζον ὅτι εἰς τὸ ἱερὸν εἰσήγαγεν ὁ Παῦλος.

Acts 22,9 οἱ δὲ
σὺν ἐμοὶ
ὄντες τὸ μὲν φῶς ἐθεάσαντο τὴν δὲ φωνὴν οὐκ ἤκουσαν τοῦ λαλοῦντός μοι.

Acts 23,15 νῦν οὖν ὑμεῖς ἐμφανίσατε τῷ χιλιάρχῳ
σὺν τῷ συνεδρίῳ
ὅπως καταγάγῃ αὐτὸν εἰς ὑμᾶς ...

Acts 23,27 τὸν ἄνδρα τοῦτον συλλημφθέντα ὑπὸ τῶν Ἰουδαίων καὶ μέλλοντα ἀναιρεῖσθαι ὑπ' αὐτῶν ἐπιστὰς
σὺν τῷ στρατεύματι
ἐξειλάμην, μαθὼν ὅτι Ῥωμαῖός ἐστιν·

Acts 23,32 τῇ δὲ ἐπαύριον ἐάσαντες τοὺς ἱππεῖς ἀπέρχεσθαι
σὺν αὐτῷ
ὑπέστρεψαν εἰς τὴν παρεμβολήν·

Acts 24,24 μετὰ δὲ ἡμέρας τινὰς παραγενόμενος ὁ Φῆλιξ
σὺν Δρουσίλλῃ τῇ ἰδίᾳ γυναικὶ οὔσῃ Ἰουδαίᾳ ...

Acts 25,23 τῇ οὖν ἐπαύριον ἐλθόντος τοῦ Ἀγρίππα καὶ τῆς Βερνίκης μετὰ πολλῆς φαντασίας καὶ εἰσελθόντων εἰς τὸ ἀκροατήριον
σύν τε χιλιάρχοις καὶ ἀνδράσιν τοῖς κατ' ἐξοχὴν τῆς πόλεως
καὶ κελεύσαντος τοῦ Φήστου ἤχθη ὁ Παῦλος.

Acts 26,13 ... οὐρανόθεν ὑπὲρ τὴν λαμπρότητα τοῦ ἡλίου περιλάμψαν με φῶς καὶ τοὺς
σὺν ἐμοὶ
πορευομένους.

Acts 27,2 ... ὄντος
σὺν ἡμῖν
Ἀριστάρχου Μακεδόνος Θεσσαλονικέως.

Acts 28,16 ὅτε δὲ εἰσήλθομεν εἰς Ῥώμην, ἐπετράπη τῷ Παύλῳ μένειν καθ' ἑαυτὸν
σὺν τῷ φυλάσσοντι αὐτὸν στρατιώτῃ.

συνάγω

	Syn	Mt	Mk	Lk	Acts	Jn	1-3John	Paul	Eph	Col
	35	24	5	6	11	7		1		
	NT	2Thess	1/2Tim	Tit	Heb	Jas	1Pet	2Pet	Jude	Rev
	59									5

gather (in); bring, call together; invite; receive as a guest

	triple tradition																	double tradition			Sondergut		
		+Mt / +Lk			–Mt / –Lk			traditions not taken over by Mt / Lk							subtotals								
code	*222*	*211*	*112*	*212*	*221*	*122*	*121*	*022*	*012*	*021*	*220*	*120*	*210*	*020*	Σ^+	Σ^-	Σ	*202*	*201*	*102*	*200*	*002*	total
Mt		3^+		1^+	1		1^-					1^-	2^+		6^+	2^-	7	2	4		11		**24**
Mk					1		1			2		1					5						**5**
Lk				1^+	1^-		1^-			2^-					1^+	4^-	1	2				3	**6**

a συνάγω εἴς τινα (with reference to location)
b συνάγω ἔκ τινος
c συνάγω ἔν τινι (with reference to location)
d συνάγω ἐπί τι(να)
e συνάγω μετά τινος
f συνάγομαι πρός τινα
g συνάγω and infinitive

	Mt	Mk	Lk	
200	**Mt 2,4** καὶ **συναγαγὼν** πάντας τοὺς ἀρχιερεῖς καὶ γραμματεῖς τοῦ λαοῦ ἐπυνθάνετο παρ' αὐτῶν ποῦ ὁ χριστὸς γεννᾶται.			
a 202	**Mt 3,12** ↓Mt 13,30 οὗ τὸ πτύον ἐν τῇ χειρὶ αὐτοῦ καὶ διακαθαριεῖ τὴν ἅλωνα αὐτοῦ, καὶ **συνάξει** τὸν σῖτον αὐτοῦ εἰς τὴν ἀποθήκην, τὸ δὲ ἄχυρον κατακαύσει πυρὶ ἀσβέστῳ.		**Lk 3,17** οὗ τὸ πτύον ἐν τῇ χειρὶ αὐτοῦ διακαθᾶραι τὴν ἅλωνα αὐτοῦ καὶ **συναγαγεῖν** τὸν σῖτον εἰς τὴν ἀποθήκην αὐτοῦ, τὸ δὲ ἄχυρον κατακαύσει πυρὶ ἀσβέστῳ.	

021			Mk 2,2 → Mk 3,20	καὶ **συνήχθησαν** πολλοὶ ὥστε μηκέτι χωρεῖν μηδὲ τὰ πρὸς τὴν θύραν, καὶ ἐλάλει αὐτοῖς τὸν λόγον.	Lk 5,17	καὶ ἐγένετο ἐν μιᾷ τῶν ἡμερῶν καὶ αὐτὸς ἦν διδάσκων, ...	
a 201	Mt 6,26	ἐμβλέψατε εἰς τὰ πετεινὰ τοῦ οὐρανοῦ ὅτι οὐ σπείρουσιν οὐδὲ θερίζουσιν **οὐδὲ συνάγουσιν** εἰς ἀποθήκας, καὶ ὁ πατὴρ ὑμῶν ὁ οὐράνιος τρέφει αὐτά· ...			Lk 12,24	κατανοήσατε τοὺς κόρακας ὅτι οὐ σπείρουσιν οὐδὲ θερίζουσιν, **οἷς οὐκ ἔστιν** ταμεῖον οὐδὲ ἀποθήκη, καὶ ὁ θεὸς τρέφει αὐτούς· ...	
e 202	Mt 12,30	ὁ μὴ ὢν μετ' ἐμοῦ κατ' ἐμοῦ ἐστιν, καὶ **ὁ μὴ συνάγων** μετ' ἐμοῦ σκορπίζει.	→ Mk 9,40		Lk 11,23 → Lk 9,50	ὁ μὴ ὢν μετ' ἐμοῦ κατ' ἐμοῦ ἐστιν, καὶ **ὁ μὴ συνάγων** μετ' ἐμοῦ σκορπίζει.	
f 221	Mt 13,2 → Lk 5,1	καὶ **συνήχθησαν** πρὸς αὐτὸν ὄχλοι πολλοί, ὥστε αὐτὸν εἰς πλοῖον ἐμβάντα ...	Mk 4,1 → Lk 5,1 → Mk 3,9	... καὶ **συνάγεται** πρὸς αὐτὸν ὄχλος πλεῖστος, ὥστε αὐτὸν εἰς πλοῖον ἐμβάντα ...	Lk 8,4 ⇨ Lk 5,3	**συνιόντος** δὲ ὄχλου πολλοῦ καὶ τῶν κατὰ πόλιν ἐπιπορευομένων πρὸς αὐτὸν ...	
a 200	Mt 13,30 ↑ Mt 3,12 ↑ Lk 3,17	... συλλέξατε πρῶτον τὰ ζιζάνια καὶ δήσατε αὐτὰ εἰς δέσμας πρὸς τὸ κατακαῦσαι αὐτά, τὸν δὲ σῖτον **συναγάγετε** εἰς τὴν ἀποθήκην μου.					→ GTh 57
b 200	Mt 13,47	πάλιν ὁμοία ἐστὶν ἡ βασιλεία τῶν οὐρανῶν σαγήνῃ βληθείσῃ εἰς τὴν θάλασσαν καὶ ἐκ παντὸς γένους **συναγαγούσῃ·**					→ GTh 8
d 121	Mt 9,1	καὶ ἐμβὰς εἰς πλοῖον διεπέρασεν ...	Mk 5,21	[18] καὶ ἐμβαίνοντος αὐτοῦ εἰς τὸ πλοῖον ... [21] καὶ διαπεράσαντος τοῦ Ἰησοῦ [ἐν τῷ πλοίῳ] πάλιν εἰς τὸ πέραν **συνήχθη** ὄχλος πολὺς ἐπ' αὐτόν, ...	Lk 8,40	[37] ... αὐτὸς δὲ ἐμβὰς εἰς πλοῖον ... [40] ἐν δὲ τῷ ὑποστρέφειν τὸν Ἰησοῦν **ἀπεδέξατο** αὐτὸν ὁ ὄχλος· ...	
f 021			Mk 6,30	καὶ **συνάγονται** οἱ ἀπόστολοι πρὸς τὸν Ἰησοῦν καὶ ἀπήγγειλαν αὐτῷ πάντα ὅσα ἐποίησαν καὶ ὅσα ἐδίδαξαν.	Lk 9,10 → Lk 10,17	καὶ **ὑποστρέψαντες** οἱ ἀπόστολοι διηγήσαντο αὐτῷ ὅσα ἐποίησαν. ...	
f 120	Mt 15,1 → Lk 11,37	τότε **προσέρχονται** τῷ Ἰησοῦ ἀπὸ Ἱεροσολύμων Φαρισαῖοι καὶ γραμματεῖς λέγοντες·	Mk 7,1 → Lk 11,37	καὶ **συνάγονται** πρὸς αὐτὸν οἱ Φαρισαῖοι καί τινες τῶν γραμματέων ἐλθόντες ἀπὸ Ἱεροσολύμων. [2] ... [5] καὶ ἐπερωτῶσιν αὐτὸν οἱ Φαρισαῖοι καὶ οἱ γραμματεῖς· ...			
200	Mt 18,20	οὗ γάρ εἰσιν δύο ἢ τρεῖς **συνηγμένοι** εἰς τὸ ἐμὸν ὄνομα, ἐκεῖ εἰμι ἐν μέσῳ αὐτῶν.					→ GTh 30 (POxy 1) → GTh 48 → GTh 106

	Mt		Mk		Lk		
e 202	Mt 12,30	ὁ μὴ ὢν μετ᾽ ἐμοῦ κατ᾽ ἐμοῦ ἐστιν, καὶ ὁ μὴ **συνάγων** μετ᾽ ἐμοῦ σκορπίζει.	→ Mk 9,40		Lk 11,23 → Lk 9,50	ὁ μὴ ὢν μετ᾽ ἐμοῦ κατ᾽ ἐμοῦ ἐστιν, καὶ ὁ μὴ **συνάγων** μετ᾽ ἐμοῦ σκορπίζει.	
002					Lk 12,17	... τί ποιήσω, ὅτι οὐκ ἔχω ποῦ **συνάξω** τοὺς καρπούς μου;	→ GTh 63
002					Lk 12,18	... καθελῶ μου τὰς ἀποθήκας καὶ μείζονας οἰκοδομήσω, καὶ **συνάξω** ἐκεῖ πάντα τὸν σῖτον καὶ τὰ ἀγαθά μου	→ GTh 63
002					Lk 15,13	καὶ μετ᾽ οὐ πολλὰς ἡμέρας **συναγαγὼν** πάντα ὁ νεώτερος υἱὸς ἀπεδήμησεν εἰς χώραν μακρὰν ...	
200	Mt 22,10 → Lk 14,23	καὶ ἐξελθόντες οἱ δοῦλοι ἐκεῖνοι εἰς τὰς ὁδοὺς **συνήγαγον** πάντας οὓς εὗρον, ...					→ GTh 64
d 211	Mt 22,34	οἱ δὲ Φαρισαῖοι ἀκούσαντες ὅτι ἐφίμωσεν τοὺς Σαδδουκαίους **συνήχθησαν** ἐπὶ τὸ αὐτό, [35] καὶ ἐπηρώτησεν εἷς ἐξ αὐτῶν [νομικὸς] πειράζων αὐτόν·	Mk 12,28 → Lk 20,39	καὶ προσελθὼν εἷς τῶν γραμματέων ἀκούσας αὐτῶν συζητούντων, ἰδὼν ὅτι καλῶς ἀπεκρίθη αὐτοῖς ἐπηρώτησεν αὐτόν· ...	Lk 10,25	 καὶ ἰδοὺ νομικός τις ἀνέστη ἐκπειράζων αὐτὸν λέγων· ...	
211	Mt 22,41	**συνηγμένων** δὲ τῶν Φαρισαίων ἐπηρώτησεν αὐτοὺς ὁ Ἰησοῦς [42] λέγων· τί ὑμῖν δοκεῖ περὶ τοῦ χριστοῦ; τίνος υἱός ἐστιν; λέγουσιν αὐτῷ· τοῦ Δαυίδ.	Mk 12,35	 καὶ ἀποκριθεὶς ὁ Ἰησοῦς ἔλεγεν διδάσκων ἐν τῷ ἱερῷ· πῶς λέγουσιν οἱ γραμματεῖς ὅτι ὁ χριστὸς υἱὸς Δαυίδ ἐστιν;	Lk 20,41	 εἶπεν δὲ πρὸς αὐτούς· πῶς λέγουσιν τὸν χριστὸν εἶναι Δαυὶδ υἱόν;	
201	Mt 24,28	ὅπου ἐὰν ᾖ τὸ πτῶμα, ἐκεῖ **συναχθήσονται** οἱ ἀετοί.			Lk 17,37	... ὅπου τὸ σῶμα, ἐκεῖ καὶ οἱ ἀετοὶ **ἐπισυναχθήσονται.**	
201	Mt 25,24	... ἔγνων σε ὅτι σκληρὸς εἶ ἄνθρωπος, θερίζων ὅπου οὐκ ἔσπειρας καὶ **συνάγων** ὅθεν οὐ διεσκόρπισας			Lk 19,21 → Mt 25,25	ἐφοβούμην γάρ σε, ὅτι ἄνθρωπος αὐστηρὸς εἶ, **αἴρεις** ὃ οὐκ ἔθηκας καὶ θερίζεις ὃ οὐκ ἔσπειρας.	
201	Mt 25,26	... πονηρὲ δοῦλε καὶ ὀκνηρέ, ᾔδεις ὅτι θερίζω ὅπου οὐκ ἔσπειρα καὶ **συνάγω** ὅθεν οὐ διεσκόρπισα;			Lk 19,22	... πονηρὲ δοῦλε. ᾔδεις ὅτι ἐγὼ ἄνθρωπος αὐστηρός εἰμι, **αἴρων** ὃ οὐκ ἔθηκα καὶ θερίζων ὃ οὐκ ἔσπειρα;	
200	Mt 25,32	καὶ **συναχθήσονται** ἔμπροσθεν αὐτοῦ πάντα τὰ ἔθνη, καὶ ἀφορίσει αὐτοὺς ἀπ᾽ ἀλλήλων, ...					

		Mt		Mk		Lk	
200	**Mt 25,35**	... ξένος ἤμην καὶ **συνηγάγετέ** με, [35] γυμνὸς καὶ περιεβάλετέ με, ...					
200	**Mt 25,38**	πότε δέ σε εἴδομεν ξένον καὶ **συνηγάγομεν,** ἢ γυμνὸν καὶ περιεβάλομεν;					
200	**Mt 25,43**	ξένος ἤμην καὶ **οὐ συνηγάγετέ** με, γυμνὸς καὶ οὐ περιεβάλετέ με, ...					
a 211	**Mt 26,3**	τότε **συνήχθησαν** οἱ ἀρχιερεῖς καὶ οἱ πρεσβύτεροι τοῦ λαοῦ εἰς τὴν αὐλὴν τοῦ ἀρχιερέως τοῦ λεγομένου Καϊάφα [4] καὶ συνεβουλεύσαντο ἵνα τὸν Ἰησοῦν δόλῳ κρατήσωσιν καὶ ἀποκτείνωσιν·	**Mk 14,1**	... καὶ ἐζήτουν οἱ ἀρχιερεῖς καὶ οἱ γραμματεῖς πῶς αὐτὸν ἐν δόλῳ κρατήσαντες ἀποκτείνωσιν·	**Lk 22,2**	καὶ ἐζήτουν οἱ ἀρχιερεῖς καὶ οἱ γραμματεῖς τὸ πῶς ἀνέλωσιν αὐτόν, ...	
212	**Mt 26,57** → Mk 14,46	οἱ δὲ κρατήσαντες τὸν Ἰησοῦν ἀπήγαγον πρὸς Καϊάφαν τὸν ἀρχιερέα, ὅπου οἱ γραμματεῖς καὶ οἱ πρεσβύτεροι **συνήχθησαν.**	**Mk 14,53**	καὶ ἀπήγαγον τὸν Ἰησοῦν πρὸς τὸν ἀρχιερέα, καὶ **συνέρχονται** πάντες οἱ ἀρχιερεῖς καὶ οἱ πρεσβύτεροι καὶ οἱ γραμματεῖς.	**Lk 22,66** → Mk 14,46	[54] συλλαβόντες δὲ αὐτὸν ἤγαγον καὶ εἰσήγαγον εἰς τὴν οἰκίαν τοῦ ἀρχιερέως· ... [66] καὶ ὡς ἐγένετο ἡμέρα, **συνήχθη** τὸ πρεσβυτέριον τοῦ λαοῦ, ἀρχιερεῖς τε καὶ γραμματεῖς, καὶ ἀπήγαγον αὐτὸν εἰς τὸ συνέδριον αὐτῶν	
	Mt 27,1	πρωΐας δὲ γενομένης συμβούλιον ἔλαβον πάντες οἱ ἀρχιερεῖς καὶ οἱ πρεσβύτεροι τοῦ λαοῦ κατὰ τοῦ Ἰησοῦ ὥστε θανατῶσαι αὐτόν·	Mk 15,1	καὶ εὐθὺς πρωῒ συμβούλιον ποιήσαντες οἱ ἀρχιερεῖς μετὰ τῶν πρεσβυτέρων καὶ γραμματέων καὶ ὅλον τὸ συνέδριον, ...			
210	**Mt 27,17** → Mt 27,21	**συνηγμένων οὖν αὐτῶν** εἶπεν αὐτοῖς ὁ Πιλᾶτος· τίνα θέλετε ἀπολύσω ὑμῖν, [Ἰησοῦν τὸν] Βαραββᾶν ἢ Ἰησοῦν τὸν λεγόμενον χριστόν;	**Mk 15,8**	**καὶ ἀναβὰς ὁ ὄχλος** ἤρξατο αἰτεῖσθαι καθὼς ἐποίει αὐτοῖς. [9] ὁ δὲ Πιλᾶτος ἀπεκρίθη αὐτοῖς λέγων· θέλετε ἀπολύσω ὑμῖν τὸν βασιλέα τῶν Ἰουδαίων;			
d 210	**Mt 27,27** → Lk 23,11	τότε οἱ στρατιῶται τοῦ ἡγεμόνος παραλαβόντες τὸν Ἰησοῦν εἰς τὸ πραιτώριον **συνήγαγον** ἐπ' αὐτὸν ὅλην τὴν σπεῖραν.	**Mk 15,16** → Lk 23,11	οἱ δὲ στρατιῶται ἀπήγαγον αὐτὸν ἔσω τῆς αὐλῆς, ὅ ἐστιν πραιτώριον, καὶ **συγκαλοῦσιν** ὅλην τὴν σπεῖραν.			
f 200	**Mt 27,62**	τῇ δὲ ἐπαύριον, ἥτις ἐστὶν μετὰ τὴν παρασκευήν, **συνήχθησαν** οἱ ἀρχιερεῖς καὶ οἱ Φαρισαῖοι πρὸς Πιλᾶτον					

e 200	**Mt 28,12** καὶ **συναχθέντες** μετὰ τῶν πρεσβυτέρων συμβούλιόν τε λαβόντες ἀργύρια ἱκανὰ ἔδωκαν τοῖς στρατιώταις		

a συνάγω εἴς τινα (with reference to location)
b συνάγω ἔκ τινος
c συνάγω ἔν τινι (with reference to location)
d συνάγω ἐπί τι(να)
e συνάγω μετά τινος
f συνάγομαι πρός τινα
g συνάγω and infinitive

Acts 4,5 ἐγένετο δὲ ἐπὶ τὴν αὔριον **συναχθῆναι** αὐτῶν τοὺς ἄρχοντας καὶ τοὺς πρεσβυτέρους καὶ τοὺς γραμματεῖς ἐν Ἰερουσαλήμ

d **Acts 4,26** *παρέστησαν οἱ βασιλεῖς τῆς γῆς καὶ οἱ ἄρχοντες* ***συνήχθησαν*** *ἐπὶ τὸ αὐτὸ κατὰ τοῦ κυρίου καὶ κατὰ τοῦ χριστοῦ αὐτοῦ.*
➤ Ps 2,2 LXX

c d g **Acts 4,27** **συνήχθησαν** γὰρ ἐπ' ἀληθείας ἐν τῇ πόλει ταύτῃ ἐπὶ τὸν ἅγιον παῖδά σου Ἰησοῦν ... [28] ποιῆσαι ὅσα ἡ χείρ σου καὶ ἡ βουλὴ [σου] προώρισεν γενέσθαι.

c **Acts 4,31** καὶ δεηθέντων αὐτῶν ἐσαλεύθη ὁ τόπος ἐν ᾧ ἦσαν **συνηγμένοι**, καὶ ἐπλήσθησαν ἅπαντες τοῦ ἁγίου πνεύματος ...

c **Acts 11,26** ... ἐγένετο δὲ αὐτοῖς καὶ ἐνιαυτὸν ὅλον **συναχθῆναι** ἐν τῇ ἐκκλησίᾳ καὶ διδάξαι ὄχλον ἱκανόν, ...

g **Acts 13,44** τῷ δὲ ἐρχομένῳ σαββάτῳ σχεδὸν πᾶσα ἡ πόλις **συνήχθη** ἀκοῦσαι τὸν λόγον τοῦ κυρίου.

Acts 14,27 παραγενόμενοι δὲ καὶ **συναγαγόντες** τὴν ἐκκλησίαν ἀνήγγελλον ὅσα ἐποίησεν ὁ θεὸς μετ' αὐτῶν ...

g **Acts 15,6** **συνήχθησάν** τε οἱ ἀπόστολοι καὶ οἱ πρεσβύτεροι ἰδεῖν περὶ τοῦ λόγου τούτου.

Acts 15,30 οἱ μὲν οὖν ἀπολυθέντες κατῆλθον εἰς Ἀντιόχειαν, καὶ **συναγαγόντες** τὸ πλῆθος ἐπέδωκαν τὴν ἐπιστολήν.

g **Acts 20,7** ἐν δὲ τῇ μιᾷ τῶν σαββάτων **συνηγμένων** ἡμῶν κλάσαι ἄρτον, ὁ Παῦλος διελέγετο αὐτοῖς μέλλων ἐξιέναι τῇ ἐπαύριον, ...

Acts 20,8 ἦσαν δὲ λαμπάδες ἱκαναὶ ἐν τῷ ὑπερῴῳ οὗ ἦμεν **συνηγμένοι.**

συναγωγή

Syn 32	Mt 9	Mk 8	Lk 15	Acts 19	Jn 2	1-3John	Paul	Eph	Col
NT 56	2Thess	1/2Tim	Tit	Heb	Jas 1	1Pet	2Pet	Jude	Rev 2

place of assembly; (the congregation of a synagogue); a meeting

	triple tradition																	double tradition			Sondergut		
		+Mt / +Lk			–Mt / –Lk			traditions not taken over by Mt / Lk							subtotals								
code	*222*	*211*	*112*	*212*	*221*	*122*	*121*	*022*	*012*	*021*	*220*	*120*	*210*	*020*	Σ⁺	Σ⁻	Σ	*202*	*201*	*102*	*200*	*002*	total
Mt	4					2⁻							1⁺		1⁺	2⁻	5	1	1		2		**9**
Mk	4					2		1		1							8						**8**
Lk	4		2⁺			2		1		1⁻					2⁺	1⁻	9	1		1		4	**15**

Mk-Q overlap: 202: Mt 23,6 / Mk 12,39 / Lk 11,43 122: Mt 23,6 / Mk 12,39 / Lk 20,46

a συναγωγή τῶν Ἰουδαίων, ~ τῆς Ἰουδαίας
b συναγωγή and σάββατον

112	**Mt 4,17** ↓Mt 4,23 ↓Mt 9,35 [12] ἀκούσας δὲ ὅτι Ἰωάννης παρεδόθη ἀνεχώρησεν εἰς τὴν Γαλιλαίαν. [13] ... [17] ἀπὸ τότε ἤρξατο ὁ Ἰησοῦς κηρύσσειν ...	**Mk 1,14** ↓Mk 1,39 ↓Mk 6,6 μετὰ δὲ τὸ παραδοθῆναι τὸν Ἰωάννην ἦλθεν ὁ Ἰησοῦς εἰς τὴν Γαλιλαίαν κηρύσσων τὸ εὐαγγέλιον τοῦ θεοῦ	**Lk 4,15** ↓Lk 4,44 ↓Lk 8,1 [14] καὶ ὑπέστρεψεν ὁ Ἰησοῦς ἐν τῇ δυνάμει τοῦ πνεύματος εἰς τὴν Γαλιλαίαν. ... [15] καὶ αὐτὸς ἐδίδασκεν **ἐν ταῖς συναγωγαῖς αὐτῶν ...**

	Mt		Mk		Lk		
b 222	**Mt 13,54**	καὶ ἐλθὼν εἰς τὴν πατρίδα αὐτοῦ ἐδίδασκεν αὐτοὺς **ἐν τῇ συναγωγῇ αὐτῶν**, ...	**Mk 6,2**	καὶ γενομένου σαββάτου ἤρξατο διδάσκειν **ἐν τῇ συναγωγῇ**, ...	**Lk 4,16**	... καὶ εἰσῆλθεν κατὰ τὸ εἰωθὸς αὐτῷ ἐν τῇ ἡμέρᾳ τῶν σαββάτων **εἰς τὴν συναγωγὴν** καὶ ἀνέστη ἀναγνῶναι.	
002					**Lk 4,20**	καὶ πτύξας τὸ βιβλίον ἀποδοὺς τῷ ὑπηρέτῃ ἐκάθισεν· καὶ πάντων οἱ ὀφθαλμοὶ **ἐν τῇ συναγωγῇ** ἦσαν ἀτενίζοντες αὐτῷ.	
002	Mt 13,58	καὶ οὐκ ἐποίησεν ἐκεῖ δυνάμεις πολλὰς διὰ τὴν ἀπιστίαν αὐτῶν.	Mk 6,6	[5] καὶ οὐκ ἐδύνατο ἐκεῖ ποιῆσαι οὐδεμίαν δύναμιν, εἰ μὴ ὀλίγοις ἀρρώστοις ἐπιθεὶς τὰς χεῖρας ἐθεράπευσεν· [6] καὶ ἐθαύμαζεν διὰ τὴν ἀπιστίαν αὐτῶν. ...	**Lk 4,28** → Lk 6,11	καὶ ἐπλήσθησαν πάντες θυμοῦ **ἐν τῇ συναγωγῇ** ἀκούοντες ταῦτα	
b 021	Mt 4,13	... ἐλθὼν κατῴκησεν εἰς Καφαρναοὺμ τὴν παραθαλασσίαν ἐν ὁρίοις Ζαβουλὼν καὶ Νεφθαλίμ·	**Mk 1,21** ↓ Mt 4,23	καὶ εἰσπορεύονται εἰς Καφαρναούμ· καὶ εὐθὺς τοῖς σάββασιν εἰσελθὼν **εἰς τὴν συναγωγὴν** ἐδίδασκεν.	**Lk 4,31**	καὶ κατῆλθεν εἰς Καφαρναοὺμ πόλιν τῆς Γαλιλαίας. καὶ ἦν διδάσκων αὐτοὺς ἐν τοῖς σάββασιν·	→ Jn 2,12
022	→ Mt 8,29		**Mk 1,23** → Mk 5,7	καὶ εὐθὺς ἦν **ἐν τῇ συναγωγῇ αὐτῶν** ἄνθρωπος ἐν πνεύματι ἀκαθάρτῳ, καὶ ἀνέκραξεν	**Lk 4,33** → Lk 8,28	καὶ **ἐν τῇ συναγωγῇ** ἦν ἄνθρωπος ἔχων πνεῦμα δαιμονίου ἀκαθάρτου καὶ ἀνέκραξεν φωνῇ μεγάλῃ·	
122	**Mt 8,14**	καὶ ἐλθὼν ὁ Ἰησοῦς εἰς τὴν οἰκίαν Πέτρου ...	**Mk 1,29**	καὶ εὐθὺς **ἐκ τῆς συναγωγῆς** ἐξελθόντες ἦλθον εἰς τὴν οἰκίαν Σίμωνος καὶ Ἀνδρέου μετὰ Ἰακώβου καὶ Ἰωάννου.	**Lk 4,38**	ἀναστὰς δὲ **ἀπὸ τῆς συναγωγῆς** εἰσῆλθεν εἰς τὴν οἰκίαν Σίμωνος. ...	
a 222	**Mt 4,23** ⇩ Mt 9,35 ↑ Mk 1,21	καὶ περιῆγεν ἐν ὅλῃ τῇ Γαλιλαίᾳ διδάσκων **ἐν ταῖς συναγωγαῖς αὐτῶν** καὶ κηρύσσων τὸ εὐαγγέλιον τῆς βασιλείας καὶ θεραπεύων πᾶσαν νόσον καὶ πᾶσαν μαλακίαν ἐν τῷ λαῷ.	**Mk 1,39** ↑ Mk 1,14 ↓ Mk 6,6	καὶ ἦλθεν κηρύσσων **εἰς τὰς συναγωγὰς αὐτῶν** εἰς ὅλην τὴν Γαλιλαίαν καὶ τὰ δαιμόνια ἐκβάλλων.	**Lk 4,44** ↑ Lk 4,15 ↓ Lk 8,1	καὶ ἦν κηρύσσων **εἰς τὰς συναγωγὰς τῆς Ἰουδαίας.**	
b 222	**Mt 12,9**	καὶ μεταβὰς ἐκεῖθεν ἦλθεν **εἰς τὴν συναγωγὴν αὐτῶν**·	**Mk 3,1**	καὶ εἰσῆλθεν πάλιν **εἰς τὴν συναγωγήν.** ...	**Lk 6,6** ↓ Lk 13,10 → Lk 14,1-2	ἐγένετο δὲ ἐν ἑτέρῳ σαββάτῳ εἰσελθεῖν αὐτὸν **εἰς τὴν συναγωγὴν** καὶ διδάσκειν. ...	
200	**Mt 6,2**	ὅταν οὖν ποιῇς ἐλεημοσύνην, μὴ σαλπίσῃς ἔμπροσθέν σου, ὥσπερ οἱ ὑποκριταὶ ποιοῦσιν **ἐν ταῖς συναγωγαῖς** καὶ ἐν ταῖς ῥύμαις, ὅπως δοξασθῶσιν ὑπὸ τῶν ἀνθρώπων· ...					→ GTh 6 (POxy 654)

	Mt		Mk		Lk		
200	Mt 6,5	καὶ ὅταν προσεύχησθε, οὐκ ἔσεσθε ὡς οἱ ὑποκριταί, ὅτι φιλοῦσιν **ἐν ταῖς συναγωγαῖς** καὶ ἐν ταῖς γωνίαις τῶν πλατειῶν ἑστῶτες προσεύχεσθαι, ὅπως φανῶσιν τοῖς ἀνθρώποις· ...					→ GTh 6 (POxy 654)
002					Lk 7,5	ἀγαπᾷ γὰρ τὸ ἔθνος ἡμῶν καὶ **τὴν συναγωγὴν** αὐτὸς ᾠκοδόμησεν ἡμῖν.	→ Acts 10,2.22
210	Mt 9,35 ⇑ Mt 4,23 ↑ Mk 1,21	καὶ περιῆγεν ὁ Ἰησοῦς τὰς πόλεις πάσας καὶ τὰς κώμας διδάσκων **ἐν ταῖς συναγωγαῖς αὐτῶν** καὶ κηρύσσων τὸ εὐαγγέλιον τῆς βασιλείας καὶ θεραπεύων πᾶσαν νόσον καὶ πᾶσαν μαλακίαν.	Mk 6,6 ↑ Mk 1,39	... καὶ περιῆγεν τὰς κώμας κύκλῳ διδάσκων.	Lk 8,1 ↑ Lk 4,15 ↑ Lk 4,44 → Lk 13,22	... καὶ αὐτὸς διώδευεν κατὰ πόλιν καὶ κώμην κηρύσσων καὶ εὐαγγελιζόμενος τὴν βασιλείαν τοῦ θεοῦ καὶ οἱ δώδεκα σὺν αὐτῷ	
222	Mt 10,17 ⇓ Mt 24,9 ↓ Mt 23,34	προσέχετε δὲ ἀπὸ τῶν ἀνθρώπων· παραδώσουσιν γὰρ ὑμᾶς εἰς συνέδρια καὶ **ἐν ταῖς συναγωγαῖς αὐτῶν** μαστιγώσουσιν ὑμᾶς·	Mk 13,9	βλέπετε δὲ ὑμεῖς ἑαυτούς· παραδώσουσιν ὑμᾶς εἰς συνέδρια καὶ **εἰς συναγωγὰς** δαρήσεσθε ...	Lk 21,12 ↓ Lk 11,49 ↓ Lk 12,11	πρὸ δὲ τούτων πάντων ἐπιβαλοῦσιν ἐφ᾽ ὑμᾶς τὰς χεῖρας αὐτῶν καὶ διώξουσιν, παραδιδόντες **εἰς τὰς συναγωγὰς καὶ φυλακάς, ...**	
b 222	Mt 12,9	καὶ μεταβὰς ἐκεῖθεν ἦλθεν **εἰς τὴν συναγωγὴν αὐτῶν·**	Mk 3,1	καὶ εἰσῆλθεν πάλιν **εἰς τὴν συναγωγήν.** ...	Lk 6,6 ↓ Lk 13,10 → Lk 14,1-2	ἐγένετο δὲ ἐν ἑτέρῳ σαββάτῳ εἰσελθεῖν αὐτὸν **εἰς τὴν συναγωγὴν** καὶ διδάσκειν. ...	
112	Mt 9,18	ταῦτα αὐτοῦ λαλοῦντος αὐτοῖς, ἰδοὺ **ἄρχων εἷς** ἐλθὼν προσεκύνει αὐτῷ ...	Mk 5,22	καὶ ἔρχεται **εἷς τῶν ἀρχισυναγώγων,** ὀνόματι Ἰάϊρος, καὶ ἰδὼν αὐτὸν πίπτει πρὸς τοὺς πόδας αὐτοῦ	Lk 8,41	καὶ ἰδοὺ ἦλθεν ἀνὴρ ᾧ ὄνομα Ἰάϊρος καὶ οὗτος **ἄρχων τῆς συναγωγῆς** ὑπῆρχεν, καὶ πεσὼν παρὰ τοὺς πόδας [τοῦ] Ἰησοῦ ...	
b 222	Mt 13,54	καὶ ἐλθὼν εἰς τὴν πατρίδα αὐτοῦ ἐδίδασκεν αὐτοὺς **ἐν τῇ συναγωγῇ αὐτῶν, ...**	Mk 6,2	καὶ γενομένου σαββάτου ἤρξατο διδάσκειν **ἐν τῇ συναγωγῇ, ...**	Lk 4,16	... καὶ εἰσῆλθεν κατὰ τὸ εἰωθὸς αὐτῷ ἐν τῇ ἡμέρᾳ τῶν σαββάτων **εἰς τὴν συναγωγὴν** καὶ ἀνέστη ἀναγνῶναι.	
202	Mt 23,6	φιλοῦσιν δὲ τὴν πρωτοκλισίαν ἐν τοῖς δείπνοις καὶ τὰς πρωτοκαθεδρίας **ἐν ταῖς συναγωγαῖς** [7] καὶ τοὺς ἀσπασμοὺς ἐν ταῖς ἀγοραῖς καὶ καλεῖσθαι ὑπὸ τῶν ἀνθρώπων ῥαββί.	Mk 12,39	[38] βλέπετε ἀπὸ τῶν γραμματέων τῶν θελόντων ἐν στολαῖς περιπατεῖν καὶ ἀσπασμοὺς ἐν ταῖς ἀγοραῖς [39] καὶ πρωτοκαθεδρίας **ἐν ταῖς συναγωγαῖς** καὶ πρωτοκλισίας ἐν τοῖς δείπνοις	Lk 11,43 ⇓ Lk 20,46	οὐαὶ ὑμῖν τοῖς Φαρισαίοις, ὅτι ἀγαπᾶτε τὴν πρωτοκαθεδρίαν **ἐν ταῖς συναγωγαῖς** καὶ τοὺς ἀσπασμοὺς ἐν ταῖς ἀγοραῖς.	Mk-Q overlap

	Mt		Mk		Lk		
102	Mt 10,19	ὅταν δὲ παραδῶσιν ὑμᾶς, μὴ μεριμνήσητε πῶς ἢ τί λαλήσητε· ...	Mk 13,11	καὶ ὅταν ἄγωσιν ὑμᾶς παραδιδόντες, μὴ προμεριμνᾶτε τί λαλήσητε, ...	Lk 12,11 ⇨ Lk 21,14-15 ↓ Lk 21,12	ὅταν δὲ εἰσφέρωσιν ὑμᾶς **ἐπὶ τὰς συναγωγὰς** **καὶ τὰς ἀρχὰς καὶ** **τὰς ἐξουσίας,** μὴ μεριμνήσητε πῶς ἢ τί ἀπολογήσησθε ἢ τί εἴπητε·	Mk-Q overlap
b 002					Lk 13,10 ↑ Mt 12,9 ↑ Mk 3,1 ↑ Lk 6,6 → Lk 14,1	ἦν δὲ διδάσκων **ἐν μιᾷ τῶν** **συναγωγῶν** ἐν τοῖς σάββασιν.	
122	Mt 23,6	 φιλοῦσιν δὲ τὴν πρωτοκλισίαν ἐν τοῖς δείπνοις καὶ τὰς πρωτοκαθεδρίας **ἐν ταῖς συναγωγαῖς** [7] καὶ τοὺς ἀσπασμοὺς ἐν ταῖς ἀγοραῖς ...	Mk 12,39 → Mt 23,2 → Mt 23,5	[38] ... βλέπετε ἀπὸ τῶν γραμματέων τῶν θελόντων ἐν στολαῖς περιπατεῖν καὶ ἀσπασμοὺς ἐν ταῖς ἀγοραῖς [39] καὶ πρωτοκαθεδρίας **ἐν ταῖς συναγωγαῖς** καὶ πρωτοκλισίας ἐν τοῖς δείπνοις	Lk 20,46 → Mt 23,2 → Mt 23,5 ⇧ Lk 11,43	προσέχετε ἀπὸ τῶν γραμματέων τῶν θελόντων περιπατεῖν ἐν στολαῖς καὶ φιλούντων ἀσπασμοὺς ἐν ταῖς ἀγοραῖς καὶ πρωτοκαθεδρίας **ἐν ταῖς συναγωγαῖς** καὶ πρωτοκλισίας ἐν τοῖς δείπνοις	Mk-Q overlap. Mt 23,6 counted as Q tradition.
201	Mt 23,34 → Mt 5,12 ↑ Mt 10,17 → Mt 10,23	διὰ τοῦτο ἰδοὺ ἐγὼ ἀποστέλλω πρὸς ὑμᾶς προφήτας καὶ σοφοὺς καὶ γραμματεῖς· ἐξ αὐτῶν ἀποκτενεῖτε καὶ σταυρώσετε καὶ ἐξ αὐτῶν μαστιγώσετε **ἐν ταῖς συναγωγαῖς** **ὑμῶν** καὶ διώξετε ἀπὸ πόλεως εἰς πόλιν·			Lk 11,49 → Lk 6,23 ↓ Lk 21,12	διὰ τοῦτο καὶ ἡ σοφία τοῦ θεοῦ εἶπεν· ἀποστελῶ εἰς αὐτοὺς προφήτας καὶ ἀποστόλους, καὶ ἐξ αὐτῶν ἀποκτενοῦσιν καὶ διώξουσιν	
222	Mt 10,17 ⇩ Mt 24,9 ↑ Mt 23,34 Mt 24,9 ⇧ Mt 10,17	προσέχετε δὲ ἀπὸ τῶν ἀνθρώπων· παραδώσουσιν γὰρ ὑμᾶς εἰς συνέδρια καὶ **ἐν ταῖς συναγωγαῖς** **αὐτῶν** μαστιγώσουσιν ὑμᾶς· τότε παραδώσουσιν ὑμᾶς εἰς θλῖψιν καὶ ἀποκτενοῦσιν ὑμᾶς, καὶ ἔσεσθε μισούμενοι ὑπὸ πάντων τῶν ἐθνῶν διὰ τὸ ὄνομά μου.	Mk 13,9	βλέπετε δὲ ὑμεῖς ἑαυτούς· παραδώσουσιν ὑμᾶς εἰς συνέδρια καὶ **εἰς συναγωγὰς** δαρήσεσθε ...	Lk 21,12 ↑ Lk 11,49 ↑ Lk 12,11	πρὸ δὲ τούτων πάντων ἐπιβαλοῦσιν ἐφ' ὑμᾶς τὰς χεῖρας αὐτῶν καὶ διώξουσιν, παραδιδόντες **εἰς τὰς συναγωγὰς** **καὶ φυλακάς, ...**	

Acts 6,9 ἀνέστησαν δέ τινες τῶν **ἐκ τῆς συναγωγῆς** τῆς λεγομένης Λιβερτίνων καὶ Κυρηναίων ...

Acts 9,2 ᾐτήσατο παρ' αὐτοῦ ἐπιστολὰς εἰς Δαμασκὸν **πρὸς τὰς συναγωγάς,** ὅπως ἐάν τινας εὕρῃ τῆς ὁδοῦ ὄντας, ἄνδρας τε καὶ γυναῖκας, δεδεμένους ἀγάγῃ εἰς Ἰερουσαλήμ.

Acts 9,20 καὶ εὐθέως **ἐν ταῖς συναγωγαῖς** ἐκήρυσσεν τὸν Ἰησοῦν ὅτι οὗτός ἐστιν ὁ υἱὸς τοῦ θεοῦ.

a **Acts 13,5** ... κατήγγελλον τὸν λόγον τοῦ θεοῦ **ἐν ταῖς συναγωγαῖς τῶν Ἰουδαίων.** ...

b **Acts 13,14** αὐτοὶ δὲ διελθόντες ἀπὸ τῆς Πέργης παρεγένοντο εἰς Ἀντιόχειαν τὴν Πισιδίαν, καὶ [εἰσ]ελθόντες **εἰς τὴν συναγωγὴν** τῇ ἡμέρᾳ τῶν σαββάτων ἐκάθισαν.

Acts 13,43 λυθείσης δὲ **τῆς συναγωγῆς** ἠκολούθησαν πολλοὶ τῶν Ἰουδαίων καὶ τῶν σεβομένων προσηλύτων τῷ Παύλῳ καὶ τῷ Βαρναβᾷ, ...

a **Acts 14,1** ἐγένετο δὲ ἐν Ἰκονίῳ κατὰ τὸ αὐτὸ εἰσελθεῖν αὐτοὺς **εἰς τὴν συναγωγὴν τῶν Ἰουδαίων** καὶ λαλῆσαι οὕτως ὥστε πιστεῦσαι Ἰουδαίων τε καὶ Ἑλλήνων πολὺ πλῆθος.

b **Acts 15,21** Μωϋσῆς γὰρ ἐκ γενεῶν ἀρχαίων κατὰ πόλιν τοὺς κηρύσσοντας αὐτὸν ἔχει **ἐν ταῖς συναγωγαῖς** κατὰ πᾶν σάββατον ἀναγινωσκόμενος.

a
b **Acts 17,1** διοδεύσαντες δὲ τὴν Ἀμφίπολιν καὶ τὴν Ἀπολλωνίαν ἦλθον εἰς Θεσσαλονίκην ὅπου ἦν **συναγωγὴ τῶν Ἰουδαίων.** [2] κατὰ δὲ τὸ εἰωθὸς τῷ Παύλῳ εἰσῆλθεν πρὸς αὐτοὺς καὶ ἐπὶ σάββατα τρία διελέξατο αὐτοῖς ἀπὸ τῶν γραφῶν

a **Acts 17,10** οἱ δὲ ἀδελφοὶ εὐθέως διὰ νυκτὸς ἐξέπεμψαν τόν τε Παῦλον καὶ τὸν Σιλᾶν εἰς Βέροιαν, οἵτινες παραγενόμενοι **εἰς τὴν συναγωγὴν τῶν Ἰουδαίων** ἀπῄεσαν.

Acts 17,17 διελέγετο μὲν οὖν **ἐν τῇ συναγωγῇ** τοῖς Ἰουδαίοις καὶ τοῖς σεβομένοις καὶ ἐν τῇ ἀγορᾷ κατὰ πᾶσαν ἡμέραν πρὸς τοὺς παρατυγχάνοντας.

b **Acts 18,4** διελέγετο δὲ **ἐν τῇ συναγωγῇ** κατὰ πᾶν σάββατον ἔπειθέν τε Ἰουδαίους καὶ Ἕλληνας.

Acts 18,7 καὶ μεταβὰς ἐκεῖθεν εἰσῆλθεν εἰς οἰκίαν τινὸς ὀνόματι Τιτίου Ἰούστου σεβομένου τὸν θεόν, οὗ ἡ οἰκία ἦν συνομοροῦσα **τῇ συναγωγῇ.**

Acts 18,19 κατήντησαν δὲ εἰς Ἔφεσον κἀκείνους κατέλιπεν αὐτοῦ, αὐτὸς δὲ εἰσελθὼν **εἰς τὴν συναγωγὴν** διελέξατο τοῖς Ἰουδαίοις.

Acts 18,26 οὗτός τε ἤρξατο παρρησιάζεσθαι **ἐν τῇ συναγωγῇ.** ...

Acts 19,8 εἰσελθὼν δὲ **εἰς τὴν συναγωγὴν** ἐπαρρησιάζετο ἐπὶ μῆνας τρεῖς διαλεγόμενος καὶ πείθων [τὰ] περὶ τῆς βασιλείας τοῦ θεοῦ.

Acts 22,19 ... κύριε, αὐτοὶ ἐπίστανται ὅτι ἐγὼ ἤμην φυλακίζων καὶ δέρων **κατὰ τὰς συναγωγὰς** τοὺς πιστεύοντας ἐπὶ σέ

Acts 24,12 καὶ οὔτε ἐν τῷ ἱερῷ εὗρόν με πρός τινα διαλεγόμενον ἢ ἐπίστασιν ποιοῦντα ὄχλου **οὔτε ἐν ταῖς συναγωγαῖς** οὔτε κατὰ τὴν πόλιν

Acts 26,11 καὶ **κατὰ πάσας τὰς συναγωγὰς** πολλάκις τιμωρῶν αὐτοὺς ἠνάγκαζον βλασφημεῖν ...

συναίρω

Syn	Mt	Mk	Lk	Acts	Jn	1-3John	Paul	Eph	Col
3	3								
NT	**2Thess**	**1/2Tim**	**Tit**	**Heb**	**Jas**	**1Pet**	**2Pet**	**Jude**	**Rev**
3									

συναίρω λόγον settle accounts

200	**Mt 18,23** διὰ τοῦτο ὡμοιώθη ἡ βασιλεία τῶν οὐρανῶν ἀνθρώπῳ βασιλεῖ, ὃς ἠθέλησεν **συνᾶραι λόγον** μετὰ τῶν δούλων αὐτοῦ.		
200	**Mt 18,24** ἀρξαμένου δὲ αὐτοῦ **συναίρειν** προσηνέχθη αὐτῷ εἷς ὀφειλέτης μυρίων ταλάντων.		
201	**Mt 25,19** μετὰ δὲ πολὺν χρόνον ἔρχεται ὁ κύριος τῶν δούλων ἐκείνων καὶ **συναίρει λόγον μετ' αὐτῶν.**	**Lk 19,15**	καὶ ἐγένετο ἐν τῷ ἐπανελθεῖν αὐτὸν λαβόντα τὴν βασιλείαν εἶπεν φωνηθῆναι αὐτῷ τοὺς δούλους τούτους οἷς δεδώκει τὸ ἀργύριον, ἵνα **γνοῖ τί διεπραγματεύσαντο.**

συνακολουθέω	Syn 3	Mt	Mk 2	Lk 1	Acts	Jn	1-3John	Paul	Eph	Col
	NT 3	2Thess	1/2Tim	Tit	Heb	Jas	1Pet	2Pet	Jude	Rev

follow; accompany someone

021			Mk 5,37	καὶ οὐκ ἀφῆκεν οὐδένα μετ' αὐτοῦ **συνακολουθῆσαι** εἰ μὴ τὸν Πέτρον καὶ Ἰάκωβον καὶ Ἰωάννην τὸν ἀδελφὸν Ἰακώβου. [38] ... [40] ... παραλαμβάνει τὸν πατέρα τοῦ παιδίου καὶ τὴν μητέρα ...	Lk 8,51	... οὐκ ἀφῆκεν **εἰσελθεῖν** τινα σὺν αὐτῷ εἰ μὴ Πέτρον καὶ Ἰωάννην καὶ Ἰάκωβον καὶ τὸν πατέρα τῆς παιδὸς καὶ τὴν μητέρα.	
020			Mk 14,51	καὶ νεανίσκος τις **συνηκολούθει** αὐτῷ περιβεβλημένος σινδόνα ἐπὶ γυμνοῦ, καὶ κρατοῦσιν αὐτόν·			
112	Mt 27,55 → Mt 27,61	ἦσαν δὲ ἐκεῖ γυναῖκες πολλαὶ ἀπὸ μακρόθεν θεωροῦσαι, αἵτινες **ἠκολούθησαν** τῷ Ἰησοῦ ἀπὸ τῆς Γαλιλαίας διακονοῦσαι αὐτῷ·	Mk 15,41 → Mk 15,47	αἳ ὅτε ἦν ἐν τῇ Γαλιλαίᾳ **ἠκολούθουν** αὐτῷ καὶ διηκόνουν αὐτῷ, ...	Lk 23,49 → Lk 8,2-3 → Lk 23,55	εἱστήκεισαν δὲ πάντες οἱ γνωστοὶ αὐτῷ ἀπὸ μακρόθεν καὶ γυναῖκες **αἱ συνακολουθοῦσαι** αὐτῷ ἀπὸ τῆς Γαλιλαίας ὁρῶσαι ταῦτα.	

συναναβαίνω	Syn 1	Mt	Mk 1	Lk	Acts 1	Jn	1-3John	Paul	Eph	Col
	NT 2	2Thess	1/2Tim	Tit	Heb	Jas	1Pet	2Pet	Jude	Rev

come, go up with someone

121	Mt 27,55 → Mt 27,61	ἦσαν δὲ ἐκεῖ γυναῖκες πολλαὶ ἀπὸ μακρόθεν θεωροῦσαι, αἵτινες ἠκολούθησαν τῷ Ἰησοῦ ἀπὸ τῆς Γαλιλαίας διακονοῦσαι αὐτῷ·	Mk 15,41 → Mk 15,47	[40] ἦσαν δὲ καὶ γυναῖκες ἀπὸ μακρόθεν θεωροῦσαι, ... [41] αἳ ὅτε ἦν ἐν τῇ Γαλιλαίᾳ ἠκολούθουν αὐτῷ καὶ διηκόνουν αὐτῷ, καὶ ἄλλαι πολλαὶ **αἱ συναναβᾶσαι** αὐτῷ εἰς Ἱεροσόλυμα.	Lk 23,49 → Lk 8,2-3 → Lk 23,55	εἱστήκεισαν δὲ πάντες οἱ γνωστοὶ αὐτῷ ἀπὸ μακρόθεν καὶ γυναῖκες αἱ συνακολουθοῦσαι αὐτῷ ἀπὸ τῆς Γαλιλαίας ὁρῶσαι ταῦτα.	

Acts 13,31 ὃς ὤφθη ἐπὶ ἡμέρας πλείους **τοῖς συναναβᾶσιν** αὐτῷ ἀπὸ τῆς Γαλιλαίας εἰς Ἰερουσαλήμ, οἵτινες [νῦν] εἰσιν μάρτυρες αὐτοῦ πρὸς τὸν λαόν.

συνανάκειμαι	Syn 7	Mt 2	Mk 2	Lk 3	Acts	Jn	1-3John	Paul	Eph	Col
	NT 7	2Thess	1/2Tim	Tit	Heb	Jas	1Pet	2Pet	Jude	Rev

recline at table with; eat with

	triple tradition																	double tradition			Sondergut		
		+Mt / +Lk			−Mt / −Lk			traditions not taken over by Mt / Lk							subtotals								
code	*222*	*211*	*112*	*212*	*221*	*122*	*121*	*022*	*012*	*021*	*220*	*120*	*210*	*020*	Σ^+	Σ^-	Σ	*202*	*201*	*102*	*200*	*002*	total
Mt					1							1^-	1^+		1^+	1^-	2						**2**
Mk					1							1					2						**2**
Lk					1^-											1^-						3	**3**

221	**Mt 9,10**	καὶ ἐγένετο αὐτοῦ ἀνακειμένου ἐν τῇ οἰκίᾳ, καὶ ἰδοὺ πολλοὶ τελῶναι καὶ ἁμαρτωλοὶ ἐλθόντες **συνανέκειντο** τῷ Ἰησοῦ καὶ τοῖς μαθηταῖς αὐτοῦ.	**Mk 2,15**	καὶ γίνεται κατακεῖσθαι αὐτὸν ἐν τῇ οἰκίᾳ αὐτοῦ, καὶ πολλοὶ τελῶναι καὶ ἁμαρτωλοὶ **συνανέκειντο** τῷ Ἰησοῦ καὶ τοῖς μαθηταῖς αὐτοῦ· ἦσαν γὰρ πολλοὶ καὶ ἠκολούθουν αὐτῷ.	**Lk 5,29** → Lk 15,1	καὶ ἐποίησεν δοχὴν μεγάλην Λευὶς αὐτῷ ἐν τῇ οἰκίᾳ αὐτοῦ, καὶ ἦν ὄχλος πολὺς τελωνῶν καὶ ἄλλων οἳ ἦσαν μετ᾽ αὐτῶν **κατακείμενοι.**	
002					**Lk 7,49** → Mt 9,3 → Mk 2,6-7 → Lk 5,21	καὶ ἤρξαντο **οἱ συνανακείμενοι** λέγειν ἐν ἑαυτοῖς· τίς οὗτός ἐστιν ὃς καὶ ἁμαρτίας ἀφίησιν;	
120	**Mt 14,6**	... ὠρχήσατο ἡ θυγάτηρ τῆς Ἡρῳδιάδος ἐν τῷ μέσῳ καὶ ἤρεσεν τῷ Ἡρῴδῃ	**Mk 6,22**	καὶ εἰσελθούσης τῆς θυγατρὸς αὐτοῦ Ἡρῳδιάδος καὶ ὀρχησαμένης ἤρεσεν τῷ Ἡρῴδῃ καὶ **τοῖς συνανακειμένοις.** ...			
210	**Mt 14,9**	καὶ λυπηθεὶς ὁ βασιλεὺς διὰ τοὺς ὅρκους καὶ **τοὺς συνανακειμένους** ἐκέλευσεν δοθῆναι	**Mk 6,26**	καὶ περίλυπος γενόμενος ὁ βασιλεὺς διὰ τοὺς ὅρκους καὶ **τοὺς ἀνακειμένους** οὐκ ἠθέλησεν ἀθετῆσαι αὐτήν·			
002					**Lk 14,10**	... ἵνα ὅταν ἔλθῃ ὁ κεκληκώς σε ἐρεῖ σοι· φίλε, προσανάβηθι ἀνώτερον· τότε ἔσται σοι δόξα **ἐνώπιον πάντων τῶν συνανακειμένων** σοι.	
002					**Lk 14,15** → Mt 22,2 → Lk 22,30	ἀκούσας δέ **τις τῶν συνανακειμένων** ταῦτα εἶπεν αὐτῷ· μακάριος ὅστις φάγεται ἄρτον ἐν τῇ βασιλείᾳ τοῦ θεοῦ.	

συναντάω	Syn 2	Mt	Mk	Lk 2	Acts 2	Jn	1-3John	Paul	Eph	Col
	NT 6	2Thess	1/2Tim	Tit	Heb 2	Jas	1Pet	2Pet	Jude	Rev

meet someone; happen

	Mt		Mk		Lk		
012			Mk 9,15	καὶ εὐθὺς πᾶς ὁ ὄχλος ἰδόντες αὐτὸν ἐξεθαμβήθησαν καὶ **προστρέχοντες ἠσπάζοντο** αὐτόν.	Lk 9,37	... **συνήντησεν** αὐτῷ ὄχλος πολύς.	
112	Mt 26,18	... ὑπάγετε εἰς τὴν πόλιν πρὸς τὸν δεῖνα ...	Mk 14,13	... ὑπάγετε εἰς τὴν πόλιν, καὶ **ἀπαντήσει** ὑμῖν ἄνθρωπος κεράμιον ὕδατος βαστάζων· ἀκολουθήσατε αὐτῷ	Lk 22,10	... ἰδοὺ εἰσελθόντων ὑμῶν εἰς τὴν πόλιν **συναντήσει** ὑμῖν ἄνθρωπος κεράμιον ὕδατος βαστάζων· ἀκολουθήσατε αὐτῷ ...	

Acts 10,25 ὡς δὲ ἐγένετο τοῦ εἰσελθεῖν τὸν Πέτρον, **συναντήσας** αὐτῷ ὁ Κορνήλιος πεσὼν ἐπὶ τοὺς πόδας προσεκύνησεν.

Acts 20,22 καὶ νῦν ἰδοὺ δεδεμένος ἐγὼ τῷ πνεύματι πορεύομαι εἰς Ἰερουσαλὴμ **τὰ ἐν αὐτῇ συναντήσοντά** μοι μὴ εἰδώς

συναντι-λαμβάνομαι	Syn 1	Mt	Mk	Lk 1	Acts	Jn	1-3John	Paul 1	Eph	Col
	NT 2	2Thess	1/2Tim	Tit	Heb	Jas	1Pet	2Pet	Jude	Rev

help; come to the aid of someone

	Mt		Mk		Lk		
002					Lk 10,40	... κύριε, οὐ μέλει σοι ὅτι ἡ ἀδελφή μου μόνην με κατέλιπεν διακονεῖν; εἰπὲ οὖν αὐτῇ ἵνα μοι **συναντιλάβηται.**	

συναποθνῄσκω	Syn 1	Mt	Mk 1	Lk	Acts	Jn	1-3John	Paul 1	Eph	Col
	NT 3	2Thess	1/2Tim 1	Tit	Heb	Jas	1Pet	2Pet	Jude	Rev

die with someone

	Mt		Mk		Lk		
120	Mt 26,35 → Lk 22,33	... κἂν δέῃ με σὺν σοὶ **ἀποθανεῖν,** οὐ μή σε ἀπαρνήσομαι. ὁμοίως καὶ πάντες οἱ μαθηταὶ εἶπαν.	Mk 14,31 → Lk 22,33	... ἐὰν δέῃ με **συναποθανεῖν** σοι, οὐ μή σε ἀπαρνήσομαι. ὡσαύτως δὲ καὶ πάντες ἔλεγον.			→ Jn 13,37

συναρπάζω

συναρπάζω	Syn 1	Mt	Mk	Lk 1	Acts 3	Jn	1-3John	Paul	Eph	Col
	NT 4	2Thess	1/2Tim	Tit	Heb	Jas	1Pet	2Pet	Jude	Rev

seize; drag away someone

112	Mt 8,28	... ὑπήντησαν αὐτῷ δύο δαιμονιζόμενοι ἐκ τῶν μνημείων ἐξερχόμενοι, χαλεποὶ λίαν, ...	Mk 5,4	[2] ... ὑπήντησεν αὐτῷ ἐκ τῶν μνημείων ἄνθρωπος ἐν πνεύματι ἀκαθάρτῳ, [3] ... καὶ οὐδὲ ἁλύσει οὐκέτι οὐδεὶς ἐδύνατο αὐτὸν δῆσαι [4] διὰ τὸ αὐτὸν πολλάκις πέδαις καὶ ἁλύσεσιν δεδέσθαι καὶ διεσπάσθαι ὑπ᾽ αὐτοῦ τὰς ἁλύσεις καὶ τὰς πέδας συντετρῖφθαι, ...	Lk 8,29	[27] ... ὑπήντησεν ἀνήρ τις ἐκ τῆς πόλεως ἔχων δαιμόνια ... [29] ... πολλοῖς γὰρ χρόνοις **συνηρπάκει** αὐτὸν καὶ ἐδεσμεύετο ἁλύσεσιν καὶ πέδαις φυλασσόμενος καὶ διαρρήσσων τὰ δεσμὰ ...

Acts 6,12 συνεκίνησάν τε τὸν λαὸν καὶ τοὺς πρεσβυτέρους καὶ τοὺς γραμματεῖς καὶ ἐπιστάντες **συνήρπασαν** αὐτὸν καὶ ἤγαγον εἰς τὸ συνέδριον

Acts 19,29 καὶ ἐπλήσθη ἡ πόλις τῆς συγχύσεως, ὥρμησάν τε ὁμοθυμαδὸν εἰς τὸ θέατρον **συναρπάσαντες** Γάϊον καὶ Ἀρίσταρχον Μακεδόνας, συνεκδήμους Παύλου.

Acts 27,15 **συναρπασθέντος** δὲ τοῦ πλοίου καὶ μὴ δυναμένου ἀντοφθαλμεῖν τῷ ἀνέμῳ ἐπιδόντες ἐφερόμεθα.

συναυξάνομαι

συναυξάνομαι	Syn 1	Mt 1	Mk	Lk	Acts	Jn	1-3John	Paul	Eph	Col
	NT 1	2Thess	1/2Tim	Tit	Heb	Jas	1Pet	2Pet	Jude	Rev

grow together; grow side by side

200	Mt 13,30	ἄφετε **συναυξάνεσθαι** ἀμφότερα ἕως τοῦ θερισμοῦ, ...		→ GTh 57

σύνδουλος

σύνδουλος	Syn 5	Mt 5	Mk	Lk	Acts	Jn	1-3John	Paul	Eph	Col 2
	NT 10	2Thess	1/2Tim	Tit	Heb	Jas	1Pet	2Pet	Jude	Rev 3

fellow-slave

	triple tradition																double tradition			Sondergut		
		+Mt / +Lk			–Mt / –Lk			traditions not taken over by Mt / Lk							subtotals							
code	222	211	112	212	221	122	121	022	012	021	220	120	210	020	Σ⁺	Σ⁻	Σ	202	201	102	200	002	total
Mt																			1		4		5
Mk																							
Lk																							

200	Mt 18,28	ἐξελθὼν δὲ ὁ δοῦλος ἐκεῖνος εὗρεν **ἕνα τῶν συνδούλων αὐτοῦ,** ὃς ὤφειλεν αὐτῷ ἑκατὸν δηνάρια, ...	

200	**Mt 18,29** πεσὼν οὖν **ὁ σύνδουλος αὐτοῦ** παρεκάλει αὐτὸν λέγων· μακροθύμησον ἐπ' ἐμοί, καὶ ἀποδώσω σοι.			
200	**Mt 18,31** ἰδόντες οὖν **οἱ σύνδουλοι αὐτοῦ** τὰ γενόμενα ἐλυπήθησαν σφόδρα ...			
200	**Mt 18,33** → Mt 6,12 → Lk 11,4 οὐκ ἔδει καὶ σὲ ἐλεῆσαι **τὸν σύνδουλόν σου,** ὡς κἀγὼ σὲ ἠλέησα;			
201	**Mt 24,49** [48] ἐὰν δὲ εἴπῃ ὁ κακὸς δοῦλος ἐκεῖνος ἐν τῇ καρδίᾳ αὐτοῦ· χρονίζει μου ὁ κύριος, [49] καὶ ἄρξηται τύπτειν **τοὺς συνδούλους** **αὐτοῦ,** ἐσθίῃ δὲ καὶ πίνῃ μετὰ τῶν μεθυόντων		**Lk 12,45** → Lk 21,34 ἐὰν δὲ εἴπῃ ὁ δοῦλος ἐκεῖνος ἐν τῇ καρδίᾳ αὐτοῦ· χρονίζει ὁ κύριός μου ἔρχεσθαι, καὶ ἄρξηται τύπτειν **τοὺς παῖδας καὶ** **τὰς παιδίσκας,** ἐσθίειν τε καὶ πίνειν καὶ μεθύσκεσθαι	

συνέδριον

Syn	Mt	Mk	Lk	Acts	Jn	1-3John	Paul	Eph	Col
7	3	3	1	14	1				
NT	2Thess	1/2Tim	Tit	Heb	Jas	1Pet	2Pet	Jude	Rev
22									

council; high-council; Sanhedrin; local council (see πρεσβυτέριον)

	triple tradition																	double tradition			Sondergut		
		+Mt / +Lk			–Mt / –Lk			traditions not taken over by Mt / Lk							subtotals								
code	*222*	*211*	*112*	*212*	*221*	*122*	*121*	*022*	*012*	*021*	*220*	*120*	*210*	*020*	Σ⁺	Σ⁻	Σ	*202*	*201*	*102*	*200*	*002*	total
Mt					1						1	1⁻				1⁻	2				1		**3**
Mk					1						1	1					3						**3**
Lk			1⁺		1⁻										1⁺	1⁻	1						**1**

[a] συνέδριον and ἀρχιερεύς

200	**Mt 5,22** ἐγὼ δὲ λέγω ὑμῖν ὅτι πᾶς ὁ ὀργιζόμενος τῷ ἀδελφῷ αὐτοῦ ἔνοχος ἔσται τῇ κρίσει· ὃς δ' ἂν εἴπῃ τῷ ἀδελφῷ αὐτοῦ· ῥακά, ἔνοχος ἔσται **τῷ συνεδρίῳ·** ὃς δ' ἂν εἴπῃ· μωρέ, ἔνοχος ἔσται εἰς τὴν γέενναν τοῦ πυρός.			
221	**Mt 10,17** ⇩ Mt 24,9 → Mt 23,34 ... παραδώσουσιν γὰρ ὑμᾶς **εἰς συνέδρια** καὶ ἐν ταῖς συναγωγαῖς αὐτῶν μαστιγώσουσιν ὑμᾶς· **Mt 24,9** ⇧ **Mt 10,17** τότε παραδώσουσιν ὑμᾶς εἰς θλῖψιν καὶ ἀποκτενοῦσιν ὑμᾶς, ...	**Mk 13,9** ... παραδώσουσιν ὑμᾶς **εἰς συνέδρια** καὶ εἰς συναγωγὰς δαρήσεσθε ...	**Lk 21,12** → Lk 11,49 → Lk 12,11 ... παραδιδόντες εἰς τὰς συναγωγὰς καὶ φυλακάς, ...	

a 112	Mt 26,57	... ὅπου οἱ γραμματεῖς καὶ οἱ πρεσβύτεροι συνήχθησαν.	Mk 14,53	... καὶ συνέρχονται πάντες οἱ ἀρχιερεῖς καὶ οἱ πρεσβύτεροι καὶ οἱ γραμματεῖς.	Lk 22,66 ↓ Mt 27,1 ↓ Mk 15,1	καὶ ὡς ἐγένετο ἡμέρα, συνήχθη τὸ πρεσβυτέριον τοῦ λαοῦ, ἀρχιερεῖς τε καὶ γραμματεῖς, καὶ ἀπήγαγον αὐτὸν **εἰς τὸ συνέδριον αὐτῶν**	
a 220	Mt 26,59	οἱ δὲ ἀρχιερεῖς καὶ **τὸ συνέδριον ὅλον** ἐζήτουν ψευδομαρτυρίαν κατὰ τοῦ Ἰησοῦ ὅπως αὐτὸν θανατώσωσιν	Mk 14,55	οἱ δὲ ἀρχιερεῖς καὶ **ὅλον τὸ συνέδριον** ἐζήτουν κατὰ τοῦ Ἰησοῦ μαρτυρίαν εἰς τὸ θανατῶσαι αὐτόν, ...			
a 120	Mt 27,1	πρωΐας δὲ γενομένης συμβούλιον ἔλαβον πάντες οἱ ἀρχιερεῖς καὶ οἱ πρεσβύτεροι τοῦ λαοῦ κατὰ τοῦ Ἰησοῦ ὥστε θανατῶσαι αὐτόν·	Mk 15,1	καὶ εὐθὺς πρωῒ συμβούλιον ποιήσαντες οἱ ἀρχιερεῖς μετὰ τῶν πρεσβυτέρων καὶ γραμματέων καὶ **ὅλον τὸ συνέδριον,** ...	Lk 22,66 ↑ Mt 26,57 ↑ Mk 14,53	καὶ ὡς ἐγένετο ἡμέρα, συνήχθη τὸ πρεσβυτέριον τοῦ λαοῦ, ἀρχιερεῖς τε καὶ γραμματεῖς, καὶ ἀπήγαγον αὐτὸν εἰς τὸ συνέδριον αὐτῶν	

Acts 4,15 κελεύσαντες δὲ αὐτοὺς
ἔξω τοῦ συνεδρίου
ἀπελθεῖν συνέβαλλον
πρὸς ἀλλήλους

a **Acts 5,21** ... παραγενόμενος δὲ
ὁ ἀρχιερεὺς καὶ οἱ σὺν
αὐτῷ συνεκάλεσαν
τὸ συνέδριον
καὶ πᾶσαν τὴν γερουσίαν
τῶν υἱῶν Ἰσραὴλ καὶ
ἀπέστειλαν εἰς τὸ
δεσμωτήριον ἀχθῆναι
αὐτούς.

a **Acts 5,27** ἀγαγόντες δὲ αὐτοὺς
ἔστησαν
ἐν τῷ συνεδρίῳ.
καὶ ἐπηρώτησεν αὐτοὺς
ὁ ἀρχιερεὺς

Acts 5,34 ἀναστὰς δέ τις
ἐν τῷ συνεδρίῳ
Φαρισαῖος ὀνόματι
Γαμαλιήλ, ...

Acts 5,41 οἱ μὲν οὖν ἐπορεύοντο
χαίροντες
**ἀπὸ προσώπου
τοῦ συνεδρίου,**
ὅτι κατηξιώθησαν
ὑπὲρ τοῦ ὀνόματος
ἀτιμασθῆναι

Acts 6,12 ... καὶ ἐπιστάντες
συνήρπασαν αὐτὸν καὶ
ἤγαγον
εἰς τὸ συνέδριον

Acts 6,15 καὶ ἀτενίσαντες
εἰς αὐτὸν πάντες
οἱ καθεζόμενοι
ἐν τῷ συνεδρίῳ
εἶδον τὸ πρόσωπον αὐτοῦ
ὡσεὶ πρόσωπον ἀγγέλου.

a **Acts 22,30** ... καὶ ἐκέλευσεν
συνελθεῖν τοὺς ἀρχιερεῖς
καὶ
πᾶν τὸ συνέδριον, ...

Acts 23,1 ἀτενίσας δὲ ὁ Παῦλος
τῷ συνεδρίῳ
εἶπεν· ἄνδρες ἀδελφοί,
ἐγὼ πάσῃ συνειδήσει
ἀγαθῇ πεπολίτευμαι
τῷ θεῷ ἄχρι ταύτης
τῆς ἡμέρας.

Acts 23,6 ... ἔκραζεν
ἐν τῷ συνεδρίῳ·
ἄνδρες ἀδελφοί, ἐγὼ
Φαρισαῖός εἰμι, ...

Acts 23,15 νῦν οὖν ὑμεῖς
ἐμφανίσατε τῷ χιλιάρχῳ
σὺν τῷ συνεδρίῳ
ὅπως καταγάγῃ αὐτὸν
εἰς ὑμᾶς ...

Acts 23,20 ... ὅπως αὔριον τὸν
Παῦλον καταγάγῃς
εἰς τὸ συνέδριον
ὡς μέλλον τι
ἀκριβέστερον
πυνθάνεσθαι περὶ αὐτοῦ.

Acts 23,28 βουλόμενός τε ἐπιγνῶναι
τὴν αἰτίαν δι᾿ ἣν
ἐνεκάλουν αὐτῷ,
κατήγαγον
**εἰς τὸ συνέδριον
αὐτῶν**

Acts 24,20 ἢ αὐτοὶ οὗτοι εἰπάτωσαν
τί εὗρον ἀδίκημα
στάντος μου
ἐπὶ τοῦ συνεδρίου

σύνειμι	Syn 1	Mt	Mk	Lk 1	Acts 1	Jn	1-3John	Paul	Eph	Col
	NT 2	2Thess	1/2Tim	Tit	Heb	Jas	1Pet	2Pet	Jude	Rev

be with

112	**Mt 16,13**	ἐλθὼν δὲ ὁ Ἰησοῦς εἰς τὰ μέρη Καισαρείας τῆς Φιλίππου ἠρώτα τοὺς μαθητὰς αὐτοῦ λέγων· τίνα λέγουσιν οἱ ἄνθρωποι εἶναι τὸν υἱὸν τοῦ ἀνθρώπου;	**Mk 8,27**	καὶ ἐξῆλθεν ὁ Ἰησοῦς καὶ οἱ μαθηταὶ αὐτοῦ εἰς τὰς κώμας Καισαρείας τῆς Φιλίππου· καὶ ἐν τῇ ὁδῷ ἐπηρώτα τοὺς μαθητὰς αὐτοῦ λέγων αὐτοῖς· τίνα με λέγουσιν οἱ ἄνθρωποι εἶναι;	**Lk 9,18** → Mt 14,23 → Mk 6,46	καὶ ἐγένετο ἐν τῷ εἶναι αὐτὸν προσευχόμενον κατὰ μόνας **συνῆσαν** αὐτῷ οἱ μαθηταί, καὶ ἐπηρώτησεν αὐτοὺς λέγων· τίνα με λέγουσιν οἱ ὄχλοι εἶναι;	→ GTh 13

Acts 22,11 ὡς δὲ οὐκ ἐνέβλεπον ἀπὸ τῆς δόξης τοῦ φωτὸς ἐκείνου, χειραγωγούμενος **ὑπὸ τῶν συνόντων** μοι ἦλθον εἰς Δαμασκόν.

σύνειμι	Syn 1	Mt	Mk	Lk 1	Acts	Jn	1-3John	Paul	Eph	Col
	NT 1	2Thess	1/2Tim	Tit	Heb	Jas	1Pet	2Pet	Jude	Rev

come together

112	**Mt 13,2** → Lk 5,1	καὶ **συνήχθησαν** πρὸς αὐτὸν ὄχλοι πολλοί, ὥστε αὐτὸν εἰς πλοῖον ἐμβάντα ...	**Mk 4,1** → Lk 5,1 → Mk 3,9	... καὶ **συνάγεται** πρὸς αὐτὸν ὄχλος πλεῖστος, ὥστε αὐτὸν εἰς πλοῖον ἐμβάντα ...	**Lk 8,4** ⇨ Lk 5,3	**συνιόντος** δὲ ὄχλου πολλοῦ καὶ τῶν κατὰ πόλιν ἐπιπορευομένων πρὸς αὐτὸν ...	

συνέρχομαι	Syn 5	Mt 1	Mk 2	Lk 2	Acts 16	Jn 2	1-3John	Paul 7	Eph	Col
	NT 30	2Thess	1/2Tim	Tit	Heb	Jas	1Pet	2Pet	Jude	Rev

come together; assemble; gather; come; go; travel together with

	triple tradition																	double tradition			Sondergut		
		+Mt / +Lk			–Mt / –Lk			traditions not taken over by Mt / Lk							subtotals								
code	222	211	112	212	221	122	121	022	012	021	220	120	210	020	Σ⁺	Σ⁻	Σ	202	201	102	200	002	total
Mt							1^-									1^-					1		**1**
Mk							1							1			2						**2**
Lk			1^+				1^-		1^+						2^+	1^-	2						**2**

[a] συνέρχομαί τινι

200	**Mt 1,18** → Lk 1,27 → Lk 1,35	... μνηστευθείσης τῆς μητρὸς αὐτοῦ Μαρίας τῷ Ἰωσήφ, πρὶν ἢ **συνελθεῖν** αὐτοὺς εὑρέθη ἐν γαστρὶ ἔχουσα ἐκ πνεύματος ἁγίου.	

	Mt		Mk		Lk		
012			**Mk 1,45**	... καὶ **ἤρχοντο** πρὸς αὐτὸν πάντοθεν.	**Lk 5,15** → Lk 6,18	... καὶ **συνήρχοντο** ὄχλοι πολλοὶ ἀκούειν καὶ θεραπεύεσθαι ἀπὸ τῶν ἀσθενειῶν αὐτῶν·	
020			**Mk 3,20** → Mk 2,2	καὶ ἔρχεται εἰς οἶκον· καὶ **συνέρχεται** πάλιν [ὁ] ὄχλος, ὥστε μὴ δύνασθαι αὐτοὺς μηδὲ ἄρτον φαγεῖν.			
121	**Mt 26,57** → Mk 14,46	οἱ δὲ κρατήσαντες τὸν Ἰησοῦν ἀπήγαγον πρὸς Καϊάφαν τὸν ἀρχιερέα, ὅπου οἱ γραμματεῖς καὶ οἱ πρεσβύτεροι **συνήχθησαν.**	**Mk 14,53**	καὶ ἀπήγαγον τὸν Ἰησοῦν πρὸς τὸν ἀρχιερέα, καὶ **συνέρχονται** πάντες οἱ ἀρχιερεῖς καὶ οἱ πρεσβύτεροι καὶ οἱ γραμματεῖς.	**Lk 22,66** → Mk 14,46	[54] συλλαβόντες δὲ αὐτὸν ἤγαγον καὶ εἰσήγαγον εἰς τὴν οἰκίαν τοῦ ἀρχιερέως· ... [66] καὶ ὡς ἐγένετο ἡμέρα, **συνήχθη** τὸ πρεσβυτέριον τοῦ λαοῦ, ἀρχιερεῖς τε καὶ γραμματεῖς, καὶ ἀπήγαγον αὐτὸν εἰς τὸ συνέδριον αὐτῶν	
a 112	**Mt 27,61** → Mt 27,55-56 → Mt 28,1 → Lk 24,10	ἦν δὲ ἐκεῖ Μαριὰμ ἡ Μαγδαληνὴ καὶ ἡ ἄλλη Μαρία καθήμεναι ἀπέναντι τοῦ τάφου.	**Mk 15,47** → Mk 15,40-41 → Mk 16,1 → Lk 24,10	ἡ δὲ Μαρία ἡ Μαγδαληνὴ καὶ Μαρία ἡ Ἰωσῆτος ἐθεώρουν ποῦ τέθειται.	**Lk 23,55** → Lk 8,2-3 → Lk 23,49	κατακολουθήσασαι δὲ αἱ γυναῖκες, αἵτινες ἦσαν **συνεληλυθυῖαι** ἐκ τῆς Γαλιλαίας αὐτῷ, ἐθεάσαντο τὸ μνημεῖον καὶ ὡς ἐτέθη τὸ σῶμα αὐτοῦ	

Acts 1,6 **οἱ μὲν οὖν συνελθόντες** ἠρώτων αὐτὸν λέγοντες· κύριε, εἰ ἐν τῷ χρόνῳ τούτῳ ἀποκαθιστάνεις τὴν βασιλείαν τῷ Ἰσραήλ;

a **Acts 1,21** δεῖ οὖν **τῶν συνελθόντων ἡμῖν ἀνδρῶν** ἐν παντὶ χρόνῳ ᾧ εἰσῆλθεν καὶ ἐξῆλθεν ἐφ᾽ ἡμᾶς ὁ κύριος Ἰησοῦς, [22] ... μάρτυρα τῆς ἀναστάσεως αὐτοῦ σὺν ἡμῖν γενέσθαι ἕνα τούτων.

Acts 2,6 γενομένης δὲ τῆς φωνῆς ταύτης **συνῆλθεν** τὸ πλῆθος καὶ συνεχύθη, ...

Acts 5,16 **συνήρχετο** δὲ καὶ τὸ πλῆθος τῶν πέριξ πόλεων Ἰερουσαλήμ, ...

a **Acts 9,39** ἀναστὰς δὲ Πέτρος **συνῆλθεν** αὐτοῖς· ...

a **Acts 10,23** ... τῇ δὲ ἐπαύριον ἀναστὰς ἐξῆλθεν σὺν αὐτοῖς καί τινες τῶν ἀδελφῶν τῶν ἀπὸ Ἰόππης **συνῆλθον** αὐτῷ.

Acts 10,27 καὶ συνομιλῶν αὐτῷ εἰσῆλθεν καὶ εὑρίσκει **συνεληλυθότας πολλούς**

a **Acts 10,45** καὶ ἐξέστησαν οἱ ἐκ περιτομῆς πιστοὶ ὅσοι **συνῆλθαν** τῷ Πέτρῳ, ὅτι καὶ ἐπὶ τὰ ἔθνη ἡ δωρεὰ τοῦ ἁγίου πνεύματος ἐκκέχυται·

a **Acts 11,12** εἶπεν δὲ τὸ πνεῦμά μοι **συνελθεῖν** αὐτοῖς μηδὲν διακρίναντα. ...

a **Acts 15,38** Παῦλος δὲ ἠξίου, τὸν ἀποστάντα ἀπ᾽ αὐτῶν ἀπὸ Παμφυλίας καὶ **μὴ συνελθόντα** αὐτοῖς εἰς τὸ ἔργον μὴ συμπαραλαμβάνειν τοῦτον.

Acts 16,13 ... καὶ καθίσαντες ἐλαλοῦμεν **ταῖς συνελθούσαις γυναιξίν.**

Acts 19,32 ... ἦν γὰρ ἡ ἐκκλησία συγκεχυμένη καὶ οἱ πλείους οὐκ ᾔδεισαν τίνος ἕνεκα **συνεληλύθεισαν.**

Acts 21,16 **συνῆλθον** δὲ καὶ τῶν μαθητῶν ἀπὸ Καισαρείας σὺν ἡμῖν, ἄγοντες παρ᾽ ᾧ ξενισθῶμεν Μνάσωνί τινι Κυπρίῳ, ἀρχαίῳ μαθητῇ.

Acts 22,30 ... ἔλυσεν αὐτὸν καὶ ἐκέλευσεν **συνελθεῖν** τοὺς ἀρχιερεῖς καὶ πᾶν τὸ συνέδριον, ...

Acts 25,17 **συνελθόντων** οὖν [αὐτῶν] ἐνθάδε ἀναβολὴν μηδεμίαν ποιησάμενος τῇ ἑξῆς καθίσας ἐπὶ τοῦ βήματος ἐκέλευσα ἀχθῆναι τὸν ἄνδρα·

Acts 28,17 ἐγένετο δὲ μετὰ ἡμέρας τρεῖς συγκαλέσασθαι αὐτὸν τοὺς ὄντας τῶν Ἰουδαίων πρώτους· **συνελθόντων** δὲ αὐτῶν ἔλεγεν πρὸς αὐτούς· ἐγώ, ἄνδρες ἀδελφοί, οὐδὲν ἐναντίον ποιήσας τῷ λαῷ ...

συνεσθίω

	Syn	Mt	Mk	Lk	Acts	Jn	1-3John	Paul	Eph	Col
	1			1	2			2		
	NT	2Thess	1/2Tim	Tit	Heb	Jas	1Pet	2Pet	Jude	Rev
	5									

eat with someone

	Mt	Mk	Lk	
002			**Lk 15,2** → Mt 9,11 → Mk 2,16 → Lk 5,30 → Lk 19,7 καὶ διεγόγγυζον οἵ τε Φαρισαῖοι καὶ οἱ γραμματεῖς λέγοντες ὅτι οὗτος ἁμαρτωλοὺς προσδέχεται καὶ **συνεσθίει** αὐτοῖς.	

Acts 10,41 οὐ παντὶ τῷ λαῷ, ἀλλὰ μάρτυσιν τοῖς προκεχειροτονημένοις ὑπὸ τοῦ θεοῦ, ἡμῖν, οἵτινες **συνεφάγομεν** καὶ συνεπίομεν αὐτῷ μετὰ τὸ ἀναστῆναι αὐτὸν ἐκ νεκρῶν·

Acts 11,3 λέγοντες ὅτι εἰσῆλθες πρὸς ἄνδρας ἀκροβυστίαν ἔχοντας καὶ **συνέφαγες** αὐτοῖς.

σύνεσις

	Syn	Mt	Mk	Lk	Acts	Jn	1-3John	Paul	Eph	Col
	2		1	1				1	1	2
	NT	2Thess	1/2Tim	Tit	Heb	Jas	1Pet	2Pet	Jude	Rev
	7		1							

the faculty of comprehension; intelligence; acuteness; shrewdness; insight; understanding

	Mt	Mk	Lk	
002			**Lk 2,47** ἐξίσταντο δὲ πάντες οἱ ἀκούοντες αὐτοῦ **ἐπὶ τῇ συνέσει καὶ ταῖς ἀποκρίσεσιν αὐτοῦ.**	
020		**Mk 12,33** καὶ τὸ *ἀγαπᾶν αὐτὸν ἐξ ὅλης τῆς καρδίας καὶ* ***ἐξ ὅλης τῆς συνέσεως*** *καὶ ἐξ ὅλης τῆς ἰσχύος* καὶ τὸ *ἀγαπᾶν τὸν πλησίον ὡς ἑαυτὸν* περισσότερόν ἐστιν πάντων τῶν ὁλοκαυτωμάτων καὶ θυσιῶν. ➤ Deut 6,5; Josh 22,5 LXX ➤ Lev 19,18		

συνετός

	Syn	Mt	Mk	Lk	Acts	Jn	1-3John	Paul	Eph	Col
	2	1		1	1			1		
	NT	2Thess	1/2Tim	Tit	Heb	Jas	1Pet	2Pet	Jude	Rev
	4									

intelligent; sagacious; wise; with good sense

	Mt	Mk	Lk	
202	**Mt 11,25** ... ἐξομολογοῦμαί σοι, πάτερ, κύριε τοῦ οὐρανοῦ καὶ τῆς γῆς, ὅτι ἔκρυψας ταῦτα **ἀπὸ σοφῶν καὶ συνετῶν** καὶ ἀπεκάλυψας αὐτὰ νηπίοις·		**Lk 10,21** ... ἐξομολογοῦμαί σοι, πάτερ, κύριε τοῦ οὐρανοῦ καὶ τῆς γῆς, ὅτι ἀπέκρυψας ταῦτα **ἀπὸ σοφῶν καὶ συνετῶν** καὶ ἀπεκάλυψας αὐτὰ νηπίοις· ...	→ GTh 4 (POxy 654)

Acts 13,7 ὃς ἦν σὺν τῷ ἀνθυπάτῳ Σεργίῳ Παύλῳ, **ἀνδρὶ συνετῷ.** οὗτος προσκαλεσάμενος Βαρναβᾶν καὶ Σαῦλον ἐπεζήτησεν ἀκοῦσαι τὸν λόγον τοῦ θεοῦ.

συνευδοκέω

	Syn	Mt	Mk	Lk	Acts	Jn	1-3John	Paul	Eph	Col
	1			1	2			3		
	NT	2Thess	1/2Tim	Tit	Heb	Jas	1Pet	2Pet	Jude	Rev
	6									

agree with; approve of; consent to; sympathize with

102	**Mt 23,32**	[31] ὥστε μαρτυρεῖτε ἑαυτοῖς ὅτι υἱοί ἐστε τῶν φονευσάντων τοὺς προφήτας. [32] καὶ ὑμεῖς **πληρώσατε** τὸ μέτρον τῶν πατέρων ὑμῶν.			**Lk 11,48**	ἄρα μάρτυρές ἐστε καὶ **συνευδοκεῖτε** τοῖς ἔργοις τῶν πατέρων ὑμῶν, ὅτι αὐτοὶ μὲν ἀπέκτειναν αὐτούς, ὑμεῖς δὲ οἰκοδομεῖτε.

Acts 8,1 Σαῦλος δὲ ἦν
συνευδοκῶν
τῇ ἀναιρέσει αὐτοῦ. ...

Acts 22,20 καὶ ὅτε ἐξεχύννετο
τὸ αἷμα Στεφάνου
τοῦ μάρτυρός σου, καὶ
αὐτὸς ἤμην ἐφεστὼς καὶ
συνευδοκῶν
καὶ φυλάσσων τὰ ἱμάτια
τῶν ἀναιρούντων αὐτόν.

συνέχω

	Syn	Mt	Mk	Lk	Acts	Jn	1-3John	Paul	Eph	Col
	7	1		6	3			2		
	NT	2Thess	1/2Tim	Tit	Heb	Jas	1Pet	2Pet	Jude	Rev
	12									

close by holding (together); stop; seize; attack; distress; torment; urge on; impel someone;
middle: be occupied with; be absorbed in something

	triple tradition																	double tradition			Sondergut		
		+Mt / +Lk			–Mt / –Lk			traditions not taken over by Mt / Lk							subtotals								
code	222	211	112	212	221	122	121	022	012	021	220	120	210	020	Σ⁺	Σ⁻	Σ	202	201	102	200	002	total
Mt																					1		1
Mk																							
Lk			3⁺						1⁺						4⁺		4					2	6

112	**Mt 8,14**	καὶ ἐλθὼν ὁ Ἰησοῦς εἰς τὴν οἰκίαν Πέτρου εἶδεν τὴν πενθερὰν αὐτοῦ **βεβλημένην** καὶ πυρέσσουσαν·	**Mk 1,30**	[29] ... ἦλθον εἰς τὴν οἰκίαν Σίμωνος καὶ Ἀνδρέου μετὰ Ἰακώβου καὶ Ἰωάννου. [30] ἡ δὲ πενθερὰ Σίμωνος **κατέκειτο** πυρέσσουσα, ...	**Lk 4,38**	... εἰσῆλθεν εἰς τὴν οἰκίαν Σίμωνος. πενθερὰ δὲ τοῦ Σίμωνος ἦν **συνεχομένη** πυρετῷ μεγάλῳ ...
200	**Mt 4,24** ⇨ Mt 8,16 → Mt 12,15 → Mt 15,30	... καὶ προσήνεγκαν αὐτῷ πάντας τοὺς κακῶς ἔχοντας ποικίλαις νόσοις καὶ βασάνοις **συνεχομένους** [καὶ] δαιμονιζομένους ...	**Mk 1,32** → Mk 3,10 → Mk 7,32	... ἔφερον πρὸς αὐτὸν πάντας τοὺς κακῶς ἔχοντας καὶ τοὺς δαιμονιζομένους·	**Lk 4,40** → Lk 6,18	... ἅπαντες ὅσοι εἶχον ἀσθενοῦντας νόσοις ποικίλαις ἤγαγον αὐτοὺς πρὸς αὐτόν· ...
112	**Mt 8,34**	... ἰδόντες αὐτὸν παρεκάλεσαν ὅπως μεταβῇ ἀπὸ τῶν ὁρίων αὐτῶν.	**Mk 5,17**	καὶ ἤρξαντο παρακαλεῖν αὐτὸν ἀπελθεῖν ἀπὸ τῶν ὁρίων αὐτῶν.	**Lk 8,37**	καὶ ἠρώτησεν αὐτὸν ἅπαν τὸ πλῆθος τῆς περιχώρου τῶν Γερασηνῶν ἀπελθεῖν ἀπ᾽ αὐτῶν, ὅτι φόβῳ μεγάλῳ **συνείχοντο**· ...

	Mt		Mk		Lk		
012			Mk 5,31	καὶ ἔλεγον αὐτῷ οἱ μαθηταὶ αὐτοῦ· βλέπεις τὸν ὄχλον συνθλίβοντά σε καὶ λέγεις· τίς μου ἥψατο;	Lk 8,45	... εἶπεν ὁ Πέτρος· ἐπιστάτα, οἱ ὄχλοι **συνέχουσίν** σε καὶ ἀποθλίβουσιν. [46] ὁ δὲ Ἰησοῦς εἶπεν· ἥψατό μού τις, ...	
002	Mt 20,22	... δύνασθε πιεῖν τὸ ποτήριον ὃ ἐγὼ μέλλω πίνειν; ...	Mk 10,38	... δύνασθε πιεῖν τὸ ποτήριον ὃ ἐγὼ πίνω ἢ τὸ βάπτισμα ὃ ἐγὼ βαπτίζομαι βαπτισθῆναι;	Lk 12,50	βάπτισμα δὲ ἔχω βαπτισθῆναι, καὶ πῶς **συνέχομαι** ἕως ὅτου τελεσθῇ.	
002					Lk 19,43 → Lk 21,20	ὅτι ἥξουσιν ἡμέραι ἐπὶ σὲ καὶ παρεμβαλοῦσιν οἱ ἐχθροί σου χάρακά σοι καὶ περικυκλώσουσίν σε καὶ **συνέξουσίν** σε πάντοθεν	
112	Mt 26,67 → Mt 27,30	τότε ἐνέπτυσαν εἰς τὸ πρόσωπον αὐτοῦ καὶ ἐκολάφισαν αὐτόν, οἱ δὲ ἐράπισαν	Mk 14,65 → Mk 15,19	καὶ ἤρξαντό τινες ἐμπτύειν αὐτῷ καὶ περικαλύπτειν αὐτοῦ τὸ πρόσωπον καὶ κολαφίζειν αὐτὸν ...	Lk 22,63	καὶ οἱ ἄνδρες **οἱ συνέχοντες** αὐτὸν ἐνέπαιζον αὐτῷ δέροντες, [64] καὶ περικαλύψαντες αὐτὸν ...	

Acts 7,57		Acts 18,5		Acts 28,8	
	κράξαντες δὲ φωνῇ μεγάλῃ **συνέσχον** τὰ ὦτα αὐτῶν καὶ ὥρμησαν ὁμοθυμαδὸν ἐπ' αὐτόν		ὡς δὲ κατῆλθον ἀπὸ τῆς Μακεδονίας ὅ τε Σιλᾶς καὶ ὁ Τιμόθεος, **συνείχετο** τῷ λόγῳ ὁ Παῦλος διαμαρτυρόμενος τοῖς Ἰουδαίοις εἶναι τὸν χριστὸν Ἰησοῦν.		ἐγένετο δὲ τὸν πατέρα τοῦ Ποπλίου πυρετοῖς καὶ δυσεντερίῳ **συνεχόμενον** κατακεῖσθαι, ...

συνθλάω	Syn 2	Mt 1	Mk	Lk 1	Acts	Jn	1-3John	Paul	Eph	Col
	NT 2	2Thess	1/2Tim	Tit	Heb	Jas	1Pet	2Pet	Jude	Rev

crush (together); dash to pieces

	Mt		Mk		Lk		
200	Mt 21,44 ↓ Lk 20,18	[καὶ ὁ πεσὼν ἐπὶ τὸν λίθον τοῦτον **συνθλασθήσεται**· ἐφ' ὃν δ' ἂν πέσῃ λικμήσει αὐτόν.]					Mt 21,44 is textcritically uncertain.
002					Lk 20,18 ↑ [Mt 21,44]	πᾶς ὁ πεσὼν ἐπ' ἐκεῖνον τὸν λίθον **συνθλασθήσεται**· ἐφ' ὃν δ' ἂν πέσῃ, λικμήσει αὐτόν.	

συνθλίβω	Syn 2	Mt	Mk 2	Lk	Acts	Jn	1-3John	Paul	Eph	Col
	NT 2	2Thess	1/2Tim	Tit	Heb	Jas	1Pet	2Pet	Jude	Rev

press together; press upon

121	**Mt 9,19** καὶ ἐγερθεὶς ὁ Ἰησοῦς ἠκολούθησεν αὐτῷ καὶ οἱ μαθηταὶ αὐτοῦ.	**Mk 5,24** καὶ ἀπῆλθεν μετ᾽ αὐτοῦ. καὶ ἠκολούθει αὐτῷ ὄχλος πολὺς καὶ **συνέθλιβον** αὐτόν.	**Lk 8,42** ... ἐν δὲ τῷ ὑπάγειν αὐτὸν οἱ ὄχλοι **συνέπνιγον** αὐτόν.	
021		**Mk 5,31** καὶ ἔλεγον αὐτῷ οἱ μαθηταὶ αὐτοῦ· βλέπεις τὸν ὄχλον **συνθλίβοντά** σε καὶ λέγεις· τίς μου ἥψατο;	**Lk 8,45** ... εἶπεν ὁ Πέτρος· ἐπιστάτα, οἱ ὄχλοι συνέχουσίν σε καὶ **ἀποθλίβουσιν.** [46] ὁ δὲ Ἰησοῦς εἶπεν· ἥψατό μού τις, ...	

συνίημι, συνίω	Syn 18	Mt 9	Mk 5	Lk 4	Acts 4	Jn	1-3John	Paul 3	Eph 1	Col
	NT 26	2Thess	1/2Tim	Tit	Heb	Jas	1Pet	2Pet	Jude	Rev

understand; comprehend; gain (an) insight into

	triple tradition																	double tradition			Sondergut		
		+Mt / +Lk			−Mt / −Lk			traditions not taken over by Mt / Lk							subtotals								
code	222	211	112	212	221	122	121	022	012	021	220	120	210	020	Σ⁺	Σ⁻	Σ	202	201	102	200	002	total
Mt	1	2⁺									1	2⁻			2⁺	2⁻	4				5		**9**
Mk	1										1	2		1			5						**5**
Lk	1																1					3	**4**

a συνίω and ἀκούω

002			**Lk 2,50** καὶ αὐτοὶ οὐ **συνῆκαν** τὸ ῥῆμα ὃ ἐλάλησεν αὐτοῖς.	
a 222	**Mt 13,13** ↓ Mt 13,14-15 ... ὅτι βλέποντες οὐ βλέπουσιν καὶ ἀκούοντες οὐκ ἀκούουσιν **οὐδὲ συνίουσιν·** ➤ Isa 6,9	**Mk 4,12** → Mk 8,18 ἵνα βλέποντες βλέπωσιν καὶ μὴ ἴδωσιν, καὶ ἀκούοντες ἀκούωσιν **καὶ μὴ συνιῶσιν,** μήποτε ἐπιστρέψωσιν καὶ ἀφεθῇ αὐτοῖς. ➤ Isa 6,9-10	**Lk 8,10** ... ἵνα βλέποντες μὴ βλέπωσιν καὶ ἀκούοντες **μὴ συνιῶσιν.** ➤ Isa 6,9	→ Jn 12,40 → **Acts 28,26** → **Acts 28,27**
a 200	**Mt 13,14** ↑ Mt 13,13 ↑ Mk 4,12 ↑ Lk 8,10 καὶ ἀναπληροῦται αὐτοῖς ἡ προφητεία Ἠσαΐου ἡ λέγουσα· *ἀκοῇ ἀκούσετε καὶ* ***οὐ μὴ συνῆτε,*** *καὶ βλέποντες βλέψετε καὶ οὐ μὴ ἴδητε.* ➤ Isa 6,9 LXX			→ Jn 12,40 → **Acts 28,26**
a 200	**Mt 13,15** ↑ Mk 4,12 ... *μήποτε ἴδωσιν τοῖς ὀφθαλμοῖς καὶ τοῖς ὠσὶν ἀκούσωσιν καὶ τῇ καρδίᾳ* ***συνῶσιν*** *καὶ ἐπιστρέψωσιν καὶ ἰάσομαι αὐτούς.* ➤ Isa 6,10 LXX			→ Jn 12,40 → **Acts 28,27**

	Mt		Mk		Lk		
a 211	**Mt 13,19**	παντὸς ἀκούοντος τὸν λόγον τῆς βασιλείας καὶ **μὴ συνιέντος,** ἔρχεται ὁ πονηρὸς καὶ ἁρπάζει τὸ ἐσπαρμένον ἐν τῇ καρδίᾳ αὐτοῦ, ...	**Mk 4,15**	... ὅταν ἀκούσωσιν, εὐθὺς ἔρχεται ὁ σατανᾶς καὶ αἴρει τὸν λόγον τὸν ἐσπαρμένον εἰς αὐτούς.	**Lk 8,12**	... οἱ ἀκούσαντες, εἶτα ἔρχεται ὁ διάβολος καὶ αἴρει τὸν λόγον ἀπὸ τῆς καρδίας αὐτῶν, ...	
a 211	**Mt 13,23**	ὁ δὲ ἐπὶ τὴν καλὴν γῆν σπαρείς, οὗτός ἐστιν ὁ τὸν λόγον ἀκούων καὶ **συνιείς,** ὃς δὴ καρποφορεῖ καὶ ποιεῖ ὃ μὲν ἑκατόν, ὃ δὲ ἑξήκοντα, ὃ δὲ τριάκοντα.	**Mk 4,20**	καὶ ἐκεῖνοί εἰσιν οἱ ἐπὶ τὴν γῆν τὴν καλὴν σπαρέντες, οἵτινες ἀκούουσιν τὸν λόγον καὶ **παραδέχονται** καὶ καρποφοροῦσιν ἓν τριάκοντα καὶ ἓν ἑξήκοντα καὶ ἓν ἑκατόν.	**Lk 8,15**	τὸ δὲ ἐν τῇ καλῇ γῇ, οὗτοί εἰσιν οἵτινες ἐν καρδίᾳ καλῇ καὶ ἀγαθῇ ἀκούσαντες τὸν λόγον **κατέχουσιν** καὶ καρποφοροῦσιν ἐν ὑπομονῇ.	
200	**Mt 13,51**	**συνήκατε** ταῦτα πάντα; λέγουσιν αὐτῷ· ναί.					
020			**Mk 6,52** ↓ Mt 16,9 ↓ Mk 8,17	**οὐ γὰρ συνῆκαν** ἐπὶ τοῖς ἄρτοις, ἀλλ' ἦν αὐτῶν ἡ καρδία πεπωρωμένη.			
a 220	**Mt 15,10**	καὶ προσκαλεσάμενος τὸν ὄχλον εἶπεν αὐτοῖς· ἀκούετε καὶ **συνίετε·**	**Mk 7,14**	καὶ προσκαλεσάμενος πάλιν τὸν ὄχλον ἔλεγεν αὐτοῖς· ἀκούσατέ μου πάντες καὶ **σύνετε.**			
   120	**Mt 16,9**	[8] ... τί διαλογίζεσθε ἐν ἑαυτοῖς, ὀλιγόπιστοι, ὅτι ἄρτους οὐκ ἔχετε; [9] οὔπω νοεῖτε, οὐδὲ μνημονεύετε ...	**Mk 8,17** ↑ Mk 6,52	... τί διαλογίζεσθε ὅτι ἄρτους οὐκ ἔχετε; οὔπω νοεῖτε **οὐδὲ συνίετε;** πεπωρωμένην ἔχετε τὴν καρδίαν ὑμῶν; [18] *ὀφθαλμοὺς ἔχοντες* *οὐ βλέπετε καὶ ὦτα* *ἔχοντες οὐκ ἀκούετε;* καὶ οὐ μνημονεύετε ➤ Jer 5,21			
 120	**Mt 16,11**	πῶς **οὐ νοεῖτε** ὅτι οὐ περὶ ἄρτων εἶπον ὑμῖν; ...	**Mk 8,21**	καὶ ἔλεγεν αὐτοῖς· **οὔπω συνίετε;**			
 200	**Mt 16,12** → Lk 12,1	τότε **συνῆκαν** ὅτι οὐκ εἶπεν προσέχειν ἀπὸ τῆς ζύμης τῶν ἄρτων ἀλλὰ ἀπὸ τῆς διδαχῆς τῶν Φαρισαίων καὶ Σαδδουκαίων.					
 200	**Mt 17,13**	τότε **συνῆκαν** οἱ μαθηταὶ ὅτι περὶ Ἰωάννου τοῦ βαπτιστοῦ εἶπεν αὐτοῖς.					
  002					**Lk 18,34** → Mk 9,32 → Lk 9,45	καὶ αὐτοὶ οὐδὲν τούτων **συνῆκαν** καὶ ἦν τὸ ῥῆμα τοῦτο κεκρυμμένον ἀπ' αὐτῶν καὶ οὐκ ἐγίνωσκον τὰ λεγόμενα.	
  002					**Lk 24,45**	τότε διήνοιξεν αὐτῶν τὸν νοῦν **τοῦ συνιέναι** τὰς γραφάς·	

Acts 7,25 (2)	ἐνόμιζεν δὲ **συνιέναι** τοὺς ἀδελφοὺς [αὐτοῦ] ὅτι ὁ θεὸς διὰ χειρὸς αὐτοῦ δίδωσιν σωτηρίαν αὐτοῖς· οἱ δὲ **οὐ συνῆκαν.**	*a* Acts 28,26 → Mt 13,13-14 → Mk 4,12 → Lk 8,10	λέγων· *πορεύθητι πρὸς τὸν λαὸν τοῦτον καὶ εἰπόν· ἀκοῇ ἀκούσετε καὶ* ***οὐ μὴ συνῆτε*** *καὶ βλέποντες βλέψετε καὶ οὐ μὴ ἴδητε·* ➤ Isa 6,9 LXX
a Acts 28,27 → Mt 13,15	... *μήποτε ἴδωσιν τοῖς ὀφθαλμοῖς καὶ τοῖς ὠσὶν ἀκούσωσιν καὶ τῇ καρδίᾳ* ***συνῶσιν*** *καὶ ἐπιστρέψωσιν, καὶ ἰάσομαι αὐτούς.* ➤ Isa 6,10 LXX		

συνίστημι, συνιστάνω

Syn	Mt	Mk	Lk	Acts	Jn	1-3John	Paul	Eph	Col
1			1				13		1
NT	2Thess	1/2Tim	Tit	Heb	Jas	1Pet	2Pet	Jude	Rev
16							1		

present; introduce, recommend someone to someone else; demonstrate; show; bring out; *intransitive:* stand with, by; continue; endure; exist; hold together

	Mt	Mk	Lk	
002			**Lk 9,32** ... διαγρηγορήσαντες δὲ εἶδον τὴν δόξαν αὐτοῦ καὶ τοὺς δύο ἄνδρας **τοὺς συνεστῶτας** αὐτῷ.	

συνοδία

Syn	Mt	Mk	Lk	Acts	Jn	1-3John	Paul	Eph	Col
1			1						
NT	2Thess	1/2Tim	Tit	Heb	Jas	1Pet	2Pet	Jude	Rev
1									

caravan; group of travelers

	Mt	Mk	Lk	
002			**Lk 2,44** νομίσαντες δὲ αὐτὸν εἶναι **ἐν τῇ συνοδίᾳ** ἦλθον ἡμέρας ὁδὸν καὶ ἀνεζήτουν αὐτὸν ἐν τοῖς συγγενεῦσιν καὶ τοῖς γνωστοῖς	

συνοχή

Syn	Mt	Mk	Lk	Acts	Jn	1-3John	Paul	Eph	Col
1			1				1		
NT	2Thess	1/2Tim	Tit	Heb	Jas	1Pet	2Pet	Jude	Rev
2									

distress; dismay; anguish

	Mt	Mk	Lk	
112	**Mt 24,29** ... *ὁ ἥλιος σκοτισθήσεται, καὶ ἡ σελήνη οὐ δώσει τὸ φέγγος αὐτῆς, καὶ οἱ ἀστέρες πεσοῦνται* ἀπὸ τοῦ οὐρανοῦ, ... ➤ Isa 13,10; 34,4	**Mk 13,25** [24] ... *ὁ ἥλιος σκοτισθήσεται, καὶ ἡ σελήνη οὐ δώσει τὸ φέγγος αὐτῆς,* [25] *καὶ οἱ ἀστέρες ἔσονται* ἐκ τοῦ οὐρανοῦ *πίπτοντες,* ... ➤ Isa 13,10; 34,4	**Lk 21,25** → Lk 21,11 καὶ ἔσονται σημεῖα ἐν ἡλίῳ καὶ σελήνῃ καὶ ἄστροις, καὶ ἐπὶ τῆς γῆς **συνοχὴ ἐθνῶν** ἐν ἀπορίᾳ ἤχους θαλάσσης καὶ σάλου	→ Acts 2,19

συντάσσω

	Syn	Mt	Mk	Lk	Acts	Jn	1-3John	Paul	Eph	Col
	3	3								
	NT	2Thess	1/2Tim	Tit	Heb	Jas	1Pet	2Pet	Jude	Rev
	3									

order; direct; prescribe

	Mt		Mk		Lk		
211	Mt 21,6 → Mk 11,6	πορευθέντες δὲ οἱ μαθηταὶ καὶ ποιήσαντες καθὼς **συνέταξεν** αὐτοῖς ὁ Ἰησοῦς	Mk 11,4	καὶ ἀπῆλθον καὶ εὗρον πῶλον δεδεμένον πρὸς θύραν ἔξω ἐπὶ τοῦ ἀμφόδου καὶ λύουσιν αὐτόν.	Lk 19,32 → Mk 11,6	ἀπελθόντες δὲ οἱ ἀπεσταλμένοι εὗρον καθὼς **εἶπεν** αὐτοῖς. [33] λυόντων δὲ αὐτῶν τὸν πῶλον ...	
211	Mt 26,19	καὶ ἐποίησαν οἱ μαθηταὶ ὡς **συνέταξεν** αὐτοῖς ὁ Ἰησοῦς καὶ ἡτοίμασαν τὸ πάσχα.	Mk 14,16	καὶ ἐξῆλθον οἱ μαθηταὶ καὶ ἦλθον εἰς τὴν πόλιν καὶ εὗρον καθὼς **εἶπεν** αὐτοῖς καὶ ἡτοίμασαν τὸ πάσχα.	Lk 22,13	ἀπελθόντες δὲ εὗρον καθὼς **εἰρήκει** αὐτοῖς καὶ ἡτοίμασαν τὸ πάσχα.	
200	Mt 27,10	καὶ ἔδωκαν αὐτὰ εἰς τὸν ἀγρὸν τοῦ κεραμέως, *καθὰ* ***συνέταξέν*** μοι *κύριος*. ➤ Exod 9,12 LXX					

συντέλεια

	Syn	Mt	Mk	Lk	Acts	Jn	1-3John	Paul	Eph	Col
	5	5								
	NT	2Thess	1/2Tim	Tit	Heb	Jas	1Pet	2Pet	Jude	Rev
	6				1					

completion; close; end

	Mt		Mk		Lk		
200	Mt 13,39	ὁ δὲ ἐχθρὸς ὁ σπείρας αὐτά ἐστιν ὁ διάβολος, ὁ δὲ θερισμὸς **συντέλεια αἰῶνός** ἐστιν, οἱ δὲ θερισταὶ ἄγγελοί εἰσιν.					
200	Mt 13,40	ὥσπερ οὖν συλλέγεται τὰ ζιζάνια καὶ πυρὶ [κατα]καίεται, οὕτως ἔσται **ἐν τῇ συντελείᾳ τοῦ αἰῶνος·**					
200	Mt 13,49	οὕτως ἔσται **ἐν τῇ συντελείᾳ τοῦ αἰῶνος·** ἐξελεύσονται οἱ ἄγγελοι καὶ ἀφοριοῦσιν τοὺς πονηροὺς ἐκ μέσου τῶν δικαίων					
211	Mt 24,3	... εἰπὲ ἡμῖν, πότε ταῦτα ἔσται καὶ τί τὸ σημεῖον τῆς σῆς παρουσίας καὶ **συντελείας τοῦ αἰῶνος;**	Mk 13,4	εἰπὸν ἡμῖν, πότε ταῦτα ἔσται καὶ τί τὸ σημεῖον ὅταν μέλλῃ **ταῦτα συντελεῖσθαι πάντα;**	Lk 21,7	... διδάσκαλε, πότε οὖν ταῦτα ἔσται καὶ τί τὸ σημεῖον ὅταν μέλλῃ **ταῦτα γίνεσθαι;**	
200	Mt 28,20	... καὶ ἰδοὺ ἐγὼ μεθ' ὑμῶν εἰμι πάσας τὰς ἡμέρας **ἕως τῆς συντελείας τοῦ αἰῶνος.**					

συντελέω	Syn 3	Mt	Mk 1	Lk 2	Acts 1	Jn	1-3John	Paul 1	Eph	Col
	NT 6	2Thess	1/2Tim	Tit	Heb 1	Jas	1Pet	2Pet	Jude	Rev

bring to an end; complete; finish; close; carry put; fulfill; accomplish

	Mt		Mk		Lk		
102	**Mt 4,2**	[1] τότε ὁ Ἰησοῦς ἀνήχθη εἰς τὴν ἔρημον ὑπὸ τοῦ πνεύματος πειρασθῆναι ὑπὸ τοῦ διαβόλου. [2] καὶ νηστεύσας ἡμέρας τεσσεράκοντα καὶ νύκτας τεσσεράκοντα **ὕστερον** ἐπείνασεν.	**Mk 1,13**	[12] καὶ εὐθὺς τὸ πνεῦμα αὐτὸν ἐκβάλλει εἰς τὴν ἔρημον. [13] καὶ ἦν ἐν τῇ ἐρήμῳ τεσσεράκοντα ἡμέρας πειραζόμενος ὑπὸ τοῦ σατανᾶ, ...	**Lk 4,2**	[1] Ἰησοῦς δὲ ... ἤγετο ἐν τῷ πνεύματι ἐν τῇ ἐρήμῳ [2] ἡμέρας τεσσεράκοντα πειραζόμενος ὑπὸ τοῦ διαβόλου. καὶ οὐκ ἔφαγεν οὐδὲν ἐν ταῖς ἡμέραις ἐκείναις καὶ **συντελεσθεισῶν αὐτῶν** ἐπείνασεν.	Mk-Q overlap
102	**Mt 4,11**	[1] ... πειρασθῆναι ὑπὸ τοῦ διαβόλου. [2] ... [11] τότε ἀφίησιν αὐτὸν ὁ διάβολος, καὶ ἰδοὺ ἄγγελοι προσῆλθον καὶ διηκόνουν αὐτῷ.	**Mk 1,13**	... πειραζόμενος ὑπὸ τοῦ σατανᾶ, καὶ ἦν μετὰ τῶν θηρίων, καὶ οἱ ἄγγελοι διηκόνουν αὐτῷ.	**Lk 4,13** → Lk 22,3	[2] ... πειραζόμενος ὑπὸ τοῦ διαβόλου. ... [13] καὶ **συντελέσας** πάντα πειρασμὸν ὁ διάβολος ἀπέστη ἀπ᾽ αὐτοῦ ἄχρι καιροῦ.	Mk-Q overlap
121	**Mt 24,3**	... εἰπὲ ἡμῖν, πότε ταῦτα ἔσται καὶ τί τὸ σημεῖον τῆς σῆς παρουσίας καὶ **συντελείας τοῦ αἰῶνος;**	**Mk 13,4**	εἰπὸν ἡμῖν, πότε ταῦτα ἔσται καὶ τί τὸ σημεῖον ὅταν μέλλῃ **ταῦτα συντελεῖσθαι πάντα;**	**Lk 21,7**	... διδάσκαλε, πότε οὖν ταῦτα ἔσται καὶ τί τὸ σημεῖον ὅταν μέλλῃ **ταῦτα γίνεσθαι;**	

Acts 21,27 ὡς δὲ ἔμελλον
αἱ ἑπτὰ ἡμέραι
συντελεῖσθαι,
οἱ ἀπὸ τῆς Ἀσίας
Ἰουδαῖοι θεασάμενοι
αὐτὸν ἐν τῷ ἱερῷ
συνέχεον πάντα τὸν
ὄχλον ...

συντηρέω	Syn 3	Mt 1	Mk 1	Lk 1	Acts	Jn	1-3John	Paul	Eph	Col
	NT 3	2Thess	1/2Tim	Tit	Heb	Jas	1Pet	2Pet	Jude	Rev

protect; defend; hold; treasure up

	Mt		Mk		Lk		
002					**Lk 2,19** → Lk 2,51	ἡ δὲ Μαριὰμ πάντα **συνετήρει** τὰ ῥήματα ταῦτα συμβάλλουσα ἐν τῇ καρδίᾳ αὐτῆς.	
211	**Mt 9,17**	... ἀλλὰ βάλλουσιν οἶνον νέον εἰς ἀσκοὺς καινούς, καὶ ἀμφότεροι **συντηροῦνται.**	**Mk 2,22**	... ἀλλὰ οἶνον νέον εἰς ἀσκοὺς καινούς.	**Lk 5,38**	ἀλλὰ οἶνον νέον εἰς ἀσκοὺς καινοὺς βλητέον.	→ GTh 47,4

120	**Mt 14,5**	[3] ὁ γὰρ Ἡρῴδης ... [5] ... θέλων αὐτὸν ἀποκτεῖναι ἐφοβήθη τὸν ὄχλον, ὅτι ὡς προφήτην αὐτὸν εἶχον.	**Mk 6,20**	[19] ἡ δὲ Ἡρῳδιὰς ἐνεῖχεν αὐτῷ καὶ ἤθελεν αὐτὸν ἀποκτεῖναι, καὶ οὐκ ἠδύνατο· [20] ὁ γὰρ Ἡρῴδης ἐφοβεῖτο τὸν Ἰωάννην, εἰδὼς αὐτὸν ἄνδρα δίκαιον καὶ ἅγιον, καὶ **συνετήρει** αὐτόν, καὶ ἀκούσας αὐτοῦ πολλὰ ἠπόρει, καὶ ἡδέως αὐτοῦ ἤκουεν.			

συντίθημι

Syn 1	Mt	Mk	Lk 1	Acts 1	Jn 1	1-3John	Paul	Eph	Col
NT 3	2Thess	1/2Tim	Tit	Heb	Jas	1Pet	2Pet	Jude	Rev

middle: agree; decide

112	**Mt 26,15**	... οἱ δὲ **ἔστησαν** αὐτῷ τριάκοντα ἀργύρια.	**Mk 14,11**	οἱ δὲ ἀκούσαντες ἐχάρησαν καὶ **ἐπηγγείλαντο** αὐτῷ ἀργύριον δοῦναι. ...	**Lk 22,5**	καὶ ἐχάρησαν καὶ **συνέθεντο** αὐτῷ ἀργύριον δοῦναι.	

Acts 23,20 εἶπεν δὲ ὅτι οἱ Ἰουδαῖοι
συνέθεντο
τοῦ ἐρωτῆσαί σε ὅπως
αὔριον τὸν Παῦλον
καταγάγῃς
εἰς τὸ συνέδριον ...

συντρέχω

Syn 1	Mt	Mk 1	Lk	Acts 1	Jn	1-3John	Paul	Eph	Col
NT 3	2Thess	1/2Tim	Tit	Heb	Jas	1Pet 1	2Pet	Jude	Rev

run together

121	**Mt 14,13**	... καὶ ἀκούσαντες οἱ ὄχλοι **ἠκολούθησαν** αὐτῷ πεζῇ ἀπὸ τῶν πόλεων.	**Mk 6,33**	καὶ εἶδον αὐτοὺς ὑπάγοντας καὶ ἐπέγνωσαν πολλοὶ καὶ πεζῇ ἀπὸ πασῶν τῶν πόλεων **συνέδραμον** ἐκεῖ καὶ προῆλθον αὐτούς.	**Lk 9,11**	 οἱ δὲ ὄχλοι γνόντες **ἠκολούθησαν** αὐτῷ· ...	→ Jn 6,2

Acts 3,11 κρατοῦντος δὲ αὐτοῦ τὸν
Πέτρον καὶ τὸν Ἰωάννην
συνέδραμεν
πᾶς ὁ λαὸς πρὸς αὐτοὺς
ἐπὶ τῇ στοᾷ τῇ καλουμένῃ
Σολομῶντος ἔκθαμβοι.

συντρίβω	Syn 4	Mt 1	Mk 2	Lk 1	Acts	Jn 1	1-3John	Paul 1	Eph	Col
	NT 7	2Thess	1/2Tim	Tit	Heb	Jas	1Pet	2Pet	Jude	Rev 1

shatter; smash; crush; mistreat; beat someone severely

200	**Mt 12,20**	*κάλαμον **συντετριμμένον*** *οὐ κατεάξει καὶ λίνον τυφόμενον οὐ σβέσει, ...* ➤ Isa 42,3					
121	**Mt 8,28**	... ὑπήντησαν αὐτῷ δύο δαιμονιζόμενοι ἐκ τῶν μνημείων ἐξερχόμενοι, χαλεποὶ λίαν, ὥστε μὴ ἰσχύειν τινὰ παρελθεῖν διὰ τῆς ὁδοῦ ἐκείνης.	**Mk 5,4**	[2] ... ὑπήντησεν αὐτῷ ἐκ τῶν μνημείων ἄνθρωπος ἐν πνεύματι ἀκαθάρτῳ, [3] ... καὶ οὐδὲ ἁλύσει οὐκέτι οὐδεὶς ἐδύνατο αὐτὸν δῆσαι [4] διὰ τὸ αὐτὸν πολλάκις πέδαις καὶ ἁλύσεσιν δεδέσθαι καὶ διεσπάσθαι ὑπ' αὐτοῦ τὰς ἁλύσεις καὶ τὰς πέδας **συντετρῖφθαι**, καὶ οὐδεὶς ἴσχυεν αὐτὸν δαμάσαι·	**Lk 8,29**	[27] ... ὑπήντησεν ἀνήρ τις ἐκ τῆς πόλεως ἔχων δαιμόνια ... [29] ... πολλοῖς γὰρ χρόνοις συνηρπάκει αὐτὸν καὶ ἐδεσμεύετο ἁλύσεσιν καὶ πέδαις φυλασσόμενος καὶ διαρρήσσων τὰ δεσμὰ ...	
112	**Mt 17,15**	... σεληνιάζεται καὶ κακῶς πάσχει· ...	**Mk 9,18**	[17] ... ἔχοντα πνεῦμα ἄλαλον· [18] καὶ ὅπου ἐὰν αὐτὸν καταλάβῃ ῥήσσει αὐτόν, καὶ ἀφρίζει καὶ τρίζει τοὺς ὀδόντας καὶ ξηραίνεται· ...	**Lk 9,39**	καὶ ἰδοὺ πνεῦμα λαμβάνει αὐτὸν καὶ ἐξαίφνης κράζει καὶ σπαράσσει αὐτὸν μετὰ ἀφροῦ καὶ μόγις ἀποχωρεῖ ἀπ' αὐτοῦ **συντρῖβον** αὐτόν·	
120	**Mt 26,7**	προσῆλθεν αὐτῷ γυνὴ ἔχουσα ἀλάβαστρον μύρου βαρυτίμου καὶ κατέχεεν ἐπὶ τῆς κεφαλῆς ...	**Mk 14,3**	... ἦλθεν γυνὴ ἔχουσα ἀλάβαστρον μύρου νάρδου πιστικῆς πολυτελοῦς, **συντρίψασα** τὴν ἀλάβαστρον κατέχεεν αὐτοῦ τῆς κεφαλῆς.	**Lk 7,38**	[37] καὶ ἰδοὺ γυνὴ ... κομίσασα ἀλάβαστρον μύρου [38] ... καὶ κατεφίλει τοὺς πόδας αὐτοῦ καὶ ἤλειφεν τῷ μύρῳ.	→ Jn 12,3

συντυγχάνω	Syn 1	Mt	Mk	Lk 1	Acts	Jn	1-3John	Paul	Eph	Col
	NT 1	2Thess	1/2Tim	Tit	Heb	Jas	1Pet	2Pet	Jude	Rev

come together with; meet; join

112	**Mt 12,46**	... ἰδοὺ ἡ μήτηρ καὶ οἱ ἀδελφοὶ αὐτοῦ εἱστήκεισαν ἔξω ζητοῦντες αὐτῷ λαλῆσαι.	**Mk 3,31**	καὶ ἔρχεται ἡ μήτηρ αὐτοῦ καὶ οἱ ἀδελφοὶ αὐτοῦ καὶ ἔξω στήκοντες ἀπέστειλαν πρὸς αὐτὸν καλοῦντες αὐτόν. [32] καὶ ἐκάθητο περὶ αὐτὸν ὄχλος, ...	**Lk 8,19**	παρεγένετο δὲ πρὸς αὐτὸν ἡ μήτηρ καὶ οἱ ἀδελφοὶ αὐτοῦ καὶ οὐκ ἠδύναντο **συντυχεῖν** αὐτῷ διὰ τὸν ὄχλον.	→ GTh 99

Συρία	Syn	Mt	Mk	Lk	Acts	Jn	1-3John	Paul	Eph	Col
	2	1		1	5			1		
	NT	2Thess	1/2Tim	Tit	Heb	Jas	1Pet	2Pet	Jude	Rev
	8									

Syria

002					Lk 2,2	αὕτη ἀπογραφὴ πρώτη ἐγένετο ἡγεμονεύοντος **τῆς Συρίας** Κυρηνίου.
200	Mt 4,24 → Mt 9,26 ↓ Mk 3,8	καὶ ἀπῆλθεν ἡ ἀκοὴ αὐτοῦ **εἰς ὅλην τὴν Συρίαν**· ...	Mk 1,28	καὶ ἐξῆλθεν ἡ ἀκοὴ αὐτοῦ εὐθὺς πανταχοῦ **εἰς ὅλην τὴν περίχωρον τῆς Γαλιλαίας.**	Lk 4,37 → Lk 4,14	καὶ ἐξεπορεύετο ἦχος περὶ αὐτοῦ **εἰς πάντα τόπον τῆς περιχώρου.**
	Mt 4,25	καὶ ἠκολούθησαν αὐτῷ ὄχλοι πολλοὶ ἀπὸ τῆς Γαλιλαίας καὶ Δεκαπόλεως καὶ Ἱεροσολύμων καὶ Ἰουδαίας καὶ πέραν τοῦ Ἰορδάνου.	Mk 3,8 ↑ Mt 4,24a	[7] ... καὶ πολὺ πλῆθος ἀπὸ τῆς Γαλιλαίας [ἠκολούθησεν], καὶ ἀπὸ τῆς Ἰουδαίας [8] καὶ ἀπὸ Ἱεροσολύμων καὶ ἀπὸ τῆς Ἰδουμαίας καὶ πέραν τοῦ Ἰορδάνου καὶ **περὶ Τύρον καὶ Σιδῶνα** ...	Lk 6,17	... καὶ πλῆθος πολὺ τοῦ λαοῦ ἀπὸ πάσης τῆς Ἰουδαίας καὶ Ἰερουσαλὴμ καὶ **τῆς παραλίου Τύρου καὶ Σιδῶνος**

Acts 15,23 ... οἱ ἀπόστολοι καὶ οἱ πρεσβύτεροι ἀδελφοὶ τοῖς **κατὰ τὴν Ἀντιόχειαν καὶ Συρίαν καὶ Κιλικίαν** ἀδελφοῖς τοῖς ἐξ ἐθνῶν χαίρειν.

Acts 15,41 διήρχετο δὲ **τὴν Συρίαν** καὶ [τὴν] Κιλικίαν ἐπιστηρίζων τὰς ἐκκλησίας.

Acts 18,18 ὁ δὲ Παῦλος ἔτι προσμείνας ἡμέρας ἱκανὰς τοῖς ἀδελφοῖς ἀποταξάμενος ἐξέπλει **εἰς τὴν Συρίαν,** καὶ σὺν αὐτῷ Πρίσκιλλα καὶ Ἀκύλας, ...

Acts 20,3 ... γενομένης ἐπιβουλῆς αὐτῷ ὑπὸ τῶν Ἰουδαίων μέλλοντι ἀνάγεσθαι **εἰς τὴν Συρίαν,** ἐγένετο γνώμης τοῦ ὑποστρέφειν διὰ Μακεδονίας.

Acts 21,3 ἀναφάναντες δὲ τὴν Κύπρον καὶ καταλιπόντες αὐτὴν εὐώνυμον ἐπλέομεν **εἰς Συρίαν** καὶ κατήλθομεν εἰς Τύρον· ...

Σύρος	Syn	Mt	Mk	Lk	Acts	Jn	1-3John	Paul	Eph	Col
	1			1						
	NT	2Thess	1/2Tim	Tit	Heb	Jas	1Pet	2Pet	Jude	Rev
	1									

Syrian

002					Lk 4,27	καὶ πολλοὶ λεπροὶ ἦσαν ἐν τῷ Ἰσραὴλ ἐπὶ Ἐλισαίου τοῦ προφήτου, καὶ οὐδεὶς αὐτῶν ἐκαθαρίσθη εἰ μὴ **Ναιμὰν ὁ Σύρος.**

Συροφοινίκισσα	Syn 1	Mt	Mk 1	Lk	Acts	Jn	1-3John	Paul	Eph	Col
	NT 1	2Thess	1/2Tim	Tit	Heb	Jas	1Pet	2Pet	Jude	Rev

Syrophoenician

	Mt		Mk		Lk		
120	**Mt 15,22** → Mk 7,24	καὶ ἰδοὺ γυνὴ **Χαναναία** ἀπὸ τῶν ὁρίων ἐκείνων ... [25] ... λέγουσα· κύριε, βοήθει μοι.	**Mk 7,26**	ἡ δὲ γυνὴ ἦν Ἑλληνίς, **Συροφοινίκισσα** τῷ γένει· καὶ ἠρώτα αὐτὸν ἵνα τὸ δαιμόνιον ἐκβάλῃ ἐκ τῆς θυγατρὸς αὐτῆς.			

συσπαράσσω	Syn 2	Mt	Mk 1	Lk 1	Acts	Jn	1-3John	Paul	Eph	Col
	NT 2	2Thess	1/2Tim	Tit	Heb	Jas	1Pet	2Pet	Jude	Rev

tear (to pieces); pull about; convulse

	Mt		Mk		Lk		
022			**Mk 9,20**	καὶ ἤνεγκαν αὐτὸν πρὸς αὐτόν. καὶ ἰδὼν αὐτὸν τὸ πνεῦμα εὐθὺς **συνεσπάραξεν** αὐτόν, καὶ πεσὼν ἐπὶ τῆς γῆς ἐκυλίετο ἀφρίζων.	**Lk 9,42**	ἔτι δὲ προσερχομένου αὐτοῦ ἔρρηξεν αὐτὸν τὸ δαιμόνιον καὶ **συνεσπάραξεν**· ...	

σύσσημον	Syn 1	Mt	Mk 1	Lk	Acts	Jn	1-3John	Paul	Eph	Col
	NT 1	2Thess	1/2Tim	Tit	Heb	Jas	1Pet	2Pet	Jude	Rev

signal

	Mt		Mk		Lk		
120	**Mt 26,48**	ὁ δὲ παραδιδοὺς αὐτὸν ἔδωκεν αὐτοῖς **σημεῖον** λέγων· ὃν ἂν φιλήσω αὐτός ἐστιν, κρατήσατε αὐτόν.	**Mk 14,44**	δεδώκει δὲ ὁ παραδιδοὺς αὐτὸν **σύσσημον** αὐτοῖς λέγων· ὃν ἂν φιλήσω αὐτός ἐστιν, κρατήσατε αὐτὸν καὶ ἀπάγετε ἀσφαλῶς.			

συσταυρόω	Syn 2	Mt 1	Mk 1	Lk	Acts	Jn 1	1-3John	Paul 2	Eph	Col
	NT 5	2Thess	1/2Tim	Tit	Heb	Jas	1Pet	2Pet	Jude	Rev

crucify together with

	Mt		Mk		Lk		
221	**Mt 27,44**	τὸ δ' αὐτὸ καὶ **οἱ λῃσταὶ οἱ συσταυρωθέντες σὺν αὐτῷ** ὠνείδιζον αὐτόν.	**Mk 15,32**	... **καὶ οἱ συνεσταυρωμένοι σὺν αὐτῷ** ὠνείδιζον αὐτόν.	**Lk 23,39** → Lk 23,35 → Lk 23,36	**εἷς δὲ τῶν κρεμασθέντων κακούργων** ἐβλασφήμει αὐτὸν ...	

συστρέφω

	Syn 1	Mt 1	Mk	Lk	Acts 1	Jn	1-3John	Paul	Eph	Col
	NT 2	2Thess	1/2Tim	Tit	Heb	Jas	1Pet	2Pet	Jude	Rev

gather up; bring together; *passive:* be gathered; gather; come together

210	**Mt 17,22**	**συστρεφομένων** δὲ αὐτῶν ἐν τῇ Γαλιλαίᾳ ...	**Mk 9,30**	κἀκεῖθεν ἐξελθόντες **παρεπορεύοντο** διὰ τῆς Γαλιλαίας, καὶ οὐκ ἤθελεν ἵνα τις γνοῖ·	

Acts 28,3 **συστρέψαντος** δὲ τοῦ Παύλου φρυγάνων τι πλῆθος καὶ ἐπιθέντος ἐπὶ τὴν πυράν ἔχιδνα ἀπὸ τῆς θέρμης ἐξελθοῦσα καθῆψεν τῆς χειρὸς αὐτοῦ.

σφόδρα

	Syn 9	Mt 7	Mk 1	Lk 1	Acts 1	Jn	1-3John	Paul	Eph	Col
	NT 11	2Thess	1/2Tim	Tit	Heb	Jas	1Pet	2Pet	Jude	Rev 1

very (much); extremely; greatly

	triple tradition																	double tradition			Sondergut		
		+Mt / +Lk			–Mt / –Lk			traditions not taken over by Mt / Lk							subtotals								
code	*222*	*211*	*112*	*212*	*221*	*122*	*121*	*022*	*012*	*021*	*220*	*120*	*210*	*020*	Σ⁺	Σ⁻	Σ	*202*	*201*	*102*	*200*	*002*	total
Mt		4⁺													4⁺		4				3		**7**
Mk										1							1						**1**
Lk			1⁺							1⁻					1⁺	1⁻	1						**1**

200	**Mt 2,10**	ἰδόντες δὲ τὸν ἀστέρα ἐχάρησαν χαρὰν μεγάλην **σφόδρα.**				
200	**Mt 17,6** → Mk 9,6	καὶ ἀκούσαντες οἱ μαθηταὶ ἔπεσαν ἐπὶ πρόσωπον αὐτῶν καὶ ἐφοβήθησαν **σφόδρα.**				
211	**Mt 17,23**	καὶ ἀποκτενοῦσιν αὐτόν, καὶ τῇ τρίτῃ ἡμέρᾳ ἐγερθήσεται. καὶ ἐλυπήθησαν **σφόδρα.**	**Mk 9,32** → Lk 18,34	[31] ... καὶ ἀποκτενοῦσιν αὐτόν, καὶ ἀποκτανθεὶς μετὰ τρεῖς ἡμέρας ἀναστήσεται. [32] οἱ δὲ ἠγνόουν τὸ ῥῆμα, καὶ ἐφοβοῦντο αὐτὸν ἐπερωτῆσαι.	**Lk 9,45** → Lk 18,34	οἱ δὲ ἠγνόουν τὸ ῥῆμα τοῦτο καὶ ἦν παρακεκαλυμμένον ἀπ' αὐτῶν ἵνα μὴ αἴσθωνται αὐτό, καὶ ἐφοβοῦντο ἐρωτῆσαι αὐτὸν περὶ τοῦ ῥήματος τούτου.
200	**Mt 18,31**	ἰδόντες οὖν οἱ σύνδουλοι αὐτοῦ τὰ γενόμενα ἐλυπήθησαν **σφόδρα** καὶ ἐλθόντες διεσάφησαν τῷ κυρίῳ ἑαυτῶν πάντα τὰ γενόμενα.				

	Mt		Mk		Lk		
112	Mt 19,22	ἀκούσας δὲ ὁ νεανίσκος τὸν λόγον ἀπῆλθεν λυπούμενος· ἦν γὰρ **ἔχων κτήματα πολλά.**	Mk 10,22	ὁ δὲ στυγνάσας ἐπὶ τῷ λόγῳ ἀπῆλθεν λυπούμενος· ἦν γὰρ **ἔχων κτήματα πολλά.**	Lk 18,23	ὁ δὲ ἀκούσας ταῦτα περίλυπος ἐγενήθη· ἦν γὰρ **πλούσιος σφόδρα.**	
211	Mt 19,25	ἀκούσαντες δὲ οἱ μαθηταὶ ἐξεπλήσσοντο **σφόδρα** λέγοντες· τίς ἄρα δύναται σωθῆναι;	Mk 10,26	οἱ δὲ **περισσῶς** ἐξεπλήσσοντο λέγοντες πρὸς ἑαυτούς· καὶ τίς δύναται σωθῆναι;	Lk 18,26	εἶπαν δὲ οἱ ἀκούσαντες· καὶ τίς δύναται σωθῆναι;	
211	Mt 26,22 → Mt 26,25	καὶ λυπούμενοι **σφόδρα** ἤρξαντο λέγειν αὐτῷ εἷς ἕκαστος· μήτι ἐγώ εἰμι, κύριε;	Mk 14,19	ἤρξαντο λυπεῖσθαι καὶ λέγειν αὐτῷ εἷς κατὰ εἷς· μήτι ἐγώ;	Lk 22,23	καὶ αὐτοὶ ἤρξαντο συζητεῖν πρὸς ἑαυτοὺς τὸ τίς ἄρα εἴη ἐξ αὐτῶν ὁ τοῦτο μέλλων πράσσειν.	→ Jn 13,22.25
211	Mt 27,54	ὁ δὲ ἑκατόνταρχος καὶ οἱ μετ' αὐτοῦ τηροῦντες τὸν Ἰησοῦν ἰδόντες τὸν σεισμὸν καὶ τὰ γενόμενα ἐφοβήθησαν **σφόδρα,** λέγοντες· ἀληθῶς θεοῦ υἱὸς ἦν οὗτος.	Mk 15,39	ἰδὼν δὲ ὁ κεντυρίων ὁ παρεστηκὼς ἐξ ἐναντίας αὐτοῦ ὅτι οὕτως ἐξέπνευσεν εἶπεν· ἀληθῶς οὗτος ὁ ἄνθρωπος υἱὸς θεοῦ ἦν.	Lk 23,47	ἰδὼν δὲ ὁ ἑκατοντάρχης τὸ γενόμενον ἐδόξαζεν τὸν θεὸν λέγων· ὄντως ὁ ἄνθρωπος οὗτος δίκαιος ἦν.	
021	Mt 28,2	... ἄγγελος γὰρ κυρίου καταβὰς ἐξ οὐρανοῦ καὶ προσελθὼν ἀπεκύλισεν τὸν λίθον καὶ ἐκάθητο ἐπάνω αὐτοῦ.	Mk 16,4	καὶ ἀναβλέψασαι θεωροῦσιν ὅτι ἀποκεκύλισται ὁ λίθος· ἦν γὰρ μέγας **σφόδρα.**	Lk 24,2	 εὗρον δὲ τὸν λίθον ἀποκεκυλισμένον ἀπὸ τοῦ μνημείου	→ Jn 20,1

Acts 6,7 καὶ ὁ λόγος τοῦ θεοῦ
ηὔξανεν καὶ ἐπληθύνετο
ὁ ἀριθμὸς τῶν μαθητῶν
ἐν Ἰερουσαλὴμ
σφόδρα,
πολύς τε ὄχλος τῶν
ἱερέων ὑπήκουον τῇ
πίστει.

σφραγίζω	Syn 1	Mt 1	Mk	Lk	Acts	Jn 2	1-3John	Paul 2	Eph 2	Col
	NT 15	2Thess	1/2Tim	Tit	Heb	Jas	1Pet	2Pet	Jude	Rev 8

(provide with a) seal

	Mt		
200	Mt 27,66	οἱ δὲ πορευθέντες ἠσφαλίσαντο τὸν τάφον **σφραγίσαντες** τὸν λίθον μετὰ τῆς κουστωδίας.	

σχίζω	Syn 7	Mt 2	Mk 2	Lk 3	Acts 2	Jn 2	1-3John	Paul	Eph	Col
	NT 11	2Thess	1/2Tim	Tit	Heb	Jas	1Pet	2Pet	Jude	Rev

split; divide; separate; tear apart; tear off; *passive:* be divided; be torn; be split; become divided, disunited

	triple tradition																		double tradition			Sondergut		
		+Mt / +Lk			–Mt / –Lk			traditions not taken over by Mt / Lk							subtotals								
code	*222*	*211*	*112*	*212*	*221*	*122*	*121*	*022*	*012*	*021*	*220*	*120*	*210*	*020*	Σ^+	Σ^-	Σ	*202*	*201*	*102*	*200*	*002*	total
Mt	1						1^-									1^-	1				1		**2**
Mk	1						1										2						**2**
Lk	1		2^+				1^-								2^+	1^-	3						**3**

Mk-Q overlap: 121: Mt 3,16 / Mk 1,10 / Lk 3,21 (?)

	Mt 3,16		**Mk 1,10**		**Lk 3,21**	ἐγένετο δὲ ἐν τῷ	Mk-Q overlap?
						βαπτισθῆναι ἅπαντα	
		βαπτισθεὶς δὲ ὁ Ἰησοῦς				τὸν λαὸν καὶ Ἰησοῦ	
		εὐθὺς ἀνέβη		καὶ εὐθὺς ἀναβαίνων		βαπτισθέντος καὶ	
		ἀπὸ τοῦ ὕδατος· καὶ ἰδοὺ		ἐκ τοῦ ὕδατος εἶδεν		προσευχομένου	
121		**ἠνεῴχθησαν**		**σχιζομένους**		**ἀνεῳχθῆναι**	
		[αὐτῷ] οἱ οὐρανοί, ...		τοὺς οὐρανοὺς ...		τὸν οὐρανὸν	
	Mt 9,16	οὐδεὶς δὲ ἐπιβάλλει	**Mk 2,21**	οὐδεὶς	**Lk 5,36 (2)**	... οὐδεὶς	→ GTh 47,5
		ἐπίβλημα ῥάκους		ἐπίβλημα ῥάκους		ἐπίβλημα	
		ἀγνάφου		ἀγνάφου		ἀπὸ ἱματίου καινοῦ	
112						**σχίσας**	
		ἐπὶ ἱματίῳ		ἐπιράπτει ἐπὶ ἱμάτιον		ἐπιβάλλει ἐπὶ ἱμάτιον	
		παλαιῷ·		παλαιόν·		παλαιόν·	
				εἰ δὲ μή,		εἰ δὲ μή γε,	
						καὶ τὸ καινὸν	
112						**σχίσει**	
		αἴρει γὰρ τὸ πλήρωμα		αἴρει τὸ πλήρωμα		καὶ τῷ παλαιῷ οὐ	
		αὐτοῦ		ἀπ' αὐτοῦ τὸ καινὸν		συμφωνήσει τὸ ἐπίβλημα	
		ἀπὸ τοῦ ἱματίου καὶ		τοῦ παλαιοῦ, καὶ		τὸ ἀπὸ τοῦ καινοῦ.	
		χεῖρον σχίσμα γίνεται.		χεῖρον σχίσμα γίνεται.			
	Mt 27,51 (2)	καὶ ἰδοὺ τὸ καταπέτασμα	**Mk 15,38**	καὶ τὸ καταπέτασμα	**Lk 23,45**		
		τοῦ ναοῦ		τοῦ ναοῦ			
222		**ἐσχίσθη**		**ἐσχίσθη**		... **ἐσχίσθη**	
		ἀπ' ἄνωθεν		εἰς δύο ἀπ' ἄνωθεν		δὲ τὸ καταπέτασμα	
		ἕως κάτω εἰς δύο		ἕως κάτω.		τοῦ ναοῦ μέσον.	
		καὶ ἡ γῆ ἐσείσθη					
		καὶ αἱ πέτραι					
200		**ἐσχίσθησαν**					

Acts 14,4 **ἐσχίσθη**
δὲ τὸ πλῆθος τῆς πόλεως,
καὶ οἱ μὲν ἦσαν σὺν τοῖς
Ἰουδαίοις, οἱ δὲ σὺν τοῖς
ἀποστόλοις.

Acts 23,7 τοῦτο δὲ αὐτοῦ εἰπόντος
ἐγένετο στάσις τῶν
Φαρισαίων καὶ
Σαδδουκαίων καὶ
ἐσχίσθη
τὸ πλῆθος.

σχίσμα	Syn 2	Mt 1	Mk 1	Lk	Acts	Jn 3	1-3John	Paul 3	Eph	Col
	NT 8	2Thess	1/2Tim	Tit	Heb	Jas	1Pet	2Pet	Jude	Rev

split; division

	Mt	Mk	Lk	
221	**Mt 9,16** οὐδεὶς δὲ ἐπιβάλλει ἐπίβλημα ῥάκους ἀγνάφου ἐπὶ ἱματίῳ παλαιῷ· αἴρει γὰρ τὸ πλήρωμα αὐτοῦ ἀπὸ τοῦ ἱματίου καὶ χεῖρον **σχίσμα** γίνεται.	**Mk 2,21** οὐδεὶς ἐπίβλημα ῥάκους ἀγνάφου ἐπιράπτει ἐπὶ ἱμάτιον παλαιόν· εἰ δὲ μή, αἴρει τὸ πλήρωμα ἀπ' αὐτοῦ τὸ καινὸν τοῦ παλαιοῦ, καὶ χεῖρον **σχίσμα** γίνεται.	**Lk 5,36** ... οὐδεὶς ἐπίβλημα ἀπὸ ἱματίου καινοῦ σχίσας ἐπιβάλλει ἐπὶ ἱμάτιον παλαιόν· εἰ δὲ μή γε, καὶ τὸ καινὸν σχίσει καὶ τῷ παλαιῷ οὐ συμφωνήσει τὸ ἐπίβλημα τὸ ἀπὸ τοῦ καινοῦ.	→ GTh 47,5

σχολάζω	Syn 1	Mt 1	Mk	Lk	Acts	Jn	1-3John	Paul 1	Eph	Col
	NT 2	2Thess	1/2Tim	Tit	Heb	Jas	1Pet	2Pet	Jude	Rev

have time; have leisure; busy oneself with; devote oneself to; give one's time to; be unoccupied; stand empty

	Mt	Mk	Lk	
201	**Mt 12,44** → Mk 9,25 τότε λέγει· εἰς τὸν οἶκόν μου ἐπιστρέψω ὅθεν ἐξῆλθον· καὶ ἐλθὸν εὑρίσκει **σχολάζοντα** σεσαρωμένον καὶ κεκοσμημένον.		**Lk 11,25** → Mk 9,25 [24] ... [τότε] λέγει· ὑποστρέψω εἰς τὸν οἶκόν μου ὅθεν ἐξῆλθον· [25] καὶ ἐλθὸν εὑρίσκει σεσαρωμένον καὶ κεκοσμημένον.	

σῴζω	Syn 46	Mt 15	Mk 14	Lk 17	Acts 13	Jn 6	1-3John	Paul 19	Eph 2	Col
	NT 105	2Thess 1	1/2Tim 6	Tit 1	Heb 2	Jas 5	1Pet 2	2Pet	Jude 2	Rev

save; keep from harm; preserve; rescue; bring out safely; save, free from disease; save, preserve from eternal death; *passive:* be saved; attain salvation

	triple tradition																	double tradition			Sondergut		
		+Mt / +Lk			–Mt / –Lk			traditions not taken over by Mt / Lk							subtotals								
code	*222*	*211*	*112*	*212*	*221*	*122*	*121*	*022*	*012*	*021*	*220*	*120*	*210*	*020*	Σ^{+}	Σ^{-}	Σ	*202*	*201*	*102*	*200*	*002*	total
Mt	5	2^{+}			1	3^{-}	1^{-}				3	1^{-}	1^{+}		3^{+}	5^{-}	12				3		**15**
Mk	5				1	3	1				3	1					14						**14**
Lk	5		3^{+}		1^{-}	3	1^{-}		1^{+}						4^{+}	2^{-}	12					5	**17**

a σῴζω (τὴν) ψυχήν
b σῴζω and ἀπόλλυμι
c οἱ σῳζόμενοι
d σῴζω ἔν τινι
e σῴζω and πίστις, σῴζω and πιστεύω
f σῴζω in the context of healings

	Mt	
200	**Mt 1,21** → Lk 1,31 τέξεται δὲ υἱόν, καὶ καλέσεις τὸ ὄνομα αὐτοῦ Ἰησοῦν· αὐτὸς γὰρ **σώσει** τὸν λαὸν αὐτοῦ ἀπὸ τῶν ἁμαρτιῶν αὐτῶν.	

	Mt		Mk		Lk		
af *b* 122	Mt 12,12	... ὥστε ἔξεστιν τοῖς σάββασιν καλῶς ποιεῖν.	Mk 3,4	... ἔξεστιν τοῖς σάββασιν ἀγαθὸν ποιῆσαι ἢ κακοποιῆσαι, ψυχὴν **σῶσαι** ἢ ἀποκτεῖναι; ...	Lk 6,9 → Lk 13,14 → Lk 14,3	... ἐπερωτῶ ὑμᾶς εἰ ἔξεστιν τῷ σαββάτῳ ἀγαθοποιῆσαι ἢ κακοποιῆσαι, ψυχὴν **σῶσαι** ἢ ἀπολέσαι;	
ef 002					Lk 7,50	εἶπεν δὲ πρὸς τὴν γυναῖκα· ἡ πίστις σου **σέσωκέν** σε· πορεύου εἰς εἰρήνην.	
e 112	Mt 13,19	παντὸς ἀκούοντος τὸν λόγον τῆς βασιλείας καὶ μὴ συνιέντος, ἔρχεται ὁ πονηρὸς καὶ ἁρπάζει τὸ ἐσπαρμένον ἐν τῇ καρδίᾳ αὐτοῦ, ...	Mk 4,15	... ὅταν ἀκούσωσιν, εὐθὺς ἔρχεται ὁ σατανᾶς καὶ αἴρει τὸν λόγον τὸν ἐσπαρμένον εἰς αὐτούς.	Lk 8,12	... οἱ ἀκούσαντες, εἶτα ἔρχεται ὁ διάβολος καὶ αἴρει τὸν λόγον ἀπὸ τῆς καρδίας αὐτῶν, ἵνα **μὴ πιστεύσαντες** **σωθῶσιν.**	
f 112	Mt 8,33	... καὶ τὰ τῶν δαιμονιζομένων.	Mk 5,16	καὶ διηγήσαντο αὐτοῖς οἱ ἰδόντες πῶς **ἐγένετο** τῷ δαιμονιζομένῳ καὶ περὶ τῶν χοίρων.	Lk 8,36	ἀπήγγειλαν δὲ αὐτοῖς οἱ ἰδόντες πῶς **ἐσώθη** ὁ δαιμονισθείς.	
b 211	Mt 8,25	καὶ προσελθόντες ἤγειραν αὐτὸν λέγοντες· κύριε, **σῶσον,** ἀπολλύμεθα.	Mk 4,38	... καὶ ἐγείρουσιν αὐτὸν καὶ λέγουσιν αὐτῷ· διδάσκαλε, οὐ μέλει σοι ὅτι ἀπολλύμεθα;	Lk 8,24	προσελθόντες δὲ διήγειραν αὐτὸν λέγοντες· ἐπιστάτα ἐπιστάτα, ἀπολλύμεθα. ...	
f 121	Mt 9,18	... λέγων ὅτι ἡ θυγάτηρ μου ἄρτι ἐτελεύτησεν· ἀλλὰ ἐλθὼν ἐπίθες τὴν χεῖρά σου ἐπ᾽ αὐτήν, καὶ ζήσεται.	Mk 5,23	καὶ παρακαλεῖ αὐτὸν πολλὰ λέγων ὅτι τὸ θυγάτριόν μου ἐσχάτως ἔχει, ἵνα ἐλθὼν ἐπιθῇς τὰς χεῖρας αὐτῇ ἵνα **σωθῇ** καὶ ζήσῃ.	Lk 8,42 → Mk 5,42	[41] ... παρεκάλει αὐτὸν εἰσελθεῖν εἰς τὸν οἶκον αὐτοῦ, [42] ὅτι θυγάτηρ μονογενὴς ἦν αὐτῷ ὡς ἐτῶν δώδεκα καὶ αὐτὴ ἀπέθνῃσκεν. ...	
f 220	Mt 9,21 → Lk 8,47	ἔλεγεν γὰρ ἐν ἑαυτῇ· ἐὰν μόνον ἅψωμαι τοῦ ἱματίου αὐτοῦ **σωθήσομαι.**	Mk 5,28 → Lk 8,47	ἔλεγεν γὰρ ὅτι ἐὰν ἅψωμαι κἂν τῶν ἱματίων αὐτοῦ **σωθήσομαι.**			
ef 222	Mt 9,22 (2)	... θάρσει, θύγατερ· ἡ πίστις σου **σέσωκέν** σε.	Mk 5,34	... θυγάτηρ, ἡ πίστις σου **σέσωκέν** σε· ὕπαγε εἰς εἰρήνην καὶ ἴσθι ὑγιὴς ἀπὸ τῆς μάστιγός σου.	Lk 8,48	... θυγάτηρ, ἡ πίστις σου **σέσωκέν** σε· πορεύου εἰς εἰρήνην.	
f 211	↓ Mk 5,34	καὶ **ἐσώθη** ἡ γυνὴ ἀπὸ τῆς ὥρας ἐκείνης.	Mk 5,29 → Lk 8,47	καὶ εὐθὺς ἐξηράνθη ἡ πηγὴ τοῦ αἵματος αὐτῆς καὶ ἔγνω τῷ σώματι ὅτι **ἴαται** ἀπὸ τῆς μάστιγος.	Lk 8,44	... καὶ παραχρῆμα ἔστη ἡ ῥύσις τοῦ αἵματος αὐτῆς.	
ef 012			Mk 5,36	ὁ δὲ Ἰησοῦς παρακούσας τὸν λόγον λαλούμενον λέγει τῷ ἀρχισυναγώγῳ· μὴ φοβοῦ, μόνον πίστευε.	Lk 8,50	ὁ δὲ Ἰησοῦς ἀκούσας ἀπεκρίθη αὐτῷ· μὴ φοβοῦ, μόνον πίστευσον, καὶ **σωθήσεται.**	

	Mt		Mk		Lk		
221	**Mt 10,22** ⇩ Mt 24,13	... ὁ δὲ ὑπομείνας εἰς τέλος οὗτος **σωθήσεται.**	**Mk 13,13**	... ὁ δὲ ὑπομείνας εἰς τέλος οὗτος **σωθήσεται.**	**Lk 21,19**	ἐν τῇ ὑπομονῇ ὑμῶν **κτήσασθε τὰς ψυχὰς ὑμῶν.**	
200	**Mt 14,30**	βλέπων δὲ τὸν ἄνεμον [ἰσχυρὸν] ἐφοβήθη, καὶ ἀρξάμενος καταποντίζεσθαι ἔκραξεν λέγων· κύριε, **σῶσόν** με.					
f 120	**Mt 14,36** → Mt 9,20	καὶ παρεκάλουν αὐτὸν ἵνα μόνον ἅψωνται τοῦ κρασπέδου τοῦ ἱματίου αὐτοῦ· καὶ ὅσοι ἥψαντο **διεσώθησαν.**	**Mk 6,56** → Mk 5,27	... καὶ παρεκάλουν αὐτὸν ἵνα κἂν τοῦ κρασπέδου τοῦ ἱματίου αὐτοῦ ἅψωνται· καὶ ὅσοι ἂν ἥψαντο αὐτοῦ **ἐσῴζοντο.**	→ Lk 8,44		
a b 222 a b 122	**Mt 16,25** ⇩ Mt 10,39	ὃς γὰρ ἐὰν θέλῃ τὴν ψυχὴν αὐτοῦ **σῶσαι** ἀπολέσει αὐτήν· ὃς δ᾽ ἂν ἀπολέσῃ τὴν ψυχὴν αὐτοῦ ἕνεκεν ἐμοῦ **εὑρήσει** αὐτήν.	**Mk 8,35** (2)	ὃς γὰρ ἐὰν θέλῃ τὴν ψυχὴν αὐτοῦ **σῶσαι** ἀπολέσει αὐτήν· ὃς δ᾽ ἂν ἀπολέσει τὴν ψυχὴν αὐτοῦ ἕνεκεν ἐμοῦ καὶ τοῦ εὐαγγελίου **σώσει** αὐτήν.	**Lk 9,24** (2) ⇩ Lk 17,33	ὃς γὰρ ἂν θέλῃ τὴν ψυχὴν αὐτοῦ **σῶσαι** ἀπολέσει αὐτήν· ὃς δ᾽ ἂν ἀπολέσῃ τὴν ψυχὴν αὐτοῦ ἕνεκεν ἐμοῦ, οὗτος **σώσει** αὐτήν.	→ Jn 12,25 → GTh 55 Mk-Q overlap
	Mt 10,39 ⇧ Mt 16,25	**ὁ εὑρὼν** τὴν ψυχὴν αὐτοῦ ἀπολέσει αὐτήν, καὶ ὁ ἀπολέσας τὴν ψυχὴν αὐτοῦ ἕνεκεν ἐμοῦ **εὑρήσει** αὐτήν.			**Lk 17,33** ⇧ Lk 9,24	ὃς ἐὰν ζητήσῃ τὴν ψυχὴν αὐτοῦ **περιποιήσασθαι** ἀπολέσει αὐτήν, ὃς δ᾽ ἂν ἀπολέσῃ **ζῳογονήσει** αὐτήν.	
c 002					**Lk 13,23** → Mt 7,14	εἶπεν δέ τις αὐτῷ· κύριε, εἰ ὀλίγοι οἱ **σῳζόμενοι;** ...	
e 002					**Lk 17,19**	... ἀναστὰς πορεύου· ἡ πίστις σου **σέσωκέν** σε.	
222	**Mt 19,25**	ἀκούσαντες δὲ οἱ μαθηταὶ ἐξεπλήσσοντο σφόδρα λέγοντες· τίς ἄρα δύναται **σωθῆναι;**	**Mk 10,26**	οἱ δὲ περισσῶς ἐξεπλήσσοντο λέγοντες πρὸς ἑαυτούς· καὶ τίς δύναται **σωθῆναι;**	**Lk 18,26**	εἶπαν δὲ οἱ ἀκούσαντες· καὶ τίς δύναται **σωθῆναι;**	
e f 122	**Mt 20,34** ⇩ Mt 9,29 → Mk 8,23 → Mk 8,25	σπλαγχνισθεὶς δὲ ὁ Ἰησοῦς ἥψατο τῶν ὀμμάτων αὐτῶν, καὶ εὐθέως ἀνέβλεψαν καὶ ἠκολούθησαν αὐτῷ.	**Mk 10,52**	καὶ ὁ Ἰησοῦς εἶπεν αὐτῷ· ὕπαγε, ἡ πίστις σου **σέσωκέν** σε. καὶ εὐθὺς ἀνέβλεψεν, καὶ ἠκολούθει αὐτῷ ἐν τῇ ὁδῷ.	**Lk 18,42**	καὶ ὁ Ἰησοῦς εἶπεν αὐτῷ· ἀνάβλεψον· ἡ πίστις σου **σέσωκέν** σε. [43] καὶ παραχρῆμα ἀνέβλεψεν καὶ ἠκολούθει αὐτῷ δοξάζων τὸν θεόν. ...	
	Mt 9,29 ⇧ Mt 20,34	τότε ἥψατο τῶν ὀφθαλμῶν αὐτῶν λέγων· κατὰ τὴν πίστιν ὑμῶν **γενηθήτω** ὑμῖν.					

	Mt		Mk		Lk	
b 002					Lk 19,10	ἦλθεν γὰρ ὁ υἱὸς τοῦ ἀνθρώπου ζητῆσαι καὶ **σῶσαι** τὸ ἀπολωλός.
221	Mt 10,22 ⇩ Mt 24,13	... ὁ δὲ ὑπομείνας εἰς τέλος οὗτος **σωθήσεται.**	Mk 13,13	... ὁ δὲ ὑπομείνας εἰς τέλος οὗτος **σωθήσεται.**	Lk 21,19	ἐν τῇ ὑπομονῇ ὑμῶν **κτήσασθε τὰς ψυχὰς ὑμῶν.**
200	Mt 24,13 ⇧ Mt 10,22	ὁ δὲ ὑπομείνας εἰς τέλος οὗτος **σωθήσεται.**				
220	Mt 24,22	καὶ εἰ μὴ ἐκολοβώθησαν αἱ ἡμέραι ἐκεῖναι, **οὐκ ἂν ἐσώθη** πᾶσα σάρξ· ...	Mk 13,20	καὶ εἰ μὴ ἐκολόβωσεν κύριος τὰς ἡμέρας, **οὐκ ἂν ἐσώθη** πᾶσα σάρξ· ...		
220	Mt 27,40 → Mt 4,3.6 ↓ Mt 27,42	... ὁ καταλύων τὸν ναὸν καὶ ἐν τρισὶν ἡμέραις οἰκοδομῶν, **σῶσον** σεαυτόν, εἰ υἱὸς εἶ τοῦ θεοῦ, [καὶ] κατάβηθι ἀπὸ τοῦ σταυροῦ.	Mk 15,30 ↓ Mk 15,31	[29] ... οὐὰ ὁ καταλύων τὸν ναὸν καὶ οἰκοδομῶν ἐν τρισὶν ἡμέραις, [30] **σῶσον** σεαυτὸν καταβὰς ἀπὸ τοῦ σταυροῦ.	Lk 23,37 ↓ Lk 23,35 ↓ Lk 23,39	... εἰ σὺ εἶ ὁ βασιλεὺς τῶν Ἰουδαίων, **σῶσον** σεαυτόν.
222	Mt 27,42 (2)	[41] ὁμοίως καὶ οἱ ἀρχιερεῖς ἐμπαίζοντες μετὰ τῶν γραμματέων καὶ πρεσβυτέρων ἔλεγον· [42] ἄλλους **ἔσωσεν,**	Mk 15,31 (2)	ὁμοίως καὶ οἱ ἀρχιερεῖς ἐμπαίζοντες πρὸς ἀλλήλους μετὰ τῶν γραμματέων ἔλεγον· ἄλλους **ἔσωσεν,**	Lk 23,35 (2)	... ἐξεμυκτήριζον δὲ καὶ οἱ ἄρχοντες λέγοντες· ἄλλους **ἔσωσεν,**
222	↑ Mt 27,40 ↓ Lk 23,37	ἑαυτὸν οὐ δύναται **σῶσαι·** βασιλεὺς Ἰσραήλ ἐστιν, καταβάτω νῦν ἀπὸ τοῦ σταυροῦ καὶ πιστεύσομεν ἐπ' αὐτόν.	↑ Mk 15,30 ↓ Lk 23,37	ἑαυτὸν οὐ δύναται **σῶσαι·** [32] ὁ χριστὸς ὁ βασιλεὺς Ἰσραὴλ καταβάτω νῦν ἀπὸ τοῦ σταυροῦ, ἵνα ἴδωμεν καὶ πιστεύσωμεν.	↓ Lk 23,39	**σωσάτω** ἑαυτόν, εἰ οὗτός ἐστιν ὁ χριστὸς τοῦ θεοῦ ὁ ἐκλεκτός.
002	Mt 27,40 → Mt 4,3.6	... ὁ καταλύων τὸν ναὸν καὶ ἐν τρισὶν ἡμέραις οἰκοδομῶν, **σῶσον** σεαυτόν, εἰ υἱὸς εἶ τοῦ θεοῦ, [καὶ] κατάβηθι ἀπὸ τοῦ σταυροῦ.	Mk 15,30	[29] ... οὐὰ ὁ καταλύων τὸν ναὸν καὶ οἰκοδομῶν ἐν τρισὶν ἡμέραις, [30] **σῶσον** σεαυτὸν καταβὰς ἀπὸ τοῦ σταυροῦ.	Lk 23,37 ↑ Mt 27,42 ↑ Mk 15,31 ↑ Mk 15,32 ↑ Lk 23,35	... εἰ σὺ εἶ ὁ βασιλεὺς τῶν Ἰουδαίων, **σῶσον** σεαυτόν.
112	Mt 27,44	τὸ δ' αὐτὸ καὶ οἱ λῃσταὶ οἱ συσταυρωθέντες σὺν αὐτῷ ὠνείδιζον αὐτόν.	Mk 15,32	... καὶ οἱ συνεσταυρωμένοι σὺν αὐτῷ ὠνείδιζον αὐτόν.	Lk 23,39 ↑ Lk 23,35 → Lk 23,36 ↑ Lk 23,37	εἷς δὲ τῶν κρεμασθέντων κακούργων ἐβλασφήμει αὐτὸν λέγων· οὐχὶ σὺ εἶ ὁ χριστός; **σῶσον** σεαυτὸν καὶ ἡμᾶς.
210	Mt 27,49	... ἄφες ἴδωμεν εἰ ἔρχεται Ἠλίας **σώσων** αὐτόν.	Mk 15,36	... ἄφετε ἴδωμεν εἰ ἔρχεται Ἠλίας **καθελεῖν** αὐτόν.		

a σῴζω (τὴν) ψυχήν
b σῴζω and ἀπόλλυμι
c οἱ σῳζόμενοι
d σῴζω ἔν τινι
e σῴζω and πίστις, σῴζω and πιστεύω
f σῴζω in the context of healings

Acts 2,21 *καὶ ἔσται πᾶς ὃς ἂν ἐπικαλέσηται τὸ ὄνομα κυρίου* ***σωθήσεται.*** ➤ Joel 3,5 LXX	**Acts 2,40** ... παρεκάλει αὐτοὺς λέγων· **σώθητε** ἀπὸ τῆς γενεᾶς τῆς σκολιᾶς ταύτης.	*c* **Acts 2,47** ... ὁ δὲ κύριος προσετίθει **τοὺς σῳζομένους** καθ' ἡμέραν ἐπὶ τὸ αὐτό.

df	**Acts 4,9**	εἰ ἡμεῖς σήμερον ἀνακρινόμεθα ἐπὶ εὐεργεσίᾳ ἀνθρώπου ἀσθενοῦς ἐν τίνι οὗτος **σέσωται,** [10] γνωστὸν ἔστω πᾶσιν ὑμῖν καὶ παντὶ τῷ λαῷ Ἰσραὴλ ...
d	**Acts 4,12**	καὶ οὐκ ἔστιν ἐν ἄλλῳ οὐδενὶ ἡ σωτηρία, οὐδὲ γὰρ ὄνομά ἐστιν ἕτερον ὑπὸ τὸν οὐρανὸν τὸ δεδομένον ἐν ἀνθρώποις ἐν ᾧ δεῖ **σωθῆναι** ἡμᾶς.
d	**Acts 11,14**	ὃς λαλήσει ῥήματα πρὸς σὲ ἐν οἷς **σωθήσῃ** σὺ καὶ πᾶς ὁ οἶκός σου.
ef	**Acts 14,9**	οὗτος ἤκουσεν τοῦ Παύλου λαλοῦντος· ὃς ἀτενίσας αὐτῷ καὶ ἰδὼν ὅτι ἔχει πίστιν **τοῦ σωθῆναι**
	Acts 15,1	... ἐὰν μὴ περιτμηθῆτε τῷ ἔθει τῷ Μωϋσέως, οὐ δύνασθε **σωθῆναι.**
e	**Acts 15,11**	ἀλλὰ διὰ τῆς χάριτος τοῦ κυρίου Ἰησοῦ πιστεύομεν **σωθῆναι** καθ' ὃν τρόπον κἀκεῖνοι.
	Acts 16,30	καὶ προαγαγὼν αὐτοὺς ἔξω ἔφη· κύριοι, τί με δεῖ ποιεῖν ἵνα **σωθῶ;**
e	**Acts 16,31**	οἱ δὲ εἶπαν· πίστευσον ἐπὶ τὸν κύριον Ἰησοῦν καὶ **σωθήσῃ** σὺ καὶ ὁ οἶκός σου.
	Acts 27,20	... χειμῶνός τε οὐκ ὀλίγου ἐπικειμένου, λοιπὸν περιῃρεῖτο ἐλπὶς πᾶσα **τοῦ σῴζεσθαι ἡμᾶς.**
	Acts 27,31	... ἐὰν μὴ οὗτοι μείνωσιν ἐν τῷ πλοίῳ, ὑμεῖς **σωθῆναι** οὐ δύνασθε.

σῶμα

	Syn	Mt	Mk	Lk	Acts	Jn	1-3John	Paul	Eph	Col
σῶμα	31	14	4	13	1	6		74	9	8
	NT	2Thess	1/2Tim	Tit	Heb	Jas	1Pet	2Pet	Jude	Rev
	142				5	5	1		1	1

body; dead body; living body; σώματα slaves

	triple tradition																	double tradition			Sonder-gut		
		+Mt / +Lk			–Mt / –Lk			traditions not taken over by Mt / Lk							subtotals								
code	*222*	*211*	*112*	*212*	*221*	*122*	*121*	*022*	*012*	*021*	*220*	*120*	*210*	*020*	Σ^+	Σ^-	Σ	*202*	*201*	*102*	*200*	*002*	total
Mt	2	1^+					1^-				1				1^+	1^-	4	6	1		3		**14**
Mk	2						1				1						4						**4**
Lk	2		1^+				1^-		1^+						2^+	1^-	4	6		1		2	**13**

a ὅλον τὸ σῶμά

b σῶμα and ψυχή

a 200	**Mt 5,29** ⇨ Mt 18,9	εἰ δὲ ὁ ὀφθαλμός σου ὁ δεξιὸς σκανδαλίζει σε, ἔξελε αὐτὸν καὶ βάλε ἀπὸ σοῦ· συμφέρει γάρ σοι ἵνα ἀπόληται ἓν τῶν μελῶν σου καὶ μὴ **ὅλον τὸ σῶμά σου** βληθῇ εἰς γέενναν.	**Mk 9,47**	καὶ ἐὰν ὁ ὀφθαλμός σου σκανδαλίζῃ σε, ἔκβαλε αὐτόν· καλόν σέ ἐστιν μονόφθαλμον εἰσελθεῖν εἰς τὴν βασιλείαν τοῦ θεοῦ ἢ δύο ὀφθαλμοὺς ἔχοντα βληθῆναι εἰς τὴν γέενναν		
a 200	**Mt 5,30** ⇨ Mt 18,8	καὶ εἰ ἡ δεξιά σου χεὶρ σκανδαλίζει σε, ἔκκοψον αὐτὴν καὶ βάλε ἀπὸ σοῦ· συμφέρει γάρ σοι ἵνα ἀπόληται ἓν τῶν μελῶν σου καὶ μὴ **ὅλον τὸ σῶμά σου** εἰς γέενναν ἀπέλθῃ.	**Mk 9,43**	καὶ ἐὰν σκανδαλίζῃ σε ἡ χείρ σου, ἀπόκοψον αὐτήν· καλόν ἐστίν σε κυλλὸν εἰσελθεῖν εἰς τὴν ζωὴν ἢ τὰς δύο χεῖρας ἔχοντα ἀπελθεῖν εἰς τὴν γέενναν, εἰς τὸ πῦρ τὸ ἄσβεστον.		
121	**Mt 9,22** → Mk 5,34	... καὶ ἐσώθη ἡ γυνὴ ἀπὸ τῆς ὥρας ἐκείνης.	**Mk 5,29** → Lk 8,47	καὶ εὐθὺς ἐξηράνθη ἡ πηγὴ τοῦ αἵματος αὐτῆς καὶ ἔγνω **τῷ σώματι** ὅτι ἴαται ἀπὸ τῆς μάστιγος.	**Lk 8,44**	... καὶ παραχρῆμα ἔστη ἡ ῥύσις τοῦ αἵματος αὐτῆς.

	Mt		Mk		Lk		
202	Mt 6,22 (2)	ὁ λύχνος τοῦ σώματός ἐστιν ὁ ὀφθαλμός.			Lk 11,34 (3)	ὁ λύχνος τοῦ σώματός ἐστιν ὁ ὀφθαλμός σου.	→ GTh 24 (POxy 655 - restoration)
a		ἐὰν οὖν ᾖ ὁ ὀφθαλμός σου ἁπλοῦς,				ὅταν ὁ ὀφθαλμός σου ἁπλοῦς ᾖ, καὶ	
202		ὅλον τὸ σῶμά σου φωτεινὸν ἔσται·				ὅλον τὸ σῶμά σου φωτεινόν ἐστιν·	
a	Mt 6,23	ἐὰν δὲ ὁ ὀφθαλμός σου πονηρὸς ᾖ,				ἐπὰν δὲ πονηρὸς ᾖ, καὶ	
202		ὅλον τὸ σῶμά σου σκοτεινὸν ἔσται. ...				τὸ σῶμά σου σκοτεινόν.	
a 002					Lk 11,36 → Lk 11,35	εἰ οὖν τὸ σῶμά σου ὅλον φωτεινόν, μὴ ἔχον μέρος τι σκοτεινόν, ἔσται φωτεινὸν ὅλον ὡς ὅταν ὁ λύχνος τῇ ἀστραπῇ φωτίζῃ σε.	→ GTh 24 (POxy 655 - restoration)
b	Mt 6,25 (2)	διὰ τοῦτο λέγω ὑμῖν· μὴ μεριμνᾶτε τῇ ψυχῇ ὑμῶν τί φάγητε [ἢ τί πίητε],			Lk 12,22	... διὰ τοῦτο λέγω ὑμῖν· μὴ μεριμνᾶτε τῇ ψυχῇ τί φάγητε,	→ GTh 36 (POxy 655)
202		μηδὲ τῷ σώματι ὑμῶν τί ἐνδύσησθε.				μηδὲ τῷ σώματι τί ἐνδύσησθε.	
b		οὐχὶ ἡ ψυχὴ πλεῖόν ἐστιν τῆς τροφῆς καὶ			Lk 12,23	ἡ γὰρ ψυχὴ πλεῖόν ἐστιν τῆς τροφῆς καὶ	
202		τὸ σῶμα τοῦ ἐνδύματος;				τὸ σῶμα τοῦ ἐνδύματος.	
b	Mt 10,28 (2)	καὶ μὴ φοβεῖσθε ἀπὸ τῶν ἀποκτεννόντων			Lk 12,4	... μὴ φοβηθῆτε ἀπὸ τῶν ἀποκτεινόντων	
202		τὸ σῶμα, τὴν δὲ ψυχὴν μὴ δυναμένων ἀποκτεῖναι·				τὸ σῶμα καὶ μετὰ ταῦτα μὴ ἐχόντων περισσότερόν τι ποιῆσαι.	
b		φοβεῖσθε δὲ μᾶλλον τὸν δυνάμενον			Lk 12,5	ὑποδείξω δὲ ὑμῖν τίνα φοβηθῆτε· φοβήθητε τὸν μετὰ τὸ ἀποκτεῖναι ἔχοντα ἐξουσίαν	
201		καὶ ψυχὴν καὶ σῶμα ἀπολέσαι ἐν γεέννῃ.				ἐμβαλεῖν εἰς τὴν γέενναν· ναὶ λέγω ὑμῖν, τοῦτον φοβήθητε.	
b	Mt 6,25 (2)	διὰ τοῦτο λέγω ὑμῖν· μὴ μεριμνᾶτε τῇ ψυχῇ ὑμῶν τί φάγητε [ἢ τί πίητε],			Lk 12,22	... διὰ τοῦτο λέγω ὑμῖν· μὴ μεριμνᾶτε τῇ ψυχῇ τί φάγητε,	→ GTh 36 (POxy 655)
202		μηδὲ τῷ σώματι ὑμῶν τί ἐνδύσησθε.				μηδὲ τῷ σώματι τί ἐνδύσησθε.	
b		οὐχὶ ἡ ψυχὴ πλεῖόν ἐστιν τῆς τροφῆς καὶ			Lk 12,23	ἡ γὰρ ψυχὴ πλεῖόν ἐστιν τῆς τροφῆς καὶ	
202		τὸ σῶμα τοῦ ἐνδύματος;				τὸ σῶμα τοῦ ἐνδύματος.	
102	Mt 24,28	ὅπου ἐὰν ᾖ τὸ πτῶμα, ἐκεῖ συναχθήσονται οἱ ἀετοί.			Lk 17,37	... ὅπου τὸ σῶμα, ἐκεῖ καὶ οἱ ἀετοὶ ἐπισυναχθήσονται.	
220	Mt 26,12	βαλοῦσα γὰρ αὕτη τὸ μύρον τοῦτο ἐπὶ τοῦ σώματός μου πρὸς τὸ ἐνταφιάσαι με ἐποίησεν.	Mk 14,8	... προέλαβεν μυρίσαι τὸ σῶμά μου εἰς τὸν ἐνταφιασμόν.			→ Jn 12,7

	Mt		Mk		Lk		
222	**Mt 26,26** → Mt 14,19	... λαβὼν ὁ Ἰησοῦς ἄρτον καὶ εὐλογήσας ἔκλασεν καὶ δοὺς τοῖς μαθηταῖς εἶπεν· λάβετε φάγετε, τοῦτό ἐστιν **τὸ σῶμά μου.**	**Mk 14,22** → Mk 6,41	... λαβὼν ἄρτον εὐλογήσας ἔκλασεν καὶ ἔδωκεν αὐτοῖς καὶ εἶπεν· λάβετε, τοῦτό ἐστιν **τὸ σῶμά μου.**	**Lk 22,19** → Lk 9,16	καὶ λαβὼν ἄρτον εὐχαριστήσας ἔκλασεν καὶ ἔδωκεν αὐτοῖς λέγων· τοῦτό ἐστιν **τὸ σῶμά μου** ...	→ 1Cor 11,23 → **1Cor 11,24**
200	**Mt 27,52**	καὶ τὰ μνημεῖα ἀνεῴχθησαν καὶ **πολλὰ σώματα τῶν** **κεκοιμημένων ἁγίων** ἠγέρθησαν					
222	**Mt 27,58**	οὗτος προσελθὼν τῷ Πιλάτῳ ᾐτήσατο **τὸ σῶμα τοῦ Ἰησοῦ.** ...	**Mk 15,43**	... τολμήσας εἰσῆλθεν πρὸς τὸν Πιλᾶτον καὶ ᾐτήσατο **τὸ σῶμα τοῦ Ἰησοῦ.**	**Lk 23,52**	οὗτος προσελθὼν τῷ Πιλάτῳ ᾐτήσατο **τὸ σῶμα τοῦ Ἰησοῦ**	→ **Jn 19,38**
211	**Mt 27,59**	καὶ λαβὼν **τὸ σῶμα** ὁ Ἰωσὴφ ἐνετύλιξεν αὐτὸ [ἐν] σινδόνι καθαρᾷ [60] καὶ ἔθηκεν αὐτὸ ἐν τῷ καινῷ αὐτοῦ μνημείῳ ...	**Mk 15,46**	καὶ ἀγοράσας σινδόνα καθελὼν αὐτὸν ἐνείλησεν τῇ σινδόνι καὶ ἔθηκεν αὐτὸν ἐν μνημείῳ ...	**Lk 23,53**	καὶ καθελὼν ἐνετύλιξεν αὐτὸ σινδόνι καὶ ἔθηκεν αὐτὸν ἐν μνήματι ...	→ **Jn 19,40**
112	**Mt 27,61** → Mt 27,55-56 → Mt 28,1 → Lk 24,10	ἦν δὲ ἐκεῖ Μαριὰμ ἡ Μαγδαληνὴ καὶ ἡ ἄλλη Μαρία καθήμεναι ἀπέναντι τοῦ τάφου.	**Mk 15,47** → Mk 15,40-41 → Mk 16,1 → Lk 24,10	ἡ δὲ Μαρία ἡ Μαγδαληνὴ καὶ Μαρία ἡ Ἰωσῆτος ἐθεώρουν ποῦ τέθειται.	**Lk 23,55** → Lk 8,2-3 → Lk 23,49	κατακολουθήσασαι δὲ αἱ γυναῖκες, αἵτινες ἦσαν συνεληλυθυῖαι ἐκ τῆς Γαλιλαίας αὐτῷ, ἐθεάσαντο τὸ μνημεῖον καὶ ὡς ἐτέθη **τὸ σῶμα αὐτοῦ**	
012	**Mt 28,2**	καὶ ἰδοὺ σεισμὸς ἐγένετο μέγας· ἄγγελος γὰρ κυρίου καταβὰς ἐξ οὐρανοῦ καὶ προσελθὼν ἀπεκύλισεν τὸν λίθον καὶ ἐκάθητο ἐπάνω αὐτοῦ. [3] ἦν δὲ ἡ εἰδέα αὐτοῦ ὡς ἀστραπὴ καὶ τὸ ἔνδυμα αὐτοῦ λευκὸν ὡς χιών.	**Mk 16,5**	καὶ εἰσελθοῦσαι εἰς τὸ μνημεῖον εἶδον νεανίσκον καθήμενον ἐν τοῖς δεξιοῖς περιβεβλημένον στολὴν λευκήν, ...	**Lk 24,3** → Mt 28,6 → Mk 16,6 → Lk 24,6 ↓ **Lk 24,23**	εἰσελθοῦσαι δὲ οὐχ εὗρον **τὸ σῶμα** **τοῦ κυρίου Ἰησοῦ.** [4] καὶ ἐγένετο ἐν τῷ ἀπορεῖσθαι αὐτὰς περὶ τούτου καὶ ἰδοὺ ἄνδρες δύο ἐπέστησαν αὐταῖς ἐν ἐσθῆτι ἀστραπτούσῃ.	→ Jn 20,11
002					**Lk 24,23** ↑ Mt 28,2-3 ↑ Mk 16,5 ↑ **Lk 24,3**	καὶ μὴ εὑροῦσαι **τὸ σῶμα αὐτοῦ** ἦλθον λέγουσαι καὶ ὀπτασίαν ἀγγέλων ἑωρακέναι, οἳ λέγουσιν αὐτὸν ζῆν.	

Acts 9,40 ἐκβαλὼν δὲ ἔξω πάντας
ὁ Πέτρος καὶ θεὶς τὰ
γόνατα προσηύξατο
καὶ ἐπιστρέψας
πρὸς τὸ σῶμα
εἶπεν· Ταβιθά, ἀνάστηθι.
...

σωματικός

σωματικός	Syn	Mt	Mk	Lk	Acts	Jn	1-3John	Paul	Eph	Col
	1			1						
	NT	2Thess	1/2Tim	Tit	Heb	Jas	1Pet	2Pet	Jude	Rev
	2		1							

bodily; corporal

	Mt		Mk		Lk		
112	Mt 3,16 → Mt 12,18	... καὶ ἰδοὺ ἠνεῴχθησαν [αὐτῷ] οἱ οὐρανοί, καὶ εἶδεν [τὸ] πνεῦμα [τοῦ] θεοῦ καταβαῖνον ὡσεὶ περιστερὰν [καὶ] ἐρχόμενον ἐπ' αὐτόν·	Mk 1,10	... εἶδεν σχιζομένους τοὺς οὐρανοὺς καὶ τὸ πνεῦμα ὡς περιστερὰν καταβαῖνον εἰς αὐτόν·	Lk 3,22 → Lk 4,18	[21] ... καὶ προσευχομένου ἀνεῳχθῆναι τὸν οὐρανὸν [22] καὶ καταβῆναι τὸ πνεῦμα τὸ ἅγιον **σωματικῷ εἴδει** ὡς περιστερὰν ἐπ' αὐτόν, ...	→ Jn 1,32 Mk-Q overlap?

σωτήρ

σωτήρ	Syn	Mt	Mk	Lk	Acts	Jn	1-3John	Paul	Eph	Col
	2			2	2	1	1	1	1	
	NT	2Thess	1/2Tim	Tit	Heb	Jas	1Pet	2Pet	Jude	Rev
	24		4	6				5	1	

savior; deliverer; preserver

	Lk	
002	Lk 1,47	καὶ ἠγαλλίασεν τὸ πνεῦμά μου ἐπὶ τῷ θεῷ **τῷ σωτῆρί μου**
002	Lk 2,11	ὅτι ἐτέχθη ὑμῖν σήμερον **σωτὴρ** ὅς ἐστιν χριστὸς κύριος ἐν πόλει Δαυίδ.

Acts 5,31	τοῦτον ὁ θεὸς ἀρχηγὸν καὶ **σωτῆρα** ὕψωσεν τῇ δεξιᾷ αὐτοῦ [τοῦ] δοῦναι μετάνοιαν τῷ Ἰσραὴλ καὶ ἄφεσιν ἁμαρτιῶν.	**Acts 13,23**	τούτου ὁ θεὸς ἀπὸ τοῦ σπέρματος κατ' ἐπαγγελίαν ἤγαγεν τῷ Ἰσραὴλ **σωτῆρα** Ἰησοῦν

σωτηρία

σωτηρία	Syn	Mt	Mk	Lk	Acts	Jn	1-3John	Paul	Eph	Col
	4			4	6	1		14	1	
	NT	2Thess	1/2Tim	Tit	Heb	Jas	1Pet	2Pet	Jude	Rev
	45	1	2		7		4	1	1	3

deliverance; preservation; salvation

	Lk	
002	Lk 1,69	καὶ ἤγειρεν **κέρας σωτηρίας** ἡμῖν ἐν οἴκῳ Δαυὶδ παιδὸς αὐτοῦ
002	Lk 1,71	**σωτηρίαν** ἐξ ἐχθρῶν ἡμῶν καὶ ἐκ χειρὸς πάντων τῶν μισούντων ἡμᾶς
002	Lk 1,77	τοῦ δοῦναι **γνῶσιν σωτηρίας** τῷ λαῷ αὐτοῦ ἐν ἀφέσει ἁμαρτιῶν αὐτῶν
002	Lk 19,9 → Lk 13,16	εἶπεν δὲ πρὸς αὐτὸν ὁ Ἰησοῦς ὅτι σήμερον **σωτηρία** τῷ οἴκῳ τούτῳ ἐγένετο, καθότι καὶ αὐτὸς υἱὸς Ἀβραάμ ἐστιν·

Acts 4,12 καὶ οὐκ ἔστιν ἐν ἄλλῳ
οὐδενὶ
ἡ σωτηρία,
οὐδὲ γὰρ ὄνομά ἐστιν
ἕτερον ὑπὸ τὸν οὐρανὸν
τὸ δεδομένον
ἐν ἀνθρώποις
ἐν ᾧ δεῖ σωθῆναι ἡμᾶς.

Acts 7,25 ἐνόμιζεν δὲ συνιέναι
τοὺς ἀδελφοὺς [αὐτοῦ]
ὅτι ὁ θεὸς διὰ χειρὸς
αὐτοῦ δίδωσιν
σωτηρίαν
αὐτοῖς· ...

Acts 13,26 ἄνδρες ἀδελφοί, υἱοὶ
γένους Ἀβραὰμ καὶ
οἱ ἐν ὑμῖν φοβούμενοι
τὸν θεόν, ἡμῖν
**ὁ λόγος τῆς
σωτηρίας ταύτης**
ἐξαπεστάλη.

Acts 13,47 οὕτως γὰρ ἐντέταλται
ἡμῖν ὁ κύριος·
*τέθεικά σε εἰς φῶς
ἐθνῶν τοῦ εἶναί σε*
εἰς σωτηρίαν
ἕως ἐσχάτου τῆς γῆς.
➤ Isa 49,6

Acts 16,17 αὕτη κατακολουθοῦσα
τῷ Παύλῳ καὶ ἡμῖν
ἔκραζεν λέγουσα· οὗτοι
οἱ ἄνθρωποι δοῦλοι τοῦ
θεοῦ τοῦ ὑψίστου εἰσίν,
οἵτινες καταγγέλλουσιν
ὑμῖν
ὁδὸν σωτηρίας.

Acts 27,34 διὸ παρακαλῶ ὑμᾶς
→ Lk 12,7 μεταλαβεῖν τροφῆς·
→ Lk 21,18 τοῦτο γὰρ
**πρὸς τῆς ὑμετέρας
σωτηρίας**
ὑπάρχει, οὐδενὸς γὰρ
ὑμῶν θρὶξ ἀπὸ τῆς
κεφαλῆς ἀπολεῖται.

σωτήριον	Syn 2	Mt	Mk	Lk 2	Acts 1	Jn	1-3John	Paul	Eph 1	Col
	NT 4	2Thess	1/2Tim	Tit	Heb	Jas	1Pet	2Pet	Jude	Rev

means of salvation; salvation

	Mt	Mk	Lk	
002			**Lk 2,30** ὅτι εἶδον οἱ ὀφθαλμοί μου **τὸ σωτήριόν σου**	
002			**Lk 3,6** *καὶ ὄψεται πᾶσα σὰρξ* ***τὸ σωτήριον τοῦ θεοῦ.*** ➤ Isa 40,5 LXX	

Acts 28,28 γνωστὸν οὖν ἔστω ὑμῖν
ὅτι τοῖς ἔθνεσιν
ἀπεστάλη
**τοῦτο τὸ σωτήριον
τοῦ θεοῦ·**
αὐτοὶ καὶ ἀκούσονται.

σωφρονέω	Syn 2	Mt	Mk 1	Lk 1	Acts	Jn	1-3John	Paul 2	Eph	Col
	NT 6	2Thess	1/2Tim	Tit 1	Heb	Jas	1Pet 1	2Pet	Jude	Rev

be of sound mind; be reasonable; be sensible; be serious; keep one's head

	Mt	Mk	Lk	
122	**Mt 8,34** καὶ ἰδοὺ πᾶσα ἡ πόλις ἐξῆλθεν εἰς ὑπάντησιν τῷ Ἰησοῦ ...	**Mk 5,15** [14] ... καὶ ἦλθον ἰδεῖν τί ἐστιν τὸ γεγονός [15] καὶ ἔρχονται πρὸς τὸν Ἰησοῦν, καὶ θεωροῦσιν τὸν δαιμονιζόμενον καθήμενον ἱματισμένον καὶ **σωφρονοῦντα,** τὸν ἐσχηκότα τὸν λεγιῶνα, ...	**Lk 8,35** ἐξῆλθον δὲ ἰδεῖν τὸ γεγονὸς καὶ ἦλθον πρὸς τὸν Ἰησοῦν καὶ εὗρον καθήμενον τὸν ἄνθρωπον ἀφ' οὗ τὰ δαιμόνια ἐξῆλθεν ἱματισμένον καὶ **σωφρονοῦντα** παρὰ τοὺς πόδας τοῦ Ἰησοῦ, ...	

T

τάλαντον	Syn 14	Mt 14	Mk	Lk	Acts	Jn	1-3John	Paul	Eph	Col
	NT 14	2Thess	1/2Tim	Tit	Heb	Jas	1Pet	2Pet	Jude	Rev

talent (measure)

	triple tradition																	double tradition			Sondergut		
		+Mt / +Lk			−Mt / −Lk			traditions not taken over by Mt / Lk							subtotals								
code	222	211	112	212	221	122	121	022	012	021	220	120	210	020	Σ+	Σ−	Σ	202	201	102	200	002	total
Mt																			12		2		14
Mk																							
Lk																							

200	Mt 18,24	ἀρξαμένου δὲ αὐτοῦ συναίρειν προσηνέχθη αὐτῷ εἷς ὀφειλέτης μυρίων ταλάντων.					
201	Mt 25,15	[14] ὥσπερ γὰρ ἄνθρωπος ἀποδημῶν ἐκάλεσεν τοὺς ἰδίους δούλους καὶ παρέδωκεν αὐτοῖς τὰ ὑπάρχοντα αὐτοῦ, [15] καὶ ᾧ μὲν ἔδωκεν πέντε τάλαντα, ᾧ δὲ δύο, ᾧ δὲ ἕν, ἑκάστῳ κατὰ τὴν ἰδίαν δύναμιν, καὶ ἀπεδήμησεν. ...	Mk 13,34	ὡς ἄνθρωπος ἀπόδημος ἀφεὶς τὴν οἰκίαν αὐτοῦ καὶ δοὺς τοῖς δούλοις αὐτοῦ τὴν ἐξουσίαν ἑκάστῳ τὸ ἔργον αὐτοῦ, καὶ τῷ θυρωρῷ ἐνετείλατο ἵνα γρηγορῇ.	Lk 19,13	[12] ἄνθρωπός τις εὐγενὴς ἐπορεύθη εἰς χώραν μακρὰν ... [13] καλέσας δὲ δέκα δούλους ἑαυτοῦ ἔδωκεν αὐτοῖς δέκα μνᾶς καὶ εἶπεν πρὸς αὐτούς· πραγματεύσασθε ἐν ᾧ ἔρχομαι.	Mk-Q overlap
200	Mt 25,16	πορευθεὶς ὁ τὰ πέντε τάλαντα λαβὼν ἠργάσατο ἐν αὐτοῖς καὶ ἐκέρδησεν ἄλλα πέντε·					
201	Mt 25,20 (4)	καὶ προσελθὼν ὁ τὰ πέντε τάλαντα λαβὼν			Lk 19,16	παρεγένετο δὲ ὁ πρῶτος	
		προσήνεγκεν					
201		ἄλλα πέντε τάλαντα λέγων· κύριε,				λέγων· κύριε,	
201		πέντε τάλαντά μοι παρέδωκας· ἴδε				ἡ μνᾶ σου	
201		ἄλλα πέντε τάλαντα ἐκέρδησα.				δέκα προσηργάσατο μνᾶς.	
201	Mt 25,22 (3)	προσελθὼν [δὲ] καὶ ὁ τὰ δύο τάλαντα εἶπεν· κύριε,			Lk 19,18	καὶ ἦλθεν ὁ δεύτερος λέγων·	
201		δύο τάλαντά μοι παρέδωκας· ἴδε				ἡ μνᾶ σου, κύριε,	
201		ἄλλα δύο τάλαντα ἐκέρδησα.				ἐποίησεν πέντε μνᾶς.	

201	Mt 25,24	προσελθὼν δὲ καὶ ὁ τὸ ἓν τάλαντον εἰληφὼς εἶπεν· κύριε, ἔγνων σε ὅτι σκληρὸς εἶ ἄνθρωπος, θερίζων ὅπου οὐκ ἔσπειρας καὶ συνάγων ὅθεν οὐ διεσκόρπισας,	Lk 19,20	καὶ ὁ ἕτερος ἦλθεν λέγων· κύριε,	
201	Mt 25,25	καὶ φοβηθεὶς ἀπελθὼν ἔκρυψα τὸ τάλαντόν σου ἐν τῇ γῇ· ἴδε ἔχεις τὸ σόν.		ἰδοὺ ἡ μνᾶ σου ἣν εἶχον ἀποκειμένην ἐν σουδαρίῳ· [21] ἐφοβούμην γάρ σε, ὅτι ἄνθρωπος αὐστηρὸς εἶ, αἴρεις ὃ οὐκ ἔθηκας καὶ θερίζεις ὃ οὐκ ἔσπειρας.	
201 201	Mt 25,28 (2)	ἄρατε οὖν ἀπ' αὐτοῦ τὸ τάλαντον καὶ δότε τῷ ἔχοντι τὰ δέκα τάλαντα·	Lk 19,24	... ἄρατε ἀπ' αὐτοῦ τὴν μνᾶν καὶ δότε τῷ τὰς δέκα μνᾶς ἔχοντι	

ταλιθα

	Syn	Mt	Mk	Lk	Acts	Jn	1-3John	Paul	Eph	Col
ταλιθα	1		1							
	NT	2Thess	1/2Tim	Tit	Heb	Jas	1Pet	2Pet	Jude	Rev
	1									

Aramaic: girl; little girl

	Mt		Mk		Lk		
121	Mt 9,25	... ἐκράτησεν τῆς χειρὸς αὐτῆς, ...	Mk 5,41	καὶ κρατήσας τῆς χειρὸς τοῦ παιδίου λέγει αὐτῇ· ταλιθα κουμ, ὅ ἐστιν μεθερμηνευόμενον· τὸ κοράσιον, σοὶ λέγω, ἔγειρε.	Lk 8,54	αὐτὸς δὲ κρατήσας τῆς χειρὸς αὐτῆς ἐφώνησεν λέγων· ἡ παῖς, ἔγειρε.	

ταμεῖον

	Syn	Mt	Mk	Lk	Acts	Jn	1-3John	Paul	Eph	Col
ταμεῖον	4	2		2						
	NT	2Thess	1/2Tim	Tit	Heb	Jas	1Pet	2Pet	Jude	Rev
	4									

storeroom; innermost, hidden, secret room

200	Mt 6,6	σὺ δὲ ὅταν προσεύχῃ, εἴσελθε εἰς τὸ ταμεῖόν σου καὶ κλείσας τὴν θύραν σου ...			→ GTh 6 (POxy 654)
102	Mt 10,27	ὃ λέγω ὑμῖν ἐν τῇ σκοτίᾳ εἴπατε ἐν τῷ φωτί, καὶ ὃ εἰς τὸ οὖς ἀκούετε κηρύξατε ἐπὶ τῶν δωμάτων.	Lk 12,3	ἀνθ' ὧν ὅσα ἐν τῇ σκοτίᾳ εἴπατε ἐν τῷ φωτὶ ἀκουσθήσεται, καὶ ὃ πρὸς τὸ οὖς ἐλαλήσατε ἐν τοῖς ταμείοις κηρυχθήσεται ἐπὶ τῶν δωμάτων.	→ GTh 33,1 (POxy 1)

	Mt		Mk		Lk		
102	**Mt 6,26**	ἐμβλέψατε εἰς τὰ πετεινὰ τοῦ οὐρανοῦ ὅτι οὐ σπείρουσιν οὐδὲ θερίζουσιν οὐδὲ συνάγουσιν **εἰς ἀποθήκας,** καὶ ὁ πατὴρ ὑμῶν ὁ οὐράνιος τρέφει αὐτά· ...			**Lk 12,24**	κατανοήσατε τοὺς κόρακας ὅτι οὐ σπείρουσιν οὐδὲ θερίζουσιν, οἷς οὐκ ἔστιν **ταμεῖον οὐδὲ ἀποθήκη,** καὶ ὁ θεὸς τρέφει αὐτούς· ...	
201	**Mt 24,26** ⇨ Mt 24,23 → Mt 24,5	ἐὰν οὖν εἴπωσιν ὑμῖν· ἰδοὺ ἐν τῇ ἐρήμῳ ἐστίν, μὴ ἐξέλθητε· ἰδοὺ **ἐν τοῖς ταμείοις,** μὴ πιστεύσητε·	**Mk 13,21** → Mt 24,5 → Mk 13,6 → Lk 21,8	καὶ τότε ἐάν τις ὑμῖν εἴπῃ· ἴδε ὧδε ὁ χριστός, ἴδε **ἐκεῖ,** μὴ πιστεύετε·	**Lk 17,23** → Lk 17,21 → Lk 21,8	καὶ ἐροῦσιν ὑμῖν· ἰδοὺ ἐκεῖ, [ἤ·] ἰδοὺ **ὧδε·** μὴ ἀπέλθητε μηδὲ διώξητε.	→ GTh 113

τάξις

	Syn	Mt	Mk	Lk	Acts	Jn	1-3John	Paul	Eph	Col
	1			1				1		1
	NT	2Thess	1/2Tim	Tit	Heb	Jas	1Pet	2Pet	Jude	Rev
	9				6					

fixed succession; fixed order; (good) order; nature; quality; manner; condition; appearance

	Mt		Mk		Lk		
002					**Lk 1,8**	ἐγένετο δὲ ἐν τῷ ἱερατεύειν αὐτὸν **ἐν τῇ τάξει τῆς ἐφημερίας αὐτοῦ** ἔναντι τοῦ θεοῦ	

ταπεινός

	Syn	Mt	Mk	Lk	Acts	Jn	1-3John	Paul	Eph	Col
	2	1		1				3		
	NT	2Thess	1/2Tim	Tit	Heb	Jas	1Pet	2Pet	Jude	Rev
	8					2	1			

of low position; poor; lowly; undistinguished; of no account; pliant; subservient; abject; lowly; humble

	Mt		Mk		Lk		
002					**Lk 1,52**	[51] ... διεσκόρπισεν ὑπερηφάνους διανοίᾳ καρδίας αὐτῶν· [52] καθεῖλεν δυνάστας ἀπὸ θρόνων καὶ ὕψωσεν **ταπεινούς**	
200	**Mt 11,29**	ἄρατε τὸν ζυγόν μου ἐφ' ὑμᾶς καὶ μάθετε ἀπ' ἐμοῦ, ὅτι πραΰς εἰμι καὶ **ταπεινὸς** τῇ καρδίᾳ, ...					→ GTh 90

ταπεινόω	Syn 8	Mt 3	Mk	Lk 5	Acts	Jn	1-3John	Paul 4	Eph	Col
	NT 14	2Thess	1/2Tim	Tit	Heb	Jas 1	1Pet 1	2Pet	Jude	Rev

lower; make low; humble; humiliate; make humble

	triple tradition																	double tradition			Sondergut		
		+Mt / +Lk			−Mt / −Lk			traditions not taken over by Mt / Lk							subtotals								
code	222	211	112	212	221	122	121	022	012	021	220	120	210	020	Σ+	Σ−	Σ	202	201	102	200	002	total
Mt																		2			1		3
Mk																							
Lk																		2				3	5

002					**Lk 3,5**	*πᾶσα φάραγξ πληρωθήσεται καὶ πᾶν ὄρος καὶ βουνὸς ταπεινωθήσεται, καὶ ἔσται τὰ σκολιὰ εἰς εὐθεῖαν καὶ αἱ τραχεῖαι εἰς ὁδοὺς λείας·* ➤ Isa 40,4 LXX	
200	**Mt 18,4** ↓ Mt 23,12 ↓ Lk 14,11 ↓ Lk 18,14b	ὅστις οὖν **ταπεινώσει** ἑαυτὸν ὡς τὸ παιδίον τοῦτο, οὗτός ἐστιν ὁ μείζων ἐν τῇ βασιλείᾳ τῶν οὐρανῶν.					
202 202	**Mt 23,12** **(2)** ↑ Mt 18,4	ὅστις δὲ ὑψώσει ἑαυτὸν **ταπεινωθήσεται** καὶ ὅστις **ταπεινώσει** ἑαυτὸν ὑψωθήσεται.			**Lk 14,11** **(2)** ↓ Lk 18,14b	ὅτι πᾶς ὁ ὑψῶν ἑαυτὸν **ταπεινωθήσεται,** καὶ ὁ **ταπεινῶν** ἑαυτὸν ὑψωθήσεται.	
002 002					**Lk 18,14** **(2)** ↑ Mt 18,4 ↑ Mt 23,12 ↑ Lk 14,11 → Lk 16,15	... πᾶς ὁ ὑψῶν ἑαυτὸν **ταπεινωθήσεται,** ὁ δὲ **ταπεινῶν** ἑαυτὸν ὑψωθήσεται.	

ταπείνωσις	Syn 1	Mt	Mk	Lk 1	Acts 1	Jn	1-3John	Paul 1	Eph	Col
	NT 4	2Thess	1/2Tim	Tit	Heb	Jas 1	1Pet	2Pet	Jude	Rev

humiliation; humility; humble station

002					**Lk 1,48** → Lk 1,45 → Lk 11,27	ὅτι ἐπέβλεψεν **ἐπὶ τὴν ταπείνωσιν τῆς δούλης αὐτοῦ.** ἰδοὺ γὰρ ἀπὸ τοῦ νῦν μακαριοῦσίν με πᾶσαι αἱ γενεαί	

Acts 8,33 *ἐν τῇ **ταπεινώσει** [αὐτοῦ] ἡ κρίσις αὐτοῦ ἤρθη· τὴν γενεὰν αὐτοῦ τίς διηγήσεται; ὅτι αἴρεται ἀπὸ τῆς γῆς ἡ ζωὴ αὐτοῦ.*
➤ Isa 53,8

ταράσσω

ταράσσω	Syn 5	Mt 2	Mk 1	Lk 2	Acts 3	Jn 6	1-3John	Paul 2	Eph	Col
	NT 17	2Thess	1/2Tim	Tit	Heb	Jas	1Pet 1	2Pet	Jude	Rev

shake together; stir up; disturb; unsettle; throw into confusion

	triple tradition																	double tradition			Sondergut		
		+Mt / +Lk			−Mt / −Lk			traditions not taken over by Mt / Lk							subtotals								
code	222	211	112	212	221	122	121	022	012	021	220	120	210	020	Σ⁺	Σ⁻	Σ	202	201	102	200	002	total
Mt											1						1				1		2
Mk											1						1						1
Lk																						2	2

002			**Lk 1,12** καὶ **ἐταράχθη** Ζαχαρίας ἰδὼν καὶ φόβος ἐπέπεσεν ἐπ' αὐτόν.	
200	**Mt 2,3** → Mt 21,10 ἀκούσας δὲ ὁ βασιλεὺς Ἡρῴδης **ἐταράχθη** καὶ πᾶσα Ἱεροσόλυμα μετ' αὐτοῦ			
220	**Mt 14,26** οἱ δὲ μαθηταὶ ἰδόντες αὐτὸν ἐπὶ τῆς θαλάσσης περιπατοῦντα **ἐταράχθησαν** λέγοντες ὅτι φάντασμά ἐστιν, καὶ ἀπὸ τοῦ φόβου ἔκραξαν.	**Mk 6,50** [49] οἱ δὲ ἰδόντες αὐτὸν ἐπὶ τῆς θαλάσσης περιπατοῦντα ἔδοξαν ὅτι φάντασμά ἐστιν, καὶ ἀνέκραξαν· [50] πάντες γὰρ αὐτὸν εἶδον καὶ **ἐταράχθησαν.** ...		→ Jn 6,19
002			**Lk 24,38** καὶ εἶπεν αὐτοῖς· τί **τεταραγμένοι** ἐστὲ καὶ διὰ τί διαλογισμοὶ ἀναβαίνουσιν ἐν τῇ καρδίᾳ ὑμῶν;	

Acts 15,24 ἐπειδὴ ἠκούσαμεν ὅτι τινὲς ἐξ ἡμῶν [ἐξελθόντες] **ἐτάραξαν** ὑμᾶς λόγοις ἀνασκευάζοντες τὰς ψυχὰς ὑμῶν οἷς οὐ διεστειλάμεθα

Acts 17,8 **ἐτάραξαν** δὲ τὸν ὄχλον καὶ τοὺς πολιτάρχας ἀκούοντας ταῦτα

Acts 17,13 ὡς δὲ ἔγνωσαν οἱ ἀπὸ τῆς Θεσσαλονίκης Ἰουδαῖοι ὅτι καὶ ἐν τῇ Βεροίᾳ κατηγγέλη ὑπὸ τοῦ Παύλου ὁ λόγος τοῦ θεοῦ, ἦλθον κἀκεῖ σαλεύοντες καὶ **ταράσσοντες** τοὺς ὄχλους.

τάσσω

τάσσω	Syn 2	Mt 1	Mk	Lk 1	Acts 4	Jn	1-3John	Paul 2	Eph	Col
	NT 8	2Thess	1/2Tim	Tit	Heb	Jas	1Pet	2Pet	Jude	Rev

place, station someone in a fixed spot; order; fix; determine; appoint

102	**Mt 8,9** καὶ γὰρ ἐγὼ ἄνθρωπός εἰμι ὑπὸ ἐξουσίαν, ἔχων ὑπ' ἐμαυτὸν στρατιώτας, ...		**Lk 7,8** καὶ γὰρ ἐγὼ ἄνθρωπός εἰμι ὑπὸ ἐξουσίαν **τασσόμενος** ἔχων ὑπ' ἐμαυτὸν στρατιώτας, ...	

200	**Mt 28,16** → Mt 28,7 → Mk 16,7 → Mt 28,10	οἱ δὲ ἕνδεκα μαθηταὶ ἐπορεύθησαν εἰς τὴν Γαλιλαίαν εἰς τὸ ὄρος οὗ **ἐτάξατο** αὐτοῖς ὁ Ἰησοῦς	

Acts 13,48 ἀκούοντα δὲ τὰ ἔθνη
ἔχαιρον καὶ ἐδόξαζον
τὸν λόγον τοῦ κυρίου
καὶ ἐπίστευσαν
ὅσοι ἦσαν
τεταγμένοι
εἰς ζωὴν αἰώνιον·

Acts 15,2 γενομένης δὲ στάσεως
καὶ ζητήσεως
οὐκ ὀλίγης τῷ Παύλῳ
καὶ τῷ Βαρναβᾷ
πρὸς αὐτούς,
ἔταξαν
ἀναβαίνειν Παῦλον
καὶ Βαρναβᾶν
καί τινας ἄλλους
ἐξ αὐτῶν πρὸς τοὺς
ἀποστόλους καὶ
πρεσβυτέρους ...

Acts 22,10 ... ἀναστὰς πορεύου
εἰς Δαμασκόν κἀκεῖ
σοι λαληθήσεται
περὶ πάντων ὧν
τέτακταί
σοι ποιῆσαι.

Acts 28,23 **ταξάμενοι**
δὲ αὐτῷ ἡμέραν ἦλθον
πρὸς αὐτὸν εἰς τὴν
ξενίαν πλείονες ...

ταῦρος	Syn	Mt	Mk	Lk	Acts	Jn	1-3John	Paul	Eph	Col
	1	1			1					
	NT	2Thess	1/2Tim	Tit	Heb	Jas	1Pet	2Pet	Jude	Rev
	4				2					

bull; ox

201	**Mt 22,4**	πάλιν ἀπέστειλεν ἄλλους δούλους λέγων· εἴπατε τοῖς κεκλημένοις· ἰδοὺ τὸ ἄριστόν μου ἡτοίμακα, **οἱ ταῦροί μου** καὶ τὰ σιτιστὰ τεθυμένα καὶ πάντα ἕτοιμα· δεῦτε εἰς τοὺς γάμους.	**Lk 14,17** ... εἰπεῖν τοῖς κεκλημένοις· ἔρχεσθε, ὅτι ἤδη ἕτοιμά ἐστιν.	→ GTh 64

Acts 14,13 ὅ τε ἱερεὺς τοῦ Διὸς τοῦ
ὄντος πρὸ τῆς πόλεως
ταύρους
καὶ στέμματα ἐπὶ τοὺς
πυλῶνας ἐνέγκας
σὺν τοῖς ὄχλοις
ἤθελεν θύειν.

ταφή	Syn	Mt	Mk	Lk	Acts	Jn	1-3John	Paul	Eph	Col
	1	1								
	NT	2Thess	1/2Tim	Tit	Heb	Jas	1Pet	2Pet	Jude	Rev
	1									

burial-place

200	**Mt 27,7**	συμβούλιον δὲ λαβόντες ἠγόρασαν ἐξ αὐτῶν τὸν ἀγρὸν τοῦ κεραμέως **εἰς ταφὴν** τοῖς ξένοις.	→ Acts 1,18

τάφος	Syn 6	Mt 6	Mk	Lk	Acts	Jn	1-3John	Paul 1	Eph	Col
	NT 7	2Thess	1/2Tim	Tit	Heb	Jas	1Pet	2Pet	Jude	Rev

grave; tomb

	triple tradition																	double tradition			Sondergut		
		+Mt / +Lk			−Mt / −Lk			traditions not taken over by Mt / Lk							subtotals								
code	222	211	112	212	221	122	121	022	012	021	220	120	210	020	Σ⁺	Σ⁻	Σ	202	201	102	200	002	total
Mt		2⁺													2⁺		2		2		2		6
Mk																							
Lk																							

201	**Mt 23,27** οὐαὶ ὑμῖν, γραμματεῖς καὶ Φαρισαῖοι ὑποκριταί, ὅτι παρομοιάζετε **τάφοις κεκονιαμένοις,** οἵτινες ἔξωθεν μὲν φαίνονται ὡραῖοι, ἔσωθεν δὲ γέμουσιν ὀστέων νεκρῶν καὶ πάσης ἀκαθαρσίας.		**Lk 11,44** οὐαὶ ὑμῖν, ὅτι ἐστὲ **ὡς τὰ μνημεῖα τὰ ἄδηλα,** καὶ οἱ ἄνθρωποι [οἱ] περιπατοῦντες ἐπάνω οὐκ οἴδασιν.	
201	**Mt 23,29** οὐαὶ ὑμῖν, γραμματεῖς καὶ Φαρισαῖοι ὑποκριταί, ὅτι οἰκοδομεῖτε **τοὺς τάφους τῶν προφητῶν** καὶ κοσμεῖτε τὰ μνημεῖα τῶν δικαίων		**Lk 11,47** οὐαὶ ὑμῖν, ὅτι οἰκοδομεῖτε **τὰ μνημεῖα τῶν προφητῶν,** ...	
211	**Mt 27,61** → Mt 27,55-56 → Mt 28,1 → Lk 24,10 ἦν δὲ ἐκεῖ Μαριὰμ ἡ Μαγδαληνὴ καὶ ἡ ἄλλη Μαρία καθήμεναι **ἀπέναντι τοῦ τάφου.**	**Mk 15,47** → Mk 15,40-41 → Mk 16,1 → Lk 24,10 ἡ δὲ Μαρία ἡ Μαγδαληνὴ καὶ Μαρία ἡ Ἰωσῆτος ἐθεώρουν ποῦ τέθειται.	**Lk 23,55** → Lk 8,2-3 → Lk 23,49 κατακολουθήσασαι δὲ αἱ γυναῖκες, ... ἐθεάσαντο τὸ μνημεῖον καὶ ὡς ἐτέθη τὸ σῶμα αὐτοῦ	
200	**Mt 27,64** κέλευσον οὖν ἀσφαλισθῆναι **τὸν τάφον** ἕως τῆς τρίτης ἡμέρας, ...			
200	**Mt 27,66** οἱ δὲ πορευθέντες ἠσφαλίσαντο **τὸν τάφον** σφραγίσαντες τὸν λίθον μετὰ τῆς κουστωδίας.			
211	**Mt 28,1** → Mk 16,1 → Lk 24,10 ... τῇ ἐπιφωσκούσῃ εἰς μίαν σαββάτων ἦλθεν Μαριὰμ ἡ Μαγδαληνὴ καὶ ἡ ἄλλη Μαρία θεωρῆσαι **τὸν τάφον.**	**Mk 16,2** καὶ λίαν πρωῒ τῇ μιᾷ τῶν σαββάτων ἔρχονται **ἐπὶ τὸ μνημεῖον** ἀνατείλαντος τοῦ ἡλίου.	**Lk 24,1** → Lk 24,22 τῇ δὲ μιᾷ τῶν σαββάτων ὄρθρου βαθέως **ἐπὶ τὸ μνῆμα** ἦλθον φέρουσαι ἃ ἡτοίμασαν ἀρώματα.	→ Jn 20,1

ταχέως	Syn 2	Mt	Mk	Lk 2	Acts 1	Jn 3	1-3John	Paul 4	Eph	Col
	NT 15	2Thess 1	1/2Tim 2	Tit	Heb 2	Jas	1Pet	2Pet	Jude	Rev

quickly; at once; without delay; soon; too quickly; too easily

002			**Lk 14,21** → Mt 22,9 ⇨ Lk 14,23 → Lk 14,13 … ἔξελθε **ταχέως** εἰς τὰς πλατείας καὶ ῥύμας τῆς πόλεως, καὶ τοὺς πτωχοὺς καὶ ἀναπείρους καὶ τυφλοὺς καὶ χωλοὺς εἰσάγαγε ὧδε.	→ GTh 64
002			**Lk 16,6** … ὁ δὲ εἶπεν αὐτῷ· δέξαι σου τὰ γράμματα καὶ καθίσας **ταχέως** γράψον πεντήκοντα.	

τάχος	Syn 1	Mt	Mk	Lk 1	Acts 3	Jn	1-3John	Paul 1	Eph	Col
	NT 8	2Thess	1/2Tim 1	Tit	Heb	Jas	1Pet	2Pet	Jude	Rev 2

speed; quickness; swiftness; haste

002			**Lk 18,8** λέγω ὑμῖν ὅτι ποιήσει τὴν ἐκδίκησιν αὐτῶν **ἐν τάχει.** …	

Acts 12,7 καὶ ἰδοὺ ἄγγελος κυρίου ἐπέστη καὶ φῶς ἔλαμψεν ἐν τῷ οἰκήματι· πατάξας δὲ τὴν πλευρὰν τοῦ Πέτρου ἤγειρεν αὐτὸν λέγων· ἀνάστα **ἐν τάχει.** …

Acts 22,18 … σπεῦσον καὶ ἔξελθε **ἐν τάχει** ἐξ Ἰερουσαλήμ, διότι οὐ παραδέξονταί σου μαρτυρίαν περὶ ἐμοῦ.

Acts 25,4 ὁ μὲν οὖν Φῆστος ἀπεκρίθη τηρεῖσθαι τὸν Παῦλον εἰς Καισάρειαν, ἑαυτὸν δὲ μέλλειν **ἐν τάχει** ἐκπορεύεσθαι·

ταχύ	Syn 5	Mt 3	Mk 1	Lk 1	Acts	Jn 1	1-3John	Paul	Eph	Col
	NT 13	2Thess	1/2Tim	Tit	Heb	Jas 1	1Pet	2Pet	Jude	Rev 6

quickly; at a rapid rate; without delay; at once; in a short time; soon

	triple tradition																	double tradition			Sondergut		
		+Mt / +Lk			−Mt / −Lk			traditions not taken over by Mt / Lk							subtotals								
code	222	211	112	212	221	122	121	022	012	021	220	120	210	020	Σ⁺	Σ⁻	Σ	202	201	102	200	002	total
Mt		1⁺											1⁺		2⁺		2		1				3
Mk														1			1						1
Lk																						1	1

201	**Mt 5,25** → Mt 18,34 ἴσθι εὐνοῶν τῷ ἀντιδίκῳ σου **ταχὺ,** ἕως ὅτου εἶ μετ᾽ αὐτοῦ ἐν τῇ ὁδῷ, μήποτέ σε παραδῷ ὁ ἀντίδικος τῷ κριτῇ …		**Lk 12,58** ὡς γὰρ ὑπάγεις μετὰ τοῦ ἀντιδίκου σου ἐπ᾽ ἄρχοντα, ἐν τῇ ὁδῷ δὸς ἐργασίαν ἀπηλλάχθαι ἀπ᾽ αὐτοῦ, μήποτε κατασύρῃ σε πρὸς τὸν κριτήν, …	

020			**Mk 9,39**	... οὐδεὶς γάρ ἐστιν ὃς ποιήσει δύναμιν ἐπὶ τῷ ὀνόματί μου καὶ δυνήσεται **ταχὺ** κακολογῆσαί με·			
002					**Lk 15,22**	εἶπεν δὲ ὁ πατὴρ πρὸς τοὺς δούλους αὐτοῦ· **ταχὺ** ἐξενέγκατε στολὴν τὴν πρώτην καὶ ἐνδύσατε αὐτόν, ...	
210	**Mt 28,7** → Mt 26,32 → Mt 27,64 → Mt 28,10.16	καὶ **ταχὺ** πορευθεῖσαι εἴπατε τοῖς μαθηταῖς αὐτοῦ ὅτι ἠγέρθη ἀπὸ τῶν νεκρῶν, καὶ ἰδοὺ προάγει ὑμᾶς εἰς τὴν Γαλιλαίαν, ...	**Mk 16,7** → Mk 14,28	ἀλλὰ ὑπάγετε εἴπατε τοῖς μαθηταῖς αὐτοῦ καὶ τῷ Πέτρῳ ὅτι προάγει ὑμᾶς εἰς τὴν Γαλιλαίαν· ...			→ Jn 20,17 → Jn 21,1
211	**Mt 28,8**	καὶ ἀπελθοῦσαι **ταχὺ** ἀπὸ τοῦ μνημείου μετὰ φόβου καὶ χαρᾶς μεγάλης ἔδραμον ἀπαγγεῖλαι τοῖς μαθηταῖς αὐτοῦ.	**Mk 16,8**	καὶ ἐξελθοῦσαι ἔφυγον ἀπὸ τοῦ μνημείου, εἶχεν γὰρ αὐτὰς τρόμος καὶ ἔκστασις· καὶ οὐδενὶ οὐδὲν εἶπαν· ἐφοβοῦντο γάρ.	**Lk 24,9**	καὶ ὑποστρέψασαι ἀπὸ τοῦ μνημείου ἀπήγγειλαν ταῦτα πάντα τοῖς ἕνδεκα καὶ πᾶσιν τοῖς λοιποῖς.	→ Jn 20,2.18

τε	Syn	Mt	Mk	Lk	Acts	Jn	1-3John	Paul	Eph	Col
	12	3		9	151*	3		24	1	
	NT	2Thess	1/2Tim	Tit	Heb	Jas	1Pet	2Pet	Jude	Rev
	215				20	2			1	1

enclitic particle: and; and so; so; τὲ ... τέ as ... so; not only ... but also —

*Acts: It was necessary to refrain from including the 151 instances of τε in Acts.

	triple tradition																	double tradition			Sondergut		
		+Mt / +Lk			–Mt / –Lk			traditions not taken over by Mt / Lk							subtotals								
code	*222*	*211*	*112*	*212*	*221*	*122*	*121*	*022*	*012*	*021*	*220*	*120*	*210*	*020*	Σ⁺	Σ⁻	Σ	*202*	*201*	*102*	*200*	*002*	total
Mt													1^+		1^+		1				2		**3**
Mk																							
Lk			3^+												3^+		3			2		4	**9**

a τε καί

b τε ... καί

b 002					**Lk 2,16**	καὶ ἦλθαν σπεύσαντες καὶ ἀνεῦραν τήν **τε** Μαριὰμ καὶ τὸν Ἰωσὴφ καὶ τὸ βρέφος κείμενον ἐν τῇ φάτνῃ·	
a 102	**Mt 24,49**	[48] ... χρονίζει μου ὁ κύριος, [49] καὶ ἄρξηται τύπτειν τοὺς συνδούλους αὐτοῦ, ἐσθίῃ δὲ καὶ πίνῃ μετὰ τῶν μεθυόντων			**Lk 12,45** → Lk 21,34	... χρονίζει ὁ κύριός μου ἔρχεσθαι, καὶ ἄρξηται τύπτειν τοὺς παῖδας καὶ τὰς παιδίσκας, ἐσθίειν **τε** καὶ πίνειν καὶ μεθύσκεσθαι	

a 102	**Mt 10,37** → Mt 19,29	ὁ φιλῶν πατέρα ἢ μητέρα ὑπὲρ ἐμὲ οὐκ ἔστιν μου ἄξιος, καὶ ὁ φιλῶν υἱὸν ἢ θυγατέρα ὑπὲρ ἐμὲ οὐκ ἔστιν μου ἄξιος·	→ Mk 10,29		**Lk 14,26** → Lk 18,29	εἴ τις ἔρχεται πρός με καὶ οὐ μισεῖ τὸν πατέρα ἑαυτοῦ καὶ τὴν μητέρα καὶ τὴν γυναῖκα καὶ τὰ τέκνα καὶ τοὺς ἀδελφοὺς καὶ τὰς ἀδελφὰς ἔτι **τε** καὶ τὴν ψυχὴν ἑαυτοῦ, οὐ δύναται εἶναί μου μαθητής.	→ GTh 55 → GTh 101
b 002					**Lk 15,2** → Mt 9,11 → Mk 2,16 → Lk 5,30 → Lk 19,7	καὶ διεγόγγυζον οἵ **τε** Φαρισαῖοι καὶ οἱ γραμματεῖς λέγοντες ὅτι οὗτος ἁμαρτωλοὺς προσδέχεται καὶ συνεσθίει αὐτοῖς.	
a 200	**Mt 22,10** → Lk 14,23	καὶ ἐξελθόντες οἱ δοῦλοι ἐκεῖνοι εἰς τὰς ὁδοὺς συνήγαγον πάντας οὓς εὗρον, πονηρούς **τε** καὶ ἀγαθούς· ...					→ GTh 64
b 112	**Mt 24,7**	ἐγερθήσεται γὰρ ἔθνος ἐπὶ ἔθνος καὶ βασιλεία ἐπὶ βασιλείαν καὶ ἔσονται λιμοὶ καὶ σεισμοὶ κατὰ τόπους·	**Mk 13,8**	ἐγερθήσεται γὰρ ἔθνος ἐπ' ἔθνος καὶ βασιλεία ἐπὶ βασιλείαν, ἔσονται σεισμοὶ κατὰ τόπους, ἔσονται λιμοί· ...	**Lk 21,11 (2)**	σεισμοί **τε** μεγάλοι καὶ κατὰ τόπους λιμοὶ καὶ λοιμοὶ ἔσονται,	
a 112					→ Lk 21,25	φόβητρά **τε** καὶ ἀπ' οὐρανοῦ σημεῖα μεγάλα ἔσται.	→ Acts 2,19
a 112	**Mt 26,57**	... ὅπου οἱ γραμματεῖς καὶ οἱ πρεσβύτεροι συνήχθησαν.	**Mk 14,53**	... καὶ συνέρχονται πάντες οἱ ἀρχιερεῖς καὶ οἱ πρεσβύτεροι καὶ οἱ γραμματεῖς.	**Lk 22,66**	καὶ ὡς ἐγένετο ἡμέρα, συνήχθη τὸ πρεσβυτέριον τοῦ λαοῦ, ἀρχιερεῖς **τε** καὶ γραμματεῖς, καὶ ἀπήγαγον αὐτὸν εἰς τὸ συνέδριον αὐτῶν	
b 002					**Lk 23,12**	ἐγένοντο δὲ φίλοι ὅ **τε** Ἡρῴδης καὶ ὁ Πιλᾶτος ἐν αὐτῇ τῇ ἡμέρᾳ μετ' ἀλλήλων· ...	
b 210	**Mt 27,48**	καὶ εὐθέως δραμὼν εἷς ἐξ αὐτῶν καὶ λαβὼν σπόγγον πλήσας **τε** ὄξους καὶ περιθεὶς καλάμῳ ἐπότιζεν αὐτόν.	**Mk 15,36**	δραμὼν δέ τις [καὶ] γεμίσας σπόγγον ὄξους περιθεὶς καλάμῳ ἐπότιζεν αὐτὸν ...	**Lk 23,36** → Lk 23,39	ἐνέπαιξαν δὲ αὐτῷ καὶ οἱ στρατιῶται προσερχόμενοι, ὄξος προσφέροντες αὐτῷ	→ Jn 19,29
200	**Mt 28,12**	καὶ συναχθέντες μετὰ τῶν πρεσβυτέρων συμβούλιόν **τε** λαβόντες ἀργύρια ἱκανὰ ἔδωκαν τοῖς στρατιώταις					

002			**Lk 24,20** → Mt 26,66 → Mk 14,64	[19] ... ἀνὴρ προφήτης δυνατὸς ἐν ἔργῳ καὶ λόγῳ ἐναντίον τοῦ θεοῦ καὶ παντὸς τοῦ λαοῦ, [20] ὅπως **τε** παρέδωκαν αὐτὸν οἱ ἀρχιερεῖς καὶ οἱ ἄρχοντες ἡμῶν εἰς κρίμα θανάτου καὶ ἐσταύρωσαν αὐτόν.

It was necessary to refrain from including the 151 instances of τε in Acts.

τέκνον

	Syn	Mt	Mk	Lk	Acts	Jn	1-3John	Paul	Eph	Col
τέκνον	37	14	9	14	5	3	9	23	5	2
	NT	2Thess	1/2Tim	Tit	Heb	Jas	1Pet	2Pet	Jude	Rev
	99		7	2			2	1		3

child; descendants; posterity

	triple tradition																	double tradition			Sondergut		
		+Mt / +Lk			−Mt / −Lk			traditions not taken over by Mt / Lk							subtotals								
code	*222*	*211*	*112*	*212*	*221*	*122*	*121*	*022*	*012*	*021*	*220*	*120*	*210*	*020*	Σ⁺	Σ⁻	Σ	*202*	*201*	*102*	*200*	*002*	total
Mt	1				4		1^-				1	2^-				3^-	6	3			5		**14**
Mk	1				4		1				1	2					9						**9**
Lk	1		1^+		4^-		1^-								1^+	5^-	2	3		2		7	**14**

a τέκνον and πατήρ, τέκνον and μήτηρ, τέκνον and γονεῖς

002					**Lk 1,7**	καὶ οὐκ ἦν αὐτοῖς **τέκνον,** καθότι ἦν ἡ Ἐλισάβετ στεῖρα, ...	
a 002					**Lk 1,17** → Mt 11,14 → Mt 17,12 → Mk 9,13 → Lk 3,4	καὶ αὐτὸς προελεύσεται ἐνώπιον αὐτοῦ ἐν πνεύματι καὶ δυνάμει Ἠλίου, ἐπιστρέψαι καρδίας πατέρων **ἐπὶ τέκνα** καὶ ἀπειθεῖς ἐν φρονήσει δικαίων, ...	
200	**Mt 2,18**	*φωνὴ ἐν Ῥαμὰ ἠκούσθη, κλαυθμὸς καὶ ὀδυρμὸς πολύς· Ῥαχὴλ κλαίουσα* ***τὰ τέκνα αὐτῆς,*** *καὶ οὐκ ἤθελεν παρακληθῆναι, ὅτι οὐκ εἰσίν.* ➤ Jer 31,15					
a 002					**Lk 2,48**	καὶ ἰδόντες αὐτὸν ἐξεπλάγησαν, καὶ εἶπεν πρὸς αὐτὸν ἡ μήτηρ αὐτοῦ· **τέκνον,** τί ἐποίησας ἡμῖν οὕτως; ἰδοὺ ὁ πατήρ σου κἀγὼ ὀδυνώμενοι ἐζητοῦμέν σε.	
202	**Mt 3,9**	... λέγω γὰρ ὑμῖν ὅτι δύναται ὁ θεὸς ἐκ τῶν λίθων τούτων ἐγεῖραι **τέκνα** τῷ Ἀβραάμ.			**Lk 3,8**	... λέγω γὰρ ὑμῖν ὅτι δύναται ὁ θεὸς ἐκ τῶν λίθων τούτων ἐγεῖραι **τέκνα** τῷ Ἀβραάμ.	
102	**Mt 11,19**	... καὶ ἐδικαιώθη ἡ σοφία **ἀπὸ τῶν ἔργων αὐτῆς.**			**Lk 7,35**	καὶ ἐδικαιώθη ἡ σοφία **ἀπὸ πάντων τῶν τέκνων αὐτῆς.**	

a 202	**Mt 7,11**	εἰ οὖν ὑμεῖς πονηροὶ ὄντες οἴδατε δόματα ἀγαθὰ διδόναι **τοῖς τέκνοις ὑμῶν,** πόσῳ μᾶλλον ὁ πατὴρ ὑμῶν ὁ ἐν τοῖς οὐρανοῖς δώσει ἀγαθὰ τοῖς αἰτοῦσιν αὐτόν.			**Lk 11,13**	εἰ οὖν ὑμεῖς πονηροὶ ὑπάρχοντες οἴδατε δόματα ἀγαθὰ διδόναι **τοῖς τέκνοις ὑμῶν,** πόσῳ μᾶλλον ὁ πατὴρ [ὁ] ἐξ οὐρανοῦ δώσει πνεῦμα ἅγιον τοῖς αἰτοῦσιν αὐτόν.	
   221	**Mt 9,2**	... καὶ ἰδὼν ὁ Ἰησοῦς τὴν πίστιν αὐτῶν εἶπεν τῷ παραλυτικῷ· θάρσει, **τέκνον,** ἀφίενταί σου αἱ ἁμαρτίαι.	**Mk 2,5**	καὶ ἰδὼν ὁ Ἰησοῦς τὴν πίστιν αὐτῶν λέγει τῷ παραλυτικῷ· **τέκνον,** ἀφίενταί σου αἱ ἁμαρτίαι.	**Lk 5,20** → Lk 7,48	καὶ ἰδὼν τὴν πίστιν αὐτῶν εἶπεν· **ἄνθρωπε,** ἀφέωνταί σοι αἱ ἁμαρτίαι σου.	
a 221 *a* 221	**Mt 10,21** **(2)** ⇩ Mt 24,9 → Mt 10,35 → Mt 24,10	παραδώσει δὲ ἀδελφὸς ἀδελφὸν εἰς θάνατον καὶ πατὴρ **τέκνον,** καὶ ἐπαναστήσονται **τέκνα** ἐπὶ γονεῖς καὶ θανατώσουσιν αὐτούς.	**Mk 13,12** **(2)**	καὶ παραδώσει ἀδελφὸς ἀδελφὸν εἰς θάνατον καὶ πατὴρ **τέκνον,** καὶ ἐπαναστήσονται **τέκνα** ἐπὶ γονεῖς καὶ θανατώσουσιν αὐτούς·	**Lk 21,16** → Lk 12,53	παραδοθήσεσθε δὲ καὶ ὑπὸ γονέων καὶ ἀδελφῶν καὶ συγγενῶν καὶ φίλων, καὶ θανατώσουσιν ἐξ ὑμῶν	
  120 220	**Mt 15,26**	ὁ δὲ ἀποκριθεὶς εἶπεν· οὐκ ἔστιν καλὸν λαβεῖν **τὸν ἄρτον τῶν τέκνων** καὶ βαλεῖν τοῖς κυναρίοις.	**Mk 7,27** **(2)**	καὶ ἔλεγεν αὐτῇ· ἄφες πρῶτον χορτασθῆναι **τὰ τέκνα,** οὐ γάρ ἐστιν καλὸν λαβεῖν **τὸν ἄρτον τῶν τέκνων** καὶ τοῖς κυναρίοις βαλεῖν.			
    200	**Mt 18,25**	μὴ ἔχοντος δὲ αὐτοῦ ἀποδοῦναι ἐκέλευσεν αὐτὸν ὁ κύριος πραθῆναι καὶ τὴν γυναῖκα καὶ **τὰ τέκνα** καὶ πάντα ὅσα ἔχει, καὶ ἀποδοθῆναι.					
  202	**Mt 23,37**	... ποσάκις ἠθέλησα ἐπισυναγαγεῖν **τὰ τέκνα σου,** ὃν τρόπον ὄρνις ἐπισυνάγει τὰ νοσσία αὐτῆς ὑπὸ τὰς πτέρυγας, καὶ οὐκ ἠθελήσατε.			**Lk 13,34**	... ποσάκις ἠθέλησα ἐπισυνάξαι **τὰ τέκνα σου** ὃν τρόπον ὄρνις τὴν ἑαυτῆς νοσσιὰν ὑπὸ τὰς πτέρυγας, καὶ οὐκ ἠθελήσατε.	
a 102	**Mt 10,37** ↓ **Mt 19,29**	 ὁ φιλῶν πατέρα ἢ μητέρα ὑπὲρ ἐμὲ οὐκ ἔστιν μου ἄξιος, καὶ ὁ φιλῶν **υἱὸν ἢ θυγατέρα** ὑπὲρ ἐμὲ οὐκ ἔστιν μου ἄξιος·	↓ **Mk 10,29**		**Lk 14,26** ↓ **Lk 18,29**	εἴ τις ἔρχεται πρός με καὶ οὐ μισεῖ τὸν πατέρα ἑαυτοῦ καὶ τὴν μητέρα καὶ τὴν γυναῖκα καὶ **τὰ τέκνα** καὶ τοὺς ἀδελφοὺς καὶ τὰς ἀδελφάς ἔτι τε καὶ τὴν ψυχὴν ἑαυτοῦ, οὐ δύναται εἶναί μου μαθητής.	→ GTh 55 → GTh 101
 002					**Lk 15,31**	ὁ δὲ εἶπεν αὐτῷ· **τέκνον,** σὺ πάντοτε μετ' ἐμοῦ εἶ, ...	
 002					**Lk 16,25**	εἶπεν δὲ Ἀβραάμ· **τέκνον,** μνήσθητι ὅτι ἀπέλαβες τὰ ἀγαθά σου ἐν τῇ ζωῇ σου, καὶ Λάζαρος ὁμοίως τὰ κακά· ...	

120	**Mt 19,24**	πάλιν δὲ λέγω ὑμῖν, ...	**Mk 10,24**	... ὁ δὲ Ἰησοῦς πάλιν ἀποκριθεὶς λέγει αὐτοῖς· **τέκνα,** πῶς δύσκολόν ἐστιν εἰς τὴν βασιλείαν τοῦ θεοῦ εἰσελθεῖν·			
a 222	**Mt 19,29** ↑ Mt 10,37	καὶ πᾶς ὅστις ἀφῆκεν οἰκίας ἢ ἀδελφοὺς ἢ ἀδελφὰς ἢ πατέρα ἢ μητέρα ἢ **τέκνα** ἢ ἀγροὺς ἕνεκεν τοῦ ὀνόματός μου,	**Mk 10,29**	... οὐδείς ἐστιν ὃς ἀφῆκεν οἰκίαν ἢ ἀδελφοὺς ἢ ἀδελφὰς ἢ μητέρα ἢ πατέρα ἢ **τέκνα** ἢ ἀγροὺς ἕνεκεν ἐμοῦ καὶ ἕνεκεν τοῦ εὐαγγελίου,	**Lk 18,29** ↑ Lk 14,26	... οὐδείς ἐστιν ὃς ἀφῆκεν οἰκίαν ἢ γυναῖκα ἢ ἀδελφοὺς ἢ γονεῖς ἢ **τέκνα** ἕνεκεν τῆς βασιλείας τοῦ θεοῦ,	→ GTh 55 → GTh 101
a 121		ἑκατονταπλασίονα λήμψεται καὶ ζωὴν αἰώνιον κληρονομήσει.	**Mk 10,30**	ἐὰν μὴ λάβῃ ἑκατονταπλασίονα νῦν ἐν τῷ καιρῷ τούτῳ οἰκίας καὶ ἀδελφοὺς καὶ ἀδελφὰς καὶ μητέρας καὶ **τέκνα** καὶ ἀγροὺς μετὰ διωγμῶν, καὶ ἐν τῷ αἰῶνι τῷ ἐρχομένῳ ζωὴν αἰώνιον.	**Lk 18,30** ↑ Lk 14,26	ὃς οὐχὶ μὴ [ἀπο]λάβῃ πολλαπλασίονα ἐν τῷ καιρῷ τούτῳ καὶ ἐν τῷ αἰῶνι τῷ ἐρχομένῳ ζωὴν αἰώνιον.	→ GTh 55 → GTh 101
002					**Lk 19,44** → Mt 24,2 → Mk 13,2 → Lk 21,6 → Lk 21,24	καὶ ἐδαφιοῦσίν σε καὶ **τὰ τέκνα σου** ἐν σοί, καὶ οὐκ ἀφήσουσιν λίθον ἐπὶ λίθον ἐν σοί, ἀνθ' ὧν οὐκ ἔγνως τὸν καιρὸν τῆς ἐπισκοπῆς σου.	
200 200	**Mt 21,28** **(2)** → Lk 15,11	... ἄνθρωπος εἶχεν **τέκνα δύο.** καὶ προσελθὼν τῷ πρώτῳ εἶπεν· **τέκνον,** ὕπαγε σήμερον ἐργάζου ἐν τῷ ἀμπελῶνι.					
221	**Mt 22,24**	... *ἐάν τις* *ἀποθάνῃ* ***μὴ ἔχων τέκνα,*** *ἐπιγαμβρεύσει ὁ ἀδελφὸς* *αὐτοῦ τὴν γυναῖκα* *αὐτοῦ καὶ ἀναστήσει* *σπέρμα τῷ ἀδελφῷ αὐτοῦ·* ➤ Deut 25,5; Gen 38,8	**Mk 12,19**	... *ἐάν τινος ἀδελφὸς* *ἀποθάνῃ* καὶ καταλίπῃ γυναῖκα *καὶ* ***μὴ ἀφῇ τέκνον,*** *ἵνα λάβῃ ὁ ἀδελφὸς* *αὐτοῦ τὴν γυναῖκα* *καὶ ἐξαναστήσῃ* *σπέρμα τῷ ἀδελφῷ αὐτοῦ.* ➤ Deut 25,5; Gen 38,8	**Lk 20,28**	... *ἐάν τινος ἀδελφὸς* *ἀποθάνῃ* ἔχων γυναῖκα, καὶ οὗτος ***ἄτεκνος ᾖ,*** *ἵνα λάβῃ ὁ ἀδελφὸς* *αὐτοῦ τὴν γυναῖκα* *καὶ ἐξαναστήσῃ* *σπέρμα τῷ ἀδελφῷ αὐτοῦ.* ➤ Deut 25,5; Gen 38,8	
112	**Mt 22,26**	ὁμοίως καὶ ὁ δεύτερος καὶ ὁ τρίτος ἕως τῶν ἑπτά. [27] ὕστερον δὲ πάντων ἀπέθανεν ἡ γυνή.	**Mk 12,22**	[21] καὶ ὁ δεύτερος ἔλαβεν αὐτὴν καὶ ἀπέθανεν μὴ καταλιπὼν σπέρμα· καὶ ὁ τρίτος ὡσαύτως· [22] καὶ οἱ ἑπτὰ οὐκ ἀφῆκαν **σπέρμα.** ἔσχατον πάντων καὶ ἡ γυνὴ ἀπέθανεν.	**Lk 20,31**	[30] καὶ ὁ δεύτερος [31] καὶ ὁ τρίτος ἔλαβεν αὐτήν, ὡσαύτως δὲ καὶ οἱ ἑπτὰ οὐ κατέλιπον **τέκνα** καὶ ἀπέθανον. [32] ὕστερον καὶ ἡ γυνὴ ἀπέθανεν.	
202	**Mt 23,37**	... ποσάκις ἠθέλησα ἐπισυναγαγεῖν **τὰ τέκνα σου,** ὃν τρόπον ὄρνις ἐπισυνάγει τὰ νοσσία αὐτῆς ὑπὸ τὰς πτέρυγας, καὶ οὐκ ἠθελήσατε.			**Lk 13,34**	... ποσάκις ἠθέλησα ἐπισυνάξαι **τὰ τέκνα σου** ὃν τρόπον ὄρνις τὴν ἑαυτῆς νοσσιὰν ὑπὸ τὰς πτέρυγας, καὶ οὐκ ἠθελήσατε.	

a 221 *a* 221	**Mt 10,21 (2)** ⇩ Mt 24,9 → Mt 10,35 → Mt 24,10	παραδώσει δὲ ἀδελφὸς ἀδελφὸν εἰς θάνατον καὶ πατὴρ **τέκνον,** καὶ ἐπαναστήσονται **τέκνα** ἐπὶ γονεῖς καὶ θανατώσουσιν αὐτούς.	**Mk 13,12 (2)**	καὶ παραδώσει ἀδελφὸς ἀδελφὸν εἰς θάνατον καὶ πατὴρ **τέκνον,** καὶ ἐπαναστήσονται **τέκνα** ἐπὶ γονεῖς καὶ θανατώσουσιν αὐτούς·	**Lk 21,16** → Lk 12,53	παραδοθήσεσθε δὲ καὶ ὑπὸ γονέων καὶ ἀδελφῶν καὶ συγγενῶν καὶ φίλων, καὶ θανατώσουσιν ἐξ ὑμῶν	
	Mt 24,9 ⇧ **Mt 10,21**	τότε παραδώσουσιν ὑμᾶς εἰς θλῖψιν καὶ ἀποκτενοῦσιν ὑμᾶς, ...					
200	**Mt 27,25**	καὶ ἀποκριθεὶς πᾶς ὁ λαὸς εἶπεν· τὸ αἷμα αὐτοῦ ἐφ' ἡμᾶς καὶ **ἐπὶ τὰ τέκνα ἡμῶν.**					→ Acts 5,28 → Acts 18,6
002					**Lk 23,28**	... θυγατέρες Ἰερουσαλήμ, μὴ κλαίετε ἐπ' ἐμέ· πλὴν ἐφ' ἑαυτὰς κλαίετε καὶ **ἐπὶ τὰ τέκνα ὑμῶν**	

Acts 2,39 ὑμῖν γάρ ἐστιν ἡ ἐπαγγελία καὶ **τοῖς τέκνοις ὑμῶν** καὶ πᾶσιν τοῖς εἰς μακρὰν, ...

Acts 7,5 καὶ οὐκ ἔδωκεν αὐτῷ κληρονομίαν ἐν αὐτῇ οὐδὲ βῆμα ποδὸς καὶ ἐπηγγείλατο *δοῦναι αὐτῷ εἰς κατάσχεσιν αὐτὴν καὶ τῷ σπέρματι αὐτοῦ μετ' αὐτόν,* οὐκ ὄντος αὐτῷ **τέκνου.**
➤ Gen 48,4

Acts 13,33 [32] καὶ ἡμεῖς ὑμᾶς εὐαγγελιζόμεθα τὴν πρὸς τοὺς πατέρας ἐπαγγελίαν γενομένην, [33] ὅτι ταύτην ὁ θεὸς ἐκπεπλήρωκεν **τοῖς τέκνοις [αὐτῶν]** ἡμῖν ἀναστήσας Ἰησοῦν ...

Acts 21,5 ... ἐξελθόντες ἐπορευόμεθα προπεμπόντων ἡμᾶς πάντων **σὺν γυναιξὶ καὶ τέκνοις** ἕως ἔξω τῆς πόλεως, καὶ θέντες τὰ γόνατα ἐπὶ τὸν αἰγιαλὸν προσευξάμενοι

Acts 21,21 ... ἀποστασίαν διδάσκεις ἀπὸ Μωϋσέως τοὺς κατὰ τὰ ἔθνη πάντας Ἰουδαίους λέγων μὴ περιτέμνειν αὐτοὺς **τὰ τέκνα** μηδὲ τοῖς ἔθεσιν περιπατεῖν.

τέκτων

Syn	Mt	Mk	Lk	Acts	Jn	1-3John	Paul	Eph	Col
2	1	1							
NT	2Thess	1/2Tim	Tit	Heb	Jas	1Pet	2Pet	Jude	Rev
2									

carpenter; wood-worker; builder

221	**Mt 13,55** → Mt 1,16	οὐχ οὗτός ἐστιν **ὁ τοῦ τέκτονος υἱός;** οὐχ ἡ μήτηρ αὐτοῦ λέγεται Μαριὰμ καὶ οἱ ἀδελφοὶ αὐτοῦ Ἰάκωβος καὶ Ἰωσὴφ καὶ Σίμων καὶ Ἰούδας;	**Mk 6,3** → Mt 1,16	οὐχ οὗτός ἐστιν **ὁ τέκτων,** ὁ υἱὸς τῆς Μαρίας καὶ ἀδελφὸς Ἰακώβου καὶ Ἰωσῆτος καὶ Ἰούδα καὶ Σίμωνος; ...	**Lk 4,22** → Lk 3,23	... οὐχὶ **υἱός ἐστιν Ἰωσὴφ** οὗτος;	→ Jn 6,42

τέλειος	Syn 3	Mt 3	Mk	Lk	Acts	Jn	1-3John 1	Paul 5	Eph 1	Col 2
	NT 19	2Thess	1/2Tim	Tit	Heb 2	Jas 5	1Pet	2Pet	Jude	Rev

having attained the end, purpose; complete; perfect; fully developed

201 201	**Mt 5,48** (2) ἔσεσθε οὖν ὑμεῖς **τέλειοι** ὡς ὁ πατὴρ ὑμῶν ὁ οὐράνιος **τέλειός** ἐστιν.		**Lk 6,36** γίνεσθε **οἰκτίρμονες** καθὼς [καὶ] ὁ πατὴρ ὑμῶν **οἰκτίρμων** ἐστίν.	
211	**Mt 19,21** → Mt 6,20 ... εἰ θέλεις **τέλειος** εἶναι, ὕπαγε πώλησόν σου τὰ ὑπάρχοντα καὶ δὸς [τοῖς] πτωχοῖς, ...	**Mk 10,21** ... ἕν σε ὑστερεῖ· ὕπαγε, ὅσα ἔχεις πώλησον καὶ δὸς [τοῖς] πτωχοῖς, ...	**Lk 18,22** → Lk 12,33 ... ἔτι ἕν σοι λείπει· πάντα ὅσα ἔχεις πώλησον καὶ διάδος πτωχοῖς, ...	→ Acts 2,45

τελειόω	Syn 2	Mt	Mk	Lk 2	Acts 1	Jn 5	1-3John 4	Paul 1	Eph	Col
	NT 23	2Thess	1/2Tim	Tit	Heb 9	Jas 1	1Pet	2Pet	Jude	Rev

complete; bring to an end; finish; accomplish; fulfill; make perfect

002			**Lk 2,43** καὶ **τελειωσάντων** τὰς ἡμέρας, ἐν τῷ ὑποστρέφειν αὐτοὺς ὑπέμεινεν Ἰησοῦς ὁ παῖς ἐν Ἰερουσαλήμ, ...	
002			**Lk 13,32** ... ἰδοὺ ἐκβάλλω δαιμόνια καὶ ἰάσεις ἀποτελῶ σήμερον καὶ αὔριον καὶ τῇ τρίτῃ **τελειοῦμαι.**	

Acts 20,24 ἀλλ᾽ οὐδενὸς λόγου
ποιοῦμαι τὴν ψυχὴν
τιμίαν ἐμαυτῷ
ὡς **τελειῶσαι**
τὸν δρόμον μου
καὶ τὴν διακονίαν ...

τελείωσις	Syn 1	Mt	Mk	Lk 1	Acts	Jn	1-3John	Paul	Eph	Col
	NT 2	2Thess	1/2Tim	Tit	Heb 1	Jas	1Pet	2Pet	Jude	Rev

perfection

002			**Lk 1,45** → Lk 1,48 → Lk 11,28 καὶ μακαρία ἡ πιστεύσασα ὅτι ἔσται **τελείωσις** τοῖς λελαλημένοις αὐτῇ παρὰ κυρίου.	

τελεσφορέω	Syn 1	Mt	Mk	Lk 1	Acts	Jn	1-3John	Paul	Eph	Col
	NT 1	2Thess	1/2Tim	Tit	Heb	Jas	1Pet	2Pet	Jude	Rev

bear fruit to maturity

112	Mt 13,22	... καὶ ἡ μέριμνα τοῦ αἰῶνος καὶ ἡ ἀπάτη τοῦ πλούτου συμπνίγει τὸν λόγον καὶ ἄκαρπος γίνεται.	Mk 4,19	καὶ αἱ μέριμναι τοῦ αἰῶνος καὶ ἡ ἀπάτη τοῦ πλούτου καὶ αἱ περὶ τὰ λοιπὰ ἐπιθυμίαι εἰσπορευόμεναι συμπνίγουσιν τὸν λόγον καὶ ἄκαρπος γίνεται.	Lk 8,14	... καὶ ὑπὸ μεριμνῶν καὶ πλούτου καὶ ἡδονῶν τοῦ βίου πορευόμενοι συμπνίγονται καὶ οὐ **τελεσφοροῦσιν**.	

τελευτάω	Syn 7	Mt 4	Mk 2	Lk 1	Acts 2	Jn 1	1-3John	Paul	Eph	Col
	NT 11	2Thess	1/2Tim	Tit	Heb 1	Jas	1Pet	2Pet	Jude	Rev

come to an end; die

	triple tradition																	double tradition			Sondergut		
		+Mt / +Lk			–Mt / –Lk			traditions not taken over by Mt / Lk							subtotals								
code	222	211	112	212	221	122	121	022	012	021	220	120	210	020	Σ⁺	Σ⁻	Σ	202	201	102	200	002	total
Mt		2⁺									1				2⁺		3				1		**4**
Mk											1			1			2						**2**
Lk																				1			**1**

200	Mt 2,19	**τελευτήσαντος** δὲ τοῦ Ἡρῴδου ἰδοὺ ἄγγελος κυρίου φαίνεται κατ' ὄναρ τῷ Ἰωσὴφ ...					
102	Mt 8,6	[5] ... ἑκατόνταρχος ... [6] ... λέγων· κύριε, ὁ παῖς μου βέβληται ἐν τῇ οἰκίᾳ παραλυτικός, δεινῶς βασανιζόμενος.			Lk 7,2	ἑκατοντάρχου δέ τινος δοῦλος κακῶς ἔχων ἤμελλεν **τελευτᾶν**, ὃς ἦν αὐτῷ ἔντιμος.	→ Jn 4,46-47
211	Mt 9,18	 ... λέγων ὅτι ἡ θυγάτηρ μου ἄρτι **ἐτελεύτησεν**· ἀλλὰ ἐλθὼν ἐπίθες τὴν χεῖρά σου ἐπ' αὐτήν, καὶ ζήσεται.	Mk 5,23	καὶ παρακαλεῖ αὐτὸν πολλὰ λέγων ὅτι τὸ θυγάτριόν μου ἐσχάτως ἔχει, ἵνα ἐλθὼν ἐπιθῇς τὰς χεῖρας αὐτῇ ἵνα σωθῇ καὶ ζήσῃ.	Lk 8,42 → Mk 5,42	[41] ... παρεκάλει αὐτὸν εἰσελθεῖν εἰς τὸν οἶκον αὐτοῦ, [42] ὅτι θυγάτηρ μονογενὴς ἦν αὐτῷ ὡς ἐτῶν δώδεκα καὶ αὐτὴ ἀπέθνῃσκεν. ...	
220	Mt 15,4	ὁ γὰρ θεὸς εἶπεν· *τίμα τὸν πατέρα* *καὶ τὴν μητέρα,* καί· *ὁ κακολογῶν* *πατέρα ἢ μητέρα θανάτῳ* ***τελευτάτω***· ➤ Exod 20,12/Deut 5,16 ➤ Exod 21,17/Lev 20,9	Mk 7,10	Μωϋσῆς γὰρ εἶπεν· *τίμα τὸν πατέρα σου* *καὶ τὴν μητέρα σου,* καί· *ὁ κακολογῶν* *πατέρα ἢ μητέρα θανάτῳ* ***τελευτάτω***. ➤ Exod 20,12/Deut 5,16 ➤ Exod 21,17/Lev 20,9			
020			Mk 9,48	ὅπου *ὁ σκώληξ αὐτῶν* ***οὐ τελευτᾷ*** *καὶ τὸ πῦρ οὐ σβέννυται.* ➤ Isa 66,24			

211	**Mt 22,25** ἦσαν δὲ παρ' ἡμῖν ἑπτὰ ἀδελφοί· καὶ ὁ πρῶτος γήμας **ἐτελεύτησεν,** καὶ μὴ ἔχων σπέρμα ἀφῆκεν τὴν γυναῖκα αὐτοῦ τῷ ἀδελφῷ αὐτοῦ·	**Mk 12,20** ἑπτὰ ἀδελφοὶ ἦσαν· καὶ ὁ πρῶτος ἔλαβεν γυναῖκα καὶ **ἀποθνῄσκων** οὐκ ἀφῆκεν σπέρμα·	**Lk 20,29** ἑπτὰ οὖν ἀδελφοὶ ἦσαν· καὶ ὁ πρῶτος λαβὼν γυναῖκα **ἀπέθανεν** ἄτεκνος·	

Acts 2,29 ἄνδρες ἀδελφοί, ἐξὸν εἰπεῖν μετὰ παρρησίας πρὸς ὑμᾶς περὶ τοῦ πατριάρχου Δαυὶδ ὅτι καὶ **ἐτελεύτησεν** καὶ ἐτάφη, καὶ τὸ μνῆμα αὐτοῦ ἔστιν ἐν ἡμῖν ἄχρι τῆς ἡμέρας ταύτης.

Acts 7,15 καὶ κατέβη Ἰακὼβ εἰς Αἴγυπτον καὶ **ἐτελεύτησεν** αὐτὸς καὶ οἱ πατέρες ἡμῶν

τελευτή

	Syn	Mt	Mk	Lk	Acts	Jn	1-3John	Paul	Eph	Col
	1	1								
	NT	2Thess	1/2Tim	Tit	Heb	Jas	1Pet	2Pet	Jude	Rev
	1									

end; death

200	**Mt 2,15** καὶ ἦν ἐκεῖ **ἕως τῆς τελευτῆς Ἡρῴδου·** ἵνα πληρωθῇ τὸ ῥηθὲν ὑπὸ κυρίου διὰ τοῦ προφήτου λέγοντος· *ἐξ Αἰγύπτου ἐκάλεσα τὸν υἱόν μου.* ➤ Hos 11,1			

τελέω

	Syn	Mt	Mk	Lk	Acts	Jn	1-3John	Paul	Eph	Col
	11	7		4	1	2		4		
	NT	2Thess	1/2Tim	Tit	Heb	Jas	1Pet	2Pet	Jude	Rev
	28		1			1				8

complete; bring to an end; finish; carry out; accomplish; perform; fulfill; keep; pay

	triple tradition																	double tradition			Sondergut		
		+Mt / +Lk			–Mt / –Lk			traditions not taken over by Mt / Lk							subtotals								
code	222	211	112	212	221	122	121	022	012	021	220	120	210	020	Σ⁺	Σ⁻	Σ	202	201	102	200	002	total
Mt													2⁺		2⁺		2		1		4		7
Mk																							
Lk			1⁺												1⁺		1					3	4

002			**Lk 2,39** → Mt 2,22-23 καὶ **ὡς ἐτέλεσαν** πάντα τὰ κατὰ τὸν νόμον κυρίου, ἐπέστρεψαν εἰς τὴν Γαλιλαίαν εἰς πόλιν ἑαυτῶν Ναζαρέθ.	
201	**Mt 7,28** καὶ ἐγένετο ὅτε **ἐτέλεσεν** ὁ Ἰησοῦς τοὺς λόγους τούτους, ...		**Lk 7,1** ἐπειδὴ **ἐπλήρωσεν** πάντα τὰ ῥήματα αὐτοῦ εἰς τὰς ἀκοὰς τοῦ λαοῦ, ...	

200	**Mt 10,23** → Mt 23,34 → Lk 11,49	ὅταν δὲ διώκωσιν ὑμᾶς ἐν τῇ πόλει ταύτῃ, φεύγετε εἰς τὴν ἑτέραν· ἀμὴν γὰρ λέγω ὑμῖν, **οὐ μὴ τελέσητε** τὰς πόλεις τοῦ Ἰσραὴλ ἕως ἂν ἔλθῃ ὁ υἱὸς τοῦ ἀνθρώπου.					
200	**Mt 11,1**	καὶ ἐγένετο ὅτε **ἐτέλεσεν** ὁ Ἰησοῦς διατάσσων τοῖς δώδεκα μαθηταῖς αὐτοῦ, μετέβη ἐκεῖθεν ...					
210	**Mt 13,53**	καὶ ἐγένετο ὅτε **ἐτέλεσεν** ὁ Ἰησοῦς τὰς παραβολὰς ταύτας, μετῆρεν ἐκεῖθεν.	**Mk 6,1**	καὶ ἐξῆλθεν ἐκεῖθεν ...			
200	**Mt 17,24**	... προσῆλθον οἱ τὰ δίδραχμα λαμβάνοντες τῷ Πέτρῳ καὶ εἶπαν· ὁ διδάσκαλος ὑμῶν **οὐ τελεῖ** [τὰ] δίδραχμα;					
002	Mt 20,22	... δύνασθε πιεῖν τὸ ποτήριον ὃ ἐγὼ μέλλω πίνειν; ...	Mk 10,38	... δύνασθε πιεῖν τὸ ποτήριον ὃ ἐγὼ πίνω ἢ τὸ βάπτισμα ὃ ἐγὼ βαπτίζομαι βαπτισθῆναι;	**Lk 12,50**	βάπτισμα δὲ ἔχω βαπτισθῆναι, καὶ πῶς συνέχομαι ἕως ὅτου **τελεσθῇ.**	
210	**Mt 19,1** → Lk 9,51	καὶ ἐγένετο ὅτε **ἐτέλεσεν** ὁ Ἰησοῦς τοὺς λόγους τούτους, μετῆρεν ἀπὸ τῆς Γαλιλαίας καὶ ἦλθεν εἰς τὰ ὅρια τῆς Ἰουδαίας πέραν τοῦ Ἰορδάνου.	**Mk 10,1** → Lk 9,51	 καὶ ἐκεῖθεν ἀναστὰς ἔρχεται εἰς τὰ ὅρια τῆς Ἰουδαίας [καὶ] πέραν τοῦ Ἰορδάνου, ...			
112	**Mt 20,18** → Mt 16,21 → Mt 17,22-23	ἰδοὺ ἀναβαίνομεν εἰς Ἱεροσόλυμα, καὶ ὁ υἱὸς τοῦ ἀνθρώπου παραδοθήσεται ...	**Mk 10,33** → Mk 8,31 → Mk 9,31	ὅτι ἰδοὺ ἀναβαίνομεν εἰς Ἱεροσόλυμα, καὶ ὁ υἱὸς τοῦ ἀνθρώπου παραδοθήσεται ...	**Lk 18,31** → Lk 9,22 → Lk 9,44 → Lk 17,25 → Lk 24,7 → Lk 24,26 → Lk 24,46	... ἰδοὺ ἀναβαίνομεν εἰς Ἰερουσαλήμ, καὶ **τελεσθήσεται** πάντα τὰ γεγραμμένα διὰ τῶν προφητῶν τῷ υἱῷ τοῦ ἀνθρώπου·	
200	**Mt 26,1**	καὶ ἐγένετο ὅτε **ἐτέλεσεν** ὁ Ἰησοῦς πάντας τοὺς λόγους τούτους, εἶπεν τοῖς μαθηταῖς αὐτοῦ·					
002					**Lk 22,37** → Mt 27,38 → Mk 15,27 → Lk 23,33	λέγω γὰρ ὑμῖν ὅτι τοῦτο τὸ γεγραμμένον δεῖ **τελεσθῆναι** ἐν ἐμοί, τό· *καὶ μετὰ* *ἀνόμων ἐλογίσθη*· καὶ γὰρ τὸ περὶ ἐμοῦ τέλος ἔχει. ➤ Isa 53,12	→ Jn 19,18

Acts 13,29 **ὡς δὲ ἐτέλεσαν**
πάντα τὰ περὶ αὐτοῦ
γεγραμμένα, καθελόντες
ἀπὸ τοῦ ξύλου ἔθηκαν
εἰς μνημεῖον.

τέλος	Syn 13	Mt 6	Mk 3	Lk 4	Acts	Jn 1	1-3John	Paul 13	Eph	Col
	NT 40	2Thess	1/2Tim 1	Tit	Heb 4	Jas 1	1Pet 4	2Pet	Jude	Rev 3

end; termination; cessation; the last part; close; conclusion; goal; rest; reminder; (indirect) tax; customs duties

	triple tradition																	double tradition			Sondergut		
		+Mt / +Lk			−Mt / −Lk			traditions not taken over by Mt / Lk							subtotals								
code	*222*	*211*	*112*	*212*	*221*	*122*	*121*	*022*	*012*	*021*	*220*	*120*	*210*	*020*	Σ⁺	Σ⁻	Σ	*202*	*201*	*102*	*200*	*002*	total
Mt	1	1⁺			1								1⁺		2⁺		4				2		**6**
Mk	1				1									1			3						**3**
Lk	1				1⁻											1⁻	1					3	**4**

a εἰς τέλος

002			**Lk 1,33** → Lk 22,29 καὶ βασιλεύσει ἐπὶ τὸν οἶκον Ἰακὼβ εἰς τοὺς αἰῶνας καὶ τῆς βασιλείας αὐτοῦ οὐκ ἔσται **τέλος**.	
a 221	**Mt 10,22** ⇩ Mt 24,13 ... ὁ δὲ ὑπομείνας **εἰς τέλος** οὗτος σωθήσεται.	**Mk 13,13** ... ὁ δὲ ὑπομείνας **εἰς τέλος** οὗτος σωθήσεται.	**Lk 21,19** ἐν τῇ ὑπομονῇ ὑμῶν κτήσασθε τὰς ψυχὰς ὑμῶν.	
020	Mt 12,26 καὶ εἰ ὁ σατανᾶς τὸν σατανᾶν ἐκβάλλει, ἐφ' ἑαυτὸν ἐμερίσθη· πῶς οὖν σταθήσεται ἡ βασιλεία αὐτοῦ;	**Mk 3,26** καὶ εἰ ὁ σατανᾶς ἀνέστη ἐφ' ἑαυτὸν καὶ ἐμερίσθη, οὐ δύναται στῆναι ἀλλὰ **τέλος** ἔχει.	Lk 11,18 εἰ δὲ καὶ ὁ σατανᾶς ἐφ' ἑαυτὸν διεμερίσθη, πῶς σταθήσεται ἡ βασιλεία αὐτοῦ; ...	Mk-Q overlap
200	**Mt 17,25** ... οἱ βασιλεῖς τῆς γῆς ἀπὸ τίνων λαμβάνουσιν **τέλη** ἢ κῆνσον; ἀπὸ τῶν υἱῶν αὐτῶν ἢ ἀπὸ τῶν ἀλλοτρίων;			
a 002			**Lk 18,5** διά γε τὸ παρέχειν μοι κόπον τὴν χήραν ταύτην ἐκδικήσω αὐτήν, ἵνα μὴ **εἰς τέλος** ἐρχομένη ὑπωπιάζῃ με.	
222	**Mt 24,6** ... δεῖ γὰρ γενέσθαι, ἀλλ' οὔπω ἐστὶν **τὸ τέλος**.	**Mk 13,7** ... δεῖ γενέσθαι, ἀλλ' οὔπω **τὸ τέλος**.	**Lk 21,9** ... δεῖ γὰρ ταῦτα γενέσθαι πρῶτον, ἀλλ' οὐκ εὐθέως **τὸ τέλος**.	
a 221	**Mt 10,22** ⇩ Mt 24,13 ... ὁ δὲ ὑπομείνας **εἰς τέλος** οὗτος σωθήσεται.	**Mk 13,13** ... ὁ δὲ ὑπομείνας **εἰς τέλος** οὗτος σωθήσεται.	**Lk 21,19** ἐν τῇ ὑπομονῇ ὑμῶν κτήσασθε τὰς ψυχὰς ὑμῶν.	
200	**Mt 24,13** ⇧ Mt 10,22 ↑ Mk 13,13 ↑ Lk 21,19 ὁ δὲ ὑπομείνας **εἰς τέλος** οὗτος σωθήσεται.			
210	**Mt 24,14** → Mt 10,18 → Mk 13,9 → Lk 21,13 → Mt 28,19 καὶ κηρυχθήσεται τοῦτο τὸ εὐαγγέλιον τῆς βασιλείας ἐν ὅλῃ τῇ οἰκουμένῃ εἰς μαρτύριον πᾶσιν τοῖς ἔθνεσιν, καὶ τότε ἥξει **τὸ τέλος**.	**Mk 13,10** καὶ εἰς πάντα τὰ ἔθνη πρῶτον δεῖ κηρυχθῆναι τὸ εὐαγγέλιον.		

002					**Lk 22,37** → Mt 27,38 → Mk 15,27 → Lk 23,33	λέγω γὰρ ὑμῖν ὅτι τοῦτο τὸ γεγραμμένον δεῖ τελεσθῆναι ἐν ἐμοί, τό· *καὶ μετὰ ἀνόμων ἐλογίσθη·* καὶ γὰρ τὸ περὶ ἐμοῦ **τέλος** ἔχει. ➤ Isa 53,12	→ Jn 19,18
211	**Mt 26,58**	ὁ δὲ Πέτρος ... εἰσελθὼν ἔσω ἐκάθητο μετὰ τῶν ὑπηρετῶν ἰδεῖν **τὸ τέλος.**	**Mk 14,54** → Lk 22,56	καὶ ὁ Πέτρος ... ἦν συγκαθήμενος μετὰ τῶν ὑπηρετῶν καὶ θερμαινόμενος πρὸς τὸ φῶς.	**Lk 22,55**	... συγκαθισάντων ἐκάθητο ὁ Πέτρος μέσος αὐτῶν.	→ Jn 18,18

τελώνης	Syn	Mt	Mk	Lk	Acts	Jn	1-3John	Paul	Eph	Col
	21	8	3	10						
	NT	2Thess	1/2Tim	Tit	Heb	Jas	1Pet	2Pet	Jude	Rev
	21									

tax-collector; revenue officer

	triple tradition																	double tradition			Sondergut		
		+Mt / +Lk			–Mt / –Lk			traditions not taken over by Mt / Lk							subtotals								
code	222	211	112	212	221	122	121	022	012	021	220	120	210	020	Σ+	Σ–	Σ	202	201	102	200	002	total
Mt	2	1^+					1^-								1^+	1^-	3	2	1		2		8
Mk	2						1										3						3
Lk	2		1^+				1^-								1^+	1^-	3	2				5	10

002					**Lk 3,12**	ἦλθον δὲ καὶ **τελῶναι** βαπτισθῆναι καὶ εἶπαν πρὸς αὐτόν· διδάσκαλε, τί ποιήσωμεν;	
	Mt 5,46	ἐὰν γὰρ ἀγαπήσητε τοὺς ἀγαπῶντας ὑμᾶς, τίνα μισθὸν ἔχετε;			**Lk 6,32**	καὶ εἰ ἀγαπᾶτε τοὺς ἀγαπῶντας ὑμᾶς, ποία ὑμῖν χάρις ἐστίν; καὶ γὰρ οἱ ἁμαρτωλοὶ τοὺς ἀγαπῶντας αὐτοὺς ἀγαπῶσιν.	
201		οὐχὶ καὶ **οἱ τελῶναι** τὸ αὐτὸ ποιοῦσιν;			**Lk 6,33**	καὶ [γὰρ] ἐὰν ἀγαθοποιῆτε τοὺς ἀγαθοποιοῦντας ὑμᾶς, ποία ὑμῖν χάρις ἐστίν; καὶ **οἱ ἁμαρτωλοὶ** τὸ αὐτὸ ποιοῦσιν.	
112	**Mt 9,9**	καὶ παράγων ὁ Ἰησοῦς ἐκεῖθεν εἶδεν ἄνθρωπον καθήμενον ἐπὶ τὸ τελώνιον, Μαθθαῖον λεγόμενον, ...	**Mk 2,14**	καὶ παράγων εἶδεν Λευὶν τὸν τοῦ Ἁλφαίου καθήμενον ἐπὶ τὸ τελώνιον, ...	**Lk 5,27**	καὶ μετὰ ταῦτα ἐξῆλθεν καὶ ἐθεάσατο **τελώνην** ὀνόματι Λευὶν καθήμενον ἐπὶ τὸ τελώνιον, ...	
222	**Mt 9,10**	καὶ ἐγένετο αὐτοῦ ἀνακειμένου ἐν τῇ οἰκίᾳ, καὶ ἰδοὺ **πολλοὶ τελῶναι καὶ ἁμαρτωλοὶ** ἐλθόντες συνανέκειντο τῷ Ἰησοῦ καὶ τοῖς μαθηταῖς αὐτοῦ.	**Mk 2,15**	καὶ γίνεται κατακεῖσθαι αὐτὸν ἐν τῇ οἰκίᾳ αὐτοῦ, καὶ **πολλοὶ τελῶναι καὶ ἁμαρτωλοὶ** συνανέκειντο τῷ Ἰησοῦ καὶ τοῖς μαθηταῖς αὐτοῦ· ἦσαν γὰρ πολλοὶ καὶ ἠκολούθουν αὐτῷ.	**Lk 5,29** ↓ Lk 15,1	καὶ ἐποίησεν δοχὴν μεγάλην Λευὶς αὐτῷ ἐν τῇ οἰκίᾳ αὐτοῦ, καὶ ἦν **ὄχλος πολὺς τελωνῶν καὶ ἄλλων** οἳ ἦσαν μετ' αὐτῶν κατακείμενοι.	

	Mt 9,11	καὶ ἰδόντες οἱ Φαρισαῖοι	Mk 2,16 (2)	καὶ οἱ γραμματεῖς τῶν Φαρισαίων ἰδόντες ὅτι ἐσθίει	Lk 5,30	καὶ ἐγόγγυζον οἱ Φαρισαῖοι καὶ οἱ γραμματεῖς αὐτῶν	
121				**μετὰ τῶν ἁμαρτωλῶν καὶ τελωνῶν**			
		ἔλεγον τοῖς μαθηταῖς αὐτοῦ· διὰ τί		ἔλεγον τοῖς μαθηταῖς αὐτοῦ· ὅτι		πρὸς τοὺς μαθητὰς αὐτοῦ λέγοντες· διὰ τί	
222		**μετὰ τῶν τελωνῶν καὶ ἁμαρτωλῶν** ἐσθίει ὁ διδάσκαλος ὑμῶν;		**μετὰ τῶν τελωνῶν καὶ ἁμαρτωλῶν** ἐσθίει;	→ Lk 15,2 → Lk 19,7	**μετὰ τῶν τελωνῶν καὶ ἁμαρτωλῶν** ἐσθίετε καὶ πίνετε;	
	Mt 10,3	Φίλιππος καὶ Βαρθολομαῖος, Θωμᾶς καὶ	Mk 3,18	... καὶ Φίλιππον καὶ Βαρθολομαῖον καὶ	Lk 6,15	[14] ... καὶ Φίλιππον καὶ Βαρθολομαῖον [15] καὶ	
211		**Μαθθαῖος ὁ τελώνης,**		**Μαθθαῖον**		**Μαθθαῖον**	
		Ἰάκωβος ὁ τοῦ Ἁλφαίου ...		καὶ Θωμᾶν καὶ Ἰάκωβον τὸν τοῦ Ἁλφαίου ...		καὶ Θωμᾶν καὶ Ἰάκωβον Ἁλφαίου ...	
202	Mt 21,32	ἦλθεν γὰρ Ἰωάννης πρὸς ὑμᾶς ἐν ὁδῷ δικαιοσύνης, καὶ οὐκ ἐπιστεύσατε αὐτῷ, **οἱ δὲ τελῶναι** καὶ αἱ πόρναι ἐπίστευσαν αὐτῷ· ...			Lk 7,29	καὶ πᾶς ὁ λαὸς ἀκούσας **καὶ οἱ τελῶναι** ἐδικαίωσαν τὸν θεόν βαπτισθέντες τὸ βάπτισμα Ἰωάννου· [30] οἱ δὲ Φαρισαῖοι καὶ οἱ νομικοὶ τὴν βουλὴν τοῦ θεοῦ ἠθέτησαν εἰς ἑαυτούς μὴ βαπτισθέντες ὑπ᾽ αὐτοῦ.	
202	Mt 11,19	ἦλθεν ὁ υἱὸς τοῦ ἀνθρώπου ἐσθίων καὶ πίνων, καὶ λέγουσιν· ἰδοὺ ἄνθρωπος φάγος καὶ οἰνοπότης, **τελωνῶν φίλος** καὶ ἁμαρτωλῶν. ...			Lk 7,34	ἐλήλυθεν ὁ υἱὸς τοῦ ἀνθρώπου ἐσθίων καὶ πίνων, καὶ λέγετε· ἰδοὺ ἄνθρωπος φάγος καὶ οἰνοπότης, **φίλος τελωνῶν** καὶ ἁμαρτωλῶν.	
200	Mt 18,17	... ἐὰν δὲ καὶ τῆς ἐκκλησίας παρακούσῃ, ἔστω σοι ὥσπερ ὁ ἐθνικὸς καὶ **ὁ τελώνης.**					
002					Lk 15,1 ↑ Lk 5,29	ἦσαν δὲ αὐτῷ ἐγγίζοντες **πάντες οἱ τελῶναι** καὶ οἱ ἁμαρτωλοὶ ἀκούειν αὐτοῦ.	
002					Lk 18,10	ἄνθρωποι δύο ἀνέβησαν εἰς τὸ ἱερὸν προσεύξασθαι, ὁ εἷς Φαρισαῖος καὶ ὁ ἕτερος **τελώνης.**	
002					Lk 18,11	... ὁ θεός, εὐχαριστῶ σοι ὅτι οὐκ εἰμὶ ὥσπερ οἱ λοιποὶ τῶν ἀνθρώπων, ἅρπαγες, ἄδικοι, μοιχοί, ἢ καὶ **ὡς οὗτος ὁ τελώνης·**	
002					Lk 18,13	**ὁ δὲ τελώνης** μακρόθεν ἑστὼς οὐκ ἤθελεν οὐδὲ τοὺς ὀφθαλμοὺς ἐπᾶραι εἰς τὸν οὐρανόν, ...	

200	**Mt 21,31** ... ἀμὴν λέγω ὑμῖν ὅτι **οἱ τελῶναι** καὶ αἱ πόρναι προάγουσιν ὑμᾶς εἰς τὴν βασιλείαν τοῦ θεοῦ.			
202	**Mt 21,32** ἦλθεν γὰρ Ἰωάννης πρὸς ὑμᾶς ἐν ὁδῷ δικαιοσύνης, καὶ οὐκ ἐπιστεύσατε αὐτῷ, **οἱ δὲ τελῶναι** καὶ αἱ πόρναι ἐπίστευσαν αὐτῷ· ...		**Lk 7,29** καὶ πᾶς ὁ λαὸς ἀκούσας **καὶ οἱ τελῶναι** ἐδικαίωσαν τὸν θεόν βαπτισθέντες τὸ βάπτισμα Ἰωάννου· [30] οἱ δὲ Φαρισαῖοι καὶ οἱ νομικοὶ τὴν βουλὴν τοῦ θεοῦ ἠθέτησαν εἰς ἑαυτοὺς μὴ βαπτισθέντες ὑπ' αὐτοῦ.	

τελώνιον

Syn	Mt	Mk	Lk	Acts	Jn	1-3John	Paul	Eph	Col
3	1	1	1						
NT	2Thess	1/2Tim	Tit	Heb	Jas	1Pet	2Pet	Jude	Rev
3									

revenue office; tax office

222	**Mt 9,9** καὶ παράγων ὁ Ἰησοῦς ἐκεῖθεν εἶδεν ἄνθρωπον καθήμενον **ἐπὶ τὸ τελώνιον,** Μαθθαῖον λεγόμενον, καὶ λέγει αὐτῷ· ἀκολούθει μοι. ...	**Mk 2,14** καὶ παράγων εἶδεν Λευὶν τὸν τοῦ Ἁλφαίου καθήμενον **ἐπὶ τὸ τελώνιον,** καὶ λέγει αὐτῷ· ἀκολούθει μοι. ...	**Lk 5,27** καὶ μετὰ ταῦτα ἐξῆλθεν καὶ ἐθεάσατο τελώνην ὀνόματι Λευὶν καθήμενον **ἐπὶ τὸ τελώνιον,** καὶ εἶπεν αὐτῷ· ἀκολούθει μοι.	

τέρας

Syn	Mt	Mk	Lk	Acts	Jn	1-3John	Paul	Eph	Col
2	1	1		9	1		2		
NT	2Thess	1/2Tim	Tit	Heb	Jas	1Pet	2Pet	Jude	Rev
16	1			1					

prodigy; portent; omen; wonder

220	**Mt 24,24** →Mt 24,5 →Mt 24,11 ἐγερθήσονται γὰρ ψευδόχριστοι καὶ ψευδοπροφῆται καὶ δώσουσιν σημεῖα μεγάλα καὶ **τέρατα** ὥστε πλανῆσαι, εἰ δυνατόν, καὶ τοὺς ἐκλεκτούς·	**Mk 13,22** →Mk 13,6 ἐγερθήσονται γὰρ ψευδόχριστοι καὶ ψευδοπροφῆται καὶ δώσουσιν σημεῖα καὶ **τέρατα** πρὸς τὸ ἀποπλανᾶν, εἰ δυνατόν, τοὺς ἐκλεκτούς.	→Lk 21,8	

Acts 2,19 →Lk 21,11 →Lk 21,25
καὶ δώσω
τέρατα
ἐν τῷ οὐρανῷ ἄνω *καὶ*
σημεῖα *ἐπὶ τῆς γῆς* κάτω,
αἷμα καὶ πῦρ καὶ ἀτμίδα
καπνοῦ.
➤ Joel 3,3 LXX

Acts 2,22 →Lk 24,19
... Ἰησοῦν τὸν Ναζωραῖον,
ἄνδρα ἀποδεδειγμένον
ἀπὸ τοῦ θεοῦ εἰς ὑμᾶς
δυνάμεσι καὶ
τέρασι
καὶ σημείοις οἷς
ἐποίησεν δι' αὐτοῦ ὁ θεὸς
ἐν μέσῳ ὑμῶν καθὼς
αὐτοὶ οἴδατε

Acts 2,43
ἐγίνετο δὲ πάσῃ ψυχῇ
φόβος,
πολλά τε τέρατα καὶ σημεῖα
διὰ τῶν ἀποστόλων
ἐγίνετο.

Acts 4,30
ἐν τῷ τὴν χεῖρά [σου]
ἐκτείνειν σε εἰς ἴασιν
καὶ σημεῖα καὶ
τέρατα
γίνεσθαι διὰ τοῦ
ὀνόματος τοῦ ἁγίου
παιδός σου Ἰησοῦ.

Acts 5,12 διὰ δὲ τῶν χειρῶν τῶν ἀποστόλων ἐγίνετο **σημεῖα καὶ τέρατα πολλὰ** ἐν τῷ λαῷ. καὶ ἦσαν ὁμοθυμαδὸν ἅπαντες ἐν τῇ στοᾷ Σολομῶντος

Acts 6,8 Στέφανος δὲ πλήρης χάριτος καὶ δυνάμεως ἐποίει **τέρατα καὶ σημεῖα μεγάλα** ἐν τῷ λαῷ.

Acts 7,36 οὗτος ἐξήγαγεν αὐτοὺς ποιήσας **τέρατα** καὶ σημεῖα ἐν γῇ Αἰγύπτῳ καὶ ἐν ἐρυθρᾷ θαλάσσῃ καὶ ἐν τῇ ἐρήμῳ ἔτη τεσσεράκοντα.

Acts 14,3 ἱκανὸν μὲν οὖν χρόνον διέτριψαν παρρησιαζό-μενοι ἐπὶ τῷ κυρίῳ τῷ μαρτυροῦντι [ἐπὶ] τῷ λόγῳ τῆς χάριτος αὐτοῦ, διδόντι σημεῖα καὶ **τέρατα** γίνεσθαι διὰ τῶν χειρῶν αὐτῶν.

Acts 15,12 ἐσίγησεν δὲ πᾶν τὸ πλῆθος καὶ ἤκουον Βαρναβᾶ καὶ Παύλου ἐξηγουμένων **ὅσα ἐποίησεν ὁ θεὸς σημεῖα καὶ τέρατα** ἐν τοῖς ἔθνεσιν δι' αὐτῶν.

τέσσαρες	Syn 4	Mt 1	Mk 2	Lk 1	Acts 6	Jn 2	1-3John	Paul	Eph	Col
	NT 41	2Thess	1/2Tim	Tit	Heb	Jas	1Pet	2Pet	Jude	Rev 29

four

002			**Lk 2,37** καὶ αὐτὴ χήρα **ἕως ἐτῶν ὀγδοήκοντα τεσσάρων**, ...	
121	**Mt 9,2** καὶ ἰδοὺ προσέφερον αὐτῷ παραλυτικὸν ἐπὶ κλίνης βεβλημένον. ...	**Mk 2,3** καὶ ἔρχονται φέροντες πρὸς αὐτὸν παραλυτικὸν αἰρόμενον **ὑπὸ τεσσάρων.**	**Lk 5,18** καὶ ἰδοὺ ἄνδρες φέροντες ἐπὶ κλίνης ἄνθρωπον ὃς ἦν παραλελυμένος καὶ ἐζήτουν αὐτὸν εἰσενεγκεῖν ...	
220	**Mt 24,31** → Mt 13,41 καὶ ἀποστελεῖ τοὺς ἀγγέλους αὐτοῦ μετὰ σάλπιγγος μεγάλης, καὶ ἐπισυνάξουσιν τοὺς ἐκλεκτοὺς αὐτοῦ **ἐκ τῶν τεσσάρων ἀνέμων** ἀπ' ἄκρων οὐρανῶν ἕως [τῶν] ἄκρων αὐτῶν.	**Mk 13,27** καὶ τότε ἀποστελεῖ τοὺς ἀγγέλους καὶ ἐπισυνάξει τοὺς ἐκλεκτοὺς [αὐτοῦ] **ἐκ τῶν τεσσάρων ἀνέμων** ἀπ' ἄκρου γῆς ἕως ἄκρου οὐρανοῦ.		

Acts 10,11 ... καταβαῖνον σκεῦός τι ὡς ὀθόνην μεγάλην **τέσσαρσιν ἀρχαῖς** καθιέμενον ἐπὶ τῆς γῆς

Acts 11,5 ... καταβαῖνον σκεῦός τι ὡς ὀθόνην μεγάλην **τέσσαρσιν ἀρχαῖς** καθιεμένην ἐκ τοῦ οὐρανοῦ, ...

Acts 12,4 ὃν καὶ πιάσας ἔθετο εἰς φυλακὴν παραδοὺς **τέσσαρσιν τετραδίοις στρατιωτῶν** φυλάσσειν αὐτόν, ...

Acts 21,9 τούτῳ δὲ ἦσαν **θυγατέρες τέσσαρες** παρθένοι προφητεύουσαι.

Acts 21,23 ... εἰσὶν ἡμῖν **ἄνδρες τέσσαρες εὐχὴν ἔχοντες** ἐφ' ἑαυτῶν.

Acts 27,29 ... ἐκ πρύμνης ῥίψαντες **ἀγκύρας τέσσαρας** ηὔχοντο ἡμέραν γενέσθαι.

τεσσεράκοντα	Syn 4	Mt 2	Mk 1	Lk 1	Acts 8	Jn 1	1-3John	Paul 1	Eph	Col
	NT 22	2Thess	1/2Tim	Tit	Heb 2	Jas	1Pet	2Pet	Jude	Rev 6

forty

020	Mt 4,2 (2)	[1] τότε ὁ Ἰησοῦς ἀνήχθη εἰς τὴν ἔρημον ὑπὸ τοῦ πνεύματος πειρασθῆναι ὑπὸ τοῦ διαβόλου. [2] καὶ νηστεύσας **ἡμέρας τεσσεράκοντα** καὶ νύκτας τεσσεράκοντα ...	**Mk 1,13**	[12] καὶ εὐθὺς τὸ πνεῦμα αὐτὸν ἐκβάλλει εἰς τὴν ἔρημον. [13] καὶ ἦν ἐν τῇ ἐρήμῳ **τεσσεράκοντα ἡμέρας** πειραζόμενος ὑπὸ τοῦ σατανᾶ, ...	Lk 4,2	[1] Ἰησοῦς δὲ ... ἤγετο ἐν τῷ πνεύματι ἐν τῇ ἐρήμῳ [2] **ἡμέρας τεσσεράκοντα** πειραζόμενος ὑπὸ τοῦ διαβόλου. ...	Mk-Q overlap
202 201	**Mt 4,2** **(2)**	[1] τότε ὁ Ἰησοῦς ἀνήχθη εἰς τὴν ἔρημον ὑπὸ τοῦ πνεύματος πειρασθῆναι ὑπὸ τοῦ διαβόλου. [2] καὶ νηστεύσας **ἡμέρας τεσσεράκοντα** καὶ **νύκτας τεσσεράκοντα** ὕστερον ἐπείνασεν.	Mk 1,13	[12] καὶ εὐθὺς τὸ πνεῦμα αὐτὸν ἐκβάλλει εἰς τὴν ἔρημον. [13] καὶ ἦν ἐν τῇ ἐρήμῳ **τεσσεράκοντα ἡμέρας** πειραζόμενος ὑπὸ τοῦ σατανᾶ, ...	**Lk 4,2**	[1] Ἰησοῦς δὲ ... ἤγετο ἐν τῷ πνεύματι ἐν τῇ ἐρήμῳ [2] **ἡμέρας τεσσεράκοντα** πειραζόμενος ὑπὸ τοῦ διαβόλου. καὶ οὐκ ἔφαγεν οὐδὲν ἐν ταῖς ἡμέραις ἐκείναις καὶ συντελεσθεισῶν αὐτῶν ἐπείνασεν.	Mk-Q overlap

Acts 1,3 οἷς καὶ παρέστησεν ἑαυτὸν ζῶντα μετὰ τὸ παθεῖν αὐτὸν ἐν πολλοῖς τεκμηρίοις, **δι' ἡμερῶν τεσσεράκοντα** ὀπτανόμενος αὐτοῖς καὶ λέγων τὰ περὶ τῆς βασιλείας τοῦ θεοῦ·

Acts 4,22 **ἐτῶν γὰρ ἦν πλειόνων τεσσεράκοντα** ὁ ἄνθρωπος ἐφ' ὃν γεγόνει τὸ σημεῖον τοῦτο τῆς ἰάσεως.

Acts 7,30 καὶ πληρωθέντων **ἐτῶν τεσσεράκοντα** ὤφθη αὐτῷ ἐν τῇ ἐρήμῳ τοῦ ὄρους Σινᾶ ἄγγελος ἐν φλογὶ πυρὸς βάτου.
➤ Exod 3,2

Acts 7,36 οὗτος ἐξήγαγεν αὐτοὺς ποιήσας τέρατα καὶ σημεῖα ἐν γῇ Αἰγύπτῳ καὶ ἐν ἐρυθρᾷ θαλάσσῃ καὶ ἐν τῇ ἐρήμῳ **ἔτη τεσσεράκοντα**.

Acts 7,42 ... *μὴ σφάγια καὶ θυσίας προσηνέγκατέ μοι* ***ἔτη τεσσεράκοντα*** *ἐν τῇ ἐρήμῳ, οἶκος Ἰσραήλ;*
➤ Amos 5,25 LXX

Acts 13,21 ... καὶ ἔδωκεν αὐτοῖς ὁ θεὸς τὸν Σαοὺλ υἱὸν Κίς, ἄνδρα ἐκ φυλῆς Βενιαμίν, **ἔτη τεσσεράκοντα**.

Acts 23,13 ἦσαν δὲ πλείους **τεσσεράκοντα** οἱ ταύτην τὴν συνωμοσίαν ποιησάμενοι

Acts 23,21 ... ἐνεδρεύουσιν γὰρ αὐτὸν ἐξ αὐτῶν **ἄνδρες πλείους τεσσεράκοντα**, οἵτινες ἀνεθεμάτισαν ἑαυτοὺς μήτε φαγεῖν μήτε πιεῖν ...

τέταρτος	Syn 2	Mt 1	Mk 1	Lk	Acts 1	Jn	1-3John	Paul	Eph	Col
	NT 10	2Thess	1/2Tim	Tit	Heb	Jas	1Pet	2Pet	Jude	Rev 7

fourth

220	**Mt 14,25**	**τετάρτῃ δὲ φυλακῇ τῆς νυκτὸς** ἦλθεν πρὸς αὐτοὺς περιπατῶν ἐπὶ τὴν θάλασσαν.	**Mk 6,48**	... **περὶ τετάρτην φυλακὴν τῆς νυκτὸς** ἔρχεται πρὸς αὐτοὺς περιπατῶν ἐπὶ τῆς θαλάσσης καὶ ἤθελεν παρελθεῖν αὐτούς.			→ Jn 6,19

Acts 10,30 καὶ ὁ Κορνήλιος ἔφη· **ἀπὸ τετάρτης ἡμέρας** μέχρι ταύτης τῆς ὥρας ἤμην τὴν ἐνάτην προσευχόμενος ἐν τῷ οἴκῳ μου, ...

τετρααρχέω

	Syn	Mt	Mk	Lk	Acts	Jn	1-3John	Paul	Eph	Col
τετρααρχέω	3			3						
	NT	2Thess	1/2Tim	Tit	Heb	Jas	1Pet	2Pet	Jude	Rev
	3									

be tetrarch

					Lk 3,1 (3)	ἐν ἔτει δὲ πεντεκαιδεκάτῳ τῆς ἡγεμονίας Τιβερίου Καίσαρος, ἡγεμονεύοντος Ποντίου Πιλάτου τῆς Ἰουδαίας, καὶ
002						**τετρααρχοῦντος** τῆς Γαλιλαίας Ἡρῴδου, Φιλίππου δὲ τοῦ ἀδελφοῦ αὐτοῦ
002						**τετρααρχοῦντος** τῆς Ἰτουραίας καὶ Τραχωνίτιδος χώρας, καὶ Λυσανίου τῆς Ἀβιληνῆς
002						**τετρααρχοῦντος**

τετραάρχης

	Syn	Mt	Mk	Lk	Acts	Jn	1-3John	Paul	Eph	Col
τετραάρχης	3	1		2	1					
	NT	2Thess	1/2Tim	Tit	Heb	Jas	1Pet	2Pet	Jude	Rev
	4									

tetrarch

112	Mt 14,3	ὁ γὰρ **Ἡρῴδης**	Mk 6,17	αὐτὸς γὰρ ὁ **Ἡρῴδης**	Lk 3,19 → Mt 14,4 → Mk 6,18	ὁ δὲ **Ἡρῴδης ὁ τετραάρχης**,
		κρατήσας τὸν Ἰωάννην ἔδησεν [αὐτὸν] καὶ ἐν φυλακῇ ἀπέθετο διὰ Ἡρῳδιάδα τὴν γυναῖκα Φιλίππου τοῦ ἀδελφοῦ αὐτοῦ·		ἀποστείλας ἐκράτησεν τὸν Ἰωάννην καὶ ἔδησεν αὐτὸν ἐν φυλακῇ διὰ Ἡρῳδιάδα τὴν γυναῖκα Φιλίππου τοῦ ἀδελφοῦ αὐτοῦ, ὅτι αὐτὴν ἐγάμησεν·		ἐλεγχόμενος ὑπ᾿ αὐτοῦ περὶ Ἡρῳδιάδος τῆς γυναικὸς τοῦ ἀδελφοῦ αὐτοῦ καὶ περὶ πάντων ὧν ἐποίησεν πονηρῶν ὁ Ἡρῴδης, [20] προσέθηκεν καὶ τοῦτο ἐπὶ πᾶσιν [καὶ] κατέκλεισεν τὸν Ἰωάννην ἐν φυλακῇ.
212	Mt 14,1	ἐν ἐκείνῳ τῷ καιρῷ ἤκουσεν **Ἡρῴδης ὁ τετραάρχης**	Mk 6,14	καὶ ἤκουσεν **ὁ βασιλεὺς Ἡρῴδης**,	Lk 9,7	ἤκουσεν δὲ **Ἡρῴδης ὁ τετραάρχης**
		τὴν ἀκοὴν Ἰησοῦ		φανερὸν γὰρ ἐγένετο τὸ ὄνομα αὐτοῦ, ...		τὰ γινόμενα πάντα ...

Acts 13,1 ... ὅ τε Βαρναβᾶς καὶ Συμεὼν ὁ καλούμενος Νίγερ καὶ Λούκιος ὁ Κυρηναῖος, **Μαναήν τε Ἡρῴδου τοῦ τετραάρχου σύντροφος** καὶ Σαῦλος.

τετρακισχίλιοι	Syn 4	Mt 2	Mk 2	Lk	Acts 1	Jn	1-3John	Paul	Eph	Col
	NT 5	2Thess	1/2Tim	Tit	Heb	Jas	1Pet	2Pet	Jude	Rev

four thousand

220	**Mt 15,38** →Mt 14,21 οἱ δὲ ἐσθίοντες ἦσαν **τετρακισχίλιοι ἄνδρες** χωρὶς γυναικῶν καὶ παιδίων.	**Mk 8,9** →Mk 6,44 ἦσαν δὲ **ὡς τετρακισχίλιοι.** ...	→Lk 9,14a	
220	**Mt 16,10** οὐδὲ **τοὺς ἑπτὰ ἄρτους τῶν τετρακισχιλίων** καὶ πόσας σπυρίδας ἐλάβετε;	**Mk 8,20** ὅτε **τοὺς ἑπτὰ εἰς τοὺς τετρακισχιλίους,** πόσων σπυρίδων πληρώματα κλασμάτων ἤρατε; καὶ λέγουσιν [αὐτῷ]· ἑπτά.		

Acts 21,38 οὐκ ἄρα σὺ εἶ
ὁ Αἰγύπτιος ὁ πρὸ
τούτων τῶν ἡμερῶν
ἀναστατώσας καὶ
ἐξαγαγὼν εἰς τὴν ἔρημον
**τοὺς τετρακισχιλίους
ἄνδρας τῶν
σικαρίων;**

τετραπλοῦς	Syn 1	Mt	Mk	Lk 1	Acts	Jn	1-3John	Paul	Eph	Col
	NT 1	2Thess	1/2Tim	Tit	Heb	Jas	1Pet	2Pet	Jude	Rev

four times; fourfold

002			**Lk 19,8** →Lk 3,13 σταθεὶς δὲ Ζακχαῖος εἶπεν πρὸς τὸν κύριον· ἰδοὺ τὰ ἡμίσιά μου τῶν ὑπαρχόντων, κύριε, τοῖς πτωχοῖς δίδωμι, καὶ εἴ τινός τι ἐσυκοφάντησα ἀποδίδωμι **τετραπλοῦν.**	

τηλαυγῶς	Syn 1	Mt	Mk 1	Lk	Acts	Jn	1-3John	Paul	Eph	Col
	NT 1	2Thess	1/2Tim	Tit	Heb	Jas	1Pet	2Pet	Jude	Rev

(very) plainly, clearly

020		**Mk 8,25** →Mt 9,29 →Mt 20,34 εἶτα πάλιν ἐπέθηκεν τὰς χεῖρας ἐπὶ τοὺς ὀφθαλμοὺς αὐτοῦ, καὶ διέβλεψεν καὶ ἀπεκατέστη καὶ ἐνέβλεπεν **τηλαυγῶς** ἅπαντα.		

τηρέω	Syn	Mt	Mk	Lk	Acts	Jn	1-3John	Paul	Eph	Col
	6	6			8	18	7	4	1	
	NT	2Thess	1/2Tim	Tit	Heb	Jas	1Pet	2Pet	Jude	Rev
	70		3			2	1	4	5	11

keep watch over; guard; keep; hold reserve; preserve; protect; observe; fulfill; pay attention to

	triple tradition																	double tradition			Sondergut		
		+Mt / +Lk			−Mt / −Lk			traditions not taken over by Mt / Lk							subtotals								
code	222	211	112	212	221	122	121	022	012	021	220	120	210	020	Σ⁺	Σ⁻	Σ	202	201	102	200	002	total
Mt		2⁺													2⁺		2				4		6
Mk																							
Lk																							

211	Mt 19,17	... τί με ἐρωτᾷς περὶ τοῦ ἀγαθοῦ; εἷς ἐστιν ὁ ἀγαθός· εἰ δὲ θέλεις εἰς τὴν ζωὴν εἰσελθεῖν, **τήρησον** τὰς ἐντολάς.	Mk 10,19	[18] ... τί με λέγεις ἀγαθόν; οὐδεὶς ἀγαθὸς εἰ μὴ εἷς ὁ θεός. [19] τὰς ἐντολὰς οἶδας· ...	Lk 18,20	[19] ... τί με λέγεις ἀγαθόν; οὐδεὶς ἀγαθὸς εἰ μὴ εἷς ὁ θεός. [20] τὰς ἐντολὰς οἶδας· ...
200	Mt 23,3	πάντα οὖν ὅσα ἐὰν εἴπωσιν ὑμῖν ποιήσατε καὶ **τηρεῖτε**, κατὰ δὲ τὰ ἔργα αὐτῶν μὴ ποιεῖτε· ...				
200	Mt 27,36	καὶ καθήμενοι **ἐτήρουν** αὐτὸν ἐκεῖ.				
211	Mt 27,54	ὁ δὲ ἑκατόνταρχος καὶ **οἱ μετ' αὐτοῦ τηροῦντες** τὸν Ἰησοῦν ἰδόντες τὸν σεισμὸν καὶ τὰ γενόμενα ἐφοβήθησαν σφόδρα, λέγοντες· ἀληθῶς θεοῦ υἱὸς ἦν οὗτος.	Mk 15,39	ἰδὼν δὲ ὁ κεντυρίων ὁ παρεστηκὼς ἐξ ἐναντίας αὐτοῦ ὅτι οὕτως ἐξέπνευσεν εἶπεν· ἀληθῶς οὗτος ὁ ἄνθρωπος υἱὸς θεοῦ ἦν.	Lk 23,47	ἰδὼν δὲ ὁ ἑκατοντάρχης τὸ γενόμενον ἐδόξαζεν τὸν θεὸν λέγων· ὄντως ὁ ἄνθρωπος οὗτος δίκαιος ἦν.
200	Mt 28,4	[3] ἦν δὲ ἡ εἰδέα αὐτοῦ ὡς ἀστραπὴ καὶ τὸ ἔνδυμα αὐτοῦ λευκὸν ὡς χιών. [4] ἀπὸ δὲ τοῦ φόβου αὐτοῦ ἐσείσθησαν **οἱ τηροῦντες** καὶ ἐγενήθησαν ὡς νεκροί.	Mk 16,5	... εἶδον νεανίσκον καθήμενον ἐν τοῖς δεξιοῖς περιβεβλημένον στολὴν λευκήν, καὶ ἐξεθαμβήθησαν.	Lk 24,5 → Lk 24,23	[4] ... καὶ ἰδοὺ ἄνδρες δύο ἐπέστησαν αὐταῖς ἐν ἐσθῆτι ἀστραπτούσῃ. [5] ἐμφόβων δὲ γενομένων αὐτῶν καὶ κλινουσῶν τὰ πρόσωπα εἰς τὴν γῆν ...
200	Mt 28,20 → Lk 24,47	διδάσκοντες αὐτοὺς **τηρεῖν** πάντα ὅσα ἐνετειλάμην ὑμῖν· ...				

Acts 12,5 ὁ μὲν οὖν Πέτρος **ἐτηρεῖτο** ἐν τῇ φυλακῇ· προσευχὴ δὲ ἦν ἐκτενῶς γινομένη ὑπὸ τῆς ἐκκλησίας πρὸς τὸν θεὸν περὶ αὐτοῦ.

Acts 12,6 ὅτε δὲ ἤμελλεν προαγαγεῖν αὐτὸν ὁ Ἡρῴδης, τῇ νυκτὶ ἐκείνῃ ἦν ὁ Πέτρος κοιμώμενος μεταξὺ δύο στρατιωτῶν δεδεμένος ἁλύσεσιν δυσὶν φύλακές τε πρὸ τῆς θύρας **ἐτήρουν** τὴν φυλακήν.

Acts 15,5 ἐξανέστησαν δέ τινες τῶν ἀπὸ τῆς αἱρέσεως τῶν Φαρισαίων πεπιστευκότες λέγοντες ὅτι δεῖ περιτέμνειν αὐτοὺς παραγγέλλειν τε **τηρεῖν** τὸν νόμον Μωϋσέως.

Acts 16,23 πολλάς τε ἐπιθέντες αὐτοῖς πληγὰς ἔβαλον εἰς φυλακὴν παραγγείλαντες τῷ δεσμοφύλακι ἀσφαλῶς **τηρεῖν** αὐτούς.	**Acts 24,23** διαταξάμενος τῷ ἑκατοντάρχῃ **τηρεῖσθαι** αὐτὸν ἔχειν τε ἄνεσιν καὶ μηδένα κωλύειν τῶν ἰδίων αὐτοῦ ὑπηρετεῖν αὐτῷ. **Acts 25,4** ὁ μὲν οὖν Φῆστος ἀπεκρίθη **τηρεῖσθαι** τὸν Παῦλον εἰς Καισά-ρειαν, ἑαυτὸν δὲ μέλλειν ἐν τάχει ἐκπορεύεσθαι·	**Acts 25,21 (2)** τοῦ δὲ Παύλου ἐπικαλεσαμένου **τηρηθῆναι** αὐτὸν εἰς τὴν τοῦ Σεβαστοῦ διάγνωσιν, ἐκέλευσα **τηρεῖσθαι** αὐτὸν ἕως οὗ ἀναπέμψω αὐτὸν πρὸς Καίσαρα.

Τιβέριος

	Syn	Mt	Mk	Lk	Acts	Jn	1-3John	Paul	Eph	Col
	1			1						
	NT	2Thess	1/2Tim	Tit	Heb	Jas	1Pet	2Pet	Jude	Rev
	1									

Tiberius

002		**Lk 3,1** **ἐν ἔτει δὲ πεντεκαιδεκάτῳ τῆς ἡγεμονίας Τιβερίου Καίσαρος,** ἡγεμονεύοντος Ποντίου Πιλάτου τῆς Ἰουδαίας, ...

τίθημι

	Syn	Mt	Mk	Lk	Acts	Jn	1-3John	Paul	Eph	Col
	32	5	11	16	23	18	2	13		
	NT	2Thess	1/2Tim	Tit	Heb	Jas	1Pet	2Pet	Jude	Rev
	100		3		3		2	1		3

put; place; lay; set; lay down; give up; lay aside; store up; make; appoint; destine; present; describe; remove; serve;
middle: put; place; lay; set; make; appoint; destine; arrange

	triple tradition																	double tradition			Sondergut		
		+Mt / +Lk			−Mt / −Lk			traditions not taken over by Mt / Lk							subtotals								
code	*222*	*211*	*112*	*212*	*221*	*122*	*121*	*022*	*012*	*021*	*220*	*120*	*210*	*020*	Σ^+	Σ^-	Σ	*202*	*201*	*102*	*200*	*002*	total
Mt	2					1^-	1^-					4^-				6^-	2	2			1		**5**
Mk	2					1	1	2				4		1			11						**11**
Lk	2		4^+			1	1^-	2							4^+	1^-	9	2		3		2	**16**

a τίθημι τὰ γόνατα
b τίθημι ἐν τῇ καρδίᾳ, ~ εἰς τὰ ὦτα, ~ ἐν τῷ πνεύματι, ~ βουλὴν
c τίθημι ἐν μνημείῳ, ~ ἐν (τῷ) μνήματι, ~ εἰς μνημεῖον and similar phrases

b 002			**Lk 1,66** καὶ **ἔθεντο** πάντες οἱ ἀκούσαντες ἐν τῇ καρδίᾳ αὐτῶν λέγοντες· τί ἄρα τὸ παιδίον τοῦτο ἔσται; ...
112	**Mt 9,2** καὶ ἰδοὺ προσέφερον αὐτῷ παραλυτικὸν ἐπὶ κλίνης βεβλημένον. ...	**Mk 2,3** καὶ ἔρχονται φέροντες πρὸς αὐτὸν παραλυτικὸν αἰρόμενον ὑπὸ τεσσάρων.	**Lk 5,18** καὶ ἰδοὺ ἄνδρες φέροντες ἐπὶ κλίνης ἄνθρωπον ὃς ἦν παραλελυμένος καὶ ἐζήτουν αὐτὸν εἰσενεγκεῖν καὶ **θεῖναι** [αὐτὸν] ἐνώπιον αὐτοῦ.

202	Mt 5,15	οὐδὲ καίουσιν λύχνον καὶ **τιθέασιν** αὐτὸν ὑπὸ τὸν μόδιον ἀλλ᾽ ἐπὶ τὴν λυχνίαν, καὶ λάμπει πᾶσιν τοῖς ἐν τῇ οἰκίᾳ.	Mk 4,21 (2)	... μήτι ἔρχεται ὁ λύχνος ἵνα ὑπὸ τὸν μόδιον **τεθῇ** ἢ ὑπὸ τὴν κλίνην; οὐχ ἵνα ἐπὶ τὴν λυχνίαν τεθῇ;	Lk 11,33 ⇩ Lk 8,16	οὐδεὶς λύχνον ἅψας εἰς κρύπτην **τίθησιν** [οὐδὲ ὑπὸ τὸν μόδιον] ἀλλ᾽ ἐπὶ τὴν λυχνίαν, ἵνα οἱ εἰσπορευόμενοι τὸ φῶς βλέπωσιν.	→ GTh 33,2-3 Mk-Q overlap
102	Mt 7,24	... ὁμοιωθήσεται ἀνδρὶ φρονίμῳ, ὅστις ᾠκοδόμησεν αὐτοῦ τὴν οἰκίαν ἐπὶ τὴν πέτραν·			Lk 6,48	ὅμοιός ἐστιν ἀνθρώπῳ οἰκοδομοῦντι οἰκίαν ὃς ἔσκαψεν καὶ ἐβάθυνεν καὶ **ἔθηκεν** θεμέλιον ἐπὶ τὴν πέτραν· ...	
200	Mt 12,18 → Mt 3,16-17 → Mk 1,10-11 → Lk 3,22	*ἰδοὺ ὁ παῖς μου ὃν ᾑρέτισα, ὁ ἀγαπητός μου εἰς ὃν εὐδόκησεν ἡ ψυχή μου·* ***θήσω*** *τὸ πνεῦμά μου ἐπ᾽ αὐτόν, καὶ κρίσιν τοῖς ἔθνεσιν ἀπαγγελεῖ.* ➤ Isa 42,1					
022 022	Mt 5,15	οὐδὲ καίουσιν λύχνον καὶ **τιθέασιν** αὐτὸν ὑπὸ τὸν μόδιον ἀλλ᾽ ἐπὶ τὴν λυχνίαν, καὶ λάμπει πᾶσιν τοῖς ἐν τῇ οἰκίᾳ.	Mk 4,21 (2)	... μήτι ἔρχεται ὁ λύχνος ἵνα ὑπὸ τὸν μόδιον **τεθῇ** ἢ ὑπὸ τὴν κλίνην; οὐχ ἵνα ἐπὶ τὴν λυχνίαν **τεθῇ**;	Lk 8,16 (2) ⇩ Lk 11,33	οὐδεὶς δὲ λύχνον ἅψας καλύπτει αὐτὸν σκεύει ἢ ὑποκάτω κλίνης **τίθησιν**, ἀλλ᾽ ἐπὶ λυχνίας **τίθησιν**, ἵνα οἱ εἰσπορευόμενοι βλέπωσιν τὸ φῶς.	→ GTh 33,2-3 Mk-Q overlap
020	Mt 13,31	ἄλλην **παραβολὴν παρέθηκεν** αὐτοῖς λέγων· ὁμοία ἐστὶν ἡ βασιλεία τῶν οὐρανῶν κόκκῳ σινάπεως, ...	Mk 4,30	καὶ ἔλεγεν· πῶς ὁμοιώσωμεν τὴν βασιλείαν τοῦ θεοῦ ἢ **ἐν τίνι αὐτὴν παραβολῇ θῶμεν;** [31] ὡς κόκκῳ σινάπεως	Lk 13,18	ἔλεγεν οὖν· τίνι ὁμοία ἐστὶν ἡ βασιλεία τοῦ θεοῦ καὶ **τίνι ὁμοιώσω αὐτήν;** [19] ὁμοία ἐστὶν κόκκῳ σινάπεως, ...	→ GTh 20 Mk-Q overlap
c 120	Mt 14,12	καὶ προσελθόντες οἱ μαθηταὶ αὐτοῦ ἦραν τὸ πτῶμα καὶ **ἔθαψαν** αὐτό[ν] ...	Mk 6,29	καὶ ἀκούσαντες οἱ μαθηταὶ αὐτοῦ ἦλθον καὶ ἦραν τὸ πτῶμα αὐτοῦ καὶ **ἔθηκαν** αὐτὸ ἐν μνημείῳ.			
120	Mt 14,36 → Mt 9,20	καὶ παρεκάλουν αὐτὸν ἵνα μόνον ἅψωνται τοῦ κρασπέδου τοῦ ἱματίου αὐτοῦ· ...	Mk 6,56 → Mk 5,27	καὶ ὅπου ἂν εἰσεπορεύετο εἰς κώμας ἢ εἰς πόλεις ἢ εἰς ἀγρούς, ἐν ταῖς ἀγοραῖς **ἐτίθεσαν** τοὺς ἀσθενοῦντας, καὶ παρεκάλουν αὐτὸν ἵνα κἂν τοῦ κρασπέδου τοῦ ἱματίου αὐτοῦ ἅψωνται· ...	→ Lk 8,44		
b 112	Mt 17,22 → Mt 16,21 → Mt 20,18-19	... μέλλει ὁ υἱὸς τοῦ ἀνθρώπου παραδίδοσθαι εἰς χεῖρας ἀνθρώπων	Mk 9,31 → Mk 8,31 → Mk 10,33-34	... ὁ υἱὸς τοῦ ἀνθρώπου παραδίδοται εἰς χεῖρας ἀνθρώπων, ...	Lk 9,44 → Lk 9,22 → Lk 17,25 → Lk 18,31-33 → Lk 24,7 → Lk 24,26 → Lk 24,46	**θέσθε** ὑμεῖς εἰς τὰ ὦτα ὑμῶν τοὺς λόγους τούτους· ὁ γὰρ υἱὸς τοῦ ἀνθρώπου μέλλει παραδίδοσθαι εἰς χεῖρας ἀνθρώπων.	

202	Mt 5,15	οὐδὲ καίουσιν λύχνον καὶ **τιθέασιν** αὐτὸν ὑπὸ τὸν μόδιον ἀλλ' ἐπὶ τὴν λυχνίαν, καὶ λάμπει πᾶσιν τοῖς ἐν τῇ οἰκίᾳ.	Mk 4,21 (2)	... μήτι ἔρχεται ὁ λύχνος ἵνα ὑπὸ τὸν μόδιον **τεθῇ** ἢ ὑπὸ τὴν κλίνην; οὐχ ἵνα ἐπὶ τὴν λυχνίαν τεθῇ;	Lk 11,33 ⇧ Lk 8,16	οὐδεὶς λύχνον ἅψας εἰς κρύπτην **τίθησιν** [οὐδὲ ὑπὸ τὸν μόδιον] ἀλλ' ἐπὶ τὴν λυχνίαν, ἵνα οἱ εἰσπορευόμενοι τὸ φῶς βλέπωσιν.	→ GTh 33,2-3 Mk-Q overlap
202	Mt 24,51	καὶ διχοτομήσει αὐτὸν καὶ τὸ μέρος αὐτοῦ μετὰ τῶν ὑποκριτῶν **θήσει**· ...			Lk 12,46	... καὶ διχοτομήσει αὐτὸν καὶ τὸ μέρος αὐτοῦ μετὰ τῶν ἀπίστων **θήσει**.	
002					Lk 14,29	ἵνα μήποτε **θέντος** αὐτοῦ θεμέλιον καὶ μὴ ἰσχύοντος ἐκτελέσαι πάντες οἱ θεωροῦντες ἄρξωνται αὐτῷ ἐμπαίζειν	
120	Mt 19,15 → Mk 10,17	καὶ **ἐπιθεὶς** τὰς χεῖρας αὐτοῖς ἐπορεύθη ἐκεῖθεν.	Mk 10,16	καὶ ἐναγκαλισάμενος αὐτὰ κατευλόγει **τιθεὶς** τὰς χεῖρας ἐπ' αὐτά.			→ GTh 22
102	Mt 25,24	... ἔγνων σε ὅτι σκληρὸς εἶ ἄνθρωπος, θερίζων ὅπου οὐκ ἔσπειρας καὶ συνάγων ὅθεν **οὐ διεσκόρπισας**			Lk 19,21	ἐφοβούμην γάρ σε, ὅτι ἄνθρωπος αὐστηρὸς εἶ, αἴρεις ὃ **οὐκ ἔθηκας** καὶ θερίζεις ὃ οὐκ ἔσπειρας.	
102	Mt 25,26	... πονηρὲ δοῦλε καὶ ὀκνηρέ, ᾔδεις ὅτι θερίζω ὅπου οὐκ ἔσπειρα καὶ συνάγω ὅθεν **οὐ διεσκόρπισα;**			Lk 19,22	... πονηρὲ δοῦλε. ᾔδεις ὅτι ἐγὼ ἄνθρωπος αὐστηρός εἰμι, αἴρων ὃ **οὐκ ἔθηκα** καὶ θερίζων ὃ οὐκ ἔσπειρα;	
222	Mt 22,44	*εἶπεν κύριος* *τῷ κυρίῳ μου· κάθου* *ἐκ δεξιῶν μου* *ἕως ἂν* ***θῶ*** *τοὺς ἐχθρούς σου* *ὑποκάτω τῶν ποδῶν σου,* ➤ Ps 110,1	Mk 12,36	... *εἶπεν κύριος* *τῷ κυρίῳ μου· κάθου* *ἐκ δεξιῶν μου,* *ἕως ἂν* ***θῶ*** *τοὺς ἐχθρούς σου* *ὑποκάτω τῶν ποδῶν σου.* ➤ Ps 110,1	Lk 20,43	[42] *εἶπεν κύριος* *τῷ κυρίῳ μου· κάθου* *ἐκ δεξιῶν μου,* [43] *ἕως ἂν* ***θῶ*** *τοὺς ἐχθρούς σου* *ὑποπόδιον τῶν ποδῶν σου.* ➤ Ps 110,1 (Ps 109,1 LXX)	
b 112	Mt 10,19	... μὴ μεριμνήσητε πῶς ἢ τί λαλήσητε· ...	Mk 13,11	... μὴ προμεριμνᾶτε τί λαλήσητε, ...	Lk 21,14 ⇨ Lk 12,11	**θέτε** οὖν ἐν ταῖς καρδίαις ὑμῶν μὴ προμελετᾶν ἀπολογηθῆναι·	Mk-Q overlap
202	Mt 24,51	καὶ διχοτομήσει αὐτὸν καὶ τὸ μέρος αὐτοῦ μετὰ τῶν ὑποκριτῶν **θήσει**· ...			Lk 12,46	... καὶ διχοτομήσει αὐτὸν καὶ τὸ μέρος αὐτοῦ μετὰ τῶν ἀπίστων **θήσει**.	
a 112	Mt 26,39	καὶ προελθὼν μικρὸν **ἔπεσεν** **ἐπὶ πρόσωπον αὐτοῦ** προσευχόμενος ...	Mk 14,35	καὶ προελθὼν μικρὸν **ἔπιπτεν** **ἐπὶ τῆς γῆς** καὶ προσηύχετο ...	Lk 22,41	καὶ αὐτὸς ἀπεσπάσθη ἀπ' αὐτῶν ὡσεὶ λίθου βολὴν καὶ **θεὶς τὰ γόνατα** προσηύχετο	

a 120	**Mt 27,30** → Mt 26,67	καὶ ἐμπτύσαντες εἰς αὐτὸν ἔλαβον τὸν κάλαμον καὶ ἔτυπτον εἰς τὴν κεφαλὴν αὐτοῦ.	**Mk 15,19** → Mk 14,65	καὶ ἔτυπτον αὐτοῦ τὴν κεφαλὴν καλάμῳ καὶ ἐνέπτυον αὐτῷ καὶ **τιθέντες** τὰ γόνατα προσεκύνουν αὐτῷ.			
c 222	**Mt 27,60**	[59] καὶ λαβὼν τὸ σῶμα ὁ Ἰωσὴφ ἐνετύλιξεν αὐτὸ [ἐν] σινδόνι καθαρᾷ [60] καὶ **ἔθηκεν** αὐτὸ ἐν τῷ καινῷ αὐτοῦ μνημείῳ ...	**Mk 15,46**	καὶ ἀγοράσας σινδόνα καθελὼν αὐτὸν ἐνείλησεν τῇ σινδόνι καὶ **ἔθηκεν** αὐτὸν ἐν μνημείῳ ...	**Lk 23,53**	καὶ καθελὼν ἐνετύλιξεν αὐτὸ σινδόνι καὶ **ἔθηκεν** αὐτὸν ἐν μνήματι ...	→ Jn 19,41
c 122	**Mt 27,61** → Mt 27,55-56 → Mt 28,1 → Lk 24,10	ἦν δὲ ἐκεῖ Μαριὰμ ἡ Μαγδαληνὴ καὶ ἡ ἄλλη Μαρία καθήμεναι ἀπέναντι τοῦ τάφου.	**Mk 15,47** → Mk 15,40-41 → Mk 16,1 → Lk 24,10	ἡ δὲ Μαρία ἡ Μαγδαληνὴ καὶ Μαρία ἡ Ἰωσῆτος ἐθεώρουν ποῦ **τέθειται.**	**Lk 23,55** → Lk 23,49	κατακολουθήσασαι δὲ αἱ γυναῖκες, ... ἐθεάσαντο τὸ μνημεῖον καὶ ὡς **ἐτέθη** τὸ σῶμα αὐτοῦ	
c 121	**Mt 28,6**	οὐκ ἔστιν ὧδε, ἠγέρθη γὰρ καθὼς εἶπεν· δεῦτε ἴδετε τὸν τόπον ὅπου **ἔκειτο.**	**Mk 16,6**	... ἠγέρθη, οὐκ ἔστιν ὧδε· ἴδε ὁ τόπος ὅπου **ἔθηκαν** αὐτόν.	**Lk 24,6** → Lk 24,23	οὐκ ἔστιν ὧδε, ἀλλὰ ἠγέρθη. ...	

a τίθημι τὰ γόνατα
b τίθημι ἐν τῇ καρδίᾳ, ~ εἰς τὰ ὦτα, ~ ἐν τῷ πνεύματι, ~ βουλὴν
c τίθημι ἐν μνημείῳ, ~ ἐν (τῷ) μνήματι, ~ εἰς μνημεῖον and similar phrases

Acts 1,7 ... οὐχ ὑμῶν ἐστιν γνῶναι χρόνους ἢ καιροὺς οὓς ὁ πατὴρ **ἔθετο** ἐν τῇ ἰδίᾳ ἐξουσίᾳ

Acts 2,35 [34] *εἶπεν [ὁ] κύριος τῷ κυρίῳ μου· κάθου ἐκ δεξιῶν μου,* [35] *ἕως ἂν* ***θῶ*** *τοὺς ἐχθρούς σου ὑποπόδιον τῶν ποδῶν σου.*
➤ Ps 109,1 LXX

Acts 3,2 καί τις ἀνὴρ χωλὸς ἐκ κοιλίας μητρὸς αὐτοῦ ὑπάρχων ἐβαστάζετο, ὃν **ἐτίθουν** καθ' ἡμέραν πρὸς τὴν θύραν τοῦ ἱεροῦ τὴν λεγομένην Ὡραίαν τοῦ αἰτεῖν ἐλεημοσύνην παρὰ τῶν εἰσπορευομένων εἰς τὸ ἱερόν·

Acts 4,3 καὶ ἐπέβαλον αὐτοῖς τὰς χεῖρας καὶ **ἔθεντο** εἰς τήρησιν εἰς τὴν αὔριον· ἦν γὰρ ἑσπέρα ἤδη.

Acts 4,35 καὶ **ἐτίθουν** παρὰ τοὺς πόδας τῶν ἀποστόλων, ...

Acts 4,37 ὑπάρχοντος αὐτῷ ἀγροῦ πωλήσας ἤνεγκεν τὸ χρῆμα καὶ **ἔθηκεν** πρὸς τοὺς πόδας τῶν ἀποστόλων.

Acts 5,2 καὶ ἐνοσφίσατο ἀπὸ τῆς τιμῆς, συνειδυίης καὶ τῆς γυναικός, καὶ ἐνέγκας μέρος τι παρὰ τοὺς πόδας τῶν ἀποστόλων **ἔθηκεν.**

b **Acts 5,4** οὐχὶ μένον σοὶ ἔμενεν καὶ πραθὲν ἐν τῇ σῇ ἐξουσίᾳ ὑπῆρχεν; τί ὅτι **ἔθου** ἐν τῇ καρδίᾳ σου τὸ πρᾶγμα τοῦτο; ...

Acts 5,15 ὥστε καὶ εἰς τὰς πλατείας ἐκφέρειν τοὺς ἀσθενεῖς καὶ **τιθέναι** ἐπὶ κλιναρίων καὶ κραβάττων, ἵνα ἐρχομένου Πέτρου κἂν ἡ σκιὰ ἐπισκιάσῃ τινὶ αὐτῶν.

Acts 5,18 καὶ ἐπέβαλον τὰς χεῖρας ἐπὶ τοὺς ἀποστόλους καὶ **ἔθεντο** αὐτοὺς ἐν τηρήσει δημοσίᾳ.

Acts 5,25 παραγενόμενος δέ τις ἀπήγγειλεν αὐτοῖς ὅτι ἰδοὺ οἱ ἄνδρες οὓς **ἔθεσθε** ἐν τῇ φυλακῇ εἰσὶν ἐν τῷ ἱερῷ ἑστῶτες καὶ διδάσκοντες τὸν λαόν.

c **Acts 7,16** καὶ μετετέθησαν εἰς Συχὲμ καὶ **ἐτέθησαν** ἐν τῷ μνήματι ...

a **Acts 7,60** **θεὶς** δὲ τὰ γόνατα ἔκραξεν φωνῇ μεγάλῃ· κύριε, μὴ στήσῃς αὐτοῖς ταύτην τὴν ἁμαρτίαν. καὶ τοῦτο εἰπὼν ἐκοιμήθη.
[[→ Lk 23,34a]] → Mt 27,50 → Mk 15,37 → Lk 23,46

Acts 9,37 ἐγένετο δὲ ἐν ταῖς ἡμέραις ἐκείναις ἀσθενήσασαν αὐτὴν ἀποθανεῖν· λούσαντες δὲ **ἔθηκαν** [αὐτὴν] ἐν ὑπερῴῳ.

a **Acts 9,40** ἐκβαλὼν δὲ ἔξω πάντας ὁ Πέτρος καὶ **θεὶς** τὰ γόνατα προσηύξατο καὶ ἐπιστρέψας πρὸς τὸ σῶμα ...

Acts 12,4 ὃν καὶ πιάσας
ἔθετο
εἰς φυλακὴν παραδοὺς τέσσαρσιν τετραδίοις στρατιωτῶν φυλάσσειν αὐτόν, βουλόμενος μετὰ τὸ πάσχα ἀναγαγεῖν αὐτὸν τῷ λαῷ.

c **Acts 13,29** ὡς δὲ ἐτέλεσαν πάντα τὰ περὶ αὐτοῦ γεγραμμένα, καθελόντες ἀπὸ τοῦ ξύλου
ἔθηκαν
εἰς μνημεῖον.

Acts 13,47 οὕτως γὰρ ἐντέταλται ἡμῖν ὁ κύριος·
τέθεικά
σε εἰς φῶς ἐθνῶν τοῦ εἶναί σε εἰς σωτηρίαν ἕως ἐσχάτου τῆς γῆς.
➤ Isa 49,6

b **Acts 19,21** ὡς δὲ ἐπληρώθη ταῦτα,
ἔθετο
ὁ Παῦλος ἐν τῷ πνεύματι διελθὼν τὴν Μακεδονίαν καὶ Ἀχαΐαν πορεύεσθαι εἰς Ἱεροσόλυμα ...

Acts 20,28 προσέχετε ἑαυτοῖς καὶ παντὶ τῷ ποιμνίῳ, ἐν ᾧ ὑμᾶς τὸ πνεῦμα τὸ ἅγιον
ἔθετο
ἐπισκόπους ποιμαίνειν τὴν ἐκκλησίαν τοῦ θεοῦ, ἣν περιεποιήσατο διὰ τοῦ αἵματος τοῦ ἰδίου.

a **Acts 20,36** καὶ ταῦτα εἰπὼν
θεὶς
τὰ γόνατα αὐτοῦ σὺν πᾶσιν αὐτοῖς προσηύξατο.

a **Acts 21,5** ... ἐξελθόντες ἐπορευόμεθα προπεμπόντων ἡμᾶς πάντων σὺν γυναιξὶ καὶ τέκνοις ἕως ἔξω τῆς πόλεως, καὶ
θέντες
τὰ γόνατα ἐπὶ τὸν αἰγιαλὸν προσευξάμενοι

b **Acts 27,12** ἀνευθέτου δὲ τοῦ λιμένος ὑπάρχοντος πρὸς παραχειμασίαν οἱ πλείονες
ἔθεντο
βουλὴν ἀναχθῆναι ἐκεῖθεν, ...

τίκτω	Syn	Mt	Mk	Lk	Acts	Jn	1-3John	Paul	Eph	Col
	9	4		5		1		1		
	NT	2Thess	1/2Tim	Tit	Heb	Jas	1Pet	2Pet	Jude	Rev
	18				1	1				5

bear; give birth to

	triple tradition																double tradition			Sondergut		
		+Mt / +Lk			–Mt / –Lk			traditions not taken over by Mt / Lk							subtotals							
code	222	211	112	212	221	122	121	022	012	021	220	120	210	020	Σ⁺	Σ⁻	Σ	202	201	102	200	002	total
Mt																					4		4
Mk																							
Lk																						5	5

002		**Lk 1,31** ↓Mt 1,21 ↓Mt 1,25 → Lk 2,21 καὶ ἰδοὺ συλλήμψῃ ἐν γαστρὶ καὶ **τέξῃ** υἱὸν καὶ καλέσεις τὸ ὄνομα αὐτοῦ Ἰησοῦν.	
002		**Lk 1,57** τῇ δὲ Ἐλισάβετ ἐπλήσθη **ὁ χρόνος τοῦ τεκεῖν** αὐτὴν καὶ ἐγέννησεν υἱόν.	
200	**Mt 1,21** ↑Lk 1,31 **τέξεται** δὲ υἱόν, καὶ καλέσεις τὸ ὄνομα αὐτοῦ Ἰησοῦν· ...		
200	**Mt 1,23** *ἰδοὺ ἡ παρθένος ἐν γαστρὶ ἕξει καὶ* ***τέξεται*** *υἱόν, καὶ καλέσουσιν τὸ ὄνομα αὐτοῦ Ἐμμανουήλ,* ὅ ἐστιν μεθερμηνευόμενον *μεθ' ἡμῶν ὁ θεός.* ➤ Isa 7,14 LXX; 8,8.10 LXX		
200	**Mt 1,25** ↑Lk 1,31 → Lk 2,21 καὶ οὐκ ἐγίνωσκεν αὐτὴν ἕως οὗ **ἔτεκεν** υἱόν· καὶ ἐκάλεσεν τὸ ὄνομα αὐτοῦ Ἰησοῦν.		

002					Lk 2,6	ἐγένετο δὲ ἐν τῷ εἶναι αὐτοὺς ἐκεῖ ἐπλήσθησαν **αἱ ἡμέραι τοῦ τεκεῖν** αὐτήν,	
002					Lk 2,7	καὶ **ἔτεκεν** τὸν υἱὸν αὐτῆς τὸν πρωτότοκον, ...	
002					Lk 2,11	ὅτι **ἐτέχθη** ὑμῖν σήμερον σωτὴρ ὅς ἐστιν χριστὸς κύριος ἐν πόλει Δαυίδ.	
200	Mt 2,2	... ποῦ ἐστιν **ὁ τεχθεὶς βασιλεὺς τῶν Ἰουδαίων;** εἴδομεν γὰρ αὐτοῦ τὸν ἀστέρα ἐν τῇ ἀνατολῇ καὶ ἤλθομεν προσκυνῆσαι αὐτῷ.					

τίλλω	Syn	Mt	Mk	Lk	Acts	Jn	1-3John	Paul	Eph	Col
	3	1	1	1						
	NT	2Thess	1/2Tim	Tit	Heb	Jas	1Pet	2Pet	Jude	Rev
	3									

pluck; pick

222	Mt 12,1	ἐν ἐκείνῳ τῷ καιρῷ ἐπορεύθη ὁ Ἰησοῦς τοῖς σάββασιν διὰ τῶν σπορίμων· οἱ δὲ μαθηταὶ αὐτοῦ ἐπείνασαν καὶ ἤρξαντο **τίλλειν** στάχυας καὶ ἐσθίειν.	Mk 2,23	καὶ ἐγένετο αὐτὸν ἐν τοῖς σάββασιν παραπορεύεσθαι διὰ τῶν σπορίμων, καὶ οἱ μαθηταὶ αὐτοῦ ἤρξαντο ὁδὸν ποιεῖν **τίλλοντες** τοὺς στάχυας.	Lk 6,1	ἐγένετο δὲ ἐν σαββάτῳ διαπορεύεσθαι αὐτὸν διὰ σπορίμων, καὶ **ἔτιλλον** οἱ μαθηταὶ αὐτοῦ καὶ ἤσθιον τοὺς στάχυας ψώχοντες ταῖς χερσίν.	

Τιμαῖος	Syn	Mt	Mk	Lk	Acts	Jn	1-3John	Paul	Eph	Col
	1		1							
	NT	2Thess	1/2Tim	Tit	Heb	Jas	1Pet	2Pet	Jude	Rev
	1									

Timaeus

121	Mt 20,30 ⇩ Mt 9,27	[29] καὶ ἐκπορευομένων αὐτῶν ἀπὸ Ἰεριχὼ ἠκολούθησεν αὐτῷ ὄχλος πολύς. [30] καὶ ἰδοὺ δύο τυφλοὶ καθήμενοι παρὰ τὴν ὁδόν ...	Mk 10,46	καὶ ἔρχονται εἰς Ἰεριχώ. καὶ ἐκπορευομένου αὐτοῦ ἀπὸ Ἰεριχὼ καὶ τῶν μαθητῶν αὐτοῦ καὶ ὄχλου ἱκανοῦ **ὁ υἱὸς Τιμαίου** Βαρτιμαῖος, τυφλὸς προσαίτης, ἐκάθητο παρὰ τὴν ὁδόν.	Lk 18,35	ἐγένετο δὲ ἐν τῷ ἐγγίζειν αὐτὸν εἰς Ἰεριχὼ τυφλός τις ἐκάθητο παρὰ τὴν ὁδὸν ἐπαιτῶν.	
	Mt 9,27 ⇧ Mt 20,29-30	καὶ παράγοντι ἐκεῖθεν τῷ Ἰησοῦ ἠκολούθησαν [αὐτῷ] δύο τυφλοὶ ...					

τιμάω	Syn 10	Mt 6	Mk 3	Lk 1	Acts 1	Jn 6	1-3John	Paul	Eph 1	Col
	NT 21	2Thess	1/2Tim 1	Tit	Heb	Jas	1Pet 2	2Pet	Jude	Rev

set a price on; estimate; value; honor; reserve

	triple tradition																	double tradition			Sondergut		
		+Mt / +Lk			–Mt / –Lk			traditions not taken over by Mt / Lk							subtotals								
code	*222*	*211*	*112*	*212*	*221*	*122*	*121*	*022*	*012*	*021*	*220*	*120*	*210*	*020*	Σ⁺	Σ⁻	Σ	*202*	*201*	*102*	*200*	*002*	total
Mt	1										2		1⁺		1⁺		4				2		**6**
Mk	1										2						3						**3**
Lk	1																1						**1**

220	**Mt 15,8** *ὁ λαὸς οὗτος* *τοῖς χείλεσίν με* ***τιμᾷ,*** *ἡ δὲ καρδία αὐτῶν* *πόρρω ἀπέχει ἀπ' ἐμοῦ·* ➤ Isa 29,13 LXX	**Mk 7,6** *... οὗτος ὁ λαὸς* *τοῖς χείλεσίν με* ***τιμᾷ,*** *ἡ δὲ καρδία αὐτῶν* *πόρρω ἀπέχει ἀπ' ἐμοῦ·* ➤ Isa 29,13 LXX		
220	**Mt 15,4** ὁ γὰρ θεὸς εἶπεν· ***τίμα*** *τὸν πατέρα καὶ* *τὴν μητέρα,* καί· *ὁ κακολογῶν πατέρα* *ἢ μητέρα θανάτῳ* *τελευτάτω·* ➤ Exod 20,12/Deut 5,16 ➤ Exod 21,17/Lev 20,9	**Mk 7,10** Μωϋσῆς γὰρ εἶπεν· ***τίμα*** *τὸν πατέρα σου καὶ* *τὴν μητέρα σου,* καί· *ὁ κακολογῶν πατέρα* *ἢ μητέρα θανάτῳ* *τελευτάτω.* ➤ Exod 20,12/Deut 5,16 ➤ Exod 21,17/Lev 20,9		
210	**Mt 15,6** **οὐ μὴ τιμήσει** τὸν πατέρα αὐτοῦ· ...	**Mk 7,12** **οὐκέτι ἀφίετε αὐτὸν** **οὐδὲν ποιῆσαι** τῷ πατρὶ ἢ τῇ μητρί		
220	**Mt 15,8** *ὁ λαὸς οὗτος* *τοῖς χείλεσίν με* ***τιμᾷ,*** *ἡ δὲ καρδία αὐτῶν* *πόρρω ἀπέχει ἀπ' ἐμοῦ·* ➤ Isa 29,13 LXX	**Mk 7,6** *... οὗτος ὁ λαὸς* *τοῖς χείλεσίν με* ***τιμᾷ,*** *ἡ δὲ καρδία αὐτῶν* *πόρρω ἀπέχει ἀπ' ἐμοῦ·* ➤ Isa 29,13 LXX		
222	**Mt 19,19** ***τίμα*** *τὸν πατέρα* *καὶ τὴν μητέρα,* καί *ἀγαπήσεις τὸν πλησίον* *σου ὡς σεαυτόν.* ➤ Exod 20,12/Deut 5,16 ➤ Lev 19,18	**Mk 10,19** *...* ***τίμα*** *τὸν πατέρα σου* *καὶ τὴν μητέρα.* ➤ Exod 20,12/Deut 5,16	**Lk 18,20** *...* ***τίμα*** *τὸν πατέρα σου* *καὶ τὴν μητέρα.* ➤ Exod 20,12/Deut 5,16	→ GTh 25
     200 200	**Mt 27,9 (2)** τότε ἐπληρώθη τὸ ῥηθὲν διὰ Ἰερεμίου τοῦ προφήτου λέγοντος· *καὶ ἔλαβον* *τὰ τριάκοντα ἀργύρια,* ***τὴν τιμὴν*** ***τοῦ τετιμημένου*** *ὃν* ***ἐτιμήσαντο*** ἀπὸ υἱῶν Ἰσραήλ ➤ Zech 11,13			

Acts 28,10 οἳ καὶ πολλαῖς τιμαῖς
ἐτίμησαν
ἡμᾶς καὶ ἀναγομένοις
ἐπέθεντο τὰ πρὸς τὰς
χρείας.

τιμή

τιμή	Syn	Mt	Mk	Lk	Acts	Jn	1-3John	Paul	Eph	Col
	2	2			6	1		11		1
	NT	2Thess	1/2Tim	Tit	Heb	Jas	1Pet	2Pet	Jude	Rev
	41		6		4		3	1		6

price; value; honor; reverence

200 **Mt 27,6** οἱ δὲ ἀρχιερεῖς λαβόντες τὰ ἀργύρια εἶπαν· οὐκ ἔξεστιν βαλεῖν αὐτὰ εἰς τὸν κορβανᾶν, ἐπεὶ **τιμὴ αἵματός** ἐστιν.

200 **Mt 27,9** τότε ἐπληρώθη τὸ ῥηθὲν διὰ Ἰερεμίου τοῦ προφήτου λέγοντος· *καὶ ἔλαβον τὰ τριάκοντα ἀργύρια,* ***τὴν τιμὴν τοῦ τετιμημένου*** *ὃν ἐτιμήσαντο* ἀπὸ υἱῶν Ἰσραήλ
➤ Zech 11,13

Acts 4,34 ... ὅσοι γὰρ κτήτορες χωρίων ἢ οἰκιῶν ὑπῆρχον, πωλοῦντες ἔφερον **τὰς τιμὰς τῶν πιπρασκομένων**

Acts 5,2 καὶ ἐνοσφίσατο **ἀπὸ τῆς τιμῆς,** συνειδυίης καὶ τῆς γυναικός, καὶ ἐνέγκας μέρος τι παρὰ τοὺς πόδας τῶν ἀποστόλων ἔθηκεν.

Acts 5,3 ... Ἀνανία, διὰ τί ἐπλήρωσεν ὁ σατανᾶς τὴν καρδίαν σου, ψεύσασθαί σε τὸ πνεῦμα τὸ ἅγιον καὶ νοσφίσασθαι **ἀπὸ τῆς τιμῆς τοῦ χωρίου;**

Acts 7,16 καὶ μετετέθησαν εἰς Συχὲμ καὶ ἐτέθησαν ἐν τῷ μνήματι ᾧ ὠνήσατο Ἀβραὰμ **τιμῆς ἀργυρίου** παρὰ τῶν υἱῶν Ἑμμὼρ ἐν Συχέμ.

Acts 19,19 ... καὶ συνεψήφισαν **τὰς τιμὰς αὐτῶν** καὶ εὗρον ἀργυρίου μυριάδας πέντε.

Acts 28,10 οἳ καὶ **πολλαῖς τιμαῖς** ἐτίμησαν ἡμᾶς καὶ ἀναγομένοις ἐπέθεντο τὰ πρὸς τὰς χρείας.

τίς

τίς	Syn	Mt	Mk	Lk	Acts	Jn	1-3John	Paul	Eph	Col
	277	91	72	114	55	79	4	94	9	2
	NT	2Thess	1/2Tim	Tit	Heb	Jas	1Pet	2Pet	Jude	Rev
	554		2		10	4	3			15

interrogative pronoun and adjective: who?; which?; what?; what sort of?; why?; for what reason?; why then?; τί ἡμῖν καὶ σοί; what have you to do with us?; κατὰ τί; how?

	triple tradition																	double tradition			Sondergut		
		+Mt / +Lk			−Mt / −Lk			traditions not taken over by Mt / Lk							subtotals								
code	222	211	112	212	221	122	121	022	012	021	220	120	210	020	Σ+	Σ−	Σ	202	201	102	200	002	total
Mt	18	9+		2+	7	7−	10−				10	6−	6+		17+	23−	52	18	8		13		91
Mk	18				7	7	10	5		4	10	6		5			72						72
Lk	18		13+	2+	7−	7	10−	5		4−					15+	21−	45	18		13		38	114

Mk-Q overlap: 202: Mt 10,19 / Mk 13,11 / Lk 12,11 — 121: Mt 10,19 / Mk 13,11 / Lk 21,14

- *a* τίς with partitive genitive
- *b* τίς ἐκ, τίς ἀπό
- *c* διὰ τί
- *d* εἰς τί
- *e* τίς as adjective in prepositive position
- *f* τίς as adjective in postpositive position
- *g* τί as adverb: why?
- *h* τί as adverb: how? (including exclamations)
- *j* τίς ἄρα, τί ἄρα
- *k* τὸ τίς (nominalized indirect question)
- *l* τί ἡμῖν καὶ σοί, τί ἐμοὶ καὶ σοί

002 **Lk 1,18** καὶ εἶπεν Ζαχαρίας πρὸς τὸν ἄγγελον· **κατὰ τί** γνώσομαι τοῦτο; ...

k 002					Lk 1,62	ἐνένευον δὲ τῷ πατρὶ αὐτοῦ τὸ τί ἂν θέλοι καλεῖσθαι αὐτό.
j 002					Lk 1,66	καὶ ἔθεντο πάντες οἱ ἀκούσαντες ἐν τῇ καρδίᾳ αὐτῶν λέγοντες· τί ἄρα τὸ παιδίον τοῦτο ἔσται; καὶ γὰρ χεὶρ κυρίου ἦν μετ᾽ αὐτοῦ.
g 002					Lk 2,48	... καὶ εἶπεν πρὸς αὐτὸν ἡ μήτηρ αὐτοῦ· τέκνον, τί ἐποίησας ἡμῖν οὕτως; ...
002					Lk 2,49	καὶ εἶπεν πρὸς αὐτούς· τί ὅτι ἐζητεῖτέ με; οὐκ ᾔδειτε ὅτι ἐν τοῖς τοῦ πατρός μου δεῖ εἶναί με;
202	**Mt 3,7** → Mt 12,34 → Mt 23,33	... γεννήματα ἐχιδνῶν, τίς ὑπέδειξεν ὑμῖν φυγεῖν ἀπὸ τῆς μελλούσης ὀργῆς;			Lk 3,7	... γεννήματα ἐχιδνῶν, τίς ὑπέδειξεν ὑμῖν φυγεῖν ἀπὸ τῆς μελλούσης ὀργῆς;
002					Lk 3,10	καὶ ἐπηρώτων αὐτὸν οἱ ὄχλοι λέγοντες· τί οὖν ποιήσωμεν;
002					Lk 3,12	ἦλθον δὲ καὶ τελῶναι βαπτισθῆναι καὶ εἶπαν πρὸς αὐτόν· διδάσκαλε, τί ποιήσωμεν;
002					Lk 3,14	ἐπηρώτων δὲ αὐτὸν καὶ στρατευόμενοι λέγοντες· τί ποιήσωμεν καὶ ἡμεῖς; ...
l 022 022	↓ Mt 8,29		**Mk 1,24** (2) ↓ Mk 5,7	... τί ἡμῖν καὶ σοί, Ἰησοῦ Ναζαρηνέ; ἦλθες ἀπολέσαι ἡμᾶς; οἶδά σε τίς εἶ, ὁ ἅγιος τοῦ θεοῦ.	Lk 4,34 (2) ↓ Lk 8,28	ἔα, τί ἡμῖν καὶ σοί, Ἰησοῦ Ναζαρηνέ; ἦλθες ἀπολέσαι ἡμᾶς; οἶδά σε τίς εἶ, ὁ ἅγιος τοῦ θεοῦ.
022	→ Mt 7,29		**Mk 1,27** → Mk 1,22	καὶ ἐθαμβήθησαν ἅπαντες, ὥστε συζητεῖν πρὸς ἑαυτοὺς λέγοντας· τί ἐστιν τοῦτο; διδαχὴ καινὴ κατ᾽ ἐξουσίαν· καὶ τοῖς πνεύμασι τοῖς ἀκαθάρτοις ἐπιτάσσει, καὶ ὑπακούουσιν αὐτῷ.	Lk 4,36 → Lk 4,32	καὶ ἐγένετο θάμβος ἐπὶ πάντας καὶ συνελάλουν πρὸς ἀλλήλους λέγοντες· τίς ὁ λόγος οὗτος ὅτι ἐν ἐξουσίᾳ καὶ δυνάμει ἐπιτάσσει τοῖς ἀκαθάρτοις πνεύμασιν καὶ ἐξέρχονται;
g 122 122	**Mt 9,3**	... οὗτος βλασφημεῖ.	**Mk 2,7** (2)	τί οὗτος οὕτως λαλεῖ; βλασφημεῖ· τίς δύναται ἀφιέναι ἁμαρτίας εἰ μὴ εἷς ὁ θεός;	Lk 5,21 (2) ↓ Lk 7,49	... τίς ἐστιν οὗτος ὃς λαλεῖ βλασφημίας; τίς δύναται ἁμαρτίας ἀφεῖναι εἰ μὴ μόνος ὁ θεός;

g 122	Mt 9,4 → Mt 12,25	καὶ ἰδὼν ὁ Ἰησοῦς τὰς ἐνθυμήσεις αὐτῶν εἶπεν· ἱνατί ἐνθυμεῖσθε πονηρὰ ἐν ταῖς καρδίαις ὑμῶν;	Mk 2,8	καὶ εὐθὺς ἐπιγνοὺς ὁ Ἰησοῦς τῷ πνεύματι αὐτοῦ ὅτι οὕτως διαλογίζονται ἐν ἑαυτοῖς λέγει αὐτοῖς· τί ταῦτα διαλογίζεσθε ἐν ταῖς καρδίαις ὑμῶν;	Lk 5,22 → Lk 11,17 → Lk 6,8	ἐπιγνοὺς δὲ ὁ Ἰησοῦς τοὺς διαλογισμοὺς αὐτῶν ἀποκριθεὶς εἶπεν πρὸς αὐτούς· τί διαλογίζεσθε ἐν ταῖς καρδίαις ὑμῶν;	
222	Mt 9,5	τί γάρ ἐστιν εὐκοπώτερον, εἰπεῖν· ἀφίενταί σου αἱ ἁμαρτίαι, ἢ εἰπεῖν· ἔγειρε καὶ περιπάτει;	Mk 2,9	τί ἐστιν εὐκοπώτερον, εἰπεῖν τῷ παραλυτικῷ· ἀφίενταί σου αἱ ἁμαρτίαι, ἢ εἰπεῖν· ἔγειρε καὶ ἆρον τὸν κράβαττόν σου καὶ περιπάτει;	Lk 5,23	τί ἐστιν εὐκοπώτερον, εἰπεῖν· ἀφέωνταί σοι αἱ ἁμαρτίαι σου, ἢ εἰπεῖν· ἔγειρε καὶ περιπάτει;	
c 212	Mt 9,11	καὶ ἰδόντες οἱ Φαρισαῖοι ἔλεγον τοῖς μαθηταῖς αὐτοῦ· διὰ τί μετὰ τῶν τελωνῶν καὶ ἁμαρτωλῶν ἐσθίει ὁ διδάσκαλος ὑμῶν;	Mk 2,16	καὶ οἱ γραμματεῖς τῶν Φαρισαίων ἰδόντες ὅτι ἐσθίει μετὰ τῶν ἁμαρτωλῶν καὶ τελωνῶν ἔλεγον τοῖς μαθηταῖς αὐτοῦ· ὅτι μετὰ τῶν τελωνῶν καὶ ἁμαρτωλῶν ἐσθίει;	Lk 5,30 → Lk 15,2 → Lk 19,7	καὶ ἐγόγγυζον οἱ Φαρισαῖοι καὶ οἱ γραμματεῖς αὐτῶν πρὸς τοὺς μαθητὰς αὐτοῦ λέγοντες· διὰ τί μετὰ τῶν τελωνῶν καὶ ἁμαρτωλῶν ἐσθίετε καὶ πίνετε;	
c 221	Mt 9,14	τότε προσέρχονται αὐτῷ οἱ μαθηταὶ Ἰωάννου λέγοντες· διὰ τί ἡμεῖς καὶ οἱ Φαρισαῖοι νηστεύομεν [πολλά], οἱ δὲ μαθηταί σου οὐ νηστεύουσιν;	Mk 2,18	καὶ ἦσαν οἱ μαθηταὶ Ἰωάννου καὶ οἱ Φαρισαῖοι νηστεύοντες. καὶ ἔρχονται καὶ λέγουσιν αὐτῷ· διὰ τί οἱ μαθηταὶ Ἰωάννου καὶ οἱ μαθηταὶ τῶν Φαρισαίων νηστεύουσιν, οἱ δὲ σοὶ μαθηταὶ οὐ νηστεύουσιν;	Lk 5,33	οἱ δὲ εἶπαν πρὸς αὐτόν· οἱ μαθηταὶ Ἰωάννου νηστεύουσιν πυκνὰ καὶ δεήσεις ποιοῦνται ὁμοίως καὶ οἱ τῶν Φαρισαίων, οἱ δὲ σοὶ ἐσθίουσιν καὶ πίνουσιν.	→ GTh 104
g 122	Mt 12,2	οἱ δὲ Φαρισαῖοι ἰδόντες εἶπαν αὐτῷ· ἰδοὺ οἱ μαθηταί σου ποιοῦσιν ὃ οὐκ ἔξεστιν ποιεῖν ἐν σαββάτῳ.	Mk 2,24	καὶ οἱ Φαρισαῖοι ἔλεγον αὐτῷ· ἴδε τί ποιοῦσιν τοῖς σάββασιν ὃ οὐκ ἔξεστιν;	Lk 6,2	τινὲς δὲ τῶν Φαρισαίων εἶπαν· τί ποιεῖτε ὃ οὐκ ἔξεστιν τοῖς σάββασιν;	
221	Mt 12,3	... οὐκ ἀνέγνωτε τί ἐποίησεν Δαυὶδ ὅτε ἐπείνασεν καὶ οἱ μετ᾽ αὐτοῦ	Mk 2,25	... οὐδέποτε ἀνέγνωτε τί ἐποίησεν Δαυίδ, ὅτε χρείαν ἔσχεν καὶ ἐπείνασεν αὐτὸς καὶ οἱ μετ᾽ αὐτοῦ	Lk 6,3	... οὐδὲ τοῦτο ἀνέγνωτε ὃ ἐποίησεν Δαυὶδ ὅτε ἐπείνασεν αὐτὸς καὶ οἱ μετ᾽ αὐτοῦ [ὄντες]	
112	Mt 12,14 → Mt 26,4	ἐξελθόντες δὲ οἱ Φαρισαῖοι συμβούλιον ἔλαβον κατ᾽ αὐτοῦ ὅπως αὐτὸν ἀπολέσωσιν.	Mk 3,6 → Mk 14,1	καὶ ἐξελθόντες οἱ Φαρισαῖοι εὐθὺς μετὰ τῶν Ἡρῳδιανῶν συμβούλιον ἐδίδουν κατ᾽ αὐτοῦ ὅπως αὐτὸν ἀπολέσωσιν.	Lk 6,11 → Lk 4,28 → Lk 13,17 → Lk 14,6 → Lk 22,2	αὐτοὶ δὲ ἐπλήσθησαν ἀνοίας καὶ διελάλουν πρὸς ἀλλήλους τί ἂν ποιήσαιεν τῷ Ἰησοῦ.	
202	Mt 5,13	... ἐὰν δὲ τὸ ἅλας μωρανθῇ, ἐν τίνι ἁλισθήσεται; ...	Mk 9,50	... ἐὰν δὲ τὸ ἅλας ἄναλον γένηται, ἐν τίνι αὐτὸ ἀρτύσετε; ...	Lk 14,34	... ἐὰν δὲ καὶ τὸ ἅλας μωρανθῇ, ἐν τίνι ἀρτυθήσεται;	Mk-Q overlap
e 201	Mt 5,46	ἐὰν γὰρ ἀγαπήσητε τοὺς ἀγαπῶντας ὑμᾶς, τίνα μισθὸν ἔχετε; ...			Lk 6,32	καὶ εἰ ἀγαπᾶτε τοὺς ἀγαπῶντας ὑμᾶς, ποία ὑμῖν χάρις ἐστίν; ...	

e 201	**Mt 5,47**	καὶ ἐὰν ἀσπάσησθε τοὺς ἀδελφοὺς ὑμῶν μόνον, **τί περισσὸν ποιεῖτε;** οὐχὶ καὶ οἱ ἐθνικοὶ τὸ αὐτὸ ποιοῦσιν;	**Lk 6,34** → Mt 5,42	καὶ ἐὰν δανίσητε παρ᾽ ὧν ἐλπίζετε λαβεῖν, **ποία ὑμῖν χάρις [ἐστίν];** καὶ ἁμαρτωλοὶ ἁμαρτωλοῖς δανίζουσιν ἵνα ἀπολάβωσιν τὰ ἴσα.	→ GTh 95
   200	**Mt 6,3**	σοῦ δὲ ποιοῦντος ἐλεημοσύνην μὴ γνώτω ἡ ἀριστερά σου τί ποιεῖ ἡ δεξιά σου			→ GTh 6 (POxy 654) → GTh 62,2
  202 201 202	**Mt 6,25** **(3)**	διὰ τοῦτο λέγω ὑμῖν· μὴ μεριμνᾶτε τῇ ψυχῇ ὑμῶν τί φάγητε [ἢ τί πίητε], μηδὲ τῷ σώματι ὑμῶν τί ἐνδύσησθε. ...	**Lk 12,22** **(2)**	... διὰ τοῦτο λέγω ὑμῖν· μὴ μεριμνᾶτε τῇ ψυχῇ τί φάγητε, μηδὲ τῷ σώματι τί ἐνδύσησθε.	→ GTh 36 **(POxy 655)**
b 202	**Mt 6,27**	**τίς** δὲ ἐξ ὑμῶν μεριμνῶν δύναται προσθεῖναι ἐπὶ τὴν ἡλικίαν αὐτοῦ πῆχυν ἕνα;	**Lk 12,25**	**τίς** δὲ ἐξ ὑμῶν μεριμνῶν δύναται ἐπὶ τὴν ἡλικίαν αὐτοῦ προσθεῖναι πῆχυν;	→ GTh 36,4 **(only POxy 655)**
g 202	**Mt 6,28**	καὶ περὶ ἐνδύματος τί μεριμνᾶτε; ...	**Lk 12,26**	εἰ οὖν οὐδὲ ἐλάχιστον δύνασθε, τί περὶ τῶν λοιπῶν μεριμνᾶτε;	
  202 202 201	**Mt 6,31** **(3)**	μὴ οὖν μεριμνήσητε λέγοντες· τί φάγωμεν; ἤ· τί πίωμεν; ἤ· τί περιβαλώμεθα;	**Lk 12,29** **(2)**	καὶ ὑμεῖς μὴ ζητεῖτε τί φάγητε καὶ τί πίητε, καὶ μὴ μετεωρίζεσθε·	
g 202	**Mt 7,3**	τί δὲ βλέπεις τὸ κάρφος τὸ ἐν τῷ ὀφθαλμῷ τοῦ ἀδελφοῦ σου, τὴν δὲ ἐν τῷ σῷ ὀφθαλμῷ δοκὸν οὐ κατανοεῖς;	**Lk 6,41**	τί δὲ βλέπεις τὸ κάρφος τὸ ἐν τῷ ὀφθαλμῷ τοῦ ἀδελφοῦ σου, τὴν δὲ δοκὸν τὴν ἐν τῷ ἰδίῳ ὀφθαλμῷ οὐ κατανοεῖς;	→ GTh 26
b e 202	**Mt 7,9**	ἢ **τίς ἐστιν ἐξ ὑμῶν ἄνθρωπος,** ὃν αἰτήσει ὁ υἱὸς αὐτοῦ ἄρτον, μὴ λίθον ἐπιδώσει αὐτῷ; [10] ἢ καὶ ἰχθὺν αἰτήσει, μὴ ὄφιν ἐπιδώσει αὐτῷ;	**Lk 11,11**	 **τίνα δὲ ἐξ ὑμῶν τὸν πατέρα** αἰτήσει ὁ υἱὸς ἰχθύν, καὶ ἀντὶ ἰχθύος ὄφιν αὐτῷ ἐπιδώσει; [12] ἢ καὶ αἰτήσει ᾠόν, ἐπιδώσει αὐτῷ σκορπίον;	

h 201	**Mt 7,14** → Lk 13,23	[13] εἰσέλθατε διὰ τῆς στενῆς πύλης· ὅτι πλατεῖα ἡ πύλη καὶ εὐρύχωρος ἡ ὁδὸς ἡ ἀπάγουσα εἰς τὴν ἀπώλειαν, καὶ πολλοί εἰσιν οἱ εἰσερχόμενοι δι᾽ αὐτῆς· [14] **τί** στενὴ ἡ πύλη καὶ τεθλιμμένη ἡ ὁδὸς ἡ ἀπάγουσα εἰς τὴν ζωὴν καὶ ὀλίγοι εἰσὶν οἱ εὑρίσκοντες αὐτήν.			**Lk 13,24**	ἀγωνίζεσθε εἰσελθεῖν διὰ τῆς στενῆς θύρας, ὅτι πολλοί, λέγω ὑμῖν, ζητήσουσιν εἰσελθεῖν καὶ οὐκ ἰσχύσουσιν.	
g 102	**Mt 7,21** → Mt 12,50	οὐ πᾶς ὁ λέγων μοι· κύριε κύριε, εἰσελεύσεται εἰς τὴν βασιλείαν τῶν οὐρανῶν, ἀλλ᾽ ὁ ποιῶν τὸ θέλημα τοῦ πατρός μου τοῦ ἐν τοῖς οὐρανοῖς.	→ Mk 3,35		**Lk 6,46** → Lk 8,21	**τί** δέ με καλεῖτε· κύριε κύριε, καὶ οὐ ποιεῖτε ἃ λέγω;	
102	**Mt 7,24**	πᾶς οὖν ὅστις ἀκούει μου τοὺς λόγους τούτους καὶ ποιεῖ αὐτούς, ...			**Lk 6,47**	πᾶς ὁ ἐρχόμενος πρός με καὶ ἀκούων μου τῶν λόγων καὶ ποιῶν αὐτούς, ὑποδείξω ὑμῖν **τίνι** ἐστὶν ὅμοιος·	
g 221	**Mt 8,26**	καὶ λέγει αὐτοῖς· **τί** δειλοί ἐστε, ὀλιγόπιστοι; ...	**Mk 4,40**	καὶ εἶπεν αὐτοῖς· **τί** δειλοί ἐστε; οὔπω ἔχετε πίστιν;	**Lk 8,25**	εἶπεν δὲ αὐτοῖς· ποῦ ἡ πίστις ὑμῶν; ...	
l 222	**Mt 8,29**	... **τί** ἡμῖν καὶ σοί, υἱὲ τοῦ θεοῦ; ...	**Mk 5,7** ↑ Mk 1,24	... **τί** ἐμοὶ καὶ σοί, Ἰησοῦ υἱὲ τοῦ θεοῦ τοῦ ὑψίστου; ...	**Lk 8,28** ↑ Lk 4,34	... **τί** ἐμοὶ καὶ σοί, Ἰησοῦ υἱὲ τοῦ θεοῦ τοῦ ὑψίστου; ...	
222	**Mt 9,5**	**τί** γάρ ἐστιν εὐκοπώτερον, εἰπεῖν· ἀφίενταί σου αἱ ἁμαρτίαι, ἢ εἰπεῖν· ἔγειρε καὶ περιπάτει;	**Mk 2,9**	**τί** ἐστιν εὐκοπώτερον, εἰπεῖν τῷ παραλυτικῷ· ἀφίενταί σου αἱ ἁμαρτίαι, ἢ εἰπεῖν· ἔγειρε καὶ ἆρον τὸν κράβαττόν σου καὶ περιπάτει;	**Lk 5,23**	**τί** ἐστιν εὐκοπώτερον, εἰπεῖν· ἀφέωνταί σοι αἱ ἁμαρτίαι σου, ἢ εἰπεῖν· ἔγειρε καὶ περιπάτει;	
c 212	**Mt 9,11**	καὶ ἰδόντες οἱ Φαρισαῖοι ἔλεγον τοῖς μαθηταῖς αὐτοῦ· **διὰ τί** μετὰ τῶν τελωνῶν καὶ ἁμαρτωλῶν ἐσθίει ὁ διδάσκαλος ὑμῶν;	**Mk 2,16**	καὶ οἱ γραμματεῖς τῶν Φαρισαίων ἰδόντες ὅτι ἐσθίει μετὰ τῶν ἁμαρτωλῶν καὶ τελωνῶν ἔλεγον τοῖς μαθηταῖς αὐτοῦ· **ὅτι** μετὰ τῶν τελωνῶν καὶ ἁμαρτωλῶν ἐσθίει;	**Lk 5,30** → Lk 15,2 → Lk 19,7	καὶ ἐγόγγυζον οἱ Φαρισαῖοι καὶ οἱ γραμματεῖς αὐτῶν πρὸς τοὺς μαθητὰς αὐτοῦ λέγοντες· **διὰ τί** μετὰ τῶν τελωνῶν καὶ ἁμαρτωλῶν ἐσθίετε καὶ πίνετε;	
211	**Mt 9,13** ⇩ Mt 12,7	πορευθέντες δὲ μάθετε **τί** ἐστιν· *ἔλεος θέλω* *καὶ οὐ θυσίαν*· οὐ γὰρ ἦλθον καλέσαι δικαίους ἀλλὰ ἁμαρτωλούς. ➤ Hos 6,6	**Mk 2,17**	 ... οὐκ ἦλθον καλέσαι δικαίους ἀλλὰ ἁμαρτωλούς.	**Lk 5,32**	 οὐκ ἐλήλυθα καλέσαι δικαίους ἀλλὰ ἁμαρτωλοὺς εἰς μετάνοιαν.	

c 221	**Mt 9,14**	τότε προσέρχονται αὐτῷ οἱ μαθηταὶ Ἰωάννου λέγοντες· **διὰ τί** ἡμεῖς καὶ οἱ Φαρισαῖοι νηστεύομεν [πολλά], οἱ δὲ μαθηταί σου οὐ νηστεύουσιν;	**Mk 2,18**	καὶ ἦσαν οἱ μαθηταὶ Ἰωάννου καὶ οἱ Φαρισαῖοι νηστεύοντες. καὶ ἔρχονται καὶ λέγουσιν αὐτῷ· **διὰ τί** οἱ μαθηταὶ Ἰωάννου καὶ οἱ μαθηταὶ τῶν Φαρισαίων νηστεύουσιν, οἱ δὲ σοὶ μαθηταὶ οὐ νηστεύουσιν;	**Lk 5,33**	οἱ δὲ εἶπαν πρὸς αὐτόν· οἱ μαθηταὶ Ἰωάννου νηστεύουσιν πυκνὰ καὶ δεήσεις ποιοῦνται ὁμοίως καὶ οἱ τῶν Φαρισαίων, οἱ δὲ σοὶ ἐσθίουσιν καὶ πίνουσιν.	→ GTh 104
201	**Mt 10,11**	εἰς ἣν δ᾽ ἂν πόλιν ἢ κώμην εἰσέλθητε, ἐξετάσατε **τίς** ἐν αὐτῇ ἄξιός ἐστιν· ...			**Lk 10,8** → Lk 10,10	καὶ εἰς ἣν ἂν πόλιν εἰσέρχησθε καὶ δέχωνται ὑμᾶς, ἐσθίετε τὰ παρατιθέμενα ὑμῖν	→ GTh 14,4
202	**Mt 10,19** **(2)**	ὅταν δὲ παραδῶσιν ὑμᾶς, μὴ μεριμνήσητε πῶς ἢ **τί** λαλήσητε·	**Mk 13,11**	καὶ ὅταν ἄγωσιν ὑμᾶς παραδιδόντες, μὴ προμεριμνᾶτε **τί** λαλήσητε,	**Lk 12,11** **(2)** ⇩ Lk 21,14-15 → Lk 21,12	ὅταν δὲ εἰσφέρωσιν ὑμᾶς ἐπὶ τὰς συναγωγὰς καὶ τὰς ἀρχὰς καὶ τὰς ἐξουσίας, μὴ μεριμνήσητε πῶς ἢ **τί** ἀπολογήσησθε ἢ τί εἴπητε·	Mk-Q overlap
201		δοθήσεται γὰρ ὑμῖν ἐν ἐκείνῃ τῇ ὥρᾳ **τί** λαλήσητε·		ἀλλ᾽ ὃ ἐὰν δοθῇ ὑμῖν ἐν ἐκείνῃ τῇ ὥρᾳ **τοῦτο** λαλεῖτε· ...	**Lk 12,12** ⇩ Lk 21,15	τὸ γὰρ ἅγιον πνεῦμα διδάξει ὑμᾶς ἐν αὐτῇ τῇ ὥρᾳ **ἃ** δεῖ εἰπεῖν.	→ Jn 14,26 Mk-Q overlap
					Lk 21,15 ⇧ **Lk 12,11** ⇧ Lk 12,12	[14] θέτε οὖν ἐν ταῖς καρδίαις ὑμῶν μὴ προμελετᾶν ἀπολογηθῆναι· [15] ἐγὼ γὰρ δώσω ὑμῖν στόμα καὶ σοφίαν ᾗ οὐ δυνήσονται ἀντιστῆναι ἢ ἀντειπεῖν ἅπαντες οἱ ἀντικείμενοι ὑμῖν.	→ Acts 6,10
202	**Mt 11,7**	... ἤρξατο ὁ Ἰησοῦς λέγειν τοῖς ὄχλοις περὶ Ἰωάννου· **τί** ἐξήλθατε εἰς τὴν ἔρημον θεάσασθαι; κάλαμον ὑπὸ ἀνέμου σαλευόμενον;			**Lk 7,24**	... ἤρξατο λέγειν πρὸς τοὺς ὄχλους περὶ Ἰωάννου· **τί** ἐξήλθατε εἰς τὴν ἔρημον θεάσασθαι; κάλαμον ὑπὸ ἀνέμου σαλευόμενον;	→ GTh 78
202	**Mt 11,8**	ἀλλὰ **τί** ἐξήλθατε ἰδεῖν; ἄνθρωπον ἐν μαλακοῖς ἠμφιεσμένον; ...			**Lk 7,25**	ἀλλὰ **τί** ἐξήλθατε ἰδεῖν; ἄνθρωπον ἐν μαλακοῖς ἱματίοις ἠμφιεσμένον; ...	→ GTh 78
202	**Mt 11,9**	ἀλλὰ **τί** ἐξήλθατε ἰδεῖν; προφήτην; ...			**Lk 7,26**	ἀλλὰ **τί** ἐξήλθατε ἰδεῖν; προφήτην; ...	
202 102	**Mt 11,16**	**τίνι** δὲ ὁμοιώσω τὴν γενεὰν ταύτην; ὁμοία ἐστὶν παιδίοις ...			**Lk 7,31** (2)	**τίνι** οὖν ὁμοιώσω τοὺς ἀνθρώπους τῆς γενεᾶς ταύτης καὶ **τίνι** εἰσὶν ὅμοιοι; [32] ὅμοιοί εἰσιν παιδίοις ...	

002					Lk 7,39	... οὗτος εἰ ἦν προφήτης, ἐγίνωσκεν ἂν **τίς** καὶ ποταπὴ ἡ γυνὴ ἥτις ἅπτεται αὐτοῦ, ὅτι ἁμαρτωλός ἐστιν.	
a 002					Lk 7,42	μὴ ἐχόντων αὐτῶν ἀποδοῦναι ἀμφοτέροις ἐχαρίσατο. **τίς** οὖν αὐτῶν πλεῖον ἀγαπήσει αὐτόν;	
002					Lk 7,49 ↑ Mt 9,3 ↑ Mk 2,7 ↑ Lk 5,21	καὶ ἤρξαντο οἱ συνανακείμενοι λέγειν ἐν ἑαυτοῖς· **τίς** οὗτός ἐστιν ὃς καὶ ἁμαρτίας ἀφίησιν;	
221	Mt 12,3	... οὐκ ἀνέγνωτε **τί** ἐποίησεν Δαυὶδ ὅτε ἐπείνασεν καὶ οἱ μετ᾽ αὐτοῦ	Mk 2,25	... οὐδέποτε ἀνέγνωτε **τί** ἐποίησεν Δαυίδ, ὅτε χρείαν ἔσχεν καὶ ἐπείνασεν αὐτὸς καὶ οἱ μετ᾽ αὐτοῦ	Lk 6,3	... οὐδὲ τοῦτο ἀνέγνωτε ὃ ἐποίησεν Δαυὶδ ὅτε ἐπείνασεν αὐτὸς καὶ οἱ μετ᾽ αὐτοῦ [ὄντες]	
200	Mt 12,7 ⇑ Mt 9,13	εἰ δὲ ἐγνώκειτε **τί** ἐστιν· *ἔλεος θέλω* *καὶ οὐ θυσίαν,* οὐκ ἂν κατεδικάσατε τοὺς ἀναιτίους. ➤ Hos 6,6					
b a 202	Mt 12,11	ὁ δὲ εἶπεν αὐτοῖς· **τίς ἔσται ἐξ ὑμῶν ἄνθρωπος** ὃς ἕξει πρόβατον ἓν καὶ ἐὰν ἐμπέσῃ τοῦτο τοῖς σάββασιν εἰς βόθυνον, οὐχὶ κρατήσει αὐτὸ καὶ ἐγερεῖ;			Lk 14,5 → Lk 13,15	καὶ πρὸς αὐτοὺς εἶπεν· **τίνος ὑμῶν** υἱὸς ἢ βοῦς εἰς φρέαρ πεσεῖται, καὶ οὐκ εὐθέως ἀνασπάσει αὐτὸν ἐν ἡμέρᾳ τοῦ σαββάτου;	
202	Mt 12,27	καὶ εἰ ἐγὼ ἐν Βεελζεβοὺλ ἐκβάλλω τὰ δαιμόνια, οἱ υἱοὶ ὑμῶν **ἐν τίνι** ἐκβάλλουσιν; διὰ τοῦτο αὐτοὶ κριταὶ ἔσονται ὑμῶν.			Lk 11,19	εἰ δὲ ἐγὼ ἐν Βεελζεβοὺλ ἐκβάλλω τὰ δαιμόνια, οἱ υἱοὶ ὑμῶν **ἐν τίνι** ἐκβάλλουσιν; διὰ τοῦτο αὐτοὶ ὑμῶν κριταὶ ἔσονται.	
221 211	Mt 12,48 (2)	ὁ δὲ ἀποκριθεὶς εἶπεν τῷ λέγοντι αὐτῷ· **τίς** ἐστιν ἡ μήτηρ μου καὶ **τίνες** εἰσὶν οἱ ἀδελφοί μου;	Mk 3,33	καὶ ἀποκριθεὶς αὐτοῖς λέγει· **τίς** ἐστιν ἡ μήτηρ μου καὶ οἱ ἀδελφοί [μου];	Lk 8,21	ὁ δὲ ἀποκριθεὶς εἶπεν πρὸς αὐτούς· ...	→ GTh 99
c 211 112	Mt 13,10	καὶ προσελθόντες οἱ μαθηταὶ εἶπαν αὐτῷ· **διὰ τί** ἐν παραβολαῖς λαλεῖς αὐτοῖς;	Mk 4,10 → Mk 7,17	καὶ ὅτε ἐγένετο κατὰ μόνας, ἠρώτων αὐτὸν οἱ περὶ αὐτὸν σὺν τοῖς δώδεκα τὰς παραβολάς.	Lk 8,9 → Mk 7,17	ἐπηρώτων δὲ αὐτὸν οἱ μαθηταὶ αὐτοῦ **τίς** αὕτη εἴη ἡ παραβολή.	

021			Mk 4,24	καὶ ἔλεγεν αὐτοῖς· βλέπετε τί ἀκούετε. ...	Lk 8,18	βλέπετε οὖν πῶς ἀκούετε· ...	
e 020	Mt 13,31	ἄλλην παραβολὴν παρέθηκεν αὐτοῖς ...	Mk 4,30	... πῶς ὁμοιώσωμεν τὴν βασιλείαν τοῦ θεοῦ ἢ ἐν τίνι αὐτὴν παραβολῇ θῶμεν;	Lk 13,18 (2)	... τίνι ὁμοία ἐστὶν ἡ βασιλεία τοῦ θεοῦ καὶ τίνι ὁμοιώσω αὐτήν;	→ GTh 20 Mk-Q overlap
g 221	Mt 8,26	καὶ λέγει αὐτοῖς· τί δειλοί ἐστε, ὀλιγόπιστοι; ...	Mk 4,40	καὶ εἶπεν αὐτοῖς· τί δειλοί ἐστε; οὔπω ἔχετε πίστιν;	Lk 8,25	εἶπεν δὲ αὐτοῖς· ποῦ ἡ πίστις ὑμῶν;	
j 122	Mt 8,27	οἱ δὲ ἄνθρωποι ἐθαύμασαν λέγοντες· ποταπός ἐστιν οὗτος ὅτι καὶ οἱ ἄνεμοι καὶ ἡ θάλασσα αὐτῷ ὑπακούουσιν;	Mk 4,41	καὶ ἐφοβήθησαν φόβον μέγαν καὶ ἔλεγον πρὸς ἀλλήλους· τίς ἄρα οὗτός ἐστιν ὅτι καὶ ὁ ἄνεμος καὶ ἡ θάλασσα ὑπακούει αὐτῷ;		φοβηθέντες δὲ ἐθαύμασαν, λέγοντες πρὸς ἀλλήλους· τίς ἄρα οὗτός ἐστιν ὅτι καὶ τοῖς ἀνέμοις ἐπιτάσσει καὶ τῷ ὕδατι, καὶ ὑπακούουσιν αὐτῷ;	
l 222	Mt 8,29	... τί ἡμῖν καὶ σοί, υἱὲ τοῦ θεοῦ; ...	Mk 5,7 ↑ Mk 1,24	... τί ἐμοὶ καὶ σοί, Ἰησοῦ υἱὲ τοῦ θεοῦ τοῦ ὑψίστου; ...	Lk 8,28 ↑ Lk 4,34	... τί ἐμοὶ καὶ σοί, Ἰησοῦ υἱὲ τοῦ θεοῦ τοῦ ὑψίστου; ...	
022			Mk 5,9	καὶ ἐπηρώτα αὐτόν· τί ὄνομά σοι; ...	Lk 8,30	ἐπηρώτησεν δὲ αὐτὸν ὁ Ἰησοῦς· τί σοι ὄνομά ἐστιν; ...	
121	Mt 8,34	καὶ ἰδοὺ πᾶσα ἡ πόλις ἐξῆλθεν εἰς ὑπάντησιν τῷ Ἰησοῦ ...	Mk 5,14	... καὶ ἦλθον ἰδεῖν τί ἐστιν τὸ γεγονός [15] καὶ ἔρχονται πρὸς τὸν Ἰησοῦν, ...	Lk 8,35	ἐξῆλθον δὲ ἰδεῖν τὸ γεγονὸς καὶ ἦλθον πρὸς τὸν Ἰησοῦν ...	
122	Mt 9,22	ὁ δὲ Ἰησοῦς στραφεὶς ...	Mk 5,30 ↓ Lk 8,46	καὶ εὐθὺς ὁ Ἰησοῦς ἐπιγνοὺς ἐν ἑαυτῷ τὴν ἐξ αὐτοῦ δύναμιν ἐξελθοῦσαν ἐπιστραφεὶς ἐν τῷ ὄχλῳ ἔλεγεν· τίς μου ἥψατο τῶν ἱματίων;	Lk 8,45	καὶ εἶπεν ὁ Ἰησοῦς· τίς ὁ ἁψάμενός μου; ↔	
021			Mk 5,31	καὶ ἔλεγον αὐτῷ οἱ μαθηταὶ αὐτοῦ· βλέπεις τὸν ὄχλον συνθλίβοντά σε καὶ λέγεις· τίς μου ἥψατο;	Lk 8,46 ↑ Mk 5,30	↔ [45] ἀρνουμένων δὲ πάντων εἶπεν ὁ Πέτρος· ἐπιστάτα, οἱ ὄχλοι συνέχουσίν σε καὶ ἀποθλίβουσιν. [46] ὁ δὲ Ἰησοῦς εἶπεν· ἥψατό μού τις, ἐγὼ γὰρ ἔγνων δύναμιν ἐξεληλυθυῖαν ἀπ᾽ ἐμοῦ.	
g 021			Mk 5,35 → Lk 7,6	ἔτι αὐτοῦ λαλοῦντος ἔρχονται ἀπὸ τοῦ ἀρχισυναγώγου λέγοντες ὅτι ἡ θυγάτηρ σου ἀπέθανεν· τί ἔτι σκύλλεις τὸν διδάσκαλον;	Lk 8,49 → Lk 7,6	ἔτι αὐτοῦ λαλοῦντος ἔρχεταί τις παρὰ τοῦ ἀρχισυναγώγου λέγων ὅτι τέθνηκεν ἡ θυγάτηρ σου· μηκέτι σκύλλε τὸν διδάσκαλον.	

g 121	Mt 9,24	ἔλεγεν· ἀναχωρεῖτε, οὐ γὰρ ἀπέθανεν τὸ κοράσιον ἀλλὰ καθεύδει. ...	Mk 5,39	καὶ εἰσελθὼν λέγει αὐτοῖς· **τί** θορυβεῖσθε καὶ κλαίετε; τὸ παιδίον οὐκ ἀπέθανεν ἀλλὰ καθεύδει.	Lk 8,52	... ὁ δὲ εἶπεν· μὴ κλαίετε, οὐ γὰρ ἀπέθανεν ἀλλὰ καθεύδει.	
121	Mt 13,54	... ὥστε ἐκπλήσσεσθαι αὐτοὺς καὶ λέγειν· πόθεν τούτῳ ἡ σοφία αὕτη καὶ αἱ δυνάμεις;	Mk 6,2 → Mt 13,56	... καὶ πολλοὶ ἀκούοντες ἐξεπλήσσοντο λέγοντες· πόθεν τούτῳ ταῦτα, καὶ **τίς** ἡ σοφία ἡ δοθεῖσα τούτῳ, καὶ αἱ δυνάμεις τοιαῦται διὰ τῶν χειρῶν αὐτοῦ γινόμεναι;	Lk 4,22	καὶ πάντες ἐμαρτύρουν αὐτῷ καὶ ἐθαύμαζον ἐπὶ τοῖς λόγοις τῆς χάριτος τοῖς ἐκπορευομένοις ἐκ τοῦ στόματος αὐτοῦ ...	
112	Mt 14,2	καὶ εἶπεν τοῖς παισὶν αὐτοῦ· οὗτός ἐστιν Ἰωάννης ὁ βαπτιστής· αὐτὸς ἠγέρθη ...	Mk 6,16 → Mk 6,27	ἀκούσας δὲ ὁ Ἡρῴδης ἔλεγεν· ὃν ἐγὼ ἀπεκεφάλισα Ἰωάννην, οὗτος ἠγέρθη.	Lk 9,9 → Lk 23,8	εἶπεν δὲ Ἡρῴδης· Ἰωάννην ἐγὼ ἀπεκεφάλισα· **τίς** δέ ἐστιν οὗτος περὶ οὗ ἀκούω τοιαῦτα; καὶ ἐζήτει ἰδεῖν αὐτόν.	
120	Mt 14,8	ἡ δὲ προβιβασθεῖσα ὑπὸ τῆς μητρὸς αὐτῆς· ...	Mk 6,24	καὶ ἐξελθοῦσα εἶπεν τῇ μητρὶ αὐτῆς· **τί** αἰτήσωμαι; ἡ δὲ εἶπεν· τὴν κεφαλὴν Ἰωάννου τοῦ βαπτίζοντος.			
121	Mt 14,15 → Mt 14,16 ↓ Mt 15,32	... ἀπόλυσον τοὺς ὄχλους, ἵνα ἀπελθόντες εἰς τὰς κώμας ἀγοράσωσιν ἑαυτοῖς **βρώματα.**	Mk 6,36 → Mk 6,37 ↓ Mk 8,2 → Mk 8,3	ἀπόλυσον αὐτούς, ἵνα ἀπελθόντες εἰς τοὺς κύκλῳ ἀγροὺς καὶ κώμας ἀγοράσωσιν ἑαυτοῖς **τί φάγωσιν.**	Lk 9,12 → Lk 9,13	... ἀπόλυσον τὸν ὄχλον, ἵνα πορευθέντες εἰς τὰς κύκλῳ κώμας καὶ ἀγροὺς καταλύσωσιν καὶ εὕρωσιν **ἐπισιτισμόν, ...**	
d 200	Mt 14,31	... ὀλιγόπιστε, **εἰς τί** ἐδίστασας;					
c 220	Mt 15,2 → Mt 15,20	**διὰ τί** οἱ μαθηταί σου παραβαίνουσιν τὴν παράδοσιν τῶν πρεσβυτέρων; οὐ γὰρ νίπτονται τὰς χεῖρας [αὐτῶν] ὅταν ἄρτον ἐσθίωσιν.	Mk 7,5	... **διὰ τί** οὐ περιπατοῦσιν οἱ μαθηταί σου κατὰ τὴν παράδοσιν τῶν πρεσβυτέρων, ἀλλὰ κοιναῖς χερσὶν ἐσθίουσιν τὸν ἄρτον;			
c 210	Mt 15,3	ὁ δὲ ἀποκριθεὶς εἶπεν αὐτοῖς· **διὰ τί** καὶ ὑμεῖς παραβαίνετε τὴν ἐντολὴν τοῦ θεοῦ διὰ τὴν παράδοσιν ὑμῶν;	Mk 7,9	καὶ ἔλεγεν αὐτοῖς· καλῶς ἀθετεῖτε τὴν ἐντολὴν τοῦ θεοῦ, ἵνα τὴν παράδοσιν ὑμῶν στήσητε.			

[a] τίς with partitive genitive
[b] τίς ἐκ, τίς ἀπό
[c] διὰ τί
[d] εἰς τί
[e] τίς as adjective in prepositive position
[f] τίς as adjective in postpositive position
[g] τί as adverb: why?
[h] τί as adverb: how? (including exclamations)
[j] τίς ἄρα, τί ἄρα
[k] τὸ τίς (nominalized indirect question)
[l] τί ἡμῖν καὶ σοί, τί ἐμοὶ καὶ σοί

120	**Mt 15,32**	ὁ δὲ Ἰησοῦς προσκαλεσάμενος τοὺς μαθητὰς αὐτοῦ εἶπεν·	**Mk 8,1**	ἐν ἐκείναις ταῖς ἡμέραις πάλιν πολλοῦ ὄχλου ὄντος καὶ μὴ ἐχόντων **τί** φάγωσιν, προσκαλεσάμενος τοὺς μαθητὰς λέγει αὐτοῖς·			
220	→ Mt 14,14 ↑ Mt 14,15	σπλαγχνίζομαι ἐπὶ τὸν ὄχλον, ὅτι ἤδη ἡμέραι τρεῖς προσμένουσίν μοι καὶ οὐκ ἔχουσιν **τί** φάγωσιν· ...	**Mk 8,2** → Mk 6,34 ↑ Mk 6,36	σπλαγχνίζομαι ἐπὶ τὸν ὄχλον, ὅτι ἤδη ἡμέραι τρεῖς προσμένουσίν μοι καὶ οὐκ ἔχουσιν **τί** φάγωσιν·			
g 120	**Mt 16,4** ⇩ Mt 12,39	γενεὰ πονηρὰ καὶ μοιχαλὶς σημεῖον ἐπιζητεῖ, καὶ σημεῖον οὐ δοθήσεται αὐτῇ εἰ μὴ τὸ σημεῖον Ἰωνᾶ. ...	**Mk 8,12**	... **τί** ἡ γενεὰ αὕτη ζητεῖ σημεῖον; ἀμὴν λέγω ὑμῖν, εἰ δοθήσεται τῇ γενεᾷ ταύτῃ σημεῖον.			Mk-Q overlap
	Mt 12,39 ⇧ Mt 16,4	... γενεὰ πονηρὰ καὶ μοιχαλὶς σημεῖον ἐπιζητεῖ, καὶ σημεῖον οὐ δοθήσεται αὐτῇ εἰ μὴ τὸ σημεῖον Ἰωνᾶ τοῦ προφήτου.			**Lk 11,29**	... ἡ γενεὰ αὕτη γενεὰ πονηρά ἐστιν· σημεῖον ζητεῖ, καὶ σημεῖον οὐ δοθήσεται αὐτῇ εἰ μὴ τὸ σημεῖον Ἰωνᾶ.	
g 220	**Mt 16,8**	γνοὺς δὲ ὁ Ἰησοῦς εἶπεν· **τί** διαλογίζεσθε ἐν ἑαυτοῖς, ὀλιγόπιστοι, ὅτι ἄρτους οὐκ ἔχετε;	**Mk 8,17**	καὶ γνοὺς λέγει αὐτοῖς· **τί** διαλογίζεσθε ὅτι ἄρτους οὐκ ἔχετε; ...			
222	**Mt 16,13**	... ἠρώτα τοὺς μαθητὰς αὐτοῦ λέγων· **τίνα** λέγουσιν οἱ ἄνθρωποι εἶναι τὸν υἱὸν τοῦ ἀνθρώπου;	**Mk 8,27**	... καὶ ἐν τῇ ὁδῷ ἐπηρώτα τοὺς μαθητὰς αὐτοῦ λέγων αὐτοῖς· **τίνα** με λέγουσιν οἱ ἄνθρωποι εἶναι;	**Lk 9,18**	... καὶ ἐπηρώτησεν αὐτοὺς λέγων· **τίνα** με λέγουσιν οἱ ὄχλοι εἶναι;	→ GTh 13
222	**Mt 16,15**	λέγει αὐτοῖς· ὑμεῖς δὲ **τίνα** με λέγετε εἶναι;	**Mk 8,29**	καὶ αὐτὸς ἐπηρώτα αὐτούς· ὑμεῖς δὲ **τίνα** με λέγετε εἶναι; ...	**Lk 9,20**	εἶπεν δὲ αὐτοῖς· ὑμεῖς δὲ **τίνα** με λέγετε εἶναι; ...	→ GTh 13
222	**Mt 16,26** **(2)**	**τί** γὰρ ὠφεληθήσεται ἄνθρωπος ἐὰν τὸν κόσμον ὅλον κερδήσῃ τὴν δὲ ψυχὴν αὐτοῦ ζημιωθῇ; ἢ	**Mk 8,36**	**τί** γὰρ ὠφελεῖ ἄνθρωπον κερδῆσαι τὸν κόσμον ὅλον καὶ ζημιωθῆναι τὴν ψυχὴν αὐτοῦ;	**Lk 9,25**	**τί** γὰρ ὠφελεῖται ἄνθρωπος κερδήσας τὸν κόσμον ὅλον ἑαυτὸν δὲ ἀπολέσας ἢ ζημιωθείς;	
220		**τί** δώσει ἄνθρωπος ἀντάλλαγμα τῆς ψυχῆς αὐτοῦ;	**Mk 8,37**	**τί** γὰρ δοῖ ἄνθρωπος ἀντάλλαγμα τῆς ψυχῆς αὐτοῦ;			
021			**Mk 9,6** → Mt 17,6	οὐ γὰρ ᾔδει **τί** ἀποκριθῇ, ἔκφοβοι γὰρ ἐγένοντο.	**Lk 9,33**	... μὴ εἰδὼς ὃ λέγει.	
020			**Mk 9,10**	καὶ τὸν λόγον ἐκράτησαν πρὸς ἑαυτοὺς συζητοῦντες **τί** ἐστιν τὸ ἐκ νεκρῶν ἀναστῆναι.			

g 210	Mt 17,10	καὶ ἐπηρώτησαν αὐτὸν οἱ μαθηταὶ λέγοντες· τί οὖν οἱ γραμματεῖς λέγουσιν ὅτι *Ἠλίαν* *δεῖ ἐλθεῖν πρῶτον;* ➤ Mal 3,23-24	Mk 9,11	καὶ ἐπηρώτων αὐτὸν λέγοντες· ὅτι λέγουσιν οἱ γραμματεῖς ὅτι *Ἠλίαν* *δεῖ ἐλθεῖν πρῶτον;* ➤ Mal 3,23-24			
g 020			Mk 9,16	καὶ ἐπηρώτησεν αὐτούς· τί συζητεῖτε πρὸς αὐτούς;			
c 210	Mt 17,19	τότε προσελθόντες οἱ μαθηταὶ τῷ Ἰησοῦ κατ' ἰδίαν εἶπον· διὰ τί ἡμεῖς οὐκ ἠδυνήθημεν ἐκβαλεῖν αὐτό;	Mk 9,28	καὶ εἰσελθόντος αὐτοῦ εἰς οἶκον οἱ μαθηταὶ αὐτοῦ κατ' ἰδίαν ἐπηρώτων αὐτόν· ὅτι ἡμεῖς οὐκ ἠδυνήθημεν ἐκβαλεῖν αὐτό;			
  200 200	Mt 17,25 (2)	... προέφθασεν αὐτὸν ὁ Ἰησοῦς λέγων· τί σοι δοκεῖ, Σίμων; οἱ βασιλεῖς τῆς γῆς ἀπὸ τίνων λαμβάνουσιν τέλη ἢ κῆνσον; ...					
  121	Mt 18,1	ἐν ἐκείνῃ τῇ ὥρᾳ προσῆλθον	Mk 9,33	... καὶ ἐν τῇ οἰκίᾳ γενόμενος ἐπηρώτα αὐτούς· τί ἐν τῇ ὁδῷ διελογίζεσθε;	Lk 9,46	 εἰσῆλθεν δὲ διαλογισμὸς	
j k 222		οἱ μαθηταὶ τῷ Ἰησοῦ λέγοντες· τίς ἄρα μείζων ἐστὶν ἐν τῇ βασιλείᾳ τῶν οὐρανῶν;	Mk 9,34	οἱ δὲ ἐσιώπων· πρὸς ἀλλήλους γὰρ διελέχθησαν ἐν τῇ ὁδῷ τίς μείζων.	↑ Mk 9,33 ↓ Lk 22,24	ἐν αὐτοῖς, τὸ τίς ἂν εἴη μείζων αὐτῶν.	→ GTh 12
 020	Mt 5,13	... ἐὰν δὲ τὸ ἅλας μωρανθῇ, ἐν τίνι ἁλισθήσεται; ...	Mk 9,50	... ἐὰν δὲ τὸ ἅλας ἄναλον γένηται, ἐν τίνι αὐτὸ ἀρτύσετε; ...	Lk 14,34	... ἐὰν δὲ καὶ τὸ ἅλας μωρανθῇ, ἐν τίνι ἀρτυθήσεται;	Mk-Q overlap
201	Mt 18,12	τί ὑμῖν δοκεῖ; ἐὰν γένηταί τινι ἀνθρώπῳ ἑκατὸν πρόβατα καὶ πλανηθῇ ἓν ἐξ αὐτῶν, ...			Lk 15,4	 τίς ἄνθρωπος ἐξ ὑμῶν ἔχων ἑκατὸν πρόβατα καὶ ἀπολέσας ἐξ αὐτῶν ἓν ...	→ GTh 107
   102 102	Mt 11,27 → Mt 28,18	πάντα μοι παρεδόθη ὑπὸ τοῦ πατρός μου, καὶ οὐδεὶς ἐπιγινώσκει τὸν υἱὸν εἰ μὴ ὁ πατήρ, οὐδὲ τὸν πατέρα τις ἐπιγινώσκει εἰ μὴ ὁ υἱὸς καὶ ᾧ ἐὰν βούληται ὁ υἱὸς ἀποκαλύψαι.			Lk 10,22 (2) → Mt 28,18	πάντα μοι παρεδόθη ὑπὸ τοῦ πατρός μου, καὶ οὐδεὶς γινώσκει τίς ἐστιν ὁ υἱὸς εἰ μὴ ὁ πατήρ, καὶ τίς ἐστιν ὁ πατὴρ εἰ μὴ ὁ υἱὸς καὶ ᾧ ἐὰν βούληται ὁ υἱὸς ἀποκαλύψαι.	→ GTh 61,3
 112	Mt 22,36 ↓ Mt 19,16	διδάσκαλε, ποία ἐντολὴ μεγάλη ἐν τῷ νόμῳ;	Mk 12,28 ↓ Mk 10,17	 ... ποία ἐστὶν ἐντολὴ πρώτη πάντων;	Lk 10,25 ⇩ Lk 18,18	... διδάσκαλε, τί ποιήσας ζωὴν αἰώνιον κληρονομήσω;	

112	Mt 22,37	ὁ δὲ ἔφη αὐτῷ· *ἀγαπήσεις* *κύριον τὸν θεόν σου ...* ➤ Deut 6,5	Mk 12,29	ἀπεκρίθη ὁ Ἰησοῦς ὅτι πρώτη ἐστίν· *ἄκουε,* *Ἰσραήλ, κύριος ὁ θεὸς* *ἡμῶν κύριος εἷς ἐστιν,* [30] *καὶ ἀγαπήσεις* *κύριον τὸν θεόν σου ...* ➤ Deut 6,4-5	Lk 10,26	ὁ δὲ εἶπεν πρὸς αὐτόν· ἐν τῷ νόμῳ **τί** γέγραπται; πῶς ἀναγινώσκεις; [27] ὁ δὲ ἀποκριθεὶς εἶπεν· *ἀγαπήσεις* *κύριον τὸν θεόν σου ...* ➤ Deut 6,5	
002					Lk 10,29	ὁ δὲ θέλων δικαιῶσαι ἑαυτὸν εἶπεν πρὸς τὸν Ἰησοῦν· καὶ **τίς** ἐστίν μου πλησίον;	
a 002					Lk 10,36	**τίς** τούτων τῶν τριῶν πλησίον δοκεῖ σοι γεγονέναι τοῦ ἐμπεσόντος εἰς τοὺς λῃστάς;	
b 002					Lk 11,5	καὶ εἶπεν πρὸς αὐτούς· **τίς** ἐξ ὑμῶν ἕξει φίλον καὶ πορεύσεται πρὸς αὐτὸν μεσονυκτίου καὶ εἴπῃ αὐτῷ· φίλε, χρῆσόν μοι τρεῖς ἄρτους	
b e 202	Mt 7,9	ἢ **τίς ἐστιν ἐξ ὑμῶν** **ἄνθρωπος,** ὃν αἰτήσει ὁ υἱὸς αὐτοῦ ἄρτον, μὴ λίθον ἐπιδώσει αὐτῷ; [10] ἢ καὶ ἰχθὺν αἰτήσει, μὴ ὄφιν ἐπιδώσει αὐτῷ;			Lk 11,11	**τίνα δὲ ἐξ ὑμῶν** **τὸν πατέρα** αἰτήσει ὁ υἱὸς ἰχθύν, καὶ ἀντὶ ἰχθύος ὄφιν αὐτῷ ἐπιδώσει; [12] ἢ καὶ αἰτήσει ᾠόν, ἐπιδώσει αὐτῷ σκορπίον;	
202	Mt 12,27	καὶ εἰ ἐγὼ ἐν Βεελζεβοὺλ ἐκβάλλω τὰ δαιμόνια, οἱ υἱοὶ ὑμῶν **ἐν τίνι** ἐκβάλλουσιν; διὰ τοῦτο αὐτοὶ κριταὶ ἔσονται ὑμῶν.			Lk 11,19	εἰ δὲ ἐγὼ ἐν Βεελζεβοὺλ ἐκβάλλω τὰ δαιμόνια, οἱ υἱοὶ ὑμῶν **ἐν τίνι** ἐκβάλλουσιν; διὰ τοῦτο αὐτοὶ ὑμῶν κριταὶ ἔσονται.	
102	Mt 10,28	... φοβεῖσθε δὲ μᾶλλον τὸν δυνάμενον καὶ ψυχὴν καὶ σῶμα ἀπολέσαι ἐν γεέννῃ.			Lk 12,5	ὑποδείξω δὲ ὑμῖν **τίνα** φοβηθῆτε· φοβήθητε τὸν μετὰ τὸ ἀποκτεῖναι ἔχοντα ἐξουσίαν ἐμβαλεῖν εἰς τὴν γέενναν· ναὶ λέγω ὑμῖν, τοῦτον φοβήθητε.	
202 102	Mt 10,19 (2)	ὅταν δὲ παραδῶσιν ὑμᾶς, μὴ μεριμνήσητε πῶς ἢ **τί** λαλήσητε· ...	Mk 13,11	καὶ ὅταν ἄγωσιν ὑμᾶς παραδιδόντες, μὴ προμεριμνᾶτε **τί** λαλήσητε, ...	Lk 12,11 (2) ⇑ Lk 21,14-15 → Lk 21,12	ὅταν δὲ εἰσφέρωσιν ὑμᾶς ἐπὶ τὰς συναγωγὰς καὶ τὰς ἀρχὰς καὶ τὰς ἐξουσίας, μὴ μεριμνήσητε πῶς ἢ **τί** ἀπολογήσησθε ἢ **τί** εἴπητε·	Mk-Q overlap

002			**Lk 12,14**	ὁ δὲ εἶπεν αὐτῷ· ἄνθρωπε, **τίς** με κατέστησεν κριτὴν ἢ μεριστὴν ἐφ' ὑμᾶς;	→ GTh 72
002			**Lk 12,17**	καὶ διελογίζετο ἐν ἑαυτῷ λέγων· **τί** ποιήσω, ὅτι οὐκ ἔχω ποῦ συνάξω τοὺς καρπούς μου;	→ GTh 63
002			**Lk 12,20**	εἶπεν δὲ αὐτῷ ὁ θεός· ἄφρων, ταύτῃ τῇ νυκτὶ τὴν ψυχήν σου ἀπαιτοῦσιν ἀπὸ σοῦ· ἃ δὲ ἡτοίμασας, **τίνι** ἔσται;	→ GTh 63
202 202	**Mt 6,25** **(3)**	διὰ τοῦτο λέγω ὑμῖν· μὴ μεριμνᾶτε τῇ ψυχῇ ὑμῶν **τί** φάγητε [ἢ τί πίητε], μηδὲ τῷ σώματι ὑμῶν **τί** ἐνδύσησθε. ...	**Lk 12,22** **(2)**	... διὰ τοῦτο λέγω ὑμῖν· μὴ μεριμνᾶτε τῇ ψυχῇ **τί** φάγητε, μηδὲ τῷ σώματι **τί** ἐνδύσησθε.	→ GTh 36 **(POxy 655)**
b 202	**Mt 6,27**	**τίς** δὲ ἐξ ὑμῶν μεριμνῶν δύναται προσθεῖναι ἐπὶ τὴν ἡλικίαν αὐτοῦ πῆχυν ἕνα;	**Lk 12,25**	**τίς** δὲ ἐξ ὑμῶν μεριμνῶν δύναται ἐπὶ τὴν ἡλικίαν αὐτοῦ προσθεῖναι πῆχυν;	→ GTh 36,4 **(only POxy 655)**
g 202	**Mt 6,28**	καὶ περὶ ἐνδύματος **τί** μεριμνᾶτε; ...	**Lk 12,26**	εἰ οὖν οὐδὲ ἐλάχιστον δύνασθε, **τί** περὶ τῶν λοιπῶν μεριμνᾶτε;	
202 202	**Mt 6,31** **(3)**	μὴ οὖν μεριμνήσητε λέγοντες· **τί** φάγωμεν; ἤ· **τί** πίωμεν; ἤ· τί περιβαλώμεθα;	**Lk 12,29** **(2)**	καὶ ὑμεῖς μὴ ζητεῖτε **τί** φάγητε καὶ **τί** πίητε, καὶ μὴ μετεωρίζεσθε·	
j 202	**Mt 24,45**	**τίς ἄρα** ἐστὶν ὁ πιστὸς δοῦλος καὶ φρόνιμος ...	**Lk 12,42**	καὶ εἶπεν ὁ κύριος· **τίς ἄρα** ἐστὶν ὁ πιστὸς οἰκονόμος ὁ φρόνιμος, ...	
h 002			**Lk 12,49** → Mt 3,11 → Lk 3,16	πῦρ ἦλθον βαλεῖν ἐπὶ τὴν γῆν, καὶ **τί** θέλω εἰ ἤδη ἀνήφθη.	→ GTh 10
g 002			**Lk 12,57**	**τί** δὲ καὶ ἀφ' ἑαυτῶν οὐ κρίνετε τὸ δίκαιον;	

[a] τίς with partitive genitive
[b] τίς ἐκ, τίς ἀπό
[c] διὰ τί
[d] εἰς τί
[e] τίς as adjective in prepositive position
[f] τίς as adjective in postpositive position
[g] τί as adverb: why?
[h] τί as adverb: how? (including exclamations)
[j] τίς ἄρα, τί ἄρα
[k] τὸ τίς (nominalized indirect question)
[l] τί ἡμῖν καὶ σοί, τί ἐμοὶ καὶ σοί

102 102	Mt 13,31	 ἄλλην παραβολὴν παρέθηκεν αὐτοῖς λέγων· ὁμοία ἐστὶν ἡ βασιλεία τῶν οὐρανῶν κόκκῳ σινάπεως, ...	Mk 4,30	καὶ ἔλεγεν· πῶς ὁμοιώσωμεν τὴν βασιλείαν τοῦ θεοῦ ἢ ἐν τίνι αὐτὴν παραβολῇ θῶμεν; [31] ὡς κόκκῳ σινάπεως, ...	Lk 13,18 (2)	ἔλεγεν οὖν· τίνι ὁμοία ἐστὶν ἡ βασιλεία τοῦ θεοῦ καὶ τίνι ὁμοιώσω αὐτήν; [19] ὁμοία ἐστὶν κόκκῳ σινάπεως, ...	→ GTh 20 Mk-Q overlap
  102	Mt 13,33	ἄλλην παραβολὴν ἐλάλησεν αὐτοῖς· ὁμοία ἐστὶν ἡ βασιλεία τῶν οὐρανῶν ζύμῃ, ...			Lk 13,20	καὶ πάλιν εἶπεν· τίνι ὁμοιώσω τὴν βασιλείαν τοῦ θεοῦ; [21] ὁμοία ἐστὶν ζύμῃ, ...	→ GTh 96
b a 202	Mt 12,11	ὁ δὲ εἶπεν αὐτοῖς· τίς ἔσται ἐξ ὑμῶν ἄνθρωπος ὃς ἕξει πρόβατον ἓν καὶ ἐὰν ἐμπέσῃ τοῦτο τοῖς σάββασιν εἰς βόθυνον, οὐχὶ κρατήσει αὐτὸ καὶ ἐγερεῖ;			Lk 14,5 → Lk 13,15	καὶ πρὸς αὐτοὺς εἶπεν· τίνος ὑμῶν υἱὸς ἢ βοῦς εἰς φρέαρ πεσεῖται, καὶ οὐκ εὐθέως ἀνασπάσει αὐτὸν ἐν ἡμέρᾳ τοῦ σαββάτου;	
b 002					Lk 14,28	τίς γὰρ ἐξ ὑμῶν θέλων πύργον οἰκοδομῆσαι οὐχὶ πρῶτον καθίσας ψηφίζει τὴν δαπάνην, εἰ ἔχει εἰς ἀπαρτισμόν;	
e 002					Lk 14,31	ἢ τίς βασιλεὺς πορευόμενος ἑτέρῳ βασιλεῖ συμβαλεῖν εἰς πόλεμον οὐχὶ καθίσας πρῶτον βουλεύσεται εἰ δυνατός ἐστιν ἐν δέκα χιλιάσιν ὑπαντῆσαι τῷ μετὰ εἴκοσι χιλιάδων ἐρχομένῳ ἐπ' αὐτόν;	
  202	Mt 5,13	... ἐὰν δὲ τὸ ἅλας μωρανθῇ, ἐν τίνι ἁλισθήσεται; ...	Mk 9,50	... ἐὰν δὲ τὸ ἅλας ἄναλον γένηται, ἐν τίνι αὐτὸ ἀρτύσετε; ...	Lk 14,34	... ἐὰν δὲ καὶ τὸ ἅλας μωρανθῇ, ἐν τίνι ἀρτυθήσεται;	Mk-Q overlap
b e 102	Mt 18,12	τί ὑμῖν δοκεῖ; ἐὰν γένηταί τινι ἀνθρώπῳ ἑκατὸν πρόβατα καὶ πλανηθῇ ἓν ἐξ αὐτῶν, ...			Lk 15,4	 τίς ἄνθρωπος ἐξ ὑμῶν ἔχων ἑκατὸν πρόβατα καὶ ἀπολέσας ἐξ αὐτῶν ἓν ...	→ GTh 107
e 002					Lk 15,8	ἢ τίς γυνὴ δραχμὰς ἔχουσα δέκα ἐὰν ἀπολέσῃ δραχμὴν μίαν, ...	
   002					Lk 15,26	καὶ προσκαλεσάμενος ἕνα τῶν παίδων ἐπυνθάνετο τί ἂν εἴη ταῦτα.	

002					**Lk 16,2**	καὶ φωνήσας αὐτὸν εἶπεν αὐτῷ· **τί** τοῦτο ἀκούω περὶ σοῦ; ...	
002					**Lk 16,3**	εἶπεν δὲ ἐν ἑαυτῷ ὁ οἰκονόμος· **τί** ποιήσω, ὅτι ὁ κύριός μου ἀφαιρεῖται τὴν οἰκονομίαν ἀπ' ἐμοῦ; ...	
002					**Lk 16,4**	ἔγνων **τί** ποιήσω, ἵνα ὅταν μετασταθῶ ἐκ τῆς οἰκονομίας δέξωνταί με εἰς τοὺς οἴκους αὐτῶν.	
002					**Lk 16,11**	εἰ οὖν ἐν τῷ ἀδίκῳ μαμωνᾷ πιστοὶ οὐκ ἐγένεσθε, τὸ ἀληθινὸν **τίς** ὑμῖν πιστεύσει;	
002					**Lk 16,12**	καὶ εἰ ἐν τῷ ἀλλοτρίῳ πιστοὶ οὐκ ἐγένεσθε, τὸ ὑμέτερον **τίς** ὑμῖν δώσει;	
b 002					**Lk 17,7**	**τίς** δὲ ἐξ ὑμῶν δοῦλον ἔχων ἀροτριῶντα ἢ ποιμαίνοντα, ὃς εἰσελθόντι ἐκ τοῦ ἀγροῦ ἐρεῖ αὐτῷ· εὐθέως παρελθὼν ἀνάπεσε, ...	
002					**Lk 17,8**	ἀλλ' οὐχὶ ἐρεῖ αὐτῷ· ἑτοίμασον **τί** δειπνήσω καὶ περιζωσάμενος διακόνει μοι ἕως φάγω καὶ πίω, καὶ μετὰ ταῦτα φάγεσαι καὶ πίεσαι σύ;	
002					**Lk 18,6**	εἶπεν δὲ ὁ κύριος· ἀκούσατε **τί** ὁ κριτὴς τῆς ἀδικίας λέγει·	
120	**Mt 19,4**	ὁ δὲ ἀποκριθεὶς εἶπεν· οὐκ ἀνέγνωτε ...	**Mk 10,3** ↓ Mt 19,7	ὁ δὲ ἀποκριθεὶς εἶπεν αὐτοῖς· **τί** ὑμῖν ἐνετείλατο Μωϋσῆς;			
g 210	**Mt 19,7** → Mt 5,31 ↑ Mk 10,3	λέγουσιν αὐτῷ· **τί** οὖν Μωϋσῆς ἐνετείλατο δοῦναι βιβλίον ἀποστασίου καὶ ἀπολῦσαι [αὐτήν]; ➤ Deut 24,1.2	**Mk 10,4**	οἱ δὲ εἶπαν· ἐπέτρεψεν Μωϋσῆς βιβλίον ἀποστασίου γράψαι καὶ ἀπολῦσαι. ➤ Deut 24,1.2			
e 222	**Mt 19,16** ↑ Mt 22,36	... διδάσκαλε, **τί ἀγαθὸν** ποιήσω ἵνα σχῶ ζωὴν αἰώνιον;	**Mk 10,17** ↑ Mk 12,28	... διδάσκαλε ἀγαθέ, **τί** ποιήσω ἵνα ζωὴν αἰώνιον κληρονομήσω;	**Lk 18,18** ⇧ Lk 10,25	... διδάσκαλε ἀγαθέ, **τί** ποιήσας ζωὴν αἰώνιον κληρονομήσω;	

g 222	Mt 19,17	ὁ δὲ εἶπεν αὐτῷ· τί με ἐρωτᾷς περὶ τοῦ ἀγαθοῦ; ...	Mk 10,18	ὁ δὲ Ἰησοῦς εἶπεν αὐτῷ· τί με λέγεις ἀγαθόν; ...	Lk 18,19	εἶπεν δὲ αὐτῷ ὁ Ἰησοῦς· τί με λέγεις ἀγαθόν; ...	
211	Mt 19,20 → Mk 10,21	λέγει αὐτῷ ὁ νεανίσκος· πάντα ταῦτα ἐφύλαξα· τί ἔτι ὑστερῶ;	Mk 10,20	ὁ δὲ ἔφη αὐτῷ· διδάσκαλε, ταῦτα πάντα ἐφυλαξάμην ἐκ νεότητός μου.	Lk 18,21	ὁ δὲ εἶπεν· ταῦτα πάντα ἐφύλαξα ἐκ νεότητος.	
j 222	Mt 19,25	ἀκούσαντες δὲ οἱ μαθηταὶ ἐξεπλήσσοντο σφόδρα λέγοντες· τίς ἄρα δύναται σωθῆναι;	Mk 10,26	οἱ δὲ περισσῶς ἐξεπλήσσοντο λέγοντες πρὸς ἑαυτούς· καὶ τίς δύναται σωθῆναι;	Lk 18,26	εἶπαν δὲ οἱ ἀκούσαντες· καὶ τίς δύναται σωθῆναι;	
j 211	Mt 19,27	τότε ἀποκριθεὶς ὁ Πέτρος εἶπεν αὐτῷ· ἰδοὺ ἡμεῖς ἀφήκαμεν πάντα καὶ ἠκολουθήσαμέν σοι· τί ἄρα ἔσται ἡμῖν;	Mk 10,28	ἤρξατο λέγειν ὁ Πέτρος αὐτῷ· ἰδοὺ ἡμεῖς ἀφήκαμεν πάντα καὶ ἠκολουθήκαμέν σοι.	Lk 18,28	εἶπεν δὲ ὁ Πέτρος· ἰδοὺ ἡμεῖς ἀφέντες τὰ ἴδια ἠκολουθήσαμέν σοι.	
g 200	Mt 20,6	περὶ δὲ τὴν ἑνδεκάτην ἐξελθὼν εὗρεν ἄλλους ἑστῶτας καὶ λέγει αὐτοῖς· τί ὧδε ἑστήκατε ὅλην τὴν ἡμέραν ἀργοί;					
220	Mt 20,21	ὁ δὲ εἶπεν αὐτῇ· τί θέλεις; ...	Mk 10,36	ὁ δὲ εἶπεν αὐτοῖς· τί θέλετέ [με] ποιήσω ὑμῖν;			
220	Mt 20,22	ἀποκριθεὶς δὲ ὁ Ἰησοῦς εἶπεν· οὐκ οἴδατε τί αἰτεῖσθε. δύνασθε πιεῖν τὸ ποτήριον ὃ ἐγὼ μέλλω πίνειν; ...	Mk 10,38	ὁ δὲ Ἰησοῦς εἶπεν αὐτοῖς· οὐκ οἴδατε τί αἰτεῖσθε. δύνασθε πιεῖν τὸ ποτήριον ὃ ἐγὼ πίνω ἢ τὸ βάπτισμα ὃ ἐγὼ βαπτίζομαι βαπτισθῆναι;	Lk 12,50	βάπτισμα δὲ ἔχω βαπτισθῆναι, ...	
112	Mt 20,30 ⇨ Mt 9,27	... ἀκούσαντες ὅτι Ἰησοῦς παράγει, ...	Mk 10,47	καὶ ἀκούσας ὅτι Ἰησοῦς ὁ Ναζαρηνός ἐστιν ...	Lk 18,36	ἀκούσας δὲ ὄχλου διαπορευομένου ἐπυνθάνετο τί εἴη τοῦτο. [37] ἀπήγγειλαν δὲ αὐτῷ ὅτι Ἰησοῦς ὁ Ναζωραῖος παρέρχεται.	
222	Mt 20,32 ⇩ Mt 9,28	... τί θέλετε ποιήσω ὑμῖν; [33] λέγουσιν αὐτῷ· κύριε, ἵνα ἀνοιγῶσιν οἱ ὀφθαλμοὶ ἡμῶν.	Mk 10,51	... τί σοι θέλεις ποιήσω; ὁ δὲ τυφλὸς εἶπεν αὐτῷ· ῥαββουνι, ἵνα ἀναβλέψω.	Lk 18,41	τί σοι θέλεις ποιήσω; ὁ δὲ εἶπεν· κύριε, ἵνα ἀναβλέψω.	
	Mt 9,28 ⇧ Mt 20,32	... καὶ λέγει αὐτοῖς ὁ Ἰησοῦς· πιστεύετε ὅτι δύναμαι τοῦτο ποιῆσαι; ...					
002					Lk 19,3	καὶ ἐζήτει ἰδεῖν τὸν Ἰησοῦν τίς ἐστιν καὶ οὐκ ἠδύνατο ἀπὸ τοῦ ὄχλου, ὅτι τῇ ἡλικίᾳ μικρὸς ἦν.	

102	Mt 25,19	μετὰ δὲ πολὺν χρόνον ἔρχεται ὁ κύριος τῶν δούλων ἐκείνων καὶ συναίρει λόγον μετ᾽ αὐτῶν.			Lk 19,15	καὶ ἐγένετο ἐν τῷ ἐπανελθεῖν αὐτὸν λαβόντα τὴν βασιλείαν καὶ εἶπεν φωνηθῆναι αὐτῷ τοὺς δούλους τούτους οἷς δεδώκει τὸ ἀργύριον, ἵνα γνοῖ τί διεπραγματεύσαντο.	
c 102	Mt 25,27	ἔδει σε οὖν βαλεῖν τὰ ἀργύριά μου τοῖς τραπεζίταις, ...			Lk 19,23	καὶ διὰ τί οὐκ ἔδωκάς μου τὸ ἀργύριον ἐπὶ τράπεζαν; ...	
g c 122	Mt 21,3	καὶ ἐάν τις ὑμῖν εἴπῃ τι, ἐρεῖτε ὅτι ὁ κύριος αὐτῶν χρείαν ἔχει· εὐθὺς δὲ ἀποστελεῖ αὐτούς.	Mk 11,3	καὶ ἐάν τις ὑμῖν εἴπῃ· τί ποιεῖτε τοῦτο; εἴπατε· ὁ κύριος αὐτοῦ χρείαν ἔχει, καὶ εὐθὺς αὐτὸν ἀποστέλλει πάλιν ὧδε.	Lk 19,31	καὶ ἐάν τις ὑμᾶς ἐρωτᾷ· διὰ τί λύετε; οὕτως ἐρεῖτε· ὅτι ὁ κύριος αὐτοῦ χρείαν ἔχει.	
g 022			Mk 11,5	καί τινες τῶν ἐκεῖ ἑστηκότων ἔλεγον αὐτοῖς· τί ποιεῖτε λύοντες τὸν πῶλον;	Lk 19,33	... εἶπαν οἱ κύριοι αὐτοῦ πρὸς αὐτούς· τί λύετε τὸν πῶλον;	
210	Mt 21,10 → Mt 2,3 → Lk 19,41	καὶ εἰσελθόντος αὐτοῦ εἰς Ἱεροσόλυμα ἐσείσθη πᾶσα ἡ πόλις λέγουσα· τίς ἐστιν οὗτος;	Mk 11,11 → Mt 21,12 → Mk 11,15 → Lk 19,41	καὶ εἰσῆλθεν εἰς Ἱεροσόλυμα εἰς τὸ ἱερὸν καὶ περιβλεψάμενος πάντα, ...			→ Jn 2,13
200	Mt 21,16	καὶ εἶπαν αὐτῷ· ἀκούεις τί οὗτοι λέγουσιν; ὁ δὲ Ἰησοῦς λέγει αὐτοῖς· ναί· ...					
k 112	Mt 22,33 → Mt 7,28 → Mk 1,22 → Lk 4,32	καὶ ἀκούσαντες οἱ ὄχλοι ἐξεπλήσσοντο ἐπὶ τῇ διδαχῇ αὐτοῦ.	Mk 11,18	... ἐφοβοῦντο γὰρ αὐτόν, πᾶς γὰρ ὁ ὄχλος ἐξεπλήσσετο ἐπὶ τῇ διδαχῇ αὐτοῦ.	Lk 19,48 → Lk 21,38	καὶ οὐχ εὕρισκον τὸ τί ποιήσωσιν, ὁ λαὸς γὰρ ἅπας ἐξεκρέματο αὐτοῦ ἀκούων.	
222	Mt 21,23	... ἐν ποίᾳ ἐξουσίᾳ ταῦτα ποιεῖς; καὶ τίς σοι ἔδωκεν τὴν ἐξουσίαν ταύτην;	Mk 11,28	... ἐν ποίᾳ ἐξουσίᾳ ταῦτα ποιεῖς; ἢ τίς σοι ἔδωκεν τὴν ἐξουσίαν ταύτην ἵνα ταῦτα ποιῇς;	Lk 20,2	... εἰπὸν ἡμῖν ἐν ποίᾳ ἐξουσίᾳ ταῦτα ποιεῖς, ἢ τίς ἐστιν ὁ δούς σοι τὴν ἐξουσίαν ταύτην;	→ Jn 2,18
c 222	Mt 21,25	... οἱ δὲ διελογίζοντο ἐν ἑαυτοῖς λέγοντες· ἐὰν εἴπωμεν· ἐξ οὐρανοῦ, ἐρεῖ ἡμῖν· διὰ τί οὖν οὐκ ἐπιστεύσατε αὐτῷ;	Mk 11,31	καὶ διελογίζοντο πρὸς ἑαυτοὺς λέγοντες· ἐὰν εἴπωμεν· ἐξ οὐρανοῦ, ἐρεῖ· διὰ τί [οὖν] οὐκ ἐπιστεύσατε αὐτῷ;	Lk 20,5	οἱ δὲ συνελογίσαντο πρὸς ἑαυτοὺς λέγοντες ὅτι ἐὰν εἴπωμεν· ἐξ οὐρανοῦ, ἐρεῖ· διὰ τί οὐκ ἐπιστεύσατε αὐτῷ;	
200	Mt 21,28 → Lk 15,11	τί δὲ ὑμῖν δοκεῖ; ἄνθρωπος εἶχεν τέκνα δύο. ...					
b 200	Mt 21,31	τίς ἐκ τῶν δύο ἐποίησεν τὸ θέλημα τοῦ πατρός; ...					

112	Mt 21,37	ὕστερον δὲ ἀπέστειλεν πρὸς αὐτοὺς τὸν υἱὸν αὐτοῦ λέγων· ἐντραπήσονται τὸν υἱόν μου.	Mk 12,6	ἔτι ἕνα εἶχεν, υἱὸν ἀγαπητόν· ἀπέστειλεν αὐτὸν ἔσχατον πρὸς αὐτοὺς λέγων ὅτι ἐντραπήσονται τὸν υἱόν μου.	Lk 20,13	εἶπεν δὲ ὁ κύριος τοῦ ἀμπελῶνος· τί ποιήσω; πέμψω τὸν υἱόν μου τὸν ἀγαπητόν· ἴσως τοῦτον ἐντραπήσονται.	→ GTh 65
222	Mt 21,40	ὅταν οὖν ἔλθῃ ὁ κύριος τοῦ ἀμπελῶνος, τί ποιήσει τοῖς γεωργοῖς ἐκείνοις;	Mk 12,9	 τί [οὖν] ποιήσει ὁ κύριος τοῦ ἀμπελῶνος; ...	Lk 20,15	 ... τί οὖν ποιήσει αὐτοῖς ὁ κύριος τοῦ ἀμπελῶνος;	→ GTh 65
112	Mt 21,42	... οὐδέποτε ἀνέγνωτε ἐν ταῖς γραφαῖς· *λίθον ὃν ἀπεδοκίμασαν* *οἱ οἰκοδομοῦντες, οὗτος* *ἐγενήθη εἰς κεφαλὴν* *γωνίας·* ... ➤ Ps 118,22	Mk 12,10	οὐδὲ τὴν γραφὴν ταύτην ἀνέγνωτε· *λίθον ὃν ἀπεδοκίμασαν* *οἱ οἰκοδομοῦντες, οὗτος* *ἐγενήθη εἰς κεφαλὴν* *γωνίας·* ➤ Ps 118,22	Lk 20,17	... τί οὖν ἐστιν τὸ γεγραμμένον τοῦτο· *λίθον ὃν ἀπεδοκίμασαν* *οἱ οἰκοδομοῦντες, οὗτος* *ἐγενήθη εἰς κεφαλὴν* *γωνίας;* ➤ Ps 118,22	→ Acts 4,11 → GTh 66
211	Mt 22,17	εἰπὲ οὖν ἡμῖν τί σοι δοκεῖ· ἔξεστιν δοῦναι κῆνσον Καίσαρι ἢ οὔ;	Mk 12,14	 ... ἔξεστιν δοῦναι κῆνσον Καίσαρι ἢ οὔ; δῶμεν ἢ μὴ δῶμεν;	Lk 20,22	 ἔξεστιν ἡμᾶς Καίσαρι φόρον δοῦναι ἢ οὔ;	→ GTh 100
g 221	Mt 22,18	γνοὺς δὲ ὁ Ἰησοῦς τὴν πονηρίαν αὐτῶν εἶπεν· τί με πειράζετε, ὑποκριταί;	Mk 12,15	ὁ δὲ εἰδὼς αὐτῶν τὴν ὑπόκρισιν εἶπεν αὐτοῖς· τί με πειράζετε; ...	Lk 20,23	κατανοήσας δὲ αὐτῶν τὴν πανουργίαν εἶπεν πρὸς αὐτούς·	→ GTh 100
222	Mt 22,20	... τίνος ἡ εἰκὼν αὕτη καὶ ἡ ἐπιγραφή;	Mk 12,16	... τίνος ἡ εἰκὼν αὕτη καὶ ἡ ἐπιγραφή; ...	Lk 20,24	... τίνος ἔχει εἰκόνα καὶ ἐπιγραφήν; ...	→ GTh 100
a 222	Mt 22,28	ἐν τῇ ἀναστάσει οὖν τίνος τῶν ἑπτὰ ἔσται γυνή; πάντες γὰρ ἔσχον αὐτήν·	Mk 12,23	ἐν τῇ ἀναστάσει [ὅταν ἀναστῶσιν] τίνος αὐτῶν ἔσται γυνή; οἱ γὰρ ἑπτὰ ἔσχον αὐτὴν γυναῖκα.	Lk 20,33	ἡ γυνὴ οὖν ἐν τῇ ἀναστάσει τίνος αὐτῶν γίνεται γυνή; οἱ γὰρ ἑπτὰ ἔσχον αὐτὴν γυναῖκα.	
   211 211	Mt 22,42 (2)	[41] ... ἐπηρώτησεν αὐτοὺς ὁ Ἰησοῦς [42] λέγων· τί ὑμῖν δοκεῖ περὶ τοῦ χριστοῦ; τίνος υἱός ἐστιν; λέγουσιν αὐτῷ· τοῦ Δαυίδ.	Mk 12,35	καὶ ἀποκριθεὶς ὁ Ἰησοῦς ἔλεγεν διδάσκων ἐν τῷ ἱερῷ· πῶς λέγουσιν οἱ γραμματεῖς ὅτι ὁ χριστὸς υἱὸς Δαυίδ ἐστιν;	Lk 20,41	εἶπεν δὲ πρὸς αὐτούς· πῶς λέγουσιν τὸν χριστὸν εἶναι Δαυὶδ υἱόν;	
200	Mt 23,17	μωροὶ καὶ τυφλοί, τίς γὰρ μείζων ἐστίν, ὁ χρυσὸς ἢ ὁ ναὸς ὁ ἁγιάσας τὸν χρυσόν;					
200	Mt 23,19	τυφλοί, τί γὰρ μεῖζον, τὸ δῶρον ἢ τὸ θυσιαστήριον τὸ ἁγιάζον τὸ δῶρον;					

222	Mt 24,3	... εἰπὲ ἡμῖν, πότε ταῦτα ἔσται καὶ **τί** τὸ σημεῖον τῆς σῆς παρουσίας καὶ συντελείας τοῦ αἰῶνος;	Mk 13,4	εἰπὸν ἡμῖν, πότε ταῦτα ἔσται καὶ **τί** τὸ σημεῖον ὅταν μέλλῃ ταῦτα συντελεῖσθαι πάντα;	Lk 21,7	... διδάσκαλε, πότε οὖν ταῦτα ἔσται καὶ **τί** τὸ σημεῖον ὅταν μέλλῃ ταῦτα γίνεσθαι;	
121	Mt 10,19 (2)	ὅταν δὲ παραδῶσιν ὑμᾶς, μὴ μεριμνήσητε πῶς ἢ **τί** λαλήσητε· ...	Mk 13,11	καὶ ὅταν ἄγωσιν ὑμᾶς παραδιδόντες, μὴ προμεριμνᾶτε **τί** λαλήσητε, ...	Lk 21,14 ⇧ Lk 12,11 ⇧ Lk 12,12	θέτε οὖν ἐν ταῖς καρδίαις ὑμῶν μὴ προμελετᾶν ἀπολογηθῆναι·	Mk-Q overlap. Mt 10,19 counted as Q tradition.
j 202	Mt 24,45	**τίς ἄρα** ἐστὶν ὁ πιστὸς δοῦλος καὶ φρόνιμος ...			Lk 12,42	καὶ εἶπεν ὁ κύριος· **τίς ἄρα** ἐστὶν ὁ πιστὸς οἰκονόμος ὁ φρόνιμος, ...	
d 220	Mt 26,8	ἰδόντες δὲ οἱ μαθηταὶ ἠγανάκτησαν λέγοντες· **εἰς τί** ἡ ἀπώλεια αὕτη;	Mk 14,4	ἦσαν δέ τινες ἀγανακτοῦντες πρὸς ἑαυτούς· **εἰς τί** ἡ ἀπώλεια αὕτη τοῦ μύρου γέγονεν;			→ Jn 12,4
g 220	Mt 26,10	γνοὺς δὲ ὁ Ἰησοῦς εἶπεν αὐτοῖς· **τί** κόπους παρέχετε τῇ γυναικί; ἔργον γὰρ καλὸν ἠργάσατο εἰς ἐμέ·	Mk 14,6	ὁ δὲ Ἰησοῦς εἶπεν· ἄφετε αὐτήν· **τί** αὐτῇ κόπους παρέχετε; καλὸν ἔργον ἠργάσατο ἐν ἐμοί.			→ Jn 12,7
211	Mt 26,15	[14] τότε πορευθεὶς εἷς τῶν δώδεκα, ὁ λεγόμενος Ἰούδας Ἰσκαριώτης, πρὸς τοὺς ἀρχιερεῖς [15] εἶπεν· **τί** θέλετέ μοι δοῦναι, κἀγὼ ὑμῖν παραδώσω αὐτόν; ...	Mk 14,10	καὶ Ἰούδας Ἰσκαριὼθ ὁ εἷς τῶν δώδεκα ἀπῆλθεν πρὸς τοὺς ἀρχιερεῖς ἵνα αὐτὸν παραδοῖ αὐτοῖς.	Lk 22,4	[3] εἰσῆλθεν δὲ σατανᾶς εἰς Ἰούδαν τὸν καλούμενον Ἰσκαριώτην, ὄντα ἐκ τοῦ ἀριθμοῦ τῶν δώδεκα· [4] καὶ ἀπελθὼν συνελάλησεν τοῖς ἀρχιερεῦσιν καὶ στρατηγοῖς τὸ πῶς αὐτοῖς παραδῷ αὐτόν.	
b j *k* 112	Mt 26,22 → Mt 26,25	καὶ λυπούμενοι σφόδρα ἤρξαντο λέγειν αὐτῷ εἷς ἕκαστος· μήτι ἐγώ εἰμι, κύριε;	Mk 14,19	ἤρξαντο λυπεῖσθαι καὶ λέγειν αὐτῷ εἷς κατὰ εἷς· μήτι ἐγώ;	Lk 22,23	καὶ αὐτοὶ ἤρξαντο συζητεῖν πρὸς ἑαυτοὺς τὸ **τίς** ἄρα εἴη ἐξ αὐτῶν ὁ τοῦτο μέλλων πράσσειν.	→ Jn 13,22.25
a k 002					Lk 22,24 ↑ Lk 9,46	ἐγένετο δὲ καὶ φιλονεικία ἐν αὐτοῖς, τὸ **τίς** αὐτῶν δοκεῖ εἶναι μείζων.	
112	Mt 20,28	ὥσπερ ὁ υἱὸς τοῦ ἀνθρώπου οὐκ ἦλθεν διακονηθῆναι ἀλλὰ διακονῆσαι καὶ δοῦναι τὴν ψυχὴν αὐτοῦ λύτρον ἀντὶ πολλῶν.	Mk 10,45	καὶ γὰρ ὁ υἱὸς τοῦ ἀνθρώπου οὐκ ἦλθεν διακονηθῆναι ἀλλὰ διακονῆσαι καὶ δοῦναι τὴν ψυχὴν αὐτοῦ λύτρον ἀντὶ πολλῶν.	Lk 22,27 → Lk 12,37	**τίς** γὰρ μείζων, ὁ ἀνακείμενος ἢ ὁ διακονῶν; οὐχὶ ὁ ἀνακείμενος; ἐγὼ δὲ ἐν μέσῳ ὑμῶν εἰμι ὡς ὁ διακονῶν.	→ Jn 13,13-14

a τίς with partitive genitive
b τίς ἐκ, τίς ἀπό
c διὰ τί
d εἰς τί
e τίς as adjective in prepositive position
f τίς as adjective in postpositive position
g τί as adverb: why?
h τί as adverb: how? (including exclamations)
j τίς ἄρα, τί ἄρα
k τὸ τίς (nominalized indirect question)
l τί ἡμῖν καὶ σοί, τί ἐμοὶ καὶ σοί

121 121	Mt 26,39	... πάτερ μου, εἰ δυνατόν ἐστιν, παρελθάτω ἀπ᾽ ἐμοῦ τὸ ποτήριον τοῦτο· πλὴν οὐχ ὡς ἐγὼ θέλω ἀλλ᾽ ὡς σύ.	Mk 14,36 (2)	... αββα ὁ πατήρ, πάντα δυνατά σοι· παρένεγκε τὸ ποτήριον τοῦτο ἀπ᾽ ἐμοῦ· ἀλλ᾽ οὐ τί ἐγὼ θέλω ἀλλὰ τί σύ.	Lk 22,42 → Mt 26,42	... πάτερ, εἰ βούλει παρένεγκε τοῦτο τὸ ποτήριον ἀπ᾽ ἐμοῦ· πλὴν μὴ τὸ θέλημά μου ἀλλὰ τὸ σὸν γινέσθω.	→ Jn 18,11 → Acts 21,14
g 112	Mt 26,40	... καὶ λέγει τῷ Πέτρῳ· οὕτως οὐκ ἰσχύσατε μίαν ὥραν γρηγορῆσαι μετ᾽ ἐμοῦ;	Mk 14,37	... καὶ λέγει τῷ Πέτρῳ· Σίμων, καθεύδεις; οὐκ ἴσχυσας μίαν ὥραν γρηγορῆσαι;	Lk 22,46	καὶ εἶπεν αὐτοῖς· τί καθεύδετε; ...	
120	Mt 26,43	... ἦσαν γὰρ αὐτῶν οἱ ὀφθαλμοὶ βεβαρημένοι.	Mk 14,40	... ἦσαν γὰρ αὐτῶν οἱ ὀφθαλμοὶ καταβαρυνόμενοι, καὶ οὐκ ᾔδεισαν τί ἀποκριθῶσιν αὐτῷ.			
212	Mt 26,68	λέγοντες· προφήτευσον ἡμῖν, χριστέ, τίς ἐστιν ὁ παίσας σε;	Mk 14,65	... καὶ λέγειν αὐτῷ· προφήτευσον, ...	Lk 22,64	... λέγοντες· προφήτευσον, τίς ἐστιν ὁ παίσας σε;	
220	Mt 26,62	... οὐδὲν ἀποκρίνῃ τί οὗτοί σου καταμαρτυροῦσιν;	Mk 14,60	... οὐκ ἀποκρίνῃ οὐδέν τί οὗτοί σου καταμαρτυροῦσιν;			
g 222	Mt 26,65	... ἐβλασφήμησεν· τί ἔτι χρείαν ἔχομεν μαρτύρων; ἴδε νῦν ἠκούσατε τὴν βλασφημίαν·	Mk 14,63	... τί ἔτι χρείαν ἔχομεν μαρτύρων; [64] ἠκούσατε τῆς βλασφημίας·	Lk 22,71	... τί ἔτι ἔχομεν μαρτυρίας χρείαν; αὐτοὶ γὰρ ἠκούσαμεν ἀπὸ τοῦ στόματος αὐτοῦ.	
220	Mt 26,66 → Lk 24,20	τί ὑμῖν δοκεῖ; οἱ δὲ ἀποκριθέντες εἶπαν· ἔνοχος θανάτου ἐστίν.	→ Lk 24,20	τί ὑμῖν φαίνεται; οἱ δὲ πάντες κατέκριναν αὐτὸν ἔνοχον εἶναι θανάτου.			
212	Mt 26,68	λέγοντες· προφήτευσον ἡμῖν, χριστέ, τίς ἐστιν ὁ παίσας σε;	Mk 14,65	... καὶ λέγειν αὐτῷ· προφήτευσον, ...	Lk 22,64	... λέγοντες· προφήτευσον, τίς ἐστιν ὁ παίσας σε;	
221	Mt 26,70	... οὐκ οἶδα τί λέγεις.	Mk 14,68	... οὔτε οἶδα οὔτε ἐπίσταμαι σὺ τί λέγεις. ...	Lk 22,57	... οὐκ οἶδα αὐτόν, γύναι.	→ Jn 18,17
200	Mt 27,4	... ἥμαρτον παραδοὺς αἷμα ἀθῷον. οἱ δὲ εἶπαν· τί πρὸς ἡμᾶς; σὺ ὄψῃ.					
210	Mt 27,17 ↓ Mt 27,21	... εἶπεν αὐτοῖς ὁ Πιλᾶτος· τίνα θέλετε ἀπολύσω ὑμῖν, [Ἰησοῦν τὸν] Βαραββᾶν ἢ Ἰησοῦν τὸν λεγόμενον χριστόν;	Mk 15,9	ὁ δὲ Πιλᾶτος ἀπεκρίθη αὐτοῖς λέγων· θέλετε ἀπολύσω ὑμῖν τὸν βασιλέα τῶν Ἰουδαίων;			→ Jn 18,39

b 200	Mt 27,21 ↑ Mt 27,17	ἀποκριθεὶς δὲ ὁ ἡγεμὼν εἶπεν αὐτοῖς· **τίνα** θέλετε ἀπὸ τῶν δύο ἀπολύσω ὑμῖν; ...	Mk 15,12	ὁ δὲ Πιλᾶτος πάλιν ἀποκριθεὶς ἔλεγεν αὐτοῖς· **τί** οὖν [θέλετε] ποιήσω [ὃν λέγετε] τὸν βασιλέα τῶν Ἰουδαίων;			
  221	Mt 27,22	λέγει αὐτοῖς ὁ Πιλᾶτος· **τί** οὖν ποιήσω Ἰησοῦν τὸν λεγόμενον χριστόν; ...	Mk 15,12	ὁ δὲ Πιλᾶτος πάλιν ἀποκριθεὶς ἔλεγεν αὐτοῖς· **τί** οὖν [θέλετε] ποιήσω [ὃν λέγετε] τὸν βασιλέα τῶν Ἰουδαίων;	Lk 23,20	πάλιν δὲ ὁ Πιλᾶτος προσεφώνησεν αὐτοῖς θέλων ἀπολῦσαι τὸν Ἰησοῦν·	→ Jn 19,12
e 222	Mt 27,23	ὁ δὲ ἔφη· **τί γὰρ κακὸν ἐποίησεν;** ...	Mk 15,14	ὁ δὲ Πιλᾶτος ἔλεγεν αὐτοῖς· **τί γὰρ ἐποίησεν κακόν;** ...	Lk 23,22	ὁ δὲ τρίτον εἶπεν πρὸς αὐτούς· **τί γὰρ κακὸν ἐποίησεν** οὗτος; ...	
002					Lk 23,31	ὅτι εἰ ἐν τῷ ὑγρῷ ξύλῳ ταῦτα ποιοῦσιν, ἐν τῷ ξηρῷ **τί** γένηται;	
002					Lk 23,34	[[ὁ δὲ Ἰησοῦς ἔλεγεν· πάτερ, ἄφες αὐτοῖς, οὐ γὰρ οἴδασιν **τί** ποιοῦσιν.]]	→ Acts 3,17 → Acts 7,60 → Acts 13,27 Lk 23,34a is textcritically uncertain.
    121 121	Mt 27,35	... *διεμερίσαντο τὰ ἱμάτια αὐτοῦ βάλλοντες κλῆρον* ➤ Ps 22,19	Mk 15,24 (2)	... *διαμερίζονται τὰ ἱμάτια αὐτοῦ βάλλοντες κλῆρον ἐπ᾽ αὐτὰ* **τίς** **τί** ἄρῃ. ➤ Ps 22,19		*διαμεριζόμενοι δὲ τὰ ἱμάτια αὐτοῦ ἔβαλον κλήρους.* ➤ Ps 22,19	→ Jn 19,24 → Acts 7,60
d 120	Mt 27,46	... τοῦτ᾽ ἔστιν· *θεέ μου θεέ μου,* ***ἱνατί*** *με ἐγκατέλιπες;* ➤ Ps 22,2	Mk 15,34	... ὅ ἐστιν μεθερμηνευόμενον *ὁ θεός μου ὁ θεός μου,* ***εἰς τί*** *ἐγκατέλιπές με;* ➤ Ps 22,2			
020			Mk 16,3	καὶ ἔλεγον πρὸς ἑαυτάς· **τίς** ἀποκυλίσει ἡμῖν τὸν λίθον ἐκ τῆς θύρας τοῦ μνημείου;			
g 112	Mt 28,5	ἀποκριθεὶς δὲ ὁ ἄγγελος εἶπεν ταῖς γυναιξίν· μὴ φοβεῖσθε ὑμεῖς, οἶδα γὰρ ὅτι Ἰησοῦν τὸν ἐσταυρωμένον ζητεῖτε·	Mk 16,6	ὁ δὲ λέγει αὐταῖς· μὴ ἐκθαμβεῖσθε· Ἰησοῦν ζητεῖτε τὸν Ναζαρηνὸν τὸν ἐσταυρωμένον· ...	Lk 24,5 → Lk 24,23	... εἶπαν πρὸς αὐτάς· **τί** ζητεῖτε τὸν ζῶντα μετὰ τῶν νεκρῶν·	
002					Lk 24,17	εἶπεν δὲ πρὸς αὐτούς· **τίνες** οἱ λόγοι οὗτοι οὓς ἀντιβάλλετε πρὸς ἀλλήλους περιπατοῦντες; ...	

g 002 *c* 002		Lk 24,38 (2) καὶ εἶπεν αὐτοῖς· **τί** τεταραγμένοι ἐστὲ καὶ **διὰ τί** διαλογισμοὶ ἀναβαίνουσιν ἐν τῇ καρδίᾳ ὑμῶν;

a τίς with partitive genitive
b τίς ἐκ, τίς ἀπό
c διὰ τί
d εἰς τί
e τίς as adjective in prepositive position
f τίς as adjective in postpositive position
g τί as adverb: why?
h τί as adverb: how? (including exclamations)
j τίς ἄρα, τί ἄρα
k τὸ τίς (nominalized indirect question)
l τί ἡμῖν καὶ σοί, τί ἐμοὶ καὶ σοί

g **Acts 1,11** οἳ καὶ εἶπαν· ἄνδρες Γαλιλαῖοι, **τί** ἑστήκατε [ἐμ]βλέποντες εἰς τὸν οὐρανόν; ...

Acts 2,12 ἐξίσταντο δὲ πάντες καὶ διηπόρουν, ἄλλος πρὸς ἄλλον λέγοντες· **τί** θέλει τοῦτο εἶναι;

Acts 2,37 ἀκούσαντες δὲ κατενύγησαν τὴν καρδίαν εἶπόν τε πρὸς τὸν Πέτρον καὶ τοὺς λοιποὺς ἀποστόλους· **τί** ποιήσωμεν, ἄνδρες ἀδελφοί;

g **Acts 3,12** (2) ἰδὼν δὲ ὁ Πέτρος ἀπεκρίνατο πρὸς τὸν λαόν· ἄνδρες Ἰσραηλῖται, **τί** θαυμάζετε ἐπὶ τούτῳ
g ἢ ἡμῖν **τί** ἀτενίζετε ὡς ἰδίᾳ δυνάμει ἢ εὐσεβείᾳ πεποιηκόσιν τοῦ περιπατεῖν αὐτόν;

Acts 4,9 εἰ ἡμεῖς σήμερον ἀνακρινόμεθα ἐπὶ εὐεργεσίᾳ ἀνθρώπου ἀσθενοῦς **ἐν τίνι** οὗτος σέσωται

Acts 4,16 λέγοντες· **τί** ποιήσωμεν τοῖς ἀνθρώποις τούτοις; ...

c **Acts 5,3** εἶπεν δὲ ὁ Πέτρος· Ἁνανία, **διὰ τί** ἐπλήρωσεν ὁ σατανᾶς τὴν καρδίαν σου, ψεύσασθαί σε τὸ πνεῦμα τὸ ἅγιον καὶ νοσφίσασθαι ἀπὸ τῆς τιμῆς τοῦ χωρίου;

Acts 5,4 οὐχὶ μένον σοὶ ἔμενεν καὶ πραθὲν ἐν τῇ σῇ ἐξουσίᾳ ὑπῆρχεν; **τί** ὅτι ἔθου ἐν τῇ καρδίᾳ σου τὸ πρᾶγμα τοῦτο; ...

Acts 5,9 ὁ δὲ Πέτρος πρὸς αὐτήν· **τί** ὅτι συνεφωνήθη ὑμῖν πειράσαι τὸ πνεῦμα κυρίου; ...

Acts 5,24 ὡς δὲ ἤκουσαν τοὺς λόγους τούτους ὅ τε στρατηγὸς τοῦ ἱεροῦ καὶ οἱ ἀρχιερεῖς, διηπόρουν περὶ αὐτῶν **τί** ἂν γένοιτο τοῦτο.

Acts 5,35 ... ἄνδρες Ἰσραηλῖται, προσέχετε ἑαυτοῖς ἐπὶ τοῖς ἀνθρώποις τούτοις **τί** μέλλετε πράσσειν.

Acts 7,27 ὁ δὲ ἀδικῶν τὸν πλησίον ἀπώσατο αὐτὸν εἰπών· ***τίς*** *σε κατέστησεν ἄρχοντα καὶ δικαστὴν ἐφ' ἡμῶν;* ➤ Exod 2,14

Acts 7,35 τοῦτον τὸν Μωϋσῆν ὃν ἠρνήσαντο εἰπόντες· ***τίς*** *σε κατέστησεν ἄρχοντα καὶ δικαστήν;* ... ➤ Exod 2,14

Acts 7,40 ... *ὁ γὰρ Μωϋσῆς οὗτος, ὃς ἐξήγαγεν ἡμᾶς ἐκ γῆς Αἰγύπτου, οὐκ οἴδαμεν* ***τί*** *ἐγένετο αὐτῷ.* ➤ Exod 32,1.23

Acts 7,49 → Mt 5,34-35 *ὁ οὐρανός μοι θρόνος, ἡ δὲ γῆ ὑποπόδιον τῶν ποδῶν μου· ποῖον οἶκον οἰκοδομήσετέ μοι, λέγει κύριος, ἢ* ***τίς*** *τόπος τῆς καταπαύσεώς μου;* ➤ Isa 66,1

a **Acts 7,52** **τίνα** τῶν προφητῶν οὐκ ἐδίωξαν οἱ πατέρες ὑμῶν; ...

Acts 8,33 *ἐν τῇ ταπεινώσει [αὐτοῦ] ἡ κρίσις αὐτοῦ ἤρθη· τὴν γενεὰν αὐτοῦ* ***τίς*** *διηγήσεται; ὅτι αἴρεται ἀπὸ τῆς γῆς ἡ ζωὴ αὐτοῦ.* ➤ Isa 53,8

Acts 8,34 ἀποκριθεὶς δὲ ὁ εὐνοῦχος τῷ Φιλίππῳ εἶπεν· δέομαί σου, **περὶ τίνος** ὁ προφήτης λέγει τοῦτο; περὶ ἑαυτοῦ ἢ περὶ ἑτέρου τινός;

Acts 8,36 ὡς δὲ ἐπορεύοντο κατὰ τὴν ὁδόν, ἦλθον ἐπί τι ὕδωρ, καί φησιν ὁ εὐνοῦχος· ἰδοὺ ὕδωρ, **τί** κωλύει με βαπτισθῆναι;

g **Acts 9,4** καὶ πεσὼν ἐπὶ τὴν γῆν ἤκουσεν φωνὴν λέγουσαν αὐτῷ· Σαοὺλ Σαούλ, **τί** με διώκεις;

Acts 9,5 εἶπεν δέ· **τίς** εἶ, κύριε; ὁ δέ· ἐγώ εἰμι Ἰησοῦς ὃν σὺ διώκεις·

Acts 10,4 ὁ δὲ ἀτενίσας αὐτῷ καὶ ἔμφοβος γενόμενος εἶπεν· **τί** ἐστιν, κύριε; ...

Acts 10,17 ὡς δὲ ἐν ἑαυτῷ διηπόρει ὁ Πέτρος **τί** ἂν εἴη τὸ ὅραμα ὃ εἶδεν, ...

Acts 10,21 καταβὰς δὲ Πέτρος πρὸς τοὺς ἄνδρας εἶπεν· ἰδοὺ ἐγώ εἰμι ὃν ζητεῖτε· **τίς** ἡ αἰτία δι' ἣν πάρεστε;

e **Acts 10,29** διὸ καὶ ἀναντιρρήτως ἦλθον μεταπεμφθείς. πυνθάνομαι οὖν
τίνι λόγῳ
μετεπέμψασθέ με;

Acts 11,17 εἰ οὖν τὴν ἴσην δωρεὰν ἔδωκεν αὐτοῖς ὁ θεὸς ὡς καὶ ἡμῖν πιστεύσασιν ἐπὶ τὸν κύριον Ἰησοῦν Χριστόν, ἐγὼ
τίς
ἤμην δυνατὸς κωλῦσαι τὸν θεόν;

j **Acts 12,18** γενομένης δὲ ἡμέρας ἦν τάραχος οὐκ ὀλίγος ἐν τοῖς στρατιώταις
τί ἄρα
ὁ Πέτρος ἐγένετο.

Acts 13,25 ὡς δὲ ἐπλήρου Ἰωάννης τὸν δρόμον, ἔλεγεν·
τί
ἐμὲ ὑπονοεῖτε εἶναι; οὐκ εἰμὶ ἐγώ· ἀλλ᾽ ἰδοὺ ἔρχεται μετ᾽ ἐμὲ οὗ οὐκ εἰμὶ ἄξιος τὸ ὑπόδημα τῶν ποδῶν λῦσαι.
→ Mt 3,11 → Mk 1,7 → Lk 3,16 → Jn 1,27

g **Acts 14,15** καὶ λέγοντες· ἄνδρες,
τί
ταῦτα ποιεῖτε; ...

g **Acts 15,10** νῦν οὖν
τί
πειράζετε τὸν θεὸν ἐπιθεῖναι ζυγὸν ἐπὶ τὸν τράχηλον τῶν μαθητῶν ὃν οὔτε οἱ πατέρες ἡμῶν οὔτε ἡμεῖς ἰσχύσαμεν βαστάσαι;

Acts 16,30 καὶ προαγαγὼν αὐτοὺς ἔξω ἔφη· κύριοι,
τί
με δεῖ ποιεῖν ἵνα σωθῶ;

Acts 17,18 τινὲς δὲ καὶ τῶν Ἐπικουρείων καὶ Στοϊκῶν φιλοσόφων συνέβαλλον αὐτῷ, καί τινες ἔλεγον·
τί
ἂν θέλοι ὁ σπερμολόγος οὗτος λέγειν; ...

Acts 17,19 ... δυνάμεθα γνῶναι
τίς
ἡ καινὴ αὕτη ἡ ὑπὸ σοῦ λαλουμένη διδαχή;

Acts 17,20 ξενίζοντα γάρ τινα εἰσφέρεις εἰς τὰς ἀκοὰς ἡμῶν· βουλόμεθα οὖν γνῶναι
τίνα
θέλει ταῦτα εἶναι.

d **Acts 19,3** εἶπέν τε·
εἰς τί
οὖν ἐβαπτίσθητε; οἱ δὲ εἶπαν· εἰς τὸ Ἰωάννου βάπτισμα.

Acts 19,15 ... τὸν [μὲν] Ἰησοῦν γινώσκω καὶ τὸν Παῦλον ἐπίσταμαι, ὑμεῖς δὲ
τίνες
ἐστέ;

Acts 19,32 ἄλλοι μὲν οὖν ἄλλο τι ἔκραζον· ἦν γὰρ ἡ ἐκκλησία συγκεχυμένη καὶ οἱ πλείους οὐκ ᾔδεισαν
τίνος ἕνεκα
συνεληλύθεισαν.

a **Acts 19,35** καταστείλας δὲ ὁ γραμματεὺς τὸν ὄχλον φησίν· ἄνδρες Ἐφέσιοι,
τίς
γάρ ἐστιν ἀνθρώπων ὃς οὐ γινώσκει τὴν Ἐφεσίων πόλιν νεωκόρον οὖσαν τῆς μεγάλης Ἀρτέμιδος καὶ τοῦ διοπετοῦς;

g **Acts 21,13** τότε ἀπεκρίθη ὁ Παῦλος·
τί
ποιεῖτε κλαίοντες καὶ συνθρύπτοντές μου τὴν καρδίαν; ...

Acts 21,22 **τί**
οὖν ἐστιν; πάντως ἀκούσονται ὅτι ἐλήλυθας.

Acts 21,33 (2) τότε ἐγγίσας ὁ χιλίαρχος ἐπελάβετο αὐτοῦ καὶ ἐκέλευσεν δεθῆναι ἁλύσεσι δυσί, καὶ ἐπυνθάνετο
τίς
εἴη καὶ
τί
ἐστιν πεποιηκώς.

g **Acts 22,7** ἔπεσά τε εἰς τὸ ἔδαφος καὶ ἤκουσα φωνῆς λεγούσης μοι· Σαοὺλ Σαούλ,
τί
με διώκεις;

Acts 22,8 ἐγὼ δὲ ἀπεκρίθην·
τίς
εἶ, κύριε; εἶπέν τε πρός με· ἐγώ εἰμι Ἰησοῦς ὁ Ναζωραῖος, ...

Acts 22,10 εἶπον δέ·
τί
ποιήσω, κύριε; ...

Acts 22,16 καὶ νῦν
τί
μέλλεις; ...

Acts 22,26 ἀκούσας δὲ ὁ ἑκατοντάρχης προσελθὼν τῷ χιλιάρχῳ ἀπήγγειλεν λέγων·
τί
μέλλεις ποιεῖν; ...

g k **Acts 22,30** τῇ δὲ ἐπαύριον βουλόμενος γνῶναι τὸ ἀσφαλές, τὸ
τί
κατηγορεῖται ὑπὸ τῶν Ἰουδαίων, ...

Acts 23,19 ἐπιλαβόμενος δὲ τῆς χειρὸς αὐτοῦ ὁ χιλίαρχος καὶ ἀναχωρήσας κατ᾽ ἰδίαν ἐπυνθάνετο,
τί
ἐστιν ὃ ἔχεις ἀπαγγεῖλαί μοι;

e **Acts 24,20** ἢ αὐτοὶ οὗτοι εἰπάτωσαν
τί εὗρον ἀδίκημα
στάντος μου ἐπὶ τοῦ συνεδρίου

Acts 25,26 περὶ οὗ ἀσφαλές τι γράψαι τῷ κυρίῳ οὐκ ἔχω, διὸ προήγαγον αὐτὸν ἐφ᾽ ὑμῶν καὶ μάλιστα ἐπὶ σοῦ, βασιλεῦ Ἀγρίππα, ὅπως τῆς ἀνακρίσεως γενομένης σχῶ
τί
γράψω·

g **Acts 26,8** **τί**
ἄπιστον κρίνεται παρ᾽ ὑμῖν εἰ ὁ θεὸς νεκροὺς ἐγείρει;

g **Acts 26,14** ... Σαοὺλ Σαούλ,
τί
με διώκεις; σκληρόν σοι πρὸς κέντρα λακτίζειν.

Acts 26,15 ἐγὼ δὲ εἶπα·
τίς
εἶ, κύριε; ὁ δὲ κύριος εἶπεν· ἐγώ εἰμι Ἰησοῦς ὃν σὺ διώκεις.

τις	Syn 133	Mt 21	Mk 32	Lk 80	Acts 115	Jn 52	1-3John 8	Paul 119	Eph 4	Col 5
	NT 524	2Thess 6	1/2Tim 21	Tit 2	Heb 21	Jas 15	1Pet 6	2Pet 4	Jude 1	Rev 12

anyone; anything; someone; something; many a one; many a thing; a certain; whoever

	triple tradition															subtotals			double tradition			Sondergut		
		+Mt / +Lk			–Mt / –Lk			traditions not taken over by Mt / Lk																
code	*222*	*211*	*112*	*212*	*221*	*122*	*121*	*022*	*012*	*021*	*220*	*120*	*210*	*020*	Σ⁺	Σ⁻	Σ	*202*	*201*	*102*	*200*	*002*	total
Mt	4	5⁺			2	2⁻	3⁻				2	10⁻	1⁺		6⁺	15⁻	14		3		4		**21**
Mk	4				2	2	3	1		1	2	10		7			32						**32**
Lk	4		12⁺		2⁻	2	3⁻	1	8⁺	1⁻					20⁺	6⁻	27			8		45	**80**

Mk-Q overlap: 211: Mt 12,29 / Mk 3,27 / Lk 11,21 (?)

a τις with partitive genitive
b τίς ἐκ, τίς ἀπό
c οὐ(δέ) ... τις / οὐδείς ... τις / οὔτε ... τις
d μή τις
e μή ... τις, μήτι ... τις
f εἴ (...) τις (εἰ: conditional particle)
g ἐάν (...) τις, καθότι ἄν τις
h τίς as adjective in postpositive position
j τίς as adjective in prepositive position

h 002					**Lk 1,5**	ἐγένετο ἐν ταῖς ἡμέραις Ἡρῴδου βασιλέως τῆς Ἰουδαίας **ἱερεύς τις** ὀνόματι Ζαχαρίας ἐξ ἐφημερίας Ἀβιά, ...	
a 112	**Mt 12,2**	οἱ δὲ Φαρισαῖοι ἰδόντες εἶπαν αὐτῷ· ἰδοὺ οἱ μαθηταί σου ποιοῦσιν ὃ οὐκ ἔξεστιν ποιεῖν ἐν σαββάτῳ.	**Mk 2,24**	καὶ οἱ Φαρισαῖοι ἔλεγον αὐτῷ· ἴδε τί ποιοῦσιν τοῖς σάββασιν ὃ οὐκ ἔξεστιν;	**Lk 6,2**	**τινὲς δὲ τῶν Φαρισαίων** εἶπαν· τί ποιεῖτε ὃ οὐκ ἔξεστιν τοῖς σάββασιν;	
     200	**Mt 5,23** ↓Mk 11,25	ἐὰν οὖν προσφέρῃς τὸ δῶρόν σου ἐπὶ τὸ θυσιαστήριον κἀκεῖ μνησθῇς ὅτι ὁ ἀδελφός σου ἔχει **τι** κατὰ σοῦ					
h 102	**Mt 8,5**	εἰσελθόντος δὲ αὐτοῦ εἰς Καφαρναοὺμ προσῆλθεν αὐτῷ **ἑκατόνταρχος** παρακαλῶν αὐτὸν [6] καὶ λέγων· κύριε, ὁ παῖς μου βέβληται ἐν τῇ οἰκίᾳ παραλυτικός, δεινῶς βασανιζόμενος.			**Lk 7,2**	[1] ... εἰσῆλθεν εἰς Καφαρναούμ. **[2] ἑκατοντάρχου δέ τινος** δοῦλος κακῶς ἔχων ἤμελλεν τελευτᾶν, ...	→ Jn 4,46-47
e 211	**Mt 8,28**	... δύο δαιμονιζόμενοι ... χαλεποὶ λίαν, ὥστε **μὴ ἰσχύειν τινὰ** παρελθεῖν διὰ τῆς ὁδοῦ ἐκείνης.	**Mk 5,4**	[2] ... ἄνθρωπος ἐν πνεύματι ἀκαθάρτῳ, [3] ... [4] διὰ τὸ αὐτὸν πολλάκις πέδαις καὶ ἁλύσεσιν δεδέσθαι καὶ διεσπάσθαι ὑπ' αὐτοῦ τὰς ἁλύσεις καὶ τὰς πέδας συντετρῖφθαι, καὶ **οὐδεὶς ἴσχυεν** αὐτὸν δαμάσαι·	**Lk 8,29**	[27] ... ἀνήρ τις ἐκ τῆς πόλεως ἔχων δαιμόνια ... [29] ... πολλοῖς γὰρ χρόνοις συνηρπάκει αὐτὸν καὶ ἐδεσμεύετο ἁλύσεσιν καὶ πέδαις φυλασσόμενος καὶ διαρρήσσων τὰ δεσμὰ ...	

a 221	Mt 9,3	καὶ ἰδού τινες τῶν γραμματέων εἶπαν ἐν ἑαυτοῖς· ...	Mk 2,6 → Lk 5,17	ἦσαν δέ τινες τῶν γραμματέων ἐκεῖ καθήμενοι καὶ διαλογιζόμενοι ἐν ταῖς καρδίαις αὐτῶν·	Lk 5,21 → Lk 7,49	καὶ ἤρξαντο διαλογίζεσθαι οἱ γραμματεῖς καὶ οἱ Φαρισαῖοι λέγοντες· ...	
a h 102	Mt 11,2	ὁ δὲ Ἰωάννης ἀκούσας ἐν τῷ δεσμωτηρίῳ τὰ ἔργα τοῦ Χριστοῦ πέμψας διὰ τῶν μαθητῶν αὐτοῦ [3] εἶπεν αὐτῷ· ...			Lk 7,18	καὶ ἀπήγγειλαν Ἰωάννῃ οἱ μαθηταὶ αὐτοῦ περὶ πάντων τούτων. καὶ προσκαλεσάμενος δύο τινὰς τῶν μαθητῶν αὐτοῦ ὁ Ἰωάννης [19] ἔπεμψεν πρὸς τὸν κύριον λέγων· ...	
a 002	Mt 26,6 ↓ Lk 7,40	τοῦ δὲ Ἰησοῦ γενομένου ἐν Βηθανίᾳ ἐν οἰκίᾳ Σίμωνος τοῦ λεπροῦ	Mk 14,3 ↓ Lk 7,40	καὶ ὄντος αὐτοῦ ἐν Βηθανίᾳ ἐν τῇ οἰκίᾳ Σίμωνος τοῦ λεπροῦ, ...	Lk 7,36	ἠρώτα δέ τις αὐτὸν τῶν Φαρισαίων ἵνα φάγῃ μετ᾽ αὐτοῦ, καὶ εἰσελθὼν εἰς τὸν οἶκον τοῦ Φαρισαίου κατεκλίθη.	→ Jn 12,1-2
002					Lk 7,40 ↑ Mt 26,6 ↑ Mk 14,3	... Σίμων, ἔχω σοί τι εἰπεῖν. ...	
h 002					Lk 7,41	δύο χρεοφειλέται ἦσαν δανιστῇ τινι· ὁ εἷς ὤφειλεν δηνάρια πεντακόσια, ὁ δὲ ἕτερος πεντήκοντα.	
h 002					Lk 8,2 → Mt 27,55-56 → Mk 15,40-41 → Lk 23,49.55 → Lk 24,10	καὶ γυναῖκές τινες αἳ ἦσαν τεθεραπευμέναι ἀπὸ πνευμάτων πονηρῶν καὶ ἀσθενειῶν, ...	
c 201	Mt 11,27	... οὐδεὶς ἐπιγινώσκει τὸν υἱὸν εἰ μὴ ὁ πατήρ, οὐδὲ τὸν πατέρα τις ἐπιγινώσκει εἰ μὴ ὁ υἱὸς καὶ ᾧ ἐὰν βούληται ὁ υἱὸς ἀποκαλύψαι.			Lk 10,22	... οὐδεὶς γινώσκει τίς ἐστιν ὁ υἱὸς εἰ μὴ ὁ πατήρ, καὶ τίς ἐστιν ὁ πατὴρ εἰ μὴ ὁ υἱὸς καὶ ᾧ ἐὰν βούληται ὁ υἱὸς ἀποκαλύψαι.	→ GTh 61,3
c 200	Mt 12,19	*οὐκ ἐρίσει οὐδὲ κραυγάσει, οὐδὲ ἀκούσει* *τις* *ἐν ταῖς πλατείαις τὴν φωνὴν αὐτοῦ.* ➤ Isa 42,2					
211	Mt 12,29	ἢ πῶς δύναταί τις εἰσελθεῖν εἰς τὴν οἰκίαν τοῦ ἰσχυροῦ καὶ τὰ σκεύη αὐτοῦ ἁρπάσαι, ἐὰν μὴ πρῶτον δήσῃ τὸν ἰσχυρόν; καὶ τότε τὴν οἰκίαν αὐτοῦ διαρπάσει.	Mk 3,27	ἀλλ᾽ οὐ δύναται οὐδεὶς εἰς τὴν οἰκίαν τοῦ ἰσχυροῦ εἰσελθὼν τὰ σκεύη αὐτοῦ διαρπάσαι, ἐὰν μὴ πρῶτον τὸν ἰσχυρὸν δήσῃ, καὶ τότε τὴν οἰκίαν αὐτοῦ διαρπάσει.	Lk 11,21	ὅταν ὁ ἰσχυρὸς καθωπλισμένος φυλάσσῃ τὴν ἑαυτοῦ αὐλήν, ἐν εἰρήνῃ ἐστὶν τὰ ὑπάρχοντα αὐτοῦ· [22] ἐπὰν δὲ ἰσχυρότερος αὐτοῦ ἐπελθὼν νικήσῃ αὐτόν, τὴν πανοπλίαν αὐτοῦ αἴρει ἐφ᾽ ᾗ ἐπεποίθει, καὶ τὰ σκῦλα αὐτοῦ διαδίδωσιν.	→ GTh 21,5 → GTh 35 Mk-Q overlap?

a 201	**Mt 12,38** ⇨ Mt 16,1	τότε ἀπεκρίθησαν αὐτῷ **τινες τῶν γραμματέων καὶ Φαρισαίων** λέγοντες· διδάσκαλε, θέλομεν ἀπὸ σοῦ σημεῖον ἰδεῖν.	Mk 8,11	καὶ ἐξῆλθον **οἱ Φαρισαῖοι** καὶ ἤρξαντο συζητεῖν αὐτῷ, ζητοῦντες παρ' αὐτοῦ σημεῖον ἀπὸ τοῦ οὐρανοῦ, πειράζοντες αὐτόν.	**Lk 11,16**	**ἕτεροι δὲ πειράζοντες** σημεῖον ἐξ οὐρανοῦ ἐζήτουν παρ' αὐτοῦ.	Mk-Q overlap
211	**Mt 12,47**	[εἶπεν δέ **τις** αὐτῷ· ἰδοὺ ἡ μήτηρ σου καὶ οἱ ἀδελφοί σου ἔξω ἑστήκασιν ζητοῦντές σοι λαλῆσαι.]	**Mk 3,32**	... καὶ λέγουσιν αὐτῷ· ἰδοὺ ἡ μήτηρ σου καὶ οἱ ἀδελφοί σου [καὶ αἱ ἀδελφαί σου] ἔξω ζητοῦσίν σε.	**Lk 8,20**	ἀπηγγέλη δὲ αὐτῷ· ἡ μήτηρ σου καὶ οἱ ἀδελφοί σου ἑστήκασιν ἔξω ἰδεῖν θέλοντές σε.	→ GTh 99 Mt 12,47 is textcritically uncertain.
f 020			**Mk 4,23**	εἴ **τις** ἔχει ὦτα ἀκούειν ἀκουέτω.			
h 112	**Mt 8,28**	καὶ ἐλθόντος αὐτοῦ εἰς τὸ πέραν εἰς τὴν χώραν τῶν Γαδαρηνῶν ὑπήντησαν αὐτῷ **δύο δαιμονιζόμενοι** ἐκ τῶν μνημείων ἐξερχόμενοι, ...	**Mk 5,2**	[1] καὶ ἦλθον εἰς τὸ πέραν τῆς θαλάσσης εἰς τὴν χώραν τῶν Γερασηνῶν. [2] καὶ ἐξελθόντος αὐτοῦ ἐκ τοῦ πλοίου εὐθὺς ὑπήντησεν αὐτῷ ἐκ τῶν μνημείων **ἄνθρωπος ἐν πνεύματι ἀκαθάρτῳ**	**Lk 8,27**	[26] καὶ κατέπλευσαν εἰς τὴν χώραν τῶν Γερασηνῶν, ἥτις ἐστὶν ἀντιπέρα τῆς Γαλιλαίας. [27] ἐξελθόντι δὲ αὐτῷ ἐπὶ τὴν γῆν ὑπήντησεν **ἀνήρ τις ἐκ τῆς πόλεως ἔχων δαιμόνια ...**	
012			**Mk 5,31**	καὶ ἔλεγον αὐτῷ οἱ μαθηταὶ αὐτοῦ· βλέπεις τὸν ὄχλον συνθλίβοντά σε καὶ λέγεις· **τίς** μου ἥψατο;	**Lk 8,46** → Mk 5,30	[45] ... ἀρνουμένων δὲ πάντων εἶπεν ὁ Πέτρος· ἐπιστάτα, οἱ ὄχλοι συνέχουσίν σε καὶ ἀποθλίβουσιν. [46] ὁ δὲ Ἰησοῦς εἶπεν· ἥψατό μού **τις,** ἐγὼ γὰρ ἔγνων δύναμιν ἐξεληλυθυῖαν ἀπ' ἐμοῦ.	
012			**Mk 5,35**	ἔτι αὐτοῦ λαλοῦντος ἔρχονται ἀπὸ τοῦ ἀρχισυναγώγου λέγοντες ὅτι ἡ θυγάτηρ σου ἀπέθανεν· ...	**Lk 8,49**	ἔτι αὐτοῦ λαλοῦντος ἔρχεταί **τις** παρὰ τοῦ ἀρχισυναγώγου λέγων ὅτι τέθνηκεν ἡ θυγάτηρ σου· ...	
c 012			**Mk 5,37**	καὶ οὐκ ἀφῆκεν **οὐδένα** μετ' αὐτοῦ συνακολουθῆσαι εἰ μὴ τὸν Πέτρον καὶ Ἰάκωβον καὶ Ἰωάννην τὸν ἀδελφὸν Ἰακώβου.	**Lk 8,51**	... οὐκ ἀφῆκεν εἰσελθεῖν **τινα** σὺν αὐτῷ εἰ μὴ Πέτρον καὶ Ἰωάννην καὶ Ἰάκωβον ...	
	Mt 14,1	ἐν ἐκείνῳ τῷ καιρῷ ἤκουσεν Ἡρῴδης ὁ τετραάρχης τὴν ἀκοὴν Ἰησοῦ,	**Mk 6,14**	καὶ ἤκουσεν ὁ βασιλεὺς Ἡρῴδης, φανερὸν γὰρ ἐγένετο τὸ ὄνομα αὐτοῦ,	**Lk 9,7**	ἤκουσεν δὲ Ἡρῴδης ὁ τετραάρχης τὰ γινόμενα πάντα	
012	**Mt 14,2** ↓ Mt 16,14 → Mk 6,16 → Lk 9,9	καὶ εἶπεν τοῖς παισὶν αὐτοῦ· οὗτός ἐστιν Ἰωάννης ὁ βαπτιστής· αὐτὸς ἠγέρθη ἀπὸ τῶν νεκρῶν ...	↓ Mk 8,28	καὶ ἔλεγον ὅτι Ἰωάννης ὁ βαπτίζων ἐγήγερται ἐκ νεκρῶν ...	↓ Lk 9,19	καὶ διηπόρει διὰ τὸ λέγεσθαι **ὑπό τινων** ὅτι Ἰωάννης ἠγέρθη ἐκ νεκρῶν,	

012 *a h* 012	↓ Mt 16,14		**Mk 6,15** ↓ Mk 8,28	ἄλλοι δὲ ἔλεγον ὅτι Ἠλίας ἐστίν· ἄλλοι δὲ ἔλεγον ὅτι **προφήτης ὡς εἷς τῶν προφητῶν.**	**Lk 9,8** **(2)** ↓ **Lk 9,19**	ὑπό **τινων** δὲ ὅτι Ἠλίας ἐφάνη, ἄλλων δὲ ὅτι **προφήτης τις τῶν ἀρχαίων** ἀνέστη.	
a 120	**Mt 15,1** → Lk 11,37	τότε προσέρχονται τῷ Ἰησοῦ ἀπὸ Ἱεροσολύμων Φαρισαῖοι καὶ **γραμματεῖς** ...	**Mk 7,1** → Lk 11,37	καὶ συνάγονται πρὸς αὐτὸν οἱ Φαρισαῖοι καί **τινες τῶν γραμματέων** ἐλθόντες ἀπὸ Ἱεροσολύμων.			
a 020			**Mk 7,2** → Lk 11,38	καὶ ἰδόντες **τινὰς τῶν μαθητῶν αὐτοῦ** ὅτι κοιναῖς χερσίν, τοῦτ' ἔστιν ἀνίπτοις, ἐσθίουσιν τοὺς ἄρτους			
a 120	**Mt 15,32** → Mt 14,15	... καὶ ἀπολῦσαι αὐτοὺς νήστεις οὐ θέλω, μήποτε ἐκλυθῶσιν ἐν τῇ ὁδῷ.	**Mk 8,3** → Mk 6,36	καὶ ἐὰν ἀπολύσω αὐτοὺς νήστεις εἰς οἶκον αὐτῶν, ἐκλυθήσονται ἐν τῇ ὁδῷ· καί **τινες αὐτῶν** ἀπὸ μακρόθεν ἥκασιν.	→ Lk 9,12		
 120	**Mt 15,33** → Mt 14,16	καὶ λέγουσιν αὐτῷ οἱ μαθηταί· πόθεν **ἡμῖν** ἐν ἐρημίᾳ ἄρτοι τοσοῦτοι ὥστε χορτάσαι ὄχλον τοσοῦτον;	**Mk 8,4** → Mk 6,37	καὶ ἀπεκρίθησαν αὐτῷ οἱ μαθηταὶ αὐτοῦ ὅτι πόθεν τούτους δυνήσεταί **τις** ὧδε χορτάσαι ἄρτων ἐπ' ἐρημίας;	→ Lk 9,13		
 020			**Mk 8,23** → Mt 9,29 → Mt 20,34 → Mk 7,33	... ἐπιθεὶς τὰς χεῖρας αὐτῷ ἐπηρώτα αὐτόν· εἴ **τι** βλέπεις;			→ Jn 9,6
a h 112	**Mt 16,14** ↑ Mt 14,2	οἱ δὲ εἶπαν· οἱ μὲν Ἰωάννην τὸν βαπτιστήν, ἄλλοι δὲ Ἠλίαν, ἕτεροι δὲ Ἰερεμίαν ἢ **ἕνα τῶν προφητῶν.**	**Mk 8,28** ↑ Mk 6,14-15	οἱ δὲ εἶπαν αὐτῷ λέγοντες [ὅτι] Ἰωάννην τὸν βαπτιστήν, καὶ ἄλλοι Ἠλίαν, ἄλλοι δὲ ὅτι **εἷς τῶν προφητῶν.**	**Lk 9,19** ↑ **Lk 9,7-8**	οἱ δὲ ἀποκριθέντες εἶπαν· Ἰωάννην τὸν βαπτιστήν, ἄλλοι δὲ Ἠλίαν, ἄλλοι δὲ ὅτι **προφήτης τις τῶν ἀρχαίων** ἀνέστη.	→ GTh 13
f 222	**Mt 16,24** ⇩ Mt 10,38 ↓ Mt 27,32	τότε ὁ Ἰησοῦς εἶπεν τοῖς μαθηταῖς αὐτοῦ· εἴ **τις** θέλει ὀπίσω μου ἐλθεῖν, ἀπαρνησάσθω ἑαυτὸν καὶ ἀράτω τὸν σταυρὸν αὐτοῦ καὶ ἀκολουθείτω μοι.	**Mk 8,34** ↓ **Mk 15,21**	... εἶπεν αὐτοῖς· εἴ **τις** θέλει ὀπίσω μου ἀκολουθεῖν, ἀπαρνησάσθω ἑαυτὸν καὶ ἀράτω τὸν σταυρὸν αὐτοῦ καὶ ἀκολουθείτω μοι.	**Lk 9,23** ⇩ Lk 14,27 ↓ **Lk 23,26**	ἔλεγεν δὲ πρὸς πάντας· εἴ **τις** θέλει ὀπίσω μου ἔρχεσθαι, ἀρνησάσθω ἑαυτὸν καὶ ἀράτω τὸν σταυρὸν αὐτοῦ καθ' ἡμέραν, καὶ ἀκολουθείτω μοι.	→ GTh 55 Mk-Q overlap
	Mt 10,38 ⇧ **Mt 16,24** ↓ Mt 27,32	καὶ ὃς οὐ λαμβάνει τὸν σταυρὸν αὐτοῦ καὶ ἀκολουθεῖ ὀπίσω μου, οὐκ ἔστιν μου ἄξιος.			**Lk 14,27** ⇧ **Lk 9,23** ↓ **Lk 23,26**	ὅστις οὐ βαστάζει τὸν σταυρὸν ἑαυτοῦ καὶ ἔρχεται ὀπίσω μου οὐ δύναται εἶναί μου μαθητής.	→ GTh 101

a τις with partitive genitive
b τίς ἐκ, τίς ἀπό
c οὐ(δέ) ... τις / οὐδείς ... τις / οὔτε ... τις
d μή τις
e μή ... τις, μήτι ... τις
f εἴ (...) τις (εἰ: conditional particle)
g ἐάν (...) τις, καθότι ἄν τις
h τίς as adjective in postpositive position
j τίς as adjective in prepositive position

a 222	**Mt 16,28** → Mt 24,34	ἀμὴν λέγω ὑμῖν ὅτι εἰσίν **τινες τῶν ὧδε ἑστώτων** οἵτινες οὐ μὴ γεύσωνται θανάτου ἕως ἂν ἴδωσιν τὸν υἱὸν τοῦ ἀνθρώπου ἐρχόμενον ἐν τῇ βασιλείᾳ αὐτοῦ.	**Mk 9,1** → Mk 13,30	... ἀμὴν λέγω ὑμῖν ὅτι εἰσίν **τινες ὧδε τῶν ἑστηκότων** οἵτινες οὐ μὴ γεύσωνται θανάτου ἕως ἂν ἴδωσιν τὴν βασιλείαν τοῦ θεοῦ ἐληλυθυῖαν ἐν δυνάμει.	**Lk 9,27** → Lk 21,32	λέγω δὲ ὑμῖν ἀληθῶς, εἰσίν **τινες τῶν αὐτοῦ ἑστηκότων** οἳ οὐ μὴ γεύσωνται θανάτου ἕως ἂν ἴδωσιν τὴν βασιλείαν τοῦ θεοῦ.	→ Jn 21,22-23
f 020			**Mk 9,22**	... ἀλλ' εἴ **τι** δύνῃ, βοήθησον ἡμῖν σπλαγχνισθεὶς ἐφ' ἡμᾶς.			
  120	**Mt 17,22**	συστρεφομένων δὲ αὐτῶν ἐν τῇ Γαλιλαίᾳ ...	**Mk 9,30**	κἀκεῖθεν ἐξελθόντες παρεπορεύοντο διὰ τῆς Γαλιλαίας, καὶ οὐκ ἤθελεν ἵνα **τις** γνοῖ·			
f 020			**Mk 9,35** → Mt 20,26-27 ⇨ Mk 10,43-44 → Lk 22,26 → Mt 23,11 → Mk 10,31	καὶ καθίσας ἐφώνησεν τοὺς δώδεκα καὶ λέγει αὐτοῖς· εἴ **τις** θέλει πρῶτος εἶναι, ἔσται πάντων ἔσχατος καὶ πάντων διάκονος.			
 022			**Mk 9,38**	ἔφη αὐτῷ ὁ Ἰωάννης· διδάσκαλε, εἴδομέν **τινα** ἐν τῷ ὀνόματί σου ἐκβάλλοντα δαιμόνια καὶ ἐκωλύομεν αὐτόν, ὅτι οὐκ ἠκολούθει ἡμῖν.	**Lk 9,49**	ἀποκριθεὶς δὲ Ἰωάννης εἶπεν· ἐπιστάτα, εἴδομέν **τινα** ἐν τῷ ὀνόματί σου ἐκβάλλοντα δαιμόνια καὶ ἐκωλύομεν αὐτὸν, ὅτι οὐκ ἀκολουθεῖ μεθ' ἡμῶν.	→ Acts 19,13
g j 201	**Mt 18,12**	τί ὑμῖν δοκεῖ; ἐὰν γένηταί **τινι ἀνθρώπῳ** ἑκατὸν πρόβατα καὶ πλανηθῇ ἓν ἐξ αὐτῶν, ...			**Lk 15,4**	**τίς ἄνθρωπος** ἐξ ὑμῶν ἔχων ἑκατὸν πρόβατα καὶ ἀπολέσας ἐξ αὐτῶν ἓν ...	→ GTh 107
 200	**Mt 18,28**	... καὶ κρατήσας αὐτὸν ἔπνιγεν λέγων· ἀπόδος εἴ **τι** ὀφείλεις.					
 102	**Mt 8,19**	καὶ προσελθὼν **εἷς γραμματεὺς** εἶπεν αὐτῷ· διδάσκαλε, ἀκολουθήσω σοι ὅπου ἐὰν ἀπέρχῃ.			**Lk 9,57**	καὶ πορευομένων αὐτῶν ἐν τῇ ὁδῷ εἶπέν **τις** πρὸς αὐτόν· ἀκολουθήσω σοι ὅπου ἐὰν ἀπέρχῃ.	
h 112	**Mt 22,35** ↓ Mt 19,16	[34] οἱ δὲ Φαρισαῖοι ἀκούσαντες ὅτι ἐφίμωσεν τοὺς Σαδδουκαίους συνήχθησαν ἐπὶ τὸ αὐτό, [35] καὶ ἐπηρώτησεν **εἷς ἐξ αὐτῶν [νομικὸς]** πειράζων αὐτόν·	**Mk 12,28** ↓ Mk 10,17 ↓ Lk 20,39	καὶ προσελθὼν **εἷς τῶν γραμματέων** ἀκούσας αὐτῶν συζητούντων, ἰδὼν ὅτι καλῶς ἀπεκρίθη αὐτοῖς ἐπηρώτησεν αὐτόν· ...	**Lk 10,25** ⇩ Lk 18,18	καὶ ἰδοὺ **νομικός τις** ἀνέστη ἐκπειράζων αὐτὸν ...	
h 002					**Lk 10,30**	ὑπολαβὼν ὁ Ἰησοῦς εἶπεν· **ἄνθρωπός τις** κατέβαινεν ἀπὸ Ἰερουσαλὴμ εἰς Ἰεριχὼ ...	

h 002					Lk 10,31	κατὰ συγκυρίαν δὲ **ἱερεύς τις** κατέβαινεν ἐν τῇ ὁδῷ ἐκείνῃ καὶ ἰδὼν αὐτὸν ἀντιπαρῆλθεν·	
h 002					Lk 10,33	**Σαμαρίτης δέ τις** ὁδεύων ἦλθεν κατ' αὐτὸν καὶ ἰδὼν ἐσπλαγχνίσθη	
h 002 h 002					Lk 10,38 (2)	ἐν δὲ τῷ πορεύεσθαι αὐτοὺς αὐτὸς εἰσῆλθεν **εἰς κώμην τινά·** **γυνὴ δέ τις** ὀνόματι Μάρθα ὑπεδέξατο αὐτόν.	
h 002 a 002					Lk 11,1 (2)	καὶ ἐγένετο ἐν τῷ εἶναι αὐτὸν **ἐν τόπῳ τινὶ** προσευχόμενον, ὡς ἐπαύσατο, εἶπέν **τις τῶν μαθητῶν** **αὐτοῦ** πρὸς αὐτόν· κύριε, δίδαξον ἡμᾶς προσεύχεσθαι, ...	
b 102	Mt 12,24 ⇩ Mt 9,34 Mt 9,34 ⇧ Mt 12,24	**οἱ δὲ Φαρισαῖοι** ἀκούσαντες εἶπον· οὗτος οὐκ ἐκβάλλει τὰ δαιμόνια εἰ μὴ ἐν τῷ Βεελζεβοὺλ ἄρχοντι τῶν δαιμονίων. **οἱ δὲ Φαρισαῖοι** ἔλεγον· ἐν τῷ ἄρχοντι τῶν δαιμονίων ἐκβάλλει τὰ δαιμόνια.	Mk 3,22	**καὶ οἱ γραμματεῖς** οἱ ἀπὸ Ἱεροσολύμων καταβάντες ἔλεγον ὅτι Βεελζεβοὺλ ἔχει, καὶ ὅτι ἐν τῷ ἄρχοντι τῶν δαιμονίων ἐκβάλλει τὰ δαιμόνια.	Lk 11,15 → Lk 11,18	**τινὲς δὲ ἐξ αὐτῶν** εἶπον· ἐν Βεελζεβοὺλ τῷ ἄρχοντι τῶν δαιμονίων ἐκβάλλει τὰ δαιμόνια·	Mk-Q overlap
j 002					Lk 11,27 → Lk 1,48	ἐγένετο δὲ ἐν τῷ λέγειν αὐτὸν ταῦτα **ἐπάρασά** **τις φωνὴν γυνὴ** ἐκ τοῦ ὄχλου εἶπεν αὐτῷ· μακαρία ἡ κοιλία ἡ βαστάσασά σε καὶ μαστοὶ οὓς ἐθήλασας.	→ GTh 79
e h 002					Lk 11,36 → Lk 11,35	εἰ οὖν τὸ σῶμά σου ὅλον φωτεινόν, μὴ ἔχον **μέρος τι σκοτεινόν,** ἔσται φωτεινὸν ὅλον ὡς ὅταν ὁ λύχνος τῇ ἀστραπῇ φωτίζῃ σε.	→ GTh 24 (POxy 655 - restoration)
a 002					Lk 11,45	ἀποκριθεὶς δέ **τις τῶν νομικῶν** λέγει αὐτῷ· διδάσκαλε, ταῦτα λέγων καὶ ἡμᾶς ὑβρίζεις.	
b 002					Lk 11,54 → Lk 6,7 ↓ Lk 20,20	ἐνεδρεύοντες αὐτὸν θηρεῦσαί **τι ἐκ τοῦ στόματος** **αὐτοῦ.**	
e h 102	Mt 10,28	καὶ μὴ φοβεῖσθε ἀπὸ τῶν ἀποκτεννόντων τὸ σῶμα, τὴν δὲ ψυχὴν μὴ δυναμένων ἀποκτεῖναι· ...			Lk 12,4	... μὴ φοβηθῆτε ἀπὸ τῶν ἀποκτεινόντων τὸ σῶμα καὶ μετὰ ταῦτα μὴ ἐχόντων **περισσότερόν τι** ποιῆσαι.	

b 002		Lk 12,13	εἶπεν δέ **τις** ἐκ τοῦ ὄχλου αὐτῷ· διδάσκαλε, εἰπὲ τῷ ἀδελφῷ μου μερίσασθαι μετ' ἐμοῦ τὴν κληρονομίαν.	→ GTh 72
c 002		Lk 12,15	... οὐκ ἐν τῷ περισσεύειν **τινὶ** ἡ ζωὴ αὐτοῦ ἐστιν ἐκ τῶν ὑπαρχόντων αὐτῷ.	
h 002		Lk 12,16	εἶπεν δὲ παραβολὴν πρὸς αὐτοὺς λέγων· **ἀνθρώπου τινὸς** **πλουσίου εὐφόρησεν** **ἡ χώρα.**	→ GTh 63
002		Lk 13,1	παρῆσαν δέ **τινες** ἐν αὐτῷ τῷ καιρῷ ἀπαγγέλλοντες αὐτῷ περὶ τῶν Γαλιλαίων ὧν τὸ αἷμα Πιλᾶτος ἔμιξεν μετὰ τῶν θυσιῶν αὐτῶν.	
002		Lk 13,6 ↓ Mt 21,19 ↓ Mk 11,13	ἔλεγεν δὲ ταύτην τὴν παραβολήν· συκῆν εἶχέν **τις** πεφυτευμένην ἐν τῷ ἀμπελῶνι αὐτοῦ, ...	
002		Lk 13,23 → Mt 7,14	εἶπεν δέ **τις** αὐτῷ· κύριε, εἰ ὀλίγοι οἱ σῳζόμενοι; ...	
j 002		Lk 13,31	ἐν αὐτῇ τῇ ὥρᾳ προσῆλθάν **τινες Φαρισαῖοι** λέγοντες αὐτῷ· ἔξελθε καὶ πορεύου ἐντεῦθεν, ὅτι Ἡρῴδης θέλει σε ἀποκτεῖναι.	
a 002		Lk 14,1 → Mt 12,9-10 → Mk 3,1-2 → Lk 6,6-7 → Lk 13,10	καὶ ἐγένετο ἐν τῷ ἐλθεῖν αὐτὸν **εἰς οἶκόν τινος** **τῶν ἀρχόντων** **[τῶν] Φαρισαίων** σαββάτῳ φαγεῖν ἄρτον καὶ αὐτοὶ ἦσαν παρατηρούμενοι αὐτόν.	
h 002		Lk 14,2 → Mt 12,10 → Mk 3,1 → Lk 6,6 → Lk 13,11	καὶ ἰδοὺ **ἄνθρωπός τις** ἦν ὑδρωπικὸς ἔμπροσθεν αὐτοῦ.	
002		Lk 14,8	ὅταν κληθῇς **ὑπό τινος** εἰς γάμους, μὴ κατακλιθῇς εἰς τὴν πρωτοκλισίαν, ...	
a 002		Lk 14,15 ↓ Mt 22,2 → Lk 22,30	ἀκούσας δέ **τις τῶν** **συνανακειμένων** ταῦτα εἶπεν αὐτῷ· μακάριος ὅστις φάγεται ἄρτον ἐν τῇ βασιλείᾳ τοῦ θεοῦ.	

h 102	**Mt 22,2** ↑ Lk 14,15	ὡμοιώθη ἡ βασιλεία τῶν οὐρανῶν **ἀνθρώπῳ βασιλεῖ,** ὅστις ἐποίησεν γάμους τῷ υἱῷ αὐτοῦ.		**Lk 14,16**	ὁ δὲ εἶπεν αὐτῷ· **ἄνθρωπός τις** ἐποίει δεῖπνον μέγα, ...	→ GTh 64
f 102	**Mt 10,37** → Mt 19,29	ὁ φιλῶν πατέρα ἢ μητέρα ὑπὲρ ἐμὲ οὐκ ἔστιν μου ἄξιος, καὶ ὁ φιλῶν υἱὸν ἢ θυγατέρα ὑπὲρ ἐμὲ οὐκ ἔστιν μου ἄξιος·	→ Mk 10,29	**Lk 14,26** → Lk 18,29	εἴ **τις** ἔρχεται πρός με καὶ οὐ μισεῖ τὸν πατέρα ἑαυτοῦ καὶ τὴν μητέρα καὶ τὴν γυναῖκα καὶ τὰ τέκνα καὶ τοὺς ἀδελφοὺς καὶ τὰς ἀδελφὰς ἔτι τε καὶ τὴν ψυχὴν ἑαυτοῦ, οὐ δύναται εἶναί μου μαθητής.	→ GTh 55 → GTh 101
h 002				**Lk 15,11** → Mt 21,28	εἶπεν δέ· **ἄνθρωπός τις** εἶχεν δύο υἱούς.	
h 002				**Lk 16,1**	ἔλεγεν δὲ καὶ πρὸς τοὺς μαθητάς· **ἄνθρωπός τις** **ἦν πλούσιος** ὃς εἶχεν οἰκονόμον, ...	
h 002				**Lk 16,19**	**ἄνθρωπος δέ τις** **ἦν πλούσιος,** καὶ ἐνεδιδύσκετο πορφύραν καὶ βύσσον εὐφραινόμενος καθ' ἡμέραν λαμπρῶς.	
h 002				**Lk 16,20**	**πτωχὸς δέ τις** ὀνόματι Λάζαρος ἐβέβλητο πρὸς τὸν πυλῶνα αὐτοῦ εἱλκωμένος	
b g 002				**Lk 16,30**	... οὐχί, πάτερ Ἀβραάμ, ἀλλ' ἐάν **τις** ἀπὸ νεκρῶν πορευθῇ πρὸς αὐτοὺς μετανοήσουσιν.	
b g 002				**Lk 16,31**	... εἰ Μωϋσέως καὶ τῶν προφητῶν οὐκ ἀκούουσιν, οὐδ' ἐάν **τις** ἐκ νεκρῶν ἀναστῇ πεισθήσονται.	
j 002				**Lk 17,12** → Mt 8,2 → Mk 1,40 → Lk 5,12	καὶ εἰσερχομένου αὐτοῦ **εἴς τινα κώμην** ἀπήντησαν [αὐτῷ] δέκα λεπροὶ ἄνδρες, ...	
h 002 *j* 002				**Lk 18,2** (2)	λέγων· **κριτής τις** ἦν **ἔν τινι πόλει** τὸν θεὸν μὴ φοβούμενος καὶ ἄνθρωπον μὴ ἐντρεπόμενος.	
j 002				**Lk 18,9** → Lk 16,15 ↓ Lk 20,20	εἶπεν δὲ καὶ **πρός τινας τοὺς** **πεποιθότας** ἐφ' ἑαυτοῖς ὅτι εἰσὶν δίκαιοι ...	

j 112	**Mt 19,16** ↑ Mt 22,35	καὶ ἰδοὺ **εἷς** προσελθὼν αὐτῷ εἶπεν· διδάσκαλε, τί ἀγαθὸν ποιήσω ἵνα σχῶ ζωὴν αἰώνιον;	**Mk 10,17** ↑ Mk 12,28 → Mt 19,15	καὶ ἐκπορευομένου αὐτοῦ εἰς ὁδὸν προσδραμὼν **εἷς** καὶ γονυπετήσας αὐτὸν ἐπηρώτα αὐτόν· διδάσκαλε ἀγαθέ, τί ποιήσω ἵνα ζωὴν αἰώνιον κληρονομήσω;	**Lk 18,18** ⇧ Lk 10,25	καὶ ἐπηρώτησέν **τις αὐτὸν ἄρχων** λέγων· διδάσκαλε ἀγαθέ, τί ποιήσας ζωὴν αἰώνιον κληρονομήσω;	
       210	**Mt 20,20**	τότε προσῆλθεν αὐτῷ ἡ μήτηρ τῶν υἱῶν Ζεβεδαίου μετὰ τῶν υἱῶν αὐτῆς προσκυνοῦσα καὶ αἰτοῦσά **τι** ἀπ' αὐτοῦ.	**Mk 10,35**	καὶ προσπορεύονται αὐτῷ Ἰάκωβος καὶ Ἰωάννης οἱ υἱοὶ Ζεβεδαίου λέγοντες αὐτῷ· διδάσκαλε, θέλομεν ἵνα ὃ ἐὰν αἰτήσωμέν σε ποιήσῃς ἡμῖν.			
h 112	**Mt 20,30** ⇩ Mt 9,27 **Mt 9,27** ⇧ Mt 20,29-30	[29] καὶ ἐκπορευομένων αὐτῶν ἀπὸ Ἰεριχὼ ἠκολούθησεν αὐτῷ ὄχλος πολύς. [30] καὶ ἰδοὺ **δύο τυφλοὶ** καθήμενοι παρὰ τὴν ὁδόν ... καὶ παράγοντι ἐκεῖθεν τῷ Ἰησοῦ ἠκολούθησαν [αὐτῷ] **δύο τυφλοὶ** κράζοντες καὶ λέγοντες· ἐλέησον ἡμᾶς, υἱὸς Δαυίδ.	**Mk 10,46**	καὶ ἔρχονται εἰς Ἰεριχώ. καὶ ἐκπορευομένου αὐτοῦ ἀπὸ Ἰεριχὼ καὶ τῶν μαθητῶν αὐτοῦ καὶ ὄχλου ἱκανοῦ ὁ υἱὸς Τιμαίου Βαρτιμαῖος, **τυφλὸς προσαίτης,** ἐκάθητο παρὰ τὴν ὁδόν.	**Lk 18,35**	ἐγένετο δὲ ἐν τῷ ἐγγίζειν αὐτὸν εἰς Ἰεριχὼ **τυφλός τις** ἐκάθητο παρὰ τὴν ὁδὸν ἐπαιτῶν.	
f 002 f 002					**Lk 19,8** **(2)** → Lk 3,13	... ἰδοὺ τὰ ἡμίσιά μου τῶν ὑπαρχόντων, κύριε, τοῖς πτωχοῖς δίδωμι, καὶ εἴ **τινός** **τι** ἐσυκοφάντησα ἀποδίδωμι τετραπλοῦν.	
h 102	**Mt 25,14**	ὥσπερ γὰρ **ἄνθρωπος** ἀποδημῶν ἐκάλεσεν τοὺς ἰδίους δούλους καὶ παρέδωκεν αὐτοῖς τὰ ὑπάρχοντα αὐτοῦ, [15] καὶ ᾧ μὲν ἔδωκεν πέντε τάλαντα, ...	**Mk 13,34**	ὡς **ἄνθρωπος** ἀπόδημος ἀφεὶς τὴν οἰκίαν αὐτοῦ καὶ δοὺς τοῖς δούλοις αὐτοῦ τὴν ἐξουσίαν ἑκάστῳ τὸ ἔργον αὐτοῦ, ...	**Lk 19,12**	εἶπεν οὖν· **ἄνθρωπός τις** **εὐγενὴς** ἐπορεύθη εἰς χώραν μακρὰν ... [13] καλέσας δὲ δέκα δούλους ἑαυτοῦ ἔδωκεν αὐτοῖς δέκα μνᾶς ...	Mk-Q overlap
g 222 211	**Mt 21,3** **(2)**	καὶ ἐάν **τις** ὑμῖν εἴπῃ **τι,** ἐρεῖτε ὅτι ὁ κύριος αὐτῶν χρείαν ἔχει· εὐθὺς δὲ ἀποστελεῖ αὐτούς.	**Mk 11,3**	καὶ ἐάν **τις** ὑμῖν εἴπῃ· **τί** ποιεῖτε τοῦτο; εἴπατε· ὁ κύριος αὐτοῦ χρείαν ἔχει, καὶ εὐθὺς αὐτὸν ἀποστέλλει πάλιν ὧδε.	**Lk 19,31**	καὶ ἐάν **τις** ὑμᾶς ἐρωτᾷ· **διὰ τί** λύετε; οὕτως ἐρεῖτε· ὅτι ὁ κύριος αὐτοῦ χρείαν ἔχει.	

a 021			**Mk 11,5**	[4] ... καὶ λύουσιν αὐτόν. [5] καί **τινες τῶν ἐκεῖ ἑστηκότων** ἔλεγον αὐτοῖς· τί ποιεῖτε λύοντες τὸν πῶλον;	**Lk 19,33**	λυόντων δὲ αὐτῶν τὸν πῶλον εἶπαν **οἱ κύριοι αὐτοῦ** πρὸς αὐτούς· τί λύετε τὸν πῶλον;	
a 002					**Lk 19,39** → Mt 21,15-16	καί **τινες τῶν Φαρισαίων** ἀπὸ τοῦ ὄχλου εἶπαν πρὸς αὐτόν· διδάσκαλε, ἐπιτίμησον τοῖς μαθηταῖς σου.	→ Jn 12,19
f 120	**Mt 21,19** ↑ Lk 13,6	καὶ ἰδὼν συκῆν μίαν ἐπὶ τῆς ὁδοῦ ἦλθεν ἐπ' αὐτὴν καὶ οὐδὲν εὗρεν ἐν αὐτῇ εἰ μὴ φύλλα μόνον, ...	**Mk 11,13** ↑ Lk 13,6	καὶ ἰδὼν συκῆν ἀπὸ μακρόθεν ἔχουσαν φύλλα ἦλθεν, εἰ ἄρα **τι** εὑρήσει ἐν αὐτῇ, καὶ ἐλθὼν ἐπ' αὐτὴν οὐδὲν εὗρεν εἰ μὴ φύλλα· ...			
020			**Mk 11,16**	καὶ οὐκ ἤφιεν ἵνα **τις** διενέγκῃ σκεῦος διὰ τοῦ ἱεροῦ.			
f 120 120	**Mt 6,14** → Mt 6,12 → Lk 11,4	ἐὰν γὰρ ἀφῆτε τοῖς ἀνθρώποις **τὰ παραπτώματα αὐτῶν,** ἀφήσει καὶ ὑμῖν ὁ πατὴρ ὑμῶν ὁ οὐράνιος·	**Mk 11,25** (2) ↑ Mt 5,23	καὶ ὅταν στήκετε προσευχόμενοι, ἀφίετε εἴ **τι** ἔχετε **κατά τινος,** ἵνα καὶ ὁ πατὴρ ὑμῶν ὁ ἐν τοῖς οὐρανοῖς ἀφῇ ὑμῖν τὰ παραπτώματα ὑμῶν.			
h 112	**Mt 21,33**	ἄλλην παραβολὴν ἀκούσατε. **ἄνθρωπος** ἦν οἰκοδεσπότης ὅστις ἐφύτευσεν ἀμπελῶνα ...	**Mk 12,1**	καὶ ἤρξατο αὐτοῖς ἐν παραβολαῖς λαλεῖν· ἀμπελῶνα **ἄνθρωπος** ἐφύτευσεν ...	**Lk 20,9**	ἤρξατο δὲ πρὸς τὸν λαὸν λέγειν τὴν παραβολὴν ταύτην· **ἄνθρωπός [τις]** ἐφύτευσεν ἀμπελῶνα ...	→ GTh 65
a 121	**Mt 22,15** → Mt 26,4	τότε πορευθέντες **οἱ Φαρισαῖοι** συμβούλιον ἔλαβον ὅπως αὐτὸν παγιδεύσωσιν ἐν λόγῳ. [16] καὶ ἀποστέλλουσιν αὐτῷ τοὺς μαθητὰς αὐτῶν μετὰ τῶν Ἡρῳδιανῶν ...	**Mk 12,13**	καὶ ἀποστέλλουσιν πρὸς αὐτόν **τινας τῶν Φαρισαίων καὶ τῶν Ἡρῳδιανῶν** ἵνα αὐτὸν ἀγρεύσωσιν λόγῳ.	**Lk 20,20** → Lk 6,7 ↑ Lk 11,54 → Lk 16,15 ↑ Lk 18,9 → Lk 23,2	καὶ παρατηρήσαντες ἀπέστειλαν **ἐγκαθέτους ὑποκρινομένους ἑαυτοὺς δικαίους εἶναι,** ἵνα ἐπιλάβωνται αὐτοῦ λόγου, ὥστε παραδοῦναι αὐτὸν τῇ ἀρχῇ καὶ τῇ ἐξουσίᾳ τοῦ ἡγεμόνος.	
a 112	**Mt 22,23**	... προσῆλθον αὐτῷ **Σαδδουκαῖοι,** λέγοντες μὴ εἶναι ἀνάστασιν, ...	**Mk 12,18**	καὶ ἔρχονται **Σαδδουκαῖοι** πρὸς αὐτόν, οἵτινες λέγουσιν ἀνάστασιν μὴ εἶναι, ...	**Lk 20,27**	προσελθόντες δέ **τινες τῶν Σαδδουκαίων,** οἱ [ἀντι]λέγοντες ἀνάστασιν μὴ εἶναι, ...	
g 222	**Mt 22,24**	... διδάσκαλε, Μωϋσῆς εἶπεν· *ἐάν* ***τις*** *ἀποθάνῃ* *μὴ ἔχων τέκνα*, ... ➤ Deut 25,5; Gen 38,8	**Mk 12,19**	διδάσκαλε, Μωϋσῆς ἔγραψεν ἡμῖν ὅτι *ἐάν* ***τινος ἀδελφὸς*** *ἀποθάνῃ* καὶ καταλίπῃ γυναῖκα *καὶ μὴ ἀφῇ τέκνον*, ... ➤ Deut 25,5; Gen 38,8	**Lk 20,28**	... διδάσκαλε, Μωϋσῆς ἔγραψεν ἡμῖν, *ἐάν* ***τινος ἀδελφὸς*** *ἀποθάνῃ* ἔχων γυναῖκα, καὶ οὗτος *ἄτεκνος ᾖ*, ... ➤ Deut 25,5; Gen 38,8	

a 012			Mk 12,32	καὶ εἶπεν αὐτῷ ὁ γραμματεύς· καλῶς, διδάσκαλε, ἐπ' ἀληθείας εἶπες ὅτι *εἷς ἐστιν καὶ οὐκ ἔστιν ἄλλος πλὴν αὐτοῦ·* ➤ Deut 6,4	Lk 20,39 ↑ Mk 12,28	ἀποκριθέντες δέ τινες τῶν γραμματέων εἶπαν· διδάσκαλε, καλῶς εἶπας.	
c 211	Mt 22,46	καὶ οὐδεὶς ἐδύνατο ἀποκριθῆναι αὐτῷ λόγον οὐδὲ ἐτόλμησέν τις ἀπ' ἐκείνης τῆς ἡμέρας ἐπερωτῆσαι αὐτὸν οὐκέτι.	Mk 12,34	... καὶ οὐδεὶς οὐκέτι ἐτόλμα αὐτὸν ἐπερωτῆσαι.	Lk 20,40	 οὐκέτι γὰρ ἐτόλμων ἐπερωτᾶν αὐτὸν οὐδέν.	
j 012			Mk 12,42	καὶ ἐλθοῦσα μία χήρα πτωχὴ ἔβαλεν λεπτὰ δύο, ὅ ἐστιν κοδράντης.	Lk 21,2	εἶδεν δέ τινα χήραν πενιχρὰν βάλλουσαν ἐκεῖ λεπτὰ δύο	
112	Mt 24,1	καὶ ἐξελθὼν ὁ Ἰησοῦς ἀπὸ τοῦ ἱεροῦ ἐπορεύετο, καὶ προσῆλθον οἱ μαθηταὶ αὐτοῦ ἐπιδεῖξαι αὐτῷ τὰς οἰκοδομὰς τοῦ ἱεροῦ.	Mk 13,1	καὶ ἐκπορευομένου αὐτοῦ ἐκ τοῦ ἱεροῦ λέγει αὐτῷ εἷς τῶν μαθητῶν αὐτοῦ· διδάσκαλε, ἴδε ποταποὶ λίθοι καὶ ποταπαὶ οἰκοδομαί.	Lk 21,5	καί τινων λεγόντων περὶ τοῦ ἱεροῦ ὅτι λίθοις καλοῖς καὶ ἀναθήμασιν κεκόσμηται ...	
d 221	Mt 24,4	καὶ ἀποκριθεὶς ὁ Ἰησοῦς εἶπεν αὐτοῖς· βλέπετε μή τις ὑμᾶς πλανήσῃ·	Mk 13,5	ὁ δὲ Ἰησοῦς ἤρξατο λέγειν αὐτοῖς· βλέπετε μή τις ὑμᾶς πλανήσῃ·	Lk 21,8	ὁ δὲ εἶπεν· βλέπετε μὴ πλανηθῆτε· ...	
b 121	Mt 24,17	ὁ ἐπὶ τοῦ δώματος μὴ καταβάτω ἆραι τὰ ἐκ τῆς οἰκίας αὐτοῦ	Mk 13,15	ὁ [δὲ] ἐπὶ τοῦ δώματος μὴ καταβάτω μηδὲ εἰσελθάτω ἆραί τι ἐκ τῆς οἰκίας αὐτοῦ	Lk 17,31	ἐν ἐκείνῃ τῇ ἡμέρᾳ ὃς ἔσται ἐπὶ τοῦ δώματος καὶ τὰ σκεύη αὐτοῦ ἐν τῇ οἰκίᾳ, μὴ καταβάτω ἆραι αὐτά, ...	
g 220	Mt 24,23 ⇩ Mt 24,26 → Mt 24,5	τότε ἐάν τις ὑμῖν εἴπῃ· ἰδοὺ ὧδε ὁ χριστός, ἤ· ὧδε, μὴ πιστεύσητε·	Mk 13,21 → Mk 13,6	καὶ τότε ἐάν τις ὑμῖν εἴπῃ· ἴδε ὧδε ὁ χριστός, ἴδε ἐκεῖ, μὴ πιστεύετε·	→ Lk 17,21 ↓ Lk 17,23 → Lk 21,8		→ GTh 113
	Mt 24,26 ⇧ Mt 24,23 → Mt 24,5	ἐὰν οὖν εἴπωσιν ὑμῖν· ἰδοὺ ἐν τῇ ἐρήμῳ ἐστίν, μὴ ἐξέλθητε· ἰδοὺ ἐν τοῖς ταμείοις, μὴ πιστεύσητε·			Lk 17,23 → Lk 17,21 → Lk 21,8	καὶ ἐροῦσιν ὑμῖν· ἰδοὺ ἐκεῖ, [ἤ·] ἰδοὺ ὧδε· μὴ ἀπέλθητε μηδὲ διώξητε.	
120	Mt 26,8	ἰδόντες δὲ οἱ μαθηταὶ ἠγανάκτησαν λέγοντες· εἰς τί ἡ ἀπώλεια αὕτη;	Mk 14,4	ἦσαν δέ τινες ἀγανακτοῦντες πρὸς ἑαυτούς· εἰς τί ἡ ἀπώλεια αὕτη τοῦ μύρου γέγονεν;			→ Jn 12,4
d 002					Lk 22,35 → Mt 10,9-10 → Mk 6,8-9 → Lk 9,3 → Lk 10,4	καὶ εἶπεν αὐτοῖς· ὅτε ἀπέστειλα ὑμᾶς ἄτερ βαλλαντίου καὶ πήρας καὶ ὑποδημάτων, μή τινος ὑστερήσατε; οἱ δὲ εἶπαν· οὐθενός.	

a b h 122	Mt 26,51	καὶ ἰδοὺ **εἷς** **τῶν μετὰ Ἰησοῦ** ἐκτείνας τὴν χεῖρα ἀπέσπασεν τὴν μάχαιραν αὐτοῦ καὶ πατάξας τὸν δοῦλον τοῦ ἀρχιερέως ἀφεῖλεν αὐτοῦ τὸ ὠτίον.	Mk 14,47	**εἷς δέ [τις]** **τῶν παρεστηκότων** σπασάμενος τὴν μάχαιραν ἔπαισεν τὸν δοῦλον τοῦ ἀρχιερέως καὶ ἀφεῖλεν αὐτοῦ τὸ ὠτάριον.	Lk 22,50 → Lk 22,49	[49] ... κύριε, εἰ πατάξομεν ἐν μαχαίρῃ; [50] καὶ ἐπάταξεν **εἷς τις** **ἐξ αὐτῶν** τοῦ ἀρχιερέως τὸν δοῦλον καὶ ἀφεῖλεν τὸ οὖς αὐτοῦ τὸ δεξιόν.	→ Jn 18,10
h 020			Mk 14,51	καὶ **νεανίσκος τις** συνηκολούθει αὐτῷ περιβεβλημένος σινδόνα ἐπὶ γυμνοῦ, καὶ κρατοῦσιν αὐτόν·			
h 112	Mt 26,69	... καὶ προσῆλθεν αὐτῷ **μία παιδίσκη** λέγουσα· καὶ σὺ ἦσθα μετὰ Ἰησοῦ τοῦ Γαλιλαίου.	Mk 14,66	... ἔρχεται **μία τῶν παιδισκῶν** **τοῦ ἀρχιερέως** [67] καὶ ἰδοῦσα τὸν Πέτρον θερμαινόμενον ἐμβλέψασα αὐτῷ λέγει· καὶ σὺ μετὰ τοῦ Ναζαρηνοῦ ἦσθα τοῦ Ἰησοῦ.	Lk 22,56	ἰδοῦσα δὲ αὐτὸν **παιδίσκη τις** καθήμενον πρὸς τὸ φῶς καὶ ἀτενίσασα αὐτῷ εἶπεν· καὶ οὗτος σὺν αὐτῷ ἦν.	→ Jn 18,17
h 112	Mt 26,73	μετὰ μικρὸν δὲ προσελθόντες **οἱ ἑστῶτες** εἶπον τῷ Πέτρῳ· ἀληθῶς καὶ σὺ ἐξ αὐτῶν εἶ, καὶ γὰρ ἡ λαλιά σου δῆλόν σε ποιεῖ.	Mk 14,70	... καὶ μετὰ μικρὸν πάλιν **οἱ παρεστῶτες** ἔλεγον τῷ Πέτρῳ· ἀληθῶς ἐξ αὐτῶν εἶ, καὶ γὰρ Γαλιλαῖος εἶ.	Lk 22,59	καὶ διαστάσης ὡσεὶ ὥρας μιᾶς **ἄλλος τις** διϊσχυρίζετο λέγων· ἐπ' ἀληθείας καὶ οὗτος μετ' αὐτοῦ ἦν, καὶ γὰρ Γαλιλαῖός ἐστιν.	→ Jn 18,26
120	Mt 26,60	καὶ οὐχ εὗρον πολλῶν προσελθόντων ψευδομαρτύρων. ὕστερον δὲ προσελθόντες **δύο** [61] εἶπαν· ...	Mk 14,57	[55] ... καὶ οὐχ ηὕρισκον· [56] πολλοὶ γὰρ ἐψευδομαρτύρουν κατ' αὐτοῦ, καὶ ἴσαι αἱ μαρτυρίαι οὐκ ἦσαν. [57] καί **τινες** ἀναστάντες ἐψευδομαρτύρουν κατ' αὐτοῦ λέγοντες			
121	Mt 26,67 → Mt 27,30	τότε ἐνέπτυσαν εἰς τὸ πρόσωπον αὐτοῦ καὶ ἐκολάφισαν αὐτόν, οἱ δὲ ἐράπισαν	Mk 14,65 → Mk 15,19	καὶ ἤρξαντό **τινες** ἐμπτύειν αὐτῷ καὶ περικαλύπτειν αὐτοῦ τὸ πρόσωπον καὶ κολαφίζειν αὐτὸν ...	Lk 22,63	καὶ **οἱ ἄνδρες** οἱ συνέχοντες αὐτὸν ἐνέπαιζον αὐτῷ δέροντες, [64] καὶ περικαλύψαντες αὐτὸν ...	
j 002					Lk 23,8 → Lk 9,9	ὁ δὲ Ἡρῴδης ... ἤλπιζέν **τι σημεῖον** ἰδεῖν ὑπ' αὐτοῦ γινόμενον.	
h 112	Mt 27,16 → Mt 27,26	εἶχον δὲ τότε δέσμιον ἐπίσημον λεγόμενον [Ἰησοῦν] Βαραββᾶν.	Mk 15,7 → Mk 15,15	ἦν δὲ ὁ λεγόμενος Βαραββᾶς μετὰ τῶν στασιαστῶν δεδεμένος οἵτινες **ἐν τῇ στάσει** **φόνον πεποιήκεισαν.**	Lk 23,19 → Lk 23,25	ὅστις ἦν **διὰ στάσιν τινὰ** **γενομένην ἐν τῇ** **πόλει καὶ φόνον** βληθεὶς ἐν τῇ φυλακῇ.	→ Jn 18,40

j h 122	**Mt 27,32** ↑ Mt 10,38 ↑ Mt 16,24	ἐξερχόμενοι δὲ εὗρον **ἄνθρωπον Κυρηναῖον** **ὀνόματι Σίμωνα,** τοῦτον ἠγγάρευσαν ἵνα ἄρῃ τὸν σταυρὸν αὐτοῦ.	**Mk 15,21** ↑ **Mk 8,34**	καὶ ἀγγαρεύουσιν παράγοντά **τινα Σίμωνα** **Κυρηναῖον** ἐρχόμενον ἀπ' ἀγροῦ, τὸν πατέρα Ἀλεξάνδρου καὶ Ῥούφου, ἵνα ἄρῃ τὸν σταυρὸν αὐτοῦ.	**Lk 23,26** ↑ **Lk 9,23** ↑ Lk 14,27	... ἐπιλαβόμενοι **Σίμωνά τινα** **Κυρηναῖον** ἐρχόμενον ἀπ' ἀγροῦ ἐπέθηκαν αὐτῷ τὸν σταυρὸν φέρειν ὄπισθεν τοῦ Ἰησοῦ.	
a 220	**Mt 27,47**	**τινὲς δὲ τῶν ἐκεῖ** **ἑστηκότων** ἀκούσαντες ἔλεγον ὅτι Ἠλίαν φωνεῖ οὗτος.	**Mk 15,35**	**καί τινες τῶν** **παρεστηκότων** ἀκούσαντες ἔλεγον· ἴδε Ἠλίαν φωνεῖ.			
120	**Mt 27,48**	καὶ εὐθέως δραμὼν **εἷς** ἐξ αὐτῶν καὶ λαβὼν σπόγγον πλήσας τε ὄξους καὶ περιθεὶς καλάμῳ ἐπότιζεν αὐτόν.	**Mk 15,36**	δραμὼν δέ **τις** [καὶ] γεμίσας σπόγγον ὄξους περιθεὶς καλάμῳ ἐπότιζεν αὐτὸν ...	**Lk 23,36** → Lk 23,39	ἐνέπαιξαν δὲ αὐτῷ καὶ οἱ στρατιῶται προσερχόμενοι, ὄξος προσφέροντες αὐτῷ	→ Jn 19,29
a 200	**Mt 28,11**	πορευομένων δὲ αὐτῶν ἰδού **τινες τῆς** **κουστωδίας** ἐλθόντες εἰς τὴν πόλιν ἀπήγγειλαν τοῖς ἀρχιερεῦσιν ἅπαντα τὰ γενόμενα.					
b h 002					**Lk 24,22** → Mt 28,1 → Mk 16,1-2 → Lk 24,1	ἀλλὰ καὶ **γυναῖκές τινες** ἐξ ἡμῶν ἐξέστησαν ἡμᾶς, γενόμεναι ὀρθριναὶ ἐπὶ τὸ μνημεῖον	→ Jn 20,1
a 002					**Lk 24,24** → Lk 24,12	καὶ ἀπῆλθόν **τινες τῶν σὺν ἡμῖν** ἐπὶ τὸ μνημεῖον, ...	
j 002					**Lk 24,41**	ἔτι δὲ ἀπιστούντων αὐτῶν ἀπὸ τῆς χαρᾶς καὶ θαυμαζόντων εἶπεν αὐτοῖς· ἔχετέ **τι βρώσιμον** ἐνθάδε;	→ Jn 20,20.27 → **Jn 21,5**

a τις with partitive genitive
b τίς ἐκ, τίς ἀπό
c οὐ(δέ) ... τις / οὐδείς ... τις / οὔτε ... τις
d μή τις
e μή ... τις, μήτι ... τις
f εἴ (...) τις (εἰ: conditional particle)
g ἐάν (...) τις, καθότι ἄν τις
h τίς as adjective in postpositive position
j τίς as adjective in prepositive position

g **Acts 2,45** (→ Lk 12,33; → Lk 14,33; → Mt 19,21; → Mk 10,21; → Lk 18,22)
καὶ τὰ κτήματα καὶ τὰς ὑπάρξεις ἐπίπρασκον καὶ διεμέριζον αὐτὰ πᾶσιν καθότι ἄν
τις
χρείαν εἶχεν·

j **Acts 3,2**
καί
τις ἀνὴρ
χωλὸς ἐκ κοιλίας μητρὸς αὐτοῦ ὑπάρχων ἐβαστάζετο, ...

Acts 3,5
ὁ δὲ ἐπεῖχεν αὐτοῖς προσδοκῶν
τι
παρ' αὐτῶν λαβεῖν.

a c **Acts 4,32**
... καὶ οὐδὲ εἷς
τι τῶν ὑπαρχόντων
αὐτῷ ἔλεγεν ἴδιον εἶναι ἀλλ' ἦν αὐτοῖς ἅπαντα κοινά.

c h **Acts 4,34**
οὐδὲ γὰρ
ἐνδεής τις
ἦν ἐν αὐτοῖς· ...

g **Acts 4,35**
καὶ ἐτίθουν παρὰ τοὺς πόδας τῶν ἀποστόλων, διεδίδετο δὲ ἑκάστῳ καθότι ἄν
τις
χρείαν εἶχεν.

h **Acts 5,1**
ἀνὴρ δέ τις
Ἁνανίας ὀνόματι σὺν Σαπφίρῃ τῇ γυναικὶ αὐτοῦ ἐπώλησεν κτῆμα

h **Acts 5,2**
καὶ ἐνοσφίσατο ἀπὸ τῆς τιμῆς, συνειδυίης καὶ τῆς γυναικός, καὶ ἐνέγκας
μέρος τι
παρὰ τοὺς πόδας τῶν ἀποστόλων ἔθηκεν.

a **Acts 5,15**
ὥστε καὶ εἰς τὰς πλατείας ἐκφέρειν τοὺς ἀσθενεῖς καὶ τιθέναι ἐπὶ κλιναρίων καὶ κραβάττων, ἵνα ἐρχομένου Πέτρου κἂν ἡ σκιὰ ἐπισκιάσῃ
τινὶ αὐτῶν.

Acts 5,25 **παραγενόμενος δέ τις** ἀπήγγειλεν αὐτοῖς ὅτι ἰδοὺ οἱ ἄνδρες οὓς ἔθεσθε ἐν τῇ φυλακῇ εἰσὶν ἐν τῷ ἱερῷ ἑστῶτες καὶ διδάσκοντες τὸν λαόν.

j Acts 5,34 ἀναστὰς δέ **τις ἐν τῷ συνεδρίῳ Φαρισαῖος** ὀνόματι Γαμαλιήλ, νομοδιδάσκαλος τίμιος παντὶ τῷ λαῷ, ...

Acts 5,36 πρὸ γὰρ τούτων τῶν ἡμερῶν ἀνέστη Θευδᾶς λέγων εἶναί **τινα** ἑαυτόν, ᾧ προσεκλίθη ἀνδρῶν ἀριθμὸς ὡς τετρακοσίων· ...

a Acts 6,9 ἀνέστησαν δέ **τινες τῶν ἐκ τῆς συναγωγῆς** τῆς λεγομένης Λιβερτίνων καὶ Κυρηναίων ...

Acts 7,24 καὶ ἰδών **τινα** ἀδικούμενον ἠμύνατο καὶ ἐποίησεν ἐκδίκησιν τῷ καταπονουμένῳ πατάξας τὸν Αἰγύπτιον.

h Acts 8,9 (2) **ἀνὴρ δέ τις** ὀνόματι Σίμων προϋπῆρχεν ἐν τῇ πόλει μαγεύων καὶ ἐξιστάνων *j* τὸ ἔθνος τῆς Σαμαρείας, λέγων εἶναί **τινα ἑαυτὸν μέγαν**

d g Acts 8,31 ... πῶς γὰρ ἂν δυναίμην ἐὰν μή **τις** ὁδηγήσει με; ...

h Acts 8,34 ... δέομαί σου, περὶ τίνος ὁ προφήτης λέγει τοῦτο; περὶ ἑαυτοῦ ἢ **περὶ ἑτέρου τινός;**

j Acts 8,36 ὡς δὲ ἐπορεύοντο κατὰ τὴν ὁδόν, ἦλθον **ἐπί τι ὕδωρ,** καί φησιν ὁ εὐνοῦχος· ἰδοὺ ὕδωρ, τί κωλύει με βαπτισθῆναι;

g Acts 9,2 ᾐτήσατο παρ' αὐτοῦ ἐπιστολὰς εἰς Δαμασκὸν πρὸς τὰς συναγωγάς, ὅπως ἐάν **τινας εὕρῃ τῆς ὁδοῦ ὄντας,** ἄνδρας τε καὶ γυναῖκας, δεδεμένους ἀγάγῃ εἰς Ἰερουσαλήμ.

j Acts 9,10 ἦν δέ **τις μαθητὴς** ἐν Δαμασκῷ ὀνόματι Ἁνανίας, καὶ εἶπεν πρὸς αὐτὸν ἐν ὁράματι ὁ κύριος· Ἁνανία. ...

h Acts 9,19 ... ἐγένετο δὲ μετὰ τῶν ἐν Δαμασκῷ μαθητῶν **ἡμέρας τινάς**

h Acts 9,33 εὗρεν δὲ ἐκεῖ **ἄνθρωπόν τινα** ὀνόματι Αἰνέαν ἐξ ἐτῶν ὀκτὼ κατακείμενον ἐπὶ κραβάττου, ...

j Acts 9,36 ἐν Ἰόππῃ δέ **τις ἦν μαθήτρια** ὀνόματι Ταβιθά, ἣ διερμηνευομένη λέγεται Δορκάς· ...

j Acts 9,43 ἐγένετο δὲ ἡμέρας ἱκανὰς μεῖναι ἐν Ἰόππῃ **παρά τινι Σίμωνι βυρσεῖ.**

h Acts 10,1 **ἀνὴρ δέ τις** ἐν Καισαρείᾳ ὀνόματι Κορνήλιος, ...

h Acts 10,5 καὶ νῦν πέμψον ἄνδρας εἰς Ἰόππην καὶ μετάπεμψαι **Σίμωνά τινα** ὃς ἐπικαλεῖται Πέτρος·

j Acts 10,6 οὗτος ξενίζεται **παρά τινι Σίμωνι βυρσεῖ,** ᾧ ἐστιν οἰκία παρὰ θάλασσαν.

h Acts 10,11 καὶ θεωρεῖ τὸν οὐρανὸν ἀνεῳγμένον καὶ καταβαῖνον **σκεῦός τι** ὡς ὀθόνην μεγάλην τέσσαρσιν ἀρχαῖς καθιέμενον ἐπὶ τῆς γῆς

a Acts 10,23 ... τῇ δὲ ἐπαύριον ἀναστὰς ἐξῆλθεν σὺν αὐτοῖς καί **τινες τῶν ἀδελφῶν τῶν ἀπὸ Ἰόππης** συνῆλθον αὐτῷ.

e Acts 10,47 μήτι τὸ ὕδωρ δύναται κωλῦσαί **τις** τοῦ μὴ βαπτισθῆναι τούτους, οἵτινες τὸ πνεῦμα τὸ ἅγιον ἔλαβον ὡς καὶ ἡμεῖς;

h Acts 10,48 ... τότε ἠρώτησαν αὐτὸν ἐπιμεῖναι **ἡμέρας τινάς.**

h Acts 11,5 ... εἶδον ἐν ἐκστάσει ὅραμα, καταβαῖνον **σκεῦός τι** ὡς ὀθόνην μεγάλην τέσσαρσιν ἀρχαῖς καθιεμένην ἐκ τοῦ οὐρανοῦ, ...

b Acts 11,20 ἦσαν δέ **τινες** ἐξ αὐτῶν ἄνδρες Κύπριοι καὶ Κυρηναῖοι, ...

Acts 11,29 τῶν δὲ μαθητῶν, καθὼς εὐπορεῖτό **τις,** ὥρισαν ἕκαστος αὐτῶν εἰς διακονίαν πέμψαι τοῖς κατοικοῦσιν ἐν τῇ Ἰουδαίᾳ ἀδελφοῖς·

a Acts 12,1 κατ' ἐκεῖνον δὲ τὸν καιρὸν ἐπέβαλεν Ἡρῴδης ὁ βασιλεὺς τὰς χεῖρας κακῶσαί **τινας τῶν ἀπὸ τῆς ἐκκλησίας.**

h Acts 13,6 διελθόντες δὲ ὅλην τὴν νῆσον ἄχρι Πάφου εὗρον **ἄνδρα τινὰ** μάγον ψευδοπροφήτην Ἰουδαῖον ᾧ ὄνομα Βαριησοῦ

fj Acts 13,15 ... ἄνδρες ἀδελφοί, εἴ **τίς ἐστιν ἐν ὑμῖν λόγος παρακλήσεως** πρὸς τὸν λαόν, λέγετε.

g Acts 13,41 *ἴδετε, οἱ καταφρονηταί, καὶ θαυμάσατε καὶ ἀφανίσθητε, ὅτι ἔργον ἐργάζομαι ἐγὼ ἐν ταῖς ἡμέραις ὑμῶν, ἔργον ὃ οὐ μὴ πιστεύσητε ἐάν* ***τις*** *ἐκδιηγῆται ὑμῖν.*
➤ Hab 1,5 LXX

j Acts 14,8 καί **τις ἀνὴρ** ἀδύνατος ἐν Λύστροις τοῖς ποσὶν ἐκάθητο, ...

Acts 15,1 καί **τινες κατελθόντες** ἀπὸ τῆς Ἰουδαίας ἐδίδασκον τοὺς ἀδελφοὺς ὅτι, ἐὰν μὴ περιτμηθῆτε τῷ ἔθει τῷ Μωϋσέως, οὐ δύνασθε σωθῆναι.

bj Acts 15,2 ... ἔταξαν ἀναβαίνειν Παῦλον καὶ Βαρναβᾶν καί **τινας ἄλλους** ἐξ αὐτῶν πρὸς τοὺς ἀποστόλους καὶ πρεσβυτέρους ...

a **Acts 15,5** ἐξανέστησαν δέ
τινες τῶν ἀπὸ τῆς αἱρέσεως τῶν Φαρισαίων πεπιστευκότες
λέγοντες ὅτι δεῖ περιτέμνειν αὐτοὺς παραγγέλλειν τε τηρεῖν τὸν νόμον Μωϋσέως.

b **Acts 15,24** ἐπειδὴ ἠκούσαμεν ὅτι
τινὲς
ἐξ ἡμῶν [ἐξελθόντες] ἐτάραξαν ὑμᾶς λόγοις ἀνασκευάζοντες τὰς ψυχὰς ὑμῶν οἷς οὐ διεστειλάμεθα

j **Acts 15,36** **μετὰ δέ τινας ἡμέρας**
εἶπεν πρὸς Βαρναβᾶν Παῦλος· ...

h **Acts 16,1** ... καὶ ἰδοὺ
μαθητής τις
ἦν ἐκεῖ ὀνόματι Τιμόθεος, υἱὸς γυναικὸς Ἰουδαίας πιστῆς, πατρὸς δὲ Ἕλληνος

h **Acts 16,9** καὶ ὅραμα διὰ [τῆς] νυκτὸς τῷ Παύλῳ ὤφθη,
ἀνὴρ Μακεδών τις
ἦν ἑστὼς καὶ παρακαλῶν αὐτὸν ...

h **Acts 16,12** ... ἦμεν δὲ ἐν ταύτῃ τῇ πόλει διατρίβοντες
ἡμέρας τινάς.

j **Acts 16,14** καί
τις γυνὴ
ὀνόματι Λυδία, πορφυρόπωλις πόλεως Θυατείρων σεβομένη τὸν θεόν, ἤκουεν, ...

h **Acts 16,16** ἐγένετο δὲ πορευομένων ἡμῶν εἰς τὴν προσευχὴν
παιδίσκην τινὰ
ἔχουσαν πνεῦμα πύθωνα ὑπαντῆσαι ἡμῖν, ἥτις ἐργασίαν πολλὴν παρεῖχεν τοῖς κυρίοις αὐτῆς μαντευομένη.

b **Acts 17,4** καί
τινες
ἐξ αὐτῶν ἐπείσθησαν καὶ προσεκληρώθησαν τῷ Παύλῳ καὶ τῷ Σιλᾷ, ...

a h **Acts 17,5** ζηλώσαντες δὲ οἱ Ἰουδαῖοι καὶ προσλαβόμενοι
τῶν ἀγοραίων ἄνδρας τινὰς πονηροὺς
καὶ ὀχλοποιήσαντες ἐθορύβουν τὴν πόλιν ...

j **Acts 17,6** μὴ εὑρόντες δὲ αὐτοὺς ἔσυρον Ἰάσονα καί
τινας ἀδελφοὺς
ἐπὶ τοὺς πολιτάρχας ...

a **Acts 17,18 (2)** **τινὲς δὲ καὶ τῶν Ἐπικουρείων καὶ Στοϊκῶν φιλοσόφων**
συνέβαλλον αὐτῷ, καί
τινες
ἔλεγον· τί ἂν θέλοι ὁ σπερμολόγος οὗτος λέγειν; ...

h **Acts 17,20** **ξενίζοντα γάρ τινα**
εἰσφέρεις εἰς τὰς ἀκοὰς ἡμῶν· βουλόμεθα οὖν γνῶναι τίνα θέλει ταῦτα εἶναι.

j **Acts 17,21 (2)** Ἀθηναῖοι δὲ πάντες καὶ οἱ ἐπιδημοῦντες ξένοι εἰς οὐδὲν ἕτερον ηὐκαίρουν ἢ λέγειν
τι
j ἢ ἀκούειν
τι καινότερον.

Acts 17,25 οὐδὲ ὑπὸ χειρῶν ἀνθρωπίνων θεραπεύεται προσδεόμενός
τινος,
αὐτὸς διδοὺς πᾶσι ζωὴν καὶ πνοὴν καὶ τὰ πάντα·

a **Acts 17,28** ἐν αὐτῷ γὰρ ζῶμεν καὶ κινούμεθα καὶ ἐσμέν, ὡς καί
τινες τῶν καθ' ὑμᾶς ποιητῶν
εἰρήκασιν· τοῦ γὰρ καὶ γένος ἐσμέν.

j **Acts 17,34** **τινὲς δὲ ἄνδρες**
κολληθέντες αὐτῷ ἐπίστευσαν, ...

j **Acts 18,2** καὶ εὑρών
τινα Ἰουδαῖον
ὀνόματι Ἀκύλαν, Ποντικὸν τῷ γένει προσφάτως ἐληλυθότα ἀπὸ τῆς Ἰταλίας ...

j **Acts 18,7** καὶ μεταβὰς ἐκεῖθεν εἰσῆλθεν
εἰς οἰκίαν τινὸς ὀνόματι Τιτίου Ἰούστου σεβομένου
τὸν θεόν, ...

f h **Acts 18,14** ... εἶπεν ὁ Γαλλίων πρὸς τοὺς Ἰουδαίους· εἰ μὲν ἦν
ἀδίκημά τι
ἢ ῥᾳδιούργημα πονηρόν, ὦ Ἰουδαῖοι, κατὰ λόγον ἂν ἀνεσχόμην ὑμῶν

h **Acts 18,23** καὶ ποιήσας
χρόνον τινὰ
ἐξῆλθεν διερχόμενος καθεξῆς τὴν Γαλατικὴν χώραν καὶ Φρυγίαν, ...

h **Acts 18,24** **Ἰουδαῖος δέ τις**
Ἀπολλῶς ὀνόματι, Ἀλεξανδρεὺς τῷ γένει, ἀνὴρ λόγιος, ...

j **Acts 19,1** ἐγένετο δὲ ἐν τῷ τὸν Ἀπολλῶ εἶναι ἐν Κορίνθῳ Παῦλον διελθόντα τὰ ἀνωτερικὰ μέρη [κατ]ελθεῖν εἰς Ἔφεσον καὶ εὑρεῖν
τινας μαθητάς

Acts 19,9 ὡς δέ
τινες
ἐσκληρύνοντο καὶ ἠπείθουν κακολογοῦντες τὴν ὁδὸν ἐνώπιον τοῦ πλήθους, ...

a **Acts 19,13** ἐπεχείρησαν δέ
τινες καὶ τῶν περιερχομένων Ἰουδαίων ἐξορκιστῶν
ὀνομάζειν ἐπὶ τοὺς ἔχοντας τὰ πνεύματα τὰ πονηρὰ τὸ ὄνομα τοῦ κυρίου Ἰησοῦ ...

j **Acts 19,14** ἦσαν δέ
τινος Σκευᾶ
Ἰουδαίου ἀρχιερέως ἑπτὰ υἱοὶ τοῦτο ποιοῦντες.

Acts 19,24 Δημήτριος γάρ
τις
ὀνόματι, ἀργυροκόπος, ...

a **Acts 19,31** **τινὲς δὲ καὶ τῶν Ἀσιαρχῶν,**
ὄντες αὐτῷ φίλοι, πέμψαντες πρὸς αὐτὸν παρεκάλουν μὴ δοῦναι ἑαυτὸν εἰς τὸ θέατρον.

h **Acts 19,32** ἄλλοι μὲν οὖν
ἄλλο τι
ἔκραζον· ἦν γὰρ ἡ ἐκκλησία συγκεχυμένη ...

f **Acts 19,38** εἰ μὲν οὖν Δημήτριος καὶ οἱ σὺν αὐτῷ τεχνῖται ἔχουσι
πρός τινα
λόγον, ἀγοραῖοι ἄγονται καὶ ἀνθύπατοί εἰσιν, ἐγκαλείτωσαν ἀλλήλοις.

f **Acts 19,39** εἰ δέ
τι
περαιτέρω ἐπιζητεῖτε, ἐν τῇ ἐννόμῳ ἐκκλησίᾳ ἐπιλυθήσεται.

j **Acts 20,9** καθεζόμενος δέ
τις νεανίας
ὀνόματι Εὔτυχος ἐπὶ τῆς θυρίδος, ...

j **Acts 21,10** ἐπιμενόντων δὲ ἡμέρας πλείους κατῆλθέν
τις ἀπὸ τῆς Ἰουδαίας προφήτης
ὀνόματι Ἅγαβος

h Acts 21,16 συνῆλθον δὲ καὶ τῶν
μαθητῶν ἀπὸ Καισαρείας
σὺν ἡμῖν, ἄγοντες
παρ' ᾧ ξενισθῶμεν
Μνάσωνί τινι
Κυπρίῳ, ἀρχαίῳ μαθητῇ.

h Acts 21,34 ἄλλοι δὲ
ἄλλο τι
ἐπεφώνουν ἐν τῷ ὄχλῳ. ...

Acts 21,37 ... εἰ ἔξεστίν μοι εἰπεῖν
τι
πρὸς σέ; ...

h Acts 22,12 **Ἁνανίας δέ τις,**
ἀνὴρ εὐλαβὴς κατὰ τὸν
νόμον, ... [14] ... εἶπέν μοι· ...

a Acts 23,9 ἐγένετο δὲ κραυγὴ
μεγάλη, καὶ ἀναστάντες
**τινὲς τῶν
γραμματέων
τοῦ μέρους τῶν
Φαρισαίων**
διεμάχοντο λέγοντες· ...

Acts 23,17 ... τὸν νεανίαν τοῦτον
ἀπάγαγε πρὸς τὸν
χιλίαρχον, ἔχει γὰρ
ἀπαγγεῖλαί
τι
αὐτῷ.

Acts 23,18 ... ὁ δέσμιος Παῦλος
προσκαλεσάμενός με
ἠρώτησεν τοῦτον τὸν
νεανίσκον ἀγαγεῖν
πρὸς σέ ἔχοντά
τι
λαλῆσαί σοι.

j Acts 23,20 ... οἱ Ἰουδαῖοι συνέθεντο
τοῦ ἐρωτῆσαί σε ὅπως
αὔριον τὸν Παῦλον
καταγάγῃς εἰς τὸ
συνέδριον ὡς μέλλον
τι ἀκριβέστερον
πυνθάνεσθαι περὶ αὐτοῦ.

a h Acts 23,23 καὶ προσκαλεσάμενος
**δύο [τινὰς] τῶν
ἑκατονταρχῶν**
εἶπεν· ἑτοιμάσατε
στρατιώτας διακοσίους,
ὅπως πορευθῶσιν ἕως
Καισαρείας, ...

h Acts 24,1 (2) μετὰ δὲ πέντε ἡμέρας
κατέβη ὁ ἀρχιερεὺς
Ἁνανίας
**μετὰ πρεσβυτέρων
τινῶν**
h **καὶ ῥήτορος
Τερτύλλου τινός,**
οἵτινες ἐνεφάνισαν τῷ
ἡγεμόνι κατὰ τοῦ Παύλου.

c Acts 24,12 καὶ οὔτε ἐν τῷ ἱερῷ
εὗρόν με
πρός τινα
διαλεγόμενον ἢ ἐπίστασιν
ποιοῦντα ὄχλου οὔτε ἐν
ταῖς συναγωγαῖς οὔτε
κατὰ τὴν πόλιν

j Acts 24,19 (2) **τινὲς δὲ ἀπὸ τῆς
Ἀσίας Ἰουδαῖοι,**
οὓς ἔδει ἐπὶ σοῦ
παρεῖναι
f καὶ κατηγορεῖν εἴ
τι
ἔχοιεν πρὸς ἐμέ.

h Acts 24,24 **μετὰ δὲ ἡμέρας
τινὰς**
παραγενόμενος ὁ Φῆλιξ
σὺν Δρουσίλλῃ τῇ ἰδίᾳ
γυναικὶ οὔσῃ Ἰουδαίᾳ
μετεπέμψατο τὸν
Παῦλον ...

fj Acts 25,5 οἱ οὖν ἐν ὑμῖν,
φησίν, δυνατοὶ
συγκαταβάντες εἴ
**τί ἐστιν ἐν τῷ ἀνδρὶ
ἄτοπον**
κατηγορείτωσαν αὐτοῦ.

c Acts 25,8 τοῦ Παύλου
ἀπολογουμένου ὅτι
οὔτε εἰς τὸν νόμον
τῶν Ἰουδαίων
οὔτε εἰς τὸ ἱερὸν
οὔτε εἰς Καίσαρά
τι
ἥμαρτον.

fh Acts 25,11 εἰ μὲν οὖν ἀδικῶ καὶ
**ἄξιον θανάτου
πέπραχά τι,**
οὐ παραιτοῦμαι
τὸ ἀποθανεῖν· ...

h Acts 25,13 **ἡμερῶν δὲ
διαγενομένων τινῶν**
Ἀγρίππας ὁ βασιλεὺς
καὶ Βερνίκη κατήντησαν
εἰς Καισάρειαν
ἀσπασάμενοι τὸν Φῆστον.

h Acts 25,14 ... ὁ Φῆστος τῷ βασιλεῖ
ἀνέθετο τὰ κατὰ τὸν
Παῦλον λέγων·
ἀνήρ τίς
ἐστιν καταλελειμμένος
ὑπὸ Φήλικος δέσμιος

cj Acts 25,16 ... οὐκ ἔστιν ἔθος
Ῥωμαίοις χαρίζεσθαί
τινα ἄνθρωπον
πρὶν ἢ ὁ κατηγορούμενος
κατὰ πρόσωπον ἔχοι τοὺς
κατηγόρους τόπον τε
ἀπολογίας λάβοι περὶ
τοῦ ἐγκλήματος.

h Acts 25,19 (2) **ζητήματα δέ τινα**
περὶ τῆς ἰδίας
δεισιδαιμονίας εἶχον
πρὸς αὐτὸν
j καὶ
**περί τινος Ἰησοῦ
τεθνηκότος**
ὃν ἔφασκεν ὁ Παῦλος
ζῆν.

c h Acts 25,26 περὶ οὗ
ἀσφαλές τι
γράψαι τῷ κυρίῳ
οὐκ ἔχω, ...

a Acts 26,26 ἐπίσταται γὰρ περὶ
τούτων ὁ βασιλεύς πρὸς
ὃν καὶ παρρησιαζόμενος
λαλῶ, λανθάνειν γὰρ
αὐτὸν
[τι] τούτων
οὐ πείθομαι οὐθέν· ...

c h Acts 26,31 **... οὐδὲν θανάτου ἢ
δεσμῶν ἄξιον [τι]**
πράσσει ὁ ἄνθρωπος
οὗτος.

j Acts 27,1 ... παρεδίδουν τόν τε
Παῦλον καί
**τινας ἑτέρους
δεσμώτας**
ἑκατοντάρχῃ ὀνόματι
Ἰουλίῳ σπείρης
Σεβαστῆς.

h Acts 27,8 μόλις τε παραλεγόμενοι
αὐτὴν ἤλθομεν
εἰς τόπον τινὰ
καλούμενον Καλοὺς
λιμένας ᾧ ἐγγὺς πόλις ἦν
Λασαία.

h Acts 27,16 **νησίον δέ τι
ὑποδραμόντες
καλούμενον Καῦδα**
ἰσχύσαμεν μόλις
περικρατεῖς γενέσθαι
τῆς σκάφης

h Acts 27,26 **εἰς νῆσον δέ τινα**
δεῖ ἡμᾶς ἐκπεσεῖν.

j Acts 27,27 ... κατὰ μέσον τῆς
νυκτὸς ὑπενόουν
οἱ ναῦται προσάγειν
τινὰ αὐτοῖς χώραν.

h Acts 27,39 ὅτε δὲ ἡμέρα ἐγένετο, τὴν
γῆν οὐκ ἐπεγίνωσκον,
κόλπον δέ τινα
κατενόουν ἔχοντα
αἰγιαλὸν εἰς ὃν
ἐβουλεύοντο εἰ δύναιντο
ἐξῶσαι τὸ πλοῖον.

d Acts 27,42 τῶν δὲ στρατιωτῶν βουλὴ
ἐγένετο ἵνα τοὺς
δεσμώτας ἀποκτείνωσιν,
μή
τις
ἐκκολυμβήσας διαφύγῃ.

a Acts 27,44 καὶ τοὺς λοιποὺς οὓς
μὲν ἐπὶ σανίσιν, οὓς δὲ
**ἐπί τινων τῶν
ἀπὸ τοῦ πλοίου.**
καὶ οὕτως ἐγένετο
πάντας διασωθῆναι ἐπὶ
τὴν γῆν.

j Acts 28,3	συστρέψαντος δὲ τοῦ Παύλου **φρυγάνων τι πλῆθος** καὶ ἐπιθέντος ἐπὶ τὴν πυράν ἔχιδνα ἀπὸ τῆς θέρμης ἐξελθοῦσα καθῆψεν τῆς χειρὸς αὐτοῦ.	Acts 28,19	ἀντιλεγόντων δὲ τῶν Ἰουδαίων ἠναγκάσθην ἐπικαλέσασθαι Καίσαρα οὐχ ὡς τοῦ ἔθνους μου ἔχων **τι** κατηγορεῖν.	*a* *c* Acts 28,21 (2)	... ἡμεῖς οὔτε γράμματα περὶ σοῦ ἐδεξάμεθα ἀπὸ τῆς Ἰουδαίας οὔτε **παραγενόμενός τις τῶν ἀδελφῶν** ἀπήγγειλεν ἢ ἐλάλησέν *cj* **τι περὶ σοῦ πονηρόν.**

τοίνυν

Syn 1	Mt	Mk	Lk 1	Acts	Jn	1-3John	Paul 1	Eph	Col
NT 3	2Thess	1/2Tim	Tit	Heb 1	Jas	1Pet	2Pet	Jude	Rev

hence; so; indeed

112	**Mt 22,21**	... τότε λέγει αὐτοῖς· ἀπόδοτε **οὖν** τὰ Καίσαρος Καίσαρι καὶ τὰ τοῦ θεοῦ τῷ θεῷ.	**Mk 12,17**	ὁ δὲ Ἰησοῦς εἶπεν αὐτοῖς· τὰ Καίσαρος ἀπόδοτε Καίσαρι καὶ τὰ τοῦ θεοῦ τῷ θεῷ. ...	**Lk 20,25** → Lk 23,2	ὁ δὲ εἶπεν πρὸς αὐτούς· **τοίνυν** ἀπόδοτε τὰ Καίσαρος Καίσαρι καὶ τὰ τοῦ θεοῦ τῷ θεῷ.	→ GTh 100

τοιοῦτος

Syn 11	Mt 3	Mk 6	Lk 2	Acts 4	Jn 2	1-3John 1	Paul 29	Eph 1	Col
NT 56	2Thess 1	1/2Tim	Tit 1	Heb 5	Jas 1	1Pet	2Pet	Jude	Rev

of such a kind; such as this; such a person; such things; similar things; things like that

	triple tradition																double tradition			Sondergut		
		+Mt / +Lk			−Mt / −Lk			traditions not taken over by Mt / Lk							subtotals							
code	222	211	112	212	221	122	121	022	012	021	220	120	210	020	Σ⁺	Σ⁻	Σ	202	201	102	200	002	total
Mt	1	1^+			1		2^-					2^-			1^+	4^-	3						**3**
Mk	1				1		2					2					6						**6**
Lk	1		1^+		1^-		2^-								1^+	3^-	2						**2**

211	**Mt 9,8**	ἰδόντες δὲ οἱ ὄχλοι ἐφοβήθησαν καὶ ἐδόξασαν τὸν θεὸν τὸν δόντα **ἐξουσίαν τοιαύτην** τοῖς ἀνθρώποις.	**Mk 2,12**	... ὥστε ἐξίστασθαι πάντας καὶ δοξάζειν τὸν θεὸν λέγοντας ὅτι οὕτως οὐδέποτε εἴδομεν.	**Lk 5,26**	καὶ ἔκστασις ἔλαβεν ἅπαντας καὶ ἐδόξαζον τὸν θεὸν καὶ ἐπλήσθησαν φόβου λέγοντες ὅτι εἴδομεν παράδοξα σήμερον.
120	**Mt 13,34**	ταῦτα πάντα ἐλάλησεν ὁ Ἰησοῦς **ἐν παραβολαῖς** τοῖς ὄχλοις, ...	**Mk 4,33**	καὶ **τοιαύταις παραβολαῖς πολλαῖς** ἐλάλει αὐτοῖς τὸν λόγον, καθὼς ἠδύναντο ἀκούειν·		
121	**Mt 13,54**	... ὥστε ἐκπλήσσεσθαι αὐτοὺς καὶ λέγειν· πόθεν τούτῳ ἡ σοφία αὕτη καὶ **αἱ δυνάμεις;** [55] οὐχ οὗτός ἐστιν ὁ τοῦ τέκτονος υἱός; ...	**Mk 6,2** → Mt 13,56	... καὶ πολλοὶ ἀκούοντες ἐξεπλήσσοντο λέγοντες· πόθεν τούτῳ ταῦτα, καὶ τίς ἡ σοφία ἡ δοθεῖσα τούτῳ, καὶ **αἱ δυνάμεις τοιαῦται** διὰ τῶν χειρῶν αὐτοῦ γινόμεναι; [3] οὐχ οὗτός ἐστιν ὁ τέκτων, ...	**Lk 4,22**	καὶ πάντες ἐμαρτύρουν αὐτῷ καὶ ἐθαύμαζον ἐπὶ τοῖς λόγοις τῆς χάριτος τοῖς ἐκπορευομένοις ἐκ τοῦ στόματος αὐτοῦ καὶ ἔλεγον· οὐχὶ υἱός ἐστιν Ἰωσὴφ οὗτος;

112	Mt 14,2 → Mk 6,14 → Lk 9,7	καὶ εἶπεν τοῖς παισὶν αὐτοῦ· οὗτός ἐστιν Ἰωάννης ὁ βαπτιστής· αὐτὸς ἠγέρθη ἀπὸ τῶν νεκρῶν καὶ διὰ τοῦτο αἱ δυνάμεις ἐνεργοῦσιν ἐν αὐτῷ.	Mk 6,16 → Mk 6,27	ἀκούσας δὲ ὁ Ἡρῴδης ἔλεγεν· ὃν ἐγὼ ἀπεκεφάλισα Ἰωάννην, οὗτος ἠγέρθη.	Lk 9,9 → Lk 23,8	εἶπεν δὲ Ἡρῴδης· Ἰωάννην ἐγὼ ἀπεκεφάλισα· τίς δέ ἐστιν οὗτος περὶ οὗ ἀκούω **τοιαῦτα;** καὶ ἐζήτει ἰδεῖν αὐτόν.	
120	Mt 15,6	... καὶ ἠκυρώσατε τὸν λόγον τοῦ θεοῦ διὰ τὴν παράδοσιν ὑμῶν.	Mk 7,13	ἀκυροῦντες τὸν λόγον τοῦ θεοῦ τῇ παραδόσει ὑμῶν ᾗ παρεδώκατε· καὶ **παρόμοια τοιαῦτα πολλὰ** ποιεῖτε.			
221	Mt 18,5 ⇩ Mt 10,40 → Mt 10,41	καὶ ὃς ἐὰν δέξηται **ἓν παιδίον τοιοῦτο** ἐπὶ τῷ ὀνόματί μου, ἐμὲ δέχεται.	Mk 9,37	ὃς ἂν **ἓν τῶν τοιούτων παιδίων** δέξηται ἐπὶ τῷ ὀνόματί μου, ἐμὲ δέχεται· ...	Lk 9,48 ⇩ Lk 10,16	... ὃς ἐὰν δέξηται **τοῦτο τὸ παιδίον** ἐπὶ τῷ ὀνόματί μου, ἐμὲ δέχεται· ...	→ Jn 5,23 → Jn 12,44-45 → Jn 13,20
	Mt 10,40 ⇧ Mt 18,5 → Mt 10,41	ὁ δεχόμενος ὑμᾶς ἐμὲ δέχεται, καὶ ὁ ἐμὲ δεχόμενος δέχεται τὸν ἀποστείλαντά με.			Lk 10,16 ⇧ Lk 9,48	ὁ ἀκούων ὑμῶν ἐμοῦ ἀκούει, καὶ ὁ ἀθετῶν ὑμᾶς ἐμὲ ἀθετεῖ· ὁ δὲ ἐμὲ ἀθετῶν ἀθετεῖ τὸν ἀποστείλαντά με.	
222	Mt 19,14	... ἄφετε τὰ παιδία καὶ μὴ κωλύετε αὐτὰ ἐλθεῖν πρός με, **τῶν γὰρ τοιούτων** ἐστὶν ἡ βασιλεία τῶν οὐρανῶν.	Mk 10,14	... ἄφετε τὰ παιδία ἔρχεσθαι πρός με, μὴ κωλύετε αὐτά, **τῶν γὰρ τοιούτων** ἐστὶν ἡ βασιλεία τοῦ θεοῦ.	Lk 18,16	... ἄφετε τὰ παιδία ἔρχεσθαι πρός με καὶ μὴ κωλύετε αὐτά, **τῶν γὰρ τοιούτων** ἐστὶν ἡ βασιλεία τοῦ θεοῦ.	→ GTh 22
121	Mt 24,21	ἔσται γὰρ τότε θλῖψις μεγάλη οἵα οὐ γέγονεν ἀπ' ἀρχῆς κόσμου ἕως τοῦ νῦν οὐδ' οὐ μὴ γένηται.	Mk 13,19	ἔσονται γὰρ αἱ ἡμέραι ἐκεῖναι θλῖψις οἵα οὐ γέγονεν **τοιαύτη** ἀπ' ἀρχῆς κτίσεως ἣν ἔκτισεν ὁ θεὸς ἕως τοῦ νῦν καὶ οὐ μὴ γένηται.	Lk 21,23	... ἔσται γὰρ ἀνάγκη μεγάλη ἐπὶ τῆς γῆς καὶ ὀργὴ τῷ λαῷ τούτῳ	

Acts 16,24 ὃς **παραγγελίαν τοιαύτην** λαβὼν ἔβαλεν αὐτοὺς εἰς τὴν ἐσωτέραν φυλακὴν ...

Acts 19,25 οὓς συναθροίσας καὶ τοὺς **περὶ τὰ τοιαῦτα** ἐργάτας εἶπεν· ...

Acts 22,22 ... αἶρε ἀπὸ τῆς γῆς **τὸν τοιοῦτον,** οὐ γὰρ καθῆκεν αὐτὸν ζῆν.

Acts 26,29 ... εὐξαίμην ἂν τῷ θεῷ καὶ ἐν ὀλίγῳ καὶ ἐν μεγάλῳ οὐ μόνον σὲ ἀλλὰ καὶ πάντας τοὺς ἀκούοντάς μου σήμερον γενέσθαι **τοιούτους** ὁποῖος καὶ ἐγώ εἰμι παρεκτὸς τῶν δεσμῶν τούτων.

τόκος	Syn 2	Mt 1	Mk	Lk 1	Acts	Jn	1-3John	Paul	Eph	Col
	NT 2	2Thess	1/2Tim	Tit	Heb	Jas	1Pet	2Pet	Jude	Rev

interest

202	Mt 25,27	ἔδει σε οὖν βαλεῖν τὰ ἀργύριά μου τοῖς τραπεζίταις, καὶ ἐλθὼν ἐγὼ ἐκομισάμην ἂν τὸ ἐμὸν **σὺν τόκῳ.**			Lk 19,23	καὶ διὰ τί οὐκ ἔδωκάς μου τὸ ἀργύριον ἐπὶ τράπεζαν; κἀγὼ ἐλθὼν **σὺν τόκῳ** ἂν αὐτὸ ἔπραξα.

τολμάω

	Syn	Mt	Mk	Lk	Acts	Jn	1-3John	Paul	Eph	Col
	4	1	2	1	2	1		8		
	NT	2Thess	1/2Tim	Tit	Heb	Jas	1Pet	2Pet	Jude	Rev
	16								1	

dare; have the courage; be brave enough; bring oneself; presume; be courageous

222	**Mt 22,46**	καὶ οὐδεὶς ἐδύνατο ἀποκριθῆναι αὐτῷ λόγον **οὐδὲ ἐτόλμησέν τις** ἀπ᾽ ἐκείνης τῆς ἡμέρας ἐπερωτῆσαι αὐτὸν οὐκέτι.	**Mk 12,34**	... καὶ **οὐδεὶς οὐκέτι ἐτόλμα** αὐτὸν ἐπερωτῆσαι.	**Lk 20,40**	**οὐκέτι γὰρ ἐτόλμων** ἐπερωτᾶν αὐτὸν οὐδέν.	
121	**Mt 27,58**	οὗτος προσελθὼν τῷ Πιλάτῳ ᾐτήσατο τὸ σῶμα τοῦ Ἰησοῦ. ...	**Mk 15,43**	... **τολμήσας** εἰσῆλθεν πρὸς τὸν Πιλᾶτον καὶ ᾐτήσατο τὸ σῶμα τοῦ Ἰησοῦ.	**Lk 23,52**	οὗτος προσελθὼν τῷ Πιλάτῳ ᾐτήσατο τὸ σῶμα τοῦ Ἰησοῦ	→ Jn 19,38

Acts 5,13 τῶν δὲ λοιπῶν οὐδεὶς
ἐτόλμα
κολλᾶσθαι αὐτοῖς,
ἀλλ᾽ ἐμεγάλυνεν
αὐτοὺς ὁ λαός.

Acts 7,32 ... ἔντρομος δὲ
γενόμενος Μωϋσῆς
οὐκ ἐτόλμα
κατανοῆσαι.

τόπος

	Syn	Mt	Mk	Lk	Acts	Jn	1-3John	Paul	Eph	Col
	39	10	10	19	18	16		7	1	
	NT	2Thess	1/2Tim	Tit	Heb	Jas	1Pet	2Pet	Jude	Rev
	94		1		3			1		8

place; position; region; space; location; regions; districts; room; position; office; possibility; opportunity; chance

	triple tradition																	double tradition			Sondergut		
		+Mt / +Lk			−Mt / −Lk			traditions not taken over by Mt / Lk							subtotals								
code	*222*	*211*	*112*	*212*	*221*	*122*	*121*	*022*	*012*	*021*	*220*	*120*	*210*	*020*	Σ^+	Σ^-	Σ	*202*	*201*	*102*	*200*	*002*	total
Mt	3	1^+			3		1^-						1^+		2^+	1^-	8	1			1		**10**
Mk	3				3		1	1		1				1			10						**10**
Lk	3		2^+		3^-		1^-	1	1^+	1^-					3^+	5^-	7	1				11	**19**

002					**Lk 2,7**	... διότι οὐκ ἦν αὐτοῖς **τόπος** ἐν τῷ καταλύματι.	
002					**Lk 4,17**	καὶ ἐπεδόθη αὐτῷ βιβλίον τοῦ προφήτου Ἠσαΐου καὶ ἀναπτύξας τὸ βιβλίον εὗρεν **τὸν τόπον** οὗ ἦν γεγραμμένον· [18] *πνεῦμα κυρίου* *ἐπ᾽ ἐμὲ* ... ➢ Isa 61,1 LXX	
012	**Mt 4,24** → Mt 9,26 → Mk 3,8	καὶ ἀπῆλθεν ἡ ἀκοὴ αὐτοῦ **εἰς ὅλην τὴν Συρίαν**· ...	**Mk 1,28**	καὶ ἐξῆλθεν ἡ ἀκοὴ αὐτοῦ εὐθὺς πανταχοῦ **εἰς ὅλην τὴν** **περίχωρον τῆς** **Γαλιλαίας.**	**Lk 4,37** → Lk 4,14	καὶ ἐξεπορεύετο ἦχος περὶ αὐτοῦ **εἰς πάντα τόπον τῆς** **περιχώρου.**	
022			**Mk 1,35** ↓ Mk 1,45	καὶ πρωῒ ἔννυχα λίαν ἀναστὰς ἐξῆλθεν καὶ ἀπῆλθεν **εἰς ἔρημον τόπον** κἀκεῖ προσηύχετο.	**Lk 4,42** ↓ Lk 5,16	γενομένης δὲ ἡμέρας ἐξελθὼν ἐπορεύθη **εἰς ἔρημον τόπον**· ...	

021			Mk 1,45 ↑ Mk 1,35	... ἀλλ' ἔξω **ἐπ' ἐρήμοις τόποις** ἦν· ...	Lk 5,16 ↑ Lk 4,42	αὐτὸς δὲ ἦν ὑποχωρῶν **ἐν ταῖς ἐρήμοις** καὶ προσευχόμενος.	
112	Mt 12,15	ὁ δὲ Ἰησοῦς γνοὺς ἀνεχώρησεν **ἐκεῖθεν.** καὶ ἠκολούθησαν αὐτῷ [ὄχλοι] πολλοί, ...	Mk 3,7	καὶ ὁ Ἰησοῦς μετὰ τῶν μαθητῶν αὐτοῦ ἀνεχώρησεν **πρὸς τὴν θάλασσαν,** καὶ πολὺ πλῆθος ἀπὸ τῆς Γαλιλαίας [ἠκολούθησεν], ...	Lk 6,17	καὶ καταβὰς μετ' αὐτῶν ἔστη **ἐπὶ τόπου πεδινοῦ,** καὶ ὄχλος πολὺς μαθητῶν αὐτοῦ, καὶ πλῆθος πολὺ τοῦ λαοῦ ...	
202	Mt 12,43	ὅταν δὲ τὸ ἀκάθαρτον πνεῦμα ἐξέλθῃ ἀπὸ τοῦ ἀνθρώπου, διέρχεται **δι' ἀνύδρων τόπων** ζητοῦν ἀνάπαυσιν καὶ οὐχ εὑρίσκει.			Lk 11,24	ὅταν τὸ ἀκάθαρτον πνεῦμα ἐξέλθῃ ἀπὸ τοῦ ἀνθρώπου, διέρχεται **δι' ἀνύδρων τόπων** ζητοῦν ἀνάπαυσιν καὶ μὴ εὑρίσκον· ...	
121	Mt 10,14	καὶ **ὃς ἂν** μὴ δέξηται ὑμᾶς μηδὲ ἀκούσῃ τοὺς λόγους ὑμῶν, ...	Mk 6,11	καὶ **ὃς ἂν τόπος** μὴ δέξηται ὑμᾶς μηδὲ ἀκούσωσιν ὑμῶν, ...	Lk 9,5 ⇩ Lk 10,10 Lk 10,10 ⇧ Lk 9,5 → Lk 10,8	καὶ **ὅσοι ἂν** μὴ δέχωνται ὑμᾶς, ... εἰς ἣν δ' ἂν πόλιν εἰσέλθητε καὶ μὴ δέχωνται ὑμᾶς, ...	Mk-Q overlap
020			Mk 6,31	... δεῦτε ὑμεῖς αὐτοὶ κατ' ἰδίαν **εἰς ἔρημον τόπον** καὶ ἀναπαύσασθε ὀλίγον. ...			
221	Mt 14,13	ἀκούσας δὲ ὁ Ἰησοῦς ἀνεχώρησεν ἐκεῖθεν ἐν πλοίῳ **εἰς ἔρημον τόπον** κατ' ἰδίαν· ...	Mk 6,32	καὶ ἀπῆλθον ἐν τῷ πλοίῳ **εἰς ἔρημον τόπον** κατ' ἰδίαν.	Lk 9,10 → Mk 6,45	... καὶ παραλαβὼν αὐτοὺς ὑπεχώρησεν κατ' ἰδίαν **εἰς πόλιν καλουμένην** **Βηθσαϊδά.**	
222	Mt 14,15	... οἱ μαθηταὶ λέγοντες· **ἔρημός ἐστιν ὁ τόπος** καὶ ἡ ὥρα ἤδη παρῆλθεν· ...	Mk 6,35	... οἱ μαθηταὶ αὐτοῦ ἔλεγον ὅτι **ἔρημός ἐστιν ὁ τόπος** καὶ ἤδη ὥρα πολλή·	Lk 9,12	... οἱ δώδεκα εἶπαν αὐτῷ· ... ὧδε **ἐν ἐρήμῳ τόπῳ ἐσμέν.**	
210	Mt 14,35	καὶ ἐπιγνόντες αὐτὸν **οἱ ἄνδρες τοῦ τόπου** **ἐκείνου** ἀπέστειλαν εἰς ὅλην τὴν περίχωρον ἐκείνην ...	Mk 6,54	καὶ ἐξελθόντων αὐτῶν ἐκ τοῦ πλοίου εὐθὺς ἐπιγνόντες αὐτὸν [55] περιέδραμον ὅλην τὴν χώραν ἐκείνην ...			
002					Lk 10,1 → Mt 10,1 → Mk 6,7 → Lk 9,1	μετὰ δὲ ταῦτα ἀνέδειξεν ὁ κύριος ἑτέρους ἑβδομήκοντα [δύο] καὶ ἀπέστειλεν αὐτοὺς ἀνὰ δύο [δύο] πρὸ προσώπου αὐτοῦ **εἰς πᾶσαν πόλιν καὶ** **τόπον** οὗ ἤμελλεν αὐτὸς ἔρχεσθαι.	
002					Lk 10,32	ὁμοίως δὲ καὶ Λευίτης [γενόμενος] **κατὰ τὸν τόπον** ἐλθὼν καὶ ἰδὼν ἀντιπαρῆλθεν.	

002					Lk 11,1	καὶ ἐγένετο ἐν τῷ εἶναι αὐτὸν **ἐν τόπῳ τινὶ** προσευχόμενον, ὡς ἐπαύσατο, εἶπέν τις τῶν μαθητῶν αὐτοῦ πρὸς αὐτόν· κύριε, δίδαξον ἡμᾶς προσεύχεσθαι, ...	
202	Mt 12,43	ὅταν δὲ τὸ ἀκάθαρτον πνεῦμα ἐξέλθῃ ἀπὸ τοῦ ἀνθρώπου, διέρχεται **δι' ἀνύδρων τόπων** ζητοῦν ἀνάπαυσιν καὶ οὐχ εὑρίσκει.			Lk 11,24	ὅταν τὸ ἀκάθαρτον πνεῦμα ἐξέλθῃ ἀπὸ τοῦ ἀνθρώπου, διέρχεται **δι' ἀνύδρων τόπων** ζητοῦν ἀνάπαυσιν καὶ μὴ εὑρίσκον· ...	
002 002					Lk 14,9 (2)	καὶ ἐλθὼν ὁ σὲ καὶ αὐτὸν καλέσας ἐρεῖ σοι· δὸς τούτῳ **τόπον,** καὶ τότε ἄρξῃ μετὰ αἰσχύνης **τὸν ἔσχατον τόπον** κατέχειν.	
002					Lk 14,10	ἀλλ' ὅταν κληθῇς, πορευθεὶς ἀνάπεσε **εἰς τὸν ἔσχατον τόπον,** ...	
002					Lk 14,22	... κύριε, γέγονεν ὃ ἐπέταξας, καὶ ἔτι **τόπος** ἐστίν.	
002					Lk 16,28	ἔχω γὰρ πέντε ἀδελφούς, ὅπως διαμαρτύρηται αὐτοῖς, ἵνα μὴ καὶ αὐτοὶ ἔλθωσιν **εἰς τὸν τόπον τοῦτον τῆς βασάνου.**	
002					Lk 19,5	καὶ ὡς ἦλθεν **ἐπὶ τὸν τόπον,** ἀναβλέψας ὁ Ἰησοῦς εἶπεν πρὸς αὐτόν· Ζακχαῖε, ...	
222	Mt 24,7	ἐγερθήσεται γὰρ ἔθνος ἐπὶ ἔθνος καὶ βασιλεία ἐπὶ βασιλείαν καὶ ἔσονται λιμοὶ καὶ σεισμοὶ **κατὰ τόπους·**	Mk 13,8	ἐγερθήσεται γὰρ ἔθνος ἐπ' ἔθνος καὶ βασιλεία ἐπὶ βασιλείαν, ἔσονται σεισμοὶ **κατὰ τόπους,** ἔσονται λιμοί· ...	Lk 21,11 → Lk 21,25	[10] ... ἐγερθήσεται ἔθνος ἐπ' ἔθνος καὶ βασιλεία ἐπὶ βασιλείαν, [11] σεισμοί τε μεγάλοι καὶ **κατὰ τόπους** λιμοὶ καὶ λοιμοὶ ἔσονται, ...	→ Acts 2,19
211	Mt 24,15	ὅταν οὖν ἴδητε *τὸ βδέλυγμα τῆς ἐρημώσεως* τὸ ῥηθὲν διὰ Δανιὴλ τοῦ προφήτου ἑστὸς **ἐν τόπῳ ἁγίῳ,** ὁ ἀναγινώσκων νοείτω ➤ Dan 9,27/11,31/12,11	Mk 13,14	ὅταν δὲ ἴδητε *τὸ βδέλυγμα τῆς ἐρημώσεως* ἑστηκότα **ὅπου οὐ δεῖ,** ὁ ἀναγινώσκων νοείτω, ... ➤ Dan 9,27/11,31/12,11	Lk 21,20 → Lk 19,43	ὅταν δὲ ἴδητε κυκλουμένην ὑπὸ στρατοπέδων **Ἰερουσαλήμ,** τότε γνῶτε ὅτι ἤγγικεν ἡ ἐρήμωσις αὐτῆς.	
112	Mt 26,36 → Lk 22,39	τότε ἔρχεται μετ' αὐτῶν ὁ Ἰησοῦς **εἰς χωρίον** λεγόμενον Γεθσημανὶ καὶ λέγει τοῖς μαθηταῖς· ...	Mk 14,32 → Lk 22,39	καὶ ἔρχονται **εἰς χωρίον** οὗ τὸ ὄνομα Γεθσημανὶ καὶ λέγει τοῖς μαθηταῖς αὐτοῦ· ...	Lk 22,40	γενόμενος δὲ **ἐπὶ τοῦ τόπου** εἶπεν αὐτοῖς· ...	

200	**Mt 26,52**	τότε λέγει αὐτῷ ὁ Ἰησοῦς· ἀπόστρεψον τὴν μάχαιράν σου **εἰς τὸν τόπον αὐτῆς·** ...			Lk 22,51	ἀποκριθεὶς δὲ ὁ Ἰησοῦς εἶπεν· ἐᾶτε ἕως τούτου· ...	→ Jn 18,11
222 221	**Mt 27,33** (2)	καὶ ἐλθόντες **εἰς τόπον λεγόμενον** **Γολγοθᾶ,** ὅ ἐστιν **Κρανίου Τόπος** λεγόμενος	**Mk 15,22** (2)	καὶ φέρουσιν αὐτὸν **ἐπὶ τὸν** **Γολγοθᾶν τόπον,** ὅ ἐστιν μεθερμηνευόμενον **Κρανίου Τόπος.**	**Lk 23,33**	καὶ ὅτε ἦλθον **ἐπὶ τὸν** **τόπον** τὸν καλούμενον **Κρανίον, ...**	→ Jn 19,17
221	**Mt 28,6**	οὐκ ἔστιν ὧδε, ἠγέρθη γὰρ καθὼς εἶπεν· δεῦτε ἴδετε **τὸν τόπον** ὅπου ἔκειτο.	**Mk 16,6**	... ἠγέρθη, οὐκ ἔστιν ὧδε· ἴδε **ὁ τόπος** ὅπου ἔθηκαν αὐτόν.	**Lk 24,6** → Lk 24,23	οὐκ ἔστιν ὧδε, ἀλλὰ ἠγέρθη. μνήσθητε ὡς ἐλάλησεν ὑμῖν ἔτι ὢν ἐν τῇ Γαλιλαίᾳ	

Acts 1,25 (2) λαβεῖν **τὸν τόπον τῆς διακονίας ταύτης καὶ ἀποστολῆς** ἀφ᾽ ἧς παρέβη Ἰούδας πορευθῆναι **εἰς τὸν τόπον τὸν ἴδιον.**

Acts 4,31 καὶ δεηθέντων αὐτῶν ἐσαλεύθη **ὁ τόπος** ἐν ᾧ ἦσαν συνηγμένοι, ...

Acts 6,13 ... ὁ ἄνθρωπος οὗτος οὐ παύεται λαλῶν ῥήματα **κατὰ τοῦ τόπου τοῦ ἁγίου [τούτου] καὶ τοῦ νόμου·**

Acts 6,14 → Mt 26,61 → Mk 14,58 → Mt 27,40 → Mk 15,29 ἀκηκόαμεν γὰρ αὐτοῦ λέγοντος ὅτι Ἰησοῦς ὁ Ναζωραῖος οὗτος καταλύσει **τὸν τόπον τοῦτον** καὶ ἀλλάξει τὰ ἔθη ἃ παρέδωκεν ἡμῖν Μωϋσῆς.

Acts 7,7 ... καὶ λατρεύσουσίν μοι **ἐν τῷ τόπῳ τούτῳ.**

Acts 7,33 εἶπεν δὲ αὐτῷ ὁ κύριος· *λῦσον τὸ ὑπόδημα τῶν ποδῶν σου,* ***ὁ γὰρ τόπος*** *ἐφ᾽ ᾧ ἕστηκας γῆ ἁγία ἐστίν.* ➤ Exod 3,5

Acts 7,49 → Mt 5,34-35 *ὁ οὐρανός μοι θρόνος, ἡ δὲ γῆ ὑποπόδιον τῶν ποδῶν μου· ποῖον οἶκον οἰκοδομήσετέ μοι, λέγει κύριος, ἢ τίς* ***τόπος τῆς καταπαύσεώς μου;*** ➤ Isa 66,1

Acts 12,17 ... καὶ ἐξελθὼν ἐπορεύθη **εἰς ἕτερον τόπον.**

Acts 16,3 τοῦτον ἠθέλησεν ὁ Παῦλος σὺν αὐτῷ ἐξελθεῖν, καὶ λαβὼν περιέτεμεν αὐτὸν διὰ τοὺς Ἰουδαίους τοὺς ὄντας **ἐν τοῖς τόποις ἐκείνοις· ...**

Acts 21,28 (2) ... οὗτός ἐστιν ὁ ἄνθρωπος ὁ **κατὰ τοῦ λαοῦ καὶ τοῦ νόμου καὶ τοῦ τόπου τούτου** πάντας πανταχῇ διδάσκων, ἔτι τε καὶ Ἕλληνας εἰσήγαγεν εἰς τὸ ἱερὸν καὶ κεκοίνωκεν **τὸν ἅγιον τόπον τοῦτον.**

Acts 25,16 πρὸς οὓς ἀπεκρίθην ὅτι οὐκ ἔστιν ἔθος Ῥωμαίοις χαρίζεσθαί τινα ἄνθρωπον πρὶν ἢ ὁ κατηγορούμενος κατὰ πρόσωπον ἔχοι τοὺς κατηγόρους **τόπον τε ἀπολογίας** λάβοι περὶ τοῦ ἐγκλήματος.

Acts 27,2 ἐπιβάντες δὲ πλοίῳ Ἀδραμυττηνῷ μέλλοντι πλεῖν **εἰς τοὺς κατὰ τὴν Ἀσίαν τόπους** ἀνήχθημεν ὄντος σὺν ἡμῖν Ἀριστάρχου Μακεδόνος Θεσσαλονικέως.

Acts 27,8 μόλις τε παραλεγόμενοι αὐτὴν ἤλθομεν **εἰς τόπον τινὰ** καλούμενον Καλοὺς λιμένας ᾧ ἐγγὺς πόλις ἦν Λασαία.

Acts 27,29 φοβούμενοί τε μή που **κατὰ τραχεῖς τόπους** ἐκπέσωμεν, ἐκ πρύμνης ῥίψαντες ἀγκύρας τέσσαρας ηὔχοντο ἡμέραν γενέσθαι.

Acts 27,41 περιπεσόντες δὲ **εἰς τόπον διθάλασσον** ἐπέκειλαν τὴν ναῦν ...

Acts 28,7 **ἐν δὲ τοῖς περὶ τὸν τόπον ἐκεῖνον** ὑπῆρχεν χωρία τῷ πρώτῳ τῆς νήσου ὀνόματι Ποπλίῳ, ...

τοσοῦτος	Syn 5	Mt 3	Mk	Lk 2	Acts 2	Jn 4	1-3John	Paul 2	Eph	Col
	NT 20	2Thess	1/2Tim	Tit	Heb 5	Jas	1Pet	2Pet	Jude	Rev 2

so great; so large; so far; so much; so strong;

	triple tradition																double tradition			Sonder-gut		
		+Mt / +Lk			−Mt / −Lk			traditions not taken over by Mt / Lk							subtotals							
code	222	211	112	212	221	122	121	022	012	021	220	120	210	020	Σ+	Σ−	Σ	202	201	102	200	002	total
Mt													2+		2+		2	1					3
Mk																							
Lk																		1				1	2

202	**Mt 8,10**	ἀκούσας δὲ ὁ Ἰησοῦς ἐθαύμασεν καὶ εἶπεν τοῖς ἀκολουθοῦσιν· ἀμὴν λέγω ὑμῖν, παρ᾽ οὐδενὶ **τοσαύτην πίστιν** ἐν τῷ Ἰσραὴλ εὗρον.			**Lk 7,9**	ἀκούσας δὲ ταῦτα ὁ Ἰησοῦς ἐθαύμασεν αὐτὸν καὶ στραφεὶς τῷ ἀκολουθοῦντι αὐτῷ ὄχλῳ εἶπεν· λέγω ὑμῖν, οὐδὲ ἐν τῷ Ἰσραὴλ **τοσαύτην πίστιν** εὗρον.
210	**Mt 15,33** **(2)** → Mt 14,16	καὶ λέγουσιν αὐτῷ οἱ μαθηταί· πόθεν ἡμῖν ἐν ἐρημίᾳ **ἄρτοι τοσοῦτοι** ὥστε χορτάσαι	**Mk 8,4** → Mk 6,37	καὶ ἀπεκρίθησαν αὐτῷ οἱ μαθηταὶ αὐτοῦ ὅτι πόθεν	→ Lk 9,13	
210		**ὄχλον τοσοῦτον;**		**τούτους** δυνήσεταί τις ὧδε χορτάσαι ἄρτων ἐπ᾽ ἐρημίας;		
002					**Lk 15,29**	... ἰδοὺ **τοσαῦτα ἔτη** δουλεύω σοι καὶ οὐδέποτε ἐντολήν σου παρῆλθον, ...

Acts 5,8 **(2)**
ἀπεκρίθη δὲ πρὸς αὐτὴν
Πέτρος· εἰπέ μοι, εἰ
τοσούτου
τὸ χωρίον ἀπέδοσθε;
ἡ δὲ εἶπεν· ναί,
τοσούτου.

τότε	Syn 111	Mt 90	Mk 6	Lk 15	Acts 21	Jn 10	1-3John	Paul 12	Eph	Col 1
	NT 160	2Thess 1	1/2Tim	Tit	Heb 3	Jas	1Pet	2Pet 1	Jude	Rev

at that time; then

	triple tradition																double tradition			Sondergut		
		+Mt / +Lk			–Mt / –Lk			traditions not taken over by Mt / Lk							subtotals							
code	*222*	*211*	*112*	*212*	*221*	*122*	*121*	*022*	*012*	*021*	*220*	*120*	*210*	*020*	Σ^+	Σ^-	Σ	*202*	*201*	*102*	*200*	*002*	total
Mt	3	29^+			1						1	1^-	13^+		42^+	1^-	47	3	10		30		**90**
Mk	3				1						1	1					6						**6**
Lk	3		2^+		1^-										2^+	1^-	5	3		3		4	**15**

Mk-Q overlap: 221: Mt 12,29 / Mk 3,27 / Lk 11,22 (?)

[a] ἀπό τότε
[b] ὅτε ... τότε
[c] ὅταν ... τότε
[d] πρῶτον ... τότε

200	**Mt 2,7**	**τότε** Ἡρῴδης λάθρᾳ καλέσας τοὺς μάγους ἠκρίβωσεν παρ' αὐτῶν τὸν χρόνον τοῦ φαινομένου ἀστέρος					
200	**Mt 2,16**	**τότε** Ἡρῴδης ἰδὼν ὅτι ἐνεπαίχθη ὑπὸ τῶν μάγων ἐθυμώθη λίαν, ...					
200	**Mt 2,17**	**τότε** ἐπληρώθη τὸ ῥηθὲν διὰ Ἰερεμίου τοῦ προφήτου λέγοντος·					
210	**Mt 3,5**	**τότε** ἐξεπορεύετο πρὸς αὐτὸν Ἱεροσόλυμα καὶ πᾶσα ἡ Ἰουδαία καὶ πᾶσα ἡ περίχωρος τοῦ Ἰορδάνου	**Mk 1,5** → Lk 3,7	**καὶ** ἐξεπορεύετο πρὸς αὐτὸν πᾶσα ἡ Ἰουδαία χώρα καὶ οἱ Ἱεροσολυμῖται πάντες, ...	**Lk 3,3** ⇨ Mt 3,1 ⇨ Mk 1,4	**καὶ** ἦλθεν εἰς πᾶσαν [τὴν] περίχωρον τοῦ Ἰορδάνου ...	
211	**Mt 3,13**	**τότε** παραγίνεται ὁ Ἰησοῦς ἀπὸ τῆς Γαλιλαίας ἐπὶ τὸν Ἰορδάνην πρὸς τὸν Ἰωάννην τοῦ βαπτισθῆναι ὑπ' αὐτοῦ.	**Mk 1,9**	καὶ ἐγένετο **ἐν ἐκείναις ταῖς ἡμέραις** ἦλθεν Ἰησοῦς ἀπὸ Ναζαρὲτ τῆς Γαλιλαίας καὶ ἐβαπτίσθη εἰς τὸν Ἰορδάνην ὑπὸ Ἰωάννου.	**Lk 3,21**	ἐγένετο δὲ ἐν τῷ βαπτισθῆναι ἅπαντα τὸν λαὸν καὶ Ἰησοῦ βαπτισθέντος ...	
200	**Mt 3,15**	ἀποκριθεὶς δὲ ὁ Ἰησοῦς εἶπεν πρὸς αὐτόν· ἄφες ἄρτι, οὕτως γὰρ πρέπον ἐστὶν ἡμῖν πληρῶσαι πᾶσαν δικαιοσύνην. **τότε** ἀφίησιν αὐτόν.					
201	**Mt 4,1**	**τότε** ὁ Ἰησοῦς ἀνήχθη εἰς τὴν ἔρημον ὑπὸ τοῦ πνεύματος ...	**Mk 1,12**	**καὶ** εὐθὺς τὸ πνεῦμα αὐτὸν ἐκβάλλει εἰς τὴν ἔρημον.	**Lk 4,1**	Ἰησοῦς δὲ πλήρης πνεύματος ἁγίου ὑπέστρεψεν ἀπὸ τοῦ Ἰορδάνου **καὶ** ἤγετο ἐν τῷ πνεύματι ἐν τῇ ἐρήμῳ	Mk-Q overlap
201	**Mt 4,5**	**τότε** παραλαμβάνει αὐτὸν ὁ διάβολος εἰς τὴν ἁγίαν πόλιν ...			**Lk 4,9**	ἤγαγεν **δὲ** αὐτὸν εἰς Ἰερουσαλὴμ ...	

201	**Mt 4,10** → Mt 16,23 → Mk 8,33	**τότε** λέγει αὐτῷ ὁ Ἰησοῦς· ὕπαγε, σατανᾶ· γέγραπται γάρ· *κύριον τὸν θεόν σου προσκυνήσεις καὶ αὐτῷ* μόνῳ *λατρεύσεις.* ➤ Deut 6,13 LXX/10,20			**Lk 4,8**	**καὶ** ἀποκριθεὶς ὁ Ἰησοῦς εἶπεν αὐτῷ· γέγραπται· *κύριον τὸν θεόν σου προσκυνήσεις καὶ αὐτῷ* μόνῳ *λατρεύσεις.* ➤ Deut 6,13 LXX/10,20	
201	**Mt 4,11**	**τότε** ἀφίησιν αὐτὸν ὁ διάβολος, καὶ ἰδοὺ ἄγγελοι προσῆλθον καὶ διηκόνουν αὐτῷ.	**Mk 1,13**	... καὶ ἦν μετὰ τῶν θηρίων, καὶ οἱ ἄγγελοι διηκόνουν αὐτῷ.	**Lk 4,13**	**καὶ** συντελέσας πάντα πειρασμὸν ὁ διάβολος ἀπέστη ἀπ᾽ αὐτοῦ ἄχρι καιροῦ.	Mk-Q overlap
a 211	**Mt 4,17** → Mt 4,23 → Mt 9,35	[12] ἀκούσας δὲ ὅτι Ἰωάννης παρεδόθη ἀνεχώρησεν εἰς τὴν Γαλιλαίαν. [13] ... [17] **ἀπὸ τότε** ἤρξατο ὁ Ἰησοῦς κηρύσσειν ...	**Mk 1,14** → Mk 1,39 → Mk 6,6	μετὰ δὲ τὸ παραδοθῆναι τὸν Ἰωάννην ἦλθεν ὁ Ἰησοῦς εἰς τὴν Γαλιλαίαν κηρύσσων τὸ εὐαγγέλιον τοῦ θεοῦ	**Lk 4,15** → Lk 4,44 → Lk 8,1	[14] καὶ ὑπέστρεψεν ὁ Ἰησοῦς ἐν τῇ δυνάμει τοῦ πνεύματος εἰς τὴν Γαλιλαίαν. ... [15] καὶ αὐτὸς ἐδίδασκεν ἐν ταῖς συναγωγαῖς αὐτῶν ...	
c 222	**Mt 9,15**	... ἐλεύσονται δὲ ἡμέραι ὅταν ἀπαρθῇ ἀπ᾽ αὐτῶν ὁ νυμφίος, καὶ **τότε** νηστεύσουσιν.	**Mk 2,20**	ἐλεύσονται δὲ ἡμέραι ὅταν ἀπαρθῇ ἀπ᾽ αὐτῶν ὁ νυμφίος, καὶ **τότε** νηστεύσουσιν ἐν ἐκείνῃ τῇ ἡμέρᾳ.	**Lk 5,35**	ἐλεύσονται δὲ ἡμέραι, καὶ ὅταν ἀπαρθῇ ἀπ᾽ αὐτῶν ὁ νυμφίος, **τότε** νηστεύσουσιν ἐν ἐκείναις ταῖς ἡμέραις.	→ GTh 104
d 200	**Mt 5,24** → Mt 6,14 → Mk 11,25	... ὕπαγε πρῶτον διαλλάγηθι τῷ ἀδελφῷ σου, καὶ **τότε** ἐλθὼν πρόσφερε τὸ δῶρόν σου.					
d 202	**Mt 7,5**	ὑποκριτά, ἔκβαλε πρῶτον ἐκ τοῦ ὀφθαλμοῦ σοῦ τὴν δοκόν, καὶ **τότε** διαβλέψεις ἐκβαλεῖν τὸ κάρφος ἐκ τοῦ ὀφθαλμοῦ τοῦ ἀδελφοῦ σου.			**Lk 6,42**	... ὑποκριτά, ἔκβαλε πρῶτον τὴν δοκὸν ἐκ τοῦ ὀφθαλμοῦ σοῦ, καὶ **τότε** διαβλέψεις τὸ κάρφος τὸ ἐν τῷ ὀφθαλμῷ τοῦ ἀδελφοῦ σου ἐκβαλεῖν.	→ GTh 26 **(POxy 1)**
201	**Mt 7,23** → Mt 13,41 → Mt 25,12 ↓ **Mt 25,41**	καὶ **τότε** ὁμολογήσω αὐτοῖς ὅτι οὐδέποτε ἔγνων ὑμᾶς· *ἀποχωρεῖτε ἀπ᾽ ἐμοῦ οἱ ἐργαζόμενοι τὴν ἀνομίαν.* ➤ Ps 6,9/1Macc 3,6			**Lk 13,27** → Lk 13,25	καὶ ἐρεῖ λέγων ὑμῖν· οὐκ οἶδα [ὑμᾶς] πόθεν ἐστέ· *ἀπόστητε ἀπ᾽ ἐμοῦ, πάντες ἐργάται ἀδικίας.* ➤ Ps 6,9/1Macc 3,6	
211	**Mt 8,26**	καὶ λέγει αὐτοῖς· τί δειλοί ἐστε, ὀλιγόπιστοι; **τότε** ἐγερθεὶς ἐπετίμησεν τοῖς ἀνέμοις καὶ τῇ θαλάσσῃ, καὶ ἐγένετο γαλήνη μεγάλη.	**Mk 4,39**	**καὶ** διεγερθεὶς ἐπετίμησεν τῷ ἀνέμῳ καὶ εἶπεν τῇ θαλάσσῃ· σιώπα, πεφίμωσο. καὶ ἐκόπασεν ὁ ἄνεμος καὶ ἐγένετο γαλήνη μεγάλη. [40] καὶ εἶπεν αὐτοῖς· τί δειλοί ἐστε; οὔπω ἔχετε πίστιν;	**Lk 8,24**	... ὁ **δὲ** διεγερθεὶς ἐπετίμησεν τῷ ἀνέμῳ καὶ τῷ κλύδωνι τοῦ ὕδατος· καὶ ἐπαύσαντο καὶ ἐγένετο γαλήνη. [25] εἶπεν δὲ αὐτοῖς· ποῦ ἡ πίστις ὑμῶν;	
211	**Mt 9,6**	ἵνα δὲ εἰδῆτε ὅτι ἐξουσίαν ἔχει ὁ υἱὸς τοῦ ἀνθρώπου ἐπὶ τῆς γῆς ἀφιέναι ἁμαρτίας - **τότε** λέγει τῷ παραλυτικῷ· ...	**Mk 2,10**	ἵνα δὲ εἰδῆτε ὅτι ἐξουσίαν ἔχει ὁ υἱὸς τοῦ ἀνθρώπου ἀφιέναι ἁμαρτίας ἐπὶ τῆς γῆς - λέγει τῷ παραλυτικῷ·	**Lk 5,24**	ἵνα δὲ εἰδῆτε ὅτι ὁ υἱὸς τοῦ ἀνθρώπου ἐξουσίαν ἔχει ἐπὶ τῆς γῆς ἀφιέναι ἁμαρτίας - εἶπεν τῷ παραλελυμένῳ· ...	

211	**Mt 9,14**	**τότε** προσέρχονται αὐτῷ οἱ μαθηταὶ Ἰωάννου λέγοντες· διὰ τί ἡμεῖς καὶ οἱ Φαρισαῖοι νηστεύομεν [πολλά], οἱ δὲ μαθηταί σου οὐ νηστεύουσιν;	**Mk 2,18**	καὶ ἦσαν οἱ μαθηταὶ Ἰωάννου καὶ οἱ Φαρισαῖοι νηστεύοντες. **καὶ** ἔρχονται καὶ λέγουσιν αὐτῷ· διὰ τί οἱ μαθηταὶ Ἰωάννου καὶ οἱ μαθηταὶ τῶν Φαρισαίων νηστεύουσιν, οἱ δὲ σοὶ μαθηταὶ οὐ νηστεύουσιν;	**Lk 5,33**	οἱ δὲ εἶπαν πρὸς αὐτόν· οἱ μαθηταὶ Ἰωάννου νηστεύουσιν πυκνὰ καὶ δεήσεις ποιοῦνται ὁμοίως καὶ οἱ τῶν Φαρισαίων, οἱ δὲ σοὶ ἐσθίουσιν καὶ πίνουσιν.	→ GTh 104
c 222	**Mt 9,15**	... ἐλεύσονται δὲ ἡμέραι ὅταν ἀπαρθῇ ἀπ' αὐτῶν ὁ νυμφίος, καὶ **τότε** νηστεύσουσιν.	**Mk 2,20**	ἐλεύσονται δὲ ἡμέραι ὅταν ἀπαρθῇ ἀπ' αὐτῶν ὁ νυμφίος, καὶ **τότε** νηστεύσουσιν ἐν ἐκείνῃ τῇ ἡμέρᾳ.	**Lk 5,35**	ἐλεύσονται δὲ ἡμέραι, καὶ ὅταν ἀπαρθῇ ἀπ' αὐτῶν ὁ νυμφίος, **τότε** νηστεύσουσιν ἐν ἐκείναις ταῖς ἡμέραις.	→ GTh 104
200	**Mt 9,29** ⇨ Mt 20,34 → Mk 8,23.25	**τότε** ἥψατο τῶν ὀφθαλμῶν αὐτῶν λέγων· κατὰ τὴν πίστιν ὑμῶν γενηθήτω ὑμῖν.	Mk 10,52	**καὶ** ὁ Ἰησοῦς εἶπεν αὐτῷ· ὕπαγε, ἡ πίστις σου σέσωκέν σε. ...	Lk 18,42	**καὶ** ὁ Ἰησοῦς εἶπεν αὐτῷ· ἀνάβλεψον· ἡ πίστις σου σέσωκέν σε.	
201	**Mt 9,37**	**τότε** λέγει τοῖς μαθηταῖς αὐτοῦ· ὁ μὲν θερισμὸς πολύς, οἱ δὲ ἐργάται ὀλίγοι·			**Lk 10,2**	ἔλεγεν **δὲ** πρὸς αὐτούς· ὁ μὲν θερισμὸς πολύς, οἱ δὲ ἐργάται ὀλίγοι· ...	→ GTh 73
200	**Mt 11,20**	**τότε** ἤρξατο ὀνειδίζειν τὰς πόλεις ἐν αἷς ἐγένοντο αἱ πλεῖσται δυνάμεις αὐτοῦ, ὅτι οὐ μετενόησαν·					
211	**Mt 12,13**	**τότε** λέγει τῷ ἀνθρώπῳ· ἔκτεινόν σου τὴν χεῖρα. ...	**Mk 3,5**	... λέγει τῷ ἀνθρώπῳ· ἔκτεινον τὴν χεῖρα. ...	**Lk 6,10** → Lk 13,12-13	... εἶπεν αὐτῷ· ἔκτεινον τὴν χεῖρά σου. ...	
200	**Mt 12,22** ⇨ Mt 9,32-33	**τότε** προσηνέχθη αὐτῷ δαιμονιζόμενος τυφλὸς καὶ κωφός, καὶ ἐθεράπευσεν αὐτόν, ὥστε τὸν κωφὸν λαλεῖν καὶ βλέπειν.			Lk 11,14	**καὶ** ἦν ἐκβάλλων δαιμόνιον [καὶ αὐτὸ ἦν] κωφόν· ἐγένετο δὲ τοῦ δαιμονίου ἐξελθόντος ἐλάλησεν ὁ κωφὸς ...	
d 221	**Mt 12,29**	... ἐὰν μὴ πρῶτον δήσῃ τὸν ἰσχυρόν; καὶ **τότε** τὴν οἰκίαν αὐτοῦ διαρπάσει.	**Mk 3,27**	... ἐὰν μὴ πρῶτον τὸν ἰσχυρὸν δήσῃ, καὶ **τότε** τὴν οἰκίαν αὐτοῦ διαρπάσει.	**Lk 11,22**	ἐπὰν δὲ ἰσχυρότερος αὐτοῦ ἐπελθὼν νικήσῃ αὐτόν, τὴν πανοπλίαν αὐτοῦ αἴρει ἐφ' ᾗ ἐπεποίθει, καὶ τὰ σκῦλα αὐτοῦ διαδίδωσιν.	→ GTh 21,5 → GTh 35 Mk-Q overlap?
201	**Mt 12,38** ⇨ Mt 16,1	**τότε** ἀπεκρίθησαν αὐτῷ τινες τῶν γραμματέων καὶ Φαρισαίων λέγοντες· διδάσκαλε, θέλομεν ἀπὸ σοῦ σημεῖον ἰδεῖν.	Mk 8,11	καὶ ἐξῆλθον οἱ Φαρισαῖοι καὶ ἤρξαντο συζητεῖν αὐτῷ, ζητοῦντες παρ' αὐτοῦ σημεῖον ἀπὸ τοῦ οὐρανοῦ, πειράζοντες αὐτόν.	**Lk 11,16**	ἕτεροι δὲ πειράζοντες σημεῖον ἐξ οὐρανοῦ ἐζήτουν παρ' αὐτοῦ.	Mk-Q overlap

[a] ἀπό τότε
[b] ὅτε ... τότε
[c] ὅταν ... τότε
[d] πρῶτον ... τότε

c 202	**Mt 12,44** → Mk 9,25	[43] ὅταν δὲ τὸ ἀκάθαρτον πνεῦμα ἐξέλθῃ ἀπὸ τοῦ ἀνθρώπου, διέρχεται δι' ἀνύδρων τόπων ζητοῦν ἀνάπαυσιν καὶ οὐχ εὑρίσκει. [44] **τότε** λέγει· εἰς τὸν οἶκόν μου ἐπιστρέψω ὅθεν ἐξῆλθον· ...			**Lk 11,24** → Mk 9,25	ὅταν τὸ ἀκάθαρτον πνεῦμα ἐξέλθῃ ἀπὸ τοῦ ἀνθρώπου, διέρχεται δι' ἀνύδρων τόπων ζητοῦν ἀνάπαυσιν καὶ μὴ εὑρίσκον· [**τότε**] λέγει· ὑποστρέψω εἰς τὸν οἶκόν μου ὅθεν ἐξῆλθον·	
202	**Mt 12,45** → Mk 9,25	**τότε** πορεύεται καὶ παραλαμβάνει μεθ' ἑαυτοῦ ἑπτὰ ἕτερα πνεύματα πονηρότερα ἑαυτοῦ ...			**Lk 11,26** → Mk 9,25	**τότε** πορεύεται καὶ παραλαμβάνει ἕτερα πνεύματα πονηρότερα ἑαυτοῦ ἑπτὰ ...	
b 200	**Mt 13,26**	ὅτε δὲ ἐβλάστησεν ὁ χόρτος καὶ καρπὸν ἐποίησεν, **τότε** ἐφάνη καὶ τὰ ζιζάνια.					→ GTh 57
200	**Mt 13,36**	**τότε** ἀφεὶς τοὺς ὄχλους ἦλθεν εἰς τὴν οἰκίαν. ...					
200	**Mt 13,43** → Mt 25,46	**τότε** οἱ δίκαιοι ἐκλάμψουσιν ὡς ὁ ἥλιος ἐν τῇ βασιλείᾳ τοῦ πατρὸς αὐτῶν. ...					
210	**Mt 15,1** → Lk 11,37	**τότε** προσέρχονται τῷ Ἰησοῦ ἀπὸ Ἱεροσολύμων Φαρισαῖοι καὶ γραμματεῖς ...	**Mk 7,1** → Lk 11,37	**καὶ** συνάγονται πρὸς αὐτὸν οἱ Φαρισαῖοι καί τινες τῶν γραμματέων ἐλθόντες ἀπὸ Ἱεροσολύμων.			
200	**Mt 15,12** → Mk 7,17	**τότε** προσελθόντες οἱ μαθηταὶ λέγουσιν αὐτῷ· οἶδας ὅτι οἱ Φαρισαῖοι ἀκούσαντες τὸν λόγον ἐσκανδαλίσθησαν;					
210	**Mt 15,28**	**τότε** ἀποκριθεὶς ὁ Ἰησοῦς εἶπεν αὐτῇ· ὦ γύναι, μεγάλη σου ἡ πίστις· γενηθήτω σοι ὡς θέλεις. ...	**Mk 7,29**	**καὶ** εἶπεν αὐτῇ· διὰ τοῦτον τὸν λόγον ὕπαγε, ἐξελήλυθεν ἐκ τῆς θυγατρός σου τὸ δαιμόνιον.			
200	**Mt 16,12** → Lk 12,1	**τότε** συνῆκαν ὅτι οὐκ εἶπεν προσέχειν ἀπὸ τῆς ζύμης τῶν ἄρτων ἀλλὰ ἀπὸ τῆς διδαχῆς τῶν Φαρισαίων καὶ Σαδδουκαίων.					
 211	**Mt 16,20**	 **τότε** διεστείλατο τοῖς μαθηταῖς ἵνα μηδενὶ εἴπωσιν ὅτι αὐτός ἐστιν ὁ χριστός.	**Mk 8,30**	 **καὶ** ἐπετίμησεν αὐτοῖς ἵνα μηδενὶ λέγωσιν περὶ αὐτοῦ.	**Lk 9,21**	ὁ **δὲ** ἐπιτιμήσας αὐτοῖς παρήγγειλεν μηδενὶ λέγειν τοῦτο	→ GTh 13
a 211	**Mt 16,21** → Mt 17,22-23 → Mt 20,18-19	**ἀπὸ τότε** ἤρξατο ὁ Ἰησοῦς δεικνύειν τοῖς μαθηταῖς αὐτοῦ ὅτι δεῖ αὐτὸν εἰς Ἱεροσόλυμα ἀπελθεῖν καὶ πολλὰ παθεῖν ...	**Mk 8,31** → Mk 9,31 → Mk 10,33-34	**καὶ** ἤρξατο διδάσκειν αὐτοὺς ὅτι δεῖ τὸν υἱὸν τοῦ ἀνθρώπου πολλὰ παθεῖν ...	**Lk 9,22** → Lk 9,44 → Lk 17,25 → Lk 18,31-33 → Lk 24,7 → Lk 24,26 → Lk 24,46	εἰπὼν ὅτι δεῖ τὸν υἱὸν τοῦ ἀνθρώπου πολλὰ παθεῖν ...	

211	**Mt 16,24** ⇨ Mt 10,38 → Mt 27,32	**τότε** ὁ Ἰησοῦς εἶπεν τοῖς μαθηταῖς αὐτοῦ· εἴ τις θέλει ὀπίσω μου ἐλθεῖν, ἀπαρνησάσθω ἑαυτὸν καὶ ἀράτω τὸν σταυρὸν αὐτοῦ καὶ ἀκολουθείτω μοι.	**Mk 8,34** → Mk 15,21	καὶ προσκαλεσάμενος τὸν ὄχλον σὺν τοῖς μαθηταῖς αὐτοῦ εἶπεν αὐτοῖς· εἴ τις θέλει ὀπίσω μου ἀκολουθεῖν, ἀπαρνησάσθω ἑαυτὸν καὶ ἀράτω τὸν σταυρὸν αὐτοῦ καὶ ἀκολουθείτω μοι.	**Lk 9,23** ⇨ Lk 14,27 → Lk 23,26	ἔλεγεν δὲ πρὸς πάντας· εἴ τις θέλει ὀπίσω μου ἔρχεσθαι, ἀρνησάσθω ἑαυτὸν καὶ ἀράτω τὸν σταυρὸν αὐτοῦ καθ' ἡμέραν, καὶ ἀκολουθείτω μοι.	→ GTh 55 Mk-Q overlap
211	**Mt 16,27** → Mt 10,33 ↓ Mt 24,30 ↓ Mt 25,31	μέλλει γὰρ ὁ υἱὸς τοῦ ἀνθρώπου ἔρχεσθαι ἐν τῇ δόξῃ τοῦ πατρὸς αὐτοῦ μετὰ τῶν ἀγγέλων αὐτοῦ, καὶ **τότε** *ἀποδώσει ἑκάστῳ κατὰ τὴν πρᾶξιν αὐτοῦ.* ➤ Ps 62,13/Prov 24,12/Sir 35,22 LXX	**Mk 8,38** ↓ Mk 13,26	... καὶ ὁ υἱὸς τοῦ ἀνθρώπου ἐπαισχυνθήσεται αὐτὸν, ὅταν ἔλθῃ ἐν τῇ δόξῃ τοῦ πατρὸς αὐτοῦ μετὰ τῶν ἀγγέλων τῶν ἁγίων.	**Lk 9,26** ⇨ Lk 12,9 ↓ Lk 21,27	... τοῦτον ὁ υἱὸς τοῦ ἀνθρώπου ἐπαισχυνθήσεται, ὅταν ἔλθῃ ἐν τῇ δόξῃ αὐτοῦ καὶ τοῦ πατρὸς καὶ τῶν ἁγίων ἀγγέλων.	Mk-Q overlap
200	**Mt 17,13**	**τότε** συνῆκαν οἱ μαθηταὶ ὅτι περὶ Ἰωάννου τοῦ βαπτιστοῦ εἶπεν αὐτοῖς.					
210	**Mt 17,19**	**τότε** προσελθόντες οἱ μαθηταὶ τῷ Ἰησοῦ κατ' ἰδίαν εἶπον· διὰ τί ἡμεῖς οὐκ ἠδυνήθημεν ἐκβαλεῖν αὐτό;	**Mk 9,28**	**καὶ** εἰσελθόντος αὐτοῦ εἰς οἶκον οἱ μαθηταὶ αὐτοῦ κατ' ἰδίαν ἐπηρώτων αὐτόν· ὅτι ἡμεῖς οὐκ ἠδυνήθημεν ἐκβαλεῖν αὐτό;			
201	**Mt 18,21** → Mt 18,15	**τότε** προσελθὼν ὁ Πέτρος εἶπεν αὐτῷ· κύριε, ποσάκις ἁμαρτήσει εἰς ἐμὲ ὁ ἀδελφός μου καὶ ἀφήσω αὐτῷ; ἕως ἑπτάκις; [22] λέγει αὐτῷ ὁ Ἰησοῦς· οὐ λέγω σοι ἕως ἑπτάκις ἀλλὰ ἕως ἑβδομηκοντάκις ἑπτά.			**Lk 17,4** → Lk 17,3	καὶ ἐὰν ἑπτάκις τῆς ἡμέρας ἁμαρτήσῃ εἰς σὲ καὶ ἑπτάκις ἐπιστρέψῃ πρὸς σὲ λέγων· μετανοῶ, ἀφήσεις αὐτῷ.	
200	**Mt 18,32**	**τότε** προσκαλεσάμενος αὐτὸν ὁ κύριος αὐτοῦ λέγει αὐτῷ· δοῦλε πονηρέ, ...					
102	**Mt 7,22** → Mt 25,11	πολλοὶ ἐροῦσίν μοι **ἐν ἐκείνῃ τῇ ἡμέρᾳ·** κύριε κύριε, οὐ τῷ σῷ ὀνόματι ἐπροφητεύσαμεν, καὶ τῷ σῷ ὀνόματι δαιμόνια ἐξεβάλομεν, καὶ τῷ σῷ ὀνόματι δυνάμεις πολλὰς ἐποιήσαμεν;			**Lk 13,26**	**τότε** ἄρξεσθε λέγειν· ἐφάγομεν ἐνώπιόν σου καὶ ἐπίομεν καὶ ἐν ταῖς πλατείαις ἡμῶν ἐδίδαξας·	
002					**Lk 14,9**	... δὸς τούτῳ τόπον, καὶ **τότε** ἄρξῃ μετὰ αἰσχύνης τὸν ἔσχατον τόπον κατέχειν.	
002					**Lk 14,10**	... φίλε, προσανάβηθι ἀνώτερον· **τότε** ἔσται σοι δόξα ἐνώπιον πάντων τῶν συνανακειμένων σοι.	

102	Mt 22,7	ὁ δὲ βασιλεὺς ὠργίσθη ...			Lk 14,21	... τότε ὀργισθεὶς ὁ οἰκοδεσπότης ...	→ GTh 64
a 102	Mt 11,12	ἀπὸ δὲ τῶν ἡμερῶν Ἰωάννου τοῦ βαπτιστοῦ ἕως ἄρτι ἡ βασιλεία τῶν οὐρανῶν βιάζεται καὶ βιασταὶ ἁρπάζουσιν αὐτήν. [13] πάντες γὰρ οἱ προφῆται καὶ ὁ νόμος ἕως Ἰωάννου ἐπροφήτευσαν·			Lk 16,16 → Mt 22,9 → Lk 14,23	ὁ νόμος καὶ οἱ προφῆται μέχρι Ἰωάννου· ἀπὸ τότε ἡ βασιλεία τοῦ θεοῦ εὐαγγελίζεται καὶ πᾶς εἰς αὐτὴν βιάζεται.	
211	Mt 19,13	τότε προσηνέχθησαν αὐτῷ παιδία ἵνα τὰς χεῖρας ἐπιθῇ αὐτοῖς καὶ προσεύξηται· ...	Mk 10,13	καὶ προσέφερον αὐτῷ παιδία ἵνα αὐτῶν ἅψηται· ...	Lk 18,15	προσέφερον δὲ αὐτῷ καὶ τὰ βρέφη ἵνα αὐτῶν ἅπτηται· ...	→ GTh 22
211	Mt 19,27	τότε ἀποκριθεὶς ὁ Πέτρος εἶπεν αὐτῷ· ἰδοὺ ἡμεῖς ἀφήκαμεν πάντα καὶ ἠκολουθήσαμέν σοι· ...	Mk 10,28	ἤρξατο λέγειν ὁ Πέτρος αὐτῷ· ἰδοὺ ἡμεῖς ἀφήκαμεν πάντα καὶ ἠκολουθήκαμέν σοι.	Lk 18,28	εἶπεν δὲ ὁ Πέτρος· ἰδοὺ ἡμεῖς ἀφέντες τὰ ἴδια ἠκολουθήσαμέν σοι.	
210	Mt 20,20	τότε προσῆλθεν αὐτῷ ἡ μήτηρ τῶν υἱῶν Ζεβεδαίου μετὰ τῶν υἱῶν αὐτῆς ...	Mk 10,35	καὶ προσπορεύονται αὐτῷ Ἰάκωβος καὶ Ἰωάννης οἱ υἱοὶ Ζεβεδαίου ...			
b 211	Mt 21,1	καὶ ὅτε ἤγγισαν εἰς Ἱεροσόλυμα καὶ ἦλθον εἰς Βηθφαγὴ εἰς τὸ ὄρος τῶν ἐλαιῶν, τότε Ἰησοῦς ἀπέστειλεν δύο μαθητὰς	Mk 11,1	καὶ ὅτε ἐγγίζουσιν εἰς Ἱεροσόλυμα εἰς Βηθφαγὴ καὶ Βηθανίαν πρὸς τὸ ὄρος τῶν ἐλαιῶν, ἀποστέλλει δύο τῶν μαθητῶν αὐτοῦ	Lk 19,29	[28] ... ἀναβαίνων εἰς Ἱεροσόλυμα. [29] καὶ ἐγένετο ὡς ἤγγισεν εἰς Βηθφαγὴ καὶ Βηθανία[ν] πρὸς τὸ ὄρος τὸ καλούμενον Ἐλαιῶν, ἀπέστειλεν δύο τῶν μαθητῶν	
201	Mt 22,8	[7] ὁ δὲ βασιλεὺς ὠργίσθη καὶ πέμψας τὰ στρατεύματα αὐτοῦ ἀπώλεσεν τοὺς φονεῖς ἐκείνους καὶ τὴν πόλιν αὐτῶν ἐνέπρησεν. [8] τότε λέγει τοῖς δούλοις αὐτοῦ· ...			Lk 14,21	... τότε ὀργισθεὶς ὁ οἰκοδεσπότης εἶπεν τῷ δούλῳ αὐτοῦ· ...	→ GTh 64
200	Mt 22,13	τότε ὁ βασιλεὺς εἶπεν τοῖς διακόνοις· δήσαντες αὐτοῦ πόδας καὶ χεῖρας ἐκβάλετε αὐτὸν ...					
211	Mt 22,15 → Mt 26,4	τότε πορευθέντες οἱ Φαρισαῖοι συμβούλιον ἔλαβον ὅπως αὐτὸν παγιδεύσωσιν ἐν λόγῳ. [16] καὶ ἀποστέλλουσιν αὐτῷ τοὺς μαθητὰς αὐτῶν μετὰ τῶν Ἡρῳδιανῶν ...	Mk 12,13	καὶ ἀποστέλλουσιν πρὸς αὐτόν τινας τῶν Φαρισαίων καὶ τῶν Ἡρῳδιανῶν ἵνα αὐτὸν ἀγρεύσωσιν λόγῳ.	Lk 20,20 → Lk 6,7 → Lk 11,53-54 → Lk 16,15 → Lk 18,9 → Lk 23,2	καὶ παρατηρήσαντες ἀπέστειλαν ἐγκαθέτους ὑποκρινομένους ἑαυτοὺς δικαίους εἶναι, ἵνα ἐπιλάβωνται αὐτοῦ λόγου, ...	

211	Mt 22,21	λέγουσιν αὐτῷ· Καίσαρος. τότε λέγει αὐτοῖς· ἀπόδοτε οὖν τὰ Καίσαρος Καίσαρι καὶ τὰ τοῦ θεοῦ τῷ θεῷ.	Mk 12,17	[16] ... οἱ δὲ εἶπαν αὐτῷ· Καίσαρος. [17] ὁ δὲ Ἰησοῦς εἶπεν αὐτοῖς· τὰ Καίσαρος ἀπόδοτε Καίσαρι καὶ τὰ τοῦ θεοῦ τῷ θεῷ. ...	Lk 20,25 → Lk 23,2	[24] ... οἱ δὲ εἶπαν· Καίσαρος. [25] ὁ δὲ εἶπεν πρὸς αὐτούς· τοίνυν ἀπόδοτε τὰ Καίσαρος Καίσαρι καὶ τὰ τοῦ θεοῦ τῷ θεῷ.	→ GTh 100
211	Mt 23,1	τότε ὁ Ἰησοῦς ἐλάλησεν τοῖς ὄχλοις καὶ τοῖς μαθηταῖς αὐτοῦ [2] λέγων· ...	Mk 12,37	... καὶ [ὁ] πολὺς ὄχλος ἤκουεν αὐτοῦ ἡδέως. [38] καὶ ἐν τῇ διδαχῇ αὐτοῦ ἔλεγεν· ...	Lk 20,45	ἀκούοντος δὲ παντὸς τοῦ λαοῦ εἶπεν τοῖς μαθηταῖς [αὐτοῦ]	
112	Mt 24,7	ἐγερθήσεται γὰρ ἔθνος ἐπὶ ἔθνος καὶ βασιλεία ἐπὶ βασιλείαν ...	Mk 13,8	ἐγερθήσεται γὰρ ἔθνος ἐπ' ἔθνος καὶ βασιλεία ἐπὶ βασιλείαν, ...	Lk 21,10	τότε ἔλεγεν αὐτοῖς· ἐγερθήσεται ἔθνος ἐπ' ἔθνος καὶ βασιλεία ἐπὶ βασιλείαν	
200	Mt 24,9 ⇨ Mt 10,17	τότε παραδώσουσιν ὑμᾶς εἰς θλῖψιν ...	Mk 13,9	βλέπετε δὲ ὑμεῖς ἑαυτούς· παραδώσουσιν ὑμᾶς εἰς συνέδρια καὶ εἰς συναγωγὰς δαρήσεσθε ...	Lk 21,12	πρὸ δὲ τούτων πάντων ἐπιβαλοῦσιν ἐφ' ὑμᾶς τὰς χεῖρας αὐτῶν καὶ διώξουσιν, παραδιδόντες εἰς τὰς συναγωγὰς καὶ φυλακάς, ...	
200	Mt 24,10 → Mt 10,21 → Mk 13,12 → Lk 21,16	καὶ τότε σκανδαλισθήσονται πολλοὶ καὶ ἀλλήλους παραδώσουσιν ...					
210	Mt 24,14 → Mt 10,18 → Mk 13,9 → Lk 21,13 → Mt 28,19	καὶ κηρυχθήσεται τοῦτο τὸ εὐαγγέλιον τῆς βασιλείας ἐν ὅλῃ τῇ οἰκουμένῃ εἰς μαρτύριον πᾶσιν τοῖς ἔθνεσιν, καὶ τότε ἥξει τὸ τέλος.	Mk 13,10	καὶ εἰς πάντα τὰ ἔθνη πρῶτον δεῖ κηρυχθῆναι τὸ εὐαγγέλιον.			
c 112	Mt 24,15	ὅταν οὖν ἴδητε *τὸ* *βδέλυγμα τῆς ἐρημώσεως* τὸ ῥηθὲν διὰ Δανιὴλ τοῦ προφήτου ἑστὸς ἐν τόπῳ ἁγίῳ, ὁ ἀναγινώσκων νοείτω, ➤ Dan 9,27/11,31/12,11	Mk 13,14	ὅταν δὲ ἴδητε *τὸ* *βδέλυγμα τῆς ἐρημώσεως* ἑστηκότα ὅπου οὐ δεῖ, ὁ ἀναγινώσκων νοείτω, ➤ Dan 9,27/11,31/12,11	Lk 21,20 → Lk 19,43	ὅταν δὲ ἴδητε κυκλουμένην ὑπὸ στρατοπέδων Ἰερουσαλήμ, τότε γνῶτε ὅτι ἤγγικεν ἡ ἐρήμωσις αὐτῆς.	
c 222	Mt 24,16	τότε οἱ ἐν τῇ Ἰουδαίᾳ φευγέτωσαν εἰς τὰ ὄρη		τότε οἱ ἐν τῇ Ἰουδαίᾳ φευγέτωσαν εἰς τὰ ὄρη	Lk 21,21	τότε οἱ ἐν τῇ Ἰουδαίᾳ φευγέτωσαν εἰς τὰ ὄρη ...	
211	Mt 24,21	ἔσται γὰρ τότε θλῖψις μεγάλη οἵα οὐ γέγονεν ἀπ' ἀρχῆς κόσμου ἕως τοῦ νῦν οὐδ' οὐ μὴ γένηται.	Mk 13,19	ἔσονται γὰρ αἱ ἡμέραι ἐκεῖναι θλῖψις οἵα οὐ γέγονεν τοιαύτη ἀπ' ἀρχῆς κτίσεως ἣν ἔκτισεν ὁ θεὸς ἕως τοῦ νῦν καὶ οὐ μὴ γένηται.	Lk 21,23	... ἔσται γὰρ ἀνάγκη μεγάλη ἐπὶ τῆς γῆς καὶ ὀργὴ τῷ λαῷ τούτῳ	
220	Mt 24,23 ⇩ Mt 24,26 → Mt 24,5	τότε ἐάν τις ὑμῖν εἴπῃ· ἰδοὺ ὧδε ὁ χριστός, ἤ· ὧδε, μὴ πιστεύσητε·	Mk 13,21 → Mk 13,6	καὶ τότε ἐάν τις ὑμῖν εἴπῃ· ἴδε ὧδε ὁ χριστός, ἴδε ἐκεῖ, μὴ πιστεύετε·	→ Lk 17,21 ↓ Lk 17,23 → Lk 21,8		→ GTh 113
	Mt 24,26 ⇧ Mt 24,23 → Mt 24,5	ἐὰν οὖν εἴπωσιν ὑμῖν· ἰδοὺ ἐν τῇ ἐρήμῳ ἐστίν, μὴ ἐξέλθητε· ἰδοὺ ἐν τοῖς ταμείοις, μὴ πιστεύσητε·			Lk 17,23 → Lk 17,21 → Lk 21,8	καὶ ἐροῦσιν ὑμῖν· ἰδοὺ ἐκεῖ, [ἤ·] ἰδοὺ ὧδε· μὴ ἀπέλθητε μηδὲ διώξητε.	

211 222	**Mt 24,30** **(2)** ↑ Mt 16,27 ↓ Mt 25,31	καὶ **τότε** φανήσεται τὸ σημεῖον τοῦ υἱοῦ τοῦ ἀνθρώπου ἐν οὐρανῷ, καὶ **τότε** κόψονται πᾶσαι αἱ φυλαὶ τῆς γῆς καὶ ὄψονται *τὸν υἱὸν τοῦ ἀνθρώπου* *ἐρχόμενον ἐπὶ τῶν* *νεφελῶν τοῦ οὐρανοῦ* μετὰ δυνάμεως καὶ δόξης πολλῆς· ➤ Dan 7,13-14	**Mk 13,26** ↑ Mk 8,38	καὶ **τότε** ὄψονται *τὸν υἱὸν τοῦ ἀνθρώπου* *ἐρχόμενον ἐν* *νεφέλαις* μετὰ δυνάμεως πολλῆς καὶ δόξης. ➤ Dan 7,13-14	**Lk 21,27** ↑ Lk 9,26	καὶ **τότε** ὄψονται *τὸν υἱὸν τοῦ ἀνθρώπου* *ἐρχόμενον ἐν* *νεφέλῃ* μετὰ δυνάμεως καὶ δόξης πολλῆς. ➤ Dan 7,13-14	
120	**Mt 24,31** → Mt 13,41	καὶ ἀποστελεῖ τοὺς ἀγγέλους αὐτοῦ μετὰ σάλπιγγος μεγάλης, ...	**Mk 13,27**	καὶ **τότε** ἀποστελεῖ τοὺς ἀγγέλους ...			
201	**Mt 24,40**	**τότε** δύο ἔσονται ἐν τῷ ἀγρῷ, εἷς παραλαμβάνεται καὶ εἷς ἀφίεται·			**Lk 17,34**	λέγω ὑμῖν, **ταύτῃ τῇ νυκτὶ** ἔσονται δύο ἐπὶ κλίνης μιᾶς, ὁ εἷς παραλημφθήσεται καὶ ὁ ἕτερος ἀφεθήσεται·	→ GTh 61,1
200	**Mt 25,1**	**τότε** ὁμοιωθήσεται ἡ βασιλεία τῶν οὐρανῶν δέκα παρθένοις, ...					
200	**Mt 25,7**	**τότε** ἠγέρθησαν πᾶσαι αἱ παρθένοι ἐκεῖναι ...					
c 200	**Mt 25,31** ↑ Mt 16,27 ↑ Mt 24,30 ↑ Mk 8,38 ↑ Mk 13,26 ↑ Lk 9,26 ↑ Lk 21,27	ὅταν δὲ ἔλθῃ ὁ υἱὸς τοῦ ἀνθρώπου ἐν τῇ δόξῃ αὐτοῦ καὶ πάντες οἱ ἄγγελοι μετ' αὐτοῦ, **τότε** καθίσει ἐπὶ θρόνου δόξης αὐτοῦ·					
200	**Mt 25,34**	**τότε** ἐρεῖ ὁ βασιλεὺς τοῖς ἐκ δεξιῶν αὐτοῦ· ...					
200	**Mt 25,37**	**τότε** ἀποκριθήσονται αὐτῷ οἱ δίκαιοι λέγοντες· ...					
200	**Mt 25,41**	**τότε** ἐρεῖ καὶ τοῖς ἐξ εὐωνύμων· ...					
200	**Mt 25,44**	**τότε** ἀποκριθήσονται καὶ αὐτοὶ λέγοντες· ...					
200	**Mt 25,45**	**τότε** ἀποκριθήσεται αὐτοῖς λέγων· ...					

[a] ἀπό τότε
[b] ὅτε ... τότε
[c] ὅταν ... τότε
[d] πρῶτον ... τότε

211	Mt 26,3	τότε συνήχθησαν οἱ ἀρχιερεῖς καὶ οἱ πρεσβύτεροι τοῦ λαοῦ εἰς τὴν αὐλὴν τοῦ ἀρχιερέως τοῦ λεγομένου Καϊάφα [4] καὶ συνεβουλεύσαντο ἵνα τὸν Ἰησοῦν δόλῳ κρατήσωσιν καὶ ἀποκτείνωσιν·	Mk 14,1	... καὶ ἐζήτουν οἱ ἀρχιερεῖς καὶ οἱ γραμματεῖς πῶς αὐτὸν ἐν δόλῳ κρατήσαντες ἀποκτείνωσιν·	Lk 22,2	καὶ ἐζήτουν οἱ ἀρχιερεῖς καὶ οἱ γραμματεῖς τὸ πῶς ἀνέλωσιν αὐτόν, ...	
211	Mt 26,14	τότε πορευθεὶς εἷς τῶν δώδεκα, ὁ λεγόμενος Ἰούδας Ἰσκαριώτης, πρὸς τοὺς ἀρχιερεῖς [15] εἶπεν· τί θέλετέ μοι δοῦναι, κἀγὼ ὑμῖν παραδώσω αὐτόν;	Mk 14,10	καὶ Ἰούδας Ἰσκαριὼθ ὁ εἷς τῶν δώδεκα ἀπῆλθεν πρὸς τοὺς ἀρχιερεῖς ἵνα αὐτὸν παραδοῖ αὐτοῖς.	Lk 22,4	[3] εἰσῆλθεν δὲ σατανᾶς εἰς Ἰούδαν τὸν καλούμενον Ἰσκαριώτην, ὄντα ἐκ τοῦ ἀριθμοῦ τῶν δώδεκα· [4] καὶ ἀπελθὼν συνελάλησεν τοῖς ἀρχιερεῦσιν καὶ στρατηγοῖς τὸ πῶς αὐτοῖς παραδῷ αὐτόν.	
a 211	Mt 26,16	καὶ ἀπὸ τότε ἐζήτει εὐκαιρίαν ἵνα αὐτὸν παραδῷ.	Mk 14,11	... καὶ ἐζήτει πῶς αὐτὸν εὐκαίρως παραδοῖ.	Lk 22,6	... καὶ ἐζήτει εὐκαιρίαν τοῦ παραδοῦναι αὐτὸν ἄτερ ὄχλου αὐτοῖς.	
210	Mt 26,31	τότε λέγει αὐτοῖς ὁ Ἰησοῦς· πάντες ὑμεῖς σκανδαλισθήσεσθε ἐν ἐμοὶ ἐν τῇ νυκτὶ ταύτῃ, ...	Mk 14,27	καὶ λέγει αὐτοῖς ὁ Ἰησοῦς ὅτι πάντες σκανδαλισθήσεσθε, ...			
211	Mt 26,36 → Lk 22,39	τότε ἔρχεται μετ' αὐτῶν ὁ Ἰησοῦς εἰς χωρίον λεγόμενον Γεθσημανὶ καὶ λέγει τοῖς μαθηταῖς· ...	Mk 14,32 → Lk 22,39	καὶ ἔρχονται εἰς χωρίον οὗ τὸ ὄνομα Γεθσημανὶ καὶ λέγει τοῖς μαθηταῖς αὐτοῦ· ...	Lk 22,40	γενόμενος δὲ ἐπὶ τοῦ τόπου εἶπεν αὐτοῖς· ...	
210	Mt 26,38	τότε λέγει αὐτοῖς· *περίλυπός ἐστιν ἡ ψυχή μου* ἕως θανάτου· ... ➤ Ps 42,6.12/43,5	Mk 14,34	καὶ λέγει αὐτοῖς· *περίλυπός ἐστιν ἡ ψυχή μου* ἕως θανάτου· ... ➤ Ps 42,6.12/43,5			→ Jn 12,27
210	Mt 26,45	τότε ἔρχεται πρὸς τοὺς μαθητὰς καὶ λέγει αὐτοῖς· καθεύδετε [τὸ] λοιπὸν καὶ ἀναπαύεσθε· ...	Mk 14,41	καὶ ἔρχεται τὸ τρίτον καὶ λέγει αὐτοῖς· καθεύδετε τὸ λοιπὸν καὶ ἀναπαύεσθε· ...			
211	Mt 26,50 → Lk 22,54	ὁ δὲ Ἰησοῦς εἶπεν αὐτῷ· ἑταῖρε, ἐφ' ὃ πάρει. τότε προσελθόντες ἐπέβαλον τὰς χεῖρας ἐπὶ τὸν Ἰησοῦν καὶ ἐκράτησαν αὐτόν.	Mk 14,46 → Lk 22,54	οἱ δὲ ἐπέβαλον τὰς χεῖρας αὐτῷ καὶ ἐκράτησαν αὐτόν.	Lk 22,48	Ἰησοῦς δὲ εἶπεν αὐτῷ· Ἰούδα, φιλήματι τὸν υἱὸν τοῦ ἀνθρώπου παραδίδως;	→ Jn 18,12
200	Mt 26,52	τότε λέγει αὐτῷ ὁ Ἰησοῦς· ἀπόστρεψον τὴν μάχαιράν σου εἰς τὸν τόπον αὐτῆς· ...			Lk 22,51	ἀποκριθεὶς δὲ ὁ Ἰησοῦς εἶπεν· ἐᾶτε ἕως τούτου· ...	→ Jn 18,11

210	**Mt 26,56**	τοῦτο δὲ ὅλον γέγονεν ἵνα πληρωθῶσιν αἱ γραφαὶ τῶν προφητῶν. τότε οἱ μαθηταὶ πάντες ἀφέντες αὐτὸν ἔφυγον.	**Mk 14,50**	[49] ... ἀλλ' ἵνα πληρωθῶσιν αἱ γραφαί. [50] καὶ ἀφέντες αὐτὸν ἔφυγον πάντες.			
211	**Mt 26,65**	τότε ὁ ἀρχιερεὺς διέρρηξεν τὰ ἱμάτια αὐτοῦ λέγων· ἐβλασφήμησεν· τί ἔτι χρείαν ἔχομεν μαρτύρων; ...	**Mk 14,63**	ὁ δὲ ἀρχιερεὺς διαρρήξας τοὺς χιτῶνας αὐτοῦ λέγει· τί ἔτι χρείαν ἔχομεν μαρτύρων;	**Lk 22,71**	οἱ δὲ εἶπαν· τί ἔτι ἔχομεν μαρτυρίας χρείαν; ...	
211	**Mt 26,67** → Mt 27,30	τότε ἐνέπτυσαν εἰς τὸ πρόσωπον αὐτοῦ καὶ ἐκολάφισαν αὐτόν, ...	**Mk 14,65** → Mk 15,19	καὶ ἤρξαντό τινες ἐμπτύειν αὐτῷ καὶ περικαλύπτειν αὐτοῦ τὸ πρόσωπον καὶ κολαφίζειν αὐτὸν ...	**Lk 22,63**	καὶ οἱ ἄνδρες οἱ συνέχοντες αὐτὸν ἐνέπαιζον αὐτῷ δέροντες, [64] καὶ περικαλύψαντες αὐτὸν ...	
211	**Mt 26,74**	τότε ἤρξατο καταθεματίζειν καὶ ὀμνύειν ὅτι οὐκ οἶδα τὸν ἄνθρωπον. ...	**Mk 14,71**	ὁ δὲ ἤρξατο ἀναθεματίζειν καὶ ὀμνύναι ὅτι οὐκ οἶδα τὸν ἄνθρωπον τοῦτον ὃν λέγετε.	**Lk 22,60**	εἶπεν δὲ ὁ Πέτρος· ἄνθρωπε, οὐκ οἶδα ὃ λέγεις. ...	→ Jn 18,27
200	**Mt 27,3**	τότε ἰδὼν Ἰούδας ὁ παραδιδοὺς αὐτὸν ὅτι κατεκρίθη, μεταμεληθεὶς ἔστρεψεν τὰ τριάκοντα ἀργύρια τοῖς ἀρχιερεῦσιν καὶ πρεσβυτέροις					
200	**Mt 27,9**	τότε ἐπληρώθη τὸ ῥηθὲν διὰ Ἰερεμίου τοῦ προφήτου ...					
210	**Mt 27,13**	τότε λέγει αὐτῷ ὁ Πιλᾶτος· οὐκ ἀκούεις πόσα σου καταμαρτυροῦσιν;	**Mk 15,4** → Mt 27,12	ὁ δὲ Πιλᾶτος πάλιν ἐπηρώτα αὐτὸν λέγων· οὐκ ἀποκρίνῃ οὐδέν; ἴδε πόσα σου κατηγοροῦσιν.	**Lk 23,9**	ἐπηρώτα δὲ αὐτὸν ἐν λόγοις ἱκανοῖς, αὐτὸς δὲ οὐδὲν ἀπεκρίνατο αὐτῷ.	→ Jn 19,9-10 Mt/Mk: before Pilate; Lk: before Herod
211	**Mt 27,16** ↓ Mt 27,26	εἶχον δὲ τότε δέσμιον ἐπίσημον λεγόμενον [Ἰησοῦν] Βαραββᾶν.	**Mk 15,7** ↓ Mk 15,15	ἦν δὲ ὁ λεγόμενος Βαραββᾶς μετὰ τῶν στασιαστῶν δεδεμένος οἵτινες ἐν τῇ στάσει φόνον πεποιήκεισαν.	**Lk 23,19** ↓ Lk 23,25	ὅστις ἦν διὰ στάσιν τινὰ γενομένην ἐν τῇ πόλει καὶ φόνον βληθεὶς ἐν τῇ φυλακῇ.	→ Jn 18,40
211	**Mt 27,26** ↑ Mt 27,16	τότε ἀπέλυσεν αὐτοῖς τὸν Βαραββᾶν, τὸν δὲ Ἰησοῦν φραγελλώσας παρέδωκεν ἵνα σταυρωθῇ.	**Mk 15,15** ↑ Mk 15,7	... ἀπέλυσεν αὐτοῖς τὸν Βαραββᾶν, καὶ παρέδωκεν τὸν Ἰησοῦν φραγελλώσας ἵνα σταυρωθῇ.	**Lk 23,25** ↑ Lk 23,19	ἀπέλυσεν δὲ τὸν διὰ στάσιν καὶ φόνον βεβλημένον εἰς φυλακὴν ὃν ᾐτοῦντο, τὸν δὲ Ἰησοῦν παρέδωκεν τῷ θελήματι αὐτῶν.	**→ Jn 19,16**
210	**Mt 27,27** → Lk 23,11	τότε οἱ στρατιῶται τοῦ ἡγεμόνος παραλαβόντες τὸν Ἰησοῦν εἰς τὸ πραιτώριον ...	**Mk 15,16** → Lk 23,11	οἱ δὲ στρατιῶται ἀπήγαγον αὐτὸν ἔσω τῆς αὐλῆς, ὅ ἐστιν πραιτώριον, ...			

002			**Lk 23,30** **τότε** ἄρξονται *λέγειν τοῖς ὄρεσιν· πέσετε ἐφ' ἡμᾶς, καὶ τοῖς βουνοῖς· καλύψατε ἡμᾶς·* ➤ Hos 10,8	
211	**Mt 27,38** →Lk 23,32 **τότε** σταυροῦνται σὺν αὐτῷ δύο λῃσταί, ...	**Mk 15,27** →Lk 23,32 **καὶ** σὺν αὐτῷ σταυροῦσιν δύο λῃστάς, ...	**Lk 23,33** →Lk 22,37 ... ἐκεῖ ἐσταύρωσαν αὐτὸν καὶ τοὺς κακούργους, ...	→Jn 19,18
210	**Mt 27,58** ... **τότε** ὁ Πιλᾶτος ἐκέλευσεν ἀποδοθῆναι.	**Mk 15,45** **καὶ** γνοὺς ἀπὸ τοῦ κεντυρίωνος ἐδωρήσατο τὸ πτῶμα τῷ Ἰωσήφ.		→Jn 19,38
200	**Mt 28,10** **τότε** λέγει αὐταῖς ὁ Ἰησοῦς· μὴ φοβεῖσθε· ...			→Jn 20,17
002			**Lk 24,45** **τότε** διήνοιξεν αὐτῶν τὸν νοῦν τοῦ συνιέναι τὰς γραφάς·	

Acts 1,12 →Lk 24,52 **τότε**
ὑπέστρεψαν εἰς Ἰερουσαλὴμ ἀπὸ ὄρους τοῦ καλουμένου Ἐλαιῶνος, ...

Acts 4,8 **τότε**
Πέτρος πλησθεὶς πνεύματος ἁγίου εἶπεν πρὸς αὐτούς· ...

Acts 5,26 **τότε**
ἀπελθὼν ὁ στρατηγὸς σὺν τοῖς ὑπηρέταις ἦγεν αὐτούς οὐ μετὰ βίας, ...

Acts 6,11 **τότε**
ὑπέβαλον ἄνδρας λέγοντας ὅτι ἀκηκόαμεν αὐτοῦ λαλοῦντος ῥήματα βλάσφημα εἰς Μωϋσῆν καὶ τὸν θεόν.

Acts 7,4 **τότε**
ἐξελθὼν ἐκ γῆς Χαλδαίων κατῴκησεν ἐν Χαρράν. ...

Acts 8,17 **τότε**
ἐπετίθεσαν τὰς χεῖρας ἐπ' αὐτοὺς καὶ ἐλάμβανον πνεῦμα ἅγιον.

Acts 10,46 ἤκουον γὰρ αὐτῶν λαλούντων γλώσσαις καὶ μεγαλυνόντων τὸν θεόν.
τότε
ἀπεκρίθη Πέτρος·

Acts 10,48 προσέταξεν δὲ αὐτοὺς ἐν τῷ ὀνόματι Ἰησοῦ Χριστοῦ βαπτισθῆναι.
τότε
ἠρώτησαν αὐτὸν ἐπιμεῖναι ἡμέρας τινάς.

Acts 13,3 **τότε**
νηστεύσαντες καὶ προσευξάμενοι καὶ ἐπιθέντες τὰς χεῖρας αὐτοῖς ἀπέλυσαν.

Acts 13,12 **τότε**
ἰδὼν ὁ ἀνθύπατος τὸ γεγονὸς ἐπίστευσεν ἐκπλησσόμενος ἐπὶ τῇ διδαχῇ τοῦ κυρίου.

Acts 15,22 **τότε**
ἔδοξε τοῖς ἀποστόλοις καὶ τοῖς πρεσβυτέροις σὺν ὅλῃ τῇ ἐκκλησίᾳ ...

Acts 17,14 εὐθέως δὲ
τότε
τὸν Παῦλον ἐξαπέστειλαν οἱ ἀδελφοὶ πορεύεσθαι ἕως ἐπὶ τὴν θάλασσαν, ...

Acts 21,13 **τότε**
ἀπεκρίθη ὁ Παῦλος· τί ποιεῖτε κλαίοντες καὶ συνθρύπτοντές μου τὴν καρδίαν; ...

Acts 21,26 **τότε**
ὁ Παῦλος παραλαβὼν τοὺς ἄνδρας τῇ ἐχομένῃ ἡμέρᾳ σὺν αὐτοῖς ἁγνισθείς, ...

Acts 21,33 **τότε**
ἐγγίσας ὁ χιλίαρχος ἐπελάβετο αὐτοῦ καὶ ἐκέλευσεν δεθῆναι ἁλύσεσι δυσί, ...

Acts 23,3 **τότε**
ὁ Παῦλος πρὸς αὐτὸν εἶπεν· τύπτειν σε μέλλει ὁ θεός, ...

Acts 25,12 **τότε**
ὁ Φῆστος συλλαλήσας μετὰ τοῦ συμβουλίου ἀπεκρίθη· ...

Acts 26,1 Ἀγρίππας δὲ πρὸς τὸν Παῦλον ἔφη· ἐπιτρέπεταί σοι περὶ σεαυτοῦ λέγειν.
τότε
ὁ Παῦλος ἐκτείνας τὴν χεῖρα ἀπελογεῖτο·

Acts 27,21 πολλῆς τε ἀσιτίας ὑπαρχούσης
τότε
σταθεὶς ὁ Παῦλος ἐν μέσῳ αὐτῶν εἶπεν· ...

Acts 27,32 **τότε**
ἀπέκοψαν οἱ στρατιῶται τὰ σχοινία τῆς σκάφης καὶ εἴασαν αὐτὴν ἐκπεσεῖν.

Acts 28,1 καὶ διασωθέντες
τότε
ἐπέγνωμεν ὅτι Μελίτη ἡ νῆσος καλεῖται.

τοὔνομα

	Syn	Mt	Mk	Lk	Acts	Jn	1-3John	Paul	Eph	Col
	1	1								
	NT	2Thess	1/2Tim	Tit	Heb	Jas	1Pet	2Pet	Jude	Rev
	1									

crasis τὸ ὄνομα *(accusative:)* named; by name

211	**Mt 27,57** ... ἦλθεν ἄνθρωπος πλούσιος ἀπὸ Ἁριμαθαίας, **τοὔνομα** Ἰωσήφ, ὃς καὶ αὐτὸς ἐμαθητεύθη τῷ Ἰησοῦ·	**Mk 15,43** ἐλθὼν Ἰωσὴφ [ὁ] ἀπὸ Ἁριμαθαίας εὐσχήμων βουλευτής, ὃς καὶ αὐτὸς ἦν προσδεχόμενος τὴν βασιλείαν τοῦ θεοῦ, ...	**Lk 23,50** καὶ ἰδοὺ ἀνὴρ **ὀνόματι** Ἰωσὴφ βουλευτὴς ὑπάρχων [καὶ] ἀνὴρ ἀγαθὸς καὶ δίκαιος [51] ... ἀπὸ Ἁριμαθαίας πόλεως τῶν Ἰουδαίων, ὃς προσεδέχετο τὴν βασιλείαν τοῦ θεοῦ	→ Jn 19,38

τράπεζα

	Syn	Mt	Mk	Lk	Acts	Jn	1-3John	Paul	Eph	Col
	8	2	2	4	2	1		3		
	NT	2Thess	1/2Tim	Tit	Heb	Jas	1Pet	2Pet	Jude	Rev
	15				1					

table; meal; food

	triple tradition																	double tradition			Sonder-gut		
		+Mt / +Lk			–Mt / –Lk			traditions not taken over by Mt / Lk							subtotals								
code	222	211	112	212	221	122	121	022	012	021	220	120	210	020	Σ⁺	Σ⁻	Σ	202	201	102	200	002	total
Mt					1						1						2						**2**
Mk					1						1						2						**2**
Lk			1⁺		1⁻										1⁺	1⁻	1			2		1	**4**

220	**Mt 15,27** ... ναὶ κύριε, καὶ γὰρ τὰ κυνάρια ἐσθίει ἀπὸ τῶν ψιχίων τῶν πιπτόντων **ἀπὸ** **τῆς τραπέζης** **τῶν κυρίων αὐτῶν.**	**Mk 7,28** ... κύριε· καὶ τὰ κυνάρια **ὑποκάτω** **τῆς τραπέζης** ἐσθίουσιν ἀπὸ τῶν ψιχίων τῶν παιδίων.		
002			**Lk 16,21** καὶ ἐπιθυμῶν χορτασθῆναι ἀπὸ τῶν πιπτόντων **ἀπὸ τῆς τραπέζης** **τοῦ πλουσίου·** ...	
102	**Mt 25,27** ἔδει σε οὖν βαλεῖν τὰ ἀργύριά μου **τοῖς τραπεζίταις,** καὶ ἐλθὼν ἐγὼ ἐκομισάμην ἂν τὸ ἐμὸν σὺν τόκῳ.		**Lk 19,23** καὶ διὰ τί οὐκ ἔδωκάς μου τὸ ἀργύριον **ἐπὶ τράπεζαν;** κἀγὼ ἐλθὼν σὺν τόκῳ ἂν αὐτὸ ἔπραξα.	
221	**Mt 21,12** καὶ εἰσῆλθεν Ἰησοῦς εἰς τὸ ἱερὸν καὶ ἐξέβαλεν πάντας τοὺς πωλοῦντας καὶ ἀγοράζοντας ἐν τῷ ἱερῷ, καὶ **τὰς τραπέζας** **τῶν κολλυβιστῶν** κατέστρεψεν καὶ τὰς καθέδρας τῶν πωλούντων τὰς περιστεράς	**Mk 11,15** ... καὶ εἰσελθὼν εἰς τὸ ἱερὸν ἤρξατο ἐκβάλλειν τοὺς πωλοῦντας καὶ τοὺς ἀγοράζοντας ἐν τῷ ἱερῷ, καὶ **τὰς τραπέζας** **τῶν κολλυβιστῶν** καὶ τὰς καθέδρας τῶν πωλούντων τὰς περιστερὰς κατέστρεψεν	**Lk 19,45** καὶ εἰσελθὼν εἰς τὸ ἱερὸν ἤρξατο ἐκβάλλειν τοὺς πωλοῦντας	→ Jn 2,15

112	Mt 26,21	... ἀμὴν λέγω ὑμῖν ὅτι εἷς ἐξ ὑμῶν παραδώσει με.	Mk 14,18	... ἀμὴν λέγω ὑμῖν ὅτι εἷς ἐξ ὑμῶν παραδώσει με ὁ ἐσθίων μετ' ἐμοῦ.	Lk 22,21 → Mt 26,23 → Mk 14,20	πλὴν ἰδοὺ ἡ χεὶρ τοῦ παραδιδόντος με μετ' ἐμοῦ **ἐπὶ τῆς τραπέζης·**	→ Jn 13,21
102	Mt 19,28	... καθήσεσθε καὶ ὑμεῖς ἐπὶ δώδεκα θρόνους κρίνοντες τὰς δώδεκα φυλὰς τοῦ Ἰσραήλ.			Lk 22,30 → Lk 12,37 → Lk 14,15	ἵνα ἔσθητε καὶ πίνητε **ἐπὶ τῆς τραπέζης μου** ἐν τῇ βασιλείᾳ μου, καὶ καθήσεσθε ἐπὶ θρόνων τὰς δώδεκα φυλὰς κρίνοντες τοῦ Ἰσραήλ.	

Acts 6,2 ... οὐκ ἀρεστόν ἐστιν ἡμᾶς καταλείψαντας τὸν λόγον τοῦ θεοῦ διακονεῖν **τραπέζαις.**

Acts 16,34 ἀναγαγών τε αὐτοὺς εἰς τὸν οἶκον παρέθηκεν **τράπεζαν** καὶ ἠγαλλιάσατο πανοικεὶ πεπιστευκὼς τῷ θεῷ.

τραπεζίτης

Syn	Mt	Mk	Lk	Acts	Jn	1-3John	Paul	Eph	Col
1	1								
NT	2Thess	1/2Tim	Tit	Heb	Jas	1Pet	2Pet	Jude	Rev
1									

money-changer; banker

201	Mt 25,27	ἔδει σε οὖν βαλεῖν τὰ ἀργύριά μου **τοῖς τραπεζίταις,** καὶ ἐλθὼν ἐγὼ ἐκομισάμην ἂν τὸ ἐμὸν σὺν τόκῳ.			Lk 19,23	καὶ διὰ τί οὐκ ἔδωκάς μου τὸ ἀργύριον **ἐπὶ τράπεζαν;** κἀγὼ ἐλθὼν σὺν τόκῳ ἂν αὐτὸ ἔπραξα.	

τραῦμα

Syn	Mt	Mk	Lk	Acts	Jn	1-3John	Paul	Eph	Col
1			1						
NT	2Thess	1/2Tim	Tit	Heb	Jas	1Pet	2Pet	Jude	Rev
1									

a wound

002					Lk 10,34	καὶ προσελθὼν κατέδησεν **τὰ τραύματα αὐτοῦ** ἐπιχέων ἔλαιον καὶ οἶνον, ...	

τραυματίζω

Syn	Mt	Mk	Lk	Acts	Jn	1-3John	Paul	Eph	Col
1			1	1					
NT	2Thess	1/2Tim	Tit	Heb	Jas	1Pet	2Pet	Jude	Rev
2									

to wound

012	Mt 21,35 → Mt 22,6 → Mk 12,3 → Lk 20,10	καὶ λαβόντες οἱ γεωργοὶ τοὺς δούλους αὐτοῦ ὃν μὲν **ἔδειραν,** ὃν δὲ ἀπέκτειναν, ὃν δὲ ἐλιθοβόλησαν.	Mk 12,5 → Mt 21,34	καὶ ἄλλον ἀπέστειλεν· κἀκεῖνον ἀπέκτειναν, καὶ πολλοὺς ἄλλους, οὓς μὲν **δέροντες,** οὓς δὲ ἀποκτέννοντες.	Lk 20,12	καὶ προσέθετο τρίτον πέμψαι· οἱ δὲ καὶ τοῦτον **τραυματίσαντες** ἐξέβαλον.	→ GTh 65

Acts 19,16 καὶ ἐφαλόμενος ὁ ἄνθρωπος ἐπ' αὐτοὺς ἐν ᾧ ἦν τὸ πνεῦμα τὸ πονηρὸν κατακυριεύσας ἀμφοτέρων ἴσχυσεν κατ' αὐτῶν ὥστε γυμνοὺς καὶ **τετραυματισμένους** ἐκφυγεῖν ἐκ τοῦ οἴκου ἐκείνου.

τράχηλος	Syn 4	Mt 1	Mk 1	Lk 2	Acts 2	Jn	1-3John	Paul 1	Eph	Col
	NT 7	2Thess	1/2Tim	Tit	Heb	Jas	1Pet	2Pet	Jude	Rev

neck; throat

002					Lk 15,20	... ἔτι δὲ αὐτοῦ μακρὰν ἀπέχοντος εἶδεν αὐτὸν ὁ πατὴρ αὐτοῦ καὶ ἐσπλαγχνίσθη καὶ δραμὼν ἐπέπεσεν **ἐπὶ τὸν τράχηλον αὐτοῦ** καὶ κατεφίλησεν αὐτόν.	
222	Mt 18,6 → Mt 18,10	ὃς δ' ἂν σκανδαλίσῃ ἕνα τῶν μικρῶν τούτων τῶν πιστευόντων εἰς ἐμέ, συμφέρει αὐτῷ ἵνα κρεμασθῇ μύλος ὀνικὸς **περὶ τὸν τράχηλον αὐτοῦ** καὶ καταποντισθῇ ἐν τῷ πελάγει τῆς θαλάσσης.	Mk 9,42	καὶ ὃς ἂν σκανδαλίσῃ ἕνα τῶν μικρῶν τούτων τῶν πιστευόντων [εἰς ἐμέ], καλόν ἐστιν αὐτῷ μᾶλλον εἰ περίκειται μύλος ὀνικὸς **περὶ τὸν τράχηλον αὐτοῦ** καὶ βέβληται εἰς τὴν θάλασσαν.	Lk 17,2	λυσιτελεῖ αὐτῷ εἰ λίθος μυλικὸς περίκειται **περὶ τὸν τράχηλον αὐτοῦ** καὶ ἔρριπται εἰς τὴν θάλασσαν ἢ ἵνα σκανδαλίσῃ τῶν μικρῶν τούτων ἕνα.	Mk-Q overlap?

Acts 15,10 νῦν οὖν τί πειράζετε τὸν θεὸν ἐπιθεῖναι ζυγὸν **ἐπὶ τὸν τράχηλον τῶν μαθητῶν** ὃν οὔτε οἱ πατέρες ἡμῶν οὔτε ἡμεῖς ἰσχύσαμεν βαστάσαι;

Acts 20,37 ἱκανὸς δὲ κλαυθμὸς ἐγένετο πάντων καὶ ἐπιπεσόντες **ἐπὶ τὸν τράχηλον τοῦ Παύλου** κατεφίλουν αὐτόν

τραχύς	Syn 1	Mt	Mk	Lk 1	Acts 1	Jn	1-3John	Paul	Eph	Col
	NT 2	2Thess	1/2Tim	Tit	Heb	Jas	1Pet	2Pet	Jude	Rev

rough; uneven

002					Lk 3,5	*πᾶσα φάραγξ πληρωθήσεται καὶ πᾶν ὄρος καὶ βουνὸς ταπεινωθήσεται, καὶ ἔσται τὰ σκολιὰ εἰς εὐθείαν καὶ* ***αἱ τραχεῖαι*** *εἰς ὁδοὺς λείας·* ➤ Isa 40,4 LXX	

Acts 27,29 φοβούμενοί τε μή που **κατὰ τραχεῖς τόπους** ἐκπέσωμεν, ἐκ πρύμνης ῥίψαντες ἀγκύρας τέσσαρας ηὔχοντο ἡμέραν γενέσθαι.

Τραχωνῖτις

Syn 1	Mt	Mk	Lk 1	Acts	Jn	1-3John	Paul	Eph	Col
NT 1	2Thess	1/2Tim	Tit	Heb	Jas	1Pet	2Pet	Jude	Rev

Trachonitis

002			**Lk 3,1**	... Φιλίππου δὲ τοῦ ἀδελφοῦ αὐτοῦ τετρααρχοῦντος **τῆς Ἰτουραίας καὶ Τραχωνίτιδος χώρας**, ...

τρεῖς

Syn 29	Mt 12	Mk 7	Lk 10	Acts 14	Jn 3	1-3John 2	Paul 5	Eph	Col
NT 67	2Thess	1/2Tim 1	Tit	Heb 1	Jas 1	1Pet	2Pet	Jude	Rev 11

three

	triple tradition																	double tradition			Sondergut		
		+Mt / +Lk			−Mt / −Lk			traditions not taken over by Mt / Lk							subtotals								
code	*222*	*211*	*112*	*212*	*221*	*122*	*121*	*022*	*012*	*021*	*220*	*120*	*210*	*020*	Σ⁺	Σ⁻	Σ	*202*	*201*	*102*	*200*	*002*	total
Mt	1						3⁻				3					3⁻	4	1	4		3		**12**
Mk	1						3				3						7						**7**
Lk	1						3⁻									3⁻	1	1				8	**10**

[a] τρεῖς with reference to time (ἡμέραι, ἔτη etc.)

a 002					**Lk 1,56**	ἔμεινεν δὲ Μαριὰμ σὺν αὐτῇ **ὡς μῆνας τρεῖς**, καὶ ὑπέστρεψεν εἰς τὸν οἶκον αὐτῆς.	
a 002					**Lk 2,46**	καὶ ἐγένετο **μετὰ ἡμέρας τρεῖς** εὗρον αὐτὸν ἐν τῷ ἱερῷ ...	
a 002					**Lk 4,25**	... πολλαὶ χῆραι ἦσαν ἐν ταῖς ἡμέραις Ἠλίου ἐν τῷ Ἰσραήλ, ὅτε ἐκλείσθη ὁ οὐρανὸς **ἐπὶ ἔτη τρία καὶ μῆνας ἕξ**, ὡς ἐγένετο λιμὸς μέγας ἐπὶ πᾶσαν τὴν γῆν	
a 201 *a* 201 *a* 201 *a* 201	**Mt 12,40 (4)** ↓Mt 27,63	*ὥσπερ γὰρ ἦν Ἰωνᾶς ἐν τῇ κοιλίᾳ τοῦ κήτους* ***τρεῖς ἡμέρας*** ***καὶ*** ***τρεῖς νύκτας,*** οὕτως ἔσται ὁ υἱὸς τοῦ ἀνθρώπου ἐν τῇ καρδίᾳ τῆς γῆς **τρεῖς ἡμέρας** **καὶ** **τρεῖς νύκτας.** ➢ Jonah 2,1			**Lk 11,30**	καθὼς γὰρ ἐγένετο Ἰωνᾶς τοῖς Νινευίταις σημεῖον, οὕτως ἔσται καὶ ὁ υἱὸς τοῦ ἀνθρώπου τῇ γενεᾷ ταύτῃ.	

202	**Mt 13,33**	... ὁμοία ἐστὶν ἡ βασιλεία τῶν οὐρανῶν ζύμῃ, ἣν λαβοῦσα γυνὴ ἐνέκρυψεν **εἰς ἀλεύρου** **σάτα τρία** ἕως οὗ ἐζυμώθη ὅλον.			**Lk 13,21**	[20] ... τίνι ὁμοιώσω τὴν βασιλείαν τοῦ θεοῦ; [21] ὁμοία ἐστὶν ζύμῃ, ἣν λαβοῦσα γυνὴ [ἐν]έκρυψεν **εἰς ἀλεύρου** **σάτα τρία** ἕως οὗ ἐζυμώθη ὅλον.	→ GTh 96
a 220	**Mt 15,32** → Mt 14,14	... σπλαγχνίζομαι ἐπὶ τὸν ὄχλον, ὅτι ἤδη **ἡμέραι τρεῖς** προσμένουσίν μοι καὶ οὐκ ἔχουσιν τί φάγωσιν· ...	**Mk 8,2** → Mk 6,34	σπλαγχνίζομαι ἐπὶ τὸν ὄχλον, ὅτι ἤδη **ἡμέραι τρεῖς** προσμένουσίν μοι καὶ οὐκ ἔχουσιν τί φάγωσιν·			
a 121	**Mt 16,21** ↓ Mt 17,22-23 ↓ Mt 20,19 ↓ **Mt 27,63** → Mt 27,64	ἀπὸ τότε ἤρξατο ὁ Ἰησοῦς δεικνύειν τοῖς μαθηταῖς αὐτοῦ ὅτι δεῖ αὐτὸν εἰς Ἱεροσόλυμα ἀπελθεῖν καὶ πολλὰ παθεῖν ἀπὸ τῶν πρεσβυτέρων καὶ ἀρχιερέων καὶ γραμματέων καὶ ἀποκτανθῆναι καὶ **τῇ τρίτῃ ἡμέρᾳ** ἐγερθῆναι.	**Mk 8,31** ↓ **Mk 9,31** ↓ **Mk 10,34**	καὶ ἤρξατο διδάσκειν αὐτοὺς ὅτι δεῖ τὸν υἱὸν τοῦ ἀνθρώπου πολλὰ παθεῖν καὶ ἀποδοκιμασθῆναι ὑπὸ τῶν πρεσβυτέρων καὶ τῶν ἀρχιερέων καὶ τῶν γραμματέων καὶ ἀποκτανθῆναι καὶ **μετὰ τρεῖς ἡμέρας** ἀναστῆναι·	**Lk 9,22** ↓ Lk 9,44 → Lk 17,25 ↓ Lk 18,33 → Lk 24,7 → Lk 24,26 → Lk 24,46	εἰπὼν ὅτι δεῖ τὸν υἱὸν τοῦ ἀνθρώπου πολλὰ παθεῖν καὶ ἀποδοκιμασθῆναι ἀπὸ τῶν πρεσβυτέρων καὶ ἀρχιερέων καὶ γραμματέων καὶ ἀποκτανθῆναι καὶ **τῇ τρίτῃ ἡμέρᾳ** ἐγερθῆναι.	
222	**Mt 17,4**	... κύριε, καλόν ἐστιν ἡμᾶς ὧδε εἶναι· εἰ θέλεις, ποιήσω ὧδε **τρεῖς σκηνάς,** σοὶ μίαν καὶ Μωϋσεῖ μίαν καὶ Ἠλίᾳ μίαν.	**Mk 9,5**	... ῥαββί, καλόν ἐστιν ἡμᾶς ὧδε εἶναι, καὶ ποιήσωμεν **τρεῖς σκηνάς,** σοὶ μίαν καὶ Μωϋσεῖ μίαν καὶ Ἠλίᾳ μίαν.	**Lk 9,33**	... ἐπιστάτα, καλόν ἐστιν ἡμᾶς ὧδε εἶναι, καὶ ποιήσωμεν **σκηνὰς τρεῖς,** μίαν σοὶ καὶ μίαν Μωϋσεῖ καὶ μίαν Ἠλίᾳ, ...	
a 121	**Mt 17,23** ↑ Mt 16,21 ↓ Mt 20,19 ↓ **Mt 27,63** → Mt 27,64	[22] ... μέλλει ὁ υἱὸς τοῦ ἀνθρώπου παραδίδοσθαι εἰς χεῖρας ἀνθρώπων, [23] καὶ ἀποκτενοῦσιν αὐτόν, καὶ **τῇ τρίτῃ ἡμέρᾳ** ἐγερθήσεται. ...	**Mk 9,31** ↑ **Mk 8,31** ↓ **Mk 10,34**	... ὁ υἱὸς τοῦ ἀνθρώπου παραδίδοται εἰς χεῖρας ἀνθρώπων, καὶ ἀποκτενοῦσιν αὐτόν, καὶ ἀποκτανθεὶς **μετὰ τρεῖς ἡμέρας** ἀναστήσεται.	**Lk 9,44** ↑ Lk 9,22 → Lk 17,25 ↓ Lk 18,33 → Lk 24,7 → Lk 24,26 → Lk 24,46	... ὁ γὰρ υἱὸς τοῦ ἀνθρώπου μέλλει παραδίδοσθαι εἰς χεῖρας ἀνθρώπων.	
200	**Mt 18,16**	ἐὰν δὲ μὴ ἀκούσῃ, παράλαβε μετὰ σοῦ ἔτι ἕνα ἢ δύο, ἵνα ***ἐπὶ στόματος δύο*** ***μαρτύρων ἢ τριῶν*** *σταθῇ πᾶν ῥῆμα·* ➤ Deut 19,15					
200	**Mt 18,20**	οὗ γάρ εἰσιν δύο ἢ **τρεῖς** συνηγμένοι εἰς τὸ ἐμὸν ὄνομα, ἐκεῖ εἰμι ἐν μέσῳ αὐτῶν.					→ GTh 30 **(POxy 1)** → GTh 48 → GTh 106
002					**Lk 10,36**	**τίς τούτων τῶν τριῶν** πλησίον δοκεῖ σοι γεγονέναι τοῦ ἐμπεσόντος εἰς τοὺς λῃστάς;	
002					**Lk 11,5**	... καὶ εἴπῃ αὐτῷ· φίλε, χρῆσόν μοι **τρεῖς ἄρτους**	
002 002					**Lk 12,52** **(2)** → Mt 10,35 → Lk 12,53	ἔσονται γὰρ ἀπὸ τοῦ νῦν πέντε ἐν ἑνὶ οἴκῳ διαμεμερισμένοι, **τρεῖς** ἐπὶ δυσὶν καὶ δύο **ἐπὶ τρισίν**	→ GTh 16

a 002					Lk 13,7	... ἰδοὺ τρία ἔτη ἀφ᾽ οὗ ἔρχομαι ζητῶν καρπὸν ἐν τῇ συκῇ ταύτῃ καὶ οὐχ εὑρίσκω· ...	
202	Mt 13,33	... ὁμοία ἐστὶν ἡ βασιλεία τῶν οὐρανῶν ζύμῃ, ἣν λαβοῦσα γυνὴ ἐνέκρυψεν εἰς ἀλεύρου σάτα τρία ἕως οὗ ἐζυμώθη ὅλον.			Lk 13,21	[20] ... τίνι ὁμοιώσω τὴν βασιλείαν τοῦ θεοῦ; [21] ὁμοία ἐστὶν ζύμῃ, ἣν λαβοῦσα γυνὴ [ἐν]έκρυψεν εἰς ἀλεύρου σάτα τρία ἕως οὗ ἐζυμώθη ὅλον.	→ GTh 96
a 121	Mt 20,19 ↑ Mt 16,21 ↑ Mt 17,22-23 ↓ Mt 27,63 → Mt 27,64	... καὶ μαστιγῶσαι καὶ σταυρῶσαι, καὶ τῇ τρίτῃ ἡμέρᾳ ἐγερθήσεται.	Mk 10,34 ↑ Mk 8,31 ↑ Mk 9,31	... καὶ μαστιγώσουσιν αὐτὸν καὶ ἀποκτενοῦσιν, καὶ μετὰ τρεῖς ἡμέρας ἀναστήσεται.	Lk 18,33 ↑ Lk 9,22 ↑ Lk 9,44 → Lk 17,25 → Lk 24,7 → Lk 24,26 → Lk 24,46	καὶ μαστιγώσαντες ἀποκτενοῦσιν αὐτόν, καὶ τῇ ἡμέρᾳ τῇ τρίτῃ ἀναστήσεται.	
a 220	Mt 26,61 ↓ Mt 27,40	... δύναμαι καταλῦσαι τὸν ναὸν τοῦ θεοῦ καὶ διὰ τριῶν ἡμερῶν οἰκοδομῆσαι.	Mk 14,58 ↓ Mk 15,29	... ἐγὼ καταλύσω τὸν ναὸν τοῦτον τὸν χειροποίητον καὶ διὰ τριῶν ἡμερῶν ἄλλον ἀχειροποίητον οἰκοδομήσω.			→ Jn 2,19 → Acts 6,14 → GTh 71
a 220	Mt 27,40 ↑ Mt 26,61	... ὁ καταλύων τὸν ναὸν καὶ ἐν τρισὶν ἡμέραις οἰκοδομῶν, ...	Mk 15,29 ↑ Mk 14,58	... οὐὰ ὁ καταλύων τὸν ναὸν καὶ οἰκοδομῶν ἐν τρισὶν ἡμέραις			→ Jn 2,19 → Acts 6,14
a 200	Mt 27,63 ↑ Mt 12,40 ↑ Mt 16,21 ↑ Mt 17,23 ↑ Mt 20,19	... κύριε, ἐμνήσθημεν ὅτι ἐκεῖνος ὁ πλάνος εἶπεν ἔτι ζῶν· μετὰ τρεῖς ἡμέρας ἐγείρομαι.					

a **Acts 5,7** ἐγένετο δὲ ὡς ὡρῶν τριῶν διάστημα καὶ ἡ γυνὴ αὐτοῦ μὴ εἰδυῖα τὸ γεγονὸς εἰσῆλθεν.

a **Acts 7,20** ἐν ᾧ καιρῷ ἐγεννήθη Μωϋσῆς καὶ ἦν ἀστεῖος τῷ θεῷ· ὃς ἀνετράφη μῆνας τρεῖς ἐν τῷ οἴκῳ τοῦ πατρός

a **Acts 9,9** καὶ ἦν ἡμέρας τρεῖς μὴ βλέπων καὶ οὐκ ἔφαγεν οὐδὲ ἔπιεν.

Acts 10,19 τοῦ δὲ Πέτρου διενθυμουμένου περὶ τοῦ ὁράματος εἶπεν [αὐτῷ] τὸ πνεῦμα· ἰδοὺ ἄνδρες τρεῖς ζητοῦντές σε

Acts 11,11 καὶ ἰδοὺ ἐξαυτῆς τρεῖς ἄνδρες ἐπέστησαν ἐπὶ τὴν οἰκίαν ἐν ᾗ ἦμεν, ...

a **Acts 17,2** κατὰ δὲ τὸ εἰωθὸς τῷ Παύλῳ εἰσῆλθεν πρὸς αὐτοὺς καὶ ἐπὶ σάββατα τρία διελέξατο αὐτοῖς ἀπὸ τῶν γραφῶν

a **Acts 19,8** εἰσελθὼν δὲ εἰς τὴν συναγωγὴν ἐπαρρησιάζετο ἐπὶ μῆνας τρεῖς διαλεγόμενος ...

a **Acts 20,3** ποιήσας τε μῆνας τρεῖς· γενομένης ἐπιβουλῆς αὐτῷ ὑπὸ τῶν Ἰουδαίων ...

a **Acts 25,1** Φῆστος οὖν ἐπιβὰς τῇ ἐπαρχείᾳ μετὰ τρεῖς ἡμέρας ἀνέβη εἰς Ἱεροσόλυμα ἀπὸ Καισαρείας

a **Acts 28,7** ... ὃς ἀναδεξάμενος ἡμᾶς τρεῖς ἡμέρας φιλοφρόνως ἐξένισεν.

a **Acts 28,11** μετὰ δὲ τρεῖς μῆνας ἀνήχθημεν ἐν πλοίῳ παρακεχειμακότι ἐν τῇ νήσῳ, Ἀλεξανδρίνῳ, παρασήμῳ Διοσκούροις.

a **Acts 28,12** καὶ καταχθέντες εἰς Συρακούσας ἐπεμείναμεν ἡμέρας τρεῖς

Acts 28,15 κἀκεῖθεν οἱ ἀδελφοὶ ἀκούσαντες τὰ περὶ ἡμῶν ἦλθαν εἰς ἀπάντησιν ἡμῖν ἄχρι Ἀππίου φόρου καὶ Τριῶν ταβερνῶν, ...

a **Acts 28,17** ἐγένετο δὲ μετὰ ἡμέρας τρεῖς συγκαλέσασθαι αὐτὸν τοὺς ὄντας τῶν Ἰουδαίων πρώτους· ...

τρέμω	Syn	Mt	Mk	Lk	Acts	Jn	1-3John	Paul	Eph	Col
	2		1	1						
	NT	2Thess	1/2Tim	Tit	Heb	Jas	1Pet	2Pet	Jude	Rev
	3							1		

tremble; quiver

code	Mt		Mk		Lk	
022			Mk 5,33	ἡ δὲ γυνὴ φοβηθεῖσα καὶ **τρέμουσα,** εἰδυῖα ὃ γέγονεν αὐτῇ, ἦλθεν καὶ προσέπεσεν αὐτῷ ...	Lk 8,47	ἰδοῦσα δὲ ἡ γυνὴ ὅτι οὐκ ἔλαθεν, **τρέμουσα** ἦλθεν καὶ προσπεσοῦσα αὐτῷ ...

τρέφω	Syn	Mt	Mk	Lk	Acts	Jn	1-3John	Paul	Eph	Col
	5	2		3	1					
	NT	2Thess	1/2Tim	Tit	Heb	Jas	1Pet	2Pet	Jude	Rev
	9					1				2

feed; nourish; provide with food; rear; bring up; train

	triple tradition																	double tradition			Sonder-gut		
		+Mt / +Lk			−Mt / −Lk			traditions not taken over by Mt / Lk							subtotals								
code	222	211	112	212	221	122	121	022	012	021	220	120	210	020	Σ+	Σ−	Σ	202	201	102	200	002	total
Mt																		1			1		2
Mk																							
Lk			1+												1+		1	1				1	3

code	Mt		Mk		Lk	
112	Mt 13,54	καὶ ἐλθὼν **εἰς τὴν πατρίδα αὐτοῦ** ἐδίδασκεν αὐτοὺς ἐν τῇ συναγωγῇ αὐτῶν, ...	Mk 6,1	καὶ ἐξῆλθεν ἐκεῖθεν καὶ ἔρχεται **εἰς τὴν πατρίδα αὐτοῦ,** καὶ ἀκολουθοῦσιν αὐτῷ οἱ μαθηταὶ αὐτοῦ. [2] καὶ γενομένου σαββάτου ἤρξατο διδάσκειν ἐν τῇ συναγωγῇ, ...	Lk 4,16	καὶ ἦλθεν **εἰς Ναζαρά, οὗ ἦν τεθραμμένος** καὶ εἰσῆλθεν κατὰ τὸ εἰωθὸς αὐτῷ ἐν τῇ ἡμέρᾳ τῶν σαββάτων εἰς τὴν συναγωγὴν καὶ ἀνέστη ἀναγνῶναι.
202	Mt 6,26	ἐμβλέψατε εἰς τὰ πετεινὰ τοῦ οὐρανοῦ ὅτι οὐ σπείρουσιν οὐδὲ θερίζουσιν οὐδὲ συνάγουσιν εἰς ἀποθήκας, καὶ ὁ πατὴρ ὑμῶν ὁ οὐράνιος **τρέφει** αὐτά· ...			Lk 12,24	κατανοήσατε τοὺς κόρακας ὅτι οὐ σπείρουσιν οὐδὲ θερίζουσιν, οἷς οὐκ ἔστιν ταμεῖον οὐδὲ ἀποθήκη, καὶ ὁ θεὸς **τρέφει** αὐτούς· ...
200	Mt 25,37	... κύριε, πότε σε εἴδομεν πεινῶντα καὶ **ἐθρέψαμεν,** ἢ διψῶντα καὶ ἐποτίσαμεν;				
002					Lk 23,29 →Mt 24,19 →Mk 13,17 →Lk 21,23	... μακάριαι αἱ στεῖραι καὶ αἱ κοιλίαι αἳ οὐκ ἐγέννησαν καὶ μαστοὶ οἳ **οὐκ ἔθρεψαν.**

Acts 12,20 ... ᾐτοῦντο εἰρήνην **διὰ τὸ τρέφεσθαι** αὐτῶν τὴν χώραν ἀπὸ τῆς βασιλικῆς.

τρέχω	Syn 6	Mt 2	Mk 2	Lk 2	Acts	Jn 2	1-3John	Paul 9	Eph	Col
	NT 20	2Thess 1	1/2Tim	Tit	Heb 1	Jas	1Pet	2Pet	Jude	Rev 1

run; proceed quickly and without hindrance

	triple tradition																	double tradition			Sondergut		
		+Mt / +Lk			−Mt / −Lk			traditions not taken over by Mt / Lk							subtotals								
code	*222*	*211*	*112*	*212*	*221*	*122*	*121*	*022*	*012*	*021*	*220*	*120*	*210*	*020*	Σ^+	Σ^-	Σ	*202*	*201*	*102*	*200*	*002*	total
Mt		1^+					1^-				1				1^+	1^-	2						**2**
Mk							1				1						2						**2**
Lk							1^-									1^-						2	**2**

121	**Mt 8,29**	καὶ ἰδοὺ ἔκραξαν λέγοντες· ...	**Mk 5,6**	καὶ ἰδὼν τὸν Ἰησοῦν ἀπὸ μακρόθεν **ἔδραμεν** καὶ προσεκύνησεν αὐτῷ [7] καὶ κράξας φωνῇ μεγάλῃ λέγει· ...	**Lk 8,28**	ἰδὼν δὲ τὸν Ἰησοῦν ἀνακράξας προσέπεσεν αὐτῷ καὶ φωνῇ μεγάλῃ εἶπεν· ...	
002					**Lk 15,20**	... ἔτι δὲ αὐτοῦ μακρὰν ἀπέχοντος εἶδεν αὐτὸν ὁ πατὴρ αὐτοῦ καὶ ἐσπλαγχνίσθη καὶ **δραμὼν** ἐπέπεσεν ἐπὶ τὸν τράχηλον αὐτοῦ καὶ κατεφίλησεν αὐτόν.	
220	**Mt 27,48**	καὶ εὐθέως **δραμὼν** εἷς ἐξ αὐτῶν καὶ λαβὼν σπόγγον πλήσας τε ὄξους καὶ περιθεὶς καλάμῳ ἐπότιζεν αὐτόν.	**Mk 15,36**	 **δραμὼν** δέ τις [καὶ] γεμίσας σπόγγον ὄξους περιθεὶς καλάμῳ ἐπότιζεν αὐτὸν ...	**Lk 23,36** → Lk 23,39	 ἐνέπαιξαν δὲ αὐτῷ καὶ οἱ στρατιῶται προσερχόμενοι, ὄξος προσφέροντες αὐτῷ	→ Jn 19,29
211	**Mt 28,8**	καὶ ἀπελθοῦσαι ταχὺ ἀπὸ τοῦ μνημείου μετὰ φόβου καὶ χαρᾶς μεγάλης **ἔδραμον** ἀπαγγεῖλαι τοῖς μαθηταῖς αὐτοῦ.	**Mk 16,8**	καὶ ἐξελθοῦσαι ἔφυγον ἀπὸ τοῦ μνημείου, εἶχεν γὰρ αὐτὰς τρόμος καὶ ἔκστασις· καὶ οὐδενὶ οὐδὲν εἶπαν· ἐφοβοῦντο γάρ.	**Lk 24,9**	καὶ ὑποστρέψασαι ἀπὸ τοῦ μνημείου ἀπήγγειλαν ταῦτα πάντα τοῖς ἕνδεκα καὶ πᾶσιν τοῖς λοιποῖς.	→ **Jn 20,2** → Jn 20,18
002					**Lk 24,12** → Lk 24,24	ὁ δὲ Πέτρος ἀναστὰς **ἔδραμεν** ἐπὶ τὸ μνημεῖον καὶ παρακύψας βλέπει τὰ ὀθόνια μόνα, ..	→ Jn 20,3-10 → **Jn 20,4**

τρῆμα	Syn 1	Mt	Mk	Lk 1	Acts	Jn	1-3John	Paul	Eph	Col
	NT 1	2Thess	1/2Tim	Tit	Heb	Jas	1Pet	2Pet	Jude	Rev

eye of a needle

112	**Mt 19,24**	... εὐκοπώτερόν ἐστιν κάμηλον **διὰ τρυπήματος** **ῥαφίδος** διελθεῖν ἢ πλούσιον εἰσελθεῖν εἰς τὴν βασιλείαν τοῦ θεοῦ.	**Mk 10,25**	εὐκοπώτερόν ἐστιν κάμηλον **διὰ [τῆς] τρυμαλιᾶς** **[τῆς] ῥαφίδος** διελθεῖν ἢ πλούσιον εἰς τὴν βασιλείαν τοῦ θεοῦ εἰσελθεῖν.	**Lk 18,25**	εὐκοπώτερον γάρ ἐστιν κάμηλον **διὰ τρήματος** **βελόνης** εἰσελθεῖν ἢ πλούσιον εἰς τὴν βασιλείαν τοῦ θεοῦ εἰσελθεῖν.

τριάκοντα	Syn 8	Mt 5	Mk 2	Lk 1	Acts	Jn 1	1-3John	Paul	Eph	Col
	NT 9	2Thess	1/2Tim	Tit	Heb	Jas	1Pet	2Pet	Jude	Rev

thirty

	triple tradition																	double tradition			Sondergut		
		+Mt / +Lk			–Mt / –Lk			traditions not taken over by Mt / Lk							subtotals								
code	222	211	112	212	221	122	121	022	012	021	220	120	210	020	Σ⁺	Σ⁻	Σ	202	201	102	200	002	total
Mt		1⁺			2										1⁺		3				2		5
Mk					2												2						2
Lk					2⁻											2⁻						1	1

002	**Mt 1,16** → Mt 13,55 → Mk 6,3	Ἰακὼβ δὲ ἐγέννησεν τὸν Ἰωσὴφ τὸν ἄνδρα Μαρίας, ἐξ ἧς ἐγεννήθη Ἰησοῦς ὁ λεγόμενος χριστός.			**Lk 3,23** → Lk 4,22	καὶ αὐτὸς ἦν Ἰησοῦς ἀρχόμενος **ὡσεὶ ἐτῶν** **τριάκοντα,** ὢν υἱός, ὡς ἐνομίζετο, Ἰωσὴφ τοῦ Ἠλὶ	
221	**Mt 13,8**	ἄλλα δὲ ἔπεσεν ἐπὶ τὴν γῆν τὴν καλὴν καὶ ἐδίδου καρπόν, ὃ μὲν ἑκατόν, ὃ δὲ ἑξήκοντα, ὃ δὲ **τριάκοντα.**	**Mk 4,8**	καὶ ἄλλα ἔπεσεν εἰς τὴν γῆν τὴν καλὴν καὶ ἐδίδου καρπὸν ἀναβαίνοντα καὶ αὐξανόμενα καὶ ἔφερεν ἓν **τριάκοντα** καὶ ἓν ἑξήκοντα καὶ ἓν ἑκατόν.	**Lk 8,8**	καὶ ἕτερον ἔπεσεν εἰς τὴν γῆν τὴν ἀγαθὴν καὶ φυὲν ἐποίησεν καρπὸν ἑκατονταπλασίονα. ...	→ GTh 9
221	**Mt 13,23**	ὁ δὲ ἐπὶ τὴν καλὴν γῆν σπαρείς, οὗτός ἐστιν ὁ τὸν λόγον ἀκούων καὶ συνιείς, ὃς δὴ καρποφορεῖ καὶ ποιεῖ ὃ μὲν ἑκατόν, ὃ δὲ ἑξήκοντα, ὃ δὲ **τριάκοντα.**	**Mk 4,20**	καὶ ἐκεῖνοί εἰσιν οἱ ἐπὶ τὴν γῆν τὴν καλὴν σπαρέντες, οἵτινες ἀκούουσιν τὸν λόγον καὶ παραδέχονται καὶ καρποφοροῦσιν ἓν **τριάκοντα** καὶ ἓν ἑξήκοντα καὶ ἓν ἑκατόν.	**Lk 8,15**	τὸ δὲ ἐν τῇ καλῇ γῇ, οὗτοί εἰσιν οἵτινες ἐν καρδίᾳ καλῇ καὶ ἀγαθῇ ἀκούσαντες τὸν λόγον κατέχουσιν καὶ καρποφοροῦσιν ἐν ὑπομονῇ.	
211	**Mt 26,15**	... οἱ δὲ ἔστησαν αὐτῷ **τριάκοντα ἀργύρια.**	**Mk 14,11**	οἱ δὲ ἀκούσαντες ἐχάρησαν καὶ ἐπηγγείλαντο αὐτῷ **ἀργύριον** δοῦναι. ...	**Lk 22,5**	καὶ ἐχάρησαν καὶ συνέθεντο αὐτῷ **ἀργύριον** δοῦναι.	
200	**Mt 27,3**	τότε ἰδὼν Ἰούδας ὁ παραδιδοὺς αὐτὸν ὅτι κατεκρίθη, μεταμεληθεὶς ἔστρεψεν **τὰ τριάκοντα** **ἀργύρια** τοῖς ἀρχιερεῦσιν καὶ πρεσβυτέροις					
200	**Mt 27,9**	τότε ἐπληρώθη τὸ ῥηθὲν διὰ Ἰερεμίου τοῦ προφήτου λέγοντος· *καὶ ἔλαβον* ***τὰ τριάκοντα*** ***ἀργύρια,*** *τὴν τιμὴν τοῦ τετιμημένου* *ὃν ἐτιμήσαντο* ἀπὸ υἱῶν Ἰσραήλ ➤ Zech 11,13					

τριακόσιοι

Syn	Mt	Mk	Lk	Acts	Jn	1-3John	Paul	Eph	Col
1		1			1				
NT	2Thess	1/2Tim	Tit	Heb	Jas	1Pet	2Pet	Jude	Rev
2									

three hundred

120	**Mt 26,9**	ἐδύνατο γὰρ τοῦτο πραθῆναι **πολλοῦ** καὶ δοθῆναι πτωχοῖς.	**Mk 14,5**	ἠδύνατο γὰρ τοῦτο τὸ μύρον πραθῆναι **ἐπάνω δηναρίων τριακοσίων** καὶ δοθῆναι τοῖς πτωχοῖς· ...			→ Jn 12,5

τρίβολος

Syn	Mt	Mk	Lk	Acts	Jn	1-3John	Paul	Eph	Col
1	1								
NT	2Thess	1/2Tim	Tit	Heb	Jas	1Pet	2Pet	Jude	Rev
2				1					

the thistle

201	**Mt 7,16** ⇨ Mt 7,20 ⇨ Mt 12,33	ἀπὸ τῶν καρπῶν αὐτῶν ἐπιγνώσεσθε αὐτούς. μήτι συλλέγουσιν ἀπὸ ἀκανθῶν σταφυλὰς ἢ **ἀπὸ τριβόλων** σῦκα;			**Lk 6,44**	ἕκαστον γὰρ δένδρον ἐκ τοῦ ἰδίου καρποῦ γινώσκεται· οὐ γὰρ ἐξ ἀκανθῶν συλλέγουσιν σῦκα οὐδὲ **ἐκ βάτου** σταφυλὴν τρυγῶσιν.	→ GTh 45,1

τρίβος

Syn	Mt	Mk	Lk	Acts	Jn	1-3John	Paul	Eph	Col
3	1	1	1						
NT	2Thess	1/2Tim	Tit	Heb	Jas	1Pet	2Pet	Jude	Rev
3									

a beaten path

222	**Mt 3,3**	... *φωνὴ βοῶντος ἐν τῇ ἐρήμῳ· ἑτοιμάσατε τὴν ὁδὸν κυρίου, εὐθείας ποιεῖτε* ***τὰς τρίβους αὐτοῦ.*** ➤ Isa 40,3 LXX	**Mk 1,3**	*φωνὴ βοῶντος ἐν τῇ ἐρήμῳ· ἑτοιμάσατε τὴν ὁδὸν κυρίου, εὐθείας ποιεῖτε* ***τὰς τρίβους αὐτοῦ*** ➤ Isa 40,3 LXX	**Lk 3,4** → Lk 1,17	... *φωνὴ βοῶντος ἐν τῇ ἐρήμῳ· ἑτοιμάσατε τὴν ὁδὸν κυρίου, εὐθείας ποιεῖτε* ***τὰς τρίβους αὐτοῦ·*** ➤ Isa 40,3 LXX	→ Jn 1,23

τρίζω

Syn	Mt	Mk	Lk	Acts	Jn	1-3John	Paul	Eph	Col
1		1							
NT	2Thess	1/2Tim	Tit	Heb	Jas	1Pet	2Pet	Jude	Rev
1									

cry shrilly; creak; gnash; grind

121	**Mt 17,15**	... σεληνιάζεται καὶ κακῶς πάσχει· ...	**Mk 9,18**	[17] ... ἔχοντα πνεῦμα ἄλαλον· [18] καὶ ὅπου ἐὰν αὐτὸν καταλάβῃ ῥήσσει αὐτόν, καὶ ἀφρίζει καὶ **τρίζει** τοὺς ὀδόντας καὶ ξηραίνεται· ...	**Lk 9,39**	καὶ ἰδοὺ πνεῦμα λαμβάνει αὐτὸν καὶ ἐξαίφνης κράζει καὶ σπαράσσει αὐτὸν μετὰ ἀφροῦ καὶ μόγις ἀποχωρεῖ ἀπ' αὐτοῦ συντρῖβον αὐτόν·	

τρίς

τρίς	Syn 6	Mt 2	Mk 2	Lk 2	Acts 2	Jn 1	1-3John	Paul 3	Eph	Col
	NT 12	2Thess	1/2Tim	Tit	Heb	Jas	1Pet	2Pet	Jude	Rev

three times; thrice

222	**Mt 26,34**	... ἀμὴν λέγω σοι ὅτι ἐν ταύτῃ τῇ νυκτὶ πρὶν ἀλέκτορα φωνῆσαι **τρὶς** ἀπαρνήσῃ με.	**Mk 14,30**	... ἀμὴν λέγω σοι ὅτι σὺ σήμερον ταύτῃ τῇ νυκτὶ πρὶν ἢ δὶς ἀλέκτορα φωνῆσαι **τρίς** με ἀπαρνήσῃ.	**Lk 22,34**	... λέγω σοι, Πέτρε, οὐ φωνήσει σήμερον ἀλέκτωρ ἕως **τρίς** με ἀπαρνήσῃ εἰδέναι.	→ Jn 13,38
222	**Mt 26,75**	καὶ ἐμνήσθη ὁ Πέτρος τοῦ ῥήματος Ἰησοῦ εἰρηκότος ὅτι πρὶν ἀλέκτορα φωνῆσαι **τρὶς** ἀπαρνήσῃ με· ...	**Mk 14,72**	... καὶ ἀνεμνήσθη ὁ Πέτρος τὸ ῥῆμα ὡς εἶπεν αὐτῷ ὁ Ἰησοῦς ὅτι πρὶν ἀλέκτορα φωνῆσαι δὶς **τρίς** με ἀπαρνήσῃ· ...	**Lk 22,61**	... καὶ ὑπεμνήσθη ὁ Πέτρος τοῦ ῥήματος τοῦ κυρίου ὡς εἶπεν αὐτῷ ὅτι πρὶν ἀλέκτορα φωνῆσαι σήμερον ἀπαρνήσῃ με **τρίς**.	

Acts 10,16 τοῦτο δὲ ἐγένετο
ἐπὶ τρὶς
καὶ εὐθὺς ἀνελήμφθη τὸ
σκεῦος εἰς τὸν οὐρανόν.

Acts 11,10 τοῦτο δὲ ἐγένετο
ἐπὶ τρίς,
καὶ ἀνεσπάσθη πάλιν
ἅπαντα εἰς τὸν οὐρανόν.

τρίτος

τρίτος	Syn 20	Mt 7	Mk 3	Lk 10	Acts 4	Jn 4	1-3John	Paul 5	Eph	Col
	NT 56	2Thess	1/2Tim	Tit	Heb	Jas	1Pet	2Pet	Jude	Rev 23

third; the third part; τὸ τρίτον one-third; for the third time

	triple tradition																	double tradition			Sondergut		
		+Mt / +Lk			–Mt / –Lk			traditions not taken over by Mt / Lk							subtotals								
code	222	211	112	212	221	122	121	022	012	021	220	120	210	020	Σ^+	Σ^-	Σ	202	201	102	200	002	total
Mt	1	1^+		2^+							1				3^+		5				2		**7**
Mk	1										1			1			3						**3**
Lk	1		2^+	2^+											4^+		5					5	**10**

a τρίτος with reference to time (ὥρα, ἡμέρα etc.)

a 212	**Mt 16,21** ↓ Mt 17,23 ↓ Mt 20,19 → Mt 27,63 ↓ Mt 27,64	ἀπὸ τότε ἤρξατο ὁ Ἰησοῦς δεικνύειν τοῖς μαθηταῖς αὐτοῦ ὅτι δεῖ αὐτὸν εἰς Ἱεροσόλυμα ἀπελθεῖν καὶ πολλὰ παθεῖν ἀπὸ τῶν πρεσβυτέρων καὶ ἀρχιερέων καὶ γραμματέων καὶ ἀποκτανθῆναι καὶ **τῇ τρίτῃ ἡμέρᾳ** ἐγερθῆναι.	**Mk 8,31** ↓ Mk 9,31 ↓ Mk 10,34	καὶ ἤρξατο διδάσκειν αὐτοὺς ὅτι δεῖ τὸν υἱὸν τοῦ ἀνθρώπου πολλὰ παθεῖν καὶ ἀποδοκιμασθῆναι ὑπὸ τῶν πρεσβυτέρων καὶ τῶν ἀρχιερέων καὶ τῶν γραμματέων καὶ ἀποκτανθῆναι καὶ **μετὰ τρεῖς ἡμέρας** ἀναστῆναι·	**Lk 9,22** ↓ Lk 9,44 → Lk 17,25 ↓ Lk 18,33 ↓ Lk 24,7 → Lk 24,26 ↓ Lk 24,46	εἰπὼν ὅτι δεῖ τὸν υἱὸν τοῦ ἀνθρώπου πολλὰ παθεῖν καὶ ἀποδοκιμασθῆναι ἀπὸ τῶν πρεσβυτέρων καὶ ἀρχιερέων καὶ γραμματέων καὶ ἀποκτανθῆναι καὶ **τῇ τρίτῃ ἡμέρᾳ** ἐγερθῆναι.	
a 211	**Mt 17,23** ↑ Mt 16,21 ↓ Mt 20,19 → Mt 27,63 ↓ Mt 27,64	[22] ... μέλλει ὁ υἱὸς τοῦ ἀνθρώπου παραδίδοσθαι εἰς χεῖρας ἀνθρώπων, [23] καὶ ἀποκτενοῦσιν αὐτόν, καὶ **τῇ τρίτῃ ἡμέρᾳ** ἐγερθήσεται. ...	**Mk 9,31** ↑ Mk 8,31 ↓ Mk 10,34	... ὁ υἱὸς τοῦ ἀνθρώπου παραδίδοται εἰς χεῖρας ἀνθρώπων, καὶ ἀποκτενοῦσιν αὐτόν, καὶ ἀποκτανθεὶς **μετὰ τρεῖς ἡμέρας** ἀναστήσεται.	**Lk 9,44** ↑ Lk 9,22 → Lk 17,25 ↓ Lk 18,33 ↓ Lk 24,7 → Lk 24,26 ↓ Lk 24,46	... ὁ γὰρ υἱὸς τοῦ ἀνθρώπου μέλλει παραδίδοσθαι εἰς χεῖρας ἀνθρώπων.	

a 002					**Lk 12,38** → Mt 24,42 → Mk 13,35-36 → Mt 24,44 → Lk 12,40 → Lk 21,36	κἂν ἐν τῇ δευτέρᾳ κἂν **ἐν τῇ τρίτῃ φυλακῇ** ἔλθῃ καὶ εὕρῃ οὕτως, μακάριοί εἰσιν ἐκεῖνοι.	
002					**Lk 13,32**	... ἰδοὺ ἐκβάλλω δαιμόνια καὶ ἰάσεις ἀποτελῶ σήμερον καὶ αὔριον καὶ **τῇ τρίτῃ** τελειοῦμαι.	
a 200	**Mt 20,3**	καὶ ἐξελθὼν **περὶ τρίτην ὥραν** εἶδεν ἄλλους ἑστῶτας ἐν τῇ ἀγορᾷ ἀργούς					
a 212	**Mt 20,19** ↑ Mt 16,21 ↑ Mt 17,23 → Mt 27,63 ↓ Mt 27,64	... καὶ μαστιγῶσαι καὶ σταυρῶσαι, καὶ **τῇ τρίτῃ ἡμέρᾳ** ἐγερθήσεται.	**Mk 10,34** ↑ Mk 8,31 ↑ Mk 9,31	... καὶ μαστιγώσουσιν αὐτὸν καὶ ἀποκτενοῦσιν, καὶ **μετὰ τρεῖς ἡμέρας** ἀναστήσεται.	**Lk 18,33** ↑ Lk 9,22 ↑ Lk 9,44 → Lk 17,25 ↓ Lk 24,7 → Lk 24,26 ↓ Lk 24,46	καὶ μαστιγώσαντες ἀποκτενοῦσιν αὐτόν, καὶ **τῇ ἡμέρᾳ τῇ τρίτῃ** ἀναστήσεται.	
112	**Mt 21,35** → Mt 22,6	καὶ λαβόντες οἱ γεωργοὶ τοὺς δούλους αὐτοῦ ὃν μὲν ἔδειραν, ὃν δὲ ἀπέκτειναν, ...	**Mk 12,5** → Mt 21,34	[3] καὶ λαβόντες αὐτὸν ἔδειραν καὶ ἀπέστειλαν κενόν. [4] ... [5] καὶ **ἄλλον** ἀπέστειλεν· κἀκεῖνον ἀπέκτειναν, ...	**Lk 20,12**	[10] ... οἱ δὲ γεωργοὶ ἐξαπέστειλαν αὐτὸν δείραντες κενόν. [11] ... [12] καὶ προσέθετο **τρίτον** πέμψαι· ...	→ GTh 65
222	**Mt 22,26**	ὁμοίως καὶ ὁ δεύτερος καὶ **ὁ τρίτος** ἕως τῶν ἑπτά.	**Mk 12,21**	καὶ ὁ δεύτερος ἔλαβεν αὐτὴν καὶ ἀπέθανεν μὴ καταλιπὼν σπέρμα· καὶ **ὁ τρίτος** ὡσαύτως· [22] καὶ οἱ ἑπτὰ οὐκ ἀφῆκαν σπέρμα.	**Lk 20,31**	[30] καὶ ὁ δεύτερος [31] καὶ **ὁ τρίτος** ἔλαβεν αὐτήν, ὡσαύτως δὲ καὶ οἱ ἑπτὰ οὐ κατέλιπον τέκνα καὶ ἀπέθανον.	
220	**Mt 26,44**	καὶ ἀφεὶς αὐτοὺς πάλιν ἀπελθὼν προσηύξατο **ἐκ τρίτου** τὸν αὐτὸν λόγον εἰπὼν πάλιν. [45] τότε ἔρχεται πρὸς τοὺς μαθητὰς καὶ λέγει αὐτοῖς· ...	**Mk 14,41**	 καὶ ἔρχεται **τὸ τρίτον** καὶ λέγει αὐτοῖς· ...			
112	**Mt 27,23**	ὁ δὲ ἔφη· τί γὰρ κακὸν ἐποίησεν; ...	**Mk 15,14**	ὁ δὲ Πιλᾶτος ἔλεγεν αὐτοῖς· τί γὰρ ἐποίησεν κακόν; ...	**Lk 23,22** → Lk 23,4 → Lk 23,14 → Lk 23,16	ὁ δὲ **τρίτον** εἶπεν πρὸς αὐτούς· τί γὰρ κακὸν ἐποίησεν οὗτος; οὐδὲν αἴτιον θανάτου εὗρον ἐν αὐτῷ· παιδεύσας οὖν αὐτὸν ἀπολύσω.	→ Jn 19,6 → Acts 13,28
a 020			**Mk 15,25**	ἦν δὲ **ὥρα τρίτη** καὶ ἐσταύρωσαν αὐτόν.			
a 200	**Mt 27,64** ↑ Mt 16,21 ↑ Mt 17,23 ↑ Mt 20,19 → Mt 28,7	κέλευσον οὖν ἀσφαλισθῆναι τὸν τάφον **ἕως τῆς τρίτης ἡμέρας,** μήποτε ἐλθόντες οἱ μαθηταὶ αὐτοῦ κλέψωσιν αὐτὸν καὶ εἴπωσιν τῷ λαῷ· ἠγέρθη ἀπὸ τῶν νεκρῶν, ...					

a 002	↑ Mt 16,21 ↑ Mt 17,23 ↑ Mt 20,19	↑ Mk 8,31 ↑ Mk 9,31 ↑ Mk 10,34	**Lk 24,7** ↑ Lk 9,22 ↑ Lk 9,44 → Lk 17,25 ↑ Lk 18,33 → Lk 24,26 ↓ Lk 24,46	λέγων τὸν υἱὸν τοῦ ἀνθρώπου ὅτι δεῖ παραδοθῆναι εἰς χεῖρας ἀνθρώπων ἁμαρτωλῶν καὶ σταυρωθῆναι καὶ **τῇ τρίτῃ ἡμέρᾳ** ἀναστῆναι.	
a 002			**Lk 24,21**	... ἀλλά γε καὶ σὺν πᾶσιν τούτοις **τρίτην ταύτην ἡμέραν** ἄγει ἀφ' οὗ ταῦτα ἐγένετο.	
a 002	↑ Mt 16,21 ↑ Mt 17,23 ↑ Mt 20,19	↑ Mk 8,31 ↑ Mk 9,31 ↑ Mk 10,34	**Lk 24,46** ↑ Lk 9,22 ↑ Lk 9,44 → Lk 17,25 ↑ Lk 18,33 ↑ Lk 24,7 → Lk 24,26	... οὕτως γέγραπται παθεῖν τὸν χριστὸν καὶ ἀναστῆναι ἐκ νεκρῶν **τῇ τρίτῃ ἡμέρᾳ**	

a **Acts 2,15** οὐ γὰρ ὡς ὑμεῖς ὑπολαμβάνετε οὗτοι μεθύουσιν, ἔστιν γὰρ **ὥρα τρίτη τῆς ἡμέρας**

a **Acts 10,40** τοῦτον ὁ θεὸς ἤγειρεν **[ἐν] τῇ τρίτῃ ἡμέρᾳ** καὶ ἔδωκεν αὐτὸν ἐμφανῆ γενέσθαι

a **Acts 23,23** ... ἑτοιμάσατε στρατιώτας διακοσίους, ὅπως πορευθῶσιν ἕως Καισαρείας, καὶ ἱππεῖς ἑβδομήκοντα καὶ δεξιολάβους διακοσίους, **ἀπὸ τρίτης ὥρας τῆς νυκτός**

a **Acts 27,19** καὶ **τῇ τρίτῃ** αὐτόχειρες τὴν σκευὴν τοῦ πλοίου ἔρριψαν.

# τρόμος	Syn	Mt	Mk	Lk	Acts	Jn	1-3John	Paul	Eph	Col
	1		1					3	1	
	NT	2Thess	1/2Tim	Tit	Heb	Jas	1Pet	2Pet	Jude	Rev
	5									

trembling; quivering

121	**Mt 28,8**	καὶ ἀπελθοῦσαι ταχὺ ἀπὸ τοῦ μνημείου **μετὰ φόβου καὶ χαρᾶς μεγάλης** ἔδραμον ἀπαγγεῖλαι τοῖς μαθηταῖς αὐτοῦ.	**Mk 16,8**	καὶ ἐξελθοῦσαι ἔφυγον ἀπὸ τοῦ μνημείου, εἶχεν γὰρ αὐτὰς **τρόμος καὶ ἔκστασις·** καὶ οὐδενὶ οὐδὲν εἶπαν· ἐφοβοῦντο γάρ.	**Lk 24,9**	καὶ ὑποστρέψασαι ἀπὸ τοῦ μνημείου ἀπήγγειλαν ταῦτα πάντα τοῖς ἕνδεκα καὶ πᾶσιν τοῖς λοιποῖς.	→ Jn 20,2.18

# τρόπος	Syn	Mt	Mk	Lk	Acts	Jn	1-3John	Paul	Eph	Col
	2	1		1	4			2		
	NT	2Thess	1/2Tim	Tit	Heb	Jas	1Pet	2Pet	Jude	Rev
	13	2	1		1				1	

manner; way; kind; guise

202	**Mt 23,37**	... ποσάκις ἠθέλησα ἐπισυναγαγεῖν τὰ τέκνα σου, **ὃν τρόπον** ὄρνις ἐπισυνάγει τὰ νοσσία αὐτῆς ὑπὸ τὰς πτέρυγας, καὶ οὐκ ἠθελήσατε.			**Lk 13,34**	... ποσάκις ἠθέλησα ἐπισυνάξαι τὰ τέκνα σου **ὃν τρόπον** ὄρνις τὴν ἑαυτῆς νοσσιὰν ὑπὸ τὰς πτέρυγας, καὶ οὐκ ἠθελήσατε.	

Acts 1,11 → Lk 9,51 → Lk 24,51 ... οὗτος ὁ Ἰησοῦς ὁ ἀναλημφθεὶς ἀφ' ὑμῶν εἰς τὸν οὐρανὸν οὕτως ἐλεύσεται **ὃν τρόπον** ἐθεάσασθε αὐτὸν πορευόμενον εἰς τὸν οὐρανόν.

Acts 7,28 *μὴ ἀνελεῖν με σὺ θέλεις* ***ὃν τρόπον*** *ἀνεῖλες ἐχθὲς τὸν Αἰγύπτιον;* > Exod 2,14

Acts 15,11 ἀλλὰ διὰ τῆς χάριτος τοῦ κυρίου Ἰησοῦ πιστεύομεν σωθῆναι **καθ' ὃν τρόπον** κἀκεῖνοι.

Acts 27,25 ... πιστεύω γὰρ τῷ θεῷ ὅτι οὕτως ἔσται **καθ' ὃν τρόπον** λελάληταί μοι.

τροφή

τροφή	Syn	Mt	Mk	Lk	Acts	Jn	1-3John	Paul	Eph	Col
	5	4		1	7	1				
	NT	2Thess	1/2Tim	Tit	Heb	Jas	1Pet	2Pet	Jude	Rev
	16				2	1				

nourishment; food

210	**Mt 3,4** → Lk 7,33	... ἡ δὲ **τροφὴ** ἦν αὐτοῦ ἀκρίδες καὶ μέλι ἄγριον.	**Mk 1,6** → Lk 7,33	... καὶ **ἐσθίων** ἀκρίδας καὶ μέλι ἄγριον.			
202	**Mt 6,25**	... οὐχὶ ἡ ψυχὴ πλεῖόν ἐστιν **τῆς τροφῆς** καὶ τὸ σῶμα τοῦ ἐνδύματος;			**Lk 12,23**	ἡ γὰρ ψυχὴ πλεῖόν ἐστιν **τῆς τροφῆς** καὶ τὸ σῶμα τοῦ ἐνδύματος.	
201	**Mt 10,10**	... ἄξιος γὰρ ὁ ἐργάτης **τῆς τροφῆς αὐτοῦ.**			**Lk 10,7**	... ἄξιος γὰρ ὁ ἐργάτης **τοῦ μισθοῦ αὐτοῦ.** μὴ μεταβαίνετε ἐξ οἰκίας εἰς οἰκίαν.	→ GTh 14,4
201	**Mt 24,45**	τίς ἄρα ἐστὶν ὁ πιστὸς δοῦλος καὶ φρόνιμος ὃν κατέστησεν ὁ κύριος ἐπὶ τῆς οἰκετείας αὐτοῦ τοῦ δοῦναι αὐτοῖς **τὴν τροφὴν** ἐν καιρῷ;			**Lk 12,42**	... τίς ἄρα ἐστὶν ὁ πιστὸς οἰκονόμος ὁ φρόνιμος, ὃν καταστήσει ὁ κύριος ἐπὶ τῆς θεραπείας αὐτοῦ τοῦ διδόναι ἐν καιρῷ **[τὸ] σιτομέτριον;**	

Acts 2,46 ... κλῶντές τε κατ' οἶκον ἄρτον, μετελάμβανον **τροφῆς** ἐν ἀγαλλιάσει καὶ ἀφελότητι καρδίας

Acts 9,19 καὶ λαβὼν **τροφὴν** ἐνίσχυσεν. ...

Acts 14,17 ... ἐμπιπλῶν **τροφῆς** καὶ εὐφροσύνης τὰς καρδίας ὑμῶν.

Acts 27,33 ἄχρι δὲ οὗ ἡμέρα ἤμελλεν γίνεσθαι παρεκάλει ὁ Παῦλος ἅπαντας μεταλαβεῖν **τροφῆς** λέγων· ...

Acts 27,34 διὸ παρακαλῶ ὑμᾶς μεταλαβεῖν **τροφῆς**· ...

Acts 27,36 εὔθυμοι δὲ γενόμενοι πάντες καὶ αὐτοὶ προσελάβοντο **τροφῆς.**

Acts 27,38 κορεσθέντες δὲ **τροφῆς** ἐκούφιζον τὸ πλοῖον ἐκβαλλόμενοι τὸν σῖτον εἰς τὴν θάλασσαν.

τρύβλιον

τρύβλιον	Syn	Mt	Mk	Lk	Acts	Jn	1-3John	Paul	Eph	Col
	2	1	1							
	NT	2Thess	1/2Tim	Tit	Heb	Jas	1Pet	2Pet	Jude	Rev
	2									

bowl; dish

220	**Mt 26,23** → Lk 22,21	... ὁ ἐμβάψας μετ' ἐμοῦ τὴν χεῖρα **ἐν τῷ τρυβλίῳ** οὗτός με παραδώσει.	**Mk 14,20** → Lk 22,21	... εἷς τῶν δώδεκα, ὁ ἐμβαπτόμενος μετ' ἐμοῦ **εἰς τὸ τρύβλιον.**			→ Jn 13,26

τρυγάω	Syn 1	Mt	Mk	Lk 1	Acts	Jn	1-3John	Paul	Eph	Col
	NT 3	2Thess	1/2Tim	Tit	Heb	Jas	1Pet	2Pet	Jude	Rev 2

pick (grapes)

102	**Mt 7,16** ⇨ Mt 7,20 ⇨ Mt 12,33 ... μήτι συλλέγουσιν ἀπὸ ἀκανθῶν σταφυλὰς ἢ ἀπὸ τριβόλων σῦκα;		**Lk 6,44** ... οὐ γὰρ ἐξ ἀκανθῶν συλλέγουσιν σῦκα οὐδὲ ἐκ βάτου σταφυλὴν **τρυγῶσιν.**	→ GTh 45,1

τρυγών	Syn 1	Mt	Mk	Lk 1	Acts	Jn	1-3John	Paul	Eph	Col
	NT 1	2Thess	1/2Tim	Tit	Heb	Jas	1Pet	2Pet	Jude	Rev

turtledove

002			**Lk 2,24** καὶ τοῦ δοῦναι θυσίαν κατὰ τὸ εἰρημένον ἐν τῷ νόμῳ κυρίου, ***ζεῦγος τρυγόνων*** *ἢ δύο νοσσοὺς περιστερῶν.* ➤ Lev 5,11; 12,8	

τρυμαλιά	Syn 1	Mt	Mk 1	Lk	Acts	Jn	1-3John	Paul	Eph	Col
	NT 1	2Thess	1/2Tim	Tit	Heb	Jas	1Pet	2Pet	Jude	Rev

eye of a needle

121	**Mt 19,24** ... εὐκοπώτερόν ἐστιν κάμηλον **διὰ τρυπήματος ῥαφίδος** διελθεῖν ἢ πλούσιον εἰσελθεῖν εἰς τὴν βασιλείαν τοῦ θεοῦ.	**Mk 10,25** εὐκοπώτερόν ἐστιν κάμηλον **διὰ [τῆς] τρυμαλιᾶς [τῆς] ῥαφίδος** διελθεῖν ἢ πλούσιον εἰς τὴν βασιλείαν τοῦ θεοῦ εἰσελθεῖν.	**Lk 18,25** εὐκοπώτερον γάρ ἐστιν κάμηλον **διὰ τρήματος βελόνης** εἰσελθεῖν ἢ πλούσιον εἰς τὴν βασιλείαν τοῦ θεοῦ εἰσελθεῖν.	

τρύπημα	Syn 1	Mt 1	Mk	Lk	Acts	Jn	1-3John	Paul	Eph	Col
	NT 1	2Thess	1/2Tim	Tit	Heb	Jas	1Pet	2Pet	Jude	Rev

eye of a needle

211	**Mt 19,24** ... εὐκοπώτερόν ἐστιν κάμηλον **διὰ τρυπήματος ῥαφίδος** διελθεῖν ἢ πλούσιον εἰσελθεῖν εἰς τὴν βασιλείαν τοῦ θεοῦ.	**Mk 10,25** εὐκοπώτερόν ἐστιν κάμηλον **διὰ [τῆς] τρυμαλιᾶς [τῆς] ῥαφίδος** διελθεῖν ἢ πλούσιον εἰς τὴν βασιλείαν τοῦ θεοῦ εἰσελθεῖν.	**Lk 18,25** εὐκοπώτερον γάρ ἐστιν κάμηλον **διὰ τρήματος βελόνης** εἰσελθεῖν ἢ πλούσιον εἰς τὴν βασιλείαν τοῦ θεοῦ εἰσελθεῖν.	

τρυφή	Syn 1	Mt	Mk	Lk 1	Acts	Jn	1-3John	Paul	Eph	Col
	NT 2	2Thess	1/2Tim	Tit	Heb	Jas	1Pet	2Pet 1	Jude	Rev

luxury; splendor

102	**Mt 11,8**	... ἰδοὺ οἱ τὰ μαλακὰ φοροῦντες ἐν τοῖς οἴκοις τῶν βασιλέων εἰσίν.			**Lk 7,25**	... ἰδοὺ οἱ ἐν ἱματισμῷ ἐνδόξῳ καὶ **τρυφῇ** ὑπάρχοντες ἐν τοῖς βασιλείοις εἰσίν.	→ GTh 78

τρώγω	Syn 1	Mt 1	Mk	Lk	Acts	Jn 5	1-3John	Paul	Eph	Col
	NT 6	2Thess	1/2Tim	Tit	Heb	Jas	1Pet	2Pet	Jude	Rev

gnaw; nibble; munch; eat

201	**Mt 24,38**	ὡς γὰρ ἦσαν ἐν ταῖς ἡμέραις [ἐκείναις] ταῖς πρὸ τοῦ κατακλυσμοῦ **τρώγοντες** καὶ πίνοντες, γαμοῦντες καὶ γαμίζοντες, ἄχρι ἧς ἡμέρας εἰσῆλθεν Νῶε εἰς τὴν κιβωτόν			**Lk 17,27**	**ἤσθιον,** ἔπινον, ἐγάμουν, ἐγαμίζοντο, ἄχρι ἧς ἡμέρας εἰσῆλθεν Νῶε εἰς τὴν κιβωτόν, ...	

τυγχάνω	Syn 1	Mt	Mk	Lk 1	Acts 5	Jn	1-3John	Paul 3	Eph	Col
	NT 12	2Thess	1/2Tim 1	Tit	Heb 2	Jas	1Pet	2Pet	Jude	Rev

meet; attain; gain; find; experience; οὐχ ὁ τυχών not the common, ordinary one

112	**Mt 22,30**	ἐν γὰρ τῇ ἀναστάσει οὔτε γαμοῦσιν οὔτε γαμίζονται, ...	**Mk 12,25**	ὅταν γὰρ ἐκ νεκρῶν ἀναστῶσιν οὔτε γαμοῦσιν οὔτε γαμίζονται, ...	**Lk 20,35**	οἱ δὲ καταξιωθέντες τοῦ αἰῶνος ἐκείνου **τυχεῖν** καὶ τῆς ἀναστάσεως τῆς ἐκ νεκρῶν οὔτε γαμοῦσιν οὔτε γαμίζονται·	

Acts 19,11 **δυνάμεις τε οὐ τὰς τυχούσας** ὁ θεὸς ἐποίει διὰ τῶν χειρῶν Παύλου

Acts 24,2 ... πολλῆς εἰρήνης **τυγχάνοντες** διὰ σοῦ καὶ διορθωμάτων γινομένων τῷ ἔθνει τούτῳ διὰ τῆς σῆς προνοίας

Acts 26,22 ἐπικουρίας οὖν **τυχὼν** τῆς ἀπὸ τοῦ θεοῦ ἄχρι τῆς ἡμέρας ταύτης ...

Acts 27,3 ... φιλανθρώπως τε ὁ Ἰούλιος τῷ Παύλῳ χρησάμενος ἐπέτρεψεν πρὸς τοὺς φίλους πορευθέντι ἐπιμελείας **τυχεῖν**.

Acts 28,2 οἵ τε βάρβαροι παρεῖχον **οὐ τὴν τυχοῦσαν φιλανθρωπίαν** ἡμῖν, ἅψαντες γὰρ πυρὰν προσελάβοντο πάντας ἡμᾶς διὰ τὸν ὑετὸν τὸν ἐφεστῶτα καὶ διὰ τὸ ψῦχος.

τύπτω	Syn 7	Mt 2	Mk 1	Lk 4	Acts 5	Jn	1-3John	Paul 1	Eph	Col
	NT 13	2Thess	1/2Tim	Tit	Heb	Jas	1Pet	2Pet	Jude	Rev

strike; beat

	triple tradition																	double tradition			Sondergut		
		+Mt / +Lk			–Mt / –Lk			traditions not taken over by Mt / Lk							subtotals								
code	222	211	112	212	221	122	121	022	012	021	220	120	210	020	Σ+	Σ−	Σ	202	201	102	200	002	total
Mt											1						1	1					2
Mk											1						1						1
Lk																		1		1		2	4

102	**Mt 5,39** ἐγὼ δὲ λέγω ὑμῖν μὴ ἀντιστῆναι τῷ πονηρῷ· ἀλλ' ὅστις σε **ῥαπίζει** εἰς τὴν δεξιὰν σιαγόνα [σου], στρέψον αὐτῷ καὶ τὴν ἄλλην·		**Lk 6,29** **τῷ τύπτοντί** σε ἐπὶ τὴν σιαγόνα πάρεχε καὶ τὴν ἄλλην, ...
202	**Mt 24,49** [48] ἐὰν δὲ εἴπῃ ὁ κακὸς δοῦλος ἐκεῖνος ἐν τῇ καρδίᾳ αὐτοῦ· χρονίζει μου ὁ κύριος, [49] καὶ ἄρξηται **τύπτειν** τοὺς συνδούλους αὐτοῦ, ἐσθίῃ δὲ καὶ πίνῃ μετὰ τῶν μεθυόντων		**Lk 12,45** → Lk 21,34 ἐὰν δὲ εἴπῃ ὁ δοῦλος ἐκεῖνος ἐν τῇ καρδίᾳ αὐτοῦ· χρονίζει ὁ κύριός μου ἔρχεσθαι, καὶ ἄρξηται **τύπτειν** τοὺς παῖδας καὶ τὰς παιδίσκας, ἐσθίειν τε καὶ πίνειν καὶ μεθύσκεσθαι
002			**Lk 18,13** ὁ δὲ τελώνης μακρόθεν ἑστὼς οὐκ ἤθελεν οὐδὲ τοὺς ὀφθαλμοὺς ἐπᾶραι εἰς τὸν οὐρανόν, ἀλλ' **ἔτυπτεν** τὸ στῆθος αὐτοῦ λέγων· ὁ θεός, ἱλάσθητί μοι τῷ ἁμαρτωλῷ.
220	**Mt 27,30** → Mt 26,67 καὶ ἐμπτύσαντες εἰς αὐτὸν ἔλαβον τὸν κάλαμον καὶ **ἔτυπτον** εἰς τὴν κεφαλὴν αὐτοῦ.	**Mk 15,19** → Mk 14,65 καὶ **ἔτυπτον** αὐτοῦ τὴν κεφαλὴν καλάμῳ καὶ ἐνέπτυον αὐτῷ ...	
002			**Lk 23,48** → Lk 23,35 καὶ πάντες οἱ συμπαραγενόμενοι ὄχλοι ἐπὶ τὴν θεωρίαν ταύτην, θεωρήσαντες τὰ γενόμενα, **τύπτοντες** τὰ στήθη ὑπέστρεφον.

Acts 18,17 ἐπιλαβόμενοι δὲ πάντες Σωσθένην τὸν ἀρχισυνάγωγον **ἔτυπτον** ἔμπροσθεν τοῦ βήματος· ...

Acts 21,32 ... οἱ δὲ ἰδόντες τὸν χιλίαρχον καὶ τοὺς στρατιώτας ἐπαύσαντο **τύπτοντες** τὸν Παῦλον.

Acts 23,2 ὁ δὲ ἀρχιερεὺς Ἁνανίας ἐπέταξεν τοῖς παρεστῶσιν αὐτῷ **τύπτειν** αὐτοῦ τὸ στόμα.

Acts 23,3 (2) τότε ὁ Παῦλος πρὸς αὐτὸν εἶπεν· **τύπτειν** σε μέλλει ὁ θεός, τοῖχε κεκονιαμένε· καὶ σὺ κάθῃ κρίνων με κατὰ τὸν νόμον καὶ παρανομῶν κελεύεις με **τύπτεσθαι**;

Τύρος

	Syn	Mt	Mk	Lk	Acts	Jn	1-3John	Paul	Eph	Col
	9	3	3	3	2					
	NT	2Thess	1/2Tim	Tit	Heb	Jas	1Pet	2Pet	Jude	Rev
	11									

Tyre

	triple tradition																	double tradition			Sondergut		
		+Mt / +Lk			−Mt / −Lk			traditions not taken over by Mt / Lk							subtotals								
code	222	211	112	212	221	122	121	022	012	021	220	120	210	020	Σ+	Σ−	Σ	202	201	102	200	002	total
Mt						1⁻					1	1⁻				2⁻	1	2					3
Mk						1					1	1					3						3
Lk						1											1	2					3

	Mt 4,24 → Mt 9,26 ↓ Mk 3,8	καὶ ἀπῆλθεν ἡ ἀκοὴ αὐτοῦ **εἰς ὅλην τὴν Συρίαν**· ...	**Mk 1,28**	καὶ ἐξῆλθεν ἡ ἀκοὴ αὐτοῦ εὐθὺς πανταχοῦ **εἰς ὅλην τὴν περίχωρον τῆς Γαλιλαίας.**	**Lk 4,37** → Lk 4,14	καὶ ἐξεπορεύετο ἦχος περὶ αὐτοῦ **εἰς πάντα τόπον τῆς περιχώρου.**
122	**Mt 4,25**	καὶ ἠκολούθησαν αὐτῷ ὄχλοι πολλοὶ ἀπὸ τῆς Γαλιλαίας καὶ Δεκαπόλεως καὶ Ἱεροσολύμων καὶ Ἰουδαίας καὶ πέραν τοῦ Ἰορδάνου.	**Mk 3,8** ↑ Mt 4,24a	[7] ... καὶ πολὺ πλῆθος ἀπὸ τῆς Γαλιλαίας [ἠκολούθησεν], καὶ ἀπὸ τῆς Ἰουδαίας [8] καὶ ἀπὸ Ἱεροσολύμων καὶ ἀπὸ τῆς Ἰδουμαίας καὶ πέραν τοῦ Ἰορδάνου καὶ **περὶ Τύρον καὶ Σιδῶνα** ...	**Lk 6,17**	... καὶ πλῆθος πολὺ τοῦ λαοῦ ἀπὸ πάσης τῆς Ἰουδαίας καὶ Ἰερουσαλὴμ καὶ **τῆς παραλίου Τύρου καὶ Σιδῶνος**
202	**Mt 11,21**	οὐαί σοι, Χοραζίν, οὐαί σοι, Βηθσαϊδά· ὅτι εἰ **ἐν Τύρῳ καὶ Σιδῶνι** ἐγένοντο αἱ δυνάμεις αἱ γενόμεναι ἐν ὑμῖν, πάλαι ἂν ἐν σάκκῳ καὶ σποδῷ μετενόησαν.			**Lk 10,13**	οὐαί σοι, Χοραζίν, οὐαί σοι, Βηθσαϊδά· ὅτι εἰ **ἐν Τύρῳ καὶ Σιδῶνι** ἐγενήθησαν αἱ δυνάμεις αἱ γενόμεναι ἐν ὑμῖν, πάλαι ἂν ἐν σάκκῳ καὶ σποδῷ καθήμενοι μετενόησαν.
202	**Mt 11,22**	πλὴν λέγω ὑμῖν, **Τύρῳ καὶ Σιδῶνι** ἀνεκτότερον ἔσται ἐν ἡμέρᾳ κρίσεως ἢ ὑμῖν.			**Lk 10,14**	πλὴν **Τύρῳ καὶ Σιδῶνι** ἀνεκτότερον ἔσται ἐν τῇ κρίσει ἢ ὑμῖν.
220	**Mt 15,21**	καὶ ἐξελθὼν ἐκεῖθεν ὁ Ἰησοῦς ἀνεχώρησεν **εἰς τὰ μέρη Τύρου καὶ Σιδῶνος.**	**Mk 7,24** → Mt 15,22	ἐκεῖθεν δὲ ἀναστὰς ἀπῆλθεν **εἰς τὰ ὅρια Τύρου.** ...		
120	**Mt 15,29**	καὶ μεταβὰς **ἐκεῖθεν** ὁ Ἰησοῦς ἦλθεν παρὰ τὴν θάλασσαν τῆς Γαλιλαίας, ...	**Mk 7,31**	καὶ πάλιν ἐξελθὼν **ἐκ τῶν ὁρίων Τύρου** ἦλθεν διὰ Σιδῶνος εἰς τὴν θάλασσαν τῆς Γαλιλαίας ...		

Acts 21,3	ἀναφάναντες δὲ τὴν Κύπρον καὶ καταλιπόντες αὐτὴν εὐώνυμον ἐπλέομεν εἰς Συρίαν καὶ κατήλθομεν **εἰς Τύρον**· ...	**Acts 21,7**	ἡμεῖς δὲ τὸν πλοῦν διανύσαντες **ἀπὸ Τύρου** κατηντήσαμεν εἰς Πτολεμαΐδα ...

τυφλός	Syn 30	Mt 17	Mk 5	Lk 8	Acts 1	Jn 16	1-3John	Paul 1	Eph	Col
	NT 50	2Thess	1/2Tim	Tit	Heb	Jas	1Pet	2Pet 1	Jude	Rev 1

blind

	triple tradition																	double tradition			Sondergut		
		+Mt / +Lk			–Mt / –Lk			traditions not taken over by Mt / Lk							subtotals								
code	222	211	112	212	221	122	121	022	012	021	220	120	210	020	Σ+	Σ−	Σ	202	201	102	200	002	total
Mt	1						2−						2+		2+	2−	3	3	3		8		17
Mk	1						2							2			5						5
Lk	1						2−									2−	1	3				4	8

a τυφλός in the context of healings

a 002					**Lk 4,18** ↓ Mt 11,5 ↓ Lk 7,22 → Lk 3,22 → Lk 13,16	*πνεῦμα κυρίου ἐπ' ἐμὲ οὗ εἵνεκεν ἔχρισέν με εὐαγγελίσασθαι πτωχοῖς, ἀπέσταλκέν με, κηρύξαι αἰχμαλώτοις ἄφεσιν καὶ* **τυφλοῖς** *ἀνάβλεψιν, ἀποστεῖλαι τεθραυσμένους ἐν ἀφέσει* ➤ Isa 61,1 LXX; 58,6	→ Acts 4,27 → Acts 10,38
202 202	**Mt 15,14** **(4)**	ἄφετε αὐτούς· τυφλοί εἰσιν ὁδηγοί [τυφλῶν]· **τυφλὸς** δὲ **τυφλὸν** ἐὰν ὁδηγῇ, ἀμφότεροι εἰς βόθυνον πεσοῦνται.			**Lk 6,39** **(2)**	... μήτι δύναται **τυφλὸς** **τυφλὸν** ὁδηγεῖν; οὐχὶ ἀμφότεροι εἰς βόθυνον ἐμπεσοῦνται;	→ GTh 34
a 200	**Mt 9,27** ⇩ Mt 20,30	καὶ παράγοντι ἐκεῖθεν τῷ Ἰησοῦ ἠκολούθησαν [αὐτῷ] **δύο τυφλοὶ** κράζοντες καὶ λέγοντες· ἐλέησον ἡμᾶς, υἱὸς Δαυίδ.	**Mk 10,46**	καὶ ἔρχονται εἰς Ἰεριχώ. καὶ ἐκπορευομένου αὐτοῦ ἀπὸ Ἰεριχὼ καὶ τῶν μαθητῶν αὐτοῦ καὶ ὄχλου ἱκανοῦ ὁ υἱὸς Τιμαίου Βαρτιμαῖος, **τυφλὸς προσαίτης,** ἐκάθητο παρὰ τὴν ὁδόν. [47] ... ἤρξατο κράζειν καὶ λέγειν· υἱὲ Δαυὶδ Ἰησοῦ, ἐλέησόν με.	**Lk 18,35**	ἐγένετο δὲ ἐν τῷ ἐγγίζειν αὐτὸν εἰς Ἰεριχὼ **τυφλός τις** ἐκάθητο παρὰ τὴν ὁδὸν ἐπαιτῶν. ... [38] καὶ ἐβόησεν λέγων· Ἰησοῦ υἱὲ Δαυίδ, ἐλέησόν με.	
a 200	**Mt 9,28**	... προσῆλθον αὐτῷ **οἱ τυφλοί,** καὶ λέγει αὐτοῖς ὁ Ἰησοῦς· πιστεύετε ὅτι δύναμαι τοῦτο ποιῆσαι; ...	**Mk 10,50**	ὁ δὲ ἀποβαλὼν τὸ ἱμάτιον αὐτοῦ ἀναπηδήσας ἦλθεν πρὸς τὸν Ἰησοῦν. [51] καὶ ἀποκριθεὶς αὐτῷ ὁ Ἰησοῦς εἶπεν· τί σοι θέλεις ποιήσω;	**Lk 18,40**	... ἐγγίσαντος δὲ αὐτοῦ ἐπηρώτησεν αὐτόν· [41] τί σοι θέλεις ποιήσω; ...	
a 002					**Lk 7,21** → Lk 6,18	ἐν ἐκείνῃ τῇ ὥρᾳ ἐθεράπευσεν πολλοὺς ἀπὸ νόσων καὶ μαστίγων καὶ πνευμάτων πονηρῶν καὶ **τυφλοῖς πολλοῖς** ἐχαρίσατο βλέπειν.	
a 202	**Mt 11,5** ↓ Mt 15,31	***τυφλοὶ*** *ἀναβλέπουσιν* καὶ χωλοὶ περιπατοῦσιν, λεπροὶ καθαρίζονται καὶ *κωφοὶ ἀκούουσιν,* καὶ *νεκροὶ ἐγείρονται* καὶ πτωχοὶ εὐαγγελίζονται· ➤ Isa 29,18; 35,5-6; 42,18; 26,19			**Lk 7,22** ↑ Lk 4,18	... ***τυφλοὶ*** *ἀναβλέπουσιν,* χωλοὶ περιπατοῦσιν, λεπροὶ καθαρίζονται καὶ *κωφοὶ ἀκούουσιν,* *νεκροὶ ἐγείρονται,* πτωχοὶ εὐαγγελίζονται· ➤ Isa 29,18; 35,5-6; 42,18; 26,19	

a 200	Mt 12,22 ⇨ Mt 9,32-33	τότε προσηνέχθη αὐτῷ δαιμονιζόμενος **τυφλὸς** καὶ κωφός, καὶ ἐθεράπευσεν αὐτόν, ὥστε τὸν κωφὸν λαλεῖν καὶ βλέπειν.			Lk 11,14	καὶ ἦν ἐκβάλλων δαιμόνιον [καὶ αὐτὸ ἦν] **κωφόν·** ἐγένετο δὲ τοῦ δαιμονίου ἐξελθόντος ἐλάλησεν ὁ κωφὸς καὶ ἐθαύμασαν οἱ ὄχλοι.	
201 201 202 202	Mt 15,14 (4)	ἄφετε αὐτούς· **τυφλοί** εἰσιν ὁδηγοί [**τυφλῶν**]· **τυφλὸς** δὲ **τυφλὸν** ἐὰν ὁδηγῇ, ἀμφότεροι εἰς βόθυνον πεσοῦνται.			Lk 6,39 (2)	... μήτι δύναται **τυφλὸς** **τυφλὸν** ὁδηγεῖν; οὐχὶ ἀμφότεροι εἰς βόθυνον ἐμπεσοῦνται;	→ GTh 34
a 210	Mt 15,30 → Mt 4,24b → Mt 8,16	καὶ προσῆλθον αὐτῷ ὄχλοι πολλοὶ ἔχοντες μεθ' ἑαυτῶν χωλούς, **τυφλούς,** κυλλούς, κωφούς, καὶ ἑτέρους πολλοὺς καὶ ἔρριψαν αὐτοὺς παρὰ τοὺς πόδας αὐτοῦ, ...	Mk 7,32 → Mk 1,32	καὶ φέρουσιν αὐτῷ κωφὸν καὶ μογιλάλον καὶ παρακαλοῦσιν αὐτὸν ἵνα ἐπιθῇ αὐτῷ τὴν χεῖρα.			
a 210	Mt 15,31 ↑ Mt 11,5	ὥστε τὸν ὄχλον θαυμάσαι βλέποντας κωφοὺς λαλοῦντας, κυλλοὺς ὑγιεῖς, καὶ χωλοὺς περιπατοῦντας καὶ **τυφλοὺς** βλέποντας· καὶ ἐδόξασαν τὸν θεὸν Ἰσραήλ.	Mk 7,37	καὶ ὑπερπερισσῶς ἐξεπλήσσοντο λέγοντες· καλῶς πάντα πεποίηκεν, καὶ τοὺς κωφοὺς ποιεῖ ἀκούειν καὶ [τοὺς] ἀλάλους λαλεῖν.			
a 020			Mk 8,22	... καὶ φέρουσιν αὐτῷ **τυφλὸν** καὶ παρακαλοῦσιν αὐτὸν ἵνα αὐτοῦ ἅψηται.			
a 020			Mk 8,23 → Mt 9,29 → Mt 20,34 → Mk 7,33	καὶ ἐπιλαβόμενος **τῆς χειρὸς τοῦ** **τυφλοῦ** ἐξήνεγκεν αὐτὸν ἔξω τῆς κώμης ...			→ Jn 9,6
002					Lk 14,13 ↓ Lk 14,21	ἀλλ' ὅταν δοχὴν ποιῇς, κάλει πτωχούς, ἀναπείρους, χωλούς, **τυφλούς·**	
002					Lk 14,21 → Mt 22,9 ⇨ Lk 14,23 ↑ Lk 14,13	... ἔξελθε ταχέως εἰς τὰς πλατείας καὶ ῥύμας τῆς πόλεως, καὶ τοὺς πτωχοὺς καὶ ἀναπείρους καὶ **τυφλοὺς** καὶ χωλοὺς εἰσάγαγε ὧδε.	→ GTh 64
a 222	Mt 20,30 ⇑ Mt 9,27	[29] καὶ ἐκπορευομένων αὐτῶν ἀπὸ Ἰεριχὼ ἠκολούθησεν αὐτῷ ὄχλος πολύς. [30] καὶ ἰδοὺ **δύο τυφλοὶ** καθήμενοι παρὰ τὴν ὁδὸν ...	Mk 10,46	καὶ ἔρχονται εἰς Ἰεριχώ. καὶ ἐκπορευομένου αὐτοῦ ἀπὸ Ἰεριχὼ καὶ τῶν μαθητῶν αὐτοῦ καὶ ὄχλου ἱκανοῦ ὁ υἱὸς Τιμαίου Βαρτιμαῖος, **τυφλὸς προσαίτης,** ἐκάθητο παρὰ τὴν ὁδόν.	Lk 18,35	ἐγένετο δὲ ἐν τῷ ἐγγίζειν αὐτὸν εἰς Ἰεριχὼ **τυφλός τις** ἐκάθητο παρὰ τὴν ὁδὸν ἐπαιτῶν.	

a 121	Mt 20,32 ⇧ Mt 9,28	καὶ στὰς ὁ Ἰησοῦς ἐφώνησεν αὐτοὺς ...	Mk 10,49	καὶ στὰς ὁ Ἰησοῦς εἶπεν· φωνήσατε αὐτόν. καὶ φωνοῦσιν **τὸν τυφλὸν** λέγοντες αὐτῷ· θάρσει, ἔγειρε, φωνεῖ σε.	Lk 18,40	σταθεὶς δὲ ὁ Ἰησοῦς ἐκέλευσεν αὐτὸν ἀχθῆναι πρὸς αὐτόν. ...	
a 121	Mt 20,33 ⇧ Mt 9,28	λέγουσιν αὐτῷ· κύριε, ἵνα ἀνοιγῶσιν οἱ ὀφθαλμοὶ ἡμῶν.	Mk 10,51	... ὁ δὲ **τυφλὸς** εἶπεν αὐτῷ· ῥαββουνι, ἵνα ἀναβλέψω.	Lk 18,41	... ὁ δὲ εἶπεν· κύριε, ἵνα ἀναβλέψω.	
a 200	Mt 21,14	καὶ προσῆλθον αὐτῷ **τυφλοὶ** καὶ χωλοὶ ἐν τῷ ἱερῷ, καὶ ἐθεράπευσεν αὐτούς.					
200	Mt 23,16	οὐαὶ ὑμῖν, **ὁδηγοὶ τυφλοὶ** οἱ λέγοντες· ὃς ἂν ὀμόσῃ ἐν τῷ ναῷ, οὐδέν ἐστιν· ὃς δ' ἂν ὀμόσῃ ἐν τῷ χρυσῷ τοῦ ναοῦ ὀφείλει.					
200	Mt 23,17	μωροὶ καὶ **τυφλοί,** τίς γὰρ μείζων ἐστίν, ὁ χρυσὸς ἢ ὁ ναὸς ὁ ἁγιάσας τὸν χρυσόν;					
200	Mt 23,19	**τυφλοί,** τί γὰρ μεῖζον, τὸ δῶρον ἢ τὸ θυσιαστήριον τὸ ἁγιάζον τὸ δῶρον;					
200	Mt 23,24	**ὁδηγοὶ τυφλοί,** οἱ διϋλίζοντες τὸν κώνωπα, τὴν δὲ κάμηλον καταπίνοντες.					
201	Mt 23,26	**Φαρισαῖε τυφλέ,** καθάρισον πρῶτον τὸ ἐντὸς τοῦ ποτηρίου, ἵνα γένηται καὶ τὸ ἐκτὸς αὐτοῦ καθαρόν.			Lk 11,40	**ἄφρονες,** οὐχ ὁ ποιήσας τὸ ἔξωθεν καὶ τὸ ἔσωθεν ἐποίησεν; [41] πλὴν τὰ ἐνόντα δότε ἐλεημοσύνην, καὶ ἰδοὺ πάντα καθαρὰ ὑμῖν ἐστιν.	→ GTh 89

Acts 13,11 καὶ νῦν ἰδοὺ χεὶρ κυρίου ἐπὶ σὲ καὶ ἔσῃ **τυφλὸς** μὴ βλέπων τὸν ἥλιον ἄχρι καιροῦ. ...

τύφω									
	Syn 1	Mt 1	Mk	Lk	Acts	Jn	1-3John	Paul	Eph	Col
	NT 1	2Thess	1/2Tim	Tit	Heb	Jas	1Pet	2Pet	Jude	Rev

give off smoke, steam; *passive:* smoke; smolder; glimmer

200	Mt 12,20	*κάλαμον συντετριμμένον οὐ κατεάξει καὶ* ***λίνον τυφόμενον*** *οὐ σβέσει, ἕως ἂν ἐκβάλῃ* εἰς νῖκος τὴν *κρίσιν.* ➤ Isa 42,3-4			

Y

ὑβρίζω	Syn 3	Mt 1	Mk	Lk 2	Acts 1	Jn	1-3John	Paul 1	Eph	Col
	NT 5	2Thess	1/2Tim	Tit	Heb	Jas	1Pet	2Pet	Jude	Rev

treat in an arrogant, spiteful manner; mistreat; scoff at; insult

002					Lk 11,45	ἀποκριθεὶς δέ τις τῶν νομικῶν λέγει αὐτῷ· διδάσκαλε, ταῦτα λέγων καὶ ἡμᾶς **ὑβρίζεις.**	
112	Mt 20,19 → Mt 16,21 → Mt 17,22-23	καὶ παραδώσουσιν αὐτὸν τοῖς ἔθνεσιν εἰς τὸ ἐμπαῖξαι καὶ μαστιγῶσαι καὶ σταυρῶσαι, καὶ τῇ τρίτῃ ἡμέρᾳ ἐγερθήσεται.	Mk 10,34 → Mk 8,31 → Mk 9,31	[33] ... καὶ παραδώσουσιν αὐτὸν τοῖς ἔθνεσιν [34] καὶ ἐμπαίξουσιν αὐτῷ καὶ ἐμπτύσουσιν αὐτῷ καὶ μαστιγώσουσιν αὐτὸν καὶ ἀποκτενοῦσιν, καὶ μετὰ τρεῖς ἡμέρας ἀναστήσεται.	Lk 18,32 → Lk 9,22 → Lk 9,44 → Lk 17,25 → Lk 24,7 → Lk 24,26 → Lk 24,46	παραδοθήσεται γὰρ τοῖς ἔθνεσιν καὶ ἐμπαιχθήσεται καὶ **ὑβρισθήσεται** καὶ ἐμπτυσθήσεται [33] καὶ μαστιγώσαντες ἀποκτενοῦσιν αὐτόν, καὶ τῇ ἡμέρᾳ τῇ τρίτῃ ἀναστήσεται.	
200	Mt 22,6 → Mt 21,35 → Mk 12,5 → Lk 20,12	οἱ δὲ λοιποὶ κρατήσαντες τοὺς δούλους αὐτοῦ **ὕβρισαν** καὶ ἀπέκτειναν.					→ GTh 64

Acts 14,5 ὡς δὲ ἐγένετο ὁρμὴ τῶν ἐθνῶν τε καὶ Ἰουδαίων σὺν τοῖς ἄρχουσιν αὐτῶν **ὑβρίσαι** καὶ λιθοβολῆσαι αὐτούς

ὑγιαίνω	Syn 3	Mt	Mk	Lk 3	Acts	Jn	1-3John 1	Paul	Eph	Col
	NT 12	2Thess	1/2Tim 4	Tit 4	Heb	Jas	1Pet	2Pet	Jude	Rev

be in good health; be healthy; be sound

112	Mt 9,12	... οὐ χρείαν ἔχουσιν οἱ **ἰσχύοντες** ἰατροῦ ἀλλ' οἱ κακῶς ἔχοντες.	Mk 2,17	... οὐ χρείαν ἔχουσιν οἱ **ἰσχύοντες** ἰατροῦ ἀλλ' οἱ κακῶς ἔχοντες· ...	Lk 5,31	... οὐ χρείαν ἔχουσιν οἱ **ὑγιαίνοντες** ἰατροῦ ἀλλὰ οἱ κακῶς ἔχοντες·	
102	Mt 8,13	... ὕπαγε, ὡς ἐπίστευσας γενηθήτω σοι. καὶ **ἰάθη** ὁ παῖς [αὐτοῦ] ἐν τῇ ὥρᾳ ἐκείνῃ.			Lk 7,10 → Mk 7,30	καὶ ὑποστρέψαντες εἰς τὸν οἶκον οἱ πεμφθέντες εὗρον τὸν δοῦλον **ὑγιαίνοντα.**	→ Jn 4,50-51
002					Lk 15,27	... ὁ ἀδελφός σου ἥκει, καὶ ἔθυσεν ὁ πατήρ σου τὸν μόσχον τὸν σιτευτόν, ὅτι **ὑγιαίνοντα** αὐτὸν ἀπέλαβεν.	

ὑγιής

ὑγιής	Syn 3	Mt 2	Mk 1	Lk	Acts 1	Jn 6	1-3John	Paul	Eph	Col
	NT 11	2Thess	1/2Tim	Tit 1	Heb	Jas	1Pet	2Pet	Jude	Rev

healthy; sound

211	**Mt 12,13**	τότε λέγει τῷ ἀνθρώπῳ· ἔκτεινόν σου τὴν χεῖρα. καὶ ἐξέτεινεν καὶ ἀπεκατεστάθη ὑγιὴς ὡς ἡ ἄλλη.	**Mk 3,5**	... λέγει τῷ ἀνθρώπῳ· ἔκτεινον τὴν χεῖρα. καὶ ἐξέτεινεν καὶ ἀπεκατεστάθη ἡ χεὶρ αὐτοῦ.	**Lk 6,10** → Lk 13,12-13	... εἶπεν αὐτῷ· ἔκτεινον τὴν χεῖρά σου. ὁ δὲ ἐποίησεν καὶ ἀπεκατεστάθη ἡ χεὶρ αὐτοῦ.	
121	**Mt 9,22**	... θάρσει, θύγατερ· ἡ πίστις σου σέσωκέν σε.	**Mk 5,34**	... θυγάτηρ, ἡ πίστις σου σέσωκέν σε· ὕπαγε εἰς εἰρήνην καὶ ἴσθι ὑγιὴς ἀπὸ τῆς μάστιγός σου.	**Lk 8,48**	... θυγάτηρ, ἡ πίστις σου σέσωκέν σε· πορεύου εἰς εἰρήνην.	
		καὶ ἐσώθη ἡ γυνὴ ἀπὸ τῆς ὥρας ἐκείνης.	**Mk 5,29** → Lk 8,47	καὶ εὐθὺς ἐξηράνθη ἡ πηγὴ τοῦ αἵματος αὐτῆς καὶ ἔγνω τῷ σώματι ὅτι ἴαται ἀπὸ τῆς μάστιγος.	**Lk 8,44**	... καὶ παραχρῆμα ἔστη ἡ ῥύσις τοῦ αἵματος αὐτῆς.	
210	**Mt 15,31** → Mt 11,5	ὥστε τὸν ὄχλον θαυμάσαι βλέποντας κωφοὺς λαλοῦντας, κυλλοὺς ὑγιεῖς, καὶ χωλοὺς περιπατοῦντας καὶ τυφλοὺς βλέποντας· καὶ ἐδόξασαν τὸν θεὸν Ἰσραήλ.	**Mk 7,37**	καὶ ὑπερπερισσῶς ἐξεπλήσσοντο λέγοντες· καλῶς πάντα πεποίηκεν, καὶ τοὺς κωφοὺς ποιεῖ ἀκούειν καὶ [τοὺς] ἀλάλους λαλεῖν.			

Acts 4,10 γνωστὸν ἔστω πᾶσιν ὑμῖν
καὶ παντὶ τῷ λαῷ Ἰσραὴλ
ὅτι ἐν τῷ ὀνόματι Ἰησοῦ
Χριστοῦ τοῦ Ναζωραίου
ὃν ὑμεῖς ἐσταυρώσατε,
ὃν ὁ θεὸς ἤγειρεν ἐκ
νεκρῶν, ἐν τούτῳ οὗτος
παρέστηκεν ἐνώπιον ὑμῶν
ὑγιής.

ὑγρός

ὑγρός	Syn 1	Mt	Mk	Lk 1	Acts	Jn	1-3John	Paul	Eph	Col
	NT 1	2Thess	1/2Tim	Tit	Heb	Jas	1Pet	2Pet	Jude	Rev

moist; pliant

002					**Lk 23,31**	ὅτι εἰ ἐν τῷ ὑγρῷ ξύλῳ ταῦτα ποιοῦσιν, ἐν τῷ ξηρῷ τί γένηται;	

ὑδρωπικός	Syn 1	Mt	Mk	Lk 1	Acts	Jn	1-3John	Paul	Eph	Col
	NT 1	2Thess	1/2Tim	Tit	Heb	Jas	1Pet	2Pet	Jude	Rev

suffering from dropsy

002		Lk 14,2 → Mt 12,10 → Mk 3,1 → Lk 6,6 → Lk 13,11	καὶ ἰδοὺ ἄνθρωπός τις ἦν **ὑδρωπικὸς** ἔμπροσθεν αὐτοῦ.	

ὕδωρ	Syn 18	Mt 7	Mk 5	Lk 6	Acts 7	Jn 21	1-3John 4	Paul	Eph 1	Col
	NT 76	2Thess	1/2Tim	Tit	Heb 2	Jas 1	1Pet 1	2Pet 3	Jude	Rev 18

water

	triple tradition																	double tradition			Sondergut		
		+Mt / +Lk			–Mt / –Lk			traditions not taken over by Mt / Lk							subtotals								
code	*222*	*211*	*112*	*212*	*221*	*122*	*121*	*022*	*012*	*021*	*220*	*120*	*210*	*020*	Σ^+	Σ^-	Σ	*202*	*201*	*102*	*200*	*002*	total
Mt		1^+			1	1^-					1	1^-			1^+	2^-	3	1			3		**7**
Mk					1	1					1	1		1			5						**5**
Lk			2^+		1^-	1									2^+	1^-	3	1				2	**6**

Mk-Q overlap: 221: Mt 3,16 / Mk 1,10 / Lk 3,21 (?)

020	Mt 3,11	ἐγὼ μὲν ὑμᾶς βαπτίζω **ἐν ὕδατι** εἰς μετάνοιαν, ... αὐτὸς ὑμᾶς βαπτίσει ἐν πνεύματι ἁγίῳ καὶ πυρί·	**Mk 1,8**	ἐγὼ ἐβάπτισα ὑμᾶς **ὕδατι,** αὐτὸς δὲ βαπτίσει ὑμᾶς ἐν πνεύματι ἁγίῳ.	Lk 3,16 → Lk 12,49	... ἐγὼ μὲν **ὕδατι** βαπτίζω ὑμᾶς· ... αὐτὸς ὑμᾶς βαπτίσει ἐν πνεύματι ἁγίῳ καὶ πυρί·	**→ Jn 1,26** **→ Acts 1,5** **→ Acts 11,16** → Acts 19,4 Mk-Q overlap
202	**Mt 3,11**	ἐγὼ μὲν ὑμᾶς βαπτίζω **ἐν ὕδατι** εἰς μετάνοιαν, ὁ δὲ ὀπίσω μου ἐρχόμενος ἰσχυρότερός μού ἐστιν, οὗ οὐκ εἰμὶ ἱκανὸς τὰ ὑποδήματα βαστάσαι· αὐτὸς ὑμᾶς βαπτίσει ἐν πνεύματι ἁγίῳ καὶ πυρί·	Mk 1,8	[7] ἔρχεται ὁ ἰσχυρότερός μου ὀπίσω μου, οὗ οὐκ εἰμὶ ἱκανὸς κύψας λῦσαι τὸν ἱμάντα τῶν ὑποδημάτων αὐτοῦ. [8] ἐγὼ ἐβάπτισα ὑμᾶς **ὕδατι,** αὐτὸς δὲ βαπτίσει ὑμᾶς ἐν πνεύματι ἁγίῳ.	**Lk 3,16** → Lk 12,49	... ἐγὼ μὲν **ὕδατι** βαπτίζω ὑμᾶς· ἔρχεται δὲ ὁ ἰσχυρότερός μου, οὗ οὐκ εἰμὶ ἱκανὸς λῦσαι τὸν ἱμάντα τῶν ὑποδημάτων αὐτοῦ· αὐτὸς ὑμᾶς βαπτίσει ἐν πνεύματι ἁγίῳ καὶ πυρί·	**→ Jn 1,26** → Jn 1,27 **→ Acts 1,5** **→ Acts 11,16** → Acts 19,4 Mk-Q overlap
221	**Mt 3,16**	βαπτισθεὶς δὲ ὁ Ἰησοῦς εὐθὺς ἀνέβη **ἀπὸ τοῦ ὕδατος·** καὶ ἰδοὺ ἠνεῴχθησαν [αὐτῷ] οἱ οὐρανοί, ...	**Mk 1,10**	καὶ εὐθὺς ἀναβαίνων **ἐκ τοῦ ὕδατος** εἶδεν σχιζομένους τοὺς οὐρανοὺς ...	**Lk 3,21**	... καὶ προσευχομένου ἀνεῳχθῆναι τὸν οὐρανὸν	Mk-Q overlap?
211	**Mt 8,32**	... καὶ ἰδοὺ ὥρμησεν πᾶσα ἡ ἀγέλη κατὰ τοῦ κρημνοῦ εἰς τὴν θάλασσαν καὶ ἀπέθανον **ἐν τοῖς ὕδασιν.**	**Mk 5,13**	... καὶ ὥρμησεν ἡ ἀγέλη κατὰ τοῦ κρημνοῦ εἰς τὴν θάλασσαν, ὡς δισχίλιοι, καὶ ἐπνίγοντο **ἐν τῇ θαλάσσῃ.**	**Lk 8,33**	... καὶ ὥρμησεν ἡ ἀγέλη κατὰ τοῦ κρημνοῦ εἰς τὴν λίμνην καὶ ἀπεπνίγη.	

002					Lk 7,44	... βλέπεις ταύτην τὴν γυναῖκα; εἰσῆλθόν σου εἰς τὴν οἰκίαν, **ὕδωρ** μοι ἐπὶ πόδας οὐκ ἔδωκας· αὕτη δὲ τοῖς δάκρυσιν ἔβρεξέν μου τοὺς πόδας καὶ ταῖς θριξὶν αὐτῆς ἐξέμαξεν.	
112	Mt 8,26	... τότε ἐγερθεὶς ἐπετίμησεν τοῖς ἀνέμοις καὶ **τῇ θαλάσσῃ,** καὶ ἐγένετο γαλήνη μεγάλη.	Mk 4,39	καὶ διεγερθεὶς ἐπετίμησεν τῷ ἀνέμῳ καὶ εἶπεν **τῇ θαλάσσῃ·** σιώπα, πεφίμωσο. καὶ ἐκόπασεν ὁ ἄνεμος καὶ ἐγένετο γαλήνη μεγάλη.	Lk 8,24	... ὁ δὲ διεγερθεὶς ἐπετίμησεν τῷ ἀνέμῳ καὶ **τῷ κλύδωνι** **τοῦ ὕδατος·** καὶ ἐπαύσαντο καὶ ἐγένετο γαλήνη.	
112	Mt 8,27	... ποταπός ἐστιν οὗτος ὅτι καὶ οἱ ἄνεμοι καὶ **ἡ θάλασσα** αὐτῷ ὑπακούουσιν;	Mk 4,41	... τίς ἄρα οὗτός ἐστιν ὅτι καὶ ὁ ἄνεμος καὶ **ἡ θάλασσα** ὑπακούει αὐτῷ;	Lk 8,25	... τίς ἄρα οὗτός ἐστιν ὅτι καὶ τοῖς ἀνέμοις ἐπιτάσσει καὶ **τῷ ὕδατι,** καὶ ὑπακούουσιν αὐτῷ;	
200	Mt 14,28	... κύριε, εἰ σὺ εἶ, κέλευσόν με ἐλθεῖν πρὸς σὲ **ἐπὶ τὰ ὕδατα.**					
200	Mt 14,29	... [ὁ] Πέτρος περιεπάτησεν **ἐπὶ τὰ ὕδατα** καὶ ἦλθεν πρὸς τὸν Ἰησοῦν.					
220	Mt 17,15	... πολλάκις γὰρ πίπτει εἰς τὸ πῦρ καὶ πολλάκις **εἰς τὸ ὕδωρ.**	Mk 9,22	καὶ πολλάκις καὶ εἰς πῦρ αὐτὸν ἔβαλεν καὶ **εἰς ὕδατα** ἵνα ἀπολέσῃ αὐτόν· ...			
120	Mt 10,42	καὶ ὃς ἂν ποτίσῃ ἕνα τῶν μικρῶν τούτων **ποτήριον ψυχροῦ** μόνον εἰς ὄνομα μαθητοῦ, ἀμὴν λέγω ὑμῖν, οὐ μὴ ἀπολέσῃ τὸν μισθὸν αὐτοῦ.	Mk 9,41	ὃς γὰρ ἂν ποτίσῃ ὑμᾶς **ποτήριον ὕδατος** ἐν ὀνόματι ὅτι Χριστοῦ ἐστε, ἀμὴν λέγω ὑμῖν ὅτι οὐ μὴ ἀπολέσῃ τὸν μισθὸν αὐτοῦ.			
002					Lk 16,24	... πέμψον Λάζαρον ἵνα βάψῃ τὸ ἄκρον τοῦ δακτύλου αὐτοῦ **ὕδατος** καὶ καταψύξῃ τὴν γλῶσσάν μου, ...	
122	Mt 26,18	... ὑπάγετε εἰς τὴν πόλιν πρὸς τὸν δεῖνα ...	Mk 14,13	... ὑπάγετε εἰς τὴν πόλιν, καὶ ἀπαντήσει ὑμῖν ἄνθρωπος **κεράμιον ὕδατος** βαστάζων· ἀκολουθήσατε αὐτῷ	Lk 22,10	... ἰδοὺ εἰσελθόντων ὑμῶν εἰς τὴν πόλιν συναντήσει ὑμῖν ἄνθρωπος **κεράμιον ὕδατος** βαστάζων· ἀκολουθήσατε αὐτῷ ...	
200	Mt 27,24	... ὁ Πιλᾶτος ... λαβὼν **ὕδωρ** ἀπενίψατο τὰς χεῖρας ἀπέναντι τοῦ ὄχλου λέγων· ἀθῷός εἰμι ἀπὸ τοῦ αἵματος τούτου· ὑμεῖς ὄψεσθε.					→ Acts 18,6 → Acts 20,26

Acts 1,5
→ Mt 3,11
→ Mk 1,8
→ Lk 3,16
→ Acts 11,16

ὅτι Ἰωάννης μὲν
ἐβάπτισεν
ὕδατι,
ὑμεῖς δὲ ἐν πνεύματι
βαπτισθήσεσθε ἁγίῳ οὐ
μετὰ πολλὰς ταύτας
ἡμέρας.

Acts 8,36 (2)

ὡς δὲ ἐπορεύοντο κατὰ
τὴν ὁδόν, ἦλθον
ἐπί τι ὕδωρ,
καί φησιν ὁ εὐνοῦχος·
ἰδοὺ
ὕδωρ,
τί κωλύει με
βαπτισθῆναι;

Acts 8,38

καὶ ἐκέλευσεν στῆναι
τὸ ἅρμα καὶ κατέβησαν
ἀμφότεροι
εἰς τὸ ὕδωρ,
ὅ τε Φίλιππος καὶ
ὁ εὐνοῦχος, καὶ
ἐβάπτισεν αὐτόν.

Acts 8,39

ὅτε δὲ ἀνέβησαν
ἐκ τοῦ ὕδατος,
πνεῦμα κυρίου ἥρπασεν
τὸν Φίλιππον, καὶ οὐκ
εἶδεν αὐτὸν οὐκέτι
ὁ εὐνοῦχος, ἐπορεύετο
γὰρ τὴν ὁδὸν αὐτοῦ
χαίρων.

Acts 10,47

μήτι
τὸ ὕδωρ
δύναταί κωλῦσαί τις
τοῦ μὴ βαπτισθῆναι
τούτους, οἵτινες
τὸ πνεῦμα τὸ ἅγιον
ἔλαβον ὡς καὶ ἡμεῖς;

Acts 11,16
→ Mt 3,11
→ Mk 1,8
→ Lk 3,16
→ Acts 1,5

... Ἰωάννης μὲν ἐβάπτισεν
ὕδατι,
ὑμεῖς δὲ βαπτισθήσεσθε
ἐν πνεύματι ἁγίῳ.

υἱός

	Syn	Mt	Mk	Lk	Acts	Jn	1-3John	Paul	Eph	Col
	201	89	35	77	21	55	24	34	4	2
	NT	2Thess	1/2Tim	Tit	Heb	Jas	1Pet	2Pet	Jude	Rev
	377	1			24	1	1	1		8

son

	triple tradition																	double tradition			Sonder-gut		
		+Mt / +Lk			–Mt / –Lk			traditions not taken over by Mt / Lk							subtotals								
code	*222*	*211*	*112*	*212*	*221*	*122*	*121*	*022*	*012*	*021*	*220*	*120*	*210*	*020*	Σ⁺	Σ⁻	Σ	*202*	*201*	*102*	*200*	*002*	total
Mt	20	7^+			5	1^-	2^-				4	1^-	7^+		14^+	4^-	43	16	6		24		**89**
Mk	20				5	1	2	1			4	1		1			35						**35**
Lk	20		7^+		5^-	1	2^-	1							7^+	7^-	29	16		6		26	**77**

Mk-Q overlap: 222: Mt 3,17 / Mk 1,11 / Lk 3,22 (?)

a υἱὸς (τοῦ) θεοῦ, υἱός μου (= θεοῦ), υἱός τοῦ πατρὸς (= θεοῦ), υἱὸς ὑψίστου
b υἱός (absolute) as a christological title
c υἱοὶ (τοῦ) θεοῦ
d ὁ υἱὸς τοῦ ἀνθρώπου (statistics see below)
e υἱὸς Ἀβραάμ
f υἱὸς Δαυίδ
g υἱοὶ Ἰσραήλ
h υἱός and μήτηρ / πατήρ (except a)

d ὁ υἱὸς τοῦ ἀνθρώπου

	Syn	Mt	Mk	Lk	Acts	Jn	1-3John	Paul	Eph	Col
	69	30	14	25	1	12				
	NT	2Thess	1/2Tim	Tit	Heb	Jas	1Pet	2Pet	Jude	Rev
	82									

Son of Man

	triple tradition																	double tradition			Sonder-gut		
		+Mt / +Lk			–Mt / –Lk			traditions not taken over by Mt / Lk							subtotals								
code	*222*	*211*	*112*	*212*	*221*	*122*	*121*	*022*	*012*	*021*	*220*	*120*	*210*	*020*	Σ⁺	Σ⁻	Σ	*202*	*201*	*102*	*200*	*002*	total
Mt	8	4^+			3	1^-					2				4^+	1^-	17	8	1		4		**30**
Mk	8				3	1					2						14						**14**
Lk	8		2^+		3^-	1									2^+	3^-	11	8		2		4	**25**

f 200 *e* 200	**Mt 1,1** (2) βίβλος γενέσεως Ἰησοῦ Χριστοῦ **υἱοῦ Δαυὶδ** **υἱοῦ Ἀβραάμ.**			
002			**Lk 1,13** ... ἡ γυνή σου Ἐλισάβετ γεννήσει **υἱόν** σοι καὶ καλέσεις τὸ ὄνομα αὐτοῦ Ἰωάννην.	

g 002				Lk 1,16	καὶ **πολλοὺς τῶν υἱῶν Ἰσραὴλ** ἐπιστρέψει ἐπὶ κύριον τὸν θεὸν αὐτῶν.	
002				Lk 1,31 ↓Mt 1,21 →Lk 2,21	καὶ ἰδοὺ συλλήμψη ἐν γαστρὶ καὶ τέξῃ **υἱὸν** καὶ καλέσεις τὸ ὄνομα αὐτοῦ Ἰησοῦν.	
a 002				Lk 1,32	οὗτος ἔσται μέγας καὶ **υἱὸς ὑψίστου** κληθήσεται καὶ δώσει αὐτῷ κύριος ὁ θεὸς τὸν θρόνον Δαυὶδ τοῦ πατρὸς αὐτοῦ	
a 002				Lk 1,35 →Mt 1,18	... διὸ καὶ τὸ γεννώμενον ἅγιον κληθήσεται **υἱὸς θεοῦ.**	
002				Lk 1,36	καὶ ἰδοὺ Ἐλισάβετ ἡ συγγενίς σου καὶ αὐτὴ συνείληφεν **υἱὸν** ἐν γήρει αὐτῆς καὶ οὗτος μὴν ἕκτος ἐστὶν αὐτῇ τῇ καλουμένῃ στείρᾳ·	
002				Lk 1,57	τῇ δὲ Ἐλισάβετ ἐπλήσθη ὁ χρόνος τοῦ τεκεῖν αὐτὴν καὶ ἐγέννησεν **υἱόν.**	
f 200	Mt 1,20 →Lk 1,27 →Lk 1,30	... Ἰωσὴφ **υἱὸς Δαυίδ,** μὴ φοβηθῇς παραλαβεῖν Μαριὰμ τὴν γυναῖκά σου, ...				
200	Mt 1,21 ↓Lk 1,31	τέξεται δὲ **υἱὸν,** καὶ καλέσεις τὸ ὄνομα αὐτοῦ Ἰησοῦν· ...				
200	Mt 1,23	*ἰδοὺ ἡ παρθένος ἐν γαστρὶ ἕξει καὶ τέξεται* ***υἱόν,*** *καὶ καλέσουσιν τὸ ὄνομα αὐτοῦ Ἐμμανουήλ, ...* ➤ Isa 7,14 LXX; 8,8.10 LXX				
200	Mt 1,25	καὶ οὐκ ἐγίνωσκεν αὐτὴν ἕως οὗ ἔτεκεν **υἱόν·** καὶ ἐκάλεσεν τὸ ὄνομα αὐτοῦ Ἰησοῦν.				
002				Lk 2,7	καὶ ἔτεκεν **τὸν υἱὸν αὐτῆς τὸν πρωτότοκον,** καὶ ἐσπαργάνωσεν αὐτὸν ...	
a 200	Mt 2,15	... ἵνα πληρωθῇ τὸ ῥηθὲν ὑπὸ κυρίου διὰ τοῦ προφήτου λέγοντος· *ἐξ Αἰγύπτου ἐκάλεσα* ***τὸν υἱόν μου.*** ➤ Hos 11,1				

a 020			Mk 1,1	ἀρχὴ τοῦ εὐαγγελίου Ἰησοῦ Χριστοῦ [υἱοῦ θεοῦ].			
002	Mt 3,1	ἐν δὲ ταῖς ἡμέραις ἐκείναις παραγίνεται Ἰωάννης ὁ βαπτιστὴς κηρύσσων ἐν τῇ ἐρήμῳ τῆς Ἰουδαίας	Mk 1,4	ἐγένετο Ἰωάννης [ὁ] βαπτίζων ἐν τῇ ἐρήμῳ καὶ κηρύσσων ...	Lk 3,2 → Lk 1,80 → Mt 3,5	ἐπὶ ἀρχιερέως Ἅννα καὶ Καϊάφα, ἐγένετο ῥῆμα θεοῦ ἐπὶ Ἰωάννην τὸν Ζαχαρίου υἱὸν ἐν τῇ ἐρήμῳ. [3] καὶ ἦλθεν εἰς πᾶσαν [τὴν] περίχωρον τοῦ Ἰορδάνου κηρύσσων ...	→ Jn 3,23
a 222	Mt 3,17 ↓ Mt 17,5 → Mt 12,18	καὶ ἰδοὺ φωνὴ ἐκ τῶν οὐρανῶν λέγουσα· οὗτός ἐστιν ὁ υἱός μου ὁ ἀγαπητός, ἐν ᾧ εὐδόκησα.	Mk 1,11 ↓ Mk 9,7	καὶ φωνὴ ἐγένετο ἐκ τῶν οὐρανῶν· σὺ εἶ ὁ υἱός μου ὁ ἀγαπητός, ἐν σοὶ εὐδόκησα.	Lk 3,22 ↓ Lk 9,35	... καὶ φωνὴν ἐξ οὐρανοῦ γενέσθαι· σὺ εἶ ὁ υἱός μου ὁ ἀγαπητός, ἐν σοὶ εὐδόκησα.	→ Jn 1,34 → Jn 12,28 Mk-Q overlap?
002	Mt 1,16 ↓ Mt 13,55 ↓ Mk 6,3	Ἰακὼβ δὲ ἐγέννησεν τὸν Ἰωσὴφ τὸν ἄνδρα Μαρίας, ἐξ ἧς ἐγεννήθη Ἰησοῦς ὁ λεγόμενος χριστός.			Lk 3,23 ↓ Lk 4,22	καὶ αὐτὸς ἦν Ἰησοῦς ἀρχόμενος ὡσεὶ ἐτῶν τριάκοντα, ὢν υἱός, ὡς ἐνομίζετο, Ἰωσὴφ τοῦ Ἠλὶ	
a 202	Mt 4,3 ↓ Mt 27,40	καὶ προσελθὼν ὁ πειράζων εἶπεν αὐτῷ· εἰ υἱὸς εἶ τοῦ θεοῦ, εἰπὲ ἵνα οἱ λίθοι οὗτοι ἄρτοι γένωνται.			Lk 4,3	εἶπεν δὲ αὐτῷ ὁ διάβολος· εἰ υἱὸς εἶ τοῦ θεοῦ, εἰπὲ τῷ λίθῳ τούτῳ ἵνα γένηται ἄρτος.	
a 202	Mt 4,6 ↓ Mt 27,40	καὶ λέγει αὐτῷ· εἰ υἱὸς εἶ τοῦ θεοῦ, βάλε σεαυτὸν κάτω· ...			Lk 4,9	... καὶ εἶπεν αὐτῷ· εἰ υἱὸς εἶ τοῦ θεοῦ, βάλε σεαυτὸν ἐντεῦθεν κάτω·	
h 222	Mt 13,55 ↑ Mt 1,16	οὐχ οὗτός ἐστιν ὁ τοῦ τέκτονος υἱός; οὐχ ἡ μήτηρ αὐτοῦ λέγεται Μαριὰμ καὶ οἱ ἀδελφοὶ αὐτοῦ Ἰάκωβος καὶ Ἰωσὴφ καὶ Σίμων καὶ Ἰούδας;	Mk 6,3 ↑ Mt 1,16	οὐχ οὗτός ἐστιν ὁ τέκτων, ὁ υἱὸς τῆς Μαρίας καὶ ἀδελφὸς Ἰακώβου καὶ Ἰωσῆτος καὶ Ἰούδα καὶ Σίμωνος; ...	Lk 4,22 ↑ Lk 3,23	... καὶ ἔλεγον· οὐχὶ υἱός ἐστιν Ἰωσὴφ οὗτος;	→ Jn 6,42
a 022			Mk 3,11 → Lk 6,18	καὶ τὰ πνεύματα τὰ ἀκάθαρτα, ὅταν αὐτὸν ἐθεώρουν, προσέπιπτον αὐτῷ καὶ ἔκραζον λέγοντες ὅτι σὺ εἶ ὁ υἱὸς τοῦ θεοῦ.	Lk 4,41 → Mk 1,34	ἐξήρχετο δὲ καὶ δαιμόνια ἀπὸ πολλῶν κρ[αυγ]άζοντα καὶ λέγοντα ὅτι σὺ εἶ ὁ υἱὸς τοῦ θεοῦ. ...	
112	Mt 4,21	καὶ προβὰς ἐκεῖθεν εἶδεν ἄλλους δύο ἀδελφούς, Ἰάκωβον τὸν τοῦ Ζεβεδαίου καὶ Ἰωάννην τὸν ἀδελφὸν αὐτοῦ, ...	Mk 1,19	καὶ προβὰς ὀλίγον εἶδεν Ἰάκωβον τὸν τοῦ Ζεβεδαίου καὶ Ἰωάννην τὸν ἀδελφὸν αὐτοῦ, ...	Lk 5,10	ὁμοίως δὲ καὶ Ἰάκωβον καὶ Ἰωάννην υἱοὺς Ζεβεδαίου, οἳ ἦσαν κοινωνοὶ τῷ Σίμωνι. ...	
d 222	Mt 9,6	ἵνα δὲ εἰδῆτε ὅτι ἐξουσίαν ἔχει ὁ υἱὸς τοῦ ἀνθρώπου ἐπὶ τῆς γῆς ἀφιέναι ἁμαρτίας - τότε λέγει τῷ παραλυτικῷ· ...	Mk 2,10	ἵνα δὲ εἰδῆτε ὅτι ἐξουσίαν ἔχει ὁ υἱὸς τοῦ ἀνθρώπου ἀφιέναι ἁμαρτίας ἐπὶ τῆς γῆς - λέγει τῷ παραλυτικῷ·	Lk 5,24	ἵνα δὲ εἰδῆτε ὅτι ὁ υἱὸς τοῦ ἀνθρώπου ἐξουσίαν ἔχει ἐπὶ τῆς γῆς ἀφιέναι ἁμαρτίας - εἶπεν τῷ παραλελυμένῳ· ...	

222	Mt 9,15	καὶ εἶπεν αὐτοῖς ὁ Ἰησοῦς· μὴ δύνανται οἱ υἱοὶ τοῦ νυμφῶνος πενθεῖν ἐφ' ὅσον μετ' αὐτῶν ἐστιν ὁ νυμφίος; ...	Mk 2,19	καὶ εἶπεν αὐτοῖς ὁ Ἰησοῦς· μὴ δύνανται οἱ υἱοὶ τοῦ νυμφῶνος ἐν ᾧ ὁ νυμφίος μετ' αὐτῶν ἐστιν νηστεύειν; ...	Lk 5,34	ὁ δὲ Ἰησοῦς εἶπεν πρὸς αὐτούς· μὴ δύνασθε τοὺς υἱοὺς τοῦ νυμφῶνος ἐν ᾧ ὁ νυμφίος μετ' αὐτῶν ἐστιν ποιῆσαι νηστεῦσαι;	→ GTh 104
d 222	Mt 12,8	κύριος γάρ ἐστιν τοῦ σαββάτου ὁ υἱὸς τοῦ ἀνθρώπου.	Mk 2,28	ὥστε κύριός ἐστιν ὁ υἱὸς τοῦ ἀνθρώπου καὶ τοῦ σαββάτου.	Lk 6,5	... κύριός ἐστιν τοῦ σαββάτου ὁ υἱὸς τοῦ ἀνθρώπου.	
a 022			Mk 3,11 → Lk 6,18	καὶ τὰ πνεύματα τὰ ἀκάθαρτα, ὅταν αὐτὸν ἐθεώρουν, προσέπιπτον αὐτῷ καὶ ἔκραζον λέγοντες ὅτι σὺ εἶ ὁ υἱὸς τοῦ θεοῦ.	Lk 4,41 → Mk 1,34	ἐξήρχετο δὲ καὶ δαιμόνια ἀπὸ πολλῶν κρ[αυγ]άζοντα καὶ λέγοντα ὅτι σὺ εἶ ὁ υἱὸς τοῦ θεοῦ. ...	
c 200	Mt 5,9	μακάριοι οἱ εἰρηνοποιοί, ὅτι αὐτοὶ υἱοὶ θεοῦ κληθήσονται.					
d 102	Mt 5,11	μακάριοί ἐστε ὅταν ὀνειδίσωσιν ὑμᾶς καὶ διώξωσιν καὶ εἴπωσιν πᾶν πονηρὸν καθ' ὑμῶν [ψευδόμενοι] ἕνεκεν ἐμοῦ.			Lk 6,22	μακάριοί ἐστε ὅταν μισήσωσιν ὑμᾶς οἱ ἄνθρωποι καὶ ὅταν ἀφορίσωσιν ὑμᾶς καὶ ὀνειδίσωσιν καὶ ἐκβάλωσιν τὸ ὄνομα ὑμῶν ὡς πονηρὸν ἕνεκα τοῦ υἱοῦ τοῦ ἀνθρώπου·	→ GTh 68 → GTh 69,1
a 202	Mt 5,45	ὅπως γένησθε υἱοὶ τοῦ πατρὸς ὑμῶν τοῦ ἐν οὐρανοῖς, ὅτι τὸν ἥλιον αὐτοῦ ἀνατέλλει ἐπὶ πονηροὺς καὶ ἀγαθοὺς καὶ βρέχει ἐπὶ δικαίους καὶ ἀδίκους.			Lk 6,35	... καὶ ἔσεσθε υἱοὶ ὑψίστου, ὅτι αὐτὸς χρηστός ἐστιν ἐπὶ τοὺς ἀχαρίστους καὶ πονηρούς.	→ GTh 3 **(POxy 654)**
h 202	Mt 7,9	ἢ τίς ἐστιν ἐξ ὑμῶν ἄνθρωπος, ὃν αἰτήσει ὁ υἱὸς αὐτοῦ ἄρτον, μὴ λίθον ἐπιδώσει αὐτῷ; [10] ἢ καὶ ἰχθὺν αἰτήσει, μὴ ὄφιν ἐπιδώσει αὐτῷ;			Lk 11,11	τίνα δὲ ἐξ ὑμῶν τὸν πατέρα αἰτήσει ὁ υἱὸς ἰχθύν, καὶ ἀντὶ ἰχθύος ὄφιν αὐτῷ ἐπιδώσει; [12] ἢ καὶ αἰτήσει ᾠόν, ἐπιδώσει αὐτῷ σκορπίον;	
201	Mt 8,12	οἱ δὲ υἱοὶ τῆς βασιλείας ἐκβληθήσονται εἰς τὸ σκότος τὸ ἐξώτερον· ...			Lk 13,28	... ὑμᾶς δὲ ἐκβαλλομένους ἔξω.	
d 202	Mt 8,20	... αἱ ἀλώπεκες φωλεοὺς ἔχουσιν καὶ τὰ πετεινὰ τοῦ οὐρανοῦ κατασκηνώσεις, ὁ δὲ υἱὸς τοῦ ἀνθρώπου οὐκ ἔχει ποῦ τὴν κεφαλὴν κλίνῃ.			Lk 9,58	... αἱ ἀλώπεκες φωλεοὺς ἔχουσιν καὶ τὰ πετεινὰ τοῦ οὐρανοῦ κατασκηνώσεις, ὁ δὲ υἱὸς τοῦ ἀνθρώπου οὐκ ἔχει ποῦ τὴν κεφαλὴν κλίνῃ.	→ GTh 86

a 222	**Mt 8,29**	καὶ ἰδοὺ ἔκραξαν λέγοντες· τί ἡμῖν καὶ σοί, υἱὲ τοῦ θεοῦ; ἦλθες ὧδε πρὸ καιροῦ βασανίσαι ἡμᾶς;	**Mk 5,7** → Mk 1,23-24	καὶ κράξας φωνῇ μεγάλῃ λέγει· τί ἐμοὶ καὶ σοί, Ἰησοῦ υἱὲ τοῦ θεοῦ τοῦ ὑψίστου; ὁρκίζω σε τὸν θεόν, μή με βασανίσῃς.	**Lk 8,28** → Lk 4,33-34	ἰδὼν δὲ τὸν Ἰησοῦν ἀνακράξας προσέπεσεν αὐτῷ καὶ φωνῇ μεγάλῃ εἶπεν· τί ἐμοὶ καὶ σοί, Ἰησοῦ υἱὲ τοῦ θεοῦ τοῦ ὑψίστου; δέομαί σου, μή με βασανίσῃς.	
d 222	**Mt 9,6**	ἵνα δὲ εἰδῆτε ὅτι ἐξουσίαν ἔχει ὁ υἱὸς τοῦ ἀνθρώπου ἐπὶ τῆς γῆς ἀφιέναι ἁμαρτίας - τότε λέγει τῷ παραλυτικῷ· ...	**Mk 2,10**	ἵνα δὲ εἰδῆτε ὅτι ἐξουσίαν ἔχει ὁ υἱὸς τοῦ ἀνθρώπου ἀφιέναι ἁμαρτίας ἐπὶ τῆς γῆς - λέγει τῷ παραλυτικῷ·	**Lk 5,24**	ἵνα δὲ εἰδῆτε ὅτι ὁ υἱὸς τοῦ ἀνθρώπου ἐξουσίαν ἔχει ἐπὶ τῆς γῆς ἀφιέναι ἁμαρτίας - εἶπεν τῷ παραλελυμένῳ· ...	
  222	**Mt 9,15**	καὶ εἶπεν αὐτοῖς ὁ Ἰησοῦς· μὴ δύνανται οἱ υἱοὶ τοῦ νυμφῶνος πενθεῖν ἐφ᾽ ὅσον μετ᾽ αὐτῶν ἐστιν ὁ νυμφίος; ...	**Mk 2,19**	καὶ εἶπεν αὐτοῖς ὁ Ἰησοῦς· μὴ δύνανται οἱ υἱοὶ τοῦ νυμφῶνος ἐν ᾧ ὁ νυμφίος μετ᾽ αὐτῶν ἐστιν νηστεύειν; ὅσον χρόνον ἔχουσιν τὸν νυμφίον μετ᾽ αὐτῶν οὐ δύνανται νηστεύειν.	**Lk 5,34**	ὁ δὲ Ἰησοῦς εἶπεν πρὸς αὐτούς· μὴ δύνασθε τοὺς υἱοὺς τοῦ νυμφῶνος ἐν ᾧ ὁ νυμφίος μετ᾽ αὐτῶν ἐστιν ποιῆσαι νηστεῦσαι;	→ GTh 104
f 200	**Mt 9,27** ⇩ Mt 20,30	... ἠκολούθησαν [αὐτῷ] δύο τυφλοὶ κράζοντες καὶ λέγοντες· ἐλέησον ἡμᾶς, υἱὸς Δαυίδ.	**Mk 10,47**	[46] ... ὁ υἱὸς Τιμαίου Βαρτιμαῖος, τυφλὸς προσαίτης, ἐκάθητο παρὰ τὴν ὁδόν. [47] καὶ ἀκούσας ὅτι Ἰησοῦς ὁ Ναζαρηνός ἐστιν ἤρξατο κράζειν καὶ λέγειν· υἱὲ Δαυὶδ Ἰησοῦ, ἐλέησόν με.	**Lk 18,38**	 [35] ... τυφλός τις ἐκάθητο παρὰ τὴν ὁδὸν ἐπαιτῶν. [36] ἀκούσας δὲ ὄχλου διαπορευομένου ἐπυνθάνετο τί εἴη τοῦτο. [37] ἀπήγγειλαν δὲ αὐτῷ ὅτι Ἰησοῦς ὁ Ναζωραῖος παρέρχεται. [38] καὶ ἐβόησεν λέγων· Ἰησοῦ υἱὲ Δαυίδ, ἐλέησόν με.	
      121	**Mt 10,2**	... καὶ Ἰάκωβος ὁ τοῦ Ζεβεδαίου καὶ Ἰωάννης ὁ ἀδελφὸς αὐτοῦ	**Mk 3,17**	καὶ Ἰάκωβον τὸν τοῦ Ζεβεδαίου καὶ Ἰωάννην τὸν ἀδελφὸν τοῦ Ἰακώβου καὶ ἐπέθηκεν αὐτοῖς ὀνόμα[τα] Βοανηργές, ὅ ἐστιν υἱοὶ βροντῆς·	**Lk 6,14**	... καὶ Ἰάκωβον καὶ Ἰωάννην ...	
d 200	**Mt 10,23**	... ἀμὴν γὰρ λέγω ὑμῖν, οὐ μὴ τελέσητε τὰς πόλεις τοῦ Ἰσραὴλ ἕως ἂν ἔλθῃ ὁ υἱὸς τοῦ ἀνθρώπου.					
h 201	**Mt 10,37** → Mt 19,29	 ὁ φιλῶν πατέρα ἢ μητέρα ὑπὲρ ἐμὲ οὐκ ἔστιν μου ἄξιος, καὶ ὁ φιλῶν υἱὸν ἢ θυγατέρα ὑπὲρ ἐμὲ οὐκ ἔστιν μου ἄξιος·	→ Mk 10,29		**Lk 14,26** → Lk 18,29	εἴ τις ἔρχεται πρός με καὶ οὐ μισεῖ τὸν πατέρα ἑαυτοῦ καὶ τὴν μητέρα καὶ τὴν γυναῖκα καὶ τὰ τέκνα καὶ τοὺς ἀδελφοὺς καὶ τὰς ἀδελφάς ἔτι τε καὶ τὴν ψυχὴν ἑαυτοῦ, οὐ δύναται εἶναί μου μαθητής.	→ GTh 55 → GTh 101
h 002					**Lk 7,12**	... καὶ ἰδοὺ ἐξεκομίζετο τεθνηκὼς μονογενὴς υἱὸς τῇ μητρὶ αὐτοῦ καὶ αὐτὴ ἦν χήρα, καὶ ὄχλος τῆς πόλεως ἱκανὸς ἦν σὺν αὐτῇ.	

d 202	**Mt 11,19**	ἦλθεν ὁ υἱὸς τοῦ ἀνθρώπου ἐσθίων καὶ πίνων, καὶ λέγουσιν· ...			**Lk 7,34**	ἐλήλυθεν ὁ υἱὸς τοῦ ἀνθρώπου ἐσθίων καὶ πίνων, καὶ λέγετε· ...	
b h 202 *b h* 202 *b* 202	**Mt 11,27** **(3)** → Mt 28,18	πάντα μοι παρεδόθη ὑπὸ τοῦ πατρός μου, καὶ οὐδεὶς ἐπιγινώσκει τὸν υἱὸν εἰ μὴ ὁ πατήρ, οὐδὲ τὸν πατέρα τις ἐπιγινώσκει εἰ μὴ ὁ υἱὸς καὶ ᾧ ἐὰν βούληται ὁ υἱὸς ἀποκαλύψαι.			**Lk 10,22** **(3)** → Mt 28,18	πάντα μοι παρεδόθη ὑπὸ τοῦ πατρός μου, καὶ οὐδεὶς γινώσκει τίς ἐστιν ὁ υἱὸς εἰ μὴ ὁ πατήρ, καὶ τίς ἐστιν ὁ πατὴρ εἰ μὴ ὁ υἱὸς καὶ ᾧ ἐὰν βούληται ὁ υἱὸς ἀποκαλύψαι.	→ GTh 61,3
d 222	**Mt 12,8**	κύριος γάρ ἐστιν τοῦ σαββάτου ὁ υἱὸς τοῦ ἀνθρώπου.	**Mk 2,28**	ὥστε κύριός ἐστιν ὁ υἱὸς τοῦ ἀνθρώπου καὶ τοῦ σαββάτου.	**Lk 6,5**	... κύριός ἐστιν τοῦ σαββάτου ὁ υἱὸς τοῦ ἀνθρώπου.	
f 200	**Mt 12,23** ⇨ Mt 9,33	καὶ ἐξίσταντο πάντες οἱ ὄχλοι καὶ ἔλεγον· μήτι οὗτός ἐστιν ὁ υἱὸς Δαυίδ;			Lk 11,14	... καὶ ἐθαύμασαν οἱ ὄχλοι.	
202	**Mt 12,27**	καὶ εἰ ἐγὼ ἐν Βεελζεβοὺλ ἐκβάλλω τὰ δαιμόνια, οἱ υἱοὶ ὑμῶν ἐν τίνι ἐκβάλλουσιν; ...			**Lk 11,19**	εἰ δὲ ἐγὼ ἐν Βεελζεβοὺλ ἐκβάλλω τὰ δαιμόνια, οἱ υἱοὶ ὑμῶν ἐν τίνι ἐκβάλλουσιν; ...	
120	**Mt 12,31**	διὰ τοῦτο λέγω ὑμῖν, πᾶσα ἁμαρτία καὶ βλασφημία ἀφεθήσεται τοῖς ἀνθρώποις, ...	**Mk 3,28** ↓ Mt 12,32 ↓ Lk 12,10	ἀμὴν λέγω ὑμῖν ὅτι πάντα ἀφεθήσεται τοῖς υἱοῖς τῶν ἀνθρώπων τὰ ἁμαρτήματα καὶ αἱ βλασφημίαι ὅσα ἐὰν βλασφημήσωσιν·			→ GTh 44
d 202	**Mt 12,32** ↑ Mk 3,28	καὶ ὃς ἐὰν εἴπῃ λόγον κατὰ τοῦ υἱοῦ τοῦ ἀνθρώπου, ἀφεθήσεται αὐτῷ· ὃς δ' ἂν εἴπῃ κατὰ τοῦ πνεύματος τοῦ ἁγίου, οὐκ ἀφεθήσεται αὐτῷ οὔτε ἐν τούτῳ τῷ αἰῶνι οὔτε ἐν τῷ μέλλοντι.	Mk 3,29	ὃς δ' ἂν βλασφημήσῃ εἰς τὸ πνεῦμα τὸ ἅγιον, οὐκ ἔχει ἄφεσιν εἰς τὸν αἰῶνα, ἀλλὰ ἔνοχός ἐστιν αἰωνίου ἁμαρτήματος.	**Lk 12,10** ↑ Mk 3,28	καὶ πᾶς ὃς ἐρεῖ λόγον εἰς τὸν υἱὸν τοῦ ἀνθρώπου, ἀφεθήσεται αὐτῷ· τῷ δὲ εἰς τὸ ἅγιον πνεῦμα βλασφημήσαντι οὐκ ἀφεθήσεται.	→ GTh 44 Mk-Q overlap
d 202	**Mt 12,40** → Mt 27,63	ὥσπερ γὰρ *ἦν Ἰωνᾶς ἐν* *τῇ κοιλίᾳ τοῦ κήτους* *τρεῖς ἡμέρας καὶ τρεῖς* *νύκτας,* οὕτως ἔσται ὁ υἱὸς τοῦ ἀνθρώπου ἐν τῇ καρδίᾳ τῆς γῆς τρεῖς ἡμέρας καὶ τρεῖς νύκτας. ➤ Jonah 2,1			**Lk 11,30**	καθὼς γὰρ ἐγένετο Ἰωνᾶς τοῖς Νινευίταις σημεῖον, οὕτως ἔσται καὶ ὁ υἱὸς τοῦ ἀνθρώπου τῇ γενεᾷ ταύτῃ.	
d 200	**Mt 13,37**	... ὁ σπείρων τὸ καλὸν σπέρμα ἐστὶν ὁ υἱὸς τοῦ ἀνθρώπου,					

200 200	Mt 13,38 (2)	ὁ δὲ ἀγρός ἐστιν ὁ κόσμος, τὸ δὲ καλὸν σπέρμα, οὗτοί εἰσιν **οἱ υἱοὶ τῆς βασιλείας·** τὰ δὲ ζιζάνιά εἰσιν **οἱ υἱοὶ τοῦ πονηροῦ**					
d 200	Mt 13,41 → Mt 24,31 → Mk 13,27	ἀποστελεῖ **ὁ υἱὸς τοῦ ἀνθρώπου** τοὺς ἀγγέλους αὐτοῦ, ...					
a 222	Mt 8,29	καὶ ἰδοὺ ἔκραξαν λέγοντες· τί ἡμῖν καὶ σοί, **υἱὲ τοῦ θεοῦ;** ἦλθες ὧδε πρὸ καιροῦ βασανίσαι ἡμᾶς;	Mk 5,7 → Mk 1,23-24	καὶ κράξας φωνῇ μεγάλῃ λέγει· τί ἐμοὶ καὶ σοί, Ἰησοῦ **υἱὲ τοῦ θεοῦ τοῦ ὑψίστου;** ὁρκίζω σε τὸν θεόν, μή με βασανίσῃς.	Lk 8,28 → Lk 4,33-34	ἰδὼν δὲ τὸν Ἰησοῦν ἀνακράξας προσέπεσεν αὐτῷ καὶ φωνῇ μεγάλῃ εἶπεν· τί ἐμοὶ καὶ σοί, Ἰησοῦ **υἱὲ τοῦ θεοῦ τοῦ ὑψίστου;** δέομαί σου, μή με βασανίσῃς.	
h 222	Mt 13,55 ↑ Mt 1,16	οὐχ οὗτός ἐστιν **ὁ τοῦ τέκτονος υἱός;** **οὐχ ἡ μήτηρ αὐτοῦ λέγεται Μαριὰμ** καὶ οἱ ἀδελφοὶ αὐτοῦ Ἰάκωβος καὶ Ἰωσὴφ καὶ Σίμων καὶ Ἰούδας;	Mk 6,3 ↑ Mt 1,16	οὐχ οὗτός ἐστιν **ὁ τέκτων, ὁ υἱὸς** **τῆς Μαρίας** καὶ ἀδελφὸς Ἰακώβου καὶ Ἰωσῆτος καὶ Ἰούδα καὶ Σίμωνος; ...	Lk 4,22 ↑ Lk 3,23	... καὶ ἔλεγον· οὐχὶ **υἱός ἐστιν Ἰωσὴφ** οὗτος;	→ Jn 6,42
a 210	Mt 14,33 ↓ Mt 16,16	οἱ δὲ ἐν τῷ πλοίῳ προσεκύνησαν αὐτῷ λέγοντες· ἀληθῶς **θεοῦ υἱὸς** εἶ.	Mk 6,51	... καὶ λίαν [ἐκ περισσοῦ] ἐν ἑαυτοῖς ἐξίσταντο·			
f 210	Mt 15,22 → Mk 7,24 → Mk 7,26	καὶ ἰδοὺ γυνὴ Χαναναία ἀπὸ τῶν ὁρίων ἐκείνων ἐξελθοῦσα ἔκραζεν λέγουσα· ἐλέησόν με, **κύριε υἱὸς Δαυίδ·** ἡ θυγάτηρ μου κακῶς δαιμονίζεται.	Mk 7,25	ἀλλ' εὐθὺς ἀκούσασα γυνὴ περὶ αὐτοῦ, ἧς εἶχεν τὸ θυγάτριον αὐτῆς πνεῦμα ἀκάθαρτον, ...			
d 211	Mt 16,13	... τίνα λέγουσιν οἱ ἄνθρωποι εἶναι **τὸν υἱὸν τοῦ ἀνθρώπου;**	Mk 8,27	... τίνα **με** λέγουσιν οἱ ἄνθρωποι εἶναι;	Lk 9,18	... τίνα **με** λέγουσιν οἱ ὄχλοι εἶναι;	→ GTh 13
a 211	Mt 16,16 ↑ Mt 14,33	ἀποκριθεὶς δὲ Σίμων Πέτρος εἶπεν· σὺ εἶ **ὁ χριστὸς ὁ υἱὸς τοῦ θεοῦ τοῦ ζῶντος.**	Mk 8,29	... ἀποκριθεὶς ὁ Πέτρος λέγει αὐτῷ· σὺ εἶ **ὁ χριστός.**	Lk 9,20	... Πέτρος δὲ ἀποκριθεὶς εἶπεν· **τὸν χριστὸν τοῦ θεοῦ.**	→ Jn 6,68-69 → GTh 13
d 122	Mt 16,21 ↓ Mt 17,22 ↓ Mt 20,18	ἀπὸ τότε ἤρξατο ὁ Ἰησοῦς δεικνύειν τοῖς μαθηταῖς αὐτοῦ ὅτι δεῖ **αὐτὸν** εἰς Ἱεροσόλυμα ἀπελθεῖν καὶ πολλὰ παθεῖν ἀπὸ τῶν πρεσβυτέρων καὶ ἀρχιερέων καὶ γραμματέων καὶ ἀποκτανθῆναι καὶ τῇ τρίτῃ ἡμέρᾳ ἐγερθῆναι.	Mk 8,31 ↓ Mk 9,31 ↓ Mk 10,33	καὶ ἤρξατο διδάσκειν αὐτοὺς ὅτι δεῖ **τὸν υἱὸν τοῦ ἀνθρώπου** πολλὰ παθεῖν καὶ ἀποδοκιμασθῆναι ὑπὸ τῶν πρεσβυτέρων καὶ τῶν ἀρχιερέων καὶ τῶν γραμματέων καὶ ἀποκτανθῆναι καὶ μετὰ τρεῖς ἡμέρας ἀναστῆναι·	Lk 9,22 ↓ Lk 9,44 → Lk 17,25 ↓ Lk 18,31 ↓ Lk 24,7	εἰπὼν ὅτι δεῖ **τὸν υἱὸν τοῦ ἀνθρώπου** πολλὰ παθεῖν καὶ ἀποδοκιμασθῆναι ἀπὸ τῶν πρεσβυτέρων καὶ ἀρχιερέων καὶ γραμματέων καὶ ἀποκτανθῆναι καὶ τῇ τρίτῃ ἡμέρᾳ ἐγερθῆναι.	

d 222	**Mt 16,27** ↓Mt 10,33 ↓Mt 24,30 ↓Mt 25,31	μέλλει γὰρ ὁ υἱὸς τοῦ ἀνθρώπου ἔρχεσθαι ἐν τῇ δόξῃ τοῦ πατρὸς αὐτοῦ μετὰ τῶν ἀγγέλων αὐτοῦ, καὶ τότε *ἀποδώσει ἑκάστῳ* *κατὰ τὴν πρᾶξιν αὐτοῦ.* ➤ Ps 62,13/Prov 24,12/Sir 35,22 LXX	**Mk 8,38** ↓Mk 13,26	ὃς γὰρ ἐὰν ἐπαισχυνθῇ με καὶ τοὺς ἐμοὺς λόγους ἐν τῇ γενεᾷ ταύτῃ τῇ μοιχαλίδι καὶ ἁμαρτωλῷ, καὶ ὁ υἱὸς τοῦ ἀνθρώπου ἐπαισχυνθήσεται αὐτόν, ὅταν ἔλθῃ ἐν τῇ δόξῃ τοῦ πατρὸς αὐτοῦ μετὰ τῶν ἀγγέλων τῶν ἁγίων.	**Lk 9,26** ⇩Lk 12,9 ↓Lk 21,27	ὃς γὰρ ἂν ἐπαισχυνθῇ με καὶ τοὺς ἐμοὺς λόγους, τοῦτον ὁ υἱὸς τοῦ ἀνθρώπου ἐπαισχυνθήσεται, ὅταν ἔλθῃ ἐν τῇ δόξῃ αὐτοῦ καὶ τοῦ πατρὸς καὶ τῶν ἁγίων ἀγγέλων.	Mk-Q overlap
	Mt 10,33 ↑Mt 16,27	ὅστις δ' ἂν ἀρνήσηταί με ἔμπροσθεν τῶν ἀνθρώπων, ἀρνήσομαι κἀγὼ αὐτὸν ἔμπροσθεν τοῦ πατρός μου τοῦ ἐν [τοῖς] οὐρανοῖς.			**Lk 12,9** ⇧Lk 9,26	ὁ δὲ ἀρνησάμενός με ἐνώπιον τῶν ἀνθρώπων ἀπαρνηθήσεται ἐνώπιον τῶν ἀγγέλων τοῦ θεοῦ.	
d 211	**Mt 16,28** →Mt 24,34	ἀμὴν λέγω ὑμῖν ὅτι εἰσίν τινες τῶν ὧδε ἑστώτων οἵτινες οὐ μὴ γεύσωνται θανάτου ἕως ἂν ἴδωσιν τὸν υἱὸν τοῦ ἀνθρώπου ἐρχόμενον ἐν τῇ βασιλείᾳ αὐτοῦ.	**Mk 9,1** →Mk 13,30	... ἀμὴν λέγω ὑμῖν ὅτι εἰσίν τινες ὧδε τῶν ἑστηκότων οἵτινες οὐ μὴ γεύσωνται θανάτου ἕως ἂν ἴδωσιν τὴν βασιλείαν τοῦ θεοῦ ἐληλυθυῖαν ἐν δυνάμει.	**Lk 9,27** →Lk 21,32	λέγω δὲ ὑμῖν ἀληθῶς, εἰσίν τινες τῶν αὐτοῦ ἑστηκότων οἳ οὐ μὴ γεύσωνται θανάτου ἕως ἂν ἴδωσιν τὴν βασιλείαν τοῦ θεοῦ.	→Jn 21,22-23
a 222	**Mt 17,5** ↑Mt 3,17	... οὗτός ἐστιν ὁ υἱός μου ὁ ἀγαπητός, ἐν ᾧ εὐδόκησα· ἀκούετε αὐτοῦ.	**Mk 9,7** ↑Mk 1,11	... οὗτός ἐστιν ὁ υἱός μου ὁ ἀγαπητός, ἀκούετε αὐτοῦ.	**Lk 9,35** ↑Lk 3,22	... οὗτός ἐστιν ὁ υἱός μου ὁ ἐκλελεγμένος, αὐτοῦ ἀκούετε.	→Jn 12,28
d 221	**Mt 17,9**	... ἐνετείλατο αὐτοῖς ὁ Ἰησοῦς λέγων· μηδενὶ εἴπητε τὸ ὅραμα ἕως οὗ ὁ υἱὸς τοῦ ἀνθρώπου ἐκ νεκρῶν ἐγερθῇ.	**Mk 9,9**	... διεστείλατο αὐτοῖς ἵνα μηδενὶ ἃ εἶδον διηγήσωνται, εἰ μὴ ὅταν ὁ υἱὸς τοῦ ἀνθρώπου ἐκ νεκρῶν ἀναστῇ.	**Lk 9,36**	... καὶ αὐτοὶ ἐσίγησαν καὶ οὐδενὶ ἀπήγγειλαν ἐν ἐκείναις ταῖς ἡμέραις οὐδὲν ὧν ἑώρακαν.	
d 220	**Mt 17,12**	... οὕτως καὶ ὁ υἱὸς τοῦ ἀνθρώπου μέλλει πάσχειν ὑπ' αὐτῶν.	**Mk 9,12**	... καὶ πῶς γέγραπται ἐπὶ τὸν υἱὸν τοῦ ἀνθρώπου ἵνα πολλὰ πάθῃ καὶ ἐξουδενηθῇ;			
222	**Mt 17,15**	... κύριε, ἐλέησόν μου τὸν υἱόν, ὅτι σεληνιάζεται καὶ κακῶς πάσχει· ...	**Mk 9,17**	... διδάσκαλε, ἤνεγκα τὸν υἱόν μου πρὸς σέ, ἔχοντα πνεῦμα ἄλαλον· [18] καὶ ὅπου ἐὰν αὐτὸν καταλάβῃ ...	**Lk 9,38**	... διδάσκαλε, δέομαί σου ἐπιβλέψαι ἐπὶ τὸν υἱόν μου, ὅτι μονογενής μοί ἐστιν, [39] καὶ ἰδοὺ πνεῦμα λαμβάνει αὐτὸν ...	
112	**Mt 17,17**	... ὦ γενεὰ ἄπιστος καὶ διεστραμμένη, ἕως πότε μεθ' ὑμῶν ἔσομαι; ἕως πότε ἀνέξομαι ὑμῶν; φέρετέ μοι αὐτὸν ὧδε.	**Mk 9,19**	... ὦ γενεὰ ἄπιστος, ἕως πότε πρὸς ὑμᾶς ἔσομαι; ἕως πότε ἀνέξομαι ὑμῶν; φέρετε αὐτὸν πρός με.	**Lk 9,41**	... ὦ γενεὰ ἄπιστος καὶ διεστραμμένη, ἕως πότε ἔσομαι πρὸς ὑμᾶς καὶ ἀνέξομαι ὑμῶν; προσάγαγε ὧδε τὸν υἱόν σου.	

[a] υἱὸς (τοῦ) θεοῦ, υἱός μου (= θεοῦ), υἱός τοῦ πατρὸς (= θεοῦ), υἱὸς ὑψίστου
[b] υἱός (absolute) as a christological title
[c] υἱοὶ (τοῦ) θεοῦ
[d] ὁ υἱὸς τοῦ ἀνθρώπου (statistics see below)
[e] υἱὸς Ἀβραάμ
[f] υἱὸς Δαυίδ
[g] υἱοὶ Ἰσραήλ
[h] υἱός and μήτηρ / πατήρ (except a)

d 222	Mt 17,22 ↑ Mt 16,21 ↓ Mt 20,18	συστρεφομένων δὲ αὐτῶν ἐν τῇ Γαλιλαίᾳ εἶπεν αὐτοῖς ὁ Ἰησοῦς· μέλλει ὁ υἱὸς τοῦ ἀνθρώπου παραδίδοσθαι εἰς χεῖρας ἀνθρώπων, [23] καὶ ἀποκτενοῦσιν αὐτόν, καὶ τῇ τρίτῃ ἡμέρᾳ ἐγερθήσεται.	Mk 9,31 ↑ Mk 8,31 ↓ Mk 10,33	ἐδίδασκεν γὰρ τοὺς μαθητὰς αὐτοῦ καὶ ἔλεγεν αὐτοῖς ὅτι ὁ υἱὸς τοῦ ἀνθρώπου παραδίδοται εἰς χεῖρας ἀνθρώπων, καὶ ἀποκτενοῦσιν αὐτόν, καὶ ἀποκτανθεὶς μετὰ τρεῖς ἡμέρας ἀναστήσεται.	Lk 9,44 ↑ Lk 9,22 ↓ Lk 18,31 ↓ Lk 24,7	θέσθε ὑμεῖς εἰς τὰ ὦτα ὑμῶν τοὺς λόγους τούτους· ὁ γὰρ υἱὸς τοῦ ἀνθρώπου μέλλει παραδίδοσθαι εἰς χεῖρας ἀνθρώπων.	
200	Mt 17,25	... οἱ βασιλεῖς τῆς γῆς ἀπὸ τίνων λαμβάνουσιν τέλη ἢ κῆνσον; ἀπὸ τῶν υἱῶν αὐτῶν ἢ ἀπὸ τῶν ἀλλοτρίων;					
200	Mt 17,26	εἰπόντος δέ· ἀπὸ τῶν ἀλλοτρίων, ἔφη αὐτῷ ὁ Ἰησοῦς· ἄρα γε ἐλεύθεροί εἰσιν οἱ υἱοί.					
d 202	Mt 8,20	... αἱ ἀλώπεκες φωλεοὺς ἔχουσιν καὶ τὰ πετεινὰ τοῦ οὐρανοῦ κατασκηνώσεις, ὁ δὲ υἱὸς τοῦ ἀνθρώπου οὐκ ἔχει ποῦ τὴν κεφαλὴν κλίνῃ.			Lk 9,58	... αἱ ἀλώπεκες φωλεοὺς ἔχουσιν καὶ τὰ πετεινὰ τοῦ οὐρανοῦ κατασκηνώσεις, ὁ δὲ υἱὸς τοῦ ἀνθρώπου οὐκ ἔχει ποῦ τὴν κεφαλὴν κλίνῃ.	→ GTh 86
 102	Mt 10,13	καὶ ἐὰν μὲν ᾖ ἡ οἰκία ἀξία, ἐλθάτω ἡ εἰρήνη ὑμῶν ἐπ' αὐτήν, ἐὰν δὲ μὴ ᾖ ἀξία, ἡ εἰρήνη ὑμῶν πρὸς ὑμᾶς ἐπιστραφήτω.			Lk 10,6	καὶ ἐὰν ἐκεῖ ᾖ υἱὸς εἰρήνης, ἐπαναπαήσεται ἐπ' αὐτὸν ἡ εἰρήνη ὑμῶν· εἰ δὲ μή γε, ἐφ' ὑμᾶς ἀνακάμψει.	
b h 202 b h 202 b 202	Mt 11,27 (3)	πάντα μοι παρεδόθη ὑπὸ τοῦ πατρός μου, καὶ οὐδεὶς ἐπιγινώσκει τὸν υἱὸν εἰ μὴ ὁ πατήρ, οὐδὲ τὸν πατέρα τις ἐπιγινώσκει εἰ μὴ ὁ υἱὸς καὶ ᾧ ἐὰν βούληται ὁ υἱὸς ἀποκαλύψαι.			Lk 10,22 (3)	πάντα μοι παρεδόθη ὑπὸ τοῦ πατρός μου, καὶ οὐδεὶς γινώσκει τίς ἐστιν ὁ υἱὸς εἰ μὴ ὁ πατήρ, καὶ τίς ἐστιν ὁ πατὴρ εἰ μὴ ὁ υἱὸς καὶ ᾧ ἐὰν βούληται ὁ υἱὸς ἀποκαλύψαι.	→ GTh 61,3
h 202	Mt 7,9	ἢ τίς ἐστιν ἐξ ὑμῶν ἄνθρωπος, ὃν αἰτήσει ὁ υἱὸς αὐτοῦ ἄρτον, μὴ λίθον ἐπιδώσει αὐτῷ; [10] ἢ καὶ ἰχθὺν αἰτήσει, μὴ ὄφιν ἐπιδώσει αὐτῷ;			Lk 11,11	τίνα δὲ ἐξ ὑμῶν τὸν πατέρα αἰτήσει ὁ υἱὸς ἰχθύν, καὶ ἀντὶ ἰχθύος ὄφιν αὐτῷ ἐπιδώσει; [12] ἢ καὶ αἰτήσει ᾠόν, ἐπιδώσει αὐτῷ σκορπίον;	
  202	Mt 12,27	καὶ εἰ ἐγὼ ἐν Βεελζεβοὺλ ἐκβάλλω τὰ δαιμόνια, οἱ υἱοὶ ὑμῶν ἐν τίνι ἐκβάλλουσιν; ...			Lk 11,19	εἰ δὲ ἐγὼ ἐν Βεελζεβοὺλ ἐκβάλλω τὰ δαιμόνια, οἱ υἱοὶ ὑμῶν ἐν τίνι ἐκβάλλουσιν; ...	

d 202	**Mt 12,40** → Mt 27,63	ὥσπερ γὰρ *ἦν Ἰωνᾶς ἐν τῇ κοιλίᾳ τοῦ κήτους τρεῖς ἡμέρας καὶ τρεῖς νύκτας*, οὕτως ἔσται **ὁ υἱὸς τοῦ ἀνθρώπου** ἐν τῇ καρδίᾳ τῆς γῆς τρεῖς ἡμέρας καὶ τρεῖς νύκτας. ➤ Jonah 2,1			**Lk 11,30**	καθὼς γὰρ ἐγένετο Ἰωνᾶς τοῖς Νινευίταις σημεῖον, οὕτως ἔσται καὶ **ὁ υἱὸς τοῦ ἀνθρώπου** τῇ γενεᾷ ταύτῃ.	
d 102	**Mt 10,32**	πᾶς οὖν ὅστις ὁμολογήσει ἐν ἐμοὶ ἔμπροσθεν τῶν ἀνθρώπων, ὁμολογήσω **κἀγὼ** ἐν αὐτῷ ἔμπροσθεν τοῦ πατρός μου τοῦ ἐν [τοῖς] οὐρανοῖς·			**Lk 12,8**	... πᾶς ὃς ἂν ὁμολογήσῃ ἐν ἐμοὶ ἔμπροσθεν τῶν ἀνθρώπων, **καὶ ὁ υἱὸς τοῦ ἀνθρώπου** ὁμολογήσει ἐν αὐτῷ ἔμπροσθεν τῶν ἀγγέλων τοῦ θεοῦ·	
d 202	**Mt 12,32** ↑ Mk 3,28	καὶ ὃς ἐὰν εἴπῃ λόγον **κατὰ τοῦ υἱοῦ τοῦ ἀνθρώπου,** ἀφεθήσεται αὐτῷ· ὃς δ᾽ ἂν εἴπῃ κατὰ τοῦ πνεύματος τοῦ ἁγίου, οὐκ ἀφεθήσεται αὐτῷ οὔτε ἐν τούτῳ τῷ αἰῶνι οὔτε ἐν τῷ μέλλοντι.	**Mk 3,29**	ὃς δ᾽ ἂν βλασφημήσῃ εἰς τὸ πνεῦμα τὸ ἅγιον, οὐκ ἔχει ἄφεσιν εἰς τὸν αἰῶνα, ἀλλὰ ἔνοχός ἐστιν αἰωνίου ἁμαρτήματος.	**Lk 12,10** ↑ Mk 3,28	καὶ πᾶς ὃς ἐρεῖ λόγον **εἰς τὸν υἱὸν τοῦ ἀνθρώπου,** ἀφεθήσεται αὐτῷ· τῷ δὲ εἰς τὸ ἅγιον πνεῦμα βλασφημήσαντι οὐκ ἀφεθήσεται.	→ GTh 44 Mk-Q overlap
d 202	**Mt 24,44** → Mt 24,42 → Mt 24,50 ↓ Mt 25,13	διὰ τοῦτο καὶ ὑμεῖς γίνεσθε ἕτοιμοι, ὅτι ᾗ οὐ δοκεῖτε ὥρᾳ **ὁ υἱὸς τοῦ ἀνθρώπου** ἔρχεται.	→ Mk 13,35		**Lk 12,40** → Lk 12,38	καὶ ὑμεῖς γίνεσθε ἕτοιμοι, ὅτι ᾗ ὥρᾳ οὐ δοκεῖτε **ὁ υἱὸς τοῦ ἀνθρώπου** ἔρχεται.	→ GTh 21,6
h 102 h 102	**Mt 10,35** → Lk 12,52	ἦλθον γὰρ διχάσαι **ἄνθρωπον** *κατὰ τοῦ πατρὸς αὐτοῦ* καὶ *θυγατέρα κατὰ τῆς μητρὸς αὐτῆς* ... ➤ Micah 7,6			**Lk 12,53 (2)** → Lk 12,52 → Mt 10,21 → Mk 13,12 → Lk 21,16	διαμερισθήσονται πατὴρ **ἐπὶ υἱῷ** καὶ ***υἱὸς*** ἐπὶ *πατρί*, μήτηρ ἐπὶ τὴν θυγατέρα καὶ *θυγάτηρ ἐπὶ τὴν μητέρα*, ... ➤ Micah 7,6	→ GTh 16
102	**Mt 12,11**	... τίς ἔσται ἐξ ὑμῶν ἄνθρωπος ὃς ἕξει πρόβατον ἓν καὶ ἐὰν ἐμπέσῃ τοῦτο τοῖς σάββασιν εἰς βόθυνον, οὐχὶ κρατήσει αὐτὸ καὶ ἐγερεῖ;			**Lk 14,5** → Lk 13,15	... τίνος ὑμῶν **υἱὸς** ἢ βοῦς εἰς φρέαρ πεσεῖται, καὶ οὐκ εὐθέως ἀνασπάσει αὐτὸν ἐν ἡμέρᾳ τοῦ σαββάτου;	
002					**Lk 15,11** → Mt 21,28	... ἄνθρωπός τις εἶχεν **δύο υἱούς.**	
002					**Lk 15,13**	καὶ μετ᾽ οὐ πολλὰς ἡμέρας συναγαγὼν πάντα **ὁ νεώτερος υἱὸς** ἀπεδήμησεν εἰς χώραν μακρὰν ...	
002					**Lk 15,19**	οὐκέτι εἰμὶ ἄξιος κληθῆναι **υἱός σου·** ποίησόν με ὡς ἕνα τῶν μισθίων σου.	

h 002 h 002			Lk 15,21 (2)	εἶπεν δὲ ὁ υἱὸς αὐτῷ· πάτερ, ἥμαρτον εἰς τὸν οὐρανὸν καὶ ἐνώπιόν σου, οὐκέτι εἰμὶ ἄξιος κληθῆναι υἱός σου.	
002			Lk 15,24 → Lk 15,32	ὅτι οὗτος ὁ υἱός μου νεκρὸς ἦν καὶ ἀνέζησεν, ἦν ἀπολωλὼς καὶ εὑρέθη. ...	
002			Lk 15,25	ἦν δὲ ὁ υἱὸς αὐτοῦ ὁ πρεσβύτερος ἐν ἀγρῷ· ...	
002			Lk 15,30	ὅτε δὲ ὁ υἱός σου οὗτος ὁ καταφαγών σου τὸν βίον μετὰ πορνῶν ἦλθεν, ἔθυσας αὐτῷ τὸν σιτευτὸν μόσχον.	
002 002			Lk 16,8 (2)	καὶ ἐπῄνεσεν ὁ κύριος τὸν οἰκονόμον τῆς ἀδικίας ὅτι φρονίμως ἐποίησεν· ὅτι οἱ υἱοὶ τοῦ αἰῶνος τούτου φρονιμώτεροι ὑπὲρ τοὺς υἱοὺς τοῦ φωτὸς εἰς τὴν γενεὰν τὴν ἑαυτῶν εἰσιν.	
d 002			Lk 17,22	... ἐλεύσονται ἡμέραι ὅτε ἐπιθυμήσετε μίαν τῶν ἡμερῶν τοῦ υἱοῦ τοῦ ἀνθρώπου ἰδεῖν καὶ οὐκ ὄψεσθε.	
d 202	Mt 24,27	ὥσπερ γὰρ ἡ ἀστραπὴ ἐξέρχεται ἀπὸ ἀνατολῶν καὶ φαίνεται ἕως δυσμῶν, οὕτως ἔσται ἡ παρουσία τοῦ υἱοῦ τοῦ ἀνθρώπου·	Lk 17,24	ὥσπερ γὰρ ἡ ἀστραπὴ ἀστράπτουσα ἐκ τῆς ὑπὸ τὸν οὐρανὸν εἰς τὴν ὑπ᾽ οὐρανὸν λάμπει, οὕτως ἔσται ὁ υἱὸς τοῦ ἀνθρώπου [ἐν τῇ ἡμέρᾳ αὐτοῦ].	
d 202	Mt 24,37	ὥσπερ γὰρ αἱ ἡμέραι τοῦ Νῶε, οὕτως ἔσται ἡ παρουσία τοῦ υἱοῦ τοῦ ἀνθρώπου.	Lk 17,26	καὶ καθὼς ἐγένετο ἐν ταῖς ἡμέραις Νῶε, οὕτως ἔσται καὶ ἐν ταῖς ἡμέραις τοῦ υἱοῦ τοῦ ἀνθρώπου·	
d 202	Mt 24,39	καὶ οὐκ ἔγνωσαν ἕως ἦλθεν ὁ κατακλυσμὸς καὶ ἦρεν ἅπαντας, οὕτως ἔσται [καὶ] ἡ παρουσία τοῦ υἱοῦ τοῦ ἀνθρώπου.	Lk 17,30	[27] καὶ ἦλθεν ὁ κατακλυσμὸς καὶ ἀπώλεσεν πάντας. [28] ... [30] κατὰ τὰ αὐτὰ ἔσται ᾗ ἡμέρᾳ ὁ υἱὸς τοῦ ἀνθρώπου ἀποκαλύπτεται.	
d 002			Lk 18,8	... πλὴν ὁ υἱὸς τοῦ ἀνθρώπου ἐλθὼν ἆρα εὑρήσει τὴν πίστιν ἐπὶ τῆς γῆς;	

d 201	**Mt 19,28** ↓Mt 25,31	... ὑμεῖς οἱ ἀκολουθήσαντές μοι ἐν τῇ παλιγγενεσίᾳ, ὅταν καθίσῃ **ὁ υἱὸς τοῦ ἀνθρώπου** ἐπὶ θρόνου δόξης αὐτοῦ, καθήσεσθε καὶ ὑμεῖς ἐπὶ δώδεκα θρόνους ...			**Lk 22,30** →Lk 12,37	[28] ὑμεῖς δέ ἐστε οἱ διαμεμενηκότες μετ᾽ ἐμοῦ ἐν τοῖς πειρασμοῖς μου· [29] ... [30] ἵνα ἔσθητε καὶ πίνητε ἐπὶ τῆς τραπέζης μου ἐν τῇ βασιλείᾳ μου, καὶ καθήσεσθε ἐπὶ θρόνων ...	
d 222	**Mt 20,18** →Mt 16,21 ↑Mt 17,22	ἰδοὺ ἀναβαίνομεν εἰς Ἱεροσόλυμα, καὶ **ὁ υἱὸς τοῦ ἀνθρώπου** παραδοθήσεται τοῖς ἀρχιερεῦσιν καὶ γραμματεῦσιν, καὶ κατακρινοῦσιν αὐτὸν θανάτῳ [19] καὶ παραδώσουσιν αὐτὸν τοῖς ἔθνεσιν εἰς τὸ ἐμπαῖξαι καὶ μαστιγῶσαι καὶ σταυρῶσαι, καὶ τῇ τρίτῃ ἡμέρᾳ ἐγερθήσεται.	**Mk 10,33** ↑Mk 8,31 ↑Mk 9,31	ὅτι ἰδοὺ ἀναβαίνομεν εἰς Ἱεροσόλυμα, καὶ **ὁ υἱὸς τοῦ ἀνθρώπου** παραδοθήσεται τοῖς ἀρχιερεῦσιν καὶ τοῖς γραμματεῦσιν, καὶ κατακρινοῦσιν αὐτὸν θανάτῳ καὶ παραδώσουσιν αὐτὸν τοῖς ἔθνεσιν [34] καὶ ἐμπαίξουσιν αὐτῷ καὶ ἐμπτύσουσιν αὐτῷ καὶ μαστιγώσουσιν αὐτὸν καὶ ἀποκτενοῦσιν, καὶ μετὰ τρεῖς ἡμέρας ἀναστήσεται.	**Lk 18,31** ↑Lk 9,22.44 ↓Lk 24,7	... ἰδοὺ ἀναβαίνομεν εἰς Ἰερουσαλήμ, καὶ τελεσθήσεται πάντα τὰ γεγραμμένα διὰ τῶν προφητῶν **τῷ υἱῷ τοῦ ἀνθρώπου·** [32] παραδοθήσεται γὰρ τοῖς ἔθνεσιν καὶ ἐμπαιχθήσεται καὶ ὑβρισθήσεται καὶ ἐμπτυσθήσεται [33] καὶ μαστιγώσαντες ἀποκτενοῦσιν αὐτόν, καὶ τῇ ἡμέρᾳ τῇ τρίτῃ ἀναστήσεται.	
h 220 h 210	**Mt 20,20** (2)	τότε προσῆλθεν αὐτῷ **ἡ μήτηρ τῶν υἱῶν Ζεβεδαίου** **μετὰ τῶν υἱῶν αὐτῆς** προσκυνοῦσα καὶ αἰτοῦσά τι ἀπ᾽ αὐτοῦ	**Mk 10,35**	καὶ προσπορεύονται αὐτῷ **Ἰάκωβος καὶ Ἰωάννης οἱ υἱοὶ Ζεβεδαίου** λέγοντες αὐτῷ· διδάσκαλε, θέλομεν ἵνα ὃ ἐὰν αἰτήσωμέν σε ποιήσῃς ἡμῖν.			
210	**Mt 20,21**	... λέγει αὐτῷ· εἰπὲ ἵνα καθίσωσιν **οὗτοι οἱ δύο υἱοί μου** εἷς ἐκ δεξιῶν σου καὶ εἷς ἐξ εὐωνύμων σου ἐν τῇ βασιλείᾳ σου.	**Mk 10,37**	οἱ δὲ εἶπαν αὐτῷ· δὸς **ἡμῖν** ἵνα εἷς σου ἐκ δεξιῶν καὶ εἷς ἐξ ἀριστερῶν καθίσωμεν ἐν τῇ δόξῃ σου.			
d 221	**Mt 20,28**	ὥσπερ **ὁ υἱὸς τοῦ ἀνθρώπου** οὐκ ἦλθεν διακονηθῆναι ἀλλὰ διακονῆσαι ...	**Mk 10,45**	καὶ γὰρ **ὁ υἱὸς τοῦ ἀνθρώπου** οὐκ ἦλθεν διακονηθῆναι ἀλλὰ διακονῆσαι ...	**Lk 22,27** →Lk 12,37	**... ἐγὼ** δὲ ἐν μέσῳ ὑμῶν εἰμι ὡς ὁ διακονῶν.	→Jn 13,13-14
121	**Mt 20,30**	[29] καὶ ἐκπορευομένων αὐτῶν ἀπὸ Ἰεριχὼ ἠκολούθησεν αὐτῷ ὄχλος πολύς. [30] καὶ ἰδοὺ δύο τυφλοὶ καθήμενοι παρὰ τὴν ὁδόν ...	**Mk 10,46**	καὶ ἔρχονται εἰς Ἰεριχώ. καὶ ἐκπορευομένου αὐτοῦ ἀπὸ Ἰεριχὼ καὶ τῶν μαθητῶν αὐτοῦ καὶ ὄχλου ἱκανοῦ **ὁ υἱὸς Τιμαίου** Βαρτιμαῖος, τυφλὸς προσαίτης, ἐκάθητο παρὰ τὴν ὁδόν.	**Lk 18,35**	ἐγένετο δὲ ἐν τῷ ἐγγίζειν αὐτὸν εἰς Ἰεριχὼ τυφλός τις ἐκάθητο παρὰ τὴν ὁδὸν ἐπαιτῶν.	
f 222	**Mt 20,30** ⇑Mt 9,27	... ἔκραξαν λέγοντες· ἐλέησον ἡμᾶς, **[κύριε,] υἱὸς Δαυίδ.**	**Mk 10,47**	... ἤρξατο κράζειν καὶ λέγειν· **υἱὲ Δαυὶδ Ἰησοῦ,** ἐλέησόν με.	**Lk 18,38**	καὶ ἐβόησεν λέγων· **Ἰησοῦ υἱὲ Δαυίδ,** ἐλέησόν με.	

f 222	Mt 20,31	... οἱ δὲ μεῖζον ἔκραξαν λέγοντες· ἐλέησον ἡμᾶς, κύριε, υἱὸς Δαυίδ.	Mk 10,48	... ὁ δὲ πολλῷ μᾶλλον ἔκραζεν· υἱὲ Δαυίδ, ἐλέησόν με.	Lk 18,39	... αὐτὸς δὲ πολλῷ μᾶλλον ἔκραζεν· υἱὲ Δαυίδ, ἐλέησόν με.	
e 002					Lk 19,9 → Lk 13,16	... σήμερον σωτηρία τῷ οἴκῳ τούτῳ ἐγένετο, καθότι καὶ αὐτὸς υἱὸς Ἀβραάμ ἐστιν·	
d 002					Lk 19,10	ἦλθεν γὰρ ὁ υἱὸς τοῦ ἀνθρώπου ζητῆσαι καὶ σῶσαι τὸ ἀπολωλός.	
200	Mt 21,5	*εἴπατε τῇ θυγατρὶ Σιών·* *ἰδοὺ ὁ βασιλεύς σου* *ἔρχεταί σοι πραῢς καὶ* *ἐπιβεβηκὼς ἐπὶ ὄνον καὶ* *ἐπὶ πῶλον υἱὸν* *ὑποζυγίου.* ➤ Isa 62,11; Zech 9,9					→ Jn 12,15
f 211	Mt 21,9	... ἔκραζον λέγοντες· *ὡσαννὰ* τῷ υἱῷ Δαυίδ· *εὐλογημένος* *ὁ ἐρχόμενος* *ἐν ὀνόματι κυρίου*· ... ➤ Ps 118,25-26	Mk 11,9	... ἔκραζον· *ὡσαννά*· *εὐλογημένος* *ὁ ἐρχόμενος* *ἐν ὀνόματι κυρίου*· [10] εὐλογημένη ἡ ἐρχομένη βασιλεία τοῦ πατρὸς ἡμῶν Δαυίδ· ... ➤ Ps 118,25-26	Lk 19,38	λέγοντες· *εὐλογημένος* *ὁ ἐρχόμενος*, ὁ βασιλεὺς *ἐν ὀνόματι κυρίου*· ... ➤ Ps 118,26	→ Jn 12,13
f 200	Mt 21,15 → Lk 19,39-40	ἰδόντες δὲ οἱ ἀρχιερεῖς καὶ οἱ γραμματεῖς τὰ θαυμάσια ἃ ἐποίησεν καὶ τοὺς παῖδας τοὺς κράζοντας ἐν τῷ ἱερῷ καὶ λέγοντας· ὡσαννὰ τῷ υἱῷ Δαυίδ, ἠγανάκτησαν					
222 221	Mt 21,37 (2)	ὕστερον δὲ ἀπέστειλεν πρὸς αὐτοὺς τὸν υἱὸν αὐτοῦ λέγων· ἐντραπήσονται τὸν υἱόν μου.	Mk 12,6 (2)	ἔτι ἕνα εἶχεν, υἱὸν ἀγαπητόν· ἀπέστειλεν αὐτὸν ἔσχατον πρὸς αὐτοὺς λέγων ὅτι ἐντραπήσονται τὸν υἱόν μου.	Lk 20,13	εἶπεν δὲ ὁ κύριος τοῦ ἀμπελῶνος· τί ποιήσω; πέμψω τὸν υἱόν μου τὸν ἀγαπητόν· ἴσως τοῦτον ἐντραπήσονται.	→ GTh 65
211	Mt 21,38	οἱ δὲ γεωργοὶ ἰδόντες τὸν υἱὸν εἶπον ἐν ἑαυτοῖς· οὗτός ἐστιν ὁ κληρονόμος· ...	Mk 12,7	ἐκεῖνοι δὲ οἱ γεωργοὶ πρὸς ἑαυτοὺς εἶπαν ὅτι οὗτός ἐστιν ὁ κληρονόμος· ...	Lk 20,14	ἰδόντες δὲ αὐτὸν οἱ γεωργοὶ διελογίζοντο πρὸς ἀλλήλους λέγοντες· οὗτός ἐστιν ὁ κληρονόμος· ...	→ GTh 65
201	Mt 22,2 → Lk 14,15	ὡμοιώθη ἡ βασιλεία τῶν οὐρανῶν ἀνθρώπῳ βασιλεῖ, ὅστις ἐποίησεν γάμους τῷ υἱῷ αὐτοῦ.			Lk 14,16	... ἄνθρωπός τις ἐποίει δεῖπνον μέγα, καὶ ἐκάλεσεν πολλούς	→ GTh 64

112	Mt 22,29	ἀποκριθεὶς δὲ ὁ Ἰησοῦς εἶπεν αὐτοῖς· πλανᾶσθε μὴ εἰδότες τὰς γραφὰς μηδὲ τὴν δύναμιν τοῦ θεοῦ·	Mk 12,24	ἔφη αὐτοῖς ὁ Ἰησοῦς· οὐ διὰ τοῦτο πλανᾶσθε μὴ εἰδότες τὰς γραφὰς μηδὲ τὴν δύναμιν τοῦ θεοῦ;	Lk 20,34	καὶ εἶπεν αὐτοῖς ὁ Ἰησοῦς· **οἱ υἱοὶ τοῦ αἰῶνος τούτου** γαμοῦσιν καὶ γαμίσκονται	
c 112 112	Mt 22,30	... οὔτε γαμοῦσιν οὔτε γαμίζονται, ἀλλ' ὡς ἄγγελοι ἐν τῷ οὐρανῷ εἰσιν.	Mk 12,25	... οὔτε γαμοῦσιν οὔτε γαμίζονται, ἀλλ' εἰσὶν ὡς ἄγγελοι ἐν τοῖς οὐρανοῖς.	Lk 20,36 (2)	[35] ... οὔτε γαμοῦσιν οὔτε γαμίζονται· [36] οὐδὲ γὰρ ἀποθανεῖν ἔτι δύνανται, ἰσάγγελοι γάρ εἰσιν καὶ **υἱοί εἰσιν θεοῦ τῆς ἀναστάσεως υἱοὶ** ὄντες.	→ Acts 13,33 → Acts 13,34
f 222	Mt 22,42	... τί ὑμῖν δοκεῖ περὶ τοῦ χριστοῦ; τίνος **υἱός** ἐστιν; λέγουσιν αὐτῷ· τοῦ Δαυίδ.	Mk 12,35	... πῶς λέγουσιν οἱ γραμματεῖς ὅτι ὁ χριστὸς **υἱὸς Δαυίδ** ἐστιν;	Lk 20,41	... πῶς λέγουσιν τὸν χριστὸν εἶναι **Δαυὶδ υἱόν;**	
222	Mt 22,45	εἰ οὖν Δαυὶδ καλεῖ αὐτὸν κύριον, πῶς **υἱὸς αὐτοῦ** ἐστιν;	Mk 12,37	αὐτὸς Δαυὶδ λέγει αὐτὸν κύριον, καὶ πόθεν **αὐτοῦ ἐστιν υἱός;** ...	Lk 20,44	Δαυὶδ οὖν κύριον αὐτὸν καλεῖ, καὶ πῶς **αὐτοῦ υἱός** ἐστιν;	
200	Mt 23,15	οὐαὶ ὑμῖν, γραμματεῖς καὶ Φαρισαῖοι ὑποκριταί, ὅτι περιάγετε τὴν θάλασσαν καὶ τὴν ξηρὰν ποιῆσαι ἕνα προσήλυτον, καὶ ὅταν γένηται ποιεῖτε αὐτὸν **υἱὸν γεέννης** διπλότερον ὑμῶν.					
h 201	Mt 23,31	ὥστε μαρτυρεῖτε ἑαυτοῖς ὅτι **υἱοί** ἐστε τῶν φονευσάντων τοὺς προφήτας. [32] καὶ ὑμεῖς πληρώσατε τὸ μέτρον τῶν πατέρων ὑμῶν.			Lk 11,48	ἄρα μάρτυρές ἐστε καὶ συνευδοκεῖτε τοῖς ἔργοις τῶν πατέρων ὑμῶν, ὅτι αὐτοὶ μὲν ἀπέκτειναν αὐτούς, ὑμεῖς δὲ οἰκοδομεῖτε.	
201	Mt 23,35	ὅπως ἔλθῃ ἐφ' ὑμᾶς πᾶν αἷμα δίκαιον ἐκχυννόμενον ἐπὶ τῆς γῆς ἀπὸ τοῦ αἵματος Ἅβελ τοῦ δικαίου **ἕως τοῦ αἵματος Ζαχαρίου υἱοῦ Βαραχίου,** ὃν ἐφονεύσατε μεταξὺ τοῦ ναοῦ καὶ τοῦ θυσιαστηρίου.			Lk 11,51	[50] ἵνα ἐκζητηθῇ τὸ αἷμα πάντων τῶν προφητῶν τὸ ἐκκεχυμένον ἀπὸ καταβολῆς κόσμου ἀπὸ τῆς γενεᾶς ταύτης, [51] ἀπὸ αἵματος Ἅβελ **ἕως αἵματος Ζαχαρίου** τοῦ ἀπολομένου μεταξὺ τοῦ θυσιαστηρίου καὶ τοῦ οἴκου· ...	
d 202	Mt 24,27	ὥσπερ γὰρ ἡ ἀστραπὴ ἐξέρχεται ἀπὸ ἀνατολῶν καὶ φαίνεται ἕως δυσμῶν, οὕτως ἔσται **ἡ παρουσία τοῦ υἱοῦ τοῦ ἀνθρώπου·**			Lk 17,24	ὥσπερ γὰρ ἡ ἀστραπὴ ἀστράπτουσα ἐκ τῆς ὑπὸ τὸν οὐρανὸν εἰς τὴν ὑπ' οὐρανὸν λάμπει, οὕτως ἔσται **ὁ υἱὸς τοῦ ἀνθρώπου [ἐν τῇ ἡμέρᾳ αὐτοῦ].**	

d 211	**Mt 24,30** (2)	καὶ τότε φανήσεται τὸ σημεῖον **τοῦ υἱοῦ τοῦ ἀνθρώπου** ἐν οὐρανῷ, καὶ τότε κόψονται πᾶσαι αἱ φυλαὶ τῆς γῆς καὶ ὄψονται	**Mk 13,26**	καὶ τότε ὄψονται	**Lk 21,27**	καὶ τότε ὄψονται	
d 222	↑ Mt 16,27 ↓ Mt 25,31	***τὸν υἱὸν τοῦ ἀνθρώπου*** *ἐρχόμενον ἐπὶ τῶν νεφελῶν τοῦ οὐρανοῦ* μετὰ δυνάμεως καὶ δόξης πολλῆς· ➤ Dan 7,13-14	↑ Mk 8,38	***τὸν υἱὸν τοῦ ἀνθρώπου*** *ἐρχόμενον ἐν νεφέλαις* μετὰ δυνάμεως πολλῆς καὶ δόξης. ➤ Dan 7,13-14	↑ Lk 9,26	***τὸν υἱὸν τοῦ ἀνθρώπου*** *ἐρχόμενον ἐν νεφέλῃ* μετὰ δυνάμεως καὶ δόξης πολλῆς. ➤ Dan 7,13-14	
b h 220	**Mt 24,36**	περὶ δὲ τῆς ἡμέρας ἐκείνης καὶ ὥρας οὐδεὶς οἶδεν, οὐδὲ οἱ ἄγγελοι τῶν οὐρανῶν **οὐδὲ ὁ υἱός,** εἰ μὴ ὁ πατὴρ μόνος.	**Mk 13,32**	περὶ δὲ τῆς ἡμέρας ἐκείνης ἢ τῆς ὥρας οὐδεὶς οἶδεν, οὐδὲ οἱ ἄγγελοι ἐν οὐρανῷ **οὐδὲ ὁ υἱός,** εἰ μὴ ὁ πατήρ.			
d 112	**Mt 25,13** ↓ Mt 24,44 → Mt 24,42 → Mt 24,50	γρηγορεῖτε οὖν, ὅτι οὐκ οἴδατε τὴν ἡμέραν οὐδὲ τὴν ὥραν.	**Mk 13,33** → Lk 21,34	βλέπετε, ἀγρυπνεῖτε· οὐκ οἴδατε γὰρ πότε ὁ καιρός ἐστιν.	**Lk 21,36** → Lk 18,1	ἀγρυπνεῖτε δὲ ἐν παντὶ καιρῷ δεόμενοι ἵνα κατισχύσητε ἐκφυγεῖν ταῦτα πάντα τὰ μέλλοντα γίνεσθαι καὶ σταθῆναι **ἔμπροσθεν τοῦ υἱοῦ τοῦ ἀνθρώπου.**	
d 202	**Mt 24,37**	ὥσπερ γὰρ αἱ ἡμέραι τοῦ Νῶε, οὕτως ἔσται **ἡ παρουσία τοῦ υἱοῦ τοῦ ἀνθρώπου.**			**Lk 17,26**	καὶ καθὼς ἐγένετο ἐν ταῖς ἡμέραις Νῶε, οὕτως ἔσται καὶ **ἐν ταῖς ἡμέραις τοῦ υἱοῦ τοῦ ἀνθρώπου·**	
d 202	**Mt 24,39**	καὶ οὐκ ἔγνωσαν ἕως ἦλθεν ὁ κατακλυσμὸς καὶ ἦρεν ἅπαντας, οὕτως ἔσται [καὶ] **ἡ παρουσία τοῦ υἱοῦ τοῦ ἀνθρώπου.**			**Lk 17,30**	[27] καὶ ἦλθεν ὁ κατακλυσμὸς καὶ ἀπώλεσεν πάντας. [28] ... [30] κατὰ τὰ αὐτὰ ἔσται **ᾗ ἡμέρᾳ ὁ υἱὸς τοῦ ἀνθρώπου ἀποκαλύπτεται.**	
d 202	**Mt 24,44** → Mt 24,42 → Mt 24,50 ↑ Mt 25,13	διὰ τοῦτο καὶ ὑμεῖς γίνεσθε ἕτοιμοι, ὅτι ᾗ οὐ δοκεῖτε ὥρᾳ **ὁ υἱὸς τοῦ ἀνθρώπου** ἔρχεται.	→ Mk 13,35		**Lk 12,40** → Lk 12,38	καὶ ὑμεῖς γίνεσθε ἕτοιμοι, ὅτι ᾗ ὥρᾳ οὐ δοκεῖτε **ὁ υἱὸς τοῦ ἀνθρώπου** ἔρχεται.	→ GTh 21,6
d 200	**Mt 25,31** ↑ Mt 19,28 ↑ Mt 16,27 ↑ Mt 24,30	ὅταν δὲ ἔλθῃ **ὁ υἱὸς τοῦ ἀνθρώπου** ἐν τῇ δόξῃ αὐτοῦ καὶ πάντες οἱ ἄγγελοι μετ᾽ αὐτοῦ, τότε καθίσει ἐπὶ θρόνου δόξης αὐτοῦ·	↑ Mk 8,38 ↑ Mk 13,26		↑ Lk 9,26 ↑ Lk 21,27		
d 211	**Mt 26,2**	οἴδατε ὅτι μετὰ δύο ἡμέρας τὸ πάσχα γίνεται, καὶ **ὁ υἱὸς τοῦ ἀνθρώπου** παραδίδοται εἰς τὸ σταυρωθῆναι.	**Mk 14,1**	ἦν δὲ τὸ πάσχα καὶ τὰ ἄζυμα μετὰ δύο ἡμέρας. ...	**Lk 22,1**	ἤγγιζεν δὲ ἡ ἑορτὴ τῶν ἀζύμων ἡ λεγομένη πάσχα.	

d 222 d 221	**Mt 26,24** (2)	ὁ μὲν υἱὸς τοῦ ἀνθρώπου ὑπάγει καθὼς γέγραπται περὶ αὐτοῦ, οὐαὶ δὲ τῷ ἀνθρώπῳ ἐκείνῳ δι' οὗ ὁ υἱὸς τοῦ ἀνθρώπου παραδίδοται· καλὸν ἦν αὐτῷ εἰ οὐκ ἐγεννήθη ὁ ἄνθρωπος ἐκεῖνος.	**Mk 14,21** (2)	ὅτι ὁ μὲν υἱὸς τοῦ ἀνθρώπου ὑπάγει καθὼς γέγραπται περὶ αὐτοῦ, οὐαὶ δὲ τῷ ἀνθρώπῳ ἐκείνῳ δι' οὗ ὁ υἱὸς τοῦ ἀνθρώπου παραδίδοται· καλὸν αὐτῷ εἰ οὐκ ἐγεννήθη ὁ ἄνθρωπος ἐκεῖνος.	**Lk 22,22**	ὅτι ὁ υἱὸς μὲν τοῦ ἀνθρώπου κατὰ τὸ ὡρισμένον πορεύεται, πλὴν οὐαὶ τῷ ἀνθρώπῳ ἐκείνῳ δι' οὗ παραδίδοται.	
210	**Mt 26,37**	καὶ παραλαβὼν τὸν Πέτρον καὶ τοὺς δύο υἱοὺς Ζεβεδαίου ἤρξατο λυπεῖσθαι καὶ ἀδημονεῖν.	**Mk 14,33**	καὶ παραλαμβάνει τὸν Πέτρον καὶ [τὸν] Ἰάκωβον καὶ [τὸν] Ἰωάννην μετ' αὐτοῦ καὶ ἤρξατο ἐκθαμβεῖσθαι καὶ ἀδημονεῖν			
d 220	**Mt 26,45** → Lk 22,53	... ἰδοὺ ἤγγικεν ἡ ὥρα καὶ ὁ υἱὸς τοῦ ἀνθρώπου παραδίδοται εἰς χεῖρας ἁμαρτωλῶν.	**Mk 14,41** → Lk 22,53	... ἦλθεν ἡ ὥρα, ἰδοὺ παραδίδοται ὁ υἱὸς τοῦ ἀνθρώπου εἰς τὰς χεῖρας τῶν ἁμαρτωλῶν.			→ Jn 12,23 → Jn 12,27
d 112	**Mt 26,50**	[49] ... εἶπεν· χαῖρε, ῥαββί, καὶ κατεφίλησεν αὐτόν. [50] ὁ δὲ Ἰησοῦς εἶπεν αὐτῷ· ἑταῖρε, ἐφ' ὃ πάρει. τότε προσελθόντες ἐπέβαλον τὰς χεῖρας ἐπὶ τὸν Ἰησοῦν καὶ ἐκράτησαν αὐτόν.	**Mk 14,46**	[45] ... λέγει· ῥαββί, καὶ κατεφίλησεν αὐτόν. [46] οἱ δὲ ἐπέβαλον τὰς χεῖρας αὐτῷ καὶ ἐκράτησαν αὐτόν.	**Lk 22,48**	[47] ... καὶ ἤγγισεν τῷ Ἰησοῦ φιλῆσαι αὐτόν. [48] Ἰησοῦς δὲ εἶπεν αὐτῷ· Ἰούδα, φιλήματι τὸν υἱὸν τοῦ ἀνθρώπου παραδίδως; [49] ... [54] συλλαβόντες δὲ αὐτὸν ...	→ Jn 18,12
a 222	**Mt 26,63** ↓ Mt 27,43	... καὶ ὁ ἀρχιερεὺς εἶπεν αὐτῷ· ἐξορκίζω σε κατὰ τοῦ θεοῦ τοῦ ζῶντος ἵνα ἡμῖν εἴπῃς εἰ σὺ εἶ ὁ χριστὸς ὁ υἱὸς τοῦ θεοῦ. [64] λέγει αὐτῷ ὁ Ἰησοῦς· σὺ εἶπας· ...	**Mk 14,61** → Mk 15,32	... πάλιν ὁ ἀρχιερεὺς ἐπηρώτα αὐτὸν καὶ λέγει αὐτῷ· σὺ εἶ ὁ χριστὸς ὁ υἱὸς τοῦ εὐλογητοῦ; [62] ὁ δὲ Ἰησοῦς εἶπεν· ἐγώ εἰμι, ...	**Lk 22,70**	[67] λέγοντες· εἰ σὺ εἶ ὁ χριστός, εἰπὸν ἡμῖν. ... [70] εἶπαν δὲ πάντες· σὺ οὖν εἶ ὁ υἱὸς τοῦ θεοῦ; ὁ δὲ πρὸς αὐτοὺς ἔφη· ὑμεῖς λέγετε ὅτι ἐγώ εἰμι.	→ Jn 10,36
d 222	**Mt 26,64** → Mt 22,44 ↓ Mt 27,43	... ἀπ' ἄρτι ὄψεσθε *τὸν υἱὸν* *τοῦ ἀνθρώπου* καθήμενον ἐκ δεξιῶν τῆς δυνάμεως καὶ *ἐρχόμενον ἐπὶ τῶν* *νεφελῶν τοῦ οὐρανοῦ.* ➤ Dan 7,13	**Mk 14,62** → Mk 12,36 → Mk 15,32	... καὶ ὄψεσθε *τὸν υἱὸν* *τοῦ ἀνθρώπου* ἐκ δεξιῶν καθήμενον τῆς δυνάμεως καὶ *ἐρχόμενον μετὰ τῶν* *νεφελῶν τοῦ οὐρανοῦ.* ➤ Dan 7,13	**Lk 22,69** → Lk 20,42 → Lk 23,35	ἀπὸ τοῦ νῦν δὲ ἔσται ὁ υἱὸς τοῦ ἀνθρώπου καθήμενος ἐκ δεξιῶν τῆς δυνάμεως τοῦ θεοῦ.	→ Acts 7,56

[a] υἱὸς (τοῦ) θεοῦ, υἱός μου (= θεοῦ), υἱός τοῦ πατρὸς (= θεοῦ), υἱὸς ὑψίστου
[b] υἱός (absolute) as a christological title
[c] υἱοὶ (τοῦ) θεοῦ
[d] ὁ υἱὸς τοῦ ἀνθρώπου (statistics see below)
[e] υἱὸς Ἀβραάμ
[f] υἱὸς Δαυίδ
[g] υἱοὶ Ἰσραήλ
[h] υἱός and μήτηρ / πατήρ (except a)

a 222	**Mt 26,63** ↓ Mt 27,43	... καὶ ὁ ἀρχιερεὺς εἶπεν αὐτῷ· ἐξορκίζω σε κατὰ τοῦ θεοῦ τοῦ ζῶντος ἵνα ἡμῖν εἴπῃς εἰ σὺ εἶ ὁ χριστὸς **ὁ υἱὸς τοῦ θεοῦ.** [64] λέγει αὐτῷ ὁ Ἰησοῦς· σὺ εἶπας· ...	**Mk 14,61** → Mk 15,32	... πάλιν ὁ ἀρχιερεὺς ἐπηρώτα αὐτὸν καὶ λέγει αὐτῷ· σὺ εἶ ὁ χριστὸς **ὁ υἱὸς τοῦ εὐλογητοῦ;** [62] ὁ δὲ Ἰησοῦς εἶπεν· ἐγώ εἰμι, ...	**Lk 22,70**	[67] λέγοντες· εἰ σὺ εἶ ὁ χριστός, εἰπὸν ἡμῖν. ... [70] εἶπαν δὲ πάντες· σὺ οὖν εἶ **ὁ υἱὸς τοῦ θεοῦ;** ὁ δὲ πρὸς αὐτοὺς ἔφη· ὑμεῖς λέγετε ὅτι ἐγώ εἰμι.	→ Jn 10,36
g 200	**Mt 27,9**	τότε ἐπληρώθη τὸ ῥηθὲν διὰ Ἰερεμίου τοῦ προφήτου λέγοντος· *καὶ ἔλαβον τὰ τριάκοντα ἀργύρια, τὴν τιμὴν τοῦ τετιμημένου ὃν ἐτιμήσαντο* **ἀπὸ υἱῶν Ἰσραήλ** ➤ Zech 11,13					
a 210	**Mt 27,40** ↑ Mt 4,3.6 → Mt 27,42	[39] οἱ δὲ παραπορευόμενοι ... [40] καὶ λέγοντες· ... σῶσον σεαυτόν, εἰ **υἱὸς εἶ τοῦ θεοῦ,** [καὶ] κατάβηθι ἀπὸ τοῦ σταυροῦ.	**Mk 15,30** → Mk 15,31	[29] καὶ οἱ παραπορευόμενοι ... καὶ λέγοντες· ... [30] σῶσον σεαυτὸν καταβὰς ἀπὸ τοῦ σταυροῦ.	**Lk 23,37** → Mk 15,32 → Lk 23,35 → Lk 23,39	[36] ... οἱ στρατιῶται προσερχόμενοι, ... [37] καὶ λέγοντες· εἰ σὺ εἶ ὁ βασιλεὺς τῶν Ἰουδαίων, σῶσον σεαυτόν.	
a 200	**Mt 27,43** ↑ Mt 26,63 ↑ Mk 14,61-62 ↑ Lk 22,70	*πέποιθεν ἐπὶ τὸν θεόν, ῥυσάσθω νῦν εἰ θέλει αὐτόν·* εἶπεν γὰρ ὅτι **θεοῦ εἰμι υἱός.** ➤ Ps 22,9					
a 221	**Mt 27,54**	ὁ δὲ ἑκατόνταρχος καὶ οἱ μετ' αὐτοῦ τηροῦντες τὸν Ἰησοῦν ἰδόντες τὸν σεισμὸν καὶ τὰ γενόμενα ἐφοβήθησαν σφόδρα, λέγοντες· ἀληθῶς **θεοῦ υἱὸς** ἦν οὗτος.	**Mk 15,39**	ἰδὼν δὲ ὁ κεντυρίων ὁ παρεστηκὼς ἐξ ἐναντίας αὐτοῦ ὅτι οὕτως ἐξέπνευσεν εἶπεν· ἀληθῶς οὗτος ὁ ἄνθρωπος **υἱὸς θεοῦ** ἦν.	**Lk 23,47**	ἰδὼν δὲ ὁ ἑκατοντάρχης τὸ γενόμενον ἐδόξαζεν τὸν θεὸν λέγων· ὄντως ὁ ἄνθρωπος οὗτος **δίκαιος** ἦν.	
h 210	**Mt 27,56** → Mt 27,61 → Mt 28,1	ἐν αἷς ἦν Μαρία ἡ Μαγδαληνὴ καὶ Μαρία ἡ τοῦ Ἰακώβου καὶ Ἰωσὴφ μήτηρ καὶ **ἡ μήτηρ τῶν υἱῶν Ζεβεδαίου.**	**Mk 15,40** → Mk 15,47 → Mk 16,1	... ἐν αἷς καὶ Μαρία ἡ Μαγδαληνὴ καὶ Μαρία ἡ Ἰακώβου τοῦ μικροῦ καὶ Ἰωσῆτος μήτηρ καὶ Σαλώμη			→ Jn 19,25
d 002	↑ Mt 17,22 ↑ Mt 20,18		↑ Mk 8,31 ↑ Mk 9,31 ↑ Mk 10,33		**Lk 24,7** ↑ Lk 9,22.44 ↑ Lk 18,31	λέγων **τὸν υἱὸν τοῦ ἀνθρώπου** ὅτι δεῖ παραδοθῆναι εἰς χεῖρας ἀνθρώπων ἁμαρτωλῶν καὶ σταυρωθῆναι καὶ τῇ τρίτῃ ἡμέρᾳ ἀναστῆναι.	
b h 200	**Mt 28,19** → Mt 24,14 → Mk 13,10 → Lk 24,47	πορευθέντες οὖν μαθητεύσατε πάντα τὰ ἔθνη, βαπτίζοντες αὐτοὺς εἰς τὸ ὄνομα τοῦ πατρὸς καὶ **τοῦ υἱοῦ** καὶ τοῦ ἁγίου πνεύματος					

[a] υἱὸς (τοῦ) θεοῦ, υἱός μου (= θεοῦ), υἱός τοῦ πατρὸς (= θεοῦ), υἱὸς ὑψίστου
[b] υἱός (absolute) as a christological title
[c] υἱοὶ (τοῦ) θεοῦ
[d] ὁ υἱὸς τοῦ ἀνθρώπου (statistics see below)
[e] υἱὸς Ἀβραάμ
[f] υἱὸς Δαυίδ
[g] υἱοὶ Ἰσραήλ
[h] υἱός and μήτηρ / πατήρ (except a)

Acts 2,17 ... *ἐκχεῶ ἀπὸ τοῦ πνεύματός μου ἐπὶ πᾶσαν σάρκα, καὶ προφητεύσουσιν* **οἱ υἱοὶ ὑμῶν** *καὶ αἱ θυγατέρες ὑμῶν καὶ οἱ νεανίσκοι ὑμῶν ὁράσεις ὄψονται ...* ➤ Joel 3,1 LXX

h **Acts 3,25** ὑμεῖς ἐστε **οἱ υἱοὶ τῶν προφητῶν** καὶ τῆς διαθήκης ἧς διέθετο ὁ θεὸς πρὸς τοὺς πατέρας ὑμῶν λέγων πρὸς Ἀβραάμ· ...

Acts 4,36 Ἰωσὴφ δὲ ὁ ἐπικληθεὶς Βαρναβᾶς ἀπὸ τῶν ἀποστόλων, ὅ ἐστιν μεθερμηνευόμενον **υἱὸς παρακλήσεως,** Λευίτης, Κύπριος τῷ γένει

g **Acts 5,21** ... παραγενόμενος δὲ ὁ ἀρχιερεὺς καὶ οἱ σὺν αὐτῷ συνεκάλεσαν τὸ συνέδριον καὶ **πᾶσαν τὴν γερουσίαν τῶν υἱῶν Ἰσραὴλ** καὶ ἀπέστειλαν εἰς τὸ δεσμωτήριον ἀχθῆναι αὐτούς.

Acts 7,16 καὶ μετετέθησαν εἰς Συχὲμ καὶ ἐτέθησαν ἐν τῷ μνήματι ᾧ ὠνήσατο Ἀβραὰμ τιμῆς ἀργυρίου **παρὰ τῶν υἱῶν Ἑμμὼρ** ἐν Συχέμ.

Acts 7,21 ἐκτεθέντος δὲ αὐτοῦ ἀνείλατο αὐτὸν ἡ θυγάτηρ Φαραὼ καὶ ἀνεθρέψατο αὐτὸν ἑαυτῇ **εἰς υἱόν.**

g **Acts 7,23** ... ἀνέβη ἐπὶ τὴν καρδίαν αὐτοῦ ἐπισκέψασθαι τοὺς ἀδελφοὺς αὐτοῦ **τοὺς υἱοὺς Ἰσραήλ.**

Acts 7,29 ἔφυγεν δὲ Μωϋσῆς ἐν τῷ λόγῳ τούτῳ καὶ ἐγένετο πάροικος ἐν γῇ Μαδιάμ, οὗ ἐγέννησεν **υἱοὺς δύο.**

g **Acts 7,37** οὗτός ἐστιν ὁ Μωϋσῆς ὁ εἴπας **τοῖς υἱοῖς Ἰσραήλ·** *προφήτην ὑμῖν ἀναστήσει ὁ θεὸς ἐκ τῶν ἀδελφῶν ὑμῶν ὡς ἐμέ.* ➤ Deut 18,15

d **Acts 7,56** →Lk 22,69 ... ἰδοὺ θεωρῶ τοὺς οὐρανοὺς διηνοιγμένους καὶ **τὸν υἱὸν τοῦ ἀνθρώπου** ἐκ δεξιῶν ἑστῶτα τοῦ θεοῦ.

g **Acts 9,15** ... πορεύου, ὅτι σκεῦος ἐκλογῆς ἐστίν μοι οὗτος τοῦ βαστάσαι τὸ ὄνομά μου **ἐνώπιον ἐθνῶν τε καὶ βασιλέων υἱῶν τε Ἰσραήλ·**

a **Acts 9,20** καὶ εὐθέως ἐν ταῖς συναγωγαῖς ἐκήρυσσεν τὸν Ἰησοῦν ὅτι οὗτός ἐστιν **ὁ υἱὸς τοῦ θεοῦ.**

g **Acts 10,36** τὸν λόγον [ὃν] ἀπέστειλεν **τοῖς υἱοῖς Ἰσραὴλ** εὐαγγελιζόμενος εἰρήνην διὰ Ἰησοῦ Χριστοῦ, ...

Acts 13,10 ... ὦ πλήρης παντὸς δόλου καὶ πάσης ῥᾳδιουργίας, **υἱὲ διαβόλου,** ἐχθρὲ πάσης δικαιοσύνης, ...

Acts 13,21 κἀκεῖθεν ᾐτήσαντο βασιλέα καὶ ἔδωκεν αὐτοῖς ὁ θεὸς τὸν Σαοὺλ **υἱὸν Κίς,** ἄνδρα ἐκ φυλῆς Βενιαμίν, ἔτη τεσσεράκοντα.

Acts 13,26 ἄνδρες ἀδελφοί, **υἱοὶ γένους Ἀβραὰμ** καὶ οἱ ἐν ὑμῖν φοβούμενοι τὸν θεόν, ...

a **Acts 13,33** ... ὡς καὶ ἐν τῷ ψαλμῷ γέγραπται τῷ δευτέρῳ, ***υἱός μου*** *εἶ σύ, ἐγὼ σήμερον γεγέννηκά σε.* ➤ Ps 2,7

h **Acts 16,1** ... καὶ ἰδοὺ μαθητής τις ἦν ἐκεῖ ὀνόματι Τιμόθεος, **υἱὸς γυναικὸς Ἰουδαίας πιστῆς,** πατρὸς δὲ Ἕλληνος

Acts 19,14 ἦσαν δέ τινος Σκευᾶ Ἰουδαίου ἀρχιερέως **ἑπτὰ υἱοὶ** τοῦτο ποιοῦντες.

Acts 23,6 ... ἄνδρες ἀδελφοί, ἐγὼ Φαρισαῖός εἰμι, **υἱὸς Φαρισαίων,** περὶ ἐλπίδος καὶ ἀναστάσεως νεκρῶν [ἐγὼ] κρίνομαι.

Acts 23,16 ἀκούσας δὲ **ὁ υἱὸς τῆς ἀδελφῆς Παύλου** τὴν ἐνέδραν, ...

ὑμεῖς (all cases)	Syn 544	Mt 248	Mk 75	Lk 221	Acts 124	Jn 255	1-3John 37	Paul 568	Eph 45	Col 57
	NT 1839	2Thess 40	1/2Tim 2	Tit 1	Heb 31	Jas 39	1Pet 53	2Pet 21	Jude 11	Rev 11

personal pronoun second person plural

ὑμῶν p. 782 ὑμῖν p. 796 ὑμᾶς p. 817

ὑμεῖς	Syn 61	Mt 31	Mk 10	Lk 20	Acts 25	Jn 68	1-3John 6	Paul 54	Eph 7	Col 6
	NT 236	2Thess 2	1/2Tim	Tit	Heb	Jas 2	1Pet 2	2Pet 1	Jude 2	Rev

personal pronoun second person plural nominative: you

	triple tradition																	double tradition			Sondergut		
		+Mt / +Lk			–Mt / –Lk			traditions not taken over by Mt / Lk							subtotals								
code	*222*	*211*	*112*	*212*	*221*	*122*	*121*	*022*	*012*	*021*	*220*	*120*	*210*	*020*	Σ^+	Σ^-	Σ	*202*	*201*	*102*	*200*	*002*	total
Mt	4	2^+					1^-				3	1^-	2^+		4^+	2^-	11	4	9		7		**31**
Mk	4						1				3	1		1			10						**10**
Lk	4		3^+				1^-								3^+	1^-	7	4		4		5	**20**

a πάντες ὑμεῖς, ὑμεῖς πάντες

201	**Mt 5,13**	**ὑμεῖς** ἐστε τὸ ἅλας τῆς γῆς· ἐὰν δὲ τὸ ἅλας μωρανθῇ, ἐν τίνι ἁλισθήσεται; ...	**Mk 9,50**	καλὸν τὸ ἅλας· ἐὰν δὲ τὸ ἅλας ἄναλον γένηται, ἐν τίνι αὐτὸ ἀρτύσετε; ...	**Lk 14,34**	καλὸν οὖν τὸ ἅλας· ἐὰν δὲ καὶ τὸ ἅλας μωρανθῇ, ἐν τίνι ἀρτυθήσεται;	Mk-Q overlap
200	**Mt 5,14**	**ὑμεῖς** ἐστε τὸ φῶς τοῦ κόσμου. ...					→ Jn 8,12
201	**Mt 5,48**	ἔσεσθε οὖν **ὑμεῖς** τέλειοι ὡς ὁ πατὴρ ὑμῶν ὁ οὐράνιος τέλειός ἐστιν.			**Lk 6,36**	γίνεσθε οἰκτίρμονες καθὼς [καὶ] ὁ πατὴρ ὑμῶν οἰκτίρμων ἐστίν.	
201	**Mt 6,9**	οὕτως οὖν προσεύχεσθε **ὑμεῖς**· Πάτερ ἡμῶν ὁ ἐν τοῖς οὐρανοῖς· ἁγιασθήτω τὸ ὄνομά σου·			**Lk 11,2**	... ὅταν προσεύχησθε λέγετε· Πάτερ, ἁγιασθήτω τὸ ὄνομά σου· ...	
202	**Mt 6,26**	... οὐχ **ὑμεῖς** μᾶλλον διαφέρετε αὐτῶν;			**Lk 12,24**	... πόσῳ μᾶλλον **ὑμεῖς** διαφέρετε τῶν πετεινῶν.	
202	**Mt 7,11**	εἰ οὖν **ὑμεῖς** πονηροὶ ὄντες οἴδατε δόματα ἀγαθὰ διδόναι τοῖς τέκνοις ὑμῶν, ...			**Lk 11,13**	εἰ οὖν **ὑμεῖς** πονηροὶ ὑπάρχοντες οἴδατε δόματα ἀγαθὰ διδόναι τοῖς τέκνοις ὑμῶν, ...	
201	**Mt 7,12** → Mt 22,40	πάντα οὖν ὅσα ἐὰν θέλητε ἵνα ποιῶσιν ὑμῖν οἱ ἄνθρωποι, οὕτως καὶ **ὑμεῖς** ποιεῖτε αὐτοῖς· οὗτος γάρ ἐστιν ὁ νόμος καὶ οἱ προφῆται.			**Lk 6,31**	καὶ καθὼς θέλετε ἵνα ποιῶσιν ὑμῖν οἱ ἄνθρωποι ποιεῖτε αὐτοῖς ὁμοίως.	
220	**Mt 10,20** → Lk 12,12	**οὐ γὰρ ὑμεῖς ἐστε** οἱ λαλοῦντες ἀλλὰ τὸ πνεῦμα τοῦ πατρὸς ὑμῶν τὸ λαλοῦν ἐν ὑμῖν.	**Mk 13,11**	... **οὐ γὰρ ἐστε ὑμεῖς** οἱ λαλοῦντες ἀλλὰ τὸ πνεῦμα τὸ ἅγιον.			

201	Mt 10,31	μὴ οὖν φοβεῖσθε· πολλῶν στρουθίων διαφέρετε ὑμεῖς.			Lk 12,7	... μὴ φοβεῖσθε· πολλῶν στρουθίων διαφέρετε.	
211	Mt 13,18	ὑμεῖς οὖν ἀκούσατε τὴν παραβολὴν τοῦ σπείραντος.	Mk 4,13	... οὐκ οἴδατε τὴν παραβολὴν ταύτην, καὶ πῶς πάσας τὰς παραβολὰς γνώσεσθε; [14] ὁ σπείρων τὸν λόγον σπείρει.	Lk 8,11	ἔστιν δὲ αὕτη ἡ παραβολή· ὁ σπόρος ἐστὶν ὁ λόγος τοῦ θεοῦ.	
020			Mk 6,31	καὶ λέγει αὐτοῖς· δεῦτε ὑμεῖς αὐτοὶ κατ' ἰδίαν εἰς ἔρημον τόπον καὶ ἀναπαύσασθε ὀλίγον. ...			
222	Mt 14,16 → Mt 15,33	... δότε αὐτοῖς ὑμεῖς φαγεῖν.	Mk 6,37 → Mk 8,4	... δότε αὐτοῖς ὑμεῖς φαγεῖν. ...	Lk 9,13	... δότε αὐτοῖς ὑμεῖς φαγεῖν. ...	→ Jn 6,5
210	Mt 15,3	... διὰ τί καὶ ὑμεῖς παραβαίνετε τὴν ἐντολὴν τοῦ θεοῦ διὰ τὴν παράδοσιν ὑμῶν;	Mk 7,9	... καλῶς ἀθετεῖτε τὴν ἐντολὴν τοῦ θεοῦ, ἵνα τὴν παράδοσιν ὑμῶν στήσητε.			
220	Mt 15,5	ὑμεῖς δὲ λέγετε· ὃς ἂν εἴπῃ τῷ πατρὶ ἢ τῇ μητρί· δῶρον ὃ ἐὰν ἐξ ἐμοῦ ὠφεληθῇς	Mk 7,11	ὑμεῖς δὲ λέγετε· ἐὰν εἴπῃ ἄνθρωπος τῷ πατρὶ ἢ τῇ μητρί· κορβᾶν, ὅ ἐστιν δῶρον, ὃ ἐὰν ἐξ ἐμοῦ ὠφεληθῇς			
220	Mt 15,16	... ἀκμὴν καὶ ὑμεῖς ἀσύνετοί ἐστε;	Mk 7,18	... οὕτως καὶ ὑμεῖς ἀσύνετοί ἐστε; ...			
222	Mt 16,15	λέγει αὐτοῖς· ὑμεῖς δὲ τίνα με λέγετε εἶναι;	Mk 8,29	καὶ αὐτὸς ἐπηρώτα αὐτούς· ὑμεῖς δὲ τίνα με λέγετε εἶναι; ...	Lk 9,20	εἶπεν δὲ αὐτοῖς· ὑμεῖς δὲ τίνα με λέγετε εἶναι; ...	→ GTh 13
112	Mt 17,22 → Mt 16,21 → Mt 20,18-19	 ... μέλλει ὁ υἱὸς τοῦ ἀνθρώπου παραδίδοσθαι εἰς χεῖρας ἀνθρώπων	Mk 9,31 → Mk 8,31 → Mk 10,33-34	 ... ὁ υἱὸς τοῦ ἀνθρώπου παραδίδοται εἰς χεῖρας ἀνθρώπων, ...	Lk 9,44 → Lk 9,22 → Lk 17,25 → Lk 18,31-33 → Lk 24,7 → Lk 24,26 → Lk 24,46	θέσθε ὑμεῖς εἰς τὰ ὦτα ὑμῶν τοὺς λόγους τούτους· ὁ γὰρ υἱὸς τοῦ ἀνθρώπου μέλλει παραδίδοσθαι εἰς χεῖρας ἀνθρώπων.	
102	Mt 13,17	ἀμὴν γὰρ λέγω ὑμῖν ὅτι πολλοὶ προφῆται καὶ δίκαιοι ἐπεθύμησαν ἰδεῖν ἃ βλέπετε καὶ οὐκ εἶδαν, ...			Lk 10,24	λέγω γὰρ ὑμῖν ὅτι πολλοὶ προφῆται καὶ βασιλεῖς ἠθέλησαν ἰδεῖν ἃ ὑμεῖς βλέπετε καὶ οὐκ εἶδαν, ...	→ GTh 38 (POxy 655 - restoration)
202	Mt 7,11	εἰ οὖν ὑμεῖς πονηροὶ ὄντες οἴδατε δόματα ἀγαθὰ διδόναι τοῖς τέκνοις ὑμῶν, ...			Lk 11,13	εἰ οὖν ὑμεῖς πονηροὶ ὑπάρχοντες οἴδατε δόματα ἀγαθὰ διδόναι τοῖς τέκνοις ὑμῶν, ...	
102	Mt 23,25 → Mk 7,4	οὐαὶ ὑμῖν, γραμματεῖς καὶ Φαρισαῖοι ὑποκριταί, ὅτι καθαρίζετε τὸ ἔξωθεν τοῦ ποτηρίου καὶ τῆς παροψίδος, ἔσωθεν δὲ γέμουσιν ἐξ ἁρπαγῆς καὶ ἀκρασίας.			Lk 11,39 → Mk 7,4	εἶπεν δὲ ὁ κύριος πρὸς αὐτόν· νῦν ὑμεῖς οἱ Φαρισαῖοι τὸ ἔξωθεν τοῦ ποτηρίου καὶ τοῦ πίνακος καθαρίζετε, τὸ δὲ ἔσωθεν ὑμῶν γέμει ἁρπαγῆς καὶ πονηρίας.	→ GTh 89

102	**Mt 23,32**	[31] ὥστε μαρτυρεῖτε ἑαυτοῖς ὅτι υἱοί ἐστε τῶν φονευσάντων τοὺς προφήτας. [32] καὶ ὑμεῖς πληρώσατε τὸ μέτρον τῶν πατέρων ὑμῶν.		**Lk 11,48**	ἄρα μάρτυρές ἐστε καὶ συνευδοκεῖτε τοῖς ἔργοις τῶν πατέρων ὑμῶν, ὅτι αὐτοὶ μὲν ἀπέκτειναν αὐτούς, ὑμεῖς δὲ οἰκοδομεῖτε.	
202	**Mt 6,26**	... οὐχ ὑμεῖς μᾶλλον διαφέρετε αὐτῶν;		**Lk 12,24**	... πόσῳ μᾶλλον ὑμεῖς διαφέρετε τῶν πετεινῶν.	
102	**Mt 6,31**	μὴ οὖν μεριμνήσητε λέγοντες· τί φάγωμεν; ἤ· τί πίωμεν; ἤ· τί περιβαλώμεθα;		**Lk 12,29**	καὶ ὑμεῖς μὴ ζητεῖτε τί φάγητε καὶ τί πίητε, καὶ μὴ μετεωρίζεσθε·	
002				**Lk 12,36** → Lk 21,36	καὶ ὑμεῖς ὅμοιοι ἀνθρώποις προσδεχομένοις τὸν κύριον ἑαυτῶν ...	
202	**Mt 24,44** → Mt 24,42 → Mt 24,50 → Mt 25,13	διὰ τοῦτο καὶ ὑμεῖς γίνεσθε ἕτοιμοι, ὅτι ᾗ οὐ δοκεῖτε ὥρᾳ ὁ υἱὸς τοῦ ἀνθρώπου ἔρχεται.	→ Mk 13,35	**Lk 12,40** → Lk 12,38	καὶ ὑμεῖς γίνεσθε ἕτοιμοι, ὅτι ᾗ ὥρᾳ οὐ δοκεῖτε ὁ υἱὸς τοῦ ἀνθρώπου ἔρχεται.	→ GTh 21,6
002				**Lk 16,15** → Lk 18,9.14 → Lk 20,20	καὶ εἶπεν αὐτοῖς· ὑμεῖς ἐστε οἱ δικαιοῦντες ἑαυτοὺς ἐνώπιον τῶν ἀνθρώπων, ὁ δὲ θεὸς γινώσκει τὰς καρδίας ὑμῶν· ...	
002				**Lk 17,10**	οὕτως καὶ ὑμεῖς, ὅταν ποιήσητε πάντα τὰ διαταχθέντα ὑμῖν, λέγετε ὅτι δοῦλοι ἀχρεῖοί ἐσμεν, ...	
202	**Mt 19,28** (2)	... ὑμεῖς οἱ ἀκολουθήσαντές μοι		**Lk 22,28**	ὑμεῖς δέ ἐστε οἱ διαμεμενηκότες μετ' ἐμοῦ ἐν τοῖς πειρασμοῖς μου·	
201		... καθήσεσθε καὶ ὑμεῖς ἐπὶ δώδεκα θρόνους κρίνοντες τὰς δώδεκα φυλὰς τοῦ Ἰσραήλ.		**Lk 22,30**	... καὶ καθήσεσθε ἐπὶ θρόνων τὰς δώδεκα φυλὰς κρίνοντες τοῦ Ἰσραήλ.	
200	**Mt 20,4**	... ὑπάγετε καὶ ὑμεῖς εἰς τὸν ἀμπελῶνα, καὶ ὃ ἐὰν ᾖ δίκαιον δώσω ὑμῖν.				
200	**Mt 20,7**	... ὑπάγετε καὶ ὑμεῖς εἰς τὸν ἀμπελῶνα.				

222	**Mt 21,13**	... γέγραπται· *ὁ οἶκός μου οἶκος προσευχῆς κληθήσεται,* **ὑμεῖς** δὲ αὐτὸν ποιεῖτε *σπήλαιον λῃστῶν.* ➤ Isa 56,7; Jer 7,11	**Mk 11,17**	... οὐ γέγραπται ὅτι *ὁ οἶκός μου οἶκος προσευχῆς κληθήσεται πᾶσιν τοῖς ἔθνεσιν;* **ὑμεῖς** δὲ πεποιήκατε αὐτὸν *σπήλαιον λῃστῶν.* ➤ Isa 56,7; Jer 7,11	**Lk 19,46**	... γέγραπται· *καὶ ἔσται ὁ οἶκός μου οἶκος προσευχῆς,* **ὑμεῖς** δὲ αὐτὸν ἐποιήσατε *σπήλαιον λῃστῶν.* ➤ Isa 56,7; Jer 7,11	→ Jn 2,16
201	**Mt 21,32**	ἦλθεν γὰρ Ἰωάννης πρὸς ὑμᾶς ἐν ὁδῷ δικαιοσύνης, καὶ οὐκ ἐπιστεύσατε αὐτῷ, οἱ δὲ τελῶναι καὶ αἱ πόρναι ἐπίστευσαν αὐτῷ· **ὑμεῖς** δὲ ἰδόντες οὐδὲ μετεμελήθητε ὕστερον τοῦ πιστεῦσαι αὐτῷ.			**Lk 7,30**	[29] καὶ πᾶς ὁ λαὸς ἀκούσας καὶ οἱ τελῶναι ἐδικαίωσαν τὸν θεόν βαπτισθέντες τὸ βάπτισμα Ἰωάννου· [30] οἱ δὲ Φαρισαῖοι καὶ οἱ νομικοὶ τὴν βουλὴν τοῦ θεοῦ ἠθέτησαν εἰς ἑαυτούς μὴ βαπτισθέντες ὑπ' αὐτοῦ.	
200 200	**Mt 23,8** **(2)**	**ὑμεῖς** δὲ μὴ κληθῆτε ῥαββί· εἷς γάρ ἐστιν ὑμῶν ὁ διδάσκαλος, πάντες δὲ **ὑμεῖς** ἀδελφοί ἐστε.					
201	**Mt 23,13** → Mt 16,19	οὐαὶ δὲ ὑμῖν, γραμματεῖς καὶ Φαρισαῖοι ὑποκριταί, ὅτι κλείετε τὴν βασιλείαν τῶν οὐρανῶν ἔμπροσθεν τῶν ἀνθρώπων· **ὑμεῖς** γὰρ οὐκ εἰσέρχεσθε οὐδὲ τοὺς εἰσερχομένους ἀφίετε εἰσελθεῖν.			**Lk 11,52**	οὐαὶ ὑμῖν τοῖς νομικοῖς, ὅτι ἤρατε τὴν κλεῖδα τῆς γνώσεως· **αὐτοὶ** οὐκ εἰσήλθατε καὶ τοὺς εἰσερχομένους ἐκωλύσατε.	→ GTh 39 **(POxy 655)** → GTh 102
200	**Mt 23,28**	οὕτως καὶ **ὑμεῖς** ἔξωθεν μὲν φαίνεσθε τοῖς ἀνθρώποις δίκαιοι, ἔσωθεν δέ ἐστε μεστοὶ ὑποκρίσεως καὶ ἀνομίας.					
201	**Mt 23,32**	[31] ὥστε μαρτυρεῖτε ἑαυτοῖς ὅτι υἱοί ἐστε τῶν φονευσάντων τοὺς προφήτας. [32] καὶ **ὑμεῖς** πληρώσατε τὸ μέτρον τῶν πατέρων ὑμῶν.			**Lk 11,48**	ἄρα μάρτυρές ἐστε καὶ συνευδοκεῖτε τοῖς ἔργοις τῶν πατέρων ὑμῶν, ὅτι αὐτοὶ μὲν ἀπέκτειναν αὐτούς, ὑμεῖς δὲ οἰκοδομεῖτε.	
121	**Mt 10,17** ⇩ Mt 24,9 → Mt 23,34	προσέχετε δὲ ἀπὸ τῶν ἀνθρώπων· παραδώσουσιν γὰρ ὑμᾶς ...	**Mk 13,9**	βλέπετε δὲ **ὑμεῖς** ἑαυτούς· παραδώσουσιν ὑμᾶς ...	**Lk 21,12** → Lk 11,49 → Lk 12,11	πρὸ δὲ τούτων πάντων ἐπιβαλοῦσιν ἐφ' ὑμᾶς τὰς χεῖρας αὐτῶν καὶ διώξουσιν, παραδιδόντες ...	
	Mt 24,9 ⇧ Mt 10,17	τότε παραδώσουσιν ὑμᾶς εἰς θλῖψιν ...					

220	**Mt 10,20**	οὐ γὰρ ὑμεῖς ἐστε οἱ λαλοῦντες ἀλλὰ τὸ πνεῦμα τοῦ πατρὸς ὑμῶν τὸ λαλοῦν ἐν ὑμῖν.	**Mk 13,11** → Lk 12,12	... οὐ γάρ ἐστε ὑμεῖς οἱ λαλοῦντες ἀλλὰ τὸ πνεῦμα τὸ ἅγιον.			
120	**Mt 24,25**	ἰδοὺ προείρηκα ὑμῖν.	**Mk 13,23**	ὑμεῖς δὲ βλέπετε· προείρηκα ὑμῖν πάντα.			
222	**Mt 24,33**	οὕτως καὶ ὑμεῖς, ὅταν ἴδητε πάντα ταῦτα, γινώσκετε ὅτι ἐγγύς ἐστιν ἐπὶ θύραις.	**Mk 13,29**	οὕτως καὶ ὑμεῖς, ὅταν ἴδητε ταῦτα γινόμενα, γινώσκετε ὅτι ἐγγύς ἐστιν ἐπὶ θύραις.	**Lk 21,31**	οὕτως καὶ ὑμεῖς, ὅταν ἴδητε ταῦτα γινόμενα, γινώσκετε ὅτι ἐγγύς ἐστιν ἡ βασιλεία τοῦ θεοῦ.	
202	**Mt 24,44** → Mt 24,42 → Mt 24,50 → Mt 25,13	διὰ τοῦτο καὶ ὑμεῖς γίνεσθε ἕτοιμοι, ὅτι ᾗ οὐ δοκεῖτε ὥρᾳ ὁ υἱὸς τοῦ ἀνθρώπου ἔρχεται.	→ Mk 13,35		**Lk 12,40** → Lk 12,38	καὶ ὑμεῖς γίνεσθε ἕτοιμοι, ὅτι ᾗ ὥρᾳ οὐ δοκεῖτε ὁ υἱὸς τοῦ ἀνθρώπου ἔρχεται.	→ GTh 21,6
112	**Mt 20,26** ⇨ Mt 23,11	οὐχ οὕτως ἔσται ἐν ὑμῖν, ἀλλ᾽ ὃς ἐὰν θέλῃ ἐν ὑμῖν μέγας γενέσθαι ἔσται ὑμῶν διάκονος	**Mk 10,43** ⇨ Mk 9,35	οὐχ οὕτως δέ ἐστιν ἐν ὑμῖν, ἀλλ᾽ ὃς ἂν θέλῃ μέγας γενέσθαι ἐν ὑμῖν ἔσται ὑμῶν διάκονος	**Lk 22,26**	ὑμεῖς δὲ οὐχ οὕτως, ἀλλ᾽ ὁ μείζων ἐν ὑμῖν γινέσθω ὡς ὁ νεώτερος ...	
202	**Mt 19,28** **(2)**	... ὑμεῖς οἱ ἀκολουθήσαντές μοι ...			**Lk 22,28**	ὑμεῖς δέ ἐστε οἱ διαμεμενηκότες μετ᾽ ἐμοῦ ἐν τοῖς πειρασμοῖς μου·	
a 210	**Mt 26,31**	τότε λέγει αὐτοῖς ὁ Ἰησοῦς· πάντες ὑμεῖς σκανδαλισθήσεσθε ἐν ἐμοὶ ...	**Mk 14,27**	καὶ λέγει αὐτοῖς ὁ Ἰησοῦς ὅτι πάντες σκανδαλισθήσεσθε, ...			
112	**Mt 26,64**	... σὺ εἶπας· ...	**Mk 14,62**	... ἐγώ εἰμι, ...	**Lk 22,70**	... ὁ δὲ πρὸς αὐτοὺς ἔφη· ὑμεῖς λέγετε ὅτι ἐγώ εἰμι.	→ **Jn 10,36**
200	**Mt 27,24**	... ἀθῷός εἰμι ἀπὸ τοῦ αἵματος τούτου· ὑμεῖς ὄψεσθε.					→ Acts 18,6 → Acts 20,26
211	**Mt 28,5**	... μὴ φοβεῖσθε ὑμεῖς, οἶδα γὰρ ὅτι Ἰησοῦν τὸν ἐσταυρωμένον ζητεῖτε·	**Mk 16,6**	... μὴ ἐκθαμβεῖσθε· Ἰησοῦν ζητεῖτε τὸν Ναζαρηνὸν τὸν ἐσταυρωμένον· ...	**Lk 24,5** → Lk 24,23	... τί ζητεῖτε τὸν ζῶντα μετὰ τῶν νεκρῶν·	
002					**Lk 24,48**	ὑμεῖς μάρτυρες τούτων.	
002					**Lk 24,49**	καὶ [ἰδοὺ] ἐγὼ ἀποστέλλω τὴν ἐπαγγελίαν τοῦ πατρός μου ἐφ᾽ ὑμᾶς· ὑμεῖς δὲ καθίσατε ἐν τῇ πόλει ἕως οὗ ἐνδύσησθε ἐξ ὕψους δύναμιν.	→ Acts 1,8 → **Acts 2,33**

a πάντες ὑμεῖς, ὑμεῖς πάντες

Acts 1,5 ὅτι Ἰωάννης μὲν ἐβάπτισεν ὕδατι, **ὑμεῖς** δὲ ἐν πνεύματι βαπτισθήσεσθε ἁγίῳ οὐ μετὰ πολλὰς ταύτας ἡμέρας.
→ Mt 3,11
→ Mk 1,8
→ Lk 3,16
→ **Acts 11,16**

Acts 2,15 οὐ γὰρ ὡς **ὑμεῖς** ὑπολαμβάνετε οὗτοι μεθύουσιν, ἔστιν γὰρ ὥρα τρίτη τῆς ἡμέρας

Acts 2,33 τῇ δεξιᾷ οὖν τοῦ θεοῦ ὑψωθείς, τήν τε ἐπαγγελίαν τοῦ πνεύματος τοῦ ἁγίου λαβὼν παρὰ τοῦ πατρός, ἐξέχεεν τοῦτο ὃ **ὑμεῖς** [καὶ] βλέπετε καὶ ἀκούετε.
→ **Lk 24,49**
→ Acts 1,8

Acts 2,36 ἀσφαλῶς οὖν γινωσκέτω πᾶς οἶκος Ἰσραὴλ ὅτι καὶ κύριον αὐτὸν καὶ χριστὸν ἐποίησεν ὁ θεός, τοῦτον τὸν Ἰησοῦν ὃν **ὑμεῖς** ἐσταυρώσατε.

Acts 3,13 ... ἐδόξασεν τὸν παῖδα αὐτοῦ Ἰησοῦν ὃν **ὑμεῖς** μὲν παρεδώκατε καὶ ἠρνήσασθε κατὰ πρόσωπον Πιλάτου, κρίναντος ἐκείνου ἀπολύειν·

Acts 3,14 **ὑμεῖς** δὲ τὸν ἅγιον καὶ δίκαιον ἠρνήσασθε καὶ ᾐτήσασθε ἄνδρα φονέα χαρισθῆναι ὑμῖν

Acts 3,25 **ὑμεῖς** ἐστε οἱ υἱοὶ τῶν προφητῶν καὶ τῆς διαθήκης ...

Acts 4,7 ... ἐν ποίᾳ δυνάμει ἢ ἐν ποίῳ ὀνόματι ἐποιήσατε τοῦτο **ὑμεῖς**;

Acts 4,10 ... ἐν τῷ ὀνόματι Ἰησοῦ Χριστοῦ τοῦ Ναζωραίου ὃν **ὑμεῖς** ἐσταυρώσατε, ...

Acts 5,30 ὁ θεὸς τῶν πατέρων ἡμῶν ἤγειρεν Ἰησοῦν ὃν **ὑμεῖς** διεχειρίσασθε κρεμάσαντες ἐπὶ ξύλου·

Acts 7,4 ... κἀκεῖθεν μετὰ τὸ ἀποθανεῖν τὸν πατέρα αὐτοῦ μετῴκισεν αὐτὸν εἰς τὴν γῆν ταύτην εἰς ἣν **ὑμεῖς** νῦν κατοικεῖτε

Acts 7,51 (2) σκληροτράχηλοι καὶ ἀπερίτμητοι καρδίαις καὶ τοῖς ὠσίν, **ὑμεῖς** ἀεὶ τῷ πνεύματι τῷ ἁγίῳ ἀντιπίπτετε ὡς οἱ πατέρες ὑμῶν καὶ **ὑμεῖς**.

Acts 7,52 ... καὶ ἀπέκτειναν τοὺς προκαταγγείλαντας περὶ τῆς ἐλεύσεως τοῦ δικαίου, οὗ νῦν **ὑμεῖς** προδόται καὶ φονεῖς ἐγένεσθε

Acts 8,24 ἀποκριθεὶς δὲ ὁ Σίμων εἶπεν· δεήθητε **ὑμεῖς** ὑπὲρ ἐμοῦ πρὸς τὸν κύριον ὅπως μηδὲν ἐπέλθῃ ἐπ' ἐμὲ ὧν εἰρήκατε.

Acts 10,28 ἔφη τε πρὸς αὐτούς· **ὑμεῖς** ἐπίστασθε ὡς ἀθέμιτόν ἐστιν ἀνδρὶ Ἰουδαίῳ κολλᾶσθαι ἢ προσέρχεσθαι ἀλλοφύλῳ· ...

Acts 10,37 **ὑμεῖς** οἴδατε τὸ γενόμενον ῥῆμα καθ' ὅλης τῆς Ἰουδαίας, ...
→ Lk 23,5

Acts 11,16 ... Ἰωάννης μὲν ἐβάπτισεν ὕδατι, **ὑμεῖς** δὲ βαπτισθήσεσθε ἐν πνεύματι ἁγίῳ.
→ Mt 3,11
→ Mk 1,8
→ Lk 3,16
→ **Acts 1,5**

Acts 15,7 ... ἄνδρες ἀδελφοί, **ὑμεῖς** ἐπίστασθε ὅτι ἀφ' ἡμερῶν ἀρχαίων ἐν ὑμῖν ἐξελέξατο ὁ θεὸς διὰ τοῦ στόματός μου ἀκοῦσαι τὰ ἔθνη τὸν λόγον τοῦ εὐαγγελίου καὶ πιστεῦσαι.

Acts 19,15 ... τὸν [μὲν] Ἰησοῦν γινώσκω καὶ τὸν Παῦλον ἐπίσταμαι, **ὑμεῖς** δὲ τίνες ἐστέ;

Acts 20,18 ὡς δὲ παρεγένοντο πρὸς αὐτὸν εἶπεν αὐτοῖς· **ὑμεῖς** ἐπίστασθε, ἀπὸ πρώτης ἡμέρας ἀφ' ἧς ἐπέβην εἰς τὴν Ἀσίαν, πῶς μεθ' ὑμῶν τὸν πάντα χρόνον ἐγενόμην

a **Acts 20,25** καὶ νῦν ἰδοὺ ἐγὼ οἶδα ὅτι οὐκέτι ὄψεσθε τὸ πρόσωπόν μου **ὑμεῖς πάντες** ἐν οἷς διῆλθον κηρύσσων τὴν βασιλείαν.

a **Acts 22,3** ... ζηλωτὴς ὑπάρχων τοῦ θεοῦ καθὼς **πάντες ὑμεῖς** ἐστε σήμερον·

Acts 23,15 νῦν οὖν **ὑμεῖς** ἐμφανίσατε τῷ χιλιάρχῳ σὺν τῷ συνεδρίῳ ...

Acts 27,31 ... ἐὰν μὴ οὗτοι μείνωσιν ἐν τῷ πλοίῳ, **ὑμεῖς** σωθῆναι οὐ δύνασθε.

ὑμῶν	Syn 157	Mt 76	Mk 14	Lk 67	Acts 40	Jn 47	1-3John	Paul 181	Eph 21	Col 23
	NT 560	2Thess 12	1/2Tim 2	Tit 1	Heb 19	Jas 24	1Pet 22	2Pet 5	Jude 2	Rev 4

personal pronoun second person plural genitive

	triple tradition																	double tradition			Sondergut		
		+Mt / +Lk			−Mt / −Lk			traditions not taken over by Mt / Lk							subtotals								
code	*222*	*211*	*112*	*212*	*221*	*122*	*121*	*022*	*012*	*021*	*220*	*120*	*210*	*020*	Σ⁺	Σ⁻	Σ	*202*	*201*	*102*	*200*	*002*	total
Mt	3	5⁺			4						5	2⁻	5⁺		10⁺	2⁻	22	15	12		27		**76**
Mk	3				4						5	2					14						**14**
Lk	3		12⁺		4⁻				2⁺						14⁺	4⁻	17	15		9		26	**67**

[a] ὑμῶν in the prepositive position
[b] ὑμῶν as object of verbs construed with the genitive
[c] ὑμῶν in the genitive absolute
[d] ἐξ ὑμῶν
[e] (ὁ) πατὴρ ὑμῶν
[f] οἱ πατέρες ὑμῶν

002					**Lk 3,14**	... μηδένα διασείσητε μηδὲ συκοφαντήσητε καὶ ἀρκεῖσθε **τοῖς ὀψωνίοις ὑμῶν.**	
002					**Lk 4,21**	... σήμερον πεπλήρωται ἡ γραφὴ αὕτη **ἐν τοῖς ὠσὶν ὑμῶν.**	
002					**Lk 5,4**	... ἐπανάγαγε εἰς τὸ βάθος καὶ χαλάσατε **τὰ δίκτυα ὑμῶν** εἰς ἄγραν.	→ Jn 21,6
222	**Mt 9,4** → Mt 12,25	καὶ ἰδὼν ὁ Ἰησοῦς τὰς ἐνθυμήσεις αὐτῶν εἶπεν· ἱνατί ἐνθυμεῖσθε πονηρὰ **ἐν ταῖς καρδίαις ὑμῶν;**	**Mk 2,8**	καὶ εὐθὺς ἐπιγνοὺς ὁ Ἰησοῦς τῷ πνεύματι αὐτοῦ ὅτι οὕτως διαλογίζονται ἐν ἑαυτοῖς λέγει αὐτοῖς· τί ταῦτα διαλογίζεσθε **ἐν ταῖς καρδίαις ὑμῶν;**	**Lk 5,22** → Lk 11,17 → Lk 6,8	ἐπιγνοὺς δὲ ὁ Ἰησοῦς τοὺς διαλογισμοὺς αὐτῶν ἀποκριθεὶς εἶπεν πρὸς αὐτούς· τί διαλογίζεσθε **ἐν ταῖς καρδίαις ὑμῶν;**	
202	**Mt 5,11**	μακάριοί ἐστε ὅταν ὀνειδίσωσιν ὑμᾶς καὶ διώξωσιν καὶ **εἴπωσιν πᾶν πονηρὸν καθ' ὑμῶν** [ψευδόμενοι] ἕνεκεν ἐμοῦ.			**Lk 6,22**	μακάριοί ἐστε ὅταν μισήσωσιν ὑμᾶς οἱ ἄνθρωποι καὶ ὅταν ἀφορίσωσιν ὑμᾶς καὶ ὀνειδίσωσιν καὶ **ἐκβάλωσιν τὸ ὄνομα ὑμῶν ὡς πονηρὸν** ἕνεκα τοῦ υἱοῦ τοῦ ἀνθρώπου·	→ GTh 68 → GTh 69,1
202	**Mt 5,12 (2)**	χαίρετε καὶ ἀγαλλιᾶσθε, ὅτι **ὁ μισθὸς ὑμῶν** πολὺς ἐν τοῖς οὐρανοῖς·			**Lk 6,23**	χάρητε ἐν ἐκείνῃ τῇ ἡμέρᾳ καὶ σκιρτήσατε, ἰδοὺ γὰρ **ὁ μισθὸς ὑμῶν** πολὺς ἐν τῷ οὐρανῷ·	→ GTh 69,1 → GTh 68
201	↓ Mt 23,34	οὕτως γὰρ ἐδίωξαν τοὺς προφήτας **τοὺς πρὸ ὑμῶν.**			↓ Lk 11,49	κατὰ τὰ αὐτὰ γὰρ ἐποίουν τοῖς προφήταις οἱ πατέρες αὐτῶν.	
002					**Lk 6,24**	πλὴν οὐαὶ ὑμῖν τοῖς πλουσίοις, ὅτι ἀπέχετε **τὴν παράκλησιν ὑμῶν.**	

200 a 200 e 200	Mt 5,16 (3)	οὕτως λαμψάτω τὸ φῶς ὑμῶν ἔμπροσθεν τῶν ἀνθρώπων, ὅπως ἴδωσιν ὑμῶν τὰ καλὰ ἔργα καὶ δοξάσωσιν τὸν πατέρα ὑμῶν τὸν ἐν τοῖς οὐρανοῖς.					
a 200	Mt 5,20	... ἐὰν μὴ περισσεύσῃ ὑμῶν ἡ δικαιοσύνη πλεῖον τῶν γραμματέων καὶ Φαρισαίων, οὐ μὴ εἰσέλθητε εἰς τὴν βασιλείαν τῶν οὐρανῶν.					→ GTh 27 (POxy 1)
200	Mt 5,37	ἔστω δὲ ὁ λόγος ὑμῶν ναὶ ναί, οὒ οὔ· τὸ δὲ περισσὸν τούτων ἐκ τοῦ πονηροῦ ἐστιν.					
202	Mt 5,44	... ἀγαπᾶτε τοὺς ἐχθροὺς ὑμῶν καὶ προσεύχεσθε ὑπὲρ τῶν διωκόντων ὑμᾶς			Lk 6,27 ⇩ Lk 6,35	... ἀγαπᾶτε τοὺς ἐχθροὺς ὑμῶν, καλῶς ποιεῖτε τοῖς μισοῦσιν ὑμᾶς, [28] εὐλογεῖτε τοὺς καταρωμένους ὑμᾶς, προσεύχεσθε περὶ τῶν ἐπηρεαζόντων ὑμᾶς.	
002					Lk 6,35 (2) ↑ Mt 5,44 ⇧ Lk 6,27 ⇧ Lk 6,28 → Mt 5,42	πλὴν ἀγαπᾶτε τοὺς ἐχθροὺς ὑμῶν καὶ ἀγαθοποιεῖτε καὶ δανίζετε μηδὲν ἀπελπίζοντες·	→ GTh 95
102	Mt 5,45					καὶ ἔσται ὁ μισθὸς ὑμῶν πολύς,	
e 201		ὅπως γένησθε υἱοὶ τοῦ πατρὸς ὑμῶν τοῦ ἐν οὐρανοῖς, ὅτι τὸν ἥλιον αὐτοῦ ἀνατέλλει ἐπὶ πονηροὺς καὶ ἀγαθοὺς καὶ βρέχει ἐπὶ δικαίους καὶ ἀδίκους.				καὶ ἔσεσθε υἱοὶ ὑψίστου, ὅτι αὐτὸς χρηστός ἐστιν ἐπὶ τοὺς ἀχαρίστους καὶ πονηρούς.	→ GTh 3 **(POxy 654)**
201	Mt 5,47	καὶ ἐὰν ἀσπάσησθε τοὺς ἀδελφοὺς ὑμῶν μόνον, τί περισσὸν ποιεῖτε; ...			Lk 6,34 → Mt 5,42	καὶ ἐὰν δανίσητε παρ' ὧν ἐλπίζετε λαβεῖν, ποία ὑμῖν χάρις [ἐστίν]; ...	→ GTh 95
e 202	Mt 5,48	ἔσεσθε οὖν ὑμεῖς τέλειοι ὡς ὁ πατὴρ ὑμῶν ὁ οὐράνιος τέλειός ἐστιν.			Lk 6,36	γίνεσθε οἰκτίρμονες καθὼς [καὶ] ὁ πατὴρ ὑμῶν οἰκτίρμων ἐστίν.	
002					Lk 6,38	δίδοτε, καὶ δοθήσεται ὑμῖν· μέτρον καλὸν πεπιεσμένον σεσαλευμένον ὑπερεκχυννόμενον δώσουσιν εἰς τὸν κόλπον ὑμῶν· ...	

200 *e* 200	**Mt 6,1** **(2)** → Mt 23,5	προσέχετε [δὲ] **τὴν δικαιοσύνην ὑμῶν** μὴ ποιεῖν ἔμπροσθεν τῶν ἀνθρώπων πρὸς τὸ θεαθῆναι αὐτοῖς· εἰ δὲ μή γε, μισθὸν οὐκ ἔχετε **παρὰ τῷ πατρὶ ὑμῶν** τῷ ἐν τοῖς οὐρανοῖς.					
e 200	**Mt 6,8** ↓ Mt 6,32 ↓ Lk 12,30	μὴ οὖν ὁμοιωθῆτε αὐτοῖς· οἶδεν γὰρ **ὁ πατὴρ ὑμῶν** ὧν χρείαν ἔχετε πρὸ τοῦ ὑμᾶς αἰτῆσαι αὐτόν.					
e 220	**Mt 6,14** → Mt 6,12 → Lk 11,4	ἐὰν γὰρ ἀφῆτε τοῖς ἀνθρώποις τὰ παραπτώματα αὐτῶν, ἀφήσει καὶ ὑμῖν **ὁ πατὴρ ὑμῶν** **ὁ οὐράνιος·**	**Mk 11,25** **(2)** → Mt 5,23-24	καὶ ὅταν στήκετε προσευχόμενοι, ἀφίετε εἴ τι ἔχετε κατά τινος, ἵνα καὶ **ὁ πατὴρ ὑμῶν** **ὁ ἐν τοῖς οὐρανοῖς** ἀφῇ ὑμῖν τὰ παραπτώματα ὑμῶν.			
e 200 200	**Mt 6,15** **(2)** ↓ Mt 18,35	ἐὰν δὲ μὴ ἀφῆτε τοῖς ἀνθρώποις, οὐδὲ **ὁ πατὴρ ὑμῶν** ἀφήσει **τὰ παραπτώματα ὑμῶν.**					Mk 11,26 is textcritically uncertain.
201 201	**Mt 6,25** **(2)**	διὰ τοῦτο λέγω ὑμῖν· μὴ μεριμνᾶτε **τῇ ψυχῇ ὑμῶν** τί φάγητε [ἢ τί πίητε], μηδὲ **τῷ σώματι ὑμῶν** τί ἐνδύσησθε. ...			**Lk 12,22**	... διὰ τοῦτο λέγω ὑμῖν· μὴ μεριμνᾶτε **τῇ ψυχῇ** τί φάγητε, μηδὲ **τῷ σώματι** τί ἐνδύσησθε.	→ GTh 36 **(POxy 655)**
e 201	**Mt 6,26**	ἐμβλέψατε εἰς τὰ πετεινὰ τοῦ οὐρανοῦ ὅτι οὐ σπείρουσιν οὐδὲ θερίζουσιν οὐδὲ συνάγουσιν εἰς ἀποθήκας, καὶ **ὁ πατὴρ ὑμῶν** **ὁ οὐράνιος** τρέφει αὐτά· οὐχ ὑμεῖς μᾶλλον διαφέρετε αὐτῶν;			**Lk 12,24**	κατανοήσατε τοὺς κόρακας ὅτι οὐ σπείρουσιν οὐδὲ θερίζουσιν, οἷς οὐκ ἔστιν ταμεῖον οὐδὲ ἀποθήκη, καὶ **ὁ θεὸς** τρέφει αὐτούς· πόσῳ μᾶλλον ὑμεῖς διαφέρετε τῶν πετεινῶν.	
d 202	**Mt 6,27**	**τίς δὲ ἐξ ὑμῶν** μεριμνῶν δύναται προσθεῖναι ἐπὶ τὴν ἡλικίαν αὐτοῦ πῆχυν ἕνα;			**Lk 12,25**	**τίς δὲ ἐξ ὑμῶν** μεριμνῶν δύναται ἐπὶ τὴν ἡλικίαν αὐτοῦ προσθεῖναι πῆχυν;	→ GTh 36,4 **(only POxy 655)**
e a 202	**Mt 6,32** ↑ Mt 6,8	πάντα γὰρ ταῦτα τὰ ἔθνη ἐπιζητοῦσιν· οἶδεν γὰρ **ὁ πατὴρ ὑμῶν** **ὁ οὐράνιος** ὅτι χρῄζετε τούτων ἁπάντων.			**Lk 12,30**	ταῦτα γὰρ πάντα τὰ ἔθνη τοῦ κόσμου ἐπιζητοῦσιν, **ὑμῶν δὲ ὁ πατὴρ** οἶδεν ὅτι χρῄζετε τούτων.	

200	Mt 7,6	μὴ δῶτε τὸ ἅγιον τοῖς κυσὶν μηδὲ βάλητε **τοὺς μαργαρίτας ὑμῶν** ἔμπροσθεν τῶν χοίρων, μήποτε καταπατήσουσιν αὐτοὺς ἐν τοῖς ποσὶν αὐτῶν καὶ στραφέντες ῥήξωσιν ὑμᾶς.					→ GTh 93
d 202	Mt 7,9	ἢ **τίς ἐστιν ἐξ ὑμῶν ἄνθρωπος,** ὃν αἰτήσει ὁ υἱὸς αὐτοῦ ἄρτον, μὴ λίθον ἐπιδώσει αὐτῷ; [10] ἢ καὶ ἰχθὺν αἰτήσει, μὴ ὄφιν ἐπιδώσει αὐτῷ;			Lk 11,11	**τίνα δὲ ἐξ ὑμῶν τὸν πατέρα** αἰτήσει ὁ υἱὸς ἰχθύν, καὶ ἀντὶ ἰχθύος ὄφιν αὐτῷ ἐπιδώσει; [12] ἢ καὶ αἰτήσει ᾠόν, ἐπιδώσει αὐτῷ σκορπίον;	
202 *e* 201	Mt 7,11 (2)	εἰ οὖν ὑμεῖς πονηροὶ ὄντες οἴδατε δόματα ἀγαθὰ διδόναι **τοῖς τέκνοις ὑμῶν,** πόσῳ μᾶλλον **ὁ πατὴρ ὑμῶν** ὁ ἐν τοῖς οὐρανοῖς δώσει ἀγαθὰ τοῖς αἰτοῦσιν αὐτόν.			Lk 11,13	εἰ οὖν ὑμεῖς πονηροὶ ὑπάρχοντες οἴδατε δόματα ἀγαθὰ διδόναι **τοῖς τέκνοις ὑμῶν,** πόσῳ μᾶλλον **ὁ πατὴρ** [ὁ] ἐξ οὐρανοῦ δώσει πνεῦμα ἅγιον τοῖς αἰτοῦσιν αὐτόν.	
222	Mt 9,4 → Mt 12,25	καὶ ἰδὼν ὁ Ἰησοῦς τὰς ἐνθυμήσεις αὐτῶν εἶπεν· ἱνατί ἐνθυμεῖσθε πονηρὰ **ἐν ταῖς καρδίαις ὑμῶν;**	Mk 2,8	καὶ εὐθὺς ἐπιγνοὺς ὁ Ἰησοῦς τῷ πνεύματι αὐτοῦ ὅτι οὕτως διαλογίζονται ἐν ἑαυτοῖς λέγει αὐτοῖς· τί ταῦτα διαλογίζεσθε **ἐν ταῖς καρδίαις ὑμῶν;**	Lk 5,22 → Lk 11,17 → Lk 6,8	ἐπιγνοὺς δὲ ὁ Ἰησοῦς τοὺς διαλογισμοὺς αὐτῶν ἀποκριθεὶς εἶπεν πρὸς αὐτούς· τί διαλογίζεσθε **ἐν ταῖς καρδίαις ὑμῶν;**	
211	Mt 9,11	καὶ ἰδόντες οἱ Φαρισαῖοι ἔλεγον τοῖς μαθηταῖς αὐτοῦ· διὰ τί μετὰ τῶν τελωνῶν καὶ ἁμαρτωλῶν ἐσθίει **ὁ διδάσκαλος ὑμῶν;**	Mk 2,16	καὶ οἱ γραμματεῖς τῶν Φαρισαίων ἰδόντες ὅτι ἐσθίει μετὰ τῶν ἁμαρτωλῶν καὶ τελωνῶν ἔλεγον τοῖς μαθηταῖς αὐτοῦ· ὅτι μετὰ τῶν τελωνῶν καὶ ἁμαρτωλῶν ἐσθίει;	Lk 5,30 → Lk 15,2 → Lk 19,7	καὶ ἐγόγγυζον οἱ Φαρισαῖοι καὶ οἱ γραμματεῖς αὐτῶν πρὸς τοὺς μαθητὰς αὐτοῦ λέγοντες· διὰ τί μετὰ τῶν τελωνῶν καὶ ἁμαρτωλῶν ἐσθίετε καὶ πίνετε;	
200	Mt 9,29 ⇨ Mt 20,34 → Mk 8,23.25	τότε ἥψατο τῶν ὀφθαλμῶν αὐτῶν λέγων· **κατὰ τὴν πίστιν ὑμῶν** γενηθήτω ὑμῖν.	Mk 10,52	καὶ ὁ Ἰησοῦς εἶπεν αὐτῷ· ὕπαγε, **ἡ πίστις σου** σέσωκέν σε. ...	Lk 18,42	καὶ ὁ Ἰησοῦς εἶπεν αὐτῷ· ἀνάβλεψον· **ἡ πίστις σου** σέσωκέν σε.	
211	Mt 10,9	μὴ κτήσησθε χρυσὸν μηδὲ ἄργυρον μηδὲ χαλκὸν **εἰς τὰς ζώνας ὑμῶν,** [10] μὴ πήραν εἰς ὁδὸν μηδὲ δύο χιτῶνας μηδὲ ὑποδήματα μηδὲ ῥάβδον· ...	Mk 6,8	... ἵνα μηδὲν αἴρωσιν εἰς ὁδὸν εἰ μὴ ῥάβδον μόνον, μὴ ἄρτον, μὴ πήραν, μὴ **εἰς τὴν ζώνην** χαλκόν, [9] ἀλλὰ ὑποδεδεμένους σανδάλια, καὶ μὴ ἐνδύσησθε δύο χιτῶνας.	Lk 9,3 ⇩ Lk 10,4 → Lk 22,35-36	μηδὲν αἴρετε εἰς τὴν ὁδόν, μήτε ῥάβδον μήτε πήραν μήτε ἄρτον μήτε ἀργύριον μήτε [ἀνὰ] δύο χιτῶνας ἔχειν.	Mk-Q overlap
					Lk 10,4 ⇧ Lk 9,3 → Lk 22,35-36	μὴ βαστάζετε **βαλλάντιον,** μὴ πήραν, μὴ ὑποδήματα, καὶ μηδένα κατὰ τὴν ὁδὸν ἀσπάσησθε.	

   202 201	Mt 10,13 (2)	καὶ ἐὰν μὲν ᾖ ἡ οἰκία ἀξία, ἐλθάτω ἡ εἰρήνη ὑμῶν ἐπ᾽ αὐτήν, ἐὰν δὲ μὴ ᾖ ἀξία, ἡ εἰρήνη ὑμῶν πρὸς ὑμᾶς ἐπιστραφήτω.			Lk 10,6	καὶ ἐὰν ἐκεῖ ᾖ υἱὸς εἰρήνης, ἐπαναπαήσεται ἐπ᾽ αὐτὸν ἡ εἰρήνη ὑμῶν· εἰ δὲ μή γε, ἐφ᾽ ὑμᾶς ἀνακάμψει.	
b 221 222	Mt 10,14 (2)	καὶ ὃς ἂν μὴ δέξηται ὑμᾶς μηδὲ ἀκούσῃ τοὺς λόγους ὑμῶν, ἐξερχόμενοι ἔξω τῆς οἰκίας ἢ τῆς πόλεως ἐκείνης ἐκτινάξατε τὸν κονιορτὸν τῶν ποδῶν ὑμῶν.	Mk 6,11 (2)	καὶ ὃς ἂν τόπος μὴ δέξηται ὑμᾶς μηδὲ ἀκούσωσιν ὑμῶν, ἐκπορευόμενοι ἐκεῖθεν ἐκτινάξατε τὸν χοῦν τὸν ὑποκάτω τῶν ποδῶν ὑμῶν εἰς μαρτύριον αὐτοῖς.	Lk 9,5 ⇩ Lk 10,10 ⇩ Lk 10,11	καὶ ὅσοι ἂν μὴ δέχωνται ὑμᾶς, ἐξερχόμενοι ἀπὸ τῆς πόλεως ἐκείνης τὸν κονιορτὸν ἀπὸ τῶν ποδῶν ὑμῶν ἀποτινάσσετε εἰς μαρτύριον ἐπ᾽ αὐτούς.	Mk-Q overlap → Acts 13,51 → Acts 18,6
e 210	Mt 10,20 → Lk 12,12	οὐ γὰρ ὑμεῖς ἐστε οἱ λαλοῦντες ἀλλὰ τὸ πνεῦμα τοῦ πατρὸς ὑμῶν τὸ λαλοῦν ἐν ὑμῖν.	Mk 13,11	... οὐ γάρ ἐστε ὑμεῖς οἱ λαλοῦντες ἀλλὰ τὸ πνεῦμα τὸ ἅγιον.			
e 201	Mt 10,29	οὐχὶ δύο στρουθία ἀσσαρίου πωλεῖται; καὶ ἓν ἐξ αὐτῶν οὐ πεσεῖται ἐπὶ τὴν γῆν ἄνευ τοῦ πατρὸς ὑμῶν.			Lk 12,6	οὐχὶ πέντε στρουθία πωλοῦνται ἀσσαρίων δύο; καὶ ἓν ἐξ αὐτῶν οὐκ ἔστιν ἐπιλελησμένον ἐνώπιον τοῦ θεοῦ.	
a 202	Mt 10,30	ὑμῶν δὲ καὶ αἱ τρίχες τῆς κεφαλῆς πᾶσαι ἠριθμημέναι εἰσίν.			Lk 12,7 ↓ Lk 21,18	ἀλλὰ καὶ αἱ τρίχες τῆς κεφαλῆς ὑμῶν πᾶσαι ἠρίθμηνται. ...	→ Acts 27,34
  200	Mt 11,29	... καὶ *εὑρήσετε ἀνάπαυσιν ταῖς ψυχαῖς ὑμῶν*· ➤ Jer 6,16					→ GTh 90
d 202	Mt 12,11	... τίς ἔσται ἐξ ὑμῶν ἄνθρωπος ὃς ἕξει πρόβατον ἓν καὶ ἐὰν ἐμπέσῃ τοῦτο τοῖς σάββασιν εἰς βόθυνον, οὐχὶ κρατήσει αὐτὸ καὶ ἐγερεῖ;			Lk 14,5 → Lk 13,15	... τίνος ὑμῶν υἱὸς ἢ βοῦς εἰς φρέαρ πεσεῖται, καὶ οὐκ εὐθέως ἀνασπάσει αὐτὸν ἐν ἡμέρᾳ τοῦ σαββάτου;	
  202 a 202	Mt 12,27 (2)	καὶ εἰ ἐγὼ ἐν Βεελζεβοὺλ ἐκβάλλω τὰ δαιμόνια, οἱ υἱοὶ ὑμῶν ἐν τίνι ἐκβάλλουσιν; διὰ τοῦτο αὐτοὶ κριταὶ ἔσονται ὑμῶν.			Lk 11,19 (2)	εἰ δὲ ἐγὼ ἐν Βεελζεβοὺλ ἐκβάλλω τὰ δαιμόνια, οἱ υἱοὶ ὑμῶν ἐν τίνι ἐκβάλλουσιν; διὰ τοῦτο αὐτοὶ ὑμῶν κριταὶ ἔσονται.	
a 201 201	Mt 13,16 (2)	ὑμῶν δὲ μακάριοι οἱ ὀφθαλμοὶ ὅτι βλέπουσιν καὶ τὰ ὦτα ὑμῶν ὅτι ἀκούουσιν.			Lk 10,23	... μακάριοι οἱ ὀφθαλμοὶ οἱ βλέποντες ἃ βλέπετε.	→ GTh 38 (POxy 655 - restoration)
   112	Mt 8,26	καὶ λέγει αὐτοῖς· τί δειλοί ἐστε, ὀλιγόπιστοι; ...	Mk 4,40	καὶ εἶπεν αὐτοῖς· τί δειλοί ἐστε; οὔπω ἔχετε πίστιν;	Lk 8,25	εἶπεν δὲ αὐτοῖς· ποῦ ἡ πίστις ὑμῶν; ...	

b	Mt 10,14 (2)	καὶ ὃς ἂν μὴ δέξηται ὑμᾶς μηδὲ ἀκούσῃ	Mk 6,11 (2)	καὶ ὃς ἂν τόπος μὴ δέξηται ὑμᾶς μηδὲ ἀκούσωσιν	Lk 9,5 ⇩ Lk 10,10	καὶ ὅσοι ἂν μὴ δέχωνται ὑμᾶς,	Mk-Q overlap
221		**τοὺς λόγους ὑμῶν,**		**ὑμῶν,**			
		ἐξερχόμενοι ἔξω τῆς οἰκίας ἢ τῆς πόλεως ἐκείνης ἐκτινάξατε τὸν κονιορτὸν		ἐκπορευόμενοι ἐκεῖθεν ἐκτινάξατε τὸν χοῦν τὸν	⇩ **Lk 10,11**	ἐξερχόμενοι ἀπὸ τῆς πόλεως ἐκείνης τὸν κονιορτὸν	→ Acts 13,51 → **Acts 18,6**
222		**τῶν ποδῶν ὑμῶν.**		**ὑποκάτω τῶν ποδῶν ὑμῶν** εἰς μαρτύριον αὐτοῖς.		**ἀπὸ τῶν ποδῶν ὑμῶν** ἀποτινάσσετε εἰς μαρτύριον ἐπ᾽ αὐτούς.	
	Mt 15,7	ὑποκριταί, καλῶς ἐπροφήτευσεν	Mk 7,6	... καλῶς ἐπροφήτευσεν Ἠσαΐας			
220		**περὶ ὑμῶν** Ἠσαΐας λέγων· [8] *ὁ λαὸς οὗτος τοῖς χείλεσίν με τιμᾷ, ἡ δὲ καρδία αὐτῶν πόρρω ἀπέχει ἀπ᾽ ἐμοῦ·* ➤ Isa 29,13 LXX		**περὶ ὑμῶν** τῶν ὑποκριτῶν, ὡς γέγραπται [ὅτι] *οὗτος ὁ λαὸς τοῖς χείλεσίν με τιμᾷ, ἡ δὲ καρδία αὐτῶν πόρρω ἀπέχει ἀπ᾽ ἐμοῦ·* ➤ Isa 29,13 LXX			
	Mt 15,3	ὁ δὲ ἀποκριθεὶς εἶπεν αὐτοῖς· διὰ τί καὶ ὑμεῖς παραβαίνετε τὴν ἐντολὴν τοῦ θεοῦ	Mk 7,9	καὶ ἔλεγεν αὐτοῖς· καλῶς ἀθετεῖτε τὴν ἐντολὴν τοῦ θεοῦ,			
220		**διὰ τὴν παράδοσιν ὑμῶν;**		**ἵνα τὴν παράδοσιν ὑμῶν στήσητε.**			
	Mt 15,6	... καὶ ἠκυρώσατε τὸν λόγον τοῦ θεοῦ	Mk 7,13	ἀκυροῦντες τὸν λόγον τοῦ θεοῦ			
220		**διὰ τὴν παράδοσιν ὑμῶν.**		**τῇ παραδόσει ὑμῶν** ᾗ παρεδώκατε· καὶ παρόμοια τοιαῦτα πολλὰ ποιεῖτε.			
	Mt 15,7	ὑποκριταί, καλῶς ἐπροφήτευσεν	Mk 7,6	... καλῶς ἐπροφήτευσεν Ἠσαΐας			
220		**περὶ ὑμῶν** Ἠσαΐας λέγων· [8] *ὁ λαὸς οὗτος τοῖς χείλεσίν με τιμᾷ, ἡ δὲ καρδία αὐτῶν πόρρω ἀπέχει ἀπ᾽ ἐμοῦ·* ➤ Isa 29,13 LXX		**περὶ ὑμῶν** τῶν ὑποκριτῶν, ὡς γέγραπται [ὅτι] *οὗτος ὁ λαὸς τοῖς χείλεσίν με τιμᾷ, ἡ δὲ καρδία αὐτῶν πόρρω ἀπέχει ἀπ᾽ ἐμοῦ·* ➤ Isa 29,13 LXX			
	Mt 16,9	[8] ... τί διαλογίζεσθε ἐν ἑαυτοῖς, ὀλιγόπιστοι, ὅτι ἄρτους οὐκ ἔχετε; [9] οὔπω νοεῖτε, ...	Mk 8,17 → Mk 6,52	... τί διαλογίζεσθε ὅτι ἄρτους οὐκ ἔχετε; οὔπω νοεῖτε οὐδὲ συνίετε; πεπωρωμένην ἔχετε			
120				**τὴν καρδίαν ὑμῶν;**			
	Mt 17,17 (2)	... ὦ γενεὰ ἄπιστος καὶ διεστραμμένη, ἕως πότε	Mk 9,19	... ὦ γενεὰ ἄπιστος, ἕως πότε	Lk 9,41	... ὦ γενεὰ ἄπιστος καὶ διεστραμμένη, ἕως πότε ἔσομαι	
211		**μεθ᾽ ὑμῶν** ἔσομαι;		**πρὸς ὑμᾶς** ἔσομαι;		**πρὸς ὑμᾶς**	
b		ἕως πότε ἀνέξομαι		ἕως πότε ἀνέξομαι		καὶ ἀνέξομαι	
222		**ὑμῶν;** φέρετέ μοι αὐτὸν ὧδε.		**ὑμῶν;** φέρετε αὐτὸν πρός με.		**ὑμῶν;** προσάγαγε ὧδε τὸν υἱόν σου.	
	Mt 17,20	ὁ δὲ λέγει αὐτοῖς·	Mk 9,29	καὶ εἶπεν αὐτοῖς·			
210		**διὰ τὴν ὀλιγοπιστίαν ὑμῶν·** ...		 τοῦτο τὸ γένος ἐν οὐδενὶ δύναται ἐξελθεῖν εἰ μὴ ἐν προσευχῇ.			

112	**Mt 17,22** → Mt 16,21 → Mt 20,18-19	... εἶπεν αὐτοῖς ὁ Ἰησοῦς· μέλλει ὁ υἱὸς τοῦ ἀνθρώπου παραδίδοσθαι εἰς χεῖρας ἀνθρώπων	**Mk 9,31** → Mk 8,31 → Mk 10,33-34	... ἔλεγεν αὐτοῖς ὅτι ὁ υἱὸς τοῦ ἀνθρώπου παραδίδοται εἰς χεῖρας ἀνθρώπων, ...	**Lk 9,44** → Lk 9,22 → Lk 17,25 → Lk 18,31-33 → Lk 24,7 → Lk 24,26 → Lk 24,46	θέσθε ὑμεῖς **εἰς τὰ ὦτα ὑμῶν** τοὺς λόγους τούτους· ὁ γὰρ υἱὸς τοῦ ἀνθρώπου μέλλει παραδίδοσθαι εἰς χεῖρας ἀνθρώπων.	
200	**Mt 17,24**	... προσῆλθον οἱ τὰ δίδραχμα λαμβάνοντες τῷ Πέτρῳ καὶ εἶπαν· **ὁ διδάσκαλος ὑμῶν** οὐ τελεῖ [τὰ] δίδραχμα;					
012 012	→ Mt 12,30		**Mk 9,40**	ὃς γὰρ οὐκ ἔστιν **καθ' ἡμῶν,** **ὑπὲρ ἡμῶν** ἐστιν.	**Lk 9,50** (2) → Lk 11,23	... ὃς γὰρ οὐκ ἔστιν **καθ' ὑμῶν,** **ὑπὲρ ὑμῶν** ἐστιν.	
e 200	**Mt 18,14** → Lk 15,7	οὕτως οὐκ ἔστιν θέλημα **ἔμπροσθεν τοῦ πατρὸς ὑμῶν** τοῦ ἐν οὐρανοῖς ἵνα ἀπόληται ἓν τῶν μικρῶν τούτων.					
d 200	**Mt 18,19** → Mt 21,22 → Mk 11,24	... ἐὰν **δύο συμφωνήσωσιν ἐξ ὑμῶν** ἐπὶ τῆς γῆς περὶ παντὸς πράγματος οὗ ἐὰν αἰτήσωνται, γενήσεται αὐτοῖς παρὰ τοῦ πατρός μου τοῦ ἐν οὐρανοῖς.					→ GTh 30 (POxy 1) → GTh 48 → GTh 106
200	**Mt 18,35** ↑ **Mt 6,15**	οὕτως καὶ ὁ πατήρ μου ὁ οὐράνιος ποιήσει ὑμῖν, ἐὰν μὴ ἀφῆτε ἕκαστος τῷ ἀδελφῷ αὐτοῦ **ἀπὸ τῶν καρδιῶν ὑμῶν.**					
202	**Mt 10,13** (2)	καὶ ἐὰν μὲν ᾖ ἡ οἰκία ἀξία, ἐλθάτω **ἡ εἰρήνη ὑμῶν** ἐπ' αὐτήν, ἐὰν δὲ μὴ ᾖ ἀξία, ἡ εἰρήνη ὑμῶν πρὸς ὑμᾶς ἐπιστραφήτω.			**Lk 10,6**	καὶ ἐὰν ἐκεῖ ᾖ υἱὸς εἰρήνης, ἐπαναπαήσεται ἐπ' αὐτὸν **ἡ εἰρήνη ὑμῶν·** εἰ δὲ μή γε, ἐφ' ὑμᾶς ἀνακάμψει.	
102	**Mt 10,14** (2)	καὶ ὃς ἂν μὴ δέξηται ὑμᾶς μηδὲ ἀκούσῃ τοὺς λόγους ὑμῶν, ἐξερχόμενοι ἔξω τῆς οἰκίας ἢ τῆς πόλεως ἐκείνης ἐκτινάξατε τὸν κονιορτὸν τῶν ποδῶν ὑμῶν.	**Mk 6,11** (2)	καὶ ὃς ἂν τόπος μὴ δέξηται ὑμᾶς μηδὲ ἀκούσωσιν ὑμῶν, ἐκπορευόμενοι ἐκεῖθεν ἐκτινάξατε τὸν χοῦν τὸν ὑποκάτω τῶν ποδῶν ὑμῶν εἰς μαρτύριον αὐτοῖς.	**Lk 10,11** ⇧ **Lk 9,5** → Lk 10,9	[10] εἰς ἣν δ' ἂν πόλιν εἰσέλθητε καὶ μὴ δέχωνται ὑμᾶς, ἐξελθόντες εἰς τὰς πλατείας αὐτῆς εἴπατε· [11] καὶ τὸν κονιορτὸν τὸν κολληθέντα ἡμῖν **ἐκ τῆς πόλεως ὑμῶν** εἰς τοὺς πόδας ἀπομασσόμεθα ὑμῖν· ...	→ Acts 13,51 → **Acts 18,6** Mk-Q overlap
b 102	**Mt 10,40** ⇨ Mt 18,5 → Mt 10,41	ὁ δεχόμενος **ὑμᾶς** ἐμὲ δέχεται, καὶ ὁ ἐμὲ δεχόμενος δέχεται τὸν ἀποστείλαντά με.	**Mk 9,37**	ὃς ἂν ἓν τῶν τοιούτων παιδίων δέξηται ἐπὶ τῷ ὀνόματί μου, ἐμὲ δέχεται· καὶ ὃς ἂν ἐμὲ δέχηται, οὐκ ἐμὲ δέχεται ἀλλὰ τὸν ἀποστείλαντά με.	**Lk 10,16** ⇨ Lk 9,48	ὁ ἀκούων **ὑμῶν** ἐμοῦ ἀκούει, καὶ ὁ ἀθετῶν ὑμᾶς ἐμὲ ἀθετεῖ· ὁ δὲ ἐμὲ ἀθετῶν ἀθετεῖ τὸν ἀποστείλαντά με.	→ Jn 13,20 → Jn 5,23 → Jn 12,44-45

002			Lk 10,20	πλὴν ἐν τούτῳ μὴ χαίρετε ὅτι τὰ πνεύματα ὑμῖν ὑποτάσσεται, χαίρετε δὲ ὅτι **τὰ ὀνόματα ὑμῶν** ἐγγέγραπται ἐν τοῖς οὐρανοῖς.	
d 002			Lk 11,5	... **τίς ἐξ ὑμῶν** ἕξει φίλον καὶ πορεύσεται πρὸς αὐτὸν μεσονυκτίου ...	
d 202	Mt 7,9	ἢ **τίς ἐστιν ἐξ ὑμῶν** **ἄνθρωπος,** ὃν αἰτήσει ὁ υἱὸς αὐτοῦ ἄρτον, μὴ λίθον ἐπιδώσει αὐτῷ; [10] ἢ καὶ ἰχθὺν αἰτήσει, μὴ ὄφιν ἐπιδώσει αὐτῷ;	Lk 11,11	**τίνα δὲ ἐξ ὑμῶν** **τὸν πατέρα** αἰτήσει ὁ υἱὸς ἰχθύν, καὶ ἀντὶ ἰχθύος ὄφιν αὐτῷ ἐπιδώσει; [12] ἢ καὶ αἰτήσει ᾠόν, ἐπιδώσει αὐτῷ σκορπίον;	
202	Mt 7,11 (2)	εἰ οὖν ὑμεῖς πονηροὶ ὄντες οἴδατε δόματα ἀγαθὰ διδόναι **τοῖς τέκνοις ὑμῶν,** πόσῳ μᾶλλον ὁ πατὴρ ὑμῶν ὁ ἐν τοῖς οὐρανοῖς δώσει ἀγαθὰ τοῖς αἰτοῦσιν αὐτόν.	Lk 11,13	εἰ οὖν ὑμεῖς πονηροὶ ὑπάρχοντες οἴδατε δόματα ἀγαθὰ διδόναι **τοῖς τέκνοις ὑμῶν,** πόσῳ μᾶλλον ὁ πατὴρ [ὁ] ἐξ οὐρανοῦ δώσει πνεῦμα ἅγιον τοῖς αἰτοῦσιν αὐτόν.	
202 *a* 202	Mt 12,27 (2)	καὶ εἰ ἐγὼ ἐν Βεελζεβοὺλ ἐκβάλλω τὰ δαιμόνια, **οἱ υἱοὶ ὑμῶν** ἐν τίνι ἐκβάλλουσιν; διὰ τοῦτο αὐτοὶ **κριταὶ ἔσονται ὑμῶν.**	Lk 11,19 (2)	εἰ δὲ ἐγὼ ἐν Βεελζεβοὺλ ἐκβάλλω τὰ δαιμόνια, **οἱ υἱοὶ ὑμῶν** ἐν τίνι ἐκβάλλουσιν; διὰ τοῦτο αὐτοὶ **ὑμῶν κριταὶ ἔσονται.**	
102	Mt 23,25 → Mk 7,4	οὐαὶ ὑμῖν, γραμματεῖς καὶ Φαρισαῖοι ὑποκριταί, ὅτι καθαρίζετε τὸ ἔξωθεν τοῦ ποτηρίου καὶ τῆς παροψίδος, **ἔσωθεν δὲ** γέμουσιν ἐξ ἁρπαγῆς καὶ ἀκρασίας.	Lk 11,39 → Mk 7,4	... νῦν ὑμεῖς οἱ Φαρισαῖοι τὸ ἔξωθεν τοῦ ποτηρίου καὶ τοῦ πίνακος καθαρίζετε, **τὸ δὲ ἔσωθεν ὑμῶν** γέμει ἁρπαγῆς καὶ πονηρίας.	→ GTh 89
102	Mt 23,4	δεσμεύουσιν δὲ φορτία βαρέα [καὶ δυσβάστακτα] καὶ ἐπιτιθέασιν ἐπὶ τοὺς ὤμους τῶν ἀνθρώπων, αὐτοὶ δὲ **τῷ δακτύλῳ** **αὐτῶν** οὐ θέλουσιν κινῆσαι αὐτά.	Lk 11,46	... φορτίζετε τοὺς ἀνθρώπους φορτία δυσβάστακτα, καὶ αὐτοὶ **ἑνὶ τῶν δακτύλων** **ὑμῶν** οὐ προσψαύετε τοῖς φορτίοις.	
f 102	Mt 23,30	[29] ... οἰκοδομεῖτε τοὺς τάφους τῶν προφητῶν καὶ κοσμεῖτε τὰ μνημεῖα τῶν δικαίων, [30] καὶ λέγετε· εἰ ἤμεθα **ἐν ταῖς ἡμέραις** **τῶν πατέρων ἡμῶν,** οὐκ ἂν ἤμεθα αὐτῶν κοινωνοὶ ἐν τῷ αἵματι τῶν προφητῶν.	Lk 11,47	... οἰκοδομεῖτε τὰ μνημεῖα τῶν προφητῶν, **οἱ δὲ πατέρες ὑμῶν** ἀπέκτειναν αὐτούς.	

f 202	Mt 23,32	[31] ὥστε μαρτυρεῖτε ἑαυτοῖς ὅτι υἱοί ἐστε τῶν φονευσάντων τοὺς προφήτας. [32] καὶ ὑμεῖς πληρώσατε **τὸ μέτρον τῶν πατέρων ὑμῶν.**	Lk 11,48	ἄρα μάρτυρές ἐστε καὶ συνευδοκεῖτε **τοῖς ἔργοις τῶν πατέρων ὑμῶν,** ὅτι αὐτοὶ μὲν ἀπέκτειναν αὐτούς, ὑμεῖς δὲ οἰκοδομεῖτε.	
a 202	Mt 10,30	**ὑμῶν δὲ καὶ αἱ τρίχες τῆς κεφαλῆς πᾶσαι** ἠριθμημέναι εἰσίν.	Lk 12,7 ↓ Lk 21,18	**ἀλλὰ καὶ αἱ τρίχες τῆς κεφαλῆς ὑμῶν πᾶσαι** ἠρίθμηνται. ...	→ Acts 27,34
d 202	Mt 6,27	**τίς δὲ ἐξ ὑμῶν** μεριμνῶν δύναται προσθεῖναι ἐπὶ τὴν ἡλικίαν αὐτοῦ πῆχυν ἕνα;	Lk 12,25	**τίς δὲ ἐξ ὑμῶν** μεριμνῶν δύναται ἐπὶ τὴν ἡλικίαν αὐτοῦ προσθεῖναι πῆχυν;	→ GTh 36,4 (only POxy 655)
e a 202	Mt 6,32 ↑ Mt 6,8	πάντα γὰρ ταῦτα τὰ ἔθνη ἐπιζητοῦσιν· οἶδεν γὰρ **ὁ πατὴρ ὑμῶν ὁ οὐράνιος** ὅτι χρῄζετε τούτων ἁπάντων.	Lk 12,30	ταῦτα γὰρ πάντα τὰ ἔθνη τοῦ κόσμου ἐπιζητοῦσιν, **ὑμῶν δὲ ὁ πατὴρ** οἶδεν ὅτι χρῄζετε τούτων.	
e 002			Lk 12,32	μὴ φοβοῦ, τὸ μικρὸν ποίμνιον, ὅτι εὐδόκησεν **ὁ πατὴρ ὑμῶν** δοῦναι ὑμῖν τὴν βασιλείαν.	
002			Lk 12,33 ↓ Lk 14,33 → Lk 16,9 → Lk 18,22	πωλήσατε **τὰ ὑπάρχοντα ὑμῶν** καὶ δότε ἐλεημοσύνην· ...	→ Acts 2,45
102 102	Mt 6,21	ὅπου γάρ ἐστιν **ὁ θησαυρός σου,** ἐκεῖ ἔσται καὶ **ἡ καρδία σου.**	Lk 12,34 (2)	ὅπου γάρ ἐστιν **ὁ θησαυρὸς ὑμῶν,** ἐκεῖ καὶ **ἡ καρδία ὑμῶν** ἔσται.	
a 002			Lk 12,35 → Lk 21,36	ἔστωσαν ***ὑμῶν αἱ ὀσφύες περιεζωσμέναι*** καὶ οἱ λύχνοι καιόμενοι· ➤ Exod 12,11	→ GTh 21,7 → GTh 103
002			Lk 13,15 ↑ Mt 12,11 ↓ Lk 14,5	... ὑποκριταί, **ἕκαστος ὑμῶν** τῷ σαββάτῳ οὐ λύει τὸν βοῦν αὐτοῦ ἢ τὸν ὄνον ἀπὸ τῆς φάτνης καὶ ἀπαγαγὼν ποτίζει;	
202	Mt 23,38	ἰδοὺ ἀφίεται ὑμῖν **ὁ οἶκος ὑμῶν** ἔρημος.	Lk 13,35	ἰδοὺ ἀφίεται ὑμῖν **ὁ οἶκος ὑμῶν.** ...	
d 202	Mt 12,11	... **τίς ἔσται ἐξ ὑμῶν ἄνθρωπος** ὃς ἕξει πρόβατον ἓν καὶ ἐὰν ἐμπέσῃ τοῦτο τοῖς σάββασιν εἰς βόθυνον, οὐχὶ κρατήσει αὐτὸ καὶ ἐγερεῖ;	Lk 14,5 ↑ Lk 13,15	... **τίνος ὑμῶν** υἱὸς ἢ βοῦς εἰς φρέαρ πεσεῖται, καὶ οὐκ εὐθέως ἀνασπάσει αὐτὸν ἐν ἡμέρᾳ τοῦ σαββάτου;	

d 002					Lk 14,28	**τίς γὰρ ἐξ ὑμῶν** θέλων πύργον οἰκοδομῆσαι οὐχὶ πρῶτον καθίσας ψηφίζει τὴν δαπάνην, εἰ ἔχει εἰς ἀπαρτισμόν;	
d 002					Lk 14,33 ↑Lk 12,33	οὕτως οὖν πᾶς **ἐξ ὑμῶν** ὃς οὐκ ἀποτάσσεται πᾶσιν τοῖς ἑαυτοῦ ὑπάρχουσιν οὐ δύναται εἶναί μου μαθητής.	
d 102	Mt 18,12	τί ὑμῖν δοκεῖ; ἐὰν γένηταί **τινι ἀνθρώπῳ** ἑκατὸν πρόβατα καὶ πλανηθῇ ἓν ἐξ αὐτῶν, ...			Lk 15,4	**τίς ἄνθρωπος ἐξ ὑμῶν** ἔχων ἑκατὸν πρόβατα καὶ ἀπολέσας ἐξ αὐτῶν ἓν ...	→ GTh 107
002					Lk 16,15 → Lk 18,9.14 → Lk 20,20	.. ὑμεῖς ἐστε οἱ δικαιοῦντες ἑαυτοὺς ἐνώπιον τῶν ἀνθρώπων, ὁ δὲ θεὸς γινώσκει **τὰς καρδίας ὑμῶν·** ὅτι τὸ ἐν ἀνθρώποις ὑψηλὸν βδέλυγμα ἐνώπιον τοῦ θεοῦ.	
002					Lk 16,26	καὶ ἐν πᾶσι τούτοις **μεταξὺ ἡμῶν καὶ ὑμῶν** χάσμα μέγα ἐστήρικται, ...	
d 002					Lk 17,7	**τίς δὲ ἐξ ὑμῶν** δοῦλον ἔχων ἀροτριῶντα ἢ ποιμαίνοντα, ὃς εἰσελθόντι ἐκ τοῦ ἀγροῦ ἐρεῖ αὐτῷ· εὐθέως παρελθὼν ἀνάπεσε	
002					Lk 17,21 → Mt 24,23 → Mk 13,21 → Mt 24,26 → Lk 17,23	οὐδὲ ἐροῦσιν· ἰδοὺ ὧδε ἤ· ἐκεῖ, ἰδοὺ γὰρ ἡ βασιλεία τοῦ θεοῦ **ἐντὸς ὑμῶν** ἐστιν.	→ GTh 3,3 **(POxy 654)** → GTh 113
220 210	Mt 19,8 (2) → Mk 10,6	λέγει αὐτοῖς ὅτι Μωϋσῆς **πρὸς τὴν σκληροκαρδίαν ὑμῶν** ἐπέτρεψεν ὑμῖν ἀπολῦσαι **τὰς γυναῖκας ὑμῶν,** ἀπ' ἀρχῆς δὲ οὐ γέγονεν οὕτως.	Mk 10,5	ὁ δὲ Ἰησοῦς εἶπεν αὐτοῖς· **πρὸς τὴν σκληροκαρδίαν ὑμῶν** ἔγραψεν ὑμῖν τὴν ἐντολὴν ταύτην.			
a 221	Mt 20,26 ⇩ Mt 23,11	οὐχ οὕτως ἔσται ἐν ὑμῖν, ἀλλ' ὃς ἐὰν θέλῃ ἐν ὑμῖν μέγας γενέσθαι ἔσται **ὑμῶν διάκονος,**	Mk 10,43 ⇨ Mk 9,35	οὐχ οὕτως δέ ἐστιν ἐν ὑμῖν, ἀλλ' ὃς ἂν θέλῃ μέγας γενέσθαι ἐν ὑμῖν ἔσται **ὑμῶν διάκονος,**	Lk 22,26	ὑμεῖς δὲ οὐχ οὕτως, ἀλλ' ὁ μείζων ἐν ὑμῖν γινέσθω **ὡς ὁ νεώτερος**	
a 211	Mt 20,27	καὶ ὃς ἂν θέλῃ ἐν ὑμῖν εἶναι πρῶτος ἔσται **ὑμῶν δοῦλος·**	Mk 10,44 ⇨ Mk 9,35	καὶ ὃς ἂν θέλῃ ἐν ὑμῖν εἶναι πρῶτος ἔσται **πάντων δοῦλος·**	↓ Mt 23,11	καὶ ὁ ἡγούμενος **ὡς ὁ διακονῶν.**	

221	Mt 21,2	... πορεύεσθε εἰς τὴν κώμην τὴν κατέναντι ὑμῶν, καὶ εὐθέως εὑρήσετε ὄνον δεδεμένην καὶ πῶλον μετ' αὐτῆς· ...	Mk 11,2	... ὑπάγετε εἰς τὴν κώμην τὴν κατέναντι ὑμῶν, καὶ εὐθὺς εἰσπορευόμενοι εἰς αὐτὴν εὑρήσετε πῶλον δεδεμένον ἐφ' ὃν οὐδεὶς οὔπω ἀνθρώπων ἐκάθισεν· ...	Lk 19,30	... ὑπάγετε εἰς τὴν κατέναντι κώμην, ἐν ᾗ εἰσπορευόμενοι εὑρήσετε πῶλον δεδεμένον, ἐφ' ὃν οὐδεὶς πώποτε ἀνθρώπων ἐκάθισεν, ...	
e 220 120	Mt 6,14 → Mt 6,12 → Lk 11,4	ἐὰν γὰρ ἀφῆτε τοῖς ἀνθρώποις τὰ παραπτώματα αὐτῶν, ἀφήσει καὶ ὑμῖν ὁ πατὴρ ὑμῶν ὁ οὐράνιος·	Mk 11,25 (2) → Mt 5,23-24	καὶ ὅταν στήκετε προσευχόμενοι, ἀφίετε εἴ τι ἔχετε κατά τινος, ἵνα καὶ ὁ πατὴρ ὑμῶν ὁ ἐν τοῖς οὐρανοῖς ἀφῇ ὑμῖν τὰ παραπτώματα ὑμῶν.			
200	Mt 21,43 → Mt 21,41	διὰ τοῦτο λέγω ὑμῖν ὅτι ἀρθήσεται ἀφ' ὑμῶν ἡ βασιλεία τοῦ θεοῦ ...					
a 200	Mt 23,8	ὑμεῖς δὲ μὴ κληθῆτε ῥαββί· εἷς γάρ ἐστιν ὑμῶν ὁ διδάσκαλος, πάντες δὲ ὑμεῖς ἀδελφοί ἐστε.					
200 *a e* 200	Mt 23,9 (2)	καὶ πατέρα μὴ καλέσητε ὑμῶν ἐπὶ τῆς γῆς, εἷς γάρ ἐστιν ὑμῶν ὁ πατὴρ ὁ οὐράνιος.					
200	Mt 23,10	μηδὲ κληθῆτε καθηγηταί, ὅτι καθηγητὴς ὑμῶν ἐστιν εἷς ὁ Χριστός.					→ GTh 13,4-5
200 *a* 200	Mt 23,11 (2) ⇧ Mt 20,26	ὁ δὲ μείζων ὑμῶν ἔσται ὑμῶν διάκονος.	Mk 10,43 ⇨ Mk 9,35	οὐχ οὕτως δέ ἐστιν ἐν ὑμῖν, ἀλλ' ὃς ἂν θέλῃ μέγας γενέσθαι ἐν ὑμῖν ἔσται ὑμῶν διάκονος, [44] καὶ ὃς ἂν θέλῃ ἐν ὑμῖν εἶναι πρῶτος ἔσται πάντων δοῦλος·	Lk 22,26	ὑμεῖς δὲ οὐχ οὕτως, ἀλλ' ὁ μείζων ἐν ὑμῖν γινέσθω ὡς ὁ νεώτερος καὶ ὁ ἡγούμενος ὡς ὁ διακονῶν.	
200	Mt 23,15	οὐαὶ ὑμῖν, γραμματεῖς καὶ Φαρισαῖοι ὑποκριταί, ὅτι περιάγετε τὴν θάλασσαν καὶ τὴν ξηρὰν ποιῆσαι ἕνα προσήλυτον, καὶ ὅταν γένηται ποιεῖτε αὐτὸν υἱὸν γεέννης διπλότερον ὑμῶν.					
f 202	Mt 23,32	[31] ὥστε μαρτυρεῖτε ἑαυτοῖς ὅτι υἱοί ἐστε τῶν φονευσάντων τοὺς προφήτας. [32] καὶ ὑμεῖς πληρώσατε τὸ μέτρον τῶν πατέρων ὑμῶν.			Lk 11,48	ἄρα μάρτυρές ἐστε καὶ συνευδοκεῖτε τοῖς ἔργοις τῶν πατέρων ὑμῶν, ὅτι αὐτοὶ μὲν ἀπέκτειναν αὐτούς, ὑμεῖς δὲ οἰκοδομεῖτε.	

201	**Mt 23,34** ↑ Mt 5,12 → Mt 10,17 → Mt 10,23	διὰ τοῦτο ἰδοὺ ἐγὼ ἀποστέλλω πρὸς ὑμᾶς προφήτας καὶ σοφοὺς καὶ γραμματεῖς· ἐξ αὐτῶν ἀποκτενεῖτε καὶ σταυρώσετε καὶ ἐξ αὐτῶν μαστιγώσετε **ἐν ταῖς συναγωγαῖς ὑμῶν** καὶ διώξετε ἀπὸ πόλεως εἰς πόλιν·			**Lk 11,49** ↑ Lk 6,23	διὰ τοῦτο καὶ ἡ σοφία τοῦ θεοῦ εἶπεν· ἀποστελῶ εἰς αὐτοὺς προφήτας καὶ ἀποστόλους, καὶ ἐξ αὐτῶν ἀποκτενοῦσιν καὶ διώξουσιν	
202	**Mt 23,38**	ἰδοὺ ἀφίεται ὑμῖν **ὁ οἶκος ὑμῶν** ἔρημος.			**Lk 13,35**	ἰδοὺ ἀφίεται ὑμῖν **ὁ οἶκος ὑμῶν.** ...	
112	**Mt 10,19**	... μὴ μεριμνήσητε πῶς ἢ τί λαλήσητε· ...	**Mk 13,11**	... μὴ προμεριμνᾶτε τί λαλήσητε, ...	**Lk 21,14** ⇨ Lk 12,11	θέτε οὖν **ἐν ταῖς καρδίαις ὑμῶν** μὴ προμελετᾶν ἀπολογηθῆναι·	Mk-Q overlap
d 112	**Mt 10,21** ⇩ Mt 24,9 → Mt 10,35 → Mt 24,10	παραδώσει δὲ ἀδελφὸς ἀδελφὸν εἰς θάνατον καὶ πατὴρ τέκνον, καὶ ἐπαναστήσονται τέκνα ἐπὶ γονεῖς καὶ θανατώσουσιν **αὐτούς.**	**Mk 13,12**	καὶ παραδώσει ἀδελφὸς ἀδελφὸν εἰς θάνατον καὶ πατὴρ τέκνον, καὶ ἐπαναστήσονται τέκνα ἐπὶ γονεῖς καὶ θανατώσουσιν **αὐτούς·**	**Lk 21,16** → Lk 12,53	παραδοθήσεσθε δὲ καὶ ὑπὸ γονέων καὶ ἀδελφῶν καὶ συγγενῶν καὶ φίλων, καὶ θανατώσουσιν **ἐξ ὑμῶν**	
	Mt 24,9 ⇧ Mt 10,21 → Mk 13,9 → Lk 21,12	τότε παραδώσουσιν ὑμᾶς εἰς θλῖψιν καὶ ἀποκτενοῦσιν **ὑμᾶς**, ...					
002					**Lk 21,18** ↑ Mt 10,30 ↑ Lk 12,7	καὶ θρὶξ **ἐκ τῆς κεφαλῆς ὑμῶν** οὐ μὴ ἀπόληται.	→ Acts 27,34
112 112	**Mt 10,22** ⇩ Mt 24,13	... **ὁ δὲ ὑπομείνας** εἰς τέλος οὗτος σωθήσεται.	**Mk 13,13**	... **ὁ δὲ ὑπομείνας** εἰς τέλος οὗτος σωθήσεται.	**Lk 21,19** (2)	**ἐν τῇ ὑπομονῇ ὑμῶν** κτήσασθε **τὰς ψυχὰς ὑμῶν.**	
	Mt 24,13 ⇧ Mt 10,22	**ὁ δὲ ὑπομείνας** εἰς τέλος οὗτος σωθήσεται.					
210	**Mt 24,20**	προσεύχεσθε δὲ ἵνα μὴ γένηται **ἡ φυγὴ ὑμῶν** χειμῶνος μηδὲ σαββάτῳ.	**Mk 13,18**	προσεύχεσθε δὲ ἵνα μὴ γένηται χειμῶνος·			
002 002					**Lk 21,28** (2)	ἀρχομένων δὲ τούτων γίνεσθαι ἀνακύψατε καὶ ἐπάρατε **τὰς κεφαλὰς ὑμῶν,** διότι ἐγγίζει **ἡ ἀπολύτρωσις ὑμῶν.**	
a 002					**Lk 21,34** → Mt 24,49 → Lk 12,45 → Mk 13,33 → Mk 13,36	προσέχετε δὲ ἑαυτοῖς μήποτε βαρηθῶσιν **ὑμῶν αἱ καρδίαι** ἐν κραιπάλῃ καὶ μέθῃ καὶ μερίμναις βιωτικαῖς καὶ ἐπιστῇ ἐφ' ὑμᾶς αἰφνίδιος ἡ ἡμέρα ἐκείνη	
210	**Mt 24,42** → Mt 24,44 → Mt 24,50 → Mt 25,13	γρηγορεῖτε οὖν, ὅτι οὐκ οἴδατε ποίᾳ ἡμέρᾳ **ὁ κύριος ὑμῶν** ἔρχεται.	**Mk 13,35** → Lk 12,38	γρηγορεῖτε οὖν· οὐκ οἴδατε γὰρ πότε **ὁ κύριος τῆς οἰκίας** ἔρχεται, ἢ ὀψὲ ἢ μεσονύκτιον ἢ ἀλεκτοροφωνίας ἢ πρωΐ			

200	Mt 25,8	... δότε ἡμῖν **ἐκ τοῦ ἐλαίου ὑμῶν,** ὅτι αἱ λαμπάδες ἡμῶν σβέννυνται.					
c 112	Mt 26,18	... ὑπάγετε εἰς τὴν πόλιν πρὸς τὸν δεῖνα ...	Mk 14,13	... ὑπάγετε εἰς τὴν πόλιν, καὶ ἀπαντήσει ὑμῖν ἄνθρωπος κεράμιον ὕδατος βαστάζων· ...	Lk 22,10	... ἰδοὺ **εἰσελθόντων ὑμῶν** εἰς τὴν πόλιν συναντήσει ὑμῖν ἄνθρωπος κεράμιον ὕδατος βαστάζων· ...	
d 221	Mt 26,21	... ἀμὴν λέγω ὑμῖν ὅτι **εἷς ἐξ ὑμῶν** παραδώσει με.	Mk 14,18	... ἀμὴν λέγω ὑμῖν ὅτι **εἷς ἐξ ὑμῶν** παραδώσει με ὁ ἐσθίων μετ' ἐμοῦ.	Lk 22,21 → Mt 26,23 → Mk 14,20	πλὴν ἰδοὺ ἡ χεὶρ τοῦ παραδιδόντος με μετ' ἐμοῦ ἐπὶ τῆς τραπέζης·	→ Jn 13,21
002					Lk 22,15	... ἐπιθυμίᾳ ἐπεθύμησα τοῦτο τὸ πάσχα φαγεῖν **μεθ' ὑμῶν** πρὸ τοῦ με παθεῖν·	
112	Mt 26,26	... τοῦτό ἐστιν τὸ σῶμά μου.	Mk 14,22	... τοῦτό ἐστιν τὸ σῶμά μου.	Lk 22,19	... τοῦτό ἐστιν τὸ σῶμά μου τὸ **ὑπὲρ ὑμῶν** διδόμενον· ...	→ 1Cor 11,24
112	Mt 26,28	τοῦτο γάρ ἐστιν τὸ αἷμά μου τῆς διαθήκης τὸ **περὶ πολλῶν** ἐκχυννόμενον εἰς ἄφεσιν ἁμαρτιῶν.	Mk 14,24	... τοῦτό ἐστιν τὸ αἷμά μου τῆς διαθήκης τὸ ἐκχυννόμενον **ὑπὲρ πολλῶν.**	Lk 22,20	... τοῦτο τὸ ποτήριον ἡ καινὴ διαθήκη ἐν τῷ αἵματί μου, τὸ **ὑπὲρ ὑμῶν** ἐκχυννόμενον.	→ 1Cor 11,25
211	Mt 26,29	... οὐ μὴ πίω ἀπ' ἄρτι ἐκ τούτου τοῦ γενήματος τῆς ἀμπέλου ἕως τῆς ἡμέρας ἐκείνης ὅταν αὐτὸ πίνω **μεθ' ὑμῶν** καινὸν ἐν τῇ βασιλείᾳ τοῦ πατρός μου.	Mk 14,25	... οὐκέτι οὐ μὴ πίω ἐκ τοῦ γενήματος τῆς ἀμπέλου ἕως τῆς ἡμέρας ἐκείνης ὅταν αὐτὸ πίνω καινὸν ἐν τῇ βασιλείᾳ τοῦ θεοῦ.	Lk 22,18 → Lk 22,16	... οὐ μὴ πίω ἀπὸ τοῦ νῦν ἀπὸ τοῦ γενήματος τῆς ἀμπέλου ἕως οὗ ἡ βασιλεία τοῦ θεοῦ ἔλθῃ.	
112	Mt 20,28	ὥσπερ ὁ υἱὸς τοῦ ἀνθρώπου οὐκ ἦλθεν διακονηθῆναι ἀλλὰ διακονῆσαι καὶ δοῦναι τὴν ψυχὴν αὐτοῦ λύτρον ἀντὶ πολλῶν.	Mk 10,45	καὶ γὰρ ὁ υἱὸς τοῦ ἀνθρώπου οὐκ ἦλθεν διακονηθῆναι ἀλλὰ διακονῆσαι καὶ δοῦναι τὴν ψυχὴν αὐτοῦ λύτρον ἀντὶ πολλῶν.	Lk 22,27 → Lk 12,37	τίς γὰρ μείζων, ὁ ἀνακείμενος ἢ ὁ διακονῶν; οὐχὶ ὁ ἀνακείμενος; ἐγὼ δὲ **ἐν μέσῳ ὑμῶν** εἰμι ὡς ὁ διακονῶν.	→ Jn 13,14
112 a 112	Mt 26,55	... καθ' ἡμέραν ἐν τῷ ἱερῷ ἐκαθεζόμην διδάσκων καὶ οὐκ ἐκρατήσατέ με.	Mk 14,49	καθ' ἡμέραν ἤμην **πρὸς ὑμᾶς** ἐν τῷ ἱερῷ διδάσκων καὶ οὐκ ἐκρατήσατέ με· ...	Lk 22,53 (2) → Mt 26,45 → Mk 14,41	καθ' ἡμέραν ὄντος μου **μεθ' ὑμῶν** ἐν τῷ ἱερῷ οὐκ ἐξετείνατε τὰς χεῖρας ἐπ' ἐμέ, ἀλλ' αὕτη ἐστὶν **ὑμῶν ἡ ὥρα** καὶ ἡ ἐξουσία τοῦ σκότους.	→ Jn 14,30 → Jn 18,20
002					Lk 23,14 → Lk 23,2 → Lk 23,4 → Mt 27,23 → Mk 15,14 → Lk 23,22	... καὶ ἰδοὺ ἐγὼ **ἐνώπιον ὑμῶν** ἀνακρίνας οὐθὲν εὗρον ἐν τῷ ἀνθρώπῳ τούτῳ αἴτιον ὧν κατηγορεῖτε κατ' αὐτοῦ.	→ Jn 18,38b → Jn 19,4 → Acts 13,28

002			**Lk 23,28** ... θυγατέρες Ἰερουσαλήμ, μὴ κλαίετε ἐπ᾽ ἐμέ· πλὴν ἐφ᾽ ἑαυτὰς κλαίετε καὶ **ἐπὶ τὰ τέκνα ὑμῶν**	
002			**Lk 24,38** ... τί τεταραγμένοι ἐστὲ καὶ διὰ τί διαλογισμοὶ ἀναβαίνουσιν **ἐν τῇ καρδίᾳ ὑμῶν;**	
200	**Mt 28,20** → Lk 24,47 διδάσκοντες αὐτοὺς τηρεῖν πάντα ὅσα ἐνετειλάμην ὑμῖν· καὶ ἰδοὺ ἐγὼ **μεθ᾽ ὑμῶν** εἰμι πάσας τὰς ἡμέρας ἕως τῆς συντελείας τοῦ αἰῶνος.			

a ὑμῶν in the prepositive position
b ὑμῶν as object of verbs construed with the genitive
c ὑμῶν in the genitive absolute
d ἐξ ὑμῶν
e (ὁ) πατὴρ ὑμῶν
f οἱ πατέρες ὑμῶν

Acts 1,7 εἶπεν δὲ πρὸς αὐτούς· **οὐχ ὑμῶν ἐστιν** γνῶναι χρόνους ἢ καιροὺς οὓς ὁ πατὴρ ἔθετο ἐν τῇ ἰδίᾳ ἐξουσίᾳ

Acts 1,11 → Lk 9,51 → Lk 24,51 ... οὗτος ὁ Ἰησοῦς ὁ ἀναλημφθεὶς **ἀφ᾽ ὑμῶν** εἰς τὸν οὐρανὸν ...

Acts 2,17 (4) *καὶ ἔσται* ἐν ταῖς *ἐσχάταις ἡμέραις*, λέγει ὁ θεός, *ἐκχεῶ ἀπὸ τοῦ πνεύματός μου ἐπὶ πᾶσαν σάρκα, καὶ προφητεύσουσιν* ***οἱ υἱοὶ ὑμῶν*** *καὶ* ***αἱ θυγατέρες ὑμῶν*** *καὶ* ***οἱ νεανίσκοι ὑμῶν*** *ὁράσεις ὄψονται καὶ* ***οἱ πρεσβύτεροι ὑμῶν*** *ἐνυπνίοις ἐνυπνιασθήσονται·* ➤ Joel 3,1 LXX

Acts 2,22 → Lk 24,19 ... Ἰησοῦν τὸν Ναζωραῖον, ἄνδρα ἀποδεδειγμένον ἀπὸ τοῦ θεοῦ εἰς ὑμᾶς δυνάμεσι καὶ τέρασι καὶ σημείοις οἷς ἐποίησεν δι᾽ αὐτοῦ ὁ θεὸς **ἐν μέσῳ ὑμῶν** καθὼς αὐτοὶ οἴδατε

Acts 2,38 (2) ... μετανοήσατε, [φησίν,] καὶ βαπτισθήτω **ἕκαστος ὑμῶν** ἐπὶ τῷ ὀνόματι Ἰησοῦ Χριστοῦ **εἰς ἄφεσιν τῶν ἁμαρτιῶν ὑμῶν** καὶ λήμψεσθε τὴν δωρεὰν τοῦ ἁγίου πνεύματος.

Acts 2,39 ὑμῖν γάρ ἐστιν ἡ ἐπαγγελία καὶ **τοῖς τέκνοις ὑμῶν** καὶ πᾶσιν τοῖς εἰς μακρὰν, ...

Acts 3,16 ... καὶ ἡ πίστις ἡ δι᾽ αὐτοῦ ἔδωκεν αὐτῷ τὴν ὁλοκληρίαν ταύτην **ἀπέναντι πάντων ὑμῶν.**

Acts 3,17 [[→ Lk 23,34a]] καὶ νῦν, ἀδελφοί, οἶδα ὅτι κατὰ ἄγνοιαν ἐπράξατε **ὥσπερ καὶ οἱ ἄρχοντες ὑμῶν·**

a **Acts 3,19** μετανοήσατε οὖν καὶ ἐπιστρέψατε εἰς τὸ ἐξαλειφθῆναι **ὑμῶν τὰς ἁμαρτίας**

Acts 3,22 (2) ... *προφήτην ὑμῖν ἀναστήσει* ***κύριος ὁ θεὸς ὑμῶν ἐκ τῶν ἀδελφῶν ὑμῶν*** *ὡς ἐμέ· αὐτοῦ ἀκούσεσθε κατὰ πάντα ὅσα ἂν λαλήσῃ* πρὸς ὑμᾶς. ➤ Deut 18,15-20

f **Acts 3,25** ὑμεῖς ἐστε οἱ υἱοὶ τῶν προφητῶν καὶ τῆς διαθήκης ἧς διέθετο ὁ θεὸς **πρὸς τοὺς πατέρας ὑμῶν** λέγων πρὸς Ἀβραάμ· *καὶ ἐν τῷ σπέρματί σου [ἐν]ευλογηθήσονται πᾶσαι αἱ πατριαὶ τῆς γῆς.* ➤ Gen 22,18

Acts 3,26 ὑμῖν πρῶτον ἀναστήσας ὁ θεὸς τὸν παῖδα αὐτοῦ ἀπέστειλεν αὐτὸν εὐλογοῦντα ὑμᾶς ἐν τῷ ἀποστρέφειν ἕκαστον **ἀπὸ τῶν πονηριῶν ὑμῶν.**

Acts 4,10 ... ἐν τῷ ὀνόματι Ἰησοῦ Χριστοῦ τοῦ Ναζωραίου ... ἐν τούτῳ οὗτος παρέστηκεν **ἐνώπιον ὑμῶν** ὑγιής.

Acts 4,11 → Mt 21,42 → Mk 12,10 → Lk 20,17 οὗτός ἐστιν ὁ λίθος, ὁ ἐξουθενηθεὶς **ὑφ᾽ ὑμῶν τῶν οἰκοδόμων,** ὁ γενόμενος εἰς κεφαλὴν γωνίας. ➤ Ps 118,22

b **Acts 4,19** ... εἰ δίκαιόν ἐστιν ἐνώπιον τοῦ θεοῦ **ὑμῶν** ἀκούειν μᾶλλον ἢ τοῦ θεοῦ, κρίνατε·

Acts 5,28 → Mt 27,25 ... καὶ ἰδοὺ πεπληρώκατε τὴν Ἰερουσαλὴμ **τῆς διδαχῆς ὑμῶν** καὶ βούλεσθε ἐπαγαγεῖν ἐφ᾽ ἡμᾶς τὸ αἷμα τοῦ ἀνθρώπου τούτου.

d **Acts 6,3** ἐπισκέψασθε δέ, ἀδελφοί, ἄνδρας **ἐξ ὑμῶν** μαρτυρουμένους ἑπτά, ...

Acts 7,37 ... *προφήτην ὑμῖν ἀναστήσει ὁ θεὸς* ***ἐκ τῶν ἀδελφῶν ὑμῶν*** *ὡς ἐμέ.* ➤ Deut 18,15

	Acts 7,43	*καὶ ἀνελάβετε τὴν σκηνὴν τοῦ Μολὸχ καὶ* **τὸ ἄστρον τοῦ θεοῦ [ὑμῶν] Ῥαιφάν,** *τοὺς τύπους οὓς ἐποιήσατε* προσκυνεῖν αὐτοῖς, ... ➤ Amos 5,26-27 LXX
f	Acts 7,51	... ὑμεῖς ἀεὶ τῷ πνεύματι τῷ ἁγίῳ ἀντιπίπτετε **ὡς οἱ πατέρες ὑμῶν** καὶ ὑμεῖς.
f	Acts 7,52	τίνα τῶν προφητῶν οὐκ ἐδίωξαν **οἱ πατέρες ὑμῶν;** καὶ ἀπέκτειναν τοὺς προκαταγγείλαντας περὶ τῆς ἐλεύσεως τοῦ δικαίου, ...
	Acts 13,41	*ἴδετε, οἱ καταφρονηταί, καὶ θαυμάσατε καὶ ἀφανίσθητε, ὅτι ἔργον ἐργάζομαι ἐγὼ* **ἐν ταῖς ἡμέραις ὑμῶν,** ἔργον *ὃ οὐ μὴ πιστεύσητε ἐάν τις ἐκδιηγῆται ὑμῖν.* ➤ Hab 1,5 LXX
	Acts 14,17	... ἐμπιπλῶν τροφῆς καὶ εὐφροσύνης **τὰς καρδίας ὑμῶν.**
	Acts 15,24	ἐπειδὴ ἠκούσαμεν ὅτι τινὲς ἐξ ἡμῶν [ἐξελθόντες] ἐτάραξαν ὑμᾶς λόγοις ἀνασκευάζοντες **τὰς ψυχὰς ὑμῶν** οἷς οὐ διεστειλάμεθα
	Acts 17,23	διερχόμενος γὰρ καὶ ἀναθεωρῶν **τὰ σεβάσματα ὑμῶν** εὗρον καὶ βωμὸν ἐν ᾧ ἐπεγέγραπτο· Ἀγνώστῳ θεῷ. ...
	Acts 18,6 (2) → Mt 10,14 → Mk 6,11 → Lk 10,11 → Lk 9,5 → Mt 27,24-25 → Acts 20,2	ἀντιτασσομένων δὲ αὐτῶν καὶ βλασφημούντων ἐκτιναξάμενος τὰ ἱμάτια εἶπεν πρὸς αὐτούς· **τὸ αἷμα ὑμῶν ἐπὶ τὴν κεφαλὴν ὑμῶν·** καθαρὸς ἐγὼ ἀπὸ τοῦ νῦν εἰς τὰ ἔθνη πορεύσομαι.
b	Acts 18,14	... εἶπεν ὁ Γαλλίων πρὸς τοὺς Ἰουδαίους· εἰ μὲν ἦν ἀδίκημά τι ἢ ῥᾳδιούργημα πονηρόν, ὦ Ἰουδαῖοι, κατὰ λόγον ἂν ἀνεσχόμην **ὑμῶν**
	Acts 20,18	... ὑμεῖς ἐπίστασθε, ἀπὸ πρώτης ἡμέρας ἀφ᾽ ἧς ἐπέβην εἰς τὴν Ἀσίαν, πῶς **μεθ᾽ ὑμῶν** τὸν πάντα χρόνον ἐγενόμην
d	Acts 20,30	καὶ **ἐξ ὑμῶν αὐτῶν** ἀναστήσονται ἄνδρες λαλοῦντες διεστραμμένα τοῦ ἀποσπᾶν τοὺς μαθητὰς ὀπίσω αὐτῶν.
	Acts 24,21	... περὶ ἀναστάσεως νεκρῶν ἐγὼ κρίνομαι σήμερον **ἐφ᾽ ὑμῶν.**
	Acts 25,26	περὶ οὗ ἀσφαλές τι γράψαι τῷ κυρίῳ οὐκ ἔχω, διὸ προήγαγον αὐτὸν **ἐφ᾽ ὑμῶν** καὶ μάλιστα ἐπὶ σοῦ, βασιλεῦ Ἀγρίππα, ὅπως τῆς ἀνακρίσεως γενομένης σχῶ τί γράψω·
d	Acts 27,22	... ἀποβολὴ γὰρ ψυχῆς οὐδεμία ἔσται **ἐξ ὑμῶν** πλὴν τοῦ πλοίου.
	Acts 27,34 → Lk 12,7 → Lk 21,18	... τοῦτο γὰρ πρὸς τῆς ὑμετέρας σωτηρίας ὑπάρχει, **οὐδενὸς γὰρ ὑμῶν θρὶξ** ἀπὸ τῆς κεφαλῆς ἀπολεῖται.
f	Acts 28,25	... καλῶς τὸ πνεῦμα τὸ ἅγιον ἐλάλησεν διὰ Ἠσαΐου τοῦ προφήτου **πρὸς τοὺς πατέρας ὑμῶν**

ὑμῖν

		Mt	Mk	Lk	Acts	Jn	1-3John	Paul	Eph	Col
	Syn 240	107	37	96	33	103	23	136	7	10
	NT 608	2Thess 11	1/2Tim	Tit	Heb 6	Jas 8	1Pet 14	2Pet 8	Jude 4	Rev 5

personal pronoun second person plural dative

	triple tradition																	double tradition			Sondergut		
		+Mt / +Lk			−Mt / −Lk			traditions not taken over by Mt / Lk							subtotals								
code	222	211	112	212	221	122	121	022	012	021	220	120	210	020	Σ⁺	Σ⁻	Σ	202	201	102	200	002	total
Mt	9	7^+			5	1^-					12	5^-	4^+		11^+	6^-	37	28	11		31		**107**
Mk	9				5	1		2			12	5		3			37						**37**
Lk	9		5^+		5^-	1		2							5^+	5^-	17	28		21		30	**96**

[a] οὐαὶ (...) ὑμῖν, ὑμῖν ... οὐαὶ

[b] λέγω (...) ὑμῖν, ὑμῖν (...) λέγω (introducing a speech)

[c] ἐν ὑμῖν

002			**Lk 2,10** ... μὴ φοβεῖσθε, ἰδοὺ γὰρ εὐαγγελίζομαι **ὑμῖν** χαρὰν μεγάλην ἥτις ἔσται παντὶ τῷ λαῷ,
002			**Lk 2,11** ὅτι ἐτέχθη **ὑμῖν** σήμερον σωτὴρ ὅς ἐστιν χριστὸς κύριος ἐν πόλει Δαυίδ.

002					**Lk 2,12**	καὶ τοῦτο ὑμῖν τὸ σημεῖον, εὑρήσετε βρέφος ἐσπαργανωμένον καὶ κείμενον ἐν φάτνῃ.	
202	**Mt 3,7** → Mt 12,34 → Mt 23,33	... γεννήματα ἐχιδνῶν, τίς ὑπέδειξεν ὑμῖν φυγεῖν ἀπὸ τῆς μελλούσης ὀργῆς;			**Lk 3,7** → Mk 1,5	... γεννήματα ἐχιδνῶν, τίς ὑπέδειξεν ὑμῖν φυγεῖν ἀπὸ τῆς μελλούσης ὀργῆς;	
b 202	**Mt 3,9**	καὶ μὴ δόξητε λέγειν ἐν ἑαυτοῖς· πατέρα ἔχομεν τὸν Ἀβραάμ. λέγω γὰρ ὑμῖν ὅτι δύναται ὁ θεὸς ἐκ τῶν λίθων τούτων ἐγεῖραι τέκνα τῷ Ἀβραάμ.			**Lk 3,8**	... καὶ μὴ ἄρξησθε λέγειν ἐν ἑαυτοῖς· πατέρα ἔχομεν τὸν Ἀβραάμ. λέγω γὰρ ὑμῖν ὅτι δύναται ὁ θεὸς ἐκ τῶν λίθων τούτων ἐγεῖραι τέκνα τῷ Ἀβραάμ.	
002					**Lk 3,13** → Lk 19,8	... μηδὲν πλέον παρὰ τὸ διατεταγμένον ὑμῖν πράσσετε.	
b 112	**Mt 13,57**	... ὁ δὲ Ἰησοῦς εἶπεν αὐτοῖς· οὐκ ἔστιν προφήτης ἄτιμος εἰ μὴ ἐν τῇ πατρίδι καὶ ἐν τῇ οἰκίᾳ αὐτοῦ.	**Mk 6,4**	καὶ ἔλεγεν αὐτοῖς ὁ Ἰησοῦς ὅτι οὐκ ἔστιν προφήτης ἄτιμος εἰ μὴ ἐν τῇ πατρίδι αὐτοῦ καὶ ἐν τοῖς συγγενεῦσιν αὐτοῦ καὶ ἐν τῇ οἰκίᾳ αὐτοῦ.	**Lk 4,24**	εἶπεν δέ· ἀμὴν λέγω ὑμῖν ὅτι οὐδεὶς προφήτης δεκτός ἐστιν ἐν τῇ πατρίδι αὐτοῦ.	→ Jn 4,44 → GTh 31 (POxy 1)
b 002					**Lk 4,25**	ἐπ᾽ ἀληθείας δὲ λέγω ὑμῖν, πολλαὶ χῆραι ἦσαν ἐν ταῖς ἡμέραις Ἠλίου ἐν τῷ Ἰσραήλ, ...	
a 002					**Lk 6,24**	πλὴν οὐαὶ ὑμῖν τοῖς πλουσίοις, ὅτι ἀπέχετε τὴν παράκλησιν ὑμῶν.	
a 002					**Lk 6,25**	οὐαὶ ὑμῖν, οἱ ἐμπεπλησμένοι νῦν, ὅτι πεινάσετε. ...	
b 201	**Mt 5,18** → Mt 24,35	ἀμὴν γὰρ λέγω ὑμῖν· ἕως ἂν παρέλθῃ ὁ οὐρανὸς καὶ ἡ γῆ, ἰῶτα ἓν ἢ μία κεραία οὐ μὴ παρέλθῃ ἀπὸ τοῦ νόμου ἕως ἂν πάντα γένηται.	→ Mk 13,31		**Lk 16,17** → Lk 21,33	 εὐκοπώτερον δέ ἐστιν τὸν οὐρανὸν καὶ τὴν γῆν παρελθεῖν ἢ τοῦ νόμου μίαν κεραίαν πεσεῖν.	
b 200	**Mt 5,20**	λέγω γὰρ ὑμῖν ὅτι ἐὰν μὴ περισσεύσῃ ὑμῶν ἡ δικαιοσύνη πλεῖον τῶν γραμματέων καὶ Φαρισαίων, ...					→ GTh 27 (POxy 1)
b 200	**Mt 5,22**	ἐγὼ δὲ λέγω ὑμῖν ὅτι πᾶς ὁ ὀργιζόμενος τῷ ἀδελφῷ αὐτοῦ ἔνοχος ἔσται τῇ κρίσει· ...					

b 200	**Mt 5,28**	ἐγὼ δὲ λέγω ὑμῖν ὅτι πᾶς ὁ βλέπων γυναῖκα πρὸς τὸ ἐπιθυμῆσαι αὐτὴν ἤδη ἐμοίχευσεν αὐτὴν ἐν τῇ καρδίᾳ αὐτοῦ.					
b 201	**Mt 5,32** ⇩ Mt 19,9	ἐγὼ δὲ λέγω ὑμῖν ὅτι πᾶς ὁ ἀπολύων τὴν γυναῖκα αὐτοῦ παρεκτὸς λόγου πορνείας ποιεῖ αὐτὴν μοιχευθῆναι, ...	**Mk 10,11** → Mk 10,12	... ὃς ἂν ἀπολύσῃ τὴν γυναῖκα αὐτοῦ καὶ γαμήσῃ ἄλλην μοιχᾶται ἐπ' αὐτήν·	**Lk 16,18**	πᾶς ὁ ἀπολύων τὴν γυναῖκα αὐτοῦ καὶ γαμῶν ἑτέραν μοιχεύει, ...	→ 1Cor 7,10-11 Mk-Q overlap
b 200	**Mt 5,34**	ἐγὼ δὲ λέγω ὑμῖν μὴ ὀμόσαι ὅλως· ...					
b 202	**Mt 5,44**	ἐγὼ δὲ λέγω ὑμῖν· ἀγαπᾶτε τοὺς ἐχθροὺς ὑμῶν ...			**Lk 6,27** ⇨ Lk 6,35	ἀλλὰ ὑμῖν λέγω τοῖς ἀκούουσιν· ἀγαπᾶτε τοὺς ἐχθροὺς ὑμῶν, ...	
b 201	**Mt 5,39**	ἐγὼ δὲ λέγω ὑμῖν μὴ ἀντιστῆναι τῷ πονηρῷ· ἀλλ' ὅστις σε ῥαπίζει εἰς τὴν δεξιὰν σιαγόνα [σου], στρέψον αὐτῷ καὶ τὴν ἄλλην·			**Lk 6,29**	τῷ τύπτοντί σε ἐπὶ τὴν σιαγόνα πάρεχε καὶ τὴν ἄλλην, ...	
202	**Mt 7,12**	πάντα οὖν ὅσα ἐὰν θέλητε ἵνα ποιῶσιν ὑμῖν οἱ ἄνθρωποι, οὕτως καὶ ὑμεῖς ποιεῖτε αὐτοῖς· ...			**Lk 6,31**	καὶ καθὼς θέλετε ἵνα ποιῶσιν ὑμῖν οἱ ἄνθρωποι ποιεῖτε αὐτοῖς ὁμοίως.	
102	**Mt 5,46**	ἐὰν γὰρ ἀγαπήσητε τοὺς ἀγαπῶντας ὑμᾶς, τίνα μισθὸν ἔχετε;			**Lk 6,32** ⇩ Lk 6,33	καὶ εἰ ἀγαπᾶτε τοὺς ἀγαπῶντας ὑμᾶς, ποία ὑμῖν χάρις ἐστίν; καὶ γὰρ οἱ ἁμαρτωλοὶ τοὺς ἀγαπῶντας αὐτοὺς ἀγαπῶσιν.	
102		οὐχὶ καὶ οἱ τελῶναι τὸ αὐτὸ ποιοῦσιν;			**Lk 6,33** ⇧ Lk 6,32	καὶ [γὰρ] ἐὰν ἀγαθοποιῆτε τοὺς ἀγαθοποιοῦντας ὑμᾶς, ποία ὑμῖν χάρις ἐστίν; καὶ οἱ ἁμαρτωλοὶ τὸ αὐτὸ ποιοῦσιν.	
102	**Mt 5,47**	καὶ ἐὰν ἀσπάσησθε τοὺς ἀδελφοὺς ὑμῶν μόνον, τί περισσὸν ποιεῖτε; οὐχὶ καὶ οἱ ἐθνικοὶ τὸ αὐτὸ ποιοῦσιν;			**Lk 6,34** → Mt 5,42	καὶ ἐὰν δανίσητε παρ' ὧν ἐλπίζετε λαβεῖν, ποία ὑμῖν χάρις [ἐστίν]; καὶ ἁμαρτωλοὶ ἁμαρτωλοῖς δανίζουσιν ἵνα ἀπολάβωσιν τὰ ἴσα.	→ GTh 95
b 202	**Mt 5,44**	ἐγὼ δὲ λέγω ὑμῖν· ἀγαπᾶτε τοὺς ἐχθροὺς ὑμῶν ...			**Lk 6,27** ⇨ Lk 6,35	ἀλλὰ ὑμῖν λέγω τοῖς ἀκούουσιν· ἀγαπᾶτε τοὺς ἐχθροὺς ὑμῶν, ...	
b 200	**Mt 6,2**	... ἀμὴν λέγω ὑμῖν, ἀπέχουσιν τὸν μισθὸν αὐτῶν.					

b 200	Mt 6,5	... ἀμὴν λέγω ὑμῖν, ἀπέχουσιν τὸν μισθὸν αὐτῶν.					
220	Mt 6,14 → Mt 6,12 → Lk 11,4	ἐὰν γὰρ ἀφῆτε τοῖς ἀνθρώποις τὰ παραπτώματα αὐτῶν, ἀφήσει καὶ ὑμῖν ὁ πατὴρ ὑμῶν ὁ οὐράνιος·	Mk 11,25 → Mt 5,23-24	... ἀφίετε εἴ τι ἔχετε κατά τινος, ἵνα καὶ ὁ πατὴρ ὑμῶν ὁ ἐν τοῖς οὐρανοῖς ἀφῇ ὑμῖν τὰ παραπτώματα ὑμῶν.			
b 200	Mt 6,16	... ἀμὴν λέγω ὑμῖν, ἀπέχουσιν τὸν μισθὸν αὐτῶν.					
200	Mt 6,19 → Lk 12,21 ↓ Lk 12,33	μὴ θησαυρίζετε ὑμῖν θησαυροὺς ἐπὶ τῆς γῆς, ὅπου σὴς καὶ βρῶσις ἀφανίζει καὶ ὅπου κλέπται διορύσσουσιν καὶ κλέπτουσιν·					
201	Mt 6,20 → Mt 19,21	θησαυρίζετε δὲ ὑμῖν θησαυροὺς ἐν οὐρανῷ, ...	→ Mk 10,21		Lk 12,33 ↑ Mt 6,19 → Lk 14,33 ↓ Lk 16,9 → Lk 18,22	πωλήσατε τὰ ὑπάρχοντα ὑμῶν καὶ δότε ἐλεημοσύνην· ποιήσατε ἑαυτοῖς βαλλάντια μὴ παλαιούμενα, θησαυρὸν ἀνέκλειπτον ἐν τοῖς οὐρανοῖς, ...	→ Acts 2,45 → GTh 76,3
b 202	Mt 6,25	διὰ τοῦτο λέγω ὑμῖν· μὴ μεριμνᾶτε τῇ ψυχῇ ὑμῶν τί φάγητε [ἢ τί πίητε], ...			Lk 12,22	... διὰ τοῦτο λέγω ὑμῖν· μὴ μεριμνᾶτε τῇ ψυχῇ τί φάγητε, ...	→ GTh 36 (POxy 655)
b 202	Mt 6,29	λέγω δὲ ὑμῖν ὅτι οὐδὲ Σολομὼν ἐν πάσῃ τῇ δόξῃ αὐτοῦ περιεβάλετο ὡς ἓν τούτων.			Lk 12,27	... λέγω δὲ ὑμῖν, οὐδὲ Σολομὼν ἐν πάσῃ τῇ δόξῃ αὐτοῦ περιεβάλετο ὡς ἓν τούτων.	
202	Mt 6,33	ζητεῖτε δὲ πρῶτον τὴν βασιλείαν [τοῦ θεοῦ] καὶ τὴν δικαιοσύνην αὐτοῦ, καὶ ταῦτα πάντα προστεθήσεται ὑμῖν.			Lk 12,31	πλὴν ζητεῖτε τὴν βασιλείαν αὐτοῦ, καὶ ταῦτα προστεθήσεται ὑμῖν.	
	Mt 7,2	ἐν ᾧ γὰρ κρίματι κρίνετε κριθήσεσθε, ↔					
002					Lk 6,38 (2)	δίδοτε, καὶ δοθήσεται ὑμῖν· ...	
202	Mt 7,2	↔ καὶ ἐν ᾧ μέτρῳ μετρεῖτε μετρηθήσεται ὑμῖν.	Mk 4,24 (2)	... ἐν ᾧ μέτρῳ μετρεῖτε μετρηθήσεται ὑμῖν καὶ προστεθήσεται ὑμῖν.		ᾧ γὰρ μέτρῳ μετρεῖτε ἀντιμετρηθήσεται ὑμῖν.	Mk-Q overlap
202 202	Mt 7,7 (2)	αἰτεῖτε καὶ δοθήσεται ὑμῖν, ζητεῖτε καὶ εὑρήσετε, κρούετε καὶ ἀνοιγήσεται ὑμῖν·			Lk 11,9 (3)	κἀγὼ ὑμῖν λέγω, αἰτεῖτε καὶ δοθήσεται ὑμῖν, ζητεῖτε καὶ εὑρήσετε, κρούετε καὶ ἀνοιγήσεται ὑμῖν·	→ GTh 2 (POxy 654) → GTh 92

202	Mt 7,12	πάντα οὖν ὅσα ἐὰν θέλητε ἵνα ποιῶσιν ὑμῖν οἱ ἄνθρωποι, οὕτως καὶ ὑμεῖς ποιεῖτε αὐτοῖς· ...			Lk 6,31	καὶ καθὼς θέλετε ἵνα ποιῶσιν ὑμῖν οἱ ἄνθρωποι ποιεῖτε αὐτοῖς ὁμοίως.	
102	Mt 7,24	πᾶς οὖν ὅστις ἀκούει μου τοὺς λόγους τούτους καὶ ποιεῖ αὐτούς, ...			Lk 6,47	πᾶς ὁ ἐρχόμενος πρός με καὶ ἀκούων μου τῶν λόγων καὶ ποιῶν αὐτούς, ὑποδείξω ὑμῖν τίνι ἐστὶν ὅμοιος·	
b 202	Mt 8,10	ἀκούσας δὲ ὁ Ἰησοῦς ἐθαύμασεν καὶ εἶπεν τοῖς ἀκολουθοῦσιν· ἀμὴν λέγω ὑμῖν, παρ᾽ οὐδενὶ τοσαύτην πίστιν ἐν τῷ Ἰσραὴλ εὗρον.			Lk 7,9	ἀκούσας δὲ ταῦτα ὁ Ἰησοῦς ἐθαύμασεν αὐτὸν καὶ στραφεὶς τῷ ἀκολουθοῦντι αὐτῷ ὄχλῳ εἶπεν· λέγω ὑμῖν, οὐδὲ ἐν τῷ Ἰσραὴλ τοσαύτην πίστιν εὗρον.	
b 201	Mt 8,11	λέγω δὲ ὑμῖν ὅτι πολλοὶ ἀπὸ ἀνατολῶν καὶ δυσμῶν ἥξουσιν ...			Lk 13,29	καὶ ἥξουσιν ἀπὸ ἀνατολῶν καὶ δυσμῶν καὶ ἀπὸ βορρᾶ καὶ νότου ...	
200	Mt 9,29 ⇨ Mt 20,34 → Mk 8,23.25	... κατὰ τὴν πίστιν ὑμῶν γενηθήτω ὑμῖν.	Mk 10,52	... ὕπαγε, ἡ πίστις σου σέσωκέν σε. ...	Lk 18,42	... ἡ πίστις σου σέσωκέν σε.	
b 202	Mt 10,15 ⇩ Mt 11,24	ἀμὴν λέγω ὑμῖν, ἀνεκτότερον ἔσται γῇ Σοδόμων καὶ Γομόρρων ἐν ἡμέρᾳ κρίσεως ἢ τῇ πόλει ἐκείνῃ.			Lk 10,12	λέγω ὑμῖν ὅτι Σοδόμοις ἐν τῇ ἡμέρᾳ ἐκείνῃ ἀνεκτότερον ἔσται ἢ τῇ πόλει ἐκείνῃ.	
222	Mt 10,19	ὅταν δὲ παραδῶσιν ὑμᾶς, μὴ μεριμνήσητε πῶς ἢ τί λαλήσητε· δοθήσεται γὰρ ὑμῖν ἐν ἐκείνῃ τῇ ὥρᾳ τί λαλήσητε·	Mk 13,11	καὶ ὅταν ἄγωσιν ὑμᾶς παραδιδόντες, μὴ προμεριμνᾶτε τί λαλήσητε, ἀλλ᾽ ὃ ἐὰν δοθῇ ὑμῖν ἐν ἐκείνῃ τῇ ὥρᾳ τοῦτο λαλεῖτε· ↔	Lk 21,15 (2) ⇩ Lk 12,12	[14] θέτε οὖν ἐν ταῖς καρδίαις ὑμῶν μὴ προμελετᾶν ἀπολογηθῆναι· [15] ἐγὼ γὰρ δώσω ὑμῖν στόμα καὶ σοφίαν ...	→ Acts 6,10 Mk-Q overlap
					Lk 12,12 ⇩ Lk 21,15	τὸ γὰρ ἅγιον πνεῦμα διδάξει ὑμᾶς ἐν αὐτῇ τῇ ὥρᾳ ἃ δεῖ εἰπεῖν.	→ Jn 14,26
c 210	Mt 10,20 ↑ Lk 12,12	οὐ γὰρ ὑμεῖς ἐστε οἱ λαλοῦντες ἀλλὰ τὸ πνεῦμα τοῦ πατρὸς ὑμῶν τὸ λαλοῦν ἐν ὑμῖν.	Mk 13,11	↔ οὐ γάρ ἐστε ὑμεῖς οἱ λαλοῦντες ἀλλὰ τὸ πνεῦμα τὸ ἅγιον.			
b 200	Mt 10,23 → Mt 23,34 → Lk 11,49	... ἀμὴν γὰρ λέγω ὑμῖν, οὐ μὴ τελέσητε τὰς πόλεις τοῦ Ἰσραὴλ ἕως ἂν ἔλθῃ ὁ υἱὸς τοῦ ἀνθρώπου.					
201	Mt 10,27	ὃ λέγω ὑμῖν ἐν τῇ σκοτίᾳ εἴπατε ἐν τῷ φωτί, ...			Lk 12,3	ἀνθ᾽ ὧν ὅσα ἐν τῇ σκοτίᾳ εἴπατε ἐν τῷ φωτὶ ἀκουσθήσεται, ...	→ GTh 33,1 (POxy 1)

b 220	**Mt 10,42**	καὶ ὃς ἂν ποτίσῃ ἕνα τῶν μικρῶν τούτων ποτήριον ψυχροῦ μόνον εἰς ὄνομα μαθητοῦ, ἀμὴν λέγω ὑμῖν, οὐ μὴ ἀπολέσῃ τὸν μισθὸν αὐτοῦ.	**Mk 9,41**	ὃς γὰρ ἂν ποτίσῃ ὑμᾶς ποτήριον ὕδατος ἐν ὀνόματι ὅτι Χριστοῦ ἐστε, ἀμὴν λέγω ὑμῖν ὅτι οὐ μὴ ἀπολέσῃ τὸν μισθὸν αὐτοῦ.			
b 202	**Mt 11,9**	ἀλλὰ τί ἐξήλθατε ἰδεῖν; προφήτην; ναὶ λέγω ὑμῖν, καὶ περισσότερον προφήτου.			**Lk 7,26**	ἀλλὰ τί ἐξήλθατε ἰδεῖν; προφήτην; ναὶ λέγω ὑμῖν, καὶ περισσότερον προφήτου.	
b 202	**Mt 11,11**	ἀμὴν λέγω ὑμῖν· οὐκ ἐγήγερται ἐν γεννητοῖς γυναικῶν μείζων Ἰωάννου τοῦ βαπτιστοῦ· ...			**Lk 7,28**	λέγω ὑμῖν, μείζων ἐν γεννητοῖς γυναικῶν Ἰωάννου οὐδείς ἐστιν· ...	→ GTh 46
 202	**Mt 11,17**	... ηὐλήσαμεν ὑμῖν καὶ οὐκ ὠρχήσασθε, ἐθρηνήσαμεν καὶ οὐκ ἐκόψασθε.			**Lk 7,32**	... ηὐλήσαμεν ὑμῖν καὶ οὐκ ὠρχήσασθε· ἐθρηνήσαμεν καὶ οὐκ ἐκλαύσατε.	
c 202	**Mt 11,21**	... ὅτι εἰ ἐν Τύρῳ καὶ Σιδῶνι ἐγένοντο αἱ δυνάμεις αἱ γενόμεναι ἐν ὑμῖν, πάλαι ἂν ἐν σάκκῳ καὶ σποδῷ μετενόησαν.			**Lk 10,13**	... ὅτι εἰ ἐν Τύρῳ καὶ Σιδῶνι ἐγενήθησαν αἱ δυνάμεις αἱ γενόμεναι ἐν ὑμῖν, πάλαι ἂν ἐν σάκκῳ καὶ σποδῷ καθήμενοι μετενόησαν.	
b 201 202	**Mt 11,22** (2)	πλὴν λέγω ὑμῖν, Τύρῳ καὶ Σιδῶνι ἀνεκτότερον ἔσται ἐν ἡμέρᾳ κρίσεως ἢ ὑμῖν.			**Lk 10,14**	πλὴν Τύρῳ καὶ Σιδῶνι ἀνεκτότερον ἔσται ἐν τῇ κρίσει ἢ ὑμῖν.	
b 200	**Mt 11,24** ⇧ Mt 10,15	πλὴν λέγω ὑμῖν ὅτι γῇ Σοδόμων ἀνεκτότερον ἔσται ἐν ἡμέρᾳ κρίσεως ἢ σοί.			Lk 10,12	λέγω ὑμῖν ὅτι Σοδόμοις ἐν τῇ ἡμέρᾳ ἐκείνῃ ἀνεκτότερον ἔσται ἢ τῇ πόλει ἐκείνῃ.	
b 200	**Mt 12,6** → Mt 12,41-42 → Lk 11,31-32	λέγω δὲ ὑμῖν ὅτι τοῦ ἱεροῦ μεῖζόν ἐστιν ὧδε.					
b 220	**Mt 12,31**	διὰ τοῦτο λέγω ὑμῖν, πᾶσα ἁμαρτία καὶ βλασφημία ἀφεθήσεται τοῖς ἀνθρώποις, ...	**Mk 3,28** → Mt 12,32 → Lk 12,10	ἀμὴν λέγω ὑμῖν ὅτι πάντα ἀφεθήσεται τοῖς υἱοῖς τῶν ἀνθρώπων τὰ ἁμαρτήματα καὶ αἱ βλασφημίαι ὅσα ἐὰν βλασφημήσωσιν·			→ GTh 44
b 200	**Mt 12,36**	λέγω δὲ ὑμῖν ὅτι πᾶν ῥῆμα ἀργὸν ὃ λαλήσουσιν οἱ ἄνθρωποι ἀποδώσουσιν περὶ αὐτοῦ λόγον ἐν ἡμέρᾳ κρίσεως·					

222	Mt 13,11	ὁ δὲ ἀποκριθεὶς εἶπεν αὐτοῖς· ὅτι ὑμῖν δέδοται γνῶναι τὰ μυστήρια τῆς βασιλείας τῶν οὐρανῶν, ...	Mk 4,11	καὶ ἔλεγεν αὐτοῖς· ὑμῖν τὸ μυστήριον δέδοται τῆς βασιλείας τοῦ θεοῦ· ...	Lk 8,10	ὁ δὲ εἶπεν· ὑμῖν δέδοται γνῶναι τὰ μυστήρια τῆς βασιλείας τοῦ θεοῦ, ...	→ GTh 62,1
b 202	Mt 13,17	ἀμὴν γὰρ λέγω ὑμῖν ὅτι πολλοὶ προφῆται καὶ δίκαιοι ἐπεθύμησαν ἰδεῖν ἃ βλέπετε καὶ οὐκ εἶδαν, καὶ ἀκοῦσαι ἃ ἀκούετε καὶ οὐκ ἤκουσαν.			Lk 10,24	λέγω γὰρ ὑμῖν ὅτι πολλοὶ προφῆται καὶ βασιλεῖς ἠθέλησαν ἰδεῖν ἃ ὑμεῖς βλέπετε καὶ οὐκ εἶδαν, καὶ ἀκοῦσαι ἃ ἀκούετε καὶ οὐκ ἤκουσαν.	→ GTh 38 (POxy 655 - restoration)
020 020	Mt 7,2	ἐν ᾧ γὰρ κρίματι κρίνετε κριθήσεσθε, καὶ ἐν ᾧ μέτρῳ μετρεῖτε μετρηθήσεται ὑμῖν.	Mk 4,24 (2)	... ἐν ᾧ μέτρῳ μετρεῖτε μετρηθήσεται ὑμῖν καὶ προστεθήσεται ὑμῖν.	Lk 6,38 (2)	... ᾧ γὰρ μέτρῳ μετρεῖτε ἀντιμετρηθήσεται ὑμῖν.	Mk-Q overlap
b 120	Mt 16,4 ⇩ Mt 12,39	γενεὰ πονηρὰ καὶ μοιχαλὶς σημεῖον ἐπιζητεῖ, καὶ σημεῖον οὐ δοθήσεται αὐτῇ εἰ μὴ τὸ σημεῖον Ἰωνᾶ. ...	Mk 8,12	... τί ἡ γενεὰ αὕτη ζητεῖ σημεῖον; ἀμὴν λέγω ὑμῖν, εἰ δοθήσεται τῇ γενεᾷ ταύτῃ σημεῖον.			Mk-Q overlap
	Mt 12,39 ⇧ Mt 16,4	... γενεὰ πονηρὰ καὶ μοιχαλὶς σημεῖον ἐπιζητεῖ, καὶ σημεῖον οὐ δοθήσεται αὐτῇ εἰ μὴ τὸ σημεῖον Ἰωνᾶ τοῦ προφήτου.			Lk 11,29	... ἡ γενεὰ αὕτη γενεὰ πονηρά ἐστιν· σημεῖον ζητεῖ, καὶ σημεῖον οὐ δοθήσεται αὐτῇ εἰ μὴ τὸ σημεῖον Ἰωνᾶ.	
210	Mt 16,11 ⇨ Mt 16,6 ⇨ Mk 8,15 ⇨ Lk 12,1	πῶς οὐ νοεῖτε ὅτι οὐ περὶ ἄρτων εἶπον ὑμῖν; προσέχετε δὲ ἀπὸ τῆς ζύμης τῶν Φαρισαίων καὶ Σαδδουκαίων.	Mk 8,21	καὶ ἔλεγεν αὐτοῖς· οὔπω συνίετε;			
b 222	Mt 16,28 ↓ Mt 24,34	ἀμὴν λέγω ὑμῖν ὅτι εἰσίν τινες τῶν ὧδε ἑστώτων οἵτινες οὐ μὴ γεύσωνται θανάτου ...	Mk 9,1 ↓ Mk 13,30	... ἀμὴν λέγω ὑμῖν ὅτι εἰσίν τινες ὧδε τῶν ἑστηκότων οἵτινες οὐ μὴ γεύσωνται θανάτου ...	Lk 9,27 ↓ Lk 21,32	λέγω δὲ ὑμῖν ἀληθῶς, εἰσίν τινες τῶν αὐτοῦ ἑστηκότων οἳ οὐ μὴ γεύσωνται θανάτου ...	→ Jn 21,22-23
b 220	Mt 17,12 → Mt 11,14 → Lk 1,17	λέγω δὲ ὑμῖν ὅτι Ἠλίας ἤδη ἦλθεν, ...	Mk 9,13 → Lk 1,17	ἀλλὰ λέγω ὑμῖν ὅτι καὶ Ἠλίας ἐλήλυθεν, ...			
b 201 201	Mt 17,20 (2) ↓ Mt 21,21	... ἀμὴν γὰρ λέγω ὑμῖν, ἐὰν ἔχητε πίστιν ὡς κόκκον σινάπεως, ἐρεῖτε τῷ ὄρει τούτῳ, μετάβα ἔνθεν ἐκεῖ, καὶ μεταβήσεται· καὶ οὐδὲν ἀδυνατήσει ὑμῖν.	Mk 11,23 → Mk 9,23	[22] ... ἔχετε πίστιν θεοῦ. [23] ἀμὴν λέγω ὑμῖν ὅτι ὃς ἂν εἴπῃ τῷ ὄρει τούτῳ· ἄρθητι καὶ βλήθητι εἰς τὴν θάλασσαν, καὶ μὴ διακριθῇ ἐν τῇ καρδίᾳ αὐτοῦ ἀλλὰ πιστεύῃ ὅτι ὃ λαλεῖ γίνεται, ἔσται αὐτῷ.	Lk 17,6	... εἰ ἔχετε πίστιν ὡς κόκκον σινάπεως, ἐλέγετε ἂν τῇ συκαμίνῳ [ταύτῃ]· ἐκριζώθητι καὶ φυτεύθητι ἐν τῇ θαλάσσῃ· καὶ ὑπήκουσεν ἂν ὑμῖν.	→ GTh 48 → GTh 106
b 222	Mt 18,3	... ἀμὴν λέγω ὑμῖν, ἐὰν μὴ στραφῆτε καὶ γένησθε ὡς τὰ παιδία, οὐ μὴ εἰσέλθητε εἰς τὴν βασιλείαν τῶν οὐρανῶν.	Mk 10,15	ἀμὴν λέγω ὑμῖν, ὃς ἂν μὴ δέξηται τὴν βασιλείαν τοῦ θεοῦ ὡς παιδίον, οὐ μὴ εἰσέλθῃ εἰς αὐτήν.	Lk 18,17	ἀμὴν λέγω ὑμῖν, ὃς ἂν μὴ δέξηται τὴν βασιλείαν τοῦ θεοῦ ὡς παιδίον, οὐ μὴ εἰσέλθῃ εἰς αὐτήν.	→ Jn 3,3 → GTh 22 → GTh 46

112	**Mt 18,5** ⇨ Mt 10,40 → Mt 10,41	καὶ ὃς ἐὰν δέξηται ἓν παιδίον τοιοῦτο ἐπὶ τῷ ὀνόματί μου, ἐμὲ δέχεται.	**Mk 9,37**	ὃς ἂν ἓν τῶν τοιούτων παιδίων δέξηται ἐπὶ τῷ ὀνόματί μου, ἐμὲ δέχεται· καὶ ὃς ἂν ἐμὲ δέχηται, οὐκ ἐμὲ δέχεται ἀλλὰ τὸν ἀποστείλαντά με.	**Lk 9,48** ⇨ Lk 10,16	... ὃς ἐὰν δέξηται τοῦτο τὸ παιδίον ἐπὶ τῷ ὀνόματί μου, ἐμὲ δέχεται· καὶ ὃς ἂν ἐμὲ δέξηται, δέχεται τὸν ἀποστείλαντά με· ὁ γὰρ μικρότερος ἐν πᾶσιν ὑμῖν ὑπάρχων οὗτός ἐστιν μέγας.	→ Jn 5,23 → Jn 12,44-45 → Jn 13,20
b 220	**Mt 10,42**	καὶ ὃς ἂν ποτίσῃ ἕνα τῶν μικρῶν τούτων ποτήριον ψυχροῦ μόνον εἰς ὄνομα μαθητοῦ, ἀμὴν λέγω ὑμῖν, οὐ μὴ ἀπολέσῃ τὸν μισθὸν αὐτοῦ.	**Mk 9,41**	ὃς γὰρ ἂν ποτίσῃ ὑμᾶς ποτήριον ὕδατος ἐν ὀνόματι ὅτι Χριστοῦ ἐστε, ἀμὴν λέγω ὑμῖν ὅτι οὐ μὴ ἀπολέσῃ τὸν μισθὸν αὐτοῦ.			
b 200	**Mt 18,10** → Mt 18,6 → Mk 9,42 → Lk 17,2	ὁρᾶτε μὴ καταφρονήσητε ἑνὸς τῶν μικρῶν τούτων· λέγω γὰρ ὑμῖν ὅτι οἱ ἄγγελοι αὐτῶν ἐν οὐρανοῖς διὰ παντὸς βλέπουσι τὸ πρόσωπον τοῦ πατρός μου τοῦ ἐν οὐρανοῖς.					
201	**Mt 18,12**	τί ὑμῖν δοκεῖ; ἐὰν γένηταί τινι ἀνθρώπῳ ἑκατὸν πρόβατα καὶ πλανηθῇ ἓν ἐξ αὐτῶν, ...			**Lk 15,4**	τίς ἄνθρωπος ἐξ ὑμῶν ἔχων ἑκατὸν πρόβατα καὶ ἀπολέσας ἐξ αὐτῶν ἓν ...	→ GTh 107
b 202	**Mt 18,13**	καὶ ἐὰν γένηται εὑρεῖν αὐτό, ἀμὴν λέγω ὑμῖν ὅτι χαίρει ἐπ' αὐτῷ μᾶλλον ἢ ἐπὶ τοῖς ἐνενήκοντα ἐννέα τοῖς μὴ πεπλανημένοις.			**Lk 15,7** ↓ Lk 15,10	[5] καὶ εὑρὼν ἐπιτίθησιν ἐπὶ τοὺς ὤμους αὐτοῦ χαίρων [6] ... [7] λέγω ὑμῖν ὅτι οὕτως χαρὰ ἐν τῷ οὐρανῷ ἔσται ἐπὶ ἑνὶ ἁμαρτωλῷ μετανοοῦντι ἢ ἐπὶ ἐνενήκοντα ἐννέα δικαίοις οἵτινες οὐ χρείαν ἔχουσιν μετανοίας.	→ GTh 107
b 200	**Mt 18,18** → Mt 16,19	ἀμὴν λέγω ὑμῖν· ὅσα ἐὰν δήσητε ἐπὶ τῆς γῆς ἔσται δεδεμένα ἐν οὐρανῷ, ...					→ Jn 20,23
b 200	**Mt 18,19** ↓ Mt 21,22 ↓ Mk 11,24	πάλιν [ἀμὴν] λέγω ὑμῖν ὅτι ἐὰν δύο συμφωνήσωσιν ἐξ ὑμῶν ...					→ GTh 30 (POxy 1) → GTh 48 → GTh 106
200	**Mt 18,35** → Mt 6,15	οὕτως καὶ ὁ πατήρ μου ὁ οὐράνιος ποιήσει ὑμῖν, ἐὰν μὴ ἀφῆτε ἕκαστος τῷ ἀδελφῷ αὐτοῦ ἀπὸ τῶν καρδιῶν ὑμῶν.					
102	**Mt 10,11**	εἰς ἣν δ' ἂν πόλιν ἢ κώμην εἰσέλθητε, ἐξετάσατε τίς ἐν αὐτῇ ἄξιός ἐστιν· ...			**Lk 10,8** → Lk 10,10	καὶ εἰς ἣν ἂν πόλιν εἰσέρχησθε καὶ δέχωνται ὑμᾶς, ἐσθίετε τὰ παρατιθέμενα ὑμῖν	→ GTh 14,4

102	Mt 10,14	... ἐξερχόμενοι ἔξω τῆς οἰκίας ἢ τῆς πόλεως ἐκείνης ἐκτινάξατε τὸν κονιορτὸν τῶν ποδῶν ὑμῶν.	Mk 6,11	... ἐκπορευόμενοι ἐκεῖθεν ἐκτινάξατε τὸν χοῦν τὸν ὑποκάτω τῶν ποδῶν ὑμῶν εἰς μαρτύριον αὐτοῖς.	Lk 10,11 ⇨ Lk 9,5 → Lk 10,9	[10] ... ἐξελθόντες εἰς τὰς πλατείας αὐτῆς εἴπατε· [11] καὶ τὸν κονιορτὸν τὸν κολληθέντα ἡμῖν ἐκ τῆς πόλεως ὑμῶν εἰς τοὺς πόδας ἀπομασσόμεθα ὑμῖν· πλὴν τοῦτο γινώσκετε ὅτι ἤγγικεν ἡ βασιλεία τοῦ θεοῦ.	→ Acts 13,51 → Acts 18,6 Mk-Q overlap
b 202	Mt 10,15 ⇧ Mt 11,24	ἀμὴν λέγω ὑμῖν, ἀνεκτότερον ἔσται γῇ Σοδόμων καὶ Γομόρρων ἐν ἡμέρᾳ κρίσεως ἢ τῇ πόλει ἐκείνῃ.			Lk 10,12	λέγω ὑμῖν ὅτι Σοδόμοις ἐν τῇ ἡμέρᾳ ἐκείνῃ ἀνεκτότερον ἔσται ἢ τῇ πόλει ἐκείνῃ.	
c 202	Mt 11,21	... ὅτι εἰ ἐν Τύρῳ καὶ Σιδῶνι ἐγένοντο αἱ δυνάμεις αἱ γενόμεναι ἐν ὑμῖν, πάλαι ἂν ἐν σάκκῳ καὶ σποδῷ μετενόησαν.			Lk 10,13	... ὅτι εἰ ἐν Τύρῳ καὶ Σιδῶνι ἐγενήθησαν αἱ δυνάμεις αἱ γενόμεναι ἐν ὑμῖν, πάλαι ἂν ἐν σάκκῳ καὶ σποδῷ καθήμενοι μετενόησαν.	
202	Mt 11,22 (2)	πλὴν λέγω ὑμῖν, Τύρῳ καὶ Σιδῶνι ἀνεκτότερον ἔσται ἐν ἡμέρᾳ κρίσεως ἢ ὑμῖν.			Lk 10,14	πλὴν Τύρῳ καὶ Σιδῶνι ἀνεκτότερον ἔσται ἐν τῇ κρίσει ἢ ὑμῖν.	
002					Lk 10,19	ἰδοὺ δέδωκα ὑμῖν τὴν ἐξουσίαν τοῦ πατεῖν ἐπάνω ὄφεων καὶ σκορπίων, ...	
002					Lk 10,20	πλὴν ἐν τούτῳ μὴ χαίρετε ὅτι τὰ πνεύματα ὑμῖν ὑποτάσσεται, χαίρετε δὲ ὅτι τὰ ὀνόματα ὑμῶν ἐγγέγραπται ἐν τοῖς οὐρανοῖς.	
b 202	Mt 13,17	ἀμὴν γὰρ λέγω ὑμῖν ὅτι πολλοὶ προφῆται καὶ δίκαιοι ἐπεθύμησαν ἰδεῖν ἃ βλέπετε καὶ οὐκ εἶδαν, καὶ ἀκοῦσαι ἃ ἀκούετε καὶ οὐκ ἤκουσαν.			Lk 10,24	λέγω γὰρ ὑμῖν ὅτι πολλοὶ προφῆται καὶ βασιλεῖς ἠθέλησαν ἰδεῖν ἃ ὑμεῖς βλέπετε καὶ οὐκ εἶδαν, καὶ ἀκοῦσαι ἃ ἀκούετε καὶ οὐκ ἤκουσαν.	→ GTh 38 (POxy 655 - restoration)
b 002					Lk 11,8	λέγω ὑμῖν, εἰ καὶ οὐ δώσει αὐτῷ ἀναστὰς διὰ τὸ εἶναι φίλον αὐτοῦ, ...	
b 102 202 202	Mt 7,7 (2)	αἰτεῖτε καὶ δοθήσεται ὑμῖν, ζητεῖτε καὶ εὑρήσετε, κρούετε καὶ ἀνοιγήσεται ὑμῖν·			Lk 11,9 (3)	κἀγὼ ὑμῖν λέγω, αἰτεῖτε καὶ δοθήσεται ὑμῖν, ζητεῖτε καὶ εὑρήσετε, κρούετε καὶ ἀνοιγήσεται ὑμῖν·	→ GTh 2 (POxy 654) → GTh 92

102	Mt 23,26	... καθάρισον πρῶτον τὸ ἐντὸς τοῦ ποτηρίου, ἵνα γένηται καὶ τὸ ἐκτὸς αὐτοῦ καθαρόν.			Lk 11,41	πλὴν τὰ ἐνόντα δότε ἐλεημοσύνην, καὶ ἰδοὺ πάντα καθαρὰ ὑμῖν ἐστιν.	→ GTh 89
a 202	Mt 23,23	οὐαὶ ὑμῖν, γραμματεῖς καὶ Φαρισαῖοι ὑποκριταί, ὅτι ἀποδεκατοῦτε ...			Lk 11,42	ἀλλὰ οὐαὶ ὑμῖν τοῖς Φαρισαίοις, ὅτι ἀποδεκατοῦτε ...	
a 102	Mt 23,6	φιλοῦσιν δὲ τὴν πρωτοκλισίαν ἐν τοῖς δείπνοις καὶ τὰς πρωτοκαθεδρίας ἐν ταῖς συναγωγαῖς [7] καὶ τοὺς ἀσπασμοὺς ἐν ταῖς ἀγοραῖς ...	Mk 12,38	... βλέπετε ἀπὸ τῶν γραμματέων τῶν θελόντων ἐν στολαῖς περιπατεῖν καὶ ἀσπασμοὺς ἐν ταῖς ἀγοραῖς [39] καὶ πρωτοκαθεδρίας ἐν ταῖς συναγωγαῖς καὶ πρωτοκλισίας ἐν τοῖς δείπνοις	Lk 11,43 ⇨ Lk 20,46	οὐαὶ ὑμῖν τοῖς Φαρισαίοις, ὅτι ἀγαπᾶτε τὴν πρωτοκαθεδρίαν ἐν ταῖς συναγωγαῖς καὶ τοὺς ἀσπασμοὺς ἐν ταῖς ἀγοραῖς.	Mk-Q overlap
a 202	Mt 23,27	οὐαὶ ὑμῖν, γραμματεῖς καὶ Φαρισαῖοι ὑποκριταί, ὅτι παρομοιάζετε τάφοις κεκονιαμένοις, ...			Lk 11,44	οὐαὶ ὑμῖν, ὅτι ἐστὲ ὡς τὰ μνημεῖα τὰ ἄδηλα, ...	
a 102	Mt 23,4	δεσμεύουσιν δὲ φορτία βαρέα [καὶ δυσβάστακτα] καὶ ἐπιτιθέασιν ἐπὶ τοὺς ὤμους τῶν ἀνθρώπων, αὐτοὶ δὲ τῷ δακτύλῳ αὐτῶν οὐ θέλουσιν κινῆσαι αὐτά.			Lk 11,46	ὁ δὲ εἶπεν· καὶ ὑμῖν τοῖς νομικοῖς οὐαί, ὅτι φορτίζετε τοὺς ἀνθρώπους φορτία δυσβάστακτα, καὶ αὐτοὶ ἑνὶ τῶν δακτύλων ὑμῶν οὐ προσψαύετε τοῖς φορτίοις.	
a 202	Mt 23,29	οὐαὶ ὑμῖν, γραμματεῖς καὶ Φαρισαῖοι ὑποκριταί, ὅτι οἰκοδομεῖτε τοὺς τάφους τῶν προφητῶν καὶ κοσμεῖτε τὰ μνημεῖα τῶν δικαίων, ...			Lk 11,47	οὐαὶ ὑμῖν, ὅτι οἰκοδομεῖτε τὰ μνημεῖα τῶν προφητῶν, ...	
b 202	Mt 23,36	ἀμὴν λέγω ὑμῖν, ἥξει ταῦτα πάντα ἐπὶ τὴν γενεὰν ταύτην.			Lk 11,51	... ναὶ λέγω ὑμῖν, ἐκζητηθήσεται ἀπὸ τῆς γενεᾶς ταύτης.	
a 202	Mt 23,13 → Mt 16,19	οὐαὶ δὲ ὑμῖν, γραμματεῖς καὶ Φαρισαῖοι ὑποκριταί, ὅτι κλείετε τὴν βασιλείαν τῶν οὐρανῶν ἔμπροσθεν τῶν ἀνθρώπων· ...			Lk 11,52	οὐαὶ ὑμῖν τοῖς νομικοῖς, ὅτι ἤρατε τὴν κλεῖδα τῆς γνώσεως· ...	→ GTh 39,1-2 (POxy 655) → GTh 102
b 102	Mt 10,28	καὶ μὴ φοβεῖσθε ἀπὸ τῶν ἀποκτεννόντων τὸ σῶμα, ...			Lk 12,4	λέγω δὲ ὑμῖν τοῖς φίλοις μου, μὴ φοβηθῆτε ἀπὸ τῶν ἀποκτεινόντων τὸ σῶμα ...	

102 b 102	Mt 10,28	... φοβεῖσθε δὲ μᾶλλον τὸν δυνάμενον καὶ ψυχὴν καὶ σῶμα ἀπολέσαι ἐν γεέννῃ.	Lk 12,5 (2)	ὑποδείξω δὲ ὑμῖν τίνα φοβηθῆτε· φοβήθητε τὸν μετὰ τὸ ἀποκτεῖναι ἔχοντα ἐξουσίαν ἐμβαλεῖν εἰς τὴν γέενναν· ναὶ λέγω ὑμῖν, τοῦτον φοβήθητε.	
b 102	Mt 10,32	πᾶς οὖν ὅστις ὁμολογήσει ἐν ἐμοὶ ἔμπροσθεν τῶν ἀνθρώπων, ...	Lk 12,8	λέγω δὲ ὑμῖν, πᾶς ὃς ἂν ὁμολογήσῃ ἐν ἐμοὶ ἔμπροσθεν τῶν ἀνθρώπων, ...	
b 202	Mt 6,25	διὰ τοῦτο λέγω ὑμῖν· μὴ μεριμνᾶτε τῇ ψυχῇ ὑμῶν τί φάγητε [ἢ τί πίητε], ...	Lk 12,22	... διὰ τοῦτο λέγω ὑμῖν· μὴ μεριμνᾶτε τῇ ψυχῇ τί φάγητε, ...	→ GTh 36 (POxy 655)
b 202	Mt 6,29	λέγω δὲ ὑμῖν ὅτι οὐδὲ Σολομὼν ἐν πάσῃ τῇ δόξῃ αὐτοῦ περιεβάλετο ὡς ἓν τούτων.	Lk 12,27	... λέγω δὲ ὑμῖν, οὐδὲ Σολομὼν ἐν πάσῃ τῇ δόξῃ αὐτοῦ περιεβάλετο ὡς ἓν τούτων.	
202	Mt 6,33	ζητεῖτε δὲ πρῶτον τὴν βασιλείαν [τοῦ θεοῦ] καὶ τὴν δικαιοσύνην αὐτοῦ, καὶ ταῦτα πάντα προστεθήσεται ὑμῖν.	Lk 12,31	πλὴν ζητεῖτε τὴν βασιλείαν αὐτοῦ, καὶ ταῦτα προστεθήσεται ὑμῖν.	
002			Lk 12,32	μὴ φοβοῦ, τὸ μικρὸν ποίμνιον, ὅτι εὐδόκησεν ὁ πατὴρ ὑμῶν δοῦναι ὑμῖν τὴν βασιλείαν.	
b 002			Lk 12,37 → Lk 22,27 → Lk 22,30	... ἀμὴν λέγω ὑμῖν ὅτι περιζώσεται καὶ ἀνακλινεῖ αὐτοὺς καὶ παρελθὼν διακονήσει αὐτοῖς.	
b 202	Mt 24,47 → Mt 25,21 → Mt 25,23	ἀμὴν λέγω ὑμῖν ὅτι ἐπὶ πᾶσιν τοῖς ὑπάρχουσιν αὐτοῦ καταστήσει αὐτόν.	Lk 12,44	ἀληθῶς λέγω ὑμῖν ὅτι ἐπὶ πᾶσιν τοῖς ὑπάρχουσιν αὐτοῦ καταστήσει αὐτόν.	
b 102	Mt 10,34	μὴ νομίσητε ὅτι ἦλθον βαλεῖν εἰρήνην ἐπὶ τὴν γῆν· οὐκ ἦλθον βαλεῖν εἰρήνην ἀλλὰ μάχαιραν.	Lk 12,51	δοκεῖτε ὅτι εἰρήνην παρεγενόμην δοῦναι ἐν τῇ γῇ; οὐχί, λέγω ὑμῖν, ἀλλ' ἢ διαμερισμόν.	→ GTh 16
b 002			Lk 13,3	οὐχί, λέγω ὑμῖν, ἀλλ' ἐὰν μὴ μετανοῆτε πάντες ὁμοίως ἀπολεῖσθε.	
b 002			Lk 13,5	οὐχί, λέγω ὑμῖν, ἀλλ' ἐὰν μὴ μετανοῆτε πάντες ὡσαύτως ἀπολεῖσθε.	

b 102	**Mt 7,14**	[13] εἰσέλθατε διὰ τῆς στενῆς πύλης· ὅτι πλατεῖα ἡ πύλη καὶ εὐρύχωρος ἡ ὁδὸς ἡ ἀπάγουσα εἰς τὴν ἀπώλειαν, καὶ πολλοί εἰσιν οἱ εἰσερχόμενοι δι' αὐτῆς· [14] τί στενὴ ἡ πύλη καὶ τεθλιμμένη ἡ ὁδὸς ἡ ἀπάγουσα εἰς τὴν ζωὴν καὶ ὀλίγοι εἰσὶν οἱ εὑρίσκοντες αὐτήν.	**Lk 13,24**	ἀγωνίζεσθε εἰσελθεῖν διὰ τῆς στενῆς θύρας, ὅτι πολλοί, λέγω ὑμῖν, ζητήσουσιν εἰσελθεῖν καὶ οὐκ ἰσχύσουσιν.	
b 002	**Mt 25,12** ↓ Mt 7,23	ὁ δὲ ἀποκριθεὶς εἶπεν· ἀμὴν λέγω ὑμῖν, οὐκ οἶδα ὑμᾶς.	**Lk 13,25** ↓ Lk 13,27	... καὶ ἀποκριθεὶς ἐρεῖ ὑμῖν· οὐκ οἶδα ὑμᾶς πόθεν ἐστέ.	
102	**Mt 7,23** → Mt 13,41 ↓ **Mt 25,12** → Mt 25,41	καὶ τότε ὁμολογήσω αὐτοῖς ὅτι οὐδέποτε ἔγνων ὑμᾶς· *ἀποχωρεῖτε ἀπ' ἐμοῦ οἱ* *ἐργαζόμενοι τὴν ἀνομίαν.* ➤ Ps 6,9/1Macc 3,6	**Lk 13,27** ↑ Lk 13,25	καὶ ἐρεῖ λέγων ὑμῖν· οὐκ οἶδα [ὑμᾶς] πόθεν ἐστέ· *ἀπόστητε ἀπ' ἐμοῦ,* *πάντες ἐργάται ἀδικίας.* ➤ Ps 6,9/1Macc 3,6	
202	**Mt 23,38**	ἰδοὺ ἀφίεται ὑμῖν ὁ οἶκος ὑμῶν ἔρημος.	**Lk 13,35** (2)	ἰδοὺ ἀφίεται ὑμῖν ὁ οἶκος ὑμῶν.	
b 202	**Mt 23,39**	λέγω γὰρ ὑμῖν, οὐ μή με ἴδητε ἀπ' ἄρτι ἕως ἂν εἴπητε· *εὐλογημένος ὁ ἐρχόμενος* *ἐν ὀνόματι κυρίου.* ➤ Ps 118,26		λέγω [δὲ] ὑμῖν, οὐ μὴ ἴδητέ με ἕως [ἥξει ὅτε] εἴπητε· *εὐλογημένος ὁ ἐρχόμενος* *ἐν ὀνόματι κυρίου.* ➤ Ps 118,26	
b 102	**Mt 22,8**	... ὁ μὲν γάμος ἕτοιμός ἐστιν, οἱ δὲ κεκλημένοι οὐκ ἦσαν ἄξιοι·	**Lk 14,24**	λέγω γὰρ ὑμῖν ὅτι οὐδεὶς τῶν ἀνδρῶν ἐκείνων τῶν κεκλημένων γεύσεταί μου τοῦ δείπνου.	→ GTh 64
b 202	**Mt 18,13**	καὶ ἐὰν γένηται εὑρεῖν αὐτό, ἀμὴν λέγω ὑμῖν ὅτι χαίρει ἐπ' αὐτῷ μᾶλλον ἢ ἐπὶ τοῖς ἐνενήκοντα ἐννέα τοῖς μὴ πεπλανημένοις.	**Lk 15,7** ↓ Lk 15,10	[5] καὶ εὑρὼν ἐπιτίθησιν ἐπὶ τοὺς ὤμους αὐτοῦ χαίρων [6] ... [7] λέγω ὑμῖν ὅτι οὕτως χαρὰ ἐν τῷ οὐρανῷ ἔσται ἐπὶ ἑνὶ ἁμαρτωλῷ μετανοοῦντι ἢ ἐπὶ ἐνενήκοντα ἐννέα δικαίοις οἵτινες οὐ χρείαν ἔχουσιν μετανοίας.	→ GTh 107
b 002			**Lk 15,10** ↑ Lk 15,7	οὕτως, λέγω ὑμῖν, γίνεται χαρὰ ἐνώπιον τῶν ἀγγέλων τοῦ θεοῦ ἐπὶ ἑνὶ ἁμαρτωλῷ μετανοοῦντι.	
b 002			**Lk 16,9** ↑ Lk 12,33	καὶ ἐγὼ ὑμῖν λέγω, ἑαυτοῖς ποιήσατε φίλους ἐκ τοῦ μαμωνᾶ τῆς ἀδικίας, ...	

002					**Lk 16,11**	εἰ οὖν ἐν τῷ ἀδίκῳ μαμωνᾷ πιστοὶ οὐκ ἐγένεσθε, τὸ ἀληθινὸν τίς ὑμῖν πιστεύσει;	
002					**Lk 16,12**	καὶ εἰ ἐν τῷ ἀλλοτρίῳ πιστοὶ οὐκ ἐγένεσθε, τὸ ὑμέτερον τίς ὑμῖν δώσει;	
102	**Mt 17,20** **(2)** ↓ Mt 21,21	... ἀμὴν γὰρ λέγω ὑμῖν, ἐὰν ἔχητε πίστιν ὡς κόκκον σινάπεως, ἐρεῖτε τῷ ὄρει τούτῳ, μετάβα ἔνθεν ἐκεῖ, καὶ μεταβήσεται· καὶ οὐδὲν ἀδυνατήσει ὑμῖν.	**Mk 11,23** → Mk 9,23	[22] ... ἔχετε πίστιν θεοῦ. [23] ἀμὴν λέγω ὑμῖν ὅτι ὃς ἂν εἴπῃ τῷ ὄρει τούτῳ· ἄρθητι καὶ βλήθητι εἰς τὴν θάλασσαν, καὶ μὴ διακριθῇ ἐν τῇ καρδίᾳ αὐτοῦ ἀλλὰ πιστεύῃ ὅτι ὃ λαλεῖ γίνεται, ἔσται αὐτῷ.	**Lk 17,6**	... εἰ ἔχετε πίστιν ὡς κόκκον σινάπεως, ἐλέγετε ἂν τῇ συκαμίνῳ [ταύτῃ]· ἐκριζώθητι καὶ φυτεύθητι ἐν τῇ θαλάσσῃ· καὶ ὑπήκουσεν ἂν ὑμῖν.	→ GTh 48 → GTh 106
002					**Lk 17,10**	οὕτως καὶ ὑμεῖς, ὅταν ποιήσητε πάντα τὰ διαταχθέντα ὑμῖν, λέγετε ὅτι δοῦλοι ἀχρεῖοί ἐσμεν, ὃ ὠφείλομεν ποιῆσαι πεποιήκαμεν.	
202	**Mt 24,26** ⇩ Mt 24,23 → Mt 24,5	ἐὰν οὖν εἴπωσιν ὑμῖν· ἰδοὺ ἐν τῇ ἐρήμῳ ἐστίν, μὴ ἐξέλθητε· ἰδοὺ ἐν τοῖς ταμείοις, μὴ πιστεύσητε·	**Mk 13,21** → Mt 24,5 → Mk 13,6 → Lk 21,8	καὶ τότε ἐάν τις ὑμῖν εἴπῃ· ἴδε ὧδε ὁ χριστός, ἴδε ἐκεῖ, μὴ πιστεύετε·	**Lk 17,23** → Lk 17,21 → Lk 21,8	καὶ ἐροῦσιν ὑμῖν· ἰδοὺ ἐκεῖ, [ἤ·] ἰδοὺ ὧδε· μὴ ἀπέλθητε μηδὲ διώξητε.	→ GTh 113
b 102	**Mt 24,40**	τότε δύο ἔσονται ἐν τῷ ἀγρῷ, εἷς παραλαμβάνεται καὶ εἷς ἀφίεται·			**Lk 17,34**	λέγω ὑμῖν, ταύτῃ τῇ νυκτὶ ἔσονται δύο ἐπὶ κλίνης μιᾶς, ὁ εἷς παραλημφθήσεται καὶ ὁ ἕτερος ἀφεθήσεται·	→ GTh 61,1
b 002					**Lk 18,8**	λέγω ὑμῖν ὅτι ποιήσει τὴν ἐκδίκησιν αὐτῶν ἐν τάχει. ...	
b 002					**Lk 18,14** → Mt 18,4	λέγω ὑμῖν, κατέβη οὗτος δεδικαιωμένος εἰς τὸν οἶκον αὐτοῦ παρ' ἐκεῖνον· ...	
120	**Mt 19,4**	ὁ δὲ ἀποκριθεὶς εἶπεν· οὐκ ἀνέγνωτε ...	**Mk 10,3**	ὁ δὲ ἀποκριθεὶς εἶπεν αὐτοῖς· τί ὑμῖν ἐνετείλατο Μωϋσῆς;			
220	**Mt 19,8**	... Μωϋσῆς πρὸς τὴν σκληροκαρδίαν ὑμῶν ἐπέτρεψεν ὑμῖν ἀπολῦσαι τὰς γυναῖκας ὑμῶν, ...	**Mk 10,5**	... πρὸς τὴν σκληροκαρδίαν ὑμῶν ἔγραψεν ὑμῖν τὴν ἐντολὴν ταύτην.			

b 210	**Mt 19,9** ⇧ Mt 5,32	λέγω δὲ **ὑμῖν** ὅτι ὃς ἂν ἀπολύσῃ τὴν γυναῖκα αὐτοῦ μὴ ἐπὶ πορνείᾳ καὶ γαμήσῃ ἄλλην μοιχᾶται.	**Mk 10,11** → Mk 10,12	... ὃς ἂν ἀπολύσῃ τὴν γυναῖκα αὐτοῦ καὶ γαμήσῃ ἄλλην μοιχᾶται ἐπ' αὐτήν·	Lk 16,18	πᾶς ὁ ἀπολύων τὴν γυναῖκα αὐτοῦ καὶ γαμῶν ἑτέραν μοιχεύει, ...	→ 1Cor 7,10-11 Mk-Q overlap
b 222	**Mt 18,3**	... ἀμὴν λέγω **ὑμῖν,** ἐὰν μὴ στραφῆτε καὶ γένησθε ὡς τὰ παιδία, οὐ μὴ εἰσέλθητε εἰς τὴν βασιλείαν τῶν οὐρανῶν.	**Mk 10,15**	ἀμὴν λέγω **ὑμῖν,** ὃς ἂν μὴ δέξηται τὴν βασιλείαν τοῦ θεοῦ ὡς παιδίον, οὐ μὴ εἰσέλθῃ εἰς αὐτήν.	**Lk 18,17**	ἀμὴν λέγω **ὑμῖν,** ὃς ἂν μὴ δέξηται τὴν βασιλείαν τοῦ θεοῦ ὡς παιδίον, οὐ μὴ εἰσέλθῃ εἰς αὐτήν.	→ Jn 3,3 → GTh 22 → GTh 46
b 211	**Mt 19,23**	... ἀμὴν λέγω **ὑμῖν** ὅτι πλούσιος δυσκόλως εἰσελεύσεται εἰς τὴν βασιλείαν τῶν οὐρανῶν.	**Mk 10,23**	... πῶς δυσκόλως οἱ τὰ χρήματα ἔχοντες εἰς τὴν βασιλείαν τοῦ θεοῦ εἰσελεύσονται.	**Lk 18,24**	... πῶς δυσκόλως οἱ τὰ χρήματα ἔχοντες εἰς τὴν βασιλείαν τοῦ θεοῦ εἰσπορεύονται·	
b 210	**Mt 19,24**	πάλιν δὲ λέγω **ὑμῖν,**	**Mk 10,24**	... ὁ δὲ Ἰησοῦς πάλιν ἀποκριθεὶς λέγει **αὐτοῖς·** τέκνα, πῶς δύσκολόν ἐστιν εἰς τὴν βασιλείαν τοῦ θεοῦ εἰσελθεῖν·			
		εὐκοπώτερόν ἐστιν κάμηλον διὰ τρυπήματος ῥαφίδος διελθεῖν ἢ πλούσιον εἰσελθεῖν εἰς τὴν βασιλείαν τοῦ θεοῦ.	**Mk 10,25**	εὐκοπώτερόν ἐστιν κάμηλον διὰ [τῆς] τρυμαλιᾶς [τῆς] ῥαφίδος διελθεῖν ἢ πλούσιον εἰς τὴν βασιλείαν τοῦ θεοῦ εἰσελθεῖν.	**Lk 18,25**	εὐκοπώτερον γάρ ἐστιν κάμηλον διὰ τρήματος βελόνης εἰσελθεῖν ἢ πλούσιον εἰς τὴν βασιλείαν τοῦ θεοῦ εἰσελθεῖν.	
b 222	**Mt 19,28** ↓ Lk 22,28	ὁ δὲ Ἰησοῦς εἶπεν αὐτοῖς· ἀμὴν λέγω **ὑμῖν** ὅτι ὑμεῖς οἱ ἀκολουθήσαντές μοι ... [29] καὶ πᾶς ὅστις ἀφῆκεν οἰκίας ...	**Mk 10,29**	ἔφη ὁ Ἰησοῦς· ἀμὴν λέγω **ὑμῖν,** οὐδείς ἐστιν ὃς ἀφῆκεν οἰκίαν ...	**Lk 18,29**	ὁ δὲ εἶπεν αὐτοῖς· ἀμὴν λέγω **ὑμῖν** ὅτι οὐδείς ἐστιν ὃς ἀφῆκεν οἰκίαν ...	
					Lk 22,28 ↑ Mt 19,28	ὑμεῖς δέ ἐστε οἱ διαμεμενηκότες μετ' ἐμοῦ ἐν τοῖς πειρασμοῖς μου·	
200	**Mt 20,4**	... ὑπάγετε καὶ ὑμεῖς εἰς τὸν ἀμπελῶνα, καὶ ὃ ἐὰν ᾖ δίκαιον δώσω **ὑμῖν.**					
120	**Mt 20,21**	ὁ δὲ εἶπεν αὐτῇ· τί θέλεις; ...	**Mk 10,36**	ὁ δὲ εἶπεν αὐτοῖς· τί θέλετέ [με] ποιήσω **ὑμῖν;**			
c 221	**Mt 20,26** (2) ⇨ Mt 23,11	οὐχ οὕτως ἔσται **ἐν ὑμῖν,**	**Mk 10,43** (2) ⇨ Mk 9,35	οὐχ οὕτως δέ ἐστιν **ἐν ὑμῖν,**	**Lk 22,26**	ὑμεῖς δὲ οὐχ οὕτως,	
c 222		ἀλλ' ὃς ἐὰν θέλῃ **ἐν ὑμῖν** μέγας γενέσθαι ἔσται ὑμῶν διάκονος,		ἀλλ' ὃς ἂν θέλῃ μέγας γενέσθαι **ἐν ὑμῖν** ἔσται ὑμῶν διάκονος,		ἀλλ' ὁ μείζων **ἐν ὑμῖν** γινέσθω ὡς ὁ νεώτερος	
c 221	**Mt 20,27**	καὶ ὃς ἂν θέλῃ **ἐν ὑμῖν** εἶναι πρῶτος ἔσται ὑμῶν δοῦλος·	**Mk 10,44** ⇨ Mk 9,35	καὶ ὃς ἂν θέλῃ **ἐν ὑμῖν** εἶναι πρῶτος ἔσται πάντων δοῦλος·	→ Mt 23,11	καὶ ὁ ἡγούμενος ὡς ὁ διακονῶν.	

211	Mt 20,32 ⇨ Mt 9,28	... τί θέλετε ποιήσω ὑμῖν; [33] λέγουσιν αὐτῷ· κύριε, ἵνα ἀνοιγῶσιν οἱ ὀφθαλμοὶ ἡμῶν.	Mk 10,51	... τί σοι θέλεις ποιήσω; ὁ δὲ τυφλὸς εἶπεν αὐτῷ· ῥαββουνι, ἵνα ἀναβλέψω.	Lk 18,41	τί σοι θέλεις ποιήσω; ὁ δὲ εἶπεν· κύριε, ἵνα ἀναβλέψω.	
b 102	Mt 25,29 ⇨ Mt 13,12	τῷ γὰρ ἔχοντι παντὶ δοθήσεται καὶ περισσευθήσεται, ...	Mk 4,25	ὃς γὰρ ἔχει, δοθήσεται αὐτῷ· ...	Lk 19,26 ⇨ Lk 8,18	λέγω ὑμῖν ὅτι παντὶ τῷ ἔχοντι δοθήσεται, ...	→ GTh 41 Mk-Q overlap
221	Mt 21,3	καὶ ἐάν τις ὑμῖν εἴπῃ τι, ἐρεῖτε ὅτι ὁ κύριος αὐτῶν χρείαν ἔχει· εὐθὺς δὲ ἀποστελεῖ αὐτούς.	Mk 11,3	καὶ ἐάν τις ὑμῖν εἴπῃ· τί ποιεῖτε τοῦτο; εἴπατε· ὁ κύριος αὐτοῦ χρείαν ἔχει, καὶ εὐθὺς αὐτὸν ἀποστέλλει πάλιν ὧδε.	Lk 19,31	καὶ ἐάν τις ὑμᾶς ἐρωτᾷ· διὰ τί λύετε; οὕτως ἐρεῖτε· ὅτι ὁ κύριος αὐτοῦ χρείαν ἔχει.	
b 002					Lk 19,40 → Mt 21,15-16	... λέγω ὑμῖν, ἐὰν οὗτοι σιωπήσουσιν, οἱ λίθοι κράξουσιν.	
b 220	Mt 21,21 ↑ Mt 17,20 ↑ Lk 17,6	... ἀμὴν λέγω ὑμῖν, ἐὰν ἔχητε πίστιν καὶ μὴ διακριθῆτε, οὐ μόνον τὸ τῆς συκῆς ποιήσετε, ἀλλὰ κἂν τῷ ὄρει τούτῳ εἴπητε· ἄρθητι καὶ βλήθητι εἰς τὴν θάλασσαν, γενήσεται·	Mk 11,23 ↑ Mt 17,20 ↑ Lk 17,6 → Mk 9,23	[22] ... ἔχετε πίστιν θεοῦ. [23] ἀμὴν λέγω ὑμῖν ὅτι ὃς ἂν εἴπῃ τῷ ὄρει τούτῳ· ἄρθητι καὶ βλήθητι εἰς τὴν θάλασσαν, καὶ μὴ διακριθῇ ἐν τῇ καρδίᾳ αὐτοῦ ἀλλὰ πιστεύῃ ὅτι ὃ λαλεῖ γίνεται, ἔσται αὐτῷ.			→ GTh 48 → GTh 106
b 120 120	Mt 21,22 → Mt 7,8 ↑ Mt 18,19	καὶ πάντα ὅσα ἂν αἰτήσητε ἐν τῇ προσευχῇ πιστεύοντες λήμψεσθε.	Mk 11,24 (2)	διὰ τοῦτο λέγω ὑμῖν, πάντα ὅσα προσεύχεσθε καὶ αἰτεῖσθε, πιστεύετε ὅτι ἐλάβετε, καὶ ἔσται ὑμῖν.	→ Lk 11,10		
220	Mt 6,14 → Mt 6,12 → Lk 11,4	ἐὰν γὰρ ἀφῆτε τοῖς ἀνθρώποις τὰ παραπτώματα αὐτῶν, ἀφήσει καὶ ὑμῖν ὁ πατὴρ ὑμῶν ὁ οὐράνιος·	Mk 11,25 → Mt 5,23-24	... ἀφίετε εἴ τι ἔχετε κατά τινος, ἵνα καὶ ὁ πατὴρ ὑμῶν ὁ ἐν τοῖς οὐρανοῖς ἀφῇ ὑμῖν τὰ παραπτώματα ὑμῶν.			
221	Mt 21,24	... ἐρωτήσω ὑμᾶς κἀγὼ λόγον ἕνα, ὃν ἐὰν εἴπητέ μοι κἀγὼ ὑμῖν ἐρῶ ἐν ποίᾳ ἐξουσίᾳ ταῦτα ποιῶ·	Mk 11,29	... ἐπερωτήσω ὑμᾶς ἕνα λόγον, καὶ ἀποκρίθητέ μοι καὶ ἐρῶ ὑμῖν ἐν ποίᾳ ἐξουσίᾳ ταῦτα ποιῶ·	Lk 20,3	... ἐρωτήσω ὑμᾶς κἀγὼ λόγον, καὶ εἴπατέ μοι·	
222	Mt 21,27	... οὐδὲ ἐγὼ λέγω ὑμῖν ἐν ποίᾳ ἐξουσίᾳ ταῦτα ποιῶ.	Mk 11,33	... οὐδὲ ἐγὼ λέγω ὑμῖν ἐν ποίᾳ ἐξουσίᾳ ταῦτα ποιῶ.	Lk 20,8	... οὐδὲ ἐγὼ λέγω ὑμῖν ἐν ποίᾳ ἐξουσίᾳ ταῦτα ποιῶ.	
200	Mt 21,28 → Lk 15,11	τί δὲ ὑμῖν δοκεῖ; ἄνθρωπος εἶχεν τέκνα δύο. ...					

b 200	**Mt 21,31**	... ἀμὴν λέγω ὑμῖν ὅτι οἱ τελῶναι καὶ αἱ πόρναι προάγουσιν ὑμᾶς εἰς τὴν βασιλείαν τοῦ θεοῦ.					
b 200	**Mt 21,43** → Mt 21,41	διὰ τοῦτο λέγω ὑμῖν ὅτι ἀρθήσεται ἀφ' ὑμῶν ἡ βασιλεία τοῦ θεοῦ καὶ δοθήσεται ἔθνει ποιοῦντι τοὺς καρποὺς αὐτῆς.					
211	**Mt 22,31**	περὶ δὲ τῆς ἀναστάσεως τῶν νεκρῶν οὐκ ἀνέγνωτε τὸ ῥηθὲν ὑμῖν ὑπὸ τοῦ θεοῦ λέγοντος· [32] *ἐγώ εἰμι* *ὁ θεὸς Ἀβραὰμ καὶ* *ὁ θεὸς Ἰσαὰκ καὶ* *ὁ θεὸς Ἰακώβ;* ➤ Exod 3,6	**Mk 12,26**	περὶ δὲ τῶν νεκρῶν ὅτι ἐγείρονται οὐκ ἀνέγνωτε ἐν τῇ βίβλῳ Μωϋσέως ἐπὶ τοῦ βάτου πῶς εἶπεν αὐτῷ ὁ θεὸς λέγων· *ἐγὼ* *ὁ θεὸς Ἀβραὰμ καὶ* *[ὁ] θεὸς Ἰσαὰκ καὶ* *[ὁ] θεὸς Ἰακώβ;* ➤ Exod 3,6	**Lk 20,37**	ὅτι δὲ ἐγείρονται οἱ νεκροί, καὶ Μωϋσῆς ἐμήνυσεν ἐπὶ τῆς βάτου, ὡς λέγει *κύριον* *τὸν θεὸν Ἀβραὰμ καὶ* *θεὸν Ἰσαὰκ καὶ* *θεὸν Ἰακώβ·* ➤ Exod 3,6	
211	**Mt 22,42**	... τί ὑμῖν δοκεῖ περὶ τοῦ χριστοῦ; τίνος υἱός ἐστιν; λέγουσιν αὐτῷ· τοῦ Δαυίδ.	**Mk 12,35**	... πῶς λέγουσιν οἱ γραμματεῖς ὅτι ὁ χριστὸς υἱὸς Δαυίδ ἐστιν;	**Lk 20,41**	... πῶς λέγουσιν τὸν χριστὸν εἶναι Δαυὶδ υἱόν;	
200	**Mt 23,3**	πάντα οὖν ὅσα ἐὰν εἴπωσιν ὑμῖν ποιήσατε καὶ τηρεῖτε, κατὰ δὲ τὰ ἔργα αὐτῶν μὴ ποιεῖτε· ...					
a 202	**Mt 23,13** → Mt 16,19	οὐαὶ δὲ ὑμῖν, γραμματεῖς καὶ Φαρισαῖοι ὑποκριταί, ὅτι κλείετε τὴν βασιλείαν τῶν οὐρανῶν ἔμπροσθεν τῶν ἀνθρώπων· ...			**Lk 11,52**	οὐαὶ ὑμῖν τοῖς νομικοῖς, ὅτι ἤρατε τὴν κλεῖδα τῆς γνώσεως· ...	→ GTh 39,1-2 (POxy 655) → GTh 102
a 200	**Mt 23,15**	οὐαὶ ὑμῖν, γραμματεῖς καὶ Φαρισαῖοι ὑποκριταί, ὅτι περιάγετε τὴν θάλασσαν καὶ τὴν ξηρὰν ποιῆσαι ἕνα προσήλυτον, ...					
a 200	**Mt 23,16**	οὐαὶ ὑμῖν, ὁδηγοὶ τυφλοὶ οἱ λέγοντες· ...					
a 202	**Mt 23,23**	οὐαὶ ὑμῖν, γραμματεῖς καὶ Φαρισαῖοι ὑποκριταί, ὅτι ἀποδεκατοῦτε ...			**Lk 11,42**	ἀλλὰ οὐαὶ ὑμῖν τοῖς Φαρισαίοις, ὅτι ἀποδεκατοῦτε ...	

a 201	**Mt 23,25** → Mk 7,4	οὐαὶ ὑμῖν, γραμματεῖς καὶ Φαρισαῖοι ὑποκριταί, ὅτι καθαρίζετε τὸ ἔξωθεν τοῦ ποτηρίου καὶ τῆς παροψίδος, ἔσωθεν δὲ γέμουσιν ἐξ ἁρπαγῆς καὶ ἀκρασίας.			**Lk 11,39** → Mk 7,4	... νῦν ὑμεῖς οἱ Φαρισαῖοι τὸ ἔξωθεν τοῦ ποτηρίου καὶ τοῦ πίνακος καθαρίζετε, τὸ δὲ ἔσωθεν ὑμῶν γέμει ἁρπαγῆς καὶ πονηρίας.	→ GTh 89
a 202	**Mt 23,27**	οὐαὶ ὑμῖν, γραμματεῖς καὶ Φαρισαῖοι ὑποκριταί, ὅτι παρομοιάζετε τάφοις κεκονιαμένοις, ...			**Lk 11,44**	οὐαὶ ὑμῖν, ὅτι ἐστὲ ὡς τὰ μνημεῖα τὰ ἄδηλα, ...	
a 202	**Mt 23,29**	οὐαὶ ὑμῖν, γραμματεῖς καὶ Φαρισαῖοι ὑποκριταί, ὅτι οἰκοδομεῖτε τοὺς τάφους τῶν προφητῶν καὶ κοσμεῖτε τὰ μνημεῖα τῶν δικαίων, ...			**Lk 11,47**	οὐαὶ ὑμῖν, ὅτι οἰκοδομεῖτε τὰ μνημεῖα τῶν προφητῶν, ...	
b 202	**Mt 23,36**	ἀμὴν λέγω ὑμῖν, ἥξει ταῦτα πάντα ἐπὶ τὴν γενεὰν ταύτην.			**Lk 11,51**	... ναὶ λέγω ὑμῖν, ἐκζητηθήσεται ἀπὸ τῆς γενεᾶς ταύτης.	
202	**Mt 23,38**	ἰδοὺ ἀφίεται ὑμῖν ὁ οἶκος ὑμῶν ἔρημος.			**Lk 13,35** **(2)**	ἰδοὺ ἀφίεται ὑμῖν ὁ οἶκος ὑμῶν.	
b 202	**Mt 23,39**	λέγω γὰρ ὑμῖν, οὐ μή με ἴδητε ἀπ᾽ ἄρτι ἕως ἂν εἴπητε· *εὐλογημένος ὁ ἐρχόμενος* *ἐν ὀνόματι κυρίου.* ➤ Ps 118,26				λέγω [δὲ] ὑμῖν, οὐ μὴ ἴδητέ με ἕως [ἥξει ὅτε] εἴπητε· *εὐλογημένος ὁ ἐρχόμενος* *ἐν ὀνόματι κυρίου.* ➤ Ps 118,26	
b 022			**Mk 12,43**	... ἀμὴν λέγω ὑμῖν ὅτι ἡ χήρα αὕτη ἡ πτωχὴ πλεῖον πάντων ἔβαλεν τῶν βαλλόντων εἰς τὸ γαζοφυλάκιον·	**Lk 21,3**	... ἀληθῶς λέγω ὑμῖν ὅτι ἡ χήρα αὕτη ἡ πτωχὴ πλεῖον πάντων ἔβαλεν·	
b 211	**Mt 24,2**	... οὐ βλέπετε ταῦτα πάντα; ἀμὴν λέγω ὑμῖν, οὐ μὴ ἀφεθῇ ὧδε λίθος ἐπὶ λίθον ὃς οὐ καταλυθήσεται.	**Mk 13,2**	... βλέπεις ταύτας τὰς μεγάλας οἰκοδομάς; οὐ μὴ ἀφεθῇ ὧδε λίθος ἐπὶ λίθον ὃς οὐ μὴ καταλυθῇ.	**Lk 21,6** → Lk 19,44	ταῦτα ἃ θεωρεῖτε ἐλεύσονται ἡμέραι ἐν αἷς οὐκ ἀφεθήσεται λίθος ἐπὶ λίθῳ ὃς οὐ καταλυθήσεται.	
112	**Mt 10,18**	καὶ ἐπὶ ἡγεμόνας δὲ καὶ βασιλεῖς ἀχθήσεσθε ἕνεκεν ἐμοῦ εἰς μαρτύριον αὐτοῖς καὶ τοῖς ἔθνεσιν.	**Mk 13,9** → Mt 24,14	... καὶ ἐπὶ ἡγεμόνων καὶ βασιλέων σταθήσεσθε ἕνεκεν ἐμοῦ εἰς μαρτύριον αὐτοῖς.	**Lk 21,13**	[12] ... ἀπαγομένους ἐπὶ βασιλεῖς καὶ ἡγεμόνας ἕνεκεν τοῦ ὀνόματός μου· [13] ἀποβήσεται ὑμῖν εἰς μαρτύριον.	

222 112	**Mt 10,19**	ὅταν δὲ παραδῶσιν ὑμᾶς, μὴ μεριμνήσητε πῶς ἢ τί λαλήσητε· δοθήσεται γὰρ **ὑμῖν** ἐν ἐκείνῃ τῇ ὥρᾳ τί λαλήσητε·	**Mk 13,11**	καὶ ὅταν ἄγωσιν ὑμᾶς παραδιδόντες, μὴ προμεριμνᾶτε τί λαλήσητε, ἀλλ' ὃ ἐὰν δοθῇ **ὑμῖν** ἐν ἐκείνῃ τῇ ὥρᾳ τοῦτο λαλεῖτε· ...	**Lk 21,15** **(2)** ⇑ Lk 12,12	[14] θέτε οὖν ἐν ταῖς καρδίαις ὑμῶν μὴ προμελετᾶν ἀπολογηθῆναι· [15] ἐγὼ γὰρ δώσω **ὑμῖν** στόμα καὶ σοφίαν ᾗ οὐ δυνήσονται ἀντιστῆναι ἢ ἀντειπεῖν ἅπαντες οἱ ἀντικείμενοι **ὑμῖν.**	→ Acts 6,10 Mk-Q overlap
220	**Mt 24,23** ⇓ Mt 24,26 → Mt 24,5	τότε ἐάν τις **ὑμῖν** εἴπῃ· ἰδοὺ ὧδε ὁ χριστός, ἤ· ὧδε, μὴ πιστεύσητε·	**Mk 13,21** → Mk 13,6	καὶ τότε ἐάν τις **ὑμῖν** εἴπῃ· ἴδε ὧδε ὁ χριστός, ἴδε ἐκεῖ, μὴ πιστεύετε·	→ Lk 17,21 ↑ Lk 17,23 → Lk 21,8		→ GTh 113
220	**Mt 24,25**	ἰδοὺ προείρηκα **ὑμῖν.**	**Mk 13,23**	ὑμεῖς δὲ βλέπετε· προείρηκα **ὑμῖν** πάντα.			
202	**Mt 24,26** ⇑ Mt 24,23 → Mt 24,5	ἐὰν οὖν εἴπωσιν **ὑμῖν·** ἰδοὺ ἐν τῇ ἐρήμῳ ἐστίν, μὴ ἐξέλθητε· ἰδοὺ ἐν τοῖς ταμείοις, μὴ πιστεύσητε·	**Mk 13,21** → Mt 24,5 → Mk 13,6 → Lk 21,8	καὶ τότε ἐάν τις ὑμῖν εἴπῃ· ἴδε ὧδε ὁ χριστός, ἴδε ἐκεῖ, μὴ πιστεύετε·	**Lk 17,23** → Lk 17,21 → Lk 21,8	καὶ ἐροῦσιν **ὑμῖν·** ἰδοὺ ἐκεῖ, [ἤ·] ἰδοὺ ὧδε· μὴ ἀπέλθητε μηδὲ διώξητε.	→ GTh 113
b 222	**Mt 24,34** ↑ Mt 16,28	ἀμὴν λέγω **ὑμῖν** ὅτι οὐ μὴ παρέλθῃ ἡ γενεὰ αὕτη ἕως ἂν πάντα ταῦτα γένηται.	**Mk 13,30** ↑ Mk 9,1	ἀμὴν λέγω **ὑμῖν** ὅτι οὐ μὴ παρέλθῃ ἡ γενεὰ αὕτη μέχρις οὗ ταῦτα πάντα γένηται.	**Lk 21,32** ↑ Lk 9,27	ἀμὴν λέγω **ὑμῖν** ὅτι οὐ μὴ παρέλθῃ ἡ γενεὰ αὕτη ἕως ἂν πάντα γένηται.	
020			**Mk 13,37**	ὃ δὲ **ὑμῖν** λέγω πᾶσιν λέγω, γρηγορεῖτε.			
b 202	**Mt 24,47** → Mt 25,21 → Mt 25,23	ἀμὴν λέγω **ὑμῖν** ὅτι ἐπὶ πᾶσιν τοῖς ὑπάρχουσιν αὐτοῦ καταστήσει αὐτόν.			**Lk 12,44**	ἀληθῶς λέγω **ὑμῖν** ὅτι ἐπὶ πᾶσιν τοῖς ὑπάρχουσιν αὐτοῦ καταστήσει αὐτόν.	
200	**Mt 25,9**	ἀπεκρίθησαν δὲ αἱ φρόνιμοι λέγουσαι· μήποτε οὐ μὴ ἀρκέσῃ ἡμῖν καὶ **ὑμῖν·** πορεύεσθε μᾶλλον πρὸς τοὺς πωλοῦντας καὶ ἀγοράσατε ἑαυταῖς.					
b 200	**Mt 25,12** ↑ Mt 7,23	ὁ δὲ ἀποκριθεὶς εἶπεν· ἀμὴν λέγω **ὑμῖν,** οὐκ οἶδα ὑμᾶς.			**Lk 13,25** ↑ Lk 13,27	... καὶ ἀποκριθεὶς ἐρεῖ ὑμῖν· οὐκ οἶδα ὑμᾶς πόθεν ἐστέ.	
200	**Mt 25,34**	... κληρονομήσατε τὴν ἡτοιμασμένην **ὑμῖν** βασιλείαν ἀπὸ καταβολῆς κόσμου·					
b 200	**Mt 25,40**	... ἀμὴν λέγω **ὑμῖν,** ἐφ' ὅσον ἐποιήσατε ἑνὶ τούτων τῶν ἀδελφῶν μου τῶν ἐλαχίστων, ἐμοὶ ἐποιήσατε.					

b 200	**Mt 25,45**	... ἀμὴν λέγω ὑμῖν, ἐφ᾽ ὅσον οὐκ ἐποιήσατε ἑνὶ τούτων τῶν ἐλαχίστων, οὐδὲ ἐμοὶ ἐποιήσατε.					
b 220	**Mt 26,13**	ἀμὴν λέγω ὑμῖν, ὅπου ἐὰν κηρυχθῇ τὸ εὐαγγέλιον τοῦτο ἐν ὅλῳ τῷ κόσμῳ, λαληθήσεται καὶ ὃ ἐποίησεν αὕτη εἰς μνημόσυνον αὐτῆς.	**Mk 14,9**	ἀμὴν δὲ λέγω ὑμῖν, ὅπου ἐὰν κηρυχθῇ τὸ εὐαγγέλιον εἰς ὅλον τὸν κόσμον, καὶ ὃ ἐποίησεν αὕτη λαληθήσεται εἰς μνημόσυνον αὐτῆς.			
211	**Mt 26,15**	[14] τότε πορευθεὶς εἷς τῶν δώδεκα, ὁ λεγόμενος Ἰούδας Ἰσκαριώτης, πρὸς τοὺς ἀρχιερεῖς [15] εἶπεν· τί θέλετέ μοι δοῦναι, κἀγὼ ὑμῖν παραδώσω αὐτόν; ...	**Mk 14,10**	καὶ Ἰούδας Ἰσκαριὼθ ὁ εἷς τῶν δώδεκα ἀπῆλθεν πρὸς τοὺς ἀρχιερεῖς ἵνα αὐτὸν παραδοῖ αὐτοῖς.	**Lk 22,4**	[3] εἰσῆλθεν δὲ σατανᾶς εἰς Ἰούδαν τὸν καλούμενον Ἰσκαριώτην, ὄντα ἐκ τοῦ ἀριθμοῦ τῶν δώδεκα· [4] καὶ ἀπελθὼν συνελάλησεν τοῖς ἀρχιερεῦσιν καὶ στρατηγοῖς τὸ πῶς αὐτοῖς παραδῷ αὐτόν.	
122	**Mt 26,18**	... ὑπάγετε εἰς τὴν πόλιν πρὸς τὸν δεῖνα ...	**Mk 14,13**	... ὑπάγετε εἰς τὴν πόλιν, καὶ ἀπαντήσει ὑμῖν ἄνθρωπος κεράμιον ὕδατος βαστάζων· ἀκολουθήσατε αὐτῷ	**Lk 22,10**	... ἰδοὺ εἰσελθόντων ὑμῶν εἰς τὴν πόλιν συναντήσει ὑμῖν ἄνθρωπος κεράμιον ὕδατος βαστάζων· ἀκολουθήσατε αὐτῷ ...	
022			**Mk 14,15**	καὶ αὐτὸς ὑμῖν δείξει ἀνάγαιον μέγα ἐστρωμένον ἕτοιμον· καὶ ἐκεῖ ἑτοιμάσατε ἡμῖν.	**Lk 22,12**	κἀκεῖνος ὑμῖν δείξει ἀνάγαιον μέγα ἐστρωμένον· ἐκεῖ ἑτοιμάσατε.	
b 221	**Mt 26,21**	... ἀμὴν λέγω ὑμῖν ὅτι εἷς ἐξ ὑμῶν παραδώσει με.	**Mk 14,18**	... ἀμὴν λέγω ὑμῖν ὅτι εἷς ἐξ ὑμῶν παραδώσει με ὁ ἐσθίων μετ᾽ ἐμοῦ.	**Lk 22,21** → Mt 26,23 → Mk 14,20	πλὴν ἰδοὺ ἡ χεὶρ τοῦ παραδιδόντος με μετ᾽ ἐμοῦ ἐπὶ τῆς τραπέζης·	→ Jn 13,21
b 002					**Lk 22,16** ↓ Mt 26,29 ↓ Mk 14,25 ↓ Lk 22,18	λέγω γὰρ ὑμῖν ὅτι οὐ μὴ φάγω αὐτὸ ἕως ὅτου πληρωθῇ ἐν τῇ βασιλείᾳ τοῦ θεοῦ.	
b 222	**Mt 26,29**	λέγω δὲ ὑμῖν, οὐ μὴ πίω ἀπ᾽ ἄρτι ἐκ τούτου τοῦ γενήματος τῆς ἀμπέλου ἕως τῆς ἡμέρας ἐκείνης ὅταν αὐτὸ πίνω μεθ᾽ ὑμῶν καινὸν ἐν τῇ βασιλείᾳ τοῦ πατρός μου.	**Mk 14,25**	ἀμὴν λέγω ὑμῖν ὅτι οὐκέτι οὐ μὴ πίω ἐκ τοῦ γενήματος τῆς ἀμπέλου ἕως τῆς ἡμέρας ἐκείνης ὅταν αὐτὸ πίνω καινὸν ἐν τῇ βασιλείᾳ τοῦ θεοῦ.	**Lk 22,18** ↑ Lk 22,16	λέγω γὰρ ὑμῖν, [ὅτι] οὐ μὴ πίω ἀπὸ τοῦ νῦν ἀπὸ τοῦ γενήματος τῆς ἀμπέλου ἕως οὗ ἡ βασιλεία τοῦ θεοῦ ἔλθῃ.	
c 222	**Mt 20,26** **(2)** ⇨ Mt 23,11	οὐχ οὕτως ἔσται ἐν ὑμῖν, ἀλλ᾽ ὃς ἐὰν θέλῃ ἐν ὑμῖν μέγας γενέσθαι ἔσται ὑμῶν διάκονος	**Mk 10,43** **(2)** ⇨ Mk 9,35	οὐχ οὕτως δέ ἐστιν ἐν ὑμῖν, ἀλλ᾽ ὃς ἂν θέλῃ μέγας γενέσθαι ἐν ὑμῖν ἔσται ὑμῶν διάκονος	**Lk 22,26**	ὑμεῖς δὲ οὐχ οὕτως, ἀλλ᾽ ὁ μείζων ἐν ὑμῖν γινέσθω ὡς ὁ νεώτερος ...	
002					**Lk 22,29** → Lk 1,33	κἀγὼ διατίθεμαι ὑμῖν καθὼς διέθετό μοι ὁ πατήρ μου βασιλείαν	

b 002					Lk 22,37	λέγω γὰρ ὑμῖν ὅτι τοῦτο τὸ γεγραμμένον δεῖ τελεσθῆναι ἐν ἐμοί, ...	
002					Lk 22,67	... εἶπεν δὲ αὐτοῖς· ἐὰν ὑμῖν εἴπω οὐ μὴ πιστεύσητε· [68] ἐὰν δὲ ἐρωτήσω, οὐ μὴ ἀποκριθῆτε.	
b 211	Mt 26,64 → Mt 22,44 → Mt 27,42-43	... πλὴν λέγω ὑμῖν· ἀπ' ἄρτι ὄψεσθε *τὸν υἱὸν τοῦ ἀνθρώπου* καθήμενον ἐκ δεξιῶν τῆς δυνάμεως καὶ *ἐρχόμενον ἐπὶ τῶν νεφελῶν τοῦ οὐρανοῦ.* ➤ Dan 7,13	Mk 14,62 → Mk 12,36 → Mk 15,32	... καὶ ὄψεσθε *τὸν υἱὸν τοῦ ἀνθρώπου* ἐκ δεξιῶν καθήμενον τῆς δυνάμεως καὶ *ἐρχόμενον μετὰ τῶν νεφελῶν τοῦ οὐρανοῦ.* ➤ Dan 7,13	Lk 22,69 → Lk 20,42 → Lk 23,35	ἀπὸ τοῦ νῦν δὲ ἔσται ὁ υἱὸς τοῦ ἀνθρώπου καθήμενος ἐκ δεξιῶν τῆς δυνάμεως τοῦ θεοῦ.	→ Acts 7,56
220	Mt 26,66 → Lk 24,20	τί ὑμῖν δοκεῖ; οἱ δὲ ἀποκριθέντες εἶπαν· ἔνοχος θανάτου ἐστίν.	Mk 14,64 → Lk 24,20	... τί ὑμῖν φαίνεται; οἱ δὲ πάντες κατέκριναν αὐτὸν ἔνοχον εἶναι θανάτου.			
220	Mt 27,17 ↓ Mt 27,21	... τίνα θέλετε ἀπολύσω ὑμῖν, [Ἰησοῦν τὸν] Βαραββᾶν ἢ Ἰησοῦν τὸν λεγόμενον χριστόν;	Mk 15,9	... θέλετε ἀπολύσω ὑμῖν τὸν βασιλέα τῶν Ἰουδαίων;			→ Jn 18,39
200	Mt 27,21 ↑ Mt 27,17	ἀποκριθεὶς δὲ ὁ ἡγεμὼν εἶπεν αὐτοῖς· τίνα θέλετε ἀπὸ τῶν δύο ἀπολύσω ὑμῖν; οἱ δὲ εἶπαν· τὸν Βαραββᾶν.	Mk 15,12	ὁ δὲ Πιλᾶτος πάλιν ἀποκριθεὶς ἔλεγεν αὐτοῖς· τί οὖν [θέλετε] ποιήσω [ὃν λέγετε] τὸν βασιλέα τῶν Ἰουδαίων;			
112	Mt 28,6	οὐκ ἔστιν ὧδε, ἠγέρθη γὰρ καθὼς εἶπεν· δεῦτε ἴδετε τὸν τόπον ὅπου ἔκειτο.	Mk 16,6	... ἠγέρθη, οὐκ ἔστιν ὧδε· ἴδε ὁ τόπος ὅπου ἔθηκαν αὐτόν.	Lk 24,6 → Lk 24,23	οὐκ ἔστιν ὧδε, ἀλλὰ ἠγέρθη. μνήσθητε ὡς ἐλάλησεν ὑμῖν ἔτι ὢν ἐν τῇ Γαλιλαίᾳ [7] λέγων τὸν υἱὸν τοῦ ἀνθρώπου ὅτι δεῖ παραδοθῆναι ...	
220	Mt 28,7 → Mt 26,32 → Mt 27,64 → Mt 28,10.16	... προάγει ὑμᾶς εἰς τὴν Γαλιλαίαν, ἐκεῖ αὐτὸν ὄψεσθε· ἰδοὺ εἶπον ὑμῖν.	Mk 16,7 → Mk 14,28	... προάγει ὑμᾶς εἰς τὴν Γαλιλαίαν· ἐκεῖ αὐτὸν ὄψεσθε, καθὼς εἶπεν ὑμῖν.			→ Jn 20,17 → Jn 21,1
002					Lk 24,36	... αὐτὸς ἔστη ἐν μέσῳ αὐτῶν καὶ λέγει αὐτοῖς· εἰρήνη ὑμῖν.	→ Jn 20,19
002					Lk 24,44 → Lk 24,27	... οὗτοι οἱ λόγοι μου οὓς ἐλάλησα πρὸς ὑμᾶς ἔτι ὢν σὺν ὑμῖν, ὅτι δεῖ πληρωθῆναι πάντα τὰ γεγραμμένα ἐν τῷ νόμῳ Μωϋσέως καὶ τοῖς προφήταις καὶ ψαλμοῖς περὶ ἐμοῦ.	

200	**Mt 28,20** → Lk 24,47	διδάσκοντες αὐτοὺς τηρεῖν πάντα ὅσα ἐνετειλάμην **ὑμῖν**· καὶ ἰδοὺ ἐγὼ μεθ' ὑμῶν εἰμι πάσας τὰς ἡμέρας ἕως τῆς συντελείας τοῦ αἰῶνος.	

[a] οὐαὶ (...) ὑμῖν, ὑμῖν ... οὐαὶ
[b] λέγω (...) ὑμῖν, ὑμῖν (...) λέγω (introducing a speech)
[c] ἐν ὑμῖν

Acts 2,14 ... ἄνδρες Ἰουδαῖοι καὶ οἱ κατοικοῦντες Ἰερουσαλὴμ πάντες, τοῦτο **ὑμῖν** γνωστὸν ἔστω ...

Acts 2,39 **ὑμῖν** γάρ ἐστιν ἡ ἐπαγγελία καὶ τοῖς τέκνοις ὑμῶν καὶ πᾶσιν τοῖς εἰς μακρὰν, ...

Acts 3,14 ὑμεῖς δὲ τὸν ἅγιον καὶ δίκαιον ἠρνήσασθε καὶ ᾐτήσασθε ἄνδρα φονέα χαρισθῆναι **ὑμῖν**

Acts 3,20 ὅπως ἂν ἔλθωσιν καιροὶ ἀναψύξεως ἀπὸ προσώπου τοῦ κυρίου καὶ ἀποστείλῃ τὸν προκεχειρισμένον **ὑμῖν** χριστὸν Ἰησοῦν

Acts 3,22 Μωϋσῆς μὲν εἶπεν ὅτι *προφήτην **ὑμῖν** ἀναστήσει κύριος ὁ θεὸς ὑμῶν ἐκ τῶν ἀδελφῶν ὑμῶν ὡς ἐμέ· ...*
➤ Deut 18,15-20

Acts 3,26 **ὑμῖν** πρῶτον ἀναστήσας ὁ θεὸς τὸν παῖδα αὐτοῦ ἀπέστειλεν αὐτὸν εὐλογοῦντα ὑμᾶς ἐν τῷ ἀποστρέφειν ἕκαστον ἀπὸ τῶν πονηριῶν ὑμῶν.

Acts 4,10 γνωστὸν ἔστω **πᾶσιν ὑμῖν** καὶ παντὶ τῷ λαῷ Ἰσραὴλ ὅτι ἐν τῷ ὀνόματι Ἰησοῦ Χριστοῦ τοῦ Ναζωραίου ... οὗτος παρέστηκεν ἐνώπιον ὑμῶν ὑγιής.

Acts 5,9 ὁ δὲ Πέτρος πρὸς αὐτήν· τί ὅτι συνεφωνήθη **ὑμῖν** πειράσαι τὸ πνεῦμα κυρίου; ...

Acts 5,28 ... [οὐ] παραγγελίᾳ παρηγγείλαμεν **ὑμῖν** μὴ διδάσκειν ἐπὶ τῷ ὀνόματι τούτῳ, ...

[b] **Acts 5,38** καὶ τὰ νῦν λέγω **ὑμῖν**, ἀπόστητε ἀπὸ τῶν ἀνθρώπων τούτων καὶ ἄφετε αὐτούς· ...

Acts 7,37 ... *προφήτην **ὑμῖν** ἀναστήσει ὁ θεὸς ἐκ τῶν ἀδελφῶν ὑμῶν ὡς ἐμέ.*
➤ Deut 18,15

[c] **Acts 13,15** ... ἄνδρες ἀδελφοί, εἴ τίς ἐστιν **ἐν ὑμῖν** λόγος παρακλήσεως πρὸς τὸν λαόν, λέγετε.

[c] **Acts 13,26** ἄνδρες ἀδελφοί, υἱοὶ γένους Ἀβραὰμ καὶ οἱ **ἐν ὑμῖν** φοβούμενοι τὸν θεόν, ἡμῖν ὁ λόγος τῆς σωτηρίας ταύτης ἐξαπεστάλη.

Acts 13,34 ὅτι δὲ ἀνέστησεν αὐτὸν ἐκ νεκρῶν μηκέτι μέλλοντα ὑποστρέφειν εἰς διαφθοράν, οὕτως εἴρηκεν ὅτι δώσω *ὑμῖν τὰ ὅσια Δαυὶδ τὰ πιστά.*
➤ Isa 55,3 LXX

Acts 13,38 (2) γνωστὸν οὖν ἔστω **ὑμῖν**, ἄνδρες ἀδελφοί, ὅτι διὰ τούτου **ὑμῖν** ἄφεσις ἁμαρτιῶν καταγγέλλεται, ...

Acts 13,41 ... *ἔργον ἐργάζομαι ἐγὼ ἐν ταῖς ἡμέραις ὑμῶν,* ἔργον *ὃ οὐ μὴ πιστεύσητε ἐάν τις ἐκδιηγῆται **ὑμῖν**.*
➤ Hab 1,5 LXX

Acts 13,46 παρρησιασάμενοί τε ὁ Παῦλος καὶ ὁ Βαρναβᾶς εἶπαν· **ὑμῖν** ἦν ἀναγκαῖον πρῶτον λαληθῆναι τὸν λόγον τοῦ θεοῦ· ...

Acts 14,15 ... καὶ ἡμεῖς ὁμοιοπαθεῖς ἐσμεν **ὑμῖν** ἄνθρωποι εὐαγγελιζόμενοι ὑμᾶς ἀπὸ τούτων τῶν ματαίων ἐπιστρέφειν ἐπὶ θεὸν ζῶντα, ...

Acts 14,17 καίτοι οὐκ ἀμάρτυρον αὐτὸν ἀφῆκεν ἀγαθουργῶν, οὐρανόθεν **ὑμῖν** ὑετοὺς διδοὺς καὶ καιροὺς καρποφόρους, ἐμπιπλῶν τροφῆς καὶ εὐφροσύνης τὰς καρδίας ὑμῶν.

[c] **Acts 15,7** ... ἄνδρες ἀδελφοί, ὑμεῖς ἐπίστασθε ὅτι ἀφ' ἡμερῶν ἀρχαίων **ἐν ὑμῖν** ἐξελέξατο ὁ θεὸς διὰ τοῦ στόματός μου ἀκοῦσαι τὰ ἔθνη τὸν λόγον τοῦ εὐαγγελίου καὶ πιστεῦσαι.

Acts 15,28 ἔδοξεν γὰρ τῷ πνεύματι τῷ ἁγίῳ καὶ ἡμῖν μηδὲν πλέον ἐπιτίθεσθαι **ὑμῖν** βάρος πλὴν τούτων τῶν ἐπάναγκες

Acts 16,17 ... οὗτοι οἱ ἄνθρωποι δοῦλοι τοῦ θεοῦ τοῦ ὑψίστου εἰσίν, οἵτινες καταγγέλλουσιν **ὑμῖν** ὁδὸν σωτηρίας.

Acts 17,3 ... οὗτός ἐστιν ὁ χριστὸς [ὁ] Ἰησοῦς ὃν ἐγὼ καταγγέλλω **ὑμῖν**.

Acts 17,23 ... ὃ οὖν ἀγνοοῦντες εὐσεβεῖτε, τοῦτο ἐγὼ καταγγέλλω **ὑμῖν**.

Acts 20,20 ὡς οὐδὲν ὑπεστειλάμην
τῶν συμφερόντων
τοῦ μὴ ἀναγγεῖλαι
ὑμῖν
καὶ διδάξαι ὑμᾶς
δημοσίᾳ καὶ κατ᾽ οἴκους

Acts 20,26 διότι μαρτύρομαι
→ Mt 27,24-25 ὑμῖν
→ Acts 18,6 ἐν τῇ σήμερον ἡμέρᾳ ὅτι
καθαρός εἰμι ἀπὸ τοῦ
αἵματος πάντων·

Acts 20,27 οὐ γὰρ ὑπεστειλάμην
τοῦ μὴ ἀναγγεῖλαι
πᾶσαν τὴν βουλὴν
τοῦ θεοῦ
ὑμῖν.

Acts 20,35 πάντα ὑπέδειξα
ὑμῖν
ὅτι οὕτως κοπιῶντας δεῖ
ἀντιλαμβάνεσθαι τῶν
ἀσθενούντων, ...

Acts 22,25 ... εἰ ἄνθρωπον Ῥωμαῖον
καὶ ἀκατάκριτον ἔξεστιν
ὑμῖν
μαστίζειν;

c **Acts 25,5** οἱ οὖν
ἐν ὑμῖν,
φησίν, δυνατοὶ
συγκαταβάντες εἴ τί
ἐστιν ἐν τῷ ἀνδρὶ ἄτοπον
κατηγορείτωσαν αὐτοῦ.

Acts 26,8 τί ἄπιστον κρίνεται
παρ᾽ ὑμῖν
εἰ ὁ θεὸς νεκροὺς ἐγείρει;

Acts 28,28 γνωστὸν οὖν ἔστω
ὑμῖν
ὅτι τοῖς ἔθνεσιν
ἀπεστάλη τοῦτο τὸ
σωτήριον τοῦ θεοῦ· αὐτοὶ
καὶ ἀκούσονται.

ὑμᾶς

	Syn	Mt	Mk	Lk	Acts	Jn	1-3John	Paul	Eph	Col
	86	34	14	38	26	37	8	197	10	18
	NT	2Thess	1/2Tim	Tit	Heb	Jas	1Pet	2Pet	Jude	Rev
	435	15			6	5	15	7	3	2

personal pronoun second person plural accusative

	triple tradition																	double tradition			Sondergut		
		+Mt / +Lk			–Mt / –Lk			traditions not taken over by Mt / Lk							subtotals								
code	*222*	*211*	*112*	*212*	*221*	*122*	*121*	*022*	*012*	*021*	*220*	*120*	*210*	*020*	Σ⁺	Σ⁻	Σ	*202*	*201*	*102*	*200*	*002*	total
Mt	3	1⁺			2	1⁻	2⁻				2	1⁻			1⁺	4⁻	8	11	4		11		**34**
Mk	3				2	1	2				2	1		3			14						**14**
Lk	3		2⁺		2⁻	1	2⁻								2⁺	4⁻	6	11		10		11	**38**

Mk-Q overlap: 222: Mt 10,14 / Mk 6,11 / Lk 9,5
102: Mt 10,14 / Mk 6,11 / Lk 10,10
202: Mt 10,19 / Mk 13,11 / Lk 12,11
121: Mt 10,19 / Mk 13,11 / Lk 21,14

020	**Mt 3,11** (2) ἐγὼ μὲν ὑμᾶς βαπτίζω ἐν ὕδατι εἰς μετάνοιαν, ...	**Mk 1,8** (2) ἐγὼ ἐβάπτισα ὑμᾶς ὕδατι,	**Lk 3,16** (2) ... ἐγὼ μὲν ὕδατι βαπτίζω ὑμᾶς· ...	→ Jn 1,26 → Acts 1,5 → Acts 11,16 → Acts 19,4 Mk-Q overlap
020	αὐτὸς ὑμᾶς βαπτίσει ἐν πνεύματι ἁγίῳ καὶ πυρί·	αὐτὸς δὲ βαπτίσει ὑμᾶς ἐν πνεύματι ἁγίῳ.	→ Lk 12,49 αὐτὸς ὑμᾶς βαπτίσει ἐν πνεύματι ἁγίῳ καὶ πυρί·	
202	**Mt 3,11** (2) ἐγὼ μὲν ὑμᾶς βαπτίζω ἐν ὕδατι εἰς μετάνοιαν, ὁ δὲ ὀπίσω μου ἐρχόμενος ἰσχυρότερός μού ἐστιν, οὗ οὐκ εἰμὶ ἱκανὸς τὰ ὑποδήματα βαστάσαι·	**Mk 1,8** (2) [7] ... ἔρχεται ὁ ἰσχυρότερός μου ὀπίσω μου, οὗ οὐκ εἰμὶ ἱκανὸς κύψας λῦσαι τὸν ἱμάντα τῶν ὑποδημάτων αὐτοῦ. [8] ἐγὼ ἐβάπτισα ὑμᾶς ὕδατι,	**Lk 3,16** (2) ... ἐγὼ μὲν ὕδατι βαπτίζω ὑμᾶς· ἔρχεται δὲ ὁ ἰσχυρότερός μου, οὗ οὐκ εἰμὶ ἱκανὸς λῦσαι τὸν ἱμάντα τῶν ὑποδημάτων αὐτοῦ·	→ Jn 1,26 → Jn 1,27 → Acts 1,5 → Acts 11,16 → Acts 19,4 Mk-Q overlap
202	αὐτὸς ὑμᾶς βαπτίσει ἐν πνεύματι ἁγίῳ καὶ πυρί·	αὐτὸς δὲ βαπτίσει ὑμᾶς ἐν πνεύματι ἁγίῳ.	→ Lk 12,49 αὐτὸς ὑμᾶς βαπτίσει ἐν πνεύματι ἁγίῳ καὶ πυρί·	
221	**Mt 4,19** καὶ λέγει αὐτοῖς· δεῦτε ὀπίσω μου, καὶ ποιήσω ὑμᾶς ἁλιεῖς ἀνθρώπων.	**Mk 1,17** καὶ εἶπεν αὐτοῖς ὁ Ἰησοῦς· δεῦτε ὀπίσω μου, καὶ ποιήσω ὑμᾶς γενέσθαι ἁλιεῖς ἀνθρώπων.	**Lk 5,10** ... καὶ εἶπεν πρὸς τὸν Σίμωνα ὁ Ἰησοῦς· μὴ φοβοῦ· ἀπὸ τοῦ νῦν ἀνθρώπους ἔσῃ ζωγρῶν.	

112	Mt 12,12	πόσῳ οὖν διαφέρει ἄνθρωπος προβάτου. ὥστε ἔξεστιν τοῖς σάββασιν καλῶς ποιεῖν.	Mk 3,4	καὶ λέγει αὐτοῖς· ἔξεστιν τοῖς σάββασιν ἀγαθὸν ποιῆσαι ἢ κακοποιῆσαι, ψυχὴν σῶσαι ἢ ἀποκτεῖναι; ...	Lk 6,9 → Lk 13,14 → Lk 14,3	εἶπεν δὲ ὁ Ἰησοῦς πρὸς αὐτούς· ἐπερωτῶ ὑμᾶς εἰ ἔξεστιν τῷ σαββάτῳ ἀγαθοποιῆσαι ἢ κακοποιῆσαι, ψυχὴν σῶσαι ἢ ἀπολέσαι;	
102 202	Mt 5,11	μακάριοί ἐστε ὅταν ὀνειδίσωσιν ὑμᾶς καὶ διώξωσιν καὶ εἴπωσιν πᾶν πονηρὸν καθ' ὑμῶν [ψευδόμενοι] ἕνεκεν ἐμοῦ.			Lk 6,22 (2)	μακάριοί ἐστε ὅταν μισήσωσιν ὑμᾶς οἱ ἄνθρωποι καὶ ὅταν ἀφορίσωσιν ὑμᾶς καὶ ὀνειδίσωσιν καὶ ἐκβάλωσιν τὸ ὄνομα ὑμῶν ὡς πονηρὸν ἕνεκα τοῦ υἱοῦ τοῦ ἀνθρώπου·	→ GTh 68 → GTh 69,1
002					Lk 6,26	οὐαὶ ὅταν ὑμᾶς καλῶς εἴπωσιν πάντες οἱ ἄνθρωποι· ...	
102	Mt 5,44	... ἀγαπᾶτε τοὺς ἐχθροὺς ὑμῶν			Lk 6,27 ⇨ Lk 6,35	... ἀγαπᾶτε τοὺς ἐχθροὺς ὑμῶν, καλῶς ποιεῖτε τοῖς μισοῦσιν ὑμᾶς,	
102 202		καὶ προσεύχεσθε ὑπὲρ τῶν διωκόντων ὑμᾶς			Lk 6,28 (2)	εὐλογεῖτε τοὺς καταρωμένους ὑμᾶς, προσεύχεσθε περὶ τῶν ἐπηρεαζόντων ὑμᾶς.	
202	Mt 5,46	ἐὰν γὰρ ἀγαπήσητε τοὺς ἀγαπῶντας ὑμᾶς, τίνα μισθὸν ἔχετε;			Lk 6,32 ⇩ Lk 6,33	καὶ εἰ ἀγαπᾶτε τοὺς ἀγαπῶντας ὑμᾶς, ποία ὑμῖν χάρις ἐστίν; καὶ γὰρ οἱ ἁμαρτωλοὶ τοὺς ἀγαπῶντας αὐτοὺς ἀγαπῶσιν.	
102		οὐχὶ καὶ οἱ τελῶναι τὸ αὐτὸ ποιοῦσιν;			Lk 6,33 ⇧ Lk 6,32	καὶ [γὰρ] ἐὰν ἀγαθοποιῆτε τοὺς ἀγαθοποιοῦντας ὑμᾶς, ποία ὑμῖν χάρις ἐστίν; καὶ οἱ ἁμαρτωλοὶ τὸ αὐτὸ ποιοῦσιν.	
200	Mt 6,8 → Mt 6,32 → Lk 12,30	μὴ οὖν ὁμοιωθῆτε αὐτοῖς· οἶδεν γὰρ ὁ πατὴρ ὑμῶν ὧν χρείαν ἔχετε πρὸ τοῦ ὑμᾶς αἰτῆσαι αὐτόν.					
202	Mt 6,30	εἰ δὲ τὸν χόρτον τοῦ ἀγροῦ σήμερον ὄντα καὶ αὔριον εἰς κλίβανον βαλλόμενον ὁ θεὸς οὕτως ἀμφιέννυσιν, οὐ πολλῷ μᾶλλον ὑμᾶς, ὀλιγόπιστοι;			Lk 12,28	εἰ δὲ ἐν ἀγρῷ τὸν χόρτον ὄντα σήμερον καὶ αὔριον εἰς κλίβανον βαλλόμενον ὁ θεὸς οὕτως ἀμφιέζει, πόσῳ μᾶλλον ὑμᾶς, ὀλιγόπιστοι.	→ GTh 36,2 (only POxy 655)
200	Mt 7,6	... μήποτε καταπατήσουσιν αὐτοὺς ἐν τοῖς ποσὶν αὐτῶν καὶ στραφέντες ῥήξωσιν ὑμᾶς.					→ GTh 93

200	Mt 7,15	προσέχετε ἀπὸ τῶν ψευδοπροφητῶν, οἵτινες ἔρχονται **πρὸς ὑμᾶς** ἐν ἐνδύμασιν προβάτων, ἔσωθεν δέ εἰσιν λύκοι ἅρπαγες.					
202	Mt 7,23 → Mt 13,41 ↓ Mt 25,12 → Mt 25,41	καὶ τότε ὁμολογήσω αὐτοῖς ὅτι οὐδέποτε ἔγνων **ὑμᾶς·** *ἀποχωρεῖτε* *ἀπ' ἐμοῦ οἱ ἐργαζόμενοι* *τὴν ἀνομίαν.* ➤ Ps 6,9/1Macc 3,6			Lk 13,27 ↓ Lk 13,25	καὶ ἐρεῖ λέγων ὑμῖν· οὐκ οἶδα **[ὑμᾶς]** πόθεν ἐστέ· *ἀπόστητε* *ἀπ' ἐμοῦ, πάντες ἐργάται* *ἀδικίας.* ➤ Ps 6,9/1Macc 3,6	
202	Mt 10,13	καὶ ἐὰν μὲν ᾖ ἡ οἰκία ἀξία, ἐλθάτω ἡ εἰρήνη ὑμῶν ἐπ' αὐτήν, ἐὰν δὲ μὴ ᾖ ἀξία, ἡ εἰρήνη ὑμῶν **πρὸς ὑμᾶς** ἐπιστραφήτω.			Lk 10,6	καὶ ἐὰν ἐκεῖ ᾖ υἱὸς εἰρήνης, ἐπαναπαήσεται ἐπ' αὐτὸν ἡ εἰρήνη ὑμῶν· εἰ δὲ μή γε, **ἐφ' ὑμᾶς** ἀνακάμψει.	
222	Mt 10,14	καὶ ὃς ἂν μὴ δέξηται **ὑμᾶς** μηδὲ ἀκούσῃ τοὺς λόγους ὑμῶν, ἐξερχόμενοι ἔξω τῆς οἰκίας ἢ τῆς πόλεως ἐκείνης ἐκτινάξατε τὸν κονιορτὸν τῶν ποδῶν ὑμῶν.	Mk 6,11	καὶ ὃς ἂν τόπος μὴ δέξηται **ὑμᾶς** μηδὲ ἀκούσωσιν ὑμῶν, ἐκπορευόμενοι ἐκεῖθεν ἐκτινάξατε τὸν χοῦν τὸν ὑποκάτω τῶν ποδῶν ὑμῶν εἰς μαρτύριον αὐτοῖς.	Lk 9,5 ⇩ Lk 10,10	καὶ ὅσοι ἂν μὴ δέχωνται **ὑμᾶς,** ἐξερχόμενοι ἀπὸ τῆς πόλεως ἐκείνης τὸν κονιορτὸν ἀπὸ τῶν ποδῶν ὑμῶν ἀποτινάσσετε εἰς μαρτύριον ἐπ' αὐτούς.	→ Acts 13,51 → Acts 18,6 Mk-Q overlap
122	Mt 17,17	... ὦ γενεὰ ἄπιστος καὶ διεστραμμένη, ἕως πότε **μεθ' ὑμῶν** ἔσομαι; ἕως πότε ἀνέξομαι ὑμῶν; ...	Mk 9,19	... ὦ γενεὰ ἄπιστος, ἕως πότε **πρὸς ὑμᾶς** ἔσομαι; ἕως πότε ἀνέξομαι ὑμῶν; ...	Lk 9,41	... ὦ γενεὰ ἄπιστος καὶ διεστραμμένη, ἕως πότε ἔσομαι **πρὸς ὑμᾶς** καὶ ἀνέξομαι ὑμῶν; ...	
120	Mt 10,42	καὶ ὃς ἂν ποτίσῃ **ἕνα τῶν μικρῶν τούτων** ποτήριον ψυχροῦ μόνον εἰς ὄνομα μαθητοῦ, ἀμὴν λέγω ὑμῖν, οὐ μὴ ἀπολέσῃ τὸν μισθὸν αὐτοῦ.	Mk 9,41	ὃς γὰρ ἂν ποτίσῃ **ὑμᾶς** ποτήριον ὕδατος ἐν ὀνόματι ὅτι Χριστοῦ ἐστε, ἀμὴν λέγω ὑμῖν ὅτι οὐ μὴ ἀπολέσῃ τὸν μισθὸν αὐτοῦ.			
202	Mt 10,16	ἰδοὺ ἐγὼ ἀποστέλλω **ὑμᾶς** ὡς πρόβατα ἐν μέσῳ λύκων· ...			Lk 10,3	ὑπάγετε· ἰδοὺ ἀποστέλλω **ὑμᾶς** ὡς ἄρνας ἐν μέσῳ λύκων.	
202	Mt 10,13	καὶ ἐὰν μὲν ᾖ ἡ οἰκία ἀξία, ἐλθάτω ἡ εἰρήνη ὑμῶν ἐπ' αὐτήν, ἐὰν δὲ μὴ ᾖ ἀξία, ἡ εἰρήνη ὑμῶν **πρὸς ὑμᾶς** ἐπιστραφήτω.			Lk 10,6	καὶ ἐὰν ἐκεῖ ᾖ υἱὸς εἰρήνης, ἐπαναπαήσεται ἐπ' αὐτὸν ἡ εἰρήνη ὑμῶν· εἰ δὲ μή γε, **ἐφ' ὑμᾶς** ἀνακάμψει.	
102	Mt 10,11	εἰς ἣν δ' ἂν πόλιν ἢ κώμην εἰσέλθητε, ἐξετάσατε τίς ἐν αὐτῇ ἄξιός ἐστιν· ...			Lk 10,8 ↓ Lk 10,10	καὶ εἰς ἣν ἂν πόλιν εἰσέρχησθε καὶ δέχωνται **ὑμᾶς,** ἐσθίετε τὰ παρατιθέμενα ὑμῖν	→ GTh 14,4

102	Mt 10,7	πορευόμενοι δὲ κηρύσσετε λέγοντες ὅτι ἤγγικεν ἡ βασιλεία τῶν οὐρανῶν. [8] ἀσθενοῦντας θεραπεύετε, ...			Lk 10,9 → Lk 9,2 ⇨ Lk 10,11	καὶ θεραπεύετε τοὺς ἐν αὐτῇ ἀσθενεῖς καὶ λέγετε αὐτοῖς· ἤγγικεν ἐφ' ὑμᾶς ἡ βασιλεία τοῦ θεοῦ.	
102	Mt 10,14	καὶ ὃς ἂν μὴ δέξηται ὑμᾶς μηδὲ ἀκούσῃ τοὺς λόγους ὑμῶν, ἐξερχόμενοι ἔξω τῆς οἰκίας ἢ τῆς πόλεως ἐκείνης ἐκτινάξατε τὸν κονιορτὸν τῶν ποδῶν ὑμῶν.	Mk 6,11	καὶ ὃς ἂν τόπος μὴ δέξηται ὑμᾶς μηδὲ ἀκούσωσιν ὑμῶν, ἐκπορευόμενοι ἐκεῖθεν ἐκτινάξατε τὸν χοῦν τὸν ὑποκάτω τῶν ποδῶν ὑμῶν εἰς μαρτύριον αὐτοῖς.	Lk 10,10 ⇧ Lk 9,5 ↑ Lk 10,8	εἰς ἣν δ' ἂν πόλιν εἰσέλθητε καὶ μὴ δέχωνται ὑμᾶς, ἐξελθόντες εἰς τὰς πλατείας αὐτῆς εἴπατε· [11] καὶ τὸν κονιορτὸν τὸν κολληθέντα ἡμῖν ἐκ τῆς πόλεως ὑμῶν εἰς τοὺς πόδας ἀπομασσόμεθα ὑμῖν· ...	Mk-Q overlap. Mt 10,14 counted as Markan tradition.
222 211	Mt 10,17 (2) ⇩ Mt 24,9	προσέχετε δὲ ἀπὸ τῶν ἀνθρώπων· παραδώσουσιν γὰρ ὑμᾶς εἰς συνέδρια καὶ ἐν ταῖς συναγωγαῖς αὐτῶν μαστιγώσουσιν ὑμᾶς·	Mk 13,9	βλέπετε δὲ ὑμεῖς ἑαυτούς· παραδώσουσιν ὑμᾶς εἰς συνέδρια καὶ εἰς συναγωγὰς δαρήσεσθε ...	Lk 21,12 ↓ Lk 12,11	πρὸ δὲ τούτων πάντων ἐπιβαλοῦσιν ἐφ' ὑμᾶς τὰς χεῖρας αὐτῶν καὶ διώξουσιν, παραδιδόντες εἰς τὰς συναγωγὰς καὶ φυλακάς, ...	
202	Mt 10,19	ὅταν δὲ παραδῶσιν ὑμᾶς, μὴ μεριμνήσητε πῶς ἢ τί λαλήσητε· ...	Mk 13,11	καὶ ὅταν ἄγωσιν ὑμᾶς παραδιδόντες, μὴ προμεριμνᾶτε τί λαλήσητε, ...	Lk 12,11 ⇩ Lk 21,14-15 ↓ Lk 21,12	ὅταν δὲ εἰσφέρωσιν ὑμᾶς ἐπὶ τὰς συναγωγὰς καὶ τὰς ἀρχὰς καὶ τὰς ἐξουσίας, μὴ μεριμνήσητε πῶς ἢ τί ἀπολογήσησθε ἢ τί εἴπητε·	Mk-Q overlap
200	Mt 10,23 ↓ Mt 23,34 ↓ Lk 11,49	ὅταν δὲ διώκωσιν ὑμᾶς ἐν τῇ πόλει ταύτῃ, φεύγετε εἰς τὴν ἑτέραν· ...					
201 102	Mt 10,40 ⇨ Mt 18,5 → Mt 10,41	ὁ δεχόμενος ὑμᾶς ἐμὲ δέχεται, καὶ ὁ ἐμὲ δεχόμενος δέχεται τὸν ἀποστείλαντά με.	Mk 9,37	ὃς ἂν ἓν τῶν τοιούτων παιδίων δέξηται ἐπὶ τῷ ὀνόματί μου, ἐμὲ δέχεται· καὶ ὃς ἂν ἐμὲ δέχηται, οὐκ ἐμὲ δέχεται ἀλλὰ τὸν ἀποστείλαντά με.	Lk 10,16 ⇨ Lk 9,48	ὁ ἀκούων ὑμῶν ἐμοῦ ἀκούει, καὶ ὁ ἀθετῶν ὑμᾶς ἐμὲ ἀθετεῖ· ὁ δὲ ἐμὲ ἀθετῶν ἀθετεῖ τὸν ἀποστείλαντά με.	→ Jn 13,20 → Jn 5,23 → Jn 12,44-45
002					Lk 10,19	ἰδοὺ δέδωκα ὑμῖν τὴν ἐξουσίαν τοῦ πατεῖν ἐπάνω ὄφεων καὶ σκορπίων, καὶ ἐπὶ πᾶσαν τὴν δύναμιν τοῦ ἐχθροῦ, καὶ οὐδὲν ὑμᾶς οὐ μὴ ἀδικήσῃ.	
200	Mt 11,28	δεῦτε πρός με πάντες οἱ κοπιῶντες καὶ πεφορτισμένοι, κἀγὼ ἀναπαύσω ὑμᾶς.					→ GTh 90

200	**Mt 11,29**	ἄρατε τὸν ζυγόν μου **ἐφ' ὑμᾶς** καὶ μάθετε ἀπ' ἐμοῦ, ...					→ GTh 90
202	**Mt 12,28**	εἰ δὲ ἐν πνεύματι θεοῦ ἐγὼ ἐκβάλλω τὰ δαιμόνια, ἄρα ἔφθασεν **ἐφ' ὑμᾶς** ἡ βασιλεία τοῦ θεοῦ.			**Lk 11,20**	εἰ δὲ ἐν δακτύλῳ θεοῦ [ἐγὼ] ἐκβάλλω τὰ δαιμόνια, ἄρα ἔφθασεν **ἐφ' ὑμᾶς** ἡ βασιλεία τοῦ θεοῦ.	
202	**Mt 10,19**	ὅταν δὲ παραδῶσιν **ὑμᾶς,** μὴ μεριμνήσητε πῶς ἢ τί λαλήσητε·	**Mk 13,11**	καὶ ὅταν ἄγωσιν ὑμᾶς παραδιδόντες, μὴ προμεριμνᾶτε τί λαλήσητε,	**Lk 12,11** ⇩ Lk 21,14-15 ↓ **Lk 21,12**	ὅταν δὲ εἰσφέρωσιν **ὑμᾶς** ἐπὶ τὰς συναγωγὰς καὶ τὰς ἀρχὰς καὶ τὰς ἐξουσίας, μὴ μεριμνήσητε πῶς ἢ τί ἀπολογήσησθε ἢ τί εἴπητε·	Mk-Q overlap
102		δοθήσεται γὰρ **ὑμῖν** ἐν ἐκείνῃ τῇ ὥρᾳ τί λαλήσητε·		ἀλλ' ὃ ἐὰν δοθῇ ὑμῖν ἐν ἐκείνῃ τῇ ὥρᾳ τοῦτο λαλεῖτε· ...	**Lk 12,12** ⇩ Lk 21,15	τὸ γὰρ ἅγιον πνεῦμα διδάξει **ὑμᾶς** ἐν αὐτῇ τῇ ὥρᾳ ἃ δεῖ εἰπεῖν.	→ **Jn 14,26** Mk-Q overlap
002					**Lk 12,14**	... ἄνθρωπε, τίς με κατέστησεν κριτὴν ἢ μεριστὴν **ἐφ' ὑμᾶς;**	→ GTh 72
202	**Mt 6,30**	εἰ δὲ τὸν χόρτον τοῦ ἀγροῦ σήμερον ὄντα καὶ αὔριον εἰς κλίβανον βαλλόμενον ὁ θεὸς οὕτως ἀμφιέννυσιν, οὐ πολλῷ μᾶλλον **ὑμᾶς,** ὀλιγόπιστοι;			**Lk 12,28**	εἰ δὲ ἐν ἀγρῷ τὸν χόρτον ὄντα σήμερον καὶ αὔριον εἰς κλίβανον βαλλόμενον ὁ θεὸς οὕτως ἀμφιέζει, πόσῳ μᾶλλον **ὑμᾶς,** ὀλιγόπιστοι.	→ GTh 36,2 (only POxy 655)
002	Mt 25,12 ↑ Mt 7,23	ὁ δὲ ἀποκριθεὶς εἶπεν· ἀμὴν λέγω ὑμῖν, οὐκ οἶδα ὑμᾶς.			**Lk 13,25** ↓ Lk 13,27	... καὶ ἀποκριθεὶς ἐρεῖ ὑμῖν· οὐκ οἶδα **ὑμᾶς** πόθεν ἐστέ.	
202	**Mt 7,23** → Mt 13,41 ↓ **Mt 25,12** → Mt 25,41	καὶ τότε ὁμολογήσω αὐτοῖς ὅτι οὐδέποτε ἔγνων **ὑμᾶς·** *ἀποχωρεῖτε* *ἀπ' ἐμοῦ οἱ ἐργαζόμενοι* *τὴν ἀνομίαν.* ➤ Ps 6,9/1Macc 3,6			**Lk 13,27** ↑ Lk 13,25	καὶ ἐρεῖ λέγων ὑμῖν· οὐκ οἶδα **[ὑμᾶς]** πόθεν ἐστέ· *ἀπόστητε* *ἀπ' ἐμοῦ, πάντες ἐργάται* *ἀδικίας.* ➤ Ps 6,9/1Macc 3,6	
102	**Mt 8,12**	**οἱ δὲ υἱοὶ τῆς** **βασιλείας** ἐκβληθήσονται εἰς τὸ σκότος τὸ ἐξώτερον· ...			**Lk 13,28**	... **ὑμᾶς δὲ** ἐκβαλλομένους ἔξω.	
002					**Lk 16,9** → Lk 12,33	καὶ ἐγὼ ὑμῖν λέγω, ἑαυτοῖς ποιήσατε φίλους ἐκ τοῦ μαμωνᾶ τῆς ἀδικίας, ἵνα ὅταν ἐκλίπῃ δέξωνται **ὑμᾶς** εἰς τὰς αἰωνίους σκηνάς.	
002					**Lk 16,26**	καὶ ἐν πᾶσι τούτοις μεταξὺ ἡμῶν καὶ ὑμῶν χάσμα μέγα ἐστήρικται, ὅπως οἱ θέλοντες διαβῆναι ἔνθεν **πρὸς ὑμᾶς** μὴ δύνωνται, ...	

112	Mt 21,3	καὶ ἐάν τις ὑμῖν εἴπῃ τι, ἐρεῖτε ὅτι ὁ κύριος αὐτῶν χρείαν ἔχει· εὐθὺς δὲ ἀποστελεῖ αὐτούς.	Mk 11,3	καὶ ἐάν τις ὑμῖν εἴπῃ· τί ποιεῖτε τοῦτο; εἴπατε· ὁ κύριος αὐτοῦ χρείαν ἔχει, καὶ εὐθὺς αὐτὸν ἀποστέλλει πάλιν ὧδε.	Lk 19,31	καὶ ἐάν τις ὑμᾶς ἐρωτᾷ· διὰ τί λύετε; οὕτως ἐρεῖτε· ὅτι ὁ κύριος αὐτοῦ χρείαν ἔχει.	
222	Mt 21,24	ἀποκριθεὶς δὲ ὁ Ἰησοῦς εἶπεν αὐτοῖς· ἐρωτήσω ὑμᾶς κἀγὼ λόγον ἕνα, ὃν ἐὰν εἴπητέ μοι κἀγὼ ὑμῖν ἐρῶ ἐν ποίᾳ ἐξουσίᾳ ταῦτα ποιῶ·	Mk 11,29	ὁ δὲ Ἰησοῦς εἶπεν αὐτοῖς· ἐπερωτήσω ὑμᾶς ἕνα λόγον, καὶ ἀποκρίθητέ μοι καὶ ἐρῶ ὑμῖν ἐν ποίᾳ ἐξουσίᾳ ταῦτα ποιῶ·	Lk 20,3	ἀποκριθεὶς δὲ εἶπεν πρὸς αὐτούς· ἐρωτήσω ὑμᾶς κἀγὼ λόγον, καὶ εἴπατέ μοι·	
200	Mt 21,31	... οἱ τελῶναι καὶ αἱ πόρναι προάγουσιν ὑμᾶς εἰς τὴν βασιλείαν τοῦ θεοῦ.					
201	Mt 21,32	ἦλθεν γὰρ Ἰωάννης πρὸς ὑμᾶς ἐν ὁδῷ δικαιοσύνης, καὶ οὐκ ἐπιστεύσατε αὐτῷ, ...			Lk 7,30	οἱ δὲ Φαρισαῖοι καὶ οἱ νομικοὶ τὴν βουλὴν τοῦ θεοῦ ἠθέτησαν εἰς ἑαυτούς μὴ βαπτισθέντες ὑπ' αὐτοῦ.	
201	Mt 23,34	διὰ τοῦτο ἰδοὺ ἐγὼ ἀποστέλλω πρὸς ὑμᾶς προφήτας καὶ σοφοὺς καὶ γραμματεῖς· ...			Lk 11,49	διὰ τοῦτο καὶ ἡ σοφία τοῦ θεοῦ εἶπεν· ἀποστελῶ εἰς αὐτοὺς προφήτας καὶ ἀποστόλους, ...	
201	Mt 23,35	ὅπως ἔλθῃ ἐφ' ὑμᾶς πᾶν αἷμα δίκαιον ἐκχυννόμενον ἐπὶ τῆς γῆς ...			Lk 11,50	ἵνα ἐκζητηθῇ τὸ αἷμα πάντων τῶν προφητῶν τὸ ἐκκεχυμένον ἀπὸ καταβολῆς κόσμου ἀπὸ τῆς γενεᾶς ταύτης	
221	Mt 24,4	καὶ ἀποκριθεὶς ὁ Ἰησοῦς εἶπεν αὐτοῖς· βλέπετε μή τις ὑμᾶς πλανήσῃ·	Mk 13,5	ὁ δὲ Ἰησοῦς ἤρξατο λέγειν αὐτοῖς· βλέπετε μή τις ὑμᾶς πλανήσῃ·	Lk 21,8	ὁ δὲ εἶπεν· βλέπετε μὴ πλανηθῆτε· ...	
222	Mt 10,17 (2) ⇩ Mt 24,9	προσέχετε δὲ ἀπὸ τῶν ἀνθρώπων· παραδώσουσιν γὰρ ὑμᾶς εἰς συνέδρια καὶ ἐν ταῖς συναγωγαῖς αὐτῶν μαστιγώσουσιν ὑμᾶς·	Mk 13,9	βλέπετε δὲ ὑμεῖς ἑαυτούς· παραδώσουσιν ὑμᾶς εἰς συνέδρια καὶ εἰς συναγωγὰς δαρήσεσθε ...	Lk 21,12 ⇧ Lk 12,11	πρὸ δὲ τούτων πάντων ἐπιβαλοῦσιν ἐφ' ὑμᾶς τὰς χεῖρας αὐτῶν καὶ διώξουσιν, παραδιδόντες εἰς τὰς συναγωγὰς καὶ φυλακάς, ...	
121	Mt 10,19	ὅταν δὲ παραδῶσιν ὑμᾶς, μὴ μεριμνήσητε πῶς ἢ τί λαλήσητε· δοθήσεται γὰρ ὑμῖν ἐν ἐκείνῃ τῇ ὥρᾳ τί λαλήσητε·	Mk 13,11	καὶ ὅταν ἄγωσιν ὑμᾶς παραδιδόντες, μὴ προμεριμνᾶτε τί λαλήσητε, ἀλλ' ὃ ἐὰν δοθῇ ὑμῖν ἐν ἐκείνῃ τῇ ὥρᾳ τοῦτο λαλεῖτε· ...	Lk 21,14 ⇧ Lk 12,11-12	θέτε οὖν ἐν ταῖς καρδίαις ὑμῶν μὴ προμελετᾶν ἀπολογηθῆναι· [15] ἐγὼ γὰρ δώσω ὑμῖν στόμα καὶ σοφίαν ...	Mk-Q overlap. Mt 10,19 counted as Q tradition.

200 200	**Mt 24,9** **(2)** ⇧ Mt 10,17 ⇨ Mt 10,21	τότε παραδώσουσιν **ὑμᾶς** εἰς θλῖψιν καὶ ἀποκτενοῦσιν **ὑμᾶς**, ...	Mk 13,9	βλέπετε δὲ ὑμεῖς ἑαυτούς· παραδώσουσιν **ὑμᾶς** εἰς συνέδρια καὶ εἰς συναγωγὰς δαρήσεσθε ... [12] καὶ παραδώσει ἀδελφὸς ἀδελφὸν εἰς θάνατον καὶ πατὴρ τέκνον, καὶ ἐπαναστήσονται τέκνα ἐπὶ γονεῖς καὶ θανατώσουσιν **αὐτούς**·	Lk 21,12	πρὸ δὲ τούτων πάντων ἐπιβαλοῦσιν **ἐφ' ὑμᾶς** τὰς χεῖρας αὐτῶν καὶ διώξουσιν, παραδιδόντες εἰς τὰς συναγωγὰς καὶ φυλακάς, ... [16] παραδοθήσεσθε δὲ καὶ ὑπὸ γονέων καὶ ἀδελφῶν καὶ συγγενῶν καὶ φίλων, καὶ θανατώσουσιν **ἐξ ὑμῶν**	
002					**Lk 21,34** → Mt 24,49 → Lk 12,45 → Mk 13,33 ↓ Mk 13,36	προσέχετε δὲ ἑαυτοῖς μήποτε βαρηθῶσιν ὑμῶν αἱ καρδίαι ἐν κραιπάλῃ καὶ μέθῃ καὶ μερίμναις βιωτικαῖς καὶ ἐπιστῇ **ἐφ' ὑμᾶς** αἰφνίδιος ἡ ἡμέρα ἐκείνη	
020			**Mk 13,36** → Lk 12,38 ↑ Lk 21,34	μὴ ἐλθὼν ἐξαίφνης εὕρῃ **ὑμᾶς** καθεύδοντας.			
200	**Mt 25,12** ↑ Mt 7,23	ὁ δὲ ἀποκριθεὶς εἶπεν· ἀμὴν λέγω ὑμῖν, οὐκ οἶδα **ὑμᾶς**.			Lk 13,25 ↑ Lk 13,27	... καὶ ἀποκριθεὶς ἐρεῖ ὑμῖν· οὐκ οἶδα **ὑμᾶς** πόθεν ἐστέ.	
002					**Lk 22,31**	Σίμων Σίμων, ἰδοὺ ὁ σατανᾶς ἐξῃτήσατο **ὑμᾶς** τοῦ σινιάσαι ὡς τὸν σῖτον·	
002					**Lk 22,35** → Mt 10,9-10 → Mk 6,8-9 → Lk 9,3 → Lk 10,4	καὶ εἶπεν αὐτοῖς· ὅτε ἀπέστειλα **ὑμᾶς** ἄτερ βαλλαντίου καὶ πήρας καὶ ὑποδημάτων, μή τινος ὑστερήσατε; οἱ δὲ εἶπαν· οὐθενός.	
220	**Mt 26,32** ↓ Mt 28,7	μετὰ δὲ τὸ ἐγερθῆναί με προάξω **ὑμᾶς** εἰς τὴν Γαλιλαίαν.	**Mk 14,28** ↓ Mk 16,7	ἀλλὰ μετὰ τὸ ἐγερθῆναί με προάξω **ὑμᾶς** εἰς τὴν Γαλιλαίαν.			
121	**Mt 26,55**	... καθ' ἡμέραν ἐν τῷ ἱερῷ ἐκαθεζόμην διδάσκων καὶ οὐκ ἐκρατήσατέ με.	**Mk 14,49**	καθ' ἡμέραν ἤμην **πρὸς ὑμᾶς** ἐν τῷ ἱερῷ διδάσκων καὶ οὐκ ἐκρατήσατέ με· ...	**Lk 22,53**	καθ' ἡμέραν ὄντος μου **μεθ' ὑμῶν** ἐν τῷ ἱερῷ οὐκ ἐξετείνατε τὰς χεῖρας ἐπ' ἐμέ, ...	→ Jn 18,20
220	**Mt 28,7** ↑ Mt 26,32 → Mt 27,64 → Mt 28,10.16	καὶ ταχὺ πορευθεῖσαι εἴπατε τοῖς μαθηταῖς αὐτοῦ ὅτι ἠγέρθη ἀπὸ τῶν νεκρῶν, καὶ ἰδοὺ προάγει **ὑμᾶς** εἰς τὴν Γαλιλαίαν, ἐκεῖ αὐτὸν ὄψεσθε· ...	**Mk 16,7** ↑ Mk 14,28	ἀλλὰ ὑπάγετε εἴπατε τοῖς μαθηταῖς αὐτοῦ καὶ τῷ Πέτρῳ ὅτι προάγει **ὑμᾶς** εἰς τὴν Γαλιλαίαν· ἐκεῖ αὐτὸν ὄψεσθε, ...			→ Jn 20,17 → Jn 21,1
200	**Mt 28,14**	καὶ ἐὰν ἀκουσθῇ τοῦτο ἐπὶ τοῦ ἡγεμόνος, ἡμεῖς πείσομεν [αὐτὸν] καὶ **ὑμᾶς** ἀμερίμνους ποιήσομεν.					
002					**Lk 24,44**	εἶπεν δὲ πρὸς αὐτούς· οὗτοι οἱ λόγοι μου οὓς ἐλάλησα **πρὸς ὑμᾶς** ἔτι ὢν σὺν ὑμῖν, ...	

002	Lk 24,49	καὶ [ἰδοὺ] ἐγὼ ἀποστέλλω τὴν ἐπαγγελίαν τοῦ πατρός μου **ἐφ' ὑμᾶς· ...**	→ Acts 1,8 → Acts 2,33

Acts 1,8 → Lk 24,49 → Acts 2,33 — ἀλλὰ λήμψεσθε δύναμιν ἐπελθόντος τοῦ ἁγίου πνεύματος **ἐφ' ὑμᾶς** καὶ ἔσεσθέ μου μάρτυρες ...

Acts 2,22 → Lk 24,19 — ... Ἰησοῦν τὸν Ναζωραῖον, ἄνδρα ἀποδεδειγμένον ἀπὸ τοῦ θεοῦ **εἰς ὑμᾶς** δυνάμεσι καὶ τέρασι καὶ σημείοις ...

Acts 2,29 — ἄνδρες ἀδελφοί, ἐξὸν εἰπεῖν μετὰ παρρησίας **πρὸς ὑμᾶς** περὶ τοῦ πατριάρχου Δαυὶδ ὅτι καὶ ἐτελεύτησεν καὶ ἐτάφη, ...

Acts 3,22 — Μωϋσῆς μὲν εἶπεν ὅτι *προφήτην ὑμῖν ἀναστήσει κύριος ὁ θεὸς ὑμῶν ἐκ τῶν ἀδελφῶν ὑμῶν ὡς ἐμέ· αὐτοῦ ἀκούσεσθε κατὰ πάντα ὅσα ἂν λαλήσῃ* **πρὸς ὑμᾶς.** ➤ Deut 18,15-20

Acts 3,26 — ὑμῖν πρῶτον ἀναστήσας ὁ θεὸς τὸν παῖδα αὐτοῦ ἀπέστειλεν αὐτὸν εὐλογοῦντα **ὑμᾶς** ἐν τῷ ἀποστρέφειν ἕκαστον ἀπὸ τῶν πονηριῶν ὑμῶν.

Acts 7,43 — *καὶ ἀνελάβετε τὴν σκηνὴν τοῦ Μολὸχ καὶ τὸ ἄστρον τοῦ θεοῦ [ὑμῶν] Ῥαιφάν, τοὺς τύπους οὓς ἐποιήσατε* προσκυνεῖν αὐτοῖς, *καὶ μετοικιῶ* ***ὑμᾶς*** *ἐπέκεινα* Βαβυλῶνος. ➤ Amos 5,26-27 LXX

Acts 13,32 — καὶ ἡμεῖς **ὑμᾶς** εὐαγγελιζόμεθα τὴν πρὸς τοὺς πατέρας ἐπαγγελίαν γενομένην

Acts 14,15 — ... καὶ ἡμεῖς ὁμοιοπαθεῖς ἐσμεν ὑμῖν ἄνθρωποι εὐαγγελιζόμενοι **ὑμᾶς** ἀπὸ τούτων τῶν ματαίων ἐπιστρέφειν ἐπὶ θεὸν ζῶντα, ...

Acts 15,24 — ἐπειδὴ ἠκούσαμεν ὅτι τινὲς ἐξ ἡμῶν [ἐξελθόντες] ἐτάραξαν **ὑμᾶς** λόγοις ἀνασκευάζοντες τὰς ψυχὰς ὑμῶν οἷς οὐ διεστειλάμεθα,

Acts 15,25 — ἔδοξεν ἡμῖν γενομένοις ὁμοθυμαδὸν ἐκλεξαμένοις ἄνδρας πέμψαι **πρὸς ὑμᾶς** σὺν τοῖς ἀγαπητοῖς ἡμῶν Βαρναβᾷ καὶ Παύλῳ

Acts 17,22 — ... ἄνδρες Ἀθηναῖοι, κατὰ πάντα ὡς δεισιδαιμονεστέρους **ὑμᾶς** θεωρῶ.

Acts 17,28 — ἐν αὐτῷ γὰρ ζῶμεν καὶ κινούμεθα καὶ ἐσμέν, ὡς καί τινες τῶν **καθ' ὑμᾶς** ποιητῶν εἰρήκασιν· τοῦ γὰρ καὶ γένος ἐσμέν.

Acts 18,15 — εἰ δὲ ζητήματά ἐστιν περὶ λόγου καὶ ὀνομάτων καὶ νόμου **τοῦ καθ' ὑμᾶς,** ὄψεσθε αὐτοί· κριτὴς ἐγὼ τούτων οὐ βούλομαι εἶναι.

Acts 18,21 — ... πάλιν ἀνακάμψω **πρὸς ὑμᾶς** τοῦ θεοῦ θέλοντος, ἀνήχθη ἀπὸ τῆς Ἐφέσου

Acts 19,13 — ... ὁρκίζω **ὑμᾶς** τὸν Ἰησοῦν ὃν Παῦλος κηρύσσει.

Acts 19,36 — ἀναντιρρήτων οὖν ὄντων τούτων δέον ἐστὶν **ὑμᾶς** κατεσταλμένους ὑπάρχειν καὶ μηδὲν προπετὲς πράσσειν.

Acts 20,20 — ὡς οὐδὲν ὑπεστειλάμην τῶν συμφερόντων τοῦ μὴ ἀναγγεῖλαι ὑμῖν καὶ διδάξαι **ὑμᾶς** δημοσίᾳ καὶ κατ' οἴκους

Acts 20,28 — προσέχετε ἑαυτοῖς καὶ παντὶ τῷ ποιμνίῳ, ἐν ᾧ **ὑμᾶς** τὸ πνεῦμα τὸ ἅγιον ἔθετο ἐπισκόπους ποιμαίνειν τὴν ἐκκλησίαν τοῦ θεοῦ, ...

Acts 20,29 — ἐγὼ οἶδα ὅτι εἰσελεύσονται μετὰ τὴν ἄφιξίν μου λύκοι βαρεῖς **εἰς ὑμᾶς** μὴ φειδόμενοι τοῦ ποιμνίου

Acts 20,32 — καὶ τὰ νῦν παρατίθεμαι **ὑμᾶς** τῷ θεῷ καὶ τῷ λόγῳ τῆς χάριτος αὐτοῦ, τῷ δυναμένῳ οἰκοδομῆσαι καὶ δοῦναι τὴν κληρονομίαν ἐν τοῖς ἡγιασμένοις πᾶσιν.

Acts 22,1 — ἄνδρες ἀδελφοὶ καὶ πατέρες, ἀκούσατέ μου τῆς **πρὸς ὑμᾶς** νυνὶ ἀπολογίας.

Acts 23,15 — νῦν οὖν ὑμεῖς ἐμφανίσατε τῷ χιλιάρχῳ σὺν τῷ συνεδρίῳ ὅπως καταγάγῃ αὐτὸν **εἰς ὑμᾶς** ὡς μέλλοντας διαγινώσκειν ἀκριβέστερον τὰ περὶ αὐτοῦ· ...

Acts 24,22 — ... ὅταν Λυσίας ὁ χιλίαρχος καταβῇ, διαγνώσομαι **τὰ καθ' ὑμᾶς·**

Acts 27,22 — καὶ τὰ νῦν παραινῶ **ὑμᾶς** εὐθυμεῖν· ἀποβολὴ γὰρ ψυχῆς οὐδεμία ἔσται ἐξ ὑμῶν πλὴν τοῦ πλοίου.

Acts 27,34 — διὸ παρακαλῶ **ὑμᾶς** μεταλαβεῖν τροφῆς· ...

Acts 28,20 — διὰ ταύτην οὖν τὴν αἰτίαν παρεκάλεσα **ὑμᾶς** ἰδεῖν καὶ προσλαλῆσαι, ...

ὑμέτερος	Syn 2	Mt	Mk	Lk 2	Acts 1	Jn 3	1-3John	Paul 5	Eph	Col
	NT 11	2Thess	1/2Tim	Tit	Heb	Jas	1Pet	2Pet	Jude	Rev

possessive adjective second person plural: your; belonging to you; incumbent upon you

102	**Mt 5,3**	μακάριοι οἱ πτωχοὶ τῷ πνεύματι, ὅτι **αὐτῶν** ἐστιν ἡ βασιλεία τῶν οὐρανῶν.	**Lk 6,20**	... μακάριοι οἱ πτωχοί, ὅτι **ὑμετέρα** ἐστὶν ἡ βασιλεία τοῦ θεοῦ.	→ GTh 54
002			**Lk 16,12**	καὶ εἰ ἐν τῷ ἀλλοτρίῳ πιστοὶ οὐκ ἐγένεσθε, **τὸ ὑμέτερον** τίς ὑμῖν δώσει;	

Acts 27,34 διὸ παρακαλῶ ὑμᾶς
→ Lk 12,7 μεταλαβεῖν τροφῆς·
→ Lk 21,18 τοῦτο γὰρ
πρὸς τῆς ὑμετέρας σωτηρίας
ὑπάρχει, οὐδενὸς γὰρ
ὑμῶν θρὶξ ἀπὸ τῆς
κεφαλῆς ἀπολεῖται.

ὑμῖν → ὑμεῖς

ὑμνέω	Syn 2	Mt 1	Mk 1	Lk	Acts 1	Jn	1-3John	Paul	Eph	Col
	NT 4	2Thess	1/2Tim	Tit	Heb 1	Jas	1Pet	2Pet	Jude	Rev

sing the praise of; sing hymns of praise to

221	**Mt 26,30**	καὶ **ὑμνήσαντες** ἐξῆλθον εἰς τὸ ὄρος τῶν ἐλαιῶν.	**Mk 14,26**	καὶ **ὑμνήσαντες** ἐξῆλθον εἰς τὸ ὄρος τῶν ἐλαιῶν.	**Lk 22,39**	καὶ ἐξελθὼν ἐπορεύθη κατὰ τὸ ἔθος εἰς τὸ ὄρος τῶν ἐλαιῶν, ...	→ Jn 18,1

Acts 16,25 κατὰ δὲ τὸ μεσονύκτιον
Παῦλος καὶ Σιλᾶς
προσευχόμενοι
ὕμνουν
τὸν θεόν, ἐπηκροῶντο
δὲ αὐτῶν οἱ δέσμιοι.

ὑμῶν → ὑμεῖς

ὑπάγω	Syn 39	Mt 19	Mk 15	Lk 5	Acts	Jn 32	1-3John 1	Paul	Eph	Col
	NT 79	2Thess	1/2Tim	Tit	Heb	Jas 1	1Pet	2Pet	Jude	Rev 6

go away; withdraw; go

	triple tradition																	double tradition			Sondergut		
		+Mt / +Lk			–Mt / –Lk			traditions not taken over by Mt / Lk							subtotals								
code	222	211	112	212	221	122	121	022	012	021	220	120	210	020	Σ+	Σ–	Σ	202	201	102	200	002	total
Mt		1^+			5	1^-	4^-				1	2^-			1^+	7^-	7		3		9		**19**
Mk					5	1	4			1	1	2		1			15						**15**
Lk			1^+		5^-	1	4^-			1^-					1^+	10^-	2			2		1	**5**

201	**Mt 4,10** ↓ Mt 16,23 ↓ Mk 8,33 τότε λέγει αὐτῷ ὁ Ἰησοῦς· **ὕπαγε,** σατανᾶ· γέγραπται γάρ· *κύριον τὸν θεόν σου προσκυνήσεις καὶ αὐτῷ* μόνῳ *λατρεύσεις.* ➤ Deut 6,13 LXX/10,20		**Lk 4,8** καὶ ἀποκριθεὶς ὁ Ἰησοῦς εἶπεν αὐτῷ· γέγραπται· *κύριον τὸν θεόν σου προσκυνήσεις καὶ αὐτῷ* μόνῳ *λατρεύσεις.* ➤ Deut 6,13 LXX/10,20	
200	**Mt 5,24** → Mt 6,14 → Mk 11,25 ἄφες ἐκεῖ τὸ δῶρόν σου ἔμπροσθεν τοῦ θυσιαστηρίου καὶ **ὕπαγε** πρῶτον διαλλάγηθι τῷ ἀδελφῷ σου, καὶ τότε ἐλθὼν πρόσφερε τὸ δῶρόν σου.			
200	**Mt 5,41** καὶ ὅστις σε ἀγγαρεύσει μίλιον ἕν, **ὕπαγε** μετ' αὐτοῦ δύο.			
221	**Mt 8,4** καὶ λέγει αὐτῷ ὁ Ἰησοῦς· ὅρα μηδενὶ εἴπῃς, ἀλλὰ **ὕπαγε** σεαυτὸν δεῖξον τῷ ἱερεῖ, καὶ προσένεγκον τὸ δῶρον ὃ προσέταξεν Μωϋσῆς, εἰς μαρτύριον αὐτοῖς. ➤ Lev 13,49; 14,2-4	**Mk 1,44** καὶ λέγει αὐτῷ· ὅρα μηδενὶ μηδὲν εἴπῃς, ἀλλὰ **ὕπαγε** σεαυτὸν δεῖξον τῷ ἱερεῖ καὶ προσένεγκε περὶ τοῦ καθαρισμοῦ σου ἃ προσέταξεν Μωϋσῆς, εἰς μαρτύριον αὐτοῖς. ➤ Lev 13,49; 14,2-4	**Lk 5,14** ↓ Lk 17,14 καὶ αὐτὸς παρήγγειλεν αὐτῷ μηδενὶ εἰπεῖν, ἀλλὰ **ἀπελθὼν** δεῖξον σεαυτὸν τῷ ἱερεῖ καὶ προσένεγκε περὶ τοῦ καθαρισμοῦ σου καθὼς προσέταξεν Μωϋσῆς, εἰς μαρτύριον αὐτοῖς. ➤ Lev 13,49; 14,2-4	
201	**Mt 8,13** καὶ εἶπεν ὁ Ἰησοῦς τῷ ἑκατοντάρχῃ· **ὕπαγε,** ὡς ἐπίστευσας γενηθήτω σοι. καὶ ἰάθη ὁ παῖς [αὐτοῦ] ἐν τῇ ὥρᾳ ἐκείνῃ.		**Lk 7,10** → Mk 7,30 καὶ ὑποστρέψαντες εἰς τὸν οἶκον οἱ πεμφθέντες εὗρον τὸν δοῦλον ὑγιαίνοντα.	→ Jn 4,50-51
211	**Mt 8,32** καὶ εἶπεν αὐτοῖς· **ὑπάγετε.** οἱ δὲ ἐξελθόντες ἀπῆλθον εἰς τοὺς χοίρους· ...	**Mk 5,13** καὶ ἐπέτρεψεν αὐτοῖς. καὶ ἐξελθόντα τὰ πνεύματα τὰ ἀκάθαρτα εἰσῆλθον εἰς τοὺς χοίρους, ...	**Lk 8,32** ... καὶ ἐπέτρεψεν αὐτοῖς. [33] ἐξελθόντα δὲ τὰ δαιμόνια ἀπὸ τοῦ ἀνθρώπου εἰσῆλθον εἰς τοὺς χοίρους, ...	
221	**Mt 9,6** ... ἐγερθεὶς ἆρόν σου τὴν κλίνην καὶ **ὕπαγε** εἰς τὸν οἶκόν σου.	**Mk 2,11** σοὶ λέγω, ἔγειρε ἆρον τὸν κράβαττόν σου καὶ **ὕπαγε** εἰς τὸν οἶκόν σου.	**Lk 5,24** ... σοὶ λέγω, ἔγειρε καὶ ἄρας τὸ κλινίδιόν σου **πορεύου** εἰς τὸν οἶκόν σου.	→ Jn 5,8

200	**Mt 13,44**	... καὶ ἀπὸ τῆς χαρᾶς αὐτοῦ **ὑπάγει** καὶ πωλεῖ πάντα ὅσα ἔχει καὶ ἀγοράζει τὸν ἀγρὸν ἐκεῖνον.					→ GTh 109
021			**Mk 5,19**	καὶ οὐκ ἀφῆκεν αὐτόν, ἀλλὰ λέγει αὐτῷ· **ὕπαγε** εἰς τὸν οἶκόν σου πρὸς τοὺς σούς ...	**Lk 8,39**	[38] ... ἀπέλυσεν δὲ αὐτὸν λέγων· **ὑπόστρεφε** εἰς τὸν οἶκόν σου, ...	
112	**Mt 9,19**	καὶ ἐγερθεὶς ὁ Ἰησοῦς **ἠκολούθησεν** αὐτῷ καὶ οἱ μαθηταὶ αὐτοῦ.	**Mk 5,24**	καὶ **ἀπῆλθεν** μετ' αὐτοῦ. καὶ ἠκολούθει αὐτῷ ὄχλος πολὺς καὶ συνέθλιβον αὐτόν.	**Lk 8,42**	**... ἐν δὲ τῷ ὑπάγειν** αὐτὸν οἱ ὄχλοι συνέπνιγον αὐτόν.	
121	**Mt 9,22**	... θάρσει, θύγατερ· ἡ πίστις σου σέσωκέν σε.	**Mk 5,34**	... θυγάτηρ, ἡ πίστις σου σέσωκέν σε· **ὕπαγε** εἰς εἰρήνην καὶ ἴσθι ὑγιὴς ἀπὸ τῆς μάστιγός σου.	**Lk 8,48**	... θυγάτηρ, ἡ πίστις σου σέσωκέν σε· **πορεύου** εἰς εἰρήνην.	
		καὶ ἐσώθη ἡ γυνὴ ἀπὸ τῆς ὥρας ἐκείνης.	**Mk 5,29** → Lk 8,47	καὶ εὐθὺς ἐξηράνθη ἡ πηγὴ τοῦ αἵματος αὐτῆς καὶ ἔγνω τῷ σώματι ὅτι ἴαται ἀπὸ τῆς μάστιγος.	**Lk 8,44**	... καὶ παραχρῆμα ἔστη ἡ ῥύσις τοῦ αἵματος αὐτῆς.	
020			**Mk 6,31**	... ἦσαν γὰρ οἱ ἐρχόμενοι καὶ **οἱ ὑπάγοντες** πολλοί, καὶ οὐδὲ φαγεῖν εὐκαίρουν.			
121	**Mt 14,13**	... καὶ ἀκούσαντες οἱ ὄχλοι ἠκολούθησαν αὐτῷ πεζῇ ἀπὸ τῶν πόλεων.	**Mk 6,33**	καὶ εἶδον αὐτοὺς **ὑπάγοντας** καὶ ἐπέγνωσαν πολλοὶ καὶ πεζῇ ἀπὸ πασῶν τῶν πόλεων συνέδραμον ἐκεῖ ...	**Lk 9,11**	οἱ δὲ ὄχλοι γνόντες ἠκολούθησαν αὐτῷ· ...	→ Jn 6,2
121	**Mt 14,17** → Mt 15,34	οἱ δὲ λέγουσιν αὐτῷ· οὐκ ἔχομεν ὧδε εἰ μὴ πέντε ἄρτους καὶ δύο ἰχθύας.	**Mk 6,38** → Mk 8,5	ὁ δὲ λέγει αὐτοῖς· πόσους ἄρτους ἔχετε; **ὑπάγετε** ἴδετε. καὶ γνόντες λέγουσιν· πέντε, καὶ δύο ἰχθύας.	**Lk 9,13**	... οὐκ εἰσὶν ἡμῖν πλεῖον ἢ ἄρτοι πέντε καὶ ἰχθύες δύο, ...	→ Jn 6,7.9
120	**Mt 15,28**	... ὦ γύναι, μεγάλη σου ἡ πίστις· γενηθήτω σοι ὡς θέλεις. ...	**Mk 7,29**	... διὰ τοῦτον τὸν λόγον **ὕπαγε,** ἐξελήλυθεν ἐκ τῆς θυγατρός σου τὸ δαιμόνιον.			
220	**Mt 16,23** ↑ Mt 4,10	ὁ δὲ στραφεὶς εἶπεν τῷ Πέτρῳ· **ὕπαγε** ὀπίσω μου, σατανᾶ· ...	**Mk 8,33** ↑ Mt 4,10	ὁ δὲ ἐπιστραφεὶς καὶ ἰδὼν τοὺς μαθητὰς αὐτοῦ ἐπετίμησεν Πέτρῳ καὶ λέγει· **ὕπαγε** ὀπίσω μου, σατανᾶ, ...			

201	**Mt 18,15** → Mt 18,21-22	ἐὰν δὲ ἁμαρτήσῃ [εἰς σὲ] ὁ ἀδελφός σου, **ὕπαγε** ἔλεγξον αὐτὸν μεταξὺ σοῦ καὶ αὐτοῦ μόνου. ἐάν σου ἀκούσῃ, ἐκέρδησας τὸν ἀδελφόν σου·			**Lk 17,3** → Lk 17,4	... ἐὰν ἁμάρτῃ ὁ ἀδελφός σου ἐπιτίμησον αὐτῷ, καὶ ἐὰν μετανοήσῃ ἄφες αὐτῷ.	
102	**Mt 10,16**	 ἰδοὺ ἐγὼ ἀποστέλλω ὑμᾶς ὡς πρόβατα ἐν μέσῳ λύκων· ...			**Lk 10,3**	**ὑπάγετε·** ἰδοὺ ἀποστέλλω ὑμᾶς ὡς ἄρνας ἐν μέσῳ λύκων.	
102	**Mt 5,25**	ἴσθι εὐνοῶν τῷ ἀντιδίκῳ σου ταχὺ, ἕως ὅτου **εἶ** μετ' αὐτοῦ ἐν τῇ ὁδῷ, ...			**Lk 12,58**	ὡς γὰρ **ὑπάγεις** μετὰ τοῦ ἀντιδίκου σου ἐπ' ἄρχοντα, ἐν τῇ ὁδῷ δὸς ἐργασίαν ἀπηλλάχθαι ἀπ' αὐτοῦ, ...	
002					**Lk 17,14** ↑ Mt 8,4 ↑ Mk 1,44 ↑ Lk 5,14	... καὶ ἐγένετο **ἐν τῷ ὑπάγειν** αὐτοὺς ἐκαθαρίσθησαν. ➤ Lev 13,49; 14,2-4	
221	**Mt 19,21** → Mt 6,20	... εἰ θέλεις τέλειος εἶναι, **ὕπαγε** πώλησόν σου τὰ ὑπάρχοντα καὶ δὸς [τοῖς] πτωχοῖς, ...	**Mk 10,21**	... ἕν σε ὑστερεῖ· **ὕπαγε,** ὅσα ἔχεις πώλησον καὶ δὸς [τοῖς] πτωχοῖς, ...	**Lk 18,22** → Lk 12,33	... ἔτι ἕν σοι λείπει· πάντα ὅσα ἔχεις πώλησον καὶ διάδος πτωχοῖς, ...	→ Acts 2,45
200	**Mt 20,4**	καὶ ἐκείνοις εἶπεν· **ὑπάγετε** καὶ ὑμεῖς εἰς τὸν ἀμπελῶνα, ...					
200	**Mt 20,7**	... λέγει αὐτοῖς· **ὑπάγετε** καὶ ὑμεῖς εἰς τὸν ἀμπελῶνα.					
200	**Mt 20,14**	ἆρον τὸ σὸν καὶ **ὕπαγε.** θέλω δὲ τούτῳ τῷ ἐσχάτῳ δοῦναι ὡς καὶ σοί·					
121	**Mt 20,34** ⇩ Mt 9,29 → Mk 8,23 → Mk 8,25	σπλαγχνισθεὶς δὲ ὁ Ἰησοῦς ἥψατο τῶν ὀμμάτων αὐτῶν, καὶ εὐθέως ἀνέβλεψαν ...	**Mk 10,52**	καὶ ὁ Ἰησοῦς εἶπεν αὐτῷ· **ὕπαγε,** ἡ πίστις σου σέσωκέν σε. καὶ εὐθὺς ἀνέβλεψεν, ...	**Lk 18,42**	καὶ ὁ Ἰησοῦς εἶπεν αὐτῷ· ἀνάβλεψον· ἡ πίστις σου σέσωκέν σε. [43] καὶ παραχρῆμα ἀνέβλεψεν ...	
	Mt 9,29 ⇧ Mt 20,34	τότε ἥψατο τῶν ὀφθαλμῶν αὐτῶν λέγων· κατὰ τὴν πίστιν ὑμῶν γενηθήτω ὑμῖν.					
122	**Mt 21,2**	λέγων αὐτοῖς· **πορεύεσθε** εἰς τὴν κώμην τὴν κατέναντι ὑμῶν, ...	**Mk 11,2**	καὶ λέγει αὐτοῖς· **ὑπάγετε** εἰς τὴν κώμην τὴν κατέναντι ὑμῶν, ...	**Lk 19,30**	λέγων· **ὑπάγετε** εἰς τὴν κατέναντι κώμην, ...	
200	**Mt 21,28**	... καὶ προσελθὼν τῷ πρώτῳ εἶπεν· τέκνον, **ὕπαγε** σήμερον ἐργάζου ἐν τῷ ἀμπελῶνι.					

221	**Mt 26,18**	... ὑπάγετε εἰς τὴν πόλιν πρὸς τὸν δεῖνα ...	**Mk 14,13**	... ὑπάγετε εἰς τὴν πόλιν, καὶ ἀπαντήσει ὑμῖν ἄνθρωπος κεράμιον ὕδατος βαστάζων· ...	**Lk 22,10**	... ἰδοὺ εἰσελθόντων ὑμῶν εἰς τὴν πόλιν συναντήσει ὑμῖν ἄνθρωπος κεράμιον ὕδατος βαστάζων· ...	
221	**Mt 26,24**	ὁ μὲν υἱὸς τοῦ ἀνθρώπου ὑπάγει καθὼς γέγραπται περὶ αὐτοῦ, οὐαὶ δὲ τῷ ἀνθρώπῳ ἐκείνῳ δι' οὗ ὁ υἱὸς τοῦ ἀνθρώπου παραδίδοται· ...	**Mk 14,21**	ὅτι ὁ μὲν υἱὸς τοῦ ἀνθρώπου ὑπάγει καθὼς γέγραπται περὶ αὐτοῦ, οὐαὶ δὲ τῷ ἀνθρώπῳ ἐκείνῳ δι' οὗ ὁ υἱὸς τοῦ ἀνθρώπου παραδίδοται· ...	**Lk 22,22**	ὅτι ὁ υἱὸς μὲν τοῦ ἀνθρώπου κατὰ τὸ ὡρισμένον πορεύεται, πλὴν οὐαὶ τῷ ἀνθρώπῳ ἐκείνῳ δι' οὗ παραδίδοται.	
200	**Mt 27,65**	ἔφη αὐτοῖς ὁ Πιλᾶτος· ἔχετε κουστωδίαν· ὑπάγετε ἀσφαλίσασθε ὡς οἴδατε.					
120	**Mt 28,7** → Mt 26,32 → Mt 27,64 ↓ **Mt 28,10** → Mt 28,16	καὶ ταχὺ πορευθεῖσαι εἴπατε τοῖς μαθηταῖς αὐτοῦ ὅτι ἠγέρθη ἀπὸ τῶν νεκρῶν, καὶ ἰδοὺ προάγει ὑμᾶς εἰς τὴν Γαλιλαίαν, ...	**Mk 16,7** → Mk 14,28	ἀλλὰ ὑπάγετε εἴπατε τοῖς μαθηταῖς αὐτοῦ καὶ τῷ Πέτρῳ ὅτι προάγει ὑμᾶς εἰς τὴν Γαλιλαίαν·...			→ Jn 20,17
200	**Mt 28,10** ↑ Mt 28,7 ↑ **Mk 16,7** → Mt 28,16	τότε λέγει αὐταῖς ὁ Ἰησοῦς· μὴ φοβεῖσθε· ὑπάγετε ἀπαγγείλατε τοῖς ἀδελφοῖς μου ἵνα ἀπέλθωσιν εἰς τὴν Γαλιλαίαν, κἀκεῖ με ὄψονται.					→ Jn 20,17

ὑπακούω

	Syn	Mt	Mk	Lk	Acts	Jn	1-3John	Paul	Eph	Col
	5	1	2	2	2			5	2	2
	NT	2Thess	1/2Tim	Tit	Heb	Jas	1Pet	2Pet	Jude	Rev
	21	2			2		1			

listen to; obey; follow; be subject to; open (the door); answer (the door)

	triple tradition																	double tradition			Sondergut		
		+Mt / +Lk			–Mt / –Lk			traditions not taken over by Mt / Lk							subtotals								
code	*222*	*211*	*112*	*212*	*221*	*122*	*121*	*022*	*012*	*021*	*220*	*120*	*210*	*020*	Σ⁺	Σ⁻	Σ	*202*	*201*	*102*	*200*	*002*	total
Mt	1																1						**1**
Mk	1									1							2						**2**
Lk	1									1⁻						1⁻	1			1			**2**

021	→ Mt 7,29		**Mk 1,27** → Mk 1,22	... τί ἐστιν τοῦτο; διδαχὴ καινὴ κατ' ἐξουσίαν· καὶ τοῖς πνεύμασι τοῖς ἀκαθάρτοις ἐπιτάσσει, καὶ ὑπακούουσιν αὐτῷ.	**Lk 4,36** → Lk 4,32	... τίς ὁ λόγος οὗτος ὅτι ἐν ἐξουσίᾳ καὶ δυνάμει ἐπιτάσσει τοῖς ἀκαθάρτοις πνεύμασιν καὶ ἐξέρχονται;	
222	**Mt 8,27**	... ποταπός ἐστιν οὗτος ὅτι καὶ οἱ ἄνεμοι καὶ ἡ θάλασσα αὐτῷ ὑπακούουσιν;	**Mk 4,41**	... τίς ἄρα οὗτός ἐστιν ὅτι καὶ ὁ ἄνεμος καὶ ἡ θάλασσα ὑπακούει αὐτῷ;	**Lk 8,25**	... τίς ἄρα οὗτός ἐστιν ὅτι καὶ τοῖς ἀνέμοις ἐπιτάσσει καὶ τῷ ὕδατι, καὶ ὑπακούουσιν αὐτῷ;	

102	Mt 17,20 → Mt 21,21	... ἀμὴν γὰρ λέγω ὑμῖν, ἐὰν ἔχητε πίστιν ὡς κόκκον σινάπεως, ἐρεῖτε τῷ ὄρει τούτῳ, μετάβα ἔνθεν ἐκεῖ, καὶ **μεταβήσεται·** καὶ οὐδὲν ἀδυνατήσει ὑμῖν.	Mk 11,23 → Mk 9,23	[22] ... ἔχετε πίστιν θεοῦ. [23] ἀμὴν λέγω ὑμῖν ὅτι ὃς ἂν εἴπῃ τῷ ὄρει τούτῳ· ἄρθητι καὶ βλήθητι εἰς τὴν θάλασσαν, καὶ μὴ διακριθῇ ἐν τῇ καρδίᾳ αὐτοῦ ἀλλὰ πιστεύῃ ὅτι ὃ λαλεῖ γίνεται, **ἔσται αὐτῷ.**	Lk 17,6	... εἰ ἔχετε πίστιν ὡς κόκκον σινάπεως, ἐλέγετε ἂν τῇ συκαμίνῳ [ταύτῃ]· ἐκριζώθητι καὶ φυτεύθητι ἐν τῇ θαλάσσῃ· καὶ **ὑπήκουσεν** ἂν ὑμῖν.	→ GTh 48 → GTh 106

Acts 6,7	... πολύς τε ὄχλος τῶν ἱερέων **ὑπήκουον** τῇ πίστει.	Acts 12,13	κρούσαντος δὲ αὐτοῦ τὴν θύραν τοῦ πυλῶνος προσῆλθεν παιδίσκη **ὑπακοῦσαι** ὀνόματι Ῥόδη

ὑπαντάω	Syn 5	Mt 2	Mk 1	Lk 2	Acts 1	Jn 4	1-3John	Paul	Eph	Col
	NT 10	2Thess	1/2Tim	Tit	Heb	Jas	1Pet	2Pet	Jude	Rev

come to meet someone; go to meet someone

222	Mt 8,28	... **ὑπήντησαν** αὐτῷ δύο δαιμονιζόμενοι ἐκ τῶν μνημείων ἐξερχόμενοι, ...	Mk 5,2	... εὐθὺς **ὑπήντησεν** αὐτῷ ἐκ τῶν μνημείων ἄνθρωπος ἐν πνεύματι ἀκαθάρτῳ	Lk 8,27	... **ὑπήντησεν** ἀνήρ τις ἐκ τῆς πόλεως ἔχων δαιμόνια ...	
002					Lk 14,31	ἢ τίς βασιλεὺς πορευόμενος ἑτέρῳ βασιλεῖ συμβαλεῖν εἰς πόλεμον οὐχὶ καθίσας πρῶτον βουλεύσεται εἰ δυνατός ἐστιν ἐν δέκα χιλιάσιν **ὑπαντῆσαι** τῷ μετὰ εἴκοσι χιλιάδων ἐρχομένῳ ἐπ' αὐτόν;	
200	Mt 28,9	καὶ ἰδοὺ Ἰησοῦς **ὑπήντησεν** αὐταῖς λέγων· χαίρετε. ...					→ Jn 20,14-17

Acts 16,16 ἐγένετο δὲ πορευομένων
ἡμῶν εἰς τὴν προσευχὴν
παιδίσκην τινὰ ἔχουσαν
πνεῦμα πύθωνα
ὑπαντῆσαι
ἡμῖν, ἥτις ἐργασίαν
πολλὴν παρεῖχεν τοῖς
κυρίοις αὐτῆς
μαντευομένη.

ὑπάντησις	Syn	Mt	Mk	Lk	Acts	Jn	1-3John	Paul	Eph	Col
	2	2				1				
	NT	2Thess	1/2Tim	Tit	Heb	Jas	1Pet	2Pet	Jude	Rev
	3									

coming to meet

211	Mt 8,34	καὶ ἰδοὺ πᾶσα ἡ πόλις ἐξῆλθεν **εἰς ὑπάντησιν** τῷ Ἰησοῦ ...	Mk 5,15	[14] ... καὶ ἦλθον ἰδεῖν τί ἐστιν τὸ γεγονός [15] καὶ ἔρχονται πρὸς τὸν Ἰησοῦν, ...	Lk 8,35	ἐξῆλθον δὲ ἰδεῖν τὸ γεγονὸς καὶ ἦλθον πρὸς τὸν Ἰησοῦν ...	
200	Mt 25,1	τότε ὁμοιωθήσεται ἡ βασιλεία τῶν οὐρανῶν δέκα παρθένοις, αἵτινες λαβοῦσαι τὰς λαμπάδας ἑαυτῶν ἐξῆλθον **εἰς ὑπάντησιν** **τοῦ νυμφίου.**					

ὑπάρχω	Syn	Mt	Mk	Lk	Acts	Jn	1-3John	Paul	Eph	Col
	18	3		15	25			12		
	NT	2Thess	1/2Tim	Tit	Heb	Jas	1Pet	2Pet	Jude	Rev
	60				1	1		3		

exist (really); be present; be at one's disposal

	triple tradition																	double tradition			Sondergut		
		+Mt / +Lk			–Mt / –Lk			traditions not taken over by Mt / Lk							subtotals								
code	222	211	112	212	221	122	121	022	012	021	220	120	210	020	Σ+	Σ–	Σ	202	201	102	200	002	total
Mt		1+													1+		1	1	1				**3**
Mk																							
Lk			4+												4+		4	1		2		8	**15**

Mk-Q overlap: 112: Mt 12,29 / Mk 3,27 / Lk 11,21 (?)

a τὰ ὑπάρχοντά τινος, τὰ ὑπάρχοντά τινι

102	Mt 11,8	... ἰδοὺ **οἱ τὰ μαλακὰ** **φοροῦντες** ἐν τοῖς οἴκοις τῶν βασιλέων εἰσίν.			Lk 7,25	... ἰδοὺ **οἱ ἐν ἱματισμῷ** **ἐνδόξῳ καὶ τρυφῇ** **ὑπάρχοντες** ἐν τοῖς βασιλείοις εἰσίν.	→ GTh 78
a 002					Lk 8,3 → Mt 27,55-56 → Mk 15,40-41 → Lk 23,49.55 → Lk 24,10	καὶ Ἰωάννα γυνὴ Χουζᾶ ἐπιτρόπου Ἡρῴδου καὶ Σουσάννα καὶ ἕτεραι πολλαί, αἵτινες διηκόνουν αὐτοῖς **ἐκ τῶν ὑπαρχόντων** **αὐταῖς.**	→ Acts 1,14
112	Mt 9,18	ταῦτα αὐτοῦ λαλοῦντος αὐτοῖς, ἰδοὺ ἄρχων εἷς ἐλθὼν προσεκύνει αὐτῷ ...	Mk 5,22	καὶ ἔρχεται εἷς τῶν ἀρχισυναγώγων, ὀνόματι Ἰάϊρος, καὶ ἰδὼν αὐτὸν πίπτει πρὸς τοὺς πόδας αὐτοῦ	Lk 8,41	καὶ ἰδοὺ ἦλθεν ἀνὴρ ᾧ ὄνομα Ἰάϊρος καὶ οὗτος ἄρχων τῆς συναγωγῆς **ὑπῆρχεν,** καὶ πεσὼν παρὰ τοὺς πόδας [τοῦ] Ἰησοῦ ...	

112	**Mt 18,5** ⇨ Mt 10,40 → Mt 10,41	καὶ ὃς ἐὰν δέξηται ἓν παιδίον τοιοῦτο ἐπὶ τῷ ὀνόματί μου, ἐμὲ δέχεται.	**Mk 9,37**	ὃς ἂν ἓν τῶν τοιούτων παιδίων δέξηται ἐπὶ τῷ ὀνόματί μου, ἐμὲ δέχεται· καὶ ὃς ἂν ἐμὲ δέχηται, οὐκ ἐμὲ δέχεται ἀλλὰ τὸν ἀποστείλαντά με.	**Lk 9,48** ⇨ Lk 10,16	... ὃς ἐὰν δέξηται τοῦτο τὸ παιδίον ἐπὶ τῷ ὀνόματί μου, ἐμὲ δέχεται· καὶ ὃς ἂν ἐμὲ δέξηται, δέχεται τὸν ἀποστείλαντά με· ὁ γὰρ μικρότερος ἐν πᾶσιν ὑμῖν **ὑπάρχων** οὗτός ἐστιν μέγας.	→ Jn 5,23 → Jn 12,44-45 → Jn 13,20
102	**Mt 7,11**	εἰ οὖν ὑμεῖς πονηροὶ **ὄντες** οἴδατε δόματα ἀγαθὰ διδόναι τοῖς τέκνοις ὑμῶν, ...			**Lk 11,13**	εἰ οὖν ὑμεῖς πονηροὶ **ὑπάρχοντες** οἴδατε δόματα ἀγαθὰ διδόναι τοῖς τέκνοις ὑμῶν, ...	
a 112	**Mt 12,29**	ἢ πῶς δύναταί τις εἰσελθεῖν εἰς τὴν οἰκίαν τοῦ ἰσχυροῦ καὶ **τὰ σκεύη αὐτοῦ** ἁρπάσαι, ...	**Mk 3,27**	ἀλλ' οὐ δύναται οὐδεὶς εἰς τὴν οἰκίαν τοῦ ἰσχυροῦ εἰσελθὼν **τὰ σκεύη αὐτοῦ** διαρπάσαι, ...	**Lk 11,21**	ὅταν ὁ ἰσχυρὸς καθωπλισμένος φυλάσσῃ τὴν ἑαυτοῦ αὐλήν, ἐν εἰρήνῃ ἐστὶν **τὰ ὑπάρχοντα αὐτοῦ·**	→ GTh 21,5 → GTh 35 Mk-Q overlap?
a 002					**Lk 12,15**	... οὐκ ἐν τῷ περισσεύειν τινὶ ἡ ζωὴ αὐτοῦ ἐστιν **ἐκ τῶν ὑπαρχόντων αὐτῷ.**	
a 002					**Lk 12,33** ↓ Lk 14,33 → Lk 16,9 → Lk 18,22	πωλήσατε **τὰ ὑπάρχοντα ὑμῶν** καὶ δότε ἐλεημοσύνην· ...	→ Acts 2,45
a 202	**Mt 24,47** → Mt 25,21 → Mt 25,23	ἀμὴν λέγω ὑμῖν ὅτι **ἐπὶ πᾶσιν τοῖς ὑπάρχουσιν αὐτοῦ** καταστήσει αὐτόν.			**Lk 12,44**	ἀληθῶς λέγω ὑμῖν ὅτι **ἐπὶ πᾶσιν τοῖς ὑπάρχουσιν αὐτοῦ** καταστήσει αὐτόν.	
a 002					**Lk 14,33** ↑ Lk 12,33	οὕτως οὖν πᾶς ἐξ ὑμῶν ὃς οὐκ ἀποτάσσεται **πᾶσιν τοῖς ἑαυτοῦ ὑπάρχουσιν** οὐ δύναται εἶναί μου μαθητής.	
a 002					**Lk 16,1**	... ἄνθρωπός τις ἦν πλούσιος ὃς εἶχεν οἰκονόμον, καὶ οὗτος διεβλήθη αὐτῷ ὡς διασκορπίζων **τὰ ὑπάρχοντα αὐτοῦ.**	
002					**Lk 16,14**	ἤκουον δὲ ταῦτα πάντα οἱ Φαρισαῖοι φιλάργυροι **ὑπάρχοντες** καὶ ἐξεμυκτήριζον αὐτόν.	
002					**Lk 16,23**	καὶ ἐν τῷ ᾅδῃ ἐπάρας τοὺς ὀφθαλμοὺς αὐτοῦ, **ὑπάρχων** ἐν βασάνοις, ὁρᾷ Ἀβραὰμ ἀπὸ μακρόθεν καὶ Λάζαρον ἐν τοῖς κόλποις αὐτοῦ.	
a 211	**Mt 19,21** → Mt 6,20	... ὕπαγε πώλησόν **σου τὰ ὑπάρχοντα** καὶ δὸς [τοῖς] πτωχοῖς, ...	**Mk 10,21**	... ὕπαγε, **ὅσα ἔχεις** πώλησον καὶ δὸς [τοῖς] πτωχοῖς, ...	**Lk 18,22** ↑ Lk 12,33	... πάντα **ὅσα ἔχεις** πώλησον καὶ διάδος πτωχοῖς, ...	→ Acts 2,45
a 002					**Lk 19,8** → Lk 3,13	... ἰδοὺ **τὰ ἡμίσιά μου τῶν ὑπαρχόντων,** κύριε, τοῖς πτωχοῖς δίδωμι, ...	

a 202	**Mt 24,47** →Mt 25,21 →Mt 25,23	ἀμὴν λέγω ὑμῖν ὅτι **ἐπὶ πᾶσιν τοῖς ὑπάρχουσιν αὐτοῦ** καταστήσει αὐτόν.			**Lk 12,44**	ἀληθῶς λέγω ὑμῖν ὅτι **ἐπὶ πᾶσιν τοῖς ὑπάρχουσιν αὐτοῦ** καταστήσει αὐτόν.	
a 201	**Mt 25,14**	... ἐκάλεσεν τοὺς ἰδίους δούλους καὶ παρέδωκεν αὐτοῖς **τὰ ὑπάρχοντα αὐτοῦ,** [15] καὶ ᾧ μὲν ἔδωκεν πέντε τάλαντα, ᾧ δὲ δύο, ᾧ δὲ ἕν, ...	Mk 13,34	... καὶ δοὺς τοῖς δούλοις αὐτοῦ **τὴν ἐξουσίαν** ἑκάστῳ τὸ ἔργον αὐτοῦ, καὶ τῷ θυρωρῷ ἐνετείλατο ἵνα γρηγορῇ.	**Lk 19,13**	καλέσας δὲ δέκα δούλους ἑαυτοῦ ἔδωκεν αὐτοῖς δέκα μνᾶς ...	Mk-Q overlap
112	**Mt 27,57**	... ἦλθεν ἄνθρωπος πλούσιος ἀπὸ Ἁριμαθαίας, τοὔνομα Ἰωσήφ, ὃς καὶ αὐτὸς ἐμαθητεύθη τῷ Ἰησοῦ·	**Mk 15,43**	ἐλθὼν Ἰωσὴφ [ὁ] ἀπὸ Ἁριμαθαίας εὐσχήμων βουλευτής, ὃς καὶ αὐτὸς ἦν προσδεχόμενος τὴν βασιλείαν τοῦ θεοῦ, ...	**Lk 23,50**	καὶ ἰδοὺ ἀνὴρ ὀνόματι Ἰωσὴφ βουλευτὴς **ὑπάρχων** [καὶ] ἀνὴρ ἀγαθὸς καὶ δίκαιος [51] ... ἀπὸ Ἁριμαθαίας πόλεως τῶν Ἰουδαίων, ὃς προσεδέχετο τὴν βασιλείαν τοῦ θεοῦ	→ Jn 19,38

Acts 2,30 προφήτης οὖν **ὑπάρχων** καὶ εἰδὼς ὅτι ὅρκῳ ὤμοσεν αὐτῷ ὁ θεὸς ἐκ καρποῦ τῆς ὀσφύος αὐτοῦ καθίσαι ἐπὶ τὸν θρόνον αὐτοῦ ➤ Ps 132,11

Acts 3,2 καί τις ἀνὴρ χωλὸς ἐκ κοιλίας μητρὸς αὐτοῦ **ὑπάρχων** ἐβαστάζετο, ...

Acts 3,6 ... ἀργύριον καὶ χρυσίον **οὐχ ὑπάρχει** μοι, ὃ δὲ ἔχω τοῦτό σοι δίδωμι· ...

a **Acts 4,32** ... καὶ οὐδὲ εἷς **τι τῶν ὑπαρχόντων αὐτῷ** ἔλεγεν ἴδιον εἶναι ἀλλ' ἦν αὐτοῖς ἅπαντα κοινά.

Acts 4,34 οὐδὲ γὰρ ἐνδεής τις ἦν ἐν αὐτοῖς· ὅσοι γὰρ κτήτορες χωρίων ἢ οἰκιῶν **ὑπῆρχον,** πωλοῦντες ἔφερον τὰς τιμὰς τῶν πιπρασκομένων

Acts 4,37 **ὑπάρχοντος** αὐτῷ ἀγροῦ πωλήσας ἤνεγκεν τὸ χρῆμα καὶ ἔθηκεν πρὸς τοὺς πόδας τῶν ἀποστόλων.

Acts 5,4 οὐχὶ μένον σοὶ ἔμενεν καὶ πραθὲν ἐν τῇ σῇ ἐξουσίᾳ **ὑπῆρχεν;** τί ὅτι ἔθου ἐν τῇ καρδίᾳ σου τὸ πρᾶγμα τοῦτο; ...

Acts 7,55 **ὑπάρχων** δὲ πλήρης πνεύματος ἁγίου ἀτενίσας εἰς τὸν οὐρανὸν εἶδεν δόξαν θεοῦ καὶ Ἰησοῦν ἑστῶτα ἐκ δεξιῶν τοῦ θεοῦ

Acts 8,16 οὐδέπω γὰρ ἦν ἐπ' οὐδενὶ αὐτῶν ἐπιπεπτωκός, μόνον δὲ βεβαπτισμένοι **ὑπῆρχον** εἰς τὸ ὄνομα τοῦ κυρίου Ἰησοῦ.

Acts 10,12 ἐν ᾧ **ὑπῆρχεν** πάντα τὰ τετράποδα καὶ ἑρπετὰ τῆς γῆς καὶ πετεινὰ τοῦ οὐρανοῦ.

Acts 16,3 ... ᾔδεισαν γὰρ ἅπαντες ὅτι Ἕλλην ὁ πατὴρ αὐτοῦ **ὑπῆρχεν.**

Acts 16,20 ... οὗτοι οἱ ἄνθρωποι ἐκταράσσουσιν ἡμῶν τὴν πόλιν, Ἰουδαῖοι **ὑπάρχοντες**

Acts 16,37 ... δείραντες ἡμᾶς δημοσίᾳ ἀκατακρίτους, ἀνθρώπους Ῥωμαίους **ὑπάρχοντας,** ἔβαλαν εἰς φυλακήν, καὶ νῦν λάθρᾳ ἡμᾶς ἐκβάλλουσιν; ...

Acts 17,24 ὁ θεὸς ὁ ποιήσας τὸν κόσμον καὶ πάντα τὰ ἐν αὐτῷ, οὗτος οὐρανοῦ καὶ γῆς **ὑπάρχων** κύριος οὐκ ἐν χειροποιήτοις ναοῖς κατοικεῖ

Acts 17,27 ζητεῖν τὸν θεόν, εἰ ἄρα γε ψηλαφήσειαν αὐτὸν καὶ εὕροιεν, καί γε οὐ μακρὰν ἀπὸ ἑνὸς ἑκάστου ἡμῶν **ὑπάρχοντα.**

Acts 17,29 γένος οὖν **ὑπάρχοντες** τοῦ θεοῦ οὐκ ὀφείλομεν νομίζειν χρυσῷ ἢ ἀργύρῳ ἢ λίθῳ, χαράγματι τέχνης καὶ ἐνθυμήσεως ἀνθρώπου, τὸ θεῖον εἶναι ὅμοιον.

Acts 19,36 ἀναντιρρήτων οὖν ὄντων τούτων δέον ἐστὶν ὑμᾶς κατεσταλμένους **ὑπάρχειν** καὶ μηδὲν προπετὲς πράσσειν.

Acts 19,40 καὶ γὰρ κινδυνεύομεν ἐγκαλεῖσθαι στάσεως περὶ τῆς σήμερον, μηδενὸς αἰτίου **ὑπάρχοντος** περὶ οὗ [οὐ] δυνησόμεθα ἀποδοῦναι λόγον περὶ τῆς συστροφῆς ταύτης. ...

Acts 21,20 ... θεωρεῖς, ἀδελφέ, πόσαι μυριάδες εἰσὶν ἐν τοῖς Ἰουδαίοις τῶν πεπιστευκότων καὶ πάντες ζηλωταὶ τοῦ νόμου **ὑπάρχουσιν·**

Acts 22,3 ... ζηλωτὴς **ὑπάρχων** τοῦ θεοῦ καθὼς πάντες ὑμεῖς ἐστε σήμερον·

Acts 27,12 ἀνευθέτου δὲ τοῦ λιμένος **ὑπάρχοντος** πρὸς παραχειμασίαν οἱ πλείονες ἔθεντο βουλὴν ἀναχθῆναι ἐκεῖθεν, ...

Acts 27,21 πολλῆς τε ἀσιτίας **ὑπαρχούσης** τότε σταθεὶς ὁ Παῦλος ἐν μέσῳ αὐτῶν εἶπεν· ...

Acts 27,34 (→ Lk 12,7; → Lk 21,18) ... τοῦτο γὰρ πρὸς τῆς ὑμετέρας σωτηρίας **ὑπάρχει,** οὐδενὸς γὰρ ὑμῶν θρὶξ ἀπὸ τῆς κεφαλῆς ἀπολεῖται.

Acts 28,7 ἐν δὲ τοῖς περὶ τὸν τόπον ἐκεῖνον **ὑπῆρχεν** χωρία τῷ πρώτῳ τῆς νήσου ὀνόματι Ποπλίῳ, ὃς ἀναδεξάμενος ἡμᾶς τρεῖς ἡμέρας φιλοφρόνως ἐξένισεν.

Acts 28,18 οἵτινες ἀνακρίναντές με ἐβούλοντο ἀπολῦσαι διὰ τὸ μηδεμίαν αἰτίαν θανάτου **ὑπάρχειν** ἐν ἐμοί.

ὑπέρ

Syn 12	Mt 5	Mk 2	Lk 5	Acts 7	Jn 13	1-3John 3	Paul 77	Eph 10	Col 7
NT 149	2Thess 2	1/2Tim 3	Tit 1	Heb 11	Jas 1	1Pet 2	2Pet	Jude	Rev

preposition: with genitive: for; on behalf of; for the sake of; of; about; concerning;
with accusative: over and above; beyond; more than; than

	triple tradition																		double tradition			Sondergut		
		+Mt / +Lk			–Mt / –Lk			traditions not taken over by Mt / Lk							subtotals								
code	*222*	*211*	*112*	*212*	*221*	*122*	*121*	*022*	*012*	*021*	*220*	*120*	*210*	*020*	Σ⁺	Σ⁻	Σ	*202*	*201*	*102*	*200*	*002*	total
Mt						1⁻										1⁻		1	4				**5**
Mk						1		1									2						**2**
Lk			1⁺			1		1							1⁺		3	1				1	**5**

a ὑπέρ with genitive *b* ὑπέρ with accusative

a 201	**Mt 5,44** ... ἀγαπᾶτε τοὺς ἐχθροὺς ὑμῶν καὶ προσεύχεσθε **ὑπὲρ τῶν διωκόντων** ὑμᾶς		**Lk 6,28** (⇨ Lk 6,35) [27] ... ἀγαπᾶτε τοὺς ἐχθροὺς ὑμῶν, καλῶς ποιεῖτε τοῖς μισοῦσιν ὑμᾶς, [28] εὐλογεῖτε τοὺς καταρωμένους ὑμᾶς, προσεύχεσθε **περὶ τῶν ἐπηρεαζόντων** ὑμᾶς.	
b 202 / *b* 201	**Mt 10,24 (2)** οὐκ ἔστιν μαθητὴς **ὑπὲρ τὸν διδάσκαλον** οὐδὲ δοῦλος **ὑπὲρ τὸν κύριον αὐτοῦ.**		**Lk 6,40** οὐκ ἔστιν μαθητὴς **ὑπὲρ τὸν διδάσκαλον**· ...	
b 201 / *b* 201	**Mt 10,37 (2)** (→ Mt 19,29) ὁ φιλῶν πατέρα ἢ μητέρα **ὑπὲρ ἐμὲ** οὐκ ἔστιν μου ἄξιος, καὶ ὁ φιλῶν υἱὸν ἢ θυγατέρα **ὑπὲρ ἐμὲ** οὐκ ἔστιν μου ἄξιος·	→ Mk 10,29	**Lk 14,26** (→ Lk 18,29) εἴ τις ἔρχεται πρός με καὶ οὐ μισεῖ τὸν πατέρα ἑαυτοῦ καὶ τὴν μητέρα καὶ τὴν γυναῖκα καὶ τὰ τέκνα καὶ τοὺς ἀδελφοὺς καὶ τὰς ἀδελφάς ἔτι τε καὶ τὴν ψυχὴν ἑαυτοῦ, οὐ δύναται εἶναί μου μαθητής.	→ GTh 55; → GTh 101
a 022	→ Mt 12,30	**Mk 9,40** ὃς γὰρ οὐκ ἔστιν καθ᾽ ἡμῶν, **ὑπὲρ ἡμῶν** ἐστιν.	**Lk 9,50** (→ Lk 11,23) ... ὃς γὰρ οὐκ ἔστιν καθ᾽ ὑμῶν, **ὑπὲρ ὑμῶν** ἐστιν.	

b 002					Lk 16,8	... οἱ υἱοὶ τοῦ αἰῶνος τούτου φρονιμώτεροι **ὑπὲρ τοὺς υἱοὺς τοῦ φωτὸς** εἰς τὴν γενεὰν τὴν ἑαυτῶν εἰσιν.	
a 112	Mt 26,26	... τοῦτό ἐστιν τὸ σῶμά μου.	Mk 14,22	... τοῦτό ἐστιν τὸ σῶμά μου.	Lk 22,19	... τοῦτό ἐστιν τὸ σῶμά μου τὸ **ὑπὲρ ὑμῶν** διδόμενον· ...	→ 1Cor 11,24
a 122	Mt 26,28	τοῦτο γάρ ἐστιν τὸ αἷμά μου τῆς διαθήκης τὸ **περὶ πολλῶν** ἐκχυννόμενον εἰς ἄφεσιν ἁμαρτιῶν.	Mk 14,24	... τοῦτό ἐστιν τὸ αἷμά μου τῆς διαθήκης τὸ ἐκχυννόμενον **ὑπὲρ πολλῶν.**	Lk 22,20	... τοῦτο τὸ ποτήριον ἡ καινὴ διαθήκη ἐν τῷ αἵματί μου, τὸ **ὑπὲρ ὑμῶν** ἐκχυννόμενον.	→ 1Cor 11,25

a **Acts 5,41** οἱ μὲν οὖν ἐπορεύοντο χαίροντες ἀπὸ προσώπου τοῦ συνεδρίου, ὅτι κατηξιώθησαν **ὑπὲρ τοῦ ὀνόματος** ἀτιμασθῆναι

a **Acts 8,24** ... δεήθητε ὑμεῖς **ὑπὲρ ἐμοῦ** πρὸς τὸν κύριον ...

a **Acts 9,16** ἐγὼ γὰρ ὑποδείξω αὐτῷ ὅσα δεῖ αὐτὸν **ὑπὲρ τοῦ ὀνόματός μου** παθεῖν.

a **Acts 15,26** ἀνθρώποις παραδεδωκόσι τὰς ψυχὰς αὐτῶν **ὑπὲρ τοῦ ὀνόματος τοῦ κυρίου ἡμῶν Ἰησοῦ Χριστοῦ.**

a **Acts 21,13** τότε ἀπεκρίθη ὁ Παῦλος· τί ποιεῖτε κλαίοντες καὶ συνθρύπτοντές μου τὴν καρδίαν; ἐγὼ γὰρ οὐ μόνον δεθῆναι ἀλλὰ καὶ ἀποθανεῖν εἰς Ἰερουσαλὴμ ἑτοίμως ἔχω **ὑπὲρ τοῦ ὀνόματος τοῦ κυρίου Ἰησοῦ.**

a **Acts 21,26** ... ἕως οὗ προσηνέχθη **ὑπὲρ ἑνὸς ἑκάστου αὐτῶν** ἡ προσφορά.

b **Acts 26,13** ἡμέρας μέσης κατὰ τὴν ὁδὸν εἶδον, βασιλεῦ, οὐρανόθεν **ὑπὲρ τὴν λαμπρότητα τοῦ ἡλίου** περιλάμψαν με φῶς καὶ τοὺς σὺν ἐμοὶ πορευομένους.

ὑπερεκχύννομαι	Syn 1	Mt	Mk	Lk 1	Acts	Jn	1-3John	Paul	Eph	Col
	NT 1	2Thess	1/2Tim	Tit	Heb	Jas	1Pet	2Pet	Jude	Rev

overflow

002	Lk 6,38	... **μέτρον καλὸν πεπιεσμένον σεσαλευμένον ὑπερεκχυννόμενον** δώσουσιν εἰς τὸν κόλπον ὑμῶν· ...

ὑπερηφανία	Syn 1	Mt	Mk 1	Lk	Acts	Jn	1-3John	Paul	Eph	Col
	NT 1	2Thess	1/2Tim	Tit	Heb	Jas	1Pet	2Pet	Jude	Rev

arrogance; haughtiness; pride

120	Mt 15,19	ἐκ γὰρ τῆς καρδίας ἐξέρχονται διαλογισμοὶ πονηροί, φόνοι, μοιχεῖαι, πορνεῖαι, κλοπαί, ψευδομαρτυρίαι, βλασφημίαι.	Mk 7,22	[21] ἔσωθεν γὰρ ἐκ τῆς καρδίας τῶν ἀνθρώπων οἱ διαλογισμοὶ οἱ κακοὶ ἐκπορεύονται, πορνεῖαι, κλοπαί, φόνοι, [22] μοιχεῖαι, πλεονεξίαι, πονηρίαι, δόλος, ἀσέλγεια, ὀφθαλμὸς πονηρός, βλασφημία, **ὑπερηφανία,** ἀφροσύνη·	→ GTh 14,5

ὑπερήφανος

ὑπερήφανος	Syn 1	Mt	Mk	Lk 1	Acts	Jn	1-3John	Paul 1	Eph	Col
	NT 5	2Thess	1/2Tim 1	Tit	Heb	Jas 1	1Pet 1	2Pet	Jude	Rev

arrogant; haughty; proud

002			**Lk 1,51** ἐποίησεν κράτος ἐν βραχίονι αὐτοῦ, διεσκόρπισεν **ὑπερηφάνους** διανοίᾳ καρδίας αὐτῶν·	

ὑπερπερισσῶς

ὑπερπερισσῶς	Syn 1	Mt	Mk 1	Lk	Acts	Jn	1-3John	Paul	Eph	Col
	NT 1	2Thess	1/2Tim	Tit	Heb	Jas	1Pet	2Pet	Jude	Rev

beyond all measure

120	**Mt 15,31** → Mt 11,5 ὥστε τὸν ὄχλον θαυμάσαι βλέποντας κωφοὺς λαλοῦντας, κυλλοὺς ὑγιεῖς, καὶ χωλοὺς περιπατοῦντας καὶ τυφλοὺς βλέποντας· ...	**Mk 7,37** καὶ **ὑπερπερισσῶς** ἐξεπλήσσοντο λέγοντες· καλῶς πάντα πεποίηκεν, καὶ τοὺς κωφοὺς ποιεῖ ἀκούειν καὶ [τοὺς] ἀλάλους λαλεῖν.		

ὑπηρέτης

ὑπηρέτης	Syn 6	Mt 2	Mk 2	Lk 2	Acts 4	Jn 9	1-3John	Paul 1	Eph	Col
	NT 20	2Thess	1/2Tim	Tit	Heb	Jas	1Pet	2Pet	Jude	Rev

server; helper; assistant

	triple tradition																	double tradition			Sondergut		
		+Mt / +Lk			–Mt / –Lk			traditions not taken over by Mt / Lk							subtotals								
code	222	211	112	212	221	122	121	022	012	021	220	120	210	020	Σ⁺	Σ⁻	Σ	202	201	102	200	002	total
Mt					1		1^-									1^-	1		1				2
Mk					1		1										2						2
Lk					1^-		1^-									2^-						2	2

002			**Lk 1,2** καθὼς παρέδοσαν ἡμῖν οἱ ἀπ' ἀρχῆς αὐτόπται καὶ **ὑπηρέται γενόμενοι τοῦ λόγου**	
002			**Lk 4,20** καὶ πτύξας τὸ βιβλίον ἀποδοὺς **τῷ ὑπηρέτῃ** ἐκάθισεν· ...	
201	**Mt 5,25** → Mt 18,34 ἴσθι εὐνοῶν τῷ ἀντιδίκῳ σου ταχὺ, ἕως ὅτου εἶ μετ' αὐτοῦ ἐν τῇ ὁδῷ, μήποτέ σε παραδῷ ὁ ἀντίδικος τῷ κριτῇ καὶ ὁ κριτὴς **τῷ ὑπηρέτῃ,** καὶ εἰς φυλακὴν βληθήσῃ·		**Lk 12,58** ὡς γὰρ ὑπάγεις μετὰ τοῦ ἀντιδίκου σου ἐπ' ἄρχοντα, ἐν τῇ ὁδῷ δὸς ἐργασίαν ἀπηλλάχθαι ἀπ' αὐτοῦ, μήποτε κατασύρῃ σε πρὸς τὸν κριτήν, καὶ ὁ κριτής σε παραδώσει **τῷ πράκτορι,** καὶ ὁ πράκτωρ σε βαλεῖ εἰς φυλακήν.	

221	Mt 26,58	ὁ δὲ Πέτρος ... εἰσελθὼν ἔσω ἐκάθητο μετὰ τῶν ὑπηρετῶν ἰδεῖν τὸ τέλος.	Mk 14,54	καὶ ὁ Πέτρος ... ἦν συγκαθήμενος μετὰ τῶν ὑπηρετῶν καὶ θερμαινόμενος πρὸς τὸ φῶς.	Lk 22,55	... συγκαθισάντων ἐκάθητο ὁ Πέτρος μέσος αὐτῶν.	→ Jn 18,18
121	Mt 26,68	[67] τότε ἐνέπτυσαν εἰς τὸ πρόσωπον αὐτοῦ καὶ ἐκολάφισαν αὐτόν, οἱ δὲ ἐράπισαν [68] λέγοντες· προφήτευσον ἡμῖν, χριστέ, τίς ἐστιν ὁ παίσας σε;	Mk 14,65	καὶ ἤρξαντό τινες ἐμπτύειν αὐτῷ καὶ περικαλύπτειν αὐτοῦ τὸ πρόσωπον καὶ κολαφίζειν αὐτὸν καὶ λέγειν αὐτῷ· προφήτευσον, καὶ οἱ ὑπηρέται ῥαπίσμασιν αὐτὸν ἔλαβον.	Lk 22,64	[63] καὶ οἱ ἄνδρες οἱ συνέχοντες αὐτὸν ἐνέπαιζον αὐτῷ δέροντες, [64] καὶ περικαλύψαντες αὐτὸν ἐπηρώτων λέγοντες· προφήτευσον, τίς ἐστιν ὁ παίσας σε;	

Acts 5,22 οἱ δὲ παραγενόμενοι ὑπηρέται οὐχ εὗρον αὐτοὺς ἐν τῇ φυλακῇ· ἀναστρέψαντες δὲ ἀπήγγειλαν

Acts 5,26 τότε ἀπελθὼν ὁ στρατηγὸς σὺν τοῖς ὑπηρέταις ἦγεν αὐτούς οὐ μετὰ βίας, ἐφοβοῦντο γὰρ τὸν λαόν μὴ λιθασθῶσιν.

Acts 13,5 ... εἶχον δὲ καὶ Ἰωάννην ὑπηρέτην.

Acts 26,16 ... εἰς τοῦτο γὰρ ὤφθην σοι, προχειρίσασθαί σε ὑπηρέτην καὶ μάρτυρα ὧν τε εἶδές [με] ὧν τε ὀφθήσομαί σοι

ὕπνος	Syn 2	Mt 1	Mk	Lk 1	Acts 2	Jn 1	1-3John	Paul 1	Eph	Col
	NT 6	2Thess	1/2Tim	Tit	Heb	Jas	1Pet	2Pet	Jude	Rev

sleep

200	Mt 1,24	ἐγερθεὶς δὲ ὁ Ἰωσὴφ ἀπὸ τοῦ ὕπνου ἐποίησεν ὡς προσέταξεν αὐτῷ ὁ ἄγγελος κυρίου ...					
002					Lk 9,32	ὁ δὲ Πέτρος καὶ οἱ σὺν αὐτῷ ἦσαν βεβαρημένοι ὕπνῳ· ...	

Acts 20,9 (2) καθεζόμενος δέ τις νεανίας ὀνόματι Εὔτυχος ἐπὶ τῆς θυρίδος, καταφερόμενος ὕπνῳ βαθεῖ διαλεγομένου τοῦ Παύλου ἐπὶ πλεῖον, κατενεχθεὶς ἀπὸ τοῦ ὕπνου ἔπεσεν ἀπὸ τοῦ τριστέγου κάτω καὶ ἤρθη νεκρός.

ὑπό	Syn 70	Mt 28	Mk 11	Lk 31	Acts 41	Jn 2	1-3John 2	Paul 67	Eph 4	Col 2
	NT 219	2Thess 1	1/2Tim 2	Tit	Heb 9	Jas 7	1Pet 2	2Pet 5	Jude 3	Rev 2

preposition: with genitive: by; by means of; at the hands of; *with accusative:* under; below; under the authority of

	triple tradition																	double tradition			Sondergut		
		+Mt / +Lk			−Mt / −Lk			traditions not taken over by Mt / Lk							subtotals								
code	*222*	*211*	*112*	*212*	*221*	*122*	*121*	*022*	*012*	*021*	*220*	*120*	*210*	*020*	Σ⁺	Σ⁻	Σ	*202*	*201*	*102*	*200*	*002*	total
Mt	1	4^+			1		3^-				1		4^+		8^+	3^-	11	8	2		7		**28**
Mk	1				1		3			3	1			2			11						**11**
Lk	1		5^+		1^-		3^-		3^+	3^-					8^+	7^-	9	8		4		10	**31**

[a] ὑπό with genitive

[b] ὑπό with accusative

a 200	**Mt 1,22**	τοῦτο δὲ ὅλον γέγονεν ἵνα πληρωθῇ τὸ ῥηθὲν **ὑπὸ κυρίου** διὰ τοῦ προφήτου λέγοντος·					
a 002					**Lk 2,18**	καὶ πάντες οἱ ἀκούσαντες ἐθαύμασαν περὶ τῶν λαληθέντων **ὑπὸ τῶν ποιμένων** πρὸς αὐτούς·	
a 002					**Lk 2,21** → Mt 1,25 → Lk 1,31	... καὶ ἐκλήθη τὸ ὄνομα αὐτοῦ Ἰησοῦς, τὸ κληθὲν **ὑπὸ τοῦ ἀγγέλου** πρὸ τοῦ συλλημφθῆναι αὐτὸν ἐν τῇ κοιλίᾳ.	
a 002					**Lk 2,26**	καὶ ἦν αὐτῷ κεχρηματισμένον **ὑπὸ τοῦ πνεύματος τοῦ ἁγίου** μὴ ἰδεῖν θάνατον πρὶν [ἢ] ἂν ἴδῃ τὸν χριστὸν κυρίου.	
a 200	**Mt 2,15**	καὶ ἦν ἐκεῖ ἕως τῆς τελευτῆς Ἡρῴδου· ἵνα πληρωθῇ τὸ ῥηθὲν **ὑπὸ κυρίου** διὰ τοῦ προφήτου λέγοντος· *ἐξ Αἰγύπτου ἐκάλεσα τὸν υἱόν μου.* > Hos 11,1					
a 200	**Mt 2,16**	τότε Ἡρῴδης ἰδὼν ὅτι ἐνεπαίχθη **ὑπὸ τῶν μάγων** ἐθυμώθη λίαν, ...					
a 220	**Mt 3,6**	καὶ ἐβαπτίζοντο ἐν τῷ Ἰορδάνῃ ποταμῷ **ὑπ' αὐτοῦ** ἐξομολογούμενοι τὰς ἁμαρτίας αὐτῶν.	**Mk 1,5** ↓ Lk 3,7	... καὶ ἐβαπτίζοντο **ὑπ' αὐτοῦ** ἐν τῷ Ἰορδάνῃ ποταμῷ ἐξομολογούμενοι τὰς ἁμαρτίας αὐτῶν.			
a 102	**Mt 3,7** → Mt 12,34 → Mt 23,33	ἰδὼν δὲ πολλοὺς τῶν Φαρισαίων καὶ Σαδδουκαίων ἐρχομένους **ἐπὶ τὸ βάπτισμα αὐτοῦ** εἶπεν αὐτοῖς· γεννήματα ἐχιδνῶν, ...			**Lk 3,7** ↑ Mk 1,5	ἔλεγεν οὖν τοῖς ἐκπορευομένοις ὄχλοις **βαπτισθῆναι ὑπ' αὐτοῦ·** γεννήματα ἐχιδνῶν, ...	

a 112	Mt 14,3	ὁ γὰρ Ἡρῴδης κρατήσας τὸν Ἰωάννην ἔδησεν [αὐτὸν] καὶ ἐν φυλακῇ ἀπέθετο διὰ Ἡρῳδιάδα τὴν γυναῖκα Φιλίππου τοῦ ἀδελφοῦ αὐτοῦ·	Mk 6,17	αὐτὸς γὰρ ὁ Ἡρῴδης ἀποστείλας ἐκράτησεν τὸν Ἰωάννην καὶ ἔδησεν αὐτὸν ἐν φυλακῇ διὰ Ἡρῳδιάδα τὴν γυναῖκα Φιλίππου τοῦ ἀδελφοῦ αὐτοῦ, ὅτι αὐτὴν ἐγάμησεν·	Lk 3,19 → Mt 14,4 → Mk 6,18	ὁ δὲ Ἡρῴδης ὁ τετραάρχης, ἐλεγχόμενος ὑπ᾽ αὐτοῦ περὶ Ἡρῳδιάδος τῆς γυναικὸς τοῦ ἀδελφοῦ αὐτοῦ καὶ περὶ πάντων ὧν ἐποίησεν πονηρῶν ὁ Ἡρῴδης, [20] ... κατέκλεισεν τὸν Ἰωάννην ἐν φυλακῇ.	
a 221	Mt 3,13	τότε παραγίνεται ὁ Ἰησοῦς ἀπὸ τῆς Γαλιλαίας ἐπὶ τὸν Ἰορδάνην πρὸς τὸν Ἰωάννην τοῦ βαπτισθῆναι ὑπ᾽ αὐτοῦ.	Mk 1,9	καὶ ἐγένετο ἐν ἐκείναις ταῖς ἡμέραις ἦλθεν Ἰησοῦς ἀπὸ Ναζαρὲτ τῆς Γαλιλαίας καὶ ἐβαπτίσθη εἰς τὸν Ἰορδάνην ὑπὸ Ἰωάννου.	Lk 3,21	ἐγένετο δὲ ἐν τῷ βαπτισθῆναι ἅπαντα τὸν λαὸν καὶ Ἰησοῦ βαπτισθέντος ...	
a 200	Mt 3,14	ὁ δὲ Ἰωάννης διεκώλυεν αὐτὸν λέγων· ἐγὼ χρείαν ἔχω ὑπὸ σοῦ βαπτισθῆναι, καὶ σὺ ἔρχῃ πρός με;					
a 201	Mt 4,1 (2)	τότε ὁ Ἰησοῦς ἀνήχθη εἰς τὴν ἔρημον ὑπὸ τοῦ πνεύματος	Mk 1,12	καὶ εὐθὺς τὸ πνεῦμα αὐτὸν ἐκβάλλει εἰς τὴν ἔρημον.	Lk 4,1	Ἰησοῦς δὲ πλήρης πνεύματος ἁγίου ὑπέστρεψεν ἀπὸ τοῦ Ἰορδάνου καὶ ἤγετο ἐν τῷ πνεύματι ἐν τῇ ἐρήμῳ	Mk-Q overlap
a 202		 πειρασθῆναι ὑπὸ τοῦ διαβόλου. [2] καὶ νηστεύσας ἡμέρας τεσσεράκοντα καὶ νύκτας τεσσεράκοντα ὕστερον ἐπείνασεν.	Mk 1,13	καὶ ἦν ἐν τῇ ἐρήμῳ τεσσεράκοντα ἡμέρας πειραζόμενος ὑπὸ τοῦ σατανᾶ, ...	Lk 4,2	 ἡμέρας τεσσεράκοντα πειραζόμενος ὑπὸ τοῦ διαβόλου. καὶ οὐκ ἔφαγεν οὐδὲν ἐν ταῖς ἡμέραις ἐκείναις καὶ συντελεσθεισῶν αὐτῶν ἐπείνασεν.	
a 020	Mt 4,1 (2)	 ... πειρασθῆναι ὑπὸ τοῦ διαβόλου. [2] καὶ νηστεύσας ἡμέρας τεσσεράκοντα καὶ νύκτας τεσσεράκοντα ὕστερον ἐπείνασεν.	Mk 1,13	καὶ ἦν ἐν τῇ ἐρήμῳ τεσσεράκοντα ἡμέρας πειραζόμενος ὑπὸ τοῦ σατανᾶ, ...	Lk 4,2	 ἡμέρας τεσσεράκοντα πειραζόμενος ὑπὸ τοῦ διαβόλου. καὶ οὐκ ἔφαγεν οὐδὲν ἐν ταῖς ἡμέραις ἐκείναις καὶ συντελεσθεισῶν αὐτῶν ἐπείνασεν.	Mk-Q overlap
a 112	Mt 4,17 → Mt 4,23 → Mt 9,35	[12] ἀκούσας δὲ ὅτι Ἰωάννης παρεδόθη ἀνεχώρησεν εἰς τὴν Γαλιλαίαν. [13] ... [17] ἀπὸ τότε ἤρξατο ὁ Ἰησοῦς κηρύσσειν ...	Mk 1,14 → Mk 1,39 → Mk 6,6	μετὰ δὲ τὸ παραδοθῆναι τὸν Ἰωάννην ἦλθεν ὁ Ἰησοῦς εἰς τὴν Γαλιλαίαν κηρύσσων τὸ εὐαγγέλιον τοῦ θεοῦ	Lk 4,15 → Lk 4,44 → Lk 8,1	[14] καὶ ὑπέστρεψεν ὁ Ἰησοῦς ἐν τῇ δυνάμει τοῦ πνεύματος εἰς τὴν Γαλιλαίαν. ... [15] καὶ αὐτὸς ἐδίδασκεν ἐν ταῖς συναγωγαῖς αὐτῶν δοξαζόμενος ὑπὸ πάντων.	
a 121	Mt 9,2	καὶ ἰδοὺ προσέφερον αὐτῷ παραλυτικὸν ἐπὶ κλίνης βεβλημένον. ...	Mk 2,3	καὶ ἔρχονται φέροντες πρὸς αὐτὸν παραλυτικὸν αἰρόμενον ὑπὸ τεσσάρων.	Lk 5,18	καὶ ἰδοὺ ἄνδρες φέροντες ἐπὶ κλίνης ἄνθρωπον ὃς ἦν παραλελυμένος καὶ ἐζήτουν αὐτὸν εἰσενεγκεῖν ...	

a 201	Mt 5,13	... ἐὰν δὲ τὸ ἅλας μωρανθῇ, ἐν τίνι ἁλισθήσεται; εἰς οὐδὲν ἰσχύει ἔτι εἰ μὴ βληθὲν ἔξω καταπατεῖσθαι ὑπὸ τῶν ἀνθρώπων.	Mk 9,50	... ἐὰν δὲ τὸ ἅλας ἄναλον γένηται, ἐν τίνι αὐτὸ ἀρτύσετε; ...	Lk 14,35	[34] ... ἐὰν δὲ καὶ τὸ ἅλας μωρανθῇ, ἐν τίνι ἀρτυθήσεται; [35] οὔτε εἰς γῆν οὔτε εἰς κοπρίαν εὔθετόν ἐστιν, ἔξω βάλλουσιν αὐτό. ...	Mk-Q overlap
b 202	Mt 5,15	οὐδὲ καίουσιν λύχνον καὶ τιθέασιν αὐτὸν ὑπὸ τὸν μόδιον ἀλλ' ἐπὶ τὴν λυχνίαν, καὶ λάμπει πᾶσιν τοῖς ἐν τῇ οἰκίᾳ.	Mk 4,21 (2)	... μήτι ἔρχεται ὁ λύχνος ἵνα ὑπὸ τὸν μόδιον τεθῇ ἢ ὑπὸ τὴν κλίνην; οὐχ ἵνα ἐπὶ τὴν λυχνίαν τεθῇ;	Lk 11,33 ⇩ Lk 8,16	οὐδεὶς λύχνον ἅψας εἰς κρύπτην τίθησιν [οὐδὲ ὑπὸ τὸν μόδιον] ἀλλ' ἐπὶ τὴν λυχνίαν, ἵνα οἱ εἰσπορευόμενοι τὸ φῶς βλέπωσιν.	→ GTh 33,2-3 Mk-Q overlap
a 200	Mt 6,2	ὅταν οὖν ποιῇς ἐλεημοσύνην, μὴ σαλπίσῃς ἔμπροσθέν σου, ὥσπερ οἱ ὑποκριταὶ ποιοῦσιν ἐν ταῖς συναγωγαῖς καὶ ἐν ταῖς ῥύμαις, ὅπως δοξασθῶσιν ὑπὸ τῶν ἀνθρώπων· ...					→ GTh 6 (POxy 654)
b 202	Mt 8,8	... κύριε, οὐκ εἰμὶ ἱκανὸς ἵνα μου ὑπὸ τὴν στέγην εἰσέλθῃς, ...			Lk 7,6	... κύριε, μὴ σκύλλου, οὐ γὰρ ἱκανός εἰμι ἵνα ὑπὸ τὴν στέγην μου εἰσέλθῃς·	→ Jn 4,49
b 202 b 202	Mt 8,9 (2)	καὶ γὰρ ἐγὼ ἄνθρωπός εἰμι ὑπὸ ἐξουσίαν, ἔχων ὑπ' ἐμαυτὸν στρατιώτας, ...			Lk 7,8 (2)	καὶ γὰρ ἐγὼ ἄνθρωπός εἰμι ὑπὸ ἐξουσίαν τασσόμενος ἔχων ὑπ' ἐμαυτὸν στρατιώτας, ...	
a 211	Mt 8,24	καὶ ἰδοὺ σεισμὸς μέγας ἐγένετο ἐν τῇ θαλάσσῃ, ὥστε τὸ πλοῖον καλύπτεσθαι ὑπὸ τῶν κυμάτων, ...	Mk 4,37	καὶ γίνεται λαῖλαψ μεγάλη ἀνέμου, καὶ τὰ κύματα ἐπέβαλλεν εἰς τὸ πλοῖον, ὥστε ἤδη γεμίζεσθαι τὸ πλοῖον.	Lk 8,23	... καὶ κατέβη λαῖλαψ ἀνέμου εἰς τὴν λίμνην, καὶ συνεπληροῦντο καὶ ἐκινδύνευον.	
a 222	Mt 10,22 ⇩ Mt 24,9	καὶ ἔσεσθε μισούμενοι ὑπὸ πάντων διὰ τὸ ὄνομά μου· ...	Mk 13,13	καὶ ἔσεσθε μισούμενοι ὑπὸ πάντων διὰ τὸ ὄνομά μου. ...	Lk 21,17	καὶ ἔσεσθε μισούμενοι ὑπὸ πάντων διὰ τὸ ὄνομά μου.	
a 202	Mt 11,7	... τί ἐξήλθατε εἰς τὴν ἔρημον θεάσασθαι; κάλαμον ὑπὸ ἀνέμου σαλευόμενον;			Lk 7,24	... τί ἐξήλθατε εἰς τὴν ἔρημον θεάσασθαι; κάλαμον ὑπὸ ἀνέμου σαλευόμενον;	→ GTh 78
a 102	Mt 21,32	ἦλθεν γὰρ Ἰωάννης πρὸς ὑμᾶς ἐν ὁδῷ δικαιοσύνης, καὶ οὐκ ἐπιστεύσατε αὐτῷ, οἱ δὲ τελῶναι καὶ αἱ πόρναι ἐπίστευσαν αὐτῷ· ὑμεῖς δὲ ἰδόντες οὐδὲ μετεμελήθητε ὕστερον τοῦ πιστεῦσαι αὐτῷ.			Lk 7,30	[29] ... καὶ οἱ τελῶναι ἐδικαίωσαν τὸν θεόν βαπτισθέντες τὸ βάπτισμα Ἰωάννου· [30] οἱ δὲ Φαρισαῖοι καὶ οἱ νομικοὶ τὴν βουλὴν τοῦ θεοῦ ἠθέτησαν εἰς ἑαυτοὺς μὴ βαπτισθέντες ὑπ' αὐτοῦ.	

a 202	Mt 11,27 → Mt 28,18	πάντα μοι παρεδόθη ὑπὸ τοῦ πατρός μου, ...			Lk 10,22 → Mt 28,18	πάντα μοι παρεδόθη ὑπὸ τοῦ πατρός μου, ...	→ GTh 61,3
a 112	Mt 13,22	... οὗτός ἐστιν ὁ τὸν λόγον ἀκούων, καὶ ἡ μέριμνα τοῦ αἰῶνος καὶ ἡ ἀπάτη τοῦ πλούτου συμπνίγει τὸν λόγον καὶ ἄκαρπος γίνεται.	Mk 4,19	[18] ... οὗτοί εἰσιν οἱ τὸν λόγον ἀκούσαντες, [19] καὶ αἱ μέριμναι τοῦ αἰῶνος καὶ ἡ ἀπάτη τοῦ πλούτου καὶ αἱ περὶ τὰ λοιπὰ ἐπιθυμίαι εἰσπορευόμεναι συμπνίγουσιν τὸν λόγον καὶ ἄκαρπος γίνεται.	Lk 8,14	... οὗτοί εἰσιν οἱ ἀκούσαντες, καὶ ὑπὸ μεριμνῶν καὶ πλούτου καὶ ἡδονῶν τοῦ βίου πορευόμενοι συμπνίγονται καὶ οὐ τελεσφοροῦσιν.	
b 021 *b* 021	Mt 5,15	οὐδὲ καίουσιν λύχνον καὶ τιθέασιν αὐτὸν ὑπὸ τὸν μόδιον ἀλλ' ἐπὶ τὴν λυχνίαν, καὶ λάμπει πᾶσιν τοῖς ἐν τῇ οἰκίᾳ.	Mk 4,21 (2)	... μήτι ἔρχεται ὁ λύχνος ἵνα ὑπὸ τὸν μόδιον τεθῇ ἢ ὑπὸ τὴν κλίνην; οὐχ ἵνα ἐπὶ τὴν λυχνίαν τεθῇ;	Lk 8,16 ⇩ Lk 11,33	οὐδεὶς δὲ λύχνον ἅψας καλύπτει αὐτὸν σκεύει ἢ ὑποκάτω κλίνης τίθησιν, ἀλλ' ἐπὶ λυχνίας τίθησιν, ἵνα οἱ εἰσπορευόμενοι βλέπωσιν τὸ φῶς.	→ GTh 33,2-3 Mk-Q overlap
a 020	Mt 13,32	... καὶ γίνεται δένδρον, ὥστε ἐλθεῖν *τὰ πετεινὰ τοῦ* *οὐρανοῦ καὶ κατασκηνοῦν* *ἐν τοῖς κλάδοις αὐτοῦ.* ➤ Ps 103,12 LXX	Mk 4,32	... καὶ ποιεῖ κλάδους μεγάλους, ὥστε δύνασθαι ὑπὸ τὴν σκιὰν αὐτοῦ· *τὰ πετεινὰ τοῦ οὐρανοῦ* *κατασκηνοῦν.* ➤ Ps 103,12 LXX	Lk 13,19	... καὶ ἐγένετο εἰς δένδρον, καὶ *τὰ πετεινὰ τοῦ* *οὐρανοῦ κατεσκήνωσεν* *ἐν τοῖς κλάδοις αὐτοῦ.* ➤ Ps 103,12 LXX	→ GTh 20 Mk-Q overlap
a 121	Mt 8,28	... χαλεποὶ λίαν, ὥστε μὴ ἰσχύειν τινὰ παρελθεῖν διὰ τῆς ὁδοῦ ἐκείνης.	Mk 5,4	διὰ τὸ αὐτὸν πολλάκις πέδαις καὶ ἁλύσεσιν δεδέσθαι καὶ διεσπάσθαι ὑπ' αὐτοῦ τὰς ἁλύσεις καὶ τὰς πέδας συντετρῖφθαι, καὶ οὐδεὶς ἴσχυεν αὐτὸν δαμάσαι·	Lk 8,29	... πολλοῖς γὰρ χρόνοις συνηρπάκει αὐτὸν καὶ ἐδεσμεύετο ἁλύσεσιν καὶ πέδαις φυλασσόμενος καὶ διαρρήσσων τὰ δεσμὰ	
a 012			Mk 5,5	καὶ διὰ παντὸς νυκτὸς καὶ ἡμέρας ἐν τοῖς μνήμασιν καὶ ἐν τοῖς ὄρεσιν ἦν κράζων καὶ κατακόπτων ἑαυτὸν λίθοις.		ἠλαύνετο ὑπὸ τοῦ δαιμονίου εἰς τὰς ἐρήμους.	
	Mt 9,20	καὶ ἰδοὺ γυνὴ αἱμορροοῦσα δώδεκα ἔτη ...	Mk 5,25	καὶ γυνὴ οὖσα ἐν ῥύσει αἵματος δώδεκα ἔτη	Lk 8,43	καὶ γυνὴ οὖσα ἐν ῥύσει αἵματος ἀπὸ ἐτῶν δώδεκα,	
a 021			Mk 5,26	καὶ πολλὰ παθοῦσα ὑπὸ πολλῶν ἰατρῶν καὶ δαπανήσασα τὰ παρ' αὐτῆς πάντα ...		ἥτις [ἰατροῖς προσαναλώσασα ὅλον τὸν βίον] ...	

[a] ὑπό with genitive

[b] ὑπό with accusative

	Mt 14,1	ἐν ἐκείνῳ τῷ καιρῷ ἤκουσεν Ἡρῴδης ὁ τετραάρχης τὴν ἀκοὴν Ἰησοῦ,	Mk 6,14	καὶ ἤκουσεν ὁ βασιλεὺς Ἡρῴδης, φανερὸν γὰρ ἐγένετο τὸ ὄνομα αὐτοῦ,	Lk 9,7	ἤκουσεν δὲ Ἡρῴδης ὁ τετραάρχης τὰ γινόμενα πάντα	
a 012	Mt 14,2 → Mt 16,14 → Mk 6,16 → Lk 9,9	καὶ εἶπεν τοῖς παισὶν αὐτοῦ· οὗτός ἐστιν Ἰωάννης ὁ βαπτιστής· αὐτὸς ἠγέρθη ἀπὸ τῶν νεκρῶν ...	→ Mk 8,28	καὶ ἔλεγον ὅτι Ἰωάννης ὁ βαπτίζων ἐγήγερται ἐκ νεκρῶν ...	→ Lk 9,19	καὶ διηπόρει διὰ τὸ λέγεσθαι **ὑπό τινων** ὅτι Ἰωάννης ἠγέρθη ἐκ νεκρῶν,	
a 012	→ Mt 16,14		Mk 6,15 → Mk 8,28	ἄλλοι δὲ ἔλεγον ὅτι Ἠλίας ἐστίν· ἄλλοι δὲ ἔλεγον ὅτι προφήτης ὡς εἷς τῶν προφητῶν.	Lk 9,8 → Lk 9,19	**ὑπό τινων** δὲ ὅτι Ἠλίας ἐφάνη, ἄλλων δὲ ὅτι προφήτης τις τῶν ἀρχαίων ἀνέστη.	
a 210	Mt 14,8	ἡ δὲ προβιβασθεῖσα **ὑπὸ τῆς μητρὸς αὐτῆς·** δός μοι, φησίν, ὧδε ἐπὶ πίνακι τὴν κεφαλὴν Ἰωάννου τοῦ βαπτιστοῦ.	Mk 6,24	καὶ ἐξελθοῦσα εἶπεν τῇ μητρὶ αὐτῆς· τί αἰτήσωμαι; ἡ δὲ εἶπεν· τὴν κεφαλὴν Ἰωάννου τοῦ βαπτίζοντος. [25] καὶ εἰσελθοῦσα εὐθὺς μετὰ σπουδῆς πρὸς τὸν βασιλέα ᾐτήσατο λέγουσα· θέλω ἵνα ἐξαυτῆς δῷς μοι ἐπὶ πίνακι τὴν κεφαλὴν Ἰωάννου τοῦ βαπτιστοῦ.			
a 210	Mt 14,24	τὸ δὲ πλοῖον ἤδη σταδίους πολλοὺς ἀπὸ τῆς γῆς ἀπεῖχεν βασανιζόμενον **ὑπὸ τῶν κυμάτων,** ἦν γὰρ ἐναντίος ὁ ἄνεμος.	Mk 6,48	[47] καὶ ὀψίας γενομένης· ἦν τὸ πλοῖον ἐν μέσῳ τῆς θαλάσσης, ... [48] καὶ ἰδὼν αὐτοὺς βασανιζομένους ἐν τῷ ἐλαύνειν, ἦν γὰρ ὁ ἄνεμος ἐναντίος αὐτοῖς			→ Jn 6,18
a 121	Mt 16,21 → Mt 17,22-23 → Mt 20,18-19 → Mt 27,63	ἀπὸ τότε ἤρξατο ὁ Ἰησοῦς δεικνύειν τοῖς μαθηταῖς αὐτοῦ ὅτι δεῖ αὐτὸν εἰς Ἱεροσόλυμα ἀπελθεῖν καὶ πολλὰ παθεῖν **ἀπὸ τῶν πρεσβυτέρων καὶ ἀρχιερέων καὶ γραμματέων** καὶ ἀποκτανθῆναι καὶ τῇ τρίτῃ ἡμέρᾳ ἐγερθῆναι.	Mk 8,31 → Mk 9,31 → Mk 10,33-34	καὶ ἤρξατο διδάσκειν αὐτοὺς ὅτι δεῖ τὸν υἱὸν τοῦ ἀνθρώπου πολλὰ παθεῖν καὶ ἀποδοκιμασθῆναι **ὑπὸ τῶν πρεσβυτέρων καὶ τῶν ἀρχιερέων καὶ τῶν γραμματέων** καὶ ἀποκτανθῆναι καὶ μετὰ τρεῖς ἡμέρας ἀναστῆναι·	Lk 9,22 → Lk 9,44 → Lk 17,25 → Lk 18,31-33 → Lk 24,7 → Lk 24,26 → Lk 24,46	εἰπὼν ὅτι δεῖ τὸν υἱὸν τοῦ ἀνθρώπου πολλὰ παθεῖν καὶ ἀποδοκιμασθῆναι **ἀπὸ τῶν πρεσβυτέρων καὶ ἀρχιερέων καὶ γραμματέων** καὶ ἀποκτανθῆναι καὶ τῇ τρίτῃ ἡμέρᾳ ἐγερθῆναι.	
a 210	Mt 17,12	... οὕτως καὶ ὁ υἱὸς τοῦ ἀνθρώπου μέλλει πάσχειν **ὑπ᾽ αὐτῶν.**	Mk 9,12	... καὶ πῶς γέγραπται ἐπὶ τὸν υἱὸν τοῦ ἀνθρώπου ἵνα πολλὰ πάθῃ καὶ ἐξουδενηθῇ;			
a 202	Mt 11,27 → Mt 28,18	πάντα μοι παρεδόθη **ὑπὸ τοῦ πατρός μου,** ...			Lk 10,22 → Mt 28,18	πάντα μοι παρεδόθη **ὑπὸ τοῦ πατρός μου,** ...	→ GTh 61,3
b 202	Mt 5,15	οὐδὲ καίουσιν λύχνον καὶ τιθέασιν αὐτὸν **ὑπὸ τὸν μόδιον** ἀλλ᾽ ἐπὶ τὴν λυχνίαν, καὶ λάμπει πᾶσιν τοῖς ἐν τῇ οἰκίᾳ.	Mk 4,21 (2)	... μήτι ἔρχεται ὁ λύχνος ἵνα **ὑπὸ τὸν μόδιον** τεθῇ ἢ ὑπὸ τὴν κλίνην; οὐχ ἵνα ἐπὶ τὴν λυχνίαν τεθῇ;	Lk 11,33 ⇑ Lk 8,16	οὐδεὶς λύχνον ἅψας εἰς κρύπτην τίθησιν [οὐδὲ **ὑπὸ τὸν μόδιον]** ἀλλ᾽ ἐπὶ τὴν λυχνίαν, ἵνα οἱ εἰσπορευόμενοι τὸ φῶς βλέπωσιν.	→ GTh 33,2-3 Mk-Q overlap

a 002					Lk 13,17 → Mt 12,14 → Mk 3,6 → Lk 6,11 → Lk 14,6	... καὶ πᾶς ὁ ὄχλος ἔχαιρεν ἐπὶ πᾶσιν τοῖς ἐνδόξοις τοῖς γινομένοις **ὑπ᾽ αὐτοῦ.**	
b 202	Mt 23,37	... ποσάκις ἠθέλησα ἐπισυναγαγεῖν τὰ τέκνα σου, ὃν τρόπον ὄρνις ἐπισυνάγει τὰ νοσσία αὐτῆς **ὑπὸ τὰς πτέρυγας,** καὶ οὐκ ἠθελήσατε.			Lk 13,34	... ποσάκις ἠθέλησα ἐπισυνάξαι τὰ τέκνα σου ὃν τρόπον ὄρνις τὴν ἑαυτῆς νοσσιὰν **ὑπὸ τὰς πτέρυγας,** καὶ οὐκ ἠθελήσατε.	
a 002 a 002					Lk 14,8 (2)	ὅταν κληθῇς **ὑπό τινος** εἰς γάμους, μὴ κατακλιθῇς εἰς τὴν πρωτοκλισίαν, μήποτε ἐντιμότερός σου ᾖ κεκλημένος **ὑπ᾽ αὐτοῦ**	
a 002					Lk 16,22	ἐγένετο δὲ ἀποθανεῖν τὸν πτωχὸν καὶ ἀπενεχθῆναι αὐτὸν **ὑπὸ τῶν ἀγγέλων** εἰς τὸν κόλπον Ἀβραάμ· ...	
a 002					Lk 17,20	ἐπερωτηθεὶς δὲ **ὑπὸ τῶν Φαρισαίων** πότε ἔρχεται ἡ βασιλεία τοῦ θεοῦ ἀπεκρίθη αὐτοῖς καὶ εἶπεν· οὐκ ἔρχεται ἡ βασιλεία τοῦ θεοῦ μετὰ παρατηρήσεως	→ GTh 3,3 (POxy 654) → GTh 113
b 102 b 102	Mt 24,27	ὥσπερ γὰρ ἡ ἀστραπὴ ἐξέρχεται **ἀπὸ ἀνατολῶν** καὶ φαίνεται **ἕως δυσμῶν,** οὕτως ἔσται ἡ παρουσία τοῦ υἱοῦ τοῦ ἀνθρώπου·			Lk 17,24 (2)	ὥσπερ γὰρ ἡ ἀστραπὴ ἀστράπτουσα **ἐκ τῆς ὑπὸ τὸν οὐρανὸν** **εἰς τὴν ὑπ᾽ οὐρανὸν** λάμπει, οὕτως ἔσται ὁ υἱὸς τοῦ ἀνθρώπου [ἐν τῇ ἡμέρᾳ αὐτοῦ].	
a 200	Mt 19,12	... καὶ εἰσὶν εὐνοῦχοι οἵτινες εὐνουχίσθησαν **ὑπὸ τῶν ἀνθρώπων,** καὶ εἰσὶν εὐνοῦχοι οἵτινες εὐνούχισαν ἑαυτοὺς διὰ τὴν βασιλείαν τῶν οὐρανῶν. ...					
a 210	Mt 20,23	... τὸ δὲ καθίσαι ἐκ δεξιῶν μου καὶ ἐξ εὐωνύμων οὐκ ἔστιν ἐμὸν [τοῦτο] δοῦναι, ἀλλ᾽ οἷς ἡτοίμασται **ὑπὸ τοῦ πατρός μου.**	Mk 10,40	τὸ δὲ καθίσαι ἐκ δεξιῶν μου ἢ ἐξ εὐωνύμων οὐκ ἔστιν ἐμὸν δοῦναι, ἀλλ᾽ οἷς ἡτοίμασται.			
a 211	Mt 22,31	περὶ δὲ τῆς ἀναστάσεως τῶν νεκρῶν οὐκ ἀνέγνωτε τὸ ῥηθὲν ὑμῖν **ὑπὸ τοῦ θεοῦ** λέγοντος·	Mk 12,26	περὶ δὲ τῶν νεκρῶν ὅτι ἐγείρονται οὐκ ἀνέγνωτε ἐν τῇ βίβλῳ Μωϋσέως ἐπὶ τοῦ βάτου πῶς εἶπεν αὐτῷ **ὁ θεὸς** λέγων· ...	Lk 20,37	ὅτι δὲ ἐγείρονται οἱ νεκροί, καὶ Μωϋσῆς ἐμήνυσεν ἐπὶ τῆς βάτου, ὡς λέγει ...	

a 211	Mt 23,7	καὶ τοὺς ἀσπασμοὺς ἐν ταῖς ἀγοραῖς καὶ καλεῖσθαι **ὑπὸ τῶν ἀνθρώπων** ῥαββί.	Mk 12,38	... καὶ ἀσπασμοὺς ἐν ταῖς ἀγοραῖς	Lk 20,46 ⇩ Lk 11,43	... καὶ φιλούντων ἀσπασμοὺς ἐν ταῖς ἀγοραῖς ...	Mk-Q overlap
					Lk 11,43 ⇧ Lk 20,46	... καὶ τοὺς ἀσπασμοὺς ἐν ταῖς ἀγοραῖς.	
b 202	Mt 23,37	... ποσάκις ἠθέλησα ἐπισυναγαγεῖν τὰ τέκνα σου, ὃν τρόπον ὄρνις ἐπισυνάγει τὰ νοσσία αὐτῆς **ὑπὸ τὰς πτέρυγας,** καὶ οὐκ ἠθελήσατε.			Lk 13,34	... ποσάκις ἠθέλησα ἐπισυνάξαι τὰ τέκνα σου ὃν τρόπον ὄρνις τὴν ἑαυτῆς νοσσιὰν **ὑπὸ τὰς πτέρυγας,** καὶ οὐκ ἠθελήσατε.	
a 112	Mt 10,21 ⇩ Mt 24,9 → Mt 10,35 → Mt 24,10	παραδώσει δὲ ἀδελφὸς ἀδελφὸν εἰς θάνατον καὶ πατὴρ τέκνον, καὶ ἐπαναστήσονται τέκνα **ἐπὶ γονεῖς** καὶ θανατώσουσιν αὐτούς.	Mk 13,12	καὶ παραδώσει ἀδελφὸς ἀδελφὸν εἰς θάνατον καὶ πατὴρ τέκνον, καὶ ἐπαναστήσονται τέκνα **ἐπὶ γονεῖς** καὶ θανατώσουσιν αὐτούς·	Lk 21,16 → Lk 12,53	παραδοθήσεσθε δὲ καὶ **ὑπὸ γονέων καὶ ἀδελφῶν καὶ συγγενῶν καὶ φίλων,** καὶ θανατώσουσιν ἐξ ὑμῶν,	
a 222	Mt 10,22 ⇩ Mt 24,9	καὶ ἔσεσθε μισούμενοι **ὑπὸ πάντων** διὰ τὸ ὄνομά μου· ...	Mk 13,13	καὶ ἔσεσθε μισούμενοι **ὑπὸ πάντων** διὰ τὸ ὄνομά μου. ...	Lk 21,17	καὶ ἔσεσθε μισούμενοι **ὑπὸ πάντων** διὰ τὸ ὄνομά μου.	
a 200	Mt 24,9 ⇧ Mt 10,21 → Mt 10,17 → Mt 24,10 → Mk 13,9 → Lk 21,12 ⇧ Mt 10,22	τότε παραδώσουσιν ὑμᾶς εἰς θλῖψιν καὶ ἀποκτενοῦσιν ὑμᾶς, καὶ ἔσεσθε μισούμενοι **ὑπὸ πάντων τῶν ἐθνῶν** διὰ τὸ ὄνομά μου.	Mk 13,13	καὶ ἔσεσθε μισούμενοι **ὑπὸ πάντων** διὰ τὸ ὄνομά μου. ...	Lk 21,17	καὶ ἔσεσθε μισούμενοι **ὑπὸ πάντων** διὰ τὸ ὄνομά μου.	
a 112	Mt 24,15	ὅταν οὖν ἴδητε *τὸ βδέλυγμα τῆς ἐρημώσεως* τὸ ῥηθὲν διὰ Δανιὴλ τοῦ προφήτου ἑστὸς ἐν τόπῳ ἁγίῳ, ὁ ἀναγινώσκων νοείτω ➤ Dan 9,27/11,31/12,11	Mk 13,14	ὅταν δὲ ἴδητε *τὸ βδέλυγμα τῆς ἐρημώσεως* ἑστηκότα ὅπου οὐ δεῖ, ὁ ἀναγινώσκων νοείτω, ... ➤ Dan 9,27/11,31/12,11	Lk 21,20 → Lk 19,43	ὅταν δὲ ἴδητε κυκλουμένην **ὑπὸ στρατοπέδων** Ἰερουσαλήμ, τότε γνῶτε ὅτι ἤγγικεν ἡ ἐρήμωσις αὐτῆς.	
a 002					Lk 21,24 → Lk 19,44	καὶ πεσοῦνται στόματι μαχαίρης καὶ αἰχμαλωτισθήσονται εἰς τὰ ἔθνη πάντα, καὶ Ἰερουσαλὴμ ἔσται πατουμένη **ὑπὸ ἐθνῶν,** ἄχρι οὗ πληρωθῶσιν καιροὶ ἐθνῶν.	
a 211	Mt 27,12	καὶ ἐν τῷ κατηγορεῖσθαι αὐτὸν **ὑπὸ τῶν ἀρχιερέων** καὶ πρεσβυτέρων οὐδὲν ἀπεκρίνατο. [13] τότε λέγει αὐτῷ ὁ Πιλᾶτος· οὐκ ἀκούεις πόσα σου καταμαρτυροῦσιν;	Mk 15,3	καὶ κατηγόρουν αὐτοῦ **οἱ ἀρχιερεῖς** πολλά. [4] ὁ δὲ Πιλᾶτος πάλιν ἐπηρώτα αὐτὸν λέγων· οὐκ ἀποκρίνῃ οὐδέν; ἴδε πόσα σου κατηγοροῦσιν.	Lk 23,2 → Lk 20,20 ⇩ Lk 23,10 → Lk 23,14	ἤρξαντο δὲ κατηγορεῖν αὐτοῦ λέγοντες· ...	
					Lk 23,10 ⇧ Lk 23,2	εἱστήκεισαν δὲ **οἱ ἀρχιερεῖς** καὶ οἱ γραμματεῖς εὐτόνως κατηγοροῦντες αὐτοῦ.	Mt/Mk: before Pilate; Lk: before Herod

a		Lk 23,8 →Lk 9,9	ὁ δὲ Ἡρῴδης ἰδὼν τὸν Ἰησοῦν ἐχάρη λίαν, ἦν γὰρ ἐξ ἱκανῶν χρόνων θέλων ἰδεῖν αὐτὸν διὰ τὸ ἀκούειν περὶ αὐτοῦ, καὶ ἤλπιζέν τι σημεῖον ἰδεῖν **ὑπ᾽ αὐτοῦ** γινόμενον.
002			

a ὑπό with genitive

b ὑπό with accusative

b **Acts 2,5** ἦσαν δὲ εἰς Ἰερουσαλὴμ κατοικοῦντες Ἰουδαῖοι, ἄνδρες εὐλαβεῖς **ἀπὸ παντὸς ἔθνους τῶν ὑπὸ τὸν οὐρανόν.**

a **Acts 2,24** ὃν ὁ θεὸς ἀνέστησεν λύσας τὰς ὠδῖνας τοῦ θανάτου, καθότι οὐκ ἦν δυνατὸν κρατεῖσθαι αὐτὸν **ὑπ᾽ αὐτοῦ.**

a **Acts 4,11** →Mt 21,42 →Mk 12,10 →Lk 20,17 οὗτός ἐστιν ὁ λίθος, ὁ ἐξουθενηθεὶς **ὑφ᾽ ὑμῶν τῶν οἰκοδόμων,** ὁ γενόμενος εἰς κεφαλὴν γωνίας. ➤ Ps 118,22

b **Acts 4,12** ... οὐδὲ γὰρ ὄνομά ἐστιν ἕτερον **ὑπὸ τὸν οὐρανὸν** τὸ δεδομένον ἐν ἀνθρώποις ἐν ᾧ δεῖ σωθῆναι ἡμᾶς.

a **Acts 5,16** συνήρχετο δὲ καὶ τὸ πλῆθος τῶν πέριξ πόλεων Ἰερουσαλήμ, φέροντες ἀσθενεῖς καὶ ὀχλουμένους **ὑπὸ πνευμάτων ἀκαθάρτων,** οἵτινες ἐθεραπεύοντο ἅπαντες.

b **Acts 5,21** ἀκούσαντες δὲ εἰσῆλθον **ὑπὸ τὸν ὄρθρον** εἰς τὸ ἱερὸν καὶ ἐδίδασκον. ...

a **Acts 8,6** προσεῖχον δὲ οἱ ὄχλοι τοῖς λεγομένοις **ὑπὸ τοῦ Φιλίππου** ὁμοθυμαδὸν ἐν τῷ ἀκούειν αὐτοὺς καὶ βλέπειν τὰ σημεῖα ἃ ἐποίει.

a **Acts 10,17** ὡς δὲ ἐν ἑαυτῷ διηπόρει ὁ Πέτρος τί ἂν εἴη τὸ ὅραμα ὃ εἶδεν, ἰδοὺ οἱ ἄνδρες οἱ ἀπεσταλμένοι **ὑπὸ τοῦ Κορνηλίου** διερωτήσαντες τὴν οἰκίαν τοῦ Σίμωνος ἐπέστησαν ἐπὶ τὸν πυλῶνα

a **Acts 10,22 (2)** →Lk 7,5 ... Κορνήλιος ἑκατοντάρχης, ἀνὴρ δίκαιος καὶ φοβούμενος τὸν θεὸν, μαρτυρούμενός τε **ὑπὸ ὅλου τοῦ ἔθνους τῶν Ἰουδαίων,** ἐχρηματίσθη
a **ὑπὸ ἀγγέλου ἁγίου** μεταπέμψασθαί σε εἰς τὸν οἶκον αὐτοῦ καὶ ἀκοῦσαι ῥήματα παρὰ σοῦ.

a **Acts 10,33** ... νῦν οὖν πάντες ἡμεῖς ἐνώπιον τοῦ θεοῦ πάρεσμεν ἀκοῦσαι πάντα τὰ προστεταγμένα σοι **ὑπὸ τοῦ κυρίου.**

a **Acts 10,38** →Lk 4,18 →Lk 13,16 →Lk 24,19 Ἰησοῦν τὸν ἀπὸ Ναζαρέθ, ὡς ἔχρισεν αὐτὸν ὁ θεὸς πνεύματι ἁγίῳ καὶ δυνάμει, ὃς διῆλθεν εὐεργετῶν καὶ ἰώμενος πάντας τοὺς καταδυναστευομένους **ὑπὸ τοῦ διαβόλου,** ὅτι ὁ θεὸς ἦν μετ᾽ αὐτοῦ.

a **Acts 10,41** οὐ παντὶ τῷ λαῷ, ἀλλὰ μάρτυσιν τοῖς προκεχειροτονημένοις **ὑπὸ τοῦ θεοῦ,** ἡμῖν, ...

a **Acts 10,42** ... οὗτός ἐστιν ὁ ὡρισμένος **ὑπὸ τοῦ θεοῦ** κριτὴς ζώντων καὶ νεκρῶν.

a **Acts 12,5** ... προσευχὴ δὲ ἦν ἐκτενῶς γινομένη **ὑπὸ τῆς ἐκκλησίας** πρὸς τὸν θεὸν περὶ αὐτοῦ.

a **Acts 13,4** αὐτοὶ μὲν οὖν ἐκπεμφθέντες **ὑπὸ τοῦ ἁγίου πνεύματος** κατῆλθον εἰς Σελεύκειαν, ...

a **Acts 13,45** ἰδόντες δὲ οἱ Ἰουδαῖοι τοὺς ὄχλους ἐπλήσθησαν ζήλου καὶ ἀντέλεγον τοῖς **ὑπὸ Παύλου** λαλουμένοις βλασφημοῦντες.

a **Acts 15,3** οἱ μὲν οὖν προπεμφθέντες **ὑπὸ τῆς ἐκκλησίας** διήρχοντο τήν τε Φοινίκην καὶ Σαμάρειαν ἐκδιηγούμενοι τὴν ἐπιστροφὴν τῶν ἐθνῶν ...

a **Acts 15,40** Παῦλος δὲ ἐπιλεξάμενος Σιλᾶν ἐξῆλθεν παραδοθεὶς τῇ χάριτι τοῦ κυρίου **ὑπὸ τῶν ἀδελφῶν.**

a **Acts 16,2** ὃς ἐμαρτυρεῖτο **ὑπὸ τῶν ἐν Λύστροις καὶ Ἰκονίῳ ἀδελφῶν.**

a **Acts 16,4** ... παρεδίδοσαν αὐτοῖς φυλάσσειν τὰ δόγματα τὰ κεκριμένα **ὑπὸ τῶν ἀποστόλων καὶ πρεσβυτέρων τῶν ἐν Ἱεροσολύμοις.**

a **Acts 16,6** διῆλθον δὲ τὴν Φρυγίαν καὶ Γαλατικὴν χώραν κωλυθέντες **ὑπὸ τοῦ ἁγίου πνεύματος** λαλῆσαι τὸν λόγον ἐν τῇ Ἀσίᾳ·

a **Acts 16,14** καί τις γυνὴ ὀνόματι Λυδία ... ἧς ὁ κύριος διήνοιξεν τὴν καρδίαν προσέχειν τοῖς λαλουμένοις **ὑπὸ τοῦ Παύλου.**

a **Acts 17,13** ὡς δὲ ἔγνωσαν οἱ ἀπὸ τῆς Θεσσαλονίκης Ἰουδαῖοι ὅτι καὶ ἐν τῇ Βεροίᾳ κατηγγέλη **ὑπὸ τοῦ Παύλου** ὁ λόγος τοῦ θεοῦ, ἦλθον κἀκεῖ σαλεύοντες καὶ ταράσσοντες τοὺς ὄχλους.

a **Acts 17,19** ἐπιλαβόμενοί τε αὐτοῦ ἐπὶ τὸν Ἄρειον πάγον ἤγαγον λέγοντες· δυνάμεθα γνῶναι τίς ἡ καινὴ αὕτη ἡ **ὑπὸ σοῦ** λαλουμένη διδαχή;

a **Acts 17,25** οὐδὲ **ὑπὸ χειρῶν ἀνθρωπίνων** θεραπεύεται προσδεόμενός τινος, ...

a **Acts 20,3** ... γενομένης ἐπιβουλῆς αὐτῷ
ὑπὸ τῶν Ἰουδαίων
μέλλοντι ἀνάγεσθαι εἰς τὴν Συρίαν, ἐγένετο γνώμης τοῦ ὑποστρέφειν διὰ Μακεδονίας.

a **Acts 21,35** ὅτε δὲ ἐγένετο ἐπὶ τοὺς ἀναβαθμούς, συνέβη βαστάζεσθαι αὐτὸν
ὑπὸ τῶν στρατιωτῶν
διὰ τὴν βίαν τοῦ ὄχλου

a **Acts 22,11** ὡς δὲ οὐκ ἐνέβλεπον ἀπὸ τῆς δόξης τοῦ φωτὸς ἐκείνου, χειραγωγούμενος
ὑπὸ τῶν συνόντων
μοι ἦλθον εἰς Δαμασκόν.

a **Acts 22,12** Ἁνανίας δέ τις, ἀνὴρ εὐλαβὴς κατὰ τὸν νόμον, μαρτυρούμενος
ὑπὸ πάντων τῶν κατοικούντων Ἰουδαίων

a **Acts 22,30** τῇ δὲ ἐπαύριον βουλόμενος γνῶναι τὸ ἀσφαλές, τὸ τί κατηγορεῖται
ὑπὸ τῶν Ἰουδαίων,
ἔλυσεν αὐτὸν ...

a **Acts 23,10** πολλῆς δὲ γινομένης στάσεως φοβηθεὶς ὁ χιλίαρχος μὴ διασπασθῇ ὁ Παῦλος
ὑπ' αὐτῶν
ἐκέλευσεν τὸ στράτευμα καταβὰν ἁρπάσαι αὐτὸν ἐκ μέσου αὐτῶν ἄγειν τε εἰς τὴν παρεμβολήν.

a **Acts 23,27** (2) τὸν ἄνδρα τοῦτον συλλημφθέντα
ὑπὸ τῶν Ἰουδαίων
a καὶ μέλλοντα ἀναιρεῖσθαι
ὑπ' αὐτῶν
ἐπιστὰς σὺν τῷ στρατεύματι ἐξειλάμην, μαθὼν ὅτι Ῥωμαῖός ἐστιν·

a **Acts 24,26** ἅμα καὶ ἐλπίζων ὅτι χρήματα δοθήσεται αὐτῷ
ὑπὸ τοῦ Παύλου·
διὸ καὶ πυκνότερον αὐτὸν μεταπεμπόμενος ὡμίλει αὐτῷ.

a **Acts 25,14** ὡς δὲ πλείους ἡμέρας διέτριβον ἐκεῖ, ὁ Φῆστος τῷ βασιλεῖ ἀνέθετο τὰ κατὰ τὸν Παῦλον λέγων· ἀνήρ τίς ἐστιν καταλελειμμένος
ὑπὸ Φήλικος
δέσμιος

a **Acts 26,2** περὶ πάντων ὧν ἐγκαλοῦμαι
ὑπὸ Ἰουδαίων,
βασιλεῦ Ἀγρίππα, ἥγημαι ἐμαυτὸν μακάριον ἐπὶ σοῦ μέλλων σήμερον ἀπολογεῖσθαι

a **Acts 26,6** καὶ νῦν ἐπ' ἐλπίδι τῆς εἰς τοὺς πατέρας ἡμῶν ἐπαγγελίας γενομένης
ὑπὸ τοῦ θεοῦ
ἕστηκα κρινόμενος,

a **Acts 26,7** ... περὶ ἧς ἐλπίδος ἐγκαλοῦμαι
ὑπὸ Ἰουδαίων,
βασιλεῦ.

a **Acts 27,11** ὁ δὲ ἑκατοντάρχης τῷ κυβερνήτῃ καὶ τῷ ναυκλήρῳ μᾶλλον ἐπείθετο ἢ τοῖς
ὑπὸ Παύλου
λεγομένοις.

a **Acts 27,41** ... καὶ ἡ μὲν πρῷρα ἐρείσασα ἔμεινεν ἀσάλευτος, ἡ δὲ πρύμνα ἐλύετο
ὑπὸ τῆς βίας [τῶν κυμάτων].

ὑποδείκνυμι, ὑποδεικνύω	Syn 4	Mt 1	Mk	Lk 3	Acts 2	Jn	1-3John	Paul	Eph	Col
	NT 6	2Thess	1/2Tim	Tit	Heb	Jas	1Pet	2Pet	Jude	Rev

show; indicate; give direction; prove; set forth

202	**Mt 3,7** →Mt 12,34 →Mt 23,33	... γεννήματα ἐχιδνῶν, τίς **ὑπέδειξεν** ὑμῖν φυγεῖν ἀπὸ τῆς μελλούσης ὀργῆς;	**Lk 3,7**	... γεννήματα ἐχιδνῶν, τίς **ὑπέδειξεν** ὑμῖν φυγεῖν ἀπὸ τῆς μελλούσης ὀργῆς;
102	**Mt 7,24**	πᾶς οὖν ὅστις ἀκούει μου τοὺς λόγους τούτους καὶ ποιεῖ αὐτούς, ... ὁμοιωθήσεται ἀνδρὶ φρονίμῳ, ὅστις ᾠκοδόμησεν αὐτοῦ τὴν οἰκίαν ἐπὶ τὴν πέτραν·	**Lk 6,47**	πᾶς ὁ ἐρχόμενος πρός με καὶ ἀκούων μου τῶν λόγων καὶ ποιῶν αὐτούς, **ὑποδείξω** ὑμῖν τίνι ἐστὶν ὅμοιος· [48] ὅμοιός ἐστιν ἀνθρώπῳ οἰκοδομοῦντι οἰκίαν ὃς ἔσκαψεν καὶ ἐβάθυνεν καὶ ἔθηκεν θεμέλιον ἐπὶ τὴν πέτραν·
102	**Mt 10,28**	... φοβεῖσθε δὲ μᾶλλον τὸν δυνάμενον καὶ ψυχὴν καὶ σῶμα ἀπολέσαι ἐν γεέννῃ.	**Lk 12,5**	**ὑποδείξω** δὲ ὑμῖν τίνα φοβηθῆτε· φοβήθητε τὸν μετὰ τὸ ἀποκτεῖναι ἔχοντα ἐξουσίαν ἐμβαλεῖν εἰς τὴν γέενναν· ...

Acts 9,16 ἐγὼ γὰρ
ὑποδείξω
αὐτῷ ὅσα δεῖ αὐτὸν ὑπὲρ
τοῦ ὀνόματός μου παθεῖν.

Acts 20,35 πάντα
ὑπέδειξα
ὑμῖν ὅτι οὕτως
κοπιῶντας δεῖ
ἀντιλαμβάνεσθαι
τῶν ἀσθενούντων, ...

ὑποδέομαι	Syn 1	Mt	Mk 1	Lk	Acts 1	Jn	1-3John	Paul	Eph 1	Col
	NT 3	2Thess	1/2Tim	Tit	Heb	Jas	1Pet	2Pet	Jude	Rev

tie beneath; bind beneath; put on (footwear)

121	**Mt 10,10**	[9] μὴ κτήσησθε χρυσὸν μηδὲ ἄργυρον μηδὲ χαλκὸν εἰς τὰς ζώνας ὑμῶν, [10] μὴ πήραν εἰς ὁδὸν μηδὲ δύο χιτῶνας ↔	**Mk 6,9**	[8] ... ἵνα μηδὲν αἴρωσιν εἰς ὁδὸν εἰ μὴ ῥάβδον μόνον, μὴ ἄρτον, μὴ πήραν, μὴ εἰς τὴν ζώνην χαλκόν, [9] ἀλλὰ **ὑποδεδεμένους σανδάλια,** καὶ μὴ ἐνδύσησθε δύο χιτῶνας.	**Lk 9,3** ⇩ Lk 10,4 → Lk 22,35-36	... μηδὲν αἴρετε εἰς τὴν ὁδόν, μήτε ῥάβδον μήτε πήραν μήτε ἄρτον μήτε ἀργύριον μήτε [ἀνὰ] δύο χιτῶνας ἔχειν.	Mk-Q overlap
	Mt 10,10	↔ **μηδὲ ὑποδήματα** μηδὲ ῥάβδον· ...			**Lk 10,4** ⇧ Lk 9,3 → Lk 22,35-36	μὴ βαστάζετε βαλλάντιον, μὴ πήραν, **μὴ ὑποδήματα,** καὶ μηδένα κατὰ τὴν ὁδὸν ἀσπάσησθε.	

Acts 12,8 εἶπεν δὲ ὁ ἄγγελος πρὸς
αὐτόν· ζῶσαι καὶ
ὑπόδησαι
τὰ σανδάλιά σου. ...

ὑποδέχομαι	Syn 2	Mt	Mk	Lk 2	Acts 1	Jn	1-3John	Paul	Eph	Col
	NT 4	2Thess	1/2Tim	Tit	Heb	Jas 1	1Pet	2Pet	Jude	Rev

receive; welcome; entertain as a guest

002	**Lk 10,38**	... γυνὴ δέ τις ὀνόματι Μάρθα **ὑπεδέξατο** αὐτόν.	
002	**Lk 19,6**	καὶ σπεύσας κατέβη καὶ **ὑπεδέξατο** αὐτὸν χαίρων.	

Acts 17,7 [6] ... οἱ τὴν οἰκουμένην
ἀναστατώσαντες οὗτοι
καὶ ἐνθάδε πάρεισιν,
[7] οὓς
ὑποδέδεκται
Ἰάσων· ...

ὑπόδημα	Syn 7	Mt 2	Mk 1	Lk 4	Acts 2	Jn 1	1-3John	Paul	Eph	Col
	NT 10	2Thess	1/2Tim	Tit	Heb	Jas	1Pet	2Pet	Jude	Rev

sandal

	triple tradition																	double tradition			Sondergut		
		+Mt / +Lk			−Mt / −Lk			traditions not taken over by Mt / Lk							subtotals								
code	222	211	112	212	221	122	121	022	012	021	220	120	210	020	Σ⁺	Σ⁻	Σ	202	201	102	200	002	total
Mt																		2					2
Mk														1			1						1
Lk																		2				2	4

020	Mt 3,11	... ὁ δὲ ὀπίσω μου ἐρχόμενος ἰσχυρότερός μού ἐστιν, οὗ οὐκ εἰμὶ ἱκανὸς τὰ ὑποδήματα βαστάσαι· ...	**Mk 1,7**	**... ἔρχεται ὁ ἰσχυρότερός μου ὀπίσω μου, οὗ οὐκ εἰμὶ ἱκανὸς κύψας λῦσαι τὸν ἱμάντα τῶν ὑποδημάτων αὐτοῦ.**	Lk 3,16	... ἔρχεται δὲ ὁ ἰσχυρότερός μου, οὗ οὐκ εἰμὶ ἱκανὸς λῦσαι τὸν ἱμάντα τῶν ὑποδημάτων αὐτοῦ· ...	→ Jn 1,27 → Acts 13,25 Mk-Q overlap
202	**Mt 3,11**	**... ὁ δὲ ὀπίσω μου ἐρχόμενος ἰσχυρότερός μού ἐστιν, οὗ οὐκ εἰμὶ ἱκανὸς τὰ ὑποδήματα βαστάσαι· ...**	Mk 1,7	... ἔρχεται ὁ ἰσχυρότερός μου ὀπίσω μου, οὗ οὐκ εἰμὶ ἱκανὸς κύψας λῦσαι τὸν ἱμάντα τῶν ὑποδημάτων αὐτοῦ.	**Lk 3,16**	**... ἔρχεται δὲ ὁ ἰσχυρότερός μου, οὗ οὐκ εἰμὶ ἱκανὸς λῦσαι τὸν ἱμάντα τῶν ὑποδημάτων αὐτοῦ· ...**	→ Jn 1,27 → Acts 13,25 Mk-Q overlap
202	**Mt 10,10**	**[9] μὴ κτήσησθε χρυσὸν μηδὲ ἄργυρον μηδὲ χαλκὸν εἰς τὰς ζώνας ὑμῶν, [10] μὴ πήραν εἰς ὁδὸν μηδὲ δύο χιτῶνας μηδὲ ὑποδήματα μηδὲ ῥάβδον· ...**	Mk 6,9	[8] ... ἵνα μηδὲν αἴρωσιν εἰς ὁδὸν εἰ μὴ ῥάβδον μόνον, μὴ ἄρτον, μὴ πήραν, μὴ εἰς τὴν ζώνην χαλκόν, [9] ἀλλὰ ὑποδεδεμένους σανδάλια, καὶ μὴ ἐνδύσησθε δύο χιτῶνας.	**Lk 10,4** ⇩ Lk 9,3 ↓ Lk 22,35 → Lk 22,36	**μὴ βαστάζετε βαλλάντιον, μὴ πήραν, μὴ ὑποδήματα, καὶ μηδένα κατὰ τὴν ὁδὸν ἀσπάσησθε.**	Mk-Q overlap
					Lk 9,3 ⇧ Lk 10,4	... μηδὲν αἴρετε εἰς τὴν ὁδόν, μήτε ῥάβδον μήτε πήραν μήτε ἄρτον μήτε ἀργύριον μήτε [ἀνὰ] δύο χιτῶνας ἔχειν.	
002					**Lk 15,22**	**... ἐνδύσατε αὐτόν, καὶ δότε δακτύλιον εἰς τὴν χεῖρα αὐτοῦ καὶ ὑποδήματα εἰς τοὺς πόδας**	
002					**Lk 22,35** ↑ Mt 10,10 ↑ Mk 6,9 ↑ Lk 9,3 ↑ Lk 10,4	**καὶ εἶπεν αὐτοῖς· ὅτε ἀπέστειλα ὑμᾶς ἄτερ βαλλαντίου καὶ πήρας καὶ ὑποδημάτων, μή τινος ὑστερήσατε; οἱ δὲ εἶπαν· οὐθενός.**	

Acts 7,33 εἶπεν δὲ αὐτῷ ὁ κύριος· *λῦσον τὸ ὑπόδημα τῶν ποδῶν σου, ὁ γὰρ τόπος ἐφ᾽ ᾧ ἕστηκας γῆ ἁγία ἐστίν.*
➤ Exod 3,5

Acts 13,25 ... οὐκ εἰμὶ ἐγώ· ἀλλ᾽ ἰδοὺ ἔρχεται μετ᾽ ἐμὲ οὗ οὐκ εἰμὶ ἄξιος τὸ ὑπόδημα τῶν ποδῶν λῦσαι.
→ Mt 3,11
→ Mk 1,7
→ Lk 3,16
→ Jn 1,27

ὑποζύγιον

	Syn	Mt	Mk	Lk	Acts	Jn	1-3John	Paul	Eph	Col
	1	1								
	NT	2Thess	1/2Tim	Tit	Heb	Jas	1Pet	2Pet	Jude	Rev
	2							1		

draught animal; beast of burden; pack animal

200	**Mt 21,5**	*εἴπατε τῇ θυγατρὶ Σιών· ἰδοὺ ὁ βασιλεύς σου ἔρχεταί σοι πραῢς καὶ ἐπιβεβηκὼς ἐπὶ ὄνον καὶ **ἐπὶ πῶλον υἱὸν ὑποζυγίου.*** ➤ Isa 62,11; Zech 9,9	→ Jn 12,15

ὑποκάτω

	Syn	Mt	Mk	Lk	Acts	Jn	1-3John	Paul	Eph	Col
	5	1	3	1		1				
	NT	2Thess	1/2Tim	Tit	Heb	Jas	1Pet	2Pet	Jude	Rev
	11				1					4

under; below

	triple tradition																	double tradition			Sondergut		
		+Mt / +Lk			–Mt / –Lk			traditions not taken over by Mt / Lk							subtotals								
code	222	211	112	212	221	122	121	022	012	021	220	120	210	020	Σ⁺	Σ⁻	Σ	202	201	102	200	002	total
Mt					1		1^-					1^-				2^-	1						**1**
Mk					1		1					1					3						**3**
Lk					1^-		1^-		1^+						1^+	2^-	1						**1**

012			**Mk 4,21**	... μήτι ἔρχεται ὁ λύχνος ἵνα ὑπὸ τὸν μόδιον τεθῇ ἢ **ὑπὸ τὴν κλίνην;** οὐχ ἵνα ἐπὶ τὴν λυχνίαν τεθῇ;	**Lk 8,16** ⇩ Lk 11,33	οὐδεὶς δὲ λύχνον ἅψας καλύπτει αὐτὸν σκεύει ἢ **ὑποκάτω κλίνης** τίθησιν, ἀλλ᾽ ἐπὶ λυχνίας τίθησιν, ἵνα οἱ εἰσπορευόμενοι βλέπωσιν τὸ φῶς.	→ GTh 33,2-3 Mk-Q overlap
	Mt 5,15	οὐδὲ καίουσιν λύχνον καὶ τιθέασιν αὐτὸν ὑπὸ τὸν μόδιον ἀλλ᾽ ἐπὶ τὴν λυχνίαν, καὶ λάμπει πᾶσιν τοῖς ἐν τῇ οἰκίᾳ.			**Lk 11,33** **⇧ Lk 8,16**	οὐδεὶς λύχνον ἅψας εἰς κρύπτην τίθησιν [οὐδὲ ὑπὸ τὸν μόδιον] ἀλλ᾽ ἐπὶ τὴν λυχνίαν, ἵνα οἱ εἰσπορευόμενοι τὸ φῶς βλέπωσιν.	
121	**Mt 10,14**	καὶ ὃς ἂν μὴ δέξηται ὑμᾶς μηδὲ ἀκούσῃ τοὺς λόγους ὑμῶν, ἐξερχόμενοι ἔξω τῆς οἰκίας ἢ τῆς πόλεως ἐκείνης ἐκτινάξατε τὸν κονιορτὸν **τῶν ποδῶν ὑμῶν.**	**Mk 6,11**	καὶ ὃς ἂν τόπος μὴ δέξηται ὑμᾶς μηδὲ ἀκούσωσιν ὑμῶν, ἐκπορευόμενοι ἐκεῖθεν ἐκτινάξατε τὸν χοῦν τὸν **ὑποκάτω τῶν ποδῶν ὑμῶν** εἰς μαρτύριον αὐτοῖς.	**Lk 9,5** ⇨ Lk 10,10-11	καὶ ὅσοι ἂν μὴ δέχωνται ὑμᾶς, ἐξερχόμενοι ἀπὸ τῆς πόλεως ἐκείνης τὸν κονιορτὸν **ἀπὸ τῶν ποδῶν ὑμῶν** ἀποτινάσσετε εἰς μαρτύριον ἐπ᾽ αὐτούς.	→ Acts 13,51 → Acts 18,6 Mk-Q overlap
					Lk 10,11 ⇧ Lk 9,5	[10] ... καὶ μὴ δέχωνται ὑμᾶς, ἐξελθόντες εἰς τὰς πλατείας αὐτῆς εἴπατε· [11] καὶ τὸν κονιορτὸν τὸν κολληθέντα ἡμῖν ἐκ τῆς πόλεως ὑμῶν **εἰς τοὺς πόδας** ἀπομασσόμεθα ὑμῖν· ...	

120	**Mt 15,27**	... ναὶ κύριε, καὶ γὰρ τὰ κυνάρια ἐσθίει ἀπὸ τῶν ψιχίων τῶν πιπτόντων **ἀπὸ** **τῆς τραπέζης** **τῶν κυρίων αὐτῶν.**	**Mk 7,28**	... κύριε· καὶ τὰ κυνάρια **ὑποκάτω** **τῆς τραπέζης** ἐσθίουσιν ἀπὸ τῶν ψιχίων τῶν παιδίων.			
221	**Mt 22,44**	*εἶπεν κύριος τῷ κυρίῳ μου· κάθου ἐκ δεξιῶν μου ἕως ἂν θῶ τοὺς ἐχθρούς σου* ***ὑποκάτω*** ***τῶν ποδῶν σου;*** ➤ Ps 110,1	**Mk 12,36**	... *εἶπεν κύριος τῷ κυρίῳ μου· κάθου ἐκ δεξιῶν μου, ἕως ἂν θῶ τοὺς ἐχθρούς σου* ***ὑποκάτω*** ***τῶν ποδῶν σου.*** ➤ Ps 110,1	**Lk 20,43**	[42] ... *εἶπεν κύριος τῷ κυρίῳ μου· κάθου ἐκ δεξιῶν μου,* [43] *ἕως ἂν θῶ τοὺς ἐχθρούς σου* ***ὑποπόδιον*** ***τῶν ποδῶν σου.*** ➤ Ps 110,1 (Ps 109,1 LXX)	→ Acts 2,35

ὑποκρίνομαι	Syn 1	Mt	Mk	Lk 1	Acts	Jn	1-3John	Paul	Eph	Col
	NT 1	2Thess	1/2Tim	Tit	Heb	Jas	1Pet	2Pet	Jude	Rev

pretend; make believe

112	**Mt 22,15** → Mt 26,4	τότε πορευθέντες **οἱ Φαρισαῖοι** συμβούλιον ἔλαβον ὅπως αὐτὸν παγιδεύσωσιν ἐν λόγῳ. [16] καὶ ἀποστέλλουσιν αὐτῷ τοὺς μαθητὰς αὐτῶν μετὰ τῶν Ἡρῳδιανῶν ...	**Mk 12,13**	καὶ ἀποστέλλουσιν πρὸς αὐτόν **τινας τῶν Φαρισαίων καὶ τῶν Ἡρῳδιανῶν** ἵνα αὐτὸν ἀγρεύσωσιν λόγῳ.	**Lk 20,20** → Lk 6,7 → Lk 11,53-54 → Lk 16,15 → Lk 18,9 → Lk 23,2	καὶ παρατηρήσαντες ἀπέστειλαν **ἐγκαθέτους ὑποκρινομένους ἑαυτοὺς δικαίους εἶναι,** ἵνα ἐπιλάβωνται αὐτοῦ λόγου, ὥστε παραδοῦναι αὐτὸν τῇ ἀρχῇ καὶ τῇ ἐξουσίᾳ τοῦ ἡγεμόνος.	

ὑπόκρισις	Syn 3	Mt 1	Mk 1	Lk 1	Acts	Jn	1-3John	Paul 1	Eph	Col
	NT 6	2Thess	1/2Tim 1	Tit	Heb	Jas	1Pet 1	2Pet	Jude	Rev

hypocrisy; pretense; outward show

112	**Mt 16,6** ⇨ Mt 16,11	... ὁρᾶτε καὶ προσέχετε ἀπὸ τῆς ζύμης τῶν Φαρισαίων καὶ Σαδδουκαίων.	**Mk 8,15**	... ὁρᾶτε, βλέπετε ἀπὸ τῆς ζύμης τῶν Φαρισαίων καὶ τῆς ζύμης Ἡρῴδου.	**Lk 12,1** → Mt 16,12	... προσέχετε ἑαυτοῖς ἀπὸ τῆς ζύμης, ἥτις ἐστὶν **ὑπόκρισις,** τῶν Φαρισαίων.	
121	**Mt 22,18**	γνοὺς δὲ ὁ Ἰησοῦς **τὴν πονηρίαν αὐτῶν** εἶπεν· τί με πειράζετε, ὑποκριταί; [19] ἐπιδείξατέ μοι τὸ νόμισμα τοῦ κήνσου. ...	**Mk 12,15**	ὁ δὲ εἰδὼς **αὐτῶν τὴν ὑπόκρισιν** εἶπεν αὐτοῖς· τί με πειράζετε; φέρετέ μοι δηνάριον ἵνα ἴδω.	**Lk 20,23**	κατανοήσας δὲ **αὐτῶν τὴν πανουργίαν** εἶπεν πρὸς αὐτούς· [24] δείξατέ μοι δηνάριον· ...	→ GTh 100
200	**Mt 23,28**	οὕτως καὶ ὑμεῖς ἔξωθεν μὲν φαίνεσθε τοῖς ἀνθρώποις δίκαιοι, ἔσωθεν δέ ἐστε **μεστοὶ ὑποκρίσεως καὶ ἀνομίας.**					

ὑποκριτής	Syn 17	Mt 13	Mk 1	Lk 3	Acts	Jn	1-3John	Paul	Eph	Col
	NT 17	2Thess	1/2Tim	Tit	Heb	Jas	1Pet	2Pet	Jude	Rev

hypocrite; pretender; dissembler

	triple tradition																	double tradition			Sondergut		
		+Mt / +Lk			–Mt / –Lk			traditions not taken over by Mt / Lk							subtotals								
code	222	211	112	212	221	122	121	022	012	021	220	120	210	020	Σ+	Σ−	Σ	202	201	102	200	002	total
Mt		1+									1				1+		2	1	6		4		13
Mk											1						1						1
Lk																		1		1		1	3

[a] γραμματεῖς καὶ Φαρισαῖοι ὑποκριταί

200	**Mt 6,2**	ὅταν οὖν ποιῇς ἐλεημοσύνην, μὴ σαλπίσῃς ἔμπροσθέν σου, ὥσπερ **οἱ ὑποκριταὶ** ποιοῦσιν ἐν ταῖς συναγωγαῖς καὶ ἐν ταῖς ῥύμαις, ...					→ GTh 6 (POxy 654)
200	**Mt 6,5**	καὶ ὅταν προσεύχησθε, οὐκ ἔσεσθε **ὡς οἱ ὑποκριταί,** ὅτι φιλοῦσιν ἐν ταῖς συναγωγαῖς καὶ ἐν ταῖς γωνίαις τῶν πλατειῶν ἑστῶτες προσεύχεσθαι, ...					→ GTh 6 (POxy 654)
200	**Mt 6,16**	ὅταν δὲ νηστεύητε, μὴ γίνεσθε **ὡς οἱ ὑποκριταὶ σκυθρωποί,** ἀφανίζουσιν γὰρ τὰ πρόσωπα αὐτῶν ὅπως φανῶσιν τοῖς ἀνθρώποις νηστεύοντες· ...					→ GTh 6 (POxy 654) → GTh 27 (POxy 1)
202	**Mt 7,5**	**ὑποκριτά,** ἔκβαλε πρῶτον ἐκ τοῦ ὀφθαλμοῦ σοῦ τὴν δοκόν, ...			**Lk 6,42**	... **ὑποκριτά,** ἔκβαλε πρῶτον τὴν δοκὸν ἐκ τοῦ ὀφθαλμοῦ σοῦ, ...	→ GTh 26 (POxy 1)
220	**Mt 15,7**	**ὑποκριταί,** καλῶς ἐπροφήτευσεν περὶ ὑμῶν Ἠσαΐας λέγων· [8] *ὁ λαὸς οὗτος τοῖς χείλεσίν με τιμᾷ, ἡ δὲ καρδία αὐτῶν πόρρω ἀπέχει ἀπ' ἐμοῦ·* ➤ Isa 29,13 LXX	**Mk 7,6**	... καλῶς ἐπροφήτευσεν Ἠσαΐας περὶ ὑμῶν **τῶν ὑποκριτῶν,** ὡς γέγραπται [ὅτι] *οὗτος ὁ λαὸς τοῖς χείλεσίν με τιμᾷ, ἡ δὲ καρδία αὐτῶν πόρρω ἀπέχει ἀπ' ἐμοῦ·* ➤ Isa 29,13 LXX			
102	**Mt 16,3**	[... τὸ μὲν πρόσωπον τοῦ οὐρανοῦ γινώσκετε διακρίνειν, τὰ δὲ σημεῖα τῶν καιρῶν οὐ δύνασθε;]			**Lk 12,56**	**ὑποκριταί,** τὸ πρόσωπον τῆς γῆς καὶ τοῦ οὐρανοῦ οἴδατε δοκιμάζειν, τὸν καιρὸν δὲ τοῦτον πῶς οὐκ οἴδατε δοκιμάζειν;	→ GTh 91 Mt 16,3 is textcritically uncertain.
002					**Lk 13,15** → Mt 12,11 → Lk 14,5	ἀπεκρίθη δὲ αὐτῷ ὁ κύριος καὶ εἶπεν· **ὑποκριταί,** ἕκαστος ὑμῶν τῷ σαββάτῳ οὐ λύει τὸν βοῦν αὐτοῦ ἢ τὸν ὄνον ἀπὸ τῆς φάτνης καὶ ἀπαγαγὼν ποτίζει;	

	Mt		Mk		Lk		
211	Mt 22,18	γνοὺς δὲ ὁ Ἰησοῦς τὴν πονηρίαν αὐτῶν εἶπεν· τί με πειράζετε, **ὑποκριταί;** [19] ἐπιδείξατέ μοι τὸ νόμισμα τοῦ κήνσου. ...	Mk 12,15	ὁ δὲ εἰδὼς αὐτῶν τὴν ὑπόκρισιν εἶπεν αὐτοῖς· τί με πειράζετε; φέρετέ μοι δηνάριον ἵνα ἴδω.	Lk 20,23	κατανοήσας δὲ αὐτῶν τὴν πανουργίαν εἶπεν πρὸς αὐτούς· [24] δείξατέ μοι δηνάριον· ...	→ GTh 100
a 201	Mt 23,13 → Mt 16,19	οὐαὶ δὲ ὑμῖν, γραμματεῖς καὶ Φαρισαῖοι **ὑποκριταί,** ὅτι κλείετε τὴν βασιλείαν τῶν οὐρανῶν ἔμπροσθεν τῶν ἀνθρώπων· ...			Lk 11,52	οὐαὶ ὑμῖν τοῖς νομικοῖς, ὅτι ἤρατε τὴν κλεῖδα τῆς γνώσεως· ...	→ GTh 39,1-2 (POxy 655) → GTh 102
a 200	Mt 23,15	οὐαὶ ὑμῖν, γραμματεῖς καὶ Φαρισαῖοι **ὑποκριταί,** ὅτι περιάγετε τὴν θάλασσαν καὶ τὴν ξηρὰν ποιῆσαι ἕνα προσήλυτον, ...					
a 201	Mt 23,23	οὐαὶ ὑμῖν, γραμματεῖς καὶ Φαρισαῖοι **ὑποκριταί,** ὅτι ἀποδεκατοῦτε ...			Lk 11,42	ἀλλὰ οὐαὶ ὑμῖν τοῖς Φαρισαίοις, ὅτι ἀποδεκατοῦτε ...	
a 201	Mt 23,25 → Mk 7,4	οὐαὶ ὑμῖν, γραμματεῖς καὶ Φαρισαῖοι **ὑποκριταί,** ὅτι καθαρίζετε τὸ ἔξωθεν τοῦ ποτηρίου καὶ τῆς παροψίδος, ...			Lk 11,39 → Mk 7,4	... νῦν ὑμεῖς οἱ Φαρισαῖοι τὸ ἔξωθεν τοῦ ποτηρίου καὶ τοῦ πίνακος καθαρίζετε, ...	→ GTh 89
a 201	Mt 23,27	οὐαὶ ὑμῖν, γραμματεῖς καὶ Φαρισαῖοι **ὑποκριταί,** ὅτι παρομοιάζετε τάφοις κεκονιαμένοις, ...			Lk 11,44	οὐαὶ ὑμῖν, ὅτι ἐστὲ ὡς τὰ μνημεῖα τὰ ἄδηλα, ...	
a 201	Mt 23,29	οὐαὶ ὑμῖν, γραμματεῖς καὶ Φαρισαῖοι **ὑποκριταί,** ὅτι οἰκοδομεῖτε τοὺς τάφους τῶν προφητῶν καὶ κοσμεῖτε τὰ μνημεῖα τῶν δικαίων			Lk 11,47	οὐαὶ ὑμῖν, ὅτι οἰκοδομεῖτε τὰ μνημεῖα τῶν προφητῶν, ...	
201	Mt 24,51	καὶ διχοτομήσει αὐτὸν καὶ τὸ μέρος αὐτοῦ **μετὰ τῶν ὑποκριτῶν** θήσει· ἐκεῖ ἔσται ὁ κλαυθμὸς καὶ ὁ βρυγμὸς τῶν ὀδόντων.			Lk 12,46	... καὶ διχοτομήσει αὐτὸν καὶ τὸ μέρος αὐτοῦ **μετὰ τῶν ἀπίστων** θήσει.	

ὑπολαμβάνω

Syn	Mt	Mk	Lk	Acts	Jn	1-3John	Paul	Eph	Col
2			2	2		1			
NT	2Thess	1/2Tim	Tit	Heb	Jas	1Pet	2Pet	Jude	Rev
5									

take up; receive as a guest; support; reply; assume; think; believe; be of the opinion

	Mt	Mk	Lk		
002			Lk 7,43	ἀποκριθεὶς Σίμων εἶπεν· **ὑπολαμβάνω** ὅτι ᾧ τὸ πλεῖον ἐχαρίσατο. ὁ δὲ εἶπεν αὐτῷ· ὀρθῶς ἔκρινας.	

002			Lk 10,30 ὑπολαβὼν ὁ Ἰησοῦς εἶπεν· ἄνθρωπός τις κατέβαινεν ἀπὸ Ἰερουσαλὴμ εἰς Ἰεριχὼ ...	

Acts 1,9 → Lk 9,51 → Lk 24,51 καὶ ταῦτα εἰπὼν βλεπόντων αὐτῶν ἐπήρθη καὶ νεφέλη **ὑπέλαβεν** αὐτὸν ἀπὸ τῶν ὀφθαλμῶν αὐτῶν.

Acts 2,15 οὐ γὰρ ὡς ὑμεῖς **ὑπολαμβάνετε** οὗτοι μεθύουσιν, ἔστιν γὰρ ὥρα τρίτη τῆς ἡμέρας

ὑπολήνιον

	Syn	Mt	Mk	Lk	Acts	Jn	1-3John	Paul	Eph	Col
	1		1							
	NT	2Thess	1/2Tim	Tit	Heb	Jas	1Pet	2Pet	Jude	Rev
	1									

vat, trough placed under a wine-press

	Mt	Mk	Lk	
121	**Mt 21,33** ... ἄνθρωπος ἦν οἰκοδεσπότης ὅστις ἐφύτευσεν ἀμπελῶνα καὶ φραγμὸν αὐτῷ περιέθηκεν καὶ ὤρυξεν ἐν αὐτῷ **ληνὸν** καὶ ᾠκοδόμησεν πύργον καὶ ἐξέδετο αὐτὸν γεωργοῖς καὶ ἀπεδήμησεν.	**Mk 12,1** ... ἀμπελῶνα ἄνθρωπος ἐφύτευσεν καὶ περιέθηκεν φραγμὸν καὶ ὤρυξεν **ὑπολήνιον** καὶ ᾠκοδόμησεν πύργον καὶ ἐξέδετο αὐτὸν γεωργοῖς καὶ ἀπεδήμησεν.	**Lk 20,9** ... ἄνθρωπός [τις] ἐφύτευσεν ἀμπελῶνα καὶ ἐξέδετο αὐτὸν γεωργοῖς καὶ ἀπεδήμησεν χρόνους ἱκανούς.	→ GTh 65

ὑπομένω

	Syn	Mt	Mk	Lk	Acts	Jn	1-3John	Paul	Eph	Col
	4	2	1	1	1			2		
	NT	2Thess	1/2Tim	Tit	Heb	Jas	1Pet	2Pet	Jude	Rev
	17		2		4	2	2			

remain; stay (behind)

	Mt	Mk	Lk	
002			**Lk 2,43** καὶ τελειωσάντων τὰς ἡμέρας, ἐν τῷ ὑποστρέφειν αὐτοὺς **ὑπέμεινεν** Ἰησοῦς ὁ παῖς ἐν Ἰερουσαλήμ, καὶ οὐκ ἔγνωσαν οἱ γονεῖς αὐτοῦ.	
221	**Mt 10,22** ⇩ Mt 24,13 ... ὁ δὲ **ὑπομείνας** εἰς τέλος οὗτος σωθήσεται.	**Mk 13,13** ... ὁ δὲ **ὑπομείνας** εἰς τέλος οὗτος σωθήσεται.	**Lk 21,19** ἐν τῇ **ὑπομονῇ** ὑμῶν κτήσασθε τὰς ψυχὰς ὑμῶν.	
200	**Mt 24,13** ⇧ Mt 10,22 ὁ δὲ **ὑπομείνας** εἰς τέλος οὗτος σωθήσεται.			

Acts 17,14 εὐθέως δὲ τότε τὸν Παῦλον ἐξαπέστειλαν οἱ ἀδελφοὶ πορεύεσθαι ἕως ἐπὶ τὴν θάλασσαν, **ὑπέμεινάν** τε ὅ τε Σιλᾶς καὶ ὁ Τιμόθεος ἐκεῖ.

ὑπομιμνῄσκω	Syn 1	Mt	Mk	Lk 1	Acts	Jn 1	1-3John 1	Paul	Eph	Col
	NT 7	2Thess	1/2Tim 1	Tit 1	Heb	Jas	1Pet	2Pet 1	Jude 1	Rev

remind someone of something; call to mind; bring up; *passive:* remember; think of

	Mt		Mk		Lk		
112	Mt 26,75	καὶ **ἐμνήσθη** ὁ Πέτρος τοῦ ῥήματος Ἰησοῦ εἰρηκότος ὅτι πρὶν ἀλέκτορα φωνῆσαι τρὶς ἀπαρνήσῃ με· ...	Mk 14,72	... καὶ **ἀνεμνήσθη** ὁ Πέτρος τὸ ῥῆμα ὡς εἶπεν αὐτῷ ὁ Ἰησοῦς ὅτι πρὶν ἀλέκτορα φωνῆσαι δὶς τρίς με ἀπαρνήσῃ· ...	Lk 22,61	καὶ στραφεὶς ὁ κύριος ἐνέβλεψεν τῷ Πέτρῳ, καὶ **ὑπεμνήσθη** ὁ Πέτρος τοῦ ῥήματος τοῦ κυρίου ὡς εἶπεν αὐτῷ ὅτι πρὶν ἀλέκτορα φωνῆσαι σήμερον ἀπαρνήσῃ με τρίς.	

ὑπομονή	Syn 2	Mt	Mk	Lk 2	Acts	Jn	1-3John	Paul 10	Eph	Col 1
	NT 32	2Thess 2	1/2Tim 2	Tit 1	Heb 2	Jas 3	1Pet	2Pet 2	Jude	Rev 7

patience; endurance; fortitude; steadfastness; perseverance; (patient) expectation

	Mt		Mk		Lk		
112	Mt 13,23	ὁ δὲ ἐπὶ τὴν καλὴν γῆν σπαρείς, οὗτός ἐστιν ὁ τὸν λόγον ἀκούων καὶ συνιείς, ὃς δὴ καρποφορεῖ καὶ ποιεῖ ὃ μὲν ἑκατόν, ὃ δὲ ἑξήκοντα, ὃ δὲ τριάκοντα.	Mk 4,20	καὶ ἐκεῖνοί εἰσιν οἱ ἐπὶ τὴν γῆν τὴν καλὴν σπαρέντες, οἵτινες ἀκούουσιν τὸν λόγον καὶ παραδέχονται καὶ καρποφοροῦσιν ἓν τριάκοντα καὶ ἓν ἑξήκοντα καὶ ἓν ἑκατόν.	Lk 8,15	τὸ δὲ ἐν τῇ καλῇ γῇ, οὗτοί εἰσιν οἵτινες ἐν καρδίᾳ καλῇ καὶ ἀγαθῇ ἀκούσαντες τὸν λόγον κατέχουσιν καὶ καρποφοροῦσιν **ἐν ὑπομονῇ.**	
112	Mt 10,22 ⇩ Mt 24,13	... **ὁ δὲ ὑπομείνας** εἰς τέλος οὗτος σωθήσεται.	Mk 13,13	... **ὁ δὲ ὑπομείνας** εἰς τέλος οὗτος σωθήσεται.	Lk 21,19	**ἐν τῇ ὑπομονῇ ὑμῶν** κτήσασθε τὰς ψυχὰς ὑμῶν.	
	Mt 24,13 ⇧ Mt 10,22	**ὁ δὲ ὑπομείνας** εἰς τέλος οὗτος σωθήσεται.					

ὑποπόδιον	Syn 2	Mt 1	Mk	Lk 1	Acts 2	Jn	1-3John	Paul	Eph	Col
	NT 7	2Thess	1/2Tim	Tit	Heb 2	Jas 1	1Pet	2Pet	Jude	Rev

footstool

	Mt		Mk		Lk		
200	Mt 5,35	[34] ... μὴ ὀμόσαι ὅλως· ... [35] μήτε ἐν τῇ γῇ, ὅτι **ὑποπόδιόν ἐστιν** **τῶν ποδῶν αὐτοῦ,** ...					→ Acts 7,49
112	Mt 22,44	*εἶπεν κύριος* *τῷ κυρίῳ μου· κάθου* *ἐκ δεξιῶν μου* *ἕως ἂν θῶ* *τοὺς ἐχθρούς σου* ***ὑποκάτω*** ***τῶν ποδῶν σου;*** ➤ Ps 110,1	Mk 12,36	... *εἶπεν κύριος* *τῷ κυρίῳ μου· κάθου* *ἐκ δεξιῶν μου,* *ἕως ἂν θῶ* *τοὺς ἐχθρούς σου* ***ὑποκάτω*** ***τῶν ποδῶν σου.*** ➤ Ps 110,1	Lk 20,43	[42] ... *εἶπεν κύριος* *τῷ κυρίῳ μου· κάθου* *ἐκ δεξιῶν μου,* [43] *ἕως ἂν θῶ* *τοὺς ἐχθρούς σου* ***ὑποπόδιον*** ***τῶν ποδῶν σου.*** ➤ Ps 110,1 (Ps 109,1 LXX)	→ Acts 2,35

Acts 2,35 → Lk 20,43 [34] ... *εἶπεν [ὁ] κύριος*
τῷ κυρίῳ μου· κάθου
ἐκ δεξιῶν μου,
[35] *ἕως ἂν θῶ*
τοὺς ἐχθρούς σου
ὑποπόδιον
τῶν ποδῶν σου.
➤ Ps 109,1 LXX

Acts 7,49 → Mt 5,35 *ὁ οὐρανός μοι θρόνος,*
ἡ δὲ γῆ
ὑποπόδιον
τῶν ποδῶν μου·
ποῖον οἶκον οἰκοδομήσετέ
μοι, λέγει κύριος, ἢ τίς
τόπος τῆς καταπαύσεώς
μου; ➤ Isa 66,1

ὑποστρέφω	Syn 21	Mt	Mk	Lk 21	Acts 11	Jn	1-3John	Paul 1	Eph	Col
	NT 35	2Thess	1/2Tim	Tit	Heb 1	Jas	1Pet	2Pet 1	Jude	Rev

turn back; return

	triple tradition																	double tradition			Sonder-gut		
		+Mt / +Lk			−Mt / −Lk			traditions not taken over by Mt / Lk							subtotals								
code	222	211	112	212	221	122	121	022	012	021	220	120	210	020	Σ⁺	Σ⁻	Σ	202	201	102	200	002	total
Mt																							
Mk																							
Lk			5⁺						2⁺						7⁺		7			4		10	21

002					**Lk 1,56**	ἔμεινεν δὲ Μαριὰμ σὺν αὐτῇ ὡς μῆνας τρεῖς, καὶ **ὑπέστρεψεν** εἰς τὸν οἶκον αὐτῆς.	
002					**Lk 2,20**	καὶ **ὑπέστρεψαν** οἱ ποιμένες δοξάζοντες καὶ αἰνοῦντες τὸν θεὸν ...	
002					**Lk 2,43**	καὶ τελειωσάντων τὰς ἡμέρας, **ἐν τῷ ὑποστρέφειν** αὐτοὺς ὑπέμεινεν Ἰησοῦς ὁ παῖς ἐν Ἰερουσαλήμ, καὶ οὐκ ἔγνωσαν οἱ γονεῖς αὐτοῦ.	
002					**Lk 2,45**	καὶ μὴ εὑρόντες **ὑπέστρεψαν** εἰς Ἰερουσαλὴμ ἀναζητοῦντες αὐτόν.	
102	**Mt 4,1**	τότε ὁ Ἰησοῦς ἀνήχθη εἰς τὴν ἔρημον ὑπὸ τοῦ πνεύματος ...	**Mk 1,12**	καὶ εὐθὺς τὸ πνεῦμα αὐτὸν ἐκβάλλει εἰς τὴν ἔρημον.	**Lk 4,1**	Ἰησοῦς δὲ πλήρης πνεύματος ἁγίου **ὑπέστρεψεν** ἀπὸ τοῦ Ἰορδάνου καὶ ἤγετο ἐν τῷ πνεύματι ἐν τῇ ἐρήμῳ	Mk-Q overlap
112	**Mt 4,12** → Lk 3,20	ἀκούσας δὲ ὅτι Ἰωάννης παρεδόθη **ἀνεχώρησεν** εἰς τὴν Γαλιλαίαν.	**Mk 1,14** → Lk 3,20	μετὰ δὲ τὸ παραδοθῆναι τὸν Ἰωάννην **ἦλθεν** ὁ Ἰησοῦς εἰς τὴν Γαλιλαίαν ...	**Lk 4,14**	καὶ **ὑπέστρεψεν** ὁ Ἰησοῦς ἐν τῇ δυνάμει τοῦ πνεύματος εἰς τὴν Γαλιλαίαν. ...	→ Jn 4,3
102	**Mt 8,13**	... ὕπαγε, ὡς ἐπίστευσας γενηθήτω σοι. καὶ ἰάθη ὁ παῖς [αὐτοῦ] ἐν τῇ ὥρᾳ ἐκείνῃ.			**Lk 7,10** → Mk 7,30	καὶ **ὑποστρέψαντες** εἰς τὸν οἶκον οἱ πεμφθέντες εὗρον τὸν δοῦλον ὑγιαίνοντα.	→ Jn 4,50-51
112	**Mt 9,1**	καὶ ἐμβὰς εἰς πλοῖον ↔	**Mk 5,18**	καὶ ἐμβαίνοντος αὐτοῦ εἰς τὸ πλοῖον ...	**Lk 8,37**	... αὐτὸς δὲ ἐμβὰς εἰς πλοῖον **ὑπέστρεψεν.**	
012			**Mk 5,19**	καὶ οὐκ ἀφῆκεν αὐτόν, ἀλλὰ λέγει αὐτῷ· **ὕπαγε** εἰς τὸν οἶκόν σου πρὸς τοὺς σούς ...	**Lk 8,39**	[38] ... ἀπέλυσεν δὲ αὐτὸν λέγων· **ὑπόστρεφε** εἰς τὸν οἶκόν σου, ...	

112	Mt 9,1	↔ διεπέρασεν ...	Mk 5,21	καὶ διαπεράσαντος τοῦ Ἰησοῦ [ἐν τῷ πλοίῳ] πάλιν εἰς τὸ πέραν συνήχθη ὄχλος πολὺς ἐπ' αὐτόν, ...	Lk 8,40	ἐν δὲ τῷ ὑποστρέφειν τὸν Ἰησοῦν ἀπεδέξατο αὐτὸν ὁ ὄχλος· ἦσαν γὰρ πάντες προσδοκῶντες αὐτόν.	
012			Mk 6,30	καὶ συνάγονται οἱ ἀπόστολοι πρὸς τὸν Ἰησοῦν καὶ ἀπήγγειλαν αὐτῷ πάντα ὅσα ἐποίησαν καὶ ὅσα ἐδίδαξαν.	Lk 9,10 ↓ Lk 10,17	καὶ ὑποστρέψαντες οἱ ἀπόστολοι διηγήσαντο αὐτῷ ὅσα ἐποίησαν. ...	
002					Lk 10,17 ↑ Lk 9,10	ὑπέστρεψαν δὲ οἱ ἑβδομήκοντα [δύο] μετὰ χαρᾶς λέγοντες· κύριε, καὶ τὰ δαιμόνια ὑποτάσσεται ἡμῖν ἐν τῷ ὀνόματί σου.	
102	Mt 12,44 → Mk 9,25	τότε λέγει· εἰς τὸν οἶκόν μου ἐπιστρέψω ὅθεν ἐξῆλθον· ...			Lk 11,24 → Mk 9,25	... [τότε] λέγει· ὑποστρέψω εἰς τὸν οἶκόν μου ὅθεν ἐξῆλθον·	
002					Lk 17,15	εἷς δὲ ἐξ αὐτῶν, ἰδὼν ὅτι ἰάθη, ὑπέστρεψεν μετὰ φωνῆς μεγάλης δοξάζων τὸν θεόν	
002					Lk 17,18	οὐχ εὑρέθησαν ὑποστρέψαντες δοῦναι δόξαν τῷ θεῷ εἰ μὴ ὁ ἀλλογενὴς οὗτος;	
102	Mt 25,14	ὥσπερ γὰρ ἄνθρωπος ἀποδημῶν ἐκάλεσεν τοὺς ἰδίους δούλους καὶ παρέδωκεν αὐτοῖς τὰ ὑπάρχοντα αὐτοῦ, [15] καὶ ᾧ μὲν ἔδωκεν πέντε τάλαντα, ...	Mk 13,34	ὡς ἄνθρωπος ἀπόδημος ἀφεὶς τὴν οἰκίαν αὐτοῦ καὶ δοὺς τοῖς δούλοις αὐτοῦ τὴν ἐξουσίαν ...	Lk 19,12	... ἄνθρωπός τις εὐγενὴς ἐπορεύθη εἰς χώραν μακρὰν λαβεῖν ἑαυτῷ βασιλείαν καὶ ὑποστρέψαι. [13] καλέσας δὲ δέκα δούλους ἑαυτοῦ ἔδωκεν αὐτοῖς δέκα μνᾶς ...	Mk-Q overlap
002					Lk 23,48 → Lk 23,35	καὶ πάντες οἱ συμπαραγενόμενοι ὄχλοι ἐπὶ τὴν θεωρίαν ταύτην, θεωρήσαντες τὰ γενόμενα, τύπτοντες τὰ στήθη ὑπέστρεφον.	
112	Mt 28,1 → Mt 27,56 → Mt 27,61	ὀψὲ δὲ σαββάτων, τῇ ἐπιφωσκούσῃ εἰς μίαν σαββάτων ἦλθεν Μαριὰμ ἡ Μαγδαληνὴ καὶ ἡ ἄλλη Μαρία θεωρῆσαι τὸν τάφον.	Mk 16,1 → Lk 24,10 → Mk 15,40 → Mk 15,47	καὶ διαγενομένου τοῦ σαββάτου Μαρία ἡ Μαγδαληνὴ καὶ Μαρία ἡ [τοῦ] Ἰακώβου καὶ Σαλώμη ἠγόρασαν ἀρώματα ἵνα ἐλθοῦσαι ἀλείψωσιν αὐτόν. [2] καὶ λίαν πρωῒ τῇ μιᾷ τῶν σαββάτων ἔρχονται ἐπὶ τὸ μνημεῖον ἀνατείλαντος τοῦ ἡλίου.	Lk 23,56	ὑποστρέψασαι δὲ ἡτοίμασαν ἀρώματα καὶ μύρα. καὶ τὸ μὲν σάββατον ἡσύχασαν κατὰ τὴν ἐντολήν. [24,1] τῇ δὲ μιᾷ τῶν σαββάτων ὄρθρου βαθέως ἐπὶ τὸ μνῆμα ἦλθον φέρουσαι ἃ ἡτοίμασαν ἀρώματα.	→ Jn 20,1

	Mt 28,8		Mk 16,8		Lk 24,9		
112		καὶ **ἀπελθοῦσαι** ταχὺ ἀπὸ τοῦ μνημείου μετὰ φόβου καὶ χαρᾶς μεγάλης ἔδραμον ἀπαγγεῖλαι ...		καὶ **ἐξελθοῦσαι** ἔφυγον ἀπὸ τοῦ μνημείου, εἶχεν γὰρ αὐτὰς τρόμος καὶ ἔκστασις· καὶ οὐδενὶ οὐδὲν εἶπαν· ἐφοβοῦντο γάρ.		καὶ **ὑποστρέψασαι** ἀπὸ τοῦ μνημείου ἀπήγγειλαν ταῦτα πάντα ...	→ Jn 20,2.18
002					Lk 24,33	καὶ ἀναστάντες αὐτῇ τῇ ὥρᾳ **ὑπέστρεψαν** εἰς Ἰερουσαλὴμ καὶ εὗρον ἠθροισμένους τοὺς ἕνδεκα καὶ τοὺς σὺν αὐτοῖς	
002					Lk 24,52	καὶ αὐτοὶ προσκυνήσαντες αὐτὸν **ὑπέστρεψαν** εἰς Ἰερουσαλὴμ μετὰ χαρᾶς μεγάλης	→ Acts 1,12

Acts 1,12 → Lk 24,52 τότε **ὑπέστρεψαν** εἰς Ἰερουσαλὴμ ἀπὸ ὄρους τοῦ καλουμένου Ἐλαιῶνος, ...

Acts 8,25 οἱ μὲν οὖν διαμαρτυράμενοι καὶ λαλήσαντες τὸν λόγον τοῦ κυρίου **ὑπέστρεφον** εἰς Ἱεροσόλυμα, πολλάς τε κώμας τῶν Σαμαριτῶν εὐηγγελίζοντο.

Acts 8,28 ἦν τε **ὑποστρέφων** καὶ καθήμενος ἐπὶ τοῦ ἅρματος αὐτοῦ καὶ ἀνεγίνωσκεν τὸν προφήτην Ἠσαΐαν.

Acts 12,25 Βαρναβᾶς δὲ καὶ Σαῦλος **ὑπέστρεψαν** εἰς Ἰερουσαλὴμ πληρώσαντες τὴν διακονίαν, συμπαραλαβόντες Ἰωάννην τὸν ἐπικληθέντα Μᾶρκον.

Acts 13,13 ... Ἰωάννης δὲ ἀποχωρήσας ἀπ' αὐτῶν **ὑπέστρεψεν** εἰς Ἱεροσόλυμα.

Acts 13,34 ὅτι δὲ ἀνέστησεν αὐτὸν ἐκ νεκρῶν μηκέτι μέλλοντα **ὑποστρέφειν** εἰς διαφθοράν, οὕτως εἴρηκεν ὅτι δώσω *ὑμῖν τὰ ὅσια Δαυὶδ τὰ πιστά.* ➤ Isa 55,3 LXX

Acts 14,21 εὐαγγελισάμενοί τε τὴν πόλιν ἐκείνην καὶ μαθητεύσαντες ἱκανοὺς **ὑπέστρεψαν** εἰς τὴν Λύστραν καὶ εἰς Ἰκόνιον καὶ εἰς Ἀντιόχειαν

Acts 20,3 ... γενομένης ἐπιβουλῆς αὐτῷ ὑπὸ τῶν Ἰουδαίων μέλλοντι ἀνάγεσθαι εἰς τὴν Συρίαν, ἐγένετο γνώμης **τοῦ ὑποστρέφειν** διὰ Μακεδονίας.

Acts 21,6 ἀπησπασάμεθα ἀλλήλους καὶ ἀνέβημεν εἰς τὸ πλοῖον, ἐκεῖνοι δὲ **ὑπέστρεψαν** εἰς τὰ ἴδια.

Acts 22,17 ἐγένετο δέ μοι **ὑποστρέψαντι** εἰς Ἰερουσαλὴμ καὶ προσευχομένου μου ἐν τῷ ἱερῷ γενέσθαι με ἐν ἐκστάσει

Acts 23,32 τῇ δὲ ἐπαύριον ἐάσαντες τοὺς ἱππεῖς ἀπέρχεσθαι σὺν αὐτῷ **ὑπέστρεψαν** εἰς τὴν παρεμβολήν·

ὑποστρωννύω	Syn 1	Mt	Mk	Lk 1	Acts	Jn	1-3John	Paul	Eph	Col
	NT 1	2Thess	1/2Tim	Tit	Heb	Jas	1Pet	2Pet	Jude	Rev

spread something out underneath

	Mt 21,8		Mk 11,8		Lk 19,36		
112		ὁ δὲ πλεῖστος ὄχλος **ἔστρωσαν** ἑαυτῶν τὰ ἱμάτια ἐν τῇ ὁδῷ, ...		καὶ πολλοὶ τὰ ἱμάτια αὐτῶν **ἔστρωσαν** εἰς τὴν ὁδόν, ...		πορευομένου δὲ αὐτοῦ **ὑπεστρώννυον** τὰ ἱμάτια αὐτῶν ἐν τῇ ὁδῷ.	→ Jn 12,13

ὑποτάσσω	Syn 3	Mt	Mk	Lk 3	Acts	Jn	1-3John	Paul 16	Eph 3	Col 1
	NT 38	2Thess	1/2Tim	Tit 3	Heb 5	Jas 1	1Pet 6	2Pet	Jude	Rev

subject; subordinate; *passive:* become subject; subject oneself; be subjected; be subordinated; obey

	Mt		Mk		Lk	
002					**Lk 2,51**	καὶ κατέβη μετ' αὐτῶν καὶ ἦλθεν εἰς Ναζαρὲθ καὶ ἦν **ὑποτασσόμενος** αὐτοῖς. ...
002					**Lk 10,17** → Lk 9,10	ὑπέστρεψαν δὲ οἱ ἑβδομήκοντα [δύο] μετὰ χαρᾶς λέγοντες· κύριε, καὶ τὰ δαιμόνια **ὑποτάσσεται** ἡμῖν ἐν τῷ ὀνόματί σου.
002					**Lk 10,20**	πλὴν ἐν τούτῳ μὴ χαίρετε ὅτι τὰ πνεύματα ὑμῖν **ὑποτάσσεται,** χαίρετε δὲ ὅτι τὰ ὀνόματα ὑμῶν ἐγγέγραπται ἐν τοῖς οὐρανοῖς.

ὑποχωρέω	Syn 2	Mt	Mk	Lk 2	Acts	Jn	1-3John	Paul	Eph	Col
	NT 2	2Thess	1/2Tim	Tit	Heb	Jas	1Pet	2Pet	Jude	Rev

go back; retreat; withdraw; retire

	Mt		Mk		Lk	
012			**Mk 1,45** → Mk 1,35 → Mk 1,37	... ὥστε μηκέτι αὐτὸν δύνασθαι φανερῶς εἰς πόλιν εἰσελθεῖν, ἀλλ' ἔξω ἐπ' ἐρήμοις τόποις ἦν· καὶ ἤρχοντο πρὸς αὐτὸν πάντοθεν.	**Lk 5,16** → Lk 4,42	[15] ... καὶ συνήρχοντο ὄχλοι πολλοὶ ἀκούειν καὶ θεραπεύεσθαι ἀπὸ τῶν ἀσθενειῶν αὐτῶν· [16] αὐτὸς δὲ ἦν **ὑποχωρῶν** ἐν ταῖς ἐρήμοις καὶ προσευχόμενος.
112	**Mt 14,13**	ἀκούσας δὲ ὁ Ἰησοῦς **ἀνεχώρησεν** ἐκεῖθεν ἐν πλοίῳ εἰς ἔρημον τόπον κατ' ἰδίαν· ...	**Mk 6,32**	καὶ **ἀπῆλθον** ἐν τῷ πλοίῳ εἰς ἔρημον τόπον κατ' ἰδίαν.	**Lk 9,10**	... καὶ παραλαβὼν αὐτοὺς **ὑπεχώρησεν** κατ' ἰδίαν εἰς πόλιν καλουμένην Βηθσαϊδά.

ὑπωπιάζω	Syn 1	Mt	Mk	Lk 1	Acts	Jn	1-3John	Paul 1	Eph	Col
	NT 2	2Thess	1/2Tim	Tit	Heb	Jas	1Pet	2Pet	Jude	Rev

strike under the eye; give a black eye to

	Mt		Mk		Lk	
002					**Lk 18,5**	διά γε τὸ παρέχειν μοι κόπον τὴν χήραν ταύτην ἐκδικήσω αὐτήν, ἵνα μὴ εἰς τέλος ἐρχομένη **ὑπωπιάζῃ** με.

ὑστερέω	Syn 4	Mt 1	Mk 1	Lk 2	Acts	Jn 1	1-3John	Paul 8	Eph	Col
	NT 16	2Thess	1/2Tim	Tit	Heb 3	Jas	1Pet	2Pet	Jude	Rev

come too late; be in need of; lack something; be less than; be inferior to; fail; give out

	Mt		Mk		Lk		
002					Lk 15,14	δαπανήσαντος δὲ αὐτοῦ πάντα ἐγένετο λιμὸς ἰσχυρὰ κατὰ τὴν χώραν ἐκείνην, καὶ αὐτὸς ἤρξατο **ὑστερεῖσθαι.**	
211	Mt 19,20 ↓ Mk 10,21	λέγει αὐτῷ ὁ νεανίσκος· πάντα ταῦτα ἐφύλαξα· τί ἔτι **ὑστερῶ;**	Mk 10,20	ὁ δὲ ἔφη αὐτῷ· διδάσκαλε, ταῦτα πάντα ἐφυλαξάμην ἐκ νεότητός μου.	Lk 18,21	ὁ δὲ εἶπεν· ταῦτα πάντα ἐφύλαξα ἐκ νεότητος.	
121	Mt 19,21 → Mt 6,20	ἔφη αὐτῷ ὁ Ἰησοῦς· εἰ θέλεις τέλειος εἶναι, ὕπαγε πώλησόν σου τὰ ὑπάρχοντα καὶ δὸς [τοῖς] πτωχοῖς, καὶ ἕξεις θησαυρὸν ἐν οὐρανοῖς, καὶ δεῦρο ἀκολούθει μοι.	Mk 10,21 ↑ Mt 19,20	ὁ δὲ Ἰησοῦς ἐμβλέψας αὐτῷ ἠγάπησεν αὐτὸν καὶ εἶπεν αὐτῷ· ἕν σε **ὑστερεῖ·** ὕπαγε, ὅσα ἔχεις πώλησον καὶ δὸς [τοῖς] πτωχοῖς, καὶ ἕξεις θησαυρὸν ἐν οὐρανῷ, καὶ δεῦρο ἀκολούθει μοι.	Lk 18,22 → Lk 12,33	ἀκούσας δὲ ὁ Ἰησοῦς εἶπεν αὐτῷ· ἔτι ἕν σοι **λείπει·** πάντα ὅσα ἔχεις πώλησον καὶ διάδος πτωχοῖς, καὶ ἕξεις θησαυρὸν ἐν [τοῖς] οὐρανοῖς, καὶ δεῦρο ἀκολούθει μοι.	→ Acts 2,45
002					Lk 22,35 → Mt 10,9-10 → Mk 6,8-9 → Lk 9,3 → Lk 10,4	καὶ εἶπεν αὐτοῖς· ὅτε ἀπέστειλα ὑμᾶς ἄτερ βαλλαντίου καὶ πήρας καὶ ὑποδημάτων, **μή τινος** **ὑστερήσατε;** οἱ δὲ εἶπαν· οὐθενός.	

ὑστέρημα	Syn 1	Mt	Mk	Lk 1	Acts	Jn	1-3John	Paul 7	Eph	Col 1
	NT 9	2Thess	1/2Tim	Tit	Heb	Jas	1Pet	2Pet	Jude	Rev

need; want; deficiency

	Mt		Mk		Lk		
012			Mk 12,44	πάντες γὰρ ἐκ τοῦ περισσεύοντος αὐτοῖς ἔβαλον, αὕτη δὲ **ἐκ τῆς ὑστερήσεως** **αὐτῆς** πάντα ὅσα εἶχεν ἔβαλεν ὅλον τὸν βίον αὐτῆς.	Lk 21,4	πάντες γὰρ οὗτοι ἐκ τοῦ περισσεύοντος αὐτοῖς ἔβαλον εἰς τὰ δῶρα, αὕτη δὲ **ἐκ τοῦ ὑστερήματος** **αὐτῆς** πάντα τὸν βίον ὃν εἶχεν ἔβαλεν.	

ὑστέρησις	Syn 1	Mt	Mk 1	Lk	Acts	Jn	1-3John	Paul 1	Eph	Col
	NT 2	2Thess	1/2Tim	Tit	Heb	Jas	1Pet	2Pet	Jude	Rev

need; lack; poverty

	Mt		Mk		Lk		
021			Mk 12,44	πάντες γὰρ ἐκ τοῦ περισσεύοντος αὐτοῖς ἔβαλον, αὕτη δὲ **ἐκ τῆς ὑστερήσεως** **αὐτῆς** πάντα ὅσα εἶχεν ἔβαλεν ὅλον τὸν βίον αὐτῆς.	Lk 21,4	πάντες γὰρ οὗτοι ἐκ τοῦ περισσεύοντος αὐτοῖς ἔβαλον εἰς τὰ δῶρα, αὕτη δὲ **ἐκ τοῦ ὑστερήματος** **αὐτῆς** πάντα τὸν βίον ὃν εἶχεν ἔβαλεν.	

ὕστερον	Syn 8	Mt 7	Mk	Lk 1	Acts	Jn 1	1-3John	Paul	Eph	Col
	NT 11	2Thess	1/2Tim 1	Tit	Heb 1	Jas	1Pet	2Pet	Jude	Rev

in the second place; later; then; thereafter

	triple tradition																	double tradition			Sondergut		
		+Mt / +Lk			–Mt / –Lk			traditions not taken over by Mt / Lk							subtotals								
code	222	211	112	212	221	122	121	022	012	021	220	120	210	020	Σ^+	Σ^-	Σ	202	201	102	200	002	total
Mt		1^+		1^+									1^+		3^+		3		2		2		7
Mk																							
Lk				1^+											1^+		1						1

201	Mt 4,2	[1] τότε ὁ Ἰησοῦς ἀνήχθη εἰς τὴν ἔρημον ὑπὸ τοῦ πνεύματος πειρασθῆναι ὑπὸ τοῦ διαβόλου. [2] καὶ νηστεύσας ἡμέρας τεσσεράκοντα καὶ νύκτας τεσσεράκοντα **ὕστερον** ἐπείνασεν.	Mk 1,13	[12] καὶ εὐθὺς τὸ πνεῦμα αὐτὸν ἐκβάλλει εἰς τὴν ἔρημον. [13] καὶ ἦν ἐν τῇ ἐρήμῳ τεσσεράκοντα ἡμέρας πειραζόμενος ὑπὸ τοῦ σατανᾶ, ...	Lk 4,2	[1] Ἰησοῦς δὲ ... ἤγετο ἐν τῷ πνεύματι ἐν τῇ ἐρήμῳ [2] ἡμέρας τεσσεράκοντα πειραζόμενος ὑπὸ τοῦ διαβόλου. καὶ οὐκ ἔφαγεν οὐδὲν ἐν ταῖς ἡμέραις ἐκείναις καὶ **συντελεσθεισῶν αὐτῶν** ἐπείνασεν.	Mk-Q overlap
200	Mt 21,29	ὁ δὲ ἀποκριθεὶς εἶπεν· οὐ θέλω, **ὕστερον** δὲ μεταμεληθεὶς ἀπῆλθεν.					
201	Mt 21,32	ἦλθεν γὰρ Ἰωάννης πρὸς ὑμᾶς ἐν ὁδῷ δικαιοσύνης, καὶ οὐκ ἐπιστεύσατε αὐτῷ, οἱ δὲ τελῶναι καὶ αἱ πόρναι ἐπίστευσαν αὐτῷ· ὑμεῖς δὲ ἰδόντες οὐδὲ μετεμελήθητε **ὕστερον** τοῦ πιστεῦσαι αὐτῷ.			Lk 7,30	[29] καὶ πᾶς ὁ λαὸς ἀκούσας καὶ οἱ τελῶναι ἐδικαίωσαν τὸν θεόν βαπτισθέντες τὸ βάπτισμα Ἰωάννου· [30] οἱ δὲ Φαρισαῖοι καὶ οἱ νομικοὶ τὴν βουλὴν τοῦ θεοῦ ἠθέτησαν εἰς ἑαυτούς μὴ βαπτισθέντες ὑπ' αὐτοῦ.	
211	Mt 21,37	**ὕστερον** δὲ ἀπέστειλεν πρὸς αὐτοὺς τὸν υἱὸν αὐτοῦ λέγων· ἐντραπήσονται τὸν υἱόν μου.	Mk 12,6	ἔτι ἕνα εἶχεν, υἱὸν ἀγαπητόν· ἀπέστειλεν αὐτὸν **ἔσχατον** πρὸς αὐτοὺς λέγων ὅτι ἐντραπήσονται τὸν υἱόν μου.	Lk 20,13	εἶπεν δὲ ὁ κύριος τοῦ ἀμπελῶνος· τί ποιήσω; πέμψω τὸν υἱόν μου τὸν ἀγαπητόν· ἴσως τοῦτον ἐντραπήσονται.	→ GTh 65
212	Mt 22,27	**ὕστερον δὲ πάντων** ἀπέθανεν ἡ γυνή.	Mk 12,22	... **ἔσχατον πάντων** καὶ ἡ γυνὴ ἀπέθανεν.	Lk 20,32	**ὕστερον** καὶ ἡ γυνὴ ἀπέθανεν.	
200	Mt 25,11 → Mt 7,22	**ὕστερον** δὲ ἔρχονται καὶ αἱ λοιπαὶ παρθένοι λέγουσαι· κύριε κύριε, ἄνοιξον ἡμῖν.			Lk 13,25	... καὶ ἄρξησθε ἔξω ἑστάναι καὶ κρούειν τὴν θύραν λέγοντες· κύριε, ἄνοιξον ἡμῖν, ...	

	Mt	Mk	Lk	
210	**Mt 26,60** καὶ οὐχ εὗρον πολλῶν προσελθόντων ψευδομαρτύρων. **ὕστερον** δὲ προσελθόντες δύο [61] εἶπαν· ...	**Mk 14,57** [55] ... καὶ οὐχ ηὕρισκον· [56] πολλοὶ γὰρ ἐψευδομαρτύρουν κατ' αὐτοῦ, καὶ ἴσαι αἱ μαρτυρίαι οὐκ ἦσαν. [57] καί τινες ἀναστάντες ἐψευδομαρτύρουν κατ' αὐτοῦ λέγοντες		

ὑψηλός	Syn 4	Mt 2	Mk 1	Lk 1	Acts 1	Jn	1-3John	Paul 2	Eph	Col
	NT 11	2Thess	1/2Tim	Tit	Heb 2	Jas	1Pet	2Pet	Jude	Rev 2

high

	Mt	Mk	Lk	
201	**Mt 4,8** πάλιν παραλαμβάνει αὐτὸν ὁ διάβολος **εἰς ὄρος ὑψηλὸν λίαν** καὶ δείκνυσιν αὐτῷ πάσας τὰς βασιλείας τοῦ κόσμου ...		**Lk 4,5** καὶ ἀναγαγὼν αὐτὸν ἔδειξεν αὐτῷ πάσας τὰς βασιλείας τῆς οἰκουμένης ...	
221	**Mt 17,1** ... παραλαμβάνει ὁ Ἰησοῦς τὸν Πέτρον καὶ Ἰάκωβον καὶ Ἰωάννην τὸν ἀδελφὸν αὐτοῦ καὶ ἀναφέρει αὐτοὺς **εἰς ὄρος ὑψηλὸν** κατ' ἰδίαν.	**Mk 9,2** ... παραλαμβάνει ὁ Ἰησοῦς τὸν Πέτρον καὶ τὸν Ἰάκωβον καὶ τὸν Ἰωάννην καὶ ἀναφέρει αὐτοὺς **εἰς ὄρος ὑψηλὸν** κατ' ἰδίαν μόνους. ...	**Lk 9,28** ... παραλαβὼν Πέτρον καὶ Ἰωάννην καὶ Ἰάκωβον ἀνέβη **εἰς τὸ ὄρος** προσεύξασθαι.	
002			**Lk 16,15** ... ὅτι τὸ ἐν ἀνθρώποις **ὑψηλὸν** βδέλυγμα ἐνώπιον τοῦ θεοῦ.	

Acts 13,17 ... καὶ
**μετὰ βραχίονος
ὑψηλοῦ**
ἐξήγαγεν αὐτοὺς
ἐξ αὐτῆς

ὕψιστος	Syn 10	Mt 1	Mk 2	Lk 7	Acts 2	Jn	1-3John	Paul	Eph	Col
	NT 13	2Thess	1/2Tim	Tit	Heb 1	Jas	1Pet	2Pet	Jude	Rev

highest; most exalted

	triple tradition																	double tradition			Sondergut		
		+Mt / +Lk			–Mt / –Lk			traditions not taken over by Mt / Lk							subtotals								
code	222	211	112	212	221	122	121	022	012	021	220	120	210	020	Σ⁺	Σ⁻	Σ	202	201	102	200	002	total
Mt	1					1⁻										1⁻	1						1
Mk	1					1											2						2
Lk	1					1											2			1		4	7

[a] ὁ θεὸς ὁ ὕψιστος   [b] ὕψιστος = God   [c] ἐν (τοῖς) ὑψίστοις

	Mt	Mk	Lk	
b 002			**Lk 1,32** οὗτος ἔσται μέγας καὶ **υἱὸς ὑψίστου** κληθήσεται καὶ δώσει αὐτῷ κύριος ὁ θεὸς τὸν θρόνον Δαυὶδ τοῦ πατρὸς αὐτοῦ	

		Mt		Mk		Lk	
b 002					**Lk 1,35** → Mt 1,18 → Mt 1,20	... πνεῦμα ἅγιον ἐπελεύσεται ἐπὶ σὲ καὶ **δύναμις ὑψίστου** ἐπισκιάσει σοι· ...	
b 002					**Lk 1,76**	καὶ σὺ δέ, παιδίον, **προφήτης ὑψίστου** κληθήσῃ· προπορεύσῃ γὰρ ἐνώπιον κυρίου ἑτοιμάσαι ὁδοὺς αὐτοῦ	
c 002					**Lk 2,14** ↓ Mt 21,9 ↓ Mk 11,10 ↓ Lk 19,38	δόξα **ἐν ὑψίστοις** θεῷ καὶ ἐπὶ γῆς εἰρήνη ἐν ἀνθρώποις εὐδοκίας.	
b 102	**Mt 5,45**	ὅπως γένησθε **υἱοὶ τοῦ πατρὸς ὑμῶν** **τοῦ ἐν οὐρανοῖς,** ὅτι τὸν ἥλιον αὐτοῦ ἀνατέλλει ἐπὶ πονηροὺς καὶ ἀγαθοὺς καὶ βρέχει ἐπὶ δικαίους καὶ ἀδίκους.			**Lk 6,35**	... καὶ ἔσεσθε **υἱοὶ ὑψίστου,** ὅτι αὐτὸς χρηστός ἐστιν ἐπὶ τοὺς ἀχαρίστους καὶ πονηρούς.	→ GTh 3 (POxy 654)
a 122	**Mt 8,29**	καὶ ἰδοὺ ἔκραξαν λέγοντες· τί ἡμῖν καὶ σοί, **υἱὲ τοῦ θεοῦ;** ἦλθες ὧδε πρὸ καιροῦ βασανίσαι ἡμᾶς;	**Mk 5,7** → Mk 1,23-24	καὶ κράξας φωνῇ μεγάλῃ λέγει· τί ἐμοὶ καὶ σοί, Ἰησοῦ **υἱὲ τοῦ θεοῦ** **τοῦ ὑψίστου;** ὁρκίζω σε τὸν θεόν, μή με βασανίσῃς.	**Lk 8,28** → Lk 4,33-34	ἰδὼν δὲ τὸν Ἰησοῦν ἀνακράξας προσέπεσεν αὐτῷ καὶ φωνῇ μεγάλῃ εἶπεν· τί ἐμοὶ καὶ σοί, Ἰησοῦ **υἱὲ τοῦ θεοῦ** **τοῦ ὑψίστου;** δέομαί σου, μή με βασανίσῃς.	
c 222	**Mt 21,9**	... ἔκραζον λέγοντες· *ὡσαννὰ* τῷ υἱῷ Δαυίδ· *εὐλογημένος* *ὁ ἐρχόμενος* *ἐν ὀνόματι κυρίου·* *ὡσαννὰ* ***ἐν τοῖς ὑψίστοις.*** ➤ Ps 118,25-26; Ps 148,1/Job 16,19	**Mk 11,10**	[9] ... ἔκραζον· *ὡσαννά·* *εὐλογημένος* *ὁ ἐρχόμενος* *ἐν ὀνόματι κυρίου·* [10] εὐλογημένη ἡ ἐρχομένη βασιλεία τοῦ πατρὸς ἡμῶν Δαυίδ· *ὡσαννὰ* ***ἐν τοῖς ὑψίστοις.*** ➤ Ps 118,25-26; Ps 148,1/Job 16,19	**Lk 19,38** ↑ Lk 2,14	λέγοντες· *εὐλογημένος* *ὁ ἐρχόμενος*, ὁ βασιλεὺς *ἐν ὀνόματι κυρίου·* ἐν οὐρανῷ εἰρήνη καὶ δόξα **ἐν ὑψίστοις.** ➤ Ps 118,26	→ Jn 12,13

b	**Acts 7,48**	**ἀλλ' οὐχ ὁ ὕψιστος** ἐν χειροποιήτοις κατοικεῖ, καθὼς ὁ προφήτης λέγει·	*a* **Acts 16,17**	... οὗτοι οἱ ἄνθρωποι **δοῦλοι τοῦ θεοῦ** **τοῦ ὑψίστου** εἰσίν, οἵτινες καταγγέλλουσιν ὑμῖν ὁδὸν σωτηρίας.

ὕψος

ὕψος	Syn 2	Mt	Mk	Lk 2	Acts	Jn	1-3John	Paul	Eph 2	Col
	NT 6	2Thess	1/2Tim	Tit	Heb	Jas 1	1Pet	2Pet	Jude	Rev 1

height; high place

		Mt		Mk		Lk	
002					**Lk 1,78**	διὰ σπλάγχνα ἐλέους θεοῦ ἡμῶν, ἐν οἷς ἐπισκέψεται ἡμᾶς ἀνατολὴ **ἐξ ὕψους**	
002					**Lk 24,49**	... ὑμεῖς δὲ καθίσατε ἐν τῇ πόλει ἕως οὗ ἐνδύσησθε **ἐξ ὕψους** δύναμιν.	→ Acts 1,8

ὑψόω	Syn 9	Mt 3	Mk	Lk 6	Acts 3	Jn 5	1-3John	Paul 1	Eph	Col
	NT 20	2Thess	1/2Tim	Tit	Heb	Jas 1	1Pet 1	2Pet	Jude	Rev

lift up; raise high

	triple tradition																	double tradition			Sondergut		
		+Mt / +Lk			–Mt / –Lk			traditions not taken over by Mt / Lk							subtotals								
code	222	211	112	212	221	122	121	022	012	021	220	120	210	020	Σ⁺	Σ⁻	Σ	202	201	102	200	002	total
Mt																		3					3
Mk																							
Lk																		3				3	6

002			**Lk 1,52**	καθεῖλεν δυνάστας ἀπὸ θρόνων καὶ **ὕψωσεν** ταπεινούς
202	**Mt 11,23**	καὶ σύ, Καφαρναούμ, μὴ ἕως οὐρανοῦ **ὑψωθήσῃ;** *ἕως ᾅδου καταβήσῃ·* ... ➤ Isa 14,13.15	**Lk 10,15**	καὶ σύ, Καφαρναούμ, μὴ ἕως οὐρανοῦ **ὑψωθήσῃ;** *ἕως τοῦ ᾅδου καταβήσῃ.* ➤ Isa 14,13.15
202 202	**Mt 23,12** (2) → Mt 18,4	ὅστις δὲ **ὑψώσει** ἑαυτὸν ταπεινωθήσεται καὶ ὅστις ταπεινώσει ἑαυτὸν **ὑψωθήσεται.**	**Lk 14,11** (2) ↓ Lk 18,14b	ὅτι πᾶς ὁ **ὑψῶν** ἑαυτὸν ταπεινωθήσεται, καὶ ὁ ταπεινῶν ἑαυτὸν **ὑψωθήσεται.**
002 002			**Lk 18,14** (2) → Mt 18,4 ↑ Mt 23,12 ↑ Lk 14,11 → Lk 16,15	... ὅτι πᾶς ὁ **ὑψῶν** ἑαυτὸν ταπεινωθήσεται, ὁ δὲ ταπεινῶν ἑαυτὸν **ὑψωθήσεται.**

Acts 2,33 → Lk 24,49 → Acts 1,8 τῇ δεξιᾷ οὖν τοῦ θεοῦ **ὑψωθεὶς,** τήν τε ἐπαγγελίαν τοῦ πνεύματος τοῦ ἁγίου λαβὼν παρὰ τοῦ πατρός, ἐξέχεεν τοῦτο ὃ ὑμεῖς [καὶ] βλέπετε καὶ ἀκούετε.

Acts 5,31 τοῦτον ὁ θεὸς ἀρχηγὸν καὶ σωτῆρα **ὕψωσεν** τῇ δεξιᾷ αὐτοῦ [τοῦ] δοῦναι μετάνοιαν τῷ Ἰσραὴλ καὶ ἄφεσιν ἁμαρτιῶν.

Acts 13,17 ὁ θεὸς τοῦ λαοῦ τούτου Ἰσραὴλ ἐξελέξατο τοὺς πατέρας ἡμῶν καὶ τὸν λαὸν **ὕψωσεν** ἐν τῇ παροικίᾳ ἐν γῇ Αἰγύπτου ...

φάγος	Syn 2	Mt 1	Mk	Lk 1	Acts	Jn	1-3John	Paul	Eph	Col
	NT 2	2Thess	1/2Tim	Tit	Heb	Jas	1Pet	2Pet	Jude	Rev

glutton

202	**Mt 11,19** ἦλθεν ὁ υἱὸς τοῦ ἀνθρώπου ἐσθίων καὶ πίνων, καὶ λέγουσιν· ἰδοὺ ἄνθρωπος **φάγος** καὶ οἰνοπότης, τελωνῶν φίλος καὶ ἁμαρτωλῶν. ...		**Lk 7,34** ἐλήλυθεν ὁ υἱὸς τοῦ ἀνθρώπου ἐσθίων καὶ πίνων, καὶ λέγετε· ἰδοὺ ἄνθρωπος **φάγος** καὶ οἰνοπότης, φίλος τελωνῶν καὶ ἁμαρτωλῶν.

φαίνω	Syn 16	Mt 13	Mk 1	Lk 2	Acts	Jn 2	1-3John 1	Paul 3	Eph	Col
	NT 30	2Thess	1/2Tim	Tit	Heb 1	Jas 1	1Pet 1	2Pet 1	Jude	Rev 4

shine; give light; be bright; *passive:* appear; be, become visible; be revealed; show oneself; appear as something; to be something; seem

	triple tradition																	double tradition			Sondergut		
		+Mt / +Lk			–Mt / –Lk			traditions not taken over by Mt / Lk							subtotals								
code	222	211	112	212	221	122	121	022	012	021	220	120	210	020	Σ⁺	Σ⁻	Σ	202	201	102	200	002	total
Mt		1^+										1^-			1^+	1^-	1		3		9		13
Mk												1					1						1
Lk									1^+						1^+		1					1	2

[a] ἄγγελος κυρίου ... ἐφάνη, ἄγγελος κυρίου φαίνεται

a 200	**Mt 1,20** →Lk 1,27 →Lk 1,30	ταῦτα δὲ αὐτοῦ ἐνθυμηθέντος ἰδοὺ ἄγγελος κυρίου κατ' ὄναρ **ἐφάνη** αὐτῷ λέγων· Ἰωσὴφ υἱὸς Δαυίδ, μὴ φοβηθῇς παραλαβεῖν Μαριὰμ τὴν γυναῖκά σου, ...
200	**Mt 2,7**	τότε Ἡρῴδης λάθρα καλέσας τοὺς μάγους ἠκρίβωσεν παρ' αὐτῶν **τὸν χρόνον τοῦ φαινομένου ἀστέρος**
a 200	**Mt 2,13**	ἀναχωρησάντων δὲ αὐτῶν ἰδοὺ ἄγγελος κυρίου **φαίνεται** κατ' ὄναρ τῷ Ἰωσὴφ λέγων· ἐγερθεὶς παράλαβε τὸ παιδίον καὶ τὴν μητέρα αὐτοῦ καὶ φεῦγε εἰς Αἴγυπτον ...
a 200	**Mt 2,19**	τελευτήσαντος δὲ τοῦ Ἡρῴδου ἰδοὺ ἄγγελος κυρίου **φαίνεται** κατ' ὄναρ τῷ Ἰωσὴφ ἐν Αἰγύπτῳ

	Mt		Mk		Lk		
200	**Mt 6,5**	καὶ ὅταν προσεύχησθε, οὐκ ἔσεσθε ὡς οἱ ὑποκριταί, ὅτι φιλοῦσιν ἐν ταῖς συναγωγαῖς καὶ ἐν ταῖς γωνίαις τῶν πλατειῶν ἑστῶτες προσεύχεσθαι, ὅπως **φανῶσιν** τοῖς ἀνθρώποις· ...					→ GTh 6 (POxy 654)
200	**Mt 6,16**	ὅταν δὲ νηστεύητε, μὴ γίνεσθε ὡς οἱ ὑποκριταὶ σκυθρωποί, ἀφανίζουσιν γὰρ τὰ πρόσωπα αὐτῶν ὅπως **φανῶσιν** τοῖς ἀνθρώποις νηστεύοντες· ...					→ GTh 6 (POxy 654) → GTh 27 (POxy 1)
200	**Mt 6,18**	ὅπως **μὴ φανῇς** τοῖς ἀνθρώποις νηστεύων ἀλλὰ τῷ πατρί σου τῷ ἐν τῷ κρυφαίῳ· ...					→ GTh 6 (POxy 654) → GTh 27 (POxy 1)
201	**Mt 9,33** ⇨ Mt 12,22-23	καὶ ἐκβληθέντος τοῦ δαιμονίου ἐλάλησεν ὁ κωφός. καὶ ἐθαύμασαν οἱ ὄχλοι λέγοντες· **οὐδέποτε ἐφάνη** οὕτως ἐν τῷ Ἰσραήλ.			**Lk 11,14**	... ἐγένετο δὲ τοῦ δαιμονίου ἐξελθόντος ἐλάλησεν ὁ κωφὸς καὶ ἐθαύμασαν οἱ ὄχλοι.	
200	**Mt 13,26**	ὅτε δὲ ἐβλάστησεν ὁ χόρτος καὶ καρπὸν ἐποίησεν, τότε **ἐφάνη** καὶ τὰ ζιζάνια.					→ GTh 57
012	→ Mt 16,14		**Mk 6,15** → Mk 8,28	ἄλλοι δὲ ἔλεγον ὅτι Ἠλίας **ἐστίν·** ἄλλοι δὲ ἔλεγον ὅτι προφήτης ὡς εἷς τῶν προφητῶν.	**Lk 9,8** → Lk 9,19	ὑπό τινων δὲ ὅτι Ἠλίας **ἐφάνη,** ἄλλων δὲ ὅτι προφήτης τις τῶν ἀρχαίων ἀνέστη.	
201	**Mt 23,27**	οὐαὶ ὑμῖν, γραμματεῖς καὶ Φαρισαῖοι ὑποκριταί, ὅτι παρομοιάζετε τάφοις κεκονιαμένοις, οἵτινες ἔξωθεν μὲν **φαίνονται** ὡραῖοι, ἔσωθεν δὲ γέμουσιν ὀστέων νεκρῶν καὶ πάσης ἀκαθαρσίας.			**Lk 11,44**	οὐαὶ ὑμῖν, ὅτι ἐστὲ ὡς τὰ μνημεῖα τὰ ἄδηλα, καὶ οἱ ἄνθρωποι [οἱ] περιπατοῦντες ἐπάνω οὐκ οἴδασιν.	
200	**Mt 23,28**	οὕτως καὶ ὑμεῖς ἔξωθεν μὲν **φαίνεσθε** τοῖς ἀνθρώποις δίκαιοι, ἔσωθεν δέ ἐστε μεστοὶ ὑποκρίσεως καὶ ἀνομίας.					
201	**Mt 24,27**	ὥσπερ γὰρ ἡ ἀστραπὴ ἐξέρχεται ἀπὸ ἀνατολῶν καὶ **φαίνεται** ἕως δυσμῶν, οὕτως ἔσται ἡ παρουσία τοῦ υἱοῦ τοῦ ἀνθρώπου·			**Lk 17,24**	ὥσπερ γὰρ ἡ ἀστραπὴ ἀστράπτουσα ἐκ τῆς ὑπὸ τὸν οὐρανὸν εἰς τὴν ὑπ' οὐρανὸν **λάμπει,** οὕτως ἔσται ὁ υἱὸς τοῦ ἀνθρώπου [ἐν τῇ ἡμέρᾳ αὐτοῦ].	

211	**Mt 24,30** → Mt 16,27 → Mt 25,31	καὶ τότε **φανήσεται** τὸ σημεῖον τοῦ υἱοῦ τοῦ ἀνθρώπου ἐν οὐρανῷ, καὶ τότε κόψονται πᾶσαι αἱ φυλαὶ τῆς γῆς καὶ ὄψονται *τὸν υἱὸν τοῦ ἀνθρώπου ἐρχόμενον ἐπὶ τῶν νεφελῶν τοῦ οὐρανοῦ* ... ➤ Dan 7,13-14	**Mk 13,26** → Mk 8,38	καὶ τότε ὄψονται *τὸν υἱὸν τοῦ ἀνθρώπου ἐρχόμενον ἐν νεφέλαις* ... ➤ Dan 7,13-14	**Lk 21,27** → Lk 9,26	καὶ τότε ὄψονται *τὸν υἱὸν τοῦ ἀνθρώπου ἐρχόμενον ἐν νεφέλῃ* ... ➤ Dan 7,13-14	
120	**Mt 26,66** → Lk 24,20	τί ὑμῖν **δοκεῖ;** οἱ δὲ ἀποκριθέντες εἶπαν· ἔνοχος θανάτου ἐστίν.	**Mk 14,64** → Lk 24,20	... τί ὑμῖν **φαίνεται;** οἱ δὲ πάντες κατέκριναν αὐτὸν ἔνοχον εἶναι θανάτου.			
002					**Lk 24,11**	καὶ **ἐφάνησαν** ἐνώπιον αὐτῶν ὡσεὶ λῆρος τὰ ῥήματα ταῦτα, καὶ ἠπίστουν αὐταῖς.	

Φάλεκ

Syn	Mt	Mk	Lk	Acts	Jn	1-3John	Paul	Eph	Col
1			1						
NT	2Thess	1/2Tim	Tit	Heb	Jas	1Pet	2Pet	Jude	Rev
1									

Peleg

002					**Lk 3,35**	... τοῦ Ῥαγαὺ **τοῦ Φάλεκ** τοῦ Ἔβερ ...	

φανερός

Syn	Mt	Mk	Lk	Acts	Jn	1-3John	Paul	Eph	Col
6	1	3	2	2		1	8		
NT	2Thess	1/2Tim	Tit	Heb	Jas	1Pet	2Pet	Jude	Rev
18		1							

visible; clear; plainly to be seen; open; plain; evident; known; τὸ φανερόν the open; public notice

	triple tradition																	double tradition			Sondergut		
		+Mt / +Lk			–Mt / –Lk			traditions not taken over by Mt / Lk							subtotals								
code	*222*	*211*	*112*	*212*	*221*	*122*	*121*	*022*	*012*	*021*	*220*	*120*	*210*	*020*	Σ⁺	Σ⁻	Σ	*202*	*201*	*102*	*200*	*002*	total
Mt							1^-				1					1^-	1						**1**
Mk							1	1			1						3						**3**
Lk							1^-	1	1^+						1^+	1^-	2						**2**

220	**Mt 12,16**	καὶ ἐπετίμησεν αὐτοῖς ἵνα μὴ **φανερὸν** αὐτὸν ποιήσωσιν	**Mk 3,12** → Mk 1,34	καὶ πολλὰ ἐπετίμα αὐτοῖς ἵνα μὴ αὐτὸν **φανερὸν** ποιήσωσιν.	**Lk 4,41**	... καὶ ἐπιτιμῶν οὐκ εἴα αὐτὰ λαλεῖν, ὅτι ᾔδεισαν τὸν χριστὸν αὐτὸν εἶναι.	
012 022			**Mk 4,22**	οὐ γάρ ἐστιν κρυπτὸν **ἐὰν μὴ ἵνα φανερωθῇ,** οὐδὲ ἐγένετο ἀπόκρυφον ἀλλ᾽ ἵνα ἔλθῃ **εἰς φανερόν.**	**Lk 8,17** (2) ⇩ Lk 12,2	οὐ γάρ ἐστιν κρυπτὸν ὃ **οὐ φανερὸν γενήσεται** οὐδὲ ἀπόκρυφον ὃ οὐ μὴ γνωσθῇ καὶ **εἰς φανερὸν** ἔλθῃ.	→ GTh 5 → GTh 6,5-6 **(POxy 654)** Mk-Q overlap
	Mt 10,26	... οὐδὲν γάρ ἐστιν κεκαλυμμένον ὃ οὐκ ἀποκαλυφθήσεται καὶ κρυπτὸν ὃ οὐ γνωσθήσεται.			**Lk 12,2** ⇧ **Lk 8,17**	οὐδὲν δὲ συγκεκαλυμμένον ἐστὶν ὃ οὐκ ἀποκαλυφθήσεται καὶ κρυπτὸν ὃ οὐ γνωσθήσεται.	

	Mt		Mk		Lk		
121	Mt 14,1	ἐν ἐκείνῳ τῷ καιρῷ ἤκουσεν Ἡρῴδης ὁ τετραάρχης τὴν ἀκοὴν Ἰησοῦ	Mk 6,14	καὶ ἤκουσεν ὁ βασιλεὺς Ἡρῴδης, **φανερὸν** γὰρ ἐγένετο τὸ ὄνομα αὐτοῦ, ...	Lk 9,7	ἤκουσεν δὲ Ἡρῴδης ὁ τετραάρχης τὰ γινόμενα πάντα ...	

Acts 4,16 ... ὅτι μὲν γὰρ γνωστὸν σημεῖον γέγονεν δι᾽ αὐτῶν πᾶσιν τοῖς κατοικοῦσιν Ἰερουσαλὴμ **φανερὸν** καὶ οὐ δυνάμεθα ἀρνεῖσθαι·

Acts 7,13 καὶ ἐν τῷ δευτέρῳ ἀνεγνωρίσθη Ἰωσὴφ τοῖς ἀδελφοῖς αὐτοῦ καὶ **φανερὸν** ἐγένετο τῷ Φαραὼ τὸ γένος [τοῦ] Ἰωσήφ.

φανερόω

Syn	Mt	Mk	Lk	Acts	Jn	1-3John	Paul	Eph	Col
1		1			9	9	13	2	4
NT	2Thess	1/2Tim	Tit	Heb	Jas	1Pet	2Pet	Jude	Rev
47		2	1	2		2			2

reveal; make known; show; *passive:* become known; become visible; be revealed; be made known; show, reveal oneself; be revealed; appear

	Mt		Mk		Lk		
021			Mk 4,22	οὐ γάρ ἐστιν κρυπτὸν **ἐὰν μὴ ἵνα φανερωθῇ,** οὐδὲ ἐγένετο ἀπόκρυφον ἀλλ᾽ ἵνα ἔλθῃ εἰς φανερόν.	Lk 8,17 ⇩ Lk 12,2	οὐ γάρ ἐστιν κρυπτὸν **ὃ οὐ φανερὸν γενήσεται** οὐδὲ ἀπόκρυφον ὃ οὐ μὴ γνωσθῇ καὶ εἰς φανερὸν ἔλθῃ.	→ GTh 5 → GTh 6,5-6 (POxy 654) Mk-Q overlap
	Mt 10,26	... οὐδὲν γάρ ἐστιν κεκαλυμμένον ὃ **οὐκ ἀποκαλυφθήσεται** καὶ κρυπτὸν ὃ οὐ γνωσθήσεται.			Lk 12,2 ⇧ Lk 8,17	οὐδὲν δὲ συγκεκαλυμμένον ἐστὶν ὃ **οὐκ ἀποκαλυφθήσεται** καὶ κρυπτὸν ὃ οὐ γνωσθήσεται.	

φανερῶς

Syn	Mt	Mk	Lk	Acts	Jn	1-3John	Paul	Eph	Col
1		1		1	1				
NT	2Thess	1/2Tim	Tit	Heb	Jas	1Pet	2Pet	Jude	Rev
3									

openly; publicly

	Mt		Mk		Lk		
021			Mk 1,45 → Mt 9,31	ὁ δὲ ἐξελθὼν ἤρξατο κηρύσσειν πολλὰ καὶ διαφημίζειν τὸν λόγον, ὥστε μηκέτι αὐτὸν δύνασθαι **φανερῶς** εἰς πόλιν εἰσελθεῖν, ἀλλ᾽ ἔξω ἐπ᾽ ἐρήμοις τόποις ἦν· καὶ ἤρχοντο πρὸς αὐτὸν πάντοθεν.	Lk 5,15 → Lk 6,18 → Lk 7,17	διήρχετο δὲ μᾶλλον ὁ λόγος περὶ αὐτοῦ, καὶ συνήρχοντο ὄχλοι πολλοὶ ἀκούειν καὶ θεραπεύεσθαι ἀπὸ τῶν ἀσθενειῶν αὐτῶν· [16] αὐτὸς δὲ ἦν ὑποχωρῶν ἐν ταῖς ἐρήμοις καὶ προσευχόμενος.	

Acts 10,3 εἶδεν ἐν ὁράματι **φανερῶς** ὡσεὶ περὶ ὥραν ἐνάτην τῆς ἡμέρας ἄγγελον τοῦ θεοῦ εἰσελθόντα πρὸς αὐτὸν καὶ εἰπόντα αὐτῷ· Κορνήλιε.

Φανουήλ	**Syn** 1	Mt	Mk	Lk 1	Acts	Jn	1-3John	Paul	Eph	Col
	NT 1	2Thess	1/2Tim	Tit	Heb	Jas	1Pet	2Pet	Jude	Rev

Phanuel

002			**Lk 2,36** καὶ ἦν Ἄννα προφῆτις, **θυγάτηρ Φανουήλ,** ἐκ φυλῆς Ἀσήρ· ...	

φάντασμα	**Syn** 2	Mt 1	Mk 1	Lk	Acts	Jn	1-3John	Paul	Eph	Col
	NT 2	2Thess	1/2Tim	Tit	Heb	Jas	1Pet	2Pet	Jude	Rev

apparition; ghost

220	**Mt 14,26** οἱ δὲ μαθηταὶ ἰδόντες αὐτὸν ἐπὶ τῆς θαλάσσης περιπατοῦντα ἐταράχθησαν λέγοντες ὅτι **φάντασμά** ἐστιν, καὶ ἀπὸ τοῦ φόβου ἔκραξαν.	**Mk 6,49** οἱ δὲ ἰδόντες αὐτὸν ἐπὶ τῆς θαλάσσης περιπατοῦντα ἔδοξαν ὅτι **φάντασμά** ἐστιν, καὶ ἀνέκραξαν· [50] πάντες γὰρ αὐτὸν εἶδον καὶ ἐταράχθησαν. ...		→ Jn 6,19

φάραγξ	**Syn** 1	Mt	Mk	Lk 1	Acts	Jn	1-3John	Paul	Eph	Col
	NT 1	2Thess	1/2Tim	Tit	Heb	Jas	1Pet	2Pet	Jude	Rev

ravine

002			**Lk 3,5** *πᾶσα φάραγξ* *πληρωθήσεται καὶ* *πᾶν ὄρος καὶ βουνὸς* *ταπεινωθήσεται, ...* ➤ Isa 40,4 LXX	

Φάρες	**Syn** 3	Mt 2	Mk	Lk 1	Acts	Jn	1-3John	Paul	Eph	Col
	NT 3	2Thess	1/2Tim	Tit	Heb	Jas	1Pet	2Pet	Jude	Rev

Perez

200	**Mt 1,3 (2)** Ἰούδας δὲ ἐγέννησεν **τὸν Φάρες** καὶ τὸν Ζάρα ἐκ τῆς Θαμάρ,		**Lk 3,33** ... τοῦ Ἑσρὼμ	
200	**Φάρες** δὲ ἐγέννησεν τὸν Ἑσρώμ, ...		**τοῦ Φάρες** τοῦ Ἰούδα	
002	**Mt 1,3 (2)** Ἰούδας δὲ ἐγέννησεν τὸν Φάρες καὶ τὸν Ζάρα ἐκ τῆς Θαμάρ, **Φάρες** δὲ ἐγέννησεν τὸν Ἑσρώμ, ...		**Lk 3,33** ... τοῦ Ἑσρὼμ **τοῦ Φάρες** τοῦ Ἰούδα	

Φαρισαῖος	Syn 68	Mt 29	Mk 12	Lk 27	Acts 9	Jn 19	1-3John	Paul 1	Eph	Col
	NT 97	2Thess	1/2Tim	Tit	Heb	Jas	1Pet	2Pet	Jude	Rev

Pharisee

	triple tradition																	double tradition			Sonder-gut		
		+Mt / +Lk			–Mt / –Lk			traditions not taken over by Mt / Lk							subtotals								
code	*222*	*211*	*112*	*212*	*221*	*122*	*121*	*022*	*012*	*021*	*220*	*120*	*210*	*020*	Σ^+	Σ^-	Σ	*202*	*201*	*102*	*200*	*002*	total
Mt	4	4^+			2		1^-				3	1^-	1^+		5^+	2^-	14	2	7		6		**29**
Mk	4				2		1				3	1		1			12						**12**
Lk	4		2^+		2^-		1^-		1^+						3^+	3^-	7	2		2		16	**27**

[a] Φαρισαῖοι and ἀρχιερεῖς
[b] Φαρισαῖοι and γραμματεῖς
[c] Φαρισαῖοι and Ἡρῳδιανοί
[d] Φαρισαῖοι καὶ νομοδιδάσκαλοι, ~ καὶ νομικοὶ
[e] Φαρισαῖοι and Σαδδουκαῖοι

e 201	**Mt 3,7** → Mt 12,34 → Mt 23,33	ἰδὼν δὲ **πολλοὺς τῶν Φαρισαίων καὶ Σαδδουκαίων ἐρχομένους** ἐπὶ τὸ βάπτισμα αὐτοῦ εἶπεν αὐτοῖς· γεννήματα ἐχιδνῶν, ...			**Lk 3,7** → Mk 1,5	ἔλεγεν οὖν **τοῖς ἐκπορευομένοις ὄχλοις** βαπτισθῆναι ὑπ' αὐτοῦ· γεννήματα ἐχιδνῶν, ...	
d 012			**Mk 2,2** → Mk 3,20	καὶ συνήχθησαν πολλοὶ ὥστε μηκέτι χωρεῖν μηδὲ τὰ πρὸς τὴν θύραν, καὶ ἐλάλει αὐτοῖς τὸν λόγον.	**Lk 5,17** ↓ Lk 5,21 ↓ Mk 2,6	καὶ ἐγένετο ἐν μιᾷ τῶν ἡμερῶν καὶ αὐτὸς ἦν διδάσκων, καὶ ἦσαν καθήμενοι **Φαρισαῖοι** καὶ νομοδιδάσκαλοι οἳ ἦσαν ἐληλυθότες ἐκ πάσης κώμης τῆς Γαλιλαίας καὶ Ἰουδαίας καὶ Ἰερουσαλήμ· καὶ δύναμις κυρίου ἦν εἰς τὸ ἰᾶσθαι αὐτόν.	
b 200	**Mt 5,20**	λέγω γὰρ ὑμῖν ὅτι ἐὰν μὴ περισσεύσῃ ὑμῶν ἡ δικαιοσύνη πλεῖον τῶν γραμματέων καὶ **Φαρισαίων,** οὐ μὴ εἰσέλθητε εἰς τὴν βασιλείαν τῶν οὐρανῶν.					→ GTh 27 (POxy 1)
b 112	**Mt 9,3**	καὶ ἰδού τινες τῶν γραμματέων εἶπαν ἐν ἑαυτοῖς· ...	**Mk 2,6** ↑ Lk 5,17	ἦσαν δέ τινες τῶν γραμματέων ἐκεῖ καθήμενοι καὶ διαλογιζόμενοι ἐν ταῖς καρδίαις αὐτῶν·	**Lk 5,21** → Lk 7,49	καὶ ἤρξαντο διαλογίζεσθαι οἱ γραμματεῖς καὶ **οἱ Φαρισαῖοι** λέγοντες· ...	
b 222	**Mt 9,11**	καὶ ἰδόντες **οἱ Φαρισαῖοι** ἔλεγον τοῖς μαθηταῖς αὐτοῦ· διὰ τί μετὰ τῶν τελωνῶν καὶ ἁμαρτωλῶν ἐσθίει ὁ διδάσκαλος ὑμῶν;	**Mk 2,16**	καὶ **οἱ γραμματεῖς τῶν Φαρισαίων** ἰδόντες ὅτι ἐσθίει μετὰ τῶν ἁμαρτωλῶν καὶ τελωνῶν ἔλεγον τοῖς μαθηταῖς αὐτοῦ· ὅτι μετὰ τῶν τελωνῶν καὶ ἁμαρτωλῶν ἐσθίει;	**Lk 5,30** ↓ Lk 15,2 → Lk 19,7	καὶ ἐγόγγυζον **οἱ Φαρισαῖοι καὶ οἱ γραμματεῖς αὐτῶν** πρὸς τοὺς μαθητὰς αὐτοῦ λέγοντες· διὰ τί μετὰ τῶν τελωνῶν καὶ ἁμαρτωλῶν ἐσθίετε καὶ πίνετε;	

121	**Mt 9,14**		**Mk 2,18** (2)	καὶ ἦσαν οἱ μαθηταὶ Ἰωάννου καὶ οἱ Φαρισαῖοι νηστεύοντες.	**Lk 5,33**		
222		τότε προσέρχονται αὐτῷ οἱ μαθηταὶ Ἰωάννου λέγοντες· διὰ τί ἡμεῖς καὶ οἱ Φαρισαῖοι νηστεύομεν [πολλά], οἱ δὲ μαθηταί σου οὐ νηστεύουσιν;		καὶ ἔρχονται καὶ λέγουσιν αὐτῷ· διὰ τί οἱ μαθηταὶ Ἰωάννου καὶ οἱ μαθηταὶ τῶν Φαρισαίων νηστεύουσιν, οἱ δὲ σοὶ μαθηταὶ οὐ νηστεύουσιν;		οἱ δὲ εἶπαν πρὸς αὐτόν· οἱ μαθηταὶ Ἰωάννου νηστεύουσιν πυκνὰ καὶ δεήσεις ποιοῦνται ὁμοίως καὶ οἱ τῶν Φαρισαίων, οἱ δὲ σοὶ ἐσθίουσιν καὶ πίνουσιν.	→ GTh 104
200	**Mt 9,34** ⇩ Mt 12,24 → Lk 11,18	οἱ δὲ Φαρισαῖοι ἔλεγον· ἐν τῷ ἄρχοντι τῶν δαιμονίων ἐκβάλλει τὰ δαιμόνια.	Mk 3,22	καὶ οἱ γραμματεῖς οἱ ἀπὸ Ἱεροσολύμων καταβάντες ἔλεγον ὅτι Βεελζεβοὺλ ἔχει, καὶ ὅτι ἐν τῷ ἄρχοντι τῶν δαιμονίων ἐκβάλλει τὰ δαιμόνια.	Lk 11,15	τινὲς δὲ ἐξ αὐτῶν εἶπον· ἐν Βεελζεβοὺλ τῷ ἄρχοντι τῶν δαιμονίων ἐκβάλλει τὰ δαιμόνια·	
222	**Mt 12,2**	οἱ δὲ Φαρισαῖοι ἰδόντες εἶπαν αὐτῷ· ἰδοὺ οἱ μαθηταί σου ποιοῦσιν ὃ οὐκ ἔξεστιν ποιεῖν ἐν σαββάτῳ.	**Mk 2,24**	καὶ οἱ Φαρισαῖοι ἔλεγον αὐτῷ· ἴδε τί ποιοῦσιν τοῖς σάββασιν ὃ οὐκ ἔξεστιν;	**Lk 6,2**	τινὲς δὲ τῶν Φαρισαίων εἶπαν· τί ποιεῖτε ὃ οὐκ ἔξεστιν τοῖς σάββασιν;	
b 112	**Mt 12,10**	... καὶ ἐπηρώτησαν αὐτὸν λέγοντες· εἰ ἔξεστιν τοῖς σάββασιν θεραπεῦσαι; ἵνα κατηγορήσωσιν αὐτοῦ.	**Mk 3,2**	καὶ παρετήρουν αὐτὸν εἰ τοῖς σάββασιν θεραπεύσει αὐτόν, ἵνα κατηγορήσωσιν αὐτοῦ.	**Lk 6,7** ↓ Mk 3,6 ↓ Lk 14,3 ↓ Lk 11,53 → Lk 20,20	παρετηροῦντο δὲ αὐτὸν οἱ γραμματεῖς καὶ οἱ Φαρισαῖοι εἰ ἐν τῷ σαββάτῳ θεραπεύει, ἵνα εὕρωσιν κατηγορεῖν αὐτοῦ.	
c 221	**Mt 12,14** → Mt 26,4	ἐξελθόντες δὲ οἱ Φαρισαῖοι συμβούλιον ἔλαβον κατ' αὐτοῦ ὅπως αὐτὸν ἀπολέσωσιν.	**Mk 3,6** → Mk 14,1 ↑ Lk 6,7	καὶ ἐξελθόντες οἱ Φαρισαῖοι εὐθὺς μετὰ τῶν Ἡρῳδιανῶν συμβούλιον ἐδίδουν κατ' αὐτοῦ ὅπως αὐτὸν ἀπολέσωσιν.	**Lk 6,11** → Lk 4,28 ↑ Lk 6,7 → Lk 13,17 → Lk 14,6 → Lk 22,2	αὐτοὶ δὲ ἐπλήσθησαν ἀνοίας καὶ διελάλουν πρὸς ἀλλήλους τί ἂν ποιήσαιεν τῷ Ἰησοῦ.	
201	**Mt 12,24** ⇧ Mt 9,34	οἱ δὲ Φαρισαῖοι ἀκούσαντες εἶπον· οὗτος οὐκ ἐκβάλλει τὰ δαιμόνια εἰ μὴ ἐν τῷ Βεελζεβοὺλ ἄρχοντι τῶν δαιμονίων.	Mk 3,22	καὶ οἱ γραμματεῖς οἱ ἀπὸ Ἱεροσολύμων καταβάντες ἔλεγον ὅτι Βεελζεβοὺλ ἔχει, καὶ ὅτι ἐν τῷ ἄρχοντι τῶν δαιμονίων ἐκβάλλει τὰ δαιμόνια.	**Lk 11,15** → Lk 11,18	τινὲς δὲ ἐξ αὐτῶν εἶπον· ἐν Βεελζεβοὺλ τῷ ἄρχοντι τῶν δαιμονίων ἐκβάλλει τὰ δαιμόνια·	Mk-Q overlap
b 201	**Mt 12,38** ⇩ Mt 16,1	τότε ἀπεκρίθησαν αὐτῷ τινες τῶν γραμματέων καὶ Φαρισαίων λέγοντες· διδάσκαλε, θέλομεν ἀπὸ σοῦ σημεῖον ἰδεῖν.	Mk 8,11	καὶ ἐξῆλθον οἱ Φαρισαῖοι καὶ ἤρξαντο συζητεῖν αὐτῷ, ζητοῦντες παρ' αὐτοῦ σημεῖον ἀπὸ τοῦ οὐρανοῦ, πειράζοντες αὐτόν.	**Lk 11,16**	ἕτεροι δὲ πειράζοντες σημεῖον ἐξ οὐρανοῦ ἐζήτουν παρ' αὐτοῦ.	Mk-Q overlap

		Mt		Mk		Lk	
d 102	Mt 21,32	ἦλθεν γὰρ Ἰωάννης πρὸς ὑμᾶς ἐν ὁδῷ δικαιοσύνης, καὶ οὐκ ἐπιστεύσατε αὐτῷ, οἱ δὲ τελῶναι καὶ αἱ πόρναι ἐπίστευσαν αὐτῷ· ὑμεῖς δὲ ἰδόντες οὐδὲ μετεμελήθητε ὕστερον τοῦ πιστεῦσαι αὐτῷ.			Lk 7,30	[29] καὶ πᾶς ὁ λαὸς ἀκούσας καὶ οἱ τελῶναι ἐδικαίωσαν τὸν θεόν βαπτισθέντες τὸ βάπτισμα Ἰωάννου· [30] **οἱ δὲ Φαρισαῖοι** καὶ οἱ νομικοὶ τὴν βουλὴν τοῦ θεοῦ ἠθέτησαν εἰς ἑαυτούς μὴ βαπτισθέντες ὑπ' αὐτοῦ.	
002 002	Mt 26,6 → Lk 7,40	τοῦ δὲ Ἰησοῦ γενομένου ἐν Βηθανίᾳ **ἐν οἰκίᾳ Σίμωνος τοῦ λεπροῦ,** [7] ... αὐτοῦ ἀνακειμένου.	Mk 14,3 → Lk 7,40	καὶ ὄντος αὐτοῦ ἐν Βηθανίᾳ **ἐν τῇ οἰκίᾳ Σίμωνος τοῦ λεπροῦ,** κατακειμένου αὐτοῦ ...	Lk 7,36 (2)	ἠρώτα δέ **τις αὐτὸν τῶν Φαρισαίων** ἵνα φάγῃ μετ' αὐτοῦ, καὶ εἰσελθὼν **εἰς τὸν οἶκον τοῦ Φαρισαίου** κατεκλίθη.	→ Jn 12,1-2
002	Mt 26,7	προσῆλθεν αὐτῷ γυνὴ ἔχουσα ἀλάβαστρον μύρου βαρυτίμου ...	Mk 14,3	... ἦλθεν γυνὴ ἔχουσα ἀλάβαστρον μύρου νάρδου πιστικῆς πολυτελοῦς, ...	Lk 7,37	καὶ ἰδοὺ γυνὴ ἥτις ἦν ἐν τῇ πόλει ἁμαρτωλός, καὶ ἐπιγνοῦσα ὅτι κατάκειται **ἐν τῇ οἰκίᾳ τοῦ Φαρισαίου,** κομίσασα ἀλάβαστρον μύρου	→ Jn 12,3
002					Lk 7,39	ἰδὼν δὲ **ὁ Φαρισαῖος** ὁ καλέσας αὐτὸν εἶπεν ἐν ἑαυτῷ λέγων· οὗτος εἰ ἦν προφήτης, ἐγίνωσκεν ἂν τίς καὶ ποταπὴ ἡ γυνὴ ἥτις ἅπτεται αὐτοῦ, ὅτι ἁμαρτωλός ἐστιν.	
b 220	Mt 15,1 ↓ Lk 11,37	τότε προσέρχονται τῷ Ἰησοῦ ἀπὸ Ἱεροσολύμων **Φαρισαῖοι** καὶ γραμματεῖς ↔	Mk 7,1 ↓ Lk 11,37	καὶ συνάγονται πρὸς αὐτὸν **οἱ Φαρισαῖοι** καί τινες τῶν γραμματέων ἐλθόντες ἀπὸ Ἱεροσολύμων.			
020			Mk 7,3	**οἱ γὰρ Φαρισαῖοι** καὶ πάντες οἱ Ἰουδαῖοι ἐὰν μὴ πυγμῇ νίψωνται τὰς χεῖρας οὐκ ἐσθίουσιν, κρατοῦντες τὴν παράδοσιν τῶν πρεσβυτέρων			
b 120	Mt 15,1	↔ λέγοντες· [2] διὰ τί οἱ μαθηταί σου παραβαίνουσιν τὴν παράδοσιν τῶν πρεσβυτέρων; ...	Mk 7,5	καὶ ἐπερωτῶσιν αὐτὸν **οἱ Φαρισαῖοι** καὶ οἱ γραμματεῖς· διὰ τί οὐ περιπατοῦσιν οἱ μαθηταί σου κατὰ τὴν παράδοσιν τῶν πρεσβυτέρων, ...			
200	Mt 15,12 → Mk 7,17	τότε προσελθόντες οἱ μαθηταὶ λέγουσιν αὐτῷ· οἶδας ὅτι **οἱ Φαρισαῖοι** ἀκούσαντες τὸν λόγον ἐσκανδαλίσθησαν;					

e 220	**Mt 16,1** ⇧ Mt 12,38	καὶ προσελθόντες οἱ Φαρισαῖοι καὶ Σαδδουκαῖοι πειράζοντες ἐπηρώτησαν αὐτὸν σημεῖον ἐκ τοῦ οὐρανοῦ ἐπιδεῖξαι αὐτοῖς.	**Mk 8,11**	καὶ ἐξῆλθον οἱ Φαρισαῖοι καὶ ἤρξαντο συζητεῖν αὐτῷ, ζητοῦντες παρ' αὐτοῦ σημεῖον ἀπὸ τοῦ οὐρανοῦ, πειράζοντες αὐτόν.	**Lk 11,16**	ἕτεροι δὲ πειράζοντες σημεῖον ἐξ οὐρανοῦ ἐζήτουν παρ' αὐτοῦ.	Mk-Q overlap
e 222	**Mt 16,6** ⇩ Mt 16,11	... ὁρᾶτε καὶ προσέχετε ἀπὸ τῆς ζύμης τῶν Φαρισαίων καὶ Σαδδουκαίων.	**Mk 8,15**	... ὁρᾶτε, βλέπετε ἀπὸ τῆς ζύμης τῶν Φαρισαίων καὶ τῆς ζύμης Ἡρῴδου.	**Lk 12,1** ↓ Mt 16,12	... προσέχετε ἑαυτοῖς ἀπὸ τῆς ζύμης, ἥτις ἐστὶν ὑπόκρισις, τῶν Φαρισαίων.	
e 210	**Mt 16,11** ⇧ Mt 16,6 ⇧ Mk 8,15 ⇩ Lk 12,1	πῶς οὐ νοεῖτε ὅτι οὐ περὶ ἄρτων εἶπον ὑμῖν; προσέχετε δὲ ἀπὸ τῆς ζύμης τῶν Φαρισαίων καὶ Σαδδουκαίων.	**Mk 8,21**	... οὔπω συνίετε;			
e 200	**Mt 16,12** ↑ Lk 12,1	τότε συνῆκαν ὅτι οὐκ εἶπεν προσέχειν ἀπὸ τῆς ζύμης τῶν ἄρτων ἀλλὰ ἀπὸ τῆς διδαχῆς τῶν Φαρισαίων καὶ Σαδδουκαίων.					
002					**Lk 11,37** ↑ Mt 15,1 ↑ Mk 7,1	ἐν δὲ τῷ λαλῆσαι ἐρωτᾷ αὐτὸν Φαρισαῖος ὅπως ἀριστήσῃ παρ' αὐτῷ· ...	
002					**Lk 11,38** → Mk 7,2	ὁ δὲ Φαρισαῖος ἰδὼν ἐθαύμασεν ὅτι οὐ πρῶτον ἐβαπτίσθη πρὸ τοῦ ἀρίστου.	
b 202	**Mt 23,25** → Mk 7,4	οὐαὶ ὑμῖν, γραμματεῖς καὶ Φαρισαῖοι ὑποκριταί, ὅτι καθαρίζετε τὸ ἔξωθεν τοῦ ποτηρίου καὶ τῆς παροψίδος, ἔσωθεν δὲ γέμουσιν ἐξ ἁρπαγῆς καὶ ἀκρασίας.			**Lk 11,39** → Mk 7,4	... νῦν ὑμεῖς οἱ Φαρισαῖοι τὸ ἔξωθεν τοῦ ποτηρίου καὶ τοῦ πίνακος καθαρίζετε, τὸ δὲ ἔσωθεν ὑμῶν γέμει ἁρπαγῆς καὶ πονηρίας.	→ GTh 89
b 202	**Mt 23,23**	οὐαὶ ὑμῖν, γραμματεῖς καὶ Φαρισαῖοι ὑποκριταί, ὅτι ἀποδεκατοῦτε ...			**Lk 11,42**	ἀλλὰ οὐαὶ ὑμῖν τοῖς Φαρισαίοις, ὅτι ἀποδεκατοῦτε ...	
102	**Mt 23,6**	φιλοῦσιν δὲ τὴν πρωτοκλισίαν ἐν τοῖς δείπνοις καὶ τὰς πρωτοκαθεδρίας ἐν ταῖς συναγωγαῖς [7] καὶ τοὺς ἀσπασμοὺς ἐν ταῖς ἀγοραῖς ...	**Mk 12,38**	... βλέπετε ἀπὸ τῶν γραμματέων τῶν θελόντων ἐν στολαῖς περιπατεῖν καὶ ἀσπασμοὺς ἐν ταῖς ἀγοραῖς [39] καὶ πρωτοκαθεδρίας ἐν ταῖς συναγωγαῖς καὶ πρωτοκλισίας ἐν τοῖς δείπνοις	**Lk 11,43** ⇨ Lk 20,46	οὐαὶ ὑμῖν τοῖς Φαρισαίοις, ὅτι ἀγαπᾶτε τὴν πρωτοκαθεδρίαν ἐν ταῖς συναγωγαῖς καὶ τοὺς ἀσπασμοὺς ἐν ταῖς ἀγοραῖς.	Mk-Q overlap
b 002					**Lk 11,53** ↑ Lk 6,7 → Lk 20,20	κἀκεῖθεν ἐξελθόντος αὐτοῦ ἤρξαντο οἱ γραμματεῖς καὶ οἱ Φαρισαῖοι δεινῶς ἐνέχειν καὶ ἀποστοματίζειν αὐτὸν περὶ πλειόνων	

e 222	**Mt 16,6** ⇧ Mt 16,11	... ὁρᾶτε καὶ προσέχετε **ἀπὸ τῆς ζύμης** **τῶν Φαρισαίων** καὶ Σαδδουκαίων.	**Mk 8,15**	... ὁρᾶτε, βλέπετε **ἀπὸ τῆς ζύμης** **τῶν Φαρισαίων** καὶ τῆς ζύμης Ἡρῴδου.	**Lk 12,1** ↑ Mt 16,12	... προσέχετε ἑαυτοῖς **ἀπὸ τῆς ζύμης, ἥτις ἐστὶν ὑπόκρισις, τῶν Φαρισαίων.**	
002					**Lk 13,31**	ἐν αὐτῇ τῇ ὥρᾳ προσῆλθάν **τινες Φαρισαῖοι** λέγοντες αὐτῷ· ἔξελθε καὶ πορεύου ἐντεῦθεν, ὅτι Ἡρῴδης θέλει σε ἀποκτεῖναι.	
002					**Lk 14,1** ↑ Mt 12,10 ↑ Mk 3,2 ↑ Lk 6,7 → Lk 13,10	καὶ ἐγένετο ἐν τῷ ἐλθεῖν αὐτὸν **εἰς οἶκόν τινος** **τῶν ἀρχόντων** **[τῶν] Φαρισαίων** σαββάτῳ φαγεῖν ἄρτον καὶ αὐτοὶ ἦσαν παρατηρούμενοι αὐτόν.	
d 002					**Lk 14,3** → Mt 12,12 → Mk 3,4 ↑ Lk 6,7 → Lk 6,9 → Lk 13,14	καὶ ἀποκριθεὶς ὁ Ἰησοῦς εἶπεν **πρὸς τοὺς νομικοὺς** **καὶ Φαρισαίους** λέγων· ἔξεστιν τῷ σαββάτῳ θεραπεῦσαι ἢ οὔ;	
b 002					**Lk 15,2** ↑ Mt 9,11 ↑ Mk 2,16 ↑ Lk 5,30 → Lk 19,7	καὶ διεγόγγυζον **οἵ τε Φαρισαῖοι** καὶ οἱ γραμματεῖς λέγοντες ὅτι οὗτος ἁμαρτωλοὺς προσδέχεται καὶ συνεσθίει αὐτοῖς.	
002					**Lk 16,14**	ἤκουον δὲ ταῦτα πάντα **οἱ Φαρισαῖοι** φιλάργυροι ὑπάρχοντες καὶ ἐξεμυκτήριζον αὐτόν.	
002					**Lk 17,20**	ἐπερωτηθεὶς δὲ **ὑπὸ τῶν Φαρισαίων** πότε ἔρχεται ἡ βασιλεία τοῦ θεοῦ ἀπεκρίθη αὐτοῖς καὶ εἶπεν· οὐκ ἔρχεται ἡ βασιλεία τοῦ θεοῦ μετὰ παρατηρήσεως	→ GTh 3,3 (POxy 654) → GTh 113
002					**Lk 18,10**	ἄνθρωποι δύο ἀνέβησαν εἰς τὸ ἱερὸν προσεύξασθαι, ὁ εἷς **Φαρισαῖος** καὶ ὁ ἕτερος τελώνης.	
002					**Lk 18,11**	**ὁ Φαρισαῖος** σταθεὶς πρὸς ἑαυτὸν ταῦτα προσηύχετο· ὁ θεός, εὐχαριστῶ σοι ὅτι οὐκ εἰμὶ ὥσπερ οἱ λοιποὶ τῶν ἀνθρώπων, ...	
220	**Mt 19,3**	καὶ προσῆλθον αὐτῷ **Φαρισαῖοι** πειράζοντες αὐτὸν καὶ λέγοντες· εἰ ἔξεστιν ἀνθρώπῳ ἀπολῦσαι τὴν γυναῖκα αὐτοῦ κατὰ πᾶσαν αἰτίαν;	**Mk 10,2**	καὶ προσελθόντες **Φαρισαῖοι** ἐπηρώτων αὐτὸν εἰ ἔξεστιν ἀνδρὶ γυναῖκα ἀπολῦσαι, πειράζοντες αὐτόν.			

	Mt		Mk		Lk		
002					Lk 19,39 → Mt 21,15-16	καί τινες τῶν Φαρισαίων ἀπὸ τοῦ ὄχλου εἶπαν πρὸς αὐτόν· διδάσκαλε, ἐπιτίμησον τοῖς μαθηταῖς σου.	→ Jn 12,19
a 211	Mt 21,45 → Mt 21,23	καὶ ἀκούσαντες οἱ ἀρχιερεῖς καὶ **οἱ Φαρισαῖοι** τὰς παραβολὰς αὐτοῦ ἔγνωσαν ὅτι περὶ αὐτῶν λέγει·	Mk 12,12 → Mk 11,18 → Mk 11,27	... ἔγνωσαν γὰρ ὅτι πρὸς αὐτοὺς τὴν παραβολὴν εἶπεν. ...	Lk 20,19 → Lk 19,47 → Lk 20,1	... ἔγνωσαν γὰρ ὅτι πρὸς αὐτοὺς εἶπεν τὴν παραβολὴν ταύτην.	
c 221	Mt 22,15 → Mt 26,4	τότε πορευθέντες **οἱ Φαρισαῖοι** συμβούλιον ἔλαβον ὅπως αὐτὸν παγιδεύσωσιν ἐν λόγῳ. [16] καὶ ἀποστέλλουσιν αὐτῷ τοὺς μαθητὰς αὐτῶν μετὰ τῶν Ἡρῳδιανῶν ...	Mk 12,13	καὶ ἀποστέλλουσιν πρὸς αὐτόν **τινας τῶν Φαρισαίων καὶ τῶν Ἡρῳδιανῶν** ἵνα αὐτὸν ἀγρεύσωσιν λόγῳ.	Lk 20,20 ↑ Lk 6,7 ↑ Lk 11,53 → Lk 11,54 → Lk 16,15 → Lk 18,9 → Lk 23,2	καὶ παρατηρήσαντες ἀπέστειλαν **ἐγκαθέτους ὑποκρινομένους ἑαυτοὺς δικαίους εἶναι,** ἵνα ἐπιλάβωνται αὐτοῦ λόγου, ὥστε παραδοῦναι αὐτὸν τῇ ἀρχῇ καὶ τῇ ἐξουσίᾳ τοῦ ἡγεμόνος.	
e 211	Mt 22,34	**οἱ δὲ Φαρισαῖοι** ἀκούσαντες ὅτι ἐφίμωσεν τοὺς Σαδδουκαίους συνήχθησαν ἐπὶ τὸ αὐτό, [35] καὶ ἐπηρώτησεν εἷς ἐξ αὐτῶν [νομικὸς] πειράζων αὐτόν·	Mk 12,28 → Lk 20,39	καὶ προσελθὼν εἷς τῶν γραμματέων ἀκούσας αὐτῶν συζητούντων, ἰδὼν ὅτι καλῶς ἀπεκρίθη αὐτοῖς ἐπηρώτησεν αὐτόν· ...	Lk 10,25	καὶ ἰδοὺ νομικός τις ἀνέστη ἐκπειράζων αὐτὸν λέγων· ...	
211	Mt 22,41	συνηγμένων δὲ **τῶν Φαρισαίων** ἐπηρώτησεν αὐτοὺς ὁ Ἰησοῦς	Mk 12,35	καὶ ἀποκριθεὶς ὁ Ἰησοῦς ἔλεγεν διδάσκων ἐν τῷ ἱερῷ· ...	Lk 20,41	εἶπεν δὲ πρὸς αὐτούς· ...	
b 211	Mt 23,2	[1] τότε ὁ Ἰησοῦς ἐλάλησεν τοῖς ὄχλοις καὶ τοῖς μαθηταῖς αὐτοῦ [2] λέγων· ἐπὶ τῆς Μωϋσέως καθέδρας ἐκάθισαν οἱ γραμματεῖς καὶ **οἱ Φαρισαῖοι.**	Mk 12,38	[37] ... καὶ [ὁ] πολὺς ὄχλος ἤκουεν αὐτοῦ ἡδέως. [38] καὶ ἐν τῇ διδαχῇ αὐτοῦ ἔλεγεν· ...	Lk 20,45	ἀκούοντος δὲ παντὸς τοῦ λαοῦ εἶπεν τοῖς μαθηταῖς [αὐτοῦ]	
b 201	Mt 23,13 → Mt 16,19	οὐαὶ δὲ ὑμῖν, γραμματεῖς καὶ **Φαρισαῖοι** ὑποκριταί, ὅτι κλείετε τὴν βασιλείαν τῶν οὐρανῶν ἔμπροσθεν τῶν ἀνθρώπων· ὑμεῖς γὰρ οὐκ εἰσέρχεσθε οὐδὲ τοὺς εἰσερχομένους ἀφίετε εἰσελθεῖν.			Lk 11,52	οὐαὶ ὑμῖν τοῖς νομικοῖς, ὅτι ἤρατε τὴν κλεῖδα τῆς γνώσεως· αὐτοὶ οὐκ εἰσήλθατε καὶ τοὺς εἰσερχομένους ἐκωλύσατε.	→ GTh 39,1-2 (POxy 655) → GTh 102
b 200	Mt 23,15	οὐαὶ ὑμῖν, γραμματεῖς καὶ **Φαρισαῖοι** ὑποκριταί, ὅτι περιάγετε τὴν θάλασσαν καὶ τὴν ξηρὰν ποιῆσαι ἕνα προσήλυτον, ...					
b 202	Mt 23,23	οὐαὶ ὑμῖν, γραμματεῖς καὶ **Φαρισαῖοι** ὑποκριταί, ὅτι ἀποδεκατοῦτε ...			Lk 11,42	ἀλλὰ οὐαὶ ὑμῖν **τοῖς Φαρισαίοις,** ὅτι ἀποδεκατοῦτε ...	

b 202	**Mt 23,25** → Mk 7,4	οὐαὶ ὑμῖν, γραμματεῖς καὶ **Φαρισαῖοι** ὑποκριταί, ὅτι καθαρίζετε τὸ ἔξωθεν τοῦ ποτηρίου καὶ τῆς παροψίδος, ἔσωθεν δὲ γέμουσιν ἐξ ἁρπαγῆς καὶ ἀκρασίας.	**Lk 11,39** → Mk 7,4	... νῦν ὑμεῖς οἱ **Φαρισαῖοι** τὸ ἔξωθεν τοῦ ποτηρίου καὶ τοῦ πίνακος καθαρίζετε, τὸ δὲ ἔσωθεν ὑμῶν γέμει ἁρπαγῆς καὶ πονηρίας.	→ GTh 89
201	**Mt 23,26**	**Φαρισαῖε τυφλέ,** καθάρισον πρῶτον τὸ ἐντὸς τοῦ ποτηρίου, ἵνα γένηται καὶ τὸ ἐκτὸς αὐτοῦ καθαρόν.	**Lk 11,40**	ἄφρονες, οὐχ ὁ ποιήσας τὸ ἔξωθεν καὶ τὸ ἔσωθεν ἐποίησεν; [41] πλὴν τὰ ἐνόντα δότε ἐλεημοσύνην, καὶ ἰδοὺ πάντα καθαρὰ ὑμῖν ἐστιν.	→ GTh 89
b 201	**Mt 23,27**	οὐαὶ ὑμῖν, γραμματεῖς καὶ **Φαρισαῖοι** ὑποκριταί, ὅτι παρομοιάζετε τάφοις κεκονιαμένοις, ...	**Lk 11,44**	οὐαὶ ὑμῖν, ὅτι ἐστὲ ὡς τὰ μνημεῖα τὰ ἄδηλα, ...	
b 201	**Mt 23,29**	οὐαὶ ὑμῖν, γραμματεῖς καὶ **Φαρισαῖοι** ὑποκριταί, ὅτι οἰκοδομεῖτε τοὺς τάφους τῶν προφητῶν καὶ κοσμεῖτε τὰ μνημεῖα τῶν δικαίων	**Lk 11,47**	οὐαὶ ὑμῖν, ὅτι οἰκοδομεῖτε τὰ μνημεῖα τῶν προφητῶν, ...	
a 200	**Mt 27,62**	τῇ δὲ ἐπαύριον, ἥτις ἐστὶν μετὰ τὴν παρασκευήν, συνήχθησαν οἱ ἀρχιερεῖς καὶ οἱ **Φαρισαῖοι** πρὸς Πιλᾶτον			

[a] Φαρισαῖοι and ἀρχιερεῖς
[b] Φαρισαῖοι and γραμματεῖς
[c] Φαρισαῖοι and Ἡρῳδιανοί
[d] Φαρισαῖοι καὶ νομοδιδάσκαλοι, ~ καὶ νομικοὶ
[e] Φαρισαῖοι and Σαδδουκαῖοι

Acts 5,34 ἀναστὰς δέ
τις ἐν τῷ συνεδρίῳ
Φαρισαῖος
ὀνόματι Γαμαλιήλ,
νομοδιδάσκαλος τίμιος
παντὶ τῷ λαῷ, ...

Acts 15,5 ἐξανέστησαν δέ τινες
τῶν
ἀπὸ τῆς αἱρέσεως
τῶν Φαρισαίων
πεπιστευκότες λέγοντες ...

e **Acts 23,6 (3)** γνοὺς δὲ ὁ Παῦλος
ὅτι τὸ ἓν μέρος ἐστὶν
Σαδδουκαίων
τὸ δὲ ἕτερον
Φαρισαίων
ἔκραζεν ἐν τῷ συνεδρίῳ·
ἄνδρες ἀδελφοί, ἐγὼ
Φαρισαῖός
εἰμι,
υἱὸς Φαρισαίων,
περὶ ἐλπίδος καὶ
ἀναστάσεως νεκρῶν
[ἐγὼ] κρίνομαι.

e **Acts 23,7** τοῦτο δὲ αὐτοῦ εἰπόντος
ἐγένετο
στάσις τῶν
Φαρισαίων καὶ
Σαδδουκαίων
καὶ ἐσχίσθη τὸ πλῆθος.

e **Acts 23,8** Σαδδουκαῖοι μὲν γὰρ
λέγουσιν μὴ εἶναι
ἀνάστασιν μήτε ἄγγελον
μήτε πνεῦμα,
Φαρισαῖοι
δὲ ὁμολογοῦσιν
τὰ ἀμφότερα.

b **Acts 23,9** ἐγένετο δὲ κραυγὴ
μεγάλη, καὶ ἀναστάντες
τινὲς
τῶν γραμματέων
τοῦ μέρους
τῶν Φαρισαίων
διεμάχοντο λέγοντες·
οὐδὲν κακὸν εὑρίσκομεν
ἐν τῷ ἀνθρώπῳ τούτῳ· εἰ
δὲ πνεῦμα ἐλάλησεν
αὐτῷ ἢ ἄγγελος;

Acts 26,5 προγινώσκοντές με
ἄνωθεν, ἐὰν θέλωσι
μαρτυρεῖν, ὅτι κατὰ
τὴν ἀκριβεστάτην
αἵρεσιν τῆς ἡμετέρας
θρησκείας ἔζησα
Φαρισαῖος.

φάτνη	Syn	Mt	Mk	Lk	Acts	Jn	1-3John	Paul	Eph	Col
	4			4						
	NT	2Thess	1/2Tim	Tit	Heb	Jas	1Pet	2Pet	Jude	Rev
	4									

manger; stall

	Mt		Mk		Lk		
002					**Lk 2,7**	καὶ ἔτεκεν τὸν υἱὸν αὐτῆς τὸν πρωτότοκον, καὶ ἐσπαργάνωσεν αὐτὸν καὶ ἀνέκλινεν αὐτὸν **ἐν φάτνῃ,** διότι οὐκ ἦν αὐτοῖς τόπος ἐν τῷ καταλύματι.	
002					**Lk 2,12**	καὶ τοῦτο ὑμῖν τὸ σημεῖον, εὑρήσετε βρέφος ἐσπαργανωμένον καὶ κείμενον **ἐν φάτνῃ.**	
002					**Lk 2,16**	καὶ ἦλθαν σπεύσαντες καὶ ἀνεῦραν τήν τε Μαριὰμ καὶ τὸν Ἰωσὴφ καὶ τὸ βρέφος κείμενον **ἐν τῇ φάτνῃ·**	
002					**Lk 13,15** → Mt 12,11 → Lk 14,5	... ὑποκριταί, ἕκαστος ὑμῶν τῷ σαββάτῳ οὐ λύει τὸν βοῦν αὐτοῦ ἢ τὸν ὄνον **ἀπὸ τῆς φάτνης** καὶ ἀπαγαγὼν ποτίζει;	

φέγγος	Syn	Mt	Mk	Lk	Acts	Jn	1-3John	Paul	Eph	Col
	2	1	1							
	NT	2Thess	1/2Tim	Tit	Heb	Jas	1Pet	2Pet	Jude	Rev
	2									

light; radiance

	Mt		Mk		Lk		
221	**Mt 24,29**	εὐθέως δὲ μετὰ τὴν θλῖψιν τῶν ἡμερῶν ἐκείνων *ὁ ἥλιος σκοτισθήσεται, καὶ ἡ σελήνη οὐ δώσει* ***τὸ φέγγος αὐτῆς***, ... ➤ Isa 13,10; 34,4	**Mk 13,24**	ἀλλὰ ἐν ἐκείναις ταῖς ἡμέραις μετὰ τὴν θλῖψιν ἐκείνην *ὁ ἥλιος σκοτισθήσεται, καὶ ἡ σελήνη οὐ δώσει* ***τὸ φέγγος αὐτῆς*** ➤ Isa 13,10	**Lk 21,25** → Lk 21,11	καὶ ἔσονται σημεῖα ἐν ἡλίῳ καὶ σελήνῃ ...	→ Acts 2,19

φέρω	Syn 23	Mt 4	Mk 15	Lk 4	Acts 10	Jn 17	1-3John 1	Paul 1	Eph	Col
	NT 66	2Thess	1/2Tim 1	Tit	Heb 5	Jas	1Pet 1	2Pet 5	Jude	Rev 2

bear; carry; bear patiently; endure; put up with; bring with one; bring along; produce; move out of position; drive; bring; utter; make; put; reach out; lead; *passive:* be moved; be driven; let oneself be driven

	triple tradition																	double tradition			Sondergut		
		+Mt / +Lk			–Mt / –Lk			traditions not taken over by Mt / Lk							subtotals								
code	*222*	*211*	*112*	*212*	*221*	*122*	*121*	*022*	*012*	*021*	*220*	*120*	*210*	*020*	Σ^+	Σ^-	Σ	*202*	*201*	*102*	*200*	*002*	total
Mt					1	1^-	8^-				1	2^-	1^+		1^+	11^-	3				1		**4**
Mk					1	1	8			1	1	2		1			15						**15**
Lk			2^+		1^-	1	8^-			1^-					2^+	10^-	3					1	**4**

[a] φέρω sick people to Jesus

a 121	**Mt 8,16** ⇩ Mt 4,24 → Mt 12,15 → Mt 14,35 ↓ Mt 15,30	ὀψίας δὲ γενομένης **προσήνεγκαν** αὐτῷ δαιμονιζομένους πολλούς· ...	**Mk 1,32** → Mk 3,10 → Mk 6,55 ↓ Mk 7,32	ὀψίας δὲ γενομένης, ὅτε ἔδυ ὁ ἥλιος, **ἔφερον** πρὸς αὐτὸν πάντας τοὺς κακῶς ἔχοντας καὶ τοὺς δαιμονιζομένους·	**Lk 4,40** → Lk 6,18	δύνοντος δὲ τοῦ ἡλίου ἅπαντες ὅσοι εἶχον ἀσθενοῦντας νόσοις ποικίλαις **ἤγαγον** αὐτοὺς πρὸς αὐτόν· ...	
	Mt 4,24 ⇧ Mt 8,16	... καὶ **προσήνεγκαν** αὐτῷ πάντας τοὺς κακῶς ἔχοντας ποικίλαις νόσοις καὶ βασάνοις συνεχομένους [καὶ] δαιμονιζομένους καὶ σεληνιαζομένους καὶ παραλυτικούς, ...					
a 122	**Mt 9,2**	καὶ ἰδοὺ **προσέφερον** αὐτῷ παραλυτικὸν ἐπὶ κλίνης βεβλημένον. ...	**Mk 2,3**	καὶ ἔρχονται **φέροντες** πρὸς αὐτὸν παραλυτικὸν αἰρόμενον ὑπὸ τεσσάρων.	**Lk 5,18**	καὶ ἰδοὺ ἄνδρες **φέροντες** ἐπὶ κλίνης ἄνθρωπον ὃς ἦν παραλελυμένος ...	
121	**Mt 13,8**	ἄλλα δὲ ἔπεσεν ἐπὶ τὴν γῆν τὴν καλὴν καὶ ἐδίδου καρπόν, ὃ μὲν ἑκατόν, ὃ δὲ ἑξήκοντα, ὃ δὲ τριάκοντα.	**Mk 4,8**	καὶ ἄλλα ἔπεσεν εἰς τὴν γῆν τὴν καλὴν καὶ ἐδίδου καρπὸν ἀναβαίνοντα καὶ αὐξανόμενα καὶ **ἔφερεν** ἓν τριάκοντα καὶ ἓν ἑξήκοντα καὶ ἓν ἑκατόν.	**Lk 8,8**	καὶ ἕτερον ἔπεσεν εἰς τὴν γῆν τὴν ἀγαθὴν καὶ φυὲν ἐποίησεν καρπὸν ἑκατονταπλασίονα. ...	→ GTh 9
120	**Mt 14,10**	καὶ πέμψας ἀπεκεφάλισεν [τὸν] Ἰωάννην ...	**Mk 6,27** → Mk 6,16 → Lk 9,9	καὶ εὐθὺς ἀποστείλας ὁ βασιλεὺς σπεκουλάτορα ἐπέταξεν **ἐνέγκαι** τὴν κεφαλὴν αὐτοῦ. ...			
220	**Mt 14,11** (2)	καὶ **ἠνέχθη** ἡ κεφαλὴ αὐτοῦ ἐπὶ πίνακι καὶ ἐδόθη τῷ κορασίῳ,	**Mk 6,28**	καὶ **ἤνεγκεν** τὴν κεφαλὴν αὐτοῦ ἐπὶ πίνακι καὶ ἔδωκεν αὐτὴν τῷ κορασίῳ,			
210		καὶ **ἤνεγκεν** τῇ μητρὶ αὐτῆς.		καὶ τὸ κοράσιον **ἔδωκεν** αὐτὴν τῇ μητρὶ αὐτῆς.			
200	**Mt 14,18**	ὁ δὲ εἶπεν· **φέρετέ** μοι ὧδε αὐτούς.					

	Mt		Mk		Lk		
a 120	**Mt 15,30** ↑ Mt 4,24b ↑ Mt 8,16 → Mt 14,35	καὶ προσῆλθον αὐτῷ ὄχλοι πολλοὶ ἔχοντες μεθ' ἑαυτῶν χωλούς, τυφλούς, κυλλούς, κωφούς, καὶ ἑτέρους πολλοὺς καὶ ἔρριψαν αὐτοὺς παρὰ τοὺς πόδας αὐτοῦ, ...	**Mk 7,32** ↑ Mk 1,32 → Mk 6,55	καὶ **φέρουσιν** αὐτῷ κωφὸν καὶ μογιλάλον καὶ παρακαλοῦσιν αὐτὸν ἵνα ἐπιθῇ αὐτῷ τὴν χεῖρα.	↑ Lk 4,40		
a 020			**Mk 8,22**	... καὶ **φέρουσιν** αὐτῷ τυφλὸν καὶ παρακαλοῦσιν αὐτὸν ἵνα αὐτοῦ ἅψηται.			
a 121	**Mt 17,15**	... κύριε, ἐλέησόν μου τὸν υἱόν, ὅτι σεληνιάζεται καὶ κακῶς πάσχει· ...	**Mk 9,17**	... διδάσκαλε, **ἤνεγκα** τὸν υἱόν μου πρὸς σέ, ἔχοντα πνεῦμα ἄλαλον· [18] καὶ ὅπου ἐὰν αὐτὸν καταλάβῃ ...	**Lk 9,38**	... διδάσκαλε, δέομαί σου ἐπιβλέψαι ἐπὶ τὸν υἱόν μου, ὅτι μονογενής μοί ἐστιν, [39] καὶ ἰδοὺ πνεῦμα λαμβάνει αὐτὸν ...	
a 221	**Mt 17,17**	... ὦ γενεὰ ἄπιστος καὶ διεστραμμένη, ἕως πότε μεθ' ὑμῶν ἔσομαι; ἕως πότε ἀνέξομαι ὑμῶν; **φέρετέ** μοι αὐτὸν ὧδε.	**Mk 9,19**	... ὦ γενεὰ ἄπιστος, ἕως πότε πρὸς ὑμᾶς ἔσομαι; ἕως πότε ἀνέξομαι ὑμῶν; **φέρετε** αὐτὸν πρός με.	**Lk 9,41**	... ὦ γενεὰ ἄπιστος καὶ διεστραμμένη, ἕως πότε ἔσομαι πρὸς ὑμᾶς καὶ ἀνέξομαι ὑμῶν; **προσάγαγε** ὧδε τὸν υἱόν σου.	
a 021			**Mk 9,20**	καὶ **ἤνεγκαν** **αὐτὸν** πρὸς αὐτόν. καὶ ἰδὼν αὐτὸν τὸ πνεῦμα εὐθὺς συνεσπάραξεν αὐτόν, καὶ πεσὼν ἐπὶ τῆς γῆς ἐκυλίετο ἀφρίζων.	**Lk 9,42**	ἔτι δὲ **προσερχομένου** **αὐτοῦ** ἔρρηξεν αὐτὸν τὸ δαιμόνιον καὶ συνεσπάραξεν· ...	
002					**Lk 15,23**	καὶ **φέρετε** τὸν μόσχον τὸν σιτευτόν, θύσατε, καὶ φαγόντες εὐφρανθῶμεν	
121	**Mt 21,2**	... καὶ εὐθέως εὑρήσετε ὄνον δεδεμένην καὶ πῶλον μετ' αὐτῆς· λύσαντες **ἀγάγετέ** μοι.	**Mk 11,2**	... εὑρήσετε πῶλον δεδεμένον ἐφ' ὃν οὐδεὶς οὔπω ἀνθρώπων ἐκάθισεν· λύσατε αὐτὸν καὶ **φέρετε.**	**Lk 19,30**	... εὑρήσετε πῶλον δεδεμένον, ἐφ' ὃν οὐδεὶς πώποτε ἀνθρώπων ἐκάθισεν, καὶ λύσαντες αὐτὸν **ἀγάγετε.**	
121	**Mt 21,7**	**ἤγαγον** τὴν ὄνον καὶ τὸν πῶλον ...	**Mk 11,7**	καὶ **φέρουσιν** τὸν πῶλον πρὸς τὸν Ἰησοῦν ...	**Lk 19,35**	καὶ **ἤγαγον** αὐτὸν πρὸς τὸν Ἰησοῦν ...	
121	**Mt 22,19**	**ἐπιδείξατέ** μοι τὸ νόμισμα τοῦ κήνσου.	**Mk 12,15**	... **φέρετέ** μοι δηνάριον ἵνα ἴδω.	**Lk 20,24**	**δείξατέ** μοι δηνάριον·	→ GTh 100
121		**οἱ δὲ προσήνεγκαν** αὐτῷ δηνάριον. [20] καὶ λέγει αὐτοῖς· τίνος ἡ εἰκὼν αὕτη καὶ ἡ ἐπιγραφή;	**Mk 12,16**	**οἱ δὲ ἤνεγκαν.** καὶ λέγει αὐτοῖς· τίνος ἡ εἰκὼν αὕτη καὶ ἡ ἐπιγραφή; ...		 τίνος ἔχει εἰκόνα καὶ ἐπιγραφήν; ...	→ GTh 100

112	**Mt 27,32** → Mt 10,38 → Mt 16,24	ἐξερχόμενοι δὲ εὗρον ἄνθρωπον Κυρηναῖον ὀνόματι Σίμωνα, τοῦτον ἠγγάρευσαν ἵνα ἄρῃ τὸν σταυρὸν αὐτοῦ.	**Mk 15,21** → Mk 8,34	καὶ ἀγγαρεύουσιν παράγοντά τινα Σίμωνα Κυρηναῖον ἐρχόμενον ἀπ' ἀγροῦ, τὸν πατέρα Ἀλεξάνδρου καὶ Ῥούφου, ἵνα ἄρῃ τὸν σταυρὸν αὐτοῦ.	**Lk 23,26** → Lk 9,23 → Lk 14,27	... ἐπιλαβόμενοι Σίμωνά τινα Κυρηναῖον ἐρχόμενον ἀπ' ἀγροῦ ἐπέθηκαν αὐτῷ τὸν σταυρὸν **φέρειν** ὄπισθεν τοῦ Ἰησοῦ.	
121	**Mt 27,33**	καὶ **ἐλθόντες** εἰς τόπον λεγόμενον Γολγοθᾶ, ὅ ἐστιν Κρανίου Τόπος λεγόμενος	**Mk 15,22**	καὶ **φέρουσιν** αὐτὸν ἐπὶ τὸν Γολγοθᾶν τόπον, ὅ ἐστιν μεθερμηνευόμενον Κρανίου Τόπος.	**Lk 23,33**	καὶ ὅτε **ἦλθον** ἐπὶ τὸν τόπον τὸν καλούμενον Κρανίον, ...	→ Jn 19,17
112	**Mt 28,1** → Mt 27,56 → Mt 27,61 → Mk 16,1 → Lk 24,10	... τῇ ἐπιφωσκούσῃ εἰς μίαν σαββάτων ἦλθεν Μαριὰμ ἡ Μαγδαληνὴ καὶ ἡ ἄλλη Μαρία θεωρῆσαι τὸν τάφον.	**Mk 16,2** → Mk 15,40 → Mk 15,47	καὶ λίαν πρωῒ τῇ μιᾷ τῶν σαββάτων ἔρχονται ἐπὶ τὸ μνημεῖον ἀνατείλαντος τοῦ ἡλίου.	**Lk 24,1** → Lk 23,56 → Lk 24,22	τῇ δὲ μιᾷ τῶν σαββάτων ἐπὶ τὸ μνῆμα ἦλθον **φέρουσαι** ἃ ἡτοίμασαν ἀρώματα.	→ Jn 20,1

Acts 2,2 καὶ ἐγένετο ἄφνω ἐκ τοῦ οὐρανοῦ ἦχος **ὥσπερ φερομένης πνοῆς βιαίας** καὶ ἐπλήρωσεν ὅλον τὸν οἶκον οὗ ἦσαν καθήμενοι

Acts 4,34 ... ὅσοι γὰρ κτήτορες χωρίων ἢ οἰκιῶν ὑπῆρχον, πωλοῦντες **ἔφερον** τὰς τιμὰς τῶν πιπρασκομένων

Acts 4,37 ὑπάρχοντος αὐτῷ ἀγροῦ πωλήσας **ἤνεγκεν** τὸ χρῆμα καὶ ἔθηκεν πρὸς τοὺς πόδας τῶν ἀποστόλων.

Acts 5,2 καὶ ἐνοσφίσατο ἀπὸ τῆς τιμῆς, συνειδυίης καὶ τῆς γυναικός, καὶ **ἐνέγκας** μέρος τι παρὰ τοὺς πόδας τῶν ἀποστόλων ἔθηκεν.

Acts 5,16 συνήρχετο δὲ καὶ τὸ πλῆθος τῶν πέριξ πόλεων Ἰερουσαλήμ, **φέροντες** ἀσθενεῖς καὶ ὀχλουμένους ὑπὸ πνευμάτων ἀκαθάρτων, οἵτινες ἐθεραπεύοντο ἅπαντες.

Acts 12,10 διελθόντες δὲ πρώτην φυλακὴν καὶ δευτέραν ἦλθαν **ἐπὶ τὴν πύλην τὴν σιδηρᾶν τὴν φέρουσαν** εἰς τὴν πόλιν, ἥτις αὐτο-μάτη ἠνοίγη αὐτοῖς, ...

Acts 14,13 ὅ τε ἱερεὺς τοῦ Διὸς τοῦ ὄντος πρὸ τῆς πόλεως ταύρους καὶ στέμματα ἐπὶ τοὺς πυλῶνας **ἐνέγκας** σὺν τοῖς ὄχλοις ἤθελεν θύειν.

Acts 25,18 περὶ οὗ σταθέντες οἱ κατήγοροι οὐδεμίαν αἰτίαν **ἔφερον** ὧν ἐγὼ ὑπενόουν πονηρῶν

Acts 27,15 συναρπασθέντος δὲ τοῦ πλοίου καὶ μὴ δυναμένου ἀντοφθαλμεῖν τῷ ἀνέμῳ ἐπιδόντες **ἐφερόμεθα.**

Acts 27,17 ... φοβούμενοί τε μὴ εἰς τὴν Σύρτιν ἐκπέσωσιν, χαλάσαντες τὸ σκεῦος οὕτως **ἐφέροντο.**

φεύγω

Syn 15	Mt 7	Mk 5	Lk 3	Acts 2	Jn 2	1-3John	Paul 2	Eph	Col
NT 29	2Thess	1/2Tim 2	Tit	Heb 1	Jas 1	1Pet	2Pet	Jude	Rev 4

flee; seek safety in flight; escape; flee from; avoid; shun; vanish; disappear

	triple tradition																	double tradition			Sondergut		
		+Mt / +Lk			–Mt / –Lk			traditions not taken over by Mt / Lk							subtotals								
code	222	211	112	212	221	122	121	022	012	021	220	120	210	020	Σ^+	Σ^-	Σ	202	201	102	200	002	total
Mt	2						1^-				1					1^-	3	1			3		**7**
Mk	2						1				1			1			5						**5**
Lk	2						1^-									1^-	2	1					**3**

200	**Mt 2,13**	... ἐγερθεὶς παράλαβε τὸ παιδίον καὶ τὴν μητέρα αὐτοῦ καὶ **φεῦγε** εἰς Αἴγυπτον καὶ ἴσθι ἐκεῖ ἕως ἂν εἴπω σοι· ...			

	Mt		Mk		Lk		
202	**Mt 3,7** → Mt 12,34 ↓ Mt 23,33	... γεννήματα ἐχιδνῶν, τίς ὑπέδειξεν ὑμῖν **φυγεῖν** ἀπὸ τῆς μελλούσης ὀργῆς;			**Lk 3,7**	... γεννήματα ἐχιδνῶν, τίς ὑπέδειξεν ὑμῖν **φυγεῖν** ἀπὸ τῆς μελλούσης ὀργῆς;	
222	**Mt 8,33**	οἱ δὲ βόσκοντες **ἔφυγον**, καὶ ἀπελθόντες εἰς τὴν πόλιν ἀπήγγειλαν πάντα ...	**Mk 5,14**	καὶ οἱ βόσκοντες αὐτοὺς **ἔφυγον** καὶ ἀπήγγειλαν εἰς τὴν πόλιν καὶ εἰς τοὺς ἀγρούς· ...	**Lk 8,34**	ἰδόντες δὲ οἱ βόσκοντες τὸ γεγονὸς **ἔφυγον** καὶ ἀπήγγειλαν εἰς τὴν πόλιν καὶ εἰς τοὺς ἀγρούς.	
200	**Mt 10,23** → Mt 23,34 → Lk 11,49	ὅταν δὲ διώκωσιν ὑμᾶς ἐν τῇ πόλει ταύτῃ, **φεύγετε** εἰς τὴν ἑτέραν· ...					
200	**Mt 23,33** ↑ Mt 3,7 ↑ Lk 3,7 → Mt 12,34	ὄφεις, γεννήματα ἐχιδνῶν, πῶς **φύγητε** ἀπὸ τῆς κρίσεως τῆς γεέννης;					
222	**Mt 24,16**	τότε οἱ ἐν τῇ Ἰουδαίᾳ **φευγέτωσαν** εἰς τὰ ὄρη	**Mk 13,14**	... τότε οἱ ἐν τῇ Ἰουδαίᾳ **φευγέτωσαν** εἰς τὰ ὄρη	**Lk 21,21**	τότε οἱ ἐν τῇ Ἰουδαίᾳ **φευγέτωσαν** εἰς τὰ ὄρη ...	
220	**Mt 26,56**	... τότε οἱ μαθηταὶ πάντες ἀφέντες αὐτὸν **ἔφυγον**.	**Mk 14,50**	καὶ ἀφέντες αὐτὸν **ἔφυγον** πάντες.			
020			**Mk 14,52**	ὁ δὲ καταλιπὼν τὴν σινδόνα γυμνὸς **ἔφυγεν**.			
121	**Mt 28,8**	καὶ ἀπελθοῦσαι ταχὺ ἀπὸ τοῦ μνημείου μετὰ φόβου καὶ χαρᾶς μεγάλης ἔδραμον ἀπαγγεῖλαι τοῖς μαθηταῖς αὐτοῦ.	**Mk 16,8**	καὶ ἐξελθοῦσαι **ἔφυγον** ἀπὸ τοῦ μνημείου, εἶχεν γὰρ αὐτὰς τρόμος καὶ ἔκστασις· καὶ οὐδενὶ οὐδὲν εἶπαν· ἐφοβοῦντο γάρ.	**Lk 24,9**	καὶ ὑποστρέψασαι ἀπὸ τοῦ μνημείου ἀπήγγειλαν ταῦτα πάντα τοῖς ἕνδεκα καὶ πᾶσιν τοῖς λοιποῖς.	→ Jn 20,2.18

Acts 7,29 **ἔφυγεν**
δὲ Μωϋσῆς ἐν τῷ λόγῳ
τούτῳ καὶ ἐγένετο
πάροικος ἐν γῇ Μαδιάμ,
οὗ ἐγέννησεν υἱοὺς δύο.

Acts 27,30 τῶν δὲ ναυτῶν ζητούντων
φυγεῖν
ἐκ τοῦ πλοίου καὶ
χαλασάντων τὴν σκάφην
εἰς τὴν θάλασσαν
προφάσει ὡς ἐκ πρῴρης
ἀγκύρας μελλόντων
ἐκτείνειν, [31] εἶπεν
ὁ Παῦλος ...

φήμη	Syn	Mt	Mk	Lk	Acts	Jn	1-3John	Paul	Eph	Col
	2	1		1						
	NT	2Thess	1/2Tim	Tit	Heb	Jas	1Pet	2Pet	Jude	Rev
	2									

report; news

	Mt		Mk		Lk		
112	**Mt 4,12**	... ἀνεχώρησεν εἰς τὴν Γαλιλαίαν.	**Mk 1,14**	... ἦλθεν ὁ Ἰησοῦς εἰς τὴν Γαλιλαίαν κηρύσσων τὸ εὐαγγέλιον τοῦ θεοῦ	**Lk 4,14** → Mt 4,24 ↓ Mt 9,26 → Mk 1,28 → Lk 4,37	καὶ ὑπέστρεψεν ὁ Ἰησοῦς ἐν τῇ δυνάμει τοῦ πνεύματος εἰς τὴν Γαλιλαίαν. καὶ **φήμη** ἐξῆλθεν καθ' ὅλης τῆς περιχώρου περὶ αὐτοῦ.	→ Jn 4,3

200	**Mt 9,26** → Mt 4,24a → Mt 9,31 → Mk 1,28 ↑ Lk 4,14 → Lk 4,37 καὶ ἐξῆλθεν **ἡ φήμη αὕτη** εἰς ὅλην τὴν γῆν ἐκείνην.			

φημί	Syn 30	Mt 16	Mk 6	Lk 8	Acts 25	Jn 3	1-3John	Paul 7	Eph	Col
	NT 66	2Thess	1/2Tim	Tit	Heb 1	Jas	1Pet	2Pet	Jude	Rev

say; affirm; mean

	triple tradition																double tradition			Sondergut		
		+Mt / +Lk			–Mt / –Lk			traditions not taken over by Mt / Lk							subtotals							
code	*222*	*211*	*112*	*212*	*221*	*122*	*121*	*022*	*012*	*021*	*220*	*120*	*210*	*020*	Σ+	Σ−	Σ	*202*	*201*	*102*	*200*	*002*	total
Mt		5^{+}		1^{+}			4^{-}					1^{-}	2^{+}		8^{+}	5^{-}	8		4		4		**16**
Mk							4			1		1					6						**6**
Lk			3^{+}	1^{+}			4^{-}			1^{-}					4^{+}	5^{-}	4					4	**8**

a φησίν

201	**Mt 4,7** **ἔφη** αὐτῷ ὁ Ἰησοῦς· πάλιν γέγραπται· *οὐκ ἐκπειράσεις κύριον τὸν θεόν σου.* ➤ Deut 6,16 LXX		**Lk 4,12** καὶ ἀποκριθεὶς **εἶπεν** αὐτῷ ὁ Ἰησοῦς ὅτι εἴρηται· *οὐκ ἐκπειράσεις κύριον τὸν θεόν σου.* ➤ Deut 6,16 LXX	
201	**Mt 8,8** καὶ ἀποκριθεὶς ὁ ἑκατόνταρχος **ἔφη·** κύριε, οὐκ εἰμὶ ἱκανὸς ἵνα μου ὑπὸ τὴν στέγην εἰσέλθῃς, ...		**Lk 7,6** ... ἔπεμψεν φίλους ὁ ἑκατοντάρχης **λέγων** αὐτῷ· κύριε, μὴ σκύλλου, οὐ γὰρ ἱκανός εἰμι ἵνα ὑπὸ τὴν στέγην μου εἰσέλθῃς·	→ Jn 4,49
a 002			**Lk 7,40** → Mt 26,6 → Mk 14,3 καὶ ἀποκριθεὶς ὁ Ἰησοῦς εἶπεν πρὸς αὐτόν· Σίμων, ἔχω σοί τι εἰπεῖν. ὁ δέ· διδάσκαλε, εἰπέ, **φησίν.** [41] δύο χρεοφειλέται ἦσαν δανιστῇ τινι· ...	
002			**Lk 7,44** καὶ στραφεὶς πρὸς τὴν γυναῖκα τῷ Σίμωνι **ἔφη·** βλέπεις ταύτην τὴν γυναῖκα; ...	
200	**Mt 13,28** ὁ δὲ **ἔφη** αὐτοῖς· ἐχθρὸς ἄνθρωπος τοῦτο ἐποίησεν. οἱ δὲ δοῦλοι λέγουσιν αὐτῷ· θέλεις οὖν ἀπελθόντες συλλέξωμεν αὐτά;			→ GTh 57
a 200	**Mt 13,29** ὁ δέ **φησιν·** οὔ, μήποτε συλλέγοντες τὰ ζιζάνια ἐκριζώσητε ἅμα αὐτοῖς τὸν σῖτον.			→ GTh 57

	Mt		Mk		Lk		
a 210	**Mt 14,8**	ἡ δὲ προβιβασθεῖσα ὑπὸ τῆς μητρὸς αὐτῆς· δός μοι, **φησίν,** ὧδε ἐπὶ πίνακι τὴν κεφαλὴν Ἰωάννου τοῦ βαπτιστοῦ.	**Mk 6,25**	[24] καὶ ἐξελθοῦσα εἶπεν τῇ μητρὶ αὐτῆς· τί αἰτήσωμαι; ἡ δὲ εἶπεν· τὴν κεφαλὴν Ἰωάννου τοῦ βαπτίζοντος. [25] καὶ εἰσελθοῦσα εὐθὺς μετὰ σπουδῆς πρὸς τὸν βασιλέα ᾐτήσατο **λέγουσα·** θέλω ἵνα ἐξαυτῆς δῷς μοι ἐπὶ πίνακι τὴν κεφαλὴν Ἰωάννου τοῦ βαπτιστοῦ.			
120	**Mt 17,11**	ὁ δὲ ἀποκριθεὶς **εἶπεν·** *Ἠλίας* μὲν *ἔρχεται καὶ ἀποκαταστήσει* πάντα· ➤ Mal 3,23-24	**Mk 9,12**	ὁ δὲ **ἔφη** αὐτοῖς· Ἠλίας μὲν ἐλθὼν πρῶτον ἀποκαθιστάνει πάντα· ...			→ Acts 3,21
200	**Mt 17,26**	εἰπόντος δέ· ἀπὸ τῶν ἀλλοτρίων, **ἔφη** αὐτῷ ὁ Ἰησοῦς· ἄρα γε ἐλεύθεροί εἰσιν οἱ υἱοί.					
021			**Mk 9,38**	**ἔφη** αὐτῷ ὁ Ἰωάννης· διδάσκαλε, εἴδομέν τινα ἐν τῷ ὀνόματί σου ἐκβάλλοντα δαιμόνια ...	**Lk 9,49**	ἀποκριθεὶς δὲ Ἰωάννης **εἶπεν·** ἐπιστάτα, εἴδομέν τινα ἐν τῷ ὀνόματί σου ἐκβάλλοντα δαιμόνια ...	→ Acts 19,13
002					**Lk 15,17**	εἰς ἑαυτὸν δὲ ἐλθὼν **ἔφη·** πόσοι μίσθιοι τοῦ πατρός μου περισσεύονται ἄρτων, ἐγὼ δὲ λιμῷ ὧδε ἀπόλλυμαι.	
121	**Mt 19,20** ↓ Mk 10,21	**λέγει** αὐτῷ ὁ νεανίσκος· πάντα ταῦτα ἐφύλαξα· τί ἔτι ὑστερῶ;	**Mk 10,20**	ὁ δὲ **ἔφη** αὐτῷ· διδάσκαλε, ταῦτα πάντα ἐφυλαξάμην ἐκ νεότητός μου.	**Lk 18,21**	ὁ δὲ **εἶπεν·** ταῦτα πάντα ἐφύλαξα ἐκ νεότητος.	
211	**Mt 19,21**	**ἔφη** αὐτῷ ὁ Ἰησοῦς· εἰ θέλεις τέλειος εἶναι, ὕπαγε πώλησόν σου τὰ ὑπάρχοντα καὶ δὸς [τοῖς] πτωχοῖς, ...	**Mk 10,21** ↑ Mt 19,20	ὁ δὲ Ἰησοῦς ἐμβλέψας αὐτῷ ἠγάπησεν αὐτὸν καὶ **εἶπεν** αὐτῷ· ἕν σε ὑστερεῖ· ὕπαγε, ὅσα ἔχεις πώλησον καὶ δὸς [τοῖς] πτωχοῖς, ...	**Lk 18,22**	ἀκούσας δὲ ὁ Ἰησοῦς **εἶπεν** αὐτῷ· ἔτι ἕν σοι λείπει· πάντα ὅσα ἔχεις πώλησον καὶ διάδος πτωχοῖς, ...	→ Acts 2,45
121	**Mt 19,28**	ὁ δὲ Ἰησοῦς **εἶπεν** αὐτοῖς· ἀμὴν λέγω ὑμῖν ὅτι ... [29] καὶ πᾶς ὅστις ἀφῆκεν οἰκίας ἢ ἀδελφοὺς ἢ ἀδελφὰς ...	**Mk 10,29**	**ἔφη** ὁ Ἰησοῦς· ἀμὴν λέγω ὑμῖν, οὐδείς ἐστιν ὃς ἀφῆκεν οἰκίαν ἢ ἀδελφοὺς ἢ ἀδελφὰς ...	**Lk 18,29**	ὁ δὲ **εἶπεν** αὐτοῖς· ἀμὴν λέγω ὑμῖν ὅτι οὐδείς ἐστιν ὃς ἀφῆκεν οἰκίαν ἢ γυναῖκα ἢ ἀδελφοὺς ...	
211	**Mt 21,27**	καὶ ἀποκριθέντες τῷ Ἰησοῦ εἶπαν· οὐκ οἴδαμεν. **ἔφη** αὐτοῖς καὶ αὐτός· οὐδὲ ἐγὼ λέγω ὑμῖν ἐν ποίᾳ ἐξουσίᾳ ταῦτα ποιῶ.	**Mk 11,33**	καὶ ἀποκριθέντες τῷ Ἰησοῦ λέγουσιν· οὐκ οἴδαμεν. καὶ ὁ Ἰησοῦς **λέγει** αὐτοῖς· οὐδὲ ἐγὼ λέγω ὑμῖν ἐν ποίᾳ ἐξουσίᾳ ταῦτα ποιῶ.	**Lk 20,8**	[7] καὶ ἀπεκρίθησαν μὴ εἰδέναι πόθεν. [8] καὶ ὁ Ἰησοῦς **εἶπεν** αὐτοῖς· οὐδὲ ἐγὼ λέγω ὑμῖν ἐν ποίᾳ ἐξουσίᾳ ταῦτα ποιῶ.	

	Mt		Mk		Lk		
121	Mt 22,29	ἀποκριθεὶς δὲ ὁ Ἰησοῦς **εἶπεν** αὐτοῖς· πλανᾶσθε μὴ εἰδότες τὰς γραφὰς μηδὲ τὴν δύναμιν τοῦ θεοῦ·	Mk 12,24	**ἔφη** αὐτοῖς ὁ Ἰησοῦς· οὐ διὰ τοῦτο πλανᾶσθε μὴ εἰδότες τὰς γραφὰς μηδὲ τὴν δύναμιν τοῦ θεοῦ;	Lk 20,34	καὶ **εἶπεν** αὐτοῖς ὁ Ἰησοῦς· οἱ υἱοὶ τοῦ αἰῶνος τούτου γαμοῦσιν καὶ γαμίσκονται	
211	Mt 22,37	ὁ δὲ **ἔφη** αὐτῷ· *ἀγαπήσεις* *κύριον τὸν θεόν σου ...* ➤ Deut 6,5	Mk 12,29	**ἀπεκρίθη** ὁ Ἰησοῦς ὅτι πρώτη ἐστίν· *ἄκουε, Ἰσραήλ, κύριος* *ὁ θεὸς ἡμῶν κύριος εἷς* *ἐστιν,* [30] *καὶ ἀγαπήσεις* *κύριον τὸν θεόν σου ...* ➤ Deut 6,4	Lk 10,26	ὁ δὲ **εἶπεν** πρὸς αὐτόν· ἐν τῷ νόμῳ τί γέγραπται; πῶς ἀναγινώσκεις; [27] ὁ δὲ ἀποκριθεὶς εἶπεν· *ἀγαπήσεις κύριον* *τὸν θεόν σου ...* ➤ Deut 6,5	
201	Mt 25,21 → Mt 24,47	**ἔφη** αὐτῷ ὁ κύριος αὐτοῦ· εὖ, δοῦλε ἀγαθὲ καὶ πιστέ, ἐπὶ ὀλίγα ἦς πιστός, ἐπὶ πολλῶν σε καταστήσω· ...			Lk 19,17 → Lk 16,10	καὶ **εἶπεν** αὐτῷ· εὖγε, ἀγαθὲ δοῦλε, ὅτι ἐν ἐλαχίστῳ πιστὸς ἐγένου, ἴσθι ἐξουσίαν ἔχων ἐπάνω δέκα πόλεων.	
201	Mt 25,23 → Mt 24,47	**ἔφη** αὐτῷ ὁ κύριος αὐτοῦ· εὖ, δοῦλε ἀγαθὲ καὶ πιστέ, ἐπὶ ὀλίγα ἦς πιστός, ἐπὶ πολλῶν σε καταστήσω· ...			Lk 19,19	**εἶπεν** δὲ καὶ τούτῳ· καὶ σὺ ἐπάνω γίνου πέντε πόλεων.	
121	Mt 26,33	ἀποκριθεὶς δὲ ὁ Πέτρος **εἶπεν** αὐτῷ· εἰ πάντες σκανδαλισθήσονται ἐν σοί, ἐγὼ οὐδέποτε σκανδαλισθήσομαι.	Mk 14,29	ὁ δὲ Πέτρος **ἔφη** αὐτῷ· εἰ καὶ πάντες σκανδαλισθήσονται, ἀλλ' οὐκ ἐγώ.	Lk 22,33 → Mt 26,35 → Mk 14,31	ὁ δὲ **εἶπεν** αὐτῷ· κύριε, μετὰ σοῦ ἕτοιμός εἰμι καὶ εἰς φυλακὴν καὶ εἰς θάνατον πορεύεσθαι.	→ Jn 13,37
211	Mt 26,34	**ἔφη** αὐτῷ ὁ Ἰησοῦς· ἀμὴν λέγω σοι ὅτι ἐν ταύτῃ τῇ νυκτὶ πρὶν ἀλέκτορα φωνῆσαι τρὶς ἀπαρνήσῃ με.	Mk 14,30	καὶ **λέγει** αὐτῷ ὁ Ἰησοῦς· ἀμὴν λέγω σοι ὅτι σὺ σήμερον ταύτῃ τῇ νυκτὶ πρὶν ἢ δὶς ἀλέκτορα φωνῆσαι τρίς με ἀπαρνήσῃ.	Lk 22,34	ὁ δὲ **εἶπεν**· λέγω σοι, Πέτρε, οὐ φωνήσει σήμερον ἀλέκτωρ ἕως τρίς με ἀπαρνήσῃ εἰδέναι.	→ Jn 13,38
112	Mt 26,71	... εἶδεν αὐτὸν ἄλλη καὶ **λέγει** τοῖς ἐκεῖ· οὗτος ἦν μετὰ Ἰησοῦ τοῦ Ναζωραίου.	Mk 14,69	καὶ ἡ παιδίσκη ἰδοῦσα αὐτὸν ἤρξατο πάλιν **λέγειν** τοῖς παρεστῶσιν ὅτι οὗτος ἐξ αὐτῶν ἐστιν.	Lk 22,58 (2)	καὶ μετὰ βραχὺ ἕτερος ἰδὼν αὐτὸν **ἔφη**· καὶ σὺ ἐξ αὐτῶν εἶ.	→ Jn 18,25
112	Mt 26,72	καὶ πάλιν **ἠρνήσατο** μετὰ ὅρκου ὅτι οὐκ οἶδα τὸν ἄνθρωπον.	Mk 14,70	ὁ δὲ πάλιν **ἠρνεῖτο**. ...		ὁ δὲ Πέτρος **ἔφη**· ἄνθρωπε, οὐκ εἰμί.	
210	Mt 26,61 → Mt 27,40	... οὗτος **ἔφη**· δύναμαι καταλῦσαι τὸν ναὸν τοῦ θεοῦ καὶ διὰ τριῶν ἡμερῶν οἰκοδομῆσαι.	Mk 14,58 → Mk 15,29	ὅτι ἡμεῖς ἠκούσαμεν αὐτοῦ **λέγοντος** ὅτι ἐγὼ καταλύσω τὸν ναὸν τοῦτον τὸν χειροποίητον καὶ διὰ τριῶν ἡμερῶν ἄλλον ἀχειροποίητον οἰκοδομήσω.			→ Jn 2,19 → Acts 6,14 → GTh 71

112	**Mt 26,64**	λέγει αὐτῷ ὁ Ἰησοῦς· σὺ εἶπας· ...	**Mk 14,62**	ὁ δὲ Ἰησοῦς εἶπεν· ἐγώ εἰμι, ...	**Lk 22,70** → Mt 26,63 → Mk 14,61 → Lk 22,67a → Mt 27,43	[67] ... εἶπεν δὲ αὐτοῖς· ἐὰν ὑμῖν εἴπω οὐ μὴ πιστεύσητε· ... [70] εἶπαν δὲ πάντες· σὺ οὖν εἶ ὁ υἱὸς τοῦ θεοῦ; ὁ δὲ πρὸς αὐτοὺς **ἔφη·** ὑμεῖς λέγετε ὅτι ἐγώ εἰμι.	→ Jn 10,36
212	**Mt 27,11**	... καὶ ἐπηρώτησεν αὐτὸν ὁ ἡγεμὼν λέγων· σὺ εἶ ὁ βασιλεὺς τῶν Ἰουδαίων; ὁ δὲ Ἰησοῦς **ἔφη·** σὺ λέγεις.	**Mk 15,2**	καὶ ἐπηρώτησεν αὐτὸν ὁ Πιλᾶτος· σὺ εἶ ὁ βασιλεὺς τῶν Ἰουδαίων; ὁ δὲ ἀποκριθεὶς αὐτῷ **λέγει·** σὺ λέγεις.	**Lk 23,3**	ὁ δὲ Πιλᾶτος ἠρώτησεν αὐτὸν λέγων· σὺ εἶ ὁ βασιλεὺς τῶν Ἰουδαίων; ὁ δὲ ἀποκριθεὶς αὐτῷ **ἔφη·** σὺ λέγεις.	→ Jn 18,33 → Jn 18,37
211	**Mt 27,23**	ὁ δὲ **ἔφη·** τί γὰρ κακὸν ἐποίησεν; ...	**Mk 15,14**	ὁ δὲ Πιλᾶτος **ἔλεγεν** αὐτοῖς· τί γὰρ ἐποίησεν κακόν; ...	**Lk 23,22** → Lk 23,4 → Lk 23,14 → Lk 23,16	ὁ δὲ τρίτον **εἶπεν** πρὸς αὐτούς· τί γὰρ κακὸν ἐποίησεν οὗτος; οὐδὲν αἴτιον θανάτου εὗρον ἐν αὐτῷ· παιδεύσας οὖν αὐτὸν ἀπολύσω.	→ Jn 19,6 → Acts 13,28
002					**Lk 23,40**	ἀποκριθεὶς δὲ ὁ ἕτερος ἐπιτιμῶν αὐτῷ **ἔφη·** οὐδὲ φοβῇ σὺ τὸν θεόν, ὅτι ἐν τῷ αὐτῷ κρίματι εἶ;	
200	**Mt 27,65**	**ἔφη** αὐτοῖς ὁ Πιλᾶτος· ἔχετε κουστωδίαν· ὑπάγετε ἀσφαλίσασθε ὡς οἴδατε.					

a **Acts 2,38** Πέτρος δὲ πρὸς αὐτούς· μετανοήσατε,
[φησίν,]
καὶ βαπτισθήτω ἕκαστος ὑμῶν ἐπὶ τῷ ὀνόματι Ἰησοῦ Χριστοῦ ...

Acts 7,2 ὁ δὲ
ἔφη·
ἄνδρες ἀδελφοὶ καὶ πατέρες, ἀκούσατε. ...

a **Acts 8,36** ὡς δὲ ἐπορεύοντο κατὰ τὴν ὁδόν, ἦλθον ἐπί τι ὕδωρ, καί
φησιν
ὁ εὐνοῦχος· ἰδοὺ ὕδωρ, τί κωλύει με βαπτισθῆναι;

Acts 10,28 [26] ὁ δὲ Πέτρος ...
[28] **ἔφη**
τε πρὸς αὐτούς· ὑμεῖς ἐπίστασθε ὡς ἀθέμιτόν ἐστιν ἀνδρὶ Ἰουδαίῳ κολλᾶσθαι ἢ προσέρχεσθαι ἀλλοφύλῳ· ...

Acts 10,30 καὶ ὁ Κορνήλιος
ἔφη·
ἀπὸ τετάρτης ἡμέρας μέχρι ταύτης τῆς ὥρας ἤμην τὴν ἐνάτην προσευχόμενος ἐν τῷ οἴκῳ μου, ...

a **Acts 10,31** καὶ
φησίν·
Κορνήλιε, εἰσηκούσθη σου ἡ προσευχὴ ...

Acts 16,30 καὶ προαγαγὼν αὐτοὺς ἔξω
ἔφη·
κύριοι, τί με δεῖ ποιεῖν ἵνα σωθῶ;

Acts 16,37 ὁ δὲ Παῦλος
ἔφη
πρὸς αὐτούς· δείραντες ἡμᾶς δημοσίᾳ ἀκατακρίτους, ἀνθρώπους Ῥωμαίους ὑπάρχοντας, ...

Acts 17,22 σταθεὶς δὲ [ὁ] Παῦλος ἐν μέσῳ τοῦ Ἀρείου πάγου
ἔφη·
ἄνδρες Ἀθηναῖοι, κατὰ πάντα ὡς δεισιδαιμονεστέρους ὑμᾶς θεωρῶ.

a **Acts 19,35** καταστείλας δὲ ὁ γραμματεὺς τὸν ὄχλον
φησίν·
ἄνδρες Ἐφέσιοι, τίς γάρ ἐστιν ἀνθρώπων ὃς οὐ γινώσκει τὴν Ἐφεσίων πόλιν νεωκόρον οὖσαν τῆς μεγάλης Ἀρτέμιδος καὶ τοῦ διοπετοῦς;

Acts 21,37 ... ὁ Παῦλος λέγει τῷ χιλιάρχῳ· εἰ ἔξεστίν μοι εἰπεῖν τι πρὸς σέ; ὁ δὲ
ἔφη·
Ἑλληνιστὶ γινώσκεις;

a **Acts 22,2** ἀκούσαντες δὲ ὅτι τῇ Ἑβραΐδι διαλέκτῳ προσεφώνει αὐτοῖς, μᾶλλον παρέσχον ἡσυχίαν. καὶ
φησίν·
[3] ἐγώ εἰμι ἀνὴρ Ἰουδαῖος, ...

Acts 22,27 προσελθὼν δὲ ὁ χιλίαρχος εἶπεν αὐτῷ· λέγε μοι, σὺ Ῥωμαῖος εἶ; ὁ δὲ
ἔφη·
ναί.

Acts 22,28 ἀπεκρίθη δὲ ὁ χιλίαρχος· ἐγὼ πολλοῦ κεφαλαίου τὴν πολιτείαν ταύτην ἐκτησάμην. ὁ δὲ Παῦλος
ἔφη·
ἐγὼ δὲ καὶ γεγέννημαι.

Acts 23,5 **ἔφη**
τε ὁ Παῦλος· οὐκ ᾔδειν, ἀδελφοί, ὅτι ἐστὶν ἀρχιερεύς· ...

Acts 23,17 προσκαλεσάμενος δὲ ὁ Παῦλος ἕνα τῶν ἑκατονταρχῶν
ἔφη·
τὸν νεανίαν τοῦτον ἀπάγαγε πρὸς τὸν χιλίαρχον, ἔχει γὰρ ἀπαγγεῖλαί τι αὐτῷ.

a Acts 23,18 ὁ μὲν οὖν παραλαβὼν αὐτὸν ἤγαγεν πρὸς τὸν χιλίαρχον καὶ
φησίν·
ὁ δέσμιος Παῦλος προσκαλεσάμενός με ἠρώτησεν τοῦτον τὸν νεανίσκον ἀγαγεῖν πρὸς σέ ἔχοντά τι λαλῆσαί σοι.

Acts 23,35 διακούσομαί σου,
ἔφη,
ὅταν καὶ οἱ κατήγοροί σου παραγένωνται· κελεύσας ἐν τῷ πραιτωρίῳ τοῦ Ἡρῴδου φυλάσσεσθαι αὐτόν.

a Acts 25,5 οἱ οὖν ἐν ὑμῖν,
φησίν,
δυνατοὶ συγκαταβάντες εἴ τί ἐστιν ἐν τῷ ἀνδρὶ ἄτοπον κατηγορείτωσαν αὐτοῦ.

a Acts 25,22 Ἀγρίππας δὲ πρὸς τὸν Φῆστον· ἐβουλόμην καὶ αὐτὸς τοῦ ἀνθρώπου ἀκοῦσαι. αὔριον,
φησίν,
ἀκούσῃ αὐτοῦ.

a Acts 25,24 καί
φησιν
ὁ Φῆστος· Ἀγρίππα βασιλεῦ καὶ πάντες οἱ συμπαρόντες ἡμῖν ἄνδρες, θεωρεῖτε τοῦτον ...

Acts 26,1 Ἀγρίππας δὲ πρὸς τὸν Παῦλον
ἔφη·
ἐπιτρέπεταί σοι περὶ σεαυτοῦ λέγειν. τότε ὁ Παῦλος ἐκτείνας τὴν χεῖρα ἀπελογεῖτο·

a Acts 26,24 ταῦτα δὲ αὐτοῦ ἀπολογουμένου ὁ Φῆστος μεγάλῃ τῇ φωνῇ
φησιν·
μαίνῃ, Παῦλε· τὰ πολλά σε γράμματα εἰς μανίαν περιτρέπει.

a Acts 26,25 ὁ δὲ Παῦλος· οὐ μαίνομαι,
φησίν,
κράτιστε Φῆστε, ἀλλὰ ἀληθείας καὶ σωφροσύνης ῥήματα ἀποφθέγγομαι.

Acts 26,32 Ἀγρίππας δὲ τῷ Φήστῳ
ἔφη·
ἀπολελύσθαι ἐδύνατο ὁ ἄνθρωπος οὗτος εἰ μὴ ἐπεκέκλητο Καίσαρα.

φθάνω	Syn 2	Mt 1	Mk	Lk 1	Acts	Jn	1-3John	Paul 5	Eph	Col
	NT 7	2Thess	1/2Tim	Tit	Heb	Jas	1Pet	2Pet	Jude	Rev

come before; precede; have just arrived; come

202	Mt 12,28 εἰ δὲ ἐν πνεύματι θεοῦ ἐγὼ ἐκβάλλω τὰ δαιμόνια, ἄρα **ἔφθασεν** ἐφ᾽ ὑμᾶς ἡ βασιλεία τοῦ θεοῦ.		Lk 11,20 εἰ δὲ ἐν δακτύλῳ θεοῦ [ἐγὼ] ἐκβάλλω τὰ δαιμόνια, ἄρα **ἔφθασεν** ἐφ᾽ ὑμᾶς ἡ βασιλεία τοῦ θεοῦ.

φθόνος	Syn 2	Mt 1	Mk 1	Lk	Acts	Jn	1-3John	Paul 3	Eph	Col
	NT 9	2Thess	1/2Tim 1	Tit 1	Heb	Jas 1	1Pet 1	2Pet	Jude	Rev

envy; jealousy

220	Mt 27,18 ᾔδει γὰρ ὅτι **διὰ φθόνον** παρέδωκαν αὐτόν.	Mk 15,10 ἐγίνωσκεν γὰρ ὅτι **διὰ φθόνον** παραδεδώκεισαν αὐτὸν οἱ ἀρχιερεῖς.	

φιλάργυρος

Syn 1	Mt	Mk	Lk 1	Acts	Jn	1-3John	Paul	Eph	Col
NT 2	2Thess	1/2Tim 1	Tit	Heb	Jas	1Pet	2Pet	Jude	Rev

fond of money; avaricious

002			Lk 16,14 ἤκουον δὲ ταῦτα πάντα οἱ Φαρισαῖοι **φιλάργυροι** ὑπάρχοντες καὶ ἐξεμυκτήριζον αὐτόν.	

φιλέω

Syn 8	Mt 5	Mk 1	Lk 2	Acts	Jn 13	1-3John	Paul 1	Eph	Col
NT 25	2Thess	1/2Tim	Tit 1	Heb	Jas	1Pet	2Pet	Jude	Rev 2

love; have affection for; like; kiss

	triple tradition																	double tradition			Sondergut		
		+Mt / +Lk			–Mt / –Lk			traditions not taken over by Mt / Lk							subtotals								
code	222	211	112	212	221	122	121	022	012	021	220	120	210	020	Σ⁺	Σ⁻	Σ	202	201	102	200	002	total
Mt											1						1		3		1		**5**
Mk											1						1						**1**
Lk			2⁺												2⁺		2						**2**

200	**Mt 6,5** καὶ ὅταν προσεύχησθε, οὐκ ἔσεσθε ὡς οἱ ὑποκριταί, ὅτι **φιλοῦσιν** ἐν ταῖς συναγωγαῖς καὶ ἐν ταῖς γωνίαις τῶν πλατειῶν ἑστῶτες προσεύχεσθαι, ...			→ GTh 6 (POxy 654)
201	**Mt 10,37 (2)** → Mt 19,29 ὁ **φιλῶν** πατέρα ἢ μητέρα ὑπὲρ ἐμὲ οὐκ ἔστιν μου ἄξιος, καὶ	→ Mk 10,29	**Lk 14,26** → Lk 18,29 εἴ τις ἔρχεται πρός με καὶ **οὐ μισεῖ** τὸν πατέρα ἑαυτοῦ καὶ τὴν μητέρα καὶ τὴν γυναῖκα καὶ	→ GTh 55 → GTh 101
201	ὁ **φιλῶν** υἱὸν ἢ θυγατέρα ὑπὲρ ἐμὲ οὐκ ἔστιν μου ἄξιος·		τὰ τέκνα καὶ τοὺς ἀδελφοὺς καὶ τὰς ἀδελφὰς ἔτι τε καὶ τὴν ψυχὴν ἑαυτοῦ, οὐ δύναται εἶναί μου μαθητής.	
201	**Mt 23,6** **φιλοῦσιν** δὲ τὴν πρωτοκλισίαν ἐν τοῖς δείπνοις καὶ τὰς πρωτοκαθεδρίας ἐν ταῖς συναγωγαῖς [7] καὶ τοὺς ἀσπασμοὺς ἐν ταῖς ἀγοραῖς ↔		**Lk 11,43** → Mt 23,2 ⇩ **Lk 20,46** ↓ Mt 23,7 οὐαὶ ὑμῖν τοῖς Φαρισαίοις, ὅτι **ἀγαπᾶτε** τὴν πρωτοκαθεδρίαν ἐν ταῖς συναγωγαῖς καὶ τοὺς ἀσπασμοὺς ἐν ταῖς ἀγοραῖς.	Mk-Q overlap

	Mt		Mk		Lk		
112	Mt 23,7	↔ καὶ καλεῖσθαι ὑπὸ τῶν ἀνθρώπων ῥαββί.	Mk 12,38 → Mt 23,2	... βλέπετε ἀπὸ τῶν γραμματέων τῶν θελόντων ἐν στολαῖς περιπατεῖν καὶ ἀσπασμοὺς ἐν ταῖς ἀγοραῖς [39] καὶ πρωτοκαθεδρίας ἐν ταῖς συναγωγαῖς καὶ πρωτοκλισίας ἐν τοῖς δείπνοις	Lk 20,46 → Mt 23,2 ⇧ Lk 11,43	προσέχετε ἀπὸ τῶν γραμματέων τῶν θελόντων περιπατεῖν ἐν στολαῖς καὶ **φιλούντων** ἀσπασμοὺς ἐν ταῖς ἀγοραῖς καὶ πρωτοκαθεδρίας ἐν ταῖς συναγωγαῖς καὶ πρωτοκλισίας ἐν τοῖς δείπνοις	Mk-Q overlap
220	Mt 26,48	ὁ δὲ παραδιδοὺς αὐτὸν ἔδωκεν αὐτοῖς σημεῖον λέγων· ὃν ἂν **φιλήσω** αὐτός ἐστιν, κρατήσατε αὐτόν.	Mk 14,44	δεδώκει δὲ ὁ παραδιδοὺς αὐτὸν σύσσημον αὐτοῖς λέγων· ὃν ἂν **φιλήσω** αὐτός ἐστιν, κρατήσατε αὐτὸν καὶ ἀπάγετε ἀσφαλῶς.			
112	Mt 26,49	καὶ εὐθέως προσελθὼν τῷ Ἰησοῦ εἶπεν· χαῖρε, ῥαββί, καὶ **κατεφίλησεν** αὐτόν. [50] ὁ δὲ Ἰησοῦς εἶπεν αὐτῷ· ἑταῖρε, ἐφ' ὃ πάρει. ...	Mk 14,45	καὶ ἐλθὼν εὐθὺς προσελθὼν αὐτῷ λέγει· ῥαββί, καὶ **κατεφίλησεν** αὐτόν.	Lk 22,47	... καὶ ὁ λεγόμενος Ἰούδας εἷς τῶν δώδεκα προήρχετο αὐτοὺς καὶ ἤγγισεν τῷ Ἰησοῦ **φιλῆσαι** αὐτόν. [48] Ἰησοῦς δὲ εἶπεν αὐτῷ· Ἰούδα, φιλήματι τὸν υἱὸν τοῦ ἀνθρώπου παραδίδως;	→ Jn 18,5

φίλη

Syn	Mt	Mk	Lk	Acts	Jn	1-3John	Paul	Eph	Col
1			1						
NT	**2Thess**	**1/2Tim**	**Tit**	**Heb**	**Jas**	**1Pet**	**2Pet**	**Jude**	**Rev**
1									

the (woman) friend

002	Lk 15,9	καὶ εὑροῦσα συγκαλεῖ **τὰς φίλας** καὶ γείτονας λέγουσα· συγχάρητέ μοι, ὅτι εὗρον τὴν δραχμὴν ἣν ἀπώλεσα.

φίλημα

Syn	Mt	Mk	Lk	Acts	Jn	1-3John	Paul	Eph	Col
2			2				4		
NT	**2Thess**	**1/2Tim**	**Tit**	**Heb**	**Jas**	**1Pet**	**2Pet**	**Jude**	**Rev**
7						1			

a kiss

	Mt		Mk		Lk		
002					Lk 7,45	**φίλημά** μοι οὐκ ἔδωκας· αὕτη δὲ ἀφ' ἧς εἰσῆλθον οὐ διέλιπεν καταφιλοῦσά μου τοὺς πόδας.	
112	Mt 26,50 → Lk 22,54	[49] ... καὶ κατεφίλησεν αὐτόν. [50] ὁ δὲ Ἰησοῦς εἶπεν αὐτῷ· ἑταῖρε, ἐφ' ὃ πάρει. τότε προσελθόντες ἐπέβαλον τὰς χεῖρας ἐπὶ τὸν Ἰησοῦν καὶ ἐκράτησαν αὐτόν.	Mk 14,46 → Lk 22,54	[45] ... καὶ κατεφίλησεν αὐτόν. [46] οἱ δὲ ἐπέβαλον τὰς χεῖρας αὐτῷ καὶ ἐκράτησαν αὐτόν.	Lk 22,48	[47] ... φιλῆσαι αὐτόν. [48] Ἰησοῦς δὲ εἶπεν αὐτῷ· Ἰούδα, **φιλήματι** τὸν υἱὸν τοῦ ἀνθρώπου παραδίδως;	→ Jn 18,12

# Φίλιππος	Syn 8	Mt 3	Mk 3	Lk 2	Acts 16	Jn 12	1-3John	Paul	Eph	Col
	NT 36	2Thess	1/2Tim	Tit	Heb	Jas	1Pet	2Pet	Jude	Rev

Philip

	triple tradition																	double tradition			Sondergut		
		+Mt / +Lk			–Mt / –Lk			traditions not taken over by Mt / Lk							subtotals								
code	*222*	*211*	*112*	*212*	*221*	*122*	*121*	*022*	*012*	*021*	*220*	*120*	*210*	*020*	Σ⁺	Σ⁻	Σ	*202*	*201*	*102*	*200*	*002*	total
Mt	1				2												3						**3**
Mk	1				2												3						**3**
Lk	1				2⁻											2⁻	1					1	**2**

a Φίλιππος the tetrarch *b* Φίλιππος one of the twelve *c* Φίλιππος the evangelist

a 002					**Lk 3,1**	... καὶ τετρααρχοῦντος τῆς Γαλιλαίας Ἡρῴδου, **Φιλίππου** δὲ τοῦ ἀδελφοῦ αὐτοῦ τετρααρχοῦντος τῆς Ἰτουραίας καὶ Τραχωνίτιδος χώρας, ...	
b 222	**Mt 10,3**	[2] ... πρῶτος Σίμων ὁ λεγόμενος Πέτρος καὶ Ἀνδρέας ὁ ἀδελφὸς αὐτοῦ, καὶ Ἰάκωβος ὁ τοῦ Ζεβεδαίου καὶ Ἰωάννης ὁ ἀδελφὸς αὐτοῦ, [3] **Φίλιππος** καὶ Βαρθολομαῖος, Θωμᾶς καὶ Μαθθαῖος ὁ τελώνης, ...	**Mk 3,18**	[16] ... καὶ ἐπέθηκεν ὄνομα τῷ Σίμωνι Πέτρον, [17] καὶ Ἰάκωβον τὸν τοῦ Ζεβεδαίου καὶ Ἰωάννην τὸν ἀδελφὸν τοῦ Ἰακώβου ... [18] καὶ Ἀνδρέαν καὶ **Φίλιππον** καὶ Βαρθολομαῖον καὶ Μαθθαῖον καὶ Θωμᾶν ...	**Lk 6,14**	Σίμωνα, ὃν καὶ ὠνόμασεν Πέτρον, καὶ Ἀνδρέαν τὸν ἀδελφὸν αὐτοῦ, καὶ Ἰάκωβον καὶ Ἰωάννην καὶ **Φίλιππον** καὶ Βαρθολομαῖον [15] καὶ Μαθθαῖον καὶ Θωμᾶν ...	→ Acts 1,13
a 221	**Mt 14,3**	ὁ γὰρ Ἡρῴδης κρατήσας τὸν Ἰωάννην ἔδησεν [αὐτὸν] καὶ ἐν φυλακῇ ἀπέθετο **διὰ Ἡρῳδιάδα τὴν γυναῖκα Φιλίππου τοῦ ἀδελφοῦ αὐτοῦ·**	**Mk 6,17**	αὐτὸς γὰρ ὁ Ἡρῴδης ἀποστείλας ἐκράτησεν τὸν Ἰωάννην καὶ ἔδησεν αὐτὸν ἐν φυλακῇ **διὰ Ἡρῳδιάδα τὴν γυναῖκα Φιλίππου τοῦ ἀδελφοῦ αὐτοῦ,** ὅτι αὐτὴν ἐγάμησεν·	**Lk 3,19** → Mt 14,4 → Mk 6,18	ὁ δὲ Ἡρῴδης ὁ τετραάρχης, ἐλεγχόμενος ὑπ᾽ αὐτοῦ **περὶ Ἡρῳδιάδος τῆς γυναικὸς τοῦ ἀδελφοῦ αὐτοῦ** καὶ περὶ πάντων ὧν ἐποίησεν πονηρῶν ὁ Ἡρῴδης, [20] προσέθηκεν καὶ τοῦτο ἐπὶ πᾶσιν [καὶ] κατέκλεισεν τὸν Ἰωάννην ἐν φυλακῇ.	
a 221	**Mt 16,13**	ἐλθὼν δὲ ὁ Ἰησοῦς **εἰς τὰ μέρη Καισαρείας τῆς Φιλίππου** ἠρώτα τοὺς μαθητὰς αὐτοῦ λέγων· τίνα λέγουσιν οἱ ἄνθρωποι εἶναι τὸν υἱὸν τοῦ ἀνθρώπου;	**Mk 8,27**	καὶ ἐξῆλθεν ὁ Ἰησοῦς καὶ οἱ μαθηταὶ αὐτοῦ **εἰς τὰς κώμας Καισαρείας τῆς Φιλίππου·** καὶ ἐν τῇ ὁδῷ ἐπηρώτα τοὺς μαθητὰς αὐτοῦ λέγων αὐτοῖς· τίνα με λέγουσιν οἱ ἄνθρωποι εἶναι;	**Lk 9,18** → Mt 14,23 → Mk 6,46	καὶ ἐγένετο ἐν τῷ εἶναι αὐτὸν προσευχόμενον κατὰ μόνας συνῆσαν αὐτῷ οἱ μαθηταί, καὶ ἐπηρώτησεν αὐτοὺς λέγων· τίνα με λέγουσιν οἱ ὄχλοι εἶναι;	→ GTh 13

b	**Acts 1,13** → Mt 10,3 → Mk 3,18 → Lk 6,14	... ὅ τε Πέτρος καὶ Ἰωάννης καὶ Ἰάκωβος καὶ Ἀνδρέας, **Φίλιππος** καὶ Θωμᾶς, Βαρθολομαῖος καὶ Μαθθαῖος, ...	*c*	**Acts 6,5**	... καὶ ἐξελέξαντο Στέφανον, ἄνδρα πλήρης πίστεως καὶ πνεύματος ἁγίου, καὶ **Φίλιππον** καὶ Πρόχορον καὶ Νικάνορα ...	*c*	**Acts 8,5**	**Φίλιππος** δὲ κατελθὼν εἰς [τὴν] πόλιν τῆς Σαμαρείας ἐκήρυσσεν αὐτοῖς τὸν Χριστόν.

c **Acts 8,6** προσεῖχον δὲ οἱ ὄχλοι τοῖς λεγομένοις **ὑπὸ τοῦ Φιλίππου** ὁμοθυμαδὸν ἐν τῷ ἀκούειν αὐτοὺς καὶ βλέπειν τὰ σημεῖα ἃ ἐποίει.

c **Acts 8,12** ὅτε δὲ ἐπίστευσαν **τῷ Φιλίππῳ** εὐαγγελιζομένῳ περὶ τῆς βασιλείας τοῦ θεοῦ καὶ τοῦ ὀνόματος Ἰησοῦ Χριστοῦ, ἐβαπτίζοντο ἄνδρες τε καὶ γυναῖκες.

c **Acts 8,13** ὁ δὲ Σίμων καὶ αὐτὸς ἐπίστευσεν καὶ βαπτισθεὶς ἦν προσκαρτερῶν **τῷ Φιλίππῳ,** θεωρῶν τε σημεῖα καὶ δυνάμεις μεγάλας γινομένας ἐξίστατο.

c **Acts 8,26** ἄγγελος δὲ κυρίου ἐλάλησεν **πρὸς Φίλιππον** λέγων· ἀνάστηθι καὶ πορεύου κατὰ μεσημβρίαν ἐπὶ τὴν ὁδὸν ...

c **Acts 8,29** εἶπεν δὲ τὸ πνεῦμα **τῷ Φιλίππῳ·** πρόσελθε καὶ κολλήθητι τῷ ἅρματι τούτῳ.

c **Acts 8,30** προσδραμὼν δὲ **ὁ Φίλιππος** ἤκουσεν αὐτοῦ ἀναγινώσκοντος Ἠσαΐαν τὸν προφήτην ...

c **Acts 8,31** ὁ δὲ εἶπεν· πῶς γὰρ ἂν δυναίμην ἐὰν μή τις ὁδηγήσει με; παρεκάλεσέν τε **τὸν Φίλιππον** ἀναβάντα καθίσαι σὺν αὐτῷ.

c **Acts 8,34** ἀποκριθεὶς δὲ ὁ εὐνοῦχος **τῷ Φιλίππῳ** εἶπεν· δέομαί σου, περὶ τίνος ὁ προφήτης λέγει τοῦτο; περὶ ἑαυτοῦ ἢ περὶ ἑτέρου τινός;

c **Acts 8,35** ἀνοίξας δὲ **ὁ Φίλιππος** τὸ στόμα αὐτοῦ καὶ ἀρξάμενος ἀπὸ τῆς γραφῆς ταύτης εὐηγγελίσατο αὐτῷ τὸν Ἰησοῦν.

c **Acts 8,38** καὶ ἐκέλευσεν στῆναι τὸ ἅρμα καὶ κατέβησαν ἀμφότεροι εἰς τὸ ὕδωρ, **ὅ τε Φίλιππος** καὶ ὁ εὐνοῦχος, καὶ ἐβάπτισεν αὐτόν.

c **Acts 8,39** ὅτε δὲ ἀνέβησαν ἐκ τοῦ ὕδατος, πνεῦμα κυρίου ἥρπασεν **τὸν Φίλιππον,** καὶ οὐκ εἶδεν αὐτὸν οὐκέτι ὁ εὐνοῦχος, ἐπορεύετο γὰρ τὴν ὁδὸν αὐτοῦ χαίρων.

c **Acts 8,40** **Φίλιππος** δὲ εὑρέθη εἰς Ἄζωτον· καὶ διερχόμενος εὐηγγελίζετο τὰς πόλεις πάσας ἕως τοῦ ἐλθεῖν αὐτὸν εἰς Καισάρειαν.

c **Acts 21,8** τῇ δὲ ἐπαύριον ἐξελθόντες ἤλθομεν εἰς Καισάρειαν καὶ εἰσελθόντες **εἰς τὸν οἶκον Φιλίππου τοῦ εὐαγγελιστοῦ,** ὄντος ἐκ τῶν ἑπτά, ἐμείναμεν παρ᾽ αὐτῷ.

φιλονεικία

Syn	Mt	Mk	Lk	Acts	Jn	1-3John	Paul	Eph	Col
1			1						
NT	2Thess	1/2Tim	Tit	Heb	Jas	1Pet	2Pet	Jude	Rev
1									

dispute; strife

002		**Lk 22,24** → Lk 9,46	ἐγένετο δὲ καὶ **φιλονεικία** ἐν αὐτοῖς, τὸ τίς αὐτῶν δοκεῖ εἶναι μείζων.

φίλος (substantive)

Syn	Mt	Mk	Lk	Acts	Jn	1-3John	Paul	Eph	Col
15	1		14	2	6	2			
NT	2Thess	1/2Tim	Tit	Heb	Jas	1Pet	2Pet	Jude	Rev
27					2				

the friend (*adjective* only Acts 19,31)

	triple tradition																	double tradition			Sondergut		
		+Mt / +Lk			−Mt / −Lk			traditions not taken over by Mt / Lk							subtotals								
code	*222*	*211*	*112*	*212*	*221*	*122*	*121*	*022*	*012*	*021*	*220*	*120*	*210*	*020*	Σ^+	Σ^-	Σ	*202*	*201*	*102*	*200*	*002*	total
Mt																		1					**1**
Mk																							
Lk			1+												1+		1	1		1		11	**14**

002		**Lk 7,6** → Mt 8,7	... ἤδη δὲ αὐτοῦ οὐ μακρὰν ἀπέχοντος ἀπὸ τῆς οἰκίας ἔπεμψεν **φίλους** ὁ ἑκατοντάρχης λέγων αὐτῷ· ...

202	Mt 11,19	ἦλθεν ὁ υἱὸς τοῦ ἀνθρώπου ἐσθίων καὶ πίνων, καὶ λέγουσιν· ἰδοὺ ἄνθρωπος φάγος καὶ οἰνοπότης, **τελωνῶν φίλος καὶ ἁμαρτωλῶν.** ...	Lk 7,34	ἐλήλυθεν ὁ υἱὸς τοῦ ἀνθρώπου ἐσθίων καὶ πίνων, καὶ λέγετε· ἰδοὺ ἄνθρωπος φάγος καὶ οἰνοπότης, **φίλος τελωνῶν καὶ ἁμαρτωλῶν.**	
002 002			Lk 11,5 (2)	... τίς ἐξ ὑμῶν ἕξει **φίλον** καὶ πορεύσεται πρὸς αὐτὸν μεσονυκτίου καὶ εἴπῃ αὐτῷ· **φίλε,** χρῆσόν μοι τρεῖς ἄρτους,	
002			Lk 11,6	ἐπειδὴ **φίλος μου** παρεγένετο ἐξ ὁδοῦ πρός με καὶ οὐκ ἔχω ὃ παραθήσω αὐτῷ·	
002			Lk 11,8	λέγω ὑμῖν, εἰ καὶ οὐ δώσει αὐτῷ ἀναστὰς διὰ τὸ εἶναι **φίλον αὐτοῦ,** διά γε τὴν ἀναίδειαν αὐτοῦ ἐγερθεὶς δώσει αὐτῷ ὅσων χρῄζει.	
102	Mt 10,28	καὶ μὴ φοβεῖσθε ἀπὸ τῶν ἀποκτεννόντων τὸ σῶμα, ...	Lk 12,4	λέγω δὲ ὑμῖν **τοῖς φίλοις μου,** μὴ φοβηθῆτε ἀπὸ τῶν ἀποκτεινόντων τὸ σῶμα ...	
002			Lk 14,10	ἀλλ᾽ ὅταν κληθῇς, πορευθεὶς ἀνάπεσε εἰς τὸν ἔσχατον τόπον, ἵνα ὅταν ἔλθῃ ὁ κεκληκώς σε ἐρεῖ σοι· **φίλε,** προσανάβηθι ἀνώτερον· ...	
002			Lk 14,12	... ὅταν ποιῇς ἄριστον ἢ δεῖπνον, μὴ φώνει **τοὺς φίλους σου** μηδὲ τοὺς ἀδελφούς σου μηδὲ τοὺς συγγενεῖς σου μηδὲ γείτονας πλουσίους, μήποτε καὶ αὐτοὶ ἀντικαλέσωσίν σε καὶ γένηται ἀνταπόδομά σοι.	
002			Lk 15,6	καὶ ἐλθὼν εἰς τὸν οἶκον συγκαλεῖ **τοὺς φίλους** καὶ τοὺς γείτονας λέγων αὐτοῖς· συγχάρητέ μοι, ὅτι εὗρον τὸ πρόβατόν μου τὸ ἀπολωλός.	
002			Lk 15,29	... καὶ ἐμοὶ οὐδέποτε ἔδωκας ἔριφον ἵνα **μετὰ τῶν φίλων μου** εὐφρανθῶ·	

002					→ Lk 12,33	ἑαυτοῖς ποιήσατε **φίλους** ἐκ τοῦ μαμωνᾶ τῆς ἀδικίας, ἵνα ὅταν ἐκλίπῃ δέξωνται ὑμᾶς εἰς τὰς αἰωνίους σκηνάς.	
112	**Mt 10,21** ⇩ Mt 24,9 → Mt 10,35 → Mt 24,10	παραδώσει δὲ ἀδελφὸς ἀδελφὸν εἰς θάνατον καὶ πατὴρ τέκνον, καὶ ἐπαναστήσονται τέκνα ἐπὶ γονεῖς καὶ θανατώσουσιν αὐτούς.	**Mk 13,12**	καὶ παραδώσει ἀδελφὸς ἀδελφὸν εἰς θάνατον καὶ πατὴρ τέκνον, καὶ ἐπαναστήσονται τέκνα ἐπὶ γονεῖς καὶ θανατώσουσιν αὐτούς·	**Lk 21,16** → Lk 12,53	παραδοθήσεσθε δὲ καὶ ὑπὸ γονέων καὶ ἀδελφῶν καὶ συγγενῶν καὶ **φίλων,** καὶ θανατώσουσιν ἐξ ὑμῶν	
	Mt 24,9 ⇧ Mt 10,21	τότε παραδώσουσιν ὑμᾶς εἰς θλῖψιν καὶ ἀποκτενοῦσιν ὑμᾶς, ...					
002					**Lk 23,12**	ἐγένοντο δὲ **φίλοι** ὅ τε Ἡρῴδης καὶ ὁ Πιλᾶτος ἐν αὐτῇ τῇ ἡμέρᾳ μετ' ἀλλήλων· προϋπῆρχον γὰρ ἐν ἔχθρᾳ ὄντες πρὸς αὐτούς.	

Acts 10,24 ... ὁ δὲ Κορνήλιος ἦν προσδοκῶν αὐτούς συγκαλεσάμενος τοὺς συγγενεῖς αὐτοῦ καὶ **τοὺς ἀναγκαίους φίλους.**

Acts 27,3 τῇ τε ἑτέρᾳ κατήχθημεν εἰς Σιδῶνα, φιλανθρώπως τε ὁ Ἰούλιος τῷ Παύλῳ χρησάμενος ἐπέτρεψεν **πρὸς τοὺς φίλους** πορευθέντι ἐπιμελείας τυχεῖν.

φιμόω	Syn	Mt	Mk	Lk	Acts	Jn	1-3John	Paul	Eph	Col
	5	2	2	1						
	NT	2Thess	1/2Tim	Tit	Heb	Jas	1Pet	2Pet	Jude	Rev
	7		1				1			

tie shut; muzzle

	triple tradition																	double tradition			Sondergut		
		+Mt / +Lk			–Mt / –Lk			traditions not taken over by Mt / Lk							subtotals								
code	222	211	112	212	221	122	121	022	012	021	220	120	210	020	Σ⁺	Σ⁻	Σ	202	201	102	200	002	total
Mt		1^+					1^-								1^+	1^-	1				1		**2**
Mk							1	1									2						**2**
Lk							1^-	1								1^-	1						**1**

022			**Mk 1,25**	καὶ ἐπετίμησεν αὐτῷ ὁ Ἰησοῦς λέγων· **φιμώθητι** καὶ ἔξελθε ἐξ αὐτοῦ.	**Lk 4,35**	καὶ ἐπετίμησεν αὐτῷ ὁ Ἰησοῦς λέγων· **φιμώθητι** καὶ ἔξελθε ἀπ' αὐτοῦ. ...	
121	**Mt 8,26**	... τότε ἐγερθεὶς ἐπετίμησεν τοῖς ἀνέμοις καὶ τῇ θαλάσσῃ, καὶ ἐγένετο γαλήνη μεγάλη.	**Mk 4,39**	καὶ διεγερθεὶς ἐπετίμησεν τῷ ἀνέμῳ καὶ εἶπεν τῇ θαλάσσῃ· σιώπα, **πεφίμωσο.** καὶ ἐκόπασεν ὁ ἄνεμος καὶ ἐγένετο γαλήνη μεγάλη.	**Lk 8,24**	... ὁ δὲ διεγερθεὶς ἐπετίμησεν τῷ ἀνέμῳ καὶ τῷ κλύδωνι τοῦ ὕδατος· καὶ ἐπαύσαντο καὶ ἐγένετο γαλήνη.	
200	**Mt 22,12**	καὶ λέγει αὐτῷ· ἑταῖρε, πῶς εἰσῆλθες ὧδε μὴ ἔχων ἔνδυμα γάμου; ὁ δὲ **ἐφιμώθη.**					

	Mt		Mk	Lk	
	ἀκούσαντες	→ Lk 20,39	γραμματέων ἀκούσας		
			αὐτῶν συζητούντων,		
	ὅτι		ἰδὼν ὅτι καλῶς		
211	**ἐφίμωσεν**		**ἀπεκρίθη**		
	τοὺς Σαδδουκαίους		αὐτοῖς		
	συνήχθησαν ἐπὶ τὸ αὐτό,				
	[35] καὶ ἐπηρώτησεν εἷς		ἐπηρώτησεν	καὶ ἰδοὺ νομικός τις	
	ἐξ αὐτῶν [νομικὸς]			ἀνέστη ἐκπειράζων	
	πειράζων αὐτόν· [36]		αὐτόν·	αὐτὸν λέγων· διδάσκαλε,	
	διδάσκαλε, ποία ἐντολὴ		ποία ἐστὶν ἐντολὴ	τί ποιήσας ζωὴν αἰώνιον	
	μεγάλη ἐν τῷ νόμῳ;		πρώτη πάντων;	κληρονομήσω;	

φλόξ

	Syn	Mt	Mk	Lk	Acts	Jn	1-3John	Paul	Eph	Col
	1			1	1					
	NT	2Thess	1/2Tim	Tit	Heb	Jas	1Pet	2Pet	Jude	Rev
	7	1			1					3

flame

002			**Lk 16,24**	... πέμψον Λάζαρον ἵνα βάψῃ τὸ ἄκρον τοῦ δακτύλου αὐτοῦ ὕδατος καὶ καταψύξῃ τὴν γλῶσσάν μου, ὅτι ὀδυνῶμαι **ἐν τῇ φλογὶ ταύτῃ.**	

Acts 7,30 ... ὤφθη αὐτῷ ἐν τῇ ἐρήμῳ
τοῦ ὄρους Σινᾶ ἄγγελος
ἐν φλογὶ πυρὸς
βάτου.
➢ Exod 3,2

φοβέομαι

	Syn	Mt	Mk	Lk	Acts	Jn	1-3John	Paul	Eph	Col
	53	18	12	23	14	5	1	6	1	1
	NT	2Thess	1/2Tim	Tit	Heb	Jas	1Pet	2Pet	Jude	Rev
	94				4		3			6

be afraid; have reverence; have respect; *transitive:* fear someone, something

	triple tradition																double tradition			Sondergut		
		+Mt / +Lk			−Mt / −Lk			traditions not taken over by Mt / Lk						subtotals								
code	*222*	*211*	*112*	*212*	*221*	*122*	*121*	*022*	*012*	*021*	*220*	*120*	*210*	*020*	Σ^+	Σ^-	Σ	*202*	*201*	*102*	*200*	*002*	total
Mt	1	3^+			1	3^-	3^-				2				3^+	6^-	7	3	2		6		**18**
Mk	1				1	3	3	1		1	2						12						**12**
Lk	1		3^+		1^-	3	3^-	1		1^-					3^+	5^-	8	3		3		9	**23**

[a] φοβέομαι and φόβος
[b] φοβέομαι τὸν θεόν and similar phrases
[c] φοβέομαι τινά (except b)
[d] φοβέομαι ἀπό τινος
[e] φοβέομαι and infinitive
[f] μὴ φοβοῦ, μὴ φοβεῖσθε and similar phrases

f 002			**Lk 1,13**	εἶπεν δὲ πρὸς αὐτὸν ὁ ἄγγελος· **μὴ φοβοῦ,** Ζαχαρία, διότι εἰσηκούσθη ἡ δέησίς σου, ...	→ Acts 10,4
f 002			**Lk 1,30** ↓ Mt 1,20	καὶ εἶπεν ὁ ἄγγελος αὐτῇ· **μὴ φοβοῦ,** Μαριάμ, εὗρες γὰρ χάριν παρὰ τῷ θεῷ.	

		Mt		Mk		Lk	
b 002					Lk 1,50	καὶ τὸ ἔλεος αὐτοῦ εἰς γενεὰς καὶ γενεὰς **τοῖς φοβουμένοις** αὐτόν.	
e f 200	Mt 1,20 →Lk 1,27 ↑Lk 1,30 →Lk 1,35	... Ἰωσὴφ υἱὸς Δαυίδ, **μὴ φοβηθῇς** παραλαβεῖν Μαριὰμ τὴν γυναῖκά σου, τὸ γὰρ ἐν αὐτῇ γεννηθὲν ἐκ πνεύματός ἐστιν ἁγίου·					
a 002					Lk 2,9	καὶ ἄγγελος κυρίου ἐπέστη αὐτοῖς καὶ δόξα κυρίου περιέλαμψεν αὐτούς, καὶ **ἐφοβήθησαν** φόβον μέγαν.	
f 002					Lk 2,10	καὶ εἶπεν αὐτοῖς ὁ ἄγγελος· **μὴ φοβεῖσθε,** ἰδοὺ γὰρ εὐαγγελίζομαι ὑμῖν χαρὰν μεγάλην ἥτις ἔσται παντὶ τῷ λαῷ	
e 200	Mt 2,22	ἀκούσας δὲ ὅτι Ἀρχέλαος βασιλεύει τῆς Ἰουδαίας ἀντὶ τοῦ πατρὸς αὐτοῦ Ἡρῴδου **ἐφοβήθη** ἐκεῖ ἀπελθεῖν· ...					
f 112	Mt 4,19	καὶ λέγει αὐτοῖς· δεῦτε ὀπίσω μου, καὶ ποιήσω ὑμᾶς ἁλιεῖς ἀνθρώπων.	Mk 1,17	καὶ εἶπεν αὐτοῖς ὁ Ἰησοῦς· δεῦτε ὀπίσω μου, καὶ ποιήσω ὑμᾶς γενέσθαι ἁλιεῖς ἀνθρώπων.	Lk 5,10	... καὶ εἶπεν πρὸς τὸν Σίμωνα ὁ Ἰησοῦς· **μὴ φοβοῦ·** ἀπὸ τοῦ νῦν ἀνθρώπους ἔσῃ ζωγρῶν.	
a 122	Mt 8,27	οἱ δὲ ἄνθρωποι ἐθαύμασαν λέγοντες· ποταπός ἐστιν οὗτος ὅτι καὶ οἱ ἄνεμοι καὶ ἡ θάλασσα αὐτῷ ὑπακούουσιν;	Mk 4,41	καὶ **ἐφοβήθησαν** φόβον μέγαν καὶ ἔλεγον πρὸς ἀλλήλους· τίς ἄρα οὗτός ἐστιν ὅτι καὶ ὁ ἄνεμος καὶ ἡ θάλασσα ὑπακούει αὐτῷ;	Lk 8,25	**... φοβηθέντες** δὲ ἐθαύμασαν, λέγοντες πρὸς ἀλλήλους· τίς ἄρα οὗτός ἐστιν ὅτι καὶ τοῖς ἀνέμοις ἐπιτάσσει καὶ τῷ ὕδατι, καὶ ὑπακούουσιν αὐτῷ;	
122	Mt 8,34	καὶ ἰδοὺ πᾶσα ἡ πόλις ἐξῆλθεν εἰς ὑπάντησιν τῷ Ἰησοῦ ...	Mk 5,15	[14] ... καὶ ἦλθον ἰδεῖν τί ἐστιν τὸ γεγονός [15] καὶ ἔρχονται πρὸς τὸν Ἰησοῦν, καὶ θεωροῦσιν τὸν δαιμονιζόμενον καθήμενον ἱματισμένον καὶ σωφρονοῦντα, τὸν ἐσχηκότα τὸν λεγιῶνα, καὶ **ἐφοβήθησαν.**	Lk 8,35	ἐξῆλθον δὲ ἰδεῖν τὸ γεγονὸς καὶ ἦλθον πρὸς τὸν Ἰησοῦν καὶ εὗρον καθήμενον τὸν ἄνθρωπον ἀφ᾽ οὗ τὰ δαιμόνια ἐξῆλθεν ἱματισμένον καὶ σωφρονοῦντα παρὰ τοὺς πόδας τοῦ Ἰησοῦ, καὶ **ἐφοβήθησαν.**	
021			Mk 5,33	ἡ δὲ γυνὴ **φοβηθεῖσα** καὶ τρέμουσα, εἰδυῖα ὃ γέγονεν αὐτῇ, ἦλθεν καὶ προσέπεσεν αὐτῷ ...	Lk 8,47	ἰδοῦσα δὲ ἡ γυνὴ ὅτι οὐκ ἔλαθεν, τρέμουσα ἦλθεν καὶ προσπεσοῦσα αὐτῷ ...	
f 022			Mk 5,36	ὁ δὲ Ἰησοῦς παρακούσας τὸν λόγον λαλούμενον λέγει τῷ ἀρχισυναγώγῳ· **μὴ φοβοῦ,** μόνον πίστευε.	Lk 8,50	ὁ δὲ Ἰησοῦς ἀκούσας ἀπεκρίθη αὐτῷ· **μὴ φοβοῦ,** μόνον πίστευσον, καὶ σωθήσεται.	

	Mt		Mk		Lk		
211	Mt 9,8	ἰδόντες δὲ οἱ ὄχλοι **ἐφοβήθησαν** καὶ ἐδόξασαν τὸν θεὸν τὸν δόντα ἐξουσίαν τοιαύτην τοῖς ἀνθρώποις.	Mk 2,12	... ὥστε **ἐξίστασθαι** πάντας καὶ δοξάζειν τὸν θεὸν λέγοντας ὅτι οὕτως οὐδέποτε εἴδομεν.	Lk 5,26	καὶ **ἔκστασις ἔλαβεν** ἅπαντας καὶ ἐδόξαζον τὸν θεὸν καὶ ἐπλήσθησαν φόβου λέγοντες ὅτι εἴδομεν παράδοξα σήμερον.	
cf 201	Mt 10,26	**μὴ οὖν φοβηθῆτε** αὐτούς· οὐδὲν γάρ ἐστιν κεκαλυμμένον ὃ οὐκ ἀποκαλυφθήσεται καὶ κρυπτὸν ὃ οὐ γνωσθήσεται.			Lk 12,2 ⇩ Lk 8,17	οὐδὲν δὲ συγκεκαλυμμένον ἐστὶν ὃ οὐκ ἀποκαλυφθήσεται καὶ κρυπτὸν ὃ οὐ γνωσθήσεται.	→ GTh 5 → GTh 6,5-6 (POxy 654) Mk-Q overlap
			Mk 4,22	οὐ γάρ ἐστιν κρυπτὸν ἐὰν μὴ ἵνα φανερωθῇ, οὐδὲ ἐγένετο ἀπόκρυφον ἀλλ᾽ ἵνα ἔλθῃ εἰς φανερόν.	Lk 8,17 ⇧ Lk 12,2	οὐ γάρ ἐστιν κρυπτὸν ὃ οὐ φανερὸν γενήσεται οὐδὲ ἀπόκρυφον ὃ οὐ μὴ γνωσθῇ καὶ εἰς φανερὸν ἔλθῃ.	
df 202	Mt 10,28 (2)	καὶ **μὴ φοβεῖσθε** ἀπὸ τῶν ἀποκτεννόντων τὸ σῶμα, τὴν δὲ ψυχὴν μὴ δυναμένων ἀποκτεῖναι·			Lk 12,4	λέγω δὲ ὑμῖν τοῖς φίλοις μου, **μὴ φοβηθῆτε** ἀπὸ τῶν ἀποκτεινόντων τὸ σῶμα καὶ μετὰ ταῦτα μὴ ἐχόντων περισσότερόν τι ποιῆσαι.	
b 202		**φοβεῖσθε** δὲ μᾶλλον τὸν δυνάμενον καὶ ψυχὴν καὶ σῶμα ἀπολέσαι ἐν γεέννῃ.			Lk 12,5 (3)	ὑποδείξω δὲ ὑμῖν τίνα φοβηθῆτε· **φοβήθητε** τὸν μετὰ τὸ ἀποκτεῖναι ἔχοντα ἐξουσίαν ἐμβαλεῖν εἰς τὴν γέενναν· ναὶ λέγω ὑμῖν, τοῦτον φοβήθητε.	
f 202	Mt 10,31	**μὴ οὖν φοβεῖσθε·** πολλῶν στρουθίων διαφέρετε ὑμεῖς.			Lk 12,7	... **μὴ φοβεῖσθε·** πολλῶν στρουθίων διαφέρετε.	
c 220	Mt 14,5	[3] ὁ γὰρ Ἡρῴδης ... [5] ... θέλων αὐτὸν ἀποκτεῖναι **ἐφοβήθη** τὸν ὄχλον, ὅτι ὡς προφήτην αὐτὸν εἶχον.	Mk 6,20	[19] ἡ δὲ Ἡρῳδιὰς ἐνεῖχεν αὐτῷ καὶ ἤθελεν αὐτὸν ἀποκτεῖναι, καὶ οὐκ ἠδύνατο· [20] ὁ γὰρ Ἡρῴδης **ἐφοβεῖτο** τὸν Ἰωάννην, εἰδὼς αὐτὸν ἄνδρα δίκαιον καὶ ἅγιον, ...			
f 220	Mt 14,27	εὐθὺς δὲ ἐλάλησεν [ὁ Ἰησοῦς] αὐτοῖς λέγων· θαρσεῖτε, ἐγώ εἰμι· **μὴ φοβεῖσθε.**	Mk 6,50	... ὁ δὲ εὐθὺς ἐλάλησεν μετ᾽ αὐτῶν, καὶ λέγει αὐτοῖς· θαρσεῖτε, ἐγώ εἰμι· **μὴ φοβεῖσθε.**			→ Jn 6,20
200	Mt 14,30	βλέπων δὲ τὸν ἄνεμον [ἰσχυρὸν] **ἐφοβήθη,** καὶ ἀρξάμενος καταποντίζεσθαι ἔκραξεν λέγων· κύριε, σῶσόν με.					
112	Mt 17,5	... ἰδοὺ νεφέλη φωτεινὴ ἐπεσκίασεν αὐτούς, ...	Mk 9,7	καὶ ἐγένετο νεφέλη ἐπισκιάζουσα αὐτοῖς, ...	Lk 9,34	... ἐγένετο νεφέλη καὶ ἐπεσκίαζεν αὐτούς· **ἐφοβήθησαν** δὲ ἐν τῷ εἰσελθεῖν αὐτοὺς εἰς τὴν νεφέλην.	

200	**Mt 17,6** → Mk 9,6	καὶ ἀκούσαντες οἱ μαθηταὶ ἔπεσαν ἐπὶ πρόσωπον αὐτῶν καὶ **ἐφοβήθησαν** σφόδρα.					
f 200	**Mt 17,7**	καὶ προσῆλθεν ὁ Ἰησοῦς καὶ ἁψάμενος αὐτῶν εἶπεν· ἐγέρθητε καὶ **μὴ φοβεῖσθε**.					
e 122	**Mt 17,23**	... καὶ ἐλυπήθησαν σφόδρα.	**Mk 9,32** → Lk 18,34	οἱ δὲ ἠγνόουν τὸ ῥῆμα, καὶ **ἐφοβοῦντο** αὐτὸν ἐπερωτῆσαι.	**Lk 9,45** → Lk 18,34	οἱ δὲ ἠγνόουν τὸ ῥῆμα τοῦτο καὶ ἦν παρακεκαλυμμένον ἀπ᾽ αὐτῶν ἵνα μὴ αἴσθωνται αὐτό, καὶ **ἐφοβοῦντο** ἐρωτῆσαι αὐτὸν περὶ τοῦ ῥήματος τούτου.	
df 202	**Mt 10,28** (2)	καὶ **μὴ φοβεῖσθε** ἀπὸ τῶν ἀποκτεννόντων τὸ σῶμα, τὴν δὲ ψυχὴν μὴ δυναμένων ἀποκτεῖναι·			**Lk 12,4**	λέγω δὲ ὑμῖν τοῖς φίλοις μου, **μὴ φοβηθῆτε** ἀπὸ τῶν ἀποκτεινόντων τὸ σῶμα καὶ μετὰ ταῦτα μὴ ἐχόντων περισσότερόν τι ποιῆσαι.	
c 102					**Lk 12,5** (3)	ὑποδείξω δὲ ὑμῖν τίνα **φοβηθῆτε**·	
b 202		**φοβεῖσθε** δὲ μᾶλλον τὸν δυνάμενον καὶ ψυχὴν καὶ σῶμα ἀπολέσαι ἐν γεέννῃ.				**φοβήθητε** τὸν μετὰ τὸ ἀποκτεῖναι ἔχοντα ἐξουσίαν ἐμβαλεῖν εἰς τὴν γέενναν·	
b 102						ναὶ λέγω ὑμῖν, τοῦτον **φοβήθητε**.	
f 202	**Mt 10,31**	**μὴ οὖν φοβεῖσθε**· πολλῶν στρουθίων διαφέρετε ὑμεῖς.			**Lk 12,7**	... **μὴ φοβεῖσθε**· πολλῶν στρουθίων διαφέρετε.	
f 002					**Lk 12,32**	**μὴ φοβοῦ**, τὸ μικρὸν ποίμνιον, ὅτι εὐδόκησεν ὁ πατὴρ ὑμῶν δοῦναι ὑμῖν τὴν βασιλείαν.	
b 002					**Lk 18,2**	λέγων· κριτής τις ἦν ἔν τινι πόλει τὸν θεὸν **μὴ φοβούμενος** καὶ ἄνθρωπον μὴ ἐντρεπόμενος.	
b 002					**Lk 18,4**	... μετὰ δὲ ταῦτα εἶπεν ἐν ἑαυτῷ· εἰ καὶ τὸν θεὸν **οὐ φοβοῦμαι** οὐδὲ ἄνθρωπον ἐντρέπομαι	
121	**Mt 20,17**	καὶ ἀναβαίνων ὁ Ἰησοῦς εἰς Ἱεροσόλυμα παρέλαβεν τοὺς δώδεκα [μαθητὰς] κατ᾽ ἰδίαν καὶ ἐν τῇ ὁδῷ εἶπεν αὐτοῖς·	**Mk 10,32**	ἦσαν δὲ ἐν τῇ ὁδῷ ἀναβαίνοντες εἰς Ἱεροσόλυμα, καὶ ἦν προάγων αὐτοὺς ὁ Ἰησοῦς, καὶ ἐθαμβοῦντο, οἱ δὲ ἀκολουθοῦντες **ἐφοβοῦντο**. καὶ παραλαβὼν πάλιν τοὺς δώδεκα ἤρξατο αὐτοῖς λέγειν ...	**Lk 18,31**	παραλαβὼν δὲ τοὺς δώδεκα εἶπεν πρὸς αὐτούς· ...	

c 102	**Mt 25,24**	προσελθὼν δὲ καὶ ὁ τὸ ἓν τάλαντον εἰληφὼς εἶπεν· κύριε, **ἔγνων** σε ὅτι σκληρὸς εἶ ἄνθρωπος, θερίζων ὅπου οὐκ ἔσπειρας καὶ συνάγων ὅθεν οὐ διεσκόρπισας			**Lk 19,21** ↓ Mt 25,25	[20] καὶ ὁ ἕτερος ἦλθεν λέγων· κύριε, ἰδοὺ ἡ μνᾶ σου ἣν εἶχον ἀποκειμένην ἐν σουδαρίῳ· [21] **ἐφοβούμην** γάρ σε, ὅτι ἄνθρωπος αὐστηρὸς εἶ, αἴρεις ὃ οὐκ ἔθηκας καὶ θερίζεις ὃ οὐκ ἔσπειρας.	
c 121	**Mt 22,33** → Mt 7,28 → Mk 1,22 → Lk 4,32	 καὶ ἀκούσαντες οἱ ὄχλοι ἐξεπλήσσοντο ἐπὶ τῇ διδαχῇ αὐτοῦ.	**Mk 11,18**	καὶ ἤκουσαν οἱ ἀρχιερεῖς καὶ οἱ γραμματεῖς καὶ ἐζήτουν πῶς αὐτὸν ἀπολέσωσιν· **ἐφοβοῦντο** γὰρ αὐτόν, πᾶς γὰρ ὁ ὄχλος ἐξεπλήσσετο ἐπὶ τῇ διδαχῇ αὐτοῦ.	**Lk 19,48** → Lk 21,38	[47] ... οἱ δὲ ἀρχιερεῖς καὶ οἱ γραμματεῖς ἐζήτουν αὐτὸν ἀπολέσαι καὶ οἱ πρῶτοι τοῦ λαοῦ, [48] καὶ οὐχ εὕρισκον τὸ τί ποιήσωσιν, ὁ λαὸς γὰρ ἅπας ἐξεκρέματο αὐτοῦ ἀκούων.	
c 221	**Mt 21,26** ↓ Mt 21,46	ἐὰν δὲ εἴπωμεν· ἐξ ἀνθρώπων, **φοβούμεθα** τὸν ὄχλον, πάντες γὰρ ὡς προφήτην ἔχουσιν τὸν Ἰωάννην.	**Mk 11,32**	ἀλλὰ εἴπωμεν· ἐξ ἀνθρώπων; - **ἐφοβοῦντο** τὸν ὄχλον· ἅπαντες γὰρ εἶχον τὸν Ἰωάννην ὄντως ὅτι προφήτης ἦν.	**Lk 20,6**	ἐὰν δὲ εἴπωμεν· ἐξ ἀνθρώπων, ὁ λαὸς ἅπας καταλιθάσει ἡμᾶς, πεπεισμένος γάρ ἐστιν Ἰωάννην προφήτην εἶναι.	
c 222	**Mt 21,46** ↑ Mt 21,26	[45] καὶ ἀκούσαντες οἱ ἀρχιερεῖς καὶ οἱ Φαρισαῖοι τὰς παραβολὰς αὐτοῦ ἔγνωσαν ὅτι περὶ αὐτῶν λέγει· [46] καὶ ζητοῦντες αὐτὸν κρατῆσαι **ἐφοβήθησαν** τοὺς ὄχλους, ἐπεὶ εἰς προφήτην αὐτὸν εἶχον.	**Mk 12,12** → Mt 22,22 ↑ Mk 11,18	 καὶ ἐζήτουν αὐτὸν κρατῆσαι, καὶ **ἐφοβήθησαν** τὸν ὄχλον, ἔγνωσαν γὰρ ὅτι πρὸς αὐτοὺς τὴν παραβολὴν εἶπεν. ...	**Lk 20,19** ↑ Lk 19,47	 καὶ ἐζήτησαν οἱ γραμματεῖς καὶ οἱ ἀρχιερεῖς ἐπιβαλεῖν ἐπ' αὐτὸν τὰς χεῖρας ἐν αὐτῇ τῇ ὥρᾳ, καὶ **ἐφοβήθησαν** τὸν λαόν, ἔγνωσαν γὰρ ὅτι πρὸς αὐτοὺς εἶπεν τὴν παραβολὴν ταύτην.	
 201	**Mt 25,25** ↑ Lk 19,21	καὶ **φοβηθεὶς** ἀπελθὼν ἔκρυψα τὸ τάλαντόν σου ἐν τῇ γῇ· ...			**Lk 19,20**	 ... ἰδοὺ ἡ μνᾶ σου ἣν εἶχον ἀποκειμένην ἐν σουδαρίῳ·	
c 112	**Mt 26,5**	[3] τότε συνήχθησαν οἱ ἀρχιερεῖς καὶ οἱ πρεσβύτεροι τοῦ λαοῦ ... [4] καὶ συνεβουλεύσαντο ἵνα τὸν Ἰησοῦν δόλῳ κρατήσωσιν καὶ ἀποκτείνωσιν· [5] ἔλεγον δέ· μὴ ἐν τῇ ἑορτῇ, ἵνα μὴ θόρυβος γένηται ἐν τῷ λαῷ.	**Mk 14,2**	[1] ... καὶ ἐζήτουν οἱ ἀρχιερεῖς καὶ οἱ γραμματεῖς πῶς αὐτὸν ἐν δόλῳ κρατήσαντες ἀποκτείνωσιν· [2] ἔλεγον γάρ· μὴ ἐν τῇ ἑορτῇ, μήποτε ἔσται θόρυβος τοῦ λαοῦ.	**Lk 22,2**	καὶ ἐζήτουν οἱ ἀρχιερεῖς καὶ οἱ γραμματεῖς τὸ πῶς ἀνέλωσιν αὐτόν, **ἐφοβοῦντο** γὰρ τὸν λαόν.	
b 002					**Lk 23,40**	ἀποκριθεὶς δὲ ὁ ἕτερος ἐπιτιμῶν αὐτῷ ἔφη· **οὐδὲ φοβῇ** σὺ τὸν θεόν, ὅτι ἐν τῷ αὐτῷ κρίματι εἶ;	

    211	Mt 27,54	ὁ δὲ ἑκατόνταρχος καὶ οἱ μετ᾽ αὐτοῦ τηροῦντες τὸν Ἰησοῦν ἰδόντες τὸν σεισμὸν καὶ τὰ γενόμενα **ἐφοβήθησαν** σφόδρα, λέγοντες· ἀληθῶς θεοῦ υἱὸς ἦν οὗτος.	Mk 15,39	ἰδὼν δὲ ὁ κεντυρίων ὁ παρεστηκὼς ἐξ ἐναντίας αὐτοῦ ὅτι οὕτως ἐξέπνευσεν εἶπεν· ἀληθῶς οὗτος ὁ ἄνθρωπος υἱὸς θεοῦ ἦν.	Lk 23,47	ἰδὼν δὲ ὁ ἑκατοντάρχης τὸ γενόμενον ἐδόξαζεν τὸν θεὸν λέγων· ὄντως ὁ ἄνθρωπος οὗτος δίκαιος ἦν.	
f 211	Mt 28,5	ἀποκριθεὶς δὲ ὁ ἄγγελος εἶπεν ταῖς γυναιξίν· **μὴ φοβεῖσθε ὑμεῖς,** οἶδα γὰρ ὅτι Ἰησοῦν τὸν ἐσταυρωμένον ζητεῖτε·	Mk 16,6	 ὁ δὲ λέγει αὐταῖς· **μὴ ἐκθαμβεῖσθε·** Ἰησοῦν ζητεῖτε τὸν Ναζαρηνὸν τὸν ἐσταυρωμένον· ...	Lk 24,5 → Lk 24,23	 ... εἶπαν πρὸς αὐτάς· τί ζητεῖτε τὸν ζῶντα μετὰ τῶν νεκρῶν·	
       121	Mt 28,8	καὶ ἀπελθοῦσαι ταχὺ ἀπὸ τοῦ μνημείου μετὰ φόβου καὶ χαρᾶς μεγάλης ἔδραμον ἀπαγγεῖλαι τοῖς μαθηταῖς αὐτοῦ.	Mk 16,8	καὶ ἐξελθοῦσαι ἔφυγον ἀπὸ τοῦ μνημείου, εἶχεν γὰρ αὐτὰς τρόμος καὶ ἔκστασις· καὶ οὐδενὶ οὐδὲν εἶπαν· **ἐφοβοῦντο** γάρ.	Lk 24,9	καὶ ὑποστρέψασαι ἀπὸ τοῦ μνημείου ἀπήγγειλαν ταῦτα πάντα τοῖς ἕνδεκα καὶ πᾶσιν τοῖς λοιποῖς.	→ Jn 20,2.18
f 200	Mt 28,10 → Mt 28,7 → Mk 16,7 → Mt 28,16	τότε λέγει αὐταῖς ὁ Ἰησοῦς· **μὴ φοβεῖσθε·** ὑπάγετε ἀπαγγείλατε τοῖς ἀδελφοῖς μου ἵνα ἀπέλθωσιν εἰς τὴν Γαλιλαίαν, κἀκεῖ με ὄψονται.					→ Jn 20,17

[a] φοβέομαι and φόβος
[b] φοβέομαι τὸν θεόν and similar phrases
[c] φοβέομαι τινά (except b)
[d] φοβέομαι ἀπό τινος
[e] φοβέομαι and infinitive
[f] μὴ φοβοῦ, μὴ φοβεῖσθε and similar phrases

c **Acts 5,26** τότε ἀπελθὼν ὁ στρατηγὸς σὺν τοῖς ὑπηρέταις ἦγεν αὐτούς οὐ μετὰ βίας, **ἐφοβοῦντο** γὰρ τὸν λαόν μὴ λιθασθῶσιν.

c **Acts 9,26** παραγενόμενος δὲ εἰς Ἰερουσαλὴμ ἐπείραζεν κολλᾶσθαι τοῖς μαθηταῖς, καὶ πάντες **ἐφοβοῦντο** αὐτόν μὴ πιστεύοντες ὅτι ἐστὶν μαθητής.

b **Acts 10,2** → Lk 7,5 [1] ... Κορνήλιος ... [2] εὐσεβὴς καὶ **φοβούμενος** τὸν θεὸν σὺν παντὶ τῷ οἴκῳ αὐτοῦ, ποιῶν ἐλεημοσύνας πολλὰς τῷ λαῷ καὶ δεόμενος τοῦ θεοῦ διὰ παντός

b **Acts 10,22** ... Κορνήλιος ἑκατοντάρχης, ἀνὴρ δίκαιος καὶ **φοβούμενος** τὸν θεὸν, ... ἐχρηματίσθη ὑπὸ ἀγγέλου ἁγίου μεταπέμψασθαί σε εἰς τὸν οἶκον αὐτοῦ καὶ ἀκοῦσαι ῥήματα παρὰ σοῦ.

b **Acts 10,35** ἀλλ᾽ ἐν παντὶ ἔθνει **ὁ φοβούμενος** αὐτὸν καὶ ἐργαζόμενος δικαιοσύνην δεκτὸς αὐτῷ ἐστιν.

b **Acts 13,16** ... ἄνδρες Ἰσραηλῖται καὶ **οἱ φοβούμενοι** τὸν θεόν, ἀκούσατε.

b **Acts 13,26** ἄνδρες ἀδελφοί, υἱοὶ γένους Ἀβραὰμ καὶ **οἱ ἐν ὑμῖν φοβούμενοι** τὸν θεόν, ἡμῖν ὁ λόγος τῆς σωτηρίας ταύτης ἐξαπεστάλη.

Acts 16,38 ἀπήγγειλαν δὲ τοῖς στρατηγοῖς οἱ ῥαβδοῦχοι τὰ ῥήματα ταῦτα. **ἐφοβήθησαν** δὲ ἀκούσαντες ὅτι Ῥωμαῖοί εἰσιν

f **Acts 18,9** εἶπεν δὲ ὁ κύριος ἐν νυκτὶ δι᾽ ὁράματος τῷ Παύλῳ· **μὴ φοβοῦ,** ἀλλὰ λάλει καὶ μὴ σιωπήσῃς

Acts 22,29 εὐθέως οὖν ἀπέστησαν ἀπ᾽ αὐτοῦ οἱ μέλλοντες αὐτὸν ἀνετάζειν, καὶ ὁ χιλίαρχος δὲ **ἐφοβήθη** ἐπιγνοὺς ὅτι Ῥωμαῖός ἐστιν καὶ ὅτι αὐτὸν ἦν δεδεκώς.

Acts 23,10 πολλῆς δὲ γινομένης στάσεως **φοβηθεὶς** ὁ χιλίαρχος μὴ διασπασθῇ ὁ Παῦλος ὑπ᾽ αὐτῶν ἐκέλευσεν τὸ στράτευμα καταβὰν ἁρπάσαι αὐτὸν ...

Acts 27,17	Acts 27,24	Acts 27,29
ἣν ἄραντες βοηθείαις ἐχρῶντο ὑποζωννύντες τὸ πλοῖον, **φοβούμενοί** τε μὴ εἰς τὴν Σύρτιν ἐκπέσωσιν, χαλάσαντες τὸ σκεῦος οὕτως ἐφέροντο.	*f* λέγων· **μὴ φοβοῦ,** Παῦλε, Καίσαρί σε δεῖ παραστῆναι, ...	**φοβούμενοί** τε μή που κατὰ τραχεῖς τόπους ἐκπέσωμεν, ἐκ πρύμνης ῥίψαντες ἀγκύρας τέσσαρας ηὔχοντο ἡμέραν γενέσθαι.

φόβητρον

	Syn	Mt	Mk	Lk	Acts	Jn	1-3John	Paul	Eph	Col
	1			1						
	NT	2Thess	1/2Tim	Tit	Heb	Jas	1Pet	2Pet	Jude	Rev
	1									

terrible sight; terrible event; horror

112	Mt 24,7	... καὶ ἔσονται λιμοὶ καὶ σεισμοὶ κατὰ τόπους·	Mk 13,8	... ἔσονται σεισμοὶ κατὰ τόπους, ἔσονται λιμοί· ...	Lk 21,11 → Lk 21,25	σεισμοί τε μεγάλοι καὶ κατὰ τόπους λιμοὶ καὶ λοιμοὶ ἔσονται, **φόβητρά** τε καὶ ἀπ' οὐρανοῦ σημεῖα μεγάλα ἔσται.	→ Acts 2,19

φόβος

	Syn	Mt	Mk	Lk	Acts	Jn	1-3John	Paul	Eph	Col
	11	3	1	7	5	3	3	13	2	
	NT	2Thess	1/2Tim	Tit	Heb	Jas	1Pet	2Pet	Jude	Rev
	48		1		1		5		1	3

the causing of fear; fear; alarm; fright; slavish fear; reverence; respect

	triple tradition																	double tradition			Sondergut		
		+Mt / +Lk			–Mt / –Lk			traditions not taken over by Mt / Lk							subtotals								
code	222	211	112	212	221	122	121	022	012	021	220	120	210	020	Σ+	Σ–	Σ	202	201	102	200	002	total
Mt		1^+					1^-						1^+		2^+	1^-	2				1		**3**
Mk							1										1						**1**
Lk			3^+				1^-								3^+	1^-	3					4	**7**

a φόβος and φοβέομαι *b* ἀπὸ (τοῦ) φόβου *c* φόβος μέγας

002					Lk 1,12	καὶ ἐταράχθη Ζαχαρίας ἰδὼν καὶ **φόβος** ἐπέπεσεν ἐπ' αὐτόν.
002					Lk 1,65	καὶ ἐγένετο ἐπὶ πάντας **φόβος** τοὺς περιοικοῦντας αὐτούς, ...
a c 002					Lk 2,9	καὶ ἄγγελος κυρίου ἐπέστη αὐτοῖς καὶ δόξα κυρίου περιέλαμψεν αὐτούς, καὶ ἐφοβήθησαν **φόβον μέγαν.**
112	Mt 9,8	ἰδόντες δὲ οἱ ὄχλοι ἐφοβήθησαν καὶ ἐδόξασαν τὸν θεὸν τὸν δόντα ἐξουσίαν τοιαύτην τοῖς ἀνθρώποις.	Mk 2,12	... ὥστε ἐξίστασθαι πάντας καὶ δοξάζειν τὸν θεὸν λέγοντας ὅτι οὕτως οὐδέποτε εἴδομεν.	Lk 5,26	καὶ ἔκστασις ἔλαβεν ἅπαντας καὶ ἐδόξαζον τὸν θεὸν καὶ ἐπλήσθησαν **φόβου** λέγοντες ὅτι εἴδομεν παράδοξα σήμερον.
002					Lk 7,16	ἔλαβεν δὲ **φόβος** πάντας καὶ ἐδόξαζον τὸν θεὸν λέγοντες ὅτι προφήτης μέγας ἠγέρθη ἐν ἡμῖν καὶ ὅτι ἐπεσκέψατο ὁ θεὸς τὸν λαὸν αὐτοῦ.

		Mt		Mk		Lk	
a c 121	Mt 8,27	οἱ δὲ ἄνθρωποι ἐθαύμασαν λέγοντες· ποταπός ἐστιν οὗτος ὅτι καὶ οἱ ἄνεμοι καὶ ἡ θάλασσα αὐτῷ ὑπακούουσιν;	Mk 4,41	καὶ ἐφοβήθησαν **φόβον μέγαν** καὶ ἔλεγον πρὸς ἀλλήλους· τίς ἄρα οὗτός ἐστιν ὅτι καὶ ὁ ἄνεμος καὶ ἡ θάλασσα ὑπακούει αὐτῷ;	Lk 8,25	... φοβηθέντες δὲ ἐθαύμασαν, λέγοντες πρὸς ἀλλήλους· τίς ἄρα οὗτός ἐστιν ὅτι καὶ τοῖς ἀνέμοις ἐπιτάσσει καὶ τῷ ὕδατι, καὶ ὑπακούουσιν αὐτῷ;	
c 112	Mt 8,34	... ἰδόντες αὐτὸν παρεκάλεσαν ὅπως μεταβῇ ἀπὸ τῶν ὁρίων αὐτῶν.	Mk 5,17	καὶ ἤρξαντο παρακαλεῖν αὐτὸν ἀπελθεῖν ἀπὸ τῶν ὁρίων αὐτῶν.	Lk 8,37	καὶ ἠρώτησεν αὐτὸν ἅπαν τὸ πλῆθος τῆς περιχώρου τῶν Γερασηνῶν ἀπελθεῖν ἀπ' αὐτῶν, ὅτι **φόβῳ μεγάλῳ** συνείχοντο· ...	
b 210	Mt 14,26	οἱ δὲ μαθηταὶ ἰδόντες αὐτὸν ἐπὶ τῆς θαλάσσης περιπατοῦντα ἐταράχθησαν λέγοντες ὅτι φάντασμά ἐστιν, καὶ **ἀπὸ τοῦ φόβου** ἔκραξαν.	Mk 6,49	οἱ δὲ ἰδόντες αὐτὸν ἐπὶ τῆς θαλάσσης περιπατοῦντα ἔδοξαν ὅτι φάντασμά ἐστιν, καὶ ἀνέκραξαν· [50] πάντες γὰρ αὐτὸν εἶδον καὶ ἐταράχθησαν. ...			→ Jn 6,19
b 112	Mt 24,29	 ... *καὶ αἱ δυνάμεις* *τῶν οὐρανῶν* σαλευθήσονται. ➤ Isa 13,10; 34,4	Mk 13,25	 ... *καὶ αἱ δυνάμεις* *αἱ ἐν τοῖς οὐρανοῖς* σαλευθήσονται. ➤ Isa 34,4	Lk 21,26	ἀποψυχόντων ἀνθρώπων **ἀπὸ φόβου** καὶ προσδοκίας τῶν ἐπερχομένων τῇ οἰκουμένῃ, *αἱ* γὰρ *δυνάμεις τῶν οὐρανῶν* σαλευθήσονται. ➤ Isa 34,4	
b 200	Mt 28,4	**ἀπὸ δὲ τοῦ φόβου** **αὐτοῦ** ἐσείσθησαν οἱ τηροῦντες καὶ ἐγενήθησαν ὡς νεκροί.	Mk 16,5	 ... καὶ ἐξεθαμβήθησαν.	Lk 24,5 → Lk 24,23	**ἐμφόβων** δὲ γενομένων αὐτῶν ...	
  211	Mt 28,8	καὶ ἀπελθοῦσαι ταχὺ ἀπὸ τοῦ μνημείου **μετὰ φόβου καὶ** **χαρᾶς μεγάλης** ἔδραμον ἀπαγγεῖλαι τοῖς μαθηταῖς αὐτοῦ.	Mk 16,8	καὶ ἐξελθοῦσαι ἔφυγον ἀπὸ τοῦ μνημείου, εἶχεν γὰρ αὐτὰς **τρόμος καὶ** **ἔκστασις·** καὶ οὐδενὶ οὐδὲν εἶπαν· ἐφοβοῦντο γάρ.	Lk 24,9	καὶ ὑποστρέψασαι ἀπὸ τοῦ μνημείου ἀπήγγειλαν ταῦτα πάντα τοῖς ἕνδεκα καὶ πᾶσιν τοῖς λοιποῖς.	→ Jn 20,2.18

Acts 2,43 ἐγίνετο δὲ πάσῃ ψυχῇ
φόβος,
πολλά τε τέρατα καὶ
σημεῖα διὰ τῶν
ἀποστόλων ἐγίνετο.

c **Acts 5,5** ἀκούων δὲ ὁ Ἁνανίας
τοὺς λόγους τούτους
πεσὼν ἐξέψυξεν, καὶ
ἐγένετο
φόβος μέγας
ἐπὶ πάντας τοὺς
ἀκούοντας.

c **Acts 5,11** καὶ ἐγένετο
φόβος μέγας
ἐφ' ὅλην τὴν ἐκκλησίαν
καὶ ἐπὶ πάντας τοὺς
ἀκούοντας ταῦτα.

Acts 9,31 ... οἰκοδομουμένη καὶ
πορευομένη
τῷ φόβῳ τοῦ κυρίου
καὶ τῇ παρακλήσει τοῦ
ἁγίου πνεύματος
ἐπληθύνετο.

Acts 19,17 τοῦτο δὲ ἐγένετο γνωστὸν
πᾶσιν Ἰουδαίοις τε καὶ
Ἕλλησιν τοῖς
κατοικοῦσιν τὴν Ἔφεσον
καὶ ἐπέπεσεν
φόβος
ἐπὶ πάντας αὐτοὺς καὶ
ἐμεγαλύνετο τὸ ὄνομα
τοῦ κυρίου Ἰησοῦ.

φονεύς

φονεύς	Syn 1	Mt 1	Mk	Lk	Acts 3	Jn	1-3John	Paul	Eph	Col
	NT 7	2Thess	1/2Tim	Tit	Heb	Jas	1Pet 1	2Pet	Jude	Rev 2

murderer

201 **Mt 22,7** ὁ δὲ βασιλεὺς ὠργίσθη καὶ πέμψας τὰ στρατεύματα αὐτοῦ ἀπώλεσεν **τοὺς φονεῖς ἐκείνους** καὶ τὴν πόλιν αὐτῶν ἐνέπρησεν. [8] τότε λέγει τοῖς δούλοις αὐτοῦ· ...

Lk 14,21 ... τότε ὀργισθεὶς ὁ οἰκοδεσπότης εἶπεν τῷ δούλῳ αὐτοῦ· ...

→ GTh 64

Acts 3,14 ὑμεῖς δὲ τὸν ἅγιον καὶ δίκαιον ἠρνήσασθε καὶ ᾐτήσασθε **ἄνδρα φονέα** χαρισθῆναι ὑμῖν
→ Lk 23,19

Acts 7,52 ... καὶ ἀπέκτειναν τοὺς προκαταγγείλαντας περὶ τῆς ἐλεύσεως τοῦ δικαίου, οὗ νῦν ὑμεῖς προδόται καὶ **φονεῖς** ἐγένεσθε

Acts 28,4 ... πάντως **φονεύς** ἐστιν ὁ ἄνθρωπος οὗτος ὃν διασωθέντα ἐκ τῆς θαλάσσης ἡ δίκη ζῆν οὐκ εἴασεν.

φονεύω

φονεύω	Syn 7	Mt 5	Mk 1	Lk 1	Acts	Jn	1-3John	Paul 1	Eph	Col
	NT 12	2Thess	1/2Tim	Tit	Heb	Jas 4	1Pet	2Pet	Jude	Rev

murder; kill

	triple tradition																	double tradition			Sondergut		
		+Mt / +Lk			–Mt / –Lk			traditions not taken over by Mt / Lk							subtotals								
code	222	211	112	212	221	122	121	022	012	021	220	120	210	020	Σ⁺	Σ⁻	Σ	202	201	102	200	002	total
Mt	1																1		2		2		5
Mk	1																1						1
Lk	1																1						1

Mt 5,21 (2) ἠκούσατε ὅτι ἐρρέθη τοῖς ἀρχαίοις·
200 ***οὐ φονεύσεις·*** ὃς δ᾽ ἂν
200 **φονεύσῃ,** ἔνοχος ἔσται τῇ κρίσει.
➤ Exod 20,13/Deut 5,17

Mt 19,18 ... τὸ
222 ***οὐ φονεύσεις,*** *οὐ μοιχεύσεις, οὐ κλέψεις, οὐ ψευδομαρτυρήσεις*
➤ Exod 20,13-16/Deut 5,17-20

Mk 10,19 ... ***μὴ φονεύσῃς,*** *μὴ μοιχεύσῃς, μὴ κλέψῃς, μὴ ψευδομαρτυρήσῃς, μὴ ἀποστερήσῃς, ...*
➤ Exod 20,13-16/Deut 5,17-20; Sir 4,1 LXX

Lk 18,20 ... *μὴ μοιχεύσῃς,* ***μὴ φονεύσῃς,*** *μὴ κλέψῃς, μὴ ψευδομαρτυρήσῃς, ...*
➤ Exod 20,13-16/Deut 5,17-20 LXX

Mt 23,31 ὥστε μαρτυρεῖτε ἑαυτοῖς ὅτι υἱοί ἐστε
201 **τῶν φονευσάντων** τοὺς προφήτας. [32] καὶ ὑμεῖς πληρώσατε τὸ μέτρον τῶν πατέρων ὑμῶν.

Lk 11,48 ἄρα μάρτυρές ἐστε καὶ συνευδοκεῖτε τοῖς ἔργοις τῶν πατέρων ὑμῶν, ὅτι αὐτοὶ μὲν **ἀπέκτειναν** αὐτούς, ὑμεῖς δὲ οἰκοδομεῖτε.

201	**Mt 23,35** ... ἀπὸ τοῦ αἵματος Ἅβελ τοῦ δικαίου ἕως τοῦ αἵματος Ζαχαρίου υἱοῦ Βαραχίου, **ὃν ἐφονεύσατε** μεταξὺ τοῦ ναοῦ καὶ τοῦ θυσιαστηρίου.		**Lk 11,51** ἀπὸ αἵματος Ἅβελ ἕως αἵματος Ζαχαρίου **τοῦ ἀπολομένου** μεταξὺ τοῦ θυσιαστηρίου καὶ τοῦ οἴκου· ...	

φόνος	Syn 5	Mt 1	Mk 2	Lk 2	Acts 1	Jn	1-3John	Paul 1	Eph	Col
	NT 9	2Thess	1/2Tim	Tit	Heb 1	Jas	1Pet	2Pet	Jude	Rev 1

murder; killing

	triple tradition																	double tradition			Sondergut		
		+Mt / +Lk			–Mt / –Lk			traditions not taken over by Mt / Lk							subtotals								
code	222	211	112	212	221	122	121	022	012	021	220	120	210	020	Σ⁺	Σ⁻	Σ	202	201	102	200	002	total
Mt						1⁻					1					1⁻	1						**1**
Mk						1					1						2						**2**
Lk			1⁺			1									1⁺		2						**2**

220	**Mt 15,19** ἐκ γὰρ τῆς καρδίας ἐξέρχονται διαλογισμοὶ πονηροί, **φόνοι,** μοιχεῖαι, πορνεῖαι, κλοπαί, ψευδομαρτυρίαι, βλασφημίαι.	**Mk 7,21** ἔσωθεν γὰρ ἐκ τῆς καρδίας τῶν ἀνθρώπων οἱ διαλογισμοὶ οἱ κακοὶ ἐκπορεύονται, πορνεῖαι, κλοπαί, **φόνοι,** [22] μοιχεῖαι, πλεονεξίαι, πονηρίαι, δόλος, ἀσέλγεια, ὀφθαλμὸς πονηρός, βλασφημία, ὑπερηφανία, ἀφροσύνη·		→ GTh 14,5
122	**Mt 27,16** ↓ Mt 27,26 εἶχον δὲ τότε δέσμιον ἐπίσημον λεγόμενον [Ἰησοῦν] Βαραββᾶν.	**Mk 15,7** ↓ Mk 15,15 ἦν δὲ ὁ λεγόμενος Βαραββᾶς μετὰ τῶν στασιαστῶν δεδεμένος οἵτινες **ἐν τῇ στάσει φόνον πεποιήκεισαν.**	**Lk 23,19** ↓ Lk 23,25 ὅστις ἦν **διὰ στάσιν τινὰ γενομένην ἐν τῇ πόλει καὶ φόνον** βληθεὶς ἐν τῇ φυλακῇ.	→ Jn 18,40
112	**Mt 27,26** ↑ Mt 27,16 τότε ἀπέλυσεν αὐτοῖς τὸν Βαραββᾶν, τὸν δὲ Ἰησοῦν φραγελλώσας παρέδωκεν ἵνα σταυρωθῇ.	**Mk 15,15** ↑ Mk 15,7 ... ἀπέλυσεν αὐτοῖς τὸν Βαραββᾶν, καὶ παρέδωκεν τὸν Ἰησοῦν φραγελλώσας ἵνα σταυρωθῇ.	**Lk 23,25** ↑ Lk 23,19 ἀπέλυσεν δὲ τὸν **διὰ στάσιν καὶ φόνον** βεβλημένον εἰς φυλακὴν ὃν ᾐτοῦντο, τὸν δὲ Ἰησοῦν παρέδωκεν τῷ θελήματι αὐτῶν.	→ Jn 19,16

Acts 9,1 ὁ δὲ Σαῦλος ἔτι ἐμπνέων ἀπειλῆς καὶ **φόνου** εἰς τοὺς μαθητὰς τοῦ κυρίου, προσελθὼν τῷ ἀρχιερεῖ

φορέω

	Syn	Mt	Mk	Lk	Acts	Jn	1-3John	Paul	Eph	Col
	1	1				1		3		
	NT	2Thess	1/2Tim	Tit	Heb	Jas	1Pet	2Pet	Jude	Rev
	6					1				

bear; wear

	Mt		Mk		Lk		
201	**Mt 11,8**	ἀλλὰ τί ἐξήλθατε ἰδεῖν; ἄνθρωπον ἐν μαλακοῖς ἠμφιεσμένον; ἰδοὺ **οἱ τὰ μαλακὰ φοροῦντες** ἐν τοῖς οἴκοις τῶν βασιλέων εἰσίν.			**Lk 7,25**	ἀλλὰ τί ἐξήλθατε ἰδεῖν; ἄνθρωπον ἐν μαλακοῖς ἱματίοις ἠμφιεσμένον; ἰδοὺ **οἱ ἐν ἱματισμῷ ἐνδόξῳ καὶ τρυφῇ ὑπάρχοντες** ἐν τοῖς βασιλείοις εἰσίν.	→ GTh 78

φόρος

	Syn	Mt	Mk	Lk	Acts	Jn	1-3John	Paul	Eph	Col
	2			2				3		
	NT	2Thess	1/2Tim	Tit	Heb	Jas	1Pet	2Pet	Jude	Rev
	5									

tribute; tax

	Mt		Mk		Lk		
112	**Mt 22,17**	εἰπὲ οὖν ἡμῖν τί σοι δοκεῖ· ἔξεστιν δοῦναι **κῆνσον** Καίσαρι ἢ οὔ;	**Mk 12,14**	... ἔξεστιν δοῦναι **κῆνσον** Καίσαρι ἢ οὔ; δῶμεν ἢ μὴ δῶμεν;	**Lk 20,22**	ἔξεστιν ἡμᾶς Καίσαρι **φόρον** δοῦναι ἢ οὔ;	→ GTh 100
112	**Mt 27,12**	καὶ ἐν τῷ κατηγορεῖσθαι αὐτὸν ὑπὸ τῶν ἀρχιερέων καὶ πρεσβυτέρων οὐδὲν ἀπεκρίνατο.	**Mk 15,3**	καὶ κατηγόρουν αὐτοῦ οἱ ἀρχιερεῖς πολλά.	**Lk 23,2** → Lk 20,20 → Lk 20,25 ⇨ Lk 23,10 → Lk 23,14	ἤρξαντο δὲ κατηγορεῖν αὐτοῦ λέγοντες· τοῦτον εὕραμεν διαστρέφοντα τὸ ἔθνος ἡμῶν καὶ κωλύοντα **φόρους** Καίσαρι διδόναι καὶ λέγοντα ἑαυτὸν χριστὸν βασιλέα εἶναι.	→ Jn 19,12 → Acts 17,7

φορτίζω

	Syn	Mt	Mk	Lk	Acts	Jn	1-3John	Paul	Eph	Col
	2	1		1						
	NT	2Thess	1/2Tim	Tit	Heb	Jas	1Pet	2Pet	Jude	Rev
	2									

load, burden someone with something

	Mt		Mk		Lk		
200	**Mt 11,28**	δεῦτε πρός με **πάντες οἱ κοπιῶντες καὶ πεφορτισμένοι,** κἀγὼ ἀναπαύσω ὑμᾶς.					→ GTh 90
102	**Mt 23,4**	**δεσμεύουσιν** δὲ φορτία βαρέα [καὶ δυσβάστακτα] καὶ ἐπιτιθέασιν ἐπὶ τοὺς ὤμους τῶν ἀνθρώπων, ...			**Lk 11,46**	... ὅτι **φορτίζετε** τοὺς ἀνθρώπους φορτία δυσβάστακτα, ...	

φορτίον	Syn 4	Mt 2	Mk	Lk 2	Acts 1	Jn	1-3John	Paul 1	Eph	Col
	NT 6	2Thess	1/2Tim	Tit	Heb	Jas	1Pet	2Pet	Jude	Rev

burden; load

	Mt		Mk		Lk		
200	**Mt 11,30**	ὁ γὰρ ζυγός μου χρηστὸς καὶ **τὸ φορτίον μου** ἐλαφρόν ἐστιν.					→ GTh 90
202 102	**Mt 23,4**	δεσμεύουσιν δὲ **φορτία βαρέα [καὶ δυσβάστακτα]** καὶ ἐπιτιθέασιν ἐπὶ τοὺς ὤμους τῶν ἀνθρώπων, αὐτοὶ δὲ τῷ δακτύλῳ αὐτῶν οὐ θέλουσιν κινῆσαι **αὐτά.**			**Lk 11,46 (2)**	... ὅτι φορτίζετε τοὺς ἀνθρώπους **φορτία δυσβάστακτα,** καὶ αὐτοὶ ἑνὶ τῶν δακτύλων ὑμῶν οὐ προσψαύετε **τοῖς φορτίοις.**	

Acts 27,10 λέγων αὐτοῖς· ἄνδρες, θεωρῶ ὅτι μετὰ ὕβρεως καὶ πολλῆς ζημίας οὐ μόνον **τοῦ φορτίου** καὶ τοῦ πλοίου ἀλλὰ καὶ τῶν ψυχῶν ἡμῶν μέλλειν ἔσεσθαι τὸν πλοῦν.

φραγελλόω	Syn 2	Mt 1	Mk 1	Lk	Acts	Jn	1-3John	Paul	Eph	Col
	NT 2	2Thess	1/2Tim	Tit	Heb	Jas	1Pet	2Pet	Jude	Rev

flog; scourge

	Mt		Mk		Lk		
221	**Mt 27,26** → Mt 27,16 → Lk 23,16 → Lk 23,22	τότε ἀπέλυσεν αὐτοῖς τὸν Βαραββᾶν, τὸν δὲ Ἰησοῦν **φραγελλώσας** παρέδωκεν ἵνα σταυρωθῇ.	**Mk 15,15** → Mk 15,7 → Lk 23,16 → Lk 23,22	... ἀπέλυσεν αὐτοῖς τὸν Βαραββᾶν, καὶ παρέδωκεν τὸν Ἰησοῦν **φραγελλώσας** ἵνα σταυρωθῇ.	**Lk 23,25** → Lk 23,19	ἀπέλυσεν δὲ τὸν διὰ στάσιν καὶ φόνον βεβλημένον εἰς φυλακὴν ὃν ᾐτοῦντο, τὸν δὲ Ἰησοῦν παρέδωκεν τῷ θελήματι αὐτῶν.	→ Jn 19,16

φραγμός	Syn 3	Mt 1	Mk 1	Lk 1	Acts	Jn	1-3John	Paul	Eph 1	Col
	NT 4	2Thess	1/2Tim	Tit	Heb	Jas	1Pet	2Pet	Jude	Rev

fence; wall; hedge

	Mt		Mk		Lk		
102	**Mt 22,9**	πορεύεσθε οὖν **ἐπὶ τὰς διεξόδους τῶν ὁδῶν** καὶ ὅσους ἐὰν εὕρητε καλέσατε εἰς τοὺς γάμους.			**Lk 14,23** → Mt 22,10 ⇨ Lk 14,21 → Lk 16,16	... ἔξελθε **εἰς τὰς ὁδοὺς καὶ φραγμοὺς** καὶ ἀνάγκασον εἰσελθεῖν, ...	→ GTh 64

	Mt	Mk	Lk	
221	**Mt 21,33** ... ἄνθρωπος ἦν οἰκοδεσπότης ὅστις ἐφύτευσεν ἀμπελῶνα καὶ **φραγμὸν** αὐτῷ περιέθηκεν καὶ ὤρυξεν ἐν αὐτῷ ληνὸν καὶ ᾠκοδόμησεν πύργον καὶ ἐξέδετο αὐτὸν γεωργοῖς καὶ ἀπεδήμησεν.	**Mk 12,1** ... ἀμπελῶνα ἄνθρωπος ἐφύτευσεν καὶ περιέθηκεν **φραγμὸν** καὶ ὤρυξεν ὑπολήνιον καὶ ᾠκοδόμησεν πύργον καὶ ἐξέδετο αὐτὸν γεωργοῖς καὶ ἀπεδήμησεν.	**Lk 20,9** ... ἄνθρωπός [τις] ἐφύτευσεν ἀμπελῶνα καὶ ἐξέδετο αὐτὸν γεωργοῖς καὶ ἀπεδήμησεν χρόνους ἱκανούς.	→ GTh 65

φράζω

Syn	Mt	Mk	Lk	Acts	Jn	1-3John	Paul	Eph	Col
1	1								
NT	2Thess	1/2Tim	Tit	Heb	Jas	1Pet	2Pet	Jude	Rev
1									

explain; interpret

210	**Mt 15,15** ἀποκριθεὶς δὲ ὁ Πέτρος εἶπεν αὐτῷ· **φράσον** ἡμῖν τὴν παραβολὴν [ταύτην].	**Mk 7,17** ... ἐπηρώτων αὐτὸν → Mk 4,10 οἱ μαθηταὶ αὐτοῦ → Lk 8,9 → Mt 15,12 τὴν παραβολήν.	

φρέαρ

Syn	Mt	Mk	Lk	Acts	Jn	1-3John	Paul	Eph	Col
1			1		2				
NT	2Thess	1/2Tim	Tit	Heb	Jas	1Pet	2Pet	Jude	Rev
7									4

a well

	Mt	Mk	Lk	
102	**Mt 12,11** ... τίς ἔσται ἐξ ὑμῶν ἄνθρωπος ὃς ἕξει πρόβατον ἓν καὶ ἐὰν ἐμπέσῃ τοῦτο τοῖς σάββασιν **εἰς βόθυνον,** οὐχὶ κρατήσει αὐτὸ καὶ ἐγερεῖ;		**Lk 14,5** ... τίνος ὑμῶν → Lk 13,15 υἱὸς ἢ βοῦς **εἰς φρέαρ** πεσεῖται, καὶ οὐκ εὐθέως ἀνασπάσει αὐτὸν ἐν ἡμέρᾳ τοῦ σαββάτου;	

φρονέω

Syn	Mt	Mk	Lk	Acts	Jn	1-3John	Paul	Eph	Col
2	1	1		1			22		1
NT	2Thess	1/2Tim	Tit	Heb	Jas	1Pet	2Pet	Jude	Rev
26									

think; form, hold an opinion; judge; set one's mind on; be intent on; have thoughts; have an attitude; be minded; be disposed

220	**Mt 16,23** ... ὕπαγε ὀπίσω μου, → Mt 4,10 σατανᾶ· σκάνδαλον εἶ ἐμοῦ, ὅτι **οὐ φρονεῖς** τὰ τοῦ θεοῦ ἀλλὰ τὰ τῶν ἀνθρώπων.	**Mk 8,33** ... ὕπαγε ὀπίσω μου, → Mt 4,10 σατανᾶ, ὅτι **οὐ φρονεῖς** τὰ τοῦ θεοῦ ἀλλὰ τὰ τῶν ἀνθρώπων.	

Acts 28,22 ἀξιοῦμεν δὲ παρὰ σοῦ
ἀκοῦσαι ἃ
φρονεῖς,
περὶ μὲν γὰρ τῆς
αἱρέσεως ταύτης
γνωστὸν ἡμῖν ἐστιν ὅτι
πανταχοῦ ἀντιλέγεται.

φρόνησις	Syn 1	Mt	Mk	Lk 1	Acts	Jn	1-3John	Paul	Eph 1	Col
	NT 2	2Thess	1/2Tim	Tit	Heb	Jas	1Pet	2Pet	Jude	Rev

way of thinking; (frame of) mind; understanding; insight; intelligence

002			**Lk 1,17** → Mt 11,14 → Mt 17,12 → Mk 9,13 → Lk 3,4 καὶ αὐτὸς προελεύσεται ἐνώπιον αὐτοῦ ἐν πνεύματι καὶ δυνάμει Ἠλίου, ἐπιστρέψαι καρδίας πατέρων ἐπὶ τέκνα καὶ ἀπειθεῖς **ἐν φρονήσει δικαίων,** ἑτοιμάσαι κυρίῳ λαὸν κατεσκευασμένον.	

φρόνιμος	Syn 9	Mt 7	Mk	Lk 2	Acts	Jn	1-3John	Paul 5	Eph	Col
	NT 14	2Thess	1/2Tim	Tit	Heb	Jas	1Pet	2Pet	Jude	Rev

sensible; thoughtful; prudent; wise

	triple tradition																	double tradition			Sonder-gut		
		+Mt / +Lk			−Mt / −Lk			traditions not taken over by Mt / Lk							subtotals								
code	222	211	112	212	221	122	121	022	012	021	220	120	210	020	Σ⁺	Σ⁻	Σ	202	201	102	200	002	total
Mt																		1	1		5		7
Mk																							
Lk																		1				1	2

201	**Mt 7,24** ... ὁμοιωθήσεται **ἀνδρὶ φρονίμῳ,** ὅστις ᾠκοδόμησεν αὐτοῦ τὴν οἰκίαν ἐπὶ τὴν πέτραν·		**Lk 6,48** ὅμοιός ἐστιν **ἀνθρώπῳ** οἰκοδομοῦντι οἰκίαν ὃς ἔσκαψεν καὶ ἐβάθυνεν καὶ ἔθηκεν θεμέλιον ἐπὶ τὴν πέτραν· ...	
200	**Mt 10,16** ... γίνεσθε οὖν **φρόνιμοι** ὡς οἱ ὄφεις καὶ ἀκέραιοι ὡς αἱ περιστεραί.			→ GTh 39,3 **(POxy 655)**
202	**Mt 24,45** τίς ἄρα ἐστὶν **ὁ πιστὸς δοῦλος καὶ φρόνιμος** ὃν κατέστησεν ὁ κύριος ἐπὶ τῆς οἰκετείας αὐτοῦ τοῦ δοῦναι αὐτοῖς τὴν τροφὴν ἐν καιρῷ;		**Lk 12,42** καὶ εἶπεν ὁ κύριος· τίς ἄρα ἐστὶν **ὁ πιστὸς οἰκονόμος ὁ φρόνιμος,** ὃν καταστήσει ὁ κύριος ἐπὶ τῆς θεραπείας αὐτοῦ τοῦ διδόναι ἐν καιρῷ [τὸ] σιτομέτριον;	
002			**Lk 16,8** ... ὅτι οἱ υἱοὶ τοῦ αἰῶνος τούτου **φρονιμώτεροι** ὑπὲρ τοὺς υἱοὺς τοῦ φωτὸς εἰς τὴν γενεὰν τὴν ἑαυτῶν εἰσιν.	
200	**Mt 25,2** πέντε δὲ ἐξ αὐτῶν ἦσαν μωραὶ καὶ πέντε **φρόνιμοι.**			
200	**Mt 25,4** **αἱ δὲ φρόνιμοι** ἔλαβον ἔλαιον ἐν τοῖς ἀγγείοις μετὰ τῶν λαμπάδων ἑαυτῶν.			

200	**Mt 25,8** αἱ δὲ μωραὶ **ταῖς φρονίμοις** εἶπαν· δότε ἡμῖν ἐκ τοῦ ἐλαίου ὑμῶν, ὅτι αἱ λαμπάδες ἡμῶν σβέννυνται.			
200	**Mt 25,9** ἀπεκρίθησαν δὲ **αἱ φρόνιμοι** λέγουσαι· μήποτε οὐ μὴ ἀρκέσῃ ἡμῖν καὶ ὑμῖν· ...			

φρονίμως

Syn 1	Mt	Mk	Lk 1	Acts	Jn	1-3John	Paul	Eph	Col
NT 1	2Thess	1/2Tim	Tit	Heb	Jas	1Pet	2Pet	Jude	Rev

wisely; shrewdly

002			**Lk 16,8** καὶ ἐπῄνεσεν ὁ κύριος τὸν οἰκονόμον τῆς ἀδικίας ὅτι **φρονίμως** ἐποίησεν· ...	

φυγή

Syn 1	Mt 1	Mk	Lk	Acts	Jn	1-3John	Paul	Eph	Col
NT 1	2Thess	1/2Tim	Tit	Heb	Jas	1Pet	2Pet	Jude	Rev

flight

210	**Mt 24,20** προσεύχεσθε δὲ ἵνα μὴ γένηται **ἡ φυγὴ ὑμῶν** χειμῶνος μηδὲ σαββάτῳ.	**Mk 13,18** προσεύχεσθε δὲ ἵνα μὴ γένηται χειμῶνος·		

φυλακή

Syn 21	Mt 10	Mk 3	Lk 8	Acts 16	Jn 1	1-3John	Paul 2	Eph	Col
NT 47	2Thess	1/2Tim	Tit	Heb 1	Jas	1Pet 1	2Pet	Jude	Rev 5

guarding; the place of guarding; prison; watch of the night

	triple tradition																	double tradition			Sondergut		
		+Mt / +Lk			–Mt / –Lk			traditions not taken over by Mt / Lk							subtotals								
code	*222*	*211*	*112*	*212*	*221*	*122*	*121*	*022*	*012*	*021*	*220*	*120*	*210*	*020*	Σ⁺	Σ⁻	Σ	*202*	*201*	*102*	*200*	*002*	total
Mt	1										2						3	1	1		5		**10**
Mk	1										2						3						**3**
Lk	1		4^+												4^+		5	1				2	**8**

a βάλλω εἰς (τὴν) φυλακήν / ἐν (τῇ) φυλακῇ and similar phrases

b φυλακή: watch of the night

b 002			**Lk 2,8** καὶ ποιμένες ἦσαν ἐν τῇ χώρᾳ τῇ αὐτῇ ἀγραυλοῦντες καὶ φυλάσσοντες **φυλακὰς** τῆς νυκτὸς ἐπὶ τὴν ποίμνην αὐτῶν.	

	Mt		Mk		Lk		
a 202	Mt 5,25 → Mt 18,34	... μήποτέ σε παραδῷ ὁ ἀντίδικος τῷ κριτῇ καὶ ὁ κριτὴς τῷ ὑπηρέτῃ, καὶ **εἰς φυλακὴν** βληθήσῃ·			Lk 12,58	... μήποτε κατασύρῃ σε πρὸς τὸν κριτήν, καὶ ὁ κριτής σε παραδώσει τῷ πράκτορι, καὶ ὁ πράκτωρ σε βαλεῖ **εἰς φυλακήν**.	
a 222	Mt 14,3	ὁ γὰρ Ἡρῴδης κρατήσας τὸν Ἰωάννην ἔδησεν [αὐτὸν] καὶ **ἐν φυλακῇ** ἀπέθετο ...	Mk 6,17	αὐτὸς γὰρ ὁ Ἡρῴδης ἀποστείλας ἐκράτησεν τὸν Ἰωάννην καὶ ἔδησεν αὐτὸν **ἐν φυλακῇ** ...	Lk 3,20 → Mt 4,12 → Mk 1,14	[19] ὁ δὲ Ἡρῴδης ... [20] προσέθηκεν καὶ τοῦτο ἐπὶ πᾶσιν [καὶ] κατέκλεισεν τὸν Ἰωάννην **ἐν φυλακῇ**.	
220	Mt 14,10	καὶ πέμψας ἀπεκεφάλισεν [τὸν] Ἰωάννην **ἐν τῇ φυλακῇ**.	Mk 6,27 → Mk 6,16 → Lk 9,9	... καὶ ἀπελθὼν ἀπεκεφάλισεν αὐτὸν **ἐν τῇ φυλακῇ**			
b 220	Mt 14,25	**τετάρτῃ δὲ φυλακῇ τῆς νυκτὸς** ἦλθεν πρὸς αὐτοὺς περιπατῶν ἐπὶ τὴν θάλασσαν.	Mk 6,48	... **περὶ τετάρτην φυλακὴν τῆς νυκτὸς** ἔρχεται πρὸς αὐτοὺς περιπατῶν ἐπὶ τῆς θαλάσσης καὶ ἤθελεν παρελθεῖν αὐτούς.			→ Jn 6,19
a 200	Mt 18,30	ὁ δὲ οὐκ ἤθελεν ἀλλὰ ἀπελθὼν ἔβαλεν αὐτὸν **εἰς φυλακὴν** ἕως ἀποδῷ τὸ ὀφειλόμενον.					
b 002					Lk 12,38 → Mt 24,42 → Mk 13,35-36 → Mt 24,44 → Lk 12,40 → Lk 21,36	κἂν ἐν τῇ δευτέρᾳ κἂν **ἐν τῇ τρίτῃ φυλακῇ** ἔλθῃ καὶ εὕρῃ οὕτως, μακάριοί εἰσιν ἐκεῖνοι.	
a 202	Mt 5,25	... μήποτέ σε παραδῷ ὁ ἀντίδικος τῷ κριτῇ καὶ ὁ κριτὴς τῷ ὑπηρέτῃ, καὶ **εἰς φυλακὴν** βληθήσῃ·			Lk 12,58	... μήποτε κατασύρῃ σε πρὸς τὸν κριτήν, καὶ ὁ κριτής σε παραδώσει τῷ πράκτορι, καὶ ὁ πράκτωρ σε βαλεῖ **εἰς φυλακήν**.	
a 112	Mt 10,17 ⇩ Mt 24,9 → Mt 23,34	προσέχετε δὲ ἀπὸ τῶν ἀνθρώπων· παραδώσουσιν γὰρ ὑμᾶς εἰς συνέδρια καὶ **ἐν ταῖς συναγωγαῖς αὐτῶν** μαστιγώσουσιν ὑμᾶς·	Mk 13,9	βλέπετε δὲ ὑμεῖς ἑαυτούς· παραδώσουσιν ὑμᾶς εἰς συνέδρια καὶ **εἰς συναγωγὰς** δαρήσεσθε ...	Lk 21,12 → Lk 11,49 → Lk 12,11	πρὸ δὲ τούτων πάντων ἐπιβαλοῦσιν ἐφ' ὑμᾶς τὰς χεῖρας αὐτῶν καὶ διώξουσιν, παραδιδόντες **εἰς τὰς συναγωγὰς καὶ φυλακάς**, ...	
	Mt 24,9 ⇧ Mt 10,17	τότε παραδώσουσιν ὑμᾶς εἰς θλῖψιν καὶ ἀποκτενοῦσιν ὑμᾶς, ...					
b 201	Mt 24,43	ἐκεῖνο δὲ γινώσκετε ὅτι εἰ ᾔδει ὁ οἰκοδεσπότης **ποίᾳ φυλακῇ** ὁ κλέπτης ἔρχεται, ἐγρηγόρησεν ἂν καὶ οὐκ ἂν εἴασεν διορυχθῆναι τὴν οἰκίαν αὐτοῦ.			Lk 12,39	τοῦτο δὲ γινώσκετε ὅτι εἰ ᾔδει ὁ οἰκοδεσπότης **ποίᾳ ὥρᾳ** ὁ κλέπτης ἔρχεται, οὐκ ἂν ἀφῆκεν διορυχθῆναι τὸν οἶκον αὐτοῦ.	→ GTh 21,5 → GTh 103
200	Mt 25,36	... ἠσθένησα καὶ ἐπεσκέψασθέ με, **ἐν φυλακῇ** ἤμην καὶ ἤλθατε πρός με.					

200	Mt 25,39	πότε δέ σε εἴδομεν ἀσθενοῦντα ἢ **ἐν φυλακῇ** καὶ ἤλθομεν πρός σε;					
200	Mt 25,43	ξένος ἤμην καὶ οὐ συνηγάγετέ με, γυμνὸς καὶ οὐ περιεβάλετέ με, ἀσθενὴς καὶ **ἐν φυλακῇ** καὶ οὐκ ἐπεσκέψασθέ με.					
200	Mt 25,44	... κύριε, πότε σε εἴδομεν πεινῶντα ἢ διψῶντα ἢ ξένον ἢ γυμνὸν ἢ ἀσθενῆ ἢ **ἐν φυλακῇ** καὶ οὐ διηκονήσαμέν σοι;					
112	Mt 26,33	... εἰ πάντες σκανδαλισθήσονται ἐν σοί, ἐγὼ οὐδέποτε σκανδαλισθήσομαι.	Mk 14,29	... εἰ καὶ πάντες σκανδαλισθήσονται, ἀλλ' οὐκ ἐγώ.	Lk 22,33 → Mt 26,35 → Mk 14,31	... κύριε, μετὰ σοῦ ἕτοιμός εἰμι καὶ **εἰς φυλακὴν** καὶ εἰς θάνατον πορεύεσθαι.	→ Jn 13,37
a 112	Mt 27,16 ↓ Mt 27,26	εἶχον δὲ τότε **δέσμιον ἐπίσημον** λεγόμενον [Ἰησοῦν] Βαραββᾶν.	Mk 15,7 ↓ Mk 15,15	ἦν δὲ ὁ λεγόμενος Βαραββᾶς μετὰ τῶν στασιαστῶν **δεδεμένος** οἵτινες ἐν τῇ στάσει φόνον πεποιήκεισαν.	Lk 23,19 ↓ Lk 23,25	ὅστις ἦν διὰ στάσιν τινὰ γενομένην ἐν τῇ πόλει καὶ φόνον **βληθεὶς** **ἐν τῇ φυλακῇ.**	→ Jn 18,40
a 112	Mt 27,26 ↑ Mt 27,16	τότε ἀπέλυσεν αὐτοῖς τὸν Βαραββᾶν, τὸν δὲ Ἰησοῦν φραγελλώσας παρέδωκεν ἵνα σταυρωθῇ.	Mk 15,15 ↑ Mk 15,7	... ἀπέλυσεν αὐτοῖς τὸν Βαραββᾶν, καὶ παρέδωκεν τὸν Ἰησοῦν φραγελλώσας ἵνα σταυρωθῇ.	Lk 23,25 ↑ Lk 23,19	ἀπέλυσεν δὲ τὸν διὰ στάσιν καὶ φόνον βεβλημένον **εἰς φυλακὴν** ὃν ᾐτοῦντο, τὸν δὲ Ἰησοῦν παρέδωκεν τῷ θελήματι αὐτῶν.	→ Jn 19,16

Acts 5,19 ἄγγελος δὲ κυρίου διὰ νυκτὸς ἀνοίξας **τὰς θύρας τῆς φυλακῆς** ἐξαγαγών τε αὐτοὺς εἶπεν·

Acts 5,22 οἱ δὲ παραγενόμενοι ὑπηρέται οὐχ εὗρον αὐτοὺς **ἐν τῇ φυλακῇ·** ἀναστρέψαντες δὲ ἀπήγγειλαν

a **Acts 5,25** παραγενόμενος δέ τις ἀπήγγειλεν αὐτοῖς ὅτι ἰδοὺ οἱ ἄνδρες οὓς ἔθεσθε **ἐν τῇ φυλακῇ** εἰσὶν ἐν τῷ ἱερῷ ἑστῶτες καὶ διδάσκοντες τὸν λαόν.

a **Acts 8,3** Σαῦλος δὲ ἐλυμαίνετο τὴν ἐκκλησίαν κατὰ τοὺς οἴκους εἰσπορευόμενος, σύρων τε ἄνδρας καὶ γυναῖκας παρεδίδου **εἰς φυλακήν.**

a **Acts 12,4** ὃν καὶ πιάσας ἔθετο **εἰς φυλακήν** παραδοὺς τέσσαρσιν τετραδίοις στρατιωτῶν φυλάσσειν αὐτόν, ...

Acts 12,5 ὁ μὲν οὖν Πέτρος ἐτηρεῖτο **ἐν τῇ φυλακῇ·** ...

Acts 12,6 ... τῇ νυκτὶ ἐκείνῃ ἦν ὁ Πέτρος κοιμώμενος μεταξὺ δύο στρατιωτῶν δεδεμένος ἁλύσεσιν δυσίν φύλακές τε πρὸ τῆς θύρας ἐτήρουν **τὴν φυλακήν.**

Acts 12,10 διελθόντες δὲ **πρώτην φυλακὴν** καὶ δευτέραν ἦλθαν ἐπὶ τὴν πύλην τὴν σιδηρᾶν τὴν φέρουσαν εἰς τὴν πόλιν, ...

Acts 12,17 κατασείσας δὲ αὐτοῖς τῇ χειρὶ σιγᾶν διηγήσατο [αὐτοῖς] πῶς ὁ κύριος αὐτὸν ἐξήγαγεν **ἐκ τῆς φυλακῆς** εἶπέν τε· ...

a **Acts 16,23** πολλάς τε ἐπιθέντες αὐτοῖς πληγὰς ἔβαλον **εἰς φυλακὴν** παραγγείλαντες τῷ δεσμοφύλακι ἀσφαλῶς τηρεῖν αὐτούς.

a **Acts 16,24** ὃς παραγγελίαν τοιαύτην λαβὼν ἔβαλεν αὐτοὺς **εἰς τὴν ἐσωτέραν φυλακὴν** καὶ τοὺς πόδας ἠσφαλίσατο αὐτῶν εἰς τὸ ξύλον.

Acts 16,27 ἔξυπνος δὲ γενόμενος ὁ δεσμοφύλαξ καὶ ἰδὼν ἀνεῳγμένας **τὰς θύρας τῆς φυλακῆς,** σπασάμενος [τὴν] μάχαιραν ἤμελλεν ἑαυτὸν ἀναιρεῖν ...

a **Acts 16,37** ... ἀνθρώπους Ῥωμαίους ὑπάρχοντας, ἔβαλαν **εἰς φυλακήν,** καὶ νῦν λάθρᾳ ἡμᾶς ἐκβάλλουσιν; ...

Acts 16,40 ἐξελθόντες δὲ **ἀπὸ τῆς φυλακῆς** εἰσῆλθον πρὸς τὴν Λυδίαν ...	*a* **Acts 22,4** ὃς ταύτην τὴν ὁδὸν ἐδίωξα ἄχρι θανάτου δεσμεύων καὶ παραδιδοὺς **εἰς φυλακὰς** ἄνδρας τε καὶ γυναῖκας	*a* **Acts 26,10** ... καὶ πολλούς τε τῶν ἁγίων ἐγὼ **ἐν φυλακαῖς** κατέκλεισα ...

φυλακτήριον

	Mt	Mk	Lk	Acts	Jn	1-3John	Paul	Eph	Col
Syn 1	1								
NT	2Thess	1/2Tim	Tit	Heb	Jas	1Pet	2Pet	Jude	Rev
1									

phylacteries

200	**Mt 23,5** → Mt 6,1 ... πλατύνουσιν γὰρ **τὰ φυλακτήρια αὐτῶν** καὶ μεγαλύνουσιν τὰ κράσπεδα			

φυλάσσω

	Mt	Mk	Lk	Acts	Jn	1-3John	Paul	Eph	Col
Syn 8	1	1	6	8	3	1	2		
NT	2Thess	1/2Tim	Tit	Heb	Jas	1Pet	2Pet	Jude	Rev
31	1	5					2	1	

watch; guard; defend; protect; keep; observe; *middle:* (be on one's) guard against; look out for; avoid

	triple tradition																	double tradition			Sondergut		
		+Mt / +Lk			−Mt / −Lk			traditions not taken over by Mt / Lk							subtotals								
code	*222*	*211*	*112*	*212*	*221*	*122*	*121*	*022*	*012*	*021*	*220*	*120*	*210*	*020*	Σ^+	Σ^-	Σ	*202*	*201*	*102*	*200*	*002*	total
Mt	1																1						**1**
Mk	1																1						**1**
Lk	1		2^+												2^+		3					3	**6**

Mk-Q overlap: 112: Mt 12,29 / Mk 3,27 / Lk 11,21 (?)

002			**Lk 2,8** καὶ ποιμένες ἦσαν ἐν τῇ χώρᾳ τῇ αὐτῇ ἀγραυλοῦντες καὶ **φυλάσσοντες** φυλακὰς τῆς νυκτὸς ἐπὶ τὴν ποίμνην αὐτῶν.	
112	**Mt 8,28** ... ὑπήντησαν αὐτῷ δύο δαιμονιζόμενοι ἐκ τῶν μνημείων ἐξερχόμενοι, χαλεποὶ λίαν, ...	**Mk 5,4** [2] ... ὑπήντησεν αὐτῷ ἐκ τῶν μνημείων ἄνθρωπος ἐν πνεύματι ἀκαθάρτῳ, [3] ... καὶ οὐδὲ ἁλύσει οὐκέτι οὐδεὶς ἐδύνατο αὐτὸν δῆσαι [4] διὰ τὸ αὐτὸν πολλάκις πέδαις καὶ ἁλύσεσιν δεδέσθαι καὶ διεσπάσθαι ὑπ' αὐτοῦ τὰς ἁλύσεις καὶ τὰς πέδας συντετρῖφθαι, ...	**Lk 8,29** [27] ... ὑπήντησεν ἀνήρ τις ἐκ τῆς πόλεως ἔχων δαιμόνια ... [29] ... πολλοῖς γὰρ χρόνοις συνηρπάκει αὐτὸν καὶ ἐδεσμεύετο ἁλύσεσιν καὶ πέδαις **φυλασσόμενος** καὶ διαρρήσσων τὰ δεσμὰ ...	
112	**Mt 12,29** ἢ πῶς δύναταί τις εἰσελθεῖν εἰς τὴν οἰκίαν τοῦ ἰσχυροῦ καὶ τὰ σκεύη αὐτοῦ ἁρπάσαι, ...	**Mk 3,27** ἀλλ' οὐ δύναται οὐδεὶς εἰς τὴν οἰκίαν τοῦ ἰσχυροῦ εἰσελθὼν τὰ σκεύη αὐτοῦ διαρπάσαι, ...	**Lk 11,21** ὅταν ὁ ἰσχυρὸς καθωπλισμένος **φυλάσσῃ** τὴν ἑαυτοῦ αὐλήν, ἐν εἰρήνῃ ἐστὶν τὰ ὑπάρχοντα αὐτοῦ·	→ GTh 21,5 → GTh 35 Mk-Q overlap?
002			**Lk 11,28** → Mt 12,50 → Mk 3,35 → Lk 8,21 → Lk 1,45 ... μενοῦν μακάριοι οἱ ἀκούοντες τὸν λόγον τοῦ θεοῦ καὶ **φυλάσσοντες**.	→ GTh 79

	Mt		Mk		Lk		
002					Lk 12,15	... ὁρᾶτε καὶ **φυλάσσεσθε** ἀπὸ πάσης πλεονεξίας, ...	
222	Mt 19,20 → Mk 10,21	λέγει αὐτῷ ὁ νεανίσκος· πάντα ταῦτα **ἐφύλαξα·** τί ἔτι ὑστερῶ;	Mk 10,20	ὁ δὲ ἔφη αὐτῷ· διδάσκαλε, ταῦτα πάντα **ἐφυλαξάμην** ἐκ νεότητός μου.	Lk 18,21	ὁ δὲ εἶπεν· ταῦτα πάντα **ἐφύλαξα** ἐκ νεότητος.	

Acts 7,53 οἵτινες ἐλάβετε τὸν νόμον εἰς διαταγὰς ἀγγέλων καὶ **οὐκ ἐφυλάξατε.**

Acts 12,4 ὃν καὶ πιάσας ἔθετο εἰς φυλακὴν παραδοὺς τέσσαρσιν τετραδίοις στρατιωτῶν **φυλάσσειν** αὐτόν, βουλόμενος μετὰ τὸ πάσχα ἀναγαγεῖν αὐτὸν τῷ λαῷ.

Acts 16,4 ὡς δὲ διεπορεύοντο τὰς πόλεις, παρεδίδοσαν αὐτοῖς **φυλάσσειν** τὰ δόγματα τὰ κεκριμένα ὑπὸ τῶν ἀποστόλων καὶ πρεσβυτέρων τῶν ἐν Ἱεροσολύμοις.

Acts 21,24 ... καὶ γνώσονται πάντες ὅτι ὧν κατήχηνται περὶ σοῦ οὐδέν ἐστιν ἀλλὰ στοιχεῖς καὶ αὐτὸς **φυλάσσων** τὸν νόμον.

Acts 21,25 περὶ δὲ τῶν πεπιστευ-κότων ἐθνῶν ἡμεῖς ἐπεστείλαμεν κρίναντες **φυλάσσεσθαι** αὐτοὺς τό τε εἰδωλόθυτον καὶ αἷμα καὶ πνικτὸν καὶ πορνείαν.

Acts 22,20 ... καὶ αὐτὸς ἤμην ἐφεστὼς καὶ συνευδοκῶν καὶ **φυλάσσων** τὰ ἱμάτια τῶν ἀναιρούντων αὐτόν.

Acts 23,35 ... κελεύσας ἐν τῷ πραιτωρίῳ τοῦ Ἡρῴδου **φυλάσσεσθαι** αὐτόν.

Acts 28,16 ὅτε δὲ εἰσήλθομεν εἰς Ῥώμην, ἐπετράπη τῷ Παύλῳ μένειν καθ' ἑαυτὸν **σὺν τῷ φυλάσσοντι αὐτὸν στρατιώτῃ.**

φυλή	Syn 4	Mt 2	Mk	Lk 2	Acts 1	Jn	1-3John	Paul 2	Eph	Col
	NT 31	2Thess	1/2Tim	Tit	Heb 2	Jas 1	1Pet	2Pet	Jude	Rev 21

tribe; nation; people

	Mt		Mk		Lk		
002					Lk 2,36	καὶ ἦν Ἅννα προφῆτις, θυγάτηρ Φανουήλ, **ἐκ φυλῆς Ἀσήρ·** αὕτη προβεβηκυῖα ἐν ἡμέραις πολλαῖς, ...	
202	Mt 19,28	... καθήσεσθε καὶ ὑμεῖς ἐπὶ δώδεκα θρόνους **κρίνοντες τὰς δώδεκα φυλὰς τοῦ Ἰσραήλ.**			Lk 22,30	... καὶ καθήσεσθε ἐπὶ θρόνων **τὰς δώδεκα φυλὰς κρίνοντες τοῦ Ἰσραήλ.**	
211	Mt 24,30 → Mt 16,27 → Mt 25,31 → Lk 21,25-26	καὶ τότε φανήσεται τὸ σημεῖον τοῦ υἱοῦ τοῦ ἀνθρώπου ἐν οὐρανῷ, καὶ τότε κόψονται **πᾶσαι αἱ φυλαὶ τῆς γῆς** καὶ ὄψονται *τὸν υἱὸν τοῦ ἀνθρώπου ἐρχόμενον ἐπὶ τῶν νεφελῶν τοῦ οὐρανοῦ* μετὰ δυνάμεως καὶ δόξης πολλῆς· ➢ Dan 7,13-14	Mk 13,26 → Mk 8,38	καὶ τότε ὄψονται *τὸν υἱὸν τοῦ ἀνθρώπου ἐρχόμενον ἐν νεφέλαις* μετὰ δυνάμεως πολλῆς καὶ δόξης. ➢ Dan 7,13-14	Lk 21,27 → Lk 9,26	καὶ τότε ὄψονται *τὸν υἱὸν τοῦ ἀνθρώπου ἐρχόμενον ἐν νεφέλῃ* μετὰ δυνάμεως καὶ δόξης πολλῆς. ➢ Dan 7,13-14	

Acts 13,21 ... καὶ ἔδωκεν αὐτοῖς ὁ θεὸς τὸν Σαοὺλ υἱὸν Κίς, ἄνδρα **ἐκ φυλῆς Βενιαμίν,** ἔτη τεσσεράκοντα.

φύλλον	Syn 5	Mt 2	Mk 3	Lk	Acts	Jn	1-3John	Paul	Eph	Col
	NT 6	2Thess	1/2Tim	Tit	Heb	Jas	1Pet	2Pet	Jude	Rev 1

leaf

120	Mt 21,19 → Lk 13,6	καὶ ἰδὼν συκῆν μίαν ἐπὶ τῆς ὁδοῦ	Mk 11,13 (2) → Lk 13,6	καὶ ἰδὼν συκῆν ἀπὸ μακρόθεν ἔχουσαν **φύλλα** ἦλθεν, εἰ ἄρα τι εὑρήσει ἐν αὐτῇ,			
220		ἦλθεν ἐπ᾽ αὐτὴν καὶ οὐδὲν εὗρεν ἐν αὐτῇ εἰ μὴ **φύλλα μόνον**, ...		καὶ ἐλθὼν ἐπ᾽ αὐτὴν οὐδὲν εὗρεν εἰ μὴ **φύλλα**· ὁ γὰρ καιρὸς οὐκ ἦν σύκων.			
221	Mt 24,32	ἀπὸ δὲ τῆς συκῆς μάθετε τὴν παραβολήν· ὅταν ἤδη ὁ κλάδος αὐτῆς γένηται ἁπαλὸς καὶ **τὰ φύλλα ἐκφύῃ**, γινώσκετε ὅτι ἐγγὺς τὸ θέρος·	Mk 13,28	ἀπὸ δὲ τῆς συκῆς μάθετε τὴν παραβολήν· ὅταν ἤδη ὁ κλάδος αὐτῆς ἁπαλὸς γένηται καὶ **ἐκφύῃ τὰ φύλλα**, γινώσκετε ὅτι ἐγγὺς τὸ θέρος ἐστίν·	Lk 21,30	[29] καὶ εἶπεν παραβολὴν αὐτοῖς· ἴδετε τὴν συκῆν καὶ πάντα τὰ δένδρα· [30] ὅταν **προβάλωσιν** ἤδη, βλέποντες ἀφ᾽ ἑαυτῶν γινώσκετε ὅτι ἤδη ἐγγὺς τὸ θέρος ἐστίν·	

φυτεία	Syn 1	Mt 1	Mk	Lk	Acts	Jn	1-3John	Paul	Eph	Col
	NT 1	2Thess	1/2Tim	Tit	Heb	Jas	1Pet	2Pet	Jude	Rev

that which is planted; the plant

200	Mt 15,13	ὁ δὲ ἀποκριθεὶς εἶπεν· **πᾶσα φυτεία** ἣν οὐκ ἐφύτευσεν ὁ πατήρ μου ὁ οὐράνιος ἐκριζωθήσεται.	

φυτεύω	Syn 7	Mt 2	Mk 1	Lk 4	Acts	Jn	1-3John	Paul 4	Eph	Col
	NT 11	2Thess	1/2Tim	Tit	Heb	Jas	1Pet	2Pet	Jude	Rev

plant

	triple tradition																	double tradition			Sonder-gut		
		+Mt / +Lk			–Mt / –Lk			traditions not taken over by Mt / Lk							subtotals								
code	222	211	112	212	221	122	121	022	012	021	220	120	210	020	Σ⁺	Σ⁻	Σ	202	201	102	200	002	total
Mt	1																1				1		2
Mk	1																1						1
Lk	1																1			1		2	4

200	Mt 15,13	... πᾶσα φυτεία ἣν **οὐκ ἐφύτευσεν** ὁ πατήρ μου ὁ οὐράνιος ἐκριζωθήσεται.	

002					Lk 13,6 → Mt 21,19 → Mk 11,13	... συκῆν εἶχέν τις **πεφυτευμένην** ἐν τῷ ἀμπελῶνι αὐτοῦ, καὶ ἦλθεν ζητῶν καρπὸν ἐν αὐτῇ καὶ οὐχ εὗρεν.	
102	Mt 17,20 → Mt 21,21	... ἀμὴν γὰρ λέγω ὑμῖν, ἐὰν ἔχητε πίστιν ὡς κόκκον σινάπεως, ἐρεῖτε τῷ ὄρει τούτῳ, μετάβα ἔνθεν ἐκεῖ, καὶ μεταβήσεται· καὶ οὐδὲν ἀδυνατήσει ὑμῖν.	Mk 11,23 → Mk 9,23	[22] ... ἔχετε πίστιν θεοῦ. [23] ἀμὴν λέγω ὑμῖν ὅτι ὃς ἂν εἴπῃ τῷ ὄρει τούτῳ· ἄρθητι καὶ **βλήθητι** εἰς τὴν θάλασσαν, καὶ μὴ διακριθῇ ἐν τῇ καρδίᾳ αὐτοῦ ἀλλὰ πιστεύῃ ὅτι ὃ λαλεῖ γίνεται, ἔσται αὐτῷ.	Lk 17,6	... εἰ ἔχετε πίστιν ὡς κόκκον σινάπεως, ἐλέγετε ἂν τῇ συκαμίνῳ [ταύτῃ]· ἐκριζώθητι καὶ **φυτεύθητι** ἐν τῇ θαλάσσῃ· καὶ ὑπήκουσεν ἂν ὑμῖν.	→ GTh 48 → GTh 106
002					Lk 17,28	ὁμοίως καθὼς ἐγένετο ἐν ταῖς ἡμέραις Λώτ· ἤσθιον, ἔπινον, ἠγόραζον, ἐπώλουν, **ἐφύτευον,** ᾠκοδόμουν·	
222	Mt 21,33	ἄλλην παραβολὴν ἀκούσατε. ἄνθρωπος ἦν οἰκοδεσπότης ὅστις **ἐφύτευσεν** ἀμπελῶνα καὶ φραγμὸν αὐτῷ περιέθηκεν καὶ ὤρυξεν ἐν αὐτῷ ληνὸν καὶ ᾠκοδόμησεν πύργον καὶ ἐξέδετο αὐτὸν γεωργοῖς καὶ ἀπεδήμησεν.	Mk 12,1	καὶ ἤρξατο αὐτοῖς ἐν παραβολαῖς λαλεῖν· ἀμπελῶνα ἄνθρωπος **ἐφύτευσεν** καὶ περιέθηκεν φραγμὸν καὶ ὤρυξεν ὑπολήνιον καὶ ᾠκοδόμησεν πύργον καὶ ἐξέδετο αὐτὸν γεωργοῖς καὶ ἀπεδήμησεν.	Lk 20,9	ἤρξατο δὲ πρὸς τὸν λαὸν λέγειν τὴν παραβολὴν ταύτην· ἄνθρωπός [τις] **ἐφύτευσεν** ἀμπελῶνα καὶ ἐξέδετο αὐτὸν γεωργοῖς καὶ ἀπεδήμησεν χρόνους ἱκανούς.	→ GTh 65

φύω	Syn 2	Mt	Mk	Lk 2	Acts	Jn	1-3John	Paul	Eph	Col
	NT 3	2Thess	1/2Tim	Tit	Heb 1	Jas	1Pet	2Pet	Jude	Rev

grow (up); come up

112	Mt 13,5	ἄλλα δὲ ἔπεσεν ἐπὶ τὰ πετρώδη ὅπου οὐκ εἶχεν γῆν πολλήν, καὶ εὐθέως **ἐξανέτειλεν** διὰ τὸ μὴ ἔχειν βάθος γῆς· [6] ἡλίου δὲ ἀνατείλαντος ἐκαυματίσθη καὶ διὰ τὸ μὴ ἔχειν ῥίζαν ἐξηράνθη.	Mk 4,5	καὶ ἄλλο ἔπεσεν ἐπὶ τὸ πετρῶδες ὅπου οὐκ εἶχεν γῆν πολλήν, καὶ εὐθὺς **ἐξανέτειλεν** διὰ τὸ μὴ ἔχειν βάθος γῆς· [6] καὶ ὅτε ἀνέτειλεν ὁ ἥλιος ἐκαυματίσθη καὶ διὰ τὸ μὴ ἔχειν ῥίζαν ἐξηράνθη.	Lk 8,6	καὶ ἕτερον κατέπεσεν ἐπὶ τὴν πέτραν, καὶ **φυὲν** ἐξηράνθη διὰ τὸ μὴ ἔχειν ἰκμάδα.	→ GTh 9
112	Mt 13,8	ἄλλα δὲ ἔπεσεν ἐπὶ τὴν γῆν τὴν καλὴν καὶ ἐδίδου καρπόν, ὃ μὲν ἑκατόν, ὃ δὲ ἑξήκοντα, ὃ δὲ τριάκοντα.	Mk 4,8	καὶ ἄλλα ἔπεσεν εἰς τὴν γῆν τὴν καλὴν καὶ ἐδίδου καρπὸν **ἀναβαίνοντα καὶ** **αὐξανόμενα** καὶ ἔφερεν ἓν τριάκοντα καὶ ἓν ἑξήκοντα καὶ ἓν ἑκατόν.	Lk 8,8	καὶ ἕτερον ἔπεσεν εἰς τὴν γῆν τὴν ἀγαθὴν καὶ **φυὲν** ἐποίησεν καρπὸν ἑκατονταπλασίονα. ...	→ GTh 9

φωλεός	Syn 2	Mt 1	Mk	Lk 1	Acts	Jn	1-3John	Paul	Eph	Col
	NT 2	2Thess	1/2Tim	Tit	Heb	Jas	1Pet	2Pet	Jude	Rev

den; lair; hole

202	Mt 8,20	... αἱ ἀλώπεκες **φωλεοὺς** ἔχουσιν καὶ τὰ πετεινὰ τοῦ οὐρανοῦ κατασκηνώσεις, ὁ δὲ υἱὸς τοῦ ἀνθρώπου οὐκ ἔχει ποῦ τὴν κεφαλὴν κλίνῃ.			Lk 9,58	... αἱ ἀλώπεκες **φωλεοὺς** ἔχουσιν καὶ τὰ πετεινὰ τοῦ οὐρανοῦ κατασκηνώσεις, ὁ δὲ υἱὸς τοῦ ἀνθρώπου οὐκ ἔχει ποῦ τὴν κεφαλὴν κλίνῃ.	→ GTh 86

φωνέω	Syn 25	Mt 5	Mk 10	Lk 10	Acts 4	Jn 13	1-3John	Paul	Eph	Col
	NT 43	2Thess	1/2Tim	Tit	Heb	Jas	1Pet	2Pet	Jude	Rev 1

produce a sound, tone; call out; cry out; speak loudly; say with emphasis; call someone; call to oneself; summon

	triple tradition																	double tradition			Sondergut		
		+Mt / +Lk			–Mt / –Lk			traditions not taken over by Mt / Lk							subtotals								
code	222	211	112	212	221	122	121	022	012	021	220	120	210	020	Σ+	Σ–	Σ	202	201	102	200	002	total
Mt	3				1		3^-				1					3^-	5						**5**
Mk	3				1		3			1	1			1			10						**10**
Lk	3		3^+		1^-		3^-			1^-					3^+	5^-	6			1		3	**10**

a φωνέω φωνῇ (μεγάλῃ)

a 021			Mk 1,26	καὶ σπαράξαν αὐτὸν τὸ πνεῦμα τὸ ἀκάθαρτον καὶ **φωνῆσαν** φωνῇ μεγάλῃ ἐξῆλθεν ἐξ αὐτοῦ.	Lk 4,35	... καὶ ῥίψαν αὐτὸν τὸ δαιμόνιον εἰς τὸ μέσον ἐξῆλθεν ἀπ' αὐτοῦ μηδὲν βλάψαν αὐτόν.	
112	Mt 13,9	ὁ ἔχων ὦτα ἀκουέτω.	Mk 4,9	καὶ **ἔλεγεν·** ὃς ἔχει ὦτα ἀκούειν ἀκουέτω.	Lk 8,8	... ταῦτα **λέγων ἐφώνει·** ὁ ἔχων ὦτα ἀκούειν ἀκουέτω.	→ GTh 21,11
112	Mt 9,25	... εἰσελθὼν ἐκράτησεν τῆς χειρὸς αὐτῆς, καὶ ἠγέρθη τὸ κοράσιον.	Mk 5,41	καὶ κρατήσας τῆς χειρὸς τοῦ παιδίου **λέγει** αὐτῇ· ταλιθα κουμ, ὅ ἐστιν μεθερμηνευόμενον· τὸ κοράσιον, σοὶ λέγω, ἔγειρε. [42] καὶ εὐθὺς ἀνέστη τὸ κοράσιον καὶ περιεπάτει· ...	Lk 8,54	αὐτὸς δὲ κρατήσας τῆς χειρὸς αὐτῆς **ἐφώνησεν λέγων·** ἡ παῖς, ἔγειρε. [55] καὶ ἐπέστρεψεν τὸ πνεῦμα αὐτῆς καὶ ἀνέστη παραχρῆμα ...	
020			Mk 9,35 → Mt 20,26-27 ⇨ Mk 10,43-44 → Lk 22,26 → Mt 23,11 → Mk 10,31	καὶ καθίσας **ἐφώνησεν** τοὺς δώδεκα καὶ λέγει αὐτοῖς· εἴ τις θέλει πρῶτος εἶναι, ἔσται πάντων ἔσχατος καὶ πάντων διάκονος.			

002					Lk 14,12	... ὅταν ποιῇς ἄριστον ἢ δεῖπνον, **μὴ φώνει** τοὺς φίλους σου μηδὲ τοὺς ἀδελφούς σου μηδὲ τοὺς συγγενεῖς σου μηδὲ γείτονας πλουσίους, μήποτε καὶ αὐτοὶ ἀντικαλέσωσίν σε καὶ γένηται ἀνταπόδομά σοι.	
002					Lk 16,2	καὶ **φωνήσας** αὐτὸν εἶπεν αὐτῷ· τί τοῦτο ἀκούω περὶ σοῦ; ...	
002					Lk 16,24	καὶ αὐτὸς **φωνήσας** εἶπεν· πάτερ Ἀβραάμ, ἐλέησόν με ...	
121	Mt 20,32	καὶ στὰς ὁ Ἰησοῦς	Mk 10,49 (3)	καὶ στὰς ὁ Ἰησοῦς εἶπεν· **φωνήσατε** αὐτόν.	Lk 18,40	σταθεὶς δὲ ὁ Ἰησοῦς ἐκέλευσεν αὐτὸν ἀχθῆναι πρὸς αὐτόν.	
221		**ἐφώνησεν** αὐτοὺς		καὶ **φωνοῦσιν** τὸν τυφλὸν λέγοντες αὐτῷ· θάρσει, ἔγειρε,			
121	⇩ Mt 9,28	 καὶ εἶπεν· τί θέλετε ποιήσω ὑμῖν;		**φωνεῖ** σε. [50] ὁ δὲ ἀποβαλὼν τὸ ἱμάτιον αὐτοῦ ἀναπηδήσας ἦλθεν πρὸς τὸν Ἰησοῦν. [51] καὶ ἀποκριθεὶς αὐτῷ ὁ Ἰησοῦς εἶπεν· τί σοι θέλεις ποιήσω; ...		 ἐγγίσαντος δὲ αὐτοῦ ἐπηρώτησεν αὐτόν· [41] τί σοι θέλεις ποιήσω; ...	
	Mt 9,28 ⇧ Mt 20,32	... προσῆλθον αὐτῷ οἱ τυφλοί, καὶ λέγει αὐτοῖς ὁ Ἰησοῦς· πιστεύετε ὅτι δύναμαι τοῦτο ποιῆσαι; ...					
102	Mt 25,19	μετὰ δὲ πολὺν χρόνον ἔρχεται ὁ κύριος τῶν δούλων ἐκείνων καὶ συναίρει λόγον μετ' αὐτῶν.			Lk 19,15	καὶ ἐγένετο ἐν τῷ ἐπανελθεῖν αὐτὸν λαβόντα τὴν βασιλείαν καὶ εἶπεν **φωνηθῆναι** αὐτῷ τοὺς δούλους τούτους οἷς δεδώκει τὸ ἀργύριον, ἵνα γνοῖ τί διεπραγματεύσαντο.	
222	Mt 26,34	... ἀμὴν λέγω σοι ὅτι ἐν ταύτῃ τῇ νυκτὶ πρὶν ἀλέκτορα **φωνῆσαι** τρὶς ἀπαρνήσῃ με.	Mk 14,30	... ἀμὴν λέγω σοι ὅτι σὺ σήμερον ταύτῃ τῇ νυκτὶ πρὶν ἢ δὶς ἀλέκτορα **φωνῆσαι** τρίς με ἀπαρνήσῃ.	Lk 22,34	... λέγω σοι, Πέτρε, **οὐ φωνήσει** σήμερον ἀλέκτωρ ἕως τρίς με ἀπαρνήσῃ εἰδέναι.	→ Jn 13,38
121	Mt 26,71	[70] ὁ δὲ ἠρνήσατο ἔμπροσθεν πάντων λέγων· οὐκ οἶδα τί λέγεις. [71] ἐξελθόντα δὲ εἰς τὸν πυλῶνα ...	Mk 14,68	ὁ δὲ ἠρνήσατο λέγων· οὔτε οἶδα οὔτε ἐπίσταμαι σὺ τί λέγεις. καὶ ἐξῆλθεν ἔξω εἰς τὸ προαύλιον [καὶ ἀλέκτωρ **ἐφώνησεν**].	Lk 22,57	ὁ δὲ ἠρνήσατο λέγων· οὐκ οἶδα αὐτόν, γύναι.	

222	**Mt 26,74**	... καὶ εὐθέως ἀλέκτωρ **ἐφώνησεν.**	**Mk 14,72** (2)	καὶ εὐθὺς ἐκ δευτέρου ἀλέκτωρ **ἐφώνησεν.**	**Lk 22,60**	... καὶ παραχρῆμα ἔτι λαλοῦντος αὐτοῦ **ἐφώνησεν** ἀλέκτωρ.	→ Jn 18,27
222	**Mt 26,75**	καὶ ἐμνήσθη ὁ Πέτρος τοῦ ῥήματος Ἰησοῦ εἰρηκότος ὅτι πρὶν ἀλέκτορα **φωνῆσαι** τρίς ἀπαρνήσῃ με· ...		καὶ ἀνεμνήσθη ὁ Πέτρος τὸ ῥῆμα ὡς εἶπεν αὐτῷ ὁ Ἰησοῦς ὅτι πρὶν ἀλέκτορα **φωνῆσαι** δὶς τρίς με ἀπαρνήσῃ· ...	**Lk 22,61**	καὶ στραφεὶς ὁ κύριος ἐνέβλεψεν τῷ Πέτρῳ, καὶ ὑπεμνήσθη ὁ Πέτρος τοῦ ῥήματος τοῦ κυρίου ὡς εἶπεν αὐτῷ ὅτι πρὶν ἀλέκτορα **φωνῆσαι** σήμερον ἀπαρνήσῃ με τρίς.	
220	**Mt 27,47**	τινὲς δὲ τῶν ἐκεῖ ἑστηκότων ἀκούσαντες ἔλεγον ὅτι Ἠλίαν **φωνεῖ** οὗτος.	**Mk 15,35**	καί τινες τῶν παρεστηκότων ἀκούσαντες ἔλεγον· ἴδε Ἠλίαν **φωνεῖ.**			
a 112	**Mt 27,50**	ὁ δὲ Ἰησοῦς πάλιν **κράξας** φωνῇ μεγάλῃ ἀφῆκεν τὸ πνεῦμα.	**Mk 15,37**	ὁ δὲ Ἰησοῦς **ἀφεὶς** φωνὴν μεγάλην ἐξέπνευσεν.	**Lk 23,46**	καὶ **φωνήσας** φωνῇ μεγάλῃ ὁ Ἰησοῦς εἶπεν· πάτερ, *εἰς χεῖράς σου παρατίθεμαι τὸ πνεῦμά μου.* τοῦτο δὲ εἰπὼν ἐξέπνευσεν. ➤ Ps 31,6	→ Jn 19,30 → Acts 7,59 → Acts 7,60

Acts 9,41 δοὺς δὲ αὐτῇ χεῖρα ἀνέστησεν αὐτήν· **φωνήσας** δὲ τοὺς ἁγίους καὶ τὰς χήρας παρέστησεν αὐτὴν ζῶσαν.

Acts 10,7 ὡς δὲ ἀπῆλθεν ὁ ἄγγελος ὁ λαλῶν αὐτῷ, **φωνήσας** δύο τῶν οἰκετῶν καὶ στρατιώτην εὐσεβῆ τῶν προσκαρτερούντων αὐτῷ

Acts 10,18 καὶ **φωνήσαντες** ἐπυνθάνοντο εἰ Σίμων ὁ ἐπικαλούμενος Πέτρος ἐνθάδε ξενίζεται.

a **Acts 16,28** **ἐφώνησεν** δὲ μεγάλῃ φωνῇ [ὁ] Παῦλος λέγων· μηδὲν πράξῃς σεαυτῷ κακόν, ἅπαντες γάρ ἐσμεν ἐνθάδε.

φωνή	Syn 28	Mt 7	Mk 7	Lk 14	Acts 27	Jn 15	1-3John	Paul 6	Eph	Col
	NT 139	2Thess	1/2Tim	Tit	Heb 5	Jas	1Pet	2Pet 3	Jude	Rev 55

sound; tone; noise; voice; language

	triple tradition																	double tradition			Sondergut		
		+Mt / +Lk			–Mt / –Lk			traditions not taken over by Mt / Lk							subtotals								
code	*222*	*211*	*112*	*212*	*221*	*122*	*121*	*022*	*012*	*021*	*220*	*120*	*210*	*020*	Σ^+	Σ^-	Σ	*202*	*201*	*102*	*200*	*002*	total
Mt	4					1^-					1					1^-	5				2		**7**
Mk	4					1				1	1						7						**7**
Lk	4		4^+			1			1^+	1^-					5^+	1^-	10					4	**14**

Mk-Q overlap: 222: Mt 3,17 / Mk 1,11 / Lk 3,22 (?)

a φωνή: divine voice *b* φωνὴ μεγάλη *c* (ἐπ)αίρω φωνήν

002		**Lk 1,44**	ἰδοὺ γὰρ ὡς ἐγένετο **ἡ φωνὴ τοῦ ἀσπασμοῦ σου** εἰς τὰ ὦτά μου, ἐσκίρτησεν ἐν ἀγαλλιάσει τὸ βρέφος ἐν τῇ κοιλίᾳ μου.

200	Mt 2,18	*φωνὴ* *ἐν Ῥαμὰ ἠκούσθη,* *κλαυθμὸς καὶ ὀδυρμὸς* *πολύς· Ῥαχὴλ κλαίουσα* *τὰ τέκνα αὐτῆς, ...* ➢ Jer 31,15					
222	Mt 3,3	*... φωνὴ βοῶντος* *ἐν τῇ ἐρήμῳ· ἑτοιμάσατε* *τὴν ὁδὸν κυρίου, εὐθείας* *ποιεῖτε τὰς τρίβους* *αὐτοῦ.* ➢ Isa 40,3 LXX	Mk 1,3	*φωνὴ βοῶντος* *ἐν τῇ ἐρήμῳ· ἑτοιμάσατε* *τὴν ὁδὸν κυρίου, εὐθείας* *ποιεῖτε τὰς τρίβους* *αὐτοῦ* ➢ Isa 40,3 LXX	Lk 3,4 → Lk 1,17	*... φωνὴ βοῶντος* *ἐν τῇ ἐρήμῳ· ἑτοιμάσατε* *τὴν ὁδὸν κυρίου, εὐθείας* *ποιεῖτε τὰς τρίβους* *αὐτοῦ·* ➢ Isa 40,3 LXX	→ Jn 1,23
a 222	Mt 3,17 ↓ Mt 17,5 → Mt 12,18	καὶ ἰδοὺ φωνὴ ἐκ τῶν οὐρανῶν λέγουσα· οὗτός ἐστιν ὁ υἱός μου ὁ ἀγαπητός, ἐν ᾧ εὐδόκησα.	Mk 1,11 ↓ Mk 9,7	καὶ φωνὴ ἐγένετο ἐκ τῶν οὐρανῶν· σὺ εἶ ὁ υἱός μου ὁ ἀγαπητός, ἐν σοὶ εὐδόκησα.	Lk 3,22 ↓ Lk 9,35	... καὶ φωνὴν ἐξ οὐρανοῦ γενέσθαι· σὺ εἶ ὁ υἱός μου ὁ ἀγαπητός, ἐν σοὶ εὐδόκησα.	→ Jn 1,34 → Jn 12,28 → Acts 10,38 Mk-Q overlap?
b 012	↓ Mt 8,29		Mk 1,23 ↓ Mk 5,7	καὶ εὐθὺς ἦν ἐν τῇ συναγωγῇ αὐτῶν ἄνθρωπος ἐν πνεύματι ἀκαθάρτῳ, καὶ ἀνέκραξεν [24] λέγων· τί ἡμῖν καὶ σοί, Ἰησοῦ Ναζαρηνέ; ἦλθες ἀπολέσαι ἡμᾶς; οἶδά σε τίς εἶ, ὁ ἅγιος τοῦ θεοῦ.	Lk 4,33 ↓ Lk 8,28	καὶ ἐν τῇ συναγωγῇ ἦν ἄνθρωπος ἔχων πνεῦμα δαιμονίου ἀκαθάρτου καὶ ἀνέκραξεν φωνῇ μεγάλῃ· [34] ἔα, τί ἡμῖν καὶ σοί, Ἰησοῦ Ναζαρηνέ; ἦλθες ἀπολέσαι ἡμᾶς; οἶδά σε τίς εἶ, ὁ ἅγιος τοῦ θεοῦ.	
b 021			Mk 1,26	καὶ σπαράξαν αὐτὸν τὸ πνεῦμα τὸ ἀκάθαρτον καὶ φωνῆσαν φωνῇ μεγάλῃ ἐξῆλθεν ἐξ αὐτοῦ.	Lk 4,35	... καὶ ῥίψαν αὐτὸν τὸ δαιμόνιον εἰς τὸ μέσον ἐξῆλθεν ἀπ' αὐτοῦ μηδὲν βλάψαν αὐτόν.	
200	Mt 12,19	*οὐκ ἐρίσει οὐδὲ* *κραυγάσει, οὐδὲ ἀκούσει* *τις ἐν ταῖς πλατείαις* *τὴν φωνὴν αὐτοῦ.* ➢ Isa 42,2					
b 122	Mt 8,29	καὶ ἰδοὺ ἔκραξαν λέγοντες· τί ἡμῖν καὶ σοί, υἱὲ τοῦ θεοῦ; ἦλθες ὧδε πρὸ καιροῦ βασανίσαι ἡμᾶς;	Mk 5,7 ↑ Mk 1,23-24	[6] καὶ ἰδὼν τὸν Ἰησοῦν ἀπὸ μακρόθεν ἔδραμεν καὶ προσεκύνησεν αὐτῷ [7] καὶ κράξας φωνῇ μεγάλῃ λέγει· τί ἐμοὶ καὶ σοί, Ἰησοῦ υἱὲ τοῦ θεοῦ τοῦ ὑψίστου; ὁρκίζω σε τὸν θεόν, μή με βασανίσῃς.	Lk 8,28 ↑ Lk 4,33 ↑ Lk 4,34	ἰδὼν δὲ τὸν Ἰησοῦν ἀνακράξας προσέπεσεν αὐτῷ καὶ φωνῇ μεγάλῃ εἶπεν· τί ἐμοὶ καὶ σοί, Ἰησοῦ υἱὲ τοῦ θεοῦ τοῦ ὑψίστου; δέομαί σου, μή με βασανίσῃς.	
a 222	Mt 17,5 ↑ Mt 3,17	... καὶ ἰδοὺ φωνὴ ἐκ τῆς νεφέλης λέγουσα· οὗτός ἐστιν ὁ υἱός μου ὁ ἀγαπητός, ἐν ᾧ εὐδόκησα· ἀκούετε αὐτοῦ.	Mk 9,7 ↑ Mk 1,11	... καὶ ἐγένετο φωνὴ ἐκ τῆς νεφέλης· οὗτός ἐστιν ὁ υἱός μου ὁ ἀγαπητός, ἀκούετε αὐτοῦ.	Lk 9,35 ↑ Lk 3,22	καὶ φωνὴ ἐγένετο ἐκ τῆς νεφέλης λέγουσα· οὗτός ἐστιν ὁ υἱός μου ὁ ἐκλελεγμένος, αὐτοῦ ἀκούετε.	→ Jn 12,28
a 112	Mt 17,8	ἐπάραντες δὲ τοὺς ὀφθαλμοὺς αὐτῶν οὐδένα εἶδον εἰ μὴ αὐτὸν Ἰησοῦν μόνον.	Mk 9,8	καὶ ἐξάπινα περιβλεψάμενοι οὐκέτι οὐδένα εἶδον ἀλλὰ τὸν Ἰησοῦν μόνον μεθ' ἑαυτῶν.	Lk 9,36	καὶ ἐν τῷ γενέσθαι τὴν φωνὴν εὑρέθη Ἰησοῦς μόνος. ...	

c 002					**Lk 11,27** → Lk 1,48	ἐγένετο δὲ ἐν τῷ λέγειν αὐτὸν ταῦτα ἐπάρασά τις **φωνὴν** γυνὴ ἐκ τοῦ ὄχλου εἶπεν αὐτῷ· μακαρία ἡ κοιλία ἡ βαστάσασά σε καὶ μαστοὶ οὓς ἐθήλασας.	→ GTh 79
c 002					**Lk 17,13** → Mt 8,2 → Mk 1,40 → Lk 5,12	καὶ αὐτοὶ ἦραν **φωνὴν** λέγοντες· Ἰησοῦ ἐπιστάτα, ἐλέησον ἡμᾶς.	
b 002					**Lk 17,15**	εἷς δὲ ἐξ αὐτῶν, ἰδὼν ὅτι ἰάθη, ὑπέστρεψεν **μετὰ φωνῆς μεγάλης** δοξάζων τὸν θεόν	
b 112	**Mt 21,9**	οἱ δὲ ὄχλοι οἱ προάγοντες αὐτὸν καὶ οἱ ἀκολουθοῦντες ἔκραζον ...	**Mk 11,9**	καὶ οἱ προάγοντες καὶ οἱ ἀκολουθοῦντες ἔκραζον· ...	**Lk 19,37**	... ἤρξαντο ἅπαν τὸ πλῆθος τῶν μαθητῶν χαίροντες αἰνεῖν τὸν θεὸν **φωνῇ μεγάλῃ** περὶ πασῶν ὧν εἶδον δυνάμεων	→ Jn 12,13
b 112 112	**Mt 27,23**	... οἱ δὲ περισσῶς **ἔκραζον** λέγοντες· σταυρωθήτω.	**Mk 15,14**	... οἱ δὲ περισσῶς **ἔκραξαν·** σταύρωσον αὐτόν.	**Lk 23,23** (2)	οἱ δὲ ἐπέκειντο **φωναῖς μεγάλαις αἰτούμενοι** αὐτὸν σταυρωθῆναι, καὶ κατίσχυον **αἱ φωναὶ αὐτῶν.**	→ Jn 19,15
b 220	**Mt 27,46**	περὶ δὲ τὴν ἐνάτην ὥραν ἀνεβόησεν ὁ Ἰησοῦς **φωνῇ μεγάλῃ** λέγων· *ηλι ηλι λεμα σαβαχθανι;* τοῦτ᾽ ἔστιν· *θεέ μου θεέ μου, ἱνατί με ἐγκατέλιπες;* ➤ Ps 22,2	**Mk 15,34**	καὶ τῇ ἐνάτῃ ὥρᾳ ἐβόησεν ὁ Ἰησοῦς **φωνῇ μεγάλῃ·** *ελωι ελωι λεμα σαβαχθανι;* ὅ ἐστιν μεθερμηνευόμενον *ὁ θεός μου ὁ θεός μου, εἰς τί ἐγκατέλιπές με;* ➤ Ps 22,2			
b 222	**Mt 27,50**	ὁ δὲ Ἰησοῦς πάλιν κράξας **φωνῇ μεγάλῃ** ἀφῆκεν τὸ πνεῦμα.	**Mk 15,37**	ὁ δὲ Ἰησοῦς ἀφεὶς **φωνὴν μεγάλην** ἐξέπνευσεν.	**Lk 23,46**	καὶ φωνήσας **φωνῇ μεγάλῃ** ὁ Ἰησοῦς εἶπεν· πάτερ, *εἰς χεῖράς σου παρατίθεμαι τὸ πνεῦμά μου.* τοῦτο δὲ εἰπὼν ἐξέπνευσεν. ➤ Ps 31,6	→ Jn 19,30 → Acts 7,59 → **Acts 7,60**

Acts 2,6 γενομένης δὲ **τῆς φωνῆς ταύτης** συνῆλθεν τὸ πλῆθος καὶ συνεχύθη, ὅτι ἤκουον εἷς ἕκαστος τῇ ἰδίᾳ διαλέκτῳ λαλούντων αὐτῶν.

c **Acts 2,14** σταθεὶς δὲ ὁ Πέτρος σὺν τοῖς ἕνδεκα ἐπῆρεν **τὴν φωνὴν αὐτοῦ** καὶ ἀπεφθέγξατο αὐτοῖς· ...

c **Acts 4,24** οἱ δὲ ἀκούσαντες ὁμοθυμαδὸν ἦραν **φωνὴν** πρὸς τὸν θεὸν καὶ εἶπαν· δέσποτα, ...

a **Acts 7,31** ὁ δὲ Μωϋσῆς ἰδὼν ἐθαύμαζεν τὸ ὅραμα, προσερχομένου δὲ αὐτοῦ κατανοῆσαι ἐγένετο **φωνὴ κυρίου·**

b **Acts 7,57** κράξαντες δὲ **φωνῇ μεγάλῃ** συνέσχον τὰ ὦτα αὐτῶν καὶ ὥρμησαν ὁμοθυμαδὸν ἐπ᾽ αὐτόν

b **Acts 7,60** [[→ Lk 23,34a]] → **Mt 27,50** → **Mk 15,37** → **Lk 23,46** θεὶς δὲ τὰ γόνατα ἔκραξεν **φωνῇ μεγάλῃ·** κύριε, μὴ στήσῃς αὐτοῖς ταύτην τὴν ἁμαρτίαν. ...

b **Acts 8,7** πολλοὶ γὰρ τῶν ἐχόντων πνεύματα ἀκάθαρτα βοῶντα **φωνῇ μεγάλῃ** ἐξήρχοντο, πολλοὶ δὲ παραλελυμένοι καὶ χωλοὶ ἐθεραπεύθησαν·

a **Acts 9,4** καὶ πεσὼν ἐπὶ τὴν γῆν ἤκουσεν **φωνὴν** λέγουσαν αὐτῷ· Σαοὺλ Σαούλ, τί με διώκεις;

a **Acts 9,7** οἱ δὲ ἄνδρες οἱ συνοδεύοντες αὐτῷ εἱστήκεισαν ἐνεοί, ἀκούοντες μὲν **τῆς φωνῆς** μηδένα δὲ θεωροῦντες.

a **Acts 10,13** καὶ ἐγένετο
φωνὴ
πρὸς αὐτόν· ἀναστάς,
Πέτρε, θῦσον καὶ φάγε.

a **Acts 10,15** καὶ
φωνὴ
πάλιν ἐκ δευτέρου
πρὸς αὐτόν·
ἃ ὁ θεὸς ἐκαθάρισεν,
σὺ μὴ κοίνου.

a **Acts 11,7** ἤκουσα δὲ καὶ
φωνῆς
λεγούσης μοι· ἀναστάς,
Πέτρε, θῦσον καὶ φάγε.

a **Acts 11,9** ἀπεκρίθη δὲ
φωνὴ
ἐκ δευτέρου
ἐκ τοῦ οὐρανοῦ·
ἃ ὁ θεὸς ἐκαθάρισεν,
σὺ μὴ κοίνου.

Acts 12,14 καὶ ἐπιγνοῦσα
τὴν φωνὴν
τοῦ Πέτρου
ἀπὸ τῆς χαρᾶς οὐκ
ἤνοιξεν τὸν πυλῶνα, ...

a **Acts 12,22** ὁ δὲ δῆμος ἐπεφώνει·
θεοῦ φωνὴ
καὶ οὐκ ἀνθρώπου.

Acts 13,27 οἱ γὰρ κατοικοῦντες
[[→ Lk 23,34a]] ἐν Ἰερουσαλὴμ καὶ
οἱ ἄρχοντες αὐτῶν
τοῦτον ἀγνοήσαντες καὶ
τὰς φωνὰς
τῶν προφητῶν
τὰς κατὰ πᾶν σάββατον
ἀναγινωσκομένας
κρίναντες ἐπλήρωσαν

b **Acts 14,10** εἶπεν
μεγάλῃ φωνῇ·
ἀνάστηθι ἐπὶ τοὺς πόδας
σου ὀρθός. καὶ ἥλατο καὶ
περιεπάτει.

c **Acts 14,11** οἵ τε ὄχλοι ἰδόντες ὃ
ἐποίησεν Παῦλος ἐπῆραν
τὴν φωνὴν αὐτῶν
Λυκαονιστὶ λέγοντες· ...

b **Acts 16,28** ἐφώνησεν δὲ
μεγάλῃ φωνῇ
[ὁ] Παῦλος λέγων·
μηδὲν πράξῃς σεαυτῷ
κακόν, ἅπαντες γάρ
ἐσμεν ἐνθάδε.

Acts 19,34 ἐπιγνόντες δὲ ὅτι
Ἰουδαῖός ἐστιν,
φωνὴ
ἐγένετο μία ἐκ πάντων
ὡς ἐπὶ ὥρας δύο
κραζόντων· μεγάλη
ἡ Ἄρτεμις Ἐφεσίων.

a **Acts 22,7** ἔπεσά τε εἰς τὸ ἔδαφος
καὶ ἤκουσα
φωνῆς
λεγούσης μοι· Σαοὺλ
Σαούλ, τί με διώκεις;

a **Acts 22,9** οἱ δὲ σὺν ἐμοὶ ὄντες τὸ
μὲν φῶς ἐθεάσαντο
τὴν δὲ φωνὴν
οὐκ ἤκουσαν τοῦ
λαλοῦντός μοι.

a **Acts 22,14** ... ὁ θεὸς τῶν πατέρων
ἡμῶν προεχειρίσατό σε
γνῶναι τὸ θέλημα αὐτοῦ
καὶ ἰδεῖν τὸν δίκαιον
καὶ ἀκοῦσαι
φωνὴν
ἐκ τοῦ στόματος αὐτοῦ

c **Acts 22,22** ἤκουον δὲ αὐτοῦ ἄχρι
τούτου τοῦ λόγου καὶ
ἐπῆραν
τὴν φωνὴν αὐτῶν
λέγοντες· ...

Acts 24,21 ἢ
περὶ μιᾶς ταύτης
φωνῆς
ἧς ἐκέκραξα ἐν αὐτοῖς
ἑστὼς ὅτι περὶ
ἀναστάσεως νεκρῶν ἐγὼ
κρίνομαι σήμερον
ἐφ' ὑμῶν.

a **Acts 26,14** πάντων τε καταπεσόντων
ἡμῶν εἰς τὴν γῆν ἤκουσα
φωνὴν
λέγουσαν πρός με τῇ
Ἑβραΐδι διαλέκτῳ·
Σαοὺλ Σαούλ, τί με
διώκεις; ...

b **Acts 26,24** ταῦτα δὲ αὐτοῦ
ἀπολογουμένου ὁ Φῆστος
μεγάλῃ τῇ φωνῇ
φησιν· μαίνῃ, Παῦλε· τὰ
πολλά σε γράμματα εἰς
μανίαν περιτρέπει.

φῶς	Syn 15	Mt 7	Mk 1	Lk 7	Acts 10	Jn 23	1-3John 6	Paul 6	Eph 5	Col 1
	NT 73	2Thess	1/2Tim 1	Tit	Heb	Jas 1	1Pet 1	2Pet	Jude	Rev 4

light

	triple tradition																	double tradition			Sondergut		
		+Mt / +Lk			–Mt / –Lk			traditions not taken over by Mt / Lk							subtotals								
code	222	211	112	212	221	122	121	022	012	021	220	120	210	020	Σ^+	Σ^-	Σ	202	201	102	200	002	total
Mt		1^+					1^-								1^+	1^-	1	2			4		7
Mk							1										1						1
Lk			1^+				1^-		1^+						2^+	1^-	2	2		1		2	7

a φῶς and σκότος / σκοτία

002		**Lk 2,32** φῶς εἰς ἀποκάλυψιν ἐθνῶν καὶ δόξαν λαοῦ σου Ἰσραήλ.	

a 200 200	**Mt 4,16 (2)** → Lk 1,79	*ὁ λαὸς ὁ καθήμενος ἐν σκότει* ***φῶς εἶδεν μέγα,*** *καὶ τοῖς καθημένοις ἐν χώρᾳ καὶ σκιᾷ θανάτου* ***φῶς*** *ἀνέτειλεν* αὐτοῖς. ➤ Isa 9,1					
200	**Mt 5,14**	ὑμεῖς ἐστε **τὸ φῶς τοῦ κόσμου.** οὐ δύναται πόλις κρυβῆναι ἐπάνω ὄρους κειμένη·					**→ Jn 8,12** → GTh 32 (POxy 1)
012	Mt 5,15	οὐδὲ καίουσιν λύχνον καὶ τιθέασιν αὐτὸν ὑπὸ τὸν μόδιον ἀλλ᾽ ἐπὶ τὴν λυχνίαν, καὶ λάμπει πᾶσιν τοῖς ἐν τῇ οἰκίᾳ.	**Mk 4,21**	... μήτι ἔρχεται ὁ λύχνος ἵνα ὑπὸ τὸν μόδιον τεθῇ ἢ ὑπὸ τὴν κλίνην; οὐχ ἵνα ἐπὶ τὴν λυχνίαν τεθῇ;	**Lk 8,16** ⇩ Lk 11,33	οὐδεὶς δὲ λύχνον ἅψας καλύπτει αὐτὸν σκεύει ἢ ὑποκάτω κλίνης τίθησιν, ἀλλ᾽ ἐπὶ λυχνίας τίθησιν, ἵνα οἱ εἰσπορευόμενοι βλέπωσιν **τὸ φῶς.**	→ GTh 33,2-3 Mk-Q overlap
102	**Mt 5,15**	οὐδὲ καίουσιν λύχνον καὶ τιθέασιν αὐτὸν ὑπὸ τὸν μόδιον ἀλλ᾽ ἐπὶ τὴν λυχνίαν, καὶ λάμπει πᾶσιν τοῖς ἐν τῇ οἰκίᾳ.	Mk 4,21	... μήτι ἔρχεται ὁ λύχνος ἵνα ὑπὸ τὸν μόδιον τεθῇ ἢ ὑπὸ τὴν κλίνην; οὐχ ἵνα ἐπὶ τὴν λυχνίαν τεθῇ;	**Lk 11,33** ⇧ Lk 8,16	οὐδεὶς λύχνον ἅψας εἰς κρύπτην τίθησιν [οὐδὲ ὑπὸ τὸν μόδιον] ἀλλ᾽ ἐπὶ τὴν λυχνίαν, ἵνα οἱ εἰσπορευόμενοι **τὸ φῶς** βλέπωσιν.	→ GTh 33,2-3 Mk-Q overlap
200	**Mt 5,16**	οὕτως λαμψάτω **τὸ φῶς ὑμῶν** ἔμπροσθεν τῶν ἀνθρώπων, ὅπως ἴδωσιν ὑμῶν τὰ καλὰ ἔργα ...					
a 202	**Mt 6,23**	... εἰ οὖν **τὸ φῶς** τὸ ἐν σοὶ σκότος ἐστίν, τὸ σκότος πόσον.			**Lk 11,35** → Lk 11,36	σκόπει οὖν μὴ **τὸ φῶς** τὸ ἐν σοὶ σκότος ἐστίν.	→ GTh 24 **(POxy 655 – restoration)**
a 202	**Mt 10,27**	ὃ λέγω ὑμῖν ἐν τῇ σκοτίᾳ εἴπατε **ἐν τῷ φωτί,** καὶ ὃ εἰς τὸ οὖς ἀκούετε κηρύξατε ἐπὶ τῶν δωμάτων.			**Lk 12,3**	ἀνθ᾽ ὧν ὅσα ἐν τῇ σκοτίᾳ εἴπατε **ἐν τῷ φωτὶ** ἀκουσθήσεται, καὶ ὃ πρὸς τὸ οὖς ἐλαλήσατε ἐν τοῖς ταμείοις κηρυχθήσεται ἐπὶ τῶν δωμάτων.	→ GTh 33,1 (POxy 1)
211	**Mt 17,2**	... τὰ δὲ ἱμάτια αὐτοῦ ἐγένετο λευκὰ **ὡς τὸ φῶς.**	**Mk 9,3**	καὶ τὰ ἱμάτια αὐτοῦ ἐγένετο στίλβοντα λευκὰ λίαν, οἷα γναφεὺς ἐπὶ τῆς γῆς οὐ δύναται οὕτως λευκᾶναι.	**Lk 9,29**	... καὶ ὁ ἱματισμὸς αὐτοῦ λευκὸς ἐξαστράπτων.	
002					**Lk 16,8**	... οἱ υἱοὶ τοῦ αἰῶνος τούτου φρονιμώτεροι **ὑπὲρ τοὺς υἱοὺς τοῦ φωτὸς** εἰς τὴν γενεὰν τὴν ἑαυτῶν εἰσιν.	
121	**Mt 26,58**	ὁ δὲ Πέτρος ἠκολούθει αὐτῷ ἀπὸ μακρόθεν ἕως τῆς αὐλῆς τοῦ ἀρχιερέως καὶ εἰσελθὼν ἔσω ἐκάθητο μετὰ τῶν ὑπηρετῶν ἰδεῖν τὸ τέλος.	**Mk 14,54** ↓ Lk 22,56	καὶ ὁ Πέτρος ἀπὸ μακρόθεν ἠκολούθησεν αὐτῷ ἕως ἔσω εἰς τὴν αὐλὴν τοῦ ἀρχιερέως καὶ ἦν συγκαθήμενος μετὰ τῶν ὑπηρετῶν καὶ θερμαινόμενος **πρὸς τὸ φῶς.**	**Lk 22,55**	[54] ... ὁ δὲ Πέτρος ἠκολούθει μακρόθεν. [55] περιαψάντων δὲ πῦρ ἐν μέσῳ τῆς αὐλῆς καὶ συγκαθισάντων ἐκάθητο ὁ Πέτρος μέσος αὐτῶν.	→ Jn 18,18

112	**Mt 26,69**	... καὶ προσῆλθεν αὐτῷ μία παιδίσκη λέγουσα· καὶ σὺ ἦσθα μετὰ Ἰησοῦ τοῦ Γαλιλαίου.	**Mk 14,67**	καὶ ἰδοῦσα τὸν Πέτρον θερμαινόμενον ἐμβλέψασα αὐτῷ λέγει· καὶ σὺ μετὰ τοῦ Ναζαρηνοῦ ἦσθα τοῦ Ἰησοῦ.	**Lk 22,56** ↑ Mk 14,54	ἰδοῦσα δὲ αὐτὸν παιδίσκη τις καθήμενον **πρὸς τὸ φῶς** καὶ ἀτενίσασα αὐτῷ εἶπεν· καὶ οὗτος σὺν αὐτῷ ἦν. → Jn 18,17

Acts 9,3 ἐν δὲ τῷ πορεύεσθαι ἐγένετο αὐτὸν ἐγγίζειν τῇ Δαμασκῷ, ἐξαίφνης τε αὐτὸν περιήστραψεν **φῶς** ἐκ τοῦ οὐρανοῦ

Acts 12,7 καὶ ἰδοὺ ἄγγελος κυρίου ἐπέστη καὶ **φῶς** ἔλαμψεν ἐν τῷ οἰκήματι· ...

Acts 13,47 ... *τέθεικά σε* ***εἰς φῶς ἐθνῶν*** *τοῦ εἶναί σε εἰς σωτηρίαν ἕως ἐσχάτου τῆς γῆς.* ➤ Isa 49,6

Acts 16,29 αἰτήσας δὲ **φῶτα** εἰσεπήδησεν καὶ ἔντρομος γενόμενος προσέπεσεν τῷ Παύλῳ καὶ [τῷ] Σιλᾷ

Acts 22,6 ... ἐξαίφνης ἐκ τοῦ οὐρανοῦ περιαστράψαι **φῶς ἱκανὸν** περὶ ἐμέ

Acts 22,9 οἱ δὲ σὺν ἐμοὶ ὄντες **τὸ μὲν φῶς** ἐθεάσαντο τὴν δὲ φωνὴν οὐκ ἤκουσαν τοῦ λαλοῦντός μοι.

Acts 22,11 ὡς δὲ οὐκ ἐνέβλεπον **ἀπὸ τῆς δόξης τοῦ φωτὸς ἐκείνου,** χειραγωγούμενος ὑπὸ τῶν συνόντων μοι ἦλθον εἰς Δαμασκόν.

Acts 26,13 ... οὐρανόθεν ὑπὲρ τὴν λαμπρότητα τοῦ ἡλίου περιλάμψαν με **φῶς** καὶ τοὺς σὺν ἐμοὶ πορευομένους.

a **Acts 26,18** ἀνοῖξαι ὀφθαλμοὺς αὐτῶν, τοῦ ἐπιστρέψαι ἀπὸ σκότους **εἰς φῶς** καὶ τῆς ἐξουσίας τοῦ σατανᾶ ἐπὶ τὸν θεόν, ...

Acts 26,23 εἰ παθητὸς ὁ χριστός, εἰ πρῶτος ἐξ ἀναστάσεως νεκρῶν **φῶς** μέλλει καταγγέλλειν τῷ τε λαῷ καὶ τοῖς ἔθνεσιν.

# φωτεινός	Syn 5	Mt 2	Mk	Lk 3	Acts	Jn	1-3John	Paul	Eph	Col
	NT 5	2Thess	1/2Tim	Tit	Heb	Jas	1Pet	2Pet	Jude	Rev

shining; bright; radiant

	triple tradition																double tradition			Sonder-gut		
		+Mt / +Lk			−Mt / −Lk			traditions not taken over by Mt / Lk							subtotals							
code	222	211	112	212	221	122	121	022	012	021	220	120	210	020	Σ⁺	Σ⁻	Σ	202	201	102	200	002	total
Mt		1⁺													1⁺		1	1					2
Mk																							
Lk																		1				2	3

202	**Mt 6,22**	ὁ λύχνος τοῦ σώματός ἐστιν ὁ ὀφθαλμός. ἐὰν οὖν ᾖ ὁ ὀφθαλμός σου ἁπλοῦς, ὅλον τὸ σῶμά σου **φωτεινὸν** ἔσται·	**Lk 11,34**	ὁ λύχνος τοῦ σώματός ἐστιν ὁ ὀφθαλμός σου. ὅταν ὁ ὀφθαλμός σου ἁπλοῦς ᾖ, καὶ ὅλον τὸ σῶμά σου **φωτεινόν** ἐστιν· ...	→ GTh 24 (POxy 655 – restoration)
002			**Lk 11,36 (2)** → Lk 11,35	εἰ οὖν τὸ σῶμά σου ὅλον **φωτεινόν,** μὴ ἔχον μέρος τι σκοτεινόν,	→ GTh 24 (POxy 655 - restoration)
002				ἔσται **φωτεινὸν ὅλον** ὡς ὅταν ὁ λύχνος τῇ ἀστραπῇ φωτίζῃ σε.	

211	Mt 17,5	ἔτι αὐτοῦ λαλοῦντος ἰδοὺ **νεφέλη φωτεινὴ** ἐπεσκίασεν αὐτούς, ...	Mk 9,7	καὶ ἐγένετο **νεφέλη** ἐπισκιάζουσα αὐτοῖς, ...	Lk 9,34	ταῦτα δὲ αὐτοῦ λέγοντος ἐγένετο **νεφέλη** καὶ ἐπεσκίαζεν αὐτούς· ...	

φωτίζω

Syn	Mt	Mk	Lk	Acts	Jn	1-3John	Paul	Eph	Col
1			1		1		1	2	
NT	2Thess	1/2Tim	Tit	Heb	Jas	1Pet	2Pet	Jude	Rev
11		1		2					3

shine; *transitive:* give light to; light (up); illuminate; bring to light; reveal

002			Lk 11,36 → Lk 11,35	εἰ οὖν τὸ σῶμά σου ὅλον φωτεινόν, μὴ ἔχον μέρος τι σκοτεινόν, ἔσται φωτεινὸν ὅλον ὡς ὅταν ὁ λύχνος τῇ ἀστραπῇ **φωτίζῃ** σε.	→ GTh 24 (POxy 655 – restoration)

χαίρω

χαίρω	Syn 20	Mt 6	Mk 2	Lk 12	Acts 7	Jn 9	1-3John 4	Paul 27	Eph	Col 2
	NT 74	2Thess	1/2Tim	Tit	Heb	Jas 1	1Pet 2	2Pet	Jude	Rev 2

rejoice; be glad; *formula of greeting:* χαίρε; χαίρετε welcome; good day; hail (to you); hello;
elliptically at the beginning of a letter: χαίρειν greetings

	triple tradition																	double tradition			Sondergut		
		+Mt / +Lk			–Mt / –Lk			traditions not taken over by Mt / Lk							subtotals								
code	*222*	*211*	*112*	*212*	*221*	*122*	*121*	*022*	*012*	*021*	*220*	*120*	*210*	*020*	Σ⁺	Σ⁻	Σ	*202*	*201*	*102*	*200*	*002*	total
Mt		1^+				1^-					1				1^+	1^-	2	2			2		**6**
Mk						1					1						2						**2**
Lk			1^+			1									1^+		2	2				8	**12**

a χαῖρε, χαίρετε (formula of greeting) *b* χαίρειν (at the beginning of a letter)

002					**Lk 1,14**	καὶ ἔσται χαρά σοι καὶ ἀγαλλίασις καὶ πολλοὶ ἐπὶ τῇ γενέσει αὐτοῦ **χαρήσονται.**	
a 002					**Lk 1,28**	καὶ εἰσελθὼν πρὸς αὐτὴν εἶπεν· **χαῖρε,** κεχαριτωμένη, ὁ κύριος μετὰ σοῦ.	
200	**Mt 2,10**	ἰδόντες δὲ τὸν ἀστέρα **ἐχάρησαν** χαρὰν μεγάλην σφόδρα.					
202	**Mt 5,12**	**χαίρετε** καὶ ἀγαλλιᾶσθε, ὅτι ὁ μισθὸς ὑμῶν πολὺς ἐν τοῖς οὐρανοῖς· ...			**Lk 6,23**	**χάρητε** ἐν ἐκείνῃ τῇ ἡμέρᾳ καὶ σκιρτήσατε, ἰδοὺ γὰρ ὁ μισθὸς ὑμῶν πολὺς ἐν τῷ οὐρανῷ· ...	→ GTh 69,1 → GTh 68
002 002					**Lk 10,20** **(2)**	πλὴν ἐν τούτῳ **μὴ χαίρετε** ὅτι τὰ πνεύματα ὑμῖν ὑποτάσσεται, **χαίρετε** δὲ ὅτι τὰ ὀνόματα ὑμῶν ἐγγέγραπται ἐν τοῖς οὐρανοῖς.	
002					**Lk 13,17**	... καὶ πᾶς ὁ ὄχλος **ἔχαιρεν** ἐπὶ πᾶσιν τοῖς ἐνδόξοις τοῖς γινομένοις ὑπ' αὐτοῦ.	
202	**Mt 18,13**	καὶ ἐὰν γένηται εὑρεῖν αὐτό, ἀμὴν λέγω ὑμῖν ὅτι **χαίρει** ἐπ' αὐτῷ μᾶλλον ἢ ἐπὶ τοῖς ἐνενήκοντα ἐννέα τοῖς μὴ πεπλανημένοις.			**Lk 15,5**	καὶ εὑρὼν ἐπιτίθησιν ἐπὶ τοὺς ὤμους αὐτοῦ **χαίρων** [6] ... [7] λέγω ὑμῖν ὅτι οὕτως χαρὰ ἐν τῷ οὐρανῷ ἔσται ἐπὶ ἑνὶ ἁμαρτωλῷ μετανοοῦντι ἢ ἐπὶ ἐνενήκοντα ἐννέα δικαίοις οἵτινες οὐ χρείαν ἔχουσιν μετανοίας.	→ GTh 107

002					Lk 15,32 → Lk 15,24	εὐφρανθῆναι δὲ καὶ **χαρῆναι** ἔδει, ὅτι ὁ ἀδελφός σου οὗτος νεκρὸς ἦν καὶ ἔζησεν, καὶ ἀπολωλὼς καὶ εὑρέθη.	
002					Lk 19,6	καὶ σπεύσας κατέβη καὶ ὑπεδέξατο αὐτὸν **χαίρων.**	
112	Mt 21,9	οἱ δὲ ὄχλοι οἱ προάγοντες αὐτὸν καὶ οἱ ἀκολουθοῦντες ἔκραζον λέγοντες· ...	Mk 11,9	καὶ οἱ προάγοντες καὶ οἱ ἀκολουθοῦντες ἔκραζον· ...	Lk 19,37	... ἤρξαντο ἅπαν τὸ πλῆθος τῶν μαθητῶν **χαίροντες** αἰνεῖν τὸν θεὸν φωνῇ μεγάλῃ περὶ πασῶν ὧν εἶδον δυνάμεων, [38] λέγοντες· ...	→ Jn 12,13
122	Mt 26,15	... οἱ δὲ ἔστησαν αὐτῷ τριάκοντα ἀργύρια.	Mk 14,11	οἱ δὲ ἀκούσαντες **ἐχάρησαν** καὶ ἐπηγγείλαντο αὐτῷ ἀργύριον δοῦναι. ...	Lk 22,5	καὶ **ἐχάρησαν** καὶ συνέθεντο αὐτῷ ἀργύριον δοῦναι.	
a 211	Mt 26,49	καὶ εὐθέως προσελθὼν τῷ Ἰησοῦ εἶπεν· **χαῖρε,** ῥαββί, καὶ κατεφίλησεν αὐτόν.	Mk 14,45	καὶ ἐλθὼν εὐθὺς προσελθὼν αὐτῷ λέγει· ῥαββί, καὶ κατεφίλησεν αὐτόν.	Lk 22,47	... προήρχετο αὐτοὺς καὶ ἤγγισεν τῷ Ἰησοῦ φιλῆσαι αὐτόν.	→ Jn 18,5
002					Lk 23,8 → Lk 9,9	ὁ δὲ Ἡρῴδης ἰδὼν τὸν Ἰησοῦν **ἐχάρη** λίαν, ἦν γὰρ ἐξ ἱκανῶν χρόνων θέλων ἰδεῖν αὐτὸν διὰ τὸ ἀκούειν περὶ αὐτοῦ, ...	
a 220	Mt 27,29	... καὶ γονυπετήσαντες ἔμπροσθεν αὐτοῦ ἐνέπαιξαν αὐτῷ λέγοντες· **χαῖρε,** βασιλεῦ τῶν Ἰουδαίων	Mk 15,18	καὶ ἤρξαντο ἀσπάζεσθαι αὐτόν· **χαῖρε,** βασιλεῦ τῶν Ἰουδαίων·			→ Jn 19,3
a 200	Mt 28,9	καὶ ἰδοὺ Ἰησοῦς ὑπήντησεν αὐταῖς λέγων· **χαίρετε.** αἱ δὲ προσελθοῦσαι ἐκράτησαν αὐτοῦ τοὺς πόδας καὶ προσεκύνησαν αὐτῷ.					→ Jn 20,14-17

Acts 5,41 οἱ μὲν οὖν ἐπορεύοντο **χαίροντες** ἀπὸ προσώπου τοῦ συνεδρίου, ὅτι κατηξιώθησαν ὑπὲρ τοῦ ὀνόματος ἀτιμασθῆναι

Acts 8,39 ... καὶ οὐκ εἶδεν αὐτὸν οὐκέτι ὁ εὐνοῦχος, ἐπορεύετο γὰρ τὴν ὁδὸν αὐτοῦ **χαίρων.**

Acts 11,23 ὃς παραγενόμενος καὶ ἰδὼν τὴν χάριν [τὴν] τοῦ θεοῦ, **ἐχάρη** καὶ παρεκάλει πάντας τῇ προθέσει τῆς καρδίας προσμένειν τῷ κυρίῳ.

Acts 13,48 ἀκούοντα δὲ τὰ ἔθνη **ἔχαιρον** καὶ ἐδόξαζον τὸν λόγον τοῦ κυρίου ...

b **Acts 15,23** ... οἱ ἀπόστολοι καὶ οἱ πρεσβύτεροι ἀδελφοὶ τοῖς κατὰ τὴν Ἀντιόχειαν καὶ Συρίαν καὶ Κιλικίαν ἀδελφοῖς τοῖς ἐξ ἐθνῶν **χαίρειν.**

Acts 15,31 ἀναγνόντες δὲ **ἐχάρησαν** ἐπὶ τῇ παρακλήσει.

b **Acts 23,26** Κλαύδιος Λυσίας τῷ κρατίστῳ ἡγεμόνι Φήλικι **χαίρειν.**

χαλάω	Syn 3	Mt	Mk 1	Lk 2	Acts 3	Jn	1-3John	Paul 1	Eph	Col
	NT 7	2Thess	1/2Tim	Tit	Heb	Jas	1Pet	2Pet	Jude	Rev

let down

002					Lk 5,4	... ἐπανάγαγε εἰς τὸ βάθος καὶ **χαλάσατε** τὰ δίκτυα ὑμῶν εἰς ἄγραν.	→ Jn 21,6
002					Lk 5,5	... ἐπὶ δὲ τῷ ῥήματί σου **χαλάσω** τὰ δίκτυα.	→ Jn 21,3
021			Mk 2,4	... ἀπεστέγασαν τὴν στέγην ὅπου ἦν, καὶ ἐξορύξαντες **χαλῶσι** τὸν κράβαττον ὅπου ὁ παραλυτικὸς κατέκειτο.	Lk 5,19	... ἀναβάντες ἐπὶ τὸ δῶμα διὰ τῶν κεράμων **καθῆκαν** αὐτὸν σὺν τῷ κλινιδίῳ εἰς τὸ μέσον ἔμπροσθεν τοῦ Ἰησοῦ.	

Acts 9,25 λαβόντες δὲ οἱ μαθηταὶ αὐτοῦ νυκτὸς διὰ τοῦ τείχους καθῆκαν αὐτὸν **χαλάσαντες** ἐν σπυρίδι.

Acts 27,17 ... φοβούμενοί τε μὴ εἰς τὴν Σύρτιν ἐκπέσωσιν, **χαλάσαντες** τὸ σκεῦος οὕτως ἐφέροντο.

Acts 27,30 τῶν δὲ ναυτῶν ζητούντων φυγεῖν ἐκ τοῦ πλοίου καὶ **χαλασάντων** τὴν σκάφην εἰς τὴν θάλασσαν προφάσει ὡς ἐκ πρῴρης ἀγκύρας μελλόντων ἐκτείνειν, [30] εἶπεν ὁ Παῦλος ...

χαλεπός	Syn 1	Mt 1	Mk	Lk	Acts	Jn	1-3John	Paul	Eph	Col
	NT 2	2Thess	1/2Tim 1	Tit	Heb	Jas	1Pet	2Pet	Jude	Rev

hard; difficult; dangerous

211	Mt 8,28	... ὑπήντησαν αὐτῷ δύο δαιμονιζόμενοι ἐκ τῶν μνημείων ἐξερχόμενοι, **χαλεποὶ λίαν,** ὥστε μὴ ἰσχύειν τινὰ παρελθεῖν διὰ τῆς ὁδοῦ ἐκείνης.	Mk 5,3	[2] ... εὐθὺς ὑπήντησεν αὐτῷ ἐκ τῶν μνημείων ἄνθρωπος ἐν πνεύματι ἀκαθάρτῳ, [3] ὃς τὴν κατοίκησιν εἶχεν ἐν τοῖς μνήμασιν, καὶ οὐδὲ ἁλύσει οὐκέτι οὐδεὶς ἐδύνατο αὐτὸν δῆσαι [4] διὰ τὸ αὐτὸν πολλάκις πέδαις καὶ ἁλύσεσιν δεδέσθαι καὶ διεσπάσθαι ὑπ᾿ αὐτοῦ τὰς ἁλύσεις καὶ τὰς πέδας συντετρῖφθαι, καὶ οὐδεὶς ἴσχυεν αὐτὸν δαμάσαι·	Lk 8,27	... ὑπήντησεν ἀνήρ τις ἐκ τῆς πόλεως ἔχων δαιμόνια καὶ χρόνῳ ἱκανῷ οὐκ ἐνεδύσατο ἱμάτιον καὶ ἐν οἰκίᾳ οὐκ ἔμενεν ἀλλ᾿ ἐν τοῖς μνήμασιν. [29] ... πολλοῖς γὰρ χρόνοις συνηρπάκει αὐτὸν καὶ ἐδεσμεύετο ἁλύσεσιν καὶ πέδαις φυλασσόμενος καὶ διαρρήσσων τὰ δεσμὰ ...	

χαλκίον	Syn 1	Mt	Mk 1	Lk	Acts	Jn	1-3John	Paul	Eph	Col
	NT 1	2Thess	1/2Tim	Tit	Heb	Jas	1Pet	2Pet	Jude	Rev

(copper) vessel; kettle

020			Mk 7,4 →Mt 23,25 →Lk 11,39	... καὶ ἄλλα πολλά ἐστιν ἃ παρέλαβον κρατεῖν, βαπτισμοὺς ποτηρίων καὶ ξεστῶν καὶ **χαλκίων** [καὶ κλινῶν] -		

χαλκός	Syn 3	Mt 1	Mk 2	Lk	Acts	Jn	1-3John	Paul 1	Eph	Col
	NT 5	2Thess	1/2Tim	Tit	Heb	Jas	1Pet	2Pet	Jude	Rev 1

copper; brass; bronze

221	Mt 10,9	μὴ κτήσησθε χρυσὸν μηδὲ ἄργυρον **μηδὲ χαλκὸν εἰς τὰς ζώνας ὑμῶν,** [10] μὴ πήραν εἰς ὁδὸν μηδὲ δύο χιτῶνας μηδὲ ὑποδήματα μηδὲ ῥάβδον· ...	Mk 6,8	... ἵνα μηδὲν αἴρωσιν εἰς ὁδὸν εἰ μὴ ῥάβδον μόνον, μὴ ἄρτον, μὴ πήραν, **μὴ εἰς τὴν ζώνην χαλκόν,** [9] ἀλλὰ ὑποδεδεμένους σανδάλια, καὶ μὴ ἐνδύσησθε δύο χιτῶνας.	Lk 9,3 ⇩ Lk 10,4 → Lk 22,35-36	μηδὲν αἴρετε εἰς τὴν ὁδόν, μήτε ῥάβδον μήτε πήραν μήτε ἄρτον μήτε ἀργύριον μήτε [ἀνὰ] δύο χιτῶνας ἔχειν.	Mk-Q overlap
					Lk 10,4 ⇧ Lk 9,3	μὴ βαστάζετε **βαλλάντιον,** μὴ πήραν, μὴ ὑποδήματα, καὶ μηδένα κατὰ τὴν ὁδὸν ἀσπάσησθε.	
021			Mk 12,41	καὶ καθίσας κατέναντι τοῦ γαζοφυλακίου ἐθεώρει πῶς ὁ ὄχλος βάλλει **χαλκὸν** εἰς τὸ γαζοφυλάκιον. καὶ πολλοὶ πλούσιοι ἔβαλλον πολλά·	Lk 21,1	ἀναβλέψας δὲ εἶδεν τοὺς βάλλοντας εἰς τὸ γαζοφυλάκιον τὰ δῶρα αὐτῶν πλουσίους.	

Χαναναῖος	Syn 1	Mt 1	Mk	Lk	Acts	Jn	1-3John	Paul	Eph	Col
	NT 1	2Thess	1/2Tim	Tit	Heb	Jas	1Pet	2Pet	Jude	Rev

Canaanite

210	Mt 15,22 →Mk 7,24	καὶ ἰδοὺ γυνὴ **Χαναναία** ἀπὸ τῶν ὁρίων ἐκείνων ... [25] ... λέγουσα· κύριε, βοήθει μοι.	Mk 7,26	ἡ δὲ γυνὴ ἦν Ἑλληνίς, **Συροφοινίκισσα** τῷ γένει· καὶ ἠρώτα αὐτὸν ἵνα τὸ δαιμόνιον ἐκβάλῃ ἐκ τῆς θυγατρὸς αὐτῆς.		

χαρά	Syn 15	Mt 6	Mk 1	Lk 8	Acts 4	Jn 9	1-3John 3	Paul 19	Eph	Col 1
	NT 59	2Thess	1/2Tim 1	Tit	Heb 4	Jas 2	1Pet 1	2Pet	Jude	Rev

joy; (the object of) joy; a state of joyfulness; festive dinner; banquet

	triple tradition																	double tradition			Sondergut		
		+Mt / +Lk			–Mt / –Lk			traditions not taken over by Mt / Lk							subtotals								
code	*222*	*211*	*112*	*212*	*221*	*122*	*121*	*022*	*012*	*021*	*220*	*120*	*210*	*020*	Σ⁺	Σ⁻	Σ	*202*	*201*	*102*	*200*	*002*	total
Mt	1	1⁺													1⁺		2		2		2		**6**
Mk	1																1						**1**
Lk	1																1			1		6	**8**

a χαρὰ μεγάλη

002			**Lk 1,14** καὶ ἔσται **χαρά** σοι καὶ ἀγαλλίασις καὶ πολλοὶ ἐπὶ τῇ γενέσει αὐτοῦ χαρήσονται.	
a 002			**Lk 2,10** ... μὴ φοβεῖσθε, ἰδοὺ γὰρ εὐαγγελίζομαι ὑμῖν **χαρὰν μεγάλην** ἥτις ἔσται παντὶ τῷ λαῷ	
a 200	**Mt 2,10** ἰδόντες δὲ τὸν ἀστέρα ἐχάρησαν **χαρὰν μεγάλην** σφόδρα.			
222	**Mt 13,20** ὁ δὲ ἐπὶ τὰ πετρώδη σπαρείς, οὗτός ἐστιν ὁ τὸν λόγον ἀκούων καὶ εὐθὺς **μετὰ χαρᾶς** λαμβάνων αὐτόν	**Mk 4,16** καὶ οὗτοί εἰσιν οἱ ἐπὶ τὰ πετρώδη σπειρόμενοι, οἳ ὅταν ἀκούσωσιν τὸν λόγον εὐθὺς **μετὰ χαρᾶς** λαμβάνουσιν αὐτόν	**Lk 8,13** οἱ δὲ ἐπὶ τῆς πέτρας οἳ ὅταν ἀκούσωσιν **μετὰ χαρᾶς** δέχονται τὸν λόγον, ...	
200	**Mt 13,44** ὁμοία ἐστὶν ἡ βασιλεία τῶν οὐρανῶν θησαυρῷ κεκρυμμένῳ ἐν τῷ ἀγρῷ, ὃν εὑρὼν ἄνθρωπος ἔκρυψεν, καὶ **ἀπὸ τῆς χαρᾶς αὐτοῦ** ὑπάγει καὶ πωλεῖ πάντα ὅσα ἔχει καὶ ἀγοράζει τὸν ἀγρὸν ἐκεῖνον.			→ GTh 109
002			**Lk 10,17** → Lk 9,10 ὑπέστρεψαν δὲ οἱ ἑβδομήκοντα [δύο] **μετὰ χαρᾶς** λέγοντες· κύριε, καὶ τὰ δαιμόνια ὑποτάσσεται ἡμῖν ἐν τῷ ὀνόματί σου.	
102	**Mt 18,13** καὶ ἐὰν γένηται εὑρεῖν αὐτό, ἀμὴν λέγω ὑμῖν ὅτι χαίρει ἐπ᾽ αὐτῷ μᾶλλον ἢ ἐπὶ τοῖς ἐνενήκοντα ἐννέα τοῖς μὴ πεπλανημένοις.		**Lk 15,7** ↓ Lk 15,10 [5] καὶ εὑρὼν ἐπιτίθησιν ἐπὶ τοὺς ὤμους αὐτοῦ χαίρων [6] ... [7] λέγω ὑμῖν ὅτι οὕτως **χαρὰ** ἐν τῷ οὐρανῷ ἔσται ἐπὶ ἑνὶ ἁμαρτωλῷ μετανοοῦντι ἢ ἐπὶ ἐνενήκοντα ἐννέα δικαίοις οἵτινες οὐ χρείαν ἔχουσιν μετανοίας.	→ GTh 107

002					Lk 15,10 ↑ Lk 15,7	οὕτως, λέγω ὑμῖν, γίνεται **χαρὰ** ἐνώπιον τῶν ἀγγέλων τοῦ θεοῦ ἐπὶ ἑνὶ ἁμαρτωλῷ μετανοοῦντι.	
201	Mt 25,21 → Mt 24,47	... ἐπὶ ὀλίγα ἧς πιστός, ἐπὶ πολλῶν σε καταστήσω· εἴσελθε **εἰς τὴν χαρὰν τοῦ κυρίου σου.**			Lk 19,17 → Lk 16,10	... ἐν ἐλαχίστῳ πιστὸς ἐγένου, ἴσθι ἐξουσίαν ἔχων ἐπάνω δέκα πόλεων.	
201	Mt 25,23 → Mt 24,47	... ἐπὶ ὀλίγα ἧς πιστός, ἐπὶ πολλῶν σε καταστήσω· εἴσελθε **εἰς τὴν χαρὰν τοῦ κυρίου σου.**			Lk 19,19	... καὶ σὺ ἐπάνω γίνου πέντε πόλεων.	
a 211	Mt 28,8	καὶ ἀπελθοῦσαι ταχὺ ἀπὸ τοῦ μνημείου **μετὰ φόβου καὶ χαρᾶς μεγάλης** ἔδραμον ἀπαγγεῖλαι τοῖς μαθηταῖς αὐτοῦ.	Mk 16,8	καὶ ἐξελθοῦσαι ἔφυγον ἀπὸ τοῦ μνημείου, εἶχεν γὰρ αὐτὰς **τρόμος καὶ ἔκστασις·** καὶ οὐδενὶ οὐδὲν εἶπαν· ἐφοβοῦντο γάρ.	Lk 24,9	καὶ ὑποστρέψασαι ἀπὸ τοῦ μνημείου ἀπήγγειλαν ταῦτα πάντα τοῖς ἕνδεκα καὶ πᾶσιν τοῖς λοιποῖς.	→ Jn 20,2.18
002					Lk 24,41	ἔτι δὲ ἀπιστούντων αὐτῶν **ἀπὸ τῆς χαρᾶς** καὶ θαυμαζόντων εἶπεν αὐτοῖς· ἔχετέ τι βρώσιμον ἐνθάδε;	→ Jn 20,20.27 → Jn 21,5
a 002					Lk 24,52	καὶ αὐτοὶ προσκυνήσαντες αὐτὸν ὑπέστρεψαν εἰς Ἰερουσαλὴμ **μετὰ χαρᾶς μεγάλης**	→ Acts 1,12

Acts 8,8 ἐγένετο δὲ **πολλὴ χαρὰ** ἐν τῇ πόλει ἐκείνῃ.

Acts 12,14 καὶ ἐπιγνοῦσα τὴν φωνὴν τοῦ Πέτρου **ἀπὸ τῆς χαρᾶς** οὐκ ἤνοιξεν τὸν πυλῶνα, ...

Acts 13,52 οἵ τε μαθηταὶ ἐπληροῦντο **χαρᾶς** καὶ πνεύματος ἁγίου.

a **Acts 15,3** οἱ μὲν οὖν προπεμφθέντες ὑπὸ τῆς ἐκκλησίας διήρχοντο τήν τε Φοινίκην καὶ Σαμάρειαν ἐκδιηγούμενοι τὴν ἐπιστροφὴν τῶν ἐθνῶν καὶ ἐποίουν **χαρὰν μεγάλην** πᾶσιν τοῖς ἀδελφοῖς.

χάραξ

Syn 1	Mt	Mk	Lk 1	Acts	Jn	1-3John	Paul	Eph	Col
NT 1	2Thess	1/2Tim	Tit	Heb	Jas	1Pet	2Pet	Jude	Rev

palisade

002	Lk 19,43 → Lk 21,20	ὅτι ἥξουσιν ἡμέραι ἐπὶ σὲ καὶ παρεμβαλοῦσιν οἱ ἐχθροί σου **χάρακά** σοι καὶ περικυκλώσουσίν σε καὶ συνέξουσίν σε πάντοθεν

χαρίζομαι	Syn 3	Mt	Mk	Lk 3	Acts 4	Jn	1-3John	Paul 11	Eph 2	Col 3
	NT 23	2Thess	1/2Tim	Tit	Heb	Jas	1Pet	2Pet	Jude	Rev

give freely; give graciously as a favor; remit; forgive; pardon; show oneself to be gracious to someone

002		Lk 7,21 → Lk 6,18	ἐν ἐκείνῃ τῇ ὥρᾳ ἐθεράπευσεν πολλοὺς ἀπὸ νόσων καὶ μαστίγων καὶ πνευμάτων πονηρῶν καὶ τυφλοῖς πολλοῖς **ἐχαρίσατο** βλέπειν.	
002		Lk 7,42	μὴ ἐχόντων αὐτῶν ἀποδοῦναι ἀμφοτέροις **ἐχαρίσατο.** τίς οὖν αὐτῶν πλεῖον ἀγαπήσει αὐτόν;	
002		Lk 7,43	ἀποκριθεὶς Σίμων εἶπεν· ὑπολαμβάνω ὅτι ᾧ τὸ πλεῖον **ἐχαρίσατο.** ...	

Acts 3,14 ὑμεῖς δὲ τὸν ἅγιον καὶ δίκαιον ἠρνήσασθε καὶ ᾐτήσασθε ἄνδρα φονέα **χαρισθῆναι** ὑμῖν

Acts 25,11 ... εἰ δὲ οὐδέν ἐστιν ὧν οὗτοι κατηγοροῦσίν μου, οὐδείς με δύναται αὐτοῖς **χαρίσασθαι·** Καίσαρα ἐπικαλοῦμαι.

Acts 25,16 πρὸς οὓς ἀπεκρίθην ὅτι οὐκ ἔστιν ἔθος Ῥωμαίοις **χαρίζεσθαί** τινα ἄνθρωπον πρὶν ἢ ὁ κατηγορούμενος κατὰ πρόσωπον ἔχοι τοὺς κατηγόρους τόπον τε ἀπολογίας λάβοι περὶ τοῦ ἐγκλήματος.

Acts 27,24 ... μὴ φοβοῦ, Παῦλε, Καίσαρί σε δεῖ παραστῆναι, καὶ ἰδοὺ **κεχάρισταί** σοι ὁ θεὸς πάντας τοὺς πλέοντας μετὰ σοῦ.

χάριν	Syn 1	Mt	Mk	Lk 1	Acts	Jn	1-3John 1	Paul 1	Eph 2	Col
	NT 9	2Thess	1/2Tim 1	Tit 2	Heb	Jas	1Pet	2Pet	Jude 1	Rev

for the sake of; on behalf of

002		Lk 7,47	**οὗ χάριν** λέγω σοι, ἀφέωνται αἱ ἁμαρτίαι αὐτῆς αἱ πολλαί, ὅτι ἠγάπησεν πολύ· ...	

χάρις	Syn 8	Mt	Mk	Lk 8	Acts 17	Jn 4	1-3John 1	Paul 66	Eph 12	Col 5
	NT 155	2Thess 4	1/2Tim 9	Tit 4	Heb 8	Jas 2	1Pet 10	2Pet 2	Jude 1	Rev 2

graciousness; attractiveness; practical application of goodwill; a (sign of) favor; gracious deed, gift; benefaction

	triple tradition																	double tradition			Sonder-gut		
		+Mt / +Lk			–Mt / –Lk			traditions not taken over by Mt / Lk							subtotals								
code	*222*	*211*	*112*	*212*	*221*	*122*	*121*	*022*	*012*	*021*	*220*	*120*	*210*	*020*	Σ⁺	Σ⁻	Σ	*202*	*201*	*102*	*200*	*002*	total
Mt																							
Mk																							
Lk			1⁺												1⁺		1			3		4	8

[a] χάρις (τοῦ) θεοῦ, χάρις αὐτοῦ (= θεοῦ)
[b] χάρις and θεός (except a)
[c] χάρις τοῦ κυρίου, χάρις αὐτοῦ (= κυρίου)
[d] λόγος τῆς χάριτος

b 002					**Lk 1,30** → Mt 1,20	καὶ εἶπεν ὁ ἄγγελος αὐτῇ· μὴ φοβοῦ, Μαριάμ, εὗρες γὰρ **χάριν** παρὰ τῷ θεῷ.	
a 002					**Lk 2,40**	τὸ δὲ παιδίον ηὔξανεν καὶ ἐκραταιοῦτο πληρούμενον σοφίᾳ, καὶ **χάρις θεοῦ** ἦν ἐπ' αὐτό.	
b 002					**Lk 2,52**	καὶ Ἰησοῦς προέκοπτεν [ἐν τῇ] σοφίᾳ καὶ ἡλικίᾳ καὶ **χάριτι** παρὰ θεῷ καὶ ἀνθρώποις.	
d 112	**Mt 13,54**	... ὥστε ἐκπλήσσεσθαι αὐτοὺς καὶ λέγειν· ...	**Mk 6,2**	... καὶ πολλοὶ ἀκούοντες ἐξεπλήσσοντο λέγοντες· ...	**Lk 4,22**	καὶ πάντες ἐμαρτύρουν αὐτῷ καὶ ἐθαύμαζον **ἐπὶ τοῖς λόγοις τῆς χάριτος** τοῖς ἐκπορευομένοις ἐκ τοῦ στόματος αὐτοῦ καὶ ἔλεγον· ...	
102	**Mt 5,46**	ἐὰν γὰρ ἀγαπήσητε τοὺς ἀγαπῶντας ὑμᾶς, **τίνα μισθὸν** ἔχετε;			**Lk 6,32** ⇩ Lk 6,33	καὶ εἰ ἀγαπᾶτε τοὺς ἀγαπῶντας ὑμᾶς, **ποία ὑμῖν χάρις** ἐστίν; καὶ γὰρ οἱ ἁμαρτωλοὶ τοὺς ἀγαπῶντας αὐτοὺς ἀγαπῶσιν.	
102		οὐχὶ καὶ οἱ τελῶναι τὸ αὐτὸ ποιοῦσιν;			**Lk 6,33** ⇧ Lk 6,32	καὶ [γὰρ] ἐὰν ἀγαθοποιῆτε τοὺς ἀγαθοποιοῦντας ὑμᾶς, **ποία ὑμῖν χάρις** ἐστίν; καὶ οἱ ἁμαρτωλοὶ τὸ αὐτὸ ποιοῦσιν.	
102	**Mt 5,47**	καὶ ἐὰν ἀσπάσησθε τοὺς ἀδελφοὺς ὑμῶν μόνον, **τί περισσὸν** ποιεῖτε; οὐχὶ καὶ οἱ ἐθνικοὶ τὸ αὐτὸ ποιοῦσιν;			**Lk 6,34** → Mt 5,42	καὶ ἐὰν δανίσητε παρ' ὧν ἐλπίζετε λαβεῖν, **ποία ὑμῖν χάρις** [ἐστίν]; καὶ ἁμαρτωλοὶ ἁμαρτωλοῖς δανίζουσιν ἵνα ἀπολάβωσιν τὰ ἴσα.	→ GTh 95
002					**Lk 17,9**	μὴ ἔχει **χάριν** τῷ δούλῳ ὅτι ἐποίησεν τὰ διαταχθέντα;	

Acts 2,47 αἰνοῦντες τὸν θεὸν καὶ ἔχοντες **χάριν** πρὸς ὅλον τὸν λαόν. ...

Acts 4,33 καὶ δυνάμει μεγάλῃ ἀπεδίδουν τὸ μαρτύριον οἱ ἀπόστολοι τῆς ἀναστάσεως τοῦ κυρίου Ἰησοῦ, **χάρις τε μεγάλη** ἦν ἐπὶ πάντας αὐτούς.

Acts 6,8 **Στέφανος δὲ πλήρης χάριτος καὶ δυνάμεως** ἐποίει τέρατα καὶ σημεῖα μεγάλα ἐν τῷ λαῷ.

Acts 7,10 καὶ ἐξείλατο αὐτὸν ἐκ πασῶν τῶν θλίψεων αὐτοῦ καὶ ἔδωκεν αὐτῷ **χάριν** καὶ σοφίαν ἐναντίον Φαραὼ βασιλέως Αἰγύπτου ...

b **Acts 7,46** ὃς εὗρεν **χάριν** ἐνώπιον τοῦ θεοῦ καὶ ᾐτήσατο εὑρεῖν σκήνωμα τῷ οἴκῳ Ἰακώβ.

a **Acts 11,23** ὃς παραγενόμενος καὶ ἰδὼν **τὴν χάριν [τὴν] τοῦ θεοῦ,** ἐχάρη καὶ παρεκάλει πάντας τῇ προθέσει τῆς καρδίας προσμένειν τῷ κυρίῳ.

a **Acts 13,43** ... οἵτινες προσλαλοῦντες αὐτοῖς ἔπειθον αὐτοὺς προσμένειν **τῇ χάριτι τοῦ θεοῦ.**

c d **Acts 14,3** ἱκανὸν μὲν οὖν χρόνον διέτριψαν παρρησιαζόμενοι ἐπὶ τῷ κυρίῳ τῷ μαρτυροῦντι **[ἐπὶ] τῷ λόγῳ τῆς χάριτος αὐτοῦ, ...**

a **Acts 14,26** κἀκεῖθεν ἀπέπλευσαν εἰς Ἀντιόχειαν, ὅθεν ἦσαν παραδεδομένοι **τῇ χάριτι τοῦ θεοῦ** εἰς τὸ ἔργον ὃ ἐπλήρωσαν.

c **Acts 15,11** ἀλλὰ **διὰ τῆς χάριτος τοῦ κυρίου Ἰησοῦ** πιστεύομεν σωθῆναι καθ᾽ ὃν τρόπον κἀκεῖνοι.

c **Acts 15,40** Παῦλος δὲ ἐπιλεξάμενος Σιλᾶν ἐξῆλθεν παραδοθεὶς **τῇ χάριτι τοῦ κυρίου** ὑπὸ τῶν ἀδελφῶν.

Acts 18,27 ... ὃς παραγενόμενος συνεβάλετο πολὺ τοῖς πεπιστευκόσιν **διὰ τῆς χάριτος·**

a **Acts 20,24** ... ὡς τελειῶσαι τὸν δρόμον μου καὶ τὴν διακονίαν ἣν ἔλαβον παρὰ τοῦ κυρίου Ἰησοῦ, διαμαρτύρασθαι **τὸ εὐαγγέλιον τῆς χάριτος τοῦ θεοῦ.**

a d **Acts 20,32** καὶ τὰ νῦν παρατίθεμαι ὑμᾶς τῷ θεῷ καὶ **τῷ λόγῳ τῆς χάριτος αὐτοῦ, ...**

Acts 24,27 διετίας δὲ πληρωθείσης ἔλαβεν διάδοχον ὁ Φῆλιξ Πόρκιον Φῆστον, θέλων τε **χάριτα** καταθέσθαι τοῖς Ἰουδαίοις ὁ Φῆλιξ κατέλιπε τὸν Παῦλον δεδεμένον.

Acts 25,3 αἰτούμενοι **χάριν** κατ᾽ αὐτοῦ ὅπως μεταπέμψηται αὐτὸν εἰς Ἰερουσαλήμ, ...

Acts 25,9 ὁ Φῆστος δὲ θέλων τοῖς Ἰουδαίοις **χάριν** καταθέσθαι ἀποκριθεὶς τῷ Παύλῳ εἶπεν· ...

χαριτόω

	Syn	Mt	Mk	Lk	Acts	Jn	1-3John	Paul	Eph	Col
χαριτόω	1			1					1	
	NT	2Thess	1/2Tim	Tit	Heb	Jas	1Pet	2Pet	Jude	Rev
	2									

bestow favor upon; favor highly; bless

002			**Lk 1,28** καὶ εἰσελθὼν πρὸς αὐτὴν εἶπεν· χαῖρε, **κεχαριτωμένη,** ὁ κύριος μετὰ σοῦ.

χάσμα

	Syn	Mt	Mk	Lk	Acts	Jn	1-3John	Paul	Eph	Col
χάσμα	1			1						
	NT	2Thess	1/2Tim	Tit	Heb	Jas	1Pet	2Pet	Jude	Rev
	1									

chasm

002			**Lk 16,26** καὶ ἐν πᾶσι τούτοις μεταξὺ ἡμῶν καὶ ὑμῶν **χάσμα μέγα** ἐστήρικται, ὅπως οἱ θέλοντες διαβῆναι ἔνθεν πρὸς ὑμᾶς μὴ δύνωνται, μηδὲ ἐκεῖθεν πρὸς ἡμᾶς διαπερῶσιν.

χεῖλος	Syn 2	Mt 1	Mk 1	Lk	Acts	Jn	1-3John	Paul 2	Eph	Col
	NT 7	2Thess	1/2Tim	Tit	Heb 2	Jas	1Pet 1	2Pet	Jude	Rev

the lips; shore; bank

220	**Mt 15,8** *ὁ λαὸς οὗτος* **τοῖς χείλεσίν** *με τιμᾷ, ἡ δὲ καρδία αὐτῶν πόρρω ἀπέχει ἀπ' ἐμοῦ·* ➤ Isa 29,13 LXX	**Mk 7,6** *... οὗτος ὁ λαὸς* **τοῖς χείλεσίν** *με τιμᾷ, ἡ δὲ καρδία αὐτῶν πόρρω ἀπέχει ἀπ' ἐμοῦ·* ➤ Isa 29,13 LXX	

χειμών	Syn 3	Mt 2	Mk 1	Lk	Acts 1	Jn 1	1-3John	Paul	Eph	Col
	NT 6	2Thess	1/2Tim 1	Tit	Heb	Jas	1Pet	2Pet	Jude	Rev

rainy and stormy weather; winter

201	**Mt 16,3** [καὶ πρωΐ· σήμερον **χειμών,** πυρράζει γὰρ στυγνάζων ὁ οὐρανός. ...]		**Lk 12,55** καὶ ὅταν νότον πνέοντα, λέγετε ὅτι **καύσων** ἔσται, καὶ γίνεται.	→ GTh 91 Mt 16,3 is textcritically uncertain.
220	**Mt 24,20** προσεύχεσθε δὲ ἵνα μὴ γένηται ἡ φυγὴ ὑμῶν **χειμῶνος** μηδὲ σαββάτῳ.	**Mk 13,18** προσεύχεσθε δὲ ἵνα μὴ γένηται **χειμῶνος·**		

Acts 27,20 μήτε δὲ ἡλίου μήτε ἄστρων ἐπιφαινόντων ἐπὶ πλείονας ἡμέρας, **χειμῶνός τε οὐκ ὀλίγου** ἐπικειμένου, λοιπὸν περιῃρεῖτο ἐλπὶς πᾶσα τοῦ σῴζεσθαι ἡμᾶς.

χείρ	Syn 74	Mt 24	Mk 24	Lk 26	Acts 45	Jn 15	1-3John 1	Paul 10	Eph 1	Col 1
	NT 175	2Thess 1	1/2Tim 4	Tit	Heb 5	Jas 1	1Pet 1	2Pet	Jude	Rev 16

hand; hostile power

	triple tradition																	double tradition			Sondergut		
		+Mt / +Lk			–Mt / –Lk			traditions not taken over by Mt / Lk							subtotals								
code	*222*	*211*	*112*	*212*	*221*	*122*	*121*	*022*	*012*	*021*	*220*	*120*	*210*	*020*	Σ⁺	Σ⁻	Σ	*202*	*201*	*102*	*200*	*002*	total
Mt	5	2^+			3	1^-	2^-				5	2^-	2^+		4^+	5^-	17	2			5		**24**
Mk	5				3	1	2	1			5	2		5			24						**24**
Lk	5		7^+		3^-	1	2^-	1							7^+	5^-	14	2				10	**26**

a ἡ δεξιὰ (...) χείρ, ἡ χεὶρ (...) ἡ δεξιὰ
b χεῖρα ἐκτείνω, χεῖρας ἐκτείνω
c χεῖρα ἐπιβάλλω, χεῖρας ἐπιβάλλω
d χεῖρα ἐπιτίθημι, χεῖρας (ἐπι)τίθημι, ἐπίθεσις τῶν χειρῶν
e κρατέω τῆς χειρός
f χεὶρ κυρίου
g διὰ χειρός, διὰ (τῶν) χειρῶν
h παραδίδωμι εἰς χεῖρας

f 002			**Lk 1,66** καὶ ἔθεντο πάντες οἱ ἀκούσαντες ἐν τῇ καρδίᾳ αὐτῶν λέγοντες· τί ἄρα τὸ παιδίον τοῦτο ἔσται; καὶ γὰρ **χεὶρ κυρίου** ἦν μετ' αὐτοῦ.	

002					Lk 1,71	σωτηρίαν ἐξ ἐχθρῶν ἡμῶν καὶ **ἐκ χειρὸς πάντων** **τῶν μισούντων** ἡμᾶς
002					Lk 1,74	ἀφόβως **ἐκ χειρὸς ἐχθρῶν** ῥυσθέντας λατρεύειν αὐτῷ
202	Mt 3,12 → Mt 13,30	οὗ τὸ πτύον **ἐν τῇ χειρὶ αὐτοῦ** καὶ διακαθαριεῖ τὴν ἅλωνα αὐτοῦ, ...			Lk 3,17	οὗ τὸ πτύον **ἐν τῇ χειρὶ αὐτοῦ** διακαθᾶραι τὴν ἅλωνα αὐτοῦ ...
202	Mt 4,6	... *καὶ* ***ἐπὶ χειρῶν*** *ἀροῦσίν σε, μήποτε* *προσκόψῃς πρὸς λίθον* *τὸν πόδα σου.* ➤ Ps 91,12			Lk 4,11	καὶ ὅτι ***ἐπὶ χειρῶν*** *ἀροῦσίν σε, μήποτε* *προσκόψῃς πρὸς λίθον* *τὸν πόδα σου.* ➤ Ps 91,12
e 221	Mt 8,15	καὶ ἥψατο **τῆς χειρὸς αὐτῆς,** καὶ ἀφῆκεν αὐτὴν ὁ πυρετός, ...	Mk 1,31	καὶ προσελθὼν ἤγειρεν αὐτὴν κρατήσας **τῆς χειρός·** καὶ ἀφῆκεν αὐτὴν ὁ πυρετός, ...	Lk 4,39	καὶ ἐπιστὰς **ἐπάνω αὐτῆς** ἐπετίμησεν τῷ πυρετῷ· καὶ ἀφῆκεν αὐτήν· ...
d 112	Mt 8,16 ⇩ Mt 4,24 → Mt 12,15	... καὶ ἐξέβαλεν τὰ πνεύματα λόγῳ καὶ πάντας τοὺς κακῶς ἔχοντας ἐθεράπευσεν	Mk 1,34 → Mk 3,10-11	καὶ ἐθεράπευσεν πολλοὺς κακῶς ἔχοντας ποικίλαις νόσοις καὶ δαιμόνια πολλὰ ἐξέβαλεν, ...	Lk 4,40 → Lk 6,18	... ὁ δὲ ἑνὶ ἑκάστῳ αὐτῶν **τὰς χεῖρας** ἐπιτιθεὶς ἐθεράπευεν αὐτούς. [41] ἐξήρχετο δὲ καὶ δαιμόνια ἀπὸ πολλῶν ...
	Mt 4,24 ⇧ Mt 8,16	... καὶ προσήνεγκαν αὐτῷ πάντας τοὺς κακῶς ἔχοντας ποικίλαις νόσοις καὶ βασάνοις συνεχομένους [καὶ] δαιμονιζομένους καὶ σεληνιαζομένους καὶ παραλυτικούς, καὶ ἐθεράπευσεν αὐτούς.				
b 222	Mt 8,3	καὶ ἐκτείνας **τὴν χεῖρα** ἥψατο αὐτοῦ λέγων· θέλω, καθαρίσθητι· ...	Mk 1,41	καὶ σπλαγχνισθεὶς ἐκτείνας **τὴν χεῖρα** αὐτοῦ ἥψατο καὶ λέγει αὐτῷ· θέλω, καθαρίσθητι·	Lk 5,13	καὶ ἐκτείνας **τὴν χεῖρα** ἥψατο αὐτοῦ λέγων· θέλω, καθαρίσθητι· ...
112	Mt 12,1	ἐν ἐκείνῳ τῷ καιρῷ ἐπορεύθη ὁ Ἰησοῦς τοῖς σάββασιν διὰ τῶν σπορίμων· οἱ δὲ μαθηταὶ αὐτοῦ ἐπείνασαν καὶ ἤρξαντο τίλλειν στάχυας καὶ ἐσθίειν.	Mk 2,23	καὶ ἐγένετο αὐτὸν ἐν τοῖς σάββασιν παραπορεύεσθαι διὰ τῶν σπορίμων, καὶ οἱ μαθηταὶ αὐτοῦ ἤρξαντο ὁδὸν ποιεῖν τίλλοντες τοὺς στάχυας.	Lk 6,1	ἐγένετο δὲ ἐν σαββάτῳ διαπορεύεσθαι αὐτὸν διὰ σπορίμων, καὶ ἔτιλλον οἱ μαθηταὶ αὐτοῦ καὶ ἤσθιον τοὺς στάχυας ψώχοντες **ταῖς χερσίν.**
a 222	Mt 12,10	καὶ ἰδοὺ ἄνθρωπος **χεῖρα** ἔχων ξηράν. ...	Mk 3,1	... καὶ ἦν ἐκεῖ ἄνθρωπος ἐξηραμμένην ἔχων **τὴν χεῖρα.**	Lk 6,6 → Lk 13,11 → Lk 14,1-2	... καὶ ἦν ἄνθρωπος ἐκεῖ καὶ **ἡ χεὶρ αὐτοῦ ἡ δεξιὰ** ἦν ξηρά.
022			Mk 3,3	καὶ λέγει τῷ ἀνθρώπῳ **τῷ τὴν ξηρὰν** **χεῖρα ἔχοντι·** ἔγειρε εἰς τὸ μέσον.	Lk 6,8	... εἶπεν δὲ τῷ ἀνδρὶ **τῷ ξηρὰν** **ἔχοντι τὴν χεῖρα·** ἔγειρε καὶ στῆθι εἰς τὸ μέσον· ...

b 222 b 122	Mt 12,13	τότε λέγει τῷ ἀνθρώπῳ· ἔκτεινόν σου τὴν χεῖρα. καὶ ἐξέτεινεν καὶ ἀπεκατεστάθη ὑγιὴς ὡς ἡ ἄλλη.	Mk 3,5 (2)	... λέγει τῷ ἀνθρώπῳ· ἔκτεινον τὴν χεῖρα. καὶ ἐξέτεινεν καὶ ἀπεκατεστάθη ἡ χεὶρ αὐτοῦ.	Lk 6,10 (2) ↓ Lk 13,13	... εἶπεν αὐτῷ· ἔκτεινον τὴν χεῖρά σου. ὁ δὲ ἐποίησεν καὶ ἀπεκατεστάθη ἡ χεὶρ αὐτοῦ.	
a 200	Mt 5,30 ⇩ Mt 18,8	καὶ εἰ ἡ δεξιά σου χεὶρ σκανδαλίζει σε, ἔκκοψον αὐτὴν καὶ βάλε ἀπὸ σοῦ· ...	Mk 9,43 (2)	καὶ ἐὰν σκανδαλίζῃ σε ἡ χείρ σου, ἀπόκοψον αὐτήν· ...			
b 222	Mt 8,3	καὶ ἐκτείνας τὴν χεῖρα ἥψατο αὐτοῦ λέγων· θέλω, καθαρίσθητι· ...	Mk 1,41	καὶ σπλαγχνισθεὶς ἐκτείνας τὴν χεῖρα αὐτοῦ ἥψατο καὶ λέγει αὐτῷ· θέλω, καθαρίσθητι·	Lk 5,13	καὶ ἐκτείνας τὴν χεῖρα ἥψατο αὐτοῦ λέγων· θέλω, καθαρίσθητι· ...	
e 221	Mt 8,15	καὶ ἥψατο τῆς χειρὸς αὐτῆς, καὶ ἀφῆκεν αὐτὴν ὁ πυρετός, ...	Mk 1,31	καὶ προσελθὼν ἤγειρεν αὐτὴν κρατήσας τῆς χειρός· καὶ ἀφῆκεν αὐτὴν ὁ πυρετός, ...	Lk 4,39	καὶ ἐπιστὰς ἐπάνω αὐτῆς ἐπετίμησεν τῷ πυρετῷ· καὶ ἀφῆκεν αὐτήν· ...	
d 221	Mt 9,18	... ἡ θυγάτηρ μου ἄρτι ἐτελεύτησεν· ἀλλὰ ἐλθὼν ἐπίθες τὴν χεῖρά σου ἐπ' αὐτήν, καὶ ζήσεται.	Mk 5,23	... τὸ θυγάτριόν μου ἐσχάτως ἔχει, ἵνα ἐλθὼν ἐπιθῇς τὰς χεῖρας αὐτῇ ἵνα σωθῇ καὶ ζήσῃ.	Lk 8,42 → Mk 5,42	... θυγάτηρ μονογενὴς ἦν αὐτῷ ὡς ἐτῶν δώδεκα καὶ αὐτὴ ἀπέθνῃσκεν. ...	
e 222	Mt 9,25	... ἐκράτησεν τῆς χειρὸς αὐτῆς, καὶ ἠγέρθη τὸ κοράσιον.	Mk 5,41	καὶ κρατήσας τῆς χειρὸς τοῦ παιδίου ... [42] καὶ εὐθὺς ἀνέστη τὸ κοράσιον ...	Lk 8,54	αὐτὸς δὲ κρατήσας τῆς χειρὸς αὐτῆς ... [55] ... καὶ ἀνέστη παραχρῆμα ...	
a 222	Mt 12,10	καὶ ἰδοὺ ἄνθρωπος χεῖρα ἔχων ξηράν. ...	Mk 3,1	... καὶ ἦν ἐκεῖ ἄνθρωπος ἐξηραμμένην ἔχων τὴν χεῖρα.	Lk 6,6 → Lk 13,11 → Lk 14,1-2	... καὶ ἦν ἄνθρωπος ἐκεῖ καὶ ἡ χεὶρ αὐτοῦ ἡ δεξιὰ ἦν ξηρά.	
b 222	Mt 12,13	τότε λέγει τῷ ἀνθρώπῳ· ἔκτεινόν σου τὴν χεῖρα. καὶ ἐξέτεινεν καὶ ἀπεκατεστάθη ὑγιὴς ὡς ἡ ἄλλη.	Mk 3,5 (2)	καὶ περιβλεψάμενος αὐτοὺς μετ' ὀργῆς, συλλυπούμενος ἐπὶ τῇ πωρώσει τῆς καρδίας αὐτῶν λέγει τῷ ἀνθρώπῳ· ἔκτεινον τὴν χεῖρα. καὶ ἐξέτεινεν καὶ ἀπεκατεστάθη ἡ χεὶρ αὐτοῦ.	Lk 6,10 (2) ↓ Lk 13,13	καὶ περιβλεψάμενος πάντας αὐτοὺς εἶπεν αὐτῷ· ἔκτεινον τὴν χεῖρά σου. ὁ δὲ ἐποίησεν καὶ ἀπεκατεστάθη ἡ χεὶρ αὐτοῦ.	
b 210	Mt 12,49	καὶ ἐκτείνας τὴν χεῖρα αὐτοῦ ἐπὶ τοὺς μαθητὰς αὐτοῦ εἶπεν· ἰδοὺ ἡ μήτηρ μου καὶ οἱ ἀδελφοί μου·	Mk 3,34	καὶ περιβλεψάμενος τοὺς περὶ αὐτὸν κύκλῳ καθημένους λέγει· ἴδε ἡ μήτηρ μου καὶ οἱ ἀδελφοί μου.			→ GTh 99
g 121	Mt 13,54	... ὥστε ἐκπλήσσεσθαι αὐτοὺς καὶ λέγειν· πόθεν τούτῳ ἡ σοφία αὕτη καὶ αἱ δυνάμεις; [55] οὐχ οὗτός ἐστιν ὁ τοῦ τέκτονος υἱός; ...	Mk 6,2	... καὶ πολλοὶ ἀκούοντες ἐξεπλήσσοντο λέγοντες· πόθεν τούτῳ ταῦτα, καὶ τίς ἡ σοφία ἡ δοθεῖσα τούτῳ, καὶ αἱ δυνάμεις τοιαῦται διὰ τῶν χειρῶν αὐτοῦ γινόμεναι; [3] οὐχ οὗτός ἐστιν ὁ τέκτων, ...	Lk 4,22	καὶ πάντες ἐμαρτύρουν αὐτῷ καὶ ἐθαύμαζον ἐπὶ τοῖς λόγοις τῆς χάριτος τοῖς ἐκπορευομένοις ἐκ τοῦ στόματος αὐτοῦ καὶ ἔλεγον· οὐχὶ υἱός ἐστιν Ἰωσὴφ οὗτος;	

d 120	Mt 13,58	καὶ οὐκ ἐποίησεν ἐκεῖ δυνάμεις πολλὰς διὰ τὴν ἀπιστίαν αὐτῶν.	Mk 6,5	καὶ οὐκ ἐδύνατο ἐκεῖ ποιῆσαι οὐδεμίαν δύναμιν, εἰ μὴ ὀλίγοις ἀρρώστοις ἐπιθεὶς **τὰς χεῖρας** ἐθεράπευσεν·			
b 200	Mt 14,31	εὐθέως δὲ ὁ Ἰησοῦς ἐκτείνας **τὴν χεῖρα** ἐπελάβετο αὐτοῦ καὶ λέγει αὐτῷ· ὀλιγόπιστε, εἰς τί ἐδίστασας;					
020			Mk 7,2 → Lk 11,38	καὶ ἰδόντες τινὰς τῶν μαθητῶν αὐτοῦ ὅτι **κοιναῖς χερσίν,** τοῦτ' ἔστιν ἀνίπτοις, ἐσθίουσιν τοὺς ἄρτους			
020			Mk 7,3	οἱ γὰρ Φαρισαῖοι καὶ πάντες οἱ Ἰουδαῖοι ἐὰν μὴ πυγμῇ νίψωνται **τὰς χεῖρας** οὐκ ἐσθίουσιν, κρατοῦντες τὴν παράδοσιν τῶν πρεσβυτέρων			
220	Mt 15,2 ↓ Mt 15,20	διὰ τί οἱ μαθηταί σου παραβαίνουσιν τὴν παράδοσιν τῶν πρεσβυτέρων; **οὐ γὰρ νίπτονται τὰς χεῖρας [αὐτῶν]** ὅταν ἄρτον ἐσθίωσιν.	Mk 7,5	... διὰ τί οὐ περιπατοῦσιν οἱ μαθηταί σου κατὰ τὴν παράδοσιν τῶν πρεσβυτέρων, **ἀλλὰ κοιναῖς χερσὶν** ἐσθίουσιν τὸν ἄρτον;			
200	Mt 15,20 ↑ Mt 15,2	... τὸ δὲ **ἀνίπτοις χερσὶν** φαγεῖν οὐ κοινοῖ τὸν ἄνθρωπον.					
d 120	Mt 15,30 ↑ Mt 4,24b ↑ Mt 8,16 → Mk 7,35	καὶ προσῆλθον αὐτῷ ὄχλοι πολλοὶ ἔχοντες μεθ' ἑαυτῶν χωλούς, τυφλούς, κυλλούς, κωφούς, καὶ ἑτέρους πολλοὺς καὶ ἔρριψαν αὐτοὺς παρὰ τοὺς πόδας αὐτοῦ, καὶ ἐθεράπευσεν αὐτούς·	Mk 7,32 → Mk 1,32 ↑ Mk 1,34	καὶ φέρουσιν αὐτῷ κωφὸν καὶ μογιλάλον καὶ παρακαλοῦσιν αὐτὸν ἵνα ἐπιθῇ αὐτῷ **τὴν χεῖρα.**			
020 d 020			Mk 8,23 (2) → Mt 9,29 → Mt 20,34 → Mk 7,33	καὶ ἐπιλαβόμενος **τῆς χειρὸς τοῦ τυφλοῦ** ἐξήνεγκεν αὐτὸν ἔξω τῆς κώμης καὶ πτύσας εἰς τὰ ὄμματα αὐτοῦ, ἐπιθεὶς **τὰς χεῖρας** αὐτῷ ἐπηρώτα αὐτόν· εἴ τι βλέπεις;			→ Jn 9,6
d 020			Mk 8,25 → Mt 9,29 → Mt 20,34	εἶτα πάλιν ἐπέθηκεν **τὰς χεῖρας** ἐπὶ τοὺς ὀφθαλμοὺς αὐτοῦ, καὶ διέβλεψεν καὶ ἀπεκατέστη καὶ ἐνέβλεπεν τηλαυγῶς ἅπαντα.			

e 121	Mt 17,18	... καὶ ἐθεραπεύθη ὁ παῖς ἀπὸ τῆς ὥρας ἐκείνης.	Mk 9,27	ὁ δὲ Ἰησοῦς κρατήσας **τῆς χειρὸς αὐτοῦ** ἤγειρεν αὐτόν, καὶ ἀνέστη.	Lk 9,42 → Lk 7,15	... καὶ ἰάσατο τὸν παῖδα καὶ ἀπέδωκεν αὐτὸν τῷ πατρὶ αὐτοῦ.	
h 222	Mt 17,22 → Mt 16,21 → Mt 20,18-19	... μέλλει ὁ υἱὸς τοῦ ἀνθρώπου παραδίδοσθαι **εἰς χεῖρας ἀνθρώπων**	Mk 9,31 → Mk 8,31 → Mk 10,33-34	... ὁ υἱὸς τοῦ ἀνθρώπου παραδίδοται **εἰς χεῖρας ἀνθρώπων**, ...	Lk 9,44 → Lk 9,22 → Lk 17,25 → Lk 18,31-33 ↓ Lk 24,7 → Lk 24,26 → Lk 24,46	... ὁ γὰρ υἱὸς τοῦ ἀνθρώπου μέλλει παραδίδοσθαι **εἰς χεῖρας ἀνθρώπων.**	→ Acts 21,11
220 220	Mt 18,8 (2) ⇑ Mt 5,30 ↓ Mk 9,45	εἰ δὲ **ἡ χείρ σου** ἢ ὁ πούς σου σκανδαλίζει σε, ἔκκοψον αὐτὸν καὶ βάλε ἀπὸ σοῦ· καλόν σοί ἐστιν εἰσελθεῖν εἰς τὴν ζωὴν κυλλὸν ἢ χωλόν ἢ **δύο χεῖρας** ἢ δύο πόδας ἔχοντα βληθῆναι εἰς τὸ πῦρ τὸ αἰώνιον.	Mk 9,43 (2)	καὶ ἐὰν σκανδαλίζῃ σε **ἡ χείρ σου,** ἀπόκοψον αὐτήν· καλόν ἐστίν σε κυλλὸν εἰσελθεῖν εἰς τὴν ζωὴν ἢ **τὰς δύο χεῖρας** ἔχοντα ἀπελθεῖν εἰς τὴν γέενναν, εἰς τὸ πῦρ τὸ ἄσβεστον.			
			Mk 9,45	καὶ ἐὰν ὁ πούς σου σκανδαλίζῃ σε, ἀπόκοψον αὐτόν· καλόν ἐστίν σε εἰσελθεῖν εἰς τὴν ζωὴν χωλὸν ἢ τοὺς δύο πόδας ἔχοντα βληθῆναι εἰς τὴν γέενναν.			
c 002					Lk 9,62	... οὐδεὶς ἐπιβαλὼν **τὴν χεῖρα** ἐπ' ἄροτρον καὶ βλέπων εἰς τὰ ὀπίσω εὔθετός ἐστιν τῇ βασιλείᾳ τοῦ θεοῦ.	
d 002					Lk 13,13 ↑ Mt 12,13 ↑ Mk 3,5 ↑ Lk 6,10 → Lk 14,4	καὶ ἐπέθηκεν αὐτῇ **τὰς χεῖρας·** καὶ παραχρῆμα ἀνωρθώθη καὶ ἐδόξαζεν τὸν θεόν.	
002					Lk 15,22	... καὶ δότε δακτύλιον **εἰς τὴν χεῖρα αὐτοῦ** καὶ ὑποδήματα εἰς τοὺς πόδας	
d 211	Mt 19,13	τότε προσηνέχθησαν αὐτῷ παιδία ἵνα **τὰς χεῖρας ἐπιθῇ** αὐτοῖς καὶ προσεύξηται· οἱ δὲ μαθηταὶ ἐπετίμησαν αὐτοῖς.	Mk 10,13	καὶ προσέφερον αὐτῷ παιδία ἵνα αὐτῶν **ἅψηται·** οἱ δὲ μαθηταὶ ἐπετίμησαν αὐτοῖς.	Lk 18,15	προσέφερον δὲ αὐτῷ καὶ τὰ βρέφη ἵνα αὐτῶν **ἅπτηται·** ἰδόντες δὲ οἱ μαθηταὶ ἐπετίμων αὐτοῖς.	→ GTh 22
d 220	Mt 19,15 → Mk 10,17	καὶ ἐπιθεὶς **τὰς χεῖρας** αὐτοῖς ἐπορεύθη ἐκεῖθεν.	Mk 10,16	καὶ ἐναγκαλισάμενος αὐτὰ κατευλόγει τιθεὶς **τὰς χεῖρας** ἐπ' αὐτά.			→ GTh 22

[a] ἡ δεξιὰ (...) χείρ, ἡ χεὶρ (...) ἡ δεξιὰ
[b] χεῖρα ἐκτείνω, χεῖρας ἐκτείνω
[c] χεῖρα ἐπιβάλλω, χεῖρας ἐπιβάλλω
[d] χεῖρα ἐπιτίθημι, χεῖρας (ἐπι)τίθημι, ἐπίθεσις τῶν χειρῶν
[e] κρατέω τῆς χειρός
[f] χεὶρ κυρίου
[g] διὰ χειρός, διὰ (τῶν) χειρῶν
[h] παραδίδωμι εἰς χεῖρας

c 112	**Mt 21,46** → Mt 21,26	[45] καὶ ἀκούσαντες οἱ ἀρχιερεῖς καὶ οἱ Φαρισαῖοι τὰς παραβολὰς αὐτοῦ ἔγνωσαν ὅτι περὶ αὐτῶν λέγει· [46] καὶ ζητοῦντες αὐτὸν κρατῆσαι ἐφοβήθησαν τοὺς ὄχλους, ἐπεὶ εἰς προφήτην αὐτὸν εἶχον.	**Mk 12,12** → Mt 22,22 → Mk 11,18	καὶ ἐζήτουν αὐτὸν κρατῆσαι, καὶ ἐφοβήθησαν τὸν ὄχλον, ἔγνωσαν γὰρ ὅτι πρὸς αὐτοὺς τὴν παραβολὴν εἶπεν. ...	**Lk 20,19** → Lk 19,47	καὶ ἐζήτησαν οἱ γραμματεῖς καὶ οἱ ἀρχιερεῖς ἐπιβαλεῖν ἐπ' αὐτὸν **τὰς χεῖρας** ἐν αὐτῇ τῇ ὥρᾳ, καὶ ἐφοβήθησαν τὸν λαόν, ἔγνωσαν γὰρ ὅτι πρὸς αὐτοὺς εἶπεν τὴν παραβολὴν ταύτην.	
200	**Mt 22,13**	... δήσαντες αὐτοῦ πόδας καὶ **χεῖρας** ἐκβάλετε αὐτὸν εἰς τὸ σκότος τὸ ἐξώτερον· ...					
c 112	**Mt 10,17** ⇩ Mt 24,9 → Mt 23,34 **Mt 24,9** ⇧ Mt 10,17	προσέχετε δὲ ἀπὸ τῶν ἀνθρώπων· παραδώσουσιν γὰρ ὑμᾶς εἰς συνέδρια καὶ ἐν ταῖς συναγωγαῖς αὐτῶν μαστιγώσουσιν ὑμᾶς· τότε παραδώσουσιν ὑμᾶς εἰς θλῖψιν καὶ ἀποκτενοῦσιν ὑμᾶς, ...	**Mk 13,9**	βλέπετε δὲ ὑμεῖς ἑαυτούς· παραδώσουσιν ὑμᾶς εἰς συνέδρια καὶ εἰς συναγωγὰς δαρήσεσθε ...	**Lk 21,12** → Lk 11,49 → Lk 12,11	πρὸ δὲ τούτων πάντων ἐπιβαλοῦσιν ἐφ' ὑμᾶς **τὰς χεῖρας αὐτῶν** καὶ διώξουσιν, παραδιδόντες εἰς τὰς συναγωγὰς καὶ φυλακάς, ...	
210	**Mt 26,23** ↓ Lk 22,21	... ὁ ἐμβάψας μετ' ἐμοῦ **τὴν χεῖρα** ἐν τῷ τρυβλίῳ οὗτός με παραδώσει.	**Mk 14,20** ↓ Lk 22,21	... εἷς τῶν δώδεκα, ὁ ἐμβαπτόμενος μετ' ἐμοῦ εἰς τὸ τρύβλιον.			→ Jn 13,26
112	**Mt 26,21**	... ἀμὴν λέγω ὑμῖν ὅτι εἷς ἐξ ὑμῶν **παραδώσει** με.	**Mk 14,18**	... ἀμὴν λέγω ὑμῖν ὅτι εἷς ἐξ ὑμῶν **παραδώσει** με ὁ ἐσθίων μετ' ἐμοῦ.	**Lk 22,21** ↑ Mt 26,23 ↑ Mk 14,20	πλὴν ἰδοὺ **ἡ χεὶρ τοῦ παραδιδόντος** με μετ' ἐμοῦ ἐπὶ τῆς τραπέζης·	→ Jn 13,21
h 220	**Mt 26,45** ↓ Lk 22,53	... ἰδοὺ ἤγγικεν ἡ ὥρα καὶ ὁ υἱὸς τοῦ ἀνθρώπου παραδίδοται **εἰς χεῖρας ἁμαρτωλῶν.**	**Mk 14,41** ↓ Lk 22,53	... ἀπέχει· ἦλθεν ἡ ὥρα, ἰδοὺ παραδίδοται ὁ υἱὸς τοῦ ἀνθρώπου **εἰς τὰς χεῖρας τῶν ἁμαρτωλῶν.**			→ Jn 12,23 → Jn 12,27
c 221	**Mt 26,50** → Lk 22,54	ὁ δὲ Ἰησοῦς εἶπεν αὐτῷ· ἑταῖρε, ἐφ' ὃ πάρει. τότε προσελθόντες ἐπέβαλον **τὰς χεῖρας** ἐπὶ τὸν Ἰησοῦν καὶ ἐκράτησαν αὐτόν.	**Mk 14,46** → Lk 22,54	οἱ δὲ ἐπέβαλον **τὰς χεῖρας** αὐτῷ καὶ ἐκράτησαν αὐτόν.	**Lk 22,48**	Ἰησοῦς δὲ εἶπεν αὐτῷ· Ἰούδα, φιλήματι τὸν υἱὸν τοῦ ἀνθρώπου παραδίδως;	→ Jn 18,12
b 211	**Mt 26,51**	καὶ ἰδοὺ εἷς τῶν μετὰ Ἰησοῦ ἐκτείνας **τὴν χεῖρα** ἀπέσπασεν τὴν μάχαιραν αὐτοῦ καὶ πατάξας τὸν δοῦλον τοῦ ἀρχιερέως ἀφεῖλεν αὐτοῦ τὸ ὠτίον.	**Mk 14,47**	εἷς δέ [τις] τῶν παρεστηκότων σπασάμενος τὴν μάχαιραν ἔπαισεν τὸν δοῦλον τοῦ ἀρχιερέως καὶ ἀφεῖλεν αὐτοῦ τὸ ὠτάριον.	**Lk 22,50** → Lk 22,49	καὶ ἐπάταξεν εἷς τις ἐξ αὐτῶν τοῦ ἀρχιερέως τὸν δοῦλον καὶ ἀφεῖλεν τὸ οὖς αὐτοῦ τὸ δεξιόν.	→ Jn 18,10

b 112	**Mt 26,55**	... καθ' ἡμέραν ἐν τῷ ἱερῷ ἐκαθεζόμην διδάσκων καὶ οὐκ ἐκρατήσατέ με.	**Mk 14,49**	καθ' ἡμέραν ἤμην πρὸς ὑμᾶς ἐν τῷ ἱερῷ διδάσκων καὶ οὐκ ἐκρατήσατέ με· ...	**Lk 22,53** ↑ Mt 26,45 ↑ Mk 14,41	καθ' ἡμέραν ὄντος μου μεθ' ὑμῶν ἐν τῷ ἱερῷ οὐκ ἐξετείνατε **τὰς χεῖρας** ἐπ' ἐμέ, ...	→ Jn 14,30 → Jn 18,20
200	**Mt 27,24**	... λαβὼν ὕδωρ ἀπενίψατο **τὰς χεῖρας** ἀπέναντι τοῦ ὄχλου λέγων· ἀθῷός εἰμι ἀπὸ τοῦ αἵματος τούτου· ὑμεῖς ὄψεσθε.					→ Acts 18,6 → Acts 20,26
112	**Mt 27,50**	ὁ δὲ Ἰησοῦς πάλιν κράξας φωνῇ μεγάλῃ ἀφῆκεν τὸ πνεῦμα.	**Mk 15,37**	ὁ δὲ Ἰησοῦς ἀφεὶς φωνὴν μεγάλην ἐξέπνευσεν.	**Lk 23,46**	καὶ φωνήσας φωνῇ μεγάλῃ ὁ Ἰησοῦς εἶπεν· πάτερ, ***εἰς χεῖράς σου*** *παρατίθεμαι τὸ πνεῦμά μου.* τοῦτο δὲ εἰπὼν ἐξέπνευσεν. ➤ Ps 31,6	→ Jn 19,30 → Acts 7,59 → Acts 7,60
h 002	→ Mt 16,21 ↑ Mt 17,22 → Mt 20,18-19		→ Mk 8,31 ↑ Mk 9,31 → Mk 10,33-34		**Lk 24,7** → Lk 9,22 ↑ Lk 9,44 → Lk 17,25 → Lk 18,31-33 → Lk 24,26 → Lk 24,46	λέγων τὸν υἱὸν τοῦ ἀνθρώπου ὅτι δεῖ παραδοθῆναι **εἰς χεῖρας ἀνθρώπων ἁμαρτωλῶν** καὶ σταυρωθῆναι καὶ τῇ τρίτῃ ἡμέρᾳ ἀναστῆναι.	→ Acts 21,11
002					**Lk 24,39**	ἴδετε **τὰς χεῖράς μου** καὶ τοὺς πόδας μου ὅτι ἐγώ εἰμι αὐτός· ...	→ Jn 20,20.27
002					**Lk 24,40**	καὶ τοῦτο εἰπὼν ἔδειξεν αὐτοῖς **τὰς χεῖρας** καὶ τοὺς πόδας.	→ Jn 20,20.27
002					**Lk 24,50**	ἐξήγαγεν δὲ αὐτοὺς [ἔξω] ἕως πρὸς Βηθανίαν, καὶ ἐπάρας **τὰς χεῖρας αὐτοῦ** εὐλόγησεν αὐτούς.	

a ἡ δεξιὰ (...) χείρ, ἡ χεὶρ (...) ἡ δεξιὰ
b χεῖρα ἐκτείνω, χεῖρας ἐκτείνω
c χεῖρα ἐπιβάλλω, χεῖρας ἐπιβάλλω
d χεῖρα ἐπιτίθημι, χεῖρας (ἐπι)τίθημι, ἐπίθεσις τῶν χειρῶν
e κρατέω τῆς χειρός
f χεὶρ κυρίου
g διὰ χειρός, διὰ (τῶν) χειρῶν
h παραδίδωμι εἰς χεῖρας

g **Acts 2,23** τοῦτον τῇ ὡρισμένῃ βουλῇ καὶ προγνώσει τοῦ θεοῦ ἔκδοτον **διὰ χειρὸς ἀνόμων** προσπήξαντες ἀνείλατε

a **Acts 3,7** καὶ πιάσας αὐτὸν **τῆς δεξιᾶς χειρὸς** ἤγειρεν αὐτόν· ...

c **Acts 4,3** καὶ ἐπέβαλον αὐτοῖς **τὰς χεῖρας** καὶ ἔθεντο εἰς τήρησιν εἰς τὴν αὔριον· ἦν γὰρ ἑσπέρα ἤδη.

Acts 4,28 ποιῆσαι ὅσα **ἡ χείρ σου** καὶ ἡ βουλὴ [σου] προώρισεν γενέσθαι.

b **Acts 4,30** ἐν τῷ **τὴν χεῖρά [σου]** ἐκτείνειν σε εἰς ἴασιν καὶ σημεῖα καὶ τέρατα γίνεσθαι διὰ τοῦ ὀνόματος τοῦ ἁγίου παιδός σου Ἰησοῦ.

g **Acts 5,12** **διὰ δὲ τῶν χειρῶν τῶν ἀποστόλων** ἐγίνετο σημεῖα καὶ τέρατα πολλὰ ἐν τῷ λαῷ. ...

c **Acts 5,18** καὶ ἐπέβαλον **τὰς χεῖρας** ἐπὶ τοὺς ἀποστόλους καὶ ἔθεντο αὐτοὺς ἐν τηρήσει δημοσίᾳ.

d **Acts 6,6** οὓς ἔστησαν ἐνώπιον τῶν ἀποστόλων, καὶ προσευξάμενοι ἐπέθηκαν αὐτοῖς **τὰς χεῖρας.**

g **Acts 7,25** ἐνόμιζεν δὲ συνιέναι τοὺς ἀδελφοὺς [αὐτοῦ] ὅτι ὁ θεὸς **διὰ χειρὸς αὐτοῦ** δίδωσιν σωτηρίαν αὐτοῖς· ...

Acts 7,35 τοῦτον τὸν Μωϋσῆν ... τοῦτον ὁ θεὸς [καὶ] ἄρχοντα καὶ λυτρωτὴν ἀπέσταλκεν **σὺν χειρὶ ἀγγέλου** τοῦ ὀφθέντος αὐτῷ ἐν τῇ βάτῳ. ➤ Exod 2,14

Acts 7,41 καὶ ἐμοσχοποίησαν ἐν ταῖς ἡμέραις ἐκείναις καὶ ἀνήγαγον θυσίαν τῷ εἰδώλῳ καὶ εὐφραίνοντο **ἐν τοῖς ἔργοις τῶν χειρῶν αὐτῶν.**

Acts 7,50 οὐχὶ *ἡ χείρ μου ἐποίησεν ταῦτα πάντα;* ➤ Isa 66,2

d Acts 8,17 τότε ἐπετίθεσαν **τὰς χεῖρας** ἐπ᾽ αὐτοὺς καὶ ἐλάμβανον πνεῦμα ἅγιον.

d Acts 8,18 ἰδὼν δὲ ὁ Σίμων ὅτι **διὰ τῆς ἐπιθέσεως τῶν χειρῶν τῶν ἀποστόλων** δίδοται τὸ πνεῦμα, προσήνεγκεν αὐτοῖς χρήματα

d Acts 8,19 ... δότε κἀμοὶ τὴν ἐξουσίαν ταύτην ἵνα ᾧ ἐὰν ἐπιθῶ **τὰς χεῖρας** λαμβάνῃ πνεῦμα ἅγιον.

d Acts 9,12 καὶ εἶδεν ἄνδρα [ἐν ὁράματι] Ἁνανίαν ὀνόματι εἰσελθόντα καὶ ἐπιθέντα αὐτῷ **[τὰς] χεῖρας** ὅπως ἀναβλέψῃ.

d Acts 9,17 ἀπῆλθεν δὲ Ἁνανίας καὶ εἰσῆλθεν εἰς τὴν οἰκίαν καὶ ἐπιθεὶς ἐπ᾽ αὐτὸν **τὰς χεῖρας** εἶπεν· Σαοὺλ ἀδελφέ, ...

Acts 9,41 δοὺς δὲ αὐτῇ **χεῖρα** ἀνέστησεν αὐτήν· ...

f Acts 11,21 καὶ ἦν **χεὶρ κυρίου** μετ᾽ αὐτῶν, πολύς τε ἀριθμὸς ὁ πιστεύσας ἐπέστρεψεν ἐπὶ τὸν κύριον.

g Acts 11,30 ὃ καὶ ἐποίησαν ἀποστείλαντες πρὸς τοὺς πρεσβυτέρους **διὰ χειρὸς Βαρναβᾶ καὶ Σαύλου.**

c Acts 12,1 κατ᾽ ἐκεῖνον δὲ τὸν καιρὸν ἐπέβαλεν Ἡρῴδης ὁ βασιλεὺς **τὰς χεῖρας** κακῶσαί τινας τῶν ἀπὸ τῆς ἐκκλησίας.

Acts 12,7 ... ἀνάστα ἐν τάχει. καὶ ἐξέπεσαν αὐτοῦ αἱ ἁλύσεις **ἐκ τῶν χειρῶν.**

Acts 12,11 ... νῦν οἶδα ἀληθῶς ὅτι ἐξαπέστειλεν [ὁ] κύριος τὸν ἄγγελον αὐτοῦ καὶ ἐξείλατό με **ἐκ χειρὸς Ἡρῴδου** καὶ πάσης τῆς προσδοκίας τοῦ λαοῦ τῶν Ἰουδαίων.

Acts 12,17 κατασείσας δὲ αὐτοῖς **τῇ χειρὶ** σιγᾶν διηγήσατο [αὐτοῖς] πῶς ὁ κύριος αὐτὸν ἐξήγαγεν ἐκ τῆς φυλακῆς ...

d Acts 13,3 τότε νηστεύσαντες καὶ προσευξάμενοι καὶ ἐπιθέντες **τὰς χεῖρας** αὐτοῖς ἀπέλυσαν.

f Acts 13,11 καὶ νῦν ἰδοὺ **χεὶρ κυρίου** ἐπὶ σὲ καὶ ἔσῃ τυφλὸς μὴ βλέπων τὸν ἥλιον ἄχρι καιροῦ. ...

Acts 13,16 ἀναστὰς δὲ Παῦλος καὶ κατασείσας **τῇ χειρὶ** εἶπεν· ἄνδρες Ἰσραηλῖται καὶ οἱ φοβούμενοι τὸν θεόν, ἀκούσατε.

g Acts 14,3 ἱκανὸν μὲν οὖν χρόνον διέτριψαν παρρησιαζόμενοι ἐπὶ τῷ κυρίῳ τῷ μαρτυροῦντι [ἐπὶ] τῷ λόγῳ τῆς χάριτος αὐτοῦ, διδόντι σημεῖα καὶ τέρατα γίνεσθαι **διὰ τῶν χειρῶν αὐτῶν.**

g Acts 15,23 γράψαντες **διὰ χειρὸς αὐτῶν·** οἱ ἀπόστολοι καὶ οἱ πρεσβύτεροι ἀδελφοὶ ...

Acts 17,25 οὐδὲ **ὑπὸ χειρῶν ἀνθρωπίνων** θεραπεύεται προσδεόμενός τινος, ...

d Acts 19,6 καὶ ἐπιθέντος αὐτοῖς τοῦ Παύλου **[τὰς] χεῖρας** ἦλθε τὸ πνεῦμα τὸ ἅγιον ἐπ᾽ αὐτούς, ἐλάλουν τε γλώσσαις καὶ ἐπροφήτευον.

g Acts 19,11 δυνάμεις τε οὐ τὰς τυχούσας ὁ θεὸς ἐποίει **διὰ τῶν χειρῶν Παύλου**

g Acts 19,26 καὶ θεωρεῖτε καὶ ἀκούετε ὅτι οὐ μόνον Ἐφέσου ἀλλὰ σχεδὸν πάσης τῆς Ἀσίας ὁ Παῦλος οὗτος πείσας μετέστησεν ἱκανὸν ὄχλον λέγων ὅτι οὐκ εἰσὶν θεοὶ οἱ **διὰ χειρῶν** γινόμενοι.

Acts 19,33 ... ὁ δὲ Ἀλέξανδρος κατασείσας **τὴν χεῖρα** ἤθελεν ἀπολογεῖσθαι τῷ δήμῳ.

Acts 20,34 αὐτοὶ γινώσκετε ὅτι ταῖς χρείαις μου καὶ τοῖς οὖσιν μετ᾽ ἐμοῦ ὑπηρέτησαν **αἱ χεῖρες αὗται.**

Acts 21,11 (2) καὶ ἐλθὼν πρὸς ἡμᾶς καὶ ἄρας τὴν ζώνην τοῦ Παύλου, δήσας ἑαυτοῦ τοὺς πόδας καὶ **τὰς χεῖρας** εἶπεν· τάδε λέγει τὸ πνεῦμα τὸ ἅγιον·

h → Mt 17,22 → Mk 9,31 → Lk 9,44 → Lk 24,7 τὸν ἄνδρα οὗ ἐστιν ἡ ζώνη αὕτη, οὕτως δήσουσιν ἐν Ἰερουσαλὴμ οἱ Ἰουδαῖοι καὶ παραδώσουσιν **εἰς χεῖρας ἐθνῶν.**

c Acts 21,27 ὡς δὲ ἔμελλον αἱ ἑπτὰ ἡμέραι συντελεῖσθαι, οἱ ἀπὸ τῆς Ἀσίας Ἰουδαῖοι θεασάμενοι αὐτὸν ἐν τῷ ἱερῷ συνέχεον πάντα τὸν ὄχλον καὶ ἐπέβαλον ἐπ᾽ αὐτὸν **τὰς χεῖρας**

Acts 21,40 ἐπιτρέψαντος δὲ αὐτοῦ ὁ Παῦλος ἑστὼς ἐπὶ τῶν ἀναβαθμῶν κατέσεισεν **τῇ χειρὶ** τῷ λαῷ. ...

Acts 23,19 ἐπιλαβόμενος δὲ **τῆς χειρὸς αὐτοῦ** ὁ χιλίαρχος καὶ ἀναχωρήσας κατ᾽ ἰδίαν ἐπυνθάνετο, ...

b Acts 26,1 Ἀγρίππας δὲ πρὸς τὸν Παῦλον ἔφη· ἐπιτρέπεταί σοι περὶ σεαυτοῦ λέγειν. τότε ὁ Παῦλος ἐκτείνας **τὴν χεῖρα** ἀπελογεῖτο·

Acts 28,3 ... ἔχιδνα ἀπὸ τῆς θέρμης ἐξελθοῦσα καθῆψεν **τῆς χειρὸς αὐτοῦ.**

Acts 28,4 ὡς δὲ εἶδον οἱ βάρβαροι κρεμάμενον τὸ θηρίον **ἐκ τῆς χειρὸς αὐτοῦ,** πρὸς ἀλλήλους ἔλεγον· πάντως φονεύς ἐστιν ὁ ἄνθρωπος οὗτος ὃν διασωθέντα ἐκ τῆς θαλάσσης ἡ δίκη ζῆν οὐκ εἴασεν.

d **Acts 28,8** ... πρὸς ὃν ὁ Παῦλος εἰσελθὼν καὶ προσευξάμενος ἐπιθεὶς **τὰς χεῖρας** αὐτῷ ἰάσατο αὐτόν.

h **Acts 28,17** ... ἐγώ, ἄνδρες ἀδελφοί, οὐδὲν ἐναντίον ποιήσας τῷ λαῷ ἢ τοῖς ἔθεσι τοῖς πατρῴοις δέσμιος ἐξ Ἱεροσολύμων παρεδόθην **εἰς τὰς χεῖρας τῶν Ῥωμαίων**

χειροποίητος

	Syn	Mt	Mk	Lk	Acts	Jn	1-3John	Paul	Eph	Col
χειροποίητος	1		1		2				1	
	NT	2Thess	1/2Tim	Tit	Heb	Jas	1Pet	2Pet	Jude	Rev
	6				2					

made by human hands

120	**Mt 26,61** → Mt 27,40 ... δύναμαι καταλῦσαι **τὸν ναὸν τοῦ θεοῦ** καὶ διὰ τριῶν ἡμερῶν οἰκοδομῆσαι.	**Mk 14,58** → Mk 15,29 ... ἐγὼ καταλύσω **τὸν ναὸν τοῦτον τὸν χειροποίητον** καὶ διὰ τριῶν ἡμερῶν ἄλλον ἀχειροποίητον οἰκοδομήσω.	→ Jn 2,19 → Acts 6,14 → GTh 71

Acts 7,48 ἀλλ' οὐχ ὁ ὕψιστος **ἐν χειροποιήτοις** κατοικεῖ, καθὼς ὁ προφήτης λέγει·

Acts 17,24 ὁ θεὸς ὁ ποιήσας τὸν κόσμον καὶ πάντα τὰ ἐν αὐτῷ, οὗτος οὐρανοῦ καὶ γῆς ὑπάρχων κύριος οὐκ **ἐν χειροποιήτοις ναοῖς** κατοικεῖ

χείρων

	Syn	Mt	Mk	Lk	Acts	Jn	1-3John	Paul	Eph	Col
χείρων	6	3	2	1		1				
	NT	2Thess	1/2Tim	Tit	Heb	Jas	1Pet	2Pet	Jude	Rev
	11		2		1			1		

worse; more severe

	triple tradition																	double tradition			Sondergut		
		+Mt / +Lk			−Mt / −Lk			traditions not taken over by Mt / Lk							subtotals								
code	*222*	*211*	*112*	*212*	*221*	*122*	*121*	*022*	*012*	*021*	*220*	*120*	*210*	*020*	Σ⁺	Σ⁻	Σ	*202*	*201*	*102*	*200*	*002*	total
Mt					1												1	1			1		**3**
Mk					1					1							2						**2**
Lk					1^-					1^-						2^-		1					**1**

221	**Mt 9,16** οὐδεὶς δὲ ἐπιβάλλει ἐπίβλημα ῥάκους ἀγνάφου ἐπὶ ἱματίῳ παλαιῷ· αἴρει γὰρ τὸ πλήρωμα αὐτοῦ ἀπὸ τοῦ ἱματίου καὶ **χεῖρον σχίσμα** γίνεται.	**Mk 2,21** οὐδεὶς ἐπίβλημα ῥάκους ἀγνάφου ἐπιράπτει ἐπὶ ἱμάτιον παλαιόν· εἰ δὲ μή, αἴρει τὸ πλήρωμα ἀπ' αὐτοῦ τὸ καινὸν τοῦ παλαιοῦ, καὶ **χεῖρον σχίσμα** γίνεται.	**Lk 5,36** ... οὐδεὶς ἐπίβλημα ἀπὸ ἱματίου καινοῦ σχίσας ἐπιβάλλει ἐπὶ ἱμάτιον παλαιόν· εἰ δὲ μή γε, καὶ τὸ καινὸν σχίσει καὶ τῷ παλαιῷ οὐ συμφωνήσει τὸ ἐπίβλημα τὸ ἀπὸ τοῦ καινοῦ.	→ GTh 47,5
202	**Mt 12,45** ↓ Mt 27,64 ... καὶ γίνεται τὰ ἔσχατα τοῦ ἀνθρώπου ἐκείνου **χείρονα** τῶν πρώτων. ...		**Lk 11,26** ... καὶ γίνεται τὰ ἔσχατα τοῦ ἀνθρώπου ἐκείνου **χείρονα** τῶν πρώτων.	

021			**Mk 5,26**	καὶ πολλὰ παθοῦσα ὑπὸ πολλῶν ἰατρῶν ... καὶ μηδὲν ὠφεληθεῖσα ἀλλὰ μᾶλλον εἰς τὸ χεῖρον ἐλθοῦσα	**Lk 8,43**	... ἥτις [ἰατροῖς προσαναλώσασα ὅλον τὸν βίον] οὐκ ἴσχυσεν ἀπ' οὐδενὸς θεραπευθῆναι	
200	**Mt 27,64** ↑ Mt 12,45	... καὶ ἔσται ἡ ἐσχάτη πλάνη χείρων τῆς πρώτης.					

χήρα	Syn	Mt	Mk	Lk	Acts	Jn	1-3John	Paul	Eph	Col
	12		3	9	3			1		
	NT	2Thess	1/2Tim	Tit	Heb	Jas	1Pet	2Pet	Jude	Rev
	26		8			1				1

widow

	triple tradition																	double tradition			Sondergut		
		+Mt / +Lk			−Mt / −Lk			traditions not taken over by Mt / Lk							subtotals								
code	*222*	*211*	*112*	*212*	*221*	*122*	*121*	*022*	*012*	*021*	*220*	*120*	*210*	*020*	Σ⁺	Σ⁻	Σ	*202*	*201*	*102*	*200*	*002*	total
Mt																							
Mk								3									3						**3**
Lk								3									3					6	**9**

002					**Lk 2,37**	καὶ αὐτὴ χήρα ἕως ἐτῶν ὀγδοήκοντα τεσσάρων, ...	
002					**Lk 4,25**	ἐπ' ἀληθείας δὲ λέγω ὑμῖν, πολλαὶ χῆραι ἦσαν ἐν ταῖς ἡμέραις Ἠλίου ἐν τῷ Ἰσραήλ, ...	
002					**Lk 4,26**	καὶ πρὸς οὐδεμίαν αὐτῶν ἐπέμφθη Ἠλίας εἰ μὴ εἰς Σάρεπτα τῆς Σιδωνίας πρὸς γυναῖκα χήραν.	
002					**Lk 7,12**	... καὶ ἰδοὺ ἐξεκομίζετο τεθνηκὼς μονογενὴς υἱὸς τῇ μητρὶ αὐτοῦ καὶ αὐτὴ ἦν χήρα, καὶ ὄχλος τῆς πόλεως ἱκανὸς ἦν σὺν αὐτῇ.	
002					**Lk 18,3**	χήρα δὲ ἦν ἐν τῇ πόλει ἐκείνῃ καὶ ἤρχετο πρὸς αὐτὸν λέγουσα· ἐκδίκησόν με ἀπὸ τοῦ ἀντιδίκου μου.	
002					**Lk 18,5**	διά γε τὸ παρέχειν μοι κόπον τὴν χήραν ταύτην ἐκδικήσω αὐτήν, ἵνα μὴ εἰς τέλος ἐρχομένη ὑπωπιάζῃ με.	
022			**Mk 12,40**	οἱ κατεσθίοντες τὰς οἰκίας τῶν χηρῶν καὶ προφάσει μακρὰ προσευχόμενοι· οὗτοι λήμψονται περισσότερον κρίμα.	**Lk 20,47**	οἳ κατεσθίουσιν τὰς οἰκίας τῶν χηρῶν καὶ προφάσει μακρὰ προσεύχονται· οὗτοι λήμψονται περισσότερον κρίμα.	Mt 23,14 is textcritically uncertain.

022		Mk 12,42 καὶ ἐλθοῦσα **μία χήρα πτωχὴ** ἔβαλεν λεπτὰ δύο, ὅ ἐστιν κοδράντης.	Lk 21,2 εἶδεν δέ **τινα χήραν πενιχρὰν** βάλλουσαν ἐκεῖ λεπτὰ δύο,
022		Mk 12,43 ... ἀμὴν λέγω ὑμῖν ὅτι **ἡ χήρα αὕτη ἡ πτωχὴ** πλεῖον πάντων ἔβαλεν τῶν βαλλόντων εἰς τὸ γαζοφυλάκιον·	Lk 21,3 ... ἀληθῶς λέγω ὑμῖν ὅτι **ἡ χήρα αὕτη ἡ πτωχὴ** πλεῖον πάντων ἔβαλεν·

Acts 6,1 ... ἐγένετο γογγυσμὸς τῶν Ἑλληνιστῶν πρὸς τοὺς Ἑβραίους, ὅτι παρεθεωροῦντο ἐν τῇ διακονίᾳ τῇ καθημερινῇ **αἱ χῆραι αὐτῶν.**

Acts 9,39 ... ὃν παραγενόμενον ἀνήγαγον εἰς τὸ ὑπερῷον καὶ παρέστησαν αὐτῷ **πᾶσαι αἱ χῆραι** κλαίουσαι καὶ ἐπιδεικνύμεναι χιτῶνας καὶ ἱμάτια ὅσα ἐποίει μετ' αὐτῶν οὖσα ἡ Δορκάς.

Acts 9,41 δοὺς δὲ αὐτῇ χεῖρα ἀνέστησεν αὐτήν· φωνήσας δὲ τοὺς ἁγίους καὶ **τὰς χήρας** παρέστησεν αὐτὴν ζῶσαν.

χιλίαρχος	Syn 1	Mt	Mk 1	Lk	Acts 17	Jn 1	1-3John	Paul	Eph	Col
	NT 21	2Thess	1/2Tim	Tit	Heb	Jas	1Pet	2Pet	Jude	Rev 2

the leader of a thousand soldiers; military tribune

120	Mt 14,6 γενεσίοις δὲ γενομένοις τοῦ Ἡρῴδου ... ὠρχήσατο ἡ θυγάτηρ τῆς Ἡρῳδιάδος ἐν τῷ μέσῳ καὶ ἤρεσεν τῷ Ἡρῴδῃ	Mk 6,21 καὶ γενομένης ἡμέρας εὐκαίρου ὅτε Ἡρῴδης τοῖς γενεσίοις αὐτοῦ δεῖπνον ἐποίησεν τοῖς μεγιστᾶσιν αὐτοῦ καὶ **τοῖς χιλιάρχοις** καὶ τοῖς πρώτοις τῆς Γαλιλαίας, [22] καὶ εἰσελθούσης τῆς θυγατρὸς αὐτοῦ Ἡρῳδιάδος καὶ ὀρχησαμένης ἤρεσεν τῷ Ἡρῴδῃ ...	

Acts 21,31 ζητούντων τε αὐτὸν ἀποκτεῖναι ἀνέβη φάσις **τῷ χιλιάρχῳ τῆς σπείρης** ὅτι ὅλη συγχύννεται Ἰερουσαλήμ.

Acts 21,32 ὃς ἐξαυτῆς παραλαβὼν στρατιώτας καὶ ἑκατοντάρχας κατέδραμεν ἐπ' αὐτούς, οἱ δὲ ἰδόντες **τὸν χιλίαρχον** καὶ τοὺς στρατιώτας ἐπαύσαντο τύπτοντες τὸν Παῦλον.

Acts 21,33 τότε ἐγγίσας **ὁ χιλίαρχος** ἐπελάβετο αὐτοῦ καὶ ἐκέλευσεν δεθῆναι ἁλύσεσι δυσί, ...

Acts 21,37 μέλλων τε εἰσάγεσθαι εἰς τὴν παρεμβολὴν ὁ Παῦλος λέγει **τῷ χιλιάρχῳ·** εἰ ἔξεστίν μοι εἰπεῖν τι πρὸς σέ; ...

Acts 22,24 ἐκέλευσεν **ὁ χιλίαρχος** εἰσάγεσθαι αὐτὸν εἰς τὴν παρεμβολήν, εἴπας μάστιξιν ἀνετάζεσθαι αὐτὸν ἵνα ἐπιγνῷ δι' ἣν αἰτίαν οὕτως ἐπεφώνουν αὐτῷ.

Acts 22,26 ἀκούσας δὲ ὁ ἑκατοντάρχης προσελθὼν **τῷ χιλιάρχῳ** ἀπήγγειλεν λέγων· τί μέλλεις ποιεῖν; ...

Acts 22,27 προσελθὼν δὲ **ὁ χιλίαρχος** εἶπεν αὐτῷ· λέγε μοι, σὺ Ῥωμαῖος εἶ; ὁ δὲ ἔφη· ναί.

Acts 22,28 ἀπεκρίθη δὲ **ὁ χιλίαρχος·** ἐγὼ πολλοῦ κεφαλαίου τὴν πολιτείαν ταύτην ἐκτησάμην. ...

Acts 22,29 εὐθέως οὖν ἀπέστησαν ἀπ' αὐτοῦ οἱ μέλλοντες αὐτὸν ἀνετάζειν, καὶ **ὁ χιλίαρχος** δὲ ἐφοβήθη ἐπιγνοὺς ὅτι Ῥωμαῖός ἐστιν καὶ ὅτι αὐτὸν ἦν δεδεκώς.

Acts 23,10 πολλῆς δὲ γινομένης στάσεως φοβηθεὶς **ὁ χιλίαρχος** μὴ διασπασθῇ ὁ Παῦλος ὑπ' αὐτῶν ἐκέλευσεν τὸ στράτευμα καταβὰν ἁρπάσαι αὐτὸν ἐκ μέσου αὐτῶν ἄγειν τε εἰς τὴν παρεμβολήν.

Acts 23,15 νῦν οὖν ὑμεῖς ἐμφανίσατε **τῷ χιλιάρχῳ** σὺν τῷ συνεδρίῳ ὅπως καταγάγῃ αὐτὸν εἰς ὑμᾶς ὡς μέλλοντας διαγινώσκειν ἀκριβέστερον τὰ περὶ αὐτοῦ· ...

Acts 23,17 προσκαλεσάμενος δὲ ὁ Παῦλος ἕνα τῶν ἑκατονταρχῶν ἔφη· τὸν νεανίαν τοῦτον ἀπάγαγε **πρὸς τὸν χιλίαρχον,** ἔχει γὰρ ἀπαγγεῖλαί τι αὐτῷ.

Acts 23,18 ὁ μὲν οὖν παραλαβὼν αὐτὸν ἤγαγεν **πρὸς τὸν χιλίαρχον** καὶ φησίν· ὁ δέσμιος Παῦλος προσκαλεσάμενός με ἠρώτησεν τοῦτον τὸν νεανίσκον ἀγαγεῖν πρὸς σέ ἔχοντά τι λαλῆσαί σοι.

Acts 23,19 ἐπιλαβόμενος δὲ τῆς χειρὸς αὐτοῦ **ὁ χιλίαρχος** καὶ ἀναχωρήσας κατ' ἰδίαν ἐπυνθάνετο, τί ἐστιν ὃ ἔχεις ἀπαγγεῖλαί μοι;

Acts 23,22 **ὁ μὲν οὖν χιλίαρχος** ἀπέλυσε τὸν νεανίσκον παραγγείλας μηδενὶ ἐκλαλῆσαι ὅτι ταῦτα ἐνεφάνισας πρός με.

Acts 24,22 ἀνεβάλετο δὲ αὐτοὺς ὁ Φῆλιξ, ἀκριβέστερον εἰδὼς τὰ περὶ τῆς ὁδοῦ εἴπας· ὅταν Λυσίας **ὁ χιλίαρχος** καταβῇ, διαγνώσομαι τὰ καθ' ὑμᾶς·

Acts 25,23 τῇ οὖν ἐπαύριον ἐλθόντος τοῦ Ἀγρίππα καὶ τῆς Βερνίκης μετὰ πολλῆς φαντασίας καὶ εἰσελθόντων εἰς τὸ ἀκροατήριον **σύν τε χιλιάρχοις** καὶ ἀνδράσιν τοῖς κατ' ἐξοχὴν τῆς πόλεως καὶ κελεύσαντος τοῦ Φήστου ἤχθη ὁ Παῦλος.

χιλιάς	Syn	Mt	Mk	Lk	Acts	Jn	1-3John	Paul	Eph	Col
	2			2	1			1		
	NT	2Thess	1/2Tim	Tit	Heb	Jas	1Pet	2Pet	Jude	Rev
	23									19

(a group of) thousand

			Lk
002 002			**Lk 14,31 (2)** ἢ τίς βασιλεὺς πορευόμενος ἑτέρῳ βασιλεῖ συμβαλεῖν εἰς πόλεμον οὐχὶ καθίσας πρῶτον βουλεύσεται εἰ δυνατός ἐστιν **ἐν δέκα χιλιάσιν** ὑπαντῆσαι τῷ **μετὰ εἴκοσι χιλιάδων** ἐρχομένῳ ἐπ' αὐτόν;

Acts 4,4 πολλοὶ δὲ τῶν ἀκουσάντων τὸν λόγον ἐπίστευσαν καὶ ἐγενήθη [ὁ] ἀριθμὸς τῶν ἀνδρῶν **[ὡς] χιλιάδες πέντε.**

χιτών	Syn 7	Mt 2	Mk 2	Lk 3	Acts 1	Jn 2	1-3John	Paul	Eph	Col
	NT 11	2Thess	1/2Tim	Tit	Heb	Jas	1Pet	2Pet	Jude 1	Rev

tunic; shirt

	triple tradition																	double tradition			Sondergut		
		+Mt / +Lk			−Mt / −Lk			traditions not taken over by Mt / Lk							subtotals								
code	*222*	*211*	*112*	*212*	*221*	*122*	*121*	*022*	*012*	*021*	*220*	*120*	*210*	*020*	Σ^+	Σ^-	Σ	*202*	*201*	*102*	*200*	*002*	total
Mt	1						1^-									1^-	1	1					**2**
Mk	1						1										2						**2**
Lk	1						1^-									1^-	1	1				1	**3**

002					**Lk 3,11**	... ὁ ἔχων **δύο χιτῶνας** μεταδότω τῷ μὴ ἔχοντι, ...	
202	**Mt 5,40**	καὶ τῷ θέλοντί σοι κριθῆναι καὶ **τὸν χιτῶνά σου** λαβεῖν, ἄφες αὐτῷ καὶ τὸ ἱμάτιον·			**Lk 6,29**	... καὶ ἀπὸ τοῦ αἴροντός σου τὸ ἱμάτιον καὶ **τὸν χιτῶνα** μὴ κωλύσῃς.	
222	**Mt 10,10**	[9] μὴ κτήσησθε χρυσὸν μηδὲ ἄργυρον μηδὲ χαλκὸν εἰς τὰς ζώνας ὑμῶν, [10] μὴ πήραν εἰς ὁδὸν **μηδὲ δύο χιτῶνας** μηδὲ ὑποδήματα μηδὲ ῥάβδον· ...	**Mk 6,9**	[8] ... ἵνα μηδὲν αἴρωσιν εἰς ὁδὸν εἰ μὴ ῥάβδον μόνον, μὴ ἄρτον, μὴ πήραν, μὴ εἰς τὴν ζώνην χαλκόν, [9] ἀλλὰ ὑποδεδεμένους σανδάλια, καὶ **μὴ ἐνδύσησθε δύο χιτῶνας.**	**Lk 9,3** ⇩ Lk 10,4 → Lk 22,35-36	... μηδὲν αἴρετε εἰς τὴν ὁδόν, μήτε ῥάβδον μήτε πήραν μήτε ἄρτον μήτε ἀργύριον **μήτε [ἀνὰ] δύο χιτῶνας ἔχειν.**	Mk-Q overlap
					Lk 10,4 ⇧ Lk 9,3	μὴ βαστάζετε βαλλάντιον, μὴ πήραν, μὴ ὑποδήματα, καὶ μηδένα κατὰ τὴν ὁδὸν ἀσπάσησθε.	
121	**Mt 26,65**	τότε ὁ ἀρχιερεὺς διέρρηξεν **τὰ ἱμάτια αὐτοῦ** λέγων· ἐβλασφήμησεν· τί ἔτι χρείαν ἔχομεν μαρτύρων; ...	**Mk 14,63**	ὁ δὲ ἀρχιερεὺς διαρρήξας **τοὺς χιτῶνας αὐτοῦ** λέγει· τί ἔτι χρείαν ἔχομεν μαρτύρων;	**Lk 22,71**	οἱ δὲ εἶπαν· τί ἔτι ἔχομεν μαρτυρίας χρείαν; ...	

Acts 9,39 ... καὶ παρέστησαν
αὐτῷ πᾶσαι αἱ χῆραι
κλαίουσαι καὶ
ἐπιδεικνύμεναι
χιτῶνας
καὶ ἱμάτια ὅσα ἐποίει
μετ᾽ αὐτῶν οὖσα
ἡ Δορκάς.

χιών	Syn 1	Mt 1	Mk	Lk	Acts	Jn	1-3John	Paul	Eph	Col
	NT 2	2Thess	1/2Tim	Tit	Heb	Jas	1Pet	2Pet	Jude	Rev 1

snow

200	**Mt 28,3** → Mt 17,2	ἦν δὲ ἡ εἰδέα αὐτοῦ ὡς ἀστραπὴ καὶ τὸ ἔνδυμα αὐτοῦ λευκὸν **ὡς χιών.**	**Mk 16,5** → Mk 9,3	... εἶδον νεανίσκον καθήμενον ἐν τοῖς δεξιοῖς περιβεβλημένον στολὴν λευκήν, ...	**Lk 24,4** → Lk 9,29 → Lk 24,23	... ἰδοὺ ἄνδρες δύο ἐπέστησαν αὐταῖς ἐν ἐσθῆτι ἀστραπτούσῃ.	→ Jn 20,12

χλαμύς

	Syn	Mt	Mk	Lk	Acts	Jn	1-3John	Paul	Eph	Col
	2	2								
	NT	2Thess	1/2Tim	Tit	Heb	Jas	1Pet	2Pet	Jude	Rev
	2									

cloak

210	**Mt 27,28** καὶ ἐκδύσαντες αὐτὸν χλαμύδα κοκκίνην περιέθηκαν αὐτῷ	**Mk 15,17** καὶ ἐνδιδύσκουσιν αὐτὸν πορφύραν ...	**Lk 23,11** → Mt 27,27 → Mk 15,16 ... καὶ ἐμπαίξας περιβαλὼν ἐσθῆτα λαμπρὰν ἀνέπεμψεν αὐτὸν τῷ Πιλάτῳ.	→ Jn 19,2
210	**Mt 27,31** καὶ ὅτε ἐνέπαιξαν αὐτῷ, ἐξέδυσαν αὐτὸν τὴν χλαμύδα καὶ ἐνέδυσαν αὐτὸν τὰ ἱμάτια αὐτοῦ ...	**Mk 15,20** καὶ ὅτε ἐνέπαιξαν αὐτῷ, ἐξέδυσαν αὐτὸν τὴν πορφύραν καὶ ἐνέδυσαν αὐτὸν τὰ ἱμάτια αὐτοῦ. ...		

χλωρός

	Syn	Mt	Mk	Lk	Acts	Jn	1-3John	Paul	Eph	Col
	1		1							
	NT	2Thess	1/2Tim	Tit	Heb	Jas	1Pet	2Pet	Jude	Rev
	4									3

yellowish green; (light) green; pale

121	**Mt 14,19** → Mt 15,35 καὶ κελεύσας τοὺς ὄχλους ἀνακλιθῆναι ἐπὶ τοῦ χόρτου, ...	**Mk 6,39** → Mk 8,6 καὶ ἐπέταξεν αὐτοῖς ἀνακλῖναι πάντας συμπόσια συμπόσια ἐπὶ τῷ χλωρῷ χόρτῳ.	**Lk 9,14** ... εἶπεν δὲ πρὸς τοὺς μαθητὰς αὐτοῦ· κατακλίνατε αὐτοὺς κλισίας ...	→ Jn 6,10

χοῖρος

	Syn	Mt	Mk	Lk	Acts	Jn	1-3John	Paul	Eph	Col
	12	4	4	4						
	NT	2Thess	1/2Tim	Tit	Heb	Jas	1Pet	2Pet	Jude	Rev
	12									

young pig; swine

	triple tradition																	double tradition			Sondergut		
		+Mt / +Lk			–Mt / –Lk			traditions not taken over by Mt / Lk							subtotals								
code	222	211	112	212	221	122	121	022	012	021	220	120	210	020	Σ⁺	Σ⁻	Σ	202	201	102	200	002	total
Mt	2				1		1⁻									1⁻	3				1		**4**
Mk	2				1		1										4						**4**
Lk	2				1⁻		1⁻									2⁻	2					2	**4**

200	**Mt 7,6** μὴ δῶτε τὸ ἅγιον τοῖς κυσὶν μηδὲ βάλητε τοὺς μαργαρίτας ὑμῶν ἔμπροσθεν τῶν χοίρων, ...			→ GTh 93
222	**Mt 8,30** ἦν δὲ μακρὰν ἀπ' αὐτῶν ἀγέλη χοίρων πολλῶν βοσκομένη.	**Mk 5,11** ἦν δὲ ἐκεῖ πρὸς τῷ ὄρει ἀγέλη χοίρων μεγάλη βοσκομένη·	**Lk 8,32** ἦν δὲ ἐκεῖ ἀγέλη χοίρων ἱκανῶν βοσκομένη ἐν τῷ ὄρει·	
221	**Mt 8,31** οἱ δὲ δαίμονες παρεκάλουν αὐτὸν λέγοντες· εἰ ἐκβάλλεις ἡμᾶς, ἀπόστειλον ἡμᾶς εἰς τὴν ἀγέλην τῶν χοίρων.	**Mk 5,12** καὶ παρεκάλεσαν αὐτὸν λέγοντες· πέμψον ἡμᾶς εἰς τοὺς χοίρους, ἵνα εἰς αὐτοὺς εἰσέλθωμεν.	καὶ παρεκάλεσαν αὐτὸν ἵνα ἐπιτρέψῃ αὐτοῖς εἰς ἐκείνους εἰσελθεῖν· ...	

222	Mt 8,32	... οἱ δὲ ἐξελθόντες ἀπῆλθον εἰς τοὺς χοίρους· καὶ ἰδοὺ ὥρμησεν πᾶσα ἡ ἀγέλη κατὰ τοῦ κρημνοῦ εἰς τὴν θάλασσαν καὶ ἀπέθανον ἐν τοῖς ὕδασιν.	Mk 5,13	... καὶ ἐξελθόντα τὰ πνεύματα τὰ ἀκάθαρτα εἰσῆλθον εἰς τοὺς χοίρους, καὶ ὥρμησεν ἡ ἀγέλη κατὰ τοῦ κρημνοῦ εἰς τὴν θάλασσαν, ὡς δισχίλιοι, καὶ ἐπνίγοντο ἐν τῇ θαλάσσῃ.	Lk 8,33	ἐξελθόντα δὲ τὰ δαιμόνια ἀπὸ τοῦ ἀνθρώπου εἰσῆλθον εἰς τοὺς χοίρους, καὶ ὥρμησεν ἡ ἀγέλη κατὰ τοῦ κρημνοῦ εἰς τὴν λίμνην καὶ ἀπεπνίγη.	
121	Mt 8,33	... καὶ τὰ τῶν δαιμονιζομένων.	Mk 5,16	καὶ διηγήσαντο αὐτοῖς οἱ ἰδόντες πῶς ἐγένετο τῷ δαιμονιζομένῳ καὶ περὶ τῶν χοίρων.	Lk 8,36	ἀπήγγειλαν δὲ αὐτοῖς οἱ ἰδόντες πῶς ἐσώθη ὁ δαιμονισθείς.	
002					Lk 15,15	... καὶ ἔπεμψεν αὐτὸν εἰς τοὺς ἀγροὺς αὐτοῦ βόσκειν χοίρους,	
002					Lk 15,16	καὶ ἐπεθύμει χορτασθῆναι ἐκ τῶν κερατίων ὧν ἤσθιον οἱ χοῖροι, καὶ οὐδεὶς ἐδίδου αὐτῷ.	

χολή	Syn 1	Mt 1	Mk	Lk	Acts 1	Jn	1-3John	Paul	Eph	Col
	NT 2	2Thess	1/2Tim	Tit	Heb	Jas	1Pet	2Pet	Jude	Rev

gall; bile

210	Mt 27,34	ἔδωκαν αὐτῷ πιεῖν οἶνον μετὰ χολῆς μεμιγμένον· καὶ γευσάμενος οὐκ ἠθέλησεν πιεῖν.	Mk 15,23	καὶ ἐδίδουν αὐτῷ ἐσμυρνισμένον οἶνον· ὃς δὲ οὐκ ἔλαβεν.	

Acts 8,23 εἰς γὰρ χολὴν πικρίας
καὶ σύνδεσμον ἀδικίας
ὁρῶ σε ὄντα.

Χοραζίν	Syn 2	Mt 1	Mk	Lk 1	Acts	Jn	1-3John	Paul	Eph	Col
	NT 2	2Thess	1/2Tim	Tit	Heb	Jas	1Pet	2Pet	Jude	Rev

Chorazin

202	Mt 11,21	οὐαί σοι, Χοραζίν, οὐαί σοι, Βηθσαϊδά· ὅτι εἰ ἐν Τύρῳ καὶ Σιδῶνι ἐγένοντο αἱ δυνάμεις αἱ γενόμεναι ἐν ὑμῖν, πάλαι ἂν ἐν σάκκῳ καὶ σποδῷ μετενόησαν.			Lk 10,13	οὐαί σοι, Χοραζίν, οὐαί σοι, Βηθσαϊδά· ὅτι εἰ ἐν Τύρῳ καὶ Σιδῶνι ἐγενήθησαν αἱ δυνάμεις αἱ γενόμεναι ἐν ὑμῖν, πάλαι ἂν ἐν σάκκῳ καὶ σποδῷ καθήμενοι μετενόησαν.	

χορός	Syn 1	Mt	Mk	Lk 1	Acts	Jn	1-3John	Paul	Eph	Col
	NT 1	2Thess	1/2Tim	Tit	Heb	Jas	1Pet	2Pet	Jude	Rev

(choral) dance; dancing

002					Lk 15,25	ἦν δὲ ὁ υἱὸς αὐτοῦ ὁ πρεσβύτερος ἐν ἀγρῷ· καὶ ὡς ἐρχόμενος ἤγγισεν τῇ οἰκίᾳ, ἤκουσεν συμφωνίας καὶ **χορῶν**	

χορτάζω	Syn 12	Mt 4	Mk 4	Lk 4	Acts	Jn 1	1-3John	Paul 1	Eph	Col
	NT 16	2Thess	1/2Tim	Tit	Heb	Jas 1	1Pet	2Pet	Jude	Rev 1

feed; fill; satisfy; *passive:* eat one's fill; be satisfied

	triple tradition																	double tradition			Sondergut		
		+Mt / +Lk			–Mt / –Lk			traditions not taken over by Mt / Lk							subtotals								
code	*222*	*211*	*112*	*212*	*221*	*122*	*121*	*022*	*012*	*021*	*220*	*120*	*210*	*020*	Σ^+	Σ^-	Σ	*202*	*201*	*102*	*200*	*002*	total
Mt	1										2	1^-				1^-	3	1					**4**
Mk	1										2	1					4						**4**
Lk	1																1	1				2	**4**

202	**Mt 5,6**	μακάριοι οἱ πεινῶντες καὶ διψῶντες τὴν δικαιοσύνην, ὅτι αὐτοὶ **χορτασθήσονται.**			**Lk 6,21**	μακάριοι οἱ πεινῶντες νῦν, ὅτι **χορτασθήσεσθε.** ...	→ GTh 69,2
222	**Mt 14,20** ↓ Mt 15,37	καὶ ἔφαγον πάντες καὶ **ἐχορτάσθησαν**, ...	**Mk 6,42** ↓ Mk 8,8	καὶ ἔφαγον πάντες καὶ **ἐχορτάσθησαν**	**Lk 9,17**	καὶ ἔφαγον καὶ **ἐχορτάσθησαν** πάντες, ...	→ Jn 6,12
120	**Mt 15,26**	ὁ δὲ ἀποκριθεὶς εἶπεν· οὐκ ἔστιν καλὸν λαβεῖν τὸν ἄρτον τῶν τέκνων καὶ βαλεῖν τοῖς κυναρίοις.	**Mk 7,27**	καὶ ἔλεγεν αὐτῇ· ἄφες πρῶτον **χορτασθῆναι** τὰ τέκνα, οὐ γάρ ἐστιν καλὸν λαβεῖν τὸν ἄρτον τῶν τέκνων καὶ τοῖς κυναρίοις βαλεῖν.			
220	**Mt 15,33** → Mt 14,16	καὶ λέγουσιν αὐτῷ οἱ μαθηταί· πόθεν ἡμῖν ἐν ἐρημίᾳ ἄρτοι τοσοῦτοι ὥστε **χορτάσαι** ὄχλον τοσοῦτον;	**Mk 8,4** → Mk 6,37	καὶ ἀπεκρίθησαν αὐτῷ οἱ μαθηταὶ αὐτοῦ ὅτι πόθεν τούτους δυνήσεταί τις ὧδε **χορτάσαι** ἄρτων ἐπ᾽ ἐρημίας;	→ Lk 9,13		
220	**Mt 15,37** ↑ Mt 14,20	καὶ ἔφαγον πάντες καὶ **ἐχορτάσθησαν**. ...	**Mk 8,8** ↑ Mk 6,42	καὶ ἔφαγον καὶ **ἐχορτάσθησαν**, ...	↑ Lk 9,17		
002					**Lk 15,16**	καὶ ἐπεθύμει **χορτασθῆναι** ἐκ τῶν κερατίων ὧν ἤσθιον οἱ χοῖροι, καὶ οὐδεὶς ἐδίδου αὐτῷ.	
002					**Lk 16,21**	καὶ ἐπιθυμῶν **χορτασθῆναι** ἀπὸ τῶν πιπτόντων ἀπὸ τῆς τραπέζης τοῦ πλουσίου· ...	

χόρτος

	Syn	Mt	Mk	Lk	Acts	Jn	1-3John	Paul	Eph	Col
	6	3	2	1		1		1		
	NT	2Thess	1/2Tim	Tit	Heb	Jas	1Pet	2Pet	Jude	Rev
	15					2	3			2

grass; hay

	triple tradition																	double tradition			Sondergut		
		+Mt / +Lk			−Mt / −Lk			traditions not taken over by Mt / Lk							subtotals								
code	222	211	112	212	221	122	121	022	012	021	220	120	210	020	Σ⁺	Σ⁻	Σ	202	201	102	200	002	total
Mt					1												1	1			1		**3**
Mk					1									1			2						**2**
Lk					1⁻											1⁻		1					**1**

202	**Mt 6,30** εἰ δὲ **τὸν χόρτον** **τοῦ ἀγροῦ** σήμερον ὄντα καὶ αὔριον εἰς κλίβανον βαλλόμενον ὁ θεὸς οὕτως ἀμφιέννυσιν, οὐ πολλῷ μᾶλλον ὑμᾶς, ὀλιγόπιστοι;		**Lk 12,28** εἰ δὲ ἐν ἀγρῷ **τὸν χόρτον** ὄντα σήμερον καὶ αὔριον εἰς κλίβανον βαλλόμενον ὁ θεὸς οὕτως ἀμφιέζει, πόσῳ μᾶλλον ὑμᾶς, ὀλιγόπιστοι.	→ GTh 36,2 (only POxy 655)
020		**Mk 4,28** αὐτομάτη ἡ γῆ καρποφορεῖ, πρῶτον **χόρτον** εἶτα στάχυν εἶτα πλήρη[ς] σῖτον ἐν τῷ στάχυϊ.		
200	**Mt 13,26** ὅτε δὲ ἐβλάστησεν **ὁ χόρτος** καὶ καρπὸν ἐποίησεν, τότε ἐφάνη καὶ τὰ ζιζάνια.			→ GTh 57
221	**Mt 14,19** καὶ κελεύσας → Mt 15,35 τοὺς ὄχλους ἀνακλιθῆναι **ἐπὶ τοῦ χόρτου**, ...	**Mk 6,39** καὶ ἐπέταξεν → Mk 8,6 αὐτοῖς ἀνακλῖναι πάντας συμπόσια συμπόσια **ἐπὶ τῷ χλωρῷ χόρτῳ.**	**Lk 9,14** ... εἶπεν δὲ πρὸς τοὺς μαθητὰς αὐτοῦ· κατακλίνατε αὐτοὺς κλισίας ...	→ Jn 6,10

Χουζᾶς

	Syn	Mt	Mk	Lk	Acts	Jn	1-3John	Paul	Eph	Col
	1			1						
	NT	2Thess	1/2Tim	Tit	Heb	Jas	1Pet	2Pet	Jude	Rev
	1									

Chuza

002			**Lk 8,3** καὶ Ἰωάννα → Mt 27,55-56 → Mk 15,40-41 → Lk 23,49.55 → Lk 24,10 **γυνὴ Χουζᾶ** ἐπιτρόπου Ἡρῴδου καὶ Σουσάννα καὶ ἕτεραι πολλαί, αἵτινες διηκόνουν αὐτοῖς ἐκ τῶν ὑπαρχόντων αὐταῖς.	→ Acts 1,14

χοῦς

	Syn	Mt	Mk	Lk	Acts	Jn	1-3John	Paul	Eph	Col
	1		1							
	NT	2Thess	1/2Tim	Tit	Heb	Jas	1Pet	2Pet	Jude	Rev
	2									1

soil; dust

021			Mk 6,11	καὶ ὃς ἂν τόπος μὴ δέξηται ὑμᾶς μηδὲ ἀκούσωσιν ὑμῶν, ἐκπορευόμενοι ἐκεῖθεν ἐκτινάξατε **τὸν χοῦν** τὸν ὑποκάτω τῶν ποδῶν ὑμῶν εἰς μαρτύριον αὐτοῖς.	Lk 9,5 ⇩ Lk 10,10-11	καὶ ὅσοι ἂν μὴ δέχωνται ὑμᾶς, ἐξερχόμενοι ἀπὸ τῆς πόλεως ἐκείνης **τὸν κονιορτὸν** ἀπὸ τῶν ποδῶν ὑμῶν ἀποτινάσσετε εἰς μαρτύριον ἐπ᾽ αὐτούς.	→ Acts 13,51 → Acts 18,6 Mk-Q overlap
	Mt 10,14	καὶ ὃς ἂν μὴ δέξηται ὑμᾶς μηδὲ ἀκούσῃ τοὺς λόγους ὑμῶν, ἐξερχόμενοι ἔξω τῆς οἰκίας ἢ τῆς πόλεως ἐκείνης ἐκτινάξατε **τὸν κονιορτὸν** τῶν ποδῶν ὑμῶν.			Lk 10,11 ⇧ Lk 9,5	[10] εἰς ἣν δ᾽ ἂν πόλιν εἰσέλθητε καὶ μὴ δέχωνται ὑμᾶς, ἐξελθόντες εἰς τὰς πλατείας αὐτῆς εἴπατε· [11] καὶ **τὸν κονιορτὸν** τὸν κολληθέντα ἡμῖν ἐκ τῆς πόλεως ὑμῶν εἰς τοὺς πόδας ἀπομασσόμεθα ὑμῖν· ...	

χρεία

	Syn	Mt	Mk	Lk	Acts	Jn	1-3John	Paul	Eph	Col
	17	6	4	7	5	4	2	11	2	
	NT	2Thess	1/2Tim	Tit	Heb	Jas	1Pet	2Pet	Jude	Rev
	49			1	4					3

need; necessity; lack; want; difficulty; the thing that is lacking and therefore necessary; office; duty; service

	triple tradition																	double tradition			Sondergut		
		+Mt / +Lk			–Mt / –Lk			traditions not taken over by Mt / Lk							subtotals								
code	222	211	112	212	221	122	121	022	012	021	220	120	210	020	Σ^+	Σ^-	Σ	202	201	102	200	002	total
Mt	3	1^+					1^-								1^+	1^-	4				2		**6**
Mk	3						1										4						**4**
Lk	3		1^+				1^-		1^+						2^+	1^-	5			1		1	**7**

200	Mt 3,14	ὁ δὲ Ἰωάννης διεκώλυεν αὐτὸν λέγων· ἐγὼ **χρείαν** ἔχω ὑπὸ σοῦ βαπτισθῆναι, καὶ σὺ ἔρχῃ πρός με;					
200	Mt 6,8 → Mt 6,32 → Lk 12,30	... οἶδεν γὰρ ὁ πατὴρ ὑμῶν ὧν **χρείαν** ἔχετε πρὸ τοῦ ὑμᾶς αἰτῆσαι αὐτόν.					
222	Mt 9,12	... οὐ **χρείαν** ἔχουσιν οἱ ἰσχύοντες ἰατροῦ ἀλλ᾽ οἱ κακῶς ἔχοντες.	Mk 2,17	... οὐ **χρείαν** ἔχουσιν οἱ ἰσχύοντες ἰατροῦ ἀλλ᾽ οἱ κακῶς ἔχοντες· ...	Lk 5,31	... οὐ **χρείαν** ἔχουσιν οἱ ὑγιαίνοντες ἰατροῦ ἀλλὰ οἱ κακῶς ἔχοντες·	
121	Mt 12,3	... οὐκ ἀνέγνωτε τί ἐποίησεν Δαυὶδ ὅτε ἐπείνασεν καὶ οἱ μετ᾽ αὐτοῦ	Mk 2,25	... οὐδέποτε ἀνέγνωτε τί ἐποίησεν Δαυίδ, ὅτε **χρείαν** ἔσχεν καὶ ἐπείνασεν αὐτὸς καὶ οἱ μετ᾽ αὐτοῦ	Lk 6,3	... οὐδὲ τοῦτο ἀνέγνωτε ὃ ἐποίησεν Δαυὶδ ὅτε ἐπείνασεν αὐτὸς καὶ οἱ μετ᾽ αὐτοῦ [ὄντες]	

112	Mt 14,14 → Mt 9,36 → Mt 15,32	καὶ ἐξελθὼν εἶδεν πολὺν ὄχλον, καὶ ἐσπλαγχνίσθη ἐπ' αὐτοῖς καὶ ἐθεράπευσεν **τοὺς ἀρρώστους αὐτῶν.**	Mk 6,34	καὶ ἐξελθὼν εἶδεν πολὺν ὄχλον, καὶ ἐσπλαγχνίσθη ἐπ' αὐτούς, ... καὶ ἤρξατο διδάσκειν αὐτοὺς πολλά.	Lk 9,11	... καὶ ἀποδεξάμενος αὐτοὺς ἐλάλει αὐτοῖς περὶ τῆς βασιλείας τοῦ θεοῦ, καὶ **τοὺς χρείαν ἔχοντας θεραπείας** ἰᾶτο.	
211	Mt 14,16	ὁ δὲ [Ἰησοῦς] εἶπεν αὐτοῖς· οὐ **χρείαν** ἔχουσιν ἀπελθεῖν, δότε αὐτοῖς ὑμεῖς φαγεῖν.	Mk 6,37	ὁ δὲ ἀποκριθεὶς εἶπεν αὐτοῖς· δότε αὐτοῖς ὑμεῖς φαγεῖν. ...	Lk 9,13	εἶπεν δὲ πρὸς αὐτούς· δότε αὐτοῖς ὑμεῖς φαγεῖν. ...	
002					Lk 10,42	ἑνὸς δέ ἐστιν **χρεία·** Μαριὰμ γὰρ τὴν ἀγαθὴν μερίδα ἐξελέξατο ἥτις οὐκ ἀφαιρεθήσεται αὐτῆς.	
102	Mt 18,13	... ἢ ἐπὶ τοῖς ἐνενήκοντα ἐννέα τοῖς μὴ πεπλανημένοις.			Lk 15,7 → Lk 15,10	... ἢ ἐπὶ ἐνενήκοντα ἐννέα δικαίοις οἵτινες οὐ **χρείαν** ἔχουσιν μετανοίας.	→ GTh 107
222	Mt 21,3	... ἐρεῖτε ὅτι ὁ κύριος αὐτῶν **χρείαν** ἔχει· εὐθὺς δὲ ἀποστελεῖ αὐτούς.	Mk 11,3	... εἴπατε· ὁ κύριος αὐτοῦ **χρείαν** ἔχει, καὶ εὐθὺς αὐτὸν ἀποστέλλει πάλιν ὧδε.	Lk 19,31	... οὕτως ἐρεῖτε· ὅτι ὁ κύριος αὐτοῦ **χρείαν** ἔχει.	
012			Mk 11,6 → Mt 21,6 → Lk 19,32	οἱ δὲ εἶπαν αὐτοῖς καθὼς εἶπεν ὁ Ἰησοῦς, καὶ ἀφῆκαν αὐτούς.	Lk 19,34	οἱ δὲ εἶπαν· ὅτι ὁ κύριος αὐτοῦ **χρείαν** ἔχει.	
222	Mt 26,65	... τί ἔτι **χρείαν** ἔχομεν μαρτύρων; ἴδε νῦν ἠκούσατε τὴν βλασφημίαν·	Mk 14,63	... τί ἔτι **χρείαν** ἔχομεν μαρτύρων; [64] ἠκούσατε τῆς βλασφημίας· ...	Lk 22,71	... τί ἔτι ἔχομεν μαρτυρίας **χρείαν;** αὐτοὶ γὰρ ἠκούσαμεν ἀπὸ τοῦ στόματος αὐτοῦ.	

Acts 2,45 → Lk 12,33 → Lk 14,33 → Mt 19,21 → Mk 10,21 → Lk 18,22
καὶ τὰ κτήματα καὶ τὰς ὑπάρξεις ἐπίπρασκον καὶ διεμέριζον αὐτὰ πᾶσιν καθότι ἄν τις **χρείαν** εἶχεν·

Acts 4,35 καὶ ἐτίθουν παρὰ τοὺς πόδας τῶν ἀποστόλων, διεδίδετο δὲ ἑκάστῳ καθότι ἄν τις **χρείαν** εἶχεν.

Acts 6,3 ἐπισκέψασθε δέ, ἀδελφοί, ἄνδρας ἐξ ὑμῶν μαρτυρουμένους ἑπτά, πλήρεις πνεύματος καὶ σοφίας, οὓς καταστήσομεν **ἐπὶ τῆς χρείας ταύτης**

Acts 20,34 αὐτοὶ γινώσκετε ὅτι **ταῖς χρείαις μου** καὶ τοῖς οὖσιν μετ' ἐμοῦ ὑπηρέτησαν αἱ χεῖρες αὗται.

Acts 28,10 οἳ καὶ πολλαῖς τιμαῖς ἐτίμησαν ἡμᾶς καὶ ἀναγομένοις ἐπέθεντο **τὰ πρὸς τὰς χρείας.**

χρεοφειλέτης	Syn 2	Mt	Mk	Lk 2	Acts	Jn	1-3John	Paul	Eph	Col
	NT 2	2Thess	1/2Tim	Tit	Heb	Jas	1Pet	2Pet	Jude	Rev

debtor

002	Lk 7,41	**δύο χρεοφειλέται** ἦσαν δανιστῇ τινι· ὁ εἷς ὤφειλεν δηνάρια πεντακόσια, ὁ δὲ ἕτερος πεντήκοντα.

002					Lk 16,5	καὶ προσκαλεσάμενος ἕνα ἕκαστον τῶν χρεοφειλετῶν τοῦ κυρίου ἑαυτοῦ ἔλεγεν τῷ πρώτῳ· πόσον ὀφείλεις τῷ κυρίῳ μου;	

χρῄζω

	Syn	Mt	Mk	Lk	Acts	Jn	1-3John	Paul	Eph	Col
	3	1		2				2		
	NT	2Thess	1/2Tim	Tit	Heb	Jas	1Pet	2Pet	Jude	Rev
	5									

(have) need (of)

002					Lk 11,8	λέγω ὑμῖν, εἰ καὶ οὐ δώσει αὐτῷ ἀναστὰς διὰ τὸ εἶναι φίλον αὐτοῦ, διά γε τὴν ἀναίδειαν αὐτοῦ ἐγερθεὶς δώσει αὐτῷ ὅσων **χρῄζει.**	
202	Mt 6,32 →Mt 6,8	πάντα γὰρ ταῦτα τὰ ἔθνη ἐπιζητοῦσιν· οἶδεν γὰρ ὁ πατὴρ ὑμῶν ὁ οὐράνιος ὅτι **χρῄζετε** τούτων ἁπάντων.			Lk 12,30	ταῦτα γὰρ πάντα τὰ ἔθνη τοῦ κόσμου ἐπιζητοῦσιν, ὑμῶν δὲ ὁ πατὴρ οἶδεν ὅτι **χρῄζετε** τούτων.	

χρῆμα

	Syn	Mt	Mk	Lk	Acts	Jn	1-3John	Paul	Eph	Col
	2		1	1	4					
	NT	2Thess	1/2Tim	Tit	Heb	Jas	1Pet	2Pet	Jude	Rev
	6									

property; wealth; means; money

122	Mt 19,23	ὁ δὲ Ἰησοῦς εἶπεν τοῖς μαθηταῖς αὐτοῦ· ἀμὴν λέγω ὑμῖν ὅτι **πλούσιος** δυσκόλως εἰσελεύσεται εἰς τὴν βασιλείαν τῶν οὐρανῶν.	Mk 10,23	καὶ περιβλεψάμενος ὁ Ἰησοῦς λέγει τοῖς μαθηταῖς αὐτοῦ· πῶς δυσκόλως **οἱ τὰ χρήματα ἔχοντες** εἰς τὴν βασιλείαν τοῦ θεοῦ εἰσελεύσονται.	Lk 18,24	ἰδὼν δὲ αὐτὸν ὁ Ἰησοῦς [περίλυπον γενόμενον] εἶπεν· πῶς δυσκόλως **οἱ τὰ χρήματα ἔχοντες** εἰς τὴν βασιλείαν τοῦ θεοῦ εἰσπορεύονται·	

Acts 4,37 ὑπάρχοντος αὐτῷ ἀγροῦ πωλήσας ἤνεγκεν **τὸ χρῆμα** καὶ ἔθηκεν πρὸς τοὺς πόδας τῶν ἀποστόλων.

Acts 8,18 ἰδὼν δὲ ὁ Σίμων ὅτι διὰ τῆς ἐπιθέσεως τῶν χειρῶν τῶν ἀποστόλων δίδοται τὸ πνεῦμα, προσήνεγκεν αὐτοῖς **χρήματα**

Acts 8,20 ... τὸ ἀργύριόν σου σὺν σοὶ εἴη εἰς ἀπώλειαν ὅτι τὴν δωρεὰν τοῦ θεοῦ ἐνόμισας **διὰ χρημάτων** κτᾶσθαι·

Acts 24,26 ἅμα καὶ ἐλπίζων ὅτι **χρήματα** δοθήσεται αὐτῷ ὑπὸ τοῦ Παύλου· ...

χρηματίζω	Syn 3	Mt 2	Mk	Lk 1	Acts 2	Jn	1-3John	Paul 1	Eph	Col
	NT 9	2Thess	1/2Tim	Tit	Heb 3	Jas	1Pet	2Pet	Jude	Rev

impart a revelation, injunction, warning; bear a name

002			**Lk 2,26** καὶ ἦν αὐτῷ **κεχρηματισμένον** ὑπὸ τοῦ πνεύματος τοῦ ἁγίου μὴ ἰδεῖν θάνατον πρὶν [ἢ] ἂν ἴδῃ τὸν χριστὸν κυρίου.	
200	**Mt 2,12** καὶ **χρηματισθέντες** κατ' ὄναρ μὴ ἀνακάμψαι πρὸς Ἡρῴδην, δι' ἄλλης ὁδοῦ ἀνεχώρησαν εἰς τὴν χώραν αὐτῶν.			
200	**Mt 2,22** →Lk 2,39 ἀκούσας δὲ ὅτι Ἀρχέλαος βασιλεύει τῆς Ἰουδαίας ἀντὶ τοῦ πατρὸς αὐτοῦ Ἡρῴδου ἐφοβήθη ἐκεῖ ἀπελθεῖν· **χρηματισθεὶς** δὲ κατ' ὄναρ ἀνεχώρησεν εἰς τὰ μέρη τῆς Γαλιλαίας			

Acts 10,22 →Lk 7,5 ... Κορνήλιος ... μαρτυρούμενός τε ὑπὸ ὅλου τοῦ ἔθνους τῶν Ἰουδαίων, **ἐχρηματίσθη** ὑπὸ ἀγγέλου ἁγίου μεταπέμψασθαί σε εἰς τὸν οἶκον αὐτοῦ καὶ ἀκοῦσαι ῥήματα παρὰ σοῦ.

Acts 11,26 ... **χρηματίσαι** τε πρώτως ἐν Ἀντιοχείᾳ τοὺς μαθητὰς Χριστιανούς.

χρηστός	Syn 3	Mt 1	Mk	Lk 2	Acts	Jn	1-3John	Paul 2	Eph 1	Col
	NT 7	2Thess	1/2Tim	Tit	Heb	Jas	1Pet 1	2Pet	Jude	Rev

useful; suitable; worthy; good; kind; loving; benevolent

002			**Lk 5,39** [καὶ] οὐδεὶς πιὼν παλαιὸν θέλει νέον· λέγει γάρ· ὁ παλαιὸς **χρηστός** ἐστιν.	→GTh 47,3
102	**Mt 5,45** ὅπως γένησθε υἱοὶ τοῦ πατρὸς ὑμῶν τοῦ ἐν οὐρανοῖς, ὅτι τὸν ἥλιον αὐτοῦ ἀνατέλλει ἐπὶ πονηροὺς καὶ ἀγαθοὺς καὶ βρέχει ἐπὶ δικαίους καὶ ἀδίκους.		**Lk 6,35** ... καὶ ἔσεσθε υἱοὶ ὑψίστου, ὅτι αὐτὸς **χρηστός** ἐστιν ἐπὶ τοὺς ἀχαρίστους καὶ πονηρούς.	→GTh 3 (POxy 654)
200	**Mt 11,30** ὁ γὰρ ζυγός μου **χρηστὸς** καὶ τὸ φορτίον μου ἐλαφρόν ἐστιν.			→GTh 90

Χριστός	Syn 35	Mt 16	Mk 7	Lk 12	Acts 25	Jn 19	1-3John 11	Paul 269	Eph 46	Col 25
	NT 529	2Thess 10	1/2Tim 28	Tit 4	Heb 12	Jas 2	1Pet 22	2Pet 8	Jude 6	Rev 7

Anointed One; Messiah; Christ

	triple tradition																	double tradition			Sondergut		
		+Mt / +Lk			−Mt / −Lk			traditions not taken over by Mt / Lk							subtotals								
code	*222*	*211*	*112*	*212*	*221*	*122*	*121*	*022*	*012*	*021*	*220*	*120*	*210*	*020*	Σ^+	Σ^-	Σ	*202*	*201*	*102*	*200*	*002*	total
Mt	3	4^+				1^-					1	1^-	1^+		5^+	2^-	9		1		6		**16**
Mk	3					1					1	1		1			7						**7**
Lk	3		2^+			1			1^+						3^+		7					5	**12**

a Ἰησοῦς Χριστός, Χριστός Ἰησοῦς

b κύριος (...) Ἰησοῦς Χριστός

c χριστός and κύριος

d Ἰησοῦς ὁ λεγόμενος χριστός

a 200	**Mt 1,1** βίβλος γενέσεως **Ἰησοῦ Χριστοῦ** υἱοῦ Δαυὶδ υἱοῦ Ἀβραάμ.			
d 200	**Mt 1,16** → Mt 13,55 → Mk 6,3 Ἰακὼβ δὲ ἐγέννησεν τὸν Ἰωσὴφ τὸν ἄνδρα Μαρίας, ἐξ ἧς ἐγεννήθη Ἰησοῦς ὁ λεγόμενος **χριστός.**		**Lk 3,23** → Lk 4,22 καὶ αὐτὸς ἦν Ἰησοῦς ἀρχόμενος ὡσεὶ ἐτῶν τριάκοντα, ὢν υἱός, ὡς ἐνομίζετο, Ἰωσὴφ τοῦ Ἠλὶ	
200	**Mt 1,17** ... καὶ ἀπὸ τῆς μετοικεσίας Βαβυλῶνος **ἕως τοῦ Χριστοῦ** γενεαὶ δεκατέσσαρες.			
a 200	**Mt 1,18** → Lk 1,27 → Lk 1,35 **τοῦ δὲ Ἰησοῦ Χριστοῦ ἡ γένεσις** οὕτως ἦν. μνηστευθείσης τῆς μητρὸς αὐτοῦ Μαρίας τῷ Ἰωσήφ, ...			
c 002			**Lk 2,11** ὅτι ἐτέχθη ὑμῖν σήμερον σωτὴρ ὅς ἐστιν **χριστὸς κύριος** ἐν πόλει Δαυίδ.	
c 002			**Lk 2,26** καὶ ἦν αὐτῷ κεχρηματισμένον ὑπὸ τοῦ πνεύματος τοῦ ἁγίου μὴ ἰδεῖν θάνατον πρὶν [ἢ] ἂν ἴδῃ **τὸν χριστὸν κυρίου.**	
200	**Mt 2,4** καὶ συναγαγὼν πάντας τοὺς ἀρχιερεῖς καὶ γραμματεῖς τοῦ λαοῦ ἐπυνθάνετο παρ' αὐτῶν ποῦ **ὁ χριστὸς** γεννᾶται.			
a 020		**Mk 1,1** ἀρχὴ τοῦ εὐαγγελίου **Ἰησοῦ Χριστοῦ** [υἱοῦ θεοῦ].		
002			**Lk 3,15** προσδοκῶντος δὲ τοῦ λαοῦ καὶ διαλογιζομένων πάντων ἐν ταῖς καρδίαις αὐτῶν περὶ τοῦ Ἰωάννου, μήποτε αὐτὸς εἴη **ὁ χριστός**	

	Mt 8,16 ⇨ Mt 4,24	... καὶ ἐξέβαλεν τὰ πνεύματα λόγῳ καὶ πάντας τοὺς κακῶς ἔχοντας ἐθεράπευσεν	Mk 1,34 ↓ Mk 3,11	καὶ ἐθεράπευσεν πολλοὺς κακῶς ἔχοντας ποικίλαις νόσοις καὶ δαιμόνια πολλὰ ἐξέβαλεν,	Lk 4,41 → Lk 6,18	ἐξήρχετο δὲ καὶ δαιμόνια ἀπὸ πολλῶν κρ[αυγ]άζοντα καὶ λέγοντα ὅτι σὺ εἶ ὁ υἱὸς τοῦ θεοῦ.	
012			↓ Mt 12,16 ↓ Mk 3,11-12	καὶ οὐκ ἤφιεν λαλεῖν τὰ δαιμόνια, ὅτι ᾔδεισαν αὐτόν.		καὶ ἐπιτιμῶν οὐκ εἴα αὐτὰ λαλεῖν, ὅτι ᾔδεισαν **τὸν χριστὸν** αὐτὸν εἶναι.	
	Mt 12,16	καὶ ἐπετίμησεν αὐτοῖς ἵνα μὴ φανερὸν αὐτὸν ποιήσωσιν	Mk 3,12 ↑ Mk 1,34	[11] καὶ τὰ πνεύματα τὰ ἀκάθαρτα, ὅταν αὐτὸν ἐθεώρουν, προσέπιπτον αὐτῷ καὶ ἔκραζον λέγοντες ὅτι σὺ εἶ ὁ υἱὸς τοῦ θεοῦ. [12] καὶ πολλὰ ἐπετίμα αὐτοῖς ἵνα μὴ αὐτὸν φανερὸν ποιήσωσιν.			
201	Mt 11,2	ὁ δὲ Ἰωάννης ἀκούσας ἐν τῷ δεσμωτηρίῳ **τὰ ἔργα τοῦ Χριστοῦ** πέμψας διὰ τῶν μαθητῶν αὐτοῦ			Lk 7,18	καὶ ἀπήγγειλαν Ἰωάννῃ οἱ μαθηταὶ αὐτοῦ **περὶ πάντων τούτων.** καὶ προσκαλεσάμενος δύο τινὰς τῶν μαθητῶν αὐτοῦ ὁ Ἰωάννης [19] ἔπεμψεν πρὸς τὸν κύριον ...	
222	Mt 16,16 → Mt 14,33	ἀποκριθεὶς δὲ Σίμων Πέτρος εἶπεν· σὺ εἶ **ὁ χριστὸς ὁ υἱὸς τοῦ θεοῦ τοῦ ζῶντος.**	Mk 8,29	... ἀποκριθεὶς ὁ Πέτρος λέγει αὐτῷ· σὺ εἶ **ὁ χριστός.**	Lk 9,20	... Πέτρος δὲ ἀποκριθεὶς εἶπεν· **τὸν χριστὸν τοῦ θεοῦ.**	→ Jn 6,68-69 → GTh 13
211	Mt 16,20	τότε διεστείλατο τοῖς μαθηταῖς ἵνα μηδενὶ εἴπωσιν **ὅτι αὐτός ἐστιν ὁ χριστός.**	Mk 8,30	καὶ ἐπετίμησεν αὐτοῖς ἵνα μηδενὶ λέγωσιν **περὶ αὐτοῦ.**	Lk 9,21	ὁ δὲ ἐπιτιμήσας αὐτοῖς παρήγγειλεν μηδενὶ λέγειν **τοῦτο**	→ GTh 13
120	Mt 10,42	καὶ ὃς ἂν ποτίσῃ ἕνα τῶν μικρῶν τούτων ποτήριον ψυχροῦ μόνον **εἰς ὄνομα μαθητοῦ,** ἀμὴν λέγω ὑμῖν, οὐ μὴ ἀπολέσῃ τὸν μισθὸν αὐτοῦ.	Mk 9,41	ὃς γὰρ ἂν ποτίσῃ ὑμᾶς ποτήριον ὕδατος **ἐν ὀνόματι ὅτι Χριστοῦ ἐστε,** ἀμὴν λέγω ὑμῖν ὅτι οὐ μὴ ἀπολέσῃ τὸν μισθὸν αὐτοῦ.			
222	Mt 22,42	... τί ὑμῖν δοκεῖ **περὶ τοῦ χριστοῦ;** τίνος υἱός ἐστιν; λέγουσιν αὐτῷ· τοῦ Δαυίδ.	Mk 12,35	... πῶς λέγουσιν οἱ γραμματεῖς ὅτι **ὁ χριστὸς** υἱὸς Δαυίδ ἐστιν;	Lk 20,41	... πῶς λέγουσιν **τὸν χριστὸν** εἶναι Δαυὶδ υἱόν;	
200	Mt 23,10	μηδὲ κληθῆτε καθηγηταί, ὅτι καθηγητὴς ὑμῶν ἐστιν εἷς **ὁ Χριστός.**					→ GTh 13,4-5
211	Mt 24,5 ↓ Mt 24,23 ↓ Mt 24,26 → Mt 24,11	πολλοὶ γὰρ ἐλεύσονται ἐπὶ τῷ ὀνόματί μου λέγοντες· ἐγώ εἰμι **ὁ χριστός,** καὶ πολλοὺς πλανήσουσιν.	Mk 13,6 ↓ Mk 13,21	πολλοὶ ἐλεύσονται ἐπὶ τῷ ὀνόματί μου λέγοντες ὅτι ἐγώ εἰμι, καὶ πολλοὺς πλανήσουσιν.	Lk 21,8 ↓ Lk 17,23	... πολλοὶ γὰρ ἐλεύσονται ἐπὶ τῷ ὀνόματί μου λέγοντες· ἐγώ εἰμι, καί· ὁ καιρὸς ἤγγικεν. μὴ πορευθῆτε ὀπίσω αὐτῶν.	

220	**Mt 24,23** ↑ Mt 24,5 ⇩ Mt 24,26	τότε ἐάν τις ὑμῖν εἴπῃ· ἰδοὺ ὧδε **ὁ χριστός,** ἤ· ὧδε, μὴ πιστεύσητε·	**Mk 13,21** ↑ Mk 13,6	καὶ τότε ἐάν τις ὑμῖν εἴπῃ· ἴδε ὧδε **ὁ χριστός,** ἴδε ἐκεῖ, μὴ πιστεύετε·	→ Lk 17,21 ↓ Lk 17,23 ↑ Lk 21,8		→ GTh 113
	Mt 24,26 ⇧ Mt 24,23 ↑ Mt 24,5 ↑ Mk 13,6 ↑ Lk 21,8	ἐὰν οὖν εἴπωσιν ὑμῖν· ἰδοὺ ἐν τῇ ἐρήμῳ ἐστίν, μὴ ἐξέλθητε· ἰδοὺ ἐν τοῖς ταμείοις, μὴ πιστεύσητε·			**Lk 17,23** → Lk 17,21 ↑ Lk 21,8	καὶ ἐροῦσιν ὑμῖν· ἰδοὺ ἐκεῖ, [ἤ·] ἰδοὺ ὧδε· μὴ ἀπέλθητε μηδὲ διώξητε.	
222	**Mt 26,63** ↓ Mt 27,42	... καὶ ὁ ἀρχιερεὺς εἶπεν αὐτῷ· ἐξορκίζω σε κατὰ τοῦ θεοῦ τοῦ ζῶντος ἵνα ἡμῖν εἴπῃς εἰ σὺ εἶ **ὁ χριστὸς** ὁ υἱὸς τοῦ θεοῦ.	**Mk 14,61** ↓ Mk 15,32	... πάλιν ὁ ἀρχιερεὺς ἐπηρώτα αὐτὸν καὶ λέγει αὐτῷ· σὺ εἶ **ὁ χριστὸς** ὁ υἱὸς τοῦ εὐλογητοῦ;	**Lk 22,67** ⇩ Lk 22,70 ↓ Lk 23,35	λέγοντες· εἰ σὺ εἶ **ὁ χριστός,** εἰπὸν ἡμῖν. ...	→ Jn 10,24
					Lk 22,70 ⇧ Lk 22,67	εἶπαν δὲ πάντες· σὺ οὖν εἶ ὁ υἱὸς τοῦ θεοῦ; ...	→ Jn 10,36
211	**Mt 26,68**	λέγοντες· προφήτευσον ἡμῖν, **χριστέ,** τίς ἐστιν ὁ παίσας σε;	**Mk 14,65**	καὶ ἤρξαντό ... λέγειν αὐτῷ· προφήτευσον, καὶ οἱ ὑπηρέται ῥαπίσμασιν αὐτὸν ἔλαβον.	**Lk 22,64**	καὶ ... ἐπηρώτων λέγοντες· προφήτευσον, τίς ἐστιν ὁ παίσας σε;	
112	**Mt 27,12**	καὶ ἐν τῷ κατηγορεῖσθαι αὐτὸν ὑπὸ τῶν ἀρχιερέων καὶ πρεσβυτέρων οὐδὲν ἀπεκρίνατο.	**Mk 15,3**	καὶ κατηγόρουν αὐτοῦ οἱ ἀρχιερεῖς πολλά.	**Lk 23,2** → Lk 20,20 → Lk 20,25 ⇨ Lk 23,10 → Lk 23,14	ἤρξαντο δὲ κατηγορεῖν αὐτοῦ λέγοντες· τοῦτον εὕραμεν διαστρέφοντα τὸ ἔθνος ἡμῶν καὶ κωλύοντα φόρους Καίσαρι διδόναι καὶ λέγοντα ἑαυτὸν **χριστὸν βασιλέα** εἶναι.	→ Jn 19,12 → Acts 17,7
d 210	**Mt 27,17** → Mt 27,21	... εἶπεν αὐτοῖς ὁ Πιλᾶτος· τίνα θέλετε ἀπολύσω ὑμῖν, [Ἰησοῦν τὸν] Βαραββᾶν ἢ Ἰησοῦν τὸν λεγόμενον **χριστόν;**	**Mk 15,9**	ὁ δὲ Πιλᾶτος ἀπεκρίθη αὐτοῖς λέγων· θέλετε ἀπολύσω ὑμῖν τὸν βασιλέα τῶν Ἰουδαίων;			→ Jn 18,39
d 211	**Mt 27,22**	λέγει αὐτοῖς ὁ Πιλᾶτος· τί οὖν ποιήσω **Ἰησοῦν τὸν** **λεγόμενον χριστόν;** λέγουσιν πάντες· σταυρωθήτω.	**Mk 15,12**	ὁ δὲ Πιλᾶτος πάλιν ἀποκριθεὶς ἔλεγεν αὐτοῖς· τί οὖν [θέλετε] ποιήσω **[ὃν λέγετε]** **τὸν βασιλέα** **τῶν Ἰουδαίων;** [13] οἱ δὲ πάλιν ἔκραξαν· σταύρωσον αὐτόν.	**Lk 23,20**	πάλιν δὲ ὁ Πιλᾶτος προσεφώνησεν αὐτοῖς θέλων ἀπολῦσαι **τὸν Ἰησοῦν·** [21] οἱ δὲ ἐπεφώνουν λέγοντες· σταύρου, σταύρου αὐτόν.	→ Jn 19,12
122	**Mt 27,42** ↑ Mt 26,63 → Mt 27,40 ↓ Lk 23,37	[41] ὁμοίως καὶ οἱ ἀρχιερεῖς ἐμπαίζοντες μετὰ τῶν γραμματέων καὶ πρεσβυτέρων ἔλεγον· [42] ἄλλους ἔσωσεν, ἑαυτὸν οὐ δύναται σῶσαι· **βασιλεὺς Ἰσραήλ** ἐστιν, καταβάτω νῦν ἀπὸ τοῦ σταυροῦ καὶ πιστεύσομεν ἐπ' αὐτόν.	**Mk 15,32** ↑ Mk 14,61 → Mk 15,30 ↓ Lk 23,37	[31] ὁμοίως καὶ οἱ ἀρχιερεῖς ἐμπαίζοντες πρὸς ἀλλήλους μετὰ τῶν γραμματέων ἔλεγον· ἄλλους ἔσωσεν, ἑαυτὸν οὐ δύναται σῶσαι· [32] **ὁ χριστὸς** **ὁ βασιλεὺς Ἰσραὴλ** καταβάτω νῦν ἀπὸ τοῦ σταυροῦ, ἵνα ἴδωμεν καὶ πιστεύσωμεν. ↔	**Lk 23,35** ↑ Lk 22,67 ↓ Lk 23,39	... ἐξεμυκτήριζον δὲ καὶ οἱ ἄρχοντες λέγοντες· ἄλλους ἔσωσεν, σωσάτω ἑαυτόν, εἰ οὗτός ἐστιν **ὁ χριστὸς τοῦ θεοῦ** **ὁ ἐκλεκτός.**	
					Lk 23,37	καὶ λέγοντες· εἰ σὺ εἶ **ὁ βασιλεὺς** **τῶν Ἰουδαίων,** σῶσον σεαυτόν.	

112	Mt 27,44	τὸ δ' αὐτὸ καὶ οἱ λῃσταὶ οἱ συσταυρωθέντες σὺν αὐτῷ ὠνείδιζον αὐτόν.	Mk 15,32	↔ καὶ οἱ συνεσταυρωμένοι σὺν αὐτῷ ὠνείδιζον αὐτόν.	Lk 23,39 ↑ Lk 23,35 → Lk 23,36 ↑ Lk 23,37	εἷς δὲ τῶν κρεμασθέντων κακούργων ἐβλασφήμει αὐτὸν λέγων· οὐχὶ σὺ εἶ **ὁ χριστός;** σῶσον σεαυτὸν καὶ ἡμᾶς.	
002	→ Mt 16,21 → Mt 17,22-23 → Mt 20,18-19		→ Mk 8,31 → Mk 9,31 → Mk 10,33-34		Lk 24,26 → Lk 9,22 → Lk 9,44 → Lk 17,25 → Lk 18,31-33 → Lk 24,7 ↓ Lk 24,46	οὐχὶ ταῦτα ἔδει παθεῖν **τὸν χριστὸν** καὶ εἰσελθεῖν εἰς τὴν δόξαν αὐτοῦ;	→ Acts 14,22
002	→ Mt 16,21 → Mt 17,22-23 → Mt 20,18-19		→ Mk 8,31 → Mk 9,31 → Mk 10,33-34		Lk 24,46 → Lk 9,22 → Lk 9,44 → Lk 17,25 → Lk 18,31-33 → Lk 24,7 ↑ Lk 24,26	καὶ εἶπεν αὐτοῖς ὅτι οὕτως γέγραπται παθεῖν **τὸν χριστὸν** καὶ ἀναστῆναι ἐκ νεκρῶν τῇ τρίτῃ ἡμέρᾳ	

a Ἰησοῦς Χριστός, Χριστός Ιησοῦς
b κύριος (...) Ἰησοῦς Χριστός
c χριστός and κύριος
d Ἰησοῦς ὁ λεγόμενος χριστός

Acts 2,31 προϊδὼν ἐλάλησεν **περὶ τῆς ἀναστάσεως τοῦ Χριστοῦ** ὅτι οὔτε ἐγκατελείφθη εἰς ᾅδην οὔτε ἡ σὰρξ αὐτοῦ εἶδεν διαφθοράν.
➤ Ps 16,10

c **Acts 2,36** ἀσφαλῶς οὖν γινωσκέτω πᾶς οἶκος Ἰσραὴλ ὅτι καὶ κύριον αὐτὸν καὶ **χριστὸν** ἐποίησεν ὁ θεός, τοῦτον τὸν Ἰησοῦν ὃν ὑμεῖς ἐσταυρώσατε.

a **Acts 2,38** ... μετανοήσατε, [φησίν,] καὶ βαπτισθήτω ἕκαστος ὑμῶν **ἐπὶ τῷ ὀνόματι Ἰησοῦ Χριστοῦ** εἰς ἄφεσιν τῶν ἁμαρτιῶν ὑμῶν ...

a **Acts 3,6** ... ὃ δὲ ἔχω τοῦτό σοι δίδωμι· **ἐν τῷ ὀνόματι Ἰησοῦ Χριστοῦ τοῦ Ναζωραίου** [ἔγειρε καὶ] περιπάτει.

Acts 3,18 ὁ δὲ θεός, ἃ προκατήγγειλεν διὰ στόματος πάντων τῶν προφητῶν παθεῖν **τὸν χριστὸν αὐτοῦ** ἐπλήρωσεν οὕτως.

c **Acts 3,20** ὅπως ἂν ἔλθωσιν καιροὶ ἀναψύξεως ἀπὸ προσώπου τοῦ κυρίου καὶ ἀποστείλῃ τὸν προκεχειρισμένον ὑμῖν **χριστὸν** Ἰησοῦν

a **Acts 4,10** γνωστὸν ἔστω πᾶσιν ὑμῖν καὶ παντὶ τῷ λαῷ Ἰσραὴλ ὅτι **ἐν τῷ ὀνόματι Ἰησοῦ Χριστοῦ τοῦ Ναζωραίου** ὃν ὑμεῖς ἐσταυρώσατε, ...

c **Acts 4,26** *παρέστησαν οἱ βασιλεῖς τῆς γῆς καὶ οἱ ἄρχοντες συνήχθησαν ἐπὶ τὸ αὐτὸ κατὰ τοῦ κυρίου καὶ* ***κατὰ τοῦ χριστοῦ αὐτοῦ.***
➤ Ps 2,2 LXX

Acts 5,42 πᾶσάν τε ἡμέραν ἐν τῷ ἱερῷ καὶ κατ' οἶκον οὐκ ἐπαύοντο διδάσκοντες καὶ εὐαγγελιζόμενοι **τὸν χριστόν** Ἰησοῦν.

Acts 8,5 Φίλιππος δὲ κατελθὼν εἰς [τὴν] πόλιν τῆς Σαμαρείας ἐκήρυσσεν αὐτοῖς **τὸν Χριστόν.**

a **Acts 8,12** ὅτε δὲ ἐπίστευσαν τῷ Φιλίππῳ εὐαγγελιζομένῳ περὶ τῆς βασιλείας τοῦ θεοῦ καὶ **τοῦ ὀνόματος Ἰησοῦ Χριστοῦ,** ἐβαπτίζοντο ἄνδρες τε καὶ γυναῖκες.

Acts 9,22 Σαῦλος δὲ μᾶλλον ἐνεδυναμοῦτο καὶ συνέχυννεν [τοὺς] Ἰουδαίους τοὺς κατοικοῦντας ἐν Δαμασκῷ συμβιβάζων ὅτι οὗτός ἐστιν **ὁ χριστός.**

a **Acts 9,34** ... Αἰνέα, ἰᾶταί σε **Ἰησοῦς Χριστός·** ἀνάστηθι καὶ στρῶσον σεαυτῷ. ...

a **Acts 10,36** τὸν λόγον [ὃν] ἀπέστειλεν τοῖς υἱοῖς Ἰσραὴλ εὐαγγελιζόμενος εἰρήνην **διὰ Ἰησοῦ Χριστοῦ,** οὗτός ἐστιν πάντων κύριος

a **Acts 10,48** προσέταξεν δὲ αὐτοὺς **ἐν τῷ ὀνόματι Ἰησοῦ Χριστοῦ** βαπτισθῆναι. ...

b **Acts 11,17** εἰ οὖν τὴν ἴσην δωρεὰν ἔδωκεν αὐτοῖς ὁ θεὸς ὡς καὶ ἡμῖν πιστεύσασιν **ἐπὶ τὸν κύριον Ἰησοῦν Χριστόν,** ἐγὼ τίς ἤμην δυνατὸς κωλῦσαι τὸν θεόν;

b **Acts 15,26** ἀνθρώποις παραδεδωκόσι τὰς ψυχὰς αὐτῶν **ὑπὲρ τοῦ ὀνόματος τοῦ κυρίου ἡμῶν Ἰησοῦ Χριστοῦ.**

a **Acts 16,18** ... παραγγέλλω σοι **ἐν ὀνόματι Ἰησοῦ Χριστοῦ** ἐξελθεῖν ἀπ' αὐτῆς· ...

Acts 17,3 (2) διανοίγων καὶ παρατιθέμενος ὅτι **τὸν χριστὸν** ἔδει παθεῖν καὶ ἀναστῆναι ἐκ νεκρῶν καὶ ὅτι οὗτός ἐστιν **ὁ χριστός** [ὁ] Ἰησοῦς ὃν ἐγὼ καταγγέλλω ὑμῖν.

Acts 18,5 ... συνείχετο τῷ λόγῳ ὁ Παῦλος διαμαρτυρόμενος τοῖς Ἰουδαίοις εἶναι **τὸν χριστὸν** Ἰησοῦν.

Acts 18,28 εὐτόνως γὰρ τοῖς Ἰουδαίοις διακατηλέγχετο δημοσίᾳ ἐπιδεικνὺς διὰ τῶν γραφῶν εἶναι **τὸν χριστὸν** Ἰησοῦν.

a **Acts 24,24** ... μετεπέμψατο τὸν Παῦλον καὶ ἤκουσεν αὐτοῦ **περὶ τῆς εἰς Χριστὸν Ἰησοῦν πίστεως.**

Acts 26,23 εἰ παθητὸς **ὁ χριστός,** εἰ πρῶτος ἐξ ἀναστάσεως νεκρῶν φῶς μέλλει καταγγέλλειν τῷ τε λαῷ καὶ τοῖς ἔθνεσιν.

b **Acts 28,31** κηρύσσων τὴν βασιλείαν τοῦ θεοῦ καὶ διδάσκων **τὰ περὶ τοῦ κυρίου Ἰησοῦ Χριστοῦ** μετὰ πάσης παρρησίας ἀκωλύτως.

χρίω	Syn	Mt	Mk	Lk	Acts	Jn	1-3John	Paul	Eph	Col
	1			1	2			1		
	NT	2Thess	1/2Tim	Tit	Heb	Jas	1Pet	2Pet	Jude	Rev
	5				1					

anoint

002			**Lk 4,18** (→ Mt 11,5; → Mt 12,18; → Lk 7,22; → Lk 3,22; → Lk 13,16) *πνεῦμα κυρίου ἐπ' ἐμὲ οὗ εἵνεκεν* ***ἔχρισέν*** *με εὐαγγελίσασθαι πτωχοῖς, ἀπέσταλκέν με, κηρύξαι αἰχμαλώτοις ἄφεσιν καὶ τυφλοῖς ἀνάβλεψιν, ἀποστεῖλαι τεθραυσμένους ἐν ἀφέσει* ➤ Isa 61,1 LXX; 58,6	→ Acts 4,27; → Acts 10,38

Acts 4,27 (→ Lk 4,18) συνήχθησαν γὰρ ἐπ' ἀληθείας ἐν τῇ πόλει ταύτῃ ἐπὶ τὸν ἅγιον παῖδά σου Ἰησοῦν ὃν **ἔχρισας,** Ἡρῴδης τε καὶ Πόντιος Πιλᾶτος σὺν ἔθνεσιν καὶ λαοῖς Ἰσραήλ

Acts 10,38 (→ Lk 4,18) Ἰησοῦν τὸν ἀπὸ Ναζαρέθ, ὡς **ἔχρισεν** αὐτὸν ὁ θεὸς πνεύματι ἁγίῳ καὶ δυνάμει, ὃς διῆλθεν εὐεργετῶν καὶ ἰώμενος πάντας τοὺς καταδυναστευομένους ὑπὸ τοῦ διαβόλου, ὅτι ὁ θεὸς ἦν μετ' αὐτοῦ.

χρονίζω	Syn	Mt	Mk	Lk	Acts	Jn	1-3John	Paul	Eph	Col
	4	2		2						
	NT	2Thess	1/2Tim	Tit	Heb	Jas	1Pet	2Pet	Jude	Rev
	5				1					

take time; linger; fail to come; delay; take a long time in doing something; stay (somewhere) for a long time

002			**Lk 1,21** καὶ ἦν ὁ λαὸς προσδοκῶν τὸν Ζαχαρίαν καὶ ἐθαύμαζον **ἐν τῷ χρονίζειν** ἐν τῷ ναῷ αὐτόν.
202	**Mt 24,48** ἐὰν δὲ εἴπῃ ὁ κακὸς δοῦλος ἐκεῖνος ἐν τῇ καρδίᾳ αὐτοῦ· **χρονίζει** μου ὁ κύριος		**Lk 12,45** ἐὰν δὲ εἴπῃ ὁ δοῦλος ἐκεῖνος ἐν τῇ καρδίᾳ αὐτοῦ· **χρονίζει** ὁ κύριός μου ἔρχεσθαι, ...
200	**Mt 25,5** **χρονίζοντος** δὲ τοῦ νυμφίου ἐνύσταξαν πᾶσαι καὶ ἐκάθευδον.		

χρόνος	Syn 12	Mt 3	Mk 2	Lk 7	Acts 17	Jn 4	1-3John	Paul 7	Eph	Col
	NT 54	2Thess	1/2Tim 1	Tit 1	Heb 3	Jas	1Pet 4	2Pet	Jude 1	Rev 4

time; a period of time

	triple tradition																	double tradition			Sondergut		
		+Mt / +Lk			−Mt / −Lk			traditions not taken over by Mt / Lk							subtotals								
code	*222*	*211*	*112*	*212*	*221*	*122*	*121*	*022*	*012*	*021*	*220*	*120*	*210*	*020*	Σ⁺	Σ⁻	Σ	*202*	*201*	*102*	*200*	*002*	total
Mt							1^-									1^-			1		2		**3**
Mk							1							1			2						**2**
Lk			3^+				1^-								3^+	1^-	3			1		3	**7**

[a] χρόνος ἱκανός

002					**Lk 1,57**	τῇ δὲ Ἐλισάβετ ἐπλήσθη **ὁ χρόνος τοῦ τεκεῖν** αὐτὴν καὶ ἐγέννησεν υἱόν.	
200	**Mt 2,7**	τότε Ἡρῴδης λάθρᾳ καλέσας τοὺς μάγους ἠκρίβωσεν παρ' αὐτῶν **τὸν χρόνον τοῦ φαινομένου ἀστέρος**					
200	**Mt 2,16**	... καὶ ἀποστείλας ἀνεῖλεν πάντας τοὺς παῖδας τοὺς ἐν Βηθλέεμ καὶ ἐν πᾶσι τοῖς ὁρίοις αὐτῆς ἀπὸ διετοῦς καὶ κατωτέρω, **κατὰ τὸν χρόνον** ὃν ἠκρίβωσεν παρὰ τῶν μάγων.					
102	**Mt 4,8** → Lk 4,6	... δείκνυσιν αὐτῷ πάσας τὰς βασιλείας τοῦ κόσμου καὶ τὴν δόξαν αὐτῶν			**Lk 4,5**	... ἔδειξεν αὐτῷ πάσας τὰς βασιλείας τῆς οἰκουμένης **ἐν στιγμῇ χρόνου**	
121	**Mt 9,15**	... μὴ δύνανται οἱ υἱοὶ τοῦ νυμφῶνος πενθεῖν ἐφ' ὅσον μετ' αὐτῶν ἐστιν ὁ νυμφίος; ...	**Mk 2,19**	... μὴ δύνανται οἱ υἱοὶ τοῦ νυμφῶνος ἐν ᾧ ὁ νυμφίος μετ' αὐτῶν ἐστιν νηστεύειν; **ὅσον χρόνον** ἔχουσιν τὸν νυμφίον μετ' αὐτῶν οὐ δύνανται νηστεύειν.	**Lk 5,34**	... μὴ δύνασθε τοὺς υἱοὺς τοῦ νυμφῶνος ἐν ᾧ ὁ νυμφίος μετ' αὐτῶν ἐστιν ποιῆσαι νηστεῦσαι;	→ GTh 104
a 112	**Mt 8,28**	... ὑπήντησαν αὐτῷ δύο δαιμονιζόμενοι ἐκ τῶν μνημείων ἐξερχόμενοι,	**Mk 5,2**	... ὑπήντησεν αὐτῷ ἐκ τῶν μνημείων ἄνθρωπος ἐν πνεύματι ἀκαθάρτῳ, [3] ὃς τὴν κατοίκησιν εἶχεν ἐν τοῖς μνήμασιν, ...	**Lk 8,27**	... ὑπήντησεν ἀνήρ τις ἐκ τῆς πόλεως ἔχων δαιμόνια καὶ **χρόνῳ ἱκανῷ** οὐκ ἐνεδύσατο ἱμάτιον καὶ ἐν οἰκίᾳ οὐκ ἔμενεν ἀλλ' ἐν τοῖς μνήμασιν.	
112		χαλεποὶ λίαν, ...	**Mk 5,4**	διὰ τὸ αὐτὸν πολλάκις πέδαις καὶ ἁλύσεσιν δεδέσθαι καὶ διεσπάσθαι ὑπ' αὐτοῦ τὰς ἁλύσεις καὶ τὰς πέδας συντετρῖφθαι, ...	**Lk 8,29**	... **πολλοῖς γὰρ χρόνοις** συνηρπάκει αὐτὸν καὶ ἐδεσμεύετο ἁλύσεσιν καὶ πέδαις φυλασσόμενος καὶ διαρρήσσων τὰ δεσμὰ ...	
020			**Mk 9,21**	καὶ ἐπηρώτησεν τὸν πατέρα αὐτοῦ· **πόσος χρόνος** ἐστὶν ὡς τοῦτο γέγονεν αὐτῷ; ὁ δὲ εἶπεν· ἐκ παιδιόθεν·			

002					Lk 18,4	καὶ οὐκ ἤθελεν **ἐπὶ χρόνον.** μετὰ δὲ ταῦτα εἶπεν ἐν ἑαυτῷ· ...	
a 112	Mt 21,33	... ἄνθρωπος ἦν οἰκοδεσπότης ὅστις ἐφύτευσεν ἀμπελῶνα ... καὶ ἐξέδετο αὐτὸν γεωργοῖς καὶ ἀπεδήμησεν.	Mk 12,1	... ἀμπελῶνα ἄνθρωπος ἐφύτευσεν ... καὶ ἐξέδετο αὐτὸν γεωργοῖς καὶ ἀπεδήμησεν.	Lk 20,9	... ἄνθρωπός [τις] ἐφύτευσεν ἀμπελῶνα καὶ ἐξέδετο αὐτὸν γεωργοῖς καὶ ἀπεδήμησεν **χρόνους ἱκανούς.**	→ GTh 65
201	Mt 25,19	**μετὰ δὲ πολὺν χρόνον** ἔρχεται ὁ κύριος τῶν δούλων ἐκείνων καὶ συναίρει λόγον μετ' αὐτῶν.			Lk 19,15	 καὶ ἐγένετο ἐν τῷ ἐπανελθεῖν αὐτὸν λαβόντα τὴν βασιλείαν καὶ εἶπεν φωνηθῆναι αὐτῷ τοὺς δούλους τούτους οἷς δεδώκει τὸ ἀργύριον, ἵνα γνοῖ τί διεπραγματεύσαντο.	
a 002					Lk 23,8 → Lk 9,9	ὁ δὲ Ἡρῴδης ἰδὼν τὸν Ἰησοῦν ἐχάρη λίαν, ἦν γὰρ **ἐξ ἱκανῶν χρόνων** θέλων ἰδεῖν αὐτὸν διὰ τὸ ἀκούειν περὶ αὐτοῦ, ...	

Acts 1,6 οἱ μὲν οὖν συνελθόντες ἠρώτων αὐτὸν λέγοντες· κύριε, εἰ **ἐν τῷ χρόνῳ τούτῳ** ἀποκαθιστάνεις τὴν βασιλείαν τῷ Ἰσραήλ;

Acts 1,7 εἶπεν δὲ πρὸς αὐτούς· οὐχ ὑμῶν ἐστιν γνῶναι **χρόνους** ἢ καιροὺς οὓς ὁ πατὴρ ἔθετο ἐν τῇ ἰδίᾳ ἐξουσίᾳ

Acts 1,21 δεῖ οὖν τῶν συνελθόντων ἡμῖν ἀνδρῶν **ἐν παντὶ χρόνῳ** ᾧ εἰσῆλθεν καὶ ἐξῆλθεν ἐφ' ἡμᾶς ὁ κύριος Ἰησοῦς, [22] ... μάρτυρα τῆς ἀναστάσεως αὐτοῦ σὺν ἡμῖν γενέσθαι ἕνα τούτων.

Acts 3,21 → Lk 1,70 → Mt 17,11 → Mk 9,12 [20] ... Χριστὸν Ἰησοῦν, [21] ὃν δεῖ οὐρανὸν μὲν δέξασθαι **ἄχρι χρόνων ἀποκαταστάσεως πάντων** ὧν ἐλάλησεν ὁ θεὸς διὰ στόματος τῶν ἁγίων ἀπ' αἰῶνος αὐτοῦ προφητῶν.

Acts 7,17 καθὼς δὲ ἤγγιζεν **ὁ χρόνος τῆς ἐπαγγελίας** ἧς ὡμολόγησεν ὁ θεὸς τῷ Ἀβραάμ, ...

Acts 7,23 ὡς δὲ ἐπληροῦτο αὐτῷ **τεσσερακονταετὴς χρόνος,** ἀνέβη ἐπὶ τὴν καρδίαν αὐτοῦ ἐπισκέψασθαι τοὺς ἀδελφοὺς αὐτοῦ τοὺς υἱοὺς Ἰσραήλ.

a **Acts 8,11** προσεῖχον δὲ αὐτῷ διὰ τὸ **ἱκανῷ χρόνῳ** ταῖς μαγείαις ἐξεστακέναι αὐτούς.

Acts 13,18 καὶ **ὡς τεσσερακονταετῆ χρόνον** ἐτροποφόρησεν αὐτοὺς ἐν τῇ ἐρήμῳ

a **Acts 14,3** **ἱκανὸν μὲν οὖν χρόνον** διέτριψαν παρρησιαζόμενοι ἐπὶ τῷ κυρίῳ τῷ μαρτυροῦντι [ἐπὶ] τῷ λόγῳ τῆς χάριτος αὐτοῦ, ...

Acts 14,28 διέτριβον δὲ **χρόνον οὐκ ὀλίγον** σὺν τοῖς μαθηταῖς.

Acts 15,33 ποιήσαντες δὲ **χρόνον** ἀπελύθησαν μετ' εἰρήνης ἀπὸ τῶν ἀδελφῶν πρὸς τοὺς ἀποστείλαντας αὐτούς.

Acts 17,30 **τοὺς μὲν οὖν χρόνους τῆς ἀγνοίας** ὑπεριδὼν ὁ θεὸς, τὰ νῦν παραγγέλλει τοῖς ἀνθρώποις πάντας πανταχοῦ μετανοεῖν

Acts 18,20 ἐρωτώντων δὲ αὐτῶν **ἐπὶ πλείονα χρόνον** μεῖναι οὐκ ἐπένευσεν

Acts 18,23 καὶ ποιήσας **χρόνον τινὰ** ἐξῆλθεν διερχόμενος καθεξῆς τὴν Γαλατικὴν χώραν καὶ Φρυγίαν, ...

Acts 19,22 ... αὐτὸς ἐπέσχεν **χρόνον** εἰς τὴν Ἀσίαν.

Acts 20,18 ... ὑμεῖς ἐπίστασθε, ἀπὸ πρώτης ἡμέρας ἀφ' ἧς ἐπέβην εἰς τὴν Ἀσίαν, πῶς μεθ' ὑμῶν **τὸν πάντα χρόνον** ἐγενόμην

a **Acts 27,9** **ἱκανοῦ δὲ χρόνου** διαγενομένου καὶ ὄντος ἤδη ἐπισφαλοῦς τοῦ πλοὸς διὰ τὸ καὶ τὴν νηστείαν ἤδη παρεληλυθέναι παρῄνει ὁ Παῦλος

χρυσός	Syn 5	Mt 5	Mk	Lk	Acts 1	Jn	1-3John	Paul 1	Eph	Col
	NT 10	2Thess	1/2Tim	Tit	Heb	Jas 1	1Pet	2Pet	Jude	Rev 2

gold

	triple tradition																	double tradition			Sonder-gut		
		+Mt / +Lk			–Mt / –Lk			traditions not taken over by Mt / Lk							subtotals								
code	222	211	112	212	221	122	121	022	012	021	220	120	210	020	Σ⁺	Σ⁻	Σ	202	201	102	200	002	total
Mt		1^+													1^+		1				4		5
Mk																							
Lk																							

200	**Mt 2,11**	... καὶ ἀνοίξαντες τοὺς θησαυροὺς αὐτῶν προσήνεγκαν αὐτῷ δῶρα, **χρυσὸν** καὶ λίβανον καὶ σμύρναν.					
211	**Mt 10,9**	μὴ κτήσησθε **χρυσὸν** μηδὲ ἄργυρον μηδὲ χαλκὸν εἰς τὰς ζώνας ὑμῶν, [10] μὴ πήραν εἰς ὁδὸν μηδὲ δύο χιτῶνας μηδὲ ὑποδήματα μηδὲ ῥάβδον· ...	**Mk 6,8**	... ἵνα μηδὲν αἴρωσιν εἰς ὁδὸν εἰ μὴ ῥάβδον μόνον, μὴ ἄρτον, μὴ πήραν, μὴ εἰς τὴν ζώνην χαλκόν, [9] ἀλλὰ ὑποδεδεμένους σανδάλια, καὶ μὴ ἐνδύσησθε δύο χιτῶνας.	**Lk 9,3** ⇩ Lk 10,4 → Lk 22,35-36	... μηδὲν αἴρετε εἰς τὴν ὁδόν, μήτε ῥάβδον μήτε πήραν μήτε ἄρτον μήτε ἀργύριον μήτε [ἀνὰ] δύο χιτῶνας ἔχειν.	Mk-Q overlap
					Lk 10,4 ⇧ Lk 9,3	μὴ βαστάζετε **βαλλάντιον**, μὴ πήραν, μὴ ὑποδήματα, καὶ μηδένα κατὰ τὴν ὁδὸν ἀσπάσησθε.	
200	**Mt 23,16**	οὐαὶ ὑμῖν, ὁδηγοὶ τυφλοὶ οἱ λέγοντες· ὃς ἂν ὀμόσῃ ἐν τῷ ναῷ, οὐδέν ἐστιν· ὃς δ' ἂν ὀμόσῃ **ἐν τῷ χρυσῷ τοῦ ναοῦ** ὀφείλει.					
200 200	**Mt 23,17 (2)**	μωροὶ καὶ τυφλοί, τίς γὰρ μείζων ἐστίν, **ὁ χρυσὸς** ἢ ὁ ναὸς ὁ ἁγιάσας **τὸν χρυσόν;**					

Acts 17,29 γένος οὖν ὑπάρχοντες τοῦ θεοῦ οὐκ ὀφείλομεν νομίζειν **χρυσῷ** ἢ ἀργύρῳ ἢ λίθῳ, χαράγματι τέχνης καὶ ἐνθυμήσεως ἀνθρώπου, τὸ θεῖον εἶναι ὅμοιον.

χωλός	Syn 9	Mt 5	Mk 1	Lk 3	Acts 3	Jn 1	1-3John	Paul	Eph	Col
	NT 14	2Thess	1/2Tim	Tit	Heb 1	Jas	1Pet	2Pet	Jude	Rev

lame; crippled

	triple tradition																	double tradition			Sondergut		
		+Mt / +Lk			–Mt / –Lk			traditions not taken over by Mt / Lk							subtotals								
code	222	211	112	212	221	122	121	022	012	021	220	120	210	020	Σ⁺	Σ⁻	Σ	202	201	102	200	002	total
Mt											1		2⁺		2⁺		3	1			1		5
Mk											1						1						1
Lk																		1				2	3

202	**Mt 11,5** ↓ Mt 15,31 *τυφλοὶ ἀναβλέπουσιν* καὶ **χωλοὶ** περιπατοῦσιν, λεπροὶ καθαρίζονται καὶ *κωφοὶ ἀκούουσιν,* καὶ *νεκροὶ ἐγείρονται* καὶ πτωχοὶ εὐαγγελίζονται· ➤ Isa 29,18; 35,5-6; 42,18; 26,19		**Lk 7,22** → Lk 4,18 ... *τυφλοὶ ἀναβλέπουσιν,* **χωλοὶ** περιπατοῦσιν, λεπροὶ καθαρίζονται καὶ *κωφοὶ ἀκούουσιν,* *νεκροὶ ἐγείρονται,* πτωχοὶ εὐαγγελίζονται· ➤ Isa 29,18; 35,5-6; 42,18; 26,19
210	**Mt 15,30** → Mt 4,24b → Mt 8,16 καὶ προσῆλθον αὐτῷ ὄχλοι πολλοὶ ἔχοντες μεθ' ἑαυτῶν **χωλούς,** τυφλούς, κυλλούς, κωφούς, καὶ ἑτέρους πολλοὺς καὶ ἔρριψαν αὐτοὺς παρὰ τοὺς πόδας αὐτοῦ, ...	**Mk 7,32** → Mk 1,32 καὶ φέρουσιν αὐτῷ κωφὸν καὶ μογιλάλον καὶ παρακαλοῦσιν αὐτὸν ἵνα ἐπιθῇ αὐτῷ τὴν χεῖρα.	
210	**Mt 15,31** ↑ Mt 11,5 ὥστε τὸν ὄχλον θαυμάσαι βλέποντας κωφοὺς λαλοῦντας, κυλλοὺς ὑγιεῖς, καὶ **χωλοὺς** περιπατοῦντας καὶ τυφλοὺς βλέποντας· καὶ ἐδόξασαν τὸν θεὸν Ἰσραήλ.	**Mk 7,37** καὶ ὑπερπερισσῶς ἐξεπλήσσοντο λέγοντες· καλῶς πάντα πεποίηκεν, καὶ τοὺς κωφοὺς ποιεῖ ἀκούειν καὶ [τοὺς] ἀλάλους λαλεῖν.	
	Mt 18,8 ⇩ Mt 5,30 ↓ Mk 9,45 εἰ δὲ ἡ χείρ σου ἢ	**Mk 9,43** καὶ ἐὰν σκανδαλίζῃ σε ἡ χείρ σου, ἀπόκοψον αὐτήν· καλόν ἐστίν σε κυλλὸν εἰσελθεῖν εἰς τὴν ζωὴν ἢ τὰς δύο χεῖρας ἔχοντα ἀπελθεῖν εἰς τὴν γέενναν, εἰς τὸ πῦρ τὸ ἄσβεστον.	
220	ὁ πούς σου σκανδαλίζει σε, ἔκκοψον αὐτὸν καὶ βάλε ἀπὸ σοῦ· καλόν σοί ἐστιν εἰσελθεῖν εἰς τὴν ζωὴν κυλλὸν ἢ **χωλόν** ἢ δύο χεῖρας ἢ δύο πόδας ἔχοντα βληθῆναι εἰς τὸ πῦρ τὸ αἰώνιον.	**Mk 9,45** καὶ ἐὰν ὁ πούς σου σκανδαλίζῃ σε, ἀπόκοψον αὐτόν· καλόν ἐστίν σε εἰσελθεῖν εἰς τὴν ζωὴν **χωλὸν** ἢ τοὺς δύο πόδας ἔχοντα βληθῆναι εἰς τὴν γέενναν.	
	Mt 5,30 ⇧ Mt 18,8 καὶ εἰ ἡ δεξιά σου χεὶρ σκανδαλίζει σε, ἔκκοψον αὐτὴν καὶ βάλε ἀπὸ σοῦ· συμφέρει γάρ σοι ἵνα ἀπόληται ἓν τῶν μελῶν σου καὶ μὴ ὅλον τὸ σῶμά σου εἰς γέενναν ἀπέλθῃ.		

002			**Lk 14,13** ↓ Lk 14,21 ἀλλ' ὅταν δοχὴν ποιῇς, κάλει πτωχούς, ἀναπείρους, **χωλούς**, τυφλούς·	
002			**Lk 14,21** → Mt 22,9 ⇨ Lk 14,23 ↑ Lk 14,13 ... ἔξελθε ταχέως εἰς τὰς πλατείας καὶ ῥύμας τῆς πόλεως, καὶ τοὺς πτωχοὺς καὶ ἀναπείρους καὶ τυφλοὺς καὶ **χωλοὺς** εἰσάγαγε ὧδε.	→ GTh 64
200	**Mt 21,14** καὶ προσῆλθον αὐτῷ τυφλοὶ καὶ **χωλοὶ** ἐν τῷ ἱερῷ, καὶ ἐθεράπευσεν αὐτούς.			

Acts 3,2 καί τις ἀνὴρ **χωλὸς** ἐκ κοιλίας μητρὸς αὐτοῦ ὑπάρχων ἐβαστάζετο, ...	**Acts 8,7** πολλοὶ γὰρ τῶν ἐχόντων πνεύματα ἀκάθαρτα βοῶντα φωνῇ μεγάλῃ ἐξήρχοντο, πολλοὶ δὲ παραλελυμένοι καὶ **χωλοὶ** ἐθεραπεύθησαν·	**Acts 14,8** καί τις ἀνὴρ ἀδύνατος ἐν Λύστροις τοῖς ποσὶν ἐκάθητο, **χωλὸς** ἐκ κοιλίας μητρὸς αὐτοῦ ὃς οὐδέποτε περιεπάτησεν.

χώρα	Syn	Mt	Mk	Lk	Acts	Jn	1-3John	Paul	Eph	Col
	16	3	4	9	8	3				
	NT	2Thess	1/2Tim	Tit	Heb	Jas	1Pet	2Pet	Jude	Rev
	28					1				

district; region; place; country; land; (dry) land

	triple tradition																	double tradition			Sondergut		
		+Mt / +Lk			–Mt / –Lk			traditions not taken over by Mt / Lk							subtotals								
code	222	211	112	212	221	122	121	022	012	021	220	120	210	020	Σ+	Σ–	Σ	202	201	102	200	002	total
Mt	1											2^-				2^-	1				2		**3**
Mk	1									1		2					4						**4**
Lk	1		1^+							1^-					1^+	1^-	2			1		6	**9**

a χώρα with proper name

002			**Lk 2,8** καὶ ποιμένες ἦσαν **ἐν τῇ χώρᾳ τῇ αὐτῇ** ἀγραυλοῦντες καὶ φυλάσσοντες φυλακὰς τῆς νυκτὸς ἐπὶ τὴν ποίμνην αὐτῶν.	
200	**Mt 2,12** ... δι' ἄλλης ὁδοῦ ἀνεχώρησαν **εἰς τὴν χώραν αὐτῶν.**			
a 002			**Lk 3,1** ... Φιλίππου δὲ τοῦ ἀδελφοῦ αὐτοῦ τετρααρχοῦντος **τῆς Ἰτουραίας καὶ Τραχωνίτιδος χώρας,** ...	
a 120	**Mt 3,5** τότε ἐξεπορεύετο πρὸς αὐτὸν Ἱεροσόλυμα καὶ **πᾶσα ἡ Ἰουδαία** καὶ πᾶσα ἡ περίχωρος τοῦ Ἰορδάνου	**Mk 1,5** → Lk 3,7 καὶ ἐξεπορεύετο πρὸς αὐτὸν **πᾶσα ἡ Ἰουδαία χώρα** καὶ οἱ Ἱεροσολυμῖται πάντες, ...	Lk 3,3 καὶ ἦλθεν εἰς πᾶσαν [τὴν] περίχωρον τοῦ Ἰορδάνου ...	

200	Mt 4,16 → Lk 1,79	*ὁ λαὸς ὁ καθήμενος ἐν σκότει φῶς εἶδεν μέγα, καὶ τοῖς καθημένοις* **ἐν χώρᾳ καὶ σκιᾷ θανάτου** *φῶς ἀνέτειλεν* αὐτοῖς. > Isa 9,1					
a 222	Mt 8,28	καὶ ἐλθόντος αὐτοῦ εἰς τὸ πέραν **εἰς τὴν χώραν τῶν Γαδαρηνῶν** ...	Mk 5,1	καὶ ἦλθον εἰς τὸ πέραν τῆς θαλάσσης **εἰς τὴν χώραν τῶν Γερασηνῶν.**	Lk 8,26	καὶ κατέπλευσαν **εἰς τὴν χώραν τῶν Γερασηνῶν,** ἥτις ἐστὶν ἀντιπέρα τῆς Γαλιλαίας.	
021			Mk 5,10	καὶ παρεκάλει αὐτὸν πολλὰ ἵνα μὴ αὐτὰ ἀποστείλῃ **ἔξω τῆς χώρας.**	Lk 8,31	καὶ παρεκάλουν αὐτὸν ἵνα μὴ ἐπιτάξῃ αὐτοῖς **εἰς τὴν ἄβυσσον** ἀπελθεῖν.	
120	Mt 14,35	... ἀπέστειλαν **εἰς ὅλην τὴν περίχωρον ἐκείνην** καὶ προσήνεγκαν αὐτῷ πάντας τοὺς κακῶς ἔχοντας	Mk 6,55	περιέδραμον **ὅλην τὴν χώραν ἐκείνην** καὶ ἤρξαντο ἐπὶ τοῖς κραβάττοις τοὺς κακῶς ἔχοντας περιφέρειν ὅπου ἤκουον ὅτι ἐστίν.			
002					Lk 12,16	εἶπεν δὲ παραβολὴν πρὸς αὐτοὺς λέγων· **ἀνθρώπου τινὸς πλουσίου εὐφόρησεν ἡ χώρα.**	→ GTh 63
002					Lk 15,13	καὶ μετ' οὐ πολλὰς ἡμέρας συναγαγὼν πάντα ὁ νεώτερος υἱὸς ἀπεδήμησεν **εἰς χώραν μακρὰν** καὶ ἐκεῖ διεσκόρπισεν τὴν οὐσίαν αὐτοῦ ζῶν ἀσώτως.	
002					Lk 15,14	δαπανήσαντος δὲ αὐτοῦ πάντα ἐγένετο λιμὸς ἰσχυρὰ **κατὰ τὴν χώραν ἐκείνην,** καὶ αὐτὸς ἤρξατο ὑστερεῖσθαι.	
002					Lk 15,15	καὶ πορευθεὶς ἐκολλήθη **ἑνὶ τῶν πολιτῶν τῆς χώρας ἐκείνης,** καὶ ἔπεμψεν αὐτὸν εἰς τοὺς ἀγροὺς αὐτοῦ βόσκειν χοίρους	
102	Mt 25,14	ὥσπερ γὰρ ἄνθρωπος ἀποδημῶν ...	Mk 13,34	ὡς ἄνθρωπος ἀπόδημος ἀφεὶς τὴν οἰκίαν αὐτοῦ ...	Lk 19,12	... ἄνθρωπός τις εὐγενὴς ἐπορεύθη **εἰς χώραν μακρὰν** λαβεῖν ἑαυτῷ βασιλείαν καὶ ὑποστρέψαι.	Mk-Q overlap
112	Mt 24,16	τότε οἱ ἐν τῇ Ἰουδαίᾳ φευγέτωσαν εἰς τὰ ὄρη	Mk 13,14	... τότε οἱ ἐν τῇ Ἰουδαίᾳ φευγέτωσαν εἰς τὰ ὄρη	Lk 21,21 → Lk 17,31	τότε οἱ ἐν τῇ Ἰουδαίᾳ φευγέτωσαν εἰς τὰ ὄρη καὶ οἱ ἐν μέσῳ αὐτῆς ἐκχωρείτωσαν καὶ **οἱ ἐν ταῖς χώραις** μὴ εἰσερχέσθωσαν εἰς αὐτήν	

a **Acts 8,1** ... πάντες δὲ διεσπάρησαν **κατὰ τὰς χώρας τῆς Ἰουδαίας καὶ Σαμαρείας** πλὴν τῶν ἀποστόλων.

a **Acts 10,39** καὶ ἡμεῖς μάρτυρες πάντων ὧν ἐποίησεν **ἔν τε τῇ χώρᾳ τῶν Ἰουδαίων** καὶ [ἐν] Ἰερουσαλήμ. ...

Acts 12,20 ... ᾐτοῦντο εἰρήνην διὰ τὸ τρέφεσθαι **αὐτῶν τὴν χώραν** ἀπὸ τῆς βασιλικῆς.

Acts 13,49 διεφέρετο δὲ ὁ λόγος τοῦ κυρίου **δι᾿ ὅλης τῆς χώρας.**

a **Acts 16,6** διῆλθον δὲ τὴν Φρυγίαν καὶ **Γαλατικὴν χώραν** κωλυθέντες ὑπὸ τοῦ ἁγίου πνεύματος λαλῆσαι τὸν λόγον ἐν τῇ Ἀσίᾳ·

a **Acts 18,23** καὶ ποιήσας χρόνον τινὰ ἐξῆλθεν διερχόμενος καθεξῆς **τὴν Γαλατικὴν χώραν** καὶ Φρυγίαν, ...

a **Acts 26,20** ἀλλὰ τοῖς ἐν Δαμασκῷ πρῶτόν τε καὶ Ἱεροσολύμοις, **πᾶσάν τε τὴν χώραν τῆς Ἰουδαίας** καὶ τοῖς ἔθνεσιν ἀπήγγελλον μετανοεῖν καὶ ἐπιστρέφειν ἐπὶ τὸν θεόν, ...

Acts 27,27 ... κατὰ μέσον τῆς νυκτὸς ὑπενόουν οἱ ναῦται προσάγειν **τινὰ αὐτοῖς χώραν.**

χωρέω

Syn 5	Mt 4	Mk 1	Lk	Acts	Jn 3	1-3John	Paul 1	Eph	Col
NT 10	2Thess	1/2Tim	Tit	Heb	Jas	1Pet	2Pet 1	Jude	Rev

make room; give way; be in motion; go forward; make progress; have room for; hold; contain; grasp; accept; comprehend; understand

021			**Mk 2,2** → Mk 3,20	καὶ συνήχθησαν πολλοὶ ὥστε μηκέτι **χωρεῖν** μηδὲ τὰ πρὸς τὴν θύραν, καὶ ἐλάλει αὐτοῖς τὸν λόγον.	**Lk 5,17**	καὶ ἐγένετο ἐν μιᾷ τῶν ἡμερῶν καὶ αὐτὸς ἦν διδάσκων, ...	
210	**Mt 15,17**	οὐ νοεῖτε ὅτι πᾶν τὸ εἰσπορευόμενον εἰς τὸ στόμα εἰς τὴν κοιλίαν **χωρεῖ** καὶ εἰς ἀφεδρῶνα ἐκβάλλεται;	**Mk 7,19**	[18] ... οὐ νοεῖτε ὅτι πᾶν τὸ ἔξωθεν εἰσπορευόμενον εἰς τὸν ἄνθρωπον οὐ δύναται αὐτὸν κοινῶσαι, [19] ὅτι οὐκ εἰσπορεύεται αὐτοῦ εἰς τὴν καρδίαν ἀλλ᾿ εἰς τὴν κοιλίαν, καὶ εἰς τὸν ἀφεδρῶνα ἐκπορεύεται, καθαρίζων πάντα τὰ βρώματα;			→ GTh 14,5
200	**Mt 19,11**	... οὐ πάντες **χωροῦσιν** τὸν λόγον [τοῦτον] ἀλλ᾿ οἷς δέδοται.					
200 200	**Mt 19,12** (2)	... καὶ εἰσὶν εὐνοῦχοι οἵτινες εὐνούχισαν ἑαυτοὺς διὰ τὴν βασιλείαν τῶν οὐρανῶν. ὁ δυνάμενος **χωρεῖν** **χωρείτω.**					

χωρίζω

Syn 2	Mt 1	Mk 1	Lk	Acts 3	Jn	1-3John	Paul 7	Eph	Col
NT 13	2Thess	1/2Tim	Tit	Heb 1	Jas	1Pet	2Pet	Jude	Rev

divide; separate; *passive:* separate (oneself); be separated

220	**Mt 19,6**	... ὃ οὖν ὁ θεὸς συνέζευξεν ἄνθρωπος **μὴ χωριζέτω.**	**Mk 10,9**	ὃ οὖν ὁ θεὸς συνέζευξεν ἄνθρωπος **μὴ χωριζέτω.**			

Acts 1,4 καὶ συναλιζόμενος παρήγγειλεν αὐτοῖς ἀπὸ Ἱεροσολύμων **μὴ χωρίζεσθαι** ἀλλὰ περιμένειν τὴν ἐπαγγελίαν τοῦ πατρὸς ἣν ἠκούσατέ μου

Acts 18,1 μετὰ ταῦτα **χωρισθεὶς** ἐκ τῶν Ἀθηνῶν ἦλθεν εἰς Κόρινθον.

Acts 18,2 ... διὰ τὸ διατεταχέναι Κλαύδιον **χωρίζεσθαι** πάντας τοὺς Ἰουδαίους ἀπὸ τῆς Ῥώμης, ...

χωρίον

Syn	Mt	Mk	Lk	Acts	Jn	1-3John	Paul	Eph	Col
2	1	1		7	1				
NT	2Thess	1/2Tim	Tit	Heb	Jas	1Pet	2Pet	Jude	Rev
10									

place; piece of land; field

	Mt	Mk	Lk
221	**Mt 26,36** → Lk 22,39 τότε ἔρχεται μετ' αὐτῶν ὁ Ἰησοῦς **εἰς χωρίον** λεγόμενον Γεθσημανὶ καὶ λέγει τοῖς μαθηταῖς· ...	**Mk 14,32** → Lk 22,39 καὶ ἔρχονται **εἰς χωρίον** οὗ τὸ ὄνομα Γεθσημανὶ καὶ λέγει τοῖς μαθηταῖς αὐτοῦ· ...	**Lk 22,40** γενόμενος δὲ **ἐπὶ τοῦ τόπου** εἶπεν αὐτοῖς· ...

Acts 1,18 → Mt 27,7 οὗτος μὲν οὖν ἐκτήσατο **χωρίον** ἐκ μισθοῦ τῆς ἀδικίας ...

Acts 1,19 (2) → Mt 27,8 ... ὥστε κληθῆναι **τὸ χωρίον ἐκεῖνο** τῇ ἰδίᾳ διαλέκτῳ αὐτῶν Ἁκελδαμάχ, τοῦτ' ἔστιν **χωρίον αἵματος.**

Acts 4,34 ... ὅσοι γὰρ **κτήτορες χωρίων ἢ οἰκιῶν** ὑπῆρχον, πωλοῦντες ἔφερον τὰς τιμὰς τῶν πιπρασκομένων

Acts 5,3 ... Ἁνανία, διὰ τί ἐπλήρωσεν ὁ σατανᾶς τὴν καρδίαν σου, ψεύσασθαί σε τὸ πνεῦμα τὸ ἅγιον καὶ νοσφίσασθαι **ἀπὸ τῆς τιμῆς τοῦ χωρίου;**

Acts 5,8 ... εἰπέ μοι, εἰ τοσούτου **τὸ χωρίον** ἀπέδοσθε; ἡ δὲ εἶπεν· ναί, τοσούτου.

Acts 28,7 ἐν δὲ τοῖς περὶ τὸν τόπον ἐκεῖνον ὑπῆρχεν **χωρία** τῷ πρώτῳ τῆς νήσου ὀνόματι Ποπλίῳ, ...

χωρίς

Syn	Mt	Mk	Lk	Acts	Jn	1-3John	Paul	Eph	Col
5	3	1	1		3		13	1	
NT	2Thess	1/2Tim	Tit	Heb	Jas	1Pet	2Pet	Jude	Rev
41		2		13	4				

preposition: with genitive: by itself; without; without relation to; besides; in addition to; *adverb:* separately; by itself

	triple tradition																	double tradition			Sondergut		
		+Mt / +Lk			−Mt / −Lk			traditions not taken over by Mt / Lk							subtotals								
code	222	211	112	212	221	122	121	022	012	021	220	120	210	020	Σ⁺	Σ⁻	Σ	202	201	102	200	002	total
Mt		1⁺									1		1⁺		2⁺		3						**3**
Mk											1						1						**1**
Lk																				1			**1**

	Mt	Lk
102	**Mt 7,26** καὶ πᾶς ὁ ἀκούων μου τοὺς λόγους τούτους καὶ μὴ ποιῶν αὐτοὺς ὁμοιωθήσεται ἀνδρὶ μωρῷ, ὅστις ᾠκοδόμησεν αὐτοῦ τὴν οἰκίαν ἐπὶ τὴν ἄμμον.	**Lk 6,49** ὁ δὲ ἀκούσας καὶ μὴ ποιήσας ὅμοιός ἐστιν ἀνθρώπῳ οἰκοδομήσαντι οἰκίαν ἐπὶ τὴν γῆν **χωρὶς θεμελίου, ...**

220	**Mt 13,34** → Mt 13,36	ταῦτα πάντα ἐλάλησεν ὁ Ἰησοῦς ἐν παραβολαῖς τοῖς ὄχλοις, καὶ χωρὶς παραβολῆς οὐδὲν ἐλάλει αὐτοῖς	**Mk 4,34**	[33] καὶ τοιαύταις παραβολαῖς πολλαῖς ἐλάλει αὐτοῖς τὸν λόγον, καθὼς ἠδύναντο ἀκούειν· [34] χωρὶς δὲ παραβολῆς οὐκ ἐλάλει αὐτοῖς, κατ' ἰδίαν δὲ τοῖς ἰδίοις μαθηταῖς ἐπέλυεν πάντα.			
211	**Mt 14,21** ↓ Mt 15,38	οἱ δὲ ἐσθίοντες ἦσαν ἄνδρες ὡσεὶ πεντακισχίλιοι χωρὶς γυναικῶν καὶ παιδίων.	**Mk 6,44** ↓ Mk 8,9	καὶ ἦσαν οἱ φαγόντες [τοὺς ἄρτους] πεντακισχίλιοι ἄνδρες.	**Lk 9,14**	ἦσαν γὰρ ὡσεὶ ἄνδρες πεντακισχίλιοι. ...	→ Jn 6,10
210	**Mt 15,38** ↑ Mt 14,21	οἱ δὲ ἐσθίοντες ἦσαν τετρακισχίλιοι ἄνδρες χωρὶς γυναικῶν καὶ παιδίων.	**Mk 8,9** ↑ Mk 6,44	ἦσαν δὲ ὡς τετρακισχίλιοι. ...	↑ Lk 9,14a		

ψαλμός	Syn 2	Mt	Mk	Lk 2	Acts 2	Jn	1-3John	Paul 1	Eph 1	Col 1
	NT 7	2Thess	1/2Tim	Tit	Heb	Jas	1Pet	2Pet	Jude	Rev

song of praise; psalm

	Mt	Mk	Lk	
112	**Mt 22,43** ... πῶς οὖν Δαυὶδ **ἐν πνεύματι** καλεῖ αὐτὸν κύριον λέγων· [44] *εἶπεν κύριος τῷ κυρίῳ μου· κάθου ἐκ δεξιῶν μου ...* ➤ Ps 110,1	**Mk 12,36** αὐτὸς Δαυὶδ εἶπεν **ἐν τῷ πνεύματι τῷ ἁγίῳ·** *εἶπεν κύριος τῷ κυρίῳ μου· κάθου ἐκ δεξιῶν μου, ...* ➤ Ps 110,1	**Lk 20,42** αὐτὸς γὰρ Δαυὶδ λέγει **ἐν βίβλῳ ψαλμῶν·** *εἶπεν κύριος τῷ κυρίῳ μου· κάθου ἐκ δεξιῶν μου* ➤ Ps 110,1	→ Acts 4,25
002			**Lk 24,44** ... ὅτι δεῖ πληρωθῆναι πάντα τὰ γεγραμμένα → Lk 24,27 **ἐν τῷ νόμῳ Μωϋσέως καὶ τοῖς προφήταις καὶ ψαλμοῖς** περὶ ἐμοῦ.	

Acts 1,20 γέγραπται γὰρ
ἐν βίβλῳ ψαλμῶν·
γενηθήτω ἡ ἔπαυλις αὐτοῦ ἔρημος καὶ μὴ ἔστω ὁ κατοικῶν ἐν αὐτῇ, ...
➤ Ps 69,26

Acts 13,33 ὅτι ταύτην ὁ θεὸς ἐκπεπλήρωκεν τοῖς τέκνοις [αὐτῶν] ἡμῖν ἀναστήσας Ἰησοῦν ὡς καὶ
ἐν τῷ ψαλμῷ
γέγραπται τῷ δευτέρῳ,
υἱός μου εἶ σύ, ἐγὼ σήμερον γεγέννηκά σε.
➤ Ps 2,7

ψεύδομαι	Syn 1	Mt 1	Mk	Lk	Acts 2	Jn	1-3John 1	Paul 3	Eph	Col 1
	NT 12	2Thess	1/2Tim 1	Tit	Heb 1	Jas 1	1Pet	2Pet	Jude	Rev 1

lie; tell a falsehood; (try to) deceive by lying; tell lies to; impose upon

	Mt	Mk	Lk	
201	**Mt 5,11** μακάριοί ἐστε ὅταν ὀνειδίσωσιν ὑμᾶς καὶ διώξωσιν καὶ εἴπωσιν πᾶν πονηρὸν καθ' ὑμῶν **[ψευδόμενοι]** ἕνεκεν ἐμοῦ.		**Lk 6,22** μακάριοί ἐστε ὅταν μισήσωσιν ὑμᾶς οἱ ἄνθρωποι καὶ ὅταν ἀφορίσωσιν ὑμᾶς καὶ ὀνειδίσωσιν καὶ ἐκβάλωσιν τὸ ὄνομα ὑμῶν ὡς πονηρὸν ἕνεκα τοῦ υἱοῦ τοῦ ἀνθρώπου·	→ GTh 68 → GTh 69,1

Acts 5,3 ... Ἁνανία, διὰ τί ἐπλήρωσεν ὁ σατανᾶς τὴν καρδίαν σου,
ψεύσασθαί
σε τὸ πνεῦμα τὸ ἅγιον καὶ νοσφίσασθαι ἀπὸ τῆς τιμῆς τοῦ χωρίου;

Acts 5,4 ... τί ὅτι ἔθου ἐν τῇ καρδίᾳ σου τὸ πρᾶγμα τοῦτο;
οὐκ ἐψεύσω
ἀνθρώποις ἀλλὰ τῷ θεῷ.

ψευδομαρτυρέω	Syn 5	Mt 1	Mk 3	Lk 1	Acts	Jn	1-3John	Paul	Eph	Col
	NT 5	2Thess	1/2Tim	Tit	Heb	Jas	1Pet	2Pet	Jude	Rev

bear false witness; give false testimony

	triple tradition																	double tradition			Sondergut		
		+Mt / +Lk			−Mt / −Lk			traditions not taken over by Mt / Lk							subtotals								
code	222	211	112	212	221	122	121	022	012	021	220	120	210	020	Σ⁺	Σ⁻	Σ	202	201	102	200	002	total
Mt	1											2⁻				2⁻	1						1
Mk	1											2					3						3
Lk	1																1						1

222	**Mt 19,18**	... τὸ *οὐ φονεύσεις,* *οὐ μοιχεύσεις,* *οὐ κλέψεις,* *οὐ* ***ψευδομαρτυρήσεις,*** [19] *τίμα τὸν πατέρα* *καὶ τὴν μητέρα,* ➤ Exod 20,12-16/Deut 5,16-20	**Mk 10,19**	... *μὴ φονεύσῃς,* *μὴ μοιχεύσῃς,* *μὴ κλέψῃς,* *μὴ* ***ψευδομαρτυρήσῃς,*** *μὴ ἀποστερήσῃς,* *τίμα τὸν πατέρα σου* *καὶ τὴν μητέρα.* ➤ Exod 20,12-16/Deut 5,16-20; Sir 4,1 LXX	**Lk 18,20**	... *μὴ μοιχεύσῃς,* *μὴ φονεύσῃς,* *μὴ κλέψῃς,* *μὴ* ***ψευδομαρτυρήσῃς,*** *τίμα τὸν πατέρα σου* *καὶ τὴν μητέρα.* ➤ Exod 20,12-16/Deut 5,16-20 LXX	
120	**Mt 26,60**	[59] οἱ δὲ ἀρχιερεῖς καὶ τὸ συνέδριον ὅλον ἐζήτουν ψευδομαρτυρίαν κατὰ τοῦ Ἰησοῦ ὅπως αὐτὸν θανατώσωσιν, [60] καὶ οὐχ εὗρον πολλῶν προσελθόντων **ψευδομαρτύρων.**	**Mk 14,56**	[55] οἱ δὲ ἀρχιερεῖς καὶ ὅλον τὸ συνέδριον ἐζήτουν κατὰ τοῦ Ἰησοῦ μαρτυρίαν εἰς τὸ θανατῶσαι αὐτόν, καὶ οὐχ ηὕρισκον· [56] πολλοὶ γὰρ **ἐψευδομαρτύρουν** κατ' αὐτοῦ, καὶ ἴσαι αἱ μαρτυρίαι οὐκ ἦσαν.			
120		ὕστερον δὲ προσελθόντες δύο [61] εἶπαν· οὗτος ἔφη· δύναμαι καταλῦσαι τὸν ναὸν τοῦ θεοῦ καὶ διὰ τριῶν ἡμερῶν οἰκοδομῆσαι.	**Mk 14,57**	καί τινες ἀναστάντες **ἐψευδομαρτύρουν** κατ' αὐτοῦ λέγοντες [58] ὅτι ἡμεῖς ἠκούσαμεν αὐτοῦ λέγοντος ὅτι ἐγὼ καταλύσω τὸν ναὸν τοῦτον τὸν χειροποίητον καὶ διὰ τριῶν ἡμερῶν ἄλλον ἀχειροποίητον οἰκοδομήσω.			

ψευδομαρτυρία	Syn 2	Mt 2	Mk	Lk	Acts	Jn	1-3John	Paul	Eph	Col
	NT 2	2Thess	1/2Tim	Tit	Heb	Jas	1Pet	2Pet	Jude	Rev

false witness

210	**Mt 15,19**	ἐκ γὰρ τῆς καρδίας ἐξέρχονται διαλογισμοὶ πονηροί, φόνοι, μοιχεῖαι, πορνεῖαι, κλοπαί, **ψευδομαρτυρίαι,** βλασφημίαι.	**Mk 7,21**	ἔσωθεν γὰρ ἐκ τῆς καρδίας τῶν ἀνθρώπων οἱ διαλογισμοὶ οἱ κακοὶ ἐκπορεύονται, πορνεῖαι, κλοπαί, φόνοι, [22] μοιχεῖαι, πλεονεξίαι, πονηρίαι, δόλος, ἀσέλγεια, ὀφθαλμὸς πονηρός, βλασφημία, ὑπερηφανία, ἀφροσύνη·			→ GTh 14,5

210	**Mt 26,59** οἱ δὲ ἀρχιερεῖς καὶ τὸ συνέδριον ὅλον ἐζήτουν **ψευδομαρτυρίαν** κατὰ τοῦ Ἰησοῦ ὅπως αὐτὸν θανατώσωσιν	**Mk 14,55** οἱ δὲ ἀρχιερεῖς καὶ ὅλον τὸ συνέδριον ἐζήτουν κατὰ τοῦ Ἰησοῦ **μαρτυρίαν** εἰς τὸ θανατῶσαι αὐτόν, ...		

ψευδόμαρτυς

Syn	Mt	Mk	Lk	Acts	Jn	1-3John	Paul	Eph	Col
1	1						1		
NT	2Thess	1/2Tim	Tit	Heb	Jas	1Pet	2Pet	Jude	Rev
2									

one who gives false testimony; a false witness

210	**Mt 26,60** καὶ οὐχ εὗρον πολλῶν προσελθόντων **ψευδομαρτύρων.** ...	**Mk 14,56** [55] ... καὶ οὐχ ηὕρισκον· [56] πολλοὶ γὰρ **ἐψευδομαρτύρουν** κατ' αὐτοῦ, καὶ ἴσαι αἱ μαρτυρίαι οὐκ ἦσαν.		

ψευδοπροφήτης

Syn	Mt	Mk	Lk	Acts	Jn	1-3John	Paul	Eph	Col
5	3	1	1	1		1			
NT	2Thess	1/2Tim	Tit	Heb	Jas	1Pet	2Pet	Jude	Rev
11							1		3

false prophet

	triple tradition																	double tradition			Sondergut		
		+Mt / +Lk			–Mt / –Lk			traditions not taken over by Mt / Lk							subtotals								
code	*222*	*211*	*112*	*212*	*221*	*122*	*121*	*022*	*012*	*021*	*220*	*120*	*210*	*020*	Σ^+	Σ^-	Σ	*202*	*201*	*102*	*200*	*002*	total
Mt											1						1				2		**3**
Mk											1						1						**1**
Lk																						1	**1**

002			**Lk 6,26** οὐαὶ ὅταν ὑμᾶς καλῶς εἴπωσιν πάντες οἱ ἄνθρωποι· κατὰ τὰ αὐτὰ γὰρ ἐποίουν **τοῖς ψευδοπροφήταις** οἱ πατέρες αὐτῶν.	
200	**Mt 7,15** προσέχετε **ἀπὸ τῶν** **ψευδοπροφητῶν,** οἵτινες ἔρχονται πρὸς ὑμᾶς ἐν ἐνδύμασιν προβάτων, ἔσωθεν δέ εἰσιν λύκοι ἅρπαγες.			
200	**Mt 24,11** → Mt 24,5 ↓ Mt 24,24 ↓ Mk 13,22 καὶ **πολλοὶ** **ψευδοπροφῆται** ἐγερθήσονται καὶ πλανήσουσιν πολλούς·			
220	**Mt 24,24** → Mt 24,5 ↑ Mt 24,11 ἐγερθήσονται γὰρ ψευδόχριστοι καὶ **ψευδοπροφῆται** καὶ δώσουσιν σημεῖα μεγάλα καὶ τέρατα ὥστε πλανῆσαι, εἰ δυνατόν, καὶ τοὺς ἐκλεκτούς·	**Mk 13,22** → Mk 13,6 ἐγερθήσονται γὰρ ψευδόχριστοι καὶ **ψευδοπροφῆται** καὶ δώσουσιν σημεῖα καὶ τέρατα πρὸς τὸ ἀποπλανᾶν, εἰ δυνατόν, τοὺς ἐκλεκτούς.	→ Lk 21,8	

Acts 13,6 ... εὗρον ἄνδρα τινὰ μάγον
ψευδοπροφήτην
Ἰουδαῖον
ᾧ ὄνομα Βαριησοῦ

ψευδόχριστος

Syn	Mt	Mk	Lk	Acts	Jn	1-3John	Paul	Eph	Col
2	1	1							
NT	2Thess	1/2Tim	Tit	Heb	Jas	1Pet	2Pet	Jude	Rev
2									

a false Messiah

	Mt	Mk	Lk	
220	**Mt 24,24** → Mt 24,5 → Mt 24,11 ἐγερθήσονται γὰρ **ψευδόχριστοι** καὶ ψευδοπροφῆται καὶ δώσουσιν σημεῖα μεγάλα καὶ τέρατα ὥστε πλανῆσαι, εἰ δυνατόν, καὶ τοὺς ἐκλεκτούς·	**Mk 13,22** → Mk 13,6 ἐγερθήσονται γὰρ **ψευδόχριστοι** καὶ ψευδοπροφῆται καὶ δώσουσιν σημεῖα καὶ τέρατα πρὸς τὸ ἀποπλανᾶν, εἰ δυνατόν, τοὺς ἐκλεκτούς.	→ Lk 21,8	

ψηλαφάω

Syn	Mt	Mk	Lk	Acts	Jn	1-3John	Paul	Eph	Col
1			1	1		1			
NT	2Thess	1/2Tim	Tit	Heb	Jas	1Pet	2Pet	Jude	Rev
4				1					

feel (about for); touch; handle; grope after

	Mt	Mk	Lk	
002			**Lk 24,39** ἴδετε τὰς χεῖράς μου καὶ τοὺς πόδας μου ὅτι ἐγώ εἰμι αὐτός· **ψηλαφήσατέ** με καὶ ἴδετε, ὅτι πνεῦμα σάρκα καὶ ὀστέα οὐκ ἔχει καθὼς ἐμὲ θεωρεῖτε ἔχοντα.	→ Jn 20,20.27

Acts 17,27 ζητεῖν τὸν θεόν, εἰ ἄρα γε **ψηλαφήσειαν** αὐτὸν καὶ εὕροιεν, καί γε οὐ μακρὰν ἀπὸ ἑνὸς ἑκάστου ἡμῶν ὑπάρχοντα.

ψηφίζω

Syn	Mt	Mk	Lk	Acts	Jn	1-3John	Paul	Eph	Col
1			1						
NT	2Thess	1/2Tim	Tit	Heb	Jas	1Pet	2Pet	Jude	Rev
2									1

count (up); calculate; reckon

	Mt	Mk	Lk	
002			**Lk 14,28** τίς γὰρ ἐξ ὑμῶν θέλων πύργον οἰκοδομῆσαι οὐχὶ πρῶτον καθίσας **ψηφίζει** τὴν δαπάνην, εἰ ἔχει εἰς ἀπαρτισμόν;	

ψιχίον

Syn	Mt	Mk	Lk	Acts	Jn	1-3John	Paul	Eph	Col
2	1	1							
NT	2Thess	1/2Tim	Tit	Heb	Jas	1Pet	2Pet	Jude	Rev
2									

a very little bit; crumb

	Mt	Mk	Lk	
220	**Mt 15,27** ... ναὶ κύριε, καὶ γὰρ τὰ κυνάρια ἐσθίει **ἀπὸ τῶν ψιχίων τῶν πιπτόντων** ἀπὸ τῆς τραπέζης τῶν κυρίων αὐτῶν.	**Mk 7,28** ... κύριε· καὶ τὰ κυνάρια ὑποκάτω τῆς τραπέζης ἐσθίουσιν **ἀπὸ τῶν ψιχίων τῶν παιδίων.**		

ψυχή	Syn 38	Mt 16	Mk 8	Lk 14	Acts 15	Jn 10	1-3John 3	Paul 11	Eph 1	Col 1
	NT 103	2Thess	1/2Tim	Tit	Heb 6	Jas 2	1Pet 6	2Pet 2	Jude 1	Rev 7

(breath of) life; life-principle; soul; earthly life

	triple tradition																	double tradition			Sondergut		
		+Mt / +Lk			–Mt / –Lk			traditions not taken over by Mt / Lk							subtotals								
code	222	211	112	212	221	122	121	022	012	021	220	120	210	020	Σ^+	Σ^-	Σ	202	201	102	200	002	total
Mt	3				2	1^-					2					1^-	7	3	3		3		**16**
Mk	3				2	1					2						8						**8**
Lk	3		1^+		2^-	1									1^+	2^-	5	3		1		5	**14**

[a] ἀπόλλυμι τὴν ψυχήν

[b] σῴζω (τὴν) ψυχήν, εὑρίσκω τὴν ψυχήν

[c] ψυχή and σῶμα

002					Lk 1,46	... μεγαλύνει ἡ **ψυχή** μου τὸν κύριον	
002					Lk 2,35	καὶ σοῦ [δὲ] αὐτῆς τὴν **ψυχὴν** διελεύσεται ῥομφαία ...	
200	Mt 2,20	... πορεύου εἰς γῆν Ἰσραήλ· τεθνήκασιν γὰρ οἱ ζητοῦντες τὴν **ψυχὴν** τοῦ παιδίου.					
b a 122	Mt 12,12	... ὥστε ἔξεστιν τοῖς σάββασιν καλῶς ποιεῖν.	Mk 3,4	... ἔξεστιν τοῖς σάββασιν ἀγαθὸν ποιῆσαι ἢ κακοποιῆσαι, **ψυχὴν** σῶσαι ἢ ἀποκτεῖναι; ...	Lk 6,9 → Lk 13,14 → Lk 14,3	... ἐπερωτῶ ὑμᾶς εἰ ἔξεστιν τῷ σαββάτῳ ἀγαθοποιῆσαι ἢ κακοποιῆσαι, **ψυχὴν** σῶσαι ἢ ἀπολέσαι;	
c 202	Mt 6,25 (2)	... μὴ μεριμνᾶτε τῇ **ψυχῇ** ὑμῶν τί φάγητε [ἢ τί πίητε], μηδὲ τῷ σώματι ὑμῶν τί ἐνδύσησθε.			Lk 12,22	... μὴ μεριμνᾶτε τῇ **ψυχῇ** τί φάγητε, μηδὲ τῷ σώματι τί ἐνδύσησθε.	→ GTh 36 (POxy 655)
c 202		οὐχὶ ἡ **ψυχὴ** πλεῖόν ἐστιν τῆς τροφῆς καὶ τὸ σῶμα τοῦ ἐνδύματος;			Lk 12,23	ἡ γὰρ **ψυχὴ** πλεῖόν ἐστιν τῆς τροφῆς καὶ τὸ σῶμα τοῦ ἐνδύματος.	
c 201	Mt 10,28 (2)	καὶ μὴ φοβεῖσθε ἀπὸ τῶν ἀποκτεννόντων τὸ σῶμα, τὴν δὲ **ψυχὴν** μὴ δυναμένων ἀποκτεῖναι·			Lk 12,4	... μὴ φοβηθῆτε ἀπὸ τῶν ἀποκτεινόντων τὸ σῶμα καὶ μετὰ ταῦτα μὴ ἐχόντων περισσότερόν τι ποιῆσαι.	
a c 201		φοβεῖσθε δὲ μᾶλλον τὸν δυνάμενον καὶ **ψυχὴν** καὶ σῶμα ἀπολέσαι ἐν γεέννῃ.			Lk 12,5	ὑποδείξω δὲ ὑμῖν τίνα φοβηθῆτε· φοβήθητε τὸν μετὰ τὸ ἀποκτεῖναι ἔχοντα ἐξουσίαν ἐμβαλεῖν εἰς τὴν γέενναν· ναὶ λέγω ὑμῖν, τοῦτον φοβήθητε.	

	Mt		Mk		Lk		
b 202	**Mt 10,39** (2) ⇩ Mt 16,25	ὁ εὑρὼν τὴν ψυχὴν αὐτοῦ ἀπολέσει αὐτήν,	**Mk 8,35** (2)	ὃς γὰρ ἐὰν θέλῃ τὴν ψυχὴν αὐτοῦ σῶσαι ἀπολέσει αὐτήν·	**Lk 17,33** ⇩ Lk 9,24	ὃς ἐὰν ζητήσῃ τὴν ψυχὴν αὐτοῦ περιποιήσασθαι ἀπολέσει αὐτήν,	→ Jn 12,25 Mk-Q overlap
a 201		καὶ ὁ ἀπολέσας τὴν ψυχὴν αὐτοῦ ἕνεκεν ἐμοῦ εὑρήσει αὐτήν.		ὃς δ' ἂν ἀπολέσει τὴν ψυχὴν αὐτοῦ ἕνεκεν ἐμοῦ καὶ τοῦ εὐαγγελίου σώσει αὐτήν.		ὃς δ' ἂν ἀπολέσῃ ζῳογονήσει αὐτήν.	
200	**Mt 11,29**	... καὶ *εὑρήσετε ἀνάπαυσιν* *ταῖς ψυχαῖς ὑμῶν·* ➤ Jer 6,16					→ GTh 90
200	**Mt 12,18** → Mt 3,16 → Mk 1,10 → Lk 3,22 → Mt 3,17 → Mk 1,11	*ἰδοὺ ὁ παῖς μου ὃν* *ᾑρέτισα, ὁ ἀγαπητός μου* *εἰς ὃν εὐδόκησεν* *ἡ ψυχή μου·* *θήσω τὸ πνεῦμά μου ἐπ'* *αὐτόν, καὶ κρίσιν τοῖς* *ἔθνεσιν ἀπαγγελεῖ.* ➤ Isa 42,1					
b 222	**Mt 16,25** (2) ⇧ Mt 10,39	ὃς γὰρ ἐὰν θέλῃ τὴν ψυχὴν αὐτοῦ σῶσαι ἀπολέσει αὐτήν·	**Mk 8,35** (2)	ὃς γὰρ ἐὰν θέλῃ τὴν ψυχὴν αὐτοῦ σῶσαι ἀπολέσει αὐτήν·	**Lk 9,24** (2) ⇩ Lk 17,33	ὃς γὰρ ἂν θέλῃ τὴν ψυχὴν αὐτοῦ σῶσαι ἀπολέσει αὐτήν·	→ Jn 12,25 → GTh 55 Mk-Q overlap
a 222		ὃς δ' ἂν ἀπολέσῃ τὴν ψυχὴν αὐτοῦ ἕνεκεν ἐμοῦ εὑρήσει αὐτήν.		ὃς δ' ἂν ἀπολέσει τὴν ψυχὴν αὐτοῦ ἕνεκεν ἐμοῦ καὶ τοῦ εὐαγγελίου σώσει αὐτήν.		ὃς δ' ἂν ἀπολέσῃ τὴν ψυχὴν αὐτοῦ ἕνεκεν ἐμοῦ, οὗτος σώσει αὐτήν.	
221	**Mt 16,26** (2)	τί γὰρ ὠφεληθήσεται ἄνθρωπος ἐὰν τὸν κόσμον ὅλον κερδήσῃ τὴν δὲ ψυχὴν αὐτοῦ ζημιωθῇ;	**Mk 8,36**	τί γὰρ ὠφελεῖ ἄνθρωπον κερδῆσαι τὸν κόσμον ὅλον καὶ ζημιωθῆναι τὴν ψυχὴν αὐτοῦ;	**Lk 9,25**	τί γὰρ ὠφελεῖται ἄνθρωπος κερδήσας τὸν κόσμον ὅλον ἑαυτὸν δὲ ἀπολέσας ἢ ζημιωθείς;	
220		ἢ τί δώσει ἄνθρωπος ἀντάλλαγμα τῆς ψυχῆς αὐτοῦ;	**Mk 8,37**	τί γὰρ δοῖ ἄνθρωπος ἀντάλλαγμα τῆς ψυχῆς αὐτοῦ;			
222	**Mt 22,37**	... *ἀγαπήσεις κύριον* *τὸν θεόν σου ἐν ὅλῃ* *τῇ καρδίᾳ σου καὶ* *ἐν ὅλῃ τῇ ψυχῇ* *σου* *καὶ ἐν ὅλῃ τῇ διανοίᾳ* *σου·* ➤ Deut 6,5; Josh 22,5 LXX	**Mk 12,30**	*καὶ ἀγαπήσεις κύριον* *τὸν θεόν σου ἐξ ὅλης* *τῆς καρδίας σου καὶ* *ἐξ ὅλης τῆς ψυχῆς* *σου* *καὶ ἐξ ὅλης τῆς διανοίας* *σου καὶ ἐξ ὅλης τῆς* *ἰσχύος σου.* ➤ Deut 6,5; Josh 22,5 LXX	**Lk 10,27**	... *ἀγαπήσεις κύριον* *τὸν θεόν σου ἐξ ὅλης* *[τῆς] καρδίας σου καὶ* *ἐν ὅλῃ τῇ ψυχῇ* *σου* *καὶ ἐν ὅλῃ τῇ ἰσχύϊ σου* *καὶ ἐν ὅλῃ τῇ διανοίᾳ* *σου, ...* ➤ Deut 6,5; Josh 22,5 LXX	
002 002					**Lk 12,19** (2)	καὶ ἐρῶ τῇ ψυχῇ μου· ψυχή, ἔχεις πολλὰ ἀγαθὰ κείμενα εἰς ἔτη πολλά· ἀναπαύου, φάγε, πίε, εὐφραίνου.	→ GTh 63
002					**Lk 12,20**	εἶπεν δὲ αὐτῷ ὁ θεός· ἄφρων, ταύτῃ τῇ νυκτὶ τὴν ψυχήν σου ἀπαιτοῦσιν ἀπὸ σοῦ· ἃ δὲ ἡτοίμασας, τίνι ἔσται;	→ GTh 63

		Mt		Mk		Lk	
c 202	Mt 6,25 (2)	... μὴ μεριμνᾶτε **τῇ ψυχῇ ὑμῶν** τί φάγητε [ἢ τί πίητε], μηδὲ τῷ σώματι ὑμῶν τί ἐνδύσησθε.			Lk 12,22	... μὴ μεριμνᾶτε **τῇ ψυχῇ** τί φάγητε, μηδὲ τῷ σώματι τί ἐνδύσησθε.	→ GTh 36 (POxy 655)
c 202		οὐχὶ **ἡ ψυχὴ** πλεῖόν ἐστιν τῆς τροφῆς καὶ τὸ σῶμα τοῦ ἐνδύματος;			Lk 12,23	**ἡ γὰρ ψυχὴ** πλεῖόν ἐστιν τῆς τροφῆς καὶ τὸ σῶμα τοῦ ἐνδύματος.	
102	Mt 10,37 → Mt 19,29	ὁ φιλῶν πατέρα ἢ μητέρα ὑπὲρ ἐμὲ οὐκ ἔστιν μου ἄξιος, καὶ ὁ φιλῶν υἱὸν ἢ θυγατέρα ὑπὲρ ἐμὲ οὐκ ἔστιν μου ἄξιος·	→ Mk 10,29		Lk 14,26 → Lk 18,29	εἴ τις ἔρχεται πρός με καὶ οὐ μισεῖ τὸν πατέρα ἑαυτοῦ καὶ τὴν μητέρα καὶ τὴν γυναῖκα καὶ τὰ τέκνα καὶ τοὺς ἀδελφοὺς καὶ τὰς ἀδελφὰς ἔτι τε καὶ **τὴν ψυχὴν ἑαυτοῦ,** οὐ δύναται εἶναί μου μαθητής.	→ GTh 55 → GTh 101
b 202	Mt 10,39 (2) ⇧ Mt 16,25	ὁ εὑρὼν **τὴν ψυχὴν αὐτοῦ** ἀπολέσει αὐτήν, καὶ ὁ ἀπολέσας τὴν ψυχὴν αὐτοῦ ἕνεκεν ἐμοῦ εὑρήσει αὐτήν.	Mk 8,35 (2)	ὃς γὰρ ἐὰν θέλῃ **τὴν ψυχὴν αὐτοῦ** σῶσαι ἀπολέσει αὐτήν· ὃς δ' ἂν ἀπολέσει τὴν ψυχὴν αὐτοῦ ἕνεκεν ἐμοῦ καὶ τοῦ εὐαγγελίου σώσει αὐτήν.	Lk 17,33 ⇧ Lk 9,24	ὃς ἐὰν ζητήσῃ **τὴν ψυχὴν αὐτοῦ** περιποιήσασθαι ἀπολέσει αὐτήν, ὃς δ' ἂν ἀπολέσῃ ζῳογονήσει αὐτήν.	→ Jn 12,25 Mk-Q overlap
221	Mt 20,28 → Mt 26,28	ὥσπερ ὁ υἱὸς τοῦ ἀνθρώπου οὐκ ἦλθεν διακονηθῆναι ἀλλὰ διακονῆσαι καὶ δοῦναι **τὴν ψυχὴν αὐτοῦ** λύτρον ἀντὶ πολλῶν.	Mk 10,45 → Mk 14,24	καὶ γὰρ ὁ υἱὸς τοῦ ἀνθρώπου οὐκ ἦλθεν διακονηθῆναι ἀλλὰ διακονῆσαι καὶ δοῦναι **τὴν ψυχὴν αὐτοῦ** λύτρον ἀντὶ πολλῶν.	Lk 22,27 → Lk 12,37	... ἐγὼ δὲ ἐν μέσῳ ὑμῶν εἰμι ὡς ὁ διακονῶν.	→ Jn 13,13-14
222	Mt 22,37	*... ἀγαπήσεις κύριον τὸν θεόν σου ἐν ὅλῃ τῇ καρδίᾳ σου καὶ* ***ἐν ὅλῃ τῇ ψυχῇ σου*** *καὶ ἐν ὅλῃ τῇ διανοίᾳ σου·* ➤ Deut 6,5; Josh 22,5 LXX	Mk 12,30	*καὶ ἀγαπήσεις κύριον τὸν θεόν σου ἐξ ὅλης τῆς καρδίας σου καὶ* ***ἐξ ὅλης τῆς ψυχῆς σου*** *καὶ ἐξ ὅλης τῆς διανοίας σου καὶ ἐξ ὅλης τῆς ἰσχύος σου.* ➤ Deut 6,5; Josh 22,5 LXX	Lk 10,27	*... ἀγαπήσεις κύριον τὸν θεόν σου ἐξ ὅλης [τῆς] καρδίας σου καὶ* ***ἐν ὅλῃ τῇ ψυχῇ σου*** *καὶ ἐν ὅλῃ τῇ ἰσχύϊ σου καὶ ἐν ὅλῃ τῇ διανοίᾳ σου, ...* ➤ Deut 6,5; Josh 22,5 LXX	
112	Mt 10,22 ⇩ Mt 24,13	... ὁ δὲ ὑπομείνας εἰς τέλος οὗτος **σωθήσεται.**	Mk 13,13	... ὁ δὲ ὑπομείνας εἰς τέλος οὗτος **σωθήσεται.**	Lk 21,19	ἐν τῇ ὑπομονῇ ὑμῶν **κτήσασθε τὰς ψυχὰς ὑμῶν.**	
	Mt 24,13 ⇧ Mt 10,22	ὁ δὲ ὑπομείνας εἰς τέλος οὗτος **σωθήσεται.**					
220	Mt 26,38	*... περίλυπός ἐστιν* ***ἡ ψυχή μου*** ἕως θανάτου· μείνατε ὧδε καὶ γρηγορεῖτε μετ' ἐμοῦ. ➤ Ps 42,6.12/43,5	Mk 14,34	*... περίλυπός ἐστιν* ***ἡ ψυχή μου*** ἕως θανάτου· μείνατε ὧδε καὶ γρηγορεῖτε. ➤ Ps 42,6.12/43,5			→ Jn 12,27

Acts 2,27 *ὅτι οὐκ ἐγκαταλείψεις* ***τὴν ψυχήν μου*** *εἰς ᾅδην οὐδὲ δώσεις τὸν ὅσιόν σου ἰδεῖν διαφθοράν.*
➤ Ps 15,10 LXX

Acts 2,41 οἱ μὲν οὖν ἀποδεξάμενοι τὸν λόγον αὐτοῦ ἐβαπτίσθησαν καὶ προσετέθησαν ἐν τῇ ἡμέρᾳ ἐκείνῃ **ψυχαὶ ὡσεὶ τρισχίλιαι.**

Acts 2,43 ἐγίνετο δὲ **πάσῃ ψυχῇ** φόβος, πολλά τε τέρατα καὶ σημεῖα διὰ τῶν ἀποστόλων ἐγίνετο.

Acts 3,23 *ἔσται δὲ* ***πᾶσα ψυχὴ*** *ἥτις ἐὰν μὴ ἀκούσῃ τοῦ προφήτου ἐκείνου ἐξολεθρευθήσεται ἐκ τοῦ λαοῦ.*
➤ Lev 23,29

Acts 4,32 τοῦ δὲ πλήθους τῶν πιστευσάντων ἦν **καρδία καὶ ψυχὴ μία,** καὶ οὐδὲ εἷς τι τῶν ὑπαρχόντων αὐτῷ ἔλεγεν ἴδιον εἶναι ἀλλ' ἦν αὐτοῖς ἅπαντα κοινά.

Acts 7,14 ἀποστείλας δὲ Ἰωσὴφ
μετεκαλέσατο Ἰακὼβ τὸν
πατέρα αὐτοῦ καὶ πᾶσαν
τὴν συγγένειαν
ἐν ψυχαῖς
ἑβδομήκοντα πέντε.

Acts 14,2 οἱ δὲ ἀπειθήσαντες
Ἰουδαῖοι ἐπήγειραν καὶ
ἐκάκωσαν
τὰς ψυχὰς
τῶν ἐθνῶν
κατὰ τῶν ἀδελφῶν.

Acts 14,22 ἐπιστηρίζοντες
τὰς ψυχὰς
τῶν μαθητῶν,
παρακαλοῦντες ἐμμένειν
τῇ πίστει καὶ ὅτι διὰ
πολλῶν θλίψεων δεῖ
ἡμᾶς εἰσελθεῖν εἰς τὴν
βασιλείαν τοῦ θεοῦ.

Acts 15,24 ἐπειδὴ ἠκούσαμεν ὅτι
τινὲς ἐξ ἡμῶν [ἐξελθόν-
τες] ἐτάραξαν ὑμᾶς
λόγοις ἀνασκευάζοντες
τὰς ψυχὰς ὑμῶν
οἷς οὐ διεστειλάμεθα

Acts 15,26 ἀνθρώποις παραδεδωκόσι
τὰς ψυχὰς αὐτῶν
ὑπὲρ τοῦ ὀνόματος τοῦ
κυρίου ἡμῶν Ἰησοῦ
Χριστοῦ.

Acts 20,10 ... μὴ θορυβεῖσθε,
ἡ γὰρ ψυχὴ αὐτοῦ
ἐν αὐτῷ ἐστιν.

Acts 20,24 ἀλλ᾽ οὐδενὸς λόγου
ποιοῦμαι
τὴν ψυχὴν
τιμίαν ἐμαυτῷ ὡς
τελειῶσαι τὸν δρόμον
μου καὶ τὴν διακονίαν ...

Acts 27,10 ... ἄνδρες, θεωρῶ ὅτι μετὰ
ὕβρεως καὶ πολλῆς
ζημίας οὐ μόνον τοῦ
φορτίου καὶ τοῦ πλοίου
ἀλλὰ καὶ
τῶν ψυχῶν ἡμῶν
μέλλειν ἔσεσθαι τὸν
πλοῦν.

Acts 27,22 ... **ἀποβολὴ γὰρ**
ψυχῆς οὐδεμία
ἔσται ἐξ ὑμῶν πλὴν τοῦ
πλοίου.

Acts 27,37 ἤμεθα δὲ
αἱ πᾶσαι ψυχαὶ
ἐν τῷ πλοίῳ διακόσιαι
ἑβδομήκοντα ἕξ.

ψύχομαι

Syn 1	Mt 1	Mk	Lk	Acts	Jn	1-3John	Paul	Eph	Col
NT 1	2Thess	1/2Tim	Tit	Heb	Jas	1Pet	2Pet	Jude	Rev

go out; be extinguished

	Mt		
200	**Mt 24,12** καὶ διὰ τὸ πληθυνθῆναι τὴν ἀνομίαν **ψυγήσεται** ἡ ἀγάπη τῶν πολλῶν.		

ψυχρός

Syn 1	Mt 1	Mk	Lk	Acts	Jn	1-3John	Paul	Eph	Col
NT 4	2Thess	1/2Tim	Tit	Heb	Jas	1Pet	2Pet	Jude	Rev 3

cold; τὸ ψυχρόν cold water

210	**Mt 10,42** καὶ ὃς ἂν ποτίσῃ ἕνα τῶν μικρῶν τούτων **ποτήριον ψυχροῦ** μόνον εἰς ὄνομα μαθητοῦ, ἀμὴν λέγω ὑμῖν, οὐ μὴ ἀπολέσῃ τὸν μισθὸν αὐτοῦ.	**Mk 9,41** ὃς γὰρ ἂν ποτίσῃ ὑμᾶς **ποτήριον ὕδατος** ἐν ὀνόματι ὅτι Χριστοῦ ἐστε, ἀμὴν λέγω ὑμῖν ὅτι οὐ μὴ ἀπολέσῃ τὸν μισθὸν αὐτοῦ.	

ψώχω

Syn 1	Mt	Mk	Lk 1	Acts	Jn	1-3John	Paul	Eph	Col
NT 1	2Thess	1/2Tim	Tit	Heb	Jas	1Pet	2Pet	Jude	Rev

rub

	Mt	Mk	Lk
112	**Mt 12,1** ἐν ἐκείνῳ τῷ καιρῷ ἐπορεύθη ὁ Ἰησοῦς τοῖς σάββασιν διὰ τῶν σπορίμων· οἱ δὲ μαθηταὶ αὐτοῦ ἐπείνασαν καὶ ἤρξαντο τίλλειν στάχυας καὶ ἐσθίειν.	**Mk 2,23** καὶ ἐγένετο αὐτὸν ἐν τοῖς σάββασιν παραπορεύεσθαι διὰ τῶν σπορίμων, καὶ οἱ μαθηταὶ αὐτοῦ ἤρξαντο ὁδὸν ποιεῖν τίλλοντες τοὺς στάχυας.	**Lk 6,1** ἐγένετο δὲ ἐν σαββάτῳ διαπορεύεσθαι αὐτὸν διὰ σπορίμων, καὶ ἔτιλλον οἱ μαθηταὶ αὐτοῦ καὶ ἤσθιον τοὺς στάχυας **ψώχοντες** ταῖς χερσίν.

Ω

ὦ	Syn 5	Mt 2	Mk 1	Lk 2	Acts 4	Jn	1-3John	Paul 5	Eph	Col
	NT 17	2Thess	1/2Tim 2	Tit	Heb	Jas 1	1Pet	2Pet	Jude	Rev

interjection O! *(used both in address and emotion)*

	triple tradition																	double tradition			Sondergut		
		+Mt / +Lk			–Mt / –Lk			traditions not taken over by Mt / Lk							subtotals								
code	*222*	*211*	*112*	*212*	*221*	*122*	*121*	*022*	*012*	*021*	*220*	*120*	*210*	*020*	Σ+	Σ−	Σ	*202*	*201*	*102*	*200*	*002*	total
Mt	1												1+		1+		2						**2**
Mk	1																1						**1**
Lk	1																1					1	**2**

210	**Mt 15,28**	τότε ἀποκριθεὶς ὁ Ἰησοῦς εἶπεν αὐτῇ· **ὦ γύναι,** μεγάλη σου ἡ πίστις· γενηθήτω σοι ὡς θέλεις. ...	**Mk 7,29**	καὶ εἶπεν αὐτῇ· διὰ τοῦτον τὸν λόγον ὕπαγε, ἐξελήλυθεν ἐκ τῆς θυγατρός σου τὸ δαιμόνιον.		
222	**Mt 17,17**	ἀποκριθεὶς δὲ ὁ Ἰησοῦς εἶπεν· **ὦ γενεὰ ἄπιστος καὶ διεστραμμένη,** ἕως πότε μεθ' ὑμῶν ἔσομαι; ἕως πότε ἀνέξομαι ὑμῶν; ...	**Mk 9,19**	ὁ δὲ ἀποκριθεὶς αὐτοῖς λέγει· **ὦ γενεὰ ἄπιστος,** ἕως πότε πρὸς ὑμᾶς ἔσομαι; ἕως πότε ἀνέξομαι ὑμῶν; ...	**Lk 9,41**	ἀποκριθεὶς δὲ ὁ Ἰησοῦς εἶπεν· **ὦ γενεὰ ἄπιστος καὶ διεστραμμένη,** ἕως πότε ἔσομαι πρὸς ὑμᾶς καὶ ἀνέξομαι ὑμῶν; ...
002					**Lk 24,25**	καὶ αὐτὸς εἶπεν πρὸς αὐτούς· **ὦ ἀνόητοι** καὶ βραδεῖς τῇ καρδίᾳ τοῦ πιστεύειν ἐπὶ πᾶσιν οἷς ἐλάλησαν οἱ προφῆται·

Acts 1,1 τὸν μὲν πρῶτον λόγον ἐποιησάμην περὶ πάντων,
ὦ Θεόφιλε,
ὧν ἤρξατο ὁ Ἰησοῦς ποιεῖν τε καὶ διδάσκειν

Acts 13,10 εἶπεν·
ὦ πλήρης παντὸς δόλου καὶ πάσης ῥᾳδιουργίας,
υἱὲ διαβόλου, ἐχθρὲ πάσης δικαιοσύνης, οὐ παύσῃ διαστρέφων τὰς ὁδοὺς [τοῦ] κυρίου τὰς εὐθείας;

Acts 18,14 ... εἰ μὲν ἦν ἀδίκημά τι ἢ ῥᾳδιούργημα πονηρόν,
ὦ Ἰουδαῖοι,
κατὰ λόγον ἂν ἀνεσχόμην ὑμῶν

Acts 27,21 ... ἔδει μέν,
ὦ ἄνδρες,
πειθαρχήσαντάς μοι μὴ ἀνάγεσθαι ἀπὸ τῆς Κρήτης κερδῆσαί τε τὴν ὕβριν ταύτην καὶ τὴν ζημίαν.

ὦ, ᾖς, ᾖ ... → εἰμί

ὧδε	Syn 43	Mt 18	Mk 10	Lk 15	Acts 2	Jn 5	1-3John	Paul 1	Eph	Col 1
	NT 61	2Thess	1/2Tim	Tit	Heb 2	Jas 1	1Pet	2Pet	Jude	Rev 6

here; to this place; hither; in this place; in this case; at this point; on this occasion; under these circumstances

	triple tradition																	double tradition			Sondergut		
		+Mt / +Lk			−Mt / −Lk			traditions not taken over by Mt / Lk							subtotals								
code	222	211	112	212	221	122	121	022	012	021	220	120	210	020	Σ⁺	Σ⁻	Σ	202	201	102	200	002	total
Mt	2	3⁺		1⁺	2		2⁻				2	2⁻	2⁺		6⁺	4⁻	12	2			4		18
Mk	2				2		2				2	2					10						10
Lk	2		1⁺	1⁺	2⁻		2⁻								2⁺	4⁻	4	2		1		8	15

002					Lk 4,23	... ὅσα ἠκούσαμεν γενόμενα εἰς τὴν Καφαρναοὺμ ποίησον καὶ ὧδε ἐν τῇ πατρίδι σου.	
211	Mt 8,29	... τί ἡμῖν καὶ σοί, υἱὲ τοῦ θεοῦ; ἦλθες ὧδε πρὸ καιροῦ βασανίσαι ἡμᾶς;	Mk 5,7 → Mk 1,23-24	... τί ἐμοὶ καὶ σοί, Ἰησοῦ υἱὲ τοῦ θεοῦ τοῦ ὑψίστου; ὁρκίζω σε τὸν θεόν, μή με βασανίσῃς.	Lk 8,28 → Lk 4,33-34	... τί ἐμοὶ καὶ σοί, Ἰησοῦ υἱὲ τοῦ θεοῦ τοῦ ὑψίστου; δέομαί σου, μή με βασανίσῃς.	
200	Mt 12,6 ↓ Mt 12,41-42 ↓ Lk 11,31-32	λέγω δὲ ὑμῖν ὅτι τοῦ ἱεροῦ μεῖζόν ἐστιν ὧδε.					
202	Mt 12,41 ↑ Mt 12,6	ἄνδρες Νινευῖται ἀναστήσονται ἐν τῇ κρίσει μετὰ τῆς γενεᾶς ταύτης καὶ κατακρινοῦσιν αὐτήν, ὅτι μετενόησαν εἰς τὸ κήρυγμα Ἰωνᾶ, καὶ ἰδοὺ πλεῖον Ἰωνᾶ ὧδε.			Lk 11,32	ἄνδρες Νινευῖται ἀναστήσονται ἐν τῇ κρίσει μετὰ τῆς γενεᾶς ταύτης καὶ κατακρινοῦσιν αὐτήν· ὅτι μετενόησαν εἰς τὸ κήρυγμα Ἰωνᾶ, καὶ ἰδοὺ πλεῖον Ἰωνᾶ ὧδε.	
202	Mt 12,42 ↑ Mt 12,6	βασίλισσα νότου ἐγερθήσεται ἐν τῇ κρίσει μετὰ τῆς γενεᾶς ταύτης καὶ κατακρινεῖ αὐτήν, ὅτι ἦλθεν ἐκ τῶν περάτων τῆς γῆς ἀκοῦσαι τὴν σοφίαν Σολομῶνος, καὶ ἰδοὺ πλεῖον Σολομῶνος ὧδε.			Lk 11,31	βασίλισσα νότου ἐγερθήσεται ἐν τῇ κρίσει μετὰ τῶν ἀνδρῶν τῆς γενεᾶς ταύτης καὶ κατακρινεῖ αὐτούς, ὅτι ἦλθεν ἐκ τῶν περάτων τῆς γῆς ἀκοῦσαι τὴν σοφίαν Σολομῶνος, καὶ ἰδοὺ πλεῖον Σολομῶνος ὧδε.	
120	Mt 13,56	καὶ αἱ ἀδελφαὶ αὐτοῦ οὐχὶ πᾶσαι πρὸς ἡμᾶς εἰσιν; ...	Mk 6,3	... καὶ οὐκ εἰσὶν αἱ ἀδελφαὶ αὐτοῦ ὧδε πρὸς ἡμᾶς; ...			
210	Mt 14,8	... δός μοι, φησίν, ὧδε ἐπὶ πίνακι τὴν κεφαλὴν Ἰωάννου τοῦ βαπτιστοῦ.	Mk 6,25	... λέγουσα· θέλω ἵνα ἐξαυτῆς δῷς μοι ἐπὶ πίνακι τὴν κεφαλὴν Ἰωάννου τοῦ βαπτιστοῦ.			

112	**Mt 14,15**	... οἱ μαθηταὶ λέγοντες· ἔρημός ἐστιν ὁ τόπος καὶ ἡ ὥρα ἤδη παρῆλθεν· ἀπόλυσον τοὺς ὄχλους, ἵνα ἀπελθόντες εἰς τὰς κώμας ἀγοράσωσιν ἑαυτοῖς βρώματα.	**Mk 6,35**	... οἱ μαθηταὶ αὐτοῦ ἔλεγον ὅτι ἔρημός ἐστιν ὁ τόπος καὶ ἤδη ὥρα πολλή· [36] ἀπόλυσον αὐτούς, ἵνα ἀπελθόντες εἰς τοὺς κύκλῳ ἀγροὺς καὶ κώμας ἀγοράσωσιν ἑαυτοῖς τί φάγωσιν.	**Lk 9,12**	... οἱ δώδεκα εἶπαν αὐτῷ· ἀπόλυσον τὸν ὄχλον, ἵνα πορευθέντες εἰς τὰς κύκλῳ κώμας καὶ ἀγροὺς καταλύσωσιν καὶ εὕρωσιν ἐπισιτισμόν, ὅτι **ὧδε** ἐν ἐρήμῳ τόπῳ ἐσμέν.	
211	**Mt 14,17** → Mt 15,34	οἱ δὲ λέγουσιν αὐτῷ· οὐκ ἔχομεν **ὧδε** εἰ μὴ πέντε ἄρτους καὶ δύο ἰχθύας.	**Mk 6,38** → Mk 8,5	ὁ δὲ λέγει αὐτοῖς· πόσους ἄρτους ἔχετε; ὑπάγετε ἴδετε. καὶ γνόντες λέγουσιν· πέντε, καὶ δύο ἰχθύας.	**Lk 9,13**	... οὐκ εἰσὶν ἡμῖν πλεῖον ἢ ἄρτοι πέντε καὶ ἰχθύες δύο, ...	→ Jn 6,7 → **Jn 6,9**
200	**Mt 14,18**	ὁ δὲ εἶπεν· φέρετέ μοι **ὧδε** αὐτούς.					
120	**Mt 15,33** → Mt 14,16	καὶ λέγουσιν αὐτῷ οἱ μαθηταί· πόθεν ἡμῖν ἐν ἐρημίᾳ ἄρτοι τοσοῦτοι ὥστε χορτάσαι ὄχλον τοσοῦτον;	**Mk 8,4** → Mk 6,37	καὶ ἀπεκρίθησαν αὐτῷ οἱ μαθηταὶ αὐτοῦ ὅτι πόθεν τούτους δυνήσεταί τις **ὧδε** χορτάσαι ἄρτων ἐπ᾽ ἐρημίας;	→ Lk 9,13fin		
221	**Mt 16,28** → Mt 24,34	... εἰσίν τινες τῶν **ὧδε** ἑστώτων οἵτινες οὐ μὴ γεύσωνται θανάτου ἕως ἂν ἴδωσιν τὸν υἱὸν τοῦ ἀνθρώπου ἐρχόμενον ἐν τῇ βασιλείᾳ αὐτοῦ.	**Mk 9,1** → Mk 13,30	... εἰσίν τινες **ὧδε** τῶν ἑστηκότων οἵτινες οὐ μὴ γεύσωνται θανάτου ἕως ἂν ἴδωσιν τὴν βασιλείαν τοῦ θεοῦ ἐληλυθυῖαν ἐν δυνάμει.	**Lk 9,27** → Lk 21,32	... εἰσίν τινες τῶν **αὐτοῦ** ἑστηκότων οἳ οὐ μὴ γεύσωνται θανάτου ἕως ἂν ἴδωσιν τὴν βασιλείαν τοῦ θεοῦ.	→ Jn 21,22-23
222 211	**Mt 17,4** **(2)**	... κύριε, καλόν ἐστιν ἡμᾶς **ὧδε** εἶναι· εἰ θέλεις, ποιήσω **ὧδε** τρεῖς σκηνάς, σοὶ μίαν καὶ Μωϋσεῖ μίαν καὶ Ἠλίᾳ μίαν.	**Mk 9,5**	... ῥαββί, καλόν ἐστιν ἡμᾶς **ὧδε** εἶναι, καὶ ποιήσωμεν τρεῖς σκηνάς, σοὶ μίαν καὶ Μωϋσεῖ μίαν καὶ Ἠλίᾳ μίαν.	**Lk 9,33**	... ἐπιστάτα, καλόν ἐστιν ἡμᾶς **ὧδε** εἶναι, καὶ ποιήσωμεν σκηνὰς τρεῖς, μίαν σοὶ καὶ μίαν Μωϋσεῖ καὶ μίαν Ἠλίᾳ, ...	
212	**Mt 17,17**	... ὦ γενεὰ ἄπιστος καὶ διεστραμμένη, ἕως πότε μεθ᾽ ὑμῶν ἔσομαι; ἕως πότε ἀνέξομαι ὑμῶν; φέρετέ **μοι αὐτὸν ὧδε.**	**Mk 9,19**	... ὦ γενεὰ ἄπιστος, ἕως πότε πρὸς ὑμᾶς ἔσομαι; ἕως πότε ἀνέξομαι ὑμῶν; φέρετε **αὐτὸν πρός με.**	**Lk 9,41**	... ὦ γενεὰ ἄπιστος καὶ διεστραμμένη, ἕως πότε ἔσομαι πρὸς ὑμᾶς καὶ ἀνέξομαι ὑμῶν; προσάγαγε **ὧδε τὸν υἱόν σου.**	
202	**Mt 12,42** ↑ Mt 12,6	βασίλισσα νότου ἐγερθήσεται ἐν τῇ κρίσει μετὰ τῆς γενεᾶς ταύτης καὶ κατακρινεῖ αὐτήν, ὅτι ἦλθεν ἐκ τῶν περάτων τῆς γῆς ἀκοῦσαι τὴν σοφίαν Σολομῶνος, καὶ ἰδοὺ πλεῖον Σολομῶνος **ὧδε.**			**Lk 11,31**	βασίλισσα νότου ἐγερθήσεται ἐν τῇ κρίσει μετὰ τῶν ἀνδρῶν τῆς γενεᾶς ταύτης καὶ κατακρινεῖ αὐτούς, ὅτι ἦλθεν ἐκ τῶν περάτων τῆς γῆς ἀκοῦσαι τὴν σοφίαν Σολομῶνος, καὶ ἰδοὺ πλεῖον Σολομῶνος **ὧδε.**	

	Mt		Mk		Lk		
202	Mt 12,41 ↑ Mt 12,6	ἄνδρες Νινευῖται ἀναστήσονται ἐν τῇ κρίσει μετὰ τῆς γενεᾶς ταύτης καὶ κατακρινοῦσιν αὐτήν, ὅτι μετενόησαν εἰς τὸ κήρυγμα Ἰωνᾶ, καὶ ἰδοὺ πλεῖον Ἰωνᾶ **ὧδε.**			Lk 11,32	ἄνδρες Νινευῖται ἀναστήσονται ἐν τῇ κρίσει μετὰ τῆς γενεᾶς ταύτης καὶ κατακρινοῦσιν αὐτήν· ὅτι μετενόησαν εἰς τὸ κήρυγμα Ἰωνᾶ, καὶ ἰδοὺ πλεῖον Ἰωνᾶ **ὧδε.**	
002					Lk 14,21 → Mt 22,9 ⇨ Lk 14,23 → Lk 14,13	... ἔξελθε ταχέως εἰς τὰς πλατείας καὶ ῥύμας τῆς πόλεως, καὶ τοὺς πτωχοὺς καὶ ἀναπείρους καὶ τυφλοὺς καὶ χωλοὺς εἰσάγαγε **ὧδε.**	→ GTh 64
002					Lk 15,17	... πόσοι μίσθιοι τοῦ πατρός μου περισσεύονται ἄρτων, ἐγὼ δὲ λιμῷ **ὧδε** ἀπόλλυμαι.	
002					Lk 16,25	... τέκνον, μνήσθητι ὅτι ἀπέλαβες τὰ ἀγαθά σου ἐν τῇ ζωῇ σου, καὶ Λάζαρος ὁμοίως τὰ κακά· νῦν δὲ **ὧδε** παρακαλεῖται, σὺ δὲ ὀδυνᾶσαι.	
002					Lk 17,21 ↓ Mt 24,23 ↓ Mk 13,21 ↓ Mt 24,26 ↓ Lk 17,23	οὐδὲ ἐροῦσιν· ἰδοὺ **ὧδε** ἤ· ἐκεῖ, ἰδοὺ γὰρ ἡ βασιλεία τοῦ θεοῦ ἐντὸς ὑμῶν ἐστιν.	→ GTh 3,3 (POxy 654) → GTh 113
102	Mt 24,26 ⇩ Mt 24,23 → Mt 24,5	ἐὰν οὖν εἴπωσιν ὑμῖν· ἰδοὺ ἐν τῇ ἐρήμῳ ἐστίν, μὴ ἐξέλθητε· ἰδοὺ **ἐν τοῖς ταμείοις,** μὴ πιστεύσητε·	Mk 13,21 → Mt 24,5 → Mk 13,6 → Lk 21,8	καὶ τότε ἐάν τις ὑμῖν εἴπῃ· ἴδε ὧδε ὁ χριστός, ἴδε **ἐκεῖ,** μὴ πιστεύετε·	Lk 17,23 ↑ Lk 17,21 → Lk 21,8	καὶ ἐροῦσιν ὑμῖν· ἰδοὺ ἐκεῖ, [ἤ·] ἰδοὺ **ὧδε·** μὴ ἀπέλθητε μηδὲ διώξητε.	→ GTh 113
200	Mt 20,6	περὶ δὲ τὴν ἑνδεκάτην ἐξελθὼν εὗρεν ἄλλους ἑστῶτας καὶ λέγει αὐτοῖς· τί **ὧδε** ἑστήκατε ὅλην τὴν ἡμέραν ἀργοί;					
002					Lk 19,27	πλὴν τοὺς ἐχθρούς μου τούτους τοὺς μὴ θελήσαντάς με βασιλεῦσαι ἐπ' αὐτοὺς ἀγάγετε **ὧδε** καὶ κατασφάξατε αὐτοὺς ἔμπροσθέν μου.	
121	Mt 21,3	καὶ ἐάν τις ὑμῖν εἴπῃ τι, ἐρεῖτε ὅτι ὁ κύριος αὐτῶν χρείαν ἔχει· εὐθὺς δὲ ἀποστελεῖ αὐτούς.	Mk 11,3	καὶ ἐάν τις ὑμῖν εἴπῃ· τί ποιεῖτε τοῦτο; εἴπατε· ὁ κύριος αὐτοῦ χρείαν ἔχει, καὶ εὐθὺς αὐτὸν ἀποστέλλει πάλιν **ὧδε.**	Lk 19,31	καὶ ἐάν τις ὑμᾶς ἐρωτᾷ· διὰ τί λύετε; οὕτως ἐρεῖτε· ὅτι ὁ κύριος αὐτοῦ χρείαν ἔχει.	
200	Mt 22,12	... ἑταῖρε, πῶς εἰσῆλθες **ὧδε** μὴ ἔχων ἔνδυμα γάμου; ὁ δὲ ἐφιμώθη.					

221	**Mt 24,2**	... οὐ μὴ ἀφεθῇ **ὧδε** λίθος ἐπὶ λίθον ὃς οὐ καταλυθήσεται.	**Mk 13,2**	... οὐ μὴ ἀφεθῇ **ὧδε** λίθος ἐπὶ λίθον ὃς οὐ μὴ καταλυθῇ.	**Lk 21,6** → Lk 19,44	... οὐκ ἀφεθήσεται λίθος ἐπὶ λίθῳ ὃς οὐ καταλυθήσεται.	
220 210	**Mt 24,23** **(2)** ⇑ Mt 24,26 → Mt 24,5	τότε ἐάν τις ὑμῖν εἴπῃ· ἰδοὺ **ὧδε** ὁ χριστός, ἤ· **ὧδε,** μὴ πιστεύσητε·	**Mk 13,21** → Mk 13,6	καὶ τότε ἐάν τις ὑμῖν εἴπῃ· ἴδε **ὧδε** ὁ χριστός, ἴδε **ἐκεῖ,** μὴ πιστεύετε·	↑ Lk 17,21.23 → Lk 21,8		→ GTh 113
002					**Lk 22,38** → Lk 22,49	οἱ δὲ εἶπαν· κύριε, ἰδοὺ μάχαιραι **ὧδε** δύο. ὁ δὲ εἶπεν αὐτοῖς· ἱκανόν ἐστιν.	
121	**Mt 26,36** → Lk 22,39	... καὶ λέγει τοῖς μαθηταῖς· καθίσατε **αὐτοῦ** ἕως [οὗ] ἀπελθὼν ἐκεῖ προσεύξωμαι.	**Mk 14,32** → Lk 22,39	... καὶ λέγει τοῖς μαθηταῖς αὐτοῦ· καθίσατε **ὧδε** ἕως προσεύξωμαι.	**Lk 22,40** → Mt 26,41 → Mk 14,38 → Lk 22,46	... εἶπεν αὐτοῖς· προσεύχεσθε μὴ εἰσελθεῖν εἰς πειρασμόν.	
220	**Mt 26,38**	... *περίλυπός ἐστιν* *ἡ ψυχή μου* ἕως θανάτου· μείνατε **ὧδε** καὶ γρηγορεῖτε μετ' ἐμοῦ. ➤ Ps 42,6.12/43,5	**Mk 14,34**	... *περίλυπός ἐστιν* *ἡ ψυχή μου* ἕως θανάτου· μείνατε **ὧδε** καὶ γρηγορεῖτε. ➤ Ps 42,6.12/43,5			→ Jn 12,27
002					**Lk 23,5**	οἱ δὲ ἐπίσχυον λέγοντες ὅτι ἀνασείει τὸν λαὸν διδάσκων καθ' ὅλης τῆς Ἰουδαίας, καὶ ἀρξάμενος ἀπὸ τῆς Γαλιλαίας **ἕως ὧδε.**	→ Acts 10,37
222	**Mt 28,6**	οὐκ ἔστιν **ὧδε,** ἠγέρθη γὰρ καθὼς εἶπεν· δεῦτε ἴδετε τὸν τόπον ὅπου ἔκειτο.	**Mk 16,6**	... ἠγέρθη, οὐκ ἔστιν **ὧδε·** ἴδε ὁ τόπος ὅπου ἔθηκαν αὐτόν.	**Lk 24,6** → Lk 24,23	οὐκ ἔστιν **ὧδε,** ἀλλὰ ἠγέρθη. μνήσθητε ὡς ἐλάλησεν ὑμῖν ἔτι ὢν ἐν τῇ Γαλιλαίᾳ	

Acts 9,14	καὶ **ὧδε** ἔχει ἐξουσίαν παρὰ τῶν ἀρχιερέων δῆσαι πάντας τοὺς ἐπικαλουμένους τὸ ὄνομά σου.	**Acts 9,21**	... οὐχ οὗτός ἐστιν ὁ πορθήσας εἰς Ἰερουσαλὴμ τοὺς ἐπικαλουμένους τὸ ὄνομα τοῦτο, καὶ **ὧδε** εἰς τοῦτο ἐληλύθει ἵνα δεδεμένους αὐτοὺς ἀγάγῃ ἐπὶ τοὺς ἀρχιερεῖς;

ὠδίν	Syn 2	Mt 1	Mk 1	Lk	Acts 1	Jn	1-3John	Paul 1	Eph	Col
	NT 4	2Thess	1/2Tim	Tit	Heb	Jas	1Pet	2Pet	Jude	Rev

birth-pain(s)

	Mt	Mk	Lk	
220	**Mt 24,8** πάντα δὲ ταῦτα **ἀρχὴ ὠδίνων.**	**Mk 13,8** ... **ἀρχὴ ὠδίνων** ταῦτα.		

Acts 2,24 ὃν ὁ θεὸς ἀνέστησεν
λύσας
**τὰς ὠδῖνας
τοῦ θανάτου,**
καθότι οὐκ ἦν δυνατὸν
κρατεῖσθαι αὐτὸν
ὑπ᾽ αὐτοῦ.

ὦμος	Syn 2	Mt 1	Mk	Lk 1	Acts	Jn	1-3John	Paul	Eph	Col
	NT 2	2Thess	1/2Tim	Tit	Heb	Jas	1Pet	2Pet	Jude	Rev

shoulder

	Mt	Mk	Lk	
102	**Mt 18,13** καὶ ἐὰν γένηται εὑρεῖν αὐτό, ἀμὴν λέγω ὑμῖν ὅτι χαίρει ἐπ᾽ αὐτῷ ...		**Lk 15,5** καὶ εὑρὼν ἐπιτίθησιν **ἐπὶ τοὺς ὤμους αὐτοῦ** χαίρων [6] ... [7] λέγω ὑμῖν ὅτι οὕτως χαρὰ ἐν τῷ οὐρανῷ ἔσται ἐπὶ ἑνὶ ἁμαρτωλῷ μετανοοῦντι ...	→ GTh 107
201	**Mt 23,4** δεσμεύουσιν δὲ φορτία βαρέα [καὶ δυσβάστακτα] καὶ ἐπιτιθέασιν **ἐπὶ τοὺς ὤμους τῶν ἀνθρώπων,** αὐτοὶ δὲ τῷ δακτύλῳ αὐτῶν οὐ θέλουσιν κινῆσαι αὐτά.		**Lk 11,46** ... ὅτι φορτίζετε **τοὺς ἀνθρώπους** φορτία δυσβάστακτα, καὶ αὐτοὶ ἑνὶ τῶν δακτύλων ὑμῶν οὐ προσψαύετε τοῖς φορτίοις.	

ὤν, οὖσα, ὄν → εἰμί

ᾠόν	Syn 1	Mt	Mk	Lk 1	Acts	Jn	1-3John	Paul	Eph	Col
	NT 1	2Thess	1/2Tim	Tit	Heb	Jas	1Pet	2Pet	Jude	Rev

egg

	Mt	Mk	Lk	
102	**Mt 7,9** ἢ τίς ἐστιν ἐξ ὑμῶν ἄνθρωπος, ὃν αἰτήσει ὁ υἱὸς αὐτοῦ **ἄρτον,** μὴ λίθον ἐπιδώσει αὐτῷ; [10] ἢ καὶ ἰχθὺν αἰτήσει, μὴ ὄφιν ἐπιδώσει αὐτῷ;		**Lk 11,12** [11] τίνα δὲ ἐξ ὑμῶν τὸν πατέρα αἰτήσει ὁ υἱὸς ἰχθύν, καὶ ἀντὶ ἰχθύος ὄφιν αὐτῷ ἐπιδώσει; [12] ἢ καὶ αἰτήσει **ᾠόν,** ἐπιδώσει αὐτῷ σκορπίον;	

ὥρα	Syn 50	Mt 21	Mk 12	Lk 17	Acts 11	Jn 26	1-3John 2	Paul 7	Eph	Col
	NT 106	2Thess	1/2Tim	Tit	Heb	Jas	1Pet	2Pet	Jude	Rev 10

time of day; hour; a short period of time; the time

	triple tradition																	double tradition			Sondergut		
		+Mt / +Lk			–Mt / –Lk			traditions not taken over by Mt / Lk							subtotals								
code	*222*	*211*	*112*	*212*	*221*	*122*	*121*	*022*	*012*	*021*	*220*	*120*	*210*	*020*	Σ^+	Σ^-	Σ	*202*	*201*	*102*	*200*	*002*	total
Mt	2	5^+			2		3^-				3	1^-	1^+		6^+	4^-	13	3	1		4		**21**
Mk	2				2		3				3	1		1			12						**12**
Lk	2		4^+		2^-		3^-								4^+	5^-	6	3		3		5	**17**

Mk-Q overlap: 202: Mt 10,19 / Mk 13,11 / Lk 12,12   121: Mt 10,19 / Mk 13,11 / Lk 21,15

a ὥρα with numeral (except b)
b μίαν ὥραν, ὥρας μιᾶς
c ὥρα πολλή
d ὥρα and ἡμέρα
e ἀπὸ τῆς ὥρας ἐκείνης
f ἐν ἐκείνῃ τῇ ὥρᾳ, ἐν τῇ ὥρᾳ ἐκείνῃ
g (ἐν) αὐτῇ τῇ ὥρᾳ

002					**Lk 1,10**	καὶ πᾶν τὸ πλῆθος ἦν τοῦ λαοῦ προσευχόμενον ἔξω **τῇ ὥρᾳ τοῦ θυμιάματος.**	
g 002					**Lk 2,38**	καὶ **αὐτῇ τῇ ὥρᾳ** ἐπιστᾶσα ἀνθωμολογεῖτο τῷ θεῷ καὶ ἐλάλει περὶ αὐτοῦ πᾶσιν τοῖς προσδεχομένοις λύτρωσιν Ἰερουσαλήμ.	
f 201	**Mt 8,13** ↓ Mt 9,22 ↓ Mt 15,28 ↓ Mt 17,18	... ὕπαγε, ὡς ἐπίστευσας γενηθήτω σοι. καὶ ἰάθη ὁ παῖς [αὐτοῦ] **ἐν τῇ ὥρᾳ ἐκείνῃ.**			**Lk 7,10** ↓ Mk 7,30	καὶ ὑποστρέψαντες εἰς τὸν οἶκον οἱ πεμφθέντες εὗρον τὸν δοῦλον ὑγιαίνοντα.	→ Jn 4,50-51
e 211	**Mt 9,22** → Mk 5,34 ↑ Mt 8,13 ↓ Mt 15,28 ↓ Mt 17,18	... καὶ ἐσώθη ἡ γυνὴ **ἀπὸ τῆς ὥρας ἐκείνης.**	**Mk 5,29** → Lk 8,47	καὶ **εὐθὺς** ἐξηράνθη ἡ πηγὴ τοῦ αἵματος αὐτῆς ...	**Lk 8,44**	... καὶ **παραχρῆμα** ἔστη ἡ ῥύσις τοῦ αἵματος αὐτῆς.	
f g 202	**Mt 10,19**	... δοθήσεται γὰρ ὑμῖν **ἐν ἐκείνῃ τῇ ὥρᾳ** τί λαλήσητε·	**Mk 13,11**	... ἀλλ' ὃ ἐὰν δοθῇ ὑμῖν **ἐν ἐκείνῃ τῇ ὥρᾳ** τοῦτο λαλεῖτε· ...	**Lk 12,12** ⇩ Lk 21,15	τὸ γὰρ ἅγιον πνεῦμα διδάξει ὑμᾶς **ἐν αὐτῇ τῇ ὥρᾳ** ἃ δεῖ εἰπεῖν.	→ Jn 14,26 Mk-Q overlap
f 002					**Lk 7,21** → Lk 6,18	**ἐν ἐκείνῃ τῇ ὥρᾳ** ἐθεράπευσεν πολλοὺς ἀπὸ νόσων καὶ μαστίγων ...	
c 121 *c* 221	**Mt 14,15**	**ὀψίας δὲ γενομένης** προσῆλθον αὐτῷ οἱ μαθηταὶ λέγοντες· ἔρημός ἐστιν ὁ τόπος καὶ **ἡ ὥρα ἤδη παρῆλθεν·** ἀπόλυσον τοὺς ὄχλους, ...	**Mk 6,35** (2)	**καὶ ἤδη ὥρας πολλῆς γενομένης** προσελθόντες αὐτῷ οἱ μαθηταὶ αὐτοῦ ἔλεγον ὅτι ἔρημός ἐστιν ὁ τόπος καὶ **ἤδη ὥρα πολλή·** [36] ἀπόλυσον αὐτούς, ...	**Lk 9,12** → Lk 24,29	**ἡ δὲ ἡμέρα ἤρξατο κλίνειν·** προσελθόντες δὲ οἱ δώδεκα εἶπαν αὐτῷ· ἀπόλυσον τὸν ὄχλον, ... ὅτι ὧδε ἐν ἐρήμῳ τόπῳ ἐσμέν.	

	Mt		Mk		Lk		
e 210	**Mt 15,28** ↑ Mt 8,13 ↑ Mt 9,22 ↓ Mt 17,18	... ὦ γύναι, μεγάλη σου ἡ πίστις· γενηθήτω σοι ὡς θέλεις. καὶ ἰάθη ἡ θυγάτηρ αὐτῆς **ἀπὸ τῆς ὥρας** **ἐκείνης.**	**Mk 7,30** ↑ Lk 7,10	[29] ... διὰ τοῦτον τὸν λόγον ὕπαγε, ἐξελήλυθεν ἐκ τῆς θυγατρός σου τὸ δαιμόνιον. [30] καὶ ἀπελθοῦσα εἰς τὸν οἶκον αὐτῆς εὗρεν τὸ παιδίον βεβλημένον ἐπὶ τὴν κλίνην καὶ τὸ δαιμόνιον ἐξεληλυθός.			
e 211	**Mt 17,18** ↑ Mt 8,13 ↑ Mt 9,22 ↑ Mt 15,28	... καὶ ἐθεραπεύθη ὁ παῖς **ἀπὸ τῆς ὥρας** **ἐκείνης.**	**Mk 9,27**	ὁ δὲ Ἰησοῦς κρατήσας τῆς χειρὸς αὐτοῦ ἤγειρεν αὐτόν, καὶ ἀνέστη.	**Lk 9,42** → Lk 7,15	... καὶ ἰάσατο τὸν παῖδα καὶ ἀπέδωκεν αὐτὸν τῷ πατρὶ αὐτοῦ.	
f 211	**Mt 18,1**	**ἐν ἐκείνῃ τῇ ὥρᾳ** προσῆλθον οἱ μαθηταὶ τῷ Ἰησοῦ λέγοντες· τίς ἄρα μείζων ἐστὶν ἐν τῇ βασιλείᾳ τῶν οὐρανῶν;	**Mk 9,33**	... **καὶ ἐν τῇ οἰκίᾳ** **γενόμενος** ἐπηρώτα αὐτούς· τί ἐν τῇ ὁδῷ διελογίζεσθε; [34] οἱ δὲ ἐσιώπων· πρὸς ἀλλήλους γὰρ διελέχθησαν ἐν τῇ ὁδῷ τίς μείζων.	**Lk 9,46**	εἰσῆλθεν δὲ διαλογισμὸς ἐν αὐτοῖς, τὸ τίς ἂν εἴη μείζων αὐτῶν.	
g 102	**Mt 11,25**	**ἐν ἐκείνῳ τῷ καιρῷ** ἀποκριθεὶς ὁ Ἰησοῦς εἶπεν· ἐξομολογοῦμαί σοι, πάτερ, ...			**Lk 10,21**	**ἐν αὐτῇ τῇ ὥρᾳ** ἠγαλλιάσατο [ἐν] τῷ πνεύματι τῷ ἁγίῳ καὶ εἶπεν· ἐξομολογοῦμαί σοι, πάτερ, ...	
fg 202	**Mt 10,19**	... δοθήσεται γὰρ ὑμῖν **ἐν ἐκείνῃ τῇ ὥρᾳ** τί λαλήσητε·	**Mk 13,11**	... ἀλλ' ὃ ἐὰν δοθῇ ὑμῖν **ἐν ἐκείνῃ τῇ ὥρᾳ** τοῦτο λαλεῖτε· ...	**Lk 12,12** ⇩ Lk 21,15	τὸ γὰρ ἅγιον πνεῦμα διδάξει ὑμᾶς **ἐν αὐτῇ τῇ ὥρᾳ** ἃ δεῖ εἰπεῖν.	→ Jn 14,26 Mk-Q overlap
102	**Mt 24,43**	ἐκεῖνο δὲ γινώσκετε ὅτι εἰ ᾔδει ὁ οἰκοδεσπότης **ποίᾳ φυλακῇ** ὁ κλέπτης ἔρχεται, ἐγρηγόρησεν ἂν καὶ οὐκ ἂν εἴασεν διορυχθῆναι τὴν οἰκίαν αὐτοῦ.			**Lk 12,39**	τοῦτο δὲ γινώσκετε ὅτι εἰ ᾔδει ὁ οἰκοδεσπότης **ποίᾳ ὥρᾳ** ὁ κλέπτης ἔρχεται, οὐκ ἂν ἀφῆκεν διορυχθῆναι τὸν οἶκον αὐτοῦ.	→ GTh 21,5 → GTh 103
202	**Mt 24,44** → Mt 24,42 ↓ Mt 24,50 ↓ Mt 25,13	διὰ τοῦτο καὶ ὑμεῖς γίνεσθε ἕτοιμοι, ὅτι **ᾗ οὐ δοκεῖτε ὥρᾳ** ὁ υἱὸς τοῦ ἀνθρώπου ἔρχεται.	→ Mk 13,35		**Lk 12,40** → Lk 12,38	καὶ ὑμεῖς γίνεσθε ἕτοιμοι, ὅτι **ᾗ ὥρᾳ οὐ δοκεῖτε** ὁ υἱὸς τοῦ ἀνθρώπου ἔρχεται.	→ GTh 21,6
d 202	**Mt 24,50** → Mt 24,42 ↓ Mt 24,44 ↓ Mt 25,13	ἥξει ὁ κύριος τοῦ δούλου ἐκείνου ἐν ἡμέρᾳ ᾗ οὐ προσδοκᾷ καὶ **ἐν ὥρᾳ** ᾗ οὐ γινώσκει			**Lk 12,46**	ἥξει ὁ κύριος τοῦ δούλου ἐκείνου ἐν ἡμέρᾳ ᾗ οὐ προσδοκᾷ καὶ **ἐν ὥρᾳ** ᾗ οὐ γινώσκει, ...	
g 002					**Lk 13,31**	**ἐν αὐτῇ τῇ ὥρᾳ** προσῆλθάν τινες Φαρι- σαῖοι λέγοντες αὐτῷ· ἔξελθε καὶ πορεύου ἐντεῦθεν, ὅτι Ἡρῴδης θέλει σε ἀποκτεῖναι.	
102	**Mt 22,3**	καὶ ἀπέστειλεν τοὺς δούλους αὐτοῦ καλέσαι τοὺς κεκλημένους εἰς τοὺς γάμους, ...			**Lk 14,17**	καὶ ἀπέστειλεν τὸν δοῦλον αὐτοῦ **τῇ ὥρᾳ τοῦ δείπνου** εἰπεῖν τοῖς κεκλημένοις· ...	→ GTh 64

	Mt		Mk		Lk		
a 200	Mt 20,3	καὶ ἐξελθὼν **περὶ τρίτην ὥραν** εἶδεν ἄλλους ἑστῶτας ἐν τῇ ἀγορᾷ ἀργούς					
a 200	Mt 20,5	... πάλιν [δὲ] ἐξελθὼν **περὶ ἕκτην καὶ** **ἐνάτην ὥραν** ἐποίησεν ὡσαύτως.					
a 200	Mt 20,9	καὶ ἐλθόντες **οἱ περὶ τὴν** **ἑνδεκάτην ὥραν** ἔλαβον ἀνὰ δηνάριον.					
b 200	Mt 20,12	... οὗτοι οἱ ἔσχατοι **μίαν ὥραν** ἐποίησαν, ...					
120	Mt 21,17	[16] καὶ εἰσελθόντος αὐτοῦ εἰς Ἱεροσόλυμα ... [17] καὶ καταλιπὼν αὐτοὺς ἐξῆλθεν ἔξω τῆς πόλεως εἰς Βηθανίαν, καὶ ηὐλίσθη ἐκεῖ.	Mk 11,11	καὶ εἰσῆλθεν εἰς Ἱεροσόλυμα εἰς τὸ ἱερὸν καὶ περιβλεψάμενος πάντα, ὀψίας ἤδη οὔσης **τῆς ὥρας,** ἐξῆλθεν εἰς Βηθανίαν μετὰ τῶν δώδεκα.	Lk 21,37 → Mk 11,19 → Lk 19,47	ἦν δὲ τὰς ἡμέρας ἐν τῷ ἱερῷ διδάσκων, τὰς δὲ νύκτας ἐξερχόμενος ηὐλίζετο εἰς τὸ ὄρος τὸ καλούμενον Ἐλαιῶν·	→ [[Jn 8,1]]
g 112	Mt 21,46 → Mt 21,26	[45] καὶ ἀκούσαντες οἱ ἀρχιερεῖς καὶ οἱ Φαρισαῖοι τὰς παραβολὰς αὐτοῦ ἔγνωσαν ὅτι περὶ αὐτῶν λέγει· [46] καὶ ζητοῦντες αὐτὸν κρατῆσαι ἐφοβήθησαν τοὺς ὄχλους, ἐπεὶ εἰς προφήτην αὐτὸν εἶχον.	Mk 12,12 → Mt 22,22 → Mk 11,18	καὶ ἐζήτουν αὐτὸν κρατῆσαι, καὶ ἐφοβήθησαν τὸν ὄχλον, ἔγνωσαν γὰρ ὅτι πρὸς αὐτοὺς τὴν παραβολὴν εἶπεν. ...	Lk 20,19 → Lk 19,47	καὶ ἐζήτησαν οἱ γραμματεῖς καὶ οἱ ἀρχιερεῖς ἐπιβαλεῖν ἐπ᾽ αὐτὸν τὰς χεῖρας **ἐν αὐτῇ τῇ ὥρᾳ,** καὶ ἐφοβήθησαν τὸν λαόν, ἔγνωσαν γὰρ ὅτι πρὸς αὐτοὺς εἶπεν τὴν παραβολὴν ταύτην.	
f 121	Mt 10,19	... δοθήσεται γὰρ ὑμῖν **ἐν ἐκείνῃ τῇ ὥρᾳ** τί λαλήσητε·	Mk 13,11	... ἀλλ᾽ ὃ ἐὰν δοθῇ ὑμῖν **ἐν ἐκείνῃ τῇ ὥρᾳ** τοῦτο λαλεῖτε· ...	Lk 21,15 ⇧ Lk 12,12	ἐγὼ γὰρ δώσω ὑμῖν στόμα καὶ σοφίαν ...	→ Acts 6,10 Mk-Q overlap. Mt 10,19 counted as Q tradition.
d 220	Mt 24,36	**περὶ δὲ τῆς ἡμέρας** **ἐκείνης καὶ ὥρας** οὐδεὶς οἶδεν, ...	Mk 13,32	**περὶ δὲ τῆς ἡμέρας** **ἐκείνης ἢ τῆς ὥρας** οὐδεὶς οἶδεν, ...			
202	Mt 24,44 → Mt 24,42 ↓ Mt 24,50 ↓ Mt 25,13	διὰ τοῦτο καὶ ὑμεῖς γίνεσθε ἕτοιμοι, ὅτι **ᾗ οὐ δοκεῖτε ὥρᾳ** ὁ υἱὸς τοῦ ἀνθρώπου ἔρχεται.	→ Mk 13,35		Lk 12,40 → Lk 12,38	καὶ ὑμεῖς γίνεσθε ἕτοιμοι, ὅτι **ᾗ ὥρᾳ οὐ δοκεῖτε** ὁ υἱὸς τοῦ ἀνθρώπου ἔρχεται.	→ GTh 21,6
202	Mt 24,50 → Mt 24,42 ↑ Mt 24,44 ↓ Mt 25,13	ἥξει ὁ κύριος τοῦ δούλου ἐκείνου ἐν ἡμέρᾳ ᾗ οὐ προσδοκᾷ καὶ **ἐν ὥρᾳ** ᾗ οὐ γινώσκει			Lk 12,46	ἥξει ὁ κύριος τοῦ δούλου ἐκείνου ἐν ἡμέρᾳ ᾗ οὐ προσδοκᾷ καὶ **ἐν ὥρᾳ** ᾗ οὐ γινώσκει, ...	
d 211	Mt 25,13 → Mt 24,42 ↑ Mt 24,44 ↑ Mt 24,50	γρηγορεῖτε οὖν, ὅτι οὐκ οἴδατε **τὴν ἡμέραν** **οὐδὲ τὴν ὥραν.**	Mk 13,33 → Lk 21,34	βλέπετε, ἀγρυπνεῖτε· οὐκ οἴδατε γὰρ πότε **ὁ καιρός** ἐστιν.	Lk 21,36 → Lk 18,1	ἀγρυπνεῖτε δὲ ἐν παντὶ καιρῷ δεόμενοι ἵνα κατισχύσητε ἐκφυγεῖν ταῦτα πάντα τὰ μέλλοντα γίνεσθαι καὶ σταθῆναι ἔμπροσθεν τοῦ υἱοῦ τοῦ ἀνθρώπου.	

		Mt		Mk		Lk	
112	Mt 26,20	ὀψίας δὲ γενομένης ἀνέκειτο μετὰ τῶν δώδεκα.	Mk 14,17	καὶ ὀψίας γενομένης ἔρχεται μετὰ τῶν δώδεκα. [18] καὶ ἀνακειμένων αὐτῶν ...	Lk 22,14	καὶ ὅτε ἐγένετο ἡ ὥρα, ἀνέπεσεν καὶ οἱ ἀπόστολοι σὺν αὐτῷ.	
121	Mt 26,39	καὶ προελθὼν μικρὸν ἔπεσεν ἐπὶ πρόσωπον αὐτοῦ προσευχόμενος καὶ λέγων· πάτερ μου, εἰ δυνατόν ἐστιν, παρελθάτω ἀπ' ἐμοῦ τὸ ποτήριον τοῦτο· πλὴν οὐχ ὡς ἐγὼ θέλω ἀλλ' ὡς σύ.	Mk 14,35	καὶ προελθὼν μικρὸν ἔπιπτεν ἐπὶ τῆς γῆς καὶ προσηύχετο ἵνα εἰ δυνατόν ἐστιν παρέλθῃ ἀπ' αὐτοῦ ἡ ὥρα, [36] καὶ ἔλεγεν· αββα ὁ πατήρ, πάντα δυνατά σοι· παρένεγκε τὸ ποτήριον τοῦτο ἀπ' ἐμοῦ· ἀλλ' οὐ τί ἐγὼ θέλω ἀλλὰ τί σύ.	Lk 22,41	καὶ αὐτὸς ἀπεσπάσθη ἀπ' αὐτῶν ὡσεὶ λίθου βολὴν καὶ θεὶς τὰ γόνατα προσηύχετο [42] λέγων· πάτερ, εἰ βούλει παρένεγκε τοῦτο τὸ ποτήριον ἀπ' ἐμοῦ· πλὴν μὴ τὸ θέλημά μου ἀλλὰ τὸ σὸν γινέσθω.	
b 221	Mt 26,40	... οὕτως οὐκ ἰσχύσατε μίαν ὥραν γρηγορῆσαι μετ' ἐμοῦ; [41] γρηγορεῖτε καὶ προσεύχεσθε, ἵνα μὴ εἰσέλθητε εἰς πειρασμόν· ...	Mk 14,37	... Σίμων, καθεύδεις; οὐκ ἴσχυσας μίαν ὥραν γρηγορῆσαι; [38] γρηγορεῖτε καὶ προσεύχεσθε, ἵνα μὴ ἔλθητε εἰς πειρασμόν· ...	Lk 22,46	... τί καθεύδετε; ἀναστάντες προσεύχεσθε, ἵνα μὴ εἰσέλθητε εἰς πειρασμόν.	
220	Mt 26,45 ↓ Lk 22,53	... καθεύδετε [τὸ] λοιπὸν καὶ ἀναπαύεσθε· ἰδοὺ ἤγγικεν ἡ ὥρα καὶ ὁ υἱὸς τοῦ ἀνθρώπου παραδίδοται ...	Mk 14,41 ↓ Lk 22,53	... καθεύδετε τὸ λοιπὸν καὶ ἀναπαύεσθε· ἀπέχει· ἦλθεν ἡ ὥρα, ἰδοὺ παραδίδοται ὁ υἱὸς τοῦ ἀνθρώπου ...			→ Jn 12,23 → Jn 12,27
f 211	Mt 26,55	ἐν ἐκείνῃ τῇ ὥρᾳ εἶπεν ὁ Ἰησοῦς τοῖς ὄχλοις· ὡς ἐπὶ λῃστὴν ἐξήλθατε μετὰ μαχαιρῶν καὶ ξύλων συλλαβεῖν με;	Mk 14,48	καὶ ἀποκριθεὶς ὁ Ἰησοῦς εἶπεν αὐτοῖς· ὡς ἐπὶ λῃστὴν ἐξήλθατε μετὰ μαχαιρῶν καὶ ξύλων συλλαβεῖν με;	Lk 22,52 → Lk 22,54 → Mt 26,47 → Mk 14,43	εἶπεν δὲ Ἰησοῦς πρὸς τοὺς παραγενομένους ἐπ' αὐτὸν ἀρχιερεῖς καὶ στρατηγοὺς τοῦ ἱεροῦ καὶ πρεσβυτέρους· ὡς ἐπὶ λῃστὴν ἐξήλθατε μετὰ μαχαιρῶν καὶ ξύλων;	
112		καθ' ἡμέραν ἐν τῷ ἱερῷ ἐκαθεζόμην διδάσκων καὶ οὐκ ἐκρατήσατέ με.	Mk 14,49	καθ' ἡμέραν ἤμην πρὸς ὑμᾶς ἐν τῷ ἱερῷ διδάσκων καὶ οὐκ ἐκρατήσατέ με· ἀλλ' ἵνα πληρωθῶσιν αἱ γραφαί.	Lk 22,53 ↑ Mt 26,45 ↑ Mk 14,41	καθ' ἡμέραν ὄντος μου μεθ' ὑμῶν ἐν τῷ ἱερῷ οὐκ ἐξετείνατε τὰς χεῖρας ἐπ' ἐμέ, ἀλλ' αὕτη ἐστὶν ὑμῶν ἡ ὥρα καὶ ἡ ἐξουσία τοῦ σκότους.	→ Jn 14,30 → Jn 18,20
b 112	Mt 26,73	μετὰ μικρὸν δὲ προσελθόντες οἱ ἑστῶτες εἶπον τῷ Πέτρῳ· ἀληθῶς καὶ σὺ ἐξ αὐτῶν εἶ, ...	Mk 14,70	... καὶ μετὰ μικρὸν πάλιν οἱ παρεστῶτες ἔλεγον τῷ Πέτρῳ· ἀληθῶς ἐξ αὐτῶν εἶ, ...	Lk 22,59	καὶ διαστάσης ὡσεὶ ὥρας μιᾶς ἄλλος τις διϊσχυρίζετο λέγων· ἐπ' ἀληθείας καὶ οὗτος μετ' αὐτοῦ ἦν, ..	→ Jn 18,26
a 020			Mk 15,25	ἦν δὲ ὥρα τρίτη καὶ ἐσταύρωσαν αὐτόν.			
a 222 a 222	Mt 27,45 (2)	ἀπὸ δὲ ἕκτης ὥρας σκότος ἐγένετο ἐπὶ πᾶσαν τὴν γῆν ἕως ὥρας ἐνάτης.	Mk 15,33 (2)	καὶ γενομένης ὥρας ἕκτης σκότος ἐγένετο ἐφ' ὅλην τὴν γῆν ἕως ὥρας ἐνάτης.	Lk 23,44 (2) → Lk 23,45	καὶ ἦν ἤδη ὡσεὶ ὥρα ἕκτη καὶ σκότος ἐγένετο ἐφ' ὅλην τὴν γῆν ἕως ὥρας ἐνάτης	

	Mt	Mk	Lk	
a 220	Mt 27,46 περὶ δὲ τὴν ἐνάτην ὥραν ἀνεβόησεν ὁ Ἰησοῦς φωνῇ μεγάλῃ λέγων· *ηλι ηλι λεμα σαβαχθανι;* ... ➤ Ps 22,2	Mk 15,34 καὶ τῇ ἐνάτῃ ὥρᾳ ἐβόησεν ὁ Ἰησοῦς φωνῇ μεγάλῃ· *ελωι ελωι λεμα σαβαχθανι;* ... ➤ Ps 22,2		
g 002			Lk 24,33 καὶ ἀναστάντες αὐτῇ τῇ ὥρᾳ ὑπέστρεψαν εἰς Ἰερουσαλὴμ ...	

a ὥρα with numeral (except b)
b μίαν ὥραν, ὥρας μιᾶς
c ὥρα πολλή
d ὥρα and ἡμέρα
e ἀπὸ τῆς ὥρας ἐκείνης
f ἐν ἐκείνῃ τῇ ὥρᾳ, ἐν τῇ ὥρᾳ ἐκείνῃ
g (ἐν) αὐτῇ τῇ ὥρᾳ

a d **Acts 2,15** οὐ γὰρ ὡς ὑμεῖς ὑπολαμβάνετε οὗτοι μεθύουσιν, ἔστιν γὰρ **ὥρα τρίτη τῆς ἡμέρας**

a **Acts 3,1** Πέτρος δὲ καὶ Ἰωάννης ἀνέβαινον εἰς τὸ ἱερὸν **ἐπὶ τὴν ὥραν τῆς προσευχῆς τὴν ἐνάτην.**

a **Acts 5,7** ἐγένετο δὲ **ὡς ὡρῶν τριῶν διάστημα** καὶ ἡ γυνὴ αὐτοῦ μὴ εἰδυῖα τὸ γεγονὸς εἰσῆλθεν.

a d **Acts 10,3** εἶδεν ἐν ὁράματι φανερῶς **ὡσεὶ περὶ ὥραν ἐνάτην τῆς ἡμέρας** ἄγγελον τοῦ θεοῦ εἰσελθόντα πρὸς αὐτὸν καὶ εἰπόντα αὐτῷ· Κορνήλιε.

a **Acts 10,9** ... ἀνέβη Πέτρος ἐπὶ τὸ δῶμα προσεύξασθαι **περὶ ὥραν ἕκτην.**

d **Acts 10,30** καὶ ὁ Κορνήλιος ἔφη· ἀπὸ τετάρτης ἡμέρας **μέχρι ταύτης τῆς ὥρας** ἤμην τὴν ἐνάτην προσευχόμενος ἐν τῷ οἴκῳ μου, ...

g **Acts 16,18** ... παραγγέλλω σοι ἐν ὀνόματι Ἰησοῦ Χριστοῦ ἐξελθεῖν ἀπ' αὐτῆς· καὶ ἐξῆλθεν **αὐτῇ τῇ ὥρᾳ.**

f **Acts 16,33** καὶ παραλαβὼν αὐτοὺς **ἐν ἐκείνῃ τῇ ὥρᾳ τῆς νυκτὸς** ἔλουσεν ἀπὸ τῶν πληγῶν, ...

a **Acts 19,34** ... φωνὴ ἐγένετο μία ἐκ πάντων **ὡς ἐπὶ ὥρας δύο** κραζόντων· μεγάλη ἡ Ἄρτεμις Ἐφεσίων.

g **Acts 22,13** ... Σαοὺλ ἀδελφέ, ἀνάβλεψον. κἀγὼ **αὐτῇ τῇ ὥρᾳ** ἀνέβλεψα εἰς αὐτόν.

a **Acts 23,23** ... ἑτοιμάσατε στρατιώτας διακοσίους, ὅπως πορευθῶσιν ἕως Καισαρείας, καὶ ἱππεῖς ἑβδομήκοντα καὶ δεξιολάβους διακοσίους, **ἀπὸ τρίτης ὥρας τῆς νυκτός**

ὡραῖος	Syn 1	Mt 1	Mk	Lk	Acts 2	Jn	1-3John	Paul 1	Eph	Col
	NT 4	2Thess	1/2Tim	Tit	Heb	Jas	1Pet	2Pet	Jude	Rev

happening, coming at the right time; beautiful; fair; lovely; pleasant

	Mt	Mk	Lk	
201	Mt 23,27 οὐαὶ ὑμῖν, γραμματεῖς καὶ Φαρισαῖοι ὑποκριταί, ὅτι παρομοιάζετε τάφοις κεκονιαμένοις, οἵτινες ἔξωθεν μὲν φαίνονται **ὡραῖοι,** ἔσωθεν δὲ γέμουσιν ὀστέων νεκρῶν καὶ πάσης ἀκαθαρσίας.		Lk 11,44 οὐαὶ ὑμῖν, ὅτι ἐστὲ ὡς τὰ μνημεῖα τὰ ἄδηλα, καὶ οἱ ἄνθρωποι [οἱ] περιπατοῦντες ἐπάνω οὐκ οἴδασιν.	

Acts 3,2	καί τις ἀνὴρ χωλὸς ἐκ κοιλίας μητρὸς αὐτοῦ ὑπάρχων ἐβαστάζετο, ὃν ἐτίθουν καθ' ἡμέραν πρὸς τὴν θύραν τοῦ ἱεροῦ τὴν λεγομένην **Ὡραίαν** τοῦ αἰτεῖν ἐλεημοσύνην παρὰ τῶν εἰσπορευομένων εἰς τὸ ἱερόν·	**Acts 3,10**	ἐπεγίνωσκον δὲ αὐτὸν ὅτι αὐτὸς ἦν ὁ πρὸς τὴν ἐλεημοσύνην καθήμενος **ἐπὶ τῇ ὡραίᾳ πύλῃ τοῦ ἱεροῦ** καὶ ἐπλήσθησαν θάμβους καὶ ἐκστάσεως ἐπὶ τῷ συμβεβηκότι αὐτῷ.

ὡς	**Syn**	Mt	Mk	Lk	Acts	Jn	1-3John	Paul	Eph	Col
	113	40	22	51	63	30	3	119	16	7
	NT	2Thess	1/2Tim	Tit	Heb	Jas	1Pet	2Pet	Jude	Rev
	503	4	9	2	22	5	27	10	2	71

particle of comparison: as; like; on the grounds that; about; how; that; *intensifying an adverb, adjective:* very; how; as; *temporal and consequential particle:* as; while; after; so that; because

	triple tradition																	double tradition			Sonder-gut		
		+Mt / +Lk			−Mt / −Lk			traditions not taken over by Mt / Lk							subtotals								
code	*222*	*211*	*112*	*212*	*221*	*122*	*121*	*022*	*012*	*021*	*220*	*120*	*210*	*020*	Σ⁺	Σ⁻	Σ	*202*	*201*	*102*	*200*	*002*	total
Mt	3	8⁺			3	2⁻	2⁻					4⁻	2⁺		10⁺	8⁻	16	4	6		14		**40**
Mk	3				3	2	2			1		4		7			22						**22**
Lk	3		12⁺		3⁻	2	2⁻		1⁺	1⁻					13⁺	6⁻	18	4		3		26	**51**

Mk-Q overlap: 122: Mt 3,16 / Mk 1,10 / Lk 3,22 (?)

- *a* ὡς as conjunction with finite verb
- *aa* ὡς as conjunction denoting comparison
- *ab* ἐγένετο ὡς (temporal conjunction)
- *ac* ὡς as temporal conjunction
- *ad* ὡς causal: as, inasmuch as, since, seeing that (see ae)
- *ae* ὡς γέγραπται (causal, see ad)
- *af* ὡς as a relative
- *ag* ὡς in indirect questions
- *b* ὡς as particle of comparison without finite verb
- *ba* ὡς with participle
- *bb* ὡς with predicate (double) accusative
- *bc* ὡς, heightening superlative (Acts 17,15)
- *bd* ὡς with numerals (about, nearly)
- *c* ὡς final (with infinitive)

ab 002		**Lk 1,23**	καὶ ἐγένετο **ὡς** ἐπλήσθησαν αἱ ἡμέραι τῆς λειτουργίας αὐτοῦ, ἀπῆλθεν εἰς τὸν οἶκον αὐτοῦ.
ab 002		**Lk 1,41**	καὶ ἐγένετο **ὡς** ἤκουσεν τὸν ἀσπασμὸν τῆς Μαρίας ἡ Ἐλισάβετ, ἐσκίρτησεν τὸ βρέφος ἐν τῇ κοιλίᾳ αὐτῆς, ...
ac 002		**Lk 1,44**	ἰδοὺ γὰρ **ὡς** ἐγένετο ἡ φωνὴ τοῦ ἀσπασμοῦ σου εἰς τὰ ὦτά μου, ἐσκίρτησεν ἐν ἀγαλλιάσει τὸ βρέφος ἐν τῇ κοιλίᾳ μου.
bd 002		**Lk 1,56**	ἔμεινεν δὲ Μαριὰμ σὺν αὐτῇ **ὡς μῆνας τρεῖς,** καὶ ὑπέστρεψεν εἰς τὸν οἶκον αὐτῆς.

af 200	**Mt 1,24**	ἐγερθεὶς δὲ ὁ Ἰωσὴφ ἀπὸ τοῦ ὕπνου ἐποίησεν ὡς προσέταξεν αὐτῷ ὁ ἄγγελος κυρίου καὶ παρέλαβεν τὴν γυναῖκα αὐτοῦ					
ab 002					**Lk 2,15**	καὶ ἐγένετο ὡς ἀπῆλθον ἀπ' αὐτῶν εἰς τὸν οὐρανὸν οἱ ἄγγελοι, οἱ ποιμένες ἐλάλουν πρὸς ἀλλήλους· διέλθωμεν δὴ ἕως Βηθλέεμ ...	
ac 002					**Lk 2,39** → Mt 2,22-23	καὶ ὡς ἐτέλεσαν πάντα τὰ κατὰ τὸν νόμον κυρίου, ἐπέστρεψαν εἰς τὴν Γαλιλαίαν εἰς πόλιν ἑαυτῶν Ναζαρέθ.	
ae 112	**Mt 3,3**	οὗτος γάρ ἐστιν ὁ ῥηθεὶς διὰ Ἠσαΐου τοῦ προφήτου λέγοντος· *φωνὴ βοῶντος ἐν τῇ* *ἐρήμῳ· ...* ➢ Isa 40,3 LXX	**Mk 1,2**	καθὼς γέγραπται ἐν τῷ Ἠσαΐᾳ τῷ προφήτῃ· *ἰδοὺ ἀποστέλλω* *τὸν ἄγγελόν μου ...* [3] *φωνὴ βοῶντος ἐν τῇ* *ἐρήμῳ· ...* ➢ Exod 23,20/Mal 3,1 ➢ Isa 40,3 LXX	**Lk 3,4**	ὡς γέγραπται ἐν βίβλῳ λόγων Ἠσαΐου τοῦ προφήτου· *φωνὴ βοῶντος ἐν τῇ* *ἐρήμῳ· ...* ➢ Isa 40,3 LXX	
	Mt 11,10	οὗτός ἐστιν περὶ οὗ γέγραπται· *ἰδοὺ ἐγὼ* *ἀποστέλλω τὸν ἄγγελόν μου ...* ➢ Exod 23,20/Mal 3,1			**Lk 7,27**	οὗτός ἐστιν περὶ οὗ γέγραπται· *ἰδοὺ* *ἀποστέλλω τὸν ἄγγελόν μου ...* ➢ Exod 23,20/Mal 3,1	Mk-Q overlap
b 122	**Mt 3,16** → Mt 12,18	... καὶ εἶδεν [τὸ] πνεῦμα [τοῦ] θεοῦ καταβαῖνον ὡσεὶ περιστερὰν [καὶ] ἐρχόμενον ἐπ' αὐτόν·	**Mk 1,10**	... καὶ τὸ πνεῦμα ὡς περιστερὰν καταβαῖνον εἰς αὐτόν·	**Lk 3,22** → Lk 4,18	καὶ καταβῆναι τὸ πνεῦμα τὸ ἅγιον σωματικῷ εἴδει ὡς περιστερὰν ἐπ' αὐτόν, ...	**→ Jn 1,32** **→ Acts 10,38** Mk-Q overlap?
aa 002	**Mt 1,16** → Mt 13,55 → Mk 6,3	Ἰακὼβ δὲ ἐγέννησεν τὸν Ἰωσὴφ τὸν ἄνδρα Μαρίας, ἐξ ἧς ἐγεννήθη Ἰησοῦς ὁ λεγόμενος χριστός.			**Lk 3,23** → Lk 4,22	καὶ αὐτὸς ἦν Ἰησοῦς ἀρχόμενος ὡσεὶ ἐτῶν τριάκοντα, ὢν υἱός, ὡς ἐνομίζετο, Ἰωσὴφ τοῦ Ἠλὶ	
ac 002					**Lk 4,25**	... πολλαὶ χῆραι ἦσαν ἐν ταῖς ἡμέραις Ἠλίου ἐν τῷ Ἰσραήλ, ὅτε ἐκλείσθη ὁ οὐρανὸς ἐπὶ ἔτη τρία καὶ μῆνας ἕξ, ὡς ἐγένετο λιμὸς μέγας ἐπὶ πᾶσαν τὴν γῆν	
ba 221	**Mt 7,29** **(2)**	[28] ... ἐξεπλήσσοντο οἱ ὄχλοι ἐπὶ τῇ διδαχῇ αὐτοῦ· [29] ἦν γὰρ διδάσκων αὐτοὺς ὡς ἐξουσίαν ἔχων	**Mk 1,22** **(2)** → Mk 1,27	καὶ ἐξεπλήσσοντο ἐπὶ τῇ διδαχῇ αὐτοῦ· ἦν γὰρ διδάσκων αὐτοὺς ὡς ἐξουσίαν ἔχων	**Lk 4,32** → Lk 4,36	καὶ ἐξεπλήσσοντο ἐπὶ τῇ διδαχῇ αὐτοῦ, ὅτι ἐν ἐξουσίᾳ ἦν ὁ λόγος αὐτοῦ.	
b 221		καὶ οὐχ ὡς οἱ γραμματεῖς αὐτῶν.		καὶ οὐχ ὡς οἱ γραμματεῖς.			

ac 002					Lk 5,4	**ὡς** δὲ ἐπαύσατο λαλῶν, εἶπεν πρὸς τὸν Σίμωνα· ἐπανάγαγε εἰς τὸ βάθος καὶ χαλάσατε τὰ δίκτυα ὑμῶν εἰς ἄγραν.	→ Jn 21,6
ag 112	Mt 12,4	[3] ... οὐκ ἀνέγνωτε τί ἐποίησεν Δαυὶδ ... [4] **πῶς** εἰσῆλθεν εἰς τὸν οἶκον τοῦ θεοῦ ...	Mk 2,26	[25] ... οὐδέποτε ἀνέγνωτε τί ἐποίησεν Δαυίδ, ... [26] **πῶς** εἰσῆλθεν εἰς τὸν οἶκον τοῦ θεοῦ ...	Lk 6,4	[3] ... οὐδὲ τοῦτο ἀνέγνωτε ὃ ἐποίησεν Δαυὶδ ... [4] **[ὡς]** εἰσῆλθεν εἰς τὸν οἶκον τοῦ θεοῦ ...	
b 102	Mt 5,11	μακάριοί ἐστε ὅταν ὀνειδίσωσιν ὑμᾶς καὶ διώξωσιν καὶ **εἴπωσιν πᾶν πονηρὸν καθ' ὑμῶν** [ψευδόμενοι] ἕνεκεν ἐμοῦ.			Lk 6,22	μακάριοί ἐστε ὅταν μισήσωσιν ὑμᾶς οἱ ἄνθρωποι καὶ ὅταν ἀφορίσωσιν ὑμᾶς καὶ ὀνειδίσωσιν καὶ **ἐκβάλωσιν τὸ ὄνομα ὑμῶν ὡς πονηρὸν** ἕνεκα τοῦ υἱοῦ τοῦ ἀνθρώπου·	→ GTh 68 → GTh 69,1
ad 201	Mt 5,48	ἔσεσθε οὖν ὑμεῖς τέλειοι **ὡς** ὁ πατὴρ ὑμῶν ὁ οὐράνιος τέλειός ἐστιν.			Lk 6,36	γίνεσθε οἰκτίρμονες **καθὼς** [καὶ] ὁ πατὴρ ὑμῶν οἰκτίρμων ἐστίν.	
b 200	Mt 6,5	καὶ ὅταν προσεύχησθε, οὐκ ἔσεσθε **ὡς οἱ ὑποκριταί,** ὅτι φιλοῦσιν ἐν ταῖς συναγωγαῖς καὶ ἐν ταῖς γωνίαις τῶν πλατειῶν ἑστῶτες προσεύχεσθαι, ...					→ GTh 6 (POxy 654)
b 201	Mt 6,10 → Mt 26,42	ἐλθέτω ἡ βασιλεία σου· γενηθήτω τὸ θέλημά σου, **ὡς ἐν οὐρανῷ** καὶ ἐπὶ γῆς·			Lk 11,2	... ἐλθέτω ἡ βασιλεία σου·	
ad 201	Mt 6,12 → Mt 6,14 → Mk 11,25 ↓ Mt 18,33	καὶ ἄφες ἡμῖν τὰ ὀφειλήματα ἡμῶν, **ὡς** καὶ ἡμεῖς ἀφήκαμεν τοῖς ὀφειλέταις ἡμῶν·			Lk 11,4	καὶ ἄφες ἡμῖν τὰς ἁμαρτίας ἡμῶν, καὶ **γὰρ** αὐτοὶ ἀφίομεν παντὶ ὀφείλοντι ἡμῖν· ...	
b 200	Mt 6,16	ὅταν δὲ νηστεύητε, μὴ γίνεσθε **ὡς οἱ ὑποκριταὶ σκυθρωποί,** ἀφανίζουσιν γὰρ τὰ πρόσωπα αὐτῶν ὅπως φανῶσιν τοῖς ἀνθρώποις νηστεύοντες· ...					→ GTh 6 (POxy 654) → GTh 27 (POxy 1)
b 202	Mt 6,29	... οὐδὲ Σολομὼν ἐν πάσῃ τῇ δόξῃ αὐτοῦ περιεβάλετο **ὡς ἓν τούτων.**			Lk 12,27	... οὐδὲ Σολομὼν ἐν πάσῃ τῇ δόξῃ αὐτοῦ περιεβάλετο **ὡς ἓν τούτων.**	
b 202	Mt 10,25 (2)	[24] οὐκ ἔστιν μαθητὴς ὑπὲρ τὸν διδάσκαλον οὐδὲ δοῦλος ὑπὲρ τὸν κύριον αὐτοῦ. [25] ἀρκετὸν τῷ μαθητῇ ἵνα γένηται **ὡς ὁ διδάσκαλος αὐτοῦ** καὶ ὁ δοῦλος ὡς ὁ κύριος αὐτοῦ. ...			Lk 6,40	οὐκ ἔστιν μαθητὴς ὑπὲρ τὸν διδάσκαλον· κατηρτισμένος δὲ πᾶς ἔσται **ὡς ὁ διδάσκαλος αὐτοῦ.**	

ba 221 *b* 221	**Mt 7,29** **(2)**	[28] ... ἐξεπλήσσοντο οἱ ὄχλοι ἐπὶ τῇ διδαχῇ αὐτοῦ· [29] ἦν γὰρ διδάσκων αὐτοὺς **ὡς ἐξουσίαν ἔχων** καὶ **οὐχ ὡς οἱ γραμματεῖς αὐτῶν.**	**Mk 1,22** **(2)** → Mk 1,27	καὶ ἐξεπλήσσοντο ἐπὶ τῇ διδαχῇ αὐτοῦ· ἦν γὰρ διδάσκων αὐτοὺς **ὡς ἐξουσίαν ἔχων** καὶ **οὐχ ὡς οἱ γραμματεῖς.**	**Lk 4,32** → Lk 4,36	καὶ ἐξεπλήσσοντο ἐπὶ τῇ διδαχῇ αὐτοῦ, ὅτι **ἐν ἐξουσίᾳ** ἦν ὁ λόγος αὐτοῦ.	
af 201	**Mt 8,13**	καὶ εἶπεν ὁ Ἰησοῦς τῷ ἑκατοντάρχῃ· ὕπαγε, ὡς ἐπίστευσας γενηθήτω σοι. καὶ ἰάθη ὁ παῖς [αὐτοῦ] ἐν τῇ ὥρᾳ ἐκείνῃ.			**Lk 7,10** → Mk 7,30	καὶ ὑποστρέψαντες εἰς τὸν οἶκον οἱ πεμφθέντες εὗρον τὸν δοῦλον ὑγιαίνοντα.	→ Jn 4,50-51
b 202 *b* 200 *b* 200	**Mt 10,16** **(3)**	ἰδοὺ ἐγὼ ἀποστέλλω ὑμᾶς **ὡς πρόβατα** ἐν μέσῳ λύκων· γίνεσθε οὖν φρόνιμοι **ὡς οἱ ὄφεις** καὶ ἀκέραιοι **ὡς αἱ περιστεραί.**			**Lk 10,3**	... ἰδοὺ ἀποστέλλω ὑμᾶς **ὡς ἄρνας** ἐν μέσῳ λύκων.	→ GTh 39,3 **(POxy 655)**
b 202 *b* 201	**Mt 10,25** **(2)**	[24] οὐκ ἔστιν μαθητὴς ὑπὲρ τὸν διδάσκαλον οὐδὲ δοῦλος ὑπὲρ τὸν κύριον αὐτοῦ. [25] ἀρκετὸν τῷ μαθητῇ ἵνα γένηται **ὡς ὁ διδάσκαλος αὐτοῦ** καὶ ὁ δοῦλος **ὡς ὁ κύριος αὐτοῦ.** ...			**Lk 6,40**	οὐκ ἔστιν μαθητὴς ὑπὲρ τὸν διδάσκαλον· κατηρτισμένος δὲ πᾶς ἔσται **ὡς ὁ διδάσκαλος αὐτοῦ.**	
ac 002					**Lk 7,12**	ὡς δὲ ἤγγισεν τῇ πύλῃ τῆς πόλεως, καὶ ἰδοὺ ἐξεκομίζετο τεθνηκὼς μονογενὴς υἱὸς τῇ μητρὶ αὐτοῦ καὶ αὐτὴ ἦν χήρα, ...	
b 211	**Mt 12,13**	τότε λέγει τῷ ἀνθρώπῳ· ἔκτεινόν σου τὴν χεῖρα. καὶ ἐξέτεινεν καὶ ἀπεκατεστάθη ὑγιὴς **ὡς ἡ ἄλλη.**	**Mk 3,5**	... λέγει τῷ ἀνθρώπῳ· ἔκτεινον τὴν χεῖρα. καὶ ἐξέτεινεν καὶ ἀπεκατεστάθη ἡ χεὶρ αὐτοῦ.	**Lk 6,10** → Lk 13,12-13	... εἶπεν αὐτῷ· ἔκτεινον τὴν χεῖρά σου. ὁ δὲ ἐποίησεν καὶ ἀπεκατεστάθη ἡ χεὶρ αὐτοῦ.	
aa 020			**Mk 4,26**	... οὕτως ἐστὶν ἡ βασιλεία τοῦ θεοῦ ὡς ἄνθρωπος βάλῃ τὸν σπόρον ἐπὶ τῆς γῆς			
a 020			**Mk 4,27**	καὶ καθεύδῃ καὶ ἐγείρηται νύκτα καὶ ἡμέραν, καὶ ὁ σπόρος βλαστᾷ καὶ μηκύνηται ὡς οὐκ οἶδεν αὐτός.			

b 020	Mt 13,31	ἄλλην παραβολὴν παρέθηκεν αὐτοῖς λέγων· ὁμοία ἐστὶν ἡ βασιλεία τῶν οὐρανῶν κόκκῳ σινάπεως, ὃν λαβὼν ἄνθρωπος ἔσπειρεν ἐν τῷ ἀγρῷ αὐτοῦ·	Mk 4,31	[30] ... πῶς ὁμοιώσωμεν τὴν βασιλείαν τοῦ θεοῦ ἢ ἐν τίνι αὐτὴν παραβολῇ θῶμεν; [31] ὡς κόκκῳ σινάπεως, ὃς ὅταν σπαρῇ ἐπὶ τῆς γῆς, ...	Lk 13,19	[18] ... τίνι ὁμοία ἐστὶν ἡ βασιλεία τοῦ θεοῦ καὶ τίνι ὁμοιώσω αὐτήν; [19] ὁμοία ἐστὶν κόκκῳ σινάπεως, ὃν λαβὼν ἄνθρωπος ἔβαλεν εἰς κῆπον ἑαυτοῦ, ...	→ GTh 20 Mk-Q overlap
b 200	Mt 13,43 → Mt 25,46	τότε οἱ δίκαιοι ἐκλάμψουσιν ὡς ὁ ἥλιος ἐν τῇ βασιλείᾳ τοῦ πατρὸς αὐτῶν. ...					
a 121	Mt 8,23	καὶ ἐμβάντι αὐτῷ εἰς τὸ πλοῖον ...	Mk 4,36 → Mk 4,1	καὶ ἀφέντες τὸν ὄχλον παραλαμβάνουσιν αὐτὸν ὡς ἦν ἐν τῷ πλοίῳ, ...	Lk 8,22	... αὐτὸς ἐνέβη εἰς πλοῖον ...	
bd 121	Mt 8,32	... καὶ ἰδοὺ ὥρμησεν πᾶσα ἡ ἀγέλη κατὰ τοῦ κρημνοῦ εἰς τὴν θάλασσαν καὶ ἀπέθανον ἐν τοῖς ὕδασιν.	Mk 5,13	... καὶ ὥρμησεν ἡ ἀγέλη κατὰ τοῦ κρημνοῦ εἰς τὴν θάλασσαν, ὡς δισχίλιοι, καὶ ἐπνίγοντο ἐν τῇ θαλάσσῃ.	Lk 8,33	... καὶ ὥρμησεν ἡ ἀγέλη κατὰ τοῦ κρημνοῦ εἰς τὴν λίμνην καὶ ἀπεπνίγη.	
bd 112	Mt 9,18	... προσεκύνει αὐτῷ λέγων ὅτι ἡ θυγάτηρ μου ἄρτι ἐτελεύτησεν· ...	Mk 5,42	[22] ... πίπτει πρὸς τοὺς πόδας αὐτοῦ [23] καὶ παρακαλεῖ αὐτὸν πολλὰ λέγων ὅτι τὸ θυγάτριόν μου ἐσχάτως ἔχει, ... [42] ... ἦν γὰρ ἐτῶν δώδεκα. ...	Lk 8,42	[41] ... καὶ πεσὼν παρὰ τοὺς πόδας [τοῦ] Ἰησοῦ παρεκάλει αὐτὸν εἰσελθεῖν εἰς τὸν οἶκον αὐτοῦ, [42] ὅτι θυγάτηρ μονογενὴς ἦν αὐτῷ ὡς ἐτῶν δώδεκα καὶ αὐτὴ ἀπέθνῃσκεν. ...	
ag 012			Mk 5,33	 ... εἶπεν αὐτῷ πᾶσαν τὴν ἀλήθειαν.	Lk 8,47 → Mt 9,21 → Mk 5,28 → Mk 5,29	... δι' ἣν αἰτίαν ἥψατο αὐτοῦ ἀπήγγειλεν ἐνώπιον παντὸς τοῦ λαοῦ καὶ ὡς ἰάθη παραχρῆμα.	
b 021	→ Mt 16,14		Mk 6,15 → Mk 8,28	ἄλλοι δὲ ἔλεγον ὅτι Ἠλίας ἐστίν· ἄλλοι δὲ ἔλεγον ὅτι προφήτης ὡς εἷς τῶν προφητῶν.	Lk 9,8 → Lk 9,19	ὑπό τινων δὲ ὅτι Ἠλίας ἐφάνη, ἄλλων δὲ ὅτι προφήτης τις τῶν ἀρχαίων ἀνέστη.	
bb 210	Mt 14,5	[3] ὁ γὰρ Ἡρῴδης ... [5] ... θέλων αὐτὸν ἀποκτεῖναι ἐφοβήθη τὸν ὄχλον, ὅτι ὡς προφήτην αὐτὸν εἶχον.	Mk 6,20	[19] ἡ δὲ Ἡρῳδιὰς ἐνεῖχεν αὐτῷ καὶ ἤθελεν αὐτὸν ἀποκτεῖναι, καὶ οὐκ ἠδύνατο· [20] ὁ γὰρ Ἡρῴδης ἐφοβεῖτο τὸν Ἰωάννην, εἰδὼς αὐτὸν ἄνδρα δίκαιον καὶ ἅγιον, ...			

	Mt		Mk		Lk		
	Mt 14,14 ↓ Mt 9,36 → Mt 15,32	καὶ ἐξελθὼν εἶδεν πολὺν ὄχλον, καὶ ἐσπλαγχνίσθη ἐπ' αὐτοῖς ...	Mk 6,34 → Mk 8,2	καὶ ἐξελθὼν εἶδεν πολὺν ὄχλον, καὶ ἐσπλαγχνίσθη ἐπ' αὐτούς,	Lk 9,11	... καὶ ἀποδεξάμενος αὐτοὺς ...	
ba 120	Mt 9,36 ↑ Mt 14,14	ἰδὼν δὲ τοὺς ὄχλους ἐσπλαγχνίσθη περὶ αὐτῶν, ὅτι ἦσαν ἐσκυλμένοι καὶ ἐρριμμένοι **ὡσεὶ πρόβατα** *μὴ ἔχοντα ποιμένα.* ➤ Num 27,17/Jdt 11,19/2Chron 18,16		ὅτι ἦσαν **ὡς πρόβατα** *μὴ ἔχοντα ποιμένα, ...* ➤ Num 27,17/Jdt 11,19/2Chron 18,16			
ae 120	Mt 15,7	ὑποκριταί, καλῶς ἐπροφήτευσεν περὶ ὑμῶν Ἠσαΐας λέγων· [8] *ὁ λαὸς οὗτος τοῖς χείλεσίν με τιμᾷ, ἡ δὲ καρδία αὐτῶν πόρρω ἀπέχει ἀπ' ἐμοῦ·* ➤ Isa 29,13 LXX	Mk 7,6	... καλῶς ἐπροφήτευσεν Ἠσαΐας περὶ ὑμῶν τῶν ὑποκριτῶν, ὡς γέγραπται [ὅτι] *οὗτος ὁ λαὸς τοῖς χείλεσίν με τιμᾷ, ἡ δὲ καρδία αὐτῶν πόρρω ἀπέχει ἀπ' ἐμοῦ·* ➤ Isa 29,13 LXX			
af 210	Mt 15,28	... ὦ γύναι, μεγάλη σου ἡ πίστις· γενηθήτω σοι ὡς θέλεις. καὶ ἰάθη ἡ θυγάτηρ αὐτῆς ἀπὸ τῆς ὥρας ἐκείνης.	Mk 7,29	... διὰ τοῦτον τὸν λόγον ὕπαγε, ἐξελήλυθεν ἐκ τῆς θυγατρός σου τὸ δαιμόνιον. [30] καὶ ἀπελθοῦσα εἰς τὸν οἶκον αὐτῆς εὗρεν τὸ παιδίον βεβλημένον ἐπὶ τὴν κλίνην καὶ τὸ δαιμόνιον ἐξεληλυθός.			
bd 120	Mt 15,38 → Mt 14,21	οἱ δὲ ἐσθίοντες ἦσαν **τετρακισχίλιοι ἄνδρες** χωρὶς γυναικῶν καὶ παιδίων.	Mk 8,9 → Mk 6,44	ἦσαν δὲ **ὡς τετρακισχίλιοι.** ...	→ Lk 9,14a		
b 020			Mk 8,24	καὶ ἀναβλέψας ἔλεγεν· βλέπω τοὺς ἀνθρώπους ὅτι **ὡς δένδρα** ὁρῶ περιπατοῦντας.			
b 211	Mt 17,2 (2)	καὶ μετεμορφώθη ἔμπροσθεν αὐτῶν, καὶ ἔλαμψεν τὸ πρόσωπον αὐτοῦ **ὡς ὁ ἥλιος,**	Mk 9,2	... καὶ μετεμορφώθη ἔμπροσθεν αὐτῶν,	Lk 9,29	καὶ ἐγένετο ἐν τῷ προσεύχεσθαι αὐτὸν τὸ εἶδος τοῦ προσώπου αὐτοῦ ἕτερον	
b 211	↓ Mt 28,3	τὰ δὲ ἱμάτια αὐτοῦ ἐγένετο λευκὰ **ὡς τὸ φῶς.**	Mk 9,3	καὶ τὰ ἱμάτια αὐτοῦ ἐγένετο στίλβοντα λευκὰ λίαν, οἷα γναφεὺς ἐπὶ τῆς γῆς οὐ δύναται οὕτως λευκᾶναι.		καὶ ὁ ἱματισμὸς αὐτοῦ λευκὸς ἐξαστράπτων.	
ac 020			Mk 9,21	καὶ ἐπηρώτησεν τὸν πατέρα αὐτοῦ· πόσος χρόνος ἐστὶν ὡς τοῦτο γέγονεν αὐτῷ; ὁ δὲ εἶπεν· ἐκ παιδιόθεν·			

a ὡς as conjunction with finite verb
aa ὡς as conjunction denoting comparison
ab ἐγένετο ὡς (temporal conjunction)
ac ὡς as temporal conjunction
ad ὡς causal: as, inasmuch as, since, seeing that (see ae)
ae ὡς γέγραπται (causal, see ad)
af ὡς as a relative
ag ὡς in indirect questions

	Mt		Mk		Lk		
b 202	**Mt 17,20** → Mt 21,21	... ἐὰν ἔχητε πίστιν **ὡς κόκκον σινάπεως,** ἐρεῖτε τῷ ὄρει τούτῳ, μετάβα ἔνθεν ἐκεῖ, καὶ μεταβήσεται· καὶ οὐδὲν ἀδυνατήσει ὑμῖν.	**Mk 11,22**	... ἔχετε πίστιν θεοῦ. [23] ... ὃς ἂν εἴπῃ τῷ ὄρει τούτῳ· ἄρθητι καὶ βλήθητι εἰς τὴν θάλασσαν, καὶ μὴ διακριθῇ ἐν τῇ καρδίᾳ αὐτοῦ ἀλλὰ πιστεύῃ ὅτι ὃ λαλεῖ γίνεται, ἔσται αὐτῷ.	**Lk 17,6**	... εἰ ἔχετε πίστιν **ὡς κόκκον σινάπεως,** ἐλέγετε ἂν τῇ συκαμίνῳ [ταύτῃ]· ἐκριζώθητι καὶ φυτεύθητι ἐν τῇ θαλάσσῃ· καὶ ὑπήκουσεν ἂν ὑμῖν.	→ GTh 48 → GTh 106
b 222	**Mt 18,3**	... ἀμὴν λέγω ὑμῖν, ἐὰν μὴ στραφῆτε καὶ γένησθε **ὡς τὰ παιδία,** οὐ μὴ εἰσέλθητε εἰς τὴν βασιλείαν τῶν οὐρανῶν.	**Mk 10,15**	ἀμὴν λέγω ὑμῖν, ὃς ἂν μὴ δέξηται τὴν βασιλείαν τοῦ θεοῦ **ὡς παιδίον,** οὐ μὴ εἰσέλθῃ εἰς αὐτήν.	**Lk 18,17**	ἀμὴν λέγω ὑμῖν, ὃς ἂν μὴ δέξηται τὴν βασιλείαν τοῦ θεοῦ **ὡς παιδίον,** οὐ μὴ εἰσέλθῃ εἰς αὐτήν.	→ Jn 3,3 → GTh 22 → GTh 46
b 200	**Mt 18,4** → Mt 23,12 → Lk 14,11 → Lk 18,14	ὅστις οὖν ταπεινώσει ἑαυτὸν **ὡς τὸ παιδίον τοῦτο,** οὗτός ἐστιν ὁ μείζων ἐν τῇ βασιλείᾳ τῶν οὐρανῶν.					
ad 200	**Mt 18,33** ↑ Mt 6,12 ↑ Lk 11,4	οὐκ ἔδει καὶ σὲ ἐλεῆσαι τὸν σύνδουλόν σου, **ὡς** κἀγὼ σὲ ἠλέησα;					
c 002					**Lk 9,52**	... καὶ πορευθέντες εἰσῆλθον εἰς κώμην Σαμαριτῶν, **ὡς** ἑτοιμάσαι αὐτῷ·	
b 202	**Mt 10,16 (3)**	ἰδοὺ ἐγὼ ἀποστέλλω ὑμᾶς **ὡς πρόβατα** ἐν μέσῳ λύκων· γίνεσθε οὖν φρόνιμοι ὡς οἱ ὄφεις καὶ ἀκέραιοι ὡς αἱ περιστεραί.			**Lk 10,3**	... ἰδοὺ ἀποστέλλω ὑμᾶς **ὡς ἄρνας** ἐν μέσῳ λύκων.	→ GTh 39,3 **(POxy 655)**
b 002					**Lk 10,18**	... ἐθεώρουν τὸν σατανᾶν **ὡς ἀστραπὴν** ἐκ τοῦ οὐρανοῦ πεσόντα.	
bb 222	**Mt 22,39**	[37] ... *ἀγαπήσεις κύριον τὸν θεόν σου* ... [39] ... *ἀγαπήσεις τὸν πλησίον σου* ***ὡς σεαυτόν.*** ➤ Deut 6,5; Lev 19,18	**Mk 12,31**	[30] *καὶ ἀγαπήσεις κύριον τὸν θεόν σου* ... [31] ... *ἀγαπήσεις τὸν πλησίον σου* ***ὡς σεαυτόν.*** ... ➤ Deut 6,5; Lev 19,18	**Lk 10,27**	... *ἀγαπήσεις κύριον τὸν θεόν σου* ... *καὶ τὸν πλησίον σου* ***ὡς σεαυτόν.*** ➤ Deut 6,5; Lev 19,18	→ GTh 25
ac 002					**Lk 11,1**	καὶ ἐγένετο ἐν τῷ εἶναι αὐτὸν ἐν τόπῳ τινὶ προσευχόμενον, **ὡς** ἐπαύσατο, εἶπέν τις τῶν μαθητῶν αὐτοῦ πρὸς αὐτόν· ...	
aa 002					**Lk 11,36** → Lk 11,35	εἰ οὖν τὸ σῶμά σου ὅλον φωτεινόν, μὴ ἔχον μέρος τι σκοτεινόν, ἔσται φωτεινὸν ὅλον **ὡς ὅταν** ὁ λύχνος τῇ ἀστραπῇ φωτίζῃ σε.	→ GTh 24 (POxy 655 - restoration)

b ὡς as particle of comparison without finite verb
ba ὡς with participle
bb ὡς with predicate (double) accusative
bc ὡς, heightening superlative (Acts 17,15)
bd ὡς with numerals (about, nearly)
c ὡς final (with infinitive)

	Mt		Mk		Lk		
b 102	**Mt 23,27**	οὐαὶ ὑμῖν, γραμματεῖς καὶ Φαρισαῖοι ὑποκριταί, ὅτι παρομοιάζετε **τάφοις** **κεκονιαμένοις,** οἵτινες ἔξωθεν μὲν φαίνονται ὡραῖοι, ἔσωθεν δὲ γέμουσιν ὀστέων νεκρῶν καὶ πάσης ἀκαθαρσίας.			**Lk 11,44**	οὐαὶ ὑμῖν, ὅτι ἐστὲ **ὡς τὰ μνημεῖα** **τὰ ἄδηλα,** καὶ οἱ ἄνθρωποι [οἱ] περιπατοῦντες ἐπάνω οὐκ οἴδασιν.	
b 202	**Mt 6,29**	... οὐδὲ Σολομὼν ἐν πάσῃ τῇ δόξῃ αὐτοῦ περιεβάλετο **ὡς ἓν τούτων.**			**Lk 12,27**	... οὐδὲ Σολομὼν ἐν πάσῃ τῇ δόξῃ αὐτοῦ περιεβάλετο **ὡς ἓν τούτων.**	
ac 102	**Mt 5,25**	ἴσθι εὐνοῶν τῷ ἀντιδίκῳ σου ταχὺ, ἕως ὅτου εἶ μετ' αὐτοῦ ἐν τῇ ὁδῷ, ...			**Lk 12,58**	ὡς γὰρ ὑπάγεις μετὰ τοῦ ἀντιδίκου σου ἐπ' ἄρχοντα, ἐν τῇ ὁδῷ δὸς ἐργασίαν ἀπηλλάχθαι ἀπ' αὐτοῦ, ...	
bb 002					**Lk 15,19**	οὐκέτι εἰμὶ ἄξιος κληθῆναι υἱός σου· ποίησόν με **ὡς ἕνα τῶν μισθίων** **σου.**	
ac 002					**Lk 15,25**	ἦν δὲ ὁ υἱὸς αὐτοῦ ὁ πρεσβύτερος ἐν ἀγρῷ· καὶ ὡς ἐρχόμενος ἤγγισεν τῇ οἰκίᾳ, ἤκουσεν συμφωνίας καὶ χορῶν	
ba 002					**Lk 16,1**	... ἄνθρωπός τις ἦν πλούσιος ὃς εἶχεν οἰκονόμον, καὶ οὗτος διεβλήθη αὐτῷ ὡς διασκορπίζων τὰ ὑπάρχοντα αὐτοῦ.	
b 202	**Mt 17,20**	... ἐὰν ἔχητε πίστιν **ὡς κόκκον σινάπεως,** ἐρεῖτε τῷ ὄρει τούτῳ, μετάβα ἔνθεν ἐκεῖ, καὶ μεταβήσεται· καὶ οὐδὲν ἀδυνατήσει ὑμῖν.	**Mk 11,22**	... ἔχετε πίστιν θεοῦ. [23] ... ὃς ἂν εἴπῃ τῷ ὄρει τούτῳ· ἄρθητι καὶ βλήθητι εἰς τὴν θάλασσαν, καὶ μὴ διακριθῇ ἐν τῇ καρδίᾳ αὐτοῦ ἀλλὰ πιστεύῃ ὅτι ὃ λαλεῖ γίνεται, ἔσται αὐτῷ.	**Lk 17,6** → Mt 21,21	... εἰ ἔχετε πίστιν **ὡς κόκκον σινάπεως,** ἐλέγετε ἂν τῇ συκαμίνῳ [ταύτῃ]· ἐκριζώθητι καὶ φυτεύθητι ἐν τῇ θαλάσσῃ· καὶ ὑπήκουσεν ἂν ὑμῖν.	→ GTh 48 → GTh 106
b 002					**Lk 18,11**	... ὁ θεός, εὐχαριστῶ σοι ὅτι οὐκ εἰμὶ ὥσπερ οἱ λοιποὶ τῶν ἀνθρώπων, ἅρπαγες, ἄδικοι, μοιχοί, ἢ καὶ **ὡς οὗτος ὁ τελώνης·**	
a 120	**Mt 19,2**	καὶ ἠκολούθησαν αὐτῷ ὄχλοι πολλοί, καὶ ἐθεράπευσεν αὐτοὺς ἐκεῖ.	**Mk 10,1**	... καὶ συμπορεύονται πάλιν ὄχλοι πρὸς αὐτόν, καὶ ὡς εἰώθει πάλιν ἐδίδασκεν αὐτούς.			
b 222	**Mt 18,3**	... ἀμὴν λέγω ὑμῖν, ἐὰν μὴ στραφῆτε καὶ γένησθε **ὡς τὰ παιδία,** οὐ μὴ εἰσέλθητε εἰς τὴν βασιλείαν τῶν οὐρανῶν.	**Mk 10,15**	ἀμὴν λέγω ὑμῖν, ὃς ἂν μὴ δέξηται τὴν βασιλείαν τοῦ θεοῦ **ὡς παιδίον,** οὐ μὴ εἰσέλθῃ εἰς αὐτήν.	**Lk 18,17**	ἀμὴν λέγω ὑμῖν, ὃς ἂν μὴ δέξηται τὴν βασιλείαν τοῦ θεοῦ **ὡς παιδίον,** οὐ μὴ εἰσέλθῃ εἰς αὐτήν.	→ Jn 3,3 → GTh 22 → GTh 46

	Mt		Mk		Lk		
bb 211	Mt 19,19	*τίμα τὸν πατέρα καὶ τὴν μητέρα, καί ἀγαπήσεις τὸν πλησίον σου **ὡς σεαυτόν.*** ➤ Exod 20,12/Deut 5,16 ➤ Lev 19,18	Mk 10,19	... *τίμα τὸν πατέρα σου καὶ τὴν μητέρα.* ➤ Exod 20,12/Deut 5,16	Lk 18,20	... *τίμα τὸν πατέρα σου καὶ τὴν μητέρα.* ➤ Exod 20,12/Deut 5,16 LXX	→ GTh 25
b 200	Mt 20,14	ἆρον τὸ σὸν καὶ ὕπαγε. θέλω δὲ τούτῳ τῷ ἐσχάτῳ δοῦναι **ὡς καὶ σοί·**					
ac 002					Lk 19,5	καὶ **ὡς** ἦλθεν ἐπὶ τὸν τόπον, ἀναβλέψας ὁ Ἰησοῦς εἶπεν πρὸς αὐτόν· ...	
ab 112	Mt 21,1	 καὶ **ὅτε** ἤγγισαν εἰς Ἱεροσόλυμα καὶ ἦλθον εἰς Βηθφαγὴ εἰς τὸ ὄρος τῶν ἐλαιῶν, τότε Ἰησοῦς ἀπέστειλεν δύο μαθητὰς	Mk 11,1	 καὶ **ὅτε** ἐγγίζουσιν εἰς Ἱεροσόλυμα εἰς Βηθφαγὴ καὶ Βηθανίαν πρὸς τὸ ὄρος τῶν ἐλαιῶν, ἀποστέλλει δύο τῶν μαθητῶν αὐτοῦ	Lk 19,29	[28] ... ἀναβαίνων εἰς Ἱεροσόλυμα. [29] καὶ ἐγένετο **ὡς** ἤγγισεν εἰς Βηθφαγὴ καὶ Βηθανία[ν] πρὸς τὸ ὄρος τὸ καλούμενον Ἐλαιῶν, ἀπέστειλεν δύο τῶν μαθητῶν	
ac 002					Lk 19,41 → Mt 21,10 → Mk 11,11	καὶ **ὡς** ἤγγισεν ἰδὼν τὴν πόλιν ἔκλαυσεν ἐπ' αὐτήν	
bb 211	Mt 21,26 → Mt 21,46	ἐὰν δὲ εἴπωμεν· ἐξ ἀνθρώπων, φοβούμεθα τὸν ὄχλον, πάντες γὰρ **ὡς προφήτην** ἔχουσιν τὸν Ἰωάννην.	Mk 11,32	ἀλλὰ εἴπωμεν· ἐξ ἀνθρώπων; - ἐφοβοῦντο τὸν ὄχλον· ἅπαντες γὰρ εἶχον τὸν Ἰωάννην ὄντως ὅτι **προφήτης** ἦν.	Lk 20,6	ἐὰν δὲ εἴπωμεν· ἐξ ἀνθρώπων, ὁ λαὸς ἅπας καταλιθάσει ἡμᾶς, πεπεισμένος γάρ ἐστιν Ἰωάννην **προφήτην** εἶναι.	
b 221	Mt 22,30	 ἐν γὰρ τῇ ἀναστάσει οὔτε γαμοῦσιν οὔτε γαμίζονται, ἀλλ' **ὡς ἄγγελοι** ἐν τῷ οὐρανῷ εἰσιν.	Mk 12,25	ὅταν γὰρ ἐκ νεκρῶν ἀναστῶσιν οὔτε γαμοῦσιν οὔτε γαμίζονται, ἀλλ' εἰσὶν **ὡς ἄγγελοι** ἐν τοῖς οὐρανοῖς.	Lk 20,36	[35] οἱ δὲ καταξιωθέντες τοῦ αἰῶνος ἐκείνου τυχεῖν καὶ τῆς ἀναστάσεως τῆς ἐκ νεκρῶν οὔτε γαμοῦσιν οὔτε γαμίζονται· [36] οὐδὲ γὰρ ἀποθανεῖν ἔτι δύνανται, **ἰσάγγελοι** γάρ εἰσιν καὶ υἱοί εἰσιν θεοῦ τῆς ἀναστάσεως υἱοὶ ὄντες.	
ac 112	Mt 22,31	περὶ δὲ τῆς ἀναστάσεως τῶν νεκρῶν οὐκ ἀνέγνωτε τὸ ῥηθὲν ὑμῖν ὑπὸ τοῦ θεοῦ λέγοντος· [32] *ἐγώ εἰμι ὁ θεὸς Ἀβραὰμ καὶ ὁ θεὸς Ἰσαὰκ καὶ ὁ θεὸς Ἰακώβ;* ... ➤ Exod 3,6	Mk 12,26	περὶ δὲ τῶν νεκρῶν ὅτι ἐγείρονται οὐκ ἀνέγνωτε ἐν τῇ βίβλῳ Μωϋσέως ἐπὶ τοῦ βάτου πῶς εἶπεν αὐτῷ ὁ θεὸς λέγων· *ἐγὼ ὁ θεὸς Ἀβραὰμ καὶ [ὁ] θεὸς Ἰσαὰκ καὶ [ὁ] θεὸς Ἰακώβ;* ➤ Exod 3,6	Lk 20,37	ὅτι δὲ ἐγείρονται οἱ νεκροί, καὶ Μωϋσῆς ἐμήνυσεν ἐπὶ τῆς βάτου, **ὡς** λέγει *κύριον τὸν θεὸν Ἀβραὰμ καὶ θεὸν Ἰσαὰκ καὶ θεὸν Ἰακώβ·* ➤ Exod 3,6	

	Mt		Mk		Lk		
bb 222	Mt 22,39	[37] ... *ἀγαπήσεις* *κύριον τὸν θεόν σου* ... [39] ... *ἀγαπήσεις* *τὸν πλησίον σου* ***ὡς σεαυτόν.*** ➤ Deut 6,5; Lev 19,18	Mk 12,31	[30] *καὶ ἀγαπήσεις* *κύριον τὸν θεόν σου* ... [31] ... *ἀγαπήσεις* *τὸν πλησίον σου* ***ὡς σεαυτόν.*** ... ➤ Deut 6,5; Lev 19,18	Lk 10,27	... *ἀγαπήσεις* *κύριον τὸν θεόν σου* ... *καὶ τὸν πλησίον σου* ***ὡς σεαυτόν.*** ➤ Deut 6,5; Lev 19,18	→ GTh 25
bb 020			Mk 12,33	... καὶ τὸ *ἀγαπᾶν* *τὸν πλησίον* ***ὡς ἑαυτὸν*** περισσότερόν ἐστιν πάντων τῶν ὁλοκαυτωμάτων καὶ θυσιῶν. ➤ Lev 19,18			
b 002					Lk 21,35 → Mk 13,36	[34] προσέχετε δὲ ἑαυτοῖς μήποτε ... ἐπιστῇ ἐφ' ὑμᾶς αἰφνίδιος ἡ ἡμέρα ἐκείνη [35] **ὡς παγίς·** ἐπεισελεύσεται γὰρ ἐπὶ πάντας τοὺς καθημένους ἐπὶ πρόσωπον πάσης τῆς γῆς.	
aa 020	Mt 25,14	**ὥσπερ** γὰρ ἄνθρωπος ἀποδημῶν ἐκάλεσεν τοὺς ἰδίους δούλους καὶ παρέδωκεν αὐτοῖς τὰ ὑπάρχοντα αὐτοῦ, [15] καὶ ᾧ μὲν ἔδωκεν πέντε τάλαντα, ᾧ δὲ δύο, ᾧ δὲ ἕν, ἑκάστῳ κατὰ τὴν ἰδίαν δύναμιν, ...	Mk 13,34	**ὡς** ἄνθρωπος ἀπόδημος ἀφεὶς τὴν οἰκίαν αὐτοῦ καὶ δοὺς τοῖς δούλοις αὐτοῦ τὴν ἐξουσίαν ἑκάστῳ τὸ ἔργον αὐτοῦ, καὶ τῷ θυρωρῷ ἐνετείλατο ἵνα γρηγορῇ.	Lk 19,12	... ἄνθρωπός τις εὐγενὴς ἐπορεύθη εἰς χώραν μακρὰν λαβεῖν ἑαυτῷ βασιλείαν καὶ ὑποστρέψαι. [13] καλέσας δὲ δέκα δούλους ἑαυτοῦ ἔδωκεν αὐτοῖς δέκα μνᾶς ...	Mk-Q overlap
aa 201	Mt 24,38	**ὡς** γὰρ ἦσαν ἐν ταῖς ἡμέραις [ἐκείναις] ταῖς πρὸ τοῦ κατακλυσμοῦ τρώγοντες καὶ πίνοντες, γαμοῦντες καὶ γαμίζοντες, ἄχρι ἧς ἡμέρας εἰσῆλθεν Νῶε εἰς τὴν κιβωτόν, [39] οὕτως ἔσται [καὶ] ἡ παρουσία τοῦ υἱοῦ τοῦ ἀνθρώπου.			Lk 17,27	ἤσθιον, ἔπινον, ἐγάμουν, ἐγαμίζοντο, ἄχρι ἧς ἡμέρας εἰσῆλθεν Νῶε εἰς τὴν κιβωτόν, ... [30] κατὰ τὰ αὐτὰ ἔσται ᾗ ἡμέρᾳ ὁ υἱὸς τοῦ ἀνθρώπου ἀποκαλύπτεται.	
af 211	Mt 26,19	καὶ ἐποίησαν οἱ μαθηταὶ **ὡς** συνέταξεν αὐτοῖς ὁ Ἰησοῦς καὶ ἡτοίμασαν τὸ πάσχα.	Mk 14,16	καὶ ἐξῆλθον οἱ μαθηταὶ καὶ ἦλθον εἰς τὴν πόλιν καὶ εὗρον **καθὼς** εἶπεν αὐτοῖς καὶ ἡτοίμασαν τὸ πάσχα.	Lk 22,13	ἀπελθόντες δὲ εὗρον **καθὼς** εἰρήκει αὐτοῖς καὶ ἡτοίμασαν τὸ πάσχα.	
b 112	Mt 20,26 ⇩ Mt 23,11	οὐχ οὕτως ἔσται ἐν ὑμῖν, ἀλλ' ὃς ἐὰν θέλῃ ἐν ὑμῖν μέγας γενέσθαι ἔσται **ὑμῶν διάκονος,**	Mk 10,43 ⇨ Mk 9,35	οὐχ οὕτως δέ ἐστιν ἐν ὑμῖν, ἀλλ' ὃς ἂν θέλῃ μέγας γενέσθαι ἐν ὑμῖν ἔσται **ὑμῶν διάκονος,**	Lk 22,26 (2)	ὑμεῖς δὲ οὐχ οὕτως, ἀλλ' ὁ μείζων ἐν ὑμῖν γινέσθω **ὡς ὁ νεώτερος**	
ba 112	Mt 20,27 Mt 23,11 ⇧ Mt 20,26	καὶ ὃς ἂν θέλῃ ἐν ὑμῖν εἶναι πρῶτος ἔσται **ὑμῶν δοῦλος·** ὁ δὲ μείζων ὑμῶν ἔσται ὑμῶν **διάκονος.**	Mk 10,44 ⇨ Mk 9,35	καὶ ὃς ἂν θέλῃ ἐν ὑμῖν εἶναι πρῶτος ἔσται **πάντων δοῦλος·**	↓ Mt 23,11	καὶ ὁ ἡγούμενος **ὡς ὁ διακονῶν.**	

	Mt		Mk		Lk		
ba	Mt 20,28	ὥσπερ ὁ υἱὸς τοῦ ἀνθρώπου οὐκ ἦλθεν διακονηθῆναι ἀλλὰ	Mk 10,45	καὶ γὰρ ὁ υἱὸς τοῦ ἀνθρώπου οὐκ ἦλθεν διακονηθῆναι ἀλλὰ	Lk 22,27 → Lk 12,37	τίς γὰρ μείζων, ὁ ἀνακείμενος ἢ ὁ διακονῶν; οὐχὶ ὁ ἀνακείμενος; ἐγὼ δὲ ἐν μέσῳ ὑμῶν εἰμι	→ Jn 13,13-14
112		**διακονῆσαι** καὶ δοῦναι τὴν ψυχὴν αὐτοῦ λύτρον ἀντὶ πολλῶν.		**διακονῆσαι** καὶ δοῦναι τὴν ψυχὴν αὐτοῦ λύτρον ἀντὶ πολλῶν.		**ὡς ὁ διακονῶν.**	
b					Lk 22,31	Σίμων Σίμων, ἰδοὺ ὁ σατανᾶς ἐξῃτήσατο ὑμᾶς τοῦ σινιάσαι	
002						**ὡς τὸν σῖτον·**	
af	Mt 26,39 (2)	... πάτερ μου, εἰ δυνατόν ἐστιν, παρελθάτω ἀπ᾽ ἐμοῦ τὸ ποτήριον τοῦτο· πλὴν	Mk 14,36	... αββα ὁ πατήρ, πάντα δυνατά σοι· παρένεγκε τὸ ποτήριον τοῦτο ἀπ᾽ ἐμοῦ· ἀλλ᾽	Lk 22,42 → Mt 26,42	... πάτερ, εἰ βούλει παρένεγκε τοῦτο τὸ ποτήριον ἀπ᾽ ἐμοῦ· πλὴν	→ Jn 18,11 → Acts 21,14
211		**οὐχ ὡς ἐγὼ θέλω**		**οὐ τί ἐγὼ θέλω**		**μὴ τὸ θέλημά μου**	
af		ἀλλ᾽		ἀλλὰ		ἀλλὰ	
211		**ὡς σύ.**		**τί σύ.**		**τὸ σὸν** γινέσθω.	
b	Mt 26,55	ἐν ἐκείνῃ τῇ ὥρᾳ εἶπεν ὁ Ἰησοῦς τοῖς ὄχλοις·	Mk 14,48	καὶ ἀποκριθεὶς ὁ Ἰησοῦς εἶπεν αὐτοῖς·	Lk 22,52 → Lk 22,54 → Mt 26,47 → Mk 14,43	εἶπεν δὲ Ἰησοῦς πρὸς τοὺς παραγενομένους ἐπ᾽ αὐτὸν ἀρχιερεῖς καὶ στρατηγοὺς τοῦ ἱεροῦ καὶ πρεσβυτέρους·	
222		**ὡς ἐπὶ λῃστὴν** ἐξήλθατε μετὰ μαχαιρῶν καὶ ξύλων συλλαβεῖν με; ...		**ὡς ἐπὶ λῃστὴν** ἐξήλθατε μετὰ μαχαιρῶν καὶ ξύλων συλλαβεῖν με;		**ὡς ἐπὶ λῃστὴν** ἐξήλθατε μετὰ μαχαιρῶν καὶ ξύλων;	
ag	Mt 26,75	καὶ ἐμνήσθη ὁ Πέτρος τοῦ ῥήματος Ἰησοῦ	Mk 14,72	... καὶ ἀνεμνήσθη ὁ Πέτρος τὸ ῥῆμα	Lk 22,61	... καὶ ὑπεμνήσθη ὁ Πέτρος τοῦ ῥήματος τοῦ κυρίου	
122		εἰρηκότος ὅτι πρὶν ἀλέκτορα φωνῆσαι τρὶς ἀπαρνήσῃ με· ...		ὡς εἶπεν αὐτῷ ὁ Ἰησοῦς ὅτι πρὶν ἀλέκτορα φωνῆσαι δὶς τρίς με ἀπαρνήσῃ· ...		ὡς εἶπεν αὐτῷ ὅτι πρὶν ἀλέκτορα φωνῆσαι σήμερον ἀπαρνήσῃ με τρίς.	
ac	Mt 26,57		Mk 14,53		Lk 22,66	καὶ	
112		... ὅπου οἱ γραμματεῖς καὶ οἱ πρεσβύτεροι συνήχθησαν.		... καὶ συνέρχονται πάντες οἱ ἀρχιερεῖς καὶ οἱ πρεσβύτεροι καὶ οἱ γραμματεῖς.		ὡς ἐγένετο ἡμέρα, συνήχθη τὸ πρεσβυτέριον τοῦ λαοῦ, ἀρχιερεῖς τε καὶ γραμματεῖς, καὶ ἀπήγαγον αὐτὸν εἰς τὸ συνέδριον αὐτῶν	
	Mt 27,1	πρωΐας δὲ γενομένης συμβούλιον ἔλαβον πάντες οἱ ἀρχιερεῖς καὶ οἱ πρεσβύτεροι τοῦ λαοῦ κατὰ τοῦ Ἰησοῦ ὥστε θανατῶσαι αὐτόν·	Mk 15,1	καὶ εὐθὺς πρωῒ συμβούλιον ποιήσαντες οἱ ἀρχιερεῖς μετὰ τῶν πρεσβυτέρων καὶ γραμματέων καὶ ὅλον τὸ συνέδριον, ...			
ba					Lk 23,14 → Lk 23,2	... προσηνέγκατέ μοι τὸν ἄνθρωπον τοῦτον	
002						ὡς ἀποστρέφοντα τὸν λαόν, ...	
ac	Mt 27,31	... καὶ	Mk 15,20	... καὶ	Lk 23,26	καὶ	
112		ἀπήγαγον αὐτὸν εἰς τὸ σταυρῶσαι. [32] ἐξερχόμενοι δὲ εὗρον ἄνθρωπον Κυρηναῖον ὀνόματι Σίμωνα, τοῦτον ἠγγάρευσαν ἵνα ἄρῃ τὸν σταυρὸν αὐτοῦ.		ἐξάγουσιν αὐτὸν ἵνα σταυρώσωσιν αὐτόν. [21] καὶ ἀγγαρεύουσιν παράγοντά τινα Σίμωνα Κυρηναῖον ἐρχόμενον ἀπ᾽ ἀγροῦ ... ἵνα ἄρῃ τὸν σταυρὸν αὐτοῦ.		ὡς ἀπήγαγον αὐτόν, ἐπιλαβόμενοι Σίμωνά τινα Κυρηναῖον ἐρχόμενον ἀπ᾽ ἀγροῦ ἐπέθηκαν αὐτῷ τὸν σταυρὸν φέρειν ὄπισθεν τοῦ Ἰησοῦ.	

ag 112	**Mt 27,61** → Mt 27,55-56 → Mt 28,1 → Lk 24,10	ἦν δὲ ἐκεῖ Μαριὰμ ἡ Μαγδαληνὴ καὶ ἡ ἄλλη Μαρία καθήμεναι ἀπέναντι τοῦ τάφου.	**Mk 15,47** → Mk 15,40-41 → Mk 16,1 → Lk 24,10	ἡ δὲ Μαρία ἡ Μαγδαληνὴ καὶ Μαρία ἡ Ἰωσῆτος ἐθεώρουν **ποῦ** τέθειται.	**Lk 23,55** → Lk 8,2-3 → Lk 23,49	κατακολουθήσασαι δὲ αἱ γυναῖκες, ... ἐθεάσαντο τὸ μνημεῖον καὶ **ὡς** ἐτέθη τὸ σῶμα αὐτοῦ	
a 200	**Mt 27,65**	ἔφη αὐτοῖς ὁ Πιλᾶτος· ἔχετε κουστωδίαν· ὑπάγετε ἀσφαλίσασθε **ὡς** οἴδατε.					
b 200 *b* 200	**Mt 28,3** **(2)** ↑ Mt 17,2	ἦν δὲ ἡ εἰδέα αὐτοῦ **ὡς ἀστραπὴ** καὶ τὸ ἔνδυμα αὐτοῦ λευκὸν **ὡς χιών.**	**Mk 16,5**	... εἶδον νεανίσκον καθήμενον ἐν τοῖς δεξιοῖς περιβεβλημένον στολὴν λευκήν,	**Lk 24,4** → Lk 24,23	... ἰδοὺ ἄνδρες δύο ἐπέστησαν αὐταῖς ἐν ἐσθῆτι ἀστραπτούσῃ.	→ Jn 20,12
b 200	**Mt 28,4**	ἀπὸ δὲ τοῦ φόβου αὐτοῦ ἐσείσθησαν οἱ τηροῦντες καὶ ἐγενήθησαν **ὡς νεκροί.**		καὶ ἐξεθαμβήθησαν.	**Lk 24,5**	ἐμφόβων δὲ γενομένων αὐτῶν καὶ κλινουσῶν τὰ πρόσωπα εἰς τὴν γῆν ...	
ag 112	**Mt 28,6**	οὐκ ἔστιν ὧδε, ἠγέρθη γὰρ **καθὼς** εἶπεν· δεῦτε ἴδετε τὸν τόπον ὅπου ἔκειτο.	**Mk 16,6**	... ἠγέρθη, οὐκ ἔστιν ὧδε· ἴδε ὁ τόπος ὅπου ἔθηκαν αὐτόν.	**Lk 24,6** → Lk 24,23	οὐκ ἔστιν ὧδε, ἀλλὰ ἠγέρθη. μνήσθητε **ὡς** ἐλάλησεν ὑμῖν ἔτι ὢν ἐν τῇ Γαλιλαίᾳ	
af 200	**Mt 28,15**	οἱ δὲ λαβόντες τὰ ἀργύρια ἐποίησαν **ὡς** ἐδιδάχθησαν. ...					
ac 002 *ac* 002					**Lk 24,32** **(2)**	... οὐχὶ ἡ καρδία ἡμῶν καιομένη ἦν [ἐν ἡμῖν] **ὡς** ἐλάλει ἡμῖν ἐν τῇ ὁδῷ, **ὡς** διήνοιγεν ἡμῖν τὰς γραφάς;	
ag 002					**Lk 24,35**	καὶ αὐτοὶ ἐξηγοῦντο τὰ ἐν τῇ ὁδῷ καὶ **ὡς** ἐγνώσθη αὐτοῖς ἐν τῇ κλάσει τοῦ ἄρτου.	

[a] ὡς as conjunction with finite verb
[aa] ὡς as conjunction denoting comparison
[ab] ἐγένετο ὡς (temporal conjunction)
[ac] ὡς as temporal conjunction
[ad] ὡς causal: as, inasmuch as, since, seeing that (see ae)
[ae] ὡς γέγραπται (causal, see ad)
[af] ὡς as a relative
[ag] ὡς in indirect questions

[b] ὡς as particle of comparison without finite verb
[ba] ὡς with participle
[bb] ὡς with predicate (double) accusative
[bc] ὡς, heightening superlative (Acts 17,15)
[bd] ὡς with numerals (about, nearly)

[c] ὡς final (with infinitive)

ac **Acts 1,10** καὶ
ὡς
ἀτενίζοντες ἦσαν εἰς τὸν οὐρανὸν πορευομένου αὐτοῦ, καὶ ἰδοὺ ἄνδρες δύο παρειστήκεισαν αὐτοῖς ἐν ἐσθήσεσι λευκαῖς

aa **Acts 2,15** οὐ γὰρ
ὡς
ὑμεῖς ὑπολαμβάνετε οὗτοι μεθύουσιν, ἔστιν γὰρ ὥρα τρίτη τῆς ἡμέρας

ba **Acts 3,12** ... ἄνδρες Ἰσραηλῖται, τί θαυμάζετε ἐπὶ τούτῳ ἢ ἡμῖν τί ἀτενίζετε
ὡς
ἰδίᾳ δυνάμει ἢ εὐσεβείᾳ πεποιηκόσιν τοῦ περιπατεῖν αὐτόν;

b **Acts 3,22** ... *προφήτην ὑμῖν ἀναστήσει κύριος ὁ θεὸς ὑμῶν ἐκ τῶν ἀδελφῶν ὑμῶν*
ὡς ἐμέ·
αὐτοῦ ἀκούσεσθε ...
➤ Deut 18,15-20

bd **Acts 4,4** πολλοὶ δὲ τῶν ἀκουσάντων τὸν λόγον ἐπίστευσαν καὶ ἐγενήθη [ὁ] ἀριθμὸς τῶν ἀνδρῶν
[ὡς] χιλιάδες πέντε.

bd **Acts 5,7** ἐγένετο δὲ
ὡς ὡρῶν τριῶν διάστημα
καὶ ἡ γυνὴ αὐτοῦ μὴ εἰδυῖα τὸ γεγονὸς εἰσῆλθεν.

ac **Acts 5,24** **ὡς**
δὲ ἤκουσαν τοὺς λόγους τούτους ὅ τε στρατηγὸς τοῦ ἱεροῦ καὶ οἱ ἀρχιερεῖς, διηπόρουν περὶ αὐτῶν τί ἂν γένοιτο τοῦτο.

bd **Acts 5,36** πρὸ γὰρ τούτων τῶν ἡμερῶν ἀνέστη Θευδᾶς λέγων εἶναί τινα ἑαυτόν, ᾧ προσεκλίθη
ἀνδρῶν ἀριθμὸς ὡς τετρακοσίων· ...

ac **Acts 7,23** **ὡς**
δὲ ἐπληροῦτο αὐτῷ τεσσερακονταετὴς χρόνος, ἀνέβη ἐπὶ τὴν καρδίαν αὐτοῦ ἐπισκέψασθαι τοὺς ἀδελφοὺς αὐτοῦ τοὺς υἱοὺς Ἰσραήλ.

bb **Acts 7,37** ... *προφήτην ὑμῖν ἀναστήσει ὁ θεὸς ἐκ τῶν ἀδελφῶν ὑμῶν*
ὡς ἐμέ.
➤ Deut 18,15

b **Acts 7,51** σκληροτράχηλοι καὶ ἀπερίτμητοι καρδίαις καὶ τοῖς ὠσίν, ὑμεῖς ἀεὶ τῷ πνεύματι τῷ ἁγίῳ ἀντιπίπτετε
ὡς οἱ πατέρες ὑμῶν
καὶ ὑμεῖς.

b **Acts 8,32 (2)** ἡ δὲ περιοχὴ τῆς γραφῆς ἣν ἀνεγίνωσκεν ἦν αὕτη·
ὡς πρόβατον
ἐπὶ σφαγὴν ἤχθη καὶ

b ***ὡς ἀμνὸς***
ἐναντίον τοῦ κείραντος αὐτὸν ἄφωνος, οὕτως οὐκ ἀνοίγει τὸ στόμα αὐτοῦ.
➤ Isa 53,7

ac **Acts 8,36** **ὡς**
δὲ ἐπορεύοντο κατὰ τὴν ὁδόν, ἦλθον ἐπί τι ὕδωρ, ...

b **Acts 9,18** καὶ εὐθέως ἀπέπεσαν αὐτοῦ ἀπὸ τῶν ὀφθαλμῶν
ὡς λεπίδες,
ἀνέβλεψέν τε, καὶ ἀναστὰς ἐβαπτίσθη

ac **Acts 9,23** **ὡς**
δὲ ἐπληροῦντο ἡμέραι ἱκαναί, συνεβουλεύσαντο οἱ Ἰουδαῖοι ἀνελεῖν αὐτόν·

ac **Acts 10,7** **ὡς**
δὲ ἀπῆλθεν ὁ ἄγγελος ὁ λαλῶν αὐτῷ, φωνήσας δύο τῶν οἰκετῶν καὶ στρατιώτην εὐσεβῆ τῶν προσκαρτερούντων αὐτῷ

b **Acts 10,11** καὶ θεωρεῖ τὸν οὐρανὸν ἀνεῳγμένον καὶ καταβαῖνον σκεῦός τι
ὡς ὀθόνην μεγάλην
τέσσαρσιν ἀρχαῖς καθιέμενον ἐπὶ τῆς γῆς

ac **Acts 10,17** **ὡς**
δὲ ἐν ἑαυτῷ διηπόρει ὁ Πέτρος τί ἂν εἴη τὸ ὅραμα ὃ εἶδεν, ...

ac **Acts 10,25** **ὡς**
δὲ ἐγένετο τοῦ εἰσελθεῖν τὸν Πέτρον, συναντήσας αὐτῷ ὁ Κορνήλιος πεσὼν ἐπὶ τοὺς πόδας προσεκύνησεν.

ag **Acts 10,28** ... ὑμεῖς ἐπίστασθε
ὡς
ἀθέμιτόν ἐστιν ἀνδρὶ Ἰουδαίῳ κολλᾶσθαι ἢ προσέρχεσθαι ἀλλοφύλῳ· ...

ag **Acts 10,38** → Lk 4,18 → Lk 24,19 Ἰησοῦν τὸν ἀπὸ Ναζαρέθ,
ὡς
ἔχρισεν αὐτὸν ὁ θεὸς πνεύματι ἁγίῳ καὶ δυνάμει, ...

b **Acts 10,47** μήτι τὸ ὕδωρ δύναται κωλῦσαί τις τοῦ μὴ βαπτισθῆναι τούτους, οἵτινες τὸ πνεῦμα τὸ ἅγιον ἔλαβον
ὡς καὶ ἡμεῖς;

b **Acts 11,5** ἐγὼ ἤμην ἐν πόλει Ἰόππῃ προσευχόμενος καὶ εἶδον ἐν ἐκστάσει ὅραμα, καταβαῖνον σκεῦός τι
ὡς ὀθόνην μεγάλην
τέσσαρσιν ἀρχαῖς καθιεμένην ἐκ τοῦ οὐρανοῦ, καὶ ἦλθεν ἄχρι ἐμοῦ.

ag **Acts 11,16** → Mt 3,11 → Mk 1,8 → Lk 3,16 → Acts 1,5 ἐμνήσθην δὲ τοῦ ῥήματος τοῦ κυρίου
ὡς
ἔλεγεν· Ἰωάννης μὲν ἐβάπτισεν ὕδατι, ὑμεῖς δὲ βαπτισθήσεσθε ἐν πνεύματι ἁγίῳ.

b **Acts 11,17** εἰ οὖν τὴν ἴσην δωρεὰν ἔδωκεν αὐτοῖς ὁ θεὸς
ὡς καὶ ἡμῖν
πιστεύσασιν ἐπὶ τὸν κύριον Ἰησοῦν Χριστόν, ἐγὼ τίς ἤμην δυνατὸς κωλῦσαι τὸν θεόν;

bd **Acts 13,18** καὶ
ὡς τεσσερακονταετῆ χρόνον
ἐτροποφόρησεν αὐτοὺς ἐν τῇ ἐρήμῳ

bd **Acts 13,20** [19] καὶ καθελὼν ἔθνη ἑπτὰ ἐν γῇ Χανάαν κατεκληρονόμησεν τὴν γῆν αὐτῶν
[20] ὡς ἔτεσιν τετρακοσίοις καὶ πεντήκοντα.
καὶ μετὰ ταῦτα ἔδωκεν κριτὰς ἕως Σαμουὴλ [τοῦ] προφήτου.

ac **Acts 13,25** → Mt 3,11 → Mk 1,7 → Lk 3,16 → Jn 1,27 **ὡς**
δὲ ἐπλήρου Ἰωάννης τὸν δρόμον, ἔλεγεν· τί ἐμὲ ὑπονοεῖτε εἶναι; ...

ac **Acts 13,29** **ὡς**
δὲ ἐτέλεσαν πάντα τὰ περὶ αὐτοῦ γεγραμμένα, καθελόντες ἀπὸ τοῦ ξύλου ἔθηκαν εἰς μνημεῖον.

ae **Acts 13,33** ὅτι ταύτην ὁ θεὸς ἐκπεπλήρωκεν τοῖς τέκνοις [αὐτῶν] ἡμῖν ἀναστήσας Ἰησοῦν
ὡς
καὶ ἐν τῷ ψαλμῷ γέγραπται τῷ δευτέρῳ, *υἱός μου εἶ σύ, ἐγὼ σήμερον γεγέννηκά σε.*
➤ Ps 2,7

ac **Acts 14,5** **ὡς**
δὲ ἐγένετο ὁρμὴ τῶν ἐθνῶν τε καὶ Ἰουδαίων σὺν τοῖς ἄρχουσιν αὐτῶν ὑβρίσαι καὶ λιθοβολῆσαι αὐτούς

ac **Acts 16,4** **ὡς**
δὲ διεπορεύοντο τὰς πόλεις, παρεδίδοσαν αὐτοῖς φυλάσσειν τὰ δόγματα τὰ κεκριμένα ὑπὸ τῶν ἀποστόλων καὶ πρεσβυτέρων ...

ac **Acts 16,10** **ὡς**
δὲ τὸ ὅραμα εἶδεν, εὐθέως ἐζητήσαμεν ἐξελθεῖν εἰς Μακεδονίαν ...

ac **Acts 16,15** **ὡς**
δὲ ἐβαπτίσθη καὶ ὁ οἶκος αὐτῆς, παρεκάλεσεν λέγουσα· ...

ac Acts 17,13 ὡς
δὲ ἔγνωσαν οἱ ἀπὸ τῆς Θεσσαλονίκης Ἰουδαῖοι ὅτι καὶ ἐν τῇ Βεροίᾳ κατηγγέλη ὑπὸ τοῦ Παύλου ὁ λόγος τοῦ θεοῦ, ἦλθον κἀκεῖ ...

bc Acts 17,15 οἱ δὲ καθιστάνοντες τὸν Παῦλον ἤγαγον ἕως Ἀθηνῶν, καὶ λαβόντες ἐντολὴν πρὸς τὸν Σιλᾶν καὶ τὸν Τιμόθεον ἵνα
ὡς τάχιστα
ἔλθωσιν πρὸς αὐτὸν ἐξῄεσαν.

bb Acts 17,22 ... ἄνδρες Ἀθηναῖοι, κατὰ πάντα
ὡς
δεισιδαιμονεστέρους
ὑμᾶς θεωρῶ.

ad Acts 17,28 ἐν αὐτῷ γὰρ ζῶμεν καὶ κινούμεθα καὶ ἐσμέν,
ὡς
καί τινες τῶν καθ᾽ ὑμᾶς ποιητῶν εἰρήκασιν· τοῦ γὰρ καὶ γένος ἐσμέν.

ac Acts 18,5 ὡς
δὲ κατῆλθον ἀπὸ τῆς Μακεδονίας ὅ τε Σιλᾶς καὶ ὁ Τιμόθεος, συνείχετο τῷ λόγῳ ὁ Παῦλος ...

ac Acts 19,9 ὡς
δέ τινες ἐσκληρύνοντο καὶ ἠπείθουν κακολογοῦντες τὴν ὁδὸν ἐνώπιον τοῦ πλήθους, ἀποστὰς ἀπ᾽ αὐτῶν ἀφώρισεν τοὺς μαθητάς ...

ac Acts 19,21 ὡς
δὲ ἐπληρώθη ταῦτα, ἔθετο ὁ Παῦλος ἐν τῷ πνεύματι διελθὼν τὴν Μακεδονίαν καὶ Ἀχαΐαν πορεύεσθαι εἰς Ἱεροσόλυμα ...

bd Acts 19,34 ... φωνὴ ἐγένετο μία ἐκ πάντων
ὡς ἐπὶ ὥρας δύο
κραζόντων· μεγάλη ἡ Ἄρτεμις Ἐφεσίων.

ac Acts 20,14 ὡς
δὲ συνέβαλλεν ἡμῖν εἰς τὴν ˀἈσσον, ἀναλαβόντες αὐτὸν ἤλθομεν εἰς Μιτυλήνην

ac Acts 20,18 ὡς
δὲ παρεγένοντο πρὸς αὐτὸν εἶπεν αὐτοῖς· ὑμεῖς ἐπίστασθε, ἀπὸ πρώτης ἡμέρας ἀφ᾽ ἧς ἐπέβην εἰς τὴν Ἀσίαν, πῶς μεθ᾽ ὑμῶν τὸν πάντα χρόνον ἐγενόμην

ag Acts 20,20 [19] δουλεύων τῷ κυρίῳ ...
[20] ὡς
οὐδὲν ὑπεστειλάμην τῶν συμφερόντων τοῦ μὴ ἀναγγεῖλαι ὑμῖν καὶ διδάξαι ὑμᾶς δημοσίᾳ καὶ κατ᾽ οἴκους

c Acts 20,24 ἀλλ᾽ οὐδενὸς λόγου ποιοῦμαι τὴν ψυχὴν τιμίαν ἐμαυτῷ
ὡς τελειῶσαι
τὸν δρόμον μου καὶ τὴν διακονίαν ...

ac Acts 21,1 ὡς
δὲ ἐγένετο ἀναχθῆναι ἡμᾶς ἀποσπασθέντας ἀπ᾽ αὐτῶν, εὐθυδρομήσαντες ἤλθομεν εἰς τὴν Κῶ, ...

ac Acts 21,12 ὡς
δὲ ἠκούσαμεν ταῦτα, παρεκαλοῦμεν ἡμεῖς τε καὶ οἱ ἐντόπιοι τοῦ μὴ ἀναβαίνειν αὐτὸν εἰς Ἰερουσαλήμ.

ac Acts 21,27 ὡς
δὲ ἔμελλον αἱ ἑπτὰ ἡμέραι συντελεῖσθαι, οἱ ἀπὸ τῆς Ἀσίας Ἰουδαῖοι θεασάμενοι αὐτὸν ἐν τῷ ἱερῷ ...

ad Acts 22,5 ὡς
καὶ ὁ ἀρχιερεὺς μαρτυρεῖ μοι καὶ πᾶν τὸ πρεσβυτέριον, ...

ac Acts 22,11 ὡς
δὲ οὐκ ἐνέβλεπον ἀπὸ τῆς δόξης τοῦ φωτὸς ἐκείνου, χειραγωγούμενος ὑπὸ τῶν συνόντων μοι ἦλθον εἰς Δαμασκόν.

ac Acts 22,25 ὡς
δὲ προέτειναν αὐτὸν τοῖς ἱμᾶσιν, εἶπεν πρὸς τὸν ἑστῶτα ἑκατόνταρχον ὁ Παῦλος· ...

aa Acts 23,11 τῇ δὲ ἐπιούσῃ νυκτὶ ἐπιστὰς αὐτῷ ὁ κύριος εἶπεν· θάρσει·
ὡς
γὰρ διεμαρτύρω τὰ περὶ ἐμοῦ εἰς Ἰερουσαλήμ, οὕτω σε δεῖ καὶ εἰς Ῥώμην μαρτυρῆσαι.

ba Acts 23,15 νῦν οὖν ὑμεῖς ἐμφανίσατε τῷ χιλιάρχῳ σὺν τῷ συνεδρίῳ ὅπως καταγάγῃ αὐτὸν εἰς ὑμᾶς
ὡς
μέλλοντας διαγινώσκειν ἀκριβέστερον τὰ περὶ αὐτοῦ· ...

ba Acts 23,20 εἶπεν δὲ ὅτι οἱ Ἰουδαῖοι συνέθεντο τοῦ ἐρωτῆσαί σε ὅπως αὔριον τὸν Παῦλον καταγάγῃς εἰς τὸ συνέδριον
ὡς
μέλλον τι ἀκριβέστερον πυνθάνεσθαι περὶ αὐτοῦ.

ad Acts 25,10 ... ἐπὶ τοῦ βήματος Καίσαρός ἑστώς εἰμι, οὗ με δεῖ κρίνεσθαι. Ἰουδαίους οὐδὲν ἠδίκησα
ὡς
καὶ σὺ κάλλιον ἐπιγινώσκεις.

ac Acts 25,14 ὡς
δὲ πλείους ἡμέρας διέτριβον ἐκεῖ, ὁ Φῆστος τῷ βασιλεῖ ἀνέθετο τὰ κατὰ τὸν Παῦλον ...

ac Acts 27,1 ὡς
δὲ ἐκρίθη τοῦ ἀποπλεῖν ἡμᾶς εἰς τὴν Ἰταλίαν, παρεδίδουν τόν τε Παῦλον καί τινας ἑτέρους δεσμώτας ἑκατοντάρχῃ ὀνόματι Ἰουλίῳ σπείρης Σεβαστῆς.

ac Acts 27,27 ὡς
δὲ τεσσαρεσκαιδεκάτη νὺξ ἐγένετο διαφερομένων ἡμῶν ἐν τῷ Ἀδρίᾳ, κατὰ μέσον τῆς νυκτὸς ὑπενόουν οἱ ναῦται προσάγειν τινὰ αὐτοῖς χώραν.

ba Acts 27,30 τῶν δὲ ναυτῶν ζητούντων φυγεῖν ἐκ τοῦ πλοίου καὶ χαλασάντων τὴν σκάφην εἰς τὴν θάλασσαν προφάσει
ὡς
ἐκ πρῴρης ἀγκύρας μελλόντων ἐκτείνειν

ac Acts 28,4 ὡς
δὲ εἶδον οἱ βάρβαροι κρεμάμενον τὸ θηρίον ἐκ τῆς χειρὸς αὐτοῦ, πρὸς ἀλλήλους ἔλεγον· ...

ba Acts 28,19 ἀντιλεγόντων δὲ τῶν Ἰουδαίων ἠναγκάσθην ἐπικαλέσασθαι Καίσαρα οὐχ
ὡς
τοῦ ἔθνους μου ἔχων τι κατηγορεῖν.

ὡσαννά

ὡσαννά	Syn 5	Mt 3	Mk 2	Lk	Acts	Jn 1	1-3John	Paul	Eph	Col
	NT 6	2Thess	1/2Tim	Tit	Heb	Jas	1Pet	2Pet	Jude	Rev

Aramaic: hosanna; help; save, I pray

221	**Mt 21,9** (2) ... ἔκραζον λέγοντες· *ὡσαννὰ* τῷ υἱῷ Δαυίδ· *εὐλογημένος ὁ ἐρχόμενος ἐν ὀνόματι κυρίου·*	**Mk 11,9** ... ἔκραζον· *ὡσαννά·* *εὐλογημένος ὁ ἐρχόμενος ἐν ὀνόματι κυρίου·* ➤ Ps 118,25-26	**Lk 19,38** λέγοντες· *εὐλογημένος ὁ ἐρχόμενος*, ὁ βασιλεὺς *ἐν ὀνόματι κυρίου·*	→ Jn 12,13
221	*ὡσαννὰ ἐν τοῖς ὑψίστοις.* ➤ Ps 118,25-26 ➤ Ps 148,1/Job 16,19	**Mk 11,10** εὐλογημένη ἡ ἐρχομένη βασιλεία τοῦ πατρὸς ἡμῶν Δαυίδ· *ὡσαννὰ ἐν τοῖς ὑψίστοις.* ➤ Ps 148,1/Job 16,19	→ Lk 2,14 ἐν οὐρανῷ εἰρήνη καὶ δόξα ἐν ὑψίστοις. ➤ Ps 118,26	
200	**Mt 21,15** → Lk 19,39-40 ἰδόντες δὲ οἱ ἀρχιερεῖς καὶ οἱ γραμματεῖς τὰ θαυμάσια ἃ ἐποίησεν καὶ τοὺς παῖδας τοὺς κράζοντας ἐν τῷ ἱερῷ καὶ λέγοντας· ὡσαννὰ τῷ υἱῷ Δαυίδ, ἠγανάκτησαν			

ὡσαύτως

ὡσαύτως	Syn 9	Mt 4	Mk 2	Lk 3	Acts	Jn	1-3John	Paul 2	Eph	Col
	NT 17	2Thess	1/2Tim 4	Tit 2	Heb	Jas	1Pet	2Pet	Jude	Rev

(in) the same (way); similarly; likewise

	triple tradition																	double tradition			Sondergut		
		+Mt / +Lk			–Mt / –Lk			traditions not taken over by Mt / Lk							subtotals								
code	222	211	112	212	221	122	121	022	012	021	220	120	210	020	Σ+	Σ–	Σ	202	201	102	200	002	total
Mt		1^+				1^-						1^-			1^+	2^-	1				3		4
Mk						1						1					2						2
Lk			1^+			1									1^+		2					1	3

002		**Lk 13,5** οὐχί, λέγω ὑμῖν, ἀλλ' ἐὰν μὴ μετανοῆτε πάντες ὡσαύτως ἀπολεῖσθε.
200	**Mt 20,5** ... πάλιν [δὲ] ἐξελθὼν περὶ ἕκτην καὶ ἐνάτην ὥραν ἐποίησεν ὡσαύτως.	
200	**Mt 21,30** προσελθὼν δὲ τῷ ἑτέρῳ εἶπεν ὡσαύτως. ὁ δὲ ἀποκριθεὶς εἶπεν· ἐγώ, κύριε· καὶ οὐκ ἀπῆλθεν.	

211	Mt 21,36	[35] καὶ λαβόντες οἱ γεωργοὶ τοὺς δούλους αὐτοῦ ὃν μὲν ἔδειραν, ὃν δὲ ἀπέκτειναν, ὃν δὲ ἐλιθοβόλησαν. [36] πάλιν ἀπέστειλεν ἄλλους δούλους πλείονας τῶν πρώτων, καὶ ἐποίησαν αὐτοῖς **ὡσαύτως**.	Mk 12,4	[3] καὶ λαβόντες αὐτὸν ἔδειραν καὶ ἀπέστειλαν κενόν. [4] καὶ πάλιν ἀπέστειλεν πρὸς αὐτοὺς ἄλλον δοῦλον· κἀκεῖνον ἐκεφαλίωσαν καὶ ἠτίμασαν.	Lk 20,11	[10] ... οἱ δὲ γεωργοὶ ἐξαπέστειλαν αὐτὸν δείραντες κενόν. [11] καὶ προσέθετο ἕτερον πέμψαι δοῦλον· οἱ δὲ κἀκεῖνον δείραντες καὶ ἀτιμάσαντες ...	→ GTh 65
122	Mt 22,26	ὁμοίως καὶ ὁ δεύτερος καὶ ὁ τρίτος ἕως τῶν ἑπτά.	Mk 12,21	καὶ ὁ δεύτερος ἔλαβεν αὐτὴν καὶ ἀπέθανεν μὴ καταλιπὼν σπέρμα· καὶ ὁ τρίτος **ὡσαύτως**· [22] καὶ οἱ ἑπτὰ οὐκ ἀφῆκαν σπέρμα.	Lk 20,31	[30] καὶ ὁ δεύτερος [31] καὶ ὁ τρίτος ἔλαβεν αὐτήν, **ὡσαύτως** δὲ καὶ οἱ ἑπτὰ οὐ κατέλιπον τέκνα καὶ ἀπέθανον.	
200	Mt 25,17	**ὡσαύτως** ὁ τὰ δύο ἐκέρδησεν ἄλλα δύο.					
112	Mt 26,27 → Lk 22,17	καὶ λαβὼν ποτήριον καὶ εὐχαριστήσας ἔδωκεν αὐτοῖς λέγων· πίετε ἐξ αὐτοῦ πάντες, [27] τοῦτο γάρ ἐστιν τὸ αἷμά μου τῆς διαθήκης τὸ περὶ πολλῶν ἐκχυννόμενον εἰς ἄφεσιν ἁμαρτιῶν.	Mk 14,23 → Lk 22,17	καὶ λαβὼν ποτήριον εὐχαριστήσας ἔδωκεν αὐτοῖς, καὶ ἔπιον ἐξ αὐτοῦ πάντες. [24] καὶ εἶπεν αὐτοῖς· τοῦτό ἐστιν τὸ αἷμά μου τῆς διαθήκης τὸ ἐκχυννόμενον ὑπὲρ πολλῶν.	Lk 22,20	καὶ τὸ ποτήριον **ὡσαύτως** μετὰ τὸ δειπνῆσαι, λέγων· τοῦτο τὸ ποτήριον ἡ καινὴ διαθήκη ἐν τῷ αἵματί μου, τὸ ὑπὲρ ὑμῶν ἐκχυννόμενον.	→ 1Cor 11,25
120	Mt 26,35 → Lk 22,33	... κἂν δέῃ με σὺν σοὶ ἀποθανεῖν, οὐ μή σε ἀπαρνήσομαι. **ὁμοίως** καὶ πάντες οἱ μαθηταὶ εἶπαν.	Mk 14,31 → Lk 22,33	... ἐὰν δέῃ με συναποθανεῖν σοι, οὐ μή σε ἀπαρνήσομαι. **ὡσαύτως** δὲ καὶ πάντες ἔλεγον.			→ Jn 13,37

ὡσεί	Syn 13	Mt 3	Mk 1	Lk 9	Acts 6	Jn	1-3John	Paul 1	Eph	Col
	NT 21	2Thess	1/2Tim	Tit	Heb 1	Jas	1Pet	2Pet	Jude	Rev

like; (something) like; about

	triple tradition																	double tradition			Sondergut		
		+Mt / +Lk			–Mt / –Lk			traditions not taken over by Mt / Lk							subtotals								
code	222	211	112	212	221	122	121	022	012	021	220	120	210	020	Σ⁺	Σ⁻	Σ	202	201	102	200	002	total
Mt		1^+		1^+			1^-						1^+		3^+	1^-	3						**3**
Mk							1										1						**1**
Lk			5^+	1^+			1^-								6^+	1^-	6					3	**9**

Mk-Q overlap: 211: Mt 3,16 / Mk 1,10 / Lk 3,22 (?)

a ὡσεί with numeral

211	Mt 3,16 → Mt 12,18	... καὶ εἶδεν [τὸ] πνεῦμα [τοῦ] θεοῦ καταβαῖνον **ὡσεὶ περιστερὰν** [καὶ] ἐρχόμενον ἐπ' αὐτόν·	Mk 1,10	... καὶ τὸ πνεῦμα **ὡς περιστερὰν** καταβαῖνον εἰς αὐτόν·	Lk 3,22 → Lk 4,18	καὶ καταβῆναι τὸ πνεῦμα τὸ ἅγιον σωματικῷ εἴδει **ὡς περιστερὰν** ἐπ' αὐτόν, ...	→ Jn 1,32 → Acts 10,38 Mk-Q overlap?

a 002	**Mt 1,16** → Mt 13,55 → Mk 6,3	Ἰακὼβ δὲ ἐγέννησεν τὸν Ἰωσὴφ τὸν ἄνδρα Μαρίας, ἐξ ἧς ἐγεννήθη Ἰησοῦς ὁ λεγόμενος χριστός.			**Lk 3,23** → Lk 4,22	καὶ αὐτὸς ἦν Ἰησοῦς ἀρχόμενος **ὡσεὶ ἐτῶν τριάκοντα,** ὢν υἱός, ὡς ἐνομίζετο, Ἰωσὴφ τοῦ Ἠλὶ	
210	**Mt 9,36** → Mt 14,14	... ὅτι ἦσαν ἐσκυλμένοι καὶ ἐρριμμένοι ***ὡσεὶ πρόβατα*** *μὴ ἔχοντα ποιμένα.* ➤ Num 27,17/Jdt 11,19/2Chron 18,16	**Mk 6,34**	... ὅτι ἦσαν ***ὡς πρόβατα*** *μὴ ἔχοντα ποιμένα, ...* ➤ Num 27,17/Jdt 11,19/2Chron 18,16			
a 212	**Mt 14,21** → Mt 15,38	οἱ δὲ ἐσθίοντες ἦσαν **ἄνδρες ὡσεὶ πεντακισχίλιοι** χωρὶς γυναικῶν καὶ παιδίων.	**Mk 6,44** → Mk 8,9	καὶ ἦσαν οἱ φαγόντες [τοὺς ἄρτους] **πεντακισχίλιοι ἄνδρες.**	**Lk 9,14** (2)	ἦσαν γὰρ **ὡσεὶ ἄνδρες πεντακισχίλιοι.**	→ Jn 6,10
a 112	**Mt 14,19** → Mt 15,35	καὶ κελεύσας τοὺς ὄχλους ἀνακλιθῆναι ἐπὶ τοῦ χόρτου, ...	**Mk 6,40** → Mk 8,6	[39] καὶ ἐπέταξεν αὐτοῖς ἀνακλῖναι πάντας συμπόσια συμπόσια ἐπὶ τῷ χλωρῷ χόρτῳ. [40] καὶ ἀνέπεσαν πρασιαὶ πρασιαὶ κατὰ ἑκατὸν καὶ **κατὰ πεντήκοντα.**		εἶπεν δὲ πρὸς τοὺς μαθητὰς αὐτοῦ· κατακλίνατε αὐτοὺς κλισίας **[ὡσεὶ] ἀνὰ πεντήκοντα.** [15] καὶ ἐποίησαν οὕτως καὶ κατέκλιναν ἅπαντας.	→ Jn 6,10
a 112	**Mt 17,1**	καὶ **μεθ'** **ἡμέρας ἓξ** παραλαμβάνει ὁ Ἰησοῦς τὸν Πέτρον καὶ Ἰάκωβον καὶ Ἰωάννην τὸν ἀδελφὸν αὐτοῦ καὶ ἀναφέρει αὐτοὺς εἰς ὄρος ὑψηλὸν κατ' ἰδίαν.	**Mk 9,2**	καὶ **μετὰ** **ἡμέρας ἓξ** παραλαμβάνει ὁ Ἰησοῦς τὸν Πέτρον καὶ τὸν Ἰάκωβον καὶ τὸν Ἰωάννην καὶ ἀναφέρει αὐτοὺς εἰς ὄρος ὑψηλὸν κατ' ἰδίαν μόνους. ...	**Lk 9,28**	ἐγένετο δὲ **μετὰ τοὺς λόγους τούτους ὡσεὶ ἡμέραι ὀκτὼ** [καὶ] παραλαβὼν Πέτρον καὶ Ἰωάννην καὶ Ἰάκωβον ἀνέβη εἰς τὸ ὄρος προσεύξασθαι.	
121	**Mt 17,18**	καὶ ἐπετίμησεν αὐτῷ ὁ Ἰησοῦς καὶ ἐξῆλθεν ἀπ' αὐτοῦ τὸ δαιμόνιον καὶ ἐθεραπεύθη ὁ παῖς ἀπὸ τῆς ὥρας ἐκείνης.	**Mk 9,26**	[25] ἰδὼν δὲ ὁ Ἰησοῦς ὅτι ἐπισυντρέχει ὄχλος, ἐπετίμησεν τῷ πνεύματι τῷ ἀκαθάρτῳ ... [26] καὶ κράξας καὶ πολλὰ σπαράξας ἐξῆλθεν· καὶ ἐγένετο **ὡσεὶ νεκρός,** ὥστε τοὺς πολλοὺς λέγειν ὅτι ἀπέθανεν. [27] ὁ δὲ Ἰησοῦς κρατήσας τῆς χειρὸς αὐτοῦ ἤγειρεν αὐτόν, καὶ ἀνέστη.	**Lk 9,42** → Lk 7,15	... ἐπετίμησεν δὲ ὁ Ἰησοῦς τῷ πνεύματι τῷ ἀκαθάρτῳ καὶ ἰάσατο τὸν παῖδα καὶ ἀπέδωκεν αὐτὸν τῷ πατρὶ αὐτοῦ.	
112	**Mt 26,39**	καὶ προελθὼν **μικρὸν** ἔπεσεν ἐπὶ πρόσωπον αὐτοῦ προσευχόμενος ...	**Mk 14,35**	καὶ προελθὼν **μικρὸν** ἔπιπτεν ἐπὶ τῆς γῆς καὶ προσηύχετο ...	**Lk 22,41**	καὶ αὐτὸς ἀπεσπάσθη ἀπ' αὐτῶν **ὡσεὶ λίθου βολὴν** καὶ θεὶς τὰ γόνατα προσηύχετο	

002					Lk 22,44	[[καὶ γενόμενος ἐν ἀγωνίᾳ ἐκτενέστερον προσηύχετο· καὶ ἐγένετο ὁ ἱδρὼς αὐτοῦ **ὡσεὶ θρόμβοι αἵματος** καταβαίνοντος ἐπὶ τὴν γῆν.]]	Lk 22,44 is textcritically uncertain.
a 112	Mt 26,73	**μετὰ μικρὸν** δὲ προσελθόντες οἱ ἑστῶτες εἶπον τῷ Πέτρῳ· ἀληθῶς καὶ σὺ ἐξ αὐτῶν εἶ, ...	Mk 14,70	... καὶ **μετὰ μικρὸν** πάλιν οἱ παρεστῶτες ἔλεγον τῷ Πέτρῳ· ἀληθῶς ἐξ αὐτῶν εἶ, ...	Lk 22,59	καὶ **διαστάσης ὡσεὶ ὥρας μιᾶς** ἄλλος τις διϊσχυρίζετο λέγων· ἐπ' ἀληθείας καὶ οὗτος μετ' αὐτοῦ ἦν, ..	→ Jn 18,26
a 112	Mt 27,45	**ἀπὸ δὲ ἕκτης ὥρας** σκότος ἐγένετο ἐπὶ πᾶσαν τὴν γῆν ἕως ὥρας ἐνάτης.	Mk 15,33	καὶ γενομένης **ὥρας ἕκτης** σκότος ἐγένετο ἐφ' ὅλην τὴν γῆν ἕως ὥρας ἐνάτης.	Lk 23,44 → Lk 23,45	καὶ ἦν ἤδη **ὡσεὶ ὥρα ἕκτη** καὶ σκότος ἐγένετο ἐφ' ὅλην τὴν γῆν ἕως ὥρας ἐνάτης	
002					Lk 24,11	καὶ ἐφάνησαν ἐνώπιον αὐτῶν **ὡσεὶ λῆρος** τὰ ῥήματα ταῦτα, καὶ ἠπίστουν αὐταῖς.	

a **Acts 1,15** ... ἦν τε ὄχλος ὀνομάτων ἐπὶ τὸ αὐτὸ **ὡσεὶ ἑκατὸν εἴκοσι·**

Acts 2,3 καὶ ὤφθησαν αὐτοῖς διαμεριζόμεναι γλῶσσαι **ὡσεὶ πυρὸς** καὶ ἐκάθισεν ἐφ' ἕνα ἕκαστον αὐτῶν

a **Acts 2,41** οἱ μὲν οὖν ἀποδεξάμενοι τὸν λόγον αὐτοῦ ἐβαπτίσθησαν καὶ προσετέθησαν ἐν τῇ ἡμέρᾳ ἐκείνῃ **ψυχαὶ ὡσεὶ τρισχίλιαι.**

Acts 6,15 καὶ ἀτενίσαντες εἰς αὐτὸν πάντες οἱ καθεζόμενοι ἐν τῷ συνεδρίῳ εἶδον τὸ πρόσωπον αὐτοῦ **ὡσεὶ πρόσωπον ἀγγέλου.**

a **Acts 10,3** εἶδεν ἐν ὁράματι φανερῶς **ὡσεὶ περὶ ὥραν ἐνάτην τῆς ἡμέρας** ἄγγελον τοῦ θεοῦ εἰσελθόντα πρὸς αὐτὸν ...

a **Acts 19,7** ἦσαν δὲ οἱ πάντες ἄνδρες **ὡσεὶ δώδεκα.**

ὥσπερ	Syn 12	Mt 10	Mk	Lk 2	Acts 3	Jn 2	1-3John	Paul 14	Eph	Col
	NT 36	2Thess	1/2Tim	Tit	Heb 3	Jas 1	1Pet	2Pet	Jude	Rev 1

(just) as

	triple tradition																	double tradition			Sondergut		
		+Mt / +Lk			−Mt / −Lk			traditions not taken over by Mt / Lk							subtotals								
code	222	211	112	212	221	122	121	022	012	021	220	120	210	020	Σ⁺	Σ⁻	Σ	202	201	102	200	002	total
Mt		1⁺													1⁺		1	1	3		5		10
Mk																							
Lk																		1				1	2

a ὥσπερ as conjunction with finite verb
b ὥσπερ as particle of comparison without finite verb
c ὥσπερ ..., οὕτως

a 200	Mt 6,2	ὅταν οὖν ποιῇς ἐλεημοσύνην, μὴ σαλπίσῃς ἔμπροσθέν σου, **ὥσπερ** οἱ ὑποκριταὶ ποιοῦσιν ἐν ταῖς συναγωγαῖς καὶ ἐν ταῖς ῥύμαις, ...	→ GTh 6 (POxy 654)

b 200	Mt 6,7	προσευχόμενοι δὲ μὴ βατταλογήσητε **ὥσπερ οἱ ἐθνικοί,** δοκοῦσιν γὰρ ὅτι ἐν τῇ πολυλογίᾳ αὐτῶν εἰσακουσθήσονται.					
a c 201	Mt 12,40 → Mt 27,63	**ὥσπερ** γὰρ *ἦν Ἰωνᾶς ἐν τῇ κοιλίᾳ τοῦ κήτους τρεῖς ἡμέρας καὶ τρεῖς νύκτας,* οὕτως ἔσται ὁ υἱὸς τοῦ ἀνθρώπου ἐν τῇ καρδίᾳ τῆς γῆς τρεῖς ἡμέρας καὶ τρεῖς νύκτας. ➤ Jonah 2,1			Lk 11,30	**καθὼς** γὰρ ἐγένετο Ἰωνᾶς τοῖς Νινευίταις σημεῖον, οὕτως ἔσται καὶ ὁ υἱὸς τοῦ ἀνθρώπου τῇ γενεᾷ ταύτῃ.	
a c 200	Mt 13,40	**ὥσπερ** οὖν συλλέγεται τὰ ζιζάνια καὶ πυρὶ [κατα]καίεται, οὕτως ἔσται ἐν τῇ συντελείᾳ τοῦ αἰῶνος·					
b 200	Mt 18,17	... ἐὰν δὲ καὶ τῆς ἐκκλησίας παρακούσῃ, ἔστω σοι **ὥσπερ ὁ ἐθνικὸς** καὶ ὁ τελώνης.					
a 211	Mt 20,28	**ὥσπερ** ὁ υἱὸς τοῦ ἀνθρώπου οὐκ ἦλθεν διακονηθῆναι ἀλλὰ διακονῆσαι καὶ δοῦναι τὴν ψυχὴν αὐτοῦ λύτρον ἀντὶ πολλῶν.	Mk 10,45	καὶ γὰρ ὁ υἱὸς τοῦ ἀνθρώπου οὐκ ἦλθεν διακονηθῆναι ἀλλὰ διακονῆσαι καὶ δοῦναι τὴν ψυχὴν αὐτοῦ λύτρον ἀντὶ πολλῶν.	Lk 22,27 → Lk 12,37	... ἐγὼ δὲ ἐν μέσῳ ὑμῶν εἰμι ὡς ὁ διακονῶν.	→ Jn 13,13-14
a c 202	Mt 24,27	**ὥσπερ** γὰρ ἡ ἀστραπὴ ἐξέρχεται ἀπὸ ἀνατολῶν καὶ φαίνεται ἕως δυσμῶν, οὕτως ἔσται ἡ παρουσία τοῦ υἱοῦ τοῦ ἀνθρώπου·			Lk 17,24	**ὥσπερ** γὰρ ἡ ἀστραπὴ ἀστράπτουσα ἐκ τῆς ὑπὸ τὸν οὐρανὸν εἰς τὴν ὑπ' οὐρανὸν λάμπει, οὕτως ἔσται ὁ υἱὸς τοῦ ἀνθρώπου [ἐν τῇ ἡμέρᾳ αὐτοῦ].	
b 002					Lk 18,11	... ὁ θεός, εὐχαριστῶ σοι ὅτι οὐκ εἰμὶ **ὥσπερ οἱ λοιποὶ τῶν ἀνθρώπων,** ἅρπαγες, ἄδικοι, μοιχοί, ἢ καὶ ὡς οὗτος ὁ τελώνης·	
b c 201	Mt 24,37	**ὥσπερ** γὰρ αἱ ἡμέραι τοῦ Νῶε, οὕτως ἔσται ἡ παρουσία τοῦ υἱοῦ τοῦ ἀνθρώπου.			Lk 17,26	καὶ **καθὼς** ἐγένετο ἐν ταῖς ἡμέραις Νῶε, οὕτως ἔσται καὶ ἐν ταῖς ἡμέραις τοῦ υἱοῦ τοῦ ἀνθρώπου·	
a 201	Mt 25,14	**ὥσπερ** γὰρ ἄνθρωπος ἀποδημῶν ἐκάλεσεν τοὺς ἰδίους δούλους καὶ παρέδωκεν αὐτοῖς τὰ ὑπάρχοντα αὐτοῦ, [15] καὶ ᾧ μὲν ἔδωκεν πέντε τάλαντα, ᾧ δὲ δύο, ᾧ δὲ ἕν, ἑκάστῳ κατὰ τὴν ἰδίαν δύναμιν, ...	Mk 13,34	ὡς ἄνθρωπος ἀπόδημος ἀφεὶς τὴν οἰκίαν αὐτοῦ καὶ δοὺς τοῖς δούλοις αὐτοῦ τὴν ἐξουσίαν ἑκάστῳ τὸ ἔργον αὐτοῦ, καὶ τῷ θυρωρῷ ἐνετείλατο ἵνα γρηγορῇ.	Lk 19,12	... ἄνθρωπός τις εὐγενὴς ἐπορεύθη εἰς χώραν μακρὰν λαβεῖν ἑαυτῷ βασιλείαν καὶ ὑποστρέψαι. [13] καλέσας δὲ δέκα δούλους ἑαυτοῦ ἔδωκεν αὐτοῖς δέκα μνᾶς ...	Mk-Q overlap

a 200	**Mt 25,32** καὶ συναχθήσονται ἔμπροσθεν αὐτοῦ πάντα τὰ ἔθνη, καὶ ἀφορίσει αὐτοὺς ἀπ' ἀλλήλων, **ὥσπερ** ὁ ποιμὴν ἀφορίζει τὰ πρόβατα ἀπὸ τῶν ἐρίφων			

b **Acts 2,2** καὶ ἐγένετο ἄφνω ἐκ τοῦ οὐρανοῦ ἦχος **ὥσπερ φερομένης πνοῆς βιαίας** καὶ ἐπλήρωσεν ὅλον τὸν οἶκον οὗ ἦσαν καθήμενοι	*b* **Acts 3,17** [[→ Lk 23,34a]] καὶ νῦν, ἀδελφοί, οἶδα ὅτι κατὰ ἄγνοιαν ἐπράξατε **ὥσπερ καὶ οἱ ἄρχοντες ὑμῶν·**	*b* **Acts 11,15** ἐν δὲ τῷ ἄρξασθαί με λαλεῖν ἐπέπεσεν τὸ πνεῦμα τὸ ἅγιον ἐπ' αὐτοὺς **ὥσπερ καὶ ἐφ' ἡμᾶς** ἐν ἀρχῇ.

ὥστε

	Syn	Mt	Mk	Lk	Acts	Jn	1-3John	Paul	Eph	Col
	32	15	13	4	8	1		37		
	NT	2Thess	1/2Tim	Tit	Heb	Jas	1Pet	2Pet	Jude	Rev
	83	2			1		2			

for this reason; therefore; so that

	triple tradition																	double tradition			Sondergut		
		+Mt / +Lk			–Mt / –Lk			traditions not taken over by Mt / Lk							subtotals								
code	*222*	*211*	*112*	*212*	*221*	*122*	*121*	*022*	*012*	*021*	*220*	*120*	*210*	*020*	Σ⁺	Σ⁻	Σ	*202*	*201*	*102*	*200*	*002*	total
Mt		3^+			2		3^-				2		5^+		8^+	3^-	12		2		1		**15**
Mk					2		3			4	2			2			13						**13**
Lk			2^+		2^-		3^-			4^-					2^+	9^-	2					2	**4**

a ὥστε μή, ὥστε μηκέτι
b ὥστε οὐκέτι
c ὥστε with indicative
d ὥστε with infinitive
e οὕτως ὥστε

d 002			**Lk 4,29** ... καὶ ἤγαγον αὐτὸν ἕως ὀφρύος τοῦ ὄρους ἐφ' οὗ ἡ πόλις ᾠκοδόμητο αὐτῶν, **ὥστε** κατακρημνίσαι αὐτόν·	
d 021	→ Mt 7,29	**Mk 1,27** → Mk 1,22 καὶ ἐθαμβήθησαν ἅπαντες, **ὥστε** συζητεῖν πρὸς ἑαυτοὺς λέγοντας· τί ἐστιν τοῦτο; διδαχὴ καινὴ κατ' ἐξουσίαν· καὶ τοῖς πνεύμασι τοῖς ἀκαθάρτοις ἐπιτάσσει, καὶ ὑπακούουσιν αὐτῷ.	**Lk 4,36** → Lk 4,32 καὶ ἐγένετο θάμβος ἐπὶ πάντας **καὶ** συνελάλουν πρὸς ἀλλήλους λέγοντες· τίς ὁ λόγος οὗτος ὅτι ἐν ἐξουσίᾳ καὶ δυνάμει ἐπιτάσσει τοῖς ἀκαθάρτοις πνεύμασιν καὶ ἐξέρχονται;	
d 002			**Lk 5,7** ... καὶ ἦλθον καὶ ἔπλησαν ἀμφότερα τὰ πλοῖα **ὥστε** βυθίζεσθαι αὐτά.	
a d 021		**Mk 1,45** → Mt 9,31 ὁ δὲ ἐξελθὼν ἤρξατο κηρύσσειν πολλὰ καὶ διαφημίζειν τὸν λόγον, **ὥστε** μηκέτι αὐτὸν δύνασθαι φανερῶς εἰς πόλιν εἰσελθεῖν, ἀλλ' ἔξω ἐπ' ἐρήμοις τόποις ἦν· καὶ ἤρχοντο πρὸς αὐτὸν πάντοθεν.	**Lk 5,15** → Lk 6,18 → Lk 7,17 διήρχετο δὲ μᾶλλον ὁ λόγος περὶ αὐτοῦ, **καὶ** συνήρχοντο ὄχλοι πολλοὶ ἀκούειν καὶ θεραπεύεσθαι ἀπὸ τῶν ἀσθενειῶν αὐτῶν· [16] αὐτὸς δὲ ἦν ὑποχωρῶν ἐν ταῖς ἐρήμοις καὶ προσευχόμενος.	

a d 021			Mk 2,2 ↓Mk 3,20	καὶ συνήχθησαν πολλοὶ ὥστε μηκέτι χωρεῖν μηδὲ τὰ πρὸς τὴν θύραν, καὶ ἐλάλει αὐτοῖς τὸν λόγον.	Lk 5,17 →Lk 5,21	καὶ ἐγένετο ἐν μιᾷ τῶν ἡμερῶν καὶ αὐτὸς ἦν διδάσκων, ...
d 121	Mt 9,8	[7] καὶ ἐγερθεὶς ἀπῆλθεν εἰς τὸν οἶκον αὐτοῦ. [8] ἰδόντες δὲ οἱ ὄχλοι ἐφοβήθησαν καὶ ἐδόξασαν τὸν θεὸν τὸν δόντα ἐξουσίαν τοιαύτην τοῖς ἀνθρώποις.	Mk 2,12	καὶ ἠγέρθη καὶ εὐθὺς ἄρας τὸν κράβαττον ἐξῆλθεν ἔμπροσθεν πάντων, ὥστε ἐξίστασθαι πάντας καὶ δοξάζειν τὸν θεὸν λέγοντας ὅτι οὕτως οὐδέποτε εἴδομεν.	Lk 5,26	[25] καὶ παραχρῆμα ἀναστὰς ἐνώπιον αὐτῶν, ἄρας ἐφ᾽ ὃ κατέκειτο, ἀπῆλθεν εἰς τὸν οἶκον αὐτοῦ δοξάζων τὸν θεόν. [26] καὶ ἔκστασις ἔλαβεν ἅπαντας καὶ ἐδόξαζον τὸν θεὸν καὶ ἐπλήσθησαν φόβου λέγοντες ὅτι εἴδομεν παράδοξα σήμερον.
c 121	Mt 12,8	κύριος γάρ ἐστιν τοῦ σαββάτου ὁ υἱὸς τοῦ ἀνθρώπου.	Mk 2,28	ὥστε κύριός ἐστιν ὁ υἱὸς τοῦ ἀνθρώπου καὶ τοῦ σαββάτου.	Lk 6,5	... κύριός ἐστιν τοῦ σαββάτου ὁ υἱὸς τοῦ ἀνθρώπου.
	Mt 12,15	... καὶ ἐθεράπευσεν αὐτοὺς πάντας	Mk 3,10	πολλοὺς γὰρ ἐθεράπευσεν,	Lk 6,18 →Mk 3,11	... καὶ οἱ ἐνοχλούμενοι ἀπὸ πνευμάτων ἀκαθάρτων ἐθεραπεύοντο,
d 021				ὥστε ἐπιπίπτειν αὐτῷ ἵνα αὐτοῦ ἅψωνται ὅσοι εἶχον μάστιγας.	Lk 6,19 →Mk 5,30 →Lk 8,46	καὶ πᾶς ὁ ὄχλος ἐζήτουν ἅπτεσθαι αὐτοῦ, ὅτι δύναμις παρ᾽ αὐτοῦ ἐξήρχετο καὶ ἰᾶτο πάντας.
d 221	Mt 8,24	καὶ ἰδοὺ σεισμὸς μέγας ἐγένετο ἐν τῇ θαλάσσῃ, ὥστε τὸ πλοῖον καλύπτεσθαι ὑπὸ τῶν κυμάτων, ...	Mk 4,37	καὶ γίνεται λαῖλαψ μεγάλη ἀνέμου, καὶ τὰ κύματα ἐπέβαλλεν εἰς τὸ πλοῖον, ὥστε ἤδη γεμίζεσθαι τὸ πλοῖον.	Lk 8,23	.... καὶ κατέβη λαῖλαψ ἀνέμου εἰς τὴν λίμνην, καὶ συνεπληροῦντο καὶ ἐκινδύνευον.
a d 211	Mt 8,28	... δύο δαιμονιζόμενοι ... χαλεποὶ λίαν, ὥστε μὴ ἰσχύειν τινὰ παρελθεῖν διὰ τῆς ὁδοῦ ἐκείνης.	Mk 5,4	[2] ... ἄνθρωπος ἐν πνεύματι ἀκαθάρτῳ, [3] ... [4] διὰ τὸ αὐτὸν πολλάκις πέδαις καὶ ἁλύσεσιν δεδέσθαι καὶ διεσπάσθαι ὑπ᾽ αὐτοῦ τὰς ἁλύσεις καὶ τὰς πέδας συντετρῖφθαι, καὶ οὐδεὶς ἴσχυεν αὐτὸν δαμάσαι·	Lk 8,29	[27] ... ἀνήρ τις ἐκ τῆς πόλεως ἔχων δαιμόνια ... [29] ... πολλοῖς γὰρ χρόνοις συνηρπάκει αὐτὸν καὶ ἐδεσμεύετο ἁλύσεσιν καὶ πέδαις φυλασσόμενος καὶ διαρρήσσων τὰ δεσμὰ ...
	Mt 10,1	καὶ προσκαλεσάμενος τοὺς δώδεκα μαθητὰς αὐτοῦ ἔδωκεν αὐτοῖς ἐξουσίαν πνευμάτων ἀκαθάρτων	Mk 6,7 ↓Mk 3,15 ↓Mk 3,14 →Mt 10,5	καὶ προσκαλεῖται τοὺς δώδεκα καὶ ἤρξατο αὐτοὺς ἀποστέλλειν δύο δύο καὶ ἐδίδου αὐτοῖς ἐξουσίαν τῶν πνευμάτων τῶν ἀκαθάρτων	Lk 9,1 →Lk 10,1	συγκαλεσάμενος δὲ τοὺς δώδεκα ἔδωκεν αὐτοῖς δύναμιν καὶ ἐξουσίαν ἐπὶ πάντα τὰ δαιμόνια καὶ νόσους θεραπεύειν [2] καὶ ἀπέστειλεν αὐτοὺς ...
d 210		ὥστε ἐκβάλλειν αὐτὰ καὶ θεραπεύειν πᾶσαν νόσον καὶ πᾶσαν μαλακίαν.	Mk 3,15 ↑Mk 6,7 ↑Lk 9,1 →Mt 10,5 ↑Lk 9,2	[14] καὶ ἐποίησεν δώδεκα, ... ἵνα ἀποστέλλῃ αὐτοὺς κηρύσσειν [15] καὶ ἔχειν ἐξουσίαν ἐκβάλλειν τὰ δαιμόνια·		

c 211	Mt 12,12	πόσῳ οὖν διαφέρει ἄνθρωπος προβάτου. ὥστε ἔξεστιν τοῖς σάββασιν καλῶς ποιεῖν.	Mk 3,4	καὶ λέγει αὐτοῖς· ἔξεστιν τοῖς σάββασιν ἀγαθὸν ποιῆσαι ἢ κακοποιῆσαι, ψυχὴν σῶσαι ἢ ἀποκτεῖναι; ...	Lk 6,9 → Lk 13,14 → Lk 14,3	εἶπεν δὲ ὁ Ἰησοῦς πρὸς αὐτούς· ἐπερωτῶ ὑμᾶς εἰ ἔξεστιν τῷ σαββάτῳ ἀγαθοποιῆσαι ἢ κακοποιῆσαι, ψυχὴν σῶσαι ἢ ἀπολέσαι;	
a d 020			Mk 3,20 ↑ Mk 2,2	... καὶ συνέρχεται πάλιν [ὁ] ὄχλος, ὥστε μὴ δύνασθαι αὐτοὺς μηδὲ ἄρτον φαγεῖν.			
d 200	Mt 12,22 ⇨ Mt 9,32-33	τότε προσηνέχθη αὐτῷ δαιμονιζόμενος τυφλὸς καὶ κωφός, καὶ ἐθεράπευσεν αὐτόν, ὥστε τὸν κωφὸν λαλεῖν καὶ βλέπειν.			Lk 11,14	καὶ ἦν ἐκβάλλων δαιμόνιον [καὶ αὐτὸ ἦν] κωφόν· ἐγένετο δὲ τοῦ δαιμονίου ἐξελθόντος ἐλάλησεν ὁ κωφὸς ...	
d 221	Mt 13,2 → Lk 5,1	καὶ συνήχθησαν πρὸς αὐτὸν ὄχλοι πολλοί, ὥστε αὐτὸν εἰς πλοῖον ἐμβάντα καθῆσθαι, ...	Mk 4,1 → Lk 5,1 → Mk 3,9 → Mk 4,36	... καὶ συνάγεται πρὸς αὐτὸν ὄχλος πλεῖστος, ὥστε αὐτὸν εἰς πλοῖον ἐμβάντα καθῆσθαι ἐν τῇ θαλάσσῃ, ...	Lk 8,4 ⇩ Lk 5,3	συνιόντος δὲ ὄχλου πολλοῦ καὶ τῶν κατὰ πόλιν ἐπιπορευομένων πρὸς αὐτὸν ...	
					Lk 5,3 ⇧ Lk 8,4	ἐμβὰς δὲ εἰς ἓν τῶν πλοίων, ὃ ἦν Σίμωνος, ἠρώτησεν αὐτὸν ἀπὸ τῆς γῆς ἐπαναγαγεῖν ὀλίγον· καθίσας δὲ ἐκ τοῦ πλοίου ...	
d 020	Mt 13,32	... καὶ γίνεται δένδρον, ὥστε ἐλθεῖν *τὰ πετεινὰ τοῦ οὐρανοῦ καὶ κατασκηνοῦν ἐν τοῖς κλάδοις αὐτοῦ.* ➤ Ps 103,12 LXX	Mk 4,32	... καὶ ποιεῖ κλάδους μεγάλους, ὥστε δύνασθαι ὑπὸ τὴν σκιὰν αὐτοῦ *τὰ πετεινὰ τοῦ οὐρανοῦ κατασκηνοῦν.* ➤ Ps 103,12 LXX	Lk 13,19	... καὶ ἐγένετο εἰς δένδρον, καὶ *τὰ πετεινὰ τοῦ οὐρανοῦ κατεσκήνωσεν ἐν τοῖς κλάδοις αὐτοῦ.* ➤ Ps 103,12 LXX	→ GTh 20 Mk-Q overlap
d 201	Mt 13,32	... καὶ γίνεται δένδρον, ὥστε ἐλθεῖν *τὰ πετεινὰ τοῦ οὐρανοῦ καὶ κατασκηνοῦν ἐν τοῖς κλάδοις αὐτοῦ.* ➤ Ps 103,12 LXX	Mk 4,32	... καὶ ποιεῖ κλάδους μεγάλους, ὥστε δύνασθαι ὑπὸ τὴν σκιὰν αὐτοῦ *τὰ πετεινὰ τοῦ οὐρανοῦ κατασκηνοῦν.* ➤ Ps 103,12 LXX	Lk 13,19	... καὶ ἐγένετο εἰς δένδρον, καὶ *τὰ πετεινὰ τοῦ οὐρανοῦ κατεσκήνωσεν ἐν τοῖς κλάδοις αὐτοῦ.* ➤ Ps 103,12 LXX	→ GTh 20 Mk-Q overlap
d 221	Mt 8,24	καὶ ἰδοὺ σεισμὸς μέγας ἐγένετο ἐν τῇ θαλάσσῃ, ὥστε τὸ πλοῖον καλύπτεσθαι ὑπὸ τῶν κυμάτων, ...	Mk 4,37	καὶ γίνεται λαῖλαψ μεγάλη ἀνέμου, καὶ τὰ κύματα ἐπέβαλλεν εἰς τὸ πλοῖον, ὥστε ἤδη γεμίζεσθαι τὸ πλοῖον.	Lk 8,23	.... καὶ κατέβη λαῖλαψ ἀνέμου εἰς τὴν λίμνην, καὶ συνεπληροῦντο καὶ ἐκινδύνευον.	
d 211	Mt 13,54	... ἐδίδασκεν αὐτοὺς ἐν τῇ συναγωγῇ αὐτῶν, ὥστε ἐκπλήσσεσθαι αὐτοὺς καὶ λέγειν· πόθεν τούτῳ ἡ σοφία αὕτη ...	Mk 6,2	... ἤρξατο διδάσκειν ἐν τῇ συναγωγῇ, καὶ πολλοὶ ἀκούοντες ἐξεπλήσσοντο λέγοντες· πόθεν τούτῳ ταῦτα, ...	Lk 4,22	[16] ... εἰς τὴν συναγωγὴν καὶ ἀνέστη ἀναγνῶναι. [17] ... [22] καὶ πάντες ἐμαρτύρουν αὐτῷ καὶ ἐθαύμαζον ἐπὶ τοῖς λόγοις τῆς χάριτος ...	

d 210	**Mt 15,31** → Mt 11,5	[30] ... καὶ ἐθεράπευσεν αὐτούς· [31] **ὥστε** τὸν ὄχλον θαυμάσαι βλέποντας κωφοὺς λαλοῦντας, κυλλοὺς ὑγιεῖς, καὶ χωλοὺς περιπατοῦντας καὶ τυφλοὺς βλέποντας· καὶ ἐδόξασαν τὸν θεὸν Ἰσραήλ.	**Mk 7,37**	καὶ ὑπερπερισσῶς ἐξεπλήσσοντο λέγοντες· καλῶς πάντα πεποίηκεν, καὶ τοὺς κωφοὺς ποιεῖ ἀκούειν καὶ [τοὺς] ἀλάλους λαλεῖν.			
d 210	**Mt 15,33** → Mt 14,16	καὶ λέγουσιν αὐτῷ οἱ μαθηταί· πόθεν ἡμῖν ἐν ἐρημίᾳ ἄρτοι τοσοῦτοι **ὥστε** χορτάσαι ὄχλον τοσοῦτον;	**Mk 8,4** → Mk 6,37	καὶ ἀπεκρίθησαν αὐτῷ οἱ μαθηταὶ αὐτοῦ ὅτι πόθεν τούτους δυνήσεταί τις ὧδε χορτάσαι ἄρτων ἐπ᾽ ἐρημίας;	→ Lk 9,13		
d 121	**Mt 17,18**	καὶ ἐπετίμησεν αὐτῷ ὁ Ἰησοῦς καὶ ἐξῆλθεν ἀπ᾽ αὐτοῦ τὸ δαιμόνιον καὶ ἐθεραπεύθη ὁ παῖς ἀπὸ τῆς ὥρας ἐκείνης.	**Mk 9,26**	[25] ἰδὼν δὲ ὁ Ἰησοῦς ὅτι ἐπισυντρέχει ὄχλος, ἐπετίμησεν τῷ πνεύματι τῷ ἀκαθάρτῳ ... [26] καὶ κράξας καὶ πολλὰ σπαράξας ἐξῆλθεν· καὶ ἐγένετο ὡσεὶ νεκρός, **ὥστε** τοὺς πολλοὺς λέγειν ὅτι ἀπέθανεν. [27] ὁ δὲ Ἰησοῦς κρατήσας τῆς χειρὸς αὐτοῦ ἤγειρεν αὐτόν, καὶ ἀνέστη.	**Lk 9,42** → Lk 7,15	... ἐπετίμησεν δὲ ὁ Ἰησοῦς τῷ πνεύματι τῷ ἀκαθάρτῳ καὶ ἰάσατο τὸν παῖδα καὶ ἀπέδωκεν αὐτὸν τῷ πατρὶ αὐτοῦ.	
d 112	**Mt 16,6**	ὁ δὲ Ἰησοῦς εἶπεν αὐτοῖς· ...	**Mk 8,15**	καὶ διεστέλλετο αὐτοῖς λέγων· ...	**Lk 12,1**	ἐν οἷς ἐπισυναχθεισῶν τῶν μυριάδων τοῦ ὄχλου, **ὥστε** καταπατεῖν ἀλλήλους, ἤρξατο λέγειν πρὸς τοὺς μαθητὰς αὐτοῦ πρῶτον· ...	
b c 220	**Mt 19,6**	[5] ... *καὶ ἔσονται οἱ δύο* *εἰς σάρκα μίαν.* [6] **ὥστε** οὐκέτι εἰσὶν δύο ἀλλὰ σὰρξ μία. ... ➤ Gen 2,24 LXX	**Mk 10,8**	*καὶ ἔσονται οἱ δύο* *εἰς σάρκα μίαν·* **ὥστε** οὐκέτι εἰσὶν δύο ἀλλὰ μία σάρξ. ➤ Gen 2,24 LXX			
d 112	**Mt 22,15** → Mt 26,4	τότε πορευθέντες οἱ Φαρισαῖοι συμβούλιον ἔλαβον ὅπως αὐτὸν παγιδεύσωσιν ἐν λόγῳ. [16] καὶ ἀποστέλλουσιν αὐτῷ τοὺς μαθητὰς αὐτῶν μετὰ τῶν Ἡρῳδιανῶν ...	**Mk 12,13**	καὶ ἀποστέλλουσιν πρὸς αὐτόν τινας τῶν Φαρισαίων καὶ τῶν Ἡρῳδιανῶν ἵνα αὐτὸν ἀγρεύσωσιν λόγῳ.	**Lk 20,20** → Lk 6,7 → Lk 11,53-54 → Lk 16,15 → Lk 18,9 → Lk 23,2	καὶ παρατηρήσαντες ἀπέστειλαν ἐγκαθέτους ὑποκρινομένους ἑαυτοὺς δικαίους εἶναι, ἵνα ἐπιλάβωνται αὐτοῦ λόγου, **ὥστε** παραδοῦναι αὐτὸν τῇ ἀρχῇ καὶ τῇ ἐξουσίᾳ τοῦ ἡγεμόνος.	

c 201	**Mt 23,31**	[30] ... εἰ ἤμεθα ἐν ταῖς ἡμέραις τῶν πατέρων ἡμῶν, οὐκ ἂν ἤμεθα αὐτῶν κοινωνοὶ ἐν τῷ αἵματι τῶν προφητῶν. [31] **ὥστε** μαρτυρεῖτε ἑαυτοῖς ὅτι υἱοί ἐστε τῶν φονευσάντων τοὺς προφήτας. [32] καὶ ὑμεῖς πληρώσατε τὸ μέτρον τῶν πατέρων ὑμῶν.			**Lk 11,48**	[47] ... οἱ δὲ πατέρες ὑμῶν ἀπέκτειναν αὐτούς. [48] **ἄρα** μάρτυρές ἐστε καὶ συνευδοκεῖτε τοῖς ἔργοις τῶν πατέρων ὑμῶν, ὅτι αὐτοὶ μὲν ἀπέκτειναν αὐτούς, ὑμεῖς δὲ οἰκοδομεῖτε.	
d 210	**Mt 24,24** → Mt 24,5 → Mt 24,11	ἐγερθήσονται γὰρ ψευδόχριστοι καὶ ψευδοπροφῆται καὶ δώσουσιν σημεῖα μεγάλα καὶ τέρατα **ὥστε πλανῆσαι,** εἰ δυνατόν, καὶ τοὺς ἐκλεκτούς·	**Mk 13,22** → Mk 13,6	ἐγερθήσονται γὰρ ψευδόχριστοι καὶ ψευδοπροφῆται καὶ δώσουσιν σημεῖα καὶ τέρατα **πρὸς τὸ ἀποπλανᾶν,** εἰ δυνατόν, τοὺς ἐκλεκτούς.	→ Lk 21,8		
d 210	**Mt 27,1**	πρωΐας δὲ γενομένης συμβούλιον ἔλαβον πάντες οἱ ἀρχιερεῖς καὶ οἱ πρεσβύτεροι τοῦ λαοῦ κατὰ τοῦ Ἰησοῦ **ὥστε** θανατῶσαι αὐτόν·	**Mk 15,1**	καὶ εὐθὺς πρωῒ συμβούλιον ποιήσαντες οἱ ἀρχιερεῖς μετὰ τῶν πρεσβυτέρων καὶ γραμματέων καὶ ὅλον τὸ συνέδριον, ...	**Lk 22,66** → Mt 26,57 → Mk 14,53	καὶ ὡς ἐγένετο ἡμέρα, συνήχθη τὸ πρεσβυτέριον τοῦ λαοῦ, ἀρχιερεῖς τε καὶ γραμματεῖς, καὶ ἀπήγαγον αὐτὸν εἰς τὸ συνέδριον αὐτῶν	
d 220	**Mt 27,14**	καὶ οὐκ ἀπεκρίθη αὐτῷ πρὸς οὐδὲ ἓν ῥῆμα, **ὥστε** θαυμάζειν τὸν ἡγεμόνα λίαν.	**Mk 15,5**	ὁ δὲ Ἰησοῦς οὐκέτι οὐδὲν ἀπεκρίθη, **ὥστε** θαυμάζειν τὸν Πιλᾶτον.	**Lk 23,9**	ἐπηρώτα δὲ αὐτὸν ἐν λόγοις ἱκανοῖς, αὐτὸς δὲ οὐδὲν ἀπεκρίνατο αὐτῷ.	Mt/Mk: before Pilate; Lk: before Herod

a ὥστε μή, ὥστε μηκέτι
b ὥστε οὐκέτι
c ὥστε with indicative
d ὥστε with infinitive
e οὕτως ὥστε

d **Acts 1,19** → Mt 27,8
καὶ γνωστὸν ἐγένετο πᾶσι τοῖς κατοικοῦσιν Ἰερουσαλήμ,
ὥστε
κληθῆναι τὸ χωρίον ἐκεῖνο τῇ ἰδίᾳ διαλέκτῳ αὐτῶν Ἁκελδαμάχ, τοῦτ᾽ ἔστιν χωρίον αἵματος.

d **Acts 5,15**
[14] μᾶλλον δὲ προσετίθεντο πιστεύοντες τῷ κυρίῳ, ...
[15] **ὥστε**
καὶ εἰς τὰς πλατείας ἐκφέρειν τοὺς ἀσθενεῖς καὶ τιθέναι ἐπὶ κλιναρίων καὶ κραβάττων, ...

d e **Acts 14,1**
ἐγένετο δὲ ἐν Ἰκονίῳ κατὰ τὸ αὐτὸ εἰσελθεῖν αὐτοὺς εἰς τὴν συναγωγὴν τῶν Ἰουδαίων καὶ λαλῆσαι οὕτως
ὥστε
πιστεῦσαι Ἰουδαίων τε καὶ Ἑλλήνων πολὺ πλῆθος.

d **Acts 15,39**
ἐγένετο δὲ παροξυσμὸς
ὥστε
ἀποχωρισθῆναι αὐτοὺς ἀπ᾽ ἀλλήλων, ...

d **Acts 16,26**
ἄφνω δὲ σεισμὸς ἐγένετο μέγας
ὥστε
σαλευθῆναι τὰ θεμέλια τοῦ δεσμωτηρίου· ...

d **Acts 19,10**
τοῦτο δὲ ἐγένετο ἐπὶ ἔτη δύο,
ὥστε
πάντας τοὺς κατοικοῦντας τὴν Ἀσίαν ἀκοῦσαι τὸν λόγον τοῦ κυρίου, Ἰουδαίους τε καὶ Ἕλληνας.

d **Acts 19,12**
[11] δυνάμεις τε οὐ τὰς τυχούσας ὁ θεὸς ἐποίει διὰ τῶν χειρῶν Παύλου,
[12] **ὥστε**
καὶ ἐπὶ τοὺς ἀσθενοῦντας ἀποφέρεσθαι ἀπὸ τοῦ χρωτὸς αὐτοῦ σουδάρια ἢ σιμικίνθια καὶ ἀπαλλάσσεσθαι ἀπ᾽ αὐτῶν τὰς νόσους, ...

d **Acts 19,16**
καὶ ἐφαλόμενος ὁ ἄνθρωπος ἐπ᾽ αὐτοὺς ἐν ᾧ ἦν τὸ πνεῦμα τὸ πονηρὸν κατακυριεύσας ἀμφοτέρων ἴσχυσεν κατ᾽ αὐτῶν
ὥστε
γυμνοὺς καὶ τετραυματισμένους ἐκφυγεῖν ἐκ τοῦ οἴκου ἐκείνου.

ὠτάριον

ὠτάριον	Syn 1	Mt	Mk 1	Lk	Acts	Jn 1	1-3John	Paul	Eph	Col
	NT 2	2Thess	1/2Tim	Tit	Heb	Jas	1Pet	2Pet	Jude	Rev

the ear

121	**Mt 26,51**	καὶ ἰδοὺ εἷς τῶν μετὰ Ἰησοῦ ἐκτείνας τὴν χεῖρα ἀπέσπασεν τὴν μάχαιραν αὐτοῦ καὶ πατάξας τὸν δοῦλον τοῦ ἀρχιερέως ἀφεῖλεν **αὐτοῦ τὸ ὠτίον.**	**Mk 14,47**	εἷς δέ [τις] τῶν παρεστηκότων σπασάμενος τὴν μάχαιραν ἔπαισεν τὸν δοῦλον τοῦ ἀρχιερέως καὶ ἀφεῖλεν **αὐτοῦ τὸ ὠτάριον.**	**Lk 22,50**	[49] ... κύριε, εἰ πατάξομεν ἐν μαχαίρῃ; [50] καὶ ἐπάταξεν εἷς τις ἐξ αὐτῶν τοῦ ἀρχιερέως τὸν δοῦλον καὶ ἀφεῖλεν **τὸ οὖς αὐτοῦ τὸ δεξιόν.**	→ **Jn 18,10**

ὠτίον

ὠτίον	Syn 2	Mt 1	Mk	Lk 1	Acts	Jn 1	1-3John	Paul	Eph	Col
	NT 3	2Thess	1/2Tim	Tit	Heb	Jas	1Pet	2Pet	Jude	Rev

the ear

211	**Mt 26,51**	καὶ ἰδοὺ εἷς τῶν μετὰ Ἰησοῦ ἐκτείνας τὴν χεῖρα ἀπέσπασεν τὴν μάχαιραν αὐτοῦ καὶ πατάξας τὸν δοῦλον τοῦ ἀρχιερέως ἀφεῖλεν **αὐτοῦ τὸ ὠτίον.**	**Mk 14,47**	εἷς δέ [τις] τῶν παρεστηκότων σπασάμενος τὴν μάχαιραν ἔπαισεν τὸν δοῦλον τοῦ ἀρχιερέως καὶ ἀφεῖλεν **αὐτοῦ τὸ ὠτάριον.**	**Lk 22,50**	[49] ... κύριε, εἰ πατάξομεν ἐν μαχαίρῃ; [50] καὶ ἐπάταξεν εἷς τις ἐξ αὐτῶν τοῦ ἀρχιερέως τὸν δοῦλον καὶ ἀφεῖλεν **τὸ οὖς αὐτοῦ τὸ δεξιόν.**	→ Jn 18,10
002	Mt 26,52	τότε λέγει αὐτῷ ὁ Ἰησοῦς· ἀπόστρεψον τὴν μάχαιράν σου εἰς τὸν τόπον αὐτῆς· πάντες γὰρ οἱ λαβόντες μάχαιραν ἐν μαχαίρῃ ἀπολοῦνται.			**Lk 22,51**	ἀποκριθεὶς δὲ ὁ Ἰησοῦς εἶπεν· ἐᾶτε ἕως τούτου· καὶ ἁψάμενος **τοῦ ὠτίου** ἰάσατο αὐτόν.	→ Jn 18,11

ὠφελέω

ὠφελέω	Syn 7	Mt 3	Mk 3	Lk 1	Acts	Jn 2	1-3John	Paul 4	Eph	Col
	NT 15	2Thess	1/2Tim	Tit	Heb 2	Jas	1Pet	2Pet	Jude	Rev

help; aid; benefit; be of use (to)

	triple tradition																	double tradition			Sondergut		
		+Mt / +Lk			−Mt / −Lk			traditions not taken over by Mt / Lk							subtotals								
code	222	211	112	212	221	122	121	022	012	021	220	120	210	020	Σ⁺	Σ⁻	Σ	202	201	102	200	002	total
Mt	1	1⁺									1				1⁺		3						**3**
Mk	1									1	1						3						**3**
Lk	1									1⁻						1⁻	1						**1**

021			**Mk 5,26**	καὶ πολλὰ παθοῦσα ὑπὸ πολλῶν ἰατρῶν καὶ δαπανήσασα τὰ παρ' αὐτῆς πάντα καὶ **μηδὲν ὠφεληθεῖσα** ἀλλὰ μᾶλλον εἰς τὸ χεῖρον ἐλθοῦσα	**Lk 8,43**	... ἥτις [ἰατροῖς προσαναλώσασα ὅλον τὸν βίον] **οὐκ ἴσχυσεν** ἀπ' οὐδενὸς θεραπευθῆναι	

220	Mt 15,5	ὑμεῖς δὲ λέγετε· ὃς ἂν εἴπῃ τῷ πατρὶ ἢ τῇ μητρί· δῶρον ὃ ἐὰν ἐξ ἐμοῦ **ὠφεληθῇς**	Mk 7,11	ὑμεῖς δὲ λέγετε· ἐὰν εἴπῃ ἄνθρωπος τῷ πατρὶ ἢ τῇ μητρί· κορβᾶν, ὅ ἐστιν δῶρον, ὃ ἐὰν ἐξ ἐμοῦ **ὠφεληθῇς**			
222	Mt 16,26	τί γὰρ **ὠφεληθήσεται** ἄνθρωπος ἐὰν τὸν κόσμον ὅλον κερδήσῃ τὴν δὲ ψυχὴν αὐτοῦ ζημιωθῇ; ...	Mk 8,36	τί γὰρ **ὠφελεῖ** ἄνθρωπον κερδῆσαι τὸν κόσμον ὅλον καὶ ζημιωθῆναι τὴν ψυχὴν αὐτοῦ;	Lk 9,25	τί γὰρ **ὠφελεῖται** ἄνθρωπος κερδήσας τὸν κόσμον ὅλον ἑαυτὸν δὲ ἀπολέσας ἢ ζημιωθείς;	
211	Mt 27,24	ἰδὼν δὲ ὁ Πιλᾶτος ὅτι οὐδὲν **ὠφελεῖ** ἀλλὰ μᾶλλον θόρυβος γίνεται, λαβὼν ὕδωρ ἀπενίψατο τὰς χεῖρας ἀπέναντι τοῦ ὄχλου λέγων· ἀθῷός εἰμι ἀπὸ τοῦ αἵματος τούτου· ὑμεῖς ὄψεσθε.	Mk 15,15	ὁ δὲ Πιλᾶτος βουλόμενος τῷ ὄχλῳ τὸ ἱκανὸν ποιῆσαι ...	Lk 23,24	καὶ Πιλᾶτος ἐπέκρινεν γενέσθαι τὸ αἴτημα αὐτῶν·	→ Acts 18,6

Corrigenda Volume 1

p. xxxi:

20	Mt 18,6	Mk 9,42	Lk 17,2	B

It is disputed whether Lk 17,2 goes back to a Q tradition.

p. xxxii/p. lxvi:

Mt 18,5	19
Mt 18,6	20

p. lxv:

20	Mt 18,6	Mk 9,42	Lk 17,2	B

Es ist umstritten, ob hinter Lk 17,2 eine Q-Tradition steht.

p. 11:

102	Mt 23,6	φιλοῦσιν δὲ τὴν πρωτοκλισίαν ἐν τοῖς δείπνοις καὶ τὰς πρωτοκαθεδρίας ἐν ταῖς συναγωγαῖς [7] καὶ τοὺς ἀσπασμοὺς ἐν ταῖς ἀγοραῖς ...	Lk 11,43 ⇩ Lk 20,46	οὐαὶ ὑμῖν τοῖς Φαρισαίοις, ὅτι ἀγαπᾶτε τὴν πρωτοκαθεδρίαν ἐν ταῖς συναγωγαῖς καὶ τοὺς ἀσπασμοὺς ἐν ταῖς ἀγοραῖς.	Mk-Q overlap

p. 16:

102	Mt 11,7	τούτων δὲ πορευομένων ἤρξατο ὁ Ἰησοῦς λέγειν τοῖς ὄχλοις περὶ Ἰωάννου· ...	Lk 7,24	ἀπελθόντων δὲ τῶν ἀγγέλων Ἰωάννου ἤρξατο λέγειν πρὸς τοὺς ὄχλους περὶ Ἰωάννου· ...	

p. 27:

Mk-Q overlap: 202: Mt 23,7 / Mk 12,38 / Lk 11,43 122: Mt 23,7 / Mk 12,38 / Lk 20,46

p. 43:

002			Lk 16,28	ἔχω γὰρ πέντε ἀδελφούς, ὅπως διαμαρτύρηται αὐτοῖς, ...	

p. 61:

221	**Mt 27,32** ↑ Mt 10,38 ↑ Mt 16,24	ἐξερχόμενοι δὲ εὗρον ἄνθρωπον Κυρηναῖον ὀνόματι Σίμωνα, τοῦτον ἠγγάρευσαν ἵνα ἄρῃ τὸν σταυρὸν αὐτοῦ.	**Mk 15,21** ↑ Mk 8,34	καὶ ἀγγαρεύουσιν παράγοντά τινα Σίμωνα Κυρηναῖον ἐρχόμενον ἀπ' ἀγροῦ, τὸν πατέρα Ἀλεξάνδρου καὶ Ῥούφου, ἵνα ἄρῃ τὸν σταυρὸν αὐτοῦ.	**Lk 23,26** ↑ Lk 9,23 ↑ Lk 14,27	... ἐπιλαβόμενοι Σίμωνά τινα Κυρηναῖον ἐρχόμενον ἀπ' ἀγροῦ ἐπέθηκαν αὐτῷ τὸν σταυρὸν φέρειν ὄπισθεν τοῦ Ἰησοῦ.	

p. 79:

022			**Mk 9,38**	... διδάσκαλε, εἴδομέν τινα ἐν τῷ ὀνόματί σου ἐκβάλλοντα δαιμόνια καὶ ἐκωλύομεν αὐτόν, ὅτι οὐκ ἠκολούθει ἡμῖν.	**Lk 9,49**	... ἐπιστάτα, εἴδομέν τινα ἐν τῷ ὀνόματί σου ἐκβάλλοντα δαιμόνια καὶ ἐκωλύομεν αὐτὸν, ὅτι οὐκ ἀκολουθεῖ μεθ' ἡμῶν.	→ Acts 19,13

p. 106:

221	**Mt 27,54**	ὁ δὲ ἑκατόνταρχος καὶ οἱ μετ' αὐτοῦ τηροῦντες τὸν Ἰησοῦν ἰδόντες τὸν σεισμὸν καὶ τὰ γενόμενα ἐφοβήθησαν σφόδρα, λέγοντες· ἀληθῶς θεοῦ υἱὸς ἦν οὗτος.	**Mk 15,39**	ἰδὼν δὲ ὁ κεντυρίων ὁ παρεστηκὼς ἐξ ἐναντίας αὐτοῦ ὅτι οὕτως ἐξέπνευσεν εἶπεν· ἀληθῶς οὗτος ὁ ἄνθρωπος υἱὸς θεοῦ ἦν.	**Lk 23,47**	ἰδὼν δὲ ὁ ἑκατοντάρχης τὸ γενόμενον ἐδόξαζεν τὸν θεὸν λέγων· ὄντως ὁ ἄνθρωπος οὗτος δίκαιος ἦν.	

p. 123:

201	**Mt 13,33**	ἄλλην παραβολὴν ἐλάλησεν αὐτοῖς· ὁμοία ἐστὶν ἡ βασιλεία τῶν οὐρανῶν ζύμῃ, ...			**Lk 13,20**	καὶ πάλιν εἶπεν· τίνι ὁμοιώσω τὴν βασιλείαν τοῦ θεοῦ; [21] ὁμοία ἐστὶν ζύμῃ ...	→ GTh 96

p. 132:

a 002					**Lk 7,48** ↑ Mt 9,2 ↑ Mk 2,5 ↑ Lk 5,20	εἶπεν δὲ αὐτῇ· ἀφέωνταί σου αἱ ἁμαρτίαι.	

p. 170:

	triple tradition																	double tradition			Sondergut		
		+Mt / +Lk			–Mt / –Lk			traditions not taken over by Mt / Lk							subtotals								
code	*222*	*211*	*112*	*212*	*221*	*122*	*121*	*022*	*012*	*021*	*220*	*120*	*210*	*020*	Σ^+	Σ^-	Σ	*202*	*201*	*102*	*200*	*002*	total
Mt		1^+			1							1^-	1^+		2^+	1^-	3		1		1		**5**
Mk					1							1					2						**2**
Lk			2^+		1^-										2^+	1^-	2						**2**

201	**Mt 22,10** → Lk 14,23 καὶ ἐξελθόντες οἱ δοῦλοι ἐκεῖνοι εἰς τὰς ὁδοὺς συνήγαγον πάντας οὓς εὗρον, πονηρούς τε καὶ ἀγαθούς· καὶ ἐπλήσθη ὁ γάμος **ἀνακειμένων.**	**Lk 14,23** ... ἵνα γεμισθῇ μου ὁ οἶκος·	→ GTh 64

p. 223:

120	**Mt 19,1** → Lk 9,51 καὶ ἐγένετο ὅτε ἐτέλεσεν ὁ Ἰησοῦς τοὺς λόγους τούτους, **μετῆρεν** ἀπὸ τῆς Γαλιλαίας καὶ ἦλθεν εἰς τὰ ὅρια τῆς Ἰουδαίας πέραν τοῦ Ἰορδάνου.	**Mk 10,1** → Lk 9,51 καὶ ἐκεῖθεν **ἀναστὰς** ἔρχεται εἰς τὰ ὅρια τῆς Ἰουδαίας [καὶ] πέραν τοῦ Ἰορδάνου, ...	

p. 224:

120	**Mt 26,60** καὶ οὐχ εὗρον πολλῶν προσελθόντων ψευδομαρτύρων. ὕστερον δὲ **προσελθόντες** δύο [61] εἶπαν· ...	**Mk 14,57** [55] ... καὶ οὐχ ηὕρισκον· [56] πολλοὶ γὰρ ἐψευδομαρτύρουν κατ' αὐτοῦ, καὶ ἴσαι αἱ μαρτυρίαι οὐκ ἦσαν. [57] καί τινες **ἀναστάντες** ἐψευδομαρτύρουν κατ' αὐτοῦ λέγοντες	

p. 229:

a	**Acts 8,32** ... *ὡς πρόβατον ἐπὶ σφαγὴν ἤχθη καὶ ὡς ἀμνὸς ἐναντίον τοῦ κείραντος αὐτὸν ἄφωνος, οὕτως* ***οὐκ ἀνοίγει*** *τὸ στόμα αὐτοῦ.* ➢ Isa 53,7	**Acts 12,14** καὶ ἐπιγνοῦσα τὴν φωνὴν τοῦ Πέτρου ἀπὸ τῆς χαρᾶς **οὐκ ἤνοιξεν** τὸν πυλῶνα, ...

p. 230:

002					Lk 22,37 → Mt 27,38 → Mk 15,27 → Lk 23,33	... τοῦτο τὸ γεγραμμένον δεῖ τελεσθῆναι ἐν ἐμοί, τό· *καὶ* *μετὰ* *ἀνόμων* *ἐλογίσθη*· καὶ γὰρ τὸ περὶ ἐμοῦ τέλος ἔχει. ➤ Isa 53,12	

p. 247:

112	Mt 8,16 ⇩ Mt 4,24 → Mt 12,15 → Mt 15,30	ὀψίας δὲ γενομένης προσήνεγκαν αὐτῷ δαιμονιζομένους πολλούς· ...	Mk 1,32 → Mk 3,10 → Mk 7,32	ὀψίας δὲ γενομένης, ὅτε ἔδυ ὁ ἥλιος, ἔφερον πρὸς αὐτὸν πάντας τοὺς κακῶς ἔχοντας καὶ τοὺς δαιμονιζομένους·	Lk 4,40	δύνοντος δὲ τοῦ ἡλίου ἅπαντες ὅσοι εἶχον ἀσθενοῦντας νόσοις ποικίλαις ἤγαγον αὐτοὺς πρὸς αὐτόν· ...	
	Mt 4,24 ⇧ Mt 8,16	... καὶ προσήνεγκαν αὐτῷ πάντας τοὺς κακῶς ἔχοντας ποικίλαις νόσοις καὶ ... δαιμονιζομένους ...					

p. 251:

b 021			Mk 1,35 → Mk 1,45	καὶ πρωῒ ἔννυχα λίαν ἀναστὰς ἐξῆλθεν καὶ ἀπῆλθεν εἰς ἔρημον τόπον κἀκεῖ προσηύχετο.	Lk 4,42 → Lk 5,16	γενομένης δὲ ἡμέρας ἐξελθὼν ἐπορεύθη εἰς ἔρημον τόπον· ...	

p. 265:

202	Mt 5,42 → Lk 6,34	τῷ αἰτοῦντί σε δός, καὶ τὸν θέλοντα ἀπὸ σοῦ δανίσασθαι μὴ ἀποστραφῇς.			Lk 6,30	παντὶ αἰτοῦντί σε δίδου, καὶ ἀπὸ τοῦ αἴροντος τὰ σὰ μὴ ἀπαίτει.	→ GTh 95

p. 279:

211	Mt 24,1	καὶ ἐξελθὼν ὁ Ἰησοῦς ἀπὸ τοῦ ἱεροῦ ἐπορεύετο, καὶ προσῆλθον οἱ μαθηταὶ αὐτοῦ ἐπιδεῖξαι αὐτῷ τὰς οἰκοδομὰς τοῦ ἱεροῦ.	Mk 13,1	καὶ ἐκπορευομένου αὐτοῦ ἐκ τοῦ ἱεροῦ λέγει αὐτῷ εἷς τῶν μαθητῶν αὐτοῦ· διδάσκαλε, ἴδε ποταποὶ λίθοι καὶ ποταπαὶ οἰκοδομαί.	Lk 21,5	καί τινων λεγόντων περὶ τοῦ ἱεροῦ ὅτι λίθοις καλοῖς καὶ ἀναθήμασιν κεκόσμηται ...	

p. 310:

b a 220	**Mt 27,21** ↑ Mt 27,17	ἀποκριθεὶς δὲ ὁ ἡγεμὼν εἶπεν αὐτοῖς· τίνα θέλετε ἀπὸ τῶν δύο ἀπολύσω ὑμῖν; ...	**Mk 15,12**	ὁ δὲ Πιλᾶτος πάλιν ἀποκριθεὶς			
	Mt 27,22	λέγει αὐτοῖς ὁ Πιλᾶτος· τί οὖν ποιήσω Ἰησοῦν τὸν λεγόμενον χριστόν; ...		ἔλεγεν αὐτοῖς· τί οὖν [θέλετε] ποιήσω [ὃν λέγετε] τὸν βασιλέα τῶν Ἰουδαίων;	**Lk 23,20**	πάλιν δὲ ὁ Πιλᾶτος προσεφώνησεν αὐτοῖς θέλων ἀπολῦσαι τὸν Ἰησοῦν·	→ Jn 19,12

p. 364:

	triple tradition																	double tradition			Sondergut		
		+Mt / +Lk			–Mt / –Lk			traditions not taken over by Mt / Lk							subtotals								
code	*222*	*211*	*112*	*212*	*221*	*122*	*121*	*022*	*012*	*021*	*220*	*120*	*210*	*020*	Σ^+	Σ^-	Σ	*202*	*201*	*102*	*200*	*002*	total
Mt	6	2^+			8	1^-	2^-				3	1^-			2^+	4^-	19				6		**25**
Mk	6				8	1	2	1			3	1					22						**22**
Lk	6		2^+		8^-	1	2^-	1							2^+	10^-	10					5	**15**

p. 367:

121	**Mt 26,69**	... καὶ προσῆλθεν αὐτῷ μία παιδίσκη λέγουσα· καὶ σὺ ἦσθα μετὰ Ἰησοῦ τοῦ Γαλιλαίου.	**Mk 14,66**	... ἔρχεται μία τῶν παιδισκῶν τοῦ ἀρχιερέως [67] καὶ ἰδοῦσα τὸν Πέτρον θερμαινόμενον ἐμβλέψασα αὐτῷ λέγει· καὶ σὺ μετὰ τοῦ Ναζα- ρηνοῦ ἦσθα τοῦ Ἰησοῦ.	**Lk 22,56**	ἰδοῦσα δὲ αὐτὸν παιδίσκη τις καθήμενον πρὸς τὸ φῶς καὶ ἀτενίσασα αὐτῷ εἶπεν· καὶ οὗτος σὺν αὐτῷ ἦν.	→ Jn 18,17

p. 434:

112	**Mt 14,19** → Mt 15,35	καὶ κελεύσας τοὺς ὄχλους ἀνακλιθῆναι ἐπὶ τοῦ χόρτου, ...	**Mk 6,39**	καὶ ἐπέταξεν αὐτοῖς ἀνακλῖναι πάντας συμπόσια συμπόσια ἐπὶ τῷ χλωρῷ χόρτῳ.	**Lk 9,14**	... εἶπεν δὲ πρὸς τοὺς μαθητὰς αὐτοῦ· κατακλίνατε αὐτοὺς κλισίας ...	→ Jn 6,10

p. 438:

121	**Mt 16,20**	τότε διεστείλατο τοῖς μαθηταῖς ἵνα μηδενὶ εἴπωσιν ὅτι αὐτός ἐστιν ὁ χριστός.	**Mk 8,30**	καὶ ἐπετίμησεν αὐτοῖς ἵνα μηδενὶ λέγωσιν περὶ αὐτοῦ.	**Lk 9,21**	ὁ δὲ ἐπιτιμήσας αὐτοῖς παρήγγειλεν μηδενὶ λέγειν τοῦτο	

p. 451:

	Mt 20,32	καὶ στὰς ὁ Ἰησοῦς ἐφώνησεν αὐτοὺς	**Mk 10,50**	[49] καὶ στὰς ὁ Ἰησοῦς εἶπεν· Φωνήσατε αὐτόν. καὶ φωνοῦσιν τὸν τυφλὸν λέγοντες αὐτῷ· θάρσει, ἔγειρε, φωνεῖ σε. [50] ὁ δὲ ἀποβαλὼν	**Lk 18,40**	σταθεὶς δὲ ὁ Ἰησοῦς ἐκέλευσεν αὐτὸν ἀχθῆναι πρὸς αὐτόν.	
121				**τὸ ἱμάτιον αὐτοῦ**			
b	⇩ Mt 9,28			ἀναπηδήσας			
112				**ἦλθεν**		**ἐγγίσαντος δὲ αὐτοῦ**	
				πρὸς τὸν Ἰησοῦν.			
		καὶ εἶπεν· ...		[51] καὶ ἀποκριθεὶς αὐτῷ ὁ Ἰησοῦς εἶπεν·		ἐπηρώτησεν αὐτόν·	

p. 498:

a	**Mt 24,28**				**Lk 17,37**	καὶ ἀποκριθέντες λέγουσιν	
102						**αὐτῷ·**	
		ὅπου ἐὰν ᾖ τὸ πτῶμα, ἐκεῖ συναχθήσονται οἱ ἀετοί.				ποῦ, κύριε; ὁ δὲ εἶπεν αὐτοῖς· ὅπου τὸ σῶμα, ἐκεῖ καὶ οἱ ἀετοὶ ἐπισυναχθήσονται.	

Change figures in the charts on p. 474: *102*: not 8, but 9; *002*: not 72, but 71.
statistics for αὐτῷ and verbum dicendi: *102*: not 4, but 5; *002*: not 33, but 32.

p. 504:

a	**Mt 22,31**	περὶ δὲ τῆς ἀναστάσεως τῶν νεκρῶν οὐκ ἀνέγνωτε τὸ ῥηθὲν	**Mk 12,26**	περὶ δὲ τῶν νεκρῶν ὅτι ἐγείρονται οὐκ ἀνέγνωτε ἐν τῇ βίβλῳ Μωϋσέως ἐπὶ τοῦ βάτου πῶς εἶπεν	**Lk 20,37**	ὅτι δὲ ἐγείρονται οἱ νεκροί, καὶ Μωϋσῆς ἐμήνυσεν ἐπὶ τῆς βάτου,	
121		**ὑμῖν**		**αὐτῷ**			
		ὑπὸ τοῦ θεοῦ λέγοντος· [32] *ἐγώ εἰμι ὁ θεὸς Ἀβραὰμ καὶ ὁ θεὸς Ἰσαὰκ καὶ ὁ θεὸς Ἰακώβ;* ↔ ➢ Exod 3,6		ὁ θεὸς λέγων· *ἐγὼ ὁ θεὸς Ἀβραὰμ καὶ [ὁ] θεὸς Ἰσαὰκ καὶ [ὁ] θεὸς Ἰακώβ;* ➢ Exod 3,6		ὡς λέγει *κύριον τὸν θεὸν Ἀβραὰμ καὶ θεὸν Ἰσαὰκ καὶ θεὸν Ἰακώβ·* ➢ Exod 3,6	

p. 525:

	Mt 8,2		**Mk 1,40**		**Lk 5,12**	καὶ ἐγένετο ἐν τῷ εἶναι	
112			(2)			**αὐτὸν**	
						ἐν μιᾷ τῶν πόλεων	
		καὶ ἰδοὺ		καὶ		καὶ ἰδοὺ	
		λεπρὸς προσελθὼν		ἔρχεται	→ Lk 17,12	ἀνὴρ πλήρης λέπρας· ἰδὼν δὲ	
121				**πρὸς αὐτὸν**		**τὸν Ἰησοῦν,**	
				λεπρὸς			
		προσεκύνει αὐτῷ		παρακαλῶν	→ Lk 17,13.16	πεσὼν ἐπὶ πρόσωπον ἐδεήθη	
121				**αὐτὸν**		**αὐτοῦ**	
		λέγων· κύριε, ἐὰν θέλῃς δύνασαί με καθαρίσαι.		[καὶ γονυπετῶν] καὶ λέγων αὐτῷ ὅτι ἐὰν θέλῃς δύνασαί με καθαρίσαι.		λέγων· κύριε, ἐὰν θέλῃς δύνασαί με καθαρίσαι.	

p. 568:

002 002					Lk 13,8 (2)	... κύριε, ἄφες αὐτὴν καὶ τοῦτο τὸ ἔτος, ἕως ὅτου σκάψω περὶ αὐτὴν καὶ βάλω κόπρια,	

p. 594:

211	Mt 26,36 → Lk 22,39	τότε ἔρχεται μετ᾽ αὐτῶν ὁ Ἰησοῦς εἰς χωρίον λεγόμενον Γεθσημανὶ καὶ λέγει τοῖς μαθηταῖς· ...	Mk 14,32 → Lk 22,39	καὶ ἔρχονται εἰς χωρίον οὗ τὸ ὄνομα Γεθσημανὶ καὶ λέγει τοῖς μαθηταῖς αὐτοῦ· ...	Lk 22,40	γενόμενος δὲ ἐπὶ τοῦ τόπου εἶπεν αὐτοῖς· ...	

p. 609:

112	Mt 8,31	οἱ δὲ δαίμονες παρεκάλουν αὐτὸν λέγοντες· εἰ ἐκβάλλεις ἡμᾶς, ἀπόστειλον ἡμᾶς εἰς τὴν ἀγέλην τῶν χοίρων.	Mk 5,12	καὶ παρεκάλεσαν αὐτὸν λέγοντες· πέμψον ἡμᾶς εἰς τοὺς χοίρους, ἵνα εἰς αὐτοὺς εἰσέλθωμεν.	Lk 8,32 (2)	... καὶ παρεκάλεσαν αὐτὸν ἵνα ἐπιτρέψῃ αὐτοῖς εἰς ἐκείνους εἰσελθεῖν·	
a 222	Mt 8,32	καὶ εἶπεν αὐτοῖς· ὑπάγετε. οἱ δὲ ἐξελθόντες ἀπῆλθον εἰς τοὺς χοίρους· ...	Mk 5,13	καὶ ἐπέτρεψεν αὐτοῖς. καὶ ἐξελθόντα τὰ πνεύματα τὰ ἀκάθαρτα εἰσῆλθον εἰς τοὺς χοίρους, ...		καὶ ἐπέτρεψεν αὐτοῖς. [33] ἐξελθόντα δὲ τὰ δαιμόνια ἀπὸ τοῦ ἀνθρώπου εἰσῆλθον εἰς τοὺς χοίρους, ...	

p. 611:

a 121	Mt 14,19 → Mt 15,35	καὶ κελεύσας τοὺς ὄχλους ἀνακλιθῆναι ἐπὶ τοῦ χόρτου, ...	Mk 6,39 → Mk 8,6	καὶ ἐπέταξεν αὐτοῖς ἀνακλῖναι πάντας συμπόσια συμπόσια ἐπὶ τῷ χλωρῷ χόρτῳ.	Lk 9,14	... εἶπεν δὲ πρὸς τοὺς μαθητὰς αὐτοῦ· κατακλίνατε αὐτοὺς κλισίας ...	→ Jn 6,10

p. 638:

112	Mt 14,19 → Mt 15,35	καὶ κελεύσας τοὺς ὄχλους ἀνακλιθῆναι ἐπὶ τοῦ χόρτου,	Mk 6,39 → Mk 8,6	καὶ ἐπέταξεν αὐτοῖς ἀνακλῖναι πάντας συμπόσια συμπόσια ἐπὶ τῷ χλωρῷ χόρτῳ.	Lk 9,14	... εἶπεν δὲ πρὸς τοὺς μαθητὰς αὐτοῦ· κατακλίνατε αὐτοὺς κλισίας ...	→ Jn 6,10

p. 674:

200	**Mt 7,6**	μὴ δῶτε τὸ ἅγιον τοῖς κυσίν μηδὲ βάλητε τοὺς μαργαρίτας ὑμῶν ἔμπροσθεν τῶν χοίρων, ...					→ GTh 93

p. 690:

222	**Mt 8,29**	... τί ἡμῖν καὶ σοί, υἱὲ τοῦ θεοῦ; ἦλθες ὧδε πρὸ καιροῦ βασανίσαι ἡμᾶς;	**Mk 5,7** → Mk 1,24	... τί ἐμοὶ καὶ σοί, Ἰησοῦ υἱὲ τοῦ θεοῦ τοῦ ὑψίστου; ὁρκίζω σε τὸν θεόν, μή με βασανίσῃς.	**Lk 8,28** → Lk 4,34	... τί ἐμοὶ καὶ σοί, Ἰησοῦ υἱὲ τοῦ θεοῦ τοῦ ὑψίστου; δέομαί σου, μή με βασανίσῃς.	

p. 701:

d 210	**Mt 24,14** → Mt 28,19	καὶ κηρυχθήσεται τοῦτο τὸ εὐαγγέλιον τῆς βασιλείας ἐν ὅλῃ τῇ οἰκουμένῃ εἰς μαρτύριον πᾶσιν τοῖς ἔθνεσιν, ...	**Mk 13,10**	καὶ εἰς πάντα τὰ ἔθνη πρῶτον δεῖ κηρυχθῆναι τὸ εὐαγγέλιον.			

p. 705:

201	**Mt 22,7**	ὁ δὲ βασιλεὺς ὠργίσθη καὶ πέμψας τὰ στρατεύματα αὐτοῦ ἀπώλεσεν τοὺς φονεῖς ἐκείνους καὶ τὴν πόλιν αὐτῶν ἐνέπρησεν. [8] τότε λέγει τοῖς δούλοις αὐτοῦ· ...			**Lk 14,21**	... τότε ὀργισθεὶς ὁ οἰκοδεσπότης εἶπεν τῷ δούλῳ αὐτοῦ· ...	→ GTh 64

p. 747:

	triple tradition																	double tradition			Sondergut		
		+Mt / +Lk			–Mt / –Lk			traditions not taken over by Mt / Lk							subtotals								
code	*222*	*211*	*112*	*212*	*221*	*122*	*121*	*022*	*012*	*021*	*220*	*120*	*210*	*020*	Σ^+	Σ^-	Σ	*202*	*201*	*102*	*200*	*002*	total
Mt																			6		3		**9**
Mk																							
Lk																						2	**2**

see p. 748: Mt 22,10 / Lk 14,23

p. 748:

201	**Mt 22,9**	πορεύεσθε οὖν ἐπὶ τὰς διεξόδους τῶν ὁδῶν καὶ ὅσους ἐὰν εὕρητε καλέσατε **εἰς τοὺς γάμους.**			**Lk 14,23** ↓ Mt 22,10 ⇨ Lk 14,21 → Lk 16,16	... ἔξελθε εἰς τὰς ὁδοὺς καὶ φραγμοὺς καὶ ἀνάγκασον εἰσελθεῖν,	→ GTh 64
201	**Mt 22,10** ↑ Lk 14,23	καὶ ἐξελθόντες οἱ δοῦλοι ἐκεῖνοι εἰς τὰς ὁδοὺς συνήγαγον πάντας οὓς εὗρον, πονηρούς τε καὶ ἀγαθούς· καὶ ἐπλήσθη **ὁ γάμος** ἀνακειμένων.				ἵνα γεμισθῇ **μου ὁ οἶκος·**	

p. 763:

b 102	**Mt 6,12** ↑ Mt 6,14 ↑ Mk 11,25 → Mt 18,33	καὶ ἄφες ἡμῖν τὰ ὀφειλήματα ἡμῶν, **ὡς** καὶ ἡμεῖς ἀφήκαμεν τοῖς ὀφειλέταις ἡμῶν·			**Lk 11,4**	καὶ ἄφες ἡμῖν τὰς ἁμαρτίας ἡμῶν, καὶ **γὰρ** αὐτοὶ ἀφίομεν παντὶ ὀφείλοντι ἡμῖν· ...	

p. 772:

210	**Mt 26,31**	... πάντες ὑμεῖς σκανδαλισθήσεσθε ἐν ἐμοὶ ἐν τῇ νυκτὶ ταύτῃ, γέγραπται **γάρ·** *πατάξω τὸν ποιμένα,* *καὶ διασκορπισθήσονται* *τὰ πρόβατα τῆς ποίμνης.* ➢ Zech 13,7	**Mk 14,27**	... πάντες σκανδαλισθήσεσθε, **ὅτι** γέγραπται· *πατάξω τὸν ποιμένα,* *καὶ τὰ πρόβατα* *διασκορπισθήσονται.* ➢ Zech 13,7			

p. 779:

221	**Mt 26,36**	[30] καὶ ὑμνήσαντες ἐξῆλθον εἰς τὸ ὄρος τῶν ἐλαιῶν. [31] ... [36] τότε ἔρχεται μετ᾽ αὐτῶν ὁ Ἰησοῦς **εἰς χωρίον** **λεγόμενον Γεθσημανὶ** καὶ λέγει τοῖς μαθηταῖς· καθίσατε αὐτοῦ ἕως [οὗ] ἀπελθὼν ἐκεῖ προσεύξωμαι.	**Mk 14,32**	[26] καὶ ὑμνήσαντες ἐξῆλθον εἰς τὸ ὄρος τῶν ἐλαιῶν. [27] ... [32] καὶ ἔρχονται **εἰς χωρίον οὗ τὸ** **ὄνομα Γεθσημανὶ** καὶ λέγει τοῖς μαθηταῖς αὐτοῦ· καθίσατε ὧδε ἕως προσεύξωμαι.	**Lk 22,40** → Mt 26,41 → Mk 14,38 → Lk 22,46	[39] καὶ ἐξελθὼν ἐπορεύθη κατὰ τὸ ἔθος εἰς τὸ ὄρος τῶν ἐλαιῶν, ἠκολούθησαν δὲ αὐτῷ καὶ οἱ μαθηταί. [40] γενόμενος δὲ **ἐπὶ τοῦ τόπου** εἶπεν αὐτοῖς· προσεύχεσθε μὴ εἰσελθεῖν εἰς πειρασμόν.	

p. 780:

	Mt 22,10	[9] πορεύεσθε οὖν ἐπὶ τὰς διεξόδους τῶν ὁδῶν καὶ ὅσους ἐὰν εὕρητε καλέσατε εἰς τοὺς γάμους. [10] καὶ ἐξελθόντες οἱ δοῦλοι ἐκεῖνοι εἰς τὰς ὁδοὺς συνήγαγον πάντας οὓς εὗρον, πονηρούς τε καὶ ἀγαθούς· καὶ			**Lk 14,23** ⇨ Lk 14,21 → Lk 16,16	... ἔξελθε εἰς τὰς ὁδοὺς καὶ φραγμοὺς καὶ ἀνάγκασον εἰσελθεῖν, ἵνα	→ GTh 64
102		**ἐπλήσθη** ὁ γάμος ἀνακειμένων.				**γεμισθῇ** μου ὁ οἶκος·	

p. 832:

	Mt 24,15	ὅταν οὖν ἴδητε *τὸ* *βδέλυγμα τῆς ἐρημώσεως* τὸ ῥηθὲν διὰ Δανιὴλ τοῦ προφήτου ἑστὸς ἐν τόπῳ ἁγίῳ, ὁ ἀναγινώσκων	**Mk 13,14**	ὅταν δὲ ἴδητε *τὸ* *βδέλυγμα τῆς ἐρημώσεως* ἑστηκότα ὅπου οὐ δεῖ, ὁ ἀναγινώσκων	**Lk 21,20** → Lk 19,43	ὅταν δὲ ἴδητε κυκλουμένην ὑπὸ στρατοπέδων Ἰερουσαλήμ, τότε	
112		**νοείτω,** [16] τότε οἱ ἐν τῇ Ἰουδαίᾳ φευγέτωσαν εἰς τὰ ὄρη ➤ Dan 9,27/11,31/12,11		**νοείτω,** τότε οἱ ἐν τῇ Ἰουδαίᾳ φευγέτωσαν εἰς τὰ ὄρη ➤ Dan 9,27/11,31/12,11		**γνῶτε** ὅτι ἤγγικεν ἡ ἐρήμωσις αὐτῆς. [21] τότε οἱ ἐν τῇ Ἰουδαίᾳ φευγέτωσαν εἰς τὰ ὄρη ...	

p. 876:

a 200	**Mt 18,33** → Mt 6,12 → Lk 11,4	**οὐκ ἔδει** καὶ σὲ ἐλεῆσαι τὸν σύνδουλόν σου, ὡς κἀγὼ σὲ ἠλέησα;					

p. 888:

	Mt 26,51	καὶ ἰδοὺ εἷς τῶν μετὰ Ἰησοῦ ἐκτείνας τὴν χεῖρα ἀπέσπασεν τὴν μάχαιραν αὐτοῦ καὶ πατάξας τὸν δοῦλον τοῦ ἀρχιερέως ἀφεῖλεν	**Mk 14,47**	εἷς δέ [τις] τῶν παρεστηκότων σπασάμενος τὴν μάχαιραν ἔπαισεν τὸν δοῦλον τοῦ ἀρχιερέως καὶ ἀφεῖλεν	**Lk 22,50**	[49] ... κύριε, εἰ πατάξομεν ἐν μαχαίρῃ; [50] καὶ ἐπάταξεν εἷς τις ἐξ αὐτῶν τοῦ ἀρχιερέως τὸν δοῦλον καὶ ἀφεῖλεν	→ Jn 18,10
112		**αὐτοῦ τὸ ὠτίον.**		**αὐτοῦ τὸ ὠτάριον.**		**τὸ οὖς αὐτοῦ** **τὸ δεξιόν.**	

p. 928:

	Mt 9,3	καὶ ἰδού τινες τῶν γραμματέων	**Mk 2,6**	ἦσαν δέ τινες τῶν γραμματέων ἐκεῖ καθήμενοι καὶ	**Lk 5,21** → Lk 7,49	 καὶ ἤρξαντο	
122		**εἶπαν** ἐν ἑαυτοῖς· ...		**διαλογιζόμενοι** ἐν ταῖς καρδίαις αὐτῶν·		**διαλογίζεσθαι** οἱ γραμματεῖς καὶ οἱ Φαρισαῖοι λέγοντες· ...	

p. 929:

	Mt 9,4 → Mt 12,25	καὶ ἰδὼν ὁ Ἰησοῦς τὰς ἐνθυμήσεις αὐτῶν	**Mk 2,8** (2)	καὶ εὐθὺς ἐπιγνοὺς ὁ Ἰησοῦς τῷ πνεύματι αὐτοῦ ὅτι οὕτως	**Lk 5,22** → Lk 6,8 → Lk 11,17	ἐπιγνοὺς δὲ ὁ Ἰησοῦς	
121				**διαλογίζονται**		**τοὺς διαλογισμοὺς**	
				ἐν ἑαυτοῖς		αὐτῶν ἀποκριθεὶς	
		εἶπεν·		λέγει αὐτοῖς·		εἶπεν πρὸς αὐτούς·	
		ἱνατί		τί ταῦτα		τί	
122		**ἐνθυμεῖσθε**		**διαλογίζεσθε**		**διαλογίζεσθε**	
		πονηρὰ					
		ἐν ταῖς καρδίαις ὑμῶν;		ἐν ταῖς καρδίαις ὑμῶν;		ἐν ταῖς καρδίαις ὑμῶν;	

p. 967, 968:

Acts 2,27 *ὅτι οὐκ ἐγκαταλείψεις*
τὴν ψυχήν μου εἰς ᾅδην
οὐδὲ δώσεις
τὸν ὅσιόν σου ἰδεῖν
διαφθοράν.
➤ Ps 15,10 LXX

Acts 12,23 παραχρῆμα δὲ ἐπάταξεν
αὐτὸν ἄγγελος κυρίου
ἀνθ᾽ ὧν
οὐκ ἔδωκεν
τὴν δόξαν τῷ θεῷ, ...

p. 980:

	Mt 4,21 ↑ Lk 5,2	καὶ προβὰς ἐκεῖθεν εἶδεν ἄλλους δύο ἀδελφούς, Ἰάκωβον τὸν τοῦ Ζεβεδαίου καὶ Ἰωάννην τὸν ἀδελφὸν αὐτοῦ, ἐν τῷ πλοίῳ μετὰ Ζεβεδαίου τοῦ πατρὸς αὐτῶν καταρτίζοντας	**Mk 1,19** ↑ Lk 5,2	καὶ προβὰς ὀλίγον εἶδεν Ἰάκωβον τὸν τοῦ Ζεβεδαίου καὶ Ἰωάννην τὸν ἀδελφὸν αὐτοῦ, καὶ αὐτοὺς ἐν τῷ πλοίῳ καταρτίζοντας	**Lk 5,10**	ὁμοίως δὲ καὶ Ἰάκωβον καὶ Ἰωάννην υἱοὺς Ζεβεδαίου, οἳ ἦσαν κοινωνοὶ τῷ Σίμωνι. ...	
221		**τὰ δίκτυα αὐτῶν,**		**τὰ δίκτυα,**			
		καὶ ἐκάλεσεν αὐτούς.		[20] καὶ εὐθὺς ἐκάλεσεν αὐτούς. ☐			

p. 1011:

Acts 13,38 ... [καὶ] ἀπὸ πάντων ὧν
οὐκ ἠδυνήθητε
ἐν νόμῳ Μωϋσέως
δικαιωθῆναι

Corrigenda Volume 2

p. 353:

ἐμπί(μ)πλημι, ἐμπιπλάω	Syn 2	Mt	Mk	Lk 2	Acts 1	Jn 1	1-3John	Paul 1	Eph	Col
	NT 5	2Thess	1/2Tim	Tit	Heb	Jas	1Pet	2Pet	Jude	Rev

List of Related Words

Martin Fromm and Thomas Hieke

In consulting a dictionary and a concordance like the *Synoptic Concordance*, one may wish that one could find grouped together all the cognates.[1] Sometimes the alphabetical order keeps words sharing the same origin together, but in many cases prefixes and other elements separate those words which in the interest of consultation ought to be found together. For several practical purposes, e.g., to get exhaustive evidence on the usage of a certain stem or root, one needs a list of word-clusters like those sometimes found at the beginning of articles in the ThWNT/TDNT.[2]

The title of the following—"List of Related Words"—is deliberately left somewhat vague. However, in most cases the list groups words containing the same stem or root. It is hence based solely on etymology. Most entries therefore consist of simple and compound verbs and derivative forms. Words that follow each other in alphabetical order are divided by a comma (e.g., ἀγαπάω, ἀγάπη, ἀγαπητός). An arrow points to words out of the alphabetical order (e.g., ἄγναφος → γναφεύς). Words in bold and spaced type mark the main entry, where all compounds and derivatives can be found, e.g., **ἄγω** → ἀγέλη, ἀγωνία, ἀγωνίζομαι, ἀνάγω, ἄξιος, ἀξιόω, ἀπάγω, ἀρχηγός (Acts 3,15; 5,31), ἀρχισυνάγωγος, **ἡγέομαι**, εἰσάγω, ἐξάγω, ἐπάγω (Acts 5,28), ἐπανάγω, ἐπισυνάγω, κατάγω, καταξιόω, ὁδηγέω, ὁδηγός, παράγω, περιάγω, προάγω, προσάγω, στρατηγός, **συνάγω**, συναγωγή, ὑπάγω, χειραγωγέω (Acts 9,8; 22,11), χειραγωγός (Acts 13,11).

The choice of the word used for the main entry is not intended to say anything about an etymological history of the lexeme,[3] but is mostly due to practical considerations. E.g., sometimes there are several compound verbs sharing the same simple form, but the simple form itself does not appear in the Synoptic Gospels. Then the first compound in the alphabetical order is used for the main entry, e.g., **ἀναβαίνω** → ἀναβαθμός (Acts 21,35; 21,40), **ἀναβιβάζω**, ἀποβαίνω, βάσις (Acts 3,7), βῆμα, διαβαίνω, ἐμβαίνω, ἐπιβαίνω, etc. At the alphabetical position of the compounds and derivatives, one will only find the word pointing to the main entry, e.g., ἀνάγω → **ἄγω** or ἀπάγω → **ἄγω**, etc. If one looks up words in bold and spaced type, such as **ἀναβιβάζω**, one will find more than one related word, here: **ἀναβιβάζω** → **ἀναβαίνω**, ἐμβιβάζω (Acts 27,6), ἐπιβιβάζω, προβιβάζω, συμβιβάζω (Acts 9,22; 16,10; 19,33).

---

1 See the introduction in the *List of New Testament Words Sharing Common Elements* (Rome: Biblical Institute Press, 1969) by X. JACQUES who pursues a purpose similar to the attempt made here. The scope here, however, is limited to the Synoptic Gospels and Acts.

2 *Theologisches Wörterbuch zum Neuen Testament/Theological Dictionary to the New Testament.*

3 "Etymology is at times a risky primrose path," states X. JACQUES (n. 1), p. 9. Just as in JACQUES' list, doubtful and difficult cases cannot be explained here. One may refer to the following etymological works: É. BOISACQ, *Dictionnaire étymologique de la langue grecque, étudiée dans ses rapports avec les autres langues indo-européennes*, Heidelberg: Winter, Paris: Klincksieck, 1916; H. FRISK, *Griechisches etymologisches Wörterbuch*, I: A-Ko, II: Kρ-Ω, Heidelberg: Winter, 1960, ²1973; P. CHANTRAINE, *Dictionnaire étymologique de la langue grecque, Histoire des mots*, I: A-Δ, Paris: Klincksieck, 1968; II: E-K, 1970; III: Λ-Π, 1974; IV-1: P-Y, 1977; IV-2: Φ-Ω, 1980.

If a word does not occur in the Synoptic Gospels, but in Acts (and perhaps other parts of the New Testament), the biblical references to Acts are given. E.g., the entry "**ἀναγκάζω**, ἀναγκαῖος (Acts 10,24; 13,46), ἀνάγκη ..." means that the word ἀναγκαῖος does not occur in the Synoptic Gospels, but twice in Acts (10,24; 13,46)—and maybe in other New Testament writings. The other two words, ἀναγκάζω and ἀνάγκη, can be looked up in the *Synoptic Concordance*, where one will find full statistics and contexts.

In the case of words compounded with prepositions and α privative, only the stem of the word is taken into account, but not the preposition. This means that, e.g., one will find a reference from ἀπάγω to **ἄγω**, but not to ἀπό. Further, one will not find a list of all words compounded with the same preposition: The words beginning with, e.g., ἀπό/ἀπ- are not grouped here. One will find a list of words compounded with prepositions and α privative alphabetized and ordered by the *preposition* in F. NEIRYNCK and F. VAN SEGBROECK, *New Testament Vocabulary*.[4] This volume contains several other useful lists (of other compounds and derivatives, of proper names, synoptic parallels, synonyms and substitutes), as well as statistics that make it a companion volume not only to the normal concordance, but also to the *Synoptic Concordance*.

The list below is intended to enlarge the horizon from the single key word to other key words that share the same origin or derivation. E.g., in order to get a full impression of the linguistic usage of ἀγάπη, one should not only look up this key word, but also the related terms ἀγαπάω and ἀγαπητός. Again, it should be noted that at every stage this list has a completely practical aim.

[4] Frans NEIRYNCK and Frans VAN SEGBROECK, *New Testament Vocabulary*, BETL 54, Leuven: University Press/Peeters, 1984.

A

ἄβυσσος → βυθίζω

ἀγαθοποιέω → **ἀγαθός**, **ποιέω**

ἀγαθός → ἀγαθουργέω (Acts 14,17), ἀγαθοποιέω

ἀγαθουργέω (Acts 14,17) → **ἀγαθός**, **ἔργον**

ἀγαλλίασις, ἀγαλλιάω

ἀγαπάω, ἀγάπη, ἀγαπητός

ἀγγεῖον → ἄγγος

ἄγγελος → ἀναγγέλλω (Acts 14,27; 15,4; 19,18; 20,20; 20,27), ἀπαγγέλλω, διαγγέλλω, ἐπαγγελία, ἐπαγγέλλομαι, εὐαγγελίζω, εὐαγγέλιον, εὐαγγελιστής (Acts 21,8), ἰσάγγελος, καταγγελεύς (Acts 17,18), καταγγέλλω (Acts 3,24; 4,2; 13,5; 13,38; 15,36; 16,17; 16,21; 17,3; 17,13; 17,23; 26,23), παραγγελία (Acts 5,28; 16,24), παραγγέλλω, προκαταγγέλλω (Acts 3,18; 7,52)

ἄγγος → ἀγγεῖον

ἀγέλη → **ἄγω**

ἁγιάζω, ἅγιος → ἁγνίζω (Acts 21,24; 21,26; 24,18), ἁγνισμός (Acts 21,26)

ἀγκάλη → ἄγκιστρον, ἄγκυρα, ἐναγκαλίζομαι

ἄγκιστρον → **ἀγκάλη**

ἄγκυρα → **ἀγκάλη**

ἄγναφος → γναφεύς

ἁγνίζω (Acts 21,24; 21,26; 24,18), ἁγνισμός (Acts 21,26) → ἁγιάζω, ἅγιος

ἀγνοέω, ἄγνοια (Acts 3,17; 17,30), ἄγνωστος (Acts 17,23) → **γινώσκω**

ἀγορά, ἀγοράζω, ἀγοραῖος (Acts 17,5; 19,38) → δημηγορέω (Acts 12,21), κατηγορέω, κατήγορος (Acts 23,30; 23,35; 25,16; 25,18)

ἄγρα → ἀγρεύω, ζωγρέω

ἀγράμματος (Acts 4,13) → **γράφω**

ἀγραυλέω → **ἀγρός**, **αὐλή**

ἀγρεύω → ἄγρα

ἄγριος → **ἀγρός**

ἀγρός → ἀγραυλέω, ἄγριος, ἀγρυπνέω

ἀγρυπνέω → **ἀγρός**, **ὕπνος**

ἄγω → ἀγέλη, ἀγωνία, ἀγωνίζομαι, ἀνάγω, ἄξιος, ἀξιόω, ἀπάγω, ἀρχηγός (Acts 3,15; 5,31), ἀρχισυνάγωγος, **ἡγέομαι**, εἰσάγω, ἐξάγω, ἐπάγω (Acts 5,28), ἐπανάγω, ἐπισυνάγω, κατάγω, καταξιόω, ὁδηγέω, ὁδηγός, παράγω, περιάγω, προάγω, προσάγω, στρατηγός, **συνάγω**, συναγωγή, ὑπάγω, χειραγωγέω (Acts 9,8; 22,11), χειραγωγός (Acts 13,11)

ἀγωνία, ἀγωνίζομαι → **ἄγω**

ἀδελφή, ἀδελφός

ἄδηλος → δῆλος

ᾅδης → **ὁράω**, εἶδον

ἀδικέω, ἀδίκημα (Acts 18,14; 24,20), ἀδικία, ἄδικος → **δίκαιος**

ἀδυνατέω, ἀδύνατος → **δύναμαι**

ἀεί → αἰών, αἰώνιος

ἄζυμος → **ζύμη**

ἀθέμιτος (Acts 10,28) → **τίθημι**

ἀθετέω → **τίθημι**

ἀθροίζω → ἐπαθροίζω, συναθροίζω (Acts 12,12; 19,25)

ἀθῷος → **τίθημι**

Αἰγύπτιος (Acts 7,22; 7,24; 7,28; 21,38), Αἴγυπτος

αἷμα → αἱμορροέω

αἱμορροέω → αἷμα, ῥύσις

αἰνέω, αἶνος → ἐπαινέω, παραινέω (Acts 27,9; 27,22)

αἵρεσις (Acts 5,17; 15,5; 24,5; 24,14; 26,5; 28,22), αἱρετίζω → **ἀναιρέω**

αἴρω → ἀπαίρομαι, ἐπαίρω, μεταίρω, μετεωρίζομαι, συναίρω

αἰσχύνη, αἰσχύνομαι → ἐπαισχύνομαι, καταισχύνω

αἰτέω → αἴτημα, ἀπαιτέω, ἐξαιτέομαι, ἐπαιτέω, παραιτέομαι, προσαίτης

αἴτημα → **αἰτέω**

αἰτία → **αἴτιος**

αἴτιος → αἰτία, αἰτίωμα (Acts 25,7), ἀναίτιος

αἰτίωμα (Acts 25,7) → **αἴτιος**

αἰχμαλωτίζω, αἰχμάλωτος

αἰών, αἰώνιος → ἀεί

ἀκαθαρσία, ἀκάθαρτος → **καθαρός**

ἄκανθα, ἀκάνθινος

ἄκαρπος → **καρπός**

ἀκατάκριτος (Acts 16,37; 22,25) → κατακρίνω, **κρίνω**

ἀκαταστασία → καθίστημι, καθιστάνω, **ἵστημι**

ἀκοή → **ἀκούω**

ἀκολουθέω → κατακολουθέω, παρακολουθέω, συνακολουθέω

ἀκούω → ἀκοή, διακούω (Acts 23,35), εἰσακούω, **οὖς**, παρακούω, ὑπακούω, ὑπήκοος (Acts 7,39)

ἀκρασία → **κράτος**

ἀκρίβεια (Acts 22,3), ἀκριβής (Acts 26,5), ἀκριβόω, ἀκριβῶς

ἀκροατήριον (Acts 25,23) → **ἄκρον**, ἐπακροάομαι (Acts 16,25), **οὖς**

ἀκροβυστία (Acts 11,3) → **ἄκρον**

ἄκρον → **ἀκροατήριον** (Acts 25,23), ἀκροβυστία (Acts 11,3)

ἀκυρόω → **κύριος**

ἀκωλύτως (Acts 28,31) → **κωλύω**

ἄλαλος → **λαλέω**

ἅλας → ἁλίζω, ἄναλος, ἁλιεύς, παράλιος

ἀλείφω → ἐξαλείφω (Acts 3,19)

ἀλεκτοροφωνία → ἀλέκτωρ, **φωνή**

ἀλέκτωρ → ἀλεκτοροφωνία

᾿Αλεξανδρεύς (Acts 6,9; 18,24), ᾿Αλεξανδρῖνος (Acts 27,6; 28,11), ᾿Αλέξανδρος

ἄλευρον → ἀλήθω

ἀλήθεια, ἀληθής, ἀληθινός, ἀληθῶς → **λανθάνω**

ἀλήθω → ἄλευρον

ἁλιεύς → **ἅλας**

ἁλίζω → ἅλας, ἄναλος

ἀλλά → **ἄλλος**

ἀλλάσσω (Acts 6,14) → **ἄλλος**, ἀντάλλαγμα, ἀπαλλάσσω, διαλλάσσομαι, συναλλάσσω (Acts 7,26)

ἀλλαχοῦ → **ἄλλος**

ἀλλήλων → **ἄλλος**

ἀλλογενής → **ἄλλος**, **γίνομαι**

ἄλλος → ἀλλά, **ἀλλάσσω** (Acts 6,14), ἀλλαχοῦ, ἀλλήλων, ἀλλογενής, ἀλλότριος, ἀλλόφυλος (Acts 10,28), ἀντάλλαγμα

ἀλλότριος → **ἄλλος**

ἀλλόφυλος (Acts 10,28) → **ἄλλος**, **φυλή**

ἄλογος (Acts 25,27) → **λέγω**, **λόγος**

ἁμαρτάνω, ἁμάρτημα, ἁμαρτία → ἁμαρτωλός

ἀμάρτυρος (Acts 14,17) → **μαρτυρέω**

ἁμαρτωλός → **ἁμαρτάνω**

ἀμελέω → **μέλει**

ἀμέριμνος → **μεριμνάω**

ἄμπελος → ἀμπελουργός, ἀμπελών

ἀμπελουργός → **ἄμπελος**, **ἔργον**

ἀμπελών → **ἄμπελος**

ἀμφιβάλλω, ἀμφίβληστρον → **βάλλω**

ἀμφιέζω, ἀμφιέννυμι → ἐσθής, ἱματίζω, ἱμάτιον, ἱματισμός

ἄμφοδον → **ὁδός**

ἄν → **ἐάν**, ἐπάν, ὅταν

ἀνά → **ἄνω**

ἀναβαθμός (Acts 21,35; 21,40) → **ἀναβαίνω**

ἀναβαίνω → ἀναβαθμός (Acts 21,35; 21,40), **ἀναβιβάζω**, ἀποβαίνω, βάσις (Acts 3,7), βῆμα, διαβαίνω, ἐμβαίνω, ἐπιβαίνω, καταβαίνω, κατάβασις, μεταβαίνω, παραβαίνω, **προβαίνω**, προσαναβαίνω, συγκαταβαίνω (Acts 25,5), συμβαίνω, συναναβαίνω

ἀναβάλλω (Acts 24,22) → ἀναβολή (Acts 25,17), **βάλλω**

ἀναβιβάζω → **ἀναβαίνω**, ἐμβιβάζω (Acts 27,6), ἐπιβιβάζω, προβιβάζω, συμβιβάζω (Acts 9,22; 16,10; 19,33)

ἀναβλέπω, ἀνάβλεψις → **βλέπω**

ἀναβοάω → βοάω, βοήθεια (Acts 27,17), βοηθέω

ἀναβολή (Acts 25,17) → ἀναβάλλω (Acts 24,22), **βάλλω**

ἀνάγαιον → **γῆ**

ἀναγγέλλω (Acts 14,27; 15,4; 19,18; 20,20; 20,27) → **ἄγγελος**

ἀναγινώσκω → ἀνάγνωσις (Acts 13,15), **γινώσκω**

ἀναγκάζω, ἀναγκαῖος (Acts 10,24; 13,46), ἀνάγκη → ἐπάναγκες (Acts 15,28)

ἀναγνωρίζομαι (Acts 7,13) → **γινώσκω**, γνωρίζω

ἀνάγνωσις (Acts 13,15) → ἀναγινώσκω, **γινώσκω**

ἀνάγω → **ἄγω**

ἀναδείκνυμι, ἀνάδειξις → **δείκνυμι**

ἀναδέχομαι (Acts 28,7) → **δέχομαι**

ἀναδίδωμι (Acts 23,33) → **δίδωμι**

ἀναζάω → **ζῶ**

ἀναζητέω → **ζητέω**

ἀνάθεμα (Acts 23,14), ἀναθεματίζω → ἀνάθημα, ἀνατίθημι, καταθεματίζω, **τίθημι**

ἀναθεωρέω (Acts 17,23) → **θεάομαι**, **θεωρέω**

ἀνάθημα → ἀνάθεμα (Acts 23,14), ἀνατίθημι, **τίθημι**

ἀναίρεσις (Acts 8,1) → **ἀναιρέω**

ἀναιρέω → αἵρεσις (Acts 5,17; 15,5; 24,5; 24,14; 26,5; 28,22), αἱρετίζω, ἀναίρεσις (Acts 8,1), ἀφαιρέω, διαιρέω, ἐξαιρέω, καθαιρέω, περιαιρέω (Acts 27,20; 27,40, 28,13)

ἀναίτιος → **αἴτιος**

ἀνακαθίζω → **καθίζω**

ἀνάκειμαι → **κεῖμαι**, συνανάκειμαι

ἀνακλίνω → **κλίνω**

ἀνακράζω → **κράζω**

ἀνακρίνω, ἀνάκρισις (Acts 25,26) → **κρίνω**

ἀνακύπτω → **κύπτω**

ἀναλαμβάνω (Acts 1,2; 1,11; 1,22; 7,43; 10,16; 20,13; 20,14; 23,31), ἀνάλημψις → **λαμβάνω**

ἀναλίσκω, ἀναλόω → προσαναλίσκω, προσαναλόω

ἄναλος → ἅλας, ἁλίζω

ἀναλύω → **λύω**

ἀναμιμνῄσκω, ἀνάμνησις → **μιμνῄσκομαι**

ἀναντίρρητος (Acts 19,36), ἀναντίρρητως (Acts 10,29) → **λέγω**, ἐρῶ, ἐρρέθη

ἀνάπαυσις, ἀναπαύω → ἐπαναπαύομαι, **παύω**

ἀναπείθω (Acts 18,13) → **πείθω**

ἀναπέμπω → **πέμπω**

ἀναπηδάω → εἰσπηδάω (Acts 16,29), ἐκπηδάω (Acts 14,14), **πούς**

ἀναπίπτω → **πίπτω**

ἀναπληρόω → **πίμπλημι**, **πλήρης**, πληρόω

ἀναπτύσσω → πτύσσω

ἀνάπτω → **ἅπτω**

ἀνασείω → **σείω**

ἀνασκευάζω (Acts 15,24) → **σκεῦος**

ἀνασπάω → **σπάομαι**

ἀνάστασις → ἀνίστημι, **ἵστημι**

ἀναστατόω (Acts 17,6; 21,38) → **ἵστημι**

ἀναστέναζω → στεναγμός (Acts 7,34), στενάζω

ἀναστρέφω (Acts 5,22; 15,16) → **στρέφω**

ἀνατάσσομαι → **τάσσω**

ἀνατέλλω → ἀνατολή, ἐξανατέλλω, **ἐντέλλομαι**

ἀνατίθημι (Acts 25,14) → ἀνάθεμα (Acts 23,14), ἀνάθημα, **τίθημι**

ἀνατολή → **ἀνατέλλω**

ἀνατρέφω (Acts 7,20; 7,21; 22,3) → **τρέφω**

ἀναφαίνω → **φαίνω**

ἀναφέρω → **φέρω**

ἀναφωνέω → **φωνή**

ἀναχωρέω → **χώρα**

ἀνάψυξις (Acts 3,20) → **ψύχομαι**

ἀνέκλειπτος → **λείπω**

ἀνεκτός (ἀνεκτότερος) → ἀνέχομαι, **ἔχω**

ἀνένδεκτος → δεκτός, **δέχομαι**

ἄνεσις (Acts 24,23) → ἀνίημι (Acts 16,26; 27,40), **ἀφίημι**

ἀνεύθετος (Acts 27,12) → **τίθημι**

ἀνευρίσκω → εὑρίσκω

ἀνέχομαι → ἀνεκτός (ἀνεκτότερος), **ἔχω**

ἀνθίστημι → **ἵστημι**

ἀνθομολογέομαι → **λέγω**, **λόγος**, **ὅμοιος**, ὁμολογέω

ἀνθρώπινος (Acts 17,25) → **ἄνθρωπος**

ἄνθρωπος → ἀνθρώπινος (Acts 17,25), φιλανθρωπία (Acts 28,2), φιλανθρώπως (Acts 27,3)

ἀνίημι (Acts 16,26; 27,40) → ἄνεσις (Acts 24,23), **ἀφίημι**

ἄνιπτος → **νίπτω**

ἀνίστημι → ἀνάστασις, ἐπανίστημι, **ἵστημι**

ἀνόητος, ἄνοια → **νοέω**

ἀνοίγω → διανοίγω

ἀνοικοδομέω (Acts 15,16*bis*) → οἰκοδομέω, **οἶκος**

ἀνομία, ἄνομος → **νόμος**

ἀνορθόω → **ὀρθός** (Acts 14,10)

ἀντάλλαγμα → **ἀλλάσσω** (Acts 6,14), **ἄλλος**

ἀνταποδίδωμι, ἀνταπόδομα → **δίδωμι**

ἀνταποκρίνομαι → ἀποκρίνομαι, ἀπόκρισις, **κρίνω**

ἀντέχομαι → **ἔχω**

ἀντί → **ἀπαντάω**, **ἔναντι**

ἀντιβάλλω → **βάλλω**

ἀντίδικος → **δίκαιος**

ἀντικαλέω → **καλέω**

ἀντίκειμαι → **κεῖμαι**

ἀντιλαμβάνομαι → **λαμβάνω**, συναντιλαμβάνομαι

ἀντιλέγω → **λέγω**

ἀντιμετρέω → **μετρέω**

ἀντιπαρέρχομαι → **ἔρχομαι**, παρέρχομαι

ἀντιπέρα → **πέραν**

ἀντιπίπτω (Acts 7,51) → **πίπτω**

ἀντιτάσσομαι (Acts 18,6) → **τάσσω**

ἀντοφθαλμέω (Acts 27,15) → **ὀφθαλμός**

ἄνυδρος → **ὕδωρ**

ἄνω (Acts 2,19), ἄνωθεν, ἀνωτερικός (Acts 19,1), ἀνώτερον → ἀνά, ἐπάνω

ἄξιος, ἀξιόω → **ἄγω**, καταξιόω

ἀπαγγέλλω → **ἄγγελος**

ἀπάγω → **ἄγω**

ἀπαίρομαι → **αἴρω**

ἀπαιτέω → **αἰτέω**

ἀπαλλάσσω → **ἀλλάσσω** (Acts 6,14)

ἀπαντάω, ἀπάντησις → **ἀντί**, καταντάω (Acts 16,1; 18,19; 18,24; 20,15; 21,7; 25,13; 26,7; 27,12; 28,13), συναντάω, ὑπαντάω, ὑπάντησις

ἀπαρνέομαι → ἀρνέομαι

ἀπαρτισμός → **καταρτίζω**

ἅπας → **πᾶς**

ἀπασπάζομαι (Acts 21,6) → ἀσπάζομαι, ἀσπασμός

ἀπειθέω (Acts 14,2; 19,9), ἀπειθής → **πείθω**

ἄπειμι (Acts 17,10) → εἴσειμι (Acts 3,3; 21,18; 21,26), ἔξειμι (Acts 13,42; 17,15; 20,7; 27,43), ἔπειμι (Acts 7,26; 16,11; 20,15; 21,18; 23,11), σύνειμι

ἀπελαύνω (Acts 18,16) → ἐλαύνω

ἀπελεγμός (Acts 19,27) → διακατελέγχομαι (Acts 18,28), ἐλέγχω

ἀπελπίζω → ἐλπίζω, ἐλπίς (Acts 2,26; 16,19; 23,6; 24,15; 26,6; 26,7; 27,20; 28,20)

ἀπέναντι → **ἔναντι**

ἀπερίτμητος (Acts 7,51) → **περιτέμνω**

ἀπέρχομαι → **ἔρχομαι**

ἀπέχω → **ἔχω**

ἀπιστέω, ἀπιστία, ἄπιστος → **πείθω**, **πίστις**, **πιστός**

ἁπλοῦς → διπλοῦς, τετραπλοῦς

ἀποβαίνω → **ἀναβαίνω**

ἀποβάλλω, ἀποβολή (Acts 27,22) → **βάλλω**

ἀπογραφή, ἀπογράφω → **γράφω**

ἀποδείκνυμι (Acts 2,22; 25,7) → **δείκνυμι**

ἀποδεκατόω → **δέκα**

ἀποδέχομαι → **δέχομαι**

ἀποδημέω, ἀπόδημος → **δῆμος** (Acts 12,22; 17,5; 19,30; 19,33), ἐπιδημέω (Acts 2,10; 17,21)

ἀποδίδωμι → **δίδωμι**

ἀποδοκιμάζω → **δοκέω**, δοκιμάζω

ἀποθήκη → **τίθημι**

ἀποθλίβω → **θλίβω**

ἀποθνῄσκω → **θνῄσκω**, συναποθνῄσκω

ἀποκαθίστημι, ἀποκαθιστάνω → ἀποκατάστασις (Acts 3,21), **ἵστημι**

ἀποκαλύπτω, ἀποκάλυψις → **καλύπτω**

ἀποκατάστασις (Acts 3,21) → ἀποκαθίστημι, **ἵστημι**

ἀπόκειμαι → **κεῖμαι**

ἀποκεφαλίζω → **κεφαλή**

ἀποκλείω → **κλείω**

ἀποκόπτω → **κόπτω**

ἀποκρίνομαι, ἀπόκρισις → ἀνταποκρίνομαι, **κρίνω**

ἀποκρύπτω, ἀπόκρυφος → **κρύπτω**, κρύβω

ἀποκυλίω → **κυλίω**

ἀπολαμβάνω → **λαμβάνω**

ἀπόλλυμι → ἀπώλεια, ἐξολεθρεύω (Acts 3,23)

ἀπολογέομαι, ἀπολογία (Acts 22,1; 25,16) → **λέγω**, **λόγος**

ἀπολύτρωσις → ἀπολύω, λύτρον, λυτρόομαι, λύτρωσις, λυτρωτής (Acts 7,35), **λύω**

ἀπολύω → ἀπολύτρωσις, **λύω**

ἀπομάσσομαι → ἐκμάσσω

ἀπονίπτω → **νίπτω**

ἀποπίπτω (Acts 9,18) → **πίπτω**

ἀποπλανάω → **πλανάω**

ἀποπλέω (Acts 13,4; 14,26; 20,15; 27,1) → **πλέω**

ἀποπνίγω → **πνίγω**

ἀπορέω, ἀπορία → **πορεύομαι**

ἀπορίπτω (Acts 27,43) → **ῥίπτω**

ἀποσπάω → **σπάομαι**

ἀποστασία (Acts 21,21), ἀποστάσιον → ἀφίστημι, **ἵστημι**

ἀποστεγάζω → **στέγη**

ἀποστέλλω → ἀποστολή (Acts 1,25), ἀπόστολος, διαστέλλομαι, ἐξαποστέλλω, ἐπιστέλλω (Acts 15,20; 21,25), ἐπιστολή (Acts 9,2; 15,30; 22,5; 23,25; 23,33), καταστέλλω (Acts 19,35; 19,36), στολή, συστέλλω (Acts 5,6), ὑποστέλλω (Acts 20,20; 20,27)

ἀποστολή (Acts 1,25), ἀπόστολος → **ἀποστέλλω**

ἀποστοματίζω → στόμα

ἀποστρέφω → **στρέφω**

ἀποτάσσομαι → **τάσσω**

ἀποτελέω → **τέλος**

ἀποτίθεμαι → **τίθημι**

ἀποτινάσσω → ἐκτινάσσω

ἀποφέρω → **φέρω**

ἀποφορτίζομαι (Acts 21,3) → **φέρω**, φορτίζω

ἀποχωρέω → **χώρα**

ἀποχωρίζομαι (Acts 15,39) → **χωρίς**

ἀποψύχω → **ψύχομαι**

ἀπρόσκοπος (Acts 24,16) → **κόπτω**, προσκόπτω

ἅπτω → ἀνάπτω, καθάπτω (Acts 28,3), περιάπτω, ψηλαφάω

ἀπώλεια → ἀπόλλυμι, ἐξολεθρεύω (Acts 3,23)

ἀργός → **ἔργον**

ἀργύριον → ἀργυροκόπος (Acts 19,24), ἄργυρος, ἀργυροῦς (Acts 19,24), φιλάργυρος

ἀργυροκόπος (Acts 19,24) → **ἀργύριον**, **κόπτω**

ἄργυρος, ἀργυροῦς (Acts 19,24) → **ἀργύριον**

ἀρέσκω, ἀρεστός (Acts 6,2; 12,3)

ἀριθμέω, ἀριθμός → καταριθμέω (Acts 1,17)

ἀριστάω, ἄριστον → **ἐσθίω**, **ἔσθω**

ἀρκετός, ἀρκέω

ἀρνέομαι → ἀπαρνέομαι

ἀροτριάω, ἄροτρον

ἁρπαγή → **ἁρπάζω**

ἁρπάζω, ἅρπαξ → ἁρπαγή, διαρπάζω, συναρπάζω

ἄρρωστος → ῥώννυμαι (Acts 15,29)

ἀρτύω → **καταρτίζω**

ἀρχαῖος → **ἄρχω**

ἀρχή → **ἄρχω**

ἀρχηγός (Acts 3,15; 5,31) → **ἄγω**, **ἄρχω**

ἀρχιερατικός (Acts 4,6), ἀρχιερεύς → **ἄρχω**, ἱερατεία, ἱερατεύω, ἱερεύς, ἱερόν, ἱερόσυλος (Acts 19,37)

ἀρχισυνάγωγος → **ἄγω**, **ἄρχω**, συναγωγή

ἀρχιτελώνης → **ἄρχω**, **τελώνης**

ἄρχω → ἀρχαῖος, ἀρχή, ἀρχηγός (Acts 3,15; 5,31), ἀρχιερατικός (Acts 4,6), ἀρχιερεύς, ἀρχισυνάγωγος, ἀρχιτελώνης, ἄρχων, ἑκατοντάρχης, ἑκαντόνταρχος, ἐπαρχεία (Acts 23,34; 25,1), πολιτάρχης (Acts 17,6 17,8), προϋπάρχω, τετρααρχέω, τετραάρχης, ὕπαρξις (Acts 2,45), ὑπάρχω, χιλίαρχος

ἄρχων → **ἄρχω**

ἀσάλευτος (Acts 27,41) → σαλεύω, σάλος

ἄσβεστος → σβέννυμι

ἄσημος (Acts 21,39) → **σημεῖον**

ἀσθένεια, ἀσθενέω, ἀσθενής

ἀσιτία (Acts 27,21), ἄσιτος (Acts 27,33) → **σῖτος**

ἀσπάζομαι, ἀσπασμός → ἀπασπάζομαι (Acts 21,6)

ἀστήρ → ἄστρον

ἀστραπή, ἀστράπτω → ἐξαστράπτω, περιαστράπτω (Acts 9,3; 22,6)

ἄστρον → ἀστήρ

ἀσύμφωνος (Acts 28,25) → συμφωνέω, **φωνή**

ἀσύνετος → σύνεσις, συνετός, **συνίημι**, **συνίω**

ἀσφάλεια, ἀσφαλής (Acts 21,34; 22,30; 25,26), ἀσφαλίζομαι, ἀσφαλῶς → ἐπισφαλής (Acts 27,9)

ἀσώτως → **σῴζω**

ἄτεκνος → τέκνον, **τίκτω**

ἀτιμάζω, ἄτιμος → **τιμάω**

ἄτοπος → **τόπος**

αὐγή (Acts 20,11) → τηλαυγῶς

αὐλέω, αὐλητής

αὐλή → ἀγραυλέω, αὐλίζομαι, ἔπαυλις (Acts 1,20), προαύλιον

αὐλίζομαι → **αὐλή**

αὐξάνω, αὔξω → συναυξάνομαι

αὔριον → ἐπαύριον

αὐτόματος → **αὐτός**

αὐτόπτης → **αὐτός**, **ὁράω**, ὄψομαι, ὤφθη

αὐτός, αὐτή, αὐτό, αὐτοῦ, αὐτῆς, αὐτῷ, αὐτῇ, αὐτόν, αὐτήν, αὐτοί, αὐτά, αὐτῶν, αὐτοῖς, αὐταῖς, αὐτούς, αὐτάς → αὐτόματος, αὐτόπτης, αὐτοῦ, αὐτόχειρ, ἑαυτοῦ, ἐμαυτοῦ, ἐξαυτῆς, σεαυτοῦ, ὡσαύτως

αὐτοῦ → **αὐτός**

αὐτόχειρ (Acts 27,19) → **αὐτός**, **χείρ**

ἀφαιρέω → **ἀναιρέω**

ἀφανίζω → **φαίνω**

ἄφαντος → **φαίνω**

ἀφεδρῶν → **ἐνέδρα** (Acts 23,16; 25,3)

ἄφεσις → **ἀφίημι**

ἀφίημι → ἄνεσις (Acts 24,23), ἀνίημι (Acts 16,26; 27,40), ἀσύνετος, ἄφεσις, ἐγκάθετος, καθίημι, παρίημι, σύνεσις, συνετός, **συνίημι**, **συνίω**

ἀφίστημι → ἀποστασία (Acts 21,21), ἀποστάσιον, **ἵστημι**

ἄφνω (Acts 2,2; 16,26; 28,6) → ἐξαίφνης

ἀφόβως → **φοβέομαι**

ἀφορίζω → **ὅρια**

ἀφρίζω, ἀφρός

ἀφροσύνη, ἄφρων → **φρονέω**

ἀφυπνόω → **ὕπνος**

ἄφωνος (Acts 8,32) → **φωνή**

ἀχάριστος → χαρίζομαι, χάριν, **χάρις**

ἀχειροποίητος → **ποιέω**, **χείρ**

ἀχρεῖος → **χράομαι** (Acts 27,3; 27,17)

ἄχρι, ἄχρις → μέχρι, μέχρις

B

βάθος, βαθύνω, βαθύς

βάλλω → ἀμφιβάλλω, ἀμφίβληστρον, ἀναβάλλω (Acts 24,22), ἀναβολή (Acts 25,17), ἀντιβάλλω, ἀποβάλλω, ἀποβολή (Acts 27,22), βολή, βολίζω (Acts 27,28*bis*), διαβάλλω, διάβολος, ἐκβάλλω, ἐκβολή (Acts 27,18), ἐμβάλλω, ἐπιβάλλω, ἐπίβλημα, καταβολή, λιθοβολέω, μεταβάλλομαι (Acts 28,6), παραβάλλω (Acts 20,15), παραβολή, παρεμβάλλω, παρεμβολή (Acts 21,34; 21,37; 22,24; 23,10; 23,16; 23,32), περιβάλλω, προβάλλω, συμβάλλω, τρίβολος, ὑποβάλλω (Acts 6,11)

βαπτίζω, βάπτισμα, βαπτισμός, βαπτιστής → **βάπτω**

βάπτω → βαπτίζω, βάπτισμα, βαπτισμός, βαπτιστής, ἐμβάπτω

βαρέω, βαρέως, βάρος, βαρύς → βαρύτιμος, καταβαρύνω

βαρύτιμος → βαρέω, βαρύς, καταβαρύνω, **τιμάω**

βασανίζω, βασανιστής, βάσανος

βασιλεία, βασίλειος, βασιλεύς, βασιλεύω, βασιλικός (Acts 12,20; 12,21), βασίλισσα

βάσις (Acts 3,7) → **ἀναβαίνω**

βαστάζω → δυσβάστακτος

βατταλογέω → **λέγω**, **λόγος**

βῆμα → **ἀναβαίνω**

βία (Acts 5,26; 21,35; 27,41), βιάζομαι, βίαιος (Acts 2,2), βιαστής → παραβιάζομαι βιβλίον, βίβλος

βίος, βίωσις (Acts 26,4), βιωτικός

βλασφημέω, βλασφημία, βλάσφημος (Acts 6,11) → **φημί**

βλέπω → ἀναβλέπω, ἀνάβλεψις, διαβλέπω, ἐμβλέπω, ἐπιβλέπω, περιβλέπομαι

βοάω, βοήθεια (Acts 27,17), βοηθέω → ἀναβοάω

βολή → **βάλλω**

βολίζω (Acts 27,28*bis*) → **βάλλω**

βουλεύομαι, βουλευτής, βουλή, βούλημα (Acts 27,43) → **βούλομαι**

βούλομαι → βουλεύομαι, βουλευτής, βουλή, βούλημα (Acts 27,43), ἐπιβουλή (Acts 9,24; 20,3; 20,19; 23,30), συμβουλεύω, συμβούλιον

βραδυπλοέω (Acts 27,7) → βραδύς, **πλέω**

βραδύς → βραδυπλοέω (Acts 27,7)

βρέχω, βροχή

βρυγμός, βρύχω (Acts 7,54)

βρῶμα, βρώσιμος, βρῶσις → σκωληκόβρωτος (Acts 12,23)

βυθίζω → ἄβυσσος

Γ

γάζα (Acts 8,27) → γαζοφυλάκιον

γαζοφυλάκιον → γάζα (Acts 8,27), **φυλάσσω**

γαλήνη → **γελάω**

Γαλιλαία, Γαλιλαῖος

γαμέω, γαμίζω, γαμίσκω, γάμος → ἐπιγαμβρεύω

γελάω → γαλήνη, καταγελάω

γεμίζω, γέμω → γόμος (Acts 21,3)

γενεά, γενέσια, γένεσις → **γίνομαι**

γένημα → **γεννάω**, γέννημα

γεννάω, γέννημα, γεννητός → γένημα, **γίνομαι**

γένος → **γίνομαι**

γερουσία (Acts 5,21) → γῆρας, **εἰμί**

γεωργός → **γῆ**, **ἔργον**

γῆ → ἀνάγαιον, γεωργός

γῆρας → γερουσία (Acts 5,21)

γίνομαι → ἀλλογενής, γενεά, γενέσια, γένεσις, γένημα, **γεννάω**, γέννημα, γεννητός, γένος, γονεῖς, διαγίνομαι, ἐπιγίνομαι (Acts 28,13), εὐγενής, ζῳογονέω, μονογενής, παλιγγενεσία, παραγίνομαι, συγγένεια, συγγενεύς, συγγενής, συγγενίς, συμπαραγίνομαι

γινώσκω → ἀγνοέω, ἄγνοια (Acts 3,17; 17,30), ἄγνωστος (Acts 17,23), ἀναγινώσκω, ἀναγνωρίζομαι (Acts 7,13), ἀνάγνωσις (Acts 13,15), γνώμη (Acts 20,3), γνωρίζω, γνῶσις, γνώστης (Acts 26,3), γνωστός, διαγινώσκω (Acts 23,15; 24,22), διάγνωσις (Acts 25,21), ἐπιγινώσκω, καρδιογνώστης (Acts 1,24; 15,8), προγινώσκω (Acts 26,5), πρόγνωσις (Acts 2,23)

γναφεύς → ἄγναφος

γνώμη (Acts 20,3) → **γινώσκω**

γνωρίζω → ἀναγνωρίζομαι (Acts 7,13), **γινώσκω**

γνῶσις, γνώστης (Acts 26,3), γνωστός → **γινώσκω**, καρδιογνώστης (Acts 1,24; 15,8)

γογγύζω, γογγυσμός (Acts 6,1) → διαγογγύζω

γόμος (Acts 21,3) → γεμίζω, γέμω

γονεῖς → **γίνομαι**

γόνυ → γονυπετέω

γονυπετέω → γόνυ, **πίπτω**

γράμμα, γραμματεύς, γραφή → **γράφω**

γράφω → ἀγράμματος (Acts 4,13), ἀπογραφή, ἀπογράφω, γράμμα, γραμματεύς, γραφή, ἐγγράφω, ἐπιγραφή, ἐπιγράφω

γρηγορέω → διαγρηγορέω, **ἐγείρω**

Δ

δαιμονίζομαι, δαιμόνιον, δαίμων → **δεισιδαιμονία** (Acts 25,19), δεισιδαίμων (Acts 17,22)

δακτύλιος, δάκτυλος

δάνειον, δανιστής, δανίζω

δαπανάω, δαπάνη → προσδαπανάω

δέησις → **δέομαι**

δεῖ → **δέομαι**

δειγματίζω → **δείκνυμι**

δείκνυμι, δεικνύω → ἀναδείκνυμι, ἀνάδειξις, ἀποδείκνυμι (Acts 2,22; 25,7), δειγματίζω, ἐπιδείκνυμι, ὑποδείκνυμι

δειλός, δεινῶς → **δεισιδαιμονία** (Acts 25,19)

δειπνέω, δεῖπνον

δεισιδαιμονία (Acts 25,19), δεισιδαίμων (Acts 17,22) → δαιμονίζομαι, δαιμόνιον, δαίμων, δειλός, δεινῶς

δέκα → ἀποδεκατόω, δεκαοκτώ, δεκαπέντε (Acts 27,28), Δεκάπολις, δεκατέσσαρες, **δώδεκα**, εἴκοσι, **ἑκατόν**, ἕνδεκα, ἑνδέκατος, πεντεκαιδέκατος, τεσσαρεσκαιδέκατος (Acts 27,27; 27,33)

δεκαοκτώ → **δέκα**, **ὀκτώ**

δεκαπέντε (Acts 27,28) → **δέκα**, **πέντε**

Δεκάπολις → **δέκα**, **πόλις**

δεκατέσσαρες → **δέκα**, **τέσσαρες**

δεκτός → ἀνένδεκτος, **δέχομαι**

δέομαι → δέησις, δεῖ, ἐνδεής (Acts 4,34), προσδέομαι (Acts 17,25)

δερμάτινος → δέρω

δέρω → δερμάτινος

δεσμεύω, δέσμη, δέσμιος, δεσμός → δεσμοφύλαξ (Acts 16,23; 16,27; 16,36), δεσμωτήριον, δεσμώτης (Acts 27,1; 27,42), **δέω**, σύνδεσμος (Acts 8,23)

δεσμοφύλαξ (Acts 16,23; 16,27; 16,36) → **δεσμεύω**, **δέω**, φύλαξ (Acts 5,23; 12,6; 12,19), **φυλάσσω**

δεσμωτήριον, δεσμώτης (Acts 27,1; 27,42) → **δεσμεύω**, **δέω**

δεσπότης → οἰκοδεσπότης

δεῦρο, δεῦτε

δευτεραῖος (Acts 28,13), δεύτερος → **δίς**

δέχομαι → ἀναδέχομαι (Acts 28,7), ἀνένδεκτος, ἀποδέχομαι, δεκτός, διαδέχομαι (Acts 7,45), διάδοχος (Acts 24,27), **δοκέω**, δοκός, δοχή, ἐκδέχομαι (Acts 17,16), ἐνδέχομαι, πανδοχεῖον, πανδοχεύς, παραδέχομαι, προσδέχομαι, ὑποδέχομαι

δέω → **δεσμεύω**, δέσμη, δέσμιος, δεσμός, δεσμοφύλαξ (Acts 16,23; 16,27; 16,36), δεσμωτήριον, δεσμώτης (Acts 27,1; 27,42), καταδέω, σύνδεσμος (Acts 8,23), ὑποδέομαι, ὑπόδημα

δή → ἐπειδή, ἐπειδήπερ, ἤδη

δῆλος → ἄδηλος

δημηγορέω (Acts 12,21) → **ἀγορά**, **δῆμος** (Acts 12,22; 17,5; 19,30; 19,33)

δῆμος (Acts 12,22; 17,5; 19,30; 19,33), δημόσιος (Acts 5,18; 16,37; 18,28; 20,20) → **ἀποδημέω**, ἀπόδημος, δημηγορέω (Acts 12,21), ἐπιδημέω (Acts 2,10; 17,21), συνέκδημος (Acts 19,29)

διά → διό, διότι

διαβαίνω → **ἀναβαίνω**

διαβάλλω → **βάλλω**, διάβολος

διαβλέπω → **βλέπω**

διάβολος → **βάλλω**, διαβάλλω

διαγγέλλω → **ἄγγελος**

διαγίνομαι → **γίνομαι**

διαγινώσκω (Acts 23,15; 24,22), διάγνωσις (Acts 25,21) → **γινώσκω**

διαγογγύζω → **γογγύζω**

διαγρηγορέω → γρηγορέω, **ἐγείρω**

διαδέχομαι (Acts 7,45) → **δέχομαι**, διάδοχος (Acts 24,27)

διαδίδωμι → **δίδωμι**

διάδοχος (Acts 24,27) → **δέχομαι**, διαδέχομαι (Acts 7,45)

διαθήκη → **τίθημι**

διαιρέω → **ἀναιρέω**

διακαθαίρω, διακαθαρίζω → καθαρίζω, **καθαρός**

διακατελέγχομαι (Acts 18,28) → ἀπελεγμός (Acts 19,27), ἐλέγχω

διακονέω, διακονία, διάκονος

διακόσιοι → **δίς**, **ἑκατόν**

διακούω (Acts 23,35) → **ἀκούω**

διακρίνω → **κρίνω**

διακωλύω → **κωλύω**

διαλαλέω → **λαλέω**

διαλέγομαι → διάλεκτος (Acts 1,19; 2,6; 2,8; 21,40; 22,2; 26,14), **λέγω**

διαλείπω → **λείπω**

διάλεκτος (Acts 1,19; 2,6; 2,8; 21,40; 22,2; 26,14) → διαλέγομαι, **λέγω**

διαλλάσσομαι → **ἀλλάσσω** (Acts 6,14)

διαλογίζομαι, διαλογισμός → **λέγω**, **λογίζομαι**, **λόγος**

διαλύω (Acts 5,36) → **λύω**

διαμαρτύρομαι → **μαρτυρέω**

διαμάχομαι (Acts 23,9) → **μάχομαι** (Acts 7,26)

διαμένω → **μένω**

διαμερίζω, διαμερισμός → μερίζω, **μερίς**

διανέμω (Acts 4,17) → **νόμος**

διανεύω → **νεύω** (Acts 24,10)

διανόημα, διάνοια → **νοέω**

διανοίγω → ἀνοίγω

διανυκτερεύω → **νύξ**

διαπεράω → **πέραν**

διαπλέω (Acts 27,5) → **πλέω**

διαπονέομαι (Acts 4,2; 16,18) → καταπονέω (Acts 7,24), πενιχρός, πονηρία, πονηρός

διαπορεύομαι, διαπορέω → **πορεύομαι**

διαπραγματεύομαι → πραγματεύομαι, **πράσσω**

διαρπάζω → **ἁρπάζω**

διαρρήγνυμι, διαρήσσω → **ῥήγνυμι**

διασείω → **σείω**

διασκορπίζω → σκορπίζω, σκορπίος

διασπάω → **σπάομαι**

διασπείρω (Acts 8,1; 8,4; 11,19) → **σπείρω**

διαστέλλομαι → **ἀποστέλλω**

διάστημα (Acts 5,7) → διΐστημι, **ἵστημι**

διαστρέφω → **στρέφω**

διασῴζω → **σῴζω**

διαταγή (Acts 7,53) → διατάσσω, **τάσσω**

διαταράσσω → **ταράσσω**

διατάσσω → διαταγή (Acts 7,53), **τάσσω**

διατελέω (Acts 27,33) → **τέλος**

διατηρέω → **τηρέω**

διατίθεμαι → **τίθημι**

διατρίβω (Acts 12,19; 14,3; 14,28; 15,35; 16,12; 20,6; 25,6; 25,14) → **συντρίβω**

διαφέρω → **φέρω**

διαφεύγω (Acts 27,42) → **φεύγω**

διαφημίζω → **φημί**

διαφθείρω, διαφθορά (Acts 2,27; 2,31; 13,34; 13,35; 13,36; 13,37)

διαφυλάσσω → φυλάσσω

διαχειρίζομαι (Acts 5,30; 26,21) → **χείρ**

διαχωρίζω → **χωρίς**

διδασκαλία → **διδάσκω**

διδάσκαλος → **διδάσκω**, νομοδιδάσκαλος

διδάσκω → διδασκαλία, διδάσκαλος, διδαχή, νομοδιδάσκαλος

διδαχή → **διδάσκω**

δίδραχμον → δραχμή, **δίς**

δίδωμι, διδῶ → ἀναδίδωμι (Acts 23,33), ἀνταποδίδωμι, ἀνταπόδομα, ἀποδίδωμι, διαδίδωμι, δόμα, δωρεά (Acts 2,38; 8,20; 10,45; 11,17), δωρεάν, δωρέομαι, δῶρον, ἐκδίδομαι, ἔκδοτος (Acts 2,23), ἐπιδίδωμι, μεταδίδωμι, παραδίδωμι, παράδοσις, προδότης

διεγείρω → **ἐγείρω**

διενθυμέομαι (Acts 10,19) → ἐνθυμέομαι, **θυμός**

διέξοδος → ἔξοδος, **ὁδός**

διερμηνεύω → μεθερμηνεύω

διέρχομαι → **ἔρχομαι**

διερωτάω (Acts 10,17) → **ἐρωτάω**

διετής, διετία (Acts 24,27; 28,30) → **δίς**, **ἔτος**

διηγέομαι, διήγησις → ἐκδιηγέομαι (Acts 13,41; 15,3), **ἡγέομαι**

διθάλασσος (Acts 27,41) → **δίς**, **θάλασσα**

διΐστημι → διάστημα (Acts 5,7), **ἵστημι**

διϊσχυρίζομαι → **ἰσχύς**

δίκαιος, δικαιοσύνη, δικαιόω, δικαίωμα, δικαίως, δικαστής (Acts 7,27; 7,35), δίκη (Acts 28,4) → ἀδικέω, ἀδίκημα (Acts 18,14; 24,20), ἀδικία, ἄδικος, ἀντίδικος, ἐκδικέω, ἐκδίκησις, καταδικάζω, καταδίκη (Acts 25,15)

διό → διά, διότι

διοδεύω → ὁδεύω, **ὁδός**

διόρθωμα (Acts 24,2) → **ὀρθός** (Acts 14,10)

διορύσσω → **ὀρύσσω**

διότι → διά, διό

διπλοῦς → ἁπλοῦς, **δίς**, τετραπλοῦς

δίς → δευτεραῖος (Acts 28,13), δεύτερος, διακόσιοι, δίδραχμον, διετής, διετία (Acts 24,27; 28,30), διθάλασσος (Acts 27,41), διπλοῦς, διστάζω, δισχίλιοι, διχάζω, διχοτομέω, δύο, **δώδεκα**

διστάζω → **δίς**, **ἵστημι**

δισχίλιοι → **δίς**, **χιλιάς**

διχάζω → **δίς**

διχοτομέω → **δίς**, **περιτέμνω**

διώκω, διωγμός → καταδιώκω

δόγμα → **δοκέω**

δοκέω → ἀποδοκιμάζω, **δέχομαι**, δόγμα, δοκιμάζω, δόξα, δοξάζω, ἔνδοξος, εὐδοκέω, εὐδοκία, παράδοξος, προσδοκάω, προσδοκία, συνευδοκέω

δοκιμάζω → ἀποδοκιμάζω, **δοκέω**

δοκός → **δέχομαι**

δόμα → **δίδωμι**

δόξα, δοξάζω → **δοκέω**, ἔνδοξος, παράδοξος

δουλεύω, δούλη, δοῦλος, δουλόω (Acts 7,6) → σύνδουλος

δοχή → **δέχομαι**

δραχμή → δίδραχμον

δρόμος (Acts 13,25; 20,24) → εὐθυδρομέω (Acts 16,11; 21,1), συνδρομή (Acts 21,30), **τρέχω**

δύναμαι, δύναμις, δυνάστης, δυνατός → ἀδυνατέω, ἀδύνατος, ἐνδυναμόω (Acts 9,22), καταδυναστεύω (Acts 10,38)

δύνω, **δύω** → δυσμή, ἐκδύω, ἐνδιδύσκω, ἔνδυμα, ἐνδύω

δύο → δευτεραῖος (Acts 28,13), δεύτερος, **δίς**, **δώδεκα**

δυσβάστακτος → βαστάζω

δυσεντέριον (Acts 28,8), δύσκολος, δυσκόλως

δυσμή → **δύνω**, **δύω**

δώδεκα → **δέκα**, **δίς**, δύο, δωδεκάφυλον (Acts 26,7)

δωδεκάφυλον (Acts 26,7) → **δώδεκα**, **φυλή**

δωρεά (Acts 2,38; 8,20; 10,45; 11,17), δωρεάν, δωρέομαι, δῶρον → **δίδωμι**

E

ἐάν → **ἄν**, **εἰ**, κἄν

ἑαυτοῦ → **αὐτός**

ἐάω → προσεάω (Acts 27,7)

ἑβδομήκοντα, ἑβδομηκοντάκις → **ἑκατόν**, ἑπτά, ἑπτάκις

ἐγγίζω → ἐγγύς

ἐγγράφω → **γράφω**

ἐγγύς → ἐγγίζω

ἐγείρω, ἔγερσις → γρηγορέω, διαγρηγορέω, διεγείρω, ἐπεγείρω (Acts 13,50; 14,2)

ἐγκάθετος → **ἀφίημι**, καθίημι

ἐγκακέω → **κακός**

ἐγκαλέω (Acts 19,38; 19,40; 23,28; 23,29; 26,2; 26,7) → ἔγκλημα (Acts 23,29; 25,16), **καλέω**

ἐγκαταλείπω → **λείπω**

ἔγκλημα (Acts 23,29; 25,16) → ἐγκαλέω (Acts 19,38; 19,40; 23,28; 23,29; 26,2; 26,7), **καλέω**

ἐγκόπτω (Acts 24,4) → **κόπτω**

ἐγκράτεια (Acts 24,25) → **κράτος**

ἐγκρύπτω → **κρύπτω**, κρύβω

ἔγκυος → κῦμα

ἐγώ, ἐμοῦ, μου, ἐμοί, μοι, ἐμέ, με → ἐμαυτοῦ, ἐμός, κἀγώ

ἐδαφίζω, ἔδαφος (Acts 22,7)

ἐθίζω → **ἔθος**

ἐθνικός, ἔθνος

ἔθος → ἐθίζω, εἴωθα

εἰ → **ἐάν**, ὡσεί

εἰδέα, εἶδος → **ὁράω**, εἶδον

εἰδωλόθυτος (Acts 15,29; 21,25) → **εἴδωλον** (Acts 7,41; 15,20), **θύω**

εἴδωλον (Acts 7,41; 15,20) → εἰδωλόθυτος (Acts 15,29; 21,25), κατείδωλος (Acts 17,16), **ὁράω**, εἶδον

εἴκοσι → **δέκα**, **ἑκατόν**

εἰκών → ἐπιείκεια (Acts 24,4)

εἰμί, εἶ, ἐστίν, ἔστιν, ἐσμέν, ἐστέ, εἰσίν, ἤμην, ἦς, ἦν ..., ἔσομαι, ἔσῃ, ἔσται ..., ὦ, ᾖς, ᾖ ..., εἴη, ἴσθι, ἔστω, ἔστωσαν, εἶναι, ἔσεσθαι, ὤν, οὖσα, ὄν, ἐσόμενος → γερουσία (Acts 5,21), ἔνειμι, ἔξεστιν, ἐξουσία, ἐξουσιάζω, ἐπιούσιος, κατεξουσιάζω, ὄντως, οὐσία, πάρειμι, παρουσία, συμπάρειμι (Acts 25,24), σύνειμι

εἰρηνεύω, εἰρήνη → εἰρηνοποιός

εἰρηνοποιός → εἰρηνεύω, εἰρήνη, **ποιέω**

εἰς → ἔσω, ἔσωθεν, ἐσώτερος (Acts 16,24)

εἷς, μία, ἕν → ἕνδεκα, ἑνδέκατος

εἰσάγω → **ἄγω**

εἰσακούω → **ἀκούω**

εἴσειμι (Acts 3,3; 21,18; 21,26) → **ἄπειμι** (Acts 17,10)

εἰσέρχομαι → **ἔρχομαι**

εἰσκαλέομαι (Acts 10,23) → **καλέω**

εἴσοδος (Acts 13,24) → **ὁδός**

εἰσπηδάω (Acts 16,29) → **ἀναπηδάω**

εἰσπορεύομαι → **πορεύομαι**

εἰστρέχω (Acts 12,14) → **τρέχω**

εἰσφέρω → **φέρω**

εἶτα, εἶτεν → ἔπειτα

εἴωθα → **ἔθος**

ἐκ, **ἐξ** → ἐκτός, ἐξάπινα, ἐξαυτῆς, ἔξω, ἔξωθεν, ἐξώτερος, παρεκτός

ἑκατόν, ἑκατονταπλασίων → **δέκα**, διακόσιοι, ἑβδομήκοντα, ἑβδομηκοντάκις, εἴκοσι, ἑκατοντάρχης, ἑκαντόνταρχος, ἐνενήκοντα, ἑξήκοντα, ὀγδοήκοντα, πεντακόσιοι, πεντήκοντα, πεντηκοστή (Acts 2,1; 20,16), τεσσεράκοντα, τεσσερακονταετής (Acts 7,23; 13,18), τετρακόσιοι (Acts 5,36; 7,6; 13,20), τριάκοντα, τριακόσιοι

ἑκατοντάρχης, ἑκαντόνταρχος → **ἄρχω**, **ἑκατόν**

ἐκβάλλω, ἐκβολή (Acts 27,18) → **βάλλω**

ἐκδέχομαι (Acts 17,16) → **δέχομαι**

ἐκδίδομαι → **δίδωμι**, ἔκδοτος (Acts 2,23)

ἐκδιηγέομαι (Acts 13,41; 15,3) → διηγέομαι, διήγησις, **ἡγέομαι**

ἐκδικέω, ἐκδίκησις → **δίκαιος**

ἔκδοτος (Acts 2,23) → **δίδωμι**, ἐκδίδομαι

ἐκδύω → **δύνω**, **δύω**

ἐκεῖ, ἐκεῖθεν → **ἐκεῖνος**, ἐκεῖσε (Acts 21,3; 22,5), κἀκεῖ, κἀκεῖθεν

ἐκεῖνος → **ἐκεῖ**, ἐπέκεινα (Acts 7,43), κἀκεῖνος

ἐκεῖσε (Acts 21,3; 22,5) → **ἐκεῖ**

ἐκζητέω → **ζητέω**

ἐκθαμβέω, ἔκθαμβος (Acts 3,11) → θαμβέω, θάμβος

ἐκθαυμάζω → **θαυμάζω**, **θεάομαι**

ἔκθετος (Acts 7,19) → ἐκτίθημι (Acts 7,21; 11,4; 18,26; 28,23), **τίθημι**

ἐκκλησία → **καλέω**

ἐκκομίζω → **κομίζω**

ἐκκόπτω → **κόπτω**

ἐκκρεμάννυμι → **κρεμάννυμι**, κρημνός

ἐκλαλέω (Acts 23,22) → **λαλέω**

ἐκλάμπω → **λάμπω**

ἐκλέγομαι → **λέγω**

ἐκλείπω → **λείπω**

ἐκλεκτός, ἐκλογή (Acts 9,15) → **λέγω**

ἐκλύομαι → **λύω**

ἐκμάσσω → ἀπομάσσομαι

ἐκπειράζω → **πειράζω**

ἐκπέμπω (Acts 13,4; 17,10) → **πέμπω**

ἐκπερισσῶς → **περισσεύω**

ἐκπηδάω (Acts 14,14) → **ἀναπηδάω**

ἐκπίπτω (Acts 12,7; 27,17; 27,26; 27,29; 27,32) → **πίπτω**

ἐκπλέω (Acts 15,39; 18,18; 20,6) → **πλέω**

ἐκπληρόω (Acts 13,33), ἐκπλήρωσις (Acts 21,26) → **πίμπλημι**, **πλήρης**, πληρόω

ἐκπλήσσομαι → πληγή

ἐκπνέω → **πνέω**

ἐκπορεύομαι → **πορεύομαι**

ἐκριζόω → ῥίζα

ἔκστασις → ἐξίστημι, **ἵστημι**

ἐκταράσσω (Acts 16,20) → **ταράσσω**

ἐκτείνω → ἐκτένεια (Acts 26,7), ἐκτενῶς, εὐτόνως, παρατείνω (Acts 20,7), προτείνω (Acts 22,25), προχειροτονέω (Acts 10,41), χειροτονέω (Acts 14,23)

ἐκτελέω → **τέλος**

ἐκτένεια (Acts 26,7), ἐκτενῶς → **ἐκτείνω**

ἐκτίθημι (Acts 7,21; 11,4; 18,26; 28,23) → ἔκθετος (Acts 7,19), **τίθημι**

ἐκτινάσσω → ἀποτινάσσω

ἔκτος → **ἕξ**

ἐκτός → **ἐκ**, **ἐξ**

ἐκφέρω → **φέρω**

ἐκφεύγω → **φεύγω**

ἔκφοβος → **φοβέομαι**

ἐκφύω → **φύω**

ἐκχέω, ἐκχύν(ν)ω → ἐπιχέω, καταχέω, συγχέω, συγχύν(ν)ω (Acts 2,6; 9,22 19,32 21,27 21,31), σύγχυσις (Acts 19,29), ὑπερεκχύννομαι, χοῦς

ἐκχωρέω → **χώρα**

ἐκψύχω (Acts 5,5; 5,10; 12,23) → **ψύχομαι**

ἐλαία, ἔλαιον, ἐλαιών (Acts 1,12)

ἐλαύνω → ἀπελαύνω (Acts 18,16)

ἐλέγχω → ἀπελεγμός (Acts 19,27), διακατελέγχομαι (Acts 18,28) ἐλεέω, ἐλεημοσύνη, ἐλεήμων, ἔλεος

ἔλευσις (Acts 7,52) → **ἔρχομαι**

ἕλκος, ἑλκόω

Ἑλλάς (Acts 20,2), Ἕλλην (Acts 14,1; 16,1; 16,3; 17,4; 18,4; 19,10; 19,17; 20,21; 21,28), Ἑλληνίς, Ἑλληνιστής (Acts 6,1; 9,29; 9,29), Ἑλληνιστί (Acts 21,37)

ἐλπίζω, ἐλπίς (Acts 2,26; 16,19; 23,6; 24,15; 26,6; 26,7; 27,20; 28,20) → ἀπελπίζω

ἐμαυτοῦ → **αὐτός**, **ἐγώ**

ἐμβαίνω → **ἀναβαίνω**

ἐμβάλλω → **βάλλω**

ἐμβάπτω → **βάπτω**

ἐμβιβάζω (Acts 27,6) → **ἀναβιβάζω**

ἐμβλέπω → **βλέπω**

ἐμμένω (Acts 14,22; 28,30) → **μένω**

ἐμός → **ἐγώ**, ἐμέ, με

ἐμπαίζω → παιδεύω, παιδιόθεν, παιδίον, παιδίσκη, παῖς

ἐμπί(μ)πλημι, ἐμπιπλάω → **πίμπλημι**

ἐμπί(μ)πρημι, ἐμπιπράω → πίμπρημι (Acts 28,6)

ἐμπίπτω → **πίπτω**

ἐμπνέω (Acts 9,1) → **πνέω**

ἐμπορία, ἔμπορος → **πορεύομαι**

ἔμπροσθεν → **ἐν**

ἐμπτύω → πτύω

ἐμφανής (Acts 10,40), ἐμφανίζω → **φαίνω**

ἔμφοβος → **φοβέομαι**

ἐν → ἔμπροσθεν, ἐνθάδε, ἔνθεν, ἐντεῦθεν, ἐντός, ἐνώπιον

ἐναγκαλίζομαι → **ἀγκάλη**

ἔναντι, ἐναντίον, ἐναντίος → **ἀντί**, ἀπέναντι, κατέναντι

ἔνατος → **ἐννέα**

ἐνδεής (Acts 4,34) → **δέομαι**

ἕνδεκα, ἑνδέκατος → **δέκα**, **εἷς**, μία, ἕν

ἐνδέχομαι → **δέχομαι**

ἐνδιδύσκω → **δύνω**, **δύω**

ἔνδοξος → **δοκέω**, δόξα

ἔνδυμα → **δύνω**, **δύω**

ἐνδυναμόω (Acts 9,22) → **δύναμαι**

ἐνδύω → **δύνω**, **δύω**

ἐνέδρα (Acts 23,16; 25,3), ἐνεδρεύω → ἀφεδρῶν, καθέδρα, **καθίζω**, πρωτοκαθεδρία, συνέδριον

ἔνειμι → **εἰμί**

ἕνεκα, ἕνεκεν, εἵνεκεν

ἐνενήκοντα → **ἑκατόν**, **ἐννέα**

ἐνεργέω → **ἔργον**

ἐνευλογέω (Acts 3,26) → εὐλογέω, εὐλογητός, **λέγω**, **λόγος**

ἐνέχω → **ἔχω**

ἐνθάδε, ἔνθεν → **ἐν**

ἐνθυμέομαι, ἐνθύμησις → διενθυμέομαι (Acts 10,19), **θυμός**

ἐνισχύω → **ἰσχύς**

ἐννέα → ἔνατος, ἐνενήκοντα

ἐννεύω → **νεύω** (Acts 24,10)

ἔννομος (Acts 19,39) → **νόμος**

ἔννυχος → **νύξ**

ἐνοχλέω → ὀχλέω (Acts 5,16), **ὄχλος**, παρενοχλέω (Acts 15,19)

ἔνοχος → **ἔχω**

ἔνταλμα → **ἐντέλλομαι**

ἐνταφιάζω, ἐνταφιασμός → **θάπτω**, ταφή, τάφος

ἐντέλλομαι → **ἀνατέλλω**, ἔνταλμα, ἐντολή

ἐντεῦθεν → **ἐν**

ἔντιμος → **τιμάω**

ἐντολή → **ἐντέλλομαι**

ἐντόπιος (Acts 21,12) → **τόπος**

ἐντός → **ἐν**

ἐπέκεινα (Acts 7,43) → **ἐκεῖνος**, **ἐπί**

ἐπέρχομαι → **ἔρχομαι**

ἐπερωτάω → **ἐρωτάω**

ἐπέχω → **ἔχω**

ἐπί → ἐπάνω, ἔπειτα, ἐπέκεινα (Acts 7,43)

ἐπιβαίνω → **ἀναβαίνω**

ἐπιβάλλω → **βάλλω**, ἐπίβλημα

ἐπιβιβάζω → **ἀναβιβάζω**

ἐπιβλέπω → **βλέπω**

ἐπίβλημα → **βάλλω**, ἐπιβάλλω

ἐπιβουλή (Acts 9,24; 20,3; 20,19; 23,30) → **βούλομαι**

ἐπιγαμβρεύω → γαμέω

ἐπιγίνομαι (Acts 28,13) → **γίνομαι**

ἐπιγινώσκω → **γινώσκω**

ἐπιγραφή, ἐπιγράφω → **γράφω**

ἐπιδείκνυμι → **δείκνυμι**

ἐπιδημέω (Acts 2,10; 17,21) → **ἀποδημέω**, **δῆμος** (Acts 12,22; 17,5; 19,30; 19,33)

ἐπιδίδωμι → **δίδωμι**

ἐπιείκεια (Acts 24,4) → εἰκών

ἐπιζητέω → **ζητέω**

ἐπίθεσις (Acts 8,18) → ἐπιτίθημι, **τίθημι**

ἐπιθυμέω, ἐπιθυμία → **θυμός**

ἐπικαθίζω → **καθίζω**

ἐπικαλέω → **καλέω**

ἐπίκειμαι → **κεῖμαι**

ἐπικέλλω (Acts 27,41) → κελεύω

ἐπικρίνω → **κρίνω**

ἐπιλαμβάνομαι → **λαμβάνω**

ἐπιλανθάνομαι → **λανθάνω**

ἐπιλέγω (Acts 15,40) → **λέγω**

ἐπιλύω → **λύω**

ἐπιμέλεια (Acts 27,3), ἐπιμελέομαι, ἐπιμελῶς → **μέλει**

ἐπιμένω (Acts 10,48; 12,16; 21,4; 21,10; 28,12; 28,14) → **μένω**

ἐπινεύω (Acts 18,20) → **νεύω** (Acts 24,10)

ἐπίνοια (Acts 8,22) → νοέω

ἐπιορκέω → **ὅρκος**

ἐπιούσιος → **εἰμί**

ἐπιπίπτω → **πίπτω**

ἐπιπορεύομαι → **πορεύομαι**

ἐπιράπτω → ῥαπίζω, ῥάπισμα, ῥαφίς

ἐπιρίπτω → **ῥίπτω**

ἐπίσημος → **σημεῖον**

ἐπισιτισμός → **σῖτος**

ἐπισκέπτομαι → ἐπισκοπή, ἐπίσκοπος (Acts 20,28), σκοπέω

ἐπισκευάζομαι (Acts 21,15) → **σκεῦος**

ἐπισκιάζω → **σκιά**

ἐπισκοπή, ἐπίσκοπος (Acts 20,28) → **ἐπισκέπτομαι**

ἐπισπείρω → **σπείρω**

ἐπίσταμαι → **ἵστημι**

ἐπίστασις (Acts 24,12), ἐπιστάτης → ἐφίστημι, **ἵστημι**

ἐπιστέλλω (Acts 15,20; 21,25) → **ἀποστέλλω**, ἐπιστολή (Acts 9,2; 15,30; 22,5; 23,25; 23,33)

ἐπιστηρίζω (Acts 14,22; 15,32; 15,41; 18,23) → στηρίζω

ἐπιστολή (Acts 9,2; 15,30; 22,5; 23,25; 23,33) → **ἀποστέλλω**, ἐπιστέλλω (Acts 15,20; 21,25)

ἐπιστρέφω, ἐπιστροφή (Acts 15,3) → **στρέφω**

ἐπισυνάγω → **ἄγω**, **συνάγω**

ἐπισυντρέχω → **τρέχω**

ἐπισφαλής (Acts 27,9) → ἀσφάλεια

ἐπισχύω → **ἰσχύς**

ἐπιτάσσω → **τάσσω**

ἐπιτίθημι → ἐπίθεσις (Acts 8,18), συνεπιτίθεμαι (Acts 24,9), **τίθημι** ἐπιτιμάω → **τιμάω**

ἐπιτρέπω, ἐπιτροπή (Acts 26,12), ἐπίτροπος → **τρόπος**

ἐπιφαίνω, ἐπιφανής (Acts 2,20) → **φαίνω**

ἐπιφωνέω → **φωνή**

ἐπιφώσκω → **φῶς**

ἐπιχειρέω → **χείρ**

ἐπιχέω → **ἐκχέω**

ἑπτά, ἑπτάκις → ἑβδομήκοντα, ἑβδομηκοντάκις

ἐργάζομαι, ἐργασία, ἐργάτης → **ἔργον**

ἔργον → ἀγαθουργέω, ἀμπελουργός, ἀργός, γεωργός, ἐνεργέω, ἐργάζομαι, ἐργασία, ἐργάτης, εὐεργεσία (Acts 4,9), εὐεργετέω (Acts 10,38), εὐεργέτης, κακοῦργος, καταργέω, λειτουργέω (Acts 13,2), λειτουργία, πανουργία, περίεργος (Acts 19,19), προσεργάζομαι, ῥᾳδιούργημα (Acts 18,14), ῥᾳδιουργία (Acts 13,10)

ἐρημία, ἔρημος, ἐρημόω, ἐρήμωσις

ἐρίφιον, ἔριφος

ἔρχομαι → ἀντιπαρέρχομαι, ἀπέρχομαι, διέρχομαι, εἰσέρχομαι, ἔλευσις (Acts 7,52), ἐξέρχομαι, ἐπανέρχομαι, ἐπεισέρχομαι, ἐπέρχομαι, κατέρχομαι, παρέρχομαι, περιέρχομαι (Acts 19,13), προέρχομαι, προσέρχομαι, προσήλυτος, συνέρχομαι

ἐρωτάω → διερωτάω (Acts 10,17), ἐπερωτάω

ἐσθής → ἀμφιέζω, ἀμφιέννυμι, ἱματίζω, ἱμάτιον, ἱματισμός

ἐσθίω, ἔσθω → ἀριστάω, ἄριστον, κατεσθίω, κατέσθω, νηστεία, νηστεύω, νῆστις, ὀδούς, ὀδυνάομαι, ὀδυρμός, συνεσθίω, φάγος

ἔσχατος, ἐσχάτως

ἔσω, ἔσωθεν, ἐσώτερος (Acts 16,24) → εἰς

ἑτοιμάζω, ἕτοιμος, ἑτοίμως (Acts 21,13)

ἔτος → διετής, διετία (Acts 24,27; 28,30), τεσσερακονταετής (Acts 7,23; 13,18), τριετία (Acts 20,31)

εὐαγγελίζω, εὐαγγέλιον, εὐαγγελιστής (Acts 21,8) → **ἄγγελος**

εὐγενής → **γίνομαι**

εὐδοκέω, εὐδοκία → **δοκέω**, συνευδοκέω

εὐεργεσία (Acts 4,9), εὐεργετέω (Acts 10,38), εὐεργέτης → **ἔργον**

εὔθετος → **τίθημι**

εὐθυδρομέω (Acts 16,11; 21,1) → δρόμος (Acts 13,25; 20,24), **εὐθύς**, συνδρομή (Acts 21,30), **τρέχω**

εὐθυμέω (Acts 27,22; 27,25), εὔθυμος (Acts 27,36), εὐθύμως (Acts 24,10) → **θυμός**

εὐθύς, εὐθεῖα, εὐθύ / εὐθύς, εὐθέως → εὐθυδρομέω (Acts 16,11; 21,1), κατευθύνω

εὐκαιρέω, εὐκαιρία, εὔκαιρος, εὐκαίρως → **καιρός**

εὔκοπος → **κόπτω**

εὐλαβής → **λαμβάνω**

εὐλογέω, εὐλογητός → ἐνευλογέω (Acts 3,26), **λέγω, λόγος**

εὐνοέω → **νοέω**

εὐνουχίζω, εὐνοῦχος

εὐπορέω (Acts 11,29), εὐπορία (Acts 19,25) → **πορεύομαι**

εὑρίσκω → ἀνευρίσκω

εὐρύχωρος → **χώρα**

εὐσέβεια (Acts 3,12), εὐσεβέω (Acts 17,23), εὐσεβής (Acts 10,2; 10,7) → **σέβομαι**

εὐτόνως → **ἐκτείνω**

εὐφορέω → **φέρω**

εὐφραίνω, εὐφροσύνη (Acts 2,28; 14,17) → **φρονέω**

εὐχαριστέω, εὐχαριστία (Acts 24,3) → **χάρις**

εὐχή (Acts 18,18; 21,23) → **εὔχομαι** (Acts 26,29; 27,29)

εὔχομαι (Acts 26,29; 27,29) → εὐχή (Acts 18,18; 21,23), προσεύχομαι, προσευχή

εὐώνυμος → **ὄνομα**

ἐφημερία → **ἡμέρα**

ἐφίστημι → ἐπίστασις (Acts 24,12), **ἵστημι**, συνεφίστημι (Acts 16,22)

ἐφοράω → **ὁράω**, εἶδον

ἔχθρα, ἐχθρός

ἔχω → ἀνεκτός (ἀνεκτότερος), ἀνέχομαι, ἀντέχομαι, ἀπέχω, ἐνέχω, ἔνοχος, ἑξῆς, ἐξοχή (Acts 25,23), ἐπέχω, **ἰσχύς**, καθεξῆς, κατάσχεσις (Acts 7,5; 7,45), κατέχω, μέτοχος, νουνεχῶς, παρέχω, περιέχω, περιοχή (Acts 8,32), πλεονεξία, προσέχω, ῥαβδοῦχος (Acts 16,35; 16,38), συνέχω, συνοχή, σχεδόν (Acts 13,44; 19,26), σχολάζω, σχολή (Acts 19,9)

Z

ζεῦγος, ζευκτηρία (Acts 27,40) → ζυγός, ζυγόν, συζεύγνυμι, ὑποζύγιον

ζῆλος (ὁ, τό) (Acts 5,17; 13,45), ζηλόω (Acts 7,9; 17,5), ζηλωτής

ζημία (Acts 27,10; 27,21), ζημιόω

ζητέω → ἀναζητέω, ἐκζητέω, ἐπιζητέω, ζήτημα (Acts 15,2; 18,15; 23,29; 25,19; 26,3), ζήτησις (Acts 15,2; 15,7; 25,20), συζητέω

ζήτημα (Acts 15,2; 18,15; 23,29; 25,19; 26,3), ζήτησις (Acts 15,2; 15,7; 25,20) → **ζητέω**

ζυγός, ζυγόν → **ζεῦγος**

ζύμη, ζυμόω → ἄζυμος

ζῶ → ἀναζάω, ζωγρέω, ζωή, ζῳογονέω

ζωγρέω → **ἄγρα**, **ζῶ**

ζωή → **ζῶ**

ζώνη, ζώννυμι, ζωννύω (Acts 12,8) → περιζώννυμι, περιζωννύω, ὑποζώννυμι (Acts 27,17)

ζῳογονέω → **γίνομαι**, **ζῶ**

H

ἡγεμονεύω, ἡγεμονία, ἡγεμών → **ἡγέομαι**

ἡγέομαι → **ἄγω**, ἀρχηγός (Acts 3,15; 5,31), διηγέομαι, διήγησις, ἐκδιηγέομαι (Acts 13,41; 15,3), ἐξηγέομαι, ἡγεμονεύω, ἡγεμονία, ἡγεμών, καθηγητής, ὁδηγέω, ὁδηγός, στρατηγός

ἡδέως → ἡδονή, ἡδύοσμον

ἤδη → **δή**

ἡδονή → **ἡδέως**

ἡδύοσμον → **ἡδέως**

ἥκω → καθήκω (Acts 22,22)

ἡμεῖς, ἡμῶν, ἡμῖν, ἡμᾶς → ἡμέτερος (Acts 2,11; 26,5)

ἡμέρα → ἐφημερία, καθημερινός (Acts 6,1), μεσημβρία (Acts 8,26; 22,6), σήμερον

ἡμέτερος (Acts 2,11; 26,5) → ἡμεῖς

ἡμιθανής → ἥμισυς, θάνατος, **θνῄσκω**

ἥμισυς → ἡμιθανής

Ἡρῴδης, Ἡρῳδιανός, Ἡρῳδιάς

ἡσυχάζω, ἡσυχία (Acts 22,2)

ἦχος → κατηχέω

Θ

θάλασσα → διθάλασσος (Acts 27,41), παραθαλάσσιος

θαμβέω, θάμβος → ἐκθαμβέω, ἔκθαμβος (Acts 3,11)

θάνατος, θανατόω → **θνῄσκω**

θάπτω → ἐνταφιάζω, ἐνταφιασμός, ταφή, τάφος

θαρσέω, θάρσος (Acts 28,15)

θαυμάζω, θαυμάσιος, θαυμαστός → ἐκθαυμάζω, **θεάομαι**, **θεωρέω**

θεά (Acts 28,15) → **θεός**

θεάομαι, θέατρον (Acts 19,29; 19,31) → ἀναθεωρέω (Acts 17,23), ἐκθαυμάζω, **θαυμάζω**, θαυμάσιος, θαυμαστός, **θεωρέω**, θεωρία, παραθεωρέω (Acts 6,1)

θεῖον, θεῖος (Acts 17,29) → **θεός**

θέλημα, θέλω

θεμέλιος, θεμελιόω

θεομάχος (Acts 5,39) → **θεός**, **μάχομαι** (Acts 7,26)

ἰσχύς, ἰσχύω → διϊσχυρίζομαι, ἐνισχύω, ἐπισχύω, **ἔχω**, ἰσχυρός, κατισχύω

ἴσως → **ἴσος**

ἰχθύδιον, ἰχθύς

K

κἀγώ → **ἐγώ**, **καί**

καθά → **κατά**

καθαιρέω → **ἀναιρέω**

καθάπτω (Acts 28,3) → **ἅπτω**

καθαρίζω, καθαρισμός → διακαθαίρω, διακαθαρίζω, **καθαρός**

καθαρός → ἀκαθαρσία, ἀκάθαρτος, διακαθαίρω, διακαθαρίζω, καθαρίζω, καθαρισμός

καθέδρα, καθέζομαι → **ἐνέδρα** (Acts 23,16; 25,3), **καθίζω**, παρακαθέζομαι, πρωτοκαθεδρία

καθεξῆς → **ἔχω**

καθηγητής → **ἡγέομαι**

καθήκω (Acts 22,22) → ἥκω

κάθημαι → **καθίζω**, συγκάθημαι

καθημερινός (Acts 6,1) → **ἡμέρα**

καθίζω → ἀνακαθίζω, **ἐνέδρα** (Acts 23,16; 25,3), ἐπικαθίζω, καθέδρα, καθέζομαι, **κάθημαι**, παρακαθέζομαι, πρωτοκαθεδρία, συγκαθίζω

καθίημι → **ἀφίημι**, ἐγκάθετος

καθίστημι, καθιστάνω → ἀκαταστασία, **ἵστημι**

καθόλου (Acts 4,18) → **ὅλος**

καθοπλίζω → πανοπλία

καθότι → **κατά**, **ὅτι**

καθώς → **κατά**, **ὡς**

καί → κἀγώ, καίτοι (Acts 14,17), κἀκεῖ, κἀκεῖθεν, κἀκεῖνος, κἄν

καιρός → εὐκαιρέω, εὐκαιρία, εὔκαιρος, εὐκαίρως, πρόσκαιρος

Καῖσαρ, Καισάρεια

καίτοι (Acts 14,17) → **καί**, τοίνυν

καίω → κατακαίω, καυματίζω, καύσων, ὁλοκαύτωμα

κἀκεῖ, κἀκεῖθεν → **ἐκεῖ**, ἐκεῖθεν, **καί**

κἀκεῖνος → **ἐκεῖνος**, **καί**

κακία → **κακός**

κακολογέω → **κακός**, **λέγω**, **λόγος**

κακοποιέω → **κακός**, **ποιέω**

κακός → ἐγκακέω, κακία, κακολογέω, κακοποιέω, κακοῦργος, κακόω (Acts 7,6; 7,19; 12,1; 14,2; 18,10), κακῶς, κάκωσις (Acts 7,34), χείρων

κακοῦργος → **ἔργον**, **κακός**

κακόω (Acts 7,6; 7,19; 12,1; 14,2; 18,10), κακῶς, κάκωσις (Acts 7,34) → **κακός**

καλέω → ἀντικαλέω, ἐγκαλέω (Acts 19,38; 19,40; 23,28; 23,29; 26,2; 26,7), ἔγκλημα (Acts 23,29; 25,16), εἰσκαλέομαι (Acts 10,23), ἐκκλησία, ἐπικαλέω, κλητός, μετακαλέομαι (Acts 7,14; 10,32; 20,17; 24,25), παρακαλέω, παράκλησις, προσκαλέομαι, συγκαλέω

καλός → καλῶς

καλύπτω → ἀποκαλύπτω, ἀποκάλυψις, παρακαλύπτω, περικαλύπτω, συγκαλύπτω

καλῶς → καλός

καμμύω → μυστήριον

κἄν → **ἐάν**, **καί**

καρδία → καρδιογνώστης (Acts 1,24; 15,8), σκληροκαρδία

καρδιογνώστης (Acts 1,24; 15,8) → **γινώσκω**, γνώστης (Acts 26,3), γνωστός, **καρδία**

καρπός → ἄκαρπος, καρποφορέω, καρποφόρος (Acts 14,17)

καρποφορέω, καρποφόρος (Acts 14,17) → **καρπός**, **φέρω**

κατά → καθά, καθότι, καθώς, κάτω, κατωτέρω, ὑποκάτω

καταβαίνω, κατάβασις → **ἀναβαίνω**

καταβαρύνω → βαρέω, βαρέως, βάρος, βαρύς, βαρύτιμος

καταβολή → **βάλλω**

καταγγελεύς (Acts 17,18), καταγγέλλω (Acts 3,24; 4,2; 13,5; 13,38; 15,36; 16,17; 16,21; 17,3; 17,13; 17,23; 26,23) → **ἄγγελος**, προκαταγγέλλω (Acts 3,18; 7,52)

καταγελάω → **γελάω**

κατάγω → **ἄγω**

καταδέω → **δέω**

καταδικάζω, καταδίκη (Acts 25,15) → **δίκαιος**

καταδιώκω → διώκω, διωγμός

καταδυναστεύω (Acts 10,38) → **δύναμαι**

καταθεματίζω → ἀνάθεμα (Acts 23,14), ἀναθεματίζω, **τίθημι**

καταισχύνω → αἰσχύνη, αἰσχύνομαι, ἐπαισχύνομαι

κατακαίω → **καίω**

κατάκειμαι → **κεῖμαι**

κατακλάω → **κλάω**

κατακλείω → **κλείω**

κατακληρονομέω (Acts 13,19) → κληρονομέω, κληρονομία, κληρονόμος, **κλῆρος**, **νόμος**

κατακλίνω → **κλίνω**

κατακλυσμός → κλύδων

κατακολουθέω → **ἀκολουθέω**

κατακόπτω → **κόπτω**

κατακρημνίζω → **κρεμάννυμι**, κρημνός

κατακρίνω → ἀκατάκριτος (Acts 16,37; 22,25), **κρίνω**

κατακυριεύω → **κύριος**

καταλαμβάνω → **λαμβάνω**

καταλείπω → **λείπω**

καταλιθάζω → **λίθος**

κατάλοιπος (Acts 15,17) → **λείπω**, λοιπός

κατάλυμα → καταλύω, **λύω**

καταλύω → κατάλυμα, **λύω**

καταμανθάνω → **μανθάνω**

καταμαρτυρέω → **μαρτυρέω**

καταμένω (Acts 1,13) → **μένω**

κατανεύω → **νεύω** (Acts 24,10)

κατανοέω → **νοέω**

καταντάω (Acts 16,1; 18,19; 18,24; 20,15; 21,7; 25,13; 26,7; 27,12; 28,13) → **ἀπαντάω**

καταξιόω → **ἄγω**, ἄξιος, ἀξιόω

καταπατέω → **πατέω**

κατάπαυσις (Acts 7,49), καταπαύω (Acts 14,18) → **παύω**

καταπίνω → **πίνω**

καταπίπτω → **πίπτω**

καταπλέω → **πλέω**

καταπονέω (Acts 7,24) → διαπονέομαι (Acts 4,2; 16,18), πενιχρός, πονηρία, πονηρός

καταργέω → **ἔργον**

καταριθμέω (Acts 1,17) → ἀριθμέω, ἀριθμός

καταρτίζω → ἀπαρτισμός, ἀρτύω, ἐξαρτίζω (Acts 21,5)

κατασείω (Acts 12,17; 13,16; 19,33; 21,40) → **σείω**

κατασκάπτω (Acts 15,16) → **σκάπτω**

κατασκευάζω → **σκεῦος**

κατασκηνόω, κατασκήνωσις → **σκηνή**

κατασοφίζομαι (Acts 7,19) → **σοφός**

καταστέλλω (Acts 19,35; 19,36) → **ἀποστέλλω**

καταστρέφω → **στρέφω**

κατασύρω → σύρω (Acts 8,3; 14,19; 17,6)

κοιμάομαι → **κεῖμαι**

κοινός, κοινόω, κοινωνία (Acts 2,42), κοινωνός

κοιτή, κοιτών (Acts 12,20) → **κεῖμαι**

κόκκινος → κόκκος

κόκκος → κόκκινος

κολάζω (Acts 4,21), κόλασις → κολοβόω

κολλάω → προσκολλάω

κολοβόω → κολάζω (Acts 4,21), κόλασις

κομίζω → ἐκκομίζω, συγκομίζω (Acts 8,2)

κονιάω, κονιορτός

κοπάζω → **κόπος**, **κόπτω**

κοπετός (Acts 8,2) → **κόπτω**

κοπιάω → **κόπος**, **κόπτω**

κόπος → κοπάζω, κοπιάω, **κόπτω**

κοπρία, κόπριον

κόπτω → ἀποκόπτω, ἀπρόσκοπος (Acts 24,16), ἀργυροκόπος (Acts 19,24), ἐγκόπτω (Acts 24,4), ἐκκόπτω, εὔκοπος, κατακόπτω, κοπάζω, κοπετός (Acts 8,2), κοπιάω, **κόπος**, προκόπτω, προσκόπτω

κόραξ → **κράζω**

κοράσιον → κορέννυμι (Acts 27,38)

κορβᾶν, κορβανᾶς

κορέννυμι (Acts 27,38) → κοράσιον

κοσμέω, κόσμος

κράζω → ἀνακράζω, κόραξ, κραυγάζω, κραυγή

Κρανίον → **κεραία**, κράσπεδον

κράσπεδον → **κεραία**, Κρανίον, **πούς**

κραταιόω, κρατέω → **κράτος**

κράτος, κράτιστος → ἀκρασία, ἐγκράτεια (Acts 24,25), κραταιόω, κρατέω, περικρατής (Acts 27,16), προσκαρτερέω

κραυγάζω, κραυγή → **κράζω**

κρεμάννυμι → ἐκκρεμάννυμι, κατακρημνίζω, κρημνός

κρημνός → ἐκκρεμάννυμι, κατακρημνίζω, **κρεμάννυμι**

κρίμα → **κρίνω**

κρίνω → ἀκατάκριτος (Acts 16,37; 22,25), ἀνάκρισις (Acts 25,26), ἀνακρίνω, ἀνταποκρίνομαι, ἀποκρίνομαι, ἀπόκρισις, διακρίνω, ἐπικρίνω, κατακρίνω, κρίμα, κρίσις, κριτής, ὑποκρίνομαι, ὑπόκρισις, ὑποκριτής

κρίσις, κριτής → **κρίνω**

κρύπτη, κρυπτός → **κρύπτω**

κρύπτω, κρύβω, κρυφαῖος → ἀποκρύπτω, ἀπόκρυφος, ἐγκρύπτω, κρύπτη, κρυπτός, περικρύβω

κτάομαι, κτῆμα, κτῆνος, κτήτωρ (Acts 4,34)

κτίζω, κτίσις

κυκλόω, κύκλῳ → περικυκλόω

κυλίω → ἀποκυλίω, προσκυλίω

κῦμα → ἔγκυος

κυνάριον → κύων

κύπτω → ἀνακύπτω, παρακύπτω, συγκύπτω

Κυρηναῖος, Κυρήνη (Acts 2,10)

κυριεύω → **κύριος**

κύριος → ἀκυρόω, κατακυριεύω, κυριεύω, συγκυρία

κύων → κυνάριον

κωλύω → ἀκωλύτως (Acts 28,31), διακωλύω

κώμη → κωμόπολις

κωμόπολις → κώμη, **πόλις**

Λ

λάθρᾳ → **λανθάνω**

λαλέω → ἄλαλος, διαλαλέω, ἐκλαλέω (Acts 23,22), λαλιά, μογιλάλος, προσλαλέω (Acts 13,43; 28,20), συλλαλέω

λαλιά → **λαλέω**

λαμβάνω → ἀναλαμβάνω (Acts 1,2; 1,11; 1,22; 7,43; 10,16; 20,13; 20,14; 23,31), ἀνάλημψις, ἀντιλαμβάνομαι, ἀπολαμβάνω, ἐπιλαμβάνομαι, εὐλαβής, καταλαμβάνω, μεταλαμβάνω (Acts 2,46; 24,25; 27,33; 27,34); παραλαμβάνω, προλαμβάνω, προσλαμβάνω, προσωπολήμπτης (Acts 10,34), συλλαμβάνω, συμπαραλαμβάνω (Acts 12,25; 15,37; 15,38), συμπεριλαμβάνω (Acts 20,10), συναντιλαμβάνομαι, ὑπολαμβάνω

λαμπάς, λαμπρός, λαμπρότης (Acts 26,13), λαμπρῶς → **λάμπω**

λάμπω → ἐκλάμπω, λαμπάς, λαμπρός, λαμπρότης (Acts 26,13), λαμπρῶς, περιλάμπω

λανθάνω → ἀλήθεια, ἀληθής, ἀληθινός, ἀληθῶς, ἐπιλανθάνομαι, λάθρᾳ

λαξευτός → λατομέω

λαός → λειτουργέω (Acts 13,2), λειτουργία

λατομέω → λαξευτός, **περιτέμνω**

λεγιών → **λέγω**

λέγω, εἶπον → ἄλογος (Acts 25,27), ἀνθομολογέομαι, ἀντιλέγω, ἀπολογέομαι, ἀπολογία (Acts 22,1; 25,16), βατταλογέω, διαλέγομαι, διάλεκτος (Acts 1,19; 2,6; 2,8; 21,40; 22,2; 26,14), διαλογίζομαι, διαλογισμός, ἐκλέγομαι, ἐκλεκτός, ἐκλογή (Acts 9,15), ἐνευλογέω (Acts 3,26), ἐξομολογέω, ἐπιλέγω (Acts 15,40), εὐλογέω, εὐλογητός, κακολογέω, κατευλογέω, λεγιών, **λογίζομαι**, λόγιον (Acts 7,38), λόγιος (Acts 18,24), **λόγος**, ὁμολογέω, παραλέγομαι (Acts 27,8; 27,13), πολυλογία, προλέγω, σπερμολόγος (Acts 17,18), συλλέγω, συλλογίζομαι

λέγω, ἐρῶ, ἐρρέθη → ἀναντίρρητος (Acts 19,36), ἀναντιρρήτως (Acts 10,29), παρρησία, παρρησιάζομαι (Acts 9,27; 9,28; 13,46; 14,3; 18,26; 19,8; 26,26), ῥῆμα, ῥήτωρ (Acts 24,1)

λείπω → ἀνέκλειπτος, διαλείπω, ἐγκαταλείπω, ἐκλείπω, καταλείπω, κατάλοιπος (Acts 15,17), λοιπός

λειτουργέω (Acts 13,2), λειτουργία → **ἔργον**, λαός

λεπίς (Acts 9,18), λέπρα, λεπρός, λεπτόν

Λευί(ς), Λευίτης

λευκαίνω, λευκός → λυχνία, λύχνος

ληνός → ὑπολήνιον

λιθάζω (Acts 5,26; 14,19) → **λίθος**

λιθοβολέω → **βάλλω**, **λίθος**

λίθος → καταλιθάζω, λιθάζω (Acts 5,26; 14,19), λιθοβολέω

λιμήν (Acts 27,8; 27,12*bis*), λίμνη

λογίζομαι → διαλογίζομαι, διαλογισμός, **λέγω**, **λόγος**, συλλογίζομαι

λόγιον (Acts 7,38), λόγιος (Acts 18,24) → **λέγω**, **λόγος**

λόγος → ἄλογος (Acts 25,27), ἀνθομολογέομαι, ἀπολογέομαι, ἀπολογία (Acts 22,1; 25,16), βατταλογέω, διαλογίζομαι, διαλογισμός, ἐνευλογέω (Acts 3,26), ἐξομολογέω, εὐλογέω, εὐλογητός, κακολογέω, κατευλογέω, **λέγω**, **λογίζομαι**, λόγιον (Acts 7,38), λόγιος (Acts 18,24), ὁμολογέω, πολυλογία, σπερμολόγος (Acts 17,18), συλλογίζομαι

λοιπός → κατάλοιπος (Acts 15,17), **λείπω**

λυπέω, λύπη → περίλυπος, συλλυπέομαι

λυσιτελέω → **λύω**, **τέλος**

λύτρον, λυτρόομαι, λύτρωσις, λυτρωτής (Acts 7,35) → ἀπολύτρωσις, **λύω**

λυχνία, λύχνος → λευκαίνω, λευκός

λύω → ἀναλύω, ἀπολύτρωσις, ἀπολύω, διαλύω (Acts 5,36), ἐκλύομαι, ἐπιλύω, κατάλυμα, καταλύω, λυσιτελέω, λύτρον, λυτρόομαι, λύτρωσις, λυτρωτής (Acts 7,35), παραλυτικός, παραλύω

M

μαγεία (Acts 8,11), μαγεύω (Acts 8,9), μάγος

μαθητεύω, μαθητής, μαθήτρια (Acts 9,36) → **μανθάνω**

μακαρίζω, μακάριος

μακράν, μακρόθεν → **μακρός**

μακροθυμέω, μακροθύμως (Acts 26,3) → **θυμός**, **μακρός**

μακρός → μακροθυμέω, μακροθύμως (Acts 26,3), μακράν, μακρόθεν, μηκύνω

μαλακία, μαλακός

μάλιστα (Acts 20,38; 25,26; 26,3), μᾶλλον

μανθάνω → καταμανθάνω, μαθητεύω, μαθητής, μαθήτρια (Acts 9,36)

μαρτυρέω, μαρτυρία, μαρτύριον, μαρτύρομαι (Acts 20,26; 26,22), μάρτυς → ἀμάρτυρος (Acts 14,17), διαμαρτύρομαι, καταμαρτυρέω, ψευδομαρτυρέω, ψευδομαρτυρία, ψευδόμαρτυς

μαστιγόω, μαστίζω (Acts 22,25), μάστιξ

μάταιος (Acts 14,15), μάτην

μάχαιρα → **μάχομαι** (Acts 7,26)

μάχομαι (Acts 7,26) → διαμάχομαι (Acts 23,9), θεομάχος (Acts 5,39), θυμομαχέω (Acts 12,20), μάχαιρα

μεγαλεῖος (Acts 2,11), μεγαλειότης, μεγαλύνω → **μέγας**

μέγας → μεγαλεῖος (Acts 2,11), μεγαλειότης, μεγαλύνω, μεγιστάν, μεῖζον, μείζων

μεγιστάν → **μέγας**

μεθερμηνεύω → διερμηνεύω

μέθη → μεθύσκομαι, μεθύω

μεθίστημι → **ἵστημι**

μεθύσκομαι, μεθύω → μέθη

μεῖζον, μείζων → **μέγας**

μέλει → ἀμελέω, ἐπιμέλεια (Acts 27,3), ἐπιμελέομαι, ἐπιμελῶς, μελετάω (Acts 4,25), μεταμέλομαι, προμελετάω

μελετάω (Acts 4,25) → **μέλει**, προμελετάω

μέν → μενοῦν

μενοῦν → μέν, οὖν

μένω → διαμένω, ἐμμένω (Acts 14,22; 28,30), ἐπιμένω (Acts 10,48; 12,16; 21,4; 21,10; 28,12; 28,14), καταμένω (Acts 1,13), περιμένω (Acts 1,4), προσμένω, ὑπομένω, ὑπομονή

μερίζω → διαμερίζω, διαμερισμός, **μερίς**

μέριμνα → **μεριμνάω**

μεριμνάω → ἀμέριμνος, μέριμνα, προμεριμνάω

μερίς, μεριστής, μέρος → διαμερίζω, διαμερισμός, μερίζω

μεσημβρία (Acts 8,26; 22,6) → **ἡμέρα**, **μέσος**

μέσον → **μέσος**

μεσονύκτιον → **μέσος**, **νύξ**

Μεσοποταμία (Acts 2,9; 7,2) → **μέσος**, ποταμός

μέσος → μεσημβρία (Acts 8,26; 22,6), μέσον, μεσονύκτιον, Μεσοποταμία (Acts 2,9; 7,2)

μεστός, μεστόω (Acts 2,13)

μετά → μεταξύ

μεταβαίνω → **ἀναβαίνω**

μεταβάλλομαι (Acts 28,6) → **βάλλω**

μεταδίδωμι → **δίδωμι**

μεταίρω → **αἴρω**, μετεωρίζομαι

μετακαλέομαι (Acts 7,14; 10,32; 20,17; 24,25) → **καλέω**

μεταλαμβάνω (Acts 2,46; 24,25; 27,33; 27,34) → **λαμβάνω**

μεταμέλομαι → **μέλει**

μετανοέω, μετάνοια → **νοέω**

μεταξύ → μετά

μεταπέμπομαι (Acts 10,5; 10,22; 10,29*bis*; 11,13; 20,1; 24,24; 24,26; 25,3) → **πέμπω**

μεταστρέφω (Acts 2,20) → **στρέφω**

μετατίθημι (Acts 7,16) → **τίθημι**

μετεωρίζομαι → **αἴρω**, μεταίρω

μετοικεσία, μετοικίζω (Acts 7,4; 7,43) → **οἶκος**

μέτοχος → **ἔχω**

μετρέω, μετρίως (Acts 20,12), μέτρον → ἀντιμετρέω, σιτομέτριον

μέχρι, μέχρις → ἄχρι, ἄχρις

μή, μηδαμῶς, μηδέ, μηδείς, μηθείς (Acts 27,33), μηκέτι → μήποτε, μήτε, μήτι

μηκύνω → **μακρός**

μήποτε → **μή**

μήτε → **μή**

μήτηρ → μήτρα

μήτι → **μή**

μήτρα → μήτηρ

μιμνήσκομαι → ἀναμιμνήσκω, ἀνάμνησις, **μνῆμα**, μνηστεύομαι, ὑπομιμνήσκω

μίσθιος, μισθόομαι, μισθός, μίσθωμα (Acts 28,30), μισθωτός

μνῆμα, μνημεῖον, μνημονεύω, μνημόσυνον → **μιμνήσκομαι**

μνηστεύομαι → **μιμνήσκομαι**

μογιλάλος → **λαλέω**, μόγις

μόγις → μογιλάλος

μοιχαλίς, μοιχάομαι, μοιχεία, μοιχεύω, μοιχός

μονογενής → **γίνομαι**, **μόνος**

μόνον → **μόνος**

μόνος → μονογενής, μόνον, μονόφθαλμος

μονόφθαλμος → **μόνος**, **ὀφθαλμός**

μοσχοποιέω (Acts 7,41) → μόσχος, **ποιέω**

μόσχος → μοσχοποιέω (Acts 7,41)

μυλικός, μύλος

μυριάς → μύριοι

μυρίζω → μύρον

μύριοι → μυριάς

μύρον → μυρίζω

μυστήριον → καμμύω

μωραίνω, μωρός

N

Ναζαρά, Ναζαρέθ, Ναζαρέτ, Ναζαρηνός, Ναζωραῖος

ναός → νεωκόρος (Acts 19,35)

ναύκληρος (Acts 27,11) → **κλῆρος**, ναῦς (Acts 27,41), ναύτης (Acts 27,27; 27,30)

ναῦς (Acts 27,41), ναύτης (Acts 27,27; 27,30) → ναύκληρος (Acts 27,11)

νεανίας (Acts 7,58; 20,9; 23,17), νεανίσκος, νέος, νεότης → νοσσιά, νοσσίον, νοσσός

νεύω (Acts 24,10) → διανεύω, ἐννεύω, ἐπινεύω (Acts 18,20), κατανεύω, νυστάζω

νεωκόρος (Acts 19,35) → ναός

νηστεία, νηστεύω, νῆστις → **ἐσθίω**, **ἔσθω**

νικάω, νῖκος → φιλονεικία

νίπτω → ἄνιπτος, ἀπονίπτω

νοέω → ἀνόητος, ἄνοια, διανόημα, διάνοια, ἐπίνοια (Acts 8,22), εὐνοέω, κατανοέω, μετανοέω, μετάνοια, **νοῦς**, πρόνοια (Acts 24,2), ὑπονοέω (Acts 13,25; 25,18; 27,27)

νομίζω, νομικός, νόμισμα → **νόμος**

νομοδιδάσκαλος → διδάσκαλος, **διδάσκω**, **νόμος**

νόμος → ἀνομία, ἄνομος, διανέμω (Acts 4,17), ἔννομος (Acts 19,39), κατακληρονομέω (Acts 13,19), κληρονομέω, κληρονομία, κληρονόμος, νομίζω, νομικός, νόμισμα, νομοδιδάσκαλος, οἰκονομέω, οἰκονομία, οἰκονόμος, παρανομέω (Acts 23,3)

νοσσιά, νοσσίον, νοσσός → νεανίας (Acts 7,58; 20,9; 23,17), νεανίσκος, νέος, νεότης

νουθετέω (Acts 20,31) → **νοῦς, τίθημι**

νουνεχῶς → **ἔχω, νοῦς**

νοῦς → **νοέω**, νουθετέω (Acts 20,31), νουνεχῶς

νύμφη, νυμφίος, νυμφών

νῦν, νυνί (Acts 22,1; 24,13) → τοίνυν

νύξ → διανυκτερεύω, ἔννυχος, μεσονύκτιον

νυστάζω → **νεύω** (Acts 24,10)

Ξ

ξενία (Acts 28,23), ξενίζω (Acts 10,6; 10,18; 10,23; 10,32; 17,20; 21,16; 28,7), ξένος

ξηραίνω, ξηρός

Ο

ὁ, ἡ, τό → ὅδε, τοὔνομα, ὧδε

ὀγδοήκοντα, ὄγδοος → **ἑκατόν, ὀκτώ**

ὅδε → **ὁ, ἡ, τό**

ὁδεύω → διοδεύω, **ὁδός**, συνοδεύω (Acts 9,7), συνοδία

ὁδηγέω, ὁδηγός → **ἄγω, ἡγέομαι, ὁδός**

ὁδοιπορέω (Acts 10,9) → **ὁδός, πορεύομαι**

ὁδός → ἄμφοδον, διέξοδος, διοδεύω, εἴσοδος (Acts 13,24), ἔξοδος, ὁδεύω, ὁδηγέω, ὁδηγός, ὁδοιπορέω (Acts 10,9), συνοδεύω (Acts 9,7), συνοδία

ὀδούς → **ἐσθίω, ἔσθω**

ὀδυνάομαι, ὀδυρμός → **ἐσθίω, ἔσθω**

ὀθόνη (Acts 10,11; 11,5), ὀθόνιον

οἶδα → **ὁράω**, εἶδον, συνείδησις (Acts 23,1; 24,16), σύνοιδα (Acts 5,2)

οἰκετεία, οἰκέτης, οἴκημα (Acts 12,7) → **οἶκος**

οἰκία, οἰκιακός → **οἶκος**

οἰκοδεσπότης → δεσπότης, **οἶκος**

οἰκοδομέω → ἀνοικοδομέω (Acts 15,16*bis*), οἰκοδομή, οἰκοδόμος (Acts 4,11), **οἶκος**

οἰκοδομή, οἰκοδόμος (Acts 4,11) → οἰκοδομέω, **οἶκος**

οἰκονομέω, οἰκονομία, οἰκονόμος → **νόμος, οἶκος**

οἶκος → ἀνοικοδομέω (Acts 15,16*bis*), κατοικέω, κατοίκησις, κατοικία (Acts 17,26), μετοικεσία, μετοικίζω (Acts 7,4; 7,43), οἰκετεία, οἰκέτης, οἴκημα (Acts 12,7), οἰκία, οἰκιακός, οἰκοδεσπότης, οἰκοδομέω, οἰκοδομή, οἰκοδόμος (Acts 4,11), οἰκονομέω, οἰκονομία, οἰκονόμος, οἰκουμένη, πανοικεί (Acts 16,34), παροικέω, παροικία (Acts 13,17), πάροικος (Acts 7,6; 7,29), περιοικέω, περίοικος

οἰκουμένη → **οἶκος**

οἰνοπότης → οἶνος, **πίνω**

οἶνος → οἰνοπότης

ὀκνέω (Acts 9,38), ὀκνηρός

ὀκτώ → δεκαοκτώ, ὀγδοήκοντα, ὄγδοος

ὀλιγοπιστία, ὀλιγόπιστος → ὀλίγος, **πείθω, πίστις, πιστός**

ὀλίγος → ὀλιγοπιστία, ὀλιγόπιστος

ὁλοκαύτωμα → **καίω**, καυματίζω, **ὅλος**

ὁλοκληρία (Acts 3,16) → **κλῆρος, ὅλος**

ὅλος, ὅλως → καθόλου (Acts 4,18), ὁλοκαύτωμα, ὁλοκληρία (Acts 3,16)

ὁμιλέω → συνομιλέω (Acts 10,27)

ὄμμα → **ὁράω**, ὄψομαι, ὤφθη, **ὀφθαλμός**

ὀμνύω, ὄμνυμι → συνωμοσία (Acts 23,13)

ὁμοθυμαδόν (Acts 1,14; 2,46; 4,24; 5,12; 7,57; 8,6; 12,20; 15,25; 18,12; 19,29) → **θυμός**, **ὅμοιος**

ὁμοιοπαθής (Acts 14,15) → **ὅμοιος**, παθητός (Acts 26,23), **πάσχω**

ὅμοιος → ἀνθομολογέομαι, ἐξομολογέω, ὁμοθυμαδόν (Acts 1,14; 2,46; 4,24; 5,12; 7,57; 8,6; 12,20; 15,25; 18,12; 19,29), ὁμοιοπαθής (Acts 14,15), ὁμοιόω, ὁμοίως, ὁμολογέω, ὁμότεχνος (Acts 18,3), ὁμοῦ (Acts 2,1), παρομοιάζω, παρόμοιος, συνομορέω (Acts 18,7)

ὁμοιόω, ὁμοίως → **ὅμοιος**

ὁμολογέω → ἀνθομολογέομαι, ἐξομολογέω, **λέγω**, **λόγος**, **ὅμοιος**

ὁμότεχνος (Acts 18,3) → **ὅμοιος**, τέχνη (Acts 17,29; 18,3), τεχνίτης (Acts 19,24; 19,38)

ὁμοῦ (Acts 2,1) → **ὅμοιος**

ὀνειδίζω, ὄνειδος

ὀνικός → ὄνος

ὄνομα, ὀνομάζω → εὐώνυμος, τοὔνομα

ὄνος → ὀνικός

ὄντως → **εἰμί**

ὄξος → παροξύνω (Acts 17,16), παροξυσμός (Acts 15,39)

ὄπισθεν, ὀπίσω

ὁποῖος (Acts 26,29) → ποῖος

ὅπου → ποῦ

ὀπτάνομαι (Acts 1,3), ὀπτασία → **ὁράω**, ὄψομαι, ὤφθη

ὅπως → πῶς, πως (Acts 27,12)

ὅραμα, ὅρασις (Acts 2,17) → **ὁράω**, εἶδον

ὁράω, εἶδον → ᾅδης, εἰδέα, εἶδος, **εἴδωλον** (Acts 7,41; 15,20), ἐφοράω, θυρωρός, ἴδε, ἰδού, **οἶδα**, ὅραμα, ὅρασις (Acts 2,17), προοράω (Acts 2,25; 2,31; 21,29), **πρόσωπον**, συνοράω (Acts 12,12; 14,6), ὑπεροράω (Acts 17,30)

ὁράω, ὄψομαι, ὤφθη → αὐτόπτης, ἐνώπιον, ὄμμα, ὀπτάνομαι (Acts 1,3), ὀπτασία, **ὀφθαλμός**, σκυθρωπός, ὑπωπιάζω

ὀργή, ὀργίζομαι

ὀρεινός → **ὄρος**

ὀρθός (Acts 14,10) → ἀνορθόω, διόρθωμα (Acts 24,2), ὀρθῶς

ὀρθρίζω, ὀρθρινός, ὄρθρος

ὀρθῶς → **ὀρθός** (Acts 14,10)

ὅρια → ἀφορίζω, ὁρίζω, ὁροθεσία (Acts 17,26), προορίζω (Acts 4,28), συνομορέω (Acts 18,7)

ὁρίζω → **ὅρια**

ὁρκίζω → ἐξορκίζω, ἐξορκιστής (Acts 19,13), **ὅρκος**

ὅρκος → ἐξορκίζω, ἐξορκιστής (Acts 19,13), ἐπιορκέω, ὁρκίζω

ὁρμάω, ὁρμή (Acts 14,5)

ὁροθεσία (Acts 17,26) → **ὅρια**, **τίθημι**

ὄρος → ὀρεινός

ὀρύσσω → διορύσσω, ἐξορύσσω

ὅσιος (Acts 2,27 13,34 13,35), ὁσιότης

ὅσος → τοσοῦτος

ὅστις → ὅτου

ὅταν → **ἄν**

ὅτι → καθότι

ὅτου → ὅστις

οὗ → **οὐ**

οὐ, οὐκ, οὐχ → οὗ, οὐδαμῶς, οὐδέ, οὐδείς, οὐδέποτε, οὐδέπω (Acts 8,16), οὐθείς, οὐκέτι, οὔπω, οὔτε, οὐχί

οὐά, οὐαί

οὐδαμῶς, οὐδέ, οὐδείς, οὐδέποτε, οὐδέπω (Acts 8,16), οὐθείς, οὐκέτι → **οὐ**

οὖν → μενοῦν

οὔπω → **οὐ**

οὐράνιος, οὐρανόθεν (Acts 14,17 26,13), οὐρανός

οὖς → **ἀκούω**, **ἀκροατήριον** (Acts 25,23), ἐνωτίζομαι (Acts 2,14), ἐπακροάομαι (Acts 16,25), ὠτάριον, ὠτίον

οὐσία → **εἰμί**

οὔτε → **οὐ**

οὗτος → οὕτω, οὕτως, τοιοῦτος, τοσοῦτος

οὕτω, οὕτως → **οὗτος**

οὐχί → **οὐ**

ὀφειλέτης, ὀφειλή, ὀφείλημα, ὀφείλω → χρεοφειλέτης

ὀφθαλμός → ἀντοφθαλμέω (Acts 27,15), μονόφθαλμος, ὄμμα, **ὁράω**, ὄψομαι, ὤφθη

ὀχλέω (Acts 5,16) → ἐνοχλέω, **ὄχλος**, παρενοχλέω (Acts 15,19)

ὀχλοποιέω (Acts 17,5) → **ὄχλος**, **ποιέω**

ὄχλος → ἐνοχλέω, ὀχλέω (Acts 5,16), ὀχλοποιέω (Acts 17,5), παρενοχλέω (Acts 15,19)

ὀψέ, ὄψιος

ὀψώνιον → παροψίς

Π

παγιδεύω, παγίς → προσπήγνυμι (Acts 2,23)

παθητός (Acts 26,23) → ὁμοιοπαθής (Acts 14,15), **πάσχω**

παιδεύω, παιδιόθεν, παιδίον, παιδίσκη, παῖς → ἐμπαίζω

πάλαι, παλαιός, παλαιόω → **πάλιν**

παλιγγενεσία → **γίνομαι**, **πάλιν**

πάλιν → πάλαι, παλαιός, παλαιόω, παλιγγενεσία

παμπληθεί → **πᾶς**, **πλῆθος**, πληθύνω

πανδοχεῖον, πανδοχεύς → **δέχομαι**, **πᾶς**

πανοικεί (Acts 16,34) → **οἶκος**, **πᾶς**

πανοπλία → καθοπλίζω, **πᾶς**

πανουργία → **ἔργον**, **πᾶς**

πανταχῇ (Acts 21,28), πανταχοῦ → **πᾶς**

παντελής → **πᾶς**, **τέλος**

πάντῃ (Acts 24,3), πάντοθεν, πάντοτε, πάντως → **πᾶς**

παραβαίνω → **ἀναβαίνω**

παραβάλλω (Acts 20,15) → **βάλλω**, παραβολή

παραβιάζομαι → **βία** (Acts 5,26; 21,35; 27,41), βιάζομαι

παραβολή → **βάλλω**, παραβάλλω (Acts 20,15)

παραγγελία (Acts 5,28; 16,24), παραγγέλλω → **ἄγγελος**

παραγίνομαι → **γίνομαι**, συμπαραγίνομαι

παράγω → **ἄγω**

παραδέχομαι → **δέχομαι**

παραδίδωμι → **δίδωμι**, παράδοσις

παράδοξος → **δοκέω**, δόξα

παράδοσις → **δίδωμι**, παραδίδωμι

παραθαλάσσιος → **θάλασσα**

παραθεωρέω (Acts 6,1) → **θεάομαι**, **θεωρέω**

παραινέω (Acts 27,9; 27,22) → **αἰνέω**

παραιτέομαι → **αἰτέω**

παρακαθέζομαι → καθέδρα, καθέζομαι, **καθίζω**

παρακαλέω → **καλέω**, παράκλησις

παρακαλύπτω → **καλύπτω**

παράκλησις → **καλέω**, παρακαλέω

παρακολουθέω → **ἀκολουθέω**

παρακούω → **ἀκούω**

παρακύπτω → **κύπτω**

παραλαμβάνω → **λαμβάνω**, συμπαραλαμβάνω (Acts 12,25; 15,37; 15,38)

παραλέγομαι (Acts 27,8; 27,13) → **λέγω**

παράλιος → **ἅλας**

παραλυτικός → **λύω**, παραλύω

παραλύω → **λύω**, παραλυτικός

παρανομέω (Acts 23,3) → **νόμος**

παραπλέω (Acts 20,16) → **πλέω**

παραπορεύομαι → **πορεύομαι**

παράπτωμα → **πίπτω**, πτῶμα, πτῶσις

παράσημος (Acts 28,11) → **σημεῖον**

παρασκευάζω (Acts 10,10), παρασκευή → **σκεῦος**

παρατείνω (Acts 20,7) → **ἐκτείνω**

παρατηρέω, παρατήρησις → **τηρέω**

παρατίθημι → **τίθημι**

παρατυγχάνω (Acts 17,17) → **τυγχάνω**

παραφέρω → **φέρω**

παραχειμάζω (Acts 27,12; 28,11), παραχειμασία (Acts 27,12) → **χειμών**

παραχρῆμα → **χράομαι** (Acts 27,3; 27,17), χρῆμα

πάρειμι → **εἰμί**, παρουσία, συμπάρειμι (Acts 25,24)

παρεκτός → **ἐκ, ἐξ**

παρεμβάλλω, παρεμβολή (Acts 21,34; 21,37; 22,24; 23,10; 23,16; 23,32) → **βάλλω**

παρενοχλέω (Acts 15,19) → ἐνοχλέω, ὀχλέω (Acts 5,16), **ὄχλος**

παρέρχομαι → ἀντιπαρέρχομαι, **ἔρχομαι**

παρέχω → **ἔχω**

παρθενία, παρθένος

παρίημι → **ἀφίημι**

παρίστημι → **ἵστημι**

παροικέω, παροικία (Acts 13,17) → **οἶκος**

πάροικος (Acts 7,6; 7,29) → **οἶκος**

παρομοιάζω, παρόμοιος → **ὅμοιος**

παροξύνω (Acts 17,16), παροξυσμός (Acts 15,39) → ὄξος

παρουσία → **εἰμί**, πάρειμι

παροψίς → ὀψώνιον

παρρησία, παρρησιάζομαι (Acts 9,27; 9,28; 13,46; 14,3; 18,26; 19,8; 26,26) → **λέγω**, ἐρῶ, ἐρρέθη, **πᾶς**

πᾶς → ἅπας, παμπληθεί, πανδοχεῖον, πανδοχεύς, πανοικεί (Acts 16,34), πανοπλία, πανουργία, πανταχῇ (Acts 21,28), πανταχοῦ, παντελής, πάντῃ (Acts 24,3), πάντοθεν, πάντοτε, πάντως, παρρησία, παρρησιάζομαι (Acts 9,27; 9,28; 13,46; 14,3; 18,26; 19,8; 26,26)

πάσχω → ὁμοιοπαθής (Acts 14,15), παθητός (Acts 26,23), πενθέω

πατέω → καταπατέω, περιπατέω

πατήρ, πατριά, πατριάρχης (Acts 2,29; 7,8; 7,9), πατρίς, πατρῷος (Acts 22,3; 24,14; 28,17)

παύω → ἀνάπαυσις, ἀναπαύω, ἐπαναπαύομαι, κατάπαυσις (Acts 7,49), καταπαύω (Acts 14,18)

πέδη, πεδινός → **πούς**

πεζεύω (Acts 20,13), πεζῇ → **πούς**

πειθαρχέω (Acts 5,29; 5,32; 27,21) → **πείθω**

πείθω → ἀναπείθω (Acts 18,13), ἀπειθέω (Acts 14,2; 19,9), ἀπειθής, ἀπιστέω, ἀπιστία, ἄπιστος, ὀλιγοπιστία, ὀλιγόπιστος, πειθαρχέω (Acts 5,29; 5,32; 27,21), πιστεύω, πιστικός (?), **πίστις, πιστός**

πεινάω → πρόσπεινος (Acts 10,10)

πειράζω, πειράομαι (Acts 26,21), πειρασμός → ἐκπειράζω

πέμπω → ἀναπέμπω, ἐκπέμπω (Acts 13,4; 17,10), μεταπέμπομαι (Acts 10,5; 10,22; 10,29*bis*; 11,13; 20,1; 24,24; 24,26; 25,3), προπέμπω (Acts 15,3; 20,38; 21,5)

πενθερά → φάτνη

πενθέω → **πάσχω**

πενιχρός → διαπονέομαι (Acts 4,2; 16,18), καταπονέω (Acts 7,24), πονηρία, πονηρός

πεντακισχίλιοι → **πέντε**, **χιλιάς**

πεντακόσιοι → **ἑκατόν**, **πέντε**

πέντε → δεκαπέντε (Acts 27,28), πεντακισχίλιοι, πεντακόσιοι, πεντεκαιδέκατος, πεντήκοντα, πεντηκοστή (Acts 2,1; 20,16)

πεντεκαιδέκατος → **δέκα**, **πέντε**

πεντήκοντα, πεντηκοστή (Acts 2,1; 20,16) → **ἑκατόν**, **πέντε**

περαιτέρω (Acts 19,39) → **πέραν**

πέραν, πέρας → ἀντιπέρα, διαπεράω, περαιτέρω (Acts 19,39)

περί → πέριξ (Acts 5,16)

περιάγω → **ἄγω**

περιαιρέω (Acts 27,20; 27,40, 28,13) → **ἀναιρέω**

περιάπτω → **ἅπτω**

περιαστράπτω (Acts 9,3; 22,6) → **ἀστραπή**

περιβάλλω → **βάλλω**

περιβλέπομαι → **βλέπω**

περίεργος (Acts 19,19) → **ἔργον**

περιέρχομαι (Acts 19,13) → **ἔρχομαι**

περιέχω → **ἔχω**, περιοχή (Acts 8,32)

περιζώννυμι, περιζωννύω → **ζώνη**

περιΐστημι (Acts 25,7) → **ἵστημι**

περικαλύπτω → **καλύπτω**

περίκειμαι → **κεῖμαι**

περικρατής (Acts 27,16) → **κράτος**

περικρύβω → **κρύπτω**, κρύβω

περικυκλόω → κυκλόω, κύκλῳ

περιλάμπω → **λάμπω**

περίλυπος → **λυπέω**

περιμένω (Acts 1,4) → **μένω**

πέριξ (Acts 5,16) → περί

περιοικέω, περίοικος → **οἶκος**

περιοχή (Acts 8,32) → **ἔχω**, περιέχω

περιπατέω → **πατέω**

περιπίπτω → **πίπτω**

περιποιέομαι → **ποιέω**

περιρήγνυμι (Acts 16,22) → **ῥήγνυμι**

περισπάομαι → **σπάομαι**

περίσσευμα → **περισσεύω**

περισσεύω → ἐκπερισσῶς, περίσσευμα, περισσός, περισσῶς, ὑπερπερισσῶς

περισσός, περισσῶς → **περισσεύω**

περιτέμνω → ἀπερίτμητος (Acts 7,51), διχοτομέω, λατομέω, περιτομή (Acts 7,8; 10,45; 11,2), συντόμως (Acts 24,4)

περιτίθημι → **τίθημι**

περιτομή (Acts 7,8; 10,45; 11,2) → **περιτέμνω**

περιτρέπω (Acts 26,24) → **τρόπος**

περιτρέχω → **τρέχω**

περιφέρω → **φέρω**

περίχωρος → **χώρα**

πετεινόν → **πίπτω**, πτερύγιον, πτέρυξ

πέτρα, πετρώδης

πηδάλιον (Acts 27,40) → **πούς**

πιάζω (Acts 3,7; 12,4), πιέζω

πικρία (Acts 8,23), πικρῶς → ποικίλος

πίμπλημι → ἀναπληρόω, ἐκπληρόω (Acts 13,33), ἐκπλήρωσις (Acts 21,26), ἐμπί(μ)πλημι, ἐμπιπλάω, **πλῆθος**, **πλήρης**, πληροφορέω, πληρόω, πλήρωμα, **πολύς**, συμπληρόω

πίμπρημι (Acts 28,6) → ἐμπί(μ)πρημι, ἐμπιπράω

πινακίδιον, πίναξ

πίνω → καταπίνω, οἰνοπότης, ποτήριον, ποτίζω, συμπίνω (Acts 10,41), συμπόσιον

πιπράσκω → πορνεία, πόρνη, **πράσσω**

πίπτω → ἀναπίπτω, ἀντιπίπτω (Acts 7,51), ἀποπίπτω (Acts 9,18), γονυπετέω, ἐκπίπτω (Acts 12,7; 27,17; 27,26; 27,29; 27,32), ἐμπίπτω, ἐπιπίπτω, καταπίπτω, παράπτωμα, περιπίπτω, πετεινόν, προπετής (Acts 19,36), προσπίπτω, πτῶμα, πτῶσις, συμπίπτω

πιστεύω → **πείθω**, **πίστις**, **πιστός**

πιστικός → **πείθω**, **πίστις**, **πιστός** (?)

πίστις, **πιστός** → ἀπιστέω, ἀπιστία, ἄπιστος, ὀλιγοπιστία, ὀλιγόπιστος, **πείθω**, πιστεύω, πιστικός (?)

πλανάω, πλάνη, πλάνος → ἀποπλανάω

πλατεῖα, πλατύνω, πλατύς

πλεῖστος, πλείων → πλεονεξία, **πολύς**

πλεονεξία → **ἔχω**, πλεῖστος, πλείων, **πολύς**

πλέω → ἀποπλέω (Acts 13,4; 14,26; 20,15; 27,1), βραδυπλοέω (Acts 27,7), διαπλέω (Acts 27,5), ἐκπλέω (Acts 15,39; 18,18; 20,6), καταπλέω, παραπλέω (Acts 20,16), πλοιάριον, πλοῖον, πλοῦς (Acts 21,7; 27,9; 27,10), ὑποπλέω (Acts 27,4; 27,7)

πληγή → ἐκπλήσσομαι

πλῆθος, πληθύνω → παμπληθεί, **πίμπλημι**

πλήν → πλησίον

πλήρης → ἀναπληρόω, ἐκπληρόω (Acts 13,33), ἐκπλήρωσις (Acts 21,26), **πίμπλημι**, πληροφορέω, πληρόω, πλήρωμα, συμπληρόω

πληροφορέω → **πίμπλημι**, **πλήρης**, **φέρω**

πληρόω → ἀναπληρόω, ἐκπληρόω (Acts 13,33), ἐκπλήρωσις (Acts 21,26), **πίμπλημι**, **πλήρης**, συμπληρόω

πλήρωμα → **πίμπλημι**, **πλήρης**

πλησίον → πλήν

πλοιάριον, πλοῖον, πλοῦς (Acts 21,7; 27,9; 27,10) → **πλέω**

πλούσιος, πλουτέω, πλοῦτος

πνεῦμα → **πνέω**

πνέω → ἐκπνέω, ἐμπνέω (Acts 9,1), πνεῦμα, πνοή (Acts 2,2; 17,25), ὑποπνέω (Acts 27,13)

πνίγω, πνικτός (Acts 15,20; 15,29; 21,25) → ἀποπνίγω, συμπνίγω

πνοή (Acts 2,2; 17,25) → **πνέω**

ποιέω → ἀγαθοποιέω, ἀχειροποίητος, εἰρηνοποιός, κακοποιέω, μοσχοποιέω (Acts 7,41), ὀχλοποιέω (Acts 17,5), περιποιέομαι, ποιητής (Acts 17,28), προσποιέομαι, σκηνοποιός (Acts 18,3), χειροποίητος

ποιητής (Acts 17,28) → **ποιέω**

ποικίλος → πικρία (Acts 8,23), πικρῶς

ποιμαίνω, ποιμήν, ποίμνη, ποίμνιον

ποῖος → ὁποῖος (Acts 26,29)

πόλις → Δεκάπολις, κωμόπολις, πολιτάρχης (Acts 17,6; 17,8), πολιτεία (Acts 22,28), πολιτεύομαι (Acts 23,1), πολίτης

πολιτάρχης (Acts 17,6 17,8) → **ἄρχω**, **πόλις**

πολιτεία (Acts 22,28), πολιτεύομαι (Acts 23,1), πολίτης → **πόλις**

πολλάκις, πολλαπλασίων → **πολύς**

πολυλογία → **λέγω**, **λόγος**, **πολύς**

πολύς → **πίμπλημι**, πλεῖστος, πλείων, πλεονεξία, πολλάκις, πολλαπλασίων, πολυλογία, πολυτελής, πολύτιμος

πολυτελής → **πολύς**, **τέλος**

πολύτιμος → **πολύς**, **τιμάω**

πονηρία, πονηρός → διαπονέομαι (Acts 4,2; 16,18), καταπονέω (Acts 7,24), πενιχρός

πορεία → **πορεύομαι**

πορεύομαι → ἀπορέω, ἀπορία, διαπορεύομαι, διαπορέω, εἰσπορεύομαι, ἐκπορεύομαι, ἐμπορία, ἔμπορος, ἐπιπορεύομαι, εὐπορέω (Acts 11,29), εὐπορία (Acts 19,25), ὁδοιπορέω (Acts 10,9), παραπορεύομαι, πορεία, προπορεύομαι, προσπορεύομαι, συμπορεύομαι

πορνεία, πόρνη → πιπράσκω

πόρρω, πόρρωθεν

πορφύρα → πορφυρόπωλις (Acts 16,14)

πορφυρόπωλις (Acts 16,14) → πορφύρα, πωλέω

ποταμός → Μεσοποταμία (Acts 2,9; 7,2)

πότε, ποτέ

ποτήριον → **πίνω**

ποτίζω → **πίνω**

ποῦ, πού (Acts 27,29) → ὅπου

πούς → **ἀναπηδάω**, κράσπεδον, πέδη, πεδινός, πεζεύω (Acts 20,13), πεζῇ, πηδάλιον (Acts 27,40), στρατόπεδον, τετράπους (Acts 10,12; 11,6), τράπεζα, τραπεζίτης, ὑποπόδιον

πρᾶγμα, πραγματεύομαι → διαπραγματεύομαι, **πράσσω**

πράκτωρ, πρᾶξις → **πράσσω**

πράσσω → διαπραγματεύομαι, πιπράσκω, πρᾶγμα, πραγματεύομαι, πράκτωρ, πρᾶξις

πρεσβεία, πρεσβυτέριον, πρεσβύτερος, πρεσβύτης

πρό → πρωΐ, πρωΐα, πρῷρα (Acts 27,30; 27,41)

προάγω → **ἄγω**

προαύλιον → **αὐλή**

προβαίνω → **ἀναβαίνω**, πρόβατον

προβάλλω → **βάλλω**

πρόβατον → **προβαίνω**

προβιβάζω → **ἀναβιβάζω**

προγινώσκω (Acts 26,5), πρόγνωσις (Acts 2,23) → **γινώσκω**

προδότης → **δίδωμι**

προέρχομαι → **ἔρχομαι**

πρόθεσις → **τίθημι**

προθυμία (Acts 17,11), πρόθυμος → **θυμός**

προκαταγγέλλω (Acts 3,18; 7,52) → **ἄγγελος**, καταγγέλλω (Acts 3,24; 4,2; 13,5; 13,38; 15,36; 16,17; 16,21; 17,3; 17,13; 17,23; 26,23)

προκηρύσσω (Acts 13,24) → **κηρύσσω**

προκόπτω → **κόπτω**

προλαμβάνω → **λαμβάνω**

προλέγω → **λέγω**

προμελετάω → **μέλει**, μελετάω (Acts 4,25)

προμεριμνάω → **μεριμνάω**

πρόνοια (Acts 24,2) → **νοέω**

προοράω (Acts 2,25; 2,31; 21,29) → **ὁράω**, εἶδον

προορίζω (Acts 4,28) → **ὅρια**

προπέμπω (Acts 15,3; 20,38; 21,5) → **πέμπω**

προπετής (Acts 19,36) → **πίπτω**

προπορεύομαι → **πορεύομαι**

προσάββατον → σάββατον

προσάγω → **ἄγω**

προσαίτης → **αἰτέω**

προσαναβαίνω → **ἀναβαίνω**

προσαναλίσκω, προσαναλόω → ἀναλίσκω, ἀναλόω

προσδαπανάω → δαπανάω, δαπάνη

προσδέομαι (Acts 17,25) → **δέομαι**

προσδέχομαι → **δέχομαι**

προσδοκάω, προσδοκία → **δοκέω**

προσεάω (Acts 27,7) → ἐάω

προσεργάζομαι → **ἔργον**

προσέρχομαι → **ἔρχομαι**, προσήλυτος

προσευχή, προσεύχομαι → **εὔχομαι** (Acts 26,29; 27,29)

προσέχω → **ἔχω**

προσήλυτος → **ἔρχομαι**, προσέρχομαι

πρόσκαιρος → **καιρός**

προσκαλέομαι → **καλέω**

προσκαρτερέω → **κράτος**

προσκεφάλαιον → **κεφαλή**

προσκληρόω (Acts 17,4) → **κλῆρος**

προσκλίνω (Acts 5,36) → **κλίνω**

προσκολλάω → κολλάω

προσκόπτω → ἀπρόσκοπος (Acts 24,16), **κόπτω**

προσκυλίω → **κυλίω**

προσλαλέω (Acts 13,43; 28,20) → **λαλέω**

προσλαμβάνω → **λαμβάνω**

προσμένω → **μένω**

πρόσπεινος (Acts 10,10) → πεινάω

προσπήγνυμι (Acts 2,23) → παγιδεύω, παγίς

προσπίπτω → **πίπτω**

προσποιέομαι → **ποιέω**

προσπορεύομαι → **πορεύομαι**

προσρήγνυμι → **ῥήγνυμι**

προστάσσω → **τάσσω**

προστίθημι → **τίθημι**

προστρέχω → **τρέχω**

προσφέρω, προσφορά (Acts 21,26; 24,17) → **φέρω**

προσφωνέω → **φωνή**

προσωπολήμπτης (Acts 10,34) → **πρόσωπον**, **λαμβάνω**

πρόσωπον → **ὁράω**, ὄψομαι, προσωπολήμπτης (Acts 10,34)

προτείνω (Acts 22,25) → **ἐκτείνω**

προτρέπομαι (Acts 18,27) → **τρόπος**

προτρέχω → **τρέχω**

προϋπάρχω → ὑπάρχω, **ἄρχω**

πρόφασις → **φαίνω**

προφέρω → **φέρω**

προφητεία, προφητεύω → **προφήτης**

προφήτης → προφητεία, προφητεύω, προφῆτις, **φημί**, ψευδοπροφήτης

προφῆτις → **προφήτης**

προφθάνω → φθάνω

προχειρίζομαι (Acts 3,20; 22,14; 26,16) → **χείρ**

προχειροτονέω (Acts 10,41) → **ἐκτείνω**, **χείρ**, χειροτονέω (Acts 14,23)

πρωΐ, πρωΐα → **πρό**

πρῷρα (Acts 27,30; 27,41) → **πρό**

πρωτοκαθεδρία → **ἐνέδρα** (Acts 23,16; 25,3), καθέδρα, **καθίζω**, **πρῶτος**

πρωτοκλισία → **κλίνω**, κλισία, **πρῶτος**

πρῶτον → **πρῶτος**

πρῶτος → πρωτοκαθεδρία, πρωτοκλισία, πρωτοστάτης (Acts 24,5), πρωτότοκος, πρώτως (Acts 11,26)

πρωτοστάτης (Acts 24,5) → **ἵστημι**, **πρῶτος**

πρωτότοκος → **πρῶτος**, **τίκτω**

πρώτως (Acts 11,26) → **πρῶτος**

πτερύγιον, πτέρυξ → πετεινόν

πτύσσω → ἀναπτύσσω

πτύω → ἐμπτύω

πτῶμα, πτῶσις → παράπτωμα, **πίπτω**

πύλη, πυλών

πῦρ, πυρά (Acts 28,2; 28,3), πυρέσσω, πυρετός, πυρράζω

πωλέω → πορφυρόπωλις (Acts 16,14)

πωρόω, πώρωσις

πῶς, πως (Acts 27,12) → ὅπως

Ρ

ῥαββι, ῥαββουνί

ῥαβδίζω (Acts 16,22) → **ῥάβδος**

ῥάβδος → ῥαβδίζω (Acts 16,22), ῥαβδοῦχος (Acts 16,35; 16,38), ῥαπίζω, ῥάπισμα

ῥαβδοῦχος (Acts 16,35; 16,38) → **ἔχω, ῥάβδος**

ῥᾳδιούργημα (Acts 18,14), ῥᾳδιουργία (Acts 13,10) → **ἔργον**

ῥαπίζω, ῥάπισμα → **ἐπιράπτω, ῥάβδος**

ῥαφίς → **ἐπιράπτω**

ῥῆγμα → **ῥήγνυμι, ῥήσσω**

ῥήγνυμι, ῥήσσω → διαρρήγνυμι, διαρήσσω, περιρήγνυμι (Acts 16,22), προσρήγνυμι, ῥῆγμα

ῥῆμα → **λέγω**, ἐρῶ, ἐρρέθη

ῥήτωρ (Acts 24,1) → **λέγω**, ἐρῶ, ἐρρέθη

ῥίζα → ἐκριζόω

ῥιπτέω (Acts 22,23) → **ῥίπτω**

ῥίπτω → ἀπορίπτω (Acts 27,43), ἐπιρίπτω, ῥιπτέω (Acts 22,23)

ῥύμη → ῥύομαι

ῥύομαι → ῥύμη

ῥύσις → αἱμορροέω

ῥώννυμαι (Acts 15,29) → ἄρρωστος

Σ

σάββατον → προσάββατον

Σαδδουκαῖος, Σαδώκ

σαλεύω, σάλος → ἀσάλευτος (Acts 27,41)

σάλπιγξ, σαλπίζω

Σαμάρεια, Σαμαρίτης

σβέννυμι → ἄσβεστος

σεαυτοῦ → **αὐτός, σύ**

σέβασμα (Acts 17,23) → **σέβομαι**

Σεβαστός (Acts 25,21; 25,25; 27,1) → **σέβομαι**

σέβομαι → εὐσέβεια (Acts 3,12), εὐσεβέω (Acts 17,23), εὐσεβής (Acts 10,2; 10,7), σέβασμα (Acts 17,23), Σεβαστός (Acts 25,21; 25,25; 27,1)

σεισμός → **σείω**

σείω → ἀνασείω, διασείω, κατασείω (Acts 12,17; 13,16; 19,33; 21,40), σεισμός

σελήνη, σεληνιάζομαι

σημαίνω (Acts 11,28; 25,27) → **σημεῖον**

σημεῖον → ἄσημος (Acts 21,39), ἐπίσημος, παράσημος (Acts 28,11), σημαίνω (Acts 11,28; 25,27), σύσσημον

σήμερον → ἡμέρα

σιγάω, σιγή (Acts 21,40) → σιωπάω

Σιδών, Σιδώνιος

σιτευτός, σιτίον (Acts 7,12), σιτιστός → **σῖτος**

σιτομέτριον → **μετρέω, σῖτος**

σῖτος → ἀσιτία (Acts 27,21), ἄσιτος (Acts 27,33), ἐπισιτισμός, σιτευτός, σιτίον (Acts 7,12), σιτιστός, σιτομέτριον

σιωπάω → σιγάω, σιγή (Acts 21,40)

σκανδαλίζω, σκάνδαλον

σκάπτω → κατασκάπτω (Acts 15,16), σκάφη (Acts 27,16; 27,30; 27,32)

σκάφη (Acts 27,16; 27,30; 27,32) → **σκάπτω**

σκευή (Acts 27,19) → **σκεῦος**

σκεῦος → ἀνασκευάζω (Acts 15,24), ἐπισκευάζομαι (Acts 21,15), κατασκευάζω, παρασκευάζω (Acts 10,10), παρασκευή, σκευή (Acts 27,19)

σκηνή → κατασκηνόω, κατασκήνωσις, σκηνοποιός (Acts 18,3), σκήνωμα (Acts 7,46), **σκιά**

σκηνοποιός (Acts 18,3) → **ποιέω, σκηνή**

σκήνωμα (Acts 7,46) → **σκηνή**

σκιά → ἐπισκιάζω, **σκηνή**

σκληροκαρδία → **καρδία**, **σκληρός**

σκληρός → σκληροκαρδία, σκληροτράχηλος (Acts 7,51), σκληρύνω (Acts 19,9)

σκληροτράχηλος (Acts 7,51) → **σκληρός**, τράχηλος

σκληρύνω (Acts 19,9) → **σκληρός**

σκοπέω → **ἐπισκέπτομαι**

σκορπίζω → διασκορπίζω, σκορπίος

σκορπίος → διασκορπίζω, σκορπίζω

σκοτεινός, σκοτία, σκοτίζομαι, σκότος

σκυθρωπός → **ὁράω**, ὄψομαι, ὤφθη

σκύλλω, σκῦλον

σκωληκόβρωτος (Acts 12,23) → βρῶμα, βρώσιμος, βρῶσις, σκώληξ

σκώληξ → σκωληκόβρωτος (Acts 12,23)

σμύρνα, σμυρνίζω

σός → **σύ**

σοφία → **σοφός**

σοφός → κατασοφίζομαι (Acts 7,19), σοφία, φιλόσοφος (Acts 17,18)

σπάομαι → ἀνασπάω, ἀποσπάω, διασπάω, περισπάομαι

σπαράσσω → συσπαράσσω

σπείρω → διασπείρω (Acts 8,1; 8,4; 11,19), ἐπισπείρω, σπέρμα, σπερμολόγος (Acts 17,18), σπόριμος, σπόρος

σπέρμα → **σπείρω**, σπερμολόγος (Acts 17,18)

σπερμολόγος (Acts 17,18) → **λέγω**, **λόγος**, **σπείρω**, σπέρμα

σπεύδω → σπουδαίως, σπουδή

σπλαγχνίζομαι, σπλάγχνον

σπόριμος, σπόρος → **σπείρω**

σπουδαίως, σπουδή → σπεύδω

στασιαστής, στάσις → **ἵστημι**

στατήρ → **ἵστημι**

σταυρός, σταυρόω → **ἵστημι**, συσταυρόω

στέγη → ἀποστεγάζω, τρίστεγον (Acts 20,9)

στεῖρα → **στερεόω** (Acts 3,7; 3,16; 16,5)

στέμμα (Acts 14,13) → στέφανος

στεναγμός (Acts 7,34), στενάζω → ἀναστέναζω

στερεόω (Acts 3,7; 3,16; 16,5) → στεῖρα

στέφανος → στέμμα (Acts 14,13)

στήκω → **ἵστημι**

στηρίζω → ἐπιστηρίζω (Acts 14,22; 15,32; 15,41; 18,23)

στοά (Acts 3,11; 5,12), Στοϊκός (Acts 17,18) → **ἵστημι**

στολή → **ἀποστέλλω**

στόμα → ἀποστοματίζω

στράτευμα → **στρατεύομαι**

στρατεύομαι → στράτευμα, στρατηγός, στρατιά, στρατιώτης, στρατόπεδον, **στρώννυμι**, **στρωννύω**

στρατηγός → **ἄγω**, **ἡγέομαι**, **στρατεύομαι**

στρατιά, στρατιώτης → **στρατεύομαι**, στρατόπεδον

στρατόπεδον → **πούς**, **στρατεύομαι**, στρατιά

στρέφω → ἀναστρέφω (Acts 5,22; 15,16), ἀποστρέφω, διαστρέφω, ἐπιστρέφω, ἐπιστροφή (Acts 15,3), καταστρέφω, μεταστρέφω (Acts 2,20), συστρέφω, συστροφή (Acts 19,40; 23,12), ὑποστρέφω

στρώννυμι, **στρωννύω** → **στρατεύομαι**, ὑποστρωννύω

σύ, σοῦ, σου, σοί, σοι, σέ, σε → σεαυτοῦ, σός

συγγένεια, συγγενεύς, συγγενής, συγγενίς → **γίνομαι**

συγκάθημαι → **κάθημαι**, **καθίζω**

συγκαθίζω → **καθίζω**

συγκαλέω → **καλέω**

συγκαλύπτω → **καλύπτω**

συγκαταβαίνω (Acts 25,5) → **ἀναβαίνω**

συγκατατίθεμαι → **τίθημι**

συγκαταψηφίζομαι (Acts 1,26) → **ψηφίζω**

συγκινέω (Acts 6,12) → κινέω

συγκλείω → **κλείω**

συγκομίζω (Acts 8,2) → **κομίζω**

συγκύπτω → **κύπτω**

συγκυρία → **κύριος**

συγχαίρω → **χαίρω**

συγχέω, συγχύν(ν)ω (Acts 2,6; 9,22 19,32 21,27 21,31), σύγχυσις (Acts 19,29) → **ἐκχέω**

συζεύγνυμι → **ζεῦγος**

συζητέω → **ζητέω**

συκάμινος, συκῆ, συκομορέα → **σῦκον**

σῦκον → συκάμινος, συκῆ, συκομορέα, συκοφαντέω

συκοφαντέω → **σῦκον**, **φαίνω**

συλλαλέω → **λαλέω**

συλλαμβάνω → **λαμβάνω**

συλλέγω → **λέγω**

συλλογίζομαι → **λέγω**, **λογίζομαι**, **λόγος**

συλλυπέομαι → **λυπέω**

συμβαίνω → **ἀναβαίνω**

συμβάλλω → **βάλλω**

συμβιβάζω (Acts 9,22; 16,10; 19,33) → **ἀναβιβάζω**

συμβουλεύω, συμβούλιον → **βούλομαι**

συμπαραγίνομαι → **γίνομαι**, παραγίνομαι

συμπαραλαμβάνω (Acts 12,25; 15,37; 15,38) → **λαμβάνω**, παραλαμβάνω

συμπάρειμι (Acts 25,24) → **εἰμί**, πάρειμι

συμπεριλαμβάνω (Acts 20,10) → **λαμβάνω**

συμπίνω (Acts 10,41) → **πίνω**, συμπόσιον

συμπίπτω → **πίπτω**

συμπληρόω → **πίμπλημι**, **πλήρης**, πληρόω

συμπνίγω → **πνίγω**

συμπορεύομαι → **πορεύομαι**

συμπόσιον → **πίνω**, συμπίνω (Acts 10,41)

συμφέρω → **φέρω**

συμφύομαι → **φύω**

συμφωνέω, συμφωνία → ἀσύμφωνος (Acts 28,25), **φωνή**

συμψηφίζω (Acts 19,19) → **ψηφίζω**

συνάγω → **ἄγω**, ἐπισυνάγω, συναγωγή

συναγωγή → ἀρχισυνάγωγος, **συνάγω**

συναθροίζω (Acts 12,12; 19,25) → **ἀθροίζω**

συναίρω → **αἴρω**

συνακολουθέω → **ἀκολουθέω**

συναλλάσσω (Acts 7,26) → **ἀλλάσσω** (Acts 6,14)

συναναβαίνω → **ἀναβαίνω**

συνανάκειμαι → ἀνάκειμαι, **κεῖμαι**

συναντάω → **ἀπαντάω**

συναντιλαμβάνομαι → ἀντιλαμβάνομαι, **λαμβάνω**

συναποθνῄσκω → ἀποθνῄσκω, **θνῄσκω**

συναρπάζω → **ἁρπάζω**

συναυξάνομαι → αὐξάνω, αὔξω

σύνδεσμος (Acts 8,23) → **δεσμεύω**, **δέω**

σύνδουλος → **δουλεύω**, δοῦλος

συνδρομή (Acts 21,30) → δρόμος (Acts 13,25; 20,24), εὐθυδρομέω (Acts 16,11; 21,1), **τρέχω**

συνέδριον → **ἐνέδρα** (Acts 23,16; 25,3)

T

τάραχος (Acts 12,18; 19,23) → **ταράσσω**

τάσσω → ἀνατάσσομαι, ἀντιτάσσομαι (Acts 18,6), ἀποτάσσομαι, διαταγή (Acts 7,53), διατάσσω, ἐπιτάσσω, προστάσσω, συντάσσω, τακτός (Acts 12,21), τάξις, ὑποτάσσω

ταφή, τάφος → ἐνταφιάζω, ἐνταφιασμός, **θάπτω**

ταχέως, τάχιστα (Acts 17,15), τάχος, ταχύ

τέκνον → ἄτεκνος, **τίκτω**

τέλειος, τελειόω, τελείωσις → **τέλος**

τελεσφορέω → **τέλος**, **φέρω**

τελευτάω, τελευτή → **τέλος**

τελέω → **τέλος**

τέλος → ἀποτελέω, διατελέω (Acts 27,33), ἐκτελέω, λυσιτελέω, παντελής, πολυτελής, συντέλεια, συντελέω, τέλειος, τελειόω, τελείωσις, τελεσφορέω, τελευτάω, τελευτή, τελέω, **τελώνης**, τελώνιον, τηλαυγῶς

τελώνης, τελώνιον → ἀρχιτελώνης, **τέλος**, ὠνέομαι (Acts 7,16)

τέσσαρες → δεκατέσσαρες, τεσσαρεσκαιδέκατος (Acts 27,27; 27,33), τεσσεράκοντα, τεσσερακονταετής (Acts 7,23; 13,18), τέταρτος, τετρααρχέω, τετραάρχης, τετράδιον (Acts 12,4), τετρακισχίλιοι, τετρακόσιοι (Acts 5,36; 7,6; 13,20), τετραπλοῦς, τετράπους (Acts 10,12; 11,6), τράπεζα, τραπεζίτης

τεσσαρεσκαιδέκατος (Acts 27,27; 27,33) → **δέκα**, **τέσσαρες**

τεσσεράκοντα → **ἑκατόν**, **τέσσαρες**, τεσσερακονταετής (Acts 7,23; 13,18)

τεσσερακονταετής (Acts 7,23; 13,18) → **ἑκατόν**, **ἔτος**, **τέσσαρες**, τεσσεράκοντα

τέταρτος → **τέσσαρες**

τετρααρχέω, τετραάρχης → **ἄρχω**, **τέσσαρες**

τετράδιον (Acts 12,4) → **τέσσαρες**

τετρακισχίλιοι → **τέσσαρες**, **χιλιάς**

τετρακόσιοι (Acts 5,36; 7,6; 13,20) → **ἑκατόν**, **τέσσαρες**

τετραπλοῦς → ἁπλοῦς, διπλοῦς, **τέσσαρες**

τετράπους (Acts 10,12; 11,6) → **πούς**, **τέσσαρες**

τέχνη (Acts 17,29; 18,3), τεχνίτης (Acts 19,24; 19,38) → ὁμότεχνος (Acts 18,3)

τηλαυγῶς → αὐγή (Acts 20,11), **τέλος**

τηρέω, τήρησις (Acts 4,3; 5,18) → διατηρέω, παρατηρέω, παρατήρησις, συντηρέω, φυλακτήριον

τίθημι → ἀθέμιτος (Acts 10,28), ἀθετέω, ἀθῷος, ἀνάθεμα (Acts 23,14), ἀναθεματίζω, ἀνάθημα, ἀνατίθημι (Acts 25,14), ἀνεύθετος (Acts 27,12), ἀποθήκη, ἀποτίθεμαι, διαθήκη, διατίθεμαι, ἔκθετος (Acts 7,19), ἐκτίθημι (Acts 7,21; 11,4; 18,26; 28,23), ἐπίθεσις (Acts 8,18), ἐπιτίθημι, εὔθετος, καταθεματίζω, κατατίθημι (Acts 24,27, 25,9), μετατίθημι (Acts 7,16), νουθετέω (Acts 20,31), ὁροθεσία (Acts 17,26), παρατίθημι, περιτίθημι, πρόθεσις, προστίθημι, συγκατατίθεμαι, συνεπιτίθεμαι, συντίθημι

τίκτω → ἄτεκνος, πρωτότοκος, τέκνον, τόκος

τιμάω → ἀτιμάζω, ἄτιμος, βαρύτιμος, ἔντιμος, ἐπιτιμάω, πολύτιμος, τιμή, τίμιος (Acts 5,34; 20,24), τιμωρέω (Acts 22,5; 26,11)

τιμή, τίμιος (Acts 5,34; 20,24) → **τιμάω**

τιμωρέω (Acts 22,5; 26,11) → **τιμάω**

τοίνυν → καίτοι (Acts 14,17), νῦν

τοιοῦτος → **οὗτος**

τόκος → **τίκτω**

τόπος → ἄτοπος, ἐντόπιος (Acts 21,12)

τοσοῦτος → ὅσος, **οὗτος**

τοὔνομα → **ὁ, ἡ, τό, ὄνομα**

τράπεζα, τραπεζίτης → **πούς, τέσσαρες**

τραῦμα, τραυματίζω → τρῆμα, τρυμαλιά, τρύπημα, τρώγω

τράχηλος → σκληροτράχηλος (Acts 7,51)

τραχύς → **ταράσσω**

τρεῖς, Τρεῖς ταβέρναι (Acts 28,15) → **τρίς**

τρέμω → ἔντρομος (Acts 7,32; 16,29), τρόμος

τρέφω → ἀνατρέφω (Acts 7,20; 7,21; 22,3), θρόμβος, σύντροφος (Acts 13,1), τροφή

τρέχω, ἔδραμον → δρόμος (Acts 13,25; 20,24), εἰστρέχω (Acts 12,14), ἐπισυντρέχω, εὐθυδρομέω (Acts 16,11; 21,1), κατατρέχω (Acts 21,32), περιτρέχω, προστρέχω, προτρέχω, συνδρομή (Acts 21,30), συντρέχω, ὑποτρέχω (Acts 27,16)

τρῆμα → **τραῦμα**

τριάκοντα, τριακόσιοι → **ἑκατόν, τρίς**

τρίβολος → **βάλλω, τρίς**

τρίβος → **συντρίβω**

τριετία (Acts 20,31) → **ἔτος, τρίς**

τρίς → τρεῖς, τριάκοντα, τριακόσιοι, τρίβολος, τριετία (Acts 20,31), τρίστεγον (Acts 20,9), τρισχίλιοι (Acts 2,41), τρίτος

τρίστεγον (Acts 20,9) → **στέγη, τρίς**

τρισχίλιοι (Acts 2,41) → **τρίς, χιλιάς**

τρίτος → **τρίς**

τρόμος → **τρέμω**

τρόπος → ἐντρέπω, ἐπιτρέπω, ἐπιτροπή (Acts 26,12), ἐπίτροπος, περιτρέπω (Acts 26,24), προτρέπομαι (Acts 18,27), τροποφορέω (Acts 13,18)

τροποφορέω (Acts 13,18) → **τρόπος, φέρω**

τροφή → **τρέφω**

τρυμαλιά, τρύπημα → **τραῦμα**

τρυφή → συνθρύπτω (Acts 21,13)

τρώγω → **τραῦμα**

τυγχάνω → ἐντυγχάνω (Acts 25,24), παρατυγχάνω (Acts 17,17), συντυγχάνω

τύπος (Acts 7,43; 7,44; 23,25), τύπτω

τυφλός, τύφω, τυφωνικός (Acts 27,14)

Υ

ὑβρίζω, ὕβρις (Acts 27,10; 27,21)

ὑγιαίνω, ὑγιής

ὑδρωπικός → **ὕδωρ**

ὕδωρ → ἄνυδρος, ὑδρωπικός

ὑμεῖς, ὑμῶν, ὑμῖν, ὑμᾶς, ὑμέτερος

ὑπάγω → **ἄγω**

ὑπακούω → **ἀκούω**, ὑπήκοος (Acts 7,39)

ὑπαντάω, ὑπάντησις → **ἀπαντάω**

ὕπαρξις (Acts 2,45) → **ἄρχω**, ὑπάρχω

ὑπάρχω → **ἄρχω**, προϋπάρχω, ὕπαρξις (Acts 2,45)

ὑπερεκχύννομαι → **ἐκχέω**, ἐκχύν(ν)ω

ὑπερηφανία, ὑπερήφανος → **φαίνω**

ὑπεροράω (Acts 17,30) → **ὁράω**, εἶδον

ὑπερπερισσῶς → **περισσεύω**

ὑπήκοος (Acts 7,39) → **ἀκούω**, ὑπακούω

ὑπηρετέω (Acts 13,36; 20,34; 24,23), ὑπηρέτης

ὕπνος → ἀγρυπνέω, ἀφυπνόω, ἐνυπνιάζομαι (Acts 2,17), ἐνύπνιον (Acts 2,17), ἔξυπνος (Acts 16,27) ὑπό → ὑποκάτω

ὑποβάλλω (Acts 6,11) → **βάλλω**

ὑποδείκνυμι, ὑποδεικνύω → **δείκνυμι**

ὑποδέομαι → **δέω**, ὑπόδημα

ὑποδέχομαι → **δέχομαι**

ὑπόδημα → **δέω**, ὑποδέομαι

ὑποζύγιον → **ζεῦγος**

ὑποζώννυμι (Acts 27,17) → **ζώνη**

ὑποκάτω → **κατά**, κάτω, κατωτέρω, ὑπό

ὑποκρίνομαι, ὑπόκρισις, ὑποκριτής → **κρίνω**

ὑπολαμβάνω → **λαμβάνω**

ὑπολήνιον → ληνός

ὑπομένω → **μένω**, ὑπομονή

ὑπομιμνῄσκω → **μιμνῄσκομαι**

ὑπομονή → **μένω**, ὑπομένω

ὑπονοέω (Acts 13,25; 25,18; 27,27) → **νοέω**

ὑποπλέω (Acts 27,4; 27,7) → **πλέω**

ὑποπνέω (Acts 27,13) → **πνέω**

ὑποπόδιον → **πούς**

ὑποστέλλω (Acts 20,20; 20,27) → **ἀποστέλλω**

ὑποστρέφω → **στρέφω**

ὑποστρωννύω → **στρώννυμι, στρωννύω**

ὑποτάσσω → **τάσσω**

ὑποτρέχω (Acts 27,16) → **τρέχω**

ὑποχωρέω → **χώρα**

ὑπωπιάζω → **ὁράω**, ὄψομαι, ὤφθη

ὑστερέω, ὑστέρημα, ὑστέρησις, ὕστερον

ὑψηλός, ὕψιστος, ὕψος, ὑψόω

Φ

φάγος → **ἐσθίω, ἔσθω**

φαίνω → ἀναφαίνω, ἀφανίζω, ἄφαντος, ἐμφανής (Acts 10,40), ἐμφανίζω, ἐπιφαίνω, ἐπιφανής (Acts 2,20), πρόφασις, συκοφαντέω, ὑπερηφανία, ὑπερήφανος, φανερός, φανερόω, φανερῶς, φαντασία (Acts 25,23), φάντασμα, **φῶς**

φανερός, φανερόω, φανερῶς → **φαίνω**

φαντασία (Acts 25,23), φάντασμα → **φαίνω**

φάσις (Acts 21,31), φάσκω (Acts 24,9; 25,19) → **φημί**

φάτνη → πενθερά

φέρω → ἀναφέρω, ἀποφέρω, ἀποφορτίζομαι (Acts 21,3), διαφέρω, εἰσφέρω, ἐκφέρω, εὐφορέω, καρποφορέω, καρποφόρος (Acts 14,17), καταφέρω (Acts 20,9*bis*; 25,7; 26,10), παραφέρω, περιφέρω, πληροφορέω, προσφέρω, προσφορά (Acts 21,26; 24,17), προφέρω, συμφέρω, τελεσφορέω, τροποφορέω (Acts 13,18), φορέω, φόρος, φορτίζω, φορτίον

φεύγω → διαφεύγω (Acts 27,42), ἐκφεύγω, καταφεύγω (Acts 14,6), φυγή

φήμη → **φημί**

φημί → βλασφημέω, βλασφημία, βλάσφημος (Acts 6,11), διαφημίζω, προφητεία, προφητεύω, **προφήτης**, προφῆτις, φήμη, φάσις (Acts 21,31), φάσκω (Acts 24,9; 25,19), **φωνή**, ψευδοπροφήτης

φθάνω → προφθάνω

φιλανθρωπία (Acts 28,2), φιλανθρώπως (Acts 27,3) → **ἄνθρωπος, φίλος**

φιλάργυρος → **ἀργύριον, φίλος**

φιλέω → καταφιλέω, **φίλος**

φίλη → **φίλος**

φίλημα → **φίλος**

Φίλιπποι (Acts 16,12, 20,6), Φίλιππος

φιλονεικία → νικάω, νῖκος, **φίλος**

φίλος (adjective: Acts 19,31) → **φίλος**

φίλος → καταφιλέω, φιλανθρωπία (Acts 28,2), φιλανθρώπως (Acts 27,3), φιλάργυρος, φιλέω, φίλη, φίλημα, φιλονεικία, φίλος (adjective: Acts 19,31), φιλόσοφος (Acts 17,18), φιλοφρόνως (Acts 28,7)

φιλόσοφος (Acts 17,18) → **σοφός**, **φίλος**

φιλοφρόνως (Acts 28,7) → **φίλος**, **φρονέω**

φοβέομαι, φόβητρον, φόβος → ἀφόβως, ἔκφοβος, ἔμφοβος

φονεύς, φονεύω, φόνος

φορέω, φόρος → **φέρω**

φορτίζω → ἀποφορτίζομαι (Acts 21,3), **φέρω**, φορτίον

φορτίον → **φέρω**, φορτίζω

φρονέω, φρόνησις, φρόνιμος, φρονίμως → ἀφροσύνη, ἄφρων, εὐφραίνω, εὐφροσύνη (Acts 2,28; 14,17), καταφρονέω, καταφρονητής (Acts 13,41), σωφρονέω, σωφροσύνη (Acts 26,25), ταπεινοφροσύνη (Acts 20,19), φιλοφρόνως (Acts 28,7)

φυγή → **φεύγω**

φυλακή, φυλακίζω (Acts 22,19) → **φυλάσσω**

φυλακτήριον → **τηρέω**, **φυλάσσω**

φύλαξ (Acts 5,23; 12,6; 12,19) → δεσμοφύλαξ (Acts 16,23; 16,27; 16,36), **φυλάσσω**

φυλάσσω → γαζοφυλάκιον, δεσμοφύλαξ (Acts 16,23; 16,27; 16,36), διαφυλάσσω, φυλακή, φυλακίζω (Acts 22,19), φυλακτήριον, φύλαξ (Acts 5,23; 12,6; 12,19)

φυλή → ἀλλόφυλος (Acts 10,28), δωδεκάφυλον (Acts 26,7), **φύω**

φυτεία, φυτεύω → **φύω**

φύω → ἐκφύω, συμφύομαι, **φυλή**, φυτεία, φυτεύω

φωνέω → **φωνή**

φωνή → ἀλεκτοροφωνία, ἀναφωνέω, ἀσύμφωνος (Acts 28,25), ἄφωνος (Acts 8,32), ἐπιφωνέω, προσφωνέω, συμφωνέω, συμφωνία, **φημί**, φωνέω

φῶς, φωτεινός, φωτίζω → ἐπιφώσκω, **φαίνω**

X

χαίρω → χαρά, **χάρις**, συγχαίρω

χαλκίον, χαλκός

Χανάαν (Acts 7,11; 13,19), Χαναναῖος

χαρά → **χαίρω**

χάραγμα (Acts 17,29) → χάραξ

χάραξ → χάραγμα (Acts 17,29)

χαρίζομαι, χάριν → ἀχάριστος, **χάρις**

χάρις → ἀχάριστος, εὐχαριστέω, εὐχαριστία (Acts 24,3), **χαίρω**, χαρίζομαι, χάριν, χαριτόω

χαριτόω → **χάρις**

χειμάζομαι (Acts 27,18) → **χειμών**

χειμών → παραχειμάζω (Acts 27,12; 28,11), παραχειμασία (Acts 27,12), χειμάζομαι (Acts 27,18), χιών

χείρ → αὐτόχειρ (Acts 27,19), ἀχειροποίητος, διαχειρίζομαι (Acts 5,30; 26,21), ἐπιχειρέω, προχειρίζομαι (Acts 3,20; 22,14; 26,16), προχειροτονέω (Acts 10,41), χειραγωγέω (Acts 9,8; 22,11), χειραγωγός (Acts 13,11), χειροποίητος, χειροτονέω (Acts 14,23)

χειραγωγέω (Acts 9,8; 22,11), χειραγωγός (Acts 13,11) → **ἄγω**, **χείρ**

χειροποίητος → **ποιέω**, **χείρ**

χειροτονέω (Acts 14,23) → **ἐκτείνω**, προχειροτονέω (Acts 10,41), **χείρ**

χείρων → **κακός**

χήρα → **χώρα**

χιλίαρχος → **ἄρχω**, **χιλιάς**

χιλιάς → δισχίλιοι, πεντακισχίλιοι, τετρακισχίλιοι, τρισχίλιοι, χιλίαρχος

χιών → **χειμών**

χλωρός → χολή

χολή → χλωρός

χορός, χορτάζω, χόρτασμα (Acts 7,11), χόρτος

χοῦς → **ἐκχέω**

χράομαι (Acts 27,3; 27,17), χρεία → ἀχρεῖος, κίχρημι, παραχρῆμα, χρεοφειλέτης, χρῄζω, χρῆμα, χρηματίζω, χρηστός

χρεοφειλέτης → **ὀφειλέτης**, **χράομαι** (Acts 27,3; 27,17)

χρῄζω → **χράομαι** (Acts 27,3; 27,17)

χρῆμα → παραχρῆμα, **χράομαι** (Acts 27,3; 27,17)

χρηματίζω, χρηστός → **χράομαι** (Acts 27,3; 27,17)

Χριστιανός (Acts 11,26; 26,28) → Χριστός, **χρίω**

Χριστός → Χριστιανός (Acts 11,26; 26,28), **χρίω**, ψευδόχριστος

χρίω → Χριστιανός (Acts 11,26; 26,28), Χριστός, χρώς (Acts 19,12), ψευδόχριστος

χρονίζω → **χρόνος**

χρόνος → χρονίζω, χρονοτριβέω (Acts 20,16)

χρονοτριβέω (Acts 20,16) → **συντρίβω**, **χρόνος**

χρυσίον (Acts 3,6; 20,33), χρυσός

χρώς (Acts 19,12) → **χρίω**

χώρα → ἀναχωρέω, ἀποχωρέω, ἐκχωρέω, εὐρύχωρος, περίχωρος, ὑποχωρέω, χήρα, χωρέω, χωρίον, **χωρίς**

χωρέω → **χώρα**

χωρίζω → **χωρίς**

χωρίον → **χώρα**

χωρίς → ἀποχωρίζομαι (Acts 15,39), διαχωρίζω, **χώρα**, χωρίζω

Ψ

ψαλμός → ψηλαφάω (?)

ψευδής (Acts 6,13) → **ψεύδομαι**

ψεύδομαι → ψευδής (Acts 6,13), ψευδομαρτυρέω, ψευδομαρτυρία, ψευδόμαρτυς, ψευδοπροφήτης, ψευδόχριστος

ψευδομαρτυρέω, ψευδομαρτυρία, ψευδόμαρτυς → **μαρτυρέω**, **ψεύδομαι**

ψευδοπροφήτης → **προφήτης**, **ψεύδομαι**

ψευδόχριστος → **ψεύδομαι**, Χριστός, **χρίω**

ψηλαφάω → **ἅπτω**, ψαλμός (?)

ψηφίζω, ψῆφος (Acts 26,10) → συγκαταψηφίζομαι (Acts 1,26), συμψηφίζω (Acts 19,19)

ψυχή → **ψύχομαι**

ψύχομαι, ψῦχος (Acts 28,2), ψυχρός → ἀνάψυξις (Acts 3,20), ἀποψύχω, ἐκψύχω (Acts 5,5; 5,10; 12,23), καταψύχω, ψυχή

Ω

ὧδε → **ὁ**, **ἡ**, **τό**

ὠνέομαι (Acts 7,16) → **τελώνης**

ὥρα, ὡραῖος

ὡς → καθώς, ὡσαύτως, ὡσεί, ὥσπερ, ὥστε

ὡσαύτως → **αὐτός**, **ὡς**

ὡσεί → **εἰ**, **ὡς**

ὥσπερ → **ὡς**

ὥστε → **ὡς**

ὠτάριον, ὠτίον → **οὖς**